뉴 크리스천 카운슬링

CHRISTIAN COUNSELING 3rd edition
by Gary R. Collins

Copyright © 2007 by Gary R. Collins
Originally published in the U.S.A. under the title : Christian Counseling 3rd edition
by Thomas Nelson, P.O.Box 141000, Nashville, TN 37214-1000

Korean Translation Copyright © 2008 by Duranno Press
95 Seobinggo-Dong, Yongsan-Ku, Seoul, Korea

본 저작물의 한국어판 저작권은 KCBS Literary Agency를 통해 저작권사와 독점 계약한 두란노서원이 소유합니다. 신 저작권법에 의거하여 한국 내에서 보호를 받는 저작물이므로 무단 전재와 무단 복제를 금합니다.

뉴 크리스천 카운슬링

지은이 | 게리 콜린스
옮긴이 | 한국기독교상담·심리치료학회
초판발행 | 2008. 7. 7.
13쇄 발행 | 2023. 3. 27
등록번호 | 제3-203호
등록된 곳 | 서울시 용산구 서빙고동 95번지
발행처 | 사단법인 두란노서원
영업부 | 2078-3333 FAX 080-749-3705
출판부 | 2078-3444

▪책값은 뒤표지에 있습니다.
ISBN 978-89-531-1023-6 03230

▪독자의 의견을 기다립니다.
tpress@duranno.com   http : //www.duranno.com

두란노서원은 사도행전19장 8-20절의 정신에 따라 첫째 목회자를 돕는 사역과 평신도를 훈련시키는 사역, 둘째 세계선교(TIM)와 문서선교(단행본·잡지) 사역, 셋째 예수문화와 경배와 찬양사역, 그리고 가정·상담 사역 등을 감당하고 있습니다. 1980년 12월 22일에 창립된 두란노서원은 주님 오실 때까지 이 사역들을 계속할 것입니다.

뉴 크리스천 카운슬링

게리 콜린스 지음 | 한국기독교상담·심리치료학회 옮김 | 정동섭 감수

두란노

한국어판 저자 서문

책을 저술한다는 것은 힘든 일이기도 하고 스스로를 겸손케 하는 작업이기도 하다. 이와 같은 책을 저술한다는 것은 조심스럽게 문장을 써나가며, 참고서적의 적합성을 면밀히 점검하고, 단어와 문구가 정확한지, 그리고 도움이 되는지 확인하면서 수백 시간을 보내야 하기 때문에 무척 힘이 드는 일이다. 책을 쓰는 것은 또한 수많은 삶에 영향을 미치는 일이며 그리스도를 존귀케 하기 위한 작업이기에 나를 겸손하고 숙연하게 만든다. 이 모든 과정에서 나는 가족과 친구들의 격려를 받았고 성령의 인도하심을 받으려 노력했다. 그들은 오래된 문단들이 수정되고 새로운 문장들이 하나씩 탄생할 때마다 이를 지켜보았다.

『뉴 크리스천 카운슬링』이 다른 언어로 출간될 때마다 더욱 숙연해지고 겸손해진다. 아마도 전문적인 기술을 갖춘 신실한 분들이 이 책은 물론, 나의 다른 책들이 한글로 읽힐 수 있도록 수고했을 것이다. 나는 서문을 통해 이 방대한 작업에 동참한 모든 분들에게 감사를 표현하고 싶다. 이들 중 어떤 이는 내가 개인적으로 알고 있지만, 대부분은 이 지상에서 만나지 못할 것이다. 그러나 이런 방식으로나마 번역 팀과 도서출판 두란노서원에서 함께 일하는 분들, 책의 보급에 참여한 서점 관계자 여러분, 이 책을 학생들에게 읽히는 교수님들, 그리고 상담할 때 도움을 얻기 위해 이 책에 손을 뻗칠 목회자와 상담자 여러분에게 나의 고마운 마음을 표현하고 싶다. 무엇보다도 이처럼 방대한 책의 출간을 가능케 하신 하나님께 감사를 드리지 않을 수 없다.

　서문을 쓰면서, 나는 여러 차례 방문했던 한국과 세계 도처에 퍼져 있는 한국인 공동체를 떠올리고 있다. 모두가 행복하고 보람 있는 방문들이었다. 가는 곳마다 내가 경험한 한국인들은 따뜻하고 은혜로웠으며, 수용적이고, 친절하며, 헌신된 사람들이었다. 하나님은 당신의 빛을 한국인들에게 비추셨다. 한국인 교회들은 전 세계에서 가장 영향력이 있으며 그리스도에게 영광을 돌리는 교회들로 우뚝 섰다. 여러분 중에 많은 이들을 내가 알고 있다는 것과, 당신이 이 책을 사용하고 있다는 것을 아는 것은 나에게 영광이 아닐 수 없다.

　한편으로는 이처럼 크고 무겁고 방대한 책을 쓴 것에 대해 미안하게 생각한다. 그럼에도 불구하고 여러분 각자가 곤고한 이들을 돌아보고 상담이 필요한 이들을 섬길 때 『뉴 크리스천 카운슬링』이 도움이 되기를 진심으로 바란다. 또한 여러분 가운데 많은 사람들이 이 책의 내용에서 개인적인 도움을 받을 뿐 아니라 자신을 괴롭히고 있는 문제들을 더 잘 이해하게 되기를 바란다. 당신이 이 책을 어떤 방식으로 사용하든 하나님께서 당신을 축복하기를 기도한다.

게리 R. 콜린스

역자 서문

하나님은 설교와 교육, 그리고 상담을 통해 사람들을 변화시킨다. 성경은 예수께서 도시와 마을을 두루 다니시면서 천국 복음을 전파하셨고, 회당에서 가르치셨고, 모든 병과 모든 약한 것을 고치셨다(마 9:35)고 기록하고 있다.

지금은 상담과 치유가 많이 요구되는 시대다. 이제 상담을 할 것인가 말 것인가는 선택의 문제가 아니다. 기술적으로 잘 검증된 방법으로 효과적인 상담을 할 것인가, 무절제하고 비효과적인 방법으로 상담할 것인가 사이의 선택만 있을 뿐이다.

인간의 문제는 무엇인가? 문제의 결과는 어떻게 나타나는가? 치료와 해결책은 무엇인가? 문제를 어떻게 예방할 수 있는가? 각종 문제 상황에 직면한 이웃을 어떻게 도와줄 수 있는가? 저자는 이 책에서 상담자가 가장 흔하게 직면하는 문제들을 40여 가지의 주제로 나누어 각 문제에 대한 진단과 처방을 하고 있다. 같은 분야에서 동역하는 상담학자로서 나는 이와 같이 종합적으로 상담을 안내한 책은 일찍이 나온 적이 없다고 말하고 싶다.

나는 하나님의 섭리와 계획 아래 10년 동안 이단에서 방황하다가 1980년 사랑의 교회에서 예수님을 인격적으로 만났다. 1980년 말 이 책의 저자 게리 콜린스 박사가 처음으로 한국을 방문해 목회상담세미나를 인도했을 때 나는 10여 일 간 그의 강의를 통역하면서 상담자로 부름을 받았고, 1989년까지 트리니티복음주의신학교(Trinity Evangelical Divinity School)에서 콜린스 박사의 지도 아래 상담심리학과 가정사역을 공부했다.

나는 "기독교 상담학의 아버지"라고 불리우는 콜린스 박사에게서 특별계시와 일반계시의 관계, 성경과 심리학의 통합을 배웠다. 세월이 흘러 우리는 상담과 코칭을 통해 하나님의 나라를 섬기는 동역자이자 친구가 되었다.

많은 학자들이 인정하는 대로, 콜린스 박사는 신학과 심리학을 접목시키고, 여러 이론들을 종합하고 통합시키는 데 특별한 은사가 있다. 그는 저술과 강연에 모두 능한 크리스천 심리학자다. 『크리스천 카운슬링』의 이 세 번째 개정판은 50여 권이 넘는 저자의 저서 중 마지막 결정판이라고 해도 손색이 없을 것이다.

　『뉴 크리스천 카운슬링』은 우울증, 열등감, 불안, 동성애, 학대, 슬픔, 결혼 문제, 중독, 위기, 진로 결정, 노화 등 상담자들이 가장 흔하게 직면하게 되는 문제들을 집중적으로 다루고 있다. 그리고 각 주제의 원인과 결과, 치료, 예방, 그리고 그 문제에 대한 성경의 가르침을 다룬다. 저자는 각 장의 말미에 바쁜 상담자들을 위해 그 장의 요점을 요약해서 쉽게 참고할 수 있도록 배려했다.

　이와 같이 방대한 책을 혼자서 번역하는 것은 사실상 불가능한 일이다. 그래서 한국기독교상담·심리치료학회 회원 교수님들의 힘을 빌어 2007년 말에 이 책을 완역하는 일에 성공했다. 회원 교수님 16명은 상담학을 공부하는 대학생과 대학원생, 상담자, 목회자 등을 염두에 두고 원서를 정확하면서도 역동적으로 알기 쉽게 옮기기 위해 최선을 다했다. 용어의 통일을 위해 전체를 감수하는 일을 맡을 수 있었던 것은 나의 특권이며 기쁨이었다. 상담학계를 섬기는 마음으로 심혈을 기울여 번역에 동참해주신 교수님들에게 독자들을 대표하여 감사를 드린다.

　이 책을 핸드북이나 교재로 사용하는 모든 이들이 이 책으로 보다 효과적으로 내담자들을 섬기게 되기를 바라마지 않는다.

한국기독교상담·심리치료학회 번역진을 대표하여
정동섭 교수(가족관계연구소장)

차례

한국어판 저자 서문	4
역자 서문	6
머리말	12
이 책의 활용을 위한 제안	14

Part 1 - 서론적인 주제들

1장 상담 분야에서 일어나고 있는 변화들	20	요점 정리 · 32
2장 상담자와 상담	33	요점 정리 · 49
3장 교회와 상담	51	요점 정리 · 64
4장 공동체와 상담	65	요점 정리 · 80
5장 상담의 핵심	82	요점 정리 · 101
6장 기독교 상담의 법적, 윤리적, 도덕적 이슈들	103	요점 정리 · 119
7장 기독교 상담의 다문화 이슈들	121	요점 정리 · 136

Part 2 - 대표적인 문제들

8장 우울증	140	요점 정리 · 162
9장 불안	164	요점 정리 · 183
10장 분노	185	요점 정리 · 205
11장 죄와 용서	207	요점 정리 · 226
12장 외로움	228	요점 정리 · 243

Part 3 - 발달상의 문제들

13장 아동기	246	요점 정리 · 266
14장 청소년기	268	요점 정리 · 289
15장 초기 성인기(20~30대)	291	요점 정리 · 308
16장 중년기(40~50대)	310	요점 정리 · 324
17장 노년기	326	요점 정리 · 347

Part 4 - 대인관계 문제들

18장 갈등과 대인관계	350	요점 정리 · 373
19장 결혼과 상관없는 성관계	375	요점 정리 · 393
20장 결혼 내의 성	395	요점 정리 · 413
21장 동성애	415	요점 정리 · 436
22장 학대와 방치	438	요점 정리 · 460

Part 5 - 정체감에 대한 문제들

23장 열등감과 자존감	464	요점 정리 · 482
24장 신체적 질병	484	요점 정리 · 506
25장 슬픔	508	요점 정리 · 530
26장 독신	532	요점 정리 · 550
27장 결혼 상대자 고르기	552	요점 정리 · 568

Part 6 - 가족에 대한 문제들

28장 결혼 예비상담	572	요점 정리 · 594
29장 결혼과 관련된 문제들	596	요점 정리 · 620
30장 임신과 관련된 문제들	622	요점 정리 · 642
31장 가족 문제들	644	요점 정리 · 664
32장 이혼과 재혼	666	요점 정리 · 692

Part 7 - 통제에 대한 문제들

33장 정신장애	696	요점 정리 · 719
34장 알코올과 관련된 문제점들	720	요점 정리 · 743

35장 중독	745	요점 정리 · 762
36장 재정 상담	764	요점 정리 · 782
37장 직업 상담	784	요점 정리 · 809

Part 8 - 결론적인 문제들

38장 위기	812	요점 정리 · 830
39장 트라우마, 테러, 그리고 테러리즘	832	요점 정리 · 850
40장 그 외 다른 문제들	852	요점 정리 · 874
41장 영적 문제들	876	요점 정리 · 900
42장 상담자 상담	902	요점 정리 · 917

Part 9 - 미래에 대한 문제들

43장 미래의 상담 전망	920	요점 정리 · 936

후주	938
색인	1053

머리말

지금 여러분이 손에 들고 있는 『뉴 크리스천 카운슬링』과 초판 사이에는 25년이라는 세월이 흘렀다. 그동안 세상은 몰라보게 달라졌다. 비약적인 기술적 성장, 통신수단의 발전, 의학 기술의 발전과 국제정치의 재구성이 있었음은 물론, 오래 통용되었던 가치관들이 바뀌었으며 우리가 수용하는 영성, 종교, 교육, 가족, 직업윤리, 정치, 문화적 다양성, 그리고 오락에 대한 생각들도 달라졌다. 그러나 여전히 변하지 않고 남아 있는 문제들이 있다. 그것은 인간사에 늘 존재하는 우울증에 시달리는 사람들, 타인과 갈등을 겪는 사람들, 변화에 적응하지 못하는 사람들, 영적으로 혼란에 빠진 사람들의 문제다. 오랜 세월이 지나면서 많은 것들이 달라진 것처럼 상담도 변했고 인간 행동에 대한 연구를 통해 지식의 확장도 이루어졌다. 동서양 간의 충돌에 대한 두려움이 이제는 테러에 대한 공포와 불확실한 미래에 대한 두려움으로 바뀌었다. 이 세상은 또 변화한다.

몇 년 전 나는 오래된 책을 수정하거나 개정하는 것보다 아예 새로운 책을 쓰는 것이 더 쉬울 수도 있다는 사실을 깨닫게 되었다. 1년 이상의 기간 동안 나는 매일 컴퓨터로 작업하면서 낡은 부분들을 삭제하고 문장들을 고치고, 수백 개의 연구 기사들을 재분석하고 새로운 정보들을 대거 추가했다. 그러면서 여러 문화권의 국제 독자들이 공감할 수 있는 방식으로 새로운 아이디어들을 기술하였다. 또한 이 책의 이전 판들을 전면적으로 수정 보완하였고 새로운 사례들과 장들을 덧붙였으며 몇 년 전까지만 해도 별다른 중요성이 부각되지 않았지만 최근에 주목받게 된 주제들에 대한 내용도 실었다. 출판인 및 편집인들과 작업하면서 독자들이 보다 쉽게 부담 없이 읽을 수 있도록 심혈을 기울여 기술적인 용어나 심리학적 또는 신학적 전문 용어를 최대한 줄이고자 노력하였다.

이 책은 앞으로도 계속 카운슬링 부분에서 두꺼운 고전으로 기억될 것이다. 이전 판을 본 사람들이라면 개정판이 더 방대해지고 두꺼워졌음을 알아챌 것이다. 뿐만 아니라 내용 면에서 더욱 더 좋아졌고 완성도가 높아졌으며 읽기 편해진 것도 알게 될 것이다.

아래에 나오는 내용을 완성한 후에, 나는 이 머리말을 쓰고 있다. 과거와 마찬가지로, 이번에도 이 책이 빛을 보기까지 많은 분들이 물심양면으로 도움을 주었다. 대다수는 내가 실제로 만나뵌 적이 없는 분들이다. 나는 특별히 다음 분들에게 감사를 드린다.

- 이 책의 초판에 작업을 해주셨던 출판 관계자들과 이 세 번째 판의 편집, 디자인, 제작과 마케팅에 힘써주신 여러분들.
- 이 책을 강의 교재로 사용해주신 대학교, 신학대학, 대학원 교수님들. 특별히 지난 10년 동안 이 세 번째 판이 나올 수 있도록 격려의 편지들을 보내주신 여러 교수님들께 감사드린다. 그분들이 있었기에 이 긴 여정을 마칠 수 있었다.
- 이 책을 앞으로 읽을 학생들. 어떤 학생들에게는 『뉴 크리스천 카운슬링』이 필수 교재로 읽어야만 하는 책이 될지도 모르겠다. 더 얇고 저렴하고 보다 범위가 적은 책을 만들지 못한 점에 대해 이해

를 구한다! 상담자가 되고자 하는 학생들의 직업과 인생에 이 책이 실용적이고 신뢰성 있는 참고서로서 많은 도움이 되었으면 한다.
- 이 책의 이전 판들을 사역에 활용해주신 목회자들과 교회 지도자들. 이분들은 상담의 최일선에 계신 분들이다. 다른 어떤 사람들보다 나는 이분들을 위해 이 책을 집필하였다. 성도들에게 이 책을 권하고 평신도 상담자 양성 프로그램에도 활용해주신 분들께 감사드린다.
- 이 책의 초판을 한국어, 중국어, 포르투갈어, 러시아어, 그리고 가장 최근에 폴란드어로 번역하느라 수백 시간 동안 수고해주신 많은 분들. 미국을 제외한 다른 영미 문화권 국가에서의 출판을 위해 애쓰신 분들께도 감사드린다. Counselling, Counsellor와 같은 영국식 표기를 지양하고 Counseling, Counselor와 같은 미국식 표기를 고수한 점에 대해 양해를 부탁드린다.
- 여러 모로 변화하는 출판 사업의 어려운 상황 속에서도 이 책을 독자들에게 보급시키며 성실하게 수고를 아끼지 않으시는 서적 판매업자 여러분에게 감사드린다.
- 매일 아침 버펄로 그로브 휘트니스 센터에서 나와 함께 운동하면서 격려와 응원을 아끼지 않은 운동 친구들에게 감사드린다. 그들 대다수는 이 책을 읽지 않겠지만 이들은 나에게 많은 힘이 되어주었다.
- 격려와 기도를 해주며 작업 진행에 관심을 갖고 여러 모로 나를 도와준 세계 여러 나라의 동료와 친구들에게 감사드린다. 개정판 작업을 하는 동안 나와 마음을 같이해준 여러분, 그리고 컴퓨터에 앉아 개정 작업을 하고 있어야 할 시간에 뜻하지 않은 수술로 몇 주 입원해 있는 동안에도 기도해주신 여러분에게 깊은 감사의 마음을 전한다. 내가 언급하는 것을 잊었을지도 모르는 분들에게 미리 사과드린다.
- 마지막을 장식할 분들은 특별히 남겨두었다. 린, 로빈, 잰 그리고 특히 40년 이상 나와 함께해준 아내 줄리에게 감사를 전한다. 이 과업에 진정으로 피와 땀을 흘린 것은 나의 가족이었다. 이 일이 힘난하고 힘든 과정이 될 것이라는 것을 알았기에 처음에는 가족들도 망설였지만 세 번째 개정판의 중요성을 깨닫는 순간부터 그들은 가족만이 베풀 수 있는 전적인 지원과 사랑으로 이 작업에 동참해주었다.
- 이 책이 불완전한 작품이 될 것을 아시면서도 그 누구보다도 나를 여러 가지 방법으로 인도해주시고 힘을 주시며 도와주신 하나님에게 가장 깊은 감사를 드린다. 나는 『뉴 크리스천 카운슬링』이 무수히 많은 사람들에게 영향을 미치게 되기를 기도하며, 그들이 궁극적으로 유능한 상담의 열쇠를 쥐고 계시는 예수 그리스도에게 영광을 돌리게 되기를 기도한다.

이 책의 활용을 위한 제안

　이전 판들과 마찬가지로 『뉴 크리스천 카운슬링』은 기독교 사역자들과 미래의 지도자들의 상담 업무를 지원하기 위해 쓰였다. 이 책은 총 아홉 개의 부분으로 구성되어 있다. 총 7장으로 이루어진 1부는 상담자들이 상담 과정에서 부딪히게 되는 문제들에 적용해볼 수 있는 상담 원칙들을 개관하고 있다. 마지막 부에서는 현재 일어나고 있는 것을 기초로 미래 상담의 변화 가능성을 예견해보았다. 그 중간에 있는 부분들은 각각 다섯 개의 장으로 구성되어 있는데, 이들은 특별한 순서 없이 수록된 개별 장들이기 때문에 꼭 순서대로 읽을 필요는 없다. 8~42장은 사례 연구 및 소개로 시작하여 제시된 문제에 대한 성경적인 가르침으로 이어진다. 그 다음으로 원인과 결과에 대한 개관, 상담을 위한 추천 및 문제 예방에 대한 제안을 실었다. 이 모든 것은 실제적이고 유용하며 적합한 최신 정보를 제공할 목적으로 고안된 것이다.

　이 책은 그동안 개인 상담자를 위한 참고서, 목회자를 포함하는 기독교 지도자들을 위한 편람, 교수와 학생들을 위한 교과서, 평신도 상담자를 위한 훈련교본, 인간행동을 보다 잘 이해하고 싶어 하는 이들을 위한 정보원, 상담의 성경적인 기초를 위한 안내서, 그리고 상담 기술에 대한 인식을 확대하기 위한 기본 안내서로 사용되어왔다.

　『뉴 크리스천 카운슬링』에는 보다 많은 연구 사례들이 수록되어 있고 각 장의 마지막에는 해당 장의 내용이 간결하게 요약되어 있다. 이 책은 미국에서 출판되었고 대부분의 독자들은 아마 미국과 캐나다에 있을 가능성이 높다. 필자는 북미의 독자들을 염두에 두고 집필하였으나 다른 나라에 있는 국제적 독자들도 의식하고 집필하였다. 필자는 감사하게도 문화가 다르고 미국식 상담 방법이 통하지 않는 다양한 나라들을 방문할 기회가 있었다. 그래서 상담 훈련, 상담 방법, 문화적 기대와 법적 제한 등이 필자가 자란 캐나다의 환경과는 전혀 다른 국제 독자들이 보기에도 이해와 적용이 가능한 내용들로 만들기 위해 최선을 다했다. 이 책이 읽히고 적용되고 번역될 국가들마다 서로 다른 민족적, 문화적인 배경이 존재할 것이다. 이러한 특징들을 본문에 반영시키고자 노력하였다.

　다음과 같은 점을 염두에 두고 읽는다면 보다 더 유용한 학습 도구로 사용할 수 있을 것이다.

1. 표시를 하며 읽으라 : 책을 빌려온 것이 아니라면 본문에 밑줄을 긋거나 여백에 간단히 메모하거나 표시를 해서 중요 사항들이 눈에 쉽게 띄도록 한다.

2. 이 책과 병행하여 웹 사이트를 활용하라 : 이 책과 연결된 홈페이지는 무료 정보 나눔 공간으로서 www.garyrcollins.com으로 접속하여 이용할 수 있다. 홈페이지는 최신 상담 기술이나 최근의 동향을 알려줄 목적으로 운영되는 것은 아니다. 다만 저자가 독자들을 비공식적으로 만날 수 있는 공간으로 활용하기 위해 만들었다. 코칭과 상담에 대한 게리 콜린스 주간 뉴스레터가 사이트에 업로드되는데, 자신의 컴퓨터로 직접 받아보고자 하는 사람들은 Newsletter 아이콘을 클릭한 다음에 Subscribe를 누르면 된다. 이곳에서 책에 대한 느낌을 나누거나 다른 독자들을 만나고, 신간이나 새로운 연구 혹은 이 책의 부속 자료에 대한 정보들을 접할 수 있다. 그밖에도 유용한 사이트들을 찾아볼 수 있으며 저자의 최근 동향에 대한 소식도 알 수 있다.

3. 이 책의 부속자료들을 활용하라 : 웹 사이트를 통해 발표될 이 책의 부속자료들과 사례 연구 편람 등을 활용하라.

4. 이 책을 다른 사람들과 나누고 적극 활용하라 : 가르쳐본 사람이라면, 가장 잘 배울 수 있는 방법이 다른 사람을 가르치는 일이라는 것을 알고 있다. 책을 읽어나가면서 당신이 배우는 내용을 다른 이들과 어떻게 나눌 수 있을지 자문해보라. 어떤 분들은 이 책의 내용을 자신들의 강의나 교육, 설교와 간행물에 활용하기도 하였다. 이 책에 열거되어 있는 하나 또는 그 이상의 문제로 갈등을 겪고 있는 친구가 있다면 이 책을 통해 알게 된 사실을 나눔으로써 도움을 줄 수도 있을 것이다. 굳이 거창한 상담이 아니더라도

이 책을 활용해서 남을 돕는다면 그것은 또한 뭔가를 배우는 과정이 되기도 할 것이다. 책꽂이에 꽂아놓고 잊어버리는 책이 아니라 널리 사용되는 책으로 활용하기를 바란다.

5. 책에 근거한 역할놀이를 해보라 : 이것은 상담을 가르치는 상황에서 이뤄질 수 있는데, 교육자가 학생들을 세 명씩 나눠서 역할극을 할 수 있다. 각각 상담자와 내담자, 관찰자로 역할을 나누어 역할극을 진행한 후 자신이 배운 것과 개선해야 할 점을 거론한다. 그리고 역할을 서로 바꿔가며 계속한다.

6. 책을 기초로 정보망을 확장하라 : 이 책은 상담의 기본을 담고 있다. 대부분의 내용은 시대가 변해도 크게 바뀌지 않을 것이다. 그러나 우리는 변화하는 환경 속에 일하면서 살고 있기 때문에, 때로는 가장 기본적인 것조차도 변화하는 상황 속에서 새롭게 적용해야 할 때가 있을 것이다. 이 책을 디딤돌로 사용하여 새로운 정보를 습득하길 바란다. 좋은 수단 중 하나가 인터넷이다. 검색 범위를 '알츠하이머협회'라든가 '미국심리학회' 등의 전문기관이나 정부기관, 대학 사이트 등으로 좁혀서 해보면 좋다. 이 책과 연결된 홈페이지에서도 유용한 링크들을 주기적으로 올릴 예정이다.

7. 이 책을 읽는 다른 독자들과 교류하라 : 홈페이지를 통해 다른 독자들을 만나볼 수 있다.

8. 이 책을 기반으로 질문과 답변을 해보라 : 아래 소개된 것과 유사한 의문이나 질문에 대해 생각해보기를 바란다. 각 장에 대한 이해도를 점검해보는 수단으로 답을 적어볼 수도 있겠고, 학생들의 조별 토론을 이끌어내는 용도로 사용할 수도 있을 것이다. 이 책을 교재로 채택한 경우, 시험문제 출제를 위해서도 참고할 수 있다. 모든 장에 똑같은 질문을 적용해볼 수는 없겠으나 다음을 기초로 여러분들이 자체적으로 질문들을 만들어보길 바란다.

- 이 장에 나온 내용들에 대해서 어떤 질문들이 생기는가?
- 이 장에 거론된 문제에 대한 성경적 가르침을 요약해볼 수 있는가? 문제의 원인과 결과를 요약해보라.
- 저자가 내세운 원인과 결과 외에도 다른 원인이나 결과들이 있을 수 있는가?
- 이 문제로 고통받는 사람들을 상담하는 것에 대해 무엇을 배우게 되었는가?
- 이런 문제를 겪은 사람들이 혹시 주변에 있었는가? (반드시 익명을 사용하고 해당 인물의 신변이 노출되지 않도록 각별한 주의를 기울이길 바란다.) 이 사람이 어떻게 도움을 받을 수 있었는가?
- 이 문제의 발생을 예방하기 위한 프로그램을 작성해보라.
- 이 장에서 얻은 정보를 어떤 방식으로 나눌 수 있는가? 누구와 어떻게 나눌 것인가?
- 해답을 찾지 못한 질문에는 어떤 것이 있는가? 당신의 질문에 답을 줄 수 있는 정보를 어디서 구할 수 있는가?

9. 이 책을 읽기 시작하라 : 페이지를 넘기기에 앞서 『뉴 크리스천 카운슬링』이 진정으로 여러분에게 도움이 되기를 바란다. 그리고 홈페이지를 통해 저자와 연락을 취하기 바란다. 많은 양의 이메일에 일일이 답변을 해드리지는 못하겠지만 본인이 직접 확인하므로 여러분의 피드백을 환영한다. 이 점에 대해서는 미리 양해를 구한다. 구체적인 도움이 필요하다면, 직접 개인적으로 만날 수 있는 기독교 상담자를 찾을 것을 권한다.

여기까지 『뉴 크리스천 카운슬링』의 서두 부분을 읽어주신 여러분에게 감사드린다. 이 책의 나머지 부분을 읽어갈 때 하나님의 특별한 인도하심과 독서의 즐거움이 여러분과 함께하길 기도한다.

Part 1
서론적인 주제들

1장 상담 분야에서 일어나고 있는 변화들
2장 상담자와 상담
3장 교회와 상담
4장 공동체와 상담
5장 상담의 핵심
6장 기독교 상담의 법적, 윤리적, 도덕적 이슈들
7장 기독교 상담의 다문화 이슈들

New Christian Counseling

01 >> 상담 분야에서 일어나고 있는 변화들
The Changes in Counseling

R군[1]은 가난과 폭력, 갱단 활동, 약물 남용과 젊은 마약상들이 들끓는 도심지에서 성장했다. 그는 아버지를 모른 채 자랐으며 어머니와 단 둘이 살고 있었지만 어머니는 항상 술에 취해 있었다. R군은 크리스마스 선물 같은 건 받아본 적이 없었다. 생일파티를 열어본 적도 없었고 평범한 가정에서 산다는 것이 무엇인지 경험해본 적도 없었다. 자신의 처지와 비슷한 동네 또래 아이들이 그에게는 가족이나 다름없었다. 그는 일찌감치 주먹으로 살아남는 법을 터득했고, 사춘기가 오기도 전에 마약에 손을 댔으며, 결국 고교 때 마약상이 되어 17세에 감옥에 갔다.

하루는 그가 기독교 상담자를 만났는데, R군과 같은 아이들을 돕고자 이웃으로 이사 온 젊은 여자였다. 그녀는 R군을 믿어주고 그를 돕고자 했던 첫 사람이었다. 그녀는 R군을 격려해주고 예수님에 대해 알려주며 그가 신자가 된 후의 신앙생활에도 도움을 주었다. 그녀는 상담자이자 친구로서 그에게 도전을 주면서도 그가 자신을 조종하려는 시도에 지혜롭게 대처했다. 한때 그녀는 R군이 재활치료 프로그램을 받게끔 도와주었다. 그러나 그는 사흘 만에 포기하고 다시 거리와 마약, 폭력 속으로 돌아갔다. 그는 재활치료 상담자에게 이렇게 말하고 떠났다. "틀과 규율을 견디지 못하겠어요. 제 미래는 두 가지 가능성밖에 없어요. 저는 채 한 달이 못 되어 죽어 있거나 아니면 감옥에 가 있을 거예요." 그리고 그의 말대로 되었다.[2]

이 책을 읽는 여러분 대부분이 R군과 같은 사람을 만나지는 않겠지만 그의 인생만큼 뒤틀리고 혼란스러운 삶을 살아온 사람들을 분명 만나게 될 것이다. 마약이 만연한 동네에서 R군과 같은 사람들을 상대하는 그 상담자처럼 때때로 여러분도 실망하고 좌절하며 어떻게 말하고 행동해야 할지 확신이 서지 않을 때도 있을 것이다. 내담자들 중 일부는 회복하는 것처럼 보이다가 퇴보하거나 더 악화될 것이고, 또 어떤 사람들은 여러분의 에너지를 소비시키고 창의력을 시험하면서 여러분을 맥 빠지게 만들 것이다. '애초에 내가 왜 이런 아픈 사람들의 인생에 관여하려 했는가?' 하는 의문을 갖게 될지도 모른다. 그러나 앞에 소개했던 그 상담자처럼 여러분 역시 사람들에게 자신의 인생을 쏟아붓는 즐거움, 그들의 삶이 변화되는 과정을 지켜보는 기쁨을 누리게 될 것이다. 당신은 하나님이 사람들을 만지는 것을 보게 될 것이며, 여러분의 상담 노력이 사람들에게 다르게 사는 방법을 알려주고, 과거의 학대를 극복하게 하고, 삶의 시각을 바꿔주고, 내면적인 갈등으로부터 자유로워지도록 돕는다는 것을 알게 될 것이다. 뿐만 아니라 건강한 새로운 길로 들어서는 그들의 모습을 바라보면서 여러분 역시 놀라운 경험을 하게 될 것이다.

상담은 모두 '변화'에 관한 것이다. 변화하고 싶어 하는 사람들, 어떻게 변화할 수 있는지 알지 못하는 사람들, 변화하는 데 도움을 필요로 하는 사람들, 변화를 거부하는 사람들, 그리고 R군처럼 자신의 주변 환경을 벗어나지 못하고 도움의 손길도 받아들이지 못하는 사람들의 이야기가 곧 상담이다. 상담자들은 주변 여건이나 변화에 압도당하는 사람들, 특정한 상황에 어떻게 대처할지 알지 못하고 어떤 변화가 일어날지 모르는 사람들과 일한다. 이런 복잡함과 불확실함 외에도 우리가 상담을 하면서 만나게 되는 사람들은 우리 모두의 인생과 일터, 사역과 사회에 영향을 주는 급변하는 세계 속에서 같이 생활하고 있다.

• 변화의 성격

"인생에서 확실한 것은 죽음과 세금, 두 가지뿐이다." 누구나 이 오래된 문구를 어디선가 한번쯤 들어봤을 것이다. 21세기에 들어선 지금, 여기에 확실한 것 한 가지를 추가한다면, 그것은 바로 변화다. 적어도 가까운 미래에 변화는 모든 사람에게 확실한 사실이다. 변화를 다룬 기사, 책과 기타 문헌에 대한 인터넷 검색을 해봤더니 1억 2,200만 건이 떴으며 이것들은 다시 1,900만의 하위 주제들로 나뉘어졌다. 지금 이 문장을 쓰고 있는 와중에도 그 수치는 계속 올라가고 있다.

이런 변화에 대한 강조에도 불구하고, 우리는 내담자들이 예상치 못한 변화에 어떻게 대처하도록 도와주어야 할지, 그들이 어떻게 변화하게 도와줄 수 있는지, 또 그 변화를 어떻게 유지할 수 있게 도와줄지에 대해 잘 알지 못한다. 변화는 흔하고 익숙한 것이지만, 그것은 또한 힘들고 고통스러운 과정이다. 소설가 제임스 볼드윈(James Baldwin)은 "엄마의 뱃속에서 나오는 것이 힘든 만큼 우리는 변화를 싫어한다. 그리고 비슷한 충격 상태 속에서 변화를 통과한다"[3]고 썼다. R군 역시 자신의 삶을 바꾸길 원했다. 그래서 유명하다는 기독교 재활 센터에 다니기 시작했지만 그곳 상담자들이 자신의 인생을 바꾸려고 시도하는 것을 거부했다. 마약이 있는 거리의 삶으로 돌아가고 싶은 유혹이 상담자들의 애절한 설득보다 더 강렬하게 작용한 것이다.

변화는 예측이 가능하거나 불가능할 수도 있고, 갑작스럽거나 점진적일 수도 있다. 또한 매우 파괴적일 수도 있고 그 영향이 미미할 수도 있으며, 쉽게 통제할 수 있거나 그렇지 않을 수도 있다. 사람의 반응은 그 사람의 성격이나 성장배경 또는 변화를 다루어온 과거의 경험에 부분적으로 영향을 받는다. 결혼생활이 점점 힘들어지거나 진행성 질병에 걸렸을 때, 나중에 후회하게 될지도 모르는 행동이나 언행으로 이어지는 당혹감이나 과민반응이 있을 수 있다. 한편 이러한 변화는 당사자가 그런 변화를 의도적으로 회피함으로써 일정 기간 부인될 수도 있다. 그러나 가까운 친척이나 가족의 죽음, 직장에서의 해고와 같은 보다 갑작스런 변화는 무시할 수 없다. 동네 환경의 쇠퇴라든가 전통적인 교회의 새로운 예배 시도 등과 같은 경미한 변화들은 그것에 저항하거나 그것을 무시하거나 또는 마지못해 받아들일 수 있겠지만, 그것은 어느 정도 시간을 두고 숙고하고 새로운 현실에 적응하고 난 후의 일이다. 그렇지만 때에 따라서 우리는 새로운 운동을 시작하거나 새로운 자격취득을 위해 학교를 다니기 시작하는 등, 오히려 변화를 환영하고 즐기며 일부러 찾아나서기도 한다. 더 나아가서 일상적인 것을 뒤집고, 불확실한 세계 속에서 새로운 길을 개척해나가는 창의적인 사람들도 있다. 이 모든 와중에 중요한 것은 누가 변화를 통제하느냐 하는 것이다. 통제권 너머에 있는 변화에 대해 우리는 저항하고 두려움을 느끼기 마련이다. 대개 격렬한 날씨를 두려워하고 치과에 가는 것을 싫어하는 이유가 바로 여기에 있는지도 모르겠다.

상담자로서의 여러분은 변화 전문가다. 내담자들의 인생에 영향을 줄 변화에 그들이 어떻게 대처할 수 있는지 알려주고 돕는 것, 그리고 그들의 삶을 개선시킬 수 있는 변화를 주는 것이 여러분의 몫이다. 결국 효과적인 상담을 위해 당신에게 가장 우선적으로 필요한 것은 "변화의 절차를 이해하는 것"이다. 어떻게 사람들이 스스로를 변화시키려 하는지, 왜 변화가 쉽지 않은지, 그리고 무엇이 지속적 변화를 가능하게 하는지에 대해 알아야 한다.

자기 변화 이해하기

여러분은 새해 다짐을 해놓고서 몇 주, 아니면 불과 몇 시간 만에 그것을 포기한 적이 있는가? 그런 경험은 아주 일반적이다. 조사에 의하면 25%의 새해 다짐들이 첫 주 안에 실패로 돌아가고, 60%의 다짐들이 6개월 내에 수포로 돌아간다고 한다. 실패하는 사람들 대부분은 10년이 지나도록 해를 거듭하면서 계속 같은 다짐들을 하다가 결국 포기하거나 적어도 6개월 정도는 지속적인 성공을 거둔다고 한다. 이런 통계는 안 좋은 습관을 고치려 하거나 영적인 훈련을 삶에 적용시키고자 하는 사람들, 다른 사람의 인생에 변화를 일으키고자 하는 사람들에게 별로 격려가 되지 않는다. 심리학자로서 이 부분을 연구하는 이들과는 달리, 기독교인들은 지속적 변화에서 성령의 역할을 이해한다. 그렇다고 해서 기독교인들이 겪는 자기 변화의 효과가 신앙이 없는 사람들의 변화와 다르다고 할 수 있는가? 신앙과 상관없이 자기 변화는 분명 힘든 일이며, 재발은 우리 모두에게 흔히 있는 일이다.[4]

어쩌면 이런 이유 때문에 사람들이 스스로 변화하는 것을 포기하고 친구나 가족들의 도움을 요청하는 것인지도 모른다. 그것마저도 효과가 없을 경우 그들은 목회자나 다른 종교 지도자들 혹은 정신과 전문의나 다른 상담자들에게 도움을 청하게 된다.

대부분의 자기 변화가 실패로 돌아가는 이유를 찾고자 노력했던 두 명의 캐나다 심리학자는 장기간의 조사를 통해 이른바 '헛된 희망 증후군'(False Hope Syndrome)이라는 것을 제안하였다.[5] 그림 1-1은 그 요약이다.[6]

이 연구조사에 기반을 둔 이론에 의하면, 자기 변화가 종종 실패하는 이유는 우리가 비현실적인 기대를 하기 때문이다. 새해 들어 첫 10주 안에 매일 아침 식사 전에 헬스클럽에 가서 운동을 해서 20kg 정도를 감량한다거나, 하루에 한 시간 정도 기도와 성경공부를 하겠다는 다짐을 했다고 가정해보자. 이 다짐들이 실패할 확률이 높은 것은 그것들이 너무 거창하거나 비현실적이기 때문이다. 처음에는 변화하고자 하는 의지가 강렬해서 마치 자기가 통제권을 쥐고 있다는 느낌을 가질 수 있다. 실제로 이러한 초기의 노력은 잠깐 동안의 성공을 가져오기도 한다. 다이어트를 하는 사람의 경우, 당사자는 체내에서 이물질들이 빠져나가고 몸무게의 감소를 보게 되면서 급격한 체중 감량을 경험한다. 그러나 이러한 변화는 곧 중단된다. 몸이 감소하는 식사량에 적응하는 것이다. 시계 알람이 울리지 않고 늦잠을 자게 되면서 아침 묵상의 시간도 거르게 된다. 사람들은 이런 재발과 주기적인 실패가 일반적이라는 사실을 알지 못한다. 그러다보니 그런 일이 발생할 때마다 자책을 한다. 때때로 한두 차례 더 시도를 해보다가도 결국에는 포기

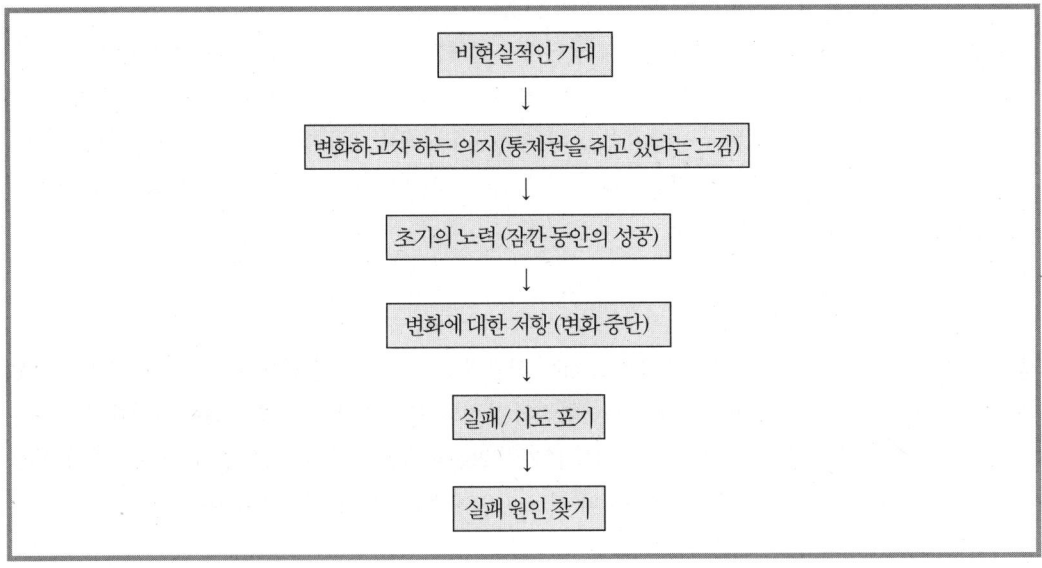

그림 1-1. 헛된 희망 증후군. Janet Polivy와 C. Peter Herman, "If at First You Don't Succeed : False Hopes of Self-Change," *American Psychologist* 57 (2002. 9) : 684에서 발췌.

하거나 나중에 다시 도전해보겠다고 결심한다.

이 시점에서 대부분의 사람들은 자신의 노력이 실패로 돌아가는 이유를 찾게 된다. 다이어트를 다시 예로 들어보자. 사람들의 머릿속에는 보통 다음과 같은 비합리적인 생각들이 이어진다. "어젯밤에 그 케이크를 먹는 게 아니었어. 그것 때문에 몸무게가 다시 늘었나봐. 이제 실패를 했기 때문에 처음부터 다시 시작해야겠지. 그런데 다음주에 생일파티에 초대를 받았는데 어떡하지? 그 파티가 끝나면 다시 다이어트를 시작하든지 해야지. 아니면 아예 이번 달 말에 있는 친구 결혼식까지 끝내고 나서 시작하면 어떨까? 그러면 유혹거리들도 줄어들고 더 효과적으로 성공할 수 있을 것 같아." 이런 식의 합리화를 통해 사람들은 보통 자기 자신을 탓하는 것을 피하고 생일파티라든가 결혼식 같은 외부적인 상황들이 가장 커다란 걸림돌이라고 결론지으면서 다음에는 더 잘할 수 있을 것으로 기대한다. 변화에 대한 희망은 이렇게 더디게 사라진다. 특히 몇 번의 실패가 거듭된 이후 자기 변화가 결코 이루어지지 않을 것이라는 사실이 명백해질 때 희망을 놓는다.

헛된 희망 증후군의 작용을 예방하면서 지속적 자기 변화를 가능하게 하는 방법들이 있다. 상담자들은 다음과 같은 사항들을 내담자들과도 나눌 수 있다.

- 얼마나 많은 시간이 소요될 것인가에 대한 현실적인 기한을 설정한다(대부분의 경우 생각보다 오랜 시간이 걸린다).
- 성취 가능하면서도 현실적인 목표를 설정한다.
- 변화의 난이도를 현실적으로 고려한다(대부분의 경우 생각보다 더 어렵다).
- 실패보다는 성공에 주안점을 둔다. 성공한 것을 기록하거나 목표를 달성할 때마다 보상해주는 방법

을 사용한다.
- 재발 가능성을 예상한다. 그 사실을 인정하면 그만큼 실망과 타격이 적다. 이것은 특히 재발 및 후퇴 현상이 발생하는 즉시 다시 시작하려는 의지가 강렬할수록 그렇다.
- 유혹에 빠지도록 하는 상황들을 조심하고 피한다.
- 변화 과정이 혼자만의 일이 되지 않도록 상담자나 신뢰할 수 있는 친구의 사회적인 지지와 격려, 상호점검 체계(Accountability)를 확보한다. 사회적인 상호책임이 없다면 변화 과정을 포기하기가 쉽다. 그리고 지켜보며 책임을 묻는 사람이 없을 때 속이거나 실패에 대한 핑곗거리를 찾기가 쉽다.
- 실패 이유에 정면으로 맞선다. 재발이나 포기하려는 이유에 도전을 주는 제3자가 있을 경우 실패 이유에 도전하는 것이 더 쉬워진다.

이 모든 과정에서 하나님은 어디에 계시는가? 특히 죄스러운 습관을 없애려고 하거나 보다 더 경건한 생활양식을 개발하려 할 때, 변화를 막으려고 하는 사탄과 그의 세력들이 일으키는 영적 전쟁에는 어떻게 맞설 것인가? 사실 이런 유형의 변화는 심리학적인 분석 차원을 넘어선다. 자기 변화 과정에서 기도는 매우 중요하며, 성령의 인도하심과 영향에 대해 주기적으로 마음을 여는 것 또한 중요하다. 그러나 영적인 변화는 종종 다른 사람의 실제적인 조언이나 기도 지원에 의한 인간관계의 맥락에서 온다.

변화의 어려움

상담자들과 관련된, 다음 장들에 나오는 변화의 범주에는 두 가지가 있다. 반응적 변화는 외부로부터 우리 삶에 들어오는 변화, 즉 반응을 요구하는 변화다. 갑작스런 위기가 이런 유형을 가장 극명하게 보여주는 예다. 그러나 내담자들은 대부분의 경우 개인적인 실망이나 재정적인 어려움, 대인관계에서의 갈등, 외로움 또는 중대사 결정 등의 고민거리를 안고 상담자를 찾아온다. 이러한 변화를 일컬어 반응적 변화라고 하는 이유는 모두 어떤 사건이나 상황에 대한 반응으로 일어난 것들이기 때문이다.

이와 반대로 주도적 변화는 우리가 일부러 일으키고자 하는 변화를 말한다. 다이어트, 결혼 생활 개선, 보다 효과적인 부모 역할, 영적 훈련으로 충만한 삶 가꾸기, 상담자의 충고를 실천에 옮기는 것 등이 그 예라 할 수 있다. 위에 언급한 두 가지 유형의 변화는 서로 교차되는 경우가 많다.

프로 운동선수였던 G씨는 음주운전을 하다가 적발되었고 경찰이 그의 자동차를 수색했을 때 마약을 소지한 사실까지 드러났다. G씨는 안정적인 소득과 결혼 생활을 누리며 기쁨을 주는 두 명의 자녀까지 두었지만 일에서 오는 만성적인 스트레스를 겪고 있었다. 그는 매일 극한 변화에 맞춰가면서 살아야 했다. 종종 집에서 멀리 떠나 있었고, 팀과 함께 이 도시에서 저 도시로 이동하곤 했다. 그의 팬들과 스포츠 기자들은 그가 항상 최고의 기량을 발휘해주길 바랐고, 그렇지 못할 때는 질책과 비판을 가했다. 경기가 끝나면 그는 동료들과 어울리면서 술을 마시거나 때때로 마약을 복용함으로써 스트레스를 완화시켰다. 가끔씩은 술집에서 만난 여자들과 하룻밤 성관계를 갖기도 하였다. 외도를 하는 것에 대해 죄책감을 느끼면서 한편으로는 아내에게 성병이라도 옮길까 봐 집에 돌아오면 걱정에 휩싸였다. 음주운전과 마약 소지로 체포된 직후 가진 상담에서 그는 자신이 계속되는 압박감에 시달리고 있으며, 스스로 변화를 일으키지 못하는 자신의 무능함에 좌절감을 느낀다는 것을 털어놓았다. G씨의 상담자는 그가 외부적인 변화들에 더 잘 대처할 수 있도록 도와주었고 집을 떠난 그가 '통제 불능'

행동을 할 때 중요한 반응적 선택들을 할 수 있도록 G씨를 인도하였다. 체포는 그를 변화로 이끌어준 계기가 되었다.

왜 변화하기가 어려운가? 사람들이 스스로 변화하길 원한다고 말하면서도 변화에 저항하는 이유는 또 무엇인가? 여러 가지 원인이 있겠지만 다음은 가장 흔한 원인들이다. 당신은 상담 과정에서 이런 것들을 보게 될 수도 있고, 어쩌면 자신의 모습 속에서 볼 수 있을지도 모른다.

사람들이 변화에 저항하게 되는 이유는 다음과 같다.

- 안전하고 예상 가능하며 익숙한 것들을 포기하려 하지 않는다.
- 변화가 현 상태보다 더 좋으리라는 확신이 없다.
- 변화 이후의 삶에 대해 두려움이 있다. 예측 불가능하고 낯설고 잠재적인 위협이 있을지도 모르는 변화의 위험부담보다는, 다소 힘들지언정 현재 있는 곳이 안전하게 느껴지기 때문이다.
- 변화를 가능케 하고 또 변화를 지속시킬 만한 기술이나 지식, 능력, 경험 또는 자원이 부족하다.
- 제안 받는 변화가 현실적이거나 실제적이지 않다.
- 문제를 지닌 본인보다는, 제3자가 변화를 원하는 경우다. 변화하고 싶지 않지만 부모님의 손에 이끌려 강제로 상담을 받게 되는 사춘기 연령대의 자녀가 그 예다.
- 스스로가 변화가 불가능하다는 생각을 강하게 하고 있는 경우도 있다. 이럴 때는 변화를 시도해볼 마음이 생기지 않는다.
- 변화 과정에 지원을 해주고 이해해주며, 격려해주고 지도해줄 믿을 만한 사람이 주변에 없다.
- 자신의 능력에 대한 비현실적인 신념을 가지고 있기 때문이다. 대개 이런 믿음은 다른 사람들로부터 다음과 같은 말을 들을 때 생겨난다. "불가능이란 없어. 그냥 한번 해봐." "자기통제만 잘하면 목표를 이룰 수 있어." "성공을 상상하면 그것을 얻게 될 거야." "더 열심히 노력하면 잘 풀릴 거야." 또는 "기도하고 믿음을 굳게 가져. 그러면 변화가 쉽게 될 거야." 대개 이런 동기부여 슬로건들은 변화의 어려움을 간과한 비현실적인 기대를 갖게 함으로써 변화하고자 하는 당사자에게 무거운 압박감으로 작용한다.

위에 언급한 것들 외에도 사람들은 부모나 교사, 코치나 그 외의 다른 사람들로부터 무능력하다거나 결코 달라지지 못할 것이라는 부정적인 말을 듣곤 한다. 이런 부정적인 입력은 변화하고자 하는 의욕을 앗아간다.

지속적인 변화 일으키기

이런 여러 가지 어려움들을 생각해보면 변화, 특히 오래도록 지속되는 변화는 불가능에 가깝다는 결론을 내리기 쉽다. 그러나 적절한 조건들만 갖추어지면 지속적인 변화는 가능하다는 충분한 증거가 있다. 제프리 코틀러(Jeffrey Kottler)는 20년 이상 상담자와 변화 전문가들을 만나며 변화와 관련된 과학적 연구자료 등을 분석하고, 내담자들을 직접 상담하는가 하면, 대학원생들에게 변화에 관한 글쓰기 과제를 내주며, 중요하고도 지속적인 변화를 이룩한 사람들에 관한 이야기들을 수집해온 상담자이자 연구자다. 또한 여러 권의 책을 저술한 작가이기도 하다. 그는 몇 달간 아이슬란드에 머물면서 그동안 수집한 방대한 자료를 토대로 자신이 내린 결론들을 모두 집대성하여 『지속적인 변화 이룩하기 Making Changes Last』[7]라는 책을 저술했다.

아이슬란드에 도착하여 책을 집필하기 시작할 무렵, 코틀러는 중요한 변화를 몸소 겪게 되었다. 그는 외롭고, 우울했으며, 목표를 잃고 근심으로 가득 찬 채 병이 들어 '완전히 비참한 상태'에 빠졌다. 그는 당시 자신의 상태를 이렇게 기록하고 있다. "나는 항상 어두웠다. 그곳의 언어나 문화를 이해할 수가 없었다……. 집으로 가고 싶은 생각 밖에 들지 않았다."[8] 그러나 그는 변화에 꾸준히 적응했고 나중에는 하루하루가 흥분과 즐거움으로 가득 차 잠이 오지 않을 지경이었다고 쓰고 있다. 변화에 대한 코틀러의 결론 중 많은 부분을 바로 그 자신이 경험했던 것이다.

1. 헌신

코틀러는 이것을 일컬어 "지속적인 변화를 가져오는 데 가장 중요한 단일요소"라고 말한다. 헌신은 당사자가 얼마나 변화를 열망하는지, 그리고 더 중요하게는 그 변화가 일어났을 때 그 상태를 유지시키고자 하는 노력에 얼마만큼 동기부여가 되어 있는지를 가늠하는 중요한 척도가 된다. 사람들은 대개 변화하기를 갈망하면서 그 목표를 이룰 때까지 많은 노력을 기울인다. 그러다가 긴장을 풀고 안심한다. 목표를 달성했다고 만족하면서 다시 옛날 모습으로 돌아가는 것이 얼마나 쉬운지 망각해버리는 것이다. 지나친 자신감이야말로 지속적인 변화의 가장 큰 적이라고 할 수 있다.

우리는 다이어트 프로그램에서 이런 것을 종종 보게 된다. 몇 달간의 노력 끝에 체중 감량 효과를 보면서 목표 달성 단계까지 오게 된다. 그러다가 긴장을 늦추고 다시 예전의 식습관으로 후퇴하여 다이어트 이전의 체중으로 다시 돌아가는 것이다. 체중 감량이 지속적으로 이루어지려면, 다이어트 그 자체보다 다이어트 이후의 관리가 더 중요하다. 이것을 아는 다이어트 전문가들은 고객들에게 다이어트와 같은 용어의 사용을 금하곤 한다. 이는 이 용어가 다이어트 목표가 달성되면 끝나버리는 식습관의 변화를 의미하고 있기 때문이다. 체중 감량이 그대로 유지되려면 식습관의 영구적인 변화에 대한 헌신이 있어야 한다.

코틀러는 지속적인 변화의 가장 좋은 예측 변수가 이른바 '자기 효능감'(self-efficacy)이라고 덧붙인다. 이는 당사자가 스스로 변화할 것을 기대하고, 또 변화에 대한 자신감을 가지고 있고, 그것을 유지시키기 위해 필요한 모든 일을 할 의지를 지니고 있으며, 장기적인 안목을 가지고 뛸 생각을 하고 있다는 것을 의미한다.

2. 성취 가능한 목표

앞서 언급한 대로 "비현실적이고 달성 불가능한 목표를 세우는 것만큼 변화 노력에 악영향을 미치는 것은 없다."[9]

달성 가능한 목표는 모호하지 않고 구체적이다. 목표가 당사자의 생활습관의 일부가 될 수만 있다면 오래 유지되는 변화가 그만큼 더 쉽게 달성될 것이다. 또한 진행상황에 대해 일관성 있고 정확한 피드백을 얻는 것이 가능하다면 목표가 그만큼 더 오래 지속될 수 있다. 예를 들어 주 단위로 헬스클럽에서 몸무게 측정해보는 것은 다이어트 현황을 구체적이고 정기적으로 점검하게 해준다.

3. 재발 예방

재발 현상은 그 어떤 변화 과정에서도 일어난다. 이는 거의 모든 이들에게 해당한다. 그러나 일시적인 실패가 일어날 경우 그런 현상을 최소화시키고 당사자가 빨리 회복할 수 있도록 도와줄 수 있는 방법들이 있다. 내담자와 함께 지난 실패 사례들을 분석하면서 무엇이 잘못되었는지 파악하고 그와 유사한 실수들을 어떻게 예방할 수 있는가 살펴볼 수 있다. 내담자들이 알아두어야 할 사실은 재발은 일반적인 현상이기 때문에 실패할 때 너무 절망할 필요가 없다는 것이다. 그러나 원래 바라던 목표를 최대한 빨리 회복하는 것만이 최선의 길임을 잊어서는 안 될 것이다. 다이어트를 하는 사람의 경우 고칼로리 디저트를 섭취했을 때 '어차피 이렇게 된 거 몸에 안 좋더라도 내가 먹고 싶은 것 실컷 먹을래. 그리고 나중에 또 도전할 거야'라는 생각에 빠지기 쉽다. 이것은 실패로 가는 지름길이다. 실패를 하더라도 곧바로 마음을 고쳐먹고 다이어트로 돌아가는 것이 좋다.

재발 원인을 파악하고 예방하는 방법에는 대체로 세 가지가 있다.[10]

첫째, 위험부담이 높은 상황들을 파악한다. 유혹에 넘어가기 쉬운 상황들을 내담자가 구체적으로 열거해보는 것이 가장 바람직하다. 가령 만성적으로 부끄러움을 타는 사람이 자신감을 기르고 조금 더 자기주장을 할 수 있는 사람으로 변하고자 할 경우, 주변에 저돌적이고 지배적인 성향의 사람들이 있으면 매우 힘들다는 사실을 알 것이다. 혼자 이런 부류의 사람들과 남게 된다면 상황은 더 나빠질 것이다. 그러므로 이런 사람들과 만나는 자리를 최대한 피하는 것이 최선의 해결책이다. 한때 음주 문제를 지녔던 사람이 커피나 탄산음료만 마시기로 굳게 다짐했는데 친구들과 술집에서 만나는 약속을 했다면 그곳을 피해 다른 장소를 찾는 것이 최선이다. 마찬가지로 자신의 성욕을 잘 통제하지 못하는 10대가 있다면, 당사자는 특정 장소나 사람들을 피하겠다는 다짐을 해야 한다.

둘째, 문제를 피할 수 있게 해주는 대처 방법을 습득하게끔 도와준다. "싫어"라는 말로 마약의 유혹을 거절하라고 10대들에게 말해주기는 쉽지만 막상 그 10대가 또래 친구들과 함께 있을 때 그 유혹을 뿌리치는 것은 쉽지 않다. 상담자는 내담자에게 '거절하는 기술'을 가르쳐주며 상담 상황에서 실습할 수 있을 것이다. 이런 기술은 당사자가 유혹을 더욱 효과적으로 이겨내도록 도와줄 것이다.

셋째, 유혹의 가능성을 줄이는 생활방식을 개발하도록 도와준다. 인터넷 포르노에 중독되어가던 한 남자가 있었다. 컴퓨터를 아예 없애버릴 것을 권할 수 있었겠지만, 컴퓨터는 일을 위해서도 필요했기 때문에 그것은 비현실적인 대안이었다. 대신 직장과 집에서 컴퓨터 화면을 입구 쪽으로 돌려놓음으로써 들어오는 사람이 그의 화면을 볼 수 있게끔 해놓았다. 이렇게 해서 그는 그의 아내나 다른 사람들로부터 화면을 숨기는 등의 행동을 근본적으로 피할 수 있었다.

4. 지원 체계

변화를 유지시키기 위해서는 격려와 확인을 해줄 동료나 지원 체계의 유무가 사실상 커다란 부분을 차지한다. 가장 효과적인 지원 체계는 필요할 때 이용 가능한 것들이다. 단주 모임(Alcoholics Anonymous)의 회원들은 이 원칙을 따르고자 음주 유혹을 받고 있는 사람들이 언제든지 도움을 청할 수 있도록 항상 대기하고 있다. 한 명 이상의 조력자가 있어서 어느 때라도 도움을 받을 수 있는 것이 가장 바람직하다. 한 명에게만 일방적으로 부담을 주면서 의존하는 것은 좋지 않기 때문이다. 지원자는 좋은 모범을 보이면서 내담자가 듣고 싶어 하지 않을 경우에라도 정직하고 민감하며 건설적인 피드백을 해줄 용의가 있는 사람

들이어야 한다.[11]

　지속적인 변화를 위한 네 가지 주요 지침들 외에 몇 가지 다른 지침들도 있는데, 어떤 것은 논란의 여지가 있으며 다소 부족한 연구의 결과도 있다. 예를 들자면 단주 모임이나 단도박 모임 같은 자조 프로그램을 내담자에게 소개시켜주는 것, 미리 예방할 수 있도록 재발의 징후를 파악할 수 있게끔 도와주는 것, 내담자가 체계적인 방법을 통해 스스로 행동을 점검해봄으로써 자신의 경험을 관찰해갈 수 있도록 도와주는 것, 그리고 스스로에게 하는 '거짓말'을 인식하고 대응하는 법을 가르치는 것이다.

　수년 전 내가 읽었던 어느 책에서, 제프리 코틀러는 변화를 지속시키는 또 하나의 방법으로 '변화시키는 여행'을 제시했다.[12] 여행에는 물론 위험한 요소들도 있다. 지원 체계들로부터 잠시나마 떨어져 있게 되고 때로는 유혹거리들에 노출된다. 그러나 여행을 통해서 압력으로부터 벗어나 삶에 대한 신선한 시각을 가질 수 있게 되며, 두려움과 불편함을 극복할 수 있는 기회와 긴장이 풀어지면서 오는 활기를 경험할 수 있게 된다.

　우리가 직면하는 상황이 어떤 것이든, 지속적 변화를 가져다주는 것은 하나님의 능력이다. 에베소서에서 바울은 하나님이 "우리 가운데서 역사하시는 능력대로 우리가 구하거나 생각하는 모든 것에 더 넘치도록 능히 하실" 수 있기 때문에 하나님께 영광을 돌리고 있다.[13] 사도는 하나님께서 "그의 영광의 풍성함을 따라 그의 성령으로 말미암아 너희 속사람을 능력으로 강건하게" 하시기를 기도하였다.[14] 바울 자신의 삶이 극적이고 지속적으로 변화되었던 것은, 인간의 노력은 한계가 있지만 그리스도께서 필요한 힘을 주신다면 그 어떠한 일이라도 해낼 수 있다는 믿음의 본을 그대로 보여준 것이었다.[15] 기독교 상담자들이라면 오래지 않아 하나님만이 그의 방법을 따라 그의 때에 그가 하실 수 있는 것을 한다는 것을 알게 된다.

● 변화하는 기독교 상담의 세계

　상담자가 하는 일은 내담자의 삶에 지속적인 변화를 자극하는 것이다. 이 일은 우리 주변에서 일어나는 계속되는 변화에 영향을 받기도 한다. 나는 가끔 문화적인 변화에 대한 강의를 하곤 하는데, 이전에는 이슈화되지 않았던 새로운 상황이 나타나고 모든 것이 급변하기 때문에 똑같은 강의를 두 번 한 적이 없다. 예를 들어, 2001년의 9·11 테러 사건 이전에는 전 세계적인 테러 위협에 대한 내용을 강의에서 언급한 적이 없었지만, 현재는 가까운 장래에 상담자와 내담자 모두에게 주요한 관심사가 되었다.

　여러분이 이 문장을 읽는 지금 이 순간에도 세상은 내가 예측할 수 없는 방향으로 변화하고 있을 것이다. 변화하는 세상이 상담자들에게 어떤 변화를 주고 있는가에 대한 예를 몇 가지 열거해보았다. 이외에도 여러분만의 관찰을 추가시킬 수 있을 것이다.

　삶의 속도가 변하고 있으며, 수많은 사람들이 분주함에 압도당하고 있다. 빠른 속도로 이뤄지는 생활방식은 생활 속도가 느긋한 시골 지역보다 도회지에서 두드러지게 나타난다. 삶의 속도가 너무 빠를 때, 또는 우리가 일에 얽매여 너무 바쁘게 지낼 때, 영적인 성장이나 부부 및 가족관계의 향상, 심지어 상담을 위해서도 시간과 에너지의 제한을 받는다. 그 결과로 생겨난 것이 바로 단기상담의 성장인데, 상담 과정을 가속화해서 내담자를 바쁜 삶의 스타일로 가능한 한 빨리 돌아갈 수 있게 하기 위해 개발된 것이다.[16]

　나날이 발전하고 있는 기술로 인해 우리의 삶의 방식과 일하는 방식이 달라졌다. 나는 이 책을 컴퓨터를 이용해 쓰고 있고, 연구 자료가 더 필요할 경우 언제 어디서나 인터넷을 이용할 수 있으며, 이 책에 관련된 문서와 기타 자료들을 열쇠고리에 달린 4cm크기의 저장장치에 들고 다닌다. 기술 덕분에 우리는 이웃이나 세계의 다른 내담자들과도 연락을 취할 수 있고 필요할 때 손쉽게 기록 자료들을 살펴볼 수 있다. 또한 의문이 생길 때 전문가를 찾거나 전문 정보에 대해 문의할 수 있고, 내담자들은 상담자의 권유로 인터넷을 통해 스스로 정보를 찾거나, 온라인상에서 지원단체에 가입할 수도 있다. 나의 교수법과 강의도 기술 덕에 예전과 많이 달라졌다. 이 모든 것은 기계와 친하지 않은 상담자들에게 부담이 될 수 있겠으나, 요새는 '컴맹'인 어른들도 잘 풀지 못하는 컴퓨터 문제를 예닐곱 살짜리 아이들이 거뜬히 해결하곤 하는 시대다.[17]

이런 정보의 홍수는 유용하기는 하나 한편으로는 거기에 압도당할 우려도 있다. 1970년대 말에 이 책의 초판을 집필할 당시만 해도 나는 인쇄된 파일 철이나 책, 또는 지역 도서관을 주로 이용할 수밖에 없었다. 하지만 이제는 더 이상 그렇게 할 필요가 없다. 상담자와 내담자 모두 많은 양의 정보를 효과적으로 접할 수 있다. 자신들의 문제에 대해 자세하고 구체적인 이해를 가진 상태에서, 자신에게 알맞는 치유 계획에 대해 상담자보다도 더 잘 알고 있는 내담자들이 점점 더 늘어나고 있다. 그 결과 상담자들이 배우는 입장에 놓이기도 한다.

기술적 진보의 또 한 가지 중요한 부분은 인간에 대한 이해를 그 어느 때보다도 높여주고 있는 생물공학 분야의 약진이다. 존 나이스빗(John Naisbitt)과 그의 공동 저자들은 "지동설을 주장했던 500년 전의 갈릴레오가 그랬던 것과 똑같은 방식으로, 최근의 유전자공학 연구는 세계를 뒤흔들고 있다.[18] 유전자기술은 정보기술을 포함한 모든 기술 영역들을 압도할 것이며…… 전통적인 종교적 신앙에 대해 최대의 도전으로 등장할 것이다."[19]라고 썼다. 21세기에 해를 거듭할수록 이것만큼 상담에 많은 영향을 미치는 것도 없을 것이다. 전혀 어울리지 않을 듯한 예술가와 과학자들 간의 공동작업도 이루어지고 있는 실정이다. 예술가와 과학자들은 "광산의 카나리아들이다. 첫 번째 신호를 알아차리고 새로운 지도를 그려가면서, 위험부담을 받아들이면서도 그 와중에 각자의 작업으로부터 서로 영감을 주고받는다. 그들은 앞으로 다가올 것들에 대한 일탈의 목소리이자 선구자들이다"[20]라고 나이스빗과 그의 동료들은 적었다. 미래에 대해 쓴 대부분의 책들처럼 나이스빗의 연구 또한 출판될 무렵에는 이미 시대에 뒤떨어진 것이 되었으나, 그의 분석은 기술적으로 진보하는 세계와 인간에게 필요한 감성적 보살핌 결여의 위험성에 대해 흥미로운 통찰을 제시했다.

이 모든 변화가 영성(靈性)과 기본적 신념이나 가치관에 대한 폭발적인 모색으로 이어지는 환경을 만들어냈다는 것이 놀랍지 않은가? 몇 년 전까지만 해도, 상담자들은 영적인 세계와 관련된 모든 것을 거부했었다. 물론 여전히 거부하는 상담자들도 많이 있다. 그러나 영적인 세계에 대한 큰 관심은 기독교 상담자를 포함한 여러 사람들이 다시금 새롭게 영적인 문제들을 거론하고 이런 주제들을 상담 과정 속으로 끌어들일 수 있는 자유를 가져다주었다. 100년 전 프로이트가 주장했던 것과는 달리, 영성은 더 이상 신경증의 증거로 거부당하지 않는다. 그러나 대부분의 사람들은 영성을 더 이상 예수님이나 종교, 기독교적인 것들과만 연결시키지 않는다.[21]

상담자들에게 영향을 미치는 변화의 목록은 끝이 없다. 점점 더 규모가 커지고 있는 동양의 대체의학, 성별과 가족문제를 포함해 달라지고 있는 가치관, 전 세계적인 빈곤과 가뭄, 정치적 불안, 그리고 성적 착취를 위한 인신매매 산업의 엄청난 증가로 위협받고 있는 아이들의 상황도 빼놓을 수 없다. 세계화와 테러 위협의 증가가 주는 심리적인 영향력에 대해서는 나중의 장들에서 자세히 살펴볼 것이다.

• 변화하는 기독교 상담의 얼굴

포스트모던 세계관의 발전과 일반적인 수용만큼 전 세계에 커다란 파급을 몰고 온 것은 없다. 다소 불명확하게 정의되고 계속 변하고 있는 이 철학을 여기에서 단 몇 문장만으로 요약할 수는 없을 것이다. 이에 대한 지식을 심화시키기 원하는 사람들을 위해서는 많은 전문 서적이 구비되어 있다.[22]

몇 년 전 내가 다니는 교회에서는 보다 분명한 비전과 새로운 방향을 모색해야 한다는 생각에 동의했다. 나는 교회의 미래개발팀의 일원으로서 다른 멤버들과 함께 교회, 이웃, 그리고 성경의 뿌리를 조심스레 살펴보기 시작했다. 당시 포스트모더니즘은 약간 애매하면서도 일부 기독교인들에게는 다분히 위협적으로 다가왔던 개념이었다. 그래서 우리는 표 1-1에서와 같이 포스트모더니즘과 모더니즘에 대해 비교해보았다. 물론 이것은 복잡하고 광범위한 것을 단순화시킨 것이지만 세상이 어떻게 변해가고 있는지, 그리고 기존의 성경적인 가치와 기반을 그대로 유지하면서 어떤 모습으로 교회가 변할 필요가 있는지를 성도들에게 잘 보여주었다.

기독교 상담자들은 이것을 어떻게 받아들여야 할 것인가? 사람들은 그동안 대체로 서로 조언을 주고받거나 경험이 많고 나이든 가족들이나 이웃의 말에 귀 기울이면서 살아왔다. 상담이라는 개념은 성경시대에도 존재했다고 할 수 있다. 그러나 현대적인 의미에서의 상담은 지난 150년에 걸쳐 서양 문화권에서부터 퍼지기 시작했고, 현대적인 논리와 과학적 사고에 기초를 둔 정신건강 전문가들과 심리문제로 아파하는 이들을 전문적으로 도와주는 전문가들이 생겨난 것을 일컫는다. 연륜 있는 상담자들, 정신건강 분야의 기타 전문의들, 그리고 대다수의 교회는 기존의 전통적인 방식의 돌봄과 의사소통에 변화를 도모해왔다. 그러나 포스터모더니즘의 폭발적인 성장으로 우리가 하는 일들의 기초가 변모하고 있다는 사실에는 의심의 여지가 없다.

전 세계 인구는 젊은층이 대다수를 차지하고 있는데, 미개발 국가라고 해도 포스트모던 가치관이나 영향은 미디어나 인터넷, 상호작용 기술, 새로운 학습방식, 심지어는 정치나 비즈니스, 연예사업 등을 통해 여러 문화로 스며들었다. 그 수는 감소하고 있지만, 어떤 신학자와 학자들은 포스트모더니즘은 세대 간의 차이를 반영하는 것이거나, 아니면 다소 힘을 잃기는 했지만 어떻게든 저항해서 맞서야 하는 악한 세력이라는 주장을 하고 있다. 그러나 매번 진화하는 포스트모더니즘의 여러 형태는 적어도 앞으로 한두 세기 동안 계속 세상의 모든 영역들을 변화시킬 근본적인 패러다임 전환의 기반이 될 것이라는 여론이 광범위하게 형성되어 있다. 이어지는 장에서 우리는 이런 전환이 교회를, 그리고 기독교 상담을 어떻게 변화시키고 있는가를 살펴볼 것이다. 표 1-2는 이런 변화를 요약하고 있다.

그림은 정적으로 고정되어 있는 것이 아니기 때문에 여러분이 이 글을 읽어내려갈 때쯤이면 뭔가 달라지고 있을지도 모른다. 대부분의 사람들은 포스트모더니즘이 전부 좋거나 전부 나쁜 것이 아니라는 사실을 인식하기 시작했다. 내담자들이 포스트모더니즘에 영향을 받고 있다는 점은 지난 수십 년간 사용해오던 방식들을 고치거나 이전에는 효과적이고 적절한 듯했던 이론이나 기술들 일부를 버려야 할지도 모른다는 사실을 의미한다. 이어지는 페이지들에서 문제를 안고 도움을 요청하는 사람들을 기독교 상담자들이 어떻게 도울 수 있는가에 대한 가장 명료하고 정확한 시각들을 제시하고자 한다. 이 장에서 포스트모더니즘이나 문화적 유행에 대해서 아주 상세히 다루지는 않았지만, 앞으로 기독교 상담의 흥미롭고 변화무쌍한 세계를 여행하면서 두고두고 그것들을 떠올리게 될 것이다.

표 1-1. 모더니즘과 포스트모더니즘(Modernism and Postmodernism)

전통적인 '모던' 문화	현대적인 '포스트모던' 문화
19세기와 20세기에 두드러짐	20세기 말과 21세기에 비기독교 세계에 두드러짐
과학에 근거함	경험에 근거함
사실과 논리를 중시함	이야기와 비유를 중시함
지도자는 전문가	지도자는 진실함
지도자는 '다 갖춘 사람'	지도자는 '상처받음'으로 더 성장한 사람
지도자는 역할과 지위 때문에 존경받음	지도자가 존경 받는 것이 역할과 지위보다 더 중요함
상하 지도력	지도력은 팀
청중은 수동적(교육이나 예배에서)	청중은 학습에 적극적으로 참여하려고 함(교육이나 예배에서)
사람들은 서로 앞서려 함	영감을 받아 앞으로 나가려 함
불신자가 성경말씀을 존중함	불신자는 신자의 삶 속에서 역사하는 모습을 존중함
감소하고 있는 추세	미디어를 포함한 문화에 스며들고 있으며 증가하는 추세

표 1-2. 기독교 상담에 대한 전통적 접근과 새로운 접근

전통적 기독교 상담	새로운 기독교 상담
현대적이고 과학적	포스트모던적
과거에 초점	현재와 미래에 초점
장기적 전략	단기적 전략
위계적 - 상담자는 지식과 훈련에 우월한 전문가	상담자는 훈련을 받았지만 우월하지 않은 "상처 입은 치유자"
목표는 치유	목표는 능력을 부여하는 것
사실과 데이터에 초점	자신의 이야기를 하고 창조하는 데 초점(이야기 치료)
상담자가 안내	상담자와 내담자가 참여하며 상호작용
상담자의 학위와 자격이 중요	상담자의 진실성이 더 중요
문화적 이슈는 최소화	문화적 이슈가 중요
예술에 대한 최소한의 강조	음악 치료, 미술 치료, 춤 치료와 같이 예술이 매우 중요[23]
기술은 최소화되거나 무시	기술이 가치 있고 중요
성령은 대체로 무시	성령은 능력을 부여
상담자는 교회로부터 초연함	상담자는 교회와 연대하고 있음
성경적 기초	성경적 기초

상담자들을 위한
요점 정리 01

■ 상담은 모두 변화에 대한 것이다.

■ 가장 훌륭한 상담자는 변화 전문가들이다.

■ 자기 변화는 흔히 실패하게 마련이다.

■ 이 실패를 예방하기 위해, 사람들에게 다음과 같이 격려하라.
  · 성취 가능하고 필요한 시간과 노력을 고려하여 현실적인 기대를 하도록.
  · 재발의 유혹을 불러일으킬 수 있는 상황과 사람들을 피하도록.
  · 가끔 재발이 있을 수 있다는 것을 기억하되, 즉시 변화된 행동으로 되돌아갈 것을 결심하도록.
  · 재발이 있은 후, 무슨 일이 있었는지를 거론하고 재발 방지를 위한 조처를 취하도록.
  · 다른 사람으로부터의 지지와 점검을 제공하도록.

■ 지속적인 변화는 다음과 같은 특징이 있다.
  · 변화하기 원하는 사람의 헌신.
  · 성취 가능한 목표의 설정.
  · 재발 방지를 위한 적극적 노력.
  · 다른 사람들로부터의 지원.

■ 오늘날 상담은 다음과 같은 것들이 우리의 일상에 영향을 미치므로 더욱 복잡해지고 있다.
  · 더 바빠진 생활 속도와 분주함.
  · 생명공학을 비롯한 기술의 비약적 발전.
  · 정보의 과잉.
  · 비기독교적 영성을 포함하여 영성에 대해 더 커진 관심.

■ 상담자는 포스트모더니즘에 대한 어느 정도의 이해가 있어야 하며, 그것이 상담 방법을 변화시키는 방식에 대해 이해해야 한다.

02 >> 상담자와 상담
The Counselor and Counseling

앤은 중년 주부로서 큰 도시에 살면서 시내에 있는 사무실에서 일하고 있다. 그녀는 직장 동료들에게 인기가 있고, 사장에게 몇 차례의 장려금도 받았다. 그리고 남편과 아이들과도 좋은 관계를 맺고 있다. 교회와 다른 곳의 사람들은 그녀를 다정하고 능력 있고 명랑한 사람으로 보고, 그녀와 함께 있는 것을 즐거워하며 그녀를 좋아한다. 앤을 좋아하지 않는 사람은 앤 자신뿐이다. 계속해서 비판 받으며 자신의 모든 부족함을 생각나게 했던 가정에서 자라난 앤은 하나님이 주신 자신만의 능력을 확신하지 못하고, 사람들이 정말로 그녀를 좋아한다는 것을 믿지 못한다.

남편의 재촉으로 앤은 상담자를 만나러 왔다. 그녀는 불안에 대하여 말했지만, 상담자는 듣고 싶어 하지 않는 것 같았다. 기독교인은 자신에 대하여 좋게 느낄 이유가 없다고 상담자는 말했다. 그는 인간의 타락에 대하여 말하고, 사람들은 무가치한 벌레와 같다고 설명하면서, 앤이 기억해야 할 성경말씀을 인용하였다. 그리고 앤이 자기 확신을 가지려는 욕망은 그녀가 회개해야 할 죄의 증거라고 설명했다. 앤이 상담소를 나왔을 때, 그녀는 과거에 가족으로부터 들었던 비판이 생각났다. 상담자는 도움을 주는 대신에, 앤의 자기 비난을 강화시켰을 뿐이며, 변화하려는 욕구에 대하여 죄책감을 느끼게 하였다.

알다시피 앤의 이야기는 꾸며낸 이야기지만, 그녀의 문제는 일반적인 것이다. 안타깝게도 상담자에 대한 설명 또한 일반적이며, 특별히 좋은 의도를 가진 교회 지도자들 사이에서도 일반적이다. 그들은 상담을 사람들에게 성경말씀을 인용하여 방향을 제시하고 무엇을 해야 하는가를 말해주는 것으로 보고 있다. 이 사람들은 경청하는 대신에 자기의 의견을 먼저 말하고 모든 문제에 맞는 성경 구절을 찾아서 책망했다. 그리스도 사역의 특징이었던 동정심을 갖고 있지 않은 것이다.

상담자가 되는 것은 매력적인 일이다. 많은 사람들은 상담이 조언하고, 깨어진 관계를 치유하고, 사람들의 문제를 해결하도록 돕는 매력적인 활동으로 알고 있다. 상담이 만족을 주는 일일 수는 있지만, 대부분은 이 일이 어렵고 정서적으로 고갈될 수 있다는 것을 깨닫는 데 그리 오랜 시간이 걸리지 않는다. 상담은 상담자의 나이, 훈련이나 경험에 상관없이 고도의 집중력과 지혜를 필요로 하는 일이다. 경험이 없거나 때때로 상담 역할에 확신이 없는 상담자들은 성급한 판단을 내리거나 앤을 상담했던 상담자처럼 충고를 한다. 많은 상담자들이 내담자에게 민감하지만, 모두가 그렇게 큰 고통을 알거나, 적절한 도움을 주지 못한다는 것을 느끼지 못할 수도 있다. 내담자들이 종종 그러하듯이 성장하는 데 실패할 때 자신을 비난하기 쉽다. 우리는 더 열심히 노력하여 잘못된 것에 대하여 의문을 갖는다. 점점 더 많은 것을 요구하는 사람들이 도움을 받으러 올 때, 상담의 짐은 계속 늘어나고, 우리는 견딜 수 있는 한계 지점까지 우리 자신을 밀어붙인다. 때때로 내담자들은 그들의 불안이나 갈등을 상기하는데, 이것은 상담자의 안정이나 자존심을 위협할 수 있다. 상담이 하나의 직업으로서 성취감을 주는 반면, 위험할 수도 있다는 것은 의심의 여지가 없다. 이번 장에서 우리는 이렇게 위험한 요소들을 논의하여, 상담자의 상담이 보다 더 성취적이고 성공적으로 이루어지는 방법을 고찰할 것이다.

• 상담자의 특징들

모든 상담 상황에서, 상담자들은 다음 네 질문들에 답을 해야 한다. 첫째, 진짜 문제는 무엇인가? (이것은 내담자가 말하는 문제와 다를 수도 있다.) 둘째, 내가 도움을 주어야 하나? 셋째, 어떻게 도울 수 있을까? 넷째, 다른 누군가가 더 적절하게 도울 수 있지 않을까?[1] 기독교 상담자들은 문제가 어떻게 생겨나고 어떻게 해결될 것인가를 이해하는 것뿐만 아니라 내담자들이 상담자들에게 가져오는 문제들에 대하여 어떻게 성경적으로 가르칠 것인가를 알고 있는 것이 중요하다. 특히 경험 많고 상담 기술에 정통한 상담자의 경우에는 더욱 그렇다.

상담자의 개인적 특성들이 상담에 매우 중요하다는 것은 분명하다. 40년 전 연구원들이 상담자들의 특성에 대한 연구를 시작하였다. 첫 번째 연구에서는 정신병동에 있는 환자들이 상담자들의 상담 기술이나 이론적 관점과는 상관없이, 상담자들이 높은 수준의 따뜻함, 공감 그리고 진실함을 보여주었을 때 가장 잘 변화된다는 것을 발견하였다. 이러한 특성들이 없을 때, 상담자들이 어떤 방법을 사용하더라도 환자들의 병세는 더 악화되었다.[2]

기독교 심리학자 레스 패로트(Les Parrott)은 수많은 연구와 검토를 거친 후에 효율적인 상담자의 중요한 특성들에 대하여 발표하였다.[3] 우리 가운데 누구도 이 특성들을 다 가지고 있지는 않지만, 다음에 열거한 내용들은 상담자들로 하여금 무엇이 상담자들을 효율적이게 하는지, 앞으로 발전하기 위하여 그들의 삶에서 무엇이 부족한지를 깨달을 수 있도록 한다.

- 심리적으로 건강하다는 것은 상담자에게 언제나 문제가 없다는 것을 말하는 것은 아니다. 효율적인 상담자들은 그들이 통제할 수 없는 환경에 적응하기 위하여 그들에게 내면의 힘을 주는 의미와 목적 의식을 갖고 있어야 한다. 상담자들을 포함하여 심리적으로 건강한 사람들은 다른 사람들을 비난하거나 수동적인 희생자처럼 행동하지 않으면서 스스로 책임을 지는 사람들이다. 과거에 살거나 혹은 계속해서 미래를 꿈꾸는 대신에, 현재에 그리고 자신들에게 편안함을 느낀다.
- 사람들에 대한 진실한 관심은 효율적인 상담자들이 무엇을 하는가를 말하지 않고 그들이 누구인가를 말한다. 타인들에 대한 관심은 상담자들의 본성이다. 그것은 그들이 맡고 있는 역할이 아니다. 사람들로 하여금 그들이 진실하다는 것을 알게 하는 것은 인간적인 진실성이다.

- 공감은 내담자와 '함께 느낄 수' 있으며, 내담자가 세상을 보는 방식으로 세상을 볼 수 있는 능력이다. 상담자의 특성들에 대하여 가장 먼저 연구한 로버트 카커프(Robert Carkhuff)는 "내담자의 세계와 어려움을 공감적으로 이해하지 않고는, 도울 근거가 없다"고 말했다.[4]
- 따뜻함은 상담자들이 친절하게 수용하고 돌보는 것이며, 소유하거나 통제하지 않으면서 내담자들에게 진실한 관심을 보이는 것을 말한다. 대부분의 상담자들은 이처럼 사람들에게 긍정적으로 반응한다. 그들은 비판하지 않으면서 열려 있고 편안하다. 대부분의 상담자들은 많이 웃는 친절한 사람들이다.
- 자각은 상담자들의 진실한 동기, 한계, 개인적 문제들, 그리고 자신들의 장점뿐 아니라 약점도 안다는 것을 말한다. 자기를 아는 상담자들은 지속적인 자기 성찰, 개인적 성장, 그리고 변화에 헌신한다. 그들은 도움이 필요한 사람들에게 최선을 다하기 위하여 인기를 얻거나 칭찬받으려는 자신들의 욕구를 포기할 수 있다.
- 가치에 대한 인식은 개인적 안정의 핵심이다. 경제 지도자들, 정치인들, 혹은 가치를 분명하게 정의하기 어려운 다른 누구라도 최신 유행이나 설득력 있는 사람들에게 흔들릴 위험을 안고 있다. 가치는 인간 존재의 핵심이며 인간행동을 형성하는 확신이나 신념이다. 어떤 희생을 치르더라도 성공, 부, 갈채, 개인적 자유, 혹은 야망에 가치를 두는 상담자는 자신이 이러한 가치들의 잠재적 영향을 자각하지 않으면, 그것들이 상담에 영향을 끼치도록 허용할 것이다. 효율적인 상담자들은 그들의 가치를 심사숙고하여 이 가치에 따라 살면서 그들의 가치가 다른 사람들에게 어떤 영향을 끼칠 수 있는가를 이해한다. 이러한 상담자들은 내담자들의 가치를 포함하여 다른 사람들의 가치에도 민감하다.
- 모호함을 견딤은 심리학적 용어로 불확실성을 견딜 수 있는 능력을 말한다. 내담자들은 종종 자신들의 증상이나 바라는 것에 대하여 모호하다. 좋은 상담자는 문제를 더 분명히 이해하려 할 때조차도 이러한 불확실성을 수용할 수 있다. 모든 내담자와 모든 문제는 고유하기 때문에 하나의 접근법이 모든 사례에 적용되지 않는다. 좋은 상담자들은 불안해하거나 통제의 욕구를 갖지 않고도 유연하게 불확실성을 다룰 수 있다. 상담자들이 조급해하고 모든 사람들에게 적용할 수 있는 구조화된 접근법을 요구할 때, 상담의 효율성을 잃게 된다. 좋은 상담자들은 상담을 안내할 지침서가 없다는 것을 알고 있다.

일반적인 교재에서 채택한 위의 내용은 상담자의 영적인 특성들에 대한 언급은 하지 않았다. 그러나 기독교 상담자들은 그들이 사랑, 기쁨, 평화, 인내, 친절, 선함, 믿음, 관대함, 그리고 자기통제와 같이 하나님이 주신 영적인 특성들을 고찰하면서, 그리스도처럼 되기를 추구할 때 가장 효율적이라는 것을 알고 있다.[5] 두 기독교 심리학자의 심도 있는 연구는 상담자들에게 중요한 세 가지 특성을 추가로 보고하였다. 좋은 기독교 상담자들에게 나타나는 것은, 좋은 스승들처럼 올바른 것에 대한 확신을 갖고 지속적으로 이것에 따라 사는 성실, 단점을 수용하고 다른 사람들에게 도전하거나 힘을 부여해줄 용기, 그리고 내담자들에 대한 진실한 관심을 보여주는 관심이다.[6]

- ### 기독교 상담자의 독특성
  의학, 교육, 설교, 그리고 다른 분야의 전문가들처럼, 기독교 상담자들도 비기독교인들이 발달시킨 기술들을 사용한다. 우리가 도움을 주기 위하여 상담에 관련된 문제들과 효율적인 방법들에 대하여 이해하고 있는 것은 대부분 일반적으로 비기독교 사회에서 만들어진 연구에 근거하고 있다. 그 밖에 기독교 상담에는 최소한 네 가지 특색이 있다.

1. 고유한 가정들(Assumptions)

어떤 상담자도 가정에 관하여 완전히 가치와 상관이 없거나 중립적이지 않다. 우리 각자는 자신의 신념과 견해를 상담 현장에 갖고 온다. 이 가정들은 우리가 그것을 인식하고 있건 없건 상관없이 판단하고 논평할 때 영향을 끼친다.

영성에 많은 관심을 가지고 있음에도 불구하고, 많은 일반 상담자들은 우리 모두가 "우리의 운명에는 무관심한 우주에" 살고 있다고 말한 심리학자 에리히 프롬(Erich Fromm)의 견해에 동의할 것이다. 그러한 관점에는 사랑이 많으신 주권자 하나님에 대한 믿음의 여지가 없다. 기도하지 않고 '하나님의 말씀'을 묵상하지 않으며, 하나님의 용서를 경험하지 못하고 사후 생을 기대할 수 없다. 프롬의 가정들은 그의 저서에 영향을 끼쳐서 그의 상담 방법을 만들었다.

비록 그 가정들이 신학의 견해와는 다르지만, 스스로 기독교인이라고 말하는 대부분의 상담자들은 하나님의 속성, 인간 존재의 본성, 성경의 권위, 죄의 실재, 하나님의 용서, 그리고 미래에 대한 희망에 관하여 믿음을 갖고 있다(갖고 있어야 한다).[7] 예를 들어, 신약성경 히브리서 첫 네 구절을 읽어보라. 만일 하나님이 인류에게 말씀하셨고 아직도 말씀하고 계시며, 죄의 용서를 위하여 준비하신 그의 아들을 통하여 세계를 창조하셨고 이제는 그의 말씀의 권능으로 세계를 붙들고 계시다는 것을 우리가 믿는다면, 우리의 삶과 상담이 일반 상담자들과는 다르지 않을까?

2. 고유한 목표

모든 상담자들은 사람들이 행동, 태도, 가치 그리고 관점을 변화시키도록 도우려 한다. 우리는 사회 적응과 문제 해결 기술을 포함하여 여러 가지 기술들을 가르친다. 감정을 알아차리고 표현하도록 격려한다. 필요한 때에 맞추어 지지하고, 책임감을 가르친다. 통찰하게 하고, 결정할 때 지침을 준다. 위기의 때에 내면과 환경적 자원을 활용하도록 내담자들을 돕는다. 내담자의 능력과 자기 확신을 증가시키도록 돕는다.

기독교 상담은 그 이상이다. 내담자의 관심이나 문제를 무시하거나 조작하지 않으면서, 기독교 상담자는 내담자들의 영적 성장이 격려받기를 바란다. 때때로 우리는 죄를 고백하고 하나님께 용서받은 경험을 들려줌으로써 그들을 격려할 것이다. 내담자로 하여금 예수 그리스도에게 헌신하여, 우리 사회에 스며있는 상대적인 기준에 따라 사는 삶이 아닌, 성경적 가르침에 따라 사는 삶을 권고할 것이다. 우리는 기독교인이기 때문에 전도나 종교 이야기가 금지된 곳에서 일할 때조차도 기독교적 기준, 가치, 태도, 생활양식의 모델이 되어 그것을 전한다.

어떤 사람들은 이것을 "상담에 종교를 가져오는 것"이라고 비판할 것이다. 그러나 신학적이고 영적인 문제들을 무시하는 것은 우리의 상담을 현재의 인간적 종교 위에 세우는 것이고, 우리 자신의 믿음을 질식시키는 것이며 우리의 삶을 신적인 것과 세속적인 것으로 나누는 것이다. 게다가 상담의 현장에서 종교를 금지하는 것은 일부 사람들이 영성과 종교를 고통의 원천으로 보는 반면, 대부분의 사람들이 그들의 영적 믿음을 대처 능력의 원천으로 보고 있다는 사실을 무시하는 것이다.[8] "신앙심은 스트레스와 질병에 시달리는 상황을 완화시킴으로써 아이들이 흡연, 음주, 마약 사용을 하지 않게 한다"는 과학적인 연구가 보고되고 있다. 정기적으로 교회에 출석하는 어른들은 보다 조화로운 결혼관계를 맺으면서 부모 역할을 더 잘하는 것 같다.[9] 이것은 또한 10대 아이들의 능력, 자기 조절, 심리적 적응, 그리고 학교활동을 촉진시킨다.[10] 종교적 믿음과 영적 자원을 논의하는 것은 내담자들로 하여금 소망, 의미, 지지를 얻도록 돕기 때문에 그들의 문제에 더 잘 대처할 수 있게 한다는 다른 증거도 있다.[11] 좋은 상담자는 기독교인이든 비기독교인이든 내담자에게 믿음을 강요하지 않는다. 우리는 존경하는 마음으로 사람들을 대하고, 그들이 자유롭게 자신의 결정을 하도록 해야 한다.[12] 그러나 정직하고 참된 상담자들은 그들의 믿음을 감추지 않고, 그들 자신이 아닌 어떤 것으로 가장하지 않는다.

3. 고유한 방법들

모든 상담 기술들에는 최소한 네 가지 특성이 있다. 첫째, 도움이 가능하다는 믿음을 불러일으킴으로써 소망을 주입시키려 한다. 둘째, 내담자의 잘못된 믿음을 수정한다. 셋째, 사람들이 삶의 기술을 발달시키도록 도와서 그들이 보다 더 경쟁력 있는 삶을 살 수 있게 한다. 넷째, 자신들을 가치 있는 사람으로 받아들이도록 돕는다. 이러한 목표들을 이루기 위하여 상담자들은 경청하기, 관심 보이기, 이해하기, 그리고 최소한 가끔씩이라도 방향 제시를 함으로써 기본적인 기술들을 지속적으로 사용한다. 기독교 상담자들이나 비기독교 상담자들이나 모두 이와 같은 방법들을 많이 사용한다.

모든 유능한 상담자들이 부도덕한 기술들을 사용하지 않지만, 기독교인은 성경적 가르침과 맞지 않는 어떤 방법도 피한다. 예를 들어, 혼외 혹은 혼전 성관계를 맺으려는 사람들을 격려하는 것, 무례한 언어를 사용하는 것, 반성경적 가치발달을 촉구하는 것, 성경적 가르침과 맞지 않는 행동발달을 돕는 것 등은 일반 치료사들이 사용하는 것들임에도 불구하고, 기독교 상담자는 이런 것을 모두 사용하지 않을 것이다.

그 밖에 상담중에 기도하고, 성경 읽고, 기독교 진리에 자연스럽게 다가가고, 교회에 출석하거나 기독교인들의 다른 집단에 참석하도록 내담자들을 격려하는 것 등도 기독교 상담에 자주 사용된다.

4. 고유한 은총

초기에 상담자들은 종종 이론적으로 배운 것과 실제 문제를 가진 사람을 돕는 것에는 차이가 있다는 것을 알게 된다. 상담이 어렵다는 것을 알면, 우리가 정말로 이 상담을 효율적으로 할 수 있을까 의문을 갖는 것이 보통이다. 노련한 상담자일지라도 때때로 의문을 가질 때가 있고 상담의 효율성에 대한 적절하지 못한 느낌을 가질 때가 있다.

어떤 사람들은 다른 사람들보다 더 훌륭한 상담자들이라고 알려져 있다. 이것은 중요하고도 기본적인 질문을 제기한다. 모든 기독교인이 효율적인 상담자일 수 있을까? 혹은 상담은 교회에서 선별된 교인들을 위하여 예비된 은총인가? 성경에 따르면, 모든 신자들은 그들의 이웃들에게 특별한 관심을 가져야 하지만, 이것은 모든 신자들이 효율적인 상담자가 될 수 있거나 되어야 한다는 것을 의미하는 것은 아니다.

당신이 특별히 상담자로서 재능이 있는 사람들 가운데 한 사람인지를 아는 것은 어렵지 않다. 다른 사람들을 돌보는 것이 당신의 장점들 중의 하나인가를 당신을 가장 잘 아는 사람들에게 질문해보라. 당신의 삶을 돌아보고, 사람들이 그들의 문제를 말하면서 자연스럽게 당신에게 끌리는 것 같은가를 스스로 질문하라. 다른 사람들을 돕고 지지하고 격려하고 자극하며 안내하는 것에서 개인적인 만족을 얻는가? 사람들이 당신과 이야기할 때 도움을 받고 있는 것 같은가? 만일 그렇다면 하나님은 상담을 위하여 특별히 당신을 예비하셨을 것이다. 하나님께 감사하고 상담을 더 잘하기 위하여 배우라.

반대로, 만일 당신의 상담이 효율적이지 않은 것 같다면, 하나님은 아마도 당신에게 다른 것에 재능을 주셨을 것이다. 이것은 누구라도 상담자가 되지 않는 것에 대한 변명이 되지는 않지만, 당신의 주된 노력을 다른 곳에 써서, 상담 분야에 더 재능 있는 사람들이 상담 기술을 사용하도록 당신을 격려할 것이다.

만일 당신이 목사나 청소년 지도자, 혹은 상담 역할을 하는 사람이지만 그 분야에서 특별한 재능이 있다고 느끼지 않는다면 어떻게 할까? 이것은 당신이 상담을 피해야 한다거나 아무도 당신의 상담 결과로 성장하지 않을 것이라는 말이 아니다. 어떤 분야에서 재능이 없다는 것은 더 재능이 있는 사람보다 조금 더 열심히 일해야 한다는 것을 의미한다. 만일 웅변가나 선생님, 혹은 행정가가 당신이 해야 할 역할이지만 그런 것들이 당신의 장점이 아니라면, 비슷한 결론이 적용된다. 열심히 일하고 당신의 장점에 초점을 맞추도록 하라. 그리고 당신이 취약한 분야는 다른 사람들이 하게 하라.

분명히 교회의 지체인 우리는 서로를 필요로 한다. 그리고 상담은 교회 기능의 단지 일부분일 뿐이다. 교회 안에서나 밖에서 사람들은 상담의 도움을 받지만, 우리도 또한 복음주의, 가르침, 사회활동, 예배, 그리고 사역의 다른 부분들을 통해 돕는 활동을 한다.

• 상담자의 동기

당신은 왜 상담하기를 원하는가?[13] 자신의 동기를 평가하는 것은 언제나 쉽지 않다. 이것은 아마도 상담을 직업으로 선택하는 이유를 검토할 때 특히 그럴 것이다. 사람들을 돕기를 진심으로 원하는 것은 상담자가 되기 위한 정당한 이유다. 당신의 상담이 실제로 다른 사람들에게 긍정적인 영향을 끼쳐서, 사람들이 자신들의 문제에 대하여 이야기하기 위하여 자발적으로 당신을 찾거나, 혹은 사람들을 돕는 것이 개인적으로 성취감을 준다는 객관적인 증거가 있을 때도 정당하다. 그러나 인식되지 않은 문제들 가운데, 당신을 상담으로 유도하는 다른 문제들이 있다. 이런 것들은 당신이 상담을 더 잘하도록 돕는 것이 아니라 상담의 효율성을 떨어뜨릴 것이다.

우선 당신 자신의 욕구를 채우기 위하여 상담할 때, 내담자들을 제대로 도울 수 없을 것이다. 다음을 생각해보라.

1. 관계에 대한 욕구

모든 사람들은 최소한 둘 내지 세 사람의 타인들과 친밀한 관계를 필요로 한다. 어떤 내담자들에게는 상담자가 최소한 임시적으로라도 가장 친한 친구가 될 것이다. 그러나 상담자가 내담자들 외에 친한 친구가 없다고 가정해보라. 그럴 경우에 관계에 대한 상담자의 욕구는 객관성을 갖고 도우려는 의도를 방해할 것이다. 만일 상담을 연장하거나 상담 시간 외에 내담자에게 전화를 하거나 함께 만나서 어울릴 기회를 찾고 있다는 것을 알아차린다면, 그 관계는 내담자를 돕는 것만큼 만남에 대한 당신의 욕구를 채우고 있는 것이다. 이렇게 되면 상담자와 내담자 관계는 효율적인 상담 관계가 되지 못한다. 만일 당신이 전문 상담자라면, 이런 식으로 경계선을 넘는 것은 비윤리적이다. 따라서 공식적인 상담을 끝낼 필요가 있다. 때로는 두 사람을 위하여 내담자를 다른 상담자에게 의뢰하는 것이 최선의 방법이다. 친구들을 돕는 것이 나쁜 것은 아니지만, 반대로 친구들이 항상 좋은 상담자가 되는 것은 아니다. 상담과 관계가 없는 친구들은 최소한 상담이 끝날 때까지는 피하는 것이 가장 좋다.

2. 통제 욕구

권위적인 상담자는 상대방을 '올바르게 지도'하려 하고, 요청받지 않았는데도 충고하고, '문제 해결사' 역할을 하기 좋아한다. 의존적인 내담자들은 이것을 원할 것이지만, 결과적으로 대부분의 사람들은 통제하는 유형의 상담자들을 저항하거나 원망한다. 왜냐하면 그들은 품위를 떨어뜨리거나 실제로 도움이 되지 않기 때문이다.

내담자들이 어떻게 해야 할지를 듣게 되면, 그들은 하나님의 뜻과 기독교 상담자의 생각을 혼동할 것이다. 어떤 사람들은 그들이 들은 충고를 따르지 못할 때 죄책감과 무능함을 느낀다. 내담자들은 상담자의 도움 없이 결정할 수 없을 때 영적으로나 정서적으로 성장하지 못하는 듯하다. 상담자와 내담자는 팀을 이루어 함께해야 한다. 그 팀에서 상담자는 가르치는 코치 역할을 하지만 궁극적인 목표는 상담 현장에서 떠나는 것이다.

3. 구원 욕구

구원자는 종종 돕기 위한 진실한 욕망을 갖고 있지만, 이런 유형의 상담자는 내담자에게 "당신은 이 문제를 해결할 수 없어요. 내가 당신을 위해서 그것을 할 거예요"라고 말하는 태도를 보임으로써 내담자의 책임감을 빼앗는다. 이것은 잠시 동안은 내담자에게 만족을 주겠지만, 길게는 도움이 되지 않는다. 구원의 기술이 실패할 때(종종 실패한다) 상담자는 거절당하고 인정받지 못하고 부적절한 느낌, 때로는 죄책감, 상처, 그리고 깊은 좌절을 느낄 것이다.

4. 정보에 대한 욕구

내담자들이 자신의 문제를 말할 때, 종종 알아들을 수 없는 정보를 흥미로운 토막 이야기로 말한다. 상담자가 지나치게 호기심을 가질 때, 특히 성적인 것이나 다른 개인적인 행동에 대하여 상담자는 내담자의 욕구 이상으로 자신의 욕구를 채우게 된다. 이러한 정보는 거의 비밀을 지킬 수 없는 잡담의 주제가 된다. 지나치게 호기심이 많은 상담자들은 비윤리적 행동을 하게 될 위험을 안고 있다. 그들은 거의 도움이 되지 않기 때문에 결국 사람들은 도움을 요청하지 않게 된다.

5. 긍정과 수용에 대한 욕구

내담자들은 특별히 상담이 잘 진행될 때, 상담자들에 대하여 긍정적으로 말한다. 불안하거나 무능하다고 느끼는 상담자들을 포함하여, 어떤 상담자들은 긍정과 인정, 혹은 칭찬의 표현을 갈망한다. 이렇게 '사랑받고 싶은 욕구'는 상담자가 말하는 것이나 행하는 모든 것에 영향을 끼쳐 내담자를 도울 수는 있지만, 인정받지 못하거나 저항을 가져올 수도 있는 어떤 상담도 할 수 없게 한다.

6. 개인적 치유에 대한 욕구

대부분은 사람들을 돕는 일을 방해할 수 있는 숨겨진 욕구와 불안을 갖고 있다. 이것은 상담 대학원에서 학생들에게 다른 사람들을 상담하기 전에 학생들 자신이 상담받을 것을 요구하는 이유다. 만일 상담자가 자신의 개인적 욕구들을 실현시키기 위하여 내담자를 이용한다면 상담은 효율적이지 않을 것이다. 상담자의 개인적 욕구들에는 다른 사람들을 조종하려는 것, 죄를 용서하려는 것, 권위적 인물을 기쁘게 하려는 것, 성적 갈등을 다루려는 것, 적대감을 보이려는 것, 혹은 상담자가 지적으로 능력 있고, 영적으로 성숙하며, 심리적으로 안정되어 있다는 것을 증명하고 싶은 욕구들이 있다. 당신의 욕구를 만족시키기 위하여 혹은 당신 자신의 삶 속에 있는 문제들을 치유하기 위하여 내담자들을 이용하는 것은 비윤리적이고 정당하지 않다.

아마도 경험이 많은 상담자는 물론이고 모든 상담자는 때때로 이러한 경향을 느낄 것이지만, 우리가 내담자들을 상담하는 것과는 별도로 개인적 욕구들을 다루는 것은 중요하다. 사람들이 상담받으러 올 때 그들은 개인적 정보를 상담자에게 말한다는 위험을 감수하여 상담자의 돌봄에 전적으로 의지한다. 상담 관계가 일차적으로 상담자 자신의 욕구를 만족시키기 위하여 이용될 때 상담자는 이러한 진실을 저버리고 상담의 효율성을 훼손하게 된다.

• 상담자의 실수들

삶에서 보장되는 것은 거의 없다. 이 분야에도 한 가지가 있는데 바로 상담자인 당신이 실수를 하는 것이다. 곧 당신은 자신의 실수를 수집하게 될 것이다. 다음에 열거한 것은 상담자들이, 특히 초기에 실패하는 영역들이다.

- 상담자가 상담 대신 잡담을 한다 : 잡담은 상담자와 내담자가 친밀함을 나누는 활동이다. 상담은 문제 중심, 목표 지향적 대화로서 한 사람, 즉 내담자의 욕구에 일차적으로 초점을 맞춘다. 모든 상담은 정기적으로 나누는 이야기이지만, 이야기가 길어지고 그것이 우선이라면 상담의 효율성은 줄어들 것이다. 만일 당신이 비공식적으로 잡담을 하는 경향이 있다면, 내담자의 문제를 피하려고 하는지 자문해보라. 그리고 왜 그런지도 생각해보라.
- 상담자가 너무 빨리 문제를 해결하기 시작한다 : 바쁘고 목표 지향적인 사람들은 참을성이 없을 수 있다. 내담자들은 즉각적인 해답과 자신들의 증상으로부터 빠르게 회복되기를 원한다. 또한 상담자들은 돕는 데 열심을 낼 것이다. 그렇기 때문에 그들은 충고하기 시작하여 너무 빨리 해답을 제시한다. 결과적으로 경청하고 문제를 명료화하며 내담자가 말하려고 하는 것을 심사숙고할 충분한 시간이 없다.

  상담자들은 느긋하게 상담에 접근하지만, 즉각적인 진전이 없을 때에는 낙담하고 불안해할 수 있다. 상담자들이 시간을 낭비해서는 안 되지만 상담을 급하게 할 수 없다는 것도 사실이다. 문제들이 드러나는 데 많은 시간이 걸리고, 그 문제들이 상담자의 개입에 반응할 때만 빠르게 사라질 것이라고 가정하는 것은 현실적이지 않다. 일시적인 변화는 일어나겠지만, 그런 변화는 거의 없다. 상담을 침착하고 편안하게 할 때, 상담자는 성급한 판단을 덜하게 될 것이다. 그리고 내담자는 지지받고 이해받고 있다고 느낄 것이며, 상담자에 대한 진지한 관심을 더 많이 갖게 될 것이다. 대부분의 경우에 내담자들이 자신의 옛 사고방식이나 행동방식을 포기하고 새롭고 더 나은 방식으로 바꾸는 데는 시간이 걸린다.
- 상담자가 심문하는 사람이 된다 : 내담자들이 너무 많은 질문을 너무 빨리 받을 때, 그들은 이해

받지 못하고 있다고 느낀다. 그들은 또한 질문이 끝나면 상담자는 곧 진단하고, 그리고 고장 난 차에 대하여 일련의 질문을 하는 정비사처럼 해결책을 내놓을 것이다. 질문을 덜하고 내담자로 하여금 말하도록 격려하는 것이 더 유용하다. 내담자가 문제들에 대해 보다 완전한 그림을 보여주기 위하여 자신의 생각을 수집하는 동안 침묵하는 시간을 허용하라.

- **상담자가 무례하거나 판단한다** : (좋은 상담자가 아닌) 어떤 상담자들은 사람들을 빠르게 범주화한다. 예를 들어 내담자를 '육적인 기독교인', '무책임한 독신', '무감각한 유형'이라고 가정할 것이다. 그리고 나서 사람들을 범주 속에 분류해넣고 간단하게 서둘러 평가하고 빠르게 직면하고 판단적 진술을 하거나 무감각하고 경직된 충고를 한다. 아무도 그렇게 무례한 대우를 받고 싶어 하지 않는다. 아무도 분류되어 선입견의 대상이 되고 싶어 하지 않는다. 내담자의 말에 공감하며 정중하게 경청하지 않거나 판단하는 상담자들은 누구도 도울 수 없다.

  예수 그리스도는 사람들을 완벽하게 이해했다. 오늘날에도 그는 우리의 연약함을 어루만져주신다. 그는 결코 문제를 경시하거나 죄를 간과하지 않으셨다. 그는 우물가의 여인처럼, 배우고 회개하여 자신의 행동을 변화시키는 사람들에게 언제나 친절함과 관심을 보여주었다.

- **상담자가 지나치게 감정적으로 개입한다** : 돌보는 것과 돕기 위하여 너무 많이 개입하는 것 사이에는 분명한 선이 있다. 이것은 특별히 내담자가 심하게 불안해하고 혼란스러워하거나, 상담자 자신의 문제와 유사한 문제에 부딪힐 때 그렇다.

  감정적으로 개입하는 것은 상담자가 객관성을 잃게 되는 원인일 수 있다. 그리고 이것은 상담의 효율성을 떨어뜨린다. 어느 정도 동정심이 있는 사람들의 경우 정서적 개입을 피할 수는 없지만, 기독교 상담자는 상담을 전문적으로 하는 사람으로서 이러한 경향을 막을 수 있다. 이런 관계에서는 상담의 기간이나 횟수를 분명하게 제한하여 상담자가 객관성을 유지하도록 해야 한다.

- **상담자가 거리를 두거나 인위적으로 대한다** : 이것은 당신에게는 사실이 아닐 수 있지만, 상담자들은 모든 것을 제대로 해야 한다는 부담을 갖는다. 그들은 좋은 상담자들이 언제나 적절한 말을 하고, 실수하지 않고, 어떤 종류의 상담이라도 다룰 수 있는 기술과 지식을 갖고 있다는 가정 위에서 상담한다. 그러한 상담자들은 자신의 약점이나 무지를 인정하기를 꺼린다. 그들은 전문적으로 성공하는 사람이 되고 싶은 열망 때문에 겉으로 인위적이고 냉담하게 보인다. 거리를 두고 있거나 '모든 것을 잘해내려는' 인상을 주는 상담자에게 내담자가 편안해 하고 속내를 정직하게 털어놓기는 어렵다. 어쩌면 불가능할지도 모른다.

  세계 역사상 오직 한 상담자만이 완벽했고 실수하지 않았으며 언제나 바른 말을 했다. 그를 따르는 우리는 편해질 필요가 있다. 그리고 우리 모두 실수한다는 것을 인정하여 전문적 역할 뒤에 숨지 말고, 효율적으로 상담하기 위하여 적절한 말과 지혜를 주시는 그를 신뢰할 필요가 있다.

- **상담자가 방어적이다** : 종종 대부분의 상담자들은 상담할 때 위협을 느낀다. 불공평하게 비판받거나 도움이 되지 못한다는 죄책감에 시달릴 때, 혹은 내담자가 해를 끼칠까 봐 두려워하고 있다는 것을 깨달을 때, 상담자는 내담자의 말에 공감하여 경청할 수 있는 능력을 방해받는다. 이러한 위협들이 생겨날 때, 자신에게 그 이유를 묻는 것이 도움이 될 것이다. 만일 그 해답을 모르겠다면, 그 상황을 친구나 동료 상담자와 논의해보는 것이 좋다. 자신에 대하여 더 많이 알고 인정하면, 내담자들에게 덜 위협을 받을 것이다.

상담자는 위의 실수들을 피하기 위하여 경계하는 태도를 유지해야 한다. 기독교 상담자인 우리는 이 일을 훌륭하게 해냄으로써 하나님을 영화롭게 한다. 당신이 실수할 때 사과하고, 실수를 배움의 상황으로 활용하여 발전하기 위한 디딤돌로 삼으라.

실수와 역할 혼란은 돌이킬 수 없는 비극이 아니다. 내담자와 좋은 관계를 형성하는 것은 상담에서 실수하는 많은 것을 덮을 수는 있지만, 실수나 무능한 상담에 대한 변명거리로 이용해서는 안 된다. 실수하거나 불건전한 상담을 하게 되면 내담자에게 사과하고, 필요하다면 관계를 재구성하라. 당신이 어떻게 변화할 것인가를(상담 시간을 더 견고하게 계획하라. 예를 들어, 내담자가 요청할 때 외에 어떤 것도 그만두지 않고 좀 더 인내하면서 지시적인 태도를 갖지 않는 것을 말한다) 내담자에게 말할 수 있다. 이러한 재구성은 실패를 인정하거나 그동안의 노력을 철회하는 것이기 때문에 언제나 어렵다. 이러한 대책이 역할 혼란을 더 가중시키고 비효율적인 상담을 가져올 수도 있다.

• 상담자의 취약성

만일 내담자가 도움을 원하고, 정직하고 믿을 만하며, 상담 과정에 적극적으로 참여한다면, 상담은 훨씬 쉬울 것이다. 하지만 이런 일은 쉽게 일어나지 않는다. 어떤 내담자들은 의식적이거나 무의식적으로 사실을 조작하고, 왜곡시키거나 협력하지 않으려는 욕망을 갖고 있다. 내담자를 도우려 하고 그가 변화할 때 성취감과 기쁨을 느끼는 상담자라면 이것을 발견하기는 어렵다. 저항하고 비협력적인 사람들을 상담하는 것은 언제나 어렵다. 내담자를 돕는 데 동의함으로써 우리는 힘겨루기, 착취, 그리고 실패의 가능성에 자신을 열어놓는다.

사람들이 상담자를 좌절시키고 상담자의 취약성을 증가시키는 몇 가지 방식이 있다.

1. 조종

어떤 사람들은 다른 사람들을 통제함으로써 자신이 원하는 것을 얻는 데 능수능란하다. 곤경에 처해 상담하러 온 사람들을 도우려는 의욕에 불타는 젊은 상담자가 있다. 그는 '초보 상담자'라는 딱지가 붙는 것을 원하지 않기 때문에 내담자에게 기쁨을 주기로 결심한다. 상담 시간은 길어지고 더 자주 만나게 된다. 오래지 않아 상담자는 내담자와 사적으로 전화통화도 하게 되고 그의 심부름을 하고 약간의 돈도 빌려주며 심지어는 그를 위하여 쇼핑도 해주지만, 내담자는 고맙다고 말하면서도 더 많은 것을 요구한다.

경험이 없는 상담자는 '조종당하는 상담자들은 거의 도움을 주지 못한다'는 사실을 배우게 된다. 상담자를 조종하려는 사람들은 이것이 삶의 방식이 되어버렸고 그것을 교묘하게 이용한다. 상담자는 이러한 책략들에 도전해서 그들에게 통제 당하는 것을 거절해야 한다. 그리고 더 만족스럽게 다른 사람들과 관계 맺는 방법을 가르쳐야 한다.

조종은 교묘하고 원활하게 이루어질 수 있기 때문에 현명한 상담자는 '내가 조종당하고 있는가?' '내가 상담자로서 나의 책임을 넘어선 일을 하고 있는가?' '객관성을 잃거나 현명하지 않은 일들을 억지로 말하고 있다는 증거가 있는가?'라고 계속 자문해보아야 한다. 심지어 노련한 상담자들조차 그들이 조종당하고 있다는 사실을 모를 수 있다. 따라서 그들을 깨우쳐줄 수 있는 동료 전문 상담자나 친구들을 갖는 것이 일반적이다.

내담자가 진실로 원하는 것이 무엇인가를 자신에게 묻는 것도 도움이 될 수 있다. 때때로 사람들은 문제를 갖고 와서 도움을 요청하지만, 그들이 실제로 원하는 것은 당신의 관심과 시간, 범죄나 다른 해로운 행동을 허용받는 것, 혹은 가족이나 다른 사람과의 갈등에서 동맹자로서 지지를 얻는 것이다. 때때로 사람들이 상담소를 찾는 이유는 그들이 상담을 받고 있는 것 같으면 배우자, 가족 구성원이나 고용주들이 그들의 행동에 대하여 불평하지 않을 것이라는 희망 때문이다. 당신이 이러한 유형의 그릇된 동기가 의심되거나 혹은 당신이 조종당하고 있다는 것을 알아차리면, 내담자에 대한 당신의 관심을 부드럽게 드러내면서, 그 생각은 받아들일 수 없다고 언질을 주라. 그리고 앞으로 상담자를 조종하거나 착취하지 못할 만한 방법으로 상담을 구성하라. 하지만 모든 내담자들이 조종하는 사람들이라고 가정하지는 말라. 아마도 진실하게 도움을 원하는 사람들은 조종하거나, 비밀스럽거나, 부정직하거나 지나친 요구를 하지 않을 것이다.

2. 정서적 얽힘

역전이는 프로이트(Freud)가 처음에 제안했던 기술적 단어다. 이것은 내담자가 당신에게 당신의 삶에서 영향을 끼쳤던 사람을 생각나게 할 때 일어난다. 만일 내담자가 당신의 아들이나 아버지 혹은 이전의 사장을 생각나게 할 때 당신은 객관성을 잃고 이렇게 닮은 점이 없다면 일어나지 않았을 방식으로 내담자를 대할 수 있다. 만일 당신이 이전의 사장을 싫어했다면, 무의식적으로 당신은 이런 감정을 사장 같은 내담자에게 전이시킬 것이다.

정서적 얽힘은 상담자 자신의 욕구나 지각이 치료적 관계를 방해할 때 생긴다. 이런 경우의 상담은 오히려 상담자가 자신의 문제를 해결하기 위한 기회가 될 수 있다. 이런 일이 생기면, 내담자들은 그들이 원하는 도움을 받지 못한다. 사실 당신은 나중에 후회할 수 있는 방식으로 말하거나 행동하고 싶을 수 있다. 예를 들어 당신이 내담자를 향하여 낭만적이거나 성적인 감정을 갖기 시작했다고 가정해보라. 당신이 내담자 주변을 맴돌면서 보호하고 싶은 유혹을 받고, 상담 시간 외에 내담자에 대해 상상한다고 가정해보라. 당신이 계속해서 내담자의 수용과 인정을 바라고, 내담자가 너무 가깝게 느껴져서 내담자의 감정과 당신 자신의 감정을 분리할 수 없다고 가정해보라. 아마도 당신은 자신이 싫어하는 내담자들은 피할 방법을 찾을 것이고, 당신이 더 좋아하는 내담자들에게는 상담 이외의 시간을 써서 상담 기회를 더 늘릴 방법을 찾을 것이다. 이런 것들은 모두 상담자로서의 일을 방해하는 당신 자신의 욕구와 문제를 보여주는 것일 수 있다.

만일 상담자들이 효율적으로 훈련을 받았다면, 그들은 역전이와 다른 정서적 얽힘에 의하여 영향을 덜 받겠지만, 때때로 그런 것들은 우리 모두에게서 나타난다. 정서적 얽힘과 취약성을 피하기 위한 첫 단계는 내담자들과 정서적으로 불건전하게 연루될 수 있는 가능성과 위험을 인식하는 것이다. 이것을 지각력이 있는 친구나 다른 상담자와 논의하는 것이 도움이 될 수도 있다. 이들은 상담자가 해야 할 일들을 지각하도록 도울 수 있고, 당신의 상담활동에 방해가 되는 문제들을 당신 자신의 삶 속에서 직시하도록 도울 수 있다.

3. 저항

사람들은 종종 자신들의 증상이나 고통스런 환경을 제거하고 싶어서 상담을 받으러 온다. 하지만 지속적인 변화와 위로는 시간, 노력 그리고 더 많은 고통을 요구한다는 것을 발견할 때 상담에 저항한다. 놀랍게도 사람들은 자신의 문제 때문에 고통을 당하지만 그 문제가 가져다주는 이익을 포기할 수 없어 변화를 꺼린다. 이러한 이익에는 다른 사람들로부터 받는 관심과 동정심, 무능에 대한 보상, 줄어든 책임감, 혹은 나쁜 행동에 대한 자기 처벌과 같이 교묘하게 자신을 만족시키는 것이나 다른 사람들 때문에 삶을 어렵게 만드는 기회를 갖는 것 등이 포함된다. 성공적인 상담은 이러한 이익들을 없애기 때문에 내담자가 협력하지 않는다. 그때 상담자는 물론이고 다른 사람들의 노력을 좌절시킴으로써 활력과 성취감을 얻는 사람들이 있다. 이러한 사람들은 마음속으로 '나를 도울 수는 없어. 그러나 나를 성공적으로 상담할 수 없다면 좋은 상담자가 아니야'라고 확신할 것이다. 그래서 상담자가 상담을 계속하지만, 내담자는 협력하는 척하며 아무것도 변하지 않는다.

상담이 시작되면, 내담자는 자신의 삶이 파괴될 것 같은 느낌을 받을 수 있고, 그래서 상담중에 심리적으로 위협을 느끼게 된다. 이것은 불안과 분노, 그리고 자기 자신에 대하여 고통스런 사실들에 노골적으로 직면하는 것에 대한 저항을 가져올 수 있다. 만일 저항과 비협조가 지속된다면 좀 더 심층적 상담이 필요할 것이다. 내담자들이 비교적 잘 적응할 때, 저항은 부드럽고 솔직하게 표현될 수 있다. 내담자에게 사람은 아무도 억지로 변화시킬 수 없다는 것을 알게 하라. 궁극적으로 변화하거나 변화하지 않는 것에 대한 책임은 내담자에게 있다. 상담자는 안전하고 구조화된 관계를 제공하며, 방어적인 태도를 취하는 것을 피해야 한다. 궁극적으로 상담자로서 보이는 효율성은 반드시 내담자들의 변화율과 무관해야 한다. 또한 저항은 대부분 내담자에게 나타나지만, 무감각하거나 지나치게 지시적인 상담자에게 문제가 있는 경우도 있다. 따라서 그러한 상담자의 말이나 행동은 성공적인 상담에 필요한 신뢰관계를 약화시킨다.

상담자들은 다음과 같은 질문을 자신과 동료들에게 함으로써 잠재적인 문제들을 경계할 수 있다.[14]

- 내가 지금까지 상담했던 사람들 중에서 이 사람이 가장 나쁜(혹은 가장 좋은) 사람이라고 말하는 이유는 무엇인가?
- 나 혹은 내담자가 언제나 늦는 이유가 있는가?
- 나 혹은 내담자가 이전에 우리가 동의했던 것보다 더 많은(혹은 더 적은) 시간을 원하는 이유가 있는가?
- 나는 이 내담자가 하는 말에 과잉반응하고 있는가?
- 내가 이 사람과 있을 때 지루하게 느끼는 이유는 무엇인가?
- 이 지루함은 내담자 때문인가, 나 때문인가, 아니면 우리 두 사람 때문인가?
- 나는 왜 언제나 이 내담자를 반대(혹은 동의)하는가?
- 나는 이 관계를 끝내고 싶어 하는가? 아니면 끝내야 함에도 불구하고 관계를 계속 유지하고 싶은가?
- 내담자에 대한 정서적 개입이나 동정심을 너무 많이 느끼기 시작하는가?
- 내담자를 상담 시간 외에도 자주 생각하는가? 내담자에 대한 공상을 하는가? 혹은 그 사람이나 문제에 대해 특별한 관심을 보이는가? 만약 그렇다면, 이것은 나에 대하여 무엇을 말하는 것인가?

4. 성적인 문제

두 사람이 공동의 목표를 갖고 함께 친밀하게 상담할 때, 종종 두 사람 사이에 우정과 우애의 감정이 싹튼다. 두 사람이 비슷한 배경을 가졌거나, 특별히 그들이 이성일 때 우애의 감정은 자주 성적인 요소를 갖는다. 이것은 성적인 매력을 포함할 수 있으며, 때때로 서로에 대한 부적절한 성적 표현이나 행동을 포함할 수 있다. 이처럼 부적절한 성적 문제는 상담 관계에서 상담자의 권위에서부터 나오는 성희롱이나 성학대의 형태로 나타날 수도 있으며, 상대적으로 취약한 내담자들에게 영향을 끼칠 수 있다. 상담자의 성적 표현이나 행동은 앞으로 보다 더 자세하게 논의할 것이다.

• 상담자의 소진

상담을 공부하는 학생들은 사람들을 돕는 행동이 평생 동안 만족을 주며 직업적 성취감을 줄 것이라고 가정한다. 그러나 곧 대부분은 상담이 힘든 일일 수 있다는 것을 발견한다. 많은 내담자들은 나아지지 않고, 다른 사람들의 문제와 불행에 지속적으로 개입하는 것은 상담자를 심리적, 육체적, 그리고 영적으로 고갈시킨다. 이 모든 것은 상담자의 이상, 에너지 그리고 목적이 점진적으로 상실되는 현상을 낳는다. 그것이 소진이다. 본래 소진은 남을 돕는 직업에 있는 사람들에게만 적용되는 용어다. 이런 일은 주로 요구는 많고 보상은 거의 없을 수 있다. 오늘날 소진은 보다 더 광범위하게 적용되어서, 어떤 직업에서든 높은 기대와 열정으로 시작하지만 단지 "비현실적으로 높은 야망과 미혹적이고 불가능한 목표들 때문에 야기된 육체적, 정서적, 그리고 심리적 소모"를 경험할 뿐인 사람들을 포함한다.[15] 여기에는 운동선수, 연기자, 사업 경영자, 전문가들, 그리고 저술가 등 여러 사람들이 있는데, 그들의 일은 압박감을 주어서 자존감을 위협하고 더 이상 심리적으로 보상을 주지 않는다.[16] 소진은 완벽주의자들에게서 가장 자주 일어나는데 그들은 이상적이어서 자신의 일에 깊이 헌신하고 "아니오"라는 말을 꺼리며 일 중독이라는 딱지를 싫어함에도 불구하고 일 중독인 경향이 있다.

때때로 소진은 목회자들, 상담자들, 혹은 병원 담당자들과 같은 집단 전체의 사람들에게서도 발생한다. 그런 곳에서는 요구가 너무 많아서 일이 고통스럽고, 팀원들에게는 그들의 일을 유능하게 해낼 수 있는 능력이나 에너지가 부족하다. 소진된 개인들처럼 전체 팀도 다음과 같이 가장 일반적인 세 가지 공통의 특징들을 보여준다. 첫째, 많은 일 때문에 압도당하는 느낌의 정서적 소모. 둘째, 비인간화. 이는 중요한 심리적 단어로서 소진된 사람들이 그들의 일과 도움을 원하는 사람들로부터 정서적으로 후회하는 것을 의미한다. 셋째, 줄어든 성취감. 이것으로 인하여 개인들이나 팀은 더 이상 다른 사람들에게 긍정적인 공헌을 하지 못한다는 느낌을 갖는다. 내담자들이나 다른 사람들은 정서적 거리를 느낌에도 불구하고, 언제나 상담자가 소진된다는 것을 알아차리지 못한다.[17]

소진은 무가치, 무기력, 피로, 냉소, 무감각, 성급함, 그리고 좌절의 느낌을 수반하는 경향이 있다. 따뜻함, 진실함, 그리고 공감의 중요성을 믿는 상담자들이 오히려 차갑고, 냉담하고, 냉정하며, 고립되어 기진맥진한 상담자들로 변화된다. 전문가는 자기도 모르는 사이에 스스로를 보호하려는 노력으로 아무도 뚫을 수 없는 두꺼운 갑옷을 입는다. 이러한 증상들은 상담자나 의사들에게만 제한되지 않는다. 소진은 세계의 어느 부분에서도 일어난다. 예를 들어 지나치게 일이 많은 구제사업가들은 그들이 일하는 어느 곳에서나 소진을 경험한다.[18]

소진을 막기 위하여, 상담자는 먼저 정기적인 기도, 예배, 성경에 대한 명상, 그리고 다른 영적 훈련을 통해 영적 힘을 얻어야 한다. 두 번째로 상담자는 자신의 행위보다 존재를 수용하는 다른 사람들로부터 지지를 받을 필요가 있다. 우리 각자는 자신을 사랑하고 이해하는 최소한 한 사람을 필요로 한다. 함께 울 수 있고, 우리의 약점을 알지만 이것을 이용하여 우리에게 맞서지 않을 것이라고 믿을 수 있는 사람이다. 세 번째로 상담자 개인이 가지고 있는 잠재적인 성취욕을 계속해서 평가해야 한다. 개인적 가치는 하나님으로부터 오는 것이지, 성공하고 열매를 맺고, 일관되게 다른 사람들을 도울 수 있는 우리의 능력으로부터 오는 것이 아니라는 것을 자신에게 상기시키거나 다른 누군가를 통해 되돌아볼 수 있어야 한다. '우리는 모든 것을 다 할 수 없기 때문에 우리에게 주어진 시간에 할 수 있는 것을 할 것이다' 라는 것을 정직하게 인정해야 한다.

네 번째, 우리에게는 쉬는 시간이 필요하다. 상담 스케줄, 휴대폰, 그리고 이메일 메시지로부터 떠나 있는 기간이 정기적으로 필요하다. 예수 그리스도는 떠나 있는 시간을 가지셨다. 우리도 만일 효율적이고 능력 있는 상담자가 되려면 예수님을 따라야 한다. 다섯 번째, 이것은 목회 기술을 향상시키고, 갈등 관리를 배우게 하며 "예"라고 말하고 싶을 때조차도 "아니오"라고 말할 수 있도록 도움을 준다. 마지막으로, 우리는 다른 사람들이 민감한 평신도 상담자들, 동역자들, 돕는 사람들이 되도록 그들을 격려하고 훈련시켜서 부담을 나눌 수 있다. 모든 사람을 도우려 하는 교회 지도자나 다른 기독교 상담자는 비록 소진은 아닐지라도 비효율적으로 일하게 된다. 또한 당신이 삶에서 유머 감각을 유지할 수 있고 자신을 너무 심각하게 생각하지 않는 것도 도움이 될 것이다.

만일 당신이 이미 소진되고 있음을 알아차렸다면 가능한 한 빨리 자신을 돌아보고 점검하는 시간을 갖기 위해 짧은 기간이라도 떠나 있도록 하라. 하나님 앞에서 앞에 열거된 내용들을 어떻게 적용할 수 있는가를 생각하라. 이런 것들이 어떻게 당신의 짐을 덜어서 자기 성취를 더하고 편안하게 당신의 삶으로 다시 돌아가게 할 수 있는가? 만일 당신이 결혼한 사람이면 배우자의 견해를 받아들여라. 배우자도 소진된 당신과 함께 살면서 당신과 마찬가지로 소진을 느끼고 있을 것이다. 다른 사람들과 함께 일하는 사람들 혹은 지나치게 요구가 많은 직업을 가진 사람들은 그들의 활동에 균형을 맞출 필요가 있다. 그들에게는 쉬고 놀고 다른 사람들과 비공식적으로 교제하고 웃는 시간이 필요하다. 그렇지 않으면 삶이 지루해지고 판에 박히고 활기를 잃게 된다. 이것은 상담자나 주변에 있는 사람들에게도 즐거운 일이 아니다. 그리고 어떤 것도 현대의 삶에서 받는 모든 스트레스에 대처하도록 내담자들을 도울 수 있는 능력을 향상시키지 못한다.

상담자의 상담자들

학생들이 실제로 내담자를 상담할 때, 개인 치료기술과 슈퍼비전, 자기 깨달음을 증가시키기 위해, 그리고 상담의 효율성을 방해하는 정서적이고 영적인 장애물들을 제거하기 위해 고안된 다른 프로그램들을 배우는 것이 항상 가능하지는 않다. 특히 규모가 작은 학교에서는 더욱 그렇다. 하지만 가장 훌륭한 상담자 훈련 프로그램에서는 필요하다. 이러한 훈련은 유용하고 매우 권할 만하다. 그러나 그것들은 자주 기독교 상담자들의 힘과 지혜의 가장 크고 유용한 원천인 모든 기독교인의 삶에 내주하면서 인도하시는 성령을 간과한다. 상담이론과 기술에 너무 밀접하게 관계되어 있어서, 모든 지속적인 도움의 원천인 하나님을 잊는다.

성경을 통하여 우리는 하나님이 인간을 통하여 일하신다는 것을 안다. 초대교회에서 신자들은 서로에게 헌신하고, 함께 먹고, 그들이 가진 것을 "큰 기쁨과 관대함으로" 나누었다.[19] 하나님은 종종 다른 사람들을 통하여 자신의 자녀들을 돕는다. 그들과 함께 우리는 나누고 생각하고 쉬고 기도하고 때로는 울 수 있다. 지지, 격려, 그리고 우리가 신뢰하는 사람들의 견해 없이는, 상담자의 일은 더 어렵고 덜 효율적일 것이다. 둘 혹은 그 이상의 상담자들이 정기적으로 만나서 성경을 읽고, 격려하고, 서로를 위하여 기도할 수 있다. 만일 당신이 그러한 관계를 갖지 못한다면, 당신이 나눌 수 있는 한두 사람의 동료를 찾을 수 있도록 하나님에게 도움을 요청하라.

　수년 전에 한 조사에서 상담자들에게 그들이 원하는 것을 무엇이든 할 수 있는 재정 수단이 있다면 남은 삶을 어떻게 보낼 것인가라고 질문했다. 100명 이상의 상담자들에게 조사를 실시했는데, 단지 세 사람만이 상담 일을 하면서 살고 싶다고 말했다. 그들 중 한 사람은 상담을 여가활동으로 하고 싶다고 말했다.[20] 오늘날 상담자들이 더 잘 견딜 것이라고 볼 수는 없다. 상담이 성취감을 줄 때도 있지만 그것은 그리 쉬운 일이 아니다. 만일 당신이 이것을 기억한다면, 당신의 상담 사역은 더욱 만족스러워질 것이고, 당신은 더욱 더 효율적인 기독교 상담자가 될 것이다.

• 상담자 예수 그리스도

　예수 그리스도는 우리에게 효율적이고 '경이로운 상담자'의 가장 좋은 모델이다. 그의 인격, 지식, 그리고 기술은 도움을 필요로 하는 모든 사람을 도울 수 있게 하였다. 예수 그리스도의 상담을 비유할 때 우리는 무의식적으로든 의식적으로든 어떻게 사람들을 도울까에 대한 우리 자신의 생각을 강화하는 방식으로 그리스도의 사역을 보는 경향이 있다. 예를 들어, 내담자에게 지시적인 태도를 보이면서 문제에 직면하게 하는 상담자는 그리스도가 때때로 그렇게 했다고 이해한다. 비지시적인 '내담자 중심' 상담자는 그리스도의 사역의 다른 예에서 이 접근법을 지지하는 것을 발견한다. 분명히 그리스도가 내담자의 상황, 성격, 구체적인 문제에 따라서 다양한 상담 기술들을 사용했다고 말하는 것이 더 정확하다. 예수 그리스도는 신중하게 경청했지만 분명한 지시를 하지 않았다. 어떤 경우에는 단호하게 가르쳤다. 그는 격려하고 지지했지만, 또한 직면하고 도전하기도 했다. 그는 죄 많고 가난한 사람들을 받아들였지만, 또한 회개하고 복종하고 행동할 것을 요구했다. 도덕적인 이야기를 함으로써 도움을 주었던 때도 있었다.

　그러나 예수 그리스도가 돕는 형태는 기본적으로 그의 인격이었다. 가르침, 돌봄, 그리고 대화를 통해 그는 상담자로서 효율성을 높이고 우리에게 모델이 되는 특성들, 태도들, 그리고 가치들을 보여주었다. 그리스도는 사람들을 대할 때 절대적으로 정직하고, 깊이 공감하며 영적으로 성숙했다. 그는 하늘의 아버지와 그와 같이 있었던 사람들을 그 명령에 따라 섬기는 데 헌신했고, 자주 기도하고 명상함으로써 그의 일을 준비하여, 성경말씀과 매우 친숙하였다. 그리고 자신에게 오는 가난한 사람들을 도왔고, 그들은 그리스도 안에서 궁극적인 평화, 소망, 그리고 안정을 찾을 수 있었다.[21]

　종종 예수님은 설교를 통하여 사람들을 도왔지만 한편으론 회의론자들과 토론하고 사람들에게 도전하며 아픈 사람들을 치유하고 가난한 사람들과 이야기하고 낙담한 사람들을 격려하고 경건한 삶의 양식의 모델이 되어주었다. 그가 사람들을 만날 때, 그는 실제 삶의 상황에서 나온 예를 들었고, 계속해서 하늘의 원칙에 따라 생각하고 행동하도록 자극을 주려고 하였다. 그는 분명히, 어떤 사람들은 문제에 직면하고, 도전하거나 충고를 듣고 대중 설교로부터 배우기 전에 들어주고, 위로해주고, 함께 의논할 이해심 많은 상담자를 필요로 한다는 것을 믿었다.

　성경에 따라 기독교인들은 예수 그리스도가 명령하고 가르쳤던 모든 것을 가르친다.[22] 분명히 이것은 하나님, 권위, 구원, 영적 성장, 기도, 교회, 미래, 천사, 악마, 그리고 인간의 본성에 대한 그의 가르침을 포함한다. 그러나 예수님은 결혼, 부모와 자녀 관계, 복종, 인종 관계, 가난한 사람들을 돌보는 것, 여성과 남성 모두를 위한 자유에 대해서도 가르쳤다. 그는 성, 불안, 두려움, 외로움, 의심, 자만, 죄, 그리고 낙담 등과 같은 개인적 문제에 대해서도 가르쳤다.

이 모든 것들은 오늘날 사람들이 상담자들에게 가져오는 문제들이다. 예수님이 사람들을 대할 때, 그는 자주 질문하는 사람들의 말을 경청했으며 다르게 생각하고 행동하도록 격려하기 전에 그들을 수용하였다. 때로 그는 사람들에게 무엇을 할 것인가를 말했지만, 그와 더불어 사람들이 자신들의 문제를 해결하도록 돕기 위하여 기술적이고도 신성으로 인도하는 질문을 사용하였다. 도마는 예수님이 그 증거를 보여주었을 때 마음에 의심을 품었던 문제가 해결되었다. 베드로는 과거의 잘못에 대하여 예수님과 함께 심사숙고함으로써 진리를 배웠다. 베다니의 마리아는 들음으로 배우고, 유다는 고통스런 경험을 통해 배웠다.

그리스도가 가르쳤던 모든 가르침에는 교리 교육도 있지만 하나님과 다른 사람들, 그리고 자기 자신과 더 좋은 관계를 맺도록 돕는 것도 포함되어 있다. 이런 것들은 거의 모든 사람들과 관련된 문제들이다. 어떤 사람들은 강의, 설교, 책을 통하여 배우고 다른 사람들은 개인적 성경공부나 토론을 통하여 배운다. 많은 사람들이 이야기를 듣거나 말하는 것을 통하여 배운다. 대부분은 경험을 통하여 배우고, 몇몇 사람들은 공식적 혹은 비공식적 상담을 통하여 배운다. 아마도 우리 모두는 이 접근법들이 결합된 것을 통해 배웠을 것이다.

진실한 기독교 상담의 핵심에는, 사적이거나 공적이거나 예수님이 '상담자'와 동일시했던 성령의 영향이 있다.[23] 성령의 존재와 영향은 기독교 상담을 진실로 고유하게 만든다. 성령은 가장 효율적인 상담자의 특성을 제공한다. 그것은 바로 사랑, 기쁨, 평화, 인내, 친절, 선함, 믿음, 온화함, 그리고 자기통제다.[24] 그는 '모든 것'을 가르치는 위로자이거나 돕는 자다. 성령은 그리스도의 말씀이 생각나게 하고, 죄를 깨닫게 하고, 모든 진리로 인도한다.[25] 상담자의 상담이 불안과 혼란을 가져올 때, 이런 것들을 하나님에게 맡기면, 성령은 그를 돕겠다고 약속했다.[26] 기도, 말씀 묵상, 죄의 고백, 그리고 그리스도를 향한 일상적인 헌신을 통하여, 상담자와 교사는 도구가 된다. 그를 통하여 성령은 위로하고 돕고 가르치고 죄를 깨닫게 하거나, 또 다른 사람을 인도하는 일을 할 것이다. 이것은 모든 기독교인의(목회자나 평신도, 전문 상담자나 비전문 상담자의) 목표가 되어야 한다. 성령으로 인하여 삶을 감동시키고 변화시키며 다른 사람들을 영적, 심리적으로 성숙하게 한다.[27]

상담자들을 위한
요점 정리 02

- 상담은 성취적이면서도 어려운 일이다.

- 가장 효율적인 상담자들에게는 특성이 있다. 이 모든 것은 발달시킬 수 있으며 그 특성들은 다음과 같다.
    - 심리적 건강과 안정.
    - 사람들에 대한 순수한 관심.
    - 공감. 이는 내담자들과 '함께 느낄 수' 있는 능력이다.
    - 인간적 따뜻함.
    - 자기 깨달음.
    - 모호함을 견딤. 이것은 불확실성을 견딜 수 있는 능력을 말한다.
    - 그 사람의 가치를 깨달음.
    - 성실, 용기, 그리고 돌보는 데 필요한 진정한 능력.

- 기독교 상담자들에게는 다음과 같은 특성이 있다.
    - 고유한 가정들.
    - 고유한 목표들.
    - 고유한 방법들.
    - 고유한 은총.

- 상담하기 위한 타당한 이유는 많다. 그러나 상담자를 만족시키지만 상담을 해칠 가능성이 있는 개인적 욕구들을 조심하라. 이러한 상담자의 욕구들은 다음과 같다.
    - 관계에 대한 욕구.
    - 통제 욕구.
    - 구원 욕구.
    - 정보에 대한 욕구. 대부분 호기심에서 나온다.
    - 긍정과 수용에 대한 욕구.
    - 개인적 치유에 대한 욕구.

- 모든 상담자들은 때때로 실수한다. 이러한 실수들에는 다음과 같은 것들이 있다.
    - 상담 대신 잡담을 한다.

· 문제들을 너무 빨리 해결하려 한다.
· 너무 많은 질문을 너무 빨리 한다.
· 무례하거나 판단한다.
· 감정적으로 지나치게 개입한다.
· 인위적이거나 거리를 둔다.
· 위협받는다고 느낄 때 방어적이 된다.

■ 상담자들은 조심하지 않으면 취약해질 수 있다. 특별히 경계해야 할 것들은 다음과 같다.
· 조종하는 내담자들.
· 역전이를 포함하여 내담자들과의 정서적 얽힘.
· 내담자의 저항.
· 상담자와 내담자를 포함하여 성적 매력을 느낌.

■ 상담자는 쉽게 탈진할 수 있다. 소진, 내담자로부터 멀어진 느낌, 혼자 있으려 하는 성향 등 탈진의 증상을 유의하라.

■ 소진을 막거나 회복하기 위하여 다음과 같은 것들이 필요하다.
· 영적인 힘.
· 다른 사람들로부터의 지지.
· 성취욕으로부터 자유.
· 어떤 사람도 모든 것을 다 할 수 없다는 것을 깨달음.
· 다른 사람들로부터 정기적으로 떨어져 있음.
· 돕는 기술의 지속적인 성장.
· 우리와 짐을 나눌 수 있는 다른 사람들.

■ 모든 상담자는 의견을 말해줄 수 있고, 완벽한 상담자 예수 그리스도를 상기시킬 수 있는 상담자 친구들을 갖고 있어야 한다. 그리스도는 우리에게 소망과 능력을 주시고 성령을 통하여 인도하시며, 종종 우리를 통하여 일하시는 궁극적인 상담자다.

03 >> 교회와 상담
The Church and Counseling

신학대학원을 졸업한 지 4개월째에 접어든 로드는 사역이 보람 있으면서도 한편으로는 힘에 부친다는 사실을 벌써부터 느끼고 있었다. 그의 작은 교회는 성장하고 있었고, 성도들은 열성적이었다. 사람들은 로드의 지도력에 긍정적으로 반응하고 있었으며, 성도들의 영적 성장도 눈에 띄었다. 그럼에도 불구하고 이 젊은 목사의 밤과 낮은 아파하는 사람들의 끊임없는 행렬로 가득 차 있는 듯했다. 이들은 모두 격려와 인도, 그리고 상담을 바라며 그를 찾았다.

로드는 신학대학원에서 단 두 가지의 상담과목을 수강했다. 그 어떤 교수도 그가 목사로서 배우자 폭력이나 부녀 근친상간, 두려움, 혼란, 자살 기도, 동성애, 알코올중독, 마약 남용, 우울증, 근심, 죄책감, 가족문제, 섭식장애, 만성적 스트레스 등등의 심각한 문제와 씨름하게 될 수 있다고 미리 경고해주지 않았다. 어떤 문제들은 성도들 중에서도 가장 존경받는 사람들의 삶과 가정에서 나타났는데, 이들은 거의 대부분 자신들의 문제를 숨기고 다녔다. 상당수가 겉으로는 미소 짓고 자신감 있게 대화를 나누면서도 속으로는 문제들과 씨름하고 있는 신실한 기독교인들이었다. 로드가 새로운 양들을 상대로 목회하려고 도착했을 때, 자신이 이처럼 심각하고 다양하며 가슴 아픈 문제들을 다루게 되리라 상상이나 했겠는가?

웨인 오츠(Wayne Oates)는 목회상담 분야의 초창기 리더 중 한 사람이었다. 수년 전 그는 그 어떤 목회자라도 자신이 받은 상담교육의 양과 관계없이, 상담하는 일을 '피할 수는 없다'고 썼다. 나아가서 그는 성도들은 문제를 안고 목회자를 '찾아올' 것이며, 목회자는 '상담을 할 것이냐 안 할 것이냐'가 아니라 '체계적이고 숙련된 방법으로 상담에 임할 것인가, 아니면 체계적이지 못하고 능숙하지 못한 방법으로 상담에 임할 것인가' 둘 중 하나를 선택할 수 있을 뿐이라고 기록했다.[1]

오츠가 이런 글을 남겼던 근 50년 전까지만 해도, 체계적이고 숙련된 방식의 상담이란 찾아보기 힘들었다. 오늘날에도 여전히 어려운 과제로 남아 있는 것이 상담이라 할 수 있다. 현대에 우리가 부딪히게 되는 문제들은 더 세분화되고 다양해졌으며, 문화의 변화 속도는 빠르게 진행되고 있고, 필요와 욕구들은 그 끝이 보이지 않는다. 오랜 세월이 흘렀음에도 불구하고 이른바 상담 기술들은 혼란을 야기하거나 논란을 불러일으키고 있다. 그러는 와중에도 치료법이나 상담에 관한 책이나 기사들은 쉴 틈 없이 출판되고 있고, 각종 상담훈련 과정과 세미나, 그리고 수백, 수천 개의 인터넷 자료들이 그 뒤를 잇고 있다.[2] 이들 중 어떤 자료나 이론들, 상담훈련 교재들의 유효성에는 우리가 의문을 제기할 수 있지만, 대다수는 목회자나 상담자들이 사람들을 도와줄 때 매우 유용하게 활용할 수 있는 자료들이다.

오늘날 상담은 기독교인들 사이에서 널리 수용되고 있지만, 어떤 교회나 특정 문화권에서는 상담이 불필요한 것, 심지어는 사탄적인 것으로 취급되고 있다. 권위 있는 목회자들을 포함하여 큰 목소리를 내는 몇몇 비평가들은 그들의 감성적인 설교를 통해 상담자들과 그를 돕는 직종을 통틀어 공격하면서 상담은 불필요한 것, 특히 그것이 심리학에 기반을 둔 것이라면 더 더욱 그러하다는 주장으로 많은 신자들을 오도해왔다. 의도는 좋으나 다소 순진한 기독교 지도자들 중 일부는, 독특하게 기독교적이면서도 단순명료한 '새로운 비법'들을 제시하기도 했는데, 그 효과는 의문시되고 있다.

기독교인들의 본이 되는 예수 그리스도는 개별적으로 또는 집단적으로 도움이 필요한 사람들과 여러 시간 대화를 나누곤 하셨다. 고통 받는 사람들에게 특별히 민감하게 반응했던 사도 바울은 믿음이 강한 자가 믿음이 약한 자의 약점을 담당하고 서로의 짐을 덜어주어야 한다고 기록했다.[3] 바울은 아마도 의심과 두려움, 죄로 가득한 인생을 살아가는 이들을 염두에 두고 그렇게 써내려갔겠지만, 그의 애정어린 관심은 오늘날의 상담자들이 부딪히는 많은 문제들에도 영향을 미치고 있다.

성경 기자들은 남을 돕는 것이 선택사항이라고 하지 않았다. 그것은 교회 지도자를 포함한 모든 기독교인들의 책임이기도 하다.[4] 때때로 상담을 하다보면 너무 버겁게 느껴지거나 시간 낭비처럼 보일 수 있겠지만, 그것은 어느 사역에서나 매우 효과적이고 중요하면서도 꼭 필요한 부분이다. 많은 상담자들이 몸소 경험한 것처럼, 때로는 완전한 실패처럼 보였던 상담도 시간이 지남에 따라 나중에는 매우 훌륭한 결실을 맺는 경우도 있다.

분명 우리 주위에는 이런 분야에 은사가 없거나 부름을 받지 못한 목사나 기독교 지도자들이 있다. 성격이나 관심사, 능력이나 훈련과정 또는 부름의 차이 때문에 어떤 기독교 사역자들은 상담을 피해 그들의 시간과 은사를 다른 분야의 사역에 투자하는 것을 선호한다. 이는 충분히 합당한 결정이며, 특히 다른 기독교인들의 조언을 통해 내린 결정이라면 더욱 그렇다.

그러나 우리 각자는 상담으로부터 등을 돌리지 않도록 주의를 기울여야 한다. 상담은 개인적으로 충만하고 잠재적인 힘을 지닌 성경에 기초한 사역 방법이 될 수 있다. 상담이 안고 있는 어려움에도 불구하고, 다양한 배경을 지닌 사람들이 효과적인 상담 기술을 습득할 수 있는 것이다. 당신도 그중 한 사람일 수 있다.

- **회중과 상담**

내가 젊은 교수였을 때, 아내와 나는 한 대학교 성가대의 봄 콘서트 투어에 동행하도록 초대받은 적이 있었다. 성가대는 3주간 매일 저녁 다른 교회에서 노래를 불렀고 성가대원들은 각자 다른 교회 가족들의 집으로 흩어져 하룻밤을 묵었다. 아내와 나는 거의 항상 담임목사의 집으로 초대를 받았다. 보통 우리는 식탁에 모여앉아 커피를 마시며 사역에 대한 대화를 나누는 것으로 하루를 마무리했다. 필자의 전공이 심리학과 상담이다 보니 대화는 대개 상담과 관련된 주제로 흘러갔다.

밤늦도록 대화를 나누면서 나는 교회 사역은 훌륭히 해나가고 있었지만 성도들과 이웃들의 넘치는 상담 수요에 압도당하고 있는 로드와 같은 목회자들을 여러 명 만났다. 지금에 와서 돌이켜보건대, 하나님은 그 당시의 목사님들과 사모님들을 통해 교회 내에서의, 그리고 교회를 통한 상담이 지니고 있는 엄청난 잠재력을 나에게 보여주려고 하셨던 것 같다. 이들 대화는 교회와 교회의 목적, 그리고 상담과 관련된 과제들에 대한 나의 생각들을 자극했다. 성가대 투어가 끝나고 난 뒤 나는 성도들을 대상으로 하는 상담 사역에 관한 글들을 읽기 시작했고 목회자들과 많은 대화를 나누었다. 사람들이 교회를 통해 어떤 식으로 도움을 받는지에 대한 글도 쓰면서 마침내 신학대학원에서 긴 교수 경력을 쌓아나가게 되었다.

한때 나는 교회를 하나의 건물로, 기독교인들이 적어도 일주일에 한 번 종교적인 일을 하기 위해 가는 모임 장소로 생각했었다. 여러 해 동안 나는 더 큰 건물과 양질의 음악과 강력한 강사가 있는 다양한 프로그램으로 잘 기획된 교회 집회, 해외 선교사를 지원하는 선교 프로그램, 그리고 매주 교회 모임에 참석하기 위해 오는 많은 사람들이 있는 교회가 가장 좋은 교회라고 가정했었다. 나는 기독교인으로서 내가 무엇을 믿고 있는지를 알고 있었으며, 교회와 성도들의 기준이 나의 기준과 얼마만큼 비슷한가를 놓고 평가하곤 했었다. 나는 이러한 나의 시각을 자랑스럽게 생각하지 않는다. 그러나 내가 아는 대부분의 교인들이 나와 비슷한 시각을 지니고 있다고 생각한다.

이제 나는 더 이상 이렇게 생각하지 않는다.[5] 교회를 거론할 때 건물이나 교파 또는 사람들이 모이는 장소를 떠올리지 않는다. 다른 이들과 함께 어울려서 예배드리고 배우며, 성장하고 섬기며 나누는, 각자의 영적인 여정에 있는 사람들의 크고 작은 규모의 공동체를 교회라고 본다. 때로는 격식을 갖춘 대예배를 위해 모이기도 하지만, 일상생활을 통해 하나님을 향한 헌신을 보이고 타인을 향한 사랑을 나누고자 하는 청지기들의 모임을 교회 공동체로 보게 되었다. 완벽한 교회란 없으며 우리 가운데 그 누구도 완전한 이상에 접근하지는 못한다. 그러나 갈등하면서도 성장하고, 서로 돌보고 나누며, 예수님을 닮아가는 것을 배울 수 있는 안전한 환경이 바로 교회 공동체다. 이를 상담과 교회에 어떻게 적용해볼 수 있을까?

모든 기독교인들이 다른 사람을 돕거나 상담할 의무가 있기는 하지만, 상담은 교회를 세우고 성도 개개인을 성장시키기 위해 주어진 영적 은사 중 하나라고 믿는다. 로마서 12장과 고린도전서 12장 그리고 에베소서 4장에 나와 있듯이, 이런 은사들은 타고난 능력 그 이상의 것이며 성령에 의해 믿는 자들에게 주어지는 특별한 능력이다. 모든 믿는 자들에게는 하나 혹은 그 이상의 영적 은사가 주어지지만, 그 전부를 받는 사람은 없다. 특별히 선생, 목사, 전도사로서 또는 행정가로서 능력을 보이는 사람이 있는가 하면, 타인을 돕고 상담하는 데 능력을 보이는 사람도 있다.

로마서 12장 8절에서 우리는 권위의 은사에 대해 읽게 된다. 이것의 그리스 어원은 파라클레시스(paraklesis)로 '곁에 와서 돕는다'는 뜻이다. 여기에는 다른 사람이 미래를 향해 나아갈 수 있도록 훈계, 대면, 지원 및 격려를 한다는 뜻이 함축되어 있다. 즉, 상담을 표현하는 단어들과 매우 유사하다고 할 수 있으며, 이것은 하나님에게 선택받은 기독교인들에게 주신 은사를 가리킨다.

그러나 그렇다고 해서 특별히 은사를 받은 사람만 상담에 참여해야 한다는 결론을 내려서는 안 된다. 사실 사람을 돕는 일은 전도나 가르치는 것과 비슷한 면이 있다. 전도(에베소서 4:11)에 은사가 있는 사람이 따로 있기는 하지만, 기독교인이라면 누구나 증인이 되어 복음 전파에 힘써야 한다. 또 가르치는 은사를 지닌 사람들도 있지만(로마서 12:7, 에베소서 4:11), 우리 모두는 자녀들과 다른 사람들을 가르칠 책임이 있다. 마찬가지로 비록 상담에 특별한 은사를 지닌 사람들이 있다 할지라도, 우리 모두는 서로의 짐을 함께 지는 상담자가 되어야 마땅하다.[6]

상담의 은사는 대개 교회 목회자들 사이에서 많이 나타나는 듯하지만, 우리가 목사나 장로로 알고 있는 그분들만이 돌봄 제공자(Care-Giver)는 아니다. 여러분의 교회에서 어쩌면 가장 뛰어난 상담자이자 돌봄 사역자는 바로 당신일지도 모른다. 아니면 돌보는 기술과 상담 기술을 배우는 데 격려를 받고, 가르침과 훈련과정을 제공받는다면 뛰어난 상담자가 될 수 있는 능력을 가진, 현재 최고의 돌봄 제공자인 당신 주변의 또 다른 사람일 수도 있다.

돌봄과 상담

상담은 고통스런 상실과 중대한 결정 또는 자기 자신이나 상황과 환경에 대해 실망하고 있는 이들에게 격려와 인도를 제공하려 시도하는 것이다. 상담은 인격 성장과 발달을 자극할 수 있다. 상담은 삶의 문제와 내면적 갈등, 그리고 우리를 힘들게 하는 감정에 더 효과적으로 대처하게 도와준다. 상담은 개인과 가족, 그리고 결혼한 부부가 서로의 갈등을 해소하고 서로 효과적으로 관계를 맺도록 도와주기도 한다. 상담은 또한 삶의 방식이 자기패배적이고 불행을 자초하는 사람들에게 도움을 줄 수 있다. 기독교 상담자는 내담자들이 예수 그리스도와 인격적인 관계를 맺도록 인도해주고 죄와 죄책감의 결과로부터 죄 사함과 평안을 누리도록 돕는다. 궁극적으로, 기독교 돌봄 사역자는 다른 사람이 예수 그리스도의 제자가 되도록 도와주고 그들이 또 다른 사람을 제자로 삼게 되기를 바란다.

■ 목회적 돌봄 : 어떤 사람들은 편의상 목회적 돌봄과 목회 상담, 그리고 목회적 심리치료를 구분 짓기도 한다. 그중에서 가장 포괄적인 것은 목회적 돌봄이다. 이는 치유, 지탱, 인도, 그리고 사람들을 하나님과 서로에게 화해시키는 전반적 사역을 일컫는다. 때때로 '영혼의 돌봄'(The Care of Souls)이라고 불리는 이 사역은 설교와 가르침을 포함하기도 하지만, 대개의 경우 목양과 양육, 필요할 때의 돌봄, 그리고 때때로 제자훈련과 성례전을 집전하는 것을 가리킨다. 예수님이 세상에 오신 이래로 교회는 목회적 돌봄에 힘써왔다. 그러나 목회적이라는 표현에 관계없이, 이 돌봄에는 지금까지 모든 신자들이 참여해왔음을 알 수 있다. 이것은 장로들이 기대하는 것처럼 보이기도 하는데, 안수 받은 성직자에게만 제한된 역할이 아닌 것은 분명하다.

■ 목회 상담 : 목회적 돌봄의 보다 전문화된 부분으로서, 인생의 압박감과 위기에 개인과 가족, 또는 그룹들이 대처할 수 있도록 돕는 것을 포함하고 있다. 보통 신학교육을 받았거나 전문 목회상담 훈련을 받은 사람들에 의해 시행된다. 다양한 치유방법을 사용하여 건전한 성경적 및 신학적 가르침에 일치하는 방식으로 문제를 다루도록 사람들을 돕는다. 목회 상담의 궁극적인 목표는 내담자가 치유를 경험하고, 대처 기술과 대인관계 기술들을 익히며, 개인적으로 그리고 영적으로 성장하게 도와주는 데 있다.

성경은 믿는 사람 모두가 서로의 짐을 져야 한다고 가르치며,[7] 모든 신자는 제사장이라고 가르치고 있다.[8] 이를 통해 우리는 목사 안수를 받았는지의 유무에 관계없이, 민감하고 돌아보는 기독교인이라면 누구나 목회적 유형의 상담에 참여해야 한다는 결론을 내릴 수 있다. 지금부터 저자는 목회 상담과 기독교 상담이라는 개념을 호환적으로 통합해서 사용할 것이다.

- **목회적 정신치료** : 몇 년 전보다는 사용 빈도가 많이 줄어든 단어다. 이것은 내담자의 성격, 영적 가치관, 사고방식에 근본적인 변화를 주고자 하는 장기적이고 심층적인 도움 과정을 말하는데, 개인의 영적 성장을 방해하는 과거 사건들에 주로 초점을 맞추는 상담의 한 형태다. 이 일은 주로 전문적인 교육을 따로 받은 사람들이 맡기 때문에, 이 책에서는 거의 다루지 않을 것이다.

- 기독교 상담과 영성 지도

우리가 살고 있는 세상은 우리에게 자율성과 개인주의에 가치를 두도록 가르쳤다. 그러다 보니 교회에서조차 영성(spirituality)을 개인적이고 사적인 것으로 보는 성향이 있다. 하지만 현재 이러한 시각은 바뀌고 있다. 전향적인 기독교인, 특히 개신교도들 사이에 일어나고 있는 운동이, 교회가 지난 수백 년간 알고 있었으나 망각하고 있었던 것을, 지난 20~30년 사이에 우리에게 상기시키고 있다. 고립은 대개 영적인 메마름으로 이어진다. 영적인 성장과 변화는 공동체를 통해 양육되어야 한다. 우리는 영적 여정에 함께할 동반자가 필요하다.[9] 각각의 전문 분야로서 상담과 심리치료가 서서히 주목을 받기 시작하던 약 100년 전만 해도, 사람들은 과학에 매료되어 있었고 과학에 대한 관심은 점점 더 높아지고 있었다. 적어도 물질주의와 쾌락주의, 세속주의가 지배적이었던 서양에서는 종교와 영적인 것들이 들어설 여백은 거의 없었다. 이 둘은 시대에 뒤떨어지거나 비과학적인 것으로 간주되었다. 프로이트가 종교는 마약이자 환상이라고 했을 때, 당시 대부분의 심리학자들과 정신건강 전문가들은 이에 동의했다. 그러나 20세기가 도래함에 따라 과학 신봉과 소비주의, 개인주의가 퇴색하기 시작했고 이럴 즈음 사람들은 자신들의 삶이 빈곤하고 영적으로 메말라 있음을 느끼기 시작했다. 신실한 기독교인들조차도 다양한 교회 프로그램 활동으로 인한 혜택과 영향력에도 불구하고, 그들의 삶에 공허함과 하나님과의 보다 깊은 만남을 갈망하게 되었다.

이 모든 것은 결국 전 세계적인 영성에 대한 관심의 부활로 이어졌다. 교회 밖의 대부분의 사람들에게 영성은 인간의 주체성과 창의에 기반을 두고 있고 성경의 하나님과는 전혀 관계가 없는 고대의 영적 전통들에 뿌리를 두고 있다.[11] 일부 세속적인 상담자들은 여전히 과거의 훈련과 전통적인 치료요법들에 매달리고 있으며, 내담자들의 삶에 영향을 미치는 종교나 영성의 역할에 대한 가치에 눈을 돌리거나 인정하려 하지 않는다. 그 외의 점차 많은 사람들이 영성은 사람들의 삶에 매우 중요하게 작용할 수 있으며 상담에서 결코 무시될 수 없다는 것을 인정하기 시작했다.[12] 기독교 상담자들을 포함한 기독교인들 사이에서 영성 지도를 시행하는 것에 대한 관심이 급증하였다.

영성 지도에 대한 정의는 약간씩 다르지만, 가장 적절한 정의는 20년 전에 출판된 한 책에 나와 있다.[13] 그 책의 저자들은 한 기독교인이 다른 기독교인에게 다음과 같이 할 수 있게끔 돕는 것을 영성 지도라고 정의하였다.

- 하나님과의 개인적인 의사소통에 더 효과적으로 집중할 수 있도록.
- 개인적으로 말씀하시는 하나님에게 반응할 수 있도록.
- 하나님과의 친밀감에서 자라갈 수 있도록.
- 관계의 결과를 삶으로 나타내도록.[14]

영성 지도의 초점은 어떤 아이디어가 아닌 경험에 있다. 여기서 강조점은 조언을 해주거나 제자훈련을 하고 권위주의적 지도를 하고 가르치거나 개인적 문제를 다루는 데 있지 않다. 반대로, 영성 지도는 "하나님과의 보다 깊은 개인적인 관계를 발전시키는 일에 도움을 구하는 사람이 또 다른 기독교인과 만나 기도하고 대화를 나누면서, 인생의 여러 가지 경험들 속에서 하나님의 존재를 인식하고 하나님의 뜻에 복종하는 것을 촉진하는" 두 가지 주제에 초점을 맞추는 과정이다.[15] 많은 교회에서 벌어지고 있는 과다한 활동 및 프로그램을 넘어선 하나님과의 직접적이고 깊은 관계를 개발하는 것이 그 목적이다.[16] 영성 지도의 인지도가 높아짐에 따라 그것은 점차 전문적 훈련을 받은 사람들이 담당해야 할 영역으로 여겨졌다. 그러나 최근에 와서는 전문적 훈련을 받지 않았다 하더라도 모든 교회가 시행해야 할 모든 신자들의 책임으로 인식하기 시작했다.

데이비드 베너(David Benner)와 게리 문(Gary Moon)은 기독교 임상심리학자들이자 영성 지도자다. 이들은 자신들의 가르침과 글에서 영성 지도와 상담의 경계가 항상 분명한 것은 아니라고 말한다. 그 이유는 영성 지도가 필요한 사람들이 우울증과 불안 등 심리적인 고민으로도 고통당하고 있기 때문이다. 상담은 문제 중심적인 반면, 영성 지도는 성령 중심적이다. 즉, 상담은 문제 해결에 목표를 두지만 영성 지도는 하나님과의 관계에서 성장할 수 있도록 당사자를 돕는 것에 목표를 둔다. 그러나 이런 차이에도 불구하고 기독교 상담자들은 대개의 경우 상담과 더불어 내담자의 영적인 성장을 도모하고자 한다. 상담자는 문제 해결과 증세 완화에 초점을 맞추기는 하나, 내담자의 허락만 있다면 종교적이고 영적인 자원들을 사용하는 것을 주저하지 않는다.[17]

• 상담과 신흥교회

교회라는 단어를 들을 때, 많은 사람들은 빌딩이나 교파, 사람들의 모임을 떠올리곤 한다. 그러나 최근의 교회는 새로운 세대의 리더십에 힘입어 급진적인 변화를 보이고 있는데, 기존의 부모나 조부모 세대들이 알아볼 수 없을 정도로 변모하고 있다. 그러나 아직도 대부분의 교회가 대중문화를 멀리하고 있으며, 세인의 눈, 특히 미디어가 범람하는 최첨단 포스트모던 사회에서 자라난 이들의 눈에는 시대에 뒤떨어지고 부적합한 것처럼 비쳐지는 것이 현실이다. 요즘 시대의 신흥교회를 예로 든다면, 어윈 라파엘 맥매너스(Erwin Raphael McManus)의 교회를 꼽을 수 있다. 그는 비전통적인 교회 목사로서 예수 그리스도의 교회를 일컬어 "멈추지 못하는 힘"이라고 묘사한다.[18] 맥매너스는 일요일 아침에는 비어 있던 한 나이트 클럽에서 모이기 시작한 모자이크 교회의 혁신적인 다민족 회중을 이끄는 대표 목사다('담임' 목사라는 호칭은 새로운 현대 교회에서 잘 쓰이지 않는다).

브라이언 맥라렌(Brian McLaren)은 국제적으로 활동하는 저자이며 강사이자 목사로서, "전 세계의 모든 교회에 어느 정도로든 영향을 미칠 새로운 혁명"에 대해 목소리를 높인다.[19] 레지 맥닐(Reggie McNeal)도 이에 동조했다. 그는 "북미에서는 교회가 겨우 연명해나가고 있다. 지나간 시대와 세대의 노력과 자본, 힘에 의지하고 있다"면서 교회가 오늘날의 대중과 공감대를 형성하지 못하고 있음을 지적했다. "교회는 포스트모던 세계로 진입하고 있다"고 맥닐은 그의 통찰력 있는 저서를 통해 이야기한다. "요즘 세상은 50년 전과는 전혀 다른 모습이다……. (그러나) 교회는 강한 부인과 거부반응을 보이며 문화가 다시 정신을 차리고 교회로 되돌아올 것"으로 기대하고 있다.[20]

이런 글을 쓴 저자들은 자신들이 자라나던 시대의 교회와 종파를 비난하기 좋아하는, 불만에 가득 찬 전통교회 출신들이 아니다. 이들 모두 비슷한 열정과 헌신을 가지고 예수님을 따르는 기독교인이며, 여러 교회 사역에 몸담으며 복음전파에 힘쓰는, 존경받는 교회 지도자들이다. 이들은 하나같이 복음의 메시지는 절대 변질되어서는 안 되지만 복음을 전파하는 방식은 이 시대 대중의 세계관에 발맞추어 민감하게 변화를 꾀해야 할 필요가 있다고 믿는다. 이들 현대 교회 지도자들과 성도들은 우리가 현재의 문화를 무시한 채, 오늘날의 세상에 하나님이 어떻게 역사하시는지를 잊는 한, 예수님의 지상명령은 결코 이루어지지 못할 것이라고 말한다.

이처럼 새롭고도 문화에 더욱 민감한 교회를 개척해 나가는 사람들 중에는 성경에 대한 지식이 천박하고 대중문화에 어느 정도 양보하는 성향을 보이며, 그들의 사회 진출에도 불구하고 물질주의적 자기중심주의에 어느 정도 빠져 있는 사람들도 있는 것이 사실이다. 가장 큰 영향력을 행사하는 리더들은 대개 정식 신학교육과 성숙한 영적 시각을 겸비한 사람들이지만, 새롭게 생겨난 교회 인도자들 중에는 열정은 대단하나 상호책임을 거부하는 다소 미숙하고 성경적으로 부실한 지도자들도 많다.

신학대학교 교수 로버트 웨버(Robert Webber)는 현대 교회에 대한 가장 심도 있는 분석 중 하나(북미 지역 기준)를 내놓은 바 있다.[21] 복음주의 개신교회에 대한 그의 논의는 다른 신학적 견해를 따르는 교회와 교단들에게도 적용될 수 있을 것이다. 웨버가 크게 세 가지로 구분하는 교회의 유형은 하나님을 섬기기를 소망하는 사람들, 다른 사람들을 하나님에게로 인도하고자 하는 사람들, 그리고 성경의 원칙들을 따라 살아가고자 하는 공통된 목표로 뭉친 사람들이긴 하지만, 교회를 세우고 사역을 하는 방식에서는 근본적으로 서로 다른 모습을 보인다.

웨버에 따르면, 전통적 복음주의자들은 제2차 세계대전 이후 가장 강력한 힘을 가지고 등장했다. 이들 교회와 신학교는 현대적 세계관을 바탕으로 구두에 의한 의사소통과 이성적인 사고, 목사가 인도하는 지역교회, 정보 중심으로 운영되는 주일학교, 보다 오래된 찬송가가 포함된 전통적인 예배(때로는 약간 더 현대적인 음악 스타일을 도입함), 그리고 행동과 영적인 생활을 안내하는 규칙들에 중점을 둔다.

두 번째 그룹인 실용적 복음주의자들은 지난 20세기의 마지막 25여 년을 장악했으며, 지금도 현대적인 구도자 중심의 예배의식, 혁신적인 예배, 교인의 필요를 충족시켜야 한다는 인식에 따라 비트가 있는 음악, 그리고 기술의 활용을 통해 활발하게 움직이고 있다. 이들 교회의 대부분은 규모가 매우 큰 대형교회로 성장하였고, 대부분 CEO 역할을 하는 목회자에 의해 마치 사업체처럼 운영된다. 이들 교회의 많은 목사들과 성도들은 기독교 상담을 매우 적극적으로 지지한다. 실용적 복음주의 교회들의 전 세계적인 확장과 현재의 점유율에도 불구하고, 웨버는 이런 교회들은 과도기에 있으며 전체적으로 약 100년간만 유지되다가 결국 보다 젊은 복음주의자들에게 길을 내어줄 것으로 믿고 있다.

흔히 신흥교회(또는 선교적 교회)라고 불리는 이 교회는 주로 젊은층에게 더 어필하지만, 이들 교회의 65세 이상의 장년층들도 자신들의 교회가 곧 미래의 대세라고 입을 모은다.[22] 신흥교회는 보다 더 포스트모던적인 세계관을 가지고 있다. 이들은 기성세대의 특징이라 할 수 있는 설교단에 기반을 둔 설교나 너무 세련된 설교 또는 실용주의 대형교회에서 보게 되는 커다란 구도자 중심 예배 모임 대신 관계를 강조하고, 상호교류와 경험적인 예배를 선호한다. 제1장의 표 1-1로 되돌아가서 현대 포스트모던 문화의 특징들을 살펴보라. 우리는 그 특징들을 신흥교회에서도 보게 된다. 신흥교회의 상담에 대한 관점은 전통적인 상담 접근법보다는 표 1-2에 나와 있는 새로운 기독교 상담에 더 잘 부합한다.[23]

위의 세 가지 교회 유형들은 뚜렷한 경계선으로 구분되는 서로 다른 그룹을 대표하는 것은 아니다. 우리 가운데 다소 나이가 있는 사람들은 어렸을 때 전통적인 교회에 다니면서 양육되고 예수님에 대해 배웠다. 전통교회들은 여전히 그 영향력을 보여주고 있지만 노년층은 두터워지고 젊은층은 얇아짐에 따라 그중 상당수는 교회 자체를 더 이상 다니지 않거나 자신들에게 더 맞는 교회로 옮겨가고 있다. 실용적 구도자 교회들은 전통적인 성도에 자신들의 뿌리를 두고 있다. 실용적인 교회 운동을 시작하고 성장시키는 데 빌 하이벨스(Bill Hybels)만큼 하나님이 사용하신 사람도 없을 것이다. 그가 담임목사로 있는 윌로우크릭 교회(Willow Creek Community Church)는 교회에 등을 돌리고 있는 많은 '비교회' 사람들을 예수님 앞으로 인도하고 또 그들의 영적 성장을 돕는데 커다란 영향력을 지닌 교회다. 그 결과로 생긴 윌로우크릭협회는 윌로우크릭 교회가 개발한 많은 프로그램들을 모방하려고 노력하는 수천 개의 교회로 성장하고 있다. 캘리포니아에 있는 새들백(Saddleback) 침례교회도 릭 워렌(Rick Warren) 목사의 책과 메시지를 통하여, 똑같이 엄청난 영향력을 행사하고 있다. 그들의 창조적인 프로그램과 시대에 적합한 사역들로 말미암아, 이들 교회들은 젊은층을 비롯해 여러 연령대의 사람들을 계속해서 모으고 있다. 이들이 나이가 들어감에 따라 많은 이들은 이 교회 안에 남겠지만, 거대한 비디오 스크린에 가끔 나타나는 유명한 설교자를 중심으로 매끄럽게 진행되는 예배에는 불만을 느끼고 있는 것 같다. 많은 기독교인들은 더 작은 규모의 보다 상호 작용적이고 인간친화적인 신흥교회를 선호하고 있는 것이 분명하다.

이들 신흥교회는 눈에 덜 띄지만, 포스트모던 세대가 늘어나고, 현세대가 더 나이 들어 중장년층의 가치관이 쇠퇴하게 되면, 그 숫자와 영향력이 확대될 것이라고 믿는 이들이 많다. 이 신흥교회 운동이 북미와 전 세계적으로 퍼져나가면서, 교회가 의사소통을 하고, 교육하고 청년사역을 하고 예배 드리고 사람들을 영적으로 성장시키고 전도하고 선교하며 예술을 활용하고 사회적 문제에 대해 말하고 지도자를 훈련하고 목회자를 배출하는 방식에 변화가 있을 것이다. 그리고 상담과 목회적 돌봄이 우리가 오늘날 행하는 것과 다른 방식으로 이뤄질 가능성이 높다.

신흥교회의 장래 모습이 어떠하든 간에, 이들 변화는 신흥교회에만 국한된 것이 아니다. 통찰력 있고 신학적으로 기민한 내 친구 중 한 사람이 신흥교회가 손을 뻗치지 못하는 지역이 북미와 세계에 많이 있다는 것을 상기시켜주었다. 로마 천주교, 정교회, 주류 개신교, 그리고 빠르게 성장하고 있는 오순절 교회도 그 나름대로 변화하고 있다. 미국의 경우, 아프리카계 미국 교회가 계속해서 영향을 미치고 있지만, 많은 교회가 새로이 등장하고 있는 대화를 인식하지 못하고 있다. 그는 이렇게 쓰고 있다. "나는 새로운 교회들이 하고 있는 것을 좋아한다. 새로운 교회들은 시대에 적합하며, 이해심이 있으며, 문화와 교통하며, 진실되며, 제대로 예배를 드리고 있다." 그러나 그는 많은 새로운 신흥교회를 구성하고 있는 젊은 신자들이 그들이 주장하는 진실됨, 시간을 두고 발전하게 되는 진실성을 보이기에는 너무 일시적이고 과도기적이라고 지적한다. 뿐만 아니라, 어떤 교회는 신구약성경에 나오는 공동체의 특징인 다세대적 차원을 간과하고 있다. 교제에 참여하는 모든 사람이 얻는 단기적 혜택 면에서나, 여러 세대에 걸쳐 발전하는 제도의 장기적 혜택 면에서 아직은 과도기적이지 않은가 싶다. 비록 이들 교회가 문화와 교류하고 있지만, 그 교통이 장기간에 걸쳐 지속될 때에만 지속적 영향을 미칠 수 있을 것이다.

오늘날 교회에 대한 당신의 견해가 어떤 것이든, 당신은 현대문화가 현대주의에서 포스트모던주의로 근본적인 패러다임의 변화를 겪고 있다는 데 동의할 것이다. 극적인 변화를 겪으며 사는 것은 동시에 도전이 되고 흥미롭기도 하며 한편으론 겁이 나기도 한다. 그러나 하나님은 바로 그곳에 섬기는 사역을 하고 상담의 일을 하라고 우리를 세우셨다.

돌봄 공동체로서의 교회

우리는 예수님이 개인적인 필요에 대해 여러 개인들과 대화하셨으며, 종종 소그룹과도 대화하셨다는 것을 알고 있다. 그 가운데 대표적인 것이 그가 승천하신 후에 그의 일을 '계승'하게 할 목적으로 준비시킨 작은 무리의 제자들이었다. 예수님이 교회를 처음으로 언급하신 것은 제자들과 함께한 시간 중 어느 대화에서였다.[24]

그 이후, 예수 그리스도의 교회는 가르치고 전도하고 섬기고 돌보는 사역을 계속하였다. 이들 활동들은 목사나 다른 교회 지도자들의 특별한 사역으로 간주되지 않았고, 교회 밖의 불신자들을 위해서도 일하며 나누고 돌아보는 보통 신자들에 의해 이루어졌다. 우리가 사도행전이나 서신서를 읽어보면,[25] 교회가 예배하고 전도하며 가르치고 제자를 훈련하는 공동체였을 뿐만 아니라, 서로를 극진하게 돌보는 공동체였다는 것이 분명해진다.

돌보는 공동체는 집단에 강력하게 헌신되어 있으며, 심리적, 영적 관계 또는 다른 필요가 있을 때 격려와 인도 그리고 치유를 제공하는 데 공통된 관심을 가지는 사람들의 집단이다. 여러 해 동안, 정신건강 전문가들은 치유 집단의 가치를 알아왔다. 집단의 참여자들은 지원과 상호책임, 인도, 격려를 주고받으면서 서로를 돌보는 것이다. 물론 이런 그룹은 해로울 수도 있는데, 특별히 서로를 세워주고 열린 마음으로 보다 효과적인 행동을 하도록 도전하는 대신에 참석자를 비판하고 당황하게 하는 통제되지 않는 만남일 경우에는 더욱 그렇다. 그러나 민감한 지도자에 의해 인도된다면, 집단 모임은 참여한 모든 이들에게 매우 효과적인 치유적 경험이 될 수 있다.

물론, 돌봄 그룹이 내담자들끼리 만나는 것이나 훈련받은 상담자와 만나는 것에 국한될 필요는 없다. 가족과 교회 셀그룹, 연구모임, 신뢰하는 친구들, 전문가 동료들, 회사 동료들, 그리고 기타 소그룹의 사람들은 종종 위기의 순간에 도움을 제공할 수 있고, 개인이 삶의 일상적 도전에 직면할 때에도 서로 도움을 줄 수 있다. 대개의 경우, 이는 어떤 공식적인 조직과 상담자의 도움 없이 자연스럽게 이루어진다. 사회 전체적으로 볼 때, 교회는 돌봄과 치유의 공동체로서 가장 큰 잠재력을 지니고 있다. 지역적인 신자들의 모임이 교인들에게 소속감을 가져다줄 수 있고, 기술을 개발할 기회를 줄 수 있으며, 약함을 느끼는 자에게 지원을, 혼란스러워하는 성도에게 치유를, 결정할 일을 앞두고 있는 이에게 인도를 제공할 수 있다. 그러나 많은 교회가 돌보는 공동체가 아니라는 현실을 생각하면 슬프기 그지없다. 어떤 교회는 사교클럽 같아서 만나면 서로 미소를 짓고 아무도 문제가 있음을 시인하지 않으며, 회중은 예수님이 의도하신 역동적으로 성장하는 교제와는 거리가 멀다.[26]

하늘로 가시기 전에 마지막으로 하신 말씀 중에, 예수님은 그의 추종자들에게 가서 모든 민족으로 제자를 삼고, 아버지와 아들과 성령의 이름으로 세례(침례)를 주고, 새로운 신자들에게 그가 명한 것을 가르쳐 지키게 하라고 말씀하셨다.[27] 교회는 제자를 삼아(여기에는 전도도 포함된다) 가르치라는 지상명령을 수행할 목적으로 창조되었다. 초대교회의 신자들은 교제(koinonia) 안에 함께했다. 여기에는 서로의 공동체 관계, 복음을 적극적으로 촉진하며 신자들을 세워주는 동역자 관계, 통찰과 경험, 예배, 필요, 그리고 물질적 소유를 서로 공유하는 것이 포함되어 있었다. 참된 교회는 언제나 우리에게 전도하는 법과 가르치고 생활하는 법을 보여주신 예수 그리스도를 머리로 하고 있다. 그의 삶과 가르침을 통해, 예수님은 우리를 기독교의 실제적이고 이론적인 측면으로 이끄셨다. 그는 자신의 가르침을 하나님을 사랑하고 다른 사람들을 사랑하라는 두 가지 율법으로 요약하셨다. 그 결과, 초대교회 신자들은 "세상을 뒤집어"놓았으며 그들의 문화에 심대한 영향을 미칠 수 있었다.

이 모든 것은 교회를 세우는 데 필요한 은사와 능력을 받은 신자들 집단 안에서 이뤄지게 되어 있었다. 목회자에 의해 인도되는 선택받은 지도자 그룹의 신자들은 위로는 하나님을 예배하고 바깥으로는 전도와 공동체를 돌보는 것을 통해, 그리고 안으로는 가르침과 친화감과 서로 짐을 지는 것을 통해 그들의 생각과 활동 방향을 공유했다. 이들 중 하나가 빠져도 집단은 균형을 잃게 되고 신자들은 불완전하며 교회는 온전히 돌보는 공동체가 될 수 없다.

• 심리학이 도움이 되는가?

많은 교회 지도자들은 그들의 상담효과를 증대시키기 위해 심리학자들과 다른 사회 서비스 및 정신건강 전문가들의 통찰에 눈을 돌렸다. 수천 수만의 책과 세미나, 설교, 라디오 프로그램, 그리고 잡지 기사가 사람들이 자신을 더 잘 이해하고 효과적으로 생활하는 방법을 배우도록 도와주기 위해 심리학의 도움을 자청하였다. 어떤 교회 지도자와 기독교인은 너무나 열광적으로 심리학을 포용하고 나선 나머지 여러 명의 기독교 심리학자들을 거의 선지자의 역할로까지 끌어올렸다.[28]

그러나 역사적으로 볼 때, 심리학과 종교 사이에는 긴장과 불신 그리고 편견이 있었다. 어떤 곳에서는 아직도 불신과 적대감이 지속되고 있으나, 심리학자들과 기독교 지도자들이 서로의 전문성을 인정하기 시작하고 피차 협조하여 유용한 결과를 보여주면서 적대적인 태도는 누그러지고 있다.[29]

이 책 전체를 통해 독자는 자주 성경이 인용되는 것을 발견하게 될 것이다. 하나님의 말씀은 정신적, 정서적 장애를 위한 치유제다. 성경은 오늘날 사람들에게 현대적 문제들에 대해 말하고 있다. 그 메시지는 시간을 초월하여 문화교차적으로 적용되고 있고 상담자의 사역과 내담자의 필요에 심오하고 영속적인 적합성을 지니고 있다.

그러나 성경은 어느 곳에서도 상담을 위한 교과서라고 주장하지 않는다. 성경은 불안과 외로움, 낙심, 관계, 결혼 문제, 애도, 분노, 두려움, 부모-자녀관계, 그리고 기타 상담과 관련된 상황을 다루고 있지만, 상담을 위한 하나님의 유일한 계시로 의도된 책이 아니다. 심리학을 비판하는 이들까지도 사람들이 상담자에게 가지고 오는 문제들의 원인과 치료에 생리적이고 화학적인 요소가 큰 영향을 미칠 수 있음을 인정하고 있다. 의학과 가르침, 그리고 그 밖의 '사람 중심적인' 봉사 분야에서, 우리는 과학과 학문적 연구를 통해 하나님의 창조세계에 대하여 배우는 것이 허용되었다. 심리학은 또한 상담사역과 교회사역에 기여하는 바에 따라 사용되어야 할 것이다.

지난 한 세기 동안, 심리학 연구자들은 인간행동을 연구하는 조심스런 도구를 개발하였고 이 정보를 인쇄물과 인터넷을 통해 보급하였다. 내담자를 상대로 일하면서, 전문 상담자들은 행동의 원인에 대해 배우게 되었고 지속적 변화를 경험할 수 있도록 사람들을 어떻게 도와줄 수 있는가에 대해서도 배우게 되었다. 최근 몇 년 동안, 병리에 대한 장기적인 강조점이 긍정 심리학이라는 새로운 분야에 의해 보완되고 있다. 인간의 강점과 낙관주의, 용서와 희망, 용기, 웰빙, 지혜, 그리고 정서적 지능의 성격에 대한 이

해도 점점 밝혀지고 있다.[30]

　심리학적 지식은 완전하지 않고 오류로부터 자유로운 것도 아니다. 비평가들의 비판 또한 많은 부분이 타당하다. 그러나 그들 중 많은 이들이 심리학자들에 의해 양육을 받았고 조심스런 심리학적 연구와 관찰, 그리고 자료분석을 통해 방대한 양의 결론을 도출했다. 이렇게 얻어진 통찰이 내담자는 물론 효과적인 상담자가 되기를 원하는 사람들에게 도움을 주고 있다는 것이 확인되고 있다. 심리학이라는 학문 분야를 종종 묵살하는 사람들까지도 그들의 글과 설교에 심리학적 용어들을 사용하고 있으며, 상담에 심리학에서 개발된 기술을 활용하고 있다.

　다음에 이어지는 장들은 하나님이 창조한 사람들에 대한 진리를 포함해, 모든 진리가 하나님으로부터 왔다는 것을 가정하고 있다. 하나님은 당신의 말씀인 성경을 통해 이 진리를 계시하셨고 경험과 연구조사, 묵상, 관찰을 통해 얻을 수 있는 통찰, 그리고 책과 설교의 말씀을 통해서도 진리를 발견할 수 있도록 허락하셨다. 발견된 진리는 언제나 계시된 성경적 진리의 규범과 일치하여야 하며, 계시된 진리에 비추어 시험을 거쳐야 한다. 그러나 우리가 심리학과 신경심리학, 심리생리학, 인간유전학, 그리고 관련 학문 분야의 발견이 문제를 이해하고 해결하는 데 아무런 기여를 하지 못한다면 우리는 우리의 상담효과를 제한하는 것이다. 우리는 심리학을 노골적으로 거절하면서 때로 우리가 하고 있는 것이 무엇인지 깨닫지도 못한 채 상담에 심리학적 개념들을 슬며시 도용한다. 그것은 우리의 도덕적 결백에 흠을 내는 것이다.

　그렇다면 우리는 어떻게 심리학적 기술과 이론, 전문용어, 인터넷 정보의 과부하를 헤쳐나가 실제로 도움이 되는 통찰을 찾아낼 수 있을까? 해답은 안내자를 찾는 것이다. 예수 그리스도의 충실한 제자로서, 심리학적이고 상담적인 문헌에 친숙하고, 상담과 조사 방법을 훈련받은(그래야 심리학적 결론의 정확도를 평가할 수 있다), 효과적으로 상담하는 안내자를 찾아야 한다. 안내자는 성경의 영감과 권위에 헌신적인 기독교인이어야 한다는 것이 중요하다. 모든 심리학이 시험받아야 할 기준으로 성경을 믿어야 하고 모든 상담이 합치할 수 있는 기록된 하나님의 말씀으로서 성경을 수용해야 할 것이다.

　이 책의 저자와 함께 원고를 검토했던 사람들은 기독교 상담자들이 즐겁게 그러나 힘들게 상담 과업을 수행할 때 그들을 도울 수 있는 준비와 경험을 갖추고 있다. 우리 가운데 아무도 완전한 자가 없으며 흠이 없는 자는 없지만 상담자들을 위한 종합적 안내를 제공할 수 있는 정확하고 유용한 정보를 걸러내기 위해 최선을 다하였다. 우리에게는 헌신적인 마음을 가지고 전 세계 각지에서 일하는 유능한 동료들이 있다. 이들의 이름이 이 책에 여러 차례 언급되고 있다. 이 책을 읽으면서, 당신은 이 책이 전문 상담자를 만들어내기 위해 고안된 정확한 처방을 담은 요리서가 아니라는 것을 발견할 것이다. 인간은 너무나 복잡한 존재여서 항상 같은 방식으로 도움을 받을 수 있는 것은 아니다. 때로 매우 숙달되고 높은 지식을 갖춘 상담자라도 실패할 수 있다. 상담자의 오해와 오류로 인하여 실수할 때도 있고, 내담자가 변화를 거부하기 때문에 실패할 때도 있다. 그렇더라도 상담자가 사람들이 가지고 오는 문제를 이해하고, 개입하는 방법을 알고 있다면, 호전될 가능성이 크다. 다음에 나오는 장들은 이와 같은 이해를 돕고 필요한 지식을 공급하기 위해 저술되었다.

- ### 교회와 심리학의 협조
  - 마크 맥민(Mark McMinn) 박사는 심리학자들과 교회 사이의 협조를 긴밀하게 하는 데 열정을 가지고

있는 전문적 심리학자이며 연구가이자 교수다. 맥민은 "날로 성장하는 상담과 임상심리학, 그리고 정신의학이라는 직종"에 헌신하고 있지만, 이른바 "정서적이고 영적인 건강을 촉진하고 혼란에 빠진 영혼을 돌보는 교회의 역사적 역할을 현대 교회가 상실하고 있는 것"을 보며 애통해하고 있다. 그 결과로 생긴 것이 교회심리학 협조센터다. 이 단체는 '현대 이전에 영혼 돌봄의 기반을 형성했던 영성과 정신건강, 그리고 공동체 사이의 연결고리를 재확립하는 것'을 돕기 위해 창설되었다. 역사는 짧지만,[31] 이 센터는 학생들과 목사들을 훈련시켰고, 교회 평가와 자문을 통해 조사했으며, 세미나를 인도하였고, 목회–심리학 협조체계를 위해 수없이 많은 연구논문을 발표했다.[32]

심리학자들이 종교적인 믿음과 활동에 대해 일반 대중보다 관심이 없다는 것은 이미 문서화되어 있는 사실이다.[33] 영성에 대한 점증적인 관심은 많은 심리학자들의 이목을 끌고 있다.[34] 그러나 아직도 종교를 해롭거나 피상적이라는 이유로 일축하고, 성직자를 존중하지 않으며, 종교에 대해 개인적 적대감을 가지고 있는 상담자들을 찾기란 그리 어렵지 않다. 그러므로 목사들이 교인들을 영적으로 민감하지 않은 상담자에게 위탁하기를 주저하는 것이 이해가 간다. 전문상담자를 포함한 깊은 신앙을 가지고 있는 내담자들은 비슷한 영적 믿음을 가지고 있는 상담자와 면담하고 싶어 한다. 상담자와 내담자 사이에 신학적 괴리가 드러나면, 종교적인 내담자는 더 경계심을 갖게 될 것이며 사적이고 민감한 주제를 드러내놓고 개방하는 것을 꺼리게 될 것이다.[35]

대개 심리학자와 목사 간 협조는 목사가 그들의 성도를 깊이 있고 전문화된 치료를 제공할 수 있는 심리학자나 다른 정신건강 전문가에게 위탁하는 방법으로 이뤄지고 있다. 또한 목사가 심리학자들로부터 구체적 문제나 상담 케이스에 대하여 유용한 정보를 얻기 위해 조언을 구하는 일도 흔하다. 하지만 반대로 이뤄지는 적은 거의 없다. 심리학자들이 고객을 목사에게 위탁하거나, 교회 지도자로부터 정보를 구하는 일은 거의 없다.

그러나 이 모든 것이 변하고 있다. 심리학자들과 교회 지도자들은 이제 협조의 가치를 알게 되었고, 위기 핫라인이나 지원그룹을 개설하는 일, 지역사회 서비스를 제공하고 평가하는 일, 함께 세미나를 하고 안내책자나 다른 간행물을 발간하는 일, 그리고 특정 내담자에 대한 잘못된 시각을 축출하는 일과 원목 프로그램을 개발하는 일, 회복 그룹을 개발하는 일 등에 협조하고 있다.[36]

목사와 심리학자가 다음과 같이 할 때 가장 효과적인 협조가 이뤄질 수 있다.

- 서로 대등한 입장에서 존중할 때.
- 서로를 전문가로 인정할 때.
- 상대방의 전문성을 가치있게 생각할 때.
- 이상적 상황에서 비슷한 신앙과 가치관을 가지고 있을 때.
- 내담자에 대해 비슷한 목표를 가지고 있을 때.
- 서로의 환경에서 심리학과 신학이 적용될 수 있는 방법을 창조적으로 생각할 수 있을 때.
- 목사가 교인을 치료하기 위해 위탁하는 것 이상으로 함께 일할 수 있는 혁신적인 방법을 찾아볼 용의가 있을 때.

이와 같이 신뢰관계를 맺는 데는 시간이 걸린다. 그리고 서로 관여하는 것을 꺼리는 회의론자들이 양쪽에 다 있다. 협조를 주도하는 쪽이 어느 쪽이든 거절당하고 실망하기 십상이다. 그러나 순수한 협조체제는 우리가 상담하는 사람들을 돕는 방식으로, 그리고 하나님에게 영광을 돌리는 방식으로 발전할 수 있을 것이다.

상담자들을 위한
요점 정리 03

- 상담과 달리 영성 지도는 다음과 같다.
    - 문제 해결이나 충고를 하는 데 초점을 맞추지 않는다.
    - 적어도 두 사람이 큰 영적 인식과 하나님과의 더 친밀한 관계를 모색하기 위해 함께 모여 기도하는 것을 포함하고 있다.

- 상담자는 오늘날 교회 안에서 일어나고 있는 변화를 인식할 필요가 있다.
    - 전통적 교회들은 오래 된 찬송가를 부르고, 강력한 목회 지도자가 있고, 설교와 합리적 사고를 강조하며, 행동을 안내하는 규칙이 있으며, 전통적인 상담 접근법을 사용한다.
    - 실용적이고 '구도자에 민감한' 교회는 혁신적 예배를 드리고 필요를 채워주려 하고 전도를 강조하며 CEO 형태의 지도자를 두고 있으며 기술적으로 질이 높은 정교한 프로그램을 진행하고 있다.
    - 신흥교회는 포스트모더니즘에 민감한 젊은 회중을 가지고 있으며 관계를 중시하고 모든 회중을 아우르는 예배를 선호하고 예술과 이야기, 그리고 다른 감각을 이용한다. 이들 교회의 교인들은 전통적인 치료나 상담 접근보다는 더 비형식적인 상담과 코칭을 원한다.

- 사회 전체를 놓고 볼 때, 교회는 돌보고 치료하는 공동체가 되기 위한 가장 큰 잠재력을 지니고 있는 집단이다. 또한 돌보고 치료하라는 신성한 명령을 받고 있다.

- 점점 많은 교회 지도자들은 심리학의 통찰이 상담을 받기 위해 찾아오는 내담자를 이해하고 도와주는 데 매우 유용한 가치를 지니고 있다는 것을 깨닫고 있다.

- 모든 상담자는 실패하게 되어 있다. 그것은 상담자의 무능이나 오해, 또는 오류 때문일 수도 있고, 내담자가 변화할 수 없거나 변화하지 않으려 하기 때문일 수 있다.

04 >> 공동체와 상담
The Community and Counseling

이번 장을 쓰기 몇 분 전에 받은 메시지는 간결하고 핵심을 찌르는 것이었다. "우리를 위해 기도해주세요. 우리는 주님의 보호에 의지해야 합니다. 경찰관도 판사도 시장도 없으며 학교도 없습니다. 교회를 제외하고는 아무런 주요 활동이 없습니다. 지금 무엇이 일어나고 있는지 앞으로 무슨 일이 일어날지 아무도 모릅니다."

"문제는 사람들이 정당과 정부에 불만이 많은 데서 시작되었습니다. 대통령에게 사임할 것을 요구했지만, 그는 거절했습니다. 그를 대적하는 이들은 스스로 뭉친 가운데 도시에서 도시를 돌며 정권을 탈환하려 합니다. 그들이 어디를 가든, 경찰을 압박하고 통제권을 탈취하려고 합니다. 경찰관들이 반격을 하면 큰 갈등이 일어납니다. 여러 지역에서 사람들이 죽어가고 있습니다. 그들은 오늘 아침 우리 마을에서 몇 마일 떨어진 곳까지 왔습니다. 길은 봉쇄되었고 약탈이 자행되고 있습니다. 위험을 느낀 지역 경찰은 자리를 비어둔 채 출근도 하지 않고 있습니다. 문제가 있다면, 하나님 외에 찾아가야 할 대상이 없다는 것입니다."

"생활필수품이 바닥나고 있습니다. 이제 여기서 끝내야겠습니다." 이 이메일은 완성되지 않은 채 끝을 맺고 있다.

이 편지를 쓴 사람은 내 친구로 목사이자 상담자이며 해외에 있는 지역사회 지도자다. 그는 상담에 대해 알고 있으며, 많은 사람을 상담하고 있고, 자기 나라 말로 상담에 대한 책을 번역한 적도 있다. 그러나 이와 같은 상황에서 그에게 상담을 받으러 올 사람은 아무도 없다. 이와 같이 강력한 스트레스를 받는 위기의 시간에 그가 사람을 도와주기 원한다면, 그는 사무실을 떠나서 동네로 들어가야 한다. 이보다 덜 외상적인 상황에서라면, 공동체 속으로 들어가는 것이 최선의 상담 방법이라는 것을 기독교 상담자들은 알고 있다.

하나님이 사람을 창조하셨을 때, 사람이 독처하는 것이 좋지 않다고 선언하셨다. 그래서 하나님은 여자를 창조하셨으며 인류가 시작되었다.

오래지 않아 인류는 갈등에 휩싸이게 되었다. 갈등은 아담과 하와로부터 시작되었다. 그리고 가인과 아벨 형제 사이의 싸움이 살인으로 이어졌고, 곧 온 세상은 폭력으로 가득하게 되었다.[1] 대홍수가 끝난 뒤, 갈등은 재연되었다.² 그리고 이메일을 쓴 나의 친구가 알고 있듯이, 갈등은 현재까지도 계속되고 있다. 여러 세기에 걸쳐 몇 명의 은둔자들이 미쳐 돌아가는 무리를 떠나 고독한 삶을 살려고 노력하였다. 그러나 우리 대부분은 "이 세상에 아무도 홀로 떨어진 섬은 없다"는 존 던(John Donne)의 자주 인용되는 진술에 동의할 것이다. 인간은 서로 경쟁하고 갈등 속에서 살 수 있을 것이다. 그러나 또한 서로를 필요로 한다. 고립된 가운데 존재하는 것은 좋지 않고 건강하지도 않다. 그리고 그렇게 하는 것이 항상 가능한 것도 아니다.

이러한 결론에도 불구하고, 개인이나 회사, 교회 그리고 정부는 '독립'이나 '개인주의'에 높은 가치를 부여한다. 예를 들어, 서구 사회 대부분에서는 협조와 상호지원에 대하여 이야기하지만, 우리는 '혼자서 자기 힘으로 자수성가한 사람들'을 숭배하고 보상한다. 우리는 동업자로서 함께 일할 그룹과 경쟁하며, 개인적 문제는 혼자서 해결하는 것이 최선이라고 가정한다. 적어도 최근까지 상담은 보통 한 명의 상담자와 한 명의 내담자가 일주에 한 번씩 만나서 한 시간 동안 대화를 나누는 일대일 관계였다. 그러나 최근에는 이와 같은 사고방식이 바뀌고 있다.

두 개인 사이의 상담은 도움이 될 수 있다. 그러나 그 혜택은 내담자가 하나 이상의 지원적인 돌봄 집단에 속해 있을 때 더 커질 수 있다. 흔히 가족이 격려해줄 수 있고, 친구나 직장 동료로부터 도움이 올 수도 있다. 이상적으로 말한다면, 지역의 기독교 공동체가 개인이나 부부, 또는 타인이 필요로 하는 교제와 인도, 피드백, 상호책임, 수용 그리고 지원을 제공할 수 있을 것이다. 기독교 상담이 기독교인들의 교제를 무시하고 믿음의 공동체를 완전히 떠나서 사람들을 도와주려 시도한다면, 확실히 무엇인가가 빠져 있는 것이 틀림없다.

• 공동체 상담

대부분의 상담자들은 문제행동을 포함하는 사람의 행동이 내담자의 사회적, 물리적 환경에 의해 영향을 받는다는 데 동의할 것이다. 문제의 원인을 내담자 안에서만 찾으려고 했던 전통적인 견해와 달리 지금은 흔히 인간의 문제는 우리의 두뇌 및 몸 안에 있는 것과 주변 사람들, 그리고 환경 사이의 상호작용으로 일어난다고 가정한다.

이 말은 개인이 자기의 행동에 대해 책임이 없다는 의미가 아니다. 만일 당신의 교회나 동네에 있는 젊은이가 자살을 시도하거나 마약에 중독된다면, 궁극적으로 그 청년이 자신의 행동에 대해 책임을 져야 한다. 이 행동의 원인은 아마도 그 개인 안에서 찾을 수 있을 것이다. 추측컨대 그것은 아마도 혼돈된 사고의 결과이든지, 낮은 자아개념 때문이든지, 죄를 회피할 마음이 없어서 그랬든지, 화학 불균형이나 다른 신체적 영향으로 인해 변화할 수 없기 때문에 그랬을 것이다. 그러나 상담자는 또한 내담자 밖에서 원인을 찾기도 하는데, 가족 간의 긴장이나 또래 압력, 학교와 일과 이성관계에서 오는 스트레스 같은 것을 고려하기도 한다. 어떤 상담자는 어떤 문제나 해로운 행동은 개인적인 죄를 고백하고 버림으로써 의지적으로 중단시킬 수 있는 것이라고 주장할 것이다. 그러나 이런 관점은 인간행동의 복잡성을 고려하지 않은 단순하고 제한된 인간관에 기초하고 있다. 아무리 좋은 의도를 가지더라도, 인간은 자신의 힘으로 죄나 중독을 파괴시킬 수 없다. 바울은 로마인들에게 편지를 쓰면서 공개적으로 자신의 유혹과 씨름했다. 그는 "내가 선을 행하고자 할 때에, 악이 나와 함께 있다는 것이 인생의 엄연한 사실인 것 같다"고 쓰고 있다. 그러나 그는 이 인간적 씨름에 대한 해답이 예수 그리스도 안에 있음을 알았고 이 때문에 하나님께 감사할 수 있었다.

이와 같은 다양성 때문에 효과적인 상담에는 오직 한 가지 길만 있는 것이 아니다. 접근은 특정 상황과 거기에 속하는 독특한 요인들에 따라 달라지는 것이다. 흔히 상담자와 내담자는 내면적 고뇌와 불안정에 대해 논의하면서 여전히 사적인 대화를 나누지만, 가족이나 공동체에 속한 사람이 문제 해결 과정에 참여하기도 한다. 때때로 문제를 야기하는 공동체가 또한 강력한 지원의 원천이 되거나 학습의 장이 되거나 또는 치유를 위한 안전한 환경이 될 수 있다는 인식이 늘어나고 있다.

공동체 상담은 다음과 같은 것을 포함하는 상담 접근법이다.

- 더 많은 협조와 원활한 의사소통, 그리고 가족이나 교회를 포함하는 공동체 조직 내의 연합을 촉진함으로써 더 큰 지원과 고립감을 감소시키기 위해 사회적 지원을 강화함.
- 특별한 전문성을 지니고 있는 상담자가 기여하거나 내담자의 문제 해결 노력에 기여할 수 있는 동네 사람들과 그 밖의 다른 사람들로부터 도움을 얻음.
- 사람들이 스트레스에 잘 대처하고, 다른 사람들과 잘 어울리며, 삶을 관리할 수 있도록 사회적 기술을 가르침.
- 지역사회의 도움이 필요한 사람들에게 상담이나 교육, 가시적 원조, 자조적 그룹 지원을 제공하도록 평신도를 격려하고 훈련시킴으로써 평신도를 준비시킴.
- 미래를 예측하고 개인과 집단이 기술을 개발하도록 돕고 앞으로 문제가 발생하는 것을 막을 수 있는 변화를 일으킴으로써 문제를 예방하기.
- 빈곤과 스트레스, 실업, 포르노, 폭력, 무지, 범죄행동, 또는 환경적 문제를 야기하는 원인을 감소시키기 위해서 사회적, 정치적, 그리고 그 밖의 행동을 취함으로써 공동체를 변화시키기.

공동체 상담은 공동체 내의 희생자를 돕는 데 집중하는 대신에 환경을 향상시키려 노력하는 접근이다. 공동체 상담자는 개인뿐만 아니라 집단을 다루게 된다. 때에 따라서는 상담자가 교육자가 되기도 하고 사회활동가가 되기도 한다.[3] 공동체 상담자는 개인에게 영향을 미치는 사회적 세력을 인식해야 하며, 새로운 기교나 기술을 사용할 용의가 있어야 한다. 또한 상담자는 여러 가지 자원 가운데 하나의 긍정적 요소일 뿐이라는 사실을 인식하는 가운데, 공동체 안에서 돌봄과 지원과 능력을 자극하기 위해 다른 이들과 함께 일할 수 있어야 한다. 공동체 상담자는 개인 사무실에서 시행되는 상담에 저항하지 않는다. 그들은 상담자의 사무실이 종종 사람들에게 그들의 가정과 이웃과 직장의 혼란과 스트레스를 떠나서 비밀리에 자신을 돌아보며 상담자와 대화할 수 있는 안전하고 조용한 시간과 장소를 제공한다는 것을 알고 있다. 그러나 이것이 사람들을 도울 수 있는 유일한 방법이 아니며, 항상 최선의 방법도 아니다. 때때로 기독교 상담자를 비롯한 모든 상담자들은 공동체를 포함시키고 공동체에 간섭하기 위해 손을 뻗쳐야 한다.

물론, 목사와 다른 기독교인들은 여러 세기에 걸쳐 이렇게 해왔다. 슬프게도 많은 회중이 아직도 그들의 교회 건물로 후퇴하고 있으며 우리가 살고 있는 세상으로부터 스스로를 고립시키고 있다. 아직도 자기 사무실 경계선 안에서만 일하면서 자기가 속한 공동체의 점증하는 필요에 대해 무감각해 보이고, 내담자가 공동체에서 어떤 영향을 받는지에 대해서도 무관심한 상담자들이 있다. 그러나 효과적인 상담자는 공동체를 무시하지 않는다. 기독교 상담자는 신자들의 공동체를 간과하지 않는다. 그들은 곤고한 자들을 돌보기 위해 존재하며 낯선 나그네를 환영하고 모든 사람에게 선을 행하고 마음이 상한 자를 치유하며 회개하는 자에게 용서를 빌어주며 슬퍼하는 자를 위로하고 약한 자를 붙들어주며 모든 이들을 그리스도에게 인도하기 위해 존재한다. 한 교회가 이 모든 책임을 수행하는 것은 어렵겠지만, 성경의 가르침에 맞추어서 지역 기독교인들의 공동체를 돌아보고 사랑하는 집단으로 만들기 위해 일하는 것은 기독교 상담자의 책무다.

• 환경과 상담

당신은 시끄럽고 어수선하고 무더운 장소에서 상담해본 적이 있는가? 이런 환경에서 오는 스트레스를 견디며 사는 것을 고려해본 적이 있는가? 우리가 살며 일하는 장소는 개인적인 문제를 야기할 수도 있고 상담의 효과를 떨어뜨릴 수도 있지만, 이런 장소는 또한 삶의 질을 향상시키는 데 기여할 수도 있다. 사람들을 도와주고 문제가 악화되는 것을 예방하는 효과적 방법 가운데 하나는 기존의 상황을 변화시키거나 내담자를 스트레스 상황에서 격리시키는 것이다. 이것이 가능하지 않을 때라도 상담자의 역할은 내담자로 하여금 그들이 처해 있는 환경을 이해시키고 어려운 환경에 적응하는 법을 배우게 도와주는 것이다.

환경과 주변 상황의 영향은 미시건대학교 레이첼 카플란(Rachael Kaplan) 교수의 경험을 통해 예시할 수 있다. 그녀가 평범한 담벼락과 삭막한 정원이 내려다보이는 사무실에서 나무숲을 볼 수 있는 사무실로 이사했을 때, 그녀는 자신의 전체적인 태도가 바뀌는 것을 느꼈다. 그녀는 컴퓨터에 앉아 일할 때나 전화 통화를 할 때 밖의 나무에 앉은 새를 바라보거나 다람쥐를 보면서 활력을 느꼈고 집중이 더 잘 되었으며 피로감을 덜 느꼈다. 그녀의 이사는 회복적 환경(Restorative Environments)이라는 개념을 잘 보여주고 있는데, 이것은 연구에 의해 뒷받침되고 있는 견해다. 이 개념에 의하면 밝은 환경에 노출될 때, 특히 자연과 관련된 환경에 노출될 때 정신적 명석함이나 신체적 치유가 일어난다는 것이다. 이것과 관련된 한 연구는 자연을 보면서 일하는 사무실 근로자가 자신의 직업을 더 좋아하고, 건강이 더 좋아지며 생활에 더 큰 만족을 누리고 있음을 발견했다. 또 다른 연구자들은 복부수술 환자의 회복속도를 연구했다. 나무를 볼 수 있는 병실의 환자는 벽면을 보고 있는 환자보다 더 빨리 회복했고 더 빨리 퇴원했다. 심지어 자연에 조금만 노출되어도 차이가 분명해졌다. 고층 아파트에서 생활하는 어린이들은 창문 밖으로 푸른 잔디와 나무 한 그루만 보여도 더 좋은 성적을 받았고 학교에서도 더 높은 주의력을 보였다.[4]

자연만이 행동에 영향을 미치는 유일한 환경 요인은 아니다. 다음 네 가지 환경 영향이 상담 과정에 특별히 중요한 것으로 밝혀졌다.[5]

■ 소음 : 특히 도시 지역의 경우, 사람들은 끊임없이 자동차나 비행기, 라디오, 건설 현장, 짖는 개, 사람들의 대화, 전화, 텔레비전, 그리고 다른 '소음공해'의 원천으로부터 발생하는 소음에 시달리고 있다. 감미로운 음악과 같이 어떤 소리는 긴장을 풀어주고 마음을 진정시키기도 하지만, 다른 소음은 긴장과 짜증을 증가시키고 수면을 방해하며 작업을 방해하기도 한다.[6] 시끄러운 환경에서 생활하는 사람들은 종종 계속되는 소음으로 인해 매사를 귀찮아하고 짜증을 내며 스트레스를 받는다. 게다가 소음이 작업 생산성을 떨어뜨린다는 것은 이미 잘 알려져 있는 사실이다.

- **복잡함**(북적임) : 대부분의 사람들은 자신과 다른 사람들 사이에 약간의 거리를 즐긴다. 사람은 다른 이들로부터의 자극을 원한다. 그러나 자극이 너무 많거나 너무 적으면 신경을 분산시키고 우리의 안정감에 해를 끼칠 수 있다. 사람은 사람들 가까이 있는 것을 좋아하지만, 복잡한 것은 싫어한다. 때로 혼자만의 시간을 위해 한적하고 조용한 장소가 필요하다. 복잡한 도시나 대학 기숙사, 또는 바다 위의 배에서와 같이 그 장소에서 벗어날 수 없을 때, 긴장이 발생하고 신경이 예민해지며 덫에 걸린 기분을 느낄 수 있다.

- **건축** : 건축가들과 실내 장식가들은 방의 모양과 색채, 가구의 모양과 배치, 그림, 식물, 책과 같은 장식과 온도와 조명이 모든 사람들에게 심리적으로 영향을 미칠 수 있다는 것을 오래 전부터 인식해왔다. 이들 건축과 설계효과는 작업능률과 대인관계, 태도, 감정, 그리고 사람들이 편안하게 느끼는 정도에 미묘한 영향을 미친다. 당신이 사무실을 장식할 때 이 연구결과가 지니는 의미를 생각해보라. 교회 건물과 집회 장소의 설계가 예배에 미치는 영향을 생각해보라. 그리고 이 건물들은 교회 모임에 처음 나오는 초신자에게 어떤 메시지를 전달하는가?

- **날씨** : 날씨가 인간의 행동에 커다란 영향을 미친다는 것은 잘 알려져 있다. 누구나 기온이 높고 습도가 높으면, 사람들이 게을러지고 지치기 쉽다는 것을 안다. 계절성 기분장애(Seasonal Affective Disorders)의 연구에 의하면, 햇빛이 부족한 가운데 오랫동안 어두운 겨울을 보내면, 우울증과 알코올중독과 자살률이 증가한다고 한다.[7] 날씨는 또한 사고율과 범죄율, 학업수행, 생산성, 사회활동 참가율, 기분, 주관적 감정 그리고 태도에 영향을 미칠 수 있다. 날씨 조건이 열대야, 눈보라, 강력한 태풍과 같이 극심할 때는 모든 사람들이 부가적 스트레스를 받는다. 이미 스트레스를 받고 있는 사람들은 이런 날씨로 인한 압박을 '마지막 지푸라기'로 볼 수도 있다. 그럴 경우 행동의 극적인 변화가 일어날 수 있다. 한 예로 어느 대도시에 눈보라가 불어닥쳐 사람들이 집에 머무를 수밖에 없게 되자 좌절감과 집안 싸움이 증가했고 가족 간의 살인이 급증했다.

이 환경적 영향은 두 가지 중요한 방법으로 상담에 영향을 미친다. 첫째, 이미 우리가 살펴본 대로, 환경적 요인은 스트레스를 야기하고 상담을 복잡하게 만들 수 있다. 바쁜 생활중에 예수님은 소음과 군중, 그리고 다른 환경적 압박감을 뒤로하고 한적한 곳에 가서 아버지와 시간을 보냈다.[8] 내담자와 상담자도 그렇게 할 필요가 있다. 민감한 상담자는 자신과 내담자의 압박감을 격화시키고 상담의 효과를 저해할 수 있는 환경적 스트레스에 경계태세를 유지한다.

두 번째로 상담에 중요한 영향을 미치는 환경적 요인은 우리가 상담하는 장소와 관계된 것이다. 우리는 형식적인 사무실 안에서 상담하는 것이 반드시 필요하거나 바람직한 것이 아니라는 것을 알고 있다. 그러나 당신이 사무실을 사용할 경우에는 내담자가 이런 환경에서 편안해한다면 편안한 의자와 쾌적한 환경, 깨끗함, 건강하고 신선한 화초, 따뜻한 색(베이지색, 갈색, 노란색, 오렌지색, 연푸른색. 단, 흰색은 절대 안 됨)의 벽지, 부드러운 양탄자, 편안한 온도, 감미로운 음악 또는 침묵이 긴장을 감소시킨다는 것을 인식하라. 어떤 내담자들은 식당이나 다른 공공장소에서의 상담을 더 편안하게 여길 수도 있다. 그러나 배경음악과 소음, 지나치게 주의를 끄는 웨이터, 건축설계, 그리고 기타 환경적 요인이 미칠 수 있는 악영향에 신경을 써야 할 것이다.

시스템과 사회적 네트워크

해리는 대도시 외곽의 고층 아파트에 살고 있는 68세의 노인이다. 그는 아내와 결혼한 지 40년이 넘었고, 세 명의 장성한 자녀가 있는데 모두 다른 도시에 살고 있다. 가족은 전화통화를 하고 가끔 방문할 때도 있다. 그러나 은퇴 후, 해리와 아내는 대부분의 시간을 TV시청과 친구 방문, 또는 교회활동으로 보내고 있다.

어느 날 밤늦게 해리에게 심근경색이 왔다. 아내는 이웃에게 전화를 했고, 이웃은 앰뷸런스를 불러 병원에 두 부부와 함께 동행했다. 거의 3개월째, 해리는 심장치료뿐 아니라 검진중에 발견한 암 치료를 위해 병원에 입원해 있다. 해리가 집에 왔을 때, 그는 기운이 없었고 겨우 걸을 수 있는 데다 산소 호흡기로 연명하고 있었다. 자녀들이 병문안을 왔지만, 남은 다른 가족과 직장의 일로 금방 헤어질 수밖에 없었다. 해리와 아내는 혼자서 대처해야 하는 상황이 되었다. 이들의 경험은 상담자들이 말하는 시스템과 사회적 네트워크를 잘 보여주고 있다.

시스템이란 우리가 속해 있는 사회적 집단이다. 우리 각자는 가족의 일원이든지, 같은 아파트에 생활하고 있는 주민들의 집단이든지, 대학 공동체, 이웃, 교회, 작업을 함께하는 동료집단, 성경공부 그룹, 또는 여타 사람들의 모임의 일원일 수 있다. 당신이나 당신의 내담자는 회사와 학교처럼 어떤 기관의 일부이거나, 목회자나 심리학자처럼 어떤 직업의 일부이거나, 농구팀이나 투자자 클럽과 같은 이해관계 그룹의 일원일 수 있다. 우리 대부분은 이와 같이 여러 그룹에 참여하고 있으며, 이들은 종종 집단의 사회적 네트워크를 형성한다. 이 시스템과 사회적 네트워크는 스트레스와 개인적 긴장감의 원천이 되기도 하지만, 필요할 때 도움을 줄 수도 있다.

2004년 크리스마스 직후 동남아시아에 몰아닥쳤던 쓰나미가 있은 후에, 전 세계 사람들은 정서적 지원과 실제적 도움을 주고자 노력하였다. 정부와 기관, 회사, 공동체, 교회, 이슬람사원, 힌두사원, 그리고 수천만의 개인들이 가족과 사랑하는 이들을 포함한 모든 것을 상실한 사람들의 필요를 공급하기 위해 발 벗고 나섰다. 그보다 3년 앞서 있었던 미국의 테러도 비슷한 반응을 불러일으켰다. 북미는 물론 세계적으로, 사회적 시스템의 모든 부분이 그 외상적인 사건에 영향을 받았다. 최근의 컴퓨터 조사에 의하면 수천 개의 보고와 기사가 그 사건 직후의 사회적 지원이 얼마나 효과적이었는가를 문서화하고 있다.

뉴욕에 테러가 있은 지 이틀 후에, 한 상담센터의 직원들은 도움을 주기로 결심했다. '현대심리치료연구소'는 뉴욕시의 저소득층부터 중산층을 대상으로 무료로 훈련과 치료를 제공하는 비종교 사회단체다. 그곳에서 일하는 상담자들은 공중보건이나 긴급상황, 재난 상담, 그리고 대기업체를 상대로 일해본 경험이 없는 이들이었다. 그러나 연구소 직원은 세계무역센터에 근무하던 수백 명의 사람이 첫 번째 타워가 붕괴되기 몇 분 전에 대피하였다는 소식을 듣고 그들의 회사 간부에게 전화를 걸었다. 상담자들은 누구든 원하는 직원에게 무료로 상담 서비스를 제공하겠다고 제안했다. 처음에는 의구심과 저항이 있었지만, 현재 벌어지고 있는 사태에 대해 들은 다른 상담자들을 포함해 여러 사람들이 자원하기 시작했다. 평상시에는 자신의 불안이나 취약점에 대해 언급도 하지 않는 피고용인들이 훨씬 더 개방적이 되었고 기꺼이 집단에 참여하였다.

몇 달이 지난 후에 상담자 가운데 한 사람이 물었다. "우리는 도움을 주었는가?" "나는 우리가 도움을 주었다고 생각한다." 자신의 질문에 스스로 답변하면서 그는 이렇게 썼다. "수천 가지의 아주 작은 방법으로, 때로는 결정적인 방식으로, 대개는 예측할 수 없는 방법으로 우리는 그들에게 도움을 주었다." 지나친 긴장과 중압감에 무너져버린 수백 명의 사람들을 상대로 비상대비 상담을 해주었고, 그들의 감정을 이해하도록 도왔으며, 휴식과 묵상의 시간을 가지라고 격려해주었다. 이 전 과정에 열쇠가 된 것은 익숙하고 편안한 일처리 방식을 제쳐놓고 사람들이 원하고 요구하는 것을 주기로 결심했던 상담자들의 마음이었다.[9]

전 세계 여러 나라에서, 이 장의 서론에 기술한 것과 같은 상황, 즉 테러나 자연재해, 정치적 격변이 일어날 때, 사회적 지원과 개입이 어떤 역할을 하는가에 대해 연구가 진행되었다. 신체적 질병이 시작되면서 해리와 그의 아내가 직면했던 것과 같은 개인적 위기에 대해서도 마찬가지 연구가 진행되었다. 그들은 서로 정서적 지원을 했기 때문에, 자녀로부터, 이웃으로부터, 가까이 사는 형제나 인척으로부터, 지역 병원의 의료진으로부터, 이전 직장동료로부터, 카드를 보내고 가끔 전화를 해준 친지로부터, 교회의 목사와 성도로부터 지원을 받았기 때문에 개인적 위기에 대처할 수 있었다. 위기를 통과하는 기간 동안 여러 차례 이들은 누구나 필요로 하는 일곱 가지 형태의 도움을 제공하였다.[10]

- 돈과 음식, 의복 또는 다른 보급품과 같은 실물적인 도움.
- 교통수단의 제공, 시장 봐주기, 집안청소, 또는 이와 비슷한 업무를 포함하는 물리적 지원.
- 충고나 실제적 제안을 포함하는 인도와 안내.
- 느낌과 개인적 걱정거리, 좌절감, 그리고 두려움을 표현할 때 경청하기.
- 사람들에게 자신이나 그들의 행동에 대해 정보를 제공하는 피드백해주기.
- 비공식적 대화와 긴장이완 기회, 어려운 상황으로부터의 잠정적 기분전환을 포함하는 사회적 참여.
- 희망과 평안을 고취시키고, 하나님의 임재와 도움을 의식하도록 해주는 예배와 영성 훈련 그리고 기타 활동에 참여하도록 격려할 때 발생하는 영적 지원.[11]

공동체적 외상이나 개인적 위기가 있을 때, 돌봄을 제공하는 사람들이 도움을 자원하고 나설 때 치유가 일어난다. 해리와 그의 아내는 폭넓은 대인관계 덕분에 도와주는 이들을 찾았으나, 각 공동체에는 그들과 달리 대인 접촉이나 사회관계가 없는 이들이 있다. 노인이나 혼자 사는 이들은 사회적 접촉이 거의 없다. 마약이나 알코올 남용자 또는 전과자와 같은 이들에게는 많은 사회적 접촉자들이 있어도 모두가 병리적이고 문제를 일으키는 사회망의 일부다. 지역사회의 지원을 받지 못하는 이들은, 교회 성도들이나 상담자들이 도움이 필요한 이들에게 손을 뻗치지 않는 한, 혼자서 전전긍긍하게 된다.

- 탄력성

탄력성이란 사람들이 역경이나 어려운 경험으로부터 회복되어 계속 정상생활을 이어갈 수 있는 능력을 일컫는다. 탄력성은 새로운 개념이 아니다. 대부분의 상담자들은 내담자에게서 이를 확인하였다. 연구자들은 수십 년 동안 이것을 연구하였는데, 사람들이 삶의 풍랑을 경험한 후에, 삶에 재적응하고 안정을 유지하면서 새로운 도전에 맞서 성취적인 삶으로 나아가는 능력이 널리 확산된다는 충분한 증거가 있다.[12] 탄력성 연구는 흔히 가족과 젊은이들에게 초점을 맞추어왔으나, 전 세계적으로 테러가 확산되면서, 일반적으로 탄력성에 대한 관심이 더욱 높아지고 있다.[13] 탄력성은 사람들이 탄력성을 제고하는 조건을 갖추고 있을 때 가장 잘 작동한다.

30여 년 동안 상담자로 일하고, 난민을 상대하며 많은 시간을 보내고 있는 심리학자 메리 파이퍼(Mary Pipher)는 몇 가지 영향이 치유를 가져오고 탄력성을 자극한다는 결론을 내리고 있다. 이들 조건 가운데는 가끔 찾아갈 수 있는 조용한 장소, 신뢰할 수 있는 누군가와의 연결, 자신의 경험을 반추해볼 수 있는 기회, 삶의 의미와 목적의 발견, 그리고 계속 살아갈 이유가 포함된다.[14] 연구자들은 이에 동의할 것이다. 신뢰 이외에도, 젊은이들에게는 믿을 만한 어른이 안정적으로 돌봐주고, 시간을 내주며, 공감과 긍정, 존중, 그리고 분명한 가치관을 제공할 때 탄력성이 나타날 가능성이 더 높다.[15] 사랑과 감사, 희망과 같은 긍정적 감정은 낙심이나 절망과 같은 부정적 감정을 상쇄시키기 때문에 스트레스 수준을 낮춰주며 탄력성을 자극한다.[16] 그리고 삶에서 중요한 사람들로부터의 지속적인 접촉과 지원이 크게 중요한 역할을 한다는 것은 조금도 놀라운 일이 아닐 것이다. 상담자는 문제와 인생의 위기를 다루어야 한다. 그러나 우리는 아마도 매우 유해한 조건에서도 발전할 수 있는 인간의 능력을 과소평가했는지도 모른다.

• 다른 조력자들

세계 여러 곳에서, 점점 늘어나는 상담센터와 다양한 훈련 프로그램, 매일같이 쏟아지는 상담 서적 등을 보면서 상담 붐이 일고 있음을 확인한다. 이 모든 활동에도 불구하고, 아직도 훈련된 상담자의 부족 현상이 나타나고 있다. 특히 작은 공동체와 상담이 새로운 개념이 되고 있는 나라에서는 더욱 더 그렇다. 상담에 대한 늘어나는 요구에 대응하고, 전문가나 기타 훈련된 상담자가 없는 경우에 대처하기 위하여, '다른 조력자'의 네트워크가 형성되었다. 이들 비전문적인 조력자들은 수십 년, 아니, 수세기에 걸쳐 활동했고 이제 이들은 어떤 상담 사역에도 중요한 보조자로 인정받고 있다.

다른 조력자들은 그 훈련의 수준, 심리적 지식, 민감성, 치유 기술, 그리고 돕고자 하는 능력에서 다양한 차이를 보인다. 좋은 의도에도 불구하고, 어떤 조력자들은 득보다는 해를 더 많이 끼친다.[17] 그러나 절대 다수의 조력자들은 순수하게 도움을 제공하고 싶어 하는 이들임에 틀림없다. 이들 비전문가들이 전문가들보다 더 효과적이라는 상당한 증거가 있다.[18] 어떤 내담자들은 비전문가에게 말할 때 덜 위협적이고 더 편안하게 느끼기도 한다. 다른 이들은 잡지 기사나 토크쇼에서 도움을 받는 것을 더 선호하기도 하는데, 이것 역시 도움이 될 수 있다. 많은 이들이 목사와 상담하거나 자조집단의 구성원과 상담하기를 원하고 있다.

상담자인 당신은 이들 공동체적 원천을 무시할지 모르지만, 당신의 내담자들은 비전문가들을 무시하지 않을 가능성이 높다. 당신이 어떻게 생각하든지, 당신의 상담의 대부분은 친구나 친척 그리고 공동체의 다른 사람들이 제공하는 덜 형식적이고 때로 자발적인 상담에 의해 보완될 가능성이 크다. 이들 다른 조력자들을 무시하거나 저항하는 대신에, 상담자는 이들의 존재를 인식하고 있어야 한다. 내담자들과 상담을 할 때라도, 이들 조력자들의 도움을 요구하는 것을 주저하지 마라. 이들 조력자들은 누구인가?

■ **의학 전문가들**: 상담자가 의사나 간호사, 진료소 그리고 다른 지역 의료 체계로부터 내담자에게 갈 수 있는 도움을 무시한다면 그것은 어리석고 무책임한 것이다. 이들 전문적 돌봄 사역자들 대부분은 적어도 정신의학 훈련을 받았으며, 이들의 일은 신체적 질병뿐 아니라 심각한 정서적 문제를 지니고 있는 환자를 만나는 것이다. 뿐만 아니라 의학적 훈련을 받은 사람들은 비의학적 상담자들로 하여금 어떤 문

제의 원인과 치료가 생물학적인지 화학적인지를 판별하게 도와줄 수 있다. 비의학적 상담자와 의학 전문가들은 서로를 모르는 상태에서 내담자를 돕는 일에 서로 협조하기 때문에 친화감을 형성하고 서로 존중하는 마음을 개발하기 위해 노력할 필요가 있다.

■ 공동체 인사들 : 상담 훈련을 받지 않았거나 제한적 훈련을 받은 변호사, 학교 교사, 경찰관, 구급요원, 노조 지도자, 성직자, 교목과 군목, 운동코치, 택시운전사, 가게 주인, 장례위원, 청소년 지도자, 미용사, 바텐더, 그리고 기타 지역사회의 다른 인사들이 있다. 많은 택시운전사와 미용사들이 상담 과목을 수강하리라 생각하는 것은 비현실적이지만, 지역사회의 여러 곳에서 이런 훈련이 제공되고 있다.[19] 경찰관들이 이제 위기관리와 정신건강 개입방법에 대해 훈련을 받고 있는데, 이는 경찰이 가내 폭력이 발생하거나 자살 위협이 있을 때 외부에서 개입할 수 있는 첫 번째 위치에 있기 때문이다.[20] 교사와 교직원, 변호사, 그리고 누구보다도 신학생들이 그들의 교육배경의 한 부분으로 상담과 정신건강 관리 분야에 일상적인 훈련을 받고 있다.

■ 상호지원 그룹 : 얼마나 많은 자조(Self-Help)그룹이 회원들로 하여금 스트레스에 대처하도록 도와주기 위해 정기적으로 모임을 갖는지 아는 사람은 아무도 없다. AA(익명의 단주 모임)와 전국적으로 운영되고 있는 다이어트 프로그램은 잘 알려진 모임이지만, 우리가 알지 못하는 각종 그룹이 존재하고 있다. 과부들의 모임, 정신 병력이 있는 이들의 모임, 국가적 재난에 영향을 받은 사람들의 모임, 한부모 모임, 암 생존자 모임, 단도박 모임, 정신지체아를 둔 부모 모임, 임신한 10대의 모임, 상이군인들의 모임, 치매 친척을 둔 사람들의 모임, 그리고 수백 개의 다른 모임이 있다. 기독교 지도자들은 기도와 성경공부를 위해 모이는 셀그룹이라고 불리는 소그룹에 가장 익숙해 있을 것이다. 이런 그룹은 서로 격려와 도움을 제공하기도 한다. 때로는 교회를 통해서 또는 전문 상담자와 함께, 그리고 혼자 독립적으로 일하기도 하는 이 모든 그룹에는 상호지지와 물질적 지원, 필요한 정보, 남을 도울 수 있는 기회, 사회적 상호작용, 격려, 보호, 수용, 그리고 위기 발생시에 특별한 도움을 주는 회원이 있다. 이 모든 그룹은 참여하는 사람과 지도력에 따라 그 효과가 다르다. 너무나 효과적이기 때문에 안정된 가정과 돌보는 교회까지도 이들 상호지원 그룹들에 가입하고 있는데, 그 이유는 비슷한 문제나 부담을 가지고 있는 다른 이들과 접촉하는 데서 오는 친근감이 있기 때문이다. 뿐만 아니라 이들 그룹의 가장 큰 혜택 가운데 하나는 소속된 회원들이 서로에게 제공하는 도움과 간접적으로는 도움의 손길을 뻗칠 때 자신이 받게 되는 도움이다.[21]

■ 가족과 친구들 : 대부분의 사람들은 상담자에게 도움을 구하기 전에 친구나 가족에게 문제에 대해 이야기할 것이다. 비록 부모를 정신건강 전문가로 보지는 않지만, 부모는 격려와 행동의 변화, 그리고 자녀를 이끌어주는 중요한 원천이다. 수많은 책들이 부모에게 이 도전을 감당하게 할 목적으로 출판되었고, 무수히 많은 세미나가 부모 역할을 더 효과적으로 담당하게 할 목적으로 개최되었다. 인구가 노령화되면서, 중년기를 지나는 사람들도 노년기 부모를 도와주는 방법을 배우고 있다. 알코올중독자는 그들의 배우자와 자녀들로부터 도움을 받을 수 있고, 중병을 앓는 환자들은 가족으로부터 지원을 받을 수 있으며, 친척들은 필요할 때 도움과 충고를 주기 위해 달려온다.

친구와 가족으로부터의 도움이 항상 유익한 것은 아니다. 상담자라면 내담자를 도와 상담을 하다가 부모나 다른 친척 또는 친구 때문에 상담에 차질이 생긴 경험을 한 적이 있을 것이다. 상담자는 주의 깊게 경청함으로써 이들 외부의 영향을 집어낼 수 있을 것이며, 이들로부터의 해로운 조언을 평가하고 유해한 조언에 대처하도록 도와줄 수 있을 것이다.

그들은 내담자의 문제에 대해 순수한 관심을 가지고 있는 경우가 많기 때문에, 가족과 친구를 상담 과정에 참여시키는 가능성을 간과해서는 안 된다. 내담자가 동의한다면, 그들을 당신의 아군으로 활용하도록 하라. 당신은 친구와 친척에게 진정으로 도움을 주는 방법을 보여줄 수도 있을 것이다. 그들은 당신이 상담실에서 하고 있는 것을 지원하고 보강하며 보완해줄 것이다. 반대로 내담자의 친구나 가족을 무시한다면, 당신의 상담은 더욱 어려워질 것이다. 그리고 내담자가 그 문제를 해결하는 데 도움이 될 수 있는 귀중한 자원을 차단하는 결과를 낳게 될지도 모른다.

■ 미디어의 도움 : 수년 전, 일련의 10대 자살 사건이 우리 지역사회를 강타했고 전국적으로 뉴스 헤드라인을 장식한 적이 있었다. 죽음의 방법은 언제나 같은 것이었다. 많은 이들은 자살을 보도하고 피해자들에게 주의를 집중시킴으로써 스트레스를 받고 있는 다른 젊은이들에게 은연중에 자살하는 방법을 가르쳐준 미디어를 비난하였다. 기자들은 보도가 오히려 무시당하고 있는 심각한 문제에 대해 주의를 상기시켰다고 응수하였다.

이 논쟁은 우리에게 영화와 텔레비전, 라디오, 신문, 책, 그리고 잡지가 폭력을 조장하고 스트레스를 유발할 수 있다는 것을 상기시키지만, 반대로 이 같은 미디어의 영향은 가치 있는 정보를 제공하고, 방향을 제시하고, 어디서 어떻게 도움을 받을 수 있는지를 보여줄 수도 있다. 미국심리학회(American Psychological Association)는 회원 분과와 미디어 심리학 분과를 따로 두고 있을 정도다. 약간 학문적 용어로 기술되어 있는 이 분과의 목적은 심리학자들과 상담자, 정신건강 전문가들이 "라디오와 텔레비전, 영화, 비디오, 신문, 잡지 그리고 새로운 기술들을 포함하는 미디어의 다양한 측면에서 할 수 있는 역할에 초점을 맞추는 것이다." 분과는 "인간행동에 미치는 미디어의 영향에 대한 연구를 촉진하고, 심리학과 미디어 대표들 간의 상호작용을 원활하게 하며, 미디어 심리학의 교육과 훈련, 그리고 실천을 촉진하면서, 심리학적 연구를 일반인과 다른 전문가들에게 해석해주도록 심리학자들을 준비시키는 것"을 추구한다.[22] 이들 전문가들은 미디어의 가치를 보고 좋은 영향을 미치기 위해 미디어에 종사하는 사람들과 함께 협력하는 일에 헌신하고 있다. 물론 여기에는 상담자들이 그들의 사무를 보완하기 위해 미디어를 사용하는 것도 포함되어 있다.

■ 이색적 조력자들 : 거의 모든 공동체에는 손금 보는 자, 점쟁이, 심령술사, 귀신 쫓아내는 자, 신유은사자, 그리고 그 밖의 '이색적인' 조력자들이 있다. 이들 가운데는 자기들의 능력을 강력하게 믿고 있는 진지한 이들도 있다. 그러나 훈련받은 심리학자들과 목회자들은 이들을 혼란에 빠진 사람들의 두려움과 희망, 그리고 미신을 악용하는 협잡꾼이나 사기꾼으로 보는 경향이 있다. 어떤 상담자는 이들 지역사회 치유자들을 보다 전통적인 상담자들 옆에서 그들의 치유술을 사용할 수 있도록 편입시켜야 한다고 제안하고 있다. 이색적인 조력자들은 흔히 교육 수준이 낮고 가난한 계층의 지지를 받고 있기 때문에, 어떤 이들은 이들이 치료과정에 편입된다면 가난한 이들이 치유에 더 개방적이 될 것이라고 믿고 있다.

기독교 상담자들은 내담자를 격려하여 이색적 조력자와 대화하도록 부추기는 일이 없도록 매우 조심해야 한다. 많은 이들이 신비스러운 행위에 참여하고 있는 것처럼 보이는데, 상담자들은 이들의 영향력이 상담 과정과 내담자에게 미치지 못하도록 세심한 배려를 해야 할 것이다.

■ 코치들 : 이 단어는 운동선수나 스포츠 팀의 실력을 보다 향상시키고 경기에 이기게 하기 위해 훈련하는 남자나 여자를 가리키는 말로 흔히 사용된다. 그러나 모든 코치가 운동선수만을 다루는 것은 아니다. 가수를 도와주는 성악 코치가 있고, 헬스클럽에서 몸 상태를 만들어주는 코치가 있고, 재정계획을 세우도록 도와주는 재무 코치가 있으며, 배우와 공개 강사, 음악가, 그리고 작가를 위한 코치도 있다. 어떤 코치는 정치가나 다른 지도자가 그들의 공개적인 모습을 연출하도록 도와주기도 한다. 기업체 코치는 사업가들이 그들의 목표를 달성할 수 있도록 도와주기 위해 일한다.

최근 몇 년 안에, 라이프 코치 분야가 많은 이들의 시선을 끌고 있다. 유능한 라이프 코치가 되기 위해 훈련을 받고 있는 상담자들도 적지 않다. 코치는 상담자의 사역에 매우 귀중한 보조재가 될 수 있다. 그러나 대개의 경우가 그렇듯이 코치는 상담과 완전히 별개의 활동이 될 수도 있다. 상담자와 마찬가지로, 라이프 코치는 생활에 불만이 있어 변화를 찾고 있는 사람과 일한다. 그러나 코치와 상담의 목표와 기법은 서로 다르다. 당신이 코치를 하든 안 하든, 또는 이를 추천하든 안하든, 코치의 기본을 인식하는 것이 중요하다. 이것은 기독교 코치라는 분야에서도 마찬가지다(이에 대해서는 본인의 저서 『크리스천 코칭』 (IVP)을 보라).[23]

기독교 코치

코치라는 단어는 원래 사람을 있는 곳에서 원하는 곳까지 데려다주는 말마차를 일컫는 말이었다. 현대의 코치도 비슷한 목적을 가지고 있다. 코치의 핵심은 사람이나 그룹을 그들이 처한 현실에서부터 소망하는 능력과 목표가 성취되는 지점까지 안내하는 기술과 실천이라 할 수 있다. 코치는 사람들이 비전을 확대하고, 자신감을 높이고, 잠재력을 발휘하게 하며, 기술을 향상시키고, 목표를 향해 실제적인 단계를 밟도록 도와준다. 상담이나 치료와 달리, 코치는 덜 위협적이고, 문제 해결보다는 잠재력을 더 발휘하도록 돕는다. 코치는 과거로부터의 고통스러운 영향을 극복하기 위해 치료를 필요로 하는 사람을 위한 것이 아니다. 오히려 사람들이 비전을 세우고 미래를 향해 나아갈 수 있도록 돕는다. 코치는 반응적으로 뒤를 돌아보는 것이 아니고, 주도적으로 앞을 바라보는 것이다. 치유에 대한 것이 아니고, 성장에 관한 것이다. 약점을 극복하는 것보다는 기술과 강점을 세워주는 데 초점을 맞춘다. 일반적으로 코치는 상담자와 내담자 관계보다 덜 형식적이며, 둘 중에 하나가 상대에게 도움이 될 만한 경험과 시각 또는 지식이 있을 경우에 이뤄지는 대등한 인격 사이의 파트너십에 더 가깝다고 할 수 있다.

보통 라이프 코치는 개인을 상대로 일하며, 상대가 삶과 진로를 위해 초점과 방향을 잡을 수 있도록 도와준다. 코치는 부부와 소그룹, 교회 당회, 관리팀, 그리고 현재 있는 상태에서 원하는 곳으로 움직이기를 원하는 사람이면 누구와도 일한다. 코치는 상담자를 위한 도구가 될 수도 있지만, 우리 모두를 위한 안내의 원천이 될 수도 있다. 어떤 경험있는 목사는 "당신이 아무리 오래 목회를 했다 해도, 당신의 교회가 현재 어떤 상태에 있든 간에, 외부로부터 코치를 받는 것은 필수적이다"라고 썼다.[24]

1. 코치는 상담과 어떻게 다른가?

코치가 점점 인기를 모으고 있는 것은 아마도 상담보다 덜 위협적인 것으로 느껴지기 때문일 것이다. 상담은 아직도 부정적인 이미지를 가지고 있다. 내담자의 연약함을 암시하는 데다 "미친 사람만이 상담을 받으러 간다"는 잘못된 관념이 있기 때문이다. 코치는 이보다 더 긍정적인 것을 암시하고 있다. 상담자와 코치는 집중적 경청이나 깊이 있는 질문하기와 같은 방법과 비슷한 기술을 사용할 수 있고 삶과 인간관계를 향상시키기 위해 조력하는 데 초점을 맞춘다. 하지만 다음 도표에서 예시되어 있는 것처럼 상담과 코치 사이에는 현저한 차이가 있다.

내담자들이 -10에서 0까지의 잣대 위에 놓여질 수 있다고 가정해보라. 심각한 우울증이나 주요한 갈등이 있는 사람에게는 -8이나 -9가 주어질 수 있을 것이다. 상담자의 목표는 이 사람을 안정 지점인 0에 가까이 갈 수 있도록 도와주는 것이다.

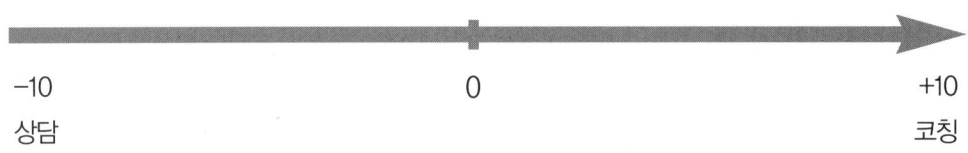

코치는 이 화살표의 반대쪽에서 일하는 것이다. 코치를 받기 위해 오는 사람은 상담을 필요로 하거나 원하지 않는다. 이들은 문제를 가지고 씨름하는 사람들이 아니고, 자신의 삶이나 진로 또는 교회가 매우 성취적이거나 성공적이지 않기 때문에 좌절감을 느끼고 있는 상태다. 이들은 자신이 시작하는 곳에서, 아마 +2나 +3되는 지점에서, 잣대를 더 높은 지점까지 전진하는 데 도움이 필요한 사람들이다.

물론 상담과 코치는 겹치는 부분이 있다. 상담자가 하는 것의 대부분은 정확하게 말해서 코치라고 묘사할 수도 있을 것이다. 그리고 코치는 가끔 자신이 상담자의 역할을 하고 있음을 발견하기도 한다. 상담자나 코치로서, 당신의 목표는 사람을 도와 화살표의 오른쪽으로 움직이도록 하는 것이다.

- 상담은 사람들이 고통과 문제, 그리고 증상을 처리하도록 돕는다. 반면에 코치는 사람들이 구체적인 목표에 도달하도록 안내한다.
- 상담은 흔히 과거에 초점을 맞춘다. 코치는 현재와 미래를 강조한다.
- 상담은 치유와 회복에 대한 활동이다. 코치는 성장과 앞으로 나아가는 것에 대한 활동이다.
- 상담은 무엇인가가 잘못되었기 때문에 더 좋아질 필요가 있다고 전제한다. 코치는 새로운 비전이 명료화될 필요가 있으며, 새로운 성취를 이룰 수 있도록 능력을 부여받을 필요가 있다고 가정한다.
- 상담은 흔히 병리적인 현상을 다룬다. 코치는 가능성을 다룬다.
- 상담은 사람들이 연약함을 극복하도록 도와주려 노력한다. 코치는 강점을 개발하여 이것을 근거로 행동하도록 도와주는 데 초점을 맞춘다.
- 상담은 감정을 보고 사람이 내면적으로 경험하고 있는 것에 초점을 맞춘다. 코치는 결과와 목표를 달성하기 위한 전략을 개발하는 데 초점을 맞춘다.
- 상담은 흔히 만남의 관계에서 일어나는데, 코치는 흔히 전화통화를 통해 이뤄진다.

2. 코치 과정에서는 무슨 일이 일어나는가?

상담과 같이 모든 코치 상황도 각각 다르다. 어떤 사람은 그림 4-1과 같은 코치를 위한 로드맵을 갖고 싶어 한다. 보통 코치는 고객이 변화하기 원하는 문제를 탐색하는 것으로 시작할 것이다. 어떤 영역에서 고객이 성장하고 싶어 하는가? 앞으로의 움직임이 있기 전에, 우리는 당사자가 현재 어디에 있는지를 더 잘 인식할 필요가 있다. 그의 강점과 능력, 흥미, 영적 은사, 가치관, 그리고 희망은 무엇인가? 코치는 흔히 사람들이 자신에 대해 더 잘 배울 수 있도록 돕기 위해 테스트(설문지)를 사용하기도 한다.

이렇게 하다보면 비전으로 옮겨가게 된다. 코치를 받는 사람은 미래를 위해 어떤 비전을 가지고 있는가? 코치는 사람이나 기관 또는 교회가 인생 비전이나 사명 선언문을 작성하도록 안내할 수도 있다. 예를 들어, 코치는 다음과 같은 질문을 할 수 있다. "당신의 은사와 능력, 열정, 그리고 독특한 성격을 고려할 때, 당신의 일생의 사명은 무엇인가?" 그 질문에 답하는 데는 시간이 필요하다. 분명한 해답이나 비전 없이는 사람도, 교회도, 기관이나 심지어 정부까지도, 방향감각 없이 표류할 수 있다. 코치는 사람들이 비전을 명료화하도록 도와준다.

일단 비전이 생기면, 우리는 그곳에 도달하기 위한 전략을 필요로 하게 된다. 이 전략에는 목표를 설정하는 것이나 교육에 대해 결정하는 것, 태도를 바꾸는 것, 삶을 다르게 관리하는 것, 또는 새로운 관계를 맺어가는 것이 포함될 수 있다. 비록 전략계획이 수립되었다 해도, 그것을 행동에 옮기고 그 행동이 어려워질 때 포기하지 않게 하려면, 친구나 코치로부터 격려를 받는 게 필요하다. 사람은 앞으로 나아가는 과정에서 낙심이나 일시적 실패, 또는 가고 싶어 하는 곳까지 가지 못하게 막는 자기패배적 활동을 포함하는 갖가지 장애물에 직면하게 마련이다. 코치는 사람들이 장애를 극복하도록 도와주어야 한다.

가장 중요한 것은 이 모든 것이 예수 그리스도를 중심으로 움직인다는 점이다. 그분은 바퀴가 여러 방향으로 돌아가는 것을 막는 중앙의 축과 같은 역할을 한다. 실제적으로, 우리의 코치인 예수님을 중심축으로 한다는 것은 무엇을 의미하는가? 이것은 우리가 코치하는 삶을 그분의 주 되심과 지시에 맡기고 헌신한다는 뜻이다. 이는 성경 읽기와 기도, 그리고 예배를 통하여 우리가 주님을 알고 성령의 인도하심에

그림 4-1. 기독교 라이프 코칭을 위한 모델[25]

민감한 사람이 된다는 것을 의미한다. 이것은 우리가 우리의 가치관을 분명히 하며, 기독교적 원리에 일치하지 않는 행동이나 생활양태를 개발할 목적으로 우리의 서비스를 요구하는 사람이면 누구든 점잖게 거부하는 것을 의미한다. 예수 그리스도를 중심축으로 한다는 것은 우리가 코치하는 사람을 위해 기도하기로 작정하며, 우리의 은사와 훈련을 통해 그들과 일할 때 그들의 삶을 변화시켜 달라고 하나님께 간구함을 의미한다.

우리가 코치하는 사람들 중에는 그리스도를 삶의 중심에 모시지 않는 이들도 있다. 그들의 삶은 그들이 중요하게 여기는 성공과 권력, 돈, 위치, 또는 다른 가치를 쟁취하는 것을 중심으로 돌아갈 수도 있다. 어느 시점에 코치는 그 사람의 생활 중심에 있는 핵심가치에 초점을 맞추게 될 것이다.

3. 기독교적인 코치가 되게 하는 것은 무엇인가?

예수 그리스도에 대한 위의 언급을 제외하면, 기독교 코치라는 이름으로 행해지는 것의 많은 부분은 비기독교적인 코치와 다를 바가 없다. 그러나 세속적인 코치와는 다르게, 기독교 코치는 주로 사람들을 현재 있는 곳에서 원하는 곳으로 가도록 도와주는 데만 초점을 맞추지 않는다. 기독교 코치는 그들이 있는 곳에서 하나님이 그들이 있기를 원한다고 믿는 곳으로 가도록 도와주는 사역이다. 이것은 사람들이 하나님의 음성을 듣게 도와주고, 삶의 방향을 감지하도록 도와주고, 우리의 삶을 이루고 있는 인간적인 목표보다는 하나님이 주신 목표에 도달하도록 성령의 인도를 구하는 것을 포함한다. 예수님은 사람들에게 아버지에 대해 알려주고 우리가 어떻게 하면 영생을 얻고 보다 충만하고 풍성한 삶을 살 수 있는지 보여주기 위해 오셨다.[26] 기독교 코치는 사람들이 그들의 삶이 더 좋아지고 하나님의 뜻에 더 부합되는 방향으로 나갈 수 있는 방법을 상상하도록 돕는다. 코치는 사람들이 그들의 진로와 가족, 하나님과의 동행, 교회, 사업체, 그리고 세계를 향상시키는 변화를 시도할 때, 코치를 받는 사람과 함께한다.

4. 코치에는 위험이 따르는가?

점점 부상하고 있는 코치라는 분야는 사람들 속에서 가능성을 보고 고객이 목표를 이루고 성공을 거두도록 도와줄 방법을 찾는 낙관적이고, 희망에 찬 모험적 사역이다. 그러나 전문 상담자들은 상담자로 훈련받지 않은 코치들이 때때로 심각한 문제를 간과하고 코치하려고 한다고 지적하기도 한다. 예를 들어, 한 코치는 기업 임원이 분명한 결정을 내렸고 책임도 제대로 위임했다고 칭찬해주었다. 코치는 이 임원이 통제적이고, 권력에 굶주려 있으며, 실패하는 것이 두려워 아무 일도 끝내지 못한다는 것을 알지 못했다. 그 임원은 사실 모든 책임을 다른 사람들에게 떠넘기고, 그들이 실패할 때 불평하고 가차 없이 비난하는 방어기제를 사용하고 있었다.

코치가 자신이 코치하는 사람들 속에 건강치 못한 성향을 눈치 채지 못하면, 코치하는 전 과정이 득보다는 해를 더 많이 끼칠 수 있는 것이다.[27] 그럼에도 불구하고 코치 분야는 계속 성장하고 있으며 사람을 돕는 중요한 방법이 되고 있다. 사람들이 상담자에게 가지고 오는 많은 문제들은 사실 코치를 받아야 할 문제들이다. 그렇기 때문에 많은 기독교 상담자들은 코치 훈련을 받고 있으며 이를 그들 사역의 일부로 삼고 있다.

공동체 상담과 기독교인

이번 장에서 우리는 한 가지 주제를 다루고 있다. 그것은 우리가 공동체를 의식하거나 다루지 않고는 사람을 도와줄 수 없다는 것이다. 다른 문제들을 상담실에서 거론한다 하더라도, 상담자는 몇 가지 기본적 문제를 계속 염두에 둘 필요가 있다.[28]

1. 문제는 어느 정도까지 환경을 떠나 주로 내담자의 내적 변화를 통하여 해결될 수 있는가?
2. 어느 정도까지 해결책이 개인에게 있다기보다는 환경에 있다고 보는가?
3. 내담자가 변화하고 성장하도록 돕는 어떤 자원이 공동체와 환경에 있는가?
4. 상담자와 코치, 그리고 내담자는 환경의 변화를 일으키기 위해 무엇을 할 수 있는가?

공동체 상담자는 개인 상담 외에도, 교육적 프로그램을 찾아 마련해주고, 자조 프로그램을 개발하며 자조기술을 훈련시키고, 정부나 사회사업단체를 도와 사회 프로그램을 기획하고, 공동체 지원그룹을 만들어내고, 핫라인이나 재활센터 또는 위기임산부 센터와 같은 공동체 자원을 확립하기 위해 일하거나, 공동체를 향상시키는 노력의 일환으로 정치적 운동에 참여하는 등의 활동을 한다.

공동체 상담자는 공동체를 향상시키려 노력하는데 자신이 혼자가 아니라는 것을 반드시 인식해야 하고, 모든 것을 혼자 하려 해서도 안 된다. 이러한 이유로, 그들은 여러 부류의 전문적, 정치적, 또는 다른 자원 인사들과 함께 일한다. 이들은 가치관과 믿음이 상담자와 다를 수 있지만, 변화를 일으키자는 공통된 목표를 지니고 있는 이들이다. 이들은 공동체를 향상시킴으로써, 공동체 주민들이 생활과 그에 따르는 문제에 더 잘 대처하도록 능력을 부여받을 것이라고 전제하고 있다.

이것이 기독교 상담과 어떤 관계가 있는가? 여러 면에서 예수님은 공동체 상담자였다. 그는 의심과 갈등을 지니고 있는 개인들을 따뜻하고 세심하게 도와주었지만, 공동체에 있는 위선과 가난에 대하여 강력하게 발언하였다. 그는 성전에서 돈 바꾸는 자들을 몰아내었고 정부를 비판하였고 경건하고 자기중심적인 지도자들을 책망하였으며, 그의 나라가 임하여 불의를 제거할 날이 올 것이라고 그날에 대해 말씀하셨다.

공동체 안에 사는 개인으로서, 그리고 성경적 가르침을 순종하려는 기독교인으로서, 상담자는 배고픔과 가난, 불의, 범죄, 포르노, 가정폭력, 정부의 무능, 생태계적 무책임, 붕괴되는 도덕수준, 그리고 그 밖의 사회악에 대하여 관심을 가져야 한다. 이런 것들이 앞으로 거론하게 될 문제들을 야기하는 원인들이다. 공동체 안의 작은 공동체라고 할 수 있는 교회는 어떻게 자신의 사명에 충실하면서도, 교회 밖에 있는 이들과 교인들에게 동시에 영향을 미칠 수 있는지를 자문해보아야 한다. 사도 바울은 서로의 문제와 마음의 짐을 공유할 것을 훈계하면서, 우리가 "선을 행하되 낙심하지 말지니 포기하지 아니하면 때가 이르매 거두리라. 그러므로 우리는 기회 있는 대로 모든 이에게 착한 일을 하되 더욱 믿음의 가정들에게 할지니라"고 썼다.[29]

기독교 공동체 상담은 어떤 상담자에게는 새로운 영역처럼 들릴 것이다. 그러나 이는 성경의 가르침과 분명히 일치되는 것이다.

상담자들을 위한
요점 정리 04

- 두 사람 사이의 상담이 도움을 줄 수 있지만, 내담자가 하나 이상의 지원 그룹의 일원이라면 그 혜택은 더 커질 것이다.

- 공동체 상담은 사람들이 외로움을 덜 느끼게 하기 위해 공동체에 참여하여 사회적 지원 네트워크를 구축하게 하는 것을 의미한다. 공동체 상담자는 사람들에게 공동체로부터 어떻게 도움을 주고받을 수 있는지를 보여준다. 이들 상담자는 사회적 기술을 가르치고, 평신도를 훈련하며, 공동체 안에 문제를 예방하며, 정치적이거나 사회적인 행동에 동참하기도 한다.

- 공동체 상담은 개인을 돕는 데만 주력하는 대신에 환경을 향상시키려 노력한다.

- 공동체 상담자는 개인은 물론 그룹도 다룬다.

- 내담자의 환경, 즉 소음, 번잡함, 건설 현장의 영향, 불쾌한 날씨, 자연에 노출되는 정도는 행동과 상담에 영향을 미친다.

- 사람들을 효과적으로 돕는 방법이나 더 많은 문제를 예방하는 방법에는 현존하는 상태를 바꾸거나, 스트레스를 주는 환경으로부터 내담자를 격리시키는 방법을 찾는 것, 그리고 대처법을 가르치는 것이 포함된다.

- 우리 모두는 서로 영향을 주고받는 사람들로 이뤄진 체계 속에서 생활하고 있다. 상담자는 문제를 일으키거나 치유를 도울 수 있는 체계의 힘을 망각해서는 안 된다.

- 탄력성은 상담을 받지 않고도 역경을 딛고 다시 일어나는 능력을 가리킨다.

- 모든 공동체에는 다른 조력자들이 있게 마련이다. 도움과 회복을 제공할 때 당신과 함께 협력할 수 있는 이들을 조력자 목록에 편입시킬 수 있다. 다음과 같은 이들이 조력자에 포함될 수 있다.
    · 의료 전문가.
    · 지역사회 단체.
    · 상호지원 그룹.
    · 가족과 친구들.

- 미디어.
- 이색적 조력자들.
- 코치들.

■ 라이프 코칭은 상담을 필요로 하진 않지만 현재 있는 곳에서 원하는 곳까지 가는 데 도움을 받기 원하는 사람들에게 초점을 맞추는 새로운 개념이다. 이 활동은 사람이나 그룹을 현재 위치에서 더 유능하고 보람된 곳으로 안내하는 것을 포함한다. 기독교 코치는 성령의 인도를 받아 사람들을 현재 있는 곳에서 하나님이 원하는 곳으로 안내하는 사역이다.

■ 코칭에는 여러 가지 접근이 있다. 일반적으로 코치는 다음과 같다.
- 사람들이 자신의 문제를 식별하도록 돕는다.
- 개인이나 그룹의 강점과 능력, 관심사, 영적 은사, 가치관, 그리고 희망을 바라봄으로써 자기 인식을 높인다.
- 비전의 형성을 돕는다.
- 목표 달성을 위한 전략을 개발하기 위해 노력한다.
- 행동을 자극하고 사람들이 행동에 책임을 지도록 돕는다.
- 진전을 막는 장애물에 대처하도록 도와준다.

■ 모든 그룹과 마찬가지로, 각 개인은 삶의 핵심이 되는 믿음과 가치관을 중심으로 생활한다. 진실한 기독교인의 삶은 예수 그리스도에 대한 헌신에 기초하고 있다.

■ 공동체 상담자는 개인이나 공동체를 향상시키려 노력하는 과정에서, 혼자가 아니라는 것을 인식하고 혼자 해결하려고 해서는 안 된다.

■ 여러 가지 면에서, 예수님은 공동체 상담자였다.

05 상담의 핵심
The Core of Counseling

구약성경의 욥은 하나님을 경외하는 유명한 부자였다. 그는 모든 것이 사라질 때까지 사람들에게 크게 존경받았다. 경고도 없이 욥은 그의 재산과 건강을 잃었다. 그의 자녀들은 폭풍에 모두 죽고, 그는 깊은 슬픔과 절망에 빠졌다. 그의 아내는 위로하는 대신, 오히려 그를 괴롭히고 불평했다. 세 명의 친구가 도우러 왔지만, 그들은 욥이 죄를 지었기 때문에 이 모든 재난이 왔다고 말하면서 대부분의 시간을 보냈다. 이 모든 고통 속에서 하나님은 너무 멀리 계시는 것 같았다.

그때 엘리후가 왔다. 그는 욥의 이야기를 경청하고 그의 고통과 좌절을 이해하려고 노력한 젊은이였다. 엘리후는 뜻은 좋지만 무정한 상담자들을 비판했다. 그들은 욥을 가르치려 하고 공허한 충고를 했다. 그러나 엘리후는 수용과 관심으로 욥과 같은 위치에 있으려는(너보다 더 거룩하다는 태도가 아닌) 겸손한 의지, 고통에 직면하는 용기, 그리고 홀로 주권자이시며 필요한 때에 도우시는 하나님에게 내담자를 나아가게 하려는 확고한 갈망을 보여주었다. 엘리후는 다른 사람들이 실패했던 곳에서 성공했던 유일한 상담자였다.[1]

욥의 이야기는 독특하지만, 성경은 인간의 욕구에 대한 많은 예들로 가득 차 있다. 성경의 저자들은 불안, 외로움, 낙담, 의심, 슬픔, 폭력, 변태적인 성, 고통, 아픔, 사람들 사이의 긴장, 내면의 혼란, 그리고 다른 여러 가지 문제들을 정직하게 쓰고 있다. 때때로 이런 고통과 욕구가 성경의 가장 위대한 주인공들의 삶에서 나타나기도 한다.

상담은 실제로 사람들이 문제에 대처하도록 돕는가? 성장해가고 있는 조사 기관에 따르면, 답은 '그렇다' 이다.[2] 물론 어떤 상담자들은 비효율적이고 아마도 해롭기까지 할 것이다.[3] 대부분의 목회자들은 상담의 책임에 대하여 준비가 덜 되어 있다고 느끼고, 어떤 목회자는 상담자로서 매우 적절하지 않다는 증거가 있다.[4] 그러나 많은 목회자들은 성공적으로, 그리고 매우 효율적으로 상담한다. 이렇게 돌보는 사람들은 성실, 이해심, 동정심 그리고 진실하고 건설적인 방식으로 문제에 직면할 수 있는 능력을 가지고 있다. 이 상담자들은 내담자들이 구체적인 목표를 향하여 변화하도록 돕는 기술에 익숙하다.[5] 이번 장에서는 이러한 효율적인 상담 기술들에 초점을 맞출 것이다.

우리가 구체적으로 살펴보기 전에 주의해야 할 것이 있다. 아무도 책을 읽는 것으로 기술을 배우지 못한다. 어떤 피아니스트나 화가, 운동선수, 목수, 혹은 요리사도 해야 할 것을 배우는 것만으로 기술 연마를 하지 못한다. 이러한 이유 때문에 상담자 훈련 프로그램에서는 보통 경험이 많고 유능한 상담자의 슈퍼비전을 받으면서 많은 시간 실제로 상담을 경험해보도록 요구하고 있다. 지식도 중요하지만, 경험에서 나오는 실제적인 배움은 더더욱 중요하다.

상담의 목표들

사람들은 왜 상담을 받으러 올까? 그들이 성취하려고 하는 것은 무엇인가? 당신이 상담을 통하여 사람들을 도울 때 당신의 목표는 무엇인가? 이런 것들이 어려운 질문들이다. 각각의 질문들에는 내담자와 상담자 두 사람에 따라서 여러 가지 답이 있을 수 있다. 당신이 생각하는 것과는 반대로, 비교적 매우 적은 사람들이 기도, 의심, 교리, 영적 성장, 혹은 죄 지은 행동에 대한 죄책감과 관련된 문제를 갖고 기독교 상담자들을 찾아온다.[6] 그것보다 더 자주 사람들은 결혼 문제, 위기, 우울, 대인관계 갈등, 그리고 다른 문제들, 불안정한 이 시대에 대한 불안, 우리의 세계를 사로잡고 있는 테러에 대한 불안 등을 갖고 온다.

예수님은 이러한 종류의 문제들에 관심이 있었다. 그는 우리가 하늘에서 영생과 이 땅에서의 풍성한 삶을 살 수 있게 하기 위하여 오셨다.[7] 예수 그리스도를 따르는 상담자는 그와 똑같은 궁극적인 목표를 갖고 있다. 상담자는 예수님을 믿는 사람들에게 영생을 가르치고 믿는 사람들이 어떻게 이 땅에서 풍성한 삶을 사는가를 보여준다. 만일 우리가 예수님의 말씀을 진지하게 받아들이면, 풍성한 삶은 그의 가르침에 따라 살기를 추구하는 사람들에게만 온다는 결론을 내리게 될 것이다.

하늘나라의 영생은 믿지만 이 땅에서의 풍성한 삶은 경험하지 못하는 신실한 기독교인들도 많다. 이런 사람들에게는 복음주의, 일대일 설교, 혹은 전통적인 기독교 교육 외에 다른 무엇인가가 포함되어 있는 상담이 필요하다. 그들에게는 민감하고 유능한 상담자들이 필요하다. 그런 상담자들은 성령에 의하여 인도받고 내담자를 도와서, 내담자들로 하여금 숨겨진 해로운 태도들을 인식하게 하고, 보다 나은 사회기술과 갈등을 관리하는 기술을 배우게 하고, 현명한 결정을 내리게 하며, 그들의 생활양식을 변화시키거나, 위기에 대처할 내면의 자원을 어떻게 활용하는가를 배우게 할 수 있다. 그러한 상담은 내담자들의 심리적 장애, 과거의 기억들, 혹은 성장하지 못하게 하는 현재의 태도들을 고집하는 것에서 해방시킬 수 있다. 기독교 상담은 비기독교인들에게 순수한 기독교 사랑을 경험하게 하고, 때맞추어 개종하는 데 장애가 되는 것을 없앨 수 있는 일종의 '선행 복음전도'(Pre-Evangelism)로서 활용할 수 있다. 복음전도, 영적 성장, 그리고 이 땅에서 보다 더 풍부한 삶을 경험하도록 돕는 것은, 비록 이것들이 유일한 목표는 아닐지라도, 기독교 상담자가 노력하는 상담의 핵심 가운데 일부다.[8]

많은 내담자들은 그들이 상담으로부터 무엇을 원하는지 잘 모른다. 만일 상담자들도 이와 같다면, 상담 과정은 목표도 없이 비효율적이 될 것이다. 그러므로 어떤 목표에는 최소한 다음과 같은 것들이 포함된다.

1. 증상 완화

상담을 받으러 오는 사람들은 그들의 삶이 뭔가 잘못되어 있다는 것을 안다. 그들에게 가장 우선시되어야 할 것은 삶을 불행하게 만드는 절망, 불안, 내면의 혼란, 허약하게 하는 불안정, 개인적 갈등, 혹은 다른 긴장 등으로부터 구제되는 것이다. 때때로 상담자는 단순히 경청하고 위로함으로써 돕기도 한다. 스트레스를 즉시 감소시키고 희망을 넣어주는 한두 마디의 제안이 도움이 될 수도 있다. 그러나 증상을 완화시키는 것은, 이가 아플 때 문제가 되는 진짜 원인을 치료하지 않고 아스피린만을 복용하는 것처럼 일시적인 위안만을 줄 뿐이다.

2. 자기 이해

자신을 이해하는 것은 종종 치유의 첫 단계가 된다. 많은 문제는 자기가 만들어낸 것이지만, 내담자는 한쪽으로 기울어진 생각을 하고 있고, 해로운 태도나 자기 파괴적인 행동방식을 갖고 있다는 것을 인식하지 못할 것이다. 예를 들어 "아무도 나를 좋아하지 않아요"라고 불평하지만, 그 불평이 다른 사람들을 괴롭히고 사람들을 멀리 하게 하고 거절하기 위한 이유가 된다는 것을 알지 못하는 사람이 있다고 하자. 상담 목표는 객관적이고 인지적으로 경계하는 상담자가 내담자를 도와서, 그 자신 안에 그리고 그 주변의 세계 안에 무슨 일이 일어나고 있는지에 대해 실제적인 그림을 그리도록 하는 것이다.

3. 새로운 기술 학습과 행동 변화

우리 행동의 대부분은 학습된다. 따라서 상담은 비효율적인 행동을 고쳐서, 보다 효율적인 행동방식을 배우도록 내담자들을 돕는 것이다. 이러한 학습은 교육을 통해 이루어지지만, 내담자가 상담자나 다른 모델을 모방하고, 시행착오를 통한 변화를 경험할 때 더 오래 지속될 것이다. 때때로 실패했을 때 잘못된 것을 분석하는 것도 필요할 것이다. 그러면 다시 시도해보도록 내담자를 격려해야 한다.

예를 들어, 이성교제를 할 때 불안해하는 젊은 남성을 상담한다고 가정해보라. 이성교제는 학습되는 행동이지만 앞의 내용을 다시 읽어본다면 당신은 이성교제를 두려워하는 내담자를 돕는 방식을 생각해 낼 수 있을 것이다.

상담자들은 종종 새로운 삶의 기술들을 가르치고 있는 자신을 발견한다. 새로운 삶의 기술들이 가장 필요한 영역들 가운데 하나는 의사소통 영역이다. 어떤 사람들은 효율적으로 의사소통하는 방법을 배운 적이 없기 때문에 계속해서 문제를 일으킨다. 많은 결혼의 실패는 남편과 아내가 의사소통에 실패했기 때문이라고 알려져 있지만 의사소통 기술 부족은 결혼에만 한정되지 않는다. 많은 사람들은 의사소통을 할 수 없거나 할 의지가 없다. 내담자들이 감정, 생각, 태도를 정확하고도 효율적으로 전달하도록 그들을 자주 격려해야 한다. 효율적인 의사소통은 자기 자신을 분명하게 표현하고, 다른 사람들의 메시지를 정확하게 받아들이는 것이다.

4. 갈등 해결

많은 사람들은 다른 사람들과 갈등문제로 상담을 하러 온다. 이것은 초대교회에서는 매우 일반적인 일이어서 사도들의 편지들 가운데 많은 부분이 평화로운 관계 회복을 위한 지침을 알리려는 데 초점을 맞추고 있다. 바울은 에베소서에서 이방인과 유대인은 그리스도가 그들을 갈라놓았던 적대감의 벽을 허물었기에 잘 지내야 한다고 말하고 있다.[9] 서로 사랑하는 것이 매우 중요하다는 말이 여러 곳에 나오지만 때때로 초기 기독교인들은 서로 사랑하는 대신 "서로 헐뜯고 괴롭혀서"[10] 심지어 교회 안에서까지 서로를 파괴하였다. 성경 기자들은 더 좋은 부부 관계와 더 좋은 부모-자녀 관계를 맺는 것에 대하여 그리고 서로 협조하는 고용주-고용인 관계를 발달시키는 것에 대하여, 그리고 갈등 속에 있는 기독교인들에게 가서 그들의 화해를 돕는 것에 대하여 썼다.[11]

이 모든 것은 현대에서도 변한 것이 없다. 모든 상담자는 언제나 사람들의 화해를 돕는 것에 연관되어 있을 것이다. 그것은 힘든 일이고 스트레스를 많이 받는 일이다. 그럼에도 불구하고, 그것은 성경에서 많은 지지를 받고 있으며, 기독교 상담의 핵심 목표이기도 하다.

5. 지지

많은 경우에 사람들은 목표를 이루고, 문제를 해결하고, 효율적으로 상담할 수 있지만, 심한 스트레스나 위기가 있을 때는 예외다. 이때 우리는 상담자를 포함하여 동정심 있는 다른 사람들과 지지하고, 격려하고, '짐을 나누는 것'으로 유익을 얻을 수 있다. 지지를 잘하면 그들의 삶의 문제들을 효율적으로 극복하기 위한 개인적이고도 영적인 자원을 재활용할 수 있게 한다.

6. 영적 성장과 온전함

지금 영성에 많은 관심이 있음에도 불구하고, 많은 상담 전문가들은 모든 인간 문제에 영적 차원이 있다는 것을 알지 못하거나 인정하지 않는다. 그러나 유명한 정신의학자 칼 융(Carl Jung)은 35세 이상인 환자들 중에서 "최후의 문제가 삶에서 종교관을 발견하는 문제가 아니었던 사람은 없었다"라는 결론을 내렸다.[12]

기독교 상담자는 영성 지도자가 되어 영적 투쟁을 하는 내담자들을 돕고, 그들로 하여금 의미 있는 믿음과 가치를 발견할 수 있도록 한다. 기독교 상담자는 상담자와 내담자 두 사람만의 대화 대신에, 효율적으로 사람들을 돕는 중심에 하나님의 임재를 인정하는 '3자 대화'(Trialogue)를 하기 위해 노력한다. 영적인 결핍을 느끼는 사람들을 도와서 영적인 온전함을 이루게 하는 것이 기독교 상담의 기초가 된다.

7. 자기 발달

상담하러 오는 모든 사람이 주된 문제와 투쟁하는 것은 아니다. 때때로 사람들은 더 많은 성취를 하거나 자신의 잠재력을 더 잘 이룰 수 있도록 도움을 받기 위하여 상담을 받으러 온다. 어떤 상담자들은 모든 인간의 목표는 자기 실현이어야 하고, 자신의 최적의 잠재력을 성취하고 유지하기 위한 학습과정이어야 한다고 제안한다. 이것은 비록 지금 우리가 코치라고 알고 있는 것과 더 잘 맞으면서도, 상담의 정당한 목표일 수 있다.

자기 실현의 개념은 매우 인간적이다. 왜냐하면 그것은 오직 인간의 능력과 잠재력에 초점을 맞추기 때문이다. 기독교는 각 사람이 하나님께 부여받은 능력, 재능, 그리고 하나님이 각 사람을 위하여 세우신 목적을 가장 잘 성취할 수 있는 능력을 발달시키는 데 가치를 둔다. 또한 우리는 궁극적으로 우리 삶의 목표가 그리스도 안에서 완성되고, 우리에게 영적 성숙을 가져다주는 성령의 능력을 통하여 잠재력을 발달시키는 것임을 믿는다.

상담의 목표가 무엇이든, 만일 상담자들이 목표를 내담자에게 둔다면, 상담 과정은 효율적이지 않게 된다. 상담자와 내담자가 목표를 함께 세운다면 더 좋을 것이다. 이것은 언제나 가능하지는 않지만, 가장 좋은 목표는 모호한 것이 아니라 구체적이고 현실적인 것이어야 한다. 만일 여러 목표가 있다면 논리적 순서로 계획하여 처음에 세운 목표가 얼마나 오래 가는지를 확인하는 것이 가장 좋다. 그러나 이 모든 것이 상담을 질식시키도록 해서는 안 된다. 상담을 하면서 계획된 목표가 있음에도 불구하고, 하나의 목표에만 관심을 집중할 때가 있을 것이다.

상담 관계

사람들이 상담을 받으러 오는 것은 쉽지 않다. 도움이 필요하다는 것을 인정하고 싶은 사람은 거의 없다. 상담자들이 무엇을 생각하고, 질문하고 보는지에 대하여 두려워하는 사람들이 있다. 어떤 문제는 당황스럽거나 너무 개인적이어서 문제를 이야기하는 것이 내담자 혹은 상담자에게 불안을 야기하기도 한다. 믿는 사람들은 하나님에게 어떤 문제를 없애 달라고 간청하고 기도한 후에 문제들이 남아 있어서는 안 된다고 생각하는 경우가 흔하다. 또 이런 사람들은 상담의 필요성이 개인적이고 영적인 실패를 나타내는 것이라고 생각한다.

좋은 상담자는 이러한 불안을 알아차리고, 처음부터 내담자들이 편안해지도록 도우려 한다. 그러나 이것은 내담자가 편안함을 느끼고 마음을 혼란스럽게 하거나 방해하는 것이 거의 없는 곳에서 '치료적 분위기'가 발달하기 때문에 오래 걸릴 수도 있다. 효율적인 상담은, 비밀이 보장되는 곳이라면 어디든 이루어질 수 있다.[13] 예를 들어, 조용한 레스토랑에서 상담하는 것이 딱딱한 상담소에서 만나는 것보다 덜 위협적일 수 있다.[14]

돕는 과정에서 장소보다 더 중요한 것은 도움을 주는 사람과 받는 사람과의 관계다. 이것은 상담자라면 누구나 공감하는 부분일 것이다.[15]

이러한 치료관계는 어떻게 만들어지고 유지되는가? 심리학자 칼 로저스(Carl Rogers)는 처음으로 이 문제를 깊이 있게 연구하고 발전시킨 사람이다. 오래 전에 그는 병원 환자와 많은 상담자들을 4년 동안 연구한 보고서를 냈다. 치료사가 높은 수준의 따뜻함, 성실함, 그리고 정확한 공감적 이해를 보여주었을 때 관계가 발전하고 환자들이 변한다는 것이 발견되었다.[16] 상담자의 이러한 특성들이 없을 때, 환자들은 점점 더 나빠졌다. 물론 중요한 것은 내담자들을 편안하게 하기 위해 어떤 기술이든 사용하고 민감하게 반응하는 것이다. 그러나 수년간 계속된 연구에서 상담 관계는 로저스가 확인했던 상담자의 특성들을 중심으로 이루어진다는 생각을 입증하고 있다.

우리는 이것들을 제2장에서 더 자세히 논의했다. 따뜻함은 내담자의 행동이나 태도와는 상관없이 돌봄, 존경, 혹은 성실함과 같이 내담자에 대해 관심을 보여주는 것이다. 상담자의 진실함은 상담자가 '실제로' 거짓이나 우월한 역할을 하지 않는 성실한 사람이라는 것을 나타낸다. 공감은 상담자의 민감성과 내담자와 '함께 느끼고' 그 사람의 고통을 이해할 수 있는 능력을 말한다. 공감하는 상담자는(특히 상담 초기에) 사람들과 가장 잘 관계를 맺으며 상담자로서 가장 효율적일 것이다.

따뜻함, 진실함 그리고 공감이 좋은 상담자의 속성들로 가장 자주 언급되는 것들이지만, 우리가 앞에서 고찰했던 것들을 포함하여 다른 중요한 특성들도 있다. 더구나 기독교 상담자의 삶은 성령의 열매인 기쁨, 평화, 인내, 친절, 선함, 신실함, 관대함, 자기통제, 그리고 가장 중요한 사랑의 증거를 보여주어야 한다.[17]

50여 년 전에, 미국심리학회의 전 회장은 사랑에 대해 "비교할 수 없을 만큼 가장 위대한 심리치료 요소로서 전문 정신의학이 초점을 맞추어 해낼 수 없는 것"이라고 강조했다.[18] 기독교가 전적으로 사랑에 기초한 접근법을 제공함으로써 일반 상담에 실패한 상담자를 도울 수 있을까? 이것은 기독교 상담자들에게, 특히 상담실에 올 때마다 기독교 가치를 감추어버리는 일반 훈련을 받는 상담자들에게 도전을 주는 것이다. 도움의 기본 방식은 사랑을 보여주고 하나님에게 더 많이 사랑하는 방법을 묻는 것이고, 우리를 통하여 가난한 사람들을 사랑하는 것이다. 어떤 사람들에게는 그들이 사랑받고 있다고 느끼는 것이 더 잘 살기 위하여 필요한 모든 것이다.

노련한 상담자는 대부분의 사람들이 훈련, 구조, 도전, 그리고 다른 치료적 개입을 필요로 한다는 것을 안다. 많은 내담자들에게 사랑만이 다는 아닐 것이다. 효율적인 기독교 상담자가 되려면 사랑에 기초한 상담 관계의 발달을 추구하면서, 기초 상담 기술의 지식과 사용에 숙달되도록 노력한다.[19]

상담 기술

내담자를 돕는다는 것은 우리가 친구들과 이야기하는 것과는 다른 분명한 목적이 있다. 상담자의 욕구는 대부분 다른 곳에서 채워지므로 사랑, 인정, 도움을 받기 위해 내담자에게 의존하지 않는다. 돕는 관계에서 상담자들은 자신들의 고통이나 갈등을 제쳐두고, 내담자의 욕구를 인식하고 그를 돕기 위한 이해와 의지를 전달하려고 한다.

이러한 도움을 어떻게 주는가를 요약한 공식은 없다. 도움을 주는 과정은 복잡하고 몇 문장으로 요약하는 것은 불가능하다. 모든 상담 상황은 고유하다. 효율적인 상담자들은 여러 가지 기술들을 사용하지만, 가장 기초적인 기술들은 다음과 같다.[20]

1. 관심을 기울이는 기술

상담자들은 어렵더라도 모든 내담자에게 집중적인 관심을 기울이도록 노력해야 한다. 관심 기울이기는 첫째, 눈 맞추기 – 관심과 이해를 보여주기 위하여 응시하는 것이 아닌 바라보기, 둘째, 자세는 긴장하기보다는 편안해야 한다. 아무도 딱딱한 상담자에게는 편안함을 느끼지 않는다. 그리고 최소한 가끔씩이라도 내담자 쪽으로 기울인다. 셋째, 몸짓은 지나치거나 산만하지 않고 자연스럽게 고개를 끄덕인다.[21] 상담자가 예의 바르고 친절하고 내담자를 이해하고 싶어 할 때 상담자의 관심이 전달된다.

피로, 조바심, 다른 문제들에서 생긴 선입견, 공상, 혹은 불안함은 모두 내담자에게 신중한 관심을 기울이지 못하게 할 수 있다는 것을 알아두라. 사람들을 돕는 것은 민감성, 돌봄에 대한 순수한 표현, 내담자가 말하려고 하는 것에 주의를 기울이는 것을 포함해서 큰 노력을 기울여야 하는 일이란 것을 다시 한 번 강조하고 싶다.

2. 경청하는 기술

이것은 다른 사람이 하는 말에 수동적 혹은 냉담한 관심을 보여주는 것 이상을 말한다. 효율적인 경청은 적극적인 과정이다. 그것은 다음과 같다.

- 당신 자신의 갈등, 편견, 그리고 선입견을 버리고, 내담자가 말하는 것에 집중할 수 있어야 한다.
- 공격적이거나 충격적인 말을 들을 때조차도, 들은 것에 대하여 부인하거나 판단하는 교묘한 말 혹은 비언어적 표현을 피해야 한다.
- 목소리, 말의 속도, 반복되는 생각, 자세, 몸짓, 얼굴 표정 등으로부터 오는 메시지, 그리고 그 사람이 말하는 것과는 별개의 다른 단서들을 알아내기 위하여 당신의 눈과 귀를 모두 이용해야 한다.
- 내담자의 말을 들을 뿐 아니라 생략된 것도 알아차려야 한다.
- 내담자의 육체적 특징들, 몸치장과 의상과 같은 일반적인 외모에 주의해야 한다.
- 내담자가 고통스러운 일을 말할 용기를 가지려 할 때 혹은 내담자가 생각을 가다듬고 침착해지기 위하여 침묵하거나 눈물 흘리는 것을 참을성 있게 기다려야 한다.
- 내담자가 말할 때, 다른 곳을 응시하거나 상담소 주변을 둘러보거나 하지 말고 내담자를 바라보아야 한다.
- 당신은 내담자의 행동, 가치, 혹은 신념은 묵과할 수 없을지라도, 내담자의 존재는 받아들일 수 있음을 알아야 한다. 때때로 당신 자신이 내담자의 상황에 처해 있다고 상상하면서, 문제를 내담자의 관점에서 보려고 노력하는 것이 도움이 될 수 있다.

이 모든 것을 무시하고, 당신 마음대로 하거나 특히 내담자의 이야기가 지루하거나 반복될 때, 지나치게 말을 많이 하거나 충고하기가 쉽다. 때때로 우리는 그 사람이 말하고 있는 것을 평가하고 그 문제에 대한 해답을 생각하고 간섭하거나 다음에 무엇을 말해야 할까를 궁리하고 있는 자신을 발견한다. 이런 일이 생기면, 내담자는 종종 당신이 듣고 있지 않다는 것을 감지하여 상한 마음을 정직하게 말하려 하지 않거나, 자세히 말하려 하지 않는다. 그러한 경우에 내담자들은 종종 그들이 이해받지 못하고 있다고 느낀다. 그러나 적극적인 경청은 내담자들에게 "나는 정말로 관심 있고, 성실하게 돌보고, 그리고 이해하고 싶어요"라고 말하는 것과 같다.

우리가 경청하지 않고 말하는 것으로 상담할 때, 이것은 종종 상담자 자신의 불안을 나타내거나 위협, 모호함, 혹은 정서적 주제를 다룰 수 없는 무능함을 나타내는 것이다. 충고를 하는 것도 이와 유사할 것이다. 당신이 말하는 것은 가치가 있지만, 특히 만일 당신이 주의 깊게 경청하지 않는다고 내담자가 느낀다면, 아무리 좋은 충고라도 잘 들리지 않고 심지어는 들으려 하지 않을 것이다.

3. 반응하는 기술

상담자들은 관심을 기울이고 경청하면서, 가끔씩 특별한 의견만을 말하라고 배웠다. 이 의견은 내담자가 문제에 대한 해답을 얻을 때까지 내담자를 자극하여 더 많은 평가를 하려는 의도를 갖고 있다. 앞에서 지나치게 단순화시켰던 그 접근법은 상담자가 경청은 하지만 더 이상 할 것이 없는 것 같아서 사람들을 좌절시켰다. 그러나 좋은 상담자들은 반응을 잘하는 사람들이다. 예수님이 그 예다. 그는 당황하는 사람들이 엠마오 거리를 따라 걸을 때 그들의 말을 주의 깊게 경청하셨지만, 거기서 그치지 않고 행동과 구체적인 말로 반응하셨다. 우리는 어떻게 도움이 되는 반응을 할까?

- 이끌어가기 : 상담자로 하여금 대화의 방향을 부드럽게 잡아가도록 하는 기술이다. "다음엔 무슨 일이 일어났죠?" "무슨 말인지 말해주세요" "그리고 무슨 일이?" 등은 유용한 정보를 줄 방향으로 이끌어갈 수 있는 간단한 질문들이다. 가끔씩 당신은 내담자들이 문제를 벗어나 있다고 상기시켜서, 그들이 이전에 상담자에게 말했던 것으로 다시 돌아오도록 상냥하게 말할 필요가 있다.
- 반영하기 : 내담자들로 하여금 우리가 '그들과 함께' 있고, 그들이 어떻게 느끼는지 혹은 생각하는지를 이해할 수 있음을 알게 하는 방식이다. "당신은 ……라는 느낌이 드는군요." "당신은 그것 때문에 좌절했군요." "그것은 재미있어야 했어요." 이런 모든 것들이 상담에서 진행되는 것을 반영한다. 모든 말을 반영하지 않도록 주의하라. 그것보다는 간간이 반영하라. 내담자가 하는 말마다 반복하지 않도록 하라. 왜냐하면 이것은 인위적인 것 같고 듣는 사람을 화나게 하기 때문이다. 거의 모든 문장을 "당신은 ……라고 생각하는군요", 혹은 "내가 듣기로는 당신은 ……라고 말하고 있군요"와 같은 정형화된 말로 서둘러 시작하지 않도록 하라.
- 요약 : 내담자가 더 탐색하도록 자극하고 반영하는 방식일 수 있다. 그것은 또한 당신이 들어왔던 것을 정확하게 검토하게 한다. 상담자는 감정을 요약할 것이고("그것이 상처가 되었겠군요"), 혹은 지금까지 들었던 것을 일반적인 주제로("이 모든 것 때문에 당신이 연달아 실패를 한 것 같군요") 요약할 것이다. 물론 요약을 너무 자주 해서는 안 된다. 당신이 요약하거나 다른 의견을 말할 때마다, 내담자에게 당신이 말했던 것에 대하여 반응할 시간과 기회를 주어라.
- 지지와 격려 : 어떤 상담 상황에서도, 특히 초기에 중요한 부분이다. 사람들이 욕구와 갈등 때문에 힘들 때, 그들은 자신을 받아들여주고 안심시켜주며 공감해주는 사람의 돌봄과 안정감으로부터 유익을 얻을 수 있다. 내담자가 자신의 영적 자원과 심리적 자원을 검토하도록 지침을 주고, 행동을 격려하며, 이러한 행동의 결과로 올 수도 있는 문제나 실패를 극복하도록 돕는 것이다.
- 해석 : 내담자의 행동이나 다른 사건들이 의미하는 것을 내담자에게 설명하는 것이다. 해석할 때에는 조심하라. 해석은 내담자들로 하여금 자신과 자신의 상황을 보다 더 분명하게 알 수 있도록 하기 위하여 커다란 잠재력을 가진 고도의 노련한 기술이다. 만일 내담자가 해석한 것을 정서적으로 받아들이기 전에 해석이 주어지거나, 해석이 틀리다면 해로울 수도 있다. 만일 당신이 내담자의 문제나 행동에 대하여 설명을 하고자 한다면, 내담자가 지적으로 또는 정서적으로 그러한 통찰을 다룰 수 있는 준비가 되어 있는지 자문해보라. 해석할 때 용어를 단순하게 하고, 확실하지 않은 방식으로(예를 들어, "그것은 ……일 수 있을까요?") 말하라. 그리고 내담자에게 반응할 시간을 주어라. 해석을 논의할 때 내담자는 더 많은 통찰을 발달시키고, 상담자와 앞으로의 행동과정을 탐색할 수 있다.

4. 질문하는 기술

이것을 신중하게 한다면, 유용한 정보를 많이 얻을 수 있다. 가장 좋은 질문은 "결혼했나요?" "불행한가요?" "몇 살이죠?"처럼 한 단어로 답할 수 있는 질문보다는, 최소한 두세 문장으로 답을 요구하는 "결혼 생활에 대하여 말해주세요" "어떤 것들이 당신을 불행하게 합니까?"와 같은 질문이다. 우리가 꼼짝 못하게 되어서 다음에 무슨 말을 해야 할지 모를 때 불편함을 느끼기 쉽다. 결과적으로 초보 상담자들은 다음에 무슨 질문을 해야 할지 생각해볼 시간을 갖기 위해 단답형 질문을 하는 경향이 있다. 그러나 내담자는 당신이 이유가 있는 질문을 한다고 생각하고 의사 같다는 결론을 내린다. 그곳에서 환자는 모든 질문에 답한 후에 약속시간이 끝나면 치료를 위하여 진단하고 제안할 것을 기대한다. 좋은 질문들은 매우 소중해서 상담자에게는 정보를 주고 내담자에게는 문제를 명료하게 하지만, 너무 많은 질문은 의사소통을 질식시킬 수 있다. 또한 '왜'라는 질문으로 시작하는 것을 피하는 것이 가장 좋다. 이런 질문은 판단하는 것 같거나, 지적인 긴 토론과 분석이 필요하기 때문에 내담자가 실제적인 감정이나 상처에 대처하지 못하게 한다.

내담자들이 정직하게 협력하려고 할 때조차도, 그들이 말할 수 없는 정보나 문제들이 있다. 자극하고 시험하는 것은 사람들이 자기 자신에 대하여 보다 더 자세히 말하도록 돕는 특별한 질문 형태들이다. 그러나 이러한 자극과 시험이 항상 질문 형태의 문장이어야만 하는 것은 아니다. 때로는 "그것에 대하여 좀 더 말해주세요" "그때 무슨 일이 일어났나요?" "그래서……" "그러면……" "그 말이 무엇을 의미하나요?" "이것은 ……라는 말인가요?"와 같은 질문들이다. 이러한 질문들은 당신에게 적절한 정보도 주지만, 내담자들에게는 그들이 말하는 문제를 보다 명확히 할 수 있도록 도움을 준다.

5. 도전하는 기술

종종 상담자가 공감하고, 이해하고, 혹은 격려하는 것만으로는 충분하지 않은 때가 있다. 오히려 내담자들은 피하고 싶은 문제들에 직면하고, 자기 자신이나 환경에 대한 새로운 관점을 발달시키거나, 다른 사람들과의 갈등을 해결하거나, 고통과 슬픔이나 다른 자기 패배적인 행동과 태도를 멈추게 하기 위하여 도전받아야 할 필요가 있다. 모든 상담자는 불평하기 좋아하고 자신이 피해자라고 느끼면서도 어떤 변화의 행동도 취하기를 꺼리는 사람들을 만난다. 그들은 불평하면서도 변화하기를 두려워하고 어떻게 변화해야 할지를 모른다. 어쩌면 그들에게는 그들도 모르는 변화를 막는 생화학적인 문제가 있을지도 모르고, 어떤 경우에는 내담자 자신이 책임을 져야 하고 다르게 행동해야 하는 위험을 감수하기보다 그들의 문제에 안주하기를 더 좋아한다.

수년 동안 상담자들은 어떤 상황에 직면했을 때 무언가를 하려고 노력하고 변화하려는 사람들에 대해 이야기했다. 그러나 직면은 비난과 비판을 포함하는 신랄한 단어다. 어떤 기독교인들은 상담과 직면이 동의어라고 가정했다. 그들에게 상담한다는 것은 직면하는 것이다. 이것은 성경에서도 심리학에서도 지지받지 못하는 것이다. 때때로 예수님은 사람들과 직면하셨지만 그보다는 오히려 더 부드러운 접근법을 사용하였다.

이처럼 부정적이고 비난을 포함하는 개념과는 반대로, 도전은 변화하기 위하여 무엇이든 하려는 내담자들을 존경하고 자극하는 긍정적인 용어다. 내담자들은 그들의 삶 속에 있는 죄, 실패, 모순, 변명, 해로운 태도, 혹은 자기 패배적인 행동과 사고방식 등에 대하여 무엇인가를 하고 직면하도록 도전받을 수 있다. 때때로 내담자들은 그들이 무책임하고, 다른 사람들에게 해를 끼치거나, 일들을 더 나쁘게 만드는 방식으로 행동하고 있다는 것을 인정하도록 할 필요가 있다. 때로는 자기 자신이나 다른 사람들을 인지하는 것에 대하여 도전받을 필요가 있다. 예를 들어, 부모들은 자신의 10대 아들이 반항적이고 삶을 불행하게 만들려 한다고 인지할 것이다. 이것은 아들에 대하여 혹은 아들의 내면에서 일어나고 있을 고민을 정확하게 표현한 것이 전혀 아니다. 상황이 어떠하든 도전은 사랑과 친절함으로 판단하지 않으면서 단호한 방식으로 이루어질 때 가장 효율적이다. 만일 내담자에게 도전하고 싶은 문제들이 있다면 한번에 그 문제들을 모두 제기하지 말라. 왜냐하면 이것은 그 사람을 압도할 수 있기 때문이다. 한번에 한 문제에만 초점을 맞추어라.

　예상했듯이 사람들은 도전받는 것에 대하여 다르게 반응한다. 때때로 상담자에게 동의하고, 변화하기로 결심하거나, 용서나 경험으로 죄를 고백한다. 도전은 종종 저항, 죄책감, 상처, 혹은 화를 부른다. 내담자들로 하여금 당신의 도전에 대하여 말로 반응하게 하는 것이 중요하다. 내담자들에게 대안이 되는 행동방식을 논의할 시간을 주고, 그들이 변화할 때 그들에게 지침을 주어라.

6. 가르치는 기술

　모든 상담 기술은 여러 가지 방식으로 영적 교육과 심리적 교육 형태의 특징을 가지고 있다. 상담자는 여러 가지 가르치는 방식을 다르게 사용하는 교육자다. 교훈, 모델, 간단한 이야기하기, 도움이 될 수 있는 영화나 비디오를 활용하고, 내담자들이 삶의 문제들에 대처하는 방법을 직접 경험하도록 함으로써 그들에게 지침을 준다. 개인적이지 않은 교육의 형태와는 달리, 상담은 내담자의 다른 감각들이 포함될 때 훨씬 더 효율적이다. 또한 논의가 모호하지 않고 구체적일 때, 불투명한 목표들 ("나는 더 행복한 삶을 살고 싶어요") 보다는 구체적인 상황들에 ("나의 아내가 나를 비판할 때 화나는 것을 어떻게 통제할 수 있을까요?") 초점을 맞출 때 도움이 된다.

　강력한 학습 도구는 직접 반응하는 것이다. 이것은 상담자와 내담자가 '직접적인' 관계에서 일어나는 것을 솔직하게 논의할 수 있는 능력을 말한다. 예를 들어, 상담자는 "나는 우리의 대화가 지연되고 있다고 생각해요"라고 말하거나, 혹은 "당신은 내가 말하는 모든 것에 저항하는 것처럼 느껴져요"라고 말할 수 있다. 이렇게 정직하게 직접적으로 하는 말들은 내담자들로 하여금 감정이나 다른 문제들이 발생하여 상담 과정을 망쳐놓기 전에, 그것들을 표현하고 다루게 한다. 직접 반응하는 것은 내담자들의 행동이나 태도가 어떻게 영향을 끼치는지 혹은 다른 사람들에게 어떻게 보이는지를 더 잘 이해하는 데 내담자와 상담자 모두에게 도움이 된다. 이러한 이해는 상담의 교육적인 면에서 중요하다.

　보통 직접 반응하는 것은 상담자가 주도하지만 언제나 그런 것은 아니다. 때때로 내담자들은 상담자들에게 도전하기 위하여 직접 반응하는 것을 배운다. 이것은 또한 상담 과정과 문제들에 영향을 끼칠 수 있는 일을 논의할 기회를 준다. 이렇게 내담자들로부터 나오는 반응은 상담자들에게도 도전받는 기회가 되는데, 이는 상담자 자신이 상담을 어떻게 하고 있는지(혹은 잘못하고 있는지)를 되돌아보게 한다. 만일 상담자가 실패하면, 상담실 밖에서 내담자와 상관없이 상담자 스스로 생각해볼 문제로 여겨라.

　정보 제공은 또 하나의 가르치는 도구로서 정보를 필요로 하는 사람들에게 사실을 제공한다. 한번에 너무 많은 정보를 제공하지 않도록 하라. 될 수 있는 한 간단하게, 분명히 말하라. 그리고 언제나 사람들이 상처를 입으면 그들의 직접적인 욕구와 관심에 관련된 정보에 가장 잘 반응한다는 것을 염두에 두어라. 이러한 종류의 정보는 상담에서 일반적으로 널리 수용되는 부분이다.

　정보 제공은 우리가 앞서 살펴보았던 충고하기와는 다르다. 충고하는 사람들은 종종 충고하기 위한 상황을 정확하게 알지 못한다. 그들의 충고는 내담자들을 의존적으로 만들 수 있다. 만일 충고가 타당하지 않다고 입증되면, 나중에 비난받고 방향 제시를 잘못한 것에 대한 책임감을 느끼는 사람은 상담자다. 내담자는 충고를 듣고 감사하게 받지만, 삶에 적용하지는 않는다.

　당신이 충고를 요청받거나 충고하려 할 때마다 그 상황에 대하여 잘 알고 있는지 다시 한번 확인하라. "나는 이 사람에게 적절한 충고를 줄 만큼 충분한 정보와 전문 지식을 갖고 있는가?"라고 자기 자신에게 질문하라. "이 충고의 마지막 결과는 무엇일까?" "내담자를 더 의존적으로 만들 것인가?" "충고를 어떻게 따라야 하는가를 알고 있는가?" "만일 충고가 거절되거나 잘못되었다고 입증되면, 나는 그에 따르는 반응을 감당할 수 있는가?" 만일 충고를 하게 되면, 확실하지 않은 형태의 제안을 하라. 내담자에게 당신의 충고에 대하여 반응하거나 말할 시간을 주어라. 그리고 나중에 충고가 얼마나 도움이 되었는지 그리고 충고를 어느 정도로 따르고 있는지 알기 위하여 철저하게 확인해보아라.

7. 여과하기

상담자들은 본질적으로 내담자가 말하는 모든 것을 믿지 않는 회의적인 사람들이 아니다. 그러나 내담자들이 언제나 모든 이야기를 하는 것이 아니라는 것과, 그들이 실제로 원하고 필요로 하거나 의도하는 것을 항상 말하는 것이 아님을 기억해야 한다. 때때로 내담자는, 당황스럽거나 잠재적으로 사건에 말려들게 하는 자세한 내용은 생략한 채, 고의적으로 왜곡된 그림을 보여준다. 종종 내담자들은 자신의 문제를 넓은 관점에서 보지 못한다. 때때로 그들은 하나의 문제를 상담하러 오지만 더 깊은 다른 문제들을 보지 않거나 드러내기를 꺼린다.

따라서 상담할 때, 내담자의 말을 마음속으로 자세히 살펴보도록 하라. 내담자가 질문하는 것은 실제로 무엇인가? 이 사람이 상담자에게서 원하는 것은 실제로 무엇인가? 드러난 문제들 외에 다른 문제들이 있는 것처럼 보이는가? 때때로 사람들은 하나의 문제를 이야기하지만, 사실은 변화하고 싶은 마음이 없다. 오히려 그들은 동정, 관심, 카타르시스, 또 다른 사람의 관점, 불쾌한 상황으로부터 도피할 방법, 혹은 그들이 매우 싫어하는 누군가를 공격하기 위하여 공격수단으로 사용할 수 있는 당신의 말 등을 원한다. 당신은 내담자의 말을 들을 때 숨어 있는 동기를 의심하기 시작한다. 그리고 당신은 종종 내담자가 이 동기를 알지도 못하고 있다는 것을 깨닫는다.

때맞추어 당신은 위와 같은 문제들을 제기하여, 상담에서 그것들에 대하여 말하고 싶을 것이다. 상담자는 새로운 문제를 만들어내거나 내담자들이 논의하고 싶지 않은 주제를 강제로 생각하게 하지는 않는다. 그렇다 하더라도 만일 당신이 민감하게 듣는 것을 배우고 모든 것을 겉으로 드러난 가치로만 받아들이려 하지 않는다면, 당신은 더 효율적인 상담을 할 수 있을 것이다. 또한 어떤 사람도, 심지어 상담자들조차도 완벽하게 객관적으로 들을 수 없다는 것을 깨닫는 것이 도움이 될 것이다.

우리 모두는 개인, 가족, 문화, 신학, 그리고 다른 여과기들을 갖고 있다. 그것들은 우리의 두뇌 속으로 들어오는 정보를 선별하여 의미를 찾도록 돕는다. 이 여과기들은 우리가 세계의 의미를 찾도록 돕지만, 한편으로는 상담자들이 한쪽으로 기울게 할 수도 있다.

이 모든 것은 상담자에게 지혜와 분별력이 필요하다는 것을 의미한다. 어떤 것은 경험으로 생기지만, 기독교인들은 성령으로부터 오는 통찰, 지침, 명료함, 그리고 정확한 인지를 구하면서 기도할 때 더 민감해진다는 것을 알고 있다.

- ### 상담 과정

상담은 빵 굽기나 타이어 갈아끼우기처럼 단계별로 과정이 있는 것이 아니다. 모든 내담자는 고유하다. 그들은 각각의 다른 문제, 태도, 가치, 능력, 약점, 기대, 그리고 경험을 갖고 있다. 각 상황은 내담자,

다른 사람들, 그리고 환경으로부터 받은 영향들이 고유하게 결합된 것이다. 따라서 상담자는 사람마다 각각 조금씩 다르게 접근해야 한다. 내담자마다 상담 과정, 회기가 다를 것이다.

비록 상담이 일련의 단계로 환원될 수는 없지만, 모든 상담에는 몇 가지 반복되는 면들이 있는 것 같다. 그것들 중 어떤 문제들은 심사숙고하여 재고해야 한다.

1. 관계 맺기

대개 라포르(Rapport)라고 불리는 이것은 상담자와 내담자 사이에서 관계를 주도하고 형성하며 유지하는 것을 말한다. 우리가 보았듯이 상담소의 따뜻한 분위기도 이것에 기여하지만 더 중요한 것은 내담자가 감정이나 관심, 문제 따위를 불분명하게 이야기할 때, 상담자가 세심하게 경청하고, 진실한 관심과 친절을 보여줌으로써 라포르를 형성하게 된다.

2. 탐색하기

내담자들은 문제가 되는 상황들, 잃어버린 기회들, 그리고 좌절한 경험들을 자세히 밝히기 위하여, '자신들의 이야기를 말할' 필요가 있다. 이때에 내담자들은 자신의 감정을 나누고, 생각을 말하고, 자신의 행동과 증상을 설명하도록 격려 받는다. 상담자는 세심하게 경청하고, 적절한 질문을 하고, 존경하고, 공감하면서, 민감하게 반응한다. 이렇게 문제를 철저하게 탐색하는 것은 상담자와 내담자로 하여금 라포를 형성하게 하고, 다룰 필요가 있는 문제 상황을 더 분명하게 이해하도록 한다.

3. 계획하기

때가 되면 내담자는 문제를 다른 각도에서 보기 시작한다. 그리고 논의는 해결책을 찾기 위하여 취할 수 있는 목표와 행동을 향하여 나아간다. 내담자는 어떻게 변화할 수 있을까? 더 나아지기 위하여 할 수 있는 일들이 있는가? 어떤 것들은 변화할 수 없기 때문에 받아들여야 하는가? 고백해야 할 죄, 해야 할 행동, 변화해야 할 태도, 이루어야 할 목표, 고쳐야 할 관계, 배워야 할 기술이 있는가? 상담자와 내담자는 함께 원하는 변화를 가져오기 위하여 세운 계획을 전개해나간다.

어떤 상담자들은 이것과 앞의 두 단계를 건너뛰어서, 직접 충고하고 행동에 임하는 과정으로 가려 한다. 가끔은 이것이 유용하겠지만, 결국 정확한 진단을 내릴 만큼 충분히 시간을 갖고 환자를 살펴보지 않은 냉담한 의사가 수술을 하는 것처럼 비효율적이다.

4. 진행하기

계획하기는 행동이 따르지 않으면 유용하지 않다. 사람들은 해야 할 일을 결정한 후에 그들의 목표를 향하여 나아가도록 격려를 받아야 한다. 상담자는 지지하고 방향을 제시하고 격려하고, 그리고 종종 부드럽게 자극을 준다. 때때로 내담자들은 행동하고 실패를 경험한다. 상담자는 그때 내담자로 하여금 무엇이 잘못되었는지 평가하도록 돕고, 함께 다시 시도할 계획을 세운다.

이 시점에서 강조되어야 할 것은 계획하기와 진행하기의 앞 단계가, 모든 문제들을 지적으로 다룰 수 있고 행동 의지대로 해결할 수 있다는 가정 위에 세워진, 너무 단순화된 것이라는 것이다. 이런 일은 거의 일어나지 않는다. 왜냐하면 육체적, 영적, 심리적, 관계적, 상황적, 인격적 장애물들, 그리고 다른 장애물들이 방해를 하고, 앞으로 나아가기 전에 그것들을 먼저 다루어야 할 필요가 있기 때문이다.

하나의 예외는 단기 전략 치료(Brief Strategic Therapy : 때로로 단기 해결에 초점을 맞춘 치료라고 불린다)인데, 그것은 과거 수십 년 동안 대중적 인기를 얻었다. 50년 동안 상담은 반드시 장기적으로 이루어져야 한다는 가정하에 있었다. 그러나 연구자들은 몇몇의 문제들에서 단기 전략 접근법도 똑같이 효율적이고, 때로는 장기 접근법보다 더 효율적이라는 것을 발견하였다.[22] 내담자들은 종종 더 직접적인 개입을 선호한다. 그리고 기독교 상담자들은 그것을 매우 효율적으로 사용했다.[23] 접근법들은 사람에 따라 다양하지만, 보통은 다룰 필요가 있는 문제들을 상담자와 내담자가 함께 결정해서 공동으로 협력하는 접근법을 사용한다. 그것은 하나의 구체적인 문제에 초점을 맞추어 서로가 동의하는 것이다. 내담자는 변화하고 싶은 특별한 방식을 분명하게 말하도록 도움을 받으며 계획을 전개시킨다. 상담자와 내담자는 팀을 이루어 계획을 세우고 목표를 이루기 위해 함께 작업한다.[24]

단기 전략 치료가 종종 좋은 효과를 낸다는 것을 알지만, 비판하는 사람들은 많은 문제들이 이 접근법으로 효과를 볼 수 없음을 지적한다. 예를 들어, 오랫동안 성적으로 학대받았던 여성이 이 상처를 매우 불안하고 무가치한 느낌의 형태로 갖고 온다면, 남성에 대한 두려움은 몇 회기의 전략적 계획으로도 변화되지 않을 것이다.

5. 끝내기

상담은 영원히 지속되는 것이 아니다. 때가 되면 상담자와 내담자는 집중적인 문제 해결 관계를 끝낸다. 종종 학습되었거나 성취되었던 것을 요약하기도 한다. 내담자가 앞으로 보다 더 효율적으로 대처할 수 있는 방식을 논의할 수도 있다. 종종 상담 회기 사이의 시간이 늘어나다가, 결국 상담이 종결되지만 만일 미래에 상담이 필요하다면 상담 계약을 위한 문은 열려 있다.

책으로는 이 모든 것이 간단하고 단순해 보이지만, 우리가 보았듯이, 각 단계들은 앞에서 말한 내용들이 의미하고 있는 것만큼 분명하거나 쉽게 확인되지 않는다. 예를 들어, 내담자들과 만나서 관계를 형성하는 첫 단계는 사람들이 불안해하고 염려하는 시기이므로 매우 중요하다. 일단 관계가 시작되면 그것은 유지되어야 한다. 이것은 상담자가 첫 단계를 결코 놓쳐서는 안 된다는 의미다. 상담이 진행됨에 따라 상담은 이 단계들 속에서 계속 왔다갔다 한다. 문제가 분명해짐에 따라 해결책이 발견되고 시도된다. 그리고 상담은 종결을 향하여 나아간다.

• 상담 이론들

프로이트의 유명한 정신분석 체계는 한 사람의 상담이론이었다. 그것은 인간 본성, 개인적 문제의 원인, 그리고 사람들의 변화를 돕기 위한 가장 좋은 방법들에 대한 프로이트의 견해를 요약한 것이다. 모든 이론가들처럼 프로이트도 사실, 객관적 정보, 논리, 그리고 수년 동안 환자들을 상담한 것에 기초하여 인간 본성에 대한 자신의 지식 위에서 이론을 확립하려고 하였다. 그러나 다른 이론가들과는 달리 프로이트는 모든 이론이 그 이론을 만든 사람의 인격, 관심, 편견, 가치, 신념, 목표, 과거 경험, 문화, 훈련, 심지어는 그가 살고 있는 나라나 역사적 시대 배경 등을 반영한다는 것을 이해하지 못했던 것 같다.

현재 존재하고 있는 수많은 상담 이론들을 정확하게 평가하는 것은 불가능하다. 아들러의 이론, 융의 분석심리학, 실존주의 치료, 로저스의 인간 중심 치료, 게슈탈트(Gestalt) 치료, 교류분석, 글래서(Glasser)의 현실 요법, 알버트 엘리스(Albert Ellis)의 합리-정서 치료, 다양한 행동 치료들, 사회-학습 이론, 그리고 가족체계 치료 등은 가장 잘 알려진 이론들이다. 그 위에 많은 기독교인들은 상담에 대한 기독교적 접근법을 제안했다. 여기에는 제이 애덤스(Jay Adams)의 '성경 상담', 찰스 솔로몬(Charles Solomon)의 영성 치료, 에드 스미스(Ed Smith)의 신성 접근법, 그리고 하워드 클라인벨(Howard Clinebell)의 성장 상담 등이 있다. 대부분 이 이론들은 20세기 초나 중반에 발달되었다.[25] 보다 더 최근 이론들은 특수한 문제들에 초점을 맞추는 경향이 있고 인간 본성이나 주요 변화를 가져오는 방식에 대하여 광범위하게 개관하지 않는 경향이 있다.

어떤 상담 이론들은 고도로 발달하여 공식적인 언어로 나타나지만, 어떤 이론들은 보다 이론적이고 비공식적이다. 어떤 이론가들은 감정을 강조하지만, 어떤 이론가들은 행동변화나 내담자의 생각을 강조한다. 어떤 이론가들은 내담자들이 자기 자신을 돕는 데 우선 책임감을 가져야 한다고 가정한다. 어떤 이론가들은 상담자의 역할을 보다 더 강조한다. 많은 기독교적 접근법들은 성경적 가르침에 대한 이론가의 견해 위에 형성된다. 어떤 이론가들은 심리학적 통찰과 이론을 발견하는 것에 많은 강조를 둔다. 어떤 이론들은 복잡해서 요약하기가 어렵지만, 어떤 이론들은 간단하고 훨씬 단순하다. 이렇게 다양한 입장을 요약하는 것이 이 책의 영역을 넘어서는 것이기는 하지만, 좋은 개관과 비평은 앞으로 더 많은 정보를 원하는 사람들에게 유용할 것이다.[26]

왜 이론 때문에 고민하는가? 어떤 사람들은 이론이 중요하지 않을 뿐만 아니라 일차적으로 이론 창시자들의 사기를 올려주기 위하여 존재하고, 실제로 상담을 하는 데는 많은 영향을 끼치지 않으며 포스트모던 시대에는 점점 더 부적절하다고 주장한다. 이러한 주장은 어느 정도 사실이다. 그러나 이론은 유익한 목적으로 쓰일 수 있다.

이론들은 신학체계와 같다. 그것은 우리가 알고 있는 것과 믿고 있는 것, 우리가 성취하고자 추구하는 것, 그리고 우리 목표를 어떻게 이룰 것인가를 요약해준다. 이 책에는 그 크기가 말해주듯이, 복잡한 인간행동, 인간문제의 원인, 그리고 상담자들이 도울 수 있는 방법 등에 대하여 방대한 양의 정보가 있다. 이론들은 이 모든 사실들을 통합시켜, 이해할 만하고 유용한 틀로 결합시키도록 한다. 이론적 접근법들은 상담자들이 사람들에게 문제에 직면하도록 도우려 할 때 지침을 준다.

어떤 이론이 맞는가? 대답은 "없다"다. 이론들은 오류에 빠지기 쉬운 인간에 의해 만들어진 발명품이다. 그리고 우리의 지식과 이해가 증가함에 따라 개정될 것이다. 많은 전문가들은 자신이 좋아하는 이론들(그리고 이론가들)을 갖고 있지만, 한 조사에 응했던 사람들 중 거의 반은 자신들을 '절충주의자'로 확인했다.[27] 이 말은 하나의 이론에 제한을 두기보다는 다양한 접근법들로부터 나온 개념과 기술을 더 좋아한다는 것을 반영한다. 절충주의는 아무렇게나 이것저것 수집한 지적으로 게으른 개념이 아니다. 오히려 사려 깊게 여러 가지 원천으로부터 가져오는 접근법이고, 때에 맞추어 상담자들로 하여금 자신의 상담 목표에 도달할 수 있게 한다.

이것은 상담에 '하나의' 바른 방법만이 있는 것이 아닌 것과 마찬가지다. 예수님은 내담자의 필요에 따라, 다양한 접근법들을 사용하셨다. 기독교 상담자들은, 가장 열심히 성경적인 것을 추구하는 사람들조차도, 다양한 접근법들을 이용해서, 때로는 자신의 기독교 형제자매의 이론적 관점을 반대하기도 한다. 어쨌든 다른 이론들을 이해하는 것이 도움이 될 수는 있지만, 궁극적으로 우리 각자는 자신의 인격과 관점을 통하여 다른 사람들을 가장 효율적으로 도울 수 있게 하는 성령을 믿어야 한다.

• 상담 숙제

당신은 어떨 때 가장 잘 배우는가? 사람마다 가장 효율적으로 배우는 고유한 방법이 있다. 어떤 사람들은 듣는 것을 통하여 가장 잘 배우기 때문에 다른 사람들의 말을 경청한다. 어떤 사람들은 보는 것을 통하여 가장 잘 배우기 때문에 책을 읽거나, 영화를 보거나 도표를 본다. 어떤 사람들은 행동하는 것을 통하여 배우기 때문에 과제를 완성하고 역할을 수행하거나 자신의 감정을 행동화한다. 노련하게 말하는 사람들과 교사들은 만일 이 학습 채널들 가운데 하나 이상이 자극을 받는다면 학습이 더 잘 유지된다는 것을 알고 있다. 대부분의 상담은 여전히 한 주나 그 이상의 간격을 두고 만나서 한 시간 동안 주로 말을 하는 전통적인 '이야기 치료' 접근법을 사용하는 것 같다.

포스트모던에 물들고 너무 많은 미디어와 기술의 영향을 받은 세대들이 늘어남에 따라 많은 상담자들은 전통적인 상담실을 넘어서는 상담 형태를 사용하고 있다. 예를 들어, 내담자들로 하여금 그들의 학습을 상담 회기 이상으로 확장해 듣는 것 외에 보고 행동하는 것도 통합시킬 수 있는 숙제를 권장하는 것은 일반적으로 있는 일이다.

숙제란 때때로 그것을 원하지 않는 사람들에게는 바쁘기만 하고 성과 없는 어리석은 일이다. 그럴 때는 상담자와 내담자가 숙제(homework)라는 말을 버리고, 상담 시간 외에 할 수 있는 유용하고 특별한 사후점검(follow-up) 활동이라는 말에 동의하는 것이 더 낫다. 이러한 활동들은 내담자들로 하여금, 상담 목표를 기억해서(종종 책 읽기와 테이프 듣기, 인터넷 하기를 통하여) 추가의 정보를 입수하고 새로운 기술을 연습하여 발전시키고 해로운 행동을 없애고 상담 시간에 배운 것을 테스트하고 새로운 사고방식과 행동방식을 시도할 수 있도록 돕는다.

가능하다면 사후점검 과정에 내담자들을 참여시켜라. 예를 들어, 각 상담 회기가 끝나면 당신은 "우리가 오늘 헤어지면, 함께 이야기했던 것을 어떻게 연습할 수 있을까요?"라는 질문을 할 수 있다. 내담자가 창조적인 해답과 유용한 활동들을 생각해내서 그것들이 충분히 특별하고 현실적으로 완성될 수 있도록 도우라. 다음과 같은 제안들이 있다.

1. 쓰기 활동들

이것은 질문, 표준화 테스트, 혹은 문장 완성하기 등과 같이 종이와 연필을 사용하는 것을 말한다. 그리고 자서전 준비하기, 삶의 목표 결정하기, 자신의 장점과 단점 열거하기, 일기 쓰기, 혹은 심사숙고해서 생각해낸 변화에 대하여 장점과 단점 쓰기 같은 과제를 다음 상담 시간까지 해오도록 내주는 것도 도움이 된다. 상담자는 이러한 쓰기 과제들을 수거하여 그것들을 주제로 토론한다. 인터넷은 내담자들로 하여금 온라인상에서 질문 채우기를 하거나 테스트를 하게 해서, 나중에 상담 시간에 토론할 수 있는 즉각적인 결과를 가져오게 할 수 있다.

2. 토론과 연구 지침

어떤 연구 지침은 책 뒤에 나오지만, 숙제의 지침을 주거나 소그룹 토론을 촉진시키는 것을 독점적으로 실은 책들이 많다. 이러한 책들은 저자의 질문에 답하고 빈칸을 채우는 사람들에게 읽히지만, 결코 이것을 다른 사람과 토론하지는 않을 것이다. 어떤 사람들은 책에서 공부하거나 상담 회기들 사이에 인터넷을 활용하고, 이어서 상담자와 이 자원들을 토론한다.

이러한 프로그램과 연습용 책의 내용은 다양하다. 수년간의 연구에도 불구하고 여전히 이러한 프로그램이 어느 정도로 효과가 있는가는 분명하게 입증되지 않았다.[28] 이렇게 '자가 치료를 위한 책들'은 치료 받고 싶은 사람들의 문제가 심각하지 않으면서 그들이 상담자와 정기적으로 만날 때 가장 효과가 크다.[29]

3. 행동 과제

때때로 상담자는 내담자들이 다음 상담 회기 때까지 자신의 행동에 작지만 중요한 변화를 주도록 그들을 격려한다. 매일 "감사합니다"라고 말하기, 주기적으로 칭찬하기, 배우자의 귀찮은 연습에 대하여 불평하지 않기, 제시간에 일 시작하기, 상담 회기에 배운 의사소통 기술 연습하기, 교회 봉사 참여하기, 성경을 하루에 10분씩 읽기, 아이들과 15분 놀아주기. 이러한 것들은 상담자가 제안한 특별한 행동 변화들로서, 나중에 내담자들과 토론할 것들이다. 그 외에 내담자들로 하여금, 전화로 이야기하는 것이나 TV 보는 것과 같은 특수한 상황에 얼마나 많은 시간을 들였나를 기록하게 하는 것도 도움이 될 것이다. 혹은 내담자들도 자신이 시간을 어떻게 쓰고 있는지, 무엇을 어떻게 먹었는지에 대한 기록을 갖게 될 것이다. 이러한 활동들은 상담자와 내담자 모두에게 유용한 정보를 줄 수 있다.

4. 읽기

책과 소논문들은 종종 상담 회기를 보충해주는 유용한 정보를 담고 있다. 그러나 내담자들이 책에 쓰인 것을 잘못 해석하거나 혹은 문맥에 맞지 않게 사용할 위험이 있다. 어떤 상담자도 잠재적으로 적절한 모든 책을 볼 시간은 없기 때문에, 상담자가 다양한 책의 자료들을 전적으로 동의하는 것은 어려울 것이다. 이러한 한계가 있음에도 불구하고, 특별히 상담 회기 안에 읽은 내용을 이어서 토론한다면, 소논문과 책들은 유용한 보조물이 될 수 있다.[30]

5. 인터넷 자원들

인터넷은 상담에 주요 영향을 끼치고 있다. 내담자들이 상담 회기를 끝내고 인터넷에서 정보를 찾아, 다음 주에 다운 받아 프린트한 기사들을 갖고 오는 일은 보통 있는 일이다. 이것은 상담에 유용한 보조물일 수 있다. 왜냐하면 치료에 유용한 자원들을 포함하고 있어서 훌륭하고 사실적인 정보를 쉽게 얻을 수 있기 때문이다. 많은 기관들이 최신 정보를 제공하고, 내담자들로 하여금 유사한 관심을 갖고 있는 다른 사람들과 상호관계를 맺어주는 웹 사이트를 갖고 있다. 상담자들에게 이익이 되는 것은, 내담자들이 우리의 지식, 이해, 그리고 치료적 개입을 보충할 수 있는 유용한 생각과 자원들을 종종 공개한다는 것이다. 많은 상담자들은 또한 자신의 웹 사이트를 통하여 정보 자원들을 제공하고, 간단한 이메일 교환을 통하여 내담자들과 만날 수 있다.[31]

물론 인터넷 자원들은 그 내용과 정확성에서 차이가 있다는 것을 알아두어야 한다. 개인의 의견을 사실로 나타내고 정당성이 의심스러운 결론을 내린 인터넷 기사와 웹 사이트도 종종 있다. 내담자들이 인터넷 정보를 주의해서 다루고, 정보의 원천을 알아보고, 인터넷 자료들을 상담자나 지식이 많은 다른 사람과 토론하도록 격려하라.

인터넷은 유용한 정보의 원천 그 이상이다. 예를 들어, 어떤 상담자들은 인터넷을 통하여 테스트를 한다. 그리고 어떤 상담자들은 온라인 자원들로 상담을 하거나 상담을 보충한다. 출판된 연구의 한 조사에 따르면, "컴퓨터를 사용하는 사람들은 비교 그룹 혹은 통제 그룹에 있는 사람들만큼 좋은, 혹은 더 좋은 효과를 낸다는 연구들이 있다."[32] 많은 전문가들은 여전히 인터넷 상담의 효과에 대하여 질문한다. 그리고 인터넷에서 하는 테스트의 정확성과 비밀유지에 대한 문제들을 제기한다.[33] 반대를 덜하는 사람들은 온라인상에서 지지 그룹을 운영하는 사람들이며, 그리고 내담자들로 하여금 비슷한 관심과 문제를 갖고 있는 다른 사람들과 만날 수 있게 하는 대화방을 활용하는 사람들이다.[34] 이러한 것들은 많은 사람들에게 지지를 위한 중요한 원천일 수 있다.

6. 오디오테이프, 비디오테이프, 그리고 DVD

음악을 사용해서 사람들의 문제 해결을 돕는 음악치료는 최소한 다윗이 고통스러워하는 사울 왕을 진정시키기 위하여 연주했던 위로의 음악만큼 오래된 것이다. 오늘날 많은 사람들은 바쁜 일을 마친 후에 음향장치를 틀어놓고 긴장을 푼다.

우리는 차에 정교한 음향장치를 설치하고, 집에서는 다중 채널의 오락체계를 갖춘 고도의 기술 세계에 살고 있다. 이런 것들은 이 책이 출판되기 이전 시대에는 꿈도 꾸지 못했던 것들이다. 오디오와 비디오테이프들은 거의 모든 주제에 유용하다. 쌍방향의 대화식 비디오, 인터넷 프로그램들, 그리고 내담자들과 상담자들에게 유익을 줄 수 있는 다른 새로운 자원들은 계속해서 나온다. 우리가 기술적으로 잘 아는 젊은 내담자들을 상담하면, 상담자와 내담자 모두 상담자만큼 상담을 크게 향상시키는 자원들로부터 유익을 얻을 수 있다.

일반적으로 사용되는 도구는 내담자의 허가를 받고 상담 회기를 녹화하는 것이다. 예를 들어, 이전 회기에서 일어났던 논쟁을 녹화한 비디오테이프를 보고 있는 부부의 충격을 생각해보라. 그들 각자가 어떻게 반응했는지, 상대방에게 어떻게 보였어야 했는지를 보면서 서로 주고받은 모든 것을 상담자와 함께 검토한다. 또한 초보 상담자의 경우 상담교육에서 거의 관례적인 실습을 녹화해두면, 슈퍼바이저가 보고 논평하면서 그들의 상담을 평가할 수 있다. 경험이 많은 상담자들은 이와 유사한 테이프와 평가 경험으로부터 유익을 얻을 수 있다.

7. 다른 컴퓨터 자원들

내가 수많은 전문 자료들이 있는 인터넷 데이터베이스와 웹 사이트와 나의 책 사이를 왔다갔다 하는 것은, 이 책을 쓰고 있는 지금만큼 놀랄 일은 아닐 것이다. 인터넷 상담에 고유하게 있는 윤리적 위험에 대한 광범위한 염려가 계속됨에도 불구하고, 상담자들은 더욱 더 인터넷을 이용하여 상담할 뿐 아니라 숙제를 내주고 평가할 것이다.[35] 컴퓨터는 어린이와 청소년들이 이용하고, 언어기술이 부족하거나 얼굴을 맞대고 고민을 말할 용기는 없지만 그들의 감정을 컴퓨터로 쓰는 것은 더 안전하게 느끼는 사람들이 이용한다. 컴퓨터로 처리하는 테스트는 이제 일반적이어서, 교육 프로그램과 행동 조절 프로그램은 쉽게 이용할 수 있고, 점점 더 정교화된 치료 프로그램들도 고안되고 있다. 어떤 상담자 그룹은 고소공포증, 폐소공포증, 혹은 비행공포증을 가진 사람들을 치료하기 위하여 컴퓨터 이미지를 사용한다. 편안함을 느끼기 어려운 사람들은 컴퓨터에서 생생하고 실제적인 이미지와 소리로 도움을 받는다.[36] 이러한 것들과 다른 과정들을 설명한 책들이 계속 출판되고 있는데, 그 가운데는 그것들이 출판되기도 전에 구식이 되는 것도 있다.[37] 이렇게 매력적인 영역들의 연구는 내담자들과 상담자들을 성실하게 도울 수 있는 새로운 것으로 이전에는 상상도 할 수 없었던 기회를 계속해서 열어주고 있다. 이 모든 것은 혁신을 두려워하지 않는 창조적인 상담자들을 위하여 흥분되는 기회를 준다.

• 집단과 상담

초기 기독교인들은 아마도 이상적인 환경 조건에서 만나지 못했을 것이다. 그들은 사도행전 2장 42절에 나오는 가르침, 친교, 빵 나누기, 그리고 기도를 위하여 소집단으로 함께 모였다. 의심의 여지없이 그곳에는 상호지지, 격려, 나눔, 그리고 인내가 있었다. 기독교인들에게 이것은 집단 상담의 시작이었다.

현대 집단치료는 보스톤 내과 전문의가 그의 결핵환자들을 위하여 '학급'을 만들었던 20세기 초로 거슬러 올라간다. 이 모임은 곧 환자들이 그들의 고통을 나누고, 서로 격려하고, 친밀감과 결속력을 발달시킬 기회를 준다는 것이 분명해졌다. 이러한 상호작용의 가치는 정신과 의사들에게 알려지게 되었고, 집단 상담은 고유하고 특수화된 치료 형태로 발달하였다. 물론 오늘날 집단을 조직하는 것은 교회 안팎에서 매우 일반적인 현상으로 집단들은 많은 대형 교회의 핵심이다. 그리고 진실성, 상호작용, 소속감에 높은 가치를 두는 포스트모던한 사람들에게 특별한 매력을 준다.

집단이 가지는 유익들에는 다음과 같은 것들이 있다.

- 희망과 낙관주의를 갖게 한다.
- 참가자가 자신의 문제에 대하여 혼자라는 느낌을 줄여준다.
- 정신건강, 병, 영적 성장, 그리고 특수한 내담자 문제들에 대한 정보를 나누어준다.
- 참가자들이 도움, 지지, 격려, 그리고 사랑을 주고받을 수 있는 분위기를 창조한다.
- 집단 외부에 있는 사람들을 포함하여, 다른 사람들이 구성원들을 어떻게 인지하는가를 배울 수 있도록 피드백을 준다.
- 사람들이 그들의 행동을 변화시켜서 보다 더 효율적으로 기능하는 방법을 배울 수 있도록 새로운 가르침을 준다.
- 사람들이 다른 사람들과 보다 더 긍정적이고 성숙한 방법으로 관계를 맺는 방법을 배울 수 있도록 사회기술의 획득과 실습을 돕는다.
- 참가자들이 지도자나 다른 집단 구성원들의 효율적이고 성숙한 행동을 봄으로써 긍정적인 모델을 제공한다.
- 안전한 분위기에서 감정을 표현할 기회를 제공한다.
- 개인적 책임감, 기본적 가치, 미래의 계획, 삶의 의미, 혹은 자존심 등과 같이 중요한 문제들을 다루도록 사람들을 돕는다.
- 신자들에게 기도하고 성경 공부할 기회, 그리고 영적 지침을 함께 추구할 기회를 제공한다.

집단 상담 참가자들을 어떻게 선별할 것인가, 지도자들을 어떻게 훈련시킬 것인가, 비밀을 어떻게 유지할 것인가, 비협력적이거나 위세를 부리는 집단 구성원들과는 어떻게 할 것인가, 발달하는 집단이 전개시킬 단계들이나 집단을 어떻게 종결할 것인가, 어떤 기술을 사용할 것인가, 혹은 집단에서 가능한 위험은 무엇인가 등과 같은 문제를 논의하는 것은 이 책의 영역을 넘어선다.[38] 이 문제들 중에서 많은 문제는 집단의 목적에 따라 다를 것이다. 예를 들어, 신중하게 선별된 내담자들의 집단은 영성 개발을 위하여 존재하는 교회의 셀 집단이나, 기독교 영성을 탐구하기 위하여 모인 공동체로부터 사람들을 참가시키는 방법과는 다르게 기능할 것이다.

만일 상담에 초점을 맞춘 집단이 경험이 없거나 훈련받지 않은 지도자들에 의해 인도된다면, 집단의 상호작용은 해결되기보다 더 많은 문제들을 만들어낼 것이다. 예를 들어, 편안하게 느껴지는 집단 분위기는 사람들의 문제를 솔직하게 논의하도록 격려하지만, 나중에 그들은 '모든 것을 말했지만' 즉각적인 치유는 경험하지 못했기 때문에 배신을 당했거나 상처를 입었다고 느낄 것이다. 만일 집단 구성원들이 서로에게 냉담하고 비밀이 지켜지지 않고 비판이나 언어 학대를 하는 경향이 있고 다른 집단 구성원들에게 존경이나 참을성을 보여주려 하지 않는다면, 혹은 집단 모임을 떠난 후에 남의 뒷말을 한다면, 심한 좌절을 느낄 수 있다. 기독교 상담자들은 소집단 상담의 고유한 유익과 잠재적 해로움 모두를 잘 알고 있어야 한다. 만일 당신이 이 영역에서 일하고 싶다면, 집단 상담 과정에서 슈퍼비전 훈련을 받는 것이 당신에게도 내담자들에게도 중요하다.

이번 장의 긴 내용들은 처음에는 질리게 하는 것처럼 보이지만, 우리는 한번에 하나의 기술에 초점을 맞춰 배워갈 것이다. 계속 자신의 상담을 검토하고, 기술들을 평가할 수 있도록 가끔은 상담 회기를 비디오테이프로 녹화하기 위하여 내담자들의 동의를 구하라. 배움은 새로운 기술을 습득하는 것처럼 때때로 서툴게 진행되지만, 결국 좋은 결과로 이어지게 될 것이다. 당신의 열심과 하나님의 선하심과 인도하심으로, 당신은 효율적인 상담자가 될 수 있다. 이번 장은 당신에게 그것의 청사진을 제공한다.

상담자들을 위한
요점 정리 05

- 상담은 기술이다. 당신은 행함으로 그것을 배운다.

- 상담 목표들은 부분적으로는 내담자에게 달려 있다. 목표들은 다음과 같다.
    - 증상 제거.
    - 자기 이해.
    - 새로운 기술 학습.
    - 행동 변화 돕기.
    - 갈등 해결.
    - 지지와 격려.
    - 영적 성장.
    - 자기 발달.

- 효율적인 상담의 핵심은 따뜻함, 진실, 공감의 특징을 가진 관계다.

- 배워야 할 필요가 있고 자주 활용되는 상담 기술들은 다음과 같다.
    - 내담자가 말하는 것에 관심 기울이기.
    - 신중하고 적극적으로 경청하기.
    - 다음과 같은 반응으로 신중하게 반응하기.
        - 대화를 이끈다.
        - 들은 것을 반영한다.
        - 간헐적으로 요약해준다.
        - 지지와 격려를 한다.
        - 조심스럽게 해석한다.
    - 적절한 질문들을 해서 대화를 진전시킨다.
    - 사람들에게 도전한다.
    - 어떻게 변화시키는가를 가르친다.
    - 들은 것을 여과시킨다.

- 상담 과정은 다음과 같다.
    - 내담자와 관계를 맺고 좋은 라포르를 유지한다.

· 문제들을 탐색한다.
· 사람들이 계획하는 것을 돕는다.
· 진행과정에 지침을 준다.
· 상담을 종결한다.

■ 이론들은 상담자들에게 지침을 줄 수는 있지만, 어떤 이론도 다른 모든 이론들보다 더 낫다고 볼 수는 없다. 일반적으로 문제에 따라서 사람들이 새로운 행동을 배울 수 있도록 돕는 이론들이 좀 더 유용한 경향이 있다.

■ 상담자들은 종종 다음 상담 회기에 올 때까지 사람들의 향상을 돕기 위하여 숙제를 준다. 숙제에는 다음과 같은 것이 있을 수 있다.
· 쓰기 과제.
· 토론과 연구 지침.
· 특수한 행동을 감시하거나 변화시키는 과제.
· 읽기.
· 인터넷 자원들에 위탁.
· 오디오와 비디오테이프 이용.
· 다른 컴퓨터 자원들.

■ 때때로 내담자들은 집단에서 다른 내담자들을 만날 수 있을 때 가장 잘 성장한다.

■ 당신은 상담자로서 성장할 수 있다.

06 >> 기독교 상담의 법적, 윤리적, 도덕적 이슈들
The Legal, Ethical, and Moral Issues in Christian Counseling

모세가 애굽에서 전 이스라엘 민족을 이끌고 40년 동안이나 광야를 통과한 시기는 아마 매우 힘든 시간이었을 것이다. 승리할 때도 있었고 즐거운 때도 있었지만, 불평과 실패 그리고 지도자에 대한 반발도 있었다. 여호수아는 처음부터 그것을 모두 보았다. 그는 모세가 사망하자 권력을 이양받았으나 새로운 지도자로서 선배 지도자에 의해 형성된 표본을 따르는 것보다 더 많은 기대를 받았다. 여호수아는 전 국민이 성난 강을 건너게 하기 위해, 그리고 늘 싸울 태세를 갖추고 있는 힘세고 잘 무장된 사람들의 땅을 정복하기 위해 하나님의 사람으로 선택받았다.

새로운 지도자에게 하나님께서 하신 첫 말씀이 구약에 기록되어 있다. 그것은 새로운 임무를 수행하는 데 따르는 불안정감을 느꼈을 지도자에게 하신 격려와 다짐의 말이었다. 하나님은 "강하고 담대하라!"는 말을 한 번 이상 하셨다. "두려워하지 말며 놀라지 말라. 네가 어디로 가든지 네 하나님 여호와가 너와 함께하느니라."[1]

상담자로서 당신은 두렵고 무능하며 무엇을 말할지 확실하지 않고 어떤 소명을 받았는지조차 모르겠다고 느낀 적이 있는가? 만일 당신이 때때로 이런 기분을 느끼지 않는다면 당신은 소수에 속한 사람이거나 아마도 상담의 도전에 대한 중압감을 충분히 인식하지 못했기 때문일 것이다. 여호수아처럼 상담자들은 위험과 저항이 있을 수 있는 새로운 영토로 사람들을 인도하도록 부름을 받았다. 우리가 앞으로 나아갈 때, 여호수아를 향한 하나님의 말씀은 우리에게도 적용된다. "오직 강하고 극히 담대하여 나의 종 모세가 네게 명령한 그 율법을 다 지켜 행하고 우로나 좌로나 치우치지 말라. 그리하면 어디로 가든지 형통하리니 이 율법책을 네 입에서 떠나지 말게 하며 주야로 그것을 묵상하여 그 안에 기록된 대로 다 지켜 행하라. 그리하면 네 길이 평탄하게 될 것이며 네가 형통하리라."[2]

얼마 전까지만 해도, 산업화된 국가에서 사람들이 십계명을 포함한 성경의 가르침에, 그리고 일반적인 권위에 존경을 보였던 때가 있었다. 기독교 상담자들은 불신자에게도 성경을 인용할 수 있었고, 그 말씀은 심각하게 받아들여졌다. 예수님의 제자들인 우리에게 성경말씀은 아직도 권위가 있으나, 우리의 상담실에 들어오는 사람들 대부분에게는 그렇지 않다. 교회 지도자나 많은 기독교 상담자들조차 보다 인본주의적인 사고방식으로 성경와 교회의 권위를 대체하고 있다. 그렇다면 우리가 21세기로 나아가는 이때, 기독교 상담에서 성경적 가르침은 어떤 자리를 차지해야 하는가?

사도 바울은 사도행전 17장에서 삶을 위한 견고한 철학적 토대는 없지만, 영적인 관심을 갖고 있으며 토론을 좋아하는 사람들과 상호작용하기 위한 모델을 보여주고 있다. 그 장의 앞부분에, 바울은 성경에 대한 존경과 지식이 있는 유대인 청중들과 상호작용을 하고 있는 중이었다. 베뢰아에서 말씀을 들었던 사람들은 바울과 그의 동역자들이 진리를 가르치고 있는지를 확인하기 위하여 열린 마음을 가지고, 열심히 귀를 기울이고 날마다 성경을 상고하는 일에 적극적이었던 것으로 묘사되고 있다.[3]

바울이 아테네에 도착했을 때는 사정이 달랐다. 이 도시는 우상과 "최신의 사상을 토론하는 데 그들의 시간을 소비하고 있는" 사람들로 가득 차 있는 세속적인 도시였다.[4] 바울은 그 도시를 알았고 그들이 무엇을 숭배하고 있는가를 보았고 그들의 시를 읽으며 광장에서 사람들과 상호작용하거나 이방인과 토론하는 것을 두려워하지 않았다. 철학자들의 회합에 연사로 초대되었을 때, 바울은 그들을 존중했고 그들의 문화에 친숙하다는 것을 보여주었다. 그는 성경을 인용하지 않았는데 그 이유는 그들이 성경에 대한 지식이 없었고 그들이 성경를 권위의 원천으로 간주할 이유가 없었기 때문이다. 그러나 바울은 그의 믿음을 타협하거나 그의 메시지를 약화시키지 않았다. 그는 우리 모두 하나님 안에서 살며 거동하고 존재하는 피조물이라는 사실에 대해 말했다.[5] 그는 회개와 심판, 그리고 부활에 대하여 그들이 이해할 수 있는 말로 명확하게 토론을 했다. 그의 말에 대해 어떤 사람들은 비웃었지만 몇 명은 믿게 되었다.

아테네 같은 세상에서 상담을 하는 우리들도 신자들과 작업할 때는 성경을 인용하거나 우리의 신학적 용어를 사용할 수 있다. 그러나 기독교 신앙 밖에 있는 사람들을 상담할 때는 그들을 이해하고, 성경적인 가르침에 대해 말하며, 하나님의 말씀과 일치하는 방식으로 사람들을 인도할 방법을 찾는다. 우리는 내담자에 따라 자신을 표현하고 작업하는 환경이나, 자신의 성격과 기독교적 세계관에 따라 다양한 방법으로 상호작용한다.

• 상담자의 세계관

우리 이웃 중에 한 사람은 정치를 좋아하고 자신이 속해 있는 정당의 우월성에 대해 강한 신념을 갖고 있다. 이웃이 함께 모일 때마다 어떤 사람들은 정치적 이슈를 꺼내는데, 이는 아마도 다른 정치적인 관점을 가진 사람들 사이에 재미있는 토론이 형성되기 때문일 것이다. 이웃 사이에서는 그 토론들이 우호적으로 진행되지만, 대부분은 정치적 차이가 분노 어린 대결이나 폭력을 야기할 수도 있다. 사람들은 정치에 대한 그들의 관점이 매우 다를 수 있고 또한 낙태, 동성애, 자녀 양육, 사업방법, 다른 운동 팀의 자질 그리고 종교와 신학을 포함한 다양한 이슈들에 대해서도 의견을 달리할 수 있다. 우리의 과거 경험과 양육에 의해, 각자는 서로 다른 렌즈로 세계를 본다. 이 렌즈들은 흔히 세계관으로 알려져 있다.[6]

세계관은 우리의 행위를(의식적으로나 무의식적으로) 인도하는 일련의 가정(전제)이나 믿음(신념)이다. 세계와 삶에 대한 이러한 가정들은 거의 의문시되지 않고, 친구들에게 언급되지도 않으며, 누군가 다른 시각을 제시함으로써 우리가 믿는 것을 방해하지 않는 이상, 항상 변함없이 유지된다. 세계관은 우리가 삶을 이해하고, 옳고 그름이 무엇인지 결정하고, 결단하고, 가치를 선택하고, 삶의 스타일을 정하고, 미래를 위한 계획을 하도록 돕는다. 상담자의 세계관은 인간의 본성과 정서적 문제의 원인, 죄로부터 오는 문제의 정도, 최선의 치료 전략, 그리고 상담의 과정을 평가하는 방법을 결정한다. 각 내담자 또한 자신의 세계관을 가지고 우리를 찾아온다. 만일 상담자와 내담자의 세계관이 상담실에서 충돌할 때, 특히 세계관은 우리의 작업에 영향을 미친다.

 예를 들어 우울증을 앓고 있는 여성의 세계관이 상담에 어떻게 영향을 미칠지 생각해보자. 어떤 상담자들은 감정적인 문제들을 기본적으로 생물학적인 문제로 보고, 그 사람에게 항우울제 약을 처방하고 철저히 신체검사를 받아보도록 권고한다. 우울증을 스트레스와 스트레스 대처 능력이 없는 것의 결과로 보는 상담자들은 내담자인 그녀가 받고 있는 압박감을 이해하도록 돕는 작업을 할 것이고, 새로운 스트레스 관리 기술(자기 대화를 포함해)과 다르게 사고하는 방법, 또는 새로운 행동 형태를 배우도록 돕는다. 다른 이들은 체계론적 접근을 취하는데, 친구와 가족, 직장 동료, 환경적 영향 등 자신의 체제 안에서 해결 방법을 찾는다. 또한 교회 지도자로 이루어진 체계가 어떻게 문제를 야기하는지를 찾아본다. 동시에 이를 치유수단으로 사용할 수 있는 방도를 찾는다. 이보다 더 흔한 견해는 문제가 내부에서, 과거 경험으로부터, 통찰을 통해 드러날 수 있는 억압된 갈등으로부터 야기된다는 심리역동적 접근이다. 다수의 기독교인들은 만일 누군가 문제가 있다면 그 사람이 죄를 지었기 때문이고, 회복은 고백과 더 이상 죄를 짓지 않는 생활에 달려 있다고 믿는다. 우울한 여성의 친구들 중 몇몇은 만일 그녀가 단지 '기분을 고쳐먹기만 한다면' 문제들이 사라질 것이라고 생각할지도 모른다. 기독교인 친구들은 만일 그녀가 그녀의 문제에 대해 기도하고 하나님을 신뢰하기만 하면 모든 것이 좋아질 것이라고 생각할 것이다. 어떤 사람은 그녀가 치유 집회에 참석하거나 '능력 대결'(Power Encounter)이 필요하다고 믿는 사람을 만나볼 필요가 있다고 생각할 것이다. 그녀를 육체적으로, 심리적으로 그리고 영적으로 끌어내리는 마귀적인 세력과 직면하여 능력 대결을 할 필요가 있다고 믿기 때문이다. 많은 상담자들은 이런 접근들 중에서 일부를 사용한다. 그러나 이런 것들조차 우리가 성장하면서 또는 훈련을 받으면서 개발하고 수용한 세계관에 기초하고 있는 것이다.[7]

 모든 책의 저자는 책 속에 신념과 세계관, 그리고 신학적 관점을 포함하여 자신의 가치를 반영하게 마련이다. 나의 세계관이 이 책의 페이지를 장식하고 기독교 상담에 관한 나의 관점에 영향을 미치기 때문에, 당신은 내가 어디로부터 왔는지를 알고 추측할 필요 없이 책을 읽을 때 이것을 마음에 유념하는 것이 마땅하다. 나의 세계관은 후주에 좀 더 요약되어 있다.[8]

 그러나 나의 세계관보다 더 중요한 것은 당신의 세계관이다. 당신의 세계관이 당신의 상담에 영향을 미칠 것은 의문의 여지가 없다. 그러므로 사람과 그들의 문제에 관여하기 전에, 세계에 대한 당신의 믿음(신념)을 적어보는 것이 도움이 될 수 있다. 그런 다음에 이를 당신을 잘 알며 당신의 세계관이 생활 가운데 어떻게 나타나는지를 지켜본 한두 사람과 함께 나누도록 하라.

 균형이 잘 잡혀 있는 유용한 세계관은 최소한 다섯 개의 주요 주제를 다루고 있는데 그 각각의 주제는 당신의 상담에 영향을 미칠 수 있다.

- ■ 하나님을 믿는 것이 우리의 신학이다. 이는 우리가 하나님의 존재를 믿는 여부, 그의 신성이 무엇과 같은지, 그리고 하나님이 우리 삶에 영향을 미치는 정도를 믿는 것을 포함한다. 예를 들면, 다양한 교리나 교단적 관점들을 가진 기독교인의 견해와 무신론자, 여러 무슬림 종파, 그리고 신이 모든 사물 안에 존재하고 모든 인간이 신이라고 여기는 범신론자들의 관점 사이에 매우 다른 차이점이 있다.

- 우리가 우주에 대해 믿는 것은 다음과 같은 질문에 대한 대답을 포함한다. 즉 어떻게 우주가 존재하게 되었나? 그것은 어느 정도까지 자연적 법칙에 의거하여 작용하는가? 모든 것은 질서정연한가, 혼란스러운가? 우주와 그 안에 거주하는 존재들에 목적이 있나? 초자연적 개입이 있나? 만일 있다면 언제 그리고 어떻게 있나?
- 우리가 어떻게 지식과 정확한 정보를 얻는가 하는 것은 인식론으로 알려져 있다. 우리는 어떤 것을 확실히 알 수 있는가? 우리가 우리의 감각이나 직관 또는 다른 연구 방법을 신뢰할 수 있는가? 논리가 우리를 진리에 도달하게 할 수 있는가? 객관적 진리가 있는가? 만일 있다면 신적인 계시의 역할은 무엇인가? 성경은 믿을 수 있는가? 코란은 어떤가? 우리가 인터넷, TV 뉴스 프로그램, 또는 정치인이나 설교자의 선포로부터 정확한 정보를 얻고 있는지를 어떻게 아는가?
- 우리는 인간에 대해 무엇을 믿는가? 우리는 정말 동물과 다른가? 만일 그렇다면 무엇이 우리를 구별하는가? 우리는 자유로운 선택을 할 수 있는가, 아니면 결정적 힘에 의해 통제를 받고 있는가? 죽음 이후의 삶과 인간의 한계, 잠재력, 변화의 능력, 영혼이 있는지의 여부에 대한 우리의 믿음은 무엇인가? 이런 것들 각각은 우리가 다른 사람들의 변화를 도우려고 할 때 상담자에게 커다란 의미를 지닌다.
- 무엇이 옳고 그른가를 어떻게 결정하는가? 전쟁, 테러리스트의 공격에 대응하는 보복, 동성 결혼, 낙태의 권리, 안락사, 용서, 사업가의 윤리적 행위 또는 성직자의 성폭력에 대한 우리의 견해는 무엇인가? 이런 주제들 모두 도덕적 이슈들이다. 우리가 이런 이슈들에 대해 생각하는 것이 옳고 그름에 대한 절대적 기준이 있다고 믿거나 어떤 또는 모든 도덕성이 상황이나 문화에 따라 다르다고 믿는 것을 나타낼 수 있다. 만일 개인보다 더 큰 도덕적 기준이 있다면 누가 또는 무엇이 이런 기준을 정했고, 우리는 어떻게 다른 기준을 가진 사람들에게 대응하여야 하는가? 도덕적 기준은 변화하지 않는가? 그리고 상담자가 자신의 도덕적 기준이 내담자의 기준과 다르다면 어떻게 대응하여야 하는가?

신학적 체계와 상담 이론들은 가끔 차이가 나는 세계관 위에서 형성된다. 어떤 입장이 우월하거나 옳은지에 대한 논의는 기본적 세계관적 가정에서의 차이로 축소될 수 있다. 우리의 세계관이 우리가 상담에서 하는 것의 대부분을 형성하기 때문에 만일 우리의 세계관이 명확하지 않거나 최소한 우리 자신의 마음에 없다면 우리 중 어느 누구도 다른 사람을 도우려 해서는 안 된다. 표 6-1은 우리가 세계관을 선택하고 시험하기 위한 지침을 제공한다.[9]

상담에서의 법적 이슈들

만일 당신이 이 책을 읽고 이 책의 원리를 적용한다면 당신은 상담할 자격이 있는 것인가? 당신이 사는 곳에서는 자신을 상담자라로 밝히고 상담료를 받는 것이 합법적인가? 만일 당신이 어떤 사람을 상담했는데 그가 나중에 자살하거나 다른 사람에게 상해를 입혔다면, 폭력을 미연에 예측하고 방지하는 데 실패했다는 이유로 고소를 당하거나, 벌금형을 받거나 징역형에 처해질 수 있는가?

이런 질문에 대한 대답은 당신이 어디에 살고 있는가에 따라 다르다. 미국, 캐나다, 그리고 다른 나라에서는 어떤 사람이 법적으로 상담할 자격이 있는지, 상담자가 어떤 훈련을 받아야 하는지, 그리고 상담

표 6-1. 세계관 선택하기와 시험하기

세계관은 상담자들이 인간에 대해 어떻게 생각하고, 그들의 문제를 어떻게 평가하며, 내담자의 변화를 위해 어떻게 개입하느냐에 직접적 영향을 미친다. 불명확하거나 부정확한 세계관은 도수가 안 맞는 안경처럼 우리의 시야를 흐리게 하고 명확하게 보려는 우리의 노력을 방해할 수 있다. 명확한 세계관이 없다면, 상담자는 좀 더 혼란스러워하거나 실수나 오해를 하기 쉽다. 가장 좋은 세계관이란 명확하고 그럴듯하고 일관적이며 삶에 대한 감각을 가질 수 있고 삶의 여러 가지 결정을 하는 데 도움을 줄 수 있는 것이다. 우리는 어떻게 좋은 세계관을 선택하고 우리가 가진 세계관을 시험하고 명확하게 할 수 있는가?

- **이성을 사용하라** : 최선의 세계관은 논리적으로 응집력이 있고 모순이나 비일관성이 없으며 의미가 있다.
- **증거를 보라** : 당신의 세계관을 지지할 사실적 증거가 있는가? 이런 가정을 예로 들어보자. 모든 사람은 충심으로 다른 사람의 이익을 바란다고 어떤 사람이 믿고 있다면, 이러한 낙관적 가정을 지지할 증거가 있는가? (저자의 세계관에 의하면) 실험적 증거는 모든 것을 우리에게 말해주지는 않는다. 그러나 어떤 세계관이 강력한 증거에 반한다면, 그 세계관은 허구적인 것이다.
- **다른 사람들과 이를 점검하라** : "만일 다수의 사람들이 믿는 것이라면 그것은 진리임에 틀림없다"라는 생각은 진실이 아니지만, 우리의 세계관이 편견과 왜곡에 취약하기 때문에, 다른 사람에게 우리의 세계관을 평가하고 도전하도록 요구하는 것이 도움이 될 수 있다. 물론 평가가 당신이 요청하는 다른 사람의 세계관에 부분적으로 영향을 받을 것이라는 사실을 인식하라. 이런 이유로 여러 종류의 사람들에게 요청하는 것이 도움이 될 수 있다.
- **경험에 비추어 그것을 시험하라** : 인간의 경험은 일시적이고 가끔 감정의 영향을 받지만, 인간의 경험에 반대되는 것을 주장하는 세계관은 의심받게 된다. 예를 들면, 고통이 환각이고 우리가 낙심하지 않고 세상을 살아갈 수 있다거나, 만일 우리가 기독교인으로 헌신하면 모든 문제가 사라질 것이라고 믿는 것은 우리 경험과는 반대다. 당신의 삶을 되돌아보라. 그리고 어떤 세계관적 신념이 당신에게 도움이 되었는지, 어떤 것은 무가치하고 근거가 없는 것으로 판명되었는지를 반추해보라.
- **옳게 느껴지는지 여부를 고려하라** : 이것은 주관적이기도 하고 또 세계관의 유일한 판별 기준이라 할 수는 없지만, 어떤 세계관의 결론은 옳다는 느낌이 없고 우리 삶을 위한 토대가 될 가치가 없는 것처럼 느껴진다.
- **시험해보라** : 세계관이 일관성 있게 작동하는가? 당신이 가지고 있는 세계관에 기초해 생활하고, 상담하고, 관계를 맺고, 진로를 추구하고, 생활양식을 형성할 수 있는가?
- **조심스럽게 변화하라** : 세계관은 삶과 세계에 대해 뿌리 깊게 자리매김한 신념이기 때문에 우리가 누구인가를 정의하고 변화에 저항한다. 하지만 세계관은 고정된 것이나 무흠한 것이 아니다. 때때로 우리는 우리의 기본적 가정이 변하기를 원하고 또 변해야 한다. 대개 이것은 우리가 의식하지도 못하는 사이에 천천히 일어난다.

자에게 허용되는 것은 무엇인지에 대하여 아주 구체적인 법률이 제정되어 있다. 임상심리학자로서 나의 전문 면허는 박사 수준의 훈련을 마치고, 슈퍼비전을 받았던 상담의 일정한 횟수를 채우고, 면허시험을 치른 후에 나왔다. 면허를 유지하기 위해 전문가들은 주 상담 법을 지켜야 하고, 그들의 지식과 기술을 갱신하기 위해 매년 교육을 지속적으로 받아야 한다. 만일 내가 몇 마일 거리에 있는 다른 주로 이사를 해도, 내 직업에 따라 상담을 시행하기 전에 그 주의 법에 의거해 새로운 면허를 취득할 필요가 있다. 만일 다른 주나 다른 나라 출신의 누군가가 상담의 이슈에 대해 말하기 위해 전화를 한다면 문제는 좀 더 복잡해진다. 다른 지방이나 세계 다른 곳의 사람에게 전화로 상담을 하거나 조언을 하는 것이 나의 면허에 위배되는 것인가? 그리고 만일 차후에 나를 고소하는 것과 같은 법적 문제가 일어나면 나는 어떤 주의 법에 의거하여 재판을 받게 되는가?

세계의 많은 곳에서는 아직 상담자를 규제하는 법이 없지만 점점 빈번하게 만들어지고 있는 추세다. 이러한 법은 정신의학자들과 비전문 의료행위자들, 성직자 그리고 상담을 할 자유를 박탈당하거나 방해받는 것을 두려워하는 이들 사이에 열띤 논쟁을 거쳐 법제화가 이뤄지고 있다. 이런 논쟁은 자주 상담자들이 갖춰야 할 요건과 기준을 중심으로 이뤄지며 때로 누가 상담할 수 있는 자격이 있고 누구는 없는가에 대한 논쟁으로 축소된다. 이 모든 논쟁의 목표는 순진한 사람들에게 해를 입히지 말자는 것이지만, 많은 경우 자신의 밥그릇을 지키자는 것이 되기도 한다.[10]

상담 이슈들을 다루는 법은 나라나 지역에 따라 다르며 자주 갱신되거나 변하고 있다. 다음은 몇 가지 예다.

- 누가 상담할 자격이 있는가? 캐나다와 미국 그리고 다른 나라들의 법은 누가 법적으로 상담할 수 있는 자격이 있고, 상담자는 어떤 호칭을 사용하여야 하며, 어떤 상담자들이 법정에서 상담에 대한 내용을 공개하는 것이 면제되는지, 또 전문 상담자로서 필요한 교육은 어떤 것이며, 법적으로 상담료를 받을 수 있는 사람은 누구이고, 무엇이 상담과실이 되며, 어떤 조건에서 상담자가 전문적 태만으로 고소를 당하는지를 결정한다. 만일 당신이 자신을 상담자로 부르지 않고 상담료를 받지 않는 비공식적인 상담을 한다면 이런 법에 저촉을 받지 않을 것이다. 또한 만일 당신이 상담료를 받지 않고 당신이 일하는 기관이 법적으로 비영리단체인 교회나 교육기관의 감독하에서 상담을 한다면 법은 적용되지 않을 것이다. 그러나 당신이 어디에서 상담을 하든지, 개인이 정신적 문제 때문에 비자발적으로 입원할 수 있는 조건이나 내담자의 시민적 자유를 결정하는 법이 있다. 명확하게 당신의 지역 법이 어떻게 상담을 제한하거나 영향을 미치는지, 만일 당신이 외딴 곳의 시골 목회자라고 할지라도 상담과실로 법에 고소를 당하지 않으려면 무엇을 할 수 있는지에 대해 변호사와 상의하는 것이 현명하다.
- 기록을 해야 하는가? 물론이다. 기록은 비밀유지를 해야 하고 안전한 장소에 보관해야 한다. 그러나 만일 기록을 하지 않으면, 당신의 내담자가 당신을 고소하거나 후에 좀 더 심각한 문제가 드러나고 당신을 비난할 때 상담자로서 당신이 무엇을 했는지 증명하기 어려울 수 있다.
- 상담 회기를 기록해야 하는가? 내담자의 문서화된 허가를 받지 않고 회기를 기록해서는 안 된다. 왜 녹음을 하는지, 그리고 녹음된 테이프로 무엇을 할 것인지를 분명히 밝혀라. 일반적으로 회기를 녹

음하는 것은 현명하지 않은데 그 이유는 나중에 법적이거나 다른 문제가 발생할 때 당신의 일이 면밀한 검토의 대상이 되기 때문이다.

이런 토론은 어떤 상담도 허공에서 이루어지지 않는다는 것을 상기시킨다.[11] 상담자와 내담자는 사회와 공동체의 일원으로 살아간다. 때때로 공동체는 문제를 야기하거나 상담의 효과를 제한하기도 하지만 그 반대도 사실이다. 기독교 공동체를 비롯한 모든 공동체는 조력자로서의 당신의 작업을 촉진시키고, 상담자와 내담자가 무자격, 법적 도전, 부당한 대우, 허위 진술, 그리고 장기적인 정서적 상처로부터 보호하는 기능을 할 수 있다.

• 상담 윤리

정부가 제정한 법률은 상담자를 안내하거나 그에게 영향을 미치는 유일한 규제가 아니다.

기독교상담협회를 포함한 대부분의 전문 상담기관들은 비윤리적 임상으로부터 대중을 보호하고, 상담자가 윤리적 결정을 내리는 데 도움을 주며, 기준을 설정하도록 도와주기 위해 윤리강령을 발전시켰다. 이런 윤리강령은 상담적 돌봄을 위한 기준을 제공한다. 법정에서 그리고 전문기관에서 상담자들은 이런 지침에 의해 평가된다. 만일 상담자들이 기준을 어기면 전문기관으로부터 자격을 박탈당하거나 제재를 당한다. 기독교 상담자들은 성경을 하나님의 말씀으로 보기 때문에 그것을 모든 윤리 결정의 기준으로 삼고 이를 준수하고 존중하여 궁극적인 윤리강령의 기준으로 수용한다.

기독교 상담자들은 각 개인을 대할 때 하나님의 형상대로 창조되었으나 타락으로 인해 죄로 얼룩졌고 하나님의 사랑을 받는 구원의 대상이자 가치 있는 인격으로 존중한다. 개인은 감정과 사고, 의지, 그리고 자신이 선택한 대로 행동할 자유를 지닌다.

상담자는 각 내담자의 복지를 위해 가장 좋은 것을 진심으로 구한다. 우리는 내담자의 삶에 간섭하거나 조정하려 시도하지 않으며 우리 자신의 호기심이나 욕구를 충족시키는 데 상담을 사용하지 않는다. 하나님의 종으로서 각 상담자는 성경적 원리에 따라 생활하고 행동하고 상담할 책임이 있다. 피고용인으로서 상담자는 자신의 책임을 완수하려 노력하고 신실하고 유능하게 의무를 수행한다. 사회의 시민과 구성원으로서 상담자는 법을 준수하고 정부의 권위에 순복하고 문화의 미덕에 기여한다.[12]

모든 사람들이 유사한 가정과 가치를 가질 때, 상담자의 작업은 유연하게 진행될 수 있다. 윤리적 문제는 가치가 충돌하거나 어려운 결정을 해야 할 때 일어난다. 대부분의 이런 결정들이 비밀유지의 문제를 내포한다. 예를 들면 다음과 같은 것들이다.

- 교회 당회장의 10대 딸이 임신을 해서 낙태를 할 계획이라고 고백하였다. 당신은 이런 정보를 접했을 때 어떻게 하겠는가?
- 모든 문제에 대해 비밀을 지킬 것을 약속한 후, 어떤 젊은 남자가 가출을 하여 그의 여자 친구와 도주하려고 한다는 계획을 당신에게 밝혔다.
- 한 젊은 남자가 여성들에 대한 자기 확신을 얻고자 도움을 청했는데 그는 그 결과로 좀 더 편안하게 여자 친구들에게 성관계를 하자고 제의할 수 있게 되었으면 좋겠다고 털어놓았다. 만일 당신이 혼전

성관계가 잘못이라고 믿는다면 상담자로서 당신의 책임은 무엇인가? 당신이 일하는 교회 상담센터는 당신이 교회의 윤리적 기준을 어기지 않을 것으로 가정한다. 만일 세속적인 상담실에 고용되어 있다면 당신의 답은 차이가 있을까?

- 최근에 목회 사역을 구하는 어떤 신학교 졸업생이 상담하러 와서 자신이 동성애자이지만 동성애를 반대하는 교단에서 일자리를 찾고 있다고 고백한다. 그 교회에서 당신에게 지원자에 대해 추천서를 써줄 것을 요청한다면 당신은 아무런 말도 하지 않을 것인가, 아니면 이것을 폭로할 것인가?
- 비밀을 유지하고 상담하는 상황에서 내담자가 법을 어겼거나 또는 그가 다른 사람을 해칠 계획을 갖고 있다고 털어놓는다. 당신은 침묵을 지키겠는가, 아니면 경찰에 보고하고 예상되는 피해자에게 경고하겠는가?

이와 같은 질문들은 대답하기 쉽지 않다. 상담자는 정보를 비밀에 붙이겠다고 약속했지만, 내담자나 다른 사람의 복지가 위험에 처해 있을 때는 비밀을 지켜서는 안 된다. 이런 상황에서는 내담자에게 관련된 사람들, 즉 경찰, 고용인, 가족들, 예상되는 피해자 또는 다른 사람들과 직접적으로 정보를 나눌 것을 요구해야 한다. 일반적인 규칙은 상담자가 내담자 모르게 정보를 다른 사람과 공유해서는 안 되지만 때로 정보는 공유되어야 한다. 미국 전역과 캐나다에서 만일 내담자가 어린이 성추행을 포함하여 노인이나 어린이 학대를 보고할 때, 권력기관에 정보를 제공하지 않으면 법에 저촉된다. 요즘 그 법은 내담자가 범법 행위에 참여한 것이나 내담자나 다른 사람을 해칠 것이 예상되는 행동을 보고하라고 항상 요구하지는 않는다. 그러나 상담자가 만일 그런 정보를 유보하거나 예상되는 피해자에게 경고하지 않았다면 추후에 법적 소송을 당하거나 다른 법적 어려움에 처하게 될 것이다.

이런 이슈들에 덧붙여서, 윤리적 상담자는 의학적, 법적 또는 경제적 조언을 할 수 없고 그가 자격이 없거나 훈련을 받지 않은 다른 서비스를 제공해서는 안 된다. 새로운 내담자와 작업을 시작할 때, 대부분 경험 있는 상담자들은 비밀유지의 한계에 대해 설명하고 비밀유지가 깨져야 할 때에 대해 미리 알려준다. 때로 내담자들은 상담자의 입장을 서술한 문서를 받게 된다. 이것은 내담자의 허가 없이 회기를 녹음하지 않겠다는 언급과 상담이 슈퍼바이저와 논의될 수 있는지의 여부가 포함될 것이다. 상담 서비스에 대한 동의는 상담자와 내담자 관계의 특성에 대한 지침을 담아야 하며, 양자가 서명하여 성립된다. 이것은 아마 불필요한 절차인 것처럼 보이지만, 그런 서류가 있으면 나중에 잠재적 문제를 방지할 수 있다. 캐나다와 미국 그리고 다른 나라들에서, 이렇게 알려주고 동의한다는 내용을 담은 서류들은 강제적이다. 이것들이 법적 서류이기 때문에 당신은 이런 서류를 기획할 때 변호사와 상의하여 작성하는 것이 좋다. 자주 상담을 하는 사람들은 상담과실로 피소될 가능성에 대하여 변호사나 법에 대해 잘 아는 사람과 상의해야 하며 상담과실보험에 가입해야 하는지 문의해보는 것도 현명하다.

모든 윤리적 결정에서 기독교 상담자는 하나님을 경외하는 방법으로 행동해야 하고 성경적 가르침에 따라 내담자나 다른 사람들의 복지를 존중해야 한다. 어려운 결정을 해야 할 때, 상담자들은 한두 사람의 기독교 상담자나 변호사, 의사, 또는 윤리적 결정을 하는 데 도움을 줄 수 있는 목회자와 신뢰를 바탕으로 그 상황을 토론할 의무가 있다. 윤리적 지침은 이런 조언이 내담자의 이름이나 그를 알아볼 수 있는 상세한 내용을 드러내지 않은 채 이루어질 것을 규정한다. 기독교 상담자는 어려운 윤리적 결정을 내려야 할 때 성경적 자료를 포함해서 가능한 한 많은 사실적 자료들을 수집해야 하며, 하나님이 인도하실 것

을 진실되게 믿고, 최선의 가능한 증거를 토대로 가장 현명한 결정을 내려야 한다.[13]

• 위탁하기

가장 유명하다는 상담자들도 자신의 내담자를 특별한 도움을 줄 수 있는 훈련과 전문성과 가능성을 가진 다른 사람에게 위탁하는 경우가 있다. 위탁은 원래 상담자가 무능하다거나 어려운 내담자를 제거하려는 시도를 의미하는 것이 아니다. 그보다는 어느 누구도 모든 사람을 도울 수 있는 시간과 정력, 정서적 안정성, 지식, 기술 또는 경험을 가지지 않았다는 것을 인정하는 것이다. 일반적으로 우리는 내담자가 호전되지 않는 것처럼 보일 때, 또는 해법이 없어서 막히거나 다음에 무엇을 해야 할지 확신이 없을 때 내담자를 위탁해야 한다. 보다 구체적으로 말해서, 내담자는 다음과 같은 상황에서 다른 상담자에게 보내진다.

- 극심한 경제적 문제를 가지거나 경제적 안내가 필요할 때.
- 법적 조언이 필요할 때.
- 의사의 의료적 평가나 치료가 요구될 때.
- 기괴하거나 극심하게 공격적 행위를 보일 때.
- 극도로 불안하고 편집적이거나 심한 정신적 장애를 보일 때.
- 상담자에게 강한 혐오의 감정이나 성적인 흥분을 불러일으킬 때.
- 다른 상담자에게 상담할 것을 원할 때.
- 당신의 도움에도 불구하고 더욱 나빠지는 것처럼 보일 때.
- 상담자의 전문 영역을 벗어나는 다른 문제가 있을 때.

상담자들은 공동체 자원과 내담자를 의뢰할 수 있는 사람들과 친숙하게 지내야 한다. 이런 자원에는 의사, 변호사, 정신과 전문의, 심리학자 그리고 그 밖의 상담자를 포함하는데 이는 목회 상담자, 다른 교회 지도자들, 개인적 상담실과 공공 상담실 또는 병원, 위급 임산부센터 또는 시각장애인을 위한 협회, 공동체 내의 정부기관들, 직업 상담자들, 또는 직업소개소, 학교 상담자와 지역 교육청, 시립 청소년상담실, 개인적 직업소개소, 자살 또는 약물중독센터, 적십자 같은 봉사단체, 또는 '음식 봉사'를 하는 사람들, 알코올중독자들의 단주 모임 등이 있다. 이들 중 많은 사람들이 전화번호부에 올라 있다. 아니면 이런 정보를 알 만한 다른 상담자에게 물어보는 것도 좋다. 시간이 가면서 당신은 위탁할 기관과 상담자 자원의 파일을 만들게 될 것이다. 의뢰를 고려할 때, 도움이 필요한 시간에 실제적인 도움을 줄 수 있는 교회나 공동체를 간과하지 않도록 하라. 어떤 내담자들은 상담을 전혀 필요로 하지 않으며 좋은 코치로부터 더 큰 도움을 받을 수 있다는 것을 인정해야 한다.[14]

할 수만 있다면, 내담자를 유능한 기독교인 조력자에게 소개하는 것이 최선이다. 불행하게도 많은 공동체들에는 전문적인 기독교 상담자가 없고, 돕는 직종에 있는 이들 가운데 어떤 기독교인들은 그다지 유능하지 않다. 의료 문제나 학습장애 같은 많은 문제들이 기독교인들에 의해 치료되어야 하는 것은 아니다. 내담자들이 깊은 개인적 문제로 씨름할 때까지도 비기독교인 상담자들이 가끔 종교적 가치에 동정적일 때가 있고 내담자의 신앙을 침해하지 않는 경향이 있다. 만일 위탁 상담을 하는 것이 더 나음에도 불구하고, 기독교적 도움을 당신의 공동체에서 받을 수 없는 상황이라면, 당신은 내담자를 위탁하는 것과 당신이 직접 내담자를 지속해서 보는 것 중에 하나를 선택해야 한다. 만일 위탁하지 않는다면, 내담자의 신뢰를 깨뜨리지 않는다는 조건하에서 당신의 공동체에서 전문가에게 조언을 받는 것이 도움이 될 수 있다.

내담자에게 위탁을 제안하기 전에, 어떤 종류의 도움을 받을 수 있는지를 아는 것이 좋다. 우선 가능한 위탁 집단이나 개인들이 정말 필요한 도움을 줄 수 있는지를 확인하라. 만일 내담자들이 당신의 제안에 따라 소개받은 조력자에게 접근했다가 거절당하면 그 결과는 파국일 수 있다. 내담자에게 위탁을 제안할 때, 그런 추천을 하는 이유를 분명하게 밝히도록 하라. 최선의 가능한 도움을 얻게 하기 위해 추천한다는 것을 분명히 하라. 어떤 사람은 상담자가 자신을 치료하기에 너무 문제가 심각하기 때문에 위탁을 했다고 결론 내릴지도 모른다. 이런 내담자의 두려움에 대해 충분한 시간을 갖고 의논하고 위탁 결정에 내담자를 포함시켜라.

자주 내담자에게 새로운 상담자와 스스로 약속을 하도록 하는 것이 가장 좋다. 때로 이 새로운 상담자들은 당신에게 정보를 요구할 것이지만 이것은 내담자가 문서 형식으로 동의했을 경우에만 가능하다. 위탁이 성립되면, 내담자의 최선의 이익을 생각하고 이제 다른 누군가가 그 상담에 책임을 진다는 것을 기억하라.

• 상담자의 성

두 사람이 공통된 목적을 위해 함께 친밀하게 작업을 할 때 가끔은 그들 사이에 동료의식과 온정이 일어난다. 이런 온정은 흔히 성적 요인을 포함하게 되는데 상담자와 내담자 사이의 성적 이끌림으로 이어지기도 한다. 거의 모든 상담자들은 주기적으로 이것을 경험한다. 성적인 이끌림은 상담자에게 매혹되는 내담자를 포함하여, 내담자에게 끌리는 상담자, 동성애적 이끌림, 그리고 어린이를 포함한 젊은 사람에게 성적으로 끌리는 상담자 등의 사례와 같이 여러 유형으로 나타날 수 있다. 이것은 우리 모두에게 있는 죄악된 본성의 증거다.

상담은 가끔 친밀한 내용에 대한 논의를 포함하는데 이는 결코 다른 곳에서는 논의되지 않는 내용이다. 이것은 상담자와 내담자 모두에게 성적 흥분감을 유발할 수 있으며 가장 높은 수준의 성적 순결함을 지니고 있는 사람에게도 일어나는 일이다. 여러 해 전에, 프로이트는 상담 관계 안에서 일어나는 은밀한 성적 영향이 "멋있는 경험을 위해 그의 기술과 의학적 과제를 망각하게 하는 위험을 수반한다"고 썼다. 아마 이 책의 거의 모든 독자가 '멋진 경험을 위해' 자신의 기준을 타협한(목회 상담자를 비롯해) 상담자를 알고 있을 것이다. 이것이 내담자에게 미칠 수 있는 역효과는 물론이고 그들의 사역과 명성, 상담의 효능성, 그리고 그들의 결혼까지도 파괴하는 결과를 낳는다. 내담자를 향한 성적 감정은 흔히 있을 수 있는 일이므로 현명한 상담자는 자기를 통제하고, 절제하기 위해 특별한 노력을 기울여야 한다.

1. 영적 보호

하나님의 말씀에 대해 묵상, 기도(다른 사람을 위한 중보를 포함하여), 그리고 우리를 보호하기 위해 성령에 의존함이 매우 중요하다. 더욱이 상담자들은 그들의 마음으로 무엇을 하는지를 살펴야 한다.

환상은 가끔 행동에 앞서 일어나지만 경계를 늦추지 않는 상담자는 음란한 생각에 머물지 않는 훈련을 한다. 대신 진실되고 존경할 만하고 옳고 순수하고 사랑스럽고 선한 것에 생각의 초점을 맞춘다.[15] 환상이 마음에 떠오르면, 그것을 하나님께 가져가서 그 앞에 내어놓고, 의식적으로 그것들의 원천이 되는 마귀를 대적한다.[16] 포르노 자료들, 성적으로 노골적인 잡지나 서적들, 그리고 성적으로 흥분시키는 영화들을 피하라. 왜냐하면 이런 것들은 환상을 자극해서 낮은 저항을 낳고, 점진적으로 개인을 취약하게 만드는 결과를 가져오기 때문이다.

또한 당신에게 행동이나 환상에 대해 책임을 묻는 다른 신자들이 주변에 있는 것이 도움이 될 수 있다. 이것은 당신 자신의 행위에 강한 영향을 미칠 수 있다. 마지막으로 '이것은 다른 사람에게 일어나지만 나에게는 결코 일어나지 않아' 라는 생각의 함정에 빠지지 않도록 주의하라. 이런 종류의 자만은 유혹에 떨어질 위험을 증가시킬 수 있다. 이것은 "선 줄로 생각하는 자는 넘어질까 조심하라"는 성경적 경고를 무시하는 생각이다.[17]

그리고 만일 당신이 타락했다면 어떻게 해야 하는가? 우리는 용서하시는 하나님을 섬긴다.[18] 비록 죄책감이나 파괴된 명성 또는 깨어진 결혼의 형태로 나타나는 상처는 평생 남을 수 있지만, 하나님은 용서하신다. 만일 우리가 우리의 죄를 자복하면 용서를 받지만 우리는 그 이후의 사고나 행위를 변화시킬 의무가 있으며 그것들을 좀 더 성경적 가르침에 일치되게 해야 한다.

2. 자신의 약함을 알기

무엇이 당신을 내담자와 성적 탈선을 저지를 가능성을 증가시키는가? 상담자에게 미치는 영향력은 사람마다 다르겠지만 다음에 해당하는 것이 많으면 많을수록 더욱 취약하다.

- 정서적, 성적 욕구가 다른 곳에서 해소되지 않는다.
- 결혼의 친밀감이 빈약하다.
- 성적 환상이 자주 일어난다(아마도 포르노그래피의 영향으로).
- 상담자가 경직된 도덕적 태도를 지니고 있으며 자신도 타락할 수 있다는 것을 부인한다.
- 타인을 돕는 것 외에 다른 외부적 활동이나 흥미가 없다.
- 일중독 성향이 있다.
- 상담자가 친구나 동료들로부터 소외되어 있는 고립된 성향의 사람이다.
- 또래 집단의 상호책임에 대해 무관심하거나 중요하지 않다고 여긴다.
- 상담자가 자신의 성에 대해 비밀스런 고통과 갈등이 있다.[19]

3. 위험한 신호에 대한 자각

상담 현장 자체는 친밀한 문제들을 터놓고 말하는 장소이자 프라이버시와 개방성을 담보하고 있기 때문에 취약함을 자극할 수 있다. 그러나 어떤 과실이나 탈선이 있기 전에 위험의 징조는 대개 먼저 나타난다. 이것들은 다른 사람에게서 나오는 외적인 징조와 상담자 자신 안에서 일어나는 위험한 내적 신호로 구분될 수 있다.

외적 위험 신호는 다음과 같다.

- 증가하는 의존성 – 내담자가 시간이 갈수록 더 많은 시간과 관심을 요청한다.
- 긍정과 칭찬 – 내담자가 자주 상담자에게 감사와 칭찬, 그리고 존경을 표현하고 가끔 상담자가 얼마나 필요한 존재인지를 암시한다.
- 외로움에 대한 불평 – 때때로 내담자는 외로움에 대해 말하고 상담자의 따뜻함과 도울 수 있는 능력에 대해 언급한다.
- 선물 주기 – 내담자가 증가하는 정서적 공감을 나타내면서 교묘하게 의무감이나 조종을 유발한다. (이를 피하기 위해 상담자는 상담을 시작하기 전에 선물을 받지 않을 것이라고 밝히기도 한다).
- 신체적 접촉 증가 – 무해한 접촉으로 시작하여 좀 더 신체적 접근으로 이동한다.
- 성적 문제를 토론하고자 하는 욕구 – 상담자를 성적으로 흥분시킬 수 있다.
- 유혹적 행위의 증거 – 내담자의 옷차림, 성적으로 노골적인 표현, 또는 상담자의 매력적인 면에 대해 언급한다.
- 세력 다툼 – 이것은 아마 내담자가 상담자를 함정에 빠트리고, 평판을 안 좋게 하고 내담자의 우월성을 드러내기 위해 사용하는 수동적 공격 기술일 것이다.

모든 상담자는 성적 비행의 위험을 알리는 다음의 내적 신호에 대해 경각심을 가져야 할 것이다.

- 내담자를 상담 회기 사이에 생각하고 당신의 마음이 그의 성격에 대해 깊이 생각하도록 내버려둔다.
- 당신은 내담자를 당신의 배우자와 비교하거나 내담자가 당신을 만났을 때 항상 매력적이고 새롭고 다르며 당신에게 매우 좋은 인상을 받았을 것이라는 사실을 과장하기 시작한다.
- 당신은 내담자가 다른 사람보다 특별히 다르다고 믿으며, 일반적인 규칙이나 경계는 적용되지 않는다고 믿기 시작한다.
- 당신은 내담자와 오랜 접촉을 할 구실을 찾는데 이는 아마도 잦은 전화통화, 같은 교회 모임 참석, 사교 모임 또는 상담을 오래하거나 좀 더 잦은 상담 회기로 드러날 것이다.
- 당신은 내담자에게 환상을 갖게 되는데, 이는 성적 환상이나 당신이 그의 구원자나 영웅이 되는 것에 대한 환상일 것이다.
- 당신은 자신의 문제를 매우 민감하고 배려심 많은 사람과 공유하고 싶어 한다.

이런 모든 것은 만일 상담자가 다른 곳에서 보람 있는 사회적 접촉을 갖지 못하거나 결혼 생활이 불안정할 때 더욱 위험하다.

4. 한계 짓기
'명확한 한계를 짓고 유지하기'에 의해 우리는 상담에서 성적 위험들의 상당 부분을 피할 수 있다.

- 상담 시작 전부터 명확하게 상담 회기의 길이, 빈도를 정하고 문서로 이에 대해 서로 의견을 교환한 다음 계속 한계 안에서 상담한다.
- 긴 전화통화를 피한다.

- 한 장소에서 만나고 개인적 친밀함을 나눌 만한 기회를 방지하고 시선을 한 곳에 고정시킬 수 있는 위치에 자리를 잡고 앉는다.
- 성적 주제에 대해 오래 끌면서 자세하게 논의하지 않는다.
- 악은 어떤 형태로라도 피한다.[20]
- 결코 자신의 경계를 늦추지 않음으로써 유혹에 빠지는 일이 없도록 한다.[21]

표 6-2는 내담자와 성적으로 관여하는 것을 막기 위해 자신을 보호할 수 있는 더 많은 지침을 제시하고 있다.

표 6-2. 예방 지침 : 내담자와의 성적 과실로부터 자신을 보호하기

1. 자신의 욕구와 안녕에 대해 인식한다.
2. 자신의 상담 사역을 떠나 다른 만족스러운 관계를 개발하고 유지한다.
3. 수준 높은 슈퍼비전과 조언을 받는다.
4. 접촉과 만짐에 대해 보수적이 된다.
5. 상담실 이외의 사회적 상황과 다른 관계에서 내담자와 접촉하는 것을 가능한 제한한다.
6. 시간을 제한하고, 적절한 장소에서 만나고 "기존 상담 시간 외의 접촉을 피한다"는 지침을 지켜서 상담에서 전문적인 태도를 유지한다.
7. 상담 시작 전, 문서로 지침을 세워 그것에 동의하는 사인을 하고, 이것을 정규적으로 재확인한다.
8. 자기 노출(개방)에 대해 주의한다. 만일 당신이 자신에 대해 말하고자 한다면, 자신의 욕구를 채우기 위해서가 아니라 이것이 얼마나 내담자를 돕는가를 고려하라. 다른 상담자들은 당신이 이런 면에서 균형을 지킬 수 있도록 도와줄 수 있다.[22]

---

5. 자신에게 진실을 말하기

자신의 성적 느낌을 부인해서 얻는 것은 아무것도 없다. 이것은 흔한 현상이고 때로 당황스러우며 가끔 흥분되지만 확실하게 조절 가능한 것이다. 성적 유혹에 굴복하면 다음과 같은 결과를 겪게 된다는 것을 기억하라.

(a) 사회적 결과 : 유혹에 굴복하는 것은 자신의 명성과 결혼, 사역, 그리고 상담의 효과를 파괴할 수 있다.
(b) 직업상의 의미 : 내담자와의 성적 친밀감은 내담자의 문제를 결코 돕지 못하는 결과를 낳고 상담자의 경력과 효능성, 그리고 전문적인 이미지에 손상을 입힌다.
(c) 신학적 영향 : 혼외 성관계는 죄이고 피해야 한다. 우리는 "마귀가 우리를 그렇게 하도록 만들었다"고 불평하지만 마귀는 단지 유혹할 뿐이다. 그는 결코 우리에게 어떤 것을 하도록 만들지 않는다. 우리는 옳다고 알고 있는 것에 대해 반대로 생각하고 행동함으로써 죄를 짓는다. 우리

는 성령의 자극에 무감각하거나 이를 무시하기 때문에 죄를 짓게 되는데, 성령은 모든 신자 안에 내주하시며, 사탄보다 더 크고 위대한 존재이시다.[23] 현재 상황이나 과거의 영향은 아마도 우리를 좀 더 유혹에 취약하게 만들었을지 모르나 우리들 각자는 우리 자신의 선택이나 행동에 대해 책임을 져야 한다.

6. 지원 그룹의 보호

대부분 상담자는 내담자와의 성관계가 잘못이고 최소한 매우 현명하지 못한 것이라는 데 동의할 것이다. 그러나 유혹의 와중에서 가끔 감정이 이성을 압도하여 결단력 있는 저항이 맥을 못 추기 시작한다. 하나님과 가까이 동행하는 것이 죄에 빠지는 우리를 구해줄 수 있다. 그러나 이것은 자신의 취약함을 진실로 인정하도록 돕고 한두 명의 신뢰하는 사람에게 이것을 털어놓고 거론하도록 돕는다.

우리가 마음을 나눠야 할 대상 목록의 첫 번째 자리에는 배우자가 있다. 좋은 결혼이 상담자가 내담자에게 성적 매력을 느끼는 것을 막아주지는 못하지만, 상담자의 대처 능력에는 지대한 영향을 미친다. 때로 상담자는 두려움이나 당황스러움, 또는 배우자에게 상처주고 싶지 않은 욕망 때문에, 결코 이런 문제를 자신의 배우자와 나누지 않는다. 이렇게 함으로써 결과적으로 부부간의 깊은 의사소통, 도움, 그리고 재다짐의 좋은 기회를 잃게 된다. 만일 내담자가 상담자의 결혼에 심각한 위협이 되고 있다면, 내담자가 나타나기 전, 그 결혼의 근저에 어떤 문제들이 있었을 가능성이 높다.[24]

다른 신뢰할 수 있는 상담자나 가까운 친구와 자신의 감정을 나누는 것도 바람직한 방법이다. 이런 방법으로 그 문제가 올바른 방향을 찾을 수 있다. 기독교인 친구는 상담자를 보호하기 위해 기도해줄 수 있고 상담자는 상호책임을 질 수 있는 누군가를 갖게 된다.

성적 매력을 내담자와 거론해야 할까? 아마도 이것이 내담자의 자기 이해나 성장에 기여할 수 있는 경우가 가끔 있을 것이다. 그러나 이런 토론이 안고 있는 위험부담은 너무 커서 대부분의 상담자들은 그들의 성적 감정을 내담자와 토론하지 않는 것을 원칙으로 하고 있다. 어떤 내담자들은 그런 토론을 더 큰 친밀감으로 자신을 이끄는 것으로 잘못 해석할 수도 있다. 다른 사람들, 특히 미성숙하거나 미혹을 받은 내담자들은 아마 당신이 나눈 이야기를 다른 사람에게 말할지도 모른다. 이것은 역으로 당신과 당신의 상담사역이나 명성에 파국적인 결과를 가져올 수 있다. 상담자로서는 내담자에 대한 자신의 성적 감정을 말하는 것보다 이것을 다른 친구나 전문적인 조언자들과 의논하는 것이 더 현명하다.

우리는 상담자의 성에 대한 논의를 위해서 여느 때와 달리 많은 지면을 할애했다. 그러나 아마 어떤 주제도 상담자와 내담자 모두의 보호를 위해 이보다 더 중요한 것은 없을 것이다. 우리 모두는 취약하다. 이런 인간의 연약함이 상담 관계에서 더욱 크게 작용하는데 이는 불평등한 힘 때문이다. 내담자는 도움이 필요하고 도움을 받을 요량으로 상담자를 찾아온다. 가끔 상담자를 즐겁게 하고자 하는 욕구가 있고 그의 제안에 응할 준비가 되어 있다. 반대로 상담자는 관계에서 힘을 가진 위치에 있고 일상적인 관계에서보다 더 큰 영향력을 행사할 수 있는 위치에 있다. 내담자의 기쁘게 하고 싶은 욕구와 상담자의 영향을 미칠 수 있는 능력은 상호작용을 해서, 상담자가 시작할 때부터 명확한 경계를 설정하지 않는다면, 성적인 과실이나 비행에 개방된 위험한 관계를 만들어낼 수 있는 것이다.

만일 당신이 다음에 열거한 특징 가운데 어떤 것을 감지한다면, 내담자를 다른 상담자에게 위탁하는 것이 모두에게 최선의 방법이다.

- 내담자를 대할 때 장난삼아 유혹하는 성향이 있다.
- 상담 회기 동안 상담자 자신 내부에 지속적인 불안을 느낀다.
- 내담자를 기쁘게 하려는 과도한 욕망이 있다.
- 회기 사이에 내담자에 대한(성적 환상을 포함하여) 생각과 환상에 몰두한다.
- 회기가 연기되거나 상담이 종결될지도 모른다는 두려움과 더불어 내담자가 다음 회기에 반드시 참석할 것이라는 기대감이 있다.

극단적인 관점 피하기

상담의 분야는 논쟁을 불러일으키는 성향이 있다. 서로 다른 상담 기술이나 이론들을 옹호하는 사람은 때로 강하게 반대하기도 하고, 다르게 생각하는 사람들을 비판하기도 한다. 아니면 그들이 선호하는 상담이론이나 이론가들의 우월성을 주장하기도 한다. 이런 논쟁은 세속적 상담가에게만 국한된 것이 아니다. 가끔 비슷한 논쟁이 기독교계에서도 일어나는데, 토론자들은 성경 구절을 사용하여 자신의 접근을 정당화하려고 노력한다.

대부분의 상담자들은 문제에는 다양한 원인이 있음을 인식하지만, 아마 대부분은 좋아하는 이론들을 갖고 있으며 그것들 중 많은 것이 과학적으로 연구된 것들이다. 어떤 상담자들은 문제들 대부분이 심리적 갈등이나 기억도 나지 않는 과거 외상에서 비롯되었다는 가정에 근거하여 작업한다. 다른 사람들은 문제의 원인을 가족체계에서 찾는다. 또 하나의 널리 퍼져 있는 관점은 다수의 문제들이 잘못된 학습에서 기인한다고 주장한다. 기독교 상담자들도 이런 관점을 견지하고 있지만, 개인적 문제의 원인과 치료에 대한 서로 다른 견해는 생리학과 신학 그리고 귀신론을 중심으로 나타나고 있다.

- **생리학** : 모두는 아닐지라도 성격 문제와 심리적 장애가 화학적 불균형, 호르몬 기능 부전, 유전적 영향, 질병 또는 다른 육체적 영향을 포함한 생물학적 요인을 갖고 있다는 연구 조사의 증거가 늘고 있다. 가끔 이런 육체적 영향은 문제의 원인이 되지만 문제의 결과로 드러날 수도 있다. 여러 해 동안 의학적 임상의들은 정서적 문제는 신체적 원인에 기인할 수도 있다는 주장을 해왔는데, 이런 문제들은 의학적 훈련을 받은 사람에 의해 효과적으로 정확하게 진단되고 치료받을 수 있다고 주장해왔다. 이 책은 모든 행위가 생물학적 요소를 갖는다는 것을 인정하지만, 가장 개인적 문제조차 신체적 원인에 기인한다고 가정하지 않으며, 그 문제들이 항상 약이나 다른 생물학적 개입으로 최선의 치료를 받을 수 있다고 주장하지 않는다.

- **신학** : 대부분의 문제는 내담자의 개인적 죄의 결과인가? 많은 상담자들과 신학자들이 아직도 이런 관점을 갖고 있다. 그들은 상담을 주로 인간에게 자신의 죄를 자백하고 회개한 후 성경적 가르침에 따라 살아가도록 가르치는 것이라고 주장한다. 상담을 죄를 지적하여 사람들을 면박하는 문제로 보는 것이다.

죄의 신랄한 현실과 용서에 대한 필요, 그리고 그리스도를 높이는 행동의 중요성을 무시한다면 상담이 절대 오랜 기간 효과를 거두지 못할 것이다. 다음 장들에서는 죄를 자주 언급할 것이며 죄를 심각하게 다룰 것이다. 그러나 우리는 대부분의 문제들이 일차적으로 내담자의 특정한 죄나 사고 때문에 발생한다고 가정하지 않는다.

■ 귀신론 : 문제는 흔히 마귀의 영향으로 일어나는 것이며, 축사를 비롯하여 영적 전쟁의 여러 다른 형태로 치유가 이루어져야 한다고 생각하는 사람들이 교회 안에 항상 있어왔다. 어떤 기독교인들은 정기적으로 모여서 우울증, 색욕, 불안, 분노, 쓴 뿌리 또는 혼란의 마귀가 떠나가도록 명령한다.

에베소서 6장은 기독교인들이 영적 전쟁에 참여하고 있다고 분명히 가르친다. 사탄은 성경에서 광명의 천사로 가장한 모사꾼으로 묘사되는데, 그는 삼킬 자를 찾아 배회하는 사자와 같은 존재로 소개되고 있다.[25] 사탄의 마귀적 힘은 성경에서 자주 언급되는데, 악마의 졸개들이 오늘날 활동을 중단했다고 생각할 이유가 없다. 기독교인들은 귀신들이 개인적 문제에 개입하는 정도에 대해 의견을 달리한다. 우리는 이 책에서 마귀적인 힘이 내담자들의 삶에 문제를 야기하기도 하고 상담자들의 일을 방해하기도 한다고 가정한다.

상담자들은 C. S. 루이스(Lewis)의 다음과 같은 결론을 숙고하는 것이 좋을 것이다. "우리 인간은 마귀에 대하여 동일하고 반대되는 두 가지 오류에 빠질 수 있다. 하나는 그들 존재를 불신하는 것이다. 다른 하나는 그들의 존재를 믿고 지나치게 불건전한 관심을 갖는 것이다. 마귀들은 이 두 가지 오류에 똑같이 기뻐하고 있다."[26] 기독교 상담자들 중에는 이 양극단의 함정에 빠져 내담자들에게 해를 끼치는 이들이 있다. 다음 장에서는 마귀의 실재를 받아들인다. 그러나 축사는 기도하는 가운데 영적으로 성숙하고 성경적으로 예민한 교회 지도자들의 전폭적인 지지가 있는 곳에서만 이뤄져야 하며 자주 사용되어서는 안 된다.

상담자들을 위한
요점 정리 06

■ 당신이 사용하는 용어에 주의하라. 상담자들이 사용하는 신학적 또는 심리학적 용어들은 내담자에게 이해되지 않을 수도 있다.

■ 모든 사람들은 세계관을 갖고 있다. 세계관은 우리가 의식적으로나 무의식적으로 가지고 있는 기본 가정과 신념으로 우리의 행동을 유도한다. 모든 상담자는 시간을 내어 자신의 세계관을 명시할 수 있어야 한다.

■ 원만하고 유용한 세계관은 다섯 가지 주요 주제를 다루고 있다. 각 주제는 우리의 상담에 영향을 미친다.
- 하나님에 대한 당신의 관점은 무엇인가?
- 우주관은 무엇인가? 우주는 어떻게 존재되었는가? 왜 그것이 존재하는가? 이 가운데 하나님은 어디 계시는가?
- 어떻게 우리는 지식을 얻고 그 지식이 정확한지 아는가?
- 인간에 대해 당신의 관점은 무엇인가? 왜 우리는 존재하는가? 우리는 어떻게 하나님과 관계하는가?
- 어떻게 우리는 옳고 그른 것을 결정하는가?

■ 세계의 여러 곳에는 상담자의 자격과 허가 기준을 정하는 법이 있다. 당신은 당신의 나라에서 정한 이 분야의 법에 대해 알고 있어야 한다.

■ 상담 윤리는 상담자를 규제하는 옳고 그름의 기준이다. 다음은 그 예다.
- 모든 내담자들은 가치 있는 인격체로 존경받아야 한다.
- 상담자는 내담자의 복지를 구한다.
- 상담자는 상담 관계를 상담자 자신의 욕구를 충족시키는 데 사용하지 않는다.
- 상담자는 정보를 나누는 것이 다른 사람에게 해를 입히는 것을 예방하거나 법에서 요구하는 경우(예를 들면, 상담자가 내담자의 아동학대에 대해 알게 되었을 때)를 제외하고는 비밀을 유지해야 한다.
- 많은 윤리적 결정이 어렵기 때문에 다른 상담자의 조언을 듣는 것이 최선이지만 불필요한 정보는 공개하지 말아야 한다.
- 기독교 상담자는 하나님을 경외하고 성경의 가르침에 순응하며, 내담자의 복지를 존중

해야 한다.

■ 모든 상담자는 때로 내담자를 더 잘 도울 수 있는 다른 상담자에게 그를 위탁한다. 이것은 실패나 무능함을 의미하는 것이 아니라 내담자에게 최선이 된다는 증거로서 고려되어야 한다.

■ 어떤 상담자도 모든 종류의 개인이나 문제에 효과적으로 대처할 수 없다.

■ 모든 상담자가 내담자에게 성적으로 매력을 느낄 때가 있고 내담자가 상담자에게 성적으로 매력을 느낄 때가 있다.

■ 타락으로 이끌 수 있는 취약함이 증가하는 환경에서 자신을 보호하기 위해서는 많은 주의가 필요하다.

■ 상담자의 자기 절제는 다음을 통해 온다.
· 영적 보호.
· 자신의 취약함을 아는 것.
· 위험한 신호에 대해 자각하는 것.
· 한계 설정하기.
· 스스로에게 진실 말하기.
· 다른 사람의 지지와 상호책임 발견하기.

■ 기독교 상담자들은 다음을 포함하는 여러 가지 것들의 극단적인 입장에 대해 주의가 필요하다.
· 문제를 포함한 행동의 생물학적 기초에 대해 인식하지 못하는 것.
· 상담에서 죄나 용서의 역할에 대한 약한 강조 또는 지나친 강조.
· 정서적인 문제의 원인이나 치료에서 마귀의 역할을 무시하거나 지나치게 강조하는 것.

07 >> 기독교 상담의 다문화 이슈들

The Multicultural Issues in Christian Counseling

상담 콘퍼런스의 화자로 참석하려고 동유럽 어느 나라에 도착한 후, 필자는 그 프로그램에 어느 유명한 미국 교회의 워크숍 프레젠테이션도 포함되어 있음을 알았다. 이 사람들은 특별한 전문지식을 가지고 참석했고 오직 한 사람만을 제외하고 따뜻한 환영을 받았다. 그녀는 고국의 교회에서 영향력 있는 세미나 지도자로 알려진 달변가였다. 그녀가 발표한 주제는 유럽 청중들에게 커다란 관심을 불러일으켰고 많은 사람들이 첫 번째 회의에 참석했다. 그러나 두 번째 회의에 참석하는 사람들의 숫자는 줄어들었고 이후에는 거의 아무도 오지 않았다. 이는 분명히 화자가 중요한 실수를 했기 때문이다. 고국을 떠나기 전, 그녀는 자신이 연설하게 될 나라에 관해 배우려는 노력을 전혀 하지 않았던 것이다. 그녀는 외국인 청중이 자신의 말하는 스타일, 농담, 말하는 모습, 이야기들, 권장된 상담 방법, 그리고 청중을 참가시키기 위한 제안 등에 미국인 청중처럼 반응하리라고 추정했다. 그러나 청중은 그녀의 생각과는 달리 낯설다고 느꼈고, 텍사스에 있는 화자의 교회 사람들이 그렇게 선명하게 받아들였던 많은 것들을 이해하지 못했다.

사림(Salim)은 중동 출신의 훈련받은 기독교인 상담자로 캐나다에 있는 상담센터에서 피난민들과 함께 일한다. 그에게 상담 받는 많은 사람들은 회교도로 살림의 중동식 양육, 문화적 이해, 그리고 아랍어로 상담할 수 있는 능력을 칭찬한다. 그는 비록 북미에서 훈련을 받았지만 대학원에서 배운 상담 방법이 다른 나라에서 온 자신의 상담 고객들에게 적절하지 않다는 것을 재빨리 알아차렸던 것이다. 예를 들어, 그가 아는 많은 사람들은 상담, 상담자의 경계, 혹은 상담할 때의 시간 제한을 이해하지 못한다. 처음에 사림은 상담 고객들을 그들의 집 등 편안한 환경에서 함께 진한 커피를 마시고 우정을 쌓아가면서 만났다. 이들은 서로를 신뢰했고 의사소통에도 문제가 없었다. 사림은 앙카라, 암만, 혹은 카이로에서 하는 것처럼 상담했던 것이다. 한번은 아프리카 태생이면서 미국 도시에 정착한 농부들을 상담해 달라는 요청을 받았다. 대부분의 농부들은 더 이상 농사일을 할 수 없어서 초조해하고 있었고 그래서 사림은 큰 교회의 목사에게 가서 이 농부들이 교회가 소유한 땅에서 '농사'를 지을 수 있는지 물었다. 사림은 그들과 함께 야채를 심는 일을 했고 후에 상담실로 옮겨갈 수 있는 신뢰의 다리를 만들었다. 덤으로 사림은 정원에 야채 심고 재배하는 방법을 배웠는데 이 일은 그가 베이루트에서 자랄 때는 한번도 해본 적이 없는 일이었다.

초대교회는 다양한 문화적 환경에서 세워졌다. 승천하시기 전에 예수님은 제자들에게 당신이 예루살렘, 온 유대 나라, 사마리아에서 세상 끝에 이르기까지 어디에나 계실 것이라고 말씀하셨다.[1] 오순절에 여러 나라에서 온 사람들은 각기 자기 나라 언어로 복음을 듣고 놀라워했다.[2] 첫 전도여행지는 지중해 동쪽이었다. 초기 기독교인들은 각기 다른 나라에서 왔고 각각 다른 언어로 말했으며 각기 다른 사회적 계층을 대표하고 있었으므로 때로는 그들 사이에 긴장이 생겨났다. 이런 환경에서 바울은 그리스도 안에서 우리는 하나라고 썼다. "너희는 유대인이나 헬라인이나 종이나 자유인이나 남자나 여자나 다 그리스도 예수 안에서 하나이니라."[3]

우리는 같은 하나님을 섬기며 같은 성경을 가지고 있고 같은 성령의 인도를 받는다. 이는 우리가 성경에 기초한 상담원칙, 어떤 변용 없이 문화를 가로질러 응용할 수 있는 원칙을 가지고 있어서 가능한 것일까? 기독교 상담은 문화를 초월한 것이며 누구에게나 같은 방식으로 응용할 수 있다고 믿는 헌신적인 상담자들과 교사들이 있다.

이와는 반대로 모든 상담자와 내담자들은 독특한 경험과 세계관, 신학관, 그리고 문화적 기대를 가지고 있다고 믿는 사람들도 있다. 예수님은 사람들을 만난 장소, 배경, 그리고 문화에 따라 다른 방식으로 접근하셨다. 예를 들어 사마리아 여인을 만날 때는 그녀의 문화적 기대를 알아차렸고 바로나 빌라도와 같은 로마인 관원, 예루살렘에서의 유대인 지도자들, 혹은 갈릴리의 어부에게 말한 것과는 다른 방식으로 말씀하셨다. 그분의 메시지는 어디서 말하건 간에 동일했으나 상담, 설교, 그리고 일대일 접촉 등 그분에 관한 기록을 보면, 예수님은 이미 문화적 차이에 대해 알고 계셨다는 사실이 나타난다.

횡문화적 주제는 해외에서 온 화자들 혹은 다른 나라에서 온 내담자들과 상담해야 하는 사람과 같은 상담자에게만 관련되는 것이라고 추측하는 것이 보통이다. 분명히 문화의 경계를 넘어선 감수성은 모든 사람이 비슷한 문화적 배경을 가지고 있는 공동체나 교회에서 상담하는 사람에게는 그다지 중요하지 않을 것이다. 그러나 이 장은 모든 상담이 문화의 경계를 넘어서는 것이라고 추정한다. 당신은 다른 인종이나 다른 민족의 사람들을 상담하지 않을 수도 있고 상담이나 회의에 참석하기 위해 해외에 가본 적이 전혀 없을 수도 있다. 그러나 모든 상담자가 당신 같을 것이라고 추정할 수는 없다. 당신이 같은 나이, 배경, 성, 교육 정도, 가치관, 사회 경제적 상태, 믿음 체계, 혹은 성적 경향이 당신과는 판이하게 다른 사람과 일하고 있다면 그 상담은 문화의 경계를 넘은 것이다. 그리고 당신의 공동체는 민족적, 인종적으로 다양하고 문화적으로 다른 배경을 가진 사람들이 들어옴으로써 분명 점점 더 다양해지게 된다. 유학생, 이민자, 잠깐 일하는 사람들, 전도사들 그리고 여러 해 동안 다른 문화에서 살아온 사람들, 혹은 당신의 공동체 안에 머무르는 동안 결정을 내릴 필요가 있거나 위기를 겪은 방문객들이 그들 중에 포함된다.

소수민족에 속하는 많은 사람들은 공동체의 다른 사람들과 비교해 상담과 그 밖의 정신건강 서비스를 더 많이 필요로 한다. 이는 그들의 삶에 스트레스를 주는 요소가 더욱 많기 때문이기도 하다. 그럼에도 불구하고 그들은 상담 기회들을 이용할 경황이 없다. 종종 소수민족 출신들은 도움을 받을 수 있다는 사실을 모르며, 감정문제는 처리할 수 있다고 생각하고, 언어장벽 때문에 단념하거나 상담하는 동안 일어날 수도 있는 문제 때문에 두려워서 쉽게 포기해버린다. 일부는 약속을 잡을 수단이 없어서 또는 상담자에 대한 신뢰가 부족해서이기도 하다. 미친 사람만이 상담자에게 간다고 생각하는 사람도 있다. 따라서 그들은 자신들이 도움을 받으러 다른 사람한테 간다는 사실을 인정하거나 자신을 인정하기를 꺼린다. 결과적으로 상담으로 이득을 얻을 수 있는데도 그러지 못하게 된다. 보통은 아주 좋은 성과를 거두는 상담자조차도 이러한 다문화적 이슈에 맞지 않는다면 실패할 수 있다.

• 영역 묘사하기

심리학자 메리 파이퍼가 『또 다른 나라Another Country』라는 제목의 책을 썼을 때, 그 작업은 '낯선 풍경으로 가는 휴대용 도감'으로 묘사되었다.[4] 이 책은 아주 다른 가치관, 세계관, 염원, 의사소통 스타일, 흥미, 그리고 가족구조, 작업 선택이 있는 새로운 영역으로 들어가는 상담자와 다른 독자들을 도우려는 의도를 가지고 있었다. 그러나 파이퍼가 쓴 것이 자신의 나라에서 아주 먼 어느 외국에 살고 있는 사람들에 관해서가 아니라는 사실을 알면 놀랄 수도 있다. 그녀는 '젊은 세대가 알지 못하는 어휘, 심지어는 중년 세대도 모르는 어휘를 가진 노년 세대'에 관해 쓰고 있었던 것이다.[5]

노인 세계를 또 하나의 나라로 묘사한 파이퍼의 결정은 다문화, 다종족, 민족성 같은 단어에 덧붙일 수도 있는 다양한 의미를 가리킨다. 흔히 이 단어들은 소수집단, 국적, 인종적 소수그룹을 말한다.

■ 소수집단 : 단어가 의미하는 것처럼 이것은 나이, 문화, 종교에서 다수가 아닌 기초 집단을 말한다. 미국의 아시아계 미국인, 사우디아라비아의 유대인, 말레이시아의 기독교도, 혹은 거의 모든 나라에서의 나이 든 사람들이 여기에 포함된다. 검은 피부를 가진 미국인 같은 소수그룹은 아주 명백하고, 다각적이며 숫자도 많다. 많은 종교그룹을 포함한 다른 소수그룹은 작을 수도 있지만, 때로 그들의 존재와 활동을 조용히 신중하게 지속한다. 가난한 사람들(많은 나라에서 이들은 소수라기보다는 다수다) 같은 그룹은 종종 그들의 상태를 바꾸려고 투쟁하며, 부자와 특권을 가진 이들은 그들이 가진 소수의 지위를 즐기며 달라지려는 욕망이 없다.

■ 국적 : 이 용어는 사람과 나라를 관련짓는 말이다. 모든 나라는 서로 다르고 각 나라는 그 경계 내에서 아주 큰 차이를 갖고 있다. 이들 나라로부터 사람들이 이주하면 차이는 커지고 새로운 거주 장소와 관련해 국가적 정체성을 갖게 된다. 예를 들어 시카고는 미국의 한 도시지만, 중국인들이 큰 그룹을 형성하고 있으며 많은 이들이 차이나타운이라고 알려진 이웃에 살고 있다. 이 도시에는 바르샤바 다음으로 폴란드 사람들이 많고, 아테네 다음으로 그리스 사람들이 많이 살고 있다. 많은 시카고 거주민들이 자신들의 모국어와 선호하는 음식, 관습을 간직하고 있다. 다른 사람들은 그들이 살고 있는 문화에 동화되어가고 미국 시민이 되어간다. 많은 사람들은 이민 가정에 태어났지만 그들 자신이 미국인이라고 여기고 있으며 중국, 폴란드, 그리스 또는 다른 배경들은 두 번째로 제쳐놓는다.

■ 인종적 소수그룹 : 필자가 캐나다에서 자랄 때 프랑스어를 하는 캐나다 사람은 영어를 쓰는 캐나다 사람과 아주 다른 존재로 여겨졌고 양쪽 모두 우리가 에스키모를 '원주민'이라고 부르곤 했던 것과는 또 다른 의미를 가지고 있었다. 미국의 인종적 소수그룹은 아시아계 미국인, 아프리카계 미국인, 라틴계/히스패닉계 미국인, 그리고 미국 원주민이다. 각 그룹은 독특한 면모를 가지고 있지만 각 그룹 내부는 아주 다양하다.

당신은 세 그룹 전부에 속하는 사람들이 있다는 점을 알아차릴 것이다. 인도 출신으로 영국이나 호주에 사는 사람이 한 예가 될 수 있다. 이 모든 것은 거의 사실적 근거가 없으나 사람들이 한 그룹에서 온 다른 그룹과 상담하거나 상호작용할 때 행동과 태도를 빚어내는 편견으로 인해 더 복잡해진다.

이러한 다양성으로 인해 기독교 상담은 하나님이 만드신 이 세상을 구성하는 모든 그룹, 국적 그리고 문화에 동일한 방식으로 응용하거나 정의될 수 없다. 기독교 상담은 원래 많은 부분이 백색인종, 중·상류층, 서구(대부분 미국), 개인주의를 소중하게 여기는 프로테스탄트 문화, 말로 하는 의사소통, 개방성, 감정표현 의향, 시간제한 고수, 원인 결과 관점, 성공의 중요성, 그리고 원대한 목적을 이루고자 하는 헌신에 근거를 두고 있다. 많은 기독교 상담은 성경에 근거를 두고자 하지만 성경 해석에는 교리상의 차이와 그 밖의 다른 차이들이 있어 상담자가 하는 일에 영향을 끼친다. 희망적이게도 여러분은 이 책에서 기독교 상담에 관해 아주 많이 배울 수 있으나 여러분 자신의 문화적 관점 그리고 여러분이 함께 일할 사람들에 따라 원칙 적용 방법이 상당부분 달라질 것이다. 가장 효과적인 기독교 상담자들은 문화적 차이의 관점을 절대 잃지 않지만 성령의 인도를 받고자 추구하며, 문화적 경계에 얽매이지 않으며, 각기 다른 문화적 관점에도 불구하고 여러분과 여러분의 내담자를 모든 진리와 성장으로 이끌 수 있다.

• 다문화 능력 구축하기

몇 년 전, 미국심리학회는 상담자와 다른 '심리 서비스 제공자들'은, 서로 구분될 수 있는 열 개 그룹을 알고 있어야 한다고 명시했다. 돌봄 사역자들은 성, 연령, 인종, 민족, 국적, 종교, 성적 경향, 장애, 언어, 혹은 사회 경제적 상태 등을 근거로 사람들을 불공정하게 다룰 위험에 대해 경고 받았다.[6] 그런 다음 곧 다문화 이슈를 다루는 보다 역량 있는 전문 상담자를 돕기 위한 상세한 지침서와 훈련 프로그램이 제시되었다.[7]

이 프로그램은 전문 치료 요법가에게는 좋을 수 있지만 장기적이고, 다양한 훈련 프로그램에 등록하지 않고 문화적 감수성을 키우기 원하는 기독교 상담자에게는 어떠한가? 우리는 다문화적 능력이라고 불러왔던 것, 각 개인이 세상을 보는 방법을 만들어내는 문화적 영향을 인식하는 한편 다른 사람을 효과적으로 돕고 이해하는 그 능력을 어떻게 발전시켜야 하는가? 한 조사 프로젝트는 학습과 연습을 필요로 하는 51개의 다문화적 능력을 찾아냈지만 우리는 다섯 가지로 간추려보았다.[8]

1. 상담자는 자신의 문화적 가치관과 편견에 대한 인식을 발전시켜야 한다

프로이트는 빈에서 부유한 환자들을 치료한 경험만을 근거로 보편적 행동 법칙을 제안했기 때문에 비판받았다. 그의 실패는 자신만의 관점, 문화, 경험이 모든 사람에게 적용될 수 있다고 믿는 데서 기인했다.

프로이트에게 진실일 수 있는 것이라고 해서 우리 모두에게 진실일 수는 없다. 학대하는 부모에게서 상처를 받거나 엄격한 종교적 양육으로 상처 입은 상담자는 모든 내담자가 학대받았으며 과거의 고통에서 벗어나야 할 필요가 있다고 추정할 수도 있다.[9]

작은 그룹이 치유의 힘을 가져오는 것을 본 목사는 작은 그룹으로 나누어 참여하는 것이 모두에게 가장 좋은 접근방식이라고 결론을 내릴 수도 있다. 그러나 성, 종교, 인종, 혹은 성적 경향에서 자신과 다른 사람들을 상담할 경우 당신의 편견과 태도는 상담하는 방법에 영향을 끼칠 수 있고, 심지어 당신은 이런 일이 영향을 끼칠 수 있다는 것조차 알지 못할 때가 있다. 아마 우리 중 대부분은 '우리 그룹의 문화적 유산, 역사, 가치관, 언어, 믿음, 종교, 전통 그리고 예술과 기술이 우월하다고 강력히 믿고 있을 것이다.' 이런 경우 대부분은 다른 그룹이 열등하다고 믿는다.[10]

사람들은 대부분 그들의 편견이 어떻게 상담에 영향을 끼치는지 인식하지 못한다. 상담에서 편견을 줄이려면 자신의 세계관을 재고해보라. 옳고 그름의 근거와 같은 주제에 관한 여러분의 관점은 무엇인가, 사람들이 어떻게 변하는가, 내담자의 문제 해결과 전개과정에서 죄 혹은 생활의 역할은 무엇인가? 잠시 시간을 내어 당신의 핵심 가치관을 적어보라. 당신을 잘 알고 있으며 당신의 편견, 가치관 혹은 믿음과 기꺼이 관점을 공유할 상급자, 친한 친구, 혹은 다른 친구의 관점을 보라. 다른 문화나 소수민족 그룹에 속하는 친한 친구의 관점을 보라. 이 사람은 무엇이 당신의 문화적 가치관과 편견이라고 보는가?[11] 다른 문화에서 온 그룹의 사람들을 가르치거나 말할 때마다 필자는 그들을 격려해 그들과 맞지 않는 듯 보이는 필자의 태도나 문화적 인식을 말하도록 한다. 당신의 내담자도 당신을 가르칠 수 있다. 이렇게 하면 당신의 자기 통찰력은 더욱 성장하고 그 상담이 문화적으로 방해받지 않도록 막아준다.

초기 목회자 상담에서 대부분이 아프리카계 미국인 목사인 그룹을 가르쳤던 적이 있다. 첫 강의를 시작한 지 얼마 되지 않았는데 한 사람이 손을 들고 다음과 같이 말했다. "이 강의는 백인들에게는 분명 좋을 테지만 흑인 공동체에서는 제대로 효과를 발휘하지 못할 것 같은데요." 이 일은 강의하는 동안 되풀이되어 일어났고 그때마다 필자는 이렇게 대답했다. "좋습니다. 그러면 흑인 공동체에서는 어떻게 해야 효과가 있을까요?" 돌아보건대, 경험 많은 이 목사들과의 토론은 필자가 그들을 가르쳤던 것보다 더 많이 필자를 가르쳐주었다는 생각이 든다. 내게 이 일은 아주 효과적인 배움의 경험이었다.

문화 장벽이 너무 커서 넘어서기 힘들다고 느끼는 때가 있기 마련이다. 예를 들어 당신이 남성 상담자라면, 최선을 다하지만 내담자가 남성의 권위 때문에 학대받았던 경험이 있는 여성인 경우, 그 상담의 효과는 제한될 것이다. 당신이 전혀 고국을 떠나본 적이 없다면 정신적 충격과 재배치의 희생물인 피난민을 상담하는 데 어려움을 겪을 수 있다. 당신이 영어를 말하는 교외 거주자라면, 스페인어를 말하고 가난하며 어려운 환경에서 사는 내담자를 이해하지 못하는 어려움을 겪을 것이다.[12] 이런 상황이라면 내담자가 보다 더 편한 상담자를 찾아갈 수 있도록 도움을 주는 것이 모두에게 이익이 된다.

2. 상담자는 내담자의 문화 배경을 인식하도록 노력해야 한다

이것은 큰 문제가 되지 않는 경우가 많다. 특히 내담자의 배경이 상담자의 배경과 비슷한, 동일한 공동체 출신이라면 더욱 그렇다. 그러나 그렇다 해도 태도, 가치관, 기대, 세계관은 다를 수 있다. 같은 가족이라 해도 10대와 조부모를 상담할 때 그 차이를 발견할 수 있을 것이고 그 모든 차이가 상담실 내로 들어오게 될 것이다. 내담자의 관점을 확신하지 못한다면 주저하지 말고 물어보라. 표 7-1은 내담자와 상담자가 서로 다른 문화적 관점 때문에 달라질 수 있는 영역을 요약해놓았다.

기독교 상담자는 이 장의 주제를 생각할 때 딜레마에 빠지는 경우가 잦다. 우리는 문화적 차이를 인정하고 이해해야 한다고 듣는다. 그러나 각 문화 그룹에는 수많은 차이가 있으므로 전형에 의존하지 말라는 말을 듣기도 한다. 예를 들어, 어느 백인 상담자가 젊은 아프리카계 미국 남성을 상담할 때 어떤 도전을 만나게 될지 생각해보자.[13] 많은 젊은 남성들이 화가 나 있다는 것은 잘 알려져 있다. 이는 이들이 현재 직면하고 있는 차별 때문이기도 하지만 또한 여러 세기 동안 인종주의와 차별로 얼룩진 아프리카계 미국인들의 역사를 알고 있기 때문이기도 하다. 『검은 분노 Black Rage』라는 영향력 있는 책의 두 저자는 책에서 '건강한 문화적 편집증' 이라는 용어를 도입해 흑인 미국인들은 살아남기 위해 화를 내고 편집증에 사로잡혀왔다고 주장했다.[14] 심지어 쓸모없고 불공평한 상담 개입과 편견, 결론부터 내리고 보는 정신건강 전문가와 상담자들은 어떤 사람들을 잘못 다루기도 했다. 이들 많은 젊은이들이 오해받고 무력하고 좌절하고 포기하는 경향이 있다는 것이 놀라운가? 많은 사람들이 공격성을 표현하고, 자존심을 쌓고 희망을 찾기 위한 방법으로 경쟁적인 운동으로 돌아서는 것이 놀라운 일인가?[15]

이 장을 읽은 어느 아프리카계 미국인 상담자가 자신의 내담자들 중 나이 든 많은 사람들이 여전히 투스키기(Tuskegee) 실험을 기억하고 있다고 진술했다. 이 실험은 수백 명의 흑인들이 매독 진단을 받고 백인 의사들에게 치료를 받고 있다고 생각했으나 실제로는 백인들이 매독의 진전 과정을 보기 위해 그들을 관찰한 사건이었다. 이 실험은 인종차별 역사의 일부로 이들에게 영향을 끼쳐, 내 친구의 내담자들 중 많은 이들이 백인이나 백인 기구와 관련된 상담을 모두 피했다.[16]

그러면 문화적으로 민감한 상담자는 무엇을 할까? 첫째, 두 사람이 다르다고 해서 내담자가 자동적으로 당신을 부정적으로 생각할 것이라고 추정하지 않는다. 다음처럼 예사롭게 질문할 수도 있다. "백인과 상담하는 것을 어떻게 생각하는지 궁금한데요?"(백인 대신 흑인, 아시아인, 천주교인, 시각장애인, 당신보다 어린 여성 등 내담자와 다르다고 생각되는 것은 무엇이든지 집어넣을 수 있다.) 어떤 추정도 하지 말고 그 사람으로 하여금 대답하게 하라. 이렇게 하면 내담자는 상담하면서 소수민족적 차이를 자유롭게 토론할 수 있다는 것을 알게

표 7-1. 다문화 이슈를 의미할 가능성이 있는 것들

이 표는 상담자와 내담자가 다르게 생각하거나 느끼는 주요 영역의 일부를 예시하고 있다. 이들 질문은 우선성에 의거해 나열한 것은 아니며 완벽한 목록도 아니다. 상담자들은 다른 사람들을 상담하기 전에 이 질문처럼 정직한 대답을 생각해볼 수 있다. 그런 다음 여러분의 내담자가 다른 대답을 할 수도 있음을 인정하라. 예를 들어, 첫 번째 질문을 생각해보라. 여러분은 대가족이 내담자가 지닌 문제와 연관이 깊지 않다고 생각할 수 있으나 내담자는 대가족이 상담 과정에 포함되지 않는 한 치유될 수 없다고 믿고 있을 수도 있다.

1. 결혼, 가족, 그리고 성
   · 조부모, 숙모, 숙부, 사촌, 그리고 다른 친척들과 같은 대가족 구성원의 중요성 혹은 역할은 무엇인가?
   · 핵가족(어머니, 아버지, 아이들)은 항상 이상적인 가족 단위인가?
   · 결혼은 일생을 지속하는 관계로 보이는가?
   · 어떤 조건에서 이혼이 허용되는가?
   · 가족과 관련 있는 대다수의 결정은 어떻게 내려지는가?
   · 아이들을 키울 때 어머니의 역할과 아버지의 역할은 무엇인가?
   · 배우자는 서로 평등한가, 한 배우자가 다른 배우자보다 우월하다고 생각되는가?
   · 성역할은 평등한가, 한쪽이 다른 쪽보다 우월한가?

2. 자기 인식
   · 그 사람이 자신을 업신여기고 있는가?

- 그 사람이 자신을 고무하고 있는가?
- 그 사람이 긍정적인 자기 이미지를 갖고 있으며 강한 자존심을 갖고 있는가?
- 긍정적인 자기 이미지가 내담자의 고향 혹은 문화그룹에서 호의적으로 보이는가?
- 그 문화가 자기 비판 혹은 자기를 낮추는 태도를 기대하는가?

3. 문화적 정체성
- 그 사람이 문화 정체성의 혼란으로 갈등하는가? (예를 들어 전도 구역에서 자란 어느 젊은이가 두 개의 문화에 뿌리를 내리고 있지만 어느 한쪽에도 완전하게 적응하지 못하고 있다고 느껴 갈등하는가?)
- 자신의 문화에 관한 태도와 믿음은 어떤가? (어떤 사람들은 자신의 문화와 민족 배경을 자랑스러워하는 반면, 그렇지 않은 사람들도 있다.)
- 그 사람이 자신의 문화적 그룹 안에 있는 다른 사람처럼 행동해야 하지만 자신의 독특함 혹은 정체성을 발견하고 표현할 수 없거나 두려워하면서 문화적 속박을 느끼는가?

4. 하나님과 종교
- 하나님에 관한 그 사람의 믿음은 어떤 것인가?
- 그 사람의 일상생활에서 종교적 믿음은 얼마나 중요한 역할을 하는가?
- 문제가 있다면 그 문제를 일으키거나 허용하시는 하나님의 역할은 무엇인가?
- 문제 해결에서 하나님의 역할은 무엇인가?
- 다른 종교 혹은 종교적 신앙이 없는 사람도 안내하는가?
- 사람들이 문제를 안고 혹은 극복하면서 살아가도록 돕는 교회 또는 다른 종교적 기구의 역할은 무엇인가?
- 종교 지도자의 역할은 무엇인가?
- 하나님과 종교에 대한 상담자의 태도와 믿음에 내담자는 어떻게 반응하는가?

5. 가치관
- 독립, 자율, 그리고 독창성은 어느 정도로 소중하게 여겨지는가?
- 가족 유대 혹은 문화적 정체성을 얼마나 소중하게 여기는가? (개인이 성공하는 것이 더 중요한가 아니면 가족 또는 문화 그룹에게 영예를 가져다주는 것이 더 중요한가?)
- 정신적으로 앓는 것이 다른 문제와 동일한가, 아니면 개인이나 가족 혹은 국가에 부끄럽고 불명예스러운 일로 여겨지는가?
- 성공은 얼마나 중요한가?
- 개인의 실패가 의미하는 것은 무엇인가?
- 물질주의는 얼마나 중요한가? (소유, 공간, 혹은 유형의 것들이 중요한가?)
- 권력, 지위, 직위, 또는 학력과 같은 자격증명서는 얼마나 중요한가?

6. 통제-책임
- 그 사람은 개인이 자신의 미래를 제어한다고 믿는가, 아니면 다른 어떤 사람이나 힘에 의해서 좌우된다고 믿고 있는가?
- 그 사람은 자신이 변화를 위한 개인적 책임을 질 수 있고 져야 한다고 가정하는가?
- 무력하다고 느끼는가? 그리고 사건은 다른 무언가가 조정한다고 믿는가?
- 그 사람이 자신을 희생자처럼 느끼는가?
- 그 사람이 제어하고 있다고 느끼는 것은 어느 분야인가?
- 그 사람이 제어하지 못한다고 느끼는 것은 언제인가?
- 환경을 극복하기 위해 노력하거나 저항하지 않으면서 내적인 평화와 조화가 소중함을 믿고 있는가?

7. 시간
- 그 사람은 시간을 우리가 낭비, 조절, 혹은 현명하게 소비할 수 있는 귀중한 일용품이라고 보고 있는가?
- 미래, 현재, 혹은 과거를 크게 강조하고 있는가?
- 스케줄을 정확하고 엄격하게 지키는 것이 얼마나 중요한가?
- 즉각적인 결과를 원하는가? 아니면 기다릴 수 있는가?
- 시간 때문에 지연되거나 속박되는 것을 참지 못하는가?
- 예를 들면, 행동 면에서 1시에 모이자고 하는 것이 어떤 의미인가? 그 말은 정확히 오후 1시 정각인가, 1시경인가, 아니면 점심 먹은 후 언젠가라는 의미인가?
- 내담자 혹은 상담자는 약속이 이미 정해진 시간에 시작하지 않으면 어떤 반응을 보이는가?

8. 의사소통 스타일
- 크게, 빨리 말하는 것이 문화적으로 적정한가?
- 시선을 마주치는 것이 적절한가(서구 문화에서처럼), 아니면 시선을 마주치지 않는 것이 적절한가?(일부 아시아 문화에서 공통적인 것처럼)
- 머리 끄덕이기를 포함해 의자에 앞으로 기대거나 포옹같은 제스처가 가지고 있는 의미는 무엇인가?
- 진실을 말하는 것보다 체면을 구하는 것이 더 중요한가?
- 그런 경우가 있다면, 정면 대결이나 솔직한 것이 적절한가?
- 침묵은 무엇을 의미하는가? 일부 문화에서 침묵은 존경을 의미한다. 다른 문화에서 침묵은 거절, 화, 혹은 반응하기 두려워하는 것으로 여겨질 수 있다.

9. 감정 표현
- 감정을 겉으로 드러내는 것은 약하다는 표시인가?
- 느낌을 억제하는 것이 문화적으로 적절한가?
- 부당함에 직면했을 때 화내는 것이 약함을 나타낼 수도 있는 공포 같은 감정보다 더 적절한가?
- 감정을 공공연하게 말하는 것이 문화적으로 적절한가?

> 10. 상담에 대한 태도
> - 상담을 받는 것이 문화적으로 적절한가?
> - 상담자에게 가는 것이 약하다는 표시로 받아들여지는가?
> - 개인이 가족이나 사회적 그룹 없이 개인적 문제에 관해 일대일로 이야기하는 것이 문화적으로 적절한가?
> - 상담자가 지도적일 것으로 기대되는가, 아니면 내담자 자신의 결론을 내리도록 이끌 것으로 기대되는가?
> - 상담자와 토론하기에 부적절한 주제가 있는가?
> - 어떻게 해야 신뢰를 쌓을 수 있을까?

된다. 어떤 때 당신은 분노, 편집증, 불신이 특정 공동체에서 인종주의와 차별을 극복하는 합법적인 방법이라고 인정할 수 있다. 노련한 어느 상담자에 따르면 우리가 이런 행동, 태도, 불평 혹은 믿음을 무시하거나 퇴출시키면 불신이 증가한다고 한다. 대신 상담자는 "마음을 열고 고객에게서 배워야 하며, 고객의 문화적 불신 정도를 포함해 문화적 관점에 관해 판단을 내리지 말아야 한다"는 것이다.[17]

3. 상담자는 문화적으로 다른 내담자가 세상을 보는 방법을 이해해야 한다

이 작업은 다른 사람의 세계관을 이해하려고 노력하는 일을 포함한다. 이것을 성취하는 한 가지 방법은 상담과는 관계없는 소수민족 개인들을 아는 것이다. 문화적으로 다른 사람들과 친구가 되려고 노력하라. 동남아시아에서 온 흐몽(Hmong : Miao족이라고도 한다. 베트남에서 가장 큰 소수민족 집단) 사람들과 친해진 어느 상담자는 흐몽 교회를 방문했고 흐몽의 사회적 모임에 참가했으며 미네소타 주 상원의원인 어느 흐몽 미국인을 포함한 흐몽 지도자들과 상호관계를 맺었다. 이렇게 상담자는 흐몽 사람들 속으로 들어감으로써 흐몽 내담자들 사이에서 신뢰를 받았으며 그들의 문화를 이해할 수 있었다.

문화적 차이를 더욱 분명하게 이해하려면 빙산을 생각하면 도움이 된다.[18] 우리는 물 밖으로 나와 있는 빙산의 작은 부분만을 볼 수 있다. 빙산의 대부분은 보이지 않는 표면 아래에 있다. 우리가 보이는 것만 바라보고, 보이지 않는 것을 무시한다면 타이타닉 호의 선장과 승객이 겪었듯이 그 결과는 재앙이 될 것이다.

민감한 관찰자는 문화의 보이는 부분을 보고 존중한다. 사람들이 옷을 입는 방식, 서로를 만나는 방식, 혹은 서로 연결되는 방식이 그 예다. 다른 문화에서 온 사람들은 다른 언어로 말한다. 그런 외부인에게는 주인 문화의 사람들과 같은 음식을 먹고 그 언어를 배우는 일은 중요할 수 있다. 식사하려고 맥도널드로 달려가는 미국인 관광객들은 무감각하거나 그 지역 음식을 원하지 않을 수도 있다. 이런 일은 일반적으로 중요한 문화적 실수로 보이지는 않는다. 그러나 최소한 그 지역 음식을 먹는 관광객은 주인 문화의 사람들과 더 잘 연결되고 즐겁게 먹는 경험에서 이득을 본다. 장벽은 전도사, 외국 학생, 혹은 외국에서 온 다른 영구적인 거주자가 그 지역 음식 먹기를 거절하거나 그 지방의 방식을 익히지 않았을 때 생겨날 수 있다.

무언의 규칙은 처음에는 보이지 않으나 발견할 수 있고 익힐 수 있는 행동들을 말한다. 무언의 규칙은 인사하는 방식, 음식점에서의 적절한 팁, 말소리의 크기, 대화할 때 상대방과의 거리, 그리고 다른 여러 가지 에티켓에 대한 문화적 기대를 포함한다. 일부 나라는 시간 엄수가 중요하다고 생각하는 반면 다른

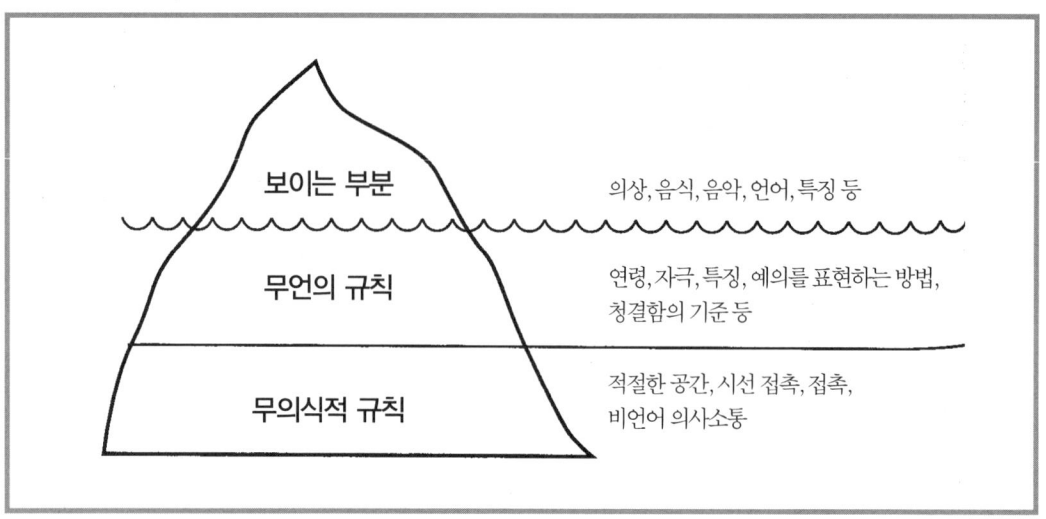

나라는 그렇지 않다. 미국 문화에서 이름을 사용하는 것이 공통이고 받아들여지는 반면, 다른 많은 문화에서는 이름은 아주 친한 친구에게만 제한된 것으로 젊은 사람들은 나이든 사람의 이름을 절대로 부르지 않는 것이 예의다. 일부 문화에서는 부부가 아닌 남자와 여자는 절대로 상대의 옆에 앉지 않아야 하는 반면 다른 곳에서는 전혀 문제가 없다. 최근 다른 나라로 가는 비행기 안에서 필자와 필자의 아내는 나란히 놓여 있는 세 좌석에 앉게 되었다. 창가 옆 좌석에 앉은 남자는 그의 문화적 기대에 따라 필자의 아내보다도 필자가 중간 좌석에 앉아주었으면 좋겠다고 부탁했다. 이 무언의 규칙은 물어보면 배울 수 있으나 관찰과 시도 그리고 실수로 배우는 경우가 더 많다.

문화적 빙산의 가장 깊은 곳은 대부분 무의식적 규칙, 태도 그리고 아이들이 그 문화 안에서 자라는 동안 배우는 행동방식을 포함한다. 이런 일은 방문객은 전혀 알아채지 못할 수 있지만 침범 당하면 대단히 무례하게 여겨질 수도 있는 행동들이다. 언제 포옹하는 것이 적절한가? 낯선 사람 혹은 나이든 사람의 눈을 직접 바라보는 것은 정중한가? 설령 전문 상담가라 하더라도 낯선 사람과 개인적인 문제를 논하는 것은 적절한가? 의자에 앉을 때 다리를 꼬고 앉는 행동은 적절한가? 일부 문화에서 이런 행동은 아주 무례한 것으로 받아들여진다. 어느 중국 웹 사이트는 중국과 다른 아시아 문화에서는 체면을 유지하고, 지속적으로 연장자들을 존중하며, 가족의 성을 보존하고, 유교 원칙을 준수하는 일이 중요하다고 지적함으로써 방문객들을 돕고 있다. 이 장을 쓰고 있을 때 중국의 올림픽 다이빙 팀에서 한 젊은 수영선수가 지나치게 자기 중심적이라는 이유로 쫓겨났다. 예전에 금메달을 땄던 그 선수는 대리인을 고용했고 지지자들에게 사인을 해주었으며 '적절한 겸손과 단체정신'을 보여주지 않았다는 이유로 비판받았다. 그는 '전통적인 중국 가치관'을 증진시키지 않았기에 해고당했던 것이다. 이 일은 한 나라의 문화적 가치관이 다른 나라의 문화적 가치관과 어떻게 다른지, 그리고 문화 간의 오해를 어떻게 이끌어낼 수 있는지 보여주는 분명한 실례다.

심리학자들이 사람은 내부 혹은 외부에 통제 중심이 있다고 묘사하기 시작한 것은 40년 이상 된 일이다. 이 말은 자신의 삶과 운명을 제어하는 것에 관한 사람들의 기대를 설명한다. 내부 통제 중심을 가지고 있는 사람들은 그들 자신이 운명을 만든다고 믿는다. 미래는 우리의 선택과 우리가 취하는 행동에 따라 달라진다. 문제가 생기면 그것은 결정을 내리고 통제를 한 개인의 책임이다. 사업 혹은 다른 그룹이 앞으로 진전할 필요가 있을 때 내부 통제라는 마음가짐을 갖고 있는 사람들은 그 그룹이 행동을 취해야 할 필요가 있다고 결론을 내린다. 이 관점에 따르면 결과는 거의 우리에게 달려 있다.

내부 통제 관점으로 일하는 사람들은 종종 우월한 극복 전략을 보여준다. 자신들의 환경을 지배하고 불안을 낮추며 사회적 이슈에 더 많이 연관되어 있고 성공하기 위한 동기를 더욱 높이며 결정적 행동가치관을 더 많이 믿는다. 이 모든 것들은 건강한 정신이라는 서양 가치관과 유럽·미국의 관점에 나타난다.

대조적으로 외부 통제 관점을 지닌 사람들은 하나님, 영적 실체, 운명, 운, 정치체제, 경제 혹은 우주 같은 어떤 외부의 힘 또는 세력의 작용을 더 믿으며 그로 인해 사건들이 생겨난다고 추정한다. 이 생각은 희망 없음, 무력함, 혹은 피해자의 느낌으로 이어질 수 있다. 그러나 외부 통제 관점은 또한 한 그룹이 항거를 포함해 시스템을 바꾸기 위한 노력이나 하나님의 호의와 중재를 얻기 위한 시도 같은 행동을 하도록 이끌 수 있다. 소수민족, 가난한 사람들, 이민자 그리고 무력하다고 느끼는 다른 사람들은 대부분 외부 통제 관점을 채택하는 경우가 많다. 이 관점은 사람들이 다른 누군가에게 책임을 전가하고 다른 사람이나 시스템이 조치를 취해 작용하도록 할 가능성이 더 많다.[19]

외부 통제 관점이 항상 희망 없는 쪽으로 이끌고 간다고 추정하면 안 된다. 예를 들어 아시아의 유교철학은 많은 서양인들의 특징인 내부 통제의 정신을 귀중하게 여기지 않는다. 대신 가족이 함께하는 것, 사람들 간의 조화, 환경에 대한 순종, 무항쟁과 내부 평화를 소중히 여기는 가치관 등을 존중한다. 비극적 사건은 신의 행위로 받아들이며 치료자가 환경을 바꾸기 위해 시도하면 변화가 부조화를 가져오고 균형을 깨뜨릴 수 있다고 생각해 저항할 수도 있다.

내부와 외부라 해도 정확하게 나누어진 것이 아니며 서로 겹치는 부분이 있다. 우리가 살아계시며, 일하시고, 우리의 기도에 응답하시며 개입하실 수 있는 하나님을 믿는다 할지라도(외부적 관점), 기독교 상담은 거의 내부 통제, 즉 '책임을 지고 그 일이 일어나게 하자' 라는 관점을 보여주는 일이 잦다. 만일 외부 통제 관점을 더 중요하게 여기는 문화에서 자란 내담자에게 이 관점을 가져간다면 갈등이 생길 수 있다.

4. 상담자는 문화적 적응을 이해함으로써 혜택을 얻을 수 있다

국제 유학생들, 전도사들, 외교관들 그리고 해외에서 근무하는 사람들 사이의 공통점은 무엇인가? 새로운 환경에서 최고의 효율을 누리고 행복해지기 위해 그들은 모두 문화적 적응을 할 필요가 있다. 우리가 보았듯이 모든 문화는 일련의 가정을 공유하고 있어 일정한 행위, 가치관, 사회적 기대 그리고 공동 경험을 용인한다. 한 문화가 가진 이러한 독특한 특징을 배우고 적응하려면 시간과 열정을 투자해야 하고 결정을 내려야 한다. 다른 문화(자신의 나라에서 하위문화 안에서 살려고 하는 경우도 마찬가지)로 옮겨가려는 상담자는 이렇게 해야 하지만 이민자, 국제 유학생 그리고 우리 문화에서 살기 위해 오는 다른 사람들도 마찬가지다. 이 적응으로 인해 문화적 충격을 겪는 일이 아주 많다. 적응은 상담자가 이해해야 하는 중요한 일로 다음 단계를 포함하고 있다.

- 정열 단계는 새로운 환경에 대한 사랑을 포함하고 있다. 종종 이 정열은 진심으로 환영받으며 새로운 사람은 새로운 경험, 기회, 음식, 그리고 사람들을 즐거워한다.

- 머잖아 의기소침, 불만족, 그리고 집을 갈망하게 되는 비판적 단계가 오는 경우가 잦다. 이 단계에서 새로 온 사람은 종종 언어와 씨름하고 장소와 어울리지 않는다고 느끼며 참을성이 없어지고 부정적이다. 이 시기에는 새로 온 사람이나 주인 문화의 사람들 사이에 비판적으로 평하거나 짜증내는 태도가 나타날 수 있다.
- 결국 적응과 적용 단계가 온다. 예전보다 균형 잡힌 시각이 나타난다. 다른 문화에서 온 사람은 새로운 장소에서 상황이 전부 나쁜 것만은 아니며 많은 일들이 좋다는 사실을 깨닫기 시작한다. 새로운 문화의 관습, 가치관, 습관 중 일부를 선택하고 심지어는 이런 것들을 고국에 남겨두고 온 것보다 더 선호할 수도 있다.
- 자신의 원래 문화로 재진입하는 단계는 문화 충격이 역전하는 형태다. 오랜 기간 고향을 떠나 있던 사람은 돌아가면 옛 문화가 어떻게 바뀌었으며 새로운 문화가 사람의 사고와 선호도를 어떻게 만들어냈는지를 실감하기 시작하고 정신적 충격을 느낀다. 일부 사람들은 어느 문화를 선호하는지 그리고 자신이 어느 문화에 맞는지 정신적으로 혼란스러워진다. 여러 해 동안 외국에 살았던 학생, 전도사와 외교관 그리고 군인 가정의 자녀들은 제3문화의 아이들이다. 그들은 양쪽 문화 어디에도 완전하게 맞지 않으나 종종 자신의 문화적 정체성과 같은 갈등을 겪는 다른 사람들과 연결된다.

상담자로서 당신은 전혀 문화 적응을 하지 않는 사람들도 있다는 사실을 알게 될 수도 있다. 그들은 어디에 살건 간에 원래 문화를 고수하고 있다. 한편 새로운 문화를 완벽하게 받아들여 문화적 뿌리를 포기한 사람도 있다. 양쪽 문화를 모두 거부하는 그룹도 있다. 예상했다시피 첫 번째 그리고 세 번째 종류의 사람들은 정신 상태가 아주 빈약하다.[20] 가장 건강한 사람들은 문화 변용 과정을 거쳐 일하는 사람들이다.

5. 상담자는 적절한 상담 전략과 기술을 개발해 사용해야 한다

이 일은 어려운 일일 수 있다. 대부분의 심리학 테스트와 많은 상담 중재는 한 문화 그룹 내에서 발전되어왔다. 이 방법들을 상담 문화의 사람들에게 맞도록 응용하지 않는다면 상담자는 공정하지 않거나 부정확한 결론에 도달하거나 때로는 저항에 부딪칠 위험이 있다. 예를 들어, 여러 해 동안 칼 로저스가 발전시켜온 고객중심 접근 방식을 생각해보라. 이 방법은 상담자의 중재가 최소화된 상태에서 내담자 스스로 문제를 해결하는 데 익숙한 미국 대학생에게는 잘 적용될 수 있으나, 아시아인과 아프리카인에게는 덜 효율적이다. 이들은 상담자가 나이가 더 많고 현명한 충고자로서 가족의 맥락 안에서 지도해주기를 원한다. 대부분의 미국인들은 낯선 사람과 개인적 문제를 이야기하는 데 어려움이 없으나 다른 문화에서는 일신상의 내용은 낯선 사람과 공유하는 법이 없으며 낯선 사람에게는 명확하게 말하지도 않는다.

언어 차이는 특별한 의미를 갖는다. 상담자는 언어적으로 그리고 비언어적으로 메시지를 보내고 받을 줄 알아야 한다. 공동언어가 없으면 어려워진다. 그러므로 문화적 어려움을 잘 극복하고 이런 차이들을 알고 있는 것이 여러분의 상담을 더 효과적으로 만들 것이다.[21]

- **토착적인 방법**
  - 내담자가 사악한 악령 때문에 우울해졌으며, 특별한 힘을 가진 샤먼이 그 문제를 다루어야 하고, 유

일하게 효과를 발휘하는 치료법은 의식을 치르면서 노래를 부르고 치유자가 향을 피우는 것이라고 주장한다면 기독교 상담자인 당신은 어떻게 반응할 것인가? 내담자가 서구에서 훈련받은 상담자와 많은 시간을 보냈으며 샤먼의 마술 치료가 성공하지 않는 한 나아진 증상은 없다고 가정해보라.

원시문화에서 부족과 일하는 상담자들은 이런 이야기를 흔히 듣는다. 당신의 이웃에도 비슷한 믿음을 가진 사람이 있을 수 있다. 이들은 당신과 아주 많이 비슷해 보이지만 다른 문화의 고유한 치료 방법 혹은 고국 사람들 사이에서 점점 인기를 얻어가는 대체 치료 방법에 깊은 인상을 받은 사람들이다.[22] 예를 들어, 예전보다 훨씬 더 많은 미국인들이 전통 서양 의사보다 대체의학을 사용하는 사람들로부터 치료를 받으려 한다는 증거가 제시되고 있다.[23]

미국 의대 중 절반이 넘는 학교가 대체의학 코스를 가르치고 있으며, 전문 상담자들은 이런 접근 방식을 몇 년 전보다 더 진지하게 받아들이고 있다. 비전통적인 치료 접근 방식인 침술, 향기요법, 유사요법, 반사법, 치료 마사지, 인도의 아유르베다(Ayurveda : 인도의 고대의학으로 장수법을 말한다-역자주), 자연요법 그리고 다른 많은 방법은 불안, 우울, 두통, 고통 관리, 스트레스 그리고 다른 정신적 문제를 다루는 데 효과적임이 드러났다.

샤머니즘, 부두교, 그리고 악마 퇴치 등과 함께하는 이들 접근 방법은 이제는 옛날처럼 조롱받지 않는다. 예를 들어 브래드 키니(Brad Keeney)는 존경받는 심리학 교수였으나 학계를 떠나 세상에서 가장 강력한 샤먼, 마녀 의사들, 주술 의사들, 그리고 치료자들과 연구하고 있다. "지상에서 가장 오래된 문화의 영적 치료사들과 의사들의 세계를 통과하는" 그의 여행을 다룬 책에 의하면, 키니의 작업은 "도움과 치료에 관해 우리가 알고 있으며 이해하고 있다고 생각하는 모든 것의 근간에 도전하는" 일이다.[24]

비전통적인 치료 방법은 다양한 문화에서 가져온 치료 방법으로 이민자들의 믿음 혹은 세속에는 흔한 일이다. 악마 퇴치는 일부 기독교인이 사용한 접근 방법이며 성경의 전례에 근거하고 있다. 기도요법, 신정요법, 기억의 치유, TPM(Theophostic Ministry)[25] 등은 기독교 상담자들이 사용하고 때로는 정열적으로 전파하는 방법의 실례들이다. 이는 비전통적인 방법이 과학적으로 연구되지 않아서가 아니라 최소한 일부 사람들에게는 그 방법이 효험을 발휘하기 때문이며,[26] 그 방법들이 성경적 가르침에 맞는 것으로 제안되었기 때문이다.

기독교 상담자는 정신적 그리고 영적 문제를 고치기 위한 토착 접근 방법과 대체 접근 방법에 어떻게 반응할 것인가? 다음을 포함해 몇 가지 가이드라인을 제시한다.

- 어느 이론 혹은 가정을 근거로 구축된 방법인지 확실히 알도록 하라. 이러한 근거가 성경의 가르침과 일치하는가? 그렇지 않다면 이러한 방법을 사용할 때 신중을 기하라. 대부분의 기독교 상담자는 이런 방법을 전혀 사용하지 않을 수도 있다.
- 고쳐주시는 분은 하나님이시지만 사탄도 비전통적인 방법으로 고쳐줄 수 있음을 인정하라. 악마적 방법을 사용하는 것은 "후에 심각한 문제를 일으킬 수도 있는 빌미를 악마에게 주는 것이다."
- 어떤 방법이 기독교 상담자에게 받아들여진 것은 그 방법이 단순히 어느 상황을 변화시켰기 때문이라고 추정하지 마라. 실용주의는 진리를 결정하는 기초 혹은 기술을 선택하는 근거가 아니다. 예를 들어, 과도한 음주는 일시적으로 스트레스를 완화시키는 효과가 있을 수 있으나, 알코올은 스트레스를 극복하는 최상의 방법은 아니다. 알코올로 '치료'하는 것은 추가 문제를 일으키는 경우가 잦기

때문이다.
- 어느 한 방법이 장기간 효과를 발휘했다는 연구를 찾아보고 사용할지 안 할지의 여부를 확정하라. 이것이 비전통적인 방법 사용을 결정하는 유일한 방법은 아니다. 초자연적인 힘은 과학적인 연구방법으로는 규명할 수 없기 때문이다. 그러나 열정적인 몇몇 사람의 보고 외에 아무런 근거가 없다면 조심스럽게 그 방법이 주장하는 효과를 조사하고 확정할 때까지 신중을 기하라.
- 플라시보 효과를 기억하라. 많은 사람이 진짜 약이라고 믿거나 비전통적인 방법이 효과가 있을 것이라고 믿었기에 증상이 개선되었다는 것은 잘 알려진 바다. 사실 그 방법은 낫고자 하는 절실한 믿음 외에는 아무런 힘을 가지고 있지 않았다.
- 그 방법이 효과 있으며 기독교 믿음과 맞는지를 판단할 만한 다른 기독교인과 의논하라.
- 어떤 방법을 사용하기가 불편하고 의심스럽다면 피하라.

앞을 보기

초기 단계에서 상담은 세 가지 범주로 나뉜다. 치료, 예방, 그리고 교육이다. 치료 상담은 사람들이 존재하고 있는 문제를 다루도록 돕는 방법이고 예방 상담은 문제가 더 나빠지지 않도록 혹은 전혀 일어나지 않도록 하는 것이며, 교육 상담은 그룹, 책의 독자, 카세트테이프를 듣는 사람에게 정신건강의 원칙을 가르치는 것을 포함한다. 과거에 그랬듯이 최근 치료 상담은 무수히 많은 상담자들이 시간과 에너지를 쏟도록 하는 것으로 보인다. 대학원 훈련 프로그램은 치료 상담 강조에 기여하며 전문가들은 예방 상담 혹은 교육 상담보다 치료 상담을 하는 것이 돈벌이가 더 잘된다는 사실을 알고 있다. 많은 사람들이 현재의 문제 해결에 도움을 얻기 위해 돈을 지불하지만 문제를 막기 위해 시간이나 돈을 소비하는 사람은 적기 때문이다.

세월이 흐르면서 예방과 교육을 좀 더 강조하려는 노력이 생겨났다.[27] 게다가 적극적 심리학 영역이 커지면서 엄밀하게 치료 노력만을 강조하는 것이 아니라 목적의 의미, 가치관, 힘 구축을 예전보다 더 강조하게 되었다.[28] 상담자들은 사무실로 찾아오는 사람들과 계속해서 일을 했으나, 우리가 살고, 일하고, 예배보고 상호교류하는 공동체에서도 상담이 이루어지게 되었다. 좀 더 전통적으로 상담이론과 기술을 강조하기도 했으나 이제는 책, 매뉴얼, 장거리 학습, 인터넷, 그리고 최신기술을 사용한 다른 방법의 사용에 더 중점을 둔다. 치료 상담이 사라지거나 없어지리라고 추정하는 근거는 아무것도 없다. 치료 상담은 항상 중요하고 필요하다. 그러나 상담 영역은 변하고 그 범위도 넓어지고 있다. 기독교 상담자들은 종종 이런 변화를 겪거나 혜택을 입으며, 창조적인 상담자는 변화의 일부를 이끌고 있다.

지난 세기 초, 목회 상담이 생겼을 때, 교회는 개인의 도움을 더욱 강조했으나 사람들을 교육하고 그들이 영적 그리고 정신적 건강을 찾도록 하는 큰 역할은 한번도 버린 적이 없다. 목회 상담자는 항상 더 나은 대책을 강구하는 접근 방식을 취했으며, 병실, 집, 학교, 사고 현장, 그리고 전문 상담자가 일반적으로 피하는 그 밖의 장소에 더욱 많이 갔다. 기독교인의 봉사활동은 교육 및 예방 노력과 마찬가지로 언제나 효율적이지는 않았고 목적이 분명했던 것도 아니었다. 교회 안에는 이미 눈에 띄는 곳에 교육을 한다는 사고방식이 존재하고 있고 치료 상담을 강조하는 일을 능가하는 경우도 종종 있다.

다음 장들을 쓰면서 필자는 상담에서 전통적인 치료·회복 접근 방식과 교육·예방 관점, 둘 다를 깊이 생각해보려 하였다. 다음 장은 첫째 각 문제 영역을 이해하고, 둘째 문제를 겪고 있는 사람들을 도울 가이드라인을 제공하며, 셋째 기독교인과 다른 사람을 교육하는 방법을 제공해 미래의 문제들을 예방할 수 있도록 썼다.

다음 장들은 연결되어 있지 않다. 특별한 순서가 있지 않으니 따로 읽어도 좋다. 종합적인 정보로 사용할 수 있는 장도 있고 특별한 상담 문제가 생겼을 때 참고할 수도 있는 장도 있어 원하는 대로 참고서를 만들 수 있다. 희망하건대, 책과 이에 딸린 사례집이 상담자들을 훈련시키는 프로그램으로, 그리고 비전문가 교육을 위한 자료로도 사용되기를 바란다.

기독교 상담은 어렵지만 도전할 만한 가치가 있는 모험이다. 기독교 상담은 치료요법의 개성적 특징 발전, 사람들에 대한 민감함, 기술 학습, 상담 과정 이해, 공통 문제의 근본과 친밀해지기, 상담에 포함된 위험 경고, 성경과 더욱 친밀해지기, 성령의 인도하심에 대해 더 예민해지기를 포함한다. 이 모든 일은 강의에서 혹은 책에서 논의될 수 있으나 상담은 읽는 일만으로 완전히 익힐 수 없고 학생이 수동적으로 기록한다고 해서 익힐 수도 없다. 우리는 예수님에 대한 헌신을 통해, 보다 경험 많은 상담교사의 안내와 지휘를 받는 훈련을 통해, 그리고 문제를 지닌 사람들을 돕는 실제 경험을 통해 훌륭한 기독교 상담자가 된다. 이 문제들은 앞으로 논의될 것이다.

상담자들을 위한
요점 정리 07

- 모든 상담은 이문화적이다.

- 모든 상담자와 내담자는 독특한 경험, 세계관, 신학적 관점, 문화적 기대를 지니고 있다. 예수님은 만나는 장소, 배경, 문화에 따라 각기 다른 방식으로 사람들에게 접근하셨다.

- 내담자의 나이, 배경, 성, 교육 수준, 가치관, 사회경제 상태, 믿음체계, 혹은 성적 경향이 다르다면 당신의 상담은 이문화적이다.

- 다문화 상담은 소수집단, 다른 국적 혹은 인종적 소수그룹에 속한 사람을 돌보는 일을 말한다.

- 상담자는 성, 나이, 인종, 소수그룹, 국적, 종교, 성적 경향, 장애, 언어 혹은 사회 경제적 상태에 근거해 사람들을 불공정하게 다루는 위험에 빠지지 않도록 해야 한다.

- 기독교 상담은 모든 그룹, 국적, 그리고 문화에 대해 동일한 방식으로 응용하거나 제한해서는 안 된다.

  · 기독교 상담자는 최소한 다섯 가지 영역에서 '다문화적 능력'을 가지고 있어야 한다.
   1. 상담자는 자신의 문화 가치관과 편견에 대한 인식을 발전시켜야 한다.
   2. 상담자는 각 내담자의 문화적 관점을 알게 되도록 노력해야 한다.
   3. 상담자는 문화적으로 다양한 내담자가 세계를 보는 방식을 이해하도록 해야 한다.
   4. 상담자는 문화적응을 이해함으로써 혜택을 받을 수도 있다.
   5. 상담자는 문화적으로 적절한 상담 전략과 기술을 개발하고 이용할 수 있어야 한다.

- 문화를 무시하는 지도자들, 교사들, 그리고 상담자는 오만하고 무감각하며 무례하고 무능한 경우가 종종 있다.

- (문화적으로 독특한) 토착적인 방법과 대체요법 사용이 점점 늘어가고 있다. 기독교 상담자는 어떻게 반응할 것인가?
  · 어떤 가정하에서 그 방법을 사용할 것인지를 확정하고 신중을 기해 성경의 가르침과 일치하는지의 여부를 가려라.

- 하나님이 비전통적인 방법을 통해 치유하신다 해도 사탄 역시 같은 방식으로 치유할 수 있다는 사실을 알고 있어라.
- 기독교 상담자들이 사용하는 방법이 변화를 가져오고 효과가 있는 것 같기에 받아들여졌다는 가정은 하지 말라.
- 어느 방법이 오랫동안 효과를 발휘했다는 사실을 지지하는 연구가 있는지 확실히 알라.
- 플라시보 효과를 잊지 말라. 일부 사람들은 그 접근 방법이 효험이 있는지 없는지에 상관없이 그 방법이 영향을 가지고 있다는 믿음만으로 개선된다.

■ 이 책의 뒷부분은 치유 관점과 예방·교육의 관점, 양쪽 모두에서 나온 특별한 이슈를 다루게 될 것이다.

Part 2
대표적인 문제들

8장 우울증

9장 불안

10장 분노

11장 죄와 용서

12장 외로움

08 >>
우울증
Depression

2001년 6월 한 젊은 엄마가 멍한 표정으로 자리에 앉아 경찰관에게 자신의 아이들 다섯 명을 차례차례로 지금 막 물에 빠뜨려 죽였노라고 자백하고 있었다. 가장 큰 아이가 일곱 살, 가장 어린아이가 겨우 생후 6개월이었다. 이 이야기는 다음날 아침 신문 1면의 기사로 실렸다.[1]

안드레아와 그녀의 남편 러셀 예이츠는 같은 기독교인들이었지만, 그들은 오늘부터 서로 다른 인생을 살게 되었다. 안드레아는 자녀들을 익사시킨 혐의로 감옥에 들어갔고, 친구들에게 러스티라고 알려져 있는 러셀은 자기 혼자 살면서 인생을 재건하기 위해 노력하다가 가족이 죽었다는 비극적인 소식을 접하게 되었다.

안드레아의 재판에서 그녀는 정신병으로 인한 행동으로서 무죄라고 항변하였으나 배심원은 유죄를 인정하여 정신병동이 아닌 감옥으로 보냈다. 안드레아의 원가족을 살펴보면, 심리적 질병이 수년에 걸쳐 발생되어왔다는 것을 알 수 있다. 네 명의 남매들 중 세 명이 우울증을 포함한 심리적인 문제가 있다는 진단을 받았다. 그녀의 아버지도 때때로 우울증세로 고통 받은 적이 있다는 분명한 증거도 있으며, 그녀의 어머니도 모든 일에 대해 매우 부정적이고 비판적이어서 결코 행복한 삶을 살지 못하였다. 안드레아는 자신의 삶 가운데 즐겁게 지내고 나름대로 행복해지려고 노력하였다. 그러나 그녀는 자신의 삶이 실패하였다는 생각이 들면 수치심과 죄책감에 짓눌렸고 좀 더 나은 삶을 위한 마음을 포기했다.

그녀의 결혼 생활은 좋았으며 이 부부는 여러 명의 자녀를 갖기로 결정하였다. 그러나 네 번째 자녀를 출산한 후 산후우울증이 나타났고, 그 다음번의 임신 후에 우울증이 더욱 심해졌다. 친정아버지의 죽음은 우울증을 더 심화시키는 요인이 되었고 의사가 다량의 항우울제를 투여했음에도 불구하고 그녀를 우울증에서 구할 수는 없었다. 이런 상황은 그녀의 가족이 은총이나 자비는 없는 듯이 보이는 '불과 유황'의 율법주의적 설교가와 접촉함으로써 더욱 악화되었다. 세심하게 아이들을 잘 돌보는 어머니였다는 모든 증거에도 불구하고, 안드레아는 자기 스스로를 형편없는 어머니라고 확신하고 있었고, 두 번이나 자살을 시도하였다. 그러나 그녀가 자녀들을 익사시키기 전까지는 그녀가 아이들을 해칠 만큼 심각하게 우울하다거나 정신병적인 증세들이 있었다는 어떤 증거도 없었다.

안드레아 예이츠와 관련된 이 슬픈 이야기는 우울증의 영향력에 대한 아주 극단적인 사례다. 출산 후에 겪는 우울의 증상들은 특별한 경우가 아니다.[2] 그 증상들은 며칠에서부터 몇 달에 이르기까지 지속될 수 있다. 우울한 기분과 더불어 그들은 특히 좋은 엄마가 될 수 있을지 자신의 능력에 대해 무기력감, 불안감, 무가치감을 느낄 수 있다. 자살 충동이 일어날 수도 있지만 대부분의 산모들은 주변의 도움으로 회복되어 기운을 차리며 자신의 아기들과 즐거운 시간을 보낸다.

어떤 사람은 우리 일상의 대부분은 세 가지 종류 중 하나라고 제안한다.[3] 산마루와 같은 날들에서는 모든 것이 잘 진행되어가고 있으며 세상이 매우 밝게 보인다. 이러한 경험은 일시적이다. 그런 날들은 영원하지 않다. 삶이 마치 두 개의 산 정상 사이에 평지나 계곡이 없는 것처럼 이쪽 정상에서 저쪽 정상으로 건너뛰며 소망 가운데 있는 사람들처럼 살 수 있다고 기대하는 것은 비현실적이다. 오히려 삶의 대부분은 일상적인 과업을 하면서 그다지 고양되지도 않고 그다지 우울하지도 않은 평범한 날들을 보내는 것으로 이루어져 있다. 그런 가운데 우리는 혼란과 의심과 낙심과 때때로 절망을 겪으면서 무거운 발걸음으로 암흑의 시기를 거친다. 이러한 날들은 드물게 있을 수 있으며, 몇 달 또는 심지어 몇 년 동안이나 지속될 수도 있다. 암흑의 시기가 계속될 때, 그때가 바로 우울의 날들이다.

우울증은 지난 3천 년 이상 인간사회의 일반적인 문제로 인식되어왔다. 또한 우울증은 유아를 포함하여 모든 연령대의 사람들에게 영향을 미치는 보편적인 현상이다. 미국 내에서만 해도 약 1,700만 명의 사람들이 임상적인 우울증으로 고통을 겪고 있다고 추정된다. 어떤 웹 사이트에서 제시하는 바에 의하면 만일 우울증에 걸린 사람들뿐만 아니라 그들의 가족, 친구, 직장동료 등 관련된 다른 사람들 모두를 고려해볼 때 우울증은 거의 모든 사람들에게 영향력을 갖게 된다고 한다.[4] 우울증은 삶을 붕괴시키고, 일상적인 기능을 저해하며, 업무중에 자주 문제를 일으키고, 효율성을 감소시킨다. 또한 우울증은 영적 성장을 저해하고 가족과 사회생활을 파괴한다. 우울증은 산업현장에서 매년 수십억 달러의 경제상 손실을 입히는 중요한 요인이 되고 있다. 역사적으로 일부 위대한 군사 지도자들, 정치가, 음악가, 과학자, 신학자들이 우울의 희생자들이었는데 예를 들면 윈스턴 처칠, 조지 프레더릭 헨델, 에드가 엘렌 포우, 나폴레옹 보나파트, 빈센트 반 고흐, 찰스 하돈 스펄전 등과 같은 사람들이었다. 그러나 우울증은 모든 사람에게 보편적으로 나타난다. 즉 우울증은 정신장애에 있어서 일반적인 감기와 같은 것으로 알려져 있다. 아마도 우리 모두는 가끔 우울증을 경험하며 때로는 전혀 예측하지 못할 때에 경험하기도 한다. 상실이나 개인적인 실망 후에 따라오는 슬픔의 시기를 보낼 때 심하지 않은 형태로서 우울이 나타나기도 한다. 더 심각한 우울증은 실망감, 공포감, 소진감, 무감정, 절망감, 내면적 좌절, 자살 충동으로 그 희생자를 압도한다. 흔하지는 않지만 심각한 정신병의 한 부분으로 나타나는 경우에는 안드레아 사례처럼 자녀들을 죽이는 것과 같은 극단적인 행동을 일으킬 수도 있다. 한 가지 또는 그 이상의 몇 가지 형태의 우울증은 다른 어떤 문제보다도 사람들로 하여금 상담실로 찾아오도록 만드는 주요 요인이라 할 수 있다.

우울증은 심각성이나 빈도, 지속성, 그리고 원인에 있어서 서로 다른 광범위한 형태를 보여주고 있다. 우울증의 징후는 감정, 사고, 행동, 신체적 건강, 이 네 가지 범주로 나눌 수 있다. 각각의 범주는 우울증이 나타나지 않을 때 개인이 경험하거나 보여주고 있는 모습과는 다르게 나타난다.

- ■ 감정 : 우울증은 때때로 어떤 뚜렷한 이유도 없이 슬픔이 생길 수 있다. 낮은 자존감으로 인한 자기비판과 죄책감, 수치심, 무가치감, 무력감, 비관과 절망감, 과민성이 자주 동반되므로 참을성 없이 더욱 조급해지고 침착성을 상실하는 경향이 있다.

- 사고 : 우울한 사람들은 자주 부정적인 사고를 갖는다. 그들은 마음속에서 자신의 무능함과 무가치함을 끊임없이 되새긴다. 많은 경우 집중의 어려움과 기억력의 문제, 염세주의, 죄책감, 자기 비판, 자기 비난, 때로는 자기 파괴적 사고를 경험한다.
- 행동 : 냉담함과 무기력이 공통적으로 나타나며 이로 인해 우울을 겪는 사람은 활력이 부족하여 동기화되거나 결정을 내리는 데 어려움을 겪는다. 또한 자발성의 상실과 사회적 고립, 그리고 끊임없는 불평도 일반적으로 나타나는 현상이다. 좀 더 극단적인 경우에는 자신의 외모나 위생에 대해 전혀 신경을 쓰지 않을 수도 있다. 업무 생산성이 떨어지고 가족의 일에 대해서도 책임감이 소홀해진다.
- 신체적 건강 : 일반적으로 많은 수면시간을 가짐에도 불구하고 일상적인 피로감이 나타난다. 우울증은 또한 에너지의 상실을 초래하며 따라서 업무, 성관계, 종교, 취미 등 기타 활동에서의 흥미 부족, 불면증, 집중력 부족, 식욕 상실, 때때로 통증과 고통에 대한 잦은 불평을 나타낸다.

가면우울증은 위에서 언급한 많은 증상들과 유사할 수 있지만 우울증을 경험하는 사람이 슬픔을 느끼는 것에 대해서는 부인한다. 주의 깊은 상담자는 미소 짓는 모습 이면에조차 우울증이 도사리고 있다는 사실을 알아차린다. 많은 경우에 우울증의 증상은 표출되지 않으며 때로는 인식조차 되지 않아서 자기 자신의 내부로 향하게 되는 분노를 이면에 감추고 있다. 증상이 가면성이든 명백하게 드러나든 상관없이 대부분의 우울증 환자들은 제대로 치료를 받지 않은 상태로 있다. 아마도 어떤 사람들은 자신의 우울증 증상으로 인해 당혹스러워하거나, 더러는 증상이 너무 깊어진 상태에 이르러서야 치료를 받으러 간다. 또는 어떤 경우는 어떠한 도움 없이 자기 스스로 우울증을 다룰 수 있다고 확신하기도 한다. 도움을 받는 사람들 중 약 80%는 호전되며, 감정과 에너지 수준 그리고 생활적응 능력에서 변화를 보인다.

우울 반응들은 한 가지 혹은 여러 가지 방식으로 분류되어왔다. 예를 들어, 반응성 우울증은 주로 어떤 실제적인 혹은 상상적인 상실이나 외상에 대한 반응으로서, 이는 매우 강한 고뇌를 동반하고 지속기간이 짧으며 때때로 자기 스스로 회복되기도 한다. 종종 정신병적 우울증이라고 불리는 내인성 우울증은 내면으로부터 자연발생적으로 일어나는 성향이 짙으며 때때로 자기 파괴적인 특성을 동반한 강한 좌절을 내포하고 있다. 또한 내인성 우울증은 장기간 지속되며 치료에 더 강한 저항을 보이고 높은 재발률을 나타낸다. 1차 우울증은 자체적으로 발생하는 반면, 2차 우울증은 어떤 약물 복용의 부작용, 다이어트 영향, 또는 암, 당뇨, 인플루엔자와 같은 병의 결과로서 발생한다. 다른 종류의 우울증은 다음과 같다.

- 기분 부전장애 : 장기간에 걸쳐 일상적으로 우울감을 나타내는 것이 특징이다. 비록 환자는 낮은 에너지 수준과 활력의 상실, 그리고 삶을 즐길 만한 능력이나 창조성을 지니고 있지는 않지만 정상적인 기능을 저해할 정도의 심각한 우울증상을 드러내지는 않는다. 전문적으로 이것은 2년 이상에 걸쳐 두 달 이상 끊임없이 지속되는 낮은 등급의 우울증으로 규정되지만 대부분의 경우 단 하루도 우울하지 않은 날이 없다고 보고된다. 때로 우울증이 신체적 질병을 야기하기도 하지만 흔히 이러한 증상들은 의학적인 치료를 받을 수 있는 신체적 조건에서 발생한다.
- 계절성 기분장애 : 낮이 짧고 밤이 더 긴 지역의 겨울철에 자주 나타나는 것으로 일정 기간 우울, 냉담, 사회적 고립을 보이는 정서적 장애를 말한다. 일부의 견해 가운데 눈의 망막을 통해 들어오는 햇빛이 항우울 효과를 나타내는 화학작용을 일으킨다고 말하고 있다. 대부분의 경우 이 증상은 낮

이 길어지는 봄이 되면 사라진다. 겨울철에 햇빛 치료가 도움이 된다는 증거도 있으며 상담 역시 효과적이다.

- ■ 양극성 장애 : 조울증이라고도 불리는데 이는 우울 행동의 과정에서 조증의 시기를 포함하고 있는 것을 말한다. 일반적으로 기질적인 원인에 의한 것으로 가정되고 있으며 보통 성인 초기에 나타나서 평생 동안 지속된다. 각 개인은 심각성이나 빈도에 있어서 독특한 조울의 사이클을 가진다. 이들 중 어떤 사람들은 주로 조울 증상을 또는 우울 증상을 나타낸다. 조증 기간에는 절제없는 에너지와 통제되지 않은 행동, 위험을 무릅쓴 모험을 감행하려는 의지가 있다. 우울한 기간에는 우울증의 일반적인 증상들을 나타낸다. 이러한 기분의 반복은 약물에 의해 통제될 수 있으나 상담(개인 상담이나 가족 상담) 역시 도움이 된다. 그러나 슬프게도 많은 사람들이 조증 기간에는 상담의 필요성을 알지 못하며 우울 기간에는 상담하기 위한 에너지가 거의 없다.[5]
- ■ 산후 우울장애 : 산후우울감이라고 불리는 것과는 다르다. 산후우울감은 비교적 짧은 기간에 걸쳐 우울한 증상이 나타나며 일단 호르몬 수준이 안정되면 사라진다. 반면에 산후 우울장애는 더 심각하고 오래 지속되며 상담과 약물로만 치료될 수 있다. 산후 환경을 복잡하게 만드는 심리적 문제나 산후 환경에 의해 촉발된 심리적 문제가 있을 때, 앞에서 제시한 안드레아의 사례에서처럼 극단적인 행동으로 퇴행할 수 있다.
- ■ 주요 우울장애 : 아마도 가장 심각하고 복잡하며 가장 많이 연구된 우울장애다. 일반적으로 주요 우울증은 삽화로 나타나며 환자와 관련된 모든 사람에게 매우 파괴적이다. 원인은 심리적인 요인과 신체적인 요인이 복합적이거나 그 둘 중 하나일 수 있으며 모든 우울증과 유사하게 주요 우울장애도 뇌의 화학성분의 변화를 드러낸다. 이러한 심각한 우울증은 매우 심도있는 상담에 반응하지만, 대부분의 전문가들은 항우울제를 함께 사용한다. 이러한 심각한 형태의 우울증은 전문가에 의해서 가장 잘 치료된다.
- ■ 기분장애 : 우울이나 다른 정서를 포함하는 정서상태의 한 분류군을 말한다. 때때로 기분장애라는 용어는 위에서 기술한 각 유형의 우울증을 포함하는 포괄적인 용어로 사용된다.[6]

위에 언급한 모든 증상은 낙담이나 실패, 또는 상실에서 기인한 다소 온건하고 일시적이며 보편적인 기분 변동이라 할 수 있는 좌절과는 구별되어야 한다.

- **성경과 우울증**

지금까지 우리가 논의한 것으로 보아 우울증은 보편적으로 나타나며 복잡한 조건을 가지고 있고, 정의내리거나 정확하게 기술하기 어려우며 치료하기도 쉽지 않다. 우울증은 임상적인 용어이기 때문에 그러한 특징이 흔하게 나타남에도 불구하고 성경에서는 논의되지 않고 있다. 예를 들면, 시편 69편, 88편, 102편은 절망의 노래다. 그러나 이들이 희망적 상황 안에서 자리잡고 있는 것에 주목하라. 시편 43편에서 다윗 왕은 글을 쓸 때 다음과 같이 우울과 기쁨을 함께 표현하고 있다.

> 내 영혼아 네가 어찌하여 낙심하며
> 어찌하여 내 속에서 불안해 하는가.
> 너는 하나님께 소망을 두라.
> 그가 나타나 도우심으로 말미암아
> 내 하나님을 여전히 찬송하리로다.

그밖에도 성경에서 욥과 모세, 베드로, 그리고 이스라엘 전체가 우울을 경험하였다.[7] 예레미야 선지자는 애가서를 기록하였다. 엘리야는 갈멜산에서 하나님의 전능하신 역사를 보았지만 이세벨이 살해하고자 위협했을 때 이를 피해 광야로 도망갔고 거기서 엄청난 낙담에 빠져들었다. 그는 죽기를 원했고 하나님이 보내신 천사의 돌봄을 받는 것 외에는 아무것도 할 수 없었다.[8]

겟세마네 동산에서 예수님은 매우 괴로웠고 이런 광경에 대해 성경은 매우 생생하게 묘사하고 있다. 예수께서는 두려워하며, 괴로워하셨다. 그래서 그들에게 말씀하셨다. "내 마음이 괴로워 죽을 지경이다. 너희는 여기에 머물러서 깨어 있어라."[9]

슬픔의 고통에 대한 수많은 언급을 하는 이러한 사례들은 성경이 현실적 특성을 지니고 있음을 잘 나타낸다. 그것은 명백한 희망과 대조되는 현실적인 고통이다. 우울에 빠졌던 믿음의 선진들은 결국 새롭고 지속적인 기쁨을 경험하게 되는데 심지어 그들의 환경이 전혀 변하지 않을 때조차도 그러한 경험을 한다. 성경적 강조점은 인간의 고통보다는 하나님에 대한 믿음과 비록 지상에서는 아닐지라도 천상의 풍성한 삶에 대한 보장을 더 강조한다.[10] 바울은 기록하기를, "우리가 사방으로 우겨쌈을 당하여도 싸이지 아니하며 답답한 일을 당하여도 낙심하지 아니하며 박해를 받아도 버린 바 되지 아니하며 거꾸러뜨림을 당하여도 망하지 아니하고…… 우리가 잠시 받는 환난의 경한 것이 지극히 크고 영원한 영광의 중한 것을 우리에게 이루게 함이니 우리가 주목하는 것은 보이는 것이 아니요 보이지 않는 것이니 보이는 것은 잠깐이요 보이지 않는 것은 영원함이라."[11] 로마인을 위한 바울의 이와 같은 확신에 찬 기도는 모든 기독교인들에게 머지않아 응답될 것이다. "소망의 하나님이 모든 기쁨과 평강을 믿음 안에서 너희에게 충만하게 하사 성령의 능력으로 소망이 넘치게 하시기를 원하노라."[12]

• 우울증의 원인들

우울증의 원인에 관한 수많은 신화들은 지속적으로 받아들여지고 있고 때로는 교회 강단에서도 설교된다. 그러나 우울증은 항상 하나님에 대한 믿음이 부족하거나 죄로 인해 발생한다는 것은 사실이 아니다. 또한 모든 우울증은 자기 연민에 의한 것이며 기독교인이 우울해지는 것은 잘못된 것이라든가, 우울감은 항상 영적 체험으로 영구히 제거될 수 있다거나, 항우울제가 가장 효과적인 치료 방식이라거나, "행복은 선택이다" 또는 "우울한 기독교인이라는 말은 용어적 모순이다"[13]라는 등의 말은 사실이 아니다. 다른 모든 사람들처럼 기독교인도 우울에 빠져들 수 있다. 여기에는 여러 가지 원인들이 함께 작용할 수 있으며, 따라서 상담자가 가장 먼저 해야 할 과제는 이러한 원인들을 찾아내고 이해하며 결국 내담자로 하여금 이를 잘 극복할 수 있도록 돕는 것이다.[14] 우울증에 대한 수많은 이론과 설명이 있지만 정신건강 전문가들의 경우에는 신체-심리-사회적 접근을 취하는 것이 아마도 가장 일반적일 것이다. 이 접근은 우울증의 원인을 생물학적 요인과 심리적 요인, 그리고 사회적 영향이라는 세 가지 범주로 나누며 이러한 세 범주는 서로 연결되어 있고 상호작용한다고 본다.

1. 생물학적 · 유전적 원인

대부분의 심리적 문제들처럼 우울증 역시 뇌의 화학적 불균형과 같은 신체적인 것과 관련이 있다. 때로 우울증에 의해 신체적인 변화가 유발되기도 하고, 어떤 경우에는 신체적인 문제가 우울증의 원인이 되기도 한다. 가장 단순한 사례를 들어보면, 수면 부족, 충분치 못한 운동, 약물의 부작용, 신체적 질병, 부적절한 다이어트가 우울증을 일으킬 수 있다. 수많은 여성들이 한 달에 한 번, 생리 전 증후군의 하나로 우울을 경험하기도 하며, 앞에서 이미 보았듯이 어떤 사람들은 출산 후 우울증을 겪기도 한다. 남성들의 경우 성적 활동이 감소되는 시기에 테스토스테론의 영향으로 우울증이 나타나기도 한다.[15] 신경화학적 기능부전, 뇌종양, 또는 선천적인 장애 같은 다른 신체적인 문제들은 더 복잡한 우울증 유발 요인들이다. 아마도 좀 더 단순한 증상인 계절성 기분장애는 최소한 부분적으로는 빛의 부족에 대한 신체 반응을 나타내는 것이다.

우울증이 가족력과 관계가 있다는 중요한 증거가 있기는 하지만 우울증이 유전적 요인 때문인지 환경적 요인 때문인지 구별하는 것은 어려울 수 있다.[16] 매우 정교한 유전 연구가 세계적으로 지속되고 있는 가운데 유전자가 뇌에서의 생물화학적 작용을 포함한 여러 가지 방식으로 신체에 영향을 주고 있다는 것에 대한 충분한 동의가 이루어지고 있다. 약물처방을 다루지 않는 상담자들은 아마 유전적인 영향을 인식하는 것과 이와 관련된 연구들이 더 새롭고 효과적인 항우울제를 개발하는 데 긍정적인 도움을 준다는 것을 인정하는 것으로 충분할 것이다. 20여 년 전에 미국정신의학회 회장을 역임한 어떤 이는 우울증의 유전적 연구와 생화학적 연구가 미래의 노벨상감이 될 것이라고 예견한 바 있다.[17]

2. 심리적 · 인지적 원인

우울증은 전체 인구의 10% 정도가 앓고 있는 심각한 정신건강상의 문제다. 그러나 이 수치는 국가에 따라 다르며, 정치적 변동과 경제적으로 불확실한 시기에 발병률이 더욱 높아지고 개인의 나이에 따라서도 다르게 나타난다. 노인 우울증은 특별히 정신적인 문제를 지니고 있는 노인들 사이에 만연되어 있다. 젊은층에서는, 미국 내 10대 청소년의 여덟 명 중 한 명 정도가 우울과 불안으로 고통을 겪고 있다. 때때로 우울증은 구조요청의 신호로 간주할 수 있는 신체적인 자기 손상을 초래한다.[18] 우울증은 대략 대학생들의 25%에 영향을 주고 있는데, 대학교를 중퇴하는 학생들의 3분의 1가량이 학교를 떠나기 전에 우울증으로 고통을 겪으며 좋은 성적을 받아야 한다는 압박감을 느끼고 있는 외국 유학생들 사이에 높게 나타난다.[19] 이와 같은 현상은 발달적, 심리적, 대인관계적, 영적인 요인들과 다른 비신체적 요인들의 영향이 우울증의 기저에 내재되어 있음을 암시하고 있다.[20]

(a) 배경 및 가족 요인 : 수년 전에 르네 스피츠(Rene Spitz)라는 학자는 부모로부터 격리되어 보호시설에서 양육된 아동들에 대한 연구를 발표하였다.[21] 아동이 성인들과 지속적이고 따뜻한 인간적 접촉을 박탈당하면, 냉담함과 불충분한 건강, 슬픔 등의 증상을 보이는데 이는 이후의 삶에서 지속적으로 보여지는 우울증의 징후들이라 할 수 있다. 우울증은 부모가 자녀를 무시하거나 거부할 때 또는 안정감을 갈구하는 가족 구성원들이 현실적으로 성취할 수 없는 과도하게 높거나 엄격한 기준을 세우고 그것에 도달하고

자 압박감을 느낄 때 발생할 수 있다. 어린 자녀들이 부모의 기대를 충족시키려 애쓰지만 기준에 도달하지 못했을 때 자신의 부모로부터 실망감과 거부감을 느끼는 것은 보편적으로 겪는 일이다. 이것은 어린 자녀들의 자존감과 가치감에 일생 동안 지속되는 장기적이며 파괴적인 영향을 주는 요인이 될 수 있다. 결국 이런 성장배경을 가진 사람의 경우 종종 우울증이 동반되며, 성인이 되어서도 우울증이 지속되는 결과를 확인할 수 있다.

자신의 부모들과 갈등을 겪는 10대 자녀들, 자신의 가족으로부터 독립하는 데 어려움을 겪는 초기 성인들, 불안정한 가족환경에서 양육된 사람들, 자신의 가족에 대해 부정적인 견해를 가지고 있는 대학생들, 이들 모두는 우울증을 더 겪는 경향이 있다.[22]

(b) 스트레스와 심각한 상실 : 삶의 스트레스가 우울증을 촉진시킨다는 사실은 이미 잘 알려져 있다. 특히 이러한 스트레스들이 우리로 하여금 위협감을 느끼게 하거나 상실과 관련될 때 더욱 그러하다. 죽음이나 이혼, 그리고 장기간의 격리생활 등을 통한 상실은 매우 고통스럽고 인생에 있어 가장 강력한 우울증 유발 요인들로 알려져 있다. 또한 직장이나 직업, 지위, 건강, 자유, 소유물 등 가치 있는 대상을 상실하는 것도 우울증에 영향을 미칠 수 있다. 초기 성인에 관한 한 연구에서는 소수민족이나 소수인종의 사회 구성원들이 주류사회 내에서의 편견과 기회 박탈, 성공을 위한 특별한 노력과 실망감, 그로 인한 스트레스들 때문에 우울증을 경험하는 비율이 평균보다 높게 나타난다는 사실을 밝혀냈다.[23]

심리학자 시드니 블랫(Sidney J. Blatt)의 연구는 각기 다른 뿌리를 가진 두 가지 유형의 우울증을 기술하기 위해 스트레스에 대한 설명을 확장시켰다. 우울증 유형의 하나는 외로움과 버림받은 느낌으로부터 오며, 나머지 다른 하나는 실패와 무가치감으로부터 기인한다는 것이다.[24]

(c) 학습된 무기력감 : 우울증에 관한 유력한 이론 가운데 하나는 한 개인 자신이 거의 또는 전혀 통제할 수 없는 상황에 직면했을 때 우울증이 발병한다고 본다. 사람이 아무리 열심히 노력할지라도 자신의 행동이 소용없음을 알았을 때, 또는 고통을 제거하거나 어떤 목적을 이루기 위해 어떤 변화를 시도하기 원하지만 자기 자신이 아무것도 할 수 없다는 것을 알았을 때 더욱 우울해지기 쉽다. 이런 경우 사람은 곧바로 무기력감을 느끼며 포기하고 싶은 마음이 든다. 이 학습된 무기력감 이론은 이미 앞에서 언급한 소수민족 집단의 우울증이나 사랑하는 사람을 회복시키고 싶지만 아무것도 할 수 없어서 비탄에 젖어 있는 사람들, 그리고 시간을 되돌릴 수 없고 잃어버린 신체적인 능력을 되찾을 수 없는 노인들의 우울증에 대해 잘 설명할 수 있다. 무기력감을 느끼는 사람들이 자신의 환경 중 최소한의 일부분이라도 통제할 수 있을 때 우울증은 감소하거나 사라질 수 있다.[25]

(d) 인지적 원인 : 사람은 일반적으로 사고하는 방식에 따라 자신이 느끼는 방식을 결정한다. 이것이 우울증의 인지적 견해에 대한 기본적인 가정이다. 만일 우리가 부정적으로 생각한다면, 예를 들어 단지 인생의 어두운 면만 보거나 염세주의적인 마음으로 긍정적인 것들을 간과한다면, 우울증은 거의 피할 수 없게 된다. 이런 사람들에 대한 가장 효과적인 상담은 그들의 사고를 변화시킬 수 있도록 돕는 것이다.

정신과 의사인 아론 벡(Aaron Beck)에 의하면, 우울한 사람들은 세 가지 영역에서 부정적인 사고를 보여주고 있다.[26]

- 첫째, 세상이 부정적으로 보인다. 이들에게 삶이란 고갈의 늪으로 빠져들게 하는 세상의 무거운 짐과 장애물, 패배들의 연속으로 여겨진다.

- 둘째, 우울한 사람들의 대부분은 자기 자신을 부정적으로 본다. 그들은 자기 자신을 부적절하고 무가치하며, 자신의 일에 무능력하며 그들을 가치 있게 만드는 신체적 특징이나 성격, 기술이 결여된 것으로 지각한다. 이러한 태도는 자기 비난과 자기 연민으로 이끌 수 있다.
- 셋째, 어떤 사람들은 미래를 부정적인 방식으로 본다. 그들은 장래 일을 고난과 좌절, 절망의 연속으로 인식한다.

자신들이 상처받거나 낙심되는 것을 보호하기 위해 위와 같이 생각할 때 그들이 생각하는 바가 실제로 이루어진다는 사실은 그리 놀라운 일이 아니다. 흔히 부정적인 태도는 동기부여를 막고 사람들로 하여금 노력하기를 멈추게 하며 두려워하는 실패가 현실이 되게끔 한다. 그 외에도 부정적인 사고는 다른 사람(상담자도 포함하여)을 통제하려는 시도로 사용될 수 있으며 그들이 반응하는 방식에 영향을 끼친다. "나는 별 볼일 없는 인간이야"라는 말은 다른 사람으로부터 "아닙니다. 당신은 괜찮은 사람입니다"라는 긍정적인 말을 하게끔 만드는 무의식적 방식이다. 이런 방식의 자기 비난은 다른 사람으로 하여금 칭찬을 하도록 만드는 일종의 교묘한 조작적 방식이 된다. 그럼에도 불구하고 이러한 칭찬에 결코 만족하지 않으며 우울증과 부정적인 사고는 지속적으로 이어진다.

(e) 분노 : 우울증은 분노가 내재화되어 자신을 향하여 공격할 때 유발된다는 견해는 보다 폭넓게 받아들여지고 있다. 많은 아동들이 분노의 표출을 허락하지 않는 가정이나 나라에서 양육되거나 그러한 환경의 학교로 보내진다. 어떤 사람들은 모든 분노를 죄라고 정죄하는 교회에 다닌다. 배경이야 어쨌든 많은 사람들은 분노감을 느끼는 것조차 잘못된 것이라고 확신하는 가운데 성인기를 맞이하게 되고, 따라서 그들은 분노가 끓어오를 때 적대감을 부인한다. 예를 들면, 미망인은 홀로 자녀들을 양육하도록 남겨두고 떠난 남편에게 분노할 수도 있다. 그러나 이러한 분노는 비합리적인 것으로 여겨지고 죄책감을 일으키게 만드는 것이 분명하다. 그 결과 분노는 부인되고 내면에 억압되어 자리 잡게 된다.

그러면 무슨 일이 일어나는가? 만일 우리 마음속에 분노가 자리 잡게 되면 그것은 겉으로 드러나지 않은 채 내면에서 곪게 되고 결국 우리에게 다른 방식으로 영향을 미친다. 다음의 도표는 이러한 과정을 잘 보여주고 있다.[27]

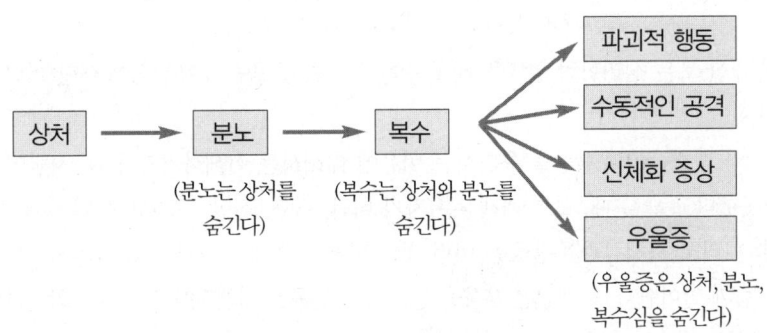

이 도표는 우울과 분노 간에 밀접한 관련성이 있음을 보여준다. 분노는 대개 사람들이 다른 사람들의 행동이나 낙담의 결과로서 아픔을 느낄 때 시작된다. 사람들은 상처를 인정하기보다는 그 상처에 대해 마음속으로 곰곰이 생각하고 발생한 사건에 대해 되짚어보면서 화가 나기 시작한다. 그러면 분노가 형성되어 매우 강하게 고조되며 상처는 그 분노 속으로 숨겨지게 된다. 만일 분노를 인정하고 표현하지 않거나 그 분노를 다른 방식으로 다루게 되면, 이 분노는 종종 복수심을 유발한다. 이러한 복수심은 원래 자기에게 상처를 준 사람이나 혹은 고통의 원인과는 전혀 무관한 다른 사람에게 상처를 주고 싶은 생각을 내포하고 있는데 이것은 고통의 실제 원인과는 아무런 관련이 없을 수도 있다.

어떤 경우에 복수심은 파괴적인 행동을 유발하기도 한다. 그러나 이것은 우리로 하여금 더 큰 고통 속으로 빠져들게 할 수 있을 뿐만 아니라 이러한 폭력은 사회적으로 용인될 수 없다. 특히 기독교인에게는 더욱 그렇다. 그러한 결과로서 많은 사람들이 자신의 감정을 감추려고 노력한다. 때로 분노는 수동적인 공격의 형태로 표출된다. 자기 남편에게 받은 상처로 인해 분노를 느끼는 한 여인의 예를 상상해보라. 그 여인은 상처받은 사람들의 공통적인 반응인 분노감을 느끼면서 어떻게 앙갚음을 할 수 있는지에 대해 생각하기 시작한다. 폭력은 실행 가능한 선택이 될 수 없으며, 그래서 그녀는 보다 미묘한 방식으로 그녀의 분노를 표현한다. 외관상으로는 미소 짓고 행복한 모습을 유지하지만 성관계를 거절하기 위한 변명거리를 찾는다든지, 이전에 함께 동의했던 일들을 계속 어긋나게 하는 것과 같은 행동을 한다. 직장동료나 교회공동체를 포함한 그룹의 구성원들은 흔히 이와 같은 방식으로 기능한다. 모든 사람은 미소 짓고 겉으로는 즐겁지만, 각자의 표면 아래에 있는 내면은 표출하지 않고 있다.

개인이 상처나 분노를 부인하거나, 폭력을 표면화하여 표출하거나, 혹은 비협조 등과 같은 수동적인 형태로 공격성을 드러내기 위해서는 에너지를 필요로 한다. 결국 그러한 에너지는 신체를 지치게 하며 이로 인해 정서가 신체화 증상의 형태로 드러나게 된다. 어떤 사람들은 의식적으로든 무의식적으로든 자신의 태도에 대해 스스로 정죄하고 절망감에 빠져 있다가 결과적으로 우울증을 경험하게 된다. 이러한 우울증은 자살까지 유발할 수 있는 정서적인 자기 처벌의 한 형태가 될 수 있다.

때때로 사람들은 분노를 표출하고 복수하기 위해서 우울증을 교묘하게 사회적으로 용인될 수 있는 방식으로 사용한다. 우울한 사람들은 자신의 행동을 통해 "나는 우울하고 비참해요. 그것은 나의 잘못이 아니에요. 만일 관심과 동정을 받지 못한다면 나는 훨씬 더 우울해지고 자포자기하는 어떤 일들을 감행할지도 몰라요"라고 말하는 것 같다. 이것은 무의식적으로 가장 자주 행하는 조종과 심리적 협박의 한 형태다.

이 도표가 우울증에 대한 모든 심리학적 설명을 해줄 수는 없지만 우울증의 복잡성에 대한 어떤 부분을 잘 설명해주고 있다.

(f) 죄와 죄책감 : 죄와 죄책감이 우울증을 유발하는 이유에 대해서는 이해하기가 쉽다. 사람이 실패했거나 무엇인가를 잘못했다고 느낄 때, 보통 죄책감은 자기 비난, 좌절, 절망, 그리고 또 다른 우울증적인 징후들을 수반한다. 따라서 죄책감과 우울증은 어떤 것이 먼저 발생해서 다른 것을 유발시키는지 구별하기 어려울 정도로 함께 일어난다. 죄책감은 우울을 일으키고 우울은 죄책감을 일으키는 악순환이 자주 나타나며, 이러한 순환은 지속된다.

이것으로 엘리야 선지자가 경험했던 우울을 설명할 수 있을까?[28] 엘리야는 이세벨이 왕의 군대를 동원하여 자기를 죽이려고 결정하였을 때 심한 스트레스 상황에서 이세벨을 피해 도망하였다. 엘리야가 도망갈 때 분명 그의 체내에서는 많은 아드레날린이 분비되었을 것이다. 하나님은 바알 선지자들을 파멸시키기 위해 엘리야를 사용하셨다. 이 갈멜산에서의 경험은 본질적으로 아드레날린이 분비되는 경험이었음에 틀림없다. 그리고 그는 이스르엘까지 왕의 마차를 앞질러 달려갔고, 그 후 이세벨로부터 도망할 때 다시 달렸다. 그가 안전한 피신 장소를 발견했을 때 아드레날린 감소가 두드러졌고, 피로와 굶주림이 그를 더욱 쇠약하게 했다. 엘리야는 자신이 도망자 신세가 된 것에 스트레스를 느끼고 하나님에게 자기 목숨을 취해 달라고 요구할 정도였다. 이러한 상황에서 그가 분노를 느꼈다든지, 복수심으로 충만했다든지, 저항하려고 했다든지 하는 등의 증거는 전혀 찾아볼 수 없다. 이 장에 나오는 도표는 사람이 위대한 성공 직후 곧바로 위기의 삶이 이어질 때의 고통이 어떻게 우울증을 유발할 수 있는지에 대해 보여준다. 물론 엘리야는 이세벨이 어떻게 추격해오는지에 대한 어떤 보고도 받지 못하였고, 따라서 상당히 불안하였을 것이다. 엘리야는 피곤한 몸으로 인해 신체적으로 원기를 회복할 시간을 가져야만 했다. 그런 날 동안 어떤 대안도 없었다. 아마 그는 그가 취해야 할 다음 단계에 대한 안내와 보호를 위해 오로지 하나님만 의지할 뿐 어떤 다른 대안도 원치 않았을 것이다.

3. 사회·환경적 영향

공산주의가 몰락한 후 얼마 지나지 않아서 나는 상담에 관한 세미나를 인도해 달라는 초대를 받아 어느 동유럽 국가를 방문한 적이 있었다. 나는 이제까지 정서적 표현이 그토록 부족한 청중들 앞에 선 적이 없었다. 참여자들은 대부분 목회자였는데 결코 웃지도 않았고 미소조차 거의 없었으며 내가 말하는 것에 대해 이해하고 흥미있다는 암시를 거의 보내지 않았다. 잠시 휴식하는 시간에 나는 통역하는 사람과 이에 대해 이야기를 나누었다. 그는 "걱정하지 마십시오. 이 사람들은 당신이 하는 말을 매우 잘 경청하고 있어요. 그들은 모든 단어들을 흡수하고 있습니다. 그들에게는 매우 새로운 말들이거든요"라고 대답하였다. 그리고 그는 이들이 공산주의 정권하에서 자신들의 모든 정서적 표현을 억압하도록 학습 받은 것에 대해 설명해주었다. 또한 그는 많은 사람들이 공산주의 시기 동안에 심각한 우울증을 겪었던 것과 지금 그들로 하여금 자유를 누릴 수 있도록 변화시키는 것이 무척이나 어렵다는 사실을 말해주었다.

억압적인 정권은 공포를 생성하고, 사람들로부터 희망을 앗아가며, 기쁨을 메마르게 하고 우울증을 촉진시켰다. 물론 이것이 우울증을 유발하는 유일한 환경적 원인은 아니다. 비합리적인 직장상사로부터 어떤 업무를 수행하도록 요구받아 덫에 갇힌 느낌이 들 때도 우울증이 올 수 있다. 그리고 배우자로부터의 학대, 불치병이 있는 가족 구성원을 끊임없이 돌보아야 할 책무, 무직으로 인한 경제적 곤란의 경우와 같이 환경적 원인으로도 우울증이 유발될 수도 있다. 어린아이들의 경우 부모의 이혼, 부모의 불화로 인한 위협, 부모의 떠남, 부모와의 별거 후에 따르는 신랄한 말과 태도가 우울증상을 발전시킨다는 증거도 점점 늘어나고 있다.[29] 남성의 우울증에 비해 그 발생률이 거의 두 배로 높은 여성의 우울증은 여성의 성역할로 인해 야기된다는 증거도 제시되고 있다. 이런 현상은 가정의 어려운 시기에 가족 구성원들이 여성에게 끊임없이 지지해줄 것을 기대할 때, 흔히 여성 혼자 여러 역할을 감당해야 할 때, 남성보다 취업할 수 있는 기회가 더 적을 때, 그리고 때때로 자신을 열등하거나 무력한 존재로 인식하도록 사회화되었을 때 유발되는 우울증을 포함한다.[30] 아마도 너무 흔하게 상담자들은 상담실에서 그들의 내담자들로부터 이야기를 듣고, 우울증 또는 다른 문제들의 원인에 대한 결론을 도출하며, 치료 계획을 세운다. 만일 상담자가 상담실에서 나와서 자신의 내담자를 며칠 동안 따라다녀본다면, 그 상담자는 우울증상을 심화시키는 환경적인 요인에 대해 상담실 내에서 보고 들은 것보다 훨씬 더 명확하게 이해하게 될 것이며 보다 포괄적인 관점을 갖게 될 것이다.

• 우울증의 영향

우울증을 유발하는 모든 문제들이 항상 나쁜 것만은 아니다. 때때로 문제들은 유용한 목적을 위해 도움이 되기도 한다. 예를 들면, 우리가 신체적으로 아플 때 업무를 면제받을 수도 있고, 사람들이 아픈 사람에게 관심과 동정을 보여주기도 하며, 다른 사람들이 우리의 책임을 일시적으로 떠맡아주기도 한다. 그리고 때때로 우리는 휴식과 여유의 시간을 즐길 수도 있다. 우리가 정서적으로 침체되었거나 정신적으로 혼란스러울 때 역시 이와 유사한 일들이 일어날 수 있다. 우울증은 사람들로 하여금 책임을 회피할 수 있는 합리적인 이유를 제공해주고 체면을 세워주며, 관심을 집중시키고 정체해 있는 것에 대한 변명거리를 갖게 해준다. 노련한 상담자는 사람들이 자신들의 우울증 때문에 힘들어하고 불평하면서도 동시에 그 우울을 즐기고 있으며 변화를 위한 노력에 저항하고 있다는 것을 보아왔다. 몇몇 사람들은 비록 자신이 우울을 싫어하더라도, 자신들이 도움을 얻거나 변화를 이루기 위한 막연함과 스트레스에 직면하기보다는 우울증 속에 남아 있는 것이 더 안전하다고 여긴다. 이런 반응들 가운데서도 대부분의 사람들은 결국 정서적으로 상처를 입고 있다는 것과, 안정감이라고 지각되는 우울증의 이익들이 진정한 만족을 주지 못한다는 사실을 인식하게 된다. 그런 사람들은 자신들이 경험하고 있는 것을 증오하기 시작하며 얼마 후에는 자신을 미워하게 되기도 한다. 우리가 앞에서 살펴본 바와 같이 이러한 현상은 더욱 심각한 우울증을 유발하게 된다.

우울증은 그 영향에 대한 아래의 사항들 중 부분적인 혹은 전반적인 상태를 초래한다. 일반적으로 우울증이 심각해지면 그 영향 또한 더욱 심각해진다.

1. 비참함과 비효능감

우울증을 겪는 사람들은 정서적으로 가라앉은 느낌을 갖는다. 그들은 다른 사람과 함께 있을 때는 적절히 숨길 수 있었던 슬픔과 절망, 자기 비판, 비참함과 같은 감정들을 느낀다. 그들은 자신들의 우유부단이나 열정 부족, 그리고 아침에 침대에서 일어나는 일과 같은 단순한 일조차도 할 수 없는 에너지 상실을 감출 수 없게 된다. 그들에게 삶은 낙담과 비효능감, 성취 부진, 다른 사람에 대한 의존성의 증가 등의 특징을 갖는다.

2. 신체적 질병

우울증은 비탄과 외로움이 동반된 슬픔을 내포하고 있으며, 이는 신체 면역체계를 억누르는 경향이 있다. 그 결과, 사람은 질병에 더 쉽게 걸리고 신체는 바이러스나 다른 질병과 거의 싸울 수 없게 된다. 따라서 우울증을 겪고 있는 사람들은 다른 사람에 비해 더 쉽게 병에 걸린다. 그리고 이와는 반대의 현상으로 오랫동안 신체적 질병을 앓아온 사람이 그 결과로 흔히 우울증에 빠지게 된다는 것도 사실이다.

대부분의 상담자들은 우울한 사람들이 다양한 신체적 증상들을 보여줄 수 있다는 사실을 알고 있다. 그럼에도 불구하고 관상동맥 심장질환이 신체상에 나타나는 우울증의 중대한 결과 중 하나라는 사실은 잘 알려져 있지 않다.[31] 이것은 남성에게뿐만 아니라 여성에게도 사실이다. 또한 우울증은 순환기 질환이 발병된 후 얼마나 잘 회복될 것인지를 예측하는 요인이기도 하다. 이는 사람들로 하여금 우울증을 잘 다루도록 돕는 것이 순환기 질환을 예방할 뿐만 아니라 심장마비 및 다른 신체질환의 회복을 돕는 중요한 역할을 할 수도 있다는 바를 시사하는 것이다.

3. 성적인 흥미의 감소

우울증은 흔히 성적인 흥미의 감소와 성관계 수행의 무능력을 가져온다. 예를 들면, 남성의 경우 심한 우울증 환자의 90% 정도가 발기부전을 나타낸다는 보고가 있다. 경미한 우울증인 경우에 발기부전은 네 명 중 한 명 꼴로 나타난다.[32] 이러한 성욕 감퇴는 부부긴장을 일으키고 더 깊은 무능력감과 좌절감, 절망감을 가져온다.

4. 낮은 자존감과 회피

사람이 낙심되고 의욕이 없으며 삶이 지루해질 때, 그 안에서는 흔히 낮은 자존감, 자기 연민, 자신감 부족, 다른 사람들로부터 도피하고자 하는 강한 욕구가 존재한다. 이전에는 교회활동을 적극적으로 하던 사람이 집 안에만 있으려 하고, 기도하고 성경을 읽거나 하나님과 동행하고자 하는 욕구나 에너지가 감소되기도 한다. 특히 우울증을 숨기려고 하는 사람은 사회적인 만남이 더욱 부담스러울 수 있다. 우울증을 겪고 있는 사람은 대화하기를 피하려고 애쓴다. 이들은 흔히 백일몽을 꾸거나 텔레비전이나 소설 속에 있는 환상의 세계로 도피한다. 때때로 기본적인 의무도 포기해버린다. 예를 들어 가정주부가 우울증을 앓고 있다면 가족을 위해 저녁식사를 마련하지 않거나 집안청소를 전혀 하지 않을 수도 있다. 어떤 사람들은 멀리 도망가거나 좀 더 단순한 직업을 찾으려고 한다. 이렇게 하는 사람은 그리 많지는 않다. 그러나 우울을 겪고 있는 사람은 기꺼이 모험하고자 하는 용기와 에너지의 결핍을 더 자주 경험한다.

5. 자살

사람이 자살하는 것보다 더 완벽한 도피방식은 없다. 자살과 자살 시도는 10대 청소년들, 혼자 사는 사람들, 미혼자들(특히 이혼한 독신), 아동기에 학대를 당했던 성인, 우울증에 걸린 사람들 사이에 더 자주 나타난다.[33] 우울을 겪고 있는 사람들 중 많은 경우가 심각하게 자살을 생각하지는 않는다. 그러나 도피하고자 하는 경우 심각하게 자살을 고려하는 경우가 자주 있다. 때때로 자살 시도는 도움을 간청하는 무의식적인 외침이거나 복수를 위한 기회가 되는 경우도 있으며, 또는 정서적으로 가까운 어떤 사람에게 영향을 주기 위해 계획된 의도적인 행동일 수도 있다. 어떤 자살 시도는 유서를 남기고 스스로에게 권총을 쏘는 경우처럼 매우 분명한 반면에, 어떤 자살 시도는 미묘하고 사고처럼 위장하는 경우도 있다. 우울을 겪는 어떤 사람들은 자기 파괴적인 행동을 조심스럽게 계획한다. 다른 어떤 사람들은 무모하게 차를 운전하거나 과도한 음주, 그 밖의 다른 자살 방법들을 찾는다. 이상에서 언급한 모든 것은 우울증이 지니고 있는 잠재적인 파괴적 영향을 나타내는 것이다.

우리는 다른 사람들에게 자신의 우울증을 숨기고자 노력하는 사람들을 보아왔으며 또한 우울증은 숨겨질 수도 있다. 이와 같은 경우 우울증은 신체적 증상과 불평, 공격적인 행동과 분노 폭발, 도박, 음주, 폭력, 파괴성, 충동적인 섹스와 같은 충동적 행동, 강박적인 작업, 성적인 문제처럼 다른 방식으로 올 수 있다. 이러한 것들이 바로 가면우울증의 증상들이다. 가면우울증은 성인뿐만 아니라 아동과 청소년들에게서도 나타난다. 사람들은 정서적으로 상처 받지만 내면의 절망을 숨기는 방식으로 이런 고통을 표출하기도 한다. 이렇게 숨기는 방식이 너무 효과적이어서 아주 가까운 친구나 상담자조차 우울증이라는 사실을 인식하지 못하는 일도 종종 있다.

흔히 우울증 환자는 다른 사람들에게 강한 영향을 미친다. 우울증을 앓고 있는 사람과 함께 사는 사람들은 환자의 걱정, 피로, 절망감, 사회활동에 대한 관심 부족으로 인해 부담감을 느낀다. 한 연구에 의하면, 만성적으로 우울증을 앓고 있는 사람과 함께 사는 사람들은 그 어려움이 너무 커서 이들 중 40% 정도가 스스로 상담을 필요로 한다고 밝히고 있다.[34]

상담과 우울증

우울증에 걸린 사람들은 흔히 수동적이고 말이 없으며, 의욕이 저하되어 있고 비관적이며, '무슨 소용이 있겠어?'라는 체념적인 태도를 보인다. 이러한 이유로 인해 상담자는 매우 높은 민감성을 보여야만 한다. 상담자는 다른 내담자와 상담할 때보다 더 언어적으로 다가서야 하며 더 적극적인 역할을 취해야 한다. 상담자로서 당신의 목적은 내담자로 하여금 대화에 참여할 수 있도록 하는 것이다. 현실적이고 진실하게 그리고 너무 감상적이지 않게 긍정적인 확신을 주는 것이 도움이 될 것이다. 또한 사람들이 우울증에 걸리게 되는 방식에 대해 얘기를 나누면서 내담자가 말하도록 인내심 있게 용기를 북돋아주고, 질문을 하며 간간이 칭찬을 하고, 설교가 아니라 부드럽게 성경말씀을 함께 나누는 것도 도움이 될 수 있다. 특별히 상담 초기에 불편한 접근과 끊임없는 탐색 질문, 또는 어떤 행동을 요구하는 것은 피하도록 노력하라. 이러한 기법들은 흔히 불안을 증가시키는데 이러한 불안은 더 절망스럽고 비관적인 마음을 유발할 수 있다.

내담자가 자신이 겪는 우울증에 대해 말할 때, 당신은 주의 깊게 경청해야만 한다. 당신은 나중에 논의할 필요가 있는 분노와 상처, 부정적인 사고와 낮은 자존감, 죄책감의 증거들을 관찰하라. 당신은 내담자로 하여금 일상을 지루하게 만드는 상황들에 대해 이야기할 수 있도록 격려하라. 주변 이야기를 피하고 감정을 이해하고 수용하도록 힘쓰라. 또한 현재의 우울증을 촉발시킨 상실, 실패, 거절, 그리고 다른 사건들에 대해 말하는 것에 주목하라. 당신이 우울한 사람들과 작업할 때 당신 자신의 감정을 자각하라. 부정적이며 불평으로 가득 찬 내담자와 함께할 때 당신은 조급한가? 당신은 마음이 잘 집중되지 않거나 부정적 사고를 하는 방향으로 이끌려질 때 당신의 마음을 그냥 내버려두는 경향이 있는가? 우울증 상담은 당신의 조력 기술과 관련한 매우 힘든 시험일 수 있다. 이러한 내담자들과 작업하는 것은 쉽지 않은 일이며, 특별한 노력과 관심이 필요하다.

예를 들면, 많은 우울한 사람들은 강한 의존욕구를 가지고 있다. 당신이 상담할 때, 그들의 의존을 오히려 고무시키고 있는 것은 아닌지 스스로에게 물어보라. 만일 그렇다면, 자신이 그 능력 있는 사람 또는 중요한 사람이라는 감정을 가지려고 노력하는 것은 아닐까? 당신이 분노나 부정적 사고를 고무시키고 있지는 않는가? 당신이 너무 많은 요구사항을 말함으로써 내담자가 압도당하는 느낌을 갖거나 당신에게 매달리도록 하는 것은 아닌가? 상담하는 모든 시간 내내 당신의 내부에서 어떤 일이 일어나는지 자각하는 것은 바람직한 일이다. 상담자가 위와 같은 경향을 자각하지 못할 때 그들은 때때로 내담자를 돕는 데 공헌하기보다는 오히려 우울증을 가중시키게 된다.

우울증 환자를 상담하면서 다음 접근방식 중 몇 가지를 조화롭게 사용하는 것은 유용한 도움이 될 것이다.

1. 생리학적인 돌봄

상담자는 약물처방을 하지 않는데 이들은 때로 우울증을 겪고 있는 사람을 열정적으로 돕고자 할 때 많은 우울 반응이 신체적인 기반을 가지고 있다는 사실을 잊는다. 우울증은 흔히 신체적 질병으로부터 발생하며, 이들 중 일부는 진단되지 않을 수도 있다. 어떤 우울증은 내담자의 좋지 못한 식습관, 수면 부족, 운동 부족으로 유발될 수 있다. 우울증 내담자를 위한 유일한 치료방법으로서 운동 프로그램만을 권하는 상담자는 거의 없다. 그러나 운동이 우울증 감소에 상당한 효과가 있다는 많은 연구결과를 알게 된다면 많은 상담자들이 자신들의 내담자들을 위한 상담의 한 과정으로서 꾸준한 운동을 강력하게 권고하는 것이 그리 놀라운 일은 아닐 것이다.[35]

만일 지속적으로 신체적인 증상이 있거나, 내담자가 당신과의 초기 상담 과정에서 나아지지 않는다면, 내담자를 심리적인 측면에 대해서도 잘 인식하고 있는 유능한 의사에게 위탁하는 것이 중요하다. 약물을 다루지 않는 상담자는 내담자의 증상들이 생물학적으로 유발된 것인지 여부를 결정지을 수 있는 자격이 없으며, 의사가 아닌 사람들은 우울증이 신체적인 원인으로 일어난 것인지의 여부에 대한 타당한 평가를 내릴 수도 없다. 신체적인 원인의 우울증은 흔히 신체적인 문제가 치료되면 감소하거나 사라진다.

약물을 다루지 않는 상담자는 또한 정신과 전문의나 일반 내과 의사, 또한 항우울제를 처방할 수 있는 권한을 가진 다른 전문의와 접촉하기를 원할 수도 있다.[36] 만일 우울증이 생물학적인 원인으로 말미암았다면, 약물치료는 문제를 제거할 수 있다. 흔히 약물은 내담자의 기분을 변화시키는 증상 제거 효과와 이를 통해 내담자가 좀 더 상담 치료에 순응할 수 있도록 해준다. 상담이 우울증의 비신체적인 근원에 초점을 맞출 수 있는 것이 바로 이러한 이유라 할 수 있다. 전문가들은 상담시 항우울제 투여의 효과성에 대해 지속적으로 논쟁하고 있다. 많은 사례에서 이 둘 중 하나가 다른 하나와 마찬가지로 효과적이라는 결론을 지지하는 연구들이 늘어나고 있다. 두 명의 오스트레일리아 연구자들이 산후 우울증을 겪고 있는 여성을 대상으로 치료 효과를 연구했다. 그들은 "심리적인 개입과 약물요법이 심리적 증상들에 대한 치료에서 유사한 임상효과를 나타내며……두 가지 처치를 모두 받는다고 해서 즉각적이거나 장기적인 측면에서 추가적인 임상효과를 나타내는 것은 아니다"라고 결론 내렸다. 이 연구는 비록 산후 우울증이 생물학적 원인을 갖지만, 약물 사용 여부와 상관없이 이러한 여성들에 대한 심리상담의 유용성을 '강력히 옹호' 하고 있다.[37]

계절성 기분장애는 이와는 다른 물리적 치료를 사용한다. 이러한 사람들은 약물처방 대신에 어두운 겨울의 몇 달 동안 인공 조명에 노출되도록 한다. 그러나 연구자들은 장기간의 어두운 기간이 계절성 우울증의 유일한 원인이 아님을 발견하고 있다. 영국에서의 연구는 계절성 기분장애가 부정적인 삶의 경험을 해온 사람들과 사회적 지원이 낮은 수준의 사람, 여성 그리고 이민자들에게 더 보편적인 것임을 발견하였다.[38] 이들에게는 물리적인 치료와 심리적인 치료의 병행이 가장 효과적인 것으로 드러났다.

정신과에서 가장 논쟁의 여지가 많은 치료 방법은[39] 두뇌에 전기 에너지의 충격파를 통과시키는 전기충격치료(주로 ECT 또는 충격요법이라고 함)의 사용이다. 이것은 경련과 일시적인 혼란을 동반하며, 그후에 한

결 밝아진 기분이 된다. 1940년대와 1950년대에 폭넓게 사용되어온 이 치료는 그 위험도와 증상을 심화시키는 부작용 가능성 때문에 논란이 되어왔다. 일부에서는 이 치료방법이 여전히 사용되고 있는데, 특히 심한 우울증이나 약을 먹을 수 없는 자살 시도자들 또는 약학적으로나 다른 의학적인 처치에 반응하지 않는 사람들에게 활용되고 있다.

2. 원인 다루기

만일 당신이 증상을 유발시키는 심리적 또는 영적인 원인들을 발견할 수 있다면, 상담은 더욱 쉬워질 것이다. 이 장의 앞부분에서 열거했던 우울증의 원인들을 재검토해보고 적절한 질문과 주의 깊은 경청을 통해 우울을 일으키는 원인이 무엇인지를 발견하도록 노력해보라.

(a) 배경 : 우울증을 유발시키는 과거 또는 현재의 가족적인 압력이 있는가? 만일 있다면 내담자로 하여금 그 가족 압력을 다른 관점에서 볼 수 있도록 돕고 또한 가능하다면 치료 개입적인 조처를 취하는 것이 도움이 될 것이다. 내담자는 보다 효과적인 방식으로 자신의 가족들과 관계하는 방식을 습득하는 데 도움을 필요로 할 수도 있다. 상담자는 가족 구성원들이 내담자를 잘 수용하고, 내담자의 부정적인 사고에 도전하며, 내담자가 활력이 없어 보일 때에는 어떤 활동을 할 수 있도록 격려하고, 가족행사에 내담자를 포함시키는 것에 대해 촉구할 수 있다. 가족 구성원들이 내담자와의 의사소통이 원활하도록 노력하고, 내담자를 잘 돌보고 수용하며 가족행사에 포함시킬 때, 대부분 내담자는 더 빠르게 호전된다.

(b) 스트레스 : 내담자가 어떤 스트레스를 경험하고 있는가? 특히 상실로부터 오는 스트레스를 경험하고 있는가? 당신은 이에 대한 내담자 자신의 감정을 나눌 수 있도록 격려하고, 스트레스 관리를 위한 실제적인 접근방식을 논의하라. 그리고 당신은 내담자로 하여금 어떤 상실에도 불구하고 삶을 지속할 수 있는 방식을 발견하도록 도우라.[40]

(c) 학습된 무기력 : 지나온 세월의 경험 속에서 내담자들이(때때로 그들의 상담자들도) 삶을 스스로 통제할 수 없다고 느끼는 것은 그리 특별한 일이 아니다. 만일 당신의 내담자가 이런 방식으로 느끼고 있다면 인생을 더 나은 상태로 돌리기 위해 무엇을 할 수 있었는지에 대해, 작은 과제부터 시작해서 좀 더 어려운 과제로 옮기면서 이야기를 나누어라. 당신은 통제 불가능한 사건들이 불가피하게 있다는 사실에 대해 이야기를 나눌 수 있을 것이다. 그러나 우리가 우리 삶을 통제할 수 없을 때라도 하나님은 항상 섭리하고 계신다는 것을 알도록 도울 수 있다.[41] 만일 우울증이 학습된 무기력에서 기인되었다면 그 무력감을 해결할 방법은 없는 것인가? 빠르게 성장하고 있는 긍정심리학 영역의 지도자들은 학습된 낙관주의에서 답을 찾을 수 있다고 생각한다.[42] 이것은 긍정적인 사고방식의 힘 그 이상의 의미다. 사람들이 자신의 과제를 인내하며 수행할 수 있도록 도움을 받아서 목표에 도달할 수 있다는 것을 알기 시작할 때, 그리고 소망을 재발견할 때 낙관주의는 커지고 우울은 줄어든다. 대부분의 사람들에게 이러한 것은 낙관적이 되라고 설득함으로써 가능한 것이 아니다. 그들이 일련의 단계적인 조치들을 통해 도움을 받아서 긍정적인 경험을 하게 되면 많은 경우 그들의 사고방식이 변화되기 시작한다.

(d) 분노 : 내담자에게 분노나 원한, 또는 복수심 등에 대한 증거가 있는가? 비록 이러한 것들이 비합리적으로 보일지라도 이러한 감정들은 반드시 논의되고 표출되어야 한다. 상처는 매우 깊숙한 곳에 뿌리박혀 있을 수 있으며 사려깊은 탐색과 오랜 시간 주의깊은 경청 후에야 비로소 드러날 수 있다. 아마도 당

신이 앞에 나와 있는 도표를 활용한다면 내담자에게 상처가 쉽게 우울증으로 빠져들게 만드는 방식을 보여줄 수 있을 것이다.

(e) 죄책감 : 내담자가 죄 가운데 있거나 죄책감을 불러일으킬 만한 어떤 일을 한 적이 있는가? 또는 그가 하나님에게 그리고 다른 사람에게 고백해본 적 있는가? 내담자는 하나님의 용서와 그것의 중요성과 어려움 그리고 자신 스스로를 용서하는 것에 대해 알고 있는가? 이와 같은 주제는 제11장에서 더욱 상세하게 논의될 것이다.

우울증을 일으킬 만한 원인들을 논의하면서 내담자는 문제에 대한 통찰을 얻게 되며, 우울증을 유발하는 원인들을 다루는 방식에 대해 생각해볼 수 있다. 상담자가 자신의 통찰과 관찰한 바를 내담자에게 전해주기를 원할 때도 있다. 그러나 내담자로 하여금 이러한 해석에 반응할 수 있도록 시간적 여유를 주라. 이러한 모든 것은 내담자로 하여금 더 잘 이해할 수 있도록 하며 변화와 향상으로 이끄는 데 공헌할 것이다.

3. 사고 다루기

대부분의 사람들은 우울증이라는 덫에 걸리고 싶어 하지 않는다. 회복의 길은 멀고도 어려우며, 좌절이나 실패, 또는 이별이 있을 때 기분의 변동이 고통스런 생채기를 내며 느껴지게 된다. 우울증을 겪는 사람들은 기분이 좀 더 고양되기를 원하지만, 비록 불가능한 것은 아닐지라도 자기 스스로 기분을 변화시키는 것은 무척 어렵다. 어떤 사람에게 "당신은 우울감을 느껴서는 안 됩니다"라고 말하는 것은 우울증을 감소시키는 데 아무 효과가 없다. 오히려 대부분이 자신의 기분을 의지대로 변화시킬 수 없기 때문에 죄책감만 더해진다.

우리가 사고하는 방식은 여전히 우리가 느끼는 방식에 영향을 미친다. 따라서 우리는 감정을 변화시키기 위해서 우리의 사고를 변화시켜야만 한다. 우울증을 겪는 사람들은 흔히 부정적으로 생각하는 경향이 있기 때문에, 상담자는 이러한 사고를 변화시킬 수 있도록 도움을 줄 수 있다. 문제나 낙심이 생길 때 내담자가 생각하고 있는 것에 대해 묻는 것은 매우 도움이 된다. 내담자들은 자주 "이것은 무시무시한 상황이야", "이것은 내가 쓸모없다는 증거야", "이제 아무도 나를 원치 않아", "나는 제대로 할 수 있는 일이 없어"라고 단정해버린다. 이러한 자기 비판은 거의 대부분 사실에 근거한 것이 아니다. 예를 들면, 만일 어떤 사람이 실패했을지라도, 그 사람이 쓸모없다든지 필요없다는 것을 의미하는 것은 아니다. 그보다도 실패는 우리가 완벽하지 않은 사람이라는 것을 의미하며, 우리는 실수하는 존재이고 앞으로는 다르게 행동하려고 노력해야만 한다는 것을 의미한다.

효과적인 상담자는 내담자로 하여금 우울증을 유발하는 사고와 태도를 재평가할 수 있도록 격려해야 한다. 방어와 저항을 일으키지 않는 방식으로 "당신의 삶과 가치에 대해 내린 당신의 결론이 과연 타당합니까? 상황을 보는 다른 방식이 있지는 않습니까? 모든 사람은 마음속에서 자기 자신과 대화를 나눕니다. 당신 자신과의 대화 속에서, 세계와 자신과 미래에 관해 실제로는 진실이 아닌 어떤 것들에 대해 당신 자신에게 말하고 있지는 않습니까? 당신이 자신에게 말하고 있는 것들에 대한 믿을 만한 증거가 있다고 생각합니까?"라고 질문해보라.

이러한 것들은 내담자의 사고에 도전을 주며 결과를 평가하는 방식을 가르치도록 고안되어 있기에, 내담자는 더 긍정적이며 현실적으로 사고하는 방법을 배울 수 있다. 우울증을 유발시키는 상황을 부인하지 않으면서도, 상담자와 내담자 모두는 빌립보서 4장 8절에 나오는 진리의 말씀 즉, "끝으로 형제들아 무엇에든지 참되며 무엇에든지 경건하며 무엇에든지 옳으며 무엇에든지 정결하며 무엇에든지 사랑 받을 만하며 무엇에든지 칭찬 받을 만하며 무슨 덕이 있든지 무슨 기림이 있든지 이것들을 생각하라"라는 구절을 통해 안내를 받아야만 한다.

때때로 기독교인들은 자신들이 결코 화내거나 무기력하거나 낙담하는 것 없이 항상 영적으로 생동감 있고 열정적인 상태에 있어야만 한다고 믿고 있다. 이러한 기독교인들은 불가피한 상황에 어쩔 수 없이 실패하거나 절망감이 엄습하였을 때조차도 자신들의 비현실적인 기대가 충족되지 않은 연유로 인해 산산조각 파열되는 감정을 느낀다. 상담자는 이러한 기독교인들과 이와 유사한 다른 내담자들에게 자신들의 기대, 태도, 가치, 가정, 더 나아가 때때로 영적인 믿음에 대해 평가해볼 수 있도록 도우려고 노력한다. 내담자로 하여금 이러한 것들 중 어떤 것이 비현실적이고 비성경적이고 해로운 것인지 깨달을 수 있도록 도와야 한다. 이런 부정적 사고들은 흔히 견고하게 뿌리박혀 있으며 잘못된 사고방식이 평생 동안 지속되어온 것이기 때문에, 인생과 자신에 대한 태도를 재평가하고 변화시키도록 돕기 위해서는 반복적인 노력이 필요하다.

4. 비활동성 다루기

많은 상담자들의 목적은 그들의 내담자들이 자신의 문제에 대한 통찰을 얻을 수 있도록 돕는 것이다. 그러나 많은 경우 통찰로만은 충분하지 않다. 내담자들은 흔히 자신의 우울증에 대해 어느 정도 이해할지라도 통찰한 어떤 것을 행동으로 옮기는 데는 어려움을 느낀다. 행동이 부족한 것은 우리 모두에게 보편적이지만 특히 우울증을 겪고 있는 사람들은 문제를 다루기 위해 어떤 조치를 취해야 할 에너지와 의욕이 부족하기에 더욱 그러하다. 많은 경우에 우울증을 겪고 있는 사람들은 침대에 누워 있거나 혼자 생각에 잠겨 있는 채로 인생의 비참함에 대해 생각한다.

상담자는 우울한 내담자에게 비록 일상적인 사소한 일이나 가족 활동, 레크레이션과 같은 작은 것이라 할지라도 행동을 취하도록 부드럽고도 확고하게 밀고나갈 필요가 있다. 내담자가 성공할 수 있을 만한 행동을 격려하는 것부터 시작하라. 이렇게 함으로써 낙관성이 증대되고 부정적인 사고를 반추하는 경향이 중단된다. 내담자가 행동을 취할 때는 격려하고 칭찬하도록 노력하라.

5. 환경 다루기

때때로 우울증으로 고통을 겪고 있는 사람을 돕는 가장 좋은 방법은 우울증을 유발하는 환경을 변화시키도록 돕는 것이다. 실제적으로 상담자가 내담자의 삶 속에서 우울증을 일으키는 환경을 많이 변화시킬 수는 없다. 그러나 상담자는 내담자로 하여금 식상한 일상의 삶에 변화를 주도록 하며, 가능하다면 업무 부담을 줄이도록 하고, 스트레스 유발 상황을 피하는 방식을 찾을 수 있도록 하거나 정기적인 휴가를 취하도록 격려할 수는 있다. 또한 상담자는 내담자로 하여금 지지적인 환경을 조성하도록 도울 수 있는 그룹을 찾으라고 격려할 수 있다. 비록 어떤 교회는 내담자가 자신의 내면적 갈등을 솔직하게 보여주면서 지원받는 경험과 그리스도의 사랑을 갈구하는 사람들을 이해하거나 인내해주지 못하기도 하지만, 지역 교회 내 성도들과의 모임은 최상의 지지그룹이 될 수 있다.

6. 자기 손상의 가능성 예방하기

사람들은 여러 가지 방식, 예를 들면 직업을 바꾸거나 학업을 중단하거나 현명하지 못한 결혼을 결정하는 것과 같이 자기를 손상시킬 수 있다. 상담자는 사람들이 우울증에 빠져 있을 때 장기간에 걸쳐 영향을 끼칠 수 있는 중요한 결정을 하는 경향성에 주시해야만 한다. 상담자가 내담자들로 하여금 자신들이 추진하고 있는 것이 '정말로 자신이 원하는 것인지'에 대한 분명한 결정을 할 수 있도록 그리고 결정 후 발생할 수 있는 여러 가지 가능한 결과들을 예측해볼 수 있도록 도우며, 또한 '잠시 기다려보도록' 촉구하는 것은 내담자가 자신을 손상시킬 수도 있는 행동들을 예방하게 해준다.

자살은 우울증을 겪고 있는 사람들이 자주 시도하는 행동이다. 대부분의 사람들은 자신들의 자살 의도에 대한 실마리를 사전에 제공하기 때문에, 상담자는 내담자가 자살을 생각하고 있는지를 보여주는 단서를 잘 관찰해야 한다. 예를 들면, 다음과 같은 사항에 민감해야 한다.[43]

- 자살에 대한 말.
- 자살의 실행을 현실적으로 계획하고 있다는 증거.
- 가장 효과적인 자살 방법에 관한 지식(권총과 일산화탄소가 가장 확실하고, 손목을 긋는 것은 거의 성공률이 낮다. 약물과다 복용으로 인한 자살은 복용량과 약의 종류에 따라 달라진다).
- 절망감과 무의미감.
- 죄책감과 무가치감에 대한 암시.
- 최근 환경 속에서의 스트레스(직업 상실, 이혼, 가족의 죽음 등과 같은).
- 스트레스 대처에 있어서의 무력함.
- 신체적 질병에 대한 과도한 관심.
- 불면증으로 인한 극심한 고통.
- 우울, 혼미, 완강한 저항 등의 증거.
- 의존적이면서도 불만족을 보이는 이중적 경향성.
- 설명할 수 없는 행복감과 즐거운 기분으로의 갑작스런 전환(이것은 흔히 자살을 시도하기로 결정했다는 것을 의미한다).
- 이전에 자살을 시도했던 내력(이전에 자살을 시도한 경험이 있는 사람들은 많은 경우 다시 자살을 시도함).

상담자는 내담자에게 자살에 대한 생각을 가지고 있는지의 여부를 주저 없이 질문해야 한다. 이러한 질문은 문제를 개방할 수 있도록 만들어주며 내담자로 하여금 통찰력 있는 상담자와 함께 합리적으로 생각해볼 수 있도록 한다. 자살에 관한 개방적인 대화는 자살을 고무시킬 수 있다는 일반적인 추측과는 달리 오히려 대부분의 경우 자살 가능성을 감소시켜준다.

만일 내담자가 실제로 자살을 시도하기로 결정했다면 상담자가 이러한 행동을 지연시킬 수 있다 해도 다른 때에 내담자는 또다시 자살 시도를 할 수 있다. 비록 가장 유능하고 헌신적인 상담자라 할지라도 영원히 자살을 방지할 수는 없다. 자살사건이 발생했을 때 이러한 사실을 기억하는 것이 좋다. 그렇지 않으면 당신이 상담자로서 내담자의 자살을 막지 못했다는 자책으로 인해 자신을 몹시 책망하거나 죄책감에 빠질 수 있다. 흔히 이러한 일은 당신이 자신을 위해 상담을 받아볼 수 있는 좋은 기회가 된다.

• 우울증 예방하기

모든 우울증을 예방할 수 있다고 가정하는 것은 비현실적이다. 생물학적으로 발생하는 많은 우울증을 예방할 수 있다는 증거는 없다. 마찬가지로 질병으로부터 오는 우울증도 항상 예방할 수 있는 것이 아니다. 예를 들어 누군가가 불치병이나 암에 걸린 사실을 알게 되었을 때 기뻐할 수는 없다. 그러나 이런 상황에서도 사람들은 자신이 기대하는 바를 암시받으면 도움이 된다. 외과 환자들과 그 가족들은 수술 후에 환자의 상태가 호전된다는 사실, 특히 이러한 과정이 치료와 회복의 정상적인 한 과정이라는 것을 알게 되면, 충격과 우울은 이러한 증상이 실제로 발생할 때보다 매우 감소된다.

인생의 무거운 짐들이 우리로 하여금 우울증까지는 아닐지라도 깊은 슬픔으로 빠져들도록 만들 때가 있다. 절망, 상실, 거부, 실패는 모든 사람에게 일어나며 불행과 낙담의 시간들로 우리를 밀어넣는다. 비록 그렇다 할지라도 우리는 우울증의 습격을 예방하거나 완화시킬 수 있는 방법들을 가지고 있다.

1. 하나님에 대한 신뢰

옥중서신에서 사도 바울은 어떤 형편에서든지 자족하는 것을 배웠다고 고백하였다. 바울은 하나님이 자기 자녀들에게 힘을 주시며 우리의 모든 필요를 공급해주실 수 있다는 것을 알았으므로 가난하거나 풍족한 모든 상황에서 기쁘게 사는 방법을 배웠다고 하였다.[44] 바울은 자신의 경험과 성경연구를 통하여 하나님에 대한 신뢰를 배웠고 그것이 우울증을 예방할 수 있도록 도왔던 것이다.

이것은 오늘날에도 진실일 것이다. 하나님께서 살아계시고 우리를 주관하신다는 확신은 우리가 낙담하고 절망에 빠질 때에도 용기와 희망을 줄 수 있다. 만일 현대인이 이러한 교훈을 배울 수 있다면, 그리고 교회 지도자나 기독교 상담자가 이것을 가르칠 수 있다면 낙담과 절망감이 그토록 심하게 엄습하지는 않을 것이다.

잘 기획된 기독교인들의 가르침이 우울을 예방하거나 경감시키기보다 오히려 더 악화시킬 수 있다는 사실은 정말 유감스러운 일이다. "하나님을 신뢰하라. 그러면 우울증은 사라질 것이다"라는 말을 들은 사람들이 하나님을 믿는데도 우울증이 계속된다면 오히려 죄책감이 들고 더 깊은 낙담에 빠지게 될 수 있다. 기독교 교사나 저자들이 생물학적 우울증에 대해 거의 이해하지 못하거나, 우울증을 제거시키기 위한 '기독교 규칙 목록'을 제시할 때, 그리고 우울증을 겪고 있는 사람들이 그러한 규범적인 일을 하지 못할 때, 때때로 더 깊은 절망감과 좌절감에 빠져든다. 우리가 우울증의 원인이 무엇인지 이해하지 못한다 할지라도, 기도의 확신과 함께 그를 지지해주는 것이 훨씬 더 도움이 된다.

2. 우울증에 대한 교육

최근에 연구자들은 우울증을 예방할 수 있는 실제적인 방법들을 연구해왔다.[45] 연구자들은 대부분 우울증에 대한 교육의 가치에 대해 언급하고 있다. 이런 교육은 개인적으로, 가족단위로, 집단으로 이루어질 수 있다. 설교나 교실에서 자료를 제시하거나 읽을 정보를 제공하는 것도 포함될 수 있다. 그러면 무엇을 가르쳐야만 하는가?

(a) 낙담과 우울을 예측하도록 가르쳐라 : 유명한 찬송가 '죄짐 맡은 우리 구주'(What a Friend We Have in Jesus)의 2절 가사는[46] 만일 우리가 기도함으로써 하나님에게 필요한 것을 얻을 수 있다면 "부질없이 낙심

해서는 안 된다"라고 선포하고 있다. 이것은 성경의 지지를 받지 못하는 대중적인 견해다. 예수님은 우리에게도 문제가 있을 것이라고 경고하였으며, 사도 야고보도 시련과 유혹이 우리의 믿음을 시험하기 위해 올 것이지만 인내하라고 가르쳤다.[47] 우울한 상황인데도 아무런 낙심이 안 되는 것처럼 가장하면서 웃으며 미소 짓는 것은 비현실적인 일이다.

예수님이 십자가를 지실 때의 상황을 숙고해보라. 그는 "깊은 번민과 고통으로 가득 차 있었고" 그의 영혼이 짓눌리는 것을 솔직히 인정하였다.[48] 우리는 그가 "행복감으로 가득 넘쳐 있다는 것"을 모든 사람들에게 확신시키기 위해 겟세마네 동산에서 그리고 십자가에서 미소 짓고 있는 것을 상상할 수 없다. 예수님은 하나님 아버지를 신뢰했지만, 고통을 예측했으며 고통이 왔을 때 놀라지 않았다. 이와 유사한 방식으로, 우리가 고통을 예측할 만큼 충분히 현실적이면서도 하나님이 주권자라는 사실을 분명히 깨달을 때 우리는 낙담을 더 잘 통제할 수 있으며 깊은 우울증으로 빠져들게 되는 것을 예방할 수 있다.

(b) 사람들에게 우울해지기 쉬운 상황에 민감하도록 가르쳐라 : 어느 누군가가 최근에 미망인이 되었다면, 우리는 그 사람이 우울에 빠지기 쉬우며 남편이 죽은 이후 몇 달 동안은 특별한 지지가 필요하다는 사실을 예측할 수 있다. 우리는 남편이 죽은 이후 첫 번째 맞는 아버지의 날(Father's Day)과 크리스마스, 그리고 결혼기념일에는 특히 우울해질 수 있다는 사실을 안다. 우리는 사람들로 하여금 이러한 슬픔의 시기를 미리 예견하도록 도움으로써 그리고 특별한 사회적 지지를 제공함으로써, 예견될 수 있는 우울증이 더 악화되는 것을 방지할 수 있다.

대부분의 상담자는 휴일이나 경축일이 평소에 슬픔 속에 빠져 있지 않았던 사람들에게도 우울을 유발하는 시기가 된다는 사실을 알고 있다. 예를 들어, 크리스마스 때 사랑하는 사람과 헤어진 사람이나 친구가 없는 사람, 또는 선물을 살 만한 돈이 없는 사람, 축제일에 너무 많이 술을 마시는 식구들로 인해 걱정해야 하는 사람, 연말연시로 인해 고통 받는 사람, 지난해 12월에 발생되었던 죽음이나 외상적인 경험을 기억하는 사람들에게는 행복하고 즐거운 시기가 아니다. '휴일 우울증'(Holiday Blues)의 경향성을 지닌 사람들이 대부분의 다른 사람들이 즐겁게 축하하며 지낼 때 더 깊은 우울로 빠져들지 않도록 하기 위해서는 그들에 대한 특별한 이해와 격려가 필요하다.

(c) 기술을 가르쳐라 : 여기에는 분노 처리 기술, 스트레스 관리 기술, 생각을 좀 더 명료하게 하는 기술 등이 포함될 수 있다.

- 분노 해결하기 : 어떤 사람들은 자신의 마음이 과거에 겪었던 차별이나 실패에 묶여 있기 때문에 우울로 빠져들어간다. 비록 간단명료하게 들릴 수도 있지만, 이러한 사람들은 과거에 묶여 지내는 삶에서 빠져나올 수 있도록, 그리고 자신에게 죄를 지은 사람들을 용서하고 자신을 용서할 수 있도록 하나님께 도움을 간청해야만 한다. 어떤 사람이 지속적으로 과거의 사건에 매여 분노와 죄책감, 그리고 좌절의 비참한 수렁에 묶여 있을 때, 이것은 그의 사고방식이 어떤 목적을 지니고 있다는 것을 시사한다. 그것이 과연 책임을 회피하거나 용서를 구하는 변명이 될 수 있겠는가? 그가 과연 복수심이나 자신에게 상처를 준 사람들의 비참한 운명을 보는 환상 속에서 만족을 찾을 수 있겠는가? 상담자와 교회는 사람들로 하여금 자신의 분노나 죄책감을 인정하도록 가르칠 수 있으며 이러한 것들을 극복할 수 있는 방법을 보여줄 수 있다(10장과 11장을 보라). 만일 개인이 분노와 죄책감을 처리할 수 있는 방법을 배운다면 우울증을 감소시키거나 예방할 수 있다.

- 스트레스 관리하기 : 인생의 스트레스를 극복하거나 대처하는 법을 배울 수 있을 때, 사람들은 환경을 통제할 수 있다는 느낌을 좀 더 갖게 되며 우울증을 유발하는 무력감에 덜 압도될 것이다.[49] 어떤 가족 구성원들은 대처할 수 있도록 도와주는 것 대신에 과잉보호를 하기가 쉽다. 이것은 인생의 스트레스를 극복하거나 대처하는 방법을 배울 수 있는 그들의 능력을 방해한다. 이와는 반대로 만일 다른 사람이 어떻게 대처하는지를 보게 되고 또한 대처하는 방법을 배울 수 있다면 절망과 우울은 감소될 것이다. 스트레스를 관리하고 대처하는 기술을 배우는 것은 수업의 지침서처럼 좀 더 공식적인 방식으로 이루어질 수 있다. 그러나 스트레스 상황이 어느 시점에서 직접적으로 논의되며 스트레스 관리 방안이 실제로 시도되어 효과적임을 알게 된다면 더욱 유익할 것이다.
- 다르게 사고하기 : 만일 우리 모두 각자가 하루 종일 스스로에게 소리 내지 않고 말하고 있는 것이 사실이라면, 내담자를 포함하여 우리 모두는 우리의 존재가 내면적으로 말하는 소리에 주목해야만 한다. 이러한 내면적인 자기대화(self-talk)는 흔히 뇌 속에서 해로우며 오류일 가능성이 있는 사고를 심어주면서 수없이 반복하여 돌아가는 카세트테이프와 같을 수 있다. 예를 들어, "나는 무능하다"와 같은 생각이 지속적으로 반복된다면 이는 자기 신뢰를 손상시키고 우울증을 유발할 수 있다. 이러한 생각에 도전하기 위해서 그 사람은 "내가 무능하다는 견해에 대한 증거가 무엇인가?" "어떤 분야에서 나는 무능한가?(그리고 어디에서 나는 더 유능한가?)" "어떤 분야에서 좀 무능하면 어떤가?" "그 분야나 업무에서 어떻게 나는 더 유능해질 수 있는가?"라는 질문을 할 필요가 있다. 자기 자신의 사고와 다른 사람의 사고에 도전하는 법을 배울 때, 우울증의 심각성을 예방하거나 감소시킬 수 있다.

다른 사람으로부터 물러나서 하나님의 말씀[50]과 선하고 긍정적이고 진실한 어떤 것들을 명상하는 것도 도움이 될 수 있다.[51] 명상은 우리 마음을 하나님에게로 향하게 하고, 부정적이고 우울을 발생시키는 사고로부터 벗어날 수 있도록 하는 자기대화의 한 형태다.

3. 지지하고 격려하기

지금까지 본 것처럼 우울증을 겪고 있는 사람들이 스스로를 고립시키는 것은 일반적이다. 하지만 실제로 이들은 이러한 시기에 다른 사람들의 지지가 필요하다. 다른 사람들을 돌보는 방법을 배운 사람들이 모인 집단은 고통스런 상처를 부드럽게 완화시킬 수 있고, 필요시에는 힘과 도움도 제공할 수 있다. 이러한 지지는 상담자로부터 올 수도 있지만, 따뜻하게 배려하는 친구들과 민감하게 돌보는 교회 구성원들의 영향이 더욱 큰 도움이 될 수도 있다. 지지를 고무시키는 데 있어서, 가족의 역할을 간과하지 않도록 주의하라. 흔히 우울증은 가족의 배경으로 인해 유발되지만, 또한 가족은 지속적인 이해와 격려를 제공하는 법을 배울 수 있다. 지지의 원천이 어디에 있든지 간에, 위기나 스트레스 상황 속에 있는 사람들은 자신이 혼자가 아니라는 사실을 깨달을 때 더 잘 대처할 수 있고 심각한 우울증을 피할 수 있다.[52]

4. 외부 세계와 접촉하도록 장려하기

단주 모임은 도움을 필요로 하는 사람들이 다른 사람을 돕기 위해 다가설 때 오히려 자기 자신을 돕는다는 사실을 결론적으로 보여주었다. 이것은 '봉사치료'(helper therapy) 원리로 알려져 있는 것과 같은 하나의 사례다. 이것은 다른 사람을 돕기 위해 손을 내미는 사람들이 오히려 자신이 큰 유익을 얻으며 스스로가 최상의 도움을 받는다고 말한다.

이 원리가 항상 유용한 것은 아니다. 때때로 우울을 겪고 있는 사람들은 다른 사람에게 우울을 확산시킬 수도 있다. 또한 우울한 조력자가 "나는 다른 사람을 돌보고 싶지 않지만, 이것이 나 자신의 기분을 더 낮게 만들기 위해 해야만 하는 일이라면 어쩔 수 없이 도울 것이다"라고 자기중심적인 결론을 내린다면, 치유는 쉽지 않다. 이와는 반대로 어떤 사람이 우울증을 겪고 있는 사람을 포함하여 다른 사람을 기꺼이 돕고자 한다면 그 사람은 자기 자신에게 유익함을 줄 것이며 더 심한 우울증으로 빠지는 것을 방지할 수 있을 것이다. 돌봄의 공동체를 생성하는 것은 간접적이지만 우울증을 예방할 수 있는 효과적인 방법 가운데 하나다.

5. 신체적 건강 지키기

불충분한 다이어트와 운동 부족은 사람들로 하여금 쉽게 우울증에 빠지도록 하기 때문에, 상담자는 권면과 자신의 예를 통해 그들의 신체를 돌보도록 격려할 수 있어야 한다. 앞에서 살펴본 것처럼 비록 운동이 신체적 요인으로 인한 심한 우울증을 온전히 예방할 수 있다고 가정하는 것은 매우 단순한 생각임에 틀림없지만, 신체적인 건강이 육체적 질병뿐만 아니라 정신적인 질병의 발병률을 낮추어준다는 것은 잘 알려져 있는 사실이다.

• 우울증에 대한 결론

남침례교 목사인 밴스 하브너(Vance Havner)는 자기 아내가 죽어가는 것을 힘겹게 지켜보아야만 했다. 그는 아내가 기적적으로 회복되길 기도했지만 결국 그녀는 죽었고 그는 비탄에 빠졌다. 그 연로한 목사는 이러한 일이 일어났을 때 그 이유를 이해하지 못했다. "하나님의 방법을 알고 있다고 생각하는 사람들마다 편리하게 일람표를 만들고 분석하며 편리한 방식에 따라 연관시킨다. 우리가 삶과 죽음이라고 부르는 신비한 미로 속에 밀접하게 얽혀 있는 고통스런 마음에 관한 대답을 청산유수로 그럴듯하게 말한다." 하브너는 이어서 기록하기를 "하나님은 일을 수행하시는 방식에 있어서 도식적으로 정형화된 틀을 가지고 있지 않다. 그는 베드로를 감옥으로부터 건지셨지만 세례요한은 감옥에서 순교하도록 허락하셨다. ……나는 그가 하시는 모든 것, 그리고 그가 하시는 모든 방식을 받아들인다."[53]

이 사람은 아내가 죽었을 때 깊이 슬퍼했지만 결코 깊은 우울증으로 빠져들지는 않았을 것이다. 그는 삶과 죽음, 그리고 하나님에 대한 현실적인 안목을 지니고 있었다. 이것은 상담자와 내담자가 우울증의 문제를 보다 효과적으로 다루기 위해 매우 큰 도움이 될 수 있는 시각이다.

상담자들을 위한
요점 정리 08

- 우울증은 증상, 심각성, 원인, 지속성, 그리고 다양한 대상에 영향을 미치는 여러 가지 공통적이고도 보편적인 조건을 지니고 있다.

- 우울증은 다음과 같은 특징을 보인다.
    - 슬픔, 낮은 자존감, 무가치감, 무력감, 희망의 결핍 등과 같은 정서적 특징.
    - 부정적 사고, 자기 비난, 비관주의, 때때로 자살과 같은 자기 파괴 등과 같은 인지적 특징.
    - 냉담, 기운 저하, 사회적 철수, 때때로 정상적인 의무나 개인적인 위생 소홀 등의 행동적 특징.
    - 피로감, 에너지 상실, 정상적인 활동에서의 흥미 부족, 식욕 상실, 아픔과 고통에 대한 불평 등을 포함한 신체적 특징.

- 성경은 우울증이라는 용어는 사용하지 않지만 침체되고 슬프고 어둡고 낙심되는 경험에 대해서는 기술하고 있다. 이러한 경험은 대부분 성경 본문에서 하나님에 대한 소망과 연결되어 있다.

- 우울증의 생물학적, 유전적 요인은 뇌화학 물질, 호르몬의 불균형, 신체적 질병, 유전적 영향, 심지어는 수면 부족, 식사 및 운동 습관을 반영한다.

- 심리적, 인지적 요인은 다음과 같다.
    - 환경적 배경과 가정은 부모 혹은 의미 있는 가족 구성원과의 친밀함 결여, 갈등 등을 유발하는 영향을 미친다.
    - 스트레스와 유의미한 상실.
    - 학습된 무기력감.
    - 부정적 사고의 영향.
    - 분노.
    - 죄와 죄책감.

- 사회적, 환경적 요인은 스트레스적인 환경에서 일어난다.

- 우울증이 주는 영향은 불행감, 비효율성, 신체적 질병, 성적 흥미의 감소, 낮은 자존감, 사회적 고립 그리고 더 심각한 경우 자살을 포함하고 있다.

■ 우울증에 대한 효과적인 상담은 다음과 같다.
- · 항우울제 복용을 통해 신체적 원인과 증상을 다룸.
- · 심리적 요인의 영향을 해소하기 위한 작업.
- · 사고방식을 변화시키도록 도움.
- · 행동적 변화를 위한 안내.
- · 내담자로 하여금 환경적인 영향을 극복할 수 있도록 도와줌.
- · 사회적 지원을 개발함.
- · 자살 예방을 위한 조치를 취함. 이를 위해 자살 시도 가능성을 암시하는 징후를 파악함.

■ 우울증을 예방하기 위해 줄 수 있는 도움.
- · 하나님에 대한 신뢰.
- · 우울증의 본질에 대한 이해.
- · 우울증을 다룰 수 있는 기술을 학습.
  (분노 조절 학습, 스트레스 관리 기술, 자기 패배적 사고의 통제와 변화를 위한 학습 등.)
- · 사회적 지지망 찾기.
- · 다른 사람들을 위한 손길 베풀기.
- · 신체적 건강 유지하기.

■ 다윗 왕은 "내 영혼아 네가 어찌하여 낙심하며 어찌하여 내 속에서 불안해하는가?"라고 외치면서 "너는 하나님께 소망을 두라(시편 43 : 5)"고 말하였다.

09 >>
불안
Anxiety

전업 주부인 완다는 35세의 기혼 여성으로 자신의 세 아이들과 함께 있기 위하여 교사직을 그만두었다. 그녀의 남편은 업무량이 많은 데다 자주 출장을 다니는 성공한 사업가다. 완다는 오랜 기간 친구를 사귀지 않았으며 아직 어리고 활동적인 어린애들을 돌보며 주로 집에서 지냈다. 그녀를 아는 사람들은 그녀가 가정교육에 정성을 쏟으며 의연하게 감내하는 것으로 알고 있었다.

하지만 겉으로 드러나는 그녀의 모습은 위장된 모습일 수 있다. 완다는 점점 내면적으로 증폭되는 불안을 통제하기가 힘들어졌다. 그녀는 끊임없이 가족의 안전에 대해 걱정하고 안절부절못했으며 일상생활에서 매우 지쳐 있음에도 불구하고 잠자리에서 휴식을 취하지 못하였다. 매일 밤 아이들을 재운 후 그녀는 뉴스를 시청하면서 그 도시의 폭력에 관한 소식과 테러에 대한 위험을 끊임없이 듣는다. 때로 그녀는 무언가에 집중하기가 힘들고 남편과 애들뿐만 아니라 그녀 자신에게 예민해지기도 한다.

그녀는 커피를 마시기 위해 방문한 이웃사람에게 물어보았다. "무엇이 잘못된 걸까? 나는 늘 긴장하며 불안을 느끼고 전혀 편안하지가 않아." 완다는 아무것도 염려하지 말고 필요한 것에 대해 기도하고 모든 가진 것에 대해 하나님께 감사하라는 성경 구절을 암기해왔다. 하지만 "모든 지각에 뛰어난 하나님의 평강"[1]을 그녀는 전혀 경험하지 못했다. 그리고 혼자일 때 자신이 잘 살아갈 수 있을지 혹은 잘 견뎌낼 수 있을지 늘 걱정하였으며, 자신과 아이들에게 상처를 주지 않을까 봐 몹시 불안했다.

불안, 스트레스, 두려움, 공포, 공황, 그리고 긴장은 서로 다른 전문적 의미를 지닌 단어들이지만 종종 정도의 차이를 지니고 있는 일반적 상황을 묘사하는 데 상호적으로 사용된다. 그 증상은 노인들, 어린이들, 그리고 10대들을 포함한 모든 연령에서 나타난다. 나는 글을 통해 수많은 부모님들과 아이들 그리고 전국에 있는 전문가들에게, 또한 실제적으로 모든 사회경제적 단체에 이를 전해왔다. 그리고 어떤 상담가는 "문화적 조류의 흐름에 압도된 모든 지역의 아이들은 불안을 겪고 있다는 메시지를 강도있게 언급해왔다"라고 10대 청소년의 불안과 관련된 소논문에서 언급하고 있다.[2] 혼란스러울 정도의 과도한 계획, 시험 걱정, 가족의 일상사나 안정감의 결여, 불건전한 정보에 대한 끊임없는 접촉, 친밀한 관계의 결핍, 계속되는 변화, 불안정, 정보의 과부하, 친구들의 압력, 그리고 명확하지 않은 도덕적 지침 등의 모든 요인들이 청소년들의 불안 수준을 상승시키고 있다. 외관상 젊은이들은 활발하고 편안해 보이며 잠재 가능성이 넘치는 것으로 보인다. 하지만 그들의 내면은 두려움에 차 있다. 세계 도처에 있는 테러리스트들의 지속적인 활동에 대한 기억은 우리의 불안을 증폭시켜왔고 더 나아가 '신 불안'으로 불리고 있다.[3] 1950년대와 1960년대는 불안의 시기로 언급되었지만 그 세대는 21세기 초기에 불안을 야기하는 스트레스를 상상할 수조차 없었다.

불안은 염려, 불편함, 걱정 그리고 신체적 긴장을 동반하는 공포의 내적 감정이다. 불안할 때 신체는 경보기가 작동된 것처럼 보이며 따라서 즉시 도망가려 하거나 전투적 태세를 갖춘다. 심장박동은 더 빨라지고 혈압과 근육긴장이 증가하며 신경학적이고 화학적인 변화가 신체 내부에서 일어난다. 그래서 사람은 현기증이나 흥분을 느끼게 되고 마음이 긴장되어 잠을 이룰 수 없게 될 수도 있다. 불안은 어떤 특정한 위험에 관한 반응으로 야기될 수 있으며(많은 전문가들은 불안이라기보다는 '두려움'으로 언급한다), 혹은 상상이나 막연한 위협에 대한 반응으로 발생될 수 도 있다. 후자의 경우는 '막연한 불안(free-floating)'으로 언급되어왔다. 불안해하는 사람은 어떤 공포스런 상황이 일어날 것 같은 두려움을 감지하게 되지만 그것이 무엇 때문에 왜 그런지에 대해서는 알지 못한다.

한 인터넷 조사는 불안이 수많은 연구자들에 의해서 지속적으로 연구되고 있다는 사실을 제시하고 있다. 어떤 조사는 우리가 불안을 더 명확히 정의하는 데 도움이 될 만한 상세한 분류를 제시해왔지만 우리는 단지 정상적 불안과 신경증적 불안, 가벼운 불안과 강렬한 불안, 그리고 상태적 불안과 특성적 불안 이 여섯 종류만을 다룰 것이다. 정상적 불안은 대개 어떤 위협이나 위험한 상황에 놓일 때 우리 모두에게 온다. 가장 흔한 경우, 이러한 불안은 위험의 정도에 비례하는데 비록 때로는 위협이 얼마나 심각한지 인식하지 못할지라도 위협이 크면 클수록 불안도 커진다. 이것은 특히 상황이 바뀌고 위험이 감소될 때 인식될 수 있고 통제될 수 있으며 감소될 수 있는 불안이다. 신경증적 불안은 가벼운 위험이나 혹은 위험이 없을 때에도 심한 무기력감과 공포감을 경험하게 된다. 이러한 불안은 무의식의 내적 갈등으로부터 야기될 수 있기 때문에 직접적으로 대면할 수 없거나 이성적으로 다룰 수 없다고 많은 상담자들은 생각한다.

또한 불안은 긴장의 강도와 지속기간, 그리고 영향에 따라 다양하다. 가벼운 불안은 건강한 것일 수 있으며 의미 있는 목적에 도움이 될 수 있다. 흔히 이러한 불안은 동기를 촉진하며 사람들로 하여금 위험한 상황을 피하거나 효율성을 증가시키는 결과에 도움을 준다. 대조적으로 강렬한 불안은 스트레스가 더욱 심하다. 이러한 불안은 집중할 수 있는 시간과 주의력에 어려움을 초래하고 건망증을 유발하기도 하며, 문제 해결 능력에 지장을 주고 원활한 의사소통에 어려움을 주며 공황을 야기할 수도 있다. 또한 때때로 마비나 빠른 심장박동, 혹은 심한 두통과 같은 불쾌한 신체적 증상을 일으키기도 한다.

불안은 또한 불안한 상태 혹은 특성으로 언급할 수 있다.[4] 상태적 불안은 급격하게 발생하며, 긴장의 정도가 높을 수도 있고 그렇지 않을 수도 있으며 그 지속기간이 짧다. 이것은 우리 모두가 시시때때로 민감하게 느끼며 상대적으로 짧은 기간에 반응적으로 일어나는 두려움이다. 대개 이러한 불안은 당신이 연설하기 전 혹은 중요한 시험을 치르기 전에 느끼게 되는 아드레날린의 내적 요동과 같은 어떤 사실적 위협이나 상상적 위협에 대한 반응이다. 때때로 불안은 흥분을 동반하는데 이는 부분적으로 불안과 흥분 모두 동일한 호르몬 분비로 인한 것이며 신경체계의 같은 부분에서 변화하기 때문이다.[5] 특성적 불안은 다르다. 이러한 불안은 늘 걱정하는 사람들에게서 보여지는 것처럼 습관적으로 일어나는 긴장된 정서다.

흔히 이러한 불안은 육체적 질병을 유발하는데 이는 신체가 지속적인 긴장과 각성 상태에서는 효율적으로 기능할 수 없기 때문이다.

공황발작과 외상 후 스트레스 장애는 더욱 심각한 불안이다. 흔히 이것은 사람들이 상담자를 찾게 되는 주된 이유기도 하다. 공황발작은 빠른 심장박동, 전율, 숨가쁨, 현기증, 가슴 통증, 혹은 통제력의 상실감을 동반하며 흔히 예상하지 못하는 때에 갑작스럽게 그리고 강렬하게 발생한다. 이 발작은 몇 분 이내에 강한 절정에 이르고 그후 급히 사라진다. 많은 경우는 군중 속에 있거나 치과에 갈 때, 차를 타거나 어떤 공간에 갇힌 느낌이 들 때와 같이 특정한 장소 혹은 어떤 상황과 연관이 있다. 이 발작은 아주 두렵고 예상할 수 없기 때문에 희생자들은 불안이 다시는 발생하지 않도록 과거에 불안이 발생했던 상황과 장소를 피한다. 더 극단적인 경우는 집 밖에 나가는 것이나 집의 어떤 다른 공간으로 가는 것을 두려워한다. 많은 경우 공황발작은 심장 두근거림과 호흡장애와 같은 신체적 증상 때문에 결국 응급실로 실려가게 된다. 의사는 신체적으로 아무런 이상이 없음을 알게 되면 일종의 진정제를 처방하고 환자를 집으로 보내게 된다.[6] 외상 후 스트레스 장애(PTSD)는 1980년에 정신의학적 진단으로 처음 등장했지만 이러한 증상은 여러 해 동안 알려져왔다. 특히, 세계 도처에서 발생하는 테러리스트들의 공격과 지속적인 폭력이 증가된 이후로 더욱 두드러졌다. 외상 후 스트레스 장애는 죽음이나 중대한 위험과 관련된 사건을 경험하거나 목격하는 것과 같은 강렬한 스트레스 다음에 나타난다. 이러한 일들은 전쟁, 강탈, 심각한 사고, 유괴, 폭행, 포로학대, 혹은 태풍이나 지진과 같은 자연재해가 포함될 수 있다. 이들 중 어떤 것이라도 평생 동안 불안을 유발하는 요인으로 남겨질 수 있다. 그러한 외상 후 여러 해 동안 어떤 사람들은 악몽, 비합리적인 두려움, 우울증, 그리고 한때 즐거웠던 활동에 대한 흥미로움의 상실을 겪는다. 이런 사람들에게 불안은 초기에 스트레스를 경험한 결과로 인해 삶의 한 방식이 되었다. 이런 형태의 불안은 이 책의 뒷부분에서 좀 더 상세히 설명될 것이다.[7]

- **성경과 불안**

성경은 불안을 두 종류의 방식으로 바라본다. 하나는 건강한 근심으로, 또 다른 하나는 초조함이나 걱정으로 보는 관점이다.

- ■ 현실적인 측면에서의 불안 : 비난받지도 않으며 금지되지도 않는다. 바울은 그가 매 맞고 추위에 떨며 배고픔과 위험에 처할 가능성에 관해서는 불안하거나 걱정하지 않았지만 교회의 평안에 대해서는 불안(이것은 관심으로서)을 경험하였노라고 기록하고 있다. 다른 사람을 위한 이러한 신실한 보살핌은 사도에게 일상적인 짐이 되었고,[8] 이와 마찬가지로 디모데로 하여금 '실제적인 불안'(관심을 갖도록)을 겪도록 하였다.[9]
- ■ 초조함이나 걱정으로서의 불안 : 예수님의 산상수훈에서 잘 드러난다. 예수님은 삶의 기본적 필수품인 음식이나 옷, 그리고 미래에 대해 걱정(불안)하지 말아야 한다고 가르치셨다. 그는 하나님이 우리의 필요를 알고 계시며 필요한 모든 것을 제공하실 것이라고 말씀하셨다.[10] 신약성경의 서신서에서 베드로와 바울은 이러한 결론을 반복하여 외치고 있다. "너희 염려를 다 주께 맡기라. 이는 그가 너희를 돌보심이라."[11] "아무것도 염려하지 말라." 대신에 기독교인들은 "모든 지각에 뛰어난 하나

님의 평강"을 경험할 것을 기대하면서 "구할 것을 감사함으로 하나님께 요청하라"고 하였다.[12]

초조함이나 걱정과 같은 불안은 우리가 하나님을 떠나 삶의 짐을 스스로 해결하려 하고 혼자서 문제를 풀려고 할 때 발생한다. 상담자와 내담자를 포함한 우리들 대부분은 하나님의 주권과 능력을 인정하는 대신에 그리고 하나님을 위해 살기로 작정하며 그의 나라를 세우는 것을 우리의 주요 관심사로 만드는 대신에[13] 죄악된 자기 의존에 빠지며 우리 자신의 삶의 압박에 모든 마음을 빼앗긴다.

이것들 중 아무것도 우리가 위험을 무시하고 하늘로부터의 기적만을 기다려야 한다고 제시하지 않는다. 성경은 불안한 상황을 솔직하게 직면하거나 삶 속에서 발현된 문제를 처리하기 위해 하나님께서 주신 우리의 두뇌를 활용하는 것이 잘못이라고 말하지 않는다. 위험을 무시하는 것은 어리석고 잘못된 일이다. 기독교인들은 만일 그들이 하나님을 향한 자신들의 헌신을 수행하며 하나님의 인도하심을 갈구한다면 확신을 가지고 앞으로 전진할 수 있다. 기독교인들이 지나친 걱정으로 말미암아 주저앉아 있는 것은 잘못된 것이고 건강하지 못한 것이다. 우리의 끊임없는 관심은 때때로 기독교 상담자들을 통해 일하시는 하나님에 대한 기도 안에서 수행되어야만 한다. 하나님은 두려움이나 불안으로 인해 마비되어 있는 우리를 해방시킬 수 있으며, 다른 사람들과 우리 자신들 모두의 안녕과 필요를 실제적으로 다룰 수 있도록 우리를 자유롭게 할 수 있다.

사람들은 아무것도 염려하지 않는다는 것이 얼마나 어려운지 알고 있다.[14] 우리의 짐을 주님께 맡기고 우리의 필요를 채워주실 것이라고 믿는 것은 결코 쉬운 일이 아니다. 우리가 하나님의 도움을 기다려야 할 때와 힘들고 불안을 야기하는 상황을 직시하여 책임을 져야 할 때를 항상 구별할 수 있는 것은 아니다. 조급함은 흔히 불안을 동반하고 불안한 사람은 자신의 어려움이 빨리 처리될 수 있도록 도움을 원한다. 온전하게 계획된 하나님의 때를 기다리는 것은 매우 어려울 수 있다.

기독교 상담자는 하나님이 필요들을 채워주실 것이라고 믿고 조용히 기다리는 사람의 표본이 될 수 있다. 또한 상담자는 내담자가 하나님의 약속을 바라보며 일상적인 삶 속에서 하나님의 능력과 영향력을 인식하며 적절한 때에 조치를 취할 수 있도록 도울 수 있다. 또한 많은 내담자들은 지속적으로 나타나는 불안의 원인과 결과를 이해함으로써 스스로 도움을 받게 될 것이다.

- **불안의 원인**

상담 교과서들은 불안의 원인에 대해 여러 가지 이론들을 제시하고 있다. 정신분석학 이론은 프로이트의 작업으로부터 생겨났고, 이후 대부분의 학자들은 불안이 해결되지 못한 내적 갈등의 다양한 형태를 반영하는 것이라는 생각을 근거로 설명하고 있다. 오늘날 인지행동이론에서 불안은 지각된 위험에 대한 반응으로서 자신이 위협을 처리할 힘이 없으며 통제력을 상실했다는 개인적 신념에서 기인한 것으로 본다. 최근 몇 년 동안 생물유전학적 이론들은 불안이 의미있는 생물학적 요인을 가지고 있다는 증거를 확보해왔다. 아마 아무도 위와 같은 모든 관점으로부터 다른 관점으로 방향을 바꿀 수 없을 것이다. 그러나 오늘날 일반적으로 불안은 순수하게 심리학적이거나 생리학적인 요인 이상임을 인식하고 있다. 불안은 양쪽 모두의 요소를 다 가지고 있으며 불안을 다룰 때는 두 요인 모두를 고려해야만 한다. 여기에서 우리는 불안이 위협과 갈등, 공포, 미해결의 욕구들, 생리학적인 영향, 그리고 개인차로부터 어떻게 발생되는지에 대해 생각해볼 것이다.

1. 위협

불안은 흔히 개인이 중요하다고 여기는 어떤 것이 위협받음으로써 일어난다. 때때로 불안은 개인의 삶이나 안정감이 위협받기 때문에 일어난다. 미국의 상담자들은 2001년 9월 미국에 대한 테러리스트들의 공격 이후에 불안을 통제하기 위해 도움을 받으려는 사람들의 수가 급증하였다는 사실을 보고하였다. 이러한 사람들은 알 수도 없고 예측할 수도 없는 위험으로 인해 위협감을 느꼈다. 또 다른 불안을 일으키는 위협들에는 불안정한 환경, 자존감 상실의 두려움, 타인과의 분리, 가치감의 손상, 또는 무의식적 영향력의 결과 등이 있다. 이러한 모든 것에는 불확실성이라는 강한 요소가 포함되어 있다.

(a) 불안정한 환경 : 대부분의 사람들은 살아갈 때 이웃에서 발생한 심각한 범죄사건, 전쟁, 정치적 불안정, 이상기후, 이해할 수 없고 예측 불가능한 질병들, 또는 병원에 가는 일 정도로도 위협감과 불안을 느낀다. 우리는 낯선 환경으로 이사할 때나 직장을 바꾸었을 때, 또는 시험장 안으로 입실할 때나 청중들 앞에서 무대에 서게 될 때 위협감을 느껴 실수를 하거나 덫에 걸린 듯한 상황 속에서 어리석은 어떤 일을 행하게 될 수도 있다. 대부분 이러한 상황 속에서 개인은 통제감을 잃은 듯한 느낌이나 예측할 수 없는 것에 대한 불확실한 느낌, 또는 위협을 감소시키거나 방지할 수 없는 커다란 무력감을 느끼게 된다.

(b) 자존감 : 대부분의 사람들은 타인에게 좋은 모습으로 보이고 싶어 하며 주어진 업무를 적절히 수행하고 싶어 한다. 우리는 자신의 이미지를 손상시키는 것이나 자신이 유능하지 못하다는 사실을 다른 사람이나 자신에게 암시하는 어떤 것으로 인해 위협감을 느낀다. 많은 자기 의식적인 사람들은 새로운 사회적 상황에서 어떻게 행동해야 할지 확신하지 못하기 때문에 경미한 불안을 느끼거나 예상되는 다른 사람들의 반응으로 인해 위협을 받는다. 더 심각한 수준으로 어떤 사람들은 시험 치르는 것이나 승진을 수락하는 것, 또는 모험에 도전하는 것을 포기하는데 그 이유는 성공하지 못할 가능성으로 인해 자존감에 너무 큰 위협을 느끼기 때문이다.

(c) 분리 : 의미있는 타인과 분리되는 것은 결코 쉬운 일이 아니다. 자기 자신이 된다는 것은 혼란스러울 수 있으며, 우리가 중요한 사람들로부터 거절당했거나 방임되었을 때의 고통은 더욱 강렬하다. 사랑하는 사람의 죽음, 이사, 이혼, 파혼과 같은 종류의 분리나 그 밖의 다른 분리들은 우리에게 미래에 대한 불확실감을 남겨줄 수 있고, 너무나 놀라서 내적인 정서적 공허감으로 슬퍼지며, 그 다음에 무엇을 해야 할지 몰라 위협감을 느낀다.

(d) 가치 : 아이들은 성장함에 따라 그들의 부모와 친구, 교사, 종교, 그리고 대중매체로부터 가치를 학습한다. 이전에는 그리고 세상의 어떤 지역에서는 핵심적인 가치가 수세기 동안 동일한 가치로 전수되어 왔지만 이제 이러한 모든 가치는 변화되고 있다. 대중매체와 정치계, 그리고 사업 분야에서 이러한 영향력은 가장 두드러지게 나타난다. 유명한 사업계의 리더와 관련된 매우 분명한 다음의 몇 가지 논란에 대해 한 관리는 다음과 같이 기록했다. "오늘날 경제 변화의 속도는 당신의 기본적인 가치에 대한 성실한 책임을 요구합니다. 만일 당신이 지탱할 수 있는 어떤 것을 지니고 있지 않다면 모든 것을 빼앗기고 사람들은 자신의 길을 잃을 것입니다."[15] 우리가 가치 있게 여기는 어떤 것이 손상되거나 사라질 위기에 있을 때 우리는 위협을 느끼고 불안해진다. 승진에 실패한 피고용인들은 자신의 경제적인 면이나 전문적인 면에서의 성장, 인정, 성공에서 무능력하다는 위협감을 느낀다. 가족의 종교적 뿌리를 저버리거나 전통적인 성적 기준을 거부하는 아이들은 쉽게 불안감(그리고 실망과 분노)이 유발될 수 있는데 이는 그들의 부모가

자녀에 의해 자신들의 가치가 도전받고 있고 아마도 위협받고 있다고 생각하기 때문이다. 우리의 가치와 대조적인 정치적 기반을 통해 선출된 정치가들로 인해 우리 중 일부는 위협감과 불안감을 느낀다.

(e) 무의식적인 영향력 : 프로이트의 이론을 거부하는 많은 상담자들조차도 어떤 불안의 기저에 무의식적인 영향력이 있을 것이라는 데에 동의한다. 대부분의 사람들이 어떤 잠재적인 스트레스들을 무시하고 이런 것들을 자신의 마음으로부터 밀어내는 것처럼 세상에는 많은(실제적이거나 상상적인) 위험들이 도사리고 있다. 그것이 만일 의도적으로 그리고 일시적으로 행해진다면 그렇게 나쁜 것이 아닐 수 있다. 그러나 프로이트에 따르면 무의식 속으로 억압하는 위협과 욕구는 보이지 않는 상태에서 악화될 수 있다. 나중에 이러한 무의식적 사고들은 의식화되도록 움직여진다. 그렇게 되면 우리는 이해할 수 없거나 해결방법을 알지 못하는 어려운 문제들에 직면하도록 강요되기 때문에 위협적이 될 수 있다.

한 젊은 청년이 어느 날 저녁 발레 공연을 보고 심한 불안에 사로잡혔다. 그러나 그는 극장을 떠나자마자 곧 기분이 좋아졌다. 그가 이러한 사실을 후에 상담자에게 이야기하자 상담자는 그 젊은 청년이 무의식 속에 있는 강한 동성애적 성향을 의식화하지 못하도록 마음속에서 계속 투쟁하고 있다는 것을 알아차렸다. 공연을 관람하는 동안 그는 몸에 꽉 조인 옷을 입은 남자 무용수에게 무의식적으로 매료되었다. 그 후에 일어난 불안은 그의 방어기제가 무너져서 동성애적 경향성이 자신이나 다른 사람에게 명백하게 드러날지도 모른다는 위협에 대한 반응으로 해석되었다.

이와 같은 해석은 상담자들이 처음에는 이해하기에 어려우며, 또한 그것이 항상 옳다고 확신할 수는 없다. 심지어 상담자들(기독교인이든 비기독교인이든 상관없이) 사이에서조차 무의식이 존재하는지의 여부에 대해 논란이 있다.[16] 그럼에도 불구하고 발레 공연장에서 경험한 젊은 청년의 공황은 특정적인 위협의 상황에 대한 반응으로 일어나는 불안의 좋은 사례다. 불안이 발생할 때의 특정한 시간과 장소를 고려함으로써 상담자는 흔히 내담자를 위협하고 있는 문제들이나 특정한 이슈에 대한 단서를 얻을 수 있다.

2. 갈등

개인이 두 가지 또는 그 이상의 압력으로 영향 받을 때는 불확실성으로 인해 자주 불안에 빠진다. 대부분의 개론적인 심리학 저서들에 의하면 갈등은 접근과 회피라는 두 가지 경향성에서 온다고 한다. 접근은 즐겁고 만족스러운 것을 하든지 그런 방향으로 움직여나가는 것을 말하며, 회피는 대개 즐겁거나 만족스러울 것 같지 않기 때문에 자주 어떤 것을 거부하는 것을 말한다. 기본적으로 세 가지 종류의 갈등이 있다. 이는 접근 대 접근, 접근 대 회피, 회피 대 회피의 갈등이다.

(a) 접근 대 접근 갈등 : 이것은 두 가지 모두가 바람직한 것이지만 양립할 수 없는 목적이기 때문에 일어나는 갈등이다. 예를 들면, 어떤 사람이 같은 날 밤 두 곳에서 동시에 저녁 초대를 받았는데 두 곳 모두 유쾌한 초대일 경우에 일어나는 것이다. 그럴 때는 결정 내리기가 어려우며 때때로 불안이 일어나기도 한다. 당신이 만일 두 곳에서 동시에 매력적인 취업 기회를 얻었거나 두 곳의 대학원으로부터 입학허가를 받아서 결정을 내려야만 할 경우를 생각하면 더 잘 이해할 수 있을 것이다.

(b) 접근 대 회피 갈등 : 이것은 어떤 것을 하고 싶기도 하고, 하고 싶지 않기도 할 때 일어나는 갈등이다. 예를 들면, 어떤 개인이 새로운 직장을 얻고자 할 때 어려움이 있을 수 있다. 더 많은 보수와 기회가 주어질 수도 있지만(접근), 이사를 해야 하거나 철도를 이용해야 하는 불편함(회피)이 있을 수 있다. 그런 결

정을 하는 것은 상당한 불안을 가져올 수 있다.

(c) 회피 대 회피 갈등 : 이러한 갈등은 선택해야 하는 두 가지 모두 유쾌하지 못한 대안인 경우다. 예를 들면 치유 여부가 불투명한 고통스러운 병을 지니고 그냥 살아가야 하는지, 아니면 완치 여부를 명확히 장담할 수 없지만 그래도 고통스러운 수술을 실행할 것인지와 같은 갈등이다.

대부분의 갈등은 두 가지 또는 그 이상의 대안 사이에서 갈등하며, 각 대안은 다양한 접근과 회피의 특성을 가질 수 있다. 예를 들어, 어떤 부부는 현재 살고 있는 집이 너무 좁고 혼잡하므로 증축하여 그냥 그 집에 계속 살 것인지, 아니면 다른 곳으로 이사할 것인지 갈등할 수 있다. 각 대안은 여러 가지 긍정적이고 부정적인 측면들을 가지고 있으며 결정이 이루어질 때까지 불안은 지속된다. 흔히 선택이 이루어진 후에도 불안이 지속되기도 하는데 예를 들어 구매자들이 자신이 구입한 것에 대해 올바른 결정을 했는지 의문스러워하는 경우다. 부동산업자들은 이러한 불안을 자주 '구매자 후회'라고 말한다. 구매자들은 이것이 정말로 최선의 선택이었는지, 이사하기에 충분한 자금이 있는지, 다른 집을 구입하는 것이 더 좋은 선택이었을지도 모른다는 것에 대해 불안하다. 당신은 자동차 구입, 학교 복학, 결혼에 대한 결정 후에도 역시 '구매자의 후회'가 있을 수 있다고 생각하는가?

3. 두려움

대부분의 상담자들은 불안과 두려움을 구분하지만, 두 가지 모두 유사한 내면적 특성을 지니고 있어서 구분이 힘들 때도 있다. 우리는 두려움에 대해 각자 나름대로의 목록을 가지고 있다. 이러한 목록은 실패, 미래, 거절, 친밀, 성공, 책임, 갈등, 삶의 무의미(이것은 때때로 실존적 불안이라고 불린다), 질병, 죽음, 고독, 변화 또는 일련의 또 다른 실제적이거나 상상적인 가능성에 대한 공포일 것이다. 때때로 이러한 두려움들은 인간의 마음속에 축적되고, 심지어 어떤 실제적인 위험이 없을 경우에라도 극단적인 불안을 창출해 낸다.

흔히 불안은 사람들이 두려움을 유발하는 비합리적 신념을 가지고 있기 때문에 발생한다. 예컨대, '내 상황에 있어서 모든 것이 더 나빠질 것이 분명해', '어떤 것도 내 환경을 변화시킬 수는 없어' 또는 '나는 결코 많은 사람들 앞에서 발표할 수가 없어'라고 결론짓는 내담자들의 경우다. 이와 같은 신념은 우리 마음속에서 자기 대화로 반복되는 경향이 있다. 그것들은 지속적인 두려움을 생성하고 더 나아가 불안을 만들어내는 비합리적 신념이다. 결국 이와 같은 신념들은 깨뜨릴 필요가 있다.

4. 채워지지 않은 욕구들

인간의 기본적인 욕구가 무엇인가? 우리 각자는 아마도 우리가 사는 곳에 따라 각자 다른 대답을 가지고 있을 것이다. 생존의 욕구는 대부분 목록에 들어갈 것이며, 더 발달된 사회에서는 안정, 충만감, 정체감, 친밀성, 의미(이것은 가치 있는 어떤 것에 이르게 되는 필요성이다)에 대한 욕구들을 추가할 것이다. 만일 우리가 이러한 욕구와 이것 이외의 또 다른 욕구를 충족시키는 데 실패한다면 우리는 불안과 불확실, 공허함, 두려움 그리고 좌절감을 느낄 것이다.

그러나 어떻게 하면 이러한 모든 욕구들이 충족될 수 있을까? 어떻게 하면 우리는 돈과 성공, 영향력, 그리고 우리가 필요하다고 생각하는 인간관계 모두를 가질 수 있을까? 그렇게 되면 우리의 삶은 완성되고 불안없이 만족스럽게 될까? 아마도 절대로 그렇지 않을 것이다! 여전히 지구상의 삶을 초월하는 문제들이 있을 것이다. 나는 죽은 후에 어디로 갈 것인가? 존재라는 것이 단지 이 세상에서의 짧은 생애일 뿐이고 그후에는 아무것도 아닌 것인가? 내 삶의 목적은 무엇인가? 이러한 것들은 흔히 심각한 불안으로 이끄는 '실존적 질문들'이다. 우리가 영원에 대한 약속 안에서 안식을 얻고, 우리의 죄를 고백하고 완전한 용서를 받을 때 오는 안정감을 알게 되며 하나님과의 평화를 누리기 전까지 우리는 이런 종류의 불안으로부터 지속적인 자유를 얻을 수 없다.[17] 내가 대학원에 재학할 때 실존주의자인 어느 교수를 만났다. 하루는 그녀가 나를 자신의 연구실로 초대해서 나의 신앙에 대해 물었다. 우리는 이전에 그런 문제에 대해 결코 논의한 적이 없었지만 그녀는 나의 생활에서 신앙적 특징들을 보았던 것이다. 나의 설명을 들은 후에 그녀는 "나도 그렇게 믿을 수 있었으면 좋겠어요"라고 대답하였다. 그녀도 신앙을 가질 수 있었지만 그녀는 실존적 불확실성에 머무르는 것을 선택하였다.

5. 생리학

신경심리학, 신경생리학, 그리고 신경생물학 모두는 인간행동과 관련하여 가장 흥미롭고 빠르게 진보하고 있는 연구 분야 중 하나다. 대부분의 상담자들은 주제의 복잡성과 끊임없이 쏟아지는 최첨단 연구의 홍수, 두뇌가 행동에 영향을 미치는 방식에 대한 이해의 어려움 등으로 인해 "이러한 주제를 전혀 이해할 수 없는 것으로 또는 매우 두려운 영역"으로 인식하고 있다.[18] 그러나 이 책에서 논의된 모든 문제는 심리학적인 요소들을 가지고 있으며, 기본적인 이해만으로도 상담자로서 효율성을 높일 수 있다.

기독교 심리학자인 아치볼트 하트(Archibald Hart)는 『불안 치료Anxiety Cure』라는 그의 저서에서 불안의 심리적인 원인에 대해 일반인을 위한 안내를 제공하고 있다.[19] 인간 뇌는 수십억 개의 뇌세포로 구성되어 있는데, 각각은 평균 1만 개의 다른 세포와 전기화학적으로 연결되어 있다. 이것은 '지구상에서 알려진 가장 복잡한 생물학적 실체'[20]라고 불려왔으며, 이 책의 독자 모두가 자신의 머리에 이러한 것을 지니고 있다는 사실은 놀라운 일이 아니다.

신경전달물질은 신경세포들 사이에 정보를 전달하는 뇌 속의 화학물질이다. 그러나 신경전달물질은 어떤 세포들을 차분하게 하고 조용한 상태로 있도록 만드는 반면, 다른 신경세포를 더 활성화시키고 반응하도록 박차를 가하기도 한다. 하트에 따르면, 두 종류의 신경전달물질이 불안을 이해하는 데 있어서 특별한 중요성을 갖는다. 감마아미노낙산(GABA)은 중요한 진정효과를 주는 뇌 속의 신경전달물질이다. 그들은 상당한 양이 존재하며, 과다흥분을 통제하고 과열된 신경을 가라앉히고, 우리로 하여금 평화를 느낄 수 있도록 돕는 자연적 진정제로 작용한다. 하트는 GABA가 우리 마음의 평화에 공헌하기 때문에 '행복의 메신저'라고 부른다. 그는 다음과 같이 설명하고 있다. "뇌는 그 자체의 자연적 진정체계를 가지고 있다. 인위적인 진정제는 단지 뇌가 이미 자체적으로 행하는 것을 모방할 뿐이다. …… 이러한 자연적 진정제의 적절한 공급이 있을 때, 우리는 차분하고 행복한 상태일 수 있다. 그러나 이것이 고갈되었을 때 우리는 불안하고 슬프다."[21]

불안에 영향을 미치는 두 번째 종류의 신경전달물질은 아드레날린과 매우 밀접한 협력자인 코티솔(cortisol)이다. 코티솔은 스트레스에 의해 활성화된다. 그것은 우리에게 생존을 위한 에너지를 주고 사람들로 하여금 어떤 상황이나 사건 등에 대처할 수 있도록 돕는다. 우리는 코티솔이 필요하며, 코티솔 없이는 생존할 수 없다. 그러나 과도한 스트레스가 오래 지속될 때 GABA는 고갈된다. "스트레스로 활성화된 코티솔은 행복 메신저를 파괴하고 그 메신저가 당신의 뇌와 교류하는 것을 방해한다. 그 결과는 심각한 불안이다."[22] 과도한 스트레스가 있을 때, 코티솔의 수준은 증가되고 이로 인해 자연적 GABA가 그들의 수신처에 도달하는 데 방해를 받게 되며 이에 따라 불안이 증대된다. 스트레스가 낮아지면 코티솔이 감소되고 자연적 진정제가 회복되며, '행복 메신저'를 다시 조절할 수 있게 된다. 스트레스가 지속될 때 불안이 발생한다. 스트레스가 감소되고 뇌의 자연적 진정제가 우세해지면 불안은 줄어든다.

우리가 아는 진정제로서의 명상은 사람으로 하여금 불안을 발생시키는 스트레스에 더욱 잘 집중할 수 있도록 함으로써 불안을 경감시키며 뇌 속의 자연적 진정제를 대체한다. 우리가 어떻게 뇌기능의 균형이 하나님이 의도하신 방식으로 회복될 수 있는지 이해할 수 있도록 새로운 발견들이 거의 매일 지속적으로 이루어지고 있다. 비록 일부 기독교인 모임에서는 진정제로서의 명상에 대한 반대가 있지만, 명상이 상담과 함께 병행해서 사용될 때 매우 효과적인 처치가 된다는 데는 풍부한 증거가 있다.

6. 개인차

불안이 유발되는 상황에서 사람에 따라 서로 다르게 반응한다는 것은 잘 알려진 사실이다. 어떤 사람들은 거의 불안해하지 않으며 다른 사람들은 대부분의 시간을 불안으로 보내고, 많은 경우는 이 중간에 속해 있다. 어떤 사람들은 여러 가지 상황에서 불안해지며, 또 다른 사람들은 단지 한두 가지 주제에 대해서만 불안해한다. 아무런 이유도 없는 종류의 불안과 같은 막연한 불안은 일부 사람들에게 나타나는 특징이며, 어떤 다른 사람들은 명확하게 규정된 위험에 대해서만 불안해진다. 그리고 폐소공포증, 고소공포증, 동물 공포증 또는 다른 공포증들을 가진 사람들도 있다. 이러한 것들에는 물이나 열린 공간, 또는 사회적 모임이나 그 밖의 다른 상황에 대한 비합리적인 공포가 포함되는데, 이러한 공포 중 대부분은 그 자체가 실제로 위험한 것은 아니다.

불안에 있어서 개인차가 발생하는 이유는 무엇 때문인가? 대답은 각 사람의 학습과 과거 경험, 성격, 사회적 환경, 생리학, 신학적 신념과 같은 주제에 달려 있다.

(a) 학습 : 대부분의 행동은 개인적 경험과 타인들을 관찰함으로써, 그리고 부모와 다른 사람들의 가르침을 통해 학습된다. 이러한 학습경험은 각 사람들에게 불안을 형성할 수 있다. 예를 들어, 만일 엄마가 천둥 칠 때 불안해한다면 그녀의 어린 자녀는 불안을 학습하게 될 것이다. 만일 어린이가 낯선 사람에게 말하는 것은 위험한 것이라고 배운다면 그 아이는 친밀한 사람이 없는 상황에서는 불안감을 느낄 수도 있다. 만일 교사나 부모가 당신이 보여줄 수 있는 것보다 과도하게 요구한다면 당신은 그러한 사람과 함께 있을 때 불안감을 느끼게 된다. 과거에 중요한 시험에서 실패를 경험했던 사람은 재도전하는 것에 대해 불안해 할 수도 있다. 우리 모두는 서로 다른 경험을 가지고 있기 때문에 세상을 다르게 인식하며, 따라서 불안의 강도와 빈도에 차이를 가지고 있다.

(b) 성격 : 우리들 대부분은 다른 사람들보다도 더 두려움이 많고 '과도하게 예민한 신경질적인 특성'을 가지고 있는 사람을 볼 수 있다. 어떤 사람들은 다른 사람들보다도 더 예민하고 불안정하며 적대적이고 자기중심적이거나 걱정이 많다. 이러한 성격의 차이는 유전과 학습 간의 상호영향력을 통해 이루어지며 불안에 대한 개인차를 만들어낸다.

(c) 사회적 환경 : 많은 불안은 우리가 살고 있는 사회로부터 온다. 불안을 유발시키는 영향력은 정치적 불안정, 경제적 불확실성, 대중매체의 영상들, 정보 범람, 우리의 안정감을 방해하는 유동성, 도덕 기

준의 변화, 또는 영적인 혼란과 관련이 있다. 우리가 살고 있는 세상적 환경에 존재하는 이러한 영향력과 그 밖에 다른 영향력들은 불안을 자극할 수 있다. 반면에 어떤 다른 영향력들은 불안을 감소시키고 안전한 환경을 만들어내도록 도울 수 있다.

(d) 생리학 : 질병이나 질병의 위협은 불안의 증가를 자극하거나 이에 영향을 줄 수 있으며 고통과 불규칙한 식사, 선천적인 장애, 비타민 부족, 유전적 영향력, 신경학적 장애 역시 마찬가지다. 수면이나 운동 부족이 또한 불안에 기여할 수 있으며, 어떤 사람들에게는 카페인이 든 음식류, 혹은 카페인이 없는 경우도 이와 마찬가지 작용을 하는 경우가 있다. 생리적인 불균형이나 변화가 불안을 유발시키는 것처럼, 불안 역시 여러 가지 종류의 질병과 신체적 반응, 물질 남용이나 중독을 일으킬 수 있다.[23]

(e) 신학 : 믿음은 불안 수준과 상당한 관련이 있다. 만일 하나님이 전능하시고 선하시며 사랑이 많으신 우주의 궁극적인 통치자라고(성경적 가르침에 따라) 믿는다면, 비록 심각한 혼란의 한가운데 있을지라도 안정감과 평화감을 유지할 수 있다. 만일 우리가 죄를 자백하면 하나님이 용서해주시고 영원한 생명을 약속하시며 이 세상에서 우리의 필요를 충족시켜주신다고 믿는다면, 불안의 요인이 줄어들 것이다. 반대로 만일 하나님이 자신에게 분노와 복수의 존재로서 여겨진다면 불안은 감소되지 않을 것이다. 문제가 발생되었을 때 모든 것이 자신에게 달려 있다고 생각하는 사람, 즉, 하나님을 신뢰하지 않는 사람에게 불안은 또 다른 의미가 있다.

모세는 그의 마지막 고별 설교에서 하나님께 불순종한 결과의 하나로서 불안과 두려움을 언급하였다. "여호와께서 거기에서 네 마음을 떨게 하고 눈을 쇠하게 하고 정신을 산란하게 하시니 네 생명이 위험에 처하고 주야로 두려워하며 네 생명을 확신할 수 없을 것이라."[24]

하지만 우리는 불안이 항상 믿음의 부족이나 불순종을 의미하는 것이라고 결론 내려서는 안 되며, 기독교인이 비기독교인보다 덜 불안할 것이라고 가정해서도 안 된다. 불안의 원인은 너무나 복잡하여 그렇게 단순하게 설명할 수 없다. 만일 우리가 불안을 경험하고 처리하는 방식이 각 사람에 따라 다른 이유를 이해하기 원한다면, 각 사람의 내면에 있는 하나님과 그의 세계에 대한 믿음의 실체를 이해하도록 노력하라.

- **불안의 효과**

불안이 항상 나쁜 것만은 아니다. 불안이 없을 때, 삶은 지루하고 비효과적이며 흥미가 없을 것이다. 적절한 수준의 불안은 사람들을 동기화시키며 삶에 열정을 더하기도 한다. 우리가 불안을 유발하는 상황을 통제할 수 있을 때 그것은 환영받는 경험이 될 수 있다. 아마도 이러한 이유로 어떤 사람들은 번지점프로부터 스릴을 맛보며, 또 어떤 사람들은 '숨막히는 두려움'을 느끼려고 몇 시간씩 줄을 서서 공포영화를 보거나 놀이공원의 아찔한 롤러코스터를 타려고 할 것이다.

그러나 불안의 강도가 높고 오래 지속되며 통제 불가능할 때 불안은 신체적이고 심리적이며 또한 방어적이고 영적인 반응을 손상시킬 수 있다.

1. 신체적 반응

불안이 위궤양, 두통, 피부발진 등의 통증과 그 밖의 다양한 신체적 문제들을 일으킨다는 것은 일반적인 상식이다. 거의 모든 사람들이 불안할 때 위장장애, 숨가쁨, 수면 곤란, 피로의 증가, 식욕 상실, 잦은 소변 욕구 등을 경험한다. 혈압의 변화나 근육 긴장, 그리고 소화력 저하와 혈액의 화학적 변화와 같은 덜 의식적인 것도 있다. 만일 이러한 것들이 일시적이라면, 비록 있다 하더라도 거의 해가 되지는 않는다. 오히려 아직 의식적으로 인식되지 않았을지라도 그런 변화들은 신체로 하여금 스트레스에 대처하기 위한 준비를 시키고, 신체가 스트레스를 받고 있다는 신호를 보내는 생리적인 전달자가 된다. 그러나 신체적 반응이 오래 지속되면, 신체는 압박으로 인해 손상되기 시작한다. 이것이 바로 심리적인 원인에 의한 신체화 증상의 근원이다.

스트레스 영향에 관한 연구들은 바쁜 사람들이 아드레날린의 과다 분비에 의해 어떻게 신체가 소진되는지를 잘 보여주고 있다. 이러한 사람들은 제한된 시간에 쫓겨 압박감을 느끼면서 많은 것을 성취하려는 사람들이다. 이들은 '스트레스 질환'이라고 명명되는 고통을 받고 있으며, 자신들을 붕괴의 지점으로 몰고 가면서도 그들의 바쁘고 불안한 생활양식이 소진감과 수면 곤란을 일으키며 병에 걸리기 쉽도록 하는 이유에 대해 의아해한다.[25]

2. 심리적 반응

시험을 치르거나 취업 면접을 보러 갔던 경험이 있는 사람들은 불안이 어떻게 심리적으로 영향을 미치는지 잘 알고 있다. 불안은 생산성을 감소시키고(그래서 우리는 더 열심히 노력했음에도 오히려 많은 것을 얻지 못한다), 관계를 훼손하며(그래서 우리는 다른 사람과 어울리는 데 곤란을 겪는다), 과민성과 조급성을 일으키고, 창의성과 독창성을 억누르며, 개성을 둔화시키고, 사고하거나 기억하는 능력을 방해한다. 시험을 치르는 동안 머리가 텅 빈 듯한 학생과 무대에서 대사를 잊어버린 배우는 모두 불안으로 인한 기억 실패의 증거를 보여주는 것이다. 극단적인 경우에, 불안은 개인으로 하여금 성인으로서 독립적으로 기능할 수 없도록 무력화시킨다.

3. 방어적 반응

불안이 형성될 때 대부분의 사람들은 무의식적으로 불안의 고통을 둔감하게 만들며 더 쉽게 대처할 수 있는 행동과 사고에 의존한다. 상담에서 자주 볼 수 있는 것처럼, 이러한 방어행동들은 불안의 감정을 무시하기, 불안을 일으키는 상황이 존재하지 않는 척하기, 걱정할 것이 아무것도 없다고 자신에게 확신시키기, 증상들을 합리적으로 설명하기, 문제와 관련하여 다른 사람을 비난하기, 불안을 전환시키기 위한 신체적 질병을 유발시키기, 어린아이 같은 사고와 행동방식으로 퇴행하기 등과 같은 것이다. 이러한 것들은 우리가 문제를 부인함으로써 불안이 일어나는 상황에 직면하여 그 불안을 처리하지 않을 때 활용하는 마음의 게임이다. 때로 사람들은 술, 약물, 과도한 활동, 텔레비전, 또는 여러 종류의 정신적 질병 속으로의 물러남을 통해 회피한다. 이 모든 것들은 불안에 대처하기 위해 노력하는 방식들이다.

4. 영적인 반응

불안의 시기에 많은 사람들은 하나님에게로 돌아가서 영적인 도움을 구한다. 이것은 이전에 영적이거나 종교적인 관심이 없었던 사람들에게도 해당된다. 예를 들면, 흔히 강한 불안과 두려움은 군인들로 하여금 작전지대에서 기도하도록 만들며 도움과 보호를 위해 신에게 의지하도록 이끈다는 것은 널리 알려진 사실이다. 애석하게도 이렇게 고양된 영적인 관심은 전쟁이 끝나면 사라지게 된다.

그러나 동시에 불안은 사람들로 하여금 그들이 하나님을 가장 필요로 할 때 하나님으로부터 멀어지게 만들 수도 있다. 걱정으로 가득 차고 압박에 의해 어지러울 때, 심지어 종교적인 사람들조차도 기도할 시간이 부족하고 성경읽기에 집중할 수 있는 능력이나 욕구를 감소시키고, 교회 예배에 대한 관심이 줄어들며, 하나님이 위기 상황에서도 침묵하시는 것 같은 고통과 하나님이 착한 사람들에게 우연히 일어나는 일들을 나쁜 상태로 그저 내버려두는 것에 대한 분노를 느끼게 된다. 기독교 상담자는 스트레스를 허락하고 자신을 돌보지 않는다는 인상을 남긴 하나님을 대표하는 사람이기 때문에 영적인 안내자가 될 수도 있지만 거부될 수도 있다.

이러한 모든 논의에서 볼 때 불안의 효과에는 커다란 개인차가 있다는 것을 기억하는 것이 중요하다. 어떤 사람은 경미한 불안에 의해서도 무기력해지지만, 또 어떤 사람들은 강한 압박하에서조차 성장하는 것으로 나타난다.

상담과 불안

불안은 심리적으로 전염될 수 있다. 불안한 사람이 자신의 불안을 표현하기 시작할 때, 상담자를 포함해서 그를 돕기 원하는 다른 사람들도 똑같이 불안해질 수 있다. 그러므로 불안한 사람들을 상담할 경우 상담자는 무엇보다도 자신의 감정에 민감해야만 한다.

1. 상담자 자신의 불안을 인식하기

상담자로서 불안한 내담자를 만나 불안감을 느낄 때, 다음과 같은 질문을 스스로에게 해보라. '이 상황에서 어떤 것이 나로 하여금 불안하게 만드는가?' '나를 불안하게 만드는 그 어떤 것이 또한 내담자를 불안하게 만들고 있는가?' '나의 불안은 내담자에 대하여 그리고 나 자신에 대하여 무엇을 말하고 있는가?' 때때로 상담자는 자기 자신의 불안을 숙고해봄으로써 내담자의 불안에 대한 통찰을 얻을 수 있다. 또한 내담자의 불안과 자신의 불안을 혼동하지 않을 수 있다.

2. 긴장을 가라앉히기

만일 내담자가 너무 긴장해서 집중할 수 없다면 상담은 효과적이지 못할 것이다. 이와 반대로 상담자가 침착하고 민감하며 돌봄과 확신을 주는 사람이라면, 이러한 태도는 불안을 상당히 감소시킬 수 있다. 로버트 알렌(Robert Allen) 박사는 심장마비를 일으켰던 심장병 환자들의 퇴원 직전에 그들을 돌보는 심리학자였다. 그는 사람들에게 질병에 대해 가르쳤으며 심장 문제가 증가되는 위험을 줄일 수 있는 방법들에 대해 설명하면서 스트레스와 분노 다루기에 대한 제안들을 하였다. 불안은 이런 많은 환자들과 그들의 가족에게 주요 관심사이지만, 그들은 침착성을 보이고 희망을 주는 사람과 함께할 때 불안이 이완되며 격려를 얻는다.[26]

비록 어떤 기독교인은 이러한 접근을 비난하지만, 많은 상담자들은 불안한 내담자들이 차분해질 수 있도록 돕는 이완 방법들을 활용한다.[27] 내담자에게 조용히 앉아 있도록 격려하고, 깊은 숨을 쉬게 한 후 근육을 이완하도록 만들라. 때때로 주먹이나 어깨 등 서로 다른 신체 부위의 근육을 단단히 긴장시킨 다음 최대한 편안하게 근육이 이완되도록 내버려두도록 하는 것이 도움이 되기도 한다. 눈을 감고 바닷가나 어떤 위협적이지 않은 곳에서 편안히 쉬고 있는 상상을 하도록 하는 것도 도움이 된다. 상담 장면이 아니라면 음악이 진정 효과를 주고 있다는 사실을 많은 내담자들은 알게 될 것이다. 그리고 독서와 성경 암송, 또는 단순히 집 안팎의 조용한 장소로 잠시 떠나 있는 것만으로도 그렇게 될 수 있다. 당신이 당신의 내담자를 만나기 전에 빠른 음악이나 소음이 없는 대기실에서 기다리도록 하라. 당신의 상담실에서 소음이나 다른 혼란스러운 영향력을 줄임으로써 상담 환경은 보다 안정적이 될 수 있다. 물론 이것들 중 어떤 것도 불안의 기저에 있는 원인을 제거할 수는 없지만, 침착함을 보이고 사람들로 하여금 보다 편안함과 통제감을 느끼도록 도움으로써 당신은 일시적으로나마 내담자의 주의를 증상으로부터 다른 것으로 돌리게 만들 수 있다. 안정된 상담 환경과 편안한 상담자로 인해 내담자는 자신이 갖고 있는 불안의 근원에 관심을 집중하여 더 초점을 잘 맞출 수 있게 된다.

3. 사랑을 보이기

사랑은 다른 어떤 것보다도 가장 위대한 치료적 힘이며,[28] 불안과 공포를 없애는 데 이보다 더 진실한 것은 없다. 성경은 "온전한 사랑이 두려움을 내쫓나니"[29]라고 언급하고 있다. 기독교 상담자가 환자에 대한 이해와 함께 사랑을 보일 때, 그것은 내담자의 공포와 불안을 몰아내는 데 도움이 줄 수 있다. 내담자는 예수 그리스도로부터 오는 사랑과 도움을 볼 수 있을 것이다.[30] 또한 다른 사람들로 하여금 자신을 사랑하도록 허락하는 것과 자신이 다른 사람들을 사랑하는 것 모두가 불안 감소에 도움이 될 수 있음을 보여주어라.[31]

4. 불안의 근원을 확인하기

불안과 공포는 하나님이 창조한 감정들이다. 그 감정들은 위험이나 내적 갈등에 대한 경고이며 이들은 단지 상담자의 확신이나 기독교적 사랑을 표현하는 반응만으로는 온전히 사라지지 않는다. 세심한 상담자는 내담자에게 "힘을 내라"든지 "불안해하지 말라"는 말을 하지 않는다. 우리 대부분은 "걱정이란 의지로 멈출 수 있는 죄"라는 식의, 의미는 좋지만 단순하기 그지없는 기독교인의 설교로부터 전혀 도움을 받지 못한다. 효과적인 상담자는 이러한 말 대신 불안의 원천을 밝히는 어려운 과제를 해결함으로써 내담자를 돕고자 노력한다. 불안이 어디로부터 오는 것일까? 불안은 어떤 목적에 도움이 되는가? 무엇이 불안을 계속해서 일으키는가? 이러한 질문에 대한 대답은 여러 가지 방식으로 발견될 수 있다.

(a) 상담자 불안 : 불안은 전염되는 경향이 있기 때문에 당신 자신의 감정을 자각하라. 만일 당신 내부에서 불안이 감지되면, 그 시점에서 무엇이 논의되고 있는지 스스로에게 조용히 물어보라. 당신 내면에 있는 불안은 내담자가 경험하며 말하고 있는 불안에 단서가 될 수도 있다.

(b) 관찰 : 상담 장면에서 내담자가 자세를 바꾼다든지, 호흡이 가빠지거나 땀이 나고, 음성의 고조나 속도의 변화와 같은 불안의 증거들이 언제 나타나는가? 어떤 주제들이 논의되고 있을 때 이러한 증거들이 나타나는가?

(c) 반영적 성찰 : 내담자는 불안을 일으켰거나 현재 불안을 일으키는 환경을 제시할 수 있는가? "당신은 언제 가장 불안합니까?" "당신은 언제 불안하지 않습니까?" "당신이 최근에 정말로 불안했던 때가 언

제였습니까?" "그 당시 당신의 삶에서 어떤 일이 일어나고 있었습니까?"라고 묻는 것은 도움이 될 것이다. 내담자의 불안에 있어서 원인에 대한 내담자 자신의 통찰을 결코 과소평가하지 말라.

(d) 심사숙고 : 앞에서 열거한 불안의 원인에 대한 목록을 상기해보라. 앞의 목록 가운데 어떤 것들이 내담자의 불안을 생성하고 있는지 스스로에게 질문해보라. 이러한 문제들 중 몇 가지를 드러내서 내담자가 당신의 질문에 반응할 때 일어나는 불안의 징조를 주시해보라. 당신의 직감을 내담자에게 말하고 이에 대한 반응을 질문하라. 예를 들어, 내담자가 학교에 대해서 말할 때 불편해 보인다고 언급할 수 있다. 그리고 나서 "지금도 여전히 당신 안에 불안을 일으키는 어떤 사건이 있었는지 궁금하군요. 당신은 어떻게 생각하십니까?"라고 질문하라.

이러한 모든 것에 있어서 인내와 이해가 필요하다는 사실을 기억하라. 흔히 불안은 본질적으로 정체가 모호하고 어려운 위협에 대해 반응할 때 일어난다. 우리는 내담자로 하여금 급하게 빠져나오도록 몰아붙이거나 무엇이 잘못되었는지 빨리 말하도록 강요함으로써 내담자의 불안을 가중시키고 더 큰 혼란에 빠뜨리며 불안한 내담자를 잃거나 소외시킨다.

5. 개입을 시도하기

불안은 사람에 따라 각각 다르다. 각각의 사람이 독특한 증상을 나타내므로 서로 다른 형태의 치료적 접근이 필요하다. 불안을 치료하는 데 전문가들은 수백 가지의 기법들을 발전시켜왔다.[32] 가끔씩 일어나는 불안, 심각하고 깊은 불안, 공황발작, 공포, 또는 외상 후 스트레스 장애를 다루는 서로 다른 접근들이 있다. 그러나 이러한 차이에도 불구하고 모든 개인에게 적용될 수 있는 일련의 개입 방법도 존재한다.

(a) 인지행동적 개입 : 인지행동적 접근은 사람들이 자신의 사고방식이나 행동을 바꾸도록 돕는 데 초점을 둔 접근법인데, 그 효과를 증명하는 무수히 많은 증거들이 있다. 예를 들어, 한 접근 방식은 사람을 불안하게 만드는 상황에 낮은 수준으로부터 시작해서 조금씩 수준을 높여가며 노출시키는 것이다. 여기에는 내담자가 학습한 긴장이완법, 집에서 실습하도록 부과된 과제, 자신의 행동을 관찰하는 방법에 대한 교육 등이 수반된다. 수많은 실험연구들은 다양한 불안의 조건에 대한 이러한 접근방식의 가치를 증명하고 있는데, 여기에는 일반화된 불안, 공포증, 높은 수준의 불안과 연관된 의학적 조건들, 과업 완수에 대한 불안 등이 포함된다.[33]

심한 불안을 가진 사람들이 인지행동 치료에 저항적이라는 것은 놀라운 일이 아니다. 자신들의 불안에 대해 끊임없이 말하고, 약물치료와 기도, 그리고 기적을 바라는 것이 그들에게는 더 쉬운 일이다. 한 경험 많은 상담자에 의하면, 불안을 겪는 많은 사람들이 자신들의 불안으로부터 벗어나는 데 가치를 두기보다는 확실성과 위안, 그리고 염려에 더 많은 가치를 두도록 학습한다.[34] 확실성에 목적을 두는 것은 신체적이고 정서적인 평안을 얻고자 하는 것이다. 이러한 사람들은 긴장을 유발할 수 있는 어떤 것도 피하려고 애쓴다. 그들은 비록 이런 삶의 변화가 자신들의 활동이나 관계를 심각하게 제한하지만 고통스러운 생각에서 탈피하려는 방식으로 자신들의 삶을 이끌어간다. 게다가 염려하는 것이 곧, 그들의 생활방식이 된다. 대부분의 사람들은 염려가 자신들을 불안으로부터 보호하기보다는 뇌와 부신을 자극하여 긴장을 유발시키고 심장박동을 촉진하는 호르몬이 혈류 안으로 스며들도록 함으로써 더 많은 불안을 일으킨다는 사실을 깨닫지 못하고 있다. 그러므로 상담자는 그들로 하여금 위험을 무릅쓰고 불안을 직면할 수 있도록 격려해주며 그들의 삶을 제한하고 통제하는 확실성과 위로, 그리고 염려에 대한 관심사로부터 다른 방향으로 이동시키도록 하는 것을 목표로 삼아야 한다. 이러한 종류의 변화는 매우 불편을 주기 때문에 많은 사람들은 성급하게 자신의 옛날 방식으로 돌아가려 한다. 호전되는 사람들은 주로 자신들의 불안에 직면할 수 있도록 격려를 받으며 불안의 원천을 다루는 방향으로 이동하여 나아가는 사람들이다.

여러 가지 인지행동 치료법들은 불안반응이 일반적으로 학습되는 것이라고 가정한다. 따라서 상담자들은 불안한 사람들에게 불안을 유발하는 상황에서 이완할 수 있는 방법을 가르치려고 시도한다. 이러한 방법은 불안한 상황이나 증상이 나타날 때, 편안한 상황을 상상하도록 하거나 성경을 암송하기, 또는 천천히 깊게 심호흡하는 것 등을 포함한다. 상담자는 내담자로 하여금 신체적으로 이완하도록 한 후 두려워하는 대상에게 서서히 자신을 노출시킴으로써 그 위험한 대상이 실제로는 두려운 대상이 아니므로 불안할 필요가 없다는 사실을 학습할 수 있도록 도와준다. 또 다른 면에서 상담자는 내담자로 하여금 자신이 마치 불안한 상황에 처해 있는 것처럼 행동하도록 하며, 이때 상담자가 직접 효과적인 대처 방법을 가르친다. 이와 같은 기법들은 불안이 구체적인 상황이나 확인될 수 있는 대상에 대한 반응으로 나타날 때 가장 효과적이다.

(b) 생물학적 개입 : 불안이 질병이나 유전적인 기능장애 또는 영향 불균형[35]과 같은 신체적 원인을 가지고 있다면 약물치료가 필요하다. 어떤 의사들은 흔히 상담자와 협력하면서 치료할 것이다.

이러한 협력은 불안을 감소시키는 약물 활용을 포함해야만 하는가?[36] 대부분의 지역에서 오직 자격증을 갖춘 의사들만이 약물을 처방할 수 있도록 규정하고 있다. 좀 더 최근에 미국의 일부 지역과 다른 어떤 나라에서는 임상심리학자들과 의사가 아닌 사람에게 합법적으로 약물을 처방할 수 있는 권한을 주기도 했다.

일부 정신과 의사와 어떤 의사들은 항불안제의 사용을 최우선으로 하며 때때로 이를 유일한 치료 방법으로 보기도 한다. 약물은 불안과 관련된 뇌 속의 화학적 변화를 직접 치료하지만 불안의 근원을 거의 다루지는 못한다. 이와 반대로, 일부 목회자들과 기독교 상담자들은 비록 이러한 약물이 내담자를 안정시키며 상담을 촉진시킨다 할지라도 약물을 활용하는 것에 대해 너무 쉽게 비난한다. 항불안제의 가치를 인정하는 상담자들은 약물에 대한 강한 편견을 가지고 있는 내담자에게 확신을 주는 데 곤란을 겪을 수 있다. 약물을 복용하라는 제안이 어떤 내담자들에게는 불안을 증가시킬 수도 있는데 이들은 불안이 참을 수 없을 정도가 되어야 약물을 복용하라는 제안에 대해 조금 마음이 누그러진다.[37] 진정제의 과다 사용에 대해 조심스러워하면서도 내담자의 불안이 심해질 때에는 기꺼이 약물을 처방하고 사려 깊게 관찰하는 의사와 함께 일하도록 하라.

몇 년간에 걸친 수많은 연구들은 심리치료 및 그 밖의 치료적 접근과 약물치료의 효과에 대해 비교해 왔다. 두 가지 모두 불안을 감소시켜왔지만 어떤 치료가 더 효과적일까? 많은 것들이 불안을 겪는 개인과 상황에 따라 다르다. 출간된 한 보고서에서 저자는 불안장애의 치료에 대한 여러 편의 논문을 평가하면서 심리치료와 약물요법, 그리고 정신과적 수술의 효과성을 비교하였다. 그 연구는 "어떤 약물은 불안장애의 치료에 분명히 유익하거나 잠재적 효과성이 있는 반면 (중략) 검증된 약물요법과 심리치료의 조합은 불안장애의 치료에 임상적으로 가장 현명한 접근이다"[38]라고 결론을 내렸다. 이런 결론은 과학 논문에서 자주 나타난다. 약물은 도움이 될 수 있지만, 다른 치료보다 더 낫지 않은 경우가 많고 가끔은 상담으로만 치료할 때보다 효과적이지 않을 때도 있다. 인지행동 상담기법은 흔히 약물치료와 병행하여 사용되

며, 그럴 때 최상의 효과를 나타내는 경우가 많다.[39]

(c) 환경적 변화 개입 : 때때로 불안을 다루는 데 가장 직접적이며 최선의 방법은 개인의 생활양식이나 관계양식, 또는 거주지나 직업을 변화시키거나 변경하는 것이다. 이러한 변화들은 읽을 때는 쉽게 여겨지지만, 어떤 도움 없이는 실천에 옮기기 어렵고 우리의 삶을 압도할 수 있는 것들이다. 예를 들어, 혼자 힘으로 불안을 유발시키는 관계를 깨뜨리거나 새로운 거주지로 이사하는 것, 또는 직업을 변경하는 것은 매우 어렵고 때로는 불가능한 일들이다. 이와 같은 변화들은 상담자를 포함하여 다른 사람들로부터의 격려와 안내를 필요로 한다.

한 통찰력 있는 상담자가 불안해하는 청소년들을 상담한 경험에 대해 기록하는 과정에서 "10대들은 혼란스러운 정보와 끊임없는 변화 속에서 살고 있기 때문에 성장을 위한 지속적인 관계가 필요하다. 치료는 이러한 관계 경험을 확실히 갖게 해주며 방향키 없이 불안에 쫓기는 세상의 환경에서 잃어버린 가치를 찾을 수 있도록 격려해준다"[40]라고 결론 내리고 있다. 이러한 환경에서 청소년들은 이전에 집에서 얻지 못했던 규칙과 의식(rituals), 그리고 분별과 존중을 경험할 필요가 있다.

상담에서 규칙을 수립함으로써 불안한 시기에 필요로 하는 안정성을 어느 정도 만들어낼 수 있다. 약속을 지키기 위해 책임감 갖기, 일의 우선순위 정하기, 의무 행하기 등은 안정의 중요한 근거를 제공한다. 의식은 함께 음식 먹기, 정기적으로 교회 가기, 일주일에 한두 번 정도 함께 일하기 등과 같이 단순한 것일 수 있다. 불안의 시기에 의식은 이것과 동반된 안정감과 함께 점차 사라지는 경향이 있다. 최고의 의식은 내담자가 제안하고 행하기를 원하는 것들이다. 분별은 사람들로 하여금 현명한 결정을 내리거나 곤란으로부터 벗어나도록 돕는 조언이나 안내하는 것과 같은 일들을 말한다. 상담자는 조언하는 것을 삼가라고 배우고 있지만, 특히 불안의 시기에 조언은 마음에 깊이 받아들이진 않는다 할지라도 매우 도움이 될 수 있다. 존중은 존경을 나타내며 사람들로 하여금 가치 있다는 느낌을 갖도록 돕는 것과 유사하다. 스물두 살 된 어느 가난한 사람이 기독교 사회복지사에게 "당신은 이 세상에서 진정으로 저를 신뢰해주는 유일한 사람이에요"라고 말하였다. 사회복지사는 그 젊은이가 자기 인생에 있어서 불안의 어려운 시기와 개인적인 혼란의 시기를 겪는 과정에서 의지할 수 있는 존경과 존중의 태도를 보여주었다.

6. 격려하는 행동

상담의 목적은 모든 불안을 제거하는 것이 아니다. 그보다는 내담자로 하여금 불안의 근원을 발견할 수 있도록 돕는 것이 그 목적이다. 그 후 내담자들은 불안을 극복할 수 있는 방법을 배우고 대처행동을 수행하도록 격려 받아야만 한다. 내담자로 하여금 친숙하지만 고통스러운 내적 긴장 상태를 고수하기보다는, 비록 위험하고 불안정할 수 있지만, 불안을 직면하고 극복함으로써 더 많은 것을 얻을 수 있다는 것을 깨닫도록 도우라. 안심시키는 말로 들릴 수 있지만, 사람들로 하여금 불안을 다루는 구체적인 계획과 조처를 취할 수 있도록 하는 데 아무런 도움이 되지 않는 지적인 말은 피하도록 하라.

여기에서 상담자는 사람들로 하여금 목표를 세우고 그 목표를 성취하기 위해 일련의 단계를 밟아나가도록 돕는 안내자와 코치로서 봉사한다. 만일 좀 더 나아지도록 하려면, 기술을 발전시키고 정보를 얻으며 관계를 재형성할 필요가 있을 것이다. 비록 당신의 내담자가 무엇을 해야 할지 알고 있다 할지라도 위험을 무릅써야 하는 두려움과 염려가 있기 때문에 내담자는 여전히 저항할 수 있다. 내담자가 첫 번째 단계를 시행할 때 상담자는 그 옆에서 함께 걸어주는 격려자가 되어야 한다. 두렵고 불안한 바로 그때 발을 내딛어 전진하고 행동을 취하는 것이 바로 용기 있는 행동이라는 사실을 당신은 내담자에게 제시해주고 싶을 것이다.[41]

7. 지지하기

불안한 내담자와 함께할 때 조급해지기 쉽지만, 오히려 상담자는 내담자가 장애물에 의해 방해받고 매우 천천히 개선되는 것을 지켜볼 때 인내심 있게 지지해주어야 한다. 때때로 내담자는 자신이 갖고 있는 불안의 근원에 대항해서 아무런 행동을 취할 수 없는 것처럼 보일 때도 있다. 예를 들면, 전쟁 지역이나 다른 잠재적 위험환경에 살고 있는 사람은 무기력한 희생자와 똑같은 느낌을 갖는다. 그와 같은 상황에서 그들은 사려 깊게 돌보는 상담자가 함께하고 있다는 것과 따뜻한 지지를 느낄 필요가 있다. 그리고 외부적 환경이 어떠하든지 간에 우리 각자는 여전히 자신의 태도와 개인적 가치를 관리할 수 있다는 사실을 인식할 수 있도록 도움을 받을 필요가 있다.

8. 기독교적인 반응으로 격려하기

성경은 과도한 불안에 대해 특이하리만큼 구체적이고 명료한 방향을 제시하고 있다. 빌립보서 4장 6절에서 우리는 불안해하지 말고 아무것도 염려하지 말라는 가르침을 받고 있다. 우리가 이미 알고 있듯이 의지적인 행위로 인해 걱정하는 것을 멈춘다는 것은 실제적으로 불가능하다. 그러한 의도적인 노력은 오히려 우리의 주의를 문제로 향하게 하며 불안을 감소시키기보다는 더욱 증가시킬 수 있다. 더 나은 방법은 불안을 간접적으로 감소시키는 활동이나 사고에 초점을 맞추는 것이다. 성경은 이것을 행할 수 있는 방법을 보여주며, 그러한 방법은 내담자와 공유할 수 있는 일종의 신조를 제공해준다.

(a) 기뻐하라 : 이것은 빌립보서 4장 4절에 있는 명령이다. 이것은 "주 안에서 기쁨으로 충만하라"는 것을 의미한다. 세상이 어둡고 음울할 때조차 기독교인은 여전히 기쁨으로 충만할 수 있다. 이것은 예수님의 약속으로 말미암는데 그는 우리를 떠나지 않으시고, 평화를 주시며, 하늘에 예비하신 처소로 성도들을 데려가기 위해 다시 오실 것이고, 그동안에 성령(예수님이 상담자라고 부르신)을 보낼 것이며, 그 성령은 우리와 함께 거하시며 우리가 기억해야 할 필요가 있는 진리를 생각나게 하시리라고 약속하셨다. 이러한 사실을 앎으로써 우리는 하나님을 믿을 수 있으며, 우리의 마음을 고통과 두려움에 내버려두지 않을 수 있다.[42]

(b) 이해심을 가져라 : 이는 헬라어로 당신의 친절과 온화함, 돌봄, 자비로운 태도를 보이도록 하라는 의미다.[43] 이러한 자질은 저절로 이루어지는 것이 아니다. 이러한 자질은 우리가 다른 사람들을 비난하거나 자신의 권리를 요구하는 경향성을 통제하고자 노력할 때 하나님의 도움으로부터 오는 것이다. 삶에 대해 부정적으로 비난하는 시각은 불안을 형성한다. 반면에 자비롭고 관대한 태도는 불안을 감소시킨다.

(c) 기도하라 : 빌립보서 4장 6절은 불안할 때 기도하라는 가르침을 준다. 이런 종류의 기도는 모든 일(작고 상세한 일까지도)에 대한 것이며, 우리가 필요로 하는 것들을 명확하고 정확하게 하나님께 탄원하는 것과 하나님이 행하신 모든 것에 대한 감사를 포함하고 있어야 한다. 성경은 우리가 만일 이렇게 한다면 "모든 지각에 뛰어난 하나님의 평강을 경험할 것"이라고 하였다. 분명히 기도는 불안에 대한 중요한 해독제다.

(d) 긍정적인 것을 생각하라 : 흔히 불안은 인간의 연약함과 세상 안에 있는 악의 영향력, 그리고 잘못될 수 있는 일들에 대해 지속적으로 생각할 때 증가한다. 반면에 빌립보서 4장 8절은 "무엇에든지 참되며 무엇에든지 경건하며 무엇에든지 옳으며 무엇에든지 정결하며 무엇에든지 사랑 받을 만하며 무엇에든지 칭찬 받을 만하며 무슨 덕이 있든지 무슨 기림이 있든지 이것들을 생각하라"고, 즉 긍정적인 생각들에 머물라고 가르친다. 이것은 우리가 문제를 부인하거나 위험을 무시하라는 의미가 아니다. 반면에 성경은 성경적 바탕의 긍정적 사고가 주는 능력과 불안을 안정시키는 영향력에 대한 증거를 제시하고 있다.

(e) 행동하라 : 빌립보서 4장 9절에서 사도 바울은 행동의 모델로서 자기 자신을 제시하고 있다. "너희는 내게 배우고 받고 듣고 본 바를 행하라. 그리하면 평강의 하나님이 너희와 함께 계시리라." 기독교인의 과제는 단순히 듣고 앉아 있는 것이 아니라 성경이 가르치는 것을 행하는 것이다.[44] 불안의 감소는 불안의 한가운데서조차도 순종 및 경건한 행동과 관련이 있다.

• 불안 예방

빌립보서 4장은 상담에 대한 안내서 그 이상의 의미를 준다. 그것은 또한 불안을 예방하기 위한 공식이기도 하다. 사람들이 성경의 가르침에 따라 기뻐하고, 깊이 생각하고, 기도하고, 사고하고, 행동하도록 도움을 받을 수 있을 때, 불안을 예방하고 관리하는 데 상당한 진전이 있을 것이다. 최근 몇 년에 걸쳐 불안 예방의 방법들에 대한 연구가 증가해왔다.[45] 그러나 근본적으로 불안의 예방은 하나님과 함께 시작하는 것이다.

1. 하나님을 신뢰하기

매일 하나님과 교제하면서 동행하는 것을 배운 사람은 "내 앞 길 멀고 험해도 나 주님만 따라가리"라고 노래한 찬송가 가사에 동의할 것이다. 하나님이 주관하신다는 확신은 다른 사람이 불안해지기 쉬운 때조차 커다란 안정감을 가져다준다.

때때로 그러한 믿음은 현실에 대한 맹목적인 부정이나 책임 회피, 또는 궁극적으로 변화하는 환경에 대한 적응을 방해하는 경직된 사고로 이끈다. 이와 반대로 성경은 문제에 대한 현실적인 직면과 유연한 의사결정을 격려한다. 이것은 전능하신 하나님의 주권과 지혜에 대한 근본적인 확신을 유지하면서 사람들로 하여금 변화나 위험에 유연하게 적응하고 성장하도록 만든다.

2. 대처 방법 학습하기

불안이 일어날 때와 일어나기 전, 불안의 원인에 대처하는 것은 불안의 진전을 예방할 수 있다. 이러한 대처방법들은 다음과 같으며, 각각은 개인 생활양식의 일부분이 될 수도 있다.

- 공포, 불안정, 갈등, 그리고 불안이 일어날 때 이를 허용하기.
- 필요하다면 이러한 것들을 정기적으로 친구나 기도 동역자, 배우자나 책임 있는 동료와 함께 이야기하고 나누기.
- 삶의 도전과 위험에 직면하는 능력에 대한 믿음을 포함하여 자존감과 자신감 높이기.

- 이별로 인한 상처 인정하기, 헤어진 친구들과 지속적인 교제 유지하기, 깨어진 관계 회복하기, 다른 사람들과 새로운 관계 형성하기 등 이와 같은 모든 것들은 지지망을 형성해준다.
- 만족감을 주는 작업이나 다른 의미 있는 활동에 참여함으로써 과민한 에너지를 연소시키고 불안을 유발하는 상황으로부터 전환하기.
- 효과적인 의사소통 기술 학습하기.
- 이완을 학습하고 실행하기.
- 효과적인 시간관리의 원칙을 개발하기.
- 우선순위와 삶의 목적을 정기적으로 재구조화하고, 평가하기.
- 확신과 희망을 불어넣을 수 있는 유능한 지도자들에게 헌신하기.
- 필요한 때에 도움을 줄 수 있는 다른 사람들과 하나님으로부터 도움을 구하는 습관 형성하기.

3. 상황에 대한 현실적 조망 유지하기

위협적이고 도전적이며 잠재적으로 위험한 상황에서는 공포감이 쉽게 유발되지만, 이럴 때일수록 환경을 심사숙고해보고 이에 대처하는 최상의 방법을 결정하는 것이 좋다. 이러한 '인지적 평가과정'은 두 사람이 같은 상황을 보았으나 매우 다른 방식으로 반응하는 이유를 설명하는 데 도움이 된다. 한 사람이 상황을 평가하는 방식은 대개 그 사람의 조망 또는 관점에 달려 있다.

과거의 경험과 성격적 특성은 이러한 지각에 영향을 미친다. 어떤 사람들은 모든 것을 나쁘게 보고, 또 어떤 사람들은 더 낙관적이고 삶의 밝은 면을 보는 경향이 있다. 불안을 예방하도록 돕기 위해 상담자는 항상 사람들(특히 부정적이기 쉬운 사람들)이 최악의 상태가 벌어질 것 같은 가정을 하지 않고 현실적인 시각을 유지하도록 격려할 수 있어야 한다.

4. 다른 사람에게 다가서기

다른 사람들을 돌보거나 도움을 주기 위해 다가서는 것은 개인의 삶에서 불안과 염려를 다루는 가장 효과적인 방식들 중 하나일 것이다. 사람들을 돕고 다른 사람의 짐을 나누어 짊어지는 것은 불안을 예방하는 효과적인 방식일 수 있다.

- **불안에 대한 결론**

어떤 상담자들은 불안이 다음 장에서 논의된 대부분의 주제들 같이 모든 심리적 문제의 기초적인 부분이라고 생각한다. 불안은 사람들에게 위험을 경고하고 조치를 취하도록 동기화시킨다. 불안이 공포를 일으키거나 개인을 무력화시킬 때 그것은 유해하다. 불안이 우리로 하여금 삶의 도전거리들을 좀 더 효과적으로 다룰 수 있도록 할 때 불안은 도움이 될 수 있다.

예수님은 산상수훈에서 염려에 대해 말씀하실 때 전체적인 관점에서 이 모든 것을 제시하셨다. 예수님은 하나님이 우리의 필요와 불안들을 아신다고 말씀하셨다. 만일 우리가 삶에서의 첫 번째 우선순위를 하나님께 둔다면,[46] 우리는 여전히 우리의 필요가 채워질 것이라는 확신을 갖게 되며, 따라서 염려할 필요가 없을 것이다. 이것은 기독교 상담을 독특하게 만드는 메시지다.

상담자들을 위한
요점 정리 09

■ 불안은 고양된 신체적 흥분에 의해 수반되는 염려와 불편, 그리고 걱정과 두려움의 내면적 느낌이다. 불안의 시기에 신체는 긴장하게 되고 도망가거나 싸울 준비를 하는 것으로 보인다.

■ 성경은 두 가지 방식으로 불안이라는 용어를 사용한다. 두 방식 모두 일반적이다. 현실적인 걱정을 하는 불안은 비난받거나 금지되지 않는다. 안절부절못하는 불안과 걱정은 더 고통스럽고, 근본적으로는 하나님에 대한 확신의 부족과 자신 스스로 짐을 지려는 경향성을 반영한다. 두 번째 종류의 불안은 상담자들이 상담에서 가장 자주 다루게 되는 불안이다.

■ 불안의 원인은 다음과 같다.
- (a) 불안정한 환경 (b) 낮은 자존감 (c) 다른 사람과의 분리 (d) 변화하는 도덕적 가치 (e) 무의식적 영향력 등으로부터 오는 위협.
- 갈등.
- 두려움.
- 채워지지 않은 욕구들.
- 생리적 반응.
- 개인의 학습, 과거 경험, 사회적 환경, 신체, 신학적 신념 등에서의 개인차.

■ 불안이 항상 나쁜 것은 아니다. 불안은 우리로 하여금 위험하거나 위협적인 상황에서 긴장할 수 있도록 하며 우리를 위험으로부터 보호할 수 있도록 한다.

■ 불안이 강하고 오래 지속되고 통제 불가능할 때 그것은 다음과 같은 반응을 수반한다.
- 생리적 반응.
- 심리적 반응.
- 방어적 반응.
- 영적인 반응.

■ 불안에 대해 효과적인 상담은 다음과 같다.
- 상담자 자신의 불안을 인식하고 다루기.
- 불안한 내담자의 긴장 풀어주기.
- 사랑의 영성을 보여주기.

· 불안의 근원을 확인하기.
· 불안 감소를 위한 개입을 시도하기.
    * 가장 효과적인 것은 다음과 같다.
        − 인지행동적 개입.
        − 약물치료를 포함한 생물학적 개입.
        − 환경적 변화를 시도하기.
        − 격려하는 행동하기.
        − 지지하기.
        − 기독교적 반응으로 격려하기(빌립보서 4장에 근거하여).

■ 불안을 예방하기 위해 다음과 같이 사람들을 돕는다.
· 하나님을 신뢰하도록 함.
· 불안에 대한 대처 방식을 배우도록 함.
· 상황에 대한 현실적 조망을 유지하도록 함.
· 다른 사람에게 다가서도록 함.

■ 불안은 매우 기본적이고 일반적인 것으로서 이 책의 다음 장에서 논의되는 모든 문제들의 한 부분이다.

10 >>
분노
Anger

프랭크 목사는 최근 목회 30주년을 맞이하여 축하 행사를 가졌다.[1] 현재 56세가 된 그는 몇몇 교회를 섬겼고, 성도들과 교단 지도자들 모두에게 존경을 받아왔다.

단지 소수만이 프랭크 목사의 분노에 대해 알고 있을 뿐이다. 가끔 그는 설교 시간에 얼굴이 붉어졌고, 죄에 대한 분개라기보다 분노의 폭발처럼 보이는 격렬함으로 강대상을 세게 내리치곤 했다. 어쨌든 그는 최대한 자신의 분노를 통제하고 있다. 교회 사무회의에서 그는 종종 스트레스 폭발 직전에 있는 느낌을 받았지만, 지금껏 자신의 진짜 감정을 유머 감각과 종교적 겉모습 뒤에 가까스로 숨겨왔다.

하지만 집에서는 그의 분노가 숨겨지지 않는다. 집에서 그는 종종 고함을 지르고, 가구를 주먹으로 치는가 하면, 교회 지도자들의 약점에 대해 불평하고, 심지어 가끔은 욕까지 한다. 그는 한번도 부인이나 아이들에게 신체적 폭행을 가한 적은 없지만, 그들은 그의 언어적 학대에 상처를 받았다. 그의 아이들 중 적어도 두 명은 아버지의 교회나 종교 가운데 어떠한 것과도 관련되지 않기를 원하고 있다.

프랭크는 분노에 대해 걱정한다. 그는 그것이 옳지 않다는 것을 알고 있으며, 그의 폭발 후 가족에게 자주 사과하고, 하나님에게 용서를 구한다. 그는 다년간의 목회 기간에도 불구하고 자기 자신이 다른 사람들에게 인정은 받으나 스스로를 통제할 수는 없는 위선자가 아닐까라는 생각을 하기 시작했다.

많은 숙고와 상당한 망설임 끝에 그는 선배 목사에게 자신의 분노에 대해 이야기하기로 결심했다. 그의 우려에 대해 상담할 때, 프랭크는 자신이 얼마나 분노와 짜증을 보이는지에 대해 놀랐다. 그는 한번도 자신의 느낌들을 다른 사람에게 이야기해본 적이 없었다. 그러나 자신이 분노적인 언어들을 입에서 쏟아냈을 때, 그는 목사라면 그래야 한다는 다른 사람들의 불합리한 기대에 자신이 얼마나 부당한 비난을 수동적으로 받아들여왔으며 쓸쓸한 감정을 숨겨왔는지를 이해하기 시작했다. 심지어 가끔은 순수하고 선의의 요구들조차 없는 그의 가족들에게 화를 냄으로써 적대적인 감정을 유발했다는 것도 알게 되었다.

목사 임기 내내, 프랭크는 다른 사람을 돕기 위해 많은 시간을 보냈었다. 이제 드디어 누군가가 그를 돕고 있는 것이다. 그는 더욱 효과적으로 자신의 짜증에 대처하고 분노를 통제하는 것을 배우고 있다. 상담자는 분노에 대해 프랭크를 책망하지 않았는데 이는 그가 이미 반복적으로 몇 년 동안이나 자신을 책망해왔기 때문이다. 그는 목사라는 직책의 압박에 대해 몸소 체험하여 잘 알고 있는 친절한 상담자 겸 목사다.

살인을 저지른 날까지 한번도 부모님에 대하여 불평해본 적도 없고, 학교에서 문제를 일으킨 적도 없으며, 분노를 보인 적도 없는 열일곱 살짜리 고등학생의 비극적인 사건과는 얼마나 다른 이야기인가!

동네 사람들이 대부분 잠든 시각, 부촌에 살고 있던 그 학생은 조용히 자신의 집으로 들어가 잔인하게 부모와 형제를 살해하였는데, 경찰은 그가 분노에 차 "미친 듯이 총알을 날렸으며 수십 번 난도질을 했다"고 했다.

왜 그 작은 마을의 상냥했던 소년이 갑자기 폭력적으로 분노를 표출했을까? 그의 공격적인 행동에 대한 뉴스가 전국의 신문을 통해 퍼지기 전까지, 그의 선생님들은 그 질문에 대한 답을 알 수 없었고, 경찰, 이웃들, 그 10대 소년을 알고 있는 어느 누구도 그가 왜 그랬는가에 대한 답을 할 수 없었다.

분노는 누구나 경험하는 감정이지만, 정의하는 것은 쉽지 않다. 그것은 가벼운 짜증이나 화가 나는 감정에서부터 폭력적인 격노에 이르기까지 다양한 형태와 강도로 나타난다. 분노가 유아기 때부터 시작하는지 여부에 대한 논쟁이 있지만,[2] 이것은 생애 초기에 나타나서 노년까지 계속된다. 그것은 내부에 숨겨져 억눌려 있을 수 있고, 밖으로 자유롭게 표현될 수도 있다. 분노는 신속하게 나타났다가 짧은 기간에 사라질 수 있고, 비탄, 경멸, 증오의 형태로 몇 십 년 동안 지속될 수도 있다. 특히 분노가 공격이나 복수의 형태로 지속될 경우, 그것은 종종 파괴적이 된다. 하지만 분노가 우리로 하여금 불의를 바로잡거나 창의적으로 생각하게 하는 동기가 된다면, 분노는 한편으로 건설적일 수 있다.[3] 분노는 우리가 위협을 당하거나, 자존심이 손상되거나, 달성하고자 하는 목표로의 전진에 방해를 받을 때 일어난다. 일반적으로 우리가 분노할 때, 자신뿐만 아니라 다른 사람들도 인식하고 있다. 하지만 때로 그것은 침착하게 웃는 얼굴 뒤에 숨겨져 있거나, 우리 두뇌의 구석진 곳에 묻혀 있다. 솔직하게 나타나든지, 다른 사람들에게 의도적으로 숨겨지든지, 또는 무의식적으로 표현되든지 간에 분노는 수많은 심리적, 사회적, 육체적, 영적인 문제들의 근원에 있다.

분노는 우울증, 사고, 도로 상에서의 격노, 병, 무능력, 불안, 비탄, 부부갈등, 그리고 대인관계의 긴장을 불러일으키는 주요 요인이다. 그것은 전쟁, 테러 공격, 교회 분열, 그리고 직장 안에서 혼란을 불러일으킬 수 있다. 분노는 프랭크 목사의 경우처럼 목회에 지장을 줄 수 있는데, 그것은 특히 내담자가 그들의 상담자들에게 분노를 일으킬 때 상담에 장애가 될 수 있다. 상담자 자신의 분노를 포함하여 모든 분노에 대한 이해가 곧 효과적인 기독교 상담의 기초가 된다.

• 성경과 분노

하나님의 격노와 인간의 분노는 성경에서 반복적으로 언급되고 있다. 구약성경에만 600번이나 언급되고 있으며, 이 주제는 신약성경에서도 계속해서 언급되고 있다. 성경에서 하나님의 분노와 격분은 그분의 사랑과 온화함보다 더 자주 언급되고 있다. 분노는 하나님 본성의 한 부분이며 속성인 까닭에 분노 그 자체를 나쁘다고 결론내릴 수는 없다. 하나님은 완전히 선하시며 거룩하시므로 하나님의 격노 또한 선한 것이라고 결론내려야 한다. 제임스 패커(James I. Packer)에 따르면, "성경에 나타난 하나님의 분노는 인간의 분노에서 매우 자주 보이는 것처럼 결코 불안정하거나, 이기적이거나, 쉽게 흥분하거나, 도덕적으로 품위가 없는 것이 아니다. 대신에 하나님의 분노는 정당하며, 객관적인 도덕적 악에 대해 필요한 반응이다."[4] 사랑과 자비가 함께하는 하나님의 분노는 강렬하고, 절제되며, 변함이 없으시다. 그것은 죄뿐만 아니라, 죄인들에게 행해야 하는 분노다. 하나님은 계속해서 믿음 없는 이스라엘 사람들에게 분노하셨다. 그분의 분노가 마가복음 3장에 분명히 나타나 있는데, 예수님은 자신의 시대에 살고 있는 종교적인 지도자들의 '완고한 마음'에 분노하셨다.[5]

모든 인간이 죄인이기 때문에,[6] 우리는 죄에 대한 하나님의 모든 격노를 마땅히 받아야 한다. 하지만 공의로우신 하나님은 또한 자비롭고 용서하시는 분이다. 이러한 이유 때문에 "하나님은 여러 번 그의 분노를 간직해두고, 그의 격분을 폭발시키지 않으셨다."[7] 때로 하나님은 진리를 거부하는 모든 죄 많고, 사악한 사람들에게 그의 분노를 보이기도 하시지만,[8] 인간에게 회개할 기회와 시간을 주신다.[9] 이것은 21세기의 보편적인 이론은 아니지만, 성경에 따르면 죄에 대한 하나님의 모든 분노가 언젠가는 폭발될 것이라고 한다.[10]

만약 우리가 인간의 분노에 대한 성경의 가르침과 이 모든 것을 어떻게 상담에 적용할 것인가를 이해하려고 한다면, 하나님의 격노에 대해 이해하는 것이 중요하다. 성경은 하나님의 분노를 결코 비난하지 않지만 인간의 분노에 대해서는 반복적으로 경고하고 있다.[11] 이것은 모순되는 것이 아니다. 불의에 대한 분노는 하나님과 인간 모두에게 정당하고 선한 것이다. 하나님은 지혜로우시고, 최고의 통치자이시고, 강하시며, 완전하시고, 모든 것을 아시는 분이시기 때문에 결코 상황을 잘못 판단하시거나, 위협을 느끼시지도 않으며, 통제력을 잃지 않으시고, 죄와 불의에 대해 항상 분노하신다. 이와 대조적으로 우리 인간은 상황을 잘못 판단하며, 판단할 때 실수를 하고, 위협이나 상처 받을 때 민감하게 반응하고, 때로는 복수와 보복을 한다. 결과적으로 인간의 분노는 해롭고 위험할 수 있다. 인간의 분노가 사탄에게 보다 많은 기회를 제공할 수 있기 때문에 성경은 우리에게 분노에 관하여 경고한다.[12] 에베소서 4장 26절은 "분을 내어도 죄를 짓지 말며 해가 지도록 분을 품지" 말라고 권면한다.

우리는 여러 성경 구절들로부터 인간의 분노에 대해 도움이 되는 몇 가지 결론에 도달할 수 있다.

1. 인간의 분노는 정상적이고, 모두 죄는 아니다

인간은 하나님의 형상대로 창조되었으며 분노를 포함한 감정들을 받았다. 이러한 분노는 필요한 것이며 유익한 감정 중에 하나다. 분노는 예수님에게서도 보여졌으며 그 자체가 죄인 것은 아니다.

2. 인간의 분노는 잘못된 직관으로부터 오는 결과일 수 있다

하나님은 사물을 보는 방식에 있어서 항상 정확하시고, 완전하시며, 전지전능하시다. 이러한 이유로 하나님의 분노는 불의의 여러 형태에 대한 반응이다. 대조적으로 인간은 불완전하므로, 자신의 관점에 비추어 각 상황을 본다. 인간에게는 전지전능하신 하나님이 정확하게 보실 수 있는 진정한 불의를 표면상의 불의와 항상 정확하게 구분할 능력이 없다. 그 결과 우리는 때로 잘못되었다고 임의로 규정짓는 어떤 문제들에 분노하지만, 이러한 문제들 역시 만약 우리가 모든 사실들을 알고 있었다면 다르게 판단했을 문제들일 수도 있다. 죄악스러운 이기심은 종종 우리의 관점을 왜곡하는 원인이 된다. 인간은 비판적인 성향이 있고, 상처받기 쉽고, 위협받고 있다고 느낄 수 있기 때문에, 다른 사람들의 행동을 오해하여 분노를 일으키며, 부당한 결론을 내릴 수도 있다.

3. 인간의 분노는 종종 죄를 불러일으킨다

다른 감정들처럼 분노는 건설적일 수도 있고 파괴적일 수도 있다. 그것은 하나님께 영광이 될 수도 있고, 죄가 될 수도 있다.

분노는 악하고 해로운 행동들을 쉽게 불러일으킬 수 있기 때문에, 성경은 분노를 종종 옳지 않다고 말하며, 분노와 격분을 멀리해야 한다고 주장한다.[13] 이런 이유로 분노나 격분, 불평은 멈추어야 한다. 비록 분노가 그 자체로 잘못된 것은 아니지만, 명백히 통제되지 못할 수도 있고, 복수, 언어적이고 신체적인 폭력, 수동적 공격성을 포함한 다양한 문제들의 원인이 될 수 있다. 이러한 것들은 내담자들에게 빈번하게 나타나며, 때로 상담자 자신들에게도 나타난다.

(a) 복수 : 비탄, 증오, 보복과 비판적인 태도는 모두 분노에서 기인하며, 이 모든 것은 성경이 경고하는 것들이다.[14] 복수는 하나님이 하실 일이지, 우리가 할 일이 아니다.[15] 인간의 보복이나 앙갚음을 위한 적의 있는 시도는 성경적으로 정당화될 수 없다.[16]

(b) 학대 : 기독교인들은 자신의 말을 통제해야 할 책임이 있지만, 이것은 우리가 분노할 때 특히 어렵다. 구약성경에서는 말로 기분을 전환하고 자신의 분노를 통제하지 못한 사람을 어리석은 사람이라고 표현하고 있다.[17] 야고보 서신에서는 언어적 남용의 위험성을 명백하게 약술하고 있다. 그리고 "……듣기는 속히 하고 말하기는 더디 하며 성내기도 더디 하라"고 권고하고 있다.[18]

언어적 학대는 분노를 유발하는 강력한 형태의 학대일 수 있다. 이것은 종종 이웃, 교사, 혹은 교회 동료들을 포함한 외부 사람들로부터 보이지 않는 곳에서 비밀리에 일어난다. 성적 학대 피해자들은 누설되는 것을 심히 두려워하고, 창피하게 여기기 때문에 여전히 가려진 채로 있다. 신체적인 학대의 증거는 다른 사람들에게 보다 쉽게 나타난다. 이 모든 세 가지 형태의 학대(언어적, 성적, 신체적)는 가해자의 통제되지 않은 분노로 인해 일어나게 된다.[19] 분노한 사람들은 어리석은 행동들을 한다.[20] 우리는 우리가 그들의 분노를 받아들여 그들처럼 되지 않도록 하기 위해 그들로부터 멀리 머물러 있을 것을 경고 받는다.[21] 우리는 테러리스트들과 투쟁적인 사람들에게서 이것을 본다. 그러나 또한 가족과 집단(교회나 직장동료 집단)에서도 이것을 볼 수 있다. 더욱이 한두 사람의 분노가 다른 사람에게 전가되면 이들은 분노할 뿐만 아니라 때로 폭력적으로 변한다.

(c) 포착하기 어려운 공격성 : 분노와 적대감은 포착하기 어려운 방식으로 표현될 수 있다. 이전에 우리는 비협조를 포함한 소극적인 방법으로 자신의 분노를 표현하는 사람들의 사례를 언급했었다. 남을 험담하는 사람이 부탁 받은 기도를 나누는 것을 포함하여 정보를 공유하기 위해서라는 훌륭한 이유를 가진다고 주장할 때조차도, 험담하는 것은 분노의 표현일 수 있다. 험담의 내용을 자세히 살펴보면, 종종 모든 것이 진실하지 않다. 험담하는 사람들의 말은 험담에 대해 비난하고, 경고를 하는 성경말씀을 무시하는 악의적인 형태의 복수일 수 있다.[22]

(d) 움츠림 : 다른 사람들에게 우리가 상처받았다는 것을 알 수 있도록 분노를 표현하는 것은 쉽지 않다. 그 결과, 어떤 사람들은 그들의 분노를 인정하기를 거부하고, 심지어 상담자들에게조차도 그렇다. 이러한 사람들은 자신의 분노를 인정하는 것으로부터 자기 자신을 보호하고, 평화를 유지하기 위한 선의의 시도로서 그들의 분노의 감정을 겉치레로 속인다. 때로 이러한 침묵의 동기는 훌륭하지만, 그 결과는 해로울 수 있다. 상대방은 자신이 누군가를 화나게 했었다는 사실을 결코 깨닫지 못하고, 왜 미묘한 긴장이 발생하는지를 알 수 없다. 따라서 문제를 해결하거나 더 나은 변화를 가져올 기회는 없어진다. 게다가 분노를 억압하는 사람은 때로 우울증을 불러일으킬 수 있는 비통함을 품는다.[23] 성경은 분노와 복수심을 숨

기는 것에 대해 책망하며 심지어 거짓말의 한 형태로 언급하고 있다.[24]

4. 인간의 분노는 선하게 사용될 수 있다

이러한 모든 분노의 해로운 결과에 대한 논의 가운데, 만약 분노가 다른 사람을 회개하게 하고 보다 나은 방향으로 변화하게 인도한다면, 분노를 표현하는 것은 가치가 있다는 성경의 가르침을 인식하는 것이 중요하다.[25] 이것은 분노를 적합하고 건전하게 사용하는 것이다. 분노를 표현하는 것이 바람직한 결과를 위한 것일 때 우리는 분노를 표현하도록 지시 받았다. 따라서 우리의 감정을 이야기하는 것을 항상 부정하거나, 무시하거나, 왜곡하거나, 거부하는 것은 잘못된 것이다.

5. 인간의 분노는 통제될 수 있다

만약 인간이 분노를 통제하는 것이 불가능하다면, 하나님은 우리에게 분노를 통제하도록 가르치시지 않았을 것이다. 몇몇의 성경 구절들은 분노를 통제하는 것이 가능하다는 것을 암시하고 있으며 또한 어떻게 통제될 수 있는지를 나타내고 있다.

(a) 분노는 인식되어야만 한다 : 우리가 격노, 비통, 분노, 원한을 버리기 전에 적어도 자신에게 이와 같은 감정들이 존재하는 것을 인정해야만 한다.

(b) 분노를 폭발하는 것은 억제되어야 한다 : 하나님의 자녀는 행동하기 전에 생각해야 한다. 악한 언어적인 폭발을 밖으로 내뱉는 대신 문제를 차분하게 숙고해야만 한다.[26]

때로 분노의 괴로움을 친구와 함께 나누는 것은 도움이 된다. 자신의 감정을 하나님에게 털어놓는 것은 항상 도움이 된다. 이러한 언어적 활동은 분노가 부적절하게 표현되거나 다른 사람들을 위험하게 하거나 관계에 손상을 가져오기 전에 분노를 줄이고 사라지게 하는 새로운 관점으로 이끌어준다.

이는 시편 73편에 분명하게 나타나 있다. 이 시편 저자는 믿음 깊은 사람들이 고통받는 동안 악한 사람들이 매우 형통하고 성공하는 것처럼 보이기 때문에 분노하고 비통해했다. 이 시편 저자는 분노를 폭발하는 대신 하나님 앞에 나와 세상에 현저한 불공평함에 관한 새롭고 신선한 관점을 가지기 시작한다. 그 결과, 그의 분노는 가라앉고 찬양으로 바뀌었다.

(c) 고백과 용서는 반드시 자유롭게 이루어져야 한다 : 이는 하나님에게 고백하는 것, 다른 사람에게 고백하는 것, 그리고 필요하다면 계속적으로 기꺼이 용서하고 용서받고자 하는 의지를 포함하고 있다.[27]

(d) 되풀이하여 생각하는 것과 보복은 반드시 저지되어야 한다 : 예수님이 핍박받으셨을 때 그분은 분노할 수 있고 보복할 수 있는 충분한 권리를 가지셨다. 그럼에도 불구하고 "그는 모욕을 받을 때 보복하지 않았고, 고통받을 때 심지어 저주하지도 않으셨다. 그는 항상 공정히 판단하시는 하나님의 손에 그의 문제를 위탁했다."[28] 분노한 사람들은 종종 그들의 어려움을 되새기며, 앙심을 품고, 심지어 보복하려는 방법들에 대해 생각하는 것을 즐긴다. 궁극적으로 이러한 경향은 분노하는 사람에게 해를 끼친다. 따라서 이것은 저지되어야 하고, 자기 자신과 자신의 상황들을 하나님에게 위탁하는 태도로 바꿔야 한다.

(e) 사랑은 반드시 촉진되어야 한다 : 모든 사람은 우리가 사랑하는 사람들에게 분노할 수 있다고 알고 있지만, 오랜 기간 사랑과 분노는 잘 결합되지 않는다. 우리가 사랑에 의해 자극 받을 때, 우리는 종종 정직하고 절제되고 존경하는 태도로 분노를 다룰 수 있거나 분노의 원인들을 무시해버릴 수도 있다.[29]

성경은 이 책에서 논의하고 있는 대부분의 주제들보다 더 많이 분노에 관하여 이야기한다. 요약하자면 성경은 분노를 보편적인 감정으로 언급하고 있는데, 그것이 실제적인 불의에 대항하여 표현될 때에는 선한 것이며, 자기 중심적인 동기에서 표현될 때에는 해로운 것이 되는 분명히 통제되어야만 하는 감정이라는 것이다. 솔로몬은 "자기의 마음을 다스리는 자는 성을 빼앗는 자보다 나으니라"라고 기록하고 있다.[30] 자기 자신을 다스리는 것은 우리 스스로는 하기 힘들지만, 다른 사람들이 도와줄 수 있고, 무엇보다 자기 자신을 다스리는 가장 큰 영향력은 성령이다.[31]

• 분노의 원인

몇 년 전, 어느 큰 대학에서 41명의 상담자 집단이 자신의 분노의 감정을 표현해 달라는 요청을 받았다. 한 상담자는 이렇게 대답했다. "내담자가 우리의 최선의 노력에도 불구하고 상담에 저항할 때나, 사람들이 불필요하게 집으로 전화를 한다든지 우리의 시간을 강요할 때 분노를 느낍니다." 대부분의 사람들은 언어적으로 혹은 신체적으로 공격받을 때 분노를 느끼고, 일부의 상담자들은 사람들이 특별한 배려를 요구하거나 죄책감을 느끼도록 시도함으로써 그들을 조작하려고 할 때 분노를 느꼈다고 말했다.[32]

많은 사람들에게 분노는 상황이나 사건보다는 다른 사람의 행동 때문에 더 자주 일어나는 것으로 보인다. 성경은 이것에 대한 몇 가지 실례들을 보여준다. 요나는 마지못해 전한 자신의 설교로 인해 니느웨 백성들이 회개한 후, 하나님이 그들을 용서하셨을 때 매우 분노하고 괴로워하였다.[33] 헤롯 왕은 동방박사들이 자신을 속이고, 예수님이 어디에서 태어났는지 보고하지 않았을 때 격노하고 폭력적으로 반응하였다.[34] 예수님의 열 제자들은 요한과 야고보가 천국에서 특별히 영광스러운 자리를 요구하였던 것을 알고 분개했다.[35] 예수님은 당신을 보기 원했던 어린아이들을 귀찮아했던 제자들과 스스로 의롭다 칭했던 종교 지도자들의 독선적인 태도에 대해 분노하셨다.[36]

상담자들은 분노의 근원에 대해서 다른 견해를 가진다. 몇몇 사람들은 '본능적 접근법'(Instinct Approach)을 취하는데, 이는 프로이트의 견해를 지닌 것으로 분노는 적대적인 환경이나, 다른 사람들의 행동이나, 사회생활로부터 오는 제약들로 인해 자극될 수 있는 타고난 생물학적인 욕구라고 간주한다. 본능적 접근의 견해는 만약 분노가 해결되지 않으면 내부에 쌓여 있다가 분출되거나 폭발되기 쉽다고 생각한다.[37] '좌절감-공격성 접근법'(Frustration-Aggression Approach)은 분노와 공격성이 항상 좌절감에 대한 반응으로 나타난다고 생각하고 있다. 좌절감은 보편적인 경험이므로, 우리 모두는 때때로 분노한다. 좌절감-공격성 접근법을 토대로 하는 것이 '사회적 학습 접근법'(Social Learning Approach)이다. 사회적 학습 접근법에서는 분노가 좌절감 때문에 나타나게 되지만, 과거의 학습과 사람들의 관점에 따라 다양한 방식으로 표현될 수 있는 감정적인 자극 상태라고 본다.

어쩌면 분노의 원인이 사람들을 분노하게 만드는 상황들이나 인간행동들만큼이나 많이 있을 것이다. 그럼에도 불구하고 그 원인들 중 대부분은 아래의 몇 가지 제목들로 요약될 수 있을 것이다.

1. 생물학

이 이야기는 발끈 화를 낼 때를 제외하고는 모든 사람들과 사이좋게 지내는 한 소년에 관한 실화다. 그는 명백한 이유나 원인 없이 주기적으로 격렬한 화를 내곤 했다. 발작이 끝난 후에 소년은 울면서 자기 자신을 멈추게 할 수 없었다며 사과하곤 했다.

이후 이러한 분노 폭발의 원인이 바나나에 있다는 것이 밝혀지게 되었다. 그 소년이 바나나를 먹을 때마다 뇌 속의 화학작용이 격노나 공격성을 만들어내도록 반응한 것이다. 바나나가 그의 식단에서 빠지자, 그 소년의 분노 폭발은 멈췄다.[38]

이것은 보기 드문 사례이며 분노는 이처럼 매우 간단하게 이해되거나, 치료되는 경우가 거의 없다. 그러나 알레르기, 뇌 질환, 신체의 화학적 문제, 그리고 유전적 변이는 분노의 원인이 될 수 있으며, 적어도 다른 사람들보다 더 쉽게 화내는 경향이 있도록 만들 수 있다.

원인이 무엇이든지, 모든 다른 감정들처럼 분노는 생물학적인 성분을 가진다. 이것은 우리가 일찍이 논의했던 아드레날린(부신호르몬) 반응, 즉 빠른 심장박동, 혈압의 상승, 동공 확장, 몸을 피하거나 싸울 준비로 자극을 받은 근육의 긴장 등을 포함한다. 사람들이 분노할 때, 혈압이 올라가고 얼굴이 붉어지는 것은 보편적인 인식으로 실제로 생물학적인 것에 기초한다.

2. 불의

우리가 보았던 것처럼 불의는 하나님을 격노하게 하는 이유가 되고, 뿐만 아니라 사람들을 분노하도록 자극할 수 있다. 예를 들어, 예수님이 환전 상인들을 성전 밖으로 쫓아내셨을 때 예수님의 행동을 생각해 보자. 성경은 예수님이 분노하셨다고 진술하지 않지만, 예수님이 그들의 탁자들을 뒤엎으시고, 성전에 대한 그들의 불경스러움을 심하게 비난하는 것은 극에 달한 분노를 암시한다. 거만한 종교적 지도자들이 안식일에 사람을 치유하는 것에 대해 예수님을 비난했을 때, 예수님은 그들 마음의 완악함을 근심하시고 노하셨다.[39] 불의에 대한 반응으로서의 분노는 가장 타당한 이유 중 하나이지만, 이것은 아마도 가장 적게 언급되는 것이다.

이러한 분노의 종류는 드물지 않다. 형제의 불공평한 대우나 엄마의 학대에 대해 방어하는 어린이에게서도 볼 수 있다. 특히 전 세계 곳곳에서 아동학대, 여성학대에 대항하여 싸우는 이들과 부당하게 성적으로 착취당하거나 값싼 노동자로 이용당하는 이들에게서 더 잘 볼 수 있다.

3. 좌절

좌절은 어떤 목표를 향해 나아가지 못하도록 가로막는 장애물(사건, 사람, 육체적인 장애)이다. 좌절감은 첫째, 누군가가 어떤 것을 했거나 혹은 실패했기 때문에, 둘째, 원하지 않는 사건들이나 상황들 때문에, 셋째, 간절히 바라는 목표에 도달할 수 없거나, 자신의 실패 때문에 일어날 수 있다. 우리가 좌절을 느끼는 정도는 목표의 중요성과 장애물의 크기, 그리고 좌절감의 지속 기간에 달려 있다. 당신이 빨간 정지신호에 연속으로 마주쳐서 일에 늦는 것은 약한 좌절이다. 어떤 수업의 필수 교과로 읽어야 하는 두꺼운 상담 관련 책 중 분노에 관한 긴 장을 처음부터 끝까지 읽어야 한다는 것은 좀 더 큰 좌절일지도 모른다. 만약 당신이 중요한 시험에 실패했다거나, 승진이 거부되거나, 불치병에 걸렸다면, 이것은 더욱 큰 좌절일 것이다. 좌절감의 정도가 높아진다고 해서 분노가 자동적으로 증가하는 것은 아니다. 그러나 아마도 좌절감의 정도와 혹독함, 빈번함이 커짐에 따라 분노의 가능성도 증가될 것이다.

4. 위협과 상처

분노는 한 사람이 거절당하거나, 제지당하거나, 무시당하거나, 굴욕감을 느끼거나, 부당하게 비난받거나, 혹은 다른 식으로 위협받고 있다는 것을 감지할 때 종종 일어난다. 때로 우리는 다른 사람들이 우리에게 너무 많은 것을 요구하고 비현실적인 기대를 하며 불공평하게 대우한다고 느낀다. 위협은 우리의 자존감에 도전해서 우리에게 불완전함과 한계를 상기시키고 우리로 하여금 상처받기 쉽다고 느끼게 만들어, 반격의 수단으로 분노하고 공격하게 만든다.[40] 때로 그러한 분노는 우리가 상처받고 위협받았다는 사실을 숨기며, 우리로 하여금 어느 누군가를 희생시켜 기분이 나아지게 한다. 상처와 분노는 자주 함께 발생하고, 상처가 분노를 일으키기 때문에, 분노에 초점을 맞추기 쉽고, 결국 분노의 원인인 맨 처음 나타난 상처나 위협을 보지 못하게 되기가 쉽다.

5. 학습

서로 다른 문화의 사람들은 서로 다른 사건을 보고 분노하며 다른 방식으로 분노를 표출한다. 이것은 민족과 사회 경제적 집단들과 지역에 따라 다르다. 또한 분노 표현에 있어서 남성과 여성 사이에서도 차이점이 드러난다. 이러한 대부분의 것들은 학습을 통해 발생한다. 예를 들어, 분노를 표현함에 있어서 여자아이들은 보다 적게 드러내도록 사회화하는 동안 남자아이들은 종종 공격성이 남성다움이라고 배운다.[41] 집안 혹은 영화나 텔레비전에서 보여진 것을 포함하여 다른 사람들에게 듣고 보는 것을 통해 우리가 분노할 때 어떻게 행동할 것인가를 배우고 무엇에 대해 분노할 것인가를 배운다.

6. 성격과 지각

같은 상황 속에서 한 사람은 강한 분노로 반응하였지만, 또 다른 사람은 거의 분노하지 않았던 상황을 주의해본 적이 있는가? 부분적으로 이러한 차이점들은 성격과 성숙도, 그리고 상황을 인식하는 방법에 따라 나타날 수 있다. 주위 환경에서 스트레스를 주는 사건들이 분노를 유발할 가능성은 그 상황을 이해하고 해석하는 방식보다 더 적다.[42] 만약 우리가 다른 사람에게 사건이나 상황에 대한 그들의 판단을 바꾸도록 설득할 수 있다면, 우리는 종종 그들의 감정을 변화시킬 수 있다.

도로상에서 몇몇 운전자들이 운전중 표현하는 분노는 상황을 인식하는 방법과 성격 차이의 영향으로 설명된다. 예를 들어 다른 운전자가 통행중에 당신을 가로막거나, 혹은 당신이 점찍어놓은 주차 공간을 차지하기 위해 앞질러갈 때 당신은 어떻게 반응하는가? 몇몇 운전자들은 이러한 것들이 그들의 운전 능력에 도전한다거나, 그들의 남성다움을 위협한다거나, 혹은 그들의 주차 공간을 뺏으려 했다는 이유로 앙갚음하려는 의지와 분노로 반응하게 만든다고 한다. 어떤 사람들은 몹시 불쾌하게 느낄 수 있지만, "만약 다른 운전자가 저렇게 함으로써 그들의 자존감을 높이고, 우월감을 주장할 수 있는 유일한 방법이라면, 그 사람의 그런 생각은 문제가 있는 거야. 하지만 난 아니야"라고 결론짓는다. 도로상에서의 분노가 정신질환인지를 알아내려는 연구들이 있으나[43] 대부분의 경우에, 한 사람이 도로상에서 분노할지 안 할지는, 그 운전자의 성격이나 그들이 그 상황을 어떻게 보는지에 달려 있다고 생각하는 것이 더 나을 듯싶다.

• 분노의 결과

"나는 분노의 문제를 가진 많은 내담자들을 보았다. 그들은 매우 많은 이해관계와 다양성을 가지고 있어서 단 하나의 치료법으로는 그들 모두에게 적합하지 않았다"라고 한 상담자는 적었다.[44] 표 10-1은 정의되어왔던 분노의 다양한 유형들을 요약해놓은 것이다.

상담자들은 각각 다른 시간에 이러한 것들을 이해하는 것처럼 보인다. 때로 이러한 분노의 유형 중 하나 이상이 한 사람에게서 나타나며, 각각 다른 상담 접근으로 도움을 받는다.

분노는 적어도 다섯 가지 기초적인 유형들로 영향을 미치는데, 분노하는 사람은 첫째, 분노를 일으키는 상황으로부터 분노를 참고 피할 수 있다. 둘째, 다른 사람들이 보지 않는 곳으로 그들의 감정들을 깊이 숨길 수 있다. 셋째, 분노의 근원이나 어떤 대체되는 것을 공격함으로써 행동화 할 수 있다. 넷째, 분노의 원인들을 직접적으로 직면하여 다룰 수 있다. 다섯째, 분노를 긍정적인 방향으로 바꿀 수 있다. 이러한 접근들은 겹쳐지기도 하고, 개인과 그의 인식 그리고 상황에 따라서 한 유형에서 다른 유형으로 바꿀 수 있다.

1. 분노를 참는 것

분노를 참는 것은 가장 쉬울 수도 있지만, 분노를 다루는 데 있어서 가장 효과가 적은 방법일 수 있다. 우리가 어떤 상황을 피해버릴 때, 분노나 좌절감을 무시하거나 회피하기가 쉬워진다. 피하는 것은 다음의 여러 가지 형태들로 나타날 수 있다.

- 방에서 떠나거나, 휴가를 얻거나, 교회를 떠나거나, 분노를 자극하는 상황으로부터 신체적으로 피하는 것.
- 일이나 다른 활동에 몰두하거나, 다른 일을 생각하거나, 또는 텔레비전이나 비디오게임 혹은 소설 등의 세계로 현실 도피함으로써 문제를 피하는 것.
- 술을 마시거나, 마약을 하거나, 그 밖의 행동을 함으로써 문제로부터 숨는 것인데 이것은 어떤 경우엔 우리를 화나게 만드는 사람에게 '보복' 하는 방법일 수도 있다.

분노를 참으면 한동안은 건강할 수 있다. 그것은 그 사람으로 하여금 그 상황을 재평가할 시간을 주고, 분노 폭발과 그 폭발로 인해 야기될 수 있는 죄책감과 해를 예방할 수 있다. 그러나 분노가 무시될 때, 그것은 우리에게 그 밖의 방법들로 악영향을 주기 시작한다.

2. 분노의 내적 전환

때로 사람들은 분노를 의식 밖으로 밀어내거나, 의식적으로 혹은 무의식적으로 분노가 존재한다는 사실을 부정한다. 이러한 태도는 문제를 대처하는 데 해로운 방법일 수 있다. 그 안도감은 기껏해야 일시적일 뿐이고, 결국 그 압박감이 폭발되기까지 쌓여 더 큰 어려움을 야기할 수 있다.

분노가 내부에 쌓여 표현되지 않을 때, 밖으로는 침착하고 밝아 보이지만, 내부에는 끓고 있는 분노가 있을 수도 있다. 이러한 내재적인 분노는 강력한 힘을 가지며 다음과 같은 형태로 표현될 수 있다.

표 10-1. 분노의 유형들

분노는 폭력, 학대, 수동적 저항, 그리고 상담자의 비난 등을 포함한 다양한 형태로 나타날 수 있다. 그러나 상담자인 로널드 T. 포터 에프론(Ronald T. Potter-Efron)에 따르면, 여러 가지 형태의 분노들이 있다. 각각의 형태들은 분노를 처리하는 독특하며 반복적이고, 예측할 수 있는 방식이다. 상담자들은 각각 다른 분노의 형태를 식별하는 법을 배울 수 있다. 각각의 형태들은 그 유형에 적합한 상담 접근법에 반응한다. 상담자들은 각각의 내담자들이 자주 사용하는 분노의 형태들을 결합하는 데 초점을 둠으로써 가장 효과적으로 도움을 줄 수 있다. 가장 일반적인 형태들은 다음과 같다.

- **분노 회피** : 대립과 분노 모두를 회피하는 사람들에게서 나타난다. 그들은 어떻게 건강한 방식으로 분노를 인지하고 표현할 것인가를 배우는 것이 필요하다.
- **수동적 공격성** : 비협력, 핑계, 그리고 방해하는 그 밖의 행동들을 포함해 포착하기 어려운 방법으로 분노를 표현하는 것을 의미한다. 이러한 내담자들이 개방적으로 의견 차이에 대처하며, 분노를 표현하도록 하는 것은 유익하다.
- **불신을 바탕으로 하는 분노** : 이것은 종종 피해 망상적이다. 사람들은 다른 사람이 상처받기를 기대하면서 그들의 분노를 투사하고, 그 뒤 자신의 격분과 공격성을 자기방어인 것처럼 정당화한다. 여기서 우리는 사람들이 자신의 분노를 인식하고, 타인에 대한 인식의 정확도를 평가해보고, 보다 신뢰하는 법을 배우도록 돕는다.
- **갑작스러운 분노** : 발끈 화내는 이른바 '성급한' 성격을 가진 사람들에게서 나타난다. 이들은 폭발하기 전에 짧은 시간의 활동 정지를 갖도록 배우는 것을 포함하여 자신을 통제하는 것이 필요하다.
- **수치심을 바탕으로 하는 분노** : 자신을 비난하는 사람들이나 자신을 비난한다고 추측되는 사람들에게 분노함으로써 수치심을 처리하는 사람들에게 나타난다. 이러한 분노의 형태는 사람들에게 수치심으로부터 분노를 분리하도록 하며, 내담자들이 자신의 죄의식과 수치심을 스스로 처리하도록 돕는 상담이 필요하다.
- **고의적인 분노** : 위협하려는 의도를 가진 분노의 표시다. 고의적으로 분노를 표출하는 사람들은 자신이 느끼는 것보다 더 분노하는 것처럼 보일 수 있다. 위협과 약자를 괴롭히는 것이 좋은 것보다 해로움을 더 많이 끼친다는 사실을 명료하게 인식하기까지 그러한 분노는 멈춰지지 않을 것이다.
- **습관적인 분노(다른 사람들이 중독적 분노라 부르는 것과 유사함)**[45] : 옳은 것은 아무것도 없다는 관점과 비판적, 적대적 세계관을 포함한다. 상담자들은 습관적인 분노를 유발하는 사고방식을 의심할 수 있다. 하지만 분노의 근원을 찾아 치료하는 것이 필요할 수도 있다.
- **우울성 분노** : 분노라기보다 오히려 우울증처럼 보인다. 분노는 억압되어 우울증으로 다시 나타난다. 우울증을 치료하고 사람들이 분노의 원인을 잘 처리할 수 있도록 도와주어야 한다.
- **도덕적 분노** : 어떤 이유로 싸울 때 나타나는 정당한 분개다. 때로 이러한 분노는 폭력과 무자비의 원인이 된다. 이러한 분노를 매우 유익한 방향으로 사용하도록 도와주라. 도덕적인 우월감을 줄이고, 배려하는 마음을 기를 수 있도록 공감을 가르치라.
- **원망과 증오** : 오랜 기간 동안 지속되며, 종종 사람들을 끈질기게 사로잡는 비탄함으로부터 나온다. 원망은 용서하는 것과 잊는 방법을 배우는 것이 필요하다.

- 가벼운 두통으로부터 궤양, 고혈압, 심장마비에 이르는 신체적 증상들.
- 불안, 두려움, 혹은 긴장감, 우울증과 같은 심리적인 반응들.[46]
- 자신을 해하려는 무의식적인 시도들, 예를 들어 사고나 실수를 저지르기 쉬운 경향.
- 자기 연민, 보복하려는 생각, 자신이 경험하고 있는 불공평에 관해 곰곰이 생각하는 것으로 특징지어지는 사고방식.
- 비통함, 격노, 분노, 보복하려는 생각 때문에 벌어지는 영적인 전투. 이러한 것들은 우리가 성령의 영적인 인도하심과 지시한 것을 무시함으로써 성령을 탄식하게 한다.[47]

3. 분노의 행동화

비록 공격성과 분노가 함께 나타날지라도 분노는 공격성과 다르다는 것을 기억하는 것이 도움이 될 수 있다. 분노는 신체적이고 정신적인 각성 모두를 포함한 감정이다. 공격성은 다른 사람에게 고통과 압박을 가하는 행동양식이다. 공격성 없이 분노하는 것은 가능하다. 또한 분노하지 않고도 공격적일 수 있다. 예를 들어 한 연구에서는 분노 후에 공격적 성향이 일어나는 경우가 약 10% 정도밖에 안 된다는 사실을 발견했다.[48]

분노가 공격성을 불러일으킬 때는 그 사람이 행동화한다고 말한다. 이러한 것은 세 가지 방식들로 정리될 수 있다. 직접적인 공격성, 소극적인 공격성, 방향이 바뀐 공격성이다.

(a) 직접적 공격성 : 분노에 대한 가장 자연적이고 직접적인 반응은 우리를 분노하게 만든 사람이나 상황에 대항하여 언어적 혹은 신체적으로 맹렬히 공격하는 것이다. 한 개인이 분노를 폭발했을 때, 그들은 잠시 동안 기분이 나아질지도 모르지만, 대부분은 그 과정에서 상처받는다. 종종 분노를 폭발한 사람은 폭발 후에 당혹함과 죄의식을 느끼며, 관계가 손상되고, 때로는 우정과 직업을 잃기도 하며, 재산이 파괴될 수도 있다. 분노의 직접적인 표현은 격노를 표출하게 하여 사람들이 진정하도록 돕는다는 일반적인 믿음이 있다. 이러한 이론은 상담자들이 샌드백을 이용하여 내담자들의 분노를 밖으로 유도하고 잘만 되면 억압된 감정을 표출할 수 있게 된다고 하였다. 그러나 그 연구는 이렇게 밖으로 표현된 분노가 오히려 더 많은 분노를 일으킬 수 있다는 다른 결과를 제시한다.[49]

(b) 소극적 공격성 : 어떤 사람들은 직면한 상황에서 쾌활해보이고 외관상으로는 협조적이지만, 포착하기 힘든 은밀한 방식으로 그들의 분노를 표출한다. 한 설교자가 "나의 부인은 훌륭한 요리사입니다. 그녀는 훌륭한 번제물을 만듭니다"라고 설교 시간에 말했다. 그의 부인을 포함한 모든 사람들이 웃었다. 하지만 그녀는 그 유머 속에 있는 남편의 가시 돋친 마음을 느꼈다.

소극적 공격성을 가진 사람들은 타인에게 누가 될 만한 소문을 퍼트리거나 험담을 하거나 약속한 것을 잊어버리거나 협조를 거부하거나 비난하거나 다른 사람들이 대답할 수 없는 때를 악용하여 당황스러운 멘트를 하거나 타인의 물건을 악의적으로 위험한 곳에 놔두는 등의 행동을 보일 수 있다. 술 마시는 것, 학교에서 낙제하는 것, 혼외정사를 가지는 것은 그들을 분노하게 만든 사람들과 친구들, 부모님들에게 보복하거나 공격하기 위해 사용하는 포착하기 힘든 은밀한 방식들의 예다. 소극적 공격성을 가진 사람들은 어떻게 하면 가장 심한 상처를 줄 수 있는지에 대한 비범한 능력을 가진 것처럼 보이지만, 종종 그들은 자신들이 왜 그렇게 행동했는지 설명하고 변명하며 자신의 행동에 대해 정당성을 주장함으로써 그들의 진짜 의도가 무엇인지 숨긴다. 이것은 분노의 근원을 겨냥하여 간접적으로 공격성을 나타내는 형태다.

(c) 방향이 바뀐 공격성 : 때로 공격적인 분노는 악의 없는 누군가를 겨냥한다. 상사에게 화가 났을 때 직장에서는 자신의 분노를 억제하지만(해고당하지 않기 위해), 감정을 표현하기에 안전한 곳인 가정에서는 부인이나 자녀들에게 분풀이를 한다. 가족들이 분노를 유발시키지 않았을 수도 있지만, 가족들은 분노한 사람의 공격적인 감정을 정면으로 받는다. 자신이 더 이상 참고 견딜 수 없을 때까지 이러한 방향이 바뀐 분노와 함께 사는 것을 감내하는 많은 배우자와 아이들이 존재한다는 것은 마음을 아프게 한다. 예를 들어 아이들은 성인이 되었을 때도 그리고 비록 그들의 아버지가 직장에서 성공했을지라도 분노 처리 과정에서 끊임없이 분노하며 그들의 가족들을 파괴했던 아버지를 미워한다.

분노는 특히 비난받아야 할 사람이 누구인지 알 수 없을 때, 혹은 우리를 분노하게 만든 상황을 유발시킨 사람에게 영향을 줄 수 없을 때 다루기 어려워진다. 만약 인플레이션으로 물가가 오르게 되었다면, 우리는 누구를 비난해야 하는가? 슈퍼마켓은 식료품의 값을 더 많이 청구하겠지만, 마켓의 지배인은 인플레이션에 대한 책임이 없다. 만약 우리가 문제의 진정한 원인이 정부 지도자들에게 있다고 결정해도, 이들은 접촉하기도 어려울 뿐만 아니라, 우리의 불평과 비평을 결코 들을 수 없는 냉담하고 무관심한 정치인들이다. 결과적으로 우리는 죄는 없지만 접근하기 쉬운 사람들을 언어적, 신체적, 지적으로 공격한다. 정치적 지도자를 파멸시키려는 시도로 상점을 불태우고 강탈하는 분노한 군중들은 종종 그 정치인을 바꾸기 위해서는 아무것도 하지 않고, 그들의 분노를 표출하는 것으로 그들의 이웃일지도 모르는 죄 없는 상점 주인의 재산을 파괴한다.

이러한 모든 행동화된 접근들은 궁극적으로 파괴적이다. 그것들은 예수님이 분명하게 책망하셨던 '눈에는 눈, 이에는 이'의 보복 형태일 수 있다.[50]

4. 분노의 원인에 직면하는 것

여기에 열거한 분노의 결과는 사람들로 하여금 분노를 야기하는 위협적인 상황과 무력함과 두려움을 낳게 하는 상황을 직접적으로 다루도록 하는 것이다. 사람들은 분노를 인정하거나, 분노의 원인을 찾으려고 하거나, 때로는 새로운 방법으로 상황을 보거나, 분노를 야기하는 상황을 변화시키거나, 수용하는 등 최선으로 보이는 것은 무엇이든 한다. 이것은 종종 용기와 성숙함을 가진 분노에 대한 건설적인 접근 방법이다. 이것은 오로지 훌륭한 조언자나 상담자의 도움으로만 배울 수 있는 어려운 접근 방법일 수 있다.

5. 발전을 가져오는 것

우리는 분노에 대한 회피적이고 파괴적인 결과들을 살펴보았지만, 분노에 대한 건설적인 방식도 있다. 한 공동체 연구에서 40%의 사람들은 자신이 분노한 사건이 장기적으로 긍정적 결과들을 이끌었다고 결론 지었다.[51]

36%는 분노가 중립적인 결과를 가져왔고, 오로지 네 명 중 한 사람만이 지속적인 문제를 야기시킨다고 결론지었다. 분노를 표현하는 것은 사람들에게 상황에 대하여 그들이 어떤 것을 행하고 있다고 느끼게 함으로써 도움을 준다. 이러한 것들은 자제하지 못하는 감정들을 사라지게 한다. 한 보고에 의하면, "분노는 대인관계 문제들을 명백하게 하고, 사업 거래를 성사시키기 위해 노력하게 하고, 정치적인 협의 사항들을 가속화시키고, 불확실한 때에 사람들에게 자제력을 줌으로써 도움이 된다. 더욱 포괄적으로 그

것은 1960년대 민권운동에서 목격되는 것처럼, 전체 문화를 더 나은 방향으로 변화하도록 자극할 수 있다."[52] 물론 분노는 전쟁을 유도하거나, 테러리즘을 가속화시킬 수도 있다. 분노는 사람들이 분노를 감정의 폭발보다는 문제를 해결하려는 방법으로 바라볼 때, 더욱 건설적인 것이 될 것이다.

• 상담과 분노

"여전히 화가 납니까? 그것을 잊어버려요!(Still angry? Get over it!)" 이 다섯 단어는 용서에 관해 새로 출간된 책의 광고에 실린 문구다. 아마도 그 출판사는 우리가 그 책을 읽거나 혹은 의지적으로 노력하면 분노를 극복할 수 있을 것이라고 말하고 싶은가 보다.

그러나 그것은 그렇게 간단한 것이 아니다. 어떤 사람들은 분노에 에워싸인 가정이나 이웃들 안에서 자라왔다. 이러한 환경에서는 분노를 분출하고, 주먹질함으로써 문제를 해결해간다. 이러한 사람들은 분노를 처리하는 다른 방법들이 있을 수 있다는 것을 모른 채 성인기에 이른다. 그들은 분노 없이는 다른 사람과 인간관계를 맺거나, 자신을 보호하거나, 생존할 수 없다고 배운다.[53] 어떤 이들은 아동학대 또는 다른 폭력의 형태, 인종적 불평등, 차별대우 등으로 일어난 분노가 숨겨진 상태로 별 문제 없이 유지될 수 있었지만 언젠가는 많은 문제들로 야기될 수 있다.[54] 어떤 이들은 교사들이나 종교적 지도자들에게 정치적인 방법이나 경찰이나 사회복지기관을 통해 도움을 받음으로써 변화할 것을 권고 받을 수도 있다. 그러나 그들의 노력이 끊임없이 좌절되고 실패할 때, 그들은 모든 것을 포기하고 스스로 문제를 해결하려 한다.

이 책의 다른 주제들과는 다르게 분노는 정신의학적 또는 정서적 장애의 범주 안에 대부분 속하지 않는다. 이는 아마도 분노 자체가 거의 모든 사람의 내면에 깔려 있기 때문이 아닌가 싶다. 그것은 "잊어버려라"라는 그럴듯한 충고로 해결되지 않는다.

분노가 다른 사람들과 그들 자신에게 매우 많은 해를 끼칠 수 있음에도 불구하고, 왜 많은 사람들이 계속하여 공격적이고, 적대적이며, 냉소적이고, 앙심을 품는 것일까? 분노는 사람들로 하여금 강하고, 남들보다 우월하며, 정당하다는 느낌을 갖게 하는 것처럼 보인다. 분노를 성숙하게 다루고, '다른 쪽 뺨을 대주는 것'은 자신들이 약하고, 포기하는 성향이 있고, 쉽게 '멸시를 당하는 사람'으로 보이게 한다. 이러한 사람들은 자존심을 유지하거나, 그들의 권리를 옹호한다는 구실을 들어 분노를 유발하는 상황들을 변화시키며 오해를 제거할 수 있는 행동을 취할 선택을 거부한다.

이러한 모든 것은 몇몇 내담자들이 분노하는 것 자체를 즐길 수도 있으며 또는 인간관계를 맺거나 살아남기 위해 분노가 필요하다고 생각하는 것을 암시한다. 이러한 경우 변화하고자 하는 욕구가 거의 없기 때문에, 상담은 별로 도움이 되지 않는다. 당신이 그러한 태도에 직면할 때, 내담자가 변화를 진심으로 원하지 않고 있다는 당신의 느낌을 내담자에게 말하는 것은 의미 있는 것일 수 있다. 내담자가 동의하지 않을 수도 있지만, 이로 인해 변화하고자 하는 내담자의 바람과 동기에 관한 더 많은 논의를 유도할 수 있다는 것을 기억하라! 내담자가 변화하고자 하는 바람이 있을 때, 상담자는 아래의 몇 가지 방법들을 적용할 수 있다.

1. 내담자가 분노를 인정하도록 돕는다

인정되지 않는 분노는 결코 제거될 수 없지만, 때로 상담에 있어서 가장 어려운 과제는 사람들에게 그들이 화를 내고 있음을 보고, 인정하도록 돕는 것이다. 분노를 인정한다는 것은 특히 사랑하는 사람에게 분노한다든지, 모든 분노는 옳지 않은 것이라고 생각하는 사람들에게는 불안감을 줄 수 있다. 분노는 보편적이고 하나님이 주신 감정이며, 대부분의 사람들은 자주 분노를 통제할 수 없다는 사실을 지적해주는 것이 도움이 될 수 있다. 감추어진 분노의 여러 신호들, 즉 우울증, 신체적 증상들, 비탄, 험담하거나 비협조적인 성향들, 성급함 혹은 이와 유사한 행동들을 지적하라! 만약 내담자가 심지어 그러한 증거를 들은 후에도 계속하여 분노를 인정하지 않으려 한다 해도 그들은 분노가 존재한다는 '가능성' 만큼은 인정할 수 있게 될 것이다.

2. 내담자가 분노를 표현하도록 도와준다

분노에 관련된 가장 파괴적인 통념들 중 하나는 분노를 우리의 신체로부터 방출해버리거나 울분을 터뜨리거나 욕하거나 불평하거나 소리를 지르거나 베개를 두드리거나 혹은 적개심을 나타내는 등 분노의 감정을 감소시키려는 시도로서 이러한 방법들이 필요하다는 생각이다. 이러한 생각은 성경에서 결코 권하지 않을 뿐만 아니라 심리학적인 연구에서도 지지를 받지 못했다. 이와 대조적으로 감정의 표출, 격노의 표현, 발끈 화내는 것, 우리가 분노에 대해서 계속 이야기하는 모든 것들은 분노를 줄이는 대신 증가시키는 경향이 있다는 충분한 증거가 있다.[55]

어떻게 해야 분노를 더욱더 건강한 방식들로 표현할 수 있을까? 운동과 취미활동은 때로 에너지들의 방향을 바꾸는 무해한 방법일 수 있다. 스포츠 심리학 전문가들은 어떻게 분노를 처리할 것인지 사람들에게 가르치기 위해 농구와 그 외의 운동들을 이용하고 있다.[56] 대부분의 상담자들에게 더욱 현실적인 접근방법은 내담자로 하여금 분노의 원인에 대해 솔직하게 말하게 함으로써 그들을 돕는 것이다. 특별한 사례의 분노나 상처에 초점을 맞춰 논의하도록 하라! 내담자들에게 분노는 고통이나 좌절감에 대한 정상적인 반응이고, 그들이 수치스럽게 여기거나 부정해야만 하는 것이 아니라는 것을 인식하도록 도우라. 가능하다면 언제든지 내담자에게 분노를 야기시킨 사람과 함께 그들의 분노에 대해 이야기하도록 격려하고 지도하라. 물론 이것은 침착하고, 비난하지 않는 방식으로 하는 것이 필요하다. 이런 대화는 분노를 부인하는 현상을 줄여줄 뿐만 아니라 오해를 풀어 종종 사과와 용서 그리고 화해를 유도한다. 주로 이런 대화는 전체적인 관점에서 진정시킬 수 있는 상담자의 영향력에 의해 가장 바람직하게 이루어진다. 만약 분노의 원인이 된 사람이 상담에 참석하지 못하거나, 대화하길 꺼리거나, 오히려 방어적인 태도를 취하며 분노한다면, 내담자의 솔직한 감정들을 상담자와 나누며 분노의 실체를 부정하지 않고 건강한 통로로 방향을 옮기는 것에 대해서 서로 의논할 수 있게 된다. 이 모든 것들은 처음에는 화를 폭발했다가 나중에 대화를 하는 경향이 있는 내담자들에게 특별한 도움이 될 수 있을 것이다.

3. 내담자에게 분노의 원인을 생각하도록 돕는다

내담자가 분노를 부인하더라도, "어떤 종류의 일들이 당신을 화나게 만듭니까?"라고 묻는 것은 중요하다. 이렇게 일반적인 질문에서 시작하여, 구체적인 질문으로 발전시켜라! "나는 당신이 미칠 정도로 화가 났던 때를 생각해봤으면 좋겠어요. 그것에 대해 나에게 말해주세요." 이러한 구체적인 예들을 논의함으로써, 내담자와 상담자는 무엇이 분노의 감정들을 유발시켰고, 언제 그러한 분노들이 일어났으며, 어떻게 그들이 그 분노를 표현하고 다루었는지를 알 수 있게 된다. 내담자와 분노의 원인들을 깊이 생각하는 동안, 변명하는 것을 주의 깊게 보아라! "내가 빨간 머리를 갖게 되었습니다. 그러니 어떻게 화를 누그러 뜨릴 수 있겠어요?" 혹은 "아빠가 늘 화를 내는 바람에 궤양이 생겼습니다. 그것이 우리 가족 안에 유전 될 수도 있잖아요"와 같은 말들은 분노의 진짜 원인에 직면하려는 것을 피하려는 시도일 수 있다. 이렇게 말하는 방식들이 바뀌지 않을 때, 그 분노는 더욱 지속될 가능성이 있다.

내담자들이 분노를 느낄 때는 언제나 그들 자신에게 다음과 같은 질문을 함으로써 깨닫게 될 수 있다.

- 무엇이 나를 화나게 하는가?
- 내가 상처(무관심, 책망, 가치 감소, 거절, 무력하고 어리석다고 느끼게 하는 것) 받은 적이 있었나?[57]
- 나를 위협하고 두려움과 열등감을 느끼게 하는 상황은 어떤 것들인가?
- 나는 나를 화나게 만드는 사람이나 상황에 대한 결과에 따라 급히 행동하고 있는가?
- 어떤 비현실적인 기대들을 가졌기 때문에 분노가 일어나게 된 것인가?
- 나를 화나게 하고 있는 사람을 포함하여 다른 사람들은 이러한 상황에 대해 어떻게 보고 있는가?
- 이 상황을 바라보는 또 다른 방법이 있는가?
- 나의 분노를 감소시킬 수단으로써 이 상황을 바꾸기 위해 내가 할 수 있는 것은 무엇이 있는가?

이 모든 질문들은 책에서 읽기는 쉽지만, 막상 분노하고 있을 때는 좀처럼 생각나지 않는다. 이 질문들은 구체적인 분노 상황들에 대해 논의하도록 나아가게 할 수 있다. 내담자들이 이와 같이 생각하는 것을 익히면 익힐수록, 분노를 유발하는 상황 가운데서도 자동적으로 생각나게 된다.

4. 겸손, 고백, 그리고 용서에 초점을 맞춘다

사람들에게 그들의 분노를 인정하고, 평가하도록 가르치는 것은 문제를 다루는 데 있어서 훌륭한 첫 걸음이 될 수 있지만, 영속적인 해결책은 아니다. 우리가 보았던 것처럼 분노는 사악한 생각들과 욕망, 말, 행동을 유발할 수 있다. 만약 내담자들이 그들의 분노를 조절하는 것을 배우기 원한다면, 이러한 과정으로 다루는 것에 대해 도움을 받아야 한다.

(a) 겸손 : 우리가 화를 내거나 자제력을 잃었다거나, 부적절하게 행동했던 것을 인정하는 것은 겸손한 태도일 수 있다. 어떤 사람들은 그들의 약점이나 실패들을 인정하기보다는 오히려 계속해서 화내는 것을 더 선호한다. 그러나 다른 사람들은 죄가 있는 측면의 결과들과 함께 분노의 실체를 기꺼이 인정하려고 한다. 이러한 태도는 고백하기 전에 나타나야만 한다.

(b) 고백 : 성경은 하나님과 다른 사람들에게 고백하는 것을 중요하고 가치 있는 것으로 강조한다.[58] 우리가 하나님에게 고백하여, 우리가 분노한 것들을 정직하게 이야기하고, 우리의 공격적인 행동들을 잘못 했다고 인정할 때,[59] 우리는 하나님께 용서받았다는 것을 확실히 알 수 있다.[60] 우리가 신앙을 가진 친구 한 명이나 그 이상의 사람들에게 고백하면, 그들은 우리를 지지해주고, 용서하고, 격려해주고, 그리고 기도해줄 수 있다.

(c) 용서 : 어떤 사람들은 자신들이 용서받았다는 것을 지적으로는 알고 있지만, 마음으로 '느끼지' 못하기 때문에, 계속 죄책감을 지니고 있다. 아마도 용서받았다는 것을 느끼기 위한 하나의 방법은, 요

한일서 1장 9절을 반복적으로 자신에게 상기시키는 것이다. 한 가지 추가적인 방법은 우리가 다른 사람들을 용서하고 있는가를 확인하는 것이다.

예수님이 어느 날 용서에 관하여 질문 받으셨을 때, 그분은 우리가 계속적으로 용서해야 한다고 말씀하셨다. 예수님은 용서와 분노에 관한 하나의 이야기를 하시면서, 다른 사람들을 용서하지 않는 사람은 용서받지 못할 것이라고 결론 내리셨다.[61] 이것은 원한을 품고 있는 사람에게 매우 적합하다. 그들의 분노는 고통과 긴장을 수반하는 모든 것과 함께 그들 안에 지속될 것이 확실하다.

용서하는 것은 매우 어려울 수 있고, 특별히 부당한 상황에서는 더더욱 어렵다. 내담자와 상담자 모두 하나님에게 용서하는 능력을 구할 필요가 있다. 우리는 복수의 감정들을 단념하고, 원한의 모든 감정들을 버리고, 회복될 인간관계의 가능성을 받아들이기 쉽도록 도울 필요가 있다. 우리가 용서를 받아들이고, 다른 사람들을 용서하는 법을 배울 때, 우리는 과거로부터 오는 상처와 좌절감에서 자유로워진다. 과거 불공평했던 기억들은 사라지지 않을지도 모른다. 즉, 용서하는 것은 우리가 자동적으로 그런 감정들을 잊는다는 것을 의미하지 않는다. 그러나 용서를 하고 용서를 받는 것은 우리로 하여금 분노에 덜 사로잡히게 하고 더욱더 우리의 에너지를 다른 것들에 맞추게 하며 더 많은 건전한 활동들을 할 수 있도록 한다. 용서하는 것은 사람들을 그들의 고통으로부터 떠나도록 도와줄 수 있는 하나의 선택적 행동이다. 용서하는 것은 분노를 처리하는 가장 필수적인 방법일지도 모른다.

5. 분노를 관리하는 법을 가르친다

분노를 관리하기 위해 상담을 받으라는 법원 명령을 받은 한 남자의 이야기가 영화로 나왔을 때, 이 영화는 몇몇 상담자들을 당황스럽게 하였다. 영화 비평가들은 영화 「분노 관리 *Anger Management*」의 주인공들이 실제 삶에서도 자주 분노하는 남자들로 알려져 있고, 그래서 화면에서 납득이 될 수 있는 감정 연기를 할 수 있었다고 적었다. 이 영화에 대한 어떤 상담자들의 견해에 의하면, 만성적인 분노를 통제하는 심각한 어려움을 하나의 농담거리로 만든 경향이 있었다고 말한다.[62]

분노 관리의 세 가지 전략은 그 효과를 입증하는 막대한 과학적 지지를 얻고 있다.[63]

(a) 기분 전환 기술 : 이것은 사람들에게 천천히 깊이 숨을 쉬게 하고, 평화로운 장면을 상상하게 하고, 자신을 편안하게 도와주는 사람이나 대상을 생각하게 함으로써 정신적 긴장을 풀게 한다. 한 숙녀는 십자가를 상상하는 것을 배웠다. 내담자들은 정신적인 긴장을 푸는 법을 배운 후에, 분노를 만드는 상황 안에 있다고 상상하는 과정을 거치게 된다. 예를 들면, 교통정체 혹은 분노를 자극하는 어려운 상사와의 만남 등 현장에 내담자들이 존재한다는 상상을 한 뒤 곧바로 기분 전환의 방법을 사용하는 것이다. 이것을 반복하고 또 반복하는 훈련을 하다보면, 분노를 자극하는 실제 상황에서 언제든지 즉시 기분 전환을 할 수 있게 된다. 분노는 사람이 긴장이 풀리고 침착함을 유지할 수 있을 때 다루기가 더 쉽다.

(b) 인지 치료 : 이 치료법은 분노하는 마음을 제거하거나 예방하도록 사람들을 돕는 것을 말한다. 그것은 사람들이 그들의 분노를 유발시키는 상황이나 사람들에 관하여 다르게 생각해보도록 가르치는 것을 포함한다. 그것은 다른 사람의 관점에서 그 상황을 바라보는 것을 포함할 수도 있다. 종종 그것은 우리가 분노하고 있을 때, 마음으로 느끼는 증오와 보복의 감정들을 바꾸기 위한 보다 건강한 자신과의 대화법을 발달시키는 것을 포함한다.

어떤 사람들은 거의 모든 상황 속에서 최악의 것들만 찾는다. 그들은 끊임없이 비판하고, 항상 부정적이며, 언제나 적대적이다. 때로 그러한 사람들은 기독교에서 지도적 위치에 있고, 상담자들일 때가 많다. 그들은 대부분은 항상 기본적으로 불행하다.

대부분의 사람들은 주기적으로 부정적인 심적 태도에 빠지게 되는데, 그들이 그것에 저항하지 않는다면, '적개심 함정'이라 불리는 덫에 걸리게 될 수 있다.[64] 성경은 우리에게 옳고, 순전하고, 선하고, 찬양할 만한 것들에 관하여 생각하라고 가르친다.[65] 우리가 분노와 비통함과 적대감에 빠지는 동안 반복적으로 긍정적인 생각들을 하는 것은 불가능하다. 만약 우리를 좌절하게 하거나 화나게 한 사람들을 위해 진심으로 기도한다면, 분한 생각을 가지고 있는 것이 오히려 힘들 수 있다. 사도 바울은 긍정적인 심적 태도와 감사하는 태도와 하나님에게 찬양하는 태도를 가졌다. 그 결과 곤경에 처했을 때도 분노에 깊이 빠지지 않을 수 있었다.[66]

(c) 기술 계발 : 분노는 사람들이 서투른 부모 역할과 갈등 관리 기술, 의사소통 기술, 심지어 운전 기술을 가지고 있기 때문에 발생한다. 새로운 기술을 배우는 것은 사람들에게 분노를 다루는 것에 도움이 되고, 장래에 일어날 분노의 자극을 예방한다.

6. 자기통제의 원칙을 가르친다

사람이 분노할 때, 종종 이성은 감정에 압도당하며 나중에 후회할 것들을 행하거나 말한다. 다음의 세 가지 원리들은 내담자들에게 분노가 생기는 순간에 보다 나은 자기통제를 얻게 하는 데 도움이 될 수 있다.

(a) 영적으로 성장하는 것 : 물론 이것은 지속적인 과정이며 무언가가 우리를 화나게 할 때, 갑자기 일어나는 것이 아니다. 자기통제는 갈라디아서 5장에 성령의 열매들 중 하나로 기술되어 있다. 진심으로 성령의 인도하심을 구하는 믿음을 가진 사람들은 불화, 질투, 분노 폭발, 그리고 다른 '육체적인 행위'들이 천천히 감소하는 것을 발견하게 될 것이다. 하나님의 도우심으로 우리는 사랑과 인내와 온유와 그리고 자기 절제를 배울 수 있다.[67] 기독교 상담자만이 유일하게 그와 같은 가르침을 나눌 수 있고, 그들 자신의 삶에서도 그것을 기준으로 삼을 수 있다. 자기 절제는 우리가 하나님의 도움 없이 혼자서 하는 것이 아니다.

(b) 반응을 지연하는 것 : "말하기 전에 열까지 세라"는 옛말은 때로 반응하기 전에 자제력을 얻는 데 도움이 된다.[68] 다른 사람들은 천천히 말하는 것, 목소리를 높이지 않는 것, 만약 가능하다면 주기적으로 멈추고, 근육들을 진정시킴으로써 그들의 분노가 이완되도록 하는 것, 그리고 정신적으로 자기 자신에게 마음을 가라앉히라고 이야기하는 것이 가치 있다고 제안한다.

(c) '나-진술문'을 사용하는 것 : 어떤 내담자들의 경우는 분노와 공격성을 구별하도록 도울 필요가 있다. 우리는 다른 사람에게 상처를 주거나 적대적인 생각을 하지 않고도 분노를 표현할 수 있다는 것을 가르쳐준다. 곧 '나-진술문'을 사용하는 것이다. "나는 당신이 한 행동들로 인해 상처받았어요" "나는 좌절감을 느껴요" "나는 당신이 말했던 것으로 인해 분노와 비하감을 느꼈어요"라는 말은 모두 명확하지만, 공격성 없이 혹은 자제력을 잃지 않고 감정을 표현하는, 비난이 없는 진술문이다.

7. 건강한 자아상을 형성한다

오랜 적개심을 포함한 적의와 분노는 사람이 열등감과 불안을 느끼고, 자존감과 자신감이 결여되어 있다는 것을 가리킨다. 열등감을 느끼는 사람은 종종 화를 내면서 자신의 우월감을 주장하는 행위로 반응한다. 이것은 두 사람이 그들 자신을 옹호하려고 시도하고, 각자 다른 사람에게 열등감을 느끼게끔 하려고 논쟁하는 데서 볼 수 있다.

내담자들이 하나님의 특별한 피조물에 근거한 건강한 자존감을 개발하도록 도움 받을 때, 그들의 분노는 보다 잘 조절될 수 있다. 기독교인들은 우리가 죄인들이며, 과장된 자만심의 위험과 교만의 대상이라는 것을 인정한다. 그럼에도 불구하고 우리는 하나님이 우리를 구원하시고, 자녀로 삼으시고, 자격 없는 우리를 가치 있게 하셨다는 것을 인지한다. 우리의 가치에 대한 하나님의 관점은 건강한 자아상과 자신감에 기초한다. 어떤 상담자들은 건강한 자아개념을 가진 사람들이 낮은 자존감을 가진 사람들보다 분노에 잘 대처할 수 있다는 것에 동의한다.

이러한 상담 제언들은 '걱정거리를 없애기 위한' 경솔한 시도로 분노를 발산하지 않고, 건강한 방법들로 분노를 다루도록 사람들을 돕기 위해 설계되었다.

- ### 분노의 예방
- 분노는 하나님이 주신 감정이기 때문에, 반드시 제거되거나 예방해야만 하는 것이 아니며, 그렇게 될 수 있는 것도 아니다. 그럼에도 불구하고 몇 가지 비성경적이고, 파괴적이며, 해로운 분노 예방 방법들도 있다.

1. 성경의 가르침

우리가 앞에서 보았던 것처럼, 성경은 분노와 자기통제에 대해 많이 이야기하지만, 몇몇 내담자들은 이것을 거의 인식하지 못하고 있을지도 모른다. 성경의 분명한 가르침은 분노를 조절하라는 것과 하나님의 격노 사이에서 보여지는 모순들과 같이 실질적인 문제를 이해하도록 도와줄 수 있다. 또한 효과적인 가르침은 의로운 분노와 개인의 반응들을 구별할 수 있도록 개개인을 도와줄 수 있다. 그리고 분노와 적개심이 미치는 장기적이고 파괴적인 결과들을 피할 수 있도록 도와줄 수 있다.

2. 분노를 야기시키는 상황들과 사람들을 피하기

만약 우리가 평화를 유지하기 위해 문제를 회피한다면, 문제는 결코 해결되지 않는다. 때로 우리는 좌절감을 느끼는 상황을 정면으로 직시하거나, 까다로운 사람들을 직접 다루어야 할 의무나 지혜가 요구된다. 그럼에도 불구하고, 우리는 불필요한 분노를 야기시키는 것처럼 보이는 사람들이나 사건들, 상황들로부터 도망치는 일도 여러 번 있다.[69]

3. 상황을 재평가하는 것을 배우기

운동 코치들은 아드레날린을 자극시켜 운동 능력을 향상시킬 목적으로 종종 선수들을 화나게 만든다. 하지만 그 결과는 유감스럽게도 부정적이다. 어떤 운동선수들은 경기장 밖에서 신체적 공격성을 통제하기 어려워하는 것으로 확인되었고,[70] 다른 선수들은 그들의 분노가 운동 능력에 지장을 주며, 집중하지 못하게 하는 것으로 확인되었다. 여러 연구에서 밝혀진 바에 의하면 뛰어난 운동선수들은 분노하거나 주의가 산만해지지 않고, 항상 침착함을 유지했다고 한다. 심지어 그들은 상대 운동선수들에 의해 자극받을 때조차도 침착함을 유지했다. 이렇게 자기통제를 잘하는 운동선수들은 패배할 것을 예상하는 법을 습득하였다. 그리고 시합을 준비하는 과정에서 마음을 다스림으로써 화날 수 있는 가능성을 예상하였으며, 이런 때를 다루기 위한 방법들을 훈련하였다. 그 결과 불안감들은 파괴적인 분노 대신 집중력 증가를 가져왔다.[71]

감정을 조절하는 것은 어렵지만, 감정을 자극시키는 생각들을 조절할 수는 있다.[72] 사람들은 분노를 일으키는 각 상황을 평가하는 것에 대하여 집에서뿐만 아니라 교회나 학교 안에서도 훈련받을 수 있다. 그들은 분노가 종종 고통과 낙담, 그리고 실패로 인해 나타난다는 것을 배울 수 있다. 그들은 비난하거나, 과잉 반응하거나, 혹은 나중에 후회하게 될 말을 하지 않으면서 '나-진술문'을 사용하거나, 침착하게 반응하는 법을 배울 수 있다. 이러한 문제들에 관한 교육은 유익하지만, 한 권의 책이나 강의로 완전히 습득되는 것처럼 보이지는 않는다. 대부분의 사람들은 다른 사람을 관찰하고, 경험해봄으로써(때때로 실패한 경험들도 포함해서) 천천히 배우게 되지만, 결국 그 경험은 분노를 통제하는 것에 대하여 더 많은 것을 가르쳐줄 수 있다.

4. 분노의 방향을 선한 목적으로 바꾸기

마하트마 간디와 마르틴 루터 킹 목사는 분노한 사람들에게 그들의 좌절감을 비폭력적이고 건설적인 방향으로 이끌게 한 지도자들이다. 역사는 용기 있는 지도자들로 가득 차 있다. 그들은 분노가 훌륭한 목적들을 향해 방향을 바꿀 때 세상을 변화시킬 수 있는 힘이 된다는 것을 보여주었다.

5. 자존감을 형성하기

"우리가 세균들로부터 피할 수 없는 것처럼, 우리를 분노하게 하는 말과 태도, 행동들로부터 우리 자신을 격리할 수 없다"라는 말이 있다. 하지만 우리는 건강한 자존감으로부터 형성된 저항을 유지함으로써 우리 자신을 보호할 수 있다.[73] 한 사람이 한 개인으로써 안정되어 과도한 열등감과 자기 불신에 의해 고통받지 않을 때, 분노는 덜 파괴적이고, 보다 쉽게 통제할 수 있다. 이 책 23장은 열등한 자아 개념을 예방하는 방법을 포함해 열등감과 자부심에 대해 논의한다. 기독교인들이 한 인간으로서 자신의 가치에 대한 뚜렷한 그림들을 가질 때, 분노하는 성향들과 필요성들이 줄어들게 된다.

6. 되풀이하여 생각하지 않기

분노는 대개 지속적으로 생각하는 데서 비롯된다. 되풀이하여 계속 생각할 때, 본래의 원인들은 변질되어간다. 특히 비판적인 사람들이 또 다른 비판적인 사람들과 동료로 지내고 그들의 불만족과 비판적인 생각들을 공유할 때, 이것은 분노를 더 강하게 하는 원인이 될 수 있다. 이러한 방식으로 사람들은 부정적이고 냉소적인 사고방식을 갖게 되는데 나이가 듦에 따라 악화된다. 이런 종류의 생각은 그러한 생각을 하는 사람에게 자신의 우월감에 대한 환상을 갖게 하기 때문에 처음에는 즐거울 수 있다. 하지만 이러한 사고방식은 파괴적이기 때문에, 그런 생각들을 저지해야만 하고, 보다 적게 비난하며 긍정적인 생각을 되풀이하는 것으로 대체해야만 한다. 나는 예전에 직장동료들과 매일 아침 커피를 마시며 상사들을 비난하곤 했었다. 우리는 그들에 대한 농담을 하면서 몹시 웃었다. 하지만 나는 나에게 무슨 일이 일어나고 있는지를 깨닫기 시작했다. 나는 그 집단 안에 있는 다른 사람들처럼 빈정대고, 비판적으로 되어가고 있었다. 내가 그 사람들과 만남을 그만두기 전까지 나는 변화되지 않았다. 각 개인들로서, 우리는 집과 교회에서 이러한 메시지들을 배우고, 구체화시켜야 한다. 우리가 분노에 대해 되풀이하여 생각하는 것과 비판적인 사람들과 교제하는 것을 피할 때, 우리는 보다 더 사실적으로 보고, 해로운 분노의 증대를 예방할 수 있다.

7. 직면하는 법을 배우기

갈등과 의견 차이는 삶의 한 부분으로서 피할 수 없는 것이다. 그러므로 사람들이 자신의 생각과 원하는 바를 어떻게 말할 것인지, 어떻게 그들의 감정을 표현할 수 있는지를 배우는 것은 가치 있는 일이다. 이것은 분노를 야기시키는 비판적이고 대립적인 태도로 하지 말아야 한다. 진실은 사랑 안에서 부드럽게 표현되는 것이 바람직하다. 우리가 솔직하고 효과적으로 대화하는 법을 배울 때, 분노는 거의 감소되며 그와 더불어 예방된다.

8. 성령의 인도하심

우리가 보았던 것처럼 통제되지 않은 분노는 육신의 일들 중 하나로 성경 안에 기록되어 있지만, 자기통제는 성령의 열매들 중 하나로 기록되어 있다. 믿음 있는 사람들이 예수 그리스도 안에서 진심으로 성령의 인도하심을 갈망하고, 죄에서 빠져나오기를 원할 때, 더디지만 예측할 수 있는 발전이 자기통제 안에서 경험되고, 만성적인 분노와 적개심은 끊임없이 감소될 수 있다. 우리가 매일 하나님의 인도하심 가운데 우리의 삶을 위탁하는 것은 파괴적인 분노를 예방하기 위한 하나의 효과적인 접근법이 될 수 있다.

- ### 분노에 대한 결론

이번 장의 모든 것들은 우리가 상담하는 사람들에게 초점을 맞추었지만, 상담가인 우리 자신이 분노하는 경우도 생각해볼 가치가 있는데 이는 특별히 내담자가 우리에게 분노하거나, 비판적이거나, 수동적 공격성을 나타내 보임으로써 우리의 노력에 거부반응을 보일 때 그러하다. 상담자들은 이러한 현실성을 인정하며, 신뢰하는 친구에게 이것에 대해 이야기하고, 우리가 다른 사람들에게 적용했었던 것을 우리 자신에게 적용하는 것을 배울 필요가 있다.

왜 어린 고등학생이 늦은 저녁 홧김에 자신의 가족들을 죽일 수밖에 없었는지 확실하게 대답해줄 사람은 없다. 보다 덜 격렬한 분노와 마찬가지로 극도의 분노도 그것의 원인과 다루는 방법이 다양하다. 이 장에서 보았던 것처럼, 성경과 심리학은 분노에 관한 우리의 이해를 증진시키기 위해 함께 사용될 수 있으며, 자기통제와 분노로 투쟁하는 사람들을 보다 효과적으로 상담할 수 있도록 상담자들을 도울 수 있다.

상담자들을 위한
요점 정리 10

■ 분노는 누구나 경험하는 감정 상태지만, 그것을 정의하는 것은 쉽지 않다. 그것은 여러 긴장의 강도(가벼운 짜증이나 화가 나는 감정에서부터 폭력적인 격노에 이르기까지)와 다양한 형태 안에서 일어난다. 분노는 우울증과 사고, 교통체증으로 인한 분노, 병, 무능력, 불안, 비탄, 부부 갈등, 그리고 대인관계의 긴장을 불러일으키는 한 요인이다.

■ 분노는 하나님의 본성이자 속성의 한 부분인 까닭에, 우리는 분노 그 자체를 나쁘다고 결론지을 수 없다. 하지만 통제되지 못하고, 복수심에서 오는 분노는 잘못된 것이고 죄 된 것이다. 이것은 복수심과 학대, 민감한 공격성, 분노의 움츠림을 포함한다.

■ 결단력, 다른 사람들의 도움, 성령의 힘으로 인간의 분노는 통제될 수 있고, 심지어 선한 것으로 사용될 수도 있다.

■ 가장 일반적으로 대면할 수 있는 분노의 원인은 다음과 같다.
· 분노를 야기시키거나, 분노 성향을 가중시키는 생물학적이거나 화학적인 영향들.
· 의로운 분노를 자극하는 불의.
· 좌절감.
· 위협이나 신체적 혹은 정신적 상처.
· 언제 분노하고, 어떻게 분노를 표현할 것인가에 대해 우리가 배운 것들.
· 성격 차이로 인해 달라지는 어떤 상황에 대한 인식 차이.

■ 방법은 다르지만, 본질적으로 분노는 사람들에게 최소한 다섯 가지 방식으로 영향을 끼친다.
· 사람들은 분노를 참고, 다른 사람들로부터 숨긴다.
· 분노는 이성적인 의식으로부터 부정되거나 밀려나지만, 신체적인 증상들이나, 불안, 긴장, 우울, 정신적인 투쟁과 같은 심리적 반응들과 같은 다른 방식으로 나타나게 된다.
· 분노는 직접적 혹은 소극적인 방식으로 표현된다. 때때로 분노는 분노의 원인들로부터 죄 없는 사람에게로 방향이 바뀌어 표현된다.
· 분노는 분노의 원인들에 직면하여 처리된다.
· 분노는 긍정적이고 유익한 행동들로 바뀐다.

- 분노를 가지고 있는 내담자들을 상담하는 몇 가지 방법은 다음과 같다.
  - 사람들이 그들의 분노를 인정하도록 돕는다. 이것은 보다 나은 상담을 위한 중요한 첫걸음일 수 있다.
  - 내담자들이 그들의 분노를 적합하고 건강한 방식으로 표현하도록 돕는다.
  - 내담자들이 그들의 분노의 원인들을 직시하고 인정하도록 돕는다.
  - 고백과 용서와 함께 겸손한 태도를 촉진한다.
  - 기분 전환 기술, 인지 치료, 기술 계발 등을 사용하여 분노를 관리하는 법을 훈련한다.
  - 자기통제의 원칙들을 훈련한다.
  - 내담자들이 건강한 자아상을 형성하도록 돕는다.

- 분노 혹은 분노의 해로운 표현들은 다음 결합들을 통해 예방될 수 있다.
  - 성경적인 가르침.
  - 분노를 야기시키는 사람들이나 상황들을 피하도록 격려하는 것.
  - 분노를 야기시킨 상황들을 재평가하는 법을 배우도록 도와주는 것.
  - 더욱 건설적인 목적으로 분노의 방향을 바꾸는 것.
  - 자존감 또는 자부심을 형성하는 것.
  - 분노를 더욱 야기시킬 수 있는 생각들이나 내적으로 되뇌는 것을 피하도록 훈련하는 것.
  - 건강한 방식으로 직면할 것인지를 훈련하는 것.
  - 성령님의 인도하심.

- 상담자들의 분노에 대한 초점은 종종 그들 자신도 분노를 가지고 있으며, 심지어 내담자에 의해 유발되었다 할지라도 상담자들이 당황하지 말아야 한다. 이것은 정상적인 것으로 인정되어야 하며, 생산적인 방식들로 다루어야 한다.

11 >> 죄와 용서
Guilt and Forgiveness

그것은 악의 없이 시작되었다. JD는 어느 날 늦은 저녁에 그의 책상에서 메일을 확인했다. 그가 메시지를 열었을 때, 그 메시지에는 포르노 사진들이 포함되어 있었다. 그는 방에 혼자 있었고 더 많은 사진들로 연결되는 아이콘을 클릭했다. 그는 계속 보았고 그러는 동안 점점 성적으로 흥분되기 시작했다.

"내가 왜 이런 걸 보고 있지?" JD는 자기 자신에게 질문하며 자신이 하고 있던 것을 갑자기 멈추고 메시지를 삭제하였다. 그는 인터넷 포르노에 대해 알고 있었고, 교회에서 중고등부 아이들에게 포르노를 멀리 할 것을 권고하였다. 하지만 기독교인이며 부흥하는 교회의 중고등부 지도자인 그가 자신을 포르노로 자극시키고 있었던 것이다. JD는 자신의 죄를 하나님 앞에서 고백하였고 용서를 구했지만, 자신이 했던 행동들에 대한 죄의식을 몇 주 동안이나 계속 느꼈다.

그리고 또 다시…… 얼마 지나지 않아, 이 기독교 중고등부 지도자는 포르노를 보기 위해 늦은 밤 기회를 엿보고 있었다. 그리고 이제 어떻게 찾는지도 알고 있다. 그는 죄의식을 느꼈고 매번 그런 일이 있은 후 하나님 앞에 죄를 고백했지만, 이런 행동들은 계속 반복되었다. 그의 집 서재에 있는 컴퓨터 화면을 문의 반대방향을 바라보게 바꾸어 누군가가 나타나면 컴퓨터 화면을 항상 바꿀 수 있게 하였으나, 때때로 만약 아내가 자신의 비밀을 발견한다면 어떻게 반응할까 생각했다. 그는 어쩌면 중고등부의 컴퓨터를 잘 아는 아이가 하드디스크를 읽어서 자신의 습관들을 알게 될지도 모른다고 생각했다.

어느 날 JD가 지도하는 중고등부의 한 아이가 그와 비슷한 문제를 고백하였다. 그 아이가 떠난 후에 JD는 자신도 극복하지 못한 문제를 어느 누군가가 극복하도록 도우려고 하는 위선자라는 것을 깨달았다. 그가 자신의 전임 교수인 나에게 전화한 건 바로 그때였다. 그는 울면서 말했고 죄의식 때문에 어쩔 줄 몰라 했다. 하지만 그는 마침내 그의 비밀을 지켜줄 수 있는 믿을 만한 사람에게 비밀을 나눔으로써 안심하게 되었다.[1]

이러한 성적 유혹과의 싸움, 그리고 자기통제는 '모든 남자들의 문제'로 불린다. 특히 지금은 영화나 다른 미디어에 자주 나타나는 성적인 언어와 행동들, 손쉬운 인터넷 포르노 접속 등 노골적 성의 문란함이 있는 시대다. 이것은 JD와 그의 사무실로 찾아왔던 한 아이 속에서 일어났던 것과 같이 죄, 절망, 양심의 가책을 유발하는 하나의 전쟁이다.

JD는 상담자의 제안으로 그의 사무실을 재배치했다. 그래서 그가 포르노를 보는 것이 매우 위험해지도록 만들기 위해 그의 컴퓨터 화면이 문에서 보이게 하였다. 그러고 나서 그는 책임감 있는 친구를 파트너로 얻어 그의 실패들을 친구에게 고백하게 되었다(야고보서 5 : 16). 더욱더 중요한 것은, 이 친구는 JD가 책임감을 유지할 수 있게 하며 그와 함께 기도하고 JD의 보는 것과 읽는 습관들을 포함한 성적인 행동들에 대해 주마다 그에게 물어보는 친구였다. 그리고 그는 JD가 유혹이 증가하는 것을 느낄 때는 언제든지 시간을 낼 수 있었다. JD가 밤 늦게 자고 있지 않을 때 그가 어떠한 포르노도 보고 있지 않다고 확신시키기 위해 전화를 걸 특권을 가지고 있었다. 대부분의 문제는 곧 바로 감소했고 죄의식 역시 감소되었다. JD는 하나님의 용서를 받아들이기 시작했고 이윽고 자신을 용서하는 법을 배웠으며 성적으로 노골적인 인터넷 사이트를 가까이하지 않았다.

죄는 고통스러운 감정의 경험일 수 있으며, 상담중 반복적으로 거론된다. "나는 죄에 대해 결코 익숙해지지 못할 것 같습니다. 우리는 상담에 임하는 기독교인으로서, 매일 죄에 얽매인 문제들과 대면합니다!"[2]라고 한 상담자가 말했다. 우울하거나, 외롭거나, 슬퍼하거나, 폭력적 가정에서 자란 사람이거나, 동성애자이거나, 알코올중독자이거나, 지병을 가졌거나, 그 밖의 다른 문제에 직면한 사람과 이야기해보면 문제의 한 부분으로서 죄를 경험하고 있는 사람들을 발견할 것이다. 죄는 종교나 심리학이 매우 자주 만나는 곳으로 언급되어왔다.[3] 심리학자 브루스 내러모어(Bruce Narramore)에 의하면, 죄의식에 대한 이해는 모든 심리적 부적응의 이해의 중심에 있다.[4]

죄의 여러 유형들은 몇 가지로 정의되어왔다.[5] 죄는 크게 두 개의 범주 즉, 객관적 죄와 주관적 죄로 분류될 수 있다. 객관적인 죄는 그들이 죄의식을 느끼지 않는다 할지라도 법을 위반해서 그 법률 위반자가 정죄될 때 생긴다. 주관적인 죄는 우리의 행동 때문에 일어나는 후회와 자책과 같은 내적인 감정들을 나타낸다. 당신이 상담할 때 각각 다른 죄의 유형들을 식별하지 못한다면 상담은 더욱 어려워질 것이다.

1. 객관적인 죄

이것은 또다시 법률적, 신학적, 개인적, 사회적인 죄로 나뉠 수 있다. 이것들은 어떤 하나가 다른 하나와 합쳐지거나 부분적으로 겹쳐져 있고 종종 다음의 단락들이 암시하고 있는 것만큼 뚜렷이 구별되지 않는다.

첫 번째는 '법률적인 죄'다. 법률적인 죄는 사회의 법률을 위반한 것이다. 백화점에서 물건을 훔친 사람은 결코 잡히지 않거나 또는 양심의 가책을 느끼는 여부에 상관없이 법률적인 절도죄를 범한 것이다.

'신학적인 죄'는 하나님의 율법에 순종하지 않는 것을 의미한다. 성경은 인간의 행동에 대한 하나님의 표준들을 기술하고 있으며 우리 모두는 때때로 행동이나 생각에 의해 그 표준을 어긴다. 성경에 의하면, 우리는 모두 죄인이다.[6] 우리가 양심의 가책을 느끼든 느끼지 않든 간에 우리는 하나님 앞에서 모두 죄를 지었다.

대부분의 정신의학자들과 심리학자들은 신학적인 죄의 존재를 인정하지 않는다. 그것의 존재를 인정한다는 것은 절대적인 도덕적 기준이 있다는 것을 인정한다는 것이다. 만약 절대적인 기준이 존재한다면, 분명히 그 기준을 세운 이, 즉 하나님이 계셔야 한다. 많은 이들에게 있어서 옳고 그른 것의 기준은 그들 자신의 경험과 훈련과 주관적인 가치에 따라서 상대적이라고 믿는 것이 더욱 쉽다. 우리가 알게 되겠지만, 이것은 상담에서 매우 실제적인 의미를 갖는다.

객관적인 죄의 세 번째 유형은 '개인적 죄'다. 이것은 사람이 자신의 개인적인 기준을 어기거나 양심의 가책에 저항하는 것이다. 법을 어긴 것도 아니고 하나님께 불순종하여 양심의 가책을 받은 것도 아니다. 예를 들어, 어느 아버지가 매주 일요일마다 가족들과 함께 시간을 보내기로 결심했는데 업무로 인해 주말에 출장을 가야 한다면 개인적인 죄책감을 경험한다는 것이다. 비만인 그의 아내가 디저트의 유혹에 넘어갈 때 같은 종류의 죄책감을 느낄지도 모른다. 이것은 불법이나 부도덕, 성경에 어긋나는 것은 아니지만, 그럼에도 불구하고 죄책감을 느끼는 것이다.

'사회적인 죄'는 성문화되어 있지는 않지만 사회적으로 수용된 규칙을 어겼을 때 나타난다. 만약 어떤 사람이 조용한 도서관 안에서 큰소리로 말할 때, 새치기를 하거나, 결혼 축의금을 내지 않았을 때, 이는 법을 어긴 것은 아니므로 그 위반자는 어떠한 양심의 가책을 느끼지 않을 수도 있다. 그럼에도 불구하고 그는 이웃이나 교회, 직장이나 사회 안에서 다른 사람들의 사회적인 기대를 어긴 것이다.

국가의 법을 어기는 것(법률적인 죄), 고의로 하나님에게 반항하거나 무시하는 것(신학적인 죄), 개인적인 기준을 어기는 것(개인적 죄), 사회적인 기대에 적합하지 않은 행동(사회적인 죄)을 할 때, 대부분의 사람들은 불안을 느낄 것이다. 마음이 강퍅한 범죄자는 죄를 짓고도 아무런 가책이나 후회를 느끼지 못할 수 있다. 스스로 기독교인이라고 부르는 사람들을 포함한 수많은 사람들은 매일 하나님을 잊고, 하나님 앞에서 죄를 범하고 있지만, 그들의 행동과 불이행에 대해서 어떠한 죄책감도 느끼지 않는다.

2. 주관적인 죄

이것은 우리가 옳지 않다고 느끼는 어떤 것들을 했거나 생각으로 떠올렸을 때, 혹은 마땅히 했어야만 했던 일들을 하지 못했을 때 우리에게 종종 나타날 수 있는 후회와 양심의 가책, 수치심과 자책과 같은 불안한 감정이다. 낙담, 불안, 벌이나 거부의 두려움, 자책, 그리고 고립감 등은 죄의식의 일부로서 종종 함께 연결된다. 어떤 아시아 문화나 혹은 아시아 내담자들에게 주관적인 죄는 수치심, 당황, 죄, 자기 비판 등을 포함하여 일종의 '체면 손상'이라고 말한다.[7] 이러한 주관적인 감정들은 강할 수도 있고 약할 수도 있다. 일반적으로 주관적인 죄는 불쾌하지만 항상 나쁜 것은 아니다. 주관적인 죄는 우리의 행동을 변화시키고 하나님과 다른 사람에게 용서를 구하도록 자극할 수 있다. 그러나 죄책감은 인생을 불행하게 만드는 파괴적이며 억제하는 영향력일 수 있다.

주관적인 죄책감은 적절할 수도 부적절할 수도 있다.[8] '적절한 죄책감'은 우리가 법을 어겼거나, 성경적인 가르침에 불순종했거나, 양심의 명령을 저버렸을 때 나타나고 우리 행동의 심각성에 비례하여 양심의 가책을 느낀다. '부적절한 죄책감'은 행동의 심각성에 비례하지 않는다. 예를 들어, 농담 한마디 한 것으로 인해 자신이 오해 받을 수도 있다는 이유로 뒤늦게 후회하며 며칠 동안 죄책감을 느낀다고 생각해보자. 종종 이러한 부적절한 죄책감은 우리 자신들 내부로부터 오지만, 때로 다른 사람들이 우리에게 어떤 말을 하거나 판단하여 죄책감을 느끼게 할 수도 있다. 이러한 의견들은 해를 끼치려는 의도가 없을 때도 있지만, 지속되는 죄책감을 유발시키기 위해 의도되는 경우도 있다.

이러한 모든 것들은 죄가 광범위하고 복잡한 대상이라는 것을 보여준다. 상담에서는 객관적인 죄와 주관적인 죄를 구별하는 것이 중요하나 대부분의 내담자들은 주관적인 죄에 대해서만 걱정한다. 이 문제를 다루기 전에 먼저 죄에 대한 성경의 가르침을 살펴보도록 하자.

- **성경과 죄**

사람들이 죄에 대해 이야기할 때 보통 주관적인 죄책감을 언급하고 있지만, 성경은 결코 이런 방식으로 죄를 설명하지 않는다. '죄'(Guilt)나 '죄를 범한'(Guilty)으로 번역된 세 개의 그리스 단어들은 이전에 언급했던 신학적인 죄를 말한다. 성경적인 관점에서 사람이 죄를 범했다는 것은 그들이 하나님의 법을 어겼다는 것이다. 성경에서 범죄(Guilt)와 죄(Sin : 종교, 도덕상의 죄)의 차이는 거의 없는 것으로 나타나 있다.

성경의 저자들이 주관적인 죄를 거의 언급하지 않았지만 우리는 이러한 죄의 유형이 성경 여기 저기에 기록되어 있는 것을 알고 있다. 시편은 죄에 대한 깊은 양심의 가책을 표현한 글들로 가득 차 있는데 특히 참회의 시편으로 불리는 부분에서 잘 나타나 있다.[9] 예를 들어 시편 32편에서 다윗은 하나님의 용서를 구하려는 용기를 갖기까지, 어떻게 그의 죄가 "우둔하고 비참한" 감정을 느끼게 했는지에 대해 기록하고 있다. 로마서 7장 18~25절에서, 바울은 죄에 대해 결코 언급하지 않지만, 그는 악을 피하고 선을 행하려고 시도하지만 피하지 못하는 것으로 인한 그의 내적인 고뇌를 기술한다. 예수님은 우리의 죄를 위해 그 값을 지불하셨고 용서하셨기 때문에 믿는 사람은 죄책감을 가질 이유가 없다는 것은 사실이다. 그렇다고 하더라도 우리는 자신의 죄 혹은 다른 행동에 관해 느끼는 죄책감을 깊이 생각함으로써 정신적인 자기 학대를 계속한다.

성경이 주관적인 죄책감에 대해 결코 이야기하지 않기 때문에, 어떠한 곳에서도 우리가 다른 사람들에게 죄책감을 느끼게 해야 한다고 하지 않는다. 그럼에도 불구하고 선의의 많은 부모나 교사, 설교자, 운동 코치는 다른 사람들에게 동기를 부여하거나 행동을 변화시키거나 기독교인을 성장시킨다거나 나쁜 짓을 하는 사람들을 벌한다거나 자존심을 보호한다거나 미래의 죄를 예방한다거나 금전적 기부를 하게 할 것이라는 전제하에 죄책감을 자극한다. 이러한 전략들은 일시적으로 작용할 수도 있지만, 그들은 사람들을 조종하려는 경향이 있고 위험한 죄책감을 자극시킬 수 있으며 그들에게 변화를 주지 않는다. 그들은 자주 저항, 분노, 분개한다.

사람들에게 위험한 죄의식들을 유발시키지 않고 그들의 죄와 객관적인 죄를 다루게 할 수 있을까? 이 질문에 대한 대답으로, 건설적인 근심과 하나님의 용서의 개념을 고려하는 것은 유용하다.

- ■ 건설적 근심 : 하나님의 뜻대로 하는 근심으로 불리며 브루스 내러모어에 의해 사용된 용어이고,[10] 고린도후서 7장 8~10절에 기초하고 있다. 그 구절들에서 바울은 죄책감과 같은 것으로 보이는 '세상적인 근심'과 우리로 하여금 죄로부터 피하고 구원을 얻도록 도움을 주는 "하나님의 뜻대로 하는 근심"을 대조시킨다. 하나님의 뜻대로 하는 근심은 건설적인 변화를 이끌기 때문에 '건설적인 근심'이다.

내러모어는 두 사람이 카페 안에 있는데, 한 명이 실수로 커피를 다른 사람의 무릎에 엎질렀을 때의 상황을 묘사함으로써 이것을 설명한다. 하나의 반응은 "난 왜 이렇게 바보 같지? 내 부주의 때문에 꼴이 엉망이 되었네. 미안해"이다. 커피를 엎지른 사람은 난처함을 느꼈으며 자기 비판적이다. 그러나 건설적인 근심은 다르다. 그 사람은 "정말 미안해. 내가 닦아내는 거 도와줄게"라고 말했을 것이다. 그리고 세탁비를 지불하려고 한다. 첫 번째 반응은 심리적인 죄로서 성경적이지 않다. 하지만 후자 쪽인 건설적인 근심은 성경적이고 유익하다.

많은 기독교인들은 이 장의 앞부분에서 설명했던 JD와 같다고 할 수 있다. 그들은 죄와 죄책감, 고백,

일시적인 안심, 그리고 더 큰 죄로 반복하는 순환을 계속한다. 얼마 동안 요한1서 1장 9절은 "감정적인 죄에 대한 심리학적 결함을 제거하는 약의 한 종류처럼 사용되는 것으로"[11] 등장하지만 거기에는 어떠한 변화도 없다. 왜냐하면 이것은 고백이 단지 죄책감에서 벗어나기 위한 이기적인 동기에 기초하고 있기 때문이다. 이러한 죄책감에서 벗어나는 것을 경험하자마자, 그 사람은 다시 죄에 대해 자유함을 느끼고 그 순환은 반복된다.

이와 대조적으로, 베드로는 예수님을 부인한 것에 대해 몹시 비통하게 울며 슬퍼했다.[12] 그는 깊은 후회와 진실된 고백을 경험했고 변화되기를 진심으로 소망했다. 그는 자신의 죄를 고백함으로써 죄 지은 감정들로부터 자유롭게 되었으며, 예수님을 다시는 부인하지 않았고, 자신이 용서받았다는 것을 알게 되었다.

■ 하나님의 용서 : 신약성경에서 특히 중요한 주제다. 예수 그리스도는 죄 많은 인간들이 용서를 받고 하나님과 교제를 회복하도록 하기 위해 오셨다.[13]

어떤 성경 구절들은 회개에 대한 논의 없이 용서를 언급하지만, 다른 구절들은 하나님이 용서하시기 전에 적어도 두 가지 조건들이 이행되어야 할 것을 함축하고 있다. 첫째, 우리는 자신의 죄를 고백하고 회개해야만 한다. 회개는 우리가 행동한 것에 대한 자백을 포함한다. 그러나 회개는 더 많은 것을 포함한다. 그것은 우리가 우리의 행동이 잘못된 것을 인정하며, 진심으로 후회하고 있고, 변화되기를 원한다는 것을 의미한다. 우리가 이러한 방식으로 고백할 때 하나님은 우리를 조건 없이 용서해주시고 깨끗하게 해주신다.[14]

둘째, 우리는 다른 사람을 기꺼이 용서해야만 한다. 예수님은 이것을 분명하게 말씀하셨다. "너희가 사람의 잘못을 용서하면 너희 하늘 아버지께서도 너희 잘못을 용서하시려니와 너희가 사람의 잘못을 용서하지 아니하면 너희 아버지께서도 너희 잘못을 용서하지 아니하시리라."[15] 용서를 구하는 사람은 반드시 진심으로 회개하고 다른 사람들을 기꺼이 용서해야 한다.

대부분 용서에 대한 성경적인 논의들은 하나님께 고백함과 하나님으로부터 오는 용서와 관련이 있지만 하나님이 우리를 용서함과 같이 우리가 또한 서로를 용서하라고 지시하고 있다.[16] 용서하지 않은 채무자의 비유는 좋은 예다. 그는 막대한 빚을 탕감 받았지만, 반대로 그에게 빚진 사람의 작은 빚은 탕감해주지 않았다. 그 결과는 비참했다. 예수님은 '너의 진심으로' 형제들과 자매들을 용서할 의무에 대한 말씀으로 이 이야기를 마치셨다.[17] 기독교 상담자들은 내담자들이 하나님으로부터 오는 용서를 알고, 그들이 다른 사람들을 용서하도록 도우며(다른 사람으로부터의 용서를 받아들이는 것), 자기 자신을 용서하도록 도와야만 한다. 많은 사람들이 첫 번째와 두 번째는 잘할 수 있지만, 자기 자신을 용서하는 데는 어려움을 가지고 있다. 주관적인 죄책감들이 지속될 때, 자기 자신을 용서하지 못하는 것은 자주 문제가 된다.

죄의 원인

우리가 보았던 것처럼, 객관적인 죄는 우리가 법률적, 신학적, 개인적, 혹은 사회적, 도덕적 기준들을 어겼을 때 나타난다. 비록 가끔이긴 하지만, 법을 위반한 사람들이 붙잡히는 것에 대한 두려움 때문에 상담하러 오기는 하지만, 오로지 객관적인 죄 때문에 상담하러 오는 사람은 드물다. 종종 죄를 지은 사람은 붙잡혀서 벌 받는 것을 두려워하거나, 주관적인 죄책감을 경험하고 있다. 왜 사람들은 죄책감을 느끼는가? 여기에는 몇 가지 이유들이 있다.

1. 과거의 경험과 비현실적인 기대들

사람은 대부분 아동기 때 무엇이 옳고 그르며, 혹은 무엇이 좋고 나쁜지에 대한 기준들이 형성된다. 사고와 이성이 형성되면서, 아이들은 그들의 부모나 다른 사람들의 기준들을 습득한다. 각각의 아이들은 옳고 그른 것에 대한 차이점을 이해하고, 곧 바로 그들이 불순종했을 때 오는 처벌이나 다른 반응을 깨닫게 된다.

어떤 가정의 기준은 너무 엄격하고 높아서 아이들이 거의 도달하지 못한다. 그러한 부모들은 절대 만족하지 못하기 때문에 아이들에게 칭찬이나 격려를 거의 하지 않는다. 이런 상황의 아이들은 자주 비난과 책망과 비판과 벌을 받아서 자신이 끊임없는 실패자처럼 느끼게 된다. 전적으로 아이가 도달하기 불가능한 일련의 기준들을 습득했기 때문에 결과적으로 자기 비난, 자기 비판, 열등감, 그리고 지속적인 죄책감들이 나타난다. 이러한 아이들은 그들의 부모를 기쁘게 하기 위해 필사적으로 노력하지만, 결코 그 기준들에 도달하지 못하고 실패에 대한 죄의식을 항상 느낀다. 이러한 기준들은 주로 부모가 요구하지만, 때로 이러한 기준들이 선생님으로부터 나오기도 하며, 죄로부터 완전히 자유롭게 살 수 있고, 살아야만 한다고 믿는 교회의 지도자로부터 형성될 수도 있다.[18] 만약 그 아이가 도덕적인 훈육에 반항하기로 결심했다면, 그 아이는 가중된 죄책감을 느낄 수 있다. 그러한 죄책감들은 이해하려고 하거나 실제적인 가르침을 주려고 하는 어떠한 노력도 없이 비난과 책망하는 부모나 다른 영향력 있는 사람들의 말로 인해 나타날 수 있다.

나이가 듦에 따라, 아이들은 보통 그들의 부모나 다른 어른들의 기준들을 받아들이게 된다. 그러한 기준들이 비현실적으로 완고할 때, 아이들은 스스로 완벽성을 기대하게 되고 결코 도달할 수 없는 기준들을 세우며 죄책감과 피할 수 없는 실패에서 오는 자기 비난에 빠진다. 죄책감은 우리가 자신을 벌하고 더 나은 행동을 계속하기 위해 노력하는 방식들 중 하나다. 예를 들어, 일 중독자들은 죄책감에 강하게 영향을 받는다. 자신의 과거 학습과 경험들로 인해 그들이 충분히 일을 해내지 못하거나 '시간을 아끼지 않는 것'을 두려워한다. 그 결과 더 많은 것을 성취하기 위한 시도로 계속 일을 한다. 그들 중 몇 명은 놀랄 만한 성과를 산출하고 매우 높은 성취도에 도달하지만 결코 만족하지 못한다. 때때로 그들은 결과가 완벽하지 못하고 충분히 좋지 못하다는 이유로 즐거움을 누리지 못한다. 심지어 다른 사람들의 격찬에도 불구하고 자신의 성공을 인지하지 못하고 죄책감을 느낀다. 아마도 보다 많은 활동이 그들을 죄책감으로부터 지켜줄 것이라고 무의식적으로 소망한다. 이와 대조적으로, 어떤 사람들은 심지어 성취하려는 시도조차 하지 않는다. 그들은 자신의 성취 부족, 특히 성취 지상주의 세상에서 더욱 죄책감을 느끼며, 그들이 있는 곳에 그대로 머물러 있으면서 생활에서 거의 아무것도 하지 않음으로써 자신을 포기해버린다.

비현실적인 기준들에 대한 최선의 반응은 실제적인 기준들을 채택하는 것이다. 하나님은 우리가 기독교인의 성숙의 목표를 향하여 계속 돌진해나가기를 기대하신다.[19] 그분은 죄와 불순종에 대하여 비난하시지만, 그의 아들을 보내셔서 우리가 용서를 발견하도록 하셨고, 그로 인해 우리의 삶을 풍성하게 하셨다. 확실하게, 그분은 우리가 자기 비난과 죄책감에 빠지기를 원하지 않으신다. 그러한 태도는 성경적이지 않다.

2. 열등감과 사회적 압력

열등감이 죄책감을 야기하는 것인지 아니면 죄책감이 열등감을 야기한 것인지를 구별하는 것은 어렵다. 스위스의 상담자인 폴 투르니에(Paul Tournier)는 널리 영향력을 끼친 저서인 『죄책감과 은혜Guilt and Grace』의 첫 번째 장 제목을 '열등감과 죄'(Inferiority and Guilt)라고 붙였다. 그는 "모든 열등감은 죄처럼 경험되기" 때문에 열등감과 죄 사이에는 뚜렷한 차이점이 없다고 주장한다.[20] 내러모어 역시 죄책감은 "자기 거부와 자기 학대와 자존감 상실의 감정들"을 포함한다고 했다.[21]

사람들은 왜 열등감을 느끼는 것일까? 이것은 23장에서 보다 충분히 논의되는데, 우리의 자아 개념들이 다른 사람들의 견해나 비판들에 크게 영향을 받기 때문인 것 같다. 투르니에는 "일상생활에서 우리는 상호비판의 건강하지 못한 환경 속에 푹 젖어 있다. 따라서 그것을 지각하지 못한 채 자신도 모르게 증오에 가득 찬 악순환 속으로 빠져드는 자신을 발견한다. 모든 비난은 비난을 한 사람이나 받는 사람이나 가리지 않고 죄책감을 일으킨다"라고 적었다. 결국 이것은 자기 정당화와 다른 사람들의 비난을 일으킬 수 있다. 이러한 순환은 사회적인 압력과 사회적인 암시가 어떻게 무수한 죄책감들의 근원이 될 수 있는지를 보여준다.[22]

3. 그릇된 양심의 발달

'양심'(Cconscience)이라는 말은 비록 신약성경의 저자들에 의해 서른 번이나 언급되고 있지만, 그 뜻은 명확하게 정의되어 있지 않다.[23] 바울은 양심이 "우리의 마음속에 보편적이고 거룩한 도덕적인 원칙들 위에 자리 잡고 있으며[24] 이것은 우리가 옳고 그른 것에 대해 생각할 수 있기도 전에 하나님에 의해 우리 안에 자리 잡혔다"라고 기록하였다. 그러나 심지어 신앙심이 깊은 사람들도 사악한 의도로 잠시 무언가를 해보거나 성경적인 가르침을 버리거나 죄에 지속적으로 관련됨으로써 그 양심이 마비될 수 있다.[25] 양심은 약해질 수 있고 강해질 수도 있다.[26] 분명한 것은 양심이 다른 사람들의 행동과 가르침에 의해 바뀔 수 있다는 것이다.[27]

프로이트를 시작으로, 심리학자들과 정신의학자들은 양심이 생의 초기에 부모들의 기대와 금지에 의해 형성된다고 주장해왔다. 아이들은 처벌을 피하고 칭찬을 받기 위해 어떻게 행동해야 하는가를 습득한다.

이런 생의 초기 단계에서 아이들은 죄에 대해 배운다. 부모들이 가르치고자 하는 것에 좋은 모범이 되며 가정이 온화하고 예측이 가능하고 안정되어 있을 때, 그리고 벌이나 비난보다 격려와 칭찬을 더욱 중시할 때에 아이는 수용과 용서를 경험하는 것이 무엇을 의미하는지를 알게 된다. 이와 반대로 도덕적인 가르침이 징계와 비난을 수반하고 두려움에 떨게 하고 비현실적인 요구를 할 때, 아이는 분노하고 융통성이 없으며 비판적인 성격이 되고 죄책감에 시달리게 된다. 이때에 아이들은 부모의 가르침에 반항하며 자신의 친구들로부터 오는 또 다른 관점을 수용하게 될지도 모른다.

친구들은 부모의 도덕적인 가르침이 거의 없거나 전혀 없는 아이들에게 특별한 영향을 끼친다. 전 세계 곳곳의 수백 수천만의 아이들은 그들 스스로 자라난다. 이러한 아이들은 많은 나라에 있는 길거리 아이들과 매춘이나 군대로 징병된 아이들, 빈약한 부모 모델을 보여주는 부모와 사는 아이들 또는 아이들의 도덕적인 발달에 영향을 주지 않는 부모와 사는 아이들을 포함한다. 이러한 아이들은 종종 친구들의 불명확하고 모호한 기준들을 배운다.

그들의 배경에 상관없이 대부분의 어린아이들은 결국 그들의 부모들이나 교사들과 종교적 지도자들 혹은 심지어 그들 친구들의 말 때문에 단순히 무엇이 옳고 그른지에 대한 신념들로부터 쉽게 멀어진다. 아이들은 자라나면서 그들이 개인적으로 '그들의 마음에서' 옳다고 믿는 이상 쪽으로 흘러간다. 이것은 그들 자신이 일반적으로 수용하는 사회의 도덕적인 가치들을 반영하는 부모나 다른 사람들의 교육을 믿는다는 것을 의미하지 않을 수도 있다. 대신에 성숙한 어린아이들은 그들이 배운 것과 친구들의 믿는 바를 경쟁적으로 숙고하여, 결국 그들 자신의 기준으로 받아들이게 된다. 이것이 항상 심사숙고 후에 이행되는 것은 아니지만, 시간이 흐르면 무엇이 옳고 그른지에 대한 일반적인 인식이 생긴다.

이 모든 것들 이외에도, 기독교인들의 양심은 성경으로부터의 건전한 교육과 훌륭한 성인 모델, 그리고 궁금증을 표출하고 권위주의에 문제를 제기하는 기회로부터 조성된다. 성숙한 신앙인의 모습은 죄가 몰고 올 충격, 용서의 실재와 유용성, 그리고 고백과 회복의 중요성을 이해하는 것에서 출발한다. 물론 많은 사람들은 이러한 이상적인 단계까지 도달하지 못한다. 옳고 그른 것에 대한 경직된 사고방식과 자신은 불완전하고 무능력하다는 확신, 실패나 벌에 대한 두려움, 게다가 하나님의 완전하신 용서를 제대로 깨닫지 못함으로써 이들은 끊임없이 죄책감에 괴로워한다. 이러한 죄책감은 죄를 저질렀다는 비통함이나 법을 어긴 것에 대한 후회 때문에 생기는 것이 아니다. 이것은 한 개인이 죄 때문에 받을 징벌이나 고립감, 혹은 상한 자존심에 대한 두려움에 사로잡혀 있다는 신호다. 이들은 자신을 내세우기 위해 종종 완고한 태도를 보이며 다른 사람들에게는 비판적이고, 용서할 줄 모르며, 어떤 사안에 대해 도덕적인 결정을 내리길 꺼리고, 거만하고, 도덕적인 우월감에 사로잡혀 있는 경향이 있다. 이들은 가정에서도 교회에서도 다루기 힘든 부류다. 자주 분노하고 스스로 불행하다고 느끼기 때문에 이해와 도움이 필요한 사람들이다.

4. 초자연적인 영향

인류가 타락하기 전에 아담과 하와는 분명히 양심, 선악, 죄의식이란 것이 없었다.[28] 그러나 불순종으로 말미암아 이들은 자신들이 잘못을 저질렀다는 것을 깨닫고 하나님으로부터 숨으려 했다.[29] 객관적인 신학적 죄와 주관적인 죄책감이 완벽한 창조의 세계 안으로 들어오게 된 것이다.

성경 외에 다른 데서 보듯이 하나님의 기준은 높아서 인간이 죄가 없는 척한다면 스스로를 기만하는 일이다.[30] 그러므로 객관적인 죄의식은 인간의 죄를 책망하시는 성령의 인도하심으로 나타날 수 있다.[31] 이렇게 초자연적으로 생겨난 인식은 우리 자신을 정화시키고 성장시키기 위한 것이다.

사탄 역시 우리가 죄를 짓기 전이든 죄를 지은 다음이든 우리의 삶에 끼어들려 한다. 우리는 사탄이 우리를 유혹하고 넘어뜨리려 한다는 것을 안다. 그리고 성경에서 보듯이 하나님 앞에서 신앙인을 고발하는 존재로 나타난다.[32] 만약 사탄이 아담과 하와를 내버려두었다면 그들은 죄를 짓지 않았을 것이다. 사탄은 우리에게 많은 죄책감을 주었다. 심지어 우리가 잘못한 것이 없으며, 스스로의 죄를 고백하고 하나님께 용서를 받았을 때조차 죄책감을 주어 용서받지 못했다는 생각에 사로잡히도록 끊임없이 충동질한다.

5. 용서의 결여

전문적으로 이것은 죄의 원인이 아니지만, 사람들이 용서를 발견하지 못할 때, 죄가 그대로 존재하거나 때로는 더 강해진다. 용서의 문제는 이 장의 후반부에서 보다 자세히 다루겠다.

• 죄의 결과

남아프리카공화국에서 최초로 민주 선거가 실시된 이듬해, 넬슨 만델라(Nelson Mandela) 대통령은 데스몬드 투투(Desmond Tutu) 추기경을 진실과 화해 위원회(Truth and Reconciliation Commission) 의장으로 임명했다. 위원회의 임무는 인종차별 정책 기간 동안 자행됐던 인권유린 실태를 조사하고 사면과 배상을 권고하는 것이었다. 세계가 주목하는 가운데 2년 동안 남아프리카공화국 사람들은 희생자들과 박해자들로부터 공개 증언들을 있는 그대로 접했다. 위원회는 정부의 묵인하에 자행된 극도의 고문과 학대, 폭력으로부터 사람들이 얼마나 고통 받았는지 정말 생생하게 밝혀냈다. 이 과정에서 연루된 많은 사람들이 신경쇠약, 건강 약화, 관계 파탄, 그리고 극도의 슬픔을 포함한 심각한 스트레스를 경험했다.

투투 추기경은 그의 눈물을 숨기려고 하지 않았고, 저명한 시인이자 언론인이었던 안트지 크로그(Antjie Krog)도 마찬가지였다. 크로그는 공개된 고백들을 매일 기사로 내보내던 남아프리카공화국의 방송협회를 이끌면서 모든 증언을 들었고, 후에 감동적인 책을 썼다.[33] 위원회 앞에서 참석자들이 진술한 내용에 대한 크로그의 강력한 기록은 그녀 자신을 자기 나라 역사의 암흑기와 화해시키려는 정신적 고뇌와 투쟁의 표현이었다.

진실과 화해 위원회 앞에 공개된 증언들은 희생자로서 그들의 역할과 죄로 인해 사람들이 얼마나 충격을 받을 수 있는지를 반복적으로 보여주었다. 위원회는 죄에 대한 국가적인 고백과 표현의 모델이 되었다. 이렇게 국가적인 죄를 고백하고 정직하게 그 대가를 치르려는 용기를 가진 나라는 거의 없었다.

위원회는 여러 상담자들이 상담하면서 발견한 것들을 보여주었다. 객관적인 죄는 다양한 결과들을 가져올 수 있다. 법을 어기는 일은 범법자가 죄책감을 느끼지 않더라도 체포되거나 유죄 판결을 받을 수 있다. 사회적인 죄는 다른 사람들로부터의 비난을 받을 수 있다. 개인적 죄는 종종 자기 비판과 비난을 유발시킨다. 신학적인 죄는 더욱 심각한 결과를 초래한다. 공평하시고 거룩하신 하나님은 죄를 눈감아주시지 않으며, 또한 우리의 불순종한 행동들을 모르시는 분이 아니다. 성경에 의하면, 죄에 대한 궁극적 형벌은 사망이다. 비록 우리가 스스로의 죄를 고백하고 우리의 죄를 위해 죽으신 예수 그리스도를 믿음으로 하나님이 우리를 용서하시고 영생을 주신다 해도 이 땅에서 사망을 피할 수는 없다.[34] 때로는 범죄자가 징벌을 피하고 자신의 행동에 어떠한 죄책감도 느끼지 않는 것처럼 보이지만 하나님은 결국 심판하실 것이다.[35]

앞서 나는 상담자들이 언제나 객관적인 죄의 결과를 보지 않는다는 점을 지적했다. 오히려 사람들은 주관적인 죄책감 때문에 상담을 받으러 온다. 이 주관적인 죄책감은 과거의 경험이나 결혼 생활의 긴장감과 같은 문제들을 상의할 때 발생한다. 죄책감은 몇 가지 방식으로 우리에게 영향을 미친다.

1. 방어적 사고

심리학 입문서는 방어적 사고, 즉 대체로 사람들이 불안과 좌절, 압박의 감정들로부터 도피하거나 이를 감소시키기 위한 사고방식을 방어기제로 정의한다. 이러한 생각들은 어떻게든지 사실을 왜곡하는 경향이 있다. 일반적으로 우리는 방어기제를 사용하고 있다는 것을 의식적으로 지각하지 못한다.[36] 모든 방어기제들을 어느 정도 확장시키면 죄책감으로부터 자신을 보호할 수 있다. 이 가운데 억압이 가장 일반적인 것 중 하나다. 이것은 의식적인 지각에서 오는 고통스러운 생각들을 간단하게 차단한다.

만약 우리가 했을지 모를 행동에 대해 누구를 비난하기 위한 빌미를 찾고(이 같은 방어기제를 '투사'라고 부른다), 잘못된 행동을 부정해버리며, 사람을 멀리하고, 자신의 행동을 정당화하기 위해 자기합리화를 시도하거나 변명거리를 찾는다면 이 모든 것은 불안감에서 벗어나고 죄책감에 직면하지 않으려는 행동이다.

간혹 죄책감이 들 때 우리는 화를 내고, 자신의 행동을 정당화시키려 하거나, 일어난 일에 대해 어떤 개인적인 책임감을 부인하거나, 심지어 지나칠 정도로 사과하기도 한다.

어떤 기독교 상담자는 많은 기독교인들이 자신이 기독교인이라는 생각 때문에 갖게 되는, 특히 성적 욕구에 대해 죄책감을 느낄 때 나타나는 어떤 사고 유형을 알아냈다. 도덕적 순수성으로부터 마음이나 행동이 괴리된 것을 죄의 본질의 한 부분이라고 확신하는 사람들은 계속해서 마음으로(혹은 육체로) 죄를 짓고, 또 이것이 잘못되었음을 인정하여 하나님에게 용서를 구하고, 죄에서 벗어나기 위해 하나님의 자비에 의지할지 모른다. 그러면 본 장의 앞부분에서 살펴보았던 대로 이 순환은 계속 반복되는 것이다. 이같은 사고방식은 "죄의 심각성을 경시하고, 은혜의 가치를 떨어뜨리며, 예수님의 통치 아래 사는 삶의 의미를 이해하지 못하게 한다."[37]

2. 자책

죄책감은 거의 항상 불안감과 열등의식, 무력감, 자신에 대한 나약한 감정, 낮은 자존감, 비관주의, 심리적 불안정 등을 일으킨다. 때로는 자학을 하기도 한다. 이런 사람은 다른 사람에 의해 학대를 당하는 희생자처럼 행동한다. 가끔은 '나는 좋은 대우를 받을 가치가 없는 보잘것없고 약한 사람이야'라는 듯한 태도를 취한다. 그 밖에는 안정을 하지 못하고, 칭찬을 받아들이지 않거나, 성적인 억압 상태에 있고, 다른 사람들의 요구에 "아니오"라고 말하는 것을 꺼리며, 여가활동을 피하기도 한다. 이 모든 것은 그 사람이 죄책감에 사로잡혀 용서를 받을 수 없다는 생각에 찌들어 있기 때문이다. 또한 마음속에 억압되어 표출되지 못한 분노가 있는 경우도 많다. 이것이 사람을 우울하게 만들 수 있고, 때때로 자살 충동도 야기한다. 어떤 사람들은 끊임없이 '스스로를 비난하고' 있다. 그러고는 왜 이 같은 행동이 자책감에 빠져 있는 사람들과 같이 있고 싶어 하지 않는 친구들을 내모는지 의아해한다.

이 같은 자책의 일부는 아동기 때 생긴다. 예를 들어, 아이들의 행동양식을 형성하는 데 죄의식을 이용하는 양육방법과 수치심을 이용하는 양육방법에는 차이가 있다. 죄의식을 이용한 양육법은 불순종, 나약함, 실패들을 지적하고 나서, 아이들에게 어떻게 다르게 행동해야 하는지 보여준다. 수치심을 통한 양육법은 아이들에게 자신이 얼마나 무가치하고, 어리석고, 서투르고, 나쁜지를 말하는 것에 초점을 둔다.

그들이 성장하였을 때, 수치심을 통해 교육받은 아이들은 부정적이고 패배주의적인 자아상을 가지고 있을 가능성이 높다. 성인이 되었을 때, 실패는 자책감과 분노, 무력감, 그리고 보다 심한 수치심과 같은 강한 감정들을 자주 일으킨다.[38]

3. 신체적인 반응

죄책감은 다른 심리적 반응처럼 신체적인 긴장을 유발시킬 수 있다. 이것은 시편 38편과 그 외 고백 시편에 분명하게 나온다. 긴장이 사람의 내부에 쌓여 해소되지 못할 때 몸은 쇠약해지고 건강도 악화되기 시작한다. 어떤 정신의학자들은 이를 무의식적인 자학의 한 형태로 본다. 이 같은 신체적인 증상들은 죄의식 때문에 생기는 감정적인 고통들로부터 우리를 유리시키는 신체적 반응이라는 추측이 더 정확한 표현일지 모른다. 심리적으로나 정서적으로 신경을 쓰게 만드는 죄책감의 무게를 견디는 것보다 신체적 고통을 참는 게 더 쉬울 수 있다.

4. 도덕적인 고통

만약 10대 청소년들이 전쟁터에 가서 매우 잔인하고, 무자비하고, 폭력적인 행동들을 목격하고, 그러한 행동들을 직접 해봤다면 이로 인해 어떤 충격을 받을까? 많은 퇴역군인들이 스트레스로 심각하게 고통받고 있다는 것은 놀랄 만한 일도 아니다. 이들은 너무나 괴롭고 고통스럽기 때문에 간혹 전쟁터에서 겪은 사건들에 대한 기억을 의식 밖으로 밀어낸다. 그러나 그 기억들은 의식의 표면 아래서 곪게 되고 결국 외상 후 스트레스로 나타난다. 이와 관련하여 후반부에서 좀 더 자세히 살펴보게 될 것이다.

퇴역군인들은 극도의 폭력적 경험 때문에 결코 고통이 사그라지지 않는다. 오히려 수치심과 혼란, 우울증, 분노, 공허감, 대인공포증, 불신감 등으로 표출되는 죄책감에 시달린다. 이것은 끔찍한 결과로 이어지는 행동을 했다는 사실을 지각하는 것에서 오는 깊은 도덕적 고통이다. 자신이 한 일 때문에, 때로는 그 일이 상사의 명령에 따라 한 것이라도, 사람이 죽고, 가족이 파탄되고, 말할 수 없는 고통을 당하고, 건강을 잃고, 혹은 끔찍한 장애의 고통을 얻은 사람이 있다는 사실로 괴로워한다. 이런 식의 자각은 퇴역군인들, 감금된 죄수들, 법을 집행하는 사람들, 그리고 상담이 필요한 사람들에게 도덕적인 고통으로서 지속된다. 이들은 스트레스 관리법을 잘 알고 심지어 죄의 속성을 이해하고 있지만 죄에 짓눌려 있는 사람들을 어떻게 도와주어야 하는지 전혀 알지 못하는 상담자들을 찾아 도움을 청하는 무익한 시도를 한다.

5. 회개와 용서

죄책감의 결과가 모두 부정적인 것은 아니다. 어떤 사람들은 "만일 우리가 우리 죄를 자백하면 그는 미쁘시고 의로우사 우리 죄를 사하시며 우리를 모든 불의에서 깨끗하게 하실 것이요"라는 확신으로 마음을 편하게 하고, 실수를 수용하고, 그로 인해 성장하며, 다른 사람들과 하나님께 고백하는 것을 배운다.[39]

• 상담과 죄

「미션 The mission」이라는 영화는 남아메리카의 로드리고 멘도자(Rodrigo Mendoza)라는 노예상에 대한 이야기로 그는 인디언들을 잡아 노예로 파는 일을 했다.[40] 어느 날 로드리고는 싸움을 하게 되었고, 칼로 그의 형제를 죽여서 감옥에 들어가게 된다. 인디아 선교를 지휘했던 가브리엘 신부가 로드리고를 방문했다. 그 감옥 안에 낙담한 채 앉아 있던 로드리고는 죄로 뒤덮여 먹는 것을 거부하고, 방문한 신부를 경멸했다. 그는 "어떠한 것도 나를 죄로부터 구할 수 없어"라고 주장했지만 결국 그는 구원을 알리려는 희망과 함께 신부의 인도를 따르기로 승낙하였다.

이 영화의 가장 감동적인 부분은, 가브리엘 신부와 다른 사람들이 인디언 마을로 가기 위해 가파른 산을 올라가는 장면이다. 뒤처진 로드리고는 스페인의 무거운 무기 가방을 끌어올리기 위해 열심히 끌어당겼다. 지면은 거칠었고, 큰 바위들과 강들 그 밖의 여러 장애물들이 있었다. 산의 정상 근처에서 인디언 아이들 한 무리가 지켜보고 있었다. 그 아이들이 로드리고를 보고 어떤 아이들은 부족의 어른들에게 알리기 위해 달리고, 창들을 모으고, 그 사람이 산 정상을 향해 애쓰는 것을 감시하고 있었다. 로드리고가 도착했을 때 그는 기직맥진해서 땅에 주저앉았고, 모든 노력에도 불구하고 자신이 그 죄로부터 자유로워질 수 없다는 것을 분명히 깨달았다. 추장이 고개를 끄덕였을 때, 한 전사가 뛰어와 로드리고의 목에 칼을 겨누었다. 한때 노예상인이었던 로드리고는 이전에 노예로 사로잡으려 했던 몇몇 인디언들에게 죽임을 당할 줄로만 알았다.

하지만 추장은 다시 신호를 보냈고, 전사는 로드리고의 목을 자르는 대신 밧줄을 칼로 잘랐다. 두려움에 떠는 로드리고는 그의 짐들로부터 자유로워졌고, 그 짐들을 절벽으로 걷어찼다. 무거운 짐은 강물에 빠졌고 큰 파동을 일으키며 물속에 가라앉았다. 로드리고는 가브리엘 신부에게 뛰어가 꼭 껴안고 흐느끼기 시작했다. 추장이 앞으로 나왔고, 인디언들은 그의 주변에 모였다. 그 순간 로드리고는 자신의 노력에 의해 용서를 얻을 수 있는 것이 아니며, 그가 매우 힘든 일들을 했다는 것도 용서를 얻는 것과는 아무 상관이 없음을 깨달았다. 죄의 괴로움으로부터 벗어나는 용서와 자유는 조건 없는 하나님의 선물이다. 인디언들의 용서 또한 그의 삶 속에 해방감을 더해주었다.[41]

죄를 진 사람들과 상담할 때, 기독교 상담가는 비신앙인보다 유리한 점을 갖고 있다. 죄는 도덕적인 문제이므로 죄책감들은 도덕적인 실패에서 생긴다. 비종교적인 상담가 훈련 프로그램들은 거의 도덕을 논하지 않을 뿐더러, 하나님의 존재를 믿지 않는 상담자들은 거의 이해하지도 못하며 정식 훈련도 받지 못한 가치들, 용서, 속죄 그리고 관련된 신학적 문제들을 다루어야만 한다. 심리학적인 접근들은 사람들로 하여금 분노를 표현하고, 회복하며, 그들의 기준들이나 기대들을 낮추고, 성취를 향상시키고, 그들 자신의 행동들이 통찰력을 얻도록 돕는 데 기초를 두었다. 이러한 것들은 기껏해야 임시변통의 노력에 불과하고, 좀처럼 지속적인 변화를 가져오지 않는다.

수십 년 전 많은 논란을 일으킨 책 한 권이 출판됐다. 심리학자 호발트 모러(O. Hobart Mowrer)는 "인간은 고백되지 않고 속죄 받지 못하는 실제적인 죄 때문에 마음과 영혼, 어쩌면 신체까지도 병든다"고 주장했다.[42] 모러는 정신적인 병이란 거의 대부분 도덕적인 질병이며, 그것도 오직 의미 있는 다른 사람에게 고백함으로 치유될 수 있고 회복될 수 있다고 주장했다. 비록 모러의 책은 몇 가지 기본적인 기독교 교리(그리스도의 속죄와 원죄의 개념 등)를 공격하고 있지만, 그의 연구는 상담자들과 목사 모두에게 상담에서 죄와 용서가 중요하다는 사실을 인정할 것을 주장했다.

10년 후에, 정신의학자인 칼 메닝거(Karl Menninger)는 『죄가 되는 것은 무엇이든지?*Whatever Became of Sin?*』라는 흥미로운 제목의 책에서 비슷한 생각들을 표현했다.[43] 그는 일찍이 만약 자신의 정신병원 환자들에게 그들의 죄는 용서받았다는 것을 확신시킬 수만 있다면, 이들 중 4분의 3은 다음날 퇴원할 수 있다고 확실하게 말했다. 메닝거와 모러는 모두 인본주의적 관점에서 저술했다. 비록 그들이 신학적인 용어를 사용하기는 했지만, 그들은 고백과 용서 그리고 의에 대한 성경적인 진리들을 인정하지 못했고 이해하지도 못했다. 이런 개념들은 죄책감을 갖고 있는 사람들을 도우려 하는 모든 기독교 상담자의 머릿속에 반드시 있어야만 한다.

1980년 후반 혹은 1990년 초반에 시작된 '작고 조용한 움직임'(Small Quiet Movement)이 심리학계에서 일어났다. 이전에는 용서가 심리학계 안에서 거의 언급되지 않았지만, 오늘날 점점 더 많은 연구들은 사람들이 용서를 경험하고, 다른 사람들을 용서하고, 그들 자신을 용서하는 법을 배울 때 나타나는 긍정적인 영향들을 조사하고 있다.[44] 용서를 찾고 죄를 통제하도록 하려면 내담자가 자신의 죄와 그 원인을 직면하도록 도와야 한다.

1. 이해와 수용

죄책감을 가진 사람들은 자주 스스로를 비난하고, 다른 사람들에게 비난당할 것을 염려한다. 그 결과, 그들은 자기 방어적이거나 자기 비난적인 태도로 상담에 임하기도 한다.

간음으로 잡혀왔던 여인은 예수님의 태도에 확실히 놀랐을 것이다.[45] 그녀는 객관적인 죄를 지었으며, 아마도 수치심과 깊은 죄책감을 느꼈을 것이다. 하지만 예수님은 그녀를 비난하기 원했던 다른 사람들과는 달랐다. 그분은 그녀의 죄(그것은 분명히 잘못된 것이었다)를 눈감아주지 않으셨지만 그녀에게 온화한 말씨로 다시는 죄를 짓지 말라고 말씀하셨다. 예수님이 이런 상황에서 대응하신 방법은 상담가들에게 하나의 모델이 된다.

상담가로서 죄에 빠진 사람들을 어떻게 대해야 할까? 이러한 사람들이 회개하고 변화하기를 결심할 때, 당신은 어떻게 느끼는가? 만약 그들이 잘못한 행위에 대해 인식하지 못하고, 수치심을 느끼지 않는다거나 후회하지 않은 것처럼 보인다면 어떤 반응을 할까? 기독교 상담자들은 결코 죄의 본질을 축소하려고 해서는 안 된다. 그리고 도덕적으로 교만한 태도를 가져서도 안 된다. 우리 모두는 유혹을 받고 있으며, 우리 중 누구도 죄에 빠질 수 있으며 내담자들에게서 보았던 도덕적인 고통을 경험할 수도 있다.[46] 우리의 과제는 내담자를 비판하거나,[47] 그들의 죄책감이 자신의 의지로 멈출 수 있기를 바라는 것이 아니다. 대신 우리는 다른 사람들을 사랑하고, 기꺼이 이해하려는 태도로 접근해야 한다. 오래된 진부한 생각을 바꾸기 위해, 죄는 수용하지 않을지라도 죄인은 받아주어야 한다.

2. 통찰을 가르쳐주는 것

나단 선지자가 왕의 죄를 가지고 다윗 왕과 대면했을 때 그 죄목은 분명했다. 다윗 왕은 매우 부도덕한 죄를 범했으며 살인과 속임수를 저질렀다.[48] 그는 즉시 자신의 죄를 인정하고, 잘못을 고백하고, 용서를 구했다. 여생 동안, 다윗 왕은 그가 저지른 잘못의 결과들을 그대로 감수했지만 도덕적인 고통에서 자유로웠다. 왜냐하면 나단의 도전에 반응하여 회개하고 변했기 때문이다.

죄가 있는 사람을 상담하는 것은 쉬운 법이 없다. 어떤 사람들은 그들이 왜 죄책감을 느끼는지 알지 못한다. 어떤 사람들은 그들의 잘못된 행동과 태도를 솔직하게 인정하지만, 그 죄책감은 여전히 지속된다. 때로는 법을 어기고 다른 사람에게 상처를 주었으면서도 후회나 양심의 가책을 느끼지 못하는 사람도 있다.

이런 사람들이 자신의 내면에 영향을 주는 힘을 얼마간 이해하게 된다면 도움을 받을 수 있다. 이제 다음과 같은 문제들을 논의해볼 수 있다. 그들이 할 수 있는 이론적 생각이나 사고보다는 오히려 구체적인 실례에 초점을 맞추고자 한다.

- 당신의 삶에서 당신에게 죄책감을 느끼도록 만드는 것들이 있는가? 그것은 무엇인가?
- 과거에 당신은 자신의 죄책감들을 어떻게 다루어왔는가?
- 당신에게 도움이 되었던 일은 무엇이며 그렇지 않은 일은 무엇이었는가?
- 옳고 그름에 대한 부모님의 기대는 어떤 것들이었는가?
- 부모님의 기준들은 결코 도달할 수 없을 정도로 매우 높았는가? 하나의 실례를 들어보라.
- 실패했을 때 무슨 일들이 있어났는가?

- 자주 책망과 비난과 벌을 받았는가? 이것이 어떤 영향을 미쳤는가?
- 교회에서는 옳고 그름에 대해서 어떤 것을 가르쳤는가? 특별히 내담자가 걱정하는 문제들에 초점을 맞추어라!
- 당신을 걱정시키지는 않지만, 다른 사람에게 죄책감을 느끼도록 만드는 것처럼 보이는 것은 어떤 것들이 있는가?
- 하나님의 용서가 무엇이라고 생각하는가? 타인의 용서는 무엇이라고 생각하는가?
- 다른 사람을 용서할 수 있었던 때는 몇 번이나 있었는가? 있었다면 어떻게 용서하였나? 구체적으로 예를 들어보라.
- 자신을 용서할 수 있었던 때는 몇 번이나 있었는가? 있었다면 어떻게 용서하였는가?
- 지금 느끼는 죄책감들과 관련지어 용서에 대한 이러한 이야기들은 어떠한가?

위의 질문들은 내담자들이 왜 죄책감을 느끼는지를 이해하는 데 도움을 주며 방어적 태도, 자책감, 처벌의 두려움, 죄책감으로 인한 신체적 반사작용과 여타 반응들을 살피는 데 도움이 된다.

내담자들은 그들의 죄책감들이 과거 도덕 교육으로부터 어떻게 생겨났는지 깨닫게 된다. 내담자는 여러 가지 방식으로 도달하기 불가능한 목표를 달성하고자 고군분투하고 있는가? 만약 그 목표에 이르지 못했다면 내담자는 어떻게 반응했고, 무슨 일이 일어났을까? 성경적인 가르침으로 일관된 기준을 가지고 있는가? 내담자는 성경이 용서에 대해 말하고 있는 것을 이해하고 있는가? 여기에서 통찰력은 영적인 가르침과 융합된다.

3. 도덕적인 교육

여러 가지 면에서 상담은 상담자와 내담자가 함께 노력하고 함께 배우는 교육과정이다. 상담자가 죄를 다루도록 사람들을 돕는 과정에서 내담자에게 필요한 것은 옳고 그름에 대한 기준을 재검토하고 상담자의 도움을 받는 것이다. 이런 과정은 시간이 오래 걸릴 수도 있다. 어떤 사람들은 성경에서 죄라고 말하지 않는 것들에 대해 죄책감을 느낀다. 반면에 또 다른 이들은 분명히 성경적 기준에 위배되는 도덕적인 가치들을 가지고 있다.

죄를 처리하도록 내담자들을 돕는 과정에서, 내담자가 자신의 기준과 하나님의 기준을 함께 논하는 것은 중요하다. 내담자의 죄 문제를 다룰 때 상담자는 자신의 기준과 하나님의 기준 모두를 염두에 두어야 한다. 하나님은 우리를 온전하게 파악하고 계신다. 하나님은 우리가 단지 티끌에 불과하다는 것도 알고 계시고, 우리가 이 땅에서 사는 동안 죄를 지을 것이라는 것도 알고 계신다.[49] 하나님은 완벽함을 기대하시는 것이 아니라, 우리가 하나님의 뜻을 알아 할 수 있는 한 최선을 다하면서, 하나님의 뜻대로 살기 위해 진심으로 노력하는 것을 원하신다. 하나님은 자비로우신 분이다. 하나님은 무조건적으로 사랑하시고, 속죄와 죄 값을 요구하시지 않고 우리의 죄를 용서하신다. 인간의 속죄와 죄 값은 예수 그리스도가 인간의 죄를 위해 이미 치르셨기 때문에 더 이상 필요하지 않다. "그리스도께서도 단번에 죄를 위하여 죽으사 의인으로서 불의한 자를 대신하셨으니 이는 우리를 하나님 앞으로 인도하려 하심이라."[50]

이것은 실제적으로 매우 가치 있고 실천적인 기본 신학이론으로 인간의 사고에 대변혁을 일으키고 완전한 자유를 주는 것이다. 죄와 죄책감에 대한 궁극적인 해결책은 예수님과 때로는 다른 사람들에게 죄를 고백하는 것이다.[51] 우리의 아픔과 고통과 실패와 죄를 솔직하게 인정하고 용서를 구하며 진심으로 회개하고 행동을 변화시켜야 한다. 그리고 그때 만유의 하나님이 우리를 용서하시고, 받아주신다는 것을 하나님의 도우심으로 믿어야 한다. 그러면 하나님은 우리가 우리 자신과 다른 사람들을 용서하고 사랑하고 받아들이도록 도우신다.

4. 회개와 용서

용서를 경험하는 것과 다른 사람들에게 용서를 베푸는 것은 죄를 경험하는 사람들에게 매우 긍정적인 영향을 줄 수 있다. 용서는 신체적이고 정신적인 건강을 가져올 수 있고, 인종적이고 문화적인 분열을 해결할 수 있으며, 안정된 결혼 생활을 회복시킬 수 있고, 관계들을 형성할 수 있게 한다.[52] 한 연구팀에 의하면 "용서는 혼란을 가라앉히고, 다른 사람들을 비난할 욕구를 약하게 하고, 가족을 단결시키고, 관계가 조화롭게 유지되도록 한다"[53], 또한 "사람들은 그러한 용서를 자주 얻으려 하지만, 그것은 좀처럼 찾을 수 없다"[54]고 하였다.

용서에 관한 수많은 접근들이 있다. 그리고 이 목록은 우리가 이러한 말들을 읽을 때마다 배가될 것이다.[55] 최근에 넘쳐나는 용서에 관한 논문들은 다른 사람들을 용서하는 것의 이점에 대해서는 매우 자주 언급하는 반면, 자기 자신을 용서할 필요성에 대해서는 가끔 언급한다. 그러나 다른 사람들과 하나님으로부터 용서를 받아들이는 것은 똑같이 중요하다. 우리가 용서를 받아들이기 전까지, 특히 하나님으로부터의 용서를 받아들이기 전까지 우리 자신과 다른 사람을 완전히 용서한다는 것은 있을 수 없다.

성경에서 죄와 용서에 대해 언급하고 있는 것들을 내담자가 이해하는 것은 가능하지만 다음과 같은 장애물들이 계속될 수 있다. 사람들은 마음속으로 이렇게 생각한다.

(a) 나는 용서를 구할 수 없다 : 상담자의 일은 사람들이 기도하도록 하고, 고백하도록 하며, 하나님에게 용서를 구하도록 요구하는 것이 아니다. 어떤 내담자들의 경우에는 그 목적에 도달하기까지 시간이 걸릴 수 있기 때문에, 상담자는 그 내담자를 위해 기도하는 것에 만족해야만 한다. 그리고 좀 더 확실하게 용서의 원리들을 이해하도록 죄책감에 사로잡힌 사람들을 받아들이고, 돕는 일을 계속 해야만 한다. 우리가 선한 일들을 통해 하나님의 은혜를 얻는다는 것과 우리가 벌을 받음으로써 자신의 죄 값을 치른다는 관점은 매우 일반적이기 때문에 이러한 관점은 천천히 사라질 것이다. 우리가 용서를 얻기 위해 필요한 것은 회개와 고백뿐이라고 성경은 가르친다. 이러한 기독교의 기본 교리를 이해하지 못하는 것은 기독교인들을 포함한 무수한 사람이 하나님으로부터 멀어졌다는 느낌과 외로움, 낮은 자부심, 두려움, 내부의 평화를 잃어버리는 것, 우울증이나 걱정을 야기시키는 해로운 죄책감들을 경험하기 때문이다. 이러한 사람들은 용서를 구할 수 없다고 느끼는 사람들이다.

(b) 나는 용서받았다고 느끼지 않는다 : 우리가 다른 사람에게 우리를 용서해줄 것을 청하였을 때, 때때로 우리는 진정으로 용서받지 않기 때문에 용서받았다는 느낌을 갖지 못한다. 성경에 의하면, 만약 우리가 우리의 죄와 고통을 그분께 고백하면, 그분은 모든 것을 용서하시겠다고 했다.[56] 죄책감은 하룻밤 사이에 갑자기 사라지지 않는다. 하지만 그렇게 느끼지 않는다 할지라도 자신들이 용서받을 것이라는 확신 속에는 있을 수 있다. 이것은 빈번하게 반복적으로 말해야만 하고, 해방감으로 다가오기까지 기도가 수반되어야만 한다.

(c) 하나님이 우리를 용서했다는 것은 알지만, 나는 다른 사람들을 용서할 수 없다 : 루이스 스미즈 (Lewis Smedes)는 "용서하는 것은 종종 이상하게 보이는 힘든 일이다"라고 적었다. 우리 중 대부분은 계속해서 용서해야만 하고, 간혹은 오직 하나님의 도우심으로 용서한다. 아마도 내담자는 "만약 당신이 용서하려 '시도' 하고, 심지어 당신이 때때로 생각날 때만 용서하고, 만약 당신이 오늘만 용서하고 내일은 다시 미워하고 또다시 용서한다고 할지라도, 그럼에도 불구하고 당신은 용서해주는 사람이다"라는 말에 동의할 것이다.[57] 우리 중 대부분은 비전문가들이고 서투르다. 우리 모두는 용서하기 위해 하나님의 도우심이 필요하다. 특히 우리가 그렇게 느끼지 않을 때 더욱 필요하다.

(d) 내가 잊어버릴 수 없을 것 같을 때는, 어떻게 용서할 수 있을 것인가? : 오로지 하나님만이 용서할 수 있으시고, 잊으실 수도 있으신 분이다. 심지어 완전히 용서받았을지라도, 우리 인간들은 과거의 죄와 불공평들을 기억하는 경향이 있다. 때로 잊는 것은 현명하지 않을 수도 있다. 어떤 과거의 죄들을 무시하려고 시도함으로써, 우리는 그것들이 또다시 일어날 수 있는 위험으로부터 도망친다. 대부분의 상황들에서 오래된 기억들은 가장 잘 사라진다. 용서를 했을 때도, 이러한 기억들은 남아 있을 수도 있지만, 우리가 이러한 기억들이 자리 잡고 있는 것을 거부한다면, 그러한 기억들은 사라지기 시작할 것이다. 한 인간이 진심으로 다른 사람들을 용서하고, 하나님의 용서를 진심으로 받아들이려는 의지가 있다면, 삶의 불공평을 곰곰이 생각할 이유는 없다. 용서는 반드시 가장 먼저 와야 한다. 그리고 나서 부분적으로 혹은 완전히 잊는 것이다.

(e) 내가 용서받았다는 것을 알고 있지만 나 자신을 용서할 수 없어서 여전히 죄책감을 느낀다 : 앞 단락은 자기 자신을 용서할 수 없는 것과 동등하게 적용된다. 죄와 양심의 가책이 여전히 지속될 때, 심지어 그 사람이 용서를 경험한 후에도 계속 지속될 경우, 그것의 몇 가지 이유들을 조사해보는 것이 바람직하다. 그 사람은 아마도 자신이 용서받았는지를 실제로 의심하고 있을 것이다. 이런 사람은 하나님으로부터의 용서는 실제로 분명하다는 것을 확신시킬 필요가 있을 것이다. 또한 내담자는 무의식적으로 죄를 붙잡고 있음으로써 어떤 개인적인 이익들을 얻을지도 모른다. 사람은 죄와 자기 비판에 빠져 있을 때, 자기 자신의 인생을 앞으로 나아가게 하는 책임을 지지 않는다. 그러므로 사람들에게 하나님이 그들을 어떻게 용서하셨는지를 설명하는 것, 하나님이 용서하신 것처럼 그들 자신을 용서해야 한다는 것을 말할 필요가 있다. 그리고 내담자가 하나님의 인도에 따르기를 거부하고 있다는 것을 부드럽게 지적하는 것만으로도 충분할 수 있다. 신약성경에는 하나님이 우리에게 용서할 것을 기대하신다는 내용의 몇몇 구절들이 씌어 있다. 우리 자신을 용서하지 못한다면, 그것은 불순종일까?

고백과 하나님으로부터의 용서는 한 사람의 사적인 방 안에서 흔히 일어난다. 때로 우리는 다른 사람들을 은밀히 용서한다. 특별히 그 사람에게 다가갈 수 없을 때, 그리고 마주보고 용서할 수 없을 때 더욱 은밀히 용서한다. 고백과 용서는 집단 환경 속에서 가장 잘 이루어진다. 때로 고백과 용서의 행동은 두 사람 사이에서 일어난다. 교황 요한 바오로 2세가 감옥에 가서, 성 베드로 광장에서 교회 지도자를 암살하려고 시도했었던 남자에게 그의 용서를 권하였을 때, 이것은 주목할 만한 방식으로 설명된다. 가끔 고백과 용서는 상담자나 중개자 앞에서 두 사람 혹은 그 이상의 사람들 사이에서 일어나기도 한다. 이 과정은 더욱 공적인 환경에서 일어날 때가 여러 번 있다. 이 치유 과정은 한 사람 이상이 참여할 때, 더 강하고, 빠르게 이루어질 수 있다.[58]

5. 배상을 하는 것

참된 용서는 행동과 생각의 변화를 거의 항상 수반한다. 예를 들어, 한 사업가가 과거에 한 고용인을 학대하였고, 지불해야만 했던 급료를 주지 않았던 것 때문에 죄책감을 느낀다고 가정하자. 상담자에게 그 죄를 고백하는 것은 사업가의 기분이 한결 나아지도록 도와줄 것이다. 그리고 만약 그가 하나님에게 고백한다면, 그는 용서받을 것이라는 것을 알 것이다. 그러나 만약 그 사업가에게 죄로부터의 참된 자유함이 있다면, 그 사업가는 자신의 고용인을 찾아가 학대한 것을 사과하고, 지불하지 못했던 급료를 지불할 필요가 있다. 한번 상상해보자. 예전에 사장과 고용인 관계였던 두 남자가 만났다. 예전 고용인이 그의 사장에게 그를 용서했다고 말한다. 그 만남을 마친 후, 그 고용인은 이전의 학대에 대해 계속해서 생각하고, 전의 사장의 잘못들을 곰곰이 생각한다. 그리고 나서 그의 친구에게 이전의 불공평에 대해 빈번하게 불평한다. 그 고용인이 자신이 했던 말에도 불구하고, 빈정대고 비판하는 것을 계속한다면 사장을 실제로 용서한 것이 아니다. 참된 용서가 있을 때는, 분개하고 불평하는 태도들을 버리며, 배상하고, 화해를 가져오려는 참된 시도가 있다.[59] 상담은 행동과 태도가 변화되도록 도와줄 수 있다. 그리고 만약 이 변화가 죄로부터 참된 자유함이라면, 반드시 용서는 수반되어야만 한다.

죄의 예방

옛 속담인 "너의 의식이 너의 안내자가 되도록 해라"라는 말은 삶에서 항상 현명한 원리는 아니다. 우리는 사람마다 다른 개인의 도덕적인 기준들을 보았고, 때로는 나라마다 혹은 종교마다 다른 도덕적인 기준들을 보았다. 초기의 도덕적인 가르침과 부모들의 기대들은 옳고 그름에 대한 개인의 생각에 뿌리 깊은 영향을 미칠 수 있기 때문이다. 그러므로 해로운 죄책감들을 예방하기 위해서는 아이들과 함께, 그리고 그들의 부모들과 함께 시작해야 한다.

1. 부모들이 가치기준을 가르치도록 도우라

아이들은(어른들처럼) 그들이 관찰하고 들은 모든 것들로부터 배운다. 지나치게 비난하고, 요구하는 부모는 그들의 아이들이 끊임없이 실패한다는 느낌이 들도록 가르친다. 이러한 아이들이 부모의 기대에 미치지 못할 때, 아이들은 죄책감을 느끼고, 자신이 실패자라고 믿는다. 결국 아이들은 부모의 태도들을 받아들이기 시작하며, 게다가 비판적이고 지나친 요구를 하는 사람으로 성장하여, 다른 사람들에게 죄책감을 주입시킬 수 있다. 이러한 순환을 단절하기 위해 상담자는 부모가 올바른 가치기준을 만들도록 촉진시킬 수 있다. 부모가 아이들에게 기준을 가르치는 것뿐만 아니라 풍부한 사랑과 용서와 격려의 환경 속에서 실패를 지적하는 것을 배우도록 지도 받을 수 있다. 죄책감은 자부심과도 직접적으로 연결되기 때문에, 23장에 실린 예방 지침들을 따르는 것이 도움이 될 것이다.

2. 사람들이 가치기준을 찾도록 도우라

21세기 초기에 사업가와 교회지도자들은 전통적인 가치기준들을 고수할 것을 주장하였다. 그러나 그들의 행동은 그들의 진짜 가치기준이 탐욕과 정욕이었다는 것을 증명하였다. 우리는 전통적인 가치기준들을 대부분 무시하고 거부하면서도 대안을 찾는 것에 어려움을 겪는 사람들이 난무하는 시대에 살고 있다. 다양한 직업에서의 저명한 사람들과 영화와 텔레비전 등, 이 모든 것들은 가치기준에 대한 불확실성과 혼란을 강화한다.

문화는 내담자들이 직면하는 윤리적인 불확실성과 도덕적인 혼란을 최대로 야기시킬 수 있다. 그런데 교회가 이러한 가치기준의 혼란에 편승하여 오히려 이를 더 악화시킬 수도 있을까? 어떤 선의의 종교단체들은 과거에 통용됐던 윤리적 확신들을 시도할 수 있다. 그러나 우리가 살고 있는 포스트모더니즘 시대에는 맞지 않아서 거의 수포로 돌아갔을 것이다. 그리고 때때로 보다 오래된 가치를 완고하게 강요하는 태도는 전통을 따르지 않는 사람들의 비난과 거부를 불러온다. 그 결과 강요된 기준에 부응하지 못한 사람들은 반항심과 죄의식 사이에 서 있다. 그러므로 보다 건설적인 접근은 사람들에게 자신의 혼란을 표현하게 하는 것이고, 변화하는 사회와 관련되어 있는 신중한 상담자와 다른 기독교 지도자들과 함께 성경적 가르침에 기초한 윤리적 근거를 찾도록 하는 것이다.

기독교인들은 교회에서 하나님의 높은 도덕적인 기준들을 알도록 반드시 도움을 받아야만 한다. 믿는 사람들은 하나님이 우리의 약함을 아시며, 우리가 죄를 범했을 때조차도 기꺼이 용서하시려는 분임을 깨달아야 한다. 죄책감과 건설적인 근심은 다르다는 것을 보여주어라.

사람들이 자기 기대들과 옳고 그른 것에 대한 기준들을 검토해보도록 촉진시켜라. 비현실적이고 성경의 가르침에 어긋나는 것이 있는가? 용서를 경험하는 것과 용서하도록 훈련하는 두 가지 방법을 통해 다른 사람들에게 용서가 무엇인지 일깨워라. 기독교인들이 다른 사람을 용서하기 위해 하나님의 도우심을 찾을 수 있다면,[60] 비통함은 감소되며, 죄는 줄어들고, 하나님으로부터의 용서를 받아들이는 것과 이해하는 것에 대한 저항 또한 줄어들 수 있다. 물론 굳건한 가치기준들과 그것들의 중요성은 종종 소규모 집단들과 성직자들에게 배울 수 있다.

끝으로 순종의 문제가 있다. 우리가 법에 복종하려 하고 사회적인 기대들에 도달하고자 하며 하나님이 원하시는 것을 하고자 할 때, 우리는 객관적인 죄를 덜 경험할 것이다. 그리고 이런 사실은 많은 주관적인 죄책감이 나타나는 것을 예방한다.

죄책감 그 자체가 모두 나쁜 것은 아니다. 때로 이것은 우리가 죄를 고백하고 더욱더 바람직하게 행동하도록 자극한다. 그러나 죄책감이 이런 효과들을 무력하게 하면서 지속된다면 해로운 것이다. 우리가 예방하고, 제거하고자 노력하는 것이 바로 이러한 해로운 죄책감들이다.

죄에 대한 결론

예수님은 간음으로 붙잡혀온 여인과 이야기하실 때, 결코 그의 기준들을 완화시키지 않으셨다. 하나님의 기준들은 완전하며, 그는 죄를 눈감아주시거나, 하나님의 원칙들을 따르는 것을 결코 낮추지 않으신다. 예수님은 그 여인에게 다시는 죄를 짓지 말고, 그녀의 생활방식에 희망을 갖고 빨리 바꾸라고 말씀하셨다.

그녀가 완전함에 도달하지 못했을 것은 확실하다. 우리 중 누구도 완전하지 않다. 그럼에도 불구하고 하나님은 우리가 죄들을 고백할 때 우리를 받아들이시고 무조건적으로 용서하신다. 그리고 예수님이 하셨던 일들로 인해 우리가 언젠가는 하나님의 기준들에 도달하고, 그 기준에 따라 살 것을 확신한다. 이 책에서 논의하고 있는 대부분의 문제들은 죄를 지은 사람들에게 영향을 미칠 것이다. 상담자들은 그들이 죄에서 떠나도록 돕는 일을 할 수는 있지만, 이 장에서 보이는 것처럼 죄에 대한 최대의 해결책은 심리학 안에서는 찾을 수 없다. 다만 이것은 용서에 대한 성경적인 가르침 안에서 찾을 수 있다. 하나님의 용서로 인해 우리는 용서받을 수 있고 우리의 죄가 사라질 수 있으며 죄책감과 수치심을 다루는 방법을 알 수 있게 된다.

상담자들을 위한
요점 정리 11

■ 내담자들이 상담자에게 가져오는 대부분의 문제는 죄와 관련된 것이다.

■ 죄는 크게 두 가지 유형으로 나뉜다.
  1. 객관적인 죄
     객관적인 죄는 그들이 죄의식을 느끼지 않는다 할지라도 법을 위반해서 그 법률 위반자가 정죄될 때 발생한다. 이것은 다음의 것들을 포함한다.
     · 한 사람이 국가법을 어겼을 때의 법률적인 죄.
     · 하나님의 기준들에 도달하지 못했을 때의 신학적인 죄.
     · 한 개인의 옳고 그름에 대한 기준을 어겼을 때의 개인적인 죄.
     · 성문화되어 있지 않지만 사회적으로 기대하는 규칙을 어겼을 때의 사회적인 죄.
  2. 주관적인 죄
     주관적인 죄는 한 사람의 행동이나 실패로 인한 내면적인 양심의 가책과 후회의 감정들을 말한다.

■ 성경 안에서 '죄'라는 단어를 사용할 때는 하나님의 법을 위반한 것을 말한다. 주관적인 죄책감들은 언급되지 않았지만 묘사되어 있기는 하다. 특별히 시편에서 다윗이 그의 죄에 대한 괴로움을 표현한 부분이 그렇다.

■ 용서는 성경 안에서 주요한 주제다. 어떤 사람이 하나님의 용서를 받으려면, 고백과 회개는 반드시 필요한 것이며, 기꺼이 다른 사람을 용서하려는 마음 또한 필수적이다.

■ 대부분의 내담자들이 말하는 죄는 객관적인 죄를 말한다.

■ 다음과 같은 경우에 죄의 문제들이 발생할 수 있다.
  · 한 사람이 지나친 요구를 하는 부모들이나 영향력 있는 어른들로부터 습득된 비현실적인 기준들에 도달할 수 없을 때.
  · 한 개인이 자신의 기준에 결코 도달할 수 없으며, 열등감이나 사회적인 압박을 느낄 때.
  · 옳고 그름에 대한 분명한 기준이나 양심이 발달하지 못했을 때. 이는 대부분 과거 경험이나 지도의 결핍에서 비롯된다.
  · 초자연적인 영향들이 우리에게 우리의 범죄(Guilt)와 죄(Sin : 종교, 도덕상의 죄)를 경고할 때.

- 한 사람이 용서를 깨닫지 못해서, 죄책감들이 계속 남아 있으며, 종종 더 강해질 때.

■ 죄는 다음의 것들을 유발할 수 있다.
- 방어적인 생각-방어기제로 잘 알려져 있다.
- 양심의 가책.
- 신체적인 반응들.
- 도덕적인 고통 혹은 내적인 고통.
- 회개와 용서.

■ 죄 문제를 가진 사람들을 상담할 때, 다음의 것들이 필요하다.
- 이해와 수용을 나타내는 것.
- 사람들이 죄책감의 원인과 그들의 행동에 대한 통찰력을 갖도록 돕는 것.
- 도덕적인 문제들을 가르치는 것(사람들이 옳고 그름에 대한 올바른 기준들을 찾도록 돕는 것).
- 사람들이 용서를 경험하고, 혹은 다른 사람들을 용서하도록 돕는 것.

■ 용서는 힘든 일이다. 대부분의 사람들은 지속적으로 용서해야 하며, 오랜 시간이 지난 후 하나님의 도우심으로만 용서한다.

■ 사람들이 자신을 용서할 수 없을 때, 그 이유를 검토할 시간을 가져라. 자신을 용서하지 못한 것으로부터 나타나는 이익들이 있을까?

■ 해로운 죄책감들을 예방하기 위해 다음과 같이 해보라.
- 부모들이 가치기준들을 가르치도록 도우라.
- 사람들이 명확한 가치기준들을 찾도록 도와라. 이것은 변화하는 사회 속에서 일관된 성경적인 가르침으로부터 파생된 적절한 윤리적인 기준들을 말한다.

■ 죄와 죄책감에 대한 궁극적인 해결책은 예수님과 때로는 다른 사람들에게 죄를 고백하는 것이다. 우리의 아픔과 고통과 실패와 죄를 솔직하게 인정하고 용서를 구하며 진심으로 회개하고 행동을 변화시켜야 한다. 그리고 그때 만유의 하나님이 우리를 용서하시고 받아주신다는 것을 하나님의 도우심으로 믿어야 한다.

12 >>
외로움
Loneliness

　　N 박사는 캐나다에 있는 한 대학의 젊고 명랑한 교수다. 그녀는 동료 교수들과 학생들에게 인기가 있으며 연구원으로도 유능하다. 그녀는 일찍이 '올해의 최우수 교수상'을 수상했고 학자와 연구원으로 성공가도를 달리고 있는 것처럼 보인다.

　　그러나 N 박사의 명랑한 성격과 날카로운 지성 뒤에 극심한 고독감이 숨겨져 있다는 것을 아는 사람은 별로 없다. 그녀는 한 잡지 기사에서 여섯 명 중 한 명이 개인적인 문제를 나눌 친구가 단 한 사람도 없으며, 인구의 40%가 수줍음을 타고 고립감을 느끼고 있다는 보도를 읽은 적이 있다. N 박사는 이것이 자신에게 해당되는 이야기라고 느낀다. 분주한 나날을 보내는 동안, 그녀는 사람들에 둘러싸여 있지만, 그들 중 아무도 그녀를 개인적으로 알지 못한다. 그리고 이들 가운데 그녀를 막역하게 부르는 사람은 하나도 없다. 그녀의 가족은 수마일 떨어진 곳에 살고 있다. 그래서 그녀는 하루 일과가 끝나면 자신의 아파트로 가서 고양이에게 말을 걸고, 혼자 독서를 한다. 달리 할 일이 별로 없다.

　　N 박사는 콘서트와 연극 공연이 있는 대도시 지역에 살고 있지만, 혼자서 공연을 보러 갈 마음이 없다. 그녀는 술집에서 친구를 찾는 것을 편하게 생각하지 않으며, 교회에서는 부적응자처럼 느낀다. 교회에 가면 모두가 자기 친구들이 있는 것처럼 보이고, 아무도 혼자 사는 싱글에게 어떻게 말을 건네야 하는지 모르는 것 같다. 특별히 그녀가 박사학위를 지닌 대학 교수라는 것을 알면 사람들은 더욱 그녀와 관계하는 것을 어려워하는 것 같다. 한번은 유람선 여행을 하면서 몇 명의 좋은 사람들을 만났지만, 여기저기에 흩어져 살고 있어 친구가 되기에는 어려웠다.

　　직업적 유능함에도 불구하고 N 박사는 실패자처럼 느낀다. 그녀는 좋은 사교술과 명석한 두뇌를 지닌 매력적인 사람이다. 그녀는 하나님이 자기를 받아주시고 돌보신다는 것을 안다. 그러나 그녀는 또한 인간적 우정과 동반관계가 필요함을 알고 있다. 그녀에게는 함께 긴장을 풀고 자신을 찾게 해줄 수 있는 사람들이 필요하다. 외로움은 그녀를 우울하게 만들고 있다. 최근에 그녀는 학교에서 사직하고 다른 곳으로 이사를 갈까 생각해보았다. 그러나 그녀는 외로움이 함께 따라가리라는 것을 안다.

　　최근에 N 박사는 상담자와 이야기하기로 결심했다. 그녀는 이렇게 털어놓았다. "저는 그렇게 많은 사람들에 둘러싸여 있는데 외로움을 느끼는 것이 무엇인가 잘못되지 않았나 걱정이 됩니다." N 박사는 어떤 심층적인 정서적 문제를 가지고 있지 않다. 그러나 그녀에게는 이제 일에 집중하는 것을 방해하는 고독감을 극복하는 방법을 찾는 데 다른 이의 시각과 도움이 필요하게 되었다.

외로움은 모든 사람이 가끔씩 경험하는 고통스런 내면적 공허감이다. 잠깐 동안 지속될 수도 있고 일생 동안 지속되기도 한다. 외로움은 아동기 초기를 비롯해 모든 연령층에 영향을 미치며, 10대를 지나면서 증가하다가 20대 초반에 절정에 달하는 것 같다. 이것은 비록 모든 문화에 나타나지만, 개인주의를 강조하는 사회에 더 편만하다. 이것은 혼자 사는 성인과 배우자를 상실한 노인들, 파트너 없는 부모, 학생들과 같이 가정을 떠나 있는 사람들에게 자주 발생한다. 이것은 다른 인간으로부터 떨어져 있는 이들을 특징짓지만, 다른 사람들에 둘러싸여 있을 때도 외로움을 느끼는 것이 가능하다. 결혼한 많은 부부들이 배우자와 살고 있으면서도 외롭고 소외감을 느낄 수 있다. 특별히 긴장이 있을 때 그렇다.[1]

야심이 강하고, 성격이 급하며, 성공의 가도를 서둘러 오르기 원하는 사람들이 특별히 높은 빈도의 외로움을 느낀다는 증거가 있다.[2] 꼭대기에서 혼자라고 느끼는 사람들, 개인적 친밀감을 느끼지 못할 만큼 활동에 빠져 있는 일 중독자들, 다른 사람에게 삶을 주면서 자신의 삶에는 친밀감을 누리지 못하는 상담자들도 마찬가지다. 한때 "세계에서 가장 흔한 정신건강 문제"라고 불렸던 외로움은 수백 명의 연구가들의 연구 주제가 되어왔는데, 방대하기로 유명한 『정신의학 종합교과서』의 색인에는 외로움과 고독이 언급조차 되어 있지 않다. 그러나 인터넷에서는 아주 인기 있는 주제다. 검색창에 '외로움'이라고 쳐보라. 아마 수백만 개의 웹 사이트가 뜰 것이다.

외로움은 우리가 가깝고 의미 있는 접촉을 하지 못하고 있다는 고통스러운 인식의 표현이다. 여기에는 슬픔과 고통스러운 고립감은 물론이고 다른 사람과 연결되고 싶다는 깊은 열망이 포함되어 있다. 심지어 다른 이들에게 둘러싸여 있을 때에도, 외로운 사람들은 밀려난 기분이고, 쓸모없고 거절당하고 오해받고 있다는 느낌을 갖는다. 종종 우울감과 자기 비판, 안절부절못하거나 불안해질 때, 적어도 다른 한 사람에게라도 필요한 존재로 느껴지고 싶은 강력한 욕망이 수반된다. 이런 욕망에도 불구하고, 외로운 사람들은 흔히 자신이 먼저 다른 사람에게 손을 뻗치고, 관계를 주도하거나, 가까운 관계를 지속하는 것에 대해 자신이 없다.

많은 외로운 사람들이 자신을 무시하고 비하하는 성향이 있다는 것은 놀라운 일이 아니다. 고립감에 짓눌려 있는 외로운 사람은 '아무도 나를 원치 않아. 그러니 나는 아무 가치도 없고, 다른 사람에게 필요 없고 쓸모없는 존재'라고 생각할지 모른다. 때때로 절망감을 느끼기도 하고, 어떤 종류의 관계라도 가지면 고독감이라는 강력한 고통을 끝낼 수 있을 것 같은 기분을 느끼기도 한다. 이는 외로운 사람을 비윤리적인 사람들에게 취약하게 만드는데, 이들은 만성적으로 외로운 사람들을 건강하지 않은 관계 속으로 유인하며, 지혜롭지 못한 재정적 결정을 유도하기도 한다. 많은 이들은 술집이나 교회, 참 만남 집단, 수백억 달러의 '외로움 산업'에 참여하는 가운데 안도감을 찾으려 애쓰고 있다. 외로운 이들을 겨냥하는 이 산업은 세미나나 이성교제 서비스, '묻지마 관광', 자조적 책읽기, 그리고 다양한 외로움에 대한 대안을 제공한다. 인간적 접촉을 가질 때에도, 많은 외로운 사람들은 여전히 의미 있는 관계를 발전시키지 못하며, 다른 이들로부터 정서적 만족을 얻지 못한다.

외로움은 덧없이 지나가는 상황적인 것이거나, 만성적이고 지속적인 성격을 지닌다. 일시적이고 상황적인 외로움은 수분에서부터 수개월까지 지속될 수 있다. 대개 이런 외로움은 어떤 사건 때문에 일어나는데, 가까운 친구와 떨어지게 되는 이사, 가족으로부터의 분리, 오해나 의견 충돌, 이혼이나 죽음, 대학

기숙사로의 입주, 졸업과 그 후의 교우들과의 흩어짐 같은 사건이 외로움을 촉발할 수 있다. 만성적으로 지속되는 외로움은 개인의 수줍음이나 빈약한 자아상, 또는 자기 정죄감 때문에 생기기 쉽다. 때때로 부족한 사회기술이나 사회적으로 둔감한 행동이 사람들을 멀어지게 만들 수도 있고, 다른 이의 사교그룹에 난폭하게 들어가려는 노력이나 자신에게 주의를 집중시키려는 시도가 자기패배적인 결과를 가져올 수도 있다.

어떤 사람들은 심지어 집단이나 무리에 둘러 싸여 있을 때에도 외롭게 느끼지만, 다른 사람들은 혼자 있어도 전혀 외롭다고 느끼지 않는다. 이로 인해 어떤 심리학자들은 외로움이 일차적으로 내적인 느낌으로서, 다른 사람들이 옆에 있는가 없는가에 따라 늘 좌우되는 것은 아니라고 결론을 내렸다. 외로움이라는 내면적 느낌은 우리가 다른 사람들로부터 고립되어 있다고 인식할 때, 친구를 찾는 노력에서 실패할 때, 다른 사람과 관계하는 데 필요한 사회적 기술이 부족할 때 발생한다. 이 고립감은 사람이 하나님으로부터 분리되어 있을 때, 인생에 의미와 목적이 없다고 느낄 때 생겨난다. 이와 같은 사람들은 하나님과 헌신적이고 성장하는 관계가 필요하며, 할 수만 있다면 기독교인들이 돌보는 공동체 안에서 생활하는 것이 좋다.

상담자에게는 외로움이 독거(Solitude)와 같지 않다는 것을 인식하는 것이 중요하다. 외로움은 사람이 혼자가 되도록 강요당할 때 오는 것이다. 이것은 부정적인 경험이다. 독거는 자발적으로 다른 사람에게서 철수하는 것으로 대개는 긍정적인 경험이다. 외로움은 우리 위에 몰아닥쳐 이를 떨쳐버리려고 최선을 다해도 우리 위에 계속 걸려 있는 우산과 같은 것이다. 반면에 독거는 우리의 의지대로 시작해서 끝낼 수 있는 것이다. 외로움은 고통스럽고 기운을 가라앉게 하며, 불쾌한 것이다. 독거는 유쾌하고, 원기를 회복시키며, 즐거운 것이다. 사람들은 외로움의 문제에 대해 상담자에게 말하지만, 독거는 상담실에서 거의 언급되지 않는다.

독거는 흔히 일상적인 습관과 우리의 시간과 정력을 요구하는 관계들과 일정, 핸드폰, 그리고 이메일로부터 자발적으로 철수하는 한 형태라고 할 수 있다. 독거는 자기 반성과 하나님과의 대화, 그리고 자신의 내면과 접촉하는 시간이 될 수 있다. 독거는 하나님과의 더 깊은 관계와 새로운 에너지, 그리고 더 큰 창의성을 계발하는 양육적인 경험이 될 수 있다. 영성 지도를 하는 이들은 흔히 독거를 영적인 성장과 더 큰 성숙에 기여할 수 있는 영성훈련으로 추천하고 있다. 상황에 따라 상담자는 내담자에게 일정 기간의 독거를 추천하겠지만, 일반적으로 독거는 외로움으로 힘들어 하고 있는 사람들에게 최선의 접근이 될 수 없다.[3]

• 성경과 외로움

아담을 창조한 지 얼마 지나지 않아, 하나님이 말씀하셨다. "사람이 혼자 사는 것이 좋지 아니하니 내가 그를 위하여 돕는 배필을 지으리라."[4] 아담은 하나님과 동산에서 함께 대화했지만, 창조주는 인간이 효과적으로 기능하려면 다른 인간이 필요하다는 것을 아셨다. 그래서 하나님은 하와를 창조하시고 부부를 축복하면서, "생육하고 번성하며 땅에 가득하여 그중에서 번성하라"고 말씀하셨다.[5] 아담과 하와는 하나님 및 서로 교제하면서 혼자라고 느끼지도 않았고 외롭지도 않았다.

그들이 죄에 떨어졌을 때, 최초의 부부는 하나님과의 의사소통이 단절되었고, 남편과 아내 사이에는 쐐기가 놓이게 되었다. 이기심과 대인적 긴장이 그들의 관계에 스며들게 되었고, 외로움의 감정이 세상에 들어오게 되었다.

외로움은 성경에 자주 거론되지는 않는다. 그러나 모세와 욥, 느헤미야, 엘리야, 그리고 예레미야와 같은 성경 영웅들의 삶에 거듭해서 등장하고 있다. 다윗은 한때 "외롭고 괴롭다"고 기록하고 있다.[6] 우리의 모든 연약함을 아시는 예수님은 겟세마네 동산에서 확실히 외로움을 느끼셨으며, 나중에 십자가 위에서 "어찌하여 나를 버리셨나이까?"[7] 하고 울부짖는 등 외로움을 느끼셨다. 요한은 밧모 섬에 유배되어 외로움을 느꼈음이 틀림없다. 바울도 옥중에서 생애의 마지막을 맞이했을 때 그의 친구들이 그를 떠났고 어떤 이는 그를 버렸다고 쓰면서 젊은 동료에게 "너는 어서 속히 내게로 오라"고 간청하고 있다.[8]

성경은 또한 독거에 대해 언급하고 있다. 예수님은 성령에 이끌려 한동안 영적 시험을 받기 위해 아무 것도 먹지 못한 채 광야로 나가신 적이 있었다.[9] 다른 때에 예수님은 자발적으로 독거와 기도와 묵상을 위해 한적한 곳을 찾으셨다.[10] 예수님은 피정(避靜)중에, 때때로 제자들을 데리고 가셨다.[11] 조용히 독거중에 피정하는 시간을 위하여 다른 사람들로부터 자발적으로 멀리하는 것은 외로움을 특징짓는 무기력한 고립감과는 다르다.

성경은 전체적으로 우리가 하나님과 영교할 필요와 더불어 사람들, 특히 기독교인들과 서로 사랑하고 돕고 격려하며 용서하고 돌아볼 필요에 대하여 초점을 맞추고 있다. 하나님 및 다른 사람과 관계가 깊어질 때 외로움에 대한 해답도 분명해진다. 그러나 개개인은 어떻게 하나님과 그리고 다른 사람들과 관계를 발전시킬 수 있는가? 그 답을 찾기 위해서는 외로움의 원인을 고려해볼 필요가 있다.

- **외로움의 원인들**

외로움의 여러 원인은 사회적, 발달적, 심리적, 상황적, 그리고 영적 원인 등 다섯 가지 범주로 나눠 생각할 수 있다.

1. 사회적 원인

외로움은 변화와 혼란의 시기에 더욱 증가한다. 이는 고등학교를 졸업한 10대 젊은이들 사이에 외로움이 더 많다고 보고되는 이유이기도 하다. 이것은 또한 급격한 사회적 변화가 사람들을 친근한 접촉으로부터 분리시킴으로써 외로움을 창출한다는 것을 시사한다. 외로움을 증가시키는 사회적 문제 가운데는 다음과 같은 것들이 있다.

(a) 기술 : 정부와 기업체, 교육기관 그리고 교회가 규모가 커지고 더 비인격적으로 됨에 따라 사람들은 더 왜소해지고, 자신이 덜 주목받고, 덜 필요한 존재로 느끼게 되었다. 효율과 생산성, 그리고 편리함이 더 중요해짐에 따라 깊고 만족스러운 관계를 개발할 시간은 줄어들었다. 복잡한 기술은 전문가의 필요를 증가시키고 있으며, 이 전문가들은 비전문가들과 의사소통할 시간도 능력도 없다. 따라서 관계는 피상적이 되었으며, 이해심은 감소하고, 외로움은 더 널리 퍼지고 있다. 이것은 매일 같이 열심히 일하며, 기술에 쫓기는 사람들에 둘러 싸여 있는 사람들 사이에서도 마찬가지다.[12]

다른 어떤 기술적 발명보다도 인터넷은 외로움과 더 큰 관계를 지니고 있다고 해도 과언이 아니다. 인터넷을 자주 사용하다 보면, 사람들은 대면접촉과 관계개발에서 멀어질 수밖에 없다. 그 결과로 정상적 사회 접촉에서 소외되며 인터넷이 다른 사람과 관계하는 주된 방식이 되면서 정상적 사회관계가 차단되게 된다.[13] 이것이 외로움의 감정을 촉발할 수 있다. 일부 연구 결과는 인터넷이 외로움을 유발할 뿐만 아니라, 외로운 사람들을 끌어들인다는 것을 보여주고 있다. 그들은 동반관계가 필요해서 온라인으로 인터넷을 찾는데, 익명으로 남을 수 있고 사회적 불안을 덜 느끼고 불편해지면 즉시 뒤로 물러나거나 공유하는 개인 정보를 통제한다. 학생들을 대상으로 한 한 연구는 인터넷을 가장 많이 사용하는 학생들이 외로움 테스트에서 가장 높은 점수를 받았으며, 사회적 지원을 찾기 위해 인터넷을 찾는다는 것을 보여주고 있다. 이들 학생 중 소수는 그 경험에서 더 확신을 얻고 우정을 쌓을 수 있어서 덜 외롭게 느낀다고 했다.[14]

(b) 텔레비전 : 선진국에 속한 가정이라면 적어도 한 대의 텔레비전은 가지고 있다. 텔레비전은 피상성을 부추기고 두려움을 불러일으키는 프로그램 내용과 오랫동안 스크린 앞에 앉아서 서로 깊은 또는 직접적인 대화를 못하게 하는 시청 습관으로 인해 서로 간 분리를 조장한다. 현대인은 이웃이나 친척과 상호 작용을 하는 대신에 스크린 위의 사람들을 통해 자신의 생활을 영위한다. 일부 TV의 종교적 프로그램에 매력을 느끼는 사람들은, 집에 머무는 것이 더 편하게 느껴지고, 이로 인해 성도들과의 교제를 제공하는 지역교회를 회피할 수 있다.

(c) 이동성 : 이사를 용이하게 하는 현대의 값싼 교통수단과, 사람들을 수시로 전근하게 하는 대기업의 발달, 그리고 때로는 교육이나 다른 곳에서의 보다 나은 삶에 대한 유혹 등이 모두 이동성에 기여하고 있다. 이런 현상은 우정을 깨뜨리고 가족을 분리시키며 이웃의 정서와 공동체 정신을 제거하며 사람들로 가까운 관계를 회피하게 만드는데 이는 시간이 흐른 후에 고통스런 분리로 이어질 수 있다.

(d) 변화하는 인구 통계와 생활 스타일 : 사람들이 함께 가까이 이주하면서 특히 도시에서는 다른 사람으로부터 멀어지려는 성향이 생겨났다. 때때로 낯선 사람이나 도심의 범죄에 대한 두려움이 있는데, 이는 의심과 기피로 이어질 수 있다. 무리와 소음, 그리고 소동 속에서 생활하는 도시인 중에는 다른 사람과의 가까운 접촉을 피하려는 이들이 있는데, 이것은 강력한 고립과 외로움을 유발할 수 있다.

그러나 다른 사람으로부터 멀어지는 것은 도시에만 국한된 현상은 아니다. 당신이 사는 곳에 따라 도시 주변에 사는 사람들이나 시골 동네에 사는 이들까지도 이웃을 모르고 있으며 서로 사귀려는 노력을 하지 않는다. 이것은 우리의 삶을 특징짓는 눈코 뜰 새 없이 바쁜 생활양식 때문이다. 사람들은 각자 자기 길을 가게 되고 그 결과 외로움을 느끼게 되는 것이다.

변화하고 비인간화하는 기술 사회는 우리에게 많은 혜택을 가져다주었지만, 반면 사람들을 혼란에 빠지게 했고 전통적인 안정감의 원천을 흔들어놓았으며 더 큰 고립감과 외로움의 가능성을 증가시켰다.

2. 발달적 원인

외로움의 원인에 대한 초창기 연구에서 심리학자 크레이그 엘리슨(Craig Ellison)은 장기적인 외로움을 느끼지 않으려면, 특별히 생애 초기에 세 가지 욕구가 충족되어야 한다고 결론내린 바 있다.[15] 세 가지 기본 욕구란 애착과 수용과 적절한 사교 기술에 대한 욕구다.

(a) 애착 : 모든 인간은, 특히 어린이들은 다른 인간과 가까운 유대를 느낄 필요가 있다. 이것은 애착이론이라고 알려져 있는 이론의 핵심이다.[16] 예를 들어, 어린이가 부모와 분리되면 불안이 따르고 정서적

냉담함이나 초연함이 생긴다. 만일 한 부모가 남거나 떠났던 부모가 돌아오면, 어린이는 그 부모에게 달라붙는다. 분리가 다시 일어나는 것이 두렵기 때문이다. 이혼율이 증가하고 가정에서 학대당하고 버려지거나 방치되는 아이들의 숫자가 늘어나며 부모가 일하기 때문에 매일 빈집에 와서 기다려야 하는 어린이들이 많다는 사실을 고려하면, 많은 젊은이들이 왜 소외감과 거리감을 느끼는가를 이해하는 것은 어려운 일이 아니다. 이런 어린이는 자라나면서 외로움을 타게 마련이다.

(b) 수용 : 부모는 자녀에게 여러 가지 방법으로 수용을 전달한다. 만져주거나 자녀와 시간을 보내주거나 경청하거나 훈계(징계)하거나 애정을 보여줌으로써 수용을 전달할 수 있다. 이들 단서가 부재할 때, 또는 어린이가 무시되거나 지나치게 비판을 받을 때, 어린이는 무가치한 존재라고 느끼기 시작한다. 한 연구 결과를 보면, 어린이의 외로움은 또한 또래에게 얼마나 수용되는지 여부에 영향을 받는다. 즉 왕따를 당하거나 구타당할 때, 친구가 있는지의 여부에 따라, 그리고 친구의 질과 지속 기간에 따라 외로움을 느끼는 정도가 달라진다는 것이다.[17] 이들 경험 하나하나는 일부 자녀로 하여금 자신은 소속되지 않는다는 결론을 내리게 하여, 스스로를 왕따시키거나 더 많은 거절을 야기하는 방식으로 다른 학생들에게 덤벼들기도 한다. 이런 경험들이 외로움을 느끼도록 부추길 수 있다.

나이가 더 많은 어른들도 거절을 당하고 수용되지 못한다고 느낄 때 비슷한 방식으로 반응한다. 때때로 사람들은 다른 사람들과 다르다고 믿기 때문에, 아니면 사람들이 자신에게 무관심하다고 결론을 내리기 때문에 외롭게 느낀다. 더 이상 자녀들에게 수용되지 않는다고 느끼는 부모들, 배우자에게 거절당했다고 느끼는 부부들, 회중에게 감사를 받지 못하는 목사들, 고용주와 동료 노동자에게 회피의 대상이 되고 있다고 느끼는 직원들, 이 모두는 수용받지 못하며 필요가 없다고 느끼는, 종종 외로움을 타는 사람들의 예다.

(c) 사교 기술 : 우리 모두는 어울리지 못하는 부적응자를 알고 있다. 이들은 다른 사람의 필요와 태도에 둔감하며, 대인관계를 원만하게 유지하는 방법을 알지 못한다. 이들은 조종을 하려 하거나 자신을 타인에게 강요하는 접근을 하는데, 이들의 시도는 다만 거절과 좌절, 낮은 자존감, 그리고 증가하는 외로움을 초래할 뿐이다. 이들은 사회적으로 적절한 방식으로 다른 사람과 관계하는 법을 배운 적이 없는 사람들이다. 이들은 계속 노력하지만 계속 실패하며 외로움 가운데 남아 있는 이들이다.

이들 외로운 감정은 만일 우리가 친밀감을 어렵게 하는 사회적 가치관에 둘러싸여 자라난다면 더 강화될 수밖에 없다. 어떤 사회에서는 사람들이 다른 사람을 가치 있게 여기는 것보다는 물질적인 것에 더 가치를 두는 성향이 있다. 우리는 사람의 가치를 그의 성취나 외적인 모습에 따라 판단한다. 풍요롭거나 외적으로 성공하지 않은 사람들은 무시되는 성향이 있는데, 이는 그들의 외로움을 증가시킨다.

3. 심리적 원인

외로움은 일정 부분 우리가 세상을 보는 방식, 즉 인식에 좌우된다. 어떤 사람은 혼자 생활하지만 외롭게 느끼지 않는다. 자기에게 친구가 많다는 것을 알고 있기 때문이다. 다른 사람은 사람들에 둘러싸여 있으면서도 외롭다고 느낄 수 있다. "다른 사람이 나보다 더 많은 친구를 가지고 있기" 때문이다. 권력과 영향력, 명성, 그리고 돈을 가지고 있는 사람들은 흔히 외롭다고 느낀다. 자기의 인격 때문이 아니라 자신이 소유하고 있는 것 때문에 가치를 인정받는다고 생각하기 때문이다. 당신은 엘리자베스 여왕과 같은 사람도 외로움을 느낄까 생각해본 적이 있는가? 그녀는 자기가 부르면 언제든지 달려오는 사람들에 둘러싸여 있다. 그런데 그녀의 사람됨 때문에 그녀의 가치를 인정하는 사람이 몇 명이나 있겠는가? 그녀가 소유한 것을 모두 상실한다 해도 끝까지 같이해줄 사람, 자기가 한 말이 언론에 새나가는 것에 대한 두려움 없이 솔직하게 마음을 나눌 수 있는 사람이 몇이나 되겠는가? 만성적으로 외로운 사람들은 때때로 자기들의 상태를 호전시키기 위해 할 수 있는 것이 아무것도 없다고 결론을 내리고는 더 깊은 외로움 속으로 빠져들어간다. 뿐만 아니라 외로움은 종종 낮은 자존감이나 자기 패배적인 태도, 우울증, 의사소통 능력 부족, 통제력의 부족, 적개심, 또는 두려움을 가진 사람들에게서 발견된다.

(a) 낮은 자존감 : 우리가 자신에 대하여 저조한 의견을 가지고 있을 때, 자기 가치를 과소평가하고 다른 사람들로부터 움츠러들거나, 우리의 특기를 과장하여 잘난 체함으로써 사람들이 도망하게 만든다. 이 두 가지 반응은 모두 다른 사람과 우리의 친근감을 방해하는 역할을 한다. 우리에게 별로 자신감이 없을 때 우정을 계발하기가 어렵다. 우리가 매력적이지 않다고 느끼거나 거절에 대한 두려움을 느낄 때 친밀감을 개발하기란 쉽지 않다.

자존감은 우리에게 가까운 관계를 개발할 수 있는 자신감을 준다. 이는 외로움을 감소시키는 역할을 한다. 반면에 낮은 자존감은 사람으로 약하게 느끼게 하고 수줍어하게 만든다. 이는 결과적으로 움츠러들게 만들고, 다른 사람에게 의지하고 싶은 지나친 욕구를 느끼게 유도한다. 그리고 다른 사람이 주변에 없을 때, 심한 불안정감과 깊은 외로움을 느끼게 된다.

(b) 자기 패배적 태도 : 어느 정도의 외로움은 당사자의 잘못이라 할 수 있다. 사람들은 지나치게 경쟁적이거나 자족감을 위해 씨름하거나 자신과 성공에 몰두하고 있거나 비판적이고 관용적이지 않을 때, 원한을 품고 있을 때, 또는 다른 사람으로부터 주목을 요구할 때 외로움의 가능성을 증가시킨다. 이와 같은 태도가 지속되면 사람들은 도망가고 외로움은 심화될 뿐이다.

흔히 지도자들이 외롭다는 것은 잘 알려져 있다. 때때로 외로움은 지도자의 자기 패배적인 행동 때문에 올 수도 있다. 그런 행동에는 신뢰하는 사람으로부터 움츠러들고 회피한다든가, 직장 외에는 사회적 관계를 멀리한다든가, 가족을 무시한다든가, 피정이나 일기 쓰기를 통하여 긴장을 풀고 반추할 수 있는 시간을 갖지 않는 것이 포함된다. 이들 외로운 지도자들은 갈수록 고립된 가운데 남을 지도할 수 있는 능력이 저하되고, 그 결과로 자신의 기관을 파괴하는 역할을 하기도 한다.[18]

(c) 우울증 : 우울한 사람들 역시 외로움을 느낄 수 있다. 이들이 우울증 때문에 움츠러들고 회피하면 할수록 외로움을 느낄 수밖에 없다. 이것은 우울증을 부채질하고 하향 악순환으로 유도한다.

(d) 의사소통을 하지 못함 : 대화 단절은 많은 대인관계 문제의 뿌리가 되고 있다. 사람들이 대화할 마음이 없을 때, 또는 효과적으로 대화하는 법을 모를 때, 비록 이들이 사람들에게 둘러싸여 있어도 지속적인 고립감과 외로움을 느낄 수 있다.

(e) 통제의 결여 : 시골에서 혼자 자발적으로 산책을 하는 것은 유쾌하고 긴장을 푸는 경험이 될 수 있지만, 저녁 나절에 같은 장소에 버려지는 것은 공포와 불안을 야기하는 무서운 경험이 될 수 있다. 차이는 당사자가 상황을 통제하는 능력을 가지고 있는가다.

수행자나 예술가, 또는 종교적 수양을 하는 사람들은 사람들로부터 멀리 떨어져 있다 해도 생산적이고 동기를 부여받을 수 있다. 반면에 과부나 홀아비, 이혼을 했거나 버림을 받았거나 감방에 갇혀 있는 사람들은 강요된 고립감 때문에 심한 외로움을 느낄 수 있다. 상황에 대한 통제력의 유무는 때로 독거를 경험하는 것과 외롭게 느끼는 것의 차이를 만들어낸다.

(f) 적개심 : 어떤 사람들은 항상 화가 나 있는 것처럼 보인다. 이들은 계속해서 다른 사람을 비판하고 불평하며 모두에게 자신의 불행에 대해 알린다. 아무도 이와 같이 부정적인 사람들 주위에 있고 싶어 하지 않는다. 그러므로 적대적인 태도는 사람들을 몰아내는 역할을 한다. 이것은 나아가 외로움을 더 느끼게 하고, 더 많은 분노와 불행감을 유발한다.

(g) 두려움 : 나에게는 한때 "사람들은 다리 대신에 벽을 세우기 때문에 외롭다"고 쓴 기념패가 있었다. 이것이 외로움의 유일한 원인은 아니지만, 사람들이 다른 사람의 접근을 막고자 벽을 쌓을 때가 있는 것은 사실이다. 우리는 대부분 외관 뒤에 숨어서 능력 있는 척하고, 언제나 통제력을 잃지 않고 비판이나 감정에 끄떡하지 않는 것처럼 행동하는 이들을 알고 있다. 이와 같은 가면 뒤에는 깊은 외로움과 두려움이 도사리고 있을 수 있다. 친밀감에 대한 두려움, 알려지는 것에 대한 두려움, 거절에 대한 두려움, 사회적 상황에 부적절하게 행동하는 것에 대한 두려움, 정서적 통제력을 잃는 것에 대한 두려움, 자신의 일이나 계획을 방해받는 것에 대한 두려움, 상처받는 것에 대한 두려움 등이다. 이와 같은 외로움은 고통스러운 것이다. 그러나 이런 사람들을 위해서는 사람들과 접촉하는 두려움과 불안정에 직면하는 것보다는 외로운 것이 덜 고통스러운 것처럼 보인다.

4. 상황적 원인

미국의 전 대통령 로널드 레이건(Ronald Reagan)은 말년에 알츠하이머 병 때문에 힘든 시간을 보냈다. 이 세상에서 가장 외로운 사람들이 치매를 앓는 가족을 돌보는 친척과 가족이라는 사실은 잘 알려져 있다. 해가 가고 상태가 악화되면, 간병하는 사람의 외로움도 더해지고 우울증이 나타나거나 악화되게 마련이다. 그렇게 되면 다른 사람들도 고통을 겪는다. 외로움이 클수록, 그 뒤에 따르는 우울증도 심해진다.[19]

이들은 자신들이 처해 있는 특별한 상황 때문에 외롭다. 처음으로 집을 떠나 있는 젊은이들도 마찬가지다. 혼자서 재벌만큼의 재산을 가지고 있는 듯한 부자들, 동료들에게서 멀어져 있는 지도자들, 극히 재능이 뛰어난 사람들, 스포츠나 예술에 온몸으로 헌신하고 있는 사람들, 어떤 지역에 새로 이사온 사람들이나 외국인들, 혼자 사는 노인들, 사별했거나 이혼한 사람들, 그리고 일 중독자들도 마찬가지다.

질병이나 불구의 몸을 가지고 있는 사람들 역시 외로움에 취약하다. 우리 사회에서 이 사람들은 건강한 사람들에게 거절당하기 쉽다. 건강한 이들은 말보다는 행동으로 이들에게 말한다. "당신은 달라요. 나는 당신 주변에서 어떻게 반응해야 할지 모르겠어요." 슬프게도 이 거절의 결과로 장애우들은 정상인을 대할 때 움츠러들기 쉽다. 그들의 신체적 상태는 다른 사람에게 쉽게 접근하는 데 방해가 되기도 하는데, 이는 외로움을 가중시킨다.

5. 영적 원인

어거스틴(Augustine)은 그의 유명한 기도에서 하나님에 대한 우리의 필요를 이렇게 표현한 적이 있다. "당신은 당신 자신을 위해 우리를 만드셨습니다. 그리고 우리 마음은 당신 안에서 안식을 얻기 전까지는 쉼이 없습니다." 하나님은 자신을 위하여 인간을 창조하셨다. 그러나 그분은 반항할 것인가 여부를 스스로 결정하게 하실 정도로 우리를 존중하셨다. 물론 우리는 반항하는 쪽을 택했다. 그리고 인간의 마음은 그날 이후로 쉼을 얻지 못하고 있는데, 그것은 우리가 창조주 하나님으로부터 단절되었기 때문이다.

창조 시에 아담과 하와는 하나님과 친밀감을 누렸고 서로 친밀감을 만끽했다. 그러나 죄가 인류에게 들어왔을 때 참된 친밀감은 사라졌다. 대신 그 자리에 기만과 방어, 탓하기, 자기 이해, 그리고 권력투쟁이 들어왔다. 외로움은 때로 죄가 우리를 하나님으로부터 소외시켰기 때문에, 그리고 우리를 서로에게서 소외시켰기 때문에 오기도 한다. 회개하고 동료 인간에게 보상함으로써 하나님에게로 돌아가는 대신에, 수만의 외로운 사람들은 마약이나 섹스, 일, 스포츠, 치료, 미신, 그리고 내적 불안정을 제거해줄 수 없는 수많은 다른 활동에 참여함으로써 외로움을 회피하려고 몸부림치고 있다. 하나님을 무시하고 죄를 고백하지 않은 채로 생활할 때 외로움과 소외감은 지속된다.

• 외로움의 결과

외로움이 사람들에게 무엇을 가져다주는가? 어떤 증상을 야기하는가? 상담자는 그것을 어떻게 읽을 수 있는가? 인간의 독특함 때문에, 각자는 서로 다른 방법으로 외로움을 드러내 보인다.

물론, 외로움을 가장 분명하게 드러내주는 것은 사람들로부터의 고립이다. 이들은 흔히 사람들에게 손을 뻗치려 하지만 헛된 시도를 계속한다. 그러나 많은 고독자와 노인, 독신자, 그리고 혼자 사는 이들은 타인들과 별로 접촉하지 않는 것처럼 보일지라도 외롭지 않다고 할 수 있다.

낮은 자존감과 무가치감은 외로움의 원인이 될 뿐 아니라 증상도 된다. 관계나 활동에서 실패하게 되면 자존감이 낮아지는데, 이것은 더 큰 외로움으로 유도된다. 원하는 대로 다른 사람과 관계하지 못하면, 외로운 사람들은 때때로 자기중심적 사고와 '불쌍한 내 신세'라는 태도, 아무도 나를 이해해주지 않는다는 믿음, 그리고 상황은 절대로 더 좋아지지 않을 것이라는 그릇된 확신에 빠진다.

이미 앞에서 본 바와 같이, 우울증도 흔한 증상이다. 만성적으로 외로운 사람들은 많은 우울증 환자처럼 그렇게 우울하지는 않다. 그러나 많은 이들은 두 가지 증상을 다 가지고 있다. 외로운 사람들은 때로 절망감을 느끼는데, 이는 절망을 넘어 자살 충동을 야기하기도 한다. 외로움이 너무 클 때, 자살은 탈출구가 된다. 이는 제대로 돌보지 않은 사람들에게 분명한 메시지를 전하려는 의도를 지니고 있을지도 모른다.

이와는 대조적으로 어떤 사람들은 과시적인 행동을 보인다. 교실이나 사무실에서 광대처럼 행동하거나 눈에 띄기 위해서 괴상한 옷을 입거나 주목을 끄는 방식으로 행동하기도 한다. 소수의 사람은 일 중독이나 잦은 여행, 또는 재물을 축적하는 것을 통해 외로움을 은폐하려고 한다.

알코올중독을 포함해 물질 남용도 외로움에서 기인할 수 있으며 돌파구 역할을 한다. 사람들은 다른 남용자 가운데서 친구를 찾거나 외로움을 무마하려는 시도로 이들 물질에 눈을 돌린다.

포르노의 세계로 도피하는 것도 잠정적인 위안을 느끼게 해줄 수 있다. 헨리 나우웬(Henri Nouwen)은 포르노가 "판매용 친밀감이다"라고 쓴 적이 있다. "많은 포르노 가게에서 (또는 온라인 포르노 경험 속에서) 외로운 젊은이와 늙은이들이 조용히 여성 누드 사진을 응시한 채 어떤 낯선 여인이 자신의 외로움을 녹여주리라 기대하면서 그들의 마음을 친밀한 방으로 끌어들인다." 그리고 나서 그들은 사이비 친밀감의 세계를 떠나 세상의 "외로움이라는 전염병으로 돌아온다. 이 세상에서는 경쟁적인 개인주의가 함께함, 연합, 공동체에 대해서 말하는 문화와 화해를 시도하려 한다."[20]

다른 이들은 폭력을 통해 그들의 좌절감을 표현한다. 분명한 것은 10대들이 이것을 잘 인식하고 있다는 것이다. 여러 명의 사상자를 낸 콜럼바인 고등학교의 총기사건이 있은 후, 몇몇 학교에서 설문조사를 실시해 왜 두 젊은이들이 그와 같이 끔찍한 짓을 저질렀는가를 물었다. 가장 많이 열거된 원인은 외로움과 가족 문제, 그리고 주목을 받고 싶은 욕망이었다. 또 다른 원인으로 열거된 것은 다른 학생과 교사들로부터의 무관심이었다. 이것도 외로움에 기여할 수 있다.[21] 콜럼바인 비극이 있기 훨씬 전에, 한 저자는 문헌조사를 한 후 다음과 같은 결론을 내렸다. "우울해하기보다 화를 내는 매우 외로운 사람들은 그들의 외로운 좌절감을 파괴적인 방식으로 표현하는 성향이 있다."[22] 외로움이 폭력이나 일탈로 표현될 때, 이것은 고통으로부터의 해소와 관심을 요구하는 울부짖음이 될지도 모른다.

때때로 외로움은 심장병이나 고혈압과 같은 신체적인 형태로 표현된다. 이 책에 거론된 다른 문제와 마찬가지로, 외로움은 무심하게 지켜보는 참관자로부터 은폐될 수 있지만, 몸에 심오한 영향을 미칠 수 있으며 때때로 신체적 증상을 통해 드러날 수 있다.

상담과 외로움

외로움에 대처하는 방법으로 교회나 공동체 활동에 참여하기, 자원단체에 가입하기, 곤고한 사람들에게 도움의 손길 뻗치기, 다른 사람들에 대한 관심의 표현으로 안부 물어보기, 자기주장하는 법 배우기, 헬스클럽 가입하기, 그리스도 안에서 성취감 발견하기 등이 있었다. 대안으로 제시된 이 방법들은 잠시 동안은 외로움의 고통을 덜어줄 수 있지만, 깊은 수준에서는 문제를 해소하지 못하며 지속적인 해결책이 될 수 없다.

그렇다면 외로움의 문제를 어떻게 하면 효과적으로 다룰 수 있겠는가?

1. 문제를 인정하기

외로움은 우리 사회에서 부정적 함의를 지니고 있다. 많은 사람들에게 외롭다는 것을 인정하는 것은 마치 자신이 사회 부적응 환자이며 매력이 없고 다른 사람과 관계맺지 못하는 위인임을 시인하는 것과 같다. 내담자에게 사람은 누구나 외로움을 느낄 때가 있다고 상기시켜라. 사람들이 외로움을 느낄 때, 회복을 위한 첫 번째 단계는 외로움을 인정하고, 그것이 고통스럽다는 것을 인정하고, 그 원인에 대해 무엇인가를 하기로 결정하는 것이다.

2. 원인을 고려하기

우리가 이미 살펴본 바와 같이, 외로움은 다양한 원인으로부터 발생한다. 이들 원인을 내담자와의 토론을 통해 그리고 탐색적 질문과 조심스런 경청을 통해 일단 식별하게 되면, 그 증상을 제거하려 하거나 더 많은 사회참여를 종용하기보다 외로움의 원천에 대해 대처하는 것이 더 쉬워진다.

내담자는 사회적 혼란에 빠져 있는가, 직장에서 왕따를 당하고 있는가, 또는 다른 사람으로부터 소외를 느끼게 하는 성공을 추구하는 일에 몰두하고 있는가, 친밀감을 두려워하는가, 다른 사람들 앞에서 매우 불안정한가, 화를 내서 다른 사람을 소외시키는 경향이 있는가, 다른 사람에게 손 내미는 것을 두려워하는가, 통제하는 가족과 같은 상황에 빠져 있는가, 그래서 변화하고자 하는 동기나 기회가 없는 것은 아닌가? 이 모든 것은 상담에서 다루어질 수 있는 문제들로 궁극적으로 내담자를 외로움의 상자에서 해방시킬 수 있을 것이다.

외로움 · 237

3. 생각을 변화시키기

원인을 고려하는 가운데 빈약한 자아개념이나 부적절한 사교 기술과 같이 어떤 것은 변화가 가능하다는 것을 기억하라. 그러나 어떤 것은 변화시키는 것이 가능하지 않다. 예를 들어 외로운 과부는 죽은 남편을 살려낼 수 없고 우리는 사람들이 자주 이사를 다니는 현대인의 성향을 중단시킬 수 없다.

비록 상황을 변화시킬 수 없을 때라도, 우리는 내담자로 하여금 그들의 외로움에 대한 태도를 바꾸도록 도와줄 수 있다. 이들에게는 종종 자기연민과 비관적 사고, 그리고 인생의 불공평함에 대한 반추가 있다. 이 모든 것은 부드럽게 그러나 확실하게 도전받을 필요가 있다. 사람들이 삶의 밝은 측면을 보게 되면 혼란스러운 개인적·사회적 변화의 와중에도 외로움이 지속될 이유가 없다.

때때로 외로움의 더 깊은 원인을 밝혀내려는 각오를 다지는 가운데, 간단하고 명백한 사실을 놓칠 때가 있다. 어떤 사람들은 직장에서의 접촉, 이웃과의 만남, 교회에서의 접촉을 비롯해 사회적 활동으로 안내받는 것만으로 충분할 수 있다. 이와 같은 접촉은 사람들을 종종 외로움에서 끌어내며, 자기연민이나 마음앓이 속에 빠져드는 성향에서 빠져나오게 할 수 있다. 하나님의 능력과 주관, 그리고 자비에 대하여 상기하는 것은 주변환경이 변할 수 없는 것 같고 패배적으로 보일 때라도 시각을 바꾸게 도울 수 있으며 인생을 보다 현실적으로 보게 해줄 수 있다. 때로 주변환경이 변할 수 없고 패배적으로 보일지라도, 내담자에게 외로움은 영원히 지속되는 것이 아니라고 상기시키는 것도 도움이 될 수 있다.

우리에게 상담을 받으러 오는 대부분의 사람들은 이것들보다 간단한 해결책을 이미 시도해보았을 것이다. 그러나 내담자의 외로움은 지속되고 있다. 그들에게는 조금 더 필요한 것이 있다.

4. 자존감 개발하기

외로운 사람들은 자신의 약점뿐만 아니라 강점과 능력, 그리고 영적 은사를 보고 인정할 수 있도록 도와주어야 한다. 우리들 대부분은 조용히 자신이 매력이 없고, 무능하며, 사람들이 싫어하는 존재라고 독백하고 설득하면서 살아간다. 때에 따라서는 자신을 보다 인기 있거나 성공적인 사람들과 비교하면서 우리 자신의 열등함을 확신하게 된다. 그 결과 개인들은 낮은 자존감을 개발하고 새로운 문제에 대처할 자신감을 상실하곤 한다.

상담자는 내담자에게 하나님 앞에서는 모든 인간이 가치 있고 사랑받고 있으며,[23] 모든 죄가 용서될 수 있고,[24] 우리 각자가 개발될 수 있는 은사와 능력을 지니고 있으며, 모든 사람은 적응하며 살아야 할 약점을 지니고 있다는 것을 상기시킬 필요가 있다. 상담자는 내담자에게 그 누구도 완벽한 사람은 없으며 따라서 불가능에 도전할 필요가 없다는 것을 깨달을 수 있도록 도울 수 있다. 대신에 우리는 하나님의 초자연적 도우심과 상담자나 친구의 격려로 우리에게 주어진 능력과 여건 아래서, 우리가 할 수 있는 최선을 다하는 법을 배워야 한다.

자존감에 대해서는 23장에서 더 자세히 살펴보도록 할 것이다. 이것이 외로운 내담자에게 문제가 되고 있다면, 외로움을 극복하는 데 자존감 문제를 우선적으로 다루는 것도 중요한 단계가 될 수 있을 것이다.

5. 새로운 행동과 사교 기술을 가르침

때때로 외로움은 상황이나 행동방식이 바뀌거나 제거될 때 감소할 수 있다. 예를 들어 사람들은 텔레비전을 덜 보고, 가족활동에 더 많은 시간을 보내고, 일 중독적이고 자기중심적인 생활양식을 재평가하고, 보다 유용한 교회활동에 참여할 수 있다.

이 모든 활동은 어떤 사람에게는 어려울 수 있다. 그들에게는 사회적 상황에 적당하게 처신하는 데 필요한 의사소통과 사교적 기술이 부족하기 때문이다. 상담자는 사교적 오류를 지적하고, 대인관계 기술을 가르치고, 내담자에게 그들의 시도가 얼마나 효과적인지를 평가해보도록 도와줄 수 있다. 18장에서는 관계를 주제로 다루게 되는데, 이 장은 기본적 의사소통 기술과 사교기술이 부족한 외로운 사람들을 상대로 일하는 상담자들에게 더 많은 도움을 줄 수 있을 것이다.

6. 모험을 격려하고 인도하기

비록 사람이 긍정적 자아상을 가지고 있을 때라도, 다른 사람에게 다가가는 데는 용기가 필요할 때가 있다. 사람들이 비판하거나 거절하면 어떻게 하나? 그들이 반응하지 않으면 어떻게 하는가? 그것은 다가가는 사람을 당황스럽게 하고 위협이 될 수 있다. 내담자가 다른 사람과 접촉하려 할 때, 상담자는 곧바로 격려와 지원을 제공하여야 한다. 사회적 접촉을 격려하기 위해 내담자에게 물어보라. "누구에게 다가가고 싶은가?" "다른 사람에게 접촉하기 위해 어떤 특별한 방법으로 다가가기를 원하는가?" "당신은 과거에 무엇을 하거나 하지 않았기 때문에 다른 사람과 접촉을 못해 외로움을 겪게 되었는가?" "당신은 어떻게 똑같은 실수를 하지 않을 수 있는가?" "당신이 손을 뻗치고 다가가는 모험을 했을 때, 일어날 수 있는 최악의 상황이 무엇인가?" 내담자가 인간관계에서 모험을 하려고 할 때, 상담자는 격려를 제공하고 이 시도가 어떻게 효과가 있는지, 어디서 실패하고 있는지, 어떻게 실패를 예방할 수 있는지를 거론할 수 있는 기회를 마련해주어야 한다.

7. 영적 필요를 채워주기

널리 알려진 복음성가는 이렇게 시작하고 있다. "예수님이 계신데, 왜 외로워야 합니까?" 이 찬송 가사는 참된 기독교인은 인간적 우정 같은 것이 필요 없는 것처럼 암시하고 있다. 많은 기독교인들이 구세주와 동행하면서 위로와 동반의식을 누리고 있는 것은 의심의 여지가 없다. 그러나 아담이 에덴동산에 있을 때에도, 하나님은 사람이 독처하는 것(외롭게 혼자 있는 것)이 좋지 않다고 선언하셨다. 외롭지 않으려면 서로가 필요하다.[25]

여기서 우리는 인간 접촉만이 외로움을 해결하는 유일한 대안이라고 결론을 내려서는 안 된다. 사람을 예수 그리스도에게 소개할 때까지는 외로움은 결코 완전히 사라지지 않는다. 그분은 우리 각자를 조건 없이 사랑하시며,[26] 우리를 위해 죽으셨고, 죄를 고백함으로 그분에게 나아갈 수 있게 하셨고, 우리를 입양된 자녀로 환영하셨으며,[27] 형제보다 더 친근한 친구가 되신다.[28] 그의 성령은 각 기독교인에게 내주하시며,[29] 우리를 도우시고, 우리를 위해 기도하시며, 우리로 그리스도를 닮게 하신다.[30]

하나님은 실재하시고 그의 임재는 감지할 수 있다. 비록 우리가 인간의 귀로 듣지는 못하지만, 그분은 말씀을 통해, 그리고 종종 다른 사람을 통해 우리에게 의사소통하신다. 하나님은 만지거나 볼 수 없는 분이시다. 바로 여기서 그의 실체적인 몸이라 할 수 있는 교회가 등장하게 된다. 교회는 사랑과 수용과 지원을 발산하는 치유와 도움의 공동체가 되어야 한다. 이 공동체의 일원으로, 그리고 예수 그리스도의 제자로서 상담자는 이 사랑 어린 수용을 발산해야 하며 내담자를 그리스도에게와 '그리스도의 몸'이라고 부르는 지역교회로 인도해야 할 것이다.

많은 교회가 외로운 사람들이 필요로 하는 사랑과 수용을 보여주지 못하는 것 같아 슬프다. 타인 중심적인 공동체라기보다는 자체 중심적이고 엘리트 사교클럽처럼 기능하는 교회들은 방문자들을 두 번 보는 일도 거의 없다. 그들은 따뜻하게 받아들여지지 않고 다시금 외로운 상태로 돌아가버린다. 상담자는 상담실 밖에서 교회가 순수하게 돌보는 공동체가 되도록 도와줄 책임이 있다. 그러나 일주 내내 아파하는 사람들을 대하다 보면, 상담자들도 별로 밖으로 손을 내밀지 않는 사교클럽의 일부가 되는 것을 더 편안하게 생각할 수도 있다.[31]

종교적인 사람들이 결코 외롭지 않다고 가정하는 것은 잘못된 것이다. 오히려 한 연구조사에 의하면 외로움 수준에서 종교인과 비종교인 사이에 아무런 차이가 없음을 발견하였다.[32] 그러나 두 집단은 대처하는 방식에서 차이를 나타냈다. 기독교인들, 특히 신학적으로 보수적인 기독교인들은 그들의 외로움 속에서 하나님의 손길을 보는 성향이 더 많았고, 문제에 직면하면서 신적인 도움을 구하는 경향이 있었다. 어떤 이들에게는 이것이 기도와 하나님이 개입하기를 기다리는 것 외에 외로움에 대해 아무것도 하지 않는 이유가 되었다. 그러나 대부분의 기독교인들은, 하나님에 대한 믿음과 기도, 그리고 성경공부를 통해 외로움을 극복하려 애썼고 여타 대처 방법에 자신을 개방하였다.

일부 영적인 상담자들은 독거도 외로움을 벗어나는 길이 될 수 있다고 덧붙일 것이다. 반 세기 전에, 토머스 머튼(Thomas Merton)은 이렇게 기록했다. "내가 형제를 사랑할 수 있는 온유함을 발견하는 것은 깊은 독거 속에서다. 내가 더 혼자라고 느낄수록, 나는 그들에 대해 더 많은 애정을 갖게 된다." 헨리 나우웬은 "독거는 그를 동시대인으로부터 분리시킨 것이 아니라 오히려 그들과 깊은 영교 속에 들어가도록 이끌었다"고 쓰고 있다.[33] 그리고 거의 반 세기 전에 폴 투르니에는 독거는 외로움으로부터 탈출하는 한 가지 방법이라고 결론을 내렸었다.[34] 독거가 외로운 사람으로 다른 사람들과 대면 접촉을 하게 하지는 않지만, 많은 이들이 고독이라는 깊은 아픔으로부터 자유하게 도와주는 것은 사실이다.

● 외로움의 예방

외로움의 원인을 막고 그 경험을 축소할 수 있는 여러 가지 방법이 있다.

1. 지역교회를 강화하기

지역 회중은 외로움에 대한 가장 좋은 대안이 될 수 있고 되어야 마땅하다. 외로움을 예방하기 위하여 사람들은 교회에서 예배하고, 교회활동에 참여하고, 교인들의 우정을 받아들이도록 격려 받아야 한다. 소그룹 성경공부나 성장 그룹, 비공식적인 사교모임, 교회에서 주관하는 지역사회 프로젝트, 지역 콘서트, 찬양대나 예배팀에의 참여는 외로운 사람들이 의미 있는 접촉을 할 수 있도록 공동체를 마련해주는 교회 사역에 속하는 것이다.

이미 살펴본 바와 같이 모든 교인이 새로운 사람들을 받아들이는 데 열려 있는 것은 아니다. 특별히 다른 사람들 또는 사회적 부적응자처럼 보이는 이들을 받아들이는 것은 쉬운 일이 아니다. 어떤 교회는 냉랭하고 무관심하며 파벌을 형성하고 있다. 방문자는 무시되거나 피상적으로 인사를 받는다. 세계 여러 곳에서 사람들, 특히 포스트모던 문화에서 자라난 젊은이들은 교회를 의심의 눈으로 바라보고 있다. 그러나 이들은 순수하고 가식이 없는, 진실되게 수용적인 기독교인들과 관계하려고 한다.

그러므로 외로움을 예방하기 위해서는 교회 지도자가 개인을 교회에 참여하도록 격려해야 한다. 뿐만 아니라 지도자는 교인들에게 어떻게 수용하고 지원하며 돌아보고 사랑하며 용서하고 교제 속으로 환영하는지 본을 보여야 한다. 이것은 쉬운 일이 아니다. 교인에게 그들이 공동체에서 외로웠을 때 어떻게 느꼈었는지 상기시켜주는 것이 도움이 될 수 있을 것이다. 지금은 많은 사람들이 주거지가 서로 멀리 떨어져 있어서 이동 거리 때문에 가족으로부터 분리되는 시대다. 그러므로 교회는 대체가족의 네트워크를 제공할 수 있다. 어떤 교회는 외로운 사람들이 인간적 접촉과 사랑을 찾아보려는 시도로 술집으로 흘러들어가 일시적 성적 만남에 참여하고 낯선 사람과 친밀한 경험을 추구하는 주말에 의미 있는 활동을 제공하려고 시도하고 있다.

2. 변화에 대처하도록 사람들을 도와주기

우리들 대부분은 다른 사람들과 공동체의 경험을 원한다. 그러나 빠듯한 스케줄과 끊임없이 시간을 요구하는 일들이 쇄도하고 있다. 그래서 자유와 편리함과 프라이버시를 귀하게 여긴다. 그렇다면 이동성과 컴퓨터 기술, 도시화, 텔레비전, VCR, 틀어박힌 생활[35] 및 기타 비인간화 영향력에 가치를 두는 시대에 사람들은 어떻게 친근감과 친밀감을 경험할 수 있는가? 관계를 맺는 것은 시간과 정력과 헌신을 요하는 일이다. 의미 있는 우정을 개발하려면 비록 피상성이 더 편리하다 할지라도, 각 사람은 관계를 발전시키는 데 필요한 시간과 노력을 투자해야 한다. 설교와 세미나, 그리고 상담은 사람들이 외로움을 예방할 수 있는 방식으로 시간과 관계를 관리하도록 돕기 위해 사용될 수 있다.

3. 자존감과 유능감을 세워주기

우리는 사람들이 빈약한 자아개념이나 비효과적인 사교술 때문에 자기 패배적인 태도와 행동을 보일 때, 외로움이 발생한다는 것을 앞에서 살펴보았다. 외로움은 이들 문제를 감소시키거나 제거함으로써 예방할 수 있다. 어린이와 성인이 사교술과 의사소통 능력, 그리고 인생에 대해 건강하고 현실적인 태도를 배울 때 그들은 다른 사람과 더 잘 관계를 맺을 수 있으며 외로움을 피할 수 있다.

이 기술들은 상담자의 사무실이나 학교, 교회에서 가르칠 수 있으며, 또한 세미나, 도서, 글, 테이프를 통해서 가르칠 수 있다. 아마도 이 가르침은 가정에서 시작해서 집에서 실천할 때 가장 효과적일 것이다. 상담자와 교인들이 그 가족들에게 공개적으로 의사소통하는 법을 가르치고, 서로 존중하고 돌아보며, 서로의 차이를 수용하고, 일하고, 쉬고, 함께 예배드리는 것을 제공할 때 외로움을 감소시키고 그 증가와 재발을 예방할 수 있다.

4. 영적 성장을 자극함

개인에게 타인은 물론 하나님과 친밀한 관계를 맺는 법을 보여줄 때 외로움은 감소하고 예방될 수 있다. 사람들은 독거의 가치를 배우고, 자신의 은사를 이해하고, 하나님과 더 가까운 친밀감을 개발하고, 자신에 대한 하나님의 깊은 목적을 발견할 때 더 많은 인생의 의미를 경험하기 시작할 것이다. 사람들이 영적으로 자라가도록 도와주는 것은 외로움을 예방하는 가장 의미 있는 방법 가운데 하나다.

- **외로움에 대한 결론**

외로움은 보편적인 경험이다. 이것은 대부분의 문화에 속한 사람들, 세계 모든 지역에서 일어난다. 그럼에도 불구하고 이 장에서 우리가 검토한 외로움의 원인과 결과, 그리고 치료에 있어서 문화적인 차이가 있을 수 있다. 외로움은 작은 시골 마을에 사는 사람과 자카르타나 아테네, 또는 멕시코 시에 사는 사람이 서로 다르게 표현하고, 경험하며, 서로 다르게 다룰 수 있다는 말이다.[36]

우리가 어디에서 생활하든 간에, 대부분은 빠른 변화와 현대적 기술이 친밀감을 저지하고 외로움을 자극하고 양산하는 사회라고 부를 수 있는 곳에서 거주하고 있다. 가정과 교회에서까지도 사람들은 서로를 피하고 있다. 친밀감을 발견하고 내적인 고립감을 탈피하려는 시도에서 많은 사람들은 함께 술 마시는 사람이나 비행기 옆 자리에 앉은 사람처럼 낯선 사람들과 드러내놓고 맹목적으로 나누는 일에 자신을 던지기도 한다.

다른 사람과의 돌봄 관계는 외로움을 제거하는 데 도움을 줄 것이다. 특히 당사자가 적개심이나 낮은 자존감, 사회적 무능감, 그리고 개인적 불안정감에서 자유로울 때, 돌보는 관계가 도움을 줄 수 있을 것이다. 그러나 내적 자신감과 인간적 함께함은 그 자체로서 외로움의 문제에 대한 영속적인 해결책이 되지 못한다. 우리는 사람들이 하나님과 친밀한 관계를 개발할 수 있도록 도와주고 독거의 혜택을 배울 수 있도록 도와줄 필요가 있다. 사람들이 서로에게 개방과 수용을 인정하고 하나님이 창조하신 각자의 독특한 개성을 존중하는 가족을 포함하여, 적어도 몇 사람만이라도 그들과 강력한 관계를 맺을 수 있도록 도와줄 필요가 있다.

상담자들을 위한
요점 정리 12

- 외로움은 누구나 가끔 경험하는 고통스런 내적 공허감이다.

- 외로움은 다른 사람이 옆에 있는가에 늘 좌우되는 것이 아니다. 어떤 사람들은 무리와 그룹에 둘러싸여 있는데도 외로움을 느낄 수 있다(어떤 사람들은 혼자 있지만 전혀 외로움을 느끼지 않을 수 있다).

- 외로움은 독거와 같은 것이 아니다. 외로움은 사람이 혼자 있도록 강요당할 때 오는 부정적인 경험이다. 독거는 다른 사람들로부터 자발적으로 철수하는 것으로 대개 긍정적인 경험이다.

- 성경에는 외로움이 거의 거론되지 않는다. 그러나 모세와 다니엘, 예레미야, 그리고 예수님과 같은 지도자의 삶에는 자주 등장하고 있다.

- 외로움의 원인은 다섯 가지 범주로 나눌 수 있다.
  - 사회적 원인은 기술과 인터넷, 텔레비전, 이동성, 변화하는 인구동향, 그리고 바쁜 생활양식 등이다.
  - 발달적 원인은 충족되지 않은 애착욕구, 수용, 그리고 유능한 사교 기술의 개발 등이다.
  - 심리적 원인은 사람의 지각을 부분적으로 포함하며, 낮은 자존감, 자기 패배적 태도, 우울증, 의사소통을 하지 못함, 통제의 부족, 적대감, 그리고 두려움 등이다.
  - 상황적 원인은 사람을 돌봄 제공자의 외로운 역할로 몰아넣는 가족 안의 질병, 지도자를 추종자로부터 분리시키는 지도력, 배우자의 상실, 새롭고 낯선 동네로의 이사 등이다.
  - 영적 원인은 사람이 하나님으로부터 단절되었다는 느낌과 연관된다.

- 외로움의 결과는 고립감을 비롯해 낮은 자존감, 우울증, 주의를 집중시키는 자기과시적 행동, 물질 남용, 포르노의 사용, 폭력 그리고 신체적 증상이 있다.

- 외로운 사람을 상담하는 것은 그들로 하여금 다음과 같은 것을 하도록 도와주는 것을 포함한다.
  - 문제를 인정한다.
  - 원인을 고려한다.
  - 생각을 바꾸게 한다.
  - 자존감을 개발한다.

- 새로운 행동과 사교적 기술을 가르친다.
- 모험을 격려하며 안내한다.
- 영적 욕구를 채워준다.

■ 외로움을 예방하기 위해서는 다음과 같이 해볼 필요가 있다.
- 지역교회로 하여금 사람들을 좀 더 돌아보고 포용하도록 격려해야 한다.
- 사람들이 변화에 대처하도록 도와준다.
- 건강한 자존감과 더 큰 유능감을 개발하도록 격려한다.
- 독거의 가치를 포함하여 영적 성장을 자극한다.

■ 외로움은 보편적인 것이나 문화에 따라 다른 방식으로 표현되거나 처리될 수 있다. 문화적 차이를 간과해서는 안 된다.

Part 3
발달상의 문제들

13장 아동기
14장 청소년기
15장 초기 성인기(20~30대)
16장 중년기(40~50대)
17장 노년기

13 >> 아동기
Childhood

　선생님들은 그를 '문제아'라고 불렀고 부모는 그를 '어떻게 할 수 없는 아이'라고 했다. 다른 아이들은 그에게 여러 개의 경멸적인 이름을 붙여줬으며, 이웃들은 그를 '버릇없는 꼬마'라고 불렀다. 때로 그의 소동을 가라앉히기 위해 경찰을 부르기도 하였다.
　케빈은 열세 살로 아직 소년의 체구를 가지고 있었다. 그러나 군인처럼 맹세할 수 있었고, 이웃에 사는 다른 아이들 모두를 합친 것보다 더 큰 파괴력을 가지고 있었다.
　그는 항상 부모와 다투었으며, 선생님들과 충돌하였고, 또래들과도 잘 어울리지 못했다. 세 누이들은 그를 미워했고, 교회 주일학교에 그가 나타나면 수업이 항상 엉망이 되곤 하였다.
　케빈의 잘못된 행동들은 이웃들에게 잘 알려져 있었다. 스프레이 페인트로 동네 슈퍼마켓의 벽에 낙서를 했으며, 상점에서 물건을 훔치다 두 번이나 붙잡혔고, 유죄가 증명되지는 않았지만 이웃집 차고에 방화를 저질렀다는 의심을 받기도 했다.
　이 아들을 개선시키기 위해 부모는 그를 기숙학교에 보냈다. 훈련이 엄격하여 처음에는 잘 적응하는 것처럼 보였으나 다시 집에 돌아왔을 때 그의 행동은 더욱 더 걷잡을 수 없게 되었다.
　학교는 회의를 소집했고, 청소년 당국자들은 그의 사례를 검토했다. 가정의는 그에게 안정제를 처방했고 그 부모는 상담실을 찾게 되었다. 케빈은 다른 상담자에게 갔으나 결국 모든 가족들이 다 참여하게 되었다. 부모는 이 문제를 심각하게 생각하고 있었다. 케빈의 아버지는 성공한 산부인과 의사였고 어머니는 지역구 정치에 관여했으며 부모 모두 교회활동에 적극적이였다.
　상담자는 부모가 아들 양육을 소홀하게 생각하지 않았는지, 만일 그렇다면 케빈의 행동은 부모의 사랑과 관심을 받기 위한 시도였을 것이라 생각했다. 그러나 케빈의 행동은 그에게 주는 관심의 양에 상관없이 변화할 것 같지 않았다. 그 소년은 자신의 행동에 대단히 미안해하였고 변하려고 맹세도 몇 번 하였으나 그렇게 하기에는 별로 힘이 없는 것처럼 보였다. 교회의 어떤 분이 케빈에게 마귀가 씌었다고 결론짓고, 담임목사를 만나 마귀를 쫓아내는 일에 대하여 의논했다.
　어느 날 케빈의 할머니는 어린아이의 비정상적인 행동과 과잉행동을 부추기는 화학적 불균형에 대한 연구 기사를 읽었다. 그러나 그 부모는 아들의 행동에 대한 새로운 학설에는 별로 관심을 갖지 않은 채 절망하고 있었다. 그 아버지는 케빈이 청소년 범죄인이 되어 아마도 그의 인생을 감옥에서 보낼지도 모른다는 결론을 내렸다. 그럼에도 불구하고 할머니의 성화로 케빈은 유명한 화학불균형병 전문의에게 진찰을 받게 되었다. 그 의사는 케빈의 신체 조직의 불균형을 바로잡기 위하여 투약과 식이요법으로 구성된 치료 프로그램을 권하였다. 케빈의 행동은 급진적으로 변하였다. 그와 그 가족들도 당분간 상담을 계속하였는데, 얼마 되지 않아 케빈은 학교에 돌아갔고, 그동안 학교에서 배우지 못한 과목들을 배우기 위해 열심히 노력했다. 그의 문제행동들은 대부분 사라졌다. 이웃과 경찰을 포함한 모든 이들은 그 사실에 감사했다.

하나님은 그의 무궁하신 지혜로 어린 생명들을 택하여 양육에 경험이 거의 없는 성인들(상당히 미숙한 성인들을 포함하여)에게 양육을 맡겼다. 그들은 다양한 종류의 어려움들을 만나면서 많은 종류의 육아 기사와 서적들을 읽게 된다. 어떤 부모들은 더 나은 부모가 되기 위해 서적들을 탐독하며 때로는 저자들에게 편지를 쓰기도 한다. 또 어떤 부모들은 충고를 무시하고 '자연스럽게 되는 대로' 가르치려 한다. 아마도 경험이 많은 부모들과 육아서적들로부터 얻은 정보와 안내들을 통합하여 양육하는 것이 가장 좋을 것이다. 그러나 하나님의 도우심과 함께 어린이를 양육하는 방법들을 훈련하는 과제가 성실하게 수행되어야 할 것이다.

때때로 기독교 상담자는 직접 아동을 상담하는 경우도 있지만 주로 부모 지도에 중점을 둔다. 이는 상담자가 부모에게 권면, 정보, 충고, 명료화, 지지 등을 제공하여 아동을 간접적으로 도와주는 상담이다. 부모 지도는 부모들이 그 어떤 상담가보다 더 많은 영향을 아동들에게 줄 수 있다는 것을 안다. 따라서 부모와 상담자들의 상호협력은 서로 긴밀한 관계를 갖고, 때로는 학교와 지역사회의 파트너십을 통하여, 아동의 복지와 양육에 관심을 갖고 함께 일하는 것을 의미한다. 사실상 수천 권의 서적들이 아동과 아동 관련 문제들, 그리고 아동 양육에 대하여 쓰고 있다.[1] 또한 아동들의 능력과 심리적 성숙에 대한 수천의 연구논문들이 발표되었고, 다른 연구들은 아동들의 신체적 역기능과 정신지체 등 아동의 병리에 대하여 연구해왔다. 잘 알려져 있는 대로 소아과는 의학 전공 분야의 하나로 소아정신과, 아동심리, 그리고 관련된 전문 분야들을 병행해왔다. 이 분야의 많은 서적들을 한 장으로 요약할 수는 없지만, 몇몇 일반적인 원칙들은 기독교 상담자에게 많은 도움을 줄 것이다.

이 모든 것에 문화적 차이에 따른 영향은 그리 많지 않다. 모든 가족은 다르다. 즉 모든 지역과 모든 종교 공동체, 모든 나라, 모든 인종 그룹들은 다 다르며 세대 또한 다르다. 역사의 흐름에 의하여, 부모가 그 자녀를 양육하는 방법과 자녀들이 성장하는 환경을 바라보는 견해는 변한다.[2] 제2차 세계대전중에 태어나서 성장한 아이들 또는 전후 공산국가에서 태어나 성장한 아이들은 베이비붐 시대 부모들이나 포스트모더니즘 세대에 양육된 더 젊은 부모들과는 서로 다른 양육관과 세계관을 가지고 있다. 모든 부모와 상담자는 자신의 세대에 의해 형성된 견해가 있고, 때때로 이 견해는 상담에 영향을 준다. 이와 같은 차이점에도 불구하고 성경적 상담은 아이들과 그 부모들을 상담하는 데 일반적이고 가장 기본적인 성경적 지침들이다.

• 성경과 아동 양육

천지 창조 후에, 하나님은 아담과 하와에게 "생육하고 번성하여 땅에 충만하라"고 명령하셨다. 다른 대부분의 명령들과는 달리 이것은 지켜졌으며, 이 땅은 곧 사람들로 충만해졌다. 구약시대에 대가족은 하나님이 주신 특별한 축복의 근원으로 여겨졌으며, 자녀가 없는 것은 치욕으로 생각되었다.[3] 현대에 이르러 많은 사람들이 가족들의 수를 제한하고는 있으나 불임은 많은 부부들에게 심각한 고민거리이며, 아직도 자녀들은 매우 중요하게 여겨지고 있다. 예수님은 어린아이들에게 특별한 관심을 보이셨고 순수함을 칭찬하셨다.[4]

자녀와 부모에 관한 성경의 가르침을 살펴보자.

1. 자녀

성경에서 자녀들은 기쁨과 슬픔을 가져올 수 있는 하나님의 선물이다. 어린아이들은 마땅히 사람으로서 사랑받고, 존귀하게 여겨지며, 존중되어야 한다. 즉 그들은 하나님 나라에서 소중한 존재이며, 해를 받지 않아야 한다.[5] 자녀들이 지켜야 할 의무는 부모를 공경하고 존경하며 보살피고 부모 말씀에 귀 기울이며 순종하는 것이다.[6] 이러한 의무들은 에베소서 6장 1~3절에 잘 나타나 있다. "자녀들아 주 안에서 너희 부모에게 순종하라. 이것이 옳으니라. 네 아버지와 어머니를 공경하라. 이것은 약속이 있는 첫 계명이니 이로써 네가 잘되고 땅에서 장수하리라."

바울은 다른 서신에서 아이들의 불순종을 심하게 꾸짖었다.[7] 그러나 어린아이들이 영원히 순종하기를 기대할 수는 없는 것 같다. 만일 부모들이 성경이 아닌 어떤 것에 순종하도록 기대한다면, 그들은 인간의 가르침보다 항상 하나님의 법이 우선이라는 것을 기억해야 한다.[8] 비록 가족들이 늙은 부모를 계속 공경하는 책임에서 결코 벗어날 수는 없지만, 성인들이 배우자와 결합하기 위해 부모를 떠나는 것은 새로운 가정을 이루기 위해 이동하는 것이다.

2. 부모

어머니와 아버지는 자녀들을 사랑하고, 그들의 필요를 채워주고, 가르치며, 올바르게 훈육하는 성숙한 기독교인으로서 행동의 모범이 되어야 할 책임이 있다.[9] 에베소서 6장 4절에는 "아비들아 너희 자녀를 노엽게 하지 말고 오직 주의 교훈과 훈계로 양육하라"고 씌어 있다.

어떤 주해서[10]에는 어린아이들을 신체적, 심리적으로 학대할 때(그들에게 모욕을 주며, 존중하지 않을 때), 무시하거나 이해하려고 노력하지 않을 때, 너무 많은 것을 기대하며 일을 다 하지 않는다고 사랑을 유보하며 부모의 목표와 의견들을 수용하도록 강요하며, 부모가 자신의 실수를 인정하지 않을 때 자녀들이 분노하게 된다고 한다. 우리는 대조적으로 아이들에게 본을 보여주며, 지침들을 주고 격려함으로써 자녀들을 양육할 수 있다. 아이를 훈련시키는 방안들이 쉽게 논의되고는 있으나 실행은 쉽지 않다. 어린아이들은 부모와 마찬가지로 각기 다른 성격들을 가지고 있으며, 아동 양육에 대한 성경의 가르침들은 많은 사람들이 바라는 것과 같이 구체적으로 진술되어 있지 않다.

그러나 구약에 아동 양육에 관한 성경적 가르침과 원칙들을 요약한 부분들이 있다. 이것은 약속된 땅에 들어가기 전 이스라엘 백성을 위하여 기록된 것이나 현대의 아동 양육과 부모 지도에도 실제적인 관련이 있다.

> "이는 곧 너희의 하나님 여호와께서 너희에게 가르치라고 명하신 명령과 규례와 법도라. 너희가 건너가서 차지할 땅에서 행할 것이니 곧 너와 네 아들과 네 손자들이 평생에 네 하나님 여호와를 경외하며 내가 너희에

게 명한 그 모든 규례와 명령을 지키게 하기 위한 것이며 또 네 날을 장구하게 하기 위한 것이라. 이스라엘아 듣고 삼가 그것을 행하라. 그리하면 네가 복을 받고 네 조상들의 하나님 여호와께서 네게 허락하심 같이 젖과 꿀이 흐르는 땅에서 네가 크게 번성하리라. 이스라엘 들으라. 우리 하나님 여호와는 오직 유일한 여호와이시니 너는 마음을 다하고 뜻을 다하고 힘을 다하여 네 하나님 여호와를 사랑하라. 오늘 내가 네게 명하는 이 말씀을 너는 마음에 새기고 네 자녀에게 부지런히 가르치며 집에 앉았을 때에든지 길을 갈 때에든지 누워 있을 때에든지 일어날 때에든지 이 말씀을 강론할 것이며 너는 또 그것을 네 손목에 매어 기호를 삼으며 네 미간에 붙여 표로 삼고 또 네 집 문설주와 바깥문에 기록할지니라" (신명기 6 : 1-9)[11]

- **기독교인 부모의 역할은 다음과 같다**

(a) 경청 : 훌륭한 부모는 하나님의 명령이 자신의 일부분이 되도록 통합하기 위해 그것들을 잘 듣고 이해하려고 애쓴다. 이것은 성령이 우리에게 깨닫게 하여 정확하게 알게 해주시는 성경, 곧 하나님 말씀을 규칙적으로 공부함으로써 이루어진다.

(b) 순종 : 아는 것만으로는 충분하지 않다. 경청하는 것에 덧붙여 부모들은 하나님이 명령한 것을 간직하고 행해야 한다. 부모가 순종하지 않을 때 아이들이 부모에게 순종하기란 어려운 일이다.

(c) 사랑 : 우리는 주님을 사랑해야 하며 우리의 마음과 성품과 힘을 다해 전심으로 하나님에게 헌신해야 한다. 여기에서 강조하는 것은 부모에 관한 것임을 알아야 한다. 어린이들이 중요함에도 불구하고, 성경에는 그다지 자주 눈에 띄지 않는다. 예수님이 심리적(지혜), 신체적(외모), 영적(하나님의 은혜)으로, 그리고 사회적으로(사람들의 사랑) 성장했다고 기록되어 있지만,[12] 아동기에 대해서는 거의 언급되지 않았다. 아동기는 중요하다. 그러나 어린이는 잠시 부모들과 함께 있다가 나중에 하나님의 예정에 따라 떠난다. 그러므로 부모는 아이들을 위해 우선적으로 존재하는 것은 아니다. 부모는 먼저 하나님을 사랑하고 섬기기 위해 한 개인으로 존재한다. 하나님이 우리에게 자녀를 주셨다면, 어린아이를 양육하는 일은 우리 인생의 여러 목적 중의 하나이지 그것이 결코 유일한 인생의 목적은 아니다.

(d) 가르침 : 하나님의 가르침을 행하는 네 가지 방법은 다음과 같다.

- 근면하게 : 자녀 양육이 비록 부모의 일생에서 유일한 과업은 아니지만 이는 매우 중요한 일이며, 결코 가볍게 취급해서는 안 된다.
- 반복하여 : 성경은 가르침이 한번에 이루어지지 않는다는 것을 보여주고 있다. 따라서 부모들이 밤낮으로 되풀이하여 지속적으로 관심을 가져야 한다.
- 자연스럽게 : 우리는 앉든지, 걷든지, 눕든지, 일어나든지 항상 가르칠 기회를 찾아야 한다. 매일 가족예배를 갖는 것이 좋으며, 기회가 있을 때마다 부모는 가르쳐야 한다.
- 인격적으로 : 말하는 것은 행하는 것만큼 영향을 미치지 못한다. 이것은 신명기의 첫 부분이며 가정에서 부모들이 경청하고, 순종하고, 사랑할 때 자녀들에게 모범을 보이게 된다.

'가정에서' 라는 단어에 유의하라. 또래 친구와 선생님도 중요하지만, 가장 중요한 가르침과 자녀 양육은 가정에서 이루어진다.

아동 양육 문제의 원인

1799년 어느날 프랑스 아베롱 근처의 숲속에서 한 소년이 나체로 달리고 있는 것이 발견되었다. 그 아이는 수년 동안 사람과는 접촉하지 않았는지 마치 동물처럼 행동하며 대화할 줄 몰랐다. 그 소년은 아베롱의 야생소년으로 심리학 전공 학생들에게 널리 알려져 파리로 보내졌고, 소아과 의사인 장 마르크 가스파르 이타르(Jean-Marc Gaspard Itard)는 인내심과 굳은 결심으로 그가 사회에 복귀할 수 있도록 과제를 (비록 실패로 돌아갔지만) 수행했다.

그가 오늘날 살아 있다면, 이타르 박사가 그를 사회에 복귀시키는 노력이 성공하지 못했을지라도, 왜 어린아이들과 부모들이 아동 양육에 여러 문제들을 갖게 되는지에 대하여 확실한 이해를 줄 수 있었을 것이다. 아동발달과 정신병리학에 관한 복잡한 이론들은 어떻게 어린아이들이 성숙해가며 왜 문제들이 발전되는지에 대하여 설명하고 있다. 전문가들은 여러 복잡한 문제들의 근거들을 분석해왔다. 그것은 정신적 지체장애, 아동기 우울증, 학습장애들, 말더듬이, 극심한 반항, 폭력, 아동기 정신분열증 그리고 어린이들이 적응하는 데 어려움을 겪게 되는 잦은 이사, 부모 이혼, 병원 입원기간, 입양, 테러의 공포, 기타 아동기 스트레스 등이다.[13] 많은 책과 연구논문들이 계속적으로 진술하는 것은 배우면 배울수록 그 문제들이 더 복잡해진다는 것이다.

때때로 어린이와 부모는 무엇이 문제인지, 문제의 개념화에도 서로 의견 일치가 이루어지지 않는다. 부모는 자녀의 불순종이 가족 스트레스의 원인이라고 생각하지만 아이는 이것을 전혀 문제 삼지 않는다. 예를 들면 어릴 때의 야뇨증은 유년기 어린아이에게는 별 문제가 되지 않지만, 후기 아동기 또는 청소년기까지 지속적으로 야뇨한다면 문제가 아닐 수 없다. 또는 이웃과 학교 선생님들은 어떤 아이가 문제가 있다고 생각하지만, 그 부모는 그것에 동의하지 않을 수 있다. 이와 같은 차이점에도 불구하고 몇 가지 주제들, 즉 아이들과 자녀 양육 문제의 원인에 관한 것들은 반복적으로 토론의 주제가 된다.

1. 영적 무시 또는 학대

심리학 교과서들은 아동발달에 대한 영적 기초들을 인식하고 있지 않다. 그러나 성경의 저자들에게 이것은 아주 중요하다.[14] 시편 8장 1~8절은 아이들로 하여금 하나님을 믿고, 그분의 성실하심을 기억하고, 제멋대로 고집스럽게 반항적으로 되지 않도록 반드시 영적 훈련을 받아야 한다고 강조한다. 말씀으로 가르치는 성경적 교육은 어린아이들에게 유익하며, 따라서 성경적 교육이 없다면 해가 된다. 엄격한 주입식 신앙교육으로 어린아이의 마음에 억지로 주입하는 것, 그리고 하나님을 따분하고 준엄한 훈련관의 모습으로 그리는 것, 또는 어린아이들이 자유롭게 질문할 수도 없이 영적으로 조숙하게 되는 것, 이 모두가 똑같이 해가 된다.

2. 가정의 불안정

부모들이 스트레스에 잘 대처하지 못하고 서로 잘 지내지 못할 때, 아이들은 불안과 죄책감을 느끼며 화를 낸다. 가정의 안전성이 위협받기 때문에 아이들은 불안하며, 자신들이 부모 분쟁의 원인일 것이라고 추측하여 죄의식을 느낀다. 또한 버려진 느낌과 잊혀진 느낌, 때로는 원하지 않는 방향으로 조종당하고 있다는 느낌 때문에 화를 낸다. 그들은 신체적으로 또는 심리적으로 버려진다는 두려움이 있다. 그러한 압력에서 벗어나고 그들의 울분을 표현하기 위해 수천 명의 어린이들이 다른 안전한 곳을 찾고자 가출한다. 때때로 이와 같은 가출 아이들은 불안정한 부모의 희생양이지만, 또 다른 문제들이 가출의 원인이 될 수도 있다. 즉 학교생활에 대한 부모 자식 간 의견충돌, 부모의 불안정으로 인한 자녀들의 정신건강 문제, 문화적 차이, 부모의 결혼 생활 불화, 부적절한 가족 경계, 그리고 혹독한 훈련 등이 포함된다.[15]

가정의 불안정은 어린 자녀들에게 여러 종류의 행동장애를 일으킬 수 있다. 성적이 떨어지고, 다른 아이들과 충돌이 잦으며 약한 아이를 못살게 굴거나 경범죄를 저지르는 것 등은 모두 가정의 문제에 기인한 것이며 이러한 행동들은 외부에 도움을 요청하고 있는 것이다. 가정이 불안정함에도 불구하고 어떤 어린이들은 가족 스트레스로부터 정상적으로 생존하여 성공적이고 매우 잘 적응된 성인으로 성장하는 경우도 있다. 이런 아이들은 앞에서 진술한 바와 같이 탄력성이 있는 아이들이다. 어떤 아이들은 불안정한 가정이지만 탄력성이 있는데, 왜 그 형제나 자매들은 그렇지 못한가에 대한 연구는 계속되어야 할 것이다. 항상은 아니지만 불안정한 가정이 불안정한 어린아이들을 양육해내는 경향이 있다.

3. 심리적 학대

아이들의 심리적 학대(이후 더 자세히 논의할 것이다)는 최근 전문가들의 폭발적인 관심을 끌고 있다. 자녀들을 신체적으로는 한번도 때리지 않았으나, 심리적으로 학대한 부모들의 행위에 대해서 지금까지 별로 주목하지 않았다. 어린아이들이 교묘하게 혹은 공공연하게 거절당하고 심하게 잔소리를 들으며 비판을 받고, 억울하게 벌을 받고, 일관성 없는 훈육으로 지속적인 모욕을 당하며, 또는 전혀 사랑해준 적이 없다가 갑자기 사랑을 보일 때, 주기적으로 유기 협박을 당할 때 어린아이들은 성격장애를 경험하고, 분열행동들을 보이며 부모를 괴롭힌다. 아동발달 전문가들은 부모의 과잉보호, 과잉 허용, 과잉 엄격과 과잉 신중함에서 오는 문제에 대하여 일깨워주고 있다. 이 모든 것들은 어린아이들에게 불안감을 일으켜 불안정을 유발한다.

심리적 학대가 항상 고의적인 것은 아니다. 많은 부모들은 아이들의 행동에 혼란스러워하고 당황하며, 아이들의 필요에 무관심하며, 어떻게 반응해야 할지 잘 모르고 있다. 예를 들면, 새로 이민 온 부모들의 친숙하지 않은 환경과 식품, 언어와 기대에 대한 문제들에 대하여 생각해보라. 마치 부모들이 그 후손들에게 자기들이 배웠던 전통문화를 가르쳐준 것처럼,[16] 아이들은 학교에 가서 새로운 문화에 대하여 배운다.

어떤 부모들은 긴장하여 지극히 정상적인 아이들의 행동에 대하여 별로 관대하지 못하고 참을성이 없다. 예를 들면 걱정이 많은 부모들은 아이들로부터 멀리 떨어져 있고, 아이들에게 칭찬을 거의 하지 않으며, 그들을 자주 무시한다. 결국 부모들의 근심은 아이들에게 전달되어 아이들 역시 근심하게 된다. 이때 부모들은 자녀에게 별로 도움을 주지 못한다. 부모는 자녀들에게 어떻게 하면 근심, 걱정을 좀 더 나은 방법으로 다룰 수 있을까를 가르치기보다 자녀들의 근심, 걱정을 억압하고 핀잔을 주게 된다.[17] 이런 부모들에게는 심리적 학대의 이해와 권면으로 그 해로운 결과들을 줄이거나, 제거하고 또는 예방할 수 있도록 해야 한다.

4. 가난

예수님은 자주 가난에 대하여 말씀하셨다. 그러나 가난의 주제가 상담학 책에는 별로 진술되지 않고 있다. 어린아이들을 포함하여 세계 인구의 대부분이 아직도 가난한 상태에 있다. 물론 가난한 가정에서도 사랑을 나누는 많은 부모들이 있고, 비교적 안정된 환경을 가진 경우도 있다. 그러나 셀 수 없이 많은 가난한 아이들이 해로운 환경에 노출되어 있다.[18] 곧 가족의 혼란과 불안, 교육 기회의 박탈, 자녀에게 동기를 부여하지 못하는 환경, 건강치 못한 주거환경, 혼잡한 소음, 자녀들의 활동에 관여하지 않는 부모 등이 포함된다. 또한 수십만 명의 어린이들이 부모들의 알코올중독과 마약 중독, 성전염 질환들로부터 고통당하고 있으며, 자신의 분노와 스트레스, 갈등과 좌절감 등을 해결할 줄 모르는 부모들과 한 가정에서 성장하고 있다. 때로 이런 사람들은 대부분 위험한 동네에 살고 있고, 먹을 것이 없는 두려움과 매일같이 폭력을 경험하는 곳에서 살고 있다. 이러한 환경에서 자라고 있는 아이들에 대한 상담은 쉬운 일이 아니다.[19] 이러한 아이들은 가난한 환경의 영향으로부터 벗어날 수 있도록 외부의 개인 상담이나 집단 상담의 개입이 필요하다.[20]

5. 너무 바쁜 생활 스타일

정기적으로 상담자들과 사회 복지사들은 전에는 간과되고 무시되었던 문제들을 찾아내곤 한다. "세기 초의 주요 문제는 과잉 활동과 과잉 스케줄에 의한 생활양식의 문제"라고 했던 미국 심리학자 윌리엄 도허티(William Doherty)의 말처럼 말이다.

"많은 어린이들에게 있어서 유년기는 다람쥐 쳇바퀴 도는 듯한 과잉 스케줄과 분주함으로 가족과 함께 하는 시간이 거의 없는 것이 특징이다."[21] 때때로 어린이들은 놀 시간이 없고 바쁜 일정 때문에 피곤한 채로 학교에 간다. 부모와 자녀 모두 바쁜 생활로 가족과 함께하는 시간이 없다. 도허티 박사는 미시간 대학의 연구결과를 인용하여, 가정에서 가족들과 함께 식사시간을 갖는 것이 행동의 문제들을 줄이고, 더 나은 성취와 심리적으로 더 잘 적응할 수 있는 가장 중요한 예견적 요인이라고 진술하였다.[22] 10대 청소년들의 주요 관심사들에 대한 한 여론조사에서 "부모와 함께 지내는 시간이 없다"는 답이 최고로 많이 나왔다. 이와 같은 분주함의 문제가 이 책을 읽는 모든 독자들에게 문제가 되는 것은 아닐 것이다. 그러나 이 세상의 많은 곳에서 분주함에 대하여 관심이 고조되고 있다. 이는 특히 어린이들과 그들의 양육과정에 심각한 영향을 미치는 것으로 나타나고 있기 때문이다.

6. 충족되지 않은 욕구

심리학자들은 인간의 기본욕구에 어떤 것들이 포함되어야 하는지에 대해 서로 의견이 분분하다. 그러나 대부분의 경우 안전과 수용, 훈련과 격려들을 포함시킨다. 그러나 영재나 지체아들의 경우에는 다른 아이들과는 다른 특별한 욕구들이 있음을 상담자들은 지적하고 있다. 가장 중요한 욕구는 사랑이다. 다른 욕구들이 충족되었다 해도 사랑이 결핍되면, 성숙에 지장이 있고 여러 문제들이 자주 발생하게 된다.

7. 신체적인 영향

장기간의 질병과 입원, 수술로 인하여 어린아이들은 혼란스럽고 분열적인 성격이 된다고 많은 부모와 소아과 의사들은 말한다. 분열증의 정도는 질병의 종류, 질병으로 인한 신체부위 체계, 처치방법, 부모와 중요한 타인들의 반응, 이 모든 것들에 대한 어린이의 감수 능력에 따라 다르다. 심각한 질병에 대한 스트레스는 종종 극도의 불안과 우울, 포기, 반항, 부모 원망, 두려움과 그 외 심리적 행동들을 야기한다.[23] 질병은 우리 모두에게 다루기 힘든 부분이다. 특히 어린이들과 부모에게는 더욱 힘들다.

신체적 영향들이 어떻게 어린이에게 문제를 야기하는지 두 가지 예를 들어 설명하겠다.

(a) 정신지체 장애 : 이는 평균 지능지수를 100으로 할 때 평균 70 또는 그 이하인 상태를 가리킨다. 정도에 따라 다르지만, 정신지체인은 학교 수업, 대화, 자기 돌봄, 결정, 타인들과의 사귐 등에 어려움이 있다. 경미한 정신지체인들은 지적 결함이 별로 나타나지 않는 경우도 있으며 단순한 직업도 가질 수 있다. 심각한 정신지체 장애 형태는 보통 '다운증후군'으로 얼굴에 나타나는 특징적인 용모 때문에 잘 알려져 있다.

정신지체 장애들은 여러 원인들로부터 비롯된다. 많은 아이들이 취약한 환경에서 살기 때문에 그 어떠한 동기부여나 자극이 없으므로 발달이 지연되고, 지적 기능이 저해를 받아 정상적인 성장에 실패하게 된다.

아베롱의 '야생소년'은 지적 자극과 사회적 자극의 결여로 인하여 아마도 부분적으로 '지능발달 지체아'가 된 것으로 간주하고 있다. 그러나 그는 수년 동안 혼자 숲속에서 생존할 정도의 지적 능력을 갖추고 있었다. 다운증후군 장애아들을 포함하여 상당히 많은 정신지체인들은 신체적 학대의 희생자들이 많다. 유전적인 비정상, 태아기의 질병, 머리 부상들, 출생시의 합병증들, 유아기의 감염, 신경체계의 손상, 유년기 질병 등이 '지능발달 지체'의 원인들이 되어왔다.[24]

이런 종류의 신체적 영향들은 상담자들이 제거할 수 없는 회복 불능의 정신 상태의 조건들이다. 그럼에도 불구하고 상담자들은 부모와 가족 구성원들과 지능발달 장애아들이 적응할 수 있도록 도와줄 수 있다. 때로는 지능발달 장애아를 양육하는 것에 대한 질의응답이나 지체장애아들이 직면하는 현실에 대하여 그 부모들을 도와줄 수 있다. 또한 상담자들은 그 부모가 죄책감과 좌절감으로 인하여 괴로워할 때 그들을 지지하고, 권면하며, 정확한 정보로 안내해줄 수 있다.

(b) 주의력 결핍 장애(ADD) : 이는 어린이에게 발생하는 모든 장애 중 가장 많이 연구됐지만 아직도 논쟁의 여지가 많은 분야로 다른 어떤 장애보다도 많이 위탁하는 것이다.[25] 그 증상은 일생 동안 지속되기도 하며, 초등학교 기간이나 또는 더 어려서 처음 나타나는 경향이 있다. 특징으로는 주의집중 불가, 주의산만, 충동성, 인내심 부족, 불안 초조, 과잉 행동, 정신분열, 극심한 감정변화, 자신감 결여, 동료와의 불화, 수면장애, 염려 등이 있다. 주의력 결핍 장애(Attention Defict Disorder) 어린이들은 항상 조용히 놀 수가 없고, 경청하지 않고, 지시사항들을 따르는 데 문제가 있으며, 말을 너무 많이 한다(부모는 '한시도 쉬지 않고 떠든다'고 한다). 아이들은 '항상 이동중'이며 또는 '신체 내부의 모터에 의하여 달리는 것'처럼 보인다. 이를 주의력 결핍 행동과다 장애(Attention Defict Hyperactivity Disorder)라고 부르며, 간혹 주의력 결핍 증세가 있는 아이들 중에 행동과다가 없는 경우도 있다.

당황한 교사들과 부모들은 이런 아이들에게 "진정해라" 또는 "움직이지 말고 집중해라"고 자주 말한다. 많은 경우 아이들은 그렇게 하는 것이 생리적으로 불가능한데, 어른들은 이를 깨닫지 못하고 벌을 주고 비난을 하며 그 행동을 잠잠하게 하려고 노력한다. 어른들의 이해가 없고, 보호관찰이 없을 경우, 네 살에 시작된 ADHD 증상은 여덟 살까지 심각한 행동장애 문제로 이어지며, 청소년기의 반항과 도전, 약물 남용과 때로는 우울증과 자살로 이어지기도 한다.

주의력 결핍은 유전적 조건으로 가족 안에서 일어나며, 거의 틀림없이 뇌 화학성분의 결핍에 기인한다. 약물 투여로 화학 도파민(Dopamine)이 교체될 경우, 행동과다를 포함한 증세들이 현저히 줄어드는 놀랄 만한 변화를 볼 수 있다. 이것은 19세기에 처음 발견되었고, 그후 몇 십 년을 지나 20세기 후반에 더 많이 유명해졌다. 어떤 나라에서는 아직 인식되지 않았으며, ADD는 거의 모든 행동장애의 원인으로 간주되고 있다. 그 결과 그 조건들은 너무 많은 오진을 낳았고 때로 아이들은 별로 필요하지 않은 경우에도 그에 따른 약을 먹게 되었다.

기독교 상담자들은 부모와 교사들이 ADD에 관한 사실들을 이해하고 정확한 진단을 받도록, 이 조건들을 잘 이해하고 있는 유능한 의사로부터 의학적 조치를 받도록 도와줄 수 있다. 많은 상담자들과 학습전문가들, 영양학자들과 ADD 코치들은 어린아이와 부모, 성인들이 ADD를 효과적으로 대처하며 살아갈 수 있도록 도와줄 수 있다.[26]

8. 아동 희생자

우리가 살고 있는 이 시대에 아동 희생자가 더 많이 나오고 있는가, 아니면 항상 있었으나 주목을 받지 못했는가? 대답에 상관없이, 수백만 명의 아동들이 불안정한 동료와 착취하는 성인들에 의해 희생자가 되고 있다.

(a) 동료 희생자 : 수천 명의 아동들이 매일 아침 학교에서 다른 아동들로부터 조롱과 괴롭힘을 당하며, 신체적인 피해를 입고 있기 때문에 학교 가기를 두려워하고 있다. 연약한 동료를 괴롭히는 것이 새로운 것은 아니다. 오랫동안 인간발달의 한 과정으로 정상적인 단계로 여겨지기도 했는가 하면 그냥 무시되기도 하였다. 그러나 최근 몇 년 동안에는 동료를 괴롭히는 것 또는 이런 류의 다른 양상들이 교육자들과 부모, 그리고 상담자들의 주요 관심사가 되어왔다. 많은 책과 연구논문들이 '동료 괴롭힘'의 해로운 영향에 대하여, 희생자와 가해자 모두에게 어떻게 영향을 미치고 있는지에 대하여 쓰고 있다.[27] '동료 괴롭힘'은 나이나 남녀 성에 제한을 두지 않는다. 그러나 어떤 연구들은 남성이 여성보다 더 괴롭히는 경향이 있다고 한다.[28]

'동료 괴롭힘'은 어린이들에게 불안과 낮은 자존감, 학습문제, 고독감, 학교 적응의 실패 등을 야기한다. 대조적으로 학교에서 동료를 괴롭히는 아이들 중에는 성적이 좋고, 명성과 능력이 있고, 친구들로부터 존경을 받는 아이들도 있다. 그러나 그들의 인생이 나중에 어떻게 될지, 어떤 종류의 성인으로 성장해 갈지는 알 수 없는 일이다.[29]

(b) 성인에 의한 희생 : 성인에 의한 아동착취는 아주 중요한 사회문제가 되고 있다. 부모와 정부로부터 착취당하는 아이들, 군사적인 충돌에서 강요당하는 아이들, 아동을 성 착취 대상으로 하는 인신매매 등은 마약과 무기의 밀거래 다음으로 세상에서 가장 큰 불법사업으로 등장하고 있다. 이것은 동남아시아에만 국한되는 것은 아니다. 이제는 미국과 그 밖의 나라에서도 발생하고 있는 국제적인 문제가 되었다.[30] 상담센터와 교회 가까이에서 수없이 많은 아동들이 부모와 교사, 성직자와 감독, 청소년 지도자들에 의하여 착취당하고 있다. 이러한 아동들은 혼자 침묵 속에서 고통스러워하며, 학대를 보고하는 일을 두려워하고, 누구에게 말해야 할지도 모른다.

9. 기타 영향들

대형 사고, 가정의 큰화재, 천재지변 또는 거의 익사할 뻔한 일처럼 어릴 때 경험한 비극들과 왕따, 중병, 친한 친구와 친척의 죽음, 실패에 대한 좌절감 등은 그 후의 삶에 많은 문제들을 야기하게 된다. 이와 같은 경험들은 결과적으로 아이들에게 건강하지 못한 자아개념과 위기감, 실패와 거절에 대한 두려움 그리고 지속적인 불안감과 반항적 태도를 형성하게 한다. 이것을 읽는 상담자와 부모는 심각한 문제 없이 성공적으로 자녀를 양육하는 일이 과연 가능한 것인가에 대해 의문을 가질 수도 있다.

우리 모두는 성인이 되는 과정에서 어떤 형태로든 상처를 입을 수 있다. 그러나 이 문제들에 대해 다음 두가지 사실을 기억해야 한다. 첫째, 대부분의 아이들은 부모의 잘못과 실수에도 불구하고 정상적으로 성장한다. 부모가 아주 가난하거나 난폭하거나 정신병자이거나 간에 복원력이 있는 아이들은 특별한 능력 개발로 반응한다.[31] 가난한 환경과 심각한 외상을 입은 어린 시절을 경험했다고 항상 문제아가 되는 것은 아니다.

둘째, 부모의 잘못이 아닌 문제들도 종종 생긴다. 자녀들이 반항하거나 잘못된 길로 갈 경우, 많은 부모들은 자기 자신을 비난하지만, 어떤 문제들은 다른 원인에서 비롯되는 경우도 있다. 친구나 동료들은 서로 잘못된 길로 가는 데 막대한 영향을 주며, 때때로 아이의 실패나 반항은 자신의 독립을 확인하는 시도일 수도 있다. 아무리 부모가 완벽할지라도 반항과 문제의 소지는 남아 있다. 그 이유는 아이들도 자신들의 마음과 자유의지를 가지고 있기 때문이다.

물론 아무도 하나님보다 더 완벽할 수는 없다. 그러나 이사야의 예언에는 하나님도 그 자녀들과 문제가 있었음을 보여주고 있다. 이사야서는 "여호와께서 말씀하시기를 내가 자식을 양육하였거늘 그들이 나를 거역하였다"[32]라는 글로 시작한다. 자녀의 문제들이 항상 부모의 실패에 의한 것만은 아니다. 이러한 인식은 문제아 부모들에게 좋은 권면의 자료가 될 수 있다.

아동 문제의 영향

구약의 선지자 사무엘이 소년이었을 때, 하나님으로부터 엘리 제사장에 대한 메시지를 받았다. "나 여호와가 엘리와 그 가족에 대한 나의 심판을 행해 나갈 것이다." 엘리의 아들들이 하나님을 모독하고 엘리는 아들들을 훈육하지 않았으므로, 그 가족들에 대한 심판이 이를 것이라고 계속하여 경고하였다.[33] 어린 사무엘은 하나님으로부터 받은 메시지를 마지못해 전했는데, 곧 엘리와 그 반항적인 아들들이 죽었다. 사무엘이 성장하여 지도자가 되었을 때, 그도 자신의 아들들로 인하여 곤혹을 겪게 되었다. 그들은 하나님의 길로 행하지 않고 판결할 때 부정직하고, 탐욕스럽고, 뇌물을 즐겨 받았다. 비록 성경에 사무엘이 부모의 의무인 자녀 양육을 게을리했다고 진술하지 않았지만 그의 아들들은 하나님을 떠나 부정직하게 행동했다. 부모와 자식 간에 문제가 생기면 그것은 그 사회는 물론이고 부모와 자녀 모두에게 영향을 미치게 된다.

1. 사회의 영향

상담자들은 주로 개인과 부부, 그리고 소집단과 함께 일한다. 우리는 내담자들의 삶에서 일어나는 문제들과 외상의 충격에 초점을 맞춘다. 아마도 우리는 어린이들의 삶을 붕괴시키는 사건들, 그 사건들이 전 사회에 얼마나 큰 충격을 주었는지 너무나 쉽게 잊어버린다. 만일 이웃집 아이가 행방불명이 되었다든지, 정신이상의 부모가 자신의 아이들을 살해했다든지, 이웃집 사람이 소아 성도착증 환자라고 할 때, 우리는 충격을 받을 수밖에 없다. 희생자들 중에 자신의 어린이나 가족이 상해를 입었을 경우 교회와 사회 전체가 크게 영향을 받게 된다. 때때로 상담자와 영성 지도자들은 이런 비극적인 사건으로 인한 지역사회의 아픔을 치유하기 위하여 초빙되기도 한다.

2. 부모의 영향

부모들이 기대했던 것과는 다르게 '변해버린' 아이들을 보는 것은 쉬운 일이 아니다. 부모들은 뒷받침해줄 좋은 증거가 있든지 없든지 간에 아동기의 문제는 부모의 무능력 때문이라고 믿는다. 따라서 좌절과 낙심, 부부간의 갈등과 적대감, 아동들에게 쏟아지는 분노 또는 아무 죄도 없는 사람들에게 쏟아붓는 분노, 죄책감, 어떤 일이 일어날지 모르는 두려움 등 통제할 수 없는 일들을 시도하게 된다. 이때 부모는 아동을 보호하고 방어해주려고 하나, 어린이는 그런 보호와 방어가 필요없다고 생각함으로써 혼합된 분노의 감정을 갖게 된다. 그때 엘리와 같은 부모는 왜곡된 상황에 대해서 어떤 일을 할 만한 힘이 없기 때문에 노력하지도 못하고 사태가 악화되어가는 것을 그저 보고만 있게 된다.

3. 아동의 영향

부모 자녀 간에 문제가 발생할 때, 아이들은 때때로 부모와 비슷한 방식으로 행동한다. 부모와 가족들을 향한 적대감과 분노, 죄의식, 좌절감, 두려움 등을 품을 수 있다. 부모는 자기 자신을 말로 표현할 수 있는 데 반하여, 아이들은 종종 비언어적 수단들을 사용하여 자기 자신을 표현한다. 마구 떼를 쓴다든지, 반항과 형편없는 학교성적, 비행과 싸움, 어리석은 행동과 빈둥거림, 그리고 다른 사람의 주의를 끌려고 "나를 보세요. 난 지금 상처받고 있어요!"라고 비언어적으로 표현한다. 물론 이것이 의식적이거나 고의적인 것은 아니지만, 그러한 행동들이 무엇이 잘못되어가고 있다는 것을 항상 의미한다고 가정할 수는 없다. 또한 그런 행동을 하지 않는다고 해서 아동에게 그런 문제가 없다고 할 수도 없다. 때때로 아동들은 자기 자신을 표현하기를 두려워하며, 어떻게 표현해야 할지 모르는 경우가 많다. 성인들은 언어로 대화를 하지만, 어린이들은 특히 나아가 어릴수록 말하기 능력과 추상적인 사고 능력이 부족하므로 말로써 자기 자신들을 표현하기가 어렵다.

결론적으로 어린이들은 행동으로 또는 놀이를 통하여 자기 자신들을 표현한다. 만일 외상으로 인한 두려움이 있다면 어린이들은 현실을 부정하고, 자신은 무능한 실패자라고 조용히 결론을 내리게 된다. 이렇게 열등감과 낮은 자존감의 씨가 뿌려지고 그 씨앗은 훨씬 후의 삶에서 눈에 띄게 된다.

4. 병리적 영향

때때로 아동들은 심한 정서장애를 겪기도 하는데, 이는 아동 자신에게 문제가 있어서이기도 하지만 가끔은 그들 가정에 문제가 있다는 것을 시사하기도 한다. 부모와 자녀 관계가 좋은 상황일지라도, 이러한 병리적 조건들은 가족 간에 긴장감을 조성하고 때로는 상담이 필요할 때도 있게 된다.

(a) 심리생리학적 장애 : 이러한 신체적 반응들에는 천식과 위궤양, 야뇨증 그리고 두통 등이 있다. 이런 증세들은 분명히 신체적 원인들을 갖고 있지만 때로는 심한 스트레스와 엄한 훈육, 실망, 가족원의 죽음, 모자간의 관계를 억누르는 것 등을 포함한 심리적인 원인들이 있다. 이러한 증세들이 있는 아동들은 의사에게 진찰을 받아야 하며 상담자는 부모와 자녀 사이의 스트레스를 보다 효과적으로 다룰 수 있도록 도움을 줄 수 있다.

(b) 발달장애 : 때때로 언어, 운동, 사회성, 사고력 또는 그 외 다른 능력발달이 가족의 압력과 잦은 이사, 다른 긴장으로 인해 늦어질 수도 있다. 대부분의 아동들은 정상적인 발달단계를 따라가지만, 잠정적인 발달장애나 지연은 가족 모두에게 어려움을 준다.

(c) 성격장애 : 성인들도 마찬가지지만, 아동들은 때때로 갈등과 긴장을 인지하지 않으면서, 지나치게 긴장하거나 억압적이며, 고립되고, 심하게 독립적이면서 신뢰할 수 없는 성격으로 발전되기도 한다. 아동들은 가끔 부모나 보호자로부터 분리될 때, 극심한 분리 불안증을 경험하며 걱정과 학교 공포증 또는 학교에서 직면하는 두려움 등을 갖게 된다.[34] 이 모든 것들은 아동들의 내적 긴장을 반영한다.

(d) 정신분열 행동장애 : 아동이 환경에 의해 좌절되었을 때 그들은 발끈 화를 내거나 비행, 타인의 권리와 감정 무시, 공격과 충동적 성행동 등의 형태로 좌절감과 분노를 표현한다. 행동장애로 알려진 이러한 행동들은 불안에 대한 반작용으로 일어나며, 타인들을 격렬하게 비난하며 양심의 가책이나 변화해야겠다는 의지가 없다. 사회는 부모를 포함하여, 공격성이 미치는 영향들과 공격자들을 다시 원상복귀시키기 위한 노력으로 어려움을 겪게 된다.[35]

(e) 기분장애 : 아동들을 포함하여 우리 모두는 때때로 우울하다. 아이들은 슬픈 감정 외에도 심한 자괴감이나 실망감 같은 감정들로 인하여 움츠러들고, 식사를 거절하며, 냉담하고, 신체적인 불만과 함께 가출을 하고, 시무룩하며, 공격성과 부동성을 나타내기도 한다. 이러한 증세들이 간헐적으로 잠깐 보이면 별로 심각하지 않지만, 오래 지속된다면 골치 아픈 문제들이 내재되어 있음을 나타낸다. 심각하게 우울한 아동들은 때때로 자살을 시도함으로써 이런 긴장들로부터 회피해보려고 한다.[36]

(f) 적응장애 : 가족 간에 갈등이 있고, 공격성과 성적 충동들이 거부당하거나 억압될 때, 심리적 기능이 방해를 받는 것 같다. 걱정 근심, 이유 없는 두려움, 과도한 죄책감, 수면장애, 형편없는 자화상, 식이장애, 그리고 충동적 행동 등은 어린이의 내면에 무언가 근심거리가 있다는 단서다. 더 어려운 경우 정서적으로 평안이 깨어진 아이들은 심한 두려움과 움츠림, 자기통제의 결여, 그리고 불합리한 생각 등의 증상들을 보인다. 유아 정신분열증은 심각한 병리 형태로서 환각과 망상, 혼란스런 말과 기능의 퇴화라는 특징이 있다.[37] 다른 증세로는 어린아이에게서 자주 보이는 '유아자폐증'이 있다. 그 증세는 움츠림과 감정적 냉담, 반복적 행동, 사람 대신 무생물(의자와 같은)에 매혹되는 것 등이다. 이 모두는 소아 정신건강 전문의로부터 치료를 받아야 할 장애들이다.

(g) 애착장애 : 어린 시절에 아동은 신뢰할 수 있는 어른들에게 영양과 안정성, 정서적 평온을 의지하게 된다. 보통 첫번 애착의 감정은 주로 어머니에게서 또는 다른 주요 보호자에게서 느끼게 되며, 나중에는 믿을 수 있는 사람들에게서 애정을 느끼게 된다. 애착이 결핍될 때 어린아이들은 친밀한 관계 형성과 유지가 어렵게 된다. 애착관계가 깨어질 때, 즉 주요 보호자의 사망과 실종, 믿었던 어른에 의한 학대와 유기, 잦은 입원으로 인하여 아이를 다른 가정에 맡겨놓는 일, 양육가정의 입주, 성적 학대와 폭행 등의 비극적인 사건들로 인하여 애착이 깨어지면, 아이는 안전한 장소로서의 이 세상을 믿는 능력을 도둑맞게 되는 것이다. 결과적으로 이러한 아이들은 두려움으로 감정을 표현하기 때문에 분열적이며, 사회적응 능력이 떨어지게 된다.

(h) 학습과 대화장애 : 이 장애는 널리 퍼져 있고 비교적 흔하다.[38] 독서장애, 대화장애, 학습장애, 듣기와 쓰기장애, 수학기술장애 등이 이에 포함된다. 이것은 꼭 지능이 낮고, 학교 학습이 저조해서 비롯되는 결과는 아니다. 이것은 꽤 똑똑한 아이, 지적 수준이 상당히 높은 부모의 가정에서 자란 아이들에게도 나

타난다. 때로는 이러한 장애들이 청각장애와 시각장애 때문에 생기기도 하지만, 아이의 뇌의 발달 정도에 따라서 나타나기도 한다. 청각장애와 시각장애를 개선하는 것 외에, 대부분의 학습장애는 특수교육을 받은 전문가들에 의하여 교정될 수 있다. 때로는 이러한 장애들이 아동기의 불안과 스트레스를 반영하며, 불안한 가정 또는 분열적 가정환경에서 자주 일어나기도 한다. 원인이 무엇이든, 아이들이 늦게 깨닫거나 자기표현에 어려움을 갖게 되면, 친구들의 조롱과 부모의 비난, 그리고 교사들의 압력을 받을 수 있다. 이 모든 것이 아이의 자아개념에 손상을 주며, 학습장애를 심화시킨다. 만일 이러한 아이들이 개선되지 않고 그대로 나이가 들면, 학업 실패와 퇴학, 무단결석, 자책감, 비행 등을 저지르게 되며 성년이 된 후에는 무책임과 취업장애, 실직 등을 초래하게 된다.

위에 열거한 병리적 조건들은 아이의 성장발달에 좋지 않은 영향을 미치므로 부모들은 크게 신경을 쓰게 된다. 통상적으로 이런 증상들은 어린이 문제 해결을 위해 특별히 훈련받은 의사들, 심리학자들, 교육자들이 담당하게 된다. 만일 기독교 상담자가 이 분야의 전문가가 아니라면, 그는 그 아이의 부모로 하여금 아동기 장애에 관하여 전문적으로 연구한 사람들에게 의뢰하도록 도와야 할 것이다.

• 아동 문제와 상담

기독교 상담자는 아동의 문제를 다루는 데 다음 세 가지 영역에 책임이 있다. 아동 상담, 부모 상담, 의뢰하기인데, 각 사례에 따라 한 가지 또는 두세 가지 모두를 실행해야 할 경우도 있다.

1. 아동 상담

어른들과는 다르게 아동들, 특히 매우 어린아이들은 자신의 감정과 두려움을 의논하기 위한 언어적 기술과 자각 능력이 부족하다. 이런 이유로 아동 상담자는 자주 가정에서 그 문제아를 관찰하게 되며, 그 과정에서 그들과 이야기를 만들고 인형가족 놀이와 그림을 그리면서 진흙으로 모양을 만들고 소꿉장난 등을 한다. 이와 같은 놀이치료 기법들은 심리학적 실험과 더불어 아동 전문가들이 주로 사용하는 것인데, 이 과정은 정보를 이끌어내고 아동과 관계를 형성하며 아동의 문제들을 밝혀내기 위한 기회를 제공한다.[39]

비록 아동들이 심리적, 인지적, 발달적 과정에서 어른들과 차이가 있지만 말하는 것이 전혀 도움이 안 된다고 가정해서는 안 된다. 아동들은 종종 자발적으로 자신의 걱정과 관심들을 솔직하게 그림을 그리면서 또는 놀이를 하면서 표현한다. 그때 다음과 같이 질문하는 것이 도움이 된다. "무엇이 그를 가장 행복하게 했을까, 또는 불행하게 했을까, 무엇이 무서울까? 그가 생각할 수 있는 일들 중에 가장 재미있는 일은 무엇이며, 가장 슬픈 일은 무엇일까? 만일 세 가지 소원을 들어준다면 무엇을 원하니?" 그 외 잠정적으로 대답을 암시하는 비슷한 질문들을 하는 것도 좋다. 또한 지지하는 기술훈련, 친절과 존경심 표현하기, 그리고 강화훈련 등이 포함된다.[40]

아동 상담자들은 어린이들이 사람이라는 사실을 잊어서는 안 된다. 그들도 감정을 가지고 있고 욕구가 있으며 불안감을 느낀다. 때때로 어른들에 의해 조종당하기도 하지만 그들은 사랑과 안정을 좋아한다. 따라서 어린이들을 상대할 때는 예민성과 공감 능력을 가지고 신중하고 따뜻하게 대해야 하며 그들을 경멸해서는 안 된다.

아동 상담의 목표는 아동의 문제에 따라 다르다. 상담자는 아동을 괴롭히는 두려움과 분열행동을 줄이고 갈등해결과 감정표현 능력을 향상시키며 가정과 학교에서 대인관계 능력이 향상되도록 필요한 기술들을 가르친다. 아동과 함께 일하는 대부분의 상담자들은 상담 목표를 성취하기 위하여 다양한 접근들을 활용해야 한다.

어떠한 접근을 활용하든지 상담 목표가 성취되어야 하며 이를 위해 상담자는 파트너로 부모와 함께 작업하는 것이 필요하다. 어떤 상담자는 상담실에서 부모를 상담하는 것을 더 선호한다. 그러나 이것은 어린이의 나이와 상담자와 어린이와의 조화 수준 그리고 상담자의 선호도에 따라 달라진다. 부모가 상담실에 있든지 없든지, 상담 과정에 어머니와 아버지가 함께 관여하는 것이 중요하다. 대부분 어머니가 상담실에 자녀를 데리고 오는데 아버지의 적극적인 관여가 필요하고 중요하다는 것을 많은 연구들이 보여주고 있다.[41] 어떤 부모는 자녀를 상담실에 데리고 오는 것에 대해 불편함과 위협감을 느끼기도 하지만 대부분 부모들은 매우 협조적이고 지지적이다. 특히 상담자들이 그들의 자녀에 대해 희망을 표현하고 부모를 이해하며 상담에 부모의 적극적인 참여를 환영할 때 더욱 그렇다.[42]

2. 부모 상담

때로 기독교 상담자들은 '문제 아동'과 먼저 접촉한 후에 그 부모들과 접촉한다. 자주 도움을 구하는 쪽은 부모들이고, 아동은 나중에 보게 되는데, 부모와 같이 올 때도 있고 혼자 올 때도 있다. 아동을 상담할 때 부모들의 지속적인 관여가 상담 전체 과정에 아주 중요하다. 왜냐하면 부모는 추가적인 통찰력을 줄 수 있기 때문이다. 만일 부모가 비협조적이며, 상담자가 알고자 하는 사항들을 알려주지 않는다면, 상담의 효과가 훼손되기 쉽다. 따라서 전체 가족이 원활하게 기능할 수 있도록 돕는 것이 그 아동을 돕는 최선의 방법이 될 수도 있다.[43]

(a) 일반적 문제들 : 특정한 문제와 관계없이 상담하는 데 부모가 지켜야 할 일반적인 지침들이 있다.

- 부모가 된 것에 감사하라 : 아동 양육은 좌절할 수도 있으며, 대부분의 부모들은 자신들의 잘못과 실수에도 불구하고 자녀 양육에 진정으로 성공하기를 갈망하고 있다. 그러므로 상담중에 부모를 비난하거나 비판하여 부모의 품위를 떨어뜨리는 것은 도움이 안 된다. 부모가 아동의 문제로 서로 비난하지 않도록 권면해야 한다. 부모의 견해를 상담자가 이해하도록 노력해야 하며, 부모가 자녀를 도와 상담자와 함께 협조적으로 상담하기 원한다는 것을 표현해야 한다.
- 여러 가지 접근법을 사용하라 : 어떤 부모에게는 단순한 정보가 필요하고, 또 어떤 부모에게는 그들이 처한 상황에 대해 보다 명확한 이해가 필요한 경우가 있다. 어떤 부모는 충고나 주의, 지지, 격려, 또는 문제를 다루기 위한 제안들이 필요하다. 어떤 부모는 무슨 행동을 할 것인가에 대해 잘 알고 있지만, 실제 행동이 시작되면 후견인처럼 뒤로 물러나 있기 때문에 그들에게는 약간의 추진력을 갖도록 도와주는 것이 필요하다. 때로는 부모들의 잘못된 신화에 도전해야 한다. 예를 들면, '아이들은 보여야지 소리만 들어서는 안 된다', '모든 십대들은 반항적이다', 또는 '남자아이가 여자아이보다 키우기가 더 어렵다'와 같은 신화들이다. 상담자는 한번에 한 개씩 보다 쉽게 처리할 수 있도록 어떤 문제들은 작은 쟁점들로 나누어야 한다. 이것은 한동안 상담한 후에야 어떻게 적절하게

지도해야 할지 결정할 수 있다.

- **부모의 요구들에 민감하라** : 자녀들을 양육할 때 많은 부모들은 자기 회의감과 당혹감, 자녀의 애정에 대한 경쟁심과 질투, 아이를 잃을지도 모른다는 두려움, 또는 가족에 대하여 권위적 통제가 필요하다고 느낄 수도 있다. 이러한 강한 요구들이 충족되지 않았을 때 종종 긴장이 야기된다. 그러한 요구들은 상담할 때 반드시 밝혀서 논의하고 재평가해야 한다.

- **가족의 역동을 잘 파악하라** : 가족체계 치료자들은 한 개인에게 초점을 맞추기보다 가족 전체를 하나의 체계로 보고 치료한다. 아동(또는 성인)이 문제가 있을 때 그 가족 안에 역기능적인 면이 있다고 가정하고 그 전체 가족을 치료한다. 예를 들면 어머니가 일할 경우, 아이가 행동장애를 보이면서 성적이 떨어진다고 가정하자. 그 아이만을 개인 상담하는 것이 도움이 될 수도 있지만, 그 어머니의 주부 역할과 일하는 여성의 역할 등 두 가지 경력을 쌓아가는 과정에 대하여 전체 가족들과 함께 의논하는 것이 더 효과적이다. 아동들을 상담할 경우, 언제든지 아이의 문제를 야기시키며 복잡하게 만드는 여러 종류의 가족문제들에 대하여 연구할 필요가 있다.[44]

- **부모 역할의 모델이 되어라** : 자신은 깨닫지 못해도 상담자들은 좋은 의사소통 기술과 기꺼이 이해하려는 태도, 때로는 온화함과 엄격성 등에 있어서 부모 역할의 모델이 된다. 상담자가 부모 앞에서 아이들과 이야기하는 상호관계를 통해 어른과 아동 간에 있을 수 있는 존경과 상호작용의 모델을 보여줄 수 있다.

- **확장할 수 있음을 인식하라** : 상담의 궁극적인 목적은 가족 구성원간의 관계가 그리스도 중심의 성숙으로 확장되는 것이다. 상담자는 이 과정에서 촉진자다. 상담자의 도움이 필요 없게 되었을 때, 그 상황에서 물러나는 것이 상담자의 최종 목표다. 이 목적을 달성하기 위해 한 정신과 의사는 두 가지 매우 귀중한 접근법을 권하고 있다.[45] 부모에게 아이가 좋아하지 않는 것들, 즉 아이들의 요구에 더 엄격하거나 또는 양보하는 것들에 대하여 충고할 때는 아이들이 있는 데서 말한다. 이는 상담자가 그 '비난'을 받도록 하고, 부모는 죄의식을 덜 느끼도록 하며 부모에게 이러한 충고를 실행할 수 있도록 동기부여를 해준다. 이와는 대조적으로 아이가 좋아하는 것, 즉 규제를 풀고 더 많은 시간을 함께 보내라고 부모에게 충고할 때는, 아동이 없을 때 비밀리에 이야기한다. 이것은 부모들로 하여금 그 즐거운 변화에 아동으로부터 깊은 신뢰를 갖게 하며, 그들이 상담자의 권고를 잊었거나 거절했을 때 아이들로부터 비난받지 않게 하려는 배려다. 효과적인 상담자는 아동에게 가장 중요한 부모다. 이것이 사실이라면, 자녀들을 어떻게 도울 수 있는지를 부모에게 가르치는 것은 아이들을 돕는 가장 효과적인 방법 중의 하나다.[46] '부모-자녀 놀이 치료(Filial Therapy)' 라고 알려진 이 접근은 상담자가 부모들과 정기적으로 만나 이 장에서 언급한 원칙들을 적용하도록 돕는 코치로서 일하게 된다. 이런 접근은 한쪽 부모라도 비교적 잘 적응하고 또 아이들에게 심한 내적 갈등이 없을 때 가장 효과적이다.

(b) 신학적인 문제들 : 성경은, 교회에 대해 가르치는 것과 비교할 때, 가족에 대해서는 별로 진술하고 있지 않다. 게츠(Gets)에 의하면 그 이유가 신약시대의 기독교인의 가정은 거의 교회와 동일시하였기 때문이라고 한다. 교회에 대해 쓰여진 것은 또한 가족 구성원 각자에게 쓰여졌다. 가정은 실제로 축소된 교회다.[47] 따라서 교회의 중요 문제들은 복음전도, 기독교 교육, 도덕규범에 대한 가르침, 혹은 어린이들이

죽음과 삶의 의미를 알도록 돕는 일 등이다. 이는 부모들이 아이들을 양육할 때 직면하게 되는 문제들이다. 이런 면에서 실패하고 있는 부모들은 그들의 가정이 예수 그리스도의 존재와 성령의 능력에 대하여 보다 더 깨어 있도록 도전을 받아야 한다. 기독교 상담자는 신학적이고 도덕적인 문제들을 기꺼이 논해야 하며, 이는 부모와 아동을 함께 상담할 수 있는 효과적인 기독교 상담자의 중요한 능력이다.

(c) 심리적인 문제들 : 부모들이 상담을 받을 때 여러 가지 심리적인 문제들이 야기된다.

첫째, 이해의 욕구다. 부모의 이해를 돕는 방법은 부모가 아동의 시각에서 세계와 가족을 생각하도록 부모들을 격려하고 돕는 것이다. 아동들은 감정을 가지고 있고, 의미에 대한 욕구, 안전성과 수용, 사랑과 칭찬, 훈육과 하나님에 대한 믿음 등에 대한 욕구가 있다는 것을 부모들에게 명심시킨다. 이것은 갈등과 오해에 대한 구체적인 사례들을 논하는 데 도움을 준다. 무슨 일이 일어났는가? 왜? 어떻게 상황을 좀 더 좋게 다룰 수 있을까? 부모 역시 이해가 필요하다는 것을 깨달아야 한다.

둘째, 가족들이 의사소통을 잘할 수 있도록 반드시 도움을 받아야 한다. 대인관계의 원칙은 제18장에서 다시 논의할 것이다. 이것은 가족에게 적용될 수 있고 상담할 때도 사용할 수 있다. 만일 아이들과 함께 대화하기를 원한다면 부모는 반드시 남편과 아내로서의 대화에서 좋은 모델이 되어야 한다. 가족들은 대개 저녁 식사 중 서로 대화할 시간을 갖는다. 아이들이 갖고 있는 의견, 불평, 경험들이 부모에게도 관심의 대상이 되는지 아이들은 궁금해 하므로, 부모는 기꺼이 아이들의 대화를 들어주어야 한다. 부모는 그들의 의견과 경험, 좌절과 꿈들에 대하여 아이들과 나누어야 한다. 토론할 주제에 어떤 형태의 제한도 없어야 하며, 가족의 대화 시간에는 무례한 언어나 긴 잔소리는 하지 말아야 한다. 가족 구성원 각자가 이야기하도록 격려하며, 개인의 사생활에 대한 권리와 개인적인 의견을 가지고 있다는 것을 기억해야 한다. 가족은 '한 사람의 말이 끝날 때까지 방해하지 않는다'와 같은 규칙에 서로 동의해야 한다. 질문이 제기될 때는 반드시 정직하고 충분하게 답변해야 한다. 이 모든 것을 익히는 데 시간이 필요하며, 대화기술은 상담의 중요한 부분이다.

셋째, 행동 관리는 많은 부모들의 관심사다. 대부분 '체벌은 바람직하지 않은 행동을 억제하는 한 방법이 될 수 있다'고 믿으며, 그것으로 권위에 대한 존경을 가르치기도 한다. 그러나 체벌을 너무 자주 반복하면 그 효과를 잃게 되며, 영구적인 변화를 가져올 수는 없다. 바람직한 행동을 보상하고 바람직하지 못한 행동은 보상하지 않는 것이 더 효과적인 방법이다. 예를 들면 아이가 울고 떼를 쓰는 것을 부모가 지속적으로 거절하고 무시하면 아이의 그런 행동은 쉽게 사라진다. 이와 대조적으로, 아이의 행동을 인정하는 말이나 큰 도표를 그린 종이에 별표를 붙이거나, 이야기책을 읽어주고, 힘을 북돋워주는 것은 사소한 일이라도 아동의 행동을 형성하는 데 도움을 줄 수 있다. 부모는 아이가 바람직한 행동을 하면 그 즉시 그런 강화(Reinforce), 즉 칭찬, 상 등을 주는 방법을 알아야 한다. 상담자의 도움으로 부모는 가르쳐야 할 행동이 무엇인지 결정할 수 있다. 그 후에 부모는 이런 행동 형성에 필요한 단계들을 설정하여, 아동들이 바람직한 목표를 가지고 나아가도록 돕는 특별한 행동을 강화해야 한다. 그러한 프로그램은 강화원칙에 대해 알고 있는 상담자들이 가르치기도 하지만, 심각한 경우에는 그 방면의 전문가에게 의뢰하는 것이 좋다.

이와 같은 행동원칙들은 가정이 일반적으로 안정되어 있고, 아버지와 아이들 모두 꽤 높은 수준의 참여가 있을 경우에 잘 이루어진다. 폭군(말썽꾸러기 자녀) 길들이기에 대한 연구에서 전통적인 개인 상담은 별로 효과가 없었다. 부모들에게 아이들과 어떻게 어울리며, 어떻게 언제 긍정적 강화(칭찬이나 포옹)를 주며, 바람직하지 못한 행동은 어떻게 대처하며, 아이들을 효과적으로 어떻게 가르치는가에 관한 교육 프로그램들이 보다 더 효과가 있었다.[48]

앞에서 언급한 바와 같이, 많은 상담가들은 자녀 양육에 있어 좀 더 기술적이고, 효과적으로 어떻게 해야 하는가 하는 부분에 관여하고 있다. 자녀들이 얌전하고 문법에 맞는 언어를 사용하며, 운동 능력과 효과적 공부습관을 가지고 있고 옷들을 잘 선택해 입을 수 있는 기억력과 사회적 행동기술들을 잘 배우려 하지 않기 때문에, 부모들은 자주 낙담을 한다. 때때로 부모들은 약간의 유머가 있는 권면이 필요하다.[49] 상담자들은 어린아이 같은 행동들 중 많은 것들이 보편적인 것이며, 때가 되면 사라진다는 것을 부모들이 이해하도록 도와주어야 한다. 부모들이 자녀들에게 부드럽게 대하며, 잔소리하는 것을 피하려 노력하고, 바람직한 행동은 칭찬하며, 부모의 기대감을 약간 낮추도록 부모들에게 권면하라.

(d) 특별한 문제들 : 부모는 가끔 자폐증, 야뇨증, 말더듬이, 학교 공포증, 공격적 행동, 심한 악몽, 격심한 두려움, 사고와 죽음, 입원과 같은 외상에 대한 반응 등의 특별한 문제에 깊은 관심을 표현한다. 많은 문제들은 일시적이며, 많이 노출되고, 불안하다는 증거다. 예를 들면, 자기 전에 읽은 책과 컴퓨터 프로그램, 비디오와 TV 프로그램들로부터 받은 과도한 자극이 밤에 악몽이나 공포로 나타날 수 있다. 병원 입원에 대한 공포와 죽음에 대한 염려는 조부모나 다른 친족이 사망할 경우에 표면화된다. 이러한 공포는 부상을 당할지도 모른다는 생각, 세상에 버려지는 느낌, 거부감에 대한 불안을 반영한다. 야뇨증과 말더듬이 같은 증세는 아이가 부모나 다른 사람으로부터 압박을 느낀다는 것을 말해주며, 때로는 그 압박감이 증가할수록 지속된다.

상담자는 부모들에게 확신과, 승인, 수용, 그리고 지지하는 방법을 가르칠 수 있다. 두려움은 가정에서 솔직하게 논의되는 것이 가장 바람직하며, 불안을 야기하는 이야기나 심한 자극, 기술 등은 피해야 한다. 그리고 공격적인 문제를 성공적으로 다루어온 부모들과 함께 관심사를 의논하도록 권면하는 것이 좋다. 만일 이와 같은 방법들이 그런 증세들을 제거하지 못할 경우에 상담자들은 아동에 관한 특별한 문제들을 깊게 다룬 다른 책들을 참고해야 한다.

(e) 장애를 가진 부모들의 문제 : 어떤 부모들은 너무 부끄러워서 직접 자신의 문제에 대한 도움을 구하지 못하고, 도움을 구하기 위한 한 방법으로 아이들을 데리고 상담을 하러 온다. 부모들이 자신들의 문제를 잘 인식하지 못할 때, 아이들의 증상은 부모 문제에 기인한다는 것을 상담자는 확실히 안다. 부모들이 그들 자신의 문제와 불안 요소들이 해결되도록 도움을 받을 때, 아이들의 문제도 자동적으로 해결되는 것을 종종 본다. 상담자들은 상담을 원하지 않는 부모들에게 상담을 강요하지 않는다. 그러나 도움을 받기 위해 아이를 데리고 왔을 때는 언제나 부모의 문제를 제대로 파악하는 것이 중요하다. 부모의 많은 문제들이 아동과 대화하는 가운데 나타날 수 있다. 예를 들면, 부모에게 다음과 같이 물어볼 수 있다. "이 문제가 해결되도록 당신은 무엇을 할 수 있었습니까?" 이 질문에 대해 부모는 자신의 좌절감과 공포, 행동 등에 관해 말할 기회가 생긴다.

특히, 가난한 동네에 사는 젊은 부모들은 인내심을 잃고 어린아이들을 구타하여 조용하게 하기는커녕 심하게 상해를 입혀 죽음을 야기하는 경우도 종종 있다. 때로 부모는 그들 자신의 문제들로 심한 곤경에 처해 있어 아이들의 필요를 효과적으로 채워주기가 불가능한 경우도 있다. 아동학대자, 사회 부적응자, 또는 약물을 남용하는 부모들이 그 예다. 상담자가 할 일은 가족관계 안에서 부모들이 갈등을 스스로 해결할 수 있도록 돕고, 한편으론 부모와 자녀들에게 안정과 힘을 제공하여 도전하도록 하는 일이다. 이런 일은 경험과 탄력성을 요구하며, 끝없는 인내심이 필요한 어려운 과제다. 예를 들면, 항상 하는 불평과 불만, 사소한 원한들, 끊임없는 비난, 미리 알리지 않고 약속 어기기, 밤낮으로 울리는 전화소리, 예기치 않았던 상담 취소, 긴급구조가 요구되는 갑작스러운 사건 등이 있을 수 있다. 이러한 부모는 상담으로부터 위협을 느끼며, 변화를 두려워하고, 정부기관이 자신의 자녀들을 다른 곳으로 데리고 갈 수도 있다는 두려움이 있다. 이와 같은 사안들은 문제를 부정하게 하고, 비협조적인 상담을 하게 한다. 이와 같은 가정의 부모와 자녀들을 상담하기 위해서 상담자는 융통성이 있어야 하며, 때로는 더 세분화된 전문가에게 소개하여야 한다.

3. 상담 의뢰

아동을 상담하는 일은 전문적인 조력에 있어 특별한 분야다. 주로 성인들과 상담하는 기독교 상담자들은 특별히 신경증세를 가진 부모들과 아이들을 아동과 가족, 혹은 성인 정신병을 잘 다루는 경험이 풍부한 전문가들에게 의뢰해야 한다.

• 아동 양육 문제의 예방

얼마 전, 미국심리학회의 전문 잡지에 '어린이와 청소년들의 문제 예방' 이라는 제목의 특별 연재가 있었다. 여러 논문들은 아동기와 청소년기, 그리고 아동 양육에 관한 문제들을 효과적으로 예방하기 위한 프로그램들을 심도 있게 소개하였다. 편집자들은 "아동과 청소년을 위한 효과적인 예방 프로그램들을 널리 보급하고 적용하는 것이 이 사회의 미래를 위한 건전한 투자"라고 주장하였다.[50]

전문적인 연구들은 가족과 학교, 사회 및 건강관리 환경에 초점이 맞추어졌다.

- 가족 : 긍정적인 가족환경(긍정적인 부모와 자녀 관계, 부모 감독, 지속적인 훈련, 의사소통을 잘하는 가족 가치관)으로 말미암아 어린이들이 비행에 참여하지 않고 기타 불건전한 행동들을 하지 않게 된다. 상담자들은 가족 갈등과 비효과적인 부모 양육, 부모 스트레스, 부모 우울, 그리고 적절하지 못한 양육 방법들을 줄여가도록 가족들을 돕는다.[51]
- 학교 : 학교의 주요 기능은 가르치고 배우는 일이다. 그러나 때로 학교에서 문제들이 야기됨으로써 교사와 학교에서 종사하는 사람들은 문제 발생 지점인 학교에서 그 문제들이 단계적으로 확대되는 것을 방지하는 행동을 취해야 한다. 문제 학생들을 돕는 프로그램과 특별학습의 기회 제공, 체계적 감시 기능과 책임, 그리고 부모와의 파트너십 강화 등으로 문제들을 예방하는 데 도움을 준다.[52]
- 지역사회 : 비행, 약물남용, 괴롭힘, 건강문제, 그리고 가정폭력 등의 행위들은 정부 당국과 방송매체, 지역에 있는 기관들, 체육연맹단체, 부모교실, 자녀와 가족을 위한 지역 레크리에이션 프로그램 등을 통하여 지역사회의 여러 분야의 사람들과 협력하여 노력하면 효과적으로 문제를 줄일 수 있다.[53] 이와 더불어 범죄자들로부터 아이들을 떼어놓는 것이 중요하다. 여러 해 동안 아동 성범죄자들은 어린아이들에게 행하는 언어와 동작과 말투에서 쉽게 분간이 되므로 해가 없다고 가정해왔다. 그러나 많은 아동 치한들이 미래의 희생자가 될 어린이와 친구가 되며, 그들의 부모와 또는 지역교회의 지도자들과 신뢰를 쌓고, 지역학교나 교회 프로그램의 지원자로 일하는 경우들이 있다. 따

서 목회자들과 부모, 그리고 상담자들이 서로 지역사회와 협력하여 아동 범죄자들로부터 어린이들이 피해를 입지 않도록 함께 방지해야 한다.[54]
- ■ 건강관리 환경 : 의사와 간호사들, 기타 보건위생 관련 전문가들은 신체적인 문제를 예방하는 데 항상 관심을 기울여왔다. 최근 몇 년 간, 심리학자와 상담자들은 병원과 진료소 등 기타 치료기관들과 파트너가 되어 사람들의 행동변화와 심리적인 문제 그리고 신체적인 문제들까지 도움을 주고 있다.[55]

기독교 상담자들은 이 모든 것에 적절한 관심을 가지고 아동기 문제와 아동 양육의 문제, 그리고 파트너십을 개발하여 함께 노력해나가야 할 것이다.

우리 사회는 아동기의 가족발달과 부모되기 등 아동기의 잠재적 영향에 대하여 교회의 활동에 견줄 만한 다른 기관이 없다. 몇 년 전에 비해 지금은 좀 줄었지만, 아직도 가족 전체가 교회에 간다. 그들은 교회에서 유아세례를 받으며, 지속적으로 교회 예배에 참석하고, 주일학교 공부와 또 다른 교우들과 영적 도움을 받으면서 관계를 형성해간다. 따라서 교회는 다양한 방법으로 가족문제들을 예방하며 아동 양육에 도움을 줄 수 있다.

1. 영적인 훈련

이 장 앞 부분에서 가정과 아동 양육에 대한 성경적 가르침을 진술했다. 설교, 기독교 교육 과목, 세미나, 수련회, 소그룹 활동들을 통하여 교회는 가족들에게 어떻게 기독교 가정을 이루는가에 대해 가르칠 수 있다. 뿐만 아니라 부모들은 믿는 사람들의 모델이 될 수 있도록 교회에서 안내를 받을 수 있다. 영적인 문제들을 가족들과 함께 토론하며 신명기 6장을 바탕으로 자녀들을 가르칠 수 있다. 가정은 사회의 중추이며, 안정된 기독교 가정들은 교회의 성경적 가르침을 통하여 세워진다.[56]

2. 결혼 생활 향상

결혼 생활이 원만하고 발전적일 때, 자녀들에게 가정의 안정성과 안전감을 줌으로써 긍정적인 영향을 미치게 된다. 아이들과의 문제들이 부모의 결혼 생활에 긴장을 주며, 반대로 결혼 문제가 아이들에게 나쁜 영향을 줄 수도 있다. 따라서 좋은 결혼 생활이 되도록 자극하는 것이 아동 양육 문제들을 예방하는 한 방법이다.

3. 부모 훈련

부모가 된다는 것은 많은 책임을 요하는 어려운 일이다. 대부분의 부모들은 자신이 부모가 되는 것에 실패했다고 느끼며, 낙담과 혼돈의 시기를 겪는다. 그때에 기독교 지도자들은 부모들에게 아동의 성격 특성과 욕구에 대한 이해, 그리고 격려와 지지를 통해 도움을 줄 수 있다. 뿐만 아니라 아동 양육에 관한 확실한 정보를 어디에서 얻을 수 있는지 부모에게 알려준다. 부모에게 안전과 사랑, 훈육, 자존감과 수용, 하나님의 존재 인식 등 아동의 욕구에 깨어 있도록 지도한다. 또한 과잉보호, 과잉허용, 과잉억압, 과잉신중 등의 위험성을 지적한다. 부모 모두 아동 양육에 적극적으로 관여할 필요가 있음을 강조하고 특히 아버지의 관여가 아이들의 성장과정에서 정서적인 문제들을 많이 줄인다는 증거들이 있다. 그리고 부모 훈련을 통해 부모와 자녀 간의 효과적인 의사소통 원칙과 훈육하는 방법을 가르치며, 어떻게 행동을 수정하며 아동의 욕구를 충족시킬 수 있는지에 대해 가르친다. 이 모든 것들은 부모들이 서로 함께 나눌 수 있는 교회 상황에서 가능하다.

아동 양육은 부모의 중요한 권리이자 책임이다. 그러나 누구나 실수를 한다. 너무 엄격하고 빈틈이 없는 부모들은 아마도 자신의 불안과 완고함 때문에 문제를 야기한다고 생각할 수 있다. 양육은 어려운 도전이지만 또한 즐거운 일이다. 부모들이 기독교 상담자를 포함하여 다른 부모들과 서로의 관심사에 대해 스스럼없이 나눌 때 더욱 그렇다.

4. 격려

한 남성이 10대 청소년 모임에 연사로 초청을 받아 그곳에 가서 무엇을 말해야 할지 자기 딸에게 물어보았다. 그 딸은 "부모들이 자기 자녀들을 어떻게 키워야 하는지 지금 막 배우고 있으니까, 아이들에게 참아야 한다고 말해주세요"라고 대답하였다. 이 이야기는 단순하지만 부모와 아동 모두에게 들려주어야 할 메시지다. 이 말은 서로 격려하라는 성경의 가르침이다.[57] 가족 구성원들 모두가 서로 격려해주고, 서로 기도하며, 말로 정서적 지지를 표현할 필요가 있다는 것이다. 우리 모두는 '지금 막 배우는 중'이라는 메시지를 기억해야 할 것이다.

• 아동과 부모 상담에 관한 결론

인구 통계가 계속 변하고 있지만, 세계 인구의 대다수는 어린이와 젊은 사람들로 구성되어 있다. 그러나 수백만 명의 어린이들이 빈곤 속에 커가고 있다. 또한 수백만 명의 어린이들이 성적으로 착취당하고 있으며, 정부 당국과 반군 집단은 아동들을 노역과 군사행동에 징집하고 있다. 수백만 명의 아동들이 부모의 보살핌 없이 험한 세상을 스스로 살아가기 위해 발버둥치고 있다. 이와 같은 어린이들이 도시에서 배회하고 있으며, 길거리 아이들은 생존하려고 애쓰고 있다. 서양에서도 행방불명된 아이들, 착취당하는 아이들, 가출한 아이들이 큰 사회문제로 등장하고 있다. 수백만 명의 어린이들이 부모와 같이 가정에서 살고 있지만, 부모가 아동들을 보살피지 않고 학대하며 상당 기간 출타하여 집에 없는 부모도 있다.

이와 같은 상황에서 아이들은 무기력해지고 슬픔을 느끼게 된다. 구호단체들과 정부 당국은 가능한 일들을 하겠지만, 많은 아이들이 사랑받지 못하고, 복잡한 세상에서 성공적으로 기능할 수 있는 사회적 기술들을 배우지 못한 채 성장해버린다. 아직도 너무 많은 아이들이 그리스도의 사랑에 대해 듣지 못하고 있다. 상담자 개개인은 구호단체에 파견될 수도 있고, 위험에 처한 아동들이 있는 곳들을 단기간 방문할 수도 있다. 그러나 대부분의 기독교 상담자들은 가족과 더불어 어린이의 문제들을 해결하고, 예방하며, 성숙한 기독교인으로 성장하도록 최선을 다하여 도움을 주려고 노력하고 있다. 아동 및 그의 부모들과 함께 일할 기독교 상담자에 대한 수요가 점점 늘어나고 있다.

상담자들을 위한
요점 정리 13

- 어린이들에게 문제가 있을 때, 대부분 부모와 자녀들을 함께 상담한다.

- 성경은 자녀가 하나님의 선물이라고 말한다. 따라서 부모는 성숙한 기독교인의 행동 모델이 되며, 자녀들을 사랑하고, 그들의 욕구를 충족시키며, 자녀들을 가르치고 훌륭하게 훈련시킬 책임이 있다.

- 어린이들에게 여러 문제들이 있을 수 있는데, 그 문제들은 다음과 같은 요인들로 인해 야기될 수 있다.
    - 영적 무시와 학대.
    - 가정의 불안정.
    - 심리적 학대.
    - 가난.
    - 너무 바쁜 생활양식.
    - 충족되지 못한 욕구.
    - 정신장애와 주의력결핍장애를 포함한 신체적 영향.
    - 성인과 또래들에 의한 희생.

- 더 심한 병리적인 문제들이 다음과 같은 아이들에게 나타날 수 있으며, 당신이 상담하는 아이들에게서 나타날 수도 있다.
    - 심리생리학적 장애.
    - 발달장애.
    - 성격장애.
    - 정신분열 행동장애.
    - 기분장애.
    - 적응장애.
    - 애착장애.
    - 학습장애와 대화장애.

- 기독교인 상담자는 아동 문제를 다룰 때 세 가지 영역에서 책임을 지게 된다. 아동 상담, 부모 상담, 상담 의뢰하기.

- 이 모든 것은 감수성과 존경심, 그리고 이해하는 태도를 가지고 행해야 한다.

- 부모 상담에는 다음 사항을 고려해야 한다.
    - 부모 입장을 이해하고 존경하라.
    - 여러 접근들을 사용하라.
    - 부모의 욕구에 민감하라.
    - 가족 구조를 이해하라.
    - 부모 역할의 모범을 보이라.
    - 확장 가능함을 인식하라(부모들이 당신의 도움이 없어도 기능할 수 있도록 그 가족과 함께 과제를 실행하도록 노력하라).

- 부모는 아동의 행동을 관리하는 데 있어서 아동의 특성 이해 및 대화와 실제적인 기술에 도움을 필요로 한다.

- 상담자는 다음 사항들을 인지해야 한다.
    - 아동기의 특수한 문제는 구체적인 정보가 필요하다.
    - 장애자 부모는 그 자녀보다 더 많은 도움이 필요하다.
    - 특별한 신경증세가 있는 경우 전문가에게 상담을 의뢰하는 것이 중요하다.

- 가족과 학교, 지역사회, 건강관리 기관 및 교회들은 모두 함께 아동기 문제 예방에 맡은 역할들을 감당해야 한다.

- 아동과 관련된 복잡한 문제들이 세상에 널리 퍼져 있다. 아동 및 그의 부모들과 함께 일할 기독교 상담자에 대한 수요가 점점 늘어나고 있다.

14 >>
청소년기
Adolescence

부모는 아들의 이름을 '패트릭 찰스'(Patrick - Charles)라고 지었고, 가족들은 그를 'PC'라고 부른다. 친구들은 그를 '재미있고 멋있는 친구'라고 하는데, 선생님들은 그를 '문제아'라고 부른다. 농구 코치는 그를 '훌륭한 선수'라고 부른다. 그의 부모는 그가 퉁명스럽고 예의 바르지 않다고 하고 주일학교 교사는 산만하다고 한다. 그러나 그는 자신을 '자유를 추구하는 자'라고 부르며, 규칙과 전통에 매여 있기를 거부한다.

PC는 더 이상 아동도 아니며 성인도 아닌 10대로서 자신의 인생을 살아가려고 한다. 아동기에는 가정과 학교에서 순한 아이였지만 이제는 부모의 훈육으로 화가 나 있다. 그는 교회 규칙들을 싫어하고 따분해하며 때로는 학교에서 문제를 일으켰다. PC의 반항은 사춘기 때에 더욱 확실해졌다.

그는 부모들이 좋아하지 않는 옷, 그러나 친구들이 좋아하는 스타일의 옷을 입기 시작했다. 교회는 가지 않고 마약과 섹스를 시작했다. 목에는 다른 아이들이 알아볼 정도의 문신을 하고, 비디오게임을 몇 시간씩 하면서 인터넷 포르노를 보기 시작했다. 보수적 성향의 부모가 싫어하는 가치관과 언어를 사용하고 다른 10대들과 어울려 다니기 시작하면서, 몇 번의 경미한 경찰 추적조사를 받았다. 숙제는 하지 않고 선생님들과의 약속도 지키지 않았다. 어느 날 학교에서 싸움을 하여 일주일간 정학을 맞았다. 놀란 부모는 그가 상담을 받을 필요가 있음을 알고 아들을 곧장 데리고 왔다. PC는 의자에 팔짱을 끼고 보기 흉하게 앉아 상담자를 째려보면서 반항하고 있었다. 그는 상담자를 시스템의 한 부분이자 부모 편으로 보고 상담에 전혀 협조하지 않았다. 상담자는 부모에게 문제를 설명해 보라고 하였으며, 설명을 끝낸 부모는 상담실을 떠났다. PC는 혼자 남았지만 상담자와 얘기하려 들지 않았다.

그러나 몇 주일이 지난 후 PC는 심리학적 훈련을 많이 받은 상담자를 신뢰하기 시작했다. 상담자는 인내심을 가지고 PC를 이해해주었고 그를 다그치지 않았다. 신뢰가 쌓이자 PC는 고민들을 털어놓았는데, 자신을 좌지우지하려는 부모에 대한 고민을 표현하기 시작했다. 상담자는 PC가 몸은 어른이 됐지만, 생의 의미를 깨닫는 것에 힘들어하며, 두려움과 호르몬 부조화 등으로 혼돈을 겪고 있음을 알았다. 그는 독립에 대한 열망과 수용에 대한 갈망, 안정성, 관계 형성, 인생의 궁극적인 영적 질문들에 대한 답변 등을 알고 싶어 하는 보통 10대일 뿐이었다. PC와 그 부모는 가족 상담과 개별상담을 함으로써, 서서히 변화되기 시작했다. 그 변화는 현재도 진행중이며, 아마 PC가 집에 있는 동안은 계속될 것이다. 이 변화는 열정적인 기독교 상담자가 시간을 들여 PC의 가족을 이해하며 기도하고, 내면적인 문제들을 꺼내놓고 대화하도록 유도하며, 수용과 인내로 기독교인의 사랑을 보이면서 시작된 것이다.

만일 당신이 18세 이상이라면, 청소년기를 막 지나왔을 것이다. 아마도 청소년기는 당신의 인생에서 흥분과 스트레스의 시기였을 것이다. 심리학자 아만드 니콜리(Armand Nicholi)가 말한 것처럼 청소년기는 혼돈과 도전과 좌절 그리고 흥분이 있는 인간 발달단계이다.[1] 당신이 어느 곳에서 살았든지 간에 당신의 청소년기는 다른 사람들의 청소년기와 다를 것이다. 그리고 당신의 가족과 지역사회, 살고 있는 나라, 심리학적 기질, 개성, 또래집단과 종교심 등에 따라 다를 것이다. 우리 각자는 청소년기 때 일어나는 세계적인 사건들에 의하여 다르게 형성된다. 오늘날 청소년들의 문화는 제2차 세계대전중의 청소년기 문화와 다르다. 그리고 그들은 1960년대를 지나 인터넷과 핸드폰, 비디오게임이 존재하는, 과거 자신들의 청소년 문화와 상당히 다른 문화에서 살고 있다.

'Adolescence' 라는 단어는 '성숙을 향해 성장하는 시기' 를 의미한다. 청소년기는 사춘기에서 시작하여 (성장호르몬과 성호르몬의 시작) 10대 후반 또는 20대 초반까지 계속된다. 이 시기의 아이들은 신체적, 성적, 감정적, 지적, 사회적으로 변화하는 시기다. 부모에게 의존하던 삶과 가족의 보호망으로부터 벗어나 독립과 사회적 생산성으로 전이해가는 과정이다. 성장하는 환경에 따라 청소년기의 친구들, TV, 비디오게임, 전자기기들, 음악, 스포츠, 공부, 직업들, 취미, 그리고 자극이 동반되는 성적 활동들, 여러 종류의 스트레스들에 둘러싸여 있다. 청소년기는 또한 영적 세계와 가치관, 인간관계와 인생 목적에 대하여 반항적 사고를 하게 되는 시기다. 혼돈과 급격한 변화로 인해 미성숙한 젊은이들은 과업 성취가 어렵고 적응하기 힘들어한다.

이로 인하여, 청소년기는 반항과 갈등, 소란, 광풍과 같은 스트레스 등 혼란의 시기로 특징지어진다.[2] 이와 같은 보편적 견해는 심리학 논문들과 젊은이들과 함께 일하는 성인들의 지지를 별로 받지 못한다. 연구들에 의하면, 청소년기는 급속한 성장과 잦은 변화의 시기다. 그러나 전체적으로 보면 청소년들은 그다지 요란하지 않고, 크게 혼란스럽지도 않으며 충동적이지 않고, 부모의 가치관에 많이 저항하지 않으며, 반항하는 것도 아니다.[3] 청소년들의 10~20% 정도는 청소년기에 심각한 혼란을 겪게 되지만, 이 비율은 어린이나 어른들이 반항하는 숫자와 비슷하다. 이와 같은 사실들을 미루어본다면, 청소년기는 인생에서 특별히 스트레스를 받는 시기가 아니며, 대부분의 청소년들은 청소년기를 별 어려움과 특별한 스트레스 없이 보내고 있다.[4]

물론 이 연령대의 청소년들은 큰 변화의 시기를 겪게 되는데, 그것은 사회적 압력에 대한 적응, 신체적 변화와 생을 결정하는 가치관에 대한 도전, 신앙, 정체감, 직업관, 삶의 방식, 이성관계, 그리고 다른 사람들과의 관계 형성을 포함한다.

청소년기는 3단계로 나눌 수 있다. 초기 청소년기(사춘기 또는 전前사춘기라 부른다)는 약 10~11세에 시작하며 최소 2년 정도 지속된다. 중기 청소년기는 약 14~18세의 고등학교 학생들, 후기 청소년기(후기 사춘기 또는 초기 성인기라 부른다)는 10대에서 20대 초반까지 포함한다.[5]

초기 청소년기는 급격한 생리적 변화가 시작되면서 불안과 걱정, 방황 그리고 기쁨의 감정들이 교차된다. 남자와 여자 모두 급격한 성장으로 팔다리가 자라서 어색하고 건들거리는 모습이 되며, 소년은 어깨가 넓어지고 근육이 두꺼워지며, 소녀는 엉덩이가 커지며 가슴이 발달하는 등 신체구조의 변화가 따른다. 남성은 변성기가 오고 성적 기관들이 확장되며, 성호르몬이 증가되고 활발한 침샘 활동으로 피부 숨

구멍 크기가 커지며(이는 여드름이 된다), 얼굴과 몸에 털이 나는데, 일반적으로 소년에게 더 많이 난다. 여성은 월경이 시작되면서 감성적 적응이 필요하고 남성은 빈번한 발기와 사정에 적응이 필요하다. 100여 년 전부터 첫 월경과 첫 정액 분출의 나이가 점점 빨라지고 있다. 이는 청소년기의 시작이 빨라지고 있음을 의미한다.

이러한 신체적 변화는 사회적, 심리적 변화를 가져온다. 대부분 청소년들은 좀 부자연스러운 자신의 신체 모습에 만족하지 못한다. 때로는 성적 자극들을 컨트롤하기가 어려우며, 신체 변화가 너무 빠르거나 느린 사람은 당황해한다. 특히 탈의실에서 친구들의 신체 변화를 쉽게 관찰하며, 그 차이를 스스럼없이 이야기한다. 소녀들은 생리대를 사용할 때 부자연스러움을 느끼며, 소년들은 생각지도 않은 때에 발기가 되어 당황하며 곤란한 경우들을 당하기도 한다.

학교 전학으로 인한 불안, 친구들과의 사귐과 압력, 이성교제, 영웅 숭배(오락세계의 우상) 등 이 모든 것들은 이 시기에 겪게 되는 사회적 적응 과제다. 이외에도 부모로부터의 새로운 독립이 때로는 가족 간의 갈등을 동반하기도 한다. 자기 비난과 반영적 사고는 부모 가치관에 대해 의문을 갖기 시작하면서 근심과 걱정의 증가로 나타난다. 이 모두는 또래 친구들의 영향이 크다.

중기 청소년기는 신체적 변화는 비교적 적으나 자기 자신의 새로운 정체성, 즉 성인의 신체를 가진 사람으로의 정체성을 찾으려 한다. 소년에게 성적 충동은 점점 더 강해지고, 또래 친구들의 압력과 친한 친구에 대한 친밀감의 욕구, 성적 유혹에 대한 사회적 허용들을 억제하기는 쉽지 않다. 이로 인하여 성적으로 활발한 10대들의 숫자가 급증하고 10대 임신과 성적 전염병들이 증가하고 있다.[6]

또래들의 압력은 부모의 영향과 가치관, 통제로부터 벗어나려고 하는 데 많은 영향을 미치고 있다. 부모가 아직도 돈과 교통편, 그리고 살 집을 제공하며 음식과 빨래를 해주지만, 10대들은 자주 부모의 기준과 가치관을 비판하며, 더 이상 부모를 따라 교회나 바캉스, 쇼핑을 가려 하지 않는다. 집에서의 대화는 최소화하면서, 친구와 전화로 수다 떠는 데 많은 시간을 보내며 인터넷 게임을 즐긴다. 그들은 자신들만의 언어를 사용하며 영웅들, 음악, 옷 입는 스타일, 오락의 형태 등에서 자신의 정체성을 찾기를 간절히 바라고 있다. 그러나 때로는 그들 특유의 정체감을 유지하기 원하며 그들의 문화 안에서 개별성을 찾으려고 애쓴다. 데이트, 즉 이성과의 교제는 매우 중요하며, '헤어짐'은 매우 고통스럽다.

이 시기의 중요한 이슈는 성과 마약, 자동차와 기술 등이 포함된다. 청소년의 이슈는 또래의 압력과 신체적 변화, 불안정과 정체성의 혼돈과 연관이 있다. 사랑과 수용에 대한 욕구, 성호르몬의 영향, 사회의 성 개방, 영화와 TV에 투영된 가치관, 차 안처럼 사적인 장소에서나 기타 다른 형태의 성행위를 경험하며, 이는 죄책감과 자기 비판, 그리고 임신으로 연결되기도 한다. 술을 포함한 여러 약물 사용은 청소년기의 특징이라고 할 수 있는데, 유별난 경험을 해보기 위해, 또는 불안과 권태로부터 도피하기 위해 또는 약물을 사용하는 친구들을 수용하기 위해 시도하기도 한다. 자동차와 오토바이 역시 친구들과 잘 어울리고, 힘을 과시하며 안정감을 얻을 수 있는 한 방법이다. 인터넷을 통한 음란한 포르노와 비디오게임 중독, 그리고 대화방을 통하여 이상한 사람들과 대화를 즐기는 등, 신기술들의 악영향을 많이 받게 된다.

이러한 숨겨진 또래 압력들은 청소년들이 미래를 향해 직면해야 할 심각한 도전들이다. 바나(Barna) 연구팀에 의하면, 10대들의 90% 정도는 미래에 대하여 깊이 생각하지만, 미래에 대한 준비는 별로 하고 있는 것 같지 않다.[7] 미래의 문제들은 대학과 직업에 대한 생각, 집을 떠나는 일과 민감한 사안에 대한 대처, 성장한 자녀를 집 가까이 두고자 하는 부모의 무의식적인 태도 등이 있다.

후기 청소년기는 10대 후반에 시작된다. 이 시기의 청소년은 보통 미래에 대하여 계획을 세우는 추상적 사고 능력이 있다. 이 시기의 청소년들은 성인사회의 진입과 성인으로서의 책임, 보다 독립적인 생활방식의 과업들이 주어진다. 미래에 대한 계획과 교육, 직업에 맞는 교육 등을 계획하는 데 상당한 시간과 에너지를 요한다. 이제 자신이 어떻게 비치는가에 대한 관심은 줄어든다. 결혼을 전제로 한 이성교제를 시작하게 된다.

표 14-1. 10대의 특성

바나(Barna) 연구팀은 약간 겹치는 부분이 있지만, 10대들을 네 종류의 특성으로 나누고 있다.

- 10대 인구의 절반은 상호관계다. 그들은 아주 매력적이며, 관계에 초점을 맞추고, 다른 사람들에 대하여 민감하다. 문제 해결에 대하여 편안하게 접근하며 살고, 스트레스를 기꺼이 수용하며, 최소한의 영향을 받으려 한다.

- 10대의 4분의 1은 매우 역동적이다. 그들은 공격적이며, 집중하고, 돌진하며, 평균 이상의 생산성이 있고, 효과적인 문제 해결사들이다. 많은 에너지와 경쟁력, 자기 확신감으로 다른 사람들을 자극할 수도 있다.

- 청소년의 5분의 1은 안정적인 사람들이다. 그들은 지속성과 충성심, 완전성, 그리고 예측 가능한 사람들이다. 그러나 고집이 있고 창조성이 결여될 수도 있다.

- 평가자들은 최소 그룹이다. 그들은 세부적인 것을 좋아하며, 정확도와 완전성을 주장한다. 그들은 완벽주의자들로서 자신과 다른 사람들에게 매우 강도 높은 요구를 한다.[8]

청소년기는 최소한 네 가지 중요한 질문에 답해야 한다. 각각의 문제들은 과거에도 생각해왔지만 청소년기 후기에 좀 더 명확하게 초점을 맞추어야 한다.

1. 정체성에 관한 질문

"나는 누구인가?" 어린 시절에 아이들은 흉내를 내며 자신을 부모나 가족 구성원들과 동일시한다. 나중에는 그들이 존경하는 성인을 본받아 자신의 행동 모델로 삼으며, 동료들과의 관계를 발전시킨다. 그리고 적어도 서양 사회에서는 자신의 자아개념성과 개별성, 가치관, 정체성 등을 발전시키고자 고민하게 된다.[9] 많은 이들에게 청소년기는 스스로 자신을 찾아가는 시기이며, 불안과 혼돈, 삶의 방식을 모색하고 표류하는 시기다.

2. 관계에 대한 질문

"다른 사람들과 어떻게 어울리며 지내야 하는가?" 남자와 여자, 즉 다른 성과의 관계를 발전시키는 것

외에도 청소년들은 자신이 선택한 친구들과의 관계를 발전시키는 방법을 배워야 한다. 어떻게 경계를 설정하며, 어떻게 사회에 적응하고, 부모와 자녀의 애착관계를 변화시켜 부모에게 덜 의존할 것인가에 대한 방법들을 배워야 한다. 청소년기에 배워야 할 기술들은 사회적응 기술로써 의미 있는 관계형성 기술, 권위자들과의 갈등해결, 패거리를 짓는 집단행동, 성관계, 영웅숭배, 친구관계, 성인의 제안에 거부하기, 또래 압력에 양보하기 등이 있다. 고등학교를 졸업할 때쯤이면 보다 성숙한 대인관계 형성이 가능해진다.

3. 미래에 관한 질문

"나에게 맞는 것은 무엇인가?" 이 질문에 대답하기 위해 자신의 감정들과 가치관, 성격, 가능성, 사회·경제적 수준, 그리고 가족의 기대 등을 고려해야 한다. 직업 선택은 청소년에게 어려운 결정이며, 이는 20대, 30대의 사람들과 마찬가지로 직업 선택에 있어서 여러 번 잘못된 시작을 할 수 있기 때문이다. 청소년들은 이상적이며 때로 너무 낙관적이어서 비현실적인 직업 쪽으로 나아갈 수도 있다. 이로 인하여 좌절하고 비관적이 되며, 비로소 재평가의 필요성을 깨닫게 된다.

4. 이념에 대한 질문

"나는 무엇을 믿어야 하는가?" 이 질문은 종교 그 이상의 질문이다. 영성은 이 시기의 가장 인기 있는 주제다. 많은 10대들은 종교에 대하여 불신감을 갖고 있으며, 특히 조직적이고, 교단적으로 엄격하게 관리 감독하는 종교에 대한 불신은 더 깊다. 어른들은 그에 대한 대답을 주지 않기 때문에 청소년들은 스스로 영적인 문제들로 고민한다.

나이 든 어른들은 그들 생애에 걸쳐 별로 토론해보지 않았던 곤란한 문제들에 대하여 많은 청소년들이 궁금해 한다. 이러한 문제들은 해마다 다르고, 장소에 따라 다르다. 그들은 "왜 이렇게 많은 사람들이 기아에 허덕이는가?", "많은 사람들이 빈곤한 삶을 사는 반면에 어떤 사람들은 왜 물질적으로 풍요로운가?", "테러리즘은 왜 그리도 강력하게 보이는가?", "수세기에 걸쳐 역사는 전쟁이 문제들을 해결하는 데 아무런 도움을 주지 못한다는 것을 보여주는데 국가는 왜 전쟁을 계속하려고 하는가?", "어떤 종교적 또는 정치적 관점들이 맞는가?", "자유로운 성 경험들은 무엇이 나쁜가?", "예배에 참석하는 것이 왜 유익한가?", "왜 성경이, 종교 지도자들이, 그리고 정부가 권위의 근원이 되고 있는가?" 등의 질문들로 고민한다. 무엇을 믿으며 왜 믿는지를 찾기 위해 젊은이들은 심각하게 그들 세대에게 질문해왔다. 질문의 해답을 찾아가는 과정으로, 청소년들은 자신의 가치관과 신앙적인 믿음, 인생의 철학을 발전시켜왔다. 결국, 이러한 질문들은 부모들이 두려워해왔지만, 부모들의 가치관으로부터 그리 멀리 떨어진 것은 아니다.

- ## 모자이크란 무엇인가?

현재 10대와 20대 초반의 사람들은 '모자이크' 족으로 알려져 있는데, 이 단어는 그들이 나이가 들어도 따라다니는 수식어다. 기성 세대들과는 다르게 '모자이크' 족은 사고방식이 직선적이지 않고, 영성과 가치관, 정치관과 도덕관이 기성 세대와 서로 상반됨에도 불구하고 편안하게 생각하고 있다. 그들은 인간관계, 전통적인 성기준들, 종교적·영적 신념, 또는 삶의 방식을 선택하는 데 덜 속박을 받는다. 이들은 포스트모더니즘의 영향 아래서 성장한 그룹이다. 인터넷에 많은 영향을 받고 있고, 여태까지의 세대와 비교해서 가장 심한 정보의 홍수 속에서 지내는 세대다. 폭넓은 경험에 가치를 두며, 항상 신기술의 발전에 노출되어 있다. 이런 모든 사항들을 종합하면 독특한 아이디어, 삶의 방식, 다양한 선택, 영성과 가능성, 창조적 대안들을 이 '모자이크족' 안에서 볼 수 있다.

지금은 성년기에 접어든 세대들에 의하여 압도되거나, 그들의 질문들에 직면하기 싫어서, 나이 든 사람들은 모자이크 세대를 심각하게 고려하지 않고 또한 존경하지도 않는다. 따라서 잠재적 멘토들은 젊은 사람들에게 그들의 가치관을 설명하고, 인생 행로에 대해 지도해주려고 하지 않는다. 아마도 많은 청소년들이 내면의 공허감과 혼돈, 대인관계에 있어서의 상호긴장과 불안감 등으로 고전하고 있는 것은 놀라운 일이 아니다.

• 성경과 청소년기

우리가 알다시피 청소년기의 개념은 19세기 말에 아동 양육의 문헌에 나타나기 시작했다. '청소년'(Adolescent)이라는 단어는 성경 어디에도 나타나지 않으며, 이는 아마도 성경 저자들이 청소년기를 인간발달 단계에서 하나의 분리된 기간으로 여기지 않았던 것 같다. 이 책 제13장에서 진술한 바와 같이, 아동과 소년은 성경에 자주 언급되었지만 이들이 분리된 시기로 간주되거나, 그 시기가 언제 끝나는지에 대한 표시가 없다. 따라서 아이들에 관한 성경의 가르침은 의심할 여지없이 청소년기의 아동들에게 적용한 것이다.

성경은 또한 젊은 남자와 젊은 여자에 대해 언급하고 있다. "청년이여 네 어린 때를 즐거워하며 네 청년의 날들을 마음에 기뻐하여 마음에 원하는 길들과 네 눈이 보는 대로 행하라. 그러나 하나님이 이 모든 일로 말미암아 너를 심판하실 줄 알라. 그런즉 근심이 네 마음에서 떠나게 하며 악이 네 몸에서 물러가게 하라. 어릴 때와 검은 머리의 시절이 다 헛되니라. 너는 청년의 때에 너의 창조주를 기억하라. 곧 곤고한 날이 이르기 전에, 나는 아무 낙이 없다고 할 해들이 가깝기 전에 해와 빛과 달과 별들이 어둡기 전에, 비 뒤에 구름이 다시 일어나기 전에 그리하라."[10]

예수님은 어린 시절에 무의미함에 직면하지는 않은 것 같다. 예수님은 "키가 자라고 지혜도 자라면서 하나님과 그를 아는 모든 사람으로부터 사랑을 받았다."[11] 예수님의 어린 시절에 대한 자세한 내용은 누가복음 2장 41~52절에 나타나는데, 가족이 예루살렘으로 여행을 갔을 때 예수님의 나이는 열두 살이었다. 분명한 것은 전형적인 청소년과는 달리,[12] 예수님은 친구들과 가족들로부터 떠나 종교 지도자들과 심오한 질문에 대해 깊이있는 토론을 했다. 그 토론에 열중하여, 집으로 돌아가는 것을 잊어버렸다. 예수님의 실종은 마리아와 요셉에게 큰 걱정거리가 되었고, 그들은 서둘러 예루살렘으로 돌아가 3일 동안 열심히 그를 찾았다. 마리아가 "어찌하여 우리에게 이런 일을 하였는가?"라고 물어보았다. 지금까지 죄가 없이 살아온 청소년인 예수님이 부모에게 걱정을 끼치는 사건을 통해 그가 성인기로 성장해감에 따라 나타나는 내면적 반영을 볼 수 있다.

전체적으로, 성인기에 접어든 젊은이들은 강한 비전을 지녔고, 그들 삶에 하나님의 말씀을 적용할 수 있으며, 사탄을 이겨낼 수 있고, 장로들에게 순종할 것이 기대되며, 하나님의 전능하신 능력 아래 스스로 겸손하도록 가르침을 받고 있다. 성경은 "너희 염려를 다 주께 맡기라. 이는 그가 너희를 돌보심이라"고 말한다.[13] 이런 성경 구절들은 성경 전체의 가르침과 똑같이, 갈등기에 있는 청소년들을 위해 일하는 상담자들에게도 도움이 된다.

• 청소년기 문제의 원인들

청소년 사회는 변화가 빠르므로 어른들이 10대들의 문화에 접근하기가 쉽지 않다. 그러한 변화에도 불구하고, 청소년들이 살고 있는 국가나 시대에 상관없이 여러 쟁점과 문제들이 지속적으로 야기된다. 만일 상담자들이 이러한 쟁점들을 잘 이해하고 있다면 청소년들을 도와주는 데 유익할 것이다.

1. 신체적 변화

청소년들은 불균형적인 신체 발달과 피부 문제, 지방 과다, 주기적인 에너지 감소, 신체 부위별 변화, 체모의 발달, 굵고 낮은 목소리 등 신체적인 변화에 의하여 심리적으로 영향을 받을 수 있다. 매력적으로 보이는 것이 중요하다고 생각될 때 그들의 신체 변화는 때로는 당혹감과 실망을 가져다줄 수 있다. 생리적인 변화, 신체적인 성숙이 타인에 비해 너무 빠르거나 더딜 때 특히 그렇다. 성숙이 더딘 청소년들은 동료와 부모로부터 아이 취급을 받는다. 이로 인하여 거부감과 사회적응 문제들이 야기된다. 문제들은 대부분 극복되지만, 어떤 청소년들은 이런 불안감과 적응 문제들이 성인기까지 지속된다. 이러한 복잡한 문제들이 폭넓게 알려져 있지만, 미국 10대들의 건강 상태는 좋지 않다. 많은 청소년들이 날씬하지 않고 과체중이며 신체적으로 균형잡혀 있지 않고, 운동을 하지 않으며, 영양학적으로 균형 있는 식사를 하려고 하지 않는다.[14]

2. 성적 변화

청소년기에 성적 변화를 기대하고 있지만 대부분의 젊은이들은 그들 자신의 신체 변화와 그 내면의 성적 충동, 성적 행동에 대하여 불안을 경험하게 된다. 성적 공상과 자위, 심한 애무, 그리고 청소년의 성행위는 모든 10대들에게 죄책감을 불러온다. 그리고 동성에게 반하는 것 역시 동성애에 대한 불안을 갖게 한다. 친근한 성 접촉은 성병이나 에이즈에 대한 공포를 증가시킨다. 급작스런 신체적 성장은 자신의 정체감에 대하여 또는 성인 남녀로서 어떻게 적합하게 행동해야 하는지에 대한 혼란을 야기하기도 한다. 이성교제를 원함과 동시에 두려움을 가질 수 있다. 현대의 10대들은 사회의 개방된 성적 자유와 확실한 성교육을 하지 않는 부모, 성적 실험을 시도할 수 있는 많은 기회들에 의하여 성적으로 갈등하고 있다.

이외에도 도덕 기준들이 약해짐에 따라 많은 청소년들이 혼란에 빠져 있다. 미국 청소년들의 한 연구에 의하면, 모자이크 세대 중 54%는 혼외정사를 도덕적으로 받아들이고, 그들의 부모인 베이비붐 세대의 40%는 반대하는 것으로 나타났다. 다른 연구 결과는 모자이크 세대의 75%는 혼전 동거를 찬성하고 베이비붐 세대는 60% 정도가 동의했다. 성적인 그림이나 사진을 보는 것은 모자이크 세대는 60%, 베이비붐 세대는 38%가 받아들였다. 동성애와 동성관계를 받아들이는 수치는 각각 40%와 32% 정도였다.[15] 이 모든 것들은 옳고 그름에 대한 혼돈을 가져오며 자기통제력과 죄책감, 원하지 않는 임신, 정서적인 상처를 안겨준다.

3. 대인관계 변화

청소년기는 부모와 친구, 그리고 타인들과의 관계에 변화가 있는 시기다. 청소년들은 다른 동료들, 특히 이성 친구들로부터 사랑받고 인정받는 것이 중요하며, 부모의 통제로부터 벗어났다 하더라도, 그들의 환경은 안전하다고 느낄 필요가 있다. 청소년들은 부모의 지도가 부족하고, 가정 안에서의 갈등, 학교에서의 불안정 또는 세상 어느 곳에도 안정적인 것이 없다고 느낄 때 혼동과 불안, 그리고 적대감을 갖게 된다.

4. 가치관, 도덕관, 종교적 믿음의 변화

청소년기 이전에 아이들은 부모의 규범과 기준들을 아무런 의문이나 도전 없이 받아들였다. 그러나 청소년기 이후에는 부모의 견해에 의문을 갖기 시작하고, 자신의 핵심적인 믿음과 가치관 형성에 부모보다 친구들의 영향이 더 커졌다. 청소년들은 자신의 가치관 명료화 과정에 있어서 자신과 똑같이 혼란스럽게 고민하고 있는 친구들로부터 도움을 받고 있다. 지금 현재 젊은 세대의 가치관과 종교관은 몇 년 전 청소년들의 가치관과 비교하면 크게 다르다. 예를 들면, 성에 대한 태도는 수년 전부터 여성의 역할에 대한 변화, 그리고 동성애의 수용이나 직업적 성공의 중요성에 있어 변화되어왔다. 이러한 변화들은 성인들의 사고와 행동에도 변화를 주고 있다.

청소년들의 신념적 가치관은 종교가 따분하고, 시대에 뒤떨어졌으며, 별로 그들과는 상관없는 것으로 여겨지고 있다. 많은 10대들이 교회 관련 활동들로부터 떨어져 나와 또 다른 형태의 '영적인 것'에 관심을 보임으로써 부모와 교회 지도자들에게 많은 걱정을 안겨주고 있다. 이제는 종교적 대안으로 영적인 문제들을 인터넷으로 탐색하고 있다. 그러나 그들은 타당성 있는 정보와 위험한 속임수의 정보를 분간하는 능력이 부족하다.[16]

어느 작가가 250명의 10대들과 그 부모들을 인터뷰하여 그들이 실제로 무엇을 믿고 있는가를 알아보았다.[17] 11~21세의 많은 젊은이들은 전통적 종교의 권위보다 개인적 경험을 더 중요하게 여겼다. 그들은 자신이 영적이지만 종교적이지는 않다고 생각했다. 그들은 종종 신비주의적인 동양종교와 함께 유대주의와 기독교, 그리고 이슬람 전통들이 혼합된 '혼잡한 영적인 것'에 끌려가기도 한다. 많은 청소년들은 린 스코필드 클락(Lynn Schofield Clark)이 말한 말세에 관한 무서운 이야기들, 즉 마귀와 지옥, 요한계시록에 초점을 맞춘 '복음주의의 어두운 면'에 심취하고 있다. 이는 영화와 TV 프로그램, 그리고 말세에 관한 인기 있는 서적들, 흡혈귀, 천사, 외계인, 초자연적 능력으로 채워져 있다. 아마도 많은 10대들은 그들의 인생과 별 관계가 없는 것처럼 보이는 종교적인 것들로 혼란스러워하고 있을 것이다.

따라서 많은 교회와 유사교회 그룹들이 공감, 존중, 동정심, 인내심과 확실한 가치관을 가지고 10대들에게 접근하는 현상적 작업을 간과해서는 안 된다. 다음 장에서 논의하겠지만 탐색하는 기간이 지나면, 젊은이들은 진정한 믿음의 소유자들의 공동체에서 검증된 신앙을 갈망하게 된다. 이런 젊은이들은 말씀과 원칙, 종교에 대해 비판하고 고민하는 교회나 그룹들보다는 행동하는 믿음을 보여주는, 활기 넘치는 영성 그룹으로 가게 된다. 이 모든 것들은 기독교 지도자들과 상담자 그리고 기존의 기독교인들에게 경각심을 일깨워주며 특히 교회 안에서 청소년들이 압박 받고 있는 문제들을 무시하고, 그들이 물어보지 않는 질문에 대답하려고 애쓰며 10대들이 원하지 않는 프로그램을 제공하려 노력하지는 않는지 점검해야 할 것이다.

5. 독립으로의 이동

청소년들은 더 이상 아동이 아니며, 많은 양의 자유를 원한다. 그러나 자유는 조금씩 천천히 줄 때 보다 잘 처리할 수 있다. 청소년들이 원하고 스스로 처리할 수 있다고 생각하는 것은, 부모들이 '기꺼이 주는 것이 현명하다'고 생각하는 것과는 조금 다르다. 이런 차이는 부모와 청소년 자녀 간에 긴장감과 좌절감, 반항, 그리고 끊임없는 힘 겨루기 등의 문제를 야기하게 된다. 부모는 자녀에게 날개를 달아주는 것보다 뿌리를 다져주는 것이 훨씬 더 쉽다는 것을 발견하곤 한다.

6. 자존감 형성과 기술 습득

10대들은 그들의 신체적 매력과 지적 능력, 운동능력, 대인관계 또는 경제력에 대해 그다지 긍정적이지 않다. 그들은 자주 자기 비판과 사회적 무력감, 학문과 운동경기에서도 부적절한 느낌과 영적 실패감을 느낀다. 이러한 감정들은 비난과 사회적 거부감, 인생의 중요한 어떤 일에 성공할 수 없을 때 더욱 강화된다.

때때로 자존감의 문제는 청소년들의 사회성 기술 부족에서 기인한다. 우리 모두는 스트레스 대처방법과 실망감 처리 문제, 효과적인 학습방법, 시간관리, 타인과의 원활한 상호작용, 유혹에 대한 저항, 직장문제, 영적 성숙, 이성교제, 돈을 관리하는 방법 등을 배울 필요가 있다. 이와 같은 기술들은 인생을 보다 원활하게 살아가기 위해 개인적으로 반드시 배워야 할 생존 기제들이다. 만일 청소년에게 이런 기술들을 배울 기회가 제한되어 있다면, 삶의 적응은 매우 어려울 것이다.

7. 미래에 대한 관심

청소년기 후기는 젊은이들이 심리적으로 자유롭게 다시 그룹을 지으며, 사회적으로는 자신에게 적합한 활동 장소를 찾는 시기다.[18] 그러나 이 시기의 청소년들은 직업과 대학 전공, 가치관과 삶의 방식, 그리고 자신의 인생에서 무엇을 하며 살 것인가에 대한 결정을 해야 하는 압력을 느낀다. 이 나이의 결정은 영구하지 않으며, 나중에 바뀔 가능성이 많다. 그러나 어떤 청소년들에게는 당시에 결정한 선택이 일생동안 적용되는 경우도 있다. 이러한 이유로 자신의 미래에 대해 현명한 선택을 하기 원하는 사람들은 압박과 불안감을 가질 수 있다.

빌 뷰세이(Bill Beausay)는 수년간 10대에 대해 연구하였다. 청소년기는 그들 자신과 부모 모두에게 복잡한 시기라고 한다. 10대들은 그들의 생각과 호르몬, 신체적 발달의 급격한 변화들에 대해 각각 개인적인 방법으로 반응하지만, 누구에게나 적용할 수 있는 일반적인 방법을 네 가지로 진술하고 있다.[19]

- 모든 10대는 전환기에 있다. 그들은 지적 능력과 호르몬, 신체적 발달, 사회적 기술의 변화들에 직면하고 있다. 이런 변화들은 새로운 사고와 행동, 그리고 타인과의 관계 형성에 있어서 자극을 필요로 한다. 가정과 교회에서의 안정은 변화하는 이 시기의 청소년들에게 확고히 안착할 수 있는 중요한 장소를 제공한다.

- 거의 모든 10대는 말과 태도, 생각과 행동에 반항적일 수 있다. 눈에 보이는 반항이 없어도 10대들은 권위에 도전한다. 그들은 우리에 갇힌 동물들처럼 자유를 원한다. 그러나 그들이 원하는 자유를 누리기 위해서는 성숙의 시간이 필요하다.
- 거의 모든 10대는 비밀스런 삶이 있다. 이 시기에 10대들은 부모로부터 떨어져 나와 부모와의 나눔과 대화가 줄어들고, 그들이 어디에 있는지 반추하며, 친구들과 더 많이 대화하고, 아마도 가족이 아닌 다른 믿을 만한 어른을 더 많이 의지한다.
- 거의 모든 10대들은 부모들과 좋은 관계로 연결되어 있기를 희망한다. 10대들이 부모 의견에 대해 비판하고 논쟁하며 대중 앞에서 당황하게 할지라도 이는 사실이다. 그들 스스로 자신의 정체성과 사고방법을 형성할지라도, 젊은이들은 사랑과 긍정, 그리고 감정적 지원과 경제적 지원을 부모로부터 받기 원한다. 그들의 가장 큰 희망은 조만간에 자신의 부모와 좋은 관계를 갖는 것이다.

청소년기 문제의 영향

대부분의 10대들은 때로 어려움을 겪고 있는 부모들이 놀랄 정도로 비교적 정상적인 성인으로 성장하지만, 청소년기의 압력은 상당한 것이다. 10대의 불안감과 죄책감, 열등감, 고독감, 거절감 등은 성인기까지 지속될 수 있다. 이렇게 장기적으로 지속되는 문제들은, 부분적으로는 청소년기에 이러한 문제들을 어떻게 다루었는가에 달려 있다.

1. 문제 억제

청소년 중에는 '혼자' 자신의 문제들과 씨름하는 사람들이 있다. 거기에는 백일몽과 친구들로부터의 소외감과 무관심, 일상적 관심사와 행동 버리기, 그리고 끊임없는 내면의 동요 등이 있다. 때로 이런 것들은 심리·신체적 증상과 불안감, 고독감, 학업의 실패, 심각한 정서장애와 행동장애의 형태로 나타나기도 한다. 설명할 수 없는 우울증과 불안감, 정서적 변화와 행동적 변화들이 청소년기에 흔하게 나타나며, 이런 것들이 계속되거나 중한 증세가 아니면 병적인 것으로 여기지 않는다. 청소년기의 적응 반응들은 일반적이다. 그것은 스트레스에 대한 반응으로 성급함과 지속적인 우울증, 생각에 잠기기, 성질 부리기 등으로 나타난다.[20]

2. 문제 표출

청소년들은 부모와 어른들의 권위에 저항하고 독립을 주장하기 위하여 사회적으로 허용되지 않는 방법으로 자신의 문제를 표출한다. 과음과 약물 오남용, 거짓말, 도둑질, 범죄, 조직 폭력, 자해, 또는 다른 형태의 반항과 불법행위 등은 청소년들에게 위력감과 독립감을 느끼게 하며, 이렇게 함으로써 기존 체제에 도전한다고 생각한다. 그리고 이것은 친구들의 긴장과 주의를 집중시키는 방법들이다. 보다 최근에는 학교 폭력, 교사와 동료 학생들에게 충격을 가하는 사건들이 세계적인 관심사가 되고 있으며, 이것 역시 문제들을 표출하는 특수 공격의 형태다.[21]

때로 다른 형태로 문제가 표출되기도 하는데, 예를 들면 학과에 낙제하기와 부모의 종교와 도덕적 기준을 거부하는 것 등이 포함된다. 자살, 살인, 그리고 자동차 사고(주로 과속이나 약물중독 상태의 운전) 등이 청소년들과 젊은 성인 사망의 주원인이 되고 있다. 이러한 모든 행동들은 권위에 도전하는 수단이며 자신들의 고유성을 표출하는 방법이다. 젊은이들의 충동적 행동 표출은 다른 10대들로부터 거리를 두게 하는 한 방법이기도 하며 그렇게 함으로써 사회적으로 곤란한 상황을 피하고, 계속 감추고 싶었던 비밀인 자신이 동성애라는 사실을 누설함으로써 그 공포로부터 피하는 방법이 되기도 한다. 모든 형태의 성적 실험은 청소년들이 성인 흉내를 내는 한 방법이며, 친구들의 수용을 받아내는 하나의 방법이 될 수 있다.

10대들은 성적으로 실험하고 싶은 강한 사회적 압력을 받는다. 성에 대한 견해는 친구들과의 성에 대한 대화, 프라임-타임 TV의 적나라한 성 메시지와 대낮의 토크쇼, 성에 대한 논문, 10대의 잡지에서 다루는 성 문제들, 그리고 10대들이 좋아하는 영화와 음악, 뮤직 비디오 등에 의해 많은 영향을 받고 있다.[22] 때로는 성행위가 표출이 아닐 수도 있다. 대신에 그것은 금욕을 극복하려는 시도이고, 의미 있는 관계의 모색이며, 남성다움의 증명이고, 자존감을 높이며, 외로움을 극복하는 시도로 나타나기도 한다. 개인과 동료 그룹에 따라서 성행위를 허용함으로써 죄의식, 자기경멸, 공허한 관계, 에이즈와 성병의 공포, 성적 대상물로 자신과 타인을 이용하고 있다는 생각들이 늘 따라다닐 수 있다. 그 결과로 성병이 유행하고, 10대 임신이 급격히 증가하고 있다. 이러한 임신은 불안정한 방법으로 미성숙한 젊은 남녀가 자신들이 성년이라는 것을 증명해 보이려는 한 방편이다.

10대 임신의 유행은 아기를 돌보는 문제와 아기가 행복하게 자랄 수 있는가 하는 문제를 낳는다. 급우들과 비교했을 때, 10대 부모는 학교를 그만두게 되고, 돈을 적게 벌며, 낮은 직위를 갖게 되고, 직장 만족도가 낮고, 이혼과 재혼율이 평균보다 높다.[23] 그들의 동료들과 비교할 때 10대 부모의 아이들은 지적 발달과 학업성취, 정서개발과 사회 적응기술 등 여러 면에서 낮은 결과를 보이고 있다.[24] 물론 이런 발견들이 10대 임신에 의한 결과만은 아니다. 임신 육아를 경험한 청소년 부모와 아이를 갖지 않은 부모를 서로 대비해볼 때, 10대 임신과 출산, 육아는 그 사람의 인생 전체에서 교육과 직업, 사회성과 결혼에 급격한 변화가 올 수 있음을 확실히 보여준다. 이는 분명히 성적 충동에 반응하여 청소년들이 행동했을 때 갖게 되는 장기적인 영향이다.

3. 문제 도피

매년 수많은 청소년들이 가출한다. 이들 중 상당수는 학교에서 좌절하고, 부모와 관계맺기가 어렵고 대화가 안 되며, 자존감이 결여되고, 가족 구성원의 학대를 받으며, 충동적이고, 동료들과 문제들을 가지고 있다.[25] 많은 젊은이들이 역기능 가족에서 나오며, 그들 중 일부는 집에서 쫓겨난 가출자들도 있다. 상담자들은 어린 시절의 외상이 오랫동안 영향을 미친다는 것을 잘 안다.

집을 떠나는 가출이 문제들로부터 도피하는 유일한 방법은 아니다. 어떤 사람들은 알코올과 약물의 도움을 받거나 심리적으로 세상으로부터 멀어지려 하고 또 다른 사람들은 도박으로 도피하는 사람들도 있다. 이러한 행동이 10대들 사이에서 증가하고 있는데, 이는 그 행동들이 재미있고 흥분되며, 다른 문제들로부터 자신을 분산시켜주기 때문이다. 그러나 비용이 많이 들고 오래 지속될 수 있다.[26] 또 다른 젊은이들은 자살을 선택하여 문제들로부터 도피하려 한다. 미국 자살학회에 의하면, 자살이 청소년 사망 원인의 세번째로 사고와 살인 다음이다. 이는 대학생들에게는 더 흔한 일이 되어버렸다.[27]

그 이유들은 다양하다.[28] 사회적 압력, 자살을 시도한 동료들의 사례, 청소년 우울증, 슬픔, 낙심, 자존감 문제, 때로는 수재가 되려는 압박으로 자살에 이른다. 많은 청소년들에게 있어서 자살은 대인관계의 충돌 후에 시도되기도 하며, 나중에 죽음에 대하여 알게 될 사람들의 태도와 행동, 감정 등에 의해 많은 영향을 받는다. 청소년들은 때로 인생의 문제들을 효과적으로 대처해나갈 수 없기 때문에 자살을 시도하기도 한다. 이러한 자살 시도들은 삶의 진정한 의미는 사라지고 죽고 싶은 욕망이 나타나게 된다. 그러나 대부분은 그들의 궁극적인 삶의 문제들에 대해 고민하면서 외부의 도움을 요청한다.

자해와 문제로부터 도피하는 또 다른 형태들은 참으로 민감한 것들이다. 젊은 운동선수들은 운동 기술과 업적을 통하여 그들의 정체성을 확립하며 삶에 대한 가치를 느낀다. 만일 이런 운동선수들 중 하나가 팀으로부터 빠지거나 부상으로 운동을 못하게 되면 그 영향력은 대단할 것이다. 우울증과 분노, 자기 정체성의 혼돈, 실패감, 낮아지는 자존감, 거부감, 타인으로부터의 물러남 등이 따르며, 때로는 분노가 폭발하여 뛰쳐나가기도 하고, 자포자기하여 자해하는 행동들을 취하게 되며, 과음과 약물 남용, 무책임한 가출의 형태로 나타나기도 한다.

4. 문제들과 함께하기

모든 청소년들이 그들의 문제들을 억누르며 외부로 표출하고 도피하는 것은 아니다. 일시적으로 건강하지 않은 반응을 보인 사람들도 대부분 그들의 문제들에 정면으로 도전하며, 친구들이나 믿을 만한 어른들과 그 문제들에 대해 이야기하며, 실패를 딛고 일어서려고 더 열심히 노력하며, 실수들을 통해 배우면서 청소년기를 비교적 원만하게 헤쳐나간다. 이러한 청소년들이나 그 부모들은 예방적이고 교육적이며, 지지적인 상담활동을 통해 많은 유익을 얻을 수 있다. 그러나 그들이 도움을 청하러 나오는 것은 매우 드물기 때문에, 기독교 상담자들은 적응의 문제들이 10대들과 그들의 가족 그리고 사회를 분열시킨다는 것을 염두에 두어야 한다.

• 청소년 문제와 상담

청소년 문제의 접근 방법에는 두 가지가 있다. 하나는 해당 청소년을 상담하는 일이고, 다른 하나는 그 부모를 돕는 일이다. 두 경우 모두, 상담자는 청소년들의 갈등에 대한 폭넓은 이해와 10대들의 내면의 갈등과 가족관계 안에서 형성된 여러 종류의 긴장들에 대해 잘 알고 있어야 한다. 청소년들을 상담할 경우 그들의 세계와 음악, 비디오게임과 언어, 가치관에 대해 잘 알고 있는 것이 중요하다. 몹시 놀랍고 혐오스러운 일에 대해서도 판단하거나 비난하지 말고, 열린 마음과 호기심으로 배우라. 10대들의 세상을 이해하려는 의지는 10대들과 그들의 세상을 변화시키는 데 큰 영향을 줄 수 있다.

경험이 많은 어느 치료자는 "상담자들은 부모와 청소년 자녀와의 관계가 재연결되도록 도와줄 수는 있지만, 가족을 재창조할 수는 없다"고 진술하였다. 우리는 섹스, 마약, 술, 그리고 난폭한 언론 출판물 등을 열두 살 아이들도 쉽게 손에 넣을 수 있었던 시절이 있었음에도 자신의 10대 시절을 이상적인 시기였던 것처럼 회상한다.[29]

10대들과 부모들은 서로의 관계에서 압력과 긴장으로 상처를 주며 이로 인하여 자주 혼돈과 실망을 경험한다. 거기에는 분노와 자존감 상실, 미래에 대한 고민과 걱정, 과거에 대한 죄책감 등이 있다. 편견 없이 그러한 문제들을 이해하고 수용하는 상담자는 그 부모와 10대들에게 모두 효과적으로 영향을 미칠 수 있다. 상담자가 민감성과 침착성 그리고 온정을 가지고 그들의 비난과 칭찬을 잘 소화하여 상담 기간 동안 안정적으로 인내하며 나아갈 때 상담의 영향력은 훨씬 더 증폭될 것이다. 청소년들과 그 부모들은 안정적인 돌봄과 현명하고 자신감 있는 조력자를 필요로 한다.

1. 부모 상담

제13장 아동기에서 부모들이 자녀 문제들에 대해 어떻게 대처해야 하는지 많은 방법들을 살펴보았다. 많은 원칙들은 청소년들의 부모에게도 똑같이 적용되며 이 장에서는 추가적인 지침들을 몇 가지 살펴보고자 한다.

(a) 지지와 격려 : 청소년 문제들이 발생할 때, 부모들은 종종 자신들이 좋은 부모가 아니라고 스스로를 비난하면서 자녀들이 어떤 재난을 향해 나아가고 있다고 결론을 내린다. 만일 부모가 자신의 감정들을 무시하거나 교묘히 둘러대면 상담자가 아무런 도움을 줄 수 없을 것이다. 그러나 상담자들이 부모들을 안심시키고 격려하는 것은 가치 있는 일이다. 거의 모든 청소년들, 심지어는 효과적인 부모양육을 받은 청소년 자녀들조차 분노와 반항, 회피, 낙심과 자아 비판의 시기를 통과한다.

앞에서 진술한 바와 같이 유일하게 완전무결한 부모인 하나님도 반항하는 자식을 두었다.[30] 하나님이 부모들의 고민을 알고 계신다는 사실이 부모에게는 큰 위로가 된다. 또한 10대 자녀들과 갈등을 겪는 부모들이 그들만이 아니라는 사실과 10대들 대부분이 나이가 들어가면서 정상으로 돌아온다는 사실을 기억하는 것도 큰 도움이 된다. 부모는 가정에서 자녀의 말을 편안하게 들어주며, 10대 자녀를 이해하려고 애쓰고 10대들의 태도나 행동이 못마땅할지라도 사랑을 보여야 한다.[31] 가장 중요한 일은 가정에서 청소년 문제를 포함하여, 모든 문제들을 해결하는 최선의 방법을 알고, 안내해주시는 하나님의 신성한 도움을 매일 지속적으로 구하는 일이다.

10대들이 독립적으로 성장하는 것은 부모들에게 정체성의 위기를 야기한다. 부모들은 그들 자신의 역할 변화와 자녀들의 독립에 대해 수용하기 힘들어한다. 10대들의 문제를 논의할 때, 거의 언급되지 않지만 청소년 자녀들의 성장은 부모에게 있어서는 자신의 노화를 떠올리게 하며, 매력의 감소와 생활방식이 만족스럽지 못하다는 것을 의미할 수도 있다. 이런 사항을 보지 못하고 또 수용하지 않는다 해도 어떤 부모들은 10대 자녀들의 왕성한 성적 매력과 자유 분망함, 끝없는 기회들, 밝은 미래와 새로운 경험과 시도, 위험에 대한 도전 등을 질투한다. 반대로 부모들은 실망하고, 성취하지 못한 삶에 갇혀 있으며, 미래에 대한 희망이 없고, 무기력해하며, 자녀들이 어떻게 될 것인가에 대해 불안감을 갖는다. 부모들이 갈등하고 있는 사실을 인지하고 있는 상담자들은 부모들이 자신의 정체성 위기를 극복하도록 도움으로써 청소년들을 도울 수 있다.[32]

(b) 가족 상담 : 10대들의 스트레스가 모두 부모의 잘못이라고 말할 수는 없지만, 그렇다고 부모들에게 전혀 잘못이 없다는 것은 아니다. 청소년이나 가족 구성원 중 한 사람에게 문제가 있을 경우, 문제의 원인은 주로 가족의 역기능에 있다. 예를 들면 부모에게 심각한 부부 문제들이 있을 때, 자녀들은 집에 잘못된 문제가 있음을 의미하는 가시적인 행동을 표출하며 가출을 하기도 한다. 자녀나 청소년의 문제들은 부모들이 자녀들의 문제에 집중하는 동안 부부의 문제들을 분산시킨다.

어떤 상담자들은 청소년기의 아들 또는 딸에게 문제가 있을지라도 상담을 처음 시작할 때 전 가족이 상담을 받도록 권한다. 문제가 있는 사람은 아마도 가족 안에서 문제들을 더 깊이 반영하기 때문이다. 가족 전체가 제대로 역할을 수행하도록 도움을 받으면 청소년 문제가 극적으로 쉽게 해결된다.

물론 모든 10대 문제들의 원인이 가족의 역기능에 있는 아니다. 그러나 어떤 상담자들은 10대의 문제들이 가정이 아닌 다른 원인에 있을 때에도 가족들에게 잘못이 있다고 가정하면서, 가족들이 변화하도록 압력을 가한다. 가족 상담은 청소년 자녀의 독립에 대한 요구의 재조정 등 10대들의 문제가 가족간의 갈등과 연결되어 있을 때 가장 효과적이다.[33]

(c) 한계 설정 : 청소년기의 가족 갈등은 청소년기 초기에 부모가 자녀에게 주려고 하는 자유보다 더 많은 자유를 자녀가 요구할 때 야기된다. 청소년들은 "부모가 자신들이 너무 완고하고 비합리적이지 않은가"라고 생각할 때 그들에게 한계 설정에 적의를 가지고 반항한다. 어떤 부모들은 그들의 반응에 위협감을 느낀다. 반면 어떤 부모들은 한계 설정의 규칙들을 더 강화하고 협상과 양보를 거부한다. 많은 부모들은 부모로서의 자신의 능력을 의심하기도 한다.

청소년들의 요구에 반응하기 전에(부모가 양보하면 청소년들은 점점 더 많은 요구를 하게 됨), 부모는 모든 가족 구성원들이 권리를 가지고 있다는 것을 인식할 필요가 있다. 이러한 권리들을 확실히 하기 위해 반드시 몇 가지 한계를 설정하고 유지하여야 하며, 여기에는 융통성과 대화, 그리고 토의가 있어야 한다. 부모는 가족 구성원 모두에게 그들의 말과 행동으로 사랑과 수용, 존경을 보여주어야 한다. 이러한 모습이 잔소리나 비판, 또는 충고를 주는 것보다 훨씬 더 효과적이다. 10대들이 더 성장해가면 부모는 그들에게 더 많은 자유를 줄 수밖에 없다. 그러나 타인에 대한 관심과 배려 및 권리를 항상 강조해야 한다.

상담자들은 부모들이 실제적이며 청소년들의 요구에 민감한, 그리고 성경적 가르침에 합당한 한계를 설정하도록 돕는다. 어떤 부모는 이미 무엇을 해야 할지 알고 있으나, 특히 가족 스트레스 문제 상황에 있을 때는 외부의 지원을 받을 필요가 있다.[34]

(d) 영성 지도 : 부모들과 교회 지도자들은 10대들이 부모의 종교를 떠나 다른 종교나 다른 형태의 영적인 것을 탐색하는 것에 많은 고민을 해왔다. 이러한 종교의 탐색이 항상 건강하지 않은 것은 아니다. 대다수의 젊은이들은 부모의 신앙을 따라가기보다 자기 자신의 믿음을 찾고자 노력한다. 만일 가족의 종교가 기독교인에 대한 온정과 이해, 수용과 용서에 기초하지 않고 완고한 율법에 근거하고 있을 때, 어린 시절의 신앙 훈련에서 멀리 떠나게 된다. 만일 부모가 융통성이 없고 율법적이며, 가족의 사회적 지위와 이웃에서의 수용, 교회 안에서의 힘과 위치 등을 크게 생각한다면, 청소년 자녀들의 반항은 더 클 수 있다. 때때로 이런 가족들의 태도에는 부모들의 불안과 불안정이 내재하고 있다. 이러한 부분의 상담도 많은 도움이 되지만, 그 부모들이 영적으로 성장하도록 성경적 가치관에 기초한 기독교인의 삶을 살아가도록 지속적인 도움을 주는 것이 더 효과적이다. 이러한 영적 상담은 그 부모들과 간접적으로 도움을 받는 가족 구성원들 모두에게 유익하다.

2. 청소년 상담[35]

청소년 상담에서 가장 어려운 과업은 젊은 내담자 자신이 도움을 필요로 한다는 사실을 인식하게 하는 일이다. 도움을 받기 위해 자발적으로 찾아오는 내담자들도 있지만, 대부분 청소년들은 상담의 필요성을 느끼지 않은 채 부모와 교사, 판사에 의해 상담실로 보내지고 있다. 이런 경우 상담자는 부모의 협력자로 보이기 때문에 초기부터 저항하는 경우가 많다. 그러나 모든 사람은 독특하다. 모든 청소년들이 다 저항할 것으로 기대하지 않는 것이 좋다. 10대들 스스로 도움이 필요하다고 인식하면, 기꺼이 상담을 받으려 한다.

(a) 관계 형성 : 상담의 시작 단계에는 정직과 존경, 온정과 단호함이 중요하다. 만일 저항한다면, 그것을 직접 다루며 내담자에게 반응할 기회를 주어라. "무엇 때문에 여기 오게 됐는지 말해주겠니?"라고 물어볼 수 있다. 만일 내담자가 대답을 하지 않으면, "자, 누군가 분명히 네가 여기 오도록 원했겠지. 너는 그 이유에 대해 다른 의견을 갖고 있을 텐데" 하며 의견을 묻는다. 내담자에게 존경을 표하며 판단과 비판하는 방법으로 질문하지 말아야 한다. 이는 단지 저항을 촉발시키며, 청소년의 방어를 증폭시킬 뿐이다.

토론의 주제는 구체적이고 확실한 문제에 초점을 맞추며, 내담자가 무엇을 말하는지 주의 깊게 들어주고, 감정을 표현하도록 권유하며 상담하는 동안에 감정적으로 무엇이 일어나고 있는지를 주기적으로 말할 시간을 갖는다. "정말 화가 난 것처럼 보이네" 또는 "지금 상당히 혼란스러운 것처럼 보이네" 등은 내담자의 느낌을 끌어내도록 자극을 주는 예들이다. 이 모든 것들은 편안한 분위기에서 비공식적인 대화 수준으로 한다.

(b) 한계 설정 : 10대들을 상담하는 과정에서 자주 힘겨루기 갈등이 일어나는데 이는 10대들이 조종과 강요, 그리고 지배를 하려고 하기 때문이다. 경험이 많은 상담자들이 10대들을 상담할 때, 다음과 같이 흔히 범하는 네 가지 실수들을 피한다면, 힘겨루기를 줄일 수 있다.[36]

실수 1 10대 내담자 유인하기 : 10대들은 상담받는 것을 자주 거부한다. 상담자가 10대들을 권면하고 상담실에 오도록 약속할 때, 그들에게 조종과 교섭권을 준다. 그리고 그에게 설명하기를, '만일 네가 참석하지 않으면 너의 부모가 만나서 너에 대하여 의논할 것이며, 너의 의견을 고려하지 않고 의사결정을 할 것이다'라고 말해준다. 10대들은 거의 첫 번 상담 회기에 나오며, 대부분 다음 회기에도 나오게 된다.

실수 2 부모에게 괴롭히는 것을 그만두라고 말하기 : 10대들도 프라이버시를 가질 권한이 있으므로 부모는 보다 관대해야 하며, 통제하는 것을 줄여야 한다고 말하기 쉽다. 그러나 사적인 프라이버시를 요구하는 것은 문제 있는 10대들이 자기 파괴나 자해행위, 때로는 불법행위를 감추는 수단이 될 수 있다. 청소년 자녀 양육에 사전지식이 없는 부모는 화를 내거나 일관성이 없는 반응을 보이는 경향이 있다. 이는 가족문제를 더욱 악화시킨다. 따라서 부모들과 중요한 타인들, 교사들, 또는 청소년 지도자들이 상담에 관여할 필요가 있으며, 최소한 상담실에서 무엇을 하고 있는지 알아야 한다.

실수 3 가족 비판에 한계 설정하지 않기 : 청소년들이 분노가 폭발했을 때, 그들 자신의 느낌을 자유롭게 표현하도록 놔두는 것이 항상 도움을 주는 것은 아니다. 왜냐하면 이런 행동은 갈등을 증폭시키고, 서로에게 상처를 주는 대화로 상황을 더욱 악화시키기 때문이다. 감정은 중요하다. 그러나 존경심을 가지고 감정을 표출하는 것이 필요하다.

실수 4 터널 비전(Tunnel Vision)에 응하기 : 부모와 10대로부터 들은 것에 대하여 너무 관심을 두지 마라. 그러면 큰 그림을 놓치게 된다. 예를 들면 학교에서 무엇을 말했는가? 지역에서는 어떻게 인지하고 있는가? 10대와 부모만을 의지하면, 그 문제 상황을 왜곡되게 볼 수 있다.

(c) 전이 : 앞서 기술한 바와 같이, 전이는 과거의 어떤 사람에 관한 감정을 현재의 누군가에게 옮겨놓는 개인의 경향을 의미한다. 예를 들면 아버지를 미워하던 어떤 내담자가 그 미움을 남자 상담자에게 전

가하는 것이다. 단지 상담자의 외모가 어떤 사람을 닮았다는 이유로 내담자는 적대감과 의심, 두려움 또는 칭찬의 대상으로 취급할 수 있다는 사실을 반드시 인식해야 한다. 상담자는 내담자와 이러한 전이 감정에 대하여 논의해야 한다. 이것은 내담자가 상담 시간을 통하여 제거할 수 있는 행동과 통찰력을 갖게 한다.

상담자는 내담자의 부모나, 영웅, 그들이 비교할 만한 다른 사람처럼 반응하지 않도록 노력해야 한다. 그리고 역전이가 일어나지 않도록 주의해야 한다. 이것은 내담자와 어떤 사람과의 유사성을 찾아보는 상담자의 경향을 의미한다. 예를 들어, 만일 내담자가 당신의 딸을 생각나게 하거나 이웃에 사는 문제아를 기억나게 한다면, 그 사람들에 대한 당신의 감정은 내담자에게 전이되어 상담자로서의 객관성을 잃게 된다. 이러한 감정은 내담자에게 보이지 않는 것이 최상이다. 그러므로 상담자는 다른 상담자와 이러한 역전이에 대해 상의하도록 하라.

(d) 문제 명료화 : 만일 상담자가 문제를 명료화할 수 없다면 내담자를 돕기 어렵다. 청소년 내담자들은 그들이 문제가 있다는 사실을 부인하려는 경향이 있기 때문에 상담을 하는 것이 도전이다. 내담자의 문제점들을 분류하거나 진단하려고 노력하는 대신에, 내담자의 학교와 여가활동, 관심사, 좋아하는 것과 싫어하는 것, 부모와 친구, 장래 계획, 종교, 이성교제, 성, 불안 등에 관련된 문제들에 관하여 이야기하도록 격려하는 것이 더 효과적이다. 위협적이지 않은 일상적인 대화로 시작한다. 예를 들면, "학교나 가족에 대해 말해볼래?" "최근 일어난 일들 중 흥미로웠던 일은 무엇이니?" 하고 묻는다. 그 후에 예민한 부분으로 나아간다. 이러한 모든 과정에서 상담자는 심문하는 사람이기보다는, 내담자의 말을 진정으로 잘 들어주고자 한다는 것을 보여주어야 한다. 상담을 시작하기 위해 일반적으로 질문이 필요하다. 그러나 일단 내담자가 말문을 열고 이야기를 시작하면, 상담자는 청소년 내담자가 자신의 두려움과 감정, 태도, 불평, 근심, 충동, 대인관계의 긴장, 개인적 방어와 그 외 다른 중요한 사안들에 대해 털어놓는 것을 이해하려는 의지를 보여야 한다.

(e) 목표 설정 : 내담자와 관계가 형성된 후에는 문제를 확인하고 초기의 행동계획들이 효과가 없는 이유에 대하여 어느 정도의 통찰을 거치는 것이 좋다. 제5장에서 자기 이해와 효과적인 대화법 익히기, 사람들을 돕는 기술 습득, 행동 변화, 지지하기, 그리고 영적 성장 자극하기 등의 목표들에 대하여 진술하였다. 이러한 목표들은 성인뿐만 아니라 청소년들에게도 적용된다.

어떠한 상황의 상담이라도 목표는 가능한 한 구체적이어야 한다. 만일 상담자와 내담자의 목표가 다르다면, 이 차이점은 해소되어야 한다. 만일 부모가 제3의 목표를 가져오든지, 10대가 협조하지 않고 그 목표에 동의하지 않는다면 아주 복잡한 문제들이 야기된다. 이러한 차이점들은 반드시 논의되어야 하며, 상담을 진행시키기 전에 어떠한 타협점을 찾아야만 한다. 상호간에 수용할 수 있는 확실한 목표가 설정되면, 내담자로 하여금 목표에 도달하도록 행동작업을 도와준다. 이것은 상담에서 매우 중요한 과정이다. 목표에 동의하기는 쉽지만 내담자가 목적을 성취할 수 있도록 행동변화를 도모하는 것은 매우 어려운 일이다.

(f) 비밀유지 : 상담을 받는 내담자들은 상담자에게 말한 모든 내용은 비밀유지가 되며, 상담실 밖에서 어느 누구와도 말하지 않는다는 것을 가정한다. 그러나 때로는 비밀유지가 안 될 때도 있다. 예를 들면 10대의 내담자가 자살 시도를 한다든지, 마약 중독과 과음 등의 문제가 있을 경우, 기독교 상담자는 과연 어떤 조치를 취해야 하는가? 그 부모와 학교 지도자들에게 또는 정부 당국에 알려야 하는가?

청소년 상담을 위한 새로운 규칙[37]

- **처음에는 흥미를 갖게 하고, 나중에 문제들을 다룬다** : 상담은 10대를 끌어들이지 않고는 불가능하다. 그러므로 "문제가 무엇인가?" 또는 "왜 여기에 있는가?"라고 물어보는 것 대신에, 10대들의 관심사와 그들의 영웅, 또는 친구들에 대하여 질문하는 것으로 시작한다.

- **내담자의 가족생활을 괴롭히는 것이 무엇인지 알아본다** : 예를 들면, "현재 너를 힘들게 하는 것 (걱정 또는 갈등)은 무엇이니?" 등의 가벼운 열린 대화로 시작한다. "네 가족에게 어떤 변화가 있었으면 좋을까?" 또는 "네 인생에 어떤 일이 일어나면 좋겠니?"라고 질문함으로써 내담자의 기대감을 알아본다.

- **상담의 경계를 없애라** : 어떤 상담자는 이에 동의하지 않지만, 10대의 내담자에게 한두 명의 친구를 상담 시간에 데리고 오도록 제안하며, 부모를 제외시키지 않는다. 왜냐하면 그들은 상담 과정에서 아주 중요하기 때문이다.

- **10대에게 기대감을 가져라** : 존경심과 예의를 가지고 약속시간에 맞춰 오고, 어리석은 행동을 저지르거나 부주의하지 않는다. 10대들로 하여금 자신의 행동들을 모델링하게 한다.

- **솔직한 감정의 피드백을 주라** : 많은 10대들은 상담자들이 무엇을 생각하고 있는지 전혀 내색하지 않는다고 불평한다. 청소년들에게 상담자가 무엇을 생각하는지, 그들의 질문에 답하고 조언하는 일을 두려워하지 말라.

- **상담 시간에 대하여 융통성을 가져라** : 10대들은 상담 시간이 항상 50분으로 정해져 있는 것을 원하지 않는다. 상담 시간은 늘어날 수도 있고, 줄어들 수도 있는데, 이는 내담자의 필요와 대화에 따라 융통성을 갖는다. 상담자는 융통성 있게 상담 약속을 하지 않은 경우에도 상담을 할 수 있다.

- **부모는 자녀들의 세계를 알아야 한다** : 부모가 10대 자녀들의 친구에게 집을 공개할 수 있도록 권면한다. 10대들의 음악과 관심사를 알고 동시에 서로 존경심을 갖도록 한다.

- **비밀유지를 약속하지 말라** : 적어도 서구사회에서 10대들은 상당한 프라이버시와 독립성을 갖고 있다. 상담자는 10대들의 프라이버시를 존중하지만 때로는 부모나 다른 사람들에게 말하는 것이 좋다는 것을 인식시켜라. 하나의 목표는 청소년 내담자를 보호하는 것이며, 다른 하나의 목표는 부모와 교사가 그들을 도와 최고가 되도록 만드는 것임을 지적하라.

상담자가 청소년 내담자와의 비밀유지 사항을 지키지 않아도 되는 경우는 다음과 같다.[38]

- **어떤 법이 필요한가?** 미국과 캐나다의 모든 주에서, 그리고 다른 많은 국가에서, 상담자는 '법으로' 아동학대, 특히 어린 청소년의 학대를 보고하도록 되어 있다.
- **상담자가 보고하려는 문제가 무엇인가?** 사람이 자살을 시도할 때, 다른 사람에게 위해를 가할 때, 또는 범죄를 시도할 때 등은 비밀을 유지할 필요가 없다. 이러한 의도에 대한 보고는 모든 사람의 최대 관심사다. 즉시 경찰에게 보고할 필요가 없다면, 자살 위협 또는 타인 상해 같은 것은 그 부모

에게 말해야 하는 것을 의미한다. 학대와는 다르게 자신이나 타인을 상해하려고 시도하는 것을 보고하는 중앙 부서는 없다. 상담자들은 성적 행위, 음주, 그리고 약물 사용에 대한 보고에 대하여 결론적으로 합의에 도달하지 못했다. 부모는 미성년 자녀들에 대한 법적 책임이 있으므로, 자녀들의 이러한 행동에 대해 알 권리가 있다. 그러나 대부분의 상담자는 청소년 내담자의 문제행동이 자주 일어나지 않고, 일회적인 경우에 그냥 조용히 비밀로 한다.

- 비밀을 유지하지 못하면 상담 관계는 어떻게 되나? 이는 신뢰를 깨고 상담 과정을 파괴하는가? 10대들과 함께 일하는 전문 상담자들은 부모와 청소년 내담자에게 첫 상담에서 비밀유지하는 것과 하지 않는 것에 대하여 언급하고, 관계되는 모든 사람들은 동의서에 서명을 한다.

  상담자가 처음에 내담자들에게 어떤 것들은 비밀로 하지 않는다고 말하면 나중에 별로 놀랄 일이 없다. 상담을 하는 동안 상담자가 비밀 정보를 알려야겠다고 결심하면, 내담자에게 먼저 알려주고, 이와 같은 결정에 대한 내담자의 반응을 본다. 때로는 비밀을 유지하지 않은 것이 유지하는 것보다 내담자에게 더 유익하며 상담 관계를 보호하는 경우들이 있다.

- 상담자의 가치관은 무엇인가? 어떤 상담자는 청소년들의 전형적인 행동들에 대해 정보를 나누려 하지 않는다. 그러나 기독교 상담자는 보다 높은 기준을 가지고 10대들이 보여주는 흔한 행동일지라도 그것이 청소년들에게 개인적, 심리적, 영적으로 해가 된다면 그 부모에게 보고해야 한다.

(g) 단체 상담 : 궁극적으로 기독교 상담자는 청소년들이 그들의 삶에서 믿음과 내적 안정을 찾고 대인관계에서 그리스도를 사랑하는 성인이 되도록 도와야 한다. 내담자들이 이러한 목표를 성취할 수 있도록 상담자들은 내담자의 현재 문제들에 초점을 맞춰 그들의 생각과 지각, 행동이 변하도록 상담한다. 때로 집단 상담을 권유할 수 있다. 이는 대인관계의 문제, 쉽게 포기하는 문제, 가족 학대, 알코올중독 부모, 만성 불치병을 앓는 친척을 가지고 있는 청소년들에게 특히 도움이 된다. 집단 상담에서 서로 나눔을 통해 서로를 지지해주며 청소년들이 어떻게 타인과 효과적인 관계를 맺을 수 있는지에 대하여 가르칠 수 있다. 때때로 이는 그들을 자유케 하여 인생의 문제들에 대한 궁극적 해답을 찾는 영적 성장의 기회를 제공하기도 한다.

청소년 문제 예방

병아리가 알에서 나올 때, 달걀 껍질을 깨고 밖으로 나오기 위해 많은 노력을 한다는 것은 잘 알려진 사실이다. 만일 동정심이 많은 관찰자가 껍질을 깨고 나오는 것을 도우려 한다면, 병아리는 별로 힘들이지 않고 밖으로 나올 것이다. 그러나 병아리가 건강하게 정상적으로 살기는 어려울 것이다. 왜냐하면 삶의 스트레스를 극복하기 위해 준비된 힘이 없고 어려움을 경험하지 않았기 때문이다.

어떤 면에서는 청소년들도 그 어린 병아리들과 비슷한 점이 있다. 아동기의 구속으로부터 벗어나는 것은 고통스럽고 어려울 수 있다. 그러나 도전하는 과정에서 실패할 수도 있지만 그러한 도전을 통하여 청소년들은 자신감과 능력, 지식들을 획득하게 된다. 부모와 정이 많은 어른들은 때때로 청소년들의 모든 문제들을 예방하려 하고 10대들을 인생의 스트레스로부터 보호하려고 한다. 그러나 이는 불가능할 뿐만 아니라 그릇된 양육방법이다. 대신에 젊은이들이 불법행위와 부도덕한 성생활, 심각한 정서불안, 학업 실패, 대인관계 갈등, 믿음의 상실 등 고통스럽고 불필요한 결과들을 연속적으로 경험하지 않고 성숙할 수 있도록 도와주어야 한다. 상담자와 기독교 지도자들은 청소년기 자녀들을 위해 그들의 부모를 돕고, 젊은 이들이 청소년기에 고통스런 함정에 빠지지 않고 성숙할 수 있도록 몇 가지 방안들을 제안하고 있다.

1. 영적 기초 쌓기

청소년기를 준비하기 위해 시작해야 하는 최적의 시기는 적어도 청소년기가 시작되기 10년 전이라고 사람들은 말한다. 의사소통 기술, 상호존중, 타인 배려, 문제에 대한 열린 태도 등을 개발시킴으로써 부모는 10대 자녀들에게 문제가 발생할 때에 즉각적이고 정직하게 그 문제를 다룸으로써 자녀들을 도울 수 있다.

이 훈련은 영적 영역에서도 아주 중요하다. 청소년들은 말은 하면서 행동이 거의 없는 신학적 율법주의와 종교에 감명받지 못한다. 그러나 부모들이 예수 그리스도에게 진심으로 헌신하며 매일 기쁜 마음으로 예배 드리고 섬기는 살아 있는 믿음을 보일 때 보다 깊은 감명을 받는다. 부모들이 영적 성장을 배울 때, 가정에서 더욱 큰 사랑과 안정, 수용, 용서를 발휘할 수 있다. 이렇게 튼튼한 영적 기초를 만들어줌으로써, 청소년들은 미래의 삶을 계획하고 문제들을 해결하며 확고한 가치관을 형성하여 건강한 삶을 살아갈 수 있다.

2. 건강한 가족 모델과 안정성 구축하기

부모의 모델은 청소년의 삶에 있어 가장 효과적이고 예방적인 영향을 준다. 부모들이 어떻게 삶의 스트레스를 다루며, 차이점을 극복하고, 유혹에 대처하는가? 그들의 결혼 생활은 안정되어 있고, 주변 세상이 온통 혼란의 와중에서 스트레스를 받을 때, 가족은 안식처를 제공해줄 수 있는가? 교회가 10대들의 문제를 예방하는 방법은 부모의 결혼 생활이 더 나아지도록 자극하는 일이다. 부모들이 자녀들의 행동과 사고가 어떻든 간에 자녀를 사랑하고, 있는 모습 그대로 수용하며, 이해하려고 노력하고, 장점들을 지적해주며, 끝없는 잔소리를 하지 않도록 부모를 격려하라. 상담자는 부모들이 크고 중요한 문제들을 선택하여 집중할 때 더 좋은 결과를 가져온다는 것을 인식하도록 돕는다.

청소년 문제 예방에서 가족의 중요성을 지지하는 연구들이 많이 있다.[39] 논문들은 결론에서 중요한 경험적 지지를 주고 있다. 효과적인 양육은 행동장애, 폭력과 공격적 행동, 비행, 불법행위, 약물남용, 우울, 자살, 10대 임신, 에이즈(AIDS), 낙제, 섭식 장애 등 여러 종류의 청소년 문제들을 예방할 수 있다.[40] 가족을 기초로 하는 두 가지 접근이 특히 유효하다고 증명되었는데, 하나는 더 좋은 부모가 되도록 부모를 가르치는 일과 다른 하나는 대화 기술과 의사결정 및 문제 해결 등을 포함하는 가족 관계 기술을 가르치는 일이다. 이와 관련된 세미나는 대중적 연사에 의한 세미나보다 가족들에게 실제로 적용하여 훈련할 수 있는 소그룹 활동과 가르침이 더 효과적이고 유익하다. 그리고 가족 기능을 향상시키는 가족 상담이 가족 구성원 모두에게 혜택을 주며 도움을 줄 수 있다.

3. 교육

10대들을 위한 다양한 학교 교육 프로그램이 개발되어 음주, 마약, 무절제한 성관계, 그리고 그와 관련된 여러 문제들에 대하여 교육을 받도록 하고 있다. 청소년들은 그들의 교사들보다 마약과 섹스에 대하여 더 잘 알고 있거나 또는 알고 있다고 생각한다. 그러나 교육을 통한 실제적인 지식은 '한번 해보자' 는 호기심과 또래들의 압력에 의해 희미해진다. "마약은 안 돼"라고 말하는 것은 10대들을 위한 훌륭한 목표지만, 또래 압력 앞에서 "안 돼"라고 말하는 기술을 습득하지 않은 사람에게는 이러한 슬로건은 별 도움이 되지 않는다. 10대 자살을 예방하기 위한 교육적 노력은 자살이 결코 매력적이지 않다는 소리로 들릴 때에 건설적이고 창의적이다. 자살에 대한 실제적인 정보가 학생들에게 주어져야 하며, 또래 압력을 창의적인 의미를 갖는 방법으로 대처할 수 있도록 보여줘야 한다.

마약과 성, 건강에 대한 교육 프로그램은 정말 필요하다. 그리고 마약과 난잡한 성으로 인한 고통을 경험한 사람들이 교육할 때 더욱 효과적이다. 중요한 것은 도덕과 가치의 기준, 옳고 그름에 대한 성경적 가르침이다. 이러한 문제들은 솔직하고 정직하게 논의되어야 하며, 청소년들이 이러한 경험들로 문제가 생기기 전에 가정에서 하는 것이 좋다. 더욱이 청소년들이 사랑과 수용에 대하여 도움을 받을 수 있다면, 그들은 마약에 의한 황홀함이나 비도덕적 성관계 그리고 자살을 시도하려는 욕구가 줄어들 것이다.

기독교 부모들과 교회 지도자들은 규칙적으로 자녀들을 위해서 기도하면 하나님이 자녀들을 지켜줄 것이라고 믿는다. 이것은 타당성 있는 결론이다. 그러나 때때로 그것은 문제가 발전되는 것을 간과할 수 있으며, 매일 10대 자녀를 만나야 하는 부담에 대해서 아무것도 하지 않아도 된다는 변명이 되기도 한다. 하나님은 우리의 삶에 직접적으로 관여하신다. 하나님은 우리의 기도를 분명히 응답할 때가 있고, 부모와 청소년 지도자 그리고 교회 교사들에 의한 가르침과 경고를 통하여 청소년들을 보호할 때가 있다. 만일 성관계, 피임, 술, 청소년 임신, 그리고 마약에 대하여 가르치지 않는다면, 이러한 것들에 대한 학습은 결코 받을 수 없을 것이다. 이러한 문제들이 일어나기 전에 솔직하게 논의된다면, 이러한 것들에 대한 유혹이 생길 때, 자유롭게 다시 논의할 수 있을 것이다.[41]

4. 대인관계 지원 자극하기

동료 지원과 격려는 인생의 전 과정에서 매우 중요하며, 특히 청소년기는 더욱 그러하다. 물론 10대의 반항, 약물남용, 음주, 부도덕한 성행위 등이 교회와 유사교회 그룹에서도 일어나고 있다. 그러나 친구들과 감수성이 예민한 지도자들이 문제를 의논할 장소를 제공하고, 정서적, 사회적 지원과 젊은이들이 재미있게 살 수 있도록 돕고, 자존감 향상과 영적인 가르침과 방향을 제시해줄 때 교회는 젊은이들에게 긍정적이고, 예방적인 영향력을 행사할 수 있다. 앞에서 논의한 바와 같이 본을 보이는 모델링은 청소년 교육에 가장 중요한 수단이 된다. 나이든 장년층들이 청소년을 이해하며 그들의 존경을 얻고 있다면 그들은 모델 또는 멘토가 될 수 있으며, 이는 10대들에게 큰 영향을 미칠 수 있다.[42] 그러므로 상담자와 부모는 그러한 청소년 지도자와 효과적인 청소년 단체들의 중요성을 절대로 과소평가해서는 안 된다.

5. 지도하기

직업 선택과 살 장소 찾기, 이성교제, 정체성 개발, 가치관 형성, 믿음에 대한 결정 등은 청소년으로서 반드시 직면해야 할 결정들이다. 부모와 학교 카운슬러, 교회 지도자, 기독교 상담자들은 청소년들이 결정을 내리는 데 안내와 격려를 해줄 수는 있지만, 그들을 대신하여 결정을 내릴 수는 없다. 청소년 집단 훈련과 수련회를 통하여 이러한 문제에 대해 토의와 사고를 자극할 수 있으며, 부모들도 이런 과정에 함께할 수 있다.

청소년기에 대한 결론

청소년이 되는 것은 쉬운 일이 아니며, 청소년기의 젊은이들을 돕는 일도 쉽지 않다. 그러나 이 시기의 위기에 대한 본질이 확실히 과장되어왔다. 각각의 발달 시기에서 요구되는 적응과 변화들을 고려해볼 때, 대부분의 젊은이들은 상당히 바람직한 모양으로 성인기에 도달한다. 예수님께서 승천하시기 전에 제자들에게 자기가 없는 동안 완수해야 할 책임을 주셨다. 그것은 제자를 삼으라는 것이다.[43] 가정보다 이 일을 더 효과적으로 행할 곳이 어디 있겠는가? 자녀들이 10대가 되었을 때 부모의 훈육은 부모가 어떻게 예수님을 따라가는지 말씀과 실행의 가르침으로 제자화를 하는 것이다. 청소년기는 긍정적 강화, 사랑, 부모의 모범과 기도의 능력에 반응할 수 있는 충분한 시기다. 상담자와 부모로서의 과업은 청소년들에게 부모가 정해놓은 틀과 종교적 교리를 강요하거나 조정하려고 시도하기보다 자녀들이 기독교인으로서 인격적으로 성숙하도록 돕는 일이다. 이런 일보다 더 도전적이고 보람 있고 중요한 일은 없을 것이다.

상담자들을 위한
요점 정리 14

■ 청소년기는 인간발달 단계에서 혼동과 도전, 좌절을 가장 많이 경험하는 시기이지만, 청소년기의 스트레스와 혼란은 많은 상담자들과 부모들이 걱정할 수준으로 아주 나쁜 것은 아니다. 이 시기에 대략 10~20% 정도가 심각한 혼란을 겪는다.

■ 청소년기는 아동기에서 성인으로 성장하는 시기이며, 10대들과 그 가족들이 직면하는 거의 모든 갈등은 이 시기의 중요한 변화와 성장을 반영한다.

■ 청소년기는 다음과 같이 세 단계로 나뉠 수 있다.
· 초기 청소년기는 대략 10~11세에서 시작하여 약 2년 정도 지속되며 급성장, 성적 성숙, 또래들의 영향과 부모로부터 독립하려는 새로운 욕구가 생기는 것이 특징이다.
· 중기 청소년기는 약 14~18세의 시기로, 신체 변화에 대한 적응과 부모로부터의 독립 욕구, 성욕구와 성 경험의 증가, 잦은 이성교제, 때로는 마약과 음주, 인터넷을 포함한 신기술과 영적인 것에 대한 관심이 증가한다.
· 후기 청소년기는 20대 초반까지 확장되며, 자신의 정체성과 대인관계, 미래, 가치관 그리고 핵심적인 신앙에 관련된 질문을 숙고하는 시기다.

■ 성경에서는 청소년기에 대한 언급이 전혀 없다. 아마도 성경이 쓰인 시대에는 청소년기를 아동기로부터 분리된 별도의 시기로 간주하지 않은 것 같다. 그러나 성경의 아이들과 청년들에 대한 가르침은 청소년기에 적용될 수 있다.

■ 청소년 문제의 많은 원인들은 다음과 같은 것들을 포함한다.
· 신체적 변화.
· 성적 변화.
· 대인관계 변화.
· 가치관과 도덕, 신앙적 믿음의 변화.
· 점진적 독립.
· 자존감 형성과 필요한 기술 습득.
· 미래에 대한 고민들.

■ 문제들은 아래의 방법들 중 한두 가지로 다루어진다.

- 청소년들이 혼자 갈등하고, 우울해하고, 안으로 숨으려 할 때 문제가 발생한다.
- 사회적으로 용납되지 않는 방법으로 문제들이 표출된다.
- 문제들은 가출, 마약, 음주, 공상 게임, 포르노, 과다한 인터넷 사용, 친구와 가족으로부터 소외, 또는 아주 심한 경우 자살로 문제들을 표출하려 한다.
- 청소년들은 이 시기의 문제들에 도전하며 문제들을 해결하려고 노력하면서 문제들과 함께한다.

■ 청소년기 상담은 부모 상담과 청소년 상담을 포함한다.

■ 부모 상담은 다음을 포함한다.
- 지지와 격려.
- 가족 상담.
- 한계 설정.
- 영적 안내 등.

■ 청소년 상담은 다음을 포함한다.
- 신뢰와 관계형성.
- 한계 설정.
- 전이감정 인지하기.
- 문제의 개념화.
- 목표 설정과 이를 위한 작업.
- 비밀유지에 대한 확실한 안내.
- 집단 상담.

■ 문제를 예방하기 위해 청소년기 전의 아동에게 영적 기초를 조성해주어야 한다.

■ 예방은 가족의 안정성과 부모 및 10대의 교육, 그리고 개인적인 지지와 안내를 포함한다.

■ 청소년들이 성인기로 잘 성숙해가도록 돕는 일은 때로 도전이며, 매우 보람되고 성취감을 주는 일이다.

15 >>
초기 성인기(20~30대)
Twenties and Thirties

29세의 목사인 넬은 그다지 변화를 바라지 않는 노인들로 구성된 작은 교회를 섬기고 있었다. 그 지역사회의 사람들은 종교성이 별로 없었다. 교인들은 넬과 부인을 매우 좋아했으며, 넬의 두 살 난 딸을 손녀처럼 사랑해 주었다. 신학교를 졸업하자마자 교회로 부임한 넬과 그 부인은 목회 소명에 대하여 한치의 의심도 없었으나, 교회가 전혀 성장하지 않는 상황에 대하여 점점 좌절하고 있었다.

그리 멀지 않은 곳에 20대, 30대를 중심으로 성장하는 교회가 있었는데, 그 교회 지도자들은 지역사회에 적극적으로 참여하고 있었다. 넬의 교회 사람들은 최근에 성장하는 새로운 교회의 활동에 비판적이었지만, 넬 부부는 자신들의 교회로부터 그리 멀리 떨어져 있지 않은 그 교회가 어떠한 활동들을 하고 있는지 궁금했다. 넬 부부는 자기 교회의 많은 교인들이 그 교회에 관심을 보였으므로 그들이 그 교회로 떠나면 어쩌나 걱정하였다. 교인들이 떠나면 자신도 다른 목회지로 떠날까 하고 생각해보았지만, 과거에도 그랬듯이 그것은 나이 든 교회 식구들을 저버리는 일이었다. 넬 목사 부부는 늦은 밤까지 어떻게 하면 두 교회가 연결될 수 있을까 의논하다가 '젊은 교회의 젊은 신자들이 나이 든 성숙한 신자들로부터 그들의 믿음을 배울 수 있으면 좋을 텐데'라고 생각하게 되었다. 만일 노인들이 그들의 완고함이나 편견들을 내려놓으면 그 두 그룹은 서로 배울 수 있을 것이다. 어느 날 넬 목사는 그의 꿈과 좌절에 대하여 교단의 나이 든 목사들과 의논했다. 그들의 반응은 의외로 강경하였다. 그들은 그 교회를 떠나는 것은 '신'을 저버리는 일이라고 넬 목사에게 말했다. 젊은 교회의 교인들과 연결하는 일은 '기독교인'이 아닌 '미성숙한 아이들 그룹'과 제휴를 맺는 것과 같다는 것이다. 만일 젊은 그룹과 연결하면 지금까지 꽤 오랫동안 존속해온, 믿음의 성도를 죽이는 결과가 된다는 것이다. 물론 교단의 나이 든 목사들은 새로운 젊은 교회에 대하여 선입견을 갖고 있었으며 교인들보다도 더 완고했고 젊은 교회에 대하여 위협을 느끼고 있는 것 같았다.

당신이라면 이 젊은 목사에게 어떤 상담을 할 수 있을까? 넬 목사는 총명하고 창의적이며 그리스도께 헌신한 목사로서 역동적인 교회 활동에 대하여 충격과 흥분을 감추지 못하고 있다. 그는 좌절감과 고독감 속에서 격려받지 못하고, 경제적으로도 곤란한 지경에 처해 있다. 하나님의 소명에 신실하기를 원하나 동역자들도 없고 아무도 격려해주지 않는다. 인근 교회의 친구들조차 그의 좌절감과 고통을 이해해주지 않았다.

물론 상황에 따라 다르겠지만 넬 목사는 나이 든 사람들 역시 좌절하고 있다는 것을 알게 되었다. 넬 목사와는 다르게 어떤 이는 직업이 없어서 혹은 지옥 같은 결혼 생활로, 또는 많은 빚 때문에 회한의 눈물을 흘리고 있었다. 넬 목사는 이렇게 고통당하는 사람들에게 다가가기 원했고, 하나님께 쓰임 받는 목사로 세상에 변화를 주고 싶었다. 그는 이러한 생각들로 고민하고 괴로워하며 교회에 남아 있다.

1991년 캐나다 소설가 더글러스 쿠플랜드(Douglas Coupland)는 『X세대 : 가속화된 세대를 위한 이야기 *Generation X : Tales for an Accelerated Generation*』[1]란 제목의 책을 출판했다. 모든 사람들이 다 동의하지는 않지만 쿠플랜드가 최초로 사용한 'X세대'라는 단어는 1960년대에서 1970년대에 태어난 젊은 사람들을 지칭하며 제2차 세계대전 후 베이비붐들의 자녀 세대를 말한다. 'X세대'는 그 부모 세대가 중년기에 접어들었고, 그들이 언제 태어났느냐에 관계없이 20대 또는 30대 초반의 사람들로 묘사된다. 베이비붐 세대들은 보통 1946년에서 1964년 사이에 태어난 사람들이다. 베이비 버스터(Baby Busters, 출생률 격감기에 태어난 사람)들은 1960년대 중반부터 1970년대 사이에 태어난 자들로서 X세대로 알려지게 되었다. Y세대는 그 후의 세대들로 모자이크 세대와 혼동되는 경향이 있으나, 최근에는 1977년부터 1994년에 태어난 이들을 말하며 밀레니얼(Millennials)이라고도 불린다.[2] 10대 후반에서 30대 중반의 시기는 성장하는 성인기와 젊은 성인기가 중복되는 시기라고 생각한다.[3] 성장하는 성인들은 자기 자신을 이미 10대라고 생각하지 않지만, 그렇다고 성인으로 부르기에도 불편하다. 많은 사람들이 부모의 집이나 대학에서 생활하고 있으며, 산업화된 문화 속에서 직업을 찾기 위해 훈련받으며, 결혼을 하고 가정을 이루는 사안들에 대하여 탐험하고 있다. 초기 성인으로 불리는 젊은 성인기의 사람들은 좀 더 안정적인 패턴으로 장래의 꿈과 희망을 추구하며 자리를 잡아가고 있다.

이 시기에 많은 용어들이 나이를 한정하여 형식화된 특징들을 묘사하고 있다. 예를 들면 X세대들은 염세적이며, 정신이 혼미하고, 게으르고, 불안감에 시달리는 세대로 간주된다. 한편 Y세대들은 좀 더 편안하게 자유를 추구하며, 가고 싶은 곳을 가는, 긴장이 약간 풀린 이상주의자들로 묘사된다. 그들에게 그 표현이 적절한가라고 물어보면, 그들은 아마도 나의 표현을 한 개인의 판단이라며 그것이 꼭 맞는 것은 아니라고 항의할지도 모른다.

이 책을 읽을 즈음에는 20대, 30대에 대한 새로운 호칭이 나와 있을지도 모르겠다. 그 호칭이 무엇이든 간에 이들 젊은 남녀는 원가족으로부터 벗어나 성인 세계에서 미래에 대한 계획과 정체성을 확립하고자 할 것이다. 30대에 접어든 대부분의 사람들은 결혼하여 어린아이들의 부모가 되어 있을 것이다. 노동력은 그들의 삶의 큰 부분을 차지하고 있으며 엄청난 구매력과 정치적 영향력을 갖게 된다.[4] 언론의 집중적 조명을 받는 중년기 또는 노년기 부모들과 청소년들 사이에 있는 샌드위치 신세인 이 젊은 성인들은 그들 고유의 필요와 자신의 문제들을 안고 있다. 그러나 상담학이나 심리학 저자들은 이 연령층이 안고 있는 문제들을 간과해왔다. 늦은 10대에서 30대 후반까지 연장되는 이 시기는 사랑, 성, 가족, 직업, 승진 등 인생의 중요한 사건들을 자각하면서 만족하는 시기다. 물론 이 시기는 강한 스트레스의 시기이기도 하다.

20대의 젊은 두 작가들은 이 시기를 '일사분기 인생(Quarter Life)의 위기'[5]로 묘사하며, 중년기의 위기와 많은 면에서 유사하다고 진술하고 있다. '나는 누구인가?'라는 질문의 답을 찾기 위해 어떻게 해야 하나? 만일 내가 더 이상 어린이가 아니라면, 만일 내가 실패한다면, 내가 내린 결정들이 옳은 것인가? 직업, 친구, 가족, 그리고 로맨스 사이에 어떻게 조화를 이룰 것인가? 대학에서 쌓은 지식과 경험을 세상에 나가 사용할 수 있을까? 이들은 이런 질문들로 고민한다.

30여 년 전, 다니엘 레빈슨(Daniel Levinson)과 예일대학 연구팀은 성년기에 대한 연구를 시작했다. 그들은 성년기를 4단계로 구분하였으며, 5~7년씩 이어지는 각 단계는 중복되는 부분이 있다.[6] 첫 단계는 17~21세 사이의 시기로서 '초기 성인 전환기'다. 이는 앞 장에서 다룬 청소년 후기와 중복된다. 인생의 발달단계에서 이 시기는 사람들이 미래에 대해 결정하는 시기다. 선택과 부모로부터의 분리는 고통스럽지만 많은 이들은 이 시기가 매우 도전적이고, 흥분되며, 어려우면서도 무서운 동시에 모든 것을 느낄 수 있는 시기라고 말한다.

이들이 22~23세가 되면 '성인기'라고 부르는 시기에 진입하게 된다. 이 시기는 실제적 결정들을 내려야 하는 사안들이 증가한다. 20대 중반의 시기는 사람들이 좀 더 신중하게 직업이나 직장을 결정하며, 많은 사람들이 결혼을 하고 부모가 되며 보다 안정적인 삶을 살아가게 된다. 많은 시도들이 이루어지며 개인차가 많이 나타날 수 있다. 어떤 이들은 계속 교육 받기로 선택하며, 정착하기 전에 여행을 하며, 결혼에 대한 결정을 지연시키기도 한다. '부메랑 아이들'로 알려진 이 그룹은 대학을 마치고 부모의 집으로 돌아가는데 생활비가 거의 들지 않고, 책임감도 적은 상태이기 때문에 미래에 대한 결정에 좀 더 여유를 갖게 된다. 이 시기는 탐험하고 탐색해야 할 많은 사안들이 있다. 결정을 내릴 때 너무 급하게 하거나 단기적 상황만을 고려하는 바람에 나중에 후회하기도 한다.

30세 전환기는 20대 후반부터 시작되어 30대 초반까지 연장된다. 이 시기는 과거의 선택을 점검하고 조정할 수 있는 재평가의 시기다. 이 시기는 자신의 능력과 재능, 그리고 어렸을 때 하지 못한 관심사들에 대하여 다시 관심을 갖기도 한다. 어떤 이들은 젊었을 때의 가치관이나 꿈이 비현실적이고 이룰 수 없는 이상이라고 결론을 내리기도 한다. 20대에 현명하지 못한 결정을 내렸거나, 자신의 인생에 전력하지 못한 사람들은 심한 좌절감과 불안정한 삶으로 인생을 허비했다고 생각할 수도 있다. 이런 생각으로 인하여 보다 안정적인 미래의 삶을 위하여 자신의 삶의 패턴을 바꾸려 노력하게 된다. 이들은 10년이나 일찍 중년의 위기를 맞는 격변의 시기를 거친다.[7] 어떤 이들은 성년기로 접어드는 30대에 삶의 토대를 이미 구축하고 놀라기도 한다. 나는 교수로서 내 성년의 많은 날들을 보내고 있지만, 30대가 되어도 전문직종과 인생항로에 안주하지 못하고 사는 젊은이들이 많이 있음을 깨달았다. 만일 그들이 5년 후에도 계속 방황하고 있다면 어떤 면에서 그들은 풍성한 삶을 살지 못하고 있는 것이다. 33~40세는 '안정기'로 접어드는 시기다. 가정과 직업, 지역사회에서의 요구들은 정점에 이른다. 이 시기는 직장 승진에 대한 경쟁이 있고, 경제적인 독립과 자립을 성취하기 위하여 많은 노력을 한다.

지금까지 진술한 내용들이 상담자에게 유익한 정보들을 제공하지만 젊은 성인기에 대한 논의는 그들이 살고 있는 시간과 장소, 여러 여건 속에서 다루어져야 한다. 이미 나이에 따라 분류한 호칭에서 보았듯이, 현재 20세인 세대와 과거 10년 전에 20세였던 세대와는 다르다. 그리고 미래의 20세 역시 다를 것이다. 지금 당신이 살고 있는 지역의 20대 또는 30대는 아마도 이 책의 저자가 살고 있는 지역의 사람들과는 어느 면에서 꽤 다를 것이다. '베이비붐 세대'에 대하여 생각해보면 이해가 빠를 것이다. 제2차 세계대전이 끝난 1946년 이후의 출생률은 세계적으로 급격하게 증가했다. 이는 전쟁에 참여한 군인들이 가정으로 돌아와 평화시대의 삶으로 정착했기 때문이다. 많은 국가의 임신과 출산의 증가는 전쟁 전 수준으로 도로 떨어졌지만, 특별히 4개국, 즉 호주, 뉴질랜드, 캐나다, 미국에서는 출산율이 20년 동안 계속 증가하였다.[8] 이로 인해 인구가 급격히 팽창하였으며 인구 팽창에 따른 사회 변화는 남아 있는 세대들에게 많은 영향을 미치게 되었다.[9] 이 세대는 디프테리아와 척추성 소아마비 같은 병이 없는 TV세대로 양육되었으며, 에이즈를 알고, 컴퓨터를 능수능란하게 사용하며, 우주여행에 친숙하고 많은 교육 기회를 경험하고 있는 세대다. 사회를 개혁하며 여성을 해방하고 물질적 풍요와 성 가치관의 변화와 다양성을 추구하고 기존 관습에 도전하는 세대다. 한편 이 세대는 마음을 여는 세대임을 자랑하지만, 지적으로 허약하고, 문화적으로 닫혀진 세대라는 비평을 받고 있다. 또한 이 세대는 물질적 풍요로움 속에서도 직장의 진급, 경제적 성장 등 경쟁을 하는 세대다. 전통 교회로부터 멀어진 반면 생동감 있고 역동적이며 감수성이 예민한 교회들로 대치되었다. 그중 많은 교회들은 거대한 교회로 발전하여 베이비붐 세대들에게 접근하는 데 성공했으나, 그들보다 더 어린 세대와 노인 세대들과의 연결에는 별로 성공하지 못했다는 비판을 받고 있다.[10]

가장 나이 든 베이비붐 세대들은 이제 은퇴 시기에 돌입하고 있다. 그들은 독특한 성격과 가치관, 서로 다른 기대감, 그리고 삶과 영성에 대한 각기 다른 시각을 갖고 있다. 그러나 20대와 30대의 특정 문화들은 나이를 뛰어넘어 적용되고 있다. 이런 문화의 특성은 성장하는 교회와 관계 있고, 정치 지도자, 영업 관리자, 교육자, 상담자들에게 경각심을 불러일으킨다.

• 성경과 초기 성인기

성경에 가장 자주 등장하는 인물은 다윗이다. 그의 생애가 구약 네 권에 기록되어 있고, 성경 전체를 통하여 그의 이름이 예수님 이름보다 더 많이 기록되어 있다.[11] 사울 왕을 피해 이동하는 다윗 왕의 생활 양식, 사울 왕의 핍박, 요나단과의 우정, 영적 성장, 결혼 생활의 어려움[12] 등 이 모든 것들은 그의 나이 30세 이전에 일어난 일들이다.[13] 시편의 많은 부분은 다윗이 젊었을 때인 성인기 초기에 씌어진 것들임에 분명하다.

성경의 많은 지도자들은 다윗과 같이 초기 성인기에 역사적으로 많은 흔적을 남겼다. 요셉은 30세에 바로 왕 다음으로 높은 애굽의 재상이 되었다.[14] 예수님은 30대 초반에 겨우 10대를 벗어난 사도들의 도움을 받아 모든 사역을 수행하였으며 역사를 바꿔놓았다. 초대교회의 많은 지도자들은 젊은 사람들이었던 것 같다. 그들 모두가 노력하였지만 하나님의 전능하신 방법으로 더 많은 쓰임을 받았다. "아무도 네 연소함을 업신여기지 못하게 하라"고 사도 바울이 디모데에게 쓴 기록은 아마도 디모데가 초기 성인기의 사람이었음을 짐작하게 한다. 바울은 디모데에게 "가르치고, 너의 삶과 믿음으로, 그리고 네 성결함으로 모든 믿는 자들의 본이 되라"고[15] 당부하였다. 또한 바울은 디도서에서 "너는 이와 같이 젊은 남자들을 신중하도록 권면하되 범사에 네 자신이 선한 일의 본을 보이며 교훈에 부패하지 아니함과 단정함과 책망할 것이 없는 바른 말을 하게 하라"고 디도에게 권면하고 있다.[16] 성경에는 초기 성인기의 사람들이 자주 언급되며 이 시기의 문제점들과 많은 근심 걱정이 같이 나오고 있다. 20대와 30대 사람들에게 특별히 고민이 되는 문제들은 불안, 낙담, 결혼, 성, 부패, 돈 관리, 직업, 경력, 부모와 자식 간의 관계, 유혹, 영적 성장 등이 있다.

• 초기 성인기의 문제점과 원인들

인생의 모든 시기와 마찬가지로 초기 성인기에도 올라가는 부분과 내려가는 부분이 있다. 이 시기는 성년기로 접어드는 흥분과 오랫동안 바라던 자유를 경험하고, 자신의 꿈을 추구하는가 하면, 위험부담을 안을 수도 있다. 또한 일이 계획대로 성사되지 않을 때는 과감하게 그만두거나 새로운 변화를 시도할 수도 있다. 혹자는 이 시기를 '인생 여정의 시작점'으로 진술하였다. 그들은 문제를 해결하기 위해 여정을 떠나는 것이 아니라 흥미로운 것들을 탐험하는 자유와 새로운 경험 그리고 친구들과 함께 근사한 시간을 보내기 위해 떠난다고 한다. 많은 사람들은 자신의 삶을 책임지는 일, 돈과 인간관계를 조정하는 일, 장래 일을 결정하는 것과 어렸을 때 무시했던 것들에 직면하는 일이 쉬운 일은 아니라는 사실을 깨닫게 된다.

문화적 추이와 가치관들이 변화하지만 젊은 성인들 역시 고독을 느낀다. 그들은 아마도 친구들에 둘러싸여 있고 자신의 활동에 몰두하고 있지만, '물이 새는 배에 홀로 서 있는 외로운 선원'처럼 고독감을 갖게 된다. 그리고 자신의 생존과 안정성과 미래의 방향에 대하여 고민한다.

이러한 젊은 성인들의 도전은 능력과 독립, 친근감과 삶의 방향, 그리고 영성 등 다섯 가지로 나눌 수 있다. 각각의 특성들은 젊은 성인들에게 도전과 문제들을 야기한다.

1. 능력

대부분의 아동기는 생존과 더불어 타인들과 공존하는 기술을 배운다. 나이가 들어감에 따라 공부하는 법, 문제 해결하는 방법, 스트레스와 갈등 대처법, 분노와 불안의 감정을 조절하는 방법, 부모와 친구들과의 관계 등에 대하여 배운다. 어떤 사람들은 복잡한 문화 상황에서 필요한 기술들을 습득하지 못함으로 실패를 경험하기도 한다. 성공적인 성인의 삶을 영위하기 위해서는 다양한 기술과 능력을 지속적으로 개발하여야 한다.[17]

(a) 신체적 기술 : 성인기가 되면 대부분의 사람들은 복장을 단정히 하고, 정기적으로 운동을 하며, 균형적인 식사의 중요성을 깨닫게 된다. 그러나 어떤 사람들은 건강하지 못한 식사, 요란한 다이어트, 수면 부족, 게으름, 과음과 약물 오남용으로 자기 몸을 학대하기도 한다.

칩은 시카고에 사는 24세의 대학원생이다. 그는 학교는 다니지만 비디오게임을 하는 데 수시간을 보내고 있다. 일곱 살 때 비디오게임을 시작했고, 때로는 눈을 뜨지 못할 때까지 하기도 했다. 비디오게임에 사로잡힌 다른 두 명의 룸메이트와 지저분한 아파트에 살면서 "내가 바라는 것은 단지 사이버 공간이다"라고 어느 기자에게 말했다.[18] 젊은이들의 신체는 빨리 회복되지만 칩은 과체중으로 둔하며 몸은 좋지 않은 영양 상태로 기능을 발휘하지 못하고 스트레스에 효과적으로 대처하지 못하여 항상 피곤하다. 복잡한 문제가 야기되면 더욱 악화되는데, 이는 자기 자신의 신체를 잘 돌보지 못했기 때문이다. 이러한 문제는 비단 20대와 30대뿐만 아니라 상담자들에게도 적용된다.

(b) 문제 해결 기술 : 성공적인 스트레스 관리와 문제 해결 능력, 그리고 변화에 대한 적응을 위하여 능률적인 학습과 효과적인 대화방법, 그리고 명료하게 사고하는 방법 등을 배워야 한다. 많은 젊은이들이 대학이나 대학원 등을 분명한 목적 없이 다니고 있다. 많은 학교들이 창의성과 관용성, 그리고 흥미로운 학습에 대해 초점을 맞추고 있지만, 학생들은 어떻게 학습하며 사고하는지를 잘 모른다. 문제 해결의 기본은 문제를 분명히 파악하여 목표를 설정하고 가능한 해결책을 탐색해보며 하나 이상의 대안들을 제시하여 실행한 후 평가하는 과정들이다. 문제가 야기되고 악화되는 것은 사람들의 생각이 분명치 못하고 어디에서 유용한 정보를 얻어야 할지, 어떻게 문제를 해결해야 할지 전혀 개념이 없기 때문이다. 그러므

로 상담자는 때로는 교육자가 되어 지적인 문제 해결 기술들을 가르쳐야 한다.

(c) 감성적 인지 기술 : 인지가 단지 지적 인식능력으로만 파악되던 때가 있었다. 지금은 많은 연구들에 의해 음악성의 인지능력, 인간관계 인지능력, 생존의 인지능력을 포함하는 여러 인지능력에 대하여 깨닫게 되었다.[19] 심리학자 다니엘 골만(Daniel Goleman)은 이 사실을 더욱 발전시켜 '감성적 인지능력(EQ)'의 개념을 확립하였다.[20] 그에 따르면 모든 사람들에게는 꽤 높은 수준의 감성적 인지능력이 있다고 한다. 모든 사람들이 성공적으로 실행하고 있지 않지만 다음과 같은 인지능력 기술들은 습득이 가능하다고 한다.

- 자각 능력 : 자신의 감정과 분위기를 자각하며 이것이 다른 사람에게 어떻게 영향을 미치는지에 대해 안다.
- 자기조절 능력 : 충동을 조절하여 행동하기 전에 생각하는 능력.
- 목표 달성 능력 : 주변 상황에 별로 영향 받지 않으며 목표 수행에 온 힘과 지구력을 발휘하여 추진할 수 있는 능력.
- 감수성 : 타인의 감성적 기질에 대한 예민성으로 사람을 대함에 있어 그들의 능력과 감성적 기질에 따라 대하는 기술.
- 관계기술 능력 : 인간관계를 관리하며 인맥을 쌓고, 친밀한 소통 관계를 유지한다.[21]

감정은 인간의 본능으로 때로는 전혀 기대하지 않은 상황에서 나타나기도 한다. 실망, 근심, 분노, 흥분, 죄의식, 성욕, 권면, 긍휼 등 많은 감정들이 생각과 행동에 영향을 미치게 된다. 때로 사람들은 자신이 억압하고, 무시하며, 부적절하게 표현하는 그런 감정들이 있음을 인지하지 못하는 경우가 있다. 이 모든 것들은 심각한 정신적, 심리적 또는 사회적인 문제들로 이어질 수 있다.

'감성적 인지능력' 개념의 출현으로, 우리 모두는 자기 자신의 감성과 타인의 감성에 대한 민감성을 배워야 한다는 것을 알게 되었다. 내담자들에게 자신의 감정을 어디에서, 어떻게 표현해야 하는지, 즉 감정을 적절하게 표현하는 방법을 가르쳐야 한다. 지금도 젊은 세대들은 이전의 세대들과 마찬가지로 남자가 우는 것은 건강하지 못하고 정상적이 아니라고 생각하고 있다. 사람은 어디에서, 누구와 함께, 언제 우느냐가 중요하다.

(d) 자기 관리 기술 : 아주 강박적인 사람은 경직되어 있어 인생의 아름다움이나 즐거움을 누리지 못한다. 상담자는 내담자들이 자신의 시간과 돈을 낭비했고, 많은 기회들을 놓쳐버렸으며, 자신을 통제하지 못하고 게으른 삶을 살아온 것을 후회하는 소리를 종종 듣게 된다. 그들은 자기 훈련 및 자기 관리 기술이 부족하여 초기 성인기에 황금 같은 시간을 낭비해버린 것이다. 자기 관리를 잘한 사람들이 그들을 추월하여 지나갈 때 그들은 자신들이 일정한 삶의 방향과 목적 없이 표류하고 있었음을 뒤늦게 깨닫게 된다. 어떤 사람들은 동기유발과 훈련을 잘 받았지만 그들의 꿈을 현실화하는 데 필요한 기술이 부족하여 많은 기회들을 놓치고 중년기에 좌절감에 빠지기도 한다. 많은 젊은 사람들이 자신의 삶을 통제하지 못하고 바쁜 일상에 쫓겨 균형 잡힌 삶을 살아가지 못하고 있다. 따라서 상담자는 돈 관리 기술, 자기 훈련, 인간관계 기술, 직업 계획, 시간관리 등의 자기 관리 기술을 가르쳐야 하는 도전에 직면하게 된다. 자기 관리 기술들이 없으면 위에서 진술한 초기 성인기의 문제들이 지속적으로 야기될 수 있다.[22]

(e) 대인관계 기술 : 사람들과 함께 어울려 지내는 것은 인생에서 가장 중요한 도전 중의 하나다.[23] 이 과업은 결심과 남의 비위를 맞추는 재치, 성실과 감수성, 그리고 꾸준한 인내가 필요하다. 성경은 우리에게 이웃과 화목하라고 말씀하신다. 그러나 그것이 항상 가능한 것은 아니며, 때로는 평화를 위한 노력이 한쪽에서만 이루어지는 경우도 있다.[24]

초기 성인기의 많은 도전에 대인관계 기술이 특히 필요하다. 직장을 시작하는 일, 배우자와의 만남, 결혼 생활 구축과 가족관계, 지역사회와의 관계, 교회활동 등 모든 일이 대인관계 기술과 관련되어 있다. 따라서 듣는 기술과 명확한 의사소통 기술, 불일치의 해소, 사회적 상황에서 적절하게 행동하는 기술이 필요하다. 이러한 기술들에는 반응하는 지식과 적절한 행동이 포함되어 있다. 각각의 기술들은 시간이 걸리며, 배우려고 노력해야 학습되는 기술들이다. 학습이 잘 이루어지지 않으면 많은 문제들이 야기된다.

(f) 영적 기술 : 최근 서양에서는 종교와 의식을 대신하는 동양의 새로운 영성에 대한 관심이 증가하고 있다.[25] 이러한 관심은 초기 성인기의 사람들에게 강하게 나타나며, 많은 사람들은 인생의 더 큰 의미와 목적을 여기에서 찾으려고 노력한다. 그들은 영성의 새로운 대안에 대한 관심과 영성 훈련, 초대교회 교부들의 저술, 그리고 현대적인 영성 훈련 및 저술들에 관심이 고조되어 있다.[26] 20대, 30대의 많은 젊은 이들이 전통적인 교회와 대형 교회에서 나와 젊은 지도자들이 인도하는 급성장하는 교회로 가고 있다. 젊은 목회자들은 10대 후반에서 30대에 이르는 젊은 사람들을 잘 이해하려고 그들과 같이 생각한다.[27] 또한 많은 젊은이들은 로마 가톨릭과 동방정교 사이에 비슷한 영성들이 있음을 발견하였고, 최근에는 인기 있는 복음주의자들과 비가톨릭 신자들 사이에도 비슷한 영성이 있음을 발견하였다.[28] 초기 성인기는 젊은 성인들이 의미있고 충만한 영성을 찾아가는 시기다. 반면 많은 젊은이들이 인간과 예수 그리스도와의 관계가 필요하다는 것을 깨닫지 못하고 또 다른 형태의 영성을 찾고자 노력한다.

우리는 성경을 통해 예수님에 대하여 배운다. 성경은 우리가 하나님과 관계를 맺으며 성장해가는 방법들에 대한 안내들로 채워져 있다. 기도하는 방법과 말씀을 공부하는 방법, 영적 성장 훈련, 헌신에 관한 훈련, 성도들과의 의미있는 관계, 지역사회와의 관계, 영적 성장에 관한 학습은 일생을 통해 이루어진다. 젊은 신자들은(때로는 노인들도) 자주 영적인 삶과 개인적인 삶에서 좌절감에 직면하게 되는데, 이는 그들이 이런 영적 성장 기술에 대한 기초 지식이 부족하고, 그 기술을 실습하는 실제적인 훈련이 없기 때문이다.

2. 독립

20대 또는 20대 후반에 접어든 사람들은 집을 떠나 자율성을 개발한다. 이를 위해서는 시간과 노력이 필요하며 때로는 좌절감과 긴장, 불안정과 불확실성 등으로 고민하게 된다. 내가 잘할 수 있을까? 내가 살아야 할 집과 배우자를 잘 구할 수 있을까? 나에게 맞는 좋은 직장은 어디에 있을까? 어떻게 하면 성공할 수 있을까? 어떻게 부모로부터 경제적으로 독립할 수 있을까? 어린 자녀가 아닌 성인으로서 가족과 잘 지낼 수 있는 길이 있을까? 옳은 결정을 내릴 수 있을까? 가족을 떠나서 외로움을 잘 견딜 수 있을까? 결혼은 할 수 있을까? 처가 또는 시댁과 잘 지내기 위해 어떻게 해야 할까? 대학에서 또는 다른 곳에서 독립생활을 한 후 다시 가정으로 돌아왔을 때 발생하는 문제들을 어떻게 잘 해결할 수 있을까? 이러한 문제들에 봉착하게 된다.

독립하기 위해서는 자기 효능감 개발, 정체성 확립, 가치관 형성, 효과적인 대처기술 개발 등의 과업을 이루어야 한다.

(a) 자기 효능감 개발 : 자기 효능감은 '자신의 방향과 타인의 필요에 대한 민감성 간의 균형'으로 정의된다.[29] 자기 효능감 개발은 모든 일들을 내 방식으로 하는 고집스러운 것을 의미하는 것이 아니라 다른 사람의 감정과 견해에 대해 객관적이면서도 독립적인 자세를 견지하는 것을 말한다. 기독교인의 자기 효능감은 하나님으로부터 멀리 떨어져 온전히 인간의 능력을 의지하여 사는 삶을 의미하는 것이 아니다. 자기 효능감이 있는 기독교인은 방향을 제시해주는 하나님을 믿고, 부모와 상담자 그리고 다른 사람들을 인식하며, 성숙한 기독교 지도자들이 주는 유익한 안내와 가치 있는 상담을 신뢰한다. 진정한 독립은 자기 주도적 계획과 문제 해결을 위한 적극성, 결정 능력, 선택과 재정에 대한 책임, 실수로부터의 배움, 나중에 거절할지라도 다른 사람의 조언에 대한 경청 등이 포함되어 있다.

대학 4학년인 어느 학생이 대학에 편입한 후 얼마 안 되어 자기 효능감 문제에 직면하게 되었다. 그 학교에 1만 5천 명의 학생이 있었지만 그가 이곳에서 뭘 하는지 관심을 가져주는 사람은 하나도 없었다. 커다란 문제가 일어나지 않으면 다른 사람에게 별로 관심을 주지 않았다. 그는 마침내 지도교수를 찾아가 대화를 나누면서 교분을 맺게 되었다. 지도교수는 그에게 필요한 근사한 추천서를 써주었다.[30]

(b) 정체성 확립 : 정체성은 당신이 누구인가에 대한 변하지 않는 정신적 상으로 당신을 알고 있는 사람들과 당신을 중요하게 생각하는 사람들에 의하여 보여지는 상이다.[31] 정체성 확립은 "내가 누구인가? 나의 독창성은 무엇인가? 이 세상에서 내가 꼭 할 수 있는 일은 무엇일까?"라는 질문에 대한 답을 지속적으로 찾아가는 과정이다. 이러한 질문들은 특히 청소년기 말기와 성년기 초기에 많이 나타난다. 자신의 주위에 있는 사람들과 관계하는 양상은 자신의 정체성을 반영한다. 이러한 질문들에 아무런 해답을 찾지 못하는 젊은 사람들은 혼동과 내적 혼란, 방향 부재와 심한 절망감을 경험하며 이는 초기 성인기의 정체성 위기로 연결된다.[32]

그들은 자신의 인생의 목적, 관심, 신념, 희망, 성격적 특성, 강점, 적성, 그리고 능력을 반추해보면서 자신이 누구인지에 대해 보다 더 선명한 정체성을 확립해나가야 한다. 때로 어느 한 영역, 예를 들면 자신의 강점 인식은 명료하지만, 다른 영역들, 예를 들면 자기가 무엇을 믿는지, 어떤 직업이 좋을지 등은 불확실하다. 그러나 자신의 정체성이 좀 더 명료해지면 젊은 사람들은 보다 더 자신감을 갖고 미래로 진입하게 된다. 정체성 문제는 표면적인 것 같지만 중년기가 되기까지는 좀처럼 야기되지 않는다.

(c) 가치관 형성 : 가치관은 우리의 삶을 닻으로 고정시키는 것과 같은 근원적인 신념이다. 그것은 우리 자신의 핵심이며, 어떻게 살고, 어떻게 결정을 내리며, 삶에서 가장 중요한 것이 무엇인가를 생각하게 하는 기준이다. 가치관은 각자의 성격, 행동, 태도, 윤리, 선택, 그리고 종교적 신념의 기준이 된다.[33] 가치관은 우리의 생각과 행동양식을 결정한다.

사람들이 성인기로 접어들면 생활양식과 직업, 경비 지출의 우선순위, 시간관리에 대한 결정을 해야 하며, 그들이 정말로 신뢰하는 것에 대해 결정을 내려야 한다. 그리고 부모와 다른 중요한 타인들로부터 전수받은 가치관을 어느 정도 갖고 있어야 할지 결정해야 한다. 젊은 성인들은 때때로 극도로 이상적이 되므로 거의 비현실적인 선악의 기준을 받아들인다. 어떤 사람들은 전통적인 기준을 버리고 전통적 가치관으로부터 벗어나 자유로운 삶을 살려고 노력하며 더욱이 불가능하게 보이는 무가치관이 자신의 가치관을 반영한다고 주장한다. 또 다른 사람들은 자신의 가치관에 대하여 많은 생각을 하지 않는다. 가족의 가치관과 대다수 사회의 가치관과는 다른 방식의 행동을 하고 나서야 비로소 자신의 가치관을 생각해보는 사람들도 있다. 그러한 경우 대부분의 사람들은 자신의 가치관에 대하여 충분히 생각할 시간도 없이 결정을 내리게 된다.

가치관이란 우리의 시간과 돈을 어떻게 사용하는지, 무엇을 믿는지, 시간을 함께 보내는 사람들은 누구인지, 우리가 방황할 때 무엇을 읽으며, 무엇을 생각하는지 등에 대한 반영이다. 젊은 사람들은 때로 자신의 가치관 형성에 대해 고민한다. 윤리적 선택과 사회적 행위, 미래를 계획하는 일에 있어서 혼돈과 우유부단함을 경험하게 된다. 이미 지적했듯이 젊은 성인은 세대와 세대 간에 장소와 장소 간에 차이가 있다. 어떤 세대들은 자기에게 초점이 맞추어져 있다. 그러나 요즈음 20대와 30대의 많은 젊은 사람들은, 특히 노숙자와 억압받는 자, 도움이 필요한 자들에게 온정과 애정을 지니고 있다. 젊은 성인들 중에는 결혼하기 전에 가정에 대한 책임이 없을 때, 기아에 빠져 있는 사람들을 돌보며, 독거노인을 방문하고, 국내외의 고아들을 보살피며, 무능한 사람을 돕고, 복음주의적 목회에 열정적으로 관여하는 사람들도 있다. 사회적 자각이 필요하다고 생각하는 어떤 사람들은 정치적 행위와 환경보호 운동에 적극적이며, 이러한 사회적 가치관을 평생 중요하게 여기며 살아간다.

(d) 효과적인 대처 기술 : 독립적인 사람은 일상적인 삶의 과업들을 성취하며, 타인의 지속적인 도움과 구출을 요구하지 않으면서 삶의 스트레스와 혼란들을 잘 대처해나간다. 이런 사람은 필요할 때 다른 사람의 도움을 받고, 다른 사람이 도움을 필요로 할 때 기꺼이 도와준다. 그리고 일상적인 삶의 과업들을 다른 사람의 도움을 거의 받지 않고 스스로 한다. 이와는 대조적으로 상황에 잘 대처하지 못하면 문제가 야기된다.

3. 친밀감

정신과 전문의 에릭 에릭슨(Erik Erikson)은 초기 성인기의 가장 큰 필요는 '친밀감' 이라고 진술했다. 이것은 인관관계 및 파트너와의 관계에서 자신을 헌신하는 능력이다. 헌신은 자신의 강점을 개발하지만 때로는 심각한 자기희생을 요구하기도 한다.[34]

우리는 삶의 여정에서 세 그룹의 사람들을 만난다. 첫째는 아는 사람으로 우리가 보통 알고 지내는 사람들이다. 둘째는 친한 친구들이다. 그들은 서로 돌봐주며, 함께 시간을 보내고, 비슷한 관점과 관심사를 가지고 있다. 셋째는 친밀한 사람으로 친구들의 모든 특징들을 갖고 있다. 뿐만 아니라 서로 개인적인 고민까지도 나누며 공유한다. 친밀한 사람은 상호이해와 친근감을 경험하며, 수용과 충성, 예민성, 책임, 돌봄, 감정이입 등 단순한 친구 사이에서는 없는 사랑을 경험한다. 결혼하면 이 친밀감은 성생활을 포함하지만, 모든 친밀한 관계에 성이 관계된다고 생각해서는 안 된다. 다윗과 요나단, 룻과 나오미, 바울과 디모데 등 성경에 나오는 각각의 사람들은 성과 무관하게 친밀한 관계를 보여주고 있다.

현대사회에서 보통의 인간관계에 친밀한 관계를 보여주는 것은 드물며 약간의 헌신도 요구하지 않는다. 인간관계에는 때때로 경쟁과 이기심, 개인의 위치 구축, 관계 회피, 외로움과 소외감 등이 있다. 에릭슨은 젊은 성인들이 친밀감을 형성하지 못하면 다른 사람들로부터 소외감과 거리감을 느끼기 때문에 그들의 미래는 더욱 어렵다고 한다.

4. 삶의 방향

예일대학 연구진들의 초기 성인기 연구는, "젊은 성인들은 그들이 이루고자 하는 삶의 꿈이 있다"고 진술한다.[35] 이 꿈은 '내 인생은 어떠해야 한다' 라는 상상의 모형이다. 처음에 그 꿈은 희미하고 비현실적이지만, 20대로 진입하면서 보다 더 선명해진다. 그 꿈에 대하여 삶의 환경과 부모, 친구들은 때로는 격려자가 되기도 하지만 방해자가 되기도 한다. 그러나 다른 사람이 어떻게 생각하든지, 그 꿈은 흥분과 생명력, 그리고 삶의 목적을 준다. 예일대학 연구팀들은 성인기 초기에 꿈과 비전을 가진 사람들은 그들의 꿈을 이루기 위해 피나는 노력과 헌신으로 더 많고 좋은 기회를 갖게 되었다고 진술하였다. 그러나 그런 꿈이 없을 때 사람들은 표류하였다. 데이비드 윌킨슨(David Wilkinson)은 모든 연령의 성인들이 흥미있게 읽었던 『꿈을 주는 자, 하나님으로부터 오는 삶의 꿈 Dreams for life come from the Dream Giver, Who is God』이라는 책을 썼다. 그는 자신의 삶에서 꿈을 이루지 못하고 성취하지 못한 사람들에게 꿈의 코치로서 꿈을 발견하여 그 꿈이 실현될 수 있도록 도와주는 실제적인 안내와 조언을 했다.[36]

꿈은 종종 멘토와의 관계를 통하여 형성되고 확실해지며 강화된다. 멘토는 일종의 선생이며 모델이고, 충고자와 안내자이며, 협력자 또는 훈련자로서 보통 젊은 성인보다 최소 몇 살 더 많은, 세상의 경험이 많은 사람이다. 젊은 성인들은 그들이 직접 만나보지 않았지만 존경하며 모델로 삼고 싶은 사람을 멘토로 삼는다. 보다 효과적인 멘토는 두 성인들 사이에 서로 돌봄의 관계가 형성되며, 나이 든 사람이 젊은 사람을 적어도 그가 혼자 자립할 수 있을 때까지 지도한다. 멘토와의 친밀한 관계는 도움이 더 이상 필요하지 않은 때에도 그 관계를 유지하기 원하는 어려움이 가끔 있다. 멘토와 멘토링을 받는 사람과의 관계가 친밀할 때, 그 멘토가 젊은 사람의 독립과 성공에 위협적이지 않을 경우에 두 사람은 친구가 되어 서로 도와주고 도전을 받으며 인생의 항로를 같이 가기도 한다.

멘토링은 최근에 상당히 인기 있는 개념으로 떠오르고 있다. 어느 젊은 지도자가 진술했듯이 "모든 사람이 멘토링에 대하여 이야기하고 있는 것 같다. 그러나 멘토링이 존재한다는 확실한 증거가 어디에 있는가?"[37] 아마도 멘토링은 우리가 실제 멘토링하는 것보다 훨씬 더 많이 언급되고 있는 것 같다. 상담자는 멘토링이라는 단어를 결코 사용하지 않지만 때로 멘토로서의 역할을 수행하며 내담자들에게 결과적으로 많은 도움을 주고 있다.[38]

초기 성인기를 무리 없이 보내려면 두 가지 중요한 선택을 해야 한다. 첫째는 직업에 대한 선택이고 둘째는 결혼에 대한 결정이다. 물론 두 선택이 동시에 일어날 수도 있고, 시간을 두고 일어날 수도 있으며, 또는 각각 몇 년이 걸릴 수도 있다. 신중하고 지혜로운 선택을 하고자 한다면 선택하기 전에 몇 가지 대안들을 탐색해보는 것이 좋다. 거의 모든 나라와 사회에서 젊은이들은 직업을 갖거나 결혼하기 전까지 진정한 어른으로서 대접을 받지 못한다. 과거의 세대들과는 다르게 요즘 많은 젊은 성인들은 결혼을 늦게 하며, 자녀 출산은 30대 또는 직장에서 성공적으로 자리를 잡을 때까지 미루는 것이 보통이다.

5. 영성

필자는 영성에 관한 한 책에서 "새로운 영성이 세상을 떠들썩하게 하고 있으며, 빠른 속도로 우리의 삶에 침투하고 있다"고 진술하였다. 현대의 영성은 수천 명의 관심을 불러일으키며 개개인의 필요를 인식하여 개인적 경험에 초점을 맞추고 종교적 의식과 규율, 신조 등에 상관없이 그들 자신의 영적 순항을 기꺼이 떠나고 있다.[39] 특히 젊은이들은 새로운 영적 안착을 위하여 쾌락주의와 자기도취 그리고 물질주의라는 비현실적인 철학을 거부하며,[40] 새로운 것들을 추구하고 있다. 빠른 변화와 불확실성, 수없이 많은 정보, 흔들리는 가치관 등은 성인기에 돌입하는 젊은이들에게 인생을 살아가는 데 필요한 무엇인가 굳건한 토대를 갈망하게 하고 있다. 많은 젊은이들에게 이것은 전통적인 종교가 아닌 영성을 의미하며, 이는

또한 친구들과 함께 하나님을 추구하는 것을 의미하기도 한다.[41]

서양사회의 많은 젊은이들이 새로운 희망과 영적 충만을 신생교회에서 발견하고 있다. 그리고 신생교회와 비슷한 선교교회에서는 수세기에 걸친 신학과 성경연구, 그리고 영성의 기초 위에 그들의 믿음을 독특하게 표현하고 있다.[42] 이들은 지역사회를 품는 영성으로 지역사람들을 수용하고 그들에게 희망을 주며, 이타적인 자세로 도움을 펼치고 대중문화를 두려워하지 않는다. 그리고 실험적 예배를 받아들이지만, 모든 사람들이 등록할 것을 강요하지는 않는다. 이러한 지역사회에서 사람들은 일하면서 그들의 삶을 살아가며 그것이 무엇을 의미하든지 예수님을 따라가는 소망을 가지고 있다. 종교와 영성에 대한 그들의 결론에 상관없이 20대와 30대의 많은 사람들은 살아 있는 믿음을 찾으려고 탐색하고 있다. 이러한 삶의 목적과 의미를 주는 영적 닻이 없다면 그들은 힘들 것이다. 초기 성인기의 도전들, 즉 경쟁, 독립, 친밀한 관계, 방향성 그리고 영성은 삶을 자극하며 때로는 개인적 관심에 따라 문제의 원인이 되기도 한다. 상담자가 초기 성인기의 사람들이 직면하는 문제들을 이해할 때, 30, 40대의 사람들에게 필요한 안내와 도움을 보다 용이하게 줄 수 있을 것이다.

초기 성인기의 문제

20대와 30대의 사람들은 젊은 성인으로 알려져 있다. 그러나 이 그룹 안에는 많은 차이가 있다. 20대의 젊은이들은 가정으로부터 벗어나 직업과 꿈을 탐색하며, 가치관을 확실히 세우고 인간관계를 형성하려고 한다. 20대의 젊은이들이 직면하는 세 가지 커다란 도전은 성인으로서의 정체감을 확립하고, 친밀한 인간관계를 유지하며, 구별된 직장과 직업에 대한 정체성을 찾는 일이다.[43] 이 중 어느 하나라도 부족하게 되면 극도의 고독감을 경험하게 된다. 30대는 독립과 함께 성인으로서의 중요한 결정들을 하고 때로는 인생 행로를 수정하며 스스로를 증명해 보일 수 있는 위치로 이동하기도 한다. 어떤 사람은 목표 도달에 긴박감을 느끼는데 특히 자신의 삶이 어디로 가고 있는지 혼란스러운 사람들에게 더욱 그렇다. 직장 일과 자녀 양육에서 오는 요구와 책임이 균형을 이루지 못할 때 인생은 회오리바람과 같을 수도 있다. 친밀한 관계는 약간씩 틈이 벌어지고 여러 활동들을 하느라 종종 성생활을 잊어버리기도 한다. 이러한 일들은 긴 여정을 시작하려는 초기 성인기의 사람들에게서 쉽게 발견되는 문제다. 많은 사람들은 자기 스스로 회복하여 살아가지만, 어떤 사람들은 중년기에 이르러 과거의 실패와 깨어진 인간관계를 회복하기 위해 노력하면서, 인생의 재평가 시기에 인생의 환멸을 느끼며 고통의 시간들을 보내기도 한다.

이렇게 많은 사람들이 왜 젊은 성인기를 이와 같은 상처와 실망으로 보내게 되는 것일까? 부분적이지만 해답은 20대와 30대 초반의 사람들이 자신의 삶의 방식을 어떻게 발전시켜나가느냐에 달려 있다. 지금도 여전히 적용되고 있는 반세기 전의 인기 작가 게일 쉬히(Gail sheehy)가 제안한 내용들을 살펴보자.[44]

- 20대는 전환기로서 기꺼이 헌신하려고 하지 않는다. 이들은 청소년기의 기간을 연장하고자 애쓰며, 어떤 사람들은 건강하지 않은 방법으로 가족에게 매여 있다. 30대 전후로 많은 사람들은 자신의 장기 목표에 대해 긴박감을 느끼지만 그의 동료 친구들은 이미 앞서가고 있다는 것을 깨닫게 된다.
- 갇혀 있는 사람들은 결정을 내릴 때 별로 깊이 생각하지 않고 20대에 헌신을 한 사람들이다. 이들은 가족 사업에 합류했거나 가족 누군가를 기쁘게 하기 위해 어떤 직장에 들어갔거나 또는 별 고민 없

이 직장에 들어가 지금은 관련 기술이 부족하고 계속 향상되는 기술들을 따라잡기 위한 훈련이 부족한 상태에 있다. 이들은 경제적으로는 안정감을 갖고 있지만, 틀에 박힌 일상에 매여 있어, 왜 자신이 일찍 원하는 것을 성취하려고 시간을 들이지 않았는지, 스스로에게 분노를 느낀다. 무덤덤한 결혼 생활 또는 긴장감으로 채워진 결혼 생활을 하고 있는 부부도 위와 비슷한 느낌을 갖게 된다.

- 일 중독자는 열심히 일하며, 목표 지향적이고, 야망이 있고, 활력이 넘치는 사람들이다. 그들은 불안정하며, 남이 가까이 접근하기 어렵고, 냉정하며, 실패를 두려워하고, 막연히 이러한 모든 불안정이 직장의 최고의 위치에 오르면 다 사라질 것이라고 믿는다.
- 일찍 정상에 오른 사람들은 엘리트 그룹으로 일찍 목표를 성취했거나, 음악과 연기자, 운동선수로서의 성공, 상속 받은 재산이나 흔치 않은 기회들로 인하여 정상에 오른 사람들이다. 이런 사람들은 자신의 경력과 명예로 정체성을 형성하고 있다. 30대에 도달하면 많은 사람들이 탈진되고, 소외된 기분으로 목표 없이 과거에 매여 살게 된다.
- 통합자는 건강한 그룹으로 그들의 야망과 일, 가족과 개인적인 삶에 모두 조화를 이루는 방법을 배운 사람들이다. 이는 직업과 결혼, 부모 노릇하기와 영적인 삶 모두에 균형과 조화를 이룬다. 통합은 30세 이전에는 어렵고, 통합을 위해 열심히 노력한 사람들에게 일어날 수 있다.
- 양육자는 부모를 포함하여 교사, 선교사, 목회자, 또는 의료행위자들로 자신의 경력보다도 다른 사람들을 보살피는 데 헌신하는 사람들이다. 이런 사람들의 헌신과 공적은 종종 칭찬을 받지만, 다른 사람들의 필요와 자기 자신의 필요를 충족시키는 데 현실적이지 못하면 문제가 발생한다.

젊은 사람들이 위 여섯 개 그룹 중 하나 이상의 그룹에 속하는 것이 가능한 일일까? 예를 들면 잘 다듬어진 양육자와 성취자가 될 수 있을까? 젊은이들은 초기 성인기를 지날 때 몇 가지 선택 방안을 가지고 있어야 한다. 하나 또는 두 가지 역할에 초점을 두며, 나머지는 미래에 할 것으로 남겨놓는다. 그렇지 않으면 스트레스와 압박감으로 심한 갈등을 겪게 된다.

초기 성인기의 상담

전문 잡지에 실려 있는 대부분의 기사들은 대학 교수들이 쓴 글로 대학생들을 상담한 글들이 많다. 그러나 대학교에 다닐 나이가 지난 젊은이나 학교에 다니지 않는 젊은 성인들에 대한 상담 기사는 거의 없다. 이들 내담자들의 문제는 의기소침과 불확실한 경력, 불안, 대인관계 갈등, 또는 나이에 국한되지 않은 다른 문제들이다. 나이 든 사람들과 비교할 때 20대와 30대의 내담자들은 융통성 있고 열정적이며, 기꺼이 변화하려고 노력하고 상담 받는 것을 별로 꺼리지 않는다.

모든 연령층의 내담자들처럼 젊은이들도 돌봄의 관계를 잘 형성하며 자신의 연령대 그룹의 독특한 욕구와 갈등을 잘 이해한다. 비록 잠시지만 멘토 역할을 하는 상담자와 같이할 때, 많은 발전과 진전이 있었다. 젊은 성인을 위한 상담자는 다음과 같은 목표들을 마음에 새길 필요가 있다.

1. 문제 인식

내담자들은 문제를 명확히 인식하기 전에는 변화하려고 하지 않는다. 상담자는 먼저 내담자와 함께 그 문제에 대한 명료화 작업을 해야 하며, 내담자가 문제를 야기할 수 있는 행위들을 잘 이해한 후에 변화를 위한 장기목표와 단기목표들을 설정해야 한다.

2. 지지

젊은 내담자들은 그들의 문제가 정신병이 아니라 일상적이라는 것을 재확인받고 싶어 한다. 그들이 단계적인 변화를 위한 노력과 삶의 기술들을 배워나갈 때 간혹 실패를 경험하기도 한다. 이 실패들은 자기 자신에 대한 견책과 좌절감을 증폭시킨다. 내담자가 인간관계에 대한 도움을 받으려고 새로운 행동을 시도하며, 실제 행동을 취하고 결정과 새로운 기술을 배우며 변화를 위한 새로운 시도를 할 때, 상담자는 수용과 감정이입, 이해와 격려로 내담자를 도울 수 있다. 특히 내담자가 혼란과 불확실성으로 힘들어할 때 상담자의 격려는 매우 중요하다. 젊은 성인들이 친밀감의 문제와 성적인 문제, 동성애에 대한 고민과 두려움, 자기통제에 대한 어려움, 대인관계의 어려움 등을 호소할 때 상담자는 도움을 줄 수 있어야 한다. 그리고 스트레스와 분노, 실패감, 좌절감, 우울증, 또는 자살에 대한 생각 등에 잘 대처할 수 있도록 온정적 지원이 필요하다.[45]

3. 행동하기

내담자가 문제들을 해결하며 변화를 추구할 때, 무엇을 해야 할 것인가에 대답하도록 도와주는 과정이다. 상담자는 내담자에 따라서 문제 해결을 위한 아이디어와 대안적 해결책, 또는 취해야 할 행동 등에 대하여 브레인스토밍을 하며 함께 시간을 보낼 수 있다. 평가를 위해 모든 것을 기록해두는 것이 좋다. 그리고 그 목록들을 다시 읽어보라. 전에 무엇을 시도했으며, 무엇을 이루었는지 물어보라. 비슷한 행동을 다시 되풀이하겠는가? 실제적으로 이룰 수 있는 새로운 것은 무엇인가? 기도 후에 한두 가지의 전략을 선택하여 시도해보고, 그리고 조심스럽게 그것들을 평가하라.

4. 기술 개발

젊은이들을 위한 집단 상담에서 가장 큰 도전 중 하나는 그들로 하여금 인생의 목표 달성을 위해 변화를 가져올 수 있는 삶의 기술들을 가르치는 일이다. 이것은 인간관계 기술, 지혜로운 결정과 선택의 기술, 시간관리 기술, 경력을 잘 관리하는 기술들이다. 그러나 새로운 기술 개발의 필요성을 인정하기 전에 사람들은 새로운 삶의 기술들을 배우려 하지 않는다. 내담자들은 소망하는 변화를 이루기 위해서 배울 필요가 있는 기술들을 잘 선택할 수 있도록 도움을 받아야 한다. 그리고 이런 기술들을 어떻게 습득하고, 연습하며, 적용해야 하는지 배워야 한다.

5. 고착 풀기

이상에 맞지 않는 직장이나 삶의 환경, 지리적 위치, 인간관계, 책임 또는 기타 다른 조건들에 고착된 사람들을 도와주는 상담이 많이 이루어지고 있다. 변화는 나이가 들수록 어려우며 위험부담도 커지고 실패로 인한 결과들을 수용 또는 극복하기가 더욱 어려워진다. 젊을 때는 변화가 쉬울 수 있다. 예를 들면, 내가 결혼하기 전 대학생일 때, 나는 대학 강의를 듣고 있는 고향 땅에 발이 묶여 있다고 생각했다. 그래서 나는 생활비도 없었고 대서양을 다시 돌아올 충분한 돈도 없었지만 영국으로 공부하러 갔다. 인생 전체로 볼 때, 런던에서의 삶은 나에게 굉장한 경험이었다. 그러나 만일 지금 충분한 돈도 없이 그러한 일을 시도한다면 내 가족들은 괴로움을 당할 것이며, 무작정 떠나는 해외 유학에 대하여 23세 때 그들이 나를 비판했던 것보다 훨씬 더 강하게 비판할 것이다.

변화가 필요한 상황에서 무엇인가에 고착되어 있음을 인식하게 될 때, 먼저 어떤 행동이 그 문제를 수용하지 못하고 있는지, 어떤 변화가 필요한지 탐색하는 것이 중요하다. 내담자는 상담자의 도움으로 대안들을 발견할 수 있다. 고착을 풀기 위하여 어떤 기술이 필요한가? 어떤 행동을 해야 하나? 문제 해결을 위한 실행 가능한 계획은 무엇인가? 예를 들어 새로운 곳으로 이사 가는 일, 학업을 위해 학교에 들어가는 일처럼 큰 변화를 시도한다면 변화를 위해 구체적인 계획을 세우고, 위험부담을 줄이며, 필요한 일들을 언제 해야 할지 메모를 하는 것이 필요하다.[46]

20대와 30대의 젊은이들에게 인지행동 접근이 효과적이라고 제안하지만 누구에게나 잘 적용되는 것은 아니다. 때로는 과거의 고통스런 경험들, 즉 실패와 학대와 같은 경험을 나누고, 감정을 표현하고, 문제 원인에 대한 통찰, 또는 변화를 위한 격려들이 필요하다. 뿐만 아니라 변화에 대한 저항과 행동하는 두려움에 대한 대처가 필요하다. 내담자에게 도덕적 실패와 죄의식, 남을 용서하듯이 자신을 용서하는 것의 중요성을 깨닫도록 도와주어야 한다. 젊은이들의 행동에 통찰력을 줄 수 있는 성경 구절들을 찾아보는 것도 유익한 방법이다.

상담자는 이러한 변화들을 적용함에 있어 수용과 격려, 기도를 통한 지지와 안내를 제공할 수 있다. 그러나 명심할 것은 어떤 사람들은 변화하지 않고 그대로 있는 것을 선택하기도 한다는 것이다. 때로는 젊은 사람임에도 인생의 변화를 자주 경험해서 일찍 에너지가 소진되고 동기부여가 부족하며 좀 더 기다리면 수용할 수 있는 다른 변화까지도 시도할 용기를 잃어버리는 경우들이 있다. 의사결정을 하지 않고 행동하기를 회피하면 변화의 가능성은 점점 줄어들고 목표 달성이나 꿈을 이루는 일은 점점 더 어려워질 것이다.

• 초기 성인기의 문제 예방

초기 성인기의 남성들에 대한 예일대학 연구팀의 심도 있는 연구는 "생의 주기에서 20대와 30대가 가장 풍성한 시기이며, 또한 가장 스트레스를 많이 받는 10년"이라고 결론을 내렸다. 이 시기의 젊은 남녀가 반드시 직면해야 할 적응과 발달 과업은 결코 쉬운 일이 아니다. 그들은 과도한 스트레스를 감소시키고 그 시기에 맞는 발달과업을 촉진시키기 위해 아직도 해야 할 일이 많다.[47] 연구자들은 젊은이들이 자신의 개인적인 성장과 직장의 경력들을 잘 평가받을 수 있는 적당한 삶의 환경을 찾아야 한다고 제안한다.

필자는 어느 대학 상담센터에서 처음 상담을 시작하였다. 그때 내담자 한 사람이 병이 났는데, 그에게는 차가 없었다. 그래서 상담자인 내가 집까지 태워다주었다. 그때 그와 함께 사는 가족들이 심리적으로 건강하지 않다는 것을 느꼈다. 나는 그가 왜 문제를 갖게 되었으며 내가 기대하는 만큼 상담이 진행되지 않는지 이유를 알게 되었고, 그렇게 알게 된 새로운 사실에 감사할 수 있었다.

상담에서 이루고자 애썼던 모든 효과들이 그의 가족들에 의해 저지당하고 있었던 것이다. 연령에 상관없이, 만일 내담자가 무질서하게 파편화된 비참한 상황에 살고 있다면, 문제 예방을 위한 상담은 정말 어려울 것이다. 그러나 가장 좋은 상담은 젊은 성인들을 돕는 예방치료다. 그리고 다른 예방 접근법들도 많이 있다.

1. 교육과 격려

많은 사람들이 성인기로 접어들 때, 그 압박감에 놀라고 압도되어버린다. 대학 입학 때는 새로 들어오는 학생들에게 약간의 주의사항과 실제적인 대처방법들을 제공하지만 성인기 초기에 해야 할 중요한 결정과 도전들에 대한 준비는 거의 없다. 교회는 젊은 어머니를 위한 모임, 젊은 임원들을 위한 모임, 독서 그룹, 셀 그룹, 또는 젊은이들을 위한 스트레스에 대한 설교, 압력과 스트레스 대처 방안들을 통해 서로를 격려하며 지지할 수 있는 기회들을 제공할 수 있다. 교회의 다른 예방 프로그램들이 젊은이들의 욕구와 필요를 인식하고 접근할 때, 젊은 사람들은 그 프로그램에 참가하려 할 것이다.

그러나 항상 그러한 것은 아니다. 포스트모던 세대는 전통적인 종교가 아무리 매력적이고, 세련된 교회 프로그램을 진행한다 할지라도, 그것에 대해 회의적이며 또 그렇게 성장해왔다. 이 시대에는 모든 사람들이 바쁘기 때문에 세미나나 토론 모임에 별로 많은 사람이 참석하지 않는다. 20대와 30대는 친구의 안내를 받든지 인터넷이나 대화방에 도움을 청한다. 상담적 맥락에서 돕는 자들은 정보를 주고, 독서할 수 있는 책을 제안하고 웹 사이트의 교육을 통하여 미래의 문제들을 예방하도록 돕는다. 이와 같은 상담자는 젊은 청중들에게 다가가는 발언과 기사를 통하여 교육시킨다. 만일 교회가 적절하게 교육하고 격려한다면, 더 큰 도전을 받게 될 것이다. 이제 교회는 종교에 상관없이 안내에 굶주려 있는 많은 젊은이들에게 다가가는 새롭고 창의적인 방안들을 탐색해야 한다. 20대와 30대의 사람들을 알기 원하면, 그들에게 어떻게 접근해야 할지를 물어보라. 그들은 30대 또는 그 이상의 나이일지라도 예방적 프로그램보다 자신들에게 방향을 제시하는 모델이나 멘토를 찾는 것에 관심이 많다.

2. 모델

최근에 나는 20대의 사람들을 위한 연설에 초대를 받았다. 연설을 하기 전에 그룹의 회장이 나를 '할아버지 모델'로 소개해도 괜찮을지에 대해 물었다. 그는 "이 사람들은 당신의 명성과 당신이 저술한 책에 대해 별로 관심이 없습니다. 그들은 모델을 찾고 있으며 다른 사람을 위해 오랫동안 헌신해온, 도움이 될 만한 삶이나 경험이 많은 사람들을 찾고 있습니다. 이 사람들은 자신의 이야기를 말하는 분을 찾으며, 자기들의 삶의 여정에 희망과 길잡이가 되는 분을 원합니다"라고 말하였다. 내 친구는 덧붙이기를 젊은 성인들은 자신의 부모는 존경하지 않지만 그들의 조부모를 회상하게 하는 사람들에게는 마음의 문을 여는 것 같다고 알려주었다.

상담자의 역할에 모델링의 역할이 언급되지도 않고 당신의 심중에 모델링의 역할을 받아들이지 않더라도 당신은 내담자들에게 모델이 된다. 당신이 연설자, 교사, 목회자, 음악가, 사업가, 이웃사람 또는 교회의 참석자라 해도 당신은 모델이다. 필자 자신을 뒤돌아보면 강의 시간에 가르치는 것보다 더 중요한 역할은 우리 부부가 내 과목 학생들에게 모델이 되는 것이었다.

3. 멘토

사람이 성공하기 위해 반드시 멘토가 있어야 한다는 것은 잘못된 생각이다. 하지만 멘토는 본인이나 멘토링을 받는 사람 모두에게 유익이 있다는 것이 예일대학 조사 연구팀들에 의해 밝혀졌다. 이는 가족의 친밀관계가 거의 없는 문화에서는 더욱 그렇다. 그리고 새로운 직장에 가는 사람에게도 맞는 말이다. 어느 대기업 조사에 의하면 조직이나 개인 둘 다 자발적 멘토링, 즉 멘토와 멘토링을 받는 사람 사이에 진정한 결속력이 생겨, 함께 토론하고 시간을 보내는 자유로운 사귐이 있을 때 두 사람 모두에게 유익이 있었다고 보고한다.[48] 젊은 성인들을 위한 조직화된 정규 멘토링 프로그램이 항상 성공하는 것은 아니다. 오히려 20대와 30대 사람들은 자신들에게 야기되는 주제에 지속적으로 초점을 맞춘 비공식적인 멘토링에 더 잘 반응하였다. 멘토링에 관심이 있는 상담자나 교회 지도자는 멘토링 관계 형성을 위한 기도 후에 멘토를 해줄 사람을 찾든지, 또는 자신이 멘토를 해줄 파트너를 찾아가는 것이 타당한 수순일 것이다. 위에 언급한 20대를 위한 회중 연설에서 어떤 참석자가 한 말이 생각난다. "여기 모인 우리는 모두 멘토를 만나려고 많은 노력을 하고 있지만 대부분 어떻게 그 멘토를 찾아야 하는지 모르고 있는 것 같습니다."

4. 꿈 개발

젊은이들의 꿈, 흥분과 활기로 가득찬 가능성을 상상해보는 꿈은 초기에는 희미하여 잘못 정의될 수 있다. 그러나 시간이 지나면서 아이디어는 보다 더 또렷해진다. 그 꿈이 현실로 나타나기 위해서 사람들은 고민하고, 계획을 세우며, 자기 목표를 달성하기 위해 단계별 행동을 취한다. "10년 후에 나는 무엇을 하는 사람이 되어 있을까?" "이것은 하나님이 원하는 일인가?" "내 꿈을 이루기 위해 어떤 단계를 밟아야 하나?" 사람들이 꿈을 이루기 위해 노력할 때 나이에 상관없이 누구나 자기 패배나 좌절된 삶의 패턴을 개발하지는 않는다.

5. 부모의 인내와 기도

부모 입장에서 자녀들이 성인기에 야기되는 문제들로 고생하는 것을 보고 있는 것은 쉬운 일이 아니다. 때때로 참을성 없는 부모는 의도적인 충고와 비난을 함으로써 상황을 더 악화시키기도 한다. 반대로 부모가 격려와 지지로 자녀들과 대화하며 그들이 적용할 수 있는 명료한 방향성을 제시해주면 도움이 될 것이다. 부모는 상황에 따라 돈이나 다른 방법으로 단기간의 도움을 줄 수 있다. 그러나 그것은 성인 자녀들로 하여금 책임을 회피하게 만드는 계기가 되기도 한다. 따라서 자녀들이 도움을 청할 때 자상하게 안내해주는 것이 좋다. 때로 젊은 성인에게 가장 좋은 도움은 기독교 상담자 또는 다른 교회 지도자들이 부모에게 주는 안내가 될 수도 있다.

6. 영적 지지

한 친구가 불행하고 충동적인 결혼으로부터 어떻게 벗어났는가에 대해 말해주었다. "부모님은 나에게 가르쳐주지 않았다. 나는 우리 부모님이 내 약혼자에게 별로 관심이 없다는 것을 알았다. 그러나 그들은 기도하는 분들이기 때문에 장성한 자녀가 인생의 중요한 결정을 내리는 데 하나님이 전능하심으로 충분한 안내를 해주실 것을 굳게 믿고 있었다. 결혼식 직전에 나는 내가 실수하고 있는 것을 깨달았다. 부모님의 깊은 신앙과 지속적인 기도에 힘입어 비극적 문제가 예방되었음을 확신하게 되었다." 따라서 자녀들을 상담하는 부모와 기독교 상담자들은 "기도는 잠재적인 문제들을 예방한다"는 슬로건을 마음속에 기억해두는 것이 좋을 것이다.

• **초기 성인기에 대한 결론**

당신이 리더십에 약간의 관심이 있다면, 아마도 워렌 베니스(Warren Bennis)의 이름을 들어보았을 것이다. 그는 남가주 대학교의 전 총장이었으며 리더십 연구소의 창설자다. 베니스는 『변태와 괴짜노인 Geeks and Geezer』이라는 책을 집필하였고 여러 권의 책을 저술하였다.[49] 베니스가 70세는 족히 되었을 때, 그와 그의 공동 저자들은 70세가 넘었지만 창의적이며 에너지가 넘치는 사람들(괴짜 노인)과 비록 젊지만 이미 리더십 능력을 발휘해본 경험이 있는 20대의 가능성이 충만한 젊은이들(변태)을 대조하여 설명하였다. 어느 학술대회에서 나는 베니스의 연구 발표에 매혹되어 바로 그의 책을 사서 읽어보았다.

책 내용은 급속한 사회변화로 시대에 약간 뒤떨어진 듯하였고, 베니스의 결론들이 타 문화권으로 확장될 즈음에도 그의 통찰력은 약간 뒤떨어질 것 같다. 그러나 미국의 20대에 대한 연구 결론들은 21세기를 살아가는 현대인들에게도 어떤 메시지를 주는, 생각해볼 만한 결론들이었다. 그 결론은 다음과 같은 진술로 묘사된다.

- 거의 무제한적 선택 속에서 성장했다.
- 가능성으로 둘러싸여 있다.
- 언론매체와 컴퓨터 그리고 기타 과학기술들에 익숙해져 있다.
- 영웅이 별로 없다.
- 기존 종교의 중요성은 점점 사라져가고 영성과 뉴에이지 철학, 전체론적 삶에 매혹되어 있다.
- 기성세대가 가졌던 야망보다 더 웅대한 야망을 가지고 있다.
- 목표 성취에 인내심이 부족하다.
- 과학, 기술, 세계화, 그리고 성장에 관심이 많다. 그러나 재정과 직업의 안정성에 대하여는 별로 관심이 없다.
- 일생 동안 여러 직장을 다니며 경력 쌓기를 한다.
- 기성세대와 같이 일에 매여 살지 않는 균형 있는 가치관을 가지고 있다.
- '무조건 나가서 해보는' 학습을 존중한다.
- 매우 급하다. 젊은이들의 핵심은 '스피드'다.

베니스와 공동저자들이 기술한 것처럼, 70세를 넘은 사람들이 대부분 활기차게 멘토를 하며 20, 30대와 연결성을 가지고 배우려 하는 것은 정말 놀라운 일이다.

인간발달 과정에서 초기 성인기는 아주 중요한 과정이다. 그러나 초기 성인기에 대한 진술이 대부분의 상담학 책에서 간과되어버렸다. 이 시기에도 문제들이 있으며 상담이 필요하다. 따라서 20대와 30대를 도와주는 일은 기독교 상담자들에게 가장 큰 보상이 있는 경험이 될 수 있다.

상담자들을 위한
요점 정리 15

■ 18세~39세 사이의 사람들은 여러 가지 호칭으로 불린다. 그들은 베이비 버스터, X세대, Y세대, 모자이크, 또는 젊은 성인들이며, 이런 호칭들은 시간이 지남에 따라 새로운 호칭으로 바뀌게 된다. 이들 그룹은 보통 20대와 30대의 사람들로서 많은 변화와 함께 통상적인 도전과 문제들이 있다.

■ 호칭이 무엇이든지 젊은이들은 자신의 가족을 떠나 성인 세계에서 자기의 위치를 찾아 정착하고자 한다.

■ 성경은 초기 성인기의 사람들에 대해 거의 언급하지 않는다. 20대와 30대의 문제들은 모든 나이의 사람들이 갖고 있는 통상적인 문제이며, 성경 역사의 많은 지도자들은 젊은 사람들이었다. 예수님, 그의 모친 마리아, 여호수아, 젊은 다윗 왕, 다니엘, 에스더, 느헤미야, 그리고 모든 사도들이 초기 성인기에 포함된다.

■ 초기 성인기의 중요한 도전들
　· 능력.
　　- 신체적 기술.
　　- 지적 문제 해결 기술.
　　- 감성 지수.
　　- 자기 관리 기술.
　　- 대인관계 기술.
　　- 영적 기술.
　· 독립성.
　　- 자기 효능감 개발.
　　- 정체성 확립.
　　- 가치관 발견.
　　- 효과적인 대처.
　· 친밀한 관계.
　· 방향성.
　· 영성.

■ 초기 성인기의 사람들은 인생 방향을 설정하는 자신의 삶의 패턴에 갇힐 수 있다.

■ 상담 과정에 포함되는 요소
· 직면하고 있는 문제의 명료화, 통찰력.
· 지지하는 일.
· 내담자가 행동하도록 돕기.
· 기술 개발.
· 내담자의 고착된 행동 풀기.

■ 문제 예방에 포함되는 요소
· 교육과 격려.
· 모델링.
· 멘토 발견.
· 꿈 개발.
· 부모가 인내와 기도로써 격려하기.
· 영적 지지.

■ 20대와 30대를 위한 초기 성인기의 상담은 기독교 상담자들에게 가장 큰 가치와 보상이 있는 경험이다.

16 >>
중년기(40~50대)
Forties and Fifties

브레드가 마흔 살이 되었을 때 큰 생일파티가 있었다. 파티에 초대된 50명의 친구들과 친척들, 직장동료들은 브레드를 위해 깜짝 파티를 계획했다. 방 모퉁이 테이블 위에는 많은 카드와 선물들이 쌓여 있었고, 그의 부인은 파티를 위하여 훌륭한 저녁과 케이크를 준비했다. 거기에는 갓 구운 빵과 함께 그가 친구들의 삶에 얼마나 많은 영향을 끼쳤는지 적어놓은 쪽지들이 있었다. 그 내용은 나이 먹음에 대한 우스꽝스럽고 재미있는 이야기, 브레드의 미래를 위한 기도 등이었다. 모든 사람들은 그 파티가 정말 훌륭한 축하 파티였다고 입을 모았다.

파티가 끝나고 며칠이 지났음에도 브레드는 파티에 대한 추억을 가끔 떠올렸다. 그는 아내의 수고에 감사했고 아주 특별한 파티를 열어준 친구들에게 감사했다. 축하파티는 아주 좋았다. 그러나 그의 마음 한구석에는 알 수 없는 공허감이 몰려왔다. 그는 자신의 실패가 기억났다. 기회 상실, 승진 탈락, 이루지 못한 꿈들에 대한 실패감이 떠올랐다. 다른 사람들과 함께 우스운 이야기를 하면서도 앞으로 다가올 노년기에 대해 생각하게 되었다. 그 생일파티는 자신이 늙어가고 있다는 것을 깨닫게 하는 파티였다. 그는 세 명의 훌륭한 자녀를 두었고 결혼 생활도 성공적이었다. 그러나 이제 아무것도 더 이상 흥미롭지 않았다. 직장 일이나 교회생활, 자녀들과 함께하는 시간, 부인과의 성생활 등 모든 것들이 더 이상 흥미롭지 않았다. 그는 자신이 과거보다 짜증을 더 내고, 더 비판적이라는 것을 알게 되었다. 재미있는 일은 거의 없고, 청소년인 아들과의 갈등은 점점 깊어갔다. 우울한 모습을 보이지는 않았지만 그의 아내는 남편이 자신과 싸우고 있다는 것, 남편의 친구들도 남편과 비슷한 어려움을 겪고 있다는 것을 알게 되었다. 브레드는 자신과 비슷한 나이의 사람들이 젊은 여자들과 깊이 사랑에 빠져 자신의 가족을 돌보지 않고, 더 나은 일을 찾기 위해 직장을 그만두는 것들이 이해가 되었다. 브레드는 그러한 상황에 있는 자신의 취약한 모습을 인식하게 되었고, 일상적인 삶을 떠나 더 나은 것을 찾고 있는 자신의 모습을 보게 되었다.

내가 어릴 때, 부모님들은 '인생은 40부터' 라고 서로 말하곤 했다. 부모 세대들은 중년의 위기라는 말을 전혀 들어보지 못한 세대다. 만일 그들이 브레드와 같은 문제들을 경험했다면 그들은 대부분 감췄을 것이다. 사람들은 40세가 인생의 중간 지점이며(소수의 사람들이 80세까지 살지만) 가장 좋은 생애가 아직 남아 있다고 믿으려고 한다. 어떤 정신과 전문의는 40대에서 60대는 인생의 가장 좋은 시기라고 말한다. 이때

가 육체적인 건강, 정서적 성숙, 직업에 대한 만족, 관계 만족들이 최상인 황금기이기 때문이다.[1]

스위스의 유명한 정신과 의사인 칼 융은 중년기는 과업들을 많이 성취했기 때문에 자녀를 출산하여 양육하고, 가족들을 보호하고, 재산과 사회적 지위를 얻는 일들로부터 벗어날 수 있는 자유로운 시기라고 진술했다.[2] 그러나 많은 사람들에게 중년기는 젊음이 사라지고 미래에 대한 기회가 줄어드는, 그로 인하여 삶이 소용돌이치는 시기가 된다. 프레드릭 허드슨(Frederic Hudson)은 30대 후반 사람들은 젊었을 때의 꿈과는 다른 길을 가면서, 열정은 소진되고, 직장이나 친밀한 관계에서 뒤처진 느낌들이 들 수 있다고 진술했다.[3] 꿈을 이룬 성공한 사람일지라도 성공을 위해 소비한 젊음에 대해 좌절감을 느낄 수 있다. 꿈을 이루기 위해 하지 못했던 활동들이 이제는 더 중요하게 보일 수도 있다.

40대에 모든 목표가 다 성취된 것은 아니다. 시간은 계속 지나가고, 같은 직업을 계속 유지해야 할지 또는 더 늦기 전에 변화를 추구해야 할지 등에 대해 결정해야 할 시기이기도 하다.

이 책의 이전 판에서 중년기는 40세에서 60세 사이라고 진술했다. 오늘날의 중년기는 청소년과 젊은 성인, 그리고 나이든 성인 등을 다 포함하고 있는 것 같다. 중년기라는 정의는 분명하지 않지만, 나이와 살고 있는 나라의 평균수명에 따라 달라질 수 있다. 10세 때 저자는 캐나다에서 살았다. 그때는 40대의 사람들을 중년이라고 생각하지 않았다. 40대는 굉장한 노인이라고 생각했다. 오늘날 40대의 사람들을 볼 때 상대적으로 그들보다 젊다고 생각하며 인생의 황금기라고 생각한다. 우리의 시각에 상관없이 40대와 50대는 자기평가, 자신의 신념과 가치에 대한 재평가, 신체 변화에 대한 적응, 삶의 방식에 대한 고려, 직업에 대한 방향 설정, 삶의 우선순위 선택에 의해서 특징지어지는 시기다.

위에 진술한 모든 것들은 기독교 상담과 관련이 있다. 물론 유능한 젊은이들이 있기는 하지만, 대부분의 40, 50대 사람들은 교회와 직장, 정치 및 사회 등 여러 분야에서 힘을 가지고 결정을 내리며 많은 돈을 쓸 수 있는 리더의 위치에 있다. 그럼에도 불구하고 어떤 사람들은 권태와 무기력, 결혼 생활의 실패, 가치관의 빠른 변화, 은퇴와 조기 퇴직 등으로 힘든 삶을 살고 있다.[4] 따라서 중년기의 사람들에게 기독교 상담은 분명 필요하다.

성경과 중년기

성경은 중년기에 대해 거의 진술하지 않고 있다. 아마도 아주 오래 산 유명한 사람들을 제외하고는 오래 산 사람이 없었기 때문일 것이다. 청동기시대의 사람들의 평균수명은 18세로 추정된다. 그리스 시대에도 그렇게 길지는 않았다. 중세에서야 비로소 평균수명이 37세로 연장됐다. 1900년에도 평균수명은 50세 정도로 낮았다. 따라서 현대의 중년기 사람들을 지도하기 위한 역사적 자료, 나이와 관계된 성경적 지표 또는 신학적 통찰은 거의 없는 셈이다.[5] 그러나 기독교 상담자들을 위하여 중년기의 사람들이 직면하는 주요 문제들을 설명하는 성경 구절들은 있다. 곧 결혼 관련 문제, 자존감, 생의 목표, 일과 경력, 슬픔, 자녀와 나이 든 부모와의 상호관계, 영적 문제, 참지 못함, 신체적인 병, 좌절감 그리고 이와 비슷한 문제들인데, 이러한 문제들을 성경에서 논의할 때 나이에 관계된 것은 거의 없다. 그러므로 누구에게나 적용할 수 있는 성경적인 가르침과 원칙들은 나이에 상관없이 내담자의 독특한 개인적 욕구에 맞게 적용되어야 할 것이다.

• 중년기 문제와 원인

융은 대부분의 사람들이 중년기 이후의 삶을 시작할 준비가 되어 있지 않다고 진술한다. 우리는 거의 중년기에 부딪히는 새로운 문제들을 인식하지 못하고 중년기에 이른다. 중년기 문제를 해결하는 데 과거에 적용한 방법이 효과적이었다 할지라도 현재의 문제에 과거에 사용한 방법을 똑같이 적용하기는 어렵다.[6] 예일대학의 심리학자 다니엘 레빈슨(Daniel Levinson)은 사람들이 40대에 이르면 중년기의 전환과정에 들어간다고 결론 내렸다. 그의 연구에서 80%의 남자들은 중년기로의 전환을 위기의 시기로 경험했다. 그 이유는 중년기의 시간은 매우 짧은데 젊어서 세워둔 인생의 목표는 성취되지 않을 것 같은 느낌이 들기 때문이라는 것이다. 인터넷을 탐색하면 중년의 위기에 대한 인기 있는 글 '플레소라(plethora)'를 발견하게 된다. 어떤 전문가들은 중년의 위기가 대부분 남자들에게 한정된다고 믿지만, 앞에서 중년의 위기에 대하여 진술한 것보다 더 소수의 사람만이 중년의 위기를 경험한다고 진술한다.[7] 위기를 경험하든 안하든 40세가 되면 관점에 변화가 온다. 대부분의 사람들은 그들의 직장에 머물러 있거나 상당기간 일상적인 활동을 한다. 그러나 많은 사람들은 불안을 느끼기 시작하며 여태까지와는 다른 무엇인가를 느끼게 된다. 자신의 인생 목표와 기여, 가치관 등에 대해 고민하기 시작한다. 젊음은 사라지고, 기회는 줄어들고, 기력은 쇠약해지고, 성취되지 않은 생애 목표들을 인식하게 된다. 그럼에도 불구하고 어떤 사람들은 결혼, 직업, 종교, 가족, 여가 그리고 삶의 다른 영역에서 만족감을 느끼기 시작하면서 동시에 좌절감에 대해서도 생각하게 된다. 사람들이 40대 초반으로 들어가면 자신의 삶에 더 많은 책임감과 더 늦기 전에 변화를 만들고 싶은 압박감을 받는다. 40대에 나타나는 변화와 전환과정에서 내담자 주위에 지지적인 사람과 결정을 도와주는 사람을 갖고 있다는 것은 매우 유익한 일이다. 그러나 중년기에 있는 사람들의 행동에 대하여 '고개를 넘어섰다(over the hill)'는 농담을 너무 자주 하면, 문제를 오히려 더 악화시키는 경우가 많다.

40~60세 사이의 20년은 인생에 있어서 가장 중요한 시기다. 현재의 40대, 50대가 겪는 것과 10년, 20년 후의 40대, 50대의 사람들이 겪는 경험 사이에는 큰 차이가 있을 것이다. 이러한 차이에도 불구하고 중년기에서 야기될 수 있는 문제들, 즉 신체적 변화, 심리적 변화, 직업적인 변화, 결혼과 가족의 변화 등에 대하여 살펴보고자 한다.

1. 신체적인 변화

신체는 이미 중년기 전에 쇠약해지기 시작하므로 40대에서 신체적 변화를 무시하거나 숨기기는 어렵다. 흰머리, 대머리, 거친 피부, 눈가의 주름, 더딘 움직임, 체력 감소, 젊음의 상실 등 이러한 신체 변화들이 중년기에 일어난다. 이렇게 보이는 것들은 우리가 나이가 들어가고 있음을 상기시켜준다. 폐경, 성욕구의 저하, 잦은 소변, 생각하고 싶지 않은 죽음 또한 멀리 있지 않음을 깨닫게 된다. 소수의 사람들은 가슴둘레와 엉덩이둘레가 거의 비슷한, 영화배우처럼 신체적 변화가 거의 없는 사람도 있다. 그러나 40대의 사람들은 자주 10년 전의 신체 모습과 비교하기도 하고, 다른 사람들의 매력적인 젊은 모습과 비교하는 등 자신의 모습을 모니터하기 시작한다. 사춘기는 몸무게의 10%가 지방인 반면 중년기는 최소한 20%가 지방이며, 대부분 배에 모여 있다. 가슴은 작아지는 반면 배와 엉덩이는 커진다. 이 모든 변화들은 40대가 되면 그들의 신체에 더 많은 관심을 가질 필요가 있음을 인식하게 된다. 특히 외모에 관심을 가진 사람들은 다이어트와 운동, 옷과 화장에 더 많은 관심을 갖게 된다. 새벽 5시에 일어나서 젊은 사람들과 함께 헬스클럽에서 운동을 하기도 하고 수년간 운동을 한 나이 든 사람들과 함께 운동을 하기도 한다. 이른 아침에 운동하는 대부분의 나의 친구들은 40대, 또는 50대 초에 운동을 시작했다. 중년기에 있는 어떤 사람들은 젊음과 매력의 상실에 대해서 낙심하기도 한다. 몸무게가 늘고 침체감에 빠지는 무기력감, 약해진 신체, 툭 튀어나온 배, 이 모두는 자기 자신을 잘못 관리한 결과일 수 있다. 약과 알코올은 이 모든 것을 더 악화시킬 수 있다. 일중독, 과식과 너무 오래 앉아 있는 삶의 방식들 역시 이 모든 것들을 악화시킬 수 있다. 남성이나 여성이나 중년기에는 정력이 감소된다.

20대 또는 30대 대부분은 자신의 경력 쌓기, 직장에서 일하는 것, 가족 관계 향상 등 여러 다양한 활동에 열심이다. 그들은 은퇴하기까지 최소한 20~30년을 더 일해야 한다는 사실에 열정이 시들해지며 피로감을 느끼게 된다. 젊었을 때 세웠던 목표에 도달하지 못한 남자와 여자들은 이 시점에서 성공하기 위해 또는 그들의 가치를 증명하기 위해 더 열심히 박차를 가하여 노력한다. 열심히 일하는 사람들은 스케줄보다 앞서가기 위해 더 열심히 노력한다. 이러한 것들은 자신을 신체적 정서적으로 파멸시키는 원인이 되며, 중년기 사람들에게 스트레스를 줄일 것을 알려주는 신호가 된다.

2. 심리적인 변화

2004년에 마지막 베이비붐 세대(제2차 세계대전 후 세대)들은 40세가 되었고, 가장 나이 든 베이비붐 세대는 은퇴의 시점에 와 있다. 예외가 있기는 하지만 베이비붐 세대들은 높은 기대를 가지고 성인기에 들어갔다. 그들은 남녀 구분 없이 교육을 잘 받았고, 성공을 위해 노력했고, 낙천적인 사고와 함께 로큰롤을 즐기며, 풍족한 소유로 자아 만족감이 높았다. 많은 사람들은 전통적인 종교체계를 벗어나 비전통적인 영적 경험을 추구했다. 반면 교회에 계속 남아 있는 사람들은 질적으로 수준 높은 예배를 원했다. 많은 베이비붐 세대들은 활동적이며 무책임하게 그냥 나이 먹는 것을 수용하지 않았다. 그들은 삶에 대한 높은 기대를 가지고 많은 사람들과 함께 살아가고 있다.

중년기는 영향력과 창의력이 높고, 개인적인 성취와 돈을 벌 수 있는 능력이 가장 높은 인생 정점의 시기다. 또한 많은 책임감과 의무, 중년기에 성취해야 할 중요한 요구들로 인해 압박을 받기도 한다. 중년기의 사람들은 많은 친구들과 직장동료들, 가족들, 헬스클럽 친구들, 교회 친구들이 있으며, 그들 대부분은 활동적이고 건강하며, 은퇴와 치명적인 병에 대해서 별로 걱정하지 않는다. 그럼에도 불구하고 중년기는 권태와 두려움의 재평가 시기다.

(a) 권태 : 중년기에는 출세와 결혼에 대한 흥분과 도전이 '하찮은 일들'로 바뀐다. 직장과 집에서의 일상적인 일, 무덤덤하고 형식적인 교회생활과 결혼 생활, 별로 관심 없는 친척집의 의례적인 방문 등은 열정을 상실하게 하고 삶을 권태롭게 한다. 예를 들면 매일 해야 하는 집안일, 매달 지불해야 할 돈, 상관의 계속적인 요구와 자녀들의 요구, 이러한 것들은 권태를 더 악화시킨다. 권태는 억압된 사람들과 흥분을 즐기는 사람들에게 더 심하다.[8] 억압된 사람들은 두려움이 많고 규칙 안에서 기회를 결코 잡아보지 못한 사람들로, 자기 자신에게 즐거움을 거의 허락하지 않을 뿐만 아니라 지적인 자극도 거의 없는 사람들이다. 그들에게 삶이 권태롭다는 것은 놀라운 일이 아니다.

반면 흥분을 즐기는 사람들은 위기를 잡아 성공을 이루기도 한다. 그러나 흥분할 일이 없을 때, 신체적인 힘이 약화될 때, 책임을 요하는 일들이 많아질 때 권태감을 느끼기도 한다. 어떤 사람들은 권태가 좌절감, 무기력증, 심한 걱정, TV중독 등으로 표출되고, 또 어떤 사람들은 권태를 피하기 위해 혼외정사와 같은 극적인 삶의 방식을 택하기도 하고 직업 전환이나 도박, 튀는 옷입기 등 흥분을 자극하는 일을 추구하기도 한다.

(b) 두려움 : 중년의 사람들은 자기 자신의 신체적인 변화를 경험하고, 나이 든 부모를 지켜보며, 중년기 친구들의 어려움을 바라보면서 두려움을 느끼게 되는데 이것은 자연스러운 현상이다. 많은 사람들은 중년기에 이르러 처음으로 건강과 죽음에 대한 문제가 주된 문제라는 것을 깨닫게 된다. 그리고 자녀들이 집을 떠날 때 '빈둥지 증후군'을 경험하게 된다. 많은 사람들은 직장에서 젊은 사람들이 자신의 지위를 차고 올라오는 것 또는 신체적인 한계로 인해 자신의 삶이 원치 않는 변화를 수용해야 하는 것에 두려움을 느낀다. 표현하지는 않지만 자신의 성적인 매력과 능력이 상실될까 봐 두려워한다. 발기 부전에 대한 두려움, 사생활 결여, 너무 바쁜 생활, 결혼 생활의 긴장, 성욕구 저하 등은 부부생활에 긴장을 야기할 수 있다.

(c) 재평가 : 이러한 모든 것은 중년의 위기, 중년기의 재평가, 불만족, 새로운 목표 추구, 자존감 등을 자극할 수 있다. 밥 버포드(Bob Buford)는 성공을 최우선의 목표로 삼았던 성공적인 사업가였다. 그가 40대에 들어섰을 때, 그는 인생의 중간 지점에 있다는 것을 깨달았다. 그동안 성공 지향의 삶으로부터 이제는 그의 인생에 의미를 줄 수 있는 활동을 해야겠다고 생각했다. 버포드는 『하프타임Halftime』이라는 베스트셀러 책을 썼고 많은 세미나를 통하여 인생 후반기의 문제를 가지고 있는 사람들을 도왔다. 그리고 인생 후반기로 들어가는 사람들에게 성공보다는 의미 있는 인생이 중요하다는 것을 알려주기 위해 애쓰고 있다.[9] 많은 사람들은 40대, 50대까지는 성공을 위하여 달려간다. 이것은 변화를 추구할 자원이 부족한 사람들, 새로운 것을 시도하는 데 두려움을 가진 사람들, 안락한 삶에 안주해 있는 사람들에게 실망을 줄 수도 있다. 어떤 사람들은 너무 빨리 승진을 하고, 예기된 변화를 찾아 조기퇴직을 하며, 너무 빠른 은퇴로 또 다른 두려움과 좌절감, 그리고 권태와 무의미한 삶을 맞기도 한다. 이러한 모든 것들은 인생의 꿈과 삶의 방향, 우선순위 등을 재평가하도록 자극한다. 삶의 재평가는 중년기의 일반적인 특성이며, 중년기의 사람들을 상담하는 데 많은 기초적인 자료가 된다.

3. 직업의 변화

사람들이 성숙함에 따라 인생의 경험에 대하여 자기 자신에게 조용히 말하는 방법을 배우게 된다. 직장이 만족스럽지 않을 때, 내면의 분노는 직장으로 향할 수도 있고, 직장의 동료에게 향할 수도 있고, 마음에 들지 않는 자기 자신에게 향할 수도 있다. 마음에 들지 않는 직장에서 오래 일한 사람일수록 직장의 모든 것들에 흥미를 갖지 못한다. 더 이상 권력에 도전하지 않고, 감사하지 않으며, 많은 압력과 실패에 대한 두려움으로 쉽게 실망하며 낙심하게 한다. 직장의 목표가 성취되지 않으면 우리는 좌절하고 버려진 느낌이 든다. 때로는 안정감을 갖기 위해 지적인 갈등을 하며 때로는 그대로 가도록 놔두거나 더 나은 것을 찾아 위험을 감수하기도 한다.

직장에서 성공의 정점에 이른 사람들이라 할지라도 그들 역시 자기 비판과 부적절한 감정을 갖게 된다. 수년 전에 《포춘Fortune》지는 커버스토리로 성공한 CEO들의 죄책감 문제를 다루었다. 조사에 의하면 CEO들의 가장 큰 죄책감은 자녀들에 관한 것이었다. 누가 자녀들을 돌보며, 자녀들의 성장의 결과는 어떠한가?[10] 지위가 성공으로 올라감에 따라 책임감은 점점 더 커지고, 자녀들과 함께하는 시간은 줄어들며, 직장에서의 경쟁이 더 치열해질수록 신체적 에너지는 점점 쇠약해진다.

중년기의 사람들은 새로운 기술에 대해 훈련을 받아보지만, 새로운 기술에 익숙한 젊은이들이 그들의 위치를 차지하게 된다. 직장에서 책임을 맡았던 CEO를 포함해서 많은 중년기의 사람들이 직장을 잃거나 기구 축소로 인하여 다른 부서와 합병을 한다. 그리고 지금까지 살아온 능력과 경험을 가지고 직장을 더 이상 찾을 수 없게 될 때, 낮은 자존감과 심리적 상처로 어려움을 겪게 된다. 주부들 역시 중년기에 이르면 바쁘게 생활해왔던 가정에서 그들의 도움이 점점 줄어듦에 따라 빈둥지 증후군을 경험하게 된다. 이러한 변화로 좌절감과 자아 연민의 감정에 빠질 수도 있다. 그러나 어떤 사람들은 외부로 나가 자신의 잠재력을 성취할 수 있는 새로운 직장을 찾기도 한다. 이때 배우자와 가족 구성원들이 이러한 변화에 지지하지 않으면 새로운 직장과 가정은 갈등관계로 가게 된다.

4. 결혼과 가족의 변화

프로이트는 일찍이 모든 사람들의 욕구는 사랑하는 것과 일하는 것이라고 말했다. 이제 중년기의 사랑에 대해 논의하고자 한다. 우리는 사랑에 대한 네 가지 관점, 즉 자녀, 부모, 배우자, 그리고 성에 대한 관점을 논의하고자 한다.

(a) 자녀 : 부모가 40, 50대에 접어들면 자녀는 성인기로 성장하여 자신의 삶을 이루고자 집을 떠나게 된다. 특별히 부모가 자녀들의 떠남에 대해 준비되어 있지 않을 때, 성인 자녀들의 독립에 대한 준비가 미비할 때, 새로 들어온 가족 구성원과의 통합이 미비할 때 긴장이 야기될 수 있다.

이러한 긴장들을 그냥 방치하기는 어려울 것이다. 자녀들이 집을 떠날 때 부모들이 갖는 허전함과 공허함, 좌절감과 외로움은 당연한 것이다. 어떤 부모들은 과거의 잘못에 대한 지나친 죄책감으로 자신들이 더 이상 필요하거나 유익한 사람이 아니라고 느낀다. 이러한 혼합된 감정은 자녀들이 갖는 자유로운 경험과 성장을 위한 그들의 삶과 활동으로부터 배제된 부러움의 감정일 수 있다. 어떤 부모는 막내 자녀가 집을 떠날 때 정체성의 위기를 경험한다. 가정에서 자신의 역할을 재도전해보지만 현시점에서 자신의 삶의 목적이 무엇인지 회의를 갖기 시작한다. 자녀들이 집을 떠날 때 갖는 감정은 다른 나라로 이민갈 때 가질 수 있는 그러한 상실감과 같다고 해도 과언은 아니다.[11] 이때 부모가 직장을 다니거나 만족할 만한 외부 활동을 하게 되면 고통을 줄일 수 있다. 이러한 부모들은 우울감보다는 해방감과 자유로움을 그리고 새로운 활력을 경험하게 된다.[12]

이제 자녀들이 떠남으로 중년 부부는 서로를 직시하며 결혼에 대해서 현실적인 재평가를 할 수 있게 된다. 자녀가 떠남에 따라 부모는 과거의 불평등한 관계에서 평등한 관계로 자녀들을 바라봄으로서 그들의 독립성과 자율성을 수용해야 한다. 이러한 변화를 수용하는 것이 태도와 행동 면에서 쉽지는 않지만 부모는 성장한 자녀들이 가족을 떠나 다른 사람들과 친밀한 관계를 갖는 현실을 점진적으로 인정하게 된다.

성인 자녀들이 결혼하여 새 가족원이 생길 때 부모와 새 가족 구성원과의 통합에 갈등이 생길 수 있다. 결혼은 분명 경사스런 일이다. 부부가 된 자녀들은 자신의 가족으로부터 떠나야 함을 알아야 하고 부모는 자신들이 시부모 또는 장인, 장모가 된 것을 알아야 한다. 이것은 새로운 가족 구성원과의 관계 증진이며 자신의 아들과 딸의 정체성에 대한 적응을 돕는 일이다. 손자의 출생은 이 과정들을 원만하게 할 수 있으나 조부모의 비판과 통제는 더 많은 문제를 야기할 수도 있다. 이러한 통합 과정이 원만하지 않을 때 야기되는 긴장들은 수년 동안 지속될 수도 있다.

(b) 나이 든 부모 : 가족의 부양과 직장의 승진으로 정신없이 바쁜 중년들은 부모가 늙어가고 있다는 사

실을 깨닫지 못한다. 그러나 노부모의 건강 문제는 성인 자녀에게 부모가 전처럼 건강하지 않고, 독립적이지 못하며, 경제적으로도 안전하지 않다는 사실을 깨닫게 해준다. 노부모의 의존성은 중년의 자녀에게 자신이 '샌드위치 세대'임을 깨닫게 한다. 늙은 부모 세대와 젊은 자녀 세대 사이에서 붙잡힌 느낌, 또는 끼여 있는 느낌을 갖게 되는 것이다. 두 세대 모두 자신의 도움과 지지를 필요로 한다. 자신을 양육해왔던 부모의 역할은 이제 역으로 자신에게 의존하게 된다. 그들은 모든 사람이 늙어간다는 사실을 깨닫게 된다.[13]

(c) 결혼 : 모든 사람들은 인생에 발달단계가 있듯이 부모됨과 결혼 생활 역시 발달단계를 거쳐간다는 것을 안다. 예를 들면 40~60세 사이의 어느 지점에서 중년기의 결혼 생활은 많은 스트레스를 받는다. 사람들은 자신의 결혼 생활을 재평가하고 또 어떤 사람들은 그들의 소유가 안정적인가를 질문하며, 어떤 사람들은 더 나은 파트너를 찾고자 갈등하기도 한다. 일상적인 가족생활에서의 권태는 배우자의 약점을 더 잘 파악하게 될 때 찾아온다. 의존적이던 자녀들이 더 이상 의존하지 않을 때, 성생활이 권태로울 때 많은 부부들은 그들의 결혼이 불안정하며 위기에 처해 있다고 결론을 내린다. 남편과 아내는 배우자의 활동에 더 이상 관여하지 않으며, 친밀감과 대화는 점점 더 감소된다. 부부는 같은 집에 살고 같은 침대에서 잠을 자지만 정서적으로는 다른 방향을 향해 있다. 그리고 권태로운 결혼 생활을 끝내고자 이혼을 결정하거나, 부부 중 하나 또는 둘 다 중년기 외도에 빠지기도 한다.[14] 외도는 타인으로부터의 관심과 사랑을 받는 경험과 새로운 친밀감, 성 능력에 대한 재확인, 이성에 대한 매력과 호감 등으로 일시적인 흥분을 줄 수 있다. 그러나 장기간의 외도는 많은 긴장과 죄책감을 야기하고 그러한 긴장들은 이혼을 수반하게 된다.

(d) 성생활의 변화 : 정력, 매력, 성욕구 등이 저하됨에 따라 성생활에 대한 흥미가 감소되면 40세 또는 50세 이후의 성생활은 만족하기가 어렵다는 결론을 내리게 된다. 상담자 짐 콘웨이(Jim Conway)는 그의 책 『중년의 위기에 있는 남자들 Men in Mid-life Crisis』에서 이 문제를 다음과 같이 진술했다.

> 남자들에게 있어서 성 능력은 가장 큰 관심사다. 가끔 그들은 성 능력을 상실할까 봐 두려워한다. 드라마는 다음과 같은 내용을 다룬다. 중년기의 남자는 일에 빠지고 에너지는 소멸된다. 젊은 사람들은 그의 위치를 쟁취하기 위해 열심히 일한다. 중년기의 남자는 헤아릴 수 없이 많은 이사회와 지역사회, 교회 위원회에 소속되어 있다. 가족들은 아주 많은 돈을 요구하는데 그들의 요구를 다 충족시켜줄 충분한 돈은 없는 것 같다. 이러한 이유 때문에 그는 한밤중에 침대에서 기어나온다. 자신이 성관계에 수동적인 것과 반대로 그의 부인은 성에 대하여 새롭게 눈을 뜨면서 성관계에 공격적이 된다. 남편은 놀랍게도 성행위에 대하여 아주 느리게 준비하고 있는 자신을 발견하게 된다. 성행위중에도 발기가 사라지며 그 순간 자신의 삶이 갑자기 끝났다는 생각이 든다. 자신은 더 이상 남자가 아니며 전에 들어왔던 '중년기는 성생활의 끝'이라는 말을 새삼 깨닫게 된다.[15]

이러한 태도는 중년기로 하여금 성생활을 포기하도록 유도하며, 자신의 매력과 정력을 증명하기 위해 외도에 빠지기도 한다. 중년기 외도는 40대 이후의 성 또는 갱년기 이후의 성생활이 가능할 뿐만 아니라 젊었을 때보다 더 좋고 만족스러울 수 있다는 것을 보여주기도 한다.

이렇게 중년기의 결혼과 가족관계를 강조하는 것은 모든 사람이 중년기에 도달하게 된다는 사실을 간과해서는 안 되기 때문이다. 한 기독교 상담자는 직업과 결혼관계를 잘 수행하지 않으면 중년기의 문제를 성공적으로 해결할 수 없다고 말한다.[16] 이것은 결혼하지 않은 사람, 이혼한 사람 그리고 한부모 가정들에게도 해당된다. 40대에 혼자인 사람들은 그들의 여생이 외롭다는 현실을 수용해야 한다. 이러한 가능성은 중년의 갈등을 강화시킬 수 있으며 어떤 독신들은 독신을 철회하거나 또는 독신으로서 의미있는 삶을 살기 위해 여러 방법들을 찾기도 한다. 중년기는 결혼한 사람, 또는 독신, 그리고 각 사람에게 독특한 방법으로 영향을 미친다.

• 중년기의 문제가 미치는 영향

많은 상담책들은 인생의 긍정적인 면, 즉 '무엇이 좋은가'에 대한 진술보다는 '무엇이 잘못되었는가?'에 초점을 맞춘다. 즉 부정적인 면에 더 강조점을 두는 경향이 있다. 어떤 사람들은 40대와 50대에 나타나는 문제들을 다루고 있는 반면, 어떤 사람들은 자신의 삶의 철학을 진술하는 데 우리 가족의 한 사람처럼 느껴지기도 한다. "나는 47세의 가장 좋은 나이. 더 젊어지고 싶지도 않고 더 늙고 싶지도 않아." 때로는 중년기의 심한 스트레스가 그녀의 삶을 침범하기도 하지만 그녀는 그러한 태도를 고수하고 있다. 지금은 해외에 살고 있어서 연락이 두절되었는데 아마도 지금은 70세가 되어 있을 것이다. 지금도 그녀는 긍정적인 태도를 가지고 그녀가 몇 살이든 간에 "지금이 가장 최상의 나이야"라고 이야기하고 있을 것이다.

우리 삶의 태도가 긍정적일지라도, 중년기의 스트레스는 어떤 식으로든 약간의 압박과 긴장을 준다. 이러한 영향들은 은밀히 내적으로 경험되기도 하고, 때로는 행동으로 보여지기도 하며, 직장에서 또는 우리의 결혼과 가족관계에 나타나기도 한다.

1. 숨겨진 감정의 영향

더글러스 맥아더(Douglas McArthur) 장군은 "나이란 마음에 달려 있다"라고 말했다. 신체 변화에 상관없이 어떤 사람들은 그들이 늙어가고 있다는 사실을 수용하고 후반부 인생이 전반부 인생보다 더 낫다고 결론을 내린다. 반면 어떤 사람들은 마음속으로 나이 먹어가는 사실을 부인하며 때로는 화, 비통함, 좌절감, 실패감, 권태, 자기연민 그리고 낙심 등을 경험한다. 이러한 내적인 감정들은 당분간 무시되기도 하고 때로는 동시에 한두 가지가 짧고 격렬하게 끓어올랐다가 가라앉고 또다시 끓어오를 기회를 기다리기도 한다. 슬픈 시기를 거치면서 삶에 환멸을 느끼고 쓸모없다는 생각을 하며 젊은이들의 자유와 원기왕성함에 질투를 느끼기도 한다. 이러한 혼란과 감정의 갈등은 수년 동안 지속되어왔을지도 모른다. 그러나 오래 숨겨진 문제들은 중년기의 삶에서 직면할 때까지 겉으로 나타나지 않을 수도 있다.

2. 행동적 영향

숨겨진 감정들을 드러내지 않으려고 해도 그것은 어떤 방식으로든지 나타나게 된다. 이러한 감정들은 짜증을 내며, 인내하지 못하고, 불평하고, 직장이나 가족이 아닌 무언가에 사로잡혀 있고, 비효율적이며, 쉼이 없고 때로는 과잉활동을 보이는 경향들이 있다. 어떤 사람들은 열심히 일하는 것을 회피하고 또는 사회활동에 더 몰입하며, 폭주와 TV, 스포츠 관람 중독 또는 건강 염려증에 빠지기도 한다. 헬스클럽 멤버들은 아직도 젊은 사람들과 똑같이 할 수 있다는 확신을 갖기 위해 더 강렬하게 운동을 한다. 중년기의 사람들은 권태로운 일상을 깨뜨리기 위해 자신의 직장과 집을 바꾸기도 하며, 삶의 태도 변화, 또는 좀 더 새롭고 젊은 이미지를 창조하기 위해 옷입는 스타일에 변화를 주기도 한다.

3. 직업의 영향

중년기의 남성과 여성이 직업에 대해 반응할 수 있는 세 가지 방법은 다음과 같다.[17] 첫째, 성공으로 자신의 가치를 증명하기 위하여 더 열심히 일한다. 그것이 일 중독을 의미할지라도 많은 사람들은 일로써 그들의 가치를 측정하기 때문에 직장에서 성공하는 것은 아주 중요하다. 둘째, 실망하여 포기하는 것이다. 생산성이 떨어지는 것을 인정하려 하지 않고 화를 내며 "내가 한 일에 대해 전혀 인정받지 못하는데 열심히 일해서 뭐해. 어디를 가면 이만 못할까"라고 말하며 사표를 내는 태도다. 이러한 불만의 원인은 그 사람의 관심과 가치관, 목표 및 강점과 능력 등이 그 직업에서 요구하는 것과 적합하지 않기 때문에 나타난다. 이것은 직장인들과 마찬가지로 집안일에 싫증이 난 주부에게도 마찬가지 좌절감을 준다. 남편이나 아내나 불만족스런 직장으로 인하여 짓밟힌 느낌을 갖게 된다. 셋째, 자신의 불만을 변화를 위한 출발점으로 활용하는 것이다. 이것은 모험이며 위험에 빠질 수도 있고 기회를 잡을 수도 있다. 어떤 사람들은 자신의 관심과 능력, 그리고 성격에 맞는 새로운 직장을 찾고자 직장을 떠나며, 어떤 사람들은 만족하지 않은 직장에 머물면서 삶의 다른 부분들을 재조직화함으로써 전체적으로 만족감을 얻기도 한다.[18] 그러나 어떤 사람들은 직장을 잃기도 한다. 중년기에서 직장을 잃는 것은 가족에 대한 책임과 경제적인 책임이 증대되는 시기이므로 중년기의 삶을 철저히 파괴한다. 또 어떤 사람들은 그들의 나이 40, 또는 그 이상에서 그들에게 맞는 직장이나 직위에 도전하여 경제적인 뒷받침을 잘 준비하기도 한다.

4. 결혼과 가족의 영향

중년기의 문제로 갈등하고 있는 가족 구성원과 함께 사는 것은 힘든 일이다. 중년기의 가족은 중년들의 흔들리는 감정과 변화무쌍한 삶의 태도로 인하여 많은 영향을 받는다. 가족 구성원의 갑작스런 외도나 삶의 태도 변화, 가족 경제에 타격을 주는 조기 퇴직, 낮은 자존감 등은 다른 가족들에게 많은 고통을 준다.

이러한 모든 변화들은 개인의 인간관계와 성취, 실패, 외부에 나타난 미래의 계획들을 세우는 데 내적으로 많은 영향을 받는다. 이러한 내적 반영과 삶의 재평가는 고통이며 때로는 자아 비난이 될 수도 있다. 그 영향으로 직장을 바꾸며 이사를 하고 결혼이 이혼으로 끝날 수도 있지만, 가끔 중년기의 사람들은 자신의 미래를 위해 다른 결정을 내리기도 한다. 대부분 신중한 결정을 내리지만 어떤 사람들은 자신이 결정을 내린 후에 친구들과 가족들에게 이야기한다.

지금까지 우리가 논의해온 중년기의 전환과정에 대한 내용들은 이제 미국과 다른 여러 나라에서도 일반적이다. 중년기에 있는 많은 사람들은 앞에서 진술한 중년의 위기를 경험한다. 따라서 중년기의 위기는 의미 있는 삶의 변화와 감정의 혼란을 포함한 혁명적인 전환의 계기가 될 수 있다. 내적 불안은 충동적 행동에 의한 광풍과 같은 것으로, 가족을 떠나 새로운 섹스 파트너와의 만남, 실직 등 이 모두가 짧은 시간에 일어나는 일이지만 많은 혼란이 따른다. 집에 남겨진 사람들은 이러한 갑작스런 변화에 충격을 받으며 또 어떠한 일이 일어날까 걱정하며 재적응을 위해 노력한다.[19]

- ### 중년기 상담

중년기의 사람들은 자신들이 비현실적이고 부정적이라는 것을 안다. 상담자들은 중년기의 사람들에게 과거의 성공과 실패 그리고 미래에 대한 계획들에 대하여 현실적인 시각을 갖도록 도와줄 수 있다. 많은 내담자들은 그들의 후반부 인생에 대한 두려움과 불확실한 미래에 대해 초점을 두기 원한다. 그들은 우선순위와 가치를 재조정하고, 성장과 성취에 대한 새로운 잠재력 발견, 새로운 목표 조정 및 미래를 위한 재교육을 받기 원한다. 중년기의 사람들은 자신의 삶에 대한 긍정적인 모습과 관계에서의 긍정적인 모습을 바라볼 필요가 있다. 그리고 부모와 자녀의 관계를 어떻게 하는 것이 좋은지 수정할 필요가 있다. 중년기의 사람들은 자신들이 늙어가고 있고 살아갈 시간이 점점 짧아진다는 사실을 인정할 필요가 있다.

최근 인기를 끌고 있는 자조(Self-Help)에 관한 책과 잡지의 기사 내용들은 일반적인 상식을 제공하고 있지만, 독자들과 함께 나누어야 할 중년기의 삶에 대한 제안들은 간과해버리는 경향이 있다. 아래의 사항들은 내담자와 함께 나눌 수 있는 주제들이다.

- 정기적인 건강검진.
- 일상생활에서 규칙적인 운동과 충분한 휴식.
- 다이어트와 체중 조절.
- 독서와 묵상.
- 중년기의 삶을 복잡하게 하는 외부의 요구에 대해 '아니오'라고 말하기.
- 어떤 것들은 '아니오'라고 말하지만, 중년기 삶에 변화와 다양성을 줄 수 있는 새로운 도전과 활동들은 고려하기(스트레스를 추가하지 않는 활동들).
- 음악 감상과 긴장을 풀 수 있는 활동에 시간 내기.
- 직장, 집, 또는 결혼에 관한 신중한 결정을 내리기 위해 통찰력 있는 친구나 상담자와 상담하기.
- 우선순위, 기도와 영성을 통한 하나님과의 관계 증진.

상담자와 내담자의 좋은 관계 형성은 모든 상담의 기초이며 부적절한 감정, 특히 미래에 대해 낙심하고 있는 사람, 직장과 인간관계에 실패한 사람들을 상담할 때 중요하다. 이들을 위한 상담은 자신의 좌절감과 낮은 자존감을 표현하게 하며, 후반부 인생을 좀 더 자유롭게 살아갈 수 있도록 용기를 주는 정서적 지지를 제공한다. 때로는 상담자를 너무 많이 의존하는 내담자가 있는데 이러한 상담은 시간이 필요하다. 상담자는 내담자로 하여금 자신을 신뢰하여 결정을 내리고 자신의 결정에 책임을 질 수 있도록 도와준다. 이것은 상담자와 내담자가 상담 과정에서 서로 협동할 때 가능하다.

상담자는 내담자가 매사에 긍정적인 시각을 갖고 인내와 관심과 이해로 현실적인 사고를 할 수 있도록 돕는다. 그리고 중년기의 문제는 일시적이라는 것을 기억하게 하는 것이 중요하다. 많은 사람들이 중년의 위기를 갖지 않지만, 위기에 직면했다 할지라도 해결 가능성이 충분히 있다는 것을 알게 해준다.

1. 구체적인 문제에 초점 두기

적극적인 경청과 간헐적인 질문을 통해 내담자를 괴롭히고 있는 문제가 무엇인지 알 수 있다. 그들의 감정은 무엇인가? 내담자가 가진 불만의 원인이 되는 증거들이 얼마나 있는가? 지금까지 내적인 혼란과 야기된 문제들에 대해 어떻게 대처해왔는가?

사람들은 40대에 들어서면서 자신이 늙어가고 있다는 사실을 수용하지 못함으로 많은 문제들을 야기한다. 뿐만 아니라 앞으로 어떻게 살아갈 것인가에 대한 혼란과 불확실성에 두려움을 느낀다. 그들을 위한 상담자의 과업은 중년기의 삶에 대한 논의를 구체적으로 하도록 자극하고, 내담자가 현실적인 해결을 할 수 있도록 돕는 것이다. 중년기 삶의 문제, 가치관의 문제, 직업과 결혼, 그리고 가족문제들에 대하여 중요한 결정을 내릴 수 있도록 안내가 필요하다. 그리고 중년기 문제의 진행 속도를 줄이며, 인생의 목표를 수정하고 신체적인 변화와 피할 수 없는 죽음의 문제들에 대해 이야기할 수 있도록 격려해야 한다. 뿐만 아니라 성장하고 있는 자녀들이 독립적인 삶을 잘 살아갈 수 있도록 도와주며, 자신의 스트레스와 시간을 잘 활용할 수 있게 도움을 주어야 한다. 어떤 사람들은 일을 떠나 즐길 수 있는 여가선용을 위해, 또 어떤 사람들은 성공을 향한 목표에서 자신을 분리시켜 타인과 하나님에 대해 더 큰 의미를 두는 삶을 살기 위해 상담한다. 구체적인 문제를 다룸에 있어서 용기 있는 결정과 어리석은 결정에 대한 차이를 알도록 도와주는 것 또한 필요하다.[20] 새로운 직장으로의 전환과 혁신적인 프로젝트, 새로운 관계 구축 등은 중년기에 있는 사람들에게 흥분과 용기를 가져다주는 일이다. 그러나 위험을 줄이기 위해 신중한 고려와 충분히 생각할 시간이 필요하다. 나는 외도에 대한 열정과 흥분으로 들떠 있는 사람들을 안다. 그들은 결국 부인과 이혼을 결정하고 새롭게 결혼을 했다. 그리고 곧바로 자신들이 내린 결정이 얼마나 무모하고 어리석은 실수였는가를 깨닫는다.

그들은 어리석은 결정을 내릴 때, 다른 사람들의 말, 특히 배우자나 목사 또는 상담자의 말에 귀를 기울이지 않는다. 만일 상담자가 그들의 어리석은 행동에 대하여 말하면 내담자들은 쉽게 저항하고 방어하는 경향이 있다. 그들은 논리적인 사고보다는 감정을 앞세운다. 그들이 현실적인 삶을 포기하며 그의 가족과 교회를 떠날 때, 그들의 결정을 재고해보도록 기독교 상담자가 권면하면 "당신이 하는 말을 다 이해한다. 그리고 당신이 왜 그런 말을 하는지 안다. 그러나 나는 내 마음속에 있는 나를 안다. 그래서 당신이 뭐라고 말하든 나의 길을 갈 것이다"라고 대답한다. 이러한 내담자들에게는 그들이 실행에 옮기기 전에 그 행동의 결과와 긴 파장들에 대해 생각해보도록 상담한다. 그리고 내담자들이 이직과 이사에 대해 생각하고 있다면 그들의 사고가 정리될 때까지 시간을 갖고 결정하도록, 어리석은 행동을 하지 않도록 제안하며 그들이 존경하는 사람들의 지도를 따를 수 있도록 추천한다. 만일 그들이 많은 정보를 가지고 심사숙고하게 되면 처음 시도한 계획들이 바람직하지 않다는 사실을 알게 될 것이다.

상담자들은 내담자들이 이 모든 것들을 결정하기 전에 기도하고 하나님의 뜻이 무엇인지 찾도록 격려해야 한다. 하나님과 동행할 때 내면에 평화가 있다. 인생의 어느 한 지점에서 충동적인 결정을 내리는 사람들은 하나님의 음성에 귀 기울이는 것을 등한시한다. 그리고 원치 않는 방향에 서 있는 자신들을 나중에야 발견하게 된다.[21] 어리석은 결정을 내리는 경계에 서 있는 사람들은 자신의 감정과 동기를 재검토해보도록 요구하는 상담자나 친구들의 요구를 회피하며 자신들이 하고 싶은 대로 결정한다. 그들은 이미 마음속으로 결정했기 때문에 다른 사람의 말이나 하나님의 관점 또는 시각은 관심이 없다.

2. 가족과 함께 일하기

문제의 가족 구성원이 가족을 떠나거나 충동적인 행동을 할 때, 상담자의 과업은 상처 입고 남은 가족들이 자신의 인생을 잘 살아갈 수 있도록 도와주는 일이다. 남겨진 가족들은 거절당한 상처로 인해 분노와 슬픔, 결혼 생활에 대한 실패, 무엇을 해야 할 것인가에 대한 혼돈 등으로 자기 비난의 감정을 가질 수 있다.

물론 모든 가족 구성원들이 그렇게 어려운 경험들을 하는 것은 아니다. 중년기에 대한 이해와 지지, 그리고 관심을 가지고 있는 가족들은 중년기의 전환 과정에 있는 가족원이 40대, 50대를 성공적으로 살아갈 수 있도록 적극적으로 도와준다. 기독교 상담자는 중년기 가족, 특히 배우자들을 도와 중년기 문제를 이해하고 지지하면서 격려해줄 수 있도록 도와준다. 그리고 중년기 사람들이 경험하는 권태와 피로, 외모의 변화, 두려움, 직업으로부터 오는 좌절감과 결혼 생활에서 오는 긴장감 등을 잘 처리할 수 있도록 돕는다. 부부가 자신의 일들을 잘 유지하며 더 나은 성생활을 해나갈 수 있도록 도와주는 것은 중년기의 외도를 예방하는 좋은 방법이다.

중년기 문제에 있는 가족 구성원을 도와주는 것은 쉬운 일이 아니다. 부부들이 대개 중년기를 함께 맞기 때문이다. 그러나 중년기에 있는 가족 구성원의 사고를 격려하고 인내하면서 기꺼이 이해하려는 태도가 필요하며 이것이 지혜로운 자세다. 내담자는 잦은 기분의 변화로 가족들과 지내기가 쉽지 않기 때문에 가족은 때로는 이해심 많은 상담자의 격려와 코치가 필요하다.

상담에 관한 많은 책들이 대부분 문제에 초점을 맞추고 있기 때문에 앞서 말한 바와 같이 중년기의 모습은 대부분 부정적이다. 그러나 중년기는 인생의 황금기이며 가장 좋은 시기가 될 수 있다는 것을 강조할 필요가 있다. 중년기는 아주 좋은 독립의 시기다. 많은 가계비 지출로부터의 자유, 성인 자녀들의 요구로부터의 자유, 직장에서의 안정성을 가지며 성공을 위하여 자기 자신에게 투자할 수 있는 시기다. 또한 유산에 대해 생각하기 시작하며 전반부 인생보다 더 나은 후반부 인생을 만들기 위해 새로운 변화를 시도하기도 한다.

3. 멘토링과 통합성

에릭 에릭슨은 20세기의 가장 존경받는 정신치료 저술가 중 한 사람이다. 교수인 에릭슨은 정신분석가로서 정치적 비난을 받은 후에 인간발달과 인생의 주기 연구에 깊은 관심을 갖게 되었다. 그는 중년기에 『청년 루터 Young Man Luther』를 저술하였고, 60세에는 모한다스 간디(Mohandas Gandhi)에 대하여 저술하였다.[22]

에릭슨은 40~60대의 시기를 통합성과 침체성의 시기로 보았다. 통합성은 다음 세대를 구축하기 위하여 지도하는 것에 관심을 둔다. 이것은 자신의 자녀들을 돌보는 것 이상이다. 통합성은 젊은 사람들과 기관들에게 지식과 기술을 전수하는 것을 의미한다. 인생에서 배웠던 경험을 전하는 사람들은 큰 만족감을 얻는다. 반면 40, 50대의 사람들이 통합성의 역할을 하지 못하면 그들은 침체기에 있게 된다. 침체성은 자기 중심성을 의미하며, 우울감, 알코올과 약물중독, 결혼 생활의 불안정 또는 다른 무책임한 행동들이 따른다. 이러한 사람들이 리더로 회사와 기관을 이끌어간다면, 침체성은 전염되어 그 기관의 구성원들 역시 지도자처럼 침체되어간다. 많은 사람들은 통합성보다 멘토링에 대해 잘 안다.

예일대학교는 직장 입사자들을 위한 멘토들의 역할에 관한 성인 발달연구를 하였다. 회사와 대학의 전문가들은 멘토들의 중요성을 수십 년 동안 보아왔기 때문에 멘토링 프로그램 연구의 필요성을 알고 시도해왔으며 많은 교회들 역시 멘토링 프로그램을 실행해왔다. 멘토링은 말하기보다는 실천하는 것이 더 어렵다. 젊은 사람들은 멘토를 만남으로 멘토와의 관계에서 많은 유익을 얻었다. 에릭슨은 멘토들 역시 멘토링을 받는 사람들과 마찬가지로 많은 유익을 얻을 수 있다는 것을 처음으로 지적해준 사람이다. 그러므로 상담자는 40대 또는 그 이상의 사람들이 멘토가 될 수 있도록 지지해줄 필요가 있다. 그러나 주의할 것은 멘토링을 받은 사람이 멘토링을 준 사람 수준 이상으로 성장하거나 그 이상으로 성공할 때, 멘토가

위협을 느끼며 멘토와 멘토를 받는 사람 사이에 긴장이 야기될 수 있다는 사실이다.[23]

4. 영적 각성 격려하기

성경은 하나님과 우리 자신과의 관계에 대하여 가르치고 있다. 성경은 누구든지 시간을 내어 한 장 한 장 주의 깊게 읽는 사람에게 위로와 방향을 제시해준다. 이러한 위로와 방향 제시가 속히 깨달아지는 것은 아니며 감정으로 항상 경험되는 것은 더욱 아니다. 그러나 하나님과의 계속적인 교통은 우리 삶의 환경이 어떠하든지 하나님이 항상 우리와 함께 계심과 성령을 통하여 역사하고 계심을 깨닫게 한다.

40대, 50대의 사람들이 자신의 삶을 재평가할 때, 초자연적인 힘을 주시는 하나님과의 동행은 큰 힘이 된다. 뿐만 아니라 친밀한 친구들과 함께 기도하며, 자신의 생각과 감정, 새로운 시각들을 나누며, 서로 공감하고, 우울할 때 자유롭게 울 수 있는 친밀한 관계를 가진 사람들로부터 많은 유익을 얻을 수 있다. 기독교 상담자는 이러한 역할을 할 수 있으며 가족과 친구들 역시 이러한 역할을 할 수 있다.

• 중년기의 문제 예방

여러 해 전에 칼 융은 초기 성인기를 준비하도록 도움을 주는 학교와 대학은 있으나 나이 든 성인들, 특히 40대들이 복잡한 삶을 잘 살아가도록 교육하는 대학들은 없다고 지적했다.[24] 그리고 그러한 커리큘럼을 가지고 있는 대학들이 있다 해도 40대, 50대의 사람들은 너무 바빠서 참석하기 어려울 것이다. 그렇지만 지역에 있는 기관들, 특히 교회들은 중년의 심각한 문제들을 예방할 수 있도록 중년기를 위한 준비 프로그램을 제공할 수 있고 다양한 방법으로 시행할 수 있을 것이다.

1. 예견

40대, 50대는 문제의 시기이지만 또한 보상과 도전의 시기다. 많은 사람들은 중년기가 안정감과 인생의 정점에 있는 자신들을 발견하고 자녀들의 요구와 책임으로부터 자유로워지는 시기라고 말한다. 젊은 성인들과 비교할 때 중년기의 사람들은 경제적인 안정감, 지역사회의 명성과 지도력, 많은 여행의 기회, 경험을 통한 지혜들을 얻게 된다. 이것이 모든 사람들에게 해당되는 것은 아니다. 경제적인 안정을 위하여 노력하는 20대, 30대의 시기가 지나가면, 40대, 50대에는 의미있는 지역활동과 교회 봉사활동을 할 수 있는 기회가 온다. 따라서 39세 이후 또는 50세가 되면 삶의 의미가 없어진다고 생각해서는 안 된다. 상담자는 중년의 시기에 삶의 긍정적인 면과 부정적인 면이 있다는 것을 예상하도록 도움을 줄 수 있다. 그리고 신문과 잡지, 설교와 세미나, 생일축하 파티를 통해서 도와줄 수 있다. 이러한 예견에 대하여 알려줄 수 있는 가장 좋은 사람들은 상담자, 목사 그리고 40세 이상의 나이든 사람들이다.

2. 교육

가족 모임과 부부 세미나, 그룹 토의, 교회와 학교 세미나, 설교에서 중년기의 중요한 문제들을 다룰 수 있고 다루어야만 한다. 교회의 많은 좌석들은 40대, 50대로 가득 차 있지만 그들의 마음속에 끓고 있는 중년기 문제들에 대해서는 들어본 적이 거의 없다. 그러나 중년의 위기에 대해 또는 그들 자신에 대해 농담하는 것들은 들었을 것이다. 그들은 중년의 갈등은 자연스러운 것을 수용하고 나눌 때 더 잘 해결

수 있다는 인식을 거의 못하고 있는 것 같다. 그들은 매주일 용서와 사랑과 수용에 대해 설교를 듣는다. 대부분의 사람들은 성공과 안정적인 삶을 살아가는 것처럼 보이고, 직장과 가족들의 문제로 갈등하고 있는 사람들은 거의 없는 것처럼 보인다. 교회에서 자신의 예민한 문제들을 자유롭게 나누려고 하면 교회 지도자들이 이를 막는다. 그러나 교회는 예견되는 예민한 문제들을 수용하여 중년기의 성도들에게 필요한 정보와 지식들을 현실적으로 다루어줄 수 있어야 한다.

3. 아웃리치

50세가 된 존경받는 목회자가 중년기에 있는 교회 성도들에게 지혜로운 설교를 하였다. "여러분과 같은 나이의 사람들과 함께 다니지 마십시오. 만일 그렇게 몰려다닌다면 당신이 죽을 때 당신이 아는 모든 것들도 같이 죽습니다. 왜냐하면 당신이 죽음을 맞이하는 때에 그들도 같이 죽음을 맞기 때문입니다. 그러므로 당신은 당신보다 스무 살 또는 서른 살 젊은 사람들에게 당신의 지식을 전달하십시오. 그러면 당신이 죽는다 해도 그들에게 가르쳤던 것들은 당신이 죽은 뒤 20, 30년 동안 이 땅에 남아 있을 것입니다. 당신의 인생을 연장하십시오!"[25] 밥 버포드 역시 그의 책과 세미나에서 후반기 인생의 의미있는 삶에 대하여 비슷한 진술을 하였다.

에릭슨은 40대, 50대 사람들이 직장에서 다음 세대들을 세우고 지도하는 것이 중년기의 침체성을 회피하는 방법이라고 말했으며 이것을 통합성이라고 불렀다. 이것은 한 사람이 자신의 지식과 경험을 젊은 사람, 배움에 대한 열망이 있는 사람에게 전수하는 것이다. 선생님과 교수들은 자연스럽게 전수할 수 있는 기회를 가지게 된다. 상담자와 부모, 훌륭한 사업가들, 그리고 젊은 사람들과 접촉하는 사람들 역시 자연스럽게 전수 기회들을 가지게 된다. 멘토들은 연령에 상관없이 그들의 삶과 경험들을 아주 의미 있게 다른 사람들에게 전달할 수 있다는 것에 대하여 만족스러워한다.

그리고 고용주, 저술가, 잡지 편집인, 정부 지도자, 상담자, 선생님, 그리고 방송인들은 중년기 문제를 예방하는 데 많은 기여를 할 수 있으며, 교회 역시 많은 도움을 줄 수 있다. 성도들은 사랑의 치유 능력을 알고 있으며, 기독교인의 특성인 성도의 짐을 나누어지는 것을 보여줄 수 있다. 중년기의 사람들은 이러한 돌봄을 통하여 많은 지지와 안내를 받을 수 있다.

• 중년기에 대한 결론

이 글을 읽는 독자들은 이 책을 통하여 자신들을 바라볼 수 있는 많은 기회들을 얻었을 것이다. 그것은 저자도 마찬가지다. 이 장을 준비하면서 나 자신의 갈등들을 반추해보았고, 40대, 50대를 통과한 승리감을 맛보았다. 나는 앞에서 진술한 문제들로 힘들어하는 40대 친구들과 후반부 인생에 접어든 친구들을 생각해보았다. 중년기의 예민한 감정과 갈등들은 자연스럽고 일시적이며, 결국은 자신의 영적 성장과 개인의 성숙에 기여한다는 것을 인식했을 때 큰 위로를 얻었다. 하나님의 도우심은 우리가 중년기와 또 다른 시기를 잘 통과할 수 있도록 우리 자신과 내담자들을 도와주며, 하나님을 경외하는 삶, 하나님의 뜻을 이루는 삶을 살아갈 수 있도록 돕는다. 하나님과 동행하는 삶은 이 책의 저자나 독자, 그리고 우리가 양육하는 사람들 또는 상담을 받는 내담자들, 나이에 상관없이 우리 모두의 목표가 되어야 할 것이다.

상담자들을 위한
요점 정리 16

- 중년기의 정의는 개인의 관점에 따라 다르다. 40대의 사람들은 인생의 중간 지점에 분명 도달해 있으나, 중년기는 그가 살고 있는 곳의 평균수명에 의하여 영향을 받는다. 일반적으로 중년기는 40~60세의 기간을 의미한다.

- 성경은 어린이와 젊은 사람, 그리고 노인들에 대해서는 언급하고 있지만, 30대 후반에서 50대 후반의 중년기에 대해서는 특별히 언급하고 있지 않다. 중년기의 문제들 (예를 들면 우울, 불안, 외로움)은 대부분 특별한 연령보다는 모든 연령에서 나타난다.

- 사람들은 40대에 들어서면 자신의 삶을 과거와는 다르게 바라보기 시작한다. 중년기는 재평가 시기로서 현재의 삶을 유지하는 것과 새로운 목표를 세우는 것, 그리고 다가오는 노년을 어떻게 직면할 것인가에 대하여 재평가하는 시기다.

- 중년기의 사람들에게는 적어도 네 가지 문제들이 있다.
  - 신체적인 변화는 몸이 늙어가고 있다는 것을 생각하게 하는 지표다. 대부분 젊음을 유지하기 위해서 나이 든 것을 숨기려고 노력한다.
  - 심리적인 변화는 삶의 재평가, 우선순위, 권태, 두려움, 그가 처해 있는 지점과 그가 가고자 하는 지점에 대한 평가다.
  - 직업적인 변화는 중년기에 있는 사람들에게 그들의 경력에 대하여 뒤돌아보게 하며 때로는 직업에 대한 새로운 변화를 시도하게 한다.
  - 결혼과 가족에 대한 변화는 자녀들이 성인이 되는 것을 포함하여 나이든 부모와 새로운 관계 형성, 자신의 결혼 생활에 대한 재평가, 또는 결혼 생활의 변화 시도, 성생활의 변화 등에 대한 적응을 의미한다.

- 인생의 중반 이후에 와 있다는 현실에 대한 인식은 내면적 갈등이나 행동의 변화, 일에 대한 태도의 변화, 또는 부부간의 갈등으로 이어질 수 있다.

- 중년의 위기는 자신과 가족의 삶에 지대한 영향을 미치는 혼란이다. 특히 남성들은 때때로 충동성과 무책임한 행동, 그리고 생활태도에 변화를 유도하기도 한다. 우리가 관찰한 바로는 중년의 위기는 우리가 생각하는 것처럼 그렇게 많지는 않다는 것이다. 대부분의 사람들은 약간 갈등하면서 이 시기를 지나가며 삶의 중대한 붕괴를 맞지는 않는다.

- 중년기의 내담자를 만나는 상담자들은 내담자가 중년기에 대한 새로운 관점과 현실적인 사고를 갖도록 지도와 관심, 그리고 이해와 수용의 모델을 제공해주어야 한다.

- 중년기의 상담에는 다음 사항을 고려해야 한다.
    - 구체적인 문제에 초점을 둔다.
    - 도움을 필요로 하는 가족을 도우며 가족 구성원 중 상담을 도울 수 있는 사람들과 작업한다.
    - 다른 사람을 멘토링할 수 있도록 중년기의 사람들을 자극한다. 다음 세대를 지도하며 지식을 나눌 수 있도록 에릭슨이 말한 통합성을 자극한다.
    - 영적 각성을 격려한다.

- 중년기 문제들을 예방하는 데는 다음의 사항이 포함된다.
    - 중년기에 다가오는 문제들을 예상한다.
    - 중년기에 있는 사람들을 교육한다.
    - 통합성을 포함하여 아웃리치를 격려한다. 통합성이 없는 중년기의 사람들은 가끔 침체기를 경험한다.

- 중년기의 문제와 재적응은 매우 중요한 과제이지만, 40~60세의 20년은 인생에서 가장 빛나는 황금기다. 상담자는 이러한 현실을 직면하도록 도와준다.

17 >>
노년기
The Later Years

카라는 옷차림이 단정하고 우아한 73세의 회계사다. 그녀는 최근 의사로부터 좋지 않은 소식을 듣고 상담을 요청하는 전화를 걸었다. 그녀의 목소리에는 불안과 절망이 역력했다. 친구가 많고 에너지가 넘치며 항상 인생을 낙관적으로 전망하는 카라는 정기검진에서 암 진단을 받았다. 그리고 즉시 수술과 항암치료를 해야 한다는 사실을 알게 되었다. 이 사실을 알기 전까지 카라는 자신의 독립심, 좋은 건강, 능동적인 라이프스타일, 그리고 동네 헬스클럽에 꾸준히 다니는 것에 자부심을 가지고 있었다. 아직 은퇴에 대해 생각해본 적은 없고 80세 혹은 그 이후까지도 계속 일을 하면서 인생을 충만하게 살 것이라 생각하고 있었다.

50대에 남편과 사별한 후 카라는 친구들의 격려와 멀리 사는 장성한 두 아들의 도움으로 사별의 슬픔을 딛고 삶을 되찾았다. 상담자에게 카라는 자신의 많은 걱정거리를 하나씩 내어놓기 시작했다. 즉 가족이 가까이 없는 상황에서 투병을 감당할 수 있을까? 혼자서 항암치료를 받으며 살아나갈 수 있을까? 계속해서 운전을 하며 장을 보고 사무실에서 몇몇 고객이라도 대할 수 있을까? 자신이 하던 사업은 괜찮을까? 머리가 빠지고 외모에 변화가 오면 어떤 모습이 될까? 친구들은 계속 자신을 만나줄까? 헬스클럽에서 만나 오랫동안 나누었던 친구들과의 소중한 우정과 늘 하던 운동을 다시 회복할 수 있을까? 앞으로 의사가 아직 의심하지 않았던 또 다른 질병을 발견하게 된다면? 내가 입원해 있는 동안 강아지 푸들은 누가 돌볼까? 이것이 내 인생의 종말이 될까? 그렇지 않다면 은퇴해야 할까? 그렇다면 나는 어떻게 해야 하나? 걱정이 너무 많아 머리가 복잡할 지경이었다. 그녀는 앞으로 결코 일어나지도 않을 일까지 걱정하느라 지쳐 있었다.

상담자는 매우 온정적으로 듣고 있다가 다음과 같은 방법으로 카라가 가진 일련의 공포를 가로막았다. 그녀가 가진 공포가 지극히 정상적이라는 것, 다른 사람들도 비슷한 경험을 성공적으로 견뎌냈다는 것, 그리고 지금까지 하나님이 그녀를 돌보신 것처럼 앞으로도 계속 사랑하실 것이라는 확인이다. 카라 역시 친구들도 지원을 계속할 것임을 인정했으며 따라서 자신과 상담자가 그녀가 가진 걱정에 대해 한번에 하나씩 얘기하기로 하였다. 그래서 상담자는 의사가 그녀의 마음을 편하게 해줄 수 있도록 그녀가 의사에게 물어볼 질문의 목록을 만드는 데 도움을 주었다. 상담의 첫 회기가 끝나기도 전에 카라는 긴장을 풀기 시작했다. 그 다음 몇 주 동안 상담자는 이제껏 살아오면서 카라가 부정해왔던 노화의 문제에 대해 생각하고 그것에 직면하도록 도와주었다. 비록 카라가 상담자를 지나치게 의존하는 것 같은 때도 있었지만 상담자는 카라가 자신의 미래에 대해 현명한 선택을 하고 사물을 현실적으로 받아들이며 그러면서 점차적으로 그녀의 건강상의 위기를 이겨나가도록 도와주었다.

　병이 날 때까지 카라는 노화 과정에 대해 거의 생각하지 않고 매우 활동적이고 독립적인 삶을 살았다. 이번의 건강진단과 관련된 위기가 카라로 하여금 늙어간다는 현실에 직면하여 자신의 삶을 다시 한 번 돌아보며 정직하게 현재 상황을 평가하고 이전에 한 적이 없는 그런 방법으로 자신의 미래를 계획하는 각성제가 되었다.

　세계에서 가장 격렬한 직업 중 하나인 대통령에 취임한 지 며칠 지나지 않아 로널드 레이건은 70세 생일을 맞이했다. 전직 라디오 아나운서, 그리고 영화배우가 이제 새로운 직업을 시작한 것이다. 자신의 또래들이 대부분 은퇴한 나이에 세계를 위해 중요한 공헌을 한 많은 고위직 인사대열에 합류한 것이다. 20세기 미국의 건축가 프랭크 로이드 라이트(Frank Lloyd Wright)는 자신의 작품 중 몇몇 최상의 작품을 80대에 완성했으며 유명한 구겐하임 박물관은 91세 때 완성했다. 더글러스 맥아더는 70세 때 한국전에서 UN군 총 사령관이 되었다. 그 후 미 국회에서 "노병은 죽지 않고 다만 사라질 뿐이다"라는 명연설을 남긴 후 사업가로 성공함으로써 사라지는 것도 거부했다. 기타 연주가 앙드레 세고비아(Andrés Segovia)는 92세에도 활발한 고전음악 연주회를 열었다. 코미디언 밥 호프(Bob Hope)와 조지 번스(George Burns)도 나이가 들었다고 해서 연예계 스케줄을 늦추지 않았으며 오케스트라 지휘자 게오르그 솔티(Sir George Solti)는 자신의 75세 생일을 축하하기 위하여 열린 콘서트 축제에서 세계적인 시카고 심포니 오케스트라를 직접 지휘하였다. 할랜드 샌더스 대령(Colonel Harland Sanders)이 지금은 전 세계에 퍼져 있는 켄터키 프라이드 치킨 사업을 처음 시작했을 때의 나이는 62세였다. 할머니 화가 모제스(Moses)는 80대에 화가로서의 명성을 얻었다. 윈스턴 처칠, 콘라드 아데나워(Konrad Adenauer), 그리고 골다 마이어(Golda Meir)는 세계와 자신의 모국에 계속적으로 영향을 미친 원로 정치가이다. 80세가 지난 다음 심리학자 스키너(B. F. Skinner)와 정신분석가 에릭 에릭슨은 각기 늙어감의 경험에 대한 책을 썼다.[1]

　물론 이들은 예외라고 할 수도 있을 것이다. 특이한 환상과 능력을 가진 사람들은 나이와 성을 불문하고 항상 예외이기 때문이다. 그러나 위에 열거한 유명 인사들과 비록 명성은 없지만 이들과 같은 수많은 사람들을 보면 노년기가 결코 비참함, 경직됨, 그리고 비활동성으로 점철된 때가 아님을 알 수 있다. 프랑스 작가 앙드레 모로아(Andrés Maurois)는 "늙는다는 것은 바쁜 사람이 시간이 없어 형성하기 어려운 나쁜 습관보다 중요한 게 아니다"라고 말했다. "나와 함께 늙어가요! 가장 좋은 것은 아직 오지 않았어요"라고 노래한 시인 로버트 브라우닝(Robert Browning) 역시 이에 동의할 것이다.

　모든 사람들이 이러한 낙관주의에 찬성하는 것은 아니다. 이미 B.C. 2500년에 이집트 철학자 타호텝(Ptah-hotep)은 "노년은 사람을 괴롭히는 최악의 재난"이라고 했고 시인이자 철학자인 에머슨(Emerson, Ralph Waldo)은 노인을 "누더기와 유골"이라고 표현한 바 있다. 한편 셰익스피어(Shakespeare)는 노년기를 일컬어 "노년은 두 번째 유아기와 까마득한 망각으로 이끌 뿐이다. 이(齒)도 눈도 없고 게다가 맛도 없으며 무엇 하나 있는 것이 없다"(As You Like It 중에서)라고 쓰고 있다. 노년에 대한 매스컴의 이미지도 이에 동조한다. 인기 있는 미국의 TV 연속물 「심슨 가족들 The Simpsons」을 보면 바트 심슨의 할아버지는 때때로 어리둥절하거나 외롭고 우울하며, 학대받는 가련한 사람들이 사는 양로원에 살고 있다. TV 드라마 「내 사랑 레이몬드 Everybody Loves Raymond」의 주인공으로서 많은 상(賞)을 수상한 바 있는 여배우 도리스 로버츠(Doris Roberts)는 미 의회의 한 위원회에서 다음과 같이 증언했다. "그 드라마에서 동료배우들과 나는 당연히 보상받을 가치가 있는 사람보다는 의존적이고, 무기력하며, 비생산적이고도 지나치게 요구만 하는 사람으로 그려졌다. 그러나 현실에서는 대부분의 노인들이 젊은이보다 더 재산이 많고 자급자족이 가능한 중산층 소비자들이며 또한 사회에 기여할 시간과 능력도 더 많이 가지고 있다."[2]

노인에 대한 부정적인 생각을 노인차별주의(Ageism)라고 한다. 노인차별주의는 노인들을 이미 자기 방법에 굳어졌다든지 시대에 뒤떨어지고, 사회적으로 고립되어 있고, 매사에 부정적이며 기억력이 나쁘고 신체적으로 노쇠한 몸을 가지고 있다고 믿는, 노인을 놀리는 농담에서 많이 나타난다. 안타깝게도 노인들 스스로가 그렇게 생각하는 사람이 많다. 따라서 상담자 중에도 이와 비슷한 태도를 가지고 있는 사람들이 많은 것 같다. 부분적이나마 노인 문제에 관심을 가지고 일하겠다는 상담 전문가가 부족한 이유도 여기 있을 것이다.[3]

노화 현상을 어떻게 보건 간에 노년층 인구는 숫자나 퍼센트에서 굉장한 속도로 증가하고 있다. 이러한 현상은 보다 나은 의학적 치료, 개선된 음식물, 신체적 건강에 대한 관심 증가에 따른 세계적 추세다. 미국을 보면 65세 이상 노인 인구가 매일 1,600명씩 증가하고 있으며 2030년이 되면 65세 이상이 전체 인구의 20%를 차지할 것으로 추정하고 있다. 미국은퇴자협회(American Association of Retired Persons)는 이제 미국에서 가장 크고 영향력 있는 정치세력 중 하나가 되었다.[4] 노학자 켄 디치월드(Ken Dychtwald)의 연구에 의하면 21세기는 그가 명명한 '새로운 노인(the new old)'이 지배하게 될 것이다.[5] 이 새로운 노인은 활동적인 데다 그들 중 많은 사람들이 80대 혹은 90대까지 살게 되며 특히 비교적 젊은 나이인 65세에도 은퇴할 의향이 없는 사람들이다.[6]

오랫동안 많은 사람들이(적어도 젊은 사람들은) 노년기란 60~65세 사이에 시작된다고 믿어왔다. 그러나 사람의 늙는 속도는 신체적으로나 심리적으로 각기 다르다. 예를 들어 65세 중에서도 건강, 태도, 능력, 신념, 외모, 지적인 탁월함, 영적인 성숙도, 삶의 처리 혹은 스트레스 관리 능력 등에서 큰 차이를 보인다. 어떤 사람은 40대에 이미 늙어 보이는 사람이 있는가 하면 어떤 이는 80세, 심지어 그 이상인데도 발랄하고 활기찬 사람도 있다. 그럼에도 불구하고 누구에게나 늙어감과 노년기에 대한 적응은 새로운 문제와 도전의 원인이 된다. 이 도전은 기독교 상담자의 도움을 받아 보다 효율적으로 직면할 수 있다.

• 성경과 노년기

성경을 보면 매우 오래 산 사람들의 이야기가 나온다. 흔치 않지만 므두셀라는 969세를 향유했고, 구약의 족장 중에도 100세 이상 산 사람들이 많다. 지혜는 대체로 나이와 함께 증가한다고 알려져 있으나[7] 성경시대 노인들도 오늘날 노인들처럼 거부와 좌절에 직면하는 경험을 했음이 틀림없다. 심지어는 시편 저자도 자신이 연로했을 때 버리지 말라고 하나님께 간구하고 있다.[8]

아마도 노년에 대한 가장 확실한 성경의 묘사는 전도서 12장일 것이다. 발달심리학 분야를 처음으로 개척한 미국의 아동심리학자 스탠리 홀(G. Stanley Hall)은 전도서의 묘사를 이제까지 씌어진 노년에 대한 설명 중에서 현실적이기는 하나 가장 비관적인 묘사라고 했다. 노년기에 접어든 사람들은 다양한 신체적 문제에 직면하고 "더 이상 사는 것에 낙이 없다"라고 하기 때문이다.[9] 하루가 유쾌하지 않고, 힘은 떨어지고, 게다가 할 일도 없고, 시력과 청력은 쇠퇴하고 두려움은 증가하고 '성적 욕망도 전혀 없이 끌려가는 것 같고', 그런 중에 죽음이 가까이 왔음만 새롭게 실감할 뿐이다.

그러나 노인들 중에서도 삶이 '결코 의미 없는' 것이 아닌 사람도 있다. 연령을 불문하고 사람은 누구나 하나님을 경외하고 그의 명령을 지킬 때 의미를 찾게 된다.[10] 젊은이가 힘이 넘친다면 노인은 그들이 가진 지혜와 경험으로 공경을 받아야 한다.[11] 노인도 또한 중용을 지키며 품위가 있으며 분별력이 있고 건전한 신앙을 소유하며 악의적인 험담은 하지 않고 과음하지 않아야 한다.[12] 이것은 희망 사항이다. 이런 현상이 확실한 곳은 신앙공동체밖에 없다. "네 아버지와 어머니를 공경하면 네 생명이 길고 복을 누리리라."[13] 이것은 확실한 긍정적인 약속이다.

그러므로 성경에 나오는 노년에 대한 묘사는 현실적이며 그 가치에 대한 태도 역시 긍정적이다. 노인들이 어떻게 살아야 하며 어떻게 대우를 받아야 하는지에 대해 성경은 구체적으로 지시하고 있다. 노인을 존경하고 돌보며, 인간으로서 사랑해야 한다. 따라서 기독교인에게 다른 선택은 없다.

노년기 문제의 원인

26세의 산업디자이너 팻 무어(Pat Moore)는 연로한 나이에 신체적 한계를 극복한다는 게 무엇이며 노인들이 당면하는 태도는 어떤가를 실제로 경험해보고 싶었다. 그래서 한 메이크업 전문가에게 협력을 요청했다. 그는 흰머리 가발과 함께 늙어 보이는 화장법을 가르쳐주었다. 먼저 시야를 흐리게 하기 위해 팻의 두 눈에 베이비오일을 발랐다. 관절을 뻣뻣하게 하기 위해서 옷 속에 얇은 널조각을 넣어 붕대를 감고, 청각을 무디게 하도록 두 귀에는 마개를 틀어막았다. 그랬더니 팻 무어는 영락없는 80대 노인처럼 보였다. 그런 다음 그녀는 용감하게 시내 거리로 나갔다. 3년 동안 14개 주의 16개 도시와 사업차 갔던 캐나다 지방 두 곳을 팻은 늙은이 복장을 한 채 몇 시간 동안 다니면서 다른 사람들의 반응을 관찰했던 것이다.

이러한 경험을 통해 팻 무어는 노인들의 욕구에 민감한 관심을 가지고 돌보고 싶어 하는 많은 사람들을 만나게 된다. 대다수의 노인들이 직면하는 문제들은 분명히 있지만 팻은 다음과 같은 결론을 내린다. "노인들은 타당한 이유가 있음에도 불구하고 내 주변에서 이제껏 만난 다른 어떤 사람들보다 대체로 한탄이나 불평을 덜한다."[14] 그러나 팻은 자신이 늙은 여성의 역할을 계속했을 때 다른 사람들이 노인에게 보여주는 성급함과 비판적인 태도에 경악했다. 그녀는 여러 번 같은 가게에 가서 같은 물건을 샀다. 한번은 늙은 사람으로, 또 어떤 때는 젊은 자신의 모습으로 들어갔는데 그때마다 점원의 태도가 달랐다. 점원들은 '늙은' 팻 무어에게 보다 참을성이 없고 부정적이었다.

나는 여기서 여러 페이지에 걸쳐 팻 무어의 이야기를 삽입할 것인지 말지를 검토하였다. 팻 무어가 경험했던 때와 지금은 노인에 대한 태도가 많이 다르기 때문이다. 그러나 이 책의 필자인 나의 태도를 깊이 생각해보고 비록 나 자신도 노년기에 접어들었지만 팻 무어가 경험했던 것과 같은 편견에 직면했다면 어떠했을까 생각해본다. 노년기와 노인에 대한 우리의 반응은 아마도 자신의 태도와 경험에 의해 좌우될 것이다. 이러한 사실은 노인이나 젊은이나 마찬가지다. 노화에 대하여 긍정적인 태도를 가진, 다른 사람에게 관심을 갖고 친절하며, 편안하게 대해 주는 노인은 편견을 덜 경험할 것이 확실하다.

노인차별주의가 유행하고 노년기 문제가 나타나기 시작했지만 누구에게나 노년기가 어려운 시기가 될 것이라고 단정할 필요는 없다. 많은 사람들에게 노년기는 인생에서 성취와 행복의 시기도 되기 때문이다. 65세가 지났다고 해서 모든 사람이 다 외롭고, 건강이 쇠하고, 재미가 없고, 가난에 찌들리고, 우울하고, 지적으로 둔해지고, 착취당하지는 않는다. 돈이 좀 없고 건강이 나쁘더라도 과거에 대한 아름다운 기억과 긍정적인 관점과 미래에 대한 희망을 가지고 그들이 할 수 있는 일을 하며 사는 많은 노인들이 있다. 어떤 장기(長期) 연구에 의하면 노화를 긍정적으로 생각하는 노인들은 부정적 관점을 가진 사람보다 평균 7.5년을 더 살았다고 한다.[15] 어떤 이들은 노년기에 도달하기 오래 전부터 태도와 행동이 늙는가 하면 또 어떤 이들은 죽을 때까지 열정과 긍정적인 관점을 지속하기도 한다. 앞 장에서 나는 워렌 베니스가 쓴 『변태와 괴짜 노인』에 대해 언급한 바 있다.[16] 베니스와 공동저자는 결코 '늙은 괴짜'가 되지 않는 왕성한 노인에 초점을 맞추고 있다. 이런 노인들은 학습에 열심을 내고(대부분 책을 많이 읽는다), 긍정적인 관점을 가지며, 의도적으로 젊은이들과 어울리기 위해 노력하고, 과거에 사는 것보다 끊임없이 미래를 예측하며 산다.

일단 문제가 발생하면 그 원인을 아래 몇 가지 종류로 나누어볼 수 있다.

1. 태도와 관련된 원인

노년층 인구가 증가함에 따라 노화 연구 분야인 노년학(Gerontology)에 사람들의 관심이 쏠리고 있다. 노화 관련 논문이나 자조(Self-Help)에 관한 책, 그리고 연구문헌들도 많이 나왔다. 우연한 기회에 이런 간행물들을 읽게 된다 해도 다음과 같은 결론에 도달하기는 어렵지 않다. 즉 노화문제는 현실적으로 존재하지만 무엇보다도 노인들의 태도가 그 문제에 대처하고 또 그것을 극복하는 방법을 좌우한다.

몇 해 전 어떤 과학박물관에서 어린이를 위하여 '노화에 직면하기'라는 특별 프로그램을 가진 적이 있었다. 안이 들여다보이는 실험 부스에는 15세 이상 입장이 허용되지 않았기 때문에 부모들은 아이들이 앉아서 한 사람씩 자동 카메라로 사진이 찍히는 것을 밖에서 지켜보았다. TV 화면에 얼굴이 나타나면 아이들은 리모트 컨트롤에 있는 단추를 눌러서 69세가 될 때까지 1년 간격으로 자신의 모습이 어떻게 변해가는지를 컴퓨터 시뮬레이션을 통해 보게 된다. "눈 깜짝할 사이에 컴퓨터는 자신의 익숙한 얼굴에다 괴상한 눈 밑의 주름과 불그스레한 갈색 피부, 그리고 검버섯을 추가해나갔다. 얼굴은 점점 길어지다가 넓어지면서 마침내는 축 늘어졌다. 주름은 매우 심하게 골이 파였다. 남자 아이들은 머리가 빠지고 백발이 성성했다. 남자나 여자 아이들 모두 머리가 자란 다음에는 축소되었다. 여기 참가한 어린이들 모두가 한결 같이 몸을 떨었다."[17] 그 부스에 오래 남아 있는 사람은 아무도 없었고, 그들 중 노화에 대해 긍정적인 태도를 가지고 나간 사람도 없었다.

실험을 통해 이러한 경험을 하는 어린이들을 지켜본 다음 마거릿 M. 굴레트(Margaret Morganroth Gullette)은 이 기획이 노화란 곧 쇠퇴이고 자신의 몸을 어떻게 관리하는지와 상관없이 누구나 똑같은 방법으로 쇠퇴할 것이라는 지배적인 문화적 가정을 본떠서 만든 것이라는 결론을 내렸다. 굴릿은 이를 "인간의 노화를 전적으로 육체적인 것으로 여기게 하여 예측이 가능하게 하고 따라서 불가피하게 두렵게 만들어 자신의 외모를 가지고 예언을 하는" 볼 만한 쇼라고 불렀다.[18] 이는 명백하게 잘못된 예언이다.

인간은 누구나 경험, 문화, 기대감, 특성, 종교적 믿음, 그리고 노화에 대한 자신의 관점과 함께 늙어간다. 그러기에 컴퓨터가 예측하는 것처럼 누구나 똑같은 방법으로 늙지 않는다. 이 글을 쓰면서 70대에 접어든 세 사람이 머릿속에 떠오른다. 한 사람은 미래에 대해 열광적이며 역동적인 사람으로 자신보다 젊은 사람들과 적극적으로 어울리며 새로운 것을 시도하기를 두려워하지 않는다. 두 번째 사람은 열심히 골프를 치고 손자들과 즐기지만 보기에도 늙어 보이고 옷도 늙게 입으며 과거를 회상하기 좋아한다. 세 번째 사람은 삶을 포기했다. 노화에 따른 어려움을 얘기하고 하루 종일 의자에 앉아 TV나 보며 빨리 죽었으면 한다. 이 세 사람 모두 과거에 심각한 건강문제가 있었지만 문제에 대해 각기 다르게 반응하였다. 처음 두 사람은 의사의 지시를 잘 따라 지금은 대부분 건강과 힘을 되찾았다. 세 번째 사람은 운동과 금연뿐 아니라 병 이후의 재활 프로그램도 거부했다. 대신에 의료 전문인들을 비판하면서 병이 빨리 낫지 않는다고 불평하였다. 이렇게 각기 다른 세 관점을 가진 세 사람을 보았다. 이 사람들이 방 안으로 걸어 들어온다면 그 차이를 쉽게 찾을 수 있을 것이다. 이들은 셋 다 비슷한 때에 태어났지만 컴퓨터 시뮬레이션이 예측할 수 있는 방법으로 늙어가지 않았다.

노년기에는 삶에 영향을 미치고 활동을 제한하며 다른 사람과의 관계를 변화시키는 여러 가지 문제가 분명 있다. 그렇지만 노인들의 태도에 따라 성공적인 노화가 진행되기 때문에 상담에서 가장 중요한 부분은 노년기에 어떤 태도를 가질 것인가를 도와주는 일이다.

2. 신체적 원인

나이가 들어가면서 우리 몸은 쇠약해지고 의사를 방문하는 일이 잦아진다. 그럼에도 많은 수의 노인들은 독립적으로 움직이는 것이 가능하며 단지 5~6%만이 신체 혹은 정신적 돌봄이 필요하여 요양기관의 신세를 진다. 과거에 질병이나 면역체계의 파손으로 인해 몸이 허약해진 일이 있다면 신체적 쇠퇴는 더 빠르고 심하게 올 수 있다. 어떤 경우에는 운동 또는 충분한 휴식이 부족했거나, 지속적인 공해나 유해한 작업조건으로 인해 해를 입었거나 혹은 상습적인 흡연과 건강에 좋지 않은 먹거리, 또는 음주로 인해 몸이 더욱 빠르게 쇠퇴하기도 한다. 때로는 스트레스가 정상적인 신체 기능을 방해하는 원인이 되기도 한다. 앞에서 보았듯이 개인의 정신적 태도가 신체적 쇠퇴의 유형과 속도에 지대한 영향을 미칠 수 있다. 적어도 아래와 같은 다섯 가지 유형의 신체적 변화가 있을 수 있다.

(a) 표면적 변화 : 머리카락이 희어지고 얇아지며 이가 빠지고 몸무게가 줄어들며 피부에 주름이 생기고 '눈 밑에 처진 살', 그리고 손과 손목에 검은 반점이 나타나는 이런 현상들은 65세가 되기 훨씬 이전에 시작되는 변화다. 노년기에 오면 이러한 변화를 무시하거나 숨기기가 매우 어렵다. 젊음과 육체적 매력에 가치를 두는 세상에서는 이러한 노화 흔적이 개인의 자존감과 안전감에 영향을 미친다. 노인들이 평소에 신체적 외모를 가꾸지 않고 헝클어진 모습을 보이게 되면 문제는 한층 악화된다.

(b) 감각기관의 변화 : 나이가 들면 잘 보지도 듣지도 못한다는 것은 널리 알려져 있다. 게다가 미각과 후각이 퇴보하고 관절이 뻣뻣하여 움직임에 방해를 받고 힘과 에너지 수준이 떨어지며 반응시간이 느려지고 운동감각에 변화가 옴에 따라 균형 잡기가 더 어렵고 기억력이 현저하게 떨어진다. 이러한 변화는 천천히 오기 때문에 '충격적(jolt)'으로 갑자기 나타나지는 않는다. 그러나 앞서 팻 무어가 매우 효과적으로 보여주듯이 이 변화가 다른 사람과 어울려 살아나가려는 개인의 능력을 방해한다. 이러한 변화가 갑자기 오거나 한꺼번에 동시에 오는 것이 아니기 때문에 상실을 한 번에 하나씩 조절하여 보충할 수 있다. 예를 들어 누가 한쪽 청각을 잃었다고 하자. 이 사람은 전화기를 잘 들리는 귀에 대는 습관을 가지고 비언어적 메시지에 더 주의를 기울이거나 혹은 친구들과 대화할 때에 잘 들리는 귀를 친구 쪽으로 향하게 앉기 때문에 그가 청각에 문제를 가지고 있다는 사실을 다른 사람이 모를 수 있다.

(c) 신체 조직의 변화 : 생리학적 퇴화와 변화가 주로 나타나는 것은 몸의 기관과 조직이다. 예를 들어 골격 조직을 보면 뼈는 점점 부서지기 쉽게 약해져 스트레스에 저항하기 어렵게 되고 따라서 치유하는

데도 오래 걸린다. 류머티스 관절염은 움직임을 제한할 뿐만 아니라 고통을 수반한다. 수백만 명의 남녀가 골다공증의 영향으로 고통받으며[19], 활동에 제한을 받고 척추가 뒤틀린다.

그 외 근육, 생식, 위장, 심장혈관, 호흡, 그리고 중추신경 조직에도 변화가 일어난다. 점점 늙어가면서 노인들은 이러한 변화에 적응하는 것을 배운다. 예컨대 위장을 탈나게 하는 음식을 피하거나 심장발작이나 기타 심장혈관 질병을 피하기 위해 미리 조심한다. 정상적 기능을 방해하는 어떤 중요한 신체적 손상이 있다면 변화에 대한 적응은 매우 어렵다. 신체장애나 고치기 힘든 만성질병은 노인들의 전반적인 건강에 영향을 미쳐 에너지를 고갈시키고, 보다 생산적이고 성취하는 활동에 참여할 수 있는 능력을 제한시킨다.

때때로 신체적 변화가 노인성 심기증(Hypochondriacs)을 유발한다. 이런 사람은 대부분 젊을 때도 건강에 대해 불평을 했었지만 노년기에 접어든 지금은 자신의 몸과 의료비로 인해 더 걱정한다. 이들은 불안증이나 신경증에 걸리기 쉬우며 치료가 필요하지 않을 때도 의사를 찾아가고 항상 자신의 증상에 대해 말을 많이 한다.[20]

(d) 성적 변화 : 나이를 먹으면서 생식능력은 떨어지지만 그와 동시에 성적 흥미와 성적 활동도 함께 줄어든다는 것은 사실이 아니다. 젊은이와 마찬가지로 노인들도 육체적 접근과 인간적 접촉이 필요하다. 남녀 모두가 노년기까지 즐거운 성적 경험을 가질 수 있다.[21]

노인이 되면 오르가슴에 도달하기까지 시간이 더 걸리고 성적인 강도가 줄어드는 것은 사실이지만 많은 사람들이 나이를 먹으면서도 성적 활동과 만족도가 증가하기도 한다. 노년기를 "이유도 모르면서 남자가 여자들과 새롱거리는 때"라거나 성인기의 성생활이 '일주일에 세 번 하기, 한 번 하기, 약하게 하기(tri-weekly, to try-weekly, to try-weakly)'로 진행된다는 우스갯 소리는 노인의 성을 뭔가 잘못된 것이거나 음란한 것으로 보고 노년기의 성을 가볍게 여기는 태도의 결과다. 노인들이 이런 태도를 믿게 되면 성관계라든지 육체적 접근 혹은 배우자와 사랑의 신체적 표현도 덜 가지게 된다.[22]

(e) 질병과 와병으로 인한 변화 : 노년기를 신체적 쇠퇴가 불가피하여 어쩔 수 없이 병들게 되고 따라서 움직일 수 없는 때라고 추정하는 것은 옳지 않다. 선진국에서는 75~84세 사이의 반(半) 정도가 특별한 간호가 필요하거나 활동을 구속하는 건강문제로 시달리지 않는다. 심지어는 85세 이상의 가장 연로한 집단에서도 3분의 1이상이 건강으로 인해 제약을 받지 않는다고 한다. 그러나 점차적으로 다섯 노인 중 네 명 이상이 내장이 손상되기 시작하면서 한두 가지 만성적인 건강문제를 갖게 된다. 이러한 질병은 불안증을 일으키고 기동성을 축소하며 실의를 야기한다. 건강하면 노년기가 재미와 성취의 시기가 되지만 병이 들면 두렵고 우울한 때가 된다.

3. 지적인 원인

창의성, 기억력, 지능 혹은 새로운 것을 학습하는 능력 등과 관련하여 노인들이 변화하는 정도를 알기 위하여 그동안 수많은 연구가 진행되었다.[23] 노인들이 생각을 천천히 하며, 반응을 보이는 데 느리고, 새로운 사상을 잘 이해하지 못하거나 새로운 기술을 개발하지 못하며, 단기 기억에 문제가 있다는 점들은 잘 알려져 있다. 그러나 이러한 인지적 활동에 대해 노인들이 어떻게 반응하는가는 생활 연령보다는 그들이 받은 교육, 언어적 기술, 다른 사람과의 관계, 지적인 활동 등에 주로 의존한다. 신체적 질병으로 지장을 받지 않는다면 대부분의 노인들은 강한 지적 능력을 유지한다. 특히 활발한 라이프스타일을 가지면 더욱 그러하다. 지적인 배우자와의 결혼도 도움이 된다.[24] 노인들은 정신적으로 명민하고 창조적이며 노년기에도 학습하기 위해서 종종 자신의 지혜와 경험을 끌어온다. 심리학자 스키너는 강연을 듣기 위해 실내를 메운 청중을 향하여 노년기에 적응하는 자신의 방법을 소개하면서 현인 사무엘 존슨(Samuel Johnson, 'Talker Johnson' 이라고도 불릴 만큼 담화의 명인이었던 영국 문필가 겸 평론가)의 다음과 같은 말을 의역했다. "연로한 강사(講師)는 두 뒷다리로 걷는 개와 같습니다. 잘 걷지 못합니다. 그러나 여러분은 어쨌든 그가 걸었다는 것을 알고 놀랄 것입니다."

지적 능력의 쇠퇴가 가장 드러나는 경우는 브레이크를 밟는다든지 재빠르게 위험을 벗어나는 것처럼 빨리 결정을 해야 할 때다. 반응 시간이 느려진 것을 알기 때문에 많은 사람은 조심스럽게 행동하려 한다. 마치 젊은 운전자들이 고속도로에서 기어가는 차의 운전대를 잡은 사람이 노인인 것을 발견했을 때처럼 말이다.

쇠퇴하는 지능을 보상하는 일이 항상 가능하지는 않기 때문에 어떤 사람은 노력조차 포기해버린다. 은퇴가 주는 무료함이 지루해서, 친구의 죽음이 슬퍼서, 돌아다닐 수 없음에 실망하여 노인들은(가족도 마찬가지) 노년기에 나타나는 정신적 퇴화라는 신화(표 17-1 참조)를 믿는다. 이러한 신화를 믿게 되면 그 신화가 곧 자기충족적 예언이 되어 그것이 타당하건 아니건 간에 잘못된 믿음대로 행동하게 된다.

그런가 하면 어떤 사람들은 공상 속에서 '그리운 옛날'을 꿈꾸며 많은 시간을 낭비한다. 많은 노년기 사람에게 현재는 불편하고 미래는 거의 희망이 없다. 그래서 시간이 흐름에 따라 혹은 고통스럽거나 유쾌하지 않은 기억은 잊어버리는 인간의 경향성에 따라 왜곡된 과거의 추억으로 도피한다. 이러한 과거로의 정신적 피난이 때로는 생리적인 것보다 심리적인 현상인 혼란스럽고도 확실한 노망의 원인이 될 수 있다.

4. 정서적 원인

노년기에 일어나는 정서적 문제는 대부분 상실로부터 오는데 많은 경우 여러 가지 상실이 동시에 일어난다. 상실에는 배우자와 친구의 죽음, 건강과 신체적 기민성의 상실, 시력과 청력의 쇠퇴와 같은 감각 기능의 상실 등이 있다. 은퇴나 다른 이유로 이직하는 것도 삶에 대한 지지를 잃게 되는 원인이 된다. 많은 사람들이 일을 하지 않으면 자신은 쓸모가 없고 지위와 친한 직장동료도 잃게 된다고 느끼기 때문이다. 수입은 줄어들고 활동하는 데 어려움마저 생기고보니 노인들은 다른 사람과의 사회적 활동이나 예배 참석, 혹은 친구를 만나는 것도 못하게 된다. 게다가 많은 노인들은 혼자 있는 상황이나 환경을 맞이하게 되고, 죽음으로 인한 친구들의 지지조차 잃게 되면서 본인이 이겨내야 할 신체적 질병까지 가지고 있다. 이제는 건강을 잃는 데 적응하기 위해 유연해질 수 있는 자원과 힘도 없는 상태다. 노인들뿐만 아니라 사람이라면 누구나 변화에 적응하고 회복하려고 애쓸 때 엄청난 양의 신체적, 정서적 에너지가 필요하다. 따라서 우울, 불안, 분노, 비탄, 그리고 움츠림 등이 일반적인 현상임은 놀라운 일이 아니다. 여기에다 당연히 찾아오는 신체적 쇠퇴까지 합하여 노년기 특유의 다양한 노인성 정신병의 원인이 되는 것이다.[26]

5. 경제적 원인

은퇴로 인해 일에서는 놓여나지만 많은 경우 수입이 줄어들어 삶의 기준이 낮아지고 인플레이션 비율에 보조를 맞출 수 없는 급여 규모에 적응하지 않으면 안 된다. 수입이 적기 때문에 감당할 만한 적합한 주거지를 물색한다든지 의료비를 치른다든지 균형 잡힌 식단을 유지하고 계속해서 친구들을 만나기 위하여 필요한 교통비를 감당하는 문제, 혹은 자원이 줄어들어 공공복지 정책이나 다른 자선단체의 도움을

표 17-1. 노화와 지능에 관한 신화[25]

1. **지능은 계속해서 나빠진다?** 수학과 추리력, 이해력, 집중력, 기타 정신적 기술을 측정하는 테스트를 한 결과 80대의 약 4분의 1에서 3분의 1이 보다 젊은 상대와 같은 수준의 결과를 보였다. 더 잘한 사람도 많다. 일상생활에 지장을 받을 정도의 정신적 쇠퇴를 보인 노인은 거의 없었다.

2. **제일 먼저 소멸하는 것은 기억력이다?** 뇌에 관한 연구를 보면 비록 저장된 정보를 꺼내는 데 시간은 좀 걸리지만 지식을 저장하는 기억창고는 대체로 온전하다고 한다. 따라서 기억력은 정신적으로 소멸되는 첫 번째가 아니다. 처음으로 소멸되는 것은 지도를 본다든지 물건을 어디에 두었는지를 기억하는 것과 같은 특별한 관계 현상이다(그러나 40대 사람에게도 이런 일은 일어난다).

3. **사용하지 않으면 잃어버린다?** 게으른 정신이 활동적인 정신보다 빨리 부패하는 것은 의심의 여지가 없다. 그러나 지능을 계속 쓰는 사람에게 그런 현상이 반드시 나타나리라는 보장은 없다. 뇌로 하여금 읽기와 같은 새로운 경험과 자극을 제공하면 정신이 민활하고 유연해질 것이다.

4. **건강한 몸과 건강한 마음은 함께 간다?** 몸이 병들면 정신적 힘도 약화되고 어떤 질병은 정신적 쇠퇴를 초래한다. 그러나 많은 경우 병이 들었다고 해서 무조건 정신적 쇠퇴가 나타나는 것은 아니다. 모든 연령대에서 건강한 자와 병든 자의 지력에 유익한 것은 연습이다.

5. **늙은 개에게 새로운 묘기를 가르칠 수 없다?** 뇌는 몸이 늙어도 도로 젊어지는 놀라운 능력을 가지고 있다. 노년기가 되면 학습과 재학습이 다소 느릴 수는 있지만 노인들도 얼마든지 학습할 수 있는 좋은 능력을 가지고 있다.

6. **늙을수록 지혜롭다?** 이 말은 사실일 수도 있지만 항상 그런 것은 아니다. 연구결과에 의하면 연로한 사람들이 결정을 내리는 데 시간을 많이 소요하는 반면 그 결정은 대체로 보다 나은 결정이라는 것이다.

받지 않으면 안 될 때 야기되는 자존감의 문제가 생긴다. 물론 나라에 따라 사정이 다르다. 어떤 나라와 문화권에서는 다른 곳보다 노인들을 훨씬 잘 돌보는 곳도 있다. 뿐만 아니라 가족이 얼마나 가까이 사는지, 그리고 이들이 얼마만큼 도와줄 의사가 있고 또 능력이 있는지에 따라서도 차이가 난다.[27]

6. 개인 간의 원인

인간으로서 적절하게 기능하기 위해 우리는 함께 지내며 사상을 나눌 수 있는 다른 인간을 필요로 한다. 이들은 우리에게 도전이 되고 용기를 주며 항상 현실감을 갖게 할 뿐 아니라 우리가 유용하다는 느낌을 갖도록 해준다.

이미 살펴보았듯이 많은 노인들이 어쩔 수 없이 사회적 접촉을 상실하는 경험을 한다. 은퇴로 인해 지금까지 살아가는 주된 이유가 되었던 직업 세계로부터 고립되며 배우자는 물론이고 친구와 친척들이 사망함으로써 사기를 북돋울 친구와 동반자를 잃고 혼자가 된다. 건강이 나빠져 더 이상 집에서 나가기가 어렵고, 친구들은 주소를 옮기거나 이사를 가며, 성인이 된 자녀들은 너무 바쁘거나, 너무 멀리 있거나 혹은 너무 비판적이어서 접촉할 수가 없다. 그래서 노인들은 더 외롭고 사회적 접촉을 회피하며, 이제는 더 이상 쓸모도 필요도 없다는 느낌을 갖게 되고, 때로는 너무 이른 죽음의 원인이 되는 자아중심적인 심리 상태에 빠지기도 한다. 심지어는 노인들이 모여 사는 실버타운에서도 다른 사람으로부터 격리되는 현상이 생길 수 있다. 반대로 한두 사람 이상 가깝고 친밀한 관계를 가진 노인들은 막역한 친구가 없는 사람보다 더 행복하고 적응도 잘하며 정신건강도 더 좋았다.[28]

노인들 중 많은 사람들이 정신적, 경제적, 그리고 육체적으로 자녀들과 다른 가족들로부터 학대를 받는다는 것은 슬픈 사실이다. 이들 희생자들 대부분은 너무 약해서 자신을 방어할 수가 없고 학대 사실을 보고할 능력이나 마음도 없으며, 대개 자신에게 고통을 주고 학대하는 바로 그 사람에게 의존해야 하는 위치에 있는 경우가 많다. 학대를 받는 노인들은 수치심과 당혹감을 느끼지만 학대 사실을 알렸을 때 올 결과를 두려워한다. 이보다 더 민감하게 상담자의 동정심과 분노를 유발할 수 있는 문제가 있을까?

7. 자존감 원인

팻 무어는 노인 복장을 해본 자신의 경험에 근거해서 다음과 같은 결론을 내렸다. "아마도 노화에 관한 가장 나쁜 점은 주변의 모든 것이 노인들로 하여금 이제는 자신이 조금도 중요하지 않다는 사실을 알려주는, 거역할 수 없는 느낌이다." 사람들은 천천히 움직이는 이 '늙은' 여성 팻에게 끊임없이 화를 내었으며, 그녀는 '그래 네가 맞다. 나는 문제투성이야. 여기 있는 다른 사람만큼 귀중하지도 않으니 가능한 한 빨리 길을 비켜줄 테니까 나한테 화내지 마'라고 쉽게 생각했다.[29] 심지어는 건강하고 활동적인 사람마저 자신의 정보와 의견이 한때는 중요했지만 이제는 더 이상 중요하지 않다는 암시를 받는 경우가 있다. 은퇴는 자존감이 낮아지는 데 일조한다. 비록 많은 사람들이 은퇴를 간절히 기다리고 또 즐기겠지만 은퇴란 사회가 우리로 하여금 너무 늙어서 일을 할 수가 없으니 이제는 사회에 유용한 공헌을 하라고 요구한다는 사실을 깨닫게 해주는 엄숙한 경고장이다. 은퇴와 함께 대부분 개인의 수입과 자기 가치감 또한 사실상 떨어진다.

노인들의 자신감과 자존감은 노인이란 너무 늙어서 결정도, 유용한 일도, 가치 있는 공헌도, 새로운 것을 창조할 능력도, 책임을 질 수도, 심지어는 혼자 외출할 수도 없다고 생각하는 사람들의 편견과 오해에 의해 결정된다. 이러한 태도가 앞서 말한 노인차별주의의 증거다. 이는 편견의 형태로서 노년을 폄하하고 노인을 차별하며 젊은이가 더 낫다고 가정한다. 성차별주의나 인종차별주의와 마찬가지로 노인차별주의도 그 희생자들에게는 문제를 야기하며 더 나아가서는 노인들의 자존감을 낮아지게 한다. 자신이 무능하거나 어린아이처럼 취급받는다고 생각하게 되면 노인들은 쉽게 자신을 쓸모없고 중요하지 않다고 느끼게 되기 때문이다. 따라서 노인들이 자기 자신이나 개인으로서 자신의 가치에 대해 의견이 별로 없다고 해서 놀랄 일이 아니다.

그러나 다시 한 번 더 우리는 노년기에 적응해가는 사람들의 방법에 개인차가 있음을 본다. 개인의 건강과 재정적 안정, 그리고 그의 태도가 적응에 도움이 된다. 노년기에 가장 적응을 잘하는 사람은 젊었을 때도 적응을 잘했고 자신의 장점과 약점에 대해 현실적 관점을 가지고 있었으며, 또 은퇴가 오기 전에 이미 은퇴에 대해 생각하고 준비했으며 젊은 시절부터 긍정적인 자아개념을 가졌던 사람이다. 잘 대처하지 못하는 사람은 연령이 주는 현실에 직면할 능력도 의지도 없거나, 분노하거나, 자신을 비난하거나, 목표 달성의 실패와 인생의 비참함의 원인을 다른 사람에게서 찾는 사람이다. 40세나 그보다 젊은 나이에 그 사람이 보여주는 적응도, 태도, 그리고 자아개념을 근거로 몇 십 년 후 그가 어떤 모습을 보일까를 가장 잘 예측할 수 있다. 항상 화가 나 있고 신랄한 노인은 아마 젊었을 때도 그런 모습이었을 것이다.

8. 영적·실존적 원인

신체의 변화와 쇠약해진 건강, 그리고 친구들의 떠나감은 우리로 하여금 죽음의 현실과 불가피성에 직면하게 한다. 치명적인 병으로 생명을 오래 끌어서 걱정하는 사람도 있고 죽음 그 자체를 두려워하며 죽음 후의 생이 존재하는지 안 하는지에 대해 사람도 있다. 어떤 사람은 자신이 감당할 수 없는 실패의 느낌과 죄의 멍에를 그대로 가지고 노년기에 이른다. 또 어떤 사람은 자신은 아무에게도 가치가 없으며 아무도 자신에게 더 의존하지 않으며 자신의 삶은 별로 차이가 없다고 말한다. "나는 사업하느라고 평생을 보냈습니다." 어떤 남성이 상담자에게 말했다. "경험 많은 나보다 회사에 더 도움이 되는 최신의 컴퓨터와 기술을 아는 젊은 대학 졸업생이 온 거예요." 이상의 문제들은 많은 것을 생각하게 하고 새롭게 의미를 찾게 하며 우울증의 증가, 허탈감, 심지어 자살까지도 이르게 한다.

교회가 큰 차이를 만들 수 있는 때가 바로 이때지만 노인들 중 많은 사람이 교회 예배에 참석할 수가 없다. 참석한다 해도 때로는 부부 중심의 활동이나 가족목회, 청소년 프로그램, 익숙하지 않은 예배 형식을 강조함으로써 교회가 회중의 한 사람으로 자신을 원하지 않거나 환영하지 않는다는 느낌을 받는다. 심지어는 높은 계단이 많거나 가기 어려운 화장실이 있는 교회 건물은 노인들, 특히 문제가 있는 노인들을 환영하지 않는다는 미묘한 메시지를 주는 것 같다. 노인들에게 짐을 지우지 않고 그들의 영적인 욕구와 기타 욕구에 대해 목회하는 것이 교회가 당면한 도전이다.

9. 기타 원인들

천천히 살지만 시대에 맞추고 싶은 사람에게 요즘처럼 빠른 사회적 변화가 어떤 영향을 미칠까? 포스트모더니즘, 신흥교회, TV에 나타나는 부도덕성, 다른 사람의 자녀들이나 손주들이 보여주는 도덕적으로 건전하지 못한 행동 내지 사회적 가치를 노인들은 어떻게 다룰까? 복합적인 의사소통 기구들, 계속해서 발전하는 컴퓨터의 정교함, 한때는 미래의 물결이었다가 이제는 모든 사람이 소유하면서 그것이 없으면 살 수 없는 것이 돼버린 새로운 기계장치들과 같은 기술들이 노인에게 어떤 영향을 미칠까? 많은 사람들에게 노년기는 알코올중독, 이웃의 실종, 범죄, 노인에게 불리한 영향을 주는 정치적 부패나 무능함, 정부자금의 축소, 노후한 집, 그리고 노인에 대한 지방관리의 편견 등과 엮이면서 그 문제가 더 복잡해진다. 바쁜 상담자에게 이런 문제는 간과되기 십상이지만 사실 이런 문제가 노인들에게 매우 심각한 영향을 준다.

• 노년기가 미치는 영향

"백악관에서 본의 아니게 물러나게 되었을 때 내 나이는 고작 56세였다. 실직을 더 악화시킨 것은 나의 실직이 크게 광고가 되어 아마도 전 세계의 반이 이 당혹스런 패배를 알게 되었다는 사실이다." 미국의 제39대 대통령 지미 카터(Jimmy Carter)는 자신의 책에서 본의 아닌 은퇴 경험에 대해 통찰력 있는 견해를 밝힌 적이 있다. "워싱턴을 떠나 플레인즈에 있는 나의 고향으로 돌아가는 것이 유쾌한 경험은 아니었다. 과거를 잊고 미래에 대한 두려움을 극복하며 현재에 집중하는 일은 매우 힘들었다. 이 평화롭고 자그마한 곳에서 우리의 생산적인 삶은 이제 끝나가려 한다고…… 그렇게 가정하는 것이 자연스러웠다. 자신의 뜻과는 상관없이 은퇴한 다른 많은 사람들처럼 우리 역시 이 고통을 극복해야 했고 그리고 이 상황을 될 수 있는 한 최대한 활용해야 했다."[30]

카터 대통령과 그의 아내 로잘린(Rosalynn)이 성취에 대해 어떤 견해를 가지건 관계없이 오늘날 미국과 전 세계에서 이들에 대해 깊은 존경심을 가지고 있는 사람이 족히 수백만은 될 것이다. 이들 부부는 수많은 좌절을 극복했고 뒤로 물러앉아 아무것도 하지 않는 태도를 거부했으며 비록 쉽지는 않았지만 점차적으로 "용기를 내어 우리가 가진 재능과 경험, 그리고 아직도 우리가 관심을 가지고 있는 사회적, 정치적 문제에 영향을 미치는 잠재력이 우리에게 있는지를 알아보았다." 그런 다음 그들은 앞으로 나가서 "지금과는 완전히 다른, 새롭게 헌신할 일이 있는지 탐색하기로 했다."[31]

상담자가 노인을 이해하기 위한 효율적인 방법은 노인의 관점에서 삶을 상상해보는 것이다. 당신이 카터 부부처럼 타의에 의해 강압적으로 물러나야만 했다면 어떤 느낌이 들었겠는가? 자문해보라. 만일 당신의 건강이 쇠약해지고, 할 일은 없고, 수입은 한정되어 있고, 친구들은 떠나가고, 그리고 빠르게 생각하고 행동할 수 없게 된다면 어떤 느낌이 들겠는가? 외로움을 느끼고 노인을 존경하지 않는 사회로부터 배척당하고 범죄율이 높은 동네에 살고 있는데도 도피하거나 자신을 방어할 힘도 기민성도 없다면 어떨까? 깊이 생각해보자. 죽기 전에 돈이 다 떨어지면 어떻게 하나 염려한다든지 경제적으로 감당할 수가 없어서 현재 살고 있는 집에서 이사를 해야 한다는 사실을 알게 되면 어떨까? 노인들의 생각과 느낌을 상상해보면 노화의 영향을 보다 잘 이해할 수 있게 된다. 그렇게 하면 노인에 대해 좀 더 동정적이고도 효율적인 상담자가 될 수 있을 것이다.

노화에 관한 책이나 논문을 보면 주로 늙어감의 어려움에 초점을 맞춘다. 그래서 노화가 개인의 자아 개념, 정서, 개인간의 관계, 삶의 방식 그리고 지적인 능력에 어떤 영향을 미치는가 다룬다. 노화와 함께 미래에 대한 새로운 불안, 자기연민, 외로움, 경제적 걱정, 우울증, 때로는 자살 기도까지 찾아올 수 있다는 것을 안다. 나이를 먹어가고 늙는다는 것은 분명 어려운 일임에 틀림없다. 그러나 이러한 것이 카터 대통령이 얘기한 '노화의 덕(The virtues of aging)'을 감추게 해서는 안 된다. 어떤 사람은 노화에 패배하고 노년기의 어려움을 극복하기 위하여 다른 사람의 도움을 필요로 하지만 또 어떤 이는 문제를 이겨내고 새로운 고지에 도달하여 목적 의식과 참된 성취감을 가지고 인생의 마지막 날들을 보내기도 한다.

이는 미국 문화의 한 부분이면서 동시에 과학박람회 기획물에서 보여주었던 '쇠퇴하는 정신구조(decline mentality)'에 찬성하지 않았던 리처드 라이더(Richard Leider)와 데이비드 샤피로(David Shapiro) 두 작가가 전하는 메시지이기도 하다. 라이더와 샤피로는 기존하는 문화 대신 50세가 넘은 사람이 '새로운 노인'이 될 수 있음을 강조한다. 새로운 노인은 자신의 나이를 부정하지 않는 사람이다. 이들은 자신이 60세 혹은 70세 또는 그보다 더 늙었음을 잘 알고 있다. 만일 나이를 잊어버리는 경향이 있다 해도 그들의 몸은 자신이 변하고 있으며 또 느려지는 것을 알려준다. 이들은 나이가 듦에도 불구하고 스물한 살짜리와 효율적으로 대화할 수 있으며 "인생의 나머지 반을 빈 캔버스나 백지 상태로 혹은 진흙 덩어리로 활용하여 의도적으로 재간을 부릴 수 있는 사람들이다. 이들은 어떤 경우에도 자신을 재창조하는 일을 멈추지 않는다."[32] 새로운 노인은 "베푸는 것과 성장하는 것을 통하여 끊임없이 자신을 재창조하는 일에 전념한다."[33] 이들은

"인생의 첫 장에서 배웠던 것을 근거로 두 번째 장을 다시 쓰는 기회를 가지는 것이다."[34] 새로운 노인들은 자신의 과거 삶을 돌아보고 이제껏 배운 것을 재검토한 후 신중하게 네 가지 질문에 대한 답을 찾는다. 이 질문은 젊은이에게도 중요하다.

- 정체성에 관한 질문 : 나는 누구인가? 이 질문에는 자신의 삶에 대한 생각, 자신이 어떻게 현재의 모습을 이루게 되었는지에 대한 깊은 사색, 이러한 사실을 아는 것과 자신의 삶을 다음 세대에 영향을 주도록 활용하는 것 등이 포함된다.
- 지역사회에 관한 질문 : 나는 어디에 속해 있는가? 이 질문에는 삶에서 '우리의 장소를 다시 발견하는 일'이 포함된다. 이는 여생을 보낼 때 세상에서 내가 어디에 속해 있는지를 명확하게 해준다.
- 열정에 관한 질문 : 내가 마음을 쓰는 일은 무엇인가? "새로운 노인들은 자신의 선례를 좇는 사람들에 대해 열정적인 관심을 보인다…… 인생의 후반부에 있는 사람에게는 자신의 은사로 뭔가 의미 있고 가치 있는 일을 발견하는 것보다 더 큰 도전은 없기 때문이다."[35] 그들의 관심은 오직 베푸는 일이다.
- 의미와 연관된 질문 : 내가 받은 유산은 무엇인가? 이 질문은 새로운 노인으로 하여금 서서히 선두에 나설 수 있도록 힘을 실어주어 나이 80대, 90대에도 미래를 희망하게 한다.

노인들로 하여금 이상의 질문에 답하도록 하여 새로운 노인이 되게 하는 것은 노년층을 위한 효율적인 상담의 기본원리라고 할 수 있다.

상담과 노년기

노인들이 상담을 통해 얻는 것이 많음에도 불구하고 많은 노인들이 상담을 받지 않는다. 이들은 상담자를 의심하거나, 상담이 미친 사람에게나 필요하다고 생각하거나, 또는 상담의 도움을 받는다는 것은 심약함의 신호라고 생각한다. 또 어떤 이는 변화에 저항하거나 자신의 독립심을 잃을까 두려워하기도 한다. 이러한 생각을 갖고 있지 않다고 해도 도움을 받기 위해 어디로 가야 할지 모르거나 혹은 상담 경비를 감당할 수 없는 사람도 있다. 상담자가 계속해서 상담의 본질과 가치를 인식하고 노인 교육을 위해 노력해야 하는 이유가 여기에 있다.

흔히 상담자에게 나타나는 노인에 대한 편견과 비관적인 관점, 노인차별주의로 인해 충분한 도움을 못 줄 때가 있다. 이들은 대부분의 노인이 변화가 불가능하다거나, 함께 일하기가 즐겁지 않다거나, 약해서 병들기 쉽다거나, 완고하고 고집이 세다거나, 성에 관심이 없으며 주로 과거만 생각하고 미래에는 거의 흥미가 없다고 잘못 가정한다. 이런 태도는 노인을 정확하게 관찰하는 상담자의 능력을 흐리게 한다. 뿐만 아니라 진보하려는 개인의 능력에 대한 기대감을 감소시키며 상담자로 하여금 "어쨌든 노인들은 변하지 않을 것이니까"라고 하여 나이 든 내담자에게 에너지를 덜 투입하게 한다. 이런 태도는 상담자가 노인들을 상담할 때 노부모와의 경험이나 노화에 대한 자신의 불안감이 생각나기 때문일 수 있다.[36] 그렇다면 노인 상담을 고려할 때 가장 좋은 출발점은 무엇일까? 아마도 상담자 자신의 태도를 정직하게 평가하는 일일 것이다.

1. 상담자의 자기 탐색

노인에 대한 당신의 태도는 어떠한가? 정직하게 답해보자. 당신도 노인들이 무능하고 완고하며 까다롭고 어린애 같고 과거에 집착하며 신체적 아픔과 통증만 생각한다는 일반적인 고정관념을 가지고 있는가? 당신은 노인에 대해 분개하거나 업신여기며 혹은 그들을 회피하려고 하는가? 마음속으로 노인 상담은 시간낭비일 것이라고 생각하는가?

도움을 베풀기 이전에 이런 시각부터 사라져야 한다. 편견을 없애는 첫 번째 단계가 바로 편견을 인정하는 것이라는 것을 누구나 알고 있다. 노인에 대해 보다 더 사랑과 연민의 감정을 갖도록 하나님께 간구하라. 노인 사역에 보다 더 정확한 정보와 훈련을 받도록 하라.[37] 당신의 부정적인 태도가 어디서 왔는지 찾아내고 잘 처리할 수 있도록 친구나 다른 상담자의 도움을 받을 필요도 있다. 가장 중요한 것은 소수의 노인들과 함께 그들의 삶이나 문제, 희망, 도전 그리고 필요에 대해 얘기를 많이 하는 것이다. 우리가 부정적 생각을 가지고 있는 사람에 대해서는 얼굴을 맞대고 함께 얘기하는 것이 가장 좋은 방법이기 때문이다. 얘기를 하는 중에 당신의 태도가 변하여 노인들도 하나님의 사랑을 받는 사람, 미래에 대해 낙관적일 수도 있는 가치 있는 인간이라는 점을 알게 될 것이다. 그렇게 되면 노인들과의 상담을 훨씬 더 성공적으로 할 수 있을 것이다.

2. 신체검사와 상담

노인 문제의 대부분은 신체적 원인이나 그 영향에 기인하기 때문에 노인들이 유능한 의사로부터 정기 검진을 받도록 해야 한다. 치료에 덧붙여 의료진은 이 장 서두에서 소개한 카라와 같은 노인의 질문에 답하고 안심시킬 수 있어야 한다. 의학적인 치료가 노인에게 도움이 된다면 그들의 심리적 문제도 사라지고 다른 문제 또한 보다 효율적으로 다룰 수 있게 될 것이다.

노인 질병으로 가장 잘 알려진 알츠하이머병(AD)은 심리적 기능에 영향을 미칠 수 있는 신체적 악화의 대표적 예다. 진행성이면서도 치료가 불가능한 이 병은 노인들이 겪는 치매증의 가장 주된 원인이 된다. 65세 이상의 미국인 중에서는 10% 정도가 AD를 앓고 있지만, 85세가 넘는 사람 중에서는 거의 절반이 이 병을 앓고 있다. 발병하여 죽을 때까지 이 병은 2년 내지 15년 동안 지속된다. 개중에는 20년, 혹은 그 이상 앓는 사람도 있다. 처음에는 가벼운 기억상실, 판단력 손상, 일상적인 일을 처리할 능력의 감퇴 등으로 시작하여 차차 뇌의 많은 부분이 손상되면서 점차적으로 방향 감각을 잃고 혼돈하며, 이해하거나 의사소통하는 것이 불가능해지고, 돌아다니는 경향이 있고, 동요가 심하며, 마침내는 완전히 자제력을 잃고 몸져누워 다른 사람에게 의존하게 된다. 비록 이 병의 명확한 원인과 처방이 알려지지 않았지만 광범위한 연구는 계속되고 있다.[38] 처음에는 가족들이 이 병에 걸린 연로한 인척을 사랑으로 돌본다. 그러나 계속 돌보면서 차츰 모든 가족들이 분열되고 경제적으로 고갈되며 때로는 분노, 좌절, 그리고 죄의식으로 가득 차게 된다. 한 사람의 연로한 AD 환자를 돌본다는 것은 잠시의 휴식 시간도 없이 36시간짜리 하루를 사는 것과 같다고 하였다.[39] 그러기에 상담자는 처음에는 환자를 돕는 일로 시작하겠지만 곧 배우자와 가족 전체가 상담의 중심에 있음을 알게 될 것이다.

3. 개인 상담

자신이 가진 문제를 다른 사람과 이야기하는 것은 노인들에게 매우 유익하다. 아마도 많은 노인들이 약속을 하고 만나야 하는 전문 상담자보다는 목회자나 의사, 사회사업가 혹은 다른 조력자를 더 좋아할 것이다. 누가 상담을 하든지 간에 노인 내담자에게 도움이 되는 상담 접근에는 여러 가지 방법이 있다.

(a) 지지적 상담 : 노인들은 상담자가 진지하게 듣고 확신을 주면 나이가 들었다는 현실에 직면하는 능력이 증가하여 용기를 얻게 되는 경우가 많다. 사람들은 지지적 상담을 통해 자신의 염려와 공포에 대처할 수 있게 된다. 많은 노인들은 상실감, 자유나 독립심 상실에 대한 두려움, 미래에 대한 걱정, 혹은 이제까지의 삶이 어떤 영향을 미쳤는지에 대한 염려 등의 문제를 가지고 있다. 상담자는 그들이 이러한 문제들을 이야기하고 확신을 얻을 수 있도록 도와야 한다. 또한 자신과 다른 사람을 용서하고, 하나님도 용서하며 돌보신다는 것을 알 수 있도록 도와야 한다. 하나님의 사랑이 대화 속에서 언급되면 구원에 대한 하나님의 계획, 그의 공의, 믿는 자의 영생 등에 관해서도 상담자가 이야기할 수 있다. 가끔은 상담자가 어려운 질병에 처한 사람이나 고통스런 비탄에 빠진 사람, 혹은 끊임없이 변화하는 현실에 끈기 있게 견디어 나갈 용기와 능력을 찾으려는 노인들을 도와야 할 때도 있을 것이다. 상담자는 불건전한 의존성을 조장하지 않으면서 노인들이 약하게 느낄 때 확신과 용기를 주는 강력한 존재가 되어야 한다. 이런 상담은 상담자의 사무실에서도 할 수 있지만 더 효과적인 방법은 목사나 상담자를 포함한 친구 혹은 동료 신자들이 집단을 형성하여 전화를 한다든지 기분 좋은 쪽지 등으로 직접 접촉하면서 지속적으로 돌보고, 지지해주고 수용해주는 것이다.

(b) 교육적인 상담 : 젊은이도 그렇지만 노인들 역시 노년기에 대한 잘못된 개념을 많이 가지고 있다. 상담 과정에서 이런 점을 토의하고 노화에 대한 진실을 가르치다 보면 불안이 감소되며 따라서 패배자의 태도와 부적응적 행동을 방지할 수 있게 된다. 인지적 행동주의 상담은 생각이나 행동을 다르게 그리고 보다 효율적으로 하도록 학습하는 데 도움이 된다.

예를 들어 60대 이후의 성생활에 대해 생각해보자. 60대 이후의 성생활은 잘못된 것이 아니며 육체적 만족은 가능할 뿐더러 또한 일반적이며, 발기부전 같은 문제는 일시적이어서 성적 만족을 그만둘 필요는 없다는 사실을 알게 하는 것은 노인들에게 도움이 된다. 이런 대화를 하다 보면 스스로 질문에 대한 답을 찾게 되고, 확신을 얻으며 두려움을 내려놓게 된다. 아주 다른 주제는 노년기의 생활 주거에 관한 것이다. 혼자 사는 데 따르는 경비, 이점 혹은 기타 관련된 문제들, 실버타운으로 이사하거나 혹은 자녀들과 함께 사는 문제 등과 같은 실제적인 문제들이 검토될 수 있다. 이런 검토를 하기 위해서는 상담자가 전문가나 실버타운의 대표자들과 협의하여 내담자에게 줄 정확한 정보를 가지고 있어야 한다.

(c) 은퇴 상담 : 사람들은 다양한 태도를 가지고 은퇴에 임한다. 어떤 이는 은퇴를 즐거움으로 기다린다. 또 어떤 이는 은퇴해야 할 때가 되면 두려워하고 저항하며 증오한다. 요즘은 은퇴가 지금까지 하던 일과 주된 수입의 원천을 떠나 또 다른 어떤 것으로 옮기는 일생의 직업 변화를 의미한다고 생각하는 사람이 점점 증가하고 있다.[40] 많은 사람들은 의미가 있고 생산적인 일을 하고 싶어 하지만 무엇을 해야 할지를 확실히 모른다. 스트레스가 없는 즐거운 활동을 즐길 수 있는 라이프스타일을 시작하는 기회가 은퇴라고 생각하는 사람은 곧 지루함을 느껴 뭔가 유용한 일을 찾기 시작한다. 그런가 하면 어떤 사람들은 은퇴로 옮겨가는 일이 은퇴자 본인이나 배우자 혹은 가족에게 중요한 적응을 필요로 한다는 사실을 알고 있다. 그러므로 상담자는 이들이 변화를 다루고, 자신의 우선순위를 재점검하며, 성장하고 베푸는 방법을 찾으며, 새로운 기술을 개발하고, 새로운 활동을 찾고 인간관계에 다시 불을 붙이며 기관이나 젊은이

들에게 멘토 내지 코치가 되고자 할 때 이들을 잘 도와야 한다.

(d) 인생 회고 상담 : 과거에는 노인들이 자신의 과거에 대해 반복적으로 이야기하는 것을 무시하거나 경시하는 경향이 있었다. 그러나 최근에는 노인 학자들이나 그 외 많은 사람들이 회상, 특히 서로 얘기하는 회상이 노인들로 하여금 과거를 다시 점검하고 실패와 성공에 대해 곰곰이 생각해보게 하고, 이전의 좌절 경험을 처리하게 하여 과거와 미래에 대한 보다 균형 잡힌 관점을 준다고 결론내렸다.

인생 회고는 단지 이야기를 하거나 과거의 그리운 때를 추억하는 것 이상이다. 이상적으로 하자면 인생 회고 상담은 전기(傳記)를 준비하는 것이다. 때때로 자서전을 쓰거나 녹음을 하라고 할 수도 있다. 상담자는 연로한 내담자에게 사진이나 일기장 혹은 기타 기록할 만한 기사를 보여 달라고 한다. 또는 가족과 이야기할 수도 있다. 이런 활동을 하는 이유는 회상을 통해 과거의 스트레스를 표현하고 해결하며, 실패는 토의하여 받아들이고, 죄의식은 제거하며, 계속해서 어려움을 주는 갈등은 해소하여 문제에 대처하는 새로운 방법을 배우게 하기 위해서다. 현재에 비추어 과거를 보기 시작하면 과거의 사건을 새로운 방법으로 이해하게 되어 삶에서 새로운 의미를 찾게 된다. 이런 사람은 대체로 삶을 보다 현실적으로 보게 되고 도전에 대처할 참신한 방법을 발견하며 앞으로 오는 세월을 한결 유연하게 맞으며 현실적인 준비를 한다.[41] 소수집단의 노인들에게는 그들이 경험한 차별에 대해 이야기하게 하여 자신의 문화적 유산과 세계관에 대해 보다 자긍심을 갖도록 도와준다.[42] 인생 회고에는 또한 노인들의 영적 생활, 예수 그리스도와의 관계, 그리고 죽음 이후의 삶에 대한 기대감도 포함된다. 덧붙여 개인의 결혼과 가족 내력, 어린 시절 기억들, 교육과 직장 경력, 가장 행복했던 기억과 가장 슬펐던 기억들, 미래를 위한 계획 등도 고려한다. 여러 가지 이점 중에서도 인생 회고는 우울의 영향력을 감소시키고 자존감을 향상시키며 대단히 효율적으로 노년기 삶의 질을 유지하고 향상시킨다.[43]

(e) 심층 상담 : 프로이트는 소요되는 시간이나 다루어야 할 자료가 너무 많고, 정신적 과정이 유연하지 못하며, 학습 능력이 없다는 등을 이유로 50세 이상의 노인들에게 정신분석은 실패할 수밖에 없다고 믿었다. 몇 해에 걸쳐 이 관점이 잘못된 것임이 밝혀졌다. 의기소침하고, 움츠러들거나, 심각하고 지속적인 개인적 문제를 가진 사람도 상담자와 심층적인 관계를 맺을 때 도움을 받을 수 있기 때문이다. 이것은 특히 노년기가 막 시작되는 사람에게 사실이지만 대부분의 노인들에게도 상담, 특히 그 방법이 보다 구조적이고, 지지적이며, 유익한 변화를 가져오는 환경일 때 더욱 유익하다.[44] 상담 과정에 활발하게 참여했거나 증상이 보다 나아지기를 원하는 내담자에게 예후는 특별히 중요하다.[45]

노인 상담에서 상담자가 내담자보다 젊은 경우가 많다. 노인들은 젊은이를 상담자로 생각하지 않는 때가 있기 때문에 이러한 상황이 어색함을 일으킬 수 있다. 때로 젊은 상담자는 연로한 내담자를 부모처럼 대한다든지 혹은 연로한 내담자가 상담자를 아들이나 딸로 생각할 수 있다. 만일 상담자가 이 사실을 인지하지 못한다면 이런 전이, 역전이 문제가 상담을 방해할 수 있을 것이다.

4. 가족 상담

다른 연령 집단과는 달리 노인들에게 나타나는 문제는 대부분 가족과 연관되어 있거나 그들에게 영향을 미친다. 연로한 인척의 알츠하이머병 진전으로 인해 그 가족이 어떻게 파괴되는가를 보았다거나 우울증, 경제적 문제, 건강 쇠퇴, 스트레스 증가, 개인 간 갈등, 기타 노인에게 나타나는 거의 모든 문제들 역시 가족에게 큰 영향을 미친다.

그러므로 노인 상담은 다른 가족 구성원과 함께할 때 가장 효율적이다. 때때로 상담자는 세대 간의 갈등을 해결하는 데 도움을 주는 중개자 역할을 하기도 한다. 어떤 때는 상담자가 이상 행동을 관리하고, 의학적 치료를 받게 하고, 적절한 주거 상태를 결정하고, 경제를 다루기 위하여 필요한 실제적이고도 확실한 정보를 가족에게 제공한다. 이러한 상담자의 도움을 받아 가족은 미래를 위한 계획을 세우고 서로를 지지하고 격려하며 자신의 비탄과 죄의식에 대처하게 된다. 특히 노인이 상담 받기를 거부하거나 상담의 도움을 받을 수 없는 처지라면 가족을 통해서 도움을 주는 것이 유일한 방법일 것이다.[46]

5. 영적 상담

젊은이들과 비교해볼 때 노년기에 접어든 사람들은 보다 종교적이고 영적인 문제에 관심이 많다. 노년기에 갖는 종교적 신앙과 활동이 우울과 불안을 낮추고, 행복감과 삶의 만족을 높이며, 건강에 대해 스스로 더 나은 평가를 내리고, 삶에서 스트레스를 받을 만한 사건을 줄이며, 사회적으로 보다 활동적이고 개인 간의 문제가 감소하는 것과 연관이 있다는 결론을 지지하는 연구가 충분히 있다.[47] 병을 앓게 되면 노인들은 고통에 대한 이유를 알기 위하여 그리고 어려움을 이겨내기 위하여 종교에 관심을 돌린다. 자신을 종교적이라고 생각하지 않을지라도 노년기에 들어 문제를 만나게 되면 영적인 것으로 마음을 돌리는 경향이 있다. 그래서 노인들은 편하게 영적인 문제를 토의할 수 있고 연로한 내담자가 희망과 위안을 얻도록 도와줄 수 있는 신앙을 가진 남녀 상담자나 조력자를 더 좋아하게 된다. 노인들이 가진 이러한 영적인 욕구는 영적 상담을 이해하고 그에 친숙한 기독교 상담자에게 독특한 기회를 제공해주는 셈이다.

6. 집단 상담

노년기에 속한 사람들은 자신의 문제를 집단적 상황에서 토의하기를 좋아하지 않지만 1950년부터 집단 노인 상담이 시행되어왔다.[48] 많은 노인들이 일단 처음에 가졌던 불신과 의심을 극복하고 나면 열심히 참여하고 싶어 한다. 집단 상담의 주요 목적은 사회적 접촉, 정서적 정화, 통찰력 등에 있지만, 이는 은퇴 문제, 개인적 성장, 외로움, 낙담, 가족 또는 인생의 위기, 노인에 대한 편견, 그 외 여러 가지 문제를 다룰 때도 특히 도움이 된다.[49] 어떤 사람에게는 여럿이 함께 만나는 경험이 자신의 문제에 적응하고 수용의 기회를 발견하며 자신이 가진 문제가 비정상적인 것이 아니라는 것을 확신하도록 한다. 집단은 교회나 지역사회의 기관이 조직할 수도 있지만 노인센터나 실버타운, 혹은 노인들이 모이는 곳이면 거의 어디서나 쉽게 형성될 수 있다.

7. 환경 상담

개인을 변화시킬 수 있는 한 가지 효율적인 방법은 환경을 바꾸는 것이다. 아름다운 주거환경과 적절한 식사가 있고 오락을 즐길 수 있는 기회가 많으며, 비록 가벼운 책임이라도 받아들이고, 기분 좋고 용기를 주는 사람들, 특히 젊은 사람들과 교제하는 것은 노년기 삶에 대한 노인들의 전망과 적응에 도움이 된다. 전문적으로 본다면 이것은 상담이 아니겠지만, 어떤 조력자는 지역사회의 자원을 가동하고 노인들의 자기 치유와 자기 돌봄을 북돋우며 노인들이 법률 서비스와 의료 서비스를 받는 데 도움을 주고 재정 관리도 지도해준다. 교회 안에서는 청년집단 등이 그 교회 교인 내지 지역사회의 일원인 노인들의 삶을 밝게 하기 위해 유용한 역할을 맡을 수 있을 것이다.

• 노년기 문제의 예방

최근에 나는 여러 명의 40대 혹은 50대 초반의 친구들과 함께 차를 마시면서 내가 쓰고 있는 노년기 장에 대해 얘기를 나눈 적이 있다. 이야기는 자연스럽게 베이비붐 세대가 은퇴할 때는 노인들이 어떻게 달라지겠는가 하는 토의로 이어졌다. 나이가 들면서 육체는 망가지겠지만 거기 모인 친구들이 예측하기에 자신의 세대는 보다 건강이 좋아지고, 더 활동적이며, 더 긍정적이고, 삶에 대해 좋은 전망을 갖도록 스스로 더 다짐하며, 좀 더 미래에 초점을 맞추고, 과거나 자신의 고통을 훨씬 덜 얘기하리라는 것이다. 또한 이들의 부모 혹은 조부모 세대와 비교해볼 때 21세기 노인들은 정치적으로 더 활동적이며 노인학자 켄 디치월드가 명명한 '권세 부리는 자(Wielders of power)' 가 될 것 같다.[50] 이러한 예언이 맞는지는 시간이 지나봐야 알겠지만 나는 이 친구들이 맞다고 생각한다. 앞으로 10년 혹은 20년이 안 되어 노화에 대해 훨씬 더 긍정적인 생각을 가지고 은퇴를 맞이하는 사람들을 보게 될 것이다. 이런 관점이 이 장에서 논의한 여러 가지 문제들을 예방할 수 있을 것이다. 하지만 과거에도 그랬지만 상담자가 보다 긍정적인 노년기를 맞도록 노인들에게 동기를 부여할 수 있어야 한다.

1. 현실적인 계획을 수립하도록 격려한다

베스트셀러『여성의 신비 The Feminine mystique』를 집필하여 1960년대 미국 여성운동을 주도한 페미니스트이자 사회심리학자인 베티 프리단(Betty Friedan)이 환갑이 되던 날 친구들이 성대한 파티를 열어주었는데 훗날 프리던은 "환갑잔치 이후 몇 주 동안 난 우울증에 빠졌다"라고 회상했다. "내가 환갑이 되었다는 사실을 인정할 수가 없었다." 대부분의 성인들은 자신이 나이를 먹고 있다는 사실을 일깨워주는 한두 가지 놀라운 사건에 직면하기 전까지는 노화에 대해 별로 생각해보지 않고 나이를 먹는 것 같다. 프리던에게는 그 사건이 자신의 나이에 관한 많은 농담이 오고간 환갑 축하 파티였다. 다른 사람에게는 그것이 건강의 위기나 친구의 죽음이 될 수도 있다. 물론 우리 모두는 자신이 늙어가고 있다는 사실은 잘 알지만 노년의 현실은 노화에 대한 생각이나 사전 준비가 거의 없을 때 충격처럼 온다.

상담자와 교회 지도자들은 50대, 40대, 혹은 60대 사람들이 노화에 대해 준비하고 자신의 여가 시간을 어떻게 활용할 것인지 토의하고, 자신의 연로한 부모와 장성한 자녀 간의 관계를 다시 검토하며, 죽음에 대해 논의하고, 은퇴 계획을 세울 수 있도록 도와주어야 한다. 이러한 논의는 긍정적이고도 낙관적이어야 하며 건전하면서도 유용한 실습과 함께 이루어져야 한다. 미래를 위한 계획은 일대일의 상담상황에서도 할 수 있지만 아마도 워크숍이나 수련회 혹은 주일학교 학급토의 시간처럼 집단으로 한다면 더욱 실질적일 것이다. 이러한 토의는 사람들로 하여금 자신의 노화에 대해 생각하게 하고, 노화로 인한 심리적 외상에 대한 예방접종의 역할을 하며, 미리 계획을 세우도록 장려한다.

현실적인 계획의 한 예로서 은퇴를 준비하도록 돕는 방법을 생각해보자. 일단 은퇴에 관해 그들이 그동안 가지고 있던 오해를 풀어 준 다음 지금은 신체적으로 건강하여 나이가 들면서 찾아오는 점차적인 변화를 거의 느끼지 못한다 하더라도 미래를 생각하도록 적극 권한다. 아래의 질문들을 고려해보도록 적극적으로 권한다.

- 나는(우리는) 언제 은퇴할 것인가?
- 은퇴 후 하나님은 내가(혹은 우리가) 무엇을 하기를 원하시는가?

- 어디서 은퇴할 것인가?
- 어디서 살 것인가?
- 은퇴 후 시간을 어떻게 보낼 것인가?
- 은퇴 후 어떻게 건강을 유지할 것인가?
- 정신이 깨어 있고, 능동적이 되기 위하여 나는 무엇을 해야 하는가?
- 은퇴 후 내게 어떤 재정적인 궁핍이 있겠는가?
- 나의 재정적 자원은 무엇인가?
- 은퇴 후 필요한 건강 비용은 어떻게 지불할 것인가?
- 보험은 충분한가?
- 누군가의 도움이 필요하게 될 때 도움을 받을 수 있는 시설에 들어갈 수 있는 재원은 있는가?
- 유서는 현재까지 완벽하게 되어 있는가?
- 노년기를 준비하기 위해 지금 구체적으로 내가 할 수 있는 것은 무엇인가?
- 나는 어떤 종류의 노인이 될까?
- 노년기가 되어 내가 원하는 노인이 될 수 있는 가능성을 증가시키기 위하여 지금 나는 무엇을 해야 하는가?

이러한 질문들은 미래의 문제를 예방하고 현재 가지고 있는 노년기에 대한 걱정을 다루는 데 도움이 된다. 이 문제들 중 어떤 것은 전문가와 논의해야 하는 것도 있을 것이다. 특히 의사나 재정 설계사는 보다 실질적인 도움을 줄 수가 있다. 재정 전문인들은 흔히 은퇴를 위해 계획을 세우는 데는 너무 이른 때도 없고 너무 늦은 때도 없다고 말한다. 덧붙여서 노년 인구가 계속해서 증가함에 따라 은퇴 후를 준비하기 위한 유용한 기사와 자기 치료 서적들 역시 증가하고 있다.

2. 현실적 태도를 갖도록 격려한다

노년기 문제를 예방할 수 있는 중요한 방법 중 하나는 광범위하게 알려진 노인에 대한 편견과 노화에 대한 신화를 찾아내어 바로잡도록 하는 일이다. 성경은 분명히 노인을 공경하기 때문에 그리스도를 따르는 사람들은 그렇게 해야 한다. 상담자들은 노년기를 계획하면서 보다 긍정적인 태도를 갖게 하는 프로그램을 지역사회나 교회별로 개발하도록 한다. 만일 한 교회 전체가 노인을 온정적으로 돌보며 노년에 대한 긍정적인 태도를 발전시킨다면 노인들도 그렇게 되도록 고무될 것이다.

노화에 대해 좋은 태도를 갖게 하는 하나의 방법은 신도들로 하여금 노인들과 직접 접촉하면서 도움을 베풀게 하는 것이다. 아래 중 어떤 것이라도 여기 속한다.[51]

- 어르신들을 위하여 특별한 프로그램을 계획한다. 그러나 이 프로그램이 생색을 내는 것이 되어서는 안 된다. 일반적으로 어떤 연령에 있건 자신이 직접 프로그램이나 세미나를 주도적으로 계획하고 이끌어나갈 때 참여할 가능성도 더 많아진다.
- 불확실감, 무의미함, 하나님으로부터의 소외감, 과거의 실패에 대한 후회, 죽음의 공포 등을 포함한 노년기의 영적 욕구를 언급한다.

- 인생의 문제들을 보다 잘 대처하도록 교육한다. 이 과정에서는 아마도 장애물을 극복하고 현재 잘 살아가고 있는 사람이 보여주는 민감하고도 낙관적인 예가 가장 효과적일 것이다.
- 삶에서 건강하고 긍정적인 태도를 발산하는 노인들이 교회의 영향을 받게 한다.
- 노인들로 하여금 지도력과 의사결정 과정에 참여하도록 한다. 이는 젊은이와 좀 더 혈기 왕성한 사람들을 제외한다는 뜻이 아니라 노인의 의견과 경험, 특히 적극적인 노인의 관점이 존중될 때 의사소통이 보다 많이 이루어지기 때문이다.
- 노인들이 동년배나 젊은 사람들과 사회적·영적으로 교류하며 오락을 통해 만남을 갖도록 격려한다.
- 삶의 문제들에 잘 대처하고 문제 해결을 성공적으로 하도록 도와줌으로써 미래에 희망을 가지도록 한다.
- 가르침, 심방, 기도, 혹은 사무나 정비 등 필요한 봉사라면 무엇이나 노인들이 유용한(분주한 일이 아니라) 사역을 할 수 있는 기회를 만든다.
- 교회의 물리적 시설이 노인들로 하여금 교회에 어려움 없이 여기저기 다닐 수 있게 되어 있는지 확인한다.
- 노인을 위한 정부 프로그램과 시(市)가 주관하는 모임을 주도하고 영향을 끼친다.
- 노인 신도들을 위한 사역에 청년그룹을 참여시킨다. 이는 두 집단 모두에게 유익하다.
- 젊은이를 위하여 멘토가 되는 일에 노인들이 참여하도록 격려한다.

이상과 같은 활동은 모든 사람에게 노인은 중요할 뿐만 아니라 긍정적인 공헌도 할 수 있다는 것을 가르쳐준다. 이렇게 되면 공포는 감소되고 보다 적극적인 태도를 가질 수 있으며 노년기에 대해 보다 원활하게 적응할 수 있게 된다.

3. 교육과 활동을 장려한다

정신을 사용하고 신체운동을 하며 식단을 계획하여 건강한 방법으로 먹고 여가시간을 잘 사용하며 다른 사람을 위해 봉사할 수 있는 창조적인 길을 모색한다면 노화 문제 중 많은 부분은 피할 수 있다. 정신적, 육체적인 활동이 노망이 드는 것을 막을 수 있다는 증거가 곳곳에 있다. 그러므로 노년기에는 TV 화면에 집중하거나 끝없는 여가활동을 하는 것 외에 다른 대안들을 찾아보는 것이 좋다. TV 시청과 한가한 여가활동은 둘 다 권태를 가져오고 지적 혹은 육체적 침체를 초래한다.

4. 영적인 성장을 격려한다

그리스도에게 나아오거나 영적으로 성숙하는 데 너무 늙은 사람은 아무도 없다. 예수 그리스도와 성장하는 관계를 가졌다고 해서 인생의 문제를 예방할 수는 없겠지만 헌신적인 신자라면 전능하신 주권자 하나님을 믿기 때문에 스트레스를 보다 효율적으로 처리할 수 있어야 한다. 아무리 오래된 기독교인일지라도 장차 영원을 함께 보낼 그분에 대하여 더 배워야 한다. 연령을 초월하여 누구나 기도하고, 성경을 읽으며, 정기적으로 예배드리고, 다른 신도들과 관계를 맺으며 시간을 함께하고, 가능한 한 능동적으로 예배에 참여하도록 격려해줄 필요가 있다. 이 모든 일은 일찍 시작해야 한다. 하나님의 도우심을 받아 젊었을 때부터 긍정적이며 참여정신이 강하고 기쁘게 산 기독교인은 그런 즐거운 태도를 노년기에도 가지고 갈 가능성이 많다.

• 노년기에 대한 결론

리즈 카펜터(Liz Carpenter)는 미국의 린든 존슨(Lyndon Johnson) 대통령의 영부인 레이디 버드 존슨(Lady Bird Johnson)의 공보비서였다. 공보비서라는 역할은 그녀의 기대를 충족시키며 활력을 가져다주었지만 50대 되던 어느 날 남편이 사망했다는 소식은 그녀에게 큰 충격을 주었다. 후에 그녀는 "나에게 노년이 일찍 찾아왔다"라고 썼다. "나는 즉시 쇼크, 자포자기, 슬픔, 분노, 외로움, 고립감과 함께 필연적으로 안절부절못하는 느낌 속으로 내던져졌다." 그때 영부인이 그녀의 첫 번째 상담자가 되어주었다.

이 시기에 그녀가 가졌던 불안함을 보면 다섯 가지의 공포심은 기본인 것 같다. 자신이 필요하지 않다고 느끼는 공포, 목적 의식의 상실, 자신의 운명에 대한 통제감 상실, 자신이 사랑받고 있지 못하다는 느낌, 육체적으로 접촉이 없는 데 대한 공포. 그러나 자신 안으로 움츠러드는 대신 그녀는 가능한 한 활동을 하며 학습을 포기하지 않기로 결심했다. 그래서 "성숙기에 배운 교훈은 결코 단순하지 않다"라고 결론을 내렸다. 그 교훈은 "단순한 정보와 기술 습득을 넘어간다. 자기파괴적인 행동을 피하기 위하여 우리는 배워야 한다. 불안으로 에너지를 소진시키지 않기 위해 배워야 한다. 스트레스를 관리하는 법을 배워야 한다. 자기연민과 원한은 약 중에서도 가장 독성이 강하다는 것을 배워야 한다. 결코 변화시킬 수 없는 것은 참아내는 것을 배워야 한다……. 당신이 무엇을 하건 간에 어떤 사람은 당신을 사랑하지 않는다는 사실을, 처음에는 골치가 아프겠지만 나중에는 편안해지도록 배워야 한다."[52]

그런데 어떤 이는 이런 교훈을 결코 배우지 않는다. 일반적으로 미국 인구의 5분의 1이나 혹은 그 이상이 노령공포(Gerontophobia), 즉 늙어감에 대한 공포를 경험한다고 한다. 다른 나라에서는 그 수치가 다를 수 있겠지만 많은 사람이 자신이 늙어가는 것에 대한 생각으로 주춤하는 것은 확실하다. 사람을 젊어 보이게 하는 상품이 개발되어 판매된다는 사실 자체가 노화를 부정하려는 시도가 널리 퍼졌음을 증명한다. 이런 사람들이 종종 자신보다 연로한 사람들을 기피하며 노년기에 대한 일반적이지만 근거 없는 신화를 줄기차게 믿는다.

노년기를 위한 준비는 젊었을 때 가졌던 태도, 라이프스타일, 활동, 그리고 영적인 성숙함에서 시작된다. 게으르고 비판적이며 냉소적이고, 신경질적이며 자기중심적인 젊은이는 이러한 특징을 자신의 노년기에 그대로 가지고 간다. 이미 수세기 전에 플라톤은 이러한 사실을 알았던 것 같다. 그러기에 "온화하고 행복한 품성을 가진 사람은 나이가 주는 압박감을 거의 느끼지 못한다. 그러나 반대의 성향을 가진 사람에게는 젊음도 나이듦도 똑같이 짐이 된다"라고 썼다.[53] 상담자와 그 외 기독교 지도자들은 자신으로부터 시작하여 노화의 과정에 직면하는 다른 사람을 도와주어야 한다.

상담자들을 위한
요점 정리 17

■ 베이비붐 세대가 은퇴할 나이에 도달하면서 노인 인구는 빠른 속도로 증가하고 있다.

■ 80대, 90대 혹은 그 이후가 되어도 긍정적으로 나이를 먹으면서 유용하고도 생산적인 삶을 사는 사람들이 많이 있다.

■ 노화의 긍정적인 예가 많음에도 불구하고 사람들은 노인들을 부정적으로 본다. 노인차별주의는 노화에 대한 편견으로서 노인에 대한 부정적인 신화와 고정관념을 보유하고 있다. 심지어는 상담자조차 노인차별주의를 드러낼 때가 있다.

■ 성경은 나이 든 사람에 대해 자세하게 설명하면서 노화의 약점과 강점을 사실대로 묘사하고 있다. 그리고 그들을 공경하라고 한다.

■ 노년기에 나타나는 문제의 원인은 다음과 같다.
  · 태도와 관련된 원인 : 많은 노인들이 노년을 부정적으로 보기 때문에 더 큰 문제를 야기한다.
  · 신체적 원인은 아래와 같다.
    − 신체적 외관이 쇠하여짐으로써 노화가 드러난다.
    − 감각기관의 변화.
    − 정서적 지능.
    − 소화, 심장혈관, 위장기관 같은 신체 조직의 변화.
    − 성적 변화.
    − 질병과 와병으로 인한 변화.
  · 인지적 능력의 변화와 같은 지적 원인.
  · 우울, 불안, 공포와 주로 상실에 대한 걱정을 야기시키는 정서적 원인.
  · 감소된 수입과 그에 연관된 걱정을 포함한 경제적 원인.
  · 관계의 변화와 같은 개인 간의 원인.
  · 자존감 원인 : 많은 사람들이 나이를 먹으면서 자존감을 잃어가고 그로 인해 자신감마저 줄어든다.
  · 영적인 원인.
  · 생활 환경을 포함한 그 외 여러 가지 원인들.

■ 노화 과정은 사람들에게 긍정적으로 혹은 부정적으로 영향을 미칠 수 있다. 어떤 사람들은 자신이 누구이며, 어디에 적합하며, 무엇에 관심을 두는지, 그리고 무엇을 유산으로 남기고 싶은지 아는 새로운 노인이 되기를 원한다고 주장하기도 한다.

■ 상담에 포함되는 항목들은 다음과 같다.
  · 노인 내담자를 대할 때 상담자는 본인 자신의 태도를 잘 알고 있어야 한다.
  · 건강 검진을 장려하고 내담자의 신체적 상태에 관심을 가지는 상담을 하도록 한다.
  · 개인 상담에 포함되어야 할 것
    − 지지하고 격려해주는 것.
    − 노년기에 대한 교육.
    − 미리 준비하도록 돕는 은퇴 상담.
    − 인생 회고.
    − 심층치료.
  · 가족 상담
  · 영적 상담
  · 집단 상담
  · 사람들로 하여금 변화에 대처하고 또 변화하도록 도우는 환경 상담.

■ 아마도 현재의 중년들이 노년기에 도달할 때가 되면 노화에 대한 전체적인 문화적 전망도 변할 것이다.

■ 노년기의 문제를 예방하기 위하여 다음과 같이 도움을 주라.
  · 은퇴 계획 같은 현실적인 계획을 수립하도록 격려한다.
  · 현실적인 태도를 갖도록 격려한다.
  · 교육과 움직임을 장려한다.
  · 영적인 성장을 격려한다.

■ 상담자와 그 외 다른 기독교 지도자들은 자신으로부터 시작하여 노화 과정에 직면하는 다른 사람을 도와주어야 한다.

Part 4
대인관계 문제들

18장 갈등과 대인관계
19장 결혼과 상관없는 성관계
20장 결혼 내의 성
21장 동성애
22장 학대와 방치

18 >> 갈등과 대인관계
Conflict and Relationships

케이트와 마리아는 절친한 친구 사이다. 그들은 같은 마을에 살며 같은 학교에 다녔고, 대학 시절에는 룸메이트였다. 결혼 이후 각자의 길을 갈 때도 그들은 여전히 가깝게 지냈고 항상 최고의 친구가 되어주었다.

그들이 동업자로 함께 장식사업을 시작했을 때 놀라는 사람은 없었다. 한 변호사는 앞날을 대비하여 사업관계와 내부 지침을 공증할 필요가 있다고 제안했지만 케이트와 마리아는 아주 절친한 친구 사이였기 때문에 미래에 발생할지도 모를 어떤 이견도 해결해갈 수 있을 것이라 믿었다.

하지만 이것은 잘못된 생각이었다. 사업이 번창해감에 따라서 직원도 고용하게 되었고 그들의 책임 한계도 나뉘었으며, 새로운 도전 상황에 놓이게 되었다. 더 이상 모든 결정을 함께할 수 없었고, 때때로 상대방의 결정에 전적으로 동의하지 않을 때도 생기곤 하였다. 그러다가 고용인 한 사람 때문에 그들 사이에 중요한 의견 차이가 생겼다. 케이트는 그를 해고해야만 한다고 말했고 마리아는 동의하지 않았다. 비록 사업을 함께하기 위해 노력했지만 점차적으로 둘은 사업 동업자로서 더 멀어지며 분열되기 시작했다. 그들은 서로 믿지 못하고 피하게 되었으며 잦은 의견 대립으로 인하여 다투게 되었다.

결국 그들은 헤어지기로 결정했다. 마리아는 사업을 계속하기로 했고, 케이트는 사표를 던져버리고 떠나게 되었다. 그들의 결별을 법적으로 정리하기 위하여 각자 변호사를 선임했다. 그러나 사업의 가치, 재산 분배, 케이트가 다른 지역에서 동종의 경쟁 사업을 할 수 있는지에 대하여 끝없는 논쟁이 시작되었다. 그들은 동업 초기에 법적 지침을 마련해놓지 않았기 때문에 매우 어려운 상황에 봉착했다.

케이트와 마리아는 아직 같은 교회에 출석하고 있다. 그들 사이에 더 이상 표면적인 적의는 없지만 서로가 서로에게 깊은 상처를 받았고 소원해진 관계로 인해 상처를 입었다. 그들은 더 이상 사회생활을 함께하지 않았으며 때로는 예배가 끝나고 만나게 되더라도 의례적인 인사 외에는 절대로 대화하지 않는다. 예전에 절친했던 두 친구는 서로 등을 돌리고 말았고, 안타깝게도 그들은 오랜 친구로서의 절친함이 다시는 회복되지 않는다는 것을 실감하고 있다.

인간은 사회적 피조물이다. 하나님은 인간이 홀로 있는 것이 좋지 않다고 말씀하셨다. 그래서 아담에게 동반자를 주셨으며, 인류를 번성하도록 지시하셨다. 그로 인해 오늘날 수십 억의 인류가 지구를 점령하며 번창하게 된 것이다.

사람이 둘 또는 그 이상 함께 있게 되면 언제나 관계라는 것이 존재한다. 이러한 관계는 때로 서로 존중하게 되거나, 경쟁적이 되거나 또는 상호보완적인 관계가 되는데 이는 효율적인 의사소통에 의해서 결정된다. 세상에는 문화적인 차이가 존재한다. 그러나 적어도 21세기 서양사회에서 대부분의 사람들은 개인주의, 독립, 자아 결정 그리고 개인의 자유에 가치를 둔다. 이러한 가치들은 역동적일 수 있으나, 우리를 다른 사람들과 갈라놓을 수도 있고, 우리를 더욱 무감각하게, 외롭게 그리고 서로 함께 어울릴 수 없도록 만들기도 한다. 아주 어릴 때 우리는 권위, 규칙, 규정 그리고 문화적 전통에 저항했었다. 그러나 우리가 이러한 속박으로부터 벗어날 때 더욱 고립되고, 자신의 행동과 미래에 대해 확신하지 못하게 된다.[1]

억압적인 지시로부터 자유로워진 사람들은 혼돈에 빠지게 된다. 왜냐하면 사람들은 자신의 욕망을 충족시키기 위해 무엇이든지 할 수 있다는 생각만으로도 혼란을 갖게 되기 때문이다. 현대가 정보화시대라고 하지만 우리는 상호이해와 상호작용을 위한 많은 기술적인 정보를 갖고서도 아직 서로를 이해하지 못하고 갈등하며 가끔씩 외로움을 느낀다. 모든 상담과 이 책에서 논의되는 것은 직간접적으로 대인관계를 이루는 방법을 다룬 것이다. 사람들이 어떻게 함께하고, 또한 왜 함께하지 못하는가에 대해 기독교 상담의 측면에서 논의하고자 한다.

• 성경, 갈등 그리고 대인관계

성경은 대인관계의 문제와 상호갈등의 오랜 역사를 기록하고 있다. 인류 최초의 부부인 아담과 하와는 에덴동산에서 그들의 죄의 원인에 대하여 이견을 가졌다. 그들의 한 아들은 다른 아들을 살인하고자 하는 갈등을 가졌다. 그 후 인구가 늘어남에 따라 이 땅에는 범죄가 만연하게 되었다.[2] 성경은 아브라함과 롯의 목자들 사이에서 발생한 논쟁, 요셉과 그의 형제들의 갈등, 사울과 다윗 사이를 악화시킨 질투, 욥과 그의 세 친구들 사이의 의견 차이, 수많은 가족 간의 논쟁과 끊임없는 전쟁을 기록하고 있다.

이러한 것들이 신약시대에 더 나아질 리 없었다. 예수님의 제자들은 그들 중에 누가 천국에서 가장 높은가에 대해 논쟁을 벌였다.[3] 아나니아와 삽비라는 교우들에게 거짓말을 했다. 유대인과 헬라인들은 서로 사이가 좋지 않았고, 교리적인 논쟁도 있었다.[4] 사도 바울은 그의 서신에서 여러 차례 교회의 불화에 대해서 그리고 평화와 화합에 대해서 언급하였다. 그는 자신의 선교 활동에서도 갈등을 겪었고,[5] 어떤 경우에는 신자들을 방문할 때 '싸움, 질투, 분노의 폭발, 이기심, 중상, 모략, 교만' 그리고 혼란과 대인관계에서 발생한 긴장을 접할 때 두려움을 느낀다고 기록하기도 했다.[6]

비록 수많은 대인관계 갈등의 사례가 기록되어 있지만 성경이 이 갈등을 묵인하는 것은 아니다. 도리어 불화와 다툼에 대해서는 거짓 없이 다루고 있다. 그리고 흔히 좋은 대인관계를 유지하고, 그것을 수립하는 데 필요한 원리들도 많이 다루고 있다. 예를 들면 잠언은 우리의 혀를 억누르고, 욕설을 피하고, 진실을 말하고, 친절하게 말하고, 우리가 말하기 전에 생각하고, 주의 깊게 듣고, 험담의 유혹에 저항하고, 아첨을 피하고, 하나님께 진실하라고 가르친다.[7] 무절제한 분노, 거친 말, 교만, 거짓, 질투, 부자들에 대한 갈등, 어떤 해가 되는 태도는 긴장의 원인이 된다고 언급하고 있다. 어떤 책에서도 잠언만큼 사람 사이의 좋은 대인관계에 대해 명쾌하고 구체적인 가르침을 주는 것은 없다.

그러나 대인관계에 대한 가르침은 다른 곳에서도 발견할 수 있다. 산상설교의 많은 내용은 대인관계에 대한 것이다.[8] 예수님은 그의 후반기 사역을 통하여 갈등 해소에 관해서 가르치고 있다. 또한 여러 가지 논쟁을 중재하셨다.[9] 바울은 디모데에게 특별히 중요하지 않은 사안에 대하여 논쟁하지 말라고 경고했다. 그리고 다른 성경 구절에서는 조화롭게 살고, 사랑을 실천하고, 노여움과 고통을 친절로 대하고, 용서하고 따뜻한 마음으로 행동하도록 가르치고 있다.[10] 야고보는 자신들의 언어를 절제하지 못하여 문제를 일으키는 사람들에게 경고한 후에 싸움과 갈등은 개인적인 욕망과 질투 때문이라고 기록하고 있다.[11] 요약된 실제적인 생활 지침에서 바울은 신자들에게 서로 화목하게 살기 위해서는 "누구에게든지 절대로 악을 악으로 갚지 말고…… 가능한 한 모든 사람과 평화롭게 살도록 너의 본분을 다하라"고 가르치고 있다.[12] 예수님과 성경의 기자들은 사례와 말로써 갈등을 다루고 가르치던 평화주의자였다. 그들은 기독교인들 역시 평화주의자들이기를 기대했다.[13]

갈등과 대인관계에 대한 많은 성경말씀은 몇 가지 주제로 나누어볼 수 있다. 좋은 대인관계는 예수님과 함께할 때 시작된다. 사람에 따라서는 정직하게 문제를 직면하고, 사실을 사실대로 인정하고 대처하며, 결단과 기술을 필요로 한다. 대인관계의 문제는 사람을 성숙하게 만든다.

1. 좋은 대인관계와 갈등 해소는 예수님과 함께 시작된다

이사야는 그를 평화의 사도라 불렀다. 그가 태어날 때 많은 천사들은 이렇게 외쳤다. 하늘 높은 곳에 계신 하나님에게 영광을 노래했으며 "하나님이 사랑하는 모든 이에게 이 땅에서의 평화"를 외쳤다.[14] 복음을 전파하는 동안 그는 자신을 따르는 사람들과 믿지 않는 친구들과 친척들과의 갈등을 예언했다.[15] 그러나 그는 사람들을 차별하는 적개심의 벽과 대인관계의 장벽을 타파할 수 있는 평화의 사도다.[16]

더욱이 예수님의 제자들은 대인관계의 갈등과 혼동 속에서도 내적인 안정을 주는 초자연적인 평화를 약속받았다.[17] 하나님이 주시는 평화는 기도하는 사람들에게 실현되고, 하나님을 믿는 사람에게, 하나님에게 자신의 삶을 통제해줄 것을 요구하는 사람에게, 그리고 하나님이 약속하신 평화를 기대하는 사람들에게 실현되어왔다. 이러한 평화는 대인관계에서 불화가 있을 때 평안을 가져다준다.

이러한 성경의 약속에도 불구하고, 아직도 우리는 때때로 염려하며 서로 간에 또는 비기독교인과의 사이에서 갈등을 겪고 있다. 따라서 우리는 대인관계에 대한 다른 성경말씀에 관심을 갖게 된다.

2. 좋은 대인관계는 사람에게 달려 있다

대인관계는 유지될 수 있고, 갈등은 사람들이 차이점을 해결하려고 함께 노력하는 의지가 있을 때 해결될 수 있다. 상담자들은 중재자로서 섬기는 사람들이다. 부부를 포함하여 갈등 관계에 있는 사람, 정치적 파벌, 의견을 달리하는 기독교인들, 또는 노동 분쟁의 중재자로서 봉사하는 사람들이다. 어떤 사람들은 법적 분쟁, 심지어는 국가간 분쟁을 해결하는 데 도움을 주는 전문가들이다. 이러한 노력들이 비록 평화를 유지하는 데 도움이 될 수 있다 하더라도 성경은 의견 차이를 갖고 있는 사람들의 특성과 그 태도에 중요성을 두고 있다.

바울은 고린도전서에서 사람들을 세 종류로 분류하고 있다.[18] 첫 번째는 기독교인이 아닌 사람들이다.[19] 물론 개인적 차이가 있겠지만 이들 중 많은 사람들은 도덕적으로 올바른 사람들일 수 있다. 하지만 일부는 성적으로 음란하고, 불순한 생각과 호색을 탐하고, 우상숭배하고, 악행에 참여하고, 적의를 갖고, 싸움하고, 시기하고, 분노를 폭발하고, 교만과 다른 죄악된 행동에 빠져 있는 사람들이다.[20] 이 사람들은 평화를 위해 노력하고 바랄지도 모르지만 기본적으로 하나님으로부터 소외되어 내면의 평화와 대인관계의 평화에 이르기는 어렵다. 두 번째는 일생 동안 하나님을 접하고 있는 사람들이다. 그러나 그들은 정신적으로 결코 성장하지 못한 사람들이다. 그들은 자신들의 죄악된 본성에 의해 조종되며 비기독교인처럼 행동한다. 그들은 서로 시기 질투하고 다툼을 일으킨다.[21] 애석하게도 많은 기독교인들이 이 부류에 속해 있다. 우리는 가끔 갈등에 빠져 있는 기독교인들의 서글픈 광경을 목격하곤 한다. 때로는 이웃이나 성도들 간에 심각한 갈등에 빠진다. 이런 미숙한 기독교인 가운데 일부는 정기적으로 성경을 읽고, 신학에 대해서도 잘 이해하고 있지만 그들의 믿음은 대부분 지적이며, 그들의 일상과 대인관계에 약간의 영향을 미칠 뿐이다. 세 번째는 성경의 신령한 지배를 받고 예수님처럼 헌신하며 소망을 갖고 사는 성숙한 기독교인들이다. 때때로 이런 사람들은 그들이 과거에 살았던 세상적인 방법과 행동에 부딪혀 넘어지기도 한다. 그러나 그들의 삶에는 사랑, 희락, 화평, 인내, 자비, 양선, 충성, 온유 그리고 절제를 포함하는 '성령의 열매'가 나타난다.[22]

사람들이 내적으로 변화되면 그들의 외적인 행동도 서서히 변화하기 시작한다. 때가 이르면 이것은 그들에게 더 좋은 대인관계를 맺을 수 있도록 한다. 기독교 상담자는 이러한 중요한 원리를 기억하는 것이 좋다. 즉, 대인관계에서 발생하거나 내적으로 느껴지는 진정한 평화는 무엇보다도 하나님과의 평화가 우선되어야 한다. 평화는 개인이 그들의 생활을 예수님과 함께하고 예수님께 자신의 삶을 맡기고 예배, 기도, 하나님의 말씀을 묵상하는 규칙적인 시간을 가질 때 그리고 생각과 행동이 변화될 때 나타나게 된다.

3. 좋은 대인관계는 문제에 초점을 둔다

대인관계의 긴장은 서로 다른 태도, 성격, 선입견, 가치관 또는 습관 때문에 나타날 수 있다. 야곱은 그의 형 에서와는 달리 자신보다 더 수동적인 형제의 기득권을 탐하는 음모자였다. 사울 왕은 다윗을 죽이려고 추적할 때 그를 시기하고 위협하면서 그의 생명을 탐하기에 열중했다. 때때로 상담의 초점은 사람들이 서로 다른 그들의 성격, 전통, 습관에도 불구하고, 서로 인정하고, 받아들이는 노력을 하도록 돕는 데 있다.

그러나 가끔 갈등은 더 구체적인 차이로부터 발생한다. 롯과 아브라함의 목자들은 한정된 초지의 사용권에 대해 서로 다투곤 하였다. 두 사람이 이 문제를 논의하기 위하여 마주 앉았을 때 그들의 초점은 특별히 두 집단 목자들의 논쟁이었다.[23] 초대교회에서는 히브리어를 하는 사람들과 헬라어를 하는 사람들을 공정하게 대하는 것에 대한 불평의 소리들이 있었다.[24]

기본적인 원리로서 상담은 특정한 문제에 대해서 서로 다른 견해에 집중될 때 가장 효과적이다. 이 원리는 부부 문제를 포함한 사람들 간의 이견을 다룰 때 효과적이다.

4. 좋은 대인관계는 결단, 노력, 기술을 포함한다

사람들은 기독교인들을 접할 때 항상 자동적으로 똑같이 대하지는 않는다. 성경과 심리학은 좋은 대인관계가 기술의 항구적인 개발과 적용에 좌우된다는 면에서 의견을 같이한다. 곧 주의 깊게 듣고, 주시하고, 서로를 이해하고, 정확하게 의사소통을 하도록 열심히 노력하고, 감정적이거나 불친절한 언어는 삼가는 것이다. 모든 사람들은 유능한 기독교 상담자에 의해서 가르침을 받을 수 있다. 그 상담자는 또한 내담자들에게 결단, 노력, 사회적인 기술을 적용하도록 시도할 수 있다.

5. 대인관계의 갈등은 인간을 성숙하게 할 것이다

이러한 사실은 갈등이 해소되지 않았다 할지라도 사실이다. 아브라함의 생애를 다룬 헨리 블랙커비 (Henry Blackaby)의 책에서 그는 "하나님과 함께하지 않고는 성숙에 이를 어떤 지름길도 없다"고 기록했다. "또한 실생활에서 그것을 피할 수 있는 가능성도 없다. 그리고 삶은 언제나 크고 작은 갈등의 연속이며, 심지어 다툼까지 야기시킨다. 그렇지만 하나님은 언제나 첫째, 다툼을 통해서 갈등을 겪게 하고 둘째, 하나님 자신을 새롭게 이해하도록 하기 위해서 갈등을 가져오게 하며 셋째, 새롭고 신선한 방법으로 갈등을 해결하시는 특성이 있으시다. 갈등은 성격, 특히 신앙과 관련된 성격적 특성을 발전시키는 하나님의 수단이다."[25] 갈등은 개인이나 더 나아가서 하나님을 향한 여러 집단들에 초점을 맞추어볼 때 인간을 성장시킬 수 있는 긍정적인 도구가 될 수 있다.

대인관계의 갈등과 문제의 원인

사람들은 왜 서로 잘 지내지 못하는 것일까? 그 원인을 몇 가지로 요약할 수 있다.

1. 사탄의 영향

성경은 사탄이 거짓의 아버지이며 거짓말쟁이라고 기술하고 있다. 그는 빛의 천사로 위장하여 여기저기 떠돌아다니면서 사람들을 유혹하고 쓰러뜨리려고 시도한다.[26] 비록 많은 사람들이 그의 존재를 비웃고 거부할지라도 사탄과 그의 추종자들은 강력하고, 항상 악을 행하는 존재들이다. 그들은 신자들에게 예수 그리스도의 이름에 저항하라고 가르친다.[27] 상담자 조이스 허기트(Joyce Huggett)에 의하면 "사탄은 악한 의도를 갖고서 그들을 오염시키고 타락하도록 음모를 꾸민다."[28] 인간 갈등의 핵심에는 언제나 아주 교묘하게 다루는 사탄의 솜씨가 숨어 있다.

그러나 사탄은 전지전능하지 않다. 신자는 하나님이 사탄보다 더 위대하신 존재라는 것을 알고 있다. 사탄은 한정된 힘을 갖고 있으며 최후에는 멸망한다.[29] 그러나 현실에서는 하나님의 백성들에게 영향을 미치도록 허용되었으며 세상 곳곳에서 대인관계의 긴장과 갈등을 유발하고 있다.

2. 개인의 특성, 태도, 활동

개인의 헌신, 태도, 수용, 느낌, 타성, 그리고 행동에 따라서 대인관계의 갈등과 불신이 자주 발생한다. 우리는 주변에서 어떤 특정한 사람이 어디를 가든지 갈등을 야기시키는 것을 본 적이 있다. 또 어떤 사람은 갈등을 피하려고만 한다. 심지어 그들은 자신이 존재하지 않는 것처럼 위장하거나 이견을 관조하는 것처럼 보인다. 예수님은 한때 군중 가운데 한 사람으로부터 질문을 받았다. "선생님, 제발 나의 형제에게 아버지의 재산을 나누어주도록 말씀 좀 해주세요." 이러한 요구는 중재보다는 마치 법적인 요구처럼 들렸으며, 예수님은 탐욕에 대해 경고하셨다.[30] 그 가족의 갈등은 그 사람의 자기중심적인 태도 때문에 생겼다. 또 다른 경우는 자신에게 더 나쁜 결점이 있을 때 다른 사람들의 결점을 찾아내는 것에 대한 경고다.[31]

좋은 대인관계를 방해하는 자기중심적인 태도는 다음과 같다.

- 주목받기 좋아하고, 조정하기 좋아하고, 자신의 방식을 지키기를 선호하고, 돈, 위신, 신분을 유지하기 위해 선호하는 것.
- 용서하지 못하고 엄격한 태도.
- 다른 사람을 신랄하게 비판하고, 판단하기 좋아하고, 화를 잘 내는 성향.
- 위협을 느끼고, 거부를 두려워하며, 다른 사람을 믿는 것을 후회하는 불안감.
- 인정받지 못하거나 거부될 것이라는 선입관.
- 다른 사람의 감정이나 생각을 함께하거나 공개하지 못하는 무능력 또는 무의지.
- 개인적 차이를 받아들이거나 인정하려는 의지가 없거나 그것에 실패하는 경우. 모든 사람들이 상황을 비슷한 방식으로 생각하거나 느끼거나 본다고 인식하는 잘못된 생각.
- 다른 사람들이 좋아하는 것, 그들이 어떻게 행동해야 하고 나아가야 하는지, 무슨 가치를 가져야 하는지에 대한 고정관념. 두 사람이 서로 다른 기대를 할 때 갈등이 유발되고, 특별히 그들이 고집을 피울 때 더 심각해진다.

이 모든 요인들이 원만한 관계를 방해하려는 시도라고 가정하는 것은 옳지 않다. 예를 들면 친해지는 것에 대한 두려움, 내적인 부끄러움 또는 믿었던 사람에 대한 후회 등은 친구나 상담자의 도움 없이 변화하기가 어려울지도 모른다. 상대적으로 사람들은 원한을 품고 있거나, 자신의 방식을 요구하거나, 용서를 거부하거나 하지 않을 때 쉽게 변할 수도 있다.

그러나 때로 사람들은 다른 사람들을 의도적으로 조정하려고 하거나, 갈등을 유발하는 행동을 한다.[32] 대인관계의 문제는 비록 그들의 동기가 이기심에 있지 않다 할지라도 서로 다른 사람들이 엉켜 있을 때 더욱 두드러진다. 몇몇 사람들은 잘못된 신념을 갖고 있다. 예를 들면 다른 사람들의 압력 아래 있는 것이 동기를 부여하는 최고의 방법이라는 믿음 같은 것이다. 나는 공격적인 반응이 학생들을 움직이게 하거나, 상담하는 일에 종사하게 만들거나, 또는 믿음을 지키는 데 가장 좋은 방법이라고 믿는 동료들과 함께 일해본 적이 있다. 그들은 동기부여에 상관없이 교회 또는 조직을 와해시키고 사람들을 좌절시키곤 한다. 까다로운 사람들은 항상 문제를 일으키는 성향을 가지고 있다. 그들은 거만하고, 흔히 냉소적이며, 무감각하고, 위협적이며 자신이 원하는 대로 되지 않았을 때는 분노를 일으키는 사람들이다. 불평하는 사람들은 각양각색이다. 그들은 매사에 결점을 찾고, 말이 많으며, 자신의 불평에 대해서는 아무것도 하려고 하지 않는다. 그것은 능력이 없기 때문이기도 하지만 책임감을 갖는 용기가 없기 때문이기도 하다. 어떤 사람들은 조용하고 무책임한 개성을 갖고 있다. 그들은 자신이 생각하고 행동하는 것을 거의 말하지 않기 때문에 대하기가 어렵다. 또 다른 사람들 가운데는 감정을 상하게 하기 싫어서 언제나 동의하는 사람들도 있다. 그들은 무리한 약속을 하기 때문에 자신들의 약속을 지킬 수 없는 사람들이다. 반대로 부정적인 성향의 사람들은 비관적인 태도를 취하기 쉽다. 그들은 누가 무엇을 제안하든 행동하려는 의지가 없다. 부정적인 사람들은 비평하고, 협조나 노력 자체를 거부하는 사람들이다. 모든 것을 안다는 '전문가들'은 거만하거나, 고집이 세거나, 말이 많거나, 협조하려고 하지 않는 경향이 있다. 이들과 달리 우유부단한 사람들은 결단력이 없다. 그들은 어떤 결정이 정확하다고 절대적으로 확신할 때까지 결심이나 행동을 하지 못한다. 결과적으로 그들은 거의 행동을 하지 못한다. 전문가들 중에 몇몇은 주변 일에 일일이 간섭하기로 유명하다. 그들은 다른 사람들이나 그들의 조직까지도 무엇이나 다 지배하려고 하는 의지를 가지고 있다. 거의 모든 지배자들은 다루기 힘들고, 또한 기독교 심리학자 레스 패로트의 '높은 유지 관계'라고 불리는 것을 요구하는 사람들이다.[33] 잠시 동안 읽는 것을 중단하고 이 문단을 다시 한 번 읽어보자. 자신은 위에 분류한 범주에 몇 가지나 포함되는지 생각해보자. 대부분의 상담자들은 그들의 내담자들, 동료들, 교인들, 또는 가족들 가운데 이러한 특징을 가지고 있는 사람들을 보았다. 또한 우리는 우리 자신까지도 이 범주에 포함되는 것을 살펴볼 수 있다.

3. 집단의 신념

상담자는 거의 대부분 개인이나 부부를 상대하게 된다. 그래서 집단이 태도와 믿음을 갖고 있다는 것을 망각하는 경향이 있다. 이러한 집단의 신념은 그 집단 안에 있는 개인에게 영향을 준다. 집단에 따라서 사람들은 행동과 생각에 영향을 받는다. 두 심리학자는 집단의 신념에 대하여 연구하였는데 그들 집단의 신념은 "집단을 갈등 속으로 밀어넣는 위험한 생각……"이 될 수 있다고 결론지었다.[34] 우리는 이념에 빠져 있는 나라를 통하여 이러한 차이점을 볼 수 있으며 다른 나라의 국민들과 격렬하게 싸우는 것도 볼 수 있다. 우리는 정당, 교회 그리고 다른 기구들에서도 그 차이가 나누어지는 것을 볼 수 있다. 이 집단의 다섯 가지 신념은 매우 치명적이다.

- 우월성 : 이 믿음은 자신이나 자신이 속한 집단이 다른 사람들이나 집단보다 우월하다는 확신이다. 보다 뛰어난 혹은 바른 방식으로 각 집단의 사람들은 자신을 다른 사람들보다 도덕적이고, 하나님에 의해 선택되었으며, 특별한 운명을 지녔고, 특정 권리와 혜택을 부여받았으며, 어떠한 가치와 신념에 대한 수호자라고 생각한다. 서구 국가들의 번영에 반대하는 테러리스트의 관점을 생각해보자. 그들은 다른 사람들에 비해 우월하다는 태도를 지니고 있다. 종종 자신들은 무적이고 이길 수밖에 없는 운명을 지녔다고 믿는다.
- 불공평 : 이것은 집단(성적으로 착취당한 아동들)이나 고통 받았던 개인들(자기 자신을 포함하는)에 대해 불공평하다고 보는 사고방식이다. 종종 학대를 하는 가해자들에 대한 합리적인 불평에 의해 생겨나며, 개인이나 집단은 불공평에 대해 싸우고, 희생자를 보호하며, 변화를 가져오기로 결정한다. 이런 사람들의 동기는 순수하지만 결심은 갈등을 야기시킨다.
- 취약성 : 이것은 개인 혹은 집단이 고통스런 상황에 있다는 중심적 확신이다. 개인, 가족, 집단 혹은 국가가 위험에 처해 있다는 믿음은 높은 수준의 근심, 위협에 대한 과장된 결론, 자기방어에 대한 협동적 노력, 위협하는 사람들을 약화시키고 무력화시키려는 결정을 이끌어낼 수 있다. 북아일랜드에서의 구교와 신교 사이의 증오나 자신들이 상대방에 의해 침략을 받을 수 있다고 보는 이스라엘과 팔레스타인 사이의 관계를 예로 들 수 있다. 분쟁 상태의 이 집단들은 그들이 위협받고 특히 그런 위협에 대해 취약하다고 여기기 때문에 화해를 향한 어떤 행동도 취하지 않는다.
- 불신 : 이것은 다른 사람을 적대적으로 인식하고 그들이 무엇을 말하든지 믿을 수 없다는 가정을 포함한다. 이것은 방어적인 태도를 생산하고 때때로 진실이 위배될 수 있다는 가정 때문에 진실을 거부하는 집단적 망상을 야기한다.
- 무력감 : 이것은 힘없고 의존적으로 느끼는 경향을 말한다. 사람들은 도움 받을 데가 없다고 느낄 때 좌절하고, 혼란스러워지고, 투쟁을 위한 결집력이 약해진다. 이것은 그들이 도움 받을 수 없는

상황에 처해 있다고 믿었기 때문에, 억제와 구속을 벗어나는 데 실패했던 인종적, 민족적 집단에서 보여진다.

의심할 여지없이 큰 집단들(교회, 종파, 교파, 혹은 국가)이 동의하지 않으면서도, 직면하게 되는 여러 다른 믿음들이 있다. 이러한 믿음은 종종 확고하고 변화에 대해 저항적이기 때문에 이에 대한 해결책을 얻기 위한 노력은 중요한 도전이 된다.

4. 갈등의 유형

갈등은 둘 또는 그 이상의 사람이 양립할 수 없는 목표를 가지고 있거나 희소가치를 지닌 것을 서로 원할 때 발생하는 분쟁을 포함한다. 갈등은 위협과 잠재적이고 파괴적인 투쟁이 될 수 있음에도 불구하고 유용한 효과를 가져오기도 한다. 갈등은 목표를 구체화시키고, 집단을 형성하게 하며, 이전에 무시되었던 의견 차이를 논쟁에 올리고 해결책을 찾게 한다.

그들이 독특한 견해와 관점을 지닌 것처럼 개인과 집단 또한 매우 견고한 갈등 양상을 가지고 있고 단계적으로 더 깊은 갈등으로 확대된다. 어떤 사람들은 자신이 원하는 것을 얻지 못했을 때 화를 내거나 입을 삐쭉거리는 등 언짢은 기분을 표출한다. 다른 사람들은 소리 지르거나, 일을 방해하고, 상대방을 위협하거나 공격하고, 무시하고, 은밀히 혹은 공공연하게 조작하고, 돈이나 다른 호의를 베풀거나 뇌물을 주기도 하고, 논의되는 쟁점에 대해 관심 없는 척하는 등 다양한 방법에 의존한다. 사이가 좋지 않은 부부나 10대 자녀와 갈등이 있는 부모들을 생각해보자. 직장에서, 종종 상담실에서 이런 행동들을 볼 수가 있다. 갈등을 다루는 데 있어서 분노를 가라앉히고[35] 점잖게 반응하고, 쟁점에 대해 쌍방이 모두 개방적이고 정직하게 접근하는 것이 좀 더 도움이 된다.

갈등이 존재할 때 상담자는 진짜 쟁점이 무엇인지 찾으려 해야 한다. 그리고 문제를 악화시킬 수 있는 인신공격과 갈등 유형에 유의해야 한다.

5. 위탁의 부재

포스트모더니즘의 영향을 받은 많은 사람들은 의무를 두려워하는 경향이 있다.[36] 친구, 가족, 교회, 회사 그리고 국가에 대한 충성은 단지 말뿐이고, 자기만족이나 자기 발전을 위해서는 그것을 버리고 만다. 아마도 그들이 너무 쾌락주의적이거나, 너무 조심스럽거나, 의무에 의해 위협받기 때문에 스스로 맹세하기를 거부한다. 그들은 어떤 약속을 하는 것에 대해서 마음 내키지 않아 하고 좀 더 매력적인 조건이 있으면 이전의 구두 약속을 쉽게 저버린다. 많은 사람들은 우편요금 날인에 대해 어떤 작가가 한 말에 대해서 불편함을 느낄 수 있다. "우표란 그것이 목적지에 도착할 때까지 붙어 있는 동안만 효력이 있다."

심지어 사람들이 의무를 회피하려고 할 때도 종종 다른 것에 대해 맹세를 한다. 우리가 다른 사람들, 하나님, 학교 등에 우리 자신을 맡기지 못할 때 혹은 구두 약속을 저버릴 때 우리는 자신을 고독, 친밀함 부족, 인격의 실패와 대인관계의 긴장과 좌절 등에 맡기고 있는 것이다.

이런 위탁의 부재는 항상 게으름과 자기중심적 가치에 기인한 것만은 아니다. 때때로 사람들은 다른 것에 바빠서 이전의 약속을 잊어버린다. 우리가 친구나 회사 동료를 믿었는데 나중에 그 믿음이 지켜지지 않았다는 것을 알게 되면 위탁은 심각하게 흔들린다. 서로를 믿기 어려운 상태에서는 관계에 문제가 있다. 대인관계의 어려움을 가진 사람들과 일을 하는 것에 대해 상담자는 내담자들로 하여금 위탁을 만들고, 유지하고, 재정립할 것을 요구한다.

6. 의사소통의 실패

바람직한 대인관계의 핵심은 효과적인 의사소통이다. 대인관계의 긴장은 의사소통이 불충분하거나 단절될 위기에 처했을 경우에 발생한다. 심지어 두 사람 모두 대화를 원했다 하더라도 실패하는 일이 있을 수 있다. 메시지를 보내는 사람이 받는 사람에게 대화를 시도하려고 하지만 아래와 같은 경우 그 메시지는 전달되지 않는다.

- 보내는 사람이 메시지에 대한 생각을 불확실하게 가지고 있는 경우(만일 보내는 사람의 생각이 명확하지 않으면, 대화가 명확해질 수 없다).
- 보내는 사람이 두렵고, 부끄럽고, 속이고, 불확실하거나 명확한 메시지를 보내는 것에 대해 마음이 내키지 않을 경우.
- 보내는 사람이 메시지를 명확하게 이해할 수 있는 단어나 행동으로 나타내지 않을 경우.
- 보내는 사람이 자신의 행동과는 반대되는 메시지를 보낼 경우(예를 들면 "슬프다"라고 말하지만 행동은 웃고 있거나 농담하고 있을 경우 메시지는 혼란스러워진다). 말과 행동이 다를 때 이것들은 좋은 의사소통에 강력한 방해 요소가 된다.
- 보내는 사람이 중얼거리거나 소리치거나 다른 방식으로 메시지를 왜곡시킬 경우.
- 받는 사람이 메시지를 이해하지 못할 경우.
- 받는 사람이 듣는 것을 방해받거나 듣기 싫어하거나 관심이나 신뢰가 없거나 영향을 분산시키거나 설득될 것이라는 두려움을 느끼거나 혹은 다른 이유를 가질 경우.
- 받는 사람이 그의 해석을 메시지에 추가하거나 듣기에 너무 위협적이라고 생각하여 생각을 놓쳤을 경우.

당신은 갈등관계에 놓인 두 사람을 만나게 될 경우에 그들이 어떻게 대화를 나누는지 주의 깊게 들어 보고, 효과적인 의사소통을 방해하는 요소들을 찾아봐야 한다.

대화가 진행될 때 메시지를 받는 사람은 종종 전체 메시지가 끝나기도 전에 미리 얼굴표정, 몸짓, 언어를 통해서 반응하게 된다. 이것은 보통 무의식적으로 발생하지만 말하는 사람을 방해할 수 있고, 그로 하여금 메시지의 단어나 억양, 심지어 중간 문장을 바꾸게 할 수도 있다.

전달자들이 서로를 잘 모르는 경우에 대화는 주로 단어나 넓게는 몸짓에 의존하게 된다. 전달자들이 서로 친밀한 관계에 있을 때(친한 친구 또는 결혼한 부부의 경우), 그들은 서로를 너무 잘 알고 있기 때문에 의사소통의 많은 것들이 단지 얼굴표정이나 억양을 통해서, 문장을 다 들어보지 않거나 심지어 툴툴거림만으로도 서로의 생각을 잘 알 수 있다. 이러한 지름길은 대화의 속도를 증가시키지만 대신에 잠재적으로 오해를 유발하기도 한다. 그들은 친밀하기 때문에 전달자나 전달되는 메시지 자체보다는 과거 경험을 기반으로 종종 말하는 사람이 무엇을 이야기하는지 판단하게 하는 경향이 있다.

7. 사회적 방해 요소

사회에서 발생하는 사건이나 상황은 좋은 대인관계를 예방하거나 방해할 수 있다. 예를 들면 갈등은 넓게 트인 외곽이나 교외보다는 사람이 붐비고, 불편한 도시 지역에서 더 쉽게 발생한다. 지속되는 심한 더위와 추위는 사람들로 하여금 집에 머무르게 만들고, 나쁜 날씨는 인내심을 닳아 없어지게 하고, 분쟁(집에서 꼼짝 못하고 있는 아이들과 엄마의 말다툼)을 유발시킨다. 사회의 경제적 문제들, 필수품의 부족, 파업 혹은 해고, 범죄 발생, 정치적 부패 혹은 정부의 비대중적인 결정, 이웃 간 혹은 라이벌 축구팀 응원단 간의 불화 등 이런 모든 사회적 상황은 더 깊은 의견 차이와 인종차별이나 범죄, 혹은 노동범죄, 학생의 사회적 불안, 교회의 분리, 정치적 분열, 군대의 반란 그리고 때로는 전쟁을 유발할 수 있다.

좀 더 개인적인 측면에서 일상적인 말다툼과 날마다 우리를 성가시게 하고 방해하는 요소들은 우리를 점점 피곤하게 하고, 분노, 두려움, 근심, 질투 혹은 다른 감정들을 야기한다. 많은 자료들은 부부갈등이 행동문제, 건강문제 그리고 친척, 친구 간의 대인관계 갈등과 함께 어린이들에게 다양한 문제를 야기할 수 있다는 것을 보여준다.[37] 소음과 힘든 일에 대한 요구, 다른 사람들(지나친 요구 또는 붕괴된 가족 구성원을 포함해서)로부터 벗어날 기회가 없을 때 갈등이 형성되고 대인관계의 갈등이 뒤따르게 된다.

- **갈등과 바람직하지 못한 대인관계의 영향**

팀 어시니(Tim Ursiny)는 심리학자이자 뛰어난 코치다. 그는 갈등을 싫어하지만 그것에 관한 책을 썼다. "나는 갈등을 싫어한다! 정말로 싫어한다." 그가 자신의 책 첫 페이지에 쓴 말이다.[38] "나는 갈등이 커지는 것을 싫어한다. 나는 결혼할 때도 그것을 싫어했고 현재 심리학자이며, 뛰어난 코치이자 단체 지도자이지만 지금도 그것을 싫어한다. 나에게 절대로 갈등에 대한 요구는 필요 없다. 하지만 나는 그것을 잘 다룰 수 있도록 성장했으며, 때때로 갈등이 정말로 유익을 준다는 것을 믿으면서 자랐다. 나는 그것을 좋아하지 않는 반면, 그것에 대한 필요와 건강한 의견의 불일치로부터 발생할 수 있는 실제적 유익을 잘 이해하고 있다." 어시니 박사가 나에게 "게리! 겁쟁이에서 새로운 사람으로"라는 친필과 함께 그의 책을 건네주었다. 나는 내가 갈등과 대인관계의 긴장을 다루는 데 있어서만큼은 겁쟁이기 때문에 웃음이 났다.

모든 사람이 같은 방식으로 느끼지 않듯이, 사람들은 대인관계의 긴장에 대해 다르게 반응한다. 어떤 사람들은 그것을 싫어하고 저항하는 반면, 어떤 사람들은 아예 피해버린다. 많은 사람들이 갈등 때문에 심한 스트레스를 받지만 일부는 그것을 극복하고, 간혹 삶의 보람으로까지 여기는 사람들도 있다. 대인관계의 긴장은 상담자와 내담자 둘 다에게 잠재적으로 위협적이기 때문에 우리는 불편함으로부터 우리를 지키는 방식으로 행동하려는 경향이 있다. 아마도 우리는 진실된 감정과 불안정을 숨기고, 미묘하게 다른 사람들을 조종하려고 하며, 무엇인가를 가장함으로써 숨길지도 모른다. 이러한 전략은 대가를 치러야 하며, 육체적, 사회적, 심리적, 영적으로 우리에게 영향을 줄 수 있다.

대인관계에서 비롯된 갈등의 육체적 영향은 잘 알려져 있다. 피로, 근육 긴장, 두통, 복통, 궤양은 특히 갈등이 거부되고 억압될 때 나타나며 또 다른 다양한 생물학적 반응도 발생한다. 우리가 감정이나 대인관계의 긴장 등을 숨기려고 할 때 우리의 위는 고통을 받으며, 결국 망가지게 된다.

심리학적으로 바람직하지 않은 대인관계는 대부분의 모든 인간 감정을 유발하며, 갈등 속에 있는 사람들의 행동은 부드러운 경향에서부터 살인자의 극단적인 행동 범위까지 이르게 된다. 내가 이 장을 쓰는 동안, 택시 운전사 한 명과 승객이 택시 요금에 대해서 갈등하고 있었다. 불만을 품은 승객이 갑자기 택시를 몰고 운전사를 향해 돌진해 운전사를 받았다. 그 승객은 다음날 살인죄로 체포되었으며 단지 얼마 되지 않은 돈 때문에 범행을 저지른 것에 대해서 후회와 충격을 드러냈다. 물론 이것은 극단적인 반응이지만 갈등이 존재하는 상황에서 한 사람은 분노, 좌절, 우울, 가책, 자신감 결여, 근심 등을 느낄 수 있다. 때로는 적대감, 냉소, 보복이 있을 수 있다. 잘 헤쳐나가려고 하다가 위협이나 절망을 느낄 때 사람들은 대개 올바른 생각을 하지 못한다. 그 결과 나중에 후회할 말이나 행동을 하게 된다.

이것이 언어적 폭력과 범죄, 다른 사람으로부터의 도피를 포함하고 이전의 대인관계를 깨뜨리는 대인관계 스트레스의 사회적 영향을 만든다. 예를 들면 이것은 갑자기 협력관계를 끝내는 동업자, 교회의 리더십에 대해 불만을 갖고 교회에서 괴로워하는 기독교인, 그 자리에서 일을 그만두는 직원과 헤어지기로 한 부부, 혹은 사소한 일 때문에 전쟁을 시작하는 두 나라 사이에서 보여질 수 있다. 이런 행동들은 종종 갈등을 유지시키고 심화시키지만 그들은 어떤 것도 해결하려고 하지 않는다. 그것들은 우월감, 자제, 힘, 복수 등의 순간적인 쾌락을 가져다줄지는 모르지만 종종 고통, 부정적 태도, 화, 외로움 그리고 나중에 후회로 이끄는 파괴적이고, 미숙한 반응이다.

이 중 어느 것도 사람들을 영적으로 돕지 못한다. 에덴동산에서 사탄은 하나님과 인간 사이의 갈등을 조성하는 데 성공했다. 그들이 선악과를 먹었을 때 아담과 하와는 하나님과 멀어지게 되었으며 곧 갈등 관계에 놓이게 되었고, 서로를 비난하게 되었다. 그러므로 넓은 관점에서 볼 때 모든 사람 사이의 갈등은 죄악의 결과와 반영이라고 할 수 있다. 사람들이 하나님과 서로 멀어지게 되었을 때 그들은 정서적, 영적으로 성숙할 수 없다.

개인의 미성숙 또는 자기중심적 태도에 기인한 갈등이 존재한다면 그 갈등은 잘못되었고 해로운 것이다. 반대로 갈등에 직면하며 그것을 건강한 방법으로 대처한다면 그것은 보다 나은 관계, 상대방에 대한 큰 존경, 성숙한 이해, 자신감 증대, 두려움 해소, 분노와 불안 해소, 개인적 성장을 가져올 수 있다. 상담자는 대인관계의 갈등을 긍정적으로 바꾸도록 도와줄 수 있다.

상담, 갈등과 대인관계

고립된 동굴이나 오두막에 사는 수행자가 아니라면 사람들은 누구나 갈등을 겪게 된다. 이기적인 욕구, 제한된 자원, 선택의 자유, 상호의존적 욕구를 가진 죄 많은 사람들로 가득 찬 세상에서 갈등은 피할 수 없다. 우리는 대부분 어떤 사람들과는 잘 지내지만 다른 사람들과는 적대적일 수 있다. 관계를 힘들고 어렵게 만드는 사람들과 잘 지내는 것은 결정, 노력 또한 자아인식, 친절함, 세심함, 인내와 같은 개인적인 특성의 발달을 포함한다. 또한 좋은 대인관계는 듣고, 이해하고, 효과적으로 의사소통을 할 수 있는 기술을 포함한다. 이러한 기술은 한번에 생성되지 않는다. 그것들은 배우고, 응용하며, 종종 상담자의 도움을 받아야 한다. 이런 도움은 몇 가지 영역에서 생각해볼 수 있다.

1. 기초부터 시작하기

사랑은 상담 문헌에 거의 언급되지 않지만 신약성경에서는 지배적인 개념이다. 하나님이 그의 아들을 세상에 보내시어 인간을 위해 죽도록 한 것도 사랑이었다. 사랑은 가장 위대한 상징과 특징으로 불리며 기독교에서 신자로 구별되는 결정적인 징표이기도 하다.[39] 상담의 목표는 사람들이 더 사랑할 수 있도록 도와주는 것이다. 우리는 내담자의 이야기를 들으면서 문제를 이해하려고 노력하며 상담을 한다. 하지만 상담자는 사랑을 실제로 표현하고 때로는 그것에 관해 내담자들과 함께 이야기한다. 어떤 경우에 당신은 예수님에 대한 절대적 양보가 우리의 태도와 다른 사람들과의 관계를 변화시킬 수 있다고 말할지 모른다. 어떤 사람은 예수님에게 모든 것을 맡기고 하나님의 관점에서 상황을 바라보려고 노력한다고 하는데 그렇다고 해서 자동적으로 대인관계의 문제가 사라진다고 하는 것은 잘못된 생각이다. 대인관계 기술의 습득은 그가 사랑, 인내, 절제 등 성령의 다른 열매들의 특징을 가지고 있을 때 더욱 효과가 잘 나타난다.

신중한 기독교 상담자는 대인관계 갈등의 밑바닥에 사탄이 개입했음을 안다. 도움을 주는 사람이 성령이나 복음에 친숙하고 하나님께서 상담과 내담자의 삶을 중재하신다는 믿음으로 날마다 인도함을 받는 것이 아니라면, 사탄의 힘은 인간이 만든 상담 기술에 굴복하지 않는다. 또한 상담자는 초자연적 영향을 계속 주시해야 하며, 내담자들을 포함해서 다른 사람들을 위해 지속적으로 기도해야 한다.[40] 바울은 그리스도에 대한 복음을 선포하는 선한 말을 하기 위해서 기도했다.[41] 확실히 우리는 내담자들이 그들의 문제를 잘 해결하고, 다른 사람들과 잘 지낼 수 있도록 도와주기 위해 기도해야 한다.

2. 자신을 평가하기

로라(Laura)는 사람들이 갈등을 해소하는 데 도움을 주는 것을 보람으로 여기는 상담자이자 코치다. 회사 사무실, 이사회, 교회의 여러 단체 등에서 갈등이 발생했을 때 그녀는 그 상황 속에 뛰어들어 긴장을 완화시키고, 사람들이 해결점을 찾도록 도와주는 데 뛰어난 능력을 지녔다. 우리는 아마도 대부분의 상담자들이 그녀의 일을 원치 않는다고 생각할지 모른다. 내담자들은 종종 갈등에 직면하기보다는 회피하기를 원하며, 이는 상담자들도 마찬가지다.

갈등은 아주 높은 감정적, 파괴적인 위협이 될 수 있다. 발생되는 내적 불편함을 다루는 것보다 갈등을 피하고 무시하는 게 더 쉽다. 어시니는 대부분의 사람들이 무의식적인 두려움 때문에 종종 갈등을 회피한다고 말했다.[42] 이는 거절당하고 상처받게 되는 것에 대한 두려움이다. 때때로 감정을 자제하지 못하고, 잘못된 것을 말하며, 관계를 망치고, 누군가에게 상처 주며, 이기적으로 되는 것에 대한 두려움이 있다. 또한 상담자는 상담중에 발생하는 상황을 조절하지 못하게 되는 것에 대한 두려움, 무엇을 말해야 할지 모르는 상황에 대한 두려움, 혹은 그들의 대상을 부정하고 갈등 속에 정서적으로 말려드는 것에 대해서 두려움을 느낀다.

상담자는 그들 자신의 두려움에 맞서야 하고, 대부분은 비합리적으로 행동하지 않음으로써 이끌려 다니는 것보다 그것들을 인정하고 앞으로 나아가는 것이 더 낫다는 사실을 받아들일 필요가 있다. 또한 갈등에 직면하고 그것을 효과적으로 대처하는 것은 좋은 것임을 인식해야 한다. 상담자가 모든 답을 알지는 못하지만 사람들로 하여금 함께 해결책을 찾도록 한다면 관계는 훨씬 더 좋아질 것이다. 종종 외부의 목격자가 나타나서 내부인이 바라보는 것과는 다르게 상황을 바라보면서 진행되는 상황에 대해 도움이 될 만한 관점과 무엇이 변해야 하는지 등에 대해 언급할 수 있다. 만약 상담자가 갈등을 두려워하고 계속 피하거나 그것이 존재하지 않는 것처럼 행동한다면 같은 두려움을 가진 내담자들을 전혀 도울 수 없을 것이다.

3. 갈등 단계 이해하기

대부분 관계에 대한 문제는 독특한 것 같지만 모든 갈등은 단계적으로 진행된다. 그리고 길든지 짧든지 종종 같은 순서로 진행된다. 갈등은 어떤 단계에서 해결될 수 있지만 이전 단계에서의 조정이 문제를 해결하는 데 좀 더 쉽다. 이것은 다섯 단계로 구분되어 있다.[43]

- 갈등 발전 단계 : 모든 갈등은 이 단계에서 시작된다. 사람들은 갈등이 생긴다는 것과 어떤 것이 옳지 않은지 알지만 우리를 불편하게 하는 것이 무엇인지 확신할 수는 없다. 종종 개인은 그 갈등을 언급하는 것에 대해서 당황스러움 혹은 두려움을 느끼며, 아마도 그것들이 저절로 사라지기를 기대한다. 아직까지는 믿음과 대화가 있기 때문에 당사자에게 상처를 주지 않고 불편함에 대해서 이야기할 수 있는 단계다. 대화는 아마도 오해를 해결하고 갈등이 더욱 커지는 것을 막을 것이다.

- 역할 혼란 단계 : 이 단계에서는 왜 문제가 생기고, 갈등을 느끼는 대상과 어떻게 지내야 하는지 혼란스럽다. 이 단계에서 사람들은 자신들이 문제를 야기할 만한 어떤 행동을 한 것은 아닌지 고민하기 시작한다. 그들은 불편함이 증가하는 것을 경험하게 되고 때로는 위협감마저 느낀다. 결과적으로 서로가 소원해지기 시작하고 결국에는 의사소통마저 단절되고 만다. 여기에서 갈등 관리자는 반드시 쌍방을 도와서 갈등을 일으키는 데 각자가 어떤 역할을 했는지 명확히 깨닫게 하고, 모두가 수용할 수 있는 해결책을 찾아 각자 책임질 수 있도록 도와야 한다.

- 부정 수집 단계 : 당사자들은 자신의 입장을 옹호할 수 있는 증거를 수집한다. 갈등을 겪고 있는 부부들은 배우자가 일으킨 문제들을 하나하나 찾아낸다. 그리하여 말다툼이 시작된다. 그들은 기억해 낸 이야기들을 배우자에게 내뱉어버린다. 이때가 바로 당사자들의 관계가 멀어지기 시작하는 때다. 욕설을 내뱉고 문제를 공격하기보다는 상대방을 공격한다. 상담자는 이러한 상황을 통제할 수 있는 용기가 필요하고, 쌍방 모두에게 자신의 관점과 관심사를 방해 받지 않고 표현할 수 있는 자유를 주면서도 사실과 문제에 초점을 두어야 한다. 이때 중재자가 성숙하고 기술적이면 더욱 바람직한 결과를 얻을 수 있다.

- 직면 단계 : 다음 단계는 잠재적으로 예민한 단계다. 각자에게 자신의 입지를 정당화하고 상대방을 비난할 수 있는 기회가 주어질 수 있다. 감정이 실린 비난이나 나중에 주워담을 수 없는 상처의 말을 내뱉는다면 영구적인 상처가 될 수 있다. 상담자는 서로 다른 처지에 대해서 말할 수 있도록 허용해야 하지만 내담자로 하여금 통제를 벗어난 직면은 하지 않도록 주의해야 할 필요가 있다. 사람들이 "더 이상 이런 식으론 진행할 수 없어요. 이 문제에 대해 뭔가 하지 않으면 안 되겠네요"라는 식으로 합의점에 이르도록 노력해야 한다. 그들이 자신에 대해서는 옹호하고 상대방에 대해서는 공격하고 비난하는 것을 그만둘 때 비로소 차분히 해결책을 모색할 수 있게 된다.

- 조정 단계 : 이 단계에서 쌍방의 당사자들은 당면한 상황에 적응하는 방법을 모색하게 된다. 그들은 관계를 단절하고 갈라질 수도 있고, 한쪽에서 다른 한쪽에 대해 지배적인 우위를 차지할 수 있으며, 갈등 이후 해결된 것이 아무것도 없을지라도 이전의 상태로 돌아가려고 결정을 내리거나, 새로운 합의와 서약이라는 협상에 이르게 될 수도 있다. 상담자의 역할은 쌍방 모두가 이러한 문제 해결 과정에 참여하여 그들이 적용할 수 있는 창조적인 해결책을 찾아낼 수 있도록 도와주는 것이다.

4. 개인의 변화를 위해 노력하기

대인관계 갈등은 개인의 특성, 태도, 불친절하고 거친 행동에 의해 야기되기 때문에 그러한 당사자의 변화를 위해 노력하는 것은 가치 있는 일이다. 내담자들은 때로 그들의 타성, 언어, 억양, 행동들이 대인관계에 있어서 어떻게 갈등을 야기하고 점증적으로 크게 만들 수 있는지에 대해 잊어버리곤 한다. 그들은 다른 사람들의 잘못은 재빠르게 찾아내지만 자신의 약점을 알아내는 데는 매우 느리다.[44] 그러므로 이러한 개인적 단점과 자기파괴적 행동들을 완곡하게 지적해주는 것도 도움이 될 수 있다. 관찰에 근거한 평을 지지해줄 수 있는 구체적인 사례들을 알려주어서 내담자들의 반응을 유도해야 한다.

변화는 종종 나눔에서 비롯된다. 그리고 최소한 한 사람의 책임감 있고 의미있는 사람에게 자신을 개방하고 내면을 고백함으로써 고무된다. 내담자가 삶의 구체적이고 시시콜콜한 사례들을 아무에게나 적나라하게 드러내고 나누어야 하는 것은 아니다. 내담자가 주변의 어떤 한두 사람과 혹은 상호책임 집단에서 나눌 때 개인들은 직면과 지원을 두려워하지 않는 사람들로부터 인정을 받고 더욱 큰 자기 이해에 이를 수 있게 된다.[45] 마음을 잘 여는 것은 다른 사람과의 관계를 원만하게 하며 행동의 변화를 일으키는 좋은 방법이 된다. 상담자 혹은 책임감 있는 주변 사람들은 내담자가 갈등에 대한 두려움을 감당할 수 있도록 도와야 한다.

기독교 상담자는 가장 근본적이고 지속적인 변화가 하나님으로부터 온다는 것을 알아야 한다. 내담자와 상담자 모두 예수님과 함께 지속적으로 성장하는 관계가 사람들 사이의 장벽을 무너뜨리고, 사람들을 분열시키는 고통과 무감각함을 제거하도록 하며, 사람들 사이에 평화와 연합을 이루도록 기여할 수 있다는 것을 알아야 한다.[46]

5. 갈등 해소 가르치기

상담자는 갈등을 감소시키고 보다 나은 관계를 수립하는 방향으로 개인이 변화하도록 도와야 한다. 또한 상담자는 서로 다른 둘 혹은 그 이상의 사람들 사이에 야기되는 문제와 갈등을 해소시키는 동안 중재자로서의 역할을 감당할 수 있어야 한다. 어떤 역할을 수행하든 상담자는 갈등 해소를 인도하는 교사다.

이때는 편안하고 비밀이 보장되며 중립적인 상담 장소를 찾도록 노력해야 한다. 예를 들면 고용주와 피고용인이 갈등을 겪고 있는 경우에 사장의 사무실에서 만나는 것은 바람직하지 않다. 그 사무실은 피고용인에게는 위협적이고 고용인에게는 그가 바로 권력을 쥐고 있는 자라는 인상을 줄 수 있기 때문이다. 적시성도 매우 중요하다. 대화를 나눌 가장 적합한 시기는 모두가 편안할 때지 논쟁 후 화가 나 있고 감정이 격해져 있을 때가 아니다. 상담자 혹은 중재자가 편안하게 긴장을 풀어주기 위해 유머를 사용하는 것도 도움이 된다. 서로를 신뢰하고 상대방을 받아들일 수 있도록 격려해야 하며, 만나서 대화할 때 기도로 시작할 수 있도록 분위기를 조성해야 한다.

개인 상담이나 혹은 집단 상담을 할 때에 다음의 사항을 고려해야 한다.

(a) 문제와 관계를 명확히 할 것 : 대부분의 갈등은 문제와 관계가 모두 연관되어 있다. 예를 들어 아버지와 10대 딸이 새 남자 친구의 장점에 대해 서로 다른 의견을 가질 수 있다. 그것이 바로 문제다. 하지만 그 바탕에는 '아버지와 딸 중 누가 더 많은 권력을 가지고 있는가'라는 보다 중요한 관계의 문제가 있을 수 있다. 또는 이들은 남자 친구에 관해 어떤 결론을 내려야 한다는 문제로 염려할 수도 있다. 다른 사람

을 지배하려고 시도하면 관계는 보다 더 중요해진다. 이러한 관계의 차이가 항상 인지되거나 진술되는 것은 아니지만 상담자는 앞에서 언급한 바와 같은 의견의 불화가 실재하는지에 대해 반드시 쌍방의 상호 작용과 태도를 주의 깊게 관찰해야 한다. 보통 다 그렇지만 관계의 문제가 상당히 복잡한 경우에도 일반적인 주제보다는 아주 구체적인 주제를 다루는 것이 좋다. 예를 들면 남자 친구가 괜찮은 사람인지 아닌지에 대한 문제보다 그가 자신의 딸을 존중하면서 대하는지에 대해 논의하는 것이 쉽다.

갈등은 일반적으로 감정과 연관되어 있다. 그래서 사람들이 문제를 다루기 전에 그들의 좌절과 감정을 털어놓도록 해야 한다. 그리고 처음부터 쌍방이 그들을 분열시키는 진정한 문제에 대해 동의하도록 해야 한다. 아버지와 딸이 의견 일치를 보지 못하는 것이 특정한 남자 친구 때문인가 아니면 딸의 일반적인 이성교제 기준과 같은 문제 때문인가? 때로는 서로가 서로에 대해 어떤 생각을 가지고 있는지, 또는 무엇을 원하는지 정확하게 알지 못한다는 사실을 발견하게 될 것이다. 또 다른 경우에는 쌍방 모두가 미래에 대한 유사한 욕망과 소망을 가지고 있다는 사실을 발견하고 놀라기도 한다.

(b) 목표를 분명하게 할 것 : 사람들이 갈등을 겪고 있을 때 그들은 대체로 차이점이 있음에도 불구하고 동일한 목표를 공유하고 있다. 예를 들어 대학은 질적으로 우수한 교육을 시키고 싶어 하지만 교과과정에서 어떻게 하면 그들의 목표를 최상으로 성취할 수 있는지에 대해 갈등을 겪을지도 모른다. 남편과 아내는 둘 다 성공적인 결혼 생활을 원하지만 삶의 형태와 가계 운용, 자녀 양육의 구체적인 내용에 있어서 갈등을 겪을 수 있다.

이런 사람들과 상담할 경우 지위를 가지고 다루지 않도록 해야 한다. 이론적으로 입지 거래 (Position Bargaining)는 서로 입지를 가지고 호의적인 해결책에 도달하려고 할 때 발생한다. 실제로 사람들은 자신의 입장에서 완고한 견해를 취하고 그것을 완고하게 주장하는 경향이 있다. 결과적으로 자주 화를 내고, 타협은 약점이나 체면을 잃는 것으로 해석되며, 쌍방은 의견 바꾸기를 거부하고, 의견의 일치에 시간이 많이 걸리는데 그렇게 하여 해결책에 이른다고 한들 지속적으로 분노하고 불만을 토로했던 그 찌꺼기들이 여전히 존재한다.[47] 이것을 피하기 위해 논쟁자들이 그들이 정말로 원하는 것이 무엇이고 그들이 유사한 목표를 가지고 있는지에 대해 고려하도록 질문해야 한다. 목표가 유사할 때 갈등 해소는 더 용이해진다.

때로 쌍방은 서로 다른 목표를 가지기도 한다. 아내는 결혼 생활의 부조화를 개선시키기 원하는데 남편은 이혼해서 새로운 여자 친구와 결혼하기를 원한다면 갈등 해소는 훨씬 더 어려워진다. 예를 들어 이 부부에게 재정, 삶의 형태, 혹은 종교적 차이점과 같은 문제에 대해 말하도록 해서는 결코 가정의 평화를 가져올 수 없다. 왜냐하면 남편과 아내의 궁극적 목표는 서로 다르며 각자는 상대에게 받아들여질 수 없는 견해를 가지고 있기 때문이다. 때때로 두 사람은 상담에서 우선 그들이 공유하는 목표를 다시 생각해 볼 수 있어야 한다. 그 후에야 서로 간의 차이점에 대하여 논의해볼 수 있을 것이다.

(c) 갈등 관리 유형을 확인하고 존중할 것 : 우리는 이것에 대해 거의 생각하지 않지만 우리가 보아온 것 같이 우리 각자는 대인관계에서 독특한 방식을 가지고 있다. 이러한 차이점들은 우리의 인격, 배경, 과거 경험, 훈련, 믿음, 가치관이 반영되어 있는 것이다. 일반적으로 성향이란 상이한 상황에 나타난 개인의 고유한 행동방식을 말한다. 작곡가와 연주자에게는 음악적 성향이 있고, 작가는 글 쓰는 성향이 있다. 사람마다 언어, 교육, 상담, 부모 노릇, 판매, 경영, 지도력 등에 있어서 고유한 성향을 가지고 있다. 그러므로 각 개개인이 갈등을 해소하는 데도 특정한 성향을 가지고 있다는 것은 놀랄 일이 아니다. 서로 다른 두 사람은 때때로 화해를 어렵게 만들고 긴장을 가중시키는 서로 다른 행동 성향을 보인다.

교회 문제 상담가인 노먼 샤우척(Norman Shawchuck)은 다섯 가지 일반적인 갈등 관리 유형을 소개했다. 내담자는 관련된 문제가 얼마나 심각한지에 따라 이 중 하나의 유형을 선호하는 편이며, 상담자도 아마 동일한 것을 선택할 것이다. 유형에 대한 이해는 내담자를 더 잘 이해할 수 있게 해준다. 이것은 아마도 우리가 이 유형에 반영된 방식으로 반응할 수 있기 때문에 보다 효과적인 의사소통을 가능하게 해준다.

(d) 차이점 조정하기 : 예수님은 그의 제자들에게 서로 갈등하고 있는 기독교인들 사이의 관계 회복 절차에 대해 개략적으로 설명해주고 있다.[48] 그것들은 기독교 상담자들이 내담자들에게 따르라고 장려해야 할 지침이다.

- 1단계 : 다른 사람에게 잘못을 범하고 있는 사람이나 다른 사람과 불화를 겪고 있는 사람은 솔선해서 다른 사람에게 다가가 갈등과 분쟁을 해결하기 위해 성실히 노력해야 한다. 신약성경은 이러한 것이 가능하다면 개인적으로 직접, 은밀히 행해야 한다고 암시하고 있다. 이러한 조치를 행함에 있어서 겸손히 경청하고, 변론하지 않겠다는 마음가짐과 기꺼이 용서할 수 있는 자세로 할 수 있다면 최상이다.[49]
- 2단계 : 만약 일대일의 만남을 통한 갈등 해소에 실패했거나 다른 사람이 듣지 않거나 변하지 않는다면 한두 명의 증인을 대동하여 만남을 주선해야 한다. 이 사람들은 사실에 대해 경청하고, 평가하고, 결정지을 것이며, 아마도 중재하고 분쟁의 해결책을 제시하기 위해 노력할 것이다.
- 3단계 : 만약 그 사람이 여전히 듣는 것을 거부하고, 변화하거나 협력하기를 거부하고 갈등을 야기하거나 혹은 만남에도 응하지 않는다면 교회 지도자 아니면 교회 전체가 개입해야 한다. 만약 지금까지 접촉했던 사람이 여전히 협력하기를 거부한다면 그는 교회나 집단을 떠날 것을 요구할 수도 있다.

이 모든 말이 구태의연하게 들리는가? 사람들 사이의 긴장은 직면하기 어렵고 교회 지도자들조차 연루되기 꺼려한다. 유감스럽게도 개인의 죄를 간과하고 교회 내의 내분에 대해 그저 농담쯤으로 여기는 교회도 있다. 아마도 오늘날은 소수의 사람들만 교회에서 제명당하는 것을 두려워하고 스트레스를 받게 될 것이다.

대인관계에서 온전히 성경적인 지침을 따르는 것은 결코 쉬운 일이 아니다. 표 18-2에 나타난 바와 같이 77번이라도 용서하고, 다른 쪽 뺨을 돌려주고, 선으로 악을 갚으며, 우리를 핍박한 자를 위해 기도하는 것은 오늘날 우리 문화에서 매우 실천하기 어려운 일이다.[50] 그렇지만 아무리 어렵다고 해도 기독교인과 기독교 상담자들은 성경적 원리를 따르기 위해 힘써야 한다. 때로 내담자와 상담자는 '예수님이라면 오늘날 이런 상황에서 어떻게 하셨을까?' 하는 것에 대해서 함께 숙고해야 한다.

(e) 갈등 해소하기 : 개인, 집단, 국가 간 갈등이 있을 때 어떤 방향으로 해결해나가야 할지에 대해 대개 네 가지의 선택 가능성이 있다. 그들은 갈등을 피하려 하거나, 현 상태로 유지하려 들거나, 단계적으로 증강시키거나 감소시키려 할 것이다. 우리가 지금까지 살펴본 바와 같이 모두가 갈등 감소를 원하는 것은 아니고 때때로 당사자들은 상이한 방식으로 의견의 불일치를 해결하려 할 것이다. 예를 들어 남편과 아내가 갈등을 겪고 있을 때 둘 중 한 사람은 언젠가 갈등이 해소되거나 오랫동안 잊고 있으면 스스로

표 18-1. 갈등의 형태

형태	주장	목표	행동	결과	예
회피	"나는 이 문제에 상관하지 않을 것이다."	관계되는 것을 피하기 위해	회피자는 말이 없고 수동적이고 내성적이다.	갈등은 그대로 있거나 종종 더 악화된다.	행동을 하기에 자신이 없고 힘이 없다고 느낄 때
순응	"내가 포기하지, 뭐."	위험을 피하기 위해 그리고 관계 유지를 위해	자신의 이익이 희생 당하더라도 모든 사람과 평화를 유지하기 위해 노력한다.	항상 상대의 요구를 들어주기 때문에 중요하게 취급받지 못한다.	문제가 중요치 않거나 자신의 입장이 약하다.
협력	"모두의 유익을 위해 함께 모이자."	모든 이를 존중하고 상호 수용할 만한 타협에 이른다.	자신은 있지만 유연하고 공평한 원인의 결과를 원한다.	모든 이와 이익을 나누고 당사자와 협정을 공유한다.	대부분의 갈등 상황에서 이것은 최선의 형태이며 집 단 힘이를 이룬다.
절충	"적당히 타협하지."	최소한 모든 쪽에 무엇인가를 주는 것이다.	타협과 거래 : 각자는 자신이 원하는 것의 일부를 얻고 다른 쪽에 줄 것의 일부를 포기한다.	쌍방중 일부는 얻고, 일부는 잃는다. 당사자들은 정교한 방법으로 계속해서 완성된다. 굳어주는 냉담하게 될 것이다.	타협이 실패할 때 모두는 동등한 힘으로 완강히 버틴다.
경쟁	"나는 내 방식대로 할 거야."	비용을 상관하지 않고 승리하는 것이다.	자기주장이 강하고 가만하고 매로 조작적이다. 내 방식이 유일한 방식이다.	'우리 vs 그들'이라는 정신이 편만하다고 갈등은 지속된다.	일이 무능하게 되었을 때 지도자는 인기 없는 행동을 취해야 한다.

※노먼 시아우척, "교회에서의 갈등 관리 방법, 갈등 개입과 지원"(샴버그, 일리노이 : 영적 성장의 지원, 1983)에서 인용

사라지고 말 것이라는 희망 때문에 갈등에 직면하는 것을 회피하고 싶어 하는지도 모른다. 다른 사람은 권력을 얻기 위해, 공공연하게 차이를 드러내기 위해, 혹은 별거를 위한 핑계를 찾기 위해 갈등을 증폭시키려 할지도 모른다.

갈등 해소는 종종 상담자가 중재자의 역할을 해야 한다는 것을 의미한다. 이 역할은 많은 기술, 지혜, 감정의 절제를 필요로 한다. 중재자는 어느 한쪽 편을 드는 데 압박을 느낄 수도 있는데 신속한 분석적 결정을 내려야 하거나, 의사소통을 원활하게 해야 할 때다. 상담자가 어떤 요청을 받든지 다른 사람의 갈등에 관여하는 것이 항상 현명한 것은 아니다. 때로는 전문적인 중재자의 도움을 받는 것이 낫다.[51] 만약 당신이 중재자 혹은 상담자로서 관여하기를 선택한다면 다음과 같은 사항을 시도해야 할 것이다.

- 모든 당사자들은 존중받아야 하고 각자는 자신의 입장을 표현할 기회가 주어질 것이라는 것을 초기에 설명할 것.
- 갈등을 겪는 당사자 모두를 존중할 것.
- 갈등이 야기시키는 긴장과 고통을 인지할 것.
- 공개적으로 한쪽 편을 들지 말고 모두의 입장을 이해할 것.
- 추가적인 정보를 얻거나 입장을 분명하게 하기 위해서 질문할 것.
- 긍정적인 태도를 유지하고, 사람들에게 자신감을 갖게 하고, 그들에게 그럴 만한 이유가 있다고 느끼도록 희망을 줄 것.
- 열린 의사소통과 상호 간의 경청을 격려할 것.
- 논의되지 않았지만 관련된 문제들이 있는지 분석할 것(예를 들면 현재의 문제가 과거로부터 혹은 질투심 때문에 발생한 해묵은 원한에 영향을 받고 있는가?).
- 변화 가능한 것에 초점을 맞출 것.
- 쌍방이 자신의 문제를 분석하는 동안 문제에 접근하고, 실제적인 해결점을 찾을 수 있도록 인도할 것.
- 갈등이 확대되는 것을 막을 것(이것은 의사소통을 방해할 수도 있기 때문임).
- 상황과 입장을 자주 요약할 것.
- 만일 중재가 효과적이지 않은 것처럼 보인다면 내담자가 추가적인 도움을 받을 수 있도록 도와줄 것.

경험 있는 협상자들로 구성된 한 팀에 따르면 갈등 해소는 다음 네 단계 방법이 사용될 때 가장 성공할 확률이 높다고 한다.[52]

- 1단계 : 문제로부터 사람을 분리시킨다. 이것은 의견의 일치를 보지 못하는 당사자들이 서로를 존경하라는 의미이고, 문제 자체에 집중하라는 의미다. 그리고 모든 공격적인 언어나 비난, 인격 모독을 피하는 것을 의미한다. 비록 그들의 의견이 다를지라도 각자는 상대방의 생각, 두려움, 불안감 그리고 욕망을 이해하도록 노력해야 한다. 당사자들은 공정한 합의에 이르기 위해 나란히 노력하는 조력자로 서로를 보아야 한다.
- 2단계 : 입장이 아니라 문제에 초점을 둔다. 내 딸들 중 하나가 열아홉 살쯤 되었을 때 오토바이를 사겠다고 말한 적이 있다. 아내와 나는 즉각적으로 말렸다. 여기에서 두 가지의 대립된 의견이 가정

의 불화를 일으킬 수 있는 잠재 요소가 되고 있었다. 딸은 오토바이를 사겠다고 하였고, 우리는 그러지 못하게 하였다. 비록 딸이 오토바이를 갖고 싶다는 생각을 좋아하기는 했지만 그녀가 생각하고 있는 진짜 이유는 믿을 수 있고 값싼 교통 대책을 마련하고 싶다는 것이었다. 바로 그 문제를 찾아내고 열린 자세로 이 문제를 해결해보겠다고 모두가 동의했을 때 우리는 다양한 선택의 여지를 찾아볼 수 있었고 심각한 가정 내 불화를 겪지 않고 어떤 협상에 도달하게 되었다(아빠인 필자가 돈을 보태어 소형 중고차를 구입함). 갈등은 부모와 딸이 오토바이에 대한 공격적이고 경직된 입장을 피하고 교통수단이라는 실제의 문제에 주목함으로써 해결될 수 있었다.

- 3단계 : 문제를 해결해줄 수 있는 다양한 대안을 생각한다. 대안이 논의되기도 전에 그것을 평가하려고 하지 말고, 단 하나의 해결책에만 도달하려고 하지 말고, 한두 차례의 집중토의(브레인스토밍)를 통해 제안을 해야 한다. 수차례의 창의적이고 새로운 대안들이 제안된 후에 각 의견을 평가해야 한다.
- 4단계 : 객관적 기준을 주장한다. 만약 쌍방이 사전에 해결점에 도달할 수 있는 객관적 방법에 대해 합의했다면 갈등은 덜 일어나게 될 것이다. 만약 쌍방이 동전 던지기, 판단 법칙, 중재자의 평가에 따르겠다고 동의하였다면 최종 결과가 쌍방 모두에 동등하게 만족스럽지 못하더라도 사전에 합의된 방법을 사용하였기 때문에 모두 해결책에 동의할 것이다.

때때로 커다란 문제를 좀 세부적인 분야로 나누어 한번에 한 가지씩만 다루는 것이 필요하다. 상담자는 쌍방 모두의 입장을 이해해야 할 것이다. 그리고 쌍방이 성경의 가르침과 일치하지 않은 해결책에 동의할 때 그 결정의 정당성을 의심해야 한다.[53]

6. 의사소통 기술 가르치기

효과적이고 마찰을 일으키지 않는 의사소통 능력은 하나의 기술이다. 다른 모든 기술과 같이 효과적인 의사소통 기술은 천천히 습득된다. 다른 사람이 어떻게 하는지 보고 또 연습을 통해 얻어지는 것이다. 유감스럽게도 많은 사람들은 훌륭한 의사소통 방법을 배우지 못하는 것은 물론, 그런 것이 있는지조차 거의 들어보지 못하고, 연습을 하기는커녕 무시하고 그것이 있다는 것조차도 잊고 산다. 때로 이들은 소리치고, 비판하고, 언어적으로 공격을 가하는 가족이나 공동체에서 성장한 사람들이다. 이들은 하고 싶은 것을 마음대로 하기 위해 감정 실린 어휘들로 다른 사람들의 마음을 아프게 하는 것을 배워왔다. 그들은 어떻게 효과적으로 의사소통을 하고 사랑 안에서 진실을 말하고 상대방을 존중하면서 어떤 문제에 대해 정직하게 논의하는지에 대한 예를 거의 혹은 전혀 경험하지 못한 사람들이다. 이들은 훌륭한 의사소통 방법에 친숙하지 않아서 직장에서, 결혼 생활 가운데, 나중에는 자녀 양육을 하게 될 때 건강하지 못한 대인관계의 기술을 사용하곤 한다. 나중에 다시 한 번 논의하겠지만 결혼 상담자는 반복해서 결혼 불화의 가장 흔한 원인이 의사소통의 문제라고 지적한다.

이 가운데 좋은 소식도 있다. 효과적인 의사소통에는 표 18-3에서 요약한 것 같이 몇 가지 원칙들이 있다. 이 지침을 충실히 따른다면 의사소통과 대인관계는 부드러워지고 차이점들이 보다 정직하게 논의될 것이고, 파괴적인 비판은 피해가게 될 것이며, 갈등은 보다 성공적으로 해결될 것이다. 상담자는 이런 원리를 첫째 배우고, 둘째 연습하고, 셋째 내담자와 이야기할 때 모델로 삼고, 넷째 내담자와 나누고, 다

표 18-2. 대인관계를 위한 몇 가지 성경적 지침

하라(Do)

- 동정하라. 친절하라. 그리고 사랑하라(갈 5 : 22, 엡 4 : 32, 골 3 : 12,14, 벧전 3 : 8, 4 : 8, 요일 3 : 11).
- 온화하라. 온순하라. 적절하게 하라(갈 5 : 23, 엡 4 : 2, 골 3 : 12, 4 : 6 딤전 3 : 3, 딛 1 : 8, 3 : 2 벧전 3 : 4).
- 겸손하라. 유순하라. 다른 사람을 존중하라(마 5 : 3~5, 요 13 : 34, 엡 4 : 2, 골 3 : 12, 벧전 3 : 8, 5 : 5).
- 관대하라. 그리고 기꺼이 베풀어라(마 5 : 42, 10 : 42, 25 : 35~36, 42~43, 막 12 : 41~44, 롬 12 : 8,13, 벧전 4 : 9 요일 3 : 17).
- 불평 없이 호의적으로 대하라(롬 12 : 13, 히 13 : 2, 벧전 4 : 9, 딤전 3 : 2).
- 절제하고 삼가라(갈 5 : 23, 딤전 3 : 2, 딛 1 : 8, 2 : 1,5,6, 벧전 5 : 8, 벧후 1 : 6).
- 받을 만한 자격이 없는 사람에게도 기꺼이 자비를 베풀어라(마 5 : 7, 18 : 33, 눅 6 : 36, 롬 12 : 8, 약 2 : 13, 3 : 17).
- 모든 사람과 화목하게 지낼 수 있는 중재자가 되어라(마 5 : 4, 롬 12 : 18, 갈 5 : 22, 살전 5 : 13, 벧전 3 : 8, 벧후 3 : 14, 약 3 : 17).
- 화나게 할지라도 인내하라(고전 13 : 4,5,7, 갈 5 : 22, 엡 4 : 2, 골 3 : 12, 살전 5 : 14, 딤후 2 : 24).
- 재산, 행복 또는 관계에 있어서 소유하지 못한 것을 탐내지 말고 만족하라(고후 12 : 10, 빌 4 : 11, 딤전 6 : 6~8, 히 13 : 5).
- 믿음에서 흔들리지 말고 동요하지 말며 담대하라(마 14 : 29~31, 고전 15 : 58, 약 1 : 6~8).
- 피차 복종하라(엡 5 : 21, 벧전 2 : 13,18, 3 : 1, 5 : 5).
- 반복적으로 용서하라(마 6 : 14, 18 : 21~22, 골 3 : 13).
- 다른 사람들을 세워주고 지속적으로 격려하라(엡 4 : 29, 6 : 22, 살전 4 : 18, 5 : 11,14, 히 3 : 13, 10 : 25).
- 사랑 안에서 진실을 말하고 신실하라(딤후 2 : 15, 벧전 2 : 15, 3 : 15~16, 엡 4 : 15, 고후 6 : 7).
- 자신에게 문제를 일으키는 사람을 위해서도 끊임없이 기도하라(마 5 : 44, 눅 6 : 28).

하지 말라(Don't)

- 교만하거나 거만하지 말라(롬 12 : 16, 고전 13 : 4, 딤후 3 : 1,2,4, 유 16).
- 성내거나 성급해하지 말라(마 5 : 22, 갈 5 : 20,23, 골 3 : 8, 딤전 3 : 2, 딛 1 : 7, 약 1 : 19~20).
- 이기적이지 말고 자기고집으로 인해 방종하지 말라(요 3 : 14,16, 롬 12 : 10, 15 : 1~3, 고전 10 : 33, 빌 2 : 3, 벧후 2 : 3, 유 12).
- 공격하지 말라(고전 10 : 32, 고후 6 : 3).
- 욕설을 뱉지 말며, 저속한 언어를 사용하지 말라(마 5 : 22, 12 : 36, 골 3 : 8, 약 5 : 12).
- 다른 사람의 결점을 지적지도 판단하지도 말라(마 7 : 1~5, 눅 6 : 37, 빌 4 : 8, 유 16).
- 악을 악으로 갚지 말라(롬 12 : 17~20, 살전 5 : 15, 벧전 3 : 9).
- 다른 사람의 험담을 하지 말라(고후 12 : 20, 딤전 6 : 20, 딤후 2 : 16,23, 딛 3 : 9).
- 불평하지 말라(요 6 : 43, 고전 10 : 10, 벧전 4 : 9, 약 5 : 9, 유 16).
- 논쟁하지 말라. 논쟁을 좋아하거나 매사에 이기려고 하지 말고, 완고하게 고집 피우지 말라(딤후 2 : 24, 딛 3 : 2, 딤전 3 : 3).
- 중상 비방하거나 악의적으로 다른 사람을 헐뜯지 말라(고후 12 : 20, 엡 4 : 31, 골 3 : 8, 딤후 3 : 3, 딛 3 : 2, 벧후 3 : 3).

표 18-3. 효과적인 의사소통을 위한 원리

1. 우리는 말로 의사소통을 하지만, 몸짓, 표정, 목소리로도 의사소통이 가능하다. 말로만 하는 한 가지 의사소통을 피하고 몸동작까지 사용하여 소통해보라. 비언어적 의사소통이 중요하다는 것은 대부분의 사람들이 알고 있다.
2. 갈등의 문제는 발생 즉시 해결해야 한다. 이것은 감추면 감출수록 더 악화되기 마련이다.
3. 다른 문화권과의 의사소통에 있어서 그들이 동일한 행동이나 몸짓에 대해서 상이한 의미로 받아들일지 모른다는 생각을 해야 한다.
4. 항상 한 인간으로서 다른 사람의 가치를 존중하고 있다는 것을 보여주는 방법으로 의사소통을 해야 한다.
5. 모든 문제는 각각 고유한 관점에서 보여질 수 있음을 인식해야 한다. 아무리 우리가 강하게 확신하더라도 우리의 견해가 유일한 견해라고 가정하지 말아야 한다. 다른 사람은 아마도 같은 것을 다르게 볼지도 모른다.
6. 무엇이 중요한지를 결정하고 그 문제에 초점을 맞추어야 한다. 너무 많은 문제들이 한꺼번에 논의되거나, 쌍방이 문제와 관계없는 불평과 불만을 토로하는 경우에 의사소통이 불분명하게 된다.
7. 잘못 발견하기, 과장된 표현, 비꼼, 괴롭힘, 혹평, 놀림, 욕설, 모욕, 비난 혹은 "넌 항상……" 혹은 "넌 절대로……"라는 식으로 시작하는 모든 말들을 회피해야 한다. 이 모든 것들은 논쟁을 증폭시키고 갈등을 야기해서 해결을 어렵게 만든다. 대부분의 경우에 "넌 이렇게 해야 돼!" 혹은 "넌 이렇게 해서는 안 돼!"라는 식의 말도 피하는 것이 현명하다.
8. 분명하고, 간결하며, 구체적으로 진술하도록 해야 한다.
9. 비난하지 말고 자신의 감정을 솔직하게 받아들여야 한다. "당신은 나를 무가치한 존재로 느끼게 하는군요"(비난처럼 들리고 보호적이고 적대적인 반응을 유도할 따름이다) 대신에 "나는 당신이 이런 식으로 말할 때에 스스로 무가치하게 느껴져요"라고 말해야 한다. '나-진술법'은 상대방으로 하여금 반론을 제기하기 어렵게 만든다.
10. 다른 사람을 성가시게 할지도 모르는 진술을 하지 말아야 한다. 다른 사람의 감정에 민감하고 정직하게 대화한다면 그러한 진술은 문제되지 않는다.
11. 당신의 행동을 상대방이 알도록 설명하라. 그러나 핑계를 대거나 지나치게 빨리 다른 사람의 핑계를 받아들이는 것은 피해야 한다.
12. 방해하거나 비판하지 말고, 주의 깊고, 예의 바르고, 다른 사람의 관점을 존중하는 태도를 가지고 경청해야 한다.
13. 분명하게 이해하기 위해서 질문해야 한다. 그리고 답변을 경청해야 한다. 아울러 다른 사람의 질문에 대해서도 자신의 입장을 기꺼이 답변할 수 있어야 한다.
14. 친절하고, 부드럽고, 정중하게 말해야 한다. 시끄럽게 소리 지르는 것은 상대방을 진정시키지 못하고 오히려 분쟁만 일으킬 따름이다. 모든 의견 불일치는 쌍방 모두의 격렬한 감정에서 비롯된다는 것을 명심해야 한다. 가능하면 상황이 악화되지 않도록 의사소통해야 한다. 유순한 대답은 분노를 쉬게 하여도 과격한 말은 노를 격동케 한다는 성경말씀을 명심해야 한다(잠 15:1).
15. 유머와 긍정적인 논평은 대화를 지속시켜준다는 것을 명심해야 한다.
16. 결론적으로 의사소통이 갈등 해소보다 더 중요하다는 것을 기억해야 한다. 다른 사람을 칭찬하는 연습을 하고, 친절함을 보여주고, 항상 주의 깊게 경청하고, 긍정적인 면을 찾고, 대화할 수 있는 시간을 마련해야 한다.

섯째 내담자의 대인관계에 어떻게 적용될 수 있는지를 논의할 책임을 가지고 있다.

예를 들면 우리가 언어를 사용하는 것과 마찬가지로 우리의 행동, 몸짓, 표정, 목소리의 높낮이를 가지고 의사소통하고 있다는 것을 말하는 첫 번째 지침을 보라. 우리는 내담자에게 최근 경험한 갈등 상황을 구체적으로 생각해보라고 요청할 수 있다. 누군가 언어적 표현과 양립하는 비언어적 메시지를 주지는 않았는가? 어떻게 하면 이런 상황을 피할 수 있는가? 어떻게 이와 유사한 상황을 앞으로는 회피할 수 있는가? 서로 갈등을 겪고 있는 사람들과 작업하는 데 있어서 상담자는 이중적 메시지의 예를 찾고 내담자에게 지적해주어야 한다. 아마도 상담 외의 과제로서 내담자는 이중적 메시지를 회피하는 데 집중할 수 있어야 한다. 차후 상담 기간 중 적합한 시기에 이것을 논의하라.

대인관계에서 긴장을 풀어주고 보다 나은 관계를 세워주는 진정한 의사소통은 진심으로 다른 사람을 존중하고 받아들이며 이해하고 돌볼 때 생겨난다. 아무리 중요하다 하더라도 전달자의 선한 의지와 진실성 없는 의사소통 기술은 매우 제한된 가치를 가진다.

7. 환경 바꾸기

환경이 대인관계의 긴장에 영향을 주기 때문에 상담자와 내담자는 스트레스를 유발시키는 조건들을 변화시키도록 노력해야 한다. 가능하면 붐비지 않고 잡음이 적은 조용하고 안락한 곳에서 갈등 해소에 대해 논의해야 한다. 어떤 사람들은 그들이 겪는 갈등에 대해 식당에서 커피를 마시면서 이야기하는 것을 좋아한다. 이런 곳은 시끄러운 음악, 붐비는 손님, 근처 테이블에서 이야기를 엿듣는 사람들, 혹은 번지르르한 장식들만 빼고는 위협적이지 않은 편안한 곳일 수 있다. 환경은 상담에 큰 영향을 미친다.

갈등이 논의되는 장소는 사람들이 살고 있는 환경보다 덜 중요할지 모른다. 이웃의 잡음을 줄이는 것, 가난과 거리의 폭력을 제거하는 것, 노동환경을 개선하는 것, 보다 상쾌한 가정환경 만들기, 혹은 번잡함과 다른 물리적 불편함을 줄이는 것은 쉽지 않다. 상담자는 상담 과정에서 환경에 더 관심을 가져야만 한다. 그래서 대인관계의 긴장을 자극하고 증폭시키는 사회적, 환경적 조건을 제거해야 한다.

• 갈등과 서투른 대인관계 예방

기독교의 상당 부분은 관계에 대한 것이다. 그것의 기초는 하나님의 사랑이고 사랑은 기독교의 가장 두드러진 특징이다. 이것은 시시한 감정이 아니다. 그것은 희생적이고 강력한 애정인데 고린도전서 13장에 묘사된 특성과 많이 관련되어 있다. 사랑이 기독교 메시지에서 매우 중요하므로 교회는 이 사랑을 가르치고 실천할 의무가 있다. 그 메시지가 선포되고 실천되면 언제라도 대인관계의 긴장은 사라지게 될 것이다.

그러나 하나님은 이 사랑을 보여주는 데 보다 구체적인 지침을 주셨다.[54] 성경은 관계에 대한 많은 충고를 우리에게 주고 있다. 또한 하나님은 우리가 좋은 대인관계를 유지하고 효과적인 의사소통을 나누는 다른 원리를 발견할 수 있도록 하셨다. 대인관계는 개선될 수 있고 모든 연령층의 사람들이 배우고 실천할 때 그 긴장도 예방될 수 있다.

■ **좋은 대인관계에 대한 성경의 가르침**(표 18-2를 보라).

- 매일 예수 그리스도와 동행하는 기도, 말씀에 대한 묵상, 죄의 고백, 영적 훈련의 실천, 하나님의 인도하심을 찾고 순종하는 삶.
- 자아성찰은 하나님의 도움으로 슬픔, 냉소 그리고 다툼을 조장하는 다른 개인적 태도나 행동들을 제거하도록 도와준다.
- 갈등의 이해와 갈등을 감소시키기 위한 전략을 실천.
- 표 18-3에 열거된 효과적인 의사소통을 위한 지침.
- 갈등을 유발시키는 환경적 스트레스의 감소, 회피 및 제거.

이것은 주요 과제이지만 특히 교회 내에서 강조되어야 할 것이다. 상담자를 포함하여 기독교 지도자들이 대인관계의 긴장을 방지하는 일에 몰두할 때 내담자들은 파괴적 갈등을 피하고 하나님으로부터 오는 평화를 경험할 수 있을 것이다.[55]

갈등과 대인관계에 대한 결론

인간은 개인적 인격과 강한 의지를 가지고 있는 복잡한 피조물이다. 우리의 죄 많은 본성은 하나님과의 관계를 가로막고 서로의 관계에서도 불화를 일으킨다. 우리가 살아가는 세상은 바로 그런 사람들이 붐비며 살아가는 곳이다. 우리들 중 많은 사람들은 다른 사람들과 좋은 대인관계를 유지하며 잘 지내고 싶어하지만 그것이 항상 쉬운 것은 아니다.

아마 사도 바울이 그의 독자들에게 "할 수 있거든 너희로서는 모든 사람과 더불어 화목하라"고 가르쳤을 때도 이러한 생각이 있었을 것이다.[56] 우리는 다른 사람을 사랑하는 척만 하지 말고 진실된 마음으로 그들을 사랑해야 한다. 서로를 존중하는 데서 기쁨을 얻고 하나님의 자녀들이 자신을 필요로 할 때 그들에게 도움을 주는 사람이 되어야 한다. 다른 사람과 조화롭게 살고 평범한 사람들과의 모임을 즐기며, 절대로 어느 누구에게도 악으로 갚지 말아야 한다.

평화로운 삶에 대한 가르침이 "할 수 있거든"이라는 문구와 연결되어 있는 것은 매우 흥미롭다. 이는 모든 다른 사람들과 완벽히 평화롭게 사는 것이 불가능하다는 것을 암시한다. 그렇지만 다른 사람과 잘 지내기 위해서 "네 역할을 수행하라"고 말씀하신다. 기독교 상담자는 성령의 도움으로 그러한 평화를 만들고 많은 대인관계에서 발생하는 긴장을 방지하도록 노력해야 한다.

상담자들을 위한
요점 정리 18

■ 인간은 사회적 피조물이다. 두세 사람이 함께하면 언제나 관계가 존재하게 되며, 때로는 그 안에 긴장과 갈등이 있을 수 있다.

■ 성경에는 대인관계에서의 갈등에 대한 수많은 사례들이 기록되어 있다. 그러나 이는 결코 묵과될 수 없다. 반면에 불화와 대인관계의 다툼은 정직하게 다루어지고 좋은 대인관계를 만들고 유지하는 원리도 빈번이 언급되었다.

■ 성경은 다음과 같은 것을 보여준다.
- 좋은 대인관계와 갈등 해소는 예수 그리스도와 함께 시작된다.
- 좋은 대인관계는 사람들의 노력 여하에 달려 있다.
- 좋은 대인관계는 문제에 초점을 둔다.
- 좋은 대인관계는 결단, 노력, 대인관계 기술과 관련이 있다.
- 사람들 사이에 긴장이 지속된다 하더라도 갈등은 사람을 성숙시킨다.

■ 갈등과 대인관계의 긴장은 다음과 같은 원인에 의해서 발생한다.
- 사탄의 영향.
- 사람의 태도, 원인, 행동.
- 우월감을 포함한 집단의 신념, 부패에 대한 염려, 피해에 대한 두려움, 불신 그리고 불행감.
- 긴장을 증폭시키는 갈등 구조.
- 헌신에 대한 두려움.
- 의사소통의 실패.
- 사회적 자극.

■ 갈등은 사람들에게 신체적, 사회적, 심리적, 영적 영향을 줄 수 있다.

■ 갈등을 극복할 수 있도록 사람을 돕고 보다 나은 관계를 세우는 방법은 다음과 같다.
- 무엇보다도 사랑의 중요성을 인정하고 기본으로부터 시작할 것.
- 갈등을 처리하는 방향으로 자기 자신의 태도를 연관시킬 것.
- 갈등의 단계를 이해할 것.
  - 갈등 발달 단계.

- 역할 혼란 단계.
- 부정 수집 단계.
- 직면 단계.
- 조정 단계.
· 개인의 변화를 도울 것.
· 갈등 해소의 원리를 가르칠 것.
    - 문제와 관계를 명확히 할 것.
    - 사람들이 상호 간에 수용할 만한 목표에 이르도록 도울 것.
    - 개인의 갈등관리 유형을 찾고 존중할 것.
    - 차이를 조정할 것(마태복음 18장).
    - 갈등을 해소하려 노력할 것.
· 효과적인 의사소통 기술을 가르칠 것.
· 환경을 변화시키려고 노력할 것.

■ 갈등 해소 4단계
· 1단계 : 문제로부터 사람을 분리시킬 것.
· 2단계 : 입장이 아니라 문제에 초점을 둘 것.
· 3단계 : 문제 해결에 도움이 되는 여러 가지 방안을 생각할 것.
· 4단계 : 문제 해결에 있어서 객관적이고 서로 동의할 만한 방법을 고려할 것.

■ 성경은 우리가 가능한 한 모든 사람과 더불어 화평할 것을 교훈으로 제시하고 있다. 상담자는 내담자들이 이 목표에 이르도록 돕고, 성령의 인도하심을 받도록 도와야 한다.

19 >>
결혼과 상관없는 성관계
Sex Apart from Marriage

"심리학자, 소년들을 성희롱한 혐의로 고발당하다."

이 헤드라인은 내가 아는 의사를 다루고 있어 주의를 끌었다. 그는 필자가 사는 곳에 살고 있었고 체포될 당시 아동치료 시설에서 일하고 있었다. 19장 작업을 시작하던 날 아침에 필자는 그 뉴스를 읽었고 여러 감정과 의문이 뒤섞여 머릿속은 복잡했다.

무엇이 기독교 정신건강 전문의가 어린 소년들을 성적으로 희롱하도록 만들었을까? 그의 아이들, 환자들은 어떻게 되는가? 할아버지가 감옥에 있는 동안 너무 어려서 할아버지의 부재를 이해하지 못하는 손자들은 어떤가? 그는 자신의 성행위에 관해 책임질 수 있을까? 그의 가족은 그가 어린 청년들에게 끌린다는 사실을 알고 있었을까? 의사가 이 소년들을 성희롱했을 때 이것은 결혼과는 별개인 성행위로 여겨지고 있었던 것일까? 아니면 사실은 학대, 폭행, 자기통제의 결핍이었을까? 지금 출두할 만한 다른 증인도 있을까? 신뢰받던 어른이 자신들을 성적으로 이용했다는 것을 안 젊은이들은 어떤 충격을 받았을까? 이 모든 일은 그 의사의 미래에 어떻게 작용할까?

성적 유혹과 정욕은 '모든 남성의 전투'[1]로 여성 또한 동일하게 유혹될 수 있는 것으로 묘사되어왔다.[2] 우리가 살고 있는 세상에서는 누구나 쉽게 포르노를 접할 수 있고 미디어에서도 성교를 묘사할 수 있다. 다른 조사는 결혼과 별개인 섹스가 흔하며 기독교인이 종종 비기독교인처럼 결혼관계 밖에서 성적으로 적극적이라는 사실을 보여준다. 언젠가 모든 상담자들은 사람들이 포르노그래피에 중독되어 있으며, 강박적으로 자위행위를 하고, 미성년자와 섹스를 하며, 결혼 전 혹은 혼외 성교를 하고, 남자 혹은 여자 동성애 행위를 한다고 말하고 싶은 사람들을 보게 될 것이다. 이 중에는 자신의 배우자가 불충실하리라고는 전혀 생각해본 적이 없는 사람들도 포함되어 있다. 이들 성행위는 얼마나 많이 숨겨져 있을까? 수십 년간 비밀을 지니고 살아온 사람들 마음속에는 얼마나 많은 갈등, 죄의식 그리고 혼란이 소용돌이치고 있을까?

"다른 모든 창조물처럼 성생활에도 문제가 생긴다. 우리는 어느 때보다 상처입기 쉽고 광고 게시판이건 사무실 대화에서건 가능한 모든 공간에 성적 풍자가 넘쳐흐르고 있는 사회에 살고 있다." 이 결론은 약 20년 전에 쓰인 것으로 21세기 초반을 지나치고 있는 우리의 큰 관심사와도 맥이 닿아 있다. 기독교 저널리스트인 팀 스태포드(Tim Stafford)[3]에 의하면 전체 사회는 비틀거리고 있다. 우리의 가정은 붕괴되었고, 수백만 건의 낙태가 행해지고 있으며, 성적 전염병의 만연으로 사람들은 공포에 질려 있다. 서구사회에서 성관계는 결혼과 별개의 것으로 널리 받아들여지고 있으며 교회 안에서도 자주 용인된다. 결혼하지 않은 여성과 남성이 성관계를 나누면서 함께 사는 동거는 아주 흔한 일로 오늘날 이를 비판하는 사람은 거의 없다. 텔레비전은 혼전 그리고 혼외 성교를 문화의 일부로 강화했고, 이를 비판하는 사람도 거의 없다. 성관계는 많은 사람들에게 더 이상 옳거나 그른 무엇이 아니다. 성관계는 두 사람이 서로 즐거워하는 상호간의 행위일 뿐이다.

결혼과 별개인 성적 교섭은 널리 수용되는 유일한 이슈가 아니다. 동성애 역시 수백 년에 걸쳐 계속되어왔으며 아마 현재보다 그리스 로마 문화에서 더 흔했을 것이다. 게이와 레즈비언 자유 그룹은 점점 더 눈에 띄고 점점 더 적극적이 되었으며 공공연하게 받아들여지고 있다. 자위행위는 성교를 열외로 하면 가장 흔한 성행위로 지극히 널리 퍼져 있어 성 관련 연구자가 관심을 갖는 경우조차 드물다. 이 행위는 특히 소년과 젊은 청년들에게 많은 죄의식과 불안감을 야기함에도 불구하고 심지어 '성적 건강을 달성하는 수단'[4]으로까지 승격되어왔다. 정부의 위탁을 받아 작성된 논란 많은 '포르노그래피 보고서'는 음란 문학과 영화의 위험뿐 아니라 그 소비 또한 광범위하게 퍼져 있다는 점을 지적해주었다.[5] 인터넷에서 포르노그래피를 접할 수 있게 되면서 노골적인 성 관련 물건들이 더욱 많이 퍼져나갈 수 있게 되었고 이런 물건들은 종종 사춘기 소년들을 대상으로 삼고 있다. 그리고 혼외 성행위라는 드물고 병리적인 형태도 있다. 어린이를 성적으로 이용하는 행위, 노출증, 강간, 복장도착, 짐승을 대상으로 하는 수욕, 그리고 관음증이 이런 행위에 포함되며, 이 행위들은 모두 미디어와 정신건강 전문가의 관심을 끌어왔다.

성은 우리에게서 떠나지 않는 이슈인가? 성은 텔레비전, 잡지, 광고, 음악, 문학, 극장, 영화, 예술, 그리고 통속적 대화에서 중심 이슈다. 성은 사업, 교육, 정치, 그리고 교회에서 종종 등장하는 화제다. 현대 문화에서 성적 자극을 피하려면 은둔자가 되어야 할 것이다. 하나님께서 우리의 즐거움과 친밀함을 위해 만드신 일이 너무나 많이 오용되어왔다. 성적 오용은 현대 인간의 특성인 도덕적 병과 죄의 두드러진 실례다.

이 장은 혼외 성관계의 공통 실례 네 가지 중 세 가지, 즉 자위, 혼전 성관계 그리고 혼외 성관계로 제한해 논의할 것이다. 동성애는 제21장에서 살펴볼 것이다. 성적 학대를 포함한 강간과 불건강한 성행위의 다른 실례가 이 책 전반에 걸쳐 다른 곳에서도 논의될 것이다.

성경 및 결혼과 상관없는 성관계

사람들은 대부분 성이 육체적 본능 혹은 생물학적 매력 이상의 것이라고 생각한다. 성은 삶의 모든 부분에 스며들어 있으며 인간관계의 즐거움이라는 부드러운 느낌으로부터 오르가슴을 자극하고 감각적 사랑을 하는 일까지 그 범주가 다양하다. 성관계는 친밀함과 육체적 접촉이 없을 때조차도 강렬한 의사소통을 한다. 루이스 스미즈는 "성욕은 우리 안에서 관계, 친밀감, 교제를 향한 움직임으로 고동친다"고 썼다. 그것은 "흥분시키는 욕망, 때로는 우울한 갈망으로 우리 자신이 다른 사람을 신뢰하게 하는 것이다." 성욕은 친밀함을 향한 충동이며 다른 누군가와 함께하는 깊은 개인적 관계의 표현이다.[6]

고린도서를 썼을 때 사도 바울은 결혼하지 않았고 독신을 찬성하는 경향이 있었다.[7] 그러나 그렇다고 해서 그가 성공하지 못한 사람이라거나 성과 무관한 사람이라는 뜻은 아니다. 그는 관능의 정열과 정욕을 이해했다.[8] 확실히 그는 자신의 남성을 올바르게 인식하고 있었고 육체적 성관계 없이 개인적인 온전함과 친근감을 모두 경험했다. 성경에서 성적 교섭은 결혼으로 한정되는 경향이 있다. 성경이 결혼을 거의 정의하지 않는 것은 사실이나 결혼과 별개의 성관계는 책망하고 있다.[9] 다윗 왕이 밧세바와 함께 보낸 그 유명한 밤은 결혼과 별개인 성관계가 가지는 파괴적인 힘을 보여주는 실례일 뿐이다.

인간 존재를 위한 하나님의 완벽한 계획에서 벗어나는 성관계는 비록 한순간의 즐거움은 가져다줄 수 있으나 궁극적으로는 파괴적이다. 성관계는 친근감과 의사소통을 파괴하고 자기중심적이며 종종 다른 사람을 조정하고 통제하거나 다치게 하고자 하는 욕망을 표현한다. 성 경험이 외로움을 완화시키고 순간적으로 불안을 축소시키며 친근감을 줄 수 있는 것은 사실이다. 그러나 그 모든 유혹은 재빨리 지나가며 비인간적이고 궁극적으로는 성취되지 않는다.

성경 저자들이 그처럼 호되게 음행(보통 혼전 성관계를 말함), 간통(자신의 배우자가 아닌 다른 사람과 성관계를 맺는 일) 그리고 다른 형태로 배우자 아닌 다른 사람과의 관계를 꾸짖는 것은 바로 이런 이유 때문일 것이다.[10] 이들 쾌락은 즐길 만하나 그 즐거움은 '흘러간다'.[11] 혼인관계가 아닌 성관계는 궁극적으로 인간에게 좋은 하나님의 계획에서 벗어난 것이기 때문이다. 예를 들어 성경이 간통과 사통에 대해 어떻게 말하는지를 생각해보라. 신약에서만 해도 '음행'(Porneia)이라는 단어가 39번 언급되고 있으며[12] 일반적인 부도덕을 말하는 경우가 종종 있다.[13] 음행은 결혼하지 않은 사람이 반대 성을 가진 누군가와 자의적으로 성적 교섭을 가지는 것을 의미한다(즉 혼전 성관계).[14] 음행이라는 단어는 오늘날 창녀와의 성행위를 포함해 어쩌다 만난 사람과의 성행위를 포함하고 있을 것이다.[15] 모든 경우 음행은 하나님의 계획과 의지에 반대되는 행동으로 제시된다.

성경에서 '간통'은 두 가지 방식으로 언급된다. 하나는 하나님에 대한 불충실함과 우상숭배를 말하는 것이고[16] 다른 하나는 결혼한 사람이 자신의 배우자가 아닌 다른 누군가와의 성적 교섭(즉 혼외 성관계)을 하는 것을 지칭한다. 두 방식 모두 금지되어 있고 강하게 비난 받는다.[17]

바울은 그의 글에서 서너 번 죄악의 목록을 나열한다. 그 목록에는 '부도덕' '음란' '육욕' 그리고 '동성애'와 함께 간통과 음행이 포함되어 있다.[18] 하나님의 진노가 그러한 행위를 하는 사람들에게 떨어질 것이라는 사실은 의미심장하다. 분명히 하나님은 결혼과 관련 없는 육체적 친밀함을 가벼운 눈으로 보지 않으신다. 그렇다면 우리는 지금까지의 논의로 어떤 결론을 내릴 수 있을까?

1. 성은 하나님이 창조하신 것이고 좋은 것이다

여기서 성교에 관한 모든 고려가 시작되어야 한다. 하나님은 인간을 남성과 여성으로 만드셨고 성기로 오르가슴을 느낄 수 있는 육체를 가지게끔 창조하셨다. 하나님은 성적 존재인 인간에 대해 "매우 좋다"라고 표현하셨고 "번성하라"고 지시하셨다.[19] 인간 종족이 죄에 빠졌을 때, 하나님의 창조는 훼손되었고 건강하지 못한 성관계의 가능성이 나타났다. 아담과 하와, 그들은 벌거벗음에 대해 그 어떤 부끄러움도 느끼지 않았으나 갑자기 자신들의 몸을 의식하게 되었다.[20]

2. 결혼과 별개의 성관계는 사악하다

이 글은 고린도전서 6장에 가장 확고하게 진술되어 있다. 여기서 성적 죄악은 육체, 곧 성령이 살고 계시는 곳에 영향을 끼치는 무언가로 묘사되어 있다. 우리는 성경에서 우리의 육체가 음행을 위해 만들어지지 않았다는 것을 읽는다. "몸은 음란을 위하여 있지 않고 오직 주를 위하여 있으며…… 사람이 범하는 죄마다 몸 밖에 있거니와 음행하는 자는 자기 몸에 죄를 범하느니라."[21]

성경은 반복해서 혼인관계가 아닌 성적 행동의 중독성에 관해 경고하고 있다.[22] 성경에는 성적으로 흥분된 사람이 비록 결혼하려고 마음먹었다 할지라도 자유로이 성적 교섭을 가질 수 있다는 말이 없다. 사도 바울이 썼듯 자신을 제어할 수 없다면 결혼하라. 정욕으로 불타는 것보다는 결혼하는 편이 낫다.[23]

이러한 생각은 오늘날 널리 거부당하고 있으며 심지어는 교회 내에서도 마찬가지다. 헌신적인 기독교인은 덜 헌신적인 기독교인과 비교할 때 성욕을 절제하는 비율이 더 높은 것으로 보인다.[24] 그러나 전반적인 조사 연구는 복음주의 젊은이들이 비기독교인인 급우들과 거의 동일할 정도로 성적으로 적극적이라는 사실을 보여주고 있다. 많은 사람들은 성행위에 관한 하나님의 법률을 범하고도 자신의 행동에 대해 고통스러워하지 않는다. 따라서 논리적으로 절제할 이유가 없는 듯 보인다. 특히 모든 사람이 '그렇게 행동하고 있으며' 또 잘 살아가고 있는 듯 보일 때는 더욱 그렇다.[25] 이 철학은 주요 사회문제에 기여하는 것으로 보이는데 가장 분명한 예를 들자면 가족의 파괴, 에이즈와 다른 성 전염병의 증가, 한부모 가정의 증가, 10대 임신의 급증, 그리고 수많은 낙태 등이다. 시편 73편은 하나님의 법률을 무시한 개인의 종말을 묘사하고 고린도전서 6장은 부도덕한 성관계가 결혼 안에서 하나됨을 방해한다는 것을 말해주고 있다.

3. 혼인관계 외의 성관계는 사악한 생각을 포함한다

어떤 사람들은 남성이 자신의 성기를 여성의 질 안에 넣지 않는 한 간통은 아니라고 주장해왔다. 예수님은 산상수훈에서 이러한 형식주의적 관점에 도전하셨다. 누구든 "여자를 보고 음욕을 품는 자마다 마음에 이미 간음하였느니라"고 말씀하셨다.[26] 분명 간통, 정욕, 그리고 음욕은 전혀 성기를 접촉하는 일 없이 마음에서 일어날 수 있다.

정욕은 정확하게 정의하기 어렵다. 이는 분명히 하나님이 주신 정상적인 성적 욕망 혹은 성적으로 자극하는 사람에게 끌리는 매혹의 느낌을 가리키지는 않는다. 하나님이 우리에게 성적 필요와 흥미를 주신 다음 이런 것들을 정욕이라고 단죄하셨을 것 같지는 않다. 정욕의 그리스 단어는 때때로 '강렬한 욕망'으로 번역되며, 성경이 아닌 곳에서는 긍정적이고 성적이지 않은 의미로 사용된다.[27] 정신적 간통을 평하시면서 아마도 예수님은 환상이 아니라 정신적 욕망을 언급하고 계셨을 것이다. 다르게 말하면 이런 식으로 표현하셨을 것 같다.[28] "성적으로 잘못된 일을 원하는 것은 성적으로 잘못된 일을 행하고자 하는 것처럼 사악하다."

과도한 성적 환상은 성기의 접촉이 없더라도 해로울 수 있다. 특히 그 생각이 특정한 사람들과의 금지된 행동에 관한 환상을 포함하고 있다면 더욱 그렇다. 때때로 이들 환상은 정사의 대체물이 될 수 있다. 특히 환상으로 그려내는 그 인물이 진짜 사람과 성적으로 의사소통할 수 없거나 응하려 하지 않을 때 더욱 그렇다.

결혼 전, 성관계에 몰두하는 것은 최소한 두 사람에게 해롭다. 정신적으로 정욕을 품고 있는 사람은 무엇보다도 열망하는 사람에게 영향을 끼친다. 예수님의 말씀에 의하면 두 사람 다 잘못이다.

4. 혼외 성관계는 사악한 말을 포함한다

성경은 자유로운 성적 담화를 단죄한다. 기독교인들 사이에는 "성적 부도덕, 음행, 혹은 탐욕이 있어서는 안 된다. 그러한 죄악은 하나님의 사람들 사이에서는 있을 장소가 없다. 음란한 이야기, 어리석은 이야기, 그리고 농담의 연속……은 기독교인에게 해당되는 것이 아니다."[29] 더러운 말, 성적으로 암시하는 유머, 어느 한 사람의 말과 행동에 대한 부적절한 표현, 이 모든 일은 기독교인의 평판을 깎아내릴 수 있고 비록 부적절한 행동을 하지 않더라도 그의 순수함에 대해 의문이 일게 할 수 있다. 기독교인은 외관상의 악도 피해야 하고 그 혹은 그녀가 좋은 평판을 지속하도록 추구해야 한다.[30] 사악한 성적 이야기는 빠르게 좋은 평판을 깎아내릴 수 있다.

5. 혼외 성관계는 자유를 제한한다

세상에는 많은 일이 가능하지만 가능하다는 말이 곧 현명하다는 뜻은 아니다. 이에 대한 결론은 신약성경의 중요한 부분으로 음란을 말하는 첫머리에 서술되어 있다.[31] 이 세상에 있는 모든 일은 계획과 기능을 가지고 있고 우리는 이 지침 안에 머무를 때 가장 잘 살 수 있다. 예를 들어 물고기는 물에서 헤엄치게 되어 있다. 비록 물고기가 자유로이 해변으로 뛰어오른다 해도 그 결과는 비극이다. 같은 방식으로 성경은 인간의 몸이 혼인관계 내에서 성관계를 하도록 만들어졌다고 서술한다. 우리는 신성한 지침 안에 머무를 때 대부분 완성된다. 물론 마음대로 음란에 몰두할 수 있으나 궁극적으로 그러한 행동은 해로운 영향을 끼친다. 성적 유혹에 저항할 수 없는 사람은 자유롭지 않거나 성적으로 해방되지 않은 사람이다. 제어하지 못하는 충동의 억압에 사로잡혀 있는[32] 사람들은 종종 상담자 혹은 친구의 도움 없이는 자유를 누리지 못한다.

• 혼외 성관계를 가지는 원인

혼인관계 이외의 성적 행동에는 수많은 이유가 있을 수 있으나 크게 두 가지 범주로 나누어 정리할 수 있다. 환경적 자극과 내적 압력이다.[33]

1. 환경적 자극

섹스로 충만한 우리 문화가 사람들로 하여금 그것을 생각하도록 자극하고 쾌락주의를 부추겨 육체의 만족을 추구하도록 한다는 것은 모두가 아는 사실이다. 크리스토퍼(Christopher)와 레이첼 맥클러스키(Rachel McCluskey)는 다음과 같이 적고 있다. "우리는 일상적으로 성교를 생생하게 묘사하는 삶에 익숙해져 우리가 얼마나 둔감해졌는지 알지 못한다. 많은 기독교인들은 갑자기 성적 죄악으로 떨어지기보다는 단순히 미끄러진다. 그들은 오랫동안 자신들이 성적 죄악 쪽으로 움직여왔다는 사실을 알아채지 못하고 있다."[34]

(a) 사회 분위기 : 특히 서양에서는 즉각적, 육체적인 성의 즐거움을 강조한다. 많은 대중 잡지들, 슈퍼마켓의 계산대 광고, 텔레비전의 영화 광고, 주간 연속극, 대부분의 할리우드 영화, 수많은 상업광고 시간, 명백한 음악 가사, 포르노에 접속이 용이한 인터넷, 텔레비전의 노골적인 성적 언급과 묘사, 그리고

우리의 욕망을 자극하고 성적 충동을 불러일으키는 수많은 소설들. 시민 혹은 정부는 미디어를 '청소'하거나 포르노를 축소하려고 시도하지만 종종 억지스러운 주장을 하는 저항과 마주친다. "보고 싶은 것을 보려는 다른 사람의 권리를 제한하면 안 된다", "사람들이 보고 듣는 것은 사적으로 그들 자신의 일이다", "비록 미디어는 성적(그리고 격렬한) 충동을 자극하지만 대다수의 사람들이 그것을 원하고 기꺼이 돈을 지불한다는 사실을 반영하기도 한다."

우리 모두는 성적으로 과도하게 충전된 이런 분위기에 흠뻑 잠겨 있으며 이런 분위기는 우리 의사에 반대되는 것이기도 하다. 이런 분위기는 우리를 죄악으로 이끄는 것 외에도 무책임한 섹스의 위험을 감추고 섹스에 관해 비현실적인 예상을 전개하도록 만든다.[35] 문화적 영향은 특히 젊은이들 사이에서 동료의 압력이라는 강력한 형태로 녹아들 수도 있다. 성적 충동이 가장 강할 때, 그리고 친구에게 전폭적인 지지를 받고 싶을 때 청소년들은 사회적 압박에 굴복하며 친구의 동의와 자신의 처지를 발견하기 위해 성적 교섭을 한다.

사회 분위기와 사회 압력은 성인들에게도 영향을 끼친다. 여행하는 회사원, 연예인, 대중연설가, 그리고 집에서 떠나 일하는 사람들과 포르노 영화나 성적 충동을 자극하는 물건들이 있는 곳으로 반복해서 가는 사람들이 이런 영향을 받는 사람들이다. 이런 물건들은 해가 없는 듯 보이며 '즐겁게 해주는 것'처럼 보이나 성적 관심을 왜곡하고 환상을 자극하며, 섹스가 다른 사람을 이용하는 황홀한 육체적 행동일 뿐이라고 묘사한다.

(b) 성적 편리 : 어느 신문 기사가 차가 적고 모텔 방은 빌리기 어려우며 아파트는 친척들로 붐비는 나라에서 사생활을 원하는 커플이 직면한 어려움들을 묘사한 적이 있다. 이 기사는 차를 가진 사람들(10대를 포함해)이 쉽게 사적 공간을 가질 수 있는 곳에서는 적용되지 않는다. 부모의 감시를 받는 독립한 사람들은 성 경험에 대해 덜 걱정할 수 있다. 한때 엄격하게 분리되어 있던 대학 기숙사는 이제 성적 행동을 할 수 있는 장소가 되었고, 학생들은 물론이고 계속 발생하는 일들을 외면하는 대학 모두가 아무 의문 없이 받아들이는 교내의 매춘굴도 여기 포함된다.[36] 쉽게 사용할 수 있는 피임 도구와 낙태는 사람들이 점점 더 성병이나 원치 않는 임신의 걱정을 덜도록 한다. 10대와 성인들이 점점 더 간통하기 편해져가고 있는 것이다.

(c) 자유로운 가치관 : 혼인관계 이외의 성관계는 더 이상 금지된 주제가 아니다. 우리 세대는 아마 앞선 그 어느 세대보다도 산아 제한, 성적 교섭, 성적 실험, 자위에 관해 더 많이 알고 있을 것이다. 동거, 배우자 스와핑, 불성실, 그리고 유사 행위들이 받아들여지지 않더라도 공적으로 토론되고 널리 묵인된다. 미국 영화배우, 영국 왕실, 전 세계 정치가들의 성적 부도덕은 신문의 첫 페이지에 상세히 보도되며 아무도 놀라거나 충격받지 않는다. 성적 제한은 줄어들고, 성적 표준은 느슨해지며, 성적 기대는 보다 자유스러워졌다. 결혼 서약은 덜 진지하게 받아들여지고 성적 전율이 사라지거나 더욱 매력적일 것 같은 상대자가 나타나면 쉬운 대안으로 간통이나 이혼을 택한다. 많은 사람들은 상대가 자기만족 혹은 자기 전진을 가로막을 때 정절을 버린다.

성 개방 그 자체는 반드시 나쁜 것만은 아니다. 아마 일부 성에 대한 빅토리아식 억제(Victorian Inhibitions)는 버리는 것이 최선일 것이다. 그러나 우리의 성적 가치관은 자유와 방종을 향해 달려가고 있다. 이러한 가치관들은 성적으로 취약한 사람들이 유혹에 저항하기 더욱 어렵게 만든다.

(d) 부적절한 교육 : 많은 사람, 특히 젊은이들은 감정과 육체적 결과에 관해 부정확하거나 부적당한

지식을 가지고 성관계를 하게 된다. 소설과 영화는 종종 성적 사랑을 왜곡된 모습으로 묘사하고, 성교육 교실은 조절되지 않은 성행위의 결과에 관한 사실이나 도덕적 원칙 없이 생리적인 사실만 가르친다. 많은 사람들은 자신이 행동하는 근거로 '느낌이 좋다면, 하라!'는 원칙을 갖고 있다.

(e) 세계화 : 역사적으로 다른 문화들은 인간의 성욕이 비추어지고 실행되는 방식을 상당히 엄격하게 제어해왔다.[37] 그러나 최근 텔레비전, 영화, 다른 미디어 그리고 한결 쉬워진 여행 등으로 인해 한 문화의 성적 행동과 가치관이 경계를 넘어 다른 문화로 갈 수 있게 되었다. 이런 문화에 있는 사람들이 바깥 세상에 노출되면 새롭고 사회적으로 분열될 수도 있는 성적 기준과 행동을 만나게 된다. 예를 들어 많은 서양 여성들은 일부 무슬림 국가나 다른 나라 여성과 상당히 다르고 그들에 비해 더 많은 성적 자유를 누리고 있다. 새로운 또는 비성경적 성적 관습들이 전통문화에 소개될 때 성적 부도덕에 대한 새로운 명분과 가능성도 같이 소개된다.

2. 내적 압력

환경과 마찬가지로 성적 유혹의 근원은 개개인의 마음속에도 존재하고 있다. 예수님은 경건한 바리새인과 대화를 나누는 동안 이 점을 분명히 지적하셨다. 사악한 생각, 간통, 그리고 다른 형태의 모욕과 성적 부도덕은 사악한 마음에서 나온다.[38] 내부에서 나오는 '마음'의 추가 압력은 다음과 같은 것들을 포함할 수 있다.

(a) 호기심 : 현대는 섹스를 강조하는 까닭에 결혼했거나 독신이거나 그 누구든 이런 결론을 내리기 쉽다. "무언가 갖고 싶은 것을 잃어버리고 있는 게 틀림없어." 누군가 자신의 현재 성행위에 불만족하거나 혹은 지겨워한다면(혹은 행위가 없거나), 그는 새로운 다른 무언가를 해보고 싶은 유혹을 느낀다. 이 느낌은 기회가 생기면 그 성적 기회를 이용할 가능성을 증가시킨다. 특히 그 가능성이 희박하다면 더욱 그렇다.

(b) 제어할 수 없는 환상 : 많은 사람들(어느 보고서는 남성의 95%와 여성의 50%)이 성적 환상에 몰두한다.[39] 이 정신적 행위는 섹스를 자극하며 종종 성 경험을 풍부하게 하기 위한 교섭을 하는 동안 혹은 그 전에 일어난다. 일부 사람들은 성관계에 관한 불안을 줄이기 위해, 현실 생활에서는 불가능하다고 생각하는 금기시된 행동을 정신적으로 맛보기 위해, 또는 성적 흥분이 거의 없는 삶에 관능적인 자극을 더하기 위해 몽상을 펼친다. 그리고 성인 영화를 보거나 음란물을 읽으면서 자신의 상상만으로 똑같이 흥분하는 사람들도 있다. 우리가 무엇을 꿈꾸는지 아무도 알지 못하므로 정신적 성욕은 억제되지 않은 채 마음속에서 계속될 수 있다. 몽상이 자주 일어나고 호색해진다면 기회가 생길 경우 명백한 성적 행동이 일어날 가능성이 있다.

(c) 정체성과 자존심 추구 : 많은 사람들이 열등감, 무의미함, 불안함, 그리고 삶의 목적 없음을 느끼고 있다. 일부 사람들은 약간은 무의식적으로 혼외 성관계를 용납이나 사랑을 받기 위한(겨우 몇 분에 지나지 않는다 해도) 방법으로, 자신을 증명하기 위한 방법으로, 필요하다고 느끼기 위한 방법으로, 그리고 자존감을 지지하기 위한 방법으로 보고 있다. 중년, 그리고 나이 먹은 사람들은 남자다움과 매력을 잃는 것을 두려워하면서 자신이 여전히 성적으로 매력 있다는 사실을 확신하기 위한 시도로 정사를 갖는다. 성적 탐험의 판타지에 동반되는 자위는 다른 사람과 진짜 친밀한 관계를 맺을 위험 없이 잠시 동안의 자아 용납과 성 능력의 느낌을 줄 수 있다. 유감스럽게도 이런 성행위의 덧없음은 그런 일을 하는 사람들에게 전보다

더 거부당하고 단죄하는 느낌을 남긴다. 그 결과 일부 사람은 채워지지 않는 공허함과 더욱 견고한 자기 정체성을 발견하기 위한 시도로 관계에서 관계로 전전한다.

(d) 친밀함과 근접성 추구 : 우리가 보아왔듯이 성은 성기 접촉 이상의 것을 포함한다. 성은 깊숙한 의사소통, 용인, 그리고 진지한 사랑을 포함한다. 외롭거나 자기 자신이 쓸모 없다고 느낄 때, 사랑받지 못하고 감정적으로 빈곤하다고 느낄 때 사람들은 종종 혼인관계 아닌 성적 관계에서 친밀함, 다정함, 자극, 그리고 충족감을 추구한다.

(e) 도피 혹은 반항 : 자위를 포함한 성행위는 때로 긴장을 풀고, 지루함에서 벗어나고 일시적으로 삶의 압력을 피하는 방법이 될 수 있다. 다른 경우, 성행위는 부모 혹은 교회의 권위에 대항하는 저항의 징후이며, 한 사람의 과거 혹은 배우자나 하나님을 포함한 다른 누군가에 반대하는 분노와 저항의 표현이기도 하다.

(f) 일그러진 생각 : 성적 일탈의 보급을 입증하는 것이 그 원인을 밝혀내는 것보다 쉽다. 사람들은 성에 관해 왜곡된 관점을 지니고 있거나, 과거에 부정적 성 경험을 했기 때문에, 한 사람의 행동 결과에 대한 기대가 엇나갔으므로, 잡히고 벌 받고자 하는 무의식적 욕망으로 인해, 과도한 용기와 위험부담 때문에, 혹은 배우자나 과거의 성 파트너를 벌하고자 하는 욕망 때문에 비뚤어진 성행위에 가담할 수 있다. 내담자의 말을 주의 깊게 듣다 보면 그가 성을 보는 관점을 찾아낼 수 있다.

(g) 악마의 영향 : 성경은 기독교인이 '악마의 모든 전략과 계략…… 보이지 않는 세계의 권위와 사악한 통치자, 세계를 규율하는 어둠의 강력한 힘, 천상의 영역에 있는 사악한 영혼'[40]에 대항한 영적 싸움을 하고 있다는 사실을 분명히 한다. 사탄은 이 싸움을 늘 준비하고 있고 대단히 영리하다. 그는 빛의 천사로 가장한 '거대한 적'이며 삼킬 희생자를 찾아 으르렁거리는 사자처럼 주변을 배회한다.[41] 성적 유혹에 허약한 모습을 보이는 사람이 많으므로 성적 공격이 자주 행해지고 또 많은 사람들이 이곳에서 무너진다. 성적으로 자유스러워지고 '골칫거리'에서 벗어나고자 하는 욕망으로 많은 사람들은 스스로 파멸을 초래하고, 평판에 의심을 불러일으킬 만한 상황에 처한다. 때로 기독교인은 보호하시는 성령의 힘에 의존하지 않는다. 사탄은 믿는 이들이 홀로 싸우는 전투에서 종종 성공을 거둔다. 우리에게 힘을 주시고 승리를 주시는 분은 우리 안에 계신 성령뿐이다. "자녀들아 너희는 하나님께 속하였고 또 그들을 이기었나니 이는 너희 안에 계신 이가 세상에 있는 자보다 크심이라"(요한1서 4 : 4).

• 혼외 성관계의 영향

혼외 성관계의 영향을 적절히 묘사하거나 이해하기란 불가능하다. 성경에 의하면 이 성적 행동의 많은 부분은 죄악이며 용서받지 못한 모든 죄는 심판의 때 처벌받는다. 그러나 죄악의 영향은 훨씬 더 일찍 나타난다. 즐겁기는 하지만 결국 많은 사람은 분명히 혼외 성관계로 인해 해로운 영향을 입는다.

그러나 혼외 성관계가 항상(또는 자주) 즉각적인 죄의식과 후회로 이어지지는 않는다. 특히 당사자가 서로에게 진정한 애정을 느끼고 있을 경우는 죄의식을 거의 느끼지 않거나 아예 느끼지 않는다. 혼외 성관계가 계속되면서 처음의 가책과 불안감은 종종 사라진다.

그러나 죄책감이 없다고 해서 그러한 성적 행동이 도덕적으로 정당해지는 것은 아니다. 때로 사람들은 성경의 가르침에 '강퍅해진' 태도로 발전하며 성령으로부터 오는 내부 자극을 느끼지 못한다.[42] 이런 사람들 중 일부는 교회와 사회에서 대단히 존경받거나 교육을 많이 받은 사람들일 수도 있으며 사실이 아닌 것들을 교묘히 믿기도 한다. "그러므로 하나님께서 그들을 마음의 정욕대로 더러움에 내버려두사 그들의 몸을 서로 욕되게 하게 하셨(다)." 더욱 나쁜 것은 그들이 서로를 부추겨 이러한 성행위를 하도록 한다는 것이다.[43]

기독교 상담자는 이러한 성경말씀을 무시할 수 없다. 성경적 기준을 거부해온 지금의 세상, 우리는 대부분 우리를 둘러싸고 있는 방탕함의 궁극적 위험과 해로움에 둔감하다. 서서히 온도가 올라가 결국에는 끓는 물속에서 죽는 속담의 개구리처럼 많은 사람들은 분별이 없어, 뛰어나오기에는 이미 늦은 다음에야 자신의 행동이나 태도의 결과를 알아차린다.

혼외 성관계는 몇몇 영역에서 해를 끼칠 가능성이 있다.

1. 감정적인 영향

많은 사람들이 혼인관계 이외의 성적 행동을 하고 있으며 즉각적인 후회 혹은 나쁜 영향을 느끼지 못하고 있다. 그렇다 하더라도 감정적인 혼란, 죄의식, 질투, 공포, 불안, 불확실함, 자기 단죄, 분노, 그리고 우울함은 혼인관계 이외의 성적 행동 후에 따라오는 공통된 반응이다.

2. 대인 간의 영향

결혼 외의 성(자위와 심한 애무 포함)은 이성교제, 가족, 결혼, 그리고 다른 관계에 어떻게 영향을 주는가? 대답은 성, 교육 수준, 태도, 어느 민족인가에 따라 달라진다. 여성에게는 통용되지 않지만 남성에게는 성적 느슨함을 용인하는, 소위 이중 잣대는 사라지고 있는 듯 보이나 여전히 일부 나라나 사회 집단에서 강력하게 작용하고 있다. 아마도 혼전 성관계와 혼외 성관계가 모든 결혼에 해로운 것은 아니라는 말은 사실일 수 있으나 많은 경우 한쪽 또는 양쪽의 정사 때문에 결혼이 깨지고 가족이 붕괴되며, 경력과 직무가 파기되고 개인관계가 파괴된다.

3. 영적인 영향

지금까지 보아왔듯 음란, 간통, 정욕 그리고 다른 형태의 혼외 성관계는 성경에서 단죄되고 죄악으로 묘사되어왔다. 기독교인은 죄를 용서하고 예수님의 가르침을 따를 의무가 있다. 죄악인 성적 행동을 하면서 기독교적 증언을 계속하려고 시도하는 것은 모순이다. 성적 음란함이 계속되면 그의 영적 생명력과 영향은 분명 줄어든다. 영적 성장을 기대하고 영적 지체를 피하고 싶다면 죄는 고백해야 하고 버려야 한다.

4. 육체적인 영향

혼외 성관계로 인해 사생아 임신이 늘어나고 에이즈 감염을 포함한 성적 전염병이 늘어나리라는 전망은 모두가 잘 알고 있는 사실이다. 또한 혼인관계 내의 성적 교섭이 혼외 성관계로 인해 영향을 받고 있다는 증거도 있다. 유명한 어느 관점은 그 영향이 보통 좋다고 주장하며, 다른 관점은 영향이 중립적이라고 하고, 많은 이들은 영향이 해롭다고 말한다. 각각의 관점에는 그들의 주장을 지지하는 연구 증거가 있다. 기독교인 상담자는 혼외 성관계의 궁극적 해로움에 관한 성경적 가르침을 받아들인다. 이 해로움은 결혼 침상에 죄의식, 불신, 다른 관계에서의 감정적 내포, 다른 파트너와의 비교, 분노, 불안 혹은 불확실함이 옮아올 때 가장 분명하게 나타난다. 이런 환경에서 적어도 한 배우자가 혼인 외의 관계에서 성적 만족을 찾을 때, 결혼한 부부가 최대의 육체적 만족과 성적 완성에 도달하기는 어렵다.

성적 기준이 계속해서 변하므로 혼외 성관계 효과에 관한 토론이 계속되는 것 같다. 연구자, 저자 혹은 상담자가 이러한 감각적이고 중요한 이슈를 평가하면서 완전한 중립성을 계속 지키기는 어렵다. 기독교인 상담자는 과학적 데이터, 문화적 첨가물, 혹은 일부 존경받는 지도자나 의사소통자의 의견을 인지해야 한다. 기독교인의 궁극적 권위는 하나님 말씀이다. 성경은 우리 자신의 경험이 우리에게 보여주는 것을 확인해준다. 현실 세계에서 성은 인터넷 음란물 또는 관능적 잡지에 나오는 야한 사진과는 거리가 멀다. 제멋대로의 성은 황홀 및 승리감과 더불어 비극, 손실, 외로움, 유감, 그리고 질병 등을 가져온다.[44]

- **상담과 혼외 성관계**

성적 문제에는 정확한 정보의 결핍, 무의식적인 건강한 성생활 회피, 성에 관한 불안, 과거의 정신적 쇼크, 혹은 배우자 사이의 긴장 등을 포함해 다양한 원인이 있다. 성 문제의 원인을 이해하거나 건강한 성생활에 관한 책을 읽는다면 일부 해결될 수 있으나 태도와 행동이 변하지 않는 한 문제는 해결되지 않은 채로 남아 있다. 때때로 이런 일들은 내담자가 지닌 어려운 문제들을 기꺼이 직면하고자 하는 상담자의 도움이 있을 때만 나타나기도 한다.[45] 상담은 다음에 열거한 것들을 포함하게 될 것이다.

1. 당신 자신의 태도와 행동을 들여다보라

어떤 사람은 상담이란 두 사람이 열심을 보이는 관계라고 표현한다. 아마 성적 상담 이상으로 이 정의가 더 잘 들어맞는 경우는 없을 것이다. 당황하고, 쉽게 진행하지 못하고, 어떻게 진행해야 할지 모르는 상담자는 충격, 불안을 표현하거나 열정적으로 답을 추구하는 내담자를 도울 수 있는 적절한 방법을 내놓지 못하는 경향이 있다. 일부 임상 증거는 상담자 자신이 도움을 청하는 내담자와 동일한 생각을 하거나 행동을 하고 있어 죄의식을 느낄 때 상담자들이 더욱 엄격해지고 비난하는 경향이 있다고 제시한다.

다른 모든 사람처럼 기독교 상담자도 유혹을 느낄 수 있고 성적으로 흥분하며 특히 내담자가 그들 자신의 성 경험과 갈등에 대해 상세하게 이야기할 때 더욱 그렇다. 상담자가 자신의 삶에서 직면할 수 있는 유혹, 갈등 혹은 행동으로 다른 사람을 돕기는 매우 어려울 수 있다.[46] 우리 각자는 하나님과 개인적으로 가까이 걸을 수 있도록 해야 하며, 다른 일부 기독교인과 정직한 책임관계를 지니도록 해야 하고, 우리 자신의 삶에서 성의 순결함을 추구해야 한다. 이렇게 함으로써 우리가 죄의 실체, 유혹의 매력, 그리고 용서의 치유력을 인지하는 태도를 보상하고 이해함을 보여줄 수 있게 된다. 상담자가 화를 내거나 당황하고 보복적이며 힐난하고 잘못 알고 있거나 내담자 때문에 성적으로 흥분한다면 효과가 없을 것이다. 이 모든 느낌과 태도는 내담자가 도움을 가장 필요로 할 때 그 사람을 멀어지게 할 수 있다. 상담자가 오해하거나 위협한다고 느껴지면 내담자는 무의식적으로 뒤로 물러나며, 자존심을 얻어맞고 무력함에 빠져 희망을 잃을 수 있다. 이 일로 인해 내담자는 절망에 빠지고 때로는 더욱 음란해질 수 있다.

내담자가 혼인관계 외의 성관계를 말할 때, 특히 그 관계를 가지고 있는 개인을 안다면 상담자는 배려하거나 이해하는 태도를 보이기가 어려울 수 있다. 상담자는 성경 기준과 타협하지 않고, 실체를 부정하지 않으며, 연민을 보이고, 무감각하지 않으며, 비판적이 되지 않으며, 혹은 보복하지 않고 지도하는 사랑을 보여주기 위해 신성한 도움을 필요로 한다. 성 상담이 당신에게 너무 어렵거나 위협적이라면 당신의 태도를 평가하고(아마 다른 상담자의 도움이 필요할 것이다) 이런 종류의 상담을 피하는 것이 현명하다. 그런 일이 불가능하다면 최소한 느낌이나 태도가 변한 이후에 상담하도록 하라.

2. 예민하게 들으라

모든 상담에서 이 태도는 기초적인 시작점이지만 때로 성 문제에 관해선 이 태도를 잊기도 한다. 성을 지나치게 높이거나 반대로 하찮게 여긴다면, 성적 죄악을 포함한 성적 어려움이 인간이 지닌 근본적인 문제와 다르다고 여겨 별도의 문제로 분류한다는 인상을 내담자에게 전달하게 된다. 반대로 다른 사람의 고민을 기꺼이 이해하려는 마음가짐을 보인다면, 내담자의 진정한 문제를 돕고 싶어 하는 마음이 전달된다. 그러므로 질문을 명확히 하는 것이 적절하다. 이렇게 하면 더욱 많은 것을 이해할 수 있다. 또한 상담자 자신의 호기심을 만족시키는 것이 아니라는 사실을 말하도록 하라. 최소한 그 문제에 관해 분명한 관점을 지니기 전까지는 충고, 설교, 의견 표현을 피하라. 혹은 성경 인용마저도 피하라.

어느 성 상담가는 어떤 일에도 놀라지 않도록 해야 한다고 말한다.[47] 예를 들어 때때로 내담자나 공동체 심지어는 교회 내에 있는 어떤 인물이 성적 착취를 했다는 말을 들을 수도 있다. 처음에는 이런 일이 충격으로 다가온다. 그러나 분노 혹은 가십을 퍼뜨리는 대신 이 정보가 내담자를 돕는 데 중요한지, 그리고 이 정보의 사실 여부를 밝힐 필요가 있는지에 대한 결정을 하도록 하라. 때때로 그 말이 부분적으로 혹은 전부가 사실이 아니라는 주장을 들을 수 있으며, 내담자가 그 사실을 잘못 알고 있거나 가십이나 실수를 교묘하게 퍼뜨리고 있거나 혹은 그들 자신의 행동에서 주의를 돌리기 위해 그런 말을 할 수도 있다. 왜 내담자가 그런 정보를 전하는지, 그리고 그 말이 당신의 상담에 어떤 식으로 영향을 끼칠 것인지를 곰곰이 생각해보라.

3. 내담자가 성관계에 관해 무엇을 생각하는지 인식하라

우리는 내담자의 이야기를 들으면서 그들의 성적 가치관과 태도를 이해하기 시작한다. 이런 일들은 성 행위에 큰 영향을 끼치고 행위가 바뀌기 전에 변화되도록 해야 하는 경우가 종종 있다. 덧붙여 내담자가 가지고 있는 성 지식에 대해 경고해야 한다. 잘못된 정보와 오해는 내담자가 후에 후회할 성행위와 태도를 만드는 일이 많다.

4. 상담의 목적을 고려하라

필자가 제일 처음 상담가로 일했던 곳은 대학 상담센터였다. 일을 시작하고 며칠 후 한 여학생이 사무실로 찾아와 남자친구와 관계가 깨졌다고 말하면서 '함께 잠을 잘 누군가를 찾도록' 도와 달라고 했다. 내담자의 목적은 뚜렷했다. 그리고 분명히 내 가치관과 상충되는 것이었다. 성 분야에서 상담할 때는 내담자가 성취하려는 것이 무엇인지 정하도록 하라. 처음에 내담자가 성취하려는 것이 무엇인지 알지 못한다면 상담자의 목적이 여러 개가 되나(예를 들어 혼인관계가 아닌 음란한 성행위를 하지 않도록 내담자를 돕는 일) 내담자의 목적은 다른 것일 수 있으므로(내담자가 계속 유지하고 싶은 성적 행동에 대한 죄의식 축소 같은 것), 상담은 우물쭈물 제자리걸음을 하게 된다. 상담자와 내담자의 목적이 다르다면, 기독교 상담자가 의식적으로 다른 사람을 도와 성경적인 방향으로 유도할 수 없고, 궁극적으로 내담자에게 해로운 목적을 좇도록 할 수 있다. 그러므로 이 일은 논의되어야 한다.

5. 실용적 문제를 도와라

상담은 구체적인 일들을 다룰 때 가장 효과적이다. 때때로 내담자는 성적 접근에 대한 저항, 유혹을 피하는 법, 성관계를 끝내거나 배우자 혹은 상대에게 불법적인 성관계 혹은 혼외 임신에 관해 알리는 방법에 대한 지원, 혹은 실질적인 제안을 필요로 한다. 상황에 따라서 내담자에게 자위에 관한 그들의 느낌, 혼전 혹은 혼외 성교, 동성애, 낙태 혹은 관련 이슈를 토론하도록 하는 것이 도움이 될 수도 있다. 다시 한 번 말하지만 너무 일찍 충고하는 것은 도움이 되지 않는다. 그리고 성경의 분명한 가르침을 무시하는 '비직접적' 접근을 지속하는 것도 도움이 되지 않는다.

실제적 문제를 다룰 때, 사람들은 언제나 변화고자 하는 욕구와 동기가 내면으로부터 솟아날 때 가장 잘 반응한다는 것을 기억하라. 내담자에게 무엇을 하라고 지시하는 대신에 효과가 있을 만한 다른 행동 노선을 생각해보라고 격려하라. 그들이 보지 못할 수도 있는 위험과 문제를 지적해주라. 그리고 성경적 가르침에 위배되지 않는 대안에 헌신하도록 격려하라. 이러한 행동이 문제를 해결하거나 감소시키지 못할 경우에는 내담자로 하여금 성경적으로 적절한 다른 대안을 찾아보도록 도와주고, 상황이 나아질 때까지 지원과 격려를 아끼지 말라.

6. 내담자가 용서를 찾도록 도와라

이 일은 기독교 메시지의 최중심이다. 하나님이 용서하시므로 우리는 죄로부터 자유로워질 수 있고 지상에서의 풍성한 삶과 천국에서의 영원한 삶을 누릴 수 있다.[48] 그러나 눈에 보이지 않는 용서에 관한 이야기는 내담자에게 혼란스럽고 비연속적일 수 있다. 이런 경우 상담자는 자신이 현재 믿는 이로서 하나님의 용서를 경험하고 있고, 그 또한 다른 사람들을 용서할 것임을 보여주어야 한다.[49] 그러므로 기독교 상담자가 용서의 모범을 보일 때 우리는 바로 하나님과 상담자가 용서한 것처럼 다른 사람들이 혼인관계 이외의 성관계를 한 사람들을 용서하도록 돕고, 내담자가 그들 자신을 용서하도록 격려할 수 있다.

지난 몇십 년간, 교회 구성원들은 힐난에 치우쳤고 용서하는 경향은 그다지 많지 않았다. 그러나 지금은 용서의 가치가 널리 인정받고 있고, 불신자들과 세속적인 정신건강 전문가들조차 용서의 가치를 인정하는 때다. 우리가 그처럼 자유로이 그리고 쉽게 용서한다면 회개의 영과 변화하려는 동기가 없어질까? 예수님이 간통 현장에서 잡힌 여인과 이야기하실 때, 당대의 신학자들은 단죄하려고 했다. 예수님은 그와 반대로 그 여인을 용서하셨지만 간결한 명령체로 다음과 같이 말씀하셨다. "가서 다시는 죄를 범하지 말라."[50] 용서받은 사람이 복종하고 행동을 바꾸려는 마음이 없다면, 용서는 그다지 큰 의미가 없다.

7. 정확한 정보를 주라

기독교인 상담은 특별한 형태의 기독교 교육인 경우가 잦다. 때때로 상담자는 정확한 정보를 주어야 하며 혹은 그런 정보를 얻는 곳에 관해 알고 있어야 한다.[51] 많은 내담자들은 다음과 같은 일에 도움을 필요로 한다. 상담자들은 자기통제를 배우고 현재의 성에 대한 기준을 평가하고 성경의 진리와 일치하는 개인 가치관을 형성하도록, 그리고 데이트에서 알맞은 행동이 무엇인지 알고, 자위를 둘러싼 도덕적 이슈 평가를 위해, 성관계에 관한 성경 가르침을 이해하는 일 등을 도와주어야 한다. 이러저러한 성적 이슈는 터놓고 의논할 수 있다. 특히 내담자가 충격이나 힐난 없이 적나라한 답을 들을 수 있다고 생각하고 질문하도록 고무 받은 경우 더욱 그렇다. 또한 상담자의 행동이나 일반적인 평이 하나님이 의도하신 대로 정확하고 일관되며 부끄러움 없는 성을 만들어내기도 한다.

8. 소개를 고려하라

내담자에게 다른 상담자를 소개해주는 것이 가장 좋을 경우가 때로 생긴다. 다음과 같은 경우 소개가 필요하다. 내담자가 상담자가 다룰 수 있는 것보다 더 복잡한 성 문제를 가지고 있을 때, 강한 죄의식을 지니고 있거나 자신을 몹시 힐난할 때, 성적으로 왜곡되어 있을 때, 상담자가 지닌 성적 정보보다 상세한 정보를 필요로 할 때, 몸이 아프거나 제대로 기능하지 못하고 있다는 생각이 들 때, 혹은 상담자가 내담자에게 강한 성적 매혹을 느끼고 있을 때 등이다. 상황이 이런 경우 상담자는 상담을 계속해야 할지, 관계를 끊을지, 또는 다른 상담자를 소개할지의 여부를 결정해야 한다. 어떤 결정을 내리든 소개는 많은 사람에게 위협적인 것이 될 수 있으며 특히 그들이 친근한 관계였고, 상담자가 소개하고 싶어 한다는 것을 발견하는 경우 더욱 그렇다. 이러한 사람들은 소개가 일반적인 것으로 현재 상담자가 거부한 것이 아니라 궁극적으로는 내담자에게 가장 큰 이득이 될 수 있다는 점을 알아야 한다.

• 혼인관계 외의 성관계 방지

영성과 성욕은 살아가면서 무시할 수 없는 두 가지 근본적 힘이다. 둘 다 경이와 경악, 행복감, 육체적이고 정신적인 자극, 다른 사람과 가까워짐, 하나님이 존재하신다는 느낌을 가져다준다. 둘 다 무섭게 뒤틀릴 수 있고 불행의 근원이 될 수 있다. 둘 다 다른 사람을 조종하거나 삶에서 큰 성취감을 가져다주는 데 사용할 수 있다. 상담자는 어떻게 사람들이 파괴하는 태도나 행동을 하지 않도록 할 수 있을까? 부도덕하고 건전하지 못한 성행위를 방지하려면 서로 겹치는 세 가지 목적, 정확한 성교육, 자기통제를 다루는 실제적 이슈에 관해 결정을 내리도록 돕기, 통제되지 않은 성에 현실적인 대안을 찾도록 돕기를 중점적으로 다룰 수 있다.[52]

1. 정확한 성교육하기

대부분의 교육자들과 부모들은 성교육이 집에서 이루어져야 한다는 점에 동의하며, 많은 이들이 성교육은 학교에서 할 수도 있다는 점에 동의한다. 그러나 교회가 성교육에서 하는 역할은 어떤 것인가?

교회는 두 가지 방식으로 성교육에 영향을 줄 수 있다. 간접적으로 교회는 부모들에게 집에서 교육하는 방법을 지시,[53] 격려하고 직접적인 설교, 동기부여, 토론 그룹, 묵상을 통해서 할 수 있다. 이러한 가르침은 실제 정보를 포함해야 하지만 성경에 근거한 도덕 원칙을 가르치는 일 역시 똑같이 중요하다. 가르침은 솔직해야 하고, 실제적이며, 품위가 있어야 한다. 정확한 정보를 제공하기 위해서, 전문적 정보를 제공할 수 있는 의사나 심리학자를 활용하는 것을 주저하지 말라. 정보의 타당성을 확실히 하려면 정직한 질문을 격려하고 뻔한 대답을 피하도록 하라. 질문을 익명으로 써서 제출하도록 하는 것도 문제를 발견할 수 있는 하나의 방법이 될 수 있다. 어떤 사람들에게는 젊은이들과 관련 있고 정확한 정보를 주는 책을 권하는 것도 가치 있는 일이다.

학교, 교회, 혹은 집에서의 성교육에 관해 무엇을 느끼건 간에 젊은이들이 성에 관해 많은 것을 듣고 말하고 생각한다는 것을 아는 것이 중요하다. 그들은 동료에게서, 음란물에서, 잡지와 미디어에서, 그리고 피임법을 배포하는 학교 직원들을 포함한 어른들에게서 배운다. 이 관점은 절제하는, 결혼하지 않은 많은 사람들로부터 도전받고 있다. 교회는 부도덕한 성관계를 거부하지 않는 젊은이들을 돕는 일에 적극적으로 나서야 한다.

2. 자기통제를 다루는 실제 문제를 결정하도록 돕기

성경은 혼전 그리고 혼외 성관계를 다루고 있으나 다른 실질적 성 문제는 언급조차 하지 않는다. 다음의 두 가지는 데이트와 자위행위에 동반하는 일들을 다루고 있다.

(a) 이성교제와 애무 : 이성인 두 사람이 관계를 맺는 이성교제는 상호간에 인간적 동반의식을 주며 이성에 대해 더 잘 이해하도록 만들고, 자신을 더욱 많이 이해하도록 하며 성적 자극을 주고 성적 완성감을 준다. 이성교제의 규칙과 하는 방법은 장소에 따라 다양하며 수시로 변한다. 이성교제는 관심사, 연민, 감정이입, 그리고 애정을 소통하는 주기적 접촉을 제외한 신체적 접촉을 포함할 수 있다. 그러나 많은 경우 접촉은 본질상 훨씬 더 감각적이고 성적으로 자극하려고 의도한다. 애무라는 용어는 예전만큼 흔하지 않을 수 있으나 성교를 포함하지 않은 성적 접촉을 가리킨다. 이것은 껴안기나 키스하기 이상의 것을 포함할 수 있으나 성적으로 흥분할 수 있는 몸을 통해 성적으로 흥분시키려는 목적으로 상호간에 의식적으로 육체를 자극하고 탐험하는 행위를 말한다. 혼인관계가 아닌 성관계가 해롭지 않다고 여기는 사람들에게 애무는 아무런 문제가 없다. 만일 그 행위가 성적 교섭으로 이끄는 전희의 형태라면, 종종 그렇기도 하지만, 이 행위는 관련된 당사자가 받아들일 수 있다.

그러나 성교가 결혼에만 국한되어야 한다고 믿는 커플의 행위와 태도는 어떠해야 하는가? 친근감을 표현하고 서로를 발견하며 성교와는 상관없이 성적 만족감을 추구하는 '책임감 있는 애무'가 존재할 수 있을까?[54] 일부 기독교인은 애무를 거부하며 최소한의 육체적 접촉을 주장하지만 대부분의 독신 기독교인은 애무에 대해 긍정적이다. 교회가 이 중요한 영역에 관해 아무런 지침을 주지 않는 경우가 종종 있다. 아마도 쉽게 대답할 수 없기 때문인 것으로 보이나 몇몇 상담과 예방을 위한 결론이 도움을 줄 수 있다.[55]

- 성적 매력과 성적 느낌은 하나님이 만드신 것이고 죄악이 아니라 좋게 여겨야 한다.
- 모든 사람, 즉 여성과 남성은 하나님의 형상대로 창조되었고 각자는 존중되어야 한다. 자신만의 성적 만족을 위해 다른 사람을 이용하는 것은 사람됨을 파괴하는 것으로 사람을 물건 취급하는 것이다.
- 하나님은 사람들이 신성한 삶을 살기를 원하신다. 그들이 무엇을 하든 간에 그 일은 하나님의 영광을 위해 행해야 한다.[56]
- 기독교인은 성생활에 대한 하나님의 지시를 존중해야 한다. 성경은 드러난 하나님의 말씀에 반대로 행하는 모든 일을 포함해 성의 오용을[57] 경고한다.
- 하나님의 관점에서 볼 때 적절한 성생활 형태는 남자와 여자가 평생 결혼이라는 형식에 서로 충실하면서 행하는 것이다. 하나님은 우리가 결혼할 때까지 기다렸다가 성관계를 맺으라고 명하시며 그

형태가 우리에게 가장 좋다고 하신다.
- 애무는 서로 결혼하지 않은 사람들 사이에서 흔한 행위다. 성교를 위한 부드러운 준비인 전희와는 달리 애무는 성교하려는 의도가 없는 두 사람이 서로를 부드럽게 탐색하는 행위다.
- 애무에는 영적 그리고 육체적인 위험이 많이 따른다. 심한 애무의 역효과 한 가지는 반환 축소 법칙이 보여주고 있는데, 일정 기간 끊임없이 되풀이하면 개개인에 대한 자극의 효과가 축소되는 경향이 있다는 것이다. 원래 효과를 지속하려면 자극은 증가해야 한다. 애무는 이 법칙에 들어맞는 육체적 자극이다. 어느 정도의 친밀함에 도달하고 나면 커플은 덜 친밀한 정도로 돌아가기가 매우 어려움을 알게 된다. 애무는 계속적으로 더욱 더 친밀한 성적 연합을 추구하도록 만든다. 단계가 전진하면 멈추기 어렵고 좌절, 긴장, 성마름 그리고 자기통제의 축소라는 결과를 낳는다.
- 성령은 우리를 안내하고 우리의 성욕을 제어하도록 돕는 분이시다. 성관계는 때로 불법적으로 우리를 즐겁게 할 수 있는 욕구다. 하나님은 도움을 구하는 사람을 잘못된 태도와 행동에서 지키기 위해 순간순간 우리를 깨끗하게 하신다.[58]

지금까지 이야기한 것들은 상담자와 교회 지도자가 소통할 수 있는 예방 원칙들이며 때로는 공공연한 프레젠테이션으로 발표되거나 뒤이어 토론할 수 있는 주제들이다.

(b) 자위 : 자신의 성기 자극(일반적이지만 오르가슴에 이르기까지 반드시 필요한 것은 아니다)은 매우 흔한 형태로 혼외의 성적 환기이며 특히 남성에게 해당된다. 자위의 빈도는 청소년기 이후와 결혼 뒤에 줄어들지만 사라지는 것은 아니다. 결혼한 많은 남성들과 일부 결혼한 여성들은 때로 평생토록 자위를 계속하며, 종교적인 사람이나 교회 참석하는 사람이라고 해서 다른 사람들보다 자위를 덜하는 것 같지는 않다.[59]

자위가 몸에 해롭다거나 성교를 방해한다는 것을 시사하는 의학적 증거는 없다. 사통이나 간통과는 달리 자위는 성경에서 전혀 언급되지 않는다.[60] 그러므로 그 행위가 잘못인지에 관한 의견은 각기 다르다. 일부는 자위를 힐난하고 다른 일부는 하나님이 자위에 관해 전혀 언급하지 않으셨으므로 그다지 문제가 되지 않는다고 주장한다. 심지어는 자위가 결혼하지 않은 사람들이 혼전 성교와는 별개로 성적 긴장을 풀 수 있게끔 하는 하나님의 선물이라고 제시하는 사람도 있다. 아마 대부분의 사람들은 다음과 같은 경우, 잘못이 아니라는 데 동의할 것이다. 예를 들어 부인이 아프거나 출산 후 회복하고 있을 때, 남편이 멀리로 출장 갔기 때문에 성교를 할 수 없는 부부인 경우 혹은 어느 커플이 일시적으로 성교를 억제하기로 동의했으나 더욱 친밀한 성관계 대신 대안으로 자위를 하자고 동의했을 경우다. 그렇다면 성욕이 강한 독신 고등학생, 대학생, 혹은 대학원생이 자위하는 것은 잘못된 일인가?

자위는 대부분 음란한 생각을 동반한다. 성기의 자극을 동반하든 아니든 간에 음란한 생각 그 자체는 잘못된 것이다. 많은 남성들은 자위행위에 정신적 판타지 혹은 음란물의 이미지를 동반해 그들의 마음을 자극한다. 이런 것들은 하나님의 영광을 위해 모든 일을 하면서[61] 선한 것에 우리 마음을 집중해야 한다는 성경의 원칙을 깨뜨린다. 자위는 빈도와 강도에 있어서 점점 더 늘어나므로 성경 원칙을 깨뜨리는 강박적 습관이 될 수 있고[62] 결혼한다고 해도 그만두기가 매우 어렵다. 자위행위가 죄의식, 좌절 혹은 자기 힐난을 동반한다는 사실은 놀랍지 않다. 많은 사람들이 자위행위에 강박적으로 사로잡혀 있기 때문에 자신에게 화를 내거나 용기를 잃는다. 어느 기독교 대학 그룹 구성원들은 그들 자신이 '우리 삶에서 음란물, 정욕, 그리고 자위를 없애려고 노력하는 책임감 있는 그룹의 아이들'로, '죄짓지 않고 자위행위를 하는 특별한 방법'이 있는지 궁금해하고 있다고 표현했고 일부 사람들은 이들과 마찬가지 생각을 할지도 모른다. 이 대학생들이 제기한 질문에는 분명한 대답이 없다. 그러나 자위를 호의적으로 보는 사람과 그렇지 않은 사람 간에 수많은 논쟁이 오갔으며, 이 논쟁들은 이 문제를 가지고 씨름한 사람들에게 약간의 방향을 제시하고 있다.[63]

그렇다면 상담자 혹은 교회는 확실히 성교와 무관한 성적 행동의 형태로 실현되고 있는 가장 보편적인 이 행위에 관해 어떻게 말하는가? 기독교 상담자가 자위의 시작, 지속, 혹은 증가를 막기는 어렵지만 다음에 적은 관찰은 동성의 작은 그룹에서 공유한다면 효과가 있을 수 있다.

- 자위는 대단히 흔하며 성기 조직이 손상 입을 만큼 강박적으로 하지 않는 한 육체에 아무런 해도 끼치지 않는다.
- 자위는 성경에 전혀 언급되지 않았지만 이 사실이 자위를 옳은 것으로 만들지는 않는다. 언급이 없기 때문에 신학적 논쟁은 약하다. 그럼에도 불구하고 성경에서 말하고 있는 동성애, 수간, 간통, 매춘, 강간, 성폭행, 근친상간 그리고 기타 등등의 성행위의 범위를 고려할 때, 자위가 우연히 생략된 것이라고 결론을 내리기는 어렵다. 자위는 하나님이 관심을 많이 기울인 행위 같지 않다. 그분은 동물 학대에 관해 더 많이 말씀하셨다.[64] 우리는 성경이 비난하지 않은 어떤 일을 엄하게 단죄하지 않도록 조심해야 한다.
- 자위는 성적 혹은 다른 긴장을 푸는 데 유용할 수 있다. 그리고 자위는 혼인관계 이외의 성교를 대신한다. 많은 독신들과 배우자로부터 떨어져 있는 결혼한 사람들은 성욕 발산을 위해 자위한다.
- 기독교 상담자들은 자위를 보는 시각이 각각 다르다. 사람에 따라 자위를 '죄악', '하나님의 선물'로 불러왔고 자위는 하나님의 우선목록에서 대수롭지 않은 자리를 차지하는 이슈다.
- 자위는 시각적 자극(특히 음란물이나 다른 이미지) 혹은 성행위에 포함되었던 다른 사람의 이미지를 떠올리는 정신적 판타지와 함께 행해지는 경우가 많다. 이러한 형태의 자극은 예수님이 비난했던 '사람의 마음을 정욕에 빠뜨리는' 일로 보인다.[65]
- 이러한 정욕은 성기 자극과 연결되는 경우가 가장 많으며 정욕과 성기 자극이 결합하는 경우가 많으면 많을수록 나중에, 심지어는 결혼한 이후도 둘 사이의 결합을 깨기 힘들다. 판타지와 자위와의 연결을 깨는 일은 상당한 자기 훈련을 필요로 한다. 어느 기독교 상담자에 따르면 "음란물을 보지 않거나 판타지를 불러오지 않고 자위행위를 하면 성적 긴장이 해소되고 정욕으로 가득한 생각에 빠지지 않도록 도와준다"고 한다. 그는 또한 당신이 제어하려고 노력하고 있는 성 문제에 관해 "당신 자신을 지배하는 데 도움을 주는 이런 수단을 주신 데 대해 하나님께 감사하라"고 말하면서 이런 경우 제한된 자위를 받아들일 수 있다고 이야기한다.[66]
- 자위하는 사람들은 섹스와 결혼에 관한 성경적 관점을 이해해야 한다. 분명히 자위행위는 대안 행위다.
- 육체적으로 해롭다는 증거는 알려지지 않았지만 자위는 다른 방식으로 해로울 수 있다. 특히 자위가 강박적으로 되고 과도해지거나 혹은 다른 사람과의 친밀한 관계에서 후퇴하고자 하는 방법이 되었을 때 그렇다. 자위는 더욱 자기중심적으로 만들고 자존감을 낮게 하며, 죄의식을 만들어내고, 정욕에 의해 자극받기도 하고 자극하기도 한다.

- 자위는 그만두어야겠다는 결심만으로 중단되는 경우가 드물다. 그만두려고 하는 힘든 노력이 그 문제에 주의를 집중시킬 수 있으며 때로는 불안을 증가시키고, 실패하면 이러한 문제와 더욱 연관이 많아진다.
- 자위는 음란물과 성적으로 자극하는 다른 물건들을 보지 않겠다는 미묘한 노력이 있을 때 더 잘 통제할 수 있는 것 같다.
- 특별히 기독교 그룹과 책임감 있는 관계를 갖고 함께 기도하고 정기적으로 자위의 유혹과 행위에 대해 보고할 책임을 가지면 유용하다. 많은 중독들처럼 자위도 사람들과 함께 기도하고 지지하고 상호간에 책임을 지우는 방법으로 가장 잘 조정할 수 있다.

자위에 관해 가르치는 (혹은 쓰는) 사람은 비판 받을 것 같다. 이 문제에 관한 성경적 지침이 없으므로 우리는 갈등을 일으키는 다양한 의견과 마주한다. 이 의견들은 진지하고 동정적인 상담자들이 내놓는 경우가 많다. 비록 동의하지 않더라도 그들의 의견을 우리는 이해하고 존중하도록 노력해야 한다. 하나님이 금하신 성관계를 갖고자 하는 정욕과 동반될 때, 그것이 우리를 지배할 때, 건전한 성교를 막을 때, 배우자를 거부할 때, 그리고 하나님과의 관계를 방해할 때 자위는 확실히 죄악이다. 자위와 씨름하는 사람들은 종종 자위에 관한 공개 의사소통이 자위가 지닌 파괴적인 영향을 널리 알리도록 돕는다는 것을 알 필요가 있다. 대부분의 사람들에게 자위는 적절한 때 결혼 생활의 완성된 단계의 성에 의해 대체되기 마련이다.[67]

3. 현실적 대안을 찾아내도록 돕기

인간의 성은 성기 자극보다 훨씬 더 많은 것과 관련된 주제다. 성은 친근함, 의사소통, 자기통제, 자아개념, 대인관계, 성 정체성을 포함한다. 그리고 여성 혹은 남성이 된다는 것이 무엇을 의미하는지와 한 사람이 반대 성을 가진 다른 사람과 적절하게 관계하는 방법, 자신과 동일한 성을 지닌 사람들을 향한 성적 느낌을 다루는 방법 등을 포함한다. 이런 문제들은 종종 개인이 혼자 직면하는 갈등들로 친구 혹은 상담자와 의논하기에는 너무 당황스럽거나 두려워 다른 사람들 역시 비슷한 관심사를 가지고 있다는 것을 알지 못한다. 이 책에서 다룬 모든 주제처럼 성관계는 사람들에게 받아들여지고, 사랑받고 있다고 느낄 수 있는 기독교적 지원, 돌봄 공동체 맥락에서 생각하는 것이 가장 좋다. 교회는 사람들이 상담자 혹은 책임감 있는 파트너와 더불어 사적인 의문과 문제를 의논하는 곳이 되어야 한다. 교회는 가치관과 성 윤리가 상담 혹은 그룹 대화를 통해 형성될 수 있는 곳, 의미 있는 행동이 제공될 수 있는 곳, 특히 지루하고 외로우며 혹은 성적으로는 매력적이지만 도덕적으로는 위험한 상황에 유혹당할 젊은이들과 성인들을 위한 곳이 되어야 한다. 교회, 젊은이 그룹, 개인 상담자들이 성관계에 관한 논의를 원치 않을 수도 있으나 성 문제는 정직하게 공감하면서 그리고 사실적으로 대면할 때 실망과 비참함을 면할 수 있다.

• 혼외 성관계에 관한 결론

이 장을 쓰고 있을 때 미국의 어느 큰 회사 중역이 해고되었다. 회사 내의 한 여성과 정사를 나누어 왔던 것이다. 그 뉴스는 경제계에서 대대적인 화제가 되었고 이사진의 과감한 결정에 주의를 집중시켰다. 때때로 우리 모두는 아마도 우리의 가치관을 버리고 하나님의 기준 밖에서 성적 즐거움을 가져다줄 듯한 어떤 행동에 몰입하고 싶다는 유혹을 느낀다. 그러나 그 행동은 견책, 당황, 그리고 그 중역이 마주쳤던 것 같은 개인적 결과를 무릅써야 한다.

기독교 상담자는 내담자가 동정과 용서를 받고 싶지만 한편으로는 하나님을 즐겁게 하고 하나님의 기준을 감수하고 싶을 때 어떻게 반응하는가? 사회적 압력과 성경 사이에서 혹은 과학적 자료와 성경 사이에 분명한 갈등이 있을 때 어떻게 다루는가?

첫째, 과학적, 사회적 그리고 성경적 자료를 검토해 발생된 갈등이 해결할 수 있는 것인지의 여부를 살피는 것이 도움이 된다. 아마 우리 대부분은 이 세상의 지혜가 정말로 지혜인 것이 사실이라면 글로 쓰인 계시를 통한 진리와 갈등을 빚을 수 없다는 데 동의할 것이다. 갈등이 계속된다면 이 책의 저자를 포함한 많은 기독교인들은 가능한 정확하게 이해된 하나님의 말씀이 최종 권위여야 한다는 데 동의할 것이다. 다른 방식으로 찾아낸 발견들은 이 권위에 복종해야 한다. 조만간 더욱 분명한 정보를 얻을 수 있다면 갈등은 해결될 것이나 현재 우리는 모순 속에서 살고 있다.

이 관점은 인기 있는 관점이 아니며 편안한 관점도 아니다. 그럼에도 불구하고 혼외 성관계가 논의될 때마다 고려되어야 하는 질문들이 있다. 그리고 사회의 가치관과 일부 과학적 데이터는 성경의 가르침과 상충될 수 있다. 그러므로 상담자는 성경이 우리 자신의 상담과 도덕적 행동을 궁극적으로 지도하는 안내서인지 아닌지의 여부를 선택해야 한다. 우리 모두는 성경이 항상 상담자와 내담자가 만나는 특정한 이슈에 관해 말하고 있는 것은 아니라는 사실을 알고 있다. 이런 경우 우리는 성경에 나오는 전반적인 도덕적 가르침을 결정하고 이에 맞추기 위해 최선을 다하도록 추구해야 한다. 그러므로 우리가 혼외 성관계라는 이슈를 다루었다 해서 그것이 지침이 되는 것이 아니라 암시된 원칙이 모든 상담을 이끌어가는 우리의 지침이 된다.

상담자들을 위한
요점 정리 19

■ 성은 육체의 본능 혹은 생물적 매혹 이상의 것이다. 성은 생의 모든 부분에 스며들어 있으며 인간관계의 즐거움이라는 부드러운 느낌으로부터 관능적인 성교와 자극적인 오르가슴에 이르기까지 그 범주가 다양하다. 성관계는 친밀감, 의사소통, 동료의식, 그리고 자기 확인을 포함한다.

■ 성 경험은 외로움의 느낌을 덜어주고 일시적으로 분노를 잠재우며 친밀감을 줄 수 있지만 그것이 하나님의 지침 밖에 있을 때는 긍정적인 느낌이 흘러가버리거나 비인간화되거나 궁극적으로 성취감을 줄 수 없다.

■ 성경은 사통(보통 혼전 성관계), 간통(자신의 배우자가 아닌 다른 사람과의 성관계), 그리고 다른 형태의 혼인관계 이외의 성관계를 비난한다. 이런 일들은 하나님의 계획과 명령에서 어긋나기 때문이다. 결혼관계 내에서 섹스는 좋은 것이다. 하나님은 번성, 친밀감, 그리고 즐거움을 위해 섹스를 만드셨다.

■ 성경은 다음과 같은 사실을 가르친다.
· 성관계는 하나님이 만드신 것이고 좋은 것이다.
· 혼외 성관계는 죄악이다.
· 혼외 성관계는 사악한 생각을 포함한다.
· 혼외 성관계는 사악한 말을 포함한다.
· 혼외 성관계는 자유를 제한한다.

■ 건강하지 못한 성은 우리가 살고 있는 성으로 충만한 문화와 다음 사항을 포함한 내부의 압력 때문에 생겨난 것이다.
· 호기심.
· 제어하지 않은 판타지.
· 동일감과 자존심을 찾기.
· 친밀감과 근접성 추구.
· 삶의 압력으로부터의 탈피.
· 왜곡된 생각.
· 사탄의 행위와 유혹.

■ 혼외 성관계는 감정적, 영적, 육체적, 대인관계의 면에서 영향을 끼칠 수 있다.

■ 상담하면서 다음 사항들을 염두에 두어야 한다.
- 먼저 자신의 성, 태도, 유혹의 영역, 그리고 다른 성적 이슈를 들여다보라.
- 감수성을 가지고 귀를 기울이라.
- 내담자가 성에 관해 어떤 생각을 하고 있는지 결정하도록 노력하라.
- 당신의 목적과 내담자의 목적이 어떻게 다른지를 생각하라.
- 자기통제를 포함해 실질적 이슈에 도움을 주라.
- 내담자가 용서와 회복을 찾을 수 있도록 도우라.
- 정확한 정보를 주라.
- 때때로 다른 상담자에게 소개할 필요가 있음을 고려하라.

■ 건강하지 못하고 비성경적인 혼외 성관계를 막으라.
- 정확한 성교육을 하라.
- 자기통제 같은 실제적 문제를 도우라. 가장 흔한 두 가지 이슈는 혼인관계 외의 성관계와 자위다.
- 사람들이 해로운 혼외 성관계에 대한 실질적 대안을 찾도록 도우라.

■ 성경이 사회적 가치관 혹은 과학적 자료와 상충된다면, 항상 성경의 가르침이 도덕적 행위와 기준들보다 먼저다.

New Christian Counseling

20 >>
결혼 내의 성
Sex Within Marriage

로베르토와 조안느가 상담자를 찾아온 것은 결혼한 지 12년이 되는 해였다. 그들은 아홉 살, 일곱 살, 세 살짜리 아이들에게 헌신적인 부모였고 독실한 기독교인이었으며 교회에서도 적극적으로 활동했다. 둘 다 직장에서 성공을 거두었으나 가정에서는 서로 고립되는 일이 점점 늘어갔다. 조안느가 상담 약속을 했고 로베르토는 마지막 순간에 오겠다고 결정을 내리긴 했으나 열의가 없었고 처음부터 불평했다.

상담자는 다른 부부로부터 비슷한 이야기들을 들어왔다. 결혼 초기에 그들은 서로에게 빠져 있었고 둘 다 애정 어린 방식으로 사랑을 표현했다. 서로에게 거리낌 없이 주었고 자주 열정적인 성교를 나누었다. 로베르토는 아내에게서 인정받았다고 느꼈고 섹스 파트너로서 성행위를 할 수 있다는 것이 즐거웠다. 조안느는 남편의 배려와 애정을 느꼈고 성교를 하면서 보다 큰 성적 환희를 느끼도록 로베르토를 자극하려고 노력했다.

첫 아이가 태어난 뒤 상황은 변했다. 조안느는 어머니로서 할 일이 많아졌고 밖에서 일하느라 항상 피곤했다. 바쁜 하루 일과가 끝나면 그녀는 녹초가 되어 쓰러졌고 섹스보다는 잠을 원했다. 로베르토는 그들이 함께 만든 아기가 자신의 자리를 차지했다고 느꼈고, 젊은 아버지는 더 이상 자신이 중요하다거나 필요하다고 느끼지 못했다. 조안느는 로베르토의 성적 제의에 열정적으로 반응하는 대신 그가 무감각하며, 이기적이고, 그리고 조안느 자신이 하고 있는 모든 일에 대한 이해가 부족하다고 불평했다.

부부가 멀어지기 시작한 것은 당연한 일일 것이다. 로베르토는 친구들과 그리고 일하는 데 더 많은 시간을 보내기 시작했다. 집에 있을 때마다 그는 조안느가 바쁘거나 집안일을 한다고 불평했고 저녁은 결혼 초기 열정적인 섹스로 끝맺던 것과는 달리 다툼으로 끝났다. 어느 날 밤 조안느는 잠이 깨었고 남편이 음란 비디오를 보면서 자위하고 있는 것을 발견했다. 그녀는 화를 냈지만 로베르토는 자신이 자위를 하는 것은 직장에서 자신의 아내보다 더 매력적인 여인과 성관계를 갖고 싶지 않기 때문이라고 소리를 지르면서 변명했다.

다음 날 감정이 가라앉자 조안느는 그들의 결혼 생활에 어떤 희망이 남아 있는지 알아보러 가겠다고 선언했다. 처음에 로베르토는 함께 가기를 거부했지만 어떤 '냉정한 정신과 전문의' 앞에서 아내가 그들의 성적 비밀을 이야기할 것이라는 생각이 들자 마음을 바꾸었다.

당신이 상담자라면 로베르토와 조안느를 어떻게 도울 것인가?[1] 성 문제는 정신과 의사가 환자와 논의해야 할 문제로 기독교인 상담자, 특히 목회자가 내담자와 함께 다룰 이슈가 아니라고 믿는 사람들이 여전히 있을 것이다. 하지만 적극적으로 상담 활동을 하고 있는 사람 중에 이런 관점을 지닌 사람은 많지 않다. 성에 관한 이슈는 종종 상담에서 다루고 있는 일이며 특히 로베르토와 조안느의 경우처럼 결혼 갈등에 포함된 부분이므로 무시할 수 없다. 하나님은 세상과 인간을 만드셨을 때 성을 만드셨다. 성관계는 하나님의 계획에 포함된 일부이며 인간 종족이 즐겨야 하는 아름다운 일이지만 원죄로 인한 인류의 타락에 의해 방해받고 잘못된 특성을 지니게 되었다.

때때로 성 문제가 가장 먼저 결혼 생활을 불화로 이끈다. 부부 갈등 혹은 부부 사이가 멀어지는 경우 제일 빈번하게 생기고 자주 있는 일인 듯하다. 이 일은 분노, 실망, 후회, 공포 혹은 긴장을 많이 만들어내 서로 더 이상 성관계에 만족하지 않도록 만든다. 성 문제 혹은 결혼 생활의 다양한 문제 중, 무엇이 제일 처음 생겨나건 성과 결혼은 대단히 밀접하게 섞여 있어 성은 결혼에, 결혼은 성에 동일한 영향을 끼친다. 이 장은 우선적으로 성에 초점을 맞출 것이며 결혼 문제는 제29장에서 다룰 것이다.

성경과 결혼 내의 성생활

초대교회의 일부 교부들은 성기를 통한 성생활을 결혼관계에서만 받아들일 수 있는 것으로 보았고 오직 출산을 위한 것으로 보았다. 육체의 정열은 어떤 희생을 치르고서라도 버려야 하는 것이었고 심지어 결혼관계에서도 절제하는 삶이 우월한 것이라고 여겼다. 오늘날 기독교의 관점에서 볼 때 다행스럽게도 이 태도는 몇 세기를 지나면서 바뀌기 시작했다. 종교개혁의 시기에 가톨릭과 신교도 양쪽 모두는 성생활에 더욱 적극적이었다. 루터는 이 문제에 관해 특히 솔직하게 썼다.[2] 확실히, 성경이 성생활을 금기시한 적은 없다. 거의 모든 성경책이 성생활에 관해 무언가를 이야기하고 있고 특히 아가서에 나오는 묘사는 너무나 명확하고, 심지어는 성적으로 자극하기조차 한다. 이들 성경 구절에서 우리는 다음을 포함해 성생활에 관해 다수의 결론을 내릴 수 있다.

1. 하나님은 우리를 성적 존재로 창조하셨고 섹스는 좋은 것이라고 선언하셨다

인간이라는 존재를 창조하실 때, 우리를 남자와 여자로 만드셨고 좋다고 선언하셨다. 그분은 첫 남편과 아내에게 "번성하고 생육하라"고 지시하셨고 그 지시는 분명 벌거벗음과 성교를 포함하고 있었다.[3] 성교는 부끄러운 것으로 여겨지지 않았고 혹은 아무리 그렇다 해도 하나님이 용인하신 일이다. 반대로 섹스는 하나님이 선하시다는 증거이며 우리가 찬미하고 감사를 표할 수 있는 무엇이다.

2. 성기를 통한 성생활에는 세 가지 목적이 있다

출산, 연합 그리고 즐거움이다. 성경에서 첫 탄생은 성적 교섭의 결과와 '주님의 도움'이 더해진 결과로 묘사된다.[4] 분명히 아이를 임신하고 번성하라는 신성한 명령에는 성관계가 포함되어 있다. 또한 남편과 아내가 '일심동체'로서 연합하는 근본적 방법으로 보인다. 신학자들은 성교가 즉각적으로 부부를 일심동체로 연합하는지에 관해 그리고 부부가 성적 교섭 없이 일심동체 관계를 가질 수 있는지에 관해 논쟁해왔다. 그러나 대부분의 사람들은 아마도 결혼관계에서 성기를 통한 섹스가 일심동체로 헌신을 표현하는 기본적이고 중요한 방법이라는 데 동의할 것이다.[5]

섹스는 즐거움을 위한 행위일까? 가장 명백한 대답은 분명 아가서에서 찾을 수 있다. 이 작은 책은 생생한 시적 언어로 결혼한 연인들 간의 육체적 성관계의 즐거움을 묘사한다. 이 묘사들은 노골적이지만 전혀 불쾌하지 않다.[6] 잠언의 경우도 마찬가지다. "네가 젊어서 취한 아내를 즐거워하라…… 너는 그 품을 항상 족하게 여기며 그의 사랑을 항상 연모하라"[7]

신약에서 우리는 남편과 아내가 서로에게 육체적 즐거움과 만족을 주기를 거부할 때 성적 친밀감을 빼앗고 있는 것이라는 글을 읽는다. 이에 대한 유일한 예외는 결혼한 부부가 일시적으로 특별한 기도의 때를 위해 성생활을 자제하기로 동의한 때뿐이다.[8]

3. 성교는 결혼을 위한 것이다

우리 사회에는 난음이 흔하며 일부 사람들은 성관계를 살과 살을 비비는 것 이상으로 보지 않는다. 물론 모든 사람이 그렇게 보는 것은 아니나 많은 사람들은 애정, 관심, 사랑, 신뢰 특히 헌신을 전희와 오르가슴 다음이라는 두 번째 중요한 자리로 추방해버렸다. 이 장은 결혼하지 않은 파트너 간의 섹스를 연구하는 저자들의 조사를 이끌어내지만 혼인관계에서 서로에게 헌신하는 결혼한 부부간의 성관계를 강조하고 있다. 성경이 성관계에 찬성하면서 이야기할 때는 결혼한 배우자 간의 성교를 가리킨다. 창세기를 인용하면서 예수님은 결혼이 지닌 '일심동체'의 본질과 영속성을 찬성하셨다. 바울은 결혼이 성적인 자기통제로 씨름하고 있는 사람들에게 바람직한 해결책이라고 언급했다(혼인관계 밖의 성관계가 아니다). 결혼하면 남편과 아내는 서로에게 그들의 몸을 대가없이 주어야 하며 성적으로 억제하지 않도록 해야 한다.[9]

4. 성적 부도덕은 강하게 비난받는다

밧세바의 남편이 전쟁에 나가고 없을 때 그녀와 성관계를 갖고 그 일을 숨기려고 했던 다윗 왕의 행동은 여느 사람과 다름없었다. 시편 32편, 51편은 이 결합으로 생겨난 아이가 죽었을 때 찾아온 슬픔을 포함해 그 뒤에 찾아온 고통을 묘사하고 있다. 하나님이 우리에게 성적 부도덕을 자제하라고 명하셨을 때, 이 명령은 우리의 즐거움을 앗아가려는 의도가 아니다. 이는 하나님이 우리가 호색한 정열에 빠져들었을 때 하나님의 말씀을 존중하지 않거나 그로부터 생겨날 불행에서 우리를 보호하고자 하시기 때문이다.[10] 성경은 간통을 어리석고 파괴적인 일로 묘사한다.[11]

간통과는 대조적으로 성경은 결혼 내의 섹스를 열정적으로 지지한다. 부부는 원하는 만큼 자주 그리고 마음껏 섹스할 수 있으며 섹스하면서 다양한 기술을 사용할 수 있다. 그러나 하나님을 불미스럽게 만들 것 같은 방법은 사용할 수 없다. 속박하는 물건을 사용하거나 가학적인 방법, 한 사람을 불편하게 하는 방법, 혹은 느낌을 강하게 만들기 위해 하나님이 의도하신 성생활의 영역 밖에 있는 마약이나 알코올을 사용하는 일 등이 그 예다. 성관계라는 선물이 잘못 사용되거나 남용될 때 섹스 역시 마냥 좋을 수 없다. 좋기는커녕 당장은 아니더라도 나중에 문제, 어려움, 그리고 후회를 불러온다.

• 결혼관계에서 성생활 문제를 일으키는 원인들

아마 대부분의 사람들은 열정을 가지고 결혼을 하며 그 뒤에 따르는 성적 자유를 기대할 것이다. 이들 중 많은 사람들은 결혼 내의 섹스가 기대했던 것만큼 계속해서 즐겁거나 자극적이지 않다는 사실을 발견하고 실망한다. 그런 일은 때로는 신혼여행에서 일어난다. 이렇게 실망하는 데는 여러 가지 이유가 있다.

1. 섹스에 관한 잘못된 정보

현대는 성에 대해 개방되어 있고 성을 잘 알고 있다는 믿음이 널리 퍼져 있다. 그럼에도 불구하고 상담자들은 종종 많은 부부들이 정확한 지식이 없다는 사실을 알고 놀란다. 성 연구가인 윌리엄 매스터스(William Masters)는 "성 문제를 일으키는 가장 큰 원인은 잘못된 정보, 잘못된 개념, 그리고 금기다"[12]라고 말한다. 대부분의 다른 영역에서는 정보를 체계적으로 배우지만 성교육은 청소년기의 농담, 텔레비전 프로그램, 성적으로 흥분시키는 영화 그리고 다른 미디어(잡지나 소설 등), 종종 논란이 많은 학교의 성교육 등 여기저기서 지식을 우연히 모아야 한다. 그처럼 많은 사람들이 혼란스러워하며, 잘못된 정보를 갖고, 비현실적인 기대를 하며, 질문은 금기하고, 왜곡된 판타지를 가지면서, 다양한 성애 경험의 효과를 모르고, 여성과 남성은 성적으로 다른 방식으로 자극받는다는 사실을 모른다는 것이 놀랍지 않은가? 성적 본능과 충동은 선천적인 것이지만 그러나 성교 지식은 배워야 한다. 배움이 부적절하거나 고통 혹은 다른 학대받은 경험이 동반된다면 성적 적응 문제가 생긴다.

2. 문화적 가치관과 태도

한 사람이 자라고 살아가는 사회가 성적 태도와 행동을 빚어내는 경우가 많다. 지난 몇십 년 간 섹스는 사회적 논의 대상이 아니었고, 언론에서 섹스 묘사는 제한되었으며, 결혼 생활의 충실함이 기대되었다. 일부 사람들은 섹스가 더럽다고 여겼으며 점잖은 사회는 절대 언급하지 않는 문제로 생각되었고, 남자들은 관심을 보이지만 여자들은 성적 자극에 관심이 없거나 수동적이라고 추정하였고(적어도 남성들이 그렇게 추정했다) 여성과는 관련 없는 문제라고 여겨졌다. 부도덕한 성적 행동이 알려졌을 때 공동체는 분노와 부끄러움에 끓어올랐다. 가장 소리 높인 비평가들 일부는 은밀하게 비슷한 방식으로 경험할 수 있었으면 하고 바랐을지도 모르지만, 전체적으로 문화적 태도와 높은 도덕적 기준은 혼인관계 이외의 성교 빈도가 비교적 낮아지는 데 기여했을 수 있으나 정상적으로 결혼한 부부들 사이에서도 오해와 성적 좌절을 낳았음이 분명하다.

그리고 상황이 변하기 시작했다. 섹스는 이제 공개적으로 토론할 수 있는 문제가 되었다. 예전의 금기는 깨지기 시작했고 혼외 성교는 더욱 용인하게 되었으며, 미디어, 특히 텔레비전, 영화 그리고 대중잡지는 결혼 생활의 충실과 성적 책임감에 대한 전통적 관점에 도전하는 길고 계속적인, 복잡한 과정을 시작했다. 알프레드 킨제이(Alfred Kinsey)가 1948년 『남자들의 성적 행동 Sexual Behavior in the Human Male』이라는 책을 펴낸 후 성적 개혁은 최고조에 달했을 것이다. 1980년대 이르러서야 킨제이의 연구 방법과 결론에 많은 흠이 있다는 사실이 알려졌으나 이미 그 책은 깊은 영향을 끼친 뒤였다. 21세기에 들어서도 킨제이의 삶과 도덕에 관한 영화가 만들어져 널리 알려졌을 정도로 그의 영향은 계속되었다.[13] 성은 개방되었고 음란물을 포함해 성적으로 자극하는 시각 이미지의 사용 가능성은 많아졌으며 이들의 결합으로 사람들은 공적으로 성적 즐거움을 더 많이 알게 되었다. 이 일은 성적 즐거움에 관한 우리의 기대치를 높였고 우리 자신의 삶과 결혼 생활에서 생기는 성 문제를 예전보다 더 참지 못하도록 만들었다. 혼외 성관계를 문화적으로 더욱 용인하게 만들고, 성적인 인식, 성취감, 그리고 몰아지경의 성기 결합이 건강한 성인 남성과 여성의 표시라는 믿음으로 이끌었다.

이런 일들과 같은 문화적 기대는 다른 종류의 성 경험을 가진 사람들의 불안감과 불확실함을 초래할 수 있다. 혼외 성관계를 하는 모든 사람들이 죄의식, 고통 혹은 후회하고 있을 것이라는 추측은 순진한 생각이다. 많은 이들이 문화 수준에 따라 살아가고 있으며 명확히 해로운 영향은 아무것도 경험하지 않고 있다. 그러나 성적 충동을 통제하기 어려운 젊은 사람들을 포함해 가능한 빨리 오르가슴을 경험하려는 압박에 시달리며 그런 후 잠시 죄의식으로 괴로워하는 이들은 죄책감을 느끼기도 한다. 성적 충족감은 성교가 급히 이루어지고, 상대에 대한 배려나 상냥함이 없으면 곧 사라진다. 그런 상황에 놓인 사람들은 속았고 실망했다고 느낀다. 종종 부끄러움을 느끼고 자신을 비판하게 되며 섹스가 없애줄 것이라고 생각한 외로움을 느낀다.

이런 것과 같은 초기 경험은 결혼 후기에 반대 효과를 끼칠 수 있다. 초기 경험이 결혼에 맞지 않거나 계속해서 결혼에 충실하지 않을 때 성 경험이 있는 사람들은 성 문제를 해결하고자 하는 의도가 덜하며 난교(亂交)를 허가하는 사회의 다른 곳에서 만족을 구하는 경향이 있다. 후에 성 문제, 조루 혹은 발기 불능과 같은 성 문제는 심리적 그리고 사회적 태도에 영향을 끼치는 것처럼 생리적 기능 부전에도 관련된다. 문화적 가치관의 변화, 언론이 말하는 왜곡된 성 정보의 급등, 초기 성 경험의 미완수, 먼저 배운 태도 등 모든 것이 결혼관계의 성 문제에 기여한다.

3. 음란물

알렉스는 성적으로 중독된 내담자들을 돕고 있을 때 음란물을 보기 시작한 상담자다. 처음에 알렉스는 늦은 밤 음란물을 보는 것이 고객의 세계를 이해하기 위한 방법이라고 정당화했으나 보면 볼수록 그 경험을 즐기게 되었다. 다른 많은 사람들처럼 알렉스는 음란한 그림들을 보면서 자위할 때 일시적으로 스트레스가 사라지는 경험을 했다. 그 경험은 즐거웠고 신속했고 부인을 만족시켜야 하는 데 쏟아야 했던 에너지를 소모할 필요가 없었다. 말할 필요도 없이 이 남자의 음란물 경험은 결혼 생활의 성적 친근감을 방해하고 있었다.[14] 비록 음란물에 영향 받고 중독되는 것이 남자들에게 흔히 일어나는 일이라고는 하지만 그런 문제는 여자들에게도 존재한다.[15]

4. 바쁜 생활과 스트레스

로베르토와 조안느의 결혼에서 생겨난 성적 좌절에 관해 생각해보라. 무엇이 그들의 문제였을까? 아이의 탄생은 그러잖아도 바쁜 그들의 삶에 더욱 스트레스를 주었고 삶의 압력과 수면 부족이 더욱 현저해지면서 성관계를 나누는 횟수도 줄어들었다. 일, 부모로서 해야 할 일, 교회 활동 그리고 다른 압력이 합쳐져 불안을 만들어내고 우리를 시간에 굶주린 생활로 밀어넣으며,[16] 성관계에 관한 관심이 줄어들도록 만드는데, 육체적 이유가 그 한 부분을 차지한다. 예를 들어 스트레스가 연장되면 으뜸가는 남성호르몬인 테스토스테론 수치가 감소된다. 삶의 압력과 문제, 에너지와 성적 충동의 결핍으로 인해 많은 남성들은 아내와 사랑을 나누기보다는 늦은 밤 텔레비전 쇼를 보거나 자는 편을 택한다. 바쁜 정도와 스트레스 수준이 올라가면 남편과 아내 양쪽 모두 성적 활동에 참여하는 정도와 관심이 줄어드는 경향이 있다.

상호 즐거운 성적 교섭은 육체적 그리고 정신적 에너지를 필요로 한다. 또한 느슨하고 시간에 구애받지 않는 바쁘지 않은 태도를 요구한다. 결혼한 젊은 부부는 처음에는 주말에 늦게 잘 수 있다. 돌보아야 하며, 성교를 방해하거나, 성욕이 일어나는 것을 막을 아기가 없기 때문이다. 이들 부부는 활기와 자연스러운 에너지를 아주 많이 가지고 있는 일이 종종 있다. 나이가 먹어가면서 남편과 아내의 성적 욕망은 줄어들지 않을 수 있으나 우리가 보아왔듯 예전보다 에너지는 줄어들며 시간과 책임감을 요구하는 일은 많아지고 정신적 혹은 육체적 피로는 증가하고 더 많이 자야 할 필요가 있다. 자라는 아이들은 주의를 요구하며 부부에게 성관계의 빈도와 욕구를 축소시키도록 강요하는 경우가 종종 있다. 부부가 아이들에게서 벗어나 잠자리에 들더라도 그 태도는 "서둘러. 그래야 좀 자지"라든가 "아이들이 깨지 않게 아주 조용히 해야 해"라는 것이 된다. 이런 식의 관심사가 결혼 생활에서 마음 편한 성생활을 방해할 수 있고 성적 긴장을 야기시킬 수 있다는 것은 거의 기정사실이다.

5. 권태

커플은 한동안 결혼 생활을 한 후 서로에게 익숙해지게 된다. 그들의 섹스는 더 이상 참신하지 않다. 전희는 짧아지고 성관계는 틀에 박힌 일이 된다. 몇 년이 지나면 한때 그처럼 자극적이었던 성관계는 이제 단조로워진다. 배우자들은 서로를 성적으로 자극하는 데 시간을 거의 소모하지 않으며 때때로 남편과 아내는 외모에 관심을 덜 가진다. 그런 상황에서 성관계는 그렇게 만족스러운 것이 아니다. 대화도 최소한으로 줄어든다. 다시 말해 자신의 배우자보다 더 매력적이고 자극적이며 참신해 보이는 다른 사람과의 혼외 정사를 위한 환경이 마련되는 것이다.

일부 부부는 음란물을 포함해 판타지로 지겨움을 극복한다. 성관계하는 동안 한 사람 혹은 두 사람 모두가 과거의 욕망하는, 혹은 색다른 성관계에 포함되었다는 환상을 즐길 수도 있다. 앞 장에서 보았듯이 판타지는 흔하며 반드시 잘못된 것은 아니다. 때때로 판타지는 성관계를 다양하게 하며 즐거움을 증가시킨다. 그러나 호색한 생각을 피하고자 하는 기독교인에게 해롭거나 죄의식을 느끼게 할 수도 있다. 더욱이 자신의 배우자가 아닌 다른 사람을 생각함으로써만 오르가슴에 도달할 수 있다면 환상은 친근감을 막아버릴 수 있다.

6. 육체적 원인

때때로 수술, 내분비선의 동요, 비만, 당뇨병, 혹은 상처 등이 성적 행동을 막는다. 다른 때는 건강에 대한 관심이 성관계를 두려워하도록 만들 수 있다. 예를 들어 어느 연구에서 심장마비 환자의 80%는 병을 앓고 난 뒤 성행위 재개를 두려워했다고 하고 남성의 42%는 발기하거나 발기를 지속하는 데 어려움을 느끼고 있다고 한다.[17] 육체적 영향이 성교를 막거나 성적 문제를 만들어내는 반면, 심리적 긴장은 발기부전 문제로 나타나는 경우가 흔하다. 악순환이 되는 것이다. 육체적 문제는 심리적 긴장을 유발하고 심리적 긴장은 육체의 기능을 막는다. 육체가 제기능을 하지 못하는 어떤 경우(진짜건 상상이건) 절제 혹은 성적 어려움의 변명으로 사용되기도 한다.

신체적 방해 요인으로는 아마 마약이 가장 흔할 것이다. 물론 알코올도 이 범주에 들어간다. 알코올은 긴장을 풀어주고 불안을 최소화하며 욕망을 덜 자제하게 하므로 어떤 부부는 관계 전에 술을 마신다. 그러나 많은 양의 알코올은 감각을 둔하게 한다. 알코올은 발기 불능이 되는 주요한 원인 중의 하나다. 그러므로 발기 불능은 성적으로 부적절하다는 두려움과 불안을 야기한다. 이러한 불안이 성관계 시도를 막는다. 특히 남자가 시도하기 전에 긴장을 풀려고 약간 더 많이 마셨다면 더하다.

7. 심리 장애

성관계는 긴장을 풀고 사랑과 친분을 표현해야 하지만 심리적 장애물이 방해하면 가로막힐 수 있다. 앞 단락에서 많은 것을 설명했다. 비현실적인 기대, 스트레스, 바쁜 일상, 발견의 두려움, 또는 성교로 인해 건강을 잃지 않을까 하는 불안들이 성관계를 방해한다. 다음의 사례도 장애를 일으키는 경우에 포함된다.

- 남편과 아내 사이의 갈등 : 사랑과 친근감은 고통스럽거나, 갈등이 계속될 때 혹은 분노가 이어지고 있을 때는 편안하게 표현할 수 없다. 섹스가 오해, 의견 차이, 분노, 질투, 혹은 배우자에 대한 불신을 다루는 가장 좋은 방법이라는 생각은 사실이 아니다.
- 남편의 개인적 문제와 불확실함 : 횡포를 부리는 남성, 강박적인 자위 혹은 혼외 성행위로 인해 죄의식을 느끼는 남성들, 침대에서 잘하고 싶다는 욕망을 가진 남성들, 상냥하지 않거나 인내심이 없거나 친절하지 않은 남성들은 결혼 생활에서 성 문제를 일으킬 수 있다.
- 아내의 개인적 문제 : 여기에는 성교하는 동안 느끼는 통증, 섹스는 더럽다는 생각, 과거 성행위에 대한 죄의식, 임신의 공포, 남편에 대한 불만족, 혹은 열등감, 불안함, 또는 당황스러움이 포함되어 있다. 일부 여성들은 성교에 싫증나거나 흥미를 느끼지 못하며 단지 무감각한 남편들을 즐겁게 해주기 위해서, 그리고 어서 끝나기를 바라면서 성관계를 갖기도 한다.
- 남성다움 혹은 여성다움에 관한 의심 : 여성 혹은 남성이라는 것은 무슨 의미일까? 이 이슈에 관해서 전통적인 여성과 남성의 역할이 무너지고 있는 사회와 관점이 다른 교회, 양쪽 모두에서 혼란이 있다. 그러나 침대에서의 역할은 분명하다. 여성의 질 속으로 들어가는 것은 남성의 페니스다. 부부가 특히 남성이 침대에서 역할을 수행하지 못한다면 이 일은 그의 자존심과 성적 타당성에 대한 커다란 위협이다. 남성의 발기 불능에 분명한 육체적 이유가 있을 때조차 많은 사람들은 정신적 충격을 겪는다. 여성들에게 공통적인 성 문제는 오르가슴을 느낄 수 없다는 것으로 느끼고 싶은 욕망이 강렬할 때조차 그렇다. 이 일은 여성으로서 자존감에 위협이 될 수 있다. 자궁 절제 또한 더 이상 아이를 가질 수 없다는 사실을 알고 있으므로 여성에게 어려운 일이 될 수 있다. 일부 여성들은 이 수술로 인해 여성성의 일부가 사라진다는 느낌을 갖기도 한다. 성기 영역의 문제는 남성성 혹은 여성성에 관해 의구심을 불러일으키며 성 기능을 가로막는다. 더 많은 의심들이 생겨나는 경우가 잦으며 악순환이 시작된다.
- 성적 공포 : 성적 공포는 종류가 다양하며 우리가 이미 언급한 임신의 공포, 성관계가 고통스러우리라는 공포, 제대로 성관계를 하지 못할 것 같은 두려움, 예전 성관계 대상과 비교당할 것 같은 두려움, 성적 진전이 거부당할 것이라는 두려움, 페니스가 너무 작거나 크지 않을까 하는 두려움, 자기 통제를 잃는 것에 대한 두려움, 혹은 친밀감에 대한 두려움 등을 포함한다. 이것은 각각 공포와 사랑(성적 사랑을 포함해)이 상호 배타적인 경향이 있으므로 성적으로 억제될 수 있다. 사람이 공포나 사랑 중 하나를 느끼고 있다면 나머지 하나는 덜 느끼게 된다.[18]
- 성적 선호도의 차이 : 남편과 아내가 성관계를 원하는 빈도(한쪽이 다른 쪽보다 더 자주 원할 수도 있다), 성관계를 원하는 시간, 부부에게 어떤 것이 적절한가에 관한 의견(예를 들어 한쪽은 구강 성기 접촉을 원하지만 다른 쪽은 원하지 않는 경우, 한쪽은 다양한 체위와 장소를 실험해보고 싶어 하지만 다른 쪽은 그렇지 않은 경우)에는 차이가

난다. 이들 차이는 사소해 보일 수 있으나 성적 만족을 가로막는 심각한 장애물을 만들어낼 수 있다.
- 죄의식 : 죄의식은 가장 흔한 심리적 장벽 중 하나다. 과거 성행위, 현재 혼외 성관계 행위, 동성애 경향, 자위, 혹은 되풀이하는 판타지는 결혼 생활에서 성적 문제를 만들어낼 수 있다. 혼외 성관계에서 성적 만족을 얻으면 배우자와의 성관계는 덜 만족스러워지는 것 같다.
- 결혼 권력 갈등 : 성관계는 결혼에서 강력한 무기가 될 수 있다. 성관계를 보류하거나 요구하는 일은 일부 부부에게 배우자에게 권위를 확인하거나 복수 혹은 호의를 얻거나 결정을 하는 방법이 될 수 있다. 때때로 이 일은 공공연하게 논의된다. 성관계의 보류가 수동적인 반응을 나타내는 경우가 더욱 잦다. "너무 피곤해서 성관계를 못하겠어"라든가 "오늘 기분이 안 좋아"라는 말은 때때로 "성관계를 안 하는 건 당신에게 복수하려는 거야"라는 의미다.
- 성 기능장애 : 이 장애에서 가장 흔한 일들은 표 20-1에 요약해놓았다. 표에 적은 모든 일은 부부의 성행위를 방해하는 조건들이다. 각각의 기능장애에는 육체적 근거가 있지만 심리적 원인도 있다. 심리학자 혹은 상담자들은 성관계 요법에서 이런 훈련에 대해 자주 배운다.[19] 비전문가들은 이런 기능장애를 알고 내담자들에게 그들이 특이한 사람이 아니며 치료를 받으면 회복할 수 있다는 점을 재확인시켜주면 도움이 된다.
- 기타 잡다한 원인 : 성적 완성을 방해하는 다른 원인에는 계속되는 우울함, 사생활의 결핍, 성관계가 어떤 방식으로 영성을 방해한다는 믿음, 혹은 직업이나 가족의 재정 걱정으로 인한 주의력 부족 등이 있을 수 있다. 빈약한 자아 개념 또한 성적 친밀감을 해롭게 할 수 있다. 한 여성은 성관계가 내키지 않는다고 묘사하면서 다음처럼 썼다. "가슴이 너무 납작해서 성적 욕망이 없는 것 같아요." 다른 사람들도 성관계를 피하는 데 비슷한 이유를 댄다. "난 너무 뚱뚱해요. 그래서 즐길 수 없어요." "그의 숨결을 견딜 수 없어요." "그는 너무 이기적이라서 이용당하는 느낌이에요." "제 아내는 제 능력을 비웃습니다…… 약간 서투르기는 합니다." "남편이 예전에 정사를 가졌다는 사실을 용서할 수 없어요." 분명히, 성관계 문제에는 다양한 원인이 있고 개개인과 결혼 모두에 깊은 영향을 끼친다.

성관계에 대한 심리적 장벽은 이 장 앞부분에서 언급한 것과 비슷한 악순환으로 이끄는 일이 잦다. 성관계 실행에 대한 심리적 장벽이 먼저 나타나는 것이 보통이다. 이런 공포와 태도 때문에 성관계는 만족스럽지 않다. 성관계가 만족스럽지 않다는 인식은 이후 그 일을 더욱 두렵게 하고 한결 더 강한 심리적 장벽을 만들어내고 성적 실행을 더욱더 어렵게 만든다. 결국 원인과 결과를 구분하는 일이 어려워진다.

결혼관계에서 성 문제의 영향

성 문제가 나타나면 일부 부부는 단순히 '포기하고' 그들의 어려움을 해결하려는 노력을 하지 않는다. 그들은 아마 좌절을 드러내놓고 이야기하기를 두려워하거나 상황이 절대로 나아지지 않으리라고 믿을 것이다. 다른 사람들은 두통, 복통을 앓거나 피곤해하고 감정적으로 우울해하거나 성 문제를 감출 수 있으며 금욕의 핑곗거리가 될 수 있는 다른 증상을 느낀다. 성관계를 하지 않는다면 성관계를 하고 싶어 하는 다른 배우자에게는 매우 어려운 일이 될 수 있다.

성교의 회피 이외에도 결혼에서의 성적 어려움은 다음과 같은 다른 커다란 결과를 불러올 수 있다.

표 20-1. 흔한 성 기능장애

- 오르가슴 장애
  때로 불감증이라고 알려져 있으며 여성이 오르가슴을 포함한 성적으로 충만한 즐거움을 느끼지 못하거나 느끼려고 하지 않을 때를 이른다.

- 질경(膣痙)
  이 장애는 질을 둘러싸고 있는 근육이 본의 아니게 축소되어 삽입하려고 할 때 입구가 꽉 닫히는 것이다.

- 발기 장애
  발기 부전이라고도 한다. 남성이 발기를 할 수 없거나 발기를 하더라도 지속할 수 없는 경우를 말한다.

- 조루
  페니스를 질에 삽입하자마자 혹은 삽입한 후 이내 발기가 수그러들면서 사정하는 것이다.

- 지루
  조루의 반대로 페니스가 발기한 채로 남아 있거나 사정이 이루어지지 않는 경우를 말한다.

- 성교 동통(疼痛)
  고통스러운 성교를 말한다.

- 성욕 억제
  성교의 욕망을 억제해서 생긴 기능장애다. 여성과 남성 모두에게 해당하는 장애로 성적 욕망이 완전히 막힌 것 같다.

- 완성되지 않은 결혼
  부부가 성교를 하지 못하는 경우를 포함한다. 비록 그들은 성적으로 함께 어울리고 어떻게 해야 하는지 알고 있으며 노력해왔으나 페니스를 질에 넣지는 못한다.

- 성 혐오 장애
  자신의 배우자와 성기를 접촉하기 싫어하는 것을 포함해 모든 성적 접촉을 계속적으로 회피하는 사람을 말한다.

1. 낮아지는 자존감

자존감과 성 능력은 특히 남성에게 동시에 존재하는 일이 잦다. 성관계가 서로에게 만족스럽지 않다면 남편과 아내는 두 사람 모두 성 능력에 관해 의심을 품을 수 있으며 이 의심은 때때로 상대방의 농담으로 인해 더 심해질 수 있다. 예를 들어, 남편이 발기를 지속하지 못하거나 아내를 흥분시키지 못한다면 그는 성적 그리고 남성적 능력에 관해 확신을 잃을 수도 있다. 아내가 그가 정력을 잃고 있는 것인지도 모른다고 농담이라도 하면 그의 자존감은 강력한 타격을 받아 성적으로 실행하는 능력이 더욱 막혀버릴 수도 있다.

2. 대체 행위의 선택

결혼 생활에서 성관계가 만족스럽지 않으면 남편과 아내는 다른 대체 행위를 종종 찾는다. 이러한 행위에는 자위, 음란물 보기, 성적으로 흥분시키는 소설, 진짜를 대신하는 차선의 판타지 증가, 혹은 혼외 성관계가 포함된다. 결혼 생활에 문제가 있을 경우 정사를 갖는 확률이 많아지나 희망하는 성적 충족감 대신 죄의식을 불러일으킬 수 있으며 비밀을 지키려고 염려하게 되고 더 나아가서는 결혼, 성관계 그리고 개인적 좌절을 불러올 수 있다.

3. 관계의 악화

성 문제는 화, 후회, 대인간 긴장, 성급함을 불러올 수 있으며 의사소통은 깨어진다. 성 문제가 이혼으로 이어진다는 결론은 과도하게 단순화시킨 것이기는 하지만 결혼의 다른 압박물과 더불어 성적 긴장을 가져와 결혼관계가 깨어지도록 만들 수도 있다. 성적 불만족과 불일치가 있을 때 진정으로 좋은 결혼관계를 가지기 어렵다.

4. 동기의 증가

부부들은(우리가 소망하는 것보다 숫자가 더 적을 것이다) 성적 어려움이 생기면 성관계를 더 좋게 하는 새로운 결정을 내린다. 마음을 열어놓고 제안을 받아들이고 서로를 탓하지 않기로 결심하며 문제에 관해 기꺼이 해결책을 찾으려 하는 이들 부부는 틀림없이 성관계와 결혼관계 양쪽 모두에서 좋아진다. 이들은 상담자가 가장 상담하고 싶은 사람들이다.

• 결혼관계에서의 성 문제와 상담

성생활이라는 은밀한 내용에 관해 이야기하기란 쉽지 않다. 많은 사람들은 그들의 행동을 무어라 불러야 할지 모르거나 자신의 몸에 있는 성적 부분을 어떻게 표현해야 하는지 알지 못한다. 그들은 용인될 수 없는 행위를 보고하고, 비밀을 드러내며, 과거의 성 경험을 묘사하고, 또는 성적 판타지에 관해 이야기하는 것에 대해 불안해 한다. 상담자 또한 불안감을 느낀다면 이 불안감이 얼마나 증가할 것인지 상상해보라. 성경은 공공연하게 섹스에 관해 이야기하고 있지만 상담자들은 내담자와 섹스에 관해 이야기할 때 불안할 수도 있고 당황스럽다고 느낄 수도 있다. 일부 기독교인 상담자들, 특히 목회자는 성적 상담이 영적으로 부적절하다고 느끼는데 이는 성적 상담이 내담자의 사생활을 침범하거나 불건전한 방식으로 상담자 자신의 성욕을 자극할 수도 있다고 느끼기 때문이다.

이러한 불확실함을 감추기 위해 일부 상담자들은 그 문제를 무시하려고 노력하고 섹스에 관한 이야기를 피한다. 다른 상담자들은 때때로 무의식적으로 성적 문제와 관련 없는 화제로 이야기를 돌리는 전략을 사용한다. 다음과 같은 평, "당신에겐 성적 문제가 없는 것 같군요. 그렇지요?"라는 말에는 대답이 나올 것 같지 않으므로, 상담자가 자유로이 더 편안한 문제로 넘어가려고 노력한다. 다른 상담자들은 감정적으로 냉정하고 모호한 대화를 계속하도록 하는 지적 혹은 신학적인 이야기를 한다. 이런 사람들은 성에 관한 화제를 무언가 무디고 둔한 대화로 돌릴 수 있는 이상한 능력을 가지고 있다. 어떤 상담자들은 성적 문제는 모두 심리적인 것으로, '실제 문제'로 추정되는 문제, 즉 모두가 성적 증상에 관한 이야기를 꺼리도록 만드는 그 문제로 재빨리 옮겨가야 한다고 주장한다. 일부 사람들은 심지어 상담자를 자극할지도 모르나 내담자에게는 아무런 도움이 되지 않는 구체적인 질문을 많이 한다. 그리고 자신의 성욕에 관한 이야기를 즐기는 상담자들도 있다. 이들은 내담자들의 성생활을 엄밀히 조사할 자유를 가지게 되었을 때 이런 이야기를 하면서 분명 개인적 자극과 성적 즐거움을 얻을 것이다.

당신이 기꺼이 성 영역에서 사람들을 상담해주는 사람 중 한 명이라면 때때로 이런 종류의 상담에서 발생할 수 있는 성적 연루를 조심하라. 이런 일은 미묘하게 일어난다. 섹스에 관한 이슈가 공공연히 그리고 상세하게 논의될 때 상담자와 내담자 모두 육적으로 흥분할 수 있다. 때때로 내담자의 유혹적인 행동이나 상담자의 성적 호기심으로 인해, 혹은 서로가 상대에게 성적 매력을 느끼게 되면서 일은 복잡해진다. 상담자는 계속해서 이 문제에 관해 신경을 곤두세워야 한다. 내담자와 관능적으로 연루되면 어떤 경우에도 상담은 효과를 거두지 못한다. 상담에 성적 충동이 작용하면 도덕적으로 나쁠 뿐 아니라 치료에도 나쁘다.

계속 읽기 전에 두 단락 전으로 돌아가보자. 당신은 이 중 어느 하나에 포함되는가? 당신이 읽은 것 중 일부는 상담자가 고려해야 할 필요가 있을지도 모르는 불편한 주제에서 벗어나려는 회피 전략이다. 전 단락은 상담자에게 조심하라고 경고하는 위험 신호들이다. 상담자는 유혹하거나 성적으로 자극하는 내담자들과 거리를 두어야 한다. 상담자가 내담자에게 계속적으로 유혹을 느낀다면 다른 상담자와 상의하는 편이 현명하고 도움이 될 수 있다. 내담자와는 절대로 이 일을 논의하지 말라. 특히 내담자가 유혹적으로 보이는 경우엔 더욱 하지 말라. 당신의 감정이 변해가는 과정은 항상 상급자 혹은 노련한 상담자와 논의하는 편이 좋다.

진정으로 문제가 있는 내담자를 도우려면 회피 전략 사용을 자제할 필요가 있으며 위험에 빠지지 않도록 특별히 조심해야 한다. 성 문제에 관해 이야기하고 싶지 않다면 또는 당신이 그런 이야기를 하면 안 된다는 것을 알고 있다면, 다른 상담자를 추천해주는 편이 낫다. 그것이 현명할 수도 있다. 그러나 상담을 계속하는 편을 택한다면 다음의 지침이 유용할 것이다.

1. 용인하고 이해하는 태도로 귀를 기울이라

내담자가 처음 성 경험을 이야기하기 시작했을 때 충격 받았다는 듯한 태도를 보이거나 비난한다면 상담이 어떻게 될 것인지를 상상해보라. 내담자는 더 거부당할 것을 두려워하면서 뒤로 돌아설 것이고 그들이 씨름하고 있는 문제를 제기할 용기조차 가지지 못할 수도 있다. 그러므로 처음부터 상담자가 온정과 이해심, 비판하지 않는 태도를 보이는 것이 중요하다. 이렇게 하면 사람들은 거리낌 없이 자신의 성 문제와 실패에 관해 이야기하게 되고 심지어는 당황하거나 부끄럽거나, 죄의식에 사로잡혀 있거나 불안할 때도 이야기를 꺼내게 된다. 개인이나 부부가 이야기를 꺼낼 수 있도록 부드럽게 격려하라. 그리고 이야기를 하는 경우에는 그렇게 하는 것을 칭찬하고, 도움이 된다면, 성적 이슈에 관해 말하기 어려운 것은 모두가 겪는 일이라고 말하라. 내담자는 상담자가 긴장을 풀고 모든 것을 받아들이며 어색해 하거나 당황하지 않으며 이해하고 돕고 싶어 하는 것을 볼 때 더욱 터놓고 논의하고 싶어질 것이다.

성적 이슈를 논할 때 어색하고 당황해 하는 이유 중 하나는 내담자가 상대의 성기와 성행위를 적절하게 묘사할 어휘를 찾기 어려워서 그렇다는 것을 명심하라. 그럴 때 내담자는 애칭을 사용하거나 심지어는 속어를 사용하는 편이 좋을 수도 있다.[20] 상담자로서 그런 용어를 받아들여야 하지만 내담자가 무슨 이야기를 하는지 알고 있다는 사실을 알리면서 일반적으로 정확한 용어로 고쳐주도록 하라(예를 들어, 페니스, 질, 성교, 자위 등). 당신이 사용해야 하는 용어가 내담자에게 더 익숙할 때가 있다는 사실을 인정하라. 예를 들어 기술적으로는 "조루 문제가 있나요?"라고 묻는 것이 정확하다. 그러나 "너무 빨리 사정합니까?"라고 묻는 것이 더 분명할 수 있다.

2. 정보를 모으라

문제가 무엇이건 내담자가 관심을 쏟고 있는 것의 본질을 이해할 때 돕기가 쉽다. 다음에 적은 글들은 문제를 풀기 위해 가능하다고 생각되는 접근법과 당신이 찾고자 하는 질문들이다. 때때로 내담자는 당신의 질문에 대한 대답으로써 이들 문제를 논의하는 것만으로도 도움을 받는다.

- 그 부부가 가진 성 문제는 무엇인가? 그들을 격려해 그들이 중요하다고 생각하는 내용을 정직하고 구체적으로 말하도록 하라. 때때로 당신은 정보를 좀 더 달라고 요구해야 하지만 이 일은 그 부부의 이득을 위해서이며 당신의 호기심을 만족시키기 위한 것은 아니다.
- 그들은 자신의 성관계에서 어떤 일을 예상하고 있는가? 그들은 어떤 식으로 실망했는가?
- 그들은 구강 섹스, 상호 자위하기, 성 빈도 혹은 다양한 성관계 체위와 장소 등의 이슈에 관해 어떻게 느끼고 있는가?
- 보통 누가 성행위를 시작하고 이 일은 어떻게 행해지는가?
- 이 부부는 섹스에 관해 어떻게 이야기를 나누고 있는가? 그 대화의 일부는 말로 표현하지 않는 것인가?
- 그들은 언제 어떻게 섹스에 관해 처음 알게 되었는가? 이 질문이 도움을 주는 것인지를 먼저 생각하라.
- 그들은 현재 그들이 지닌 성적 문제가 어떻게 해서 생겼다고 생각하는가? 각자를 격려해 대답하도록 하라.
- 그들의 삶에 성생활을 막고 있을 수도 있는 다른 문제가 있는가? 부모가 성관계를 원할 때 사생활을 방해하는 10대, 섹스를 방해하는 육체의 병, 혹은 갈등을 일으키는 작업 스케줄이 있는가?
- 섹스와는 별개로 부부는 어떻게 서로 어울리는가?

부부 상담 이전에 이 장 앞부분에 적어놓은 성 문제들을 각 경우별로 돌아보라. 내담자에게 문제를 일으켰을 만한 일들을 검토하는 동안 다음과 같은 사실을 염두에 두라. 가능하다면 남편과 아내를 함께 상담하라. 부부가 같은 방식으로 대답하는지를 지켜보라. 한 배우자가 비난하고 독점적이거나 다른 배우자를 무시하고 있는가? 각자와 함께 사적인 인터뷰를 정기적으로 한다면 정보를 더 얻을 수 있다.

정보를 모을 때 당신은 문제의 원인이 무엇인지 직감할 수 있다. 게다가 이 의심스러운 문제 영역에 대한 질문을 하면 정보를 더 얻어 추측이 맞거나 맞지 않는 것을 확인할 수 있다. 후에 적절한 때, 내담자와 당신의 가정을 공유할 수 있다.

성적 관심을 가지고 상담하는 사람들을 위한 DEC-R(데카르) 모델은 4단계 과정으로 성 문제를 다룬 경험이 없거나 교육을 거의 받지 않은 사람들을 위해 고안되었으며, 고객이 삶과 관계의 성적인 부분을 다루어야 할 필요가 있을 때 쉽게 친밀해지도록 만들어졌다. 인간의 성욕을 다룸으로써 사람들을 돕는 기독교 선구자 중의 한 사람인 더글러스 로사노(Douglas Roseneau)가 만든 이 모델은 다음과 같은 사항을 포함한다.

- 대화 : 상담자는 사람들을 격려해 그들의 성 문제를 이야기하도록 하고 "무엇이 문제라고 보나요?"라든가 "그 문제는 언제부터 생겼지요?" 혹은 "평소 어떻게 하는지 당신의 성 경험을 묘사해보세요", "건강 문제와 성 문제가 관련 있나요?" 그리고 "과거의 성 경험은 어떠했습니까?" 등으로 질문하도록 한다.
- 교육 : 여기서 상담자는 질문에 대답하고 성적 태도를 변화시키려고 노력하며 전형에 관해서 토론하고 요구되는 기술을 구축한다.
- 코치하기[21] : 이 일은 사람들이 자신의 문제에 관해 해결하도록 이끄는 것을 포함한 다. 이 일은 사람들에게 자력으로 연습하도록 그리고 기술을 구축하도록 돕기 위한 다른 과제를 포함할 수 있다.
- 추천 : 이 일은 상담자가 할 수 없는 다른 전문 치료를 받도록 돕는 일을 말한다.

DEC-R 모델은 이 장에서 논의한 상담 원칙을 요약한 것이다.[22]

3. 신체 검사를 권하라

거의 대부분의 섹스 문제는 심리적 이유로 생겨난다. 하지만 신체적으로 무언가 잘못되었을 가능성을 간과해선 안 된다. 그러므로 부부들에게 신체 검사를 하도록 강권하라. 신체적 문제가 발견된다면 상담자는 내담자를 돕기 위해 내과의사와 함께 일할 수 있다.

4. 정확한 정보를 주라

안다고 해서 항상 성 문제가 해결되는 것은 아니지만 많은 내담자들이 성관계에 관한 신화와 잘못된 정보를 갖고 있고 상담자는 그것들을 고칠 수 있다. 전달해야 하는 정보에는 다음과 같은 사항이 포함된다.

- 질문에 사실대로 답하라. 때로 이 일은 내담자가 무엇을 질문하고 질문에 어떻게 대답하는지 알고 있다는 추정에 근거한다. 대답을 할 수 없다면 찾아보고 다음 회기 때 알려주겠다고 약속하라.
- 전희와 성교에 효과적인 기술과 생리학을 상세히 설명하라. 이 정보는 매우 도움이 될 수 있으며 한 번에 너무 많은 것을 제공하면 자신이 무엇을 배웠는지 잊어버린다. 그러므로 이 인쇄물로 만들어 주라.
- 편안하게 성행위를 하도록 지시하라. 예를 들어 '꽉 쥐는 기술'을 연습하도록 가르치고 격려하면 조루는 아주 높은 치료 성공률을 보인다. 이 방식은 여성이 남성의 사정을 조절할 수 있는 방식으로 페니스를 쥐고 조정하는 것이다. 이들 기술의 묘사는 이 책의 범위를 넘는 것이지만 상세한 정보는 상

담자에게서 얻을 수 있다.[23]
- 여성과 남성의 성적 흥분 주기를 상세히 묘사하라. 많은 개인들이 여성과 남성은 다른 방식으로 자극받으며 남성들은 여성보다 더 빨리 자극받고 오르가슴에 도달한다는 사실을 알지 못한다.
- 부부가 가지고 있을 수 있는 성에 관한 흔한 정형과 미신에 대해 토론하라. 이런 미신은 성관계가 다른 결혼 문제를 풀기 마련이라는 생각을 포함할 수도 있다. 당신이 결혼 때까지 기다렸다면 자동적으로 굉장한 성생활을 할 것이고 혹은 굉장한 성관계는 사랑에 빠지면 자연스럽게 온다는 생각도 그 안에 들어 있을 수 있다.
- 부부들에게 도움이 되는 책이나 기사 등을 편히 읽으라고 주거나 추천한 다음에 그에 관해 논하라.[24]
- 섹스와 성적 충족감에 관한 성경의 가르침도 알려주라. 이 정보는 기독교인에게 귀중하고 실용적인 가치가 될 수 있다.

정보를 줄 때마다 내담자가 질문할 수 있도록 분명하게 그리고 이 정보를 성적 기능을 개선하는 데 사용하도록 실용적인 방식으로 논할 시간을 주라.

5. 구체적인 문제를 다루라

상담자는 자주 실용적인 성적 정보를 제공하는 이상으로 내담자가 구체적 문제를 다루도록 도움을 주어야 한다. 가능한 한 이들 문제의 뿌리는 드러내야 한다. 그리고 내담자가 상담자의 지원과 격려를 받아 문제를 해결할 수 있는 실제적 단계를 밟을 수 있도록 전략을 세워야 한다. 때때로 내담자는 이전의 성적 문제에 직면해야 하며 우리가 사랑이 많으신 구주께 고백할 때 죄를 사함받는 것을 경험할 수 있어야 한다. 죄의 재발을 막기 위해 실제적으로 어떤 조치를 취해야 할지를 거론하는 것이 필요할 수도 있다. 부부 갈등이 표면화되면 상담자는 한쪽 편을 들지 않도록 조심해야 하며, 결혼 문제를 다룬 제29장에서 거론한 원리들을 적용해야 할 것이다. 부부가 결혼 문제를 처리하게 되면 성적인 관계는 향상되게 마련이다.

그러나 이 중 어떤 것도 성적인 문제가 더 구체적이고 더 심각하다는 사실을 은폐하게 해서는 안 된다. 예를 들어 표 20-1에 열거되어 있는 장애나 성적 중독의 문제, 강간이나 다른 외상을 포함하는 성적 폭행의 영향, 장애가 있는 사람들의 성적인 갈등, 성적 흥분을 느끼는 데 어려움이 있는 세 명 중 하나의 여성, 자기통제를 못하는 문제, 동성애 성향으로 고민하는 사람, 또는 자신의 몸을 심지어 배우자에게도 보이기 싫어하는 이들을 고려해보라.[25] 성 상담자로 전문적 훈련을 받은 상담자들이 이런 유형의 문제를 다루게 하는 것이 최선이다. 당신이 이 분야에 훈련을 받지 않았다면, 내담자의 말을 조심스레 경청하고 당신이 할 수 있는 제안을 하되 자격을 갖춘 의사나 성 치료사를 찾아 내담자를 위탁하도록 하라.[26]

6. 용서를 북돋우라

때때로 성 문제는 한쪽 배우자가(혹은 두 사람 모두) 상대방의 마음을 다치게 하는 어떤 행동을 하거나 고집함으로써 일어난다. 아마 가장 분명한 실례는 한 배우자가 혼외 정사를 하고 있기 때문일 것이다. 사람들은 상처 입으면 투덜대거나 성관계를 하지 않는다. 때로는 그들이 느끼는 감정적 고통을 그런 식으로 나타내거나 복수하려는 것이다. 상처를 주는 배우자가 유감을 표시하거나 다른 배우자가 용서하려 하지 않으면 성관계가 만족스럽지 않은 것 같다. 우리는 하나님이 용서하시거나 용서하실 수 있다는 것을 알지만, 이 지식은 내담자가 하나님의 용서가 가지는 치유력을 모르거나 그 혹은 그녀가 용서를 거부하고 받아들이지 않는다면 그다지 도움이 되지 않는다.

용서하지 않거나 용서받지 못하는 부부에게 효과적인 치료 방법 한 가지는 몇 시간 동안 계속될 수 있는 용서 회기를 준비하는 것이다. 회기 전에 각 사람은 어떤 감정적 방해물이 용서하지 못하도록 막고 있는지 묘사해야 한다. 왜 용서하는 것이 어려운지 그 이유를 이야기하는 것이다. 그런 다음 부부는 상담자를 만나 화나게 하는 행동이 무엇인지 무슨 일이 일어났는지 묘사함으로써 상담을 시작한다. 어느 지점에서 상담자는 용서에 관한 성경적 관점을 알려주고 희생자에게 용서란 고통이 지속되더라도 원한을 갖거나 보복할 필요가 없어지는 것이라는 의미를 상기시킨다. 결국 나쁜 짓을 한 사람은 배우자에게 용서를 구하기 마련이고 배우자는 그 혹은 그녀의 변명을 받아들이며 부부는 일종의 의식을 거행한다. 반지를 사거나 의미 있는 물건을 파묻거나, 혹은 결혼서약을 새롭게 하는 등의 의식으로 그들의 관계를 새롭게 하는 것이다. 나중에 상담자는 원한과 비판이 두 사람 사이에 다시 끼어들지 않도록 관심을 계속 기울일 필요가 있다.[27]

7. 소개할 필요가 있는지 살피라

성 상담과 성적 기능장애의 치료는 일부 전문가들이 담당하는 고도의 기술 영역이다. 내담자가 당신의 상담에 반응하지 않거나 성 문제와 기능장애가 계속된다면, 그리고 의약 문제가 포함되거나 내담자의 문제가 당신의 전문 영역을 넘어설 때, 또는 내담자가 계속해서 유혹적이거나 성관계 요법을 더 연장할 필요가 있는 것 같다면 소개를 권장한다. 소개란 더욱 구체적인 치료가 필요하다는 것에 지나지 않다는 것임을 내담자가 깨닫도록 하라.

부부를 격려해 비종교적인 성 상담자를 만나도록 소개할 때에는 대단히 조심스러워야 한다. 이들 전문가들 중 많은 사람들이 도움을 줄 수 있으나 기독교 원칙과 일치하지 않는 가치관을 가지고 있고 하나님을 영광스럽게 하지 않을 수도 있는 행동들을 장려하기 때문이다. 다음 단락은 이 일에 관해 좀 더 논의하고 있다.

• 결혼 내의 성 문제 방지

어디 살든 성에 대한 태도는 바뀌고 있다. 사회의 많은 사람들이(아마도 대부분의 사람들) 더 이상 결혼관계 이외의 성관계를 부도덕하다고 생각하지 않는다. 대신 우리는 취향에 맞는 완전한 만족을 누릴 권리가 있고 육체의 정욕 앞에서 무력하다는 전제를 받아들인다. 이런 전제에서 성적으로 자제하고 유혹에 저항하는 것은 불가능하며 어리석고 잘못되었다. 때때로 교회에서마저 이런 태도를 지닌 사람들로 둘러싸여 있다면 어떻게 사람들에게 섹스란 성경적으로 일치하고 완성하는 일부일처의 관계이며 그것이 결혼관계에 합당하다고 가르칠 수 있겠는가?

1. 성교육

잘못된 정보는 많은 성 문제를 일으키는 근거가 된다. 정확한 정보는 다섯가지 영역에서 줄 수 있다.

(1) 성경이 성에 관해 가르치고 있는 내용, (2) 남성과 여성의 해부학적 그리고 심리적 반응에 관한 기본적 사실들, (3) 성교 기술에 관한 정보, (4) 금욕을 계속하고 유혹에 약한 상황을 피하는 기술, (5) 건전한 성적 태도에 대한 가르침이다.

부모는 이런 정보를 아이들이 결혼을 고려하기 오래 전부터 자연스럽게 단계적으로 가르치는 것이 좋다.[28] 그러나 많은 사람들은 가정에서 전혀 성교육을 받지 못했다. 때로 학교에서 가르치는 성교육이 교사 혹은 커리큘럼의 도덕관에 따라서 젊은 사람들에게 상당한 성과를 거두기도 한다. 교회 설교에서 가르친다면 성생활에 관해 건전하고 성경적인 관점을 정착시키는 데 도움을 줄 수 있다. 게다가 교회는 성교육을 하도록 부모들을 격려하고 지시할 수 있다. 또한 이런 정보를 젊은이들의 만남, 수련회, 그리고 작은 그룹 토론회를 통해 젊은이들에게 직접적으로 줄 수도 있다. 교회는 오해, 비판을 막기 위해 부모의 승인과 지지하에 성교육을 할 수 있다.

2. 도덕 지침

성교육은 종종 성욕에 관한 사실과 생리적인 사항에 초점을 맞추지만 이것으로는 충분치 않다. 많은 사람들이 옳고 그른 것을 선택하는 일로 갈등하고 있으며 교회에서 도움을 거의 얻지 못하는 경우가 너무도 많다. 사람들은 산아 제한, 인공수정, 시험관 수정, 혹은 성적인 영화와 연극에 관련해 어떻게 결정하는 것일까? 성관계 기술의 관점에서 결혼한 부부가 누려야 하는, 성적으로 타당한 것은 어떤 것인가?[29] 신학적 토론으로 무시해버리거나 교실과 학술적인 책에 머무르는 것은 쉽다. 그러나 절대로 그들의 침실 생활을 돕지는 못할 것이다. 성 윤리를 포함한 윤리는 실질적이야 하고 부도덕한 행위를 하기 전에 논의되어야 한다.

3. 혼전 상담

결혼을 예상한 커플이 성관계를 생각하게 되는 것은 분명한 사실이다. 혼전 상담의 부분으로 성 문제를 논할 때, 생리적 혹은 성교 기술에 관해 분명한 논의를 유도할 수 있고, 결혼 생활의 성관계에 관해 더 현실적으로 예상할 수 있게 만들 수 있다. 그리고 특히 결혼 초기에는 성 문제가 일어날 가능성이 덜하다. 결혼 전에 했던 상담이 좋았을 때 커플은 결혼 후에도 문제가 생기면 그 상담자에게 돌아가는 경향이 있다. 혼전 상담자가 결혼 후 점검을 격려했을 경우 특히 그렇다. 성 문제 혹은 좌절이 복잡해지기 전에 논한다면, 심각한 어려움으로 발전할 가능성이 적다.[30]

4. 대화 개선

일반적으로 대화를 잘하지 못하는 커플은 성에 관한 이야기를 나누는 것이 쉽지 않을 것이다. 특히 커플들에게 '대화 방법 가르치기'는 성 문제를 예방하는 한 방법이다. 아내와 남편이 성에 관한 감정과 태도를 말이나 행동을 사용해 나누도록 격려하는 것이다. 남성들이 여성들을 어떻게 자극하는지 저절로 아는 것은 아니다. 또한 모든 여성들이 남성을 성적으로 자극하는 법을 아는 것도 아니다. 남편과 아내는 여러 가지 의사전달 수단을 통해 원하지 않는 것과 자극하는 것을 서로에게 표현할 수 있다. 이 대화는 정직하고 상냥해야 하며 말로도 행동으로도 할 수 있다. 배우자의 손을 잡고 상대방에게 어떻게 자신을 자극할 수 있는지 보여주는 일은 근사한 대화 기술이 될 수 있다. 커플이 이런 식으로 대화하도록 격려

받는다면 많은 성 문제가 예방될 수 있다.

상담자는 성생활의 은밀한 내용을 도청하지 않고 어떻게 그런 식으로 의사소통하도록 격려하는가? 여러 해 전 내 이웃인 한 목회자가 한 커플을 격려해 자신의 사무실에 있는 커튼 뒤에서 자신의 코치에 따라 옷을 벗고 서로를 자극하라고 한 적이 있다. 정통이 아닌 이 방식은 곧 여러 상담자에게 알려졌고 그들 대부분은 그 목회자의 방법이 비윤리적이며 그 커플을 돕기보다는 상담자 자신의 성적 판타지에 기여했다고 생각했다. 상담자의 과업은 커플이 성에 관해 더 잘 의사소통할 수 있도록 안내해 상담 회기가 끝난 후 그들만 있을 때 배움을 실천하도록 하는 것이다.

5. 노력과 청결을 격려하기

좋은 성관계는 좋은 결혼처럼 시간, 노력, 그리고 상황이 더 나아지도록 하려는 의지가 필요하다. 섹스가 만족스러우려면 그리고 심각한 성 문제를 예방하려면 커플은 항상 보다 좋은 관계를 만들 수 있는 방법에 주의를 기울여야 한다. 이 일에는 성에 관한 책 읽기와 새로운 위치 시도가 포함된다. 또한 이렇게 말하는 태도도 포함된다. "가능한 매력적으로, 깨끗하게, 최소한 내 배우자가 처음 결혼했을 때의 모습으로 느끼도록 노력할 거야."

결혼한 커플이 개인적 위생, 체중 조절, 그리고 육체적 외양을 가꾸는 데 게으르다면 나이 들어가면서 섹스에 대한 만족감도 줄어든다. 한때 말끔하게 면도하고 갓 목욕한 남편과 섹스를 즐겼던 젊은 여인은 중년에 이른 남편이 지저분해지고 섹스 전에 샤워하려 들지 않는다면, 더 이상 섹스를 즐기고 싶지 않을 것이다. 청결과 섹스 개선 결정은 둘 다 문제 예방법이다.

6. 결혼 세미나와 강화 프로그램

세월이 흐르면서 수많은 결혼 강화 프로그램들이 결혼 개선(결혼 내의 성관계를 포함해)과 결혼 및 성 문제 예방을 위한 것으로 발전해왔다. 이런 프로그램들을 커플에게 권하기 전에 그 프로그램을 만든 사람과 화자의 신학적 그리고 도덕적 관점을 찾아보도록 하라. 세미나 광고에서 혹은 전 참석자에게서 정보를 얻어 그 프로그램이 시간과 돈을 들여 참석할 가치가 있는지 결정하라. 바쁜 사람들은 그들의 삶의 틀이 전혀 바뀌지 않는다면, 지겹거나 부적절하다면, 혹은 그저 앉아서 들어야 한다면, 주말 세미나와 워크숍이 지겨워질 수 있다. 이런 일들은 정열을 자극하는 흥겨운 사건일 수 있으나 그것들이 결혼 생활에서 지속적인 변화를 만들 수 있는지의 여부를 결정하도록 해야 한다.[31] 이런 일들은 때로 변화를 가져오지만 그렇지 않은 경우도 자주 있다. 상담자와 교회 지도자는 그들이 직접 프로그램을 만들기를 선호한다. 이 일은 매우 도움이 될 수 있지만 그들 또한 그들의 궁극적 영향을 참조해 평가를 내려야 할 필요가 있다.

- **결혼 내 성관계에 대한 결론**

결혼한 사람들을 위한 하나님의 계획인 성적 실행은 친밀함과 은밀함에 관해 가르치기도 한다. 성행위를 생물학적인 해소의 관점으로 보는가, 아니면 하나님에 대한 완전한 의존으로 받아들이는가는 평행선을 달리는 문제다.[32] 성기 결합은 행복감, 황홀경, 그리고 천국의 전 단계가 될 수 있는 강력한 결합의 경험이다. 커플이 하나님 앞에서 성관계를 가지고 갈 수 있고 그들이 함께할 때 하나님의 존재를 인식한다면 그 성 경험에는 영적인 요소가 들어 있다.

　결혼에서 사람들이 성 문제를 다루도록 돕는 일은 영성에서 벗어나는 일이 아니다. 자기중심적, 자기 사랑, 쾌락적 즐거움이라고 변명하지 않아도 도울 수 있다. 대신 성적 상담은 남편과 아내가 서로 더욱 효과적으로 연결되도록, 하나님이 의도하신 결혼의 친밀감을 경험하도록, 성적 고민에서 벗어나 더욱 효과적으로 하나님을 사랑하고 다른 사람들에게 봉사하도록 돕는다.

상담자들을 위한
요점 정리 20

■ 때때로 성 문제는 제일 먼저 결혼 생활의 불화를 만들어낸다. 그러나 먼저 갈등이 생기거나 사이가 멀어지고 난 후에는 이미 발생한 갈등과 거리감, 분노, 실망, 후회, 공포 혹은 긴장 때문에 서로 만족하는 성관계를 더 이상 할 수 없게 되는 일이 자주 일어나는 것 같다.

■ 성경은 다음을 가르친다.
- 하나님은 우리를 성적인 존재로 창조하셨고 섹스가 좋은 것이라 선언하셨다.
- 성생활에는 세 가지의 목적이 있다. 생육, 결합, 그리고 쾌감이다.
- 성적 교섭은 결혼을 위한 것이다.
- 성적 부도덕은 비난받는다.

■ 결혼 내의 성 문제를 일으키는 원인으로 흔한 것은 다음과 같다.
- 섹스에 관한 잘못된 정보.
- 해로운 문화적 가치관과 태도.
- 음란물의 영향.
- 바쁜 생활과 스트레스.
- 권태.
- 병과 다른 신체적 원인.
- 심리적 장벽.

■ 성적 친교를 막는 심리적 장벽은 다음과 같다.
- 남편과 아내 사이의 갈등.
- 남편이 지닌 개인적 문제와 불확실함.
- 아내가 지닌 개인적 문제.
- 자신의 여성다움 혹은 남성다움에 대한 의구심.
- 성적인 두려움.
- 성적 취향의 차이.
- 죄의식.
- 성 기능장애.

■ 결혼 생활에서 성적 어려움은 다음과 같은 문제를 낳을 수 있다.

- 자존감 하락.
- 자위, 음란물, 판타지 소설, 또는 혼외 정사를 포함한 대체 성행위 선택.
- 남편과 아내의 관계 악화.
- 일부 커플은 성관계를 더 좋게 하려는 결정을 내린다.

■ 결혼 생활에서 성 문제를 가진 부부를 상담하면서 상담자는 그 혹은 그녀 자신의 성욕을 인지하고 있어야 하며 성적 대화와 내담자의 행동으로 인해 생겨나는 유혹을 깨닫고 있어야 한다.

■ 결혼 생활에서 성 문제를 가지고 있는 개인 혹은 부부를 상담하기 위해서 다음과 같이 실천할 수 있다.
- 받아들이고 이해하는 태도로 귀를 기울인다.
- 정확한 정보를 모은다.
- 일부 경우, 신체 검사를 해보라고 권유하라.
- 정확한 정보와 성교육을 하라.
- 구체적인 성 문제를 다룬다.
- 용서하고 용서를 받아들이도록 커플들을 격려하라.
- 마땅한 섹스 치료 요법 의사에게 소개할 것을 고려하라.

■ 결혼 생활의 성 문제 예방하기.
- 결혼하기 오래 전에 성교육 받기.
- 도덕적 지침.
- 혼전 상담의 일부로서 섹스에 관한 논의.
- 부부간 대화 증진.
- 부부가 청결을 유지하도록 독려하고 관계 개선에 노력하도록 독려하라.
- 성 혹은 부부 강화 세미나에 참석하도록 격려하기.

■ 부부가 하나님 앞에 성관계를 가지고 갈 수 있고 그들이 함께할 때 그분의 존재를 인식한다면 그 성 경험에는 영적 요소가 자리하고 있다.

21 >> 동성애
Homosexuality

자신이 동성애자로 갈등하고 있다면 어떻게 느끼겠는가? 몇 년 전 학생 한 명이 자진해서 이에 대한 답을 주었다. 시간이 흘러 다음 글을 쓴 그와는 더 이상 연락이 닿지 않지만 그의 경험은 여전히 오늘날 많은 사람에게 적용할 수 있다.

"여자보다 남자가 더 매력적이라고 결정내린 적은 전혀 없다. 선택할 기회가 있다면 다른 모든 사람들이 건달이라고 여기는 그런 종류의 사람은 택하지 않을 것이다. 내 성적 충동이 여자가 아닌 남자에게로 향하고 있음을 알았을 때 나는 완전히 무력하다고 느꼈다. 나는 항상 남자에 관한 판타지를 꿈꾸어왔다…… 거의 매일 자위했고 때로는 하루에 한 번 이상 한 적도 있었다. 매번 여자보다는 남자에 관한 생각을 했다. 자위하는 동안 여자 생각을 하려고 했지만, 마음대로 되지 않았다.

나는 이 일을 홀로 처리했다. 누구에게도 내 '성 정체성'에 관해 이야기하지 않았다. 거부당할까 봐 무척 두려웠다. 7학년 때 모든 아이들이 나를 '동성애자'나 '호모'라고 불렀을때 느꼈던 거부감을 기억한다. 당시 나에 관해 아는 사람은 단 한 명도 없었다. 그들이 진짜로 안다면 어떻게 반응할지 감히 생각조차 할 수 없었다. 고등학교를 다니는 내내 그리고 대학 시절 대부분 나는 비밀과 고통을 간직했다.

대학에 들어갔을 때 다른 남자아이를 사랑하게 되었다. 그는 동성애자가 아니었고 나는 비밀을 지켜야 했다. 우리는 3년 동안 룸메이트였지만 그는 졸업 직전까지 나에 관해 전혀 알지 못했다. 그가 나를 사랑하지 않는다는 끔찍한 아픔은 별개로 하더라도, 이 상황에서 힘들었던 것은 내가 게이라는 성적 인식 이상이었다. 나는 내 존재가 저 깊은 곳에서부터 잘못되었다고 느꼈던 것이다.

일곱 살 때부터 기독교인이었던 나는 하나님께 내 동성애 성향을 없애주시기를 수없이 간구했지만 응답이 없었다. 성경은 감정적으로 성적으로 남자에게 끌리는 내 성향이 잘못되었다고 말하고 있었고 그 사실은 감수해내기 괴로웠다. 게이들의 장소로 가기 시작한 것은 바로 이때였다. 게이 책방에 갔고 게이 전용 전화선으로 전화를 했다. 이런 곳들은 만족시켜주겠다는, 충족시켜주겠다는 약속으로 충만했다. 나는 이중생활을 하기 시작했다. 캠퍼스에서는 성경공부를 이끌고 있었고 열심히 캠퍼스 봉사에 참여했으나 캠퍼스 밖의 나는 시내에 위치한 그 책방으로 가곤 했다. 그곳을 떠날 때는 항상 죄의식을 느꼈고 더럽다고 여겼지만 그렇다고 해서 다음 번에 안 간 것은 아니다. 충족할 수 있다는 기대는 정말로 강렬했다!

마침내 누군가에게 내 갈등에 관해서 말하고야 말았다. 그녀는 매우 이해심이 깊었고 나를 거부하지 않았다.

얼마 뒤에는 룸메이트에게도 말하게 되었다. 그 책방에 가는 것을 멈출 수는 없었지만, 이는 치료 과정의 첫걸음이었다. 더 이상 이 일을 혼자 감당할 수 없게 되었던 것이다.

그 이후 하나님이 멋진 사람들을 내 삶에 보내주셨고 그들은 내가 유혹에 빠지지 않도록 도와주었다. 친구들 중 일부는 나처럼 동성애 유혹으로 갈등하고 있었다. 그러나 우리는 죄에 대한 예수님의 승리가 동성애라는 죄악에 대해 이겨내도록 우리에게 힘을 줄 것이라고 믿었다. 내 갈등을 주의 깊게 듣고 가엾게 여긴 몇몇 사람들이 이 싸움을 이해하도록 도와주었다. 나는 동성애 행위를 하고 싶어 하는 그 유혹이 언제 사라졌는지 또는 사라진 것인지 아닌지의 여부를 모른다. 하지만 이제는 더 이상 나 자신이 무력하다는 느낌에 짓눌리지 않으며 이 유혹을 이겨낼 힘이 없다고 여기지 않는다. 내 정체성은 유혹이 아니라 예수님 안에 있다."

이 책 제2판이 출판되었을 때 다수의 평론이 지면에 실렸고 그중 많은 평론이 긍정적이고 보완적인 것들이었다. 대다수 평론은 동성애를 다룬 장에 관해 생각을 정리하는 경향이 있었다. 평자들 중 많은 이들이 동성애에 관해 강한 의견을 갖고 있었고 그들의 믿음과 필자의 글이 얼마나 근접해 있는지에 근거해 필자의 글을 평가하고자 했다. 필자는 놀라지 않았다. 어떤 이슈에 대해 강하게 느낄 때 아마도 우리는 비슷한 식으로 반응할 것이다. 낙태는 예외로 할 수 있으나, 동성애는 이 책에서 논한 주제 중 가장 논란이 많을 것이다. 어떤 이는 다음 몇 페이지에 나오는 내용을 좋아할 것이나, 다른 이들은 좋아하지 않을 것이며, 또 다른 이들은 강하게 반대할 것이다. 이 장에서 필자는 가능한 나와 다른 관점에 대해 존경을 표한다. 정중한 태도로, 갈등을 일으키는 연구를 평가하고, 동정적이고 민감한 상담을 위한 지침을 제공하며, 필자가 이해하는 대로 동성애에 관한 성경적 가르침에 진실할 것이다. 책이 출간되면 과거에 그랬던 것처럼 독자들이 필자에게 배움을 주기를 기대하고 있다.

넓게 정의해서 동성애는 어느 한 사람의 성에 관능적으로 이끌리는 것이다. 비록 동성애는 성적 사고, 느낌, 판타지, 그리고 동일한 성 상대자에게 공공연한 성적 행동을 하는 것을 포함하지만, 이 표현은 일반적으로 사춘기 전의 아이들, 호기심으로 같은 성을 가진 사람과 짧은 육체적 경험을 가진 개개인(일반적으로 젊은이들), 감옥처럼 같은 성의 사람들만 있는 고립된 환경에서 반대 성이 없으므로 일시적으로 동성애를 가졌던 사람들에게는 해당되지 않는다.

같은 성을 가진 다른 사람에게 성적 매혹을 느끼는 사람들 사이에 커다란 차이가 있다는 것을 깨닫는 것이 중요하다. 심리 연구가 마크 야르하우스(Mark Yarhouse)는 이해와 상담으로 가는 데는 세 층의 접근 방식이 있다고 제시한다.[1] 첫 번째 층은 동성에게 매혹을 느끼는 모든 사람들을 포함한다. 두 번째 층은 좀 더 적은데, 시간이 지나면서 같은 성을 가진 사람들의 매혹에 저항하는 사람들을 포함한다. 이 사람들은 동성애 경향을 가진 사람들이다. 이들은 자신이 동성의 사람들에게 매혹적이라는 사실을 알고 있으며 동성 섹스 경험을 하면 성적으로 거의 충족될 것 같다고 느끼지만, 자신이 동성을 선호한다는 사실을 아무에게도 알려주지 않고 다른 사람과 성행위를 하는 일도 없다. 동성애 경향이 반드시 동성애적인 행위 반응을 요구하지는 않는다는 것을 보여주는 사람들이다.[2]

세 번째 층은 게이 정체성을 지닌 사람들로 "나는 게이야"라고 공공연하게 밝히는 사람들을 말한다. 이 자기 확인은 이미 말한 다른 두 층의 사람들보다 성인 초기에 나타나는 경향이 더 잦다. 이 사람들은 자신을 게이 혹은 레즈비언으로 여기고 동성애 행동에 참여하는 듯 보인다. 동성애 행동이란 동성의 다른 사람과 성적으로 자극하는 행동을 하는 것으로 가끔 참여하는 것을 포함하여 모든 행위를 말한다.

모든 수준, 혹은 층에는 보통 게이라 불리는 남성과 레즈비언이라 불리는 여성이 있다. 이들은 연령, 직업, 그리고 사회 경제적 수준을 구분하지 않으며 다양한 취미를 가지고 있고 교회에서 적극적일 수도 아닐 수도 있다. 반대 성에게 우선적으로 매력을 느끼거나 오직 반대 성에게만 매력을 느끼는 사람처럼, 동성에게 매력을 느끼는 사람들도 사회적으로 성공하거나 그렇지 않을 수 있으며 직업상 높은 평가를 받기도 하고 그렇지 않을 수도 있다. 비록 일부는 섹스 파트너를 찾는 게이바에서 혹은 다른 곳에서 '항해'하지만(에이즈 위협이 증가하고 있음에도 불구하고), 대부분의 사람들은 섹스라면 다른 성을 가진 사람과 하는 것이라고만 생각하는 공동체의 구성원들과 결혼하거나 존경받으면서 산다. 비록 일부는 반대되는 믿음을 공통으로 가지고 있지만 전형적인 동성애 방식이라든가 개인 타입이라는 것은 없다. 일부는 그들의 성적 선호도에 대해 개방적이지만 어떤 이들은 아무도 모르도록 감춘다. 많은 이들이 외롭고 불안하다고 느끼는 한편, 이 관계에 속하는 사람들이 정신적으로 혼란스럽거나 사회적으로 무능력하고 이성애인 사람들보다 더욱 외롭거나 영원히 '불행한 게이'라고는 추정할 수 없다.[3] 사실 인간이란 존재는 동성애와 이성애, 두 가지 그룹으로 나눌 수 있다고조차 추정할 수 없다. 킨제이 연구자들은 7점이 최고인 범위를 제시하는데 여기서 0점은 오직 이성만 추구하는 사람이고 3점은 중간, 6점은 오직 동성애적인 경향과 행동을 보이는 사람을 말한다. 그럼에도 불구하고 킨제이의 방식 혹은 결론을 비판하는 학자들을 포함해 그 뒤를 잇는 연구자들은 0점 혹은 6점인 사람들은 거의 없다는 킨제이 팀의 의견에 동의해왔다.

세월이 흐르면서 사람들은 동성애를 다른 여러 방식으로 보기 시작했다. 비록 그리스, 로마, 그리고 다른 문화에서 동성애는 일반적인 것이었으나, 이 문화에서 동성애와 관련된 부분은 많은 경우 종교의식, 입회의식, 혹은 군인들 사이의 섹스 또는 일시적으로 동성만 있는 환경에 있었으나 평생토록 동성에게 성적 매력을 느낄 필요는 없었던 사람들과 관련된 것이었다. 이후 동성애는 종종 무언가 죄스러운 것, 비정상적이며 왜곡되어 있고 불법적인 것으로 여겨져왔다. 대부분의 이성애 사람들은 동성애를 무시했고(교회 구성원들이 포함된다), 정신과 의사들은 동성애를 성적 일탈, 혹은 진단 가능한 장애[4]로 보았으며 동성애 경향을 알리고 싶지 않은 사람들은 계속해서 자신의 성적 취향을 비밀로 감추었다.

상황이 언제 변하기 시작했는지 그 시기에 관해서는 논란이 있을 수 있으나, 60년 전 성 연구가인 알프레드 킨제이가 동성애를 널리 알렸다는 사실만은 분명하다. 몇 년 후 정부의 지원을 받은 동성애 연구서가 영국을 뒤흔들었고 오래잖아 동성애는 대서양 양쪽에서 정부와 언론 논쟁의 초점이 되었다. 게이와 레즈비언은 긍정을 나타내고 그리고 더 부정적인 표현을 대체한 적극적 행동주의자들을 가리키는 용어로(게이는 1950년대, 레즈비언은 1970년대) 사용되기 시작했다.[5] 세계 인구의 10%가 동성애임을 보여주는 과학 자료가 있다는 사실은 널리 용인되고 있다.[6] 1993년, 어느 과학 논문이 이 수치를 더욱 높여 레즈비언과 게이 남성은 '전 인구의 10-15%'를 구성한다고 언급했으나[7] 킨제이 보고서의 연구에서조차 그렇게 높은 수치는 언급되지 않았다.

1948년도 책에서 킨제이와 동료들은 미국 인구의 4%가 동성애자라고 평가했고 남성 인구의 37%가 적어도 한번은 동성애인 행위에 참여한 적이 있다고 평가했다. 그들은 백인 남성의 약 10%가 16-55세 사이에 최소한 3년간 전적으로 동성애에 '다소' 포함되었다고 덧붙였다.[8] 후에 연구자들은 킨제이 보고서가 편향된 실례를 사용했다고 비판했다. 예를 들어 그들은 강간과 남색으로 수감된 성 범죄자들을 상대로 한 인터뷰를 근거로 일부 결론을 내렸다. 수많은 남성들이 동성애자임이 발견되었으나 이 남성들은 여성이 전혀 없는 환경에서 수감되어 있었다. 이 연구의 편향됨에도 불구하고, 그리고 더욱 신뢰성 있는 연구들이 그 비율이 훨씬 낮다고 제시했음에도 불구하고 여전히 10%라는 수치는 지속되어왔다. 아마 전 인구의 2-3%가 동성애일 수는 있으나 일부 연구는 훨씬 더 낮은 비율의 남성이 자신이 동성애자라고 여기고 있다고 제시한다.[9] 이 숫자들은 계속되고 있고 게이 권리운동의 부상과 게이 권리법안 통과가 더 많은 사람들을 동성애로 이끌어들이지 못하고 있음을 보여주고 있다.[10]

동성애가 보다 가시화되자 예전에는 자신의 성적 경향에 관해 침묵을 지키고 있던 동성애자들이 동성 선호를 선언하고 나섰다. 그들은 강력한 게이 조직을 형성하려 했고 정부에게 문화적, 종교적 그리고 언론 차별을 그만둘 것을 요구했다. 미국정신의학회는 동성애가 주관적으로 개인을 혼란스럽게 할 때만 병이라는 결론을 내렸고 정신병 매뉴얼에서 동성애를 빼자고 투표로 결정했다. 정신의학 조직들이 뒤를 따랐고 정치가들이 그 뒤를 이었다. 그들은 게이의 권리를 옹호하는 파트너가 되었고 동의하지 않는 사람들을 비난하게 되었다.

동성애는 에이즈 질병이 급격히 증가하면서 공공의 관심사 속으로 돌진하게 되었다. 동성애 토론은 사회의 모든 부분, 군대, 정치, 정부, 법정, 학교, 운동, 과학, 직업사회, 연예계, 사업, 산업, 언론, 그리고 교회 등에서 열기를 불러일으켰다. 동성애법 선포에 관한 달아오른 논쟁은 몇 가지로 번져나갔다. 게이 교회가 설립되었고, 게이 결혼이 공적 용인과 법적 상태를 얻어내기 위해 진전하는 동안 끈질기게 거론되었으며 1974년 이후로 복음주의적 동성애라는 조직이 계속해서 영향력을 키워갔다.[11]

아마 여전히 일부 기독교인들은 동성애를 무시하려고 애쓰고 있을 것이다. 더욱 흔한 일은 많은 사람들이 동성의 매혹을 경험한 사람들에 관해 둔감한 평을 하고 잘못된 정보를 만드는 일이다. 이들과 정반대인 사람들은 기독교인 동성애를 합법적인 것으로, 하나님이 창조하신 평생의 성적 취향으로 그리고 삶의 방식으로 만들려는 사람들이다. 동성애에 관한 이들의 관점에도 불구하고, 많은 기독교인들은 교회에서 게이와 레즈비언들이 '우리 사랑에 합당하도록 성적 경향을 바꾸어야 한다'[12]고 요구하지 않고 예수님이 하신 대로 기꺼이 사랑을 보여주려고 한다. 이 모든 논쟁의 와중에 많은 기독교인들이 자신의 생각이 어떤지 갈피를 잡지 못하고 있다.

이 불확실함은 이해하기 쉽다. 동성애는 쉽게 규정되는 것이 아니다. 그 원인은 여전히 논쟁중이고 동성애자들의 특징에 관해서는 많은 미신이 있으며 한 사람의 성적 취향이 바뀔 수 있는가의 여부 또한 논란거리다. 이 일은 사회와 교회 안에 널리 번져 있는 두려움으로 인해 복잡하다. 많은 사람들이 게이와 레즈비언의 영향이 커지는 것을 두려워하는 듯 보인다. 평론가들 일부를 포함해 그들 자신이 동성을 원하거나 혹은 동성에게 매혹된다는 사실을 알게 될 수도 있다는 두려움을 피력하는 사람은 드물다. 이 두려움에는 동성애 혹은 동성애자임을 두려워한다는 뜻의 호모포비아(homophobia)라는 이름까지 붙어 있다.

신학자인 리처드 J. 포스터(Richard J. Foster)는 동성애라는 이슈는 많은 이들에게 상처를 입혔다고 지적했다. "자신의 성적 경향이 동성애라고 확실히 밝힌 사람들은 오해받고, 전형화되고, 악용당하며, 거부당한다고 느끼는 일이 잦다. 동성애에 관해 분명히 성경의 기준에 대치된다고 느끼는 사람들은 교회 생활에서 동성애를 합법화하려는 교파 때문에 배신당했다"고 썼다. 여기에는 "그들 자신의 성적 정체성으로 인해 괴로워하는 사람들, 성적 충동으로 인해 갈가리 찢긴 듯 느끼며 혹시 자신이 잠재적인 동성애자가 아닐까 의아해하는 사람들도 있다. 아마 이 범주에 속하는 사람들이 가장 고통 받을 것이다. 그들은 교회가 확실한 소리를 내지 않으므로 애매모호한 상태에서 헤어나지 못하고 있다. 오른쪽에서 그들은 동성애에 관한 시끄러운 비난을 듣는다. 비록 그들이 성경적 정절에 관심을 보이고 있으나 건방지고, 알지 못하는, 위선적인 선언으로 인해 상처받아왔다. 왼쪽에서 그들은 동성애에 관한 열정적인 포용을 듣는다. 비록 그들은 박해받는 사람들에 대한 동정어린 관심을 감사하게 받지만, 편의를 위해 성경을 조정하는 방식을 보고 놀란다." 포스터는 여기에다가 '우리의 동정과 이해를 필요로 하는, 동성애에 관한 문화적 그리고 교회적 혼돈에 사로잡힌 사람들'을 추가한다.[13]

동성에게 끌리는 사람들을 지지하고자 한다면, 제일 먼저 다음과 같은 전형적 생각과 오해를 떨쳐버려야 한다. 곧 이 사람들은 선택해서 이끌리는 것이 아니다. 이들은 저절로 동성의 다른 사람에게 이끌린다.

성경과 동성애

동성애에 관한 성경의 가르침을 밝히려고, 수많은 성경 교사들과 다른 기독교 저자들이 때로는 모순된 결론에 도달하는 논문과 책을 써왔다.[14] 많은 저자들, 성경 전문가들, 연구자들, 정치 활동가들, 전문 상담자들, 그리고 다른 사람들이 동성애에 관해 하나의 의견에서 출발한 다음, 자신들의 입장을 지지하는 방식으로 성경을 연구하거나 해석하는 일이 가능할 수 있을까?[15] 이런 해석 혹은 연구가 무의식적인 편견인 경우가 종종 있지만, 마음을 열고자 하는 사람들 또한 그렇게 할 수 있다. 그러므로 누군가 성경을 이용해 동성애 또는 게이 권리 운동에 비난을 퍼붓는 한편, 다른 누군가는 동일한 성경 구절을 이용해 동성애가 품고 있는 죄악적 의미를 없애고 하나님으로부터 나온 상태라고 결론 내리기도 한다.[16]

대부분의 신학자들은 하나님이 이성애를 건전한 성생활로 의도하셨다는 데 동의할 것이다. 이 사실은 남성과 여성의 성기의 모양으로 추론할 수 있으며 아담과 이브가 함께 번성하라고 명령하신 창조 이야기로부터 주장할 수 있다. 성경은 동성애에 관해서는 거의 이야기하지 않고 있으며 오랜 기간의 동성애 경향과 오늘날 흔해진 동성 의무에 관해서는 아무것도 말하고 있지 않다. 이 표현은 성경 전체에 걸쳐 겨우 일곱 번 언급되어 있고 매번 그 언급은 비교적 짧다.[17] 이들 단락에서 동성애는 전혀 용납받지 못하거나 묵인되지 않지만 그렇다고 다른 죄악보다 더 나쁜 것으로 꼽히는 것도 아니다.

반대로, 난교, 폭력, 다른 이들에게 해로운 행동 혹은 하나님의 법률에 어긋나는 행동들은 죄악으로 강하게 비난받는다. 동성애에 관한 일부 성경 비판은 이런 종류와 의견이 같은 것으로 보인다. 예를 들어 바울이 로마서 1장 26-27절에서 이단자, 때로는 동성행위나 미쳐 날뛰는 공적 거세를 포함한 그릇된 동성의 종교의식을 묘사하고 있다고 제시하는 저자들이 있다. 이 사실은 바울이 이러한 종류의 행위를 강하게 비난했지만 내용 중에는 맹목적인 동성애에 관한 언급이 없다는 사실을 설명할 수도 있다. 보통 이 구절은 하나님 외의 다른 것을 숭배하는 사람들을 비난한다. 그들이 하나님으로부터 돌아설 때 혹은 그분이 주시는 삶의 지침을 팽개칠 때, 사람들은 맹목적이거나 이기적인 동성애 행동을 포함해 온갖 종류의 죄악에 참여하게 된다.

하나님께 유념하는 자는 어떠한가? 서로 사랑의 언약을 하고 오랫동안 함께 살겠다고 결심한 동성 커플은 어떤가? 서로에게 충실하겠다고 약속한 게이 관계는 분명 성경이 쓰인 시대에는 없었고 성경 저자들 또한 들어본 적이 없었으므로 이러한 배우자 관계가 하나님이 인정했다고 아니면 잘못되었다고 결론 내릴 수 있을까? 성경에서 비난받지 않았으므로 혹은 언급되지 않았으므로 하나님이 찬성하시거나 반대하셨다고 주장하기에는 근거가 약하다. 인터넷 음란물은 성경에는 전혀 언급되어 있지 않지만 그렇다고 해서 옳은 것이 되지는 못한다. 동성애를 언급하고 있는 모든 성경 구절은 동성애를 부정적으로 다루고 있다. 그러므로 육체적인 동성애 행위는 서로에게 헌신의 맹세를 했든 안했든 상관없이 잘못된 것처럼 보인다.

우리는 동성애 사고와 감정을 어떻게 평가하고 있는가? 우선적으로 동성애 성향의 성적 판타지와 충동을 가지고 있으나 숨기고 있으며 전혀 동성애적 행동으로 이끌리지 않은 사람들에 관해서는 어떻게 말할 수 있을 것인가? 기독교인을 포함해 정상적인 삶을 살고 있으며 이성 결혼에 충실한 것처럼 보이나 때로는 '이탈해서' 다른 사람들이 분명하게 알아차리는, 동성 매혹으로 인해 괴로워하는 듯 보이는 사람에 관해서는 어떤 결론을 내릴 수 있을 것인가?

동성 매혹, 감정, 그리고 욕구를 갖는다는 것은 성경 어느 곳에서도 비난받지 않는다. 그러나 그러한 사고에 젖어서 살고 지속적으로 성적 환상에 젖어 동성애나 이성애를 꿈꾼다면, 사고는 정욕이 되고 정욕은 분명히 죄악이다. 예수님도 그러셨듯이 기독교인은 유혹을 예상할 수 있으나[18] 성경은 희망의 메시지를 주고 있다. 성경은 우리가 정욕적인 생각에 빠져 살거나 동성애 유혹을 포함해 모든 종류의 죄로 가득한 유혹에 굴복하는 것을 피할 수 있다는 사실을 보여준다.[19]

동성애의 원인

수많은 과학적 연구가 있으나 하나의 결론만이 분명해 보인다. 즉 동성애에는 분명히 밝혀진 유일한 이유가 없다는 것이다. 연구는 두 개의 광범위한 범주로 나누어진다. 심리적, 환경적 요인은 동성애를 유발하는 과거 경험과 초기의 관계 역할에 초점을 맞춘다. 생리적, 유전적 요인은 동성애로 가는 경향을 구성하는 화학적인 호르몬 혹은 다른 육체적 영향에서 그 원인을 찾는다. 양쪽 관점 모두 뒷받침된 연구가 있다.[20] 게다가 이들 두 범주를 하나로 결합하는 사람들도 있고 세 번째로 영적인 원인이라는 광범위한 범주를 추가하는 이들도 있다. 이 모든 일은 동성 매력, 정체성, 그리고 육욕적 행위의 원인을 밝혀내려는 우리의 노력을 복잡하게 만들 수 있다.

20세기에 접어들어 동성애의 원인이 어린 시절의 경험에 있다는 주장이 오랫동안 있어왔다. 그러나 21세기로 접어들면서 많은 연구는 신경학적, 유전적, 그리고 생리적인 원인으로 옮겨갔다. 이렇게 전환하게 된 데는 최소한 세 가지 원인이 있다. 첫째는 심리학 이론과 연구의 실패다. 심리학은 동성애를 완전히 설명하지 못했다. 두 번째는 과학적 방법이 보다 정확하고 세련된 것으로 대두되었고 이 새로운 기술이 밝혀낼 수도 있다는 사실에 더욱 관심이 쏠리게 되었다. 아마도 가장 중요할 듯싶은 세 번째 이유는 게이와 레즈비언 그룹 활동가들의 강력한 영향이다. 이들은 차별 철폐를 주장하고 동성애의 원인이 환경적 혹은 도덕적인 것이라고 제시하는 사람들에게 반대한다. 이들 활동가 중 일부는 정치가, 직업 상담자, 그리고 언론 대표들과 밀착해서 그들의 행동 지침을 촉진한다. 동성애가 생리적이며 타고난 것이라는 설득력 있는 증거가 발견된다면, 이들 활동가들의 지침은 지지를 얻게 되고 동성애가 죄악이라는 도덕적 혹은 성경적 주장은 입지가 약해지며 동성애가 정상이라는 사실을 고려하지 않을 이유도 없어지게 된다. 이런 이유로 타고난 성적 경향을 변화시키는 것은 한 사람의 인종적 모습을 변화시키는 것만큼이나 불가능하다는 의견이 뒤이을 것이다.

연구와 논쟁은 계속되고 있지만 거의 모든 사람이 동성애는 사람들이 미묘한 과정을 거쳐 선택하는 무엇이 아니라는 데 동의하고 있다. 어느 땐가 모든 사람은 그 혹은 그녀가 여성 혹은 남성에게 먼저 성적으로 이끌린다는 것을 깨닫는다. 그의 성향이 동성의 다른 누군가를 향한 것이라면 어떻게 해서 이 일이 생겼는가가 문제가 될 가능성이 있다. 명확한 답변이 없다면 우리는 몇 가지 가능성을 이끌어내는 것으로 만족해야 할 것이다.

1. 생물 이론

동성애의 육체적 원인에 관한 연구에 대해 한 평은 이렇게 결론을 내렸다. 생물적 영향은 "동성애와 서로 연결되어 있고 아마 동성애 발전에 기여할 것이다." 그러나 그 연구의 자료는 여전히 "불완전하고, 논란거리며, 대안적 해석을 가정하고 있으며…… 생물적 요소와 성적 경향이 서로 인과관계가 있다는 것은 아직도 사변적인 것에 지나지 않는다."[21] 이 말들을 쓴 저자들은 신중하게 동성애의 생물적 원인 언급은 어느 것이건 모두 피하고 있다. 적어도 현재, 생물적 원인으로 인해 동성애가 생겨난다는 것을 증명하는 결정적 연구 결과는 아무것도 없기 때문이다.

흥미로운 결론을 제시하는 연구가 있다. 일부 연구자들은 어머니가 가진 호르몬이 아이의 탄생에 앞서 영향을 끼칠 수 있거나 뇌 구조를 변화시켜 동성애자와 이성애자를 서로 다르게 만들었을 수도 있다는 방식에 초점을 맞추어왔다. 일부 학자들은 여성이 임신하고 있는 동안 괴로움을 느끼면 호르몬 수준이 변화하고 이 변화가 성적 취향에 영향을 끼칠 수도 있다는 결론을 내렸다. 또한 실제적으로 중요한 많은 연구는 유전적 요인이 동성애의 원인이라고 보고 있다. 이 연구들은 쌍둥이에게서 성적 경향을 비교하는 일이 종종 있다. 일란성 쌍둥이가 둘 다 동성애 경향을 갖고 있다면 이 사실은 유전적 원인을 제시한다. 그러나 비평가들이 말하듯 쌍둥이는 비슷한 환경인 경우가 많고 이 환경이 원인일 수도 있다. 스탠튼 L. 존스(Stanton L. Jones)와 마크 A. 야르하우스는 책에서 과학 연구와 동성애를 평하면서 최근 나온 유전적 요인에 대한 최상의 연구는 유전이 동성애의 원인을 설명하는 데 중요치 않을 수도 있다고 결론내렸다.[22]

이 사실은 상담자와 그 내담자에게 무엇을 뜻할까? 동성애가 생물적 원인과 연결될 수 있다고 제시하는 증거는 점점 더 많아지고 있으나 현재 이 증거는 강력하지 않으며 연구 방법 또한 항상 모범적인 것은 아니다. 현재의 연구 방법이 연구 결과만큼이나 주의 깊게 면밀히 검토되고 있는 것은 특기할 만하다. 방법에 대해 신중히 관찰하는 것은 연구 계획이 연구자의 편견을 반영하는 경우가 종종 있기 때문이다. 이렇게 하면 편향된 결과가 나올 가능성이 커질 수 있다. 이 모든 것은 연구자들이 연구를 계속 하는 동안 상담자들은 생물적 원인이 있다는 증거를 염두에 두어야 한다고 말해주지만 이것뿐만 아니라 심리적, 환경적, 도덕적 원인 역시 중요하다. 하지만 안타깝게도 증거는 결정적이지 못하다.

2. 부모 – 자식 관계

정신분석학 이론에서 동성애에 관해 가장 완전하고 널리 용인된 관점의 일부가 나왔다.[23] 동성애는 성적 발달이 중지되어 생겨났다는 프로이트의 관점에 근거해 정신분석학 저술가들은 동성애 남성은 보통 약하고 수동적이며 종종 아버지가 없거나 무능한 아버지 혹은 독단적인 어머니가 있는 가정에서 자란다고 결론을 내려왔다. 이 어머니는 교묘하게 아들이 수동적이며 그녀에게 헌신하도록 가르친다. 아들에게는 따를 만한 강한 남성 모델이 없으며 결국 그가 소녀들과의 관계에서 친구들보다 유능하지 못하다는 사실을 알게 된다. 그 결과 아들은 자신의 남성다움에 확신을 잃고 여성과의 친밀한 교제를 두려워하게 된다. 그러한 가정의 딸들은 아버지를 불친절하고 거부하는 존재로 인식하며 따라서 소녀들은 남성과 연관될 기회가 거의 없다. 그들은 여성들과 더 잘 연결된다.

비록 이 이론은 예전보다 덜 주목을 끌지만 동성애의 근원을 설명하는 지배적인 이론이 되어왔다. 그러나 비평가들은 이 결론의 많은 부분이 상담하러 온 사람들과의 인터뷰, 특히 정신분석에서 나온 것이라고 지적해왔다. 이 사실은 그들이 동성애자들을 대표하는 그룹이 아니라는 사실을 말한다. 그들은 대부분 상담받기를 원하지 않는다. 또한 이론은 대부분 성인 동성애 남성들이 과거 어린 시절의 경험을 기억할 수 있다는 데 근거를 두고 있다. 그들이 기억한 것은 실제로 일어난 것이 아닐 수 있고 실제로 일어난 것인지를 증명할 방법도 없다. 심리분석 이론은 남성 동성애에 초점을 맞추는 일이 종종 있으나 결론이 반드시 여성에게 응용되지 않는다는 사실이 추가되어야 한다.

더 많은 체계적 연구는 정신분석 관점에 혼합된 지지를 보내왔다.[24] 캐나다에서 나온 한 흥미로운 연구는 자신들이 동성애적 경향을 가지고 있다고 밝힌 남성 가톨릭 학생들과 이성애자인 학생들을 비교했다. 이성애자 급우들과 비교했을 때 동성애자 학생들은 그들의 아버지와의 친밀도가 현저히 낮았다.[25]

사고를 자극하는, 그리고 더욱 믿을 만한 변화인 이 관점은 엘리자베스 R. 모벌리(Elizabeth R. Moberly)라는 기독교 저자가 제시했다. 그녀의 연구는 동성애는 반대편 성 부모와의 관계 문제에서 나오는 것이 아니라고 표현한다. 동성애는 같은 성을 가진 부모와 연결된 결점 때문에 나오는 것이다. 정상적인 발전에서, 아이는 같은 성 부모와 '결합함으로써 부모를 사랑하고, 의지하며, 동일시' 할 필요가 있다. 이 관계가 없거나 망쳐진다면, 젊은이는 무의식적으로 그 결합을 회복하려고 시도하게 된다. 동성애가 되는 사람은 '부모 자식 관계에서 초기의 결점을 보상할 필요가 있다. 같은 성으로부터 사랑을 받으려는 계속되는 욕구는 어린 시절, 같은 성의 부모에게서 사랑을 받지 못한 사실에서 나온 것이다.'[26] 이런 결핍을 회복하고, 채워지지 못한 필요를 채우는, 그리고 성공적으로 동성애를 다루는 한 가지 방법은 '동성을 가진 사람과 건전한 비성적 관계를 갖는 것이다.'[27] 이 관점에 의하면 동성애 내담자들은 동성 관계 필요에 초점을 맞추어 동성이나 이성애자 상담자가 돌보는 것이 가장 좋다.

많은 동성애자들은 부모 자식 관계에서 혼란을 겪지만 그렇지 않은 이들도 있다. 같은 가족 내의 아이들이 모두 동성애자가 되는 것은 아니며 심지어 비슷한 부모 자식 관계가 있다 해도 그렇지 않다. 이런 일이 생기는 데는 다른 이유가 있을 수 있다. 각 부모는 아이들 각자와 독특한 관계를 갖는다. 같은 가족 내에서도 편애와 사랑에 근거한 행동은 한 아이는 사랑받고 있다는 사실을 전혀 의심하지 않는 한편, 다른 아이는 정반대로 느낄 수 있으며 그 느낌을 더욱 강화할 수 있는 것이다. 부모 자식 사이의 불확실한 역할로 인해 일부 상담자들은 동성애 원인을 밝혀내기 위해 어린 시절의 다른 경험을 찾아낸다.

3. 여러 가지 가족 관계의 경험

각기 다른 저자들이 동성애가 다음의 결과라고 제시해왔다.

- 어머니가 다른 여성들을 두려워하거나 불신하면서 아들들에게 그렇다고 가르칠 때.
- 어머니가 남성들을 두려워하거나 불신하면서 딸들에게 그렇다고 가르칠 때.
- 너무 많은 여성들(어머니들, 자매들, 이모나 숙모들)이 한 아들들 둘러싸고 있을 때, 그러나 아들은 성인 남성과 접촉이 제한되어 있어 소녀처럼 행동하고 생각하도록 배울 때.
- 딸을 원했으나 아들을 갖게 되어 미묘하게 그 아들이 소녀처럼 생각하고 행동하도록 키웠을 때. 아

들과 딸이 바뀌었을 경우도 비슷한 상황이 생겨난다. 양쪽 다 성적 정체성과 경향에 관해 엄청난 혼란을 느낀다.

- 아들이 아버지에게 무시당하거나 거부당했을 때, 그래서 자신이 남성으로 부적절하다고 느끼며 남성이 여성과 어떻게 관계를 맺는지 확신하지 못할 때.
- 딸이 어머니에게 거부당했을 때, 그래서 여성으로 부적절하다고 느끼고 남성과 좋은 관계를 맺을 수 없을 때.
- 한쪽 혹은 양쪽 부모 모두가 성에 관해 부정적인 생각을 갖고 있을 때, 그래서 그 아이는 성에 관해 왜곡된 관점을 갖게 되고 그 혹은 그녀 자신의 성적 정체성과 적응으로 갈등할 때.
- 어머니 혹은 아버지가 지나치게 응석을 받아주는 바람에 아이가 그 부모와 과도하게 애착을 느껴 갈라놓을 수 없게 되었을 때, 그래서 그 어떤 배우자도 반대 성 부모와 비교할 수 없다고 확신하게 되었을 때.

아마 이런 목록으로 몇 페이지고 채워나갈 수 있을 것이다. 그러나 동성애의 뿌리가 복잡하며 종종 가족환경으로 인해 나타난다는 것을 언급하는 것만으로도 충분하다. 때때로 가족은 성적 경향의 정신적인 면, 생물적인 면 모두에 영향을 끼친다. 한 실례로, 낮은 비율이지만 게이 남성 중 막내나 거의 막내인 사람이 동성애 경향이 발달하는 경우가 있다.[28]

4. 기타 초기 경험

인터넷 검색을 통해 동성애 설명을 찾고 있다면 그밖의 설명을 수없이 찾아낼 수 있을 것이다. 이들 설명은 초기 경험에서 나온 것들이 많다.

- 어떤 사람들은 성생활에 영향을 끼칠 만큼 상처가 되는 성 경험을 갖고 있다.
- 일부 사람들은 다양한 이유로 반대 성을 두려워한다. 지속되는 공포는 다른 성을 가진 사람과 잦은 접촉이 없어서, 다른 성의 사람에게 거부당해서, 혹은 다른 성을 가진 누군가와 당황스러운 경험을 함으로 인해 생겨날 수도 있다.
- 때때로, 아이나 청소년은 동성과의 관계에서 곤란을 느끼거나 부적절하고 다르다고 느낄 수 있다. 어린 소년이 탈의실에서 페니스가 작아서 혹은 다른 아이들만큼 운동을 잘하지 못해서 놀림 받고 당황할 수도 있다. 어떤 경우의 어린이들은 자신이 여성 혹은 남성으로서 부적절하거나 불편하다고 느끼고 반대 성이 되고 싶어 한다.

이 원인들 중 그 어느 것도 동성애 경향으로 이끌어갈 만큼 강력한 것은 없다. 그러나 같은 성으로 둘러싸인 환경에서 자라난 사람들은 어떨까? 소년학교와 소녀학교, 신학교, 그리고 수도원, 감옥, 군대 그리고 이와 비슷한 환경이 동성애 매력을 고무하거나 조장할까? 국가적 조사와 도시, 교회 그리고 시골 환경에서의 동성애 보급률은 환경이 동성 매혹과 행동을 자극할 수 있다는 사실을 증명해 왔다.

어느 사회건 어린이는 자라면서 여성 혹은 남성이 된다는 것의 의미를 배우게 된다. 문화적으로 용인된 여성 혹은 남성의 역할을 배울 기회가 없다면, 혹은 사회가 역할을 모호하게 정의해왔다면(우리 사회처럼) 어린이의 행동과 자세는 혼란스러워질 수 있다. 반대 성에게 어떻게 대해야 하는지 혹은 무엇을 예상해야 하는지 알지 못한 채 성인기에 도달할 수 있다. 소수에게, 특히 이 젊은이들이 이미 자신 안에서 동성 선호 경향을 느끼기 시작했다면, 동성애로 후퇴하는 것이 보다 더 편안할 수 있다.

이 점에서 과학적 그리고 의학적 관점으로 결론을 내리는 사람은 당신만이 아니다. 우리는 진실을 알지 못하며, 다른 사람들은 그렇지 않은데 왜 일부 사람들은 동성 매혹을 경험하는지 알지 못할 수도 있다.[30]

5. 자의적인 선택

일부 인기 있는 책들은 동성애가 미묘한 선택의 결과라고 제시해왔다. 이 관점은 동성애란 의지로 포기할 수 있으며 자의로 자신의 삶을 정화할 수 있다는 사람들 사이에 흔하다. 동성애가 고의적인 선택이라고 하는 이 관점은 기독교 상담자를 포함해 노련한 전문가들의 생각이 아니며, 동성애 경향을 가진 사람들이 받아들이는 생각도 아니다. 고의적으로 그리고 의식적으로 자신과 같은 성을 가진 사람에게 매력을 느끼는 일은 드물다. 성인이 되어가면서 일부 사람들은 미묘한 선택을 통해서가 아니라 무조건적으로 같은 성을 가진 사람들에게 이끌린다는 사실을 알아차린다. 이 깨달음은 대단히 혼란스러워서 많은 사람들이 심지어는 자신에게도 그 사실을 감추려고 노력한다. 종종 이런 사람들은 자신이 동성애라는 유전적 소인을 가지고 태어났음이 틀림없다고 결론을 내리곤 한다. 우리가 보아왔듯이 현재 이런 결론은 연구에 의해 증명된 것은 아니다.

동성애와 이성애 경향은 둘 다 그런 일이 일어나고 있다는 것을 깨닫기 전에 이미 얻어진 것으로 보인다. 이런 매혹의 느낌은 잘못된 것이 아니다. 같은 성이건 다른 성이건 끌린다는 느낌은 사랑과 인정을 필요로 하고 있는 것이지만 이러한 성적 매혹에 대한 한 사람의 행동이 항상 사회적 혹은 성경적으로 적절한 것은 아니다.

한 사람이 같거나 다른 성을 지닌 누군가와 성적 행동을 함으로써 쾌감을 얻을 때마다 그 성행위는 다음번에 더욱 매혹적으로 되어간다. 그 행위가 어떻게 시작되었는가는 중요하지 않다. 더욱 중요한 것은 그 성행위를 계속하는가의 여부다. 지나가는 성적 만남은 그 만남이 같은 성이라 할지라도 특별히 만족스럽지는 않다. 따라서 그 만남은 되풀이될 것 같지 않다. 그러나 배경과 경향이 취약한 사람이라면 한 번의 성 경험이 다음 경험을 또 이끌어 악순환이 시작된다. 동성애 행동(동성애 판타지로 자극받은 자위를 포함해)은 동성애 경향을 더욱 강하게 하며, 그 경향은 다시 행동을 되풀이하게 한다. 물론 이성애 경향을 지닌 사람이 반대 성의 사람과 성행위를 하기로 선택했을 때 역시 비슷한 주기가 시작될 수 있다. 성경에 따르면 이 이성애 사이클이 결혼 내에서 일어난다면 잘못이 아니지만 육체적 행위를 포함한 결혼 외의 관계에서라면 죄악이다.

- ### 동성애의 효과

게이 권리를 증진시키려는 사람들과 이에 반대하는 사람들은 서로 자신의 처지를 강하게 선언한다. 둘 다 사실보다는 감정적 표현일 수 있는 주장을 할 수도 있다. 게이 사회에서 널리 퍼진 난교 행위에도 불구하고, 대부분의 게이는 극단주의자도, 성에 미친 것도 아니며 많은 동성 커플이 오랜 세월 동안 서로를 지지하는 관계로 살아갈 수 있는 것처럼 보인다. 종종 이들은 현재 진행중인, 게이 결혼 합법화 운동을 이끌어가고 있다.[31] 그럼에도 불구하고 동성애 경향을 가진 많은 사람들이 우울하고 불안하며 불행하다는 사실을 숨길 수는 없다.[32] 그들의 동성 매력은 그들이 그 경향을 알고 있음을 숨기건 밝히건 간에 그들의 삶 여러 분야에 스며들어 영향을 끼칠 수 있다.[33] 물론 성적 경향은 각기 독특한 방식으로 개개인에게 영향을 끼치나 동성애는 특히 다음의 다섯 가지 분야에 영향을 준다. 삶의 스타일, 감정적 안정도, 자아 개념, 대인관계, 그리고 가족 유대다.

1. 생활양식의 영향

언론은 때로 게이 사회와 동성애 생활양식에 대해 혼란스러운 인상을 갖게 한다. 신문 기사는 주기적으로 어린 소녀, 소년들을 성적으로 괴롭히고 꾀는 학교 교사나 리더, 혹은 종교 지도자들을 묘사한다. 다른 기사들은 서로 받아들이고 우정과 성관계를 갖기 위해 다른 동성애자들을 만나는 게이바를 묘사한다. 이런 이야기들은 물론 소수의 동성애자들을 묘사할 뿐이나 게이와 레즈비언의 행위에 관한 소문과 기사는 교회 멤버들을 포함한 많은 사람들의 마음에 두려움과 혐오감을 불러일으킨다.

상담자들은 동성애자가 전형적인 생활양식을 가지고 있지 않다는 사실을 기억해야 한다. 대부분의 동성애자가 바를 들락거리거나 자랑스러운 게이 퍼레이드에 참여하는 것은 아니며, 어린이들을 강간하거나 여자 같고(레즈비언인 경우 그 반대), 끊임없이 섹스에 몰두해 있는 것은 아니다. 그렇다고 결론 내리는 것은 냉정하고 무감각하며 정확하지 못하다. 우리가 이런 스타일을 정형으로 받아들이면, 특히 우리가 동성애자들을 한 명도 모르고 있는 상태에서 그렇게 한다면 교회 공동체가 마땅히 가지고 있어야 할 사랑과 용납을 거부하고 게이와 레즈비언들을 쫓아내는 형국이 된다. 지금까지 보아왔듯 같은 성적 경향을 가진 대부분의 사람들은 법을 잘 지키고 사회에서 용납 받은 사람들이다. 그들이 자신의 성적 경향을 숨길 수도 있으나 당신은 아마도 교회 내에서, 친구들 모임에서, 일하는 곳에서 그리고 연구하는 대학에서 생각보다 많은 사람들이 동성 매력을 경험하고 있다는 것을 알게 될 것이다.

이 동성 매력은 사람들과 생활양식에 다른 식으로 영향을 줄 수 있다. 취향을 숨기는 사람들은 때때로 동성애 경향이 우연히 드러나 친구들을 잃고 동료 기독교인들에게 거부당하며 일터에서, 교회에서, 학교에서 그리고 다른 곳에서 미묘한 차별을 받게 될 것이라는 조용하고 지속적인 공포를 느끼면서 산다. 많은 사람들이 심지어는 가장 신뢰하는 친구에게도 성적 경향을 털어놓기를 두려워하고 기독교의 사랑과 이해를 보여주는 사람들의 지지와 기도를 빼앗기게 될까 봐 두려워하면서 홀로 갈등한다. 왜 많은 사람들이 결국에는 비밀을 포기하고 공공연하게 다른 사람들에게 성적 경향을 알리는지 그 이유를 이해하기란 어렵지 않다.

2. 감정적 불안정

여러 해 동안 정신건강 전문가들은 동성애를 정신병 혹은 일탈이라고 보아왔다. 하지만 요즘의 정신건강 전문가들의 조직은 동성애가 병리적 상태, 성적 일탈, 또는 정신병의 증거가 아니라고 선언했다. 개인적 선호도 혹은 정치적 압력의 영향과는 별개인 이 결론의 지지는 제한된 것이었으나 대부분의 정신건강 전문가들은 동성애에 적응하면서 도움을 요청하지 않는 한, 게이나 레즈비언들은 변하거나 치료받을 필요가 없다고 결정했다.

이러한 단언에도 불구하고 자신이 게이, 레즈비언 혹은 양성애자라고 밝히는 사람들이 위험한 우울증,

일반화한 불안장애, 행동장애, 약물남용 혹은 의존, 자살 생각, 혹은 자살의 유혹을 겪는 경우가 점점 더 늘어가고 있다는 사실을 보여주는 연구가 있다.[34] 이 연구에서 나온 넓은 관점으로 볼 때 어느 저자는 이 모든 연구의 연구자들은 이성애자와 레즈비언, 게이 그리고 양성애자들을 비교해 더욱 많은 정신병리학의 증거를 찾았고 최소한의 무언가를 얻었다고 결론을 내렸다.[35] 연구는 또한 동성 커플과 동성애 경향을 가진 개개인이 심리적 고통으로 인해 다른 사람들보다 상담가를 찾는 경우가 더 많았다는 사실을 보여주고 있다.[36] 이 정신장애는 과연 동성애로 인해 야기된 것일까? 아주 많은 학자들이 고통의 증상 그 자체는 성적 경향의 부분이 아니라고 말하곤 한다. 오히려 증상은 게이와 레즈비언들이 아주 많은 스트레스를 받기 때문에 생겨나는 것이고 이 스트레스는 비판하고 반대하며 차별하는 이성애자들 때문에 생겨난다. 일부 연구는 동성애자들이 스스로 차별 대상임을 알고 있다는 것을 보여주지만 이 차별이 실제로 존재하며 일어난다는 것을 우리가 어떻게 알까? 이들 중 많은 연구들을 검토하고 난 후 심리학자인 존 에버트(Jon Ebert)는 다음과 같이 결론을 내렸다. "학자들은 심리적 고통이 사회적 오명에서 발전되었다는 지극히 조급한 결론을 내려왔다. 기껏해야 우리는 동성 관계에 있는 사람들이 고통을 인식하고 그것을 성적 경향에서 나온 오명 탓으로 해석한다고 결론을 내릴 수 있을 뿐이다."[37]

출처가 무엇이건 동성애자들이 종종 상담자의 도움에 의해 경감될 수 있는 심리적 이슈로 갈등하고 있다는 사실은 분명하다.

3. 셀프 콘서트 효과

최근 동성애에 관한 시각이 개방됨에 따라 일부 게이들은 "게이는 좋다"뿐 아니라 게이가 되는 것은 다른 일보다 우월하다고까지 결론을 내렸다. 심리적 불안정과 차이로 인해 생겨나는 낮은 자존심이 그런 경향을 더욱 확산시켰을 수도 있다. 모든 동성애에서 동성 경향 혹은 행동으로 인한 죄의식, 외로움, 동성애가 드러날지도 모른다는 두려움, 거부에 관한 관심, 무기력함, 그리고 분노가 나타났다. 그 밖에도 그들은 정체성의 문제와 사회에서 그들의 위치가 어디인가 하는 의문으로 갈등했다. 한편 게이·레즈비언 운동이 자존감을 높이고 동성애를 공적으로 알리기 위해 시작되었지만 동성 매력으로 인해 갈등하면서도 그들 동성애 운동가들과 아무런 연관을 느끼지 못하는 개인도 있다. 전부는 아니지만 일부 게이 혹은 레즈비언들은 게이바와 나이트클럽을 전전하면서 개인적인 자기확신을 지지하고 내부 고통을 해결해줄 이해심 있는 사람들로부터 사랑과 지원을 구하려 시도한다.

4. 관계에 미치는 영향

동성애 경향이 있는 사람은 어떻게 다른 사람과 관계를 맺는가? 그것은 동성애를 숨기고 있는지 아니면 다른 사람들이 알고 있는지에 따라 다르다. 개인이 홀로 싸울 때, 다른 사람과 가까워지려면 숨어 있는 경향이 알려지지 않도록, 계속해서 경계하고 주저할 수 있다. 동성애를 계속 숨겨온 기혼자는(때로는 자신의 배우자에게도 숨긴다) 그들의 성적 선호도, 판타지, 또는 오해받고 거부당하리라는 공포심이 결혼에 큰 부담을 줄 수 있다는 사실을 알게 되기도 한다. 반대로 동성애를 공개한 사람은 동성의 다른 사람에게서 계속 지지 받는 관계를 유지할 수 있는가 하면, 한편으로 이런 관계를 절대 형성하지 못할 수도 있으며 혹은 일시적으로 그리고 불완전한 관계를 형성할 수도 있다.

이상적인 교회 상은 사랑과 용납이 있는 곳이 되는 것이다. 그러나 동성애 혐오증(호모포비아)이 교회에서 장애가 되는 경우가 종종 있다. 예전에 나의 제자 중 한 명은 이 장의 초고를 읽고, 다른 사람들이 자신을 이성애라고 생각할 때는 받아들이지만 동성애로 갈등하고 있다는 것을 알아차리면 장벽을 느낀다는 편지를 보냈다. "동성애로 갈등할 때 외에는, 교회에서 다른 사람처럼 동료 기독교인으로 받아들여지고 싶습니다. 때때로 저 같은 사람이 진정으로 받아들여진다고 느끼는 유일한 곳은 예수 그리스도의 진정한 교회 대신 이단의 게이 교회가 아닌지 궁금합니다." 게이 혹은 레즈비언들이 홀로 갈등할 때, 낙심, 죄의식이 있을 수 있고 영적 성장은 멈출 수 있으며 때로 공공연하게 동성애를 받아들이고 격려하는 게이 교회로 날아가 비밀을 털어놓는 것이 좋은 결정 같기도 하다.

그리고 하나님과의 관계가 있다. 많은 기독교인들은 죄악인 동성애 행위(정욕을 포함해)와 그것들 자체는 죄악이 아닌 동성애 경향을 구분하지 못한다. 이것들을 구분하지 못하면 계속해서 자기 비난에 시달리고, 동성 매혹을 억압하느라 씨름하게 되며, 하나님과 단절된다.

5. 가족에게 미치는 영향

이성애 결혼에서 아이를 낳은 동성애자, 그리고 아이들을 입양한 동성애자들은 종종 동성애 부모 역할을 하는 동안 독특한 경험과 비판에 부딪친다. 게이 혹은 레즈비언 부모가 아이를 키울 때 사회는 다음과 같은 염려를 한다. 첫째, 동성애 커플이 키우는 아이는 동성애자가 될 것이다. 둘째, 게이 가정에서 아이들을 키우면 성적으로 강간당할 것이다. 셋째, 부모가 동성애자라는 사실이 알려지면 아이의 친구들이 괴롭힐 것이다. 첫 번째와 두 번째 두려움을 사실로 밝혀주는 증거는 없으나 세 번째를 지지하는 자료는 약간 있다.[38] 게이를 부모로 가진 아이들은 집에 한쪽 성에 대한 실제 모델이 없다. 그러나 부모가 이성애자라 하더라도 한쪽 부모가 없는 가족일 경우도 마찬가지로 존재한다.

자신이 동성애자라고 밝힌 많은 사람들은 아이들과 이야기하는 것이 그들의 부모와 이야기하는 것보다 한결 쉽다고 말한다. 많은 부모들은 아이가 동성애자라는 사실을 알게 될 때 좌절하며 동성애자들 사이에 에이즈가 만연한다는 것을 생각하고 더욱 두려워한다. 당황하고 죄의식에 짓눌리며 두려움에 가득 차서 때때로 친구들이 자신들을 피한다고 느끼며 동성애 자식들과 동성애 친구들 혹은 파트너에게 어떻게 반응해야 할지 알지 못한다. 성인 동성애자 자식들은 그들의 동성애가 부모에게 끼친 고통 때문에 슬픔과 죄의식을 번갈아 느낀다. 이 모든 일은 집안에 긴장을 야기할 수 있다.[39]

• 상담과 동성애

당신이 가지고 있는 양성애자나 동성애자에 관한 기준과 관점, 곧 당신의 태도가 이미 상담을 시작했다고 봐야 한다. 당신이 게이, 레즈비언 혹은 양성애자를 두려워한다면, 그들을 농담거리로 삼는다면, 그들을 비난한다면, 그들에 관한 정형을 무비판적으로 받아들인다면, 혹은 동성애와 그 원인의 복잡함에 관해 익숙하지 않다면, 동성에게 이끌리는 개개인을 이해하고 돕기가 더 어려워질 것이다. 예수님은 죄인과 죄에 유혹당하는 자를 사랑하셨다. 그의 뒤를 따르고자 하는 우리는 그들의 태도, 행동 혹은 그들의 성적 선호도에도 불구하고 사람들과 관련되고자 하는 모델을 갖고 있다. 만일 우리가 동성애자들 혹은 동성애 경향을 가진 사람들을 감싸고 연민을 느끼지 못한다면 하나님께 자신의 부족한 연민과 감수성을 구해야 한다. 게이와 레즈비언들을 향한 우리 자신의 태도를 점검하고 동성애의 다양성을 이해하도록 추구해야 하며 부정적 태도를 지속하는 한, 혹은 변하고 싶지 않는 한 동성애 경향이 있는 사람들의 상담을 피해야 한다.

대부분의 상담자들은 동성애 문제로 갈등하는 사람들을 언젠가는 보게 된다. 그 문제는 동성애 경향과 유혹의 갈등, 가족과의 불화, 동성애를 지지하는 사람을 찾거나 신뢰할 수 없어서 느끼는 외로움, 자존심과의 싸움, 반(反) 게이 태도 혹은 희롱, 정신건강 관심사, 혹은 동성애적 경향을 정직하게 드러낼 수 있는지의 여부 등이다.[40] 상담자들은 이 문제에 압박을 느낄 수 있다. 특히 예전에 동성애자들과 거의 접촉이 없었거나 상담자가 신화와 편견을 가지고 있다면 더욱 그렇다. 게이 운동과 거의 모든 상업적 출판물은 성적 경향은 변하지 않으며 변화를 가져오려는 시도가 불가능한 만큼 비윤리적이라고 주장한다.[41] 그러나 기독교 상담자에게 있어서 내담자로부터 받게 되는 요구는 아마 변화를 시도할 때 상담자들이 도와주고자 하는 욕망을 보여 달라는 것일 것이다.

변화는 동성애자와 상담자에게 절대 쉽지 않으며, 내담자가 실패하는 비율이 높다. 예전에 게이였던 목회자가 내놓은 정열적인 보고서는 과도하게 낙관적일지도 모르며 알찬 조사보다 증언과 사례 기록에 더 많이 근거하고 있다. 변화에 관한 연구를 상세하게 검토하고 그 결론에서 널리 존경 받는 두 명의 상담자는 그들이 "만일 변화가 성적 경향을 완전히 바꾸는 것을 의미한다면, 어떤 동기를 가진 누구건 변화 가능하다는 식의 일부 보수적인 기독교인의 의견에 찬성하지 않는다"고 결론을 내렸다.[42] 논쟁의 일부는 변화가 무엇을 의미하는가에 관한 것이다. 앞부분에서 우리는 킨제이의 7점 범위를 이야기했고 여기서 0점은 완전한 이성애를, 6점은 완전한 동성애를 나타냈다. 아마도 누구건 이 양극단에 있는 사람은 드물 것이다. 만일 변화가 이성애를 가리키는 범위의 끝으로 가는 것이라면, 그러는 과정에서 1점 혹은 그 이상의 점수를 얻는 것이라면, 변화는 아주 가능한 듯 보인다. 위에서 언급한 스탠튼 존즈와 마크 야르하우스는 다음처럼 덧붙인다. "동성애 경향의 변화는 어떤 자연스러운 수단에 의해서건 불가능해 보인다. 그럼에도 불구하고 동성애가 변할 수 없다는 입장은 성공적인 변화를 이뤄낸 사람의 견지에서 볼 때 의심스러워 보인다." 여기에는 존경 받는 몇몇 상담자와 연구자가 발견해낸 것을 포함하고 있다.[43]

동성애 경향과 동성애 행위의 변화는 다음이 존재할 때 더욱 가능성 있다. 그것이 존재하면 할수록 변화 가능성은 더 높아질 것이다. 그러나 비록 이 모든 조건이 만난다 해도 일부 사람들은 변하지 않을 수도 있다. 우리는 분명하게 이 영역에서 어느 예언자가 가장 믿을 만한지 아직 모른다. 하여간 다음과 같은 경우 변화가 일어나는 것 같다.

- 내담자가 정직하게 자신의 동성애를 인정한다.
- 내담자가 변하려는 강한 욕구를 가지고 있다.
- 동성애를 실현해본 적이 없거나 제한받아왔다.
- 다른 사람과의 동성애 관계가 깊지 않다.
- 내담자가 자신을 유혹하는 동성애 동료와 기꺼이 관계를 깨뜨리려고 한다.
- 내담자가 게이 인터넷 사이트, 게이 음란물, 혹은 동성애 행동을 권하는 다른 자극물들을 피하려고 결심한다.
- 성 정체성 이슈는 관련되어 있지 않다(즉, 그 사람이 진정으로 여성인지 혹은 남성인지의 여부에 관한 내부 갈등은 없다).

- 마약과 알코올은 쉽게 유혹에 굴복하게 만들기 때문에 이런 것들을 기꺼이 피하고자 한다.
- 내담자는 동성애 친구와의 접촉과는 별개로 사랑과 용납을 경험한다.
- 내담자는 상담자 혹은 다른 동성의 사람과 비성적인, 친근한 관계를 맺을 수 있다.
- 전체적으로 보면 종교적으로 헌신하고 있고 긍정적이다.[44]
- 내담자가 자신의 삶과 예수 그리스도의 주권에 헌신하고 죄를 피하고자 하는 욕망을 가지고 있다.

상담자는 위에 말한 것들을 염두에 두고 다음과 같은 방식으로 도울 수 있다.

1. 내담자가 필요로 하는 것과 원하는 것을 결정한다

누군가 도움을 구하러 왔을 때 그 혹은 그녀가 원하는 것이 무엇인지를 알아야 한다. 모든 동성애적 경향의 제거인가, 게이 혹은 레즈비언 행동을 그만두려는 것인가, 계속되는 동성애 행동을 제재하려는 것인가, 동성애에 관한 성경적 가르침을 얻고자 하는 것인가, 동성 연인과 더 좋은 관계를 맺기 위한 것인가 아니면 다른 무엇인가? 일부 내담자는 자신이 원하는 것이 무엇인지를 정말로 알지 못한다. 당신과 함께 이야기함에 따라 진정한 문제는 그들이 처음 주장했던 것과는 다르다는 사실이 분명해져간다. 때로 내담자는 변하고자 하는 진정한 욕망이나 동기가 없다. 단지 변화를 돕고자 하는 배우자, 청소년 지도자, 혹은 부모의 강요로 왔을 뿐이다. 질문하고 그 내담자의 대답에 대해 논의하기 전까지는 그 사람이 원하는 것이 무엇인지 안다고 생각하지 말라. 내담자의 목적과 상담자의 가치관 혹은 믿음이 어긋날 때는 다른 상담자를 추천하는 것이 가장 좋은 대안일 수도 있다.

2. 사실적인 희망을 가르치라

동성의 유혹을 겪어본 사람을 상담하기란 쉽지 않다. 동성애 행위는 멈출 수 있고 하나님께서 완전히 용서하실 수 있는 반면, 동성애 경향은 없애기가 훨씬 더 어렵다. 때때로 이성애 경향으로 변하려 하지 않겠지만 그 혹은 그녀가 동성애 행위를 없애고 승리하는 의미 깊은 삶을 살도록 도울 수는 있다.

수많은 목회자들이 동성애 남성과 여성의 성적 경향을 바꾸기 위해 노력한다. 종종 이들 목회자들은 변화의 기록이 담긴 인상 깊은 책과 사례를 펴내지만 이들 그룹이 그 영향에 동의하는 일은 드물다. 장외 관찰자는 동성애자가 변하지 못한 사례를 많이 알고 있고 변했다고 생각했던 사람들도 나중에 다시 동성애 행위로 돌아갔음을 알고 있다.[45] 한 연구는 변화가 고정적이라는 증거를 발견하려고 했으나 겨우 11개의 조사 보고를 찾아낼 수 있을 뿐이었다.[46] 성공률은 각각이지만 동성애 경향이 이성애 경향으로 바뀐 사례도 있다. 특히 종교적 믿음이 강한 사람일수록 더하다. 이런 불확실함 속에서 상담자는 변화를 요구하는 사람에게 어떻게 대응할 것인가? 처음부터 내담자에게 그들이 부닥치고 있는 현실의 모습을 제시하는 것이 도움이 된다.

- 변화는 가능하며 일부 동성애 경향을 가진 사람들이 변했고 이성애를 우선으로 하는 사람들이 되었다는 증거가 있다.
- 많은 사람들이 변화를 열망했지만 최상의 노력, 욕구, 기도, 그리고 결정에도 불구하고 변하지 못했다는 사실 또한 분명하다.

- 일부 사람들은 부분적으로 변하기도 한다.
- 성적 경향에도 불구하고 성행위의 조절은 가능하다. 동성애 경향으로 갈등하는 사람들은 선택에 따라 성적으로 적극적이 되지 않을 수 있고 그렇게 독신으로 살 수도 있다.
- 성적 경향은 신중하게 선택해서 형성되거나 쉽게 바뀔 수 있는 것이 아니지만 그럼에도 윤리적 선택은 할 수 있다.[47]
- 전문 서적에는 잘 언급되지 않지만 그럼에도 불구하고 동성애자들이 이성의 배우자들과 결혼해 성생활을 하고 결혼관계를 지속할 수 있다는 것은 분명해 보인다.

비록 변화는 어렵지만 그가 진지하게 변하고자 할 경우 희망을 가질 수 있는 이유가 있다. 당신은 내담자에게(그리고 당신 자신에게) 이 가능성을 계속 상기시켜야 한다. 동성애 행동은 하나님의 도우심으로 멈출 수 있다. 타고난 동성애 경향도 바꿀 수 있다. 설령 그런 일이 일어나지 않는다 해도 성적 경향을 유지하면서 살 수 있으며 성공적인 삶을 살 수 있다.

3. 지식을 공유하라

내담자들은 동성애에 관해 몇몇 터무니없는 미신을 믿고 있을 수 있다. 상담을 진행하면서 이러한 미신을 경계하고 잘못된 개념을 정확한 정보로 바꿀 기회를 찾으라. 예를 들어 동성애 경향인 사람이 모두 무능력하거나 정신적으로 앓거나 왜곡되어 있고 하나님에게 거부당하거나 사회에서 역할 수행을 제대로 하지 못하는 것은 아니라는 사실을 알려주라. 때때로 동성애에 관한 성경말씀, 특히 3단계의 구분, 즉 같은 성에 대한 매력, 동성애 경향, 동성애자의 정체를 알려줄 수 있고 이 모든 것이 동성애 행동과 어떻게 다른지 알려줄 수 있다.

4. 그 사람을 사랑하고 용납하는 모습을 보이라

한 예배당에서 용기 있고 통찰력 있는 강의를 한 신학교 제자가 있었다. 그는 자신의 동성애 경향과 게이 사회에서의 목회에 관해 이야기했다.

"오늘 밤이 지나고 새벽 3시가 되면 나와 함께 이 시카고의 수없이 많은 게이바 중 한 군데로 갑시다. 여러분에게 이 세상에서 가장 멋진 사람들을 보여드리겠습니다. 그들은 사랑받고 싶어 울부짖는 사람들입니다. 예수 그리스도의 사랑을 아는 우리는 어디 있습니까? 그들이 사랑을 찾기 위해 종종 뒤틀리고 죄로 가득한 표현을 하는 것은 사실입니다만 그들에게는 하나님의 사랑만으로 채울 수 있는 굶주림, 마음의 외침, 공허함이 있습니다. 여러분의 마음과 내 마음에도 그러한 것들이 있습니다. 기독교인 친구들이 그곳에 있어야 합니다. 책자를 휘두르는 전도사가 아니라 연민으로 친구에게 귀 기울이는 친구 말입니다······.

다른 어떤 것보다도 동성애자라는 사실로 갈등하는 사람은 그가 기독교인이건 아니건 간에 사랑을 절실히 필요로 합니다. 그(또는 그녀)는 가족에게서 병자 취급을 받거나, 왜곡된 환경 때문에, 혹은 어느 누구에게나 영향을 끼치는 기본적인 죄로 인해 상처받았습니다. 희생자가 되는 것 이상으로, 동성애자는 죄의 희생자가 되어 왔습니다. 그는 그가 물려받거나 선택한 것이 아니라 책임감을 지는 나이가 되기 얼마 전 알게 된 동성애 경향으로 인해 많은 고통을 겪었습니다. 종종 마지막 수단으로 어쩔 수 없이 동성과 성관계를 하게 되는 그 사람은 사랑을 추구하다 관능으로 더럽혀졌습니다. 그러면 왜 그(또는 그녀)가 기독교인 친구를 필요로 할까요? 왜냐하면 우리 안에는 예수님이 계시고 우리는 예수님의 사랑을 알고 있으며 속죄, 정화, 하나님의 사랑이 구현되는 치유력을 알고 있기 때문입니다. 세상은 예수님의 이 사랑을 보고, 느끼고, 접촉하고, 개인적으로 경험하고 싶은 절실한 필요를 가지고 있습니다."[48]

그에 따르면 적극적인 게이와 레즈비언들은 성(性)과는 관련 없이 양성의 돌보는 사람들과 연결됨으로써 대단히 많은 이득을 얻을 수 있다. 이해심 많은 대다수의 믿는 이들과 함께하면 이러한 지지와 도움을 받을 수 있다. 교회와 기독교인들은 번갈아 동성애자들과 연결되어, 대화를 나누고 용납과 이해를 보여주어야 한다. 언젠가 어느 번성하는 교회를 방문한 적이 있는데 그 교회 옆에 게이바가 있었다. 그들은 서로 알고 있었고 어느 날 아침 목회자가 동성애에 관해 이야기하고 있을 때 많은 게이바 단골 손님들이 교회로 왔다. 목회자는 성경 메시지를 흐리지 않았고 그들도 그의 결론에 반드시 동의할 필요는 없었다. 그러나 이웃들은 의견이 다름에도 불구하고 서로에게 존경심을 보였고 우정을 쌓아갔다.

우리가 누군가의 동성애 우정이나 동성애 관계를 깨뜨리는 것은 당사자들에게는 큰 위협이 될 수 있으며, 평범한 한 개인이 이해받고 용납받아왔던 사람들로부터 멀어질 때처럼 똑같은 슬픔의 과정을 겪는다. 동성애를 기꺼이 받아들이고자 하는 지원 공동체가 없다면, 이들은 옛 생활양식으로 쉽게 후퇴해버릴 수도 있다.

모벌리식 접근 방식에 의하면 같은 성의 상담자와 가지는 친밀하고 비성적인 관계가 동성애자를 돕는 기본이 된다. 같은 성의 타인이 주는 사랑과 용납을 경험하면, 특히 그 관계를 기도로 지원하면 치유가 거의 가능해진다.[49]

5. 행동의 변화를 격려하라

사랑과 용납이 있다 해도 다른 사람과 동성애 행위를 계속하는 사람에게는 변화가 오지 않는다. 이런 행위가 오랫동안 계속되어왔다면 특히 그만두기 어렵다. 변화하고자 결심한 다음에도 내담자는 재발을 경험하고 때로는 변화가 바람직하지 않다는 생각이 남아 있을 수 있다. 그러한 저항이 있다면 상담자는 곧바로 인내심을 가지고 친절하고 확고한 방식으로 내담자와 상의해야 한다.

행위가 변하도록 돕는 방법 중 하나는 성적으로 흥분시키는 사람들, 출판물, 그리고 상황을 피하는 것이다. 이렇게 하면 외로워질 수 있지만 상담자가 주장하는 생활양식의 변화에 이를 수도 있다. 예수님은 용서하시며[50] 성령님은 항상 유혹에 저항하고 죄악 행위를 저버리도록 우리를 도우신다는 사실을 내담자에게 상기시키라. 이 모든 일은 다른 사람이 계속해서 격려하고 인간적 접촉을 한다면 훨씬 쉬워질 수 있다.

내담자의 생활양식 모두를 논의하는 것도 가치 있다. 성이 삶의 일부인 것처럼 예배, 일, 가족, 기분전환, 시간관리, 운동, 휴식도 삶의 일부다. 오직 성적 만족을 통해 삶에서 성취감을 느끼는 것은 아니며, 상담이 성만을 고려한다고 해서 문제가 모두 사라지는 것도 아니다. 내담자가 성을 제외한 삶의 다른 부분, 예수님과의 관계, 교회와의 연관, 직장 혹은 기분전환 활동 등의 부분에서 자신의 정체성과 만족을 찾도록 도우라. 그렇지 않으면 다시 동성애 관계로 미끄러지는 경향이 있다. 보다 균형 잡힌 삶은 상식, 특히 수많은 자잘하고 덧없는 동성애 감정과 행동의 치료다.

6. 상담이 복잡해지고 소모전이 될 수도 있다는 점을 인식하라

동성애는 복잡한 문제이며 종종 뿌리가 깊어 치료하기 어렵다. 특히 상담자가 이러한 사람들을 상담한 경험이 적거나 훈련을 덜 받았다면 더욱 그렇다. 당신이 시작하고 싶어 하는 지점과 내담자가 원하는 지점 사이에 전혀 연관이 없다면 진전은 없다. 모든 상담이 그렇듯이 동성애자들의 상담에도 기복이 있다.[51] 다음과 같은 기복이 일어날 수 있다.

- 실패 공포, 특히 피할 수 없는 재발 혹은 후퇴가 일어나는 경우. 내담자는 그런 일이 누구에게나 흔하고 상담자가 미리 예상하고 있는 점이라는 사실을 알고 안심할 필요가 있다.
- 더 만족스러운 삶을 사는 방법을 알지 못하고 그래서 후퇴하는 사람은 공포를 느낀다.
- 변하려는 노력을 포기하고 친숙한 것들에게로 돌아가길 원한다. 이 일은 종종 친숙한 것들이 더 편안하고 따라서 변화를 원하기는 하지만 어렵기 때문에 생겨난다.
- 내담자로 하여금 옛날 행위로 돌아가라고 이끄는 유혹 때문에 불안이 생겨난다. 이 순간에는 다른 사람의 지원과 책임감이 중요하다.
- 당분간 더 이상 진전이 없는 듯 보이므로 용기를 잃는다. 흔히 일어나는 일이다.
- 새로운 문제가 나타난다. 종종 하나의 문제가 나아지면 다른 문제가 갑자기 나타난다. 이런 일을 다룰 수 있다고 내담자를 안심시키라.
- 새로운 감정이 생겨난다. 일부 내담자에게 이런 일은 두려운 일일 수 있다. 왜 그 감정이 그 단계에서 나타났는지 알도록, 그리고 정직하게 부딪치도록 내담자를 격려하라.

이런 일들을 써놓은 것은 당신의 용기를 꺾으려는 의도가 절대 아니다. 오히려 상담하는 일이 복잡하다는 경고이며 일부 경우에는 다른 사람, 아마도 더 경험 많은 이에게 소개하는 것이 제일 좋은 방법일 수 있다고 제시하는 것이다.

과도하게 단순해질 위험이 있기는 하지만 필자는 동성애자들을 상담하는 많은 접근 방식 중 오직 세 가지만을 언급하려 한다.

(a) 정신분석 방식 : 오래 걸리고, 경비가 많이 들며, 심층적인 이 접근 방식은 그들이 동성애자가 된 원인을 찾도록 돕는 데 목적이 있다. 전통적인 접근방식은 성적 경향이 동성 부모가 아이와 연대를 갖지 못했고 적절한 행동과 독립심을 가르치지 못해서 생겨난다고 추정한다. 때로 이성 부모가 과도한 영향을 끼쳤기 때문이기도 하다. 치료하면서 동성 치료의사가 부적절한 동성 부모 역할을 보상하고 적절한 행동과 인식 모델이 되어준다. 심리분석 이론은 거의 한 세기 동안 논의되어왔으나 동성애가 이 접근 방식으로 진정한 도움을 받았는지의 여부에 관해서는 아직도 논란이 있다. 그들이 도움을 받았다는 것을 알 수 있다 해도, 대부분의 내담자들이 정신분석 치료를 요하는 수많은 개인 상담 회기를 감당할 수 있으리라고 생각하는 것은 비현실적이다. 이 단락을 쓰면서 필자는 동성애자들을 정신분석으로 치료한 최근의 보고서를 몇 개 들여다보았다.[52]

정신분석에 근거하고 있는 접근방법으로 가장 논란이 되는 것 중 하나는 치료요법으로 아마도 심리학자인 조셉 니콜로시(Joseph Nicolosi)가 가장 분명하게 주장했을 것이다.[53] 그는 동성애가 거의 항상 가족관계 문제, 특히 아버지와 아들 사이에서 생겨난다고 믿는다. 그 결과 소년은 남성 정체성을 발전시키지 못하고 동성애자가 된다는 것이다. 치료는 개별 및 그룹 요법을 포함하는데 아버지 문제, 자기 수용, 남성임을 분명하게 하고, 상담자를 포함한 다른 남성과의 성적 관계가 아닌 친밀함 등을 다룬다. 남성 정체성의 획득은 평생에 걸친 과정으로 보인다. 미국심리학회와 미국정신의학회는 성적 경향의 변화는 불가능하다고 선언하면서 양 협회 모두 이 방법이 비과학적이라고 비난한다. 그럼에도 불구하고 회복 요법이 성적 경향의 변화를 가져올 수도 있다는 것을 보여주는 사례가 몇 가지 있다.[54]

(b) 행동학적 접근 : 조건과 학습의 원칙에 근거한 이 방법은 내담자를 도와 그들의 동성 선호도를 알지 못하도록, 그리고 이성애 경향을 다시 배우도록 노력하는 것이다. 최소한 전문 출판물에서 더욱 흔한 이 방법은 인지행동 기술을 사용하며 사람들이 우울증을 다루도록 하고 성적 소수의 상태를 극복하도록 돕는다. 이것은 심리분석과는 달리 동성애를 야기했을지도 모르는 발달상의 비정상성 혹은 가족 상호작용은 아예 강조하지 않거나 거의 강조하지 않는다. 그리고 행동 변화와 불안 축소에 더욱 집중하고 있다. 하지만 이런 것들은 동성애 경향에 거의 변화를 주지 않을 수 있다. 현재 행동 변화가 영구적일 정도로 오래 지속되었다는 증거는 거의 없다.[55]

(c) 기독교 치유 목사 : 교회 내에는 동성애를 다루는 수많은 그룹과 조직이 있다.[56] 예를 들어 엑소더스 인터내셔널(Exodus International)은 사람들이 성적 경향을 바꾸도록 돕는 종교적 성향의 그룹 100개 이상을 포괄하는 조직이다. 많은 그룹이 신문에 광고를 내고 변화한 사람들의 사례를 싣는다. 이들 일화를 담은 기사는 주목을 받으나 전문 상담자는 그 기사들을 깎아내린다. 사례란 거의 모든 종류의 행동 변화에서 발견할 수 있는 것이기 때문이다. 하여간 좀 더 종교적인 연구가 행해졌고 변화가 일어나지만 결과는 확정적이 아니다. 이들 그룹의 일부는 그들이 동성애 경향 혹은 동성 유혹에서 극단의 변이를 무시하는 관점(그가 동성애자이거나 이성애자이거나 둘 중 하나) 때문에 혹은 한쪽 관점에서 일하기 때문에 비판 받는다.

• 동성애 예방하기

동성애를 막는 방법과 예방 가능 여부는 대부분 상담자가 동성애의 정의와 어떤 것이 원인과 치료방법이라고 믿는가에 달려 있다. 이 장은 현재 동성애가 학습된 조건이며 유전적, 화학적, 신경학적 혹은 다른 생물학적 영향이 동성애 경향에 다소 작용한다고 보는 관점이 더 증명되어 있다고 결론을 내리고 있다. 이 말이 사실이라면, 동성애는 이성애를 자극하는 학습 경험을 제공함으로써 예방할 수 있다. 물론 이 말은 우리가 숙제를 읽거나 설교를 한다고 해서 이런 일들이 동성애를 예방하리라고 기대한다는 의미는 아니다. 배움은 아이가 읽기를 배우기 전에 이미 집에서 시작되고 있었다는 사실을 말하는 것이다.

1. 건강한 집안 환경 만들기

동성애는 종종 바람직하지 못한 부모 자식 관계에서 생겨나는 것처럼 보인다. 따라서 가정은 예방을 시작하는 첫 장소가 되어야 한다. 건강한 부모, 특히 만족스러운 결혼 생활을 하고 있는 부모치고 아들 혹은 딸이 성 경험을 하도록 하거나 다른 성인 혹은 형제자매가 어린 자식들과 더불어 고통스러운 혹은 동성애적 경험을 하도록 허용하는 부모는 없다. 만족스러운 결혼 생활을 하고 있으며, 직업에 온통 시간을 빼앗기지 않고, 자신의 남성다움을 확고하게 느끼며, 자신이 남성으로 적절하다는 느낌을 가진 아버지는 그 누구도 자신의 아이를 거부하거나 무시하지 않는다. 양친 모두가 아이를 아끼고 따뜻하게 돌봐 준다면 아이들이 동성애자가 될 확률은 줄어들 것이다.

이 모든 일은 교회가 건강한 가정 형태를 가지도록 기여할 때, 즉 아버지와 어머니가 분명히 다른 역할을 유지하고, 아이들은 존중받고 훈육 받으며, 부모는 상호간에 만족스러운 관계를 지속하도록 할 때 가능하다. 그러나 이런 안정적인 가정으로 인해 동성애가 발생하지 않을 것이라고 단언할 수는 없다. 동성애 문제는 복잡하며, 단순한 해결책은 적용되지 않는다. 그러나 가정환경이 좋으면 가족 구성원의 성적 태도도 건강해진다.

2. 동성애에 관해 정확한 정보 주기

슬프게도 아직도 무수한 기독교인들이 공포와 비난으로 동성애에 대응하는 것을 볼 수 있다. 젊은이들이 그런 환경에서 자란다면 그들은 동성애를 두려워하게 될 것이고 그들은 마음속으로 동성 매력은 어떤 것이건 억압하게 된다. 그 결과 부모, 청년 지도자, 혹은 교회 사람들로부터 도움과 이해를 얻지 못하게 될 것이다. 이런 식으로 계속 시간이 흐르고 나면 자신들이 이해받고 받아들여지며 사랑하는 동성애 그룹을 향해 갈 수도 있다. 그러므로 비난하는 교회의 태도로 말미암아 사람들은 공공연한 동성애 행위가 격려받는 집단이나 상황 속으로 밀어넣어진다.

교회의 대안은 성경이 성적 절제, 사랑, 우정, 그리고 동성애를 포함한 성관계에 관해 말한 것을 가르치는 것이다. 교회 지도자들은 억압하거나 비난하기보다는 격려와 연민하는 태도를 보여야 한다. 동성애에 관한 전형(일부는 게이를 다룬 유명한 기독교 서적에서 가르치고 있다)은 그것이 진실이 아님을 드러냈어야 한다. 그 전형은 사람들을 멀어지게 하고, 무지를 지속하고 공포를 자극하고 동성애자들을 기독교인의 우정에서 밀어내며, 주로 비평가가 자기가 옳다는 우월감을 부각시키는 것에 지나지 않는다. 이 모든 것은 동성애와 같은 이슈가 부정되는 대신 교회 안에서 논의되어야 한다는 것을 의미한다.

공공연한 동성애는 환경 자극에 대한 반응으로 습관이 될 수 있으므로 교회는 자기통제의 중요성을 강조해야 한다. 기도, 성경 묵상, 성적으로 자극하는 환경이나 사람을 피하고, 죄스러운 행동을 피하는 사려 깊은 결심, 그리고 이해심 많은 친구 혹은 상담자에게 보고하는 습관 등을 통해서 자기를 통제할 수 있다.

3. 건강한 성생활을 위한 도덕적 기준 증진

몇몇 조직은 기독교인들 사이에서 그들이 동성애를 이해하고 일부일처식 동성애 배우자 관계를 갖도록 격려한다. 이들 그룹의 동기는 연민일 수 있지만 동시에 기독교 원칙에 헌신하는 것이기도 하다. 그러나 스탠튼 존스는 그들의 저술과 선전용 자료에서 일부 미약한 점을 지적했다. 존스와 야르하우스는 교회가 이성애자 한 명에게 배우자 여러 명은 옳지 않다고 하는 것만큼이나 동성애 치유도 보장하지 못한다고 덧붙인다. 동성애자건 이성애자건 인간이라면 갖고 있는 신성한 기준은 같다. 결혼관계 내에서 성적으로 충실하거나 결혼 밖에서 금욕생활을 하는 것과 같은 것들이다.[57]

4. 건강한 자아 개념 개발

지금껏 살펴보았듯이 일부 학자들은 많은 남성들이 낮은 자아 개념을 가지고 있을 때 동성애에 노출된다고 주장해왔다. 운동, 사랑, 그리고 직업을 포함한 남성적 행동을 못할 때 그들은 기가 죽고, 부적절하거나 남성적이지 못하다고 느낄 수 있다. 그 결과 남성처럼 행동하지 않아도 되거나 남성다움을 증명하지 않아도 되는 안전한 관계를 찾는다. 동성애 친구와 접촉하면 사회의 다른 부분에서 얻을 수 없는 이런 종류의 용납을 얻을 수 있다. 여성도 비슷하다. 이와는 반대로 교회와 가정은 개인이 현실적이고 긍정적 자기 개념을 갖도록 도울 수 있다.

동성애에 관한 결론

앞에서 말한 내용에 전부 동의하지는 않는다 해도 이 장은 동성애에 관해 알려진 것을 요약하고, 논란거리인 몇 가지 이슈들을 지적하며, 감정적인 수사법을 벗겨내고 우리의 상담을 구하는 동성애 경향의 사람들을 이해하고 도우려고 시도한 것임을 기억하기 바란다.

기독교인을 포함해 얼마나 많은 사람들이 동성 매혹과 동성애 행동의 유혹과 씨름하고 있는지 추정하기란 불가능하다. 거절당하거나 오해받는 것이 두려워 이 사람들은 그들의 경향을 인정하기를 주저한다. 종종 그들은 죄의식과 자기 비난에 사로잡혀 홀로 씨름하며 자신의 성적 사고 혹은 행동을 용서하거나 설명해줄 합리적 구실을 찾으려고 노력한다. 교회는 이와 같은 사람들을 도울 수 있으며 그들이 필요로 하는 도움을 줄 수 있는 안전한 장소다. 이해하려고 노력하는 의식 있는 상담자에게는 게이와 레즈비언을 상담하는 일이 다른 종류의 상담과 크게 다르지는 않을 것이다. 이 일은 복음의 힘을 응용해 상담환경에서의 삶으로 그들을 변화시키는 것을 포함한다.

역사상 지금처럼 동성애에 관한 관심이 널리 퍼져 있으며 동성애에 대해 열려 있는 시대는 없었다. 예전에는 교회 구성원과 기독교 상담자가 동성 매혹과 동성애 경향을 가지고 사는 사람들에게 영향을 끼칠 기회가 전혀 없었을 것이다.

상담자들을 위한
요점 정리 21

- 동성애는 새로운 것이 아니다. 그러나 킨제이 보고서, 에이즈 전염병, 그리고 게이·레즈비언 운동의 등장과 더불어 더욱 널리 퍼지게 되었다.

- 동성애 행동은 동성인 다른 사람을 성적으로 자극하는 모든 행위를 말한다. 이와는 대조적으로 동성애 경향은 동성인 사람에게 느끼는 성적 매력을 포함한다. 동성애 경향을 가진 사람들 중 많은 이들이 다른 사람과의 동성애 행위에 전혀 참여하지 않는다. 단지 일부가 그들의 삶, 태도, 그리고 행동의 많은 부분을 형성하는 게이 정체성을 발전시킨다.

- 동성애는 성경에 오직 일곱 번 언급되었을 따름이다. 매번 부정적이고 죄스러운 행위라는 맥락에서 거론되었다. 동성의 사람과 충실한 동성애적 배우자 관계를 갖는다는 개념은 성경에는 언급되어 있지 않다. 성경이 쓰인 당시에는 그런 일이 없었기 때문이다.

- 대부분의 기독교인들은 동성애 경향이 나쁜 것은 아니지만 동성애 행동은 죄악이라는 데 동의할 것이다. 성경적으로 허가된 성기 섹스는 이성애 결혼 내에서 하는 것으로 제한되어 있다.

- 수많은 과학적 연구에도 불구하고 분명히 동성애를 유발한다고 밝혀진 유일한 원인은 없다. 몇몇 연구가 지지하는 이론들은 대부분 동성애가 다음과 같은 원인에 기인한다고 말한다.
    - 생물적, 유전적, 신경학적, 혹은 다른 육체적 영향.
    - 건강하지 못한 부모 자녀 관계, 아버지가 없거나 멀리 있는 상황과 강한 어머니라는 상황이 어울려 아이의 동성애를 자극하는 가정.
    - 동성 혹은 이성의 부모와 건강하지 못한 관계에 있을 때.
    - 어린 시절의 경험, 고통스러운 성관계를 포함해 연장자인 동성과 관능적 경험을 했을 때.

- 일반적으로 동성애는 의지로 하는 선택이 아니라는 데 동의한다.

- 동성애의 영향에는 다음과 같은 것들이 포함된다.
    - 생활양식의 영향.
    - 감정적 불안정.
    - 자아 개념 영향.
    - 관계 문제.

· 가족 구성원과의 불안한 관계.

■ 상담자들은 그들 자신의 태도를 평가하는 것으로 시작해야 한다. 동성애 혐오증이 있는 상담자들은 효율적인 상담을 하지 못한다.

■ 한 사람이 동성애 경향에서 이성애 경향으로 변할 수 있는지의 여부에 관해서는 논쟁이 있으며 분명한 증거도 없다. 변한 사람의 실례도 확실히 있지만 변하지 않은 사람의 실례도 분명히 있다.

■ 동성애자를 상담하면서 다음 사항을 고려하라.
· 내담자의 필요와 목적을 결정하라.
· 현실적인 희망을 주입시키라.
· 정확한 지식을 공유하라.
· 그 사람을 사랑하고 용납한다는 것을 보이라.
· 행동 변화를 격려하라.
· 상담은 복잡할 수 있으며 시간이 걸린다는 점을 인식하라.

■ 예방은 다음 사항을 포함할 수 있다.
· 건강한 가정환경 조성.
· 동성애에 관해 정확한 정보 주기.
· 건강한 성생활을 위한 도덕적 기준 증진하기.
· 건강한 자아개념 개발.

■ 기독교 상담자와 교회는 동성애 사람들을 돕는 데 중요한 영향을 끼칠 수 있다.

22 >> 학대와 방치
Abuse and Neglect

제니스는 상담자로 일하면서 강간의 상처에서 헤어나오려고 애쓰는 많은 여성들을 도왔다. 그녀는 그들이 겪은 일은 그들 잘못이 아니라는 메시지로 많은 여성들을 안심시켰다. 그녀는 그들이 어떤 식으로 반응해야 하는지에 관해 통제력을 갖고 있다고 상기시켰다. 그녀는 그들의 분노, 유린당한 느낌, 공포의 기억, 왜 그런 일이 일어났는지에 관해 의문을 가지고 그들과 이야기를 나누었다.

그리고 그 일이 그녀에게도 일어났다.

하루는 상담을 마치고 사무실에서 복도로 나섰는데 누군가 갑자기 뒤에서 그녀를 잡았다. "무슨 일이 일어나고 있는지 알아차리기까지 잠시 시간이 걸렸지요." 후에 그녀는 이렇게 썼다. "공포가 치밀었고, 싸우고 싶은 충동을 느꼈습니다. 그렇지만 어떻게든 그 상황을 통제해야 한다는 것, 나 자신을 제어해야 함을 알고 있었습니다."

제니스는 바닥에 밀쳐졌다. 남자는 그녀 위에 앉아서 포장용 테이프를 풀어 머리 주위를 둘둘 감아 눈이 감기도록 봉했다. 남자는 제니스의 보석과 지갑을 요구했다. 바지 지퍼를 내리는 소리를 들었을 때 제니스는 그가 강도짓을 하는 데 그치지 않을 것임을 깨달았다. 그는 그녀의 옷을 벗겼고 발기한 페니스를 그녀의 입 속에 쑤셔넣었다. 눈 위에 두른 테이프가 느슨해진 것을 보자 그는 그녀의 머리 위로 코트를 뒤집어씌웠고 계속해서 그녀를 강간했다.

그런 다음 그는 달아났다.

제니스는 벽에 있는 비상벨로 기어갔고 경찰에 알렸으며 그들이 서둘러 달려올 동안 기다렸다. 그동안 홀로 있으면서 제니스는 이 경험이 자신의 삶을 영원히 바꿀 수 있다고 생각했다. 그런 다음 그녀의 마음에서 한 문구가 떠오르기 시작했다. "내가 주지 않은 것을 빼앗아갈 수 없다." 그는 보석을 뺏어갈 수 있었고 성적으로 그녀를 취할 수 있었으나 가장 중요한 것, 곧 자존심, 지원해주는 가족, 기억 그리고 회복하려는 결심 같은 것은 가져갈 수 없었다. 혐오감, 공포, 그리고 분노는 현장으로 허겁지겁 달려온 남편 및 경찰과 함께 사무실로 돌아갈 때까지 그녀를 압도하지 못했다.

이 무시무시한 경험을 하고 10년이 흐른 후, 제니스는 용기를 내어 상담자들을 위한 잡지에 자신의 경험을 나눴다. 그 공격이 있은 다음 그녀는 공포를 조절하는 법, 분노를 거부하지 않고 조정하는 법, 강간당했다는 감정적, 심리적 그리고 육체적 공포와 맞서는 법 등을 배웠다. 공포 회복에 관한 그녀의 이론은 시험되었다. "이론

이 실제가 될 때, 세상은 훨씬 더 위협적인 장소가 된다"라고 그녀는 썼다.[1]

공격 당하기 전의 제니스처럼 우리 상담자들은 강간과 방치에 관해 읽을 수 있고 그 일이 사람에게 어떤 영향을 끼치는지 약간 이해할 수 있으며, 최선을 다해 효과적인 상담자가 될 수 있다. 이 글을 읽은 사람들 중 소수는 그들이 희생자였으므로 더 잘 이해할 것이나 우리가 전혀 강간을 경험하지 않았다 해도 우리는 여전히 제니스 같은 사람과 잘 연결할 수 있고 도움을 줄 수 있다. 폭력과 강간, 특히 집에서 일어나는 그런 일은, 세계적으로 점점 더 증가하고 있는 듯 보인다. 겨우 지금에서야 여러 세기 동안 우리와 함께 존재했던 문제가 아주 널리 퍼져 있음을 이해하기 시작하고 있다. 언론의 주목, 공공의 외침, 그리고 희생자에 관한 이야기들은 사람들의 주의를 성폭력, 전 세계적인 여성과 어린이 성 착취, 가정에서의 구타, 어린이 방치와 강간, 어린 소년 소녀들을 강간하는 청소년 지도자들과 목사, 장성한 자녀들이 늙은 부모에게 가하는 부당한 대우 등에 고정시켜왔다. 다양한 평자들과 다수의 전문 상담자들 그리고 연구자들은 이 학대와 방치의 문제가 더욱 더 주의를 끌고 있을 뿐 아니라 더욱 나빠지고 있다는 것을 확인했다.[2]

학대는 정의하기 어렵다. 아마 이 용어가 다양한 형태의 육체적 그리고 정신적 학대를 포함하고 있기 때문일 것이다. 인터넷으로 '아동 학대' 혹은 '성적 학대'를 검색해보라. 말 그대로 수백만의 정보 사이트와 연구논문을 발견할 수 있을 것이다. 많은 이들이 다음과 같은 정의를 내리고 있다.

- 아동 학대 : 18세 미만인 청소년들에게 육체적, 정신적 상처를 입히거나 방치하며, 성적인 착취를 포함하여 다른 모든 형태의 학대를 의미한다. 이런 행동들은 약한 청소년을 이용해 정욕을 채우거나 욕망을 만족시키는 사람에 의해서 저질러진다. 이들 가운데는 부모, 손위 형제자매, 베이비시터, 교사들 혹은 보육인이 포함된다.
- 배우자 학대(가정 폭력, 결혼 폭력이라고도 한다) : 가장 흔한 형태가 남편이 가해자, 아내가 피해자인 경우이지만 남편 학대도 심심찮게 있다. 배우자 학대는 교묘한 모욕, 폭력의 위협, 성행위의 강요, 혹은 감정적 학대, 비웃거나 품위를 떨어뜨리는 평을 포함해, 계속적으로 무시하고 비판함으로써 배우자를 감정적으로 혹은 육체적으로 통제하거나 구속하려는 시도를 포함한다.
- 연장자 학대 : 나이가 더 든 사람들의 학대를 포함하며 거친 취급, 구타, 태만, 비난, 조롱, 음식이나 약품 주지 않기, 재정적 착취, 성적 학대, 위안과 인간적 접촉 무시 등을 말한다.
- 성적 학대 : 위에 말한 것들과 겹쳐질 수 있다. 어린이 학대 및 방치 정보센터(National Clearing House on Child Abuse and Neglect Information)에 의하면 어린이 성적 학대는 "어린이와 함께하는 어른 혹은 청소년의 부적절한 성행위를 말한다. 이 행위에는 어린이 성기 애무하기, 어린이가 어른 성기를 애무하도록 시키기, 성교, 근친상간, 강간, 남색, 노출증, 성적 착취, 혹은 음란물에 노출하기 등이다."[3] 성인들에 의해 이루어지는 성적 학대는 강간 또는 다른 강요된 성적 행동, 상담자가 내담자를 성적으로 착취하는 일, 혹은 다른 형태의 성적 모욕을 포함한다.
- 정서적 학대 : 언어와 비언어 양쪽 모두의 행동을 포함한다. 거부하고 조롱하고 비판하거나 기타 방식으로 다른 사람을 폄하하는 것을 말한다. 이것은 옛날 어린이 자장가와 정반대다. 자장가는 "막대와 돌멩이는 내 뼈를 부러뜨릴 수도 있어. 그렇지만 말은 절대 나를 아프게 하지 못해"라고 부르고

있지만 말과 방치는 심각한 상처를 야기할 수 있다.
- 방치 : 적절한 돌봄을 받지 못하는 것이다. 당하는 쪽은 거의 대부분 아이들이다. 나이가 많거나 몸이 불편하거나 혹은 육체적으로 아픈 사람들, 자신의 몸을 돌볼 수 없고 적절하게 영양, 관리, 의학적 돌봄, 위생, 교육을 제공받지 못하거나 다른 사람과 상호 교류가 없는 사람들이 아이들을 돌보는 경우 아이들이 겪게 되는 일이다. 나쁜 짓을 하는 사람은 대부분 가족 구성원이다. 그렇지만 양육 가정에서, 치료 기구에서, 감옥에서, 그리고 유사 기관에서도 이런 일이 일어난다.
- 영적 학대 : 대부분 교회 혹은 다른 종교기관을 이끄는 지도자들, 권위가 있고 통제하며 이미지를 의식하고 비판을 견디지 못하는 이들이 성적 착취를 하는 일을 포함한다. 지도자들은 그들의 양떼에게서 일부 성적 이득을 취하기도 하는 한편, 추종자들의 충성, 시간, 돈, 헌신 그리고 엄격하게 묘사한 행위를 과도하게 요구하는 일이 더욱 잦다. 종종 이런 요구들은 신학적 주장으로 정당화되며, 동의하지 않는 사람들은 비난받고, 조롱당하거나 더 많은 통제를 받고 동료 신자와 공동체에서 쫓겨날 위험을 안고 있다. 영적으로 학대당한 사람들은 육체적으로는 상처입지 않았으나 당황하고 두려워하며 영적 권위로 미혹되고 심지어는 하나님을 신뢰할 수 없게 되기도 한다.[4]
- 그 밖의 학대 : 청소년에 의한 이웃 폭행, 고용인들이나 피고용인들이 다른 피고용인들을 육체적 정서적으로 착취하는 일을 말하며, 대부분 다른 행동을 한 사람이 교묘하게 무력한 희생자의 의사에 반해 육체적, 정서적으로 해를 끼치는 것이다.[5]

전문적으로 학대는 친척, 돌보는 사람, 혹은 희생자와 가까이 연결되어 있는 사람이 행하는 것을 뜻하는 경우가 많고 낯선 사람에 의한 학대는 폭행으로 간주되며 경찰이나 범죄 법정만이 다룬다. 그러나 희생자가 느끼는 고통은 가해자의 정체와는 상관없이 강렬하다. 많은 희생자들이 학대 신고를 주저하며 특히 학대한 사람이 가족일 때 더욱 그렇다. 일부 아주 어린아이들 같은 경우 자신들이 겪고 있는 아픔이 학대인 줄도 모른다. 강간 피해자 같은 경우, 이들은 신고를 난처하게 여기며, 또 다른 사람들은 강간범이 밝혀지거나 알고 있는 경우 다른 손해 혹은 보복을 두려워하기 때문에 입을 다문다.

우리는 폭력 행위가 유행하는 세상에 살고 있다. 많은 경우는 보고조차 되지 않고 일람표화한 수치는 충격적이며 계속 늘어나고 있다. 숫자는 나라에 따라 다양하며 아주 급속히 변하므로 여기 포함된 어떤 것이라 해도 빠르게 낡은 것이 될 수 있다. 한때 기독교인들은 이 모든 것이 기독교 사회에서는 아주 드물게 일어나는 일이라고 치부했다. 그러나 더 이상 우리는 그렇게 순진하게 믿고 있을 수 없다. 기독교인이라고 해서 아예 학대하지 않는 것은 아니며 심지어는 교회 안에서도 그런 일이 일어나고 있다.

- **성경과 학대**

성경은 상당 부분 폭력에 관한 책이다. 성경 역사는 수많은 살인, 전투, 보복, 그리고 순교로 이루어져 있으며 예수님의 고통스러운 십자가 사건에서 절정에 이른다. 종종 폭력은 하나님이 보시기에 타락한 삶을 사는 불복종하는 사람들의 행위에서 나온 결과다.[6] 그러나 폭력은 하나님이 악한 자를 벌하고 정의를 시행하기 위해 찬성하셨던 전쟁의 결과이기도 하다. 잠언이 훈육과 질책을 언급할 때[7] 그 목적은 어리석은 행동 혹은 미쳐가는 세상을 예방하고 교화하고자 하는 것이다.[8] 훈육은 사랑, 교정 그리고 안내를

나타내려는 의도를 갖고 있다.[9]

성경이 아이들, 배우자, 연장자를 성적 혹은 다른 형태로 학대하는 데 찬성이나 간과 혹은 시인한다는 내용은 어디에도 없다. 창세기 34장은 야곱의 딸인 디나의 강간을 묘사하고 있다. 남자 형제들이 이 사실을 알자 그들은 강간자와 그 가족 모두에게 복수했다. 야곱은 곁에 있었으나 딸을 염려하기보다는 이 모든 일이 그의 안전에 어떤 영향을 끼칠 것인지를 더 걱정하는 듯 보인다. 부모의 이런 소극적인 태도를 본 아들들은 분노에 차 반박하며 누이를 창녀처럼 다룬 이방인에게 격노한다.[10]

성경에 실린 폭력 장면에도 불구하고 성경은, 특히 신약은 비폭력을 찬성한다. 예수님은 살인뿐 아니라 다른 사람에게 화난 생각을 품는 것도 비난하셨다.[11] "비판을 받지 아니하려거든 비판하지 말라." 그렇지 않으면 우리는 우리 자신의 허물과 약함으로 인해 비슷한 방식으로 재판받을 것이라고 산상수훈에서 말씀하셨다.[12] 골로새서는 "남편들아 아내를 사랑하며 괴롭게 하지 말라"고 하고 있다.[13] 또한 아버지들은 자식들이 용기를 잃거나 노력을 그만두지 않도록 자식들을 화나게 하지 말라고 가르치고 있다.[14] 고용주들은 피고용인들에게 "올바르고 공정하라"고 가르친다.[15] 피고용인에 대한 학대나 희롱은 용납되지 않는다. 다른 곳에서 믿는 이들은 "모든 악독과 노함과 분냄과 떠드는 것과 훼방하는 것들을 모든 악의와 함께 버리고"라고 듣는다.[16] 학대나 희롱 대신 우리는 "서로 친절하게 하며 불쌍히 여기며 서로 용서하기를 하나님이 그리스도 안에서 너희를 용서하심과 같이 하라"[17]는 말씀을 읽는다. 또한 "음행과 온갖 더러운 것과 탐욕은 너희 중에서 그 이름조차도 부르지 말라. 이는 성도에게 마땅한 바니라. 누추함과 어리석은 말이나 희롱의 말이 마땅치 아니하니 오히려 감사하는 말을 하라"[18]는 교훈을 배운다. 디모데전서와 야고보서에서는 연장자 친척과 다른 연장자들을 배려와 존경으로 대하는 일이 중요함을 읽는다. 믿는 이들 가운데 연장자 학대란 없다.[19] 이 모든 것은 성스러운 목표를 묘사한다. 이 구절들은 하나님이 학대에 반대하신다는 것을 보여준다. 하나님의 사람들도 반대해야 한다.

이 구절들 중 어느 하나라도 학대 희생자와 관련 있을까? 예수님은 원수를 사랑하고 박해자를 위해 기도하라고 말씀하셨다. "악한 자를 대적하지 말라"고 하시며 "누구든지 네 오른편 뺨을 치거든 왼편도 돌려대며"라고 하셨다. 우리는 우리에게 죄 지은 사람을 용서하라고 배우고 어느 것에 관해서건 노여워하지 말라는 가르침을 받는다.[20] 이 가르침은 일부 목회자들과 다른 기독교 상담자들이 희생자에게 반복적인 구타, 희롱, 그리고 다른 학대에 대해 수동적으로 복종하라고 충고한다.

이 장을 시작하면서 우리가 읽었던 제니스의 경우, 그녀는 정통 유대인이지만 회복하는 과정에서 예수님의 이 가르침을 많이 응용했다. 분명 주님은 우리에게 자기 방어를 포기하거나 누군가 강간당하거나 아이 혹은 연장자가 다른 가족에게 학대당하는 것을 방관하라고 가르치지 않으셨다. 예수님의 말씀은 이상적이긴 하지만 전혀 불가능한 것도 아니다. 보복 피하기, 고통 버리기, 혹은 용서하기 등은 치유하는 과정이지만 희생자 혹은 희생자의 가족이 치유에 다다르려면 시간이 걸린다. 시간이 흐르면서, 그리고 하나님의 도움과 상담자를 포함한 다른 사람의 지지를 받아 피해자는 가해자를 용서할 수 있게 되고, 그들의 적을 위해 기도할 수 있게 되며, 어려운 삶의 상황 가운데서 내부 평화를 위해 하나님을 신뢰할 수 있게 된다. 그러나 이 일은 피해자와 피해자의 가족이 법체계 내에서 정의를 실현하고 더 이상의 학대를 예방하며, 추가 상해로부터 희생자를 보호하고 궁극적으로는 성경이 분명히 가르친 학대 없는 이상을 실현하도록 보장해주지는 않는다.

• 학대의 원인들

필자가 이 전 단락을 쓰고 있을 때였다. 미네소타에서 열여섯 살 먹은 어느 정서장애 소년이 할아버지와 노인의 여성 동반자를 쏘았다. 그런 다음 그 지역 고등학교로 가서 총을 쏘기 시작했다. 몇 분 안에 소년은 선생 한 명, 보안 요원 한 명, 다섯 명의 학생을 죽인 다음 자살했다. 신문은 그 행동을 살인이라 불렀고, 감정적으로 혼란스러운 젊은이가 수주간 계획하고 심지어는 친구들과 그 행동을 의논하고 난 다음 저지른 학교 폭력 사건이라고 했다. 이 사건이 일어난 후 사람들은 장례를 치르고 '왜?' 라는 물음으로 갈등했다.

한 사람이 다른 사람을 다치게 할 때마다 같은 물음이 떠오른다. 왜 사람들은 다른 사람을 육체적으로 혹은 심리적으로 학대하는 것일까? 가장 근본적인 대답은 인간의 죄악됨이지만 이 대답은 왜 어떤 사람은 악한 방식으로 행동하는 반면 다른 사람들은 그렇지 않은지 설명해주지 못한다. 다시 한 번 말하는데, 우리가 마주하고 있는 행동에는 간단하거나 유일한 원인이 없다. 제니스를 공격한 강간자는 분명 급우들을 쏘았던 그 미네소타의 10대와는 상당히 다른 이유를 가지고 있었다. 나이 먹은 어머니를 폭행하고 방치한 중년의 딸은 어린 딸을 성적으로 이용한 아버지와는 다르다. 다음 단락에서 폭행의 원인을 짚어가면서 당신의 상담 사례에서 부분 또는 전적으로 응용될 수 있거나 아무것도 응용할 수 없다는 사실을 기억하라. 각 상황은 각기 독특한 원인이 있는 법이다.

이들 원인을 짚어보기 전에 희생자와 그 가족이 자주 믿는 한 가지 오해를 떨쳐버리는 것이 중요하다. 희생자들이 학대받기를 좋아한다는 미묘한 메시지를 학대자에게 보낸다는 생각은 옳지 않다. 예를 들어 강간 희생자가 어떤 식으로건 강간 당하기를 원했으며, 정말로 도망치고 싶었다면 이 개인적인 성적 공격을 막을 수 있었을 것이라고 결론을 내리는 것은 잔인하며 정확하지 않다. 드문 경우, 희생자들이 미묘하게 가해자의 공격을 야기할지도 모르지만 그러나 이런 경우는 일반적이 아니며 분명히 정상이 아니다. 강간은 섹스를 무기로 사용하는, 여성 혹은 남성[21]에 대한 폭력적인 공격이다. 대부분의 희생자들에게 강간은 굴욕적인 경험이며 종종 생애를 바꾸는 경험이다. 강간 희생자는 학대받는 다른 모든 사람들처럼 그런 일이 일어나라고 부추기지 않으며 은밀히 그 경험을 즐기는 것은 더욱 아니다. 학대 당한 희생자에게 이런 확신을 주는 것은 상담을 시작하는 가장 좋은 방법이고 가장 유용한 방법 중 하나가 될 수 있다.

학대의 원인은 무엇일까? 상담자들은 수많은, 복잡하고 중복되는 원인들을 다음과 같이 찾아냈다.

1. 환경적 스트레스

심리학 입문 서적들은 종종 좌절 · 공격 이론을 기술한다. 이 이론에서는 사람들이 정말로 좌절할 때 보이는 공통된 반응은 말이나 육체적으로 다른 누군가 혹은 대상을 비판함으로써 이 감정에 대응한다는 것이다. 좌절한 운전자는 다른 자동차의 움직임에 경적을 울려대고 테니스 경기중 화가 난 선수가 바닥에 라켓을 집어던지는 것이 그 예다.

부모가 울면서 칭얼대는 아이를 달래다가 좌절하고 아이를 조용히 시킬 방법을 찾는 일은 흔하다. 다른 사람에게 의존하면서 자신을 돌볼 수 없게 된 노인들, 특히 이들이 항상 불평하는 사람들이라면 그들과 함께 있는 것이 대단히 짜증나는 일일 수 있다. 재정적 혹은 업무상의 압력이 가해지면 그 좌절감은 쉽게 가족으로 향하게 되고 특히 가족들이 약하고 도울 수 없거나 무력해서 자립할 수 없다면 더욱 그렇다. 때때로 더러워진 것들을 치워야만 하는 좌절감, 혹은 부모의 행동을 방해하는 우는 아이 같은 아주

사소한 스트레스가 학대 방아쇠를 당긴다. 이런 좌절은 언어 혹은 육체적 반응으로 이끌어갈 수 있으나 그것들 자체가 강력한 혹은 계속적 학대로 이끌어가는 일은 드물다. 그렇다면 어떻게 해서 좌절 반응에서 계속적인 학대로 가게 되는 것일까? 학대가 3단계로 일어난다는 사실은 널리 알려져 있다. 첫 번째는 긴장이 형성되는 단계로 좌절과 스트레스가 점점 늘어나지만 대처 기술은 효과를 잃어간다. 이 단계에서 주기적인 학대가 있을 수 있지만 그 학대는 "오늘 하루는 힘들었어"라든가 "그런 일이 일어나지 않았어야 했는데, 하지만 더 나빠질 수도 있었을 거야"라는 합리화로 설명한다. 그러나 시간이 흐르면서 사건은 점점 더 자주 일어나고 아마 더욱 난폭해질 될 것이다. 두 번째 단계에서는 폭력이 분출한다. 때때로 아무런 경고 없이 나타나고 중요한 이유는 아무것도 없을 수 있다. 밀봉된 용기 안에서 끓는 물처럼, 그래서 만들어진 증기가 이윽고 터져나오는 것처럼 요란스럽고 예측할 수 없는 폭발이 일어나며 종종 긴장이 폭력으로 터져나온다. 그 폭력은 일부 권위자 혹은 친척들에게 보고되지만 희생자는 너무 어리거나 너무 당황해서 그 일에 관해 이야기하거나 이해하지 못한다. 희생자가 성인이라면 그(그녀)는 더 큰 폭력을 불러올 계기가 될까 두려워 그 일을 그저 흘려보내기로 결정할 수도 있다. 세 번째 단계는 그 다음에 온다. 학대자가 후회하는 단계로 굉장히 많은 사죄와 깊은 후회와 부끄러움을 느끼고 다시는 그런 일이 일어나지 않도록 하겠다고 약속한다. 때로 가해자는 희생자에게 선물 세례나 애정 공세를 하고 그런 일이 일어난 이유에 관해 무언가 합리적인 설명을 하려고 시도한다. 이때 피해자는 희망을 느끼고 학대가 다시는 일어나지 않으리라고 믿을 수도 있다. 생활은 정상으로 돌아오지만 긴장이 쌓이고 다시 그런 일이 되풀이된다.

학대자의 생활에서 스트레스의 축적은 절대로 폭력에 대한 변명이 될 수 없다. 심지어 피해자가 그 스트레스를 제공한다 해도 그렇다. 그럼에도 불구하고 스트레스 축적은 어떤 사람들이 왜 폭력적인지를 설명해줄지도 모른다. 또한 부분적으로 왜 가해자가 항상 가족 구성원 한 명만 공격하는 것이 아닌지를 설명할 수도 있다. 스트레스가 쌓이면 학대자는 배우자를 공격하기도 하지만 또한 그 폭력이 아이들이나 다른 가족 구성원을 향할 수도 있다. 가정 내 폭력과 학대 조사 결과, 가정에서 아이들을 학대했던 남성의 58%가 배우자도 공격했다. 아이들에게 물리적 폭력을 가한 가정 내 남성의 절반이 성적으로 아이들을 학대했다. 배우자 폭력을 겪은 가정의 86%에서 아이들 또한 육체적으로 폭행을 당한다. 원인이 스트레스이건 아니건 계속되는 학대는 분명히 전체 가족에게 스며든다.[22]

2. 학습된 학대

학대당한 어린이 혹은 부모에게서 학대를 지켜본 어린이들은 후에 그들 자신이 학대자가 되는 경우가 잦다.[23]

더 오래된 노인 학대 연구는 비폭력적으로 자란 아이들 400명 중 한 명만이 후에 부모를 공격하는 반면, 학대 받은 아이들은 12명 중 한 명이 부모를 공격한다는 사실을 밝혀냈다.[24] 또 다른 보고서는 방치된 아이들이 다른 사람을 돌보는 법을 전혀 모르며 따라서 성장해서 자신의 아이들을 방치하게 된다는 사실을 밝혀냈다.[25]

3. 인격적 영향

학대자들은 불안정하며 충동적이고 위협적이거나 자존감이 낮은 경우가 종종 있다. 아내를 구타하는 사람들 중 일부는 질투심이 강하고, 소유욕이 있거나 아내에게 위협당한다고 느낀다. 그들은 아내가 있는 자리에서, 부적절하다는 자신의 느낌을 거칠게 굴거나 지배적으로 굴어 폭발시키려고 한다. 일부 어린이 구타자들은 자신이 부모로서 적절치 않다고 느끼며 따라서 자식들을 폭력으로 다스리려고 한다. 일부 부모들은 아이들의 정상적인 과잉활동 행위를 참지 못하고 폭력으로 통제하려고 한다. 때때로 학대 가해자는 피해자를 탓하려고 한다. 예를 들어 부모는 아이가 통제하지 못했기에 때렸다고 불평할 수도 있다. 그러나 학대는 가족 스트레스로부터 혹은 학대자가 그들 자신을 통제하지 못하기 때문에 일어나는 경우가 더 잦다.[26]

유죄 판결을 받은 강간범들은 성을 무기로 삼아 억압당한 분노의 감정을 풀어내고 여성을 공격해 성적으로 부적절하다는 자신의 느낌을 해소하는 화난 사람들인 경우가 종종 있다. 때때로 가해자와 피해자 사이에는 권력 갈등이 진행중인 경우가 있어 더 많은 학대가 일어나도록 이끈다. 심리학자 그랜트 L. 마르틴(Grant L. Martin)은 가정 폭력과 학대를 다룬 그의 책에서 많은 남성들이 화를 조절하지 못하고 감정에 의존하거나 자신의 화나 다른 감정을 더 적절한 방식으로 통제하지 못하기 때문에 학대한다고 덧붙인다. 이들 남자들의 많은 숫자가 자존감이 낮고, 자기주장이 없으며, 남성 혹은 부모의 역할에 관해 엄격한 믿음을 갖고 있거나 알코올 혹은 마약에 의존해 조절력이 없다는 것이다.[27] 때때로 사람들은 단순히 가족에 대한 책임감 때문에 압도당하는 경우도 있다.

언젠가 한 노파가 굶어죽었을 때 사회는 격노했다. 신문 기사는 그 아들의 무력한 느낌을 기술했다. 어머니는 약간 이상해졌고 대소변을 가리지 못했으며 눈이 멀었고 무력했으며 비협조적이었다. 때로 그녀는 음식을 입 안에서 꺼내고 주머니 속에 감추었다. 아들은 직업이 있었고, 어머니를 잘 돌보지 못했으며, 도움을 줄 수도 있었던 사회봉사 공동체에 관해서는 아무것도 알지 못했다. 그가 어머니를 말로 혹은 폭력으로 학대한 적은 전혀 없었다. 그는 단순히 어떻게 대처하는지 몰랐기 때문에 방치함으로써 어머니를 학대했던 것이다.[28]

4. 문화 문제

학대의 이유를 밝히는 경우에 텔레비전, 성적으로 폭력적인 영화, 음란물, 그리고 학대를 보도하는 뉴스의 역할은 무엇인가? 폭력은 비난받지만 우리는 동시에 텔레비전에서, 극장에서, 비디오게임에서 폭력을 가르쳐주는[29] 세상에 살고 있다. 정부는 다른 국가에 대한 공격적 행동으로 폭력의 표본을 보여주고 있다. 마르틴은 '우리 경찰은 가정 폭력에 개입하기를 망설이고, 교회 목사는 학대당한 여인에게 남편에게 순종하라고 격려하며, 정신건강 연구자는 폭력은 모두 폭력적 관계의 보급에 기인한다면서 여성을 탓한다' 고 쓴다.[30] 폭력과 학대는 폭력적이고 학대하는 문화에서 번성하고 자란다.

학대는 또한 사회 태도가 폭력이나 희롱을 찬성하는 가정 혹은 문화에서 번성한다. 여성은 열등하고 아이들은 품위를 떨어뜨린다고 간주하는 곳, 또는 소수 그룹의 구성원이 다수 그룹 구성원보다 가치가 덜하다고 여겨지는 곳도 포함한다. 예를 들어 가정 폭력은 남편이 여성을 열등하다고 생각하고 남성이 아내를 복종시켜야 한다고 생각하는 가정에서 더 흔히 일어나는 듯하다. 때때로 교회 지도자들은 의도하지는 않지만 그들이 성경의 복종에 관해서 설교할 때 이런 메시지를 전달하고 폭력을 부추기는 경우가 많다.

근거가 무엇이건 문화의 폭력적 본성은 인간의 폭력적 본성의 반영이다. 예레미야는 인간 존재의 거짓과 사악한 마음에 관하여 절망적으로 썼다.[31] 예수님은 동일한 핵심 문제를 지적하셨다. "속에서 곧 사람의 마음에서 나오는 것은 악한 생각 곧 음란과 도둑질과 살인과 간음과 탐욕과 악독과 속임과 음탕과 질투와 비방과 교만과 우매함이니 이 모든 악한 것이 다 속에서 나와서 사람을 더럽게 하느니라."[32]

이 모든 것은 학대의 원인을 짚어내려는 노력이 어렵고 복잡함을 지적한다. 하여간 다른 문제들과는 달리 학대 피해자들을 상담하는 동안은 왜 학대가 일어나고 학대에서 사람들이 회복하도록 돕는 방법을 더 많이 고려할 필요가 있는지에 관해 관심이 덜할 수도 있다.

학대의 영향

학대는 사람들에게 어떤 일을 하는 것일까? 이 대답은 연령, 인격, 성, 학대의 유형, 그리고 희생자의 과거 경험에 따라 다르다. 저널리스트인 필립 얀시(Philip Yancey)는 한때 창녀였던 삶에서 벗어나 일하는 여성들을 포함해 45명의 기독교인 그룹으로 구성된 국제회의에 참석한 적이 있었다.[33] 전 세계에서 2,500만 명으로 추산되는 사람들이 창녀로 일하고 있고 일부 사람들은 남녀를 통틀어 최소한 그들 중 절반이 어린이들이라고 추산한다. 얀시는 그들 중 그 일에서 빠져나오고 싶어 하는 사람들의 비율이 얼마나 되는지를 물었고 '모두'라는 대답을 들었다. 많은 사람들이 노예처럼 매춘굴에서 일하고 있다. 특히 아시아와 서구 유럽에서 그러하며 그들은 외로움, 수치, 우울함, 무력감을 느끼면서 알코올과 마약에 중독되어 살아간다.

학대는 다양한 방식으로 사람에게 영향을 줄 수 있다. 학대를 받아보지 않은 사람과 비교할 때 근친상간의 피해자는 다른 사람을 덜 신뢰하고 자존감이 낮으며 성적 정체성에 대해 갈등하고 죄의식 혹은 부끄러움, 고립과 외로움을 느끼는 경향이 있다. 그들이 무슨 일이 일어나고 있는지 말할 만큼 용기가 있다 하더라도 다른 가족 구성원들은 그들을 믿지 않는 경우가 종종 있다. 가해자는 강간을 부인하고 때로 그 학대는 가해자와 피해자가 단 둘이 있는 다음번에 더 나빠진다.[34] 근친상간과 다른 형태의 성적 폭행은 상담자가 때로 성폭행 후 증상이라고 부르는 것으로 이어질 수도 있고, 불안, 수면 장애, 분노, 성적 장애, 약물중독, 두려움, 그리고 낮은 자존감의 특징을 보일 수 있다. 학대 경험은 삶의 후기에 문제를 일으키는 경우가 많다. 특히 피해자가 어릴 때 학대당했다면 더욱 그렇다.[35] 그들은 종종 오랜 기간 불안해하고 안정된 관계를 수립하기 어려우며, 우울해한다. 그리고 자존감 문제와 섹스 문제도 있다. 학대당한 10대는 후에 적응하는 데 어려움을 겪으며 정상보다 범죄 행위에 빠져드는 경향이 더 높다. 우리가 예상했듯 학대당한 아내는 두려움, 분노, 우울, 자존감 결여를 느끼며 종종 무력함을 느낀다. 강간 희생자는 다른 여성보다 불안, 우울, 성적 어려움, 가족 긴장, 일과 사회 적응에서의 약화, 소외, 자기 비난, 무관심, 그리고 무력증으로 인해 고통을 겪을 가능성이 더 많다.[36] 연장자 학대의 피해자는 종종 난처하고 무력하다고 느끼지만 대부분은 할 수 있음에도 불구하고 불평하거나 신고하지 않는다. 버려지는 것에 대한 두려움, 기관에 보내질 것에 대한 두려움, 불신, 사회적인 단절, 혹은 더욱 학대당할 것 같은 두려움이 많은 노인들을 침묵 속에서 고통당하게 하고 때로는 성인이 된 그들의 자식이 저지르는 학대를 용서하는 구실이 되는 것이다.

지나치게 단순화할 위험이 있지만, 다양한 학대 유형은 네 가지 일반 범주로 나눌 수 있다. 학대는 피해자의 감정, 사고, 행동 그리고 영성에 영향을 준다.[37]

1. 감정

희생자들은 종종 화가 나고, 두렵고, 부끄럽고, 수치심이나 죄의식을 느끼고, 당황하고, 난처해하며 자신이 가치 없다고 느낀다. 많은 피해자들이 감정적으로 상처를 입는다. 그래서 자신이 더럽고 허약하며 다른 사람을 믿는 것이 두렵다고 느낀다. 우울증은 공통된 것으로 때로 희생자들은 자기 연민을 느끼고 다른 사람과 가까워지는 것에 두려움을 느낀다. 그들이 부모가 되었을 때 일부 학대 피해자들은 자신의 감정을 조절할 수 없으며 자기 아이들의 마음을 다치게 한다고 느낀다. 자신들이 나쁘거나 잘못된 무언가를 하고 있는 것이 아닌지 의심하기도 하며 스스로 학대를 불러들였거나 학대받아 마땅하다고 느낀다.

2. 사고

학대당한 사람들은 종종 자아 개념이 낮고, 자신을 가치 없다고 생각하며, 매력 없고, 무능력하며 부적절하고 의존적이거나 다른 사람이 원치 않는 존재라는 생각을 갖고 있다. 안타깝게도 사람들은 종종 생각에 따라 행동하며 그들이 두려워했던 대로 된다. 종종 희생자들은 도덕 개념이 낮아지고 집중력이 나빠진다. 학대당한 아이들, 구타당한 아내들, 그리고 학대당한 노인들은 때때로 그들이 받은 대우가 자신들 때문이라고 생각하며 스스로 학대받아 마땅하다고 생각한다. 희생자들은 아주 무력하다고 느끼므로 학대가 알려질 경우 그 결과를 두려워하는 경우가 잦다. 따라서 그들은 저항하지 않고 더 많은 학대를 기꺼이 받아들인다.

3. 행동

학대는 피해자들이 반사회적인 행동, 학습 불능, 대인 긴장, 비효율적으로 일하도록 만들 수 있고 때로는 그들 자신이 폭력적이고 학대하는 사람이 되도록 만드는 경향이 있다. 마약, 알코올, 음식, 섹스 중독은 흔하고 일부 피해자는 밖에 나가기를 두려워하며 특히 그들이 집에서 멀리 떨어진 곳에서 학대당했을 경우에 더 그렇다. 이런 행동들 중 많은 것들이 자기 파괴적이지만 불안을 피하려는 방법일 수 있다. 성적 문제를 갖거나 성을 혐오하게 되기도 하는데 특히 그들이 성적으로 학대당했을 경우 더욱 그렇다. 어느 연구에 따르면 남성, 여성을 막론하고 아이일 때 학대당한 3천 명의 피해자들 거의가 학대받지 않은 비교 그룹에 비해 더 높은 비율의 아동기 그리고 성인기 정신장애, 인격장애, 불안장애를 보였고, 정신과 치료를 받는 비율 또한 높았다.[38] 하여간 많은 사람들이 가능한 최선을 다해 살아가나 그들은 학대로 인해 학대받지 않고 살았을 삶과 지금의 삶이 '다르다'는 것을 항상 인식하고 있다.

4. 영성

이 모든 일 가운데 하나님은 어디 계시는가? 일부 피해자는 신학적으로 혼란스럽고 의아해한다. 왜 하나님은 이런 일이 일어나도록 허용하시는가? 그러한 고통스러운 경험에서 어떤 선이 가능하다는 말인가? 왜 하나님은 기도에 응답하지 않으셨으며 학대를 그만두거나 예방하지 않으셨는가? 많은 사람들이 하나님에게 화를 내며, 이것은 기독교 상담자에게 향할 수도 있다. 의심, 겉보기만으로 용서하려는 무능력, 하나님이 그들을 보호하시리라고 믿거나 다시 희망을 가질 수 있을까 하는 의문 등으로 인한 갈등이 종종 생겨난다.

학대의 영향을 생각할 때는 두 가지 주의사항을 염두에 두라. 첫째, 이 증상들은 학대 피해자들에게만 나타나는 것이 아니라는 점이다. 예를 들어 분노, 대인관계 긴장, 혹은 영적 의문 등은 다수의 심리적 문제에서 나타나는 특징이다. 내담자가 이런 증상을 보인다고 해서 어떤 식으로건 학대가 있었다는 것을 증명한다고 추정하지 말라. 두 번째, 어떤 희생자들은 비정상적으로 쾌활하며 과거 혹은 현재 진행중인 고통이 있다 해도 그 영향을 많이 보여주지 않을 것이다.[39] 상담자가 여러 해 동안 믿어왔던 것과는 반대로, 최근 조사는 학대보다는 오히려 방치가 희생자에게 더 큰 폐해를 야기할 수 있다는 것을 보여준다. 많은 피해자들이 그들의 삶에서 가장 고통스러운 경험으로 인해 고통받지만 짧은 슬픔의 기간 후에 정상으로 살아갈 수 있으며 다시는 심각한 우울증 혹은 다른 증상에 빠져들지 않을 수 있다. 예를 들어 제니스는 그녀의 종교, 그녀를 지지해주는 친구들과의 관계, 가족, 심지어는 경찰과 함께했던 경험 모두가 정상활동으로 복귀할 수 있도록 긍정적으로 도와주었다. 그녀는 세탁 혹은 장보기 같이 필요한 일들을 평범하게 되풀이하면서 세계와 가족에게로 안전하게 돌아갔다.[40]

학대의 영향을 고려하면서 희생자가 단 한 명의 고통받는 사람이 아니라는 점을 기억하라. 가족 구성원들, 남자 친구, 강간 피해자의 배우자, 그리고 가까운 친구들은 모두 화나고 혼란스러우며 악감정, 무기력함, 강한 혐오감 그리고 당황을 느끼면서 반응한다. 강간 피해자 남편은 때로 아내에게 일어난 일 때문에 개인적으로 강간당했다고 느끼기도 한다. 이런 일은 결혼 생활의 긴장, 우울함 그리고 희생자에 대해 더욱 스트레스를 느끼도록 할 수 있다.

마지막으로 우리는 학대자를 잊으면 안 된다. 종종 사람들은 학대 행위가 공적으로 알려지게 된 후 깊고 오래 지속되는 후회를 느낀다. 많은 사람들이 겁에 질리고 죄의식에 짓눌리며 난처해 하거나 화를 내지만 다른 사람들에게서 지지나 공감을 얻는 일은 드물다. 학대자를 이해하려고 시도하는 사람은 거의 없으며 그들이 야기한 상처 때문에 화를 낸다. 용서는 드물고 상담자는 많은 학대자들이 피해자만큼이나 도움을 필요로 한다는 사실을 알아차리는 데 주저하는 것처럼 보인다.

상담과 학대

학대와 방치의 피해자만큼이나 가해자 또한 상담하기 어려울 수 있다. 인정 많은 상담자, 심지어는 오랜 경험이 있는 상담자라 하더라도 인간이 다른 인간에게 반복적으로 가한 육체적이고 정신적인 고통을 관찰할 때 충격을 받고 불쾌해질 수 있다. 학대가 아이 또는 노인과 관련된 경우, 상담자들은 그들이 듣고 있는 일을 믿어야 할지의 여부조차 어려울 수 있다. 또 우리는 학대라고 추측하지만 내담자가 거부하면 무엇을 해야 할지 의아한 경우도 있다. 학대당한 어린이의 대다수는 어린 시절에는 경험을 털어놓지 않으며 그들이 학대를 인정할 때쯤에는 실제로 일어났던 일을 부정하는 경우가 흔하다.[41] 여성 내담자가 너무 수줍어하거나 당황할 경우 학대받은 자신의 성적 경험에 관해 여성 상담자와 이야기하기를 선호하는 경우도 종종 있다. 또 상담자가 이야기를 꺼리는 경우도 있다. 그들은 종종 내담자에게 학대받았는지 묻기를 회피한다. 상담 교실에서 종종 토론되는 성인기 정신장애의 증상, 과거 학대로 인해 생겨났을 증상이 있음에도 불구하고 묻지 않는 것이다. 일부 상담자는 학대 문제를 제기하는 일이 너무 불편하다고 느껴서 고객을 심리적으로 혼란스럽게 하고 싶어 하지 않는다. 그들은 다른 문제가 더욱 급하다고 믿거나 학대를 제시하는 것이 진짜로는 전혀 일어난 적이 없는 학대의 거짓 기억을 떠올릴 수도 있을까 봐 두려워한다.[42]

학대에서의 회복은 겹치는 단계가 있는 과정으로 볼 수 있다. 이 단계들은 학대 종류에 따라 달라지기도 한다.

첫째 충격 단계다. 이 단계는 몇 시간 혹은 며칠이 걸리며 충격, 불신, 불안, 그리고 공포라는 특징이 나타난다. 희생자는 너무 두려워하거나 당황하고 어리둥절해서 학대를 말하지 못할 수 있고 전체 경험이 다른 경험 뒤에, 때로는 몇 년간 숨겨져 있다. 희생자는 우리가 후유증이라고 여겨왔던 몇 가지를 뱉어내기도 하지만 그 충격은 숨어 있어서 잘 나타나지 않는다. 학대가 신고되면 피해자는 너무 많은 전문가 혹은 경찰관들에 둘러싸여 때로는 피해자의 감정 상태를 거의 고려하지 않는 질문에 압도당한다. 이 단계에서 최상의 도움을 줄 수 있는 사람은 가까운 친척이다. 때때로 목회자 혹은 상담자의 도움이 필요하기도 하다. 그들은 피해자를 지지해줄 수 있으며, 결정을 할 때 지도할 수 있고 혹은 의학적으로 배려하고 안전을 위해 도와줄 수 있다.

그 다음은 거부 단계다. 스트레스를 극복하기 위해 피해자는 아무 일도 일어나지 않았던 것처럼 학대의 고통을 제쳐놓고 위기 이전의 정상 단계로 돌아간다. 이 시기에 피해자는 안전하고, 조직적이고 통제되어 있다고 느낄 필요가 있다. 다른 사람에게 심지어는 피해자 자신에게도 모든 것이 정상으로 돌아간 듯 보인다. 그러나 고통의 충격은 여전히 지속되고 있으므로 완전한 치유를 위해서는 미리 다루어야 할 필요가 있다. 거부 단계는 여러 해 동안 지속될 수 있지만 짧은 기간 내에 끝날 수도 있다.

심리학자 다이앤 랭버그(Diane Langberg)는 주로 성적으로 학대당한 여성들을 치료해왔다. 그녀에 의하면 치료 단계는 세 부분으로 구성된다.[43] 첫 부분은 그리스도처럼 인격적이고 인정 많은 상담자가 있는 가운데 내담자가 안전하다고 느끼도록 돕는 일을 포함한다. 피해자가 그 기억을 이야기하고, 감정을 표현하며, 죄의식과 분노로 갈등하고, 불안 혹은 우울증에 관해 말할 필요가 있다고 느낄 때, 상담자가 지지하고 있다는 믿음을 주는 기간이다. 그러다가 천천히 두 번째 목적으로 가게 된다. 이 부분에서는 현재와 과거를 직시하고, 일상적인 행동들을 다시 시작하면서 내담자가 슬픔의 감정을 처리하도록 한다. 결국 당신은 피해자가 학대자를 대면하고 용서를 배우도록 도울 수 있다. 세 번째는 관계 재성립과 삶의 재수립을 포함한다. 이때는 통합 시기로 개개인은 성적 공격 혹은 공격의 영향으로 휘둘리거나 억제당하고 있다는 느낌에서 벗어났다고 여기기 시작한다. 과거에 그 사건들은 고통스럽고 중요하게 여겨졌지만 이제는 심리적, 영적으로 성숙한 보다 높은 단계에 이르렀고, 삶을 살아갈 수 있게 된다.

아마 당신은 학대에서 치유까지의 과정이 시간이 걸리며 단 몇 문장으로 적절하게 요약할 수 없다는 것을 간파했을 것이다. 학대 치료에서 효과적인 상담은 특별한 전문가적 의견을 가진 사람만이 할 수 있는 것이 아니다. 하나님은 경험이 없는 상담자도 치유할 수 있도록 사용하실 수 있고 종종 그렇게 사용하신다. 그러나 경험이 적은 상담자들은 특별한 도움을 줄 수 있는 더 경험 많은 상담자 추천을 선호한다. 당신이 학대 피해자를 상담한 경험이 없다면 지역의 성폭행 센터와 접촉하는 편이 더 현명할 수 있다. 그곳에는 노련한 협력자들이 있어 피해자와 피해자 가족과 일하면서 정보와 협조를 줄 수 있기 때문이다. 당신의 내담자 중 많은 사람들이 성폭행 피해자들이 협력하고 다른 사람을 지지하는 지지 그룹, 종종 한 상담자가 지도하는 그 그룹에 참여함으로써 위안과 도움을 얻을 수 있다. 다른 사람들은 정서적 지원, 이해, 그리고 정보를 제공하는 공동체 혹은 교회 지지 네트워크를 통해 얻는다.

비록 학대에 포함된 모든 사람이 학대에 대한 스트레스 및 정서적 반응을 극복하는 지원, 지도, 그리고 도움을 필요로 하지만 상담의 많은 부분은 내담자의 독특한 경험과 학대 종류에 따라 달라진다.

1. 학대 아동 돕기

외부 관찰자가 아이가 학대당하고 있다는 표시를 거의 알 수 없거나 전혀 알 수 없는 경우가 자주 있다. 아이는 상처도 없고 건강해 보인다. 하지만 아이가 공격적이거나 수면 패턴의 변화, 부적절한 성적 행동 같은 행동이 나타난다면 무언가 잘못되고 있다는 사실을 암시한다. 다음에 제시하는 일들이 학대 혹은 방치의 다른 표시가 될 수 있다.

- 아이가 특히 부모를 지나치게 두려워하는 듯 보인다.
- 아이가 영양 부족 혹은 제대로 먹지 못한 듯 보인다.
- 아이가 형편없이 입었거나 날씨에 맞는 옷을 입지 못했다.
- 아이가 붕대나 약품으로 적절하게 치료받지 못한 상처 혹은 분명한 병을 갖고 있다.
- 아이가 내향적이고 의기소침하거나 혹은 활동이 지나치고 공격적이다.
- 아이가 냉담해 보이고 집중할 수 없으며 부모 아닌 다른 성인에게 달라붙으려 하고 또는 다른 아이와 어울리지 못한다.
- 부모가 완고하고 아이에게 아주 많이 요구하며, 엄격하게 벌하는 경향이 있다.
- 부모가 불화, 이혼, 빚, 잦은 이사, 실직, 혹은 다른 압력 등 다수의 스트레스를 겪어왔다.

입 다물라고 들었음에도 불구하고 일부 아이들은 학대에 관해 말할 것이다. 만일 아이들이 학대에 관한 힌트를 준다면 주의 깊게 듣고, 가능하다면 무슨 뜻인지 상세히 말해 달라고 요청하라. 아이들과 일하는 상담자들은 때로 어린 내담자들에게 무슨 일이 일어났는지 그려 달라고 부탁한다. 우리는 아이들이 생생한 상상력을 갖고 있고 때로 이야기를 만들어낼 수 있음을 알고 있지만 자신들이 겪지 않은 무언가에 관해서 상상할 능력은 없다. 커가면서 어린이와 청소년들은 대부분의 사람들이 자신의 아버지처럼 평범한 성인, 존경받는 청소년 운동가, 교사, 친척 혹은 공동체 지도자들이 힘없는 사람에게 반복해서 성적 강간을 할 수 있다는 사실을 믿지 않는다는 것을 알아차린다. 용기를 내어 학대를 보고하는 아이는 듣는 이들이 회의적이고 믿지 않는다는 것을 알게 되고 또한 자신이 굴욕 당하거나 처벌 받을 수도 있다고 생각한다.

근친상간과 성적 학대를 포함해 아동 학대는 가족 전체가 포함된 문제다. 어린 피해자는 가장 고통당하는 사람이며 제일 먼저 주목받는 사람일 수 있지만 다른 가족 또한 도움이 필요하다. 이런 이유로 대부분의 상담자들은 전체 가족을 상담 과정에 포함시키려 노력하며 특히 학대가 가정 내에서 일어날 때 더욱 그렇다. 또한 기억하라. 이 책이 읽히는 대부분의 나라에서 상담자들, 즉 목회자, 청소년 운동가들, 그리고 교사들은 학대받고 있다고 추측되는 경우를 당국에 신고할 법적 의무가 있다. 신고하지 않으면 법을 위반하는 것이다.

2. 방치 피해자 돕기

방치는 '가장 애매한 학대 주장'이라고 불린다.[44] 정의하기 어렵고 찾아내기 어려우며 종종 증명이 불가능하다. 때로 방치는 계획적이다. 그러나 방치하는 부모 혹은 다른 돌보는 이가 방치당하는 이에게 접촉, 도움, 자극, 안내 혹은 다른 돌봄이 필요하다는 것을 이해하지 못해서 생겨나는 경우도 있다. 방치는

다 자란 자식들이 사느라 바쁜 나머지 홀로 사는 늙은 부모들과 접촉하지 못해서 생겨나기도 하고, 직업을 가진 아버지가 아들과 딸이 충분한 음식, 집, 그리고 돈 등 필요한 것을 모두 가졌다고 생각해서 생겨나기도 한다. 이런 실례는 그들이 돌보는 사람들이 진정으로 필요한 것이 무엇인지 알지 못하는, 악의 없는 죄악이다. 물론 돌보는 사람이 정서적으로 불안하거나 혜택 받지 못해서 그들 자신의 부적절함으로 인해 도움을 줄 수 없는 것처럼 보이는 경우도 있다. 돌보는 사람이 오랫동안 자신을 방치해두었다거나 혹은 그들이 돌보는 사람들의 도움에 저항한다면 문제는 복잡해질 수 있다. 예를 들면 고령으로 도움이 필요하지만 다른 모든 도움을 거부하고 자기 힘으로 하겠다고 고집 부리는 노인들의 경우가 그렇다.

방치되어온 사람들을 돕는 데는 표준 순서라는 것이 없다. 돕는 과정에서 다른 사람들을 포함시키는 것이 가장 좋다. 여기에는 교회, 사회봉사 센터, 의료기관 등이 해당된다. 상담자로서 방치가 학대로 발전했다고 생각한다면 지역 당국에 신고해야 한다. 그들이 번갈아 개입해 조치를 취할 것이다.

3. 근친상간과 성인 피해자 돕기

어린 시절에 학대당한 피해자가 성인이 될 때까지 아무에게도 그 이야기를 하지 않고 고통을 지니고 있었다는 것은 놀라운 일이 아니다. 당신이 어디 살고 있는가에 따라 다르지만, 학대 보고서는 20% 이상의 성인 여성 그리고 남성의 경우는 그보다 적지만 상당한 숫자가 어린 시절에 성적으로 학대당했다고 제시한다. 진지하게 생각해보라. 당신의 교회 혹은 대학 공동체에서 얼마나 많은 학대 피해자들이 입을 다물고 있는지, 혹은 학대 배경을 언급하지 않고 당신의 상담실을 지나쳐가고 있는지를. 학대가 라디오를 통해 혹은 공공연히 언급될 때 진행자들은 종종 학대당한 청취자들이 보내오는 수백 개의 메시지를 듣는다.

내담자가 학대당하고 있다고 여겨질 만한 이유가 있다면 망설이지 말고 그 문제를 언급하라. 일부 상담자들은 이 일을 인터뷰 도입 부분에서 정기적으로 언급한다. 내담자에게 그 문제가 흔하며, 피해자는 학대받을 이유가 없고, 그들이 학대를 자극할 만한 일을 하는 경우도 드물며, 수치와 상처에서 회복하기를 원하는 사람들에게 항상 도움을 줄 수 있다는 사실을 언급하라. 지각 있는 상담자가 판정이 아니라 상냥하게 그리고 관심을 기울여 격려하면 모든 내담자가 오랫동안 간직해온 비밀을 털어놓고 마침내는 목까지 차오른 감정을 자제하는 일이 종종 일어난다. 다양한 핫라인과 지원 그룹이 이 장에서 논의한 이슈의 대부분을 처리할 수 있을 것이다. 그들은 학대당한 사람들이 과거에 직면하도록 하고 그것을 극복하도록 돕는다. 교회 역시 근친상간, 학대, 그리고 강간의 피해자들을 돕기 위한 지원 그룹과 수단들을 갖고 있는 경우가 많다.

4. 강간 피해자 돕기

피해자들은 다양한 방법으로 반응하며 이는 성적 학대에 대한 과거 경험이 어떤 것인가에 따라 다른 경우가 종종 있다. 대다수는 강간 상해 증후군(Rape Trauma Syndrome: RTS)이라는 증상을 보이는데 예전보다는 덜 쓰이는 용어다.[45] 지금까지 보아왔듯 강간 다음에는 즉각적이고 급격한 스트레스가 따른다. 공포, 분노, 불안, 충격, 그리고 불신이 있을 수 있으며 스트레스는 종종 울음, 흐느낌, 긴장, 구역질, 혹은 쉬지 못함으로 표현되나 때로는 고요함 뒤에 숨어 있을 수 있고 외면으로는 침착하다. 이 지점에서 피해자는 공포, 안전에 대한 염려, 그리고 자신이 더 싸우지 않았다는 죄의식 등을 가지게 된다. 일부 여성은 심지어 처음부터 자신이 은밀히 강간자를 유혹했다는 속설이 사실이 아닌지 의아해한다.

내담자는 아마도 귀를 기울여 자신의 이야기를 받아들이고 믿어줄 누군가에게 민감해질 것이다.[46] 그녀가 만일 가족, 친구, 경찰 혹은 의료기관의 개개인들로부터 미묘하게 불신당하거나 거부당하게 된다면 듣는 일은 특히 중요해진다. 상담자는 감정을 표현하도록 격려할 수 있으며, 여성이 합법적으로 의학적·법적 도움을 찾도록 도울 수 있고, 그녀가 비난을 당할 때 지지하고, 그녀와 그녀의 친구를 도와 강간에 관해 떠도는 이야기들을 알도록 하며, 미래의 안전에 관한 두려움을 말할 수 있도록 하고, 다가올 몇 주 동안의 어려운 상황을 이겨내도록 계속 지지하겠다는 믿음을 줄 수 있다.

강간 후 2-3주 동안 많은 여성들은 악몽을 꾸기 시작하고 터무니없이 두려워하며 끊임없이 움직인다. 종종 이사하려는 결정을 내리고 전화번호를 바꾸거나 밤에는 집안에 머물러 있고 친한 친구와 더 많은 시간을 보내려고 한다. 이 모든 행위는 그녀가 그 사건 후 자신의 삶을 재조직하는 과정에 있음을 나타낸다. 이 여성들은 지지, 감정을 표현할 자유, 용납, 그들이 '정상'이라고 생각하는 누군가와 이야기할 기회, 그리고 그들이 결정을 할 때 지도를 필요로 한다. 많은 사람들이 '왜 하필 나인가?'라는 문제에 관해서 의논하고 싶어 하고 하나님의 계속적인 관심, 배려, 사랑을 확인 받고자 한다. 때로 피해자들은 강간이 아닌 다른 일에 관해 이야기하고 싶어 하고 저녁을 먹으러 나가거나 영화를 보러 가는 편을 선호한다. 피해자가 전통적인 상담을 찾기를 기다리는 대신 상담자가 솔선수범해서 이 여성들을 돕거나 도움을 제공하는 편이 좋다. 또 가능하면 가족이나 배우자와 상담하는 것도 도움이 된다. 이 사람들은 피해자 편으로 여러 모로 피해자를 많이 도울 수는 있으나 지금껏 살펴보았듯 그들 나름대로 감정을 표현하고 태도를 바꾸며 오해를 바로 잡을 필요가 있다.

지금까지 묘사해왔던 과정 대신, 강간에 대한 두 번째 반응이 정신적, 육체적, 사회적 어려움과 더불어 피해자에게 나타난다. 때로 이 사람들은 우울증, 자살 행동, 정신 신체적 장애, 마약 사용, 과도한 음주, 혹은 성적으로 '억눌린 감정을 행동으로 옮기기' 같은 더욱 심각한 증상을 보인다. 이러한 여성들은 위기 상담보다 심층 상담을 소개할 필요가 있다.

강간에 대한 세 번째 주요 반응은 침묵이다. 때로는 몇 년간 강간에 관해 아무에게도 말하지 않고, 그들의 감정 혹은 반응을 숨기며 엄청난 심리적 짐을 지기도 한다. 이런 여성들은 나중에 남성을 두려워하며 성행위를 피하고, 혼자 있거나 밖에 나가는 것에 대해 설명하지 못할 공포를 느끼고, 악몽을 꾸며 자존감을 잃는다. 이런 사람들이 다시 학대당할 경우, 그들은 현재 상황보다 그동안 갇혀 있던 첫 번째 강간으로 인한 감정에 관해 이야기하는 데 더 많은 시간을 소모하는 일이 종종 있다.

강간의 영향은 고통스럽지만 그럼에도 불구하고 좋은 소식은 강간 피해자들이 자신의 삶을 재조직하고 이후의 공격에서 자신을 보호할 수 있다는 것이다. 이 사실은 이 장의 시작 부분에 소개한 제니스의 경험을 통해 확인할 수 있다.[47] 강간 피해자들이 강간 후 적절한 의학 치료, 심리적 도움, 실제적 지도, 그리고 영적 지지를 받는다면 대부분 가능한 일이다.

지금까지 여성 강간에 대해서만 주로 다루었지만 남성 또한 강간당하고 있으며 감옥 및 구치소처럼 온통 남성만 있는 환경일 때는 더욱 그렇다는 증거가 상당히 많다. 남성 재소자들은 무엇보다도 강간당할 것을 두려워한다. 많은 사람들이 다수의 강간을 겪었으며 에이즈와 기타 성적 질병에 노출되어 있다. 강간이 항상 폭력적인 행동이기는 하지만, 남성 강간은 성적인 만족 혹은 성적 해방보다는 다른 수감자들을 통제하고 주도권을 잡는 데 더 초점이 맞추어져 있다. 감옥의 성적 약탈자는 이성애자인 경우가 대부분이지만 피해자의 고통은 그들이 매일 강간자와 함께 교류하고 상담이나 법적 도움을 받을 기회가 제한되어 있으므로 훨씬 더 크다. 물론 남성 강간은 감옥에서만 일어나는 것이 아니며 이성애 남성만의 행동으로 국한되는 것도 아니다. 그러나 그 일이 일어나는 곳마다 남성은 그들의 남성성에 대한 위협과 난처함 때문에 여성보다 강간 보고에 소극적인 경향이 있다.[48]

다른 사람이 폭력과 성으로 어떤 한 사람을 피해자로 만드는 것은 하나님이 의도하신 계획에서 엄청나게 벗어나는 일이다. 종종 강간자는 젊고, 결혼했거나 피고용자들로, 그의 개인적 혹은 가족의 삶은 혼란스럽고, 이성과 무난하게 연결되지 못하고, 자신들이 사회에 위협이라는 사실을 부정하는 사람들이다. 그들은 계획된 상담에 참여해 하나님의 용서를 알고, 삶을 변화시키는 하나님의 힘을 경험할 필요가 있으며 그들이 강간이라는 행동을 하도록 만든 숨은 이슈를 다룰 필요가 있다.

5. 배우자 학대의 피해자 돕기

대부분의 배우자 학대는 남편이 아내를 육체적, 정신적으로 학대하는 일과 관련 있지만 남편 학대도 일어나며 점점 증가하고 있다. 남성들은 여성보다 힘이 강하기 때문에 아내에게 상처를 더 잘 입힌다. 그러나 여성은 손이 아닌 다른 도구로 공격하는 경향이 있기 때문에 신체에 더 많은 상처를 준다.

양쪽 모두 피해자는 자존감이 낮은 경우가 종종 있고, 아내의 경우 남편의 가장 역할이 가족을 학대할 권리를 준다고 잘못 믿고 있을 수도 있다. 때때로 피해자는 심지어 자신이 문제의 진정한 원인이라고 느끼기도 한다. 다른 경우 학대자는 이따금 그리고 느닷없는 분노와 폭력을 폭발시키는 것 외에는 가족을 사랑하고 있으며 기꺼이 부양하고 있을 수도 있다.

다시 말하지만 대부분의 피해자는 학대 신고를 꺼린다. 신고했다는 사실을 그(혹은 그녀)가 알게 되면 학대하는 배우자가 더 폭력적으로 될 것이라고 두려워하기 때문이다. 학대하는 남편에게 생계를 의지하는 여성은 음식과 안식처로부터 단절될까 봐 두려워하며 특히 그녀가 혼자 아이들을 돌봐야 하는 경우 더욱 그렇다. 일부 기독교 여인들은 아내는 남편에게 복종해야 하며 심지어는 남편의 행동이 대단히 폭력적이고 생명을 위협하는 경우에도 그렇게 해야 한다고 믿는다(그리고 목회자들로부터 그렇게 들었다).

그러므로 상담자들은 신경을 곤두세워 배우자 학대의 비언어적 사인을 알아차려야 한다. 이 사인에는 다음과 같은 것들이 있다.

- 유산 경험.
- 병 또는 상처 치료 때문에 응급실을 자주 찾은 경력.
- 두통, 위장병, '별로 좋지 않다'는 애매한 불평, 혹은 알코올이나 신경 안정제의 과다 사용.
- 친구, 교회, 가족으로부터의 고립, 후퇴.
- 우울, 낙심, 예측 불가, 의기소침한 행동, 때로는 주기적인 자살 시도.
- 잦은 결근.
- 이웃 혹은 다른 가족 구성원이 집안 갈등 또는 혼란에 관해 이야기함.
- 가정 내에서 과거 학대 혹은 폭력 참조.

학대가 의심된다면 주저하지 말고 거론하라. 목회자들은 때로 일반 상담자보다 가족들을 더 잘 알고 있다. 많은 공동체에서 목회자들은 여전히 가정을 방문하며 따라서 자발적으로 상담하러 오지 않을, 학대받고 있을 가능성이 있는 피해자들을 관찰하고 연구할 흔치 않은 기회를 가지고 있다. 어디에서 상담하건, 가능한 가정 상태에 관해 많은 것을 알려고 노력하고 장래에 있을지도 모를 상처 혹은 위험 가능성을 발견하려고 노력하라. 학대가 드러나면 대부분의 피해자들에게는 지원이 필요하며, 실제적인 결정을 할 때 지도가 필요하다. 궁극적으로 기독교 상담자는 커플이 결혼을 지속시키고 치유하기를 바라지만, 앞으로 폭력 위험성이 높아 보일 때는, 학대받는 배우자와 아이들이 최소한 일시적이라도 위험에서 벗어나 안전하고 보안이 확실한 장소로 피하도록 돕는 것이 현명하다. 그곳은 교회 식구의 가정이 될 수도 있지만 학대당한 배우자와 아이들을 위한 공동체의 긴급 쉼터를 이용하라는 의미일 수도 있다. 이런 이동이 최상인 듯 보일 때, 변호사, 공무원, 혹은 의사처럼 공동체에 속해 있는 사람들의 충고와 안내를 구하라. 다시 한 번 말하는데 학대가 의심될 때는 신고가 중요하다는 점을 명심하라. 신고는 상담자들만 해야 하는 것이 아니다. 많은 상담자들은 이런 식의 사회적 중재와 연결되어 있지 않으므로 어느 공동체의 도움이 가능한지 그리고 법적으로 어떻게 연결되는지 아는 것이 도움이 된다.[50]

당면한 위험이 줄어들면 상담은 죄의식, 낮은 자존감, 성경적인 남편과 아내 관계, 용서를 배우는 어려움, 맞는 배우자의 죄의식, 분노, 낙담, 무력함, 그리고 미래에 대처할 걱정 등의 이슈에 집중하게 될 것이다. 후에 상담자는 남편과 아내가 의사소통, 갈등 해결, 성적 적응, 남편과 아내 역할, 신뢰, 그리고 결혼 상담에서의 다른 문제를 다룬다.

6. 노인 학대의 피해자 돕기

모리스 슈발리에(Maurice Chevalier)가 이렇게 말한 적이 있다. "늙는다는 것은 다른 대안을 생각할 때 그렇게 나쁜 일이 아니다." 많은 노인들에게는 다른 대안, 즉 죽음이 훨씬 더 나아 보이기도 한다. 특히 그 사람의 삶이 신체적인 학대나 심리적 학대로 폭행당하고 있을 때는 더욱 그렇다. 학대는 젊은 가족 구성원만 하는 것이 아니다. 때로 노인들은 병원 관계자들, 요양원의 피고용인들, 이웃의 건달들, 자신의 배우자, 또는 상점이나 공공기관의 참을성 없는 직원들에게 구타당한다. 소수의 노인만이 상담자를 찾으므로 목회자가 노인 학대를 인지하는 가장 첫 번째 사람이 될 수 있다.

노인이 학대를 이야기할 때마다 상담자는 공감과 감수성을 가지고 귀를 기울일 수 있다. 일부 노인들은 명확하게 생각할 수 없다는 사실을 기억하라. 그리고 그들이 하는 이야기가 실제보다는 상상한 것일 수 있다는 사실도 기억하라. 그러므로 노인의 친척을 포함해 돌보는 사람과 대화하는 편이 현명하다. 노인 학대는 노인들이 필요로 하는 것은 많으나 돌보는 사람들은 그 필요를 채워줄 자원이 제한되어 있을 때, 혹은 능력이 부족할 때 흔히 발생한다.

상담은 종종 노인을 지원하고 가족들을 돕는 일을 포함한다. 이 일은 노인과 가족, 독거 노인 돌보기, 방문, 수송 등 유형의 지원을 뜻할 수 있다. 노인 학대가 계속되는 상황에서 산다면, 피해자는 다른 적응할 만한 곳을 찾는 실질적인 도움과 지도가 필요할 수도 있다.

7. 학대자 돕기

학대 피해자는 종종 상담자의 도움을 얻을 수 있는 다친 사람들이다. 반면 학대를 가한 자들은 상담 대신 비난받고, 무시당하고 그리고 치료 없이 투옥된다. 그 결과 수많은 학대자와 성 범죄자들이 치료 받지 못한 채로 감옥에서 나와 다시 폭력을 되풀이한다.

학대자를 치료하는 일은 쉽지 않다. 최소한 처음에는 많은 학대자들이 그들이 한 행동을 부정하고 자신의 행동에 대해 용서를 구하거나 피해자나 다른 사람에게 책임을 전가하려고 한다.[51] 아마 학대자가 체포되고 나서야 때리는 일을 멈추는 것은 놀랍지 않을 것이다. 실제의 벌금, 구금 그리고 사회적 불명예는 학대자가 덜 거부하도록 그리고 최소한 처음 학대하는 사람이 상담에 관해 진지하게 여기도록 강요한다.

학대자 상담은 내담자의 분노, 낮은 자존감, 그리고 자기통제의 결핍 등을 치료하는 오랜 과정이 될 수 있다. 많은 사람들이 의사소통, 문제 풀기, 갈등 해결, 그리고 스트레스 관리 기술을 가지고 있지 않다. 많은 희생자들이 예전에 학대받은 경험이 있으므로 일생에 걸쳐 쌓아온 태도와 불안감을 치료하는 것이 중요한 경우가 종종 있다. 일부 학대하는 내담자들은 그들의 감정, 특히 분노를 비폭력적이고 사회적으로 적절한 방식으로 표현하는 방법을 배운 적이 전혀 없다. 분노 관리는 모든 사회경제 집단의 학대자를 위한 문제다.[52] 일부는 남편이나 부모로서의 역할이나 지도력에 관해 엄격하고 지배적인 태도를 갖고 있었다. 다른 사람들은 잘못된 생각 즉, 피해자는 맞는 것을 즐긴다든가, 피해자가 학대를 부추겼다든가, 혹은 폭력은 권위를 세우고 남성다움을 증명하는 방법이라고 굳게 믿고 있다. 학대를 멈추려면 이 모든 태도가 바뀌어야 한다.[53] 이 일은 시간을 요하는 일이고 경험 많고 끈기 있는 상담자가 해야 가장 좋은 결과를 가져올 수 있는 일이다.

비록 개별 상담이 학대자에게 도움이 될 수 있지만 집단치료 또한 가치가 있다. 다른 학대자들을 만남으로써 비슷한 문제를 가지고 있기 때문에 이해하는 사람들을 보게 된다. 그들은 집단으로 상호반응하고 내담자는 비폭력적인 방법으로 감정을 표현하는 기술을 배울 수 있으며 용납과 지원을 배우게 되고 필요한 의사소통, 스트레스 관리, 분노 조절 그리고 다른 사회적 기술을 발전시키는 방법을 배울 수 있게 된다. 예전의 태도에 도전할 수 있고 때로는 초청받은 학대의 피해자로부터 무엇이 학대인지 들을 수 있으며 피해자가 그 경험을 즐기지 않는다는 것을 알 수 있다. 많은 학대자들은 공동체에서 책임감을 가지고 살아가는 데 필요한 기술이 없기 때문에 집단 상담은 폭력 없이 살아가는 법과 사람 사이의 상호교류를 교육하게 된다.

학대자들은 그들 자신에 대한 용서는 물론이고 용서를 이해할 필요가 있다. 그들은 학대가 심각한 죄악이지만 용서받을 수 없는 죄악은 아니라는 사실을 알아야 한다. 하나님은 진지하게 그들의 삶을 재건축하고 다른 사람들에게 상처를 입히지 않는 방식으로 살고 싶어 하는 사람들을 용서하고 도움을 주시고 지도하실 수 있다. 어느 상담자건 이 재구축 과정에서 도움을 주는 사람이 되는 것은 어렵지만 아주 만족스러운 역할이 될 수 있다.

8. 상담자 돕기

고통스러워하는 피해자들과 여러 해 동안 집중해서 일하고 난 뒤, 다이앤 랭버그는 다른 사람의 고통을 듣는 상담자가 겪는 심각한 충격에 관해서 썼다. 시간이 흐르면 상담자 자신도 내담자들이 보이는 고통의 증상을 경험하기 시작한다. 때때로 제2의 혹은 대리 고통이라 불리는 이 일은 고통을 겪는 피해자를 치료하는 상담자와 의료 종사자 그리고 다른 사람들의 정신건강 문제다.[54]

그처럼 많은 고통과 악을 대하면서 시일이 흘러가는 동안 조력자는 그들의 내담자가 보이던 불안, 두려움, 불면, 악몽 그리고 분노를 느끼기 시작하는 것이다. 종종 그들은 냉소, 비관주의, 그리고 무기력이 커지는 것을 느낀다. 심지어 믿음을 위협받기조차 한다. 고통을 겪은 상담자는 고립되고 영적 갈등에서 상처받기 쉬워지며 스트레스를 조절할 수 없게 된다. 이런 일로 인해 많은 고통을 겪은 상담자들과 관련 직업인들은 요구가 덜한 다른 작업환경으로 옮겨간다.

그렇다면 상담자들은 이 내담자들과 일하는 동안 생겨나는 이 오랜 기간의 해로운 영향에서 자신들을 어떻게 보호하는가? 랭버그는 다섯 가지를 권한다.[55]

- 스트레스, 비판, 개인적 불안, 그리고 의기소침에 대한 자신의 반응을 포함해 자신을 아는 것이 필요하다. 자기 이해의 부족은 스트레스를 더 악화시킬 수 있다.
- 한계를 정하라. 고통의 원인이 될 수 있는 일에 어느 정도 노출시킬지 그 정도를 결정하는 것이다. 내담자의 고통에 깊이 빠져들지 않도록 혹은 다른 사람과 이 일을 나누지 않도록 정하는 것도 그 일부다. 지치지 않고 얼마나 많은 내담자들을 상담할 수 있는지 결정하는 것 또한 이에 속한다.
- 전문가들과 밀접한 관계를 지속하라. 그렇게 하면 관점을 지속하고 다른 상담자 혹은 목회자들과 의견을 공유하며 당신의 분야에서 더욱 넓은 관점을 지닐 수 있다.
- 건강한 삶을 지속하라. 여기에는 운동, 휴식, 가족, 친구 그리고 고통과 관련 없는 행동들이 포함된다.
- 예배, 공부, 기도 그리고 다른 영적 훈련을 통해 영적 생활을 발전시키라. 이 일에는 친구 관계와 동료 신자들과 함께하는 다른 협회가 포함된다.

9. 특정한 윤리적 문제

학대는 육체적 폭력에만 한정되지 않는다. 때때로 다른 형태의 학대가 동일한 영향을 끼쳐 피해자를 무너뜨릴 수 있다. 이 일에는 언어폭력, 성희롱, 인종차별 혹은 성차별 표현, 노인에 대한 차별(종종 연령차별이라고도 알려져 있다), 동성애 혐오증(동성애자에 대한 두려움과 증오), 대학 캠퍼스의 신입생 신고식, 경제적 예속, 죄수에 대한 비인간적인 처우, 혹은 학교에서 왕따 시키기 등이 포함된다.[56] 예를 들어 성희롱은 아주 작은 물방울에 비교되어왔다. 각 물방울은 중요도 면에서 미미하고 아주 적은 영향을 끼칠지도 모르지만 여러 달 동안 그리고 여러 해 동안 규칙적으로 떨어지는 물방울은 가장 단단한 존재마저도 파괴할 수 있다. 이러한 '작은 방울'의 학대는 중재하기 힘들다. 그러나 폭력은 어느 것이건 대할 때마다 최소한 세 가지의 중요한 윤리적 문제를 접한다.

첫 번째는 학대가 의심될 때 우리가 무엇을 하는가와 관련 있다. 그 의심을 무시하는가, 잊어버리려고 하는가, 아니면 더 많은 것을 조사하는가? 상담자들은 법을 집행하는 사람들이 아니다. 그러므로 우리는 경찰이 하듯 조사할 수는 없다. 우리는 법률에 학대가 의심된다고 신고하도록 요청받으나, 증거가 매우 제한되어 있음에도 불구하고 신고한다면 커다란 결과를 불러올 수도 있다.

아마 정보를 얻는 가장 좋은 방법은 질문하는 것일 것이다. 일부 상담자들은 모든 내담자들을 만날 때 첫 만남에서 평가 부분의 일부로 학대에 관해 묻는다. 질문은 의례적인 사전 평가의 부분이다. 이 일은 위협적이지 않은 방법으로 할 수 있다. 노골적으로 그가 학대받은 적이 있는가를 묻는 대신 내담자의 어린 시절에 관한 일반적 질문을 통해 접근하는 것이다. "옛날이야기를 좀 해주세요" "어렸을 때 가장 좋았던 일은 무엇인가요?" "가장 나빴던 일은 무엇이지요?" "훈육은 어떤 식으로 받았나요?" "오늘 당신이 학대라고 여길 만한 무슨 일인가가 일어났나요?" "가족 중 누군가 혹은 다른 사람이 당신을 아프게 하거나 혹은 성적으로 당신에게 무언가를 한 적이 있나요?" 등의 질문은 덜 위협적이고 내담자를 더 잘 알아가는 과정의 일부다. 물론 대부분의 상담에서 이런 질문은 더 계속할 필요 없이 쉽게 대답이 나올 것이다.[57]

두 번째의 윤리적 문제는 비밀유지와 관련 있다. 능률적인 상담자는 내담자의 사생활을 존중하며 비밀유지를 약속한다. 그러나 만일 내담자가 신체적으로 상처를 입거나 또다시 상처를 입을 위험이 있다면 상담자는 어떻게 할 것인가? 순진한 아이들이 학대하는 부모 혹은 다른 성인들에게 피해를 입고 있다는 사실을 안다면 어떻게 반응할 것인가? 목회자 혹은 다른 상담자가 일부 순진한 모임이 위험에 처해 있다는 사실을 알 때 그 책임은 무엇인가? 우리는 피해자에게 경고하기 위해 비밀을 깨뜨려야 하는가? 처음 상담을 시작할 때 대부분의 전문가들은 내담자에게 이런 상황에서는 비밀을 유지하지 않을 것이라고 써서 알려준다.

우리가 반복해서 보았듯이 어떤 윤리적 결정은 정부가 해결한다. 법은 만일 학대 증거가 존재한다면 의무적으로 신고해야 한다고 요구하고 있는 것이다. 이 일은 일부 목회자들과 전문 상담자들 사이에서 우려를 불러일으켰다. 예를 들어 학대를 의심하고 있다면 그래서 법률이 요구하는 대로 신고했다면 그리고 그 의심이 잘못된 것임을 알았다면 그 결과는 어떻게 될 것인가? 상담자는 고소당할까? 신고된 학대 사건이 증명될 수 없을 때 이 일은 의심받은 학대자를 매우 화나게 하고 감정적으로 학대당했다고 느낀 채로 남겨놓을 수 있으며 특히 공동체나 교회에 공공연히 알려졌을 때는 더욱 그렇다. 모든 상담자가 자신의 공동체나 주의 신고 법률을 잘 알고 있어야 함은 물론 중요하다.

전문가와 목회자 상담자 조직은 윤리상 비밀유지의 중요성을 강조한다. 그러나 내담자가 그들 자신 혹은 다른 사람에게 해를 끼치겠다고 위협할 때 전문 상담자는 윤리적으로 위험에 처한 사람들(내담자를 포함해서)에게 경고하거나 그렇지 않으면 보호하도록 되어 있다. 물론 내담자는 그렇게 말하지만 다른 사람에게 해를 끼칠 의도는 없다. 그러나 위협이 심각해 보이면 상담자는 법적 그리고 직업적으로 경고할 책임이 있다.

비밀유지는 비밀엄수와 같지 않다는 점을 기억하면 도움이 될 수 있다. 비밀엄수는 그 일이 내담자 자신에게 가장 좋은 이익이라는 가정 하에서만 다른 사람들과 정보를 신뢰하면서 보유하고 공유하겠다는 약속이다. 경우에 따라 상담자는 폭력을 막을 만한 조치를 취하기 위해 신뢰를 깨뜨릴 필요가 있다. 이 일은 누군가의 권리에 대한 침범이라기보다는 분명히 법률상의 의무적 신고이며 직업윤리의 목적이다.

세 번째 그리고 상담자와 아주 밀접한 문제는 상담자가 내담자의 삶에 직접적으로 간섭하는 것이다. 예를 들어 당신은 목사인데 어느 날 밤 교회 문간에서 집사의 부인이 남편의 폭력에서 보호해달라고 애원하는 것을 보았다고 하자. 우리 대부분은 그 여인을 안으로 들여야 하며 집으로 보내지 말아야 한다는 데 동의한다. 그러나 상담자의 책임은 피해자를 의료시설로 데려가고 아이와 노인을 포함한 학대 피해자를 도와 학대받는 집안 상황에서 나오도록 하며, 경찰을 부르거나 그렇지 않으면 스스로 행동할 수 없는 사람들을 돕는 일까지 확대될 수 있다. 기독교인으로 학대당하거나 학대한 사람을 돕는 행동이 언제나 편안한 상담 사무실에서 하는 행동으로 국한되는 것은 아니다.

• 학대 예방

무엇이 젊은이 혹은 정치 운동가들로 하여금 평화로운 학교 환경으로 걸어들어가 무턱대고 총을 쏘도록 자극하는가? 그런 일이 최근 세계 여러 곳에서 일어났고 항상 교사, 부모, 특히 어린 학생들을 충격, 슬픔, 고통, 강한 공포 그리고 감정적인 고통으로 몰아넣었다. 학대의 극단적 형태는 넓게 보았을 때 왕따, 조롱, 주먹싸움, 그리고 때로는 개인적인 사격 등을 포함한 학교 폭력의 일부에 속한다. 이에 대한 응답으로 상담자는 적극적이고 협조적인 학교 환경을 만들기 위해, 사회적 기술을 가르치기 위해, 그리고 폭력적 행동을 할 위험이 있는 어린이들을 사정 평가하고 치료하기 위해 공동체 그리고 학교 직원과 협조한다.[58]

덧붙여, 일부 상담자와 공동체 사람들은 강간, 방치, 그리고 다른 형태의 학대의 희생자들에게 즉시 그리고 24시간 내내 도움을 줄 수 있도록 한다. 자립과 지원그룹이 피해자와 학대자 양쪽 모두를 위해 도움이 될 수 있다는 사실은 잘 알려져 있다.

특히 더욱 크고 많은 자원을 가진 교회들은 동료 지원그룹, 비상전화, 매 맞는 여성들과 아이들을 위한 쉼터, 그리고 교회 출석자들을 위한 교육 등을 개발해왔다. 일부 공동체, 더 적은 규모의 교회들은 학교, 경찰 부서, 그리고 다른 공동체 기관들과 교육적이고 예방 차원의 프로그램을 늘리기 위해 파트너로 연대를 맺는다. 다음은 추가 제안이다.

1. 교육

기독교인 공동체를 포함한 공동체를 통한 공적 교육 및 자각은 좋은 예방책이다. 몇 년 전, 미국심리학회는 '폭력에 함께 대항하는 성인과 어린이'(Adults and Children Together, ACT)라는 프로그램을 개발했다. 이 프로그램은 심리학자들과 다른 상담자들에게 아동 학대에 관한 정보와 어린이의 삶에서 폭력을 예방하는 데 도움을 주는 도구를 제공하도록 고안되었다. 공동체 관리, 교사, 청소년 법원 관리, 경찰관, 그리고 다른 사람들과 함께 일하면서 상담자는 폭력 예방 정보를 전파하고 성인들에게는 기술을 가르치는 일을 하게 된다.[59]

대학에서 폭력과 성폭력 방지를 위한 교육 프로그램은 앞에 말한 프로그램보다 더 오랜 기간 동안 존재해왔고 여성과 남성 양쪽 모두에게 정보를 제공하는 데 주로 초점을 맞춰왔다. 학생들이 스스로를 보호하는 법과 공격당하는 경우 대처 방법을 알고 있을 때, 폭력 혹은 의심되는 학대를 어디에 신고해야 할지, 학대에 관해 무엇이 진실이고 기만인지, 또한 더 많은 정보를 어디서 얻는지 알고 있을 때 공격이 일어나는 횟수는 줄어든다. 폭력적인 환경에서 살고 있는 10대들에게서도 같은 결과가 보고되었다. 10대들이 스트레스를 조절하는 방법 혹은 폭력을 관리하는 전략을 알고 있을 때 공격은 줄어드는 경향을 보였던 것이다.[60]

바쁜 상담자는 예방에 참여할 시간이 제한되어 있으나 관련 있는 사람은 최소한이라도 미래에 닥칠지도 모를 폭력을 예방하는 기술과 인식을 제공함으로써 생기는 이득을 알 수 있다.

2. 개인과 가족의 안정 자극하기

지금까지 보아왔듯이 학대는 종종 강력한 스트레스, 남편과 아내의 오해 혹은 부모와 자식 역할의 오해가 있는 가정, 또는 가족이나 이웃 압력에 대처하지 못하는 가정에서 일어난다. 사람들이 아이들 양육에 필요한 것들, 결혼 생활 압력, 혹은 노령 부모의 요구 등을 다루도록 도움으로써, 우리는 학대로 이끄는 숨겨진 이유 중 몇 가지를 줄일 수 있다. 이웃 환경이 아주 폭력적이라 할지라도 가족간 연대가 밀접한 어린이는 의무 불이행의 경험을 덜 겪는다. 반대로 부모가 효과적인 부모 역할을 하는 못하는 가정에서 자랐을 경우 폭력, 싸움, 기물 파괴, 또는 다른 형태의 나쁜 행위를 하는 경우가 가장 잦다. 이 부모들은 폭력적이거나 사랑하지 않는 부모는 아닐 수 있다. 종종 그들은 자식 양육의 의무로 인해 짓눌리고 있는 부모들이다. 이 부모들이 상담자, 교사, 교회, 혹은 세미나에서 도움을 받을 경우 자식 양육의 의무를 태만히 하는 경우는 훨씬 줄어든다.[61]

3. 대인 기술 가르치기

전 단락은 학대자가 되풀이해서 종종 효과적인 의사소통을 하지 못하고, 갈등 조절과 감정 다루기에 서투르며, 문제 해결, 의견 차이, 분노 관리, 혹은 스트레스와 위기를 극복해야 할 경우 조정 기술이 결핍되어 있다고 이야기했다. 학대를 예방하는 가장 좋은 방법은 학대자와 피해자에게 특히 스트레스가 생겨날 경우 생활을 보다 효율적으로 영위하는 방법을 가르치는 것이다.[62]

4. 사회적 행동

궁극적으로 예방은 폭력과 구타를 자극하는 심리적 그리고 사회적 환경 이슈 중 몇몇을 없애기 위한 방법에 집중해야 할 것이다.

이 모든 것은 기독교 상담자 혹은 지역 교회 목사의 일과 아주 먼 것처럼 보인다. 그러나 성경은 일시 체류자, 고아, 미망인, 무력한 사람들, 그리고 도움을 필요로 하는 사람들을 도우라고 강조하고 있다. 오늘날의 사회에서 학대 피해자보다 힘없는 사람은 분명 없다. 예수 그리스도를 따르는 이들은 다양한 이유로 학대받고 있는 사람들과 학대하는 이들을 돕고 보호할 책임감이 있다.

- **학대에 관한 결론**

샤론 베이츠(Sharon Bates)는 이제 성인이지만 아홉 살 때 히트를 쳤던 음반을 낸 적이 있다. 아동 학대에 관한 뉴스 기사를 보고 쓴 그 가사는 "사랑하는 예수님, 금방 예수님께 편지를 썼어요. 뉴스를 보았을 때 무언가가 정말로 나를 무섭게 만들었다고요. 어린 소녀가 검푸른 멍이 들도록 맞았다는 이야기더군요." 노래는 다음과 같은 말로 끝난다. "사랑하는 예수님, 무얼 해야 할지 알려주세요. 그리고 제발 아빠에게는 말하지 마세요. 엄마도 나를 때린답니다."

온 나라 라디오 방송국들은 이 노래를 틀어 달라는 요청을 받았다. 노래를 틀어준 다음 어느 뉴욕 라디오 방송국은 하루에 3천 번의 전화를 받기 시작했고 전화를 걸어온 많은 사람들이 자신이 겪은 학대를 이야기하고 싶어 했다. 일부 방송국은 노래 뒤에 아동 학대 직통 전화번호를 넣었고 이들 상담 시설들은 갑자기 몰려드는 전화로 넘쳐났다. 샤론 베이츠에게는 출연해 달라는 요청이 쇄도했고 그녀의 부모는 겸손하게 이 모든 것이 하나님께서 보내신 일이라는 결론을 내렸다. 샤론은 예기치 않게 스타덤에 오르자 벌어들인 돈 중 거액을 아동학대 자선금으로 기부하기로 결정했다.

시카고의 한 라디오 방송국 프로그램 편성자는 이렇게 말한다. "당신은 아동학대 뉴스를 듣고도 일상생활을 계속할 수 있습니다. 그러나 이 노래는 정말로 예기치 않은 감정을 불러일으킵니다. 사람들은 레코드를 틀어주어 고맙다고 전화합니다. 전에는 한번도 일어난 적이 없는 일입니다."

이 장은 사무실 복도에서 강간당한 제니스라는 상담자 이야기로 시작했다. 얼마 후 그녀를 공격한 사람이 붙잡혔고 재판을 받았다. 그녀가 증언을 하려 법정에 들어섰을 때 그 남자는 수갑을 찬 채 두 명의 무장 경호원의 호위하에 있었다. 그럼에도 제니스는 자신을 공격한 그 얼굴을 보자 감정이 물밀듯이 몰려오는 것을 느꼈다. 유죄 판결 후 제니스는 피해자 진술서를 전하도록 허용 받았다. 다음은 제니스가 썼던 글의 일부다.

> 나는 당신이 감옥에서 상처받기를 원치 않는다. 감옥에서조차…… 나는 당신이 어떤 종류의 사람이며 무슨 짓을 했는지 되돌아보기를 원한다. 그리고 감옥에서 가능한 당신 자신과 다른 사람에게 더 나은 방법이 무엇인지 결정하기를 바란다…… 비록 당신은 내게서 물건, 안전 그리고 마음의 평화를 빼앗아갔지만, 가장 귀중한 것은 가져가지 못했다. 내가 그렇게 허용하지 않았다. 이 고통이 내가 귀중하게 여기는 것에서 나를 막도록 허용하지 않을 것이다. 나는 여전히 내 가족, 내 친구의 사랑을 가지고 있고 우리는 가치관과 관습을 공유하고 있으며, 우리 삶의 슬픔과 기쁨을 함께하고 관계의 풍성함을 나누고 있다. 당신이 이러한 것들 어느 것에도 해를 끼칠 수 없었음을 하나님께 감사한다.[63]

제니스가 진술서를 낭독했을 때 그리고 샤론 베이츠가 노래했을 때 주목을 끌었던 학대와 가정 폭력은 여전히 많은 이들의 삶에 공포를 나르고 있다. 그 일들은 많은 피해자와 가족들에게 커다란 문제이며 어떤 면으로는 나쁜 짓을 한 많은 사람들에게도 큰 문제다. 이 일들은 그 어떤 교회 혹은 기독교 상담자도 간과할 수 없으며 최소한 학대의 가해자와 피해자들의 절박한 필요를 환기시켜온 우리 같은 사람들이 그냥 지나칠 수 없는 문제다.

상담자들을 위한
요점 정리 22

■ 학대는 정의하기 어렵다. 아마도 이 용어가 아주 많은 형태의 육체적 그리고 심리적 학대를 포함하고 있기 때문일 것이다. 학대는 어린이, 배우자, 성적, 감정적 그리고 영적 학대, 한 개인이 다른 개인을 착취하고 방치하는 것을 포함한다.

■ 성경은 폭력에 관해 솔직하게 말하고 있으나 학대는 절대로 용서하지 않는다. 특히 신약성경에 의하면 비폭력이 강조되고 보복은 금지되고 있다. 이것은 피해자와 가족 그리고 상담자가 법률 체제 안에서 정의를 실현할 조치를 취하고, 더 이상의 학대를 예방하고, 추가 상해로부터 피해자를 보호하고 궁극적으로 성경이 가르치는 비학대라는 이상을 가져오는 것을 말한다.

■ 학대 원인을 간단히 적은 목록은 없다. 그러나 다음은 학대 행동을 야기할 수 있다.
  · 환경적 스트레스.
  · 과거에 배운 학대.
  · 가해자의 인격.
  · 텔레비전에 나오는 폭력 장면이나 그런 영화와 폭력을 받아들이는 전반적인 분위기 같은 문화적 영향.

■ 학대는 다양한 방법으로 사람들에게 영향을 끼친다. 학대의 증후 대부분은 감정적 반응(감정), 사고에서의 영향, 행동의 변화, 그리고 영적 영향으로 요약될 수 있다.

■ 상담은 종종 몇 가지 양상으로 나타난다.
  · 학대의 고통스러운 충격을 다루도록 돕기.
  · 거부의 단계를 통과해 걷기.
  · 기억과 현재 진행중인 감정에 관해 이야기하기, 일어났던 현실을 마주보기, 가해자를 용서하기, 매일의 삶과 앞으로 나아가는 삶에 대한 책임감을 갖도록 도움받기를 포함한 치유 단계.

■ 상담에는 전반적인 원칙들이 있다. 그러나 종종 다음과 같은 사람들이 독특한 개입을 하기도 한다.
  · 아동 학대의 피해자였던 어린이.
  · 방치되었던 사람.
  · 근친상간과 학대의 어른 피해자.

- 강간 혹은 강간을 당할 뻔했던 피해자.
- 혼인관계 배우자에게 피해를 당한 사람들.
- 노인 학대를 경험한 사람들.
- 학대의 가해자들.
- 학대당한 사람과 학대자의 상담자들.

■ 이런 사람들에게 대처하기 위한 독특한 윤리적 이슈가 있다.

■ 학대 예방은 다음을 포함한다.
- 사람들이 학대를 이해하고 학대에 대처해 어떻게 자신을 보호하는지 알도록 돕는 교육.
- 가족 연대를 강화하고 더욱 강한 가족 구성하기.
- 대인관계 기술 가르치기.
- 학대에 대항하는 사회적 조치 취하기.

■ 학대와 방치가 보급되어 있다는 사실을 무시하거나 상담과 예방 노력의 필요를 간과하는 기독교 상담자는 없다.

New Christian Counseling

Part 5
정체감에 대한 문제들

23장 열등감과 자존감
24장 신체적 질병
25장 슬픔
26장 독신
27장 결혼 상대자 고르기

23

열등감과 자존감
Inferiority and Self-Esteem

제이슨은 학교 농구팀의 주장이다. 그는 코치와 팀원들, 반 친구들 그리고 관중들로부터 많은 사랑과 인정을 받는 뛰어난 선수다.

그 자신만 인정하지 않을 뿐, 모든 사람들은 그가 훌륭한 선수라는 데 동의하고 있다.

간혹 그는 자신에 대해 좋은 느낌을 전혀 갖지 못하는 것이 의아하기도 하다. 친구들이 그에게 자신을 너무 비하하지 말 것을 권유할 정도다. 제이슨은 자신이 훌륭한 운동선수의 기량을 가지고 있고, 팀원들 가운데 누구보다도 뛰어나다는 것을 마음속으로 인정해야 할 것이다. 하지만 그는 스스로 높은 기준을 가지고 있기 때문에 경기를 잘 마치고 나서도 그 기준에 이르지 못한 자신에게 만족하지 못하고 있다. 경기가 끝난 후, 자신이 득점한 것보다도 득점하지 못한 것을 더 아쉬워하고 자신보다 더 잘하는 다른 선수들과 자신을 끊임없이 비교한다. 그리고 장차 스포츠 전문가로서의 직업과 그 꿈을 잘 실현할 수 있을지에 대한 의구심을 갖고 있다.

제이슨은 안정된 가정에서 성장했지만 그의 아버지는 그에게 관심도 없고 경기를 보러 오지도 않았다. 그의 어머니는 교만이 제일 큰 죄라고 믿고 자녀들에게 늘 겸손할 것을 강조했다. 어머니는 자녀들에게 자신의 장점을 생각하는 사람들은 자신을 자랑하고 뽐내려는 사람들이고, 또 그들은 건방진 사람이라고 말했다. 요즘 들어서 제이슨은 어머니가 자신에게 더욱 겸손하라고 강조하는 것을 느끼고 있다. 이런 이유 때문에 제이슨과 그의 형제들은 무슨 일을 하든지 깊은 열등감과 무력감을 느껴왔다. 어떤 형제는 자신의 열등감을 받아들이면서 자신은 결코 변화될 수 없는 존재라고 인정하고 포기한 상태다. 제이슨은 성공하기를 원하고 있지만 다른 사람들의 인정과 칭찬에도 불구하고 자신이 한 것은 늘 부족하다고 느끼고 있다.

우리 주변에는 제이슨과 같은 사람들이 많이 있다. 이러한 사람들은 열등감과 무력감 그리고 불안정감을 느끼며 살아간다. 한 세기 전, 미국의 초기 심리학자 윌리엄 제임스(William James)는 자기 자신이 무가치하다고 생각하고 의미 없다고 믿는 사람들은 정신적 고통을 받는다고 주장했다. 오스트리아의 정신과 의사인 알프레드 아들러(Alfred Adler)는 모든 사람은 열등감이 있다고 결론내린 바 있다. 때로는 이러한 감정들이 사람들도 건강한 행동을 하도록 자극하기도 하고, 어떤 일을 성취하도록 발전시키기도 한다. 하지만 열등감은 우리가 어떤 일로부터 뒤로 물러서게끔 만들고 아들러가 말하는 "열등감 콤플렉스

(Inferiority Complex)"로 발전될 만큼 너무 압도적일 수 있다. 열등감 때문에 우리는 자신을 다른 사람과 비교하게 되고, 이러한 비교는 더욱 자신을 무력하게 만들며, 더욱 열등감을 갖도록 만든다. 아들러는 우리가 다른 사람과 비교하는 것을 그만두고, 교만을 포기하는 것이 열등감이라는 덫으로부터 빠져나올 수 있는 길이라고 믿었다. 그 후 다른 학자들은 인간이 긍정적이고 건강한 자존감을 발전시킴으로써 그들의 열등감을 극복해나갈 수 있다고 제안한 바 있다.

자존감이라는 단어는 우리의 언어에서 자아상(Self-Image)과 자아 개념(Self-Concept)이라는 뜻과 함께 자주 사용된다.[1] 자아상과 자아 개념은 우리가 가지고 있는 우리들 자신의 정신적 그림과 같은 것이다. 그 그림은 대개 성격 특질, 장점, 약점, 능력 그리고 신체적 특징 등의 목록들을 포함한다. 그러나 자존감의 의미는 약간 다르다고 할 수 있다. 이 뜻은 개인이 각자의 가치, 능력 그리고 의미를 만드는 평가라고 할 수 있다. 자아상과 자아 개념은 자기 묘사를 의미하는 것이지만, 자존감은 자기평가를 의미하는 것이다.

이러한 단어들은 그 의미가 서로 중첩된 부분이 있고, 종종 '좋은' '나쁜' '긍정적인' 또는 '부정적인'이라는 형용사와 함께 사용되고 있다. 좋은 자아 개념을 가진 사람들은 예를 들어 '유능한' '자신 있는' '사려 깊은' 또는 '인내심이 강한' 등과 같이 바람직한 단어들을 사용해서 설명하는 경향이 있다. 긍정적인 자존감을 가지고 있는 사람들은 자신이 훌륭하며 유능하다는 평가를 가지고 있지만, 자존감이 낮은 사람들은 그 반대의 성향을 드러내고 있다. 그들은 자신에 대해 부정적인 견해를 가지고 있고, 자신이 무능하고 가치가 없으며 열등한 존재라고 믿는다. 이 모든 자아 인식(Self-Perception)은 우리들의 마음 가운데 자리 잡고 있다. 자아 인식은 종종 우리들의 경험에서 나온 결과이거나 다른 사람들로부터 듣는 의견들에 따라서 바뀌기도 한다. 하지만 합당하지 않은 증거에도 불구하고 간혹 자아 인식은 우리의 의식 속에 깊이 스며들어 견고하게 유지된다. 우리가 어떻게 생각하고, 어떻게 행동하고, 어떻게 느끼고, 어떻게 미래를 위해 계획하고, 어떻게 다른 사람들에게 자신이 보여지는지에 대하여 자아 인식은 항상 영향을 미친다.

좋은 자아상과 긍정적인 자존감(Self-Esteem)의 중요성은 정신건강 전문가들을 통해서 적어도 미국과 캐나다에서는 거의 보편적으로 받아들여지고 있다. 20세기 중반에는 많은 상담자들이 내담자를 상담할 때 그 초점을 내담자들의 자아 개념을 향상시키려는 데 목적을 두고 상담적 접근을 시도했다. 예를 들면 윌리엄 글래서(William Glasser)는 내담자들에게 자기 자신뿐만 아니라 다른 사람들까지도 훌륭하다고 느낄 수 있게 도와줘야 한다고 그의 저서 『현실 치료Reality Therapy』에서 밝힌 바 있다.[2] 아마도 가장 자존감의 영향을 미쳤던 심리학자는 칼 로저스일 것이다. 그는 자기 가치(Self-Worth)의 중요성과 무조건적이며 긍정적인 존중에 대해서 강조했다. 인본주의 이론가들은 사람들이 자신을 믿는 것과 자신을 돌보는 것 그리고 자존감을 갖는 것이 필요하다고 가르쳤다. 이 모든 것의 기초가 되는 메시지는 "모든 사람은 깊이 뿌리박힌 열등감의 문제를 가지고 있다"는 것이다. 그리고 모든 사람은 더욱 긍정적인 자아 개념이 필요하다는 것이다.[3] 이러한 견해들은 아동들의 자존감을 강조하는 학교들에서, 직장에서, 텔레비전에서, 심지어 교회에서조차 두드러지게 강조되고 있다. 미국의 유명한 목사 로버트 슐러(Robert Schuller)는 그의 초기 저작에서 "오늘날 현대인들이 삶의 경주에 직면하여 가장 필요한 것은 자존감"이라고 주장했으며, 이것은 우리로 하여금 마르틴 루터(Martin Luter)와 존 칼뱅(John Calvin)의 종교개혁을 이어나가도록 하는 새로운 개혁의 기초이며 우리의 '보편적 소망'이라고 불렀다.[4]

열등감의 극복과 자존감의 견고한 수립을 위한 주제는 많은 기독교인들을 열띤 논쟁으로 이끈다. 이 주제에 대해서 오늘날 심각한 논란은 가라앉았다고 보지만, 어느 곳에서는 아직도 논쟁이 이어지고 있다. 잘 알려진 기독교 상담학자 제이 애덤스(Jay Adams)는 자존감, 자기애, 자아상과 같은 단어들에 대해서 강한 비판을 한다. 그는 자존감 운동을 일컬어 우상숭배와 악성 전염병 등의 단어들을 사용하여 표현했고, 성경은 자기 가치와 자아 긍정보다 인간의 죄악과 자기부정적(Self-Denial) 금욕에 초점을 맞추고 있다고 주장했다. 성경은 "우리에게 자신을 만족하게 만들려는 의도가 있는 것이 아니라, 그 내면에 존재해 있을 어떤 만족도 파괴하려고 하는 것"이라고 표현했으며, "우리는 자기 자신을 범죄자처럼 대해야 하고 매일 자신을 죽여야 한다"[5]고 주장했다. 애덤스의 진영으로부터는 멀리 떨어져 있지만, 심리학자 폴 비츠(Paul Vitz)는 자아에 대하여 지나치게 강조하는 일반 심리학을 비판하는 한 책에서 유사한 견해를 드러냈는데 그는 심리학을 자기 숭배에 기초한 새로운 종교라고 불렀다.[6]

풍부한 임상 경험을 바탕으로 책을 쓴 상담자 데이비드 칼슨(David Carlson)은 여러 연구방법을 적용하여 얼마나 많은 사람들이 연약한 자아상으로부터 자신을 황폐화시키는지를 실감하고 있다. 연구결과를 통해 그가 주장하는 것은 자아상을 향상시키려는 방법은 격려하는 말들로는 해결되지 않는다고 본다. 그 대신에 성경적인 자존감을 찾고 그것을 추구하는 데서 도움받는 것이 필요하다고 주장했다.

> 성경적 개념과 심리학적 개념을 동시에 이해하여 정리해보면 자기애는 다음과 같은 것들을 포함한다. 첫째 나 자신은 사랑스럽고, 귀중하며, 능력 많으신 하나님의 자녀라고 받아들이는 것. 둘째 나 자신을 세상의 중심에서 포기하기를 작정하는 것. 셋째 하나님의 용서와 회복의 필요성을 인정하는 것이다. "나는 매우 훌륭하고, 지혜롭고, 강하고, 최고"라고 생각하는 것을 "나는 하나님의 형상으로 만들어졌고, 하나님의 은혜로 죄에서 용서받았고, 그리스도의 지체로서 중요한 부분을 맡고 있다"라고 바꾸는 것이 기독교인이 가져야 할 자존감의 결과다.[7]

비록 그 문제가 일부 초기 저자들이 제안했던 것처럼 널리 팽배해 있는 것은 아닐지라도 기독교 상담자들로서 우리는 열등감과 낮은 자존감을 가지고 있는 많은 사람을 만나게 될 것이다. 자존감에 대한 논의들과 혼란 때문에 인간의 가치에 대한 성경적 가르침을 이해하고 나누는 것이 중요하다. 그것은 다른 사람들의 열등감을 극복하도록 돕는 가장 효과적인 방법임에 틀림없다. 또한 자존감에 대한 우리의 이해를 발전시켜야 하며 자아 인식이 성경의 진리에 기초한다는 것을 알아야 한다.

성경과 자존감

오늘날 우리가 자존감의 개념을 고찰해볼 때, 그 개념은 성경이 기록된 당시 문화의 한 부분은 아니다.[8] 우리가 지금까지 사용해온 자기애, 자아상 또는 자아 개념 등의 용어들은 성경이 기록될 당시에는 전혀 사용되지 않았거나 성경 저자들이 한번도 사용한 바 없는 심리학적인 개념들이다. 그러나 성경은 인간 본성에 대해서 그리고 인간에 대한 하나님의 창조에 대하여 분명히 교훈을 주고 있다. 따라서 우리는 이러한 개념들로부터 열등감과 자존감에 대한 성경적 가르침에 이를 수 있는 것이다.

1. 인간의 가치에 대한 성경의 가르침

성경은 하나님이 보시기에 인간을 가치있는 존재라고 끊임없이 확증하고 있다. 인간은 하나님의 형상으로 창조된 존재로서 지적인 능력을 가지고 있으며, 의사소통을 할 수 있는 능력과 선택할 수 있는 자유, 선과 악을 아는 지식, 그리고 다른 피조물을 다스리고 지배할 수 있는 책임감 등을 지니게 되었다.[9] 인간이 하나님의 형상으로 창조된 이래 인간은 상당한 가치와 의미를 가지고 있다. 이는 우리가 자신들을 생각하는 것 때문이 아니며, 또 우리가 자신을 만들어왔다는 것 때문도 아니고, 다만 우리가 하나님에 의해서 지음받은 것 때문이다. 심지어 타락한 후에도 인간은 하나님보다 못한 존재(천사보다 조금 못한 존재)로 묘사된다. 그러나 장차 영광과 존귀의 면류관을 받을 존재로 묘사하고 있다.[10] 그것은 하나님이 우리를 사랑하시기 때문이다. 하나님은 우리의 죄값을 치르고 우리를 구원하시기 위해서, 또한 하나님 아버지와 새로운 교제를 가능하게 하기 위해서 그의 독생자를 우리에게 보내주셨다.[11] 그는 우리를 보호하기 위해서 천사들을 보내주셨고, 또한 성령을 보내주셔서 우리를 인도해주시며, 우리를 가르치시기 위해서 성경을 주셨다. 우리는 이 땅에서 소금과 빛의 역할을 감당해야 한다. 누구든지 하나님을 믿으면 하나님이 우리를 위해 예비해놓으신 곳에서 하나님과 함께 영생을 누리게 된다.[12] 성경은 하나님이 보시기에 우리의 영원한 가치를 나타내 보여주고 있는 이런 증거들로 가득 차 있다.

2. 인간의 죄에 대한 성경의 가르침

성경은 아담의 불순종 때문에 죄가 이 세상에 들어오게 되었다고 가르치고 있다. 그 결과 모든 사람은 죄인이 되었으며 하나님으로부터 분리되었고, 인간의 죄악된 본성과 행동 때문에 저주를 받게 되었다.[13]

죄는 하나님에 대한 반역이다. 그것은 하나님의 성실하심을 의심하는 것이며, 그분의 완전하신 뜻에 도전하는 것을 의미한다. 죄는 인간관계에서의 갈등을 야기시키고, 자기 정당화를 꾀하며, 우리의 약함에 대해 다른 사람들을 비난하는 경향이 있다. 그리고 영육간의 문제들, 언어 및 신체적 공격, 긴장 그리고 하나님에 대한 불경의 원인이 된다.[14] 이 모든 것은 간혹 죄책감을 야기시키고 우리의 자존감을 낮게 만드는 등 우리가 자신에 대해 느끼는 방식에 영향을 미친다.

그러나 우리가 타락한 상태에서조차, 하나님은 여전히 우리를 사랑하시고 가치있는 존재로 여기신다. 그분은 죄를 미워하시지만 죄인들은 사랑하신다. 그분은 우리가 무력하고 악하지만 이것이 우리가 구원받을 수 없는 존재라거나 무가치한 존재라는 의미가 아니라는 것을 아신다. 하나님은 자신의 사랑과 자비로 인하여 우리가 구원받을 수 있으며, 또한 의롭게 될 수 있도록, 그리고 완전히 용서받은 자녀로서 그의 가족으로 맞아주시기 위하여 독생자를 보내서 우리를 위해 죽게 하셨다.[15]

죄는 하나님과 우리의 관계를 깨뜨리기는 했지만 우리 인간은 여전히 하나님이 보시기에 거룩한 창조물 가운데 최고이며 가장 훌륭하고 가치있고 유용한 존재다. 이 사실을 죄가 무효화시킬 수는 없다.

3. 교만과 겸손에 대한 성경의 가르침

인간의 죄성에 대한 개념을 믿는 일부 기독교인들은 자존감이 교만을 형성하게 한다고 주장해왔다. 교만은 하나님이 매우 싫어하시기 때문에[16] 이런 사람들은 자기 비난과 열등감이 우리를 지속적으로 겸손하게 만드는 태도라고 생각한다. 이런 관점에서 볼 때 열등감과 낮은 자존감은 일부 심리학자들이 믿는 것처럼 모든 인간 문제의 원인이 아니다. 오히려 열등감은 교만으로부터 우리를 지키기 때문에 나쁜 것이 아니라 더 좋은 것이라는 견해를 가지고 있다.

대개 교만은 과장된 것이며, 건방지고, 다른 사람과의 관계에서 자신에 대해 무분별하게 높은 평가를 갖게 한다. 그것은 다른 사람들이 바라는 것이나 다른 사람들의 의견과 관심 등을 무시하고 자신이 우월한 태도를 취하는 것과 관련되어 있다. 본질적으로 교만은 당연히 하나님에게 속한 영광을 자신의 것이라고 주장한다. 비록 성경이 그것을 죄로 지적하고 있을지라도 서구의 사상과 현대 심리학의 대부분은 열등감과 낮은 자존감을 갖는 것보다는 교만한 생각을 갖는 것이 더 나은 것이라고 이해하고 있다.[17]

다양한 심리학 도서들에서는 교만이 무시되는 경향이 있지만, 겸손도 마찬가지로 거의 관심없는 주제다. 최근 새롭게 부각되는 긍정 심리학(Positive Psychology)이라는 분야는 겸손의 가치에 대한 신선한 관심을 드러내고 있다.[18] 그러나 수년 동안 심리학 저서들이 출간된 것들을 분석해보면 겸손을 심리학적 적절성이 부족한 종교적 개념으로 이해하려는 성향이 나타난다. 사전적 정의에 따르면 겸손은 열등감과 거의 동등한 것으로 취급하고 있고, 자신의 중요성이나 가치에 대해서 낮은 견해를 갖는 태도로 정의하고 있다.

이것은 신약성경에 묘사된 것과는 매우 다른 것인데 신약성경에서의 겸손은 정확한 자기평가, 우쭐한 자기 중요성으로부터 자유롭게 되는 것, 그리고 다른 사람들의 요구에 건강한 관심을 갖는 것으로 묘사되고 있다. 겸손한 사람은 그 자신의 부족함, 죄와 실패 등을 인정하면서 또한 하나님으로부터 오는 은사와 능력, 그리고 자신의 업적 등에 대해서도 인정한다. 겸손은 하나님이 주신 우리의 모든 힘과 능력에 대한 거부나 자기부정이 아니다. 겸손은 기쁜 마음으로 하나님을 의지하고 우리의 장점이나 약점을 있는 그대로 평가하는 것을 의미한다.

신약성경의 두 구절들이 겸손에 대한 성경적 견해를 명백하게 제시하고 있다. 마태복음 11장 29절에서 예수님은 그 자신을 겸손하고 온유하다고 묘사하셨다. 예수님은 그가 아버지 하나님을 의지하셨으며, 제자들의 발을 씻기기 위해서 자신을 낮추시는 종과 같은 심정을 나타내 보여주셨다. 그러나 그가 열등감이나 낮은 자존감, 혹은 자기 가치를 떨어뜨리는 태도를 취하셨다는 표현은 발견할 수 없다. 빌립보서 2장 1-11절에 보면 우리는 예수님이 종의 형체를 취하셨다는 말씀과 하나님에게 순종하기 위해서 그 자신이 겸손하게 되셨다는 말씀을 읽게 된다. 여기서 우리는 겸손이 긍정적 자존감과 동등한 개념임을 알 수 있고, 건방진 교만의 모습 같은 것은 찾아볼 수 없다. 사도 바울은 그의 죄악된 과거와 부족함을 지속적으로 깊이 깨닫고 있었으나 그가 하나님에 의해서 훌륭하게 쓰임받고 구원받게 된 것에 대해서도 인정했다. 그는 현실적인 자아상을 가지고 있었던 것이다. 이것은 교만이 아니라 그를 통해 하나님이 이루셨던 또 장차 이루고자 하시는 것에 대한 겸손한 평가로 특징지어진다. 자존감, 현실적인 자기평가 그리고 겸손은 공존하는 것이다.

4. 자기애에 대한 성경의 가르침

성경은 우리가 우리 자신을 사랑해야 한다는 것을 가정하고 있다.[19] 이러한 결론은 자기애를 우월적 태도나 완고한 억지 혹은 자기 중심적 교만과 같다고 생각하기 때문에 어떤 기독교인들은 이것을 받아들이기 어려워한다. 그러나 자기애는 에로틱, 신경증적, 또는 황홀한 자기 숭배가 아니다. 자기애는 우리 자신을 하나님께서 귀히 여기시고 사랑하시는 피조물로 보는 것을 의미한다. 또한 은사를 받은 그리스도의 지체(만일 우리가 기독교인이라면)로서 하나님 형상의 열매 맺는 자로 보는 것을 의미한다. 하나님께서 우리를 사랑하시고, 하나님의 성령이 우리 안에 거하시기 때문에 우리는 우리 자신을 사랑할 수 있어야 한다. 그리고 하나님께서 주신 능력과 기회를 은혜로 알고 수용해야 한다. 자기애에 대한 이러한 성경적 견해는 반드시 자존감의 기초가 되어야 한다.

의심할 것 없이, 자존감에 대한 논쟁의 일부는 기본적 개념이 다르다고 정의하기 때문에 생기는 것이다. 이를테면 자기 가치는 자기 숭배와 같은 개념으로 생각해서는 절대로 안 된다. 또 자기애는 이기주의나 자기 중심성과도 다른 개념이며, 자아 긍정은 자만과 다른 것이다. 우리는 자신에게 몰두해 있지 않은 자신을 알 수 있다. 자기 부정은 자기를 더럽히는 것과는 다른 개념이며, 죄악된 본성에 혐오감을 갖는 것은 자기 자신을 무시하는 것과도 동일한 개념이 아니다. 역시 겸손은 굴욕과는 다르며, 가치가 낮은 존재라는 것은 자신을 쓸모없는 존재라고 생각하는 것과 같지 않다.[20] 인간의 본성이나 행동 때문이 아니라, 하나님의 은혜와 거룩한 구원 때문에 기독교인들은 긍정적 자존감을 가질 수 있어야 한다.

- **열등감과 낮은 자존감의 원인**

낮은 자존감과 열등감을 갖게 되는 데는 다양한 원인들이 있다.

이를테면 낮은 자존감은 간혹 신체장애나 매력없는 생김새 또는 비만한 체격과 같은 신체적으로 불리한 조건을 가진 사람들에게서 나타나기도 한다.[21] 가난한 어린이들은 부유한 가정환경에서 성장한 아이들보다 열등감이 더 나타난다는 증거가 있다.[22] 인종적으로도 소수민족에 속한 사람들은 간혹 그들의 피부 색깔이나 민족적 특성으로 인해 열등감을 느끼기도 한다. 국가나 문화는 어떤 인종집단의 접근이나 특권을 체계적으로 거부하기도 하며, 또 다른 인종집단의 구성원의 접근과 특권에 대해서는 범죄로 보고 거부하기도 한다.[23] 국가나 문화조차도 사람 사는 곳에서는 어디서나 자존감에 대한 영향을 미칠 수 있다. 동양이나 중동 지역의 많은 나라들과는 상이하게 서양사회에서는 개인의 성취, 자립, 자율, 자아충족 그리고 경쟁 등에 관심의 초점이 맞추어져 있다. 이러한 나라 사람들은 그들의 가족이나 집단에서보다는 그들의 개인적인 성공이나 자신이 이룩한 업적 등에서 정체성을 찾으려고 한다. 그러므로 성공하지 못했을 때는 열등감이나 부적절한 감정 또는 다른 감정이 나타나는 경우가 있다. 그러므로 열등감과 낮은 자존감은 다른 사람들이라기보다 특정 문화들에 의해서 더 자극을 받게 되고 더 크게 확대되어간다.[24] 일부 국가에서는 전 국민이 그들 자신을 볼 때 다른 선진국의 국민들보다도 열등한 존재로 보려는 성향이 있다. 이것은 국민적 열등감을 야기시킬 수도 있으며, 간혹 이와 같이 지각된 불공정한 정서에 분노까지 나타날 수도 있다. 상담 현장에서 보면 내담자가 가지고 있는 열등감과 낮은 자존감을 야기시키는 또 다른 이유로 다음과 같은 것들이 있다.

1. 잘못된 신학적 신념

앞에서 살펴본 바와 같이 만일 우리가 모든 인간은 무가치하다고 결론을 내리게 되거나, 겸손해지려면 하나님이 자녀들에게 각각 나눠주신 은사나 능력조차도 인정하지 말아야 한다거나, 죄는 우리를 하나님에게 의미없는 존재로 만든다고 생각한다면 그런 사람 가운데 일부는 열등감을 느끼게 될 것이다. 이러한 모든 견해들은 성실한 사람들에 의해서 고집스럽게 받아들여지는 경향이 있다. 그러한 생각을 가진 많은 사람들은 자존감은 나쁜 것이지만, 열등감은 헌신적인 기독교인들에게 나타나는 특질이어야 한다는 올바르지 못한 가정을 가지고 있다.[25]

예수님이 제자들에게 하신 말씀 가운데 이런 말씀이 있다. "누구든지 나를 따라오려거든 자기를 부인하고 자기 십자가를 지고 나를 따를 것이니라. 누구든지 제 목숨을 구원하고자 하면 잃을 것이요 누구든지 나를 위하여 제 목숨을 잃으면 찾으리라."[26] 헌신적인 기독교인들은 자기 중심적 또는 자기만족적이거나, 자기 확신적인 삶을 살아서는 안 된다. 우리는 개인적 야망이나 이기주의를 버려야만 그리스도를 헌신적으로 섬길 수 있게 된다.[27] 그러나 이기주의적인 야망이나 자신의 욕구 충족을 위한 동기를 부인하는 사람이나 하나님이 자신에게 주신 은사들과 능력들을 부정해버리는 것은 주를 좇는 것이 아니다. 기독교인들은 죄를 용서받고 하나님의 자녀로 입양된 자녀들이며 우리가 그리스도와 교회를 좀 더 효율적으로 섬길 수 있도록 특별한 은사와 책임을 부여받은 사람들이다.[28] 우리가 열등감에 빠져버림으로써 이러한 은사와 능력의 실재를 부정한다는 것은 자기부정이라기보다는 오히려 자기기만에 빠지는 것이라고 볼 수 있다.

2. 죄와 죄책감

하나님이 인간을 창조하셨을 때 그분은 우리에게 선과 악의 기준을 주셨고, 만물에 대한 하나님의 보편적인 원리들에 따라서 살아가도록 지침을 제시해주셨다. 우리가 이러한 원리들을 어기게 되면 결과적으로 죄책감과 양심의 가책을 느끼게 되며, 자기 자신에 대한 부끄러움과 실망감을 갖게 된다. 만일 우리가 용서를 경험하지 못했다면, 이러한 느낌들은 우리로 하여금 열등감을 갖도록 하고 우리의 자존감을 손상시키게 된다.

3. 부모-자녀 관계

일반적으로 상담자들은 내담자들이 가지고 있는 자존감의 기초가 아동기에 형성된다고 본다. 대부분의 부모들은 자녀의 배후에서 또는 곁에서 일관성이 없고 모순적인 태도를 취한다. 그리고 가끔 자녀를 나무라거나 호통을 치거나 아니면 자녀들을 따뜻하게 맞아주지 않고, 용서하지도 않는다. 자녀들은 부모의 이런 변덕스러운 성격에 따라서 심리적 피해를 입을 수도 있다. 그렇지만 이런 피해는 순간적이라고 볼 수 있으며, 부모들이 다음과 같은 태도를 취했을 때 자녀에게 초래되는 열등감은 오래가게 된다.

- 반복적으로 비난하고 창피를 주고 거부하고 호통을 치는 경우.
- 빈번하게 자녀들을 다른 아이들이나 다른 형제 자매들과 비교하여 부족한 것을 생각나게 하는 경우.
- 자녀가 실패할 것이며 어떤 일도 잘하지 못할 것이라는 예상을 표현하는 경우.
- 자녀의 행동이나 자녀가 이룬 일들에 대해서 바보 같다거나 무시하거나 묵살해버리는 경우.
- 비현실적인 기준이나 목표를 정해준 경우.
- 반복적으로 거칠게 처벌하는 경우.
- 부모의 입장에서 자녀의 어리석고, 부족하고, 나쁜 행동 등에 대해서 부적절하게 또는 지나친 방법으로 지적하는 경우.
- 자녀들이 골치 아프게 한다는 것을 은근히 드러내는 경우.
- 자녀를 잘 안아주지 않고, 애정이 담긴 신체적 접촉이나 그 밖의 사랑 표현을 하지 않는 경우.
- 자녀가 자립할 수 없을 만큼 과잉보호하거나 지배하면서 자녀가 혼자 하려는 것에 대해서 부모가 십중팔구 실패할 것이라고 말하는 경우.

■ 자녀들이 하는 일을 항상 잘못되었다고 말하고 늘 고함지르는 경우.

부모들은 이런 것들이 자녀들로 하여금 열등감을 야기시킬 것이라고는 거의 생각하지 않은 채 그렇게 행동한다. 더욱 빈번하게 부모들은 자녀의 뒤에서 나타나 나무라거나 자녀의 가치감을 손상시켜왔으며 이런 것들을 자녀를 통제하는 방법으로 사용해왔다. 아마도 모든 상담자는 내담자들로부터 "저의 어머니 (또는 아버지)께서는 항상 제가 잘못되었다고 말씀하셨어요. 그리고 저에게 그것을 바꾸기 어렵다고 말씀하셨으며 저는 지금까지 그것을 사실로 믿고 지내왔어요"라는 말을 들었을 것이다.

4. 좌절과 실패의 경험

성공과 성취를 가치 있는 것으로 여기는 사회에서는 실패나 거부 그리고 비판을 경험한다는 것은 힘든 일이다. 중요한 목표에 이르는 데 실패했던 사람이나 품위를 잃는 일을 한 사람들은 자신을 가치 없는 사람이라고 결론을 내리게 될 것이다. 즉 이런 사람들의 일반적인 생각은 '사람들이 나를 어떻게 생각하는지 저 사람들을 쳐다보라고!' 또는 '나를 봐! 나는 모든 일을 엉망으로 만들어버리잖아!'와 같은 것이다. 이러한 현상은 그들이 누구인가보다는 오히려 그들이 어떤 일을 성취했는가에 기초하여 자신의 가치를 평가하려는 문화적인 상황에서 두드러진다. 이런 사고가 팽배해지면 성공하지 못한 사람들은 가치가 없는 사람이라는 공식이 생기게 되고 그러한 느낌을 주게 된다. 만일 그들의 친구들, 친지들 또는 동료들이 성공했다면 시기가 날 수 있고, 자신을 향해서는 낮은 자존감을 갖게 되는 것이다.[29]

내가 신학대학원의 교수로서 일하는 몇 년 동안 목격한 일이다. 신학대학원 학생들이 같은 날 졸업을 하고 동시에 목회 일선에 나가게 되었다. 몇 년 후 졸업생들 가운데 일부는 성장하는 교회의 목회자가 된 반면, 다른 졸업생들은 교회를 성장시키거나 목회를 잘한다는 평가를 듣기 어려울 만큼 교회 갈등이 있는 힘든 목회를 하게 되었다. 이 모든 목회자들은 하나님이 주권자이시라는 사실에 모두 동의해왔을 것이다. 나는 그 목회자들에게 이렇게 물었다. "하나님이 그 가운데 어떤 목회자에게는 성장하는 목회를 할 수 있도록 축복하셨고, 또 어떤 목회자에게는 그렇게 하지 않으신 것이 아닌가?"[30] 그들은 아주 인간적인 견지에서 동의했다. 그들 중 일부는 성공적인 목회를 하고 있다. 입장을 바꿔놓고 보면 성공하기 싫어서 안 한 것이 아니라, 아마도 열심히 헌신했을 터이지만 성공하지 못한 것이다. 나는 이 글을 쓰면서도 몇몇 졸업생들을 생각하고, 또 교회의 갈등을 겪고 있는 친구 목회자들을 생각하게 된다. 일부는 좌절하여 목회를 접은 목회자들도 있다. 그들은 학교 다닐 때 더 뛰어난 동료들을 지켜보면서 시기심에 짓눌려온 사람도 있다. 그리고 그들의 마음속에 실패감, 열등감, 상처 그리고 낮은 자존감들을 느끼고 사는 지도자들도 있다.[31] 이것은 목회 현장에만 있는 사례가 아니라, 상담자를 찾아오는 많은 내담자들에게서 발견되는 모습이기도 하며, 상담자들의 삶에서 적용되는 하나의 장면이다.

많은 사람들은 실패를 피하기 위해서 노력하고 그 노력 때문에 성공하기도 한다. 그러나 어떤 사람은 성공을 예상하는 것이 아니라, 미리 실패할 것을 예상하기 때문에 실패하는 경우도 있다. 이와 같은 경우는 부정론자(nay-sayer), 즉 어떤 일을 하기도 전에 미리 "안 돼! 못 해! 잘 안 될 거야! 어려워!"라는 부정적인 말이나 생각을 하는 것이 잘못된 것임을 입증하는 것이기도 하다. 또 어떤 사람들은 부정론자는 아니지만 자신이 성공하기를 기대하지 않았기 때문에 실패할 수도 있고, 또 어떤 경우는 시도하려는 목표가 없었기 때문에 실패했다고 결론을 내릴 만한 경우도 있다. 이러한 태도로는 어떤 일도 과감하게 시도해볼 수 없고, 얻을 수도 없다. 노력하지 않으면 실패는 확실하며 실패하게 되면 자존감은 점점 더 부식되고 만다.

5. 비현실적 기대

자녀가 성장하면서 대부분의 부모들은 성취하고 싶은 미래와 이상들에 대해 기대를 한다. 이러한 기대들과 이상들이 비현실적으로 높을 때 실패와 열등감이 초래될 수 있다.

6. 잘못된 사고

가끔 우리는 성공한 사람들의 경우 높은 성취와 그들의 재능 및 능력 등에 대해 거의 의심할 바 없다고 생각한다. 그러나 이것은 명백한 사실이 아니다. 많은 사람들은 높은 성취가 그들의 목표들에 이르게는 하지만 그들의 성공한 위치에서 불안정감을 갖고 있다. 어떤 사람들은 자신이 다른 사람들이 유능한 만큼 진짜로 유능한가 하는 생각을 한다. 일부 높은 성취자들은 그들 자신의 최고의 기준에 부응하는지 늘 의심한다. 일부는 항상 자신의 성공이 능력의 결과라기보다는 운 좋은 환경이나 변화 때문이 아닌가라고 생각한다. 뛰어난 미식축구의 쿼터백이 된 한 젊은 사람은 리포터에게 다음과 같이 말했다. "저는 처음에 코치가 나를 실망시켰기 때문에 공을 집어던져버렸어요. 그래서 우리 팀이 형편없이 지고 있었는데, 그때 코치가 나를 선택했죠. 더 이상 잃을 것이 아무것도 없다고 결심했었나봐요." 다른 학생은 고백하기를 "저는 대학원장이 저의 아버지를 잘 알기 때문에 그 이유로 대학원에 진학했어요." 다른 사람들은 비록 똑똑하고 재능이 많은 존재로 그들을 보지만 이러한 사람들의 대부분은 다른 사람 때문에 자신이 잘된 것처럼 느낀다. 그들은 성공했다고 말할 만한 직업과 위치에 있지만 스스로를 열등하게 생각하기 때문에 열등감을 가지고 살아가고 있다.[32]

심리학자들은 간혹 자기 대화(Self Talk)에 대한 저서들을 출판하고 있다. 이것은 우리 마음속에서 대부분의 시간 동안 지속적으로 발생하는 자기와의 대화를 의미한다. 이것은 미래를 계획하고, 우리의 행동을 안내하고 우리에게 어떤 주제들을 생각나도록 하는 자기 대화다. 우리 마음속에 떠돌아다니는 상상들 가운데 일부는 스스로 자존감을 손상시키고 그 손상된 자존감을 수용하도록 배워온 억측과 같은 것들이다. 그 사례들을 다음에서 살펴볼 수 있다.

- 만일 내가 사랑받고 수용되려면 다른 사람들의 기준과 기대에 맞추어야만 해!
- 나는 항상 나의 목표들과 기대들(또는 다른 사람들의 기대들)에 못 미쳤어. 나는 눌리거나, 수치를 당하거나, 또는 좌절감을 느껴야만 해![33]
- 만일 내가 운동선수로서, 근로자로서, 사업가로서 또는 부모로서 그 일에 성공하지 못한다면, 그때 나는 공동체에서 부적당한 사람이 되는 거야!
- 나는 다른 사람이 내게 기대하는 일은 무엇이든지 해야만 해!
- 나는 지금까지 승리해왔어, 실패란 받아들일 수가 없어!
- 나는 엉터리 사기꾼이야! 나는 절대로 다른 사람들이 생각하는 만큼 그렇게 좋은 사람이 아니야!

어떤 상담자는 이러한 생각을 일컬어 우리가 믿는 거짓말이라고 묘사하고 있다.[34] 실제로 자신을 그렇게 볼 만한 객관적인 근거가 거의 없거나 전혀 없을지라도 그들은 자신의 마음속에 이런 생각이나 말들을 연습하는 것이라고 본다. 그러한 생각이나 말들은 우리로 하여금 실패와 열등감 그리고 낮은 자존감을 향해서 나가도록 만든다. 만일 그것이 우리를 통제하지 못하도록 하려면, 아마도 친구나 상담자들에 의해서 도전받아야 하며, 보다 더 현실적인 자기 대화로 대응해야 마땅하다. 우리가 자신에 대해서 가지고 있는 그러한 잘못된 결론을 지지할 만한 객관적이고도 확실한 증거들이 도대체 어디에 있다는 말인가!

7. 사회의 영향과 신화

모든 사회는 대중매체에 의해서 강조되고 가정, 학교, 정부와 다양한 사회 상황, 직장 등에도 나름의 가치관이 있다. 이를테면 다양한 문화 상황에서 사람의 가치는 자신의 지식, 외모, 교육, 금전, 능력 그리고 업적 등에 달려 있다는 생각은 널리 퍼져 있다. 가끔 사람들은 환경을 조종하고 이런 성공의 상징들을 획득하고 보유하도록 격려받게 된다. 이런 것들을 갖추는 것이 자신의 자존감을 향상시켜줄 것이며 이런 것들을 얻지 못하거나 상실하는 것은 열등감을 증가시키는 것이라고 믿고 있다. 이러한 것은 문화적 신화라고 일컬어지는데 사회적 지위라는 상징에 도달하지 못할 때, 자신을 의미 없는 존재라고 생각하게 되고, 또 그것을 획득하고자 노력하여 얻었거나 아니면 상실했을 때에 자존감이 높아지거나 낮아지는 것을 말한다.

열등감과 낮은 자존감의 영향

우리 모두는 신체적 장애나 커다란 장애물에 직면했지만 위축되지 않는 사람, 굳은 결단력을 가진 사람, 부족한 것이 많지만 그런 것들을 잘 극복하고 당당하게 일어선 사람들의 이야기를 들어왔다. 에이브러햄 링컨은 결국 미국의 대통령에 당선될 수 있었지만, 그가 대통령이 되기 전까지는 공직에 출마할 때마다 낙선했다. 다른 대통령 시어도어 루스벨트는 속이 좁고 병약한 아이였다. 그래서 좀 더 남자다워지고자 권투를 배우고, 승마를 배웠다. 윈스턴 처칠은 학교를 다니지 못했으나, 결국 훌륭한 연설가가 되었고 정치가가 되었다. 21세기를 시작할 즈음에 랜스 암스트롱은 암 환자였지만 암을 극복하고 세계 최고의 권위를 자랑하는 프랑스 도로일주 사이클 대회인 투르 드 프랑스에서 7연패를 달성했다. 이처럼 자신의 약점과 열등감 때문에 오히려 성공하게 되는 경우들이 있다. 이러한 사람들에게 어려운 삶과 여건은 그들로 하여금 열등감을 야기시키는 것이 아니라 오히려 그것을 극복하고 앞으로 달려나가도록 자신을 자극시키는 채찍이 된다.

이와 같이 훌륭한 사례들이 아니더라도 자신의 열등감을 극복하려고 노력하다가 결국 어떤 능력을 갖추게 되고 성공을 거머쥠으로써 구겨졌던 자존감을 회복하고 증대시킨 사람들의 사례는 매우 일반적인 것으로 우리 주변에서도 흔히 들을 수 있다. 우리는 아마도 주변에서 거친 행동을 하는 사람, 빚더미에 앉아 가난한 환경에서 사는 사람 등 안정적이지 못한 사람들을 많이 보게 될 것이다. 이런 사람들 중에는 인상적인 자동차를 타고 다니거나, 화려한 옷을 입고 다니거나 교육받지 못했지만 거창하게 말을 잘함으로써 다른 사람들에게 강한 인상을 주려고 하거나 자신의 열등감을 감추기 위해서 노력하며, 자신의 열등감을 보상받기 위해서 현란하거나 과잉 반응을 하는 사람들도 있다. 아마도 프랑스의 극작가 몰리에르(Moliere)는 마치 세련된 신사처럼 행동하려고 마음먹은 평범한 사람들에 대한 책 『서민 귀족 Le Bourgeouis

Gentilhomme」을 썼을 때, 마음속에 뭔가 이와 유사한 생각을 가지고 있었던 듯싶다.

연구자들에 의하면 열등감을 가지고 있는 사람들은 다음과 같은 특징을 보인다.

- 자신이 고립되었고 사랑받지 못한다고 느낀다.
- 다른 사람으로부터 움츠러드는 경향이 있다.
- 자신을 방어하려는 의욕이나 동기가 부족하거나 결핍을 극복하기에 너무 나약하다고 느낀다.
- 다른 사람들에게 분노하지만 다른 사람을 화나게 하거나 자기 자신에게 주의를 돌리는 것을 두려워한다.
- 다른 사람과 어울리기가 어렵다.
- 복종적이고 의존적인 편이며 또 쉽게 감정이 상한다.
- 호기심과 창의성이 부족하다.
- 되도록이면 자신을 다른 사람들에게 드러내지 않으려고 한다.
- 자기 비평, 자기 혐오, 자기 거부 또는 우울증적인 특징을 가지고 있다.
- 힘을 가지려고 하거나, 우월한 생각, 또 다른 사람을 통제하려는 생각에 이끌린다.
- 사랑을 표현하거나 다른 사람의 경의를 받아들이지 못한다.
- 잘 듣지 못하거나 잘 잊어버리거나 또는 두 가지 다일 수 있다.

기독교 상담자의 사역을 논함에 있어서 다음과 같은 예를 생각해볼 수 있다. 비버리와 톰 로저스는 열등감을 다루는 데 특이한 접근방법을 취하는 존경받는 의사와 함께 일한 적이 있었다. 피터는 의과대학을 우등으로 졸업했고, 환자들을 진료하는 일에 전문적이며 헌신적으로 일함으로써 유능한 의사로서 명성을 얻게 되었다. 그러나 어린 시절 그의 아버지가 알코올중독으로 세상을 떠나자 매우 불안해졌고 공황장애를 갖게 되었으며, 일할 수 없는 상태가 되었다. 상담자는 그가 어린 시절 아버지로부터 심한 상처를 받고, 무가치하다는 느낌을 받았으며, 엄하게 학대를 받고 성장했다는 사실을 알게 되었다. 시간이 흐르자 의사로서 성공하고자 하는 그의 모든 노력은 자신의 자존감을 수립하려는 시도였음이 밝혀졌다. 적어도 가끔은 그 자신이 가치있는 사람임을 확증하고자 노력하였다. 피터는 위에서 나열한 증상들 가운데 어떤 것도 나타나지 않았다. 대신에 그는 자신이 느끼고 있는 결핍과 다른 사람에게는 숨겨진 불안감들을 다양한 방법으로 극복함으로써 훌륭하게 성공했다.[35]

이러한 모든 문제들은 낮은 자존감이 다양한 방법으로 사람들에게 영향을 미친다는 것을 보여준다. 모든 사람은 가끔씩 열등감을 느낀다. 그러나 그 정도가 심하거나 오래 지속된 열등감은 모든 인간의 행동, 느낌, 태도, 사고 그리고 가치들에 영향을 미치게 된다.

열등감과 낮은 자존감을 가진 사람들을 상담하기

열등감과 낮은 자존감은 단시간 내에 형성되는 것이 아니라 오랜 시간에 걸쳐서 만들어진 것이다. 그래서 그것을 바꾸는 데도 시간이 걸린다.[36] 상담자는 다양한 방법으로 그것을 도울 수 있다.

1. 진심으로 지지해주고, 수용하고, 인정해주라

열등감을 느끼는 사람들은 다른 사람들이 자신을 인정해주거나 긍정해주는 표현에 대해서 사실이 아니라고 생각하거나, 그것을 쉽게 받아들이지 못하고 퉁명스럽거나, 진심이 아닌 것으로 인식하고 이런 것에 대해서 부정적으로 반응하려는 경향이 있다. 만일 상담자가 이런 사람을 지나치게 칭찬하거나 인정해준다면 내담자들은 그러한 말들을 믿지 않을 것이고 듣기 싫어서 가끔은 상담자를 피하려고 할 것이다. 낮은 자아 개념을 가짐으로써 편안함을 느끼는 사람들이 많이 있고 이런 사람들은 변화를 원하지 않는다. 그들은 자신이 무능력한 사람이라는 것을 인정하고 있다. 물론 이런 생각이 항상 즐겁지는 않겠지만, 이런 상태를 편안하게 느끼고 있고 이 마음을 갖는 것을 안전지대에 남아 있는 것으로 생각한다. 하지만 이런 것은 그들로 하여금 어떤 것도 하지 못하도록 만드는 것이며 그들에게 변명의 기회를 제공하는 것이다. 낮은 자존감을 가지고 있는 사람들은 다른 사람들에게 "힘 내라! 너는 아주 중요한 사람이다!"라는 말을 하거나 배후에서 사람들을 독려하는 행동을 하지 않는다. 다른 사람을 지속적으로 지지해주고 친절하게 격려하며 부드러운 태도 적어도 다른 사람이 마땅히 좋은 평가를 받아야 하는 일에 대해서 명백하게 그리고 신실하게 그 업적들을 인정해주는 것이야말로 정말로 다른 사람을 돕는 일이다.

2. 자존감에 대한 성경적 견해를 나누어라

만일 내담자가 열등감은 겸손과 같은 것이라든지 또는 건강한 자존감이란 죄악된 교만과 동일한 것이라고 들어왔거나 그렇게 확신하고 있다면 그런 생각을 가진 내담자를 상담하는 것은 매우 어려운 일일 수 있다. 기독교인들은 하나님의 시각에서 인간의 가치와 자존감에 대한 성경적인 가르침을 제대로 이해할 수 있도록 도움 받아야 한다. 자기 비난은 우리를 구원하시고 우리에게 새로운 기질을 주시는 하나님이 보실 때 파괴적이거나 잘못된 것임에 틀림없다. 이렇게 잘못된 생각을 바로잡고 그것이 수용되기 위해서는 아마도 시간이 많이 걸릴 수 있다. 그러나 기독교인들의 열등감을 극복하도록 하기 위해서 그것들을 수용하는 것은 중요하다.

3. 현실적인 자기평가와 이해를 발전시키도록 기도하라

상담자는 사람을 돕는 통찰의 가치를 알아야 한다. 즉, 내담자들이 취하는 태도의 원인을 찾아내고, 그들이 특이하게 생각하고 행동하는 습관들에 대해서도 알아야 한다. 그러나 더 객관적인 관찰자로부터 안내를 받지 않는 것은 삶이 긍정적이라는 의미있는 사실을 간과하고 그 사람을 부정성에 초점을 맞추어 더욱 자기비난적인 사람이 되도록 하는 위험성으로 이끌 수 있다. 내담자로 하여금 자신이 지지할 만한 사건이나 또는 비난의 사건들을 통해서 사고의 틀로 형성되었을 자신의 과거 경험을 이해할 수 있도록 용기를 북돋아주어야 한다. 그리고 내담자로 하여금 과거에 사로잡혀 사는 사람이 될 필요가 없다는 것을 깨닫도록 해야 한다. 우리가 과거의 행동과 사고의 뿌리를 이해한다면, 우리는 좀 더 바람직한 방향으로 변화를 일으킬 수 있을 것이다.

만일 내담자들이 간혹 그들의 선한 특질, 장점, 자신에게 유용한 이점 등에 대한 작성하고 또 자신의 약점, 부족한 점, 매력 없는 점 등에 대해서도 목록을 작성할 수 있다면 상담자는 그것을 도와주어야 한다. 그 목록들을 종이 위에 작성하도록 한 후에 그렇게 생각하게 된 것에 대해 '무엇이 객관적인 증거인가(이를테면 과거 경험들과 다른 사람의 견해들을 참고하여), 목록에 기록된 각각의 내용은 긍정적인 것이든 부정적인 것이든 꼭 필요한 것인가?'자문해보도록 해야 한다. 또한 내담자 자신의 장점, 특별한 재능 또는 은사 등을 강조하도록 해야 한다. 그리고 이러한 내용들을 더 훌륭하게 사용할 수 있는 방법들을 숙고해야 한다. 긍정 심리학은 금세기를 시작할 초기에 시작된 하나의 운동인데 사람들은 직장에서, 가정에서 그리고 삶의 현장에서 그들의 약점 위에 집을 세우는 것보다 그들의 장점 위에 건물을 지었을 때 더 나은 결과를 얻는다는 강력한 증거와 감동적인 연구들을 가지고 있다.[37] 사람들은 매우 자주 하나님이 주신 재능과 능력들을 부정하거나 억제하면서 자신의 약점에 더 많은 초점을 맞추면서 살아가고 있다.

때때로 우리는 어떤 사람이 마지못해서 자신의 장점에 대해 인정하는 것을 본 적이 있을 것이다. 그들은 다른 사람들에게 자신이 교만하게 보이거나 너무 자기 중심적으로 보여서는 안 된다고 생각해서 그렇게 하는 것 같다. 또 어떤 사람은 자신의 열등감과 무능력에 대해서 다른 사람들에게 말하기도 하는데 이것은 교활해지는 것이며 가끔은 무의식적으로 다른 사람을 조정하는 것이다. 자신이 어떻게 실패했고 가치가 없는 사람이라는 것에 대해서 말했을 때, 다른 사람들은 그 말을 듣고 그러한 판단에 대해서 부정하려는 일종의 압력을 느낄 수 있고, 게다가 사람들은 자기 자신을 비난하는 사람들에게 가치 있는 사람이라는 말을 해줘야 한다는 부담을 갖는 경향이 있다. 이러한 인정이나 확신 같은 것은 자연스러운 것이거나 실제로 긍정적인 것이 아니다. 결과적으로 열등감은 일종의 집착과 같은 것이다.

간혹 어떤 사람들은 다른 사람 앞에서 자신의 장점을 인정하기를 꺼린다. 그 이유는 그들이 꾸며낸 열등감에 머무는 것을 더 좋아하기 때문이다. 만일 그들이 자신에게 장점이 있다는 것을 인정이라도 하게 되면 그들이 행동하는 데 책임을 져야 할 일이 많아지고 이러한 긍정적 특성을 사용하고 개발해야 하는 것이 하나의 압력으로 작용할 수 있기 때문이다. 어떤 일에 노력을 했지만 실패할 수도 있다는 새로운 인식을 가져야 한다. 형편없는 자아 개념을 가진 사람들 가운데 일부는 자신을 너무 거대하게 보이려고 하는 위험성이 있다. 그것은 자신을 더욱 열등감에 빠지도록 한다. 그래서 상담자는 내담자들에게 새로운 방식으로 행동하는 데 용기를 갖도록 할 필요가 있다.

4. 불건전한 내면의 자기 언어를 변화시켜라

낮은 자존감을 가진 사람들은 간혹 열등감에 머물러 살면서 자신의 마음을 자기파괴적인 생각에 맞추어 사는 경우들도 있다. 즉, 자신의 나약함에 대하여 비합리적인 자기평가를 하는 것과 이른바 '파괴적인 정신 각본(Destructive Mental Scripts)'이라는 것에 생각을 집중시키는 것이다. 이것은 자신에게 자주 실패할 것이라는 기대를 갖는 것이다. 사람들이 실패를 기대하면 기대한 대로 빈번히 실패하게 될 것이다.

어떤 사람들은 자신의 무능에 대해서 공개적으로 말하는 사람도 있다. 이것은 아마도 "나는 너무 무능력하니까, 나에 대해서 아무것도 기대하지 마!"라는 것을 알리는 방법으로 일종의 자기 보호일 수도 있다. 이런 경우에 만일 그가 어떤 일을 시도했지만 실패하고 말았다 해도 아무도 놀라지 않을 것이다. 안타깝게도 사람들은 자신의 열등감에 대해서 빈번하게 말하게 되면, 다른 사람들은 그 말하는 사람의 자존감이 낮다는 것을 들으면서 그대로 믿어버린다.

또 어떤 사람들은 그들의 열등감을 다른 사람들에게 일체 이야기하지는 않지만, 자기 자신에게 스스로 무가치하다는 말을 끊임없이 하기도 한다. 누구도 이러한 내적인 메시지, 즉 자기 언어를 찾아내는 것이 쉬운 일이 아니다. 내담자는 더욱 긍정적인 생각을 가짐으로써 부정적인 생각을 바꾸는 데 도움을 받을 수 있을 것이다. 만일 사람들이 하나님이 그들에게 주신 장점들에 초점을 맞추고 약점들에 머무르는 것을 멈춘다면 그렇게 도울 수 있다. 모든 기독교인들이 빌립보서 4장 8절 말씀을 적용한다면 큰 유익을 얻게 될 것이다. "끝으로 형제들아 무엇에든지 참되며 무엇에든지 경건하며 무엇에든지 옳으며 무엇에든지 정결하며 무엇에든지 사랑 받을 만하며 무엇에든지 칭찬 받을 만하며 무슨 덕이 있든지 무슨 기림이 있든지 이것들을 생각하라." 게다가 충동적인 내담자들은 자신을 기꺼이 실제적으로 인정해주고, 하나님이 우리에게 주신 것에 초점을 맞추어야 한다는 생각과 자기 언어를 빈번하게 생각나게 하고, 자신을 돌봐주며 지지해주는 친구들이 몇 없다는 것을 발견하게 된다. 하나님이 인간 모두를 각각 독특하게 만드셨고, 하나님의 놀라운 걸작품이라는 사실을 기억하는 것이 도움이 될 것이다.[38]

이탈리아의 탁월한 테너가수였던 엔리코 카루소(Enrico Caruso)는 언제나 공연 전에 자신이 없다고 말하는 사람이었다. 어렵고 힘든 일에 직면했을 때, 간혹 그는 마음속으로만 "너는 그것을 할 수 없어! 엔리코! 너는 그것을 할 수 없다!"라고 말하곤 했다. 카루소는 그의 친구들에게 자신의 내면에는 두 가지 인격, 하나는 '하찮은 나'와 또 다른 하나는 '거대한 나'가 있는 것처럼 보인다고 말했다. '하찮은 나'는 그 자신에게 "모든 것을 할 수 없다!"고 말하는가 하면 '거대한 나'는 자신에게 "나는 할 수 있다!"고 다른 메시지를 말했다.

이 '거대한 나'는 간혹 연주회를 하기에 앞서 긍정적이고 확신에 찬 목소리를 들려주었다. 카루소는 무대 뒤에서 그 자신에게 중얼거렸다. "내 속에서 나가버려! 하찮은 나야! 저리 나가버리란 말이야! 하찮은 나야!" 그러자 '거대한 나'는 당당하게 가수로서 확신에 찬 모습으로 무대를 향해 걸어나가게 만든다. 그리고 이렇게 속삭이는 그의 자아 언어를 통해 그는 용기를 얻게 된다.[39] 아마도 카루소는 빌립보서 4장 13절을 한번도 읽어보지는 못했던 것 같다. 그러나 자기 언어 메시지 같은 '거대한 나'를 가지고 있게 되었다. "내게 능력 주시는 자 안에서 내가 모든 것을 할 수 있느니라." 우리는 하나님이 우리를 무장시키시고, 우리에게 능력을 주시기 때문에 성공할 수 있다.

5. 현실적인 목표들을 추구하고 형성하도록 자극하라

장기목표와 단기목표 두 가지가 있는데, 장기목표는 간혹 중요한 문제를 다루는 것이다. 이를테면 대학에서 학위를 취득하는 것, 집을 구입하는 것, 승진하는 것, 또는 두꺼운 책을 끝까지 읽는 것 등이다. 그런가 하면 단기목표들은 좀 더 쉽게 달성할 수 있고 즉각적으로 시행할 수 있는 일이다. 이를테면 책의 한 장을 읽는 것, 시험에 합격하는 것, 자신에게 주어진 어떤 과제를 이행하는 것, 새로운 이웃에게 자신을 소개하는 것 등이다. 장기목표는 힘이 많이 드는 것처럼 보이기도 하고 도달하기 어려운 것들도 있다. 그래서 열등감을 느끼고 있는 사람은 그것들을 달성하려고 하다가 그만 목표를 바꾸어버리는 일들도 있다. 그러나 장기목표가 단기과제들을 손상시킬 수도 있다는 것을 내담자들은 기억해야 할 것이다. 단기목표가 도달되었을 때, 우리는 성취감을 경험하게 되고, 장기목표에 도전해보려고 하는 열망을 갖게 되고, 점차 그것에 접근하게 된다.

그러므로 상담자는 내담자들에게 그들의 장기목표와 우선순위를 써보도록 격려해야 한다. 그리고 그들에게 훨씬 작고 달성할 수 있는 목표들을 이룰 수 있는 방법을 가르쳐주어야 한다. 작은 목표들을 달성했을 때 개인은 그 결과가 지지해주는 자아상을 형성하면서 성취감을 경험할 수 있게 된다.

이 모든 것들에서 상담자는 내담자가 성취할 수 있는 현실적 목표들을 수립하도록 도울 수 있고, 내담자가 새로운 활동을 시도할 수 있도록 용기를 북돋아줄 수 있으며, 그것이 실패했을 때는 잘못된 것을 평가할 수 있도록 내담자를 도울 수도 있다.

그리고 내담자에게 필요하다면 다시 한 번 시도할 수 있도록 격려해야 하며,[40] 또한 빈번히 실패할 때는 그것이 자신이 천성적으로 열등한 것 때문이 아니라는 것을 지적하고 입증시켜주어야 한다.

상담자는 내담자가 어떤 사람도 혼자 완전한 사람은 없다는 것을 기억하게 해야 한다. 하나님은 그에게 도움을 요청하는 사람들에게 힘과 능력을 주시고 인도해주신다고 하셨다. 하나님은 목표와 우선순위에 도달하고 개발할 수 있도록 사람을 인도하신다. 또 하나님은 성경의 가르침과 일치된 더 실제적이고 건강한 자아 인식을 가진 사람들을 도우신다. 그리고 그분은 새로운 기법들을 발전시키는 사람들을 도우신다.

6. 사고의 새로운 방법을 자극하라

열등감과 낮은 자존감은 늘 인간의 마음속에 존재하고 있다. 내담자를 돕는 한 가지 방법은 그들이 사고를 전환하도록 돕는 것이다. 그렇게 하지 않으면 잘못된 생각이 어떻게 바뀔 수 있겠는가?

- 내담자들이 부정적인 생각을 못하도록, 지나치게 비판적으로 치우치지 않도록, 상대방을 비난하고 기분 나쁘게 하는 말들을 거부하도록 촉구해야 한다. 동업자나 이혼한 전 배우자에 의해서 공정하게 처리되지 못한 일들 때문에 마음의 상처를 받았을 때, 부정적인 생각을 갖고 비난하는 말을 하려고 하는 것은 쉬운 일이다. 이처럼 분노가 치밀어오르고 화가 나는 경우에 그러한 부정적 사고와 고통스런 정서는 그 생각을 가진 사람에게 다시 돌아오고 만다. 이런 것들이 주장되면, 그들은 비난할 때 더 분노하면서 다른 사람들을 불화하게 만들며, 한 사람의 자존감을 더욱 손상시키게 될 것이다. 신랄함은 많은 사람들을 더럽히게 하며 그 폐해를 더 확장시킬 수 있다.[41]
- 상담자는 내담자들이 용기를 가질 수 있도록 칭찬하고 격려해야 하며, 그들이 다른 사람을 존중하도록 이끌어야 한다. 하나님께서 창조하신 사람들을 서로 존중하고 인정하는 것은 그들 스스로를 돕는 것이다.
- 부정적 생각을 강화하는 행동들을 피하도록 하고 낮은 자존감을 갖지 않도록 도와야 한다. 인간관계가 왜곡되었을 때, 부정적인 행동들은 다른 사람을 용서하거나, 화평하게 지내는 것을 거부하고, 그들의 고통스러웠던 과거의 경험들을 곰곰이 생각하게 하고, 다른 사람들을 조종할 수 있는 물체로 간주하게 된다.
- 내담자들의 생각이 바뀔 수 있는 방법이 무엇일까 논의하고, 그들의 행동을 지적해야 한다. 사람들은 더욱 확신 있게 행동할 때, 때맞추어 더 확신을 갖게 된다.
- 내담자들이 그들의 삶에서 죄를 다루도록 가르쳐야 한다. 우리의 삶을 위한 하나님의 말씀들에 우리가 일부러 불순종하게 되면 우리 자신에 대해서 좋게 느끼기 어려울 것이다. 죄는 우리에게 죄책감을 갖도록 하고, 자기 비난, 우울 그리고 낮은 자존감을 가지게 한다. 그러므로 내담자는 그들이 죄와 맞닥트리고, 그리고 두세 사람들에게 자신의 죄를 고백하고, 죄를 버리며, 하나님의 용서와 하나님이 우리의 죄를 잊어주신다는 사실을 기억하는 것이 도움이 될 것이다.[42]
- 용서하도록 격려하라. 용서하지 못하면, 특히 자신을 용서하지 못하면, 자존감이 침식당할 수 있다. 때때로 원수를 갚고 정의를 집행하는 것은 하나님의 책임이지 우리가 해야 할 일이 아니라는 것을

기억하는 것은 중요하다.[43] 또한 우리는 하나님에게 다른 사람을 용서할 수 있도록, 악의를 포기할 수 있도록 그리고 진실로 잘못을 심판하는 것은 위임된 일이라는 사실을 수용할 수 있도록 간구해야 한다. 하나님은 죄를 슬퍼하는 사람들에게는 누구에게나 용서를 베풀어주실 것이며, 잘못을 범하고도 회개하지 않는 사람들에게는 정의로운 심판을 내리실 것이다. 때때로 상담자가 내담자의 자존감에 크게 기여하는 것은 아마도 내담자에게 용서를 깨닫고 그것을 받아들이며 용서하기를 배우도록 돕는 것이라고 볼 수 있다.

- 하나님의 말씀을 규칙적으로 묵상해야 한다. 하나님은 우리를 사랑하시며 성경말씀을 통해서 우리와 대화하기를 원하신다. 이 책은 자신이 열등하고 부족하다고 생각하는 데서 벗어나도록 하기 위해서 그렇게 생각하려는 경향이 나타날 때 그런 생각을 벗어버리고 실제적 관점을 유지하도록 사람들을 돕는 책이다.

7. 집단 지지와 사회적 상호작용을 격려하라

집단에서 수용성을 발견하면 구성원들이 자존감을 수립하고 자신의 가치를 느낄 수 있다. 따라서 집단 상담은 간혹 자존감을 수립하는 데 큰 도움이 되는데 집단 구성원들은 다른 구성원에게 서로 지지를 제공하고 돕기를 원해야 한다. 다른 구성원의 자존감을 손상시키고 비판하는 수단으로써 집단이 사용되어서는 안 된다. 교회나 다른 종교적 집단에서의 여러 가지 활동적인 일들은 자존감을 고양시킬 수 있다.

열등감과 낮은 자존감 예방하기

이상적인 교회는 예배와 복음전도를 위하여 신자들을 가르치고, 돌보고, 세우고 서로 좋은 행동을 고무하도록 신자들에게 위임된 그리스도의 몸이다. 교회의 이 모든 활동들은 우리 사회에 지나치게 팽배해 있는 권력 다툼, 교묘한 조작, 출세주의로부터 자유로워지도록 해준다. 물론 우리 가운데 완벽한 사람은 없다. 그래서 대부분의 교회들은 이러한 생각들이 결핍되어 있을 수 있다. 그렇다고 할지라도 기독교 공동체는 자아 개념과 개인의 열등감을 극복하고 변화하도록 강력한 영향을 미쳐야 할 것이다. 이것은 교육과 지원 그리고 부모의 자녀교육을 통해서 가능하다.

1. 교육을 통한 예방

우리는 영적인 사람들 가운데 낮은 자존감과 열등감을 가지고 심지어 자신을 벌레만큼도 의미가 없는 존재로 생각하고, 자신을 끊임없이 낮은 데 두어야만 한다는 교육을 받아온 사람들을 발견하게 된다. 어떤 사람들은 하나님이 우리가 잘못된 행동을 할 때 불꽃같은 눈초리로 노려보면서 우리를 벌하려고 기다리시는 가혹한 분이라고 교육받은 사람도 있다. 그런 사람은 자신의 인격을 짓눌러버림으로써 즐거움을 얻는 사람이고, 자기 자신을 비난함으로써 삶의 기쁨을 얻는다. 이처럼 해롭고 파괴적인 견해들은 인간의 가치와 용서, 자존감 그리고 사랑의 중요성과 하나님이 우리를 어떻게 지으셨는지에 대한 중요성 등 성경적인 가르침들로 교체할 필요가 있다.

인간의 자아 개념은 인간의 목표와 성취에만 의존될 수는 없다. 각자의 소속감, 가치감 그리고 능력은 죄와 거룩한 용서에 대해서 가르치시고 우리에게 독특한 능력과 은사를 주시며, 우리를 새로운 피조물로 만드시고, 건강한 자존감을 갖도록 진정한 동기를 주시는 전능하신 하나님의 주권에서 비롯된다.[44]

기독교인은 교회에서 자신이 그리스도를 통해서 구원을 받았고 하나님의 사랑을 받는 존재이기 때문에 자신을 사랑할 수 있다는 것을 배워야만 한다. 우리는 우리의 능력과 은사 그리고 성취 등이 하나님으로부터 오거나 하나님이 허락해주셨기 때문에 그것들을 인정하고 수용할 수 있다. 우리는 하나님이 무조건적으로 우리의 죄를 용서해주셨다는 것을 경험할 수 있다. 게다가 기독교인들은 하나님이 하신 일과 우리의 삶을 통해서 역사하신 것들을 찬양한다. 자아 개념을 수립하는 데 있어서 더 실제적으로 사람들을 교육할 수 있는 기관으로 교회보다 더 좋은 곳은 없다.

2. 기독교 공동체를 통한 예방

자존감은 자신이 다른 사람에게 가치있게 받아들여진다는 느낌을 가질 때 강력하게 나타난다. 간혹 이런 수용성은 교회에서 나타나기도 한다. 교회라는 곳은 특히 필요할 때 돌봄과 지원이 있는 곳이기 때문이다. 또한 교회는 우리 사회에서 극히 일반화된 성공의 외형적이고, 유물론적인 것을 피하고 새로운 실천적 기법과 가치들을 획득하며 다른 사람을 도울 수 있는 곳이다. 우리는 형제자매 간에 서로 사랑하기를 배울 수 있다. 그들 각자는 중요한 재능과 그리스도의 몸을 이루기 위한 공헌을 가지고 있다.[45]

부분적으로, 이것은 이상적인 것이기도 하다. 다양한 자동차, 사람의 옷, 태도, 그리고 언어 등은 그들의 사회적 상태를 나타내는 데 이런 것은 회중이 경제적으로 양분되어 있다는 것을 보여준다. 그럼에도 불구하고 하나님은 부의 상징에 따라서 감동받으시는 분이 아니시기 때문에 우리는 그리스도의 지체 안에서 서로 친밀한 관계를 맺고 가치있는 영향력을 미침으로써 교회의 역할을 다해야 한다.

3. 부모의 지도를 통한 예방

자아에 관한 많은 문제들은 가정에서 비롯된다. 어린 자녀들은 많은 신체적인 접촉과 꾸밈없는 긍정의 표현, 놀이하기를 포함하여 즐거움을 표현할 필요가 있는데 이런 것들이 가정에서 사실상 방해받을 수 있다는 것이다. 후기 아동들에게는 격려, 일관성 있는 훈련, 칭찬 그리고 대화하는 데 보내는 시간이 필요하다. 높은 자존감과 다른 사람에게 긍정적인 표현을 잘하는 부모는 자녀에게 높은 자존감을 갖도록 할 것이 틀림없다. 그러므로 부모가 자녀에게 더욱 긍정적인 자아 개념을 수립하도록 돕고, 열등감을 극복하도록 돕는 것은 대단히 중요한 일이다.

• 열등감과 자존감에 대한 결론

제니퍼 코크란(Jennifer Cochran)은 심리학자다. 그녀는 자신의 연구 대상인 대학생들을 보며 자존감에는 두 가지 요소가 있다는 것을 발견하였다. 한 집단은 그들의 자존감을 외부 자원들에 기초하여 수립했다. 다른 사람들로부터 받는 인정 또는 그들이 노력하여 얻은 학술적 성취 등과 같은 것들로부터 자존감을 얻는 것이다. 비록 이 학생들은 훌륭한 자존감을 갖기는 했지만 많은 스트레스와 분노, 학술적인 문제, 관계의 갈등, 마약, 음주 그리고 섭식 장애 등과 같은 증상들을 가지고 있었다. 다른 집단에서도 역시 좋은 자존감을 가지고 있었으나 그들은 내면의 자원과 자기 가치에 기초하였다. 즉, 도덕적 기준들에서 이탈하지 않고 인격적인 사람이 되는 것과 같은 자존감을 가졌다. 이러한 학생들은 더 높은 성적을 갖게 되었고, 스트레스는 낮았으며, 섭식 장애라든지 음주나 마약 등의 약물 사용은 다른 집단보다 낮았다. 코크란의 연구팀은 자존감 수립에 가장 좋은 자원과 정신건강에 좋은 방법은 사람들이 그들 자신들의 이익이나 성공 가치보다 더 큰 목표와 신념, 즉 그들이 다른 사람들을 위해 그들 자신의 것을 나누어줄 때 생긴다고 결론을 내렸다.[46]

아마도 이러한 연구는 기독교 상담자들에게 거의 흥미가 없는 것일 수도 있다. 그러나 이 연구는 자존감에 관심을 가진 사람은 어떤 사람에게나 중요하다. 사람들은 자존감을 수립하도록 하기 위해서 다른 사람들에게 감명을 주려고 노력한다. 그러나 그것이 다른 사람들의 필요를 고려하고 그들을 돌보는 것일 때, 또 자기 자신보다 다른 사람들을 위해서 무엇인가를 할 때 이러한 발전이 있을 수 있다. 그럴 때 자존감이 강해질 뿐만 아니라 다른 문제들도 거의 사라지게 된다. 기독교인들은 인간의 가치가 사랑, 말씀 그리고 하나님의 역사로부터 오는 것으로 믿고 있다. 우리는 하나님을 알고, 섬기고, 다른 사람들을 사랑하는 데 가장 큰 가치가 있다는 것을 발견하게 된다. 기독교인들 가운데 상당수가 성경의 가르침을 오해하고 자기 자신에게 그리고 다른 사람들에게 그러한 열등감을 갖도록 만들었다는 것은 매우 안타까운 일이다. 또 그 반대로 교회와 그에 관련된 상담자들은 내담자들의 문제를 진심으로 이해하고, 상담하면서 그들의 낮은 자존감과 열등감의 문제들을 예방하는 일에 있어서 이 중요한 역할을 감당하는 사람이라는 것을 인식하고 격려해야 한다.

상담자들을 위한
요점 정리 23

- 많은 사람들은 열등감과 결핍 그리고 불안정감을 느끼고 있다.

- 자아상, 자아 개념 그리고 자존감이라는 단어들은 일반적인 용어다. 그러나 이런 것들은 약간 다른 의미로 사용되고 있다. 자아상과 자아 개념은 정신적 그림을 그리는 자기 묘사와 관련이 있고, 자존감은 자기 스스로의 가치와 유용성을 평가하는 것과 관련이 있다.

- 성경적 차원에서 살펴보자.
  - 인간은 하나님의 형상으로 지음 받았으며, 하나님이 보시기에 가치 있는 존재다.
  - 모든 사람들은 하나님을 떠났고, 죄악된 본성과 그러한 행동들 때문에 저주를 받은 죄인이다. 비록 우리의 타락된 상태에서도 하나님은 우리를 사랑하셔서 우리를 구원하시고자, 또 우리를 회복시키시고자 그의 독생자 예수 그리스도를 우리에게 보내주셨다. 자신의 죄를 고백하는 모든 사람들과 예수를 믿는 모든 사람들이 이 은혜를 받게 될 것이다.
  - 교만은 자신의 내재적 본성과 자신의 업적에 기초하여 불합리하게 자기 자신에 대해서 높은 견해를 갖는 것이다.
  - 겸손은 그 자신의 죄를 받아들이는 예리한 자기평가다. 그러나 자신이 가지고 있는 은사, 능력 그리고 성취 등이 하나님으로부터 왔다는 것을 인정하는 것이다.
  - 겸손은 자기부정이 아니며, 하나님에게 받은 힘과 능력의 거부도 아니다. 겸손은 감사함으로 나타나는 하나님에 대한 의존성이며, 자신에게 장점과 약점을 현실적으로 동시에 평가할 수 있는 것과 관련이 있다.

- 열등과 낮은 자존감은 그 원인이 다양하여 다음의 것들과 관련을 갖고 있다.
  - 잘못된 신학적 신념.
  - 고백하지 않은 죄와 죄책감.
  - 어린 시절 열등감을 갖게 된 경험.
  - 좌절과 실패의 경험.
  - 비현실적 자아 기대.
  - 자기 패배 의식(자기 언어) 또는 다른 사람들에 대한 평가.

- 열등감과 낮은 자존심에 대한 다른 반응들이 있을 수 있다. 그 대부분은 열등감을 숨기거나 보상하는 것으로 나타나는 것이다.

- 낮은 자존감을 가진 사람을 상담할 때
    · 그들을 진심으로 지지해주고, 수용하고, 긍정적인 확신을 갖게 해주며, 인정해줄 것.
    · 자존감에 대해서 정확한 성경적 교훈을 가르쳐 줄 것.
    · 현실적인 자기평가와 자기 이해를 발전시키도록 기도할 것.
    · 불건전한 내면의 자기 언어를 변화시킬 것.
    · 현실적 목표들을 추구하고 형성하기 위해서 자극할 것.
    · 사고방식에 새로운 방법들을 자극할 것.
    · 집단지지와 사회적 상호작용을 격려할 것.

- 불건전한 자아 인식과 낮은 자존감의 예방은 기독교 공동체와 부모의 지도 및 교육을 통해서 가능할 것이다.

- 강한 자존감과 긍정적 자존감들이 정신건강에 좋은 연관을 맺고 있다는 결론을 지지하는 연구 결과들이 있다.

24

신체적 질병
Physical Illness

그것은 일상적인 건강검진이었다. 의사의 권유로 나는 심장 검진 기계 위를 반복적으로 걸으며 검사팀이 나의 심장과 맥박수를 계속 모니터하는 것을 보았다. 전에도 이 검사를 했기에 검사 과정에도 익숙해 있었다. 그 당시 나의 건강 상태는 양호했고 질병에 대한 증상도 없었기에 아무것도 염려하지 않고 단지 건강검진을 받기 위해 병원에 온 것이었다.

그러나 현실은 나의 예상과 달랐다. 검사가 진행된 지 얼마 후 갑자기 모든 검사가 중단되었다. 나는 검사가 아직 끝나지 않았는데 왜 중단하냐고 반문하였다. 의사는 내게 신체적 문제가 있으므로 검사를 멈춰야 했다고 설명했다. 집에 돌아오자마자 의사는 내게 전화로 심장 전문의를 만나서 정밀검사를 권했다. 3일 후 나는 병원 검사실에서 앤지오그램 검사를 받았다. 앤지오그램 검사는 동맥의 상태를 검사하는 것으로 의사가 의심하고 있는 동맥 폐색(blockage)에 대해 확인해보려는 것이었다. 의사는 나의 심장 상태를 의심하더니 다시 앤지오플라스티 검사를 실시한 후 바로 나의 생일날 심장절개 수술 날짜를 잡아버렸다.

수술 당일 아침 나는 병원 이동침대에서 주사를 맞았고 나의 가족들과 몇 마디 대화를 나눈 것을 기억한다. 네 시간 아니 더 오랜 시간이 지난 후 눈을 떴을 때 나는 병실로 옮겨져 있었고 수술 가운을 입은 의사가 내 침대 옆에서 말을 건네고 있었다. 의사는 내게 심장 4중 우회수술(quadruple bi-pass) 결과가 좋다고 했다. 여러 개의 튜브가 내 몸에 연결되어 있고 링거로부터 주사약이 몸속으로 투입되고 있었다.

나는 전에 병원에 입원했던 적이 없었다. 감기나 독감을 제외하면 아픈 적이 거의 없었다. 전에 나는 환자들을 병문안 갔었다. 그러나 이제는 병문안을 받을 것이다. 내가 다른 사람들에게 보내곤 했던 위문 카드와 꽃들이 이제 내게로 배달될 것이다. 내가 병문안 했을 때 환자들을 격려했던 그 말들을 이제는 내가 들을 것이다. 내 마음은 아프기 전과 다름없었지만 현실은 그렇지 않았다. 내가 침대에서 일어나 의자로 가는 데도 두 사람의 부축이 필요할 정도였다. 수술 후 한 주 동안 나는 육체적 질병으로부터의 회복이 어떤 것인지를 다시 깨닫게 되었으며, 삶에 대해 다시 한 번 생각해보는 시간을 가졌다. 비정상적으로 바쁘기만 했던 일에서 잠시 떠나 하나님이 내게 하시고 싶어 하는 말씀에 귀 기울이는 시간을 가졌다.

수술을 받을 당시 나는 이 책을 3분의 1 정도를 완성해가고 있었다. 오늘 아침 기분에 내가 거의 회복된 듯하다. 하나님과 그리고 나를 위해 기도해준 가족과 친구들에게 감사한다. 이제 이 장에서 쓸 내용들이 내게 더욱 분명해졌다. 왜냐하면 나의 질병을 통해 육체적 질병에 대해 보다 분명하게 알게 되었기 때문이다. 이 장에서 육체적 질병에 대한 나의 경험들을 함께 나누려고 한다.

우리가 알고 있듯이 인간의 육체는 다양한 화학물질, 수많은 세포들과 근육조직, 수마일이나 되는 혈관들 그리고 다양한 내부 기관들로 이루어진 경이로운 유기체다. 놀랍게도 이 모든 조직들은 서로 상반됨 없이 협력하여 우리 몸을 성장시키고, 질병과 싸울 뿐 아니라 스스로 치료하고, 온도 변화에 적응하고, 주변환경의 자극에도 대응하고, 육체적인 심한 학대에도 견딜 수 있다. 숙련된 외과의사들의 의료 기술도 참으로 놀랍다. 그들은 가슴을 열고 심장을 들어내고, 새로운 혈관들을 연결하고, 정확한 위치에 다시 심장을 연결한다. 수세기 전 시편 기자는 우리 인간의 육체가 참으로 '신묘막측'하다고 하나님을 찬양하였다.[1] 우리 육체의 신비에 대해 알면 알수록 우리는 인간의 육체에 대해 놀랄 뿐 아니라 우리를 창조하신 하나님의 솜씨에도 경의를 표하게 될 것이다.

물론 우리의 육체는 이 땅에서 영원하지 않다. 때로로 회복이 불가능한 사고를 당할 때도 있다. 조심해도 건강이 망가질 수 있으며 신체의 일부는 나이가 들수록 노화된다. 건강할 때 우리는 이러한 사실들을 생각하지 않는다. 그러나 신체에 이상이 생겼을 때 비로소 건강에 대해 신경쓰게 된다. 감기나 계절성 독감은 힘들긴 하지만 일시적으로 우리 생활을 방해한다. 그러나 우리가 오래 지속되는 심각하고 고통스러운 병에 걸렸을 때 우리는 비로소 우리 자신의 한계를 깨닫는다. 심한 육체의 질병은 우리로 하여금 인간은 죽을 수밖에 없는 운명이라는 사실 앞에 직면하게 만든다. 만약 우리가 질병에 대해 회피하거나 증상들에 대해 무시해왔을 경우, 자신이 병들었다는 사실을 발견하면 그것을 받아들이거나 견디기가 더욱 힘들 것이다. 질병은 우리 신체의 활동을 방해하고 천천히 침체시키며, 생활을 어렵게 하고 가끔 삶의 의미나 목적조차도 상실하게 만든다. 그 질병들이 오래 지속될 때 우리는 대답조차 없는 질문들을 하기 시작한다. '왜 내게 이런 일이', 혹은 '왜 하필 이때에 이런 일이?' 그뿐 아니라 질병은 종종 분노와 좌절, 외로움, 절망, 반감과 삶에 대한 혼돈의 감정들을 동반한다. 그러므로 환자와 그 가족들을 상담하는 것이 기독교 상담가에게는 중요한 일이다. 심리학을 포함한 여러 분야에서도 질병에 걸린 환자들에 대한 심리학적인 연구와 실험들이 활발히 진행되고 있다.[2]

• 성경과 신체적 질병

질병에 대해 성경은 자주 언급하고 있다. 미리암, 나아만, 느부갓네살, 다윗의 갓난아기, 욥, 에바브라디도,[3] 그리고 다양한 질병들이 구약과 신약 전반에 걸쳐 나타난다. 예수님께서 인간으로 세상에 오셨을 때 그는 병든 자를 민망히 여겼으며 그의 병 고침 사역은 복음서의 4분의 1을 차지하고 있을 정도다.[4] 예수님의 제자들은 이러한 병 고침에 대해 가르침을 받았을[5] 뿐 아니라 사도행전은 초대교회가 어떻게 병든 자들을 돌보았는지에 대한 기록을 담고 있다.

기독교인 상담자들에게 도움을 줄 수 있는 신체적 질병에 대한 성경적 가르침은 다음과 같은 다섯 가지로 종합할 수 있다.

1. 질병은 삶의 일부분이다

비록 어떤 사람들은 다른 사람들에 비해 건강하다고 할지라도 우리들 가운데 질병 없이 살아가는 사람은 거의 없다. 성경이 구체적으로 나타내지는 않을지라도 질병은 우리 인간의 타락으로 말미암아 시작된 것이다. 인간의 타락 이후로 사람들은 신체가 건강하지 않은 상태를 알게 되었다. 성경은 과학책이 아니다. 그래서 어떠한 질병에 대한 진단이나 그것을 분류하거나, 그리고 정신적·신체적 증상들에 대해서 조직적으로 나열하지 않지만 직접 혹은 간접적으로 다양한 병에 대한 증상들을 언급하고 있다. 독종, 이질, 간질, 열병, 소화불량, 노쇠, 염증, 정신질환, 문둥병, 중풍, 언어장애, 장님, 귀머거리, 벙어리, 그 외 다양한 질병에 대한 기록이 나타난다. 이러한 질병은 신체적·정신적인 스트레스를 동반할 뿐 아니라 이 세상에 사는 동안 질병이 삶의 일부라는 사실을 가르쳐준다.

2. 환자에 대한 관심, 사랑 그리고 치료는 기독교인에게 있어서 중요한 것이다

예수님은 그분의 말씀과 사역을 통해 비록 질병이 일반적이기는 하지만 그 누구도 질병에 걸리는 것을 원하지는 않는다고 말씀했다. 예수님의 사역 가운데 많은 부분은 병고침이었다. 병든 자들을 민망히 여기셨고,[6] 가난한 자와 병든 자들을 사랑으로 돌보는 것에 대해 강조하셨다. 예수님께서는 목마른 자에게 물을 주는 것과 병든 자를 돌보는 일이 자신에게 한 것과 같다고 말씀하셨다.[7] 성경은 또한 믿는 자들은 병든 자들을 위하여 기도하며 실질적인 방법으로 그들을 도와야 한다고 가르치고 있다.[8] 성경은 분명히 기독교인은 건강하지 않은 사람들을 돌보아야 한다고 말씀하고 있다.

3. 질병, 죄 그리고 믿음은 반드시 연관이 있는 것은 아니다

욥이 그의 가족, 소유 그리고 건강마저 잃어버렸을 때 그의 세 친구들은 이러한 모든 문제들이 죄의 결과라고 했다. 욥은 그것을 믿지 않았다. 후에 욥은 모든 죄가 반드시 개인적인 죄의 결과로 오는 것은 아니라는 것을 확신했다. 예수님도 요한복음 9장에서 이것을 말씀하신다.[9] 모든 질병은 궁극적으로 인간이 타락한 결과로 온 것이다. 경우에 따라 신체적 질병이 죄와 연관이 있다는 것에는 의심할 여지가 없지만 개인적인 질병이 반드시 개인적인 죄의 결과라고는 결론지을 수는 없다.[10]

이러한 사실은 신약에서 질병을 고친 기적들을 통해 더욱 분명하게 알 수 있다. 때때로 사람들은 예수님이 그들의 병을 고치실 것이라고 믿었기에 믿음으로 나음을 입었다. 12년 동안 하혈하던 여인의 이야기가 좋은 예다.[11] 그러나 이와는 달리 믿음이 없는 사람이 나음을 입은 경우도 있었다. 예를 들어 많은 부모들이 예수님에게 와서 그들의 병든 자녀들을 고쳐 달라고 했고 그들은 고침을 받았다.[12] 겟세마네 동산에서 예수님을 제외한 모든 사람이 믿음이 없었음에도 귀가 잘려나간 군병은 고침을 입었다. 사도 바울은 예수님의 병 고침의 능력에 대한 강한 믿음이 있음에도 육체의 가시를 평생 지니고 살았다.[13] 그뿐 아니라 성경은 여전히 믿음이 없는 자들에게는 병 고침이 없다는 것도 언급하고 있다.[14] 이러한 모든 사례들을 통하여 분명히 알 수 있는 사실은 질병이 반드시 죄 또는 믿음이 약한 결과는 아니라는 것이다.[15]

병든 사람들은 항상 하나님의 돌보심 밖에 있으며 믿음이 약한 자들이라는 일부 기독교인들의 주장에 대해 성경적인 근거는 없다. 하나님은 우리가 이 땅에서 사는 동안 우리의 온갖 질병을 모두 고치신다고 약속하지 않으셨다. 그리고 오직 믿음이 좋은 사람만이 건강하다는 것은 옳지 않을 뿐 아니라 잔인한 주장이다.

4. 질병은 고통에 대한 어렵고 중요한 질문을 제시한다

C.S. 루이스는 고통에 대해서 쓴 그의 작은 책자에서 고통에 직면한 사람들에 대해 두 가지 기본적인 질문을 던지고 있다.[16] 이것은 상담에서 흔히 접하게 되는 질문들이다. 하나는 '만약 하나님이 살아 계신다면 왜 이러한 고통을 내게 허락하는 것일까?'이고 다른 하나는 '만약 하나님이 전능하시다면 왜 이러한 고통을 멈추지 않으실까?'이다. 이 책은 전체적으로 이러한 두 문제들에 대해 심도 있는 대답들을 다루고 있지만[17] 생각의 한계 때문에 우리는 고통에 대한 이유를 완전히 이해할 수는 없을 것이다.

우리 대부분은 고통에 대해 이해하지 못한다. 우리는 우리 자신뿐 아니라 다른 사람의 이러한 고통을 줄이기 위해 힘쓰고 기도한다. 그러나 성경은 우리에게 고통이 우리를 겸손하게 하며, 믿음을 성장시키고, 영적인 성숙과 인내 그리고 우리의 성품을 다듬어간다고 말씀한다. 고통은 우리에게 다른 사람에 대한 동정심과 보살핌의 마음을 가르쳐준다.[18]

신학교에서 일하던 한 친구는 한때 말기 암 진단으로 자신의 일을 계속 할 수가 없었다. 그러나 놀랍게도 의사의 치료와 기도로 그 친구는 건강을 회복했을 뿐 아니라 그 병원의 원목이 되었다. 얼마 있지 않아 그는 모든 병원 원목들의 회장이 되었다. 내 친구는 자신의 고통을 통하여 다른 사람들의 고통을 더욱 잘 이해하고 상담할 수 있게 된 것이다. 얼마 후 그는 젊은 나이임에도 불구하고 세상을 떠났다. 그 누구도 하나님이 우리의 삶 속에서 왜 이와 같이 행하시는지 이유를 알지 못한다.[19] 하지만 때때로 고통은 그 목적을 가지고 있다. 물론 그렇지 않은 경우도 있지만, 상담자는 우리가 알지도 못하며 느껴보지도 않은 고통을 겪고 있는 사람들을 위하여 부름을 받았다는 것을 기억해야 한다.

5. 심각한 질병은 죽을 권리라는 난해한 문제를 야기할 수 있다

잘 이해되지 않지만 어떤 사람들은 병들지 않고도 죽을 때가 되었다는 것을 인식하고 있는 것처럼 보인다. 우리 대부분은 이러한 상황을 삶의 의지를 상실했거나 육체적 기력이 소멸해버린 노인들에게서 볼 수 있다. 삶의 의욕을 상실한 그들에게 건강한 심혈관 조직은 중요한 것이 아니다. 그래서 그들은 죽는 것이다.

그러나 더욱 흔하게 사람들은 자신이 죽기를 원하기 때문에 비록 그들이 계속 수명을 유지한다 할지라도 더욱 심한 고통과 쇠약 그리고 아무런 진전이 없이 질병을 더욱 악화시킨다. 때때로 이러한 사람들은 죽음을 호소하고 의사나 친척들에게 모든 의학적인 지원과 음식물조차도 중단해줄 것을 요구한다. 안락사라고 알려진 이러한 요구의 급증과 동정심이 많은 가족과 의료진들의 승낙은 안락사 문제에 대한 법적, 의학적 논쟁을 야기했다. 어떤 기독교인들은 안락사에 대해 중요하게 생각하지 않지만 일부 신학자들은 안락사에 대한 성경적 근거가 없다고 주장한다. 더 큰 문제는 각 나라의 법들과 안락사를 허락하는 나라들이 점차 늘어나고 있다는 사실이다.

내가 이 장을 쓰기 며칠 전 모든 신문은 교황 요한 바오로 2세의 죽음과 전혀 알려지지 않았던 여자 테리 시아보(Teri Schiavo)에 대한 기사를 실었다. 교황은 모든 믿는 자들에게 유명하다. 그는 생의 마지막 순간에도 위엄을 잃지 않았다. 은혜로 고통을 이기며 세계가 지켜보는 존경의 눈길 가운데 숨을 거두었고 수백만이 그를 애도했다. 반면에 시아보는 뇌 손상을 입어 튜브를 통해 생명을 연장할 뿐 아니라 그녀의 남편과 부모 사이에 그녀의 생사를 놓고 법정 공방이 한창인 여성이었다. 한 칼럼니스트는 '무엇이 진정한 생명의 가치인가?' 하는 주제로 '생명이 자신의 것이기에 스스로의 기준에서 생존 여부가 정해질 수 있는 것인가? 아니면 하나님의 선물이기에 참혹한 죽음의 순간까지 견뎌야 하는 것인가?' 라는 글을 썼다. 이 사건은 모든 방송을 떠들썩하게 했고 미 의회와 백악관에서도 논의되었으며 대법원에까지 갔을 뿐 아니라 온 나라 모든 사람들에게 관심거리가 되었다. 튜브가 제거된 지 얼마 후 테리 시아보는 비록 얼마 있지 않으면 잊혀질 것이지만 이 엄청난 논쟁 가운데서 숨을 거두었다.

기독교 상담자는 이러한 문제들과 씨름하는 것이 필요하다. 기독교인들은 모든 생명은 하나님으로부터 주어졌으며 하나님의 뜻에 따라 거두어진다고 믿는다. 현재 거론하기조차 꺼리는 단어, '안락사'는 더 심각하게 다루어질 것이다. 그러나 인간 생명의 존엄성을 부여하는 사람들은 이것을 계속 반대할 것이다. 분명 환자가 원한다고 해서 인간 스스로가 죽음을 앞당기고, 환자를 돌보기 힘들기 때문에 그를 죽음으로 몰아넣는 것을 묵과하며, 의식 불명의 식물인간이 된 환자로부터 의학적인 공급을 중단하는 태도를 지지하는 성경적인 언급은 없다. 과거 수년 동안 사람들이 자연적으로 사망했을 경우조차도 단지 생명을 연장시키고자 모든 기술과 의학적인 수단들을 적용해야 하는가 하는 문제는 간단하지 않다. 그러나 기독교 상담자는 이러한 문제들과 신체적인 질병과 함께 야기될 수 있는 문제들 또한 인식해야 한다. 심한 중병을 앓고 있는 가족들에 대한 상담도 관심 있게 다루어져야 할 문제다.

- **질병의 원인과 그로 인하여 야기되는 문제들**

모든 병은 단계별로 진행된다.[20] 첫째 단계는 잠복기로 환자가 증상을 인식하기도 전에 시작하거나 끝난다. 물론 질병의 원인은 사람을 통한 바이러스 감염과 식물이나 동물에 의한 감염, 영양 결핍, 운동 부족과 건강 관리에 대한 소홀, 사고, 유전적 결함, 해로운 약물(마약이나 독극물), 신체기관의 노쇠나 약화, 아주 뜨겁거나 차가운 물질을 접촉한 경우 등 다양하다. 증상기는 신체적인 문제로 인식되는 몸의 변화가 나타나는 시기다. 이러한 몸의 변화는 질병에 의한 것이고 의학적으로 전문적인 진단의 첫 번째 단서가 된다. 치료기는 신체의 자가 치료 능력과 수술, 그리고 몸의 기능을 정상화시키는 약물 등을 사용하여 치료하는 단계다. 회복기는 치료기의 다음 단계로 신체의 기능을 회복하고 병에 대한 저항력을 회복시키는 시기다.

질병은 신체적인 역기능과 회복 그 이상의 것이다. 그것은 의사, 가족 구성원, 그리고 비의료적 전문 상담가에게 관계된 심리적이고 영적인 다양한 반응들을 동반한다. 이러한 심리적이고 영적인 영향은 신체적 질병을 더욱 악화시키고 회복을 지연시키거나 방해한다.

1. 스트레스와 절망

질병은 우리의 일상을 마비시키고, 특히 우리 몸의 어느 부분이 잘못되었는지 모르거나 회복 여부에 대한 불확실, 그리고 병원과 같은 낯선 장소에서의 생활 등을 통해 환자를 힘겹게 한다. 사람들이 약물 복용의 필요성을 느낄 만큼 병들었을 때 그들은 자신의 병을 치료하기 위해 아주 바쁘거나 분주하고 동정심과 민감보다는 초연하고 이성적 태도를 지닌 낯선 사람들에게 자신의 몸을 의탁한다.[21]

질병으로 인한 스트레스는 종종 병이 심각하거나 입원해야 하는 경우 환자들에게 절망과 불안을 안겨 준다. 비록 일시적이긴 하지만 기력 상실, 지적 능력에 대한 경고, 장과 방광 조절, 언어, 수족의 결박 등을 경험하는 것은 공포스러운 일이다. 이 모든 것들이 병원의 반쯤은 공개된 장소에서 낯선 사람들에 의해, 때로 예상하지 않은 방문객들로 인해 진료가 중단되거나 할 경우 환자를 더욱 힘들게 한다.

우리 모두는 인간이 능력 있고, 독립적이며, 자신의 운명에 대해 주인이라고 배워왔다. 질병은 이러한 믿음을 일시적으로 때론 빨리 무너뜨린다. 사고나 뇌졸중은 몸의 활동을 초기에 마비시킬 수도 있다. 일반적으로 강하고 활동적인 사람이 갑자기 계속적인 도움을 필요로 할 만큼 약해진 것이다. 환자는 의사의 지시에 따라야 하고 언제 어떤 약을 복용해야 하는지도 지켜야 한다. 낯선 사람들 앞에서 옷을 벗어야 하거나 혹은 벗겨져야 하고, 수동적으로 다양한 검사와 치료 과정을 따라야 하고 매우 비밀스러운 부분까지도 다른 사람들에게 드러내야 한다. 이것은 환자에게 매우 당황스럽고 수치스러운 경험이다. 입원환자들은 언제 자고 언제 일어나고 언제 먹어야 하는지 지시에 따라야 한다. 낮이나 밤이나 간호사들이 주사바늘로 무장하고 와서 피를 빼가거나 주사를 놓는다. 때때로 환자들은 화장실 가는 데도 도움이 필요하다.

아마 환자를 치료하거나 돌보는 모든 사람들은 환자를 존경하는 마음으로 대할 것이나 이러한 태도는 바쁜 의사나 간호사들에 의해 간혹 무시되기도 한다. 계속적인 치료가 필요한 환자들은 자신들의 삶과 신체를 자신과 아무 관계도 없고 판단할 권한도 없는 낯선 사람들의 손에 맡겨야 한다. 낯선 사람들이 자신의 몸을 자극하고 검사하고 투약하고 수술하고 몸의 일부를 절단하는 것은 환자에게 두렵고 당황스럽고 위협적이기까지 할 것이다.

이때에 환자들은 그들이 사랑하는 사람들을 필요로 하지만 환자들은 이러한 사람들과 일상생활로부터 격리된다. 만약 환자나 사고를 당한 사람들이 신체의 한 부분이 불구가 되거나 다른 사람에게 의존해야 할 때 그(혹은 그녀)는 사랑하는 사람이 더 이상 자신을 사랑하지 않을 것이라는 두려움을 갖게 될 것이다. 따라서 환자들은 사랑으로 돌보아줄 사람이 방문해주길 기대하기도 하지만 때론 자신의 이런 모습을 아무에게도 보여주고 싶어 하지 않기도 한다.

2. 죄의식과 자책

질병과 사고로 인한 고통이 지난날의 죄 또는 실패의 대가라고 생각할 수 있다. 우리가 알고 있듯이 욥의 세 친구가 그랬고 아직도 많은 사람들이 그렇게 생각하고 있다. 오랜 기간 침대에 누워 있는 환자들은 특별히 회복되지 않거나 이러한 고통을 함께 나눌 사람이 곁에 없을 때 '왜? 왜 내게?'라는 질문과 함께 강한 죄의식과 자기 정죄에 사로잡힐 수 있다.

3. 공포와 무기력

환자들이 질병에 걸렸을 때 왜 두려워하고 무기력해지는지 정확한 이유를 말하기란 어렵지 않다. 고통과 앞으로 주어질 복잡한 상황, 수술에 대한 염려, 증세에 대한 불안, 회복과 미래에 대한 불안, 마취할 때의 두려움 등이 그 이유라고 할 수 있다. 이러한 기간 환자들은 자신에게, 질병에 대해, 의사에게 그리고 다른 사람(가족들, 목사님, 상담가)에게, 그리고 하나님을 향해서도 분노의 감정이 일어날 것이다. 8장에서 분노가 어떻게 우울증으로 전개되는지에 대해 다루었다. 어떤 질병은 신체적으로 물리적인 변화를 유발시켜서 이러한 감정들을 더욱 진전시킨다.

잘 알려진 대로 질병과 이에 동반되는 반응은 개인에 따라 차이가 있다. 어떤 환자는 자신의 질병에 대해 부인하지 않는 상태에서 힘든 환경 속에서도 용기를 잃지 않고 때로는 유머를 보여주기도 한다. 전 미국 대통령 로널드 레이건이 암살자에 의해 저격당했을 때 그는 수술실에 들어갈 때조차도 농담을 했고 의사들 모두가 공화당일 것이라고 했다. 의료진들은 긍정적인 태도를 가진 환자들이 빠른 회복을 가져올 수 있다고 말한다. 반면에 환자가 무기력해졌거나 절망하거나 스스로에 대해 비판적이거나 당황하거나 심한 위협과 두려움, 의사나 간호사들에게 지나치게 날카롭거나 화를 낼 때는 회복이 더딜 뿐 아니라 합병증까지도 유발할 수 있다고 한다. 상담자가 이러한 사실을 인식하고 있을 때 환자와 가족들을 더욱 잘 이해하고 도울 수 있을 것이다.

4. 고통의 경험

사람들이 경험하고 반응하는 고통의 강도와 기간은 개인에 따라 큰 차이가 있다. 예를 들어 치과 치료처럼 강하지만 순간적인 고통은 암 환자의 멈추지 않는 장기적인 고통과는 다르다. 두통처럼 잘 알려지고 일시적인 고통은 오래 지속되고 병명을 알 수 없는 고통과는 다르다.

급성의 고통은 제한된 기간 동안 환자를 힘들게 한다. 반면에 만성의 고통은 몇 달 혹은 몇 년 동안 지속된다. 허리 통증, 관절염, 혹은 지속적인 두통, 만성적 통증은 일시적으로 진정되기도 하지만 절대 사라지지는 않는다. 입원 환자들의 경우뿐 아니라 고통을 느끼며 정상적인 생활을 하거나 일상생활로 돌아오려고 노력하는 사람들에게도 그 고통은 다시 시작된다. 잘 알려진 조사에 의하면 미국 인구의 반 정도가 만성적인 고통에 시달리고 있고,[22] 수입의 75%가 의료비로 지출된다고 한다. 지속적인 고통이 무기력, 소외감, 그리고 절망감으로 이끈다는 것은 놀라운 일이 아니다. 고통 받는 사람들 앞에서 불편해하고 고통을 어떻게 다루어야 할지 모르는 의사, 정신과 전문 의료진, 혹은 목회자에 의해 야기되는 문제는 고통을 지속적으로 호소하는 환자들에게 아무런 도움이 되지 않는다.[23]

심리학적 연구진들은 팀을 구성하여 고통과 고통의 조절에 대해 연구하지만 그 연구가 쉬운 일은 아니다. 사람들마다 고통을 인식하고 견디는 정도가 다르며 심리학적인 반응은 생리 실험 결과와는 연관이 없다. 생리 실험에 따르면 큰 고통을 느껴야 함에도 불구하고 어떤 사람은 아주 적은 통증을 느낀다고 한다. 반대로 큰 고통을 느끼는데도 생리 실험기는 작은 통증밖에 감지하지 못한다. 몇 년 전 한 연구원은 전쟁에서 부상을 입은 군인들은 같은 정도의 부상을 입은 일반인들보다 적은 통증을 느끼며(같은 정도의 부상을 입은 사람은 전혀 통증을 느끼지 않았다) 진통제도 덜 요구했다고 보고했다. 이러한 차이는 그들이 사고를 어떻게 받아들이느냐에 따라 달라진다. 일반인은 원치 않는 사고로 힘들어하고 군인은 자신이 아직 살아 있다는 것에 감사하기 때문이다.[24] 어떤 사람은 고통을 느끼지만 다른 사람들이 자신에 대해 연약하고 불평이 많은 사람이라고 생각하는 것이 두려워 고통을 호소하는 것을 꺼린다.

왜 어떤 사람들은 심각한 부상에도 불구하고 적은 통증을 느끼는 반면 어떤 사람은 특별한 병이 없음에도 큰 통증을 호소하는 것일까? 왜 어떤 사람은 고통을 부인하고 고통이 없다고까지 생각하는 반면 어떤 사람은 고통을 즐기며 그 고통을 통해 휴식 시간을 갖게 되었다고 오히려 유익하게 여기는 것일까? 이와 같은 차이점은 생물학적으로 설명할 수 있겠지만 반면에 고통을 견디는 정도에 대한 개인적인 차이는 개개인의 고통을 대하는 태도, 문화, 가정환경, 고통에 대한 과거 경험, 개인적 가치, 그리고 종교적 신조 등의 결과다. 예를 들어, 어떤 사람들은 고통이 연약함의 징조이고, 받아들여야만 하며, 하나님에 의해 허락된 것이므로 견뎌야 한다고 강하게 믿는다. 다른 부류의 사람들은 고통의 정도가 개인이 고통을 두려워하는 정도에 달려 있다고 밝힌다. 사람이 고통에 대해 두려움을 가질 때 질병과 그에 따르는 고통을 증가시킨다는 것이다.[25] 이러한 요인들은 고통 관리 전문가들로 하여금 심리적인 문제가 중요하며, 고통을 다룰 때 이러한 요인들을 반드시 고려해야 한다는 것을 인식시켜준다.[26]

이러한 차이점은 반드시 좋거나 나쁜 것은 아니다. 예를 들어 고통을 아주 잘 견디는 능력이 잘 견디지 못하는 것보다 강함 또는 약함의 상징은 아니다. 그러나 상담가들은 이러한 차이점을 인식하고 받아들여야 한다. 그것은 환자의 감정, 반응, 회복 정도와 상담에서의 응답에 영향을 주기 때문이다.

5. 가족의 영향

한 사람이 질병에 걸리면 그것은 가족 전체에 영향을 줄 뿐 아니라 환자에 대한 가족의 반응도 환자에게 긍정적인 혹은 부정적인 영향을 줄 수 있다. 질병이나 불구, 경제적 어려움, 병원 스케줄과 의사의 방문, 그리고 부부간의 성생활 단절 등 가족의 일상에서의 변화들은 피곤, 짜증 그리고 걱정을 동반한다. 환자에 대한 가족들의 방문은 때때로 환자의 기분을 좋게 하지만 때로는 긴장감을 고조시키며 병을 악화시키기도 한다.

걱정을 피하고 서로에게 확신을 주고자 할 때 환자와 가족들은 때때로 그들의 진정한 두려움과 감정을 나누기를 꺼린다. 결국 각자 스스로 괴로워하고 모든 것이 잘될 것이고 곧 회복될 것이라 기대하지만 사실상 두려움은 더해간다. 이것은 모두가 하고는 있지만 원하지는 않는 고의적인 게임과 같다.

헨리 나우웬은 어머니의 병과 죽음에 대해 우리가 내담자에게서 흔히 느끼는 감정을 홀랜드에 있는 아버지께 편지로 전했다. "서로에게 내면의 것을 말하는 것이 글로 쓰는 것보다 더 어렵지 않습니까? …… 나는 나 자신과 그리고 다른 사람들에게서 삶의 고통스러운 면, 육체적, 정신적, 영적인 파괴를 가져오는 것에 대해 피하고, 부인하고, 거부하는 것에 익숙해 있습니다".[27] 만약 말기 환자의 경우라면 가족들은 사랑하는 사람이 죽기 전 그들의 솔직한 심정을 함께 나눌 수 있는 기회를 상실하기 때문에 슬픔도 더욱 클 것이다.

누구도 신체적인 질병과 만성적 고통을 원하지는 않는다. 어떤 가족은 우리가 앞에서 나눈 그러한 문제를 전혀 가지고 있지 않다. 그러나 비록 환자와 가족들에게는 나타나지 않지만 상담자에 의해 이러한 문제는 종종 발견된다. 다시 말하면 공포, 두려움, 그리고 죽음에 대한 위협이 치료와 환자의 질병에 대한 태도, 회복의 진전에 얼마나 영향을 주는지 발견할 것이다.

• 신체적 질병에 미치는 영향들

• 질병의 원인과 영향을 분리하기란 어렵다. 고통, 절망, 감정의 변화, 가족의 반응은 환자의 질병에 대한 적응 문제만큼이나 중요하다. 질병에 대한 반응, 즉 죄의식, 분노, 무기력 등은 질병 치료를 더욱 어렵게 하거나 악화시킬 수 있다. 이것은 더 큰 죄의식, 분노, 무기력을 가져오는 악순환으로 발전하곤 한다.

상담자들은 문제를 가진 사람들을 상담하는 데 중점을 두기 때문에 질병에 미치는 부정적인 측면만을 볼 수 있으므로 긍정적인 측면을 간과하기 쉽다. 345명의 남성 심장병 환자를 대상으로 한 조사에서 환자들이 자신의 병에 대해 불평하거나 다른 사람을 비난했을 때(가족이나 직장문제에 대해) 또 다른 심장마비를 초래하기도 했다. 그러나 자신의 심장병을 긍정적으로 보는 환자들은 다른 결과를 나타낸다. 이들은 삶의 가치와 종교적 믿음을 재점검하거나 개인적인 관계를 회복하기에 힘쓰거나 스트레스를 감소시키고자 노력함으로써 자신의 건강을 회복하려고 힘쓴다. 결과적으로 '낮은 경색이 낮은 사망률을 보인다.'[28] 그러므로 질병에 미치는 영향들이 늘 부정적인 것은 아니다.

그러나 질병에 미치는 영향은 긍정적이기보다 부정적인 경우가 많다. 사려 깊은 상담자에 의해 고려되어야 할 질병에 대한 반응은 다음과 같다.

1. 부인

질병은 반가운 것이 아니기에 질병에 대해 심각하게 생각하지 않거나 그 자체조차 부인하는 경우가 있다. 아마 대부분의 사람들은 몸에 이상 증상을 발견했을지라도 그 증상들을 무시해버린다. 심장병을 앓은 한 40대 남자는 몇 년 동안 주기적으로 가슴 통증을 느껴왔지만 단지 소화불량으로 무시해버렸다고 고백했다. 신체적 이상이나 증상에 대한 부인은 심각한 질병의 경우 더 강하게 나타날 것이다. 그들은 "의사가 지나치게 반응하는 거야. 사실일 리가 없어. 하나님이 벌써 치료하고 계실 것이라 믿어"라고 말할 것이다.

2. 방어

심리학 개론은 종종 방어기제에 관해 언급한다. 이것은 우리로 하여금 사실을 부인하거나 두렵거나 혼란스러운 것은 중요하지 않은 것으로 여기게 하는 생각의 방법들이다. 이러한 현상은 심사숙고하거나 고의적인 인식 없이 보통 자동적으로 나타난다. 이러한 현상의 목적은 두려움으로부터 자신을 보호하려는 것이다. 환자와 그의 가족들에게 나타나는 방어기제는 다양하다.

- 합리화는 변명하는 성향을 말한다("의사들이 검사 결과를 잘못 판단했을 거야." "검사할 때 너무 피곤해 있었기 때문에 그 결과는 정확하지 않아").
- 투사는 다른 사람에게 분노, 공포, 절망의 감정을 전가시키는 것이다("문제는 의사가 나를 병자로 만들려는 거야. 그래서 보험회사로부터 더 많은 이익금을 얻으려는 것이다." "아내가 매운 음식을 매일 주어서 내가 병에 걸린 거야").
- 반동 형성은 느끼는 것과 반대로 과장해서 표현하는 것이다("보세요, 얼마나 건강하고 회복이 빠른지요." "제 혈색이 얼마나 정상으로 돌아왔는지 보세요").
- 자기 최면(마술적 사고)은 없는 사실을 예측하는 것이다("의사는 의학 서적을 정기적으로 구독하기 때문에 곧 새로운 치료법을 발견할 거야").
- 억압은 기억하고 싶지 않은 것을 의식적으로 잊어버리는 것이다.
- 억제는 더 적극적으로 잊는 것이다. 억압과 마찬가지로 원하지 않는 현실을 의식 밖으로 몰아내는 것이다.

이러한 생각들이 환자들에게 힘을 주고 질병에 대해 실질적으로 대처하는 데 필요한 용기를 준다면 유익할 것이다. 그러나 방어와 부인이 계속되면 환자나 가족들은 비현실적이 되어서 현실에 부딪혔을 때 그 사실을 수용하기 힘들다.

3. 외면

사람들은 병들었을 때 다른 사람들의 관심, 도움, 사랑을 감사하게 받아들인다. 그러나 어떤 사람들에게 그것은 쉬운 일이 아니다. 그들은 다른 사람에게 의존적인 것에 위협을 느끼고, 약해 보이는 것을 회피하고 오해할 수 있는 것에 대해 두려워한다. 그들의 회피로 인하여 때때로 환자 자신에 대해 괜찮다고 하거나 혹은 간호하는 사람들이 자신의 요구대로 떠나겠다고 하면 자기 연민이나 외로움에 빠진다.

4. 무기력과 두려움

무기력과 두려움은 심각한 병에 걸린 환자들에게 그러나 특별히 심장병 환자에게 잘 나타난다는 흥미로운 연구 보고가 있다. 예를 들어 900명의 심장마비 환자를 대상으로 조사한 결과에 의하면 1년 동안 무기력해진 심장마비 환자들이 무기력해지지 않는 환자들보다 세 배나 더 사망하는 확률이 높다. 다른 조사에 의하면 가족이나 친구들이 자신을 충분히 돌봐주지 않는다고 생각하는 무기력해진 심장병 환자들의 사망률이 가장 높다고 한다.[29] 다른 사람들의 충분한 돌봄이 있는 무기력해진 환자들과 무기력해지지 않은 환자의 사망 비율이 같은 것은 놀라운 일이 아니다.[30] 몬트리올의 권위 있는 연구에서 52개국의 1만 5천 명의 심장병 환자와 같은 숫자의 건강한 사람을 비교해보았다. 두 그룹 사이에 흡연 정도, 운동량, 혈압, 그리고 신체적 건강 상태에 따라 그 차이가 나타났다. 그러나 두려움, 스트레스 그리고 환자의 감정에 의해 더욱 현저한 차이를 보였다.[31] 이 연구는 심리적, 행동적 문제가 신체적 질병을 악화시키거나 회복에 영향을 준다는 것을 명백하게 보여준다. 그러므로 심장병 환자나 다른 질병에 걸린 환자들의 치료에 상담자나 정신건강 전문가들의 필요성이 높아지는 것은 놀라운 일이 아니다.[32]

5. 저항과 분노

어떤 환자들은 다툼을 일으킨다. 그들은 질병과 싸우기 힘들고 그들의 감정 조절이 불가능해졌을 때 의사, 간호사, 가족, 목회자, 상담자를 포함한 그 외 사람들에게 화를 낸다. 비난, 불평, 과잉보호, 그리고 무리한 요구들은 이러한 환자들에게서도 나타나며 환자 자신이나 다른 사람의 생활을 위협한다. 이러한 저항은 현재 상태에 대한 분노와 미래에 대한 불안에서 온다. 불행하게도 이러한 분노는 신체적인 문제를 유발하고, 때때로 갑작스러운 죽음을 초래하기도 한다.

6. 조작

어떤 사람은 불안을 분명하게 억제하기 위해 다른 사람들을 속이며 살아간다. 이러한 사람들이 병들었을 때 그들은 자신의 질병을 이용하여 다른 사람을 이용하거나 동정심과 관심을 얻으려 한다.

7. 꾀병과 건강 염려증

질병에 걸린 사람은 다른 사람으로부터 관심과 동정심을 불러일으키고, 아무 일도 하지 않고, 책임감에서 자유롭고 사회적으로는 일에서 놓여 집에 머무를 수 있을 뿐 아니라 늦게 일어나는 것도 허락된다. 그래서 어떤 사람은 병에 걸렸을 때 이러한 점을 즐기고 그래서 병이 호전되지 않거나 신체적인 근거가 없음에도 다양한 신체적 증상을 경험한다.

꾀병은 철저하게 위장하거나 자신의 유익을 얻기 위해 과장한다. 마치 학생들이 시험을 피하기 위해 학교를 가지 않으려고 아픈 척하는 것과 같다. 때때로 이 증상은 직원이 보상을 얻기 위해 사고를 위장할 경우처럼 더 길게 지속될 때도 있다. 꾀병에 대한 의심은 의사와 가족들을 화나게 하지만 환자가 꾀병이라는 것을 밝힐 수 있는 효과적인 방법은 없다. 만약 의사들이 질병이나 사고에 대해 꾀병을 부리는 사람을 구별하는 데 실패할 경우 의사 본인들이 당할 의료소송을 두려워하기 때문이다.

건강 염려증 또는 상상의 병 역시 사실적 질병은 아니지만 여기에는 아픈 척하려는 의식적인 노력은 없다. 건강 염려증은 질병을 미리 가져오는 경향이 있어서 신체적 증상을 찾고 가장 잦은 신체적 변화에 대한 추측이 병을 진단한다. 의사가 아무런 증상이 없다고 할 때, 이러한 사람들은 화를 내거나 다른 의사를 찾는다. "의료진들이 왜 그 모양이야." "올해 23명의 의사에게 진료를 받았는데 내 병이 무엇인지 아무도 몰라"라고 한 만화는 이들을 풍자적으로 표현한다. 이들은 자신의 질병이 사실이라고 믿지만 이들 역시 다른 사람으로부터의 관심을 얻기 위해 질병의 증상을 이용한다. 질병은 이들에게 삶의 방법이다. 이들은 지속적인 증상이나 병원에 가는 것을 원하지 않지만 병든 상태로 있는 것이 삶을 쉽게 만든다고 생각한다.

8. 희망

의학적인 보고가 희망적이지 않더라도 어떤 환자와 그의 가족들은 희망적으로 응답한다.[33] 정신분석학자 엘리자베스 퀴블러 로스(Elisabeth kübler-Ross)의 유명한 책 『죽음의 순간On Death and Dying』에서 환자가 희망을 포기할 때 그 환자는 얼마 있지 않아 죽는다고 한다.[34] 심각한 질병에 걸린 환자라 할지라도 희망이 있을 때 견디기 힘든 치료 가운데서도 견뎌낸다고 한다. 병리 또는 비병리 상담자들은 최소한의 희망만 있어도 환자들의 병세가 호전한다는 것을 발견했다. 의사나 다른 사람들이 환자의 상태에 대해 거짓말을 해야 한다는 것을 의미하는 것이 아니다. 퀴블러 로스가 말한 것처럼 "우리는 환자들에게 병이 호전될 것이며, 예측하지 못했던 일이 일어날 것이며, 기대보다 더 오래 살 것이라고 희망을 주어야 한다."[35] 기독교인은 온 우주를 창조하신 주권적인 사랑의 하나님이 현재와 영원까지 우리를 돌보고 계시다는 것을 믿음으로 더 큰 희망을 가질 수 있다.

- ### 상담과 신체적 질병

예수님은 성전 안에 상담실을 차리고 상담하러 오는 사람들을 기다리지 않으셨다. 예수님은 사람들이 모인 곳, 집, 거리를 다니시며 병든 자, 두려움에 가득 찬 자, 혼란한 자, 불구자, 가난한 자들을 찾아가셨다. 예수님은 명성, 재물, 높은 신분을 가진 사람들이나 그에게 약속을 한 사람들만 만나주시지 않았다. 소외당한 자, 죄인들, 멸시 받는 세리, 그리고 거드름 피우는 종교 지도자들을 상담했다.

환자를 상담할 때 환자를 찾아가야 하는 것이 필수적이다. 상담실 밖에서 상담할 때 모든 상담의 기본 원칙들은 상담가의 따뜻한 마음, 동정심, 신실함이다. 환자나 가족들이 공포, 두려움, 분노, 미래 그리고 질병에 관해 말할 때 인내심과 온유함으로 들어주는 자세, 확신감, 그리고 과장하거나 지나치게 겸손한 척하지 않고 수용하는 자세, 이해, 동정심도 요구된다. 신체적으로 건강한 사람과는 달리 환자들은 상담자의 성품에 더욱 민감한 편이다.

모든 질병은 특이하지만 각자의 경험에 기초한다. 그레그 앨버스(Gregg Albers) 박사는 대부분의 환자와 그의 가족들이 겪는 질병의 단계가 있다고 했다. 그림 24-1에서 보듯이 반응 단계는 신체적 증상이 강하게 인식될 때, 곧 질병의 초기에 나타난다. 두려움, 분노, 무기력, 부인 그리고 저항 등의 감정적 반응이 동반된다. 결국 환자는 자신의 질병에 대해 현실적이고 심사숙고하는 수용 단계에 이른다. 이 단계에서는 체계적인 치료의 필요성과 질병의 심각성에 대한 인식과 질병에 대한 장기적이고 영적인 의미를 인식하게 된다. 그 다음은 회복 단계다. 환자는 치료를 받으며 다른 사람의 보살핌 속에서, 자신이 회복되고 있다는 인식과 함께 서서히 몸이 회복된다. 그래프는 다시 원상태로 돌아온다. 때로는 환자가 정상적으로 건강을 회복하지만 어떤 경우에는 신체의 한 부분이 불구가 되는 경우도 있다(도표에서 Y로 나타난다). 또 다른 경우, 질병 후 더욱 몸이 건강해지기도 한다.

이러한 단계들을 지나온 환자와 그의 가족들 사이에는 시간적인 차이를 나타낼 수 있다. 예를 들어 환자는 가족들보다 인식 단계를 더 빨리 거칠 수 있거나 혹은 가족들이 더 빨리 거칠 수 있다. 그러나 종종 병이 재발하거나 더 악화될 수 있으므로 이러한 단계가 도표에서 나타나는 것처럼 순조롭지 않을 때도 있다. 질병의 어떤 단계이든지 상담자는 환자와 가족에 대해 상담의 지침들을 지키려고 노력해야 한다.

1. 상담자의 태도와 필요를 인식하라

질병이 심각하거나 환자가 죽음에 임박했을 때 의사, 간호사, 목사, 친구, 심지어 가족들까지도 환자를 외면하고 환자 스스로 질병의 고통에 직면하게 하려는 경향이 있다. 이러한 상황에서 유일한 상담은 환자의 병실을 청소하고 식사를 배달해주는 사람들에 의해 이루어져왔다. 그들은 병실을 규칙적으로 방문하여 환자들과 대화하며 격려할 수 있는 사람들이다.

이런 슬픈 상황은 우리 대부분이 질병에 감염되는 것을 원하지 않는다는 것을 말해준다. 특별히 심각한 질병일 경우 우리도 병든 사람들을 피하게 된다. 아마 이러한 태도는 우리도 그 질병에 감염될 수 있

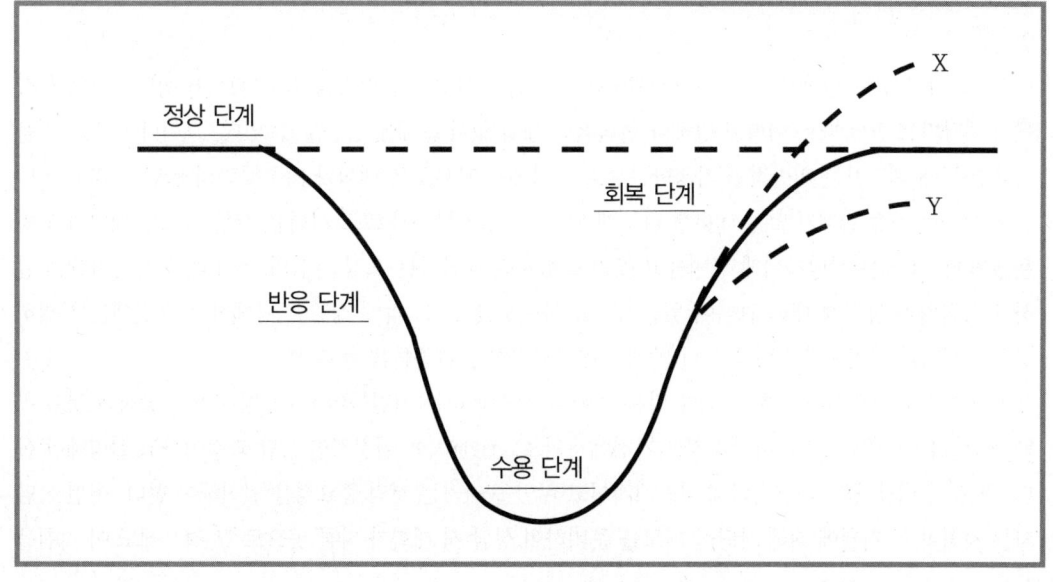

그림 24-1. 질병 단계. 감소 단계 또는 반응 단계 과정에서 신체적, 감정적 경향은 환자가 수용 단계의 낮은 쇠퇴기에 이를 때까지 나타난다. 그후 신체적, 영적인 건강을 회복할 때 다시 성장 단계로 전환된다. 환자가 정상적인 신체적 활동과 감정적인 안정을 되찾을 때를 회복이라 부를 수 있다. 점선 'X'는 환자가 평소보다 더욱 건강한 상태로 회복될 수 있다는 가능성을 보여준다. 점선 'Y'는 질병 후에 불구가 되거나 정상적인 상태로 돌아올 수 없는 경우를 나타낸다.

다는 위협감을 느낀다는 것을 보여준다. 혹은 우리가 환자에게 무엇을 말해야 하며 환자의 분노와 좌절 앞에 어떻게 격려해야 하며 '왜 나야?' 또는 '나는 이제 곧 죽는 거야?' 라는 등의 대답하기 힘든 질문들에 대처할 수 없다고 생각할 수 있다. 심한 신체장애를 입은 환자들은 상담자와의 면담이 불편할 뿐 아니라 환자가 인식하게 되는 갑작스러운 돌발 현상이 발생하기도 한다.

어떤 상담자들은 환자와 가족들을 상담하는 데 익숙하다. 만약 상담자가 병으로 입원한 경험이 있으면 환자에 대해 이해하기가 더욱 쉬울 것이다. 그러나 어떤 상담자는 환자와 병원 상담에 대해 전혀 익숙해지지 않는 경우도 있다. 이러한 상담자는 환자와의 상담이 왜 불편한지에 대해 숙고해보아야만 한다. 환자에 대한 우리 자신의 태도를 인식하는 것은 더욱 유능한 상담자가 될 수 있게 한다. 그러므로 상담 전의 기도와 영적인 준비는 반드시 필요하다. "기독교인들은 서로를 돌봐야 한다"는 말씀처럼[36] 우리는 긍휼의 하나님에게 우리가 환자들에게 긍휼과 사려 깊은 상담자가 될 수 있도록 능력을 간구해야 한다.

2. 병문안에 대한 지침을 배우고 적용하라

성경은 병자와 고아를 포함하여 도움이 필요한 사람들을 도와주라고 말씀한다.[37] 예로부터 목회자는 병자와 연약한 자를 방문하여 성경을 읽어주고 위로하고 격려하고 그들의 말을 들어주고 기도해주었다. 불행하게도 빠르게 변해가는 오늘날에는 이러한 방문들이 급하거나 또는 형식적인 것이 되고 말았다. 결과적으로 환자나 목사 모두 고려된 친절에 대한 짧은 방문으로 편안함보다는 긴장을 느낀다.[38]

대부분의 상담자들은 자신에게 익숙한 상담실 안에서 상담하기를 원한다. 그러나 환자의 신체적 한계로 인해 이것이 반드시 가능한 것은 아니다. 결국 상담자는 환자를 방문해야 한다. 만약 교회에서 병문안을 할 경우 성도들 또한 이 역할을 감당해야 하며 반드시 목회자만의 사역은 아니다. 환자를 방문하고 상담할 경우 표 24-1에 나타난 일반적인 상담의 지침들을 반드시 기억해야 한다.

3. 상담실 밖에서 상담 시에 관계된 문제들에 대해 인식하라

공생애 기간 예수님께서는 병자를 만나는 어느 곳에서든지 그들을 치료해주셨지만 때론 병자의 집을 찾아가시기도 하셨다. 그러므로 병문안은 기독교 사역의 한 영역이다. 표 24-1에 그 지침들이 잘 나타나 있다.

심리학자나 전문 상담자들의 가정방문에 대한 지침은 상담실에서의 상담과 다르다. 상담자가 상담실에서 내담자를 만날 때는 어떠한 방해나 형식적인 대화 없이 문제에 집중할 수 있다. 그러나 환자의 집을 방문했을 때 내담자는 일반적인 가정방문으로 생각해서 자유로운 대화나 가족들과의 만남 그리고 상담할 문제와는 직접 관계가 없는 대화를 나누게 된다. 한 심리학자가 크고 사나운 개를 기르는 내담자를 방문했을 때 그 개는 상담자에게 덤벼들고 짖기도 했지만 내담자는 오직 자신의 개에 대해 상담자에게 말하고 상담자가 동물에 대해 관심이 있는지만을 물어보았다. 그 밖에 상담을 방해하는 요인에는 특별히 상담중 전화가 걸려오거나 방 안이나 밖에서 왔다갔다하는 가족들을 들 수 있다.

이러한 방해 요인을 방지하기 위해 방문 전에 우선해야 하는 지침들이 있다. 방문이 일상적인 것이 아니라 상담실에서의 상담과 마찬가지로 가정에서의(또는 병원에서의) 실질적인 상담 과정이라고 설명해야 한다. 방문 시 내담자의 상담에 대해 비공개적이고 비밀을 지키는 것의 중요성을 인식해야 한다. 어떤 상담자는 지켜야 할 지침에 대해 간단한 메모를 준비하여 상담 시 대화가 다른 곳으로 갈 경우에도 이 지침을

표 24-1. 병문안과 상담에 대한 지침

모든 환자들

- 가능한 한 자주 방문하되 환자들의 건강 상태에 민감하여야 하며 너무 오래 머물거나 너무 급하게 방문하지 말라.
- 악수나 환자와의 신체적 접촉은 환자 쪽에서 청할 때 한다.
- 방문 시 침대 머리 쪽이나 발끝보다 환자가 잘 볼 수 있는 침대 옆쪽에 서거나 앉는다.
- 환자가 자유롭게 말하도록 하고 환자의 말을 경청한다.
- 기독교인으로서 기도, 성경말씀, 격려의 말들을 하라. 주변 상황에 민감해라. 소리 내어 기도해도 되는지, 성령의 인도하심과 환자의 상태, 환자의 영적 배경 그리고 함께하는 사람들을 고려해야 한다. 환자가 기도를 요구하기 전에 기도할 것을 권하고 기도는 가능한 한 짧게 한다.
- 전염병에 대해 적절히 주의하라.
- 환자가 읽을 만한 경건한 책이나 간행물들을 남기라.
- 각 방문과 상담 시 다음 방문의 개선을 위해 평가하라.

집에 있는 환자들

- 방문하기 적합한 시간인지 방문하기 전에 반드시 전화하라.
- 가능한 한 동반자와 함께 방문하거나 집에 가족이 있는 시간에 방문하라.
- 개인적인 대화를 나눌 수 있는 시간인지 확인하라.
- 이 장에서 논의한 경계선에 대한 문제들을 재점검하라.

입원 환자들

- 병원에 도착해서 안내 데스크에서 체크하고 자신을 소개한 후 면회가 가능한 시간인지 확인하라.
- 병실 문이 닫혀 있거나 방문객 사절이라는 팻말이 붙어 있을 때는 병실에 들어가지 말라.
- 다른 방문객들이 많지 않을 때 전화하도록 하라.

해야 할 것들

- 친근하고 명랑하라.
- 안심시켜주고 위로해주라.
- 환자가 긴장을 풀도록 하라.
- 환자가 가질 수 있는 불안, 실망, 죄의식, 좌절, 불확실한 감정들에 대해 인식하라.
- 하나님의 사랑과 돌보심에 대해 재인식시켜주라.
- 환자나 가족들이 의논하고 싶어 하는 내용이나 관심과 질문에 대해 성의껏 대답해주라.
- 환자를 위해 무엇을 하고자 할 때 예를 들어 교회에서 환자를 위해 중보 기도를 하고자 할 때 환자에게 사전에 물어보라.
- 환자의 가족들에 대해 인식하라.

> - 환자에게 기도하겠다고 약속한 내용은 반드시 이행하라.

하지 말아야 할 것들

- 부자연스러운 음성으로 말하지 말라.
- 자신의 질병이나 입원 경험을 말하지 말라.
- 환자에게 말하기를 강요하지 말라. 때로는 당신도 침묵을 지키는 것이 더 의미가 있다.
- 환자가 잠들었거나 혹은 무의식 상태이기 때문에 가족들과 나누는 대화에 대해 모를 것이라 예상하지 말라.
- 하나님이 치료할 것이라 약속하지 말라. 때때로 하나님은 병이 지속되기를 허락해주신다.
- 자신이 아플 때는 방문하지 말라.
- 급한 일이 있을 때도 방문하지 말라.
- 크게 말하지 말라.
- 침대에 앉거나 기대거나 부딪히지 말라.
- 식사시간에 방문하지 말라.
- 환자가 보는 데서 가족들이나 의료진들과 귓속말하지 말라.
- 질병에 대해 자세한 질문을 환자에게 하지 말라.

인식시켜준다. 물론 상담자는 내담자가 가정에서 가족과 어떤 관계를 가지고 있는가를 통해서도 내담자에 대해 알 수 있지만 상담실 밖에서의 상담 시에도 전문적인 상담이 일어나야 좋은 결과를 얻을 수 있다.[39]

4. 환자의 구체적인 감정과 관심을 상담하라

환자로부터 상담 요청을 받았을 경우 환자의 신체적인 상태에 민감한 것도 중요하다. 하지만 환자의 신경을 예민하게 하는 주제는 피해야 한다는 것을 의미하는 것은 아니다. 다음과 같은 일반적인 실수들이 있다.

- 환자가 감정적으로 흥분할 수 있는 민감한 주제를 피하는 것.
- 지나친 격려나 낙관 그리고 명랑한 태도가 걱정을 없애줄 것이라는 희망을 남발하는 것.
- 방문자들이 불편해하는 것을 피하고 관심을 돌리기 위해 환자 외에 다른 주제로 대화하는 것.
- 환자의 상태나 질병에 대한 부정적인 측면에 대해 지나치게 질문하여 병세를 더욱 악화시키는 것.
- 환자의 현실적인 상태를 무시한 채 지나치게 기적이나 병 고침에 대해 낙관적으로 강조하는 것.

유능한 상담자는 이러한 실수에 주의할 것이다. 환자들은 때로 자신들의 감정과 관심에 대해 상담하기를 원하지만 가끔은 다른 이와는 관계없는 대화를 나누기 원한다는 것을 기억해야 한다. 상담에서 상담자는 분명히 환자를 도와주는 사람이 되어야 한다. 상담자는 때때로 민감한 문제를 제기해서 이러한 문제를 나누고 싶어 하지 않는 환자로부터 대답을 회피하려는 태도를 접할 것이다. 이러한 경우, 환자에게 말하기를 요구해서는 안 된다. 오히려 계속적인 관심과, 개인적인 비밀은 보장되며는 상담해야 할 내용에 대해 인식하고 있다는 태도를 보여주어야 한다.

(a) 두려움 : 환자와 가족들이 경험할 수 있는 두려움은 어떤 것인가? 환자들은 자신의 두려움에 대해 기꺼이 상담하고자 하는가? 대부분의 사람들은 자신의 두려움에 대해 인정하려 들지 않는다. 그러므로 상담자는 안심하고 환자가 자신의 감정을 이야기하고, 그러한 두려움은 큰 문제가 아니며 곧 사라질 것이라는 것을 인식시켜줄 필요가 있다. 환자들의 두려움은 실질적인 것이 아니다. 그들은 어떤 일이 일어날 것인지에 대해 그리고 자신들이 상상한 나쁜 결과들이 현실로 나타날 것에 대해 두려워한다. 그럴 때 상담자나 의료진이 환자를 이해하는 태도로 들어주고 정확한 정보와 실질적인 확신을 준다면 환자의 두려움은 사라질 것이다. 기독교 상담자는 환자와 그의 가족들과 함께 환자의 힘든 상태와 고통 가운데서도 평화를 달라고 기도해야 한다. 빌립보서 4장 6-7절 말씀이 이에 도움을 줄 수 있다.

(b) 좌절 : 기독교인은 "절대 좌절하지 않는다." 만약 그렇다면 "주님께 그것을 맡겨라"라는 찬송가 가사가 있다. 이 가사가 가르치는 것처럼 어려운 상황은 우리로 하여금 기도하게 하고 "우리의 친구 되시는 예수님이 계시다"라는 것을 깨닫게 한다. 그러나 앞에서 말한 것처럼 "좌절은 부정적이다"라는 결론에 대한 질문을 던질 필요가 있다. 왜냐하면 사람들은 좌절을 인정하려 하지 않고 자신들을 좌절하게 만드는 것에 대해 말하기도 싫어하기 때문이다. 여기에서 다시 상담자는 사려 깊은 태도로 내담자를 이해할 수 있으며 내담자를 좌절하게 만드는 원인은 해결될 수 있다는 것을 보여주어야 한다.

(c) 분노 : 질병으로 인한 대부분의 감정은 환자가 인식하지 못할 때조차도 환자의 상태에 영향을 줄 수 있다. 예를 들어 분노는 항상 눈에 띄게 나타나는 것은 아니다. 다른 사람을 외면하거나, 가족과 의료진에 대한 비난, 관심과 특별한 치료에 대한 요구, 끊임없는 불평, 무기력, 하나님과 기도에 대한 거부, 자신이 처한 상태에 대한 계속적인 의문 등이 하나님, 자기 자신, 그리고 다른 사람을 향한 감추어진 분노의 표현이라 할 수 있다. 분노는 그러한 감정을 억제하거나 부인함으로써 해결할 수 없다. 분노는 주변 사람에게 폭발할 때까지 화로 위에 있는 물 주전자처럼 부글부글 끓어오른다. 상담자는 하나님에게 도움을 구하며 내담자가 분노에 대해 정직하게 직면할 수 있도록 하며, 그 분노의 감정을 인정하고 그것에 대해 하나님의 도움을 구하도록 도와주어야 한다. 그렇게 할 때 분노가 조절되며 환자의 상태에 나쁜 영향을 주지 않는다.

(d) 자기 연민 : 환자는 평소보다 더 현재의 상황을 생각하며 우울해하거나 외로움을 느낀다. 종종 질병에 대한 나쁜 생각이나 삶의 일반적인 생각에 잠기곤 한다. 이러한 생각들이 환자에게 두려움, 좌절 그리고 분노의 감정을 불러일으킨다. 어떤 사람은 자기 연민으로 발전되기도 한다. 자기 연민과 우울함은 한동안 환자를 괴롭힐 것이다. 이러한 태도는 다른 사람으로부터 동정심을 유발하거나 삶이 불공평하다는 분노를 유발시킬 것이다. 또한 환자의 마음을 강퍅하게 만들고,[40] 다른 사람들로 하여금 그러한 불평의 말을 더 이상 듣고 싶지 않게 만든다.

환자가 자기 연민에 사로잡혀 있을 때는 온유하게 이 문제를 다루어야 한다. 환자는 그 사실을 부인하거나 화를 내겠지만 상담자는 수용과 이해의 태도를(그러나 분명하게) 견지해야 한다. 상담자는 환자의 생명에 대해 긍정적이고 부정적인 측면을 모두 고려해야 한다. '이 질병을 통해서 궁극적으로 어떤 일이 일어날까? 현재 상태에서 더 현실적인 대안은 무엇일까?'라는 질문을 해야 한다. 그리고 내담자가 기도하고, 자신의 강퍅함을 고백하고, 하나님에게 용서를 구하고, 현재 상황에 대한 새로운 방향과 시각을 갖도록 격려해야 한다. 뿐만 아니라 현재 상태는 건강한 삶에 대한 재평가의 기회, 하나님과 대화할 수 있는 영적 성장의 기회라는 것을 인식시켜주어야 한다.

(e) 죄의식 또는 강퍅함 : 시편은 질병이 죄책감 또는 강퍅한 내면적 감정에서 온다고 가르치고 있다.[41] 다윗이 자신의 죄를 고백하고 용서를 받았을 때 그의 질병은 사라졌다. 이처럼 죄에 대한 용서의 경험이 건강을 증진시켜준다는 보고가 있다.[42] 비록 죄의식이 질병의 직접적인 영향은 아니라 할지라도 질병을 더욱 악화시키거나 회복을 지연시킬 수는 있다.

(f) 난해한 질문들 : 비록 환자들이 자신의 생각을 상담자에게 모두 드러내지는 않지만 많은 환자들은 다음과 같은 질문을 하며 갈등한다. 왜 내가 이것을 경험해야 하나? 왜 내게 이러한 일이 일어났나? 만약 내가 회복하지 못한다면 나와 가족들은 어떻게 될까? 의사들은 확실하게 치료하고 있는 것인가? 이 병원 의료진들은 나와 같은 노인을 잘 돌보는가, 아니면 이미 희망을 버리고 나에 대해 방관하는 것은 아닌가? 질병 기간에 나의 성생활은 어떻게 되는 것인가?

상담자나 가족 구성원은 이러한 환자의 질문에 대해 고려해야 하지만 환자와 직접적으로 이 문제에 대해 나누는 일은 삼가야 한다. 만약 환자가 이 문제에 대해 자주 언급할 때는 상담자도 이러한 문제를 다루어야 한다. 그러나 만약 내담자가 이 문제에 대해 전혀 언급하지 않을 경우에는 상담자가 먼저 언급해야 한다. 방해받지 않는 시간을 택해야 한다. 물론 이러한 질문들은 쉽게 대답할 수 있는 것은 아니다. 우리가 아는 바와 같이 성경은 우리 삶에 해답을 준다. 그러나 우리 인간의 능력으로는 이해할 수 없는 부분도 존재한다.[43]

역시 죽음에 대해 대화하거나 이해하는 것은 어려운 일이다. 빌리 그레이엄(Billy Graham) 목사는 『침묵의 음모』에서 의료진을 포함한 사람들은 최소한 환자의 의욕을 상실시키거나 대화하기에는 극히 불편한 주제인 죽음의 가능성에 대해 언급하기를 두려워한다고 기록했다.[44] 어떤 의사들은 환자가 죽어가고 있는 것을 밝히지 않아서 죽음에 임박할 때까지도 가족과 친구들이 그 사실을 모르기도 한다. 그러므로 환자가 죽음에 대해 정직하게 대화하고 가족들이 어떻게 죽음에 대처하며 환자의 사후의 삶에 대해 생각할지 도와주는 노력이 필요하다.

때때로 가족들은 환자의 심각한 상태에 대해 환자에게 알려야 하는지 상담자와 의논할 것이다. 아마 대부분의 말기 환자는 자신들이 그 사실을 듣기 전에 자신이 죽어가고 있다는 사실을 깨닫고 있다. 확실하고 정직하게 환자의 상태와 사후에 대해 환자와 조심스럽게 대화하는 것은 의료진에 대한 믿음과 신뢰를 심어준다. 이러한 상황에 대해 조심스럽고 차분한 대화를 해나갈 때 내담자는 자신의 감정에 대해 나누는 데 자유를 느낄 뿐 아니라 보다 실질적인 문제, 특별히 재정적인 문제에 체계적인 도움을 받을 수 있으며, 죽음 앞에 내적 긴장에 대한 해소, 사랑하는 사람들에 대한 작별의 말, 그리고 하나님 안에서의 평안을 확신할 것이다.

5. 환자가 고통을 이길 수 있도록 도와주라

관절염, 만성 두통, 요통 그리고 다양한 신체 질병과 관련된 만성 통증에 시달리는 사람들이 얼마나 많은지 모른다. 미국에서는 인구의 20%가 신체, 지각, 정신 그리고 일상생활을 힘들게 하는 정신장애를 가지고 있다고 보고되었다. 60만 명이 넘는 이러한 사람들은 절대 완치가 불가능한 만성의 질병을 가지고 있다. 이러한 사람들은 그들의 남은 삶에 대해 어떻게 살아가야 하는지를 배워야 한다.[45] 이러한 환자에 대해서 수술과 약물치료들이 있지만 강한 심리학적 요소 또한 존재한다는 보도가 늘고 있다. 통증에 대한 심리학적 치료는 의학적인 도움 없이도 효과적일 수 있다.[46] 예를 들어, 두려움은 고통을 더욱 자극하고 육체의 대처 기제(Coping Mechanisms)를 방해한다. 무기력과 만성 통증은 상호작용을 가지고 있다. 건강과 신체적 상태에 대한 예민한 생각은 통증에 대해 더욱 민감하게 하고 건강에 대해 심리적 걱정을 상승시킨다. 이러한 사실은 조제된 약을 복용하는 50%의 통증 환자를 통해 입증되었다. 그래서 전문의들은 통증을 완화하기 위해 심리학자나 상담자의 도움이 필요하다고 한다.[47] 생체 자기제어(Biofeedback), 기분전환, 묵상, 인식적·행동적 상담 그리고 심리학적 중재들은 그들의 고통에 대한 태도, 인식 그리고 행동을 변화시킴으로써 고통을 조절하거나 제거시키는 데 사용되는 효과적인 방법들이다.[48] 믿음이 있고 영적인 사람의 경우 수명 연장, 통증 완화, 수술 후 빠른 회복을 가져올 수 있다는 사실은 기독교인 상담자에게는 놀라운 일이 아니다.[49]

6. 환자에게 질병과 그로 인한 스트레스에 직면하게 하라

간혹 의료 일간지에 실린 글들은 매우 형식적이다. 예를 들어 스트레스에 대한 직면은 "심리학적 전략으로서 스트레스를 감소시키고, 수정하고 스트레스를 일으키는 일상의 일로부터의 충격을 제거하는 것"이라고 정의되어왔다. 간단히 말해서, 직면은 스트레스를 감소시키는 한 방법이다. 상담자는 환자가 스트레스에 직면할 수 있도록 돕기 위해 다음과 같은 지침들을 참고할 수 있다.

- 환자에게 자신의 질병과 신체적 장애에 대한 의미를 발견하도록 도움을 주라. 의학적으로 한계가 있는 감정을 표현하도록 환자를 고무시켜라. 고통의 의미에 대해 질문하며 갈등하도록 하라. 환자들이 자신의 감정과 갈등에 대해 깨닫고 마음을 열 때 감정에 좌우되는 일이 줄어들 것이다.
- 내담자에게 확실한 의학적 정보를 제공하라. 질병에 대한 정확한 정보와 내담자의 현재 상태, 회복의 예측 그리고 앞으로 올 장애 등에 대해 정확하게 말하라. 구체적인 정보는 두려움, 부인 그리고 이성을 잃을 수 있는 상태를 줄일 수 있다.
- 가족의 협조와 단체 경험을 할 수 있게 환자를 도우라. 그룹 경험은 같은 질병을 가진 환자들과의 만남의 기회를 제공하는 것이다. 이러한 그룹은 질병에 직면하는 능력, 역할 모델 그리고 두려움이나 미래에 대한 상담의 기회를 제공한다.
- 환자에게 통증과 신체장애가 계속된다 할지라도 사회단체 안에서 어떻게 살아가야 하는지 지도하라. 살아가는 방법, 의지적 삶의 방향, 그리고 세상의 시선에 대해 대처하는 방법 등이다.[50]
- 결정할 수 있도록 도와주라. 어떤 환자는 심리적으로 우울해하거나, 삶을 포기하거나, 할 수 있는 일을 포기하기도 한다. 이러한 행동과 태도는 질병을 악화시키거나 회복을 지연시키고 불행한 생각을 초래한다. 상담자는 이러한 환자에게 현재 상태에 대한 균형 잡힌 생각과 미래에 대한 현실적인 결정을 내릴 수 있도록 도와줄 수 있다. 어떤 환자는 지속적인 한계와 신체장애에 직면해야 하지만 상담자는 삶의 기회, 신체적, 정신적 가능성에 대해 인식시켜야 한다.

7. 소망을 주라

기독교인들은 심각한 질병이나 죽음까지도 삶의 마지막은 아니라고 믿는다. 소망은 믿음에 기초하는 것이다. 소망은 하나님의 기적을 바라는 것만은 아니다. 그것은 삶의 주관자이시며 모든 것을 합력하여 선으로 만드시는 하나님에 대한 신뢰다.[51] 때때로 소망은 회복, 오랜 고통과 장애의 시간을 넘어 그리스도와의 영생을 의미하기도 한다. 분노, 공포, 불확실, 스트레스, 부인, 그리고 실망 등은 소망으로 말미암아 극복할 수 있다. 소망은 환상적인 일이 일어날 것이라는 희망이 아니라, 하나님과 그가 창조한 세계에 대한 성경적인 가르침에 기초하는 것이다.

8. 가족과 의료진을 도우라

한 사람의 문제는 가족 모두에게 영향을 미친다. 가족 중 한 사람이 아플 때 더욱 그렇다. 일상생활이 분열되고, 경제적 어려움과 다가오는 죽음에 대한 갈등의 순간들에 직면한다. 그러므로 가족과 환자는 상담자의 도움이 필요하다. 상담은 환자가 질병에 더욱 효과적으로 대처할 수 있도록 도와준다.

상담자는 의료진과 협력하여 환자를 간접적으로 도울 수 있다. 환자와 가족은 병원을 오고가지만 의료진은 항상 병원에 상주하기 때문이다. 의료진들은 과로와 적은 급료, 까다로운 환자와 가족들의 비난, 지속되는 고통과 슬픈 상황 가운데서 일해야 한다. 어떤 전문의들은 희망과 치료라는 꿈을 가지고 병원에 들어오지만 병의 치료나 환자를 돌보는 것보다 복잡한 절차와 행정적인 일을 처리하는 것이 임무임을 발견하게 된다. 결국 전문의들은 치료가 약물 조제나 의료 기구를 사용한 치료로 대치되었다고 생각한다. 이러한 의료 기구의 사용으로 의료진들이 부족하게 되고 남아 있는 사람들의 일은 가중되어 가정과 직장에서의 삶의 균형이 깨지는 갈등을 겪게 된다. 이로 인해 의사와 의료진들의 자살률, 알코올중독, 약물중독, 이혼, 직업을 포기하는 비율이 높아지고 있다. 그러나 병원 의료진들은 원목과는 달리 일반 상담자가 병원을 가끔씩 방문하기 때문에 쉽게 상담을 요청하지 않을 것이다.

특별히 자주 병원에 있는 원목이나 병원을 자주 방문하는 이가 아니라면, 병원 직원은 상담자의 도움을 요구하지 않을지도 모른다. 그렇다 하더라도 상담자는 상담을 받음으로 혜택을 입을 수 있는 직원들의 절박하지만 표현하지 않고 있는 필요가 무엇인지에 대해 민감한 관심을 보여야 한다. 때때로 직원들이 그들의 감정이나 해답을 얻지 못하고 있는 의문을 다룰 수 있도록 도움을 주라. 민감하고 지원적인 격려가 최선의 시작일 수 있다. 종종 보면 상담자가 병동에서 관심을 보여주면, 이것이 발판이 되어 나중에 다른 곳에서 보다 심층적인 상담이 이뤄질 수 있다.

9. 꾀병과 건강 염려증의 증세를 극복하도록 도우라

어떤 질병은 지속적인 치료에도 불구하고 계속된다. 증상을 무시하거나 감정적인 말을 하며 환자를 대하는 것은 전혀 도움이 되지 않는다. 이런 경우 의학적 치료도 도움이 되지 않기는 마찬가지다. 심리적인 원인에서 온 질병은 약물치료와 수술로도 불가능하다고 한다. 이러한 질병은 궁극적으로 그 원인, 즉 내면의 두려움과 이러한 증상으로부터 벗어나고자 하는 능력의 결핍을 치료해야 한다.

비의학적인 상담자는 질병의 자연치료가 불가능하다는 것을 먼저 인식해야 한다. 그리고 이것은 의사에 의해 진단되어야 한다. 그러나 의사들도 종종 생물학적 근거가 없는 질병에 대해 진단하는 데는 어려움을 겪는다.

만약 질병의 증상이 신체적 근거가 없을 때는 도움에 대해 다룬 9장에서 제시한 문항들을 다시 한 번 살펴볼 수 있다. 비록 증상들이 신체적 근거가 없다 하더라도 내담자에게는 매우 실질적이다. 그래서 상담자는 환자의 불편에 대해 이해심을 보여주어야 하지만 내면의 두려움에 대해 내담자가 스스로 발견하고 대처하도록 도와주어야 한다. 뿐만 아니라 내담자의 관심을 얻고 다른 사람을 조정하고 다른 사람에게 의존하고자 하는 욕구도 다루어져야 한다. 상담자의 목표는 내담자가 보다 바람직한 방법으로 이러한 욕구들을 충족시키도록 도와주는 것이다.

예방과 신체의 질병

만성 질병에 대한 진단은 "바쁘거나 스트레스를 받는 삶은 정서적인 고통을 초래한다"는 결론에 도달할 수 있다.[52] 정신적 고통 중에서 두려움, 무기력 그리고 가족과의 갈등은 심각한 질병과 함께 수반된다. 비록 가족이나 목회자들은 환자의 간접적인 반응을 발견할 수 있더라도 신체적인 질병만을 다루는 의료진들에게는 간과되기 쉽다. 그러나 질병에 대한 감정적인 반응이 무시되었을 때 이러한 심리적 영향은 환자의 회복과 신체의 건강 상태를 악화시킬 뿐 아니라 사망률을 증가시키기까지 한다.

정신적 고통과 신체적 증상에 시달리고 있는 환자는 자주 의사를 찾아와서 불필요하고 비용이 많이 드는 의료 절차를 따라야 하는 경우가 발생하기도 한다.[53] 전문의들은 종종 환자에게 정신적 문제를 상담하거나 상담받기를 권하지만 신체적 질병과 마찬가지로 심리적 문제를 안고 있는 환자의 경우에 이러한 제안은 치료를 더욱 어렵게 만들기도 한다.

의료 위기 상담이란 짧은 시간에 환자와 가족이 함께 그들의 질병과 미래에 대해 다루도록 도움을 주는 것이다. 이러한 상담은 의료팀과의 적극적인 협력, 대처 능력과 사회적 후원을 유도한다. 심리적 도움이 환자가 정신적으로 병에 걸려서 받는 것이 아니라는 인식을 하도록 도와야 한다. 이것은 치료의 한 부분으로 환자가 질병을 이겨내고 회복하는 데 도움을 준다.[54]

의료 전문가들과 방송매체는 질병과 사고를 예방하고 피할 수 있는 방법들에 관심을 쏟는다. 상담자와 교회들도 질병과 관련된 문제들을 예방하는 데 도움을 줄 수 있다.

1. 병과 죽음에 대한 두려움, 그에 대한 태도를 논의할 수 있도록 격려하라

대부분 강한 사람들은 이러한 문제에 대해 논의하기를 꺼린다. 그 결과 질병과 죽음이 현실로 닥쳐올 때 큰 충격을 받게 된다. 이러한 충격은 질병에 걸려 고통 받는 사람들과 지속적인 관계가 유지되었을 경우에는 아마 줄어들 것이다. 이러한 사람들은 종종 도움과 후원을 필요로 하지만 환자들과의 접촉을 불편하게 느끼는 정상인들에 의해 무시되곤 한다.

만약 우리가 자신의 질병, 죽음, 장례식 등에 대해 생각해본다면 질병에 걸린 사람들을 돕는 데 도움을 얻을 것이다. 이러한 문제들을 가족과 자유롭게 나눈다면 나중에 이러한 일에 대해 대처하기가 쉬울 것이다. 이러한 논의는 공연한 희망이 아니라 이 땅에서 우리에게 주어진 한계에 대해 인식하는 것이며 우리의 미래와 위기가 오기 전에 대처하는 방법이다.

질병을 진단할 때는 정신적인 면을 고려하는 것이 중요하다. 두려움, 분노, 죄의식, 불안정, 가족에 대한 걱정, 죽음에 대한 생각과 또 다른 걱정들이 실질적으로 논의되어야 한다. 이러한 논의는 즉시 행해지는 것이 좋으며 그렇지 않으면 질병을 악화시키거나 회복을 더디게 만들 수 있다. 30대인 나의 친구는 최선을 다해 열심히 살았지만 예기치 않은 죽음에 대해 장례 절차를 예비해놓았다. 나 또한 심장 수술을 받던 날 아내와 함께 깨어나지 못할 경우에 대해 서로 의논하였다. 상담자는 이러한 것들을 의논하도록 격려해야 한다. 그래야 나중에 생길 수 있는 정신적, 육체적 문제를 예방할 수 있다.

2. 환자가 질병과 고통의 의미를 발견하게 도와주라

대학원에 다닐 때 나는 빅터 프랭클(Victor Frankl)를 만날 기회가 있었다. 그의 저서 『죽음의 수용소에서 Man's Search for Meaning』는 900만 부가 넘게 팔린 베스트셀러로 학생들이 읽어야 할 필독서였다.[55] 프랭클린은 제2차 세계대전 당시 나치 수용소에 감금되어 있었다. 그는 어떤 사람들은 삶을 포기하는 반면 또 어떤 사람들은 아우슈비츠의 공포 가운데서도 그들이 당하는 고통의 의미를 발견했다고 기록했다.

가치관과 신앙이 다르다는 이유로 체포되고 감금되는 것은 오랜 만성 질병으로 고통을 겪는 것과는 다른 것일 수 있다. 우리는 종종 만성 질병과 오래 지속되는 질병이 나쁜 것으로만 생각하는 경향이 있는데 그것이 반드시 나쁜 것만은 아니다. 질병은 우리로 하여금 우리의 한계에 직면하게 하고 삶의 진정한 의미와 영원에 대해 분명한 시각을 주고 하나님의 사랑과 용서에 대해 가르쳐준다. 질병은 종종 사람들로 하여금 쉼을 주고 신체적으로가 아니면 정신적 또는 영적으로 더 건강하게 만들어주기도 한다. 만약 내담자가 자신의 질병에 대해 의미를 부여한다면 왜 사람들이 병에 걸리며 고통 받는가 하는 등의 대답하기 어려운 질문들에 대해 쉽게 그 답을 발견할 것이다.

3. 정확한 정보를 제공하라

몇 년 전 한 연구보고에 의하면 환자에게 수술하는 동안이나 수술 후에 예상되는 치료에 대해 정보를 주었을 때 회복이 더 빠를 뿐 아니라 고통도 덜 느낀다고 했다.[56] 환자와 가족들이 어떤 일이 일어날 것인지에 대해 알고 있을 때 불안이나 두려움은 쉽게 해소될 수 있다.

4. 기독교인으로서 해야 할 일을 하도록 힘을 주라

심각한 상태의 환자나 오랜 기간 병상에 누워 있는 환자들은 기독교 음악, 기도, 말씀 묵상, 예배, 중보기도, 가족과 가까운 친구의 방문을 통해 위로를 받을 수 있다. 이러한 영적인 도움은 우리 삶의 위기에 대처할 수 있게 한다. 성경은 믿는 자들은 고통과 질병으로부터 면제되었다거나 이러한 짐을 혼자 이겨내야 한다고 가르치지 않는다.[57] 우리가 다른 사람의 짐을 함께 지고 우리의 짐을 기도 속에서 하나님에게 맡길 때 질병과 어려운 치료 과정, 그리고 죽음이 온다 하더라도 잘 대처해나갈 것이다. 신체적, 정신적 고통은 여전히 남아 있겠지만 그 내면에는 하나님이 돌보시고 계신다는 확신이 고통을 극복하게 할 것이다.

- ### 신체적 질병에 대한 결론

제2차 세계대전 전에 스위스의 의사 폴 투르니에는 '전인 치료'라는 개념을 제안했다. 오늘날 널리 알려져 있는 이 방법은 투르니에가 제안할 당시에는 획기적인 것이었다. 이것은 환자를 치료할 때 신체적, 심리적, 그리고 영적인 면을 모두 고려해야 한다는 것이다. 예수님은 사역하실 때 사람들의 영적인 필요와 전 인격에 대해서도 관심을 나타내셨다. 예수님은 개인의 고통, 사회적 환경, 정신적 갈등과 신체적 질병에 대해서도 깊은 관심과 실질적인 도움을 주셨다. 예수님의 제자인 우리 역시 전 인격체에 대해 동정 어린 관심을 가져야 한다. 한 사람으로부터 신체적, 정신적, 사회적, 영적인 부분들을 분리해내는 것은 성경적이지 않을 뿐 아니라 불가능하다. 이러한 사실을 인식하는 것이 환자와 가족들을 효과적으로 상담하는 데 도움을 줄 것이다.

상담자들을 위한
요점 정리 24

- 환자와 그 가족을 상담하는 일은 기독교 상담자에게 큰 도전이 될 수 있다. 건강심리학 분야는 신체적 질병의 심리학적인 관계를 다루고 있다.

- 성경은 자주 질병에 대해 언급하고 있다.
    - 질병은 삶의 일부분이다. 누구든지 한 번은 병에 걸린다.
    - 환자에 대한 관심, 사랑 그리고 치료는 기독교인에게 중요한 것이다.
    - 질병, 죄 그리고 믿음은 반드시 연관이 있는 것은 아니다.
    - 질병은 고통에 대한 어렵고 중요한 질문을 제시한다.
    - 심각한 질병은 죽을 권리라는 난해한 문제를 야기할 수 있다.

- 질병의 원인과 그로 인해 야기되는 심리적, 영적인 문제들은 다음과 같다.
    - 스트레스와 절망.
    - 죄의식과 자책.
    - 공포와 무기력.
    - 고통의 경험.
    - 가족의 영향.

- 상담자가 고려해야 할 질병이 가져오는 여러 가지 반응에는 다음과 같은 것들이 있다.
    - 부인.
    - 방어.
    - 외면.
    - 무기력과 두려움.
    - 저항과 분노.
    - 조작.
    - 꾀병과 건강 염려증.
    - 희망.

- 환자와 가족을 상담할 때는 다음 사항을 고려하라.
    - 상담자의 태도와 필요를 인식하라.
    - 병문안에 대한 지침을 배우고 적용하라.

- 상담실 밖에서 상담 시에 관계된 문제들에 대해 인식하라.
- 환자의 구체적인 감정과 관심을 상담하라.
- 환자가 고통을 이길 수 있도록 도와주라.
- 환자에게 질병과 그로 인한 스트레스에 직면하게 하라.
- 소망을 주라.
- 가족과 의료진을 도우라.

■ 상담자가 항상 질병을 예방할 수는 없지만, 더 악화되는 것은 예방할 수 있으며 회복을 앞당길 수 있는 조처를 취할 수 있다. 이들 예방적 활동에는 다음과 같은 것들이 있다.
- 사람들이 병과 죽음에 대한 자신의 두려움이나 태도를 토론하도록 격려하라.
- 병과 고통 속에서 의미를 발견하도록 도와주라.
- 정확한 정보를 주라.
- 환자의 기독교 신앙을 더 강화하라.

■ 사람의 신체적, 심리적, 사회적, 영적 부분을 분리하는 것은 불가능할 뿐 아니라 비성서적이다. 이 모든 것의 중요성을 인식해야 상담자가 신체적으로 병든 사람과 그 가족을 더 효과적으로 섬길 수 있게 된다.

25

슬픔
Grief

밀드리드와 헬렌은 그들의 남편과 사별하기 전에 가까운 이웃에서 살았고 같은 교회를 다니면서 오랫동안 친구로 지냈다. 남편들은 거의 같은 시기에 죽었지만 그들의 상황은 전혀 달랐다.

밀드리드의 남편은 암으로 죽었다. 암은 그가 죽기 1년 전에 발견되었는데 수술과 최고의 치료에도 불구하고 그의 상태는 몇 달이 지나면서 악화되었다. 밀드리드는 40년 이상 함께 결혼 생활을 해왔던 남편을 돌보는 데 헌신하였다. 남편이 병원에 입원했을 때 그녀는 매일 병원을 방문하였다. 남편이 집에 있을 때는 남편의 모든 요구를 들어주느라 지쳤을 때조차도 그를 애정 어린 마음으로 돌보았다. 밀드리드는 자녀들과 의사로부터 강력한 권고를 받고 마지못해 남편을 병원으로 보냈고, 그녀의 남편은 삶의 마지막 날들을 그곳에서 보냈다.

질병을 앓던 1년간 부부는 함께 죽음과 천국 그리고 그들의 삶에 대하여 숨김없이 말했다. 그들은 섭섭하게 생각했던 것들과 함께 나누었던 즐거운 경험들에 대하여 충분히 이야기했다.

한편 헬렌의 경우는 남편과 대화할 시간이 없었다. 그녀의 남편은 계획된 은퇴에 맞추어 몇 주간의 여행을 하는 중에 레스토랑 안에서 쓰러졌고 지역 병원에 도착했을 때 사망했다. 강력한 심장마비가 그의 생명에 불시의 타격을 주었고, 헬렌은 쇼크를 받고 예측하지 못했던 미망인의 생활을 하게 되었다.

처음부터 이 두 여성들이 그들의 슬픔을 다르게 다루고 있다는 것을 친구들은 분명히 느꼈다. 밀드리드는 남편에 대하여 자유롭게 이야기했고 그녀의 외로움과 공허한 마음을 인정했다. 그녀는 처음에는 교회활동에 참여하는 것처럼 느끼지 못했을지라도, 교회에서 활동들을 서서히 다시 시작했다. 그녀는 손자 손녀들의 생활과 활동에 관여하기로 결심했고, 후에는 노인들을 위한 시설로 들어가서 독립할 수 있었으나 친구들과 함께할 수 있는 기회들이 많았다. 밀드리드는 시간이 걸렸지만 몇 달이 지나면서 다시 삶 속에서 활동을 시작했다. 현재 그녀는 80대에 들어섰지만 대부분의 시간을 노인들을 돌보는 데 쓰고 있다.

헬렌은 남편이 사망한 후 사람들로부터 멀어져갔다. 그녀는 친구들을 만나는 것도 꺼려했고, 이전에는 자신의 삶에서 매우 중요했던 손자와 손녀들에 대한 관심도 상실한 것처럼 보였다. 우울하고 자기 연민에 빠진 상태에서 대부분의 날들을 텔레비전 앞에 앉아서 보냈다. 헬렌은 남편이 없는 외로운 몇 해를 보낸 후에 삶은 더 이상 살 가치가 없으며 다시 행복하지 않을 것이라고 결론을 내렸다. 헬렌은 자녀들과 의사의 설득에도 불구하고 건강에 좋은 것들이나 또는 규칙적인 식사를 거의 하지 못했다. 그녀의 건강은 악화되기 시작했고 미망인이 된 지 2년 후에 헬렌의 심장도 그녀가 자고 있던 한밤중에 멈추었다. 그녀의 친구들과 자녀들은 서로에게 "그녀는 상실감 때문에 죽었다"고 말하였다. 그녀는 얼마간의 기쁨도 없이, 작별의 인사도 없이 그리고 손자와 손녀들이 성장하는 것도 보지 못하고 죽었다.

밀드리드와 헬렌은 남편의 죽음을 다른 방식으로 애도했고 마지막 여러 해 동안 삶의 방향이 전혀 달랐던 두 친구였다.

우리 대부분은 사랑하는 사람들이 죽는 것을 보고 슬픔의 고통을 경험한다. "죽음이 우리를 사랑하는 사람으로부터 갈라놓을 때 우리는 어느 누구도 우리처럼 고통 받지 않을 거라고 생각한다"고 빌리 그레이엄[1]은 말했다. 어떤 두 사람도 같은 방식으로 슬퍼하지 않고 또한 슬픔을 다루는 방법도 독특하겠지만 슬픔의 고통은 보편적이다.

인간이 존재하기 시작한 후로 슬픔은 인간의 마음을 지배했고 이로 인해 상담자들이 사별에 대해 연구했다는 것은 놀랍지 않다. 예로서 1917년 프로이트는 슬픔에 대하여 심리학적으로 상세하게 연구한 결과를 출판했다.[2] 또한 30년 후에 하버드 대학 교수인 에리히 린데만(Erich Lindemann)은 슬퍼하는 사람들과 면담한 것을 근거로 격찬을 받은 논문을 썼다.[3] 조금 지나 엘리자베스 퀴블러-로스[4]라는 전에는 잘 알려지지 않았던 정신의학자가 쓴 가장 유명한 『죽음의 순간』(자유문학사)을 포함하여 많은 책들과 논문들이 나오기 시작했다. 사망학(임종, 죽음 그리고 사별을 다루는 학문)으로 알려진 분야의 발전을 촉진시켰다.

슬픔은 어떤 중요한 사람이나 목적 또는 기회를 상실했을 때 오는 정상적인 반응이다. 그것은 자신의 행동, 감정, 사고, 생리현상, 상호인격적인 관계, 그리고 영성 안에서 그 자체를 보여줄 수 있는 상실과 불안의 경험이다. 슬픔은 죽음으로 인하여 사랑하는 사람을 상실한 것에 국한되지 않는다. 이혼, 직장으로부터 은퇴, 팔다리의 절단 수술, 아이가 대학으로 떠나거나 또는 목회자가 다른 교회로 떠나가는 것, 친한 이웃을 떠나 이사하거나(아니면 좋은 이웃이 이사하는 것을 보는 것), 집이나 다른 귀중한 소유물의 상실, 애완견이나 식물의 죽음, 콘테스트나 체육경기의 상실, 건강 상실, 또는 젊은 날의 모습과 자신감 그리고 열정의 상실을 포함하여, 모든 상실은 슬픔을 안겨다준다. 때로는 좀 더 좋은 직장으로 옮긴다거나 대학을 졸업하는 것과 같은 바람직하고 오랫동안 기대했던 행사들도 가치 있는 추억과 인간관계들이 상실되고 잊혀지기 때문에 행복감과 혼합된 슬픔을 가져올 수 있다. 자신의 믿음에 대한 의심, 영적 활력의 감퇴, 또는 신뢰받는 종교 지도자에 대한 환멸은 모두 슬픔을 나타내는 비애감과 공허감에 이를 수 있다. 요컨대 삶의 한 부분이 상실되거나 박탈당할 때마다 슬픔이 존재할 수 있다.

슬픔에는 다양한 원인들이 있을지라도 대부분 그것은 사랑하는 사람과 다른 의미 있는 사람들이 죽는 것과 관련되어 있다. 이러한 애도는 결코 쉽지 않다. 우리들은 시신을 분장시키고, 시신을 꽃들과 부드러운 조명으로 에워싸면서 그리고 "죽었다" 대신에 "끝났다" 또는 "떠났다"라는 말을 쓰면서 충격을 완화시키려고 애쓰지만 우리는 죽음을 아름다운 것으로 만들 수 없다.[5] 기독교인들은 신으로부터 오는 평화와 부활에 대한 확신 속에서 위로를 얻지만, 이런 것들이 공허감과 사랑하는 사람을 억지로 보내야 하는 고통을 없애주지는 못한다. 우리 중에 어떤 사람이 죽음과 우연히 마주칠 때 우리는 바꿀 수 없는 상황에 직면한다. "승리가 죽음을 삼켜버렸다"[6]고 할지라도 사랑하는 사람을 상실한 것은 파괴적이고, 슬픔은 압도적일 수 있다. 언젠가 모든 사람은 죽지만[7] 그때까지 우리 대부분은 적어도 주기적으로 슬퍼할 것이다. 애도는 상담자에게 사람들로 하여금 죽음과 사별을 다루도록 도와야 하는 어렵지만 보람 있는 도전을 가져다준다.

- **성경과 슬픔**

죽음과 애도는 성경에서 자주 언급되고 있다. 그 예로서 요셉을 잃어버리고 슬퍼하며 위로받기를 거부하는 야곱, 어린 아들의 예상된 죽음과 성장한 자식인 압살롬의 죽음을 슬퍼하는 다윗, 그리고 요시야 왕의 죽음을 슬퍼하는 예레미야에 대하여 읽을 수 있다.[8] 특히 자신의 가장 가까운 친구 요나단이 싸우다 죽었다는 것을 알았을 때 다윗의 슬픔은 매우 컸다.[9] 시편은 우리가 "사망의 음침한 골짜기로 다닐지라도"[10] 주님은 우리 곁에 계셔서 위로해주신다고 말한다. 우리는 주님의 말씀이 슬픔으로 눈물을 흘리는 사람들을 격려한다는 것을 알고 있다.[11] 이사야는 우리에게 메시아에 대하여 소개하고 있는데, 그는 우리의 질고를 지고 우리의 슬픔을 겪은 분으로서 자신이 대신 죄를 감당하여주었던 사람들에 의하여 배척당하는 고통을 알고 있었다.[12]

신약성경에는 죽음과 슬픔에 대한 많은 구절들이 두 개의 범주로 분류되고 있으며, 각기 예수 그리스도의 영향력을 다루고 있다.

1. 그리스도는 애도의 의미를 변화시켰다

어떤 사람들은 내세에 대한 믿음을 갖고 있지 않다. 그들에게 죽음은 미래에 대한 희망도 없고 영원한 종말이다. 그러나 조사 결과에 의하면 대부분의 사람들은 종교적인 믿음을 갖지 않는 사람들조차 내세를 믿는다. 이러한 사람들은 슬픔의 한가운데에서도 희망을 발견한다.

기독교적 관점은 우리에게, 신약성서에 근거하여, 슬퍼하는 기간에도 희망을 가져야 할 이유를 말해주고 있다.[13]

바울은 데살로니가전서에서 "우리가 예수께서 죽으셨다가 다시 살아나심을 믿을진대 이와 같이 예수 안에서 자는 자들도 하나님이 그와 함께 데리고 오시리라"[14]라고 말하고 있다. 우리는 이런 말로 서로를 위로하고 격려할 수 있으며,[15] 또한 미래에 "나팔 소리가 나매 죽은 자들이 썩지 아니할 것으로 다시 살아나고 우리도 변화되리라. 이 썩을 것이 반드시 썩지 아니할 것을 입겠고 이 죽을 것이 죽지 아니함을 입으리로다"[16]라는 말씀을 확신한다. 기독교인들에게 죽음은 존재의 종말이 아니다. 그것은 영생의 시작이다. 그리스도를 믿는 사람은 기독교인들이 항상 주님과 함께 있을 것을 알고 있다. 육체적인 죽음은 악마가 죽음의 세력을 갖는 것이 허락되는 만큼, 여전히 존재하겠지만, 그리스도는 십자가에 못 박히고 부활함으로써 죽음을 물리치셨고, 그리스도를 믿는 사람은 결코 죽지 않는다고 약속하셨다.[17]

이러한 지식은 마음을 편하게 하지만 슬픔의 강한 고통과 필요성을 없애주지는 못한다. 바울은 죽음에 대해 논하면서 육체를 떠난 사람은 주님과 함께 있기 때문에 용기를 갖고 상심하지 말라고 격려한다.[18] 기독교인들은 부활의 확실성에 대하여 자신감을 갖고 기대하는 만큼 "주님을 위해서 하는 노력은 헛되지 않다는 것을 명심하면서"[19] 굳건하고 흔들리지 않고 항상 주님의 일에 더욱 힘써야 할 것이다.

2. 그리스도는 애도의 중요성을 증명했다

예수님은 사역 초기에 산상설교를 통하여 애도에 대하여 말씀하셨다. 그는 "애통하는 자는 복이 있나니 저희가 위로를 받을 것임이요"라고 말했다.[20] 나사로가 죽었을 때 예수님은 매우 비통히 여기셨다. 그는 나사로의 누이동생인 마리아의 명백한 분노에 대해 아무 언급 없이 받아들였으며 슬퍼하는 사람들과 함께 우셨다. 예수님은 나사로가 다시 살아날 것을 알고 있었지만 여전히 슬퍼하셨다.[21] 그는 세례 요한

이 참수되었다는 것을 알았을 때, 아마 애도하기 위하여 한적한 곳으로 가셨을 것이다.[22] 겟세마네 동산에서 예수님은 "마음이 괴로워 죽을 지경이었는데,"[23] 그것은 다윗이 어린 아들이 죽는 것을 보았을 때 경험한 것보다 훨씬 강력한 예기된 슬픔이었다.[24] 영생을 믿는 기독교인들에게도 슬픔은 정상적이고 건강상 좋으며 강력하게 느낄 수 있는 것이다. 물론 병리적이고 건강에 좋지 않은 슬픔도 있다. 우리가 곧 이해하게 되지만, 이러한 차이점은 어떤 기독교 상담자에게는 특별한 관심사가 된다.

• 슬픔의 원인들

뉴욕에 있는 세계 무역센터가 공격당한 후 5개월 동안 한 그룹은 매주 한 번씩 두 명의 상담자와 만났다. 그들은 인종적인 배경과 교육 수준, 연령 면에서 달랐으며, 삶의 활동 영역도 달랐다. 어떤 사람들은 생존자들이었고, 다른 사람들은 희생자의 가족들이었으며, 소수의 사람들은 구조대원들이었다. 그들은 모두 애도하였고, 서로 사이좋게 협력하는 것 외에는 공통점이 거의 없었다. 그들의 만남을 위하여 정해진 안건도 없었고 대화는 자주 동떨어져갔다. 그들은 만남을 시작할 무렵, 일어난 사건의 전적인 불가해성에 대해 논의했고, 다른 시간에는 그들의 고통, 그리움, 공허감, 그리고 그 치명적인 날에 대한 경험들을 함께 나누었으며, 언젠가 삶이 다시 정상적으로 돌아오게 될지 여부에 대하여 걱정했다. 그들은 다른 시간에 자신들의 애도가 정상적인지에 대해 의아하게 여기면서, 일을 하러 간다거나 또는 크리스마스를 준비하는 것과 같은 그들의 활동들을 다시 시작하려고 애썼다. 한 여성은 "나는 거리를 걸을 때 사람들이 나에게 일어난 일을 알고 있다고 느낀다. 나의 공허한 눈을 보고 아는 것이다"라고 말했다.[25]

왜 이 그룹은 자발적으로 함께 만나는가? 그들은 서로 자신들의 상실을 감당하도록 돕고 있었고, 누구도 이러한 진로를 생각하지 않았지만, 대부분 애도하는 사람들이 직면한 다음과 같은 과제들을 통과하고 있었다.[26]

- 상실의 사건이 일어났고 그것은 현실이며 영구적이라는 것을 받아들여야 한다.
- 상실과 관련된 감정들이나 깊은 생각들을 경험하고 표현해야 한다. 이것은 과거의 특별한 순간들로부터 벗어나고, 다정한 추억들을 회상하고, 비애, 외로움, 강렬한 슬픔, 그리고 고인이나 누군가 다른 사람 또는 신에 대한 분노를 표현하는 것을 포함한다.
- 사람은 고인이나 상실한 것들에 속박시키는 인연으로부터 벗어나야 한다. 이것은 보내주는 것, 작별인사를 하는 것, 그리고 고인이나 상실된 대상이 영구적으로 놓쳐버린 환경이나 생활양식에 천천히 적응하는 것을 포함한다. 이것은 고인이 잊혀지는 것을 의미하지 않는다. 관계에 대한 재평가와 감정적인 유대는 지속되지만 슬퍼하는 사람은 중요한 사람이 떠나갔기 때문에 그 시점으로부터 인생은 달라질 것이라는 것을 인식하고 앞으로 나아갈 것이다.
- 자신의 에너지를 새로운 관계를 형성하고, 새로운 계획을 수행하고, 생기있는 꿈과 열망을 촉진시키는 데 다시 투자해야 한다. 이 단계는 사람들이 자신의 에너지를 새로운 것에 다시 투자하는 것에 대해 죄의식을 느끼거나 불안해하기 때문에 종종 가장 어려운 것 같다. 이것은 또한 슬퍼하는 사람들이 앞으로 나아가려고 할 때 필요한 에너지가 고갈되었다고 느끼기 때문에 어려울 수 있다.

어느 누구도 애도 과정이 얼마나 오래 지속될지 말할 수 없다. 그것은 무엇을 또는 누구를 상실했는지, 또는 관계의 성격이 어떠했는지에 따라 단지 몇 주 혹은 몇 달이 걸릴 수도 있다. 아마 배우자의 죽음에 대한 적응은 수마일 떨어져 사는 친구나 형제보다 더 오래 걸릴 수 있다. 어떤 사람은 배우자의 죽음에 대한 적응이 전형적으로 3~4년이 걸린다고 말한다. 자살한 아이의 갑작스러운 죽음에 대한 적응은 건강이 악화되고 있었던 노부모의 상실에 대한 적응보다 더 어려울 것이다.[27] 실제로 상실의 사건을 겪은 후의 삶은 결코 그것이 일어나기 전과 같을 수 없다.

어떤 저자나 상담자들은 애도의 구체적인 단계들을 규명하려고 노력했지만, 오늘날 애도 과정에는 반드시 거쳐야 할 규칙적인 순서가 없다는 것이 일반적인 견해다. 정상적인 애도는 대개 강렬한 슬픔, 고통, 외로움, 분노, 우울함, 신체적 증상들, 상호 인격적 관계의 변화들을 포함한다. 종종 부정, 환상, 불면, 혼란, 비능률, 초조함, 고인에 대해 많이 이야기하고 싶은 욕망, 고인의 독특한 버릇을 무의식적으로 받아들이는 것, 그리고 인생은 더 이상 의미가 없다는 느낌들이 나타난다. 어떤 저자들은 애도가 "의미를 재건하는 것"[28]을 포함한다고 말한다. 사랑하는 사람의 죽음은 삶의 의미를 영원히 바꾸기 때문에, 애도가 유족의 삶의 목적에 대한 재평가를 포함한다고 말하는 것은 좋은 생각이다. 애도하는 사람은 상실감으로부터 완전히 회복되지 않을지라도, 대부분의 사람들은 어느 정도의 생산성을 되찾고 정신적이고 육체적인 건강을 회복한다. 상담자들은 가끔 정상적인 슬픔의 이러한 과정을 "완성되지 않은 애도"라고 부른다.

대조적으로 애도가 비정상적이고 병리적이며 복잡한 사람들이 있다. 이것은 애도가 강화되고, 지연되고, 오래 끌며, 억제되고 그렇지 않으면 슬픔의 일반적인 표현들로부터 벗어난 것이다. 이러한 애도는 슬퍼하는 사람을 고인에게 속박시키고 그로 하여금 삶 속에서 계속 전진하지 못하게 만든다. 종종 건강하지 못한 애도의 독특한 증상들이 보이지 않는 경우도 있다. 대신 정상적인 애도에서 볼 수 있는 행동들이 좀 더 강렬하고 좀 더 지속적으로 나타난다. 깊은 실의, 외부세계에 대한 관심의 결핍, 감소된 사랑의 능력, 움츠림, 그리고 매우 저하된 자존감 등이 나타날 수 있다. 어떤 사람에게는 과다행동, 무력감 속에서 지속적으로 포기하는 태도, 그리고 좌절, 강렬한 죄책감, 극단적인 사회적 회피, 또는 변덕스러움, 충동성, 반사회적 행동, 지나친 음주, 그리고 어떤 때는 심각한 자살 시도가 뒤따르는 자기 파괴의 숨겨진 위협 등이 나타난다. 어떤 사람들은 강한 자책감을 나타내는데 이것은 특히 그들이 죽음에 대해 책임감을 느낄 때 그렇다. 이것은 자동차 추돌사고에서 살아남은 운전자에게서 볼 수 있다.

이제 상담자들은 이러한 모든 증상들을 '복잡한 애도'로 분류하고자 한다. 병리적, 신경증적, 또는 건강하지 못한 애도와 같은 용어들은 드물게 사용되므로 이 장의 나머지에서 이러한 오래된 용어들을 복잡한 애도와 관련된 참고문들로 대체하고자 한다. 이러한 조건이 아마 사별한 사람들의 15%에 강한 영향을 줄 때, 이 조건은 위의 문장에서 설명된 많은 특성들을 포함하고 또한 모든 인간관계의 변화들, 계속되는 무의미한 느낌, 고인에 대한 지속적인 그리움, 그리고 자신의 핵심적인 믿음이 단절되는 느낌을 포함한다.[29] 연장된 애도는 매우 다르며, 여기서 사람은 애도의 예상된 증상들을 보여주지 않는다. 이것은 사람으로 하여금 상실의 현실이 나중에 엄습할 때까지 아무것도 일어나지 않은 것처럼 행동하게 만드는 부정과 분노 그리고 죄의식을 나타낼지도 모른다. 이런 종류의 애도는 상대적으로 흔히 있는 일처럼 생각되지만, 어떤 연구원들은 그것의 존재를 의문시한다.[30]

왜 어떤 애도는 복잡한 반면 다른 애도는 정상인가? 거기에는 단순한 설명이 없지만 몇 가지 영향들이 상실에 대한 반응을 결정하는 것 같다.

1. 앞선 예상
애도는 상실을 예측할 수 없거나, 사람이 인생 초기에 죽는 것과 같이 불시에 일어났을 때 또는 폭력과 사고를 포함하면서 갑작스럽고 충격적일 때 좀 더 어렵다.

예비적인 애도는 예비적인 슬픔이라는 오래된 말 대신에 사용되고 있는 용어다. 이것은 사랑하는 사람이 천천히 죽어갈 때 생기는 슬픔이다. 예측 기간과 사전 준비는 자주 애도 과정을 좀 더 순조롭게 만든다. 특히 고인과 유족들이 어떤 일이 일어나고 있다는 현실을 받아들이고, 슬픔을 포함하여 그들의 느낌을 표현하고, 사랑을 표현하거나 용서를 구하고, 미래에 대한 계획을 세우고, 작별인사를 함으로써 '마무리하지 못한 일'을 완성할 기회를 가졌다면 그 과정이 더욱 순조롭다. 유족들은 이러한 논의를 할 시간을 가질 수 있을 때 사별 후에 보다 적은 죄의식과 자책감 그리고 회한을 느끼게 될 것이다. 그러나 이것이 항상 순조로운 애도 과정에 이르는 것은 아니다. 때로는 예상할 수 있는 기간에 생긴 좀 더 강렬한 친밀성은 상실의 사건이 일어났을 때 그 상실이 더 크게 보이도록 만든다. 죽음이 예측되었을 때 죽지 않는다면 남아 있는 사람들은 모순 감정을 가질 수 있으며, 그들은 죽음으로 끝나기를 원하는 마음과 피할 수 없는 운명을 두려워하는 것 사이에서 흔들린다.[31]

2. 상실의 유형
상실의 각 유형은 그 나름대로의 고통과 반응을 보여준다. 존경받는 훌륭한 지도자의 죽음은 수천 명의 사람들에게 슬픔을 안겨줄 수 있는데, 특히 애도하는 지도자가 사람들의 희망과 기대를 상징했을 때 더욱 그렇다. 이 대중의 애도는 고인과의 가까운 관계 속에서 경험하는 애도와는 다르다.

성인의 삶에서 부모의 죽음은 가장 흔히 있는 사별의 유형이며, 그 상실감은 잘 극복되는데 특히 부모가 연로했을 때는 더욱 그렇다.[32] 형제의 죽음은 개인적으로 위협을 느끼게 하며, 애도를 좀 더 통렬하고 어렵게 만드는데, 특히 형제가 젊었을 때는 더욱 그렇다. 아마 아내와 남편의 죽음은 훨씬 더 어려울 것이다. 이전에 함께 나누었던 기쁨, 도전, 그리고 삶의 짐들을 이제는 홀로 감당해야 하며, 그것은 매우 스트레스가 많은 일이다. 종종 이것은 남아 있는 사람이 외로움과 불안, 그리고 이전에 같이 했던 일상적인 일들(청구서를 지불하는 것, 요리하는 것, 그리고 쓰레기를 처리하는 것 등)을 이제는 혼자 결정하고 행해야 할 필요를 느끼며 홀로 사는 방법을 배워나가는 것을 포함한다. 아이의 죽음은 훨씬 어렵다. 부모는 자주 자신들이 아이를 죽음으로부터 방어하지 못했기 때문에 죄의식, 분노, 우울함, 자책감 그리고 무기력해짐을 느끼는데, 이것은 부모가 할 수 있는 일이 아무것도 없을 때에도 마찬가지다. 우리는 아이들이 특히 어린아이들이 그들의 부모보다 먼저 죽었을 때 불공평하다고 느낀다. 아마 많은 애도자들은 자기 아이의 죽음이 어떻게 파괴적인 영향력을 야기할지에 대해 이해할 수 있으므로 그 가족에게 전폭적으로 위로의 말을 전하게 된다. 많은 부부에게 아이의 죽음은 결혼 생활을 약화시킨다. 만약 결혼 생활이 다른 이유들로 인해 긴장 속에 있다면 아이의 상실은 결혼 생활이 견뎌낼 수 있는 것보다 더 클 것이다. 물론 어떤 부부의 경우에는 아이의 죽음이 서로를 결합시킴으로써 남은 자녀들이 그 일을 잘 극복해나갈 수 있도록 도울 수도 있다.[33] 고인과 유족 사이의 관계가 가까울수록 슬픔이 더 크다는 것은 놀랍지 않다. 애도자가 고인에게 매우 의존적이었다면 슬픔은 좀 더 강렬하고 아마 좀 더 건강하지 못하고 복잡할 것이다. 고인과의 관계가 사랑과 강한 부정적 감정들을 다 포함했다면, 그때 남은 사람은 슬픔뿐만 아니라 죄의식과 분노를 느끼게 될 것이다. 이 모든 것이 애도를 어렵게 만든다.[34]

3. 신앙

많은 애도자들이 타인들을 돕고 때로는 자신들을 돕고 싶은 마음에서 애통함, 슬픔과의 싸움, 그리고 재적응에 대하여 책을 썼다. 이 책들은 자주 애도에 관련된 혼란과 깊은 고통을 설명하고 있지만, 많은 책들이 종교적인 신앙이 주는 지구력에 대해 말하고 있다. 의심과 혼돈 그리고 신에 대한 분노마저도 느낄 수 있는 기간이 있지만, 머지않아 한 사람의 신앙이 갖고 있는 치유의 능력은 분명해진다. 낸시 거스리(Nancy Guthrie)는 두 아이들을 잃은 자신의 강렬한 슬픔에 대해 설명한 다음, 하나님께 이 일을 맡길 때 어째서 어떤 날이 다른 날들보다 더 힘든지 말해주고 있다. 그녀는 자신의 신앙에 대해 쓴 후에, "그것은 내가 믿는 것입니다. 그것은 내가 필연적으로 어떻게 느끼고 있느냐 하는 문제는 아닙니다"[35]라고 덧붙였다. 종교는 많은 애도자들에게 후원과 의미 그리고 미래에 대한 희망을 준다. 게다가 기독교인들은 각 신자의 삶 속에서 성령이 초자연적인 위로와 평화를 준다고 믿고 있다. 이것은 이전에 신앙으로부터 멀어져갔거나 불가지론자라고 주장하는 사람들에게조차도 사실일 수 있다. 많은 사람들이 신에 대한 믿음과 신앙 공동체로부터 오는 위로를 발견했다.

그러므로 종교적인 믿음이 환자들과 가족들로 하여금 치명적인 질병을 극복하게 하고, 죽음이 유족들에게 안겨준 최초의 고통을 완화시키며, 또한 사람들로 하여금 그들의 상실을 잘 다루고 애도 과정을 촉진시키도록 돕는다는 풍부한 증거들이 있다.[36] 애도자가 종교적 믿음이 없거나 또는 그리스도의 가르침에 대해 생각하기를 거절할 때, 희망을 가질 이유가 없다. 결과적으로 고통은 더 심해지고 애도는 더욱 어려워짐으로써, 아마 복잡한 애도가 될 가능성이 크다.

4. 배경과 성격

애도자가 과거에 사별과 상실에 대해 어떻게 반응했는지를 보면, 미래에 슬픔이 어떻게 다루어질 것인지 알 수 있다. 이전의 사별이 어려웠고 문제가 발생했거나, 변화가 항상 쉽지 않았고 거부되었다면, 현재의 애도는 더욱 어려워질지도 모른다. 또한 불안정하고 의존적이고 감정을 조절하거나 표현하지 못하고 위축되거나 불안하기 쉽고 긴장하면서 사는 사람이라면 슬픔을 극복하기가 더욱 어렵다. 애도자들은 스트레스를 다루며, 상실의 현실에 직면하고, 지지해주었던 사람들과의 관계를 유지하고, 영생을 생각하고, 유연해지고, 또는 위기에 대처하는 방법이 각각 다르기 때문에 애도 방식도 다르다. 애도는 언제나 어렵지만, 어떤 사람들에게는 명백히 다른 사람들보다 충격적이다.

5. 사회적 그리고 문화적 환경들

아마 모든 문화에는 사별시 필요를 충족시켜주는 사회적으로 승인된 방법들이 있을 것이다. 이러한 사회적 관습은 종교적인 믿음과 관행 그리고 애도자의 인종적 또는 소수민족적인 배경을 중심으로 만들어진다. 예를 들어, 토론토, 싱가포르 또는 시카고와 같은 다문화 도시에서는 중국인과 회교도인은 유대인이나 라틴민족, 흑인이나 유럽인의 배경을 가진 사람들의 관습과 다른 방식으로 애도한다. 또한 문화적이고 종교적인 집단들은 슬픔의 공공연한 표현을 허락하거나 자제시키거나 격려하거나 하는 방법도 다르다. 방문한 친구들과 친척들에게 기대하는 사회적 행동도 각각 다르다. 거의 모든 문화에서 장례식은 유족에게 단체의 지원을 제공하고, 또한 종교적 믿음과 의식을 표현하고 시신을 직접 볼 수 있는 기회를 준다.

이러한 사회적, 문화적, 그리고 종교적인 다양성에도 불구하고 공통적으로 유지되는 가치들이 있다. 미국, 캐나다, 오스트레일리아, 영국, 그리고 다른 서구 사회에서는 오래 끄는 애도에 대해 관용적이지 못한 성향이 있다. 이러한 나라들은 효율성과 실용주의를 소중히 여기기 때문에 종종 죽음이 불편하고 당황스럽고 또는 방해가 되는 것이라 여겨진다. 감정적인 표현은 격려되지 않으며, 애도는 피할 수 없지만 되도록 빨리 끝내야 하는 것으로 생각하고 있다. 사람들이 병원의 삭막한 환경에서 벗어나 품위를 갖고 죽을 수 있도록 돕는 호스피스 봉사자들과 다른 단체들의 노력에도 불구하고, 많은 사람들이 그들의 집과 가족으로부터 떨어져서 생을 마감한다. 기동성과 상호의존이 점점 소중히 여겨지는 현대사회에서 가족의 일원들은 자주 여행을 하며, 세계의 다른 지역들에서 편리하게 살면서 다른 사람들과 거의 밀접한 만남을 갖지 않으며, 또한 죽음의 현실을 좀 더 쉽게 부인하거나 무시한다. 이것은 고인의 가까운 친족들에게 상실을 더욱 충격적인 것으로 만든다. 그리고 그들 가까이에는 지속적이고 사려 깊은 지원을 해줄 수 있는 친밀한 사람들이 거의 없다. 대신 우리는 자신과 서로에게 죽음을 부인하고, 사별한 사람에게 카드나 꽃, 요리한 음식이 담긴 냄비, 또는 잠깐 동안의 방문 정도로 반응하도록 격려한다. 물론 이러한 서술은 모든 사람과 모든 공동체에 적용되지 않는다. 그러나 확실히 우리 중 많은 사람들은 죽음에 대한 현대식 사회적 태도가 슬퍼하는 사람들이 애도 과정을 통하여 어떻게 경험하고 표현하며, 극복해나갈지에 대해 크게 영향을 준다고 생각할 것이다. 이것은 사별 상담을 할 때 문화적 논점들을 무시할 수 없는 상담자에게 매우 중요하다.

6. 기타 문제들

우리가 알고 있듯이 고인에 대한 친밀성, 죽음의 갑작스러움, 그리고 고인의 연령은 애도 과정에 영향을 주는 일부 문제에 불과하다. 애도는 또한 다음과 같을 때 연장되고 더욱 어려워질 수 있다.

- 죽음이 예외적으로 시기상조라고 생각될 때. 예를 들면, 인생의 전성기나 미래가 촉망되는 직장에서 성공한 성인의 죽음을 들 수 있다.
- 죽음의 방식이 살인, 자살, 심각한 사고, 또는 폭력적인 공격처럼 이해할 수 없거나 비상식적이고 비극적일 때.
- 애도자가 스스로 고착된 것처럼 느끼거나, 자신감과 개인적인 정체성, 그리고 삶의 의미를 회복할 수 있는 근거를 거의 갖고 있지 않을 만큼 고인에 대한 의존심이 컸을 때.
- 애도자의 작업 환경, 가족, 또는 다른 환경적 상황들이 애도의 어떠한 표현도 허락하지 않거나 부정할 때.
- 고인이 유족으로부터 결코 애도하거나, 슬퍼하거나, 재혼하거나 또는 이사를 가지 않겠다는 약속을 받아냈을 때.
- 죽음을 야기했던 사건에 관여했다는 이유로 죄책감을 느낄 때. 예를 들면, 참여했던 사람들 중 한 사람이 추락하여 죽은 등산 모임을 조직하고 이끌었던 리더를 들 수 있다.
- 애도는 선의를 가진 친구들, 가족 구성원들, 함께 일하는 사람들, 또는 동료 기독교인들에 의해 빨

리 끝난다. 그들이 "이제 애도를 끝내야만 하지 않느냐" 또는 "장례식은 대여섯 주 전에 있었는데, 이제는 당신의 생활을 계속해야 할 때라고 생각하지 않느냐"라고 물을 때.
- 상실을 인정하고 받아들일 시간을 갖지 않고 성급하게 일상적인 활동으로 되돌아갈 때.
- 애도자가 성경적인 가르침과 예수님이 보여준 본보기와는 반대로,[37] 기독교인들은 기뻐해야 하기 때문에 결코 슬퍼하지 않는다고 믿을 때. 애도가 영적인 미성숙과 신에 대한 신뢰의 결핍을 보여준다는 것은 충직하지만 해로운 견해다.

슬픔의 영향들

초등학교 운동장에 있던 나무의 큰 가지가 떨어지면서 친구들과 놀고 있던 아홉 살 남자아이가 죽은 것은 충격적이고 흔히 볼 수 없는 사건이었다. 그 비극적 사건 후에 그 소년의 어머니는 적어도 6개월 동안 멍한 상태에 있었다. 물론 그녀는 아들의 죽음을 알고 있었지만, 집중하고 기억하는 데 어려움을 겪고 있었다. 그녀의 상담자는 그 어머니가 자신의 깊은 감정을 표현하고 삶에 다시 종사할 수 있기 전에 현실을 잊을 필요가 있다는 것을 깨달았다. 나중에 그 상담자는 이렇게 말했다. "나는 그녀의 고통을 없애줄 수 없다. 그러나 나는 그녀와 같이 앉아 있고, 그녀의 감정들을 존중하고, 그녀를 재촉하지 않으면서 그녀의 여행에 동행할 수 있다는 것을 스스로 계속 다짐해야만 했다."[38] 애도는 9세 소년의 어머니가 직면했던 것처럼 종종 충격, 무감각, 부정, 강렬한 울부짖음의 기간과 함께 시작되거나 때로는 불신의 기간과 더불어 시작된다. 그리고 애도 과정은 슬픔, 초조함, 냉담함, 과거의 추억들, 외로움 그리고 수면장애가 나타나면서 연장된다. 그러나 나중에 애도의 징후들은 서서히 감퇴하고 정상적인 삶의 활동들은 회복된다.

이와 같은 성향에도 불구하고 대부분의 상담자들은 애도의 구체적인 단계들을 명료화하려는 시도들에 저항한다. 아마 당신이 애도의 일반적인 영향들에 대해 얼마간 알고 있다면, 당신은 좀 더 도움을 줄 수 있을 것이다. 애도의 일반적인 영향들조차도 항상 나타나는 것은 아니며, 또한 그러한 영향들은 표준적인 질서에 따라 나타날 수 없다.

1. 신체적인 영향들

슬픔은 신체의 면역체계를 방해하기 때문에 병원균들이나 다른 질병을 일으키는 유기체들에 저항하기가 어려워지는데 특히 애도의 처음 6개월 동안은 더욱 그렇다.[39] 미망인 생활의 처음 몇 년 동안에 충혈성 심장마비, 고혈압, 뇌졸중, 그리고 암이 뚜렷하게 증가하여 사망률이 현저하게 높아진다. 게다가 스트레스 때문에 탈진, 쇠약함, 두통, 짧은 호흡, 소화불량, 식욕상실, 그리고 수면장애 등이 일어난다. 오래전 스칸디나비아에 있는 95,647명의 미망인들을 대상으로 이루어진 연구는 사별 이후의 첫 5년 동안 사망률이 통계치에 따라 예측한 것보다 6.5%가 높았다. 자살률은 예측했던 것보다 242%가 높았고 교통사고에 의한 사망률은 153%가 높았다.[40] 이 같은 소견들은 "깊은 상실과 관련된 많은 스트레스들이 사별을 경험한 꽤 많은 사람들에게 심각하고 치명적인 영향을 줄 수 있다"[41]는 결론을 이끌어냈다.

2. 정서적이고 인지적인 영향들

슬픔은 또한 인간이 어떻게 느끼고 생각하는지에 대해서도 영향을 끼친다. 우리가 알고 있는 것처럼 우울함은 사랑하는 사람의 죽음 뒤에 흔히 볼 수 있으며, 종종 내적 공허감, 죄의식, 분노, 초조함, 다른 사람들로부터 움츠림, 망각, 고인에 대한 꿈, 성에 대한 관심 감소, 악몽들, 판단의 실수, 그리고 외로운 감정들을 동반한다. 많은 사람들이 에너지의 상실, 일상적인 일들의 혼란, 그리고 이전에는 습관적이었던 가장 단순한 활동들조차도 지금은 상당한 에너지의 소모를 요구한다는 것을 경험한다. 슬퍼하는 사람이 특별한 압박감을 다룰 수 없으면 보통 보험 청구서를 제출하는 것, 장례식이나 병원 비용과 관련된 계산서를 지불하는 것, 고인의 유서에 관하여 변호사를 만나는 것, 담보나 차 소유권과 같은 법적인 문서에 이름을 바꾸는 것, 정부기관이나 공급자에게 연금에 대해 알리는 것, 그리고 물이 새는 수도꼭지를 고치거나 잔디를 깎는 일처럼 일상적이고 난처한 일들을 처리하기가 버거워진다. 이 모든 것들이 많은 좌절감을 만들어내고 슬퍼하는 사람에게 부가적인 스트레스를 줄 수 있다. 사별하는 기간에 두려움과 이유 없는 공격을 흔히 볼 수 있는 것은 놀랍지 않다.

C. S. 루이스는 아내와의 사별에 관한 저서에서, 슬픔의 징후들은 기복이 심하며, 거의 같은 시간에 나타나지 않는다고 말했다.[42] 그 징후들은 몇 달이 지나면서 희미해지는 것 같지만, 종종 거의 예상하지 못할 때에 새로워진 강도로 다시 나타난다. 예를 들어, 고인이 죽은 병원을 나중에 방문하는 것처럼 상실을 분명하게 떠올리게 하는 것 앞에서 오래된 슬픔과 긴장은 새로운 강도로 그 사람을 엄습한다. 게다가 대부분의 유족들은 기념일의 긴장을 경험한다. 사별 후에 처음 맞는 크리스마스, 부활절, 생일 또는 결혼기념일은 기일과 마찬가지로 정서적으로 어려울 수 있다. 이러한 기념일의 긴장들은 수년간 계속될지도 모른다. 종종 사람들이 죽음 이후에 즉시 애도하지 못할 때, 충분한 애도의 반응은 이후의 기념일이나 또는 상실을 생각나게 하는 다른 것들에 의해 자극될 것이다.

3. 사회적 영향들

사랑하는 사람의 죽음은 사회적 단절에 큰 영향을 미친다. 배우자가 죽었을 때 남아 있는 상대는 독신으로서 다른 사람들과 관계 갖는 것을 배워야만 한다. 옛 친구들은 살아남은 사람과 어떻게 관계를 가질지 모를 수도 있으며, 홀로 된 남성은 자신과 아내가 교제해왔던 부부들의 모임에서 유일하게 동반자가 없는 사람이 되는 것이 거북할지도 모른다. 생존자와 고인의 가족 사이에는 새롭고 예상하지 못했던 긴장이 나타날 수 있는데, 특히 생존자가 이성교제를 시작했을 때는 더욱 그렇다. 죽은 젊은 여성의 부모는 사위가 재혼을 하고 손자와 손녀들이 그들의 '새로운 엄마'에 대해 말하기 시작할 때 위협감과 분노까지 느낀다. 이 모든 것에서 가족 구성원들은 늦지 않게 새로운 요구사항을 발견하고, 또한 새로운 역할에 적응해야만 한다.

애도하는 사람들은 이러한 사회적 긴장감들을 피하기 위하여 종종 다른 사람들로부터 멀어져가거나 또는 그들의 불안감에 직면하지 않기 위해 바쁜 생활을 하며, 그렇지 않으면 여행을 시작한다. 이것들 자체는 해롭지 않지만, 각기 새롭고, 익숙하지 못하며, 또한 편하지 못한 사회적 신분으로부터 도피하거나 부정하기 위한 방법이 될 수 있다.

4. 영적 영향들

사랑하는 사람의 죽음과 그 밖의 다른 중요한 상실은 인생길에 떨어져 느닷없이 삶의 진행을 중단하게 만드는 굳어버린 장애물과 같을 수 있다. 어떤 때에 사람들은 그 장애물을 멀리 돌아가며, 만약 그 상실이 그리 중요한 것이 아니라면 상대적으로 용이하게 앞으로 나아갈 수 있다. 그러나 대체로 남은 사람들은 자신의 삶, 목적, 가치, 그리고 신앙에 대해 재평가하게 된다.

이 같은 때에 많은 사람들은 지원과 의미를 위하여 종교적 자원들과 지도자들에게 의지한다. 기도, 묵상, 성경 읽기, 그리고 신앙 수양서를 위해 쓰여진 시간들은[43] 곁에 와서 같이 있어주고 꽃을 갖고 오거나 또는 깊은 동정심과 연민을 나타내는 표정으로 사랑해주는 기독교 친구들처럼 위로가 된다. 어떤 사람들은 상실과 애도의 한가운데서 신을 발견하지만, 다른 사람들은 오랫동안 지켜온 신앙과 종교적 실천들이 거의 도움을 주지 못하는 것 같기 때문에 그것들을 외면하거나 포기한다. 한 상담자는 "슬픔에 압도당한 많은 사람들이 실제로 영적이거나 종교적인 전승 안에서 위로를 얻는다"고 썼지만, 다른 사람들은 "영적인 전승이 무의미하고 의미가 없다고 본다"고 말한다.[44] 의심할 것도 없이 이러한 차이점의 일부분은 영적인 전승의 본질에 있다. 애도자가 군건한 기독교적 기반 위에 세워진 신앙을 가졌을 때조차, 그리고 헌신적인 기독교인들마저도 상실의 시간에 자신의 신앙에 대해 의문을 갖는 것은 흔히 있는 일이다. 종종 그들은 신이 왜 이러한 상실이 일어나도록 허락했는지에 대해, 그리고 신의 본질과 전능성에 대하여 불안한 질문을 하면서 분투한다. 여기에는 쉬운 답이 없으며, 설사 쉬운 답이 있을지라도 애도자는 적어도 초기에는 지적인 대답을 필요로 하지 않는다. 다른 사람들이 보여주는 좀 더 도움이 되는 응답은 논쟁하는 것이 아니고, 들어주고 같이 있어주며 신의 평화와 치유를 구하는 것이다.

심한 상실 사건이 일어났을 때, 인생길의 장애물을 제거하거나 잘 헤쳐나가는 데는 많은 시간이 요구될 수 있다. 애도하는 사람은 이것을 항상 깨닫지 못할 수도 있지만 보살펴주는 기독교 친구들의 행동 속에서 나타나는 신의 현존과 평화는 사별한 사람에게 큰 영향을 주며 치유를 가져온다.

5. 불건전한 영향들

애도가 부정되고, 무시되며, 연장되거나 끝나지 않아서 두려움, 무기력함, 퇴행, 그리고 심리적인 불건전함들이 지속적으로 나타날 때, 복잡한 애도 반응들이 생긴다. 이 복잡한 애도 반응은 죽음이나 다른 상실이 갑작스럽고 예상하지 못했고 충격적일 때, 애도자가 고인에게 지나치게 의존했을 때, 유족과 고인 사이에 사랑이 증오나 혐오감과 혼합되어 모순감정적인 관계가 있을 때, 수년 동안 말하지 않았던 형제들이나 해결되지 않은 가족의 갈등들, 또는 전혀 표현되지 않은 사랑과 같은 유족과 고인 사이에 완성되지 못한 일이 있을 때 가장 자주 일어난다. 복잡한 애도는 또한 유족이 중요한 사업상의 결정을 혼자 하거나 아니면 파트너 없이 아이들을 양육해야 하는 책임감을 떠맡았을 때 나타날 수 있다.

애도가 복잡해질 때 유족은 다음과 같은 반응들 중 몇 가지를 보일 수 있는데, 상실이 일어나기 전에는 거의 나타나지 않거나 아니면 전혀 일어나지 않는다.

- 고인이나 다른 상실에 대해 말하려고 하지 않음. 이것은 종종 고인의 이름이나 다른 상황이 언급될 때마다 강렬한 슬픔을 수반한다.
- 현재의 긴장 상태에서 고인에 대해 말하려고 하는 성향(예를 들어, "그는 내가 하는 것을 좋아하지 않는다"라고 말하는 것).
- 공공연하거나 모호한 자기 파괴의 징후들.
- 지속적이고 깊은 우울감. 이것은 종종 죄의식과 낮은 자존감 그리고 자신감의 결핍을 수반한다.
- 움츠러듦이나 다른 사람들과의 상호작용을 거절하는 것.

- 증가하거나 과도해진 음주 또는 물질 남용.
- 지나친 적대감, 변덕스러움, 죄의식, 충동성, 또는 반사회적 행동.
- 고인의 방을 변화시키거나 또는 고인의 옷과 다른 물건들을 처리하기를 거부하는 것.
- 상담의 모든 제안들에 저항하는 것.
- 지나친 분주함이나 흔하지 않은 과잉행동증.
- 감정을 나타내거나 또는 상실의 노출에 대한 금욕주의적 거절. 이것은 종종 슬픔의 부정과 회피를 의미한다.
- 행복하고 가장 기분 좋은 태도. 이것은 때때로 '주 안에서 기뻐하는 것'으로 설명된다.

사람들은 가장 강렬한 애도가 1년 또는 2년 안에 완료될 것이라는 데 광범위하게 동의하고 있다. 만약 슬픔의 증거들이 계속 연장되거나, 특히 위에서 언급된 징후들 중 어떤 것들이 나타난다면, 이것은 복잡한(병리적인) 슬픔이 있다는 강력한 단서가 된다.

6. 죽음이 없는 슬픔

앞서 진술한 대부분의 문장들은 사랑하는 사람이 죽은 후에 오는 슬픔에 초점을 맞추었지만, 우리는 줄곧 다른 상실들에도 비슷한 반응들이 있을 수 있음을 보아왔다. 예로 각광받는 스포츠 영역에서 떠나야만 하는 사람들에게 찾아오는 슬픔과 상실감에 대해 생각해보라. 이것은 성공을 위하여 정말로 수년간 매일 훈련했지만 오직 상처만 경험한 젊은 사람에게서 볼 수 있다. 그는 "인생은 불합리하다"고 외치며 이렇게 되뇌인다. "내가 인생 전부를 걸었을 바로 그때에 나는 근육을 다쳤다. 나는 너무 우울하다. 왜 나인가? 왜 지금인가? 다시는 이 자리로 되돌아올 수 없을 것이다. 내가 회복되지 않을까 봐 너무 두렵다. 내가 복귀하도록 도와줄 의사는 없는가? 육체적 고통 그 자체에 대해 아무것도 말할 수 없을 만큼, 나의 긴장감은 너무 크다. 그것은 너무 공평하지 못하다. 나는 죽은 것만 같다. 엄청난 상실감을 느낀다."[45] 조사 결과에 의하면 운동 부상의 강력한 충격에 더해 성과 부진, 경기에서 은퇴를 강요당할 때 큰 상실을 느낀다고 한다. 이것은 다음의 글에서 요약되어 있다.[46] 많은 운동선수들은 그들의 인생 목표, 목적들, 그리고 영적 믿음의 재평가를 포함하여 우리가 열거했던 모든 특징들을 보여준다. 많은 사람들에게 있어서 긴장을 유발하는 일들은 죽음 뒤에 오는 슬픔 못지않게 강렬하다.

다른 실례들은 다음과 같은 상실을 포함하는데 이러한 상실들 중 어떤 것은 특히 어렵다.

- 육체적 건강의 상실 : 이것은 질병이나 장애의 시작으로부터 오는 상실을 포함한다.
- 안전의 상실 : 지역 폭력의 시작, 정치적 격변, 또는 폭력주의의 위협은 상실된 안전의 징후들을 나타낼 수 있다.
- 기회의 상실 : 이것은 특별한 학교에 들어가려고 분투했지만 받아들여지지 않는 사람들, 중요한 승진에서 제외된 사람들, 또는 어떤 출판업자도 원하지 않는 책을 쓰기 위해 수년간 노력한 사람들의 경험을 포함한다.
- 가까운 관계의 상실 : 이것은 사업을 위한 협력관계가 취소되는 것, 오랫동안 사귀었던 커플과의 결별, 가족 갈등, 이혼, 또는 배우자가 외도했을 때 생기는 친밀성의 상실을 포함한다. 먼저 언급되었

던 다른 관계의 상실은 이웃으로부터 떠나는 것, 가까운 친구가 많았던 교회를 떠나는 것, 동창생들과 더 이상 만날 수 없는 졸업, 또는 새로운 직장을 따라 다른 곳으로 이사하는 것을 포함한다.
- 자신의 집, 소유물, 지위, 일, 또는 직업의 상실 : 이것은 정체성의 상실을 포함하는데, 특히 자신들의 정체성이 그들의 지위나 직업과 연결되어 있는 사람들의 경우에는 더욱 그렇다.[47]

상담과 슬픔

전직 미 공중위생국 장관이었던 에버레트 쿠프(C. Everett Koop)는 에이즈가 번져가고 있을 때 국가 최고 의료 공무원으로 재직중이었다. 그 전에 쿠프 박사는 매우 존경받는 소아과 의사로 알려져 있었고, 진료를 하면서 죽어가는 아이들과 슬퍼하는 부모들을 자주 만나게 되었다. 어느 날 쿠프는 아들이 뉴햄프셔에 있는 산을 올라가다가 죽었다는 소식을 들었다. 그들은 어린 아들의 죽음에 대한 자신들의 슬픔을 감동적이고 고무적으로 묘사하면서, 일생을 통하여 자신들을 지탱시켜주었던 신앙에 대하여 썼다. "우리 가족의 삶은 결코 전과 같지 않을 것이다. 그러나 우리는 가족 안에 있는 공허한 자리를 받아들이도록 애쓸 것이다. 하나님은 우리 아들 데이비드가 하늘에 있으며 그곳이 그에게 훨씬 좋다는 것을 지속적으로 깨닫도록 해주신다." 그가 상담했던 수백 명의 부모들처럼, 쿠프와 그의 아내는 데이비드의 죽음 후에 자신들의 삶 속에서 영원한 공허감을 발견했다. 그들은 이렇게 썼다. "많은 기독교인들은 위로하려는 노력 속에서 '신이 그 공허감을 메울 것이다'라고 말한다. 대신 우리는 그 공허감은 결코 메워지지 않지만 신은 그 공허감을 견딜 수 있는 것으로 만들어준다는 것을 발견했다."[48]

쿠프의 가족들은 애도 속에서 어떤 선의를 가진 상담자들이 깨닫지 못한 것을 발견했다. 슬퍼하는 사람들은 말하기 위해 온 사람들로부터 그럴싸한 대답을 기대하지 않는다. 대신 슬픔에 찬 사람들은 이해, 새로운 확신, 그리고 들어줄 수 있는 민감한 사람들과의 만남을 필요로 한다.

1. 상담과 정상적인 슬픔

대부분의 애도하는 사람들은 특별한 도움이나 상담 없이도 힘들고도 긴 치유 과정을 통과한다. 도움을 줄 수 있는 가장 유용한 자원들은 가족들, 친구들, 성직자, 그리고 의사들이다. 이 사람들은 여러 가지 방법으로 도울 수 있다.

- 죽음과 다른 상실들이 생겨나기 전에 그것들을 토론할 수 있도록 격려하라. 죽어가는 사람들과 그들의 가족이 상실의 사건이 일어나기 전에 자유롭게 그들의 감정을 표현하고 상실에 대해 토의한다면, 상실이 생긴 후에 좀 더 친숙하고 또한 조금 쉽게 애도할 수 있을 것이다.
- 곁에 있어주고 도움이 돼라. C.S. 루이스[49]는 아내가 죽은 후에, "세상과 나 사이에는 눈에 보이지 않는 담요 같은 것이 있다"고 말했다. 그가 다른 사람들과 말하고 싶지 않을지라도 그는 다른 사람들의 존재가 중요할 수 있다는 것을 알았다. 상담자로서 장례식 후에 도움이 되도록 노력하라. 애도자가 특별한 친구일 경우, 정기적으로 연락을 취하고 공휴일이나 기념일에는 관심을 표현하라.
- 상실이 사랑하는 사람의 죽음을 포함하지 않을 때도, 감정을 표현하는 것은 좋고 허용될 수 있음을 알게 하라. 그러나 슬퍼하는 사람들에게 감정을 나타내도록 압력을 주지는 말라.

- 울부짖고, 좌절하고, 또는 움츠리는 기간이 있을지라도 놀라지 말라. 그러나 당신은 그러한 기간에도 애도자에게 도움이 되며 수용적임을 알게 하라.
- 깊은 경청자가 되어라. 애도하는 사람들은 한가한 시간에 자신이 경험하고 있는 감정과 생각들, 상실과 장례식의 세부사항, 과거에 있었던 고인과의 만남에 대한 추억들, 죽음의 궁극적 이유들("왜 신은 이것이 지금 일어나도록 했는가?"), 그리고 미래에 대한 생각들과 같은 문제들에 대해 말하고 싶어 한다. 죄의식, 분노, 혼란, 그리고 절망이 때때로 표현될 것이다. 도움을 주는 사람은 이러한 것들을 비판하고, 윽박지르고, 설명하고, 또는 진부한 종교적인 표현으로 간단히 처리하기보다는 들어줄 필요가 있다.
- 강요하지 말라. 최고의 상담자는 내담자가 상실과 관련된 문제들을 의논하려고 할 때 듣고 반응하지만, 내담자가 어떤 것에 대해 말하고 싶어 하거나 물러나 있기를 원할 때는 그도 물러나 있으려고 한다. 이러한 방법으로 상담자는 애도자의 변동하는 요구와 감정들에 감수성을 갖고 반응한다.
- 애도자가 결단하도록 도우라. 그러나 적어도 몇 달이 지날 때까지는 집을 팔거나 다른 지역으로 이사하는 것과 같은 중요한 결정들은 단념시키도록 친절한 태도로 노력하라.
- 비합리적인 결론들("사건이 일어났을 때 내가 운전을 했기 때문에, 내가 그를 죽였다")에 온화한 태도로 도전하라. 그리고 슬퍼하는 사람에게 문제에 응답하고 토론할 기회를 주어라.
- 그 사람에게 음식 준비 또는 아이들 돌봐주는 것 같은 실제적인 도움이 필요한지 판단하라.
- 애도의 관례들을 반대하지 말라. 이러한 관례들은 밤샘에 참여하는 것, 추모식, 그리고 다른 종교적인 의식들을 포함하는데, 이것들은 죽음을 좀 더 실제적인 사건으로 만들고, 친구들의 후원을 보여주며, 감정의 표현을 격려하고 또한 애도를 촉진시켜준다.
- 애도 과정에 잊힐지도 모르는 사람들을 생각하라. 고인의 배우자나 자녀들은 아마 상담자로부터 많은 관심을 받을 것이다. 그러나 손자와 손녀들, 직장 친구들, 이웃들, 같이 예배드리는 사람들, 그리고 다른 사람들도 민감한 상담자들이 주는 보살핌으로부터 혜택을 받을 수 있다.[50]
- 독신자가 죽었을 때, 종종 약혼자, 가까운 친구, 또는 가족과 함께 슬퍼하는 다른 사람들이 있음을 기억하라. 이 그룹에는 동성애 파트너가 있을지도 모른다. 당신이 이러한 관계들을 인정하든지 말든지 간에 슬퍼하는 파트너 또한 지원과 사별 상담의 혜택을 필요로 한다.
- 일, 소유물, 기회, 애완동물, 또는 아직 살아 있는 어떤 사람과의 친밀한 관계 등을 상실한 사람에게 올지도 모르는 슬픔을 무시하지 말라. 이러한 사람들은 그들이 우습게 보이지 않기 위해 또는 그들의 슬픔이 중요하지 않은 것으로 처리되지 않기 위해 종종 그들의 슬픔을 나타내기를 꺼린다. 상실이 애도자에게 중요하다면, 그것은 상담자에게도 마찬가지로 중요하다. 그들의 슬픔을 억누르기 위한 수단으로서 설교나 진부한 종교적 문구를 사용하지 말고 성경말씀으로 그들을 위로하라.

이 모든 것에 있어서 상담자의 목적은 애도자를 지원하는 것이지 병적인 의존성을 만들어주거나, 부정을 촉진시키거나 현실 도피를 격려하는 것이 아니다. 때때로 가족의 후원과 친구들의 보살핌은 사별한 사람이 애도를 잘 끝내고 다시 정상적인 활동들을 회복하는 데 도움이 될 것이다.[51]

2. 상담과 복잡한 슬픔

친구들과 목회자들은 항상 정상적인 애도 과정을 통과하고 있는 사람들을 돕는다. 아마 상담자들은 복잡한 애도 반응을 나타내는 유족들에게 좀 더 관여할 것이다. 초기에 이러한 사람들은 도움을 거절할지도 모른다. 그러나 그들을 강요하지 않는다면, 많은 사람들이 상담자와 협력할 것이다. 상담자들이 도울 수 있는 여러 가지 방법이 있다.[52]

- 치유를 좀 더 어렵게 만드는 위험 요소들이 있는지 판단하라. 이러한 요소들의 대부분은 이전 페이지들에서 언급되었다. 예를 들어 상실이 특별히 충격적이거나 갑작스러웠는가, 아니면 당신은 이전에 서술된 슬픔의 불건전한 영향들 중 어떤 것들을 보았는가? 보다 나은 평가들은 상담자로 하여금 변화될 필요가 있는 행동들이나 태도들을 이해하도록 도울 수 있다.
- 감정과 태도의 표현을 격려하라. 당신이 듣는 것처럼, 친구들로부터 이전에 들은 성경 구절들을 간곡히 권유하거나 무모하게 인용하는 것을 피하라. 성경 구절들 중 어떤 것도 잘못되지 않았으며, 확실히 성경은 매우 위안이 된다. 그러나 슬퍼하는 사람들은 진부한 표현이나 일상적인 관용구를 사용하면서 말을 많이 하는 상담자보다는 보살펴주고 경청하는 사람을 선호할 것이다. 만약 사별한 사람이 지속적으로 매우 강렬한 슬픔, 분노, 또는 다른 감정들 때문에 혼란스러워하는 것을 보면 이러한 문제들을 토론하도록 격려하라. 이러한 문제들이 극단적이지 않으면, 그것들은 애도과정의 자연스럽고 예상되는 부분임을 설명하여 안심시켜라.
- 내담자들에게 그들의 감정과 태도를 기록하는 애도 일기를 작성할 것을 제안하라. 애도자들이 그들의 고통, 외로움, 절망, 그리고 분노를 종이 위에 표현하는 습관을 가질 때 그들은 이러한 감정들을 보다 좋게 다룰 수 있을 것이다. 나중에 그들은 초기의 기재 사항들을 다시 읽고, 어떻게 많은 발전을 했는지 볼 수 있을 것이다.
- 내담자들이 애도 과정을 이해하도록 도우라. 목적은 사람들이 애도할 때 전형적으로 일어나는 것들에 대해 길게 설명하는 것이 아니다. 사람들로 하여금 그들의 애도가 비정상적이거나 병리적이지 않다는 것을 이해하도록 만들기 위해, 자주 발생하는 것들의 일부를 알게 하라. 어떤 사람들은 나중에 논의될 수 있는 책들을 읽는 것이 도움이 될지도 모른다. 종종 내담자에게 원조와 현실적인 안목을 줄 수 있는 사람들을 소개해주는 것이 도움이 될 수 있다. 예를 들어, 미망인들은 종종 애도 과정을 통과한 다른 미망인들과의 만남으로부터 혜택을 받을 수 있다. 이 대화는 새로운 미망인이나 오랫동안 미망인으로 살았던 사람에게 도움이 될 수 있다.[53]
- 사람들이 과거에 상실을 어떻게 다루었는지 알아내도록 하고, 내담자들로 하여금 그 방법들이나 비슷한 방법들을 다시 사용하도록 격려하라. 때때로 정원을 가꾸는 것, 음악, 예술, 좋아하는 취미를 즐겼던 사람들은 이런 것들이 자신으로부터 감정의 방향을 돌리고 슬픔과 관계없는 것들에 관심을 갖게 하는 방법들임을 발견한다. 한 미망인은 남편이 죽은 후 봄이 왔을 때 과거에 했던 것처럼 여름철의 꽃들을 다시 키워야 할지 아니면 그만두어야 하는지에 대해 고민하고 있었다. 그녀는 에너지가 고갈되었다고 느꼈기 때문에 이 일을 할 동기가 부족했고, 그 정원을 즐길 남편이 옆에 없기 때문에 슬펐다. 그러나 그녀는 자녀들이 격려했을 때 다시 정원으로 돌아가서 남편에 대한 추억 속에서 꽃들을 키우기로 결심했으며, 나중에는 꽃을 키우고 돌보는 일이 매우 유익한 치유 활동이 되

었다고 결론지었다.
- 과거에 대해 토론하기 위해 그 사람을 초대하라. 고인과 내담자와의 관계에 있어 무엇이 높은 점수이고 또는 낮은 점수인가? 내담자가 기회를 상실했다면, 지금 진행되고 있는 꿈에 대해 무엇이 좋고 나쁜가? 상담자는 함께하는 것들에 관심을 보여줌으로써 이 토론을 촉진시킬 수 있다. 때때로 이 과정은 내담자와 함께 사진들과 과거에 비축했던 소유물들, 또는 고인이 가치 있게 여겼던 것들을 바라봄으로써 촉진된다.
- 이야기들이 치유가 될 수 있음을 기억하라. 내담자로 하여금 과거에 대해 말하게 하고, 나중에는 이야기하는 과정 속에서 상실이 일어난 지금 무엇이 미래를 위해 이상적인지에 대하여 말하도록 격려하라.
- 그 사람으로 하여금 타인에게 손을 뻗치도록 격려하라. 이것은 애도 초기에는 나타나지 않겠지만, 종종 다른 사람들에게 손을 뻗치는 행동은 자신으로부터 관심을 돌리고, 살아야 할 이유와 다른 것들에 대한 희망을 줄 수 있다.
- 미래에 대해 말하도록 격려하라. 감정들에 대해 말할 시간을 가진 후에 비합리적인 생각이나 또는 비현실적으로 보이거나 성급하게 세워진 계획들에 대하여 온화하게 도전하라. 아이들의 양육, 재정적인 필요를 만족시키는 것, 또는 외로움과 성적 좌절감을 다루는 것과 같은 실제적인 문제들에 대한 토론을 격려할 기회를 찾아라. 목적은 내담자들로 하여금 상실을 부정하지 않고, 대신 상실의 현실을 다루며, 또한 새로운 방법으로 삶에 다시 종사할 수 있는 방법들을 추구하도록 돕는 것이다. 이것은 지금 떠나버린 사람과 목표들 그리고 기회에 대한 추억들을 부정함으로써 행할 수 있는 것은 아니다. 삶에 다시 종사하는 것은 상실을 충분히 기억하지만, 인생의 다음 단계에서 수행될 수 있는 것을 깊이 생각하는 것이다.

3. 아이들이 죽었을 때의 상담

우리가 강조한 것처럼 슬픔의 각 유형은 다르며, 어떤 상실은 다른 것들보다 좀 더 강렬하게 느껴진다. 가장 힘든 애도 경험들 중 하나는 아이의 죽음인데 이것은 아이의 나이와 관계가 없다. 아이들을 포함한 치명적인 사건들, 갑작스러운 유아 죽음으로 인한 상실, 영아돌연사증후군(Sudden Infant Death Syndrome)[54] 또는 아이의 치명적인 질병은 참을 수 없는 슬픔을 줄 수 있다. 낙태나 유산 때문에 자녀를 상실한 부모들도 종종 대등하게 강렬한 슬픔을 느낀다. 아이들이 죽음 전에 병약했거나 기형이었을지라도, 부모들은 그렇게 짧았던 삶에 뒤이어 온 죽음의 현실을 수용하기 힘들다. 하나밖에 없는 아이의 상실은 물론 더 힘들겠지만 대부분의 부모들은 형제들이 있든지 없든지 간에 강렬하게 고통스럽다고 주장한다.[55] 그들의 가슴속에는 죄의식, 자기 경멸, 분노, 의존심, 그리고 대답이 없는 질문들로 가득 차 있다.

종종 슬픔은 긴장과 부모의 갈등, 그리고 가정에서의 오해를 만들어낸다. 아내는 남편이 자신처럼 많이 울지 않기 때문에 죽음에 대해 크게 마음쓰지 않는다고 느낄지도 모른다. 반대로 남편들은 아내를 당황케 하고 싶지 않아서 자신의 참된 느낌들을 숨길 수 있다. 상담자는 애도하는 부모들의 파탄 비율이 높다는 것을 알아야 한다. 그러므로 상담은 부분적으로 결혼과 커플 관계가 어떻게 애도 과정을 견뎌냈는지에 대해 초점을 맞추어야 한다.

다른 유형과 마찬가지로, 아이들을 상실한 사람들도 감정을 표현하고, 상실을 받아들이고, 또한 다시

적응하기 위해 도움을 받아들여야 한다. 종종 이러한 도움은 이웃들과 친구들, 교회 신자들, 그리고 비슷한 상실들을 경험했던 다른 부모들의 지지로부터 온다. 상실은 어린아이들이나 10대 아이들의 부모들이 가장 강렬하게 느끼는 반면, 자녀가 성장한 나이든 부모는 특별한 상실을 경험하는데, 이것은 대부분의 사람들이 자녀들은 부모를 떠나 살아야 한다는 것을 당연하게 생각하기 때문이다.

4. 슬퍼하는 아이들을 상담하는 것

친척들은 아이들을 죽음의 현실과 슬픔으로부터 보호하려고 애쓰는데, 이것은 특히 부모의 죽음을 경험한 아이들의 경우에는 더욱 그렇다. 그러나 아이들은 그들이 할 수 있는 좋은 방법으로 애도하고 이해하고 싶은 욕구를 갖고 있다.

죽음의 현실을 적절히 파악하기 위해, 아이들은 자신들과 타인들, 존재와 비존재, 생각과 현실, 또한 과거, 현재 그리고 미래 사이를 구분할 수 있어야만 한다. 아이가 이러한 분별력을 가졌든지 갖지 못했든지 간에, 아이는 죽음의 결말을 이해하고, 감정을 표현하고, 또한 질문하도록 도움을 받아야 한다. 아이들에게 그들이 사랑받고 보살핌을 받을 것이라고 두고두고 말해주고 안심시켜야 한다. 아이들은 종종 죽음, 특히 부모의 죽음을 거절의 형태로 해석한다. 형제가 죽었을 때는, 죄의식, 혼돈, 고립의 공포, 그리고 "다음에는 내 차례일지도 모른다"는 것에 대한 두려움이 생길 수 있다. 어린아이들은 성인 불안의 어떠한 징후에도 예민하기 때문에, 그들은 버려지지 않는다는 것을 알 필요가 있다. 때때로 그들은 모든 것을 아직은 조종할 수 있다는 재확신을 가지고, 그 한계들을 시험하기 위해 무례한 행동을 하기도 한다. 많은 아동 심리학자들이나 다른 전문가들은 아주 어린 유아인 경우를 제외한 어린아이들이 밤샘이나 또는 장례식에 참석하는 것에 대해 동의하는데, 이것은 어린아이들도 성인들처럼 정서적인 지원과 상실의 현실을 수용할 기회를 필요로 하기 때문이다.[56] 특별히 어린아이들을 위하여 쓰여진 죽음과 상실에 대한 그림책을 찾아보는 것도 도움이 될 것이다.[57]

5. 논쟁들

상실과 애도는 거의 모든 사람에게 영향을 주기 때문에 이 주제는 수년 동안 집중적으로 연구되어왔다. 이러한 연구들 중 어떤 것들은 논쟁이 될 수 있는 결론들을 내놓았다.

(a) 애도 작업의 효력 : 대부분의 상담자는 동의하지 않지만, 어떤 연구원들은 남은 사람이 애도 작업으로 알려진 것들(사랑하는 사람의 죽음에 대해 감정을 표현하는 것, 자신의 감정에 대해 쓰는 것, 또는 슬픔과 함께 오는 두려움과 육체적인 고충에 대해 다른 사람에게 말하는 것)을 완수하느냐 마느냐 하는 것은 큰 차이가 없다고 결론 내렸다.[58] 이러한 연구에 의하면 사별에 관해서 최고로 좋은 치유자는 시간이지 상담자의 노력이 아니다. 이것은 상실의 유형과는 상관없이 사실이다. 이와 같은 연구결과는 애도 기간에 도움을 전혀 받지 못한 사람들에게 희망을 주지만, 또한 애도 작업이 도움을 준다는 반대되는 입장을 지지하는 증거들도 있다.

(b) 죽은 사람과의 유대 : 어떤 상담자들은 고인과 관계가 있는 것들을 떠나보내라고 격려하는 반면 다른 상담자들은 고인과 지속적인 관계를 형성하도록 격려하는 것이 더 좋다고 말한다. 이것은 과거의 좋았던 시간들을 기억하고, 지속적인 원칙 위에서 고인에 대해 생각하고, 현재의 상황과 문제들에 대해 고

인은 어떻게 반응할지 상상하고, 고인에게 편지를 쓰고, 또는 고인과 계속 이야기함으로써 완성될 수 있을 것이다.[59] 이러한 행동들은 애도하는 사람들이 부정과 비현실적인 영역으로 움츠러들지 않게 함으로써 이롭게 보일 수 있다. 좀 더 논쟁적인 것은 남은 사람이 무당이나 다른 방법들을 통하여 고인과의 접촉을 추구한다는 생각이다. 분명히 성경에서도' 이것이 행해졌지만 저주받았다. 한때 사울 왕은 모든 무당들과 박수들을 나라에서 내몰았다. 그러나 그가 전쟁의 결과에 대해 걱정했을 때 그는 위장을 하고 무당에게 가서 사무엘을 불러 달라고 요청했다.[60] 그러나 그때는 벌써 성령이 사울을 떠났고 그는 그 후에 곧 죽었다.

(c) 기억들을 치유하는 것 : 그것이 현재에는 두드러지게 나타나지 않지만, 어떤 기독교 상담자들은 사람들로 하여금 과거의 기억들을 치유하도록 돕는 것이 이롭다고 강조했다. 때때로 내담자는 더 이상 고인과 더불어 논의할 수 없는 죄의식, 분노, 상처, 또는 고인에 대한 애착들을 해결하지 못하고 망각 속에 깊이 묻어버리기 때문에, 슬픔이 극복될 수 없다. 기억들을 치유하는 것은 상담자와 내담자가 과거의 기억들과 행동들을 기억하거나 때로는 되새길 때에 성령의 인도를 함께 구하는, 기도에 기초한 방법이다. 그때에 그들은 신의 용서와 치유를 구한다.

어떤 사람들은 이러한 방법의 프로이트적인 의미를 비판했다. 그리고 기억들의 극단적인 치유에 대해 쓰여진 많은 책들은 해로울 수도 있는 방법들을 옹호했다. 그러나 이 분야에는 좀 더 책임감 있는 저자들과 개업의들이 있으며,[61] 그들의 작업은 그리스도의 힘이 어떻게 사람들로 하여금 과거의 슬픔과 다른 고통스러운 문제들을 다루게 하는지에 대해 말해주고 있다.

• 복잡한 슬픔에 대한 예방

본질적으로 슬픔은 예방될 수도 없고 예방되어서도 안 된다. 사람들이 애도 과정을 통과하는 방법에는 개인적인 차이가 있다는 것을 기억하는 것은 중요하지만, 유족들이 슬픔을 거의 보이지 않거나 또는 전혀 나타내지 않을 때, 이것은 애도 과정이 부정되거나 회피되고 있음을 의미할지도 모른다.

1. 상실이 일어나기 이전에

죽음이나 다른 상실에 대해 논하는 것은 쉽지 않으며, 특별히 모든 사람이 건강할 때는 더욱 그렇다. 그러나 가장 좋은 예방은 상실이 일어나기 오래전에 시작된다.

(a) 집에서 건강한 태도를 발전시킨다 : 부모가 죽음에 대해 열려 있고 솔직할 때, 아이들은 죽음이라는 문제가 정직하게 직면하고 자유롭게 토론할 문제라는 것을 배우게 된다. 이때는 질문들에 대답할 수 있는 자연스러운 시간이며, 오해를 피할 수 있다. 우리 중 어느 누구도 상실에 대해 적합하게 준비할 수는 없지만, 결혼 생활이나 집에서 개방적인 태도를 통해 의사소통을 촉진시키고 이후의 토론을 좀 더 자연스럽게 만들 수 있다.

(b) 가족 관계를 정화시킨다 : 죽음 이전에 전혀 해결되지 않았던 질투심, 빈정댐, 경쟁심, 용서하지 않음, 또는 다른 문제들이 있었을 때, 슬픔은 복잡해질 수 있다. 나중에 가족들과 친한 친구들은 복잡함을 방지하기 위해 그들의 감정과 좌절감을 정기적으로 표현하거나, 서로 용서하며 또한 용서를 받아들이고,

사랑과 감사를 표현하며, 조작과 미성숙한 의존적 관계를 피할 수 있는 건강한 상호의존성을 발전시키는 것을 배워야만 한다. 어떤 가족들이나 커플들에게는 이러한 것들이 상담자의 도움 없이는 도달하기 어려운 목표가 된다.

많은 사람들은 애도의 시간이 오면 후회를 한다. 그들은 자신들이 말하지 않고 질문하지 않았던 것에 대해, 사랑을 표현하지 못했던 것에 대해, 또는 사랑하는 사람이 죽기 전에 감정을 드러내지 않았던 것에 대해 후회한다. 말할 필요가 있는 것들을 죽음이나 다른 상실이 일어나기 전에 말했다면, 뒤늦은 후회는 방지될 수 있다.

(c) 활발함을 유지한다 : 다양한 레크리에이션, 예배, 작업, 또는 다른 활동들에 참여하는 사람들은 사랑하는 사람의 죽음이나 건강의 상실을 포함하여 상실의 문제가 생겼을 때 자신들에게는 고통을 완화시키도록 도울 수 있는 필요 충분적인 관계들이 있음을 발견한다. 보통 활동적인 사람들은 필요한 때에 후원과 도움을 줄 수 있는 확실한 친구관계를 갖고 있다.

(d) 정신건강을 촉진시킨다 : 보다 작은 위기들을 어떻게 성공적으로 다루는지를 배운 잘 적응된 사람들은 보통 큰 상실들도 성공적으로 극복해낸다. 이러한 사람들은 감정을 자유롭게 표현하고, 좌절감에 공개적으로 직면하고, 또한 그들의 투쟁과 문제들을 정직하게 받아들이고 토론하는 것을 두려워하지 않는다.

(e) 상실을 예측한다 : 삶의 종말과 관련된 문제들에 대해 말하기는 어렵다. 거기에는 우리가 치명적으로 아프거나 또는 오직 의료 기계들에 의해서 생명을 유지한다면 우리는 가족들이 무엇을 해주기를 원하는지, 재산이 어떻게 분배되기를 원하는지, 신체기관을 과학적 연구를 위해 기증할지 아니면 타인의 생명을 위해 기증할지, 장례식 준비를 위해 무엇을 할지, 매장 또는 화장 중 무엇을 선택해야 할지, 그리고 우리가 죽은 후에 유족들이 경제적으로 어떻게 지낼지 하는 문제를 포함한 유족들에 대한 우리의 희망이 들어 있다. 배우자, 부모, 또는 친구의 소망에 대해 말하는 것은 그 사람이 건강할 때도 쉽지 않다. 장례식에 대한 결정이 고인으로부터 나왔다면, 이후에 죽음이라는 상실이 생겼을 때 유족들은 부가적인 고통을 피할 수 있다. 반대로 어머니가 신체적으로 노쇠해지는데도 그녀 자신이 임박한 죽음에 대해 어떤 말도 하지 않으려고 할 때 무엇을 해야 할지 모르는 딸이나 또는 성장한 아이는 어려운 상황들을 겪게 된다.

최근 몇 년 동안, 호스피스는 말기 환자의 삶의 질을 높여주고 또한 이러한 환자들과 가족들로 하여금 죽음을 준비하도록 돕는 데 전념하고 있다. 주요 목적은 환자들이 친밀한 환경의 집에서 사랑하는 사람들에 둘러싸여 죽는 것을 가능하도록 만드는 것이다. 이것이 항상 가능하지는 않기 때문에, 호스피스 봉사자들과 병동의 직원들은 병원 안에 또는 다른 치료시설 안에, 때로는 특별히 고안된 환자의 방에 집과 같은 환경을 만들어주려고 노력한다. 훈련받은 봉사자들, 목사들, 보살펴주는 기독교인들, 병동 직원들, 그리고 전문적인 상담자들이 모두 함께 일할 때, 가족들은 치명적인 질병으로 인한 죽음, 그리고 사별 후 첫 몇 달 동안의 변화를 좀 더 순조롭게 만들도록 도움을 받을 수 있다.

호스피스는 예비적인 애도의 전문화된 방식을 제공한다. 환자들과 그들의 가족들은 치명적인 질병의 현실을 부정하는 대신에 임박한 죽음에 대하여 말하고 자신들의 슬픔에 대하여 솔직해진다. 결과적으로 뒤에 이어지는 슬픔은 아마 덜 복잡할 것이다. 그러한 솔직함은 죽어가는 아이들과 이야기할 때도 중요하다.

(f) 신학적인 이해 : 위의 모든 것은 사람들이 죽음 이후의 삶이라는 문제를 이해하고 죽음이 다가오기

오래전에 그리스도로부터 오는 위안을 경험할 때 더욱 설득력이 있다. 성경는 죽음, 삶의 의미, 신자들을 위한 영생의 실재와 약속, 지옥의 실재, 그리고 애도의 고통에 대해 많은 것을 말해주고 있다. 이 성경적인 진리들은 위안이 될 수 있는데, 특히 그것들을 애도 과정이 시작되기 전에 배우고 이해했다면 더욱 그렇다.

2. 상실이 일어나는 때

죽음이나 다른 상실 이후의 몇 시간이나 며칠 동안은 슬픔이 어떻게 다루어지는지에 대해 큰 영향을 준다.

(a) 소식을 알린다 : 죽음이나 다른 중요한 상실을 알리는 것은 어려운데, 특히 그 상실이 갑작스럽고 예측할 수 없었다면 더욱 그렇다. 이러한 이유 때문에 병동 직원들, 경찰서 직원들, 또 다른 사람들은 이러한 임무를 빠르고 분명하게 때로는 퉁명스럽게 수행한다. 감정을 자유롭게 표현할 수 있을 만큼 사적인 장소에서 되도록이면 부드럽게 소식을 알리는 것이 훨씬 좋다. 유족들에게는 반응하고 질문을 할 시간을 주고 또한 지속적인 도움을 곧 줄 수 있는 두세 명의 친구들과 함께 있을 시간을 주어야 한다.

(b) 후원을 해준다 : 결정을 하는 데 있어서 지지와 도움을 줄 수 있는 사람들이 있다면, 슬픔은 좀 더 완화되며 아마 덜 복잡한 상태로 발전될 것이다. 목회자들과 원목들은 종종 사별한 사람에게 최초의 도움을 주지만, 다른 기독교인들이 지속적으로 추가적인 지원을 한다면 기독교 지도자들의 업무는 훨씬 쉬워지고 좀 더 효율적이 된다.

(c) 장례식을 계획한다 : 빠르게 변화하는 세상에서, 오랫동안 인정되어왔던 장례식 문화는 잊혀졌거나 아니면 변화하는 생활방식에 적합하게 변화되었다. 이 변화들이 반드시 나쁜 것은 아니지만, 장례식은 유족들로 하여금 죽음의 현실을 수용하고, 친구들의 지지를 받아들이며, 재적응하는 기간에 실제적인 도움을 얻고, 신의 평화와 현존을 경험하도록 돕는 유용한 기능을 한다는 것을 기억해야만 한다. 장례식은 슬픔에 대한 현실적인 인식과 육체를 벗어난 기독교인들이 주님과 함께 있다는 사실 사이에서 균형을 발전시켜야 한다. 상세하게 계획된 훌륭한 장례식은 애도과정을 촉진시키고 복잡한 슬픔을 방지하도록 돕는다.

(d) 의약품을 사용한다 : 슬픔 속에서 충격받은 사람을 진정시키려는 시도로 의사는 큰 상실을 겪은 유족들에게 진정제와 다른 의약품들을 처방하기도 한다. 이러한 일시적인 조치에 잘못은 없지만, 화학약품들은 고통을 둔하게 만들고 애도 과정을 억제할 수 있다. 그러므로 일반적으로 의약품의 사용은 복잡한 애도를 오랫동안 방지하는 데는 도움이 되지 않는다.

3. 상실이 일어난 이후

목회자를 포함하여 후원해주고 도움을 주는 사람들의 지속적인 참여는 상실이 일어난 후 몇 달 동안 애도자에게 도움을 줄 수 있다. 이 장에서 설명된 상담 과정들이 내담자로 하여금 복잡한 슬픔을 발전시키지 않고 적응하도록 도울 수 있는 것은 바로 이때다.

4. 죽음과 교회

죽어가는 사람들과 그 가족에 대한 보살핌, 죽음에 대한 준비, 애도하는 마음으로 돕는 것, 그리고 유족들 사이에 복잡한 슬픔을 방지하는 것은 교회나 또는 다른 종교적 공동체로부터 종종 온다. 목회적 돌봄이나 보살핌은 죽음과 그것에 관계된 주제에 대해 정기적으로 설교하는 것, 죽음과 천국에 대해 교육하는 작은 그룹들, 교회 구성원들로 하여금 사별에 관해 한두 권의 책을 읽도록 격려하는 것을 포함하며 신자들로 하여금 애도의 영적, 감정적, 그리고 실제적인 욕구를 위해 기도하고 보살피도록 격려할 때 나온다. 재난이나 존경받는 지도자의 죽음과 같은 공동체나 또는 교회 안에서 일어나는 사건들에 대해 방심하지 말아야 하는데, 이것들이 회중 안에서 죽음에 대한 문제들을 제기할 기회를 주기 때문이다. 죽음과 임종이 교회 안에서 토론될 때, 이러한 주제들은 아마 집에서 좀 더 토론될 것이다.

5. 죽음과 슬픔, 상담자

슬픔 상담자는 언제나 울어야만 하는가? 환자를 치료했고 가족에게 도움을 주었던 의사나 간호사는 어떠한가? 죽음과 애도의 현실에 참여한다는 것은 종종 어려울 수 있으며, 또한 우리가 눈물을 참을 수도 없고 참아서도 안 되는 때가 있다. 가족들이나 내담자들은 도움을 주는 사람이 자제력을 잃어서 더 이상 도움을 주지 못하는 것이 아니라면 상담자가 공감을 표현하는 것만으로도 도움을 받을 수 있다.

다른 사람들이나 가족 안에서의 사별은 상담자들이나 다른 보살피는 사람들에게 그들 자신이 과거에 상실했던 것들, 다가오고 있는 사별, 또는 자기 자신의 죽음의 필연성에 대해 생각나게 한다. 도움을 주는 사람들이 다음과 같은 몇 가지 지침들을 따른다면, 그들 자신의 욕구를 다룰 수 있고 탈진을 막을 수 있다.

- 당신이 할 수 있는 것보다 더 많은 사람들을 도우려고 하지 말라. 자신의 한계를 결정하는 것은 시간과 경험을 요구한다. 목사들은 언제 일어날지 모르는 많은 치명적인 질병과 죽음을 관리할 수 없기 때문에, 자신의 한계를 정하는 것이 어렵다.
- 당신 자신이 슬퍼하도록 허락하라. 각 사람의 죽음 후에 같은 방법과 같은 강도로 슬퍼하지 않는다고 죄책감을 느끼지 말라. 슬픔 상담자를 포함하여 모든 보살피는 사람들에게 이런 다양성은 정상이다.
- 당신을 지지해주고 돕는 사람들에게 에워싸이라. 보살피는 사람들은 도움을 청하기를 꺼리지만 우리 모두는 다른 사람들과 신으로부터 오는 지지와 도움을 필요로 한다.
- 벗어나라. 모든 사람은 휴식, 예배, 놀이, 다른 사람들과의 만남을 위한 즐거운 시간, 또는 숙고할 시간이 필요하다. 어떠한 유형의 보살피는 사람들도 이것 없이는 쉽게 탈진할 수 있다.

슬픔에 대한 결론

슬픔은 보편적인 경험이다. 소수의 사람만이 그것으로부터 벗어나며, 어떤 사람들은 그 속에 갇혀 있고, 또 그것을 끝까지 잘 감당한 사람들은 종종 자신들이 고통스러우나 정신이 맑아지는 경험을 했다고 느낀다. 슬픔은 우리들이 간절하게 요구하거나 붙잡을 수 있는 것이 아니다. 때때로 그것은 예고 없이 찾아오며, 우리는 억지로 그것을 받아들이는데, 그것은 우리가 종교적인 도움과 다른 사람들의 지원을 받으면서 정직하게 대면할 때만 극복될 수 있다. 그것은 신이 우리를 성숙하게 만들고 또한 신이 사용하기에 좀 더 준비된 자로 만들기 위해 이용하시는 고통이다.

발터 트로비쉬(Walter Trobisch)는 거룩한 사람이었는데 그의 저서들은 1970년대와 1980년대에 수백만 명의 독자들을 돕는 데 사용되었다. 어느 청명한 10월 아침에 그는 오스트리아 알프스 산맥의 언덕에 있는 자신의 작은 집에서 심장마비로 죽었다. 그의 아내는 이렇게 적고 있다.

> 그가 죽은 날 나의 전 세계는 멈추었다. 나는 지금 존 스타인벡(John Steinbeck)이 서술한 것과 비슷한 슬픔을 알 수 있다. "자신이 잘려져나가 혼자 있는 것 같은 느낌이 지나가면 실을 주워서 끈을 만들고 결국 삶 속으로 다시 돌아갈 수 있는 밧줄을 만들 수 있을 것이다." 27년의 함께함과 결혼 생활 뒤에 혼자 걸어가는 것을 다시 배우는 것은 쉬운 일이 아니다. …… 이 지구상에 어떤 사람도 한 여성의 마음속에 있는 가장 깊은 갈망을 채워줄 수 없다는 것을 배우기까지는 여러 해가 걸렸다. 나로 하여금 마음속에 있는 그 깊은 공허함, 그리고 그 깊은 고통과 더불어 살 수 있도록 도와줄 수 있는 분은 오직 한 분이시다. …… 그분은 아직 나의 공허한 마음을 다 채워주지 못했지만 그 마음속에 다리를 놓아주셨다. 나는 지금 그 다리와 더불어 살 수 있으며, 그 다리 위에 서서 다른 사람들에게 다가갈 수 있다.[62]

상담자들은 애도 과정 속에 있는 사람을 돕는 일이 쉽지 않음을 알고 있다. 그러나 하나님은 잉그리드 트로비쉬(Ingrid Trobisch) 같은 사람들이 이러한 경험을 통하여 성장하고 다른 사람들에게 다가가는 것을 다시 배울 수 있도록 도와주기 위하여 당신과 나같은 사람들을 사용하신다.

상담자들을 위한
요점 정리 25

■ 슬픔은 어떤 중요한 사람, 물건, 기회 등을 상실했을 때 생기는 정상적인 반응이다. 슬픔은 자신의 행동, 감정들, 사고, 생리현상, 상호인격적 관계, 그리고 영성 안에서 나타나는 박탈감과 불안감의 경험이다.

■ 슬픔은 성경 속에서 종종 언급되고 있으며 많은 사람들의 삶 속에서 보여진다. 신약성경은 우리에게 다음과 같은 것들을 보여준다.
· 그리스도는 애도의 의미를 변화시켰다.
· 그리스도는 애도의 중요성을 나타냈다.

■ 정상적인 슬픔은 사람마다 다르다.
· 그것은 보통 강렬한 슬픔, 고통, 외로움, 분노, 우울함, 신체적 증상들, 그리고 상호인격적 관계 안에서의 변화를 포함한다.
· 때때로 부정, 환상, 침착하지 못함, 해체, 무력감, 초조함, 그리고 고인에 대하여 말을 많이 하려는 욕구 등이 나타난다.
· 애도하는 사람들이 인생에 더 이상 의미가 없다고 느끼는 것은 흔히 있는 일이다.

■ 복잡한 슬픔은 불건전하거나 정상적이지 않아 보이는 슬픔을 뜻한다. 복잡한 슬픔은 항상 독특한 증상들을 갖고 있지 않다. 대신에 정상적인 애도는 좀 더 긴 잠복기 동안 좀 더 강도 있게 나타난다. 복잡한 슬픔은 다음과 같은 것들을 포함할지도 모른다.
· 거절당한 깊은 느낌, 외부세계에 대한 관심의 결핍, 사랑할 수 있는 능력의 감소, 움츠림, 그리고 매우 낮은 자존감.
· 과다행동, 무력감과 좌절감의 지속적인 태도, 그리고 강렬한 죄의식.
· 격렬한 감정, 극단적인 움츠림, 변덕스러움, 충동성, 반사회적 행동, 과음, 그리고 자살에 대한 생각.

■ 사람이 상실에 대해 어떻게 반응할지 예측하기 위하여, 애도가 다음과 같은 경우에는 더욱 어려울 수 있음을 생각해야 한다.
· 상실이 예측되지 않았다.
· 상실이 사고, 살인행위, 자살, 또는 젊은 사람들의 죽음처럼 충격적이고 예측할 수 없었다.
· 애도자가 종교적인 믿음이나 자원들을 갖고 있지 않다.
· 그 사람의 환경이나 성격이 적응성이 없을 것 같음을 암시하고 있다.

· 애도자의 문화적, 인종적, 그리고 사회적 집단이 건전한 애도를 좌절시킨다.

■ 애도는 다음과 같은 것들을 나타낼 수 있다.
· 점점 병에 취약해지는 것을 포함한 신체적 반응들.
· 감정적이고 인지적인 영향들.
· 사회적 단절.
· 긍정적이거나 부정적인 영적 반응들.
· 흔하지 않은 행동들의 증거들.

■ 상실과 애도의 감정은 고인의 죽음에 대한 슬픔에 국한되지 않음을 기억하라. 인간은 건강, 가치 있는 소유물, 가까운 인간관계, 전망 있는 직업, 자신의 집, 재산, 지위, 일자리, 또는 희망을 가질 이유를 상실했을 때도 슬퍼한다.

■ 효과적인 상담은 당신의 참여, 지원, 격려, 감성, 들으려는 의지, 결정하는 데 필요한 도움, 그리고 영적 위안을 제공하기 위하여 애도하는 사람 곁에 같이 있어주는 것을 포함한다.

■ 상담은 복잡한 슬픔이나 아이의 상실 또는 아이들이 애도하는 것을 도우려는 노력이 나타날 때 독특한 힘을 발휘할 것이다.

■ 상담자들 자신이 상실 이전에, 상실의 시간에, 그리고 상실 이후에 어떻게 관여할 수 있는지를 알고 있다면, 건전한 애도가 촉진될 수 있고, 십중팔구 복잡한 애도를 피할 수 있을 것이다.

■ 교회는 사람들로 하여금 애도하도록 돕는 데 가장 효과적인 방법들을 제공한다.

■ 상담자들도 역시 슬퍼하기 때문에, 탈진하지 않고 자신을 돌보려는 노력을 해야 한다는 것을 기억하라.

■ 슬픔은 보편적인 경험이다. 소수의 사람만이 그것으로부터 벗어나며, 어떤 사람들은 그 속에 갇혀 있고, 또 그것을 끝까지 잘 감당한 대부분의 사람들은 종종 고통스러웠지만 정신이 맑아지는 경험을 했다고 느낀다. 하나님은 기독교인들을 성숙하게 만들고 또한 그들이 그리스도와 같은 시대의 사람들을 섬기는 데 있어서 좀 더 준비된 자로 만들기 위하여, 때때로 상담자들과 교회 지도자들을 통하여 일하면서 이러한 경험들을 사용한다.

26》
독신
Singleness

　그의 소년 시절의 친구들 대부분은 그가 일을 시작할 무렵에 결혼한 상태였다. 하지만 그는 여전히 독신이다. 그에게는 남자 친구나 여자 친구는 있었지만, 아내와 아이들은 없었다. 그는 다른 사람들의 가정에서 휴식도 취하고, 식사도 하였지만, 자신의 가정은 없었다. 연로하신 부모님을 모신다는 것이 어떤 것인지는 알고 있지만, 부모가 되는 것이 얼마나 즐거운지 또한 어려운지에 대해서는 결코 알지 못했다. 그는 자신이 어디로 가는지 알고 있으며, 경력도 잘 계획하고 조정하지만, 삶을 나눌 수 있는 반려자는 없었다. 그는 또한 부적응자, 다른 사람들에게 위협이 되는 존재, 다른 이들과는 뭔가 다른 점이 있는 사람이라는 취급을 받는 것이 어떤 것인지 알고 있었다. 몇몇 사람들은 그가 아마 어떤 문제가 있어서 여전히 독신일 거라고 생각했다. 친밀한 관계를 두려워하고, 서로 헌신하기를 달가워하지 않으며, 어쩌면 남들은 모르는 동성애자일지도 모른다고 사람들은 생각했다. 하지만 그는 건강한 젊은 남성으로 호르몬도 왕성하였고, 성적인 욕구도 충분하였으며, 인간이라면 누구나 경험할 수 있는 유혹들도 느꼈다. 하지만 그는 성적으로 친밀감을 느낄 수 있는 아내가 없었다. 그는 어떻게 웃는지도, 토론할 때 어떻게 자신의 의견을 지킬지도, 아이들과는 어떻게 노는지도 알고 있었다. 그는 울 때도 있었고, 때로는 매우 고독함을 느끼고 외로워하였다.[1]
　보통 우리는 이런 식으로 생각하지는 않지만 예수님도 독신이셨다.

　예수님이 이 지구상에 계실 때, 방문하셨던 마을에는 독신 남녀들이 그리 많지는 않았을 것이다. 2000년 후인 21세기로 시간을 돌려봤을 때, 독신 남녀의 숫자는 천문학적이며, 그 숫자는 급속히 증가하고 있다. 미국에서는 성인 인구의 약 40% 정도가 독신이다. 이러한 수치가 어느 정도 일리가 있는 것은, 많은 나라에서 사람들이 결혼을 늦게 하며, 이혼율은 여전히 높거나 증가하고 있으며, 남녀관계에 대한 생각이 바뀌어서 독신에 대한 인식이 좀 나아졌으며, 건강관리가 더 좋아짐으로써 과부나 홀아비들이 더 오래 살게 되었기 때문이다. 배우자가 없는 부모들, 수백만의 미망인들, 신부와 수녀를 포함해서 종교적인 이유로 독신을 고수하는 공동체의 회원들, 대다수의 대학생들, 대부분의 동성애자들, 여전히 결혼한 상태이지만 따로 떨어져서 지내는 별거중인 사람들, 결혼하지 않기로 결정한 사람들, 그리고 결혼식장에 들어가는 날만을 기다리는 사람들이 모두 독신 인구에 포함된다. 거기다가 결혼 후 함께하는 시간은 줄어들고 관계는 차가워져서 서로간의 간격이 멀어지는 수백만 명의 부부들도 있다. 이런 부부들은 한 지붕 아래 살며 아마 같은 침대를 쓸 것이다. 하지만 서로 동떨어진 삶을 살아가고 있어서 실제로는 독신으로 분류될 수도 있다.

때로 독신은 자유롭고, 거추장스럽게 붙어 있는 것도 없고, 누군가를 돌보아야 할 의무도 없는 것처럼 보인다. 하지만 대부분의 독신자들에게는 새빨간 거짓말일 뿐이다. 사람들이 짝을 지어 돌아다니는 사회에서 혼자인 사람은 사회 부적응자처럼 보인다. 그들은 대부분이 기혼자들인 사교모임에서 환영을 받을 수는 있을 것이다. 하지만 배우자가 없는 사람들은 소속감을 느끼지 못하며, 심지어는 자신이 속한 가족들 사이에서도 그런 느낌을 받는다. 때로는 외로움, 불안정, 그리고 낮은 자존감에 나쁜 영향을 받아서 사회에서 한 발짝 뒤처졌다는 생각까지 하게 된다. 독신자들은 더 높은 세금을 내는 경향이 있으며, 신용카드, 보험, 모기지론, 직장에서의 승진, 심지어는 레스토랑에서 적당한 자리조차 얻기 힘들 수 있다.

산업 전체가 독신 붐에 발맞추어 나타나는 필요와 욕구를 채우는 쪽으로 발전되어온 것은 전혀 놀라운 일이 아니다. 인터넷 이성교제, 짝찾기 프로그램 등은 인기가 높고, 널리 홍보되고 있으며, 때로는 성공을 거두고 있다. 개인 정보와 컴퓨터 검색을 통해서 서로 어울리는 사람들을 찾아주는 프로그램도 특히 성공을 거두고 있다.[2] 독신자들을 겨냥한 주택시장이 성장하고 있으며, 미혼자들을 위한 상담 서비스가 등장하고, 운동 장비 업체와 헬스클럽에서도 종종 독신들에게 상품을 제공한다. 슈퍼마켓에는 1회용 음식들이 널려 있으며, 유람선 항해를 비롯한 수많은 독신용 휴가 패키지 상품들도 있다. 기독교 출판업계에서는 수십, 아니 수백의 독신들을 위한 책들이 인쇄되고 있는데, 이 책은 더러는 나이 든 기혼 상담자가 썼지만 대부분 독신들이 썼다. 심지어 어떤 책은 "6개월 안에 이성교제를 하지 못하면 책값을 돌려드립니다"라는 독특한 장담을 하기도 한다.[3] 이러한 책들의 대부분이 이성교제, 관계, 외로움 또는 영혼의 반려자를 찾는 것에 초점을 맞추고 있지만, 결혼을 했든 안 했든 충만한 삶을 사는 것에 강조점을 두는 새로운 움직임이 나타나고 있다.[4] 결혼하기 원하는 사람들에게는, 다른 독신들 또한 문제가 될 수 있다. 독신 바 혹은 나이트클럽에서의 만남은 순간적이며 부정적인 만남이 될 수도 있다. 기독교인들은 인터넷 데이트 서비스라든지 교회에 좀 더 의존하는 경향이 있다. 비록 태도나 관점은 좀 달라졌지만, 많은 싱글들은 여전히 자신이 환영받지 못한다고 생각한다. 또한 독신들과 어떻게 교제하는지 잘 알지 못하고 특히 이혼을 한 경우에는 노골적으로 독신들을 거부하는 교인들에게 '잘 봐주면 참아줄 수 있는 존재' 정도로 여겨진다고 생각한다. 하지만 이 가운데 어느 것도 많은 독신들이 예수님이 그러셨던 것처럼 의미있고, 생산적인 삶을 산다는 사실을 숨길 수는 없다. 많은 사람들이 독신이 되는 어려움을 잘 알고 있을 뿐 아니라, 심지어는 제기능을 잘하고 있는 사람들조차도 때로는 기독교 상담을 통해 혜택을 받을 수 있다.

- **성경과 독신**

아담은 독신을 경험한 최초의 사람이지만, 이것은 그리 오래가지 않았다. 하나님은 "사람이 혼자 사는 것이 좋지 아니하니 내가 그를 위하여 돕는 배필을 지으리라"[5]라고 선포하셨다. 그 결과 여자가 만들어졌으며, 아담은 최초로 결혼한 남성이 되었다. 결혼이 인류를 향한 하나님의 뜻이었음은 명백한 일이다. 하나님은 친밀함, 성적인 만족감, 인류의 영속성 그리고 자연을 사용하고 다스리는 일에 동역자 관계로서 남자와 여자가 하나로 결합해야 한다고 생각하셨다.

처음부터 하나님은 모두가 다 행복한 결혼 생활을 경험하지 못할 것을 아셨음에 틀림없다. 남자가 여자보다 빨리 죽는 경향이라든지, 남자 인구를 줄이는 전쟁의 영향 등은 세상에 있는 모든 여자들에게 충분한 남자의 숫자란 결코 없을 것이라는 것을 잘 알려주고 있다. 게다가 이런 불완전하고 죄로 가득 찬 세상에는 이성과의 친밀함이 두려운 사람들, 남녀 사이에 헌신하는 일을 어렵게 생각하는 사람들, 결혼은 했으나 이혼하는 사람들, 그리고 동성애 성향 때문에 처음부터 이성간의 결혼을 하지 못하는 사람들이 있다. 게다가 어떤 사람들은 죽음 때문에 배우자를 잃고, 다른 사람들은 다양한 이유들 때문에 결혼하지 않기로 선택한다.

이러한 사람들은 독신이라는 이유로 건강하지 못하거나 자연스럽지 못한 것은 아니다. 예를 들어 어떤 사람들은 결혼에 대한 욕심이 없어서 독신으로 남기를 더 좋아한다. 다른 이들은 독신으로 남아서 하나님의 일에 더 많이 헌신할 수 있다.[6] 은사 받는 것에 전혀 관심이 없는 사람들까지 포함한 많은 기독교인들은 독신의 삶이 하나님께서 선택받은 사람들에게 주시는 선물이라고 믿는다.

바울은 고린도전서 7장에 이것에 대해서 상세히 기술하였는데, 그는 여기에서 성과 결혼, 독신에 대해서 언급하였다. 결혼과 독신은 모두 하나님으로부터의 은사라고 우리는 들었다.[7] 사도 바울은 자신이 결혼하지 않았음을 강조하면서, 독신 생활을 아주 긍정적으로 기술해놓았다. 그는 이렇게 말했다. "결혼은 좋은 것입니다. 하지만 독신은 훨씬 더 좋은 것입니다."[8]

> 나는 여러분들과 결혼 생활과 관련되는 기타 문제들을 나누고자 합니다. 결혼하지 않는 남자는 하나님을 위해서 일하는 것에, 그리고 어떻게 하면 그분을 기쁘시게 할지를 생각하는 데 자신의 시간을 사용할 수 있습니다. 하지만 결혼한 남자는 그 일을 그렇게 잘할 수 없습니다. 그는 이 땅에서의 책임에 대해서도 생각해야 하고, 어떻게 아내를 기쁘게 할지도 생각해야 합니다. 그의 관심 분야가 나뉘지는 것이죠. 마찬가지로 더 이상 결혼 상태가 아닌 여자 혹은 결혼한 적이 없는 여자는 몸과 영혼 모두 하나님에게 더 많이 헌신할 수 있는 반면에 결혼한 여자는 반드시 이 땅에서의 책임에 대해서 그리고 어떻게 남편을 기쁘게 할지에 대해서 생각해야 합니다. 나는 여러분들의 유익을 위해서 말하는 것이니 스스로에게 제약을 가하지는 마십시오. 나는 여러분들이 방해가 되는 일은 가능하면 최소로 하고, 하나님을 섬기는 데 도움이 되는 일을 하기를 원합니다.[9]

여기서 바울은 독신으로서의 삶을 한 개인이 결혼 생활에 따라오는 재정적인 압박과, 더 큰 책임으로부터 자유로워져서 하나님에게 더 많이 헌신할 수 있는 삶의 방식으로 높이고 있다. 하지만 얼마나 많은 기독교인들이, 심지어 믿음이 깊은 성도들조차도 삶을 이런 식으로 바라보겠는가? 아마 사도 바울이나 엄청난 믿음의 소유자인 오늘날의 몇몇 독신들만이 그들의 결혼하지 않고 사는 삶을 "방해가 되는 일은 가능한 최소로 하고 하나님만을 최고로 섬기는" 삶으로 바라볼 수 있을 것이다. 오늘날 많은 독신 성도들은 왜 자신이 삶의 반려자를 찾지 못했는지 궁금해하며, 때로는 사회의 흐름에 맞추려고 애쓰고, 배우자를 위해 기도하고 찾으며, 자신이 이 사회에 부적절한가 하는 감정을 없애려고 무척 노력한다. 또한 장성한 자녀들이 결혼하지 않고 있으면 민감한 부모들은 압박을 가하는 것 같다. 또 다른 사람들은 반려자를 만나는 것과 별개로 자신의 삶과 일에 열정적이고 능동적일 수 있다. 하지만 이 사람들은 목적 없이 날지 않으며, 결혼이라는 땅에 착륙할 수 있기 전까지는 계속해서 하늘을 맴돌 것이다. 그들은 자신들의 삶을 살기로 결정하였지만 이들에게조차도 독신의 삶은 쉽지가 않다. 많은 경우에 결혼하지 않고 사는 삶은 많은 문제를 야기한다.

독신 문제의 원인들

독신 문제를 야기할 수 있는 것은 무엇이 있는가? 그 답을 찾기 위해서, 독신들을 크게 다섯 그룹으로 나눠보자. 각 그룹은 그들의 삶과 관련하여 독특한 어려움과 필요성들이 있다.[10]

1. 아직 배우자를 만나지 못했거나 일시적으로 결혼을 미룬 사람들

최근 몇 년 동안 사람들이 결혼을 미루는 경향이 증가하고 있다는 것은 잘 알려진 사실이다. 예를 들어 가장 최근에 미국의 한 조사에서는 결혼 적령기가 이전 세대에 비해서 남자는 23.2세에서 26.7세로 높아졌으며, 여자는 20.8세에서 25세로 올라갔다.[11] 많은 젊은이들은 여행하기를 원하며, 직장에서 뭔가 업적을 세우길 원하거나, 그렇지 않으면 결혼의 의무를 지기 전까지 어른으로서의 자유를 경험하기 원한다. 부모 세대와는 달리, 오늘날의 많은 독신들은 결혼을 좀 더 늦게 하는 것을 바람직한 것으로 간주한다. 왜냐하면 늦게 결혼하면 그들의 인생과 배우자 선택에서 자신이 진정으로 원하는 것을 결정할 수 있는 더 많은 시간이 주어지기 때문이다. 게다가 사회적 관점의 변화로 기독교인들을 포함한 많은 사람들이[12] 결혼과는 별개로 성관계를 맺는 것이 자연스럽고도 허용되는 일이며 따라서 성관계를 맺기 전에 꼭 결혼을 할 필요성은 없다고 생각한다. 사도 바울은 자신을 제어할 수 없는 사람들은 결혼을 해야 한다고 쓰고 있으나,[13] 우리 사회 대부분의 사람들은 이러한 가르침을 더 이상 수용하지 않는다. 대신에 자신을 제어할 수 없거나 제어하고 싶은 마음이 없는 사람들은 자신의 욕망을 제어하지 말고, 거기에 굴복하여 결혼의 테두리 밖에서 성관계를 가지면 된다고 결론내리고 있다. 시간이 흘러 이들 중 많은 사람들이 결혼을 하겠지만, 그들은 '맞는 배우자가 나타날 때까지는' 결혼을 서두를 필요(동기)를 거의 느끼지 못한다.

학생들 중 몇몇은 여행과 관련된 글이나 사업을 막 시작하거나 전문직을 준비하는 사람들의 글을 읽을지도 모른다. 그리고 많은 다른 학생들은 결혼 의도는 가지고 있으나, 몇 년 기다리는 것에 큰 어려움을 느끼지 않는다. 이러한 싱글들은 결혼하지 않는 사람들이 겪는 문제와 어려움에 직면하지만, 짝을 빨리 찾아야겠다는 서두름도 없고, 싱글이 된다는 생각 때문에 혼란스러워지지도 않고, 결혼하기 전까지 삶이 잠시 보류된다는 생각도 없다. 이들은 결혼을 연기하는 것을 선택하였고, 심지어는 한동안 '이성교제에 안녕을 고하기로' 선택하였다.[14] 그들은 튼실한 외모를 가졌고, 아직까지도 독신은 고민거리를 안고 상담자의 사무실에 들르는 일도 거의 없다. 이들에게 독신은 원하지 않는 주변 여건의 결과로 다가온 비극이 아니다. 나중에라도 변할 수 있는 선택이 바로 독신이다.

학생들 외에 이 부류에 속하는 다른 사람들은 그들의 독신생활로 많이 고민하고 있다. 이들은 기다림의 마음가짐으로 살고 있는데 마치 이렇게 말하는 듯하다. "나는 혼자서는 아무 계획도 세울 수가 없어. 그리고 아무런 중요한 결정을 내릴 수 없어. 만약 나랑 생각이나 목표가 다른 사람을 만나서 결혼한다면, 이 모든 계획과 결정을 바꾸어야 하기 때문이지." 이러한 태도는 선의로 그러기는 하지만 때로는 배우자를 만나기 전까지는 인생은 완성되지 않는다고 암시하는 냉담한 친구들이나 친척들에 의해서 더 강화될 수도 있다. 또한 싱글들을 고정시켜서 항상 배우자의 외형만을 찾게 만들고, 미래를 살게 만들며, 결혼이 자신들의 삶을 완성시킬 그날만을 기다리게 만든다. 이러한 사람들에게 모든 이성교제 상대는 다 결혼을 위한 잠재적 기회로서 여겨진다. 그러면 이성교제 상대방은 이러한 것을 느끼고 재빨리 뒤로 물러난다. 혹은 이러한(아주 간절함이 담긴) 태도가 사람들로 하여금 첫 번째 기회에서 바로 결혼하게 만들기도 한다. 그리고 나중에야 결혼의 혼란 속에 있다는 사실을 깨닫는다. 나의 학생들 중 한 명이 이렇게 이야기하였다. "저는 결혼한 상태에서 제가 여전히 독신이기를 바라기보다는, 차라리 독신 상태에서 결혼하기를 바라는 것이 더 낫습니다."

2. 독신을 선택한 사람들

몇몇 사람들은 삶의 초반에 심사숙고하여 독신으로 남기를 결정한다. 하지만 나머지 사람들에게 이러한 결정은 오히려 결혼을 못하게 되리라는 사실을 서서히 인식해서 수용하게 되는 과정이다. 물론 독신으로 남기를 선택하는 좋은 이유들이 있다. 독신이 하나님의 부르심이라는 믿음, 적당한 결혼 상대자의 부족, 좀 더 자유를 누리고 싶다는 욕망, 배우자를 찾는 일은 바람직하지 않다는 분위기가 존재하는 직장에의 헌신, 혹은 결혼은 비실용적이라는 데 대한 확신 등이다. 다른 사람들은 아마 그들이 결혼에 대한 나쁜 경험이 있기 때문에, 그들의 친구가 매우 고통스러운 이혼을 겪는 것을 보았기 때문에, 직장이 오랜 근무 시간을 요하거나 자유로이 이동할 필요가 있기 때문에, 이성과 함께 있으면 부끄러워하고 남의 이목을 의식하기 때문에, 혹은 친밀해지는 것을 두려워하기 때문에 독신이 좋다고 결론을 내릴 수도 있다. 이런 이유들과 관계없이 독신으로 남는 것에 만족하는 사람들이 늘고 있으며, 많은 국가에서 이런 경향이 남녀 모두에게 인정받고 있는 추세다.

교회 다니는 사람들과 아마도 많은 어머니들을 포함해서 몇몇 관찰자들은 왜 어떤 사람들은 독신으로 남는 것을 더 좋아하는지 이해하기가 힘들 것이다. 독신으로 남기를 원하는 사람들은 동성애자이거나, 집을 떠나기를 두려워하거나, 배우자를 구하기 힘든 뭔가 심각한 문제가 있을 것이라는 믿음이 여전히 만연해 있다. 이러한 생각들은 공공연하게 표출되지는 않지만, 독신들을 원치 않는 관계나 적절치 못하다고 여겨지는 관계 속으로 밀어넣을 수도 있다. 이러한 압박은 없다고 할지라도, 선택 혹은 주변 여건 때문에 독신으로 남아 있는 사람들은 다른 사람들의 생각이 맞을 수도 있겠구나 하고 생각하게 된다. 이런 사람들은 '내가 동성애자인가? 뭔가 두려운가? 너무 까다롭게 고르는 건가? 사회에 부적합한 사람인가?'라고 생각할지도 모른다. 이러한 가능성들을 정직하게 고려해보고 사실적으로 평가해보는 것이 제일이다. 그렇지 않으면 이런 생각들이 결혼하지 않은 사람들을 수년에 걸쳐 괴롭힐 수 있기 때문이다.

3. 결혼은 했었지만 결혼 생활이 깨어진 사람들

만약에 결혼 생활이 오랫동안 행복하지 못하였다면, 결혼 생활을 끝내는 것은 적어도 일시적 안도감을 줄 수 있을 것이다. 하지만 그렇다고 하더라도 별거나 이혼 후에 다시 독신이 되는 것은 쉬운 일이 아니다. 많은 이들이 외로움을 느끼며, 결혼 생활에서 다시 독신으로 되돌아가는 변화에 자신을 맞추기 위해 몸부림치며, 헤어짐의 쓸쓸함에 따라오는 실패감을 극복하고자 애쓴다. 이전에 결혼한 사람이 "나는 지금 어디에 적합한 존재인가? 혹은 나는 누구인가?"와 같은 물음에 답하기 위해 애썼던 것처럼 지금은 자아상과 관련된 어려움에 직면하게 된다. 이러한 어려움들은 가족들, 친구들, 용서할 줄 모르는 교회 성도들, 무신경한 직장동료들을 포함하는 다른 사람들의 비난과 사회적 추방(배척)에 의해서 더 악화될 수도 있다. 죽음으로 배우자를 잃어버린 사람에게는 동정심을 느끼며 친구들이나 친척들이 도움을 주지만, 이혼이나 별거 등으로 결혼 생활이 끝난 사람들에게는 이러한 동정심이나 따뜻한 도움이 거의 주어지지 않는다.

4. 배우자를 잃어버린 사람들

슬픔에 관련된 장에서 배우자를 잃어버린 사람들에게 오는 고통, 외로움, 그리고 거대한 상실감에 대해서 이야기했다. 아마 비슷한 경험을 해본 사람들만이 정말로 이런 감정들을 이해할 수 있을 것이다. 우리가 보았듯이, 죽음이 발생하면, 친척들과 친구들이 도움과 위로를 준다. 하지만 장례식이 끝난 후에도 슬픔은 오래도록 지속된다. 친구들은 자신들의 일상적인 삶으로 되돌아가고, 외로움은 사라지지 않는다. 슬픔, 공허함, 혼자 사는 법을 배워야 한다는 압박감, 이전에는 같이했던 결정을 혼자 해야 하며, 자신을 다시 독신으로서 재정립해야 한다는 부담감은 계속적으로 존재한다. 이러한 모든 감정들은 특히 나이 든 사람들에게는 특별히 더 힘들 수도 있다.

5. 그 외의 다른 이유들 때문에 독신인 사람들

위의 부류들과 공통적인 점은 이 다섯 번째의 경우 역시 결혼의 가능성을 감소시킨다는 것이다. 다음과 같은 것이 있다.

- 사람들의 결혼에 대한 가능성을 제한하고 이성과의 관계를 형성하는 것을 방해하는 신체적, 정신적인 만성질병 혹은 장애(무능력, 장애인).
- 이성에 대한 비현실적인 시각.
- 베풀 줄 모르고, 책임지기 싫어하고, 약속 지키기를 꺼리는 등의 미성숙.
- 동거가 결혼보다 낫다는 믿음(그러나 동거는 수많은 어려움이 있고, 이후에 있을 결혼 생활에 악영향을 끼친다는 증거들이 쌓이고 있다).
- 동성애자(현실이든 상상으로든 동성애는 때때로 사람들을 혼자 살고 싶게 하기도 하고, 동성과의 관계 속에서 살고 싶게 만들기도 한다).

• **독신의 결과**

독신은 질병도 아니고, 상담자의 도움이 필요한 상태도 아니다. 다른 부부 사이에는 없지만 어떤 부부 사이에는 존재하는 문제들처럼, 어떤 독신들은 다른 독신들에게는 문제가 안 되는 독신과 관련된 문제들이 있다. 내가 독신을 주제로 한 회의에서 그들에게 스트레스와 좌절을 주는 가장 큰 원인들을 나열해보라고 요청했을 때, 그 원인들은 독신과는 관련이 없었다. 결혼한 성인들과 마찬가지로, 독신들 역시 직장 스트레스, 재정 문제, 대하기 어려운 사람들과 잘 지내기, 시간 관리, 체중 관리, 직장 관련 결정하기 그리고 인생 방향 정하기 등의 문제들을 가지고 있었다. 하지만 독신들 사이에서 특히 몇몇 공통되는 주제들이 있었고, 상담 과정에서 자주 제기되는 주제들은 다음과 같다.

1. 외로움과 관련된 어려움

우리 모두는 외로움을 느낄 때가 있지만, 특별히 혼자 살거나 이혼을 경험한 독신들에게 외로움은 훨씬 더 큰 문제다. "혼자 있을 때, 할 일을 만든다는 것은 너무나 힘든 일이다." 독신들을 위한 세미나에서 한 참석자가 썼던 말이다. "나의 주된 스트레스는 외로움과 결코 친밀한 관계를 만들지 못할 것이라는 느낌입니다." "나는 교제를 충분히 하지 못합니다." 다른 이들의 이야기다. "비어 있는 아파트에 혼자 들어가는 것도 외로운 일이며, 그날의 기쁨, 아픔, 있었던 일 등을 나눌 사람이 없다는 것도 외롭습니다." 어떤 이는 이것을 달리 표현하였다. "내 삶의 압박은 다른 사람들보다 훨씬 심한데, 왜냐하면 기대어 울 어깨도 없고, 같이 웃어줄 사람도 없고, 심지어 '그래 이해해, 괜찮아'라고 이야기해줄 사람도 없기 때문이지요."

존 스토트(John R. W. Stott)는 위대한 설교자이자 작가로 전 세계에 알려져 있다.[15] 그도 결혼하지 않았으며, 독신으로 사는 어려움에 대해서 질문을 받았을 때 다음과 같이 대답하였다. "첫 번째 어려움은 '개인적 외로움의 경향성'입니다. 독신이라면 누구나 외로움에 대해서는 아내나 가족들과 삶을 나누는 사람들보다는 많이 알고 있습니다. 이것은 내가 친구 관계를 더 잘 유지해야 하며, 나 스스로 더 많은 시간을 다른 사람들과 보내야 함을 의미했습니다." 아마도 혼자라는 것과 관련된 것이 스토트가 규정한 또 다른 어려움일 것이다. "독신은 수용이라는 관점에서 볼 때 한 사람의 사역을 제한합니다. 독신 목회자를 믿지 못하는 사람들도 있는데, 그들은 목회자가 결혼을 하지 않아서 자신들의 문제를 이해하지 못한다고 생각합니다."[16]

2. 자존심의 문제들

만약에 다른 사람들이 당신의 일이나 사역을 믿지 않고, 당신이 그들의 문제를 이해할 수 없을 거라고 단정한다면, 그들이 맞을지도 모른다고 생각하기가 쉽다. 그리고 곧 당신 스스로의 경쟁력이나 가치에 대해 의문을 품기 시작한다. 당신이 여전히 독신이기 때문에 당신에게 뭔가 문제가 있다고 생각하고, 당신을 완전히 받아들이지 않으며, 당신의 의견을 무시하거나 혹은 당신과의 이성교제를 원치 않으며, 결혼 상대자로서 바라보기를 원치 않는 경우에도 당신은 스스로에 대해 의문을 품는 것이 사실이다.

독신들을 위한 세미나의 몇몇 참석자들은 거절이 너무나 두려워서 다른 사람들에게 다가가지 못한다고 썼다. "나는 첫번째 결혼의 실패 후에 스스로에 대해 너무 자신이 없어요." 한 여성이 이렇게 썼다. "내게 뭔가 잘못된 게 있는 건가요? 다른 사람들이 나를 받아들이지 않을까 봐 두려워요." 가장 슬픈 말을 한 사람은 이렇게도 썼다. "나는 다른 사람들이 사무적인 것 외에는 다른 주제로 나와 이야기하기를 원한다고 생각할 수가 없어요. 내가 다가가서 친구를 사귀려고 할 때면, 나는 내가 얼마나 상처를 받는지 깨닫지요. 잠시 후에는 너무나 상처가 되어서 더 이상 시도할 수가 없는걸요."

한때 인기가 있었던 노래 중에 "누군가가 당신을 사랑하기 전까지 당신은 아무도 아니에요"라는 구절이 있다. 그것의 마지막 가사 "그러니까 당신 스스로 사랑할 누군가를 찾아봐요"는 일시적인 관계, 주로 성적인 관계이며, 거절이나 더 낮아지는 자존감으로 끝이 나버리는 순간적인 관계로 많은 독신들을 이끌어가는 철학을 반영하고 있다.

사람이 독신이든 기혼이든 상관없이, 주목을 끄는 행동이나 비현실적인 결정 혹은 무분별한 이성교제나 결혼을 통해서 낮아진 자존심을 높이고자 한다면 그 결과는 주로 실패요, 자기 비판이요, 자기 연민, 실망 그리고 더 낮아진 자존감일 것이다.

3. 정체성, 그리고 삶의 방향과 관련된 문제들

비록 독신이 지난 세대에 비해서 많이 허용되고 있다고는 하나 대부분의 성인들이 결혼하는 것 또한 사실이다. 이런 사실이 또한 독신들을 왜 자신은 뒤처졌을까 하고 궁금하게 만드는 것이다. 많은 이들이 대체 어떻게 어디서 커플 문화를 접할까 궁금해한다. 이것은 현재 상태가 행복하지 못하며, 미래를 향한 방향이 없고, 누군가 다른 사람과 희망찬 관계를 토대로 나머지 인생을 설계하기를 기다리고 있는 독신들에게는 아주 주요한 관심사다. 결코 일어나지 않을지도 모를 결혼 생활 속에서 인생의 목적이나 개인의 정체성을 찾기를 바라고 표류하면서 인생의 황금기를 보낸다는 것은 확실히 건전하지도 현명하지도 않다. 독신이든 기혼이든, 각 사람이 하나님이 주신 인생에서의 목적을 찾고, 영적 은사를 개발하며, 교육을 받고, 여러 사람들과 교제하면서 자신만의 강점과 능력을 찾고자 노력하는 것이 훨씬 더 낫다. 고독하게 목적을 상실하는 것이라든지 정체성의 부족 같은 것들은, 자기 생각에만 골똘한 사람이라든지 바라고 기다리던 결혼을 그야말로 나태하게 기다리기만 하는 사람에게 나타나는 경향이 있다.

"나의 가장 큰 스트레스는 지금 내 나이가 되도록 어디를 향해 가고 있는지 알지 못한다는 거예요." 한 독신 여성이 51번째 생일에서 썼던 내용이다. "나는 하나님이 내 인생의 모든 부분에서 전적으로 방향을 잡아주시길 원합니다. 하지만 나는 방금 직장에서 나왔고, 모든 걸 다시 시작할 계획입니다." 방향감 상실, 그리고 정체성의 문제들은 결혼을 했는지의 여부를 떠나서 모든 나이의 사람들에게 걱정거리다.

4. 성과 관련된 문제들

하나님이 남자와 여자를 창조하셨을 때, 우리 각자에게 호르몬도 같이 만들어주셨다. 하나님은 인간의 경험의 일부분으로 성을 만드셨고, 결혼 생활 안에서 남자와 여자가 서로의 친밀함과 육체를 즐기라고 계획하셨다.

그러나 독신들은 하나님이 주신 이러한 성적인 욕구들을 어떻게 해소할 것인가? "난 섹스를 할 수 없는 것인가? 그리고 지금 할 수는 없는가?" 한 세미나 참석자가 쓴 이야기다. 다른 사람들도 비슷한 근심을 털어놓았다. "나는 기다림에 지쳤어요." "나는 많이 참았지만 나에게는 성적 욕망의 배출구가 없어요." "내 인생에서 결혼을 계획하고 있을 때 금욕주의자로 산다는 것은 나에게 특별히 더 힘들었습니다."

성과 관련된 기준이 바뀌었고, 결혼과 동떨어져서 이루어지는 성관계가 보다 일반적인 현상이 되고 있기 때문에, 더 많은 사람들이 욕구에 쉽게 굴복하는 것 같다. 어떤 사람들은 일시적인 친밀감을 느끼고자, 혹은 사랑받는 느낌을 갖고자, 자존심을 높이고자, 성적 능력을 확인하고자, 때로는 자신의 화나 좌절감을 표현하고자, 어쩌면 단지 즐기기 위해서 성관계를 가지기도 한다. 로렌 위너(Lauren Winner)가 아주 구별되게 성적 순결을 지키는 사람으로서, 그리고 자신의 성적 관심과 싸우는 독신들을 돕는 지각력 있는 가이드로 알려지게 되었을 때, 그녀는 독신이었다.[17] 그녀는 절제하기로 마음먹었지만, 정직하였기 때문에, 항상 그러할 수 없다는 것을 인정하였다. "나의 성적인 순결 지키기의 역사는 그리 자랑스러운 것이 못됩니다." 그녀는 이렇게 썼다. "기독교가 혼전 성관계에 대해서 그다지 달갑게 바라보지 않는다는 것을 어렴풋이 알고 있었습니다. 하지만 성관계와 관련된 기독교의 가르침이 어디서부터 나왔는지 나는 여러분들에게 이야기해줄 수 없었습니다. 물론 너무 힘들어서 성관계와 관련된 문제들을 명확하게 인식하지 못한 것은 아닙니다. 하지만 나는 한 가지 주된 이유 때문에 그러지 않았습니다. 그 주된 이유란 바로 기회가 주어진다면 성관계를 하는 쪽을 선택하고 싶었던 것입니다."[18]

의심의 여지없이 기독교인을 포함한 대부분의 독신들은 적어도 간헐적으로 몽상을 하고 자위행위를 한다. 이런 행동들 다음에는 아마도 후회와 죄책감이 밀려올 것이다. 하지만 이런 후회와 죄책감은 성과 관련된 문제를 더 복잡하게 만들 뿐 해결해주지는 못한다.

5. 감정과 관련된 문제들

사람들은 스스로가 만족할 정도까지 문제를 해결하지 못하면 화를 내는 경향이 있다. 이것은 우리 모두가 그렇다. 때로는 이런 적대감이 '운명' 이라는 이름으로 하나님을 향해, 다른 사람들에게, 심지어 자신에게까지 향하기도 한다. 화를 내는 것과 계속 쓰라린 느낌을 받는 것은 맹독처럼 우리를 무너뜨린다.[19] 어떤 독신들은 "왜 나는 아직 결혼을 못했지?" 하는 질문에 대한 분노 어린 대답으로 이러한 쓰라림이 계속되기도 한다. 화가 난 상태에 더해서 어떤 독신들은 자신들의 생각이나 태도, 말, 그리고 행동에 대해 죄책감을 갖는다.

그리고 주기적인 두려움도 있다. 나이가 들어가면서 혼자가 된다는 두려움, 지금의 독신이 하나님의 진노의 증거라는 두려움, 계획을 의논할 상대가 아무도 없기 때문에 현명하지 못한 결정을 내릴 수 있다는 두려움 같은 것이다. 세미나 참석자들은 다른 두려움도 이야기했다. 체중이 늘어서 이성에게 매력적이지 않게 보일 것에 대한 두려움, 결코 친밀한 친구를 만들지 못할 것이라는 두려움, 심지어는 '독신으로 지내는 것에 너무나 익숙해져서 독신생활을 좋아하고, 다른 친구들로부터 멀어질 것 같은' 두려움 등이다.

다시 말하지만, 사람들은 이러한 감정들이 일반적이기는 하지만 독신들에게만 한정되는 것이 아님을 강조하고 있으며, 이런 감정들이 모두의, 혹은 대다수의 결혼하지 않은 사람들의 전형적인 특징인 것도 아니다.

6. 잡다한 문제들

초창기 연구에 의하면, 독신들 특히 독신 남성들은 결혼한 남성들에 비해서 자신의 삶에 대해 더 불행하다고 생각하며 덜 만족스러워하며, 정신질환에 쉽게 노출되며, 일반적으로 잘 적응하지 못하는 경향이 있다. 교회와 관련이 있다는 것만으로는 그런 차이점들을 해결하지 못한다.[20] 이런 차이점들이 몇몇 독신들이 직면하는 독특한 스트레스 때문이라는 것은 의심할 여지가 없다. 한부모 가정의 경우 아이를 기르는 일에 대해 결정을 내리며, 배우자의 도움이나 협조가 없어도 항상 여력이 있어야 하는 것이 쉬운 일은 아니다.[21] 어떤 독신들은 결혼하지 않은 자신을 마치 어린아이나 10대를 다루듯 하는 부모와 함께 살아가는 것에 압박을 느끼기도 한다. 또 어떤 독신들은 결혼한 사람들이 중매인 역할을 한다든지, 독신생활을 부러워하거나 비판한다든지, 때로는 불편해하면서 이성이나 이혼한 독신이 있는 자리에서 어떻게 행동해야 할지를 잘 모를 때 압박을 느낀다. 어떤 독신들은 깨어진 약혼이나 결코 나아지지 않는 관계들,

자신의 '완벽주의적 태도'나 '높은 기준' 때문에 결코 결혼할 수 없을 것이라는 걱정들과 치열하게 싸운다. 나이 든 독신들은 친구 상실, 건강 악화의 이유로 압박이 생겼을 때 사회활동을 해나가는 데 어려움을 느낀다. 그리고 앞에서도 언급했던 것처럼 사회적 선입견의 문제가 있는데, 이 때문에 독신들이 집, 보험, 신용카드, 승진을 얻기가 어렵다.

독신자 상담하기

때로 독신들은 결혼하지 않은 상태에 대해서 행복해하며 충만한 삶을 살고 잘 적응하는 것처럼 보인다. 하지만 화려한 독신이라고 자신의 모습을 미화하는 이면에는 자기 회의, 실패한 관계에 대한 자기 비하, 그리고 자신감 상실이 숨어 있다. 상담 받으러 오는 독신들은 대체로 상담자들이 처음부터 몰아붙인다는 편견을 갖는다. 캐런 게일 루이스(Karen Gail Lewis)는 "나는 독신들과 함께 계속 되풀이해서 치료 작업의 체제를 도와주는 네 개의 구별된 '지혜의 기둥'을 다시금 방문한다"라고 썼는데, 그 내용은 다음과 같다.[22]

- 비난 : 상담자는 내담자가 독신이 된 것에는 스스로 책임이 있다는 당연하고도 자연스러운 가정을 제시한다. 사실은 독신이 된 것에 내담자의 책임이 있지는 않다. 하지만 상담하러 오는 독신들은 그렇게 믿고 있으며, 그들이 무엇을 잘못했으며 어떻게 그 잘못을 바로 잡을 수 있는지를 털어놓는 데 아주 많은 시간을 사용한다.
- 모순(양면 가치) : 내담자는 독신이라는 오점이 주는 실망감과 독신 생활의 매력이나 이익으로 인한 기쁨이 서로 교차하며 나타나는 현상이 당연하다는 사실을 인식할 필요가 있다.
- 기원 : 많은 내담자들은 모든 현재의 문제들이 어릴 때부터 시작했든지 아니면 친밀감의 문제 때문에 발생했다고 생각한다. 예를 들어서, 여성들은 관계를 잘 맺는 데 책임이 있다고 사회적으로 규정되어 있는 듯 보이기 때문에 이렇게들 이야기한다. "나는 너무 뚱뚱해. 나는 아주 불우한 어린 시절을 보냈어. 그래서 친밀한 관계가 두려워. 이게 바로 내가 아직 독신인 이유야."[23] 내담자에게 이것이 사실이 아니라는 것을 상기시켜라. 독신에는 다양한 이유가 있겠지만, 이것이 어떤 정신적인 건강 이상을 의미하지는 않는다.
- 의기소침 : 독신이 너무 우울하다고 이야기하는 많은 독신들은 대신에 그들이 결혼할지 말지의 불확실성에 반응하고 있는 것이며, 아니면 결혼하지 않는 것에 대한 가족들의 슬픔을 대신 지는 것이라는 이야기를 들을 필요가 있다.

때로는 내담자들 스스로가 독신에 책임을 져야 하는 것은 아니라는 사실을 깨닫는 것이 치료에 많은 도움이 된다. 감정의 기복이 심한 것도 별 문제가 아니며, 문제들이 모두 그것을 해결할 수 없는 어린 시절로부터 온 것도 아니며, 의기소침은 오히려 희망이나 마음의 정리가 부족해서 나타나는 것일 확률이 높다. 내담자가 외로움, 화, 죄책감, 인간관계, 자존심, 혼외 성관계, 동성애 등으로 고민하고 있다면 기꺼이 도와주는 것이 효과적이다. 이런 것들은 이 책의 다른 장에서 모두 다루었다. 덧붙여서 상담자는 다음에 나오는 것에 초점을 맞추어야 할 것이다.

1. 독신에 대한 자신의 태도를 바로 알기

상담자가 독신들에 대해서 부정적인 태도를 가지고 있다든지, 독신들은 뭔가 열등하다든지, 독신들이 있는 자리에서 질투나 불편함을 표시한다면 효과적인 상담을 할 수가 없다. 우리가 보았듯이 독신들은 자신들이 교회 내에서 부적응자라고 생각한다. 많은 이들이 자신은 사람들이 원하지 않는, 겨우 참아줄 수 있는 압박의 대상이라고 생각한다. 하지만 기억해야 할 것이 있다. 대부분의 독신들이 과도하게 외로워하고, 광적으로 배우자를 찾아다니며, 신용 상태가 나쁘고, 사회적으로 부적응자이며, 친밀감과 책임지는 것을 두려워하고, 정신적으로 미성숙했으며, 화를 잘 내고, 자기 연민에 몸부림치는 것은 아니다. 결혼한 사람들과 마찬가지로 독신들 역시 개개인의 강점과 필요를 가지고 있는 독특한 하나의 인간이다. 몇몇은 독신이기 때문에 많은 문제를 가지고 있지만, 대부분은 그렇지 않다.

2. 독신을 인정해주면서 결혼하지 않은 사람들을 돕기

결혼하지 않은 내담자들은 상담자가 비난하지 않고 자신의 이야기를 들어주고 어려움들을 이해해주며 자신의 삶을 지지해줄 때 안도감을 느낀다. 독신 내담자가 이런 인정을 받을 때, 그(또는 그녀)는 좀 더 정직하게 독신의 힘든 점을 마주 대할 수 있게 된다. 어떤 사람들에게는 독신의 삶이 하나님의 특별한 부르심이라는 성경적 가르침을 더 심각하게 고려해볼 의지가 있을 수도 있다. 내담자는 독신으로서의 삶이 2등의 삶이 아니며, 불운하고 불완전한 삶으로 가는 편도 승차권이 아니라는 사실을 인식함으로써 도움을 받을 수도 있다. 외로움을 비롯해서 독신으로 살아갈 때 생기는 문제들이 지속될 수 있다는 것을 인정해야 하지만, 또한 결혼한 사람들이 직면하는 문제들의 일부를 독신들은 피해갈 수 있다는 사실을 내담자들이 인식할 수 있어야 한다. 당신이 이런 주제들을 이야기할 때, 내담자들이 자신의 생각이나 느낌을 이야기할 수 있도록 충분한 시간을 주어라. 기억해야 할 것은 그들과 함께 문제를 해결해나가는 것이지, 그들을 위해서 우리가 문제를 해결해주는 것은 아니라는 것이다.

3. 대인관계에 대해서 잘 조언해주기

독신들은 배우자가 없기 때문에 결혼 생활과 별개로 친밀한 관계를 만드는 데 유리하다. 때로는 미묘한 압박이 슬그머니 들어와서 관계를 막을 수 있기 때문에 힘들 때도 있다. 관계된 사람들은 이렇게 생각하기 시작한다. '이 사람이 바로 그 사람?' '이것이 바로 그 특별한 관계인가?' '내가 우리의 우정에 금이 갈 수 있는 말이나 행동을 하면 어떻게 하지?' 마음을 활짝 열고 이러한 생각들을 나누는 데 두려움이 있거나 주저함이 있다면, 두 사람 모두 불편해지며 대화는 어려워져가고 결국 한 사람이 뒤로 물러선다. 이런 상황을 피하기 위해서, 두 사람이 서로 불안정하다는 것을 마음을 열고 인정할 수 있도록, 서로의 생각을 정직하게 이야기할 수 있도록, 그리고 서로 더 잘 알아가고, 로맨틱하지 않은 우정이 계속되는 동안에는 더 깊은 관계에 대해서는 서로 잊어버리기로 동의할 수 있도록 격려하라.

기독교인에게는 서로의 관계를 계속적으로 하나님의 손에 맡기고, 남녀가 서로 헤어지는 한이 있더라도 그분이 계속해서 길을 인도하시도록 기꺼이 의지하는 태도가 바람직하다. 상담자는 또한 친구 사이의 우정과 낭만적 사랑의 차이를 알 수 있도록 사람들을 도울 수 있다. 우정은 두 사람이 서로 같이 있기를 즐기며, 서로를 인정하고, 존중하며, 기꺼이 도와주고, 자유롭게 경험과 느낌을 나누는 사이다. 친구들은 같이 있으면 편안하고, 서로를 잘 이해하고, 서로를 믿는다. 친구들은 서로를 챙겨주며, 종종 같은 문제를 나눈다. 친구들은 아마 비슷한 직업적, 영적, 개인적인 여정에 서 있을 것이다. 가장 가까운 친구는 C. S. 루이스가 말한 대로 '친족과 같은 존재'이며 이들은 비슷한 가치와 관심, 열정을 가진다.[24] 다윗과 요나단처럼, 친구는 서로를 깊이 사랑하지만 이것은 성적인 사랑이 아니다. 이와는 대조적으로, 상대방을 향해 가지는 사랑과 그 관계는 좀 더 낭만적인 사이로 이야기된다. 낭만적인 사랑이 우정과 비슷한 면이 많지만, 그 관계는 주로 상호 매료됨, 성적이고 육체적인 친밀함에 대한 강한 욕망 그리고 다른 모든 것들에 우선하는 배타성을 그 특징으로 한다. 낭만적인 사랑 없이 좋은 우정을 쌓는 것은 물론 가능하다. 가장 좋은 결혼 생활은 우정과 낭만적인 사랑을 동시에 가지는 것이 아닐까 하고 추측해본다.[25]

몇몇 내담자들은 새 친구를 만나는 데 있어서도 도움이 필요하다. 독신 바, 헬스클럽 같은 곳은 이런 만남을 위한 최선의 장소는 아닌 듯싶다. 심지어 교회 안을 들여다보는 사람들도 어떤 모임에서(특별히 규모가 작은 모임에서) 독신이 별로 많지 않다는 사실을 알게 될 것이다. 우리가 강조해왔듯이, 교회 안에는 독신들을 자신의 모임에 집어넣기를 꺼리는 성도들(심지어 목사들)이 있다. 이들은 독신들이 교회를 떠나서 다른 곳에서 모임을 가지는 기독교인 독신모임에 참석하더라도 짜증을 낼 사람들이다.

이런 저항은 독신들이 자신의 모임에서 뿌리를 내림으로써 극복될 수 있다. 이웃 활동에 적극적으로 참여한다든지, 교회 내에서 봉사한다든지, 모든 연령대의 사람들에게 진정한 관심을 보인다든지(자신의 걱정거리만 말한다거나, 오직 다른 독신들과 어울리기보다는), '베스트 프렌드'를 찾는 것보다 다양한 우정을 쌓는 것이 훨씬 낫다는 것을 기억하는 것 등이 그 방법이 될 수 있다.

4. 독신들이 자신의 성욕을 다스릴 수 있도록 도와주라

기독교 상담자들은 독신들이 과거의 고통스러운 성 경험들을 극복할 뿐 아니라, 그 경계선을 긋고 지키는 것을 도와주고, 육체관계 외에서 친밀함의 필요성을 충족시킬 수 있도록 보조하는 데 중요한 역할을 할 수 있다.[26]

독신들을 위한 많은 책 중에서, 『리얼 섹스 : 순결에 대한 적나라한 진실 Real Sex: The Naked Truth About Chastity』이라는 책만큼 솔직한 책은 거의 없다. 작가 로렌 위너는 "자신의 성욕을 제어하는 일반적인 방법들은 효과가 없다. 성에 관한 성경적인 가르침을 반복하는 것만으로는 충분치가 않다. 자기 절제를 강요하는 것만으로도 충분치 않다. 혼전 성 경험이나 간통 등 치러야 할 정신적인 대가를 상기시키는 것만으로도 충분치 않다. 우리가 정말로 필요한 것은 좀 더 크고 좀 더 깊은 무엇인가다. 즉 성적 금욕이라는 것이 궁극적으로 무엇인지, 그리고 그것을 실행할 때 가장 중요한 것은 무엇인지에 대한 명확한 인식이다"라는 것을 설득력 있게 보여준다.[27] 위너는 성적 금욕이란 바로 영적인 훈련이라고 쓰고 있다. 이것은 기도나 금식, 십일조, 고독의 시간을 위해서 잠시 떨어지는 것과 마찬가지로 우리가 하고 있는 일이다. 이러한 훈련들은 개인적으로 할 수도 있지만, 예수님의 몸 안에서 다른 이들과 함께 공동체 속에서 한다. 영적 훈련들이 우리를 하늘나라로 이끈다든지 모든 유혹을 없애준다든지 하는 것은 아니다. 하지만 이런 훈련들은 우리의 감정들, 욕망들, 그리고 습관들을 하나님의 의지에 맞추어서 조절할 수 있게 해준다.

5. 현실적인 삶의 계획을 세울 수 있도록 자극하기

문제에 직면했을 때 그것을 정직하게 다루고 더불어 미래의 계획을 세우는 것은 정신적인 건강에 매우 도움이 된다. 확실히 독신들이 결혼을 꿈꾼다든지, 미래에 일어날 수 있는 일이라고 생각하는 것 자체는 나쁘지 않지만, 일어날지 확실치 않은 일을 중심으로 인생 전체의 계획을 짜는 것은 바람직하지 않다. 미래의 가능성을 인식한다 하더라도 현재에 충실한 편이 훨씬 낫다. 이것은 결혼(혹은 재혼)을 할 수도, 하지 않을 수도 있다는 사실에 직면하는 것이다. 여기에는 한 사람의 능력과 은사를 고찰하고 발전시키는 것, 현재와 미래에 관한 하나님의 뜻을 기도하면서 묵상하는 것, 장·단기 목표를 세우는 것, 그리고 그 목표를 이룰 수 있도록 실천하는 것 등이 포함된다.

상담자는 내담자들의 생각을 이끌어주고 현실을 인식시켜줌으로써 이러한 생각들을 할 때 도움을 줄 수 있다. 때때로 독신들은 직업 구하기, 예산 균형 맞추기, 집안 관리 등과 같은 실제적인 문제에서 도움이 필요할 것이다. 특히 방금 독립한 젊은이, 배우자가 없는 부모, 최근에 배우자를 잃은 사람들에게 필요하다. 이 모든 것들 속에서 상담 목표는 첫째 그들이 문제를 받아들이고 문제에 대처하도록 돕는 것이며, 다음으로 독신으로서 만족스럽게 사는 법을 배우도록 도움을 주는 것이다.

결혼하지 않은 상담자들은 자신이 독신인 것이 독신 내담자에게 줄 독특한 영향력에 대해서 심사숙고 할지도 모른다. 로렌 위너가 성적 욕망에 관한 책을 썼을 때 그녀 자신이 독신이고 성적 순결을 지키려고 무척이나 애를 썼기 때문에 독신들에게 훨씬 더 큰 영향력을 끼쳤을 것이다. 초반에 우리는 결코 결혼한 적이 없지만, 성직자의 길을 가는 것의 이익과 어려움들에 관해서 이야기한 유명한 성경학자 존 스토트에 대해서 언급하였다. 흥미로운 사실은 수많은 독신 신학생들과 신학대 졸업생들이 스토트의 예에서 용기를 얻고, 많은 교회들이 아직 결혼하지 않은 사역자를 청빙하기를 주저함에도 불구하고, 사역자를 찾는 데 열심을 내고 있다는 것이다. 자신의 일터에서 성공하고 있는 다른 독신들과 마찬가지로 결혼하지 않은 독신 기독교 상담자와 목회자들 역시 생활방식이나 인생 계획에서 중요한 멘토나 모델이 될 수 있다.

6. 한부모와 함께 일하기

한부모 가정이 될 수 있는 세 가지 경우가 있다. 이혼이나 별거를 하는 경우, 부모 중 한 사람이 사망한 경우, 마지막으로 결혼하지 않은 사람이 입양을 하였거나 임신한 경우다. 미국을 포함하여 몇몇 나라에서는 한부모 가정이 점점 더 일반화되어가고 있다. 이것은 이혼이 증가하고, 한부모가 아이들 특히 외국에서 태어난 아이들을 입양하는 비율이 증가하고 있기 때문이다.[29]

여러 증거들을 통해서 특히 여성의 경우에 한부모가 되는 것이 더 큰 스트레스가 된다는 것을 알 수 있다. 이런 여성들 대부분이 일을 하지만, 임금이 충분치 못하고, 삶의 질이 낮으며 시간에 비해 할 일이 너무 많다. 피곤하거나 세금청구서를 지불해야 하거나 아이들을 홀로 키워야 한다는 것을 걱정할 때는 인내심을 가지기 힘들다. 아이 없는 독신과 비교해서 한부모들이 더 많이 좌절하고, 인내심이 없고, 스트레스를 많이 받으며, 화를 잘 내고, 아이들에게 둔감하며, 학대할 때가 더 많다는 것은 놀라운 일이 아니다.[30] 다른 사람들이 도와주거나 격려해줄 때 긴장이 늦춰지기는 하지만, 많은 한부모들은 사회적 협조가 부족하다고 느낀다.[31] 그들은 사회가 도와주기를 간절히 바라고 있으며, 친구들이나 다른 가족들과 연락하며 지내기를 원한다. 이런 사람들의 삶은 너무 바빠서 한 보고서에 따르면, 정신과 치료를 희망하는 한

부모가 결혼한 엄마의 네 배에 달한다.[32]

　이 모든 것은 한부모가 되는 것의 부정적인 측면만을 과도하게 나타낸 것일 수도 있다. 대부분의 한부모들은 열심히 일하고, 아이들에게 헌신적이며, 그들의 복지에 신경을 많이 쓴다. 때로는 삶이 힘들고 스트레스가 쌓이겠지만, 많은 한부모에게 혼자 아이를 키우는 것은 매우 보람된 일이며, 아이들과의 관계도 문제가 없다. 한부모가 친구들과 교회의 도움을 얻을 수 있다면, 때로는 그들의 좌절을 토로할 수 있는 기회와 외부 사람들의 의견을 얻을 수 있다면 그리고, 친구들과 상담자로부터 실용적인 안내를 받을 수 있다면 확실히 더 좋을 것이다. 게다가 한부모들은 자신의 아이들이 왜 부모님이 한 명밖에 없는지에 대해서 고민할 수 있다는 사실을 알고 있다. 이런 젊은이들은 이해와 사랑 그리고 남녀 어른 모두와의 접촉이 필요하며, 성인의 삶과 가족의 삶이 어떠한 것인지에 대해 더 넓은 시각을 줄 수 있는 부모가 다 있는 가정과 친분을 가질 기회가 필요하다. 그리고 가정 내에서 정직하고, 열려 있고, 진실되며 사랑이 충만한 대화가 있어야 한다. 다른 한 부모가 죽었다든지 이혼 등의 사유로 멀리 가버린 경우, 아이들은 현실적으로 비난으로 인해 비뚤어질 뿐 아니라 바른 토대 위에 서 있을 수 없다.

　이런 모든 제안들은 집에서 아이들을 기르는 부모나 방문할 권리가 있는 부모 모두에게 동일하게 적용된다. 아이들은 아빠와 엄마가 다 있어야 고마워할 수 있고 재미있어 하겠지만, 방문하는 부모는 아이에게 너무 해 달라는 대로 다 해줘서는 안 된다. 아이들과 떨어져서 지내는 부모들이 값비싼 선물을 주는 경험들은 현실을 부정하게 만들고, 비현실적인 기대를 하게 만들며, 때로는 애정을 돈으로 사려고 하기도 하며, 두 부모 사이에 대립을 초래할 수도 있다는 사실을 알게 도와주어야 한다. 이런 행동들은 아이를 향한 부모의 진실한 사랑의 노력일 수 있다. 하지만 선물 등을 주는 행위는 부모의 좌절이나 아픔을 반영하는 것이며, 아이들에게 오히려 해가 되어서, 부모들 사이의 싸움에서 아이가 원치 않는 인질이 될 수도 있다.

　상담자는 한부모들이 도움을 청할 사람들을 찾는 일에 도움을 줄 수 있다. 몇몇 한부모들은 자신에게 용기와 안정감, 유대감, 가치의식 등을 준 원래의 가족들에게서 이러한 도움을 받을 수 있다. 다른 한부모들은 이웃과 유대관계를 맺거나 서로 도움을 줄 수 있는 직장동료들과 연관을 맺는다. 어떤 한부모들은 부모들끼리 도움을 주고 격려를 하기로 한 다른 한부모들과의 교제가 도움이 된다는 사실을 안다. 만약 당신이 결혼한 부부와 한부모들 사이의 이러한 비공식적인 연결을 만들었다면, 한부모와 가까운 만남이 위협이 되지 않는 커플들을 찾으려고 노력하라. 물론 교회의 도움도 있다.

　일어날 수도 있는 어려움들 때문에 이혼한 사람들이나 한부모들을 자신의 교회 공동체 안에 받아들이기를 원하지 않는 교회 지도자가 여전히 존재하고 있다는 사실을 여러 번 언급했다. 때로는 교회들과 기독교 상담자들이 관계 형성하기를 두려워하고, 불평만 하며, 교회를 이용하여 배우자를 찾고, 공짜로 아기 봐주는 사람을 찾으며, 일시적인 잠자리 파트너를 찾으려는 독신들을 끌어들인 적이 있다는 것도 사실이다. 교회 안에서 독신 및 특히 한부모와 일하는 것은 시간이 많이 필요하며, 항상 성공하지는 않는다. 하지만 배우자 없는 한부모들을 포함하여 독신들은 교회에 많은 유익을 더할 수 있으며, 그들이 직면할 수도 있는 여러 문제들은 단순히 독신들에게만 한정되는 것이 아니라는 사실을 기억하라. 독신자들을 돕는 일에는 항상 시간이 필요하고 위험이 따르지만, 상담자와 내담자와 교회 그리고 주님의 나라에 그 상은 엄청나다.

7. 사람들이 기다릴 수 있도록 도와주라

상담자들은 변화와 진보를 원하는 경향이 있어서, 사람들이 기다리도록 돕는 일에는 열성을 가지기 힘들다. 기다림은 쉽지 않다. 특히 지금처럼 스피드와 고도의 기술, 효율성 그리고 불편함을 참기 힘들어하는 시대에서는 더욱 그러하다. 어떤 일이 빨리 일어나지 않을 때, 빨리 결정을 내리거나 독자적인 결정을 내리는 경향이 있을 수 있다. 하지만 기독교인들은 스스로 예수님의 통치(다스림)하에 있어야 하는데, 예수님은 서두르지 않으셨고, 우리 자신의 이익을 위해서 우리를 종종 기다리도록 만드신다. 이것은 우리가 한 자리에 앉아서 아무것도 안 하고 가만히 있는 것을 의미하지는 않는다. 독신이든 기혼이든 기독교인들은 현재 결정할 수 있는 일이라면 하나님의 뜻에 따라서 그분이 원하시는 일을 하기로 결정한다. 우리를 향한 하나님의 계획은 그분의 타이밍에 명확해질 것임을 우리는 믿는다.

몇몇 독신들은 그들이 충분한 믿음과 인내심을 가지고 하나님을 기쁘시게 하면 완벽한 남편이나 아내의 모습으로 자신들 마음속의 욕구들을 채워주실 것이라고 생각하면서 인생을 일종의 기다리기 게임으로 여기며 살아가기도 한다. 하지만 하나님은 우리의 그러한 생각에 따라 행동하시지 않는다. 결혼한 사람들과 마찬가지로 독신 내담자들은 하나님의 선하심을 믿도록, 매일 그분을 따르고 우리의 삶 속에서 하나님이 주시는 최고를 선택할 수 있도록 도움을 구해야 한다.

• 독신의 문제들을 예방하는 방법

독신을 주제로 한 회의에서, 한 참가자가 연설자에게 다음과 같은 메모를 썼다. "독신이든 결혼을 하였든 우리는 모두 같은 세상에 삽니다. 현재든 과거든 우리는 모두 한 가족의 일부분입니다. 결혼한 부부들뿐만 아니라 독신들 역시 자기 주변의 작은 관심사와 자신만의 근심거리에 둘러싸여서 매우 좁은 시각을 가질 수 있습니다. 독신인 사람이 훨씬 더 큰 열의를 가지고 세상에 나가서 삶에 적극적으로 참여할 수도 있습니다. 우리 독신들은 너무 수줍어하는 경향이 있습니다. 당신이 독신인가 결혼을 했는가 하는 것은 부차적인 문제일 뿐이고, 요점은 당신이 당신의 삶의 질을 조정할 수 있다는 것입니다. 기독교인에게 이것은 특별한 의미가 있습니다."

독신주의를 결코 받아들이지 않고, 독신이 된 것을 원망하며 앞으로 다가올 누군가를 기다리는 데 시간을 쓰는 것은 아주 심각한 시간낭비라고 생각하는 사람들이 있다. 많은 사람들이 독신이 되기를 원치 않으며, 상황이 달랐으면 하고 바란다. 이런 태도에는 잘못이 없다. 하지만 또한 아주 많은 사람들이 그 빈 공간을 채워줄 누군가를 기다리지 않고, 직장에 가서 일하고, 최대한 노력하며 살고, 친분관계를 만들어가고 때로는 중요한 사역(선교)을 하기도 한다. 어떻게 하면 상담자들이 독신의 문제점들을 예방할 수 있는 이러한 긍정적인 태도를 촉진할 수 있을까?

1. 독신들이 결정을 내리고 능동적이 될 수 있도록 격려하라

독신들이 도움을 받아서 자신의 문제에 좀 더 정직하게 다가설 수 있고, 현재와 미래의 필요에 대해서 하나님을 더 신뢰할 수 있고, 나눔과 우정의 정신으로 타인에게 다가설 수 있고, 주기적으로 삶의 목표를 평가할 수 있고, 이 목표를 완성하기 위해서 일할 수 있으며, 삶을 균형있게 발전시켜서 예배, 일, 놀이, 휴식, 사람들과 어울리거나 혼자 있는 시간들을 조화시켜나갈 때에, 독신 문제는 훨씬 더 줄어든다. 결혼한 사람이든 독신이든 사람들은 의미 있는 행위에 적극적으로 참여할 때 문제에 빠져 있을 시간이나 이유가 줄어든다.

2. 안정적인 결혼 생활과 건강한 가족(가정)을 만들어라

어떤 독신들은 친구들이 결혼관계 속에서 긴장하고 싸우는 모습이나 때로는 결혼 생활이 무너지는 모습을 보고 결혼하기를 주저하거나 두려워한다. 다른 이들은 다시 시작하는 것에 대해 망설임이 있기 때문에 이혼한 경력이 있는 사람 혹은 한부모로서 어려운 삶을 살아간다. 어떤 독신들은 내 사업가 친구와 비슷한데, 그의 부모님은 이혼을 했고, 여동생은 남편이 사나운 사람이라 가정의 안정을 유지하고 아이들을 기르는 데 많은 노력을 기울여야 했다. 그가 결혼에 관해서 이야기할 때면, 친구의 이야기는 부정적이며, 아내를 다루는 방법에 관해서는 종종 신랄해지기도 한다. 그는 결혼에 대해서 왜곡되고, 건강하지 못하며, 비성경적이고 부정적인 시각을 가지고 있는 많은 사람들 중의 한 사람이다. 이와는 반대로 상담자들과 다른 기독교인들은 건강한 가정의 표본을 보여줄 수 있고, 긍정적인 시각으로 결혼에 대해서 이야기할 수 있다. 결혼 생활과 가정에 대해서 가르치는 것은 간접적인 방법이긴 하지만 독신이든 결혼한 부부든 종종 문제들을 효과적으로 예방하게 한다.

이런 가르침은 상담실에서도 이루어질 수 있지만, 세미나나 교회에서 이루어진다면 훨씬 더 큰 효과가 크다. 믿는 성도들 사이에서 이혼율을 줄이기 위해서, 현상 유지만 겨우 하는 결혼 생활을 바로 잡기 위해서, 그리고 독신들이 가족 관계에 대해서 보다 균형 잡힌 시각을 가지도록 돕기 위해서 개개의 상담자들과 교회는 다음과 같은 것을 할 수 있다.

- 가정과 결혼 제도에 대한 그들의 약속과 맹세를 다시 이야기한다.
- 결혼과 가정, 독신에 관한 성경적 가르침을 강하고 명백하게 전달한다.
- 아버지들이 양육에 좀 더 적극적일 수 있도록 격려하고, 부부들이 결혼 생활을 만들어가는 데 더 적극적으로 참여할 수 있도록 격려한다.
- 결혼이나 가정에 대해서 비현실적인 생각을 하지 못하도록 하고, 아이 중심적인 결혼 생활을 권장한다.
- 이전에 결혼을 한 적이 있는 사람들이라도 결혼하기로 결심한 사람들에게는 혼전 상담을 우선으로 한다.
- 이야기하는 방법과 분쟁을 해결하는 기술을 가르친다.
- 독신들에게 독신 세미나나 단체활동 등에 참여하도록 권장한다. 또한 워크숍, 훈련 시간, 영적 수련회, 독신이나 가족 등에 초점을 맞추는 것보다 훨씬 더 넓은 활동들에 참여할 수 있도록 강력히 권한다.

3. 교회의 태도가 변화되도록 노력하라

독신들, 특히 이혼한 독신의 경우에 그들을 사회 부적응자로 보고, 결혼하지 않은 사람들에게는 자리를 내주지 않으며, 그들의 필요를 충족시켜주는 프로그램이 부족하고, 그들의 어려움을 이해하지 못하거나 이해하려는 마음이 없는 교회는 뭔가 문제가 있다.

목사님들과 다른 교회 지도자들은 독신들에 대한 건강하지 못한 태도를 바꾸기 위해서 목소리를 높여야 한다. 이들은 결혼한 부부들을 격려해 독신들을 교회로 그리고 자신의 집으로 초대하도록 만들 수 있다. 예수님과 사도 바울도 독신이었다는 사실을 사람들에게 상기시키는 것도 도움이 될 것이다. 이들은 교회에서 환영받지 못하고 있으며 여전히 독신 사역자에 대한 편견을 가지고 있는 많은 설교위원회에서 배척당하고 있다.

최근 내가 출석하고 있는 교회에서는 사람들이 어머니날에 모여서, 현재 여기에 살고 있는 어머니들을 고무하려는 것을 허가하였다. 하지만 이 모든 것은 이 교회의 어머니가 아닌 여성들, 어머니가 되고 싶지만 불임으로 힘들게 싸우고 있는 여성들, 자신의 아이들이 멀리 있거나 지금 여기 없어서 축하해주지 못하는 여성들, 언젠가는 어머니가 되기를 원하나 아직 결혼하지 않은 여성들에 대한 매우 민감한 말들로 소개되었다. 이러한 사람들은 아이가 없다는 이유만으로 마음에 상처를 받았을 것이다. 어머니날이나 아버지날 행사에, 달콤한 연회 만찬에, 부부 동반 모임에 그리고 가족 관련 교회 행사에 자리는 있다. 그리고 이런 행사를 마련하는 것은 독신들을 간과하거나, 무시하거나 상처주지는 않는다. 이러한 행사를 주관하는 사람들 역시 결혼하지 않은 사람들을 배제할 의도는 전혀 없다. 하지만 많은 경우 교회는 독신들에게 무관심하고 그들의 존재를 알아차리지 못한다.

기독교 상담자들, 교회 지도자들 그리고 교회 성도들 모두는 독신들 역시 예수님 안에서 중요하고도 동등한 가족임을 기억해야 한다. 결혼하지 않은 사람들도 교회 내에서 충분하게 대접받아야만 한다.

4. 독신들을 대상으로 한 사역을 장려하라

독신들이 교회의 주류로 통합되는 동안에, 그들의 독특한 필요성을 채워줄 프로그램이 있어야 한다. 교회 내의 독신 그룹들(혹은 몇 개의 작은 교회들로부터 모인 독신 그룹)은 새 신자에게 다가갈 때나, 사교모임에서 독신의 아이들을 돌보거나 때로는 포함할 때 아주 유용하다. 또한 이들은 그룹 구성원의 개인적, 영적인 필요성에 대해서 민감하며, 이들의 모임은 성숙하고, 민감하고, 되도록이면 결혼하지 않은 리더가 이끈다. 독신들은 다른 필요와 관심사가 있음을 잊지 말라. 87세의 미망인과 22세의 대학생은 둘 다 독신이지만, 그것말고는 똑같은 점이 없다. 그들은 거의 완전히 다른 필요, 관점, 희망 사항을 가지고 있다. 대부분의 교회들이 작기 때문에, 모두를 위한 프로그램을 운영한다는 것은 쉽지도 현명하지도 않은 일이다. 하지만 기독교인이라면 우리가 상세한 프로그램이 있든지 없든지 간에 다른 사람들에게 전도할 방법을 창조적으로 생각해야 하며, 여기에는 독신들도 포함된다. 가르침, 예배, 사회적 상호관계, 봉사의 기회 등이 있을 때, 독신들은 기꺼이 동참한다. 이러한 종류의 상호작용과 봉사활동은 많은 독신 문제들을 예방할 수 있고, 더 나빠지기 전에 문제들을 해결할 수 있는 방법들을 제시할 수 있다.

• 독신에 관한 결론

모든 사람들이 상담 책들은 문제에 초점을 맞출 것이라고 예상하며, 이 장에서도 예외는 없었다. 세상에는 수백만의 독신들이 있고 결혼한 적이 없는 사람이든 해본 사람이든 수많은 사람들이 독신으로 남아 있을 것이다. 이 사람들은 결혼한 사람들과 똑같은 어려움에 마주치며, 같은 문제를 놓고 몸부림친다. 하지만 독신이 된다는 것은 거기에 독특한 어려움들이 더해진다는 것이다. 이 문제들을 독신들 스스로, 그리고 상담자들이 이해하고 정직하게 받아들여야 한다.

하지만 독신이 된다는 것 자체가 2등급이라든지 차선이라는 말은 아니다. 여러 불리한 점들과 기대에 어긋남이 있지만, 독신이 되는 것에는 여러 이점들이 있으며, 상담자들은 이러한 것을 잊어서는 안 된다. 독신들은 완전하고 의미 있는 예수님 중심의 삶을 살아갈 충분한 잠재력을 가지고 있다. 각각의 상담자들과 교회는 이러한 가능성을 사실로 만들어줄 수 있다.

상담자들을 위한
요점 정리 26

■ 최근에 결혼하지 않는 사람들의 숫자가 엄청나게 증가하고 있다. 이처럼 한번도 결혼하지 않았거나 전에 결혼해본 적이 있는 사람들 역시 자아를 실현하며 삶을 살아갈 수 있다. 하지만 많은 독신들이 결혼 생활에 높은 가치를 부여하고 있는 부부 중심의 문화 속에서, 독신으로 살아간다는 것은 많은 압박감을 경험하는 일이다.

■ 결혼 제도는 하나님이 만드셨지만, 성경에는 독신을 비하하는 어떤 구절도 없다. 반대로 성경은 어떤 사람들은 독신으로 살라는 하나님의 부르심을 받았다고 가르치고 있다. 고린도전서 7장에서는 결혼 제도가 인정을 받았지만, 독신으로 사는 인생이 훨씬 더 좋을 수 있다는 평가도 내린다.

■ 독신에도 부류가 있다. 다음의 각 부류는 독특한 어려움들과 문제를 가지고 있다.
- 아직 배우자를 발견하지 못했거나, 일시적으로 결혼을 미룬 사람들.
- 독신으로 남기를 선택한 사람들.
- 결혼 생활이 깨어진 사람들.
- 배우자를 잃어버린 사람들.
- 독신을 고집하게 만드는 다른 이유가 있는 사람들 (여기에는 결혼 생활을 어렵게 만들 만성질병이나 불구, 결혼을 회피하게 만드는 비현실적인 관점, 동성애자 등이 포함된다).

■ 독신들은 결혼한 부부들에게도 역시 문제가 될 수 있는 다음과 같은 문제들로 고심한다.
- 외로움.
- 자존심 문제.
- 정체성과 방향에 관한 문제.
- 성적인 유혹.
- 분노와 두려움을 포함한 감정의 문제.
- 결혼 중매인들이 주는 압박감, 혼자 사는 어려움, 원하는 배우자를 찾지 못함에서 오는 좌절감 등을 포함한 그 밖의 문제들.

■ 독신들을 상담할 때 다음 사항을 기억하라.
- 당신 자신의 태도가 독신과의 상담에 얼마나 영향을 주는지 기억하라.
- 내담자들이 독신을 수용하고 인정할 수 있도록 도와라.
- 대인관계를 잘할 수 있도록 인도하라.

- 내담자들이 성적인 욕망을 잘 다스릴 수 있도록 도와라.
- 현실적인 인생 계획을 세우도록 적극 격려하라.
- 한부모들에게 도움을 주어라.
- 독신들이 기다릴 수 있도록 도와라.

■ 독신이 문제로 가득 찬 상태일 필요는 없다. 문제를 예방하기 위해서는 다음의 사항들을 시행하도록 하라.
- 독신들이 결정을 내리고 능동적이 될 수 있도록 격려하라.
- 좋은 결혼 생활의 표본이 될 수 있는 건강한 결혼 생활, 안정된 가정을 만들려고 노력하라. 그리고 결혼에 대한 왜곡된 시각을 없애려고 노력하라.
- 독신에 관한 교회의 태도를 변화시키려고 노력하라.
- 교회와 공동체에서 훌륭한 독신 사역을 개발하라.

■ 독신이 된다는 것은 2등급이라든지 차선책이라는 의미가 아니다. 여러 불리한 점들과 기대에 어긋남이 있지만, 독신이 되는 것에는 여러 이점들이 있으며, 독신들은 이러한 것을 잊어서는 안 된다. 독신들은 완전하고 의미 있는 예수님 중심의 삶을 살아갈 충분한 잠재력을 가지고 있다. 각각의 상담자들과 교회는 이러한 가능성을 사실로 만들어줄 수 있다.

New Christian Counseling

27 >> 결혼 상대자 고르기
Choosing a Marriage Partner

나는 헤더와 데이비드를 만난 적이 없다. 7년 결혼 생활 후 그들의 이야기는 잡지에 실렸다.

이들은 대학교에서 만나서 교제를 시작했고, 수년간 교제를 하다가 졸업 후에 결혼하기로 결정했다. 하지만 헤더가 대학원 공부를 시작할 때까지 결혼을 잠시 미루기로 서로 동의하였다. 곧 그녀는 루이지애나로 떠났으며 데이비드는 펜실베이니아에 남았다. 거리상으로도, 시간적으로도 떨어져 있음으로 해서 생기는 변화들에 대해서 아무도 놀라지는 않았다. 헤더는 곧 대학원의 다른 남자와 교제를 시작하였으며, 자신이 꼭 데이비드와 결혼을 해야 하는지, 심지어는 결혼 자체를 해야 하는지에 대해서 의문을 품기 시작했다. 그녀는 "그것은 주로 나 자신의 것을 하고 싶고, 나 자신의 삶을 조정하고 싶은 것에 관한 정신적인 혼란이었다"라고 나중에 밝혔다. 데이비드 역시 그 미래의 신부가 생각하는 바를 알게 된 후 정신적인 혼란을 겪었고, 오래지 않아 그 결혼을 다시 생각해보기 시작했다.

결국 목사님과 상담을 해본 후에 결혼하는 것으로 진행하였지만, 결혼을 위한 마지막 준비를 하면서도 올바른 일을 하고 있는지 의문이 들었다. 7년이 지난 지금, 그들은 서로를 영혼의 반려자라고 생각할까? "나는 '영혼의 반려자(천생연분)'가 무슨 말인지 정확히 모르겠습니다." 데이비드가 말했다. "결혼 전에는 이 사람이 바로 '그 사람'인지 정확히 모를 겁니다. 하지만 시간이 흘러 결혼 생활을 하면, 당신은 결혼 맹세를 지키며 살아야 하고, 당신이 좋아하든 아니든 상대방이 바로 '그 사람'이 되는 것이죠."

헤더와 데이비드와 같은 부부들에게, 결혼 생활이란 인생 전체에 걸쳐 지켜야 하는 약속이다. 이들이 결혼 전에 보여주었던 망설임, 우유부단함은 특이한 일이 아니다. 대부분의 사람들에게 잠재적인 인생의 반려자(혹은 영혼의 반려자)를 찾는 일은 하나의 도전이 될 수 있으며, 심지어 두 사람이 약혼을 한 경우에도 서로가 올바른 결정을 내리고 있는지 의문을 품는 것이 일반적이다.[1]

그들이 〈어쩌다 결혼식장으로Wandering Towards the Altar〉라는 이름의 다큐멘터리를 찍을 때, 두 명의 시카고 대학의 교수들이 대학생들에게 그들의 인생에서 가장 중요한 결정이 무엇일지에 대해서 물어보았다. 한 사람씩 돌아가면서, 학생들은 어떤 직장으로 진로를 잡을지, 대학원을 어디로 가야 할지 등을 이야기하였다. 그런데 한 학생이 자신에게 가장 중요한 결정은 자신의 아내가 되고, 자신의 아이들의 어머니가 될 여성을 선택하는 것이라고 이야기했다. 모두가 놀랐다. 그의 친구들은 왜 그가 진로대신 결혼에 관해서 생각하면서 시간을 낭비하는지 이해할 수가 없었다. 이 모든 것을 지켜보던 두 명의 교수들은 많은 학생들이 직업에 초점을 맞추고 있다는 사실에 대해 그리고 결혼에 대해서는 심각하게 생각해보는 학생들이 거의 없다는 사실에 대해 깜짝 놀랐다. 학생들은 직업적 성공은 흥미롭고도 자아를 실현할 수 있는 일인 반면에 결혼 생활은 좀 제한적이라고 생각했다. 그들은 결혼을 자신의 감정적, 성적인 필요를 채우는 방법으로 바라보았으며, "만약에 너무 빨리 결혼해서 정착하면 진정한 젊음의 기회들, 가령 여행을 한다든지, 새로운 사람들을 만난다든지 아니면 흥미로운 곳에서 일을 하거나 살 수 있는 기회들을 놓치게 됩니다"라고 주장했다.[2]

변화하는 사회 속에서 결혼에 대한 생각도 변화한다는 것은 놀라운 일이 아니다. 결혼에 대한 관점은 나라마다 다르고, 세대마다 다르다. 결혼하는 평균연령이 한 세대 전에 비해서 올라갔다는 것이 그 한 예다. 어느 사회학자에 따르면, 결혼할 의사가 있는 미국인 중 30% 이상이 35세가 될 때까지 결혼하지 않았다.[3] 이런 사람들은 대다수가 직장이나 다른 활동들을 더 중요시하며, 결혼은 할 여유가 있을 때 하는 것이라고 생각한다. 결혼은 종종 더 이상 신성하거나 영원한 것이 아니라고 간주된다. 결혼하지 않고 같이 살기, 별 생각 없이 결혼해보기, 자유롭게 결혼 생활 끝내기 등이 아무런 문제나 망설임 없이 수용되고 있다. 많은 독신들의 마음속에 있는, 신중한 배우자의 선택과 그렇게 선택한 배우자와 "기쁘거나 슬프거나 좋거나 나쁘거나 죽음이 갈라놓을 때까지" 함께 살겠다는 약속은 이제 자기중심적인 태도로 대체되어서 사랑이 식는다면 언젠가 끝장낼 수 있는 편안한 합의 정도로 여겨진다.

반면 대부분의 기독교인들은 여전히 결혼의 영원성을 인정한다. 실제로는 아니더라도 적어도 이론적으로는 인정한다. 이혼이 기독교인 사이에서도 흔해지기는 했지만, 장려되지는 않으며, 독신들은 심각하게 배우자 선택을 고려한다. 어떤 종교단체에서는 우리 각자를 위해서 하나님이 '하나의 특별한 사람'을 준비해놓으셨고, 그렇기 때문에 우리는 "인생에서 하나님이 주시는 최고의 선물인 그 사람을 놓치지 않는 것"이 중요하다고 가르친다. 이러한 관점 때문에, 자신의 선택이 옳은지 확신할 방법을 들어본 적이 없거나, 자신의 선택이 잘못되었다면 하나님의 축복을 놓치게 될지도 모른다는 두려움 속에서 독신들은 걱정을 많이 한다. 부모들이나 교회 친구들이 단 한 사람만이 하나님이 주신 배우자라는 사실을 이야기를 할 때 문제는 복잡해진다. 하지만 젊은 독신들은 이 의견에 동의하지 않는다.

배우자를 찾으려고 현명한 노력을 할 때, 많은 독신들은 친구나 경험 있는 부부 혹은 목회자에게 정보를 구한다. 어떤 독신들은 전문적인 훈련을 받은 상담자와 이야기한다. 상담에 관련된 책은 이런 주제들에 대해서 간과하는 경향이 있지만,[4] 현명하게 배우자를 찾는 방법에 대해서 다른 사람들을 도와주는 것은 상담자가 할 수 있는 가장 멋진 자기실현 가운데 하나가 될 것이다.

• 성경과 배우자 선택

성경은 결혼에 대해서 많은 긍정적인 언급들을 하고 있다. 하지만 배우자를 고르는 법에 대해서는 거의 나와 있지 않다. 예수님은 결혼을 허락하셨고, 사도 바울도 그렇게 했지만, 두 사람 모두 어떻게 배우자를 선택하는지에 대해서는 이야기하지 않았다.

이렇게 언급이 없는 것으로 보아 오늘날과 달리 성경의 시대에는 배우자를 선택하는 일이 결혼 당사자

두 사람의 책임이 아니었던 듯하다. 예를 들어, 이삭의 아내를 고를 때를 생각해보라. 그의 아버지는 종을 먼 곳까지 보내서 적당한 신부감 후보를 찾게 하였다. 종은 가는 도중에 하나님의 인도하심을 구했고, 하나님은 리브가가 바로 적당한 신부감이라는 신호를 주셨다. 리브가의 부모는 그 이야기를 듣고, 리브가에게 한번도 본 적이 없는 남자와 결혼을 하겠느냐고 물었다. 아무도 사랑이나 이성교제에 대해서는 이야기하지 않았다. 이들 모두는 이 선택이 하나님의 인도하심이라고 생각했으며, 두 사람의 개성이나 친화 정도, 성적인 호감, 사랑 그리고 신랑과 신부의 이상형 등은 결정 과정에 포함되지 않았다.[5] 하지만 야곱의 경우에는 좀 달랐다. 야곱이 사랑에 빠졌을 때, 그는 부모님을 떠나 있었고, 비록 여자 쪽은 아니었지만 야곱은 라헬의 아버지를 직접 찾아갔다.[6]

이삭과 야곱은 모두 늦게 결혼했지만, 성경에 나오는 많은 사람들이 젊어서 결혼했고, 때로는 12-13세에 결혼한 예도 있다. 오늘날에도 그러하듯이 부모님들이 주로 결정을 내렸지만, 젊은이들은 자신의 희망 사항을 알렸으며, 심지어는 부모님의 선택을 거절하기도 하였다.

결혼 약속이 잡힌 후 깰 수 없는 약혼 기간이 있었고, 이후에 결혼 예식이 있었다. 약혼했을 때 이미 임신중이었던 마리아와 요셉과 달리,[7] 신랑은 결혼 예식을 마치고 함께 잠자리에 들기 전까지 신부의 얼굴을 보지 못한 듯싶다. 이런 장면을 생각하는 것만으로도 동시대의 많은 독신들은 등줄기에서 갈망(욕망)의 전율을 느낄 수 있었을 것이다. 그리고 지금 이 글을 읽고 있는 몇몇 독자들도 그러하리라는 것은 의심의 여지가 없다.

오늘날 우리는 짝을 고르는 성경적인 기준을 가지고 있는가? 아마 하나는 있을 것이다. 대부분 그것은 믿는 성도들은 다른 믿는 사람과 결혼해야 한다는 것이다. 기독교인은 비기독교인과 결혼해서는 안 된다. 이는 고린도 사람들을 향한 바울의 두 번째 편지에서 알 수 있다. "너희는 믿지 않는 자와 멍에를 함께 메지 말라. 의와 불법이 어찌 함께 하며 빛과 어둠이 어찌 사귀며 그리스도와 벨리알이 어찌 조화되며 믿는 자와 믿지 않는 자가 어찌 상관하며 하나님의 성전과 우상이 어찌 일치가 되리요."[8] 이것은 기독교인과 비기독교인이 사업상 동료로서도 결혼 배우자로서 연합할 수 없다는 경고다. 비슷한 생각이 고린도전서에서 강조되고 있는데 특히 결혼에 적용된다.[9] 사도 바울은, 결혼하지 않은 여성은 자신이 원하는 사람과 결혼할 수 있지만, 오직 하나님 앞에서 합당할 때만 그렇다는 것이며, 이 경우 여성은 다른 믿는 성도와 결혼해야 함을 의미한다고 말하였다.[10]

하나님의 인도하심은 어떠한가? 아브라함의 종이 이삭의 아내를 얻기 위해서 하나님의 인도하심을 기대하고 경험한 것처럼, 아마 대부분의 기독교인들도 짝을 고를 때 하나님의 인도하심을 기대할 수 있다고 생각한다. 몇몇 성경 구절들은 비록 인도하심이 극적이거나 기적적인 방법으로 나타나지 않는다고 하더라도 믿는 성도들은 하나님의 인도하심을 기대할 수 있다고 가르치고 있다.[11] 인생의 동반자를 찾는 사람들을 위해 하나님이 오직 한 사람만을 예비하셨다는 문제에서 기독교인들은 의견이 나누어진다. 전 우주에서 우리 각자를 위해 하나님이 단 한 사람만 예비하셨고, 그 사람의 정체는 때가 되면 밝혀질 것이며, 만약 당신이 그 사람이 아닌 다른 사람과 결혼하면 인생은 비참해질 것이라는 생각을 지지해주는 성경 구절을 찾기는 힘들다. 고린도전서 7장은 결혼과 독신은 모두 하나님 앞에서 괜찮은 것이며, 기독교인은 반드시 기독교인과 결혼해야 한다는 것이 짝을 고를 때 우리가 따라야 할 점이라고 가르치고 있다. 그것을 넘어서 기독교인은 자신의 신중한 생각에 기초해서, 혹은 부모님이나 기독교 상담자 등 다른 신중한 사람들의 사려 깊은 자료를 토대로 자유롭게 짝을 고를 수 있다.

- **좋은 배우자와 나쁜 배우자를 고르는 이유**

결혼 배우자를 고르는 일은 어려울 수 있다. 특히 결혼 당사자에게 그 선택이 달려 있는 사회에서는 더욱 그러하다. 많은 사람들이 종종 젊고, 경험이 없고, 콩깍지가 씌었거나 성적인 매력에 눈이 멀기 때문에 나중에 현명하지 못한 것으로 판명이 날 결정을 하기 쉽다. 결과적으로 그들의 결혼 생활은 비참할 것이며, 그들의 삶과 결혼 후 가질 아이들의 삶 또한 그러할 것이다. 이러한 사실을 알기 때문에, 어떤 사람들은 짝을 고르고 결혼을 하는 일을 두려워하거나 마지못해서 하거나, 적어도 주저한다.

세상의 대부분의 독신들에게 이것은 문제가 되지 않는다. 이들은 켄터키 대학에서 국제 교환학생으로 있는 24세의 학생 요게시 슈클라와 같다. 그의 부모님이 인도에서 전화해서 아들에게 그를 위해 신부감을 구해놓았으니, 집으로 돌아와 결혼하기 바란다고 말했다. 부모님을 슬프게 하는 일은 생각지도 못하는 충실한 아들인 이 젊은이는 가방을 싸고 집으로 돌아가서 한번도 만나지 못한 사리타라는 처녀와 결혼하였다. 오늘날 이 부부는 부모님께서 조심스럽게 마련해주신 결혼으로 행복하게 잘 살고 있다.

한 보고서에 의하면 인도 결혼식의 96%와 다른 지역의 결혼식 60%가 중매로 이루어진다고 한다.[12] 결혼을 중매하는 방법과 절차는 종교마다 다양하고, 나라마다 다르며, 문화나 하부문화에 따라 다양하다. 중매 절차도 보통 완전하고, 상세하며, 잘 조직되어 있다. 과거와 비교했을 때 오늘날의 예비신랑과 신부는 선택에 좀 더 관여하는 편이며 부모님의 선택을 거부할 자유도 있다. 결혼식이 끝난 후에 비록 대부분이 순탄하지만, 몇몇 중매결혼은 남용되거나 불행으로 가득 찰 수도 있다. 요게시와 사리타 같은 사람들에게는 부모님들이 그들을 위해서 선택해줄 것이기 때문에 걱정할 필요가 전혀 없다는 기대감이 항상 마음속에 있었다. 다른 많은 사람들처럼 이들도 진정한 사랑이 싹텄다. 결혼한 부부로서 그들의 역할은 할 수 있는 한 서로 잘 맞추려고 노력하는 것이다. "사랑하기 때문에 결혼을 하든지, 결혼한 다음에 사랑에 빠지든지, 사람들은 항상 더 잘하려고 노력해야 합니다." 사리타가 말했다. "하루를 마칠 때에 당신은 이야기할 누군가를, 당신의 하루를 나눌 누군가를, 그리고 살아가는 목적이 되는 누군가를 원합니다."

부모님이 정해주는 결혼과는 반대로 욕구를 토대로 짝을 고르고, 사랑에 기초해서 결혼 생활을 만들어가는 것은 서구 세계에서조차도 최근에 도입된 개념이다.[13] 초기의 많은 가톨릭 교회 지도자와 개신교 교회의 지도자들은 독신들이 자유롭게 짝을 고르는 일에 비판적이었다. 짝을 고르는 일에는 부모의 역할이 가장 중요하다는 것과 결혼은 사랑이나 행복에 관련된 것이 아니라, 두 집안의 정치적 경제적 절충에 관한 것이라는 게 당시의 일반적인 관점이었다. 20세기에는 다른 어느 때보다 더 결혼과 배우자 고르기에 대한 관점이 자유로워졌다. 아마 우리 모두는 개개인이나 두 사람이 각각 결정을 내리는 것이 가장 좋다는 의견에 동의할 것이다. 하지만 이것은 큰 걱정거리를 불러일으킬 수 있다. 사람들이 현명하게 선택할 수 있도록 돕고, 실수할 위험을 줄이기 위해서 상담자들은 다섯 가지 중요한 질문들을 생각해보아야 할 것이다.

1. 왜 사람들은 결혼 상대자를 고르는가?

다른 나라에서는 중매결혼이 성황을 이루고 있음에도 서구 문화권에서는 대부분의 사람들이 사랑하기 때문에 결혼을 한다. 하지만 사랑은 혼란스럽고 애매모호한 단어일 수 있다. 사랑에 빠지는 것은 상쾌함, 흥분되는 친밀감을 느끼는 것이다. 하지만 이러한 감정적 쾌락은 저절로 영원히 지속되지는 않는다. 깊은 사랑이 지속되고 자라도록 하려면, 고린도전서 13장에서 소개된 것과 유사한 베푸는 관계, 상대방 중심으로 생각하는 관계가 되어야 한다. 대부분의 사람들에게 깊고 안정적인 사랑은 결혼 전보다는 후에 나타나는 것 같다. 이것은 미국의 헤더와 데이비드 그리고 인도의 요게시와 사리타의 경험이기도 하다. 그러므로 사랑 안에 존재한다는 것은 감정적인 상쾌함을 경험하는 것이고, 사랑 안에서 자란다는 것은 베풀고 돌보는 행위 안에 자신을 의지적으로 포함시키는 것이다. 사랑 안에 존재한다는 느낌 자체가 결혼의 단단한 기초가 되는 것은 아니다. "우리는 더 이상 서로 사랑하지 않아"라는 느낌이 이혼의 기초가 아니라는 것도 사실이다. 오늘날 많은 나라에서의 결혼처럼 성경적 결혼도 감정 이상의 주제를 기초로 하고 있으며, 심지어 우리의 사회에서조차도 사람들이 결혼하는 진짜 이유는 사랑 외에도 다른 무언가가 있는 것 같다.

이런 이유들은 다양하겠지만, 필요성이라는 개념으로 모아질 수 있다. 예를 들어, 짝 고르기 이론 중 하나는, 서로 반대되는 것은 매력적이며, 독신들은 자신의 약한 부분을 보완해줌으로써 자신의 필요를 채워줄 수 있는 잠재적 배우자에게 끌린다고 주장한다.

물론 처음에는 사회적, 문화적으로 비슷한 사람들 사이에서 사랑의 관계가 형성되지만, 깊은 관계에 들어가면 권위적인 사람은 덜 권위적인 사람에게 매력을 느끼고, 내성적인 사람은 외향적인 사람을 고르게 된다.

결혼이라는 것이 교제, 안정, 지지, 친밀감, 우정 그리고 성적인 충족감에 대한 상호 필요성을 채워준다는 보다 넓은 시각이 널리 인정받고 있다. 게다가 어떤 이들은 결혼하기 전에 임신했기 때문에, 친구들과 부모님으로부터의 사회적인 압박감 때문에, 불행한 가정생활에서 탈출하고자 하는 마음에서, 혼자 남을 것이라는 두려움 때문에, 이전의 약혼이 깨어진 것에 대한 '반항적인' 반응으로, 혹은 다른 불행한 독신을 구해주려는 충동 때문에 결혼을 한다.

짝을 고르는 데 있어서 이러한 이유들이 미성숙하고 자기중심적이라는 사실을 여러분들은 당연히 알아차렸을 것이다. 하지만 다른 이유들은 보다 합리적이며, 상호 심사숙고하고 존중한 결과일 것이다. 이 모든 경우에 있어서, 하나님이 남자와 여자를 만드시고, 교제와 상호 협력과 성적 감정의 표출을 위해서 결혼 제도를 만드셨으며, 말씀 속에서 결혼을 고결한 것으로 만드셨기 때문에 궁극적으로 사람들이 결혼을 한다는 사실을 기억하는 것이 현명하다.[14] 우리가 배우자를 선택하는 사람들을 도울 때, 이러한 사실들을 잊어서는 안 된다.

2. 왜 어떤 사람들은 결혼 배우자를 선택하지 않는가?

결혼 제도를 만드신 하나님이 모든 이들이 짝을 찾을 거라고 기대하신 것은 분명히 아니다. 예수님도 아내가 없었고, 독신이었던 사도 바울은 결혼하지 않은 사람이 '방해거리가 가능한 적은 채로 하나님을 가장 잘 섬길 수 있는' 자유가 있기 때문에,[15] 독신은 우선적으로 고려해보아야 한다고 쓰고 있다. 그러므로 어떤 사람들은 그것이 하나님의 뜻이고, 부르심이기 때문에 독신으로 남는다.

왜 사람들이 결혼하지 않는가에 대한 보다 일반적인 이유들이 있다. 첫째로 적합한 배우자를 만나는 일에 실패할 수 있다. 여성이 남성보다 많기 때문에, 주변에 장래의 남편감이 충분치 않다. 게다가 많은 사람들이 비슷한 관심과 교육을 받은 짝을 원하지만, 결혼을 갈구하는 많은 사람들이 그러한 기대감을 충족하는 사람을 만나는 것은 아니다. 예를 들어, 기독교인 짝을 만나기를 원하는 기독교인이 있는데, 그 사람이 사는 지역에는 적당한 기독교인이 거의 없을 경우를 생각해보라. 결혼에 대한 욕구는 강하겠지만 기대감은 그렇지 못하다.

두 번째, 어떤 사람들은 주어진 기회들을 잘 활용하지 못한다. 이러한 사람들은 학업, 직장, 여행 그리고 다른 활동들 때문에 바쁘기 때문에 결혼을 미루기로 결정하지만, 결과적으로 기대감은 줄어든다. 다른 사람들은 높은 기대치를 가지고 더 나은 사람을 계속 기다리지만 결국 너무 늦어지고, 결혼할 수 있는 절호의 기회를 놓쳤다는 것을 알게 된다.

아마 어느 누구도 이렇게 이야기하는 것을 좋아하지는 않겠지만, 세 번째 이유에 속해 있는 사람들은 이성 독신들에게 비호감이기 때문에 독신으로 남아 있다. 다른 조건이 동일하다고 보았을 때, 짝을 찾는 사람들은 외관상 매력적인 사람들을 만나기를 선호한다. 생각보다 많은 경우에 정신적인 특징은 사람들을 쫓아버린다. 과도하게 우유부단하거나, 이성을 두려워하거나, 너무 공격적이거나 시끄럽거나, 둔감하거나, 옷 입는 것이나 예의범절에서 사회적으로 부적절하거나 또는 자기중심적인 독신들은 교제할 때 이야기를 잘 이끌지 못한다. 과도하게 공격적이거나 결혼에 대한 갈망이 크면 배우자가 될 수도 있는 사람들은 두려워서 도망가버린다. 반대로 어떤 사람들은 너무 수동적이어서 관계를 지속해나가는 데 흥미가 없다는 인상을 주기도 한다.

짝 고르기와 관련된 수많은 연구들이 있고, 이들 중 몇몇은 짝을 고르는 과정을 자신을 알리는 연습으로 보기도 한다. 이렇게 생각하지 않을 수도 있지만, 짝을 찾는 사람들은 자신을 알리고, 자신의 노력을 가능한 한 긍정적인 모습으로 나타내려고 하며, 또한 그들이 제공해야 하는 것을 줄 수 있는 최상의 배우자를 찾으려고 노력한다. 신문이나 잡지에 이성교제 광고를 내는 사람들이 자신들을 가능한 한 긍정적인 모습으로 나타내고, 이성교제나 이상형에 대해서 무엇을 찾고 있는지 알리는 것은 놀랄 일이 아니다. 한 연구팀이 이런 종류의 수많은 광고들을 분석했고, 남성들 대부분이 자신의 경제적 혹은 직업적인 능력을 알리는 반면에 여성들은 주로 자신의 외모와 몸매를 설명하였다.[16] 개인 광고들은 또한 문화적인 차이점을 반영한다. 미국인 독신들이 독립심과 개인주의에 가치를 두는 반면에, 중국인 독신들은 가족과 사회에 대한 그들의 약속과 성실함을 강조한다.[17] 또 다른 연구는 50년 이상을 '짝 선택'에 관해 연구했고, 남녀 모두가 같이 서로에게 끌려야 한다고 생각하며, 양쪽(특히 남성)이 모두 경제적 풍요에도 관심이 많다는 것을 알아냈다. 부모 세대와는 달리, 지금 시대의 남자들은 미래의 배우자감이 가정 일을 잘하는지에는 관심이 비교적 적다.[18] 한 무리의 대학생이 짝 고르기 사이트에 자신들의 정보를 올릴 때, 40% 정도가 더 잘 보이기 위해서 거짓말을 하였다고 나중에 연구자들에게 밝혔다.[19] 아마 신문이나 잡지 소개란 역시 정확하지 않을 것이다. 이 모든 것을 보았을 때, 짝 고르기에서 자신을 알리는 일은 매우 중요하며, 어떤 사람들은 자기를 알리는 데 서투르기 때문에 여전히 독신으로 남아 있음을 알 수 있다.

네 번째, 어떤 사람들은 감정적인 독립을 이루려고 하다가 실패하고, 이것은 결혼에 대한 기대감을 감소시킨다. 부모에게 의존하려는 경향이 이상할 정도로 강하거나, 부모를 떠나는 것에 대한 죄책감 때문에 독신으로 남아 있을 수도 있다. 책임감 있는 사람들이 도움이 필요한 가족들에 대한 의무감 때문에 심사숙고하여 독신으로 남겠다는 어려운 결정을 할 때, 이것은 칭찬할 만한 선택이다. 물론 때로는 이런 책임감 역시 결혼 생활과 친밀함에 접어드는 위험을 회피하고자 하는 이유가 될 수도 있다.

독신을 선택하는 다섯 번째 이유는 전통적 결혼을 떠나 다른 곳에서 친밀감을 찾으려는 일부 사람들의 결정이다. 동거나 동성애관계에 참여하고 있는 사람들, 비성적 친밀감이 가능한 종교적 공동체에 동참하는 개인들이 여기에 해당한다고 할 것이다. 마지막으로 단순히 결혼하고 싶지 않은 사람들이 있다. 동성애자, 이전의 관계에서 상처를 입은 사람들, 이성과의 친밀한 관계에 대해서 두려움이 있는 사람들 그리고 자신의 자유를 잃고 싶지 않은 사람들이 여기에 포함된다. 하지만 독신으로 남기로 결정한 모든 사람들에게 마음속 깊이 숨어 있는 이유가 있다고 생각하는 것은 소박하고도 무례하다. 수많은 성숙하고 안정적인 사람들은 사회적 압력에 밀린다 할지라도 독신으로 남기를 더 좋아한다.

3. 사람들은 어디서 배우자를 찾는가?

수십 년간의 연구 끝에 우리는 대부분의 사람들이 나이, 교육 수준, 사회적 위치, 경제적 수준, 종교, 인종, 사는 동네 등이 비슷한 사람을 짝으로 고른다는 확신을 할 수 있었다. 하지만 여행과 문화 교류가 훨씬 쉬워짐에 따라서 이것도 변화하고 있다. 사람들은 종종 인종, 종교 그리고 다른 장벽들을 뛰어넘고, 서로 다른 배경에도 불구하고 성공적인 결혼 생활을 한다.

하지만 배경을 뛰어넘어 결혼하게 되면 결혼을 좀 더 어렵게 만드는 압박을 가져올 수 있다. 예를 들어, 최근 수년 동안 연하 남자와 결혼하는 여자가 늘고 있다. 아이 문제를 제외하고 이것은 좋은 일이다. 나이가 좀 든 여자들은 직업에 좀 더 집중하며, 아이 가지는 것에는 관심이 덜하다. 반면에 젊은 남편들은 가족을 이루길 원하는 경향이 있다. 이것 때문에 문제가 생길 수 있다.

그러므로 짝을 고를 때는 대부분의 사람들이 비슷한 배경, 사회, 종교, 교육 수준을 가진 사람을 찾으려고 노력한다. 이 넓은 카테고리 속에서 개인적인 기준과 부모의 허락이나 혹은 반대, 그리고 이상형에 대한 마음속의 이미지에 의해서 선택은 좁혀진다. 이러한 큰 기대감을 충족시키는 사람은 거의 없기 때문에, 선택 기준이 완화된다든지, 배우자가 될지 모를 사람의 성격적으로 좀 부족한 부분을 기꺼이 감수한다든지, 결국 이상형이 나타날 것이라는 희망을 가지고 독신으로 남기로 결정하게 된다.

많은 독신들이 그들이 찾는 사람의 상에 따라, 학교, 직장, 교회, 사회모임, 운동모임, 컨퍼런스 혹은 이웃에서 지나치거나, 만나거나 친구가 될 수 있는 독신들을 바라보면서 일상생활을 하고 있다. 때로는 두 사람이 편한 친구나 직장 동료로 만나서 나중에 좀 더 개인적인 관계를 형성해나갈 수 있다. 기대하는 짝을 만나는 일반적인 방법 외에 인터넷은 온라인으로 짝을 구하는 서비스를 불러일으켰다. 한 기독교인 임상심리학자가 436개의 질문으로 이루어진 아주 정밀한 인성검사를 고안했다. 여기에는 자아 개념, 감정 에너지, 성적인 욕망, 성격적인 특징, 대화 방식, 영성, 믿음, 가치 그리고 가정환경 등을 포함하여 대략 29개의 목록들이 포함되었다. 참가자들은 질문서를 작성하고, 요금을 내고, 최고 수준으로 적합한 사람과 짝이 된다.[20] 이런 서비스를 제공하는 사람들은 열정적으로 그 효과에 대해서 이야기를 하지만, 연구자들은 그리 납득하지 못한다. 사전 조사를 통해서 이러한 설문 조사의 과학적 타당성에 이의를 제기하고 있고, 사람들이 짝 찾기 질문지를 작성할 때 거짓말을 할 수도 있다고 걱정한다. 그리고 인터넷으로 만나 이루어진 결혼의 안정성에 대한 출간된 연구결과도 없다.[21]

4. 왜 사람들은 현명하지 못한 선택을 할까?

짝을 구하는 일이란 인생에서 가장 중요한 결정 중의 하나다. 이것은 감정과 열정이 있어야 하지만, 한편으론 나중에 할지도 모르는 어리석은 선택을 피하기 위해서 머리를 사용할 필요가 있다. 사회적인 압박감, 부모나 친구들의 영향, 성적인 욕구 혹은 결혼하고자 하는 강렬한 욕망 등이 사람들을 건강하지 못한 관계로 몰아붙인다. 게다가 모든 이들이 결혼에 기대감을 갖고 있는데, 이런 기대감들은 현실을 만났을 때 갑작스러운 어려움에 직면한다. 때로는 독신들이 단순히 결혼으로부터 그들이 얻을 수 있는 것에만 기초하여 짝을 찾지만, 배우자가 주는 것 없이 받기만을 기대하는 경우에 실망하게 된다. 주는 것 없이 받기만을 바라는 이러한 욕망은, 각 배우자가 필요한 것을 주기 때문에 서로의 필요가 채워지는 안정적인 결혼 생활에서는 거의 찾아보기 힘든 미성숙한 모습이다.

잠깐만이라도 생각해보면 우리 대부분은 사람들이 왜 현명하지 못한 결혼 결정을 내리는지 그 원인에 대해서 나열할 수 있다. 결혼 배우자를 선택하는 주된 이유가 어려운 가정환경에서 탈출하고자 한다든지, 이제는 어른이라는 걸 증명하기 위해서라든지, 부모나 전 배우자에게 반항할 목적이라든지, 독신이라는 오명에서 벗어나고자 한다든지, 집에서 섹스 파트너를 얻기 위해서라든지, 자존감을 높이기 위해서라든지, 사회적 지위를 향상시키기 위해서라든지, '나를 돌봐줄' 누군가를 찾기 위해서라면, 그 미래에는 항상 긴장감이 생길 것이다.

너무 나이 차이가 많이 나거나, 한 사람 혹은 두 사람 모두 최근에 정신적 질병을 앓았거나, 경제적인 어려움이 있거나, 한 사람 혹은 두 사람 모두 약물중독이거나, 종교적 신념이 다르거나, 문화적 인종적인 차이가 너무 크거나, 잠재적 배우자 외에 다른 사람과는 사귀어본 적이 없는 경우들도 미래에 문제가 있을 수 있음을 암시한다. 이러한 장애물에도 불구하고 좋은 결혼 생활이 유지될 수도 있다. 그러나 몇 가지 문제들이 현재 존재하거나 두 사람이 건전하지 못한 동기로 선택하였을 때는 나중에 후회하기 십상이다.

5. 왜 어떤 사람들은 현명한 선택을 할까?

이 모든 실패에 대한 가능성에도 불구하고, 많은 사람들은 결혼 배우자를 고르는 데 있어서 현명한 선택을 한다. 여기에는 몇 가지 이유가 있다.

(a) 유사한 종교적 신념 : 서구 문화에서 대부분의 사람들은 먼저 이성교제를 통해서 미래의 짝을 알아간다. 교제 관계가 언제 결혼으로 이어질지 결코 알 수 없기 때문에, 다른 기독교인들에게는 그들이 교제한다는 사실을 비밀로 하는 것도 현명한 일이다. 기독교인들은 현명한 배우자 선택을 위해서 기도한다. 처음에는 혼자 그리고 나중에는 둘이 같이. 이 원리는 믿음이나 영성이 덜 중요한 사람들에게는 별 관심사항이 아니겠지만, 비슷한 믿음과 가치를 나누는 커플이라면 훨씬 더 잘 맞는 경향이 있는 듯싶다.

(b) 비슷한 배경과 상호보완할 수 있는 필요 : 우리는 남자와 여자가 나이, 관심, 가치, 사회 경제적 수준, 교육 정도 등이 비슷할 때 그 배우자 선택이 최선이라는 것을 보았다. 게다가 그 두 사람이 서로의 필요를 채워줄 수 있다면 훨씬 더 좋다. 그러나 상호보완적인 필요와 상호모순적인 필요를 구별해보자. 상호보완적인 필요는 서로 잘 맞아서 관계가 부드럽고, 타협이 거의 필요 없다. 상호모순적인 필요는 자주 부딪치며, 종종 해결책이 필요하다. 만약에 두 사람이 사회적 활동을 좋아하지만, 한 사람은 외향적이고, 한 사람은 좀 부끄러움을 탄다면, 이것은 상호보완적이 될 수 있다. 하지만 만약에 한 사람은 파티를 좋아하는데, 다른 한 사람은 집에 남아 있기를 더 좋아한다면, 이러한 상호모순적인 필요는 더 많은 싸움을 야기한다.

(c) 감정적인 공명 : 독신들은 때로 '딱 맞는 사람이 오는지'를 어떻게 알 수 있는지 궁금해한다. "당신

은 그냥 한번에 알게 됩니다"라는 일반적인 대답은 도움이 안 된다. 하지만 어떤 관계에서는 조화로움과 딱 맞다는 느낌을 얻는다. 또 다른 진부한 표현을 사용해보면, 좋은 관계에서는 두 사람 사이에 화학작용이 존재한다. 다른 관계에는 '불꽃 튀기'라고 하는 것이 없다. 이러한 감정만으로 짝을 선택하는 것은 현명하지 못하지만, 매력을 느끼지 못한다는 사실을 무시하는 것 또한 실수가 될 수 있다.

(d) 공존할 수 있는 성격 : 상담자들은 때로 미래의 남편과 아내가 성격적으로 잘 맞는지 여부의 중요성에 대해서 기술한다. 때로는 '결혼 가능성이 있는 성격'이라고도 불리는데, 다음과 같은 것들이 있다.

- 문제를 해결하고, 어떤 해결책이 나타날 때까지 지속적으로 노력할 수 있는 능력.
- 유연함.
- 비슷한 영적 관심사.
- 공통의 믿음(신념)과 가치.
- 친밀한 생각과 느낌을 나누겠다는 의지.
- 정서적인 안정감.
- 훌륭한 대화기술.
- 서로에 대해 감사하기.
- 훌륭한 유머감각.
- 사랑을 줄 수 있고 받을 수 있는 능력.
- 감정을 표현함에 있어서 편안함.

750년이나 된 한 조사에서는, 대부분 사람들이 따뜻하고, 친절하고, 열려 있으며, 유머감각이 뛰어나며, 외관상 매력적이고, 사회적 지위가 훌륭하며, 긍정적인 성격이고, 연구자들이 이름을 붙인 '표현성'을 가진 사람들을 찾는 것을 발견하였다.[22] 또 다른 연구팀은 교제를 할 때 여성의 육체적인 매력은 좋은 결혼을 위한 상호작용에서 성격보다 훨씬 더 중요하다고 보고하였다.[23] 다른 연구는 "사람들은 그들이 비슷한 정신세계를 가졌고, 서로 이해하며, 경험을 나눌 수 있는 사람을 발견했다고 믿을 때, 관계 속에서 가장 행복해한다"는 사실을 알아냈다. 시간이 흘러 비슷한 점들이 그들이 한때 생각했던 것만큼 일반적이지는 않다는 것이 명백해지면, 좋은 관계 속에 있는 파트너들은 차이점들을 무시하고, 다른 사람들에게는 그렇지 않을 수도 있는 상대방의 긍정적인 성격들만 보려고 하는 경향이 있다.[24] 이것이 바로 사랑에 빠진 사람들이 각자의 이상적인 부분만을 바라보는, 잘 알려진 성향의 일부를 보여주는 힌트가 된다. 이런 종류의 자기기만과 상대방에 대한 환상은 결혼 생활까지 지속될 수 있고, 결혼 생활의 안정성을 높일 수 있다.

이러한 일이 발생하든지 안 하든지, 그 누구도 우리가 중요하다고 생각한 결혼의 이상적인 특성들을 모두 충족시킬 수는 없다. 짝 고르기에 있어서 사랑의 감정과 결혼하고자 하는 강렬한 욕구는 현명한 선택을 위한 유일한 기초가 될 수 없다. 만약에 이후의 결혼 생활의 안정과 행복을 얻고자 한다면, 바깥 세계의 시각과 친구나 상담자의 조언이 중요하고 도움이 될 것이다.

좋은 짝을 골랐을 때와 나쁜 짝을 골랐을 때의 결과(영향)

좋은 선택이 항상 좋은 결혼 생활로 이어지는 것은 아니다. 하지만 배우자를 신중하게 선택하면, 남편과 아내 관계를 세우는 데 단단한 기초를 마련하는 셈이다. 결혼 생활에는 노력, 위험 그리고 어려움과 실망의 시간들이 함께한다. 이런 것들이 결코 쉬운 경험들은 아니지만, 잘못된 선택임에 분명한 사람과 함께하는 것보다는 서로 손발이 맞는 사람과 해나가는 것이 훨씬 재밌고, 동기부여도 된다.

그러나 많은 사람들이 뒤돌아보면 현명하지 못했을 법한 선택을 하지만 그럼에도 불구하고 주변 상황을 고려하여 가능한 최상의 관계를 만들기로 결단한다. 이것이 바로 부모들이 결혼 준비를 그다지 성공적으로 하지 못했을 때, 사리타와 요게시 슈클라가 준비하려 했던 것이다. 자신들의 결혼 생활을 성공적으로 만들기로 결정하는 사람들은 사랑하는 행동이 사랑의 감정을 만들어낸다는 것을 발견한다. 시간이 흘러, 비교적 훌륭한 결혼 생활이 되는 것이다.

반대로, 다른 이들은 잘못된 배우자 선택으로부터 결코 회복하지 못한다. 불행과 분쟁이 결혼 생활을 뒤덮고, 별거나 이혼 등 법적인 방법으로 되지 않는다면 감정적으로라도 결혼 생활을 끝낸다. 결혼할 배우자를 고르는 사람들을 상담하는 목적은 이러한 불행한 결혼 생활로 끝나는 것을 막고자 하는 데 있다.

상담과 배우자 고르기

당신이 결혼을 했다면, 결혼 전에 상담을 받았을 가능성이 높다. 하지만 어떤 상담자가 당신이 짝을 고르는 것을 도와주었을 가능성은 낮을 것이다. 사람들이 사랑에 빠질 때, 서로의 단점은 간과하고, 위험 신호는 무시하며, 보다 객관적인 사람들의 조언은 잊어버리는 경향이 있다. 잠재적 배우자가 결정되기 전까지는 상담하러 오는 사람이 거의 없는 실정이다. 심지어는 결정되었을 때도 오지 않는다. 대부분의 상담은 아직 사랑에 빠지기 전의 젊은이들과 나누는 허심탄회한 대화를 통해서나, 독신 모임을 위한 짧은 기도나 공식 연설을 통해서나 다른 문제로 도움을 요청하러 온 내담자와의 사적인 대화를 통해서 이루어지는 경향이 있다. 그 밖에 결혼한 적이 없는 사람이나, 아니면 짝을 고르는 그들의 지혜를 평가받기 위해 찾아온 이혼 경력이나 배우자와의 사별 경력이 있는 사람들과의 상담을 통해서 이루어지기도 한다. 이런 상담에는 몇 가지 목적이 있으며, 이 목적들은 동등하게 미혼인 젊은이들과 나이 든 사람들 개개인에게 다 적용되며, 미망인이나 결혼하기 원하거나 다시 결혼하고 싶어 하는 이혼한 사람들도 포함된다.

1. 영적 상태를 평가하도록 격려하기

성경에서 너무나도 명확하게 기독교인은 기독교인과 결혼해야 한다고 가르치고 있기 때문에 이것은 계속해서 강조할 수밖에 없다. 이 사실을 믿는 순간에도, 사람들은 그들이 비기독교인과 이성교제하는 이유를 찾곤 한다. 어떤 사람들은 자신들이 아무런 미래에 대한 계획이 없는 단순한 친구 사이일 뿐이라고 말하기도 하고, 비기독교인과의 교제는 그들을 예수님에게 이끌 수 있는 기회가 된다고도 이야기한다. 비록 기독교인들이 그들의 짝을 예수님에게 데려오기도 하지만, 그 반대의 경우 또한 사실이다. 오히려 비기독교인이 기독교인을 영적으로 넘어지게 하거나, 영적 활력을 잃어버리게 만드는 경우가 더 많다. 상담할 때 비기독교인과의 이성교제는 위험하며, 피하는 것이 상책이라는 사실을 확실히 언급해야 할 필요가 있다.

결혼할 배우자를 고려할 때, 상담받는 사람들이 다음의 질문들을 해보게 하고, 질문에 대한 답을 상담자와 함께 이야기하도록 하라.

- 나의 잠재적 배우자는 기독교인인가? 내가 그것을 어떻게 아는가?
- 그(혹은 그녀)의 삶은 성령의 열매의 증거들을 보여주고 있는가?(갈라디아서 5;22, 23)
- 내 파트너와 나는 우리의 영적인 삶이나 영적인 싸움, 목표를 이야기해본 적이 있는가?
- 우리는 함께 기도해본 적이 있는가? 만약 없다면, 이유는 무엇인가?
- 우리는 교회나 기초적인 삶의 기준, 앞으로 희망하는 삶, 옳고 그름에 대한 관점, 기독교인 가정에 대한 시각 등에 대해서 동의하고 있는가?

2. 다시 한 번 확신시키기

때로는 짝을 찾지 못해서 걱정이 되거나, 앞으로 결혼하지 못할 것 같아서 두려워하는 사람들이 상담자를 찾아온다. 이런 종류의 내담자들은 자신에게 무슨 문제가 있는지 궁금해하며, 결혼을 하지 못하게 함으로써 하나님이 자신들을 낮추신다고 생각할지도 모른다.

이런 사람들이 자신의 감정, 화 그리고 좌절의 감정까지도 인정하고 표현할 수 있도록 격려하라. 이런 내담자들은 하나님이 우리 모두를 돌보시며, 당신의 자녀들에게 최선의 것을 주신다는 것도 알고 있다. 하지만 도움을 청하러 올 때 그들의 목적은 독신으로 살 때에 누릴 수도 있는 유익에 대해서 듣는 것보다는 짝을 찾는 것이다. 여러분이 이런 내담자들과 이야기할 때는, 그들이 과도한 욕망이 있는지, 소심한지, 둔감한지, 거만한지, 자기만 생각하는 사람인지 혹은 이성을 멀리 쫓아버릴 만한 다른 성격들을 가지고 있는지 파악하려고 노력하라.

내담자가 결혼하고 싶은 욕구에 너무나 집착하는 바람에 그 밖의 다른 일들은 문제가 되지 않는 것처럼 보이는가? 어떤 사람들은 현재를 잃어버린 채 미래에 산다. 더 많은 돈을 벌고, 대학을 졸업하고, 더 나은 직업을 얻고, 결혼했을 때 어떻게 더 나은 삶을 살 것인지에 모든 에너지와 관심이 맞추어져 있다. 한편 기다리는 동안 그들의 삶은 공허하고, 비생산적이며, 정지해 있고, 때로는 매우 멍하게 된다. 이런 사람들은 바로 지금 최선을 다해 살 수 있도록 격려해주어야 한다. 그들이 짝을 찾는다면 그것은 매우 좋은 일이다. 하지만 만약 짝이 나타나지 않는다 하더라도 삶은 여전히 가치가 있고 충만할 수 있다.

당신이 한번 이런 생각에 빠져들기 시작하면, 내담자들에게 실망하는 부분이 있기는 하지만, 독신의 삶이 충만하며 심지어는 하나님의 부르심으로 생각되기까지 할 것이다. 이러한 생각을 마음에 가진다면, 내담자가 기꺼이 독신으로 남으려고 하겠는가? 만약에 아니라면, 그 이유는? 그리고 그(혹은 그녀)는 어떻게 살아갈까?

3. 선택의 지침 제공하기

많은 부분에서 상담은 특화된 교육의 형태다. 확실히 당신이 미래의 배우자를 찾는 사람에게 실용적인 길잡이를 달라는 요청을 받았을 때 이 말은 사실이다. 이 길잡이는 적어도 다른 독신들이 있는 장소를 찾는 것과 어떻게 관계를 맺는가를 배우는 것, 두 가지 문제들을 포함한다.

사람들이 집에 가만히 앉아 텔레비전을 보면서, 문 앞에 하나님이 보내신 결혼 배우자가 와 있기를 기대하지는 않을 것이다. 비록 인터넷 서비스를 통해서 누군가를 찾은 후에 실제 대화라든지 직접 만나는 것이 필요하지만, 어쨌든 인터넷을 찾아다니는 것은 좋은 방법이다. 궁극적으로 잠재적인 결혼 배우자를 만나기 위해서는 그들이 있는 곳으로 가야 한다. 어떤 사람들에게는 독신 바가 그 장소가 될 수 있겠지만, 기독교인들을 포함한 많은 사람들은 그곳이 짝을 찾는 적당한 장소라고 생각하지 않는다. 만남을 위한 좀 더 바람직한 장소는 교회, 대학교, 저녁이나 주말 강좌, 휴가 여행, 스포츠 행사, 교회 독신들을 위한 모임 그리고 컨퍼런스 등이다. 하지만 이런 장소를 찾는 주목적이 결혼 배우자를 고르는 것이라면 이것은 모든 사람들에게 속이 뻔히 보이는 짓이다. 적당하게 보이는 사람에게 달라붙으려는 독신처럼 사람들을 도망가게 만드는 것도 없다. 잠재적 결혼 배우자가 있든지 없든지 참여하는 것 자체가 즐길 만한 일이라는 사실을 안다면, 비슷한 관심사를 가진 재미있고 즐거운 사람들이 있는 모임에 참여하는 것이 더 낫다.

내담자들은 단정하고 매력적으로 보여야 하며, 질문하는 방법을 배워야 하고, 다른 사람들과 느긋하게 상호작용을 해야 하며, 다른 사람의 이야기를 잘 듣는 사람이 되려고 노력해야 한다. 자기 자신이 아닌 다른 어떤 것인 체하는 것보다 있는 그대로를 보여주는 것이 중요하다. 상담자들은 정중하게 이러한 부분의 실패에 대해 지적해줄 수도 있고, 만약에 필요하다면 상담자와 내담자가 모르는 사람인 체하면서 서로 관계를 가지는 역할놀이를 해볼 수도 있다. 교제를 잘하는 사람들은 다른 이들에게 더 매력적으로 보인다.

4. 동기, 이상형 그리고 성숙도 평가하기

왜 내담자는 짝을 찾기 원하는가? 혹은 왜 결혼을 원하지 않는가? 이 질문에 대한 내담자의 대답은 상담자가 예상치 못한 것일 수도 있다. 임시 질문을 통해서 결혼을 원하는 혹은 원하지 않는 건강하지 못한 이유가 있는지를 확인하는 것도 도움이 된다. 어떤 사람들은 사회적 압력과 가족의 압박 때문에, 불행한 가정환경에서 벗어나고자 하는 욕망 때문에, 성인이라는 사실을 증명할 필요성 때문에, 동성애자가 아니라는 사실을 보여주기 위해서, 혹은 결혼을 당장 하거나 절대 안 하리라는 예감 때문에 결혼을 원할지도 모른다.

만약 그 사람이 독신으로 남기로 결정한다면, 그러한 결정에 타당한 이유가 있다고 생각해야 한다. 하지만 불건전하거나 생각지도 못한 이유 또한 판단하려고 노력하라. 결혼에 대한 두려움이나 성적인 친밀감에 대한 두려움이 있는가? 그 사람이 결혼에 대한 전통적인 형식이나 사회적 압박감에 대항하지는 않는가? 뭔가 증명하려고 시도하는 것은 아닌가? 내담자와 이러한 태도에 관한 이야기를 나눌 수 있도록 하라. 그것들이 암시하는 바와 그런 문제가 존재하는 이유에 대해서 함께 이야기를 나누라. 변화에 대한 갈망이 있다면, 어떻게 그 변화를 만들어낼지 의견을 나누라. 특정 문제들에 관심을 집중하고, 어떻게 내담자가 행동으로 옮겨서 변화를 이루어낼지를 이야기하라.

때로는 내담자에게 자신의 '이상형'에 대해서 말해보라고 하는 것이 도움이 될 수도 있다. 그리고 이러한 기대감에 대해 토의하라. 그것이 비현실적인가? 그것이 이상형에 맞지 않는다고 해서 잠재적으로 훌륭한 결혼 배우자를 간과하거나 거절하게 만들지는 않는가? 도덕적 기준을 낮추지 않고서도 이상형의 일부분을 변화시킬 수 있는가?

이러한 문제들을 토의할 때, 내담자의 성숙 정도를 평가하려고 노력하라. 미성숙한 독신들은 미성숙한 결혼 배우자를 만든다. 그리고 이것은 이성교제나 자녀 양육에 있어서 문제를 야기한다. 영적으로 성숙한 기독교인은 예수님 닮기를 갈망하고, 삶 속에 성령의 열매가 있기를 원한다.[25] 정신적인 혹은 정서적인 성숙은 유용한 정의를 내리기가 훨씬 더 어렵다. 성숙한 사람의 특징을 나열하면 끝이 없을 것 같고, 그 정의는 매우 다양해서 성숙이라는 단어는 거의 무의미해져버린다. 그렇다고 하더라도 우리는 그것을 볼 때 알 수 있으며, 미성숙의 행동을 구별해내는 데 거의 어려움을 느끼지 않는다. 다시 정리하자면 성숙하지 못한 사람에게 성숙을 집어넣는다는 것은 무척 어려운 일이다.

상담을 할 때, 내담자들과 시간을 두고 미성숙한 행동을 찾고 그것에 대해서 이야기를 하는 것이 가장 좋은 방법일 것이다. 예를 들어 성숙한 사람들은 다음과 같다는 데 대부분 동의한다.

- 더 나이 들거나 어리게 보이지 않고, 나이에 맞게 행동한다.
- 행동에 대해서 책임지려고 한다.
- 나중에 더 큰 만족감을 얻기 위해서 지금의 즐거움을 기꺼이 뒤로 미룬다.
- 결정을 내릴 수 있고, 그 결정의 결과를 받아들이며 살아간다.
- 자신과 다른 의견이나 신념을 가진 사람들을 존중한다.
- 자기 스스로와 자신의 문제를 객관적으로 바라볼 수 있다.
- 현실적이며, 본질적으로 긍정적인 자아상을 가지고 있다.

이런 영역 내에서 그 사람은 어디서 성공을 하며, 어디서 실패를 하는가? 어떻게 이런 성격이나 태도가 개발될 수 있는가? 이러한 것을 지금 현재 더 많이 가지고 있다면, 짝을 고르는 일과 안정적인 결혼 생활의 가능성이 더 높은 것이다.

5. 사람들이 잘 이별할 수 있도록 돕기

일반적으로 이성교제를 하고 관계를 형성한다고 해서 두 사람의 우정이 반드시 결혼으로 이어지지는 않는다. 때로는 두 사람이 함께 이런 결론에 이르러서 헤어지기로 결정하지만, 종종 한 사람만이 헤어지는 것이 최선이라는 결론을 내린다. 어떻게 하면 이런 이야기를 상냥하게 할 수 있을까? 여기 깨어진 관계를 경험하였고, 기독교 잡지사에서 일하는 젊은 청년들이 쓴 다음의 지침들을 공유하라.[26]

- 헤어지자는 말을 꺼낼 때 용기가 필요한 것을 알아야 한다. 어느 누구도 다른 이에게 나쁜 소식을 전하는 것을 즐기지 않는다.
- 헤어짐이 있을 수 있다는 암시를 먼저 주어라. 관계가 끝이 난다고 갑작스럽게 통보하지 말고, 이전에는 없었던 긴장감이 있는 것 같다든지, 이 관계가 영원한 관계가 될지 의문스러워지기 시작했다든지, 관계에 있어서 뭔가 찝찝하다든지 등 당신의 불편한 마음을 표현하라.
- 헤어질 준비가 되었을 때, 솔직하고 단호해져라. 다음의 충고를 기억하라. 헤어짐이 불가피하다는 것을 안다면 미루지 마라. 당신을 위해서도 상대방을 위해서도 나중보다는 지금 하라. 개인적으로, 사적으로 하라. 전화로 헤어지자거나, 이메일로 통보하는 것(이것이 더 나쁘다)은 비겁하고, 비인간적이며, 모욕적인 일이다. 공공장소에서 헤어지는 것은 나중에 당신을 괴롭힐 상대방의 감정표현을

막아줄 수도 있다.[27]
- 다른 사람에게 책임을 돌리지 말고, 헤어지는 분명한 이유를 제시하라. 상대방을 비난하면 당사자로 하여금 부정적이고 방어적인 태도를 불러일으킨다.
- "다 내 잘못이야. 너는 잘못이 없어." "이게 최선인 거 같아." 혹은 더 심하게는 "하나님이 헤어지라고 말씀하셨어" 등의 진부한 이야기는 하지 말라. 후자의 경우에는 이런 문제를 직접 다루는 걸 피하기 위해서 영적인 이야기를 남용하는 것이며, 다른 이들은 하나님의 음성을 듣지 못하는 영적 수준이라는 의미로 전달된다.
- 상대방이 자신의 감정을 표현할 수 있도록 시간을 주어라.
- 당신이 확고한 결심이 섰다면, 흔들리지 말고, 상대방이 헛된 희망을 품을 수 있는 여지를 남기지 말라. 이것은 망설이거나, 재고의 여지가 없이, 상황이 바뀌도 마음의 문을 열지 않는다는 뜻이며, 신체적 애정표현으로 이별을 끝내서는 안 된다는 뜻이다.
- "우리는 여전히 친구로 남을 수 있어"라는 말에 동의하지 말라. 이런 말이 여전히 비현실적인 희망을 가지게 만든다. 깨끗한 이별이 제일 좋다.
- '잘 지내는지 물어보려고' 한번씩 전화를 한다든지, 종종 이메일을 보내는 등의 연락을 유지하고 싶은 마음을 억제하라.

상담자들은 내담자들이 이별하는 것을 도울 뿐 아니라, 파트너에게서 이별을 통보 받은 사람들도 도와줘야 한다. 먼저 그들이 극복하려면 시간이 좀 필요하고 고통의 과정을 겪을 것이라는 사실을 상기시켜줘야 한다. 혼자서든지, 일기를 통해서든, 혹은 친한 친구 한두 사람과 함께 감정을 표현할 수 있도록 도와주라. 처음 아픔의 순간이 어느 정도 지나가면, 그 사람이 이성교제 전에 했던 다른 활동들에 참여함으로써 삶을 다시 추스르라고 이야기해보라. 헤어진 사람에게 전화를 한다든지 만날 기회를 찾는다든지 그 사람과 만나든지 하지 않도록 강하게 이야기하라. 혼잣말이나 정신적인 회고는 헛된 희망을 살아나게 하고, 슬픔과 자기 연민을 촉진하며, 관계가 지속되었다면 어땠을까 하고 생각하게 만들기 때문에 위험한 것이라는 사실을 알려주라. 이 모든 것들 속에서 하나님은 상처받은 마음을 이해하시고, 치료하신다는 사실을 알고 상기시키고 계속해서 기도할 수 있도록 격려하라. 그리고 내담자가 그 상황에서 무엇을 배웠는지에 대해서 이야기하라. "실수와 잘못된 선택은 필수불가결하지만 다음번 선택에 대한 가르침과 지식을 줄 때 건설적이다."[28]

6. 인내할 수 있도록 격려하기

이 모든 것들 안에서, 내담자들이 인내할 수 있도록, 결혼 배우자를 위해 정기적으로 기도할 수 있도록, 하나님의 인도하심과 하나님의 때를 믿을 수 있도록, 그리고 미래의 짝을 만나는 기회를 민감하게 포착할 수 있도록 격려하라. 인내하기를 요구하고, 내담자와 그의 파트너 모두의 안전과 순결을 요청하고, 만약에 하나님의 뜻이면 기꺼이 독신을 받아들이기를 요청하면서, 내담자를 위해서 함께 기도하라.

- **잘못된 선택 예방하기**

결혼 배우자를 고를 때에, 미리 경고를 받는 것이 실수를 방지하는 최선의 방법인 듯하다. 이번 장은 상담자들을 위해서 썼지만, 앞 장에 나온 내용의 일부는 독신자 개인들에게나 독신 그룹, 교회 젊은이 모임, 수업 혹은 주말 컨퍼런스에 소개되어도 괜찮다. 당신이 이런 종류의 자료를 제공한다면, 사람들에게 그들이 들은 것에 대해 토론하고, 질문을 하고, 어떻게 실용적인 방법으로 배운 바를 그들의 삶에 적용할지에 대해서 심사숙고할 기회가 될 것이다.

이런 원리들을 표현하고 토의하는 것은 한 사람의 인생에서 일찍 시작할수록 좋다. 우리가 강조해왔듯이 배우자 선택과 관련된 진실들은 어떤 사람이 사랑에 빠진 후에는 그 중요성이나 영향력을 상실하는 경향이 있다. 감정적인 유대가 깊어지기 전에 이런 사실들과 경고들이 주어진다면 실수도 줄어들고 해로운 관계도 덜 형성될 것이다. 대부분의 부모들, 목회자들, 그리고 다른 상담자들은 감정적으로 무언가가 형성되고 난 후에는 그 관계 속에서 발생할 수 있는 위험성에 대해 이야기한다는 것이 얼마나 힘든 일인지 알고 있다. 이 모든 것이 이해되고 실행되었을 때, 그 내담자는 잘못된 짝 고르기 예방법에서 큰 진보를 이룬 것이다.

어떤 내담자들에게는 그 예방은 잠재적 배우자가 나타나기 훨씬 전부터 시작될 것이다. 예를 들어 미성숙하고, 자기중심적인 사람들은 삶을 보다 효과적으로 잘 살아갈 수 있도록 도와주는 개인 혹은 집단 상담에 의해서 도움을 받을 수 있다. 이는 현명하지 못한 배우자 선택을 비롯해 건강하지 못한 태도나 행동을 없애주는 효과가 있다.

- **결혼 상대자 고르기에 대한 결론**

에리히 프롬은 유명한 정신분석가였는데, 그는 배우자 선택을 물건을 사고 팔 때의 예문으로 설명하였다.

> 우리의 모든 문화는 구매에 대한 욕구를 기초로 이루어져 있으며, 상호이익이 되는 교환을 기초로 이루어져 있다. 현대 남성(혹은 여성의) 행복은 상점 진열장을 바라보는 스릴과 자신이 살 수 있는 물건을 현금이나 할부로 사는 것으로 이루어져 있다. 그(혹은 그녀)는 유사한 방식으로 사람들을 보고 있다. 남자에게 매력적인 여자란 혹은 여자에게 매력적인 남자란 그들이 추구하는 보상이다. '매력적'이라는 단어는 보통 인기가 있고, 인간 시장에서 많은 사람들이 찾아다니는 고품질의 상품을 의미한다. 특히 사람을 매력적이게 만드는 요소는 그 시대의 정신적인 그리고 육체적인 유행에 달렸다. 아무튼 사랑에 빠지는 느낌은 보통 한 사람의 손이 닿을 수 있는 그런 인간 상품에 관해서만 나타난다. 나는 팔리기 위해서 시장에 나와 있으며, 상대방은 사회적 가치 기준에 따라 값어치가 있어야 하며, 그와 동시에 나의 명백한 가치와 숨겨진 잠재력을 고려하면서 나를 원해야 한다. 두 사람은 그들이 교환할 수 있는 한계를 고려하여 너무 시장에서 찾을 수 있는 최고의 상품을 찾았다고 생각할 때에 비로소 사랑에 빠진다.[29]

이것은 솔직한 인간 분석이지만, 기본적 진리를 포함하고 있다.[30] 지참금이나 신부의 몸값이 거래(결혼)의 일부인 문화권에서는 "결혼을 판매합니다(Striking a marriage bargain)"라는 표현이 더 공공연할 수 있다. 하지만 우리가 사는 곳이 어디든지, 짝을 고를 때는 교환의 형태가 개입되는 것이 사실인 듯싶다.

기독교인들은 결혼이 훨씬 더 많은 것들을 포함하는 것을 알고 있다. 그것은 두 사람이 만나서 하나가 되어서, 독특하지만 잘 어울리는 인격체가 되는 것이다. 이 세상에 우리 각자를 위해서 완벽하면서도 하나님이 정하신 딱 한 사람의 짝이 있는 것 같지는 않다. 하지만 하나님은 우리 각자를 서로의 필요를 채워주고, 삶을 조화시켜나갈 수 있는 그런 배우자에게로 인도하실 수 있고, 실제로도 종종 인도하신다는 것 또한 사실이다. 독신들이 짝을 선택할 때, 하나님은 종종 기꺼이 도움을 주려는 상담자들을 통해서 인도하신다.

상담자들을 위한
요점 정리 27

■ 이혼율이 늘어나고 가정이 깨지는 일이 일상사가 되어버린 요즘, 잘못된 배우자를 선택할 가능성이 결혼을 준비하는 많은 사람들에게 걱정거리를 만들어준다.

■ 성경은 배우자 선택에 대해서는 거의 언급이 없는데, 그것은 아마도 성경 시대나 오늘날의 많은 지역에서 배우자 선택이 결혼하는 당사자들이 자유롭게 선택할 수 있는 일이 아니었기 때문일 것이다.

■ 결혼할 배우자를 고르는 일은, 그 선택이 주로 당사자들에게 달린 사회에서는 특히 더 어려울 수 있다. 젊고, 경험이 없고, 성적인 매력이나 콩깍지 때문에 눈이 멀어서 종종 나중에 현명하지 못한 것으로 드러날 선택을 하기가 쉽다.

■ 사람들이 현명한 선택을 하고, 실수할 가능성을 줄이는 데 도움을 주기 위해서, 상담자들은 다음과 같은 질문을 깊이 생각해보아야 한다.
 · 왜 사람들은 배우자를 선택하는가?
 · 왜 어떤 사람들은 독신으로 남기를 선택하는가?
 · 사람들은 어디서 짝을 찾는가?
 · 왜 어떤 사람들은 현명하지 못한 선택을 하는가?
 · 왜 어떤 사람들은 현명한 선택을 하는가?(현명한 선택은 비슷한 종교적 신념, 비슷한 배경, 상호보완적인 필요성, 감정적인 동조 그리고 어울릴 만한 성격을 가진 사람을 선택하는 것을 수반한다.)

■ 결혼 생활은 노력, 위험, 어려움과 실망의 순간을 동반한다. 좋은 선택이 항상 좋은 결혼 생활로 이어지는 것은 아니지만, 배우자를 신중하게 선택하는 것은 남편-아내 관계를 형성할 단단한 기초를 제공한다.

■ 배우자 선택 문제로 고민하고 있는 사람들을 상담할 때 다음 사항을 고려하라.
 · 영적 상태를 평가하도록 격려하라. 성경은 예수님 안에 있는 기독교인은 비기독교인과 결혼해서는 안 된다는 것을 명확하게 하고 있다.
 · 내담자들을 다시 한 번 확신시켜라.
 · 사람들을 짝 찾기 과정으로 인도하라. 여기에는 어디서 결혼하지 않은 사람들을 만나며,

어떻게 그들과 관계를 맺는가에 대한 방향이 포함된다.
- 평가하고, 필요하다면 사람들이 그들의 동기, 이상형 그리고 성숙의 정도를 변화시킬 수 있도록 도움을 주어라.
- 교제 관계에 있으나 헤어지기 원하는 사람들을 인도하라.
- 상대방이 깨뜨린 관계 때문에 힘들어하는 사람들을 도와주라.
- 인내할 수 있도록 격려하라.

■ 위의 원리들이 어떤 관계가 발전하기 전에 미리 개인이나 소그룹 안에서 나누어진다면 잘못되거나 현명하지 못한 선택을 미연에 방지할 수 있을 것이다.

Part 6
가족에 대한 문제들

28장 결혼 예비상담
29장 결혼과 관련된 문제들
30장 임신과 관련된 문제들
31장 가족 문제들
32장 이혼과 재혼

28 >>
결혼 예비상담
Premarital Counseling

　　사람들은 그녀를 도망 간 신부라고 불렀다. 그녀의 이야기는 여러 날 동안 뉴스를 도배하다시피 하였다. 가족과 친구들, 이웃들, 심지어는 그녀를 만나본 적이 없는 사람들까지 대대적으로 그녀를 찾아나섰다. 100명도 넘는 경찰들이 동원되어 왜 그녀가 사라졌는지, 어디로 갔는지 그 수수께끼를 풀기 위해 수색작업을 벌였다. 수많은 사람들이 그녀의 안전한 귀환을 기도하며 모든 위험과 범죄로부터 해를 당하지 않도록 하나님께 간구하였다.

　　제니퍼는 당시 32세였고, 결혼식이 채 일주일도 남지 않은 시점이었다.[1] 이제 며칠 있으면 5천여 만 원의 경비가 들어간 대단한 결혼식이 시작될 터였다. 한 침례교회에서 거행되는 아름다운 예식을 마친 후에는 600명의 하객들을 위한 풍성한 리셉션이 열릴 예정이었다. 신부의 친구들이 결혼식 전에 선물을 주는 파티도 이미 치렀고, 결혼 청첩장도 돌렸으며, 결혼식을 위한 모든 계획과 구체적인 준비들이 대부분 이루어진 상태였다. 그런데 신부가 사라졌고, 누구도 그녀를 찾을 수가 없었다.

　　며칠 후, 집으로부터 수백 마일 떨어진 곳에서 제니퍼가 경찰서에 전화를 걸었다. 그리고 울면서 파란색 밴을 모는 40대 남녀가 총으로 자신을 위협하며 납치했다고 주장하였다. 하지만 경찰과 연방 수사요원들이 조사하는 과정에서 제니퍼는 자신의 이야기가 사실이 아님을 자백하였다. 그녀는 결혼 계획이 진행되면서 그에 따른 심리적 압박감을 못 이겨 다른 사람들이 자신을 알아보지 못하도록 머리를 깎은 후 그레이하운드 버스를 타고 다른 지역으로 도주하였던 것이다.

　　이 소식을 접한 가족과 친지들, 그리고 지역 사람들은 다양한 반응을 보였다. 제니퍼의 가족과 친구들은 안도의 한숨을 쉬었고, 신랑은 비록 결혼식은 연기되었지만 여전히 그녀와의 결혼을 계획하고 있었다. 경찰은 거짓 실종사건으로 적지 않은 재정을 수색 작업에 쏟게 한 그녀를 기소하는 방안을 고려하였다. 어떤 사람들은 이 사건에 대해 혼란스러워하거나 불편한 감정을 드러낸 반면 재미있어 하는 사람들도 있었다. 뉴스 기자들은 그녀를 도망간 신부라고 명명하면서 결혼 전 긴장과 두려움이 만들어낸 도주 사건으로 규정하였다. 그러나 법원에서는 허위로 범죄신고를 하고 그녀를 찾기 위해 납세자들의 돈을 낭비하게 한 일로 그녀를 기소하였다.

　　집으로 돌아온 제니퍼는 지역의 한 치료기관에 입원하여 심리치료를 받게 되었다. 자신이 왜 결혼을 피해 도망갔는지 이해하고 사람들의 악의적인 비판이나 조롱에 대처하도록 도움을 받기 위해서였다. 법원의 판사는 그녀에게 높은 액수의 벌금을 부과하였다. 어떤 영화 제작자는 그녀의 이야기를 영화로 만들기 위해 그녀를 찾아가기도 하였다.

　심리학자 칼 로저스는 오래전에 결혼에 대한 중요한 관점을 제기한 바 있다. 그의 말은 오늘의 상황에도 여전히 잘 부합된다고 할 수 있다. 그에 따르면 만약 포드나 제너럴 모터스사가 만든 자동차의 50~75%가 자동차로서의 수명이 다하기도 전에 완전히 망가져버린다면 사람들의 항의가 빗발치듯 쇄도할 것이며 이 사태를 수습하기 위한 비상조치가 취해질 것이라는 사실이다.[2] 그런데 결혼의 경우에는 많은 부부들에게 실제로 이러한 일이 발생하지만 이에 대해 불만을 제기하는 사람은 거의 없다. 이혼이 빈번하게 발생하고, 50%에도 못 미치는 결혼들만이 성공적이라고 평가될 뿐이다. 그런데도 많은 부부들은 이런 상황을 개선하기 위해 무엇을 하려는 능력도, 의지도 없는 것 같다.

　이러한 현상은 결혼에 대해 크게 무엇을 요구하거나 기대하는 사람들이 별로 없기 때문으로 보인다. 길거리 신문 판매대에 가까이 다가가 거기에 꽂혀 있는 다양한 신문이나 잡지들의 표지를 유심히 보라. 일면을 장식하고 있는 텔레비전 인사들이나 영화배우들 혹은 다른 유명한 사람들의 반 이상이 서로를 속이고, 배우자를 교환하며, 성적 일탈을 행하고, 이혼을 한다. 유명 인사들에 대한 이런 뉴스에 대해 사람들은 별로 놀라거나 관심조차 기울이지 않는다. 오늘날 결혼 허가는 운전면허를 받는 것보다도 더 쉽다. 결혼을 결정하고부터 실제로 결혼하기까지 기다려야 하는 시간 같은 것은 요구되지 않는다. 결혼하는 것보다 로터리(Rotary)나 키와니스(Kiwanis) 같은 사교클럽에 가입하는 것이 더 어렵다. 회원들에게 요구되는 것들이 더 많기 때문이다. 사람들은 여러 잘못된 이유나 동기로 결혼을 결정하기도 한다. 즉 어려운 가정 형편에서 도피하기 위해, 삶에 활력을 불어넣기 위해, 임신한 사실을 숨기기 위해, 외로움에서 벗어나기 위해, 친구들이 다 결혼하니까, 재정적으로 좀 더 나은 상태에 도달하기 위해 등 그 이유는 다양하다. 그러나 이러한 이유에 기반을 둔 결혼들은 그 취약성으로 말미암아 인생의 어떤 압박이나 문제, 폭풍이 몰려오면 이내 흔들리거나 깨져버린다. 결혼 예비교육 프로그램들이 효과가 있지만 이러한 교육을 받고 결혼하는 사람들은 전체의 30% 정도에 불과한 것으로 추정된다. 이들은 대개 다양한 종교 기관에서 성직자를 통해 결혼 예비상담을 받는다.[3]

　교회에서 행하는 결혼 예비상담(어쩌면 '결혼식 전' 상담이 더 정확한 표현일 수 있다)도 대개의 경우 목회자에게 맡겨진다. 가족이나 친척, 교회 성도들은 만면에 미소를 머금은 구경꾼의 역할을 하는 것으로 만족한다. 결혼식에 참석해 선물과 축하 카드를 전해주고, 결혼 피로연에서 케이크를 먹으며 이 결혼이 언제까지나 지속될 것으로 기대한다. 그리고 누군가가 인생의 이 중요한 단계를 위해 두 사람을 준비시키고 안내했을 것이라고 생각한다. 목회자를 택하거나 지역사회를 위한 새로운 프로그램을 시작할 때는 사전에 기도 모임을 해야 한다고 강조하는 헌신적인 기독교인들조차 결혼을 시작하는 부부들을 위해서는 그런 생각을 별로 하지 않는다. 그러면서 그 결혼이 평생 동안 지속될 것으로 기대한다.

　많은 사람들은 결혼 예비상담과 기도의 중요성은 간과하면서 결혼 매니저를 찾아가 결혼식을 위한 계획을 세우고 준비하는 일에 대해서는 열심이다. 도망간 신부 제니퍼가 그 화려한 결혼식 준비를 위해 결혼 매니저를 찾아갔는지는 모르겠다. 이제 곧 남편이 될 사람과 결혼 전에 상담을 받았는지도 모르겠다. 신문 보도에 근거할 때, 그들에게는 결혼 매니저와 결혼 전 상담자도 있었을 것으로 보인다. 그렇지만 그 어떤 것도 다가오는 결혼식과 결혼에 대한 생각이 주는 두려움에서 제니퍼를 막아주지 못했고, 그녀는 결국 도피라는 방법을 택하였다. 그녀의 이야기는 많은 사람들을 놀라게 하기에 충분하다. 하지만 결혼

전에 긴장과 압박감을 느끼는 것은 그녀만이 아니다. 결혼을 앞둔 대부분의 사람들은 이것을 이해할 수 있을 것이다. 그것은 나이 들어 결혼하는 사람들에게도 마찬가지다. 제니퍼가 버스를 타고 도피할 즈음에 60세가 넘어 홀로 지내다가 재혼하려고 하는 필자의 친구에게서 편지 한 통을 받았다. 그 친구는 다가오는 결혼식에 대해 언급하면서 이렇게 썼다. "이전에 경험한 것인데도 솔직히 말해 두렵고 떨리네!"

이 책에서 다루고 있는 대부분의 주제와 달리, 결혼 예비상담은 일차적으로 예방을 위한 것이다. 문제가 발생한 후에 실시하는 것이 아니라 그 전에 하는 것이다. 따라서 교육과 정보 전달에 초점이 맞춰져 있다. 기존의 상처를 치유하는 것보다 미래에 있을 문제나 어려움을 극복할 수 있는 연합을 이루는 것에 관심이 있다. 사람들은 예방적인 상담에 별로 관심이 없다. 어려운 문제는 다른 사람들에게나 발생하지 자신들에게는 일어나지 않을 것이라고 생각하기 때문이다. 그래서 이러한 도움을 거부하거나 좋아하지 않는 경향이 있다. 그래서 상담자들 중에서도 결혼 예비상담을 멀리하거나 그럴 가치가 있는가에 대해 의문을 제기하는 경우가 많이 있다. 어떤 상담자는 교회에서 결혼 전 상담을 받는 대부분의 예비부부들이 한 번쯤 "재미로 참고해본다"는 자세로 임하는 것을 보고 결혼 예비상담이 효과를 거두기 어렵다고 결론내렸다. 그래서 그 교회에서는 예비부부들에게 앞으로 결혼 생활을 하면서 첫 번째 문제 증상이 나타나면 유능한 결혼 상담자를 찾겠다는 약속만 하게끔 하였다.

하지만 결혼 전에 결혼 예비상담을 거부하는 사람들은 결혼 문제가 발생하는 기미가 보여도 상담을 하지 않는 것으로 보인다. 그래서 많은 교회와 종교 지도자들은 교회에서 결혼식 주례를 해주기로 동의하기 전에 결혼 예비상담을 고집한다. 그렇게 결혼을 하여 만족스럽고 행복한 결혼 생활을 하는 많은 부부들은 나중에 그 상담이 얼마나 유익했는지를 인정한다. 설사 결혼 예비상담 받은 것을 생각하지 않고 살아가는 사람들이라 할지라도 만족한 결혼 생활을 하는 이들은, 적어도 부분적으로는, 결혼 전에 공식적으로 혹은 비공식적으로 받은 도움 덕분에 그렇게 살아가는 것이다.

성경과 결혼 예비상담

마리아와 요셉은 결혼 예비상담을 받은 적이 있는가? 아마도 아닐 것이다. 그들이 당시의 관례대로 행동했다면, 기록된 형태의 약혼 계약서에 엄숙하게 서명한 후 신부는 좋은 아내와 어머니로서의 의무를 익히기 위해 집으로 돌아갔을 것이다. 그런데 만일 그 기간 동안에 어떤 부정한 일을 저지른다면 남편될 사람은 그녀를 돌로 쳐 죽이거나(아직 결혼하기 전이라도) 이혼증서를 써줄 수 있었다. 그런데 약혼한 마리아가 임신을 하게 되었다. 요셉은 이 사실을 알았을 때 조용히 파혼하기로 결심하였다. 그렇지만 천사가 나타나 마리아가 임신한 것은 성행위로 인한 것이 아니며 장차 메시야의 어머니가 될 것이라고 말하자 마음을 바꾸었다.[4]

우리는 마리아와 요셉이 약혼 기간에 결혼에 대해 무엇을 배웠는지 알지 못한다. 성경은 오늘날 결혼을 위해 무엇을 어떻게 준비해야 할지에 대해서도 아무런 지시를 내리지 않는다.

성경에서 결혼 예비상담에 가장 근접한 것은 고린도전서 7장에 나오는 사도 바울의 권면이다. 바울은 사람들에게 독신으로 지낼 것을 권하지만 정욕으로 불타는 것보다는 결혼하는 것이 더 낫다고 말한다.[5] 그는 결혼이 많은 도전과 어려움들을 가져올 것이라고 경고하면서, 결혼한 사람들은 서로를 즐겁게 하는 것에 관심이 분산되기 때문에 전심으로 하나님을 섬기기가 어렵다고 지적한다.[6] 이외에도 신약성경에는 이상적인 결혼은 어떠한 것인지, 남편과 아내가 수행해야 할 역할은 무엇인지, 부모로서 어떻게 해야 하는지 등에 대해 언급하는 부분들이 있다.[7]

하지만 이런 정도 외에는 결혼 예비 지도에 대한 어떤 명료한 성경적 사례나 구체적인 가르침이 없다.

• 결혼 예비상담을 하는 이유

당신이 결혼 예비상담의 효과를 입증하려고 하는 연구자라고 가정하자. 어떻게 당신의 연구를 진행할 것인가? 결혼 예비상담을 하는 사람들은 대부분 그것이 효과가 있다고 믿기 때문에 그렇게 할 것이다. 하지만 그 효과를 입증하기란 매우 어려울 수 있다. 좋은 결혼(혹은 나쁜 결혼)은 그럴 만한 여러 이유들이 있기 때문에 그렇게 될 것이다. 그렇지만 그러한 이유 중 하나가 결혼 예비상담이라는 것을 입증하는 것은 그리 쉬운 일이 아니다. 심리학자 스콧 스탠리(Scott Stanley)는 이러한 연구가 부족하다는 것을 인정하면서도 자신의 경험을 통해 결혼 예비상담과 교육이 나름대로 효과가 있다는 것을 확신하게 되었다. 그는 그 이유를 다음과 같이 주장한다.

- 커플들에게 좀 더 심사숙고할 시간을 제공하기 때문이다.
- 결혼은 중요한 사건이라는 메시지를 주기 때문이다.
- 커플들에게 나중에 도움이 필요하면 어디로 가야 할지를 가르쳐주기 때문이다.
- 여러 가지 필요한 훈련을 제공하기 때문이다. 예를 들면 관계 증진이나 커뮤니케이션을 위한 기술들을 배움으로써 나중에 결혼 생활에서 직면할 수 있는 곤경이나 이혼의 위험성을 낮출 수 있다.[8]

한편, 현대인들의 건강한 결혼 생활을 가로막는 요소들이 많다. 아래에 그러한 영향을 주는 일곱 가지 요인들을 제시한다. 한 개인이나 커플이 이러한 일곱 요인들을 다 갖고 있지는 않을 것이다. 그러나 많은 개인이나 커플들을 상담하다 보면 이러한 요소들을 전부 확인할 수 있게 될 것이다. 커플들은 결혼 예비 지도나 상담을 통해 이러한 요소들을 다룰 수 있다.

1. 결혼 생활에의 환멸을 야기하는 비현실적인 기대

결혼할 때가 가까워지면 대부분의 사람들은 자신들의 관계가 특별하다고 생각한다. 그래서 자신들의 결혼은 다른 사람들의 경우처럼 파괴되거나 이혼으로 끝나는 일이 발생하지 않을 것이라고 단정한다. 자신들이 기독교인이기 때문에 불신자보다 훨씬 더 행복하게 결혼 생활을 유지할 수 있을 것이라고 판단하는 사람들도 있다. 하지만 꼭 그런 것 같지는 않다. "바나 리서치 그룹에서 시행한 1999년의 연구는 보수적인 기독교인들의 이혼율이 다른 신앙을 가진 사람들보다 훨씬 높다는 결론을 내림으로써 세간의 주목을 받았다. 교회에 다니는 기독교인들이 이혼할 가능성[9]은 무신론자나 불가지론자들보다도 높았다."

다음은 젊은 미혼자들을 위한 잡지에 기고된 네 가지 비현실적인 기대들이다. 기고자는 이러한 기대들은 구체적으로 점검되고 제거되어야 한다고 주장한다. 그에 따르면 결혼이란 다음과 같은 것이 아니다.

- 결혼은 외로움의 치유책이 아니다. 남편과 아내가 상대적으로 좋은 관계를 유지하고 있다 하더라도

여전히 친밀감이 부족하고 외로울 수 있다.
- 결혼은 지루하고 단조로운 일상에서 도피하기 위한 것이 아니다. "삶의 활력을 증진하기 위해 결혼하는 것은 아주 좋지 않은 동기다. 그 이유가 무엇인가? 처음의 신선하고 흥분된 감정이 지나가면 다시 다른 것을 찾기 시작하게 될 것이기 때문이다."
- 결혼은 짜릿한 성생활을 위한 것이 아니다. 섹스는 "커플을 궁극적으로 연결하고 하나 되게 하는 활동"이다. 그러나 결혼은 그것만을 위한 것이 아니다. 결혼 후 1년 정도가 되면 성적인 흥분과 욕망은 점차 약화된다.
- 결혼은 손쉬운 변화가 아니다. 미혼의 상태에서 기혼자의 생활로 변하는 것은 중요하며 커다란 도전이 아닐 수 없다. 두 사람의 관계가 비교적 좋을 때도 그러하다.[10]

오늘날 이혼율이 어느 정도인지를 모르는 사람은 없다. 하지만 헌신과 노력이 있을 때만 의미 있는 결혼 생활이 가능하며, 그러한 성장도 서서히 이루어진다는 사실에 대해서는 별로 인식하지 못하고 있는 것 같다. 결혼에 대한 기대가 금방 충족되지 않을 때 사람들은 자주 조급해지고 무감각하며, 자기중심적이고 부적절한 관계, 큰 실망감과 환멸을 드러낸다.

결혼 예비상담을 통해 커플들은 미래에 대한 자신들의 생각을 드러내고 의논하며 현실적으로 수정하기도 한다. 남자와 여자로서 기대하는 것이 상충될 때도 그 해결을 모색할 수 있다. 결혼에 대한 꿈과 기대는 상호적인 헌신과 지속적인 노력에 의해서만 가능하다는 것도 배우게 된다. 이러한 배움은 서서히 이루어지지만 결혼 예비 과정을 통해 커플들은 수많은 사람들의 결혼을 어둡게 하는 관계의 환멸을 예측하고 때로는 지혜롭게 피해갈 수 있도록 도움을 받는다.

2. 무감각한 태도를 야기하는 인격적인 미숙함

1월의 어느 추운 겨울 아침에 인근의 고등학교를 지나 걸어가고 있는데 한 청소년이 어린 아기 크기의 인형을 들고 내 쪽으로 걸어오는 것이 보였다. 길거리에서 서로 마주쳐 주춤하는 사이에 "네가 저 고등학교에서 무슨 프로그램에 참여하고 있는지 알겠다"라며 내가 조크를 던졌다. 사람들은 누구나 아이를 돌보는 것보다 아이를 임신하는 것이 더 쉽고 즐겁다는 사실을 안다. 그러나 젊은 세대들에게 이러한 사실을 바로 잡기 위해 어떤 학교들에서는 교육 프로그램을 개설하여 참가하는 학생들에게 몇 주 동안 그들에게 아기가 있는 것처럼 행동할 것을 요구한다. 사실 내가 만난 학생이 들고 있던 인형 모양의 그 '아기'는 바뀌어야 한다. 한밤중에도 울음소리를 낼 수 있는 장치가 되어 있어야 한다. 저녁에 혼자 놔둘 수도 없고 선반에 올려놓을 수도 없다. 어쨌거나 그 학생은 자신과 급우들이 그 프로그램을 통해 부모의 책임과 아기를 돌본다는 것의 현실이 무엇인지 많이 배웠다고 한다. 나는 다시 가던 길을 계속 가기 전에 미소를 지으며, 실제라면 그 '아기'에게 좀 더 제대로 옷을 입혀야겠다고 한마디 덧붙였다. 시카고의 차가운 겨울 날씨에 기저귀만 차고 있었기 때문이다.

이렇게 결혼 생활이나 자녀 양육에 대한 코스들을 개설하여 필요한 교육을 제공하지만 그러한 코스들에서 모든 것을 가르쳐줄 수는 없다. 결혼 전에 무책임한 사람은 결혼 후에도 무책임한 사람으로 남는 경향이 있다. 이성교제를 하면서 미래에 대한 생각에 푹 빠져 있을 때는 차이점들이 눈에 들어오지 않는다. 자기중심적이거나 비판적인, 조급하거나 지기를 싫어하고 무감각한 사람의 미성숙한 기질은 처음에는 잘 보이지 않는다. 그러나 나중에는 그로 말미암아 결혼의 안정성이 흔들리고 위험에 처해질 수 있다.

두 사람이 결혼하여 신혼여행을 갔다 오고 일상생활로 돌아가면 각 사람의 태도나 매너리즘, 때로는 골치 아픈 성격들이 수면 위로 올라오기 시작한다. 이러한 성격들에 대해 대화를 하고 이해하며 어떤 모양으로든 그것을 해결하거나 수용하게 되면 결혼은 점차적으로 발전되어간다. 그러나 이러한 차이점들을 무시하거나 부정하고, 그러한 것들로 인해 서로 논쟁하고 비판한다면 결혼은 흔들리기 시작한다.

미성숙한 사람들은 대개 자기중심적이다. 이들은 자신의 욕구를 충족하기 위해 기회가 되는 대로 노골적으로 혹은 미묘한 방법으로 자기 배우자를 조종하거나 이용하고, 때로는 경쟁하는 태도를 취하기도 한다. 이로 말미암아 부부관계에 긴장감이 돌고 결혼 생활이 경색되어도 서로에게 무감각하다. 그리고 결국에는 이러한 자기중심적 행동으로 인해 관계가 파괴되는 지경에까지 이르게 된다. 따라서 결혼 예비상담을 할 때 결혼 생활에 위기를 가져올 수 있는 자기중심적인 경향들을 찾아내고 의논하는 것이 중요하다. 커플들은 결혼하기 전에 의사소통 기술을 습득하고 서로에게 내재하는 차이점들을 해결하는 방법을 배워야 한다. 그리고 서로의 필요를 수용하고 채워주려는 의지와 사려 깊게 배려하는 마음을 가져야 한다. 이러한 요소들이 결혼 전에 습득되지 않는다면 나중에 보다 심각한 갈등의 근원이 될 것이다.

3. 혼란을 야기하는 역할의 변화

남편과 아내의 역할이 분명하게 규정되고 그것들이 사회에서 보편적으로 수용되던 때가 있었다. 세상에는 아직도 이러한 곳들이 많이 남아 있지만 상황은 변하고 있다. 교회 안에서도 남편과 아내의 역할에 대한 성경 구절, 즉 에베소서 5장 21~33절과 같은 부분의 의미에 대해 논란이 진행되고 있다. 이러한 변화와 논쟁이 꼭 나쁜 것만은 아니지만 나중에 문제로 비화될 수 있다. 남성과 여성이 자신이나 상대방의 역할과 책임에 대해 불분명한 인식과 막연한 기대를 갖고 결혼에 임하면 혼란과 갈등이 따라올 수 있다. 이러한 요소들에 대한 이해나 인식의 차이는 흔히 자신이 성장하고 자란 가정에서 보고 들은 것에서 비롯된다. 그러한 예들을 찾아낸다는 것은 어려운 일이 아니다. 엄마가 모든 집안일을 도맡아하던 집에서 성장한 남성과 모든 가사책임을 부모가 분담하여 함께 나눈 가정에서 자란 여성이 결혼했다고 하자. 이제 설거지해야 할 것들이 나오고 집안 청소도 해야 한다. 이때 이들 부부가 솔직하고도 비방어적으로, 사랑과 헌신의 자세로 자신들의 생각이나 기대하는 바를 대화로 나누는 법을 배우지 못했다면 상대의 역할에 대한 기대 차이로 인해 부부 관계에 긴장이 야기될 수 있다.

결혼 예비상담은 이러한 요소들에 대한 대화를 시작할 수 있는 기회를 제공한다. 역할 기대에 대한 차이점들을 의논하고 책임을 분담할 영역들을 나눌 수 있다. 이러한 것을 하지 못할 때 부부들은 혼란과 갈등에 빠진다. 하지만 서로 자란 가정의 전통이나 각자의 습관이 다르다 할지라도 부부가 서로를 존중하고 지원하면서 이러한 문제들을 다룰 때 그러한 갈등과 혼란은 얼마든지 피할 수 있다.

역할을 명료하게 규명하는 문제에서는 성경적 가르침을 따라야 한다. 성경은 기독교인 남편과 아내로 하여금 성령 충만하여 날마다 죄를 고백하고 감사하며, 성령님이 자신들의 삶을 통제하시도록 기도해야 한다고 가르친다.[11]

부부는 서로에게 순종하는 태도를 가져야 한다. 그러나 더 엄격한 요구는 남편에게 주어진다. 남편은 아내를 사랑하는 데 이기적이어서는 안 된다. 온전히 아내를 사랑하고, 자녀를 잘 훈육하며, 지혜롭게 가

정을 이끌어야 한다. 아내는 남편에게 순종하고 남편을 존중해야 한다.[12]

그렇다고 해서 남편이 아내나 자녀에게 해를 끼치거나 지배하고, 무시하거나 무감각해도 된다는 것은 아니다. 성경의 이 부분은 어떤 면에서도 여성이 남성보다 열등하다는 의미를 내포하고 있지 않다. 남편과 아내는 하나님이 기뻐하시는 결혼을 구축해감에 있어서 동등하게 중요하고 동등하게 가치있는 존재들이며, 다만 그 책임에 차이가 있을 뿐이다. 남편과 아내의 역할에 대해 넓은 의미로 정의된 이러한 성경적 이해는 어떤 문화적 경향이나 유행에 의해 바뀌거나 무시될 수 없는 것이다. 다만 커플에 따라 성경에 제시된 전체적인 방향에서 벗어나지 않는다면 어떤 특정한 행동이나 역할에서 약간씩 다른 입장을 견지할 수는 있다.

4. 불확실성을 야기하는 결혼의 대안들

전통적인 가정이란 무엇인가? 20세기의 막바지에 들어 미국의 여러 기독교 집단들과 정치인들은 전통적인 가정의 가치와 중요성을 지지하면서도 전통적인 가정이 무엇인가에 대해서는 서로 다른 생각들을 갖고 있는 것 같다. 미국에서 전통적인 가정이란 법적으로 결혼한 남성과 여성으로 구성되는데 이때 남편은 가정의 일차적인 부양 책임자가 되고, 아내는 자녀를 낳아 돌보는 사람으로 인식되었다. 그런데 문화가 바뀌면서 이러한 정의도 변하고 있다. 어떤 역사가들은 전통적인 가족에 대한 이러한 인식이 사실은 100여 년도 되지 않은 것이라고 지적하면서 미국과 캐나다에서 소위 전통적인 가족이라고 하는 것이 사실은 전통적인 것이 아니라고 주장한다. 오늘날 컴퓨터 검색 엔진에 '전통적인 가족'이라는 단어를 집어넣으면 시대와 문화, 정치사회적 집단이나 교과서에서 저마다 다른 관점으로 전통적인 가족을 이해한다는 것을 보여주는 자료가 4200만 종류나 뜬다.[13]

전통적인 결혼과 가족에 대한 현대적인 대안들은 많은 경우 성경적인 가르침과 일치한다. 이러한 것들로는 남편과 아내가 둘 다 자신의 경력을 위해 혹은 가족 경제를 위해 일하는 경우가 있다. 결혼한 부부가 합의하여 자녀를 갖지 않는다든가 결혼했다가 홀로 자녀를 키우는 한부모 가족, 이전에 결혼한 경력이 있는 남편과 아내가 결혼하여 자녀들과 함께하는 혼합 가족들이 여기에 해당될 수 있다. 반면 시험 결혼이나 동성 결혼 등의 경우는 대부분의 기독교인들에 의해 비성경적이며 해롭고, 용납될 수 없는 것으로 인식되고 있다.

이러한 요소들에 대해 어떤 커플들은 혼란스러워하며 확신을 갖지 못한다. 전통적인 결혼을 대신하는 성경적이면서도 건전한 대안적인 결혼이 가능한가? 일부일처제 결혼에 대한 평생의 헌신이 21세기에도 여전히 현실적인 것인가? 자신들의 결혼이 지속될 수 있을지 테스트하기 위해 결혼 전에 동거를 해보는 것이 지혜로운 것인가? 상담자는 이러한 의문에 대해 답변하는 데 아무런 어려움이 없을지 모른다. 하지만 많은 남녀들은 성경에 비추어서 훈계하려고 하지 않는 참을성 있는 상담자와 함께 이러한 요소들을 신중하게 숙고할 필요가 있다.

이러한 요소들에 대한 안내와 지도는 평생의 예비 배우자를 선택하기 오래 전에 개별적으로 혹은 그룹으로 제시될 때 크게 도움이 된다. 결혼과 성행위, 그리고 대안적인 삶의 형태들에 대한 청소년의 태도를 조사한 연구팀이 있다.[14] 그 연구에 의하면, 조사 대상자의 대부분은 결혼을 평생의 헌신으로 인식하였고, 이혼에 대해서는 부정적인 견해를 보였다. 아울러 결혼 예비상담과 다른 유형의 결혼 및 가정생활 교육에 대해 전보다 더 수용적인 경향을 보였다. 혼전 성생활에 대해서는 전체의 3분의 1만 긍정적인 태도를 나타냈지만 실제로 조사에 응한 대부분의 청소년들은 결혼 전에 성교를 할 것이며 이미 그렇게 했다고 답변하였다. 결혼하지 않고 성교를 포함한 모든 것을 함께하며 살아가는 동거에 대해서는 약 절반이 동의하였다. 이러한 경향에 대해서는 그들의 생각과 다른 나라들의 미혼자들의 생각이 일치하였다.[15] 하지만 결혼 전에 동거하는 커플들은 그렇지 않은 커플들보다 결혼 후 만족스러운 생활을 하지 못하는 것으로 보고되고 있다.[16]

동거하는 커플들은 결혼에 대한 헌신이나 그에 따르는 재정적 책임과 이혼의 위험 없이 성생활과 동반자적인 삶을 살 수 있다고 생각한다. 그러다가 상황이 여의치 않아지면 어느 정도 고통이 수반되기는 하겠지만 그래도 온갖 복잡하고 어려운 과정을 치르지 않고 누구든 떠나면 그만이라고 본다. 그래서 많은 커플들은 서로 결혼하기에 적합한 상대인지 평가하려는 시도라기보다는 그저 재정적인 이유나 편의성, 숙소 문제를 보다 효과적으로 해결한다는 차원에서 함께 살기로 결정한다.[17] 그러나 전국 가정 및 주택 조사에 따르면, 동거를 하다가 나중에 결혼하는 사람들은 그렇지 않은 사람들보다 이혼할 가능성이 50%나 더 많다는 증거가 있다.[18] 동거 경험이 결혼에 대한 전체적인 헌신과 행복 수준을 떨어뜨리는 것으로 보인다. 결혼 전에 동거하는 사람들의 비율이 급증하는 가운데 그로 인해 결혼에 실패하는 사람들의 비율은 더 가파른 속도로 증가하고 있다.[19]

5. 부도덕을 야기하는 성적 기준의 완화

혼전 성관계는 기독교인들 가운데서도 더 이상 새로운 일이 아니며 드문 일도 아니다. 하지만 보다 새로운 사실은 혼전 성관계를 인정하고 수용하는 경향이 증가하고 있다는 것이다. 그리고 혼외 성교가 널리 확장되고 있으며, 성경에서 금하고 있는 성행위를 정당화하기 위한 각종 부적절한 논리들이 범람하고 있다.[20] 이러한 현상들로 말미암아 이성교제는 이제 서로의 관심과 확신, 가치관, 목표, 생각과 감정, 기대 등을 나누기보다 서로의 육체를 탐색하는 시간이 되었다. 사랑은 섹스로 전락하였고, 존중과 책임, 이해와 돌봄, 배우자가 아닌 다른 사람들과의 상호적인 관계 증진은 더 이상 강조되지 않는다. 그로 인해 성적인 자유가 늘어나고 있다고 생각되지만 사실은 자신의 육신적인 충동과 요구에 점점 더 얽매이고 있다. 인생 최대의 만족과 자유를 주는 하나님의 기준을 무시함으로써 많은 사람들은 자신의 자유를 내던지고 생리적인 욕망의 노예가 되는 것이다. 어떤 사람들은 이러한 말들이 케케묵은 것이며 과거에 파묻어버리는 것이 좋다고 할 것이다. 그러나 성경은 이러한 것들을 부도덕한 것으로 지적하고 있다. 결혼 예비상담은 이러한 이슈들을 정직하게 직면하고 성경적인 관점을 탐색하며 실제적인 논의를 나눌 필요가 있다.

6. 지나친 자신감을 야기하는 과거의 경험들

결혼 예비상담에 대한 책들은 결혼을 앞둔 대부분의 커플들이 젊고 인생의 경험이 없으며, 이제 막 처음 결혼하려고 하는 사람들이라고 생각하는 경향이 있다. 이것은 전혀 사실이 아니다. 많은 예비 신부와 신랑들은 이전에 결혼을 했던 사람들이다. 어떤 사람은 과거의 결혼은 불행했지만 이번에는 더 나은 결혼이 되기를 꿈꾼다. 사랑했던 배우자를 잃었던 사람은 이제 결혼을 통해 잃었던 행복을 되찾기를 바란다. 나이가 든 사람들은 성인 자녀들의 의견을 무시하고 자신의 오랜 경험으로 "결혼에 대해 다 안다"라는 태도를 갖고 결혼에 임하기도 한다. 상담자가 자신보다 더 어리면 상담적인 제안이나 도움에 더욱 저항적인 태도를 취할 수 있다.

물론 결혼 경험이 있는 사람이라고 해서 다 다른 사람들의 의견이나 도움에 배타적인 반응을 보이는 것은 아니다. 많은 사람들은 자신이 결혼에 새롭게 적응해야 할 필요를 인식하고, 사려 깊은 상담자의 도움에 고마움을 표한다. 상담자는 내담자가 가진 과거 경험의 가치를 존중하는 가운데 현재 결혼에 대한 비현실적인 태도나 기대가 있는지 살피고, 결혼 유경험자라 하여도 놓칠 수 있는 잠재적인 문제들을 볼 수 있도록 도전해야 한다. 아울러 이전의 결혼에서 해결되지 않은 이슈들을 해결하도록 안내해야 한다. 과거의 결혼 경험에서 비롯된 과도한 자신감처럼 새로운 결혼을 혼돈에 빠지게 하는 것은 없을 것이다. 두 번째 혹은 세 번째 결혼을 하기 전에 하는 상담은 결혼을 해보지 않은 사람들을 대상으로 하는 것과는 차이가 있다. 하지만 그 중요성과 유용성에 있어서는 차이가 없다.

7. 결혼의 위기를 야기하는 상황들

교회에 다니는 활동적인 기독교인들은 남들보다 더 행복한 결혼 생활을 하고 이혼도 별로 하지 않는 것일까? 사람들은 기독교 상담자들을 위해 저술된 이런 책에서는 그런 내용을 말할 것이라고 기대할 것이다. 그러나 유감스럽게도 그것은 사실이 아니다. 미국의 남동부는 바이블 벨트(Bible Belt) 지역으로 잘 알려져 있다. 앨라배마, 테네시, 아칸소, 오클라호마와 같은 주의 사람들은 보수적인 가치관을 갖고 있고, 교회 출석률이 높으며, 복음주의적인 기독교가 널리 확산되어 있다. 그렇지만 이혼율은 다른 어느 지역들보다도 높다. 그래서 이 지역의 교회와 정치 지도자들은 이 지역의 가정들이 흔들리는 이유를 찾고 그 가정들을 강화시킬 방안들을 찾고 있다. 한 예로 이 지역에서는 점차 결혼하려는 커플들을 위한 약혼 기간과 결혼 예비상담을 늘여가고 있고, 교회나 지역사회에서 관계에 대해 가르치는 프로그램을 증가시켰으며, 아직 결혼할 사람이 없는 사람들에게도 '결혼할 것인가 안 할 것인가'와 같은 제목의 워크숍들을 열고 있다. 교회에서 결혼식을 하려면 결혼 예비상담을 할 것을 요구하는 교회들이 늘어가고 있으며, 플로리다와 애리조나, 북부의 미네소타와 같은 주들에서는 결혼 전에 상담이나 결혼 예비교육을 받는 커플들에게 재정적인 혜택을 주기까지 한다.[21]

이와 같은 노력들의 상당 부분은 너무나 많은 커플들이 자신들의 약혼이나 결혼에 커다란 위기를 초래할 수 있는 요소들을 그대로 가져오기 때문이다. 이처럼 관계에 빨간불이 켜지게 할 요소들에 대해서는 이미 앞에서 일부 언급한 바 있다. 예를 들면 임신한 신부, 결혼 혹은 약혼의 경력, 심각한 알코올 및 각종 약물중독, 학대와 폭력, 정서적 문제, 정신적 불안정, 정신 신체적 결점, 재정적 불안정, 상반되는 문화적 배경이나 종교적 신념, 상당한 학력 및 연령 차이, 서로를 알아가는 교제 기간의 절대적 부족 등을 들 수 있다. 커플들은 이러한 요소들이 결혼에 장애가 된다고 생각하지 않을 수 있다. 실제로 어떤 차이점들은 극복될 수 있다. 그렇지만 상담자나 결혼 교육 지도자들은 결혼 전에 이러한 요소들을 주의 깊고도 철저하게 논의하도록 해야 한다. 그럴 때 있을지 모를 많은 어려움들을 예방할 수 있게 되는 것이다.

두 명의 연구자들이 결혼 준비에 대해 관심을 갖고 964명의 대학생들을 조사하였다. 이들은 모두 부모의 결혼 생활이 안정적이지 못했던 가정 출신이며, 자신들의 결혼 또한 그렇게 될 위험성에 노출되어 있었다. 전체적으로 이 학생들은 결혼 예비상담을 포함하여 결혼 준비에 참여하려는 강한 동기를 갖고 있었다. 하지만 자신들이 결혼한다면 앞으로 어떻게 될지에 대해서는 별로 낙관적이지 않았다. 이러한 태도는 결국 결혼 예비 프로그램에 지속적으로 참여하려는 그들의 동기를 약화시켰다. 프로그램에 남아 있었던 사람들의 경우에도, 대부분은 일반 성직자나 교회가 아닌 자신의 결혼 문제로 갈등을 겪거나 그러한 문제들을 극복한 종교적인 상담자를 통해 결혼에 대한 교육이나 안내를 받으려고 하였다.[22]

가정적인 분쟁을 겪으며 자란 사람이나 성공적인 결혼을 할 가능성에 회의적인 사람, 결혼은 '이혼으로 갈라지기까지' 일시적으로 지속되는 관계로 보는 사람들은 대개의 경우 상담에 적극적이지 않다. 그리고 어려운 상황이 생길 때 그러한 문제를 끝까지 다루어 해결하려고 하는 의지가 약하다. 따라서 결혼 예비상담자들은 커플들로 하여금 결혼에 대한 흔들리지 않는 태도를 구축하고 그러한 행동을 할 수 있도록 도전하는 것이 필요하다.

• 결혼 예비상담의 영향

결혼 예비상담이 정말 결혼 생활을 향상시키고, 가족의 분열을 줄이며, 이혼을 예방하는가? 많은 서적이나 논문, 세미나는 물론 결혼 예비 상담자들도 이러한 중요한 질문을 간과하는 경향이 있다. 결혼 예비상담이 도움이 되었다고 하는 사람들이 많이 있지만 그렇다고 해서 이런 말들에 근거해서 어떤 분명한 결론을 내리기는 어렵다. 결혼 예비상담을 받았지만 불행한 결혼 생활을 하는 사람들이 있는가 하면, 그런 상담을 하지 않고도 잘 사는 부부들 또한 많이 있다. 결혼 예비상담의 효과와 같은 요소는 사실 모호한 측면이 있어, 앞에서도 언급한 바와 같이 이러한 것을 정확하게 측정하고 평가한다는 것은 어려운 일이다. 이는 이 부분에 대한 과학적 자료가 부족한 이유이기도 하다.

그럼에도 불구하고 결혼 예비상담의 효과를 점검하려는 시도는 계속되어왔다. 그중에서 가장 탁월하고 도움이 되는 자료는 혼전 예방 프로그램의 효과에 대한 '종합적 메타-분석적 조사와 평가'다. 크게 주목받는 이 연구팀의 조사 결과에 따르면, 혼전 예방 프로그램에 참여했던 사람들의 결혼 생활은 대개 그렇지 않은 사람들의 79%보다 훨씬 나았다. 그들은 "혼전 예방 프로그램들이 대체적으로 대인관계 기술과 전체적인 관계의 질에 즉각적이고도 단기적인 향상을 주는 데 효과적"이라고 결론을 내렸다. 나아가 결혼 예비 프로그램들을 경험한 사람들의 결혼 생활이 그렇지 않은 사람들보다 질적으로 훨씬 좋다는 사실 또한 밝혀졌다. 연구자들은 이러한 발견들이 혼전 준비 프로그램들에 대한 단기적인 결론이며 그것이 장기적인 영향을 주는지의 여부는 답변할 수 없다고 덧붙였다.[23] 그러나 의사소통 기술 교육을 받은 남성들의 경우 장기적인 영향을 주었다는 증거가 있다.[24] 이러한 가운데 연구자들이나 상담자들은 상담 프로그램이 도움이 되었다는 보고를 들으며 이러한 부분에 대한 조사와 작업을 지속하고 있다. 그리고 결혼 예비 프로그램이 상대적으로 프로그램에 잘 적응하고 무언가를 배울 동기가 되어 있는 사람들에게 가장 효과적이라는 사실은 모두가 동의하는 사실이다.

결혼 예비상담과 다른 형태의 결혼 준비 프로그램들이 효과가 있는 이유는 무엇인가? 커플들은 상담 중에 자신들이 전에 인식하지 못했던 문제 영역들에 직면할 것이다. 그러면 그들은 시간을 내어 그러한 문제들을 다룰 수 있게 된다. 아니면 좀 더 상담을 받든지, 그것이 해결될 때까지 결혼을 연기할 수도 있다. 기독교 상담자는 커플들로 하여금 하나님이 기뻐하시는 온전한 삶을 살도록 도와야 한다. 하나님 앞에서 그렇게 할 책임을 갖고 있다. 사람들은 만족한 결혼 생활과 가족을 경험할 때 하나님을 보다 잘 섬길 뿐 아니라 자녀로 하여금 그리스도를 경외하는 삶을 살도록 양육할 수 있다.

진정한 결혼 예비상담은 결혼 전에 목회자와 단순히 몇 번 의례적인 만남을 갖는 것 이상이다. 보다 큰 맥락에서 볼 때, 결혼 예비상담은 기독교 제자도의 한 부분이다. 결혼을 위한 이러한 넓은 의미에서의 교육에 대한 경험적 연구가 이루어지지 않았을지라도 성경에서는 그것을 필수적으로 요구하고 있다.

● **결혼 예비상담**

결혼 예비상담이나 결혼 준비 프로그램에 참석하는 커플들은 대개의 경우 다양한 생각이나 느낌들을 갖고 임한다. 많은 사람들이 그것의 가치를 인정하지만 '우리 사랑은 아주 특별하기 때문에 우리에게는 필요 없어, 특히 이렇게 바쁜 때에 꼭 그것을 해야 하나' 와 같은 생각을 갖는 사람들도 있다. 상담자가 결혼을 어리석은 것이라고 말할까 봐 두려워하며 방어적인 자세로 오는 사람들도 있을 수 있다. 상담자들은 이런 태도를 예의 주시하고, 커플들로 하여금 자신들의 불확실한 생각과 느낌들을 나누도록 도와야 한다. 상담자들은 또한 거부적인 태도를 보이는 사람들이 왜 그런지, 그러한 태도에 대해 어떻게 해야 할지 알아야 한다. 그리고 커플들이 결혼 예비교육과 상담에서 바라는 것이 무엇인지를 아는 것도 중요하다. 다음은 이와 관련하여 연구자들이 찾아낸 것들이다.

- 커플들은 상담에 대해 긍정적인 태도를 갖고 그들이 존경하는 사람이 추천할 때 더욱 적극적으로 참여한다.[25]
- 커플들은 자신들이 원하는 이슈들을 다룰 때 보다 열린 자세로 임한다. 대개의 경우 의사소통과 문제 해결 기술을 다루고 싶어 한다.[26]
- 어떤 커플들에게는 상담자의 성품이 중요하다.[27]
- 커플들은 과거 비밀과 관련된 주제들을 다루는 것에 대해 주저하기도 한다. 그러한 정보가 다루어질 때 현재의 관계가 깨어질지도 모른다는 두려움이 증가하기 때문이다.[28]

어떤 연구팀이 결혼한 지 1~5년 사이에 있는 부부 약 1천 쌍에 대해 설문조사를 실시하였다. 각각의 부부는 문제 리스트를 보고 새롭게 결혼한 부부들에게 가장 문제가 되는 것들이 무엇인지 지적하면 되는 것이었다. 그것들을 순서대로 나열하면 다음과 같다. 직장과 가정의 균형, 성생활의 빈도 결정, 재정적인 문제들 해결, 가사 분담에 대한 기대 차이 해소, 의사소통과 갈등 해소 기술, 부모님을 방문하여 함께 시간보내기, 부부로서 혼자 지내는 시간과 관련된 이슈들 다루기.[29] 결혼 예비교육에서는 이러한 요소들을 기본적으로 다루어야 한다.

1. 결혼 예비상담의 목적

결혼 예비상담은 여러 다른 방법으로 접근할 수 있다. 그러나 대부분 개인과 커플, 혹은 커플 집단으로 하여금 행복하고 흡족한, 그리고 그리스도를 경외하는 가운데 성공적인 결혼 생활을 하도록 준비시키는 데 목적이 있다. 상담자는 커플들과 함께 다음에 제시되는 여러 목적들에 대해 생각해볼 수 있다. 그러나 어떤 상담 상황도 동일한 것은 없는 만큼, 목적에 따라 어떤 것은 더 주목을 받을 것이며, 반면에 그렇지 않은 것들도 있을 수 있다.

(a) 결혼 교육 : 결혼에 대한 교육을 받기 위해 결혼 예비상담을 받으러 오는 사람은 별로 없겠지만 결혼의 중요성에 대한 새로운 인식이 필요한 사람들이 분명히 있다. 이것은 그들의 미래와 만족스러운 결혼을 위해 꼭 필요하며, 동시에 그들의 자녀와 친지, 지역사회를 위해서도 아주 중요하다. 이러한 교육을 통해 커플들은 이혼이 주는 파괴적인 영향력을 인식하고, 결혼이란 돌보고 세워가는 관계임을 진지하게 받아들일 수 있게 된다.

성경은 많은 곳에서 결혼과 그 중요성에 대해 강조하고 있다. 가정에 대한 성경적 모델은 그리스도와 교회와의 관계다. 사람은 저마다 다 다르기 때문에 어떤 결혼도 동일하지 않다. 하지만 모든 결혼은 가정에 그리스도의 영향이 반영되어야 한다. 영적인 것에 대한 지식이나 관심이 별로 없는 커플들도 있다. 그러할지라도 기독교 상담자는 지혜롭게 이러한 이슈들을 제기할 수 있어야 한다. 커플들은 고린도전서 13장, 에베소서 5장 21절~6장 4절, 골로새서 3장 1~21절, 고린도전서 7장, 베드로전서 3장 1~7절과 같은 말씀들을 읽고, 의견을 나누고, 이해하고, 자신들의 관계에 적용해야 한다.

(b) 결혼 준비도 평가 : 결혼하고 살다 보면 때로는 그 현실 속에서 빨리 성장하는 경우들이 있다. 그러나 대개의 경우는 결혼 전에 심리적으로 그리고 영적으로 성숙한 사람들이 그렇게 된다. 어떤 상담자는 부부가 성숙하지 않으면 어떤 결혼도 이 시대에서 오는 스트레스와 압박을 견뎌내기 어렵다고 말한 바 있다. 우리 대부분은 여기에 동의한다. 여기에서 성숙이란 장차 더 좋은 것을 얻기 위해 당장의 만족을 제한하는 능력과 서로의 생각을 나누고 조율할 수 있는 능력, 서로를 위한 배려와 관심, 문제를 정직하게 직면하고 현실적인 해결책을 찾아내는 능력 등을 포함한다. 동시에 서로에게 헌신하고 성공적인 결혼을 일구어가려는 헌신 등이 중요하다. 상담자는 커플들과 대화하면서 이러한 요소들의 증거들을 눈여겨보며 찾아내는 것이 필요하다.

이외에도 상담자는 다음과 같은 내용들에 관심을 갖고 점검하는 것이 좋다. 이 두 사람이 진정으로 결혼하고 싶어 하는 이유는 무엇인가? 이들이 결혼에서 기대하는 것은 무엇인가? 이러한 기대는 현실적인가? 교육 배경과 거주지, 종교적 신앙, 연령, 인종, 사회경제적 수준 등에 있어서 유사성이 있는가? 결혼한 남편과 아내의 역할에 대한 각자의 견해들을 나누어보았는가? 상담자는 이러한 요소들은 물론 기타 다양한 것들에 대해 논의하면서 커플들에게 어떤 미성숙한 태도나 경직된 자세, 갈등, 헌신의 부족, 의사소통의 단절 등과 같은 흔적이 보이는지 관심을 갖고 지켜보아야 한다.

한편 커플들은 상담자의 격려하에 자신은 물론 상대방의 강점과 약점을 탐색하고, 가치관이나 편견, 확신, 남편과 아내 역할에 대한 태도, 미래에 대한 기대나 계획 등을 점검할 수 있어야 한다. 약혼 기간에는 대개 자신들의 관계를 잘 유지하기 위해 상처가 되는 감정이나 의견 차이를 숨기는 경향이 있다. 그러나 이러한 차이점들을 서로 인정하고 논의함으로써 자신은 물론 서로를 보다 더 잘 이해할 수 있어야 한다.

어떤 커플들은 이를 위해 함께 책을 읽거나 결혼 준비를 돕기 위해 고안된 결혼 예비상담 매뉴얼을 활용한다. 이러한 책들은 당사자들끼리 할 수도 있고, 상담자와 함께 다룰 수도 있다.[30] 이외에 심리검사를 통해 자기평가를 하는 것도 도움이 된다. 심리검사의 종류는 수없이 많이 있다. 그러나 어떤 것들은 별로 효과가 없거나 신뢰하기 어렵다. 자격이 있는 전문 상담자 외에는 구하기 어려운 것들도 많이 있다. 심리검사는 해석하는 것이 중요하다. 검사가 어떤 의도로 구성되었는지에 대해 익숙하지 않은 사람들은 잘못 해석하는 경우가 종종 있다. 때로는 상담자들도 같은 오류를 범한다.

표 28-1은 결혼 예비 상담자들이 가장 많이 사용하는 검사들이다.[31] 이 각각의 검사들은 수많은 커플들에게 사용되었고, 과학적인 방법으로 평가된다. 이들 중 어떤 테스트를 활용하려고 한다면 상담자는 검사 후에 예비부부들과 함께 그 결과에 대해 충분히 시간을 두고 논의하는 것이 좋다. 이를 통해 잘못된 해석을 예방하거나, 테스트 결과가 보여주는 것보다 더 중요한 상담 이슈들을 발견할 수도 있기 때문이다.

(c) 가능한 문제 영역들 탐색 : 결혼 전에 아무리 좋은 관계에 있었다 할지라도 서로 다른 가족 배경을 가진 남성과 여성이 결혼하여 친밀한 관계를 이루고 살아가려면 적응 과정에서 다양한 문제들이 발생할 수 있다. 그러한 예로는 재정 문제, 서로 다른 가치관, 배우자 가족과의 관계에서 오는 기대와 압박, 서로 다른 관심사, 친구 선택과 관련된 갈등, 여가와 관련된 선호도의 차이, 직장과 관련된 갈등, 정치적 관심이나 입장의 차이, 영적 확신이나 성숙에서의 차이 등이다. 여기에 부부의 성생활 이슈까지 있다. 신혼과 관련된 어떤 두려움이나 건강하지 못한 태도 혹은 서로 상이한 기대들이 있는가? 이제 결혼한다면 앞으로 이러한 문제들을 어떻게 다루어갈 것인가? 커플들에 따라 이러한 이슈들의 중요도가 서로 다를 수 있다. 그러므로 모든 이슈들을 다 다루려 하기보다 자신들에게 문제가 될 수 있는 영역들을 택하여 결혼 전에 논의를 하는 것이 좋다. 물론 이런 모든 논의를 꼭 상담자와 함께 해야 하는 것은 아니다.

결혼을 앞둔 대부분의 커플들은 기대와 흥분감을 갖고 결혼을 준비하지만 결혼에 대한 불안도 있는 것이 사실이다. 대개의 경우 결혼식 전에 도망갈 정도까지 스트레스를 받지는 않겠지만 최소한 결혼식이나 신혼여행 등과 관련된 구체적인 부분에 있어서 걱정이나 염려되는 것들이 있을 수 있다. 많은 경우, 사람들은 결혼을 앞두고 자신의 결혼 생활이 괜찮을지, 친구들이나 부모님의 경우처럼 온갖 문제로 점철되지는 않을지 하는 불안감을 갖는다. 커플들은 결혼 예비상담을 통해 자신들의 불안감이나 두려움, 어려움 등을 나눌 수 있다. 그렇게 함으로써 불안감을 해소하고 자신들을 힘들게 할지 모르는 상황들을 다루는 방법을 배울 수 있다.

이처럼 결혼에 따르는 불안이나 스트레스를 해소하기 위해 결혼 전이나 결혼 초에 실시할 수 있는 몇 가지 가능한 방법들을 세 가지 정도로 생각해보자.

첫째로, 상담자가 결혼과 관련된 필요한 정보를 제공하는 것이다. 사람들은 자신들이 안다고 생각하는 것만큼 실제로 알지 못하는 경우가 많이 있다. 한 예로 목회자의 아들이라면 영적인 것들에 대해 많이 알 것 같지만 그렇지 못한 경우들이 많다. 간호사지만 가족계획에 대해서는 별로 아는 것이 없을 수 있다. 은행가의 아들이지만 전체적인 결혼 예산을 어떻게 수립하고 다른 재정적인 문제들은 어떻게 다루어야 할지 모를 수도 있다. 성에 대한 자유로운 논의가 가능한 시대와 사회에 살고 있지만 성에 대해 잘 모르는 사람들도 많다. 활발한 성생활을 하면서도 성에 대해서는 기본적인 지식조차 갖고 있지 않은 사람들도 자주 본다. 젊은 사람들뿐만 아니라 나이가 든 사람들 중에서도 그런 경우가 많이 있다. 그러므로 상담자들은 이러한 부분을 잘 관찰해야 한다. 내담자에게 그런 지식이 부족한 것이 발견된다면 해당 요소들에 대한 정보를 제공해야 한다. 상담자는 그런 부분들에 대한 내용을 교육하거나 책 혹은 안내 책자들을 소개할 수도 있다.[32] 혹은 믿을 수 있는 가정의나 재정 플래너 등 분야에 따라 적절한 도움과 정보를 제공할 수 있는 유능한 전문가와 연결시켜줄 수 있다.

둘째로, 경험 있는 커플과 멘토링 관계를 갖도록 하는 것이다. 멘토링이 성공적으로 이루어지려면

표 28-1. 결혼 예비상담을 위한 심리검사

아래의 심리검사들은 결혼에 임하는 개인 혹은 커플들이 갖고 있는 강점과 약점, 특별한 특성들을 평가할 때 가장 많이 활용되는 검사들이다. 그렇다고 해서 이것들이 가장 좋다거나 유일한 도구들이라는 것은 아니다. 인터넷 검색 엔진에 '결혼예비검사'를 치면 더 많은 자료들이 나올 것이다. 대개의 경우 남성과 여성이 각자 검사를 하고 그 결과를 함께 논의하게 된다. 이때 상담자의 도움을 받아 그렇게 하는 것이 좋다.

아래의 검사들에 대해 더 많은 정보를 원한다면 각각의 웹 사이트를 방문하는 것이 좋다. 이들은 기독교인 커플들의 신학적 배경과 상관없이 유용하게 사용될 수 있다. 테일러 존슨(Taylor Johnson) 기질검사는 일반적인 것이지만 다른 검사들은 기독교적 전통 속에서 발전된 것들이다.

- 테일러 존슨 기질 분석(Taylor-Johnson Temperament Analysis--www.tjta.com)은 180개 항목의 질문들로 구성되었으며, 각 개인이나 커플이 결혼 대상자를 비롯하여 다른 사람들과의 관계에 영향을 줄 수 있는 성격적인 특성들을 알아가도록 돕기 위해 개발되었다. 이 테스트는 지배적-복종적, 공격적-관용적 등의 여러 특성들을 측정한다. 결혼하려고 하는 커플들에게만 한정된 것은 아니지만 주로 결혼 예비상담을 할 때 사용된다.

- 프리페어 엔리치(Prepare Enrich--www.prepare-enrich.com)는 125개 항목의 질문들로 구성된 다섯 가지 검사 시리즈다. 지난 25년 이상에 걸쳐 발전되었으며 그동안 150만 커플 이상이 이 검사를 하였다. 이 검사는 커플들이 직면할 것으로 예상되는 관계 이슈들을 찾아낸다. 다른 검사들과 달리 이것은 특별히 훈련된 상담자에 의해 실시되어야 한다. 많은 목회자들과 기독교 상담자들이 이 훈련을 받고 그것이 유익하다는 것을 발견하였다. 전 세계에 사무실이 있으며 영어 외에 여러 나라 언어로 검사를 치를 수 있다.

- 포커스(FOCCUS--www.foccusinc.com)는 열린 커플 커뮤니케이션 촉진하기 및 이해와 연구(Facilitating Open Couple Communication, Understanding & Study)의 약자다. 포커스는 "약혼한 커플들 및 그들과 함께 일하는 사람들에게 결혼 준비 과정에 필요한 것이 무엇인지 개별화된 분석과 정보를 제공하는 검사로서 국제적으로 활용되고 있다. 커플들은 이 검사를 통해 자신들이 어떤 이슈에 관심을 갖고 시간을 투자해야 할지 대화를 시작할 수 있으며, 또 어떤 부분을 확인하고 문제 해결이 필요한지 등에 대한 관계 지도를 얻을 수 있다." 156개 문항으로 구성되었으며, 몇 가지 방법으로 채점할 수 있다. 커플이나 여러 커플들이 함께 사용할 수 있다.

- 릴레이트(RELATE--www.relate-institute.org)는 커플 관계에 있는 두 사람의 인격적 특성과 유사점, 차이점 등에 대한 평가를 제공한다. 그리고 가족 환경이 두 사람에게 끼치는 역할에 대한 통찰과 더불어 관계 향상을 위해 무엇이 필요한지를 알려준다. 이러한 모든 정보들이 20쪽짜리 보고서에 요약되어 제공된다. 커플들은 "이해하기 쉬운 그래프와 함께 요약된 이 분석서를 통해 자신들의 문제 영역과 더 논의가 필요한 주제들이 무엇인지를 쉽게 찾아낼 수 있다."

멘토링을 해주는 커플과 받는 커플 사이에 신뢰할 수 있는 공감적 관계를 형성하는 것이 가장 중요하다. 서로 만나는 것을 즐기고 자유롭게 대화할 수 있을 때 배움이 쉽게 일어나며 문제를 예방하거나 해결하기 위한 논의가 공개적으로 잘 이루어질 수 있다. 그동안 멘토링을 위한 다양한 프로그램들이 이미 마련되었고 테스트되었다.[33] 이러한 자료들이 도움이 될 수 있지만, 멘토링을 제공하는 커플이 상대 커플의 필요에 민감하고 동시에 자신들의 결혼에 대해 공개적인 자세를 갖는다면 꼭 있어야 하는 것은 아니다.

셋째로, 효과적인 의사소통 기술을 증진하도록 돕는 것이다. 가정을 흔드는 가장 근본적인 문제 가운데 하나가 의사소통의 실패임은 이미 잘 알려진 사실이다. 커플들은 결혼하기 전에 솔직하고 사려 깊은 의사소통의 중요성과 그 가치를 인식하고 배우는 것이 필요하다. 그들은 자신의 느낌과 기대, 차이점, 태도, 개인적인 상처 등을 나누면서 자신들이 갖고 있는 중요한 이슈들에 대해 의사소통하는 법을 배울 수 있다. 아울러 서로를 이해하기 위해 주의 깊게 경청하며, 상대방을 무시하거나 자신의 감정을 감추기보다 자신들의 문제를 진지하게 대화할 수 있어야 한다.

그러므로 결혼 예비 상담자는 커플들의 의사소통을 방해하는 행동들이 있는지 눈여겨보고 그것을 지적할 수 있어야 한다. 예를 들면, 한 사람이 대화의 대부분을 주도하고 다른 사람은 침묵하거나 수동적인 자세를 취한다면 이러한 것이 의사소통을 가로막는 문제가 될 수 있다. 한 사람은 자신의 감정을 털어놓는데 다른 사람은 주로 생각 쪽에만 관심이 머물러 있다면 이것 또한 문제일 수 있다. 한 사람은 즉각적으로 마음을 열고 대화하는데 다른 사람은 주저하며 표현하기를 꺼리는 것도 여기에 해당된다.

(d) 결혼식 계획 세우기 : 상담자, 특히 목회자는 결혼식 주례를 하는 등 흔히 결혼 과정에서 중요한 역할을 담당한다. 결혼 예비상담은 첫째 모든 법적인 절차와 조건들이 제대로 지켜지고 있는지 확인하고 (혈액검사, 결혼신고, 결혼허가증 등), 둘째 결혼식의 각종 세부적인 요소들을 점검하며, 셋째 결혼식 경비와 각종 행사들에 있어서 너무 무리하지 않도록 조율하는 시간이라고 할 수 있다. 특별히 세 번째 요소와 관련해서는, 우리 사회의 문화가 각 가정들로 하여금 결혼식을 통해 다른 사람들에게 자신의 사회적 위치와 부를 드러내도록 부추기는 경향이 있기 때문에 많은 어려움이 있다. 그 결과 결혼식을 치르면서 큰 빚을 지고, 그것을 갚기 위해 오랜 기간 고생하는 가정들이 많았다. 따라서 상담자는 기독교인의 경우 결혼식이 그리스도를 향한 두 사람의 헌신을 증거하고 찬양하는 예배가 될 수 있도록 돕는 것이 중요하다. 그러나 이러한 사실은 값비싼 꽃들을 예약하고, 결혼 예복과 사진 및 리무진 서비스 예약, 그리고 하객들 리스트를 만들고 청첩장 돌리기, 비싼 음식과 음료로 피로연을 준비하는 등의 복잡한 과정 속에서 흔히 외면되거나 잊혀진다. 결혼 직전에 도망친 제니퍼의 경우, 보도자료들에 따르면, 그녀가 그런 선택을 한 주된 이유 가운데 하나가 바로 이러한 과정 때문이었다고 한다.

2. 결혼 예비상담의 구성

우리는 앞에서 결혼 예비상담의 목적들을 살펴보았다. 한번의 만남으로 이런 모든 목적들을 달성할 수 없다는 것은 자명한 사실이다. 그래서 대부분의 결혼 예비 상담자들은 결혼식 전에 최소한 한 시간씩 다섯 번에서 여섯 번 정도 만나는 것을 권한다. 물론 이 정도의 시간을 낸다는 것이 상담자나 커플들 모두에게 부담스러울 수 있다. 그러나 모두가 바쁘고 시간적인 압박을 받는다고 하여 더 짧게 할 경우 결혼 예비상담의 효과가 감소될 수 있다. 기독교인들은 대개 목회자를 통해 결혼 예비상담을 받으려고 한다.

이것은 이미 많은 일을 책임지고 있고, 수많은 결혼 주례를 해야 하는 교회 지도자들에게 엄청난 압박이 아닐 수 없다. 그래서 때로 약혼한 커플들이 그룹으로 결혼 예비상담을 받는 경우들이 있다. 이런 경우, 결혼 예비상담은 커플들과 개인적인 이슈들을 다루기보다는 마치 교실에서 정보를 제공하는 것과 같은 모습을 띠게 된다. 결혼과 관련하여 개인적으로 그리고 보다 열린 자세로 자유롭게 다룰 필요가 있는 많은 이슈들을 놓치게 되는 것이다.

상담자는 결혼 예비상담을 하려고 할 때 어떻게 구성하고 진행할지 미리 생각해야 한다. 결혼식 수개월 전에 결혼 준비 과정을 시작하도록 하라. 그리고 필요하다면 상황에 따라 적절하게 조정할 수도 있어야 한다. 상담자가 사전에 엄격한 상담 과정을 정해놓고 모든 사람이 그것에 따라야 한다고 주장하는 것만큼 상담의 효과를 해치는 것도 없다. 커플들에 따라서는 시간이 더 필요할 수도 있고, 그렇지 않을 수도 있다. 여러 쌍의 결혼이 예정되었다면 상담자는 먼저 각 커플들과 한두 번의 만남을 갖고, 나중에 여러 커플들과 함께 그룹으로 결혼 예비상담을 가질 수도 있다. 170쌍의 약혼 커플들을 대상으로 그들이 선호하는 결혼 예비상담 접근에 대해 조사한 적이 있다. 연구 결과에 따르면, 그들은 사역자와 최소한 일대일 상담 시간을 갖기를 원하였다. 그렇지만 주말 기도회나 소그룹 등으로 모여 클래스에 참여하고 워크북을 중심으로 서로 토의하는 방식에 대해서도 호의적이었다.[34] 다음에 제시되는 결혼 예비상담의 과정은 가능한 여러 가지 방법 중에서 한 가지 사례에 불과하다.[35] 상담자는 어떠한 방식을 택하든 융통성 있게 실시해야 한다. 예를 들면, 상담 회기를 6회가 아닌 더 짧게 할 수도 있고 더 길게 할 수도 있다. 결혼식에 관한 논의는 꼭 마지막 회기에 할 것이 아니라 상담 초기에 거론하는 것이 필요할 수도 있다.

첫 번째 회기 : 상담자와 내담자들이 서로 신뢰관계를 형성하고 결혼 예비상담 과정에 익숙해지는 시기이다. 자신들의 배경과 가족, 관심사, 희망 등에 대해 나누도록 커플들을 격려한다. 먼저 그들의 말을 주의 깊게 경청하고 성급하게 문제 영역들을 다루지 않도록 조심한다. 결혼하고 싶은 이유를 질문하고, 결혼에 대해 그들이 갖고 있는 기대들이 무엇인지 귀를 기울이도록 한다.

커플들과 결혼 예비상담에 대해 다음과 같은 내용을 논의하라. 결혼 예비상담을 통해 그들이 얻고자 하는 것은 무엇인지 탐색하라. 그리고 결혼 예비상담에 대한 상담자 자신의 관점과 정책을 나눈다. 즉, 상담의 목적과 원하는 것, 상담을 통해 얻을 수 있는 유익, 상담 기간, 상담 진행과정에 대해 이야기한다. 읽을 것들과 테스트, 과제들을 내 줄 계획이라면 이러한 것들에 대해 이야기하고, 그 목적과 그것을 실천하는 것의 중요성을 알리도록 한다. 어떤 상담자들은 첫 번째 회기에 한두 가지의 심리검사를 실시하는가 하면, 이러한 것들을 집에서 실시하고 다음 회기에 가져오도록 하는 경우도 있다.

커플들에게 그들의 영적인 관심사에 대해 물어보라. 각자 예수 그리스도와의 관계에 대해 점검한다. 두 사람 다 신자인가? 예수 그리스도께서 그들 관계의 중심을 차지하고 계신가? 기독교인으로서의 삶과 성장을 위해 두 사람이 개인적으로 그리고 함께하는 것들은 무엇인가? 그들은 함께 기도하는가? 영적인 삶에 대한 관심이나 그런 삶을 살고 있지 않은 사람들의 경우 이런 질문들을 던지면 자칫 방어적인 태도를 취할 수 있다. 그러므로 처음부터 그런 상황이 발생하지 않도록 질문할 때 주의하도록 한다.

두 번째 회기 : 결혼에 대한 성경적 관점을 논의하도록 한다. 즉, 결혼의 기원(창세기 2:18~24)과 목적(동반자적 관계, 성적 결합, 자녀 양육, 하나님과 교회와의 관계에 대한 성찰), 결혼의 영속성(마태복음 19:3~9) 등에 대해 다룬다. 결혼에 대한 성경의 주요 구절들을 살펴보고, 이러한 것들이 내담자들에게 어떻게 적용되는지에

대해 토론하도록 한다. 이러한 과정은 실제적이고 구체적이어야 한다. 일방적인 강의보다는 내담자들을 이 과정에 참여시키도록 하라. 그들의 관점과 인식을 점검하고, 질문을 하며, 동의가 되지 않거나 불편한 것들이 있는지 살피도록 한다. 간단한 테스트를 한다면 가능한 한 바로 점수를 매겨 그것들에 대해 함께 토론하도록 한다.

세 번째와 네 번째 회기 : 이때는 일상생활에서 일어나는 실제적인 이슈들을 다룬다. 커플들이 관심을 갖고 있는 이슈들을 점검하는 때다. 다음은 이때 다룰 수 있는 이슈들의 몇 가지 사례다.

- 두 사람은 결혼을 통해 독신생활이 제공하지 못하는 어떤 것을 얻으리라 기대하는가?
- 두 사람은 서로 어떻게 다른가? 어떤 점에서 서로 유사성이 있는가? 서로에게 있는 차이점들을 가지고 어떻게 살아갈 수 있겠는가?(이러한 논의를 할 때 앞에서 언급한 검사결과들이 도움이 된다.)
- 결혼에 대한 부모들의 태도는 어떠한가?
- 두 사람은 결혼 후 배우자의 가족들과 어떻게 지낼 것이라 예상하는가? 그 가족들에 대해 좋은 점과 나쁜 점들을 보고 있는가? 이러한 사실들에 대해 두 사람은 서로 의견이 일치하는가? 두 사람은 크리스마스를 어디에서 보낼 것인가? 비록 사소한 것처럼 보여도 연휴가 되기 전에 이런 문제를 해결하지 않으면 가족 간에 긴장과 갈등이 유발될 수 있다.
- 두 사람은 서로의 친구들을 좋아하는가? 배우자에게 문제가 될 수 있는 친구 관계를 가진 사람이 있는가? 그렇다면 두 사람은 이런 문제를 어떻게 다룰 것인가? 두 사람은 결혼 후에 친구 관계를 어떻게 가질 것인가?
- 두 사람은 레크리에이션이나 취미, 혹은 휴가 때 무엇을 하고 싶어 하는가?
- 두 사람은 앞으로 어디에서 살 계획인가? 어떻게 이런 결정을 내렸는가? 자신들의 신혼집 장식과 가구들에 대해서는 어떻게 결정할 것인가?
- 두 사람은 재정 문제를 어떻게 할 것인가? 예산을 세워 합리적으로 하는가? 중요한 구매는 어떻게 결정할 것인가? 누가 무엇을 살 것인가? 신용카드에 대해 어떤 자세를 취하는가? 신용카드 사용을 포함하여 과거의 구매 습관이 돈과 소유에 대한 문제를 야기할 수 있는 어떤 모습을 보인 적이 있는가?
- 두 사람은 자녀에 대해 어떤 생각을 갖고 있는가? 자녀를 갖는 것에 서로 동의하는가? 그렇다면 몇 명의 자녀를 언제 갖기를 원하는가?

커플들은 대개 상담자를 만나기 전에 이런 요소들에 대해 대화를 나눈다. 그러나 그들이 간과한 부분이 있다면 상담자는 그것을 지적해주어야 한다. 이러한 이슈들을 다루기에 두 회기로는 충분하지 않을 수 있다. 하지만 상담과 관계없이 이런 요소들에 대한 논의는 계속 이어질 수 있다. 어떤 주요한 차이점들이나 질문들에 대해서는 이어지는 상담 회기에 다루는 것을 고려할 수도 있다.

때로는 이때 바람직한 의사소통의 원리들을 다루는 것이 필요할 수 있다. 상담을 진행하는 동안 커플들에게서 의사소통이 막히는 것을 본다면 이러한 부분들을 지적하고 어떻게 이것을 고칠지에 대해 언급하도록 한다. 그리고 의사소통의 원리들을 대화중에 실천하도록 장려해야 한다. 두 사람이 서로의 말을 잘 듣는지, 화를 내거나 비판적으로 되지 않고 솔직하게 자신의 느낌이나 생각들을 표현할 수 있는지 등에 대해 주목하라. 의사소통은 배울 수 있는 하나의 기술이다. 그것은 예민하고 중요한 이슈들에 대해 대화를 나누는 가운데 가장 잘 습득될 수 있다. 상담자는 이런 과정을 촉진시키는 사람이다.

다섯 번째 회기 : 사랑의 의미(고전 13:4~8)와 그것이 성생활과 갖는 관련성에 대해 논의한다. 커플들이 성에 대해 갖고 있는 의문이나 관심은 무엇인가? 그들이 자발적으로 이러한 요소들에 대한 이야기를 꺼내지 않는다면 상담자가 다음과 같은 이슈들을 먼저 제기할 수 있다.

- 남성과 여성이 오르가슴에 도달하는 데 어떤 차이점이 있는가? 시간적으로 어떻게 다른가? 만족스러운 성행위를 위해 서로를 어떻게 자극할 수 있겠는가?
- 피임을 위해 어떤 방법들을 사용할 것인가? 어떻게 이러한 것들을 구입할 수 있는가?
- 성교의 다양한 방법과 체위에 대해 알고 있는가?
- 부부 성생활에 대한 어떤 두려움이나 불안전감이 있는가?

상담자는 이러한 논의를 할 때 먼저 이러한 요소들에 대해 잘 알고 있어야 하며, 성에 대한 논의를 하는 것에 불편함이 없어야 한다. 그리고 필요하다면 추가적인 도움을 위해 누구를 찾아야 할지 혹은 어디로 가야 할지를 알고 있어야 한다. 예를 들면, 성에 대한 구체적인 질문들에 대해서는 비의학적인 상담자보다 의사에게 가는 것이 효과적일 수 있다. 때로는 성적인 이슈들에 대해 잘 알고 있는 상담자라 할지라도 이 문제에 대해서는 다른 상담자와 대화하게 하는 상담자도 있을 수 있다. 이것은 상담자 자신이 성에 대해 터놓고 이야기하는 것을 불편하게 느끼기 때문일 수 있다. 때로는 내담자가 이런 이슈를 다른 사람과 나누기 원해서일 수도 있다. 많은 사람들의 경우, 이러한 내용의 대화를 자신의 목회자 혹은, 상담자와 나누는 것이 어색하게 느껴질 수 있다. 서로를 잘 알고 있는 상황에서 너무 개인적인 문제를 다루는 느낌을 받을 수도 있다. 그래서 대부분의 내담자들은 부부 성생활과 같은 은밀한 행위에 대한 구체적인 토론은 사역자나 그런 역할을 하지 않는 사람과 하는 것을 선호하는 것으로 보인다.

성생활에 대한 이슈들을 다룰 때 상담자들은 흔히 내담자들이 성에 대해 예상보다 더 순진하거나 아니면 더 많은 경험이 있다는 것을 발견하게 된다. 이럴 때는 그들이 현재 성 경험에 있어서 어느 정도까지 왔는지 확인하는 것이 좋다. 그래서 상담자들은 때로 내담자들을 당황하게 할 수 있는 개인적인 질문들을 해야 할 경우들이 있다. 이때 상담자나 내담자들 모두 이러한 내용의 대화를 하는 것에 불편함이 없어야 한다. 그럴 때 앞으로 더 나아갈 수 있다. 그리고 주의할 것은 커플들의 미래를 위한 순수한 관심에서 결혼 생활에 도움이 될 질문들을 해야지 상담자 자신의 개인적인 호기심과 성적인 관심 충족을 위해 해서는 안 된다.

여섯 번째 회기 : 이때는 결혼식과 법적인 요소들, 결혼 피로연과 비용, 신혼여행 계획 등에 대해 논의한다. 그리고 결혼식이 끝나고 두세 달 후에 추가적인 상담을 하도록 권면한다. 이를 통해 결혼식 후 모든 상황이 잘 돌아가고 있는지 점검하고, 신혼 초의 즐거움이나 문제 등에 대해 다룰 수 있기 때문이다. 따라서 예약 기록부에 약속 날짜를 기입하고 때가 되면 전화를 하여 추가 상담의 기회를 갖도록 한다.

3. 결혼 예비상담의 다양성

많은 사람들은 상담자를 만나 도움을 구하는 것에 대해 주저하며 어떤 불안감마저 갖고 있다. 그러나 결혼 예비상담은 내담자들로 하여금 상대적으로 안전한 분위기에서 자신들의 문제와 이슈들을 논의하고 다루게 한다. 이러한 경험을 통해 각 개인이나 커플들은 미래에 도움이 필요할 때 좀 더 쉽게 상담자를 찾을 수 있게 될 것이다.

이러한 측면에서 볼 때, 상담자는 결혼 예비상담이 결코 경직된 과정이 되어서는 안 된다는 점을 기억해야 한다. 어떤 커플들은 상대적으로 나이가 많거나 더 성숙한 사람들일 수 있다. 이전에 결혼을 했던 사람도 있고, 결혼에 관한 책들을 읽고 세미나에 참석해온 커플들도 있다. 다른 사람들에게 신경을 많이 쓰는 사람들이 있는가 하면 영적으로 민감한 이들도 있을 수 있다. 20대 초반의 젊은 커플들의 관심사와 다른 이슈들을 가진 커플들이 있고, 상담을 요하는 횟수도 서로 다를 수 있다. 상담을 하다 보면 배우자 선택이 잘되었고 결혼할 준비가 되었음이 분명하게 보이는 커플들이 있다. 그런가 하면 결혼하면 위기를 맞을 것이 뻔히 보이는 사람들도 있다. 자신들은 이러한 결론에 반대하지만 다른 사람들의 눈에는 결혼을 연기하거나 약혼을 취소하는 것이 지혜로운 결정으로 보이는 경우들이 있을 수 있다. 내담자들은 이러한 어려운 결정을 내리는 과정에서 지지와 격려 및 안내를 필요로 한다.

상담자는 내담자들이 저마다 상이한 상황과 차이들을 갖고 있으므로 다양하게 접근하는 것이 필요하다. 경우에 따라서는 커플들에게 책을 읽고 토론하도록 할 수 있다. 테이프를 듣거나 세미나에 참석할 수도 있다. 의사나 재정 관리자들을 만나게 할 수도 있다. 때로는 약혼한 커플들로 하여금 본래 기혼자들을 위한 것이지만 미래의 결혼 문제를 예방하고 싶은 약혼자들에게도 유익한 것으로 알려진 결혼 증진 프로그램에 참여하게 할 수도 있다.[36] 기독교 심리학자 에버레트 워딩턴(Everett Worthington, Jr.)은 여러 결혼 예비 프로그램들을 살펴본 후 다음과 같은 몇 가지 요소들을 갖춘 프로그램들이 효과 있다고 결론지었다. 첫째 분명한 목표가 있다. 둘째 최소한 6주에서 12주까지 진행된다. 셋째 커플들이 가장 중요하다고 생각하는 이슈들에 초점을 둔 의사소통과 갈등관리, 문제 해결을 강조한다. 넷째 정보 제공과 두 사람 간의 상호작용, 토론 등이 제공된다. 시간적으로 한정된 상담 회기 중에 정보를 제공하는 것은 필요할 수 있다. 그러나 이러한 접근 방법 자체를 지지하는 연구는 없다. 커플의 원가족에 초점을 둔 접근 방법 또한 효과적이라는 증거가 제시된 바 없다.[37]

• 결혼 문제 예방

우리가 그동안 앞 장들에서 다룬 모든 이슈들은 문제라는 차원에서 제기되었다. 우리는 그것들을 이해하고, 상담을 통해 해결하고 예방할 수 있다는 전제 속에 다루어왔다. 그러나 이번 장은 예방에 전체적인 강조점이 있다는 점에서 다르다. 결혼 예비상담은 결혼 후 커플들의 삶을 고통스럽고 불행하며, 만족스럽지 못하고 비생산적으로 만들 수 있는 결혼 문제와 개인적인 갈등을 예방하는 데 초점이 있다. 이러한 모든 노력은 행복한 결혼은 결혼식 전에 이미 시작된다는 전제에서 출발한다.

행복한 결혼은, 우리가 이 장에서 논의해온 바, 결혼식 전 상담을 받기 훨씬 이전에 시작된다. 많은 사람들은 영화나 텔레비전을 보면서 결혼에 대한 비현실적이고 왜곡된, 그리고 비성경적인 견해를 갖게 된다. 이러한 인식들이 나중에 문제를 야기하게 된다. 젊은이들은 자기 부모나 다른 어른들을 보면서 자신들이 결혼에서 무엇을 기대할 것인지, 원하는 것은 무엇이며 원하지 않는 것이 무엇인지를 알아간다. 이렇게 본다면, 결혼 예비 교육은 어린 시절부터 시작하는 것이 좋을 것이다. 결혼식 때 신랑 신부를 따라

반지와 꽃을 들고 들어가는 소년 소녀들과 대화하면서 우리는 결혼에 관한 교육의 기회를 가질 수 있다. 결혼식이 아이들에게 주는 영향이 크다는 점을 감안한다면 더욱 그렇다. 주일학교나 아동 캠프, 혹은 청소년 모임 또한 결혼에 대한 건강한 자세와 성경적 진리를 가르치는 기회가 될 수 있다.

청소년들에게 건강한 결혼관을 심어주기 위해 기존에 제시된 모든 유형의 결혼 준비 프로그램들을 면밀히 조사하여 실제적인 방안을 제시한 연구자가 있다.[38] 그는 교회와 종교 기관들이 청소년들로 하여금 보다 건강한 이성교제를 하고 나아가 견고한 결혼을 하는 데 필요한 자세와 기술들을 가르치는 것에 초점을 맞추었다. 아직까지 이런 프로그램들의 효과성을 검증한 신뢰할 만한 연구는 없는 것으로 알고 있다. 하지만 다음과 같은 제안들은 우리가 귀 기울여 적용할 만한 충분한 가치를 지니고 있다.

- 부모들로 하여금 보다 건강한 관계 모델이 되도록 도우라. 그리고 그들로 하여금 자신들의 청소년 자녀들을 가르치고, 코치하고, 격려할 수 있도록 훈련시키라. 이를 통해 청소년들은 친구들과 더 건강한 방법으로 관계를 맺을 수 있게 된다.
- 기존의 프로그램들에 대인관계의 기술과 헌신의 가치에 대한 가르침을 통합시키라. 여기에 종교 교육, 청소년 클럽과 캠프, 여러 세대가 함께하는 이벤트 등을 포함시키라.
- 청소년들을 위한 이성교제, 갈등 해소, 성생활, 급우들에게서 오는 압박 등의 문제를 포함하여 관계 기술을 다루는 워크숍들을 후원하라. 이때 강사와 음악 담당자들은 청소년들과 함께 호흡할 수 있는 사람이어야 한다.
- 청소년들과 청년들로 하여금 이성교제와 관계, 결혼 등의 이슈에 대해 어린 사람들에게 멘토링과 코칭을 제공할 수 있도록 가르치라.
- 위기에 처한 청소년들에게 다가가라. 폭력이나 성병, 임신 등의 위험에 크게 노출되어 있는 청소년들은 긍정적인 가치관과 정확한 정보, 믿을 수 있는 역할 모델, 지속적인 지원 등이 아주 많이 필요하다. 종교 기관들이 청소년 범죄와 약물중독, 청소년들의 위험한 성적 일탈행위들을 감소시키고 큰 영향을 끼칠 수 있다는 증거들이 지속적으로 제기되고 있다.[39]
- 지역사회의 학교와 비즈니스, 정부, 시민조직, 종교 기관들을 포함한 제반 단체의 지지체계를 구축하라.

청소년 지도자들은 고등학교 후반기 이러한 교육이나 훈련을 시작하면 너무 늦다고 말한다. 인생에 대한 어떤 자세나 가치는 그보다 훨씬 일찍 형성되고 다듬어지기 때문이다. 필자의 딸은 도시 내 청소년들을 위해 일한다. 그들 대부분은 가난한 가정 출신이며 긍정적인 부모 역할 모델을 갖고 있지 않다. 그리고 폭력과 약물 남용, 갱, 청소년 임신 및 각종 관계 갈등으로 점철된 동네에서 산다. 학교에서 절제를 가르치며 복음적인 기관에서 일하면서 내 딸은 이들에게는 그리스도와의 관계뿐만 아니라 사람들간의 대인관계 기술이 절실히 필요하다는 결론을 내렸다. 그래서 내 딸과 동료들은 이들 청소년들에게 그들이 이전에 보아온 것과는 다른 건강한 결혼과 가족관계에 대해 가르치고 있다. 비록 매우 더디기는 하지만 서서히 나아지고 있다. 전 세계적으로 이러한 프로그램들이 전개될 때 결혼 문제나 가족 갈등은 줄어들게 될 것이며 나아가 예방될 가능성이 매우 크다고 본다.

모든 교회는 이와 유사한 교육적 접근에 나서야 한다. 목회자의 인도를 따라, 교회의 지도자들과 부모들은 결혼에 대한 잘못된 인식과 유행을 바로 잡아야 한다. 그리고 실제로 결혼하기 오래 전부터 결혼과 가정에 대한 현실적이고 성경적인 견해를 구축해야 한다. 교회에서 결혼에 대한 건강한 태도를 심어주기 위해 사용할 수 있는 방법들로는 가족 세미나와 성경공부, 청소년 모임 등을 활용하는 것들이 있다. 독신 모임에서 이것을 논의할 수 있고, 설교나 영화, 혹은 비디오를 사용할 수 있다. 이외에 좋은 책이나 글들을 읽도록 권하는 방법들도 있다. 고등학생들은 집이나 가정, 재정, 배우자, 가족들과의 관계 등에 별 관심이 없을 것이다. 그러나 성관계, 남자와 여자의 역할, 집에서의 생활, 미래 배우자로서의 자신을 평가하는 것 등에 대해서는 많은 관심을 갖고 있다. 대학생들은 결혼과 가족에 관한 코스를 택하도록 권하여야 한다. 물론 이때 모든 교수들과 교재들이 다 성경적인 가치를 공유하거나 제시하는 것은 아닐 수 있음을 주지할 필요가 있다. 그리고 교회에서는 이성교제가 미혼자들로 하여금 상대방을 존중하고 의사소통을 나누며, 이성과 관계하는 것을 배우는 경험의 장이 될 수 있음을 지적해야 한다.

보다 나은 결혼과 가정을 세워가는 것은 평생 과정이다. 그것은 가정에서 시작되고 교회와 사회에서 지속되어야 한다. 그리고 결혼 예비상담에서 그 중요성이 강조되어야 한다. 이를 통해 한 남성과 여성이 만나 함께 자신들의 관계를 세워가고 매일의 삶에서 날마다 그것을 실천해가야 한다.

- **결혼 예비상담에 대한 결론**

레스와 레슬리 패로트(Les and Leslie Parrott) 부부는 약혼한 커플들을 포함하여 사람들로 하여금 보다 나은 관계를 가질 수 있도록 돕는 일에 헌신한 상담자들이다. 수년 전에 레스와 나는 아시아 지역을 돌며 강연을 한 적이 있었다. 그래서 레스와 레슬리가 비행기를 갈아타기 위해 일본에 머물렀을 때 경험했던 장면을 쉽게 연상할 수 있다. 당시 그들 앞에는 국방부 장관 로버트 맥나마라가 앉아 있었다. 그는 존슨과 케네디 그리고 닉슨 행정부에서 일했던 사람으로, 미국이 베트남 전쟁에 개입하는 데 누구보다도 많이 관여한 인물이었다.

레스는 "그와 대화를 해야 할 것만 같은 어떤 느낌을 받아" 약 30여 분간 이야기하였다. 당시 맥나마라 씨는 많은 논란을 불러일으켰던 자신의 책 『회고록 In Retrospect』을 홍보하기 위해 여행하는 중이었다. 그는 그 책에서 이길 수 없었던 전쟁에 나라를 끌어들인 것은 실수였다고 고백하였다. 레스는 대화 도중에 왜 그처럼 자신에게 죄를 뒤집어씌우는 책을 썼느냐고 질문하였다. 그러자 그는 주저함 없이 이렇게 대답하였다. "이 세대가 내 실수에서 배우기를 원하기 때문입니다."[40]

결혼 예비상담 또한 여러 가지 면에서 이 세대가 우리의 실패들로부터 무언가를 배우도록 가르치는 작업이다. 상담자들은 대개 바쁜 사람들이다. 그들은 사람들로 하여금 문제 상황에서 벗어나 보다 효과적으로 살아가도록 가르치고 돕는 사람들이다. 그것은 아주 수고스럽고 어려운 작업이다. 도움을 필요로 하는 수많은 사람들에게 둘러싸여 있기 때문에 자칫하면 당장 절박한 문제가 아니면 무시하거나 소홀히 처리하기 쉽다. 그 결과 예방은 간과되고 새로운 문제들은 계속하여 발생된다. 이러한 문제들은 결국 나중에 상담을 통해 다루어져야 할 문제들로 발전한다.

결혼 예비상담이 처음 언급된 것은 대략 1928년으로 보인다.[41] 이후로 예방에 대한 상담자들의 관심은 점점 늘어갔다. 결혼 준비 분야만큼 예방 상담과 교육이 실질적으로 가능하고, 사회적으로 널리 수용되고, 중요하게 여겨지는 것은 없다. 이 분야에서 교회만큼 많은 경험이 있고 존중을 받는 곳도 없다. 이것은 비기독교인들에게도 마찬가지다. 기독교 상담자들은 결혼 예비상담이 실제로 효과가 있다는 것을 보여줄 책임이 있다. 그리고 어떻게 그렇게 할 수 있는지 보여줄 수 있어야 한다. 즉, 결혼과 가정생활의 어려움을 예상하도록 돕고, 효과적으로 의사소통을 하고 문제를 해소하는 방법을 가르치며, 성경에 나타난 하나님의 계획에 따라 결혼을 어떻게 발전시켜갈 수 있는지를 보여주는 것이다.

상담자들을 위한
요점 정리 28

■ 이 책에 제시된 대부분의 주제들과 달리 결혼 예비상담은 일차적으로 예방을 위한 것이다. 문제가 발생한 후에 하는 것이 아니라 그 전에 하는 것이다. 결혼 예비상담의 초점은 교육과 정보 제공에 있다. 기존의 상처를 치유하기보다는 두 사람이 앞으로 있을 수 있는 어려움을 헤쳐나갈 수 있도록 하나 되게 하는 것에 관심이 있다. 그렇지만 결혼식을 준비하는 일에 바빠 결혼 예비교육이나 상담을 받으려고 하는 사람들이 많지 않다.

■ 성경은 여러 곳에서 결혼에 대해 가르치고 있다. 하지만 현재 우리가 알고 있는 한 결혼 예비상담에 관한 성경적 사례는 없다.

■ 결혼 예비교육의 효과를 검증하는 신뢰할 수 있는 연구를 진행하기란 쉽지 않은 일이다. 하지만 다음과 같은 이유에서 결혼 예비상담은 가치가 있는 것으로 보인다.
　· 결혼 진행 속도를 늦추어 커플들로 하여금 자신들의 결혼에 대해 진지하게 생각할 수 있는 시간을 갖게 한다.
　· 결혼은 중요하며 가볍게 접근할 것이 아니라는 메시지를 전해준다.
　· 나중에 상담이 필요하면 어디로 가야 할지를 가르쳐준다.
　· 의사소통의 기술, 문제 해결과 갈등해소 방법 등을 훈련하여 나중에 발생할지 모를 결혼 생활의 균열이나 이혼의 위험을 줄인다.

■ 결혼 예비 상담자는 건강하지 못한 결혼을 초래하는 다음의 일곱 가지 요소들을 점검하고 대처하게 한다.
　1. 결혼에 대한 비현실적인 기대. 커플들로 하여금 현실적이지 않은 환상을 갖게 한다.
　2. 인격적인 미성숙. 다른 사람의 필요에 무감각하고 배려할 줄 모른다.
　3. 결혼에서의 역할 변화. 자신이 어떤 역할을 해야 할지 혼란스럽게 한다.
　4. 대안적인 결혼 형태의 수용. 전과 다른 결혼 형태가 널리 수용되면서 불확실성이 가중될 수 있다.
　5. 느슨해진 성적 기준. 비도덕적인 성적 행태를 초래할 수 있다.
　6. 결혼 경험. 근거 없는 자신감을 갖게 할 수 있다.
　7. 결혼에 위기를 야기하는 상황들.

■ 결혼 예비상담은 앞으로 발생할 수 있는 위험 요소들을 점검하고 그로 인한 어려움을 어떻게

예방할 수 있을지를 배우게 한다.

■ 커플들은 다음과 같은 경우 결혼 예비교육에 참여할 가능성이 크다.
· 상담에 대해 전반적으로 긍정적인 인식을 갖고 있다.
· 존경하는 사람이 상담을 추천한다.
· 자신들이 원하는 이슈들에 초점을 맞추어 상담이 전개될 것을 안다.
· 상담자 및 상담자가 가진 전문성과 경험을 인정한다.
· 과거의 관계에 대한 당혹스러운 비밀이 노출될 수도 있다는 것을 두려워하지 않는다.

■ 결혼 예비상담의 목적으로 다음과 같은 것들이 있다.
· 결혼에 대해 가르치기.
· 결혼할 준비가 되었는지 평가하기.
· 앞으로 있을 수 있는 문제 영역을 탐색하기.
· 결혼식 계획을 수립하기.

■ 결혼 예비상담은 여러 형태로 전개될 수 있다. 본 장에서는 여섯 회기로 구성된 한 가지 형태를 제시하고 있다. 사람들은 저마다 다 다르기 때문에 각 커플들의 특성에 맞는 대안적인 접근들에 대해서도 언급하였다.

■ 결혼 예비상담은 결혼 후 삶을 힘들게 하고 불만족과 비생산성을 초래할 수 있는 각종 결혼 문제와 개인적 갈등들을 예방할 수 있도록 돕는다. 이러한 모든 노력은 '만족스러운 결혼은 결혼식 이전에 시작된다'는 전제에 기초하고 있다. 가장 좋은 결혼 예비교육은 약혼하기 전에, 나아가 어른이 되기 전에 이미 시작된다.

■ 결혼 예비상담은 결혼의 과정에 입문하는 커플로 하여금 다른 사람들의 실수에서 배우고, 그러한 실수들을 피하며, 그 결과로 보다 나은 결혼을 할 수 있도록 돕는다.

29 >>
결혼과 관련된 문제들
Marriage Issues

    제프와 마릴린은 결혼한 지 18년 된 40대 초반의 부부다. 그들은 세 아이들의 학부모이자 여러 가지 바쁜 일로 시간에 쫓기는 생활을 하고 있었다. 투자 컨설턴트인 제프는 늘 일에 매달려 있었고 덕분에 성공적인 직장생활을 하였다. 그는 매일 밤늦게까지 일했으며 심지어는 주말에도 종종 일하곤 했다. 마릴린은 4학년 학생들을 가르치는 교사로 '우수 교사상'을 받을 정도로 유능한 사람이었다. 하지만 부부는 늘 시간에 쫓기는 생활을 하며 스트레스를 받았고, 무너지고 있는 자신들의 결혼 생활에 대해 상대방을 비난하기 일쑤였다.
    상담실에 앉으며 제프는 "아내는 항상 화가 나 있고 불평뿐입니다"라고 주장하였다.
    "당신도 나와 아이들에 대해 단 한마디도 긍정적인 말을 하지 않잖아요." 부인도 혐오스럽다는 듯이 되받아치며 말했다. "우리 가정을 어떻게든 지키려고 하는 사람은 나뿐이에요." 마릴린은 이내 남편의 잘못들을 열거하기 시작했고, 남편은 자신을 공격적으로 방어하고 있었다. 서로에 대한 불신, 실망, 고통의 해일이 방안을 가득 채웠다. 그러다가 마릴린은 상담자를 똑바로 쳐다보며 "상담이 도움이 되지 않는다면, 이제 우리는 끝이에요"라고 말하고는 입을 다물었다.
    제프와 마릴린의 결혼 생활이 항상 이런 것은 아니었다. 결혼식 당시 그들은 주례자 앞에 나아가는 다른 신랑신부처럼 서로 깊이 사랑하고 행복에 넘쳐서 성공적인 결혼 생활을 기대했었다. 그러나 다른 많은 사람들처럼 이 부부의 결혼 생활도 서서히 무너지기 시작했다. 어떤 상담자들은 부부에게 처음의 결혼 생활은 어땠는지 그리고 이런 변화를 가져온 이유가 무엇인지 알아내려고 할지도 모른다. 이것이 도움이 될 수도 있지만 이 부부가 만난 상담자는 다르게 접근했다. 많은 부부들이 결혼을 자신들의 개인적인 필요를 해결하는 방편으로 보지만 이 상담자는 결혼 생활이 제3의 어떤 존재와 같다고 말했다. 즉, 결혼 생활 자체가 제프처럼 혈기왕성한 사람, 또는 마릴린같이 수년 동안 책임감 있게 살아온 사람과 같다고 언급했다. 그는 각자에게 결혼 생활이 어떤 사람처럼 보이는지 묘사해보라고 했다.
    "이 사람은 강제수용소에서 살아남은 생존자들처럼 수척하고 겁먹은 것처럼 보입니다"고 제프가 먼저 말하기 시작했다. "그 눈은 나를 계속 보면서 뭔가를 해 달라고 애원하고 있습니다." 마릴린은 '금발에 더러운 얼굴, 누더기 옷을 걸치고 눈물을 흘리는 소녀'를 연상하였다. 상담자는 부부가 묘사했던 버림받고 궁핍하게 살아온, 사실상 오랫동안 무시되어온 관계를 가진 '이 사람'을 돌볼 의지가 있는지 물었다. 그들 모두는 무엇을 해야 할지에 대한 약간의 주저함과 저항이 있었지만 그러한 의지가 있다고 동의했다.

그래서 상담자는 이후 수개월 동안 제프와 마릴린이 서로를 헐뜯으면서 비난하지 않고 의사소통하는 것과 잃어버렸던 존경과 신뢰를 회복하는 것, 서로의 관계를 분리시켰던 갈등을 다루는 것을 배울 수 있도록 도와주었다. 그리고 부부의 결혼 생활과 같았던 수척하고 쇠약한 사람이 다시 일어서고 회복되도록 해주었다. 시간이 지날수록 그들은 상담자가 말한 자신들의 관계를 위해서 개인적인 희생을 하는 '놀라운 아이러니'를 보기 시작했다. 둘은 모두 정서적으로 풍부해졌고 영적인 성장을 할 수 있게 되었다. 결혼 생활도 서서히 나아졌다. 그들은 서로에게 좀 더 주게 되었고 상대방을 위해 좋은 일을 할 때마다 관계가 더 좋아진다는 것을 실천을 통해 알게 되었다. 그 결과 전에는 수척하고 겁먹은 사람이요, 초라한 소녀와 같던 그들의 결혼 생활이 더욱 건강해지기 시작했다.[1]

제프와 마릴린이 기독교인 상담자를 만났거나 기독교적인 결혼 생활을 했다는 증거는 없다. 그들은 자신들의 경험을 통해 수많은 사람들이 알게 된 것을 배웠다. 곧 결혼 생활은 해체될 수 있으며, 결혼상담을 통해 이 과정을 되돌릴 수도 있다는 것이었다. 결혼이 안정된 체제가 아니라는 것은 이미 잘 알려진 사실이다. 적어도 서구 사회에서는 그렇다. 따라서 이들의 경험은 좋은 소식이다. 오늘날 이혼율은 여전히 높은 상태다. 많은 부부들이 함께 살아가지만, 제프와 마릴린처럼 갈등으로 점철된 부부생활을 하고 있거나 행복하지 않은 생활을 그럭저럭 유지하며 살아가고 있다.

어려움에 처한 결혼 생활과 이들을 어떻게 도울 수 있을지 살펴보기 전에 잠시 다음과 같은 긍정적인 사실부터 짚고 넘어가는 것이 좋겠다. 곧, 많은 사람들이 여전히 행복하고 건강한 결혼 생활을 하고 있다는 사실이다. 어떻게 이렇게 살 수 있는지에 대해서는 오랫동안 결혼 생활을 해온 사람들조차도 분명하게 말해주지 못한다. 연구자들이 이에 대해 도움을 주지 않고 대부분의 과학적 연구들이 결혼 생활의 갈등을 다루어왔기 때문이다. 결혼 생활을 더 강하게 유지시켜주는 수많은 세미나와 자립적이고 인기있는 책이 있지만 연구팀은 건전한 관계의 연구를 무시하는 경향이 있었다.[2] 수년 전에 『오늘의 심리학 *Psychology Today*』이라는 잡지에서 적어도 15년 이상 결혼 생활을 하며 자신의 결혼 생활이 행복하다고 여기는 300쌍의 부부들을 조사한 바 있다. 응답자들은 배우자에 대한 긍정적인 태도를 가지고 배우자를 인생의 가장 좋은 친구로 보는 것이 중요하다는 사실에 동의하였다. 이 부부들은 배우자를 자신들의 건강에 대해 관심과 애정을 갖고 보살피며, 더 많이 베풀려고 하고 개방적이며 신뢰할 만하며 의기소침하거나 어두운 생각에 빠져들지 않는 사람으로 묘사했다. 이들은 결혼을, 어려운 때도 함께하며 발전시켜가야 할 어떤 것으로 보았다. 같은 인생의 목표를 가진 부부들은 결혼 생활을 성공적으로 만들고자 하는 열정을 지녔으며 웃고 즐기는 법을 알고 있었다. 놀랍게도 행복한 결혼 생활을 하는 부부들 중 행복한 결혼 생활의 요소로 만족스런 성관계를 언급한 부부는 10%도 되지 않았다.[3]

이러한 결론들은 벌써 20년도 더 된 것이고 일부 사람들에 국한된 것이었다. 그러나 시간이 지나면서 결혼 생활에 대한 헌신은 보편적이지 않은 일이 되었다. 불행한 결혼 생활을 하는 사람들이 늘어나기 시작하였다. 그래서 많은 부부들이 결혼 생활의 갈등이 너무 심하여 조정할 수 없을 때는 이혼을 하나의 편리하고도 가능한 탈출구로 여기게 되었다. 높은 관심을 끌어온 부부들, 특히 대중 스타들의 파경은 결혼을 유지하고 지키기 위해 필요한 헌신의 중요성을 격감시켰다. '조정할 수 없는 차이'는 이혼의 요인으로 나타나고 있으며 부부 중 한쪽이나 양쪽 모두 더 이상 결혼 생활을 유지하고 싶은 마음이 없다고 단순하게 결정하는 경우에 즉시 합법적으로 결혼 생활을 종결지을 수 있는 무과실 이혼이 허가되었다. 하나님에 의해 창조된 영원한 연합인 결혼이 점점 더 일시적이고 편리한 제도로 다루어지고 있는 것이다.

이러한 문화적 태도는 오늘날 결혼에 가해지는 압박들과 그로 인한 스트레스와 함께 상담자의 주의를 끌게 하는 문제들을 자주 발생시킨다. 부부가 그들 간의 갈등을 해결하고 좀 더 나은 결혼 생활을 할 수 있도록 도와주는 것은 쉬운 일이 아니다. 하지만 개인 상담실을 운영하는 상담자들의 약 80%가 결혼 생활의 문제를 가진 부부들을 상담하고 있는 것으로 추정된다.[4] 부부들을 상담하는 목회자의 비율은 아마도 이보다 더 높을 것이다. 어려움에 처한 부부들을 돕는 것이 어려운 작업이기는 하지만 그것은 모든 상담 경험 중에서 가장 보람있고 보상이 넘치는 수고일 수 있다.

• 성경과 결혼 문제

결혼은 성경에서 다루고 있는 첫 번째 주제의 하나로[5] 구약성경을 통해 자주 언급되고 있으며, 신약성경에서는 좀 더 깊이 다루어지고 있다. 결혼의 목적, 남편과 아내의 역할, 성의 중요성, 부모의 책임 등이다.[6] 결혼의 실패는 구약의 율법에 언급되어 있고 예수님과 사도 바울의 이혼에 대한 논의에서 보다 더 상세하게 다루어져 있다.[7]

성경은 여러 곳에서 결혼에 대한 언급을 하고 있지만 문제에 처한 결혼 생활을 돕는 방법들에 대해서는 거의 언급하고 있지 않다. 성경은 배우자를 찾는 일이 좋은 것이며, 이는 마치 보물을 찾는 것과 같다고 말한다.[8] 그리고 배우자와 함께 인격적이고도 성적인 관계를 즐기도록 격려하고 있다.[9] 잠언에서는 다투기를 좋아하고 불평에 가득 찬 배우자와 사는 일이 얼마나 어려운가를 실감나게 이야기하고 있다. 다투는 배우자는 "비 오는 날에 이어 떨어지는 물방울이라"고 말한다. 그 불평을 중지시키려고 하는 것은 마치 "바람을 제어하는 것 같고 오른손으로 기름을 움키는 것 같으니라"고 묘사한다.[10] 남편이나 아내 또는 둘 다 이와 같다면 결혼 상담의 어려움이 얼마나 클지 상상해보라. 성경이 좋은 결혼 모델을 보여주고 있을지라도 롯, 아브라함, 야곱, 욥, 삼손, 다윗 등 많은 이들이 종종 결혼 생활의 갈등을 겪었다는 증거가 있다.[11] 성경은 이러한 사실들을 솔직하게 인정하지만, 결혼 생활의 문제들 자체에 대해서는 구체적으로 분석하고 있지 않다.

우리가 기억해야 할 것은 결혼 생활의 갈등이 흔히 표면적으로 나타나는 결혼 생활의 어떤 것들보다 좀 더 깊은 증상이라는 점이다. 즉, 이기심이나 사랑의 결핍, 용서하지 않으려는 마음, 분노, 원한, 의사소통의 문제, 불안, 성적 학대, 물질 남용, 열등감, 죄, 하나님의 뜻에 대한 고의적인 거부 등과 관련이 있다. 이러한 것들은 결혼 생활에 긴장을 일으킬 수도 있고 남편과 아내의 갈등에 의해 영향을 받을 수도 있다. 성경은 결혼 생활의 갈등에 대해 직접적이고도 구체적으로 다루고 있지는 않지만 결혼 문제들의 이면에 있는 이슈들에 대해서는 자세하게 다루고 있다. 이와 관련된 많은 주제들이 이 책의 여러 곳에서 논의되고 있다.

• 결혼 문제의 원인들

창세기 2장 24절은 결혼에 대해 "남자가 부모를 떠나 그의 아내와 합하여 둘이 한 몸을 이루는 것"이라고 묘사하고 있다. 수세기 동안 수백만의 설교가 이 부분을 중심으로, 특히 세 개의 동사에 초점을 맞추어 이루어졌다. 이 세 동사들은 남자가 떠나는 것, 부부가 연합하는 것, 두 사람이 하나가 되는 것이다. 흔히 이것은 결혼의 세 가지 목적이라고 볼 수 있다.

떠나는 것은 부모로부터의 분리이며, 결혼이라는 공개적이고 합법적인 연합을 통해 남편과 아내의 관계로 나아간다는 것을 의미한다. 부부가 이렇게 공개적인 헌신을 할 때 두 사람의 헌신적인 관계를 구축하는 분명한 이유가 생기게 된다. 연합하는 것은 둘이 "접착제로 붙인 것처럼 들러붙는다"는 의미를 가진 히브리어에서 유래되었다. 접착제로 붙여진 두 종이와 같이 부부는 어느 한 쪽이 찢어지지 않는 한 결코 분리될 수 없는 존재가 되는 것이다. 부부가 서로 사랑하고 가까워지면서 신뢰할 때 이 결합은 더욱 강화되고 지속된다.

하나가 되는 것은 육체적인 성관계를 포함하지만 그 이상을 의미한다. 그것은 두 사람이 자신들의 꿈과 소망, 두려움, 물질적 소유, 생각, 감정, 기쁨, 어려움, 성공과 실패를 같이 공유하는 것이다. 이는 두 인격체가 서로 짓눌려지고 뭉개져서 각각의 독특성이 사라지는 것을 의미하지 않는다. 각자의 독특한 인격과 특성들이 유지되지만 보다 완전한 관계를 이루기 위해서 배우자와 함께 파트너가 되는 것이다.

오늘날 이런 생각은 일반적이거나 인기가 있는 것은 아니다. 몇 년 전 한 잡지사에서 실시한 비공식적인 조사에 의하면, 사람들은 행복과 잠재력을 일깨우고 경력을 쌓고 충족된 삶을 살 수 있는 기회를 원한다. 그런데 이런 자기중심적인 목표들이 달성되지 않을 때 사람들은 이혼을 하나의 대안으로 여기는 것으로 밝혀졌다. 이것은 현재도 여전히 사실이다. 기독교 상담자인 레스와 레슬리 패로트 부부는 자신들이 저술한 『행복한 결혼에 나쁜 일들이 생길 때 When Bad Things Happen to Good Marriages』라는 책에서,[12] 대부분의 결혼 생활은 좋은 출발을 보이지만 곧 "나쁜 상황에 부딪히게 된다"고 쓴 바 있다. 패로트 부부의 분석에 근거하여 결혼 생활의 문제들을 다음의 세 가지 범주로 나누어 제시한다.

1. 부부를 놀라게 하는 것들

이러한 것들은 서로에 대해 잘 알지 못한 채로 결혼한 부부들에게 해당될 것이다. 하지만 결혼 전에 오랫동안 교제하거나 약혼했던 부부들에게도 그들을 놀라게 하는 일들이 발생할 수 있다.

(a) 충족되지 않는 기대 : 이전 장에서 언급한 대로, 사람들은 결혼 생활 초기에 자신들의 기대가 서로 충돌하며 충족되지 않는다는 것을 경험하곤 한다. 남편과 아내 모두는 결혼 생활에 대해 자신들의 부모나 친구들의 결혼 생활로부터 배워왔다. 보통 결혼한 새 배우자들은 결혼 생활을 이끌어가는 방법들과 일상적인 일들을 나름대로 가지고 있고 이것은 다른 배우자의 생활방식과 부딪칠 수 있다. 서로 어떤 복잡한 일로 인해 놀랄 수도 있지만, 매일 밤 남편의 품에서 잠들기 기대하는 아내나 밤늦게 텔레비전 쇼를 보면서 광고방송 동안 소파에서 잠들어버리는 남편처럼 간단한 일로 인해 그럴 수도 있다. 부부들은 생일을 축하하는 방식이나, 주말에 어떻게 시간을 보내고 돈을 소비하는지, 집에서 역할분담을 어떻게 할 것인지에 등에 대해 서로 기대하는 바가 다를 수 있다. 이 같은 다양성이 무시될 때 부부들은 좌절하게 되고 문제들을 다룰 수 없을 정도로 힘들어진다.

(b) 실망스러운 성생활 : 모든 부부들은 성에 대한 어느 정도의 두려움과 불확실성을 갖고 결혼 생활을 시작한다. 이것은 성 경험이 있는 사람들에게도 마찬가지다. 그리고 동시에 성적인 생활이 흥미롭고 끊임없이 만족을 줄 거라는 희망과 기대감도 동시에 가지고 있다. 그러다가 제20장에서 논의한 대로 성적

인 어떤 어려움에 처하게 되는데 그것은 정확한 지식의 부족, 적절한 수행 능력의 부족, 성에 대한 억압적 태도, 성적 욕구의 차이, 사생활에 대한 불충분한 기회, 비현실적인 기대감 등으로 말미암아 발생하며, 이런 과정에서 서로 놀라게 된다. 또한 조바심, 불감증, 발기부전증, 배우자의 과거 성 경험에 대한 발견이 부부 사이에 기대되는 친밀감을 방해한다. 이것은 부부 사이에 긴장감을 형성하고 자연스런 성적 기능을 저해하는 요소로 작용한다. 바쁜 생활방식, 배우자가 느끼는 무감각, 그 밖의 결혼 생활의 갈등으로 인해 부부들은 놀라고 성생활에 방해를 받게 된다. 이러한 문제들이 해결되지 않으면 결혼 생활은 거의 예외없이 어려움에 직면하게 된다.

(c) 잘못된 의사소통 : 의사소통의 문제는 많은 전문 잡지들에서 가장 공통적으로 부부 불화의 원인으로 꼽는 요소다. 사람들은 결혼하기 전에 교제하면서 서로를 알아갈 때는 의사소통에 거의 어려움을 겪지 않는다. 하지만 두 사람이 함께 살아가면서 상황은 달라지기 시작한다. 놀랍게도 사람들은 어떻게 하면 명료하고도 효과적으로 의사소통을 할 수 있는지 배운 적이 없다. 결혼 문제는 바로 이러한 사실에서 비롯된다.

의사소통의 핵심은 메시지를 보내고 받는 것이다. 메시지는 언어적으로(말) 혹은 비언어적으로(몸짓, 목소리, 얼굴 표정, 기록된 글, 컴퓨터 화면의 영상, 행동, 선물, 심지어는 침묵 등) 전달된다. 언어적인 것과 비언어적인 것이 모순될 때 이중 메시지가 되어 혼동을 일으키고 의사소통이 단절된다.

예를 들어, 아내가 "나는 당신이 출장을 가든지 말든지 상관없어요"라고 이야기할 때 억양이 낮고 말에 힘이 없으면 "나는 사실은 당신이 가지 않기를 원해요"라는 뜻으로 볼 수 있다. 반대로 남편이 "나는 당신을 사랑해요. 당신과 함께 시간 보내기를 원하오"라고 말하면서 집에 있지도 않고 아내와 함께 외식도 하지 않는다면, 혹은 자신의 사랑을 보여줄 어떤 것도 하지 않는다면 아내는 혼동된 이중 메시지를 받게 된다. 바람직한 의사소통은 언어적인 내용과 비언어적인 내용이 일치해야만 하는 것이다.

효과적인 의사소통은 메시지를 받는 사람이 그 메시지와 동일한 메시지를 받을 때 가능해진다. 예를 들어 남편이 아내를 사랑하기 때문에 아내에게 새 세척기를 사주었다고 가정하자. 그런데 아내는 남편이 그녀에게 사랑한다는 말을 한 적이 없기 때문에 자신이 사랑받는다고 믿지 않는다. 심지어 남편이 어떤 일을 잘못했기 때문에 세척기를 사주는 것으로 의심할 수도 있다. 그러면 전달한 메시지(세척기 선물에 담긴 사랑)가 받아들여진 메시지와 일치하지 않으므로 의사소통의 불일치가 일어난다. 이 모든 것은 부부들이 상호작용하는 방식에 따라 복잡해진다. 연구에 따르면 의사소통의 내용은 의사소통의 전달방식보다 중요하지 않다고 한다. 효과적으로 의사소통하는 행복한 부부들은 관계의 가치와 중요성을 알기에 부정적이거나 심한 말을 피한다. 반면 불행한 부부들은 서로를 존중하지 않는다. 그들은 "서로에게 함부로 대하고 서로를 향해 혹은 그들의 관계를 위해 긍정적인 말을 찾으려고 노력하지 않는다." 이러한 모습의 결혼 생활은 오래가지 못하고 깨지기 쉽다. 상담자들은 남편과 아내가 자신들을 분리시키는 문제들에 대해 많은 말을 하지 않더라도 금방 이것을 알아차릴 수 있다.[13]

우리는 이따금씩 배우자와의 사이에 발생하는 의사소통의 불일치가 불가피하고 놀랄 만한 일도 아니라는 사실에 동의한다. 그러나 이런 의사소통의 불일치가 분명한 의사소통보다 더 빈번하다면 결혼 생활은 심각한 문제를 초래할 수 있는데 그것은 부족한 의사소통이 그 이상의 문제를 낳는 경향이 있기 때문이다. 이것을 염두에 두고 좋은 의사소통이 어떠한지 기억하도록 하라. 부부는 자신들의 의사소통에 문제가 있다는 사실을 알고 놀랐을 때 의사소통을 더 잘 배울 수 있다. 한 예로 처음에 이야기했던 제프와 마릴린의 경우도 마찬가지다.

(d) 건강하지 못한 관계 : 다른 사람과 가까워진다는 것은 모험적인 일이다. 우리는 다른 사람과 친밀한 관계를 갖게 되면서 우리의 불안정성과 약점들을 드러내고, 그로 인해 그들로부터 비난받고 거절당할 수 있는 가능성에 우리 자신을 열어놓게 되는 것이다. 우리 대부분은 자신을 방어한다는 것이 무엇인지를 안다. 따라서 그러한 상황에서 자신을 드러내고 다른 사람을 신뢰한다는 것은 그리 쉬운 일이 아니다. 비록 그 사람이 자신의 배우자라고 할지라도 말이다.

결혼에 있어서 건전치 못한 관계는 대개 두 가지 방향 중 하나로 진행된다. 즉, 남편이나 아내가 서로 소원해지거나 하나로 합쳐지는 것이다. 이것이 극단적으로 전개되면 어느 것도 바람직하지 않다. 부부가 서로에게 소원해질 때 이 과정은 처음에는 인식하지 못할 만큼 서서히 진행된다. 각자는 상대방과 독립적으로 삶을 보기 시작하고 다른 목표와 소망을 품게 된다. 비판적이고 방어적이며 서로를 비하하고 사소한 일에도 관여하는 경향이 증가한다. 방어적이고 자기중심적인 태도가 발달할수록 긴장감이 형성되고 서로를 더 멀리 밀어내게 된다.

반대로 어떤 부부들은 서로의 삶과 인격이 너무나 결합되어 있어서 떨어질 수 없는 관계로 합쳐져 있다. 그렇기 때문에 양 배우자는 자신들의 정체성을 잃고 꼼짝할 수 없는 기분을 느낄 수도 있다. 한 배우자가 다른 배우자를 너무 압도한 나머지 당황, 억압, 패배감 같은 감정을 느끼는 경우도 있다. 결혼 생활에 문제가 있을 때 부부들은 대개 뒤로 물러서거나 자신의 개인적 필요가 무엇인지, 무엇이 잘못되었는지, 무엇이 갈등을 야기하는지 등에 대해 알아보려고 하지 않는다. 그러다가 그런 숨막히는 관계에서 벗어나려고 하면 언어적 혹은 신체적 폭력이 따르게 된다. 기독교인들은 때로 성경의 가르침에 따라 "한 몸으로 연합"되고자 상대방에게 자신을 내어주어야 한다고 생각한다. 이러한 현상은 하나됨이 하나님이 각자에게 주신 은사나 인격적인 특성, 개별성을 억압하는 것이 아님을 인식하지 못하기 때문에 발생하는 것이다. 남편과 아내가 서로의 독특성을 존중하고 파트너 관계로 나아갈 때 서로를 놀라게 하는 일들은 줄어들게 될 것이다.

(e) 지혜롭지 못한 선택들 : 우리의 인생과 관계는 많은 경우 우리가 어떤 선택을 하느냐에 따라 달라진다. 어리석은 선택은 우리의 경력을 허물어뜨리고 결혼 생활을 무너지게 한다. 이제 잠시 자신의 과거 선택이 좋은 면에서든 나쁜 면에서든 자신의 삶을 어떻게 만들어왔는지 성찰하는 시간을 가져보자. 그리고 다음과 같은 선택이 의미하는 바를 생각해보라.[14]

- 부부가 각자 신용카드로 많은 돈을 쓰고 배우자에게는 이러한 선택을 비밀로 한다.
- 남편은 매일 밤늦게까지 일하는 것이 자신의 결혼 생활과 가족의 삶을 방해한다는 것을 알지만 승진을 위해 계속 그렇게 하기로 결정한다.
- 배우자가 아닌 다른 사람과 낭만적인 관계를 맺고 이 사실을 비밀에 붙이기로 선택한다.
- 아내는 자신의 어머니나 친한 친구에게 결혼 생활에 관한 것들을 이야기하는 것이 남편을 화나게 하는 것임을 알면서도 이를 선택한다.
- 건강에 해롭다는 수많은 경고에도 불구하고 나쁜 건강 습관을 고집하기로 선택한다.
- 어려운 문제가 발생했을 때 그것이 저절로 해결되거나 사라지기를 바라면서 함께 논의하지 않기로 선택한다.

때로 선택은 신중한 고려 없이 순간적으로 이루어진다. 복잡한 도로에서 갑자기 차선을 바꾸는 선택을 하여 심한 사고를 당한 운전자의 경우가 그렇다. 한편 많은 생각과 기도를 통해 신중하게 결정을 할 때도 있다. 어느 경우에든 우리는 깜짝 놀랄 결과를 경험할 수 있다. 그리고 그 결과가 오랫동안 지속될 수 있다. 이때 상담자들은 부부들이 과거의 선택을 평가하게 하고, 그릇된 선택에 대처할 수 있도록 하며, 앞으로 더 좋은 선택을 할 수 있도록 도와줄 수 있다. 많은 경우 긍정적인 결혼 생활과 좋은 자녀 양육은 바람직한 선택의 결과다.

(f) 비밀들 : 모든 결혼한 사람은 관계 안에 자기 나름의 비밀을 가져온다. 비밀은 개인적인 것("나는 친밀감이 두려워요", "나는 동성애에 대한 욕구로 힘들어요."), 현재에 뿌리내리고 있는 것, 혹은 과거("아버지는 나를 학대했어요")에 뿌리내리고 있는 것들일 수 있다. 대부분 비밀은 우리 자신들에 관한 것이지만 배우자에 관한 것("말은 하지 않았지만 배우자가 외도를 했다는 것을 알아요"), 다른 사람에 관한 것("우리 결혼식에서 가장 멋있는 남자가 알코올중독으로 힘들어한다는 것을 알아요")일 수도 있다. 어떤 비밀들은 밝혀진다면 관계를 해칠 수도 있기 때문에 묻어둘 수 있지만 어떤 것들은 드러나고 고백된다. 비밀을 밝히는 것은 고통스러울 수 있지만 관계를 바로 세우는 데 유익할 수도 있다. 이따금 자신의 아내나 남편이 감추기를 원하거나 깨닫지 못하는 비밀이 있다는 것을 알아차리는 경우도 있다. 내 아내는 나에 관해서 내가 보지 못하는 것들을 본다. 이를테면 내 삶의 부정적인 특성들이나 다른 사람과 관련해서 건강하지 못한 면들을 본다. 내 아내가 나의 약점을 부드럽게 지적해준다면 나는 아내의 관찰을 통해 더 좋은 남편이요, 더 좋은 아버지가 될 수 있다. 하지만 많은 부부들에게 있어 약점들과 비밀은 사려 깊지 못한 방법으로 다루어지기 때문에 부부 관계에서 성장보다는 각종 문제를 야기한다.

2. 부부 사이를 해치는 것들

부부들은 결혼과 함께 서로 다른 인생 태도와 자신만의 비밀, 20여 년 동안의 경험들 및 서로 다른 관점들을 가지고 함께 살기 시작한다. 그런데 대개의 경우 이러한 차이점들을 잘 나누지 않는다. 설령 타협과 양보를 통하여 해결하려고 해도 여전히 상호간의 차이를 극복하는 데 어려움을 겪을 수 있다. 만약에 어떠한 변화가 일어나는 것을 꺼리고 서로의 관점에 대해 무관심하거나 차이 인정을 거부한다면 문제는 더욱 복잡해질 수 있다. 그런데 문제는 이러한 긴장감이 결혼 생활에 조용히 들어와서 무슨 일이 일어나는지 알기도 전에 부부관계를 해칠 수 있다는 점이다. 그러한 이슈들로 다음과 같은 것들이 있다.

(a) 바쁨 : 수년 전에 내가 분주한 현대인들에 관한 책을 하나 쓴 적이 있다. 『숨 가쁘게 바쁜 삶 : 시간에 쫓기는 날들을 보람 있는 삶으로 바꾸기 *Breathless: Transform Your Time-Starved Days into a Life Well Lived*』[15]라는 이 책은 별로 팔리지 않았는데 사람들이 너무 바빠 책을 사서 읽을 시간이 없었기 때문일 것이다. 당시에 나는 스스로도 이 책을 쓴 것에 대해 의아하게 생각하였다. 그때 내 생활은 책을 쓰는 것 외에도 숨쉴 수 없을 만큼 바빴고 그로 인해 결혼 생활이 방해받고 있었기 때문이다. 우리는 누구나 바쁘다는 것이 무엇을 의미하는지 너무나도 잘 알고 있다. 그것은 어떤 전문 지식이나 상세한 설명이 필요 없는 많은 이들의 공통된 문제다. 생활이 너무 바빠지면 결혼 생활과 다른 관계들이 고통을 겪는다. 저마다 자신의 시간이나 직장, 가족, 생활 스케줄을 관리하려고 노력하지만 그럼에도 불구하고 자칫하면 분주한 삶의 와중에서 배우자를 잃을 수도 있다. 대부분의 결혼 상담에서 바쁜 생활로 인한 어려움을 겪는 부부

들을 보게 된다.

바쁜 생활 가운데 불만을 쏟아내고 짜증을 낼 때 결혼 생활은 어려움을 겪을 수 있다. 바쁜 사람들은 피곤해지고 인내가 부족해지기 쉽다. 해야 할 많은 일들과 시간에 쫓기는 삶에 짓눌려 부부는 늘 급하고 충동적이고 종종 지쳐 있다. 성적인 관계는 한쪽으로 밀려나거나 잠시 멈추어지고, 의사소통하기 위해서 잠깐 동안이라도 배우자나 하나님과 같이 있는 시간을 내지 못한다.

(b) 역할 혼동 : 우리는 전통적 남녀역할에 대한 재평가가 이루어지고 있는 시대에 살고 있다. 남편과 아내의 역할들이 잘 정의되고 모든 사람들에게 받아들여지고 있는 나라들도 있지만 아직도 남편 혹은 아내가 된다는 것이 무엇을 의미하는가에 대한 갈등이나 혼동이 존재한다. 의견들이 다양화되고 너무나 빨리 변하기 때문에 사회도 방향 설정을 해주기가 쉽지 않다.

성경은 이러한 요소들에 대해 훨씬 더 분명한 입장을 보여준다.[16] 하지만 남편과 아내의 역할에 대한 성경 해석에 있어서 많은 차이들이 존재한다. 그 결과 서로 일치점을 찾지 못하고, 경쟁적인 태도나 위협감을 느끼기도 한다. 이러한 긴장이나 갈등은 대개 아내의 태도나 활동에 대한 본질과 정도의 문제에 집중되곤 한다.

(c) 융통성의 부족 : 여러 번 언급한 대로 남자와 여자는 서로 다른 개성을 가지고 있는 상태로 결혼 생활을 시작하게 된다. 때로 이러한 인격의 차이는 서로 보완되고 한데 섞여 조화로운 관계를 형성한다. 부부는 결혼 생활을 하면서 나름대로의 독특한 성격을 갖게 되는데 모든 결혼관계에는 다 강점과 약점들이 있기 마련이다. 부부가 경직된 태도를 보이거나 변화를 원하지 않을 때 혹은 그것을 완강하게 거부할 때 어려움에 처할 수 있다.

부부가 처음 결혼할 때는 대개 흥분과 열정 그리고 이상적인 생각을 갖고 결혼에 임한다. 그리고 시간이 흘러 점차 나이가 들고, 직장에서 승진하며, 자녀를 낳고 키우게 된다. 이 과정에서 건강한 결혼관계를 유지하려면 부부는 변화와 성숙을 경험해야 한다. 그런데 부부가 너무 바쁘거나 경직되어 자신들의 관계를 발전시키고 풍부하게 하려는 노력을 하지 않는다면 대개의 경우 문제가 발생하기 쉽다.

(d) 종교 : 성경은 기독교인과 비기독교인이 결혼하여 함께 살 때 발생하는 문제들에 대하여 경고하고 있다.[17] 대부분의 상담자들은 신앙적인 관심이나 헌신의 정도, 좋아하는 교파, 자녀의 신앙교육에 대한 기대 등에 차이가 있는 경우에 긴장이 나타난다고 이야기한다. 긴장을 초래하는 차이점들은 친구 선택, 윤리관, 기부금의 사용, 주말 시간 사용 등의 영역에 영향을 미친다. 종교는 결혼 생활에 있어 부부를 단결시키고 강화시켜주는 힘이 되지만 부부가 서로 다른 시각을 가지고 있으면 파괴적인 요소가 될 수도 있다.

(e) 가치관의 차이 : 우리는 어떻게 시간과 돈을 쓸 것인가? 우리 삶의 목적은 무엇인가? 이러한 질문들은 삶에 있어 중요한 가치들이다. 부부가 비슷한 가치를 가진다면 결혼 생활은 건강하고 성장할 것이다. 가치가 충돌한다면 관계는 상호비난, 힘겨루기 같은 긴장감을 일으킬 것이다. 가치의 갈등은 많은 결혼 생활의 문제들에 있어 주요한 부분이다. 그것들은 조용히 들어와 안정감을 깨뜨리고 부부 사이에 갈등을 일으킨다.

다음에 제시된 몇 가지 가치 선택이 결혼 생활에 어떻게 갈등을 일으킬 수 있는지 생각해보라.

- ■ "신용카드를 절대 사용해서는 안 된다." vs "중요한 물품 구매나 재정적인 위기를 극복하기 위한 경우에는 신용카드를 사용할 수 있다."

- "이혼은 결코 옳지 않다." vs "결혼 문제가 힘들 경우 때로는 이혼이 최상의 해결책일 수 있다."
- "주일에 교회에 빠져서는 안 된다." vs "때로 예배를 빠지는 것은 괜찮다."
- "직업적 성공은 인생의 중심되는 부분이다." vs "가정이 성공적인 경력보다 더 중요하다."
- "낙태는 살인이기 때문에 항상 잘못된 것이다." vs "특정 상황이나 대상에 따라 낙태는 허용될 수 있다."
- "아이들에게 영적인 확신과 가치를 가르쳐야 한다." vs "아이들에게 자신들의 신앙을 선택할 자유를 주어야 한다."

이러한 가치관들은 많은 경우 사람의 존재에 있어서 중심적인 부분이 된다. 이러한 것들을 강하게 붙잡고 있을 때, 다른 사람들과의 관계나 행동에 영향을 끼치기도 한다. 아울러 자신이 붙잡고 있는 이러한 신념들이 배우자에 의해 도전받을 때 관계 갈등을 야기하는 강한 원인이 되기도 한다.

(f) 필요의 충돌 : 심리학자들은 그동안 한 세기도 넘게 인간의 필요에 대한 본질과 존재에 대해 논쟁을 벌여왔다. 우리는 음식, 휴식, 공기, 고통으로부터의 해방을 필요로 한다는 것에 동의한다. 이외에도 사랑, 안전, 타인과의 접촉 등 심리적 필요를 가지고 있다. 각 개인에게 독특한 지배, 통제, 소유, 성취, 도움, 타인을 구하고자 하는 욕구들도 있다. 한쪽 배우자가 지배하고자 하는 욕구를 갖고 있고 다른 쪽은 지배받기를 원한다면 조화를 이룰 수 있다. 그러나 남편과 아내 모두가 지배하고자 한다면 이로 인해 갈등이 초래될 수 있다. 예를 들어 부부 모두가 자신의 경력과 성공을 위해 몰두한다면 부부관계에 갈등이 일어날 수 있다. 더 나은 조건의 직장을 위해 온 가족이 이사를 해야 할 경우 배우자는 그것에 반대한다면 문제가 생길 수 있는 것이다.

(g) 성격 차이 : 결혼은 총체적으로 조화되지 못할 것 같은 두 인격체의 결합이다. 예를 들어 외향적이고 사교적인 사람이 수줍어하고 과묵한 사람과 결혼하거나, 돈을 쓰는 데 신중하고 검소한 사람이 돈을 소비하는 데 구애받지 않는 사람과 결혼한 경우다. 이러한 상황에서 한쪽이 다른 사람의 부족한 면을 보완해주면 좋은데, 문제는 이러한 차이가 부부 사이에 몰래 들어와서 관계를 해치는 갈등을 일으키기도 한다는 것이다. 한 배우자가 욕구나 유혹, 태도, 감정을 나누는 데 개방적이고 자유로운 반면 다른 배우자는 그것들을 마음에 품고 있을 때 의사소통의 문제와 가치 차이를 야기할 수 있다. 오랜 기간에 걸쳐 수백 명의 부부를 연구한 결과 건강치 못한 차이들은 종종 부부를 결혼 생활의 불안정, 고통, 그리고 이혼으로 이끌어왔다. 부부들은 결혼을 약속할 때 이러한 특성들을 인식하면서도 흔히 무시하고 결혼을 강행한다. 그러다가 시간이 지나면서 이러한 차이들은 관계의 수면 위로 부상하고 불행한 결혼 생활로 연결되기도 한다.[18]

(h) 돈과 빚 : 다음의 질문들을 생각해보라. 가정의 재정을 어떻게 충당할 것인가? 누가 돈을 관리하는가? 누가 지출해야 할 돈들을 지불하는가? 가정의 재정을 어떻게 사용하는가? 정말로 필요한 것은 무엇이고, 단순히 원하는 것은 무엇인가? 예산 책정이 필요한가? 교회나 자선단체에 얼마나 헌금할 것인가? 가계 재정이 부족할 경우에 어떤 일이 일어날 것인가? 빚 문제를 어떻게 할 것인가?

이런 질문들에 대한 대답은 우리 각자의 돈 관련 가치관이나 태도에 따라 달라질 수 있다. 남편과 아내가 이러한 질문에 다른 대답을 하게 된다면 갈등이 일어날 가능성이 있다. 재정적 갈등이 다른 문제들을 야기하는지 아니면 반대로 다른 문제들이 재정적 문제를 일으키는지의 여부는 쉽게 결정할 수 없다. 그러나 조화로운 결혼 생활이 이루어지기 위해서 조화로운 재정적 관계가 필수적인 것은 사실이다.

(i) 권태 : 시간이 지남에 따라 남편과 아내는 일상생활에 정착하게 되고 서로에게 익숙해져서 자아 도취나 자기만족, 자기 연민 등에 빠지게 되는데 이러한 것들은 결혼 생활로부터 유지되는 흥분을 없애고 싫증을 느끼게 하며 권태로움을 주어 관계를 손상시킨다. 결혼 생활이 따분해지고 일상적이 되면 부부는 다른 곳에서 변화와 도전을 찾기 시작한다. 이것이 부부 사이의 더 많은 긴장을 초래한다.

(j) 약화된 정서적 결합 : 남편과 아내 사이의 정서적 결합은 '부부를 하나로 묶어주는 황금 줄'로 불린다.[19] 시간이 지남에 따라 그 결합은 부부 사이의 차이점들로 인하여 약화된다. 그 차이에 대해서는 이미 앞에서 논의하였다. 점점 더 많은 연구 결과들이 부부 간의 차이를 극복하기 위한 용서, 희망, 결단 및 남편과 아내를 더 강하게 결합시켜주는 헌신이 있을 때 결혼 생활이 더 지속되고 발전할 수 있음을 밝혀주고 있다. 결혼 상담이 중요한 의미를 가지는 이유가 바로 여기에 있다고 할 수 있다.[20]

3. 부부를 동요시키는 것들

내가 이 부분을 쓰던 날, 어떤 사람이 자기 친구의 아들이 자살했다는 이메일을 보내왔다. 그리고 저녁에는 상담자 친구에게서 자기 아내가 암 진단을 받았는데 심각한 상태까지 와 있다는 메시지를 받았다. 며칠 전에는 박사학위를 받은 지 일주일도 안 되어 의사들조차 치료 방법을 모르는 희귀한 뇌암 판정을 받은 34세의 친구와 장시간 대화를 나누었다. 그때 우리는 그의 가족이 어떻게 반응할지에 대해 이야기를 나누었다.

사람들은 언제 이와 같은 일들에 직면할지 모른다. 이런 모든 사건들은 결혼 생활에 충격을 주고 요동을 일으킨다. 예상치 못한 질병으로 인한 위기, 갑작스런 죽음, 밝혀진 배우자의 부정, 자연재해, 깊은 실망감, 재정적 혹은 직업적 파산 등은 가족을 혼란 속으로 빠뜨릴 뿐 아니라 결혼 생활에서 중요한 안정성을 흔드는 위기일 수 있다.

이러한 충격들은 때로 지진이 일어난 후의 여진과 같다. 반복하여 나타나면서 더 많은 불안과 긴장감을 초래한다. 다른 사람으로부터 스트레스를 받거나 스트레스 상황에 있는 사람들에게 상담자들은 지속적인 도움과 적절한 안내를 제공할 수 있다. 그러한 상황들로는 다음과 같은 것들이 있다.

- 부부에게 끊임없이 무엇인가를 요구하거나 그들을 비판하는 인척들.
- 끊임없는 필요와 요구들을 제시하여 부부간의 깊이 있는 접촉을 방해하며, 때로 부부관계에 쐐기를 박기도 하는 아이들.
- 부부의 시간을 빼앗거나 외도에 빠지게 하는 동성 혹은 이성 친구들.
- 부부로 하여금 희망과 실망의 쌍곡선을 경험하게 하는 불임.[21]
- 부부에게 압박과 피로감을 주고, 결혼 생활을 위한 시간을 빼앗아가는 직장의 요구들.
- 가정 경제에 압박감을 주고 각종 염려 및 소비양식으로 인한 갈등을 야기하는 재정적 어려움.

많은 경우 상담자의 목표는 부부간의 관계가 소원해질 때 함께 관계를 유지하면서 잘 살아가도록 도와주는 것이다. 어려움이 생기면 결혼관계는 그것을 유지하기보다는 분해되려고 하는 특이한 경향이 있다. 훌륭한 상담자들은 이러한 경향을 이해하고, 조용히 스며들어 결혼 생활을 파괴하는 각종 이슈들이나 충격들, 문제들을 부부들이 다룰 수 있도록 도와주려고 한다. 상담만큼 어려운 일도 없지만 상담만큼 보람을 주는 것도 없다.

• 결혼 생활의 문제가 미치는 영향

결혼 생활의 문제가 미치는 영향과 원인을 분리하여 생각하기란 쉽지 않다. 예를 들면, 성적인 문제와 재정적 어려움은 부부간의 긴장을 일으킬 수 있고, 부부간의 긴장 역시 잠자리나 가계부의 균형에 문제를 야기할 수 있다. 원인과 결과 사이에는 순환적인 관계가 있다. 상담자는 부부간의 긴장에서 오는 몇 가지 구체적인 영향들을 관찰할 수 있다.

1. 혼란과 좌절, 그리고 절망

부부 사이에 갈등이 심하고 결혼 생활에 금이 가기 시작할 때 부부들은 대개 그 상황에 압도되어 무엇을 해야 할지 몰라 혼란스러워한다. 그 상황을 수습하기 위해 별로 소용이 없는 방법들을 동원하기도 한다. 그러다가 절망하면서 "결국 아무것도 달라질 것이 없다면 노력할 필요가 없잖아?"라며 체념한다.

모든 결혼 생활에는 부부가 처음에 가졌던 희망과 열정이 사라지는 시기가 찾아온다. 어떤 부부든 일시적으로라도 다 이러한 경우를 경험한다. 이럴 때 희망 대신 슬픔, 상처, 분노가 나타난다. 보다 성숙하고 경험 많은 부부들도 사랑의 불꽃을 경험하지만 때로는 좌절이나 절망을 느낀다. 이럴 때 절망감은 전염성이 있어 어느 한 사람이 그렇게 되면 배우자에게도 영향을 준다. 그러므로 이러한 상황에서의 상담 목표는 희망을 회복하고 그것을 가꾸도록 하는 데 있다.

2. 더 많은 갈등

사람들은 대부분 가정 내 갈등을 같은 방식으로 다루는 환경에서 자란다. 이를 테면, 소리 지르기, 비난하기, 모멸감 주기, 갈등 지속하기 등의 방식이다. 불에 휘발유를 부어 더 악화시키는 것과 같다. 갈등에 대한 이러한 반응과 갈등 주기는 상담자의 사무실에서도 일어난다. 상담자는 이 불길에 물을 부어 잔잔하게 하고, 부부들로 하여금 더 효과적으로 의사소통하는 법을 배우도록 도와주어야 한다.

3. 뒤로 물러나기

오늘날에는 결혼하여 한 침대에 자면서도 감정적으로 혹은 심리적으로 이혼한 상태로 살아가는 부부가 너무나 많다. 그들의 숫자를 다 헤아린다는 것은 불가능할 정도다. 남편과 아내가 같은 활동을 하고, 함께 다니고, 교회에서 함께 앉을지 모르지만 서로간의 사랑과 친밀감, 대화나 관심, 온정은 거의 없다. 이 같은 결혼 생활에서 부부는 친구가 될 수 없다. 소리 지르고 비난하는 데서 좌절감을 맛본 사람들은 이런 스트레스를 다루는 가장 안전한 방법이 초기에 물러서는 것임을 일찌감치 배우게 된다. 감정적으로 물러나 있음으로 해서 이혼을 해야 하는 고통이나 사회적 오명을 피한다. 그들 사이에 전쟁은 없을지라도 갈등이 남아 있다. 대신에 결혼이란 일생 동안 연장될 수 있는 불안한 휴전으로 존재한다.

4. 유기

이는 움츠림의 가장 극단적인 형태다. 부부간이나 가족 내의 압력이 격심해질 때 어떤 사람들은 쉽게 가족을 버리고 떠나버린다. 유기에 대한 통계자료를 모은다는 것은 어렵지만 수천 쌍들이 매년 상처받은 감정이나 혼동, 분노, 불확실성, 재정적 압력, 또한 한부모 가정을 뒤로 하고 집을 떠나고 있다. 법원에서 유기한 배우자가 돌아오도록 요구하거나 가족의 재정적 의무를 수행하도록 할 수는 있으나 이런 사람들은 찾아내기도 어렵고 많은 경우 법의 판결을 무시한다. 더구나 대부분의 유기자들이 저소득층의 가정에서 나오기 때문에 버림받은 배우자는 유기자에 대항하는 법적 소송을 할 능력조차 없다. 따라서 자녀들은 대개 살기 위해 몸부림치는 어머니 밑에서 자라게 되고 유기한 부모를 알지 못한 채 성장하게 된다.

5. 별거 혹은 이혼

이혼은, 한때 행복을 약속해주는 것 같았고 희망과 만족의 관계로 가득 찼으나 이제는 사회적으로, 영적으로, 정서적으로 무너진 결혼관계를 합법적으로 종결시켜주는 방안으로 인식된다. 이혼이라는 방법은 결코 부부간의 문제에 대해 즐거운 해결책이 될 수 없음에도 불구하고 자주 사용되고 있다. 비기독교인 부부에게서뿐만 아니라 기독교인 부부들사이 에서도 이혼이 결혼 생활의 어려움을 피할 방법으로써 너무 빨리 그리고 자주 사용되고 있다. 물론 경우에 따라서 이혼은 문제가 만연한 결혼 생활에 대하여 한 가지 가능한 대안이 될 수도 있다.[22]

• 상담과 결혼 생활의 문제

한 개인을 대상으로 상담하는 것이 그리 쉬운 일은 아니다. 그러나 남편과 아내를 대상으로 함께 상담(대부분의 결혼상담은 이렇게 진행된다)한다는 것은 더 어려울 수 있다. 상담자는 효과적인 상담을 위해 특별한 상담 기술과 주의를 기울여야 한다. 부부상담을 할 때 대개는 부부 두 사람이나 어느 한 사람이 상담의 가치에 대해 회의적이거나 저항적인, 혹은 적대적인 태도를 보일 수도 있다. 따라서 가장 존경받는 결혼 생활 상담가의 한 사람인 윌리엄 도허티의 말대로, 결혼 상담은 '치료적 접근 중에 가장 어려운 것' 일 수 있다. 그는 "대부분의 치료자들이 이 일에 익숙하지 못하다"면서 결혼 상담의 경우 상담자의 개입이 성공하지 못하면 부부가 갈라설 수 있는 위험성을 안고 시작하기 때문에 더욱 긴장되는 과정이라고 지적한 바 있다.[23] 그러므로 상담은 많은 기도와 성령의 인도를 요구하는 일이다. 상담자는 상담 전후에 반드시 자신의 태도나 편견, 동기와 약점들을 명확히 알기 위해 자신을 돌아볼 필요가 있다.

1. 당신 자신을 잘 파악한다

결혼 생활의 문제점에 대한 당신의 태도는 어떠한가? 당신은 결혼 생활의 어려움을 가진 사람들에게 비판적인가? 비난하거나 어느 한 편을 드는 경향이 있는가? 이런 문제들이 당신의 시간을 너무 많이 빼앗아가는 것에 화가 나지는 않는가? 결혼 상담이 당신의 결혼 생활에 어떤 걱정과 불안을 일으킬지 모른다는 두려움을 가지고 있는가? 결혼에 대한 어떤 편견이 당신의 객관성을 방해하지는 않는가? 즉, 남자는 지배적일 필요가 있고 여자는 가족을 위해 자신의 직업을 포기해야 한다고 생각하지는 않는가? 당신의 상담이 실패할까 봐 필요 이상으로 신경을 쓰는가?

상담자들은 정기적으로 자신들의 평판이 어떤 한두 가지 사례에 의해 좌우되지 않는다는 것을 기억할 필요가 있다. 결혼 상담에 관한 수많은 책들과 논문들이 있을지라도 한 사람이 모든 기술을 습득할 수는 없다. 모든 상담자들은 저마다 다른 점들이 있고, 부부들 또한 그러하다. 그러므로 상담자는 기술적으로 능숙하여 부부들에게 유용한 도움을 주고, 성령님이 자신을 치료의 도구로 사용해서 기꺼이 일하시도록 도전해야 한다. 당신의 상담과정을 하나님에게 맡기고 건설적인 대화를 할 수 있는 분위기를 만든다면 당신은 효과적으로 그들을 돕는 것이다. 나아가 그들의 관점으로부터 양쪽의 상황을 이해하도록 노력하는 것이 필요하다. 결혼 생활에 대한 친밀한 대화는 상담자에게 있어서 성적인 또는 다른 감정을 일으키게 할 수 있다. 이런 감정은 다른 상담자나 친구의 도움을 통해 수용되고 인정되어야 한다. 반대로 어떤 내담자가 상담자 자신이 깨닫지도 못하고 원하지도 않는 새로운 역할을 부여할 수도 있다. 예를 들면, 한 여성 내담자는 남성 상담자를 '냉담하고 자상하지 않은 나의 남편과는 다른 친절하고 이해심 있는 사람'으로 볼 수 있다. 남편도 남성 상담자를 결혼 생활에 대한 위협으로 또는 자신의 아내를 진정으로 이해하지 못하는 사람으로 생각하기 쉽다. 이같은 상황에서 상담자는 자신의 감정에 따라 반응하지 않도록 해야 한다. 내담자가 기대하는 그런 사람이 되거나 지나치게 행동하지 않도록 주의하라. 이런 문제를 논의할 수 있는 동료 상담자가 있다면 그런 위험들은 감소될 것이고 상담은 더 효과적일 수 있다.

2. 특별한 이슈들을 잘 파악한다

결혼 상담이 너무나 필요하고 도전적이기 때문에 많은 세미나, 워크숍, 학위 프로그램, 책들이 몇 십 년에 걸쳐 나타나게 되었다. 현대에는 많은 결혼 상담 관련 서적들이 쏟아져나오고 있다.[24] 이런 모든 자료들은 결혼 상담자들이 자신의 일을 더 잘 수행하도록 돕기 위해 구성되었다. 이들 중 어떤 것들은 제이 헤일리(Jay Haley), 살바도르 미누친(Salvador Minuchin), 끌로에 마다네스(Cloe Madanes), 버지니아 사티어(Virginia Satir)와 같은 영향력 있는 치료자들에 의해 제시되었다.[25] 그리고 그 외 다양한 이론적 입장과 기술들을 중심으로 자료들이 만들어졌다. 초기 접근들은 주로 남편이나 아내, 가족 내 다른 사람들에게 존재하는 갈등을 드러내는 개인 정신 치료적 접근을 취하였다. 1970년대에는 체계이론이 나타났는데 이 접근은 문제가 사람들 안에 내재해 있기보다는 사람들의 관계 사이에 있다고 보았다. 그래서 이 접근을 취하는 치료자들은 결혼 상담을 할 때 부부나 가족 전체가 치료되어야 할 단위라고 생각하였다. 한 사람이 좋아지거나 나빠지면 그 관계 체계 내에 있는 모든 사람도 함께 변화된다고 보았기 때문이다. 남편이 아프거나 알코올중독이면 가족 전체가 영향을 받고 새 아기가 태어나거나 며느리가 가족 구성원이 되면 모두가 영향을 받아 그 변화에 맞춰 조정하는 것이 필요하게 된다. 따라서 상담은 개인보다는 부부간이나 가족 전체가 한 단위로서 다루어질 때 더 효과적이다.[26]

체계이론은 가족 요법이나 결혼 상담에 대한 많은 접근들의 기초가 된다. 역사적으로 볼 때 다른 종류의 상담에서는 나타나지 않는 상담자가 고려해야 할 몇 가지 진행상의 질문들을 제기한다.

(a) 부부를 동시에 상담할 것인가 아니면 따로 할 것인가? : 많은 상담자들이 '동시에' 라고 대답할 것이다. 그러나 처음에 함께 만난 후에는 몇 분간 혹은 몇 회의 면담 동안 남편과 아내를 따로 보는 것이 좋을 수 있다. 이렇게 함으로써 문제에 대한 새로운 정보와 다른 관점을 얻을 수 있다. 때로 각 배우자는 무엇이 주요한 문제인지 주로 누구에게 책임이 있는지에 대해 다른 의견을 가진다. 그리고 상담을 원하는

사람이 있는가 하면 그렇지 않은 배우자도 있다. 어떤 경우에는 남편이나 아내가 개별 상담으로 해결이 가능한 문제점들을 가지고 있을 수도 있다. 그러나 결혼은 두 사람 사이의 관계이며 결혼 생활의 문제들은 두 사람 사이의 갈등이다. 이러한 것들이 함께 관찰되고 논의된다면(때로는 자녀들이나 다른 가족 구성원을 포함하여) 훨씬 진보가 빠를 것이다. 그런데 상담자가 부부를 따로 혹은 함께 상담할 때 공평할 수 있도록 주의해야 한다. 어느 한쪽 편을 드는 것은 상담 효과를 저해할 수 있다.

(b) 상담에 시간 제한이 있어야 하는가? : 20세기 말에 나타난 전략적 단기 치료는 전통적인 다른 치료 접근들보다 짧은 시간 내에 변화를 이끌어내는 데에 초점을 두었다. 게리 올리버(Gary Oliver)와 그의 동료들은 자신들의 책에서 단기 치료에 대해 쓰면서 "부부는 결혼 생활이 회복할 수 없는 상태에 도달하지 않도록 가능한 빨리 변화되기를 원한다"고 기록하였다. "해결 중심의 단기 치료 접근은 첫번째 만남에서부터 변화를 시도하도록 강조함으로써 부부를 즉각적으로 돕기 시작할 수 있다. 이러한 개입을 통해 과거에 효과가 있었던 것을 알아내고 성공적인 행동을 지속할 수 있는 방안을 찾아내도록 돕는다. 이렇게 함으로써 변화가 바로 일어날 가능성이 더 커지게 된다."[27]

기독교 심리학자 에버레트 워딩턴은 결혼 생활에 다시 희망을 가져오기 위한 방법으로 단기 치료 접근을 제안한다.[28] 그는 이전에 저술한 책에서 평가, 개입, 종결의 3단계 상담 접근을 제안한 바 있다.[29] 상담을 시작하면서 워딩턴은 내담자 부부가 겪고 있는 어려움을 측정하고 평가하기 위해 3회기 상담하는 것에 동의할지를 묻는다. 그후에 상담자와 부부는 상담을 계속 할지의 여부를 결정한다. 그래서 상담을 계속하기로 하면, 상담자는 8회에서 16회에 이르는 상담을 하고 종결하게 될 것임을 알린다. 물론 꼭 이렇게 진행되는 것은 아니다. 상담은 때로 몇 회기로 끝나거나 이보다 더 길어질 수도 있다.

(c) 상담을 혼자서 할 것인가, 아니면 다른 상담자와 함께할 것인가? : 상담은 남성과 여성이 함께, 혹은 남편과 아내가 한 팀이 되어 함께 상담할 수 있다.[30] 이러한 접근은 부부로 하여금 남성과 여성에 대한 올바른 관점을 갖게 하며, 바람직한 의사소통과 인간관계의 좋은 모델을 보여줄 수 있다. 아울러 상담자가 동성의 배우자 편을 들지도 모른다는 두려움을 피할 수 있다. 하지만 다수로 구성된 이러한 상담 접근은 때로 시간 낭비가 될 수 있다. 그리고 부부 상담자의 경우 내담자들이 직면하고 있는 것과 같은 스트레스를 받고 있을 때 어떤 부담이나 압력을 받을 수 있다. 그럼에도 불구하고 자연스럽게 함께 일하는 성숙한 부부는 다른 부부를 효과적으로 상담할 수 있다.

3. 상담에 참여한 부부 각자의 이유를 탐색하라

부부가 상담하러 올 때 상담자가 제일 먼저 질문하게 되는 것은 그들이 왜 왔느냐는 것이다. 이것은 답하기가 그리 쉬운 질문이 아니다. 남편과 아내는 흔히 자신들이 온 이유를 서로 다르게 말한다. 많은 경우, 그들이 말하는 문제들은 결혼 생활에 문제를 야기하는 진짜 이슈들이 아니다. 그러한 이슈들은 나중에 가서야 드러나기도 한다. 부부들은 때로 의도적으로 그런 이유들을 숨기는 경우도 있다. 예를 들면, 부부들이 자신들의 재정적 어려움을 이야기하지만 상담을 하러 온 진짜 목적은 자신이 원하는 이혼을 정당화하기 위하여, 즉 상담까지 했지만 그것도 효과가 없었다는 것을 보여주기 위해 그렇게 하는 것일 수 있다. 이처럼 내담 부부가 말하는 상담의 이유는 모호할 때가 많다(예를 들면, "우리는 잘 지내지 못해요." 혹은 "우리는 늘 다퉈요." 등). 그런데 문제를 더 복잡하게 만드는 것은, 상담자들이 부부가 상담하러 온 이유에 대해 서둘러 자기 나름대로 결론을 내버리는 경향이 있다는 점이다. 이러한 결론들은 도움을 위해 찾아온 내담 부부의 의도와는 상관없는 상담자 자신의 이론적인 입장이나 신학, 혹은 편견을 반영하는 것일 수 있다.

사람들이 결혼 상담을 하려고 하는 주된 이유는 무엇인가? 한 연구팀이 이것을 체계적으로 조사하였다.[31] 이들이 결혼 상담을 원하는 147쌍의 부부들을 주의 깊게 관찰한 결과 대부분이 상담 이유로 정서적인 애정 결핍과 의사소통의 문제를 제시하였다. 그러나 연구팀은 각각의 부부들을 조사하면서 남편과 아내가 상담하러 온 이유에 대해 서로 다른 의견들을 갖고 있다는 것을 알아냈다. 연구자들은 부부들이 "상담 받기를 원하는 이유에 대해 질문할 때 동일한 정보를 제공하지 않는다"는 결론을 내렸다.

내가 이러한 글을 쓰는 것은 상담자들을 낙심시키려는 것이 아니다. 다만, 부부들이 당면한 진짜 문제들을 알아내기가 그리 쉽지 않다는 것을 주지시키려는 것이다. 그러므로 상담자는 부부 사이에 어떤 갈등이나 긴장이 있는지 구체적인 사례를 물어 질문을 던지는 것이 좋다. 남편과 아내들은 종종 다른 관점을 가지고 있기 때문에 각각에 대해 귀를 기울일 필요가 있다. 때로는 부부를 따로 만나 한번에 한 사람씩 대화를 하는 것이 좋을 수 있다. 상담을 따로 하든지 함께하든지 문제점들에 대한 더 명확한 이해와 많은 정보를 이끌어내는 질문을 하여 보다 더 상세하게 조사하는 것이 필요하다. 남편과 아내에게 갈등을 일으킨 특별한 사건들을 말하게 함으로써 상담자는 불화의 원인뿐 아니라 그로 인한 거절감, 분노, 상처, 좌절, 부서진 자아 존중감 등을 이해할 수 있게 된다.

궁극적으로 이 모든 것들은 부부와 상담자가 결혼 생활을 평가하여 깨어진 것이 무엇이고 고쳐질 필요가 있는 것이 무엇인지를 결정하도록 도와준다. 부부가 겪는 문제는 매우 다양하다. 그들이 제시하는 문제들은 다른 모든 상담에서와 마찬가지로 그들이 겪는 어려움의 주요한 원인이 아닐 수도 있다. 거기에는 친밀감 결핍에 대한 염려, 의사소통의 결렬, 잦은 갈등, 만족스럽지 못한 성관계, 돈 문제, 남편과 아내의 역할, 종교, 신체적 학대, 음주, 가치 충돌 등 다양한 문제들이 있을 수 있다. 내담자들에게 각각의 문제에 대해 어떻게 느끼는지, 과거에 문제들을 어떻게 해결했는지, 무엇이 효과가 있었고 없었는지를 질문할 수 있다.

내담 부부를 평가할 때, 상담자는 다음의 중요한 두 가지 이슈들을 염두에 두어야 한다. 첫째는, 부부의 영적인 상황을 탐색하는 것이다. 부부 모두가 신앙을 갖고 있는가? 영적으로 성장하고 있는가? 윌리엄 제임스가 언급한 바와 같이 종교가 '무감각한 습관'이 되어버리지는 않았는가? 부부가 기독교인일 경우, 기독교 상담자는 비기독교인들에게 하는 것과는 다른 용어를 사용하여 좀 더 명료한 기독교적 접근을 할 수 있을 것이다. 둘째, 문제들을 논의하는 데 대부분의 시간을 쓰지 않도록 주의하는 것이다. 부부가 상담하러 왔을 때는 이미 패배감과 결혼 생활의 고통과 갈등을 느끼고 있는 상태다. 전체 면담이 문제들을 나열하는 것으로 채워진다면 내담자들은 더 낙심하여 다음 회기의 상담을 꺼리게 될 것이다. 정보를 수집할 때조차도 초기 면담의 주요 목표는 변화 과정을 시작하고 희망을 주는 것임을 기억해야 한다.

4. 부부와 함께 상담 목표를 정하라

상담자, 남편, 그리고 아내는 각자 나름대로의 기대와 목표를 가지고 결혼상담에 임하게 된다. 이러한 목표는 불확실할 수도 있고 명확할 수도 있다. 어떠한 것들은 현실적일 수도 있고 그렇지 않을 수도 있다. 어떤 내담자들은 갈등으로 얼룩진 결혼 생활을 치유하기 위해 높은 기대감과 각오를 갖고 오지만 변화의 동기나 희망이 없이 오는 사람들도 있다. 그런가 하면 상담에 대한 긍정적인 가치 인식과 기대감을 갖고 오지만 회의적인 생각을 품고 오는 경우들도 있다. 흔히 남성들이 그러하다. 목표가 분명하고 현실적이고 모든 사람에게 수용될 수 있을 때, 결혼 상담은 높은 성공 가능성을 갖고 시작된다. 목표가 불분명하거나 일치하지 않을 때(예를 들면, 원만한 별거를 원하는 남편과 화해를 원하는 아내) 상담은 더 어려워질 것이다.

(a) 상담자로서 자신의 목표를 인식하고 명확히 하기 : 어떤 상담자도 완전히 중립적인 태도를 갖고 상담에 임할 수는 없다. 이미 우리는 앞에서 결혼에 대한 상담자의 가치관과 확신을 논의한 바 있다. 이러한 것들은 상담에 임하는 상담자의 태도나 목표에 영향을 주게 된다. 우리 대부분은(명료하게 생각해보지는 않았을지라도) 나름의 가치관과 목표들을 갖고 상담에 임한다. 그리고 이러한 것들은 우리의 상담 방향을 좌우하는 요소로 작용할 수 있다. 상담에 임하는 상담자들이 갖는 목표들로 다음과 같은 것들이 있을 수 있다.

- 희망을 불어넣고 유지시킨다.
- 남편과 아내가 함께 있도록 한다.
- 결혼 생활의 문제점을 야기하는 특별한 문제점들을 확인하고 이해한다.
- 부부에게 건설적으로 의사소통하는 방법을 가르친다.
- 문제 해결 및 결정하는 방법을 가르친다.
- 내담 부부로 하여금 상담 관계를 이해할 수 있도록 도와준다.
- 내담 부부로 하여금 자신의 좌절이나 실망, 미래에 대한 소망을 표현할 수 있도록 도와준다.
- 부부에게 성경적인 원리에 입각한 결혼 생활을 구축하는 방법을 가르친다.
- 부부에게 자신들의 결혼 생활이 어떻게 변화될 수 있을지 보여주고, 격려와 안내, 상담자의 기도를 통해 그 비전을 이룰 수 있도록 도와준다.

결혼 상담에 임하는 당신의 목표 혹은 당신이 상담하는 부부들에 대한 목표는 무엇인가? 이 목표들이 명확하게 인식될 때 상담은 더욱 효과적일 수 있다. 상담자 또한 자신이 어디로 가고 있는지 알게 된다. 그리고 내담자로 하여금 자신들의 목표에 도달하도록 돕는 일에 더욱 집중할 수 있게 된다.

(b) 내담 부부의 목표를 정하기 : 상담자, 남편, 아내가 비슷한 목표를 가지고 있을 때 상담은 가장 쉽게 진행된다. 종종 그들의 목표가 불일치할 때가 있다. 그러나 아직 희망이 사라진 것은 아니다. 상담을 구체적으로 진행시키기 전에 관련된 모든 사람들이 상담을 통하여 이루고자 하는 것을 명확히 하는 것이 중요하다. 이를 위해 도움이 될 수 있는 질문들을 제시한다.

- 당신의 결혼 생활이 어떻게 달라지기를 바라는가?
- 상담을 통해 무엇을 얻기를 원하는가?
- 당신의 배우자가 상담을 통해 얻기를 원하는 것은 무엇인가?
- 결혼 생활에서 당신이 갈망하던 것들은 무엇인가?
- 이러한 것들을 어떻게 얻을 수 있다고 생각하는가?

- 과거에 효과가 없었던 것들은 무엇인가?
- 과거에 효과가 있었던 것들은 무엇인가?
- 이러한 요소들이 다시 효과를 보지 못하도록 가로막는 것들은 무엇인가?

(c) 서로 수용할 수 있는 목표 설정하기 : 상담에 임하는 부부들은 대개 막연하면서도 어렴풋한 바람(예를 들면, "우리는 행복한 기독교 가정을 꾸미고 싶어요")을 제시한다. 이러한 목표들은 보다 구체적이고 가까운 장래에 성취 가능한 목표들로 세분될 때 이루어질 수 있다. 어떤 상담자들은 남편과 아내가 상담기간 중 어떻게 구체적으로 행동을 변화시킬 것인지 동의하는 협약하에 상담을 한다.[32] 예를 들면, 남편이 밤에 쓰레기를 치우는 일에 동의하거나 남편이 식사 전에 신문 보는 것을 아내가 동의하는 것 등이다. 상담자의 도움으로 부부가 이렇게 도달 가능한 목표를 설정하게 되면, 부부는 이러한 목표에 도달하고자 하는 동기가 커지게 되고 그 과정에서 의사소통과 문제 해결의 방법을 배울 수 있다. 목표를 이루어가면서 부부는 용기를 얻게 된다. 구체적인 변화가 발생하는 것을 보기 때문이다.

그렇다면 목표에 대해 서로 동의가 이루어지지 않을 때 상담자는 어떻게 할 것인가? 예를 들어, 상담자가 보기에 비현실적이고 비도덕적인 목표를 가진 내담자가 도움을 요청하는 경우를 생각해보자. 어떤 아내가 자기 남편이 외도를 한다며 불평을 늘어놓는다고 하자. 그 남편은 '출장갈 때 종종 다른 사람과 성적인 접촉'을 할 수 있는 자유를 원한다. 이럴 때 기독교 상담자는 목표 갈등에 직면하게 된다. 상담자는 부부가 원하는 것이 서로 다를 때 한쪽 편을 드는 것이 좋지 않다는 것을 안다. 하지만 남편은 성경에 비추어 분명히 죄를 범하는 행동을 계속하고 싶어 한다. 이러한 경우 상담자는 정죄하지는 않지만, 정직하게 이 둘의 목표와 가치의 차이점에 대하여 논의하여야 한다. 상담자는 내담자들을 이용하거나 변화하도록 강요해서는 안 되지만, 내담자들이 윤리적으로 잘못되고, 정신적으로 고통을 주며, 결혼 생활의 파괴를 야기하는 행동을 하도록 해서는 안 된다. 목표의 차이가 있다 할지라도 모든 사람이 받아들일 수 있는 몇 가지 목표를 찾아낼 수는 있다. 그리고 그것에서부터 상담을 시작할 수 있다. 상담이 진행되고 목표가 명확해짐에 따라 부부간 차이점들은 처음에 느꼈던 것보다 그리 크지 않다는 것이 밝혀질 수 있다. 그러나 상담자와 내담자 간에 혹은 남편과 아내 사이의 목표 갈등이 지속된다면 바람직하지는 않겠지만 상담을 중단하고 다른 상담자에게 의뢰하는 것이 최선의 선택이 될 수 있다.

(d) 목표에 도달하기 : 모든 결혼은 다 다르고 결혼 생활에서 부딪치는 문제들도 모두 다르다. 따라서 성공적인 결혼 상담을 위한 어떤 한 가지 단계적인 상담방법을 제시하는 것은 불가능하다. 우리가 살펴본 대로, 많은 결혼 상담 기술이 제안되어왔지만 대부분은 상담자들이 상담의 3요소라고 하는 것에 집중하도록 되어 있다. 그것은 상담의 대상, 문제, 진행 과정이다.

5. 사람에 초점을 맞추라

우리는 결혼 생활의 정서적 연결감 구축과 관련된 연구에서, 상담이란 의사소통의 증진이나 개인적인 습관의 변화, 성적 문제의 해결과 같은 실질적인 문제들을 해결하는 것 이상의 의미를 가진다는 사실을 확인한 바 있다.[33]

만족한 결혼 생활을 해왔던 부부들은 정서적인 결합이 지속되고 관계가 강하게 유지되어 있으며 의견이 다를 때도 흔들리지 않는 관계를 유지한다. 이 결합이 약해지면 부부는 문제점들을 주의 깊게 분석하여 서로가 동의할 만한 결론을 이끌어낼 수 있다 할지라도 여전히 그들 사이에 긴장감이 존재한다는 것을 발견한다. 어떤 상담자들은 이것을 합리적 해결의 기만성이라고 부른다. 합리적인 해결책이 합리적인 사람들에 의해 받아들여진다 해도 그것이 항상 마음의 평화를 가져다주지는 않는다는 관점이다. 문제란 많은 경우 이성적이기보다 정서적인 문제이기 때문에 긴장이 지속되는 것이다. 논리적이고 합리적인 분석이 실패하는 것은 정서적이고 성격적인 요인 혹은 과거의 이슈들이 개입되어 실제적인 결론에 도달하기 위한 행동을 하지 못하도록 방해하기 때문이다.[34]

상담자는 문제 이해뿐 아니라 사람을 이해하려고 해야 한다. 그들의 감정과 좌절 등을 이해할 수 있어야 한다. 때로 상담자는 문제 해결이나 해결 방안을 찾는 데 집중하여 자신이 상담하고 있는 대상의 고통이나 성품에 무감각해지기 쉽다. 감정이입, 순수성, 따스함 같은 상담자의 기본적 자질은 결혼 상담에서 매우 중요하다. 때로 내담자들은 아무도 시간과 에너지를 내어 그들의 말을 들어주거나 이해하거나 진정한 관심을 보여주지 않는다는 것을 느낀다. 반면, 상담자가 인격적으로 자신들의 말에 귀를 기울이는 것을 볼 때 이미 문제점들이 해결되고 어려움이 사라지는 단계로 나아감을 보게 된다.

6. 문제들에 초점을 맞추라

상담자가 친밀감을 형성하고 인격적으로 내담자를 돌보게 되면 문제에 보다 더 집중할 수 있게 된다. 정보를 수집하는 질문을 하면서 지지를 보내고 잠정적인 해결책에 대한 상담을 서서히 진행하라. 태도 변화, 행동 변화, 고백, 용서, 인식의 재검토를 고려해보도록 인도하라. 미래를 위한 대책을 논의하고 내담자가 해결책을 시도할 수 있도록 용기를 북돋워주고 가르쳐주며 어떤 것이 효과가 있었고 어떤 것이 효과가 없었는지를 평가할 수 있는 시간을 갖게 하는 것이 필요하다.

7. 과정에 초점을 맞추라

상담할 때 대부분의 내담자들은 내용에 초점을 맞춘다. 남편은 항상 비판받는다는 감정을 느끼고 아내는 의기소침해진다. 부부는 반항적인 청소년 자녀를 다루는 상대방의 접근에 동의하지 않는다. 부부는 이러한 문제를 다루는 것이 중요하다고 본다. 그렇지만 전문 상담자는 이러한 문제뿐만 아니라 과정이라고 부르는 것에도 초점을 맞출 필요가 있다.

사전적 정의에 의하면, 과정이란 일정한 기간 동안에 일어나는 변화나 지속적인 행위를 의미한다. 상담에서 과정이란 단어는 상담중에 사람들이 서로 관계를 맺는 지속적인 방식들을 의미하는 것으로 사용된다.

상담중에 부부가 상담자나 자신들 간에 서로 상호작용하는 것을 주의깊게 관찰하라. 그들이 다른 이들과 어떻게 관계를 맺는지에 대해 귀를 기울이는 것이 필요하다. 부부의 관계 방식에 대해 지적하라.[35] 그리고 어떻게 더 나은 관계를 시도할 수 있을지 대화하고 연습하도록 한다. 상담을 하면서 새롭게 실시할 수 있는 다른 관계 방식들이 있는가를 점검하고, 부부가 다음 상담을 위해 찾아올 때 이런 모든 사항들을 점검하도록 한다.

부부는 때로 재정적인 문제로 일어난 불화 때문에 상담하러 온다. 이때는 각각의 부부가 무엇을 생각하는가(내용)뿐 아니라 자신들의 차이에 대해 어떻게 이야기하는지(과정)를 눈여겨보는 것이 좋다. 부부가 상호작용하는 새로운 방식을 배운다면 이것을 내용에 대한 차이를 해결하는 데 적용할 수 있을 것이다.

그러므로 상담자는 상담을 하면서 다음과 같은 질문들을 스스로에게 하는 것이 필요하다.

- 부부는 어떻게 의사소통을 하는가?
- 부부는 공적인 장소에서 혹은 개인적으로 어떻게 상호작용하는가?
- 부부는 의견 불일치를 어떻게 다루는가?
- 부부는 문제에 대한 인식이 서로 다를 때 어떻게 반응하는가?
- 부부는 서로를 비난하는가?
- 부부는 서로의 진실성을 공격하고 비방하며 미묘한(혹은 그렇지 않은) 비난을 사용하는가?
- 부부는 서로를 세워주는가?
- 부부는 한 사람이 다른 사람을 지배하는 관계 패턴을 갖고 있는가?
- 부부는 의견 불일치가 있을 때 그 상황을 회피하는 경향을 보이는가?

풀러 신학대학교 교수인 카메론 리(Cameron Lee)는 제이미와 에릭이라는 가상 부부를 통해 이러한 요소들을 설명하고 있다. 이 부부는 큰 희망을 가지고 결혼했고 함께 있는 것을 즐겼지만 몇 달이 흐르자 여러 이슈들에 대해 서로 의견 차이를 보이기 시작하였다. 첫 다툼은 그들에게 쓰라린 실망감을 안겨주었고 곧 언어적인 갈등이 보다 더 빈번해졌으며 사소한 자극에도 폭발하게 되는 수준까지 이르렀다. 제이미는 에릭이 무감각하고 이기적이라며 비난했고, 남편은 아내가 잔소리로 자신을 괴롭힌다고 비난하였다. 부부 모두는 상처를 받았고 희생당했다고 느꼈다. 각자는 상대방이 먼저 책임감을 느끼고 변화해야 한다고 믿었기 때문에 둘의 관계는 아무것도 변화되지 않았다. 상담자에 따르면, 부부를 갈라지게 한 구체적인 내용, 즉 문제를 다루는 방법을 가르치는 것은 그리 도움이 되지 않을 것이었다. 그 대신 제이미와 에릭이 서로에 대한 태도와 이해, 비난, 희생당하는 느낌, 서로에게 상처주고 모욕하는 과정을 바꾸는 것이 좋을 것이다.

제이미와 에릭은 어디에서부터 시작해야 할 것인가? 그동안의 갈등 상황을 고려할 때, 이들은 서로에게 상처를 주거나 서로를 비하하는 말, 혹은 그러한 어떤 것도 하지 않기로 다짐하는 것이 필요하다. 기독교인으로서 그들은 하나님이 그들을 어떻게 보시는지 상기할 필요가 있다. 자신들의 결점에도 불구하고 하나님이 어떻게 그들을 사랑하시고 용서하시는지를 상기할 필요가 있다. 그리고 서로를 존중할 수 있어야 한다. 이를 위해 제이미와 에릭은 상대방을 바꾸려 하기보다는 자신을 변화시키는 일에 힘쓸 필요가 있다. "결혼 생활에 있어서 기독교적인 겸손은 '당신이 먼저 변화하라'는 독선적인 태도를 포기하는 것이다." 이것은 다른 사람의 유익을 위해 자신이 변화되는 것과 관련이 있다. 제이미와 에릭은 자신들을 분열시켰던 문제들을 다루는 것보다 관계를 위한 새로운 과정을 배우는 것이 필요하다. 상담자는 이 부부처럼 모든 결혼한 부부들이 "하나님이 하시는 것, 즉 우리처럼 결점투성이의 사람들에게 측량할 수 없는 은혜를 내려주시는 것처럼 자신의 배우자를 존중"하는 것이 필요하다는 사실을 배우도록 도와야 한다.[36]

8. 피할 수 있는 일반적인 실수들에 대하여 주의하라

실수하지 않는 상담자는 없다. 하지만 어떤 실수들은 우리가 미리 주의한다면 피할 수 있다.[37]

실수 1 　구조의 부족 : 어떤 부부가 상담하러 와서 서로 공격을 주고받는다고 하자. 그러면 상담자는 그들에 대한 통제력을 상실하고, 상담 장면은 그들의 집에서 발생하는 전쟁의 반복이 되기 쉽다. 그러므로 상담자는 부부에게 어떤 지침을 제공하는 것이 좋다. 즉, 각 사람은 상대방이 말할 때 중간에 끼어들지 않는 것이다. 또는 이야기를 할 때 상대방의 인격을 공격하거나 비방하지 않고 이슈 자체에 대해서만 언급하는 것 등이다. 부부가 이러한 지침에 동의하고, 상담중에 이 규칙을 어기면 즉각 그것에 대해 개입하도록 한다.

실수 2 　변화에 대한 무계획 : 상담자들은 대개 부부로 하여금 스스로 해결책을 제시하게 하려고 한다. 하지만 부부간 갈등의 특성상 그렇게 할 수 없을 때도 있다. 이때 상담자가 적절한 제안과 안내를 제공한다면 계속적인 실패를 반복하지 않고 변화 과정이 일어나도록 도울 수 있다.

실수 3 　너무 빨리 포기하는 것 : 이러한 현상은 상담자가 어떤 상황에 압도당하는 느낌을 받을 때 발생할 수 있다. 이때 상담자는 한 발 뒤로 물러서기를 원하거나 부부로 하여금 갈라서도록 격려하고 싶은 마음이 생길 수 있다. 상담자는 상담 초기에 내담 부부의 결혼 생활과 그들의 상호작용 과정을 적절히 평가함으로써 이러한 현상이 발생하는 것을 피할 수 있다. 소망을 갖고 부부들의 문제를 개선시킬 수 있는 방법을 보여 달라고 하나님께 구하라. 아울러 당신에게 더 분명한 시각을 줄 수 있는 다른 상담자들과 이러한 요소들에 대해 논의하는 시간을 가져라.

실수 4 　모든 부부가 똑같다고 생각하는 것 : 모든 부부는 저마다 다르다. 상담자는 이 사실을 잊지 않아야 한다. 어떤 부부에게 효과가 있었던 상담 방법이 다른 부부들에게는 그렇지 않을 수 있다.

실수 5 　결혼에 대한 자신의 가치관을 저버리는 것 : 갈등 속에 있는 부부를 보면서 상담자는 결혼에 대한 자신의 확신과 가치관을 잊고 너무 빨리 헤어질 것을 권유하기 쉽다. 상담자가 결혼의 영속성과 거룩함을 믿는다면 상담적 도움이 필요하여 찾아온 내담 부부의 결혼관계를 구해내고 향상시키기 위해 어떻게 하든지 가능한 방법들을 찾아내 실시하려고 할 것이다.

상담을 마무리하면서 상담자는 내담 부부로 하여금 상담을 통해 그들이 배운 것이 무엇인지 점검하도록 할 수 있다. 내담 부부 스스로 그러한 요소들을 실천하도록 격려하라. 여타의 기독교 상담과 마찬가지로 결혼 상담은 내담자가 개인적으로, 대인관계에서, 그리고 영적으로 성숙하도록 도와주기 위한 것이다. 부부가 성경적 원리에 기초하여 예수 그리스도께 헌신적인 결혼관계를 구축하고, 서로에게 헌신하며, 효과적인 의사소통, 목표 달성, 갈등 해소 등을 위해 노력하며 성장하는 것을 배울 때 상담자는 보람을 느끼고 상담에 성공할 수 있다.

- **결혼 생활의 문제 예방하기**

당신이 어디에 살든 어느 교회에 참석하든 결혼 생활의 문제를 가진 사람들은 늘 가까이에 있다. 그 비율은 지역에 따라 다를 수 있지만 전 세계적으로 결혼 생활의 갈등과 긴장은 공통적으로 일어나는 현상이다. 가정폭력 또한 빈번하게 발생하고 있다(가정 바깥으로 드러나지 않는 것까지 포함하면 더욱 그렇다). 이혼율도 매우 높다. 이혼소송을 낸 네 쌍의 부부 중 세 쌍의 부부는 상담자를 만나본 적이 없다. 상담을 받으러 오는 사람들은 대개 심각한 결혼 생활의 문제가 발생하고 난 후 평균 6년의 시간이 흐른 뒤에 그렇게 한다.[38] 주위를 둘러보면 이러한 부부들에게 기꺼이 도움을 줄 수 있는 훈련받은 상담자들과 자원들이 많이 있다. 결혼 세미나, 주말 워크숍, 결혼 생활 강화 프로그램, 책들, 논문들 또한 풍부하다. 최근 몇 년 내에 대학과 대학원 수준의 결혼과 가족 상담 과정과 학위 프로그램이 극적으로 증가하고 있다. 가족생활 교육 과정 세미나들이 개발되고 있고 교회들도 복합가정과 한부모 가정의 필요들을 포함하여 결혼과 가정 생활의 문제들에 관해 가르칠 필요를 인식하고 있다. 위기 개입은 부부와 가족에게 함께할 수 있는 기회를 제공하여 현재의 문제들을 다루고 장기간의 파괴적인 문제 해결 방식을 피하도록 도와주는 것으로 주목을 받고 있다. 이 책에 제시된 각 단원들의 제목들을 살펴보면 부부간 어려움을 야기하거나 악화시키는 다양한 이슈들을 알 수 있을 것이다. 이러한 문제들을 다루고 예방함으로써 결혼 생활의 긴장을 초래하는 원인과 그런 요소들을 막을 수 있다.

그동안 결혼 생활의 실패와 안정성을 조사하는 연구들은 예방이 중요함을 역설하며 그렇게 할 것을 제안하고 있다. 예를 들어, 워싱턴 대학교의 연구가인 존 가트맨(John Gottman)과 그의 동료들은 상담과 예방

표 29-1. 부부 갈등 예방에 대한 연구

- **연구**: 3분 혹은 4분 안에 어떤 신혼부부가 이혼할 것인지 예측하는 것이 가능하다. 그 실마리는 그들이 대화하는 방식에서 찾을 수 있다. 결혼 초기에 이혼하는 커플은 "공개적으로 다투고 싸운다. 서로 공격하고 방어하는 가운데 갈등이 증폭된다"고 존 가트맨은 지적한다. 이러한 부부들은 부정적인 정서와 말, 제스처를 드러내고, 긍정적인 상호작용은 부족하다.
- → **예방을 위한 안내**: 부부들로 하여금 부정적인 언급을 자제하고 자신들의 관계에서 긍정적인 것을 볼 수 있도록 도우라.[40]

- **연구**: 젊은 부부들이 서로 마음에 들지 않는 것이 있으면 싸우고 다투는 것과 달리, 중년에 이혼하는 부부들은 서로를 피한다. 그들은 식당에 가서도 말 없이 그냥 앉아 있다. 소극적이고, 냉담하며, 때로 따분해 하고, 차이점을 제기하거나 대화하려고 하지 않는다. 상대방에게 사랑이나 관심을 보이지 않으며 잘 웃지도 않는다.
- → **예방을 위한 안내**: 상담자들은 이러한 커플들을 다시 연합하게 하고, 상호 비난을 중단하며, 함께하는 시간을 더 많이 갖고, 새로운 비전을 세우게 함으로써 이혼을 예방할 수 있다.[41]

- **연구**: 가장 행복한 커플은 서로를 중요하게 여기며, 서로에 대해 긍정적으로 말하고, 상대방을 깎아내리지 않는다.
- → **예방을 위한 안내**: 이러한 상호작용을 더 많이 하도록 노력하라.[42]

- **연구**: 부부들이 자기 배우자에 비판적이고, 결혼 생활에 대해 환멸을 느끼며, 결혼 문제는 자신들의 통제 밖에 있다고 믿을 때, 그리고 어려운 시기에 대한 노력이 자신들의 결혼 생활을 강하게 하기보다 약화시킨다고 생각할 때 이혼이 발생할 수 있다.
- → **예방을 위한 안내**: 부부들로 하여금 서로에 대해 혹은 결혼에 대한 인식을 변화시키도록 도우라. 그리고 상

> 황 개선을 위해 자신들이 무언가를 할 수 있는 능력이 있다는 사실을 인식하도록 도와주라.[43]
>
> - 연구 : 연구에 의하면, 조사 부부의 약 67%에서 첫 아이의 출생이 결혼 생활에 압력을 줄 수 있고 결혼 문제나 이혼을 초래할 가능성을 증가시킬 수 있다고 한다. "아내들의 결혼 만족도와 안정성은 아내에 대한 남편의 애정 표현이나 서로의 관계에 대한 높은 인식으로 예측할 수 있다. 반면 아내들의 결혼 만족도 감소는 아내에 대한 남편의 부정적 태도, 결혼에 대한 남편의 실망, 혹은 남편이나 아내가 자신들의 삶을 부정적으로 묘사하는 것을 통해 예측할 수 있다."
> → 예방을 위한 안내 : 상담자는 부부에게 현재 어떤 상황이 발생하고 있는지 지적하고, 배우자가 어떤 경험을 하고 있는지 인식하도록 도울 수 있다. 비판적인 방식보다 긍정적인 방식으로 반응하게 하고, 문제에 대해 부부가 함께 이겨나갈 수 있는 것으로 인식하고 접근하도록 도와준다.[44]
>
> - 연구 : 결혼관계는 남편과 아내가 강한 정서적인 유대를 가질 때 견고해진다. 정서적인 유대는 자발적으로 용서해주고자 할 때, 부부가 의사소통하는 방법을 알고 갈등해소 기술을 갖고 있을 때 가장 강력해진다.
> → 예방을 위한 안내 : 부부가 서로 용서하며 살도록 격려한다. 그리고 보다 나은 의사소통과 갈등해소 능력을 습득하도록 한다.[45]

에 도움이 될 수 있는 여러 중요한 결론들을 도출해낸 바 있다. 이들의 일부가 표 29-1에 정리되어 있다.[39]

이외에도 상담자들, 목회자, 교수, 의사, 교회나 선교 단체의 지도자들이 취할 수 있는 구체적인 예방책들이 있다. 그중 몇 가지를 살펴보면 다음과 같다.

1. 결혼에 대한 성경적 원칙들을 가르친다

기독교인들은 남자와 여자를 만드시고 결혼을 창시하신 하나님이 성경 속에 결혼에 대한 지침도 주셨다는 것을 믿는다. 이 지침들은 집에서나 교회에서 분명히 가르쳐야 하며 지도자들은 이에 대한 모범을 보여야 한다. 우리는 성과 결혼에 대한 비성경적인 가치들이 널리 퍼지고 있는 사회에 살고 있다. 따라서 성과 사랑에 대한 성경적인 가르침이 자주 강조되어야 한다. 이러한 사실을 가정과 교회와 다양한 장소에서 상기시킴으로써 서로 진실하게 대하고 공동의 유익을 위해 헌신하도록 해야 한다. 그럴 때 지역사회와 교회, 나아가 온 나라가 더욱 견고해질 수 있을 것이다.

2. 결혼과 결혼 생활 증진, 그리고 헌신의 중요성을 강조한다

우리들의 삶은 대개 수많은 요구와 헌신, 그리고 책임으로 채워져 있다. 이러한 압박들 가운데서 결혼 생활은 우선순위에서 밀려나기 쉽다. 직장과 교회, 사회적 책임, 및 기타 활동들이 배우자를 비롯한 가족들과 함께 보내는 시간보다 우선순위를 차지한다. 위기 상황을 다루거나 매번 중요한 결정을 해야 하는 목회자나 직장의 리더들에게 있어서 이러한 상황은 특별히 문제가 될 수 있다. 어떤 여성이 마약에 빠진 자기 아들의 문제 때문에 목회자에게 전화했을 때, 목회자는 즉시 이 교인을 만나기 위해 딸의 축구 경기를 포기해야 할 것인가 아니면 경기에 참석하고 그 성도는 나중에 만나기로 할 것인가? 전문 직장 여성이 회사 일 때문에 늦게까지 일하느라 남편과의 저녁 약속을 취소해야 한다면? 결혼 강화 프로그램을 홍보하는 상담자가 그런 이벤트에 한번도 참석하지 않고 갈 계획도 없다면 이런 프로그램을 신뢰할 수 있겠는가? 우리는 어쩌면 '결혼 문제는 나중에 다루어도 돼'라고 쉽게 생각할 수 있다. 하지만 이런 태도는 이내 습관으로 굳어져 결혼과 가정의 안정성을 파괴할 수도 있다. 결혼 생활이 성장하고 발전하기 위해서는 시간과 노력, 헌신이 요구된다. 우리는 교회를 비롯한 다양한 장소에서 이러한 사실을 강조해야 한다. 상담자와 교회 지도자들은 이러한 면에서 모범을 보일 필요가 있다. 당신이 그런 위치에 있다면 결혼 생활을 우선순위에 놓도록 사람들을 격려하라. 결혼 증진 세미나, 토론 집단이 이러한 면에 도움이 될 수 있다. 유익한 책을 읽거나 결혼 생활에 관한 비디오를 보는 것, 결혼에 관한 성경적 설교를 통하여 도움을 받을 수 있다. 부부들로 하여금 모든 일을 함께 행하도록 자극하라. 삶의 우선순위를 정하고, 공동의 목표를 위하여 함께 노력하며, 결혼 생활에 다양성과 재미를 주기 위한 방법을 생각하도록 도와주라. 연구 자료에 의하면, 결혼 생활 증진 및 교육 프로그램이 좋은 영향을 줄 수 있다. 특히 워크숍에 참석한 부부들로 하여금 후속 과정인 재발 방지 프로그램의 일부로 상담자와 주기적인 면담을 통해 배운 것을 새롭게 할 때 가장 큰 효과를 보는 것으로 나타났다.[46]

3. 결혼식을 교육 도구로 활용한다

그동안 상담자들과 목회자들은 결혼 생활 교육은 중요시하면서 결혼식에 대해서는 별로 관심을 두지 않았다. 그러나 결혼식이 신부 들러리나 화환 이상으로 중요하다는 사실을 발견하는 이들이 늘어나고 있다. 결혼식은 결혼을 준비하는 예비부부들과 함께 배우자 가족들과의 관계, 의견 차이와 갈등 다루기, 재정 관리, 기타 흔히 발생하는 이슈들에 대처하는 방법을 배울 수 있는 좋은 기회가 될 수 있기 때문이다. 예를 들면, 결혼 준비 과정에서 때로 배우자쪽 가족과 의견 차이가 발생할 수 있다. 그때는 각자가 자기 부모와 이 문제를 다루게 하는 것이 최선이다. 그 이유는 "결혼관계 초기에는 배우자쪽 가족과의 관계가 충분히 견고하지 못하여 심각한 갈등을 겪기"[47] 때문이다.

4. 의사소통 및 갈등 해소 원리를 가르친다

교회나 사회에서 결혼한 사람만 의사소통과 갈등 다루는 법을 배워야 하는 것은 아니다. 어느 인간관계에서든 수군거림이나 험담, 무심함, 완고함이 있을 때 갈등과 긴장이 발생할 수 있다. 기독교인들은 서로 어울려 잘 지낼 수 있는 법을 배움으로써 가족이나 주변 사람들과 좋은 관계를 맺는 것이 중요하다. 부부는 주의 깊게 듣는 것, 자기를 표현하는 것, 상호수용 및 이해의 중요성을 알아야 한다. 부부들이나 다른 사람들에게 특별히 중요한 것은 아마도 용서하는 법을 가르치는 것일 것이다.[48] 아울러 감정 이입과 따스함, 진실함 등의 요소들은 상담과정에서만 중요시하거나 실천되어야 할 것이 아니다. 누구든지 이러한 요소들을 배워 자신의 결혼 생활이나 교회에서의 관계에 적용할 때 다양한 유익을 얻을 수 있다.

5. 필요할 때 상담을 받도록 장려한다

개인과 마찬가지로 부부도 상담받기를 꺼리는 경우가 있다. 상담받는다는 것이 부끄럽게 느껴지거나 자신의 실패를 인정하는 것처럼 느껴져 그러한 반응을 보이는 것이다. 문제를 가진 많은 부부들은 고립감을 느끼거나 그들을 지원해줄 사람이 없어서 어디로 손을 뻗어야 할지 모르고 있다. 부부간의 어려움을 겪는 지도자들의 경우는 더더욱 그렇다. 그러나 필요할 때 상담을 받으러 가는 것은 강인함의 한 표현이 될 수 있다. 우리는 이러한 사실을 결혼 예비교육 시간에, 혹은 설교를 통하여 강조해야 한다. 사람들에게는 도움이 필요할 때 어디에서 어떻게 도움을 받을 수 있을지를 알려주는 안내가 필요하다. 부부들은 문제가 발생했을 때, 그것이 더 악화될 때까지 내버려두기보다, 초기에 상담을 하면 (대부분은 상담하러 오지 않지만) 미래에 발생할 수 있는 어려움들을 막을 수 있다는 사실을 상담을 통해 깨달을 수 있다.

- **결혼 생활의 문제에 대한 결론**

이 단원의 마지막에 도달하면서 어쩌면 당신은 우리 주변에서 발생하는 수많은 결혼 문제와 연구자료들, 그 문제들을 어떻게 다룰 수 있을지 등에 대한 다양한 제안들에 압도되는 느낌을 받았을지 모르겠다. 이 글을 쓰고 있는 나 또한 어느 정도 그러한 느낌을 받는다. 오늘날 우리 주변에는 결혼의 본질이나 현실을 보다 잘 이해하고 개선함으로써 더 나은 결혼 생활을 할 수 있도록 돕는 그리고 그러한 일을 할 수 있도록 상담자를 돕거나 다양한 연구조사를 실시하는 유능한 사람들이 많이 있다. 하지만 부부들은 여전히 다투고 갈등하며 별거하고 이혼한다. 많은 이들은 부부관계의 어려움이 자신들의 건강과 자녀, 다른 사람들과의 관계와 영성에 얼마나 큰 영향을 미칠 수 있는지 깨닫지 못한다. 이 책 전체에서 결혼 생활의 어려움을 겪는 사람들을 돕는 문제만큼 이해하기 어렵고 엄청난 주제는 없을 것이다.

그렇지만 하나님은 결혼 생활에 어려움을 겪고 있는 수많은 사람들을 돕고 변화시키는 일을 위해 당신과 나 같은 불완전한 사람들을 사용하신다. 우리가 깊이 생각하고 감사할 이유가 바로 여기에 있다. 결혼은 모든 인간관계 중에서 가장 친밀한 것이다. 이 관계가 즐겁고 성장할 때 우리는 인생 최대의 만족을 경험한다. 반면 이 관계가 불안정하고 단조로울 때 그것은 심한 좌절과 불행의 원인이 된다. 분명히 하나님은 예수님과 교회와의 아름다운 관계를 모범으로 하는 행복한 결혼 생활을 원하신다.[49] 기독교 상담자는 부부들로 하여금 성경적 이상에 부합되는 결혼 생활을 하도록 도울 수 있다. 그러기 위해서는 결혼 생활에 대한 성경적 가르침을 잘 이해하고, 상담기술을 잘 알며, 부부들의 결혼 생활이 개선되는 것을 보려는 동기가 내재되어 있어야 한다.

상담자들을 위한
요점 정리 29

■ 이 장은 결혼 생활의 문제와 상담에 관한 것이다. 그렇지만 많은 결혼 생활이 행복하고 건강하게 유지되고 있다는 것을 기억하는 것이 중요하다.

■ 성경은 결혼, 성, 양육, 결혼 문제, 이혼 등에 대해 언급하고 있다. 그리고 개인의 행동이나 관계에 대해서 많은 지침들을 제시하고 있다. 반면 문제에 처한 결혼이 다시 회복될 수 있도록 구체적인 방안을 명시하는 부분은 별로 없다.

■ 사람들은 대개 높은 기대를 갖고 결혼 생활을 시작하지만 다양한 요소들을 통하여 문제들을 겪게 된다. 그 문제들은 크게 다음과 같은 세 가지 범주로 나눌 수 있다. 부부를 놀라게 하는 것들, 조용히 스며들어와 결혼관계를 파괴하는 것들, 부부관계를 뒤흔드는 위기나 충격적인 사건들.

■ 부부를 놀라게 하여 결혼 문제를 야기하는 것들은 다음과 같다.
- 성취되지 못한 기대들.
- 실망스러운 성생활.
- 잘못된 의사소통.
- 건강하지 못한 관계.
- 현명하지 못한 선택.
- 비밀들.

■ 조용히 스며들어와 결혼 생활을 손상시키는 악영향들은 다음과 같다.
- 바쁜 생활.
- 역할 혼동.
- 융통성 부족.
- 종교.
- 가치관 차이.
- 충돌하는 욕구.
- 성격 차이.
- 빚과 돈 문제.
- 권태.
- 약화된 정서적 결합.

- 결혼 생활에 충격을 주는 것은 여러 가지가 있다. 예를 들면, 예기치 못한 질병으로 인한 위기, 갑작스런 죽음, 배우자의 부정, 자연재해, 깊은 실망감, 재정적 혹은 직업적 위기, 가족을 혼란으로 몰아넣는 다른 위기들이다. 이러한 것들은 바람직한 결혼 생활의 안정성을 크게 흔들 수 있다.

- 결혼 생활에 있어서 문제를 일으키는 원인과 결과를 분리하기는 어렵다. 하지만 결혼 문제로 인하여 나타나는 결과들의 몇 가지 예를 들어보면 다음과 같다.
    - 혼란, 좌절, 절망.
    - 더 많은 갈등.
    - 회피, 유기, 별거, 그리고 이혼.

- 부부를 상담할 때
    - 먼저 상담자 자신과 자신의 태도 및 편견을 자세히 살핀다.
    - 부부 상담과 관련하여 고려해야 할 특별한 이슈가 있는지 주의한다.
    - 부부가 상담하러 온 이유를 결정한다.
    - 부부와 함께 목표를 세운다.
    - 사람에 초점을 맞춘다.
    - 문제에 초점을 맞춘다.
    - 과정에 초점을 맞춘다.
    - 흔히 발생하는 실수들을 주의하고 피하라.

- 결혼 생활의 문제를 예방하려면
    - 결혼에 관한 성경적인 원리들을 가르치라.
    - 결혼, 결혼 생활 증진, 결혼 생활의 헌신을 강조하라.
    - 결혼식을 교육 도구로 활용하라.
    - 의사소통과 갈등 해소 원리들을 가르치라.
    - 상담자 활용을 장려하라.

- 결혼 생활의 어려움을 겪는 사람들을 돕는 것은 이 책에서 가장 이해하기 어렵고 다루기 쉽지 않은 엄청난 주제다. 그렇지만 이보다 더 보람과 의미를 주는 상담도 없을 것이다.

30 >>
임신과 관련된 문제들
Pregnancy Issues

A 부부는 거의 20년 동안 결혼 생활을 해왔다. 그들은 결혼 초부터 아기를 가지기 원했고 임신한 사실이 확인되었을 때 뛸 듯이 기뻐했다. 하지만 어떤 이유에서인지 아기는 끝까지 성장하지 못하고 떠나갔다. 이후로도 예닐곱 번 정도 임신하였지만 번번이 유산이라는 고통의 터널을 지나야 했다. 결국 부부는 자신들이 아이를 가질 수 없다는 사실을 받아들였고 길고 힘든 과정을 통해 어린아이를 입양하기로 하였다. 이들은 때때로 자신들이 '혈육으로 낳은 아이를 가졌다면 어땠을까?' 라는 의문을 가졌을지도 모른다. 그러나 지금은 청소년기에 접어든 아이들과 그동안 자신들이 가질 수 있었던 단란하고 사랑스런 관계에 대하여 감사하고 있다.

B 부부 역시 임신하려고 여러 번 시도했지만 성공하지 못했다. 그들은 유명한 불임클리닉 근처에 살면서 다양한 테스트를 해보고 유능한 의사와 상담하고 그들의 조언을 따랐다. 하지만 여전히 임신이 되지 않았다. 구약성경에 나오는 한나처럼 아기 갖기를 간절히 기도했지만 그도 여의치 않았다. 입양기관에서는 이제 너무 나이가 많아 입양을 할 수 없다고 말하였다. 부부는 자신들의 집에서 아이를 키울 수 없다는 현실에 직면해야 했다.

C 부부는 결혼 초에 위 부부들과는 다소 다른 문제에 부딪혔다. 이들에게 임신하는 것은 문제가 되지 않았다. 하지만 그들의 딸은 어린 몸에 여러 종류의 신체적인 이상과 기형을 가지고 태어났다. 그리고 최고의 의학적 치료를 받았지만 태어난 지 며칠 만에 세상을 떠나고 말았다. 예쁘게 장식한 방에서 새로 태어난 아기를 맞아들이기로 예정된 날에 부부는 가족 친지들에 둘러싸여 서로에게 기댄 채 땅 속으로 내려지는 작은 관을 지켜보아야만 했다.

D 부부는 40대 나이로 세 자녀를 둔 부모였다. 그러던 어느 날 그들은 네 번째 아기를 임신한 것을 알게 되었다. 그들은 자신들이 아기를 키우기 위해 기저귀를 가는 등 다시 모든 것을 새롭게 시작할 단계는 지났다고 생각했었다. 그러나 차츰 부부는 예상치 못한 임신을 받아들이게 되었고 아기에게서 커다란 기쁨을 발견하기 시작했다. 임신에 적응해 갔지만 아기 키우기를 다시 시작해야 하는 초반에는 힘겨웠다. 현재 위의 세 자녀들은 결혼하여 자신의 아이들을 가지게 되었지만 이 부부는 성장해가는 청소년기의 아들을 돌보고 있다.

세부적인 사항들은 조금씩 바꾸었지만 위에 제시된 부부들의 이야기는 내가 알고 있는 사람들의 실제

이야기다. 위의 예들 중에서 한 경우만 제외하고는 글을 쓰는 동안 각각의 사례에 해당되는 많은 부부들이 떠올랐다.

오늘날 얼마나 많은 사람들이 임신 문제로 힘들어하는지 아는 사람은 없다. 수많은 부부들이 아이를 낳으려고 시도하지만 여러 차례의 시도에도 불구하고 실패하고 있다. 어떤 사람들은 아이를 임신하지만 유산되면서 극심한 좌절과 상실감을 경험하기도 한다. 어떤 부부들에게는 아기가 신체적, 정신적 장애를 갖고 태어나 정상적인 성장과 발달을 하지 못하는 위기가 찾아오기도 한다. 원하지 않은 임신으로 힘들어하는 경우도 있다. 이들 중에는 아직 아이를 낳으려는 마음이 없었거나 나중에 아이를 출산하려고 했던 사람들도 있다. 이미 가족 규모가 커서 더 이상의 출산을 원하지 않는 사람들도 여기에 해당될 수 있다. 오늘날 원치 않는 자녀의 유산이나 청소년 임신, 임신 예방을 위한 성교육이나 절제교육만큼 많은 논란을 야기하는 이슈들은 없을 것이다. 이처럼 임신과 관련된 이슈들이 상담과정 중에 언제라도 튀어나올 수 있다. 임신 관련 문제들의 상당수는 당사자와 주변 관련자들에게 큰 충격과 좌절, 불안, 분노, 당황, 실망, 혼란 등을 가져온다. 내담자들은 이러한 문제들을 갖고 상담실로 찾아온다.

성경과 임신

구약성경에 한나의 이야기가 등장한다. 그녀는 자상한 남편 엘가나와 결혼했지만 아기를 가지지 못하였다. 이들 부부는 매년 하나님에게 제사를 드리기 위해 성전에 갔다. 그리고 한나는 아기를 달라고 기도하였다. "만군의 여호와여 만일 주의 여종의 고통을 돌보시고 나를 기억하사 주의 여종을 잊지 아니하시고 주의 여종에게 아들을 주시면 내가 그의 평생에 그를 여호와께 드리고 삭도를 그의 머리에 대지 아니하겠나이다."[1] 당시에 사람들은 자녀가 없는 것을 하나님으로부터 인정받지 못한 증거로 인식하였다. 한나는 불임으로 인하여 매우 슬프고 큰 고통과 서글픔 가운데 기도하는 여자로 자신을 묘사했다.[2] 엘가나가 위로하려고 했지만 한나의 마음은 무너져내렸으며 때론 너무 슬퍼 먹을 수조차 없을 정도였다. 그런데 그녀가 임신을 하고 아들 사무엘을 낳았으니 얼마나 기뻐했을지 그 깊이를 가히 상상하기 어려울 것이다.

성경은 임신에 대해 어떤 직접적인 가르침을 주고 있지는 않다. 하지만 한나의 경우와 같은 이야기들을 통해서 임신에 관한 성경적 관점들을 배울 수 있다. 우리는 성경을 통해 몇 가지 분명한 결론들을 도출해낼 수 있다.

1. 자녀는 소중한 하나님의 선물이다

시편 127편에 나오는 다음의 말씀들을 보라.

> 자식들은 여호와의 기업이요
> 태의 열매는 그의 상급이로다.
> 젊은 자의 자식은
> 장사의 수중의 화살 같으니
> 이것이 그의 화살통에 가득한 자는 복되도다![3]

2. 자식이 없는 것은 슬픔의 원인이 된다

성경을 보면, 임신을 못하여 슬퍼한 여자가 한나만은 아니었다. 사라, 리브가, 라헬, 엘리사벳, 그리고 다른 여인들 또한 임신하지 못함으로 인하여 고통과 치욕, 수치심을 느꼈다. 그런데 자녀를 낳지 못하는 여인에게 하나님이 자녀를 주신다. 시편의 찬송시는 하나님이 어떻게 임신하지 못하던 여자에게 가정을 주시고 행복한 어머니가 되게 하시는지를 묘사하며 하나님을 찬양하고 있다.[4] 오늘날 아기를 낳지 못하는 것을 하나님께 인정받지 못하는 것으로 생각할 부모는 거의 없다. 하지만 불임은 우리에게 슬픔을 가져다줄 수 있다. 자녀는 부부의 삶을 행복하게 하고, 하나님을 찬양할 이유를 제공하기 때문이다.

3. 결혼관계 이외의 임신은 잘못된 것이다

우리는 밧세바와 짧은 성관계를 가진 다윗 왕의 이야기를 잘 알고 있다. 다윗은 밧세바가 임신한 사실을 알고는 자신이 아기의 아버지라는 사실을 숨기려 하였고, 심지어는 밧세바의 남편을 죽이기까지 하였다. 다윗은 당시 몇 개월에 걸쳐 자기 생애에 가장 힘든 시기를 보냈을 것이다. 아기가 치명적인 병에 걸려 죽을 위기에 처하자 그는 일주일 동안 금식하며 잠도 자지 않고 아기가 죽을 때까지 그렇게 열심히 기도하였다. 극심한 죄의식과 싸웠던 다윗은 하나님의 용서를 받은 후에도 자신의 왕국을 잃었고, 평생 동안 그의 가족은 계속적인 위협에 시달렸다. 그리고 결국에는 자신의 혈육으로부터 생명을 위협당하는 지경에까지 이르는 삶을 살았다. 다윗의 비밀스런 죄들은 '온 이스라엘 앞에서 백주에' 불명예스럽게 드러났다.[5]

신약성경에 등장하는 마리아의 임신 사건은 이와 매우 다르게 전개된다. 우리는 이 이야기를 크리스마스 때마다 들어왔다. 마리아와 정혼한 남편 요셉은 의로운 사람이었다. 그래서 마리아의 임신 사실이 알려지자 마리아와 "드러내지 아니하고 가만히 끊고자" 하였다.[6] 그런데 천사가 나타나서 마리아가 잉태한 아기는 성령으로 된 것으로 전에도 후에도 없었던 특별한 사건이라고 설명하자 생각을 달리하게 되었다. 성경은 전체적으로 부도덕한 행위들을 비난한다.[7] 여기에는 강간이나 여러 사람들과의 성관계 등이 포함된다.[8]

4. 인간의 생명은 출생하기 훨씬 이전부터 시작된다

낙태를 둘러싼 많은 논쟁들은 언제 난자와 정자가 만나 하나의 생명체가 되는가 하는 문제와 관련되어 있다. 이러한 논쟁들 중에는 일관성이 결여된 이상한 논리도 있다. 예를 들어, 임신이 된 후 25주째에 낙태를 한다면 태아는 그냥 버려도 되는 하나의 '조직 덩어리'로 여겨진다. 그런데 똑같은 25주째에 조산하여 아이가 일찍 나오게 되면 모든 의학적 노력을 동원하여 그 '미숙아'를 살리려고 한다.

성경은 우리에게 인간으로서 한 사람의 시작이 언제부터인지 그 정확한 시기를 말해주지 않는다. 그렇지만 모태에 착상되어 발달과정 중에 있는 태아는 이미 하나님 보시기에 인간임이 분명한 것 같다. 예레미야가 하나님의 부르심을 받았을 때 이상한 말을 듣게 된다. "내가 너를 모태에 짓기 전에 너를 알았고 네가 배에서 나오기 전에 너를 성별하였고 너를 여러 나라의 선지자로 세웠노라."[9] 분명히 하나님은 예레미야가 태어나기 훨씬 전부터 그를 사람으로 생각하셨다.

이와 같은 결론은 다른 여러 성경 본문들을 통해 지지되고 있다. 시편 기자는 "어머니가 죄중에서 나를 잉태하였나이다"라고 기록하였다.[10] 시편 139장 13~16절은 "주께서 내 내장을 지으시며 나의 모태에서 나를 만드셨나이다"라고 찬양하고 있다. 즉, 하나님이 인간발달의 모든 과정을 눈여겨보시고 그 모든 부분들을 만드는 일에 참여하셨음을 찬양하고 있다. 성경은 태아를 단순히 물질적인 어떤 생물학적 조직체로 보지 않는다. 인간의 생명은 출생 전에 이미 시작되는 것이다. 이것이 사실이라면 생명은 임신 기간(출생 전 발달과정)의 어느 시점에 시작되는 것임에 틀림없다. 생명이 수태 시점이 아닌 다른 어느 순간에 시작된다고 보기는 어렵다.[11]

5. 임신이 항상 기쁨의 원인이 되는 것은 아니다

야곱과 라헬의 사랑 이야기는 성경에서 가장 감동적인 이야기 중 하나다. 야곱은 라헬을 얻기 위해 7년 동안 미래의 장인을 위해서 일했다. 하지만 라헬에 대한 사랑이 매우 컸던 그는 '7년을 며칠 같이' 여겼다.[12] 마침내 결혼식 날이 되었고, 야곱은 기대하는 마음으로 신부를 기다렸다. 그런데 마침내 두 사람만 남아 신부의 베일이 벗겨지고 라헬 대신 레아와 침대에 누워 있는 자신을 발견했을 때 야곱이 받았을 충격을 상상해보라.

야곱이 이 사실에 대해 장인에게 항의하자 장인 라반은 "언니보다 아우를 먼저 주는 것은 우리 지방에서 하지 아니하는 바라"고 말하였다. 그래서 젊은 야곱은 라헬을 얻기 위해 다시 7년을 일해야 했다. 그런데 그렇게 오래 기다렸던 아내를 얻게 되었건만, 라헬은 임신을 하지 못하였다. 결과적으로 라헬은 야곱이 사랑하는 아들 요셉을 낳게 되었지만 두 번째 임신을 하고 출산하는 과정에서 죽게 되었다.[13] 불행한 일이었다.

임신이 모든 경우에 항상 반가운 소식이 되는 것은 아니다. 부부가 아기를 원하지만 임신이 되지 않을 때 힘든 시간을 보내기도 한다. 임신은 신체적인 이유 때문에 의학적인 상담이 반드시 필요하다. 하지만 많은 경우 기독교 상담자와의 세심한 상담 또한 필요하다.

임신 관련 문제의 원인

임신 문제는 두 가지의 넓은 범주로 나눌 수 있다. 첫 번째는 부부가 아기를 갖기 원하지만 가질 수 없는 경우다. 가장 흔한 이유는 불임과 유산으로 혹은 출생 후 몇 주 안에 아기를 잃는 것이다. 두 번째는 임신이 되었지만 아기를 원하지 않는 사람들에 관한 것이다.[14]

기본적으로 모든 임신 문제는 신체적인 것과 관련이 있다. 예를 들어 불임은 부부가 적어도 일 년 동안 때에 맞춰 성관계를 하고 어떤 피임 방법도 사용하지 않으면서 임신하려고 시도했지만 임신을 할 수 없는 것을 의미한다. 이런 상황은 인구의 약 10%에 해당하는 사람들에게 나이와 상관없이 나타나고 있다. 물론 젊은 사람들보다 나이 많은 사람들이 불임이 될 확률이 높은 것은 사실이다. 불임의 경우, 3분의 1 정도는 남성에게 임신이 안 되는 주요 원인이 있다. 이들은 정자의 생산 정도가 낮거나 정자를 전달하는 시스템에 장애가 있다. 여자에게 원인이 있는 경우, 배란이 정상적으로 되지 않거나, 정자가 난자에 도달하지 못하게 하는 어떤 문제가 있을 수 있다. 정자를 죽이거나 배아된 난자를 유산시키는 항체를 몸속에서 생성하는 경우도 있다. 이처럼 결혼한 부부가 임신을 하지 못하는 것은 약 10~15%에 이른다. 이 비율은 계속하여 증가하고 있는데, 부분적으로는 많은 부부들이 생식력이 감소되는 30세 이후까지 임신을 미루고 있기 때문이다. 몸이나 공기중에 떠다니는 살균제나 담배연기, 각종 화학물질 등이 불임을 일으킬 수 있다는 증거들도 있다. 대부분의 불임 문제는 정확하게 진단할 수 있으며 많은 경우 성공적으로 치료되고 있다.

여성이 임신하게 되면 약 20%의 태아가 자연적으로 유산할 가능성을 가지게 된다. 대부분은 종종 임신 초기에 일어나며, 임신한 지 5개월이 지나 유산이 되면 사산아로 명명된다. 임신 상태에 문제가 있었음을 자연스럽게 알려주는 것이다. 유산한 여성은 때가 되면 다시 임신하게 되고 출산할 날이 차기까지 임신 상태를 유지하게 된다. 하지만 유산을 반복하는 여성들도 있다. 불임 부부와 마찬가지로 이러한 사람들도 자녀가 없는 상태에 처한다.

이와는 반대로 원하지 않는 임신이 발생할 때도 있다. 피임약을 사용하지 않았거나 그 효능에 문제가 있을 때 이런 일이 일어날 수 있다. 이때 많은 사람들은 낙태를 할 것인지에 대한 문제를 갖고 고민하게 된다. 어떤 부부들에게는 낙태에 대한 자신들의 생각을 행동으로 실천할지 결정해야 하는 어려운 시간이 될 수 있다.

모든 신체적인 상태와 마찬가지로 이러한 모든 임신 문제들은 저마다 강력한 심리적 영향을 줄 수 있다. 이러한 영향으로 인하여 당사자들의 삶은 더욱 복잡해질 수 있다. 이러한 상황이 발생하면 남성이나 여성 대부분은 서로에 대해, 자신들에 대해, 혹은 하나님에 대해 분노와 깊은 실망감, 죄책감, 부적절감 등을 느낀다. 정신건강 전문가들은 여성이 불임이나 반복된 유산으로 인한 고통을 가장 크게 느낀다고 한다. 하지만 남성들 또한 실패자처럼 느끼며, 낮은 자존감, 수치심, 남성성에 대한 내적 회의감 등을 경험한다는 증거들이 늘어나고 있다. 어떤 부부들은 의사소통의 단절이나 결혼 생활에 대한 헌신 중단, 기분 장애, 성 기능장애와 같은 문제들을 경험하기도 한다.[15]

불임은 남성과 여성에게 다른 방식으로 영향을 미치는 경향이 있다. 예를 들어, 여성들은 외로움을 느끼고 여가활동으로부터 멀어지며, 친구들 대부분이 자녀를 키우고 있다면 사회적으로 고립될 수 있다.[16] 남성들은 아내와 함께 아기를 가지려고 하면서도 부모 역할보다는 다른 활동에 더 관심을 보일 수 있다. 불임 아내를 둔 남성 300명을 추적 조사한 연구가 있다.[17] 이들 대부분은 취미생활이나 집 수리, 자신들의 경력 관리 등과 같은 활동에 더 많은 관심을 보였다. 이들의 4분의 1정도는 다른 사람의 아기들에게 관심을 보였다. 곧, 조카들과 시간을 보내거나, 어린아이들에게 야구 코치를 하거나, 교회의 청소년 프로그램을 지도하고 있었다. 이러한 부부들은 상대적으로 결혼 생활이나 개인생활에 대한 문제를 덜 경험하였고, 그들 중 상당수는 나중에 자녀 입양을 하였다. 이와 달리 일부 남성들은(약 12%) 역기 들기, 보디빌딩 및 자신의 남성성을 발달시킬 수 있는 자기중심적 활동에 관심을 보였다. 이들은 대부분 자신들의 상황에 잘 적응하지 못하였다. 많은 사람들은 결혼 생활의 문제를 경험하였고, 절반 이상이 중년이 되었을 때 이혼을 하였다. 남편과 아내 모두에게 불임은 우울감과 결혼 생활의 긴장, 분노, 불안, 영적인 갈등들을 야기하였다.

그렇다고 해서 자녀 없이 사는 모든 부부들이 신체적, 심리적, 나아가 불임의 문제를 갖고 있다고 단정해서는 안 된다. 남편과 아내가 특별한 사명을 갖고 하나님을 섬기도록 부름 받았다는 확신 아래 오랫동안 생각하고 기도하면서 당분간은 자녀 없이 살기로 결정하는 경우도 있다. 자신들의 일이나 사역이 자녀들로 인해 방해받을 수도 있으며, 자녀들의 건강한 발달과정을 방해할 수도 있다고 생각하기 때문이다. 이외에도 자신들의 상황이 불안정하다고 생각하거나 친밀한 관계에의 두려움, 자녀 양육 책임에 대한 부담감, 성관계에 대한 두려움, 어떤 내적 갈등이나 관계 갈등을 피하고 싶어서 자녀를 갖지 않으려고 할 수도 있다.

아기를 갖기 원할 때 가질 수 없는 것은 분명히 실망스런 일이다. 비록 그 원인이 신체적인 것이고 일시적인 것이라고 할지라도 말이다. 사람들이 반응하는 방식은 자신의 정신건강이나 중년의 행복, 결혼생활의 안정성 등에 영향을 줄 수 있다. 아울러 나중에 아이를 낳을 수 있을지, 입양할지, 아니면 자녀 없이 살 것인지 등의 선택에 영향을 끼칠 수도 있다.

이와 같은 심리적인 문제들은 계획하지 않은 임신의 경우에도 동일한 양상으로 나타날 수 있다. 그 경우, 분노와 좌절, 후회, 혼란, 불안, 두려움, 우울감 등이 따를 수 있다. 마약이나 알코올을 찾거나 그 양이 늘어날 수도 있다. 때로는 낙태 여부에 대해 배우자 혹은 부모와 충돌이 일어나기도 한다. 물론 이러한 현상은 계획에 없었던 임신으로 말미암아 생긴 것이지만 그로 인해 또 다른 갈등과 문제가 발생하기도 한다. 이때 임신한 여성이나 부부가 다른 사람들로부터 지지를 받지 못한다고 느낄 때 문제는 더 악화된다. 부모나 교회 구성원, 성생활의 상대가 임신에 대해 어떤 관심이나 돌봄의 태도를 보이지 않을 수도 있다. 특히 그 대상이 미혼모일 때 그럴 가능성이 크다. 임신한 여성과 상대 남성은 이러한 상황에서 유산 여부를 놓고 소용돌이치는 정서적 혼란을 느낄 수 있다. 그리고 인생에 큰 변화를 가져올 수 있는 중요한 결정을 당장 내려야 한다는 압박감을 받을 수 있다. 그리고 어떤 결정을 내리든 그들의 결정에 동의하지 않는 사람들로부터 오는 비난과 거부에 직면하기도 한다.

• 임신 문제의 영향

아기가 없는 것과 원하지 않은 임신은 비슷한 정서적 반응들을 일으킨다. 하지만 그 결과는 당사자들이 직면한 상황에 따라 다르게 나타난다.

1. 자식이 없음

어떤 부부에게 아기가 생기지 않을 때 그들은 불임 문제를 의심하기 시작한다. 기대는 실망감으로 바뀌고 좌절감도 커지게 된다. 그렇지만 부부들 중에는 다양한 불임 전문가들과 상담을 하고, 결과적으로 임신을 하는 경우도 있다. 하지만 임신하려고 여러 번 시도했지만 여전히 임신이 되지 않을 때, 혹은 남편이나 아내가 임신할 수 없다는 어떤 의학적 확인을 받을 때 놀람과 충격으로 그 사실을 믿지 못하는 시기가 온다. 그리고 앞에서 논의한 대로 슬픔과 분노, 자존감 저하 등의 문제가 뒤따른다. 이런 상태에 있는 부부에게 "너희 두 사람은 언제 임신하는 법을 배울 거야"라고 질문하거나 농담을 하는 친구들도 있다. 부부는 이런 친구들에게서 멀어지게 된다. 아이들을 대하는 것이 고통스러운 부부도 있을 수 있다. 그럴 경우 크리스마스 행사나 가족모임 때 함께 놀며 즐거워하는 조카들을 보는 것이 힘들어서 그런 자리를 피할 수도 있다. 그렇지만 이러한 반응들은 시간이 지남에 따라 문제에 대한 부정이나 문제를 인정하려고 하지 않는 태도로 대체된다. 그리고 결국에는 자신의 현실을 받아들이면서 만족을 얻을 수 있는 다른 방법들을 찾게 된다. 그래서 자신의 직업에 더 전념하거나, 입양 혹은 수양부모가 되기도 한다. 그런가 하면 교회나 지역사회, 혹은 가족 활동을 통하여 다른 사람들의 자녀들을 돌보고 봉사하는 사람들도 있다.

여성들은 많은 경우 아이를 낳지 못할 때 어떤 죄책감이나 부적절감을 느낀다. 임신이 안 될 때 아기를 낳아야 한다는 가족 및 사회적 압박과 더불어 어떤 실패감이나 성적인 무능감을 느끼기도 한다. 많은 이들이 이 문제에 집착하며 지속적인 관심을 갖는다는 것은 그리 놀랄 일이 아니다. 그리고 이러한 현상은 다른 불임 커플들과 부부 스와핑을 하는 놀라운 양상으로 전개되기도 한다.

오늘날 우리는 다른 문화에 대한 민감함이 증가되고 있는 세상에 살고 있다. 상담자들은 아이가 없다는 사실이 다른 나라나 문화들에서는 다르게 다루어지고 인식된다는 사실을 기억해야 한다. 서구 사회에서는 아기가 없을 경우 어떤 새로운 기술을 통해 임신을 할 수 있을지를 생각하는 경향이 있다.[18]

하지만 빈곤한 나라나 이웃들에서는 이러한 발달된 의학적 방법을 사용하기 힘들어 그냥 아기를 갖지 못한다는 사실을 받아들여야 할 가능성이 크다. 많은 곳에서 아기를 갖지 못하는 여성들은 부당하게 대우를 받으며 특히 시댁의 가족들에게 더욱 그렇다. 불임의 남자들 역시 힘든 삶을 살지만 그들의 문제는 대개 쉽게 감춰진다. 어떤 문화나 윤리에 따라서는 정자를 생성해낼 수 있는 남성은 아내가 아닌 다른 여성을 임신하게 하여 자기의 위신을 세우는 경우도 있다. 이러한 행태 또한 임신할 수 없는 여성에게는 더 큰 압박감을 주는 것이다.[19]

구약성경의 사라, 라헬, 한나와 같은 여인들도 자기 남편이 다른 여자들을 임신하게 할 수 있다는 사실을 알았다. 이러한 사실로 말미암아 그들은 심한 내적 고통을 겪었을 것이다. 사라의 남편 아브라함은 하갈을 통해 자녀를 얻었다. 야곱도 라헬이 아닌 레아에게 임신하도록 만들었다. 한나의 남편 엘가나도 자신의 또 다른 아내인 브닌나를 통해 자녀들을 얻었다. 브닌나는 한나가 자식을 낳지 못하는 것을 보고 조롱하고 괴롭혔고 한나는 눈물 젖은 나날을 보내야 했다.[20]

400명의 불임 부부들을 대상으로 한 연구가 있다. 이 연구는 그들 대부분이 '희망-절망의 주기'를 가진다는 사실을 보여준다. 매달 처음에는 '이번은 다를 것이다'라는 희망을 가진다. 하지만 임신이 되지 않았을 때 그들에게 불안과 좌절, 절망의 압박이 증가되어 나타난다.[21] 이것은 결혼 생활의 안정성을 파괴하고 신체의 순환작용을 망가뜨리며, 임신을 더 지연시키게 되는 긴장을 유발한다.

희망-절망 주기는 반복되는 유산으로 아기를 갖지 못하는 부부에게서도 나타난다. 그들은 아내가 임신할 때마다 이번에는 아기가 만삭까지 유지되기를 희망한다. 그러다가 유산(또는 사산)되면 희망은 사라지고, 다시 실망과 슬픔을 경험하게 된다. 그들은 무기력감을 느끼며 상대를 비난하거나 그 상실에 대한 책임을 상대에게 전가하려고 한다. 이들은 자신을 지지해주는 친지나 친구들과 함께 그 슬픔을 다루는 것이 필요하다. 그렇지만 가족이나 다른 사람들이 이러한 요소들에 대해 이야기하기가 편하지는 않다. 따라서 대개의 경우 부부는 그들 스스로 이러한 상황에 대처해야 한다.

한편, 이들 부부의 슬픔에 대해 다른 사람들은 충분히 공감하며 안타까워하는 마음을 가질 수 있다. 하지만 이 과정을 보다 복잡하게 만드는 것은 그들에게 아기의 상실이 실제로 와닿지 않는다는 것이다. 우리 사회는 대개 출생 전이나 출생 초기에 아기를 잃는 것에 대해 그렇게 심각하게 생각하지 않는다. 이로 인해 부부는 더욱 외로우며 주위 사람들로부터 이해받지 못하고 있다는 느낌을 갖게 된다.[22] 부부의 관점으로 볼 때, 아기는 이미 독특한 특성을 가진 한 생명이었다. 아기에게 이미 이름을 붙여주었을 수도 있다. 그들에게 아기는 살아 있는 존재였다. 다른 종류의 슬픔과 달리 거기에는 한 사람의 상실이 있다. 그가 장차 어떤 사람이 될지는 알려지지 않았다. 아이와 함께 미래를 향한 약속과 기대, 희망도 사라졌다. 그것은 한 가족이나 문화를 지탱하는 것이었을 수도 있다. 부모에게 이 상실감은 대부분의 다른 사람들이 느끼는 것보다 더 실질이고 고통스러운 것이다. 부모들은 때로 아기와 부모로서의 역할이 상실된 것이 아니라 마치 전혀 존재하지 않았던 것처럼 느낀다. 그리고 세상은 그저 무심하게 지나가는 것처럼 느낀다.[23] 따라서 상담자들은 이들이 느끼는 상실감을 축소하기보다는 미래에 있을 임신 가능성에 초점을 두고 적절한 반응을 보여야 한다.

불임 클리닉의 상담자는 많은 부부가 그들의 불임이나 반복되는 유산 문제를 인정하려 들지 않으며 심지어는 수치스러워하기까지 한다는 사실을 안다. 어떤 이들은 불임이 여성 혹은 남성으로서 자신의 부적격성을 의미하는 어떤 표시라고 생각한다. 성에 대해 이야기하는 것을 불편하게 느끼는 사람도 있다. 의료 상담자와도 그렇게 느끼는 사람이 있다. 심지어 생식기 검사를 거부하는 사람도 있다. 경우에 따라서는 "이것은 순전히 심리적인 것이니 집에 가서 쉬고 다시 임신을 시도하십시오"라는 말을 들을까 막연히 두려워하기도 한다.

상담자는 사람들이 불임에 대해 이야기하기를 꺼린다는 것을 알아야 한다. 만일 결혼한 부부가 수년이 지나도록 아이가 없으면 자연스럽게 이 문제에 대해 언급할 수 있을 것이다. 그러나 좋은 의도라 할지라도 압박감을 주는 태도로 이야기해서는 안 된다. 부부가 자녀가 없는 것에 대해 이야기하기를 원치 않으면 나중에 다시 이야기할 수 있다는 사실을 확인하고 더 이상 그 문제를 거론하지 않도록 한다.

2. 계획하지 않은, 원하지 않는 임신

심리학자 에버렛 워딩턴은 계획하지 않은 임신을 두 가지 범주, 즉 너무 일찍 임신이 되었거나 너무 늦게 임신이 된 경우로 구분한다. 너무 일찍 임신이 된 경우는 10대들의 임신, 결혼하지 않은 동거 부부의 임신, 결혼식 전후에 임신이 되어 미처 가족계획을 세우지 못했거나 연달아서 임신한 경우에 해당한다. 너무 늦게 임신이 된 경우는 가족계획이 이미 끝났거나, 예상치 못하게 우연히 생긴, 혹은 중년의 나이에 생긴 임신이 해당된다. 각각의 경우는 조금씩 다르게 사람들에게 영향을 미친다.[24]

예를 들어, 미혼모에게 닥친 어려움을 생각해보자. 오늘날 혼외 성교가 기독교인 젊은이들에게도 널리 받아들여지고 있다. 그렇지만 이것이 정당화될 수는 없다. 성경은 혼외 성교를 정죄하고 있다. 사는 장소에 따라 조금 다를 수는 있지만, 비합법적인 임신은 여전히 사회적으로 용납되지 않고 있다. 이러한 문제 상황은 미혼모뿐만 아니라 남성도 그 한 부분을 차지한다. 그렇지만 많은 경우 남성은 그 상황에서 드러나지 않을 때가 많다. 임신한 여성에게조차 아기 아버지의 정체가 알려지지 않을 때가 있다. 남성은 신체적으로 임신의 증거를 지니지 않기 때문에 때로 그들의 신분을 숨길 수 있다. 그래서 아버지는 사라지고 미혼모만이(때로 그녀의 가족과 더불어) 임신 문제를 홀로 감당하도록 남겨질 때가 있다. 반대로 어떤 사회에서는 남자들(특히 젊은이들)이 임신시키는 것을 남자다움의 증거로 인식하여 그것을 자랑스러워한다. 그렇지만 생긴 아이에 대한 책임은 지지 않으려고 하여 여성이 아이 아버지의 도움이나 지지 없이 홀로 그 상황에 대처해야 하는 경우도 있다.

혼외 임신이 허용되지 않은 곳에서는 미혼모들이 가능한 오래 임신을 숨기려고 한다. 부모의 반응에 대한 불안과 두려움, 사회의 판단에 대한 고민, 죄의식, 자책, 그리고 때로 분노 등이 미혼모로 하여금 도움이나 지지, 임신 기간 중의 보호를 받지 못하도록 한다.

한편 원하지 않는 임신이 확인되면 많은 경우 충격과 분노, 자신 또는 다른 사람들에 대한 정죄, 두려움, 공포, 실망, 혼란 등이 발생할 수 있다. 10대의 임신일 경우는 더욱 그렇다. 원치 않는 임신이 확인될 때 사람들이 먼저 상담자를 찾아가거나 하는 일은 발생하지 않는다. 목회자에게 찾아가는 일도 별로 없다. 하지만 상담자가 이러한 상황에 개입하게 된다면 위에서 언급한 감정들이 발생하는 것을 목격하게 될 것이다. 상담자에게도 임신에 대한 나름대로의 느낌이나 입장이 있을 수 있다. 그러나 임신한 이유에 대한 도덕적 훈계나 신학적 설명, 혹은 지적인 토론에 초점이 맞추어져서는 안 된다. 이것은 나중에 다루어질 수 있다. 상담 초기에는 우선 위기에 처한 내담자가 그 상황을 어떻게 대처할지 도와야 한다. 그리고 당장에 결정해야 할 것과 장기적인 미래를 고려하여 어떠한 결정을 내려야 할지 등에 대한 도움을 주어야 한다. 이러한 상황에서 많은 사람들은 낙태에 대해 논의하게 된다.

3. 낙태

1973년 1월, 미국 대법원은 임신한 지 6개월 미만인 여성들이 낙태를 원하면 그렇게 할 수 있는 전적인 권리를 주었다. 그리고 마지막 임신 3개월 동안에도 거의 받아들이기 어려운 이유로 낙태할 수 있는 권한을 주었다('건강상의 이유'를 말하고 있는데 여기서 '건강'이란 심리적, 신체적, 사회적, 경제적 안녕을 포괄하고 있다). 이로 말미암아 낙태는 한순간에 더 이상 범죄가 아닌 권리로 둔갑하였다. 이제는 돈이 많건 적건 모든 사람들에게 낙태가 가능하게 되었고, 세금으로 보조를 받는 경우까지 생겨나게 되었다. 그 결과 낙태에 대한 찬성과 반대 함성이 지금까지 계속되고 있으며 전 세계로 퍼지고 있다. 그러는 동안 합법적인 낙태의 숫자는 극적으로 증가하였다.

우리가 앞에서 살펴본 대로, 낙태에 관한 논쟁의 상당 부분은 언제부터 사람의 생명이 시작하느냐의 문제에 집중된다. 대법원은 "언제부터 생명이 시작되느냐에 대한 어려운 문제를 푸는 것"은 불필요하다고 결론지었다. 그 이유는 "의학과 철학, 신학과 같은 분야에서 훈련받은 사람들도 어떤 일치된 결론에 도달하지 못하는 상황에서, 인간 지식의 발달이라는 차원에서 사법부가 현재 이 문제에 대한 답을 이끌어낼 수 있는 위치에 있지 않다"는 것이었다.[25] 사법부로서는 이 이슈를 회피하는 것이 지혜로울 수도 혹은 그렇지 않을 수도 있지만, 이 문제는 매우 중요하다. 만일 생명이 출생과 동시에 시작되는 것이라면 낙태가 인간의 존재를 끝내는 것이라고 보기 어렵다. 그렇지만 인간의 생명이 더 일찍, 특히 임신과 더불어 시작되는 것이라면 낙태는 합법화된 살인이다.[26] 앞서 우리는 조산아를 죽이는 것이 죄라고 규정하는 법률과 아직 태어나지 않은 같은 월령의 아기를 죽이는 것은 정당하다고 보는 법적 조문의 아이러니를 보았다. 조산아를 살리기 위해 수천 달러를 쓰고 긴장된 시간을 보내는 의사들이 아직 태어나지 않은 같은 개월 수의 아기를 별 생각 없이 낙태를 통해 죽이고 있는 것이다. 인권을 강조하는 법이 아직 태어나지 않은 아이에 대해서는 살인의 수단이 되고 있는 셈이다.

기독교 상담자는 낙태와 관련된 이슈에 대해 신중하게 생각해야 한다. 가능하면 낙태를 고려하고 있는 사람들과 만나 상담을 하기 전에 그렇게 하는 것이 좋다. 인간의 생명이 임신과 출생 사이의 9개월 동안 어떤 특별한 순간에 시작한다는 견해를 뒷받침할 성경적, 신학적, 생리학적, 의학적 또는 다른 납득할 만한 증거는 거의 없다. 생명이 남자의 정자와 여자의 난자가 만나는 순간부터 시작한다고 믿는 사람들에게 낙태는 분명히 잘못된 것이다. 그것은 단순히 어떤 의학적인 절차나 법적 이슈, 또는 상담의 문제가 아니다. 성경에 나타난 "살인하지 말라"는 계명을 위반하는 것이다.

아마도 대부분의 기독교 상담자들은 이러한 결론에 동의하겠지만, 그렇지 않은 사람들도 있다. 낙태 이슈는 다른 윤리적 문제들과 관련하여 더 복잡해진다. 예를 들면, 태아가 기형으로 밝혀질 때, 강간을 당해 임신했을 때, 임신 상태를 지속한다면 산모의 건강과 생명이 위험해질 때조차 낙태하는 것이 옳은

지 아니면 그른지 등에 관한 것이다.

오늘날 낙태는 항상 그런 것은 아니지만 비교적 안전하게 흔히 행해지고 있다. 그리고 사는 지역에 따라 약간의 차이는 있을 수 있지만 비교적 용이하게 시술할 수 있으며, 임신 문제를 효과적이고 조용하게 그리고 신속하게 해결할 수 있는 한 가지 방편으로 인정받고 있다. 그렇다고 해서 이러한 현상이 낙태로 인해 여성이, 간접적으로는 남성이 어떠한 영향을 받을 수 있는지와 관련된 논쟁을 비껴가게 하는 것은 아니다. 그동안 낙태를 한 여성들은 다양한 경험을 한 것으로 드러났다. 아주 감동적인 이야기나 충격적인 사례들도 있었다. 낙태가 여성뿐 아니라 남성들에게도 해로운 결과를 초래한다는 것은 심리학적, 의학적, 사회적, 기타 각종 증거들을 통해 보고되어왔다.[27]

이와 반대로, 낙태가 심리학적인 어떤 해로운 결과를 가져올 수 있다는 것을 부인하는 글과 연구들 또한 제시되어왔다.[28] 이러한 연구 결과에도 불구하고 낙태 관련 불안 증상은 보편적인 것이다. 그리고 "낙태가 충격적인 사건이 될 가능성에 대한 이해가 점점 증가되고 있다." 과학적인 실험 결과는 연구자들이 이전에 가지고 있던 신념을 반영할 수 있다. 연구자들이 무의식적으로 자신들의 입장을 지지하는 연구 자료에 영향을 받을 수 있다는 것은 이미 잘 알려진 사실이다. 그렇다면 낙태 후의 충격에 대한 논쟁과 지지 자료들은 이러한 편견의 일부를 반영하고 있다고 볼 수 있는가? 과학적인 연구라고 주장하는 한 자료는 합법적인 낙태의 경우 "신체적, 정신적 건강에 별 위험이 되지 않는다"고 보면서 "현재 사람들은 낙태를 실제보다 더 위협적이고 스트레스를 주며 낙태 후 증후군을 남기는 경험으로 오명을 씌우고 있다"는 결론을 내렸다. 그러면서 어떻게 "낙태 반대자들이 잘못된 신화와 정보로 여성들의 생각을 호도"하고 있는지를 나열하였다.[29] 이처럼 과학적인 증거로 가장된 보고서는 논쟁의 양 당사자들에게서 다 나올 수 있다. 이러한 조사는 당사자들의 편견을 반영하고 분노를 자극할 뿐 실제 이 이슈를 명료하게 하는 데는 거의 도움이 되지 않는다. 이보다 바람직하고 실제적으로 도움이 되는 견해는 많은 여성들이 어떤 해로운 부작용 없이 낙태를 한다는 것이다. 그러나 최소 30%에 이르는 여성들이 낙태 후 증후군을 경험하고 있다는 것이다.[30] 이러한 연구들은 낙태 후 증후군이 존재한다는 것에 동의하지는 않을지라도 상당히 많은 여성들이, 그리고 놀라울 정도로 많은 남성 배우자들도 유산에 따른 죄책감, 슬픔, 수치심, 단절감, 우울, 정서적 고립감, 심적 고통을 경험한다는 것을 반증해주고 있다.[31]

이 책의 이전 판을 읽은 한 상담자는 "낙태의 후유증은 단순히 약간의 죄책감이나 슬픔을 경험하는 혹은 그 행위의 도덕적 의미에 대한 의문에 그치는 것이 아니다"는 내용의 글을 보내왔다. "그것은 대개의 경우 그러한 정도를 훨씬 넘어서는 깊은 슬픔, 자기 파괴적인 행동, 깨어진 관계, 성 기능장애, 낮은 자존감, 자기 학대 증가, 아동 학대, 자살, 알코올과 약물 남용……. 하나님이 자기 아이를 '살해'한(그들의 말) 자신들을 용서하지 않으실 것이라는 두려움의 절규를 포함한다." 낙태를 한 모든 여성들에게 이러한 반응이 나타나지는 않을 것이다. 그러나 상당히 많은 여성들이 낙태 후에 정신적 충격을 겪는다는 사실은 낙태로 인한 심각한 심리적 위험이 크다는 것을 암시한다.

우리는 낙태에 관한 논의를 하면서, 원치 않는 임신을 한 많은 부부들이 만삭까지 아기를 지켜서 양육하거나 입양 보낸다는 사실을 간과해서는 안 된다. 이러한 아기들의 운명은 부모 특히 어머니의 태도와 아기들이 양육되는 환경에 달려 있다. 불안정한 상태에 있는 산모나 원하지 않은 출산을 원망하는 어머니의 아기들은 잘 적응하지 못하는 경향이 있다.[32] 반대로 계획하지 않은 아이라 할지라도 사랑 가운데 수용하고 혹은 입양되어 잘 양육된다면 정상적이고 행복한 아이로 성장할 수 있다.

4. 태아 사망

이 용어는 임신 20주부터 출생 후 한 달이나 두 달까지의 태아나 신생아의 죽음을 묘사하는 말이다. 사람들은 이것을 '비할 수 없는 절망적이고 충격적인' 사별의 형태라고 말한다. 아기의 출생을 큰 기쁨으로 기다리던 부모가 뜻하지 않게 죽음과 상실, 애도, 장례 문제와 씨름해야 하기 때문이다. 아기가 사산되었거나 출생 후 바로 생명을 잃을 경우 강렬한 슬픔과 낙담, 불안, 심리적 외상 후 스트레스 장애 위험 증가, 신체적 혹은 정신적 질병, 그리고 부부간 긴장이 있을 수 있다. 이런 경우, 배우자들은 자기 나름의 방식으로 슬픔을 처리한다. 하지만 상실감이 너무 크고 그것을 표현하기 어렵기 때문에 의사소통의 단절이 있을 수 있다. 때로는 상대를 보호하려는 의도로 고통스러운 감정과 생각을 나누지 않는다. 그러다보면 부부는 도리어 외롭고 이해받지 못하고 있다는 느낌을 갖게 된다.[33] 이러한 감정들은 임신 초기에 유산되었을 때도 상당히 동일한 양상으로 나타난다.[34]

한편 자녀가 신체적 혹은 정신적 장애를 갖고 태어날 때도 부모는 각종 좌절과 분노, 실망, 죄책감, 슬픔 속에 살아가게 된다. 비록 죽음을 통한 상실은 아니더라도 아이의 미래에 대해 부모가 갖는 많은 희망들이 죽기 때문이다. 아이가 비록 살아 있고, 신체적으로 괜찮다고 하더라도 이러한 상황이 주는 영향은 매우 크지 않을 수 없다.

영아돌연사증후군은 어린 자녀를 둔 부모들에게 격렬한 슬픔을 일으키는 또 하나의 원인이 된다. 이러한 죽음은 태어난 지 한 달이 되기 전에는 거의 일어나지 않는다(첫돌 이후에는 거의 일어나지 않으며, 두 달에서 네 달 사이에 가장 많다). 하지만 이러한 일은 아무런 경고도 없이 갑자기 찾아오며 명확하게 알려진 원인도 없다. 그래서 다른 유아기 사망에 수반되는 동일한 반응들이 다양하게 나타난다. 게다가 영아돌연사의 경우, 부모는 슬퍼할 겨를도 없이 경찰의 조사 대상이 되곤 한다. 사회에 아동학대나 방치가 흔하기 때문이다. 가족들은 아기의 죽음을 예방하기 위해 아무것도 할 수 있는 것이 없었음에도 자기 비난이나 친지들로부터 의심 어린 시선을 받기도 한다. 그러므로 상담자는 부모들이 섣부른 자기 비난이나 자신들이 아기를 제대로 돌보지 않아 죽게 만들었다는 자괴감에 빠지지 않도록 도와주는 것이 중요하다. 동생이 태어나는 것을 싫어한 형제들은 흔히 그 죽음에 대한 심한 내적 죄책감을 갖기 쉽다. 그래서 그러한 감정 나누는 것을 두려워하고, 또 그렇게 하기도 어렵다.

영아돌연사증후군은 부모들간의 오해와 갈등, 긴장으로 나타날 수도 있다. 아내들은 때로 남편이 별로 울지 않으면 그러한 상황에 신경쓰지 않는다고 느낀다. 하지만 남편은 아내를 동요시키지 않기 위해 눈물을 자제하는 것일 수도 있다. 이런 종류의 오해는 관계에 막대한 긴장을 일으키며 부모가 슬퍼함에 따라 일어날 수 있는 의사소통 단절의 원인이 된다.[35]

• **임신 문제와 상담**

이 장을 훑어보다보면 비탄과 슬픔, 불안, 분노, 우울, 혼란, 죄의식, 의사소통 단절, 남편과 아내 사이의 긴장 등에 대한 많은 언급들을 볼 것이다. 대부분의 임신 문제에는 이러한 요소들이 공통적으로 나타나고 있으며, 상담할 때 많은 경우 이러한 문제들이 제기된다. 부부들은 아이가 생기지 않을 때 왜 자신들에게 이러한 일이 일어나는지, 불임이나 계획되지 않은 임신에 대해서 자신들이 무엇을 할 수 있을지, 혹은 낙태가 가능한지, 유산이나 사산, 영아 사망, 또는 기형아 출생에 대한 이유에 대해 고민하며 갈등한다. 이러한 부모들은 종종 하나님의 뜻이나 능력에 대한 신학적인 의문을 제기하고, 자신들이 이제 해야 할 도덕적 선택에 대한 다양한 질문을 하게 된다. 이처럼 임신 문제를 가진 부모들과 그 가족들을 상담할 때 우리는 다양한 표준적인 상담 방법들을 사용하게 된다. 그렇지만 이들의 상황에 따른 적절한 접근을 찾아 상담을 하는 것이 필요하다.

1. 자녀가 없는 부모의 경우

몇 년 전까지만 해도 대부분의 부부들은 아이를 갖기 원하고, 자녀가 없는 부부는 어떤 신체적, 심리적 문제 때문에 임신을 하지 못하는 것으로 이해되었다. 그러나 오늘날 이러한 전제는 더 이상 유효하지 않다. 많은 부부들은 여러 이유로 자녀 낳기를 연기하거나 회피한다. 따라서 자녀가 없다는 이유로 부부에게 어떤 문제가 있을 것이라고 단정하기는 어렵다.

문제가 있어서 아기를 갖지 못할 때, 부부들은 흔히 자신들의 고민을 숨기려 하거나 결혼 후에도 아기가 생기지 않는 이유를 묻는 호기심 많은 사람들을 피하고자 한다. 가족 모임에 거리를 두거나 눈에 띄게 슬픈 모습을 보이기도 한다. 따라서 자녀가 없는 부부에 대한 어떤 궁금증이 있다면, 이 문제를 꼭 자신이 거론해야 할 것인지, 아니면 다른 사람이 할 수도 있는 것인지를 먼저 점검하는 것이 좋다. 자기 일도 아니면서 아무 생각 없이 던지는 질문들 때문에 부부들은 때로 불필요한 갈등을 경험해야 할 수도 있기 때문이다. 그러나 당신이 문제를 제기하는 것이 적절하다고 판단되면, 간단하면서도 불편감을 주지 않는 질문을 하도록 한다. 예를 들면, "요즘 가정생활은 어떠하십니까?" 또는 "집안에 아이들이 있는 것을 바라지 않습니까?"와 같은 질문이다. 이때 별 생각 없이 아이가 없는 이유를 묻거나 추가적인 조사를 하려는 것과 같은 부주의한 언급은 하지 않는 것이 좋다.

상담자는 자녀가 없는 부부가 상담하러 올 때 적절한 대화를 통해 그들의 필요를 도울 수 있다. 이때 다음의 지침들을 기억하도록 한다.

- 부부에게 아기가 없을 때 거기에는 다양한 원인이 있을 수 있다. 부부가 아기를 갖지 않기로 결정했기 때문에 그럴 수도 있다. 그러므로 그들에게 아이가 없는 이유를 자신이 안다고 미리 추정하지 말라. 함께 대화를 나누면서 아이가 없는 이유에 대한 질문을 제기하도록 한다.
- 아이를 원하는데 부인이 임신할 수 없는 경우, 유능한 의사와 상담하게 한다. 많은 경우, 불임 전문의에게 진찰을 받도록 추천한다.
- 섣불리 정죄하지 말며, 논의할 필요가 없는 성생활의 부분까지 파고들어가지 말라. 모든 부부가 아기를 가져야 한다고 가정하지 말며, 이 이슈와 관련된 부적절한 농담을 하지 않도록 한다. 대개의 경우 자신들의 의지와 상관없이 아기가 없는 부부들에게는 그냥 웃고 넘길 문제가 아니기 때문이다.
- 현재 상황과 관련된 신학적 이슈에 대해 열린 자세를 취한다. 때로 사람들은 하나님이 벌로 임신이 안 되게 하시거나 자신들을 신경쓰지 않으신다고 생각한다. 이것은 전혀 성경적인 근거가 없는 견해들이다. 부부들로 하여금 "왜?" 혹은 "왜 우리에게?"와 같은 질문들을 포함하여 다양한 의문들에 대한 각자의 생각들을 나누고 적절한 도움을 받도록 한다.
- 임신을 위한 대안적인 방법 및 이와 관련된 윤리적인 이슈들을 논의하도록 한다. 임신이 안 되거나

임신 상태를 유지할 수 없다면 때로 부인에게 남편의 정자를 인공적으로 주입하는 방법, 남편 아닌 다른 사람의 정자를 사용하거나 체외수정하는 방식,[36] 또는 논란이 많은 대리모 사용과 같은 방안들을 생각할 수 있다. 대부분의 상담자들은 이러한 과정을 적절하게 논의하는 데 필요한 의학적인 지식이 없을 수 있다. 하지만 이러한 행동에 뒤따르는 정서적, 도덕적 이슈들에 대해 관심을 갖고 점검하는 것이 좋다. 예를 들면, 대부분의 부부들은 남편의 정자를 아내에게 주입하는 것에 별로 이의를 제기하지 않지만 다른 남성의 정자를 주입하는 것에 대해서는 거부감을 가질 수 있다. 이러한 방식을 통해 임신이 될 경우 부부는, 특히 필요한 정자를 생산할 수 없었던 남편은, 다른 남성의 정자를 통해 태어난 아기에 대해 어떻게 느낄 것인가? 남성이 이러한 상황에 대해 어떤 죄의식과 실패감을 느낀다면, 집에서 자라는 아기를 보며 날마다 그러한 느낌을 반복하여 갖게 될 것이다. 그리고 나중에 자신이 인공수정을 통해 태어났다는 것을 알리는 문제는 어떻게 할 것인가? 만약에 자신의 '진짜' 아버지를 만나고 싶어 한다면 어떻게 할 것인가? 이러한 요소들은 의심할 나위 없이 복잡한 윤리적, 신체적, 심리적 이슈들로 부각될 수 있다.[37]

- 부부가 아기를 갖는 대신에 다른 방도를 찾도록 도와주라. 현실적으로 입양, 수양부모 되기, 혹은 자녀 없이 살아가는 것에 대해 대화하도록 한다. 아기와 상관없이 삶에 목적을 줄 수 있는 의미 있는 활동들을 찾아 실천하는 것에 대해 토의한다.
- 많은 부부가 지속적인 격려와 정서적인 지지를 원한다는 것을 잊지 말라. 위에서 언급한 문제들은 지적인 관심을 넘어서는 다양한 감정적인 부분이 개입되어 있다. 상담자는 이러한 사실을 무시해서는 안 된다. 부부가 희망-절망의 주기에서 침체되어 있을 때, 새로운 의학적인 방법을 시도했지만 실패했을 때 더욱 지지와 격려가 필요하고 중요하다. 경우에 따라 교회가 일정 부분 이러한 지지를 제공할 수 있지만, 많은 부부들은 서로 격려해주고, 정보를 나누며, 선택 가능한 것들을 알아가고, 서로 이해할 수 있는 개인이나 부부와 같이 감정을 교류하는 지원 그룹 모임을 통하여 도움을 얻는다. 때로 이러한 지원 그룹들의 활동은 교회로 하여금 불임 부부들의 문제에 더 관심을 갖게 하고, 공동체의 기도와 영적 성장을 유도하는 역할을 하기도 한다. 한편, 전국적으로 불임 부부들을 위한 조직들이 구성되어 활동하기도 한다. 이러한 조직들은 인터넷을 통하여 확인할 수 있다.[38] 이들은 다양한 정보를 제공하고, 그룹이 시작될 수 있도록 도와주기도 한다. 어떤 기독교인 부부들은 여러 지역 교회들을 중심으로 스스로 지지 그룹을 구성하여 활동하기도 한다.

오늘날 의학적 진단과 치료가 발전하면서 자녀가 없었던 많은 부부들이 결국에는 아이를 가질 수 있게 되었다. 자연적으로 아이를 임신할 수 없는 사람들은 입양을 통하여 가족을 가질 수 있다. 자녀를 가질 수 없는 사람들 중 일부는 슬픔이나 분노, 고통 가운데 살 것이다. 하지만 대부분의 경우 아이가 없는 상태를 수용하는 것을 배우고 적응해나갈 것이다. 상담자는 이들이 건강하게 자신들의 상황에 적응할 수 있도록 도울 것이다.

2. 계획되지 않은 혹은 원하지 않은 임신의 경우

45세의 결혼한 여성이 뜻하지 않게 임신했을 때와 17세의 소녀가 예기치 않은 임신을 했을 때는 분명히 다른 필요들과 도전들이 있다. 상담자는 이러한 차이를 유념해야 한다. 하지만 계획하지 않은 임신을 한 모든 여성들에게는 어떤 면에서 공통점이 있다. 그중 몇 가지를 살펴보면 다음과 같다.

첫째, 일차적으로 어떤 두려움과 불안정감이 있을 수 있다. 현실적으로 아기가 생길 경우 여러 면에서 생활의 불편함, 추가 재정, 가족생활의 혼란, 산모의 나이가 많을 경우 아기에게 있을 수 있는 발달 지체 등과 같은 문제가 찾아올 수 있다. 이런 걱정이나 감정을 표출하지 못하게 하거나, 사소한 혹은 일시적인 것으로 치부하는 것은 도움이 되지 않는다. 그보다는 그러한 요소들을 침착하게 수용하고 이해해주는 것이 훨씬 도움이 된다. 많은 사람들에게 있어서 이러한 상황은 삶을 뒤바꾸는 위기 경험이다. 그러므로 상담자는 사랑과 지혜와 용서의 하나님이 그 과정을 인도해주실 것을 기억하며, 상담을 진행해야 한다.

상담을 하다 보면 때로 내담자들이 갖고 있는 초기의 두려움이 자신들을 도와주려고 하는 사람들에게 강한 분노나 저항감으로 표출되기도 한다. 예를 들면, 혼전 임신을 한 여성들은 자신의 뜻과 상관없이 상담에 보내졌다는 이유로 저항할 수 있다. 사람, 특히 남성을 신뢰해본 적이 없기 때문에 그럴 수도 있다(이런 경우 남성 상담자에게 큰 도전이 된다). 어쩌면 상담자에 대한 잘못된 인식을 갖고 있기 때문일 수도 있다. 상담자가 자신을 정죄하거나 용서하지 않는 사람일 것이라고 생각하는 경우다. 미혼의 남성들 또한 자기 나름의 불안전감과 씨름하며 저항하는 태도를 보일 수 있다.

상담자는 첫 번째 상담 시간에 자신은 도움을 주려고 하는 사람이라는 사실을 내담자로 하여금 확신할 수 있도록 돕는 것이 좋다. 이때 지나치게 감상적이고 진부한 태도나 말로 접근하지 않도록 한다. 그들에게 어떤 도움이 필요한지, 내담자와 가족들이 당장 필요하다고 생각하는 것들은 무엇인지 등에 대해 알아보도록 한다. 산모에게 의학적 검사를 권하는 동시에 낙태 클리닉이나 임신 위기센터 혹은 당장 결혼하는 등의 성급한 결정을 내리지 않도록 해야 한다. 처음 임신 사실에 대한 충격과 그로 인한 감정에 적응하기까지 적어도 하루나 이틀 정도 기다리는 것이 좋다. 그러면서도 임신한 것이 사실인지 가능한 빨리 확인하도록 한다. 이 모든 과정에서 기도가 당사자를 진정시키고 안심시키며 필요한 도움을 준다는 사실을 기억하라.

둘째, 내담자로 하여금 실질적인 결정을 내리도록 도울 수 있어야 한다. 이때 상담자가 할 수 있는 주요한 질문들로는 다음과 같은 것들이 있다. "이 임신에 대해 어떻게 할 것인가?" "지금 누구에게 이 사실을 알려야 하며, 어떻게 말할 것인가?" "이 사실을 안 사람들의 반응은 어떨 것이며, 그것에 어떻게 대처할 것인가?" "나에게 필요한 변화는 무엇이며, 얼마나 빨리 이것을 실행할 것인가?" 어떤 사람들은 원하지 않는 갑작스런 임신일 경우 낙태시키는 것이 가장 바람직하며 논리적인 선택이라고 생각한다. 그런가 하면 임신된 아기를 끝까지 지키기 위해 자신들의 삶을 그 상황에 맞추는 사람들도 있다. 결혼하지 않은 커플의 경우, 성급한 결혼이 실패할 가능성이 높기는 하지만 그럼에도 불구하고 신속한 결혼을 계획하기도 한다. 만약 두 사람이 어느 정도 성숙한 상태에 있고, 임신 전에 성장하는 관계를 가졌다면 그들의 결혼은 성공적일 가능성이 크다.

어떤 미혼모들은 독신으로 지내며 아이를 낳으려고 한다. 어떤 이들은 조산원을 찾거나 먼 친척 혹은 양부모에게 찾아가기도 한다. 미혼모들은 점점 더 집에 머무르면서 일이나 학업을 계속하고 공공연하게 아기를 낳는 경향을 보이고 있다. 이 모든 선택들은 아기의 장래 문제와 함께 결정되어야 한다. 그런 가운데 아기를 계속 기르거나 입양시킬지 등에 대해 논의하도록 한다.

아기를 임신할 때 그로 인해 발생하는 실제적인 문제들은 임신 당사자나 상담자의 범주를 넘어 다양한 사람들에게 영향을 끼친다. 그것은 임신한 여성이 독신이든 기혼이든 상관이 없다. 주위 가족들은 이 임신에 대해 나름대로의 의견을 갖고 있을 수 있다. 나아가 임신과 관련하여 법적, 재정적인 영향을 받을 수도 있다. 미성년 어머니들은 자신들의 부모와 함께 책임을 느끼고, 기혼 여성들과 남편들은 아기와 관련된 어떤 결정을 내릴 때에 동등하게 참여하는 것이 필요하다. 두 사람이 아직 결혼하지 않은 상태라면 아기의 아버지는 나이에 상관없이 산모나 아기의 장단기적 미래에 대해 책임을 져야 한다. 밧세바가 임신 사실을 알았을 때 그녀의 전도유망한 남편은 적극적으로 그 결정 과정에 참여하였지만, 그 결정은 매우 어리석은 것이었고 사태를 더 악화시켰다. 오늘날에는 이러한 문제들을 결정할 때 지역사회의 의사들이나 사회단체, 입양센터, 변호사, 때론 학교 관계자들을 포함한 다양한 전문가의 충고나 도움을 받을 수 있다. 아버지가 항상 아기의 장래를 엄마나 그 가족의 손에 맡겨두지는 않는다는 사실을 기억하라. 미혼 아버지들도 기혼 아버지들과 마찬가지로 아기의 장래에 대한 결정을 내릴 때 적극적으로 개입하기를 원한다.

셋째, 지속적인 상담이 필요할 수 있다. 미혼 부모들 중에는 임신된 아이로 말미암아 지속적인 죄책감이나 수치심, 분노, 불안, 낮아진 자존감, 혹은 이와 유사한 정서적인 갈등을 경험하는 이들이 있다. 기혼 부부들의 경우에는 새로운 아기에 적응하는데 어려움을 겪으면서 임신되지 않도록 좀 더 조심하지 못한 것에 대한 자기 비판이나 분노가 있을 수 있다. 이러한 문제들은 상황에 따라 다를 수 있지만 상담자가 처음부터 수용적이고, 비판적이지 않으며, 협조적인 태도로 임할 때 다양한 도움을 줄 수 있다. 상담 초기에는 내담자에게 지속적인 면담이 도움이 될 수 있음을 알리도록 한다. 출산 전이라면 그 후에 상담을 전개하도록 한다.[39]

산모는 출산과 관련하여 자세한 이야기를 나눌 수 있는 사람이 필요하다. 아기를 입양시키는 경우 그로 인한 슬픔을 나눌 수 있는 사람이 있어야 한다. 이상적으로는 가족들이 이러한 지원을 줄 수 있는 가장 든든한 적임자들이지만 때로 현실은 그렇지 않을 수도 있다. 예를 들어, 결혼과 상관없이 임신이 되었을 경우, 미혼모의 부모는 자신들의 손주에 대한 이야기를 듣거나 대화 나누기를 꺼릴 수 있다. 따라서 상담자는 온 가족들과 함께 자신의 심정이나 윤리적 의문들, 장래에 대한 계획들에 대해 대화를 나누도록 하는 것이 중요하다. 아기가 사산되었거나 기형일 경우 이것은 부가적인 죄책감, 슬픔, 혼란을 일으킬 수 있으며 이 모든 것들은 세세하게 논의되어야 할 문제들이다.

부모의 상황과 관계없이 원하지 않은 임신은 모두에게 충격적인 경험이 될 수 있다. 성적 방종과 도덕적 타락이 심한 오늘날에도 그것은 마찬가지다. 기독교 상담자는 사람들로 하여금 이런 경험을 통해 예수 그리스도 안에 있는 사랑, 위로, 용서로 나아가도록 할 수 있다. 예수 그리스도는 사람들에 의해 거부당하고 밀려나는 어린아이들을 눈여겨보시고 돌아보셨다.[40] 결혼한 부부들은 또다시 아기를 가질 것인지에 대한 생각을 재고하고 앞으로는 피임을 하는 등의 방안들을 생각해볼 수 있다. 미혼 부모들은 책임감 있고 윤리적인 새로운 결정을 내릴 수 있도록 도움을 받을 수 있다. 교회에서는 교인들이 수군거림과 비난, 거부하는 태도가 아닌 용서와 수용, 사랑의 태도를 보이도록 해야 한다. 이렇게 하여 원하지 않은 임신의 고통은 그 문제를 당한 개인이나 남녀가 앞으로 더욱 그리스도를 경외하는 삶을 살 수 있도록 해주는 개인적인 성장의 경험으로 전환될 수 있는 것이다.

3. 낙태의 경우

2천여 교회의 지도자들이 가족문제와 관련하여 회의하기로 모인 지 30여 년의 세월이 지났다. 나는 이

회의의 프로그램 관리자로서 회의 후에 배부될 가족에 관한 주장을 준비하는 업무를 관장하였다. 당시 여러 시간이 지난 후 깊은 논의를 했던 한 팀이 결혼과 양육, 유아기, 이혼, 성생활 및 기타 가족 이슈들에 관한 성명들을 준비하였다. 이 성명서가 참석한 유명 인사들과 언론에게 전달되기 직전, 나는 낙태에 관한 내용과 관련하여 강한 반대 의견들이 있었다는 것을 통보받았다. 전체적으로 우리는 다른 어떤 이슈들보다 낙태에 관한 짧은 진술을 도출하는 데 더 많은 시간을 할애하였다. 그러나 그날 회의에 참석했던 기독교인들 사이에서 낙태와 관련된 의견들은 분분했고 서로 엇갈렸다. 낙태에 관한 논란은 오늘날에도 지속되고 있다. 교회 안에서, 밖에서 서로 대립하며 강한 의견을 내세우고 격렬한 감정들을 표출하고 있다.[41] 어느 편이든 완고하고 비합리적이며 분노하는 사람들이 있기 마련이다. 하지만 낙태에 관한 논쟁은 서로 다른 신념과 그 안에 내재된 깊은 가치들을 반영해준다.

모든 기독교 상담자들은 내담자가 낙태에 대한 질문을 제기하기 전에 이 문제를 깊이 살펴볼 필요가 있다. 일반적으로 심리학적, 전문적 상담 문헌에는 낙태에 따르는 위험은 거의 없으며 아기를 지키는 것이 낙태하는 것보다 더 큰 문제를 일으킬 수 있다고 주장한다. 하지만 날마다 낙태로 인한 충격과 고통으로 힘들어하는 여성들을 대해야 하는 상담자들은 이러한 결론에 이의를 제기하고 있다.

여성이 낙태에 대한 이야기를 할 때, 상담자는 먼저 수용적이고 자상하며 이해심이 있는 태도로 상대가 자신의 감정들과 생각들을 솔직하게 표현하도록 하는 것이 좋다. 아기의 아버지가 상담에 응할 의지가 있다면 동참시켜야 한다. 상담자는 그들과 낙태가 어떻게 시술되는지에 대해 이야기하는 것이 좋다. 구체적인 질문들은 유능한 산부인과 의사나 관련 전문가에게 의뢰하는 것이 바람직하다. 낙태에 대한 대안(입양이나 아기 기르기)을 함께 생각해보고, 경험 있는 임신 위기 상담자의 도움을 받는 것을 고려해볼 만하다.[42]

상담자가 낙태에 대한 자신의 입장을 숨기기는 어렵다. 그렇게 해서도 안 될 것이다. 그렇지만 궁극적으로 하나님 앞에서 무엇을 해야 할지에 대한 결정은 당사자인 여성이 해야 한다. 상담자는 다만 그러한 과정을 도와주기 위해 거기에 있는 것이다.

만약 여성이 낙태하기로 결정하고, 상담자인 당신은 이것이 도덕적으로 옳지 않다고 믿는다면 어떻게 할 것인가? 그렇다면 상담자는 여성이 적절한 병원을 찾을 수 있도록 도와주거나, 정중한 태도로 낙태를 반대하지 않는 다른 상담자에게 위탁해야 한다고 알려져왔다. 이것이 낙태를 죄라고 믿는 상담자가 취해야 할 현명한 행동인가? 약물 남용을 상담하는 상담자가 있다고 하자. 그런데 약물 남용이 심한 사람이 그것을 강하게 원한다고 하여 이 문제에 중립적인 다른 상담자에게 보내어 그렇게 하도록 해야 한다고 생각할 사람은 없을 것이다. 중독자가 자신의 몸을 자유롭게 조절하도록 해야 한다고 생각하여 약물 남용을 자유로이 선택해야 한다고 주장하는 상담자에게 보내야 한다고 생각할 사람 또한 없을 것이다. 상담자가 약물 남용만큼 낙태가 죄된 것이며 자기 파괴적인 것이라고 믿는다면, 임신한 여성과 가족, 나아가 아직 태어나지 않은 아기와 하나님을 향하여 우리의 관심을 전하고 사랑 가운데 낙태를 피하도록 촉구해야 한다.[43]

분명히 죄와 관련된 어떤 요소가 있다면, 기독교 상담은 중립적일 수 없기 때문이다.

낙태 시술을 한 경우, 내담자들은 개인 상담이나 그룹 상담을 통해 적절한 도움을 얻을 수 있다. 이때 상담의 초점은 대개 수술에 대한 느낌, 죄책감, 용서, 성에 대한 태도, 피임, 여성성의 의미, 삶과 죽음 및 성에 대한 성경적 가르침과 같은 이슈들에 맞추어질 수 있다. 이러한 상담의 목적은 낙태를 한 내담자들을 정죄하거나 죄책감을 주입시키기 위한 것이 아니다. 내담자로 하여금 하나님의 깨끗케 하심과 죄 사함을 경험하고, 감정을 표현하며, 낙태 후에 오는 슬픔의 과정을 잘 이겨내도록 하는 데 있다. 아울러 성의 의미를 재고하고, 성과 출생 이전의 생명에 대한 성경적 가르침을 점검하며, 내담자들이 낙태 경험을 넘어 참된 예수 그리스도의 제자로서 하나님과 다른 사람들을 섬기는 일을 시작하거나 계속할 수 있도록 돕기 위한 것이다.[44]

4. 태아 사망

출생 전후에 아기를 잃는 것은 어른의 죽음 못지않은 슬픈 경험이다. 사람들은 흔히 아기를 잃은 부부들이 '빨리 그 상황을 극복할 것'이라 생각한다. 어떤 친구들은 가능하면 빨리 다시 임신하라고 재촉하기도 한다. 생각해서 하는 말일 수 있지만 상대 부부의 마음을 깊이 배려한 태도는 아니다.

이때 아기를 잃은 부모가 필요한 것은 주위의 세심한 지지와 애도 상담이다. 상담자는 때로 부모에게 부검에 동의하도록 격려하기도 한다. 이것은 아기에게 무슨 일이 일어났는지 알게 해주며, 그들 안에 있을 수 있는 죄책감의 일부를 덜어내는 데 도움이 될 수 있다. 장례식과 추도식은 중요하다. 이를 통해 다른 사람의 위로를 받을 수 있으며, 하나님이 위기의 순간에 그들과 함께하신다는 사실을 더 많이 의식할 수 있기 때문이다.

신생아 사망 후, 부모에 대한 여러 돌봄과 지원이 필요하다. 산모가 병원에 누워 있는 동안에도 다양한 의학적, 심리적 도움을 제공할 수 있어야 한다. 하지만 출산 전후에 아기를 잃는 것에 관한 연구를 한 전문가들에 따르면 부부들은 그 과정에서 다 똑같은 경험을 하는 것이 아니다. 연구자들은 "아기를 잃었던 부모나 어머니들을 치료하는 건강관리 전문가들은 지지적이고, 공감적이며, 인내와 존중하는 태도로 그들을 대하는 것이 중요하다"고 결론지었다. 아울러 "개개인의 경험을 수용하고 인정하며, 정확한 정보를 제공하고, 개인의 필요에 대해 질문하고, 자신이 원하는 종류의 도움을 결정하도록 강화시켜주며, 문제 해결을 지원해주어야 한다"고 보았다.[45] 때로는 아기의 사망 이유를 탐색하는 것도 도움이 될 수 있다. 부모나 다른 사람들, 혹은 하나님께서 행하셨을 어떤 역할들을 포함하여 그러한 작업을 하는 것이 유익할 수도 있다.[46] 이러한 질문들에 대한 쉬운 답은 없다. 그렇지만 그러한 질문을 하는 것 자체가 슬퍼하는 부모들에게 도움이 될 수 있다. 특히 하나님이 아기의 죽음과 관련하여 어떤 역할을 하셨을지도 모른다고 생각하는 부부들에게는 더욱 그러하다.

- ### 임신 문제에 대한 예방

예방에 대한 어떤 결론들은 자명하고 간단한 것처럼 보인다. 불임을 막기 위해서 부부는 전문적인 의학 진단과 치료를 받아야 한다. 때로는 상담을 병행하는 것이 필요하다. 임신 관리를 잘하고 의학적인 도움을 받는다면(전부는 아니라 할지라도) 많은 유산이나 사산, 기형 출생, 유아 사망과 같은 것들을 예방할 수 있을 것이다. 결혼 전 임신을 막기 위해서는 젊은 사람들로 하여금 절제와 자기 조절을 배우게 하고 실제적인 도움과 윤리적인 지침을 제공하는 성교육이 필요하다. 원하지 않는 임신을 예방하기 위해 부부들에게 효과적인 피임법, 건강한 성생활, 정관 절제와 같은 의학적 정보를 줄 수 있다. 또한 낙태 예방을 위해 낙태 절차, 낙태 후의 충격과 슬픔, 원치 않는 임신의 대안들에 관한 교육이 필요하다. 이러한 예방

책들이 효과를 보려면 각 개인들이 이러한 제안들을 받아들여 적용할 수 있어야 한다.

이외에도 우리는 성생활과 다른 사람들의 지지, 고통의 문제에 초점을 맞춘 예방책을 생각할 수 있다.

1. 성

인류가 시작된 이래로 성은 강력한 즐거움과 불행의 원천이 되어왔다. 그중에 대표적인 것은 구약에 나오는 다윗의 아들 암논의 이야기다. 그는 사랑에 빠져 다른 사람들의 눈에 수척한 모습으로 비쳐졌다. 그러자 일련의 거짓된 계획을 꾸미며 자신이 사랑에 빠진 여인과 단 둘이 있게 되었다. 그런데 그 여성이 그의 성적인 요구를 거절하자 그녀를 강간하고 말았다. "그리하고 암논이 그를 심히 미워하니 이제 미워하는 미움이 전에 사랑하던 사랑보다 더한지라. 암논이 그에게 이르되 일어나 가라 하니."[47] 젊은 청년의 강한 성적 충동은 강압적인 강간을 하게 했고, 결국은 후회와 불의, 가족 문제, 나아가 죽음으로 이어지게 되었다.

절제하지 못한 성적 충동은 항상 후회스런 결과를 초래한다. 오늘날 서구 사회는 텔레비전을 포함하여 다양한 형태의 연예 프로그램이나 영화, 광고, 비즈니스, 교육, 때로는 종교계에서까지 노골적인 성 문화를 다루고 있다. 물론 문화에 따라서는 서구보다 이런 현상에 엄격하게 대응하는 나라들도 있다. 하지만 성 문화가 억압되고 있는 사회에서조차 인터넷을 통한 성 문화는 원하는 누구나 접근할 수 있는 상황이 되었다. 따라서 많은 사람들이 그들에게 가능해진 성적 자극을 통해 성적 범죄에 빠지게 되고 그에 따른 후회와 원하지 않은 임신, 그리고 수많은 낙태를 자행하고 있다.

이러한 현상은 실제적이고 정교한 성교육을 통해 줄어들 수 있다. 정확한 정보를 제공하고, 성경적인 도덕성에 대한 분명한 가르침을 주며, 사람들로 하여금 자신을 절제할 수 있도록 도와주는 실제적인 지침을 주어야 한다. 이러한 교육은 젊은 사람들뿐만 아니라 나이 든 사람들에게도 필요하다. 기혼자와 부모들, 노인들도 이러한 교육을 통하여 현 시대의 자기중심적 접근과는 다른, 보다 더 건강한 성생활을 이해하고 누릴 수 있게 될 것이다.

2. 다른 사람들의 지지

하나님은 인간을 창조하시면서 "사람이 혼자 사는 것이 좋지 아니하니"라고 말씀하시고는 아담에게 배필을 만들어주셨다. 그때부터 지금까지 인간은 서로에게 사랑과 지지, 도움과 격려를 주고받을 사람들을 찾고 있다.[48] 하지만 많은 사람들은 인생의 문제들을 혼자 처리하려고 한다. 어떤 사람들은 자기중심의 개인주의를 자랑스러워하며 도움이 필요할 때도 거절한다. 다른 사람과 가까워지는 것을 꺼리거나 두려워하여, 관계할 사람이 아무도 없는 경우도 있다. 이유가 무엇이든, 각 사람들은 다른 이들의 지지나 하나님 없이 혼자 문제들과 스트레스를 해결하려고 할 때 더 많은 어려움을 겪게 될 것이다.

오늘날 대부분의 지역사회와 많은 교회에서는 불임 부부, 기형으로 태어나거나 죽은 아이들의 부모, 낙태후 증후군으로 고생하는 여성들, 다루기 힘든 아이들을 양육하는 부모들을 위한 소그룹 모임이나 지원그룹들을 운영하고 있다. 이러한 그룹들은 격려, 자신감 회복, 유용한 정보, 당면한 스트레스를 다루고 미래 문제에 대처할 수 있도록 해주는 사랑을 공급할 수 있다. 교회가 이러한 지원을 제공할 때 스트레스는 줄어들고 미래의 문제들을 예상 및 예방할 수 있게 된다.

3. 고통의 문제

전문 상담자들은 대개 고통에 대해 별로 말하지 않는다. 언급한다고 해도 어떻게 하면 고통을 피할 수 있을지에 대해 제안하는 정도에 불과하다. 고통을 좋아하는 사람은 없다. 대부분의 건강 관련 전문가들이나 상담자들은 고통에 대처하고 그것을 넘어 성장할 수 있도록 돕는 것에 초점을 맞춘다. 이것은 기독교 상담자들도 마찬가지다. 고통이 항상 나쁘기만 한 것은 아니다. 때로 그것은 피할 수 없는 방식으로 우리에게 다가온다. 우리의 개인적, 영적 성장을 위한 필수조건처럼 보이기도 한다. 우리 상담자들은 가족이나 친구들이 자신의 삶 속에서 고통을 겪고, 그로 인해 다른 사람들의 삶을 터치하는 모습을 종종 보게 된다.[49] 유대인 정신과 의사인 빅터 프랭클(Viktor Frankl)은 나치 강제 수용소에 있었을 때 이러한 사실을 보게 되었고 후에 고통의 가치를 중심으로 자신의 전체적인 상담 이론을 구축하였다.[50]

사람들은 자신의 고통에서 아무런 의미를 발견하지 못한 채 그것에 대해 불평하며 부정적인 태도를 발전시킬 때 신체적으로 그리고 심리적으로 불행한 결과를 경험하게 된다.

출산을 전후하여 아기를 잃는 것보다 더 고통스런 경험은 없을 것이다. 경험해보지 않은 사람들은 많은 불임 부부들이 겪고 있는 소리 없는 고통을 있는 그대로 이해하지 못한다. 임신 위기를 다루는 상담자들은 원하지 않은 아기를 낙태한 후 고통스러워하는 여성들에 대한 많은 이야기들을 알고 있다. 타인의 아픔에 민감하지 못한 친지들이나 교인들은 이러한 경험들을 스치고 지나가듯 말하곤 한다. 그러나 임신과 관련된 문제를 가진 사람들은 흔히 내적인 아픔을 갖고 고통스러워하며 왜 그리 회복이 오래 걸리는지 의아해한다. 그러므로 기독교 상담자들은 사람들로 하여금 자신에게 닥친 고통의 의미와 가치를 이해하도록 도와줄 수 있어야 한다. 그럴 때 영적, 심리적 문제들은 예방될 수 있다.

• 임신 문제들에 대한 결론

우리는 다양한 책이나 논문들을 통해 임신 이슈들에 대해 많은 것을 알아갈 수 있다. 그러나 우리 대부분은 자신의 인생이나 자신이 알고 있는 다른 사람들의 삶에서 발생하는 아픔과 갈등들을 보면서 더 많은 것을 배우게 된다. 몇 년 전 한 학생의 아내가 첫 아기를 임신중이라는 사실을 알게 되었다. 그런데 이 기쁜 소식은 아기에게 뇌가 없다는 사실이 발견되었을 때 한순간에 걷잡을 수 없는 슬픔으로 뒤바뀌고 말았다.

그들이 낙태를 거부하고 아기를 낳겠다고 하자 의사는 그들을 포기하였다. 그들은 다른 의사를 찾는 데 어려움을 겪었다. 그의 아내는 9개월 동안 아기를 임신한 상태에서 최선으로 몸을 돌보았다. 그들 부부는 자주 하나님이 아기를 정상으로 치유해주실 것이라는 소망을 피력하였다. 드디어 아기가 태어났을 때, 그 아기는 눈을 비롯하여 완벽하게 발달한 몸을 갖고 나왔지만 뇌는 없었다. 부부는 이 어린 딸을 돌아가며 안았다. 이름을 지어주고 더 이상 눈물이 나오지 않을 때까지 울었다. 그리고 장례식을 준비하였다.

아기를 잃은 산모가 육체적으로 회복이 되었을 때 부부는 다시 임신을 시도하기로 결정하였다. 그런데 이번에는 임신할 수 없을 것이라는 사실을 알게 되었다. 그들은 희망-절망의 주기를 경험하였다. 그리고 그들이 입양이라는 긴 과정을 밟고 있는 동안에 나와 연락이 끊어지고 말았다. 이후 이 부부가 건강한 아이들의 부모가 되었는지는 듣지 못했다. 그들은 깊은 슬픔과 내적인 혼란을 겪었지만 이것으로 인해 영적 성장이 멈추거나 다른 사람들로부터 움츠러들거나 심리적인 문제를 겪지 않았다. 이 부부의 이야기는 많은 사람들에게 영적으로 큰 위로와 격려가 될 것이다. 남편은 당시에 그러한 와중에서도 상담자가 되기 위한 훈련을 받고 있었다. 이 부부는 임신 문제를 겪고 있는 사람들로 하여금 그들의 문제에도 불구하고 더 성숙해질 수 있도록 필요한 도움들을 제공할 수 있을 것이다.

상담자들을 위한
요점 정리 30

- 얼마나 많은 사람들이 임신과 관련된 문제들로 갈등하는지에 대한 정확한 통계는 나와 있지 않다. 임신 관련 문제들로는 불임, 예기치 않은 또는 원하지 않은 임신, 그리고 출생 직후에 발생하는 아이의 사망 등이 있다.

- 성경은 아이들을 중요하게 여긴다. 그렇지만 자녀를 가질 수 없었던 부부들에 대한 이야기, 다윗과 밧세바 사이에 있었던 일들, 뜻하지 않게 임신 문제에 직면해야 했던 마리아와 요셉의 경험에 대해서도 기록하고 있다. 이러한 사례들이 제시되고 있음에도 불구하고, 성경은 임신 관련 문제들을 어떻게 다루어야 할지에 대한 실제적인 조언들을 별로 주고 있지 않다.

- 임신 문제는 두 가지의 넓은 범주로 나뉜다.
    - 임신과 출산을 원하지만 그렇게 되지 않는 경우.
    - 원하지도 기대하지도 않은 임신이 되는 경우.

- 위의 경우들은 충격, 우울, 분노, 실망, 불안 등의 정서적 반응을 야기하고, 계획이나 목표를 중단하거나 변경해야 하는 상황을 초래한다.

- 부부에게 아기가 없는 경우, 다음과 같은 여러 원인들을 생각해볼 수 있다.
    - 여성이 불임이어서 임신이 되지 않거나, 임신이 되었다고 해도 그 상태를 유지하지 못한다.
    - 임신 초기에 태아가 유산되거나 나중에 사산이 된다.
    - 부부가 아기를 갖지 않기로 결정한다.

- 원하지 않은 임신이나 아기를 낳지 못하는 경우 둘 다 유사한 정서적 반응을 보이게 된다. 하지만 그 결과는 상황에 따라 다르게 나타난다.
    - 불임은 여성이나 남성 모두에게 죄책감, 성적 부족감, 실패감 등의 정서적인 반응을 야기할 수 있다. 고립감이나 오해받고 있다는 느낌을 주기도 한다. 어떤 문화에서는 아기가 없는 것을 수치스럽게 여긴다.
    - 자연 유산이나 사산은 부모를 슬프게 하지만, 다시 임신하면 괜찮을 것이라는 희망의 여지를 남겨둔다. 다른 사람들은 많은 경우 그들이 경험하는 슬픔의 깊이를 이해하지 못한다. 그래서 부부들은 흔히 어떤 고립감이나 외로움을 느끼게 된다.

■ 원하지 않는 임신을 했을 때, 여성 혹은 부부는 임신으로 인한 다양한 정서적인 반응을 다룰 수 있어야 한다. 그리고 그 위기적인 상황에 적절히 대처할 수 있도록 도움을 받는 것이 필요하다. 아울러 즉각적으로 그리고 장기적으로 어떻게 해야 할지에 대한 결정을 내리는 데도 도움이 필요하다.

■ 모든 상담자들은 낙태와 관련된 자신의 이해나 입장을 분명히 해야 한다. 연구에 따르면, 많은 여성들은 낙태를 하더라도 그로 인한 어떤 지속적인 영향을 받지 않는다는 증거가 있다. 반면에 많은 여성들이 낙태 후 다양한 정서적인 반응들을 경험한다는 증거 또한 있다. 그러나 무엇보다도 중요한 것은 낙태가 사람의 생명을 앗아가는 것인가에 대한 결정을 내리는 것이다. 이 문제는 생명이 언제 시작되는지 대한 인식과 관련이 있다. 대부분의 기독교인들은 태아가 배아될 때 생명도 시작된다는 견해를 채택하고 있으며, 낙태는 도덕적으로 잘못된 것이라고 결론짓는다.

■ 아이가 사산되거나 출생 직후 사망할 경우, 그 상실을 경험한 부모에게 강렬한 슬픔과 우울, 불안 등의 증세가 나타날 수 있다. 나중에는 외상 후 스트레스 장애가 일어날 위험성이 크며, 신체적 혹은 정신적 문제가 발생할 수도 있다. 아울러 부부간 갈등도 종종 발생한다.

■ 임신 문제에 대해 상담할 때 다음을 참고하라.
  · 부부에게 아기가 없는 이유를 당신이 안다고 추측하지 말라.
  · 부부가 임신 문제에 대한 적절한 의학적 점검을 받고 있는지 확인하라.
  · 상담자 자신이 개입할 문제가 아니거나 자신의 호기심 충족을 위한 질문들은 삼가라.
  · 부부에게 있을 수 있는 '왜' 라는 질문과 더불어 각종 신학적 이슈들을 논의하려고 하라.
  · 입양을 비롯하여 부부가 취할 수 있는 각종 실질적인 단계를 논의하라.
  · 지속적으로 정서적인 지지와 격려를 제공하라.
  · 많은 사람들에게 있어서 임신 관련 이슈들은 그들의 인생을 뒤바꿀 만한 위기적 상황이다. 그들을 상담할 때 사랑과 지혜와 용서의 하나님이 그 과정을 지키시고 인도하신다는 사실을 기억하라.

■ 임신 문제를 예방하려면, 교육과 의료적 접근 외에, 성에 대한 명확한 이해와 다른 사람들의 지지, 그리고 고통에 대한 명료한 인식이 필요하다.

31 >>
가족 문제들
Family Issues

메리 파이퍼(Mary Pipher)는 탁월한 가족 상담자로 이 분야에서는 최고에 속하는 사람 중 하나다. 그녀는 그동안 자신이 쓴 책과 상담을 통해 수많은 가족들과 동료 상담자들에게 도움을 주었다. 하지만 최고의 상담자라도 때로는 실패하는 법이다. 파이퍼는 자신이 경험한 최대의 실패 사례로 코리 부부의 경우를 언급하고 있다.

"대기실에서 코리 부부를 만나는 순간 나는 이들이 왜 함께 살고 있는지 이유를 알 수 없었다"고 파이퍼는 자신의 책에 기록하고 있다. "프랭크는 키가 크고, 상냥하며, 인상이 좋았다. 도나는 어딘가 왜소하고 어두워 보였다. 둘 다 40대 중반이었는데, 프랭크는 실제보다 젊어보였고 도나는 더 나이 들어 보였다. 그녀는 내게 제대로 인사도 하지 않고 프랭크를 화난 표정으로 쏘아보았다. 우리가 자리에 앉자마자 프랭크는 도나의 돈 씀씀이에 대해 불만을 털어놓기 시작하였다. 그는 주도적으로 자신 있게 자신들의 상황을 설명하는 것에 익숙해 보였고, 도나는 수동적이고 화난 상태를 유지하고 있었다."[1]

코리 부부는 도나가 신용카드를 이용하여 돈을 많이 쓴다는 사실에 동의하였다. 하지만 그녀가 돈을 낭비한다는 사실을 입증할 만한 것은 별로 갖고 있지 않았다. 프랭크는 도나가 자존감이 낮고 우울증이 있기 때문에 돈을 많이 쓴다고 비난하였고, 도나는 남편이 사업을 잘하기 때문에 신용카드 대금을 지불하는 데 별 어려울 것이 없다고 주장하였다. 파이퍼는 그들이 처한 상황을 정리한 후 몇 가지 변화될 것을 제안하고 첫 번째 회기를 끝냈다. 하지만 이들 부부는 그녀의 제안을 준수하지 않았고, 이런 상황은 이어지는 상담 회기에도 계속되었다. 그러면서도 계속 투덜거리고 불만을 터뜨렸다. 그들은 상담자와 만나는 것을 좋아하였지만 어느 누구도 변화되지 않았다. 상담자의 치료적 개입도 모두 효과가 없었다.

어느 날 프랭크가 아내의 돈 낭비에 대해서 조목조목 나열하는 동안 도나가 잠이 들자 파이퍼의 인내심과 혼란은 극에 달하였다. 파이퍼는 도나를 깨운 후 프랭크에게 도나가 잠이 든 것에 대해 어떤 느낌이 드는지 질문하였다. 이에 프랭크는 도나가 피곤하였을 것이므로 자신은 그것에 별로 개의치 않는다는 반응을 보였다. 이에 파이퍼는 "나는 그때 내 사무실 창밖으로 뛰어내리고 싶었다"고 기술하였다. 상담자는 프랭크의 노력에 감사하면서도 잘 협조하지 않는 그가 이해되지 않았다. 그녀는 성격과 가치관에 있어서 자신과 많은 차이가 있는 도나와 어떻게 상담을 전개할 수 있을지 걱정했다. 상담자가 "이 부부의 문제를 해결하려고 노력하면 할수록 그들은 더 이전의 문제 행동들에 걸려 있는 것처럼 보였다." 그래서 마침내는 다른 상담자를 찾아보라고 선포하였다. 그런데 "프랭크는 그런 상황에서도 내가 기대했던 만큼 별로 기분 나빠하지 않았다. 도나는 우리가 만난 이래 처음으로 살짝 미소를 지으며 '자신에 대해 너무 심각하게 생각하지 마세요. 우리는 고치기 힘든 사람들이니까요'라고 말하고는 상담실 문을 나섰다."

그로부터 몇 달 동안 파이퍼는 이 부부에 대해 많은 생각을 하며 자신이 무엇을 잘못했는지 궁금해하였다. 그러다가 자신이 이전에 지혜로운 상담자에게서 들었던 이야기를 잊고 있었다는 사실을 기억하였다. 즉, "어떤 상담 관계에서든 상담자가 명심해야 할 첫째 과제는 내담자 안에서 그를 존경할 만한 어떤 것을 찾아내는 것이다. 존중감이 없이는 어떤 사람도 도울 수 없다"는 것이었다. 그녀는 도나에 대한 존중심이 없었고, 부부는 이 사실을 알고 있었던 것처럼 느껴졌다. 파이퍼는 이 사건을 통해 "치료자가 된다는 것은 정신적으로 많은 노력이 요구되며, 정서적으로도 진이 빠지는 작업이다. 그런데 그 과정에 기름을 부어 원활하게 만드는 것이 있다면, 그것은 바로 존중감이다"라고 결론지었다. 그리고 이어 이렇게 덧붙였다. "그것이 없다면, 우리의 만남과 작업은 기계적일 수밖에 없다."

모든 상담자는 가족 문제로 찾아오는 내담자들을 만나게 된다. 그런 사람들 가운데는 코리 부부처럼 변화하려는 의지도 없어 보이고 불만으로 가득 찬 이들이 있을 수 있다. 상담자의 입장에서 이런 사람들을 존중하거나 이해한다는 것은 그리 쉬운 일이 아니다. 그런가 하면 함께 지내기가 힘든 부부, 가정에서 학대받는 사람들, 고함치고 비난하고 싸우는 가정에서 슬픈 표정을 지으며 찾아오는 어린아이들도 있을 수 있다. "여론조사와 연구 보고서들에 의하면, 오늘날 많은 사람들은 미래에 대한 별 희망이 없이 가족에 대한 염려와 안전에 대한 두려움을 안고 살아간다. 신문과 텔레비전에서는 연일 각종 범죄와 학대, 통제가 안 되는 성적인 문제들, 왜곡된 가치를 강요하는 과격 집단들, 청소년 임신, 가난에 찌든 가족들, 홀로 자녀를 키우며 살아가는 부모들의 좌절, 재정 부족으로 골머리를 앓는 학교들, 방치된 아이들, 다른 아이들을 살해하는 아이들 등 각종 문제들을 쏟아낸다. 기독교 가정을 포함하여 각 가정에서는 갈등과 긴장, 무심함, 대화 단절, 알려진 것보다 더 많은 학대 문제들이 넘쳐난다. 우리 앞에는 가족의 연합과 안정을 파괴하고 갈라놓는, 그리고 시간을 빼앗아가는 수많은 요구들이 밀려든다. 수많은 요소들이 우리의 가정을 흔들고 가족들을 와해시키려고 한다. 오늘날 가정을 흔드는 세 가지 주요한 충격은 엄청난 시대적 변화, 안팎으로 밀려드는 지속적인 압력, 그리고 폭넓게 스며든 비관주의다.[2]

위의 내용은 비록 10여 년 전에 가정에 관한 책을 쓰기 시작하면서 기술한 것이지만 오늘날에도 여전히 해당되는 말이다. 당시 가정에 관한 큰 규모의 회의가 준비되고 있었는데 나는 그것을 계획한 한 사람으로서 회의가 열리기 전에 누군가가 가정들이 직면하고 있는 현실에 대한 개괄적인 사실을 책으로 써서 알릴 필요를 느끼고 그것을 제안한 바 있었다. 그것은 갑작스럽게 떠오른 생각이었기 때문에 회의 준비위원회에서 내게 그 책을 쓰라고 했을 때 나는 단호하게 거절했었다. 그러다가 몇 달 후에 마지못해 마음을 바꾸어 책을 쓰기로 하였다. 당시 가족들이 직면하고 있는 현실을 파악하고 그들을 강화시킬 방안들을 제시한다는 것은 엄청난 도전이었다. 이 과제는 지금도 여전히 다를 바가 없다.

가족에 관한 책 저술의 초기 단계에 있을 때 나는 아내와 연구를 통해 밝혀낸 각종 가족 문제들에 대해 이야기를 나누곤 하였다. 그런데 그때 내가 읽은 글 중에 하버드 대학교의 정신의학자 로버트 콜스(Robert Coles)가 전문 가족 치료자들에게 언급한 내용이 있었다. 그는 가족을 "서로를 끌어당기며, 서로에게서 배우며, 함께 힘을 얻는 수단으로, 그리고 때로는 집단적으로 실패도 하지만 그럼에도 불구하고 여전히 존속하는" 존재로 이해하고 있었다. 이것이 사실임을 나는 알고 있었다. 그런데 나는 그와 사뭇 다른 내용들을 찾아내고 있었다. 그것은 가족들이 혼란과 갈등 및 불신 가운데 안정을 찾지 못하고 이리저리 갈라지며 요동치고 있다는 사실이었다. 그래서 나는 잠시 가족의 문제들을 한쪽으로 접어놓고 가족에 대한 긍정적인 사실들, 상담자와 가족들에게 도움이 될 수 있는 내용들을 정리하기로 하였다. 그것이 표 31-1에 나와 있다.[3]

표 31-1. 우리 가정들의 진상

1. 가정생활을 붕괴시키는 그 모든 변화와 소란에도 불구하고, 하나님은 여전히 무슨 일이 일어나고 있는지 알고 계실 뿐 아니라 모든 것을 관할하고 계신다.
2. 만일 대부분의 사람들이 처음부터 다시 시작한다 해도, 그들은 지금 현재의 그 배우자와 다시 시작할 것이다.
3. 비록 이혼율이 높긴 하지만 대부분의 부부들은 건전한 결혼 생활을 영위하고 있다.
4. 미국에서 많은 여성들과 남성들이 일 년에 적어도 한 번은 가정폭력을 경험하지만, 대부분은 그렇지 않다.
5. 대부분의 가정은 회복이 필요할 정도로 그렇게 심각한 역기능 상태에 있지 않다.
6. 어떤 위기나 문제를 경험하지 않는 완벽한 가정은 없다.
7. 어떤 부모든 다 실수할 수 있다. 그러나 그 자녀들 대부분은 상담 또는 12단계 회복 프로그램 등을 통한 치료를 받지 않고도 아주 잘 살고 있다.
8. 가정과 부부들에게 문제점이 생기면 그들을 도와줄 수 있는 상담자들이 있다.
9. 비록 나쁜 환경이나 무질서하고 부도덕적이며 하나님을 거부하는 사회에 살고 있다 해도, 우리는 얼마든지 행복한 결혼, 건강한 가정, 안정된 자녀들을 가질 수 있다.
10. 모든 해답을 다 가지고 있는 것은 아니지만 그래도 우리는 자녀들을 성공적으로 양육할 수 있다.
11. 설사 자녀 양육이나 결혼에 관한 책들을 읽지 않았거나 우리 자신이 완전하지 않다 할지라도, 우리는 자녀들을 성공적으로 양육할 수 있다.
12. 훌륭한 부모들에게도 때로는 반항적인 자녀들이 있을 수 있다.
13. 좋지 못한 부모들에게도 때로는 건강하고 잘 순응하는 자녀들이 있다.
14. 가정에서 어떤 일들이 잘못되어갈지라도 모든 것이 절망적이라는 뜻은 아니다.
15. 우리는 우리에게 일어나는 모든 일을 다 이해하지 못할 것이다.
16. 하나님은 우리 각 가정들을 일일이 돌보신다.

* 게리 콜린스, 『가정의 충격Family Shock』: 세계를 뒤흔드는 대격변의 와중에서 가정을 견고하게 지키는 길(안보헌과 황희철 공역, 생명의말씀사, 1997), p141~142에서 발췌.

최근 몇 년 동안 가족 상담은 상담 분야에서 복잡하고 다양화된 전문 영역으로 발돋움하였다. 잘 구성된 수많은 가족 치료 이론들이 나왔고, 널리 활용되는 수백 가지의 가족 개입 기술의 발달과 수많은 상담 목표들이 개발되었다.[4]

이처럼 가족 상담이 다양하게 발전되어왔지만 다음과 같은 지향점에 대해서는 전체적으로 동의하고 있다. 즉, 가족 상담은 보다 정상적인 가정들과 마찬가지로 역기능적인 가정들이 제 기능을 증진시키며,

가족들로 하여금 스트레스에 어떻게 대처할지 가르치며, 건강한 가족관계를 구축하도록 돕기 위해 존재한다는 것이다.

성경과 가족의 문제

성경 저자들은 가족 간의 긴장을 언급하는 데 주저하지 않았다. 성경에 등장하는 첫 번째 가정인 아담과 하와 가정의 경우 형 가인이 동생 아벨을 죽게 한 살인 사건으로 크게 요동하였다. 아브라함의 가정에도 문제는 있었다. 그의 아내 사라와 여종 하갈 사이에 끝없는 갈등이 있었던 것이다. 이 하갈은 사라의 제안으로 아브라함의 아들을 낳아준 사람이었다. 가정 문제는 쌍둥이 형제 에서와 야곱에게도 있었다. 그들의 갈등 관계는 평생 동안 지속되었는데, 어머니 리브가가 야곱의 편을 들면서 갈등은 더 복잡하게 전개되었다. 훗날 야곱이 자신의 가정을 일구었을 때도 가족문제는 계속되었다. 그가 요셉을 선호하자 다른 형제들이 시기심으로 인해 애굽에 노예로 팔고 들짐승에 의해 죽임을 당했다고 보고한 것이었다. 이로 인해 야곱은 깊이 슬퍼하며 탄식하였다. 다윗 또한 많은 가정 문제로 어려움을 당하였다. 그의 아내는 "그를 경멸하는 눈으로 보았고", 자녀들은 서로 다투었으며, 가족 내에서 여러 사람이 죽기도 하였다. 아들 압살롬을 피해 도망가야 했던 상황도 있었고, 아들 아도니야는 왕위를 찬탈하려 하였다. 이것은 아마도 "다윗 왕이 한번도 그를 훈육하지 않았던" 데에 그 부분적인 원인이 있었던 것으로 보인다.[5] 이러한 문제는 다윗 이후의 왕들에게도 계속 이어졌다. 열왕기상과 열왕기하는 왕실에서 수많은 살인과 가족 갈등이 반복하여 일어났다는 것을 보여주고 있다.

구약성경에 등장하는 강력한 가족 문제의 하나는 어린 사무엘을 키운 엘리 제사장의 경우다. 그는 신실한 하나님의 종이었지만 아버지로서는 실패한 사람이었다. 그것은 어쩌면 그가 부모의 의무보다는 사역에 더 몰두했기 때문인지도 모른다. 엘리의 아들들은 자기중심적이고 영적인 것에 대한 관심이나 존중이 없었다. 그리고 공개적으로 문란한 성적 행위들을 하였다.[6] 이처럼 무책임한 자녀들의 행동을 바로 잡지 않았던 엘리는 결국 하나님의 책망을 받아 죽고 말았다.

성경은 이처럼 가족 내 문제나 갈등들을 다루면서도 가족이 어떻게 기능해야 하는지에 대해서는 별로 언급하고 있지 않다.[7] 예를 들면, 신약성경에서 사도 바울은 교회에 보내는 여섯 서신서들에서 가정에 대한 언급을 하고 있지 않다. 히브리서와 야고보서에도 가정에 대한 언급은 없다.[8] 그것은 요한서신과 유다서, 요한계시록에도 마찬가지다. 골로새서는 전체 95절 중에서 단지 4절만 가정에 대해 언급하고 있다. 그것도 아주 간결한 문장으로 제시되어 있다. "아내들아 남편에게 복종하라. 이는 주 안에서 마땅하니라. 남편들아 아내를 사랑하며 괴롭게 하지 말라…… 아비들아 너희 자녀를 노엽게 하지 말지니 낙심할까 함이라."[9] 이와 병행되는 구절들이 에베소서에도 있지만 약간 더 길 뿐이며,[10] 다른 서신서들에서도 가족 이슈는 아주 간단하게 언급되어 있다.[11]

이처럼 성경은 가정에 대해 산발적이면서 간략하게 언급하고 있지만 우리에게 몇 가지 중요한 사실들을 제공하고 있다. 예를 들면, 아버지는 가정의 머리로 부르심을 입었고, 그리스도께서 자신을 따르는 사람들을 사랑하신 것처럼 아내를 사랑할 책임을 갖고 있다.[12] 하지만 어떤 남성들은 이것을 자신들이 가정을 지배할 수 있다는 것으로 받아들여 가족들을 돌보기보다는 권위적으로 통제하려는 경향이 있다. 슬픈 일이 아닐 수 없다. 이것은 그리스도의 모습과는 거리가 먼 것이다. 가정은 남편과 아내 사이에 상호복종과 헌신이 있는 장소여야 한다. 그리고 부모들은 자녀를 가르치고 훈육하되 자녀들을 화나거나 실망스럽게 하지 말고 하나님이 인정하시는 방법대로 양육할 책임이 있다.[13]

그렇다면 성경은 왜 가족 이슈들과 가정의 문제 해결에 대해 좀 더 많이 이야기하고 있지 않는 것일까? 우리는 앞에서 존경받는 목회자요 기독교 교육자인 진 게츠의 결론을 언급한 바 있다. 즉, 교회에 대한 기록들은 각각의 가정들에도 적용될 수 있다는 것이다. "그렇다면 신약성경의 대부분은 직접적으로 개개의 가정들에게 적용될 수 있다. 우리는 가정을 위한 안내서를 갖고 있는 것이다! 교회는 가정을 포괄하는 우산의 개념을 내포하고 있다. 가정은 실제로 교회의 축소판이다. 물론 신약성경에서 특별히 가정생활과 관련된 특정한 필요들을 언급할 때가 있다. 하지만 대개의 경우 일반 신자들에게 기록된 것들은 가정이라는 보다 작은 맥락에서의 기독교적 삶에 그대로 적용될 수 있다."[14]

이렇게 본다면, 우리는 다음과 같은 결론을 내릴 수 있다. 즉, 사람들간의 관계와 사랑, 용서, 갈등 해소, 자기 부인, 개인적 성품, 돌봄, 성장, 영적 성장 등과 관련된 모든 성경적 가르침들은 가족 이슈에 적용되어야 한다. 또한 다음과 같은 결론을 내려도 좋을 것이다. "전체 신약성경, 특히 신약성경의 서신들은 가정생활을 위한 안내를 제공하고 있다."[15]

• 가족 문제의 원인들

모든 가정은 다 저마다 독특한 측면이 있다. 이러한 사실이 각 가정으로 하여금 문제에 대처하거나 도움을 받는 방식에 있어서 차이를 만든다. 이렇게 가정들을 서로 다르게 형성하고 독특하게 만들어가는 데는 여러 가지 요소들이 영향을 끼친다. 그러한 요소들을 살펴보면 다음과 같다.[16]

- 과거에 겪은 사건과 경험, 스트레스의 영향 : 여기에는 부모의 죽음, 알코올중독에 빠진 가족 구성원, 혹은 전쟁이나 해일 같은 재해로 인한 영향 등이 포함될 수 있다. 이러한 과거의 영향은 아주 오랜 기간에 걸쳐 가족들에게 영향을 미칠 수 있다.
- 현재의 사건들로 인한 영향 : 가정 경제의 주요 수입원인 가족이 직장을 잃을 때 그것이 가정에 어떤 영향을 미칠지 생각해보라. 다른 도시로 이사를 가거나 가족 중 결혼하는 사람이 생길 때도 마찬가지다. 이러한 사건들은 어떤 모양으로든 가족관계나 생활에 영향을 미치게 된다. 과거와 현재의 경험이나 사건들을 통한 영향은 부정적일 수도 있고 긍정적일 수도 있다. 좋은 일도 나쁜 일 못지않게 가정에 다양한 영향을 줄 수 있는 것이다.
- 가족들의 세계관 : 세계관이란 우리가 하나님이나 인간, 우주, 옳고 그름, 핵심 가치 등에 대해 갖고 있는 나름대로의 전제라고 할 수 있다. 만약 어떤 가정에서 하나님은 존재하시며 모든 것을 통치하고 계시다고 믿는다면 어떤 스트레스가 발생할 때 하나님이 존재하지 않는다는 전제를 갖고 있는 가정과는 다르게 대처할 것이다. 이처럼 가족들 중에는 서로 다르거나 충돌되는 가치관을 가진 사람들이 있을 수 있다. 청소년 자녀는 부모와 다른 입장을 가질 수 있다.
- 미래에 대한 기대 : 가족을 이해하고 개선하려면 그들이 미래를 어떻게 인식하고 무엇을 기대하는지에 관심을 기울여야 한다. 많은 사람들이 미래에 대한 소망이 없이 살아가는 것은 슬픈 일이 아닐 수 없다. 사람들은 소망이 있을 때 어려움 중에도 상황 개선을 위한 결단을 내리고 그것을 향해 나

아갈 수 있게 된다.

- **결정의 영향** : 가족이 얼마나 건강하게 기능하느냐는 종종 가족들이 어떤 결정을 내리는가에 좌우된다. 로버트 콜스는 독자(獨子)가 다운증후군을 가진 채 태어나 크게 낙심한 아버지에 대한 이야기를 쓴 바 있다. 이 아버지는 처음에는 자기 아들이 그렇게 태어난 것으로 말미암아 가슴이 너무 아팠고, 화가 치밀었고, 깊은 우울감에 빠지기도 하였다. 그러던 어느 날, 그는 상담자의 제안에 따라 특수교육을 필요로 하는 아이들이 있는 집에서 주말에 봉사하기로 결정한다. 그런 결정을 내렸다고 해서 아들로 인한 온 가족의 실망이 사라진 것은 아니었다. 그렇지만 그는 이 과정을 통해 자신이 얼마나 큰 영향을 끼칠 수 있는지를 보기 시작하였다. 그 한 가지 결정이 이 아버지를 변화시켰고, 그의 가족을 달라지게 했으며, 많은 아이들에게 영향을 줄 수 있게 한 것이다. 어떤 가정이 해외에 선교사로 나가기로 결정했다고 하자. 이로 말미암아 그 가정은 어떤 영향을 받게 될 것인지 생각해 보라. 어떤 친척이 내 집에 들어와 함께 기거하면서 보다 나은 돌봄을 제공받을 수 있다면 그러한 결정이 어떤 영향을 줄지 고려해보라.
- **가족 발달 단계에 따른 영향** : 모든 가족들은 각 개인이 성장하듯 나름대로 성장하고 발전하는 과정을 거친다. 유치원에 다니는 두 자녀가 있는 부부는 대학에 다니는 두 자녀가 있는 부부와 여러 면에서 아주 다르다.
- **인종적, 문화적 독특성** : 이것은 주변 이웃들과 여러 면에서 차이를 가져온다. 소수민족 가족들 중에는 자신들이 사는 지역사회에 적응하지 못하는 경우들이 있다. 이민 1세대 부모와 그들의 자녀들 사이에 서로 다른 사고방식을 갖는 경우들도 있다.
- **하나님의 자리** : 사람들은 가정에 스트레스가 닥칠 때 그들의 중심에 하나님의 자리가 있느냐에 따라 그 대처하는 방식이 달라질 수 있다. 하나님을 믿지만 그 신학적 입장에 따라 더 큰 스트레스와 죄책감이 발생되는 경우도 있다. 모든 가족은 그들이 무엇을 믿든지, 하나님을 어떻게 인식하든지 관계없이 주권적인 하나님의 손길 아래 있다.

가족들은 대개 자신들이 다룰 수 없는 위기에 대해 도움이 필요할 때 상담을 받으러 온다. 가족 간에 의사소통이나 재정 사용의 문제, 자녀문제나 정서적 갈등이 있어서 한두 가족원들이 상담실을 찾는다.[17] 이러한 스트레스 요인들이 삶에 들이닥치고, 일을 하지 못하게 하며, 가정을 위협할 때 인생의 위기가 시작되고 점점 더 악화되어간다.

가정 내 스트레스는 인류 역사의 초반부터 존재해왔다. 하지만 그것에 대한 체계적인 연구는 대공황으로 가족들이 경제적 곤궁에 시달리던 1930년대에서야 시작되었다. 제2차 세계대전중에는 가족들이 분리와 상실, 재회 등과 관련된 이슈들로 스트레스를 받았다. 이러한 상황과 관련하여 ABC=X라는 가족 스트레스 모델이 제시되었다. 여기에서 A는 가정에 스트레스를 주는 사건이나 상황을 의미하고, B는 특정 가정이 갖고 있는 자원들, C는 가족들이 자신들에게 닥친 상황을 보는 방식을 가리킨다. 이 세 가지 요소들이 모여 가족이 경험하는 위기의 정도가 좌우된다. 이러한 견해에 따르면, 가족 상담이란 결국 가족들로 하여금 스트레스를 줄이도록 돕고(A), 보다 나은 대처기술을 배우며(B), 당면한 상황을 새로운 혹은 다른 시각으로 보도록 돕는 것이다(C).[18]

1. 가족 스트레스

가정이나 개인에게 스트레스가 생길 때 항상 나쁜 일 때문에 그렇게 되는 것은 아니다. 새로 아기가 태어나거나 새로운 집으로 이사 가는 것은 긍정적인 일이다. 그러므로 스트레스는 삶의 도전이라고도 생각할 수 있다. 가정에 어떤 변화를 요구하는 사건이나 상황을 그것이 긍정적이든 부정적이든, 스트레스라고 할 수 있는 것이다. 많은 변화가 한꺼번에 몰려올 때 스트레스 지수는 한껏 올라가게 된다.

가족에게 닥치는 어떤 위기나 도전들은 저마다 다 다를 수 있다. 어머니가 수술을 받아 당분간 움직이지 못할 수도 있고 홍수가 나서 지하에 물이 들이차거나 집에 불이 날 수도 있다. 집안에서 일어나는 이러한 일들은 주변 친지나 이웃들로 하여금 염려 가운데 도움의 손길을 내밀게 할 수 있다. 가정의 위기나 문제들은 집 밖에서 올 수도 있다. 이미 언급했다시피 직장에서 받는 압박으로 혼란에 빠지는 가정들이 있다. 통제되지 않는 생활태도로 말미암아 관련된 모든 사람들을 힘들게 하는 경우도 있다. 텔레비전은 함께 모여 대화하는 시간을 빼앗아갔고, 연일 가정에 대한 부정적인 모습을 보여주고 있다. 예기치 않게 직장을 잃거나 어쩔 수 없는 변화를 통해 재정적인 압박을 받을 수도 있다. 가족 중 한 사람이 갑자기 위험한 전쟁 지역으로 떠나는 상황이 오는가 하면, 에이즈에 걸린 것으로 판명되는 순간이 찾아올 수도 있다. 가족을 저버리는 사람(대개는 남성들), 가정폭력, 마약이나 알코올중독, 배우자 원가족들의 간섭 등에 의해 가정의 안정성이 깨지는 경우들도 발생한다. 이럴 때 상담자는 가족들에게 미치는 영향들을 탐색하고 그들이 경험하는 주요한 스트레스들을 이해할 수 있어야 한다.

2. 가족의 자원과 강점, 기술들

모든 가정은 저마다 나름대로의 관계 방식, 과거의 성공과 실패, 강점과 약점, 대처기술 및 회복에 도움이 될 수 있는 혹은 장애가 될 수 있는 다양한 경험들을 갖고 있다. 가족들 중에는 회복의 기회를 가로막는 태도나 융통성 없는 행동을 취하는 사람들이 있을 수 있다. 변화를 이끌어낼 수 있는 지식과 기술, 융통성이 부족하여 스트레스에 대처하는 데 어려움을 겪는 가정들도 있다. 상담자는 이러한 가정들의 모습을 잘 관찰하면서 가족들을 서로 얽히게 하는 요소들을 탐색하고, 변화를 효과적으로 이끌어내는 것이 중요하다.[19]

(a) 의사소통 유형 : 가족들 가운데 의사소통이 잘되는 경우도 있지만, 많은 경우 가족들은 자신의 감정을 감추거나 갈등을 촉발하는 방식으로 그것을 표출한다. 자신의 느낌을 어떻게 나누어야 할지 명료하게 알고 표현하는 사람은 사실 그리 많지 않다. 때로는 돈이나 섹스, 갈등, 영적 이슈들 혹은 감정 등과 관련된 어떤 금기사항이 있어 그것에 대해서는 전혀 대화를 하지 않는 가정들도 있다. 집에서는 전혀 웃지 않는 사람이 있는가 하면, 자신들이 생각하는 것을 거의 말하지 않고, 상대방의 말에 귀 기울이지 않는 가족들도 있다. 서로 소리 지르거나 빈정대는 말 등 꼭 대화를 파괴하는 방식으로 이야기하는 경우도 있다. 어떤 사람들은 이중 메시지를 보내기도 한다. 즉, 말하는 것과 겉으로 드러나는 행동이 서로 다른 것이다. 서로 효과적으로 의사소통을 하는 기술이 부족한 가정들은 위기적인 상황에 대처하기가 어렵다.

(b) 친밀감의 문제 : 사람들 중에는 서로 가까이 다가가는 것을 두려워하는 경우가 있다. 이들은 함께 시간을 보내려 하지 않고, 서로를 신뢰하거나 존중하지도 않는다. 서로 문제를 나누지 않을 뿐더러 함께 가깝게 작업하는 것을 배운 적이 없기 때문에 위기 상황을 다루는 데 어려움을 겪는다. 가족들이 서로 친

밀하지 않을 경우 문제 해결은 더 어렵게 된다.

(c) 규칙의 문제 : 어떤 사회적 집단이든지 대개의 경우 그 집단에서 수용할 수 있는 것과 없는 것에 관한 규칙들이 있게 마련이다. 이러한 규칙들은 명료하게 언급되거나 기록되지 않았을지라도 사람들은 그것을 지키고 따르게 된다. 내가 다니는 교회와 운동하는 곳, 살고 있는 동네에서도 다 나름대로의 규칙들이 있다. 이것은 가정에서도 마찬가지다. 그런데 어떤 가정의 규칙은 뚜렷하지 않아서 특히 아이들에게 혼란스럽다. 그런가 하면 가족 개개인의 성장단계나 상황을 고려하지 않는 경직된 규칙을 갖고 있는 가정들도 있다. 종교적 편향이 강한 가정이나 출세지향적인 가정, 성공한 사람이 있는 가정, 군인 가정, 일부 소수민족 가정들의 경우 엄격한 가정 규칙을 갖고 있는 경향이 있다. 이러한 규칙들은 가정에 융통성이 떨어지게 하고, 외부의 도움을 받지 않으려 하며, 스트레스 상황에 잘 대처하지 못하게 만든다. 따라서 자신의 가족과 다른 사람들이나 그들의 가족을 도우려면 이러한 가정 규칙들을 확인하는 것이 필요하다.

(d) 가족이나 각 개인의 역사 : 가족들 중에는 어느 누구도 드러내서는 안 되는 가족 비밀이 있는 경우가 있다. 그것은 가족들이 말하지 않는 어떤 문제들일 수 있다. 가족들 간에 서로 비밀로 하는 것들도 있다. 예를 들면, 부적절한 임신, 정신장애가 있어 입양 보낸 아이의 존재, 결혼이나 이혼 경험, 중단되기는 했지만 용서받지 못한 외도, 감추어진 범죄 경험 등이 있을 수 있다. 이러한 요소들은 가족들로 하여금 무언지는 모르지만 미심쩍은 어떤 것들에 대해 서로 의심하고 감시하게 만든다. 어떤 경우에는 가족들이 다 비밀을 알고 있지만 가족의 명예 때문에 그것을 쉬쉬하며 숨긴다. 어떤 위기가 닥칠 때 그것을 성공적으로 극복하고 잘 적응하려면 가족들이 서로 정직하게 그 상황에 대처하는 것이 중요하다. 그러나 개인이나 가족의 비밀은 그러한 대처를 어렵게 한다.

(e) 가족이나 개인의 목표 : 사람들은 스스로 혹은 다른 가족을 위한 직업적, 경제적, 사회적 차원 등에서 각종 목표를 세우며 살아간다. 어떤 목회자가 자기 세 아들은 사역을 해야 한다고 결정하였다. 그러자 한 아들이 공개적으로 이에 반대하고, 다른 아들은 수동적인 방식으로 아버지의 결정에 응하지 않았다. 그러자 아버지는 반복적으로 자신의 실망과 분노를 표출하면서 자신의 바람대로 따르라고 압박하였다. 가족이 목표를 세우고 야망을 갖는 것은 건강한 일이다. 하지만 이러한 과정이 경직된 방식으로 진행되거나, 다른 사람의 목표를 대신 세우는 등의 방법은 문제를 야기할 수 있다. 특히 상황이 기대대로 전개되지 않을 때 더욱 그러하다. 인생에는 다양한 굴곡이 있게 마련이다. 자신들의 목표를 적절하게 재조정할 수 없는 가족들은 종종 문제에 봉착하게 된다.

(f) 가치관 문제 : 가치관이란 어떤 사람이 스스로 갖고 있는 확신 혹은 사고방식이다. 이러한 차원에서 가족의 가치는 가족들이 함께 수용하고 인정하는 어떤 확신이라고 볼 수 있다. 예를 들면, "우리 가족들은 모두 대학에 간다" "우리 집의 여성들은 누구도 밖에서 일하지 않는다" "우리 집에서는 누구도 술을 마시지 않는다" "우리 집 식구들은 전부 장로교인이다"와 같은 것들이 그 예라고 할 수 있다. 그런데 가족 중에서 이러한 기존의 가치관과 다른 생각을 하게 될 때 가치관의 문제가 발생하기 시작한다. 위와 같은 가치관을 강하게 고집할 때 젊은 세대에서는 그것에 도전할 가능성이 있다. 가족이 이러한 도전을 다루려 하지 않거나 변화에 적응하지 못할 때 갈등이 야기될 수 있다.

(g) 헌신의 문제 : 가족은 함께 지내는 시간이 필요하며, 어떤 문제가 발생할 때 함께 대처할 수 있어야 한다. 하지만 가족 중에 그럴 의도가 없거나 시간을 내지 않는다면 그렇게 하기가 어렵다. 100%의

헌신을 요구하는 직장에 다니는 가족원이 있을 수 있다. 어떤 직장은 회사를 위해 기꺼이 장시간의 힘든 노력을 마다하지 않을 것을 요구한다. 그럴 경우, 정작 자기 가정에서는 가족들과 함께 지낼 시간이나 에너지, 마음이 남아 있지 않을 때가 많다. 그럴 때 발생하는 문제를 함께 해결한다는 것 또한 쉬운 일이 아니다.

가정의 문제가 발생하면, 가정에 대한 헌신도가 약한 사람의 경우 그 일에 관여하려고 하지 않을 가능성이 크다. 가족 상담자는 이러한 가족원을 문제 해결 과정에 참여시키려고 하는 것에 어려움을 겪을 수 있다. 그럴 때는 너무 바빠 참여하기를 꺼리는 가족원이나 가족에 대한 헌신도가 덜한 사람을 우선 한번 정도 참가하도록 설득하는 것이 좋다. 그래서 일단 한번 참가하면 더 많은 시간을 낼 수 있는 계기가 마련될 수 있다. 그렇지 않으면 상담자는 문제 해결을 위해 참여할 마음이 있는 가족들과 작업을 해야 할 것이다. 가족 중에 너무 바빠 참석하지 못하거나 함께 문제 해결을 하려는 동기가 없는 사람이 있을 때 문제 상황에 대처하기란 한결 어려울 수 있다.

(h) 역할 명료화 : 각각의 가족 구성원들은 저마다 어떤 역할들을 맡게 된다.[20] 누가 쓰레기를 버릴 것인지, 재정 지출은 누가 맡고 음식은 누가 만들 것인지, 자녀들을 치과에 데려다주는 것은 누가 할 것인지 등의 역할을 나눠 하게 된다. 정서적인 역할을 서로 나누어 하기도 한다. 어떤 사람은 격려자가 되고, 조크를 하는 사람, 문제 해결을 담당하는 사람, 에티켓에 관한 조언을 하는 사람으로 나뉘기도 한다. 이러한 역할은 대개 남편과 아내가 자신들이 자란 가정에서 보고 들은 것들에 근거하여 결혼 초부터 형성되기 시작한다. 그러다가 누가 무엇을 하느냐의 문제로 갈등이 발생하기도 한다. 각자의 역할에 대한 혼란이 있거나 그 역할을 경직되게 주장할 때 갈등은 특히 심해진다.

우리는 가족의 이슈와 관련된 위의 내용들에 삼각관계와 우회적 관계의 문제를 첨가할 수 있을 것이다. 이러한 행동들은 가족관계를 말할 때 흔히 등장하는 이슈들이다. 삼각관계란 세 사람의 집단에서 두 사람이 결탁하여 한 사람을 밀어내는 것이다. 예를 들면, 엄마와 딸이 아버지를 배제하고 자기들끼리 뭉치는 것이다. 혹은 장모와 딸이 결탁하여 사위 곧 딸의 남편과 대립하는 것이다. 관계 갈등을 겪고 있는 부부가 자녀를 자기편으로 끌어들이는 것 또한 삼각관계다. 때로는 남편이 아내를 두고 다른 여성과 가깝게 지내기도 한다. 이러한 삼각관계가 진행되는 가정은 순탄하게 제 기능을 발휘하기가 어렵다.

우회적 관계는 희생양의 또 다른 표현이다. 서로 갈등하는 부부가 있다고 하자. 그들은 반항적인 아들이나 먹기를 거부하는 딸, 혹은 무능하게 보이는 학교 교사를 비난한다. 이처럼 부부는 자신들의 공공의 대상을 비난하는 일에 결탁함으로써 자신들의 문제를 가지고 서로 다투고 갈등하는 일을 피하게 된다. 다른 일로 연합하여 싸움으로써 결혼관계의 갈등처럼 자신들에게 있는 보다 근본적이고 파괴적일 수 있는 문제들을 무시하거나 제쳐놓는 것이다. 이러한 우회적 행동은 교회와 관련해서도 발생하는 것으로 보인다. 어떤 사람들은 죄의 문제와 씨름하거나 교회 정책에 관여하면서 자신들은 의로운 일을 한다고 생각한다. 그러면서 자신들의 가정에서 벌어지는 심각한 문제에서 오는 고통은 피하려고 하는 것이다.

이러한 모든 이슈들은 가정에 스트레스를 줄 수 있는 것들이다. 상담은 이러한 요소들과 관련하여 가정에 힘을 불어넣어줄 수 있다. 예를 들면, 가족들로 하여금 보다 나은 의사소통을 배우게 하고, 친밀감을 증진시키며, 문제를 야기할 수 있는 가족의 규칙들이나 상충되는 목표들에 직면하고 평가하도록 도울 수 있다. 나아가 가족이 갖고 있는 강점들, 즉 신앙적 확신과 교육, 재정적 자원, 서로에 대한 헌신 등을 점검하고 상기시킬 수 있다. 위기 상황이 닥치면 대개의 경우 가족 안에 있는 장점들은 보지 못하고 부정적인 측면만 보는 경향이 있다. 그러나 긍정적인 측면을 봄으로써 가정의 분열을 예방하고 안정을 도모할 수 있다.

3. 가족의 사고방식

이 부분은 ABC=X 등식의 C부분에 해당된다. 사람들은 저마다 자기 가족이 어떤지, 다른 가족들과 어떻게 다른지 등에 대한 가정 혹은 전제를 발전시킨다. 그래서 가정에 스트레스를 주는 일이 생기면 어떤 가족들은 자신들이 그 문제를 해결하고 변화시킬 수 있다고 생각하는 반면, 자신들은 그것을 극복할 수 없을 것이라고 판단하는 가족들도 있다. 이러한 차이는 가족들이 자신들을 어떻게 인식하는가에 따라 달라진다. '우리 스미스 가문은 문제 극복자들이다'라고 생각하는 가정과 '우리는 이 동네에서 제일 가난하고 문제를 해결할 만한 능력을 갖고 있지 않다'라고 생각하는 가정의 차이를 생각해보라. 우리가 가족들을 보다 잘 이해하고 효과적인 도움을 주려면 가족들이 자신들을 어떻게 인식하고 있는지 이해하는 것이 필요하다.[21]

가족의 사고방식 혹은 자기 인식은 변하고 있다. 그것은 전 세계적으로 마찬가지다. 언어 사용만 보아도 그렇다. 책이나 소논문들을 보면 전에는 남편과 아내로 지칭하던 것을 이제는 커플 혹은 파트너라는 용어로 대체하여 사용한다. 결혼은 이제 한 남자와 한 여자의 평생의 연합을 의미하는 용어가 아니다. 가족이라는 용어도 다양한 의미로 받아들여지고 있다. 가족은 첫째, 보다 전통적인 개념으로 볼 때, 한 여성과 한 남성이 평생에 걸쳐 자신들이 낳은 혹은 입양한 자녀를 키우며 사는 두 세대로 구성된 집단이라고 볼 수 있다. 둘째, 3대 혹은 4대가 함께 사는 확대가족도 여기에 해당된다. 셋째, 수양자녀로 구성된 가정도 있을 수 있다. 넷째, 어머니 혹은 아버지와 함께 사는 자녀들로 구성된 한부모 가정도 있다. 다섯째, 동성애 커플과 함께 사는 자녀들도 있다. 여섯째, 복합가족으로 알려진 재혼 혹은 이복가정들도 있다. 일곱째, 법적인 관계는 아니지만 여러 사람이 서로 헌신하여 함께 살아가는 집단도 있다.[22] 이러한 가정들에서 자라는 자녀들은 상당수 이 가정에서 저 가정으로 오가며 자신들이 어디에 있어야 하는지도 모르고 어느 한 곳에 정착하여 사는 느낌도 없이 그냥 살아간다.[23]

때로는 부모와 자녀의 역할이 뒤바뀌는 경우도 있다. 어린 자녀가 부모가 할 행동들을 하고(돌봄, 지지, 양육 등) 부모는 자녀의 마음에 들거나 그들의 인정을 받고 싶어 하는 것이다. 그런가 하면 한쪽 부모와 자녀가 동맹을 맺어 다른 부모 및 그 가족에 대항하는 경우도 있다. 어떤 가정들에서는 부모가 자녀의 삶에 지나치게 끼어들어 자녀의 각종 활동이나 학교 과제, 삶의 방식에 일일이 간섭하기도 한다.

이러한 상황이 되면 가정 내에 표 31-2에 요약된 것과 같은 유혹들이 생길 수 있다. 가정을 파괴하려는 의도가 개입된 것은 아니지만 모든 유혹이 그렇듯이 하나님이 주신 가정들을 소홀히 하도록 미묘한 영향을 주는 것들이다. 이로 볼 때, 가정에 어떤 위기 상황이 발생하여 압박감을 주고 무엇을 어떻게 해야 좋을지 모를 때 가족들이 자신의 역할에 혼란스러워하며 꼼짝 못하고 있는 것이 그리 놀랄 일은 아니다. 가족이 이처럼 고통 가운데 있을 때 상담자의 도움이 필요한 것이다.

표 31-2. 가족들이 직면하는 유혹들*
1. 질주하는 삶의 현실이 우리를 삼키도록 내버려두게 만드는 유혹.
2. 아버지 부재의 유혹.
3. 의심의 유혹 : 엄마로서 이 모든 노력들을 하며 사는 것이 가치있는 것일까?
4. 의사소통 장애의 유혹 : 성급하게 결론에 도달하기.
5. 남녀 차이를 무시하게 만드는 유혹.
6. 사랑 가운데 진실을 말하는 것을 회피하게 만드는 유혹.
7. 가족이 흩어져 가깝게 지내지 못하게 만드는 유혹.
8. 가정 내 리더십을 오해하게 만드는 유혹.
9. 가족 간의 경계선을 무시하게 만드는 유혹.
10. 비활동적인 가정이 되게 만드는 유혹.
11. 사랑을 잊은 가정이 되게 만드는 유혹.
12. 훈육을 잊은 가정이 되게 만드는 유혹.
13. 하나님을 포기하게 만드는 유혹.

*톰 L. 에이스맨(Tom L. Eisenman), *Temptations Families Face: Breaking Patterns That Keep Us Apart* (Downers Grove, IL: InterVarsity, 1996)에서 발췌. |

가족 문제의 영향

21세기가 시작되면서 한 가족 치료 전문가가 세상의 가족들이 직면하고 있는 18가지 주요 '트렌드, 문제, 그리고 딜레마'에 관한 소논문을 쓴 바 있다. 그중 어떤 것들은 우리가 이미 잘 인식하고 있는 것들이다. 예를 들면, 남녀관계의 변화, 이혼율의 상승과 그것의 의미, 중독 현상의 증가와 그것이 가정에 미치는 영향, 전 세계적으로 증가하고 있는 가정폭력 현상, 효과적인 자녀 양육에 관한 지속적인 탐구, 에이즈 관련 질병과 사망의 급속 확산 등이다. 아래의 내용들을 포함한 다른 것들은 금방 마음에 와닿지 않을지는 모르지만 가정들에 따라서는 큰 영향을 줄 수 있는 것들이다.

- 영성과 신념체계에 대한 열망의 증가.
- 전쟁과 기근, 박해 및 각종 자연재해의 확산.
- 범죄와 폭력의 증가.
- 어린이 유괴나 어른 납치 : 불만을 가진 가족원이나 낯선 사람들이 매춘이나 보복을 목적으로 시도.
- 집 없는, '버려진 아이들'의 증가.
- 이민의 거대한 물결 : 문화적 복합주의와 편견의 증가.
- 가정의 불안정성과 폭력을 묘사하고, 그러한 가치관을 전하며, 해로울 수 있는 낯선 사람과의 접촉을 부추기는 사이버 공간의 등장과 새로운 대중매체의 영향 증가.[24]

상담자나 목회자가 이러한 모든 문제들을 실질적으로 보게 되지는 않을 것이다. 하지만 때에 따라 이러한 문제들의 영향을 받고 있는 내담자들을 대하게 될 것이다. 가족들은 이러한 요소들을 비롯하여 각종 문제들을 경험하면서 다양한 영향을 받게 된다. 가족 상담자들은 상담 회기에서 가족들의 좌절이나 실망, 슬픔, 분노, 걱정, 혼란, 무기력감 등을 종종 접하게 된다. 가족문제의 여파로 가정폭력과 언어적 학대가 발생하기도 한다. 가족 중에서 물리적으로 혹은 알코올이나 약물에 의지하여 문제로부터 도피하려는 사람도 생긴다. 가족 간의 긴장과 갈등이 고조되면서 성적 부도덕이나 적응상의 문제, 부정적인 태도, 태만, 학습 장애, 우울, 심리적 도피, 의사소통 단절, 일의 효용성 저하, 직장 문제, 심지어는 근친상간과 같은 문제들마저 발생한다.

이러한 가족 문제들은 외부 사람들에게는 비밀로 감춰지는 경우가 많다. 그러면서 내부적으로 각종 문제와 압박감으로 시달리는 것이다. 역기능적인 가정의 구성원들은 의사소통의 단절뿐만 아니라 서로를 피하거나 무시당한다든지 신체적, 성적인 학대를 경험할 수 있다. 서로를 이용하거나 통제하고, 가족문제에 대해 서로를 비난하기도 한다. 비판적이고 냉소적인 말로 상처를 주거나 상대를 깎아내리는 언행으로 힘들게 한다. 이러한 가정에서는 상호간 신뢰를 찾아보기 어렵고 그 구성원들의 자존감도 낮다. 서로 협조하기보다는 말다툼하는 경우가 많다. 위태로운 가족의 평화를 유지하기 위해 서로를 '미온적으로' 대하거나 회유적인 태도를 보이기도 한다.[25]

이와 같은 상황에서 영적인 성장을 한다는 것은 불가능하지는 않지만 그렇다고 쉽지도 않다. 가정생활이 갈등과 파괴적인 행동 및 태도로 얼룩진 상황에서는 성장하는 기독교인의 모습을 기대하기 어렵다.

가족 문제와 상담

상담자들은 부정적인 것에 초점을 맞춘다. 그것이 우리가 하는 일이다. 사람들은 불행한 이야기, 갈등으로 얼룩진 이야기들을 갖고 온다. 우리의 목표는 그들을 돕는 것이다. 그런데 가족이 경험하는 스트레스와 문제들을 지속적으로 듣다 보면 자연스럽게 부정적인 것에 초점이 가고 가족의 긍정적인 부분은 놓치기 쉽다.

오늘날 이혼율이 높다. 하지만 많은 가정들은 잘 유지되고 있다. 너무나 많은 여성과 아이들이 폭력과 성적 학대를 경험하지만 더 많은 대부분의 사람들은 그렇지 않다. 많은 사람들이 역기능적인 가정에서 자라지만 좋지 않은 가족 환경을 극복하기 위한 회복 프로그램이 필요한 경우는 그리 많지 않다. 매일 학교에서 빈 집으로 오는 아이들이 많이 있고 혼전 임신율도 아주 높지만 더 많은 아이들은 부모와 친밀한 관계를 유지하고, 더 좋은 교육 기회들을 부여받고 있으며, 많은 부모들이 자신의 경력과 자녀 양육을 성공적으로 감당하고 있다.

그렇지만 때에 따라서는 최고의 가정에서도 문제들을 경험한다. 그리고 그 일부는 상담을 받으러 온다. 가족 상담자들은 다양한 이론적 접근들을 사용하여 가족들을 도울 수 있다. 그러한 접근들 중 일부가 표 31-3에 요약되어 있다. 가족 상담의 접근방식을 선택하는 것은 그 자체로 하나의 도전이 될 수 있다. 그것은 대개 가족들이 경험하는 이슈나 상담자의 훈련 수준에 따라 달라진다. 이러한 접근들은 대개 높은 수준의 가족 치료 훈련을 받은 전문가들이 사용한다. 그렇다면 전문가가 아닌 사람들은 어떻게 가족들을 도울 수 있겠는가?

비전문가들을 위한 유용한 접근 방법 중 하나는 가족 개입 단계(Levels of Family Involvement, LFI) 모델을 사

표 31-3. 결혼과 가족상담의 몇 가지 접근 방식들

- **고전적 접근**: 전통적인 정신분석적 접근이다. 환자로 인식된 가족원이 장기적으로 상담을 받는 것이다. 상담자는 개인의 문제를 치료하기 위해 다양한 치료적 방법들을 사용한다. 개인의 상태가 호전되면 결혼과 가족이 긍정적인 영향을 받을 것이라고 전제한다.
- **협력적 접근**: 남편과 아내, 혹은 다른 가족들이 각각 다른 상담자들을 만나 개인적으로 상담을 받는 접근이다. 상담자들은 정기적으로 만나 가족들에게 유익을 줄 수 있는 방향으로 자신들의 정보들을 나누고 의견을 교환한다.
- **병행적 접근**: 각 가족 구성원들이 각각 다른 시간에 같은 상담자에게서 상담을 받는 접근이다. 이러한 방법은 상담자로 하여금 각각의 가족 구성원들에 대한 나름대로의 견해를 가질 수 있게 한다. 하지만 상담자가 특정인에게 더 호의적으로 대할 수 있고, 무의식중에라도 한쪽 편을 들거나 중립을 지키기 어려울 수 있다는 이유로 비판적인 입장을 취하는 사람들도 있다. 그래서 이에 대한 보완책으로 한 사람을 연속적으로 상담하고 상담을 종료한 후에 다른 가족구성원을 상담하는 방식으로 진행하기도 한다.
- **합동적 접근**: 가족이 모두 함께 상담을 받는 접근이다. 상담자는 가족이 하나의 사회 체계로 기능한다고 본다. 그래서 그 체계 안에 있는 가족원으로 하여금 서로 다르게 행동하도록 교육한다. 이를 통해 각 가족들은 서로에 대해 좀 더 많이 이해하고 더 나은 의사소통을 하며 해가 될 수 있는 행동을 줄이도록 한다.
- **인지행동적 접근**: 상담을 학습적으로 접근한다. 문제들을 행동적인 용어로 정의한다. 그러한 행동들은 내담 가족이 상담 종결시 보기를 원하는 어떤 행동이나 수정 혹은 발달시키고 싶은, 증가시키거나 감소시키고 싶은 행동들이다. 상담을 통해 해로운 행동들은 제거되고 새로운 행동과 기술들을 습득하게 된다. 해결중심의 단기치료들도 여기에 해당된다고 볼 수 있겠다.
- **위기적 접근**: 내담 가족이 위기 상황에서 도움을 구하러 왔다고 생각될 때 상담자는 이 접근을 취한다. 대개 가족 전체를 함께 만나 아래의 내용들을 포함한 다양한 방법으로 필요한 도움을 주고자 한다.

  · 실질적으로 필요한 안내와 도움을 즉각적으로 제공한다.
  · 한 사람의 문제가 아닌 가족 전체의 문제로 규정한다. 한 사람이 주된 문제 증상을 보인다고 해도 그렇게 본다.
  · 과거를 분석하기보다 현재에 초점을 맞춘다.
  · 가족이 경험하는 긴장이나 압박을 심리적인 혹은 의학적인 방법을 통하여 줄이도록 한다.
  · 위기를 야기하는 스트레스를 다루도록 돕는다. 이것은 가족들로 하여금 문제를 해결하는 방법을 가르치는 것이기도 하다.
  · 보다 구체적인 지원이 도움이 될 경우 어디에 위탁할지 확인한다.

- **갈등 해소 접근**: 상담자는 가족들에게 상담과정이나 집에서 사용할 수 있는 갈등 및 문제 해결 기술을 가르치려고 한다. 때로 새로운 과제 부여하기, 새로운 역할 가르치기, 가족규칙 변경시키기, 새로운 의사소통 기술 가르치기 등을 통해 가족구조 전체를 변화시키려는 시도를 하기도 한다.
- **계약적 접근**: 과거에 비해 요즘은 덜 사용하는 방법이다. 부부나 가족들로 하여금 어떤 합의된 사항들을 실

> 천하거나 행동할 경우 그에 상응하는 어떤 특권(어떤 것의 성취에 대한 포상)이나 벌을 가하도록 약속하는
> 것이다. 행동변화 치료의 한 형태다. 가족들 간에 어떤 행동들이 변화되어야 할지에 대한 동의가 이루어지
> 고, 그러한 변화가 있거나 혹은 없을 때 어떤 후속조치를 행할지 약속하는 접근이다.
> - **통합적 접근**: 위에 제시된 두 가지 혹은 그 이상의 접근들을 통합하는 방법이다. 실제로 이렇게 하기란 쉬운 것이
>   아니다.

용하는 것이다. 이것은 심리학자 윌리엄 도허티에 의해 개발된 것으로, 상담자들에게 유용하게 사용될 수 있다. 가족들을 대하지만 가족 치료에 대한 깊은 훈련이나 경험이 충분하지 않은 의사나 목회자들에게도 좋은 방법이다.[26]

가족 개입 단계 모델에는 다섯 단계가 있다. 각 단계는 상담자가 어떻게 가족에게 상담 접근을 하는지 묘사하고 있다. 각각의 단계는 앞 단계를 기초로 하여 전개된다. 가족들에게 어떤 수준의 접근이 가장 적절한지에 대해서는 내담자가 처한 구체적인 상황이나 상담자의 훈련 수준에 따라 달라질 수 있다.

1단계 - 기관이나 단체 지향 : 여기에는 아직 상담적 개입이 시도되지 않는다. 이 단계의 초점은 가족 서비스를 제공하되 교회나 비즈니스, 학교, 공동체 등의 단체에 어떤 유익이 있느냐 하는 것에 있다. 예를 들면, 자녀들을 돌봐주는 서비스를 제공하여 예배나 전체 모임시 부모들이 참석할 수 있도록 하는 것이다.

2단계 - 정보 제공과 조언 : 이 단계에서의 초점은 지식이나 정보, 조언을 제공하는 데 있다. 부모 역할이나 의사소통 기술을 가르치는 것이 여기에 포함될 수 있다. 유용한 책들을 추천하거나 자녀 양육 문제에 관한 조언을 줄 수도 있다. 자녀가 보다 나은 성적을 얻도록 돕기 원하는 부모들을 가르치거나 안내할 수 있다. 청소년 지도자는 영적 성장에 관한 것들을 청소년들과 함께 다룰 수 있다.

3단계 - 감정과 지지 : 이 단계에서는 스트레스와 싸우는 가정들을 지지하고 격려하며, 필요한 안내를 하는 것들이 포함된다. 상담자는 훌륭한 경청 기술이 있어야 하고, 각 개인이나 가족들이 스트레스에 어떻게 반응하는지 알아야 한다. 마음을 열고 감정을 드러내도록 격려하며, 스트레스를 관리할 수 있는 기술을 아는 것이 필요하다. 내담자의 문제 해결을 돕는 방법을 알고 있어야 한다. 특히 가족 스트레스에 대한 상담자 자신의 느낌들을 인식하고 그 상황에 정서적으로 함몰되지 않으면서도 공감을 표현할 수 있는 능력을 갖추고 있을 때 이상적이다. 아울러 이 단계의 상담자는 가족들 나름의 필요와 관심사, 느낌들에 민감하고 그것들을 다룰 수 있는 능력을 갖고 있어야 한다. 이러한 서비스가 필요한 경우로는 집 나간 딸의 부모를 위로하고 지원하는 일, 연로한 친지를 노인 요양시설에 위탁해야 할지 결정하는 문제 등이 있을 수 있다.

상담자는 2단계와 3단계에서 내담자들을 돕는 과정에 다른 사람들을 참여시킬 수 있다. 예를 들면, 문제 상황에 따라 교회 성도들이나 다른 가족 구성원들을 포함시키는 것이다. 많은 가정들이 지역적으로 흩어져 있거나 갈등과 분열을 경험하며 살아가는 것이 사실이지만 여전히 할아버지와 숙모, 삼촌, 사촌 등을 포함한 가족 친지들은 다양한 방법으로 필요한 도움을 제공할 수 있다. 다음은 가정들이 서로를 위

해 도움을 줄 수 있는 것들의 사례다. 오늘날 많은 가정들에서 그리 쉽게 가능한 것은 아니지만 그렇다고 불가능한 것 또한 아니다.

- 종교적 확신과 윤리적 표준들을 발전시키고 그 가치들을 가르치기.
- 성적 충동이나 중독적 행동의 통제를 포함한 자기 조절 원리들을 가르치기.
- 자신의 행동에 대한 피드백을 받을 수 있는 장소 제공하기.
- 인간관계와 갈등 해소 등의 기본적인 기술 가르치기.
- 문제를 해결하도록 이끌어주기.
- 세상에 대한 지식과 도움이 될 수 있는 외적 자원들에 대한 정보 제공하기.
- 분쟁 조정하기.
- 필요한 것들이 발생할 때 실질적인 지원 제공하기.
- 휴식과 회복, 여가를 위한 안식처 제공하기.
- 자기 정체성을 형성하고 수용받는 느낌을 주는 장소 되기.
- 지나친 행동 통제하기.
- 불안과 우울, 죄책감, 의심, 무기력감과 같은 정서적 감정들을 극복하도록 돕기.
- 위기상황에서의 지원, 상실 혹은 분리 상황에 적응하도록 보다 장기적인 지지 제공하기.[27]

가족은 때를 따라 변화에 직면한다. 가정에 영향을 주는 다양한 요소들에 부딪치기도 한다. 그럴 때 가족 구성원들은 서로 격려하며 지지하고 도움을 주고받는다. 가족이 점점 더 떨어져서 살고 만나는 것도 줄어들기 때문에 이런 일이 쉽지는 않지만 가족들은 여전히 그렇게 한다. 멀리 흩어져 사는 가정이나 역기능적인 가정이라 할지라도 어떤 위기나 변화가 발생하면 가족들은 서로 염려하고 지탱해주는 경향이 있다.

전통적으로 어떤 사람에게 문제가 생기면 가족들이 그를 돕는 역할을 하였다. 그러나 요즘은 이웃이나 친구, 교회 성도들이 그런 역할을 대신한다. 어떤 사람이 위기나 어려운 상황에 처했을 때 이러한 관계망이 사회적 지지 시스템이 되어 서로를 수용하고 격려하며 필요한 안내를 제공해준다. 음식이나 가사 일을 돕는 등의 실질적인 지원을 제공하는가 하면 자신을 조절하고 희망을 가질 수 있도록 돕는다. 일반적으로 사회적 지지체계를 잘 발달시킨 사람들은 정신적, 신체적 질병에 덜 걸리고, 스트레스에 잘 대응하는 것으로 알려졌다. 이러한 지지체계는 보다 깊은 상담의 필요성을 감소시키고, 상담자가 어떤 단계의 가족 개입을 하든 긍정적인 영향을 줄 수 있다.

많은 사람들은 가정을 자신들의 주요 지지 체계라고 생각한다. 그렇지만 경우에 따라서는 가족 전체가 지지를 필요로 할 때가 있다. 그럴 때는 지역사회의 어떤 개인이나 다른 가정들을 통해 지지를 받을 수 있다. 교회에서 필요한 도움을 줄 수도 있다. 교회의 가족들은 다른 가정들이나 그 구성원들로 하여금 삶의 현실적인 문제나 인생의 위기들을 대처하고 극복할 수 있도록 함께 도울 수 있다. 교회와 지역사회의 지지적인 가족들은 가족 상담이나 기독교 상담과 더불어 아주 유용한 자원이 될 수 있다.

4단계 - 단기 집중 개입 : 이러한 상담 접근은 가족의 상호작용 방식을 전체적으로 바꾸는 것에 초점이 있지 않다. 그 대신 구체적인 문제들에 대한 해결책을 찾도록 도우려고 한다. 예를 들면, 부모와 청소년 자녀가 행동 제한에 대해 서로 동의하지 못할 때, 보다 나은 갈등 해소 기술을 발전시킬 필요가 있을 때, 가족 중에 알코올 사용이 늘어가는 사람이 있을 때 그것을 가장 잘 다룰 수 있는 방안을 찾는 등의 문제 해결에 초점이 있다. 해결 중심의 단기상담은 최근 코칭 기술과 더불어 많은 사람들의 관심을 받고 있다. 상담자와 내담자는 구체적인 문제에 초점을 맞추고 구체화된 목표를 세운다. 그리고 그 목표들을 달성할 계획을 구축한 후 상담자의 안내를 따라 그 계획들을 실천에 옮긴다. 이러한 과정에서 상담자는 효과적인 질문들을 할 수 있어야 하고, 가족의 역동을 이해하고 있어야 한다. 내담 가족들과 함께 문제 해결 기술을 적용하고 단기에 구체적인 행동 변화를 이끌어낼 필요가 있다. 만약 더 심각한 문제가 드러나면 적절한 전문가나 기관에 위탁할 수 있어야 한다.

5단계 - 가족 치료 : 이 단계는 상대적으로 장기적이면서도 깊숙하게 상담을 전개하는 과정이다. 대개 가족 치료 경험이나 전문성을 지닌 상담자에 의해 진행된다. 이 단계는 오랫동안 분열과 역기능적인 관계를 경험하거나, 변화를 거부하는, 그래서 지속적으로 위기를 경험하는 가족들에게 필요하다. 상담 회기 중에 정서적 파고가 높을 수 있으며, 상당한 수준의 긴장이 있을 수 있다. 오랫동안 진전되는 모습이 나타나지 않을 수도 있다. 상담자의 훈련이나 이론적 관점, 그리고 가족의 문제에 따라 표 31-3에 제시된 접근들을 다양하게 활용할 수 있다.

우리가 앞에서 살펴본 바와 같이, 가족 상담자들은 어떤 문제도 홀로 발생하거나 존재하지 않는다고 믿는다. 가족 중 어느 한 사람에게 문제가 발생하면 이것은 그 사람의 가족 태도나 의사소통과 어떤 면으로든 관계되어 있을 수 있다. 그렇다면 상담실에 오는 사람은 그 가정에 무언가가 잘못되어 있다는 것을 가시적으로 드러내는 증상 운반자일 수 있다. 따라서 이 사람이 건강하지 못한 가정에서 계속 그냥 살아간다면 치료를 받는 것이 별로 도움이 되지 않을 수 있다. 그가 어떤 행동 변화를 시작하고 개선되어간다면 이것이 오히려 가족간의 관계 방식에 혼란을 초래하고 심지어는 관계를 어지럽게 할 수도 있다. 그렇게 되면 당사자에게 다시 더 많은 문제가 발생할 수 있게 된다.

예를 들어, 세 사람으로 구성된 가족이 있다. 가장은 음주를 많이 하는 사람이다. 따라서 그의 아내와 자녀는 가장의 음주 행위를 어떻게 하든지 변화시키고 싶어 한다. 그리고 자신들을 지키고 보호해야 한다는 분명한 목표를 갖고 있다. 그런데 이 음주자가 치료를 받고 더 이상 술을 안 마시게 되었다고 하자. 그리고 가정의 머리로서 자신의 역할을 감당해야겠다고 결심한다. 그러면 아이와, 특히 아내에게 있어서 갑자기 자신들이 추구해야 할 목표가 사라지게 된다. 그 결과 아내는 무엇을 해야 할지 몰라 당황스럽고 마음이 우울해질 수 있다. 그러면 아버지와 아이는 함께 팀이 되어 아내를 돌보려고 할 수 있다. 나는 전에 알고 지내던 이웃집에서 이런 현상이 벌어지는 것을 목격한 적이 있다. 남편이 음주할 때마다 아내는 그것에 대해 불평을 하였다. 그러면서도 그럭저럭 괜찮게 지냈다. 그런데 남편이 술을 끊자 아내가 우울해지기 시작하더니 함께 살기 힘들 정도가 되었다. 그러자 남편이 다시 술을 마시기 시작한 것이었다. 마치 아내의 우울증이 남편으로 하여금 다시 술을 마시게 한 것 같았다. 나는 늘 안정되지 못한 상태로 지내는 이 가정에서 자란 아이가 어떻게 되었을까 궁금하다. 만약 이 가족이 상담의 도움을 받았다면 모든 가족들이 여러 면에서 유익한 결과를 맞이했을 것이다. 체제이론에 따른 상담 접근을 하는 목적이 바로 여기에 있다. 즉, 가족들로 하여금 과거의 행동을 보다 나은 새로운 방식으로 바꾸어 주어진 상황에 대처하도록 돕는 것이다.

상담을 할 때, 대부분의 경우, 내담자들은 혼자 온다. 그러나 가족 치료자들은 가족들이 함께 상담에 임하는 것을 선호한다. 이처럼 상담자들이 부부와 함께 혹은 가족 전체를 만나 치료하는 접근을 시작한 지 50여 년이 지났다. 그리고 이러한 접근을 평가하려는 시도들이 수없이 이루어졌다. 미국 결혼과가족 치료자협회(AAMFT)는 이러한 연구 결과들을 종합적으로 점검하면서 인상적인 결론을 내릴 수 있었다. "부부 및 가족 치료는 개인 치료 못지않게 효과적이며, 어떤 문제 영역들에서는 오히려 더 그러하였다. 그런데 가족 치료의 기본 입장과는 달리 대부분의 상담자들은 개인과 부부, 가족, 그룹 상담 형태의 접근들을 자유롭게 혼용하고 있었다. 그리고 이러한 상담 현장에서 직면은 별로 시행되지 않았다"고 위 협회는 보고하고 있다.[29] 상담자들은 가족들과 양육적인 태도로 연합하는 것을 중요시한다. 갑작스런 개입을 하기보다는 시간을 두고 변화를 시도하는 것에 초점을 둔다. 관계 문제가 있는 결혼상담의 경우 남편과 아내가 함께 상담을 받을 때 효과가 있는 것으로 드러났다.

가족 상담을 할 때, 상담자는 가족들이 서로 상호작용하는 것을 지켜보며 그들의 관계 방식을 지적한다. 그리고 가족원들의 갈등을 중재하고 서로 보다 나은 방식으로 의사소통을 하며 관계를 이어가도록 가르친다. 가족들은 경청하는 법을 배우고, 자신들의 생각과 느낌들을 표현하며, 융통성 있는 자세로 서로를 이해하고, 갈등을 더 효과적으로 다루며, 서로를 보다 잘 인식하고 지지할 수 있는 감각을 발전시키도록 한다. 경우에 따라서는 가족 간에 서로를 축하하는 간단한 행동을 통하여 긴장을 낮추고 가족의 함께함에 대한 동기를 자극하는 때도 있다. 가족이 함께 문제 해결책을 마련하여 그것을 시도하고 나중에 그 결과를 상담 시간에 토론하는 경우도 있다. 그러므로 어떤 면에서 가족 상담은 하나의 집단상담이라고 할 수 있다. 모든 집단원들이 서로 긴밀하게 연결된 특별한 형태의 집단으로서 상담을 하는 것이다.

다른 여러 상담이 그러하듯이, 가족 상담도 최소한의 어떤 방향성을 갖고 진행될 때 효과적이다. 다음은 경험이 많은 치료자가 제시하는 일곱 단계의 상담과정이다.[30]

1단계 - 위기에 반응하기 : 가족들은 대개 어떤 위기나 급박한 상황이 생길 때 상담을 받으려고 한다. 이때 상담자가 취할 첫 번째 과제는 내담자를 위로하고 그들을 도우려는 의지를 표현하는 것이다. 때로는 나중에 상담 약속을 정식으로 하고 만날 수 있을 때까지 가족들로 하여금 그 상황을 버틸 수 있도록 어떤 즉각적인 제안을 하기도 한다. 위기에 처한 가족의 경우 신속하게 만남이 이루어져야 하고, 가족과 함께 즉시 만나야 할 때도 있다. 상담자는 이러한 위기의 순간에서도 가족들로 하여금 상담자를 의존하지 않게 하는 것이 좋다. 상담자가 할 일은 어떤 방향으로 나아가야 할지 안내하는 것이지 자신이 직접 나서서 좌우하는 것이 아니기 때문이다.

2단계 - 상담 초점 찾기 : 가족들은 문제가 생기면 대개 어느 한 사람이 문제의 원인이라고 생각한다. 그리고 상담자에게 그 문제 당사자를 상담하라고 한다. 그러나 상담자가 전체 가족이 상담에 참여해야 한다고 하면 그들은 놀란다. 상담자는 때로 문제 당사자와 상담을 시작할 수 있다. 그리고 서서히 다른 가족원들을 상담에 참여시키는 것이다.

가족 치료자 프랭크 피트먼(Frank Pittman)은 "나는 누가 됐든 상담실에 찾아오는 사람을 만난다"고 기록한다. 만약 어떤 사람이 중요한데 상담에 참여하지 않는다면 그에게 전화하거나 간단한 서신을 보내어 전체 가족이 함께 상담에 임하는 것이 중요한 이유를 설명할 수 있다. 아동의 경우 항상 상담에 참여하도록 권면하지는 않는다. 상담의 초점을 흐트러뜨리거나 방해가 될 수 있기 때문이다. "누가 상담에 참여할지 결정하는 것은 어떤 생물학적 관계나 지리적 특성, 누가 잘못했느냐가 아니다. 파워다. 누가 변화를 이끌어내거나 가로막을 수 있든지 그러한 파워를 가진 사람은 반드시 상담에 참여하도록 해야 한다."

3단계 – 위기 정의하기 : 가족원에게서 문제에 대한 이야기를 들을 때 상담자는 여러 가지 의문점들에 대한 답변을 찾아내도록 해야 한다. 이 위기와 관련하여 어떤 일들이 발생하였는가? 이 위기가 지금 발생한 이유가 무엇인가? 위기가 발생하기 전 가장 최근에 가족이 평화롭게 지냈던 때는 언제였는가? 이러한 상황이 이전에도 발생한 적이 있었는가?

상담자가 내담 가족의 상황을 파악하려면 여러 회기가 걸릴 수 있다. 가족 문제와 그들의 상호작용 방식을 이해하기 위해 끝까지 탐색하는 자세를 취해야 할 수도 있다. 반복적으로 자신이 이해하지 못하고 있다는 사실을 인정해야 할지도 모른다. 그러므로 내담 가족의 상황이 이해될 때까지 자세한 내용을 계속 물어보도록 하라. 가족들은 서로 다른 생각을 갖고 있다. 그래서 현재 어떤 일이 진행되고 있는지에 대한 보다 명료한 그림을 그릴 수 있도록 도움을 줄 수 있는 가족원이 있을 수 있다. 어린아이들이나 조부모가 그런 사람들일 수도 있다. 그러므로 문제 상황을 보다 잘 이해할 수 있도록 가족원들과 개인적인 만남을 시도할 수 있다.

4단계 – 가족 진정시키기 : 상담을 할 때 어쩌면 이것이 먼저 필요할 수도 있다. 가족이 상황 개선을 위한 노력을 하려면 먼저 마음을 가라앉히고 차분한 자세를 취하며 소망을 갖도록 돕는 것이 필요하다. 상담자 자신이 때로 차분한 느낌이 들지 않더라도 그러한 모습을 보여줄 수 있어야 한다. 필요하다면 무엇이 가정에 문제를 야기하는지에 대한 상담자의 일차적인 탐색 결론을 나눌 수 있다.

5단계 – 변화 제안하기 : 내담자로 하여금 어떤 변화를 시도할지 결정할 수 있도록 상담자가 적절하다고 생각되는 어떤 제안을 하거나 안내를 제공하는 단계다. 가족들로 하여금 상담 후 시도할 행동 변화와 관련하여 서로 동의할 수 있는 계약을 하도록 도울 수 있다. 가족의 의사소통에 대해 토론할 수도 있다. 그들이 함께 있을 때 어떻게 의사소통에 어려움을 겪는지 지적할 수도 있다. 가족의 규칙이나 역할, 비현실적인 기대와 제한 사항 등을 점검하거나 서로 보다 잘 지내는 방안들에 대해 이야기할 수 있다. 부모들 중에는 좀 더 자기 의사를 주도적으로 표현할 수 있는 법을 배우는 것이 필요한 사람들도 있다. 문제를 가진 사람은 행동 변화를 위한 안내가 필요하고, 가족들은 이러한 변화에 적응하기 위한 도움이 필요할 수도 있다. 성경적 원리와 일치하는 방식으로 가족관계를 이끌어가는 것을 배워야 할 필요도 있다. 상담자와 내담자는 시간을 갖고 이러한 것들을 함께 논의하고 새로운 행동을 시도해야 한다.

6단계 – 변화에 대한 저항 다루기 : 상담자는 변화를 위해 제안을 하고 대화를 나누면서 누가 상담에 협조적이고 누가 변화에 저항적인지 어렵지 않게 알아낼 수 있다. 변화에 저항하는 사람은 많은 경우 처음에 문제 당사자로 지목된 사람이 아니다. 그런 사람은 한 사람만이 아닐 수 있다. 그들은 변화에 비판적이고 상담에서 빠지려고 할 수 있다. 때로는(무의식적으로) 다른 가족원들에게 영향을 주어 변화를 막으려고 한다. 그럴 때 상담자는 삼각관계나 그들의 우회적인 접근이 어떻게 상담과정에 지장을 초래하는지 지적할 필요가 있다. 이렇게 하는 순간 상담자는 위기를 야기한 스트레스 요소를 넘어 가족이 오랫동안 구축하고 사용해왔던 관계 방식의 문제를 다루게 된다. 따라서 상담자는 가족들이 어떤 위기감이나 죄책감, 분노나 참을 수 없는 느낌을 받을 때 그럼에도 불구하고 변화를 향해 나아갈 수 있도록 동기부여를 할 수 있는 능력을 갖고 있는 것이 필요하다.

7단계 – 상담 종료 : 가족들로 하여금 상담을 받게 한 위기 상황은 많은 경우 오래지 않아 사라지게 된다. 위기 상담에서의 상담자의 과제는 가족들로 하여금 당장의 위기상황에 적절하게 대처하면서 더 나은 방법으로 관계를 유지할 수 있도록 돕는 것이다. 이를 통해 가족들은 서로 건강한 방식으로 관계를 지속하고, 앞으로 또 다른 위기가 닥치면 어떻게 해야 할지를 배우게 된다. 그리고 상담자나 내담 가족들이 더 이상 어떤 변화나 개선이 일어나지 않는다면 이제는 상담을 종결할 시점이 된 것을 의미한다. 이때 가족들로 하여금 나중에 도움이 필요하다고 판단되면 언제라도 돌아올 수 있다는 사실을 언급하도록 한다.

지금까지 살펴본 5단계 가족 치료는 소심하거나 성급한 사람, 혹은 경험이 없는 상담자가 하기에는 어려운 접근이다. 말하기는 쉽지만 실제로 그렇게 하기란 어려운 작업이며 많은 노력을 요하는 접근이다. 그렇지만 우리는 이 단계의 상담을 통해 적지 않은 성취감을 얻을 수 있다.

• 가족 문제 예방하기

요즈음 자녀 양육이나 결혼관계 증진, 건강한 가정 만들기 등에 관한 책들이 쏟아져나오고 있다. 이러한 책들이 인기를 끄는 이유는 말할 것도 없이 많은 사람들이 그 책들을 사기 때문이다. 사람들은 어떻게 하면 가정을 잘 돌볼 수 있는지 알고 싶어 한다. 어떻게 하면 결혼을 파괴하고 가정을 무너뜨리는 문제들을 피할 수 있을지를 알려고 한다. 많은 책들에는 이러한 요소들에 대한 조언들이 담겨 있다. 영감을 불러일으키는 이야기들을 소개하고 있다. 희망을 주는 책들도 있다.[31] 이러한 책들은 건강한 가정을 만들기 위해 발전시켜야 할 특성들을 제시한다. 그러기 위해 한 저자는 자신의 의사를 표현하고 상대방의 말을 경청하라고 권한다. 수년 전에 많은 사람들에 의해 인용된 바 있는 한 저자의 조사에 의하면 가족들이 발전시켜야 할 특성의 첫 번째가 바로 이러한 것들이었다.[32] '미국가족치료아카데미'의 전 회장은 가족에의 헌신을 강조하고, 융통적이며, 동의하지 않을 때에도 서로에게 존중심을 표하라고 제안한다.[33] 또 다른 자료에서는 건강한 가정의 비밀로 감사를 많이 표현하기, 함께 시간 보내기, 영적 헌신도 높이기, 위기들을 다루되 이를 통해 자녀들이 배우고 성장할 수 있도록 하기 등을 제시하고 있다.[34]

어느 날 미국의 대형체인점인 월마트의 부회장이 폴 폴크너(Paul Faulkner)에게 직원들이 가정을 잃지 않으면서도 일을 잘할 수 있는 방안에 대해 강연해 달라고 요청하였다. 그래서 폴크너는 아내와 함께 직장과 가정에서 성공적인 삶을 살고 있는 것으로 알려진 30가정을 선발하여 4년여 동안 틈틈이 그들의 집을 방문하여 관찰하였다. 그리고 그들 가정의 특성들을 몇 가지로 정리하였다. 즉, 이들은 부모로서 기독교적 삶의 원리에 철저히 헌신하였고, 자녀의 인생 모델로 인정받고 있으며, 자녀에게 구제하는 법을 가르쳤다. 직장 일과 가정을 구분하고, 돈 중심의 태도를 보이지 않으며, 때로는 자녀들을 직장으로 데려가기도 하였다. 어려움이나 슬픈 일들을 잘 극복하며, 유머감각도 있었다. 어떤 회사 중역의 아내는 자기 가정의 유머에 대해 언급하면서, "1에서 10의 척도로 볼 때, 우리 집의 유머는 15점이다!"[35]라고 표현하였다.

전문가들은 가족 문제 예방을 위한 구체적인 안내를 제공하기도 한다. 전에 대학에서 함께 가르쳤던 찰스 셀(Charles Sell)이 그러한 사람들 중의 하나다. 그는 교회가 후원하는 세미나와 가정생활 컨퍼런스의 유용성을 강조하는 글들을 썼다. 그에 의하면, 주일학교 클래스와 설교 시간을 통해 가족에 대해 가르치기, 부부들의 관계 증진과 자녀 양육 훈련, 가족 경건 시간, 어린아이들이 있는 경우 특히 정기적으로 가족의 밤 갖기, 가족 캠핑, 소수의 가족들이 정기적으로 모여 서로의 관심사와 문제들을 나누고 격려하기 등의 활동들이 문제 예방에 효과적이다.[36]

이러한 프로그램들은 대부분 지역 교회를 중심으로 이루어진다. 따라서 그러한 모임에 참석하지 않는 사람들은 가족 훈련과 관계 증진을 위한 좋은 기회들을 놓치게 된다. 그렇다면 라디오나 텔레비전 프로그램 및 인기있는 책들이나 기사들이 가족 문제 예방에 주요한 도움이 될 수 있을까?

가족 문제를 예방하도록 도우려면 기독교 상담자는 보다 창의적으로 접근할 필요가 있다. 교회 중심의 예방 프로그램 외에 학교나 부모-교사 조직, 로터리나 키와니스 클럽과 같은 지역사회의 서비스 단체들을 활용하는 것이 좋을 수 있다. 정부단체나 언론 및 각종 가정사역 단체들과 함께 일할 수도 있다. 일반 단체들은 가정에 대한 기독교적 관점이나 가치관과 다른 것을 갖고 있을 수 있다. 그렇지만 서로 다른 견해를 수용하고 존중해준다면 가족 문제 예방을 위해 함께 대화하며 활동할 수 있다. 심지어 영적인 이슈들도 공개적으로 다룰 수 있다. 하지만 이러한 영적인 관점 외에도 사람들로 하여금 예방에 관심을 갖도록 함에 있어서 어려움이 없는 것은 아니다. 상담자가 실제적이고도 흥미 있게, 그리고 편하게 받아들일 수 있도록 자녀 양육이나 일상의 가족 이슈들, 견고한 가정 세우기 등에 대해 언급한다면 사람들은 수용적인 자세를 보일 것이다. 우리가 교회 건물을 벗어나 지역사회로 뚫고 들어가 가정생활에 대한 긍정적인 안내 지침을 제공하지 않는다면 가정을 파괴하고 많은 사람들을 상담실로 불러들이는 각종 문제들은 계속 이어질 것이다.

가족 문제들에 대한 결론

우리 사회에는 다른 사람들과 달리 나름대로의 독특한 경험이나 문제들을 갖고 있는 가족들이 있다. 그들에게는 다른 일반적인 가족들과는 다른 독특한 필요와 스트레스 요인들이 있다. 이러한 가족들로는 군인 가족, 전문 상담자 가족, 목회자나 유명 인사의 가족, 프로 선수들, 알코올중독자, 죄수들, 에이즈 환자 가족 등을 꼽을 수 있다. 재혼 가족이나 홈리스 가족, 선교사 가족, 다문화 가족, 말기 환자나 정신 질환자의 가족들 또한 여기에 포함될 수 있다. 이외에도 더 많은 가족들을 여기에 포함시킬 수 있을 것이다. 이러한 가족들을 위해서는 이 장에 제시된 내용들 외에도 특별한 이해와 상담의 전문성이 필요할 수 있다.

어떤 상담자도 이러한 모든 가족들의 필요나 문제들을 잘 알 수는 없다. 그렇지만 이들을 대할 때 잘 경청하고 그들로부터 배울 수 있다. 상담자의 목표는 도움이 필요하여 찾아오는 가족들의 치유와 회복을 위해 그 자리에 있어주는 것이다. 하나님이 그들의 삶을 만지시는 일에 사용하시도록 기꺼이 자신을 내어놓는 것이다. 그리고 성령님의 인도하심에 민감해지는 것이다.

우리가 모든 노력을 다함에도 불구하고 때로 어떤 가정들은 깨어진다. 그리고 이혼으로 끝난다. 다음 장에서는 이 주제를 다루도록 하겠다.

상담자들을 위한
요점 정리 31

■ 가족들은 저마다 많은 문제들을 안고 있다. 하지만 대부분의 가정은 역기능적이지 않다는 것을 기억하는 것이 좋다. 갈등이 있지만 궁극적으로는 아주 잘 지낸다.

■ 성경은 역기능 가정들에 대한 구체적인 사례들을 보여준다. 대개의 경우 그들은 존경받는 영적 리더들의 가족들이다. 그렇지만 건강한 가정 구축에 대한 성경적 지침은 그리 많지 않다. 이것은 교회와 기독교인의 삶에 관한 성경적 가르침들이 가족들에도 똑같이 적용되기 때문일 수 있다.

■ 모든 가족들은 다양한 요소들을 통해 독특한 자기 모습을 형성해간다. 가족 문제는 이러한 영향들로 말미암아 일어날 수도 있다. 그 주요한 영향들로는 다음과 같은 것들이 있다.
　· 과거의 사건들, 경험들, 스트레스들, 각종 영향들.
　· 현재의 사건들과 영향들.
　· 가족들의 세계관.
　· 미래에 대한 가족의 기대 혹은 예상.
　· 과거의 결정으로 인한 영향.
　· 가족 발달 단계에 따른 영향.
　· 문화적, 인종적 차별성.
　· 하나님이 가정에 미치는 영향.

■ 가족을 상담할 때 가족 스트레스에 관한 ABC=X 모델이 도움될 수 있다. 여기에서 A는 스트레스를 주는 사건이나 상황을 의미하고, B는 가족의 자원을 의미한다. C는 가족들이 당면한 상황을 보는 방식을 가리킨다. 이 세 가지 요소들이 모여 위기의 정도인 X의 수준을 결정한다.

■ ABC=X 모델에 따르면, 가족 상담이란 다음과 같은 면에서 그 구성원들을 돕는 것을 의미한다.
　· 스트레스를 줄인다(A).
　· 해로운 행동들을 줄이고 새로운 행동과 자원들을 발전시킨다(B).
　· 자신들의 상황을 새로운 관점에서 다르게 본다(C).

■ 유능한 상담자는 가족을 관찰하면서 문제를 야기하는 핵심 이슈들을 찾아내고 변화를 제안을 한다. 아래의 이슈들이 문제들을 야기하는지 혹은 변화될 필요가 있는지 눈여겨본다.
　· 의사소통 스타일.
　· 가족들 사이의 친밀감의 문제.

· 가족의 규칙들.
　　· 가족 개개인의 역사.
　　· 가족의 목표와 각 구성원들이 갖고 있는 목표들.
　　· 가족 및 각 개개인이 갖고 있는 가치관.
　　· 가족에 대한 헌신도.
　　· 각 가족 성원들이 가정 내에서 맡은 역할들.

■ 상담할 때, 가족 개입의 단계 모델이 도움이 될 수 있다. 여기에는 5단계가 있다.
　　· 1단계 : 어떤 단체나 기관으로 하여금 가족 구성원들에 대한 돌봄을 제공하면서 보다 나은 기능을 하도록 돕는다. 이 단계에는 상담이 개입되지 않는다.
　　· 2단계 : 정보나 조언을 제공한다.
　　· 3단계 : 가족 구성원들로 하여금 자신의 감정을 표현하도록 돕고 지지해준다.
　　· 4단계 : 집중적이고도 단기적인, 그리고 전략적인 상담 개입을 실시한다.
　　· 5단계 : 보다 구체적인 가족 치료를 실시한다.

■ 가족 치료를 할 때 다양한 접근을 할 수 있다. 7단계 모델을 제시한다.
　　· 1단계 : 현재 당면한 긴급 상황에 적절히 대처한다.
　　· 2단계 : 가족의 문제 초점이 된 사람을 다루되 상담에 모든 가족이 참여하게 한다.
　　· 3단계 : 현재의 위기 문제를 다룬다.
　　· 4단계 : 모든 가족원들을 차분하게 안정시킨다.
　　· 5단계 : 변화를 제안한다.
　　· 6단계 : 변화에 저항하는 사람을 다룬다.
　　· 7단계 : 상담을 종료한다.

■ 가족 문제의 예방은 상담이나 교회, 혹은 지역사회에 참여하는 방식을 통해 이루어질 수 있다.

■ 상담할 때, 어떤 가족들은 다른 일반적인 가족들과는 다른 독특한 필요와 문제들을 갖고 있다는 사실을 기억하라. 이러한 가족들로는 이민 가정, 군인 가정, 약물중독자 가정, 불치병 환자 가정 등이 있다.

■ 가정에 대한 한 가지 중요한 진리가 있다. "하나님은 우리 각 가정들을 사랑하시고 돌보신다."

32 >>
이혼과 재혼
Divorce and Remarriage

래리와 제니퍼 가족은 흔히 가족 관련 서적들의 표지를 장식하는 가족의 모습과는 많이 달랐다. 흥미로운 점은 두 사람 다 홀로 사는 부모로서 만나 결혼에 이르렀다는 것이다. 래리의 아내는 여덟 달 전에 사고로 세상을 떠났고, 제니퍼는 3년 전에 알코올중독이었던 남편과 이혼한 상태였다. 래리에게는 열 살과 열세 살 된 두 딸이 있었고, 제니퍼는 일곱 살된 딸과 아홉 살인 아들을 키우고 있었다.

두 사람이 상담을 받으러 왔을 때는 이미 자신들의 결혼관계를 중단할 준비가 되어 있었다. 그들은 서로 똑같은 이야기를 털어놓았다. "우리 두 사람은 어떻게 하든지 가족 관계를 유지하려고 노력했습니다. 우리는 서로를 깊이 사랑하고 있어요. 하지만 아이들은 우리가 함께 사는 것을 받아들이지 못하고 있습니다. 시간이 지나면서 상황이 나아질 것이라고 생각했지만 도리어 악화되어갈 뿐이었어요. 우리가 달리 무엇을 어떻게 할 수 있을지 모르겠습니다. 그래서 가능하면 빠른 시간 내에 관계를 끝내는 것이 좋겠다는 결론에 도달하게 되었습니다."

그들의 아이들은 결혼 첫날부터 서로 적응하지 못하였다. 말다툼과 무시하는 태도, 불평 불만이 끊이지 않았고, 학교 공부를 제대로 하지 않을 뿐 아니라 여러 번 집을 뛰쳐나가기까지 하였다. 가족생활은 혼란스러웠고, 집안에는 각종 기싸움과 분노, 두려움이 넘쳐났다. 래리의 딸들은 새어머니를 싫어하였고, 래리는 그러한 상황에서 딸들을 잃을까 염려스러웠다. 제니퍼의 목소리에는 또다시 결혼에 실패할 것에 대한 고민스러움과 절박함이 묻어났다.

래리와 제니퍼의 경우, 다른 복합 가족들과 마찬가지로, 수많은 사람들이 다양한 방법으로 그들의 관계에 영향을 끼쳤다. 래리의 처가 식구들은 그가 새로 결혼하는 것을 좋아하지 않았다. 제니퍼의 전 남편은 아이들로 하여금 래리를 믿지 못하게 만들었다. 그들의 부모들 또한 두 사람의 결혼에 대한 나름대로의 입장과 견해를 갖고 끼어들었다. 이렇게 많은 사람들이 그들의 관계에 관여된 것을 보면서, 상담자는 다른 상담자와 팀을 이루어 이 복잡한 가족 관계를 이해하고 적절한 상담을 제공하고자 하였다. 상담자들은 다양한 유형의 상담 접근을 통하여 관련된 모든 사람들을 상담 과정에 참여시키고 그들의 이야기를 들으려고 하였다. 래리와 제니퍼에게는 혼란스러운 가족 관계 양식을 분류하고, 각각의 자녀들과 보다 나은 관계를 가질 수 있도록 돕는 데 상담의 초점이 맞춰졌다. 그리고 그들의 결혼관계를 흔드는 주변의 각종 요소들에 대해 부부가 함께 어떻게 대처할 수 있을지를 배우도록 하였다.

래리와 제니퍼의 경우는 이혼과 재혼 가정에서 흔히 볼 수 있는 한 가지 모습이다. 그들의 결혼은 이혼과 재혼을 통해 새로운 가족관계를 구축하는 것의 복잡함과 어려움을 잘 드러내고 있는 한 가지 사례라고 할 수 있다.[1]

어느 날 아침 여섯 명의 여성들이 함께 만나 아침식사를 하고 있었다. 그들은 모두 기독교인이며, 이혼한 상태였다. 식사 도중 신디에 대한 이야기가 나왔다. 그들 모두는 신디를 알고 있었으며, 최근에 이혼을 계획하고 있다는 것 또한 알고 있었다. 그리고 그녀가 자신의 결심을 바꾸려는 어떤 말도 듣지 않을 것임을 알고 있었다. 남편을 떠나려고 결심한 신디에 대해 안타까워하며 이 여섯 명의 친구들은 자신들이 이혼하기 전에 알았더라면 좋았을 것들과 신디가 이혼에 대한 최종적인 결정을 내리기 전에 꼭 말해주고 싶은 것들을 꼽아보았다. 다음은 그들이 작성한 목록이다.[2]

- 이혼하게 되면 당신의 삶은 생각보다 훨씬 많은 변화를 경험할 것이다. 전 배우자가 협조할지라도 일상에 큰 변화가 올 것이며, 아이들 역시 이러한 과정을 통해 깊은 영향을 받게 될 것이다. 그리고 생활에 근본적인 변화를 가져오는 중요한 결정들을 내릴 필요가 발생할 수 있다. 재혼하게 될 경우에는 더욱 그렇다.
- 이혼한다고 해서 문제나 걱정거리가 없는 자유로운 삶이 보장되는 것은 아니다. 당신에게는 감추어진 정서적 상처가 있을 수 있다. 그런 것들이 전혀 예상치 못한 때에 혹은 그러한 상황에서 터져 나올 수 있다. 이혼하게 되면 새로이 어떤 남성을 만나 이성교제할 때 지난 과거로 인해 다양한 어려움에 직면할 수 있다. 그중에 하나는 다시 누군가를 만나 신뢰하고 사랑하는 것에 대한 두려움이다.
- 이혼이란 결국 현재의 문제를 또 다른 문제와 교환하는 것이다. 이혼이 아주 우호적인 분위기에서 진행된다고 해도 거기에는 깊은 상처들과 커다란 문제들이 따라올 수 있다. 그 한 예가 가족의 재산을 분할하는 것이다. 이혼이 부부와 자녀, 부모님과 친지들, 친구들, 교인들에게 주는 정서적 충격도 큰 문제다. 이혼하면 재혼하여 새 출발하기를 원할 것이다. 그러나 그때에도 극복해야 할 적지 않은 과제들이 따라온다. 특히 자녀들을 데리고 재혼할 때는 더욱 그러하다.
- 감정이란 미묘해서 우리는 쉽게 그것에 속을 수 있다. 유감스럽게도 너무나 많은 사람들이 부부간의 갈등이 고조되었을 때 자신들의 감정에 따라 결정을 내린 후 나중에 자신들의 행동을 후회한다.

신디는 예상대로 친구들의 말을 듣지 않고 이혼을 강행하였다. 그리고 대부분의 이혼자들이 깨닫는 사실을 그도 경험하였다. 이혼은 절대로 쉬운 것이 아니다. 신디의 친구들은 신디가 이혼 결정을 결코 쉽게 내리지 않았다는 것을 안다. 그렇게 하는 사람은 거의 없다. 그들은 자신들의 경험을 통해 이혼이란 부부가 할 수 있는 가장 힘들고 어려운 선택 가운데 하나라는 것도 안다. 신디의 친구 중 한 사람이 다음과 같은 글을 썼다. "우리는 많은 사람들을 이혼으로 몰고 가는 분노와 두려움, 어떤 덫에 걸린 것 같은, 버림받은 것 같은 감정이 무엇인지를 이해한다. 우리는 다시 혼자가 되는 것이 어떤 것인지에 대해서도 경험하였다. 우리 아이들의 삶이 영원히 변화되는 것도 보았다. 이혼 후 많은 시간이 흘렀지만, 우리는 여전히 파괴된 결혼이 가져온 복잡한 파편들을 안고 지속되는 고통 속에서 살아가고 있다."[3]

부부들이 갈라설 때 설사 자신들의 결혼관계를 끝내기로 합의한다고 해도 거기에는 아픔이 따른다. 죄책감, 분노, 적의, 두려움, 실망감 등을 비롯한 온갖 생각들이 머릿속에서 떠나지 않는다. 외로움과 혼란스러움, 자존감 저하, 불안정한 삶, 거절감 및 누구 잘못 때문에 이렇게 되었는지 등에 대한 생각들이 끊임없이 떠오른다. 그들에게 자녀가 있다면 아무 죄 없는 어린아이들이 가정이 깨짐으로 말미암아 겪는 아픔을 지켜보면서 고통은 더욱 배가될 수 있다. 어떤 사람이 지적하였듯이, 이혼에서 승자는 없다. 부부, 그들의 자녀와 부모, 사회 전체에 걸쳐 모든 사람들이 다 패자다.

그렇다고 해서 모든 이혼이 다 파괴적이라거나 재혼은 더 많은 문제나 불행을 초래한다고 섣불리 결론 내려서는 안 된다. 이혼하거나 재혼한 많은 사람들은 이혼 후 불행한 결혼 생활을 할 때보다 훨씬 나아졌다고 말할 것이다. 오늘날 기독교인들을 포함하여 수많은 사람들이 외도와 이혼의 현실을 현대인의 삶의 방식으로 수용하고 있다. 이혼이 결혼의 어려움에서 벗어나 자유롭게 될 수 있는 하나의 도피 방안처럼 인식되기도 한다. 그렇지만 이러한 현실이 이혼으로 말미암아 야기되는 심각한 혼란과 고통의 문제를 부정하거나 불식시킬 수 있는 것은 아니다. 한 대형 교회의 상담자는 다음과 같이 말한다. "제가 이혼 대처 세미나를 실시할 때, 거기에 참석한 사람들은 그냥 앉아서 듣고만 있지 않습니다. 대부분의 사람들이 흐느낍니다!"

성경과 이혼

이 세상에서 어떤 문제나 불행한 일들로부터 예외인 부부는 없다. 아무리 훌륭한 가정이라고 할지라도 그러하다. 우리 모두는 자신의 개인적인 문제들로 인해 고통을 당한다. 때로는 사람들에게 흔히 일어나는 문제들로 인해 어려움을 경험한다.

- 우리 마음을 소리 소문 없이 굳어지게 하는 성적 불만.
- 재정적 부채와 그로 인한 수치감.
- 불임으로 인한 고민과 절망.
- 관계 개선을 위한 의욕조차 꺾어버리는 의사소통 장애.
- 비밀스런 삶으로 몰고 가는 추악한 중독 문제.
- 현재의 애정관계를 가로막는 과거의 학대적 경험과 그로 인한 고통.
- 이러한 요소들은 계속 이어질 수 있다. 행복한 결혼을 가로막는 부정적인 문제는 수없이 많다.[4]

상담자 레스와 레슬리 패로트는 위의 내용에 덧붙여 다음과 같은 말을 언급한 바 있다. "세상에서 불행한 결혼보다 더 나쁜 것은 없으며, 행복한 결혼보다 더 좋은 것은 없다."[5]

불행한 결혼은 많은 사람들로 하여금 보다 나은 어떤 사람 혹은 그런 결혼을 얻으려는 기대를 갖고 이혼하도록 이끈다. 기독교 상담자들은 이러한 현상을 자주 보게 된다. 하지만 불행한 결혼의 힘겨움뿐만 아니라 이혼으로 말미암은 고통 또한 목격한다. 내가 이 글을 쓰고 있을 때 목회를 하는 한 친구가 전화를 했다. 그는 이혼과 재혼에 관한 설교를 계획하고 있었다. 이 이슈에 대한 성경의 가르침을 명료하고도 정확하게 전달하고 싶었다. 하지만 그가 섬기는 교회에는 이혼한 성도들이 많이 있었다. 어떤 사람은 한 번 이상 이혼하기도 하였다. 그들의 현재 상황에 민감했던 그는 그들의 과거 선택에 대해 어떤 죄책감이나 고통도 더 느끼게 하고 싶지 않았다. 그렇다고 해서 이혼과 재혼이 신학적으로 보다 쉽게 받아들여질 수 있는 어떤 것으로 인식되도록 성경의 가르침을 재해석하거나 제거해버리고 싶은 마음도 없었다. 그는 사려 깊은 마음을 가진 목회자로서 성도들의 문제를 돌보고 배려하는 사역을 하고 싶었다. 그러나 성경의 가르침을 소홀히 하거나 무시하는 것은 진정으로 성도들을 배려하는 것이 아니며 그들에게 도움이 되지 않는다고 생각하였다. 이 목회자가 처한 현실은 우리 모든 기독교 상담자들에게도 마찬가지다. 우리가 진정으로 사람들을 효과적으로 돕기 원한다면 이혼과 재혼에 대한 성경의 가르침을 명료하게 이해하고 있어야 한다.

하지만 이것이 그렇게 쉬운 것은 아니다. 성경 학자들이 이러한 이슈에 대한 동일한 결론을 내리면 그렇게 되겠지만 사실은 그렇지 못하다. 그 이유의 하나는 성경이 언급하고 있는 내용들이 종종 어떤 특정한 상황들에 대한 것이고 그것을 오늘날의 상황에서 그대로 해석하거나 적용하기에는 어려움이 있을 수 있기 때문이다. 이러한 사실을 전제로 할 때, 성경에 근거한 대부분의 견해들은 다음의 네가지 범주 중 하나에 해당한다고 볼 수 있다. 이러한 범주들은 저마다 나름대로의 강력한 지지자들을 갖고 있다.[6]

첫째 견해는, 결혼은 평생에 걸친 것이며, 성경은 이혼을 허용한 적이 없다는 것이다. 이 입장을 지지하는 사람들은 이혼자의 재혼은 간음에 해당된다고 주장한다. 둘째는, 이혼과 재혼에 대한 성경적 근거가 있다고 보는 입장이다. 즉, 어떤 사람이 자기 배우자를 버리고 다른 사람과 성관계를 갖는, 이른바 유기와 간음을 자행하고, 자기 배우자와 다시 화목하려는 의지가 없으면 이혼이 성경적으로 가능하다고 본다. 셋째는, 결혼관계에 해결하기 어려운 상황이 발생하면 이혼이 가능하다는 입장이다. 배우자나 자녀를 위해, 그들의 정신적, 정서적, 혹은 신체적 건강을 위해 이혼이 필요한 상황이 있을 수 있다고 본다. 이 견해는 어떤 특정한 성경적 가르침에 근거하기보다 다른 사람을 향한 긍휼과 민감한 관심에 대한 일반적인 성경적 원리에 그 바탕을 두고 있다. 네 번째는, 주로 로마 가톨릭 학자들이 지지하고 있는 견해로, 교회가 결혼관계를 취소할 수 있으며, 그럴 경우 재혼할 수 있다고 본다.

1. 구약성경의 가르침

성경은 처음부터 결혼을 한 남자와 한 여자 사이에 맺어지는 영속적이고도 친밀한 연합으로 제시하고 있다.[7] 이것이 하나님의 변하지 않는 이상이다. 그러나 타락 이후로 인간은 이상적이 아닌 상태에서 살아왔다. 성경은 이 사실을 잘 지적하고 있다. 그래서 신명기 24장 1~4절에서 이혼의 실제에 대한 간략한 안내를 제공하고 있다. 즉 이혼이 묵인은 되지만 하나님께서 그것을 명령하거나 권고하시는 것은 아니라는 사실이다.

구약성경에 따르면, 이혼은 '부정한 일'(uncleanness)이 있을 때만 허용될 수 있으며, 기록된 문서가 있을 때 합법적이고 영속적인 것이 된다. 그런데 문제는 '부정'이라는 말이 의미하는 것이 무엇이냐에 대해 논란이 많다는 것이다. 어떤 사람은 부적절한 행동은 무엇이든지 여기에 해당된다고 본다. 그런가 하면, 이 용어를 성적인 간음의 경우에만 해당하는 것으로 엄격하게 해석하는 사람들도 있다. 예수님의 견해는 이 두 번째와 연결되어 있는 것으로 보인다.[8]

2. 예수님의 가르침

신약성경에서 예수님은 결혼의 영속성을 재확인하시면서, 하나님이 이혼을 허용하신 것은 그것이 하나님의 뜻이어서가 아니라 인간의 죄성 때문이었다고 지적하셨다. 그리고 성적 부도덕만이 이혼에 대한 유일한 합법적인 사유가 된다고 말씀하셨다. 아울러 음행하지 않은 배우자와 이혼하고 다른 사람과 결혼하는 것은 간음이며 그렇게 하여 결혼한 사람 또한 간음하게 하는 것이라고 가르치셨다.[9]

그런데 예수님은 마태복음 5장 32절과 19장 9절에서 말씀하신 '음행한 이유' 라는 구절은 그동안 그 의미에 대해 학자들 간에 많은 논란을 불러일으켰다. '음행' 이라는 단어의 헬라어 포르네이아(Porneia)는 혼외관계에서 발생하는 모든 성행위를 지칭한다. 이러한 행위는 성경적인 결혼의 기본인 한 몸(one-flesh)의 개념에 위배되는 것이다. 그리고 여기에서 주목할 것은, 음행 사건이 개입되었다 할지라도 이혼을 꼭 해야 한다는 것은 아니다. 단지 허용되고 있을 뿐이다. 이혼보다는 용서와 화해가 더 우선시되고 있다. 그럼에도 불구하고 음행한 이유로 이혼이 발생하면 재혼할 수 있을 것인가? 많은 복음주의적 성경학자들은 죄가 없는 배우자의 경우 자유롭게 재혼할 수 있다고 본다.[10]

3. 사도 바울의 가르침

사도 바울은 고린도교회 성도들의 질문과 관련하여 그리스도의 가르침을 전하면서 이혼을 허용할 수 있는 두 번째 사유를 덧붙이고 있다. 즉, 비기독교인이 신앙을 가진 배우자와 결혼관계 파기를 원할 경우 이혼할 수 있다는 것이다.[11]

기독교인과 비기독교인이 결혼할 경우 종교적으로 양립하기 어려운 상황이 발생할 수 있다. 이들의 경우 종교적인 확신의 차이로 인해 부부간에 갈등이 발생할 수 있다. 하지만 그렇다고 할지라도 비기독교인 배우자가 이혼을 원하지 않는 한 그것이 이혼 사유가 되는 것은 아니다. 사도 바울에 따르면, 기독교인 배우자는 결혼관계를 유지함으로써 그 결혼을 거룩하게 하고, 비기독교인 배우자가 예수님에게 나아가도록 인도할 수도 있기 때문이다.

4. 재혼에 대한 가르침

재혼의 문제는 이혼에 대한 성경적 가르침을 둘러싼 논쟁만큼이나 다양한 불일치와 강력한 논쟁이 있어왔다. 예수님 당시의 유대 사회에서는 논란이 주로 이혼의 사유에 집중되었다. 이혼한 후에 재혼할 수 있느냐에 대해서는 별로 문제 삼는 이들이 없었다. 그러나 현대 복음주의적 기독교인들의 초점은 재혼의 여부에 더 많은 관심이 집중되어 있다.

성경학자들은 대체적으로 하나님이 결혼을 한 남자와 한 여자 사이에서만 발생하는 영속적이며 배타적인 연합으로, 그리고 그 결혼관계 안에서만 성적인 충족이 이루어질 수 있는 것으로 의도하셨다는 사실에 동의한다. 이혼은 성경 어디에서도 명령되거나 권고되지 않았다. 하나님은 이혼을 미워하신다.[12] 그러나 때에 따라서는 허용하신다. 첫째는, 배우자가 성적 부도덕의 죄를 저지르고도 그것을 회개하고 다시 신실하게 살려 하지 않을 때 허용될 수 있다.[13] 둘째로는, 비기독교인 배우자가 의지적으로, 영속적으로 믿는 배우자를 저버릴 때 이혼할 수 있다. 이럴 경우 하나님은 이혼한 사람에게 재혼할 권리를 주시는가?

마태복음 5장 32절과 마태복음 19장 9절에 따르면, 어떤 사람이 음행하여 이혼이 발생할 때 죄가 없는 배우자의 경우 재혼할 수 있는 것으로 보인다. 부도덕한 행위가 결혼관계를 해체하였기 때문이다. 고린도전서 7장 15절은 비기독교인이 원해서 이혼할 경우 기독교인 배우자는 자기 선택에 따라 재혼할 수 있다. 하지만 모든 성경학자들이 이러한 해석에 동의하는 것은 아니다. 그리고 이런 모든 논의가 비록 재혼이 허용된다고 할지라도 그것이 지혜로운 것인지에 대한 설명을 제공해주는 것도 아니다. 사도 바울은 결혼하지 않은 사람들에게 그냥 독신으로 남아 있으라고 권한다(이전에 결혼했던 경험이 있는 사람도 여기에 포함될 수 있다).[14]

5. 관련된 문제들

이혼과 관련하여 어떤 중요한 문제들은 성경에 언급되지 않는다. 구체적으로 이혼과 관계된 것은 아니지만 하나님의 말씀대로 살고자 하는 이혼자들이나 그런 과정에 있는 부부, 목회자와 기독교 상담자들의 관심을 끄는 몇 가지 문제들을 살펴본다.

첫째로, 성경은 비기독교인 부부의 이혼에 대해서는 언급하고 있지 않다. 어떤 구체적인 지침도 주고 있지 않다. 이혼은 한 몸에 대한 하나님의 이상을 파기하는 것이고, 개인의 확신 여부와 상관없이 죄된 행위인 간음이 개입되는 경우가 많은 까닭에 이러한 문제에 대해 언급하지 않은 것은 이해할 만하다. 그렇다면 구원받기 전에 결혼했다가 이혼한 사람이 기독교인이 된 후 재혼하는 것은 어떻게 볼 것인가? 일반적으로 그러한 상황에는 아무런 문제가 없다고 볼 수 있을 것이다.

둘째는 용서와 관련된 것이다. 성경은 이혼과 용서를 특별히 연관지어 말하고 있지 않다. 하지만 우리는 용서의 중요성에 대해 강조해야 한다. 하나님이 비록 이혼을 미워하시고 간음을 금하시지만[15] 이것들이 용서받을 수 없는 죄인 것은 아니다. 하나님은 자기 죄를 고백하고 회개하는 사람들을 용서하신다. 그리고 하나님을 따르는 모든 사람들이 그렇게 하기를 기대하신다.[16] 기독교인들이 이혼한 사람들을 마치 부정한 사람처럼 여기거나 교회에서 지도자의 위치에 서지 못하게 하는 것은 잘못이며 나아가 '죄된 행위'라고 할 수 있다.[17] 죄 사함이 이루어지면 우리는 과거에 머물기보다 순결하고 죄에서 벗어난 삶을 사는 것에 초점을 맞추어야 한다.[18]

데이비드 밀러(David R. Miller)는 특별히 재혼과 관련하여 분명한 성경적 가르침을 찾기가 어렵다는 사실을 잘 알고 있는 기독교 상담자다. 그는 기독교 지도자들이 어떻게 생각하는가와 상관없이 이혼한 사람들이 현실적으로 재혼하고 있으며 또 그렇게 할 것이라고 본다. 기독교인이나 비기독교인이나 할 것 없이 이혼과 재혼은 현재 엄연히 진행되고 있는 사회적 현실이다. 기독교 상담자와 교회 지도자들은 이러한 상황에서 선택해야 한다. 이혼하고 재혼한 사람들을 2등급 기독교인으로 간주하여 교회의 모든 기능에 참여시키는 것을 부분적으로 제한하든지 아니면 사랑과 이해의 마음으로 그들을 받아들이고, 할 수 있는 대로 그들에게 상담을 제공하고, 그들로 하여금 결단하여 성경의 지침대로 살아가도록 도와야 한다.[19]

셋째, 이러한 모든 논의에서 빠져 있는 것으로서, 우리는 간음이나 유기는 없지만 신체적, 정신적 학대와 폭력으로 얼룩진 결혼관계에 대해서도 생각해야 한다. 이외에도(강압적인 근친상간을 포함하여) 비정상적인 성행위와 불순한 언어, 가족의 물질적 필요를 제공하지 않는 것, 알코올중독, 신앙생활 박해 등 온갖 파괴적인 억압과 영향들로 얼룩진 가정들이 있다. 각종 신체적 상해와 정서적 상처 및 그로 인한 각종 두려움과 정신적 고통으로 말미암아 가정은 안식처가 아닌 지옥이 될 수 있다. 어떤 사람들은 험한 세상에서 혼자 아이들을 키우며 살아가는 것보다는 폭력적인 가정이라도 그냥 머물러 사는 것이 낫다고 생각한다. 그리고 그런 상황에서 자신과 자녀들을 보호하기 위해 노력한다. 그러다가 자신 또한 피해자의 입장에서 상대에게 폭력적으로 반응하든가 결혼관계에서 떨어져나오는 결정을 내리기도 한다. 이러한 상황에서 발생하는 이혼은 정당화될 수 있겠는가?

이러한 문제에 대해서도 성경은 침묵하고 있는 것처럼 보인다. 어떤 이들은 학대받는 가족들에게 힘들어도 그냥 참고 살라고 권한다. 그러다 보면 언젠가는 상대방이 회심하거나 변화될 수도 있다는 소망을 갖고 그렇게 하라는 것이다.[20] 그러나 신체적, 정신적 고통을 그냥 참고 사는 것은 지혜롭지도 건강하지도 않은 반응이라고 할 수 있다. 가족을 학대하는 사람은 심리적으로나 영적으로 건강한 사람이 아니다. 나아가 그런 사람은 죄를 짓고 있는 것이다. 그러한 행위는 물론 용서되어야 한다. 하지만 수동적으로 그러한 행위를 방관하거나 그것에 대해 아무런 말도 안 하는 배우자는 그것을 용서할 수도 없으며, 자녀를 포함하여 다른 가족들로 하여금 상처받게 할 뿐이다. 이러한 행위가 지속되도록 허용하는 배우자는, 비록 자신은 그러한 일이 일어나지 않도록 저항하고 노력한다고 해도, 아동학대의 공범자로 인정될 수 있으며 법 위반에 대한 책임을 질 수도 있다. 상식적으로 가족을 사랑하고 자신의 안전을 지키려면 그러한 상황에서 벗어나는 것이 필요하다. 교회와 기독교 상담자는 그들이 이러한 결정을 내릴 때 그것을 지지하고 그들이 안전한 장소를 찾도록 필요한 것들을 지원해야 할 것이다.

오늘날 배우자나 가족에 대한 학대로 이혼하는 사람들이 많이 있다. 학대 그 자체가 이혼을 정당화시키는 성경적 근거라고 보기는 어렵다고 본다. 하지만 당분간 별거하는 동안 가족을 학대하고 강퍅하던 사람이 회개하고 화해하려는 경우가 발생할 수 있다. 실제로 이러한 일이 발생하든 안하든 학대받는 배우자나 가족들은 자신들의 신체적, 정신적, 영적인 안녕을 위해 당분간이라도 학대자와 떨어져 지내는 것이 필요할 수 있다. 이러한 상황은 성경에 구체적으로 명시되지 않은 많은 경우 중 하나다. 그렇지만 기독교인들은 이러한 문제들에 대해 하나님이 주신 지혜와 긍휼의 마음, 그리고 일반적인 성경적 지침에 따라 적절한 대처 방안을 찾아나서야 할 것이다.

이혼의 원인

사람들은 어떤 한 가지 이유만으로 이혼하지 않는다. 이것은 상담자들에게 있어서 별로 놀랄 일도 아니다. 모든 결혼은 저마다 다 다르며, 모든 이혼에는 저마다 다양하고 독특한 이유와 상황들이 복합되어 있다. 우리는 앞에서 결혼 문제의 원인들에 대해 살펴본 바 있다.[21] 그러한 문제들이 해소되지 않을 때 이혼할 가능성이 크다. 이에 더해 부부들로 하여금 결혼관계를 해체하도록 동기를 부여하는 몇 가지 사안들을 살펴보고자 한다. 성경에서 말하는 바, 일반적으로 이혼 사유가 될 수 있는 두 가지 요소들부터 생각해보도록 하자.

1. 성적인 음행

오랜 상담 경험이 있는 한 상담자에 따르면 가정에 대한 가장 파괴적인 힘을 갖고 또 흔히 그러한 일이 발생하게 하는 것은 음행이다. 가정을 가장 황폐화시키고 이혼의 사유로 가장 널리 수용되는 것이 바로 음행이다.[22] 간음이 일어날 때는 두 사람 다 어떤 모양으로든 그 상황이 발생하도록 한 책임이 있지만 대개의 경우 한 쪽이 실제로 그러한 접근을 한다.[23] 한 번 순간적으로 발생한 것일지라도 그것이 가정에 미치는 영향은 엄청나다. 음행한 사실을 고백하고 부부가 이 일에 대해 함께 대화를 나눈다고 해도 결과는 크게 다를 바 없다. 음행을 저지른 사람이 후회하며 죄책감을 갖고 있다고 해도 그 배우자는 배반감과 거절감, 상처, 경우에 따라서는 자신이 흔들리는 배우자를 만족시키지 못했다는 자책감으로 힘들어할 수 있다. 배우자를 다시 신뢰할 수 있을지 의심이 들며, 내면에는 분노와 두려움, 자존감의 하락을 경험하게 된다. 우리는 성경에서 음행이 이혼을 가능하게 하는 합법적인 사유가 될 수 있다는 것을 살펴본 바 있다. 그러나 그러한 상황에서도 할 수만 있다면 용서하고 화해하는 것이 바람직하다. 별거와 이혼은 당면한 문제에 대한 쉽고도 빠른 대응일 수 있다. 그러나 이것은 결혼 생활을 유지하면서 치유와 회복을 위해 노력하는 것보다 더 고통스럽고 힘든 과정일 수 있다. 우리 믿는 사람들은 하나님에게는 모든 것이 가능하다는 사실을 안다. 그것은 음행으로 인해 파괴된 결혼관계를 회복하고 성장시키는 것에 있어서도 마찬가지다.[24]

2. 배우자 유기

사도 바울은 모세의 율법과 예수님의 가르침에 더해 배우자 유기를 두 번째 합법적인 이혼 사유로 추가하였다. 비기독교인 배우자가 떠나가면 이혼할 수 있는 것이다. 그렇다면 기독교인이 비기독교인 배우자와의 결혼관계를 저버리는 것은 어떤가? 이럴 경우 이혼이 정당화될 수 있는가? 신약성경은 '떠난다(Koridzetai)'는 단어를 열세 번 사용하고 있다. 그런데 그 어느 곳에서도 이혼을 의미하는 단어로 사용된 경우는 없다. 이 단어의 의미는 말 그대로 "떠나거나 분리한다"는 것이다. 하지만 떠나간 배우자가 기독교인이건 아니건 관계없이 음행을 하였다면 혹은 결혼관계를 떠난 것이 아주 오래되어 회복될 전망이 거의 없다면 비공식적으로는 이미 이혼이 발생한 것이다. 공식적으로 이혼을 시도했거나 법적으로 그것이 확정된 것과 상관없이 말이다. 유기를 통해 결혼관계가 사실상 이미 해체되었다는 것을 부정해보았자 그것은 별 의미가 없는 것으로 보인다.

3. 갈등 고조

강력한 사랑의 감정을 느낀 후 두 사람이 한 달 만에 결혼을 하게 되었다. 그러고는 이내 문제들이 불거지기 시작하였다. 남편은 배 타는 것을 좋아하였다. 그런데 아내는 배만 타면 배멀미를 하였다. 아내는 다른 부부들과 함께 시간 보내는 것을 좋아하였다. 그러나 남편은 그것을 좋아하지 않았다. 남편은 아침에 성관계하는 것을 좋아하였다. 그러나 아내는 밤에 하는 것을 선호하였다. 처음에 이 두 사람은 함께 웃고 즐거워하며 행복한 시간을 가졌었다. 그러나 한 달 두 달이 지나면서 상호간 오해와 의견 불일치, 논쟁이 늘어나기 시작하였고 결국 이혼하고 말았다. 이들은 서로를 알지 못하고 결혼한 것이다. 막상 결혼하여 함께 살다 보니 자신들에게 비슷한 부분보다 서로 다른 점들이 더 많다는 사실을 발견한 것이다. 자신들의 관계 발전을 위해 노력해야 한다는 것은 알았지만 실질적으로 그런 노력은 적었고 갈등이 점점 더 고조되면서 결국 희망을 상실하게 된 것이다.

갈등으로 인한 별거 이혼에 대한 성경적 지지는 없지만 오늘날 많은 부부들이 서로 양립하기 어려운 갈등 관계에 지쳐 이러한 결정을 내리고 있다. 사회적으로 이혼이 더 용이하게 되고 널리 수용되면서 10년, 20년, 혹은 그 이상 함께 살아온 부부들이 이혼하는 현상도 늘어나고 있다. 이들 중에는 역기능적인 부부관계를 참고 살다가 아이들이 성장한 후 갈등으로 점철된 관계를 끝내는 사람들이 많다. 결혼할 때는 갈등이 발생해도 앞으로는 줄어들겠지 하는 생각을 갖고 살아가지만 사실은 그렇지 않다는 것을 발견한 것이다. 이들의 경험은 유명한 가족치료자 살바도르 미누친의 확신을 잘 뒷받침해주고 있다. 즉, 갈등은 결혼 생활에 있어 피할 수 없는 것이다. 문제는 갈등 자체에 있는 것이 아니라 부부가 서로의 차이점들을 다루고 해소할 방법을 모르고 있는 것에 있다.

4. 사회문화적 수용

사회가 이혼과 재혼을 더 많이 용인하거나 수용하게 되면 부부는 더 쉽게 결혼관계를 포기하고 각자의 길을 가기 쉬워진다. 최근 많은 나라들에서는 이혼에 대한 법적인 제재를 약화시키고 있다. 교회에서는 이혼에 대해 보다 허용적인 태도를 보이고 언론에서는 불륜을 지지하는 경향을 보이고 있다. 그리고 사람들은 결혼의 신성함과 영속성에 대해 보다 덜 수용하는 태도를 취하고 있다. 나아가 여권신장운동을 하는 사람들과 일부 학계(대학의 심리학 혹은 상담학부)에서는 이혼을 지지하는 목소리를 높이고 있다. 그런가 하면 연예계나 정계, 체육계 등 일부 유명 인사들은 자신들의 불륜에 대해 보다 공개적인 태도를 취하는 것처럼 보인다. 심지어는 사람들의 이목을 끌고 자신들의 경력을 부추기기 위해 그것을 공개하는 경우도 있는 것 같다. 헌신이나 가족 가치가 구시대적 유물로 취급되면서 많은 사람들은 마치 개인적 만족과 출세가 인생 최고의 목표이며 결혼을 포함하여 그 외의 모든 것은 중요하지 않은 것처럼 행동하고 있다. 특히 일부 정계 인사들에게서 이런 모습을 보곤 한다. 이러한 사회적 분위기나 태도로 말미암아 우리는 결혼관계에 긴장이 발생할 때 이혼을 하나의 선택 가능한 대안으로 생각하게 된다. 주변 친구들이 더 이상 이혼을 비난하지 않거나 실제로 이혼하여 별다른 문제없이 잘 지내는 것처럼 보이는 사람들이 있을 때 사람들은 더 쉽게 결혼관계의 단절을 고려하게 된다. 다른 사람들도 다 그렇게 한다면, 나라고 못할 것이 없지 않은가?

5. 개인적인 미성숙함

이혼은 때로 부부 두 사람 혹은 어느 한쪽의 미성숙함으로 인하여 발생하기도 한다. 미성숙을 정의하는 것이 그리 용이한 것은 아니지만, 결혼 생활에서의 미성숙함은 그 관계에 대한 헌신과 그것을 지키지 않는 태도를 말한다고 볼 수 있다. 결혼관계에 대한 자신의 책임을 인정하지 않고, 지배적이며, 상대의 관심사나 필요를 무시하는 것이라고 할 수 있다. 자신이 원하는 것이나 권리 충족만 요구하는 자기중심적 관점도 여기에 해당한다. 이러한 태도는 부부관계에 갈등을 야기하고 문제 해결이나 이혼 예방에 역행하는 결과를 초래한다.

오랜 세월을 함께 살아온 부부는 결혼이 서로 주는 관계임을 잘 안다. 그들은 서로를 세워주고 격려하기로 결단한 사람들이다. 어떤 일이 닥쳐도 자신들의 관계를 유지하고 지키기로 작정한 사람들이다. 견고한 결혼 생활을 해온 사람들에게 있어서 이혼은 선택 가능한 대안으로 여겨진 적이 없다. 그들의 아름다운 관계는 헌신과 인내, 배려, 성숙한 대화, 그리고 용서하려는 의지 위에 세워진 것이다. 부부들 중에는 이러한 성숙함의 흔적들을 발전시키지 못하는 경우가 많이 있다. 그래서 그들의 결혼 생활은 자주 균형을 잃고 흔들리게 된다.

6. 지속적인 스트레스

어떤 종류의 스트레스이건 그것이 강하고 지속적으로 주어지면 결혼 생활에 큰 압박을 주게 된다. 그리고 부부들은 이리저리 흔들리며 이혼을 생각하기 시작할 수 있다. 지속되는 신체적, 심리적 학대, 재정 압박, 지루함, 알코올을 비롯한 약물 남용, 그리고 수년 동안 축적되어온 관계의 경직이나 분노감은 모두 이혼을 이끌어내는 요소들이 될 수 있다. 자기 부모의 결혼이 깨지는 것을 본 사람들, 특히 유사한 이유로 그러한 결말에 도달하는 것을 목격한 부부의 경우 더욱 그러할 수 있다. 친구나 가족들 가운데 이혼한 사람이 있는 경우도 각종 이유로 스트레스가 축적될 때 자신의 결혼을 지키려는 의지나 노력이 약해지기 쉽다.

우리가 살펴본 이러한 모든 현상들은 성경의 가치와 절대적인 진리를 거부하고 다른 데로 눈을 돌렸기 때문이다. 구약성경의 사사기는 당시에 "왕이 없으므로 사람이 각기 자기의 소견에 옳은 대로 행하였더라"는 말로 끝나고 있다.[25] 그 결과 그들에게는 공통적으로 수용된 가치도 없고 권위도 없었다. 그들을 도덕적 해이로 이끌어가는 사회 문화적인 상황을 중단시킬 어떤 요소도 없었다. 우리들 중에는 이것이 바로 오늘날 우리가 처한 상황이라고 말할 사람도 있을 것이다. 이보다 덜 극단적인 입장을 취하는 사람들은 하나님이 그분을 거절함에 따르는 종국적인 파국으로부터 우리를 보호하시겠지만 현재의 도덕적, 윤리적 상황은 우리 사회나 현대인들의 결혼에 대한 밝은 미래를 전망하지 못하게 한다고 말한다. 데이비드 톰슨(David Thompson)은 이혼과 상담에 관한 책에서 다음과 같은 글을 쓴 바 있다. "이전 세대는 절대적인 진리로 잘 닦여진 길을 만나 따라갔다면, 오늘을 지나가는 여행자들과 부부들에게 있어서 그 길은 상대주의의 찬 서리로 말미암아 수많은 웅덩이가 파이고 굽어진 길이 되어버렸다."[26]

이혼의 영향

30여 년 전에 제시 버나드(Jessie Bernard)가 『결혼의 미래 The Future of Marriage』라는 영향력 있는 책을 발간하였다.[27] 연구가 충분하지 않고 데이터도 의심스러운 부분이 있는데, 저자는 이것에 근거하여 여성이 결혼하여 행복하려면 "정신적으로 좀 문제가 있어야 한다"고 기록하였다.[28] 여성에게 많은 차별과 어려움을 주는 전통적 결혼 생활에서 행복해지기 위해서는 그렇게 되어야 한다는 것이다. 당시 일부일처제 결혼에 평생을 헌신하는 것은 편협된 발상이라고 생각한 것은 버나드만이 아니었다. 이들은 결혼과 상관없이 보다 자유롭게 성생활을 하고 자신들이 원하는 대로 행동한다면 어른들이나 아이들 모두 더 행복하고 만족스러운 삶을 살 수 있을 것이라고 보았다. 이들의 생각에 결혼은 이미 낡아 퇴출할 것이었고, 동거나 자유 섹스가 바람직한 것이었다.

그러나 이러한 그들의 주장은 최근 21세기 초반에 등장한 보고서에 따르면 "분명히 잘못된 것"임이 판명났다.[29] 두 사람의 저자는 수많은 자료들을 분석하고 자신들의 연구 조사를 통하여 일부일처제의 헌신적인 결혼이 정서적으로, 신체적으로, 성적으로, 경제적으로 훨씬 좋다는 사실을 증명하였다. 그리고 다른 여러 연구들도 이와 유사한 결론을 내리고 있다.[30] 아울러 이혼이 가져다주는 장기적이고도 해로운 영향을 보여주는 중요한 연구들이 이러한 사실을 뒷받침하고 있다. 예를 들면, 한 기념비적인 연구에서 연구자들은 지난 25년 동안 이혼한 가정에서 자라난 100명의 어린이들을 추적한 바 있다.[31]

그 결과는 놀라웠다. 어린아이들은 부모의 이혼으로 인한 초기 고통을 극복하고 회복될 것이라는 일반적인 인식과는 달리 어른이 될 때까지 지속적으로 고통 가운데 지낸다는 사실이 확인되었기 때문이다. 이혼 가정의 아이들은 어른이 되어서도 불안정하고 자신감이 부족하며, 결혼하고 부모가 된다는 것에 대해 깊이 염려하고 있었다. 이혼 가정 출신의 성인 아이들은 결혼관계의 단절이 한 사람의 인생을 완전히 망가뜨리며, 자기 가치감을 허물고, 안정감을 파괴할 수 있다는 것을 잘 안다. 그들의 가족들 또한 이혼이 발생한 지 오랜 시간이 지난 뒤에도 여전히 신체적, 정신적, 영적으로 영향을 줄 수 있다는 사실을 알게 되었다. 이혼은 흔히 정서적 혼란과 비합리적인 결정, 관계 내의 긴장을 불러일으키게 된다. 그 영향은 부부 당사자와 함께 자녀들에게 미치게 된다. 나아가 부모나 다른 가족원들, 동료 일꾼들, 친구, 이웃, 교회 성도, 그리고 나중에 태어날 손주들에게까지 미칠 수 있다.[32]

물론 이혼은 저마다 다 다르다. 그리고 사람들도 다 다른 반응을 보인다. 이혼이 치명적인 영향을 준다는 증거들이 많이 있지만 그것을 넘어 일상을 회복할 수 있는 사람들도 있다. 예를 들어, 갈등 수위가 높은 가정은 부모가 결혼관계를 유지하든 그렇지 않든 자녀에게 다양한 악영향을 미친다. 반면에 부모가 큰 혼란 없이 대화를 잘 유지하고 자녀의 안녕을 위해 노력한다면 아이들은 자신들의 상황에 잘 적응할 수 있다.[33]

그동안 연구자들은 이혼 과정을 몇 가지 단계로 나누려고 시도해왔다. 그러나 어떤 경우도 현장 연구를 통해 그것이 뒷받침된 적은 없다. 이것은 아마도 이혼하는 사람들이 저마다 다 다르고, 그들에게 일어나는 것들을 똑같은 몇 가지 예견적인 양식에 맞출 수 없었기 때문일 것이다. 그럼에도 불구하고 우리는 그들에게서 발견되는 몇 가지 공통점을 찾아볼 수 있다. 대부분의 경우에 이혼은 한 배우자가 먼저 결정하고 시도하게 된다. 이혼하자는 내용이 공개적으로 전해지면 그것을 들은 배우자는 대개 당황하여 어찌할 바를 모르고 힘들어한다. 이때 먼저 헤어지자고 하는 사람이 더 많은 파워를 갖고 주도권을 발휘하는 경우가 많다. 이렇게 되면 상대방은 무의식적으로 혹은 공격적인 행동을 통해 가족 안팎에서 자신을 지원할 사람들을 찾거나 신체적인 증상을 발전시키는 등의 방법을 통해 파워의 균형을 추구하게 된다. 우리는 결혼관계가 단절될 때 이러한 양상을 볼 수 있지만, 어떤 사람이 집을 나오거나 오래 근무한 직장을 떠날 때, 사업관계를 정리할 때, 다니던 대학을 그만두거나 룸메이트 혹은 교회를 바꾸기로 결심할 때에도 이러한 유사한 모습이 나타날 수 있다.

사람들은 이처럼 결혼 생활과 관련하여 자기 생각을 누구에게 알리거나 물리적으로 별거를 하기 전에 먼저 정서적으로 그 관계에서 한 발 물러나기 시작한다. 이러한 일은 대개 어느 한 배우자가 자신들의 관계가 내리막길을 가고 있다는 사실을 인식하고 이러다가 관계가 끝나는 것이 아닌지 의심하면서 시작된다. 그리고 많은 경우 자신도 모르는 사이에 정서적으로 한 발 물러서게 된다. 그러면서 점차 자신이 혼자 살아갈 수 있을지, 아이들이나 배우자는 어떤 반응을 보일지, 자신이 너무 외로워지지는 않을지, 다른 사람을 새롭게 만날 수 있을지, 이혼이 자기 경력이나 그리스도와의 관계에 나쁜 영향을 미치지는 않을지 생각을 하며 정보를 수집하기 시작한다. 그러면서 자신이 행복하지 않다는 사실을 조금씩 미묘한 방식으로 이 사람 저 사람에게 흘린다. 그렇지만 아직 헤어지자는 등의 말을 꺼내지는 않는다. 그러한 가능성을 생각하고는 있지만 아직은 그러한 문제로 사람들로부터 어떤 의심의 눈초리를 받거나 논쟁 혹은 있을지 모를 복잡한 상황을 경험하고 싶지 않기 때문이다. 그러다가 때가 되면 헤어짐에 대한 자신의 생각을 나누고 자신을 지지해줄 수 있는 원천들을 찾으려고 한다.[34]

때로 부부들은 이 시점에서 상담을 받으러 오기도 한다. 하지만 마음속으로는 상담이 별 소용이 없고 자신들의 결혼관계는 이미 끝났다고 생각하는 경우가 많다. 관계 회복을 위한 도움을 호소하는 경우들이 있지만 속으로는 은근히 상담이 실패하기를 원한다. 그래야 이혼 과정을 시작할 아주 좋은 명분이 생기기 때문이다. 하지만 결혼관계를 유지하고 싶은 배우자에게 이 모든 과정은 우울함과 분노, 근심, 자존감의 상처를 제공한다. 자신은 실패했다는 느낌과 함께 갖가지 의심과 죄책감에 시달릴 수 있게 된다.

이혼 과정이 시작되면 종국적으로 부부가 재산 분할 등 관계 정리에 따른 구체적인 법적 절차를 밟아야 할 때가 온다. 이때 남편과 아내는 더 극심한 적이 되거나 법률 자문을 통해 자신에게 가장 유리한 합의를 이루어내기 위해 노력하기도 한다. 수많은 갈등과 긴장, 불안정감, 분노를 경험하며, 많은 경비를 소모하는 시기다. 이혼에 대한 자신의 실수나 책임을 일부 시인하는 경우가 없지 않지만 상대에 대한 비판과 비난이 난무하는 것이 보다 일반적이다.

가족 중 한 사람이 세상을 떠나면 많은 친지들과 지인들이 찾아와 위로와 격려를 보내며 함께 슬퍼해 준다. 가족 내에 이혼이 발생해도 이와 같은 애도와 슬픔이 있기는 하지만, 흔히 친지들은 이 사실에 혼란을 느끼며, 때로는 분노하고, 자신들이 어떻게 반응해야 할지 당혹스러워한다. 그리고 이혼하는 부부 당사자들은 이 과정에서 깊은 외로움과 버림받는 것 같은 느낌을 경험하기도 한다. 이혼이 원했던 것이라 할지라도 사람들은 한때 행복하고 즐거웠던 관계가 상실되는 것을 통해 슬픔을 느낀다. 그리고 배우자 없이 일상의 생활로 돌아가 혼자 살아가는 법을 배우는 것에 어려움을 겪기도 한다. 그러다가 점차 자신들의 새로운 현실을 직시하기 시작한다. 홀로 시간을 내어 지난날을 성찰하며 묵상하기도 한다. 독서하며 기도하는 시간을 갖고 새로운 친구들과 어울리기도 한다. 그러면서 자신이나 다른 사람들을 비난하려는 충동을 차단하고 자기 연민을 불러일으키는 감정과 싸우기 시작한다. 미래를 위한 보다 현실적인 계획들을 세우며 하나님의 인도하심을 구하기도 한다. 관계 단절로 인한 고통과 상실감은 지속될 것이다. 그러나 상담 등의 도움을 통해 사람들은 자신의 새로운 현실에 최선의 적응을 하고 앞으로 나아갈 수 있다.

이 시기에 상담을 하면, 대개의 경우 그들에게서 이혼으로 말미암은 정서적, 행동적, 사회적, 신체적, 영적인 영향들을 보게 된다. 그리고 이혼이 그들의 자녀들에게 미치는 영향 또한 흔히 관찰된다.

1. 정서적 영향

우리가 이미 본 대로, 이혼은 불안, 죄의식, 두려움, 슬픔, (때로 자살에 대한 생각을 동반하는) 우울감, 분노, 비통함, 좌절 등을 포함한 거의 모든 영역의 감정들을 야기한다. 이혼은 사랑의 상실과 함께 관계의 죽음을 의미하기 때문에 애도와 관련된 모든 감정들을 포함한 슬픔의 경험이라고 부를 수 있다. 물론 이것은 물리적인 죽음으로 인한 애도와는 달리 보다 심리적인 것이다. 자신의 한 부분을 떼어내는 상실인 것이다. 슬픔을 야기하는 다른 상실과 마찬가지로 이혼에 따르는 고통과 슬픔도 크리스마스나 공휴일, 기념일이나 연중 어느 특정한 시기에 더욱 커지는 것 같다.

2. 행동적 영향

이혼은 사람의 감정뿐만 아니라 행동에도 영향을 미친다. 매일의 삶 속에는 해야 할 일들이 여전히 존재한다. 때가 되면 음식을 준비해야 하고, 늦기 전에 각종 계산서들을 지불해야 한다. 정기적으로 집 청소를 해야 하고, 각종 문제들을 해결해야 한다. 그런데 이제는 이런 모든 것들을 배우자의 도움 없이 홀로 해야 한다. 자녀가 있다면 서로 떨어져 살든 함께 살든 그들 역시 한부모와 살아가는 것에 적응해야 한다. 이혼 자녀들은 종종 부모의 이혼으로 인한 정서적, 행동적 장애나 학습의 어려움을 겪곤 한다.[35]

부모는 자녀의 이러한 상황에 대처할 수 있어야 한다. 그러나 이러한 문제들에 몰두하다 보면 때로 자신의 문제나 일에 있어서 소홀해지거나 어려움을 겪을 수 있다. 일의 생산성에 있어서 질과 양이 감소할 수 있으며, 효율성 또한 떨어질 수 있다. 그리고 직장 동료들과의 관계 또한 어려움에 직면할 수 있다.

3. 사회적 영향

결혼이 깨어지게 되면 그와 관련된 다른 사람들에게까지 연쇄적으로 영향을 끼치게 된다. 그러한 대상들과 그들에게 미치는 영향들은 다음과 같다.

- 이혼 부부의 부모와 친척들 : 충격과 분노, 거부감, 두려움, 지지와 격려 등의 다양한 반응을 보인다.
- 개인 친구들이나 변호사, 교회 성도들이나 동료 등 협력자들 : 이혼을 안타까워하며 격려하지만 때로는 요청하지도 않은 조언이나 의견을 제시하여 상황을 더 복잡하게 만들기도 한다.
- 비판자들 : 가족이나 같은 교회에 다니는 사람들에게서 이런 반응을 보이는 사람들이 있다. 이들은 이혼한 사람을 거부하거나 비난하고 정죄하는 태도를 취한다.
- 결혼한 친구들 : 친구의 이혼에 위협을 느끼거나, 어떻게 대해야 할지 몰라 혼란스러워할 수 있다.
- 그 외 싱글들 : 이혼을 이해하는 사람이 있는가 하면 비판적인 태도를 취하는 사람들도 있다. 이들 중에는 앞으로 이성교제 상대가 되거나 미래에 특별한 관계를 맺을 가능성을 열어놓은 사람도 있을 수 있다.

이혼한 사람들은 종종 외로움과 불안정감을 느낀다. 다시 이성교제를 하거나 재혼을 해야 할지 혼란스러워하기도 한다. 자신의 정체성이나 자신감의 문제로 갈등하는 경우도 있다. 오랜 결혼 생활을 한 사람들의 경우 다시 이성교제를 한다는 것에 대해 매우 어색하게 느낀다. 이혼 후 성생활 및 자제력 등의 문제로 갈등하는 경우가 많다. 그리고 꼭 그런 것은 아니지만, 이혼한 후에 어떤 사람들은 과거와 같은 방식으로 사람들을 대하다가 재혼하여 과거와 비슷한 상황에 빠져들고, 같은 실수를 반복하다가 또 다른 이혼을 경험하게 된다. 대개 첫 번째 결혼에서 경험했던 힘들고 어려웠던 상황을 피해 새롭게 결혼하지만 또 다른 문제들이 발생하여 두 번째 결혼한 사람들의 약 60%는 또 다른 실패를 맛보게 된다.[36] 이처럼 결혼 실패를 경험한 사람들은 다시 시도하는 것을 두려워하는 경우가 많다.

4. 신체적 영향

이혼은 건강에 좋지 않은 영향을 준다. 스트레스가 면역체계에 영향을 주어 질병이나 감염에 대한 신체적 저항력을 취약하게 만든다는 것은 이미 잘 알려진 사실이다. 필자가 이 장을 저술하고 있을 때 《월스트리트 저널》에서는 51-61세까지의 이혼자 8,652명을 대상으로 한 연구 결과가 보도되었다. 그 연구에 따르면, 배우자 없이 살아간 세월이 길수록 심장과 폐 관련 질병에 걸릴 확률이 많았고, 암, 고혈압, 당뇨, 뇌졸중을 비롯하여 걷거나 계단을 오르는 데 어려움을 겪는 사람들이 많았다. 미국 국립보건통계센터(U.S. National Center for Health Statistics)에서 127,545명의 성인들을 대상으로 실시한 연구에서는 이혼자들이 결혼한 사람들보다 흡연, 신체적 비활동, 과음을 더 많이 하는 것으로 나타났으며, 이런 것들은 모두 건강 문제를 일으킬 가능성을 높이는 요소들이다.[37]

이혼한 사람들의 대부분은 이혼 과정을 거쳐 어느 정도 상황이 안정되고 적응되고 나서도 한동안 심적인 혼란을 경험하면서 결정을 내리는 것을 주저하게 된다. 그러면 몸에 스트레스가 더 가해지고, 이는 다시 질병을 유발할 가능성을 증가시킨다.[38]

이외에도 어떤 사람들은 마치 무엇이 잘못되기를 기다리기라도 하는 사람처럼 과도하게 긴장된 상태를 유지한다. 우리 몸은 지속적으로 긴장되고 불안한 상태를 유지할 수 없게 되어 있다. 따라서 이러한 사람들의 경우 스트레스로 인한 질병이 발생할 가능성이 높아지게 된다.

5. 영적인 영향

이러한 모든 것들은 기독교인의 영적인 삶에 어떻게 영향을 미칠까? 다른 여타의 위기 상황과 마찬가지로 이혼의 경우도 사람에 따라서는 감당할 수 있는 힘과 인도하심을 위해 그리스도께 가까이 나아간다. 하나님께 분노하거나 영적으로 반항적인 태도를 보이는 사람들도 있다. 특히 교회에 자신을 비난하거나 거부하는 사람이 있을 때 더욱 그럴 수 있다. 그렇지만 더 많은 경우, 하나님으로부터 멀어지거나 영적인 활동이나 관심에서 벗어난다. 예배 생활도 시들해진다. 개인적인 기도 시간이나 성경공부도 소홀하게 된다. 밀려오는 압박 속에서 점차 영적인 활력을 상실해간다.

6. 자녀들에게 미치는 영향

이혼이 여러 가지 면에서 자녀에게 영향을 미친다는 것은 이미 새삼스러운 이야기도 아니다. 특히 아이들의 연령이 어떠하냐에 따라 부분적으로 그들이 받는 영향이 달라질 수 있다. 하지만 어떤 상황에서건 이혼에는 분노와 상실감, 버림받는 느낌, 미래에 대한 두려움, 죄책감을 포함한 자기 비난, 부모에 대한 적대감 등이 동반된다. 이혼은 아이들의 성장과정을 둔화시키기도 한다. 이외에도 학교에서의 공부나 관계의 문제, 오줌을 싸거나 손가락을 빠는 것과 같은 퇴행적 행동, 다양한 형태의 반항과 비행이 동반될 수 있다. 한 연구에서 부모가 이혼한 가정에서 자란 18~35세의 사람들 70명을 인터뷰하였다. 그리고 1,500명의 청년들에게는 설문지를 보냈다. 그 결과 대개의 연구 대상자들이 성공적으로 잘 자랐지만, 대부분 부모의 이혼으로 말미암아 고통스러운 시간들을 보냈음이 확인되었다. 이 청년들은 어린 시절에 대한 고통스러운 기억들을 갖고 있었다. 그들은 마치 "서로 다른 두 세계"에 살고 있는 것처럼 느끼면서 헤어진 양쪽 부모들을 기쁘게 하기 위해 다른 방식으로 행동하며 살아야 했다.[39] 존스 홉킨스 대학교의 한 연구자에 따르면, "아주 성공적인 인생을 살아가면서도 여전히 부모의 파경에 따른 충격의 잔상을 갖고 살아가는 성인들이 많이 있다"[40]

분명히 아이들은 이혼의 희생자다. 부부가 헤어지면 집에서 벌어지는 다툼이나 혼란, 각종 문제에서 당장은 벗어날 수 있을지 모른다. 그러나 이혼에는 너무나 큰 변화들이 따른다. 생활환경이나 여건이 크게 바뀌고, 아이들을 양육하는 문제가 닥쳐온다. 그리고 아이들은 내적으로 혼란을 겪으면서 양쪽 부모의 눈치를 보는 상황이 발생한다. 아이들이 겪는 이러한 상황은 부모들에게 '무엇을 어떻게 해야 할까?'라는 압박감을 가중시킨다. 상담자가 이혼했거나 이혼 과정에 있는 부모들을 위해 할 수 있는 가장 큰 역할 가운데 하나는 그들로 하여금 이러한 문제를 적절히 대처할 수 있도록 돕는 것이다.

• 상담과 이혼

기독교 결혼 상담의 핵심은 부부들로 하여금 보다 원만하고 만족스런, 그리스도 중심의 결혼관계를 발전시킴으로써 그들의 결혼 생활을 유지하도록 돕는 것이다. 이러한 상담을 하기란 그리 용이한 것이 아닐 수 있지만, 성공적으로 상담이 진행되고 결혼관계가 증진될 때 거기에서 오는 기쁨과 충족감은 매우 크다.

부부가 헤어지기로 결심하고 서로 관계를 회복하려는 의지가 없을 때는 상담을 진행하기가 훨씬 어렵다. 하지만 이런 부부들도 상담이 필요하다. 기독교 이혼 상담의 목적도 바로 여기에 있다. 즉, 각 개인이나 부부로 하여금 서로 헤어지되 첫째, 성경적 가르침과 부합되는 방식으로 하고, 둘째, 자신들과 아이들을 포함하여 다른 사람들에게 최소한의 고통과 피해를 겪게 하며, 셋째, 이 과정을 통해 최대의 성장과 새로운 깨달음을 얻도록 돕는 것이다.

1. 상담자의 태도 명료하게 하기

이혼 상담을 한다는 것은 결코 쉬운 일이 아니다. 상담자는 상담을 시작하기 전에 이혼하는 사람을 돕는 것에 대한 반발심은 없는지 자문하는 것이 좋다. 이혼에 반대하는 상담자는 이혼을 시도하는 사람들을 비판적으로 보거나 불편한 감정을 가질 수 있다. 내담자의 의도와 상관없이 어떻게 하든지 두 사람의 부부관계를 유지하게 하려고 할 수 있다. 상담자의 태도나 가치관이 내담자의 이슈와 부딪칠 때 상대방에 대한 객관적인 경청과 이해를 기대하기란 어려운 일이다. 상담자는 어느 한쪽 편을 드는 경향을 보이기 쉽고, 이렇게 되면 상담의 효율성은 떨어지기 쉽다. 변호사나 판사들도 자신들이 개인적으로 혹은 정서적으로 깊이 연루되어 있는 사례는 피하려고 한다. 상담자도 마찬가지다. 유능한 상담자에게는 이러한 상황을 피할 줄 아는 지혜가 있다.

그러므로 상담자는 이혼에 대해, 이혼한 사람들에 대해, 이혼의 과정을 밟는 사람들에 대해 자신의 태도를 개인적으로 점검하고 성찰하는 시간을 갖는 것이 필요하다. 당신은 성경적으로 수용될 수 있는 이혼의 경우 그것을 직면하도록 사람들을 도울 수 있는가? 이혼하려는 상황이 성경적으로 타당한 근거가 없을 경우 어떻게 할 것인가? 명백한 잘못을 범한 사람의 경우에도 그를 용서하고 지지하며 필요한 도움을 줄 수 있겠는가?(당신이 그러한 사람들을 저버린다면 그들은 어디에서 자신들의 문제에 대한 바르고 정직한 대답과 위로, 도움을 받을 수 있겠는가?) 예수 그리스도를 따르는 사람으로서 결혼 파탄으로 인해 좌절하고 혼란스러워하며, 분노에 차 있는, 낙담한 사람들에 대한 당신의 책임은 무엇이겠는가? 이런 질문들에 대한 대답을 대신 해줄 수 있는 사람은 없다. 이혼 상담에는 많은 가슴 아픈 일들과 요구들이 있다. 상담자는 이러한 상황에 직면하기 전에 개인적으로 위에 언급된 질문들을 점검하는 것이 좋다. 그리고 이러한 작업을 할 때는 친구나 다른 상담자의 도움을 받으며 하는 것이 바람직하다.

2. 목표 설정하기

이혼 상담을 할 때 상담자가 가장 먼저 해야 할 과제이자 가장 어려운 목표 중 하나는 이혼 상담을 위해 찾아온 부부와 신뢰적인 관계 구축 및 상담자의 중립성을 확신시키는 것이다.[41]

처음에 부부는 대개 자신의 입장을 상담자에게 설명하면서 상담자가 자신의 입장을 인정하고 지지해 주기를 바란다. 이러한 상황에서 상담자가 자신의 중립성을 보여주면서 부부로 하여금 두 사람이 다 수용할 수 있는 목표를 세우는 일에는 시간이 걸린다. 특히 상담자가 이 상황에서 중립적으로 느껴지지 않는다면 더욱 그러하다. 이상적으로는 부부가 서로 화목하여 이혼 과정을 취소하고 갈등으로 가득 찬 결혼관계를 새로운 그리스도 중심의 관계로 만들어가는 것이 상담자가 바라는 바다. 하지만 그러한 이상은 잘 실현되지 않는다. 특히 부부에게 그런 바람이 없을 때는 더욱 그러하다. 경우에 따라서는 서로 동의할 수 있는 수준의 합리적인 문제 해결책을 찾기 위해 노력하는 것이 더 현실적일 수 있다. 그러나 이혼 상담을 할 때 이처럼 합리적인 접근을 하려고 하는 부부들은 많지 않다. 내가 읽은 이혼 상담 사례 중에 어떤 부부는 상담 시간에 하도 요란하게 싸워서 상담자가 그들을 진정시키느라 아주 애를 먹은 경우도 있다. 그때 남편과 싸우던 아내가 "당신은 이혼에 대해 이해하지 못하는 것이 있어요"라며 상담자에게 이런 말을 했다고 한다. "당신은 차분하게 논리적으로 이 문제를 다루려고 하지만, 이혼은 교양이나 논리 따위와는 거리가 먼 문제라고요."[42]

우리가 나중에 보겠지만, 아내가 주장한 이러한 말에는 나름대로 생물학적인 근거가 있다. 심한 갈등과 외상의 경우처럼 강렬한 정서가 작동하게 되면 뇌에서는 사람의 인지적 혹은 사고하는 기능이 배제된 어떤 작업이 발생하는 것이 사실이다. 하지만 모든 이혼 상담이 위와 같은 정서적인 반응을 보이는 사람들과만 진행되는 것은 아니다. 실제로 많은 부부들은 합리적이고 논리적인 사고를 통하여 상담의 목표를 세울 수 있었다. 다음은 그러한 목표들의 일부분이다.

- 부부가 자기중심적이고 적대적인 관계 방식에서 벗어나 서로를 차분하게 대하도록 격려하기. 이를 위해 상담자는 내담자들로 하여금 언성을 높이거나 말을 가로막지 않고 보다 차분하게 천천히 대화하는 방식을 보여주고 그렇게 하도록 격려하는 것이 필요할 수 있다. 작고 사소한 것처럼 보이지만 이것은 문제 상황을 다루기 위한 아주 크고 중요한 단계다.
- 부부로 하여금 최소한 얼마의 기간만이라도 관계 회복을 위해 노력하겠다는 합의를 이끌어내기.
- 이혼을 피할 수 있는 가능성 등을 포함하여 부부로 하여금 자신들의 상황을 현실적으로 평가하도록 돕기.
- 상담에 임하는 부부의 기대와 바람을 탐색하고, 이러한 것들이 첫째 실행 가능한지, 둘째 상담자 자신의 도덕적이고 윤리적인 기준에 부합하는지, 셋째 상담자가 주저함 없이 그 성취를 위해 도울 수 있는 것인지 평가하기(상담자가 수용할 수 없거나 인정하기 어려운 목표의 경우 그것을 성취하도록 돕는 데 제한이 있을 수 있다).
- 이혼과 재혼에 관한 성경적 가르침을 살펴보고 내담자로 하여금 그것을 자신의 결혼 상황에 적용하도록 돕기.
- 결혼관계에 해가 되거나 죄된 어떤 행동이나 태도가 있다면 부부로 하여금 그것을 인정하고, 하나님과 서로에게 고백하며 변화되도록 돕기.
- 법적 혹은 재정적인 문제를 도울 수 있는 사람이 필요하다면 유능한 전문가를 찾도록 돕기.
- 자산 분배와 위자료, 자녀 양육 및 지원 등과 같은 실제적인 이슈들에 대해 상호합의에 도달하도록 돕기.
- 부부로 하여금 자신들의 상황을 자녀에게 설명할 수 있는 방법을 강구하도록 돕기. 이를 위해 필요하다면 자녀를 상담 회기에 참여시킬 수 있다.

- 부부로 하여금 서로 비난하며 깎아내리거나 비판하지 않도록 방법을 제시한다. 특히 자녀들이 보는 앞에서 그렇게 하지 않도록 돕는다.
- 부부로 하여금 이혼이 자녀(성장한 자녀 포함)에게 어떤 영향을 주는지 이해하고, 아이들에게 편들기를 강요하거나 자녀를 이용하여 전 배우자에게 메시지를 전하는 등의 행동을 하지 않도록 안내하기.
- 부부가(각자, 때로는 함께) 이혼에 따른 실패감과 거절감 등의 정서를 잘 대처하도록 돕기.
- 이혼 후의 독신 생활에 적응하도록 돕기.
- 부부로 하여금 영적 성장 및 다른 사람들과 긍정적인 관계를 갖도록 돕기. 교회 성도들과의 만남이나 기독교 이혼 회복 그룹 등을 통해 지지와 격려, 우정, 영적 양분 등을 공급받도록 안내하기.

결혼과 가족 상담을 위해 오는 부부들과 달리 이혼 상담의 경우 대개는 함께 오는 것을 꺼린다. 각자 개별적으로 오는 것도 마찬가지다. 특히 갈라서기로 굳게 결심을 했을 때는 더욱 그러하다. 그러므로 함께 상담을 받는 것이 좋다는 것을 강조하는 것이 필요하다. 이혼에 따른 각종 이슈들과 그 후의 삶과 관련된 결정들을 내려야 할 경우 더욱 함께 상담하는 것이 필요함을 강조하는 것이 좋다. 부부들 중에는 이러한 문제를 변호사를 통해 진행하려고 하는 경우가 있다. 그렇다 할지라도 상담자가 그러한 협상 장소에 함께 있어줄 수 있음을 제안하는 것도 한 방법이다. 이혼 상담은 부부 중 한 사람만 상담을 받으러 오는 경우가 많이 있다. 그럴 때도 상담자는 가능한 한 내담자가 필요로 하는 적절한 도움을 줄 수 있도록 해야 한다.

3. 정서적 문제, 정체성, 기타 실제적인 문제들을 다루기

대부분의 사람들에게 있어서 이혼은 일종의 위기적 상황이다. 따라서 상담자는 위기에 처한 사람들에게 필요한 지원과 안내, 실질적인 도움을 제공할 수 있어야 한다.[43]

어떤 도움이 필요한가는 내담자를 통해 드러날 것이지만 상담자는 이혼 상황과 관련된 감정과 생각, 갈등의 문제를 어떻게 다룰지, 앞으로 어떻게 새로운 정체성을 구축하며 살아갈 수 있을지 등에 대한 이슈들을 먼저 제기할 수도 있다.

(a) 감정 다루기 : 이혼 상황에 처하면 많은 사람들은 감정적으로 힘들어지게 된다. 그 상황을 감정과 분리하기란 그리 쉬운 것이 아니다. 더 이상 친밀한 관계가 아닐 때도 마찬가지다. 미워하게 된 사람과 헤어지는 것은 괜찮을지 몰라도 관계의 상실에 대해서는 슬픔의 감정이 클 수 있다. 이외에도 전혀 예기치 않은 때에 분노와 불안, 좌절, 우울감 등을 비롯한 각종 감정이 홍수처럼 밀려들 수 있다. 많은 경우, 이혼했거나 그런 과정에 있는 사람들은 여러 상충되는 감정들이 혼재되어 나타나는 것을 경험한다. 예를 들면, 한편으로는 자유함을 느끼다가도 이내 깊은 외로움과 거절감을 느끼는 것이다.

대부분의 내담자들은 이러한 자신들의 감정들을 인정하고 토로할 때 도움이 된다고 한다. 하지만 상담자들은 단순히 감정 표현만 하는 것이 아니라 그 너머의 단계까지 나아가도록 권하는 것이 좋다. 그리고 이러한 변화와 성장을 위한 다양한 안내를 제공할 수 있어야 한다. 그 몇 가지 사례를 들면, 다음과 같이 내담자에게 권면할 수 있다.

- 어떤 감정들이 속에서 일어날 때 그것을 솔직하게 인정하고 표현한다.
- 증오와 원한, 비통함을 이겨낼 수 있도록 하나님께 간구한다. 리처드 닉슨(Richard Nixon)은 실망과 분노감에 차 있을 자신의 각료들에게 고별 연설을 하면서 다음과 같은 강력한 메시지를 남겼다. "여러분을 미워하는 사람들은 여러분이 같은 미움으로 되갚기 전까지는 여러분을 이길 수 없습니다. 그러한 되갚음은 여러분을 파멸에 이르게 할 것입니다." 아무리 심한 상처를 입었을지라도 복수를 통해 얻어지는 것은 아무것도 없다.
- 하나님의 도우심을 통해 자신에게 고통과 실망을 준 사람을 용서하고 위하여 기도한다.

(b) 해로운 생각에서 벗어나기 : 사람들은 생각을 바꿈으로써 감정의 변화를 종종 경험하곤 한다. 이혼 상황으로 인한 감정은 흔히 그 상황에 처한 사람의 생각에서 비롯된다. 이혼이 불가피하다면 그 사실을 수용하고 고통스러운 감정들을 일으키는 생각에 머물지 않는 법을 배워야 한다. 한 이혼 전문 상담자는 과거와 관련하여 힘든 감정 상태에 머물러 있는 것을 과거의 정서적 덫으로 묘사한 바 있다.[44]

이러한 현상은 꼭 이혼하는 부부에게만 발생하는 것이 아니라 다른 여타의 문제 상황에서도 발생할 수 있다. 이혼 상황에 있는 부부들이 가질 수 있는 좋지 않은 생각의 몇 가지 사례들을 들면 다음과 같다.

- 자신이나 다른 사람들을 싸잡아 단정적으로 생각하거나 말한다. 대개의 경우 이러한 일반화는 어떤 뚜렷한 근거도 없이 실행되며, 자신이나 타인에 대해 비현실적으로 단정하거나 깎아내리는 데 사용된다. 그러한 예로는 다음과 같은 것들이 있다. "나는 부모로서는 완전히 꽝이야", "내 전 배우자는 모든 사람들에게 보복하려고 해요."
- 비현실적인 생각이나 기대를 갖는다.
- 스스로 미래를 단정하고 예측한다. 예를 들면, "이제부터 내 인생은 비참하게 될 거야"라고 말하는 것이다. 실제로 이러한 태도는 그 사람의 인생을 비참하게 만들 수 있다.
- 항상 자기 방어적이며 최악의 상황을 생각한다. 이러한 생각은 자신을 타인으로부터 분리시키며 최악의 상황을 야기하는 행동을 하게 만든다.
- 항상 문제에 대해 이야기하며 부정적인 것에 초점을 맞춘다.
- 지속적으로 다른 사람들을 비난한다. 특히 자신의 배우자에 대한 비난을 멈추지 않는다.
- 먼저 신중하게 생각해보지도 않고 새 출발을 위해 서둘러 이사하거나 새 직장, 새 교회를 알아본다.
- 다른 사람 중심의 삶을 산다. 즉 자녀에게서 만족을 구하며 살거나, 다른 사람의 성취를 통해 삶의 만족을 찾는다.
- 재혼을 해야만 다시 의미 있는 인생을 살 수 있다고 생각한다.

(c) 이혼 과정 중재하기 : 최근까지 이혼하는 사람들은 자녀 양육권이나 재산 분할, 위자료, 세금 준비 등과 같은 실제적인 문제들을 해결하기 위해 대부분 변호사나 회계사를 찾았다. 그러나 20세기 말에 들어서면서 이혼 중재가 이혼 관련 전문 분야로 급속하게 성장하였다. 이러한 일은 많은 경우 별거나 이혼 관련 법적 이슈들을 잘 이해해야 하지만 변호사가 아닌 사람들 및 상담자들을 통하여 이루어지고 있다.[45]

이혼 중재는 부부들로 하여금 서로 이전투구의 방식이 아닌 협력적인 접근을 통해 갈등을 해소하고자 하는 노력이다. 부부들의 필요와 능력에 따라 그들을 지원하고, 아픈 과거를 내려놓고 계속해서 자신들의 삶을 영위하도록 돕는 시스템이다. 모든 상담자들은 어떤 면에서 이런 중재적 접근을 해내고 있지만, 중재를 잘하려면 특별한 훈련이 필요하다. 이러한 훈련이 부족한 상담자들은 자격 있고, 유능한 중재자를 찾는 것이 좋다.

이처럼 훈련된 이혼 중재자가 있을지라도 부부들은 대개 법적인 문제들에 대해 조언해줄 수 있는 사람들을 찾고 싶어 한다. 이때 상담자들은 부부들로 하여금 자신이 혼자 알아서 이혼 과정을 밟기보다는 이혼 분야에 전문성이 있는 변호사를 신중하게 찾도록 안내하는 것이 좋다. 이때 가능하면 유능한 기독교 변호사를 찾아 도움을 받게 한다. 이들은 다른 일반 변호사들에 비해 결혼의 신성함을 깊이 인식하며, 부부 사이에 적대감을 유발시키는 경향도 덜하다.

(d) 새로운 정체성 찾기 : 결혼한 사람들은 이혼을 통해 다시 독신 상태로 돌아간다. 한 개인으로 혹은 배우자 없는 부모로 살아가게 되는 것이다. 이들에게는 '이혼남(또는 이혼녀)'이라는 새로운 호칭이 부여된다. 이러한 현실은 이혼한 사람들로 하여금 일상의 불안정감과 그러한 상황에 적응할 것을 요구한다. 그러나 갓 이혼한 사람들 중에는 자신의 새로운 현실에 적응하기보다는 과거에 그대로 머물러 있으려 하거나, 앞으로 어떻게 살아가야 할지 염려하며 두려워하는 이들도 있다. 주위 사람들은 이들을 받아줄까? 그들의 결혼한 친구들은 이들에게 어떻게 대할까?

이혼 상황에 있는 사람들은 자신들의 불안한 심리와 다시 독신으로 살아가는 삶에 대해 이야기하는 것이 좋다. 어떤 사람들은 자존감의 문제로 도움이 필요할 수 있다. 하나님이 그들을 받아주시듯이 자기 자신을 받아들이는 방법을 배우는 것이 요구될 수도 있다. 이혼 경험이 있는 동성의 사람들과 함께 대화하며 새로운 시각을 갖는 것도 도움이 될 수 있다. 내담자에게 정체성을 바꾼다는 것이 쉽지 않다는 사실을 기억하게 하라. 실제로 자신에 대해 생각하는 방식을 바꾼다는 것은 시간을 요하는 일이다.

4. 관계를 구축하고 재정의하기

이혼은 당사자들의 대인관계에 많은 영향을 끼친다. 이혼하게 되면 흔히 새로운 사람들을 만나고 새로운 관계를 발전시킨다. 그렇지만 전 배우자와 자녀들, 옛 친구들과 친지들, 혹은 교회 성도들을 비롯하여 다양한 사람들과의 관계를 점검하고 재정의하는 과정을 거칠 필요가 있다.

(a) 전 배우자와의 관계 : 부부가 같은 침대를 쓰며 함께 삶의 목표와 기쁨, 역경과 소망을 공유하며 살다가 헤어진다는 것은 쉬운 일이 아니다. 아울러 자신의 분노와 거절감을 다루는 것은 물론 전 배우자의 분노의 표적이 되는 것 또한 어려운 일이다. 전 배우자와 편하게 대화를 나누거나 이혼 후 그들의 삶에 관심을 드러내지 않는 것도 용이한 일은 아니다. 자신은 매일의 삶의 문제들과 더불어 외로움 속에 힘들게 지내는데 전 배우자가 재혼하여 행복하게 살거나 그런 소식을 들으면 그것 또한 스트레스가 아닐 수 없다. 이처럼 이혼하게 되면 전 배우자와의 관계에 있어서 여러 면으로 서로에 대한 이해와 인내를 요한다. 이것은 이혼으로 말미암은 감정이 강렬한 초기일수록 더욱 그러하다. 나중에 시간이 지나고 새로 다른 사람과의 관계도 이루어지면 정서적 갈등이 가라앉을 수 있다. 하지만 이렇게 되려면 여러 달이 걸릴 수도 있다. 이때 상담자나 이해해주는 친구와 정기적인 대화를 나누는 것이 도움이 될 수 있다. 대부분의 경우 가장 좋은 것은 전 배우자와의 관계가 깔끔하게 정리되는 것이다. 전 배우자를 보게 되면 지나간 과

거가 생각나고 가라앉은 것 같았던 감정들이 되살아날 수 있기 때문이다. 그것은 이혼으로부터의 회복은 물론 새로운 인생 시작을 지연시킬 수도 있다. 하지만 그렇게 깨끗하게 관계를 정리하기란 쉬운 일이 아니다. 두 사람이 같은 지역에 살고 있거나 자녀 양육의 책임을 함께 공유할 때는 더욱 그러하다.

(b) 자녀와의 관계 : 부모가 이혼하면 자녀들은 그것에 대해 어떻게 느낄까? 이러한 사실을 밝히기 위해 영국의 BBC 방송국에서 부모들의 허락을 받아 21명의 어린이들을 대상으로 그들이 경험한 느낌들을 추적하였다. 다음은 그들 중 한 사람인 벤 지다이에 관한 내용이다.

> 벤의 부모는 그가 일곱 살 때 헤어졌다. 이제 열 살이 된 벤은 약 3개월에 걸쳐 카메라 앞에서 자신의 경험을 나누었다. 그는 반복하여 부모에 대한 사랑을 표현하면서 자신이 그들을 더 불행하게 하지 않을까 하는 염려를 표출하였다. 벤은 기숙학교에 가고 싶지 않았지만 스스로 가기로 결정하였다. 자기가 학교에 가 있으면 부모 누구에게도 상처를 주지 않을 것이라고 생각했기 때문이다.
>
> 벤은 커다란 안경 뒤로 슬픈 눈을 깜빡이며 "우리가 하는 것이라곤 왔다갔다 하는 것뿐이에요"라고 카메라 앞에서 우울하게 말했다. 그리고 손에 든 장난감 큐브를 돌리면서 말을 이었다. "그들에게 우리는 함께 나누어서 갖고 놀아야 할 장난감 같은 존재일 뿐이에요."
>
> 벤은 자신이 겪은 충격들, 불안했던 마음과 부러웠던 것들에 대해 이야기하였다. "내 아빠를 훔쳐간" 새 엄마에 대해서도 언급하였다. 그리고 운동을 잘하는 이복동생과 그에 비해 운동을 잘하지 못하는 자신과의 갈등에 대해서도 나누었다.
>
> 벤의 부모와 새어머니는 함께 벤과 누이동생에 대해 염려하며 그들을 돕기 위해 노력하였다. 벤의 이야기가 방송으로 나갔을 때 벤은 열세 살이었다. 벤은 자신의 경험을 뒤돌아보며 "이 방송을 제작하는 과정에서 내가 배운 것 중 하나는 많은 것들이…… 변한다는 것이었어요"라고 말하였다. "저는 인생은 계속된다는 것을 배웠어요. 슬픈 현실에 그대로 머물러 있을 수는 없는 것이지요."[46]

아이들이 자기 부모가 이혼하는 것을 본다는 것은 고통스러운 일이다. 특히 헤어진 후 12개월에서 18개월 때까지는 더욱 그러하다. 많은 경우 혼란과 두려움, 불안을 느끼며 자신들의 감정을 속에 감추고 밖으로 드러내지 않는다. 벤의 경우처럼 비디오카메라 앞에서라도 그런 기회를 갖는다는 것은 흔한 일이 아니다. 그 대신 그들은 반항적인 태도를 보이거나 형제들과 다투는 것으로 자신의 감정과 기분을 표출한다. 배다른 형제 혹은 자매와의 경쟁심을 드러내거나 악몽을 꾸고 질병에 걸리는 경우도 있다. 집에서 뛰쳐나가거나(벤의 경우는 기숙학교로 도피) 유치한 행동으로의 퇴행, 학습 장애나 잦은 결석 등의 학교 문제를 일으키기도 한다. 이러한 문제는 자녀가 함께 거주하는 부모와 잘 지내지 못할 때, 다른 부모와의 만남이 크게 제한될 때, 혹은 헤어지는 부모들이 자녀의 양육에 대해 합의하지 못할 때 더 심해질 수 있다.[47]

대개의 경우, 부모들은 자녀에게 가장 좋은 쪽으로 상황이 전개되기를 원하지만, 때로는 서로를 공격하거나 이용하기 위해 자녀를 무기로 사용한다. 자녀들은 서로 자기 쪽으로 잡아당기려는 부모의 전쟁 포로처럼 되고 그들에 의해 세뇌당하기도 한다. 이러한 상황에서 자녀들은 상처를 받게 되고, 자신들의 미래가 어떻게 될지 불안해한다. 그리고 시간이 점차 지나면서 자신들을 이용하는 부모에 대한 분노와 적대감을 품게 된다.

한편 부부가 헤어지면서 자녀를 위해 서로 도우며 잘 지내기로 합의할지라도 여전히 어려움은 발생할 수 있다. 양육권을 가진 부모는 이제 혼자 자녀를 돌보고 그들의 필요를 채워주어야 한다는 책임감에 압도될 수 있다. 이때는 모든 사람이 정서적으로 불안정한 상태기 때문에 더욱 그럴 수 있다. 혼자 남게 되는 부모 또한 외로움과 죄책감, 슬픔과 헤어짐에 따른 분노감으로 힘들어할 수 있다. 그러나 자녀 양육의 책임감에서 벗어나는 해방감을 느끼는 경우도 있다.

그렇다면 이혼하는 부모들은 자녀들에게 어떻게 대해야 하는가? 모든 사람에게 적용될 수 있는 어떤 정해진 규칙은 없다. 그렇지만 도움이 될 수 있는 몇 가지 지침들을 생각해볼 수는 있다. 상담자는 다음과 같은 내용을 내담자와 함께 나누며 상의할 수 있다.

- 자녀는 아직 어른이 아니라는 사실을 기억하라. 그들이 당신의 대화 상대자가 될 것을 기대하지 말라. 또한 그들이 아직 감당할 수 없는 성인의 역할을 취할 것이라고 생각하지 말라.
- 당신은 그들의 부모임을 명심하라. 그들의 친구나 큰형, 혹은 큰언니처럼 되려고 하지 말라.
- 자녀로 하여금 이제는 함께 있지 않은 부모의 역할을 하도록 강요하지 말라.
- 자녀에게 솔직해져라. 그러나 그들이 어느 정도까지 정보를 감당할 수 있을지 유의하라.
- 자녀들의 감정에 민감하도록 최선을 다하라.
- 자녀 앞에서 전 배우자를 비판하지 말라. 그렇게 할 만한 타당한 이유가 있다고 할지라도 하지 않도록 하라.
- 자녀를 이혼한 배우자의 근황을 보고하는 사람으로 만들려는 유혹을 물리치라.
- 자녀에게는 어머니와 아버지가 필요하다는 사실을 기억하라. 그들의 이러한 권리를 부정하지 말라.
- 자녀가 전 배우자와 살면서 가끔 자신과 만난다면 각종 선물과 좋은 것들을 퍼부어줌으로써 그들의 마음을 사려고 하지 말라. 아이들은 헤어진 부모가 살고 있는 일상의 삶을 보고 그 가운데서 함께 시간을 보내는 것이 필요하다.
- 자신이 새로운 사람과 만나고 있다면 그러한 사실에 대해 열린 태도를 취하라. 동시에 그들이 어떤 느낌을 가질지에 대해서도 유념하도록 하라. 벤 지다이의 경우 시간이 지나면서 새어머니와도 잘 지내는 것을 배울 수 있게 되었다. 이혼한 부모는 물론 아버지의 새 아내 또한 벤이 자신의 상황에 잘 적응하도록 힘을 합쳐 도왔기 때문이었다.
- 자녀로 하여금 과거 가족생활에 대한 좋은 기억을 간직하도록 도우라.
- 전 배우자와 함께 자녀를 돌보고 양육하는 문제를 상의하도록 하라. 필요하다면 자녀의 성장과 발전을 위해 가장 좋은 방안을 마련할 수 있도록 중재자의 도움을 구하도록 하라.
- 가능하면 자녀의 안전과 안정감을 해칠 수 있는 삶의 변화를 가져오지 않도록 노력하라.
- 자녀가 이혼 후 1년 혹은 18개월에 이르기까지 정상적인 발달과 성장의 모습을 보이지 않는다면 상담자나 학교 심리사와 상의할 것을 고려하도록 권하라.[48]

이혼이 끼치는 영향은 어린아이들에게만 한정되지 않는다. 어떤 부부는 극심한 고통과 갈등 속에서도 아이들이 성장하여 집을 떠날 때까지 이혼을 미루고 그냥 살아간다. 자녀들을 위한 이들의 염려와 헌신은 감동적이다. 하지만 부모의 이혼은 성인이 된 자녀에게도 깊은 상처가 될 수 있다는 사실을 많은 사람들은 인식하지 못한다.[49] 아울러 갈등으로 점철된 가정에서 살아가는 자녀들 또한 그 긴장 속에서 부정적

인 영향을 받는다는 증거가 제시된 바 있다.[50]

(c) 다른 성인들 : 이혼을 하면 지지적인 반응을 보이는 친구들도 있지만 비판적인 태도를 취하는 친구들도 있다. 어떻게 도와야 할지 모르거나 이혼자가 된 친구로 말미암아 불편해하는 경우도 있다. 무슨 말을 해야 좋을지 몰라 당황스러워하거나 거리감을 두는 사람도 있을 수 있다. 이혼한 부부의 부모들 또한 혼란스러워하며 실망과 분노, 상처 속에서 어떻게 행동해야 좋을지 몰라한다. 손주가 자기 자녀의 전 배우자와 함께 살게 될 경우에는 더욱 그러하다. 이혼 전에 부부와 알고 지냈던 사람들과의 관계 또한 이혼 후에 어떻게 대해야 할지 혼란스러울 수 있다. 따라서 상담자는 내담자들로 하여금 이러한 이슈들에 대해 이야기하도록 권해야 한다. 그리고 예전의 관계를 재정의하고, 새로운 관계를 형성하는 과정에서 그들에게 필요한 지원과 안내를 제공할 수 있어야 한다.

(d) 교회 성도 : 교회는 사람들이 사랑과 돌봄, 지지를 받을 수 있는 곳이어야 한다. 그렇지만 이혼했거나 이혼 과정에 있는 사람들을 비판하거나 회피, 혹은 슬그머니 거부하는 경향이 없지 않다. 성도 중에 이혼한 사람이 생기면 깊이 실망하거나 슬퍼하며 어떻게 대해야 좋을지 몰라 혼란스러워하기도 한다. 이혼에 대한 신학적 입장으로 힘들어하는 사람들도 있다. 이혼자가 재혼을 하게 되면 더욱 그러하다. 이런 상황에서 상담자는 다음과 같은 두 가지 차원에서 이들을 도울 수 있다. 첫째, 성도들로 하여금 이혼자를 이해하고 수용하며, 필요하다면 용서하도록 돕는다. 둘째, 이혼자들로 하여금 교회의 거부적 태도를 직면하고 적절한 대처를 하도록 돕는다. 목회자나 지도자가 상담을 한다면 그들 자신이 이혼자에 대한 기독교인의 자세를 보임으로써 다른 성도들에게 하나의 모델을 제시하도록 한다.

5. 이혼자가 삶을 재건하도록 돕기

이혼한 사람들은 마냥 과거 속에 머물러 있거나 미래에 대한 염려를 하며 지낼 수만은 없다. 지불해야 할 세금이나 계산서들을 처리해야 할 일들을 수행해야 하며, 주어진 하루하루의 날들을 살아가야 한다. 그들은 과거의 실수로부터 배우고, 주택이나 재정관리 등과 같은 실제적인 문제들을 집행하고, 삶의 우선순위를 설정하여 살아야 한다. 미래에 대한 현실적인 목표들을 세우고 자신의 삶을 향한 하나님의 목적을 이루기 위해 앞으로 전진해야 한다.

이혼 후 많은 사람들은 새로운 상대를 만나 이성교제 하거나 재혼을 할 것인가에 대한 생각을 하게 된다. 성경이 재혼을 허락하는가에 대해 많은 사람들은 별로 생각하지 않지만 기독교인이라면 이러한 문제에 대해 진지하게 고찰해야 한다. 이러한 이슈에 대해 기독교 상담자들 간에도 서로 다른 의견들이 있지만, 상담자는 재혼의 가능성에 대해 내담자와 토의할 필요가 있다.

그런가 하면, 이혼자들 중에는 다시 누군가와 데이트를 시작하는 것에 대해 '청소년처럼' 반대하거나 저항하는 사람도 있다. 어떤 이들은 새로운 배우자를 찾지 못할까 봐 두려워하기도 한다. 이들은 대개 이전의 실수를 반복할까 고민한다. 자녀들이 있을 경우 자신이 재혼하게 되면 그들이 어떻게 반응할지에 대해서도 염려한다. 상대방에게도 자녀가 있다면 이러한 염려는 더욱 깊어지게 된다.

상담자는 내담자가 갖고 있는 이러한 두려움들에 적절하게 대처하도록 도와야 한다. 너무 재혼을 서두르지 않도록 해야 한다. 정 다시 결혼을 하려면 신중하고도 지혜롭게 배우자를 선택하도록 지원해야 한다. 재혼하기 전에 과거의 실패로부터 배운 것을 새겨보고 앞으로는 다시 그런 실수를 범하지 않도록 격려해야 한다. 그리고 결혼 전 상담을 받도록 해야 한다. 이 상담은 결혼 경험이 없는 사람들의 경우와 다

르다. 재혼을 생각하는 커플들은 표 32-1의 내용을 살펴보는 것이 좋다.[51]

표 32-1. 재혼하려는 커플들이 되새겨 볼 이슈와 질문들

- 당신이 재혼할 준비가 되었다고 할 만한 이유들을 몇 가지 제시하라.
- 당신이 재혼할 준비가 아직 되지 않았다고 할 만한 이유들을 몇 가지 나열하라.
- 당신이 이전 결혼 문제를 극복했다고 할 만한 증거는 무엇인가? 과거의 이슈들 중에서 새로운 결혼에 영향을 끼칠 위험성이 있는 것은 무엇인가?
- 이전 결혼관계에서 용서하지 않은 사람이 있는가?
- 새로운 결혼에 임하는 시점에서 당신에게 있는 강점이나 특성은 무엇인가? (자기 개념에 대한 점검)
- 새로운 결혼이나 새 배우자에게 문제가 될 수 있는 어떤 태도나 성격, 약점들이 당신에게 있는가?
- 당신에게 있는 우선적인 필요 10가지는 무엇이며, 새로운 결혼을 통해 어떻게 이러한 필요들을 충족할 수 있겠는가?
- 미래 배우자의 10가지 우선적인 필요는 무엇이며, 당신은 어떻게 이러한 필요들을 충족할 수 있도록 하겠는가?
- 당신의 결혼을 망가뜨릴 수 있는 사람들이 있는가? 어떻게 이러한 사람들의 영향을 극복할 수 있겠는가?
- 당신이 재혼하면 직면할 것으로 예상되는 주요 문제나 장애들은 무엇인가? 이러한 요소들을 극복할 자세한 방안들은 무엇인가?
- 당신이 재혼하면 이로 인해 영향을 받을 사람은 누구이며, 어떻게 영향을 받을 것이라고 생각하는가?
- 당신과 하나님의 관계는 어떠한가? 미래 배우자의 영성과 조화를 이루는가?
- 당신의 재혼은 성경적 원리들에 부합되는가? 그러한 증거는 무엇인가?
- 당신이 재혼하여 어려운 문제나 갈등이 발생하면 어떻게 이것을 해결할 것인가? 상담이 필요하다고 판단되면 어디로 갈 것인가?

자녀가 있는 경우에는 복합가족에서 발견되는 문제들에 대해 대화하는 것이 도움이 된다.[52] BBC 다큐멘터리에 소개된 벤 지다이의 아버지는 벤 또래의 아들이 있는 여성과 결혼하였다. 벤과 그의 이복형제는 이러한 상황에 불만이 많았다. 서로를 좋아하지 않았고 함께 방을 쓰는 문제로 갈등이 많았다. 재혼가정에는 이외에도 여러 이슈들이 문제로 나타날 수 있다. 예를 들면, 이번 결혼도 전처럼 깨지지 않을까 하는 두려움이 있을 수 있다. 재정적인 갈등이 있을 수도 있다(이혼 경험이 있는 사람은 각자 돈을 따로 관리하기를 원하는 경우가 있다). 자녀에게 각각 다른 권위를 갖고 있는 부부 사이에서 문제가 발생하기도 한다. 한집에 사는 자녀들이지만 재정적인 문제에 있어서 공평하지 않은 상황이 전개될 수도 있다. 부모의 결혼을 갈라놓으려고 하는 자녀들도 있다. 배우자의 자녀와 성적 접촉을 할 위험도 있으며, 조부모와의 관계에서도 혼란이 있을 수 있다. 자녀가 한쪽 부모하고만 친하고 자신과 거리를 둘 때 불편한 상황이 생길 수도 있다. 재혼 초기에 자녀들이 새로 만나는 부모나 형제보다 자기 생부 혹은 생모와 더 가까운 유대감을 느끼는 것은 자연스러운 현상이다. 하지만 이러한 상황은 새로운 가족관계에 긴장을 유발할 수 있다. 스트레스 상황이 닥칠 때는 더욱 그러하다. 그렇다고 해서 모든 재혼 가정이 처음부터 어려움을 겪는 것은 아니다. 많은 가정들이 잘 적응해간다. 그리고 어떤 문제들이 발생한다고 해서 성공적인 재혼이 불가능한 것도 아니다. 이들이 이전의 결혼관계를 넘어 새로운 관계를 형성하는 과정에서 만날 수 있는 어려움들을 알 때 도움이 될 수 있다.[53]

이러한 모든 과정에서 상담자와 내담자는 하나님이 자녀들을 위해 가장 좋은 것을 원하신다는 사실을 기억해야 한다. 하나님은 죄를 고백하는 자들을 용서하시고, 인도하심을 구할 때 이끌어주신다. 이혼한 자들과 상담자를 홀로 내버려두지 않으신다. 성령님은 이혼한 신자들과 그들을 돕는 기독교 상담자들의 변함없는 안내자요, 동반자로 함께하신다.

- **이혼 예방하기**

이혼을 예방하는 가장 확실한 방법은 보다 견고한 결혼 생활을 구축하는 것이다. 그것은 성경적 원리에 입각한 사랑과 헌신, 열린 대화가 있는 결혼이다. 이를 위한 한 가지 방법은 결혼 증진 프로그램들을 활용하는 것이다. 이러한 세미나들이 보다 나은 결혼 생활을 가능하게 하고 이혼을 막아주는 역할을 한다는 것에 많은 사람들이 동의한다. 하지만 현재 이러한 결론을 지지해주는 확실한 연구조사는 별로 없는 것 같다. 한 가지 문제는 이러한 프로그램들을 통해 가장 많은 도움을 받을 수 있는 사람들이 별로 관심을 보이지 않거나 참여하지 않는다는 것이다. 헤어지려는 결심이 굳을수록 이혼을 예방하기는 더 어려워진다. 이혼 예방에 있어서 핵심적인 요소는 이혼을 생각하는 당사자들에게 결혼에의 소망을 북돋워주는 것이다. 우리는 이를 위해 다음과 같은 방안들을 생각해볼 수 있다.

1. 상담

부부상담을 하러 올 때 많은 사람들은 이미 소망을 상실한 상태로 온다. 그들은 상담을 시도함으로써 자신들의 결혼에 대한 관심과 노력을 반영하고 있는 셈이다. 이것은 희미하게나마 어느 정도의 소망이 있다는 것을 반증하는 것이다. 그러므로 상담자는 이러한 사실을 그들에게 지적하는 것이 중요하다. 부부는 헤어지기로 결정하기 전에 하나님 앞에서 결혼관계 회복을 위해 할 수 있는 모든 노력을 할 책임이 있다. 이것은 그들 자신과 가족에 대해서도 마찬가지다. 따라서 부부는 이혼을 결정하기 전에 차분하게 자신들의 문제를 점검하고 다루는 접근을 해야 한다. 하지만 많은 경우 이러한 노력이 부족한 실정이다. 남편과 아내가 갈등을 해소하고 보다 나은 관계 구축을 위해 노력한다면 이혼을 예방할 가능성이 많다. 상담자에게 부여된 주요한 과제 중 하나는 부부들로 하여금 이와 같은 노력을 할 것을 합의하고 그것에 매진하게 하는 것이다.

2. 자기 성찰

갈등을 겪고 있는 부부들은 저마다 "내가 행하고 있는(혹은 하지 않고 있는) 어떤 것들이 결혼 생활에 문제를 만들고 있지는 않은가?"라는 질문을 할 필요가 있다. 끊임없는 비판과 비현실적인 기대, 빈정대거나 용서하지 않는 태도, 결혼 생활에 대한 무관심, 부부간 긴장을 유발하는 좋지 못한 태도나 행동들이 있지는 않은지 살펴야 한다. 신뢰를 깨뜨리는 외도나 거짓말 등의 문제들이 있었는지도 돌아보아야 한다. 예수님은 자신을 따르는 무리들에게 남을 비판하기 전에 자신에게 잘못된 점은 없는지 살펴보라고(아마도 제

거하라고) 말씀하셨다.[54]

사람들은 저마다 자신이 보지 못하는 부분들을 갖고 있다. 하나님은 이러한 부분들을 보고 깨닫게 하실 수 있다. 가까운 다른 사람들이나 상담자의 관찰을 통해 이러한 사실을 지적하게 하실 수 있다. 이처럼 부부들은 결혼 생활에 대한 자신의 태도와 해가 되는 행동들이 있었는지 점검하고 하나님의 도우심을 통해 자신들을 변화시켜가는 것이 중요하다. 상담자의 지원과 안내가 이러한 과정에 도움이 될 수 있다.

3. 화해

비록 드물기는 하지만 어떤 부부들은 이혼 허가 신청을 한 후에 화해를 시도하기도 한다. 그것은 대개의 경우 오랜 시간 동안 관련된 문제들에 대해 현실적인 대화와 논의를 통해 이루어진다. 그러한 과정은 흔히 아주 진을 빼는 것이기도 하다. 하지만 화해는 분명히 하나님이 원하시는 바다. 하나님은 결코 이혼을 원치 않으시며 위기에 처한 부부들을 도우려고 하시는 분이다.

우리는 미국의 경우 기독교인들의 이혼율이 비기독교인들의 이혼율과 그리 다를 것이 없다는 것을 살펴본 바 있다. 그렇다고 해서 이러한 현실이 오직 하나님만이 깨진 결혼을 고치시고 다시 묶으실 수 있다는 사실을 무효화시키는 것은 아니다. 이혼을 막고 싶은 부부들은 자신들의 관계를 새롭게 구축하기 위한 변화들을 모색하는 가운데 영적인 부분의 성장과 동기를 공고히 하면서 하나님의 지혜와 능력, 인도하심을 구해야 한다. 때로는 개인적으로, 때로는 함께 이러한 노력을 해야 한다. 부부가 날마다 성경을 읽고 예배 생활에 헌신하며, 개인적인 기도 시간을 갖는 것은 치료하시는 하나님의 능력을 여는 강력한 힘이다.

이러한 모든 과정에서 우리는 교회의 영향력을 생각하지 않을 수 없다. 하나님은 모든 믿는 사람들에게 서로의 짐을 나누어지고, 서로를 돌보며, 서로를 위해 기도하라고 말씀하셨다. 기독교인들에게 있어서 기도와 서로를 긍휼히 여기고 돌보며 지원하는 것은 선택 사항이 아니다. 그것은 하나님이 명령하신 것이다. 우리 가운데 이혼하는 사람이 생기지 않도록 믿는 자들은 부부들을 위해 기도해야 한다. 건강한 결혼 생활을 하는 부부들일지라도 서로를 위해 기도해야 한다. 진실한 기도와 사랑의 돌봄은 치유를 포함하여 많은 것을 이루어낼 수 있다.[55] 건강하지 않은 결혼일지라도 그것을 치유하는 역사를 일구어낼 수 있다.

- ### 이혼에 대한 결론

최근에 내 친구가 심리사 자격증을 위한 시험을 보았다. 이 시험은 엄격한 훈련을 마친 사람들에게만 허용되는 것으로서 이 큰 시험을 앞두고 내 친구는 오랫동안 열심히 공부하였다. 몇 주 후에 결과가 나왔는데 안타깝게도 떨어지고 말았다. 그러나 그 소식은 그리 놀랄 일이 아니었다. 그가 살고 있는 주에서 그 시험은 어렵기로 소문나 있었고, 그것을 통과하는 사람은 아주 소수에 불과하였다. 적어도 첫 시험에서 통과하는 사람은 많지 않았다. 그래서 내 친구는 다음 시험을 대비하여 다시 공부하며 준비하고 있다. 그는 언젠가는 이 시험에 합격하고 자격증을 받게 될 것이다. 그때 그의 자격증은 그가 상담할 능력을 갖추었고, 이제 상담료를 받고 상담할 수 있음을 입증하는 근거가 될 것이다.[56]

모든 자격증은 대부분 그것을 신청한 사람들이 그것을 받을 능력이 있을 때 그 사실에 근거하여 주어진다. 운전면허증은 그것을 받은 사람이 시험을 통과하였고 어떻게 운전할지를 안다는 사실을 증명하는 것이다. 의사자격증은 그 사람이 인체 기능에 대한 공부를 하였으며 질병을 진단하고 치료할 수 있는 기술을 습득하였음을 의미한다. 그렇지만 결혼면허증은 누구나 얻을 수 있다. 그것은 어떤 사람이 남편 혹은 아내가 될 수 있는 능력을 갖추었는지의 여부와 아무런 상관이 없다. 미국의 학교에서는 학생들에게 운전자가 될 수 있는 교육을 시킨다. 그러나 능력있는 결혼 생활을 할 수 있도록 가르치는 학교는 별로 없다. 많은 경우, 교회의 가정생활 프로그램이라고 해서 이보다 크게 나을 것도 없다. 그렇다면 그토록 많은 결혼이 깨지고 이혼으로 이어지는 현상이 그리 놀라운 일도 아니다.

평생을 해로하며 행복한 결혼 생활을 엮어가는 것은 쉬운 일이 아니다. 자신들의 사랑은 어떤 문제도 극복할 수 있을 만큼 강하다고 생각하는 부부가 있다면 그것은 참으로 이상적이고 낭만적인 생각이다. 안정된 결혼은 대개 서로에 대한 지속적인 헌신과 지식, 세심한 배려, 상호관계 기술, 성경적 가르침에 따라 살려는 의지에 근거하여 가능하게 되는 것이다. 교회의 성도들이나 크리스천 상담자는 부부가 서로를 돌보며 건강한 결혼 생활을 엮어가도록 도울 수 있다. 붕괴의 조짐이 있을 때는 그것을 고칠 수 있다. 다른 사람들의 기도와 지원을 통해 결혼관계는 성장할 수 있으며, 깨어진 관계는 회복될 수 있다. 그리고 이혼은 예방될 수 있다. 상담자의 최선의 노력에도 불구하고 부부가 이혼하게 되면 그로 인한 각종 문제들을 다루고 다시 그들의 삶을 일구어갈 수 있도록 필요한 도움을 줄 수 있다. 이것 또한 기독교 결혼 상담의 한 부분이다.

상담자들을 위한
요점 정리 32

- 대부분의 사람들에게 있어서 이혼은 많은 고통과 혼란을 가져다준다. 이혼을 원했던 경우도 마찬가지다.

- 성경은 처음부터 결혼을 남편과 아내 사이에 맺어지는 영속적이고 친밀한 연합으로 소개하고 있다.

- 성경은 어디에서도 이혼을 명령하거나 권하고 있지 않다. 하나님은 이혼을 미워하신다. 하지만 다음의 경우에는 허용하신다. 첫째는 배우자가 성적인 부도덕을 범했음에도 회개하고 다시 본 배우자와 진실하게 살려고 하지 않는 경우다. 둘째는 배우자가 비기독교인으로서 의도적으로 기독교인 배우자를 저버리는 경우다.

- 성경이 이혼자의 재혼을 허용하느냐 하는 면에 있어서는 기독교인들 간에 다양한 의견이 존재한다. 마태복음 5장 32절과 19장 9절은 배우자가 성적인 부도덕을 범해 이혼할 경우, 잘못을 저지르지 않은 배우자에게는 재혼을 허용하는 것으로 보인다. 부도덕이 결혼관계를 해체하였다고 볼 수 있기 때문이다.

- 이혼에는 어떤 한 가지 요인만 있는 것이 아니다. 흔히 이혼을 야기하는 공통적인 요인들로는 다음과 같은 것들이 있다.
    - 간음.
    - 배우자에 의한 유기.
    - 갈등 축적.
    - 이혼에 대한 문화적 수용성은 이혼을 쉽게 만든다.
    - 성숙하지 못한 인격.
    - 지속적인 스트레스.

- 이혼은 관련된 사람들에게 다양한 영향을 끼친다. 상담자들은 다음과 같은 모습들을 보게 된다.
    - 불안, 죄책감, 두려움, 슬픔, 우울, 분노, 비탄, 좌절과 같은 정서적 차원의 영향.
    - 직무 생산성 저하, 일상의 과제 수행에 대한 어려움과 같은 행동적 차원의 영향.
    - 가족, 친구, 직장 동료, 교회 성도들과의 관계 변화를 포함한 사회적 차원의 영향.
    - 건강 기능의 저하, 질병의 증가 등과 같은 신체적 차원의 영향.

- 그리스도께 더 가까이 나아가거나 멀어지는 등의 영적인 차원의 영향.
- 자녀에 대한 해로운 영향. 이혼하는 부부가 자녀들의 충격을 최소화하기 위해 모든 노력을 취한다고 해도 그 영향은 불가피하다. 자녀가 성인일지라도 부모의 이혼은 해로운 영향을 준다.

■ 이혼을 했거나 이혼 과정에 있는 사람들에 대한 기독교 상담은 다음과 같은 관점에서 이루어진다.
- 성경적인 가르침에 따르도록.
- 당사자나 다른 관련된 사람들에게 최소한의 고통이나 문제를 야기하도록.
- 이혼 문제를 통해 최선의 성장과 새로운 배움을 얻도록.

■ 상담자는 이혼 상담을 할 때 다음과 같은 요소들에 유의할 필요가 있다.
- 먼저 이혼에 대한 자신의 입장이나 태도를 분명하게 한다.
- 내담자로 하여금 상담 목표를 정하도록 돕는다.
- 정서적 이슈와 정체성, 그리고 각종 실제적인 문제들을 다룬다.
- 전 배우자와 자녀 및 친지들, 그리고 관련된 다른 사람들과의 관계를 재정의하고 적절하게 다룬다.
- 이혼자들로 하여금 자신의 삶을 다시 일구어가도록 돕는다.

■ 이혼을 막는 가장 분명한 방법은 더욱 견고한 결혼관계를 구축하는 것이다. 그것은 성경적 원리에 기반을 둔 결혼이며, 사랑과 헌신, 열린 대화가 있는 결혼이다. 이를 위한 한 가지 방법은 결혼 증진 프로그램을 활용하는 것이다. 상담과 자기 성찰, 이혼 과정을 화해로 전환하는 노력 또한 유익한 방법이다.

■ 궁극적으로, 이혼하는 부부들을 다시 함께 하도록 만드시는 이는 하나님 한 분뿐이시다.

■ 이혼을 고려하거나 이혼중에 있는, 혹은 재혼을 향해 나아가고 있는 사람들을 상담하는 것은 어려운 작업이다. 하지만 그것은 관련된 가족들의 삶에 엄청난 차이를 가져다줄 수 있다.

Part 7
통제에 대한 문제들

33장 정신장애
34장 알코올과 관련된 문제들
35장 중독
36장 재정 상담
37장 직업 상담

New Christian Counseling

33 >>
정신장애
Mental Disorders

앤디 벨맨은 미국 로스앤젤레스에 살고 있는 40대 중반의 가장이다. 그는 성공한 작가이자 유명한 강사다. 하지만 약 15년 전부터 그의 인생은 조금씩 파탄나기 시작했고, 삶의 큰 변화가 있었다.

앤디의 성장기에 가족은 늘 그가 좀 '다르다'고 느끼기는 했지만 특별히 이상한 부분은 없다고 생각했다. 어머니와 누이는 매우 저돌적이었으며, 아버지는 '다소 강박관념'이 있는 것 같았다. 앤디는 정서적인 기복이 좀 있고 자신의 손을 반복해서 씻곤 했던 것 외에는 정상적인 아이로 여겨졌다. 그 후 그는 대학에 갔으며 성공한 PR컨설턴트가 되었다. 그러던 와중에 가끔씩 우울해지는가 하면 흥분, 화려함, 소음, 속도 등을 즐기고 밤에는 약물과 난잡한 성생활, 목표 없는 여행, 훈제 쇠고기 폭식 등을 하기도 했는데 그는 이러한 자신의 정서적 불안정을 숨기면서 살았다.

앤디의 웹 사이트에 따르면, 그는 밤에는 단지 세 시간만 잤다고 한다. 종종 며칠 동안 자지 않은 적도 있다. 그는 PR 에이전트였고, 미술품 거래상이고, 사기꾼이며, 위조범이었다. 그는 이런 일을 통해서 돈도 많이 벌었다. 그는 취리히에서 바하마까지 비행기를 타고 간 후, 더위와 추위의 균형을 맞추고자 다시 돌아오곤 했다. 그는 전 세계를 돌아다니며 돈을 써대는 쇼핑광이었으며, 친구들에게 선물을 주기 위해 옷, 그림, 비싼 선물들을 사들이곤 했다. 그는 자신의 금고에 보관해둔 현금 수천 달러를 가지고 충동적으로 구입한 선물들을 전혀 모르는 사람들에게 주었다. 그는 약물과 알코올에 취한 상태에서 매우 빨리 위험천만한 속도로 운전하곤 했다.

앤디는 이런 모든 증상들이 나타나게 되었을 때 정신과 전문의를 만나기 시작했다. 그는 후에 "나는 단지 내 기분이 우울하고 짜증나서 정신과 전문의를 만나러 간 것 뿐이에요"라고 말했다. 그는 "나는 내 기분이 고무되거나 흥분될 때는 가지 않았습니다. 나는 정말 비참한 삶을 살았고, 그러면서 흥분으로 고양되고, 감각적 자극으로 가득 찬 이전의 삶으로 돌아가려고 필사적으로 노력했습니다"라고 말했다. 정신장애가 심할 때 그는 자신이 포장도로(sidewalk)를 깨부수거나 햇빛을 삼키는 것 같은 것을 상상하곤 했다. 정서적으로 매우 흥분되었을 때는 미술품을 위조하자는 제안을 받아들여 그 음모에 참여한 적도 있었다. 앤디는 체포되어 수감되기까지도 매우 흥분된 상태였다. 그는 "나는 내 다음 생일파티를 못할 것 같다"는 생각을 했다고 기자에게 말했다. "나는 장애 진단을 받기 전 8명의 정신과 전문의들을 만났습니다." 그에게는 결국 양극성 장애라는 판정이 내려졌다. 그는 지난 20년간 정확한 진단을 받지 못했고, 결국 통제 불가능한 양극성 장애라는 진단을 받게 된 것이다. 앤디는 의사들로부터 처방 받은 37개의 약을 복용했고, 19번의 전기 충격 치료를 받았다.

마침내 약물로써 안정을 되찾은 앤디는 『전기 충격을 받은 아이 : 조울증에 대한 자서전Electroboy : A Memoir of Mania』이라는 책을 썼다. 그 책은 자신의 삶을 정직하게 되돌아보는 책이었으며, 한 비평가는 그 책에 대해 재미있고, 솔직하며, 외설적이고, 그래서 어떤 독자들에게는 불쾌할 수도 있을 것이라고 평했다. 마침내 그 책은 영화로 각색되기도 했다. 내용은 심한 정서장애를 겪은 후 회복된 한 남자가 자신의 삶에 대해 이야기하는 내용이다.[1]

내가 교수가 되고 얼마 되지 않았을 때다. 학생들은 나의 '심리학 개론'을 들으며 과학적 방법, 정서, 학습 원리, 성격이론, 그리고 그것들과 관련된 기타 주제들을 배웠다. 그러나 이 중 어떤 것도 이상심리학 강좌만큼 학생들의 흥미를 끄는 것은 없었다. 학생들은 대학생 나이의 젊은이들을 포함하여 일단의 사람들이 왜 정신장애의 증상들을 보이는지 그 이유에 대해 매우 궁금해했다. 그들은 여러 종류의 병리학에 대해 알고 싶어 했고 상담자 및 기타 정신건강 전문가들에 의한 치료가 어떤 식으로 향상 혹은 실패를 가져다주는지에 대해 서로 관심을 보였다. 때로 그 강좌의 수강생 모두가 주말에 지역의 정신병원을 방문해 환자 및 의료진들과 상호접촉을 하면서 정신장애를 앓고 있는 환자들의 고통에 대해 직접 배우곤 했다.

정신장애는 기원전 6세기 이집트 문서의 노인성 치매, 우울증, 히스테리를 지칭하는 것으로 인식되었다. 히포크라테스 및 플라톤 같은 초기 철학자들도 정신장애의 원인을 이야기했다. 그 후 매력적이지만 때로는 고통을 주기도 하는 다양한 치료법들이 미치광이, 귀신들림 혹은 정신이 나간 사람들의 증상 완화와 질병들을 치료하기 위해 제시되었다. 이것은 향정신성 의약품의 개발과 광범위한 사용을 포함하여, 효과적인 치료법들의 등장으로 인해 변화를 겪기 시작했다. 그럼에도 정신병리학에 대한 관심은 계속되었다. 특히 교사, 고용주, 이웃, 목회자 및 일반인들은 자신들이 아는 누군가가 정신장애로 고통받고 있을 때 더욱 큰 관심을 가졌다.

정신장애는 무엇인가? 모든 사람들이 인정할 만한 해답은 없겠지만 일반적으로 이 용어는 여러 중복되는 범주들에 해당할 수 있는 상당히 다양한 증상들을 기술하고 있다. 첫째로 일종의 고통이 따른다. 여기에는 불안, 우울, 분노, 신체적인 것보다는 기타 정서적 혹은 심리적 고통들을 포함한다. 일탈행동(이상행동)은 어떤 사람이 대부분 사람들이 이상하다거나 사회적으로 부적절하다고 보는 식으로 생각하거나 행동하는 것을 가리킨다. 장애 및 역기능은 모두 정신장애를 가진 사람이 자신의 목표를 달성할 수 없으며, 일상의 일들을 처리하기 어렵고, 직업을 가지거나 대화를 제대로 할 수 없다는 사실을 뜻한다. 공포증, 성격장애 및 심한 우울증을 가진 사람들이 이런 예가 될 것이다.

고통, 일탈, 장애는 경중이거나 약간의 고통만을 야기하는 정도일 수도 있으나, 삶을 파괴시키고 때로는 매우 심각하게 나타날 수도 있다. 경중 장애들에서는 증상을 눈치 채기 힘들다. 모두가 그런 것은 아니더라도, 모든 부문에서 제대로 기능하고 다양한 활동에 관심을 가지고 관여하며, 다른 사람들과 잘 어울리는 사람은 일반적으로 삶에 만족하며, 인생에 큰 걱정거리나 문제가 없다. 예를 들어 양극성 장애(조울증)를 가진 사람들은 약간의 기분 변화를 느끼지만 뇌에서 필요한 화학적 변화를 가능하게 해주는 약을 복용하면 정상적으로 기능할 수 있다. 그러나 아주 심한 경우, 왜곡된 사고를 하고, 의사소통에 문제가 많으며, 현실감각에 손상이 있으며, 다른 사람들과 잘 어울리지 못하고 사회 기능도 잘 수행하지 못하며, 지속적으로 자신이나 다른 사람들에게 피해를 미치는 사람들이 있다.[2] 앤디 벨맨은 직업도 가지고 있었고, 자신의 충동적 행동을 숨길 수 있었으나, 그와 그의 친한 친구들은 그의 삶이 통제 불가능하다는 것을 알고 있었다.

사람들이 보통 정신장애, 미쳐버리는 것, 혹은 신경쇠약이라고 부르는 것들을 전문 상담자들은 정신병리, 정서장애 혹은 정신장애라고 부르곤 한다. 맨 나중에 제시된 용어는 미국정신의학회의 분류 편람에서 사용된 것으로 이 장에서는 이 단어가 주로 사용될 것이다.

정신장애들이 모두 같은 것은 아니다. 수백 아니 수천 가지의 장애들이 파악되고 있으며, 여러 범주로 분류되고 있다. 각각 다른 종류의 장애들에 따라 분류 또한 다르다는 것은 당연하다. 가장 널리 사용되는 것 가운데 하나는 미국정신의학회에서 발행한 정신장애분류편람(DSM)으로서 이는 의학적으로 분류된 것이다. 특별한 이해집단의 강력한 로비작업으로 이런 분류표가 정기적으로 수정되면서, DSM-IV처럼 로마숫자를 뒤에 덧붙이는 식으로 하여 편람이 새롭게 개정되고 있다.[3] 이 편람은 다섯 가지 정보 영역에 따라 그 축을 중심으로 장애를 분류하고 범주화하고 있다. 우리의 목표를 감안해보면, Axis I이 가장 큰 관련이 있는데 이는 상담자들이 접할 가능성이 큰 주요 정신장애들을 포함한다. 이것은 증상 및 장애의 심각성에 따라 범주화될 수 있다. 예를 들어 정신분열증은 심각성에 따라 경도, 중등도, 중도로 나뉘는 장애로 다양한 원인이 있고 형태도 여러 가지다. 각 장애는 그것만의 증상이 있으며, 몇몇 증상들이 한 사람에게서 나타나기도 한다.

이 책에서 우리는 주요 정신장애들을 기술하지는 않지만 표 33-1은 DSM-IV분류에 기초하여 전반적인 개요를 제시해준다.[4] 비록 상담자가 모든 장애들을 잘 알 수는 없지만 정신병리의 주요 증상들, 정신장애의 주요 원인들, 그리고 정신장애자와 그 가족들이 도움을 받을 수 있는 방법들을 알 필요가 있다.[5]

성경과 정신장애

성경은 정신장애에 대해 거의 언급하고 있지 않으며, 정신병리라는 용어도 사용하지 않는다. 성경은 우리에게 인간 본성에 대한 통찰을 주며, 하나님 앞에서 인간 상태를 보여주고, 인간 고통에 대해 이해하도록 해주며, 소망을 준다. 로마서에서 바울은 어떻게 죄가 인간에게 들어가서 모든 사람을 지배하고, 우리가 하지 말아야 할 일을 하도록 완악한 마음을 주었는지 설명하고 있다. 그 결과 "하나님을 알되 하나님을 영화롭게도 아니하며 감사하지도 아니하고 오히려 그 생각이 허망하여지며 미련한 마음이 어두워졌나니 스스로 지혜 있다 하나 어리석게 되어 썩어지지 아니하는 하나님의 영광을 썩어질 사람과 새와 짐승과 기어 다니는 동물 모양의 우상으로 바꾸었(다)."[6] 어떤 우상은 나무나 돌로 만들어지기도 했지만 오늘날 사람들이 섬기는 우상은 물질주의, 성공, 권력 같은 것들이다.

성경에서 죄는 인간을 파괴시키고 무력한 상태로 만드는 구체적 행위 및 죄성을 의미한다. 죄의 영향은 여기저기에서 볼 수 있다. 우리의 도덕 기준, 범죄적 행위들, 대인관계에서의 갈등 그리고 정신병리 증상에서도 보인다. 복음은 하나님이 인간을 죄의 영향에 허둥대도록 남겨두지 않으신다는 것이다. 죄로 인해서 망가졌지만 인간을 향한 사랑을 가지고 자신의 독생자 예수 그리스도를 우리를 구원하기 위해서 보내셨기 때문에 우리는 소망을 가질 수 있다. 그분은 우리에게 죽은 후의 영생을 선물로 주셨고, 우리가 이 땅에서 사는 동안 충만한 삶을 살도록 해주셨다.[7] 구약이나 신약 모두 인간들이 무력하다는 것을 보여준다. 그래서 하나님은 동정심과 부드러움으로 우리를 돌보시는 선한 목자로 나온다.[8] 교회 지도자들 및 장로들은 하나님의 어린 양들을 돌보라는 권고를 받은 목자들로 묘사되어 있다.[9] 역사를 통해 교회는 약한 자와 무력한 자를 보살피는 특권을 가지고 있다. 정신장애를 가진 사람들이 늘 이해와 존경으로 대우를 받았던 것은 아니지만 전반적으로 교회는 신체적, 심리적, 영적 문제들을 가진 사람들을 보호하는 최전방에 있었다.

비록 정신장애에 대한 성경적 분류가 없고, 치료법에 대해서도 언급된 바는 거의 없지만 정신병리가 인식되었고, 그것이 상당히 흔하게 묘사되고 있음은 분명하다. 다윗 왕은 한때 미친 척을 했다. 그의 행동은 꾸며진 것이었지만 구약시대에 인식되었던 정신장애 증상들에 대해 간략한 식견을 제공해준다고 볼 수 있다. 다윗은 문을 할퀴고, 턱수염에 침을 질질 흘리는 등 미친 척을 했고 그의 적군은 그를 미친 사람으로 간주했다.[10]

몇 년 후에, 바벨론의 느부갓네살 왕은 꿈속에서 하늘에서 들려오는 목소리를 들었다.

> "느부갓네살 왕아, 네게 말하노니 나라의 왕위가 네게서 떠났느니라. 네가 사람에게서 쫓겨나서 들짐승과 함께 살면서 소처럼 풀을 먹을 것이요. 이와 같이 일곱 때를 지내서 지극히 높으신 이가 사람의 나라를 다스리시며 자기의 뜻대로 그것을 누구에게든지 주시는 줄을 알기까지 이르리라" 하더라.
>
> 바로 그때에 이 일이 나 느부갓네살에게 응하므로 내가 사람에게 쫓겨나서 소처럼 풀을 먹으며 몸이 하늘 이슬에 젖고 머리털이 독수리 털과 같이 자랐고 손톱은 새 발톱과 같이 되었더라.
>
> 그 기한이 차매 나 느부갓네살이 하늘을 우러러 보았더니 내 총명이 다시 내게로 돌아온지라. 이에 내가 지극히 높으신 이에게 감사하며 영생하시는 이를 찬양하고 경배하였나니 그 권세는 영원한 권세요 그 나라는 대대에 이르리로다.[11]

신약에서 베스도(Festus-로마 지방 총독)는 바울의 복음 전도를 방해하고 "바울아, 네가 미쳤구나! 공부를 너무 많이 해서 돌아버렸어!"[12]라고 외쳤다. 성경의 다른 번역에서는 '미친' 이라고 번역된 단어 대신 다른 용어를 사용했다. 킹제임스 역에서는 미친(insane)보다는 정신이상의(lunatic)이라는 용어를 사용했지만 현대의 번역본에서는 '발작(seizure)' 이나 '간질(epilepsy)' 이라고 명명했다.

현대 의학계의 관점처럼 대부분의 사람들도 간질을 생리적인 뇌장애라고 생각할 것이다. 이는 때로 간질을 야기시키지만 insanity와 같은 것은 아니다(현대 용어에서 insanity는 '미친 상태' 에서 범죄 행위를 했으므로 유죄가 아닌 경우를 기술할 때 사용되는 법적 용어다. 그들이 범죄를 했을 때 그 사람들은 자신들의 행동을 이해할 능력이 전혀 없었다고 여겨진다). 대부분 기독교 상담자들은 신체적 질환, 간질, 정신장애, 귀신들림이 비록 그 증상들 중 많은 것들이 겉으로는 유사한 것처럼 보인다 하더라도 여러 다른 상태들을 지칭하는 용어들이라는 것에 동의한다.[13]

성경은 정신장애의 근간을 형성하는 여러 정서들을 언급하고 있다. 거기에는 불안, 분노, 불일치, 질투, 시기, 욕망, 불화, 이기적 야망, 조급함, 자제심 부족, 우상숭배, 방탕, 간통, 폭식, 알코올중독, 싸움, 거짓말 등이 있다. 자신의 칼로 죽음을 맞은 사울과 목매달아 죽은 유다처럼 성경 속에는 자살에 대한 예들도 있다.[14]

이런 예들에도 불구하고, 정신장애들이 늘 질병에 걸린 당사자의 삶에서 고의적인 죄로부터 오거나 그와 꼭 관련된 것은 아니다. 다윗처럼 몇몇은 자신의 목적을 위해 비정상적인 모습을 취한 경우들도 있다. 그러나 많은 경우 느부갓네살처럼 하나님의 말씀에 순종하기를 고의적으로 거부해서 정신장애에 걸린

표 33-1. 주요 정신장애(DSM-IV에 따른 상태 분류)

1. 유아기, 아동기 혹은 청소년기에 최초로 진단된 장애들.
   - 정신지체.
   - 학습 장애(읽기 장애 포함).
   - 운동기능장애.
   - 의사소통 장애(말더듬 및 언어장애 포함).
   - 전반적 발달장애(자폐 장애, 아스퍼거 장애 포함).
   - 집중력 부족 및 파괴적 행동장애.
   - 유아기 및 초기 아동기의 섭식 장애 및 식이 장애.
   - 틱 장애.
   - 배설 장애(유뇨증과 유분증 포함).
   - 유아기, 아동기, 청소년기의 기타 장애들.

2. 섬망, 치매, 기억상실 장애 및 기타 인지 장애들.
   - 섬망.
   - 치매.
   - 기억상실 장애.
   - 기타 인지 장애.

3. 기타 일반적 의학 상태에 따른 정신장애들.

4. 물질 관련 장애.
   - 알코올 관련 장애.
   - 암페타민 관련 장애.
   - 카페인 관련 장애 (카페인 중독, 카페인 유도 불안 장애, 카페인 유도 숙면 장애).
   - 대마초 관련 장애.
   - 흡입제 관련 장애.
   - 환각제 관련 장애.
   - 니코틴 관련 장애.
   - 아편(오피오이드) 관련 장애.
   - 펜시클리딘(동물마취약) 관련 장애.
   - 진정제, 수면제 및 기타 관련 장애.

5. 정신분열증 및 기타 정신장애.

6. 기분장애.
   - 우울 장애.

- 양극성 장애.

7. 불안 장애(공황 장애, 공포증, 외상 후 스트레스 장애, 급성 스트레스 장애, 범불안 장애 등).

8. 신체형 장애(통증 장애 및 건강 염려증).

9. 꾀병(신체적 혹은 심리적 증상이 가짜인 장애).

10. 해리 장애(건망증, 다중 성격 장애 등).

11. 성 장애.
    - 성 기능장애(성적 욕망, 흥분, 성 기능장애).
    - 성도착증 (노출증, 소아 애호증, 성피학증, 가학증, 성욕도착(페티시즘), 관음증).
    - 성정체성 장애.

12. 섭식 장애(신경성 식욕부진증, 신경성 식욕항진증).

13. 수면 장애.

14. 충동 조절 장애(도벽, 병적 도박(도박 증후군), 방화벽) .

15. 성격 장애.

16. 기타 장애(약물 유도장애, 꾀병, 대인관계의 문제, 학업 문제, 직장 문제, 종교적 혹은 영적 문제, 사별, 발달 단계에 따른 문제들, 문화 적응의 문제, 치료에의 비순응 문제 등).

경우다. 다른 경우, 욥 같은 사람도 있다. 그는 도덕적으로 바른 사람이었고, 하나님을 두려워하는 사람이었으나 그의 신체적, 정서적 문제는 개인적 죄가 아닌 다른 원인으로부터 유래한 것이다. 궁극적으로, 모든 신체적, 정신적 장애들은 수세기 전 세상 속으로 들어온 죄로부터 온 것이다. 성경은 우리 모두가 죄인임을 분명히 가르치고 있다. 그러나 그것이 반드시 정신병리나 정신장애를 가진 당사자의 고의적이고 개인적인 죄의 행위로부터 나온 것은 아니라고 한다. 그러면 원인들은 무엇인가?

정신장애의 원인

당신이 어디에 사느냐 혹은 언제 이 글을 읽느냐에 따라 정신장애의 발병률은 각기 다르다. 발병률은 장소마다 다르고 연령마다 다르다. 예를 들어 좀 더 나이 든 성인들과 비교할 때, 45세 이하의 사람들이 정신장애에 걸릴 확률이 약 두 배나 높다.[15] 특히 아동이나 청소년도 질환에 노출되기 쉽다.[16] 대체적으로 정신장애는 남녀간의 비율이 동일하다. 그러나 문제의 형태에서 성차가 있을 수 있다. 여성들은 주로 우울증이나 공포증을 흔히 겪는 편이며, 남성들은 주로 약물이나 알코올중독, 혹은 반사회적 성격장애들을 겪는다. 게다가 남자들은 자신들이 문제를 가졌다는 것을 인정하길 거부하고, 도움 받기를 더 거부한다.

미국에 가해진 9·11 테러 공격 이후에, 상담자들은 남성들 사이에도 우울증이 증가했음을 인식했다. 그러나 그들 중 많은 사람들은 자신의 증상이나 도움의 필요성을 인정하지 않았다. 이런 문제에 대처하고자, 그리고 남성 우울증에 대한 인식을 높이고자 미국의 국립정신보건연구소는 'Real Men, Real Depression'이라는 메시지를 담은 대대적인 언론 캠페인을 하게 되었다. 남성 우울증의 경각심을 높이고 정신장애가 개인적인 실패, 약함의 표시 혹은 여성성의 증거가 아니라는 메시지를 알리기 위해 포스터, 게시판, 잡지 광고, TV 광고, 표지판들을 공항 같은 사람들이 많이 다니는 곳에 걸어놓았다. 캠페인은 정신건강 서비스를 받지 않으려고 하는 남성들을 목표로 한 것이었다.[17]

어떤 장애든 간에, 장애는 사람마다 다르고, 독특한 증상과 원인이 있음은 분명한 사실이다. 만일 우리가 정신병원을 방문한 적이 있다면, 유사한 진단을 받고 입원한 두 환자들이 있는데 질환의 원인도 다르고, 그들이 지금까지 살아온 삶의 방식도 서로 다르다는 것을 볼 수 있다. 심장마비나 맹장염도 각기 원인이 다른 것처럼, 정신장애들도 다양한 원인들이 있다. 이런 차이들이 있지만 모든 정신장애들은 현재 스트레스와 과거의 소인으로 인한 영향들의 결합에서 비롯된다.

1. 현재의 스트레스

정신장애의 발병에 기인하는 스트레스에는 적어도 네 가지 범주들이 있다. 생물학적, 심리적, 사회적, 영적 범주의 스트레스다. 생물학적 스트레스에는 질병, 약물의 영향, 독소 및 공기 오염의 영향, 뇌 손상, 혹은 영양 부족이나 수면 부족 같은 신체적 문제들이 포함된다. 과로한 사람은 조급하고, 우울할 가능성이 크다. 어떤 사람의 증상이 오래 지속되고, 쇠약하게 하는 심각한 질병에 노출되었을 경우에도 위와 같은 법칙이 적용된다.

심리적 스트레스에는 좌절, 불안감, 내적 갈등, 두려움, 심지어 우리가 처리해야 할 일이 너무 많을 때 그 일을 다 완수해야 한다는 압박감을 포함한다. 실망 또한 스트레스의 원인이다. 몇 달 간 훈련을 열심히 받았는데도 오래 기다려왔던 경기나 대회에서 떨어진 운동선수를 생각해보자. 때로 학생들은 시험에 통과하지 못할 때 혹은 직원들의 경우 승진하지 못할 때 동일한 상실감을 느끼게 된다. 성공과 성취를 가치 있게 보는 세상에서 실패를 겪게 된다면 그것은 누구에게나 스트레스일 것이다. 특히 스스로에 대해 높은 기준을 가지고 있는 사람이거나 교사들, 고용주들, 가족 구성원들로부터 압박을 받을 때는 더욱 그렇다.

사회적 스트레스는 파악하기 쉽다. 경제적 불안, 만연한 실업, 정치적 불안정, 혹은 테러리스트의 공격 위협이 있을 때, 사람들은 긴장이나 불안에 대처하는 것이 매우 어렵다. 물리적 환경 또한 영향을 미친다. 더위, 어둠, 혼잡, 소음, 혹은 다른 스트레스 환경이 너무 오래 지속되면, 이로 인해 대처 능력이 떨어지고, 정신장애에 걸릴 가능성이 커진다. 비록 바울이 정신장애를 가졌다는 증거는 없어도, 그는 다른 사람이라면 견디기 힘들었을 수많은 형태의 사회적 스트레스를 겪었다. 그는 "나는 지치고 고통스럽고 밤에 잠을 못 자면서 살아갑니다. 종종 나는 배고프고 목마르고, 음식 없이 지내기도 합니다. 따뜻하게 해 줄 옷가지가 없어 추위에 떨기도 합니다. 그리고 이 모든 것 외에, 나는 교회가 어떻게 돌아가는지에 대해서도 늘 걱정을 합니다"라고 기록했다.[18]

바울은 영적 스트레스에 대해서도 물론 알고 있었다. 그리고 그는 에베소서 6장에서 그것들 중 몇몇에 대해 경고했다. 우리 인간은 우리를 위험으로 빠뜨리는 "보이지 않는 악의 지배자이며 권위자"이고 "하늘의 사악한 영들"과 일맥상통하는 "사탄의 전략과 책략"에 넘어가기 쉽다.[19]

2. 소인적 요인

동일한 스트레스라도 각 사람에게 다르게 영향을 미칠 수 있다. 강력한 회오리바람이나 태풍이 불어서 마을과 집들이 파괴되고, 그래서 모든 사람들이 자신의 재산을 잃었을 때, 어떤 사람은 이로 인해 우울해지고 넋 놓고 있는 반면, 어떤 사람들은 이에 대해 동정심을 가지거나, 손실을 극복하고 재건하기 위한 결의를 다지기도 한다.

현재 스트레스처럼 소인적 요인들은 여러 형태를 띨 수 있다. 생물학적 소인에는 유전, 신체적 건강, 선천성 결함 및 기타 신체적 문제들로 인한 영향이 포함된다. 예를 들어 심한 우울증은 스트레스에 의해 촉진되지만 어떤 사람에게 있어 몸이 적절하게 반응하지 못하기 때문에 상태가 더욱 악화되기도 한다. 심리적 소인들은 아동기의 가족 불화, 유년 시절의 상실, 부모의 방치 혹은 학대, 잘못된 학습, 아동기 때 거부된 경험, 엄한 양육 과정 등이다. 성격장애에 관한 연구는 그 원인이 유전과 양육 둘 다에 있음을 보여주고 있다. 성인들의 증상들은 어린 시절 외상이나 방치를 당한 경험이 있을 때 더 악화될 수 있다.[20] 외상 후 스트레스 장애(PTSD)라는 진단을 받은 베트남 참전 퇴역 군인은, 어떤 장애도 없는 퇴역 군인과 비교해봤을 때, 전투에서 더 많은 시간을 보내고 더 많은 친구들이 죽었으며, 다른 사람을 죽이는 데 더 많이 관여하고, 죽은 사람들과 친밀한 관계였고, 전투로 더 많은 부상을 입은 경우가 많았다. 이런 퇴역 군인 중 많은 사람들은 전쟁에 복무하기 전에는 우호적인 태도를 가졌지만 집에 돌아왔을 때는 지원의 부족으로 인해 전쟁이 끝난 후에도 불안, 우울, 비정상적인 징후들을 꽤 오래 보였다.[21]

정신장애는 또한 사회적 소인들에도 달려 있다. 이것은 사회적 계급, 거주지, 결혼 유무, 사회경제적 수준, 종교 유무, 소외된 소수집단의 구성원 등을 포함한다. 예를 들어 부자와 비교했을 때, 가난한 사람들은 정신장애에 걸릴 비율이 더 높은 경향을 보인다. 가난한 사람들은 환경에 대해 통제력이 적고, 자원이 부족하기 때문에 문제가 악화될 때까지 방치되다가 치료 시기를 놓쳐버리고 만다. 돈이나 보험급여를 받을 수 있는 사람들은 초기에 상담을 받는데, 가난한 사람들은 정신장애를 가진 사람들에 대한 통계수치에 포함되거나 병원에 입원할 가능성이 더 적다. 정신장애자가 사는 인근 지역 또한 정신장애의 유병률이나 치료 가능성에 영향을 줄 수 있다. 시골 심리학의 모든 특이사항들이 발달하면서 도시 외곽에 사는 사람들을 더 잘 이해하고 치료할 수 있게 되었다. 도시와 시골 지역 간의 스트레스들은 그 성격도 다르고, 치료 방법도 각기 다르다.[22]

영적 소인들에는 교회에서의 모욕적인 경험, 사탄 의식에의 참여, 하나님으로부터 용서받았지만 여전히 기독교인의 마음속에 상처로 남겨진 좋지 못한 행동 같은 유해한 소인들과 연관된 당사자의 과거 경험이 포함된다.

3. 통제소

현재 스트레스와 소인적 요인들에 의한 영향은 그가 삶의 상황이나 방향에 대해 얼마나 많은 통제권을 가졌느냐에 달려 있을 수 있다. 1960년대 줄리안 로터(Julian Rotter) 같은 심리학자들은 '통제소'라는 개념을 도입했다. 이것은 빠르게 심리학의 핵심 개념들 중 하나가 되었다. 인상적일 만큼 많은 연구들로 뒷받침되는 이 이론에 따르면 사람들은 내적 혹은 외적 통제소를 가지고 있다고 한다. 내적 통제소는 삶에서 일어난 일들이 대체로 자신의 결정이나 행동에 달려 있다고 믿는 사람들을 그 특징으로 한다. 대조적으로 외적 통제소를 가진 사람들은 삶에서 일어난 사건들이 다른 사람, 환경, 혹은 운이나 기회에 달려 있다고 생각한다.[23]

이런 견해는 건강이나 질병에 관한 수많은 연구들에서 평가되고 있다.[24] 일반적으로 내적 통제소를 가진 사람들이 더 건강하고, 수술이나 다른 질환에서 더 효과적으로 회복되는 경향이 있다. 일어나는 일을 통제할 수 있다고 믿는 사람들은 의사의 지시를 따르고, 식단에 따라 식이요법을 하고, 더 빠르게 회복해서 더 오래 살 가능성이 크다. 많은 경우 그들은 낙천적인데, 이는 아마도 삶 속에서 그들이 낙천적이 되라고 배웠기 때문이다. 삶의 사건들을 통제할 수 없다고 느끼는 사람들은(외적 통제소를 가진 사람들은) 시도도 안 하고 포기하는 경향이 있다. 그들은 무력하다고 느끼며, 그 결과 우울하고, 종종 비관적으로 생각할 가능성이 크다. 이로 인해, 그들 건강에 부정적 영향을 미친다.

분명히 이 모든 것은 대체적으로 통제소가 학습되었다는 것을 기초로 할 때 정신건강과 관련이 있다고 볼 수 있다. 심리학자 마틴 셀리그먼(Martin Seligman)은 학습된 무기력과 학습된 낙관주의의 견해를 제안했다.[25] 무기력하다고 느끼도록 학습된 사람들은 더 우울하고 정신건강도 안 좋은 경향이 있다. 대조적으로 사람들이 자신의 삶을 통제할 수 있다고 보기 시작했을 때, 그들은 낙관주의적 생각을 가졌으며, 그들의 정신건강도 더욱 좋아졌다. 오랫동안 이런 이론은 꽤 활발하게 논의되었고, 정교해지고 있다. 그러나 핵심 요소는 여전히 남아 있다. 현재 스트레스의 영향과 과거 사건의 영향들은 사람들이 자신의 삶에 대해 어느 정도 통제권을 가진다고 느끼는지에 따라서 경감되는 것이다.

통제소를 연구하는 일반 학자들은 하나님을 생각하는 데 그렇게 많은 시간을 들이지 않지만 기독교 상담자들은 통제소라는 개념이 왜 하나님을 배제시키는지에 대해서 늘 의문을 가져왔다. 그러다가 몇 년 전 연구자들은 실제로는 그렇지 않다고 결론 내렸다.[26] 신앙심이 깊은 사람은 강한 내적 통제소를 가진 사람들과 유사했다. 이런 기독교인들은 미래를 긍정적으로 보는데, 그 이유는 그들이 어려운 상황을 하나님에게 맡기면 하나님이 자신의 기도를 응답해주시고 자신의 신앙을 높이 평가해주시기 때문이라는 것이다. 모든 사람과 마찬가지로 이 기독교인들은 스트레스나 과거의 영향들에 의해 큰 영향을 받았다. 그러나 모든 것들이 통제 가능하다는 생각은 정신장애들을 예방하는 데 그리고 스트레스를 유발하는 요인들의 악영향을 예방하는 데 도움을 줄 수 있다.

4. 죄와 책임감

수많은 기독교 상담자들은 정신장애의 원인이 주로 장애를 가진 당사자가 살면서 범한 개인적인 죄에서 비롯된다는 관점을 가졌다. 따라서 상담은 사람들이 자신의 죄를 고백하도록 촉구하고, 행동을 바꾸도록 하는 것과 관련된다. 이런 관점으로 인해 정신장애의 복합성과 깊이 침투해 있는 죄의 영향력을 인식하지 못했다. 적어도 두 관점에서 죄를 보는 것이 가능하다. 개인이 알면서 저지르는 의식적이고 고의적인 죄 그리고 인간 본성의 일부인 타고난 원죄. 이것들이 우리 안에 있는 두 가지 형태의 죄다. 이와 유사하게 책임감도 두 가지 관점에서 생각해볼 수 있다. 그 당사자가 책임감이 있거나 혹은 다른 사람이 책임이 있거나 하는 것이다. 이것은 간단한 표로 나타낼 수 있다(그림 33-1 참조).[27]

정신장애의 원인은 네 개의 분면들에서 볼 수 있다. 치료 역시 다음 네 가지를 고려해야 할 것이다.

그림 33-1.

죄의 형태 \ 병에 대한 책임	자신	타인
주로 특정적이고 고의적이며 의식적인 죄	I	II
내면의 죄스러운 인간 본성	III	IV

(a) I 분면 : 여기에서는 고의적이고 의식적으로 저지른 죄나 어리석은 행동 때문에 문제를 가지게 된 사람들을 뜻한다. 문제나 치료에 대한 책임감은 주로 개인에게 있다. 내담자들이 고백하고, 행동을 바꾸고, 새로운 기술을 학습하고 재발을 방지하도록 도움을 주는 것이 가장 적절한 상담 전략들 중 하나다.

(b) II 분면 : 이것은 내담자가 아닌 다른 누군가에게서 기인하는 죄악이나 해를 끼치는 행동과 관련 있다. 예를 들어 큰 열등감이나 낮은 자존감을 가진 사람은 이런 태도를 가질 수 있는데, 이유는 교사, 부모, 비난하는 상대 배우자로부터 지속적으로 자존감을 손상시키는 비판을 듣기 때문이다. 알코올중독자의 성인 자녀들은 종종 한부모나 양부모의 과다 음주 때문에 고통을 받는다. 성폭행으로 인해 고통 받는 여성은 적절치 못한 장소와 시간의 순진한 희생자일 수 있다. 상담은 그들이 용서하고, 인식을 바꾸고 오래 지속된 상처, 아픔, 고통스런 기억들을 이제는 그냥 잊도록 하는 작업을 도울 수 있다.

(c) III 분면 : 이것은 좀 더 복잡한 상황이다. 어떤 사람들은 특정 죄 때문이 아니라 그들이 타락하고 죄로 깊이 물든 세상에 살기 때문에 가지게 된 심한 두려움, 불안, 미성숙, 무지, 과거 외상, 유전성 신체적 질환, 해를 미치는 태도, 혹은 이상 성격으로 인해 쇠약해져서 정신장애를 가지게 될 수 있다. 예수님 시대의 바리새파는 외적으로는 엄격하고 올바른 행동을 하지만 내적으로는 욕심, 방종, 위선, 사악함, 그리고 혼란과 자기기만으로 가득 찬 인물들의 전형이다.[28] 이런 사람들을 변화시키려면, 상담자들은 제대로 된 식견 및 이해심을 가지고 그들을 도와야 한다. 그들도 스스로 고백하고 하나님이 자신을 깨끗하게 하시고 변화시키시며, 내적인 삶의 성숙을 가져오도록 자신을 내어드려야 한다. 이것은 많은 시간과 철저한 치료를 요하는 과정이다. 심지어 예수님도 이런 사람들을 변화시키는 데 있어 큰 영향력을 발휘할 수 없었다.

(d) IV 분면 : 우리의 여러 가지 개인적인 문제들은 죄가 만연한 문화 사회에서 살기 때문에 생긴다. 즉 혼란, 스트레스, 가난, 불평등, 전쟁, 질병, 만연한 불의가 있는 세계에서 살기 때문에 문제가 생기는 것이다. 예수님이 완벽한 정의로서 죄의 종말을 고하러 돌아오실 때까지, 이런 병리적 상태들은 계속 존재하면서 사회적으로는 대혼란과 개인적으로는 정신장애들을 야기할 것이다. 궁극적으로 예수님이 재림하실 때까지는 악을 완전히 이길 수 없다. 그분은 십자가 상에서 죄를 물리치셨지만 그러나 악은 여전히 희생자들을 잡아먹고자 으르렁거리는 사자처럼 자유로이 배회하고 있다.[29] 이 와중에 기독교인들은 사회 불

의에 대항하고, 평화를 위해 애쓰고, 더 나은 세상을 창조해나갈 책임을 가진다. 상담자는 질병을 유발하는 환경을 변화시켜주고, 스트레스에 대처하는 법을 가르치고, 내담자가 고통스러운 과거 경험의 지속적인 영향들을 극복하는 데 도움을 주려고 노력한다.

정신장애들은 이 네 가지 분면들 중 단순히 하나에서만 기인하지는 않는다. 많은 경우, 여러 분면들로부터 동시에 영향을 받는다. 앤디 벨맨이 자신을 감옥으로 이끈 위조 행위에 관여하기로 했을 때, 우리는 그 문제를 어떤 분면에 위치시켜볼 수 있을까? 물론 그가 그런 행위를 한 것은 그의 책임이기도 하고(1분면), 다른 사람들이 그에게 그런 짓을 하도록 유인했기 때문이기도 하여(2분면), 그가 죄악으로 가득 찬 세상에 살기 때문이기도 하다. 그리고 앤디를 양극성 장애자로 만들게 한 뇌의 생물학적 기능 저하도 포함된다.

주류 정신의학, 심리학 및 기타 정신건강 전문 분야들은 정신장애의 원인으로서 죄의 역할을 무시하거나, 죄를 21세기적 사고에서 별 의미없는 구시대적 개념으로 치부해버리는 경향이 있다. 그들 내부의 일각에서, 특정 정신건강 분야는 죄를 진지하게 고려해보려고 하고 있지만 일반적인 이런 도전들에 대해 진지하게 취급하지는 않고 있다.[30] 정신건강 분야에서 죄를 인정하든 안하든, 죄는 신학과 정신건강을 이해하고 치료하고자 하는 지속되는 노력에서 결코 간과할 수 없는 것이다.[31]

또한 우리는 정신병리학에서 죄의 역할 외에 인지의 중요성을 이해할 필요가 있다. 우리가 다른 사람의 관점에서 세상을 보지 않고서는 그 사람들의 행동의 원인을 이해할 수 없다. 외부 관찰자의 시각에서는 비논리적이고 어리석어 보이는 행동이 그 당사자의 시각에서 바라보았을 때는 더 합리적이고 분명히 이해되는 행동일 수 있다. 자살을 다루는 이번 장 후반부에서 이 문제를 다시 논의할 것이다. 방관자의 관점에서 그들의 행동은 말이 안 되는 것처럼 보이지만 자신의 삶을 끊을 정도로 고통스러운 사람들에게는 그 행동은 완벽히 논리적으로 보인다. 이 책 후반부에서, 왜 테러리스트와 자살 폭탄 테러자들이 그런 짓을 하는지에 대한 문제를 제기하면서 위의 문제도 다시 다루어볼 것이다.

• 정신장애의 영향

"정신장애로 인해서 수많은 세금이 들어가고, 임금 손실, 결근, 비효율성, 범죄적 행위 및 비싼 치료로 인해 수십 억이 손실되는 것이 주요 사회 문제다. 거리를 배회하는 노숙자의 절반 이상이 정신질환을 가진 것으로 생각되며, 정신장애의 기로에 선 수많은 사람들이 지속적으로 비참함을 느끼고 있다. 정신장애는 환자 가족들에게 엄청난 스트레스를 주며, 그들 중 많은 사람들이 고통당하는 정신장애자들을 이해하지 못하고, 어떻게 도와야 하는지 알지 못한다. 이 문장은 이 책의 예전 판에 포함되어 있으며, 여전히 오늘날에도 적용된다.

21세기가 시작되면서, 미국 공중위생국은 정신건강에 대한 최초의 보고서를 발행했다.[32] 3천 개의 과학 논문들을 검토하고, 수많은 정신건강 전문가들의 자문에 근거한 이 보고서는 정신건강이 모든 건강에 근간이라는 것과 이것이 전국, 아니 전 세계에 걸쳐 개인이나 가족에 막대한 악영향을 주는 건강 상태라는 것을 증명하고자 했다. 그 보고서는 정신장애 치료들이 효과적이며 대부분 정신장애들에 대해 여러 치료법들이 존재한다는 것을 보여주는 등 인상적인 증거를 제시하고 있다.

이런 긍정적인 말들에도 불구하고, 여전히 정신장애가 있다는 것을 인정하는 데 있어 일종의 만연된 낙인이 있다. 그리고 치료를 통해서 정신장애가 회복될 수 있는데 그런 사람들은 치료를 받지 않고 있다.[33] 이것은 정신장애는 회복 가능한 질병이라는 데 중점을 두고[34] 그런 낙인을 없애고자 노력을 기울이고 있는 부시 대통령의 "정신 건강에 관한 새로운 자유위원회(New Freedom Commission on Mental Health)"가 내린 주요 결론이다.[35]

정신과 치료에 대한 국가 보고서에 따르면 사람들은 정신과 치료를 어디서 받는지 알기까지 수년간 고통 속에서 힘들어한다고 했다. 《USA 투데이》에 따르면 성인 4명 중 약 1명은 적어도 매년 한 가지 정신장애 증상을 가지고 있으며, Archives of General Psychiatry에 나온 9,282명을 대상으로 한 연구에 따르면 거의 반 정도는 일생에 걸쳐 정신장애를 겪는다고 한다. 장애를 지닌 대부분의 사람들, 즉 5명 중 4명 정도는 경증에서 중증의 정신장애에 시달린다. 일반적으로 6%는 일상생활에 심한 폐해를 줄 정도의 장애들을 가지고 있다. 모든 정신장애의 절반 정도는 14세 무렵에 시작되며, 성인 중 4분의 3은 24세가 될 무렵 증상이 겉으로 드러난다. 단지 3분의 1만이 효과적 치료를 받고, 가장 심각한 장애들은 젊은 나이에 발병하는데, 10년 혹은 그 이상 동안 발견되지 않고 더 악화되는 경우도 종종 있다.[36]

상담자는 대부분 도움을 청하러 온 내담자들에 의해, 이 사람들이 자신의 정신적인 문제들로 인해 어떻게 영향을 받는지 그리고 가족들이 어떻게 고통을 겪고 이에 대처해나가려고 노력하는지에 따라 각기 다르게 대처한다.

1. 개인에게 미치는 영향

존 내시(John Nash)가 프린스턴 대학교에 입학했을 때 그는 활발하고 특이한 사람이었다. 그는 그곳에서 자주색 운동화를 질질 끌며 캠퍼스를 돌아다녔고, 칠판에 수학 공식들을 쓰곤 했다. 종종 알베르트 아인슈타인 및 다른 사람들과 함께 토론하곤 했던 '화려한 수학 천재'라고 불리는 내시는 30세가 되기 전에, 게임이론에 대한 연구를 했다. 50대가 될 때까지 그 연구 작업이 세계 경제에 그렇게나 큰 영향을 미칠 것이라는 인식은 전혀 하지 못했다. 노벨상 위원회가 게임이론에 대해 상을 수여하려고 내시의 이름을 반복적으로 거론했지만 그는 단지 한 가지 이유로 계속 거절당했다. 그것은 바로 그가 30세 때 편집증적 정신분열증이라는 자신만의 세상에 갇혀 있었다는 것이다.

아마도 그의 대학 동기와 교수들은 놀라지 않았을 것이다. 내시에게는 좋은 외모와 헌신적인 아내, 그리고 아버지처럼 어린 시절부터 수학 분야에 천재적인 모습을 보인 아들이 있었다. 하지만 이 모든 것을 무색케 할 만큼 그는, 괴로워하고, 격앙되고, 저돌적이며 고립된 개인이었다. 오랜 시간 동안, 그는 정신장애로 인해 창조적 및 이성적으로 생각하거나 일할 수 없었다. 여러 명의 정신과 전문의들이 그에게 도움을 주려 했다. 그는 향정신성 의약품을 복용하고, 6번의 강제 입원을 하기도 했다. 그 후, 고통의 시기를 지나 그는 자연적으로 회복되었다. 1994년 그는 노벨 경제학상을 받았다. 그러나 그를 더 유명하게 만든 것은 경제학자이며 저널리스트 실비아 나자르(Sylvia Nasar)가 내시의 삶에 대해 면밀히 연구해서 쓴 감명 깊은 전기였다. 이 책의 제목은 『뷰티풀 마인드 Beautiful Mind』[37]이다. 그것은 베스트셀러가 되었고, 그 후 영화화 되어서 여러 부문의 아카데미상을 받기도 했다.

정신장애를 가진 모든 사람들처럼 내시도 특이한 사람이었다. 동일한 증상을 보여주는 경우는 없지만 공통적으로 보이는 증상들이 여러 가지 있었고, 이는 때로는 정신장애의 임상적 증상이라고 알려진 것들이다. 어떤 것들은 생물학적 증상들이지만 비의학적 상담자들은 많은 경우 심리적으로 특이한 정서,

감각, 인지, 사고, 행동이 있음을 인지한다. 다시 한 번 강조하지만 다음 특징들이 어떤 사람들에게는 삶을 파괴시킬 정도로 매우 두드러질 수 있지만 어떤 사람들에게는 미미하거나 거의 보이지 않을 수 있다는 것에 주목해야 한다.

(a) 정서 : 심한 불안, 우울, 분노, 죄책감, 그리고 다른 고통스러운 정서들이 너무 흔하게 나타나기에 상담자들은 이를 일컬어 정신장애 혹은 정서장애라고 지칭한다. 이런 정서들은 그 형태들이 다양하게 나타날 수 있다. 정서적 변이성은 때로는 예측 불가능한 감정의 기복을 뜻한다. 어떤 사람들은 늘 기분이 흥분된 상태에 있지만 또 어떤 사람들이 비현실적이라고 생각할 만큼 병적 쾌감을 느끼는 증상을 보이기도 한다. 그런가 하면 대조적으로 정서적 침체와 지속적인 우울을 경험하는 사람들이 있다. 어떤 사람들의 경우에는 병적 쾌감과 우울 간에 동요가 있다. 이런 정서적 변이성은 양극성 장애에서 나타나는 특징이라고 할 수 있는데, 이것을 조울장애라고 부른다. 앤디 벨맨은 그러한 장애로 진단 받았지만 오늘날 수많은 다른 사람들처럼 뇌의 화학적 작용을 조절해주는 약물을 제대로 복용했다면 그 역시 정상적이고 만족스러운 삶을 살았을 것이다. 감정의 기복의 반대는 무감정이다. 이는 그저 무감정인 상태로 있는 경향을 의미하는데, 이유는 그들이 느낌을 표현하거나 느낄 수 없기 때문일 것이다. 부적절한 감정은 어떤 적절한 원인 없이 나타나기도 하는, 특이한 정서적 반응으로 간주된다. 이런 예들에는 슬픈 이야기에 킥킥 거리면서 반응하는 것, 슬퍼할 이유가 전혀 없는데 통제 불가능할 정도로 운다든지 혹은 화낼 이유가 전혀 없는데 분노가 폭발한다든지 하는 것들이다.

(b) 감각과 인지 : 우리가 주변환경의 자극으로부터 적절하게 반응하거나 그것들을 받아들이지 못하면 제대로 기능하기 어렵다. 어떤 정신장애자들은 매우 예민하다. 특히 청력이 발달되어 있으며, 같은 색깔이라도 더 밝게 받아들이며 종종 감각계가 받아들이는 수많은 정보들에 압도되어 안정을 취하거나 집중할 수 없는 사람도 있다. 대조적으로 무딘 감수성을 가진 사람들도 있다. 이들은 고통을 느끼거나, 잘 보고 들을 수 있는 능력이 저하되었다. 종종 이런 사람들은 감각들을 분류하거나 종합하는 것을 어려워한다. 예를 들어 어떤 정신분열증 환자들은 화면을 보면서 듣는 것을 동시에 할 수 없기 때문에 텔레비전을 보기 어려워한다.[38]

아마도 더 흔한 것은 왜곡된 감수성일 것이다. 자극체를 잘못 해석해서 세상을 잘못 인지하는 경우도 있다. 망상(착각-개인의 잘못된 생각들), 환각(환상-외적 자극체가 없는데도 경험하는 지각들), 그리고 환영(감각을 잘못 해석함)은 정신장애를 가진 사람들에게서 보이는 것들이다. 종종 이것에는 강한 신념이 내포되어 있어서 그렇지 않다는 증거를 제시해도 그들의 지각은 변하지 않는다. 가족들은 정신장애를 앓는 구성원이 자신이 처형당한다는 망상을 하거나 아니면 실제 듣지 못한 이야기를 들었다고 주장하는 경우, 그것들이 근거 없다고 납득시키려고 하지만 그들이 잘 듣지 않아 좌절감을 느끼게 된다.

(c) 사고 : 어떤 정신건강 전문가들에 따르면, 사고 장애는 정신장애의 가장 분명한 징표라고 한다. 예를 들어 종종 사고 내용 장애(Faulty Thought Content)가 있는데, 이런 경우 사람들은 명확하게, 논리적으로 그리고 일괄적으로 생각할 수 없다. 분명 이것은 수많은 오해를 낳게 한 편집증과 더불어,[39] 내시의 증상들 가운데 하나였다.

가끔씩 사람들은 누구나 몇 가지씩 잘못된 사고를 할 수도 있다. 또한 완전히 이성적이거나 현실적이지 못한 결론을 내리기도 한다. 공포증을 가진 사람들은 고도, 폐쇄된 공간, 폭풍우 등에 대하여 근거 없는 두려움을 가질 수 있다. 그러나 공포증을 가진 사람들은 이런 생각이 비합리적이라는 사실을 알고 있지만 이를 무시하거나 이에 저항하기가 어렵다.[40] 대조적으로 정신장애를 가진 사람이 자신의 사고가 이치에 맞지 않음을 인식할 수 없기에 주장이나 증거에 반응해서 바꾸려고 하는 의지나 능력이 없다.

다른 종류의 사고에는, 사고 진행 장애(Faulty Thought Progression)가 있다. 이것은 산만한 불연속적 사고, 쉽게 방해 받는 사고, 강박적 사고, 추상적으로 사고할 수 없음을 포함한다. 게다가 어떤 사람들은 혼란스러워하는 듯하고, 자신들이 누구이고, 어디에 있는지 모르며, 자신들의 행동의 결과를 제대로 인식하지 못하고, 기억하지 못하며, 쉽게 산만해진다. 이 모든 것들은 그 사람이 현실과 제대로 접촉하고 있지 않다는 것을 보여준다.

(d) 행동 : 잘못된 감각, 지각, 정서, 사고를 가진 사람은 이상하거나 사회적으로 부적절한 방식으로 행동할 가능성이 있다. 이런 일은 너무 흔해서 많은 경우 행동장애라고 일컬어진다. 의식적인 강박행동, 과잉행동, 위축, 아이 같은 행동, 자제심 부족, 종교적 혹은 정치적 광신적 행위 그리고 기타 특이한 행동은 무언가 잘못되었다는 것을 보여주는 것이다.

어떤 사람들, 특히 어린아이들이나 심하게 장애를 가진 사람들은 말로 자신의 내적 고통을 표현하는 방법을 모른다. 그 결과 그들은 행동으로 의사소통을 하려고 하며, 내면의 혼란스러운 정서나 생각에서 나오는 이상행동을 하게 되는 것이다. 훌륭한 상담자라면 행동을 보고 그것이 무슨 메시지를 뜻하는지를 이해하려고 해야 한다.

2. 가족에게 미치는 영향

대부분 사람들은 논리적으로 생각할 수 있고, 적절하게 자신의 정서를 표출하고, 삶의 스트레스를 적절히 효과적으로 대처할 수 있다. 그러나 다른 사람이 이런 능력이 부족할 때, 특히 가족 내 어떤 사람이 이런 능력이 부족할 때, 의사소통이나 상호작용이 극도로 어려워진다. 모든 사람들은 어린아이는 미성숙하고, 부적절한 행동을 한다는 것을 알지만 대부분 성인들은 젊은이들이 아직 학습하는 중이고 그들이 나이가 들수록 성숙해갈 것임을 알기 때문에 이를 받아들인다. 미성숙함과 부적절한 행동이 상대방 배우자, 부모, 성인 자녀에게서 보였을 때, 가족 구성원들이 참고, 이해하고, 의사소통하거나 이에 대처하는 것은 더욱 어려워진다.[41]

전문적 도움을 자주 받는 정신장애자와는 달리 가족들 가운데 정신장애자가 있으면 불안정, 혼란, 정신적 낙인, 경제적 압박, 죄책감, 자책감, 가족 의무에서의 변동, 긴장 등에 외롭게 직면하게 된다. 이것은 정신장애가 가족 내 유전된다는 사실, 그리고 가족 보호자들이 어떤 형태로는, 도움을 필요로 하는 가족 구성원의 장애와 유사한 심리적 장애로 고통 받기도 한다는 사실에 의해 더욱 복잡해 질 수 있다. 정신장애들이 그렇게 많은 사람들에게 영향을 주기 때문에 상담자가 해야 하는 일이 정신장애자에게만 한정되는 경우는 드물다. 때로 상담은 가족 및 질환으로 인해 고통 받는 다른 사람들에게로 확대되어야 한다. 이것은 정신 장애자와 가족 구성원들을 아는 목회자나 기타 교회에 속한 기독교 상담자들에게 특별한 도전인 셈이다.

대처하려는 노력은 가족 구성원들마다 다르지만 어떤 사람들은 일련의 중복된 단계들을 거친다.[42] 우선 가족은 가족 구성원의 특이한 혹은 비정상적 행동을 무시하거나 해명해보려고 한다. 그 후 무시하기에는 너무 괴상하고 파괴적인 일들이 일어날 때 이를 처음으로 인식하게 되면서 충격을 받게 된다. 그 다음, 가족들은 상황이 어쨌건 나아질 것이라는 단순한 소망을 가지면서 위축이나 재평가 기간을 갖게 된다. 상황이 변화되지 않을 때 가족은 그 원인을 알아내거나 치료 받으려고 노력해본다. 결국 그들의 낙관주의는 허물어지고 이제는 사실을 인정하고 자신들이 세운 한계 속에서 지원해주어야 한다는 인식을 하게 된다. 가족 구성원은 질병에 걸린 가족 구성원에게 가졌던 소망과 꿈의 상실로 슬퍼하게 된다. 만일 어떤 차도도 보이지 않는다면 가족들은 결국 마음을 추스르고 정신장애에 걸린 가족 구성원과 어울려 살아가는 것을 배우려고 하게 된다.

정신장애자의 가족들이 대처하도록 돕기 위한 수많은 책들이 있다.[43] 이러한 책들에서는 정신장애의 본질과 그것이 가족에게 미치는 영향 외에도 상담자가 정신장애를 가진 내담자의 주변인들과 공유할 실용적 제안들을 제공해주고 있다.[44] 가족을 위한 제안들은 다음과 같다.

- 정신장애가 있다는 것과 가족이 오랜 시간 동안 이로 인해 고통 받을 수 있음을 받아들여야 한다.
- 적응 기간이 있을 것이라고 인식하고, 가족들은 효과적으로 대처할 수 있고, 또 하고 있다고 인식시켜주어야 한다. 한 연구에 따르면 정신장애를 가진 환자의 가족 구성원들은 그저 근근이 살아가거나, 안정적 태도를 취하고, 혹은 대처를 잘 해나가는 그런 특징들을 가진다. 일단 그들이 새로운 일상에 익숙해지면 대다수는 자신들이 안정적이고 잘 적응해나가는 것으로 보고하고 있다. 단지 소수만이 그저 근근이 살아가고 있는 셈이다.[45]
- 정신건강 전문가 혹은 다른 상담자의 도움을 받아서 견고하고 무리없는 현실적인 기대감을 세우도록 해야 한다.
- 슬픔은 가족 구성원들이 공통적으로 보이는 특징임을 인정해야 한다. 특히 정신장애를 가진 사람이 어린 자녀일 때는 더욱 그렇다. 자유롭게 슬퍼하도록 놔두어야 한다. 이럴 때 외부에 있는 사람들의 도움을 받으면 더욱 좋다. 슬픔을 인정하지 못하거나 대처하지 못하는 가족 구성원들은 결국 또 다른 문제들에 다시 노출되는 셈이다.[46]
- 정신장애자가 있는 다른 가족들로부터 지원을 받도록 해야 한다. 그들은 보호자가 갖추어야 할 것에 대한 명확한 관점을 제공하고 격려를 해줄 것이다.
- 휴식과 원기회복을 포함하여 지속적으로 휴식을 취할 방법을 찾아야 한다.
- 가족만이 상황을 변화시킬 수 있는 유일한 사람들만은 아님을 기억해야 한다. 주변을 살펴보면 도움을 받을 수 있는 사람들이 많이 있다. 가족이 변화나 회복에 대한 모든 책임감을 떠안으려고 하지 말아야 한다.
- 이상하게 들릴지 모르지만 위험하거나 해를 주지 않는 정도의 행동들은 참아내거나 간과하는 법을 배울 수 있어야 한다.
- 우리는 최선을 다하고 있지만 우리의 노력도 완벽한 것은 아니라는 사실을 인식해야 한다.
- 바꿀 수 없는 것들은 그냥 내버려두고, 변화가 가능한 것에만 초점을 맞추어야 한다.
- 가족 구성원이 반대를 하더라도 한계를 설정하고 지키는 법을 배워야 한다.
- 사랑하는 사람이 가족이나 다른 사람에게 해를 주는 행동을 하지 않도록 늘 주의해야 한다.
- 가족 구성원들이 정신장애자의 불안, 걱정, 절망, 사회활동에의 관심 결여로 인해 부담감을 느끼게 되는 시기들이 있음을 인정해야 한다.

- 자신을 돌보지 않는 보호자들은 결국 지칠 것임을 명심해야 한다. 사실상 말은 쉽지만 외부인들이 가족들이 무엇을 느끼고 어떻게 대처하는지 점검해주지 않는다면, 자신을 돌보는 일을 실행에 옮기는 것이 어려울 수 있다.

상담과 정신장애

적어도 몇 세기 전, 심지어 오늘날에도 어떤 특정 지역에서 심한 정신장애자와 함께 같은 집에서 살거나 같은 공동체에서 산다면 어떠했을지를 상상해보라. 이런 '미치광이'들의 괴상하고, 자기 파괴적이고, 심지어 공격적 행동들에 대한 납득할 만한 설명들이 없었다. 그리고 그들의 행동을 통제하거나, 그들이 내적 고통으로부터 안식을 찾는 데 도움을 줄 효과적 방법도 없었다. 유행한 치료법은 잔인했다. 사람들을 채찍으로 때리고, 굶기며, 쇠사슬로 묶고, 뜨거운 쇠막대로 화상을 입히며, 익사시키거나 하는 방법들을 사용하였다. 이런 방법을 쓰는 이유는, 이 사람들에게 고통을 주거나 못살게 군다면 그들을 괴롭히는 마귀들이 떠날 것이라는 믿음이 있었기 때문이다. 그들은 고통을 주는 영이 나가도록 하기 위해서 (마취도 없이) 사람의 머릿속에 구멍을 뚫기도 했다. 성직자들 중에서도 이런 방법을 인정한 사람들이 있었으며, 종종 다른 방법이나 마귀 축출 방식 같은 것을 사용하기도 했다. 이런 방식은 생리적 이유로 유발된 장애를 치료하는 데 있어서는 특히 더 비효율적이었다. 또한 정신장애들에 대한 잔인한 치료법에 반대하고, 동정적인 보살핌을 제공하는 데[47] 앞장선 성직자와 기독교인들이 있다는 것은 널리 알려진 사실은 아니다. 1800년대 초기가 되어서야 비로소 더 인도적인 치료법들이 널리 소개되어 사용되었다. 최초로 프랑스에서 사용되었고, 다음은 영국과 미국이었다.

초기 미국정신의학회는 '도덕적 치료', 즉 친절, 자기 존중, 인내, 의미 있는 관계를 그 특징으로 하는 접근법인 '도덕적 치료'라는 것을 사용했다. 상담자는 내담자를 존엄성 있는 인간으로 대했으며, 마치 그들이 정신적으로 문제 없는 사람들처럼 대했다. 상담자는 오늘날 레크리에이션, 신체적, 직업적, 산업적, 음악적 그리고 물리치료라고 불리는 치료법들을 통해 그들을 재사회화시키는 데 중점을 두었다. 도덕적 치료법은 정신장애의 역사에서 꽤 각광 받는 시기도 있었지만 산업혁명 이후에는 사라지게 된 운동이다.[48]

1. 정신장애자 돕기

치료 방법의 발전으로 인해 대부분의 정신장애들은 오늘날 전문가들에 의해 치료되지만 도덕적 치료의 원리는 여전히 유용하다. 공동체, 특히 교회는 바쁜 전문가들이 제공하기에는 현실적으로 무리가 있는 지속적 지원, 따뜻함, 수용, 보살핌, 접촉 등을 제공해줄 수 있다. 때로는 목회자나 교회 지도자는 정신장애자들이 효과적 치료를 받도록 도울 수 있으며, 많은 경우에 교회는 정신장애를 앓고 있는 사람의 가족을 위해 가장 많은 지원을 해줄 수 있다.

정신장애는 복합적이라서 치료 역시 복합적 과정이라는 것은 당연하다. 전문가들이 협동으로 작업해야 최선의 결과가 나타날 수 있다. 통상 그 과정은 완전한 신체적 및 심리적 검진과 더불어 시작한다. 그 이후 치료들은 다음 네 가지 범주들로 나뉜다.

신체적 치료는 약물적 중재, 식이요법, 종종 수술이나 전기 충격 치료, 컴퓨터 기반의 뇌 치료기법,[49] 뇌영상 등[50] 몇몇 논쟁적인 방법의 사용을 포함한다. 대개는 약물 투여가 가장 효과적이며, 자주 사용되는 신체적-생물학적 접근법이다. 이런 약물의 광범위한 사용은 치료법에 급진적인 변혁을 가져오고, 실질적으로 한때 흔했던 잔인한 방법을 없애주고, 가족과 환자들에게 안도감을 가져다준다. 가장 흔하게 이런 약제가 투여되고, 복용은 의학 훈련을 받은 정신과 전문의나 다른 사람에 의해 감독된다. 그러나 약물 사용이 우리가 기대하는 만큼 문제가 없는 것은 아니다. 어떤 사람은 약을 먹는 것을 잊어버리거나 거부하고, 자신이 필요로 할 때만 먹기로 결정한다. 이것은 치료에 나쁜 영향을 미치고, 원래 문제를 더욱 악화시킨다. 그리고 다른 문제들도 있다.

> 어떤 약제를 사용할지를 결정하는 것은 과학이라기보다는 일종의 기교(art)에 가깝다. 약물의 효능과 부작용은 사람마다 시대마다 상당히 다양하다. 정신장애에 있어 부작용 없이 이익만을 가져다주는 그런 완벽한 약은 없다. 책임감 있는 의료진들의 주장에 따르면, 문제 증상을 통제해주면서도 부작용을 일으켜서는 안 된다는 점에서 늘 적정한 복용량에 대해 고민한다고 한다. 적절한 약과 복용량을 알아낼 때까지는 여러 주 심지어 여러 달이 걸릴 수 있다. 질병에 걸린 사람(그리고 그를 사랑하는 사람)이 견디기에는 보통 너무 길고 고된 과정이다. 지나친 부정이나 회피 등의 문제와 연관된 정신분열증 같은 경우, 이 문제는 특히 큰 도전이 될 수 있다.[51]

때로는 다른 약물의 부작용을 처치하기 위해 더 많은 약이 첨가되기도 한다. 그래서 치료 과정은 점점 복잡해진다. 이런 위험들에도 불구하고, 정신약리학적 중재 없이 심한 정신장애를 치료한다는 사실은 단순히 무책임한 것이라는 것은 분명하다.[52] 이 페이지에서 약물들을 분류하거나 기술하는 작업은 하지 않는다. 그것들은 자주 바뀌고 계속적으로 더 나은 약물들로 대체되며, 다른 나라들에서는 이름도 각각 다르다. 여기 있는 목록도 곧 구식이 될 것이다.[53]

심리 치료 방법들은 정서적-심리적 문제에 중점을 두는 다양한 형태의 치료를 포함한다. 심하게 고통을 받고 있는 사람들이 자신의 현 문제들의 원인이 되는 과거의 외상 사건을 돌이키는 것은 힘든 일이다. 그러나 약물의 사용은 보통 이런 내담자를 안정시켜주고, 불안을 감소시켜주고, 그들이 집중하도록 도와준다. 따뜻하고 통찰력 있고, 도전적인 상담자와 함께 과거 혹은 현재 삶의 스트레스들을 더듬어보는 작업은 매우 유익할 수 있다. 이외에도, 인지 및 행동 치료들은 매우 유용한 것으로 여겨지며, 사회기술을 가르치고 갈등을 해결하며, 악화된 관계를 치유하기 위해 전체 가족과 상담을 하는 것도 중요하다. 이를 통해 더 큰 이해와 지원이 이루어질 수 있다. 이런 치료법들은 심한 장애를 가진 사람들을 치료하는 데 있어 특별 훈련과 전문성을 가진 상담자들에 의해 가장 자주 이용되는 것이다.

공동체 전략들은 특히 정신장애자들에게만 중점을 두지 않지만 관계의 파탄을 야기할 수 있는 상황들을 바꾸기 위해 공동체와 함께 작업한다거나 혹은 정신장애자나 가족들이 필요로 하는 공동체 차원의 보호를 제공하기 위한 노력들과 관련될 수 있다. 시작점은 여러 공동체들과 교회들에 있는 여러 지지 그룹들로부터 시작한다. 이 책의 초반부에 제시된 앤디 벨맨의 사례는 후에 양극성 장애를 가진 사람들을 위한 잡지에 기술되었다. 정신장애자들과 가족들을 위한 이런 간행물은 기독교 관점을 분명하게 제시하지 않을 수도 있지만 특히 회복 후에, 격려를 해주고 유용한 정보를 제공해줄 수 있다.[54] 상담자들은 내담자와 가족이 수준 높은 간행물들과 공동체 자원을 얻도록 돕는 데 상당히 중요한 역할을 할 수 있다.[55]

영적 개입은 정신건강 전문가들에 의해 무시되는 경향이 있다. 그러나 하나님을 믿고 그분의 도우심과 치유의 힘을 믿는 사람들에게는 매우 중요하다.[56] 많은 사람들이 자신의 삶의 통제력을 되찾기 위해 그리고 소망을 찾기 위해 종교적 믿음에 의지한다. 어떤 증거들에 따르면 심한 정신장애자가 강한 종교적 신념을 가지고 예배에 참석한 경우, 그는 단순히 영적인 도움을 수동적으로만 수용하지는 않는다고 한다.[57] 이 사람들은 자신들의 문제가 통제되고 치유될 수 있다는 더 확실한 믿음을 가지고 있다. 그래서 자신의 힘을 믿고, 다양한 치료를 충실히 받는 데 있어서 전문 복지사와의 협동을 더 잘할 가능성이 크다. 이 외에도 정신장애자를 받아들이고, 함께 기도하며, 소망이 있다는 생각을 북돋워주는 동료 신자들로부터 상당한 지원을 받을 수 있다.

2. 가족들 돕기

우리는 우울증으로 인해서 자살 충동을 느끼고, 폭력적 성향을 가졌으며 혹은 심한 정신장애를 가진 사람과 함께 살아야 하는 가족들의 삶이 매우 힘들 것이라는 것을 강조해왔다. 가족 구성원들은 보통 정신장애자들의 일차적 보호자다. 그러나 이는 시간, 에너지, 정서적 정력을 소모시키고 때로는 가족의 경제적 자원까지도 좀먹는다. 한때 즐기면서 했던 활동과 취미들 그리고 습관적으로 하거나 방해 받지 않고 했던 일상활동들이 어쩔 수 없이 변화를 겪게 된다. 그리고 개인의 삶의 방식과 목표도 바뀔 수 있다. 가족들의 단합이 잘 안되기에, 가족이 다시 단합을 하기 위해서는 상당한 의식적인 노력이 요구된다. 많은 사람들은 장애자의 요구와 가족 구성원의 요구와 목표들 둘 다에 신경을 쓰기가 힘들다. 어떻게 이 가족들을 도울 수 있을 것인가?

(a) 지원 : 인터넷 외에 가족을 위한 지지 그룹들을 지역사회 정신건강 치료 기관, 정부, 지역사회 기관, 상담자, 교회 등을 통해 찾을 수 있다. 상담자는 같은 상황에 처해 있으면서도 이해심 있고, 지도와 격려를 줄 수 있는 다른 가족 구성원들을 찾는 것을 도울 수 있다. 그룹들은 참여자들이 너무 흔히 보이는 분노, 죄책감, 자기 비난, 낙인들에 대처하는 데 도움을 준다. 보통 이런 사람들은 기괴한 태도, 공격적 및 기타 반사회적 행동을 보이고, 지저분한 외모, 위생 상태 불량, 사회적 위축, 자기 파괴적 경향, 종종 반복적이고 비현실적 요구를 보이는 정신장애자의 가족 구성원들이 어떻게 대처하고 잘 맞추어 살아갈 것인지에 대해 서로에게 도움을 준다. 정신장애자가 일정 기간 입원한 후 퇴원해서 집에 왔을 때, 가족은 재적응을 위해 초창기 기간 동안 특별 지원을 받는 것이 필요할 것이다.

이런 종류의 도움은 교회로부터 와야 하며 종종 교회로부터 온다. 비록 많은 교회들이 여전히 정신장애를 잘 이해하지 못하고 있으며, 가족이 처한 스트레스를 알지 못하고, 정신장애자나 가족들과 함께하는 것을 어색하게 여기며, 움츠리는 경향을 보이지만 말이다. 이것은 지역 신자들의 공동체가 정신장애 가족 구성원들에게 도움을 주는 지원의 핵심이 되는 데 있어 도전인 셈이다.

(b) 교육 : 정신장애가 발병할 때까지, 대부분 가족들은 정신장애에 대해 모른다. 따라서 가족들이 정신장애의 특성과 치료를 이해하도록 도우려면 적절한 교육이 필요하다. 교육은 고통 받는 사람을 어떻게 대하고 보살펴야 하는지와 고통 받는 가족 구성원 때문에 자신의 삶마저 엉망이 되지 않게 하는 법을 배우는 데도 소중한 도움을 준다. 보호자가 된다는 것은 어려운 일이다. 따라서 가족들이 성공적으로 대처하는 법을 배우고, 정기적인 휴식을 취하는 것도 매우 중요하다.

(c) 상담 : 때로는 지원과 교육만으로 충분치 않다. 가족들은 자신의 공허감, 죄책감, 걱정, 불안감들을 다스리는 데 있어 전문적 도움을 받을 필요가 있다. 긴장이 감당할 수 없을 만큼 클 수 있기에 가족들은 스스로 정서적 혼란의 증상을 보이기 시작할 수 있다. 이는 정신장애의 재발을 낳게 하며, 특히 가족 구

성원들이 비판적이거나 적대적이거나 조급해할 때 더욱 그렇다.

대조적으로, 가족 구성원들과의 개인적 상담 혹은 가족 상담은 긴장을 낮추어주고, 격려를 주며, 인내를 증진시켜주고, 정서를 표출할 수 있도록 도와주고, 집에서 갈등을 대처하도록 해주며, 환자를 어떻게 돌볼 것인지 가르쳐준다. 정신분열증에 대한 한 연구에서 입원한 후 처음 1년간의 가족 모임은 재발률을 여섯 배나 줄였다. 이런 모임을 치료 기관이나 상담실에서 가질 때보다 집에서 가질 때 대체로 더 효과적이었다.[58] 이 같은 모임들은 가족이 자신들의 장점을 보고, 질문을 하고, 공동체 자원들에 대해 배우고, 목표를 확실히 하고, 한계를 인정하고, 죄책감을 느끼지 않으며, 가족으로서의 책임감을 기피하지 않으면서 휴식을 취할 수 있는 실용적 방법을 배울 기회를 제공해준다.

3. 상담과 자살

때로 삶의 압박감이 너무 심한 나머지 자신의 삶을 접기로 결정하기도 한다. 대부분 몇 주 전 혹은 몇 달 전부터 이런 생각을 한다. 그들의 자살 시도는 갑작스럽거나 충동적이거나 마음 내키는 대로 생기는 것은 아니다. 물론 어떤 자살 사건 후, 그것을 모방하는 10대들의 자살이 유행처럼 번지는 경우는 있다.

정신장애를 가지지 않은 것으로 여겨지는 사람들을 포함해 왜 어떤 사람들은 자기 파괴적 행위를 하는 것인가? 다양한 이유들이 있을 수 있다.

- 외로움, 절망, 우울, 학업이나 일의 어려움, 재정적 압박, 다른 사람과의 갈등에서 도피하기 위해.
- 상처 받고 죄책감을 느끼는 남겨진 사람들이 스스로를 벌하기 위해.
- 주목받기 위해.
- 다른 사람을 조종하기 위해(자살 위협이 대표적인 예).
- 고인이 된 사랑하는 사람과 함께하기 위해.
- 어려운 상황에서 도피하기 위해.
- 죄책감을 느끼게 만든 어떤 것에 대해 스스로 벌주기 위해.
- 다른 사람들에게 짐이 되기 싫어서.
- 어떤 무서운 질병으로 고통 받거나 그로 인한 영향을 피하기 위해.

위의 목록 가운데 몇 가지 이유들은 그다지 논리적이지는 않다. 예를 들어 자살을 통해 고인이 된 사랑하는 사람과 함께할 수 있다는 것은 보장할 수 없다. 주목을 얻기 위한 것도 그 당사자가 대중적 관심을 받을 위치가 아니라면 그다지 납득할 만한 이유도 아니다.

사람들이 자살하려고 할 때, 그 당시 그들의 사고는 보통 논리적이지 못하다. 우리가 정상적으로 기능할 때, 우리는 세상을 정확하게 인식하고, 논리적으로 생각하는 경향이 있으며 건전한 현실감각을 가진다. 그러나 위기의 순간에 우리의 사고는 불안, 절망, 부적응적 자기 패배주의적 행동에 영향을 받는다. 심지어 종종 일어나는 '러시안 룰렛' 게임 방식의 자살은 비록 우리가 희생자의 생각을 이해할 수는 있더라도 논리적이지는 않다. 젊은이들은 장난삼아 위험한 짓을 하고 싶어 하는데, 그 이유는 죽음이 그들에게 너무 멀어서 현실적으로 다가오지 않기 때문이다. 많은 사람들은 스릴 때문에 불완전하게 장전된 총이나 목숨을 건 자동차 경주 등을 하기도 한다.

우울증에 대한 장에서,[59] 나는 자살을 생각하는 사람들에게서 보이는 단서들을 제시했다. 보통 이 사람들은 절망감에 압도된다. 그리고 자신들의 문제를 다룰 더 이상의 선택권이 없다. 자살은 심한 고통의 상황을 회피하는 최선의 해결책으로 보이며, 어떤 사람들은 이런 결정을 최종적으로 내리게 되면 심적으로 안도감을 가져, 자신의 계획을 미소와 가장된 쾌활함으로 가릴 수 있다. 그러나 많은 경우 미묘한 자살 전 징후들은 도움을 달라고 울부짖는 징표이기도 하다.

내담자들이 자살하고자 하는 생각을 가진 것으로 보일 때, 자살을 고려중인지에 대해 부드럽게 물어볼 수 있어야 한다. 때로 내담자들은 문제를 공개적으로 터놓고 이야기할 때 안도감을 갖게 된다. 위험을 평가하면서 그 사람이 어떤 방법으로 자살하려고 생각하는지, 치명적인 수단을 선택했는지(총은 아스피린을 삼키는 것보다 더 치명적임) 그리고 전에 자살을 시도한 적 있는지 혹은 심한 문제나 정신장애 병력을 가졌는지 파악할 필요가 있다. 이 모든 것들이 자살 가능성을 높여주는 것들이다.

내담자들이 이런 위기까지 오게 만든 것이 무엇인지도 평가할 수 있어야 한다. 과거 이와 유사한 위기들에 직면했을 때 어떤 해결책을 시도해보았고 그 성공 여부는? 앞으로 무엇을 시도해볼 수 있는가? 상담자가 내담자와 상담할 때, 내담자가 죽음에 대한 낭만적인 생각들을 한다면 이를 교정해주어야 한다. 예를 들어 10대는 때로 친구들이 영원히 자신의 죽음을 슬퍼해줄 것이라고, 그리고 희생자의 위대하고 비극적인 자살에 대해 이야기할 것이라고 생각한다. 하지만 그런 일은 일어나지 않으며 사람들은 그저 자신의 삶을 살아갈 뿐이다. 자살은 일시적이고 해결할 수 있는 문제들에 대해 돌이킬 수 없는 해결책이라는 것을 분명히 지적해주어야 한다. 또한 다른 사람에 대한 존중을 보여주어야 한다. 수치스럽게 하거나 얕보지 말고 가능하다면 논쟁은 피하고, 상담자가 그들을 보살피고 있다는 것을 그들에게 알려주어야 한다. 이런 작업을 하면서 기도의 중요성을 늘 기억하고 하나님에게서 오는 지혜와 감수성을 얻도록 기도해야 한다.

상담자의 보살핌과 관심은 자살하고자 하는 생각을 적어도 일시적으로는 진정시켜줄 수 있다. 만일 그 개인이 자신의 의지를 그래도 굽히지 않는다면 가족 주치의, 가까운 친척, 자살 예방 센터, 혹은 자살을 다루는 데 있어 특별 훈련을 받은 상담자와 접촉하도록 해야 한다.

하지만 만일 모든 노력이 실패로 돌아가 그 사람이 자살을 한다면 어떻게 할 것인가? 보통 상담자들과 가족들은 자살을 예방하지 못했기 때문에 죄책감, 분노를 느끼고 자기 비난을 할 것이다. 때로 상담자는 자책, 분노, 기타 정서들이 뒤섞인 슬픔을 보이는 남은 유가족들을 도와주어야 할 것이다. 간혹 가족에게 애도를 표하고 싶어도 사망 원인을 말해도 되는지 아닌지를 몰라 그저 자살에 대해 언급하지 않는 경우도 많다. 어쨌든 다른 문제들처럼 자살의 고통도 똑같이 다루어져야 한다. 유가족들이 느끼는 고통을 굳이 숨기려고 하지 말고 공개적으로 터놓고 위로해주고 보듬어주는 것이 가장 좋다.

죽은 사람의 친구들이나 상담자에게 있어서 자살은 고통스럽고 극심한 괴로움을 주는 경험이다. 자신의 삶을 포함해 삶을 접는다는 것은 죄지만 용서 받지 못할 죄는 아니다. 가까운 친구, 가족, 심지어 상담자들도 사랑하는 사람의 죽음을 막지 못한 것에 대해 스스로를 자책하지만 결과적으로 자살에 대한 책임은 삶의 압박감을 견디지 못한 혹은 견딜 의향이 없었던 희생자에게 있다. 기독교 상담자들과 교회의 신자들은 자살 이후에 남겨진 가족들에게 동정과 따뜻한 관심을 보여주어야 한다. 그리고 우리는 다른 사람들이 희생자의 행동을 따라 하지 못하도록 되도록 자살을 미화하지 말아야 한다.

• 정신장애 예방하기

조지 올비(George Albee)는 개인적 심리 치료는 비판하면서도 정신장애는 다양한 방식으로 예방될 수 있다고 강하게 주장했던 심리학자였다. 오래 전, 그는 예방에 대해 간략한 자신의 의견을 썼다. 다시 인용해보겠다.

> 수세기 동안 인류를 괴롭혀온 대부분의 전염병들은 효과적인 일차적 예방으로 사라져가고 있다. 감염이나 전염에의 원인을 미리 제거하고 저항력을 키우기 위해 병에 아직 걸리지 않은 사람들까지도 예방을 시키기 때문이다.
>
> 정신장애의 경우, 주요 원인이 박테리아, 바이러스 혹은 기타 유해한 유기체가 아니다. 오히려 여러 요인들에 의해 발생된 매우 높은 수치의 현재나 과거 스트레스로 인한 것이다. 여기에는 부부간 문제, 강제 퇴직, 성적 정체성 혼돈, 죄책감, 혹은 아동기에 심한 방치를 당한 경험, 신체적 학대, 성폭행, 애정 결핍 등이 포함된다.
>
> 예방을 통한 정신장애의 발병을 줄이기 위해서는 다음 세 가지 측면에서 문제들을 줄여야 한다. 그 세 가지는 기질적 요인, 스트레스 및 다양한 종류의 학대다. 그리고 다음 세 가지 측면에서의 자원을 증가시켜야 한다. 즉 대처 기술, 자존감, 지지 그룹의 증가다.[60]

올비는 다음과 같은 예를 제시한다.

- 기질적 문제를 줄이기 위해서는 임신 중 영양분을 잘 섭취해야 하며 환경 속의 납 같은 유독 물질들을 줄여나가야 한다.
- 스트레스를 줄이기 위해서는 사람들이 스트레스를 관리하도록 도울 필요가 있으며, 그들에게 더 나은 직장, 더 나은 의료를 제공하고, 가난한 사람과 노인들을 위한 더 좋은 주거 시설을 제공해주도록 해야 한다.
- 학대를 중단시키기 위해서는 아동, 여성, 소수자, 이민 노동자들의 학대를 예방하기 위해 필요한 것은 무엇이든지 해야 한다.
- 사람들에게 돈 관리, 스트레스 관리, 기본 생활 기술들을 가르침으로써 대처 기술을 향상시켜주어야 한다.
- 노인, 장애자, 여성 및 소수자들에 대해 언론에서 좀 더 공평하게 묘사함으로써 그들의 자존감을 향상시켜주어야 한다.
- 지지 그룹들에는 자조 프로그램, 교회 차원의 봉사단체, 건강 관리를 제공해주는 공동체 혹은 정부 조직 등이(여기에는 가정 급식 서비스 등의 유사한 서비스들이 포함됨) 포함되며, 이 그룹들을 점차적으로 확대시켜나가야 한다.

이것은 올비가 자신의 생애 동안 추진해온 창조적 제안이다.[61] 여기에는 사회 모든 부문에서의 중재가 포함된다. 그러나 대부분 상담자나 교회들에게 주어진 능력, 자원, 시간으로는 이 모든 것을 감당하기가 어렵다. 비록 올비는 '사회 변화를 통한 예방'을 주장했지만 그는 결국 이것이 '실현하기 어렵지만 여전히 지니고 있는 소망'이라고 결론을 내렸다.[62]

어떤 사람, 어떤 상담 기관, 어떤 공동체, 어떤 교회라도 모든 것을 다할 수는 없으며, 따라서 우리 각자는 문제가 더 악화되는 것을 예방하기 위해, 요구나 작업들을 분담해나가는 것이 좋다. 어떤 사람은 약물 예방 프로그램이나 자살 예방 센터에서 일하게 될 것이다. 다른 사람들은 부부관계 회복 프로그램, 은퇴 준비 상담, 이혼 회복 등에 중점을 둘 것이다. 어떤 사람들은 자살자의 유가족들이나 장애 아동의 부모, 10대 미혼모, 알코올중독 청소년, 혹은 더 심한 정서장애를 앓을 가능성이 큰 사람들을 돕기 위한 지지그룹들을 확충해나가는 데 중점을 둘 것이다. 우리들 중 많은 사람들은, 최선의 예방으로 정신장애자들 및 가족들과 일대일로 상대할 것이며, 이를 통해 더 복잡한 문제들을 예방하고 그들이 현재의 고통을 잘 대처해나가도록 도울 것이다. 몇몇은 앤디 벨맨과 같은 사람이 되어, 정신장애자들에 대한 대변인의 역할을 할 것이다. 이 내용을 읽는 사람들 중 몇몇은 학대 받는 아동, 폭력적인 지역에 사는 가난한 아동 같은 특별한 사람들과 함께하라는 그리고 그들이 더 잘 행동하고 미래의 문제들을 피할 수 있도록 도우라는 하나님의 요구를 이미 감지했을 것이다.

교회는 이런 노력에서 상당한 역할을 하고 있다. 예수님은 복음을 전파하시고, 사람들에게 회개하라고 요구할 때조차도 동정, 배려, 사회적 관심을 늘 촉구하셨다. 우리가 정신장애자나 정신장애에 걸릴 가능성이 있는 사람들을 포함하여 불쌍한 사람을 보살피면서 동시에 예수님의 지상명령을 행할 방법을 찾을 수 있을까? 교회는 이런 부문에 있어서 동정적인 자세로 열심히 이런 활동에 참여한 사례들을 많이 가지고 있다.

정신장애에 대한 결론

20세기 중반에 미국 연방정부와 정신건강 전문가들은 대규모 정신병원들을 단계적으로 없애고, 정신장애자들을 좀 더 인간적이고 편안함을 주는 공동체 치료 센터로 이동시키고자 하는 야심찬 프로그램에 착수했다. 나는 그 당시 학생이었으며, 사람들은 창조적이고 여러 사람으로부터 지지받는 이 프로그램이 좋은 결과를 낳으리라고 예상한 만큼 기대가 참으로 컸던 것을 기억한다. 이것이 실패로 돌아갈 줄을 어떻게 알았겠는가? 병원에 환자들이 점점 줄었고, 환경이 열악한 정신장애자 수용 기관들도 점점 사라져갔지만 이전의 병원에 입원했던 환자들을 사회로 통합시키는 것을 가능하게 해주는 거주 시설, 전환 관리, 직업훈련 등이 부족했다. 점점 많은 수의 정신장애자들은 거리로 몰려나왔고, 결과적으로 새로운 빈민 계층이 생겨나게 되었다. 바로 노숙하는 정신장애자들이다. 우리는 흐지부지해졌지만 의도는 좋았던 그 프로그램을 교정하기 위해 여러 방법들을 찾는 중이다.[63]

그러나 이런 상황에서도 우리가 소망을 가져야 하는 이유는 정신장애자들이 많고, 치료 시설은 제한되었음에도 불구하고 사람들은 더 나아지고 있기 때문이다. 심지어 심한 정신장애자도 자신들의 증상이 사라지는 것과 자신들의 기능이 회복되고 있음을 볼 수 있다. 과정은 늘 쉽지만은 않다. 그리고 문제도 우리의 예상보다 더 자주 일어날 수 있다. 그러나 정신장애의 치료에 있어서 큰 진전이 있으며, 새로운 치료법들이 계속 나타나고 있다.

예수님은 가난한 자와 늘 함께하라고 말씀하셨다. 아마도 이 말은 정신장애자들에게도 적용될 것이다. 복음이 부자뿐만 아니라 가난한 사람에게도 도달한 것처럼 하나님의 말씀과 하나님의 사람들로부터 오는 위로는 정신장애자들이나 건강한 사람들에게 위안을 주고 그들을 좋은 길로 인도해줄 것이다. 고인이 된 교황 요한 바오로 2세는 여러 기회를 통해 이에 대해 이야기했다. 2001년 그는 일반 청중들을 대상으로 정신장애를 앓는 형제자매들에게 무관심하지 말 것을 촉구하고, 교회가 병으로 고통 받는 사람들에 대한 존중과 애정을 보여주며, 인류 전체에게 그들을 받아들일 것과 가장 가난하고 버림받은 사람들을 특별 보호해줄 것을 촉구했다. 2년 후 우울증에 대한 국제회의 연설에서, 교황은 정신건강 전문가들에게 심한 우울증을 앓는 사람들이 하나님의 온유하심을 인식하고 신앙과 삶의 공동체 내로 통합되도록, 그래서 그들이 인정받고, 이해받고, 지지받고, 사랑하고 사랑받을 가치가 있다는 것을 느끼도록 도와줄 것을 촉구했다.[64] 정신장애자와 그들의 가족을 돕는 것은 기독교 상담자에게 가장 크고 가장 중요한 도전 과제들 중 하나이다.

상담자들을 위한 요점 정리 33

- 정신장애에 대한 명확한 정의는 없다. 고통, 일탈(이상), 장애, 역기능을 포함한 다양한 증상들이 나타나는 상태라고 할 수 있다.

- 고통, 이상, 장애가 현저하지 않고 최소한의 증상만 나타나더라도 때로는 파괴적이고 매우 심각할 수도 있다.

- 성경은 정신장애에 대해 거의 언급하지 않으며, 정신병리라는 용어도 쓰지 않는다. 대신 정신장애에 대한 예를 제공해주고, 인간 본성에 대한 식견을 주고, 하나님 앞에서의 인간 상태를 보여주고, 인간 고통에 대한 이해를 하게 해주며 소망을 준다.

- 정신장애는 현재의 스트레스와 소인적 요인을 포함해 여러 가지 복합적인 영향들에서 유래한다. 이 두 가지는 생물학적, 심리적, 사회환경적, 영적인 상태에서 기인할 수 있다. 또한 그 당사자가 자신이 삶의 환경을 통제할 수 있다고 생각하거나 죄의 역할을 느끼는지 그렇지 않은지가 중요하다.

- 정신장애는 심리적으로 특이한 정서, 감각, 인지, 사고, 행동에서 나타난다. 이런 정신이상은 어떤 사람의 삶에서는 삶을 파괴시킬 정도로 심할 수 있으나 어떤 사람에게는 그다지 겉으로 드러나지 않을 수 있다.

- 통상 정신장애자를 둔 가족은 심한 고통과 적응의 어려움을 겪는다.

- 정신장애에 대한 효과적인 상담은 다음을 포함한다.
  · 약물 치료를 포함한 신체적 중재, 상담, 사회적 조건들 변화시키기, 영적 돌봄 등을 통한 정신장애자들을 돕기.
  · 가족들에게 지지, 교육, 상담을 제공하는 것.

- 자살과 자살 위협은 때로 심한 정신장애의 한 부분이지만 대개는 심한 장애를 가지지 않은 사람들에게서도 나타난다.

- 상담자들이 자살 시도의 징후를 아는 것, 자살을 예방하기 위해 중재하는 법, 그리고 자살이 발생했을 때 가족들을 돕는 것의 중요성을 아는 것이 중요하다.

- 교회는 정신장애자들과 그들의 가족을 돕는 데 중요한 역할을 할 수 있다.

34

알코올과 관련된 문제들
Alcohol-Related Problems

로렌은 25년 동안 술을 마시지 않았다. 그는 자신이 인정하는 것보다 더 여러 번 유혹을 받았고 거의 실패할 뻔한 적도 있었다. 그는 지금도 식당에서 알코올 성분이 들어 있는 럼케이크 같은 음식을 피한다. 이 작은 것이 그의 금주 의지를 약하게 만들까 봐 두렵기 때문이다. 하지만 이런 긴 기간의 노력 후에도 그는 자신을 술을 마실 수 있는 사람으로 분류한다.

그는 자신이 맑은 정신을 유지할 수 있는 것은 오직 하나님이 사랑하시는 아내와 알코올중독자를 위한 클리닉의 유능한 분들이 자신을 붙잡아주었기 때문이라고 서슴없이 말한다. 그는 이렇게 말한다. "단언하건대 내가 만약 한 잔이라도 다시 술을 입에 댔다면 다시 과거 알코올중독의 삶으로 돌아갔을 것이 분명하다."

아마 여러분은 로렌에 관한 이야기가 낯설지 않을 것이다. 앞에서 한번 그것에 대해 말한 적이 있다.[1] 그는 어렸을 때 가족 모두와 함께 매주 교회에 나갔다. 목사님께서는 주일 설교 중 때때로 알코올중독에 대해 감정 섞인 설교를 하셨다. 참석한 대부분의 성도들은 알코올중독은 교회 밖의 일이고 의롭게 살아가는 기독교인들과는 거의 연관이 없는 것으로 생각했다. 회중 가운데 어느 누구도 술을 마시는 것을 받아들이지 않았고 로렌의 집에서도 술은 찾아볼 수 없었다.

그 당시에는 10대의 음주가 오늘날보다 훨씬 더 제한적이었다. 하지만 그가 대학에 들어갔을 때 많은 것이 달라졌다는 것을 깨닫게 되었다. 거기에서는 기독교인을 포함한 거의 모든 학생들이 엄청나게 많은 양의 술을 마셨다. 로렌은 곧 한두 잔의 술이 특히 스트레스를 받은 후 기분을 푸는 데 도움이 된다는 것을 알게 되었다. 그는 주말 파티에서 더 많은 술을 마시곤 했는데 점차적으로 폭음을 즐기는 쪽으로 발전되어나갔다. 한번은 음주운전으로 체포되었을 때 가까스로 부모님에게 이 사실을 숨길 수 있었다. 그러나 정작 그 자신은 음주가 그 당시 학생들의 전형적인 생활습관이며 훗날 한 사람의 성숙한 남자가 되기 위한 과정을 겪는 것이라고 생각하였다.

졸업 후에 로렌은 결혼을 했고 증권회사에서 일하게 되었다. 그는 열정적으로 자신이 맡은 일을 감당해나갔다. 그곳에서의 일은 매우 도전적이었으며 때때로 압박감이 심했지만 미래가 밝았기 때문에 견딜 수 있었다. 로렌은 고객들과 함께 점심 먹는것을 즐겼다. 하지만 동료들은 곧 그가 다른 사람들보다 술을 많이 마신다는 것과 그가 일로 돌아왔을 때 기억이 분명하지 않은 부분이 있다는 것을 알게 되었다. 가끔은 귀가하는 도중 술집에 들러 술을 마시곤 했는데 때때로 새벽 한두 시가 넘어서까지 계속 먹을 때도 있었다. 그는 자신의 음주를 통제하지 못하는 사람들에 대해 조소하듯이 바라보면서도 자신이 알코올과 관련된 문제를 갖고 있다는 사실은 인정하려 들지 않았다.

　로렌의 아내는 그를 돕기 위해 매우 헌신적이었다. 남편이 숨겨둔 술을 발견하면 곧 개수대에 부어버렸고, 로렌이 일하러 나갈 수 없을 정도로 취했을 때는 상사에게 전화를 걸어 그의 몸 상태가 좋지 않아 일하러 나갈 수 없다고 변명했다. 로렌의 부모님이 결혼 40주년 축하파티를 했을 때도 술이 취해 있는 남편을 대신하여 혼자만 참석하며 남편은 일이 바빠서 함께 올 수 없었다고 변명했다. 저녁에 아이들이 아버지에 대해 물으면 그들을 재촉하여 잠자리로 보내 술이 취해 비틀거리며 문을 들어올 아버지의 모습을 자녀들에게 보여주지 않으려 했다.

　어느 날 밤 로렌은 일을 마치고 집으로 오는 도중 심각한 사고를 냈다. 작은 소년이 몹시 다쳐 쓰러져 있었다. 이 사건은 법적으로 또한 그의 직장에서 그를 곤경에 빠지게 만들었다. 그는 더 이상 자신이 알코올과 관련된 문제를 가졌다는 것을 부인할 수 없게 되었다. 그의 경력은 하루아침에 날아가버렸다. 그의 가족들은 심각하게 상처를 입게 되었고, 그의 영적인 생활은 비틀거렸으며, 건강은 나빠졌고 판사는 그 앞에 두 가지 선택을 내놓았다. 하나는 감옥에 가는 것이고 다른 하나는 재활 프로그램에 들어가는 것이었다. 그는 후자를 선택했고 지금은 그가 한 선택을 아주 기쁘게 생각한다. "만약 그때 술을 끊지 않았다면, 누군가가 나를 도와주지 않았다면, 나는 아마 오래전에 이 세상 사람이 아니었을 것입니다."

　패디 그린의 선술집이 아직 있는지 모르겠다. 아마 이미 없어졌겠지만 그곳은 내가 소년시절을 보냈던 집에서 두 블록 떨어진 곳의 모퉁이에 있는 낡은 건물이었다. 에어컨과 텔레비전이 나오기 전인 그 시대에 사람들은 무더운 여름날 밤 현관에 모여앉아 열기를 피해 서로 이야기를 나누며 시간을 보냈다. 거의 매일 밤 특히 주말이면 패디 그린의 선술집으로부터 비틀거리며 돌아가는 많은 사람들을 볼 수 있었다. 더러는 쓰러져 새벽까지 그곳에서 지내는 사람들도 있었다. 어린아이들이었던 우리는 웃으며 술 취한 사람들을 바라보았지만 우리가 아는 사람들이었을 경우에는 그들의 노려봄을 감당하기 무서워 멀리 떨어져 있었다.

　지금 내가 사는 교외의 거리에는 선술집이나 술에 취해 비틀거리는 통행인은 없지만 그 옛날의 생각은 아직도 나의 뇌리에 살아 있다. 그들은 알코올을 남용함으로써 내가 알아왔던 사람들과 함께 자신의 삶을 망치고 가족들에게 심각한 영향을 주었다. 이 글을 읽는 거의 모든 사람들이 어느 면으로든 알코올에 의해 영향을 받았을 것이다. 알코올중독은 중요한 사회문제이자 건강, 경제, 도덕과 관련된 문제이다. 그것은 가족을 혼란에 빠뜨리고 경력을 망치고 두뇌와 건강을 파괴하고 우정을 날려버리며 우리를 불행한 삶으로 종말 짓게 만든다.

　알코올 남용과 관련된 통계는 시대에 따라 다르고 장소에 따라 다르기도 하다. 일부 중동 이슬람 사회에서는 알코올 남용이 거의 존재하지 않는다. 반면 일부 유럽이나 남미에서는 거의 모든 사람들이 술을 마신다. 대부분의 사람들은 술을 즐긴다. 하지만 일부는 알코올중독이 되고 알코올에 대한 높은 의존으로 말미암아 여러 가지 문제점들이 생기게 된다. 미국에서 알코올 남용은 치명적인 교통사고의 거의 절반, 가정에서 생기는 상처의 5분의 1, 병원 치료를 요하는 싸움의 약 56%의 원인을 제공하며 또한 화재로 인한 사상자, 익사자, 살인자, 미성년자 착취자, 가정 폭력과 높은 연관성이 있다.[2] 알코올 남용에 대한 연구 조사에 의하면 미국 인구의 7.4%인 약 1400만 명이 알코올 남용에 관한 분류 기준을 통과한다. 미국 성인의 절반 이상이 가까운 친척 중에 현재 알코올중독이거나 과거에 알코올중독이었던 사람들이 있고 18세 이하 청소년 4명 중 1명이 알코올 남용 또는 알코올 의존에 노출되어 있다.[3] 2000년에 실시된 한 전국 연구조사에 의하면 알코올 남용은 모든 사회계층에서 연령별로 차이는 있지만 전 연령대에 걸쳐 나타나는 것으로 밝혀졌다. 알코올중독은 남성과 여성에게 구별 없이 일반적으로 나타난다. 교회 밖에 있는 사람들뿐 아니라 복음주의자들을 포함하여 교회 안에 있는 사람들까지도 어렵게 만든다. 심장병과 암 다음으로 세 번째로 위험한 사망 원인이 되었다. 알코올중독은 경제적 관점에서 수십억 달러의 비용을 초래하는데 그것은 낮은 생산성, 결근, 시설물 파손, 치료 비용, 조기 사망 등의 형태로 나타난다.[4] 특히 심각한 것은 이러한 알코올중독 현상이 18~25세 사이의 젊은이들에게서 많이 나타난다는 것이다.

연구가들과 상담자들은 화학물질로 인한 질환(알코올 남용 포함)들을 여러 카테고리로 분류한다.

- 중독 : 임상적으로 중요한 부적응적 행동 변화를 일컫는데 부적절한 성적 또는 공격적 행동, 심리상태 변화, 손상된 판단력, 손상된 사회 또는 직업적 기능, 어눌한 말씨, 근육 협조 불능, 불안정한 걸음세, 혼수상태를 포함한다.[5] 사회적 관점에서 이러한 행동적 변화가 상대적으로 드물게 나타난다면 다른 사람들에 의해 용인되고 문제가 아닌 것으로 보여질 수도 있다.
- 알코올 의존(또는 다른 화학물질에 대한 의존) : 통상적으로 알코올중독이라 불리는 것이다. 공통적인 증상으로는 술에 대한 강한 욕구 또는 강박충동, 술에 대한 절제 불능, 어지러움, 땀 흘림, 흔들림, 과음 후의 불안과 같은 금단현상이 포함된다. 시간이 지나면서 술을 마시는 사람은 알코올에 대해 상당한 정도의 내성을 갖게 되어 점점 더 많은 양의 알코올을 필요로 하게 된다. 이러한 욕구는 음식 및 물에 대한 욕구처럼 아주 강하다.[6] 대개 하나의 물질에 대한 의존도가 높은 사람은 알코올이나 다른 약의 사용을 중단했을 때 금단 증상이 나타나게 된다.
- 남용 : 알코올에 대한 욕구, 음주에 대한 통제 상실, 화학물질에 대한 물리적 의존을 포함하지 않는다. 대신 남용은 자주 술을 마시면서 찾아오는 문제점들과 관련 있다. 이러한 문제점들은 직장에서 주요 업무나 가정에서 할 일을 완수하지 못하는 것, 대인관계에서 원만하지 못함, 음주중 운전 또는 싸움과 같은 무질서한 행동으로 인한 체포와 같은 법률적 문제를 포함한다. 술에 취하지 않고 정신이 맑을 때는 음주가 야기하는 문제들을 이해함에도 불구하고 음주는 계속된다.
- 화학물질로 인한 기능장애 : 알코올이나 다른 해로운 약의 사용에서 비롯된 여러 다양한 정신적 상태를 포함한다. 알코올과 같이 중독성이 있는 물질을 과도하고 지속적으로 사용하여 뇌 또는 신체의 일부분이 정상적으로 작동하지 않는 신체적 상태다. 예로는 간장병, 물질 유도 정신장애, 물질 유도 불안증, 물질 유도 치매 등이 있다.

이러한 복잡한 용어는 잊어버리고 알코올중독이나 약물중독과 같이 더 일반화된 용어들을 사용하는 것이 더 낫지 않을까? 물론 이러한 용어들이 더 단순하지만 최근 몇 년에 걸쳐 아주 일반적으로 사용되면서 그 결과로 한 개인이 통제력을 잃어가는 생리학적인 조건들의 심각성을 제대로 나타내지 못한 면이 있었다. 대다수의 상담가들과 건강관리 전문가들은 알코올중독이나 다른 약물중독을 만성적이고 진행적인 질병으로 본다. 알코올이나 다른 파괴물질에 대한 의존이 인간의 신체적·정신적 건강, 지적 능력, 인간관계, 일상생활에서 경제적으로 기능하는 능력에 지장을 주게 된다. 사람마다 증상이 다를 수 있고 전개되는 속도도 다를 수 있지만 모든 사람들이 신체적 증상, 약물에 대한 강한 욕구를 포함하는 심리적 어려움, 사회생활과 직장생활을 어렵게 하는 행동적 문제들을 보인다.

알코올중독과 약물중독을 질병으로 보는 시각은 죄라는 단어를 사용할 기회를 잃어버리게 한다. 알코올중독은 하나의 질병인가 아니면 죄인가? 이 질문은 기독교인들에게만 국한되는 것은 아니다. 의사들과 의료보험사들은 알코올중독이 예상할 수 있고, 진행적이고, 심리적으로 약하게 만들고, 치료가 가능하기 때문에 이를 질병으로 받아들인다. 알코올중독을 하나의 질병으로 보면 사회적으로 덜 비난받게 되고 치료받기가 더 쉬워지며 보험회사들이 치료 비용을 부담하게 된다. 이러한 시각은 알코올중독자에게 개인적 책임감과 죄의식으로부터 벗어날 기회를 제공할 가능성이 있다. 한 공무원은 그가 법을 위반했을 때 알코올중독이라는 질병을 앓고 있었기 때문에 그가 저지른 불법적 행동에 대해 책임이 없다고 주장하기도 했다.

질병으로 바라보는 시각과 다른 의견도 있다.[7] 일부 사람들이 생리학적으로 더 알코올중독자가 될 가능성이 더 크다는 것은 사실이다. 그러나 모든 사람은 첫 번째 잔을 들 때 술을 마실 것인지의 여부를 적어도 자기 의지로 결정할 수 있게 된다. 각자는 술을 계속할 것인지 그만둘 것인지 결정할 수 있다. 알코올중독은 희생물을 생리학적·신체적으로 집어삼키는 진행적 중독이며 동시에 술을 마시는 사람 자신에게 적어도 부분적으로 책임이 있는 도덕적 증상이다. 그래서 알코올중독을 단지 하나의 질병으로 보거나 죄의 흑백논리로 단정짓는 것은 너무 단순하고 극단적일 가능성이 있다.

앞으로 우리는 알코올중독과 다른 물질 중독을 질병과 동시에 죄의 시각으로 바라볼 것이다. 두 시각 모두 중독의 발전 과정을 조명하고 치료의 각도에서 바라볼 것이다. 이 장의 나머지 부분에서는 알코올의 영향에 초점이 맞춰질 것이다. 다른 물질의 남용과 중독은 제35장에서 다룰 것이다.

성경과 알코올 관련 문제점들

성경은 금주에 대해서는 가르치지 않지만 자제에 대해서는 가르치는 것으로 보인다. 시편 104편을 보면 포도주가 하나님으로부터의 축복에 포함되어 있고 사람들을 기쁘게 만들어주는 것으로 묘사되어 있다. 예수님은 첫 번째 기적에서 물을 포도주로 변화시키셨으며 마지막 만찬에서 포도주를 드셨고 예수님 자신이 포도주를 드신 것으로 나타나 있다.[8] 또한 바울은 그의 제자 디모데에게 포도주를 조금씩 마실 것을 권유하는데 이는 포도주가 디모데의 위장병과 자주 고통을 주는 질병들을 치유하는 데 도움이 된다고 믿었기 때문이었다.[9] 일부 학자들은 1세기 팔레스타인에서의 포도주의 알코올 농도에 대해 말하지만 이는 분명히 사람들을 취하게 할 만큼 충분한 도수를 가지고 있었다. 예수님이 물을 포도주로 변화시키신 가나의 혼인잔치에서 잔치 끝 무렵에 하객들은 좋은 포도주와 나쁜 포도주를 구별할 수 없을 정도로 취하게 된다는 연회장의 표현을 통해 그 당시 사람들이 아주 자유롭게 술을 마셨다는 것을 알 수 있다.[10] 물론 포도주가 취할 정도로 도수가 강하든 물로 충분히 희석하여 도수가 약하든 간에 마시는 사람이 그 양을 통제할 책임이 있는 것이다.

성경을 통틀어 지나친 음주는 비난을 받는다. 술 취함으로 길을 잃는 사람은 누구라도 현명한 사람이 될 수 없다고 잠언 기자는 경고한다. "포도주는 거만하게 하는 것이요, 독주는 떠들게 하는 것이라. 이에 미혹되는 자마다 지혜가 없느니라."[11] "술을 즐겨 하는 자들과 고기를 탐하는 자들과도 더불어 사귀지 말라."[12] 바울은 유사한 경고를 에베소서를 통해서 했다.[13] 모든 성경 구절을 통해 가장 강력한 메시지는 잠언 23장 29~35절에 있는 알코올 남용에 대한 말씀일 것이다.

재앙이 뉘게 있느뇨? 근심이 뉘게 있느뇨? 분쟁이 뉘게 있느뇨? 원망이 뉘게 있느뇨? 까닭 없는 상처가 뉘게 있느뇨? 붉은 눈이 뉘게 있느뇨? 술에 잠긴 자에게 있고 혼합한 술을 구하러 다니는 자에게 있느니라. 포도주는 붉고 잔에서 번쩍이며 순하게 내려가나니 너는 그것을 보지도 말지어다. 그것이 마침내 뱀 같이 물 것이요, 독사 같이 쏠 것이며 또 네 눈에는 괴이한 것이 보일 것이요, 네 마음은 구부러진 말을 할 것이며, 너는 바다 가운데에 누운 자 같을 것이요, 돛대 위에 누운 자 같을 것이며, 네가 스스로 말하기를 '사람이 나를 때려도 나는 아프지 아니하고 나를 상하게 하여도 내게 감각이 없도다. 내가 언제나 깰까? 다시 술을 찾겠다' 하리라.

성경이 술 취하지 말 것을 경고하고 술을 마실 때 절제할 것을 가르치지만 한편으로 금주하는 것이 더 낫다고 말한다. 세례 요한은 포도주를 마시지 않은 하나님의 사도였다.[14] 남자나 여자가 특별한 서원, 곧 나실인의 서원을 하고 자기 몸을 구별하여 여호와께 드릴 때 그들은 포도주와 독주를 멀리하며 포도주의 초나 독주의 초를 마시지 않으며 포도나무 소산은 아무것도 먹지 않을 것을 약속한다.[15]

오늘날 대부분의 기독교인들은 절제가 좋은 것이라고 결론짓지만 많은 사람들은 음주가 갖고 있는 위험성을 볼 때 금주가 훨씬 더 낫다고 믿는다. 알코올은 향정신의약품이므로 심리적으로 신체적으로 중독이 될 수 있다. 성경은 알코올의 절제된 사용을 비난하지 않고 금지하지도 않는다. 음주는 허용되지만 유익하지 않은 행동으로 분류될 수 있다.[16] 알코올이 함유된 음료를 마시는 것과 같은 행위는 인체에 해롭고, 감각을 무디게 하며, 정신을 흐리게 하고, 도덕이나 죄에 대한 불감증에 걸리게 하고, 타인에게 해를 끼치고, 믿는 사람들을 넘어지게 하므로 피하거나 최소한 경계심을 가져야 한다.[17] 때때로 믿는 사람들은 절제를 선택해야만 한다. 우리의 절제는 바로 주님의 몸 된 교회의 성장을 위해 유익하기 때문이다.

어떤 사람이 술을 지나치게 많이 마시거나 심하게 취하여 중독으로 발전된다면 어떠한가? 상담자를 포함한 성령의 인도함을 받는 기독교인들은 자신뿐 아니라 타인들에게 해가 되는 행동을 하는 사람들을 도와 회복시킬 책임이 있다. 알코올이나 기타 물질에 중독되었을 때 혼자 힘으로 해결하는 것은 대단히 어렵고 이를 위해서는 상당한 의지와 결단을 필요로 한다. 도움을 제공하는 사람들은 친절, 겸손, 연민 같은 마음으로 필요한 육체적 도움을 주고 고통 받고 있는 사람들을 대면하고 우리가 포기하지 않는다면 언젠가 회복될 것이라는 믿음으로 인내심을 갖고 감당해나가야 한다.[18]

• 알코올과 연관된 문제점들의 원인

1959년 알코올중독과 치유 분야의 한 권위자는 "모든 사람이 알코올중독에 대해 의견을 갖고 있지만 그것들이 서로 매우 다르다"고 발표하였다. 40년이 지난 후 다른 전문가 역시 이 분야에서의 심층 연구에도 불구하고 사람들이 왜 알코올중독자가 되는가에 대해서는 여전히 이견들이 있다고 인정했다.[19] 이렇게 다른 의견들이 많은 것은 알코올중독과 남용 및 의존이 다양한 원인들에 의해 발생하기 때문이다. 연구가와 상담자들은 알코올중독이 되도록 하는 영향인자들이 존재한다고 생각한다.

1. 생물학적·유전적 영향

알코올중독 방지 모임 또는 단주 모임(AA)은 알코올중독을 진행성 질병으로 정의하면서 결코 치유될 수 없고 알코올에 대한 신체적 민감성과 인간의 의지만으로는 감당할 수 없는 정신적 강박의 조합이라고 표현한다.[20] 수십 년 동안 이루어진 생물학적·유전적 연구에 의하면 일부 사람들은 알코올중독에 유전적으로 더 취약하다. 알코올중독이 아닌 사람들의 자녀들과 비교할 때 알코올중독자들의 아들과 딸들은 성장하면서 알코올중독이 되기가 훨씬 더 쉽다. 알코올중독자의 자녀가 태어나자마자 입양되어 생부모의 알코올중독에 대해 전혀 모르고 성장했을 때도 그렇다. 비알코올중독자의 자녀들이 알코올중독 부모에 의해 양육되었을 경우에조차도 이들의 알코올중독의 가능성은 평균보다 낮다.[21]

인간과 동물에 대한 정교한 많은 연구에도 불구하고 알코올중독을 유발하는 원인에 대한 생물학과 유전학의 정확한 역할에 대해 밝혀진 것은 부족하다. 예를 들면 D2 유전자는 알코올중독의 형태와 과정을 조절하는 것으로 유전적 연구에 의하여 밝혀졌다. 연구가들은 D2 유전자가 알코올중독을 유발한다고 증명하지는 않았지만 알코올중독과정을 조절하는 것으로 보이며 일반 대중에서보다도 알코올중독자에게서 더 일반적으로 나타난다고 밝혀냈다. 10대와 20대 초반에 있는 두 그룹의 남성들에 대해 알코올의 영향을 조사한 연구가 있다. 두 그룹 중 한쪽은 알코올중독 아버지를 가졌고 다른 쪽은 아니라는 것 이외에 나이, 인종, 종교, 교육, 음주 습관 및 다른 특성면에서 서로 대등하게 조건이 만들어졌다. 이 젊은이들에게 술이 주어졌을 때에 두 그룹은 각기 다른 반응을 보였다. 모든 참가자들이 동일한 혈중알코올농도를 가졌지만 알코올중독자의 자녀들은 덜 취하고 지적 테스트, 운전 테스트에서 더 좋은 결과를 보였다. 이는 알코올중독이 되는 사람들은 초기에 알코올에 대한 저항력이 더 크고 이의 영향에 대해 덜 인지하고 있다는 사실을 확인해 준다. 결과적으로 그들은 알코올 섭취량을 조절하지 않게 되고 알코올중독이 될 가능성이 점점 더 높아지게 된다.[22]

2. 가정과 가족의 영향

알코올중독은 가정에서 다툼을 야기하는 것으로 보인다. 우리가 보아왔듯이 부모가 알코올과 관련된 문제를 가진 가정에서 성장한 사람들의 경우 알코올과 관련된 문제들이 더 폭넓게 나타난다. 유전학이나 다른 생물학적 영향들이 일부 요인이 될 수는 있겠지만 가정역학도 이와 같거나 더 큰 영향을 줄 수도 있다. 가정에 의한 과거와 현재의 영향을 연구하려는 시도는 가족 구성원들이 과거에 실제로 무슨 일이 일어났는지 무엇이 현재까지 계속되는지 말하지 않을 가능성이 높기 때문에 성공하기가 어렵다.

(a) 알코올 관련 문제를 야기함에 있어서 가족의 역할 : 몇 년 전 샌드라 윌슨이라는 박사 과정 학생이 그 학부위원회에서 활동할 수 있는지 물어왔다. 그녀는 아이들이 부모의 한쪽 또는 양쪽 모두가 알코올중독인 가정에서 성장할 때 어떤 영향을 받는지 연구하고 싶어 했다. 몇 달이 지나면서(후에 내가 그녀에게 쓰도록 권유한 책에서 밝혔듯이) 샌디는 알코올중독자의 자녀들이 겪는 두려움, 죄, 혼동, 고통, 도전에 대해 소개했다.[23] 마침내 그들은 알코올중독 가정에서 어린 시절에 감정적 상처를 경험하고 간직하며 성장한 알코올중독자 가정의 성인이 된 아이들(ACOAs)로 알려진 모임에 가입하였다. 이들은 비알코올중독자 가정에서 성장한 아이들보다 훨씬 더 심각한 신체적 문제점들을 갖고 있었으며 이들 중 상당수는 스스로 알코올중독자나 알코올 남용자가 되었다.[24] 이들은 자주 불안하고 자책하고 친근함을 두려워한다. 알코올중독 가정의 어린이들에게 생존을 위한 세 가지 법칙이 있다. '말하지 말라, 믿지 말라, 느끼지 말라' 이다. 이로 인해 이 젊은이들이 성인이 될 때 지속적으로 신뢰, 의지, 자제, 일체감, 감정 표현에 문제를 갖게 된다. 비알코올중독 가정의 젊은이들과 비교해서 ACOA 그룹에 속해 있는 사람들은 높은 수준의 근심, 낭만적 이성관계의 회피, 다른 성인들과의 연결에 대한 두려움을 나타낸다.[25] 일부는 우울증에 시달리고 일부는 거

식증에 걸리기도 하고 그들의 부모와 같이 알코올중독이 될지도 모른다는 두려움 속에 살아간다.[26] 이러한 두려움에도 불구하고 실제로 알코올중독자의 많은 자녀들이 알코올중독의 부류로 빠져들어간다.

앞에서 보아왔듯이 유전적 영향과 다른 생물학적 영향들이 이러한 결과를 낳는 데 기여하지만 가정환경과 부모의 태도 또한 매우 중요하다. 부모가 자식이 술을 마시는 것에 관심이 없거나 알코올의 중요성에 관심을 기울이지 않는다면 알코올을 잘못 이용할 확률이 아주 높아진다. 부모가 무관심하거나 지나치게 처벌 위주인 경우 아이들은 움츠러들거나 반항하여 알코올 문제가 뒤따라올 수 있게 된다. 알코올중독자의 성인 자녀 1천 명을 대상으로 한 조사에서 그들은 알코올중독 가정에서 자라면서 78.2%가 많이, 11.1%가 적당하게 영향을 받았다고 밝히고 있다.[27]

(b) 알코올 관련 문제를 지속시키는 데서의 가족의 역할 : 알코올과 관련된 문제가 심각하게 전개되어 나갈 때 가족은 크게 영향을 받게 된다. 가족 구성원들은 고통 받고 이러한 문제들이 성공적으로 치유되기를 바라지만 이상하게도 가족 구성원들은 문제가 심각하게 전개되어나가는 쪽으로 행동하게 된다.

일부 알코올중독자만이 부랑자 소굴에서 살고 대부분은 가족과 함께 살며 직업을 유지한다. 술 취하는 빈도가 더 잦아지고 알코올 남용이나 의존이 더 심각해질 때 다른 가족 구성원들이 영향을 받기 시작한다. 초기에는 가족 구성원들이 이러한 상황을 부인하려고 한다. 많은 경우 언급하기 꺼려지지만 가족 모두에게 영향을 주고 근심을 주는 엄청난 분열 요소로 발전한다. 각 가족 구성원은 음주자를 보호하고 중요하게 여기지만 우선 가족을 한데 묶어놓기 위해 가능한 모든 노력을 시도한다. 집에 남아 있는 술을 감추거나 화장실에 쏟아붓는 등 음주를 통제하거나 중지시키려는 시도를 하곤 한다. 때로는 술을 마시는 원인들을 이해하고 제거하려는 노력을 시도하기도 한다. 가족 모임이나 사회적 모임에 참석하지 않는 것을 변명하면서 친구나 지역사회에 술 마시는 습관을 숨기려 하기도 한다. 술을 마시는 것을 더 이상 감출 수 없거나 부인할 수 없을 때 술을 끊도록 반복적으로 강요하게 된다.

때때로 가족 구성원들이 생존을 위한 역할을 감당하게 된다. 바로 가족을 함께 지키고 스트레스를 막기 위한 신실하고 무의식적인 노력들이다. 예로 가족의 욕구를 해결하기 위한 책임은 일반적으로 가능케 하는 자(enabler)인 아내가 맡게 된다. 로렌의 아내가 좋은 예다. 가능케 하는 자는 모든 것이 순조롭게 흘러가도록 노력하지만 자신에게는 분노, 우울, 겉으로 드러나지 않는 분개가 나타날 수 있다. 다음으로 주로 큰아들이 맡는 가족 영웅 역할이다. 가족을 위해 희생을 하며 어린 형제들을 위한 책임을 감당하고 술을 마시지 않는 쪽의 부모가 의지할 수 있고 도움을 주는 역할을 하게 된다. 희생양 역할을 감당하는 사람은 자신이 술로 인한 가족의 스트레스를 대신해서 문제를 만들어내고 가족 구성원들의 관심을 술로부터 다른 곳으로 옮기게 된다. 제29장과 제31장에서 논의한 가족체제이론에 따르면 진정한 가족 문제 즉 알코올중독자는 다른 곳에 있지만 희생양 역할 또한 상담을 필요로 하는 문제를 안고 있다. 대조적으로 잃어버린 아이는 마스코트나 광대가 유머를 통해 고통스러운 상황을 바꾸려고 시도하듯 자신의 감정을 다스리고 가족들이 걱정할 필요가 없는 사람이 되기 위해 노력한다. 잃어버린 아이는 집에서 가능한 멀리 떨어져 지내며 가끔 도움을 받기 위해 다른 가족들로 눈을 돌린다. 이 모든 것들은 알코올중독자의 전체 가정으로 차츰 스며들며 그들이 겪게 되는 고통과 비애를 나타낸다.

이와 같은 역할 분담은 생활을 유지시키기는 하지만 가족 내 알코올중독자를 그대로 고착시키게 된다. 가족이 이렇게 하루하루 살아가는 한 변화에 대한 가능성은 줄어든다. 그러므로 가족들은 견뎌낼 수 없다는 함정에 갇히게 된다. 중독에 익숙해지면 문제는 영속화되고 고통은 계속된다. 가족이 변화하지 않으면 모두가 상처를 입고 고통당하게 된다. 많은 상담자들은 가족들이 실체를 부인하며 문제를 영속시키고 사실을 숨기고 중독자로 하여금 무책임하고 자기중심적 행동의 결과를 직시하지 못하도록 하면 치료가 지연되고 상태 호전이 이루어지지 않는다는 데 동의한다. 알코올중독자의 많은 가족들이 중독자를 과보호하거나 중독자들이 내뱉는 합리화, 변화에 대한 약속, 변명을 지속적으로 용인한다면 이는 중독자에게 도움이 되지 않는다. 가족 구성원 모두가 현실적인 상황을 빨리 인정할수록 더 빠르게 호전될 수 있다.

중독 문제를 영속화시키는 것은 가족뿐만이 아니다. 고용주, 친구, 사람들이 중독 문제를 간과하고 무시하려고 할 때도 중독이 지속된다. 사회도 대체로 책임이 있다. 사람들이 중독의 심각성을 제대로 인식하지 못하게 하는 것이다. 술 취한 모습에 웃고 음주운전을 참아주고 알코올 영향하에서 저질러진 범죄에 대해 관용하고 술을 유도하기 위해 '즐거운 시간(Happy Hour)' ' 크리스마스 건배(Christmas Cheer)'와 같은 용어를 사용하고 술의 위험에 대한 경고 없이 알코올 음료의 자유로운 광고를 허용하고 긴장을 푸는 효과적인 수단으로 술을 묘사하는 것들이다. 알코올 관련 문제들이 많은 기독교인들 사이에서 숨겨져 있다는 것을 무시하고 알코올이나 다른 중독문제로 씨름하고 있는 가족들에게 제대로 된 도움을 주지 못하는 교회 지도자들 또한 책임을 면키 어렵다.

3. 사회 문화적 영향

술이나 다른 약물에 대한 사용을 엄격히 통제하는 문화가 존재한다면 남용으로 인한 문제가 발생할 가능성은 낮다. 예를 들면, 유대인들은 젊은이들에게 술을 허용하지만 술 취함에 대해서는 사회적인 비난을 한다. 따라서 알코올을 남용하는 비율은 아주 낮다. 이들이 유대교를 떠나면 이러한 문화적 영향은 때때로 바뀌기도 한다. 러시아와 이탈리아에서의 음주 태도는 요르단과 말레이시아에서와 다르게 나타난다. 이는 알코올이 사용되고 남용되는 방법에 영향을 준다. 대조적으로 미국과 호주에서는 술 취함에 대해 대체적으로 관용하며 받아들인다. 10대나 대학생들이 술 취하는 것을 어른이 되어가는 표시로 여겨 웃어넘긴다. 술 취함은 텔레비전 칵테일 시간에 말장난을 위한 주제가 되어버린다. 더 많이 마시고 파티에서 폭음하는 것이 해야 할 목록에 있고 동료들의 압박까지 가해지기 때문에 알코올 남용에 대한 여건은 무르익게 된다.

사회경제적 지위가 낮은 사람들, 희망이 없고 생계가 어렵고 가난을 대물림하는 빈민가에 사는 사람들에게도 여건은 무르익는다. 알코올중독은 또한 불충분한 소득, 폭력, 가정 불화, 불충분한 주택, 기아, 나쁜 건강 상태로 씨름하는 가족들 사이에도 많이 나타난다. 이것은 우울한 도시의 이웃들에서, 실업률이 높은 지역에서, 일부 이민자 집단에서, 주요한 조정을 필요로 하는 빠른 변화가 존재하는 곳에서 왜 알코올중독이 높게 나타나는지에 대한 설명을 제공한다. 사람들은 일부분 스트레스에서 탈출하기 위해 술을 마시는 것이다. 물론 가난과 불행이 술을 마시도록 이끄는지, 지나친 음주와 알코올 남용에 대한 사회적 용납이 더 큰 가난과 불행을 만들어내는지 단정하기는 어렵다.

종교적 차이 또한 술을 마시는 형식에 영향을 준다. 일부 연구가들은 기독교인 근본주의자들은 음주에 대해 눈살을 찌푸리는 경향이 있는 반면 일부 종파에서는 음주에 대해 관대하고 그래서 폭넓게 음주가 이루어진다는 것을 발견하였다. 이것조차도 문화에 영향을 받는다. 종교적 집단들은 미국 또는 캐나다에서 음주에 대해 두드러지게 다른 반면 알코올 섭취가 거의 모든 종교에서 용납되는 칠레나 프랑스에서는 특이하게 다르게 나타나지 않는다.

앤더슨 스피카드(Anderson Spickard)와 바바라 톰슨(Barbara Thompson)은 공동 집필한 알코올중독에 관한 책에서 알코올중독이 높은 집단과 알코올중독이 낮은 집단이 생물학적 인종적 차이에 의해서 달라지지 않는다고 밝혔다.[28] 두 개의 가장 중요한 인자는 대중 앞에서의 술 취함에 대한 태도와 음주가 식사와 동떨어져 일어나는 것이다. 술이 식사할 때만 허용되고 대중 앞에서 술 취함이 용납되지 않는 국가나 집단에서는 알코올 남용의 비율이 낮았다. 이와 같은 발견으로 볼 때 알코올중독이 미국 특히 젊은이들 사이에서 하나의 중요한 이슈라는 것은 놀랄 일이 아니다.

4. 심리학적 스트레스 관련 영향

왜 술을 남용하고 술에 의지하며 살아가는가 물으면 유전, 가족 상황, 문화적 집단을 주요 원인으로 꼽는 사람은 드물 것이다. 그들은 아마 술이나 다른 물질이 스트레스를 해결하고 긴장을 완화시켜주고 심리학적 필요를 충족시켜주기 때문이라고 대답할 것이다. 술을 마시고 약을 하고 다른 중독에 빠지는 것은 중독자로 하여금 근심과 우울함을 덜어주고 공격적 또는 성적 충동을 완화하고(또는 증가시키고) 쾌감 또는 행복감을 느끼게 하고 현실로부터 도피하고 호기심을 만족시켜주고 권위에 도전하고 억압을 줄이고 동료로 인정받고 또는 영적 통찰력을 얻게 도와주기 때문이다.[29] 적어도 초기에 그것이 좋기 때문에 그것을 시작하게 된다.

개인적 특성도 중요한 역할을 한다. 중독 행위와 물질 남용은 사려 깊기보다는 충동적으로 행동하는 사람에게 더 많이 나타난다. 알코올 남용 및 중독과 관련된 다른 속성으로는 감정적 미성숙, 긴장이나 좌절을 감내하는 제한적 능력, 고통스럽거나 즐겁지 않은 감정을 참아내는 제한적인 능력, 지나친 의존이 있다.[30] 물론 이들 중 일부는 원인이라기보다는 중독의 결과로 나타날 수도 있다.

알코올 문제가 하나의 이슈로 전개되어나가는 데 심리적인 요인도 있다. 이를 설명하는 가장 좋은 방법은 한 가상의 10대 소년이 어떻게 중독되어가는가의 예를 살펴보는 것일 것이다.[31] 그의 이름을 제이크로 하자. 대부분 그 나이 또래들처럼 그도 자기 것을 좋아하고 남이 가진 것을 싫어한다. 걱정, 두려움, 죄의식, 실망, 불안 등을 경험하지만 이것들은 미래에 대한 열정과 희망과 더불어 서로 섞인다. 집에서 긴장이 있다 하더라도 편안하게 느끼고 곧 그의 필요와 욕망을 만족시키는 것에 익숙해진다. 그가 느끼는 것을 폭격하는 많은 광고 메시지들은 그가 소유물을 얻고 즐기고 끝없는 가능성을 경험하도록 가르친다. 이러한 편안한 어린 시절 때문에 청년기의 스트레스는 어떤 특별한 집중으로 점철될 수도 있다.

그의 부모는 이것에 대해 생각해보지 않을지도 모르지만 가정이나 학교에서 제이크는 그의 첫 번째 성인 가족 이외에 동료집단과 팝 문화로 구성된 두 번째 가족을 갖고 있다.[32] 높은 영향력을 가진 동료, 팝 문화에서 즐거움과 안락은 가장 중요하다. 섹스는 쉽게 얻을 수 있고 대개 6, 7학년에 시작하는 마약 및 술과 더불어 그 중심에 있다. 동료들과 그가 살면서 보아온 수많은 텔레비전 광고, 매혹적인 맥주 광고에 의해 영향을 받으며 술을 마시고 취하면 어떨까 확인하고 싶은 마음, 술을 마시는 동료들과 동질화되고 싶은 마음, 술을 마시면 더 남자답게 되고 섹스도 더 잘할 수 있을 것이라는 믿음을 그의 친구들로부터 강요받게 된다. 술을 마시는 것이 그의 부모와 같아지는 것이라고 생각할 수도 있을 것이다.

제이크가 술을 마시기 시작했을 때 그는 주기적인 숙취에도 불구하고 쾌감을 느꼈을 수도 있다. 술이 그를 차분하게 하고 덜 신경질적이고 더 적절하고 사회적으로 순응하게 할 수도 있다. 그의 문제나 스트레스는 심각하지 않은 듯 보이고 세상은 장밋빛이 된다. 음주가 계속되면서 술이 취하지 않은 맑은 정신에서 후회와 양심의 가책이 지속되지만 기분전환에 도움이 되고 위험도는 낮아 보이기 때문에 알코올의 사용은 계속된다. 제이크가 20대로 들어설 때쯤은 음주가 그의 습관이 된다. 대학에서 친구들과 많은 폭음을 하게 되고 30대가 될 때쯤 알코올의 사용이 그의 생활 방식의 통합적인 부분이 된다. 생각할 것도 없이 그는 육체적으로 정신적으로 중독되어가고 있는 것이다. 처음과 달리 쾌감을 얻고 근심을 떨쳐내기 위해 그의 육체는 점점 더 많은 양의 알코올을 필요로 하게 된다. 단지 술만이 그 증상을 완화시켜준다. 때때로 정신착란, 방향감각 상실, 환각, 발작과 같은 심각한 금단증상이 있다.

제이크가 술을 중단하는 데 도움을 받지 않는다면 중년이 되었을 때 술을 마시는 것이 그의 삶에서 아주 중요하게 되어 그의 개인생활, 가족, 사회생활, 사업 모두 어려움을 겪게 될 것이다. 긴장 완화, 사교, 스트레스 관리를 위해 술을 시작한 사람이 이제 알코올에 전적으로 의존하는 사람이 되었다. 이렇게 술에 의존하게 되면서 알코올에 대한 필요는 증가하고, 자제력은 약해지고, 일은 점점 어려워지고, 제이크의 건강 심리적 상태뿐만 아니라 사회적 관계도 나빠져간다. 알코올이 삶을 이루는 중심부에 이를 때까지 점차적으로 중요해진다. 이것은 제이크 자신의 문제일 수도 있다. 삶의 스트레스를 무디게 하는 마술 같지만 결국 비극적 부분인 술을 스트레스 해결책으로 생각했을 수도 있다. 언젠가 단주 모임(AA)의 구성원들처럼 제이크가 바닥에 이르러 그가 알코올에 대해 무기력하고 그 자신보다 큰 힘의 도움 없이는 꾸려나갈 수 없다는 것을 인정할 때에야 비로소 치료가 이루어질 수 있을 것이다.

5. 영적 영향

어느 누구도 알코올에 중독되기 위해 술을 시작하지는 않는다. 환경, 유전, 가족 상황, 지속되는 스트레스, 사회적 압력, 순수한 선택이 어느 누구든지 중독으로 몰아갈 수 있다.[33] 인간이 영적 종교적 신념이나 도덕적 가치가 부족할 때 알코올 남용으로 빠지기 쉽다.

많은 사람들이 영적 공허함이 있는 가정에서 성장한다. 어떤 종교적 믿음이나 명확히 정의된 영적 가치가 있는 것은 아니다. 예배에 규칙적으로 참여하는 10대들이 술이나 마약에 연관될 가능성이 적다고 알려져 있지만 일부 부모들은 결코 자녀들에게 예배에 참석하고 봉사할 것을 격려하거나 모범으로 보여주지 않는다. 물질적 풍요가 중요한 현 시대에서 물질만능, 개인적 기쁨, 인기, 경력에서의 성공을 주는 우상들을 숭배하는 것이 더 일반적이다. 이러한 것들이 이루어지기 어렵고 만족하지 못할 때 자신은 가치가 없는 사람이라고 느끼고 스트레스가 더 심해지고 공허감을 느낀다. 이때 공허함을 감추기 위해 술과 마약으로 돌아서게 된다.

사람들은 신과의 진실하고 성장하는 관계를 내적으로 갖고 싶어 한다. 하지만 이러한 욕구가 부인되고 인정받지 못하고 채워지지 않을 때 그 빈자리를 채울 것을 찾게 된다. 이것은 성경에 분명하게 기록되어 있다. "너희가 어떻게 행할지를 자세히 주의하여…… 어리석은 자가 되지 말고 오직 주의 뜻이 무엇인가 이해하라. 술 취하지 말라. 이는 방탕한 것이니 오직 성령으로 충만함을 받으라. 시와 찬송과 신령한 노래들로 서로 화답하며 너희의 마음으로 주께 노래하며 찬송하며 범사에 우리 주 예수 그리스도의 이름으로 항상 아버지 하나님께 감사하며."[34] 여기에 바로 알코올 남용에 대한 경고, 함축된 원인, 해결책이 있다.

알코올과 연관된 질병의 육체적, 문화적, 심리적, 영적 원인들의 타당성에도 불구하고 죄의 역할을 잊지 말아야 한다. 알코올의 많은 사용은 사회적, 의학적, 인간관계, 가족, 범죄, 영적, 정신학적 문제들을 야기할 수 있다. 알코올 남용자들이 중독되고 자제할 수 없을지라도 기독교인들은 알코올중독자들이 초기에 그들의 마음과 육체를 파괴하고 동시에 회피할 수도 있는 물질에 유혹되어 굴복했다는 사실을 받아들인다. '10대의 도전(Teen Challenge)'이나 구세군의 재활센터 같은 소위 믿음에 근거한 치료로 이룬 성공은 알코올중독의 한 원인인 죄의 역할을 우리에게 일깨워준다. 그곳에는 치료의 중요한 요소로서 용서, 속죄, 성령의 능력이 함께한다.

• 알코올 관련 문제점들의 영향

알코올의 지나친 사용이 모든 사람에게 똑같이 영향을 주지는 않는다. 일부 사람들은 몇 잔을 마시고 나면 매력적이고 수다스러워진다. 일부는 다른 사람을 귀찮게 하고 공격적이 된다. 일부는 술 마신 것을 잘도 숨긴다. 하지만 다른 사람들은 거의 즉각적으로 행동에 변화를 일으킨다. 이러한 차이점에도 불구하고 알코올중독으로 진행되면서 공통으로 중독의 많은 유사한 육체적이고 행동적인 효과를 보인다.

1. 육체적인 영향

알코올이나 어느 다른 화학물질이 인체 내에 유입될 때 생리학적 변화가 일어난다. 이러한 반응은 연령, 건강 상태, 병력, 섭취한 약의 종류, 사용된 양과 빈도에 따라 다르게 나타난다.

알코올은 대부분의 세포에 영향을 주는 독소다. 빠르게 다른 음식 없이 마시게 되면 혈중알코올농도가 올라가고 뇌의 기능이 일시적으로 손상되고 음주자의 균형, 운전 기술, 사고, 감정적 반응이 영향을 받게 된다. 많은 양의 알코올을 지속적으로 섭취하면 거의 모든 신체기관이 직접적으로 또는 간접적으로 영향을 받게 되고 심각한 신체적 손상이 나타날 수도 있다. 예를 들면 과음하는 사람들의 3분의 1은 간세포가 손상되었고 신체 조직들이 음식물에 있는 영양분을 처리할 수 없게 되는 증상이 나타난다. 이러한 간질환, 간경변은 성공적으로 치료될 수 없을 정도로 진행되기 전까지 고통이 없다.

알코올 과다 섭취는 뇌와 중추신경계에 영구적인 손상을 주고 많은 위장병을 일으키고 심장에 추가적인 압박을 가해 심장발작과 심장마비의 가능성을 높인다. 또한 적혈구와 백혈구의 생성을 방해하고 암의 위험을 높이며 면역체계의 활동을 막고(알코올 관련 면역 억제)[35] 발기부전을 초래하고 태아의 알코올증후군을 통해 알려진 것처럼 성장하는 태아에게 심각한 위험을 야기한다.

2. 심리적·사회적인 영향

어떤 사람이 알코올 문제가 있다고 말할 수 있는가? 가장 폭넓게 사용되는 테스트는 종종 CAGE로 알려진 다음의 네 가지 질문을 포함한다.

C- 술을 줄여야겠다고(cut down) 느껴본 적이 있는가?
A- 사람들이 당신의 음주를 비난해 신경질(annoyed)이 난 적이 있는가?
G- 음주에 대해 나쁘다거나 또는 죄의식을(guilty) 느껴본 적이 있는가?
E- 아침에 정신을 차리거나 숙취를 없애기 위해 술을 다른 것보다 우선하여(eye opener) 찾는가?

상담자들은 빠른 판단을 위해 위의 질문들을 할 수 있다. "그렇다"가 많을수록 문제가 있거나 진행중일 가능성이 높다. 전부 "아니다"라는 답을 한다고 해도 음주 관련 문제들이 직장, 인간관계, 건강, 법률과 마주치게 되면 문제가 될 수 있다.

알코올 남용은 아주 일반적이므로 대부분의 사람들은 둔해진 사고, 부적절한 행동, 감정적 반응, 자기 무시, 금단, 사회적 억압의 손실과 같은 명백한 심리학적 효과와 친숙하다. 상태가 악화되면 자기 합리화(음주나 알코올 관련 행동에 대한 변명), 회귀(부끄럽고 고통스러운 기억을 자연스럽게 상실), 프로젝션(자신의 음주나 받아들일 수 없는 생각, 느낌, 행동에 대해 다른 사람들을 비난), 그리고 모든 것들 중 가장 평범한 것인 문제가 존재한다는 것을 부인하는 심리학적 방어가 더욱 눈에 띄게 나타난다. 나중에는 충분한 알코올을 섭취하는 것 외에 다른 것들은 이차적인 것이 된다.

알코올 의존은 대인관계에 있어 폭력, 육체적·성적 남용, 위험한 성적 행동, 자살과 같은 것들을 낳을 수 있다.[36] 가끔 알코올 관련 문제들에 우울증, 높은 근심, 욕구 절제와 관련된 문제, 지속되는 노기, 심각한 방향감각 상실 또는 다른 정신질병을 포함하는 심리학적 비정상성이 함께 따라오기도 한다. 술을 마시는 문제가 이러한 질병들의 원인이 되기도 하지만 이러한 질병들이 술을 마시게 유도하기도 한다. 어느 경우가 먼저든 위의 두 경우가 함께 진행될 때 더 많은 문제점들이 나타나게 된다.

3. 가족의 영향

알코올 남용에 대한 일부 가족의 영향에 대해 앞서 언급되었다. 가족들은 처음에 술 마시는 사람을 보호하고 억누르고 비난한다. 그러다가 긴장, 두려움, 불안, 부끄러움을 느끼며 살게 되고 결국은 술 마시는 사람의 책임을 떠맡게 된다. 가끔 가족들로 하여금 다른 사람들로부터 멀리 떨어지게 하는 황당한 일도 있다. 결과적으로 수치심, 고독감, 사회적 고립이 가족들에게 나타날 수 있다. 이런 측면에서 볼 때 가족들 또한 치유 대상에 포함되어야 한다.

4. 영적인 영향

일부 집단들은 약물 사용에 의해 새로운 영적 체험을 해볼 수 있다[37]고 주장하지만 기독교인들은 약물에 의존하고 통제될 때 영적으로 성숙한다는 것은 불가능하다고 믿는다. 알코올을 남용하거나 의존하는 사람들도 이것을 잘 알지만 알코올을 중단하기에는 자신이 너무 무기력하다고 느낀다. 결과적으로 죄의식, 수치, 하나님으로부터 소외감 등을 느끼게 되고 알코올만이 가장 중요한 것, 즉 숭배해야 할 우상이 되어버린다. 일부 가족은 위기의 순간에 하나님에게 더 가까이 다가가지만 이것은 알코올중독 가족에게 부정적인 영적 영향을 줄 수 있다. 교회가 개입하여 알코올중독자 가족을 도울 수도 있지만 대부분 이러한 사람들은 피하거나 밀려나게 된다. 교회 내에 알코올중독자나 중독자 가족이 있을 때 목회자나 교회 지도자들이 어찌해야 할 바를 모르기 때문에 이러한 일이 발생한다. 성도들 중에 알코올중독자가 있을 수도 있다는 것을 교회 지도자들이 믿거나 인정하려 들지 않기도 한다.

- **상담과 알코올 관련 문제들**
- 매트는 중년이며 총명하고 호감이 가는 외모에 성공적인 사회 경력을 가졌다. 하지만 술에 취하지

않는 날보다 취하는 날이 더 많았다. 상담을 위해 찾아왔을 때 그는 이미 몇 주 동안 단주 모임(AA)에 참석하고 있었으며 약 한 달 동안 술을 마시지 않았다. 그러나 이전에도 이렇게 시도해본 적이 있었다. 매트는 전국적으로 가장 좋은 알코올중독 치료 프로그램들을 경험했다. 상담자들이 사용하는 모든 방법을 다 알고 있었다. 또한 최근 상담자가 그 전의 상담자보다 낫지 않을 것이라는 것도 알고 있었다. 더 많은 프로그램을 경험할수록 최신의 것들이 성공할 가능성은 낮았다.[38]

무엇이 매트나 알코올 의존으로 상담 받는 사람들에게 도움을 줄 수 있을까 생각해보기 전에 먼저 도움이 되지 않는 것들을 알아보는 것이 좋을 것이다. 비판, 수치심 주기, 달래기, 금주 약속 받아내기, 협박, 술을 감추거나 버리기, 의지력 사용을 재촉하기, 설교, 성경 구절 인용하기, 죄의식 불어넣기 등이 여기에 포함된다. 가족과 친구들이 이들 중 일부 또는 전부를 시도해보지만 어느 것도 먹혀들지 않는다.

알코올 관련 문제를 가진 사람들을 어떻게 도울 수 있을까? 아마도 수천 명의 연구가들이 이에 대한 해답을 찾아왔지만 결과적으로 몇몇의 기초적인 치료 방법만이 효과적인 것으로 알려져 있다. 이들은 표 34-1에 정리되어 있다. 모든 사람에게 효과적인 절대적인 치료 방법은 없지만 이들을 잘 조합하면 대부분의 사람들을 도울 수 있다.

연구가들에 의하면 이 접근 방법들은 몇몇 공통적인 요소들을 가지고 있다.[39]

- 대결을 피한다. 효과적인 접근 방법에는 항상 연관된 사람들 사이에 좋은 치료를 위한 협조가 유지된다. 비판과 대결이 있다면 어떠한 접근 방법도 성공할 수가 없다. 모든 효과적인 방법들은 목표 설정을 함께하고 지원하고 함께 일하는 분위기를 만든다.
- 알코올을 사용하고 남용하도록 자극하는 영향인자들을 이해하는 데 초점을 맞춰라. 사람, 사회상황, 사고방식, 생활형태, 문제의 알코올중독자로 하여금 한잔 더하게 만드는 모든 것들이 영향인자에 포함될 수 있다. 목표는 알코올중독자들이 이러한 영향인자를 효과적으로 다루도록 도와주고 술 취하지 않고 맨정신 상태를 유지할 수 있는 그들의 동기와 능력을 증가시키는 방법을 찾도록 도와주는 것이다.
- 인간관계를 형성하고 스트레스를 다루고 술을 자극하는 상황들로부터 멀리 떨어질 수 있는 특별한 기술들을 가르쳐라. 기술은 다른 사람들의 경험을 경청하고 무엇은 하고 무엇은 피해야 하는지 듣고 성공 스토리를 읽고 조언과 피드백을 받음으로써 얻어질 수 있다. 가장 좋은 기술 습득은 상담가로부터가 아니라 후원자나 알코올중독에서 회복된 경험자로부터 얻어진다.
- 능동적인 대처와 목표 설정을 장려하라. 특정 기간 동안 술을 마시지 않거나 직업상의 목표를 향해 열심히 일하거나 특정한 인간관계를 쌓는 것이 포함된다.
- 사회 환경적 이슈들에 초점을 맞춰라. 이 말이 뜻하는 바는 가장 효과적인 방법으로 증명된 프로그램은 중독자로 하여금 환경을 바꾸도록 도와주고 사회적 지원과 격려를 줄 수 있는 사람들과 교류할 수 있도록 도와주는 것이다. 단주 모임(AA)이 강한 부분이 바로 여기다. 금주가 지속되기 위해서는 사회적 지원이 절대적으로 필요하다.

이러한 지침들과 함께 알코올중독과 연관된 사람들이 도움을 받을 수 있는 방법들이 있다.

표 34-1. 알코올 의존 : 경험적으로 증명된 가장 효과적인 치료

1. 대처하기와 사회적 기술을 가르친다
목표는 중독자로 하여금 자신의 삶과 술과의 관계를 관리할 수 있도록 도와주는 것이다. 사회 적응 기술, 생활 관리 기술, 자제, 술을 유발하는 사건들을 구별하고 피하는 방법, 재발되지 않도록 하는 방법들이 포함된다.

2. 동기를 증진하라
간단한 전략적 상담 방법을 사용하는 것이다. 자유 해답 식의 질문을 하고, 경청하고, 공감을 보이고, 변화해야 하는 책임감을 불러일으키고, 목표와 이를 달성하는 방법을 만들고, 책임을 지게 하고, 음주 행위의 비용에 대해 논의한다. 이는 효과 측면에서 가장 강한 증거를 가진 치료 방법 중 하나다.

3. 환경적 그리고 관계에 기초한 치료
이것은 (a)환경을 변화시키는 것 (b)적극적 사회적 지원을 포함한다. 직업상담, 관계상담, 술을 거절하는 방법을 가르치기, 가족간 대화를 증진시키는 방법, 더 나은 가족관계, 문제 해결 능력, 술 없이 친한 친구를 만드는 방법이 포함된다. 또한 교회, 지역사회, 헬스클럽, 기타 건강 관련 모임과의 연관도 포함될 수 있다.

4. 약물의 사용(정신약리학적 치료)
뇌가 알코올에 반응하는 방법을 변경시키는 약들이다. 가장 일반적인 약은 디아설피람(disulfiram), 날트렉손(naltrexone), 아캄프로세이트(acamprosate)이다. 물론 처방전을 쓰고 치료 경과를 살펴보도록 자격이 허가된 의료 전문가에 의해 처방될 수 있다.

5. 12단계 프로그램
회복으로 이르는 단계들을 하나씩 이동해가는 것에 일차적으로 초점을 맞추는 방법에 기초한 단주모임과 다른 프로그램이 포함된다. 보통 더 높은 능력에 대한 믿음, 승낙과 항복, 지원과 인도를 받기, 모임에 참석하기, 때때로 구호의 사용 등이 이것과 연관된다.

※ 이 표는 제니퍼 리드, 크리스토퍼 칼러, 존 스티븐슨의 "알코올중독 치료 연구와 실습 사이의 차이를 보완하기 : 무엇이 작동하고 왜 그러한가"로부터 개발된 것이다. 『전문적 상담학 : 연구와 실습』 32 (2001년 6월) : 227-238.

1. 알코올중독자로 하여금 도움의 필요성을 인정하게 하라
대부분 알코올 남용자나 의존자들은 자신들이 문제가 있다는 것을 인정하려고 들지 않는다. 그리고 때때로 심각한 알코올 문제들이 무엇으로 구성되는가에 대해 정확한 정보를 갖고 있지 않다. 그것에 직면하고 싶지 않기 때문에 증거를 부인할 수도 있다. 알코올중독 관련자들이 책임질 수 없는 행동을 했을 때 선의의 가족들에 의해 그 문제들이 감춰질 수도 있다. 이와 같이 중독자가 문제를 인정하지 않거나 치료에 협조하지 않으면 치료가 효과적이지 않을 수 있다는 것이 증명되었다.

어떻게 알코올 남용자가 도움이 필요하고 치료에 협조적이어야 한다는 메시지를 받아들일 수 있을까? 단주 모임(AA)의 구성원들은 술을 마시는 사람이 어떤 면으로든 바닥까지 이르러야 한다고 믿는다. 그래야만 자신이 알코올을 통제하기에는 무기력하고 도움을 받지 않고는 살아나갈 수 없다고 인정하게 된다는 것이다. 안타깝게도 일부는 바닥에 이르기 전에 죽거나 회복 불능 상태까지 발전한다. 상담자들은 상황이 너무 늦기 전에 그들이 치료에 대한 필요성을 인식하도록 도울 방법을 찾아내야 한다.

많은 음주 문제자들은 처음에 술과 관련이 없는 문제들 때문에 상담자를 찾게 된다. 예를 들면, 한 부부가 아이들 중 하나가 문제가 있기 때문에 상담을 요청한다. 그러다가 상담자는 처음에 잘 차려입고 외관상으로 평온해 보이는 내담자 부부 중 한 명이 알코올중독자라는 사실을 알게 된다. 예를 들면, 가족은 남편의 개입 없이 살아가며 남편은 매일 저녁 일과 후 그 자신을 술로 마취시키는 성공한 회사 임원일 수도 있다.

설사 알코올 남용을 의심한다 할지라도 그것이 문제라는 것을 당사자가 부인할 수도 있다. 인터넷에서 검색할 수 있는 여러 알코올중독 판독 테스트 중 하나를 완료하고 알코올중독에 관해 찾아 읽어보고 그림 34-1에 있는 설문지를 사용할 수도 있다. 이들은 과학적 판독 테스트가 아니며 점수도 없다. 대신 상담자와 내담자가 알코올중독과 관련된 증거가 될 수 있는 문제들을 평가해 도움을 주는 인터뷰에서 사용될 수 있다.

진행되는 알코올중독을 부인하지 못하도록 하려면 확실하고 사실적인 방법으로 증거를 보여주는 것이

그림 34-1. 음주자 점검표

해당되는 것을 모두 표시하시오. 지난 6주 동안 몇 번이나 아래의 항목들을 경험했는가?

- 혼자 또는 몰래 술을 마셨는가? ____
- 아침에 일어나자마자 술을 찾았는가? ____
- 술에 대한 필요를 느꼈는가? ____
- 술을 마시는 동안 한 대화 또는 약속을 기억할 수 없는가? ____
- 술 때문에 업무를 처리하는 데 어려움이 있는가? ____
- 숙취가 있는가? ____
- 술을 마시기 시작하면 멈출 수 없는가? ____
- 술을 원할 때 없으면 어떻게 할지 걱정하는가? ____
- 집이나 사무실에 술을 숨겨 필요할 때면 늘 마실 수 있도록 하는가? ____
- 술을 꿀꺽꿀꺽 마시고 두 배로 주문하고 기분을 좋게 만들어주기 때문에 일부러 취하게 되는가? ____
- 음주 때문에 법률, 운전, 금융, 고용과 관련한 문제가 있었는가? ____
- 음주 결과로 흔들림, 환각, 발작, 의식불명을 경험해본 적이 있는가? ____
- 음주중 나중에 후회할 것을 말하거나 행동한 적이 있는가? ____
- 누군가 당신의 음주에 대해 말하기 때문에 고통을 받았는가? ____
- 술을 마신 후 누군가 당신을 집에 보내주려고 노력하였는가? ____

도움이 된다. 가족 구성원들이 특정한 증거를 제공할 수도 있다. 모호함(당신 술을 너무 많이 마셨어!)보다는 특정 사실(지난 밤 11시에 넘어져서 램프를 깼다)에 초점을 맞춰야 된다. 일부 상담자들은 무언의 메시지가 가장 잘 전달된다고 제안한다. 예를 들면, 알코올중독자가 거실에서 넘어졌으면 그를 부축해 침실로 데려가는 것보다 그대로 놔두는 것이 낫다고 말한다. 어떤 것이 부러지거나 쓰러졌으면 건드리지 말고 그대로 놔두라고 제안한다. 이렇게 하면 정신이 나갔거나 집에 있는 물건에 손상을 입혔거나 하는 사실을 알코올중독자로 하여금 나중에 부인하기 어렵게 만든다.

대부분의 알코올중독자들은 근심은 많고 자부심은 낮다. 근심을 부추기거나 위협적으로 보이는 방법으로 비난하지 않도록 유의해야만 한다. 그 사람 자신은 받아들이되 그 행위는 아니라는 것을 전달해야 한다. 그들에게 경청해야 하지만 음주 문제자와 기타 물질 남용자들은 속임수에 능하고 동정을 유발하는 데 있어 선수라는 것을 알아야 한다. 상담자들은 충고하고, 설교하고, 부모처럼 가르치려는 경향을 피해야만 한다. 대신 회복에 대한 책임은 술을 마시는 본인에게 있다는 것을 나타내기 위해 확고하고 민감한 자세를 보여야 한다. 최상의 상담자는, 태도는 부드럽지만 동정심을 보이진 않는다는 것을 명심해야 한다.

2. 음주를 중단하라

앞에서 오랫동안 술을 마신 매트에 대해 살펴보았다. 그의 상담자는 다음의 세 가지 필수적인 요소들을 제시했다.[40]

- 알코올뿐 아니라 분위기를 고조시키는 모든 화학물질들로부터 완전히 차단되어야 한다. 이것이 이루어지지 않으면 다른 약물이 술을 대체할 수도 있고 재발할 가능성도 아주 크다.
- 알코올중독자뿐 아니라 다른 사람들도 상담 조언을 들어야 한다. 함께 안다면 중독자 자신이 그의 행동에 책임을 지도록 함으로써 중독자가 프로그램을 끝까지 따라가도록 할 수 있다.
- 회복중인 알코올중독자와 규칙적인 만남을 가져야 한다. 보통 단주 모임(AA)에 참여하지만 교회나 치료 모임, 다른 종류의 도움이 되는 모임도 될 수 있다.

매트의 상담가는 이 세 가지 요소가 회복을 위한 초석이 된다고 믿는다. 이것이 이루어지지 않는다면 실패할 확률이 높아진다. 매트는 동의했다. 그가 도움을 요청하러 왔을 때 이미 술을 중단했고 단주 모임(AA)에도 가입해 있었다. 매트같이 다른 많은 사람들도 자신의 의지로 적어도 일정 기간 동안 술을 끊을 수 있다. 하지만 다른 사람들은 의사의 도움을 필요로 하기도 한다. 그 이유는 금단증상(손 떨림, 메스꺼움, 발한, 쇠약, 근심, 우울, 때때로 환각)이 심하기 때문이다.

3. 상담을 받는 사람이 지원을 받도록 도움을 주라

알코올이나 다른 화학물질을 남용하는 사람들은 상담자들로부터 이미 굳혀진 삶의 방식을 바꾸고 의존해온 화학물질이나 가치관을 포기하도록 요청 받아온 외롭고 미숙한 사람들이다. 일주일에 한두 시간씩 이들을 개인적으로 상담하는 것만으로 성공할 수는 없다. 많은 화학물질 남용자들은 24시간 항시 지원이 가능한 재활센터 내에서 도움을 가장 잘 받을 수 있다. 때론 서로의 생활 스트레스를 주시하고, 사람들과 교류하고, 격려와 이해를 받고, 책임감을 갖게 되고, 알코올이나 다른 화학물질 없이 살아가는 방법을 배우게 되는 단체 상담을 통해 이러한 성과가 이루어질 수도 있다.

가장 효과적이고 가장 많이 활용되고 가장 많이 연구된 지원 방법이 바로 단주 모임(AA)과 알코올 문제를 가진 사람들의 부부 모임인 알코올중독자 구제회(Al-Anon)와 그들의 자녀들을 위한 모임(Alateen)과 같은 단체들이다.[41] 이 모임들은 전 세계에 걸쳐 있는 도시들에서 만남이 이루어진다. 가입은 무료이며, 전화번호부에서 연락처를 얻을 수 있다. 이것은 알코올중독 당사자와 가족들을 돕는 가장 효과적인 수단임이 분명하다. 이들을 기독교인으로 특정지을 수는 없지만 이 단체들은 성경적 가르침과 일관된 원칙들을 사용한다. 바로 현실 인정, 지고한 존재인 신에 대한 믿음, 삶을 신의 보호에 맡김, 신과 자신과 사람들에게 정직함, 삶을 변화시키고자 하는 열망과 실천, 기도, 변화 만들기, 사람들과 나눔 등과 같은 원칙들이다.

단주 모임이 줄 수 있는 도움 중 많은 부분은 중독에 대해 잘 알고 있으며 격려와 실질적 도움을 줄 수 있는 교회 성도들에 의해 제공될 수도 있다. 허나 많은 교회 성도들은 알코올중독을 비난하고, 비판하고, 기꺼이 도움을 주려고 하지 않기 때문에 이러한 도움이 가능하지 않을 것이다. 일부 성도들이 동정을 보이지만 알코올중독에 대해 잘 모르고 중독자와 그 가족들이 힘들어하는 것들을 찾아 도움을 줄 수 없기 때문에 그들의 역할은 제한적일 수밖에 없다. 중독자들은 오히려 교회 성도들에게는 어려움을 느끼는 반면, 경험에 기초하고 아직도 중독으로 고생하고 있는 회복중인 알코올중독자를 더 선호한다. 일부 교회는 단주 모임 모델에 기초한 회복중인 중독자에 대한 프로그램을 개발해왔다. 하지만 그 대상은 기독교인으로 한정된다. 동네에서 이러한 도움을 받을 수 없다면 상담 받고 있는 사람으로 하여금 단주 모임 또는 지역 내에 있는 교회의 보다 폭넓고 다양한 모임에 참석하도록 격려할 수도 있다. 단주 모임 회원들은 지역사회가 그들에게 제공한 혜택을 지역사회에 되갚는 한 방법으로 지역사회 또는 교회 활동에 적극적으로 가담하여 도움을 주기도 한다.[42]

4. 스트레스 관리와 대처기술로 도움을 주라

문제 음주가들은 스트레스를 다루는 방법으로 자주 술 또는 기타 화학물질을 사용한다. 상담자들은 생활의 압박을 다루는 더 나은 방법이 있다는 것을 이들에게 보여줘야 한다. 그러기 위해서는 상담을 받는 사람이 먼저 상담자를 신뢰할 수 있고 그 다음 인내심을 갖고 상담가를 의지하는 것을 배워야 한다. 일반적으로 스트레스와 대처 방법들이 논의될 수 있다. 각각의 스트레스 상황이 발생할 때 상담을 받는 사람에게 어떻게 효과적으로 스트레스가 다스려질 수 있는지 배우도록 돕는 것이 더 나은 접근 방법일 것이다. 알코올에 의존하지 않고 사람들과 함께 어울리는 방법과 대인관계를 고려해보는 것이 여기에 포함될 수 있다.

어느 날 매트의 상담자가 알코올을 다루는 시도에서 성공한 것과 그렇지 않은 것을 알아볼 필요가 있다고 말했다. 상담자가 물었다. "성공한 것은 어떤 것이 있지요?" 매트는 모임에 가서 회복 프로그램에 있는 친구들과 솔직하게 털어놓고 집에서도 아내에게 숨김없이 보여주는 것이라고 대답했다. 그러자 상담자는 "좋아요. 성공하지 않은 것은 무엇인가요?"라고 물었다.[43] 이 질문은 매트가 스트레스를 해결하는 일부 방법과 음주가 그를 다른 사람들처럼 긴장을 풀고 즐거움을 느끼는 정상인처럼 되게 돕는가로 연결되었다. 특히 상담자는 스트레스가 많을 때 술 마시는 것을 중단할 수 없다면 그는 정상인이 아니라는 것을 깨닫도록 했다.

5. 자기 이해와 생활습관의 변화를 격려하라

상담자가 매트의 치료가 왜 이전에 실패하고 재발했는지 이유를 아는 데는 그리 오래 걸리지 않았다. 매트는 알코올중독이 매번 무의식적이기는 하지만 내적으로 뚫고 들어가 끔찍하게 인식되어 그를 불안하게 하는 어떤 것보다도 선호되는 것으로 결정했다.[44] 상담자의 도움으로 매트는 그의 부모가 어떻게 해서라도 감정을 피하도록 가르친 방법에 대해 얘기했다. 매트가 지녔던 많은 불안정과 두려움은 그의 기분을 좋게 하기 위해 도움을 주는 알코올 사용에 의해 감춰졌다. 크리스마스는 특별히 어려운 때였다. 매트는 늘 실망스러워했고 거의 매년 이전의 크리스마스에 대한 기억 때문에 또다시 만취했다.

신뢰 관계가 형성되었을 때 알코올 남용의 근본 원인들을 찾아보는 것이 도움을 줄 수 있다. 이러한 원인을 찾는 토론들은 통찰력으로 연결될 수 있지만 변화된 행동을 위해 실질적이고 특정한 계획이 수반되지 않는다면 그 가치가 제한적일 것이다. 때때로 이러한 계획들을 위해서 직업적 상담이 필요하게 되고, 자부심, 영적 문제에 대한 고려 또는 결혼 상담으로 실질적 도움을 줄 수도 있다. 이러한 일들이 매트에게 일어났는지 확실하지 않지만 매트와 그의 상담자는 영적 문제와 그의 아내의 도움이 어떻게 다가올 크리스마스를 기쁘게 술 없이 성공적으로 보낼 수 있도록 도움을 줄 수 있는가에 대해 얘기를 나누었다.

또한 생활습관의 문제도 있다. 금주를 한 후 생활이 어떻게 다를까? 한 개인의 생활습관은 현재와 미래에 무엇을 하고 무엇을 하지 않을지를 결정하는 것에 달려 있다. 상담자와 상담을 받는 사람이 생활계획을 고려할 때 여성 알코올중독자, 노인 알코올중독자, 10대 청소년들과 같은 특정 그룹의 특정한 필요에 주의를 기울이면 도움이 된다. 의사결정은 상담자와 상담을 받는 사람 모두 참여해야만 한다는 것을 기억해야 한다.

6. 가족을 상담하라

알코올중독은 가족 문제다. 한 가족 구성원이 알코올을 잘못 이용하면, 가족 모두가 지원, 이해, 도움을 받아야만 한다. 때때로 가족으로 하여금 중독에 대해 잘 이해할 수 있도록 사실적 정보를 주는 것이 더 낫다. 상담자는 일부 가족들에게 그들이 어떻게 중독에 일조하고 있는지 중독자를 보호하는 것이 어떻게 상황을 악화시키는지 보여줘야만 한다. 중독자가 문제를 인정하지 않거나 도움을 원치 않을 경우 가족 구성원들은 상담자의 도움을 받아 친척들에게 알코올중독 행위의 증거들을 직시하도록 할 필요가 있다.

알코올 남용이나 의존이 발전되면 가족 구성원들은 어려운 상황에도 불구하고 잘 살아갈 수 있도록 이해와 격려와 실질적 도움이 필요하다. 중독자가 점점 부양 능력을 잃어가면서 가족 생계를 유지하는 책임이 이동될 수도 있다. 술을 마시지 않는 맑은 상태로 돌아오면 모든 것이 다시 변화되어야 하고 따라서 회복중인 알코올중독자를 가족의 책임 있는 구성원으로 받아들이도록 재조정되어야 한다. 재발이 되면 역할과 책임은 다시 조정되어야 한다. 첫째 계속 변화하는 것이 불편하고 힘들기 때문에, 둘째 가족이 이전의 재발을 생각하고 현재의 호전이 일시적일 것이라는 두려움이 있기 때문에, 셋째 가족 구성원들이 알코올중독자와 살아가면서 그들의 역할을 부드럽게 감당하는 데 익숙해졌기 때문에 이 모든 것이 요구될 수 있다. 가족 변화는 해당 가족에게 위험하고 상담을 받는 중독자에게 중요하기 때문에 상담자나 기타 지원단체로부터 도움이 있을 때에만 성공할 수 있다.

7. 상담 받는 중독자와 가족들에게 재발에 대처하는 도움을 주라

재발은 알코올중독자에게 흔히 있는 일이다. 재발을 예기치 못했거나 재발에 대한 비난을 감수해야 한다면 알코올중독자는 포기하게 되고 술병과의 싸움에서 결코 승리할 수 없다고 결론짓게 된다. 매트의 상담자는 치료에 성공한 바로 다음 방어 태세를 거두고 상태 호전에 대해 좋은 느낌을 가질 때 상담 받고 있는 사람의 재발 가능성이 높아진다는 것을 알았다. 이와 같을 때 중독자들은 아주 위험한 상황을 피하는 데 있어 소홀하기 쉬워진다. 매트의 경우 처음 두 번의 재발은 크리스마스가 다가오면서 일어났다. 휴일을 다루는 자신의 능력에 자신감을 가지면서 파티에서 술을 마시게 되고 곧이어 쓰러진 것이다. 나중에 이 일에 대해 얘기하면서 매트는 부끄러움을 느꼈고, 자신을 비판하고, 실패감을 갖게 되었다.

"실망했다고요?" 상담자가 물었다. 매트는 침묵에 빠지며 생각에 잠겼다. 그 다음 억누르지 못할 정도로 흐느껴 울었다. 매년 크리스마스 때 맑은 정신으로 남아 있지 못하는 자신의 무능함에 마음이 아팠다. 하지만 이번 크리스마스 때의 음주 경험은 그의 치료를 진전시켰다. 매트는 감정을 결코 드러내지 말아야 한다는 그의 오래된 믿음을 최종적으로 내려놓을 수 있게 되었다. 그는 상담자와 다시 작업하기 시작하였고 다시 지나친 자신감을 갖게 되기까지 상당한 진전을 이루어냈다. 회복이 몇 달 또는 몇 년 지속되는 것은 흔한 일이다. 매트의 상담자는 나중에 이렇게 썼다. "내담자가 어떻게 경계 태도를(중독의 능력에 대한 존중) 세우고 그것을 유지해야 하는지 배우는 것이 그들이 습득한 학습이다."[45]

화학적으로 의존하는 사람들 또는 그들을 둘러싼 가족들과 일하는 것은 쉽지 않다.[46] 상담자는 여러 번의 실패를 경험할 수 있으며 재발 후에도 중독자가 다시 일어서서 계속 중독 문제를 풀어나갈 수 있도록 도와야 한다. 최근 자신을 기독교인이라고 밝힌 전혀 모르는 사람으로부터 이메일 메시지를 받았다. 내용은 다음과 같다. "나는 알코올 남용과 심각한 분위기 변화에 따른 문제를 갖고 있습니다. 내 삶에 주요 변화나 스트레스가 찾아올 때 틀린 답인 알코올을 선택하고 그 다음 우울과 불안으로 빠져드는 이 삶의 형태에서 빠져나올 수가 없습니다. 저에게 통찰력과 신의 희망을 주실 수 있겠습니까?"[47]

이것은 한 중독자가 스트레스를 만나고 술로 되돌아가고 좌절과 또 다른 실패를 느끼게 되는 일상적인 경험이다. 스트레스, 근심, 우울은 알코올을 포함한 약물을 사용하게 되는 첫 번째 동기들이라고 일부 연구 조사는 밝히고 있다.[48] 재발을 방지하는 것이 상담자에게 중대한 도전이지만 이를 방지하는 핵심은 재발의 원인들과 이들을 어떻게 극복할 수 있는지 이해하는 것이다. 여기 상당한 연구에 의해 확인된 원인들이 있다.[49] 그들 중 일부는 이전에 논의했던 것과 유사할 수도 있다.

- 재발 과정과 재발 가능성에 대해 알아야 한다. 사람들이 재발에 의해 놀라게 될 때 재발에 의해 더욱더 망연자실하게 된다. 재발이 일상적인 것이고 이를 이겨낼 수 있다는 인식이 있을 때 다시 맑은 정신으로 돌아오고 치료를 계속할 수 있는 능력이 더 커진다.
- 위험성이 높은 상황을 피하라. 특정한 행위를 (술을 마시지 않으려는 행위) 삼가는 것이 힘들어지는 장소들와 특정한 사람들과의 만남들에 관한 것이다.
- 더 나은 대처 기술을 습득하라. 스트레스가 음주에 이르게 한다면 상담 받는 사람은 스트레스를 대처함에 있어 추가적인 도움을 필요로 한다. 스트레스가 올라갈 때 그 압력을 내리고 추가적으로 술

을 마시게 되는 가능성을 줄이는 데 도움을 주는 스트레스 관리 기술과 도움이 되는 사람들이 필요하다.

- 지나친 자신감을 경계하라. 상담자들은 이를 자기 효능, 즉 문제를 스스로 해결할 수 있다고 느끼는 것이라 부른다. 이것은 궁극적인 성공을 위한 하나의 좋은 징조이지만 반면 더 이상의 도움 없이 문제들을 해결할 수 있다고 생각하기 시작한다면 재발의 위험을 가져올 수도 있다.
- 갈증을 조심하라. 일시적일지라도 알코올이 잠시 동안 일들을 더 낫게 만들 것이라는 생각이 들 수도 있다. 중독 물질을 쉽게 이용할 수 있을 때 갈증이 커질 수 있다. 갈증에 대한 객관적인 경험이 중독자를 다시 미끄러뜨릴 수 있다.
- 좋은 지원 체제를 개발하라. 일부 지원자들이 다른 지원자들보다 더 낫다는 연구보고가 있다.[50] 가장 많이 도움을 주고 재발을 방지하기 위해 가장 많은 일을 하는 것이, 알코올을 피하려는 중독자의 결단을 격려하고 그들이 필요할 때 (특히 유혹의 시기에) 옆에 있을 수 있으며 알코올이나 기타 화학물질을 사용하고자 하는 압력을 줄이기 위해 할 수 있는 것은 무엇이든지 할 수 있는 보호자들이다. 슬프게도 남용이 계속될 때 물질을 남용하지 않는 친구나 친척들은 멀어지게 되고 떠나가게 된다. 결과적으로 남용자는 그를 도와줄 사람이 아무도 없기 때문에 더 많은 술을 마시게 된다.

8. 상담에 영적 특수성을 인정하고 활용하라

표 34-1에서 경험적으로 증명된 가장 효과적인 치료 방법들을 제시했지만 하나님은 언급되지 않았다는 것을 알아차렸을 것이다. 단주 모임(AA) '더 큰 능력(Higher Power)'과는 별도로 치료에 영적 특히 기독교적 접근 방법이 존재한다는 표시는 없다. 이는 알코올중독에 관한 전문 서적과 기사들이 사람들을 알코올 남용과 의존으로부터 자유롭게 되도록 도와주는 데 있어 구조 선교회(Rescue Mission)를 포함하는 기독교인 치료 방법의 역할에 대해 전혀 언급하지도 않고 평가하지도 않기 때문이다.[51] 전 세계적으로 존재하고 있음에도 불구하고 구조 사절과 10대의 도전과 같은 단체들이 상대적으로 적은 수의 문제 중독자들에게만 접근이 이루어진다는 것은 사실이다. 하지만 그들의 접근방법은 매우 효과적이다. 비록 거의 두드러지진 않지만 구조 사절 지도자들(회복된 알코올중독자인 경우가 자주 있지만)은 알코올중독자의 상담자를 위해 정보, 지원, 격려를 제공하는 유용한 원천이다. 상담을 받는 사람이 삶의 새로운 의미와 목적을 발견하려 한다면 진실되고 영속적인 성취는 오직 예수 그리스도 안에서만 발견될 수 있다는 것을 알게 된다.

상담할 때 언제 그리고 어떻게 영적 이슈들을 제기해야 하는가, 그리고 복음을 전해야 하는가를 결정함에 있어 성령의 인도하심을 따라야만 한다. 상담을 받는 사람들은 그가 가진 필요가 오직 그리스도에 의해서만 성취될 수 있다는 것을 인정할 때 복음에 가장 순응적이게 된다. 알코올중독자들은 사람들을 교묘하게 이용하는 데 베테랑이므로 상담자는 사람들을 교묘하게 이용하여 하나님 나라로 인도하려고 시도하는 중독자들과 같은 잘못을 저질러서는 안 된다. 그것은 하나님이 역사하시는 방법이 아니다. 상담을 받는 사람에게 (그가 이해할 수 있을 정도로 충분히 맑은 정신일 때) 복음의 진실들이 전달되어야 한다. 그로 하여금 삶을 하나님에게 드리는 결정을 하도록 용기를 북돋우라. 하지만 강제하지는 말라. 실제로 알코올중독에서 벗어나 하나님에게로 성공적으로 돌아선 많은 사람들의 예가 있다.

앞의 글이 기독교인들은 알코올 관련 문제를 전혀 갖고 있지 않다고 말하는 것은 아니다. 그들도 확실히 그런 문제를 갖고 있고 심지어 강한 믿음의 소유자들조차 알코올이 평생 투쟁 대상이 된다는 것을 많은 사람들이 발견하였다. 알코올중독자와 관련된 경우 기도는 아주 중요하다. 하나님은 믿는 자들의 기도와 관련된 도움을 통해 알코올 또는 기타 화학물질에 의해 조정되는 사람들을 지원하고 회복시키는 작업을 하신다. 그는 또한 알코올중독을 예방하도록 돕기도 하신다.

- **알코올 관련 문제들을 예방하기**

알코올 관련 문제들은 아마 인간 역사만큼이나 오래됐을 것이다. 미디어 시대인 지금은 인기 있는 잡지, 텔레비전 다큐멘터리, 끝없는 과학적 논문의 발전들이 알코올 남용과 의존의 원인, 특징, 대처 방법에 대한 우리의 이해를 높여주고 있다. 그런데도 알코올 관련 문제들을 예방하는 방법들에 대해서 이해가 적다는 것은 이상한 일이다. 그렇더라도 정부, 기업, 교육, 군, 교회 지도자들에게 어떻게 알코올중독을 예방할 수 있는가는 주요한 관심사가 되었다. 부모 모임, 봉사단체, 학교, 건강 및 상담 전문가, 미디어 종사자와 기타 많은 사람들이 알코올과 기타 약물에 대한 대중의 태도를 바꾸기 위해 적극적이고 장기적인 노력을 하는 것이 중요함을 인정하게 되었다. 전국 알코올위원회, 연방교육부, 알코올 남용과 단주 모임, 전 세계에 걸쳐 기타 유사한 단체들이 음주 사업에 관련된 바텐더, 여종업원, 기타 사람들을 교육시키도록 계획된 TIPS(Training for Intervention Procedures by Servers of Alcohol) 프로그램에 가입하게 되었다.[52] 이러한 노력에도 불구하고 알코올 예방보다는 원인과 대처에 대해 더 많은 것이 알려져 있다. 다음의 몇 가지 알코올중독 예방 지침이 도움이 될 수 있을 것이다.

1. 건강한 가정생활을 자극하라

이 책에서 논의된 다른 많은 문제들처럼 알코올중독과 기타 약물 남용의 예방은 가정에서 시작된다. 자녀들이 민감하며, 관심을 보이고, 안정적인 부모에 의해 존중되고, 사랑 받고, 훈련 받고, 양육될 때 건강하게 성숙하며 화학물질에 중독될 가능성이 현저하게 줄어든다. 감정적 욕구가 가정에서 채워지고, 아이들이 어떻게 스트레스에 대처하는지 도움을 받고, 명확한 가치관에 대해 교육 받을 때 인생의 문제를 약물 없이 해결할 수 있는 능력과 더불어 안심과 자부심을 느끼게 된다.

부모의 삶의 모습 또한 중요하다. 부모가 규칙적으로 술을 마시게 되면 자녀들이 그 부모의 모습을 따라 배우게 된다. 특히 부모가 자녀의 음주 습관에 대해 아무것도 하지 않으면 더욱 그렇다. 대조적으로 부모가 알코올을 엄격하게 금하고 강하게 비난할 때 자녀들은 종종 술을 가지고 실험해봄으로써 저항을 하기도 한다. 이를 통해서 알코올에 대해 개방적인 태도를 갖게 하고 알코올중독의 위험성에 대해 인식시키며 금주가 아니라면 알코올을 절제하고 알코올 문제를 처리할 수 있도록 가르치고 이웃과 교제할 때 알코올에 의존하지 않고 즐기는 부모의 모습을 보여주는 것이 보다 더 효과적이라는 것을 알 수 있다.

많은 가정들에서 이러한 규율들이 적용되지 않는 것을 보게 된다. 예를 들면, 알코올중독자의 자녀들은 알코올 남용의 실체와 영향을 부인하며 일관적이지 않고 부적절한 부모가 있는 가정에서 살아간다. 보아왔듯이 이 자녀들 중 대부분은 혼란스럽고, 분노하고, 죄의식, 두려움, 버림받은 느낌을 갖게 되고, 어른이 되기에 준비가 부족하다고 느끼게 된다. 일부는 건강하고 건전한 어른 모델이 없다. 그래서 술을 마시는 동료들에 의해 크게 영향을 받게 된다. 결과적으로 이들 대부분은 알코올중독자가 될 가능성이 높아진다. 이를 피하기 위해서는 가정 밖에 있는 사람들이 알코올중독자의 자녀들을 돌볼 수 있는 특별한 도움이 필요하다.

2. 건강한 종교적 믿음이 스며들게 하라

강한 믿음을 갖고 교회에 출석하는 사람들이 다른 사람들보다 알코올이나 기타 화학물질 중독으로 발전될 가능성이 낮다는 견해가 오래전부터 있었다. 이것이 아직도 유효하다는 것이 최근의 연구자료에 의해 밝혀졌다.[53] 이러한 발견들로 인해 신에 대한 믿음이나 교회 출석이 알코올 남용을 예방한다고 할 수는 없지만, 믿지 않는 동료들과 비교해볼 때 교회에 출석하고 영적으로 성숙하는 것이 특히 젊은이들 사이에 알코올중독으로 발전하는 위험을 낮춘다고 할 수 있다. 부모와 가족이 함께 알코올이 없는 삶의 모습을 만들어간다면 예방 효과는 더욱 커질 것이다.

3. 알코올중독과 남용에 대해 지역사회, 미디어, 학교에 기초한 교육을 제공하라

술을 전혀 하지 않는 사람은 결코 알코올중독이 될 수 없다는 것은 사실이다. 그러나 알코올에 대한 호기심이나 동료들에 의해 압박받는 이들에게 금주하도록 감정적으로 호소하는 것은 먹혀들지 않을 것이다. 알코올중독에 대한 논의 자체가 실험정신을 불러일으킬 것이므로 무시하는 것이 낫다는 것 또한 도움이 되지 않는다. 알코올 남용과 의존을 솔직하고 개방적으로 얘기할 때 위험한 약을 시도해 보고 싶은 유혹을 약화시킬 수 있다. 심지어 약이 텔레비전이나 사회 어디에서나 스트레스를 푸는 유쾌하고 무해한 방법으로 소개될 때조차도 이는 유효하다.

효과적이고 예방적인 교육이(알코올 관련 문제들의 예방 및 다음 장에서 논의될 약물 남용의 예방에 대한 교육) 되기 위해서 다음과 같이 해야 한다.

- 일찍 시작하라. 알코올중독은 10대에 이미 시작되기 때문이다.
- 알코올의 특성과 효과에 관한 정확한 사실 자료들을 제시하라.
- 사실적 정보는 없고 공포심을 조장하고 극적인 요소만 있는 감정적 호소를 피하라. 성공한 팝 가수나 운동선수의 알코올 극복 성공담과 이를 젊은이들과 연관시킬 수 있는 이야기는 예외가 될 수 있다.
- 와인과 술 취함에 대한 성경적 가르침에 대해 명확히 토론하라.
- 거부하는 기술을 가르쳐라. 거의 모든 동료들이 술을 마시는 상황에서 어떻게 "아니오"라고 말할 수 있는가를 논의해보고 연습시킨다.
- 부지중에 습관으로 빠지는 대신 술을 마실 것인가 말 것인가를 결정하도록 용기를 북돋우라.
- 중독으로 발전하는 경고 표시들을 묘사하라(그림 34-1 참조).
- 알코올중독으로 발전하는 사람들에게 어디서 어떻게 그 도움을 받을 수 있는지 일깨워주라.

4. 인생을 어떻게 대처하는지 가르치라

알코올중독과 다른 약물의 잘못된 사용을 '대처에서의 실패'라고 생각한다면 예방을 위한 하나의 효과적인 접근방법은 사람들로 하여금 삶의 스트레스를 주는 문제가 자유롭게 대하고 토론하고 대처하도록 가르치는 것이다. 예방의 열쇠는 할 수 있다면 스트레스에 노출되는 것을 줄이고, 삶의 문제와 압력에 대처하는 건강한 기술을 가르치는 데 있다.

• 알코올 관련 문제들에 대한 결론

상담 회기가 끝나갈 무렵 매트의 상담자는 그에게 두 가지 충고를 해주었다. "첫째, 고립은 당신을 죽음으로 몰 것이라는 것을 명심하라. 둘째, 주의를 해도 실수할 수 있다." 바로 그후에 매트와 그의 상담자는 각각 개별적인 길로 나갔다. 최근에 매트의 14년째 금주 성공을 축하하기 위해 다시 만났다. 매트는 그의 알코올중독과 재발 증상으로부터 회복되었지만 이를 당연한 것으로 받아들이진 않는다고 매트의 상담자가 썼다.[54] 매트 또는 그의 상담자가 치료를 가속화시키기 위해 영적인 자원을 활용했다는 증거는 없다.

상담자들, 특히 목회자들이 왜 개인 또는 가족들이 알코올 관련 문제를 극복하도록 돕는 데 있어 어렵고 복잡한 과정을 사용하는가? 신학자 라인홀드 니버(Reinhold Neibuhr)는 설교단 위에서 또는 성도의 자리에서 우리 시대의 도덕적 혼란을 실질적으로 다루면서 시니시즘(Cynicism)의 출현과 실질적 위험을 피하는 것이 쉽지 않다고 썼다.[55] 사람들로 하여금 알코올중독의 실체와 위험을 직시하도록 돕는 것은 헛되고 쓸데없는 시도처럼 보인다. 한 학교 행정가는 알코올 남용을 감정, 비극, 개성, 복잡성, 욕망, 통제 부족의 혼합으로 묘사했다. 여기에 지역사회와 중앙정부기관 사이의 경쟁, 알코올 산업의 과도한 광고, 연구가와 전문가의 모순되는 결론이 더해지면 왜 일부 사람들이 알코올중독과의 전투를 삼보전진을 위한 이보 후퇴로 묘사하는지 그 이유를 알 수 있게 된다.[56]

활동하지 않거나 냉소적인 시니시즘은 어떤 것도 이룰 수가 없다. 각 지역사회, 교회, 상담자는 알코올중독의 질병과 죄로부터 탈출하거나 피할 수 있도록 도움을 주는 방법들을 강구해야만 한다. 기독교 상담자는 알코올 남용자들과 그들의 가족들이 알코올 관련 문제들을 극복하도록 그리고 예수 그리스도에게 그의 삶을 드리고 순종하며 살아가도록 돕는 지도자가 될 수 있다. 이렇게 될 때 이 어려운 문제가 실질적이고 효과적으로 해결된다.

상담자들을 위한
요점 정리 34

- 알코올 남용은 모든 연령, 모든 사회·경제 계층, 모든 인종에서 나타나는 일반적인 문제다.

- 알코올 관련 질병은 중독, 알코올 의존, 알코올 남용, 알코올 유발 질병과 같이 여러 카테고리로 분류될 수 있다.

- 정신건강 전문가들은 보편적으로 알코올중독을 육체적 심리적 질병으로 생각한다. 기독교인과 다른 종교인들은 알코올 남용을 죄 있는 행동으로, 그래서 죄의 결과를 초래하는 것으로 인식한다. 이번 장은 알코올중독과 다른 화학물질 의존을 질병과 죄, 두 가지 측면에서 다룬다.

- 성경은 절제를 가르치지 금주를 가르치지는 않는다. 과도한 알코올 사용의 위험성은 명확하게 명시되어 있다. 기독교인들은 알코올을 멀리하도록 강하게 요구받는다. 특히 음주가 다른 사람에게 악영향을 주어 넘어지도록 만드는 경우는 더 그렇다.

- 알코올 관련 문제점들은 복잡하고 다양한 원인들을 갖고 있다.
    · 생물학적 유전적 영향.
    · 가정과 가족 영향.
    · 사회문화적 영향.
    · 심리적 영향과 스트레스.
    · 영적 영향.

- 알코올은 여러 가지 방법으로 사람들에게 영향을 줄 수 있다.
    · 알코올이라는 독이 인체의 모든 기관에 이를 수 있는 육체적 효과.
    · 심리학적 사회적 효과.
    · 가족 효과.
    · 영적 효과.

- 상담하기.
    · 알코올중독자로 하여금 도움이 필요하다는 것에 동의하고 인정하도록 하라.
    · 술 마시는 것을 중단하라.
    · 상담 받는 사람이 지원을 받을 수 있도록 도움을 주라.

- 스트레스 관리와 대처 기법으로 도움을 주라.
- 자기 이해와 생활습관의 변화를 유도하도록 용기를 북돋워주라.
- 가족을 상담하라.
- 내담자가 재발에 대처하도록 도움을 주라.
- 상담에 있어 영적 중요성을 인식하고 활용하라.

■ 알코올 관련 문제들의 발전을 예방할 수 있는 여러 중재적 조치들이 있다.
- 건강한 가정생활을 자극하라.
- 건강한 종교적 믿음이 스며들게 하라.
- 알코올과 알코올 남용에 대해 지역사회, 미디어, 학교에 기초한 교육을 제공하라.
- 알코올과 동떨어진 생활을 할 수 있도록 그에 대처하는 방법을 가르치라.

■ 기독교 상담자는 알코올 남용자들과 그들의 가족들이 알코올 관련 문제들을 극복하도록 그리고 예수 그리스도에게 그의 삶을 드리고 순종하며 살아가도록 돕는 지도자가 될 수 있다. 이렇게 될 때 이 어려운 문제가 실질적이고 효과적으로 해결된다.

35 >> 중독
Addictions

브라이언(그의 본명이다)은 일에 중독된 사람이었다. 그는 휴가도 거의 가지 않고 일만 하는 사람이었다. 그는 밤에도 주말에도 공휴일, 성탄절에도 일했다. 아버지 장례식에도 그는 사무실에서 무엇을 했는지조차 모를 중요하지 않은 일을 하고 있었다.

알코올중독처럼 보통은 중독 사실을 숨기는 다른 중독과는 다르게 브라이언은 이런 자신을 자랑스러워했다. 순조로운 승진과 보너스뿐 아니라 상사로부터 인정받고 동료들까지도 그의 일하는 능력과 성취를 부러워했다. 그는 일 때문에 가족 모임이나 친구들간의 모임에 참여하지 못했고 때로는 점심도 걸렀다. 그러나 다른 사람들의 충고는 받아들이지 않았다.

알코올중독자들은 종종 알코올 기운이 떨어졌을 때 밑바닥을 치게 되며, 가족이 떠나고, 오랫동안 그 증상을 무시했던 질병이 재발하고, 도움이 필요하다고 했다. 이와 같은 일이 브라이언에게도 일어났다. 그가 한창일 때 그의 가족은 산산조각나고 그는 병들게 되었다. "그때 나는 서른여덟이었다. 나는 스트레스로 인한 위장병 때문에 수술을 받았다. 나의 가정은 산산이 부서졌고 나는 아무것도 할 수 없었다. 체중이 줄고 먹지도 못했지만 줄담배에 카페인 음료로 버텼다." 마침내 그는 다른 사람과 다투기 시작했고 한번은 대학 도서관에서 일하는 사람과 크게 다투었다. "나는 그녀에게 3개월 동안 책을 반환하지 않은 사람의 이름을 알려 달라고 요구했고 그녀는 내게 그 이름을 말해주었다. 그런데 그는 바로 나였다. 일은 내가 유일하게 잘할 수 있는 것이었으나 이제는 아니다. 그러나 나는 일을 멈출 수조차 없었다."

브라이언은 상담을 받았고 결국 완치된 후 일중독에 관한 책을 썼고 지금은 일에 중독된 사람들을 상담하고 있다. 사업가, 승진을 위해 달려가는 사람, 성공을 위해 모든 것을 바치는 사람들이 그를 찾아온다. 목회자를 포함한 수많은 사람들이 브라이언과 같다니 놀라운 일이 아닌가? 약물중독과 다른 중독들처럼 일에 중독된 사람들도 그들의 가족, 육체, 미래까지도 일이라는 강박관념의 제단 앞에 희생시킨다.[1]

수년 전, 크고 급성장하는 한 교회의 젊은 목회자가 강연하는 신학교 교수들의 모임에 참여한 적이 있다. 질의 응답 시간에 한 사람이 놀라운 질문을 했다. "목회자로서 어떤 과목이 신학대 학생들에게 가장 중요합니까?" 그 젊은 목회자는 망설임 없이 "중독 과목"이라고 대답했다. 그는 "중독이 오늘날 가장 문제 되는 것이다"라고 덧붙였다. 중독 과목은 지금까지도 신학교 과정에 존재하지 않지만 오늘날은 그 젊은 목회자가 권했던 때보다 더욱 필요하다고 나는 생각한다.

한때 중독이라는 말은 오직 헤로인이나 코카인 등의 약물중독에만 사용되었다. 하지만 현재는 더 넓은 의미로 사용된다. 중독의 종류와 정의도 점점 다양하다. 우리 모두 알코올과 약물중독에 대해서는 익숙하지만 텔레비전, 인터넷 게임, 쇼핑, 소비, 포르노, 섹스, 식욕, 스포츠, 담배 또는 초콜릿에 대한 중독 같은 것도 있다. 어떤 사람들은 운동, 정치 또는 교회 봉사에도 중독되어 있다. 대부분의 사람들은 자신의 중독 사실을 숨기는 반면 사회 봉사나 교회 봉사, 일에 중독된 사람들은 이러한 중독을 명예 계급장처럼 생각하고 전 세계가 자신들의 헌신을 알아줄 것이라 믿는다.

중독은 습관적이고 반복적이며 결과에 대해 통제하기가 어렵거나 불가능한 생각이나 행동이다. 일반적으로 중독은 순간의 쾌락을 주지만 중독된 사람의 건강, 인간관계, 심리적 상태, 영적 상태에 장기적인 영향을 미친다. 만약 개인과 주변사람에게 나쁜 영향을 미치지 않는다면 중독이라고 할 수 없다. 그러나 대부분의 경우 중독은 천천히 힘을 발휘하고 억압하는 단계적인 상태다.

여러 가지 중독의 경우, 통제는 심리적이며 동시에 신체적이다. 중독된 사람은 자신의 상태가 해롭다는 데 동의할지 모르나 중단하는 게 불가능해 보인다는 데도 동의할 것이다. 중독은 심리적 및 신체적 필요를 충족시켜주기 때문에, 중단하는 것은 시도조차 되지 않으며 현실적이며 바람직한 대안으로 보이지도 않을 것이다. 그 결과 어렵게 중독 치료를 받은 후에도, 마약중독자는 다시 바늘을 찾게 되며, 알코올중독자는 다시 술병을 찾게 되는 것이다. 반복되는 의사의 경고가 있은 후에도, 흡연자는 하루에 두 갑씩 담배를 피워대며, 비만인은 계속 과식을 하고 운동을 회피한다. 일중독자는 치명적인 심장마비가 있은 후에도 몰아붙이는 생활을 지속하며 삶의 속도를 늦추기를 거부할 수 있다. 존스 홉킨스 의과대학장에 의하면, 이것은 "거듭되는 연구에 의해 거듭해서 밝혀지고 있는 사실이다."

존스 홉킨스 대학병원의 학장에 의하면 "중독에 대해서는 끊임없이 연구되고 있다. 미국 인구의 60만 명이 심장 우회 수술을 했으나, 그중 90%가 수명을 단축시키고 심장병을 일으킬 수 있다고 해도 식습관을 바꾸지 않고 운동도 하지 않고 쫓기는 듯한 삶의 패턴을 바꾸지 않는다"[2] 아마 중독은 "우리 나라의 건강을 가장 위협하는 것"이며 또한 세계적으로도 건강의 적이 되었다.[3] 이번 장에서 우리는 두 종류의 중독에 초점을 맞출 것이다. 약물중독(약물, 의약품 또는 중독 물을 포함한 것)과 중독성 행동(일중독, 인터넷중독, 또는 섹스중독)이다.

• 성경과 중독

성경은 술주정꾼, 알코올중독, 탐욕, 폭식에 대해 정죄한다. 그러나 약물중독, 음식중독, 일중독 또는 오늘날의 다양한 중독에 대해서는 구체적인 언급이 없다. 만약 성경 시대의 사람들이 이 땅에 다시 와서 인터넷, 비디오게임, 무절제한 삶을 사는 우리를 본다면 과연 무엇이라고 할 것인가? 성경 시대의 사람들은 성령의 감동으로 현재, 또는 미래에 일어날 수 있는 중독에 대해서도 가르침을 주었다. 그것은 다음과 같다.

1. 어떤 것도 너희를 주장하지 못하게 하라[4]

사람들은 흔히 인정되거나 해롭지 않은 행동이나 약물에 의해서도 중독될 수 있다. 예를 들면 음식물과 음료는 원래 해로운 것이 아니지만 지나치면 절제를 못하거나 남용할 수 있다. 그뿐 아니라 성적 문란, 탐욕, 우상숭배, 알코올 등에 의해서도 중독될 수 있다.

2. 법을 지키라. 성경은 법을 준수하며 살 것을 가르친다[5]

그러므로 판매가 금지된 약물 등을 거래하고 소유하고, 사용하는 것은 불법이다. 비록 중독의 단계는 아니라도 폭력, 음주운전, 그리고 불건전한 포르노 영상물 등을 보는 것도 잘못된 것이다.

3. 약물과 중독이 문제를 해결하거나 긴장을 완화시킨다고 추측하지 말라

스트레스를 받을 때 어떤 사람은 술을 마시거나 약물을 복용함으로써 스트레스를 완화시키고 모든 것이 잘될 것이라는 도취감에 빠진다. 다른 사람은 걱정을 잊기 위해 일을 하거나, 취미생활 또는 오락을 찾는다. 이러한 행동은 일시적으로 스트레스를 풀어주기도 하지만 결국은 스트레스가 더욱 심해지고 중독으로 발전된다. 중독은 중독적인 압박을 가져온다. 사람들은 약물, 일, 성적 도취, ADHD, 충동적 식욕 또는 충동적 행동 등을 통해 문제를 해결하고자 하지만, 이것은 "우리의 모든 짐을 그리스도께 맡기라"[6]는 성경적인 가르침을 인식하지 못한 것이다. 그리스도와 함께라면 우리는 우리의 문제를 직시하고 직접적으로 해결할 수 있다.

4. 유혹을 이길 수 있다는 것을 인식하라

우리를 유혹하는 중독적이고 해로운 것들에도 불구하고 하나님은 우리가 그것을 이길 수 있다고 하셨고 또한 이기기를 원하신다.[7]

5. 육체의 순결을 지키라

성령은 기독교인의 몸 안에 거하시기 때문에 우리는 무엇을 하든지 우리 몸을 흠이 없이 거룩하게 지켜야 한다. 이것은 약물, 과식, 탐식, 그리고 부도덕한 정욕까지 포함한다. 인간의 몸은 하나님이 만드셨기 때문에 창조적인 측면에서 그리고 구원의 측면에서 하나님에게 속한 것이다. 그러므로 우리는 우리의 육체로 하나님에게 영광을 돌리기 위해 몸을 잘 돌보아야 한다.[8]

6. 약물을 통해 하나님을 경험한다고 기대하지 마라

몇 년 전 한 신학교 교수는 환각제가 진리를 발견하고 종교적 체험을 하게 하는 최상의 통로라는 매우 논쟁적인 책을 썼다.[9] 이것은 우리가 오직 예수 그리스도를 통해[10] 하나님에게 나아갈 수 있다는 사실과 약물에 의해 중독된 두뇌보다 깨끗한 마음으로[11] 하나님에게 나아가야 한다는 것을 부인한다.

7. 극기, 자기 훈련, 절제를 실천하라

이러한 성품은 기독교 지도자의 자격 조건이다.[12] 그러나 지도자 아닌 모든 사람에게도 적용된다.[13] 모든 믿는 자들은 세상적인 정욕을 멀리하고 "이 악한 세대에서 자신을 절제하고, 올바르게 하나님께 헌신하며 살아가야 한다"[14]고 가르침을 받는다. 방탕과 이기적인 욕망은 정죄함을 받는다.[15] 반면에 자기를 절제하는 것은 지켜야 할 명령이며[16] 성령의 열매 중 하나다.[17] 식탐(음식중독), 탐심(물질에 대한 소유욕), 그리고 정욕(성중독)에 대해 성경은 경고하고 있다.[18]

8. 어떤 행동에도 사로잡히지 말라

이러한 행동은 다른 사람을 넘어지게 할 수 있는 것이다. 잘 알려진 대로 집단 압력(Peer Pressures)은 특히 젊은 사람들에게 사람을 끌어당기는 중독성이 있는 강한 올가미다. 그러나 이것은 모든 세대에 해당된다. 사도 바울은 고린도 교인들에게 다른 사람을 넘어뜨릴 수 있는 행동, 먹는 것과 마시는 것조차도 조심하라고 했다. 기독교인은 와인 한 잔 정도는 마실 수 있다. 그러나 만약 이러한 행동이 다른 사람의 양심에 거리낌을 준다면 삼가야 한다. "그것은 당신 자신의 양심의 문제가 아니라 다른 사람에 대한 것이다." 성경은 먹고, 마시고, 무엇을 하든지 하나님의 영광을 위해 하라고 가르친다.[19]

9. 술 취하지 말라

성경은 술 취함이 명백하게 죄라고 가르친다.[20] 알코올중독에 대한 이러한 분명한 금지는 잠재적으로 모든 해로운 약물과 중독적인 행위에 대한 일반적인 지침이 될 수 있다. 우리는 자신을 얽어매는 그 어떤 약물이나 행동에 굴복하지 말아야 한다.

10. 성령으로 충만하라

에베소서 5장 18절은 "술 취하지 말라. 이는 방탕한 것이니 오직 성령의 충만함을 받으라"라고 말씀하고 있다. 성령의 인도하심을 따라 사는 삶은 약물이나 또는 어떤 다른 중독에 의한 삶을 이길 수 있는 능력이 있다고 성경은 가르친다.

- **중독의 원인**

데일 라이언은 중독 환자를 도와주는 전문가다. 그는 기독교 재활연합회의 창설자로 중독의 원인은 중독자의 내부와 외부에서 발견할 수 있다고 믿는다. 그는 다음과 같이 중독 원인들을 지적했다.

- 술, 담배 그리고 중독성이 있는 약물을 제조하는 회사들의 값비싼 광고.
- 학대하는 어른 : 신체적 성적으로 학대를 받은 적이 있는 사람은 더욱 일찍, 자주, 또한 다량의 약물을 복용한다.
- 중독성 약물을 사용하는 또래들의 강요.
- 교회의 젊은이 사역의 실패 : 교회에 다니는 사람들은 교회에 가지 않는 사람보다 음주, 담배, 약물 복용과 술 파티를 하는 비율이 적다.
- 젊은 환자들과 함께 약물 남용에 대해 논하는 것에 태만한 의사들.
- 알코올, 약물 등으로 문제 있는 가정.[21]

중독의 심각성은 새로운 것도 아니고 문화적 차이가 있는 것도 아니다. 전 세계의 역사와 나라들에서 인구의 많은 비율이 약물 또는 다른 중독으로 고통 받고 있다. 앞에서 우리는 알코올중독의 원인들을 살펴보았다. 생물학적, 유전적 영향, 가정환경과 부모의 영향, 영적 영향, 환경적 영향을 들 수 있다. 이러한 영향은 약물 남용과 또 다른 중독성 행위를 유발할 수 있다. 게다가 약물 남용(해로운 화학제품과 약물 등)과 중독성 행위(파괴적 행동 등)는 각자 독특한 원인을 나타낸다.

1. 약물에 의한 중독 원인

중독성이 있는 약물은 대개 일반적인 공통점이 있다. 이러한 약물은 사람들의 기분을 변화시킨다. 어떤 변화는 매우 강력하고 중독성이 높다. 약물은 그 정도에 따라 중독성이 가장 높은 약물과 가장 낮은 약물로 배열할 수 있다.[22] 이것은 표 35-1에 나타나 있다. 오랜 기간 동안 약물을 복용한 사람이라면 심리적 또는 육체적으로 약물 의존도가 높다. 헤로인은 짧은 시간에 중독될 뿐 아니라 중독성과 위험성도 높은 반면 카페인은 장기간 복용해야 중독되고 중독성도 낮다. 다음은 약물의 네 가지 유형이다.

- 진정제 : 중추신경계의 활동을 약화시키므로 자극의 정도를 감소시킨다. 진정제로 널리 사용되는 알코올은 운동기능과 판단력을 손상시킨다. 바비튜레이트를 포함한 진정제는 근육을 완화시키고, 억압과 두려움을 완화시키고 수면의 효과도 있다. 이러한 것들은 쉽게 구입할 수 있고 남용될 수 있다.
- 흥분제 : 중추신경계의 활동을 활성화시킨다. 물론 카페인은 흥분제로 가장 널리 사용되는 것이다. 카페나 사무실이나 학교에 설치된 음료 자동판매기가 사람들로 하여금 쉽게 카페인에 접하게 만든

표 35-1. 중독의 강도

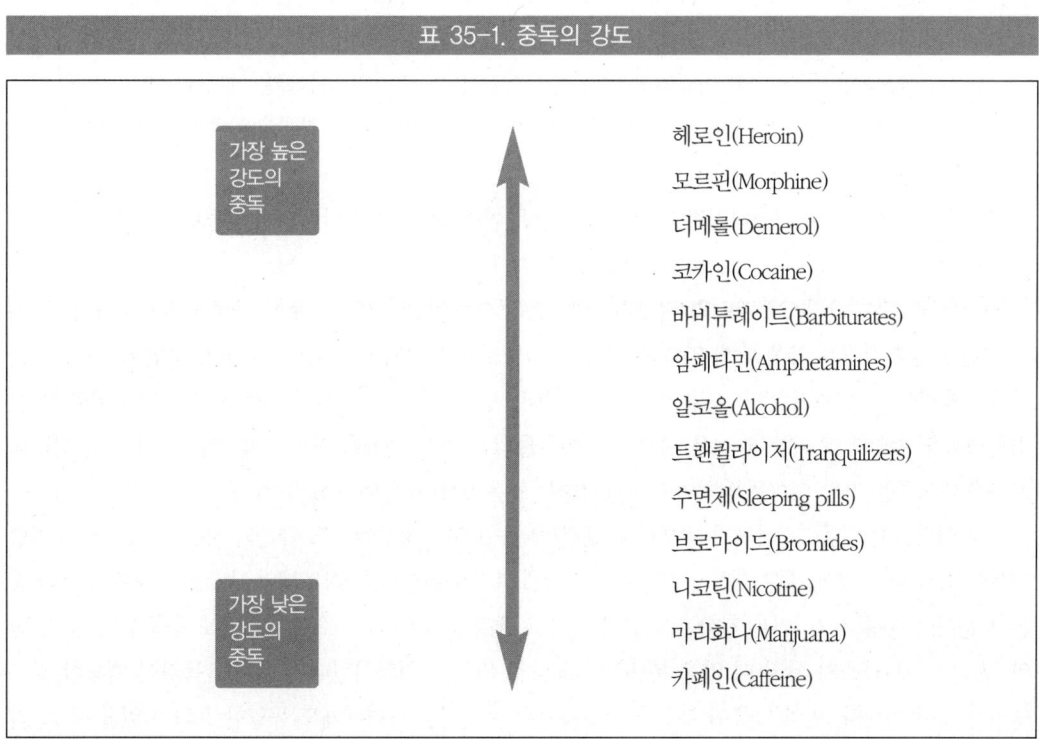

다. 초콜릿, 차, 아이스크림, 핫초코 등은 어려서부터 마시기 시작하여 어른에 이르기까지 즐겨 찾는 카페인이 든 기호식품들로 약간의 중독과 두통을 동반할 수 있다.[23] 더 해로운 것에는 니코틴(담배를 피우는 사람과 담배를 피우는 사람의 옆에 있는 사람 모두 영향을 받는다), 코카인(강력한 도취감과 흥분을 주는), 그리고 체중 감량, 불면증과 같은 신체적 문제에 대한 의사처방의 약과 각성제를 포함한 암페타민 등이 있다. 메담페타민(Methamphetamine)은 쉽게 제조되고, 중독성이 높을 뿐 아니라 자주 남용되는 종합 흥분제다. 이러한 약물은 환각현상, 무한한 힘, 음식이나 휴식이 없이도 며칠 동안 버틸 수 있는 에너지를 주지만 남용하면 심각한 심혈관과 다른 신체적인 문제를 유발한다.[24]

- 마취제 : 헤로인, 모르핀, 코데인 등이 있다. 이러한 약물은 통증을 완화시키고 환각을 일으키거나 기분을 이완시킨다. 중독성이 매우 높고 남용할 경우 심각한 신체적 문제와 허탈한 증세를 나타낸다.

- 환각제 : 감각중추의 기능을 높여 환각과 환상을 일으키고 기억력을 손상시킨다. 특히 마리화나나 LSD는 환각제로 잘 알려져 있다.[25] 이러한 약물은 종종 복합적으로 사용되어서 더 높은 환각현상을 경험하게 하지만 몸에는 극도로 해롭다. 엑스터시로 알려진 MDMA가 그 예다. 흥분과 환각의 특성을 복합하여 만든 클럽 약물(Club Drugs)이라 불리는 것 중의 하나로 불법적으로 비밀리에 만들어져서 술집, 댄스클럽, 대학 모임, 밤샘 춤 파티 등에서 젊은 사람들에 의해 사용된다. 기분 전환, 활력, 흥분, 감각의 연좌, 도취에 흔히 사용되는 엑스터시는 사람들 사이에서 안전한 약물이라고 간주된다. 그러나 사실상 이 약물은 매우 위험할 수 있다. 한 조사에 의하면 MDMA는 뇌에 손상을 주고 심장과 혈압 상승에 영향을 주며 심혈관의 원활한 활동을 저해한다.[26] 이뿐 아니라 불안, 무기력, 지속적인 두려움과 격렬과 폭력적인 행동을 유발할 수 있다.[27]

그 외에도 중독성 있는 조제 약물 또는 본드, 가솔린 또는 페인트 등의 흡입제 등이 있다. 최근 몇 년 동안 대부분의 질병을 치료할 수 있는 것처럼 약을 선전하기 위해 수백만 달러의 돈을 쓰며 과장 광고를 하는 약품회사들에 대한 비난의 소리가 높아지고 있다. 최악의 부산물은 제너레이션 Rx라 불리는 것으로 모든 문제를 해결해준다는 이 "마술 약의 신화"는 어린이와 학부모들에게 경고 대상이 되고 있다.[28]

이러한 중독의 원인이 다양하지만 가장 주된 영향은 가족, 또래, 사회단체의 사람들로부터 온다.

(a) 부모와 다른 어른으로부터의 본보기 : 대부분의 어린이들은 어려서부터 가정 안에서 통증을 없애고 기분을 전환시키는 약에 대해 익숙해져 있다. 10대들은 부모가 아스피린, 감기약, 수면제 그 외 다른 약을 복용하는 것을 보게 된다. 수많은 사람들이 커피, 담배, 저녁 식사 후 음주를 하고 문제가 있을 때 신경안정제를 손쉽게 복용한다. 젊은 사람들이 어른들의 이러한 행동을 따라하며 약물이 신체적, 심리적 고통을 덜어주는 가장 손쉬운 방법이라고 생각하는 것은 당연한 일이지 않겠는가?

몇몇 사람들은 약물 그 자체가 나쁘다고 생각한다. 그러나 성경에서도 약물의 사용이 허락된 것처럼 고통이 심할 때는 약에 대한 가치가 인정되고 사람들은 고마워한다.[29] 대부분의 사람들은 경우에 따라 적은 흥분이나 통증 제거, 기분 전환은 나쁘지 않다고 생각한다. 그러나 소량의 약물도 중독성이 있다. 만약 부모가 스트레스가 쌓일 때 약을 복용하거나 술로 기분을 전환시킨다면 자녀도 똑같이 행동할 것은 놀라운 일이 아니다. 만약 약물이 부모를 진정시켜주는 것만큼 자녀에게도 동일한 효과가 있을 때 그 약물의 사용은 점점 사용이 번번해지고 복용량도 늘어날 것이다. 약물을 남용하는 사람들은 약물의 잘못된 사용이 가정에서부터 시작되고 부모로부터 배운 것이라는 것을 부인하지 않는다. 10대나 성인 약물 남용자 중 높은 비율(중독이 심한 사람일 경우)은 약물에 중독된 부모와 불안정한 가정에서 성장했다.[30]

(b) 또래 및 다른 사회적 영향 : 만약 모든 사람이 약물과 약물을 사용하는 환경에 둘러싸여 있다면 왜 어떤 사람들은 약물에 중독되지 않는 것일까? 다음과 같은 이론들이 이러한 질문에 대답을 주고 있다.

도덕적 이론 : 중독은 인격적 결함이나 잘못된 선택에서 온다는 것이다. 일반적으로 이 이론의 지지자들은 중독이 생물학적 근거를 가진다는 것에 반대한다. 한 웹 사이트에서 도덕적 관점은 "더 이상 치료적인 면에서는 고려되지 말아야 한다"고 하지만 신실한 기독교인들은 이에 동의하지 않는다.[31]

질병 유전적 이론 : 어떤 사람들은 건강한 사람과는 달리 약물 실험(호기심 또는 또래 억압)에 쉽게 빠져들고 약물 남용이 의학적 치료까지 필요로 하는 질병이 된다고 주장한다. 그러나 이 이론에서조차 쉽게 중독되는 사람들이 있으며 기본적인 행동의 변화를 위한 원인 규명과 치료가 필요하다고 생각한다.

통로 이론 : 약물을 한 번 사용하면 더 해롭고 중독성이 높은 약물 사용의 문을 열어주는 것이라고 제안한다. 예를 들어 한 사람이 처음에는 담배, 맥주, 알코올이 들어 있는 음료(알코올의 맛을 느낄 수 없는 달콤하고 과일 향이 나는 음료)로 시작하지만 곧 중독성이 있는 약물을 복용할 수 있다는 것이다. 이 이론의 문제점은 일부만 이 이론의 과정을 거치고 어떤 사람에게는 무관하다는 것이다.

사회적 이론 : 인종, 나이, 사회경제적 지위, 지역사회, 교육 수준, 또래의 영향, 관심의 정도가 약물을 복용하는 원인과 복용 약물의 종류, 경제적 능력의 정도, 또는 계속적으로 약물을 복용할 것인가를 식별하는 기준이 된다는 것이다. 예를 들어 북미에서는 20세기에 들어와 지난 20년 동안 게임 산업과 발맞추어 게임중독자의 수가 급증하고 있다.

심리학적 이론 : 개인의 특성, 심리적 스트레스, 내적 갈등, 내적 공포 또는 개인적인 욕구가 약물을 남용하고 다른 종류의 중독을 일으킨다고 주장한다. 많은 약물중독자들은 내적 긴장과 갈등을 가지고 있다. 어떤 사람들은 약물을 통해 환희, 흥분, 환각, 삶의 걱정과 문제로부터의 해방감을 맛보고 싶어 한다. 그러나 오직 일부 사람들만이 이러한 행동을 한다는 것이 의문으로 남아 있다.

또래 집단 이론 : 또래들이 약물 남용을 가져오는 주된 원인이라는 것이다. 친구, 가까운 사람, 그리고 형제들이 어린아이에게 약물을 소개하고 사용법을 가르쳐준다. 성인들의 모임에서도(노인 또래 집단) 중독될 수 있는 알코올과 약물이 사용되고 있다.

혼합 이론 : 약물 남용과 중독의 원인이 다양하다고 본다. 이 이론은 개인적 차이와 위에서 언급한 이론들을 종합적인 원인으로 강조한다. 상담자는 이러한 이론들을 잘 고려하여 약물중독자를 이해하고 도와야 한다.

2. 중독적 행동의 원인

알코올중독과 약물 남용은 아마 가장 널리 알려진 중독일 것이다. 그러나 많은 사람들은 화학약품이 전혀 없는 중독적 행동으로 인하여 갈등한다. 이러한 중독의 대부분은 신체적인 원인이 분명하지 않다. 대신에 개인의 생활에 현저하게 나타나는 행동으로 점차 조절과 통제가 불가능해진다. 우리는 이 장에서 일에 중독된 적이 있는 한 상담자의 이야기를 살펴보았다. 그는 휴가를 가서 자신의 일로부터 잠시 멀어질 거라고 결심할 것이다. 그런데 그의 여행가방 속에는 핸드폰, 노트북, 서류 뭉치들이 옷가지 사이사이에 감추어져 있을 것이다. 마치 알코올중독자가 술병을 늘 감추려는 것처럼. 기회가 있을 때마다 그는 자리를 떠나 몰래 이메일을 체크하고 간단하게 일을 할 것이다. 또 어떤 사람들은 음란물(비밀리에), 인터넷 게임, 섹스, 충동적 쇼핑, 끊임없는 텔레비전 시청, 희귀한 책이나 카드 수집 등에 중독되어 있다. 해롭지 않은 중독에는 계속적으로 남을 돕고 운동에[32] 빠지고, 자전거 타기, 취미생활이나 다른 사람들의 선망의 대상이 될 수 있는 활동 등도 있다. 어떤 면에서 이러한 행동은 즐거움을 가져오고 긍정적인 영향을 미치지만 만약 이러한 행동이 충동적이고 지나치면 해로운 것이 될 수 있다. 아마 대부분의 실내 체육관이나 헬스클럽에는 결과적으로 몸에 무리를 줌에도 불구하고 항상 운동을 하고 있는 사람들이 있다. 여기에서 이러한 다양한 중독에 대해 모두 논의할 수는 없지만 가장 일반적인 세 가지 중독에 대해서만 설명하고자 한다.

(a) 도박 중독 : 몇 년 전, 라스베이거스의 카지노 포커게임에서 이긴 사람에게 상금으로 무엇을 할 것이냐고 물어보았다. 그는 망설임 없이 "다시 도박을 할 것이고 다 잃을 것이다"라고 대답했다. 이 사람은 자신이 도박에 중독된 것에 대해 아무런 부끄러움도 없었다. 모든 도박 중독자들처럼 이 사람도 엄청난 빚을 지고, 직업을 잃어버리고, 가정이 깨어지고, 개인적인 스트레스를 받는다 해도 도박을 끊고 싶지도 끊으려 하지도 않을 것이다. 종종 도박 중독자들은 게임에 의해 진 빚을 갚으려고 하다가 횡령, 위조, 탈세 등의 불법행위로 구속된다.

왜 이들은 도박을 할까? 거기에는 정확한 원인이 없다. 도박하는 사람은 위험이나 환희, 불확실 속에서 스릴을 즐기는 사람들이다. 종종 카지노에 대한 텔레비전이나 라디오 선전물들은 카지노 단골들의 빠른 속도의 현란한 기술들을 제공한다. 이러한 선전들은 엄청난 돈을 버는 가능성을 보여주지만 사실은 돈을 잃는 경우가 더 많다. 이러한 선전의 끝 부분에는 도박에 대해 문제가 있으면 전화하라는 번호가 소리 없이 재빠르게 지나간다. 이러한 선전물에서는 도박으로 인한 무기력, 두려움, 스트레스에 대해서는 언급하지 않는다. 단도박 모임과 같은 조직에서는 이 조직에 머물러 있는 사람들을 성공적으로 도와줄 수 있지만 사람들은 곧 탈퇴하거나 도박에 다시 빠진다.

(b) 아드레날린 중독 : 심리학 개론 서적들은 항상 스트레스에 의한 신체 반응에 대해 묘사하고 있다. 우리가 위험에 처했을 때나 재빨리 행동해야 할 때마다 아드레날린 분비 기관에서는 우리 스스로 빨리 움직이고 방어할 수 있도록 신체 기관들을 통해 스트레스 호르몬을 분비한다. 이러한 아드레날린 주사는 몸에 활력을 주지만 지나친 흥분이나 자극을 유발할 수 있다. 이것은 우리 몸 스스로가 중독적인 성분을 분비해내는 경우를 제외하고는 약물을 주입하는 것과 같다. 만약 스트레스가 계속되면 아드레날린 생성과 그에 따르는 높은 에너지 활동이 시작된다. 스트레스 받는 상황이 끝나면 아드레날린 생성은 줄어들고 정상으로 돌아온다. 그러나 이러한 긴장 상태의 사람들은 정상 상태로 돌아오는 일은 없다. 그러므로 아드레날린은 일이 바쁜 날, 중요한 일을 해결해야 하고 여기저기 바쁘게 움직이거나 마감일에 쫓기고 성공적인 일을 완수해야 할 때 항상 분비된다. 우리는 지나치게 활력이 넘치는 일과 아드레날린의 작용을 즐긴다. 대부분의 일 중독자들은 아드레날린의 작용에 의해 일하는 것이다. 하루종일 사역에 헌신하는 목회자[33] 또는 자녀들에게 여러 가지 과외활동을 강요하고 자신들의 자녀들도 이렇게 흥분되기를 가르치는 어머니들은 모두 아드레날린에 의해 흥분된 상태다. 결국 과잉 아드레날린에 의한 지속적인 흥분 상태는 중독된다.

심리학자 아치볼드 하트(Archibald Hart)는 아드레날린 중독의 이해와 치료에 있어서 선구자다.[34] 그는 사

표 35-2. 아드레날린 중독 증세

- 하던 일을 계속해야 한다는 강한 충동.
- 끝내야 할 것이 남아 있다는 강박관념.
- 무기력한 감정 유발. 이것을 후기 아드레날린 무기력증이라 한다.
- 불안정, 다리와 손가락의 떨림, 또는 다른 불안과 초조함.
- 과민, 불안, 공격적 반응.
- 카페인(아드레날린 흥분제)에 대한 강한 욕구.

람들이 어떤 일에 대해 여유를 가지라거나 휴가를 가지라고 강요할 때가 있다면 이것이 중독의 분명한 증거라고 언급했다. 약물중독자가 약물을 끊었을 때 나타나는 불안 증상처럼 아드레날린 중독자에게도 표 35-2와 같은 비슷한 증상들이 나타난다.

많은 사람들이 그들의 많은 활동과 아드레날린에 의한 활력을 좋아하지만 그들의 육체는 그것에 저항한다. 위궤양, 두통, 소화불량, 두려움, 호흡기질환, 불면증, 심장병 등은 스트레스와 아드레날린 중독으로 인한 과다한 활동의 증상들이다. 만약 장기적인 흥분이 계속된다면 결국 아드레날린 분비기관은 활력을 잃을 것이다. 그 결과 선분비감약증(hypoadrenia)이라는 아드레날린 쇠퇴를 유발할 수 있다.[35] 비록 문화적 사회적 차이가 있지만 일반적으로 선진국에서는 활력이 넘치고 원기 왕성한 아드레날린 중독에 가치를 둔다. 이러한 원기 왕성한 사람들은 많은 일을 성취하지만 항상 시간에 쫓기어 결국 자신을 지칠 대로 지친 상태까지 몰아넣는다. 어떤 교회들은 이러한 일들을 고무시킬 뿐 아니라 이러한 사람들은 하나님 나라를 위해 항상 헌신한다고 확신한다. 그러나 몸이 망가지기 시작할 때야 어떻게 중독에 대처하고 생활에 변화를 가져오는지 질문하기 시작한다. 그러나 약물중독과는 다르게 아드레날린에 중독된 사람들을 도와줄 수 있는 좋은 방법들이 있다.[36]

(c) 종교적 중독 : 무신론자라 할지라도 강한 믿음이 있는 사람들은 개인적인 영적 능력이 있다고 인식한다. 그러나 대부분의 좋은 것들처럼 종교도 남용될 수 있고, 허위로 조작되거나 다른 사람에게 상처를 주고 개인적인 허약함과 치료의 욕구를 만족시키는 데 이용될 수 있다. 종교가 의무감이나 책임감을 상실하고 다른 사람을 조종하거나 진실을 숨기고 자존감을 부추긴다면 그것은 유해한 것이 된다. "하나님과의 관계가 아닌 사람들의 삶을 통제하기 위한 종교적 관계는 파괴적이고 위험하다."[37]

종교적 중독자는 종교나 종교 활동에 의해 삶이 지배되는 사람들이다. 이러한 사람들 중에는 강한 설득력과 죄의식을 야기시키는 자기도취에 사로잡힌 교회 지도자들도 있다. 다른 사람들은 교회 중독자(Churchholics)라 불리거나 교회 일을 점점 더 많이 해야 한다는 충동적인 욕구에 사로잡힌 이들이다. 이러한 사람들은 그들이 하는 일을 통해 만족과 확신을 얻는다. 종종 이러한 사람들은 모든 일을 멀리하고 오직 교회 일에 자신을 헌신하며 현실에서 벗어난 삶을 살고 있다.[38] 많은 종교 중독 환자들은 규칙적으로 교회에 가서 다음 예배 때까지 자신의 감정을 고조시킨다. 감정적이고 열광적인 교회 예배는 감정을 자극하여 졸음이 오는 듯한 교회 예배들보다 더 이러한 중독을 고무시킨다. 이런 유해한 믿음과 종교적 중독은 사춘기 청소년에게 편협한 사고, 다른 사람과의 관계 속에서 배우려는 자세의 결핍, 스스로 의롭게 여기는 사고를 보여준다. 다른 중독과 달리 종교적 중독은 올바른 방법으로 치료되지 않는 심각한 심리학적 상태까지도 묵인된다.

중독의 영향

누구도 약물 남용자로 태어나지 않는다. 대부분의 사람들은 자신이 이러한 중독 상태까지 오게 될 줄은 상상도 하지 않는다. 처음에 사람들은 새로운 경험을 해보고자 가족, 개인적 영웅, 또래집단, 문화적 환경, 호기심 또는 심리학적 욕구에 의해 약물들을 접하게 된다. 중독에는 약물의 정도에 따라 또는 개인에 따라 차이가 있다. 어떤 사람은 호기심으로 약물과 새로운 경험들을 한두 번 시도하지만 중독되지는 않는다. 다른 경우는 한번의 경험이 행동의 변화, 신체적 침체, 가족 간의 스트레스, 경제적 어려움, 직장문제 그리고 심리적 분별 등을 초래하게 된다. 일반적으로 중독으로 발전되기까지 다음과 같은 네 단계를 거친다.[39]

- **실험 단계** : 시작 단계다. 이 단계에서 일반적인 약물은 알코올, 마리화나 외에 유혹 받을 만한 어떤 약물 등이다. 구두약이나 페인트, 신나 등의 가정용품들은 어린이들이 주로 남용하는 것들이다.[40] 청장년 시기에 사람들은 주말파티 등 사회적 모임에서 이 단계를 경험한다. 그러나 많은 사람의 경우 이러한 경험들이 반드시 중독으로 이어지는 것은 아니다.
- **경우에 따라 사용하는 단계** : 두 번째 단계로 여전히 실험하는 단계다. 복용자는 '복용해야지 또는 하지 말아야지'라고 생각하며 가끔 새로운 약물을 접해보기도 한다. 그러나 횟수를 더해갈수록 약물과 도박과 같은 중독성 있는 행동들은 점점 빈번해진다. 이때 사람들은 통제 능력을 잃기 시작하지만 회복이 가능하다. 그러나 이 단계에서는 점점 더 자주 사용하기 시작한다.
- **규칙적 사용 단계** : 약물 복용과 행동들이 매일 반복된다. 중독자는 자신에게 문제가 있다는 것을 부인하지만 중독에서 벗어날 수는 없는 단계다. 중독이 심해질수록 학교생활, 직장생활, 건강, 인간관계 또는 다른 중요한 일들에 대해 등한시하게 되는 경향이 있다.
- **심한 중독 단계** : 가능한 한 자주 약물을 사용하거나 행동들이 나타나는 단계다. 이 단계에 있는 중독자의 뇌와 신체는 문제를 일으키게 되고 점점 더 양이 많아지고 횟수가 빈번해지며 점점 더 강한 경험을 하고자 하는 욕구가 생겨난다.

약물과 개인의 특성에 따라 어떤 사람은 도움 없이도 중독에서 벗어날 수 있지만 대부분의 사람들은 전문적인 도움이 필요하다. 잘 알려진 대로 약 기운이 떨어졌을 때 심리적, 신체적 증상은 매우 파괴적이지만 중독의 종류에 따라 차이가 있다. 카페인은 니코틴보다 끊기가 더 쉽고 코카인 사용을 중단하는 것보다 담배를 끊는 것이 더 쉽다.

앞에서 본 것처럼 중독은 자신과 가족들에게 영향을 준다. 가정은 중독자의 행동으로 인해 깨어질 수 있다. 사회에도 영향을 미칠 수 있다. 잘 아는 대로 약물 남용과 범죄는 같이 일어나고 당사자나 지역사회 그리고 나라 전체에 악영향을 미친다. 모든 종류의 중독들은 장기 결근, 노동 효율 감소, 건강 상실과 치료 프로그램의 높은 비용 등으로 말미암아 수억만 달러의 국가적 손해를 가져온다. 더욱 슬픈 사실은 중독자들은 무방비 상태로 길거리에 여기저기 흩어져 산다. 영적 공허, 병든 육체, 깨어진 인간관계, 실업, 무뎌진 머리, 깊은 슬픔 그리고 마음속의 죄의식 등이 바로 중독의 대가다.

상담자들조차도 때로는 "중독되지 않기 위해 상담을 줄여야겠다"라고 말하거나 "심리적인 압박은 내가 다룰 수 있는 것 이상이야"라는 심리적 위축을 받을 때가 종종 있다.

상담과 중독

과거에는 상담자들과 신경학자들이 치료에 대한 자신들의 접근 방식을 내세우며 함께 공동으로 협조할 수 있는 여러 전문 분야의 필요성을 무시했었다. 기독교 상담자들은 심리학자나 전문의의 도움 없이 오직 하나님 홀로 사람을 변화시킬 수 있는 능력이 있다고 주장했다. 이렇게 철저하게 전문성을 분리시키는 주장이 여전히 존재하긴 하지만 점점 쇠퇴하고 있다.[41] 중독이야말로 사회적, 심리적, 생물학적 그리고 영적인 면에서 다루어져야 할 복합적 문제라 할 수 있다. 이러한 까닭에 가족 상담, 개인이나 그룹 상담, 행동치료(사람들의 행동을 변화시키고 통제하도록 돕는 치료), 의학적 치료, 영적 중재 그리고 친구나 믿는 사람들의 도움은 각 분야에서 도움을 줄 수 있는 것보다 더 나은 효과를 가져올 수 있다. 이러한 넓은 영역의 치료는 약물중독과 행동적 중독으로부터 치료 효과를 높여 중독에 대한 육체적 치료와 가족이나 다른 인간관계의 치료를 동시에 할 수 있다. 이러한 치료는 오랜 시간과 에너지 그리고 사람들의 헌신을 필요로 한다. 그러나 경제적으로 많은 비용이 들기 때문에 대부분의 약물중독자들은 치료를 받지 못하고 있다.[42] 그러나 치료를 받는 사람들은 중독으로부터 벗어나지만 치료에 실패할 확률이 높고 일반적으로 다시 재발한다.

어떤 경우는 필요한 훈련과 경험이 부족하나 의욕만 앞서는 상담자 때문에 치료에 실패하는 경우가 있다. 만약 여러분이 약물중독자와 다른 중독자들을 상담해야 하는 훈련과 경험이 부족한 상담자라면 경험이 많은 숙련된 상담자와 중독 환자와 그 가족들을 도울 수 있는 의료진과 함께 일해야 한다. 목회자들은 중독 환자를 돕고자 하는 교인들과 함께 뒤에서 후원할 때 치료 팀의 한 일원이 될 수 있을 뿐 아니라 가족도 될 수 있음을 인식하라.

1. 약물중독자 상담

제34장에서는 심각한 알코올중독자들에 대한 상담의 지침을 열거했다. 이러한 지침들은 약물중독자의 상담에도 적용할 수 있으므로 다시 언급하지 않는다.

우리가 잘 알고 있는 대로 약물중독자에 대한 상담은 어려운 일이지만 이러한 사람들이 변화되기를 거부하거나 치료에 응하지 않거나 항상 다루기가 어렵다고 생각하는 것은 잘못된 것이다.[43] 치료는 어렵겠지만 여러 가지 방법들이 함께 사용되면 치료가 성공적일 수 있다. 이러한 치료에는 의학적 치료, 개인이나 그룹 상담, 약물 교육, 가족들에 대한 교육, 입원환자에 대한 재활치료, 통원치료 환자와 퇴원 환자에 대한 관리 그리고 중독자들이 약물 없이 살아갈 수 있도록 계속적인 후원 등이 포함되어 있다. 비록 한 사람의 환자에게 이 모든 치료 방법을 다 적용할 수는 없지만 병행해서 사용할 때 치료 효과를 높일 수 있다.

이 모든 치료 방법에 대한 기독교인의 견해는 어떠한가? 효과적인 치료 방법 중 어떤 것은 성경적 원리를 근거로 하고 있으며 기독교적인 입장을 가지고 있다. 특별히 이러한 치료 방법에 전문적 훈련을 받지 않은 기독교 상담자들은 종종 의료진, 재활팀, 그리고 기독교적인 도움을 줄 수 있는 전문가들과 함께 일한다. 예를 들어, 심리학자 마크 야르하우스와 그의 공동저자는 약물중독 치료를 받고 있는 환자를 돕는 데는 동기부여, 용인, 위탁, 그리고 후원의 네 가지 요소가 있다고 확신한다.[44]

교회에서 활동하고 있는 기독교 상담자들은 약물중독자와 그의 가족들을 상담할 때 이러한 네 가지 요소를 적용할 수 있다.

- 동기부여 : 재활 프로그램에 참여한 환자들이 치료를 포기하고 싶을 때나 재발되었을 때 도움을 준다. 동기부여는 치료를 받고 있는 중독자들이 다른 사람들로부터 변화되고 있는 것에 대한 격려의 말을 들을 때 더 효과적이다. 특별히 다른 사람의 중보기도와 관심에 대해 환자가 알고 있는 것이 중요하다. 그리고 가족들이나 가까운 친구들도 알고 있는 것이 중요하다. 약물중독으로 인해 자신들이 얼마나 충격을 받고 있는지를 솔직하게 대화할 때 중독자에게 더 큰 동기부여를 제공할 수 있다. 이것은 죄책감을 심어주는 것을 의미하는 것이 아니라 사랑과 끊임없는 격려를 보여주는 과정이다.
- 용인 : 다양한 방법으로 나타날 수 있다. 특히 도움을 주는 사람의 지속적인 관심이 중요하다. 중독을 끊는다는 것은 결단과 용기를 필요로 한다. 그래서 다른 사람의 지속적인 도움을 필요로 한다.
- 위탁 : 다른 사람이나 자기 진단 그리고 하나님에게 의지하는 등의 도움이 없거나 중독자 스스로 약물과 중독적인 행동을 통제할 수 없는 사람들을 돕는 것이다. 중독자 가족들은 계속 치료를 받고 있는 다른 중독자 가족들로부터의 격려를 통해 위로받을 수 있다.
- 후원 : 치료가 끝난 후에도 멈추서는 안 되는 요소다. 전문적인 치료는 끝난다. 그러나 종종 경제적 부담으로 인해 치료를 더 받아야 함에도 불구하고 끝나는 경우가 있다. 이 시기에 다른 사람들 특히 기독교 공동체로부터의 지속적이고 끊임없는 후원은 중독자들에게 어려운 시기를 잘 견딜 수 있는 도움을 준다. 약물을 다시 복용하고 싶은 유혹은 격려와 후원할 수 있는 사람이 없는 곳에서 더욱 강하게 일어나곤 한다.

2. 상담과 행동적 중독들

충동적인 도박, 쇼핑, 미루는 습관, 일중독, 종교 중독 등의 자기 절제를 잃어버린 행동들은 종종 의학적 치료를 통해 완치될 수 있는 신체적 원인들을 수반한다. 집중력 부족은 환자의 노력이나 의도에도 불구하고 행동을 통제하거나 사물에 집중할 수 없도록 만드는 신체의 화학적 불균형이나 신경조직의 역기능으로 인하여 발생한다. 약물치료는 이러한 불균형을 회복시켜주어 집중할 수 있도록 도와준다.

그러나 행동적 중독과 통제 불능(알코올중독과 다른 약물중독과는 반대로)과 같은 증상은 심리적, 사회적, 영적인 근거들을 가지고 있는 것이 일반적이다. 한 찬송가는, "유혹에 굴복하지 말라 왜냐하면 굴복하는 것은 죄이기 때문이다. 승리가 너를 도와 이기게 할 것이다"라고 기독교인들에게 강조한다. 우리가 유혹에 굴복할 때마다 다음 단계에서는 더욱 쉽게 유혹받기 때문이다. 이것은 행동적 중독이 죄의 문제인지 심리학적인 문제인지에 관계없이 사실이다.

예를 들어, 인터넷에서 성적인 사진들을 보는 포르노에 중독된 환자들을 생각해보자. 부부관계에서 표현되는 성숙한 사랑과는 달리 포르노 영상(일반적으로 성적인 퇴폐)은 상대방과의 내면적 깊은 관계를 요구하지 않는다. 이러한 자극적인 그림의 존재 여부에 관계없이 에로틱한 생각은 간혹 인터넷상으로 다른 사람과 접속된 상태일 때도 있지만 주로 혼자 있을 때 일어난다. 환상과 자기 흥분을 동반하는 포르노 영상들에 사로잡힌 기분은 정신적 간음의 형태라고 할 수 있다. 이러한 사람들은 이성간의 깊은 정신적 관계를 갖는 것이 불가능하거나 원하지 않는 경우가 대부분이다. 포르노에 중독된 사람들은 종종 과거에 상처를 받아서 이성과의 성관계를 두려워하거나 성관계 자체에 대한 두려움이 있다. 어떤 경우 행복한 부부들도 그들의 성관계에 대한 환상이 있을 수 있다. 다른 경우에는 같은 형태의 성관계에 대해 지루함을 느낄 수도 있다. 결과적으로 이러한 사람은 정신적인 자기 흥분과 실제 상황에서는 일어날 수 없는 에로틱한 행동을 생각하게 된다. 일반적으로 인터넷 음란물을 제작하는 사람들은 항상 성인 남성과 성에 대해 높은 관심이 있는 사춘기 남자들을 대상으로 자신들의 상상력을 음란물로 개발한다. 음란물들은 상상 속에 있거나, 컴퓨터 화면에 있거나 은밀할 때 방해받지 않는 상태에서 흥분을 고조시킨다.[45]

다른 모든 행동적 중독과 같이 에로틱한 생각과 인터넷 음란물 사이트의 빈번한 이용은 어떤 욕구가 건강한 방법으로 채워지지 않았다는 증거다. 예를 들어, 다른 사람과 대화하고 친밀한 교제를 원하는 욕구가 환상으로 대체된 것이다.[46] 이러한 환상은 즐겁고 해롭다고 생각하지 않기 때문에(최소한 처음에는) 사람들은 그만두려고 생각하지 않는다. 정욕적인 생각과 음란물의 이용이 점점 더 빈번해질 때 중독자들은 다른 사람으로부터 격리되고 자신의 충동적 습관을 포기할 수 없다고 생각하게 된다. 행동적 중독의 덫에 걸린 사람들을 돕기 위해 무엇을 할 수 있을까? 잘 알려진 대로 알코올중독자나 약물중독자들은 자신의 의지로는 중독을 끊을 수가 없다. 유혹이 오고, 생물학적 욕구가 강하게 일어날 때, 음주나 약물의 복용은 다시 시작된다. 논리적으로 생각해볼 때 행동적 중독이 생물학적 영향이 적기 때문에 쉽게 통제할 수 있을 것이라 생각하지만 이러한 행동적 중독도 통제하기가 어렵다. 이러한 이유는 습관이라는 개념에서 찾아볼 수 있다. 인간이나 동물에게 반응을 유발하는 자극을 주었을 때를 생각해보라. 시끄러운 소리는 깜짝 놀라는 반응을 나타낸다. 그러나 만약 그 시끄러운 소리가 여러 번 반복되면 그 소리는 짜증나는 것이 될 것이나 깜짝 놀라는 반응을 다시 일으키지 않을 것이다. 깜짝 놀라는 반응을 얻기 위해서는 더 강하고 특이한 소리와 자극이 필요하다. 이와 같이 우리 몸은 습관화되거나 일반적인 소음에 익숙해져 있다. 그래서 반복되는 두 번째 소음에도 곧 익숙해질 것이다.

약물중독에 이러한 논리를 적용해보라. 처음에는 아주 적은 양을 복용할 것이고 그 효과는 매우 클 것이다. 환각과 도취상태에 빠질 것이다. 그러나 오래 지나지 않아 같은 양의 복용으로는 전혀 다른 점을 느끼지 못하게 되고 복용자는 처음의 효과를 얻기 위해서 처음보다 더 많은 양의 약물을 찾게 된다. 만약 복용자가 더 큰 효과를 원한다면 더 많은 양을 복용해야 한다. 더욱이 더 많은 약물이 섭취되었을 때 몸은 약물에 적응되고 약물을 복용하기 전의 균형 상태를 유지하고자 한다. 이것은 의약품에도 적용된다. 일반적으로 한 알의 진통제는 복용 후 얼마의 시간이 경과하면 약효가 나타나 통증을 멈춰주지만 통증을 없애기 위해서는 복용하는 양을 늘리곤 한다. 점점 더 우리 몸은 효과적인 기능을 가진 진통제를 요구한다. 결국 이러한 우리 몸의 조절 과정을 통해 약물과 진통제에 대한 단순한 생각은 약물을 섭취해야겠다는 신체적 갈망을 일으킬 수 있다.

다시 행동적 중독을 살펴보자. 처음에는 성적으로 자극적이던 인터넷 음란물이 얼마 후에는 더 이상 자극적이지 않기 때문에 전과 같은 흥분에 도달하기 위해서는 더 자극적인 음란물을 필요로 하게 된다. 시간이 경과할수록 음란한 생각이나 컴퓨터 음란물을 더욱 탐닉하도록 만든다. 간단히 예를 들어보면,

어떤 사람들은 계속해서 새로운 이메일을 체크하는 것이 습관이 된다. 이러한 과정은 신체적인 반응만큼이나 심리적인 상태를 초래하나 이러한 충동은 저항하기가 매우 힘들고 중독 행동을 멈추기도 어렵다(아마 여러분의 경우도 그렇듯이, 내가 책을 써내려갈 때 책 쓰는 것이 지루해지면 이메일에 새로운 메시지가 왔는지 확인하고자 하는 유혹을 받을 때가 있다). 중독에 걸리지 않은 사람은 비디오게임, 음란물, 도박, 그리고 계속적인 이메일 확인에 빠져 있는 중독자들을 혐오스럽게 생각할 것이나 이러한 중독자들은 저항할 수 없을 정도로 이러한 것에 매료되어 있고 조정된다.

비록 그렇다 하더라도 이러한 습관들은 만약 중독자를 약물이나 행동의 중독 환경으로부터 멀리 격리시킬 수 있다면 감소될 수 있다. 더욱이 이러한 행동적 중독은 네 가지의 치료법을 반복적으로 사용할 때 고칠 수 있을 것이다. 네 가지 치료법에는 결심, 대체, 욕구 충족 그리고 일상생활 관리가 있다.

(a) 결심 : 중독적 행동은 중독자가 변화에 대해 결심하지 않는 한 지속될 것이다. 그러나 이것은 한번의 결심으로 이루어지는 것이 아니다. 중독적 행동들은 끊겠다고 반복적으로 결심하더라도 일반적으로 다시 재발한다. 이러한 실패의 연속에도 불구하고 내담자가 반드시 변하려는 의지가 있다면 약간의 변화를 이룰 수 있다. 약물중독자처럼 행동적 중독자들도 격려와 책임 있는 사람들이 동반될 때 어떤 변화의 프로그램을 적용시킬 수 있다.

(b) 대체 : 인지행동적 상담자들은 충동적 행동과 지속적 생각에 대한 대체를 위해 여러 가지 방법들을 제안해왔다. 생각 멈추기는 마치 트릭과 같으나 많은 사람들에게 효과가 있다. 원하지 않는 생각들이 일어날 때마다, 'STOP'이라는 단어를 생각하거나 마치 주변에 아무도 없는 것처럼 크게 소리친다. 다음 단계는 생각 바꾸기다. 원하지 않는 생각이 중단되자마자 재빨리 다른 것에 관심을 돌린다. 이러한 것들은 중독자가 실패가 아니라 성공할 것이라는 긍정적인 예행연습을 반복함으로 성취될 수 있다. 성령은 이와 비슷한 교훈을 준다.

성경은 우리에게 "그러므로 땅에 있는 지체를 죽이라. 곧 음란과 부정과 사욕과 악한 정욕과 탐심이니 탐심은 우상숭배니라. ……이제는 너희가 이 모든 것을 벗어버리라. 곧 분함과 노여움과 악의와 비방과 너희 입의 부끄러운 말이라"[47]라고 가르친다. 이러한 생각들을 마음속에서 지속적으로 생각할 때 행동으로 나타날 수가 있다.[48] 건강하지 않은 생각이나 행동을 멈추거나 벗어버리는 것은 어려운 일이 아니다. 그러나 우리가 대체된 다른 생각과 행동을 하지 않는다면 다시 생각이나 행동이 되돌아가는 것을 막기 어렵다. 우리는 자신의 죄성과 악한 행동들을 벗어버리고 우리가 예수 그리스도를 더욱 알아갈수록 계속적으로 새롭게 되는 새사람을 입어야 한다.[49] 정욕적 생각은 건전하고 예수 그리스도를 높이는 다른 생각으로 대체될 수 있다. 어떤 기독교 상담자는 불건전한 생각이 일어날 때마다 성경 구절을 떠올리는 것으로 대체해야 한다고 제안한다.[50]

물론 이것은 만약 내담자가 중독적 행동으로 다시 돌아갈 수 있는 사람이거나 자극적 요소와 함께 머물러 있다면 효과적이지 않을 것이다. 도박중독자는 카지노에 갈 수 없다. 음란물에 중독된 사람은 음란물을 가지고 있을 수 없다. 일에 중독된 사람은 휴가기간 중 일할 것을 몰래 가지고 갈 수 없다. 그러나 이러한 충고는 실행하기가 어렵다. 인터넷 음란물에 중독되거나 일에 중독된 사람은 컴퓨터를 멀리할 수 없다. 왜냐하면 컴퓨터는 삶의 일부이고 모든 것을 위해 꼭 필요한 것이기 때문이다. 그러나 컴퓨터 모니터를 옮기는 것과 같은 단순한 것으로도 중독자를 도울 수 있다. 만약 컴퓨터가 집에서 눈에 띄는 곳에 더 이상 있지 않거나, 문 밖에서도 보이는 개방된 곳에 있다면 중독된 온라인 사이트에 접속하고자 하는 유혹이 줄어들 것이다. 뿐만 아니라 충동적인 이메일 확인도 줄어들 것이다.

(c) 욕구 충족 : 우리가 살펴본 바대로 중독은 건전한 방법으로는 그 욕구가 충족되지 않기 때문에 일어난다. 상담은 내담자로 하여금 중독에 의해서 어떤 욕구가 채워지며 어떻게 다른 방법으로 이 욕구가 채워질 수 있는지 숙고하도록 돕는 것이다. 충동적인 텔레비전 중독자는 다른 사람과의 관계가 필요하다. 그러나 이러한 사람은 인간관계에 대한 두려움과 사회성 부족을 가지고 있다. 상담은 성취감이 높고 위협적이지 않은 방법으로 사람들과의 관계를 발전시킬 수 있도록 도울 수 있다. 만약 텔레비전이 쉼을 얻는 유일한 낙이라면 다른 중독들이 나타날 수가 있다. 충동적 식탐가는 지루하거나 스트레스가 쌓일 때마다 스낵을 먹을 것이다. 이 사람은 스트레스를 보다 효과적인 면에서 감소시킬 수 있는 방법이 필요하다.

(d) 일상생활 관리 : 일상생활의 변화는 행동적 중독과 특별히 아드레날린 중독을 치료하는 데 출발점이 될 것이다. 인간은 쉬고, 회복하고, 소생하는 데 시간이 필요하다. 그러나 이러한 휴식시간은 무시되는 경우가 많다. 아치볼드 하트는 많은 사람들, 특히 일에 중독된 사람들은 "6일 동안 몸을 혹사하고 6일 동안 일한 것만큼 힘을 다해 신앙생활을 하면서 일요일을 보낸다"[51]고 말한다.

일상생활의 변화를 일으키기 위해서는 신체적 변화, 즉 몸의 피로를 풀어주고, 규칙적인 수면시간 또는 과다한 운동으로 아드레날린을 소모하고 새로운 습관과 중독적인 행동을 유발할 수 있는 것을 멀리하는 등의 변화가 필요하다. 하트는 가치관을 재구성하고 "삶의 우선순위, 목표, 책임 그리고 인간관계의 중요성을 인식하고 다른 사람을 즐겁게 하거나 그들과의 관계를 유지하려고 노력하는 것을 멈추라"고 덧붙인다. 특별히 이것은 아드레날린 중독자를 위해 필요한 충고다. 상담자는 내담자가 중독적인 대상 없이도 휴식할 수 있는 방법과 삶의 우선순위를 재정립하도록 도와야 한다. 그러나 이것은 서둘러서는 안 되며 성령이 중독된 사람의 삶을 변화시켜줄 때 더욱 효과적이다. 이것은 단순하게 들릴지도 모르나 행동적 중독은 내담자가 크게 가치를 두고 사로잡혀 있었던 행동으로부터 멀리하도록 도움을 받으므로 조금씩 그리고 규칙적인 지침들에 의해 치료된다.

약물중독과 행동적 중독의 예방

프로 운동선수들이 기록을 향상시키기 위해 얼마나 자주 스테로이드와 또 다른 약물을 복용하는지는 아무도 모른다. 이것은 물론 불법이며 능력 강화 약물에 대한 검사도 계속 강화되고 있다. 그러나 이러한 약물은 종종 발견하기가 어렵기 때문에 계속 사용되고 있으며 다른 경쟁자들에게 불공평한 결과를 가져다주기도 한다. 이러한 까닭에 선수들의 탈의실에서뿐만 아니라 다른 장소에서 계속적인 약물 테스트가 요구된다. 만약 비행기 조종사나 기차 기관사가 알코올과 다른 약물을 복용한다면 많은 무고한 생명들을 위험에 빠뜨릴 수 있을 것이다. 만약 어떤 군인이 논리적 판단력을 손상시키는 약물을 복용한다면 이것은 심각한 문제를 유발시킬 수 있을 것이다. 소변검사가 불법적인 약물 사용을 추적하기 위한 가장 정확한 방법은 아니다. 그러나 최근 약물 검사 요구가 잘못된 것이며 사유권을 침해하는 것이라고 불평하는 사람들의 수가 줄어들고 있다.

그러나 비록 이러한 약물 검사가 계속되어도 검사가 약물 남용을 방지하지는 못한다. 어떤 사람은 약물 사용이 발견될 경우 직업을 잃어버릴 것을 두려워하기 때문에 약물 검사가 효과가 있겠지만 대부분의 사람들은 약물을 계속 복용하기 때문에 문제가 계속해서 커진다. 예방에 대한 많은 논의와 연구가 이루어지고 있지만 약물 남용과 중독의 예방에 대한 지침은 아직 명백하지 않다. 알코올중독에 대해 언급한 제34장에 이미 여러 가지 예방에 대해 열거되어 있다. 안정된 가정의 자극, 건전한 믿음의 성립, 삶에 대처하는 방법에 대한 교육과 약물 남용 및 중독과 관계된 지역사회, 미디어 그리고 학교 교육을 제공하는 것들이 그 예방책이다. 이러한 것들은 다음에 주어진 제안들과 함께 중독적 행동의 예방을 위해 적용할 수 있다.

1. 거절하는 기술을 가르치라

수년 전, "아니오"라는 단순한 대답은 전국 약물 예방 프로그램의 기초가 되었다. 이 단순한 표어는 창의적이고 쉽게 기억할 수 있지만 사람들이 "아니오"라고 말하고 싶지만 어떻게 해야 하는지를 알지 못하기 때문에 실패하곤 했다. 집단 폭력, 내적 갈등, 환경적 스트레스, 역할모델의 결핍, 가정환경에 휘청거리는 많은 사람들이 약물중독이나 행동적 중독을 일으킬 수 있는 쾌락이나 유혹에 저항하기 위해서는 단순한 표어로는 부족하다.

그럼에도 불구하고, 표어 "아니오"와 함께하는 예방 캠페인은 이러한 예방에 효과가 있다. 지역사회에서 부모, 선생님, 교회 지도자들은 중독의 징후에 대해 인식할 필요가 있다. 중독에 대한 "아니오"와 같은 교육 프로그램은 중독에 대한 인식도를 높여주며 지각 있는 성인은 중독이 심각해지기 전 초기에 문제를 예방할 수 있다. 더욱이 젊은이나 중독 가능성이 있는 사람들이 "아니오"라는 캠페인을 실천할 때 중독적 생각과 행동을 피하거나 멈출 수 있는 동기를 부여하는 데 도움을 준다.

2. 기술 습득

개개인은 가정, 학교, 집단 압력과 해로운 사회 풍조에 대해 어떻게 저항해야 하는지 교육받아야 한다. 우리는 문제가 없다고 가정함으로써 저항하는 방법을 배우지 않는다. 그러나 젊은이들(또는 중년)에게 집단 압력이 발생하기 전에 집단 압력에 대한 사전지식이 필요하다는 것과 이것과 다른 불건전한 영향을 어떻게 피할 수 있는지를 숙고해야 할 필요가 있다. 3년 전 나는 성공적인 10대 약물중독 예방 프로그램에 잠깐 동참한 적이 있다. 이 프로그램은 10대들이 약물과 중독적인 행동이 아닌 방법으로 일상의 압력을 대처할 수 있는 기술을 습득할 때 약물을 멀리할 수 있다는 가정하에 설립된 예방 프로그램이다.

그러므로 중독의 문제는 약물 남용의 가능성이 있는 사람들이 중독에 대해 정확한 정보를 알고 있고 성공에 대한 과도한 압력 없이 사랑 받고 있다고 느끼며, 중독적 행동에 의존하는 것 없이도 성취감을 맛볼 수 있는 기회가 주어지고 약물 복용과 중독적 행동이 없는 건전한 가정환경을 제공해준다면 줄어들 것이 분명하다. 이러한 모든 방법들은 사람들이 인생을 헤쳐나가고 중독 없이 인생의 목표를 성취할 수 있도록 도울 수 있다.

젊은 사람들을 교육하고 삶의 지혜를 가르쳐주는 프로그램에서는 무엇을 가르치는 것만큼이나 선생님 자체가 중요하다. 50대의 교사가 컴퓨터 사용 방법을 잘 모르거나 커피보다 더 강한 마약을 단 한 번도 맛본 적이 없다면 혈기왕성한 10대들로 하여금 술과 인터넷 음란물을 삼가라는 가르침을 주기에는 적합하지 않다. 비록 그가 신실하고 학식이 있고 헌신적이라 하더라도 좋은 선생님은 종종 학생들의 영웅이며 스포츠 스타일 뿐 아니라 학생들과 좋은 관계를 유지하는 존경 받는 사람이다.

3. 욕구 충족

여러 번 언급한 대로 중독적 행동은 건전한 방법으로 욕구가 채워지지 않았기 때문에 일어난다. 이러한 욕구들은 젊은이들 가운데 주로 일어나는 흥분감이나 주기적인 아드레날린 고조를 의미한다. 약물중독이나 그 외 중독들은 사람들이 인정받고 있으며 안전하고 사랑받고 있을 뿐 아니라 삶의 성취감이 있을 때 줄어든다. 성숙해지면 질수록 사람들은 중독에 대한 욕구가 줄어든다.

4. 믿음의 성숙

알코올중독에서 언급한 여러 가지 연구 결과들은 또 다른 중독에도 적용할 수 있다. 사람들이 믿음이 강해지고 규칙적으로 교회에 출석하여 예배드릴 때 중독에 걸릴 확률은 줄어든다.[52]

• 중독에 관한 결론

이번 장을 시작할 때 우리는 일에 중독된 한 남자를 보았다. 과거나 지금이나 그는 무리하게 일하는 것이 일중독이라는 것을 알고 있다. "이유를 말하자면 그에게 일은 연약한 사람들이 추구하는 방법, 현재 삶에 대한 불확실과 불안으로부터의 안식처"[53]이다. 이처럼 중독은 파괴적인 힘을 가질 수도 있지만 어떤 사람에게는 그들의 삶의 고달픔과 압력으로부터의 도피나 환상과 도취감을 줄 뿐 아니라 삶의 고역과 압박으로부터 도피할 수 있게 해준다. 우리가 상담실에서 흔히 접하게 되는 많은 문제들 뒤에는 과다한 일, 과음, 치밀하게 은폐된 힘에 의한 부당한 대우들이 있다. 알코올중독자를 상담하거나 코카인 등의 마약을 끊게 하는 중독 전문 상담자가 아닐지라도 중독은 내담자가 상담하고자 하는 문제의 저편에 잠복해 있다.

얼마나 많은 사람들이 중독에 사로잡혀 있는지 알 수 없다. 어떤 사람은 치료를 받고 중독으로부터 자유로움을 얻는다. 그러나 대부분은 그렇지가 않다. 이렇게 중독된 사람들은 교회에서 또는 직장에서 중독으로 인해 통제할 수 없는 자신에 대해 갈등하면서 우리의 곁에 있을 것이다. 중독된 사람들을 돕는 것은 기독교 상담자와 교회가 풀어나가야 할 중요한 과제 중의 하나이다. 우리가 앞서 언급한 목회자의 말씀처럼 중독에 대한 과목은 신학교 학생이나, 상담자, 그리고 상담을 공부하는 학생들이 반드시 택해야 하는 과정이 되어야 한다.

상담자들을 위한
요점 정리 35

- 중독은 습관적이고 반복적이며 결과에 대해 통제하기가 어렵거나 불가능한 생각 및 행동이다. 일반적으로 중독은 순간의 쾌락을 주지만 중독된 사람의 건강, 인간관계, 심리적 상태, 영적 상태에 장기적인 영향을 미친다.

- 성경은 술주정꾼, 알코올중독, 탐욕, 폭식에 대해 정죄한다. 그러나 약물중독, 음식중독, 일중독 또는 오늘날 우리가 관심을 가지고 있는 다양한 중독에 대해서는 구체적인 언급이 없다. 그럼에도 불구하고 성경적인 원칙들은 현재와 또 미래에까지 발생할 수 있는 중독에 적용될 수 있다.

- 약물로 인하여 개인의 생산성, 진정 능력, 능률, 또는 정상적인 생활에 지장이 있거나, 약물을 지속적으로 복용해야 함을 깨달을 때 적어도 그 사람은 심리적으로 중독된 사람이다. 만약 신체적으로 병든 사람에게 약물 치료를 중단했을 때 역시 이러한 중독 증상이 나타난다.

- 약물 남용에는 여러 가지 원인이 있다. 그러나 가족, 동료, 또는 사회단체 등에 속한 사람들이 주된 원인이다. 중독의 원인을 규명하기 위해서 상담자는 이 세 영역을 살펴볼 수 있다.

- 행동적 중독들은 신체적 원인이 분명하지 않다. 대신 중독자들은 개인 생활에 현저하게 그 증상이 증가되거나 점점 더 그 영향력이 강해지며 통제하기가 어려워진다. 그 예로는 게임중독, 아드레날린 중독, 그리고 종교적인 중독, 이외에 아드레날린의 계속적인 급증에 의해 발생될 수 있는 모든 행동이라 할 수 있다.

- 가장 기본적인 단계로 약물중독과 행동적 중독을 일으키는 데는 네 단계가 있다. 실험 단계, 일시적 단계, 규칙적 단계, 중독 단계이다.

- 영적인 공허감, 병든 육체, 단절된 인간관계, 직업적 실패, 무감각해진 뇌, 깊은 슬픔과 지속적인 죄의식이 중독의 대가다.

- 중독 치료는 어려울 것이다. 그러나 다양한 치료 방법들을 함께 사용함으로써 종종 성공할 수 있다. 이러한 치료 방법들에는 의학적 치료, 개별 또는 집단 상담, 약물 사용 교육, 가족들에 대한 후원과 지도, 재활시설에서 입원 치료를 하는 것 등이 있으며, 치료 후에도 통원 치료나 약물 없이 중독자가 살아갈 수 있도록 돕는 노력이 필요하다.

- 중독자들을 도울 때 기독교 상담자는 네 가지 요소들을 통해 도울 수 있다.
    - 동기부여는 재활 프로그램에 참여한 환자들이 치료를 포기하고 싶을 때나 재발되었을 때 도움을 준다.
    - 용인은 다양한 방법으로 나타날 수 있다. 특히 도움을 주는 사람의 지속적인 관심이 중요하다.

- 위탁은 다른 사람이나 자기 진단 그리고 하나님에게 의지하는 등의 도움이 없으면 중독자 스스로 약물과 중독적인 행동을 통제할 수 없는 사람들을 돕는 것이다.
- 후원은 다른 사람들, 특별히 중독의 경험이 있어서 약물, 알코올, 또는 다른 중독성 물질을 다시 복용하고 싶은 유혹을 느껴 본 힘든 시간을 이겨낸 사람들로부터 지속적이고 끊임없는 후원이 필요하다.

■ 충동적인 도박 또는 일에 중독된 사람들과 같은 행동적 중독과 절제 능력이 부족한 사람들을 도와주는 경우에는 그 뿌리를 인식해야 한다. 음란한 생각이나 인터넷 음란물 접속의 증가와 같은 행동적 중독은 건전하고 충동적이지 않은 방법으로는 그 욕구가 충족되지 않기 때문에 더 심해진다.

■ 대부분의 행동적 중독은 네 가지의 치료법을 반복적으로 사용할 때 고쳐질 수 있을 것이다. 네 가지 치료법에는 결심, 대체, 욕구 충족 그리고 일상생활 관리가 있다.
- 결단 : 중독적 행동은 중독자가 변화에 대해 결단하지 않는 한 지속될 것이다. 상담자는 이 부분을 도울 수 있다.
- 대체 : 이것은 충동적 행동과 지속적 생각에 대한 대체를 발견하는 것이 필요하다.
- 욕구 충족 : 상담은 내담자로 하여금 중독에 의해서 어떤 욕구가 채워지며 어떻게 다른 방법으로 이 욕구가 채워질 수 있는지 숙고하도록 돕는 것이다.
- 일상생활 관리 : 인간은 쉬고, 회복하고, 소생하는 데 시간이 필요하다. 그러나 이러한 휴식시간은 무시되는 경우가 많다. 이와 같은 변화는 급진적으로 일어날 수 없다.

■ 약물중독과 행동적 중독을 예방하기 위한 방법.
- 거절하는 기술을 가르쳐라. 그러면 사람들은 약물을 복용하거나 잠재적으로 해로운 행동이 일어날 경우 어떻게 거절하는지 그 방법을 알 것이다.
- 삶의 기술을 가르쳐라. 그러면 사람들이 약물 남용이나 다른 불건전한 행동들을 통해 삶을 도피하려는 것이 아닌 방법으로 삶을 대처해나갈 수 있을 것이다.
- 욕구를 충족시키는 방법을 가르쳐라. 약물 남용이나 다른 중독들은 사람들이 인정받고, 인정되고, 사랑받고, 가능성이 있으며 삶에 대한 성취감을 느낄 때 감소된다.
- 교회나 종교적인 봉사에 참여하는 것을 격려하라. 얼마나 많은 사람들이 중독에 사로잡혀 있는지 알 수 없다. 중독된 사람들을 돕는 것은 기독교 상담자와 교회가 풀어나가야 할 중요한 과제 중의 하나다.

■ 얼마나 많은 사람들이 중독에 사로잡혀 있는지 알 수 없다. 중독된 사람들을 돕는 것은 기독교 상담자와 교회가 풀어나가야 할 중요한 과제 중의 하나다.

36 >>
재정 상담
Financial Counseling

　루이스와 스테파니는 교회 생활에 적극적이고 친구들 사이에서도 인기가 많으며 자랑스러운 두 자녀까지 둔 부부다. 5년 전 결혼할 당시 이들은 둘 다 보수가 좋은 직장에다 미래에 대한 큰 꿈도 가지고 있었다. 결혼 후 1년 동안 조그마한 아파트에서 살다가 융자를 얻어 신축한 주택을 구입하여 새 가구를 들이고, 집 주변은 조경 전문가에게 맡겼다. 두 사람의 수입으로 이에 따른 청구서는 지불할 수 있었지만 저축이나 비상시를 위해서는 남는 것이 하나도 없었다.

　그러다가 루이스가 실직하게 되었다. 루이스가 일을 잘못했다거나 고용인으로서 일에 전념하지 않아서가 아니라 그가 다니던 회사가 다른 회사에 합병되면서 루이스 또한 해고당한 많은 직원 중 하나가 되었을 뿐이다. 3개월간 이 젊은 부부는 재정적으로 매우 힘들었다. 마침내 루이스가 새 직장을 얻었지만 급여는 먼저보다 낮았다. 게다가 아기까지 태어나자 재정 문제는 더욱 가중되었다. 가족이 필요로 하기 때문에 스테파니는 일을 그만둘 수가 없었고 게다가 보육비와 의료비가 첨가되고 가족이 늘어나면서 재정적 필요도 증가하였다.

　그래서 이들은 이자를 더 내더라도 월 지불 금액을 낮추기 위하여 주택에 대한 재융자(refinancing)를 받았다. 의류 구입, 가계비, 의료비뿐만 아니라 때로는 식료품 구입비도 신용카드로 해결했다. 얼마 가지 않아 신용카드 명세서의 최저 지불 금액만을 내게 되었고 마침내는 신용 한도액에 달하게 되어 더 이상 외상 구매가 불가능하게 되었다. 루이스는 돈을 더 벌기 위하여 시간제 일을 했지만 이것이 스테파니에게는 많은 스트레스를 주었다. 한때 그렇게 서로 사랑하고 좋은 관계를 맺었던 이 부부가 서로에 대해 점점 더 신경과민이 되고 인내하지 못함을 알게 되었다. 이제 이들의 삶은 걱정, 피로, 점점 더 깊은 빚더미라는 재정적 수렁에서 빠져나오지 못할 것 같은 불안 등이 지배하게 되었다.

　루이스와 스테파니는 가상의 인물이지만 그들의 이야기는 실제로 있었던 이야기다. 자세한 이야기의 몇 가지를 바꾸어본다면 우리 대부분은 이와 같은 재정적 어려움을 가져본 적이 있을 것이고 심지어는 우리 자신의 이야기인지도 모른다. 지출이 너무 많은 데다 너무 많이 빌리고, 실직과 같은 재정 위기를 예측하지 않은 채 살다보니 더욱더 빚더미 속으로 빠져든다. 이럴 경우 어떤 이는 훈련받은 재정 전문인을 찾아갈 것이고 또 어떤 이는 목회자나 상담자를 찾아갈 것이다. 그중에는 당신을 찾아오는 사람도 있을 것이다.

상담 책에서는 돈에 관해 언급하지 않는다. 그러나 성경은 돈을 사랑하는 것이 일만 악의 뿌리가 된다고 경고한다.[1] 돈을 남용하고 잘못 관리하는 것이 모든 인간 문제의 뿌리가 됨을 상담자는 잘 알고 있다. 심지어는 개인의 스트레스, 결혼 및 가족의 갈등, 대인간의 다툼, 분노, 좌절, 불안, 걱정, 자살, 야망 추구, 그 외 수많은 문제들이 때로는 직접 혹은 간접적으로 돈을 추구하거나 관리하는 것과 연관이 있다. 그럼에도 불구하고 돈 문제는 상담 관련 전문학회지에서 좀처럼 논의되지 않는다.

돈 그 자체가 문제는 아니다. 우리는 사고팔기 위하여 또는 우리의 개인적 욕구를 충족시키기 위하여 돈을 필요로 하기 때문이다. 돈에 대한 우리의 개인적 혹은 문화적 태도 때문에, 그리고 재정을 지혜롭게 다루지 못하는 우리의 무능력 때문에 문제가 생기는 것이다. 기독교 상담자는 이런 사실을 늘 깨달아야 한다. 재정 문제가 때로는 가장 기본적인 문제로 열거되며 또 때로는 재정적 어려움이 더 큰 문제, 예컨대 불안, 직장 스트레스, 정체감과의 투쟁, 결혼 생활 갈등 혹은 은퇴 적응 등의 한 부분으로 제시될 때가 있기 때문이다. 상담자가 재정 상담을 하건 안 하건 간에 내담자는 상담중 속으로 돈 걱정을 할 때가 많다.

성경과 재정

때때로 상담자나 그 외 사람들은 돈에 대해 얘기하는 것을 꺼려하지만 성경에서는 그와 같은 주저함이 없다. 소유물이나 재산, 돈, 그리고 재정 관리에 대해 성경이 언급하는 것을 보면 다음과 같은 몇 가지 기본 원리로 요약될 수 있다.

1. 돈과 소유물은 본래 하나님이 주신 것이므로 본질적으로 나쁜 것이 아니다

하나님은 우리의 필요를 공급하시고, 재정 문제에 대하여 우리가 당신을 믿기를 기대하시며, 충분히 갖지 못하더라도 불안해하거나 걱정할 필요가 없다고 하신다.[2] 돈을 잘못 관리하여 낭비하거나 자신이 원하는 욕구와 진짜 욕구를 혼동하는 사람이 있다. 그렇다 하더라도 음식과 의복과 같은 기본적인 면에서 본다면 하나님은 이 모두를 공급해주신다. 때때로 하나님은 풍성하게 주시기도 하지만 겨우 필요한 것만 주시기도 한다.

최근까지 건강과 부의 복음(Health-And-Wealth Gospel)이라고 가장 잘 알려진 신학적 관점을 둘러싸고 격론이 벌어졌었다. "수백만의 신앙을 형성한" 이 신학은 우리가 신앙을 지키고 살면서 넉넉하게 베풀면 하나님이 풍요와 부유로 일관되게 보상해주신다고 주장한다.[3] 기부를 많이 하는 사람은 많은 것을 받을 보장이 되어 있다는 관점이며 또한 더 많이 줄수록 더 많이 받는다는 교훈이 깔려 있다. 이를 비판하는 사람들은 이 관점이 성경의 지지를 받지 못하는 일종의 마술적 공식이라는 것에 주목했다. 이러한 관점은 돈의 은사를 간구하고 또 베풀면 물질적으로 많은 이익을 볼 수 있다는 생각을 가진 기독교 지도자들이나 다른 사람들이 주로 가르치는 내용이다. 필요한 사람에게 넉넉하게 기부하는 일은 기부자를 위해 보물을 쌓아두는 것은 확실하지만 이 보물은 미래를 위한 것이지 이 땅에서 꼭 필요한 상금은 아니다.[4] 이 유는 하나님만이 아시겠지만 아낌없이 베푸는 당신의 신실한 제자들에게도 하나님은 때로 기아와 경제적 어려움을 주신다. 하나님은 분명 성실하게 베푸는 자를 사랑하시지만 기부가 곧 물질적 소유의 측면에서 풍요를 불러올 것이라고 약속하지는 않으셨다. 그 대신 하나님은 비록 우리가 원하거나 혹은 필요로 하는 것을 항상 주시지 않을지는 몰라도 우리의 필요를 공급해주신다고 약속하셨다.[5]

2. 돈과 소유물은 현실적으로 보아야 한다

잘 알려진 비유를 통하여 예수께서는 재물을 축적하는 데 일생을 바친 한 남자의 이야기를 하신다. 그러다가 그 남자가 죽었다. 그는 아직 하나님을 만날 준비가 되지 않았고 그의 소중한 재산도 누군가 다른 사람에게 물려주지 않으면 안 되었다. 예수님은 이 사람을 바보라고 했다.[6] 세상적인 부에서는 부자였는지 몰라도 하나님과의 관계에서는 바보였기 때문이다.

21세기라고 해서 변한 것은 없다. 아직도 많은 사람들이 돈을 사랑하고 풍요를 추구하는 삶을 살고 있다. 성경은 결코 부를 비난하지 않는다. 성경시대의 가장 위대한 지도자 중에는 매우 부자도 있었지만 이들은 더 얻고자 하거나 자신이 가진 것에 집착하려는 욕망으로 세월을 낭비하지는 않았다. 성경에 의하면 돈은 일시적이다.[7] 물론 돈이 쾌락, 안락함, 만족을 주는 것은 사실이지만 궁극적으로 영원한 행복과 안정을 주거나 만족시키지는 못한다.[8] 이것이 아마도 돈을 사랑하지 않는 삶을 살며 현재 우리가 가진 것에 만족하라고 경고하는 이유일 것이다.[9] 재물이 늘어나더라도 거기에 마음을 두지 말아야 한다.[10] 비록 돈 그 자체는 비난하지 않지만 돈을 사랑하고 재물에 의지하는 것은 분명 잘못된 것이기 때문이다.

3. 돈과 소유물은 해를 끼칠 수 있다

성경에 보면 한 부자 젊은이가 신학적 질문을 가지고 예수께 왔다. 그는 "가난한 자에게 다 주라"는 예수의 대답을 듣고는 슬퍼하며 돌아갔다.[11]

분명 돈이 그 젊은이의 영적인 성장을 방해한 것이다. 또 다른 곳에서는 우리가 돈과 하나님을 함께 사랑할 수 없다고 말한다. 우리는 막상 한쪽을 사랑하면서 다른 한쪽은 혐오하게 될 때가 있다.[12] 온 세상을 얻고 모든 것을 가질 수 있을지 몰라도 자신의 영혼은 잃어버리게 되기 때문이다.[13]

물론 이런 일은 일어나서는 안 된다. 어떤 사람은 자만하거나 축적하지 않고 재물을 매우 잘 다루지만 이는 아주 어려운 일이다. 부는 우리를 하나님과 구분시키고 무엇을 하고 싶은 욕망으로 인해 자만심과 불순종을 초래하기 때문이다.[14] 돈을 사랑하는 것의 위험성을 믿음과 대비시킨 디모데전서 6장 6~10절만큼 명료하게 언급한 데도 없을 것이다.

> "그러나 자족하는 마음이 있으면 경건은 큰 이익이 되느니라. 우리가 세상에 아무것도 가지고 온 것이 없으매 또한 아무것도 가지고 가지 못하리니 우리가 먹을 것과 입을 것이 있은즉 족한 줄로 알 것이니라. 부하려 하는 자들은 시험과 올무와 여러 가지 어리석고 해로운 욕심에 떨어지나니 곧 사람으로 파멸과 멸망에 빠지게 하는 것이라. 돈을 사랑함이 일만 악의 뿌리가 되나니 이것을 탐내는 자들은 미혹을 받아 믿음에서 떠나 많은 근심으로써 자기를 찔렀도다."

성경은 탐욕과 돈에 대한 지나친 강조가 대인관계의 스트레스로 이어질 수 있음도 보여준다. 어떤 사람이 하루는 예수께 와서 가족간에 일어난 싸움에 대해 불평을 하였는데 이에 대해 주님은 탐욕의 문제를 나무라셨다. 그런 다음 비록 재산이 차고 넘치더라도 참 생명은 소유물보다 더 큰 것으로 이루어진다고 말씀하셨다.[15]

4. 돈과 소유물은 지혜롭게 관리해야 한다

달란트 비유를 보면 예수님은 우리의 자원을 잘못 관리하는 것에 대해 경고하시면서 받은 것마저 잃고 마침내는 친구들로부터 격리되는 충성스럽지 못한 종의 이야기로 말씀을 끝내셨다.[16] 이 비유가 암시하는 것은 다음과 같다.

- 하나님은 자신의 종들에게 다양한 자원을 맡기신다.
- 어떤 이는 많이 받고 어떤 이는 적게 받는다.
- 하나님은 우리가 받은 것을 현명하게 투자한다는 목표를 가지고 잘 관리하기를 기대하신다.
- 하나님은 우리가 게으르거나 자원을 잘못 관리할 때 꾸짖으신다.
- 우리 모두는 하나님에 대하여 우리가 받은 것을 관리할 책임이 있다.
- 우리가 받은 것을 계획하고 관리하는 방법에 따라 하나님의 일은 진보될 수도 있고 오히려 방해받을 수도 있다.[17]

자원을 지혜롭게 쓰려면 다음과 같이 해야 한다.

- 정직하게 획득해야 한다. 성경에서 가장 지혜롭고 부자였던 솔로몬 왕은 빨리 혹은 정직하지 못하게 번 돈에 대해 나무라고 있다.[18]
- 투자는 조심스럽게 해야 한다. 다시 달란트 비유로 돌아가보면 지혜로운 종은 그가 받은 것을 잘못 관리하거나 사장시키지 않고 투자를 하여 자원을 지혜롭게 관리했음을 알게 된다.[19]
- 소비는 현실적으로 해야 한다. 이 말은 가능하다면 언제든지 빚이 없어야 한다는 뜻이다. 성경이 신용카드에 대해 언급한 적은 없다. 신용카드는 근대 발명품이기 때문이다. 그러나 신용카드 때문에 우리가 빚을 지게 된다면 성경 기자들도 신용카드를 제재했을 것 같다. 세금이나 기타 의무 등 정부에 빚진 것을 포함하여 빚은 전부 갚으라고 배웠다.[20] 때때로 불가피하게 돈을 꾸어야 할 때가 있겠지만 돈을 꾸게 되면 그 사람에게 노예가 되어 마침내는 여러 가지 개인적 혹은 인간관계 문제를 일으키게 된다.[21]
- 기쁜 마음으로 다른 사람과 나누어야 한다. 하나님은 기쁘게 베푸는 사람을 사랑하시며, 성경 전체를 통하여 하나님을 위하여, 가난한 사람을 위하여 그리고 서로를 위하여 베푸는 것이 강조되고 있다.[22] 어떤 때는 베푸는 것을 통해 물질적 부요, 혹은 영적인 축복까지 받게 되지만,[23] 그러나 이미 보았듯이 항상 이런 일이 일어나는 것은 아니다. "우리가 주면 또한 받는다"라고 추측하는 것은 성경의 가르침을 넘어서는 일이다. 기독교인들은 즉각적인 금전적 혹은 물질적 보답을 요구하거나 기대하지 않고 감사한 마음으로 기쁘게 하나님에게 드려야 한다.

성경이 돈과 돈의 관리에 대하여 자주 언급하기 때문에 이는 모든 기독교인들에게 매우 중요한 문제다. 상담에서도 이 문제는 반복해서 나올 수 있기 때문에 역시 무시할 수 없다고 본다.

• 재정 문제의 원인

많은 사람들이 월급을 받는 대로 다 쓴 후 다음 봉급날을 바라보며 산다. 어떤 사람은 큰 어려움 없이 잘 살아나가기는 하지만 저축은 불가능하고 간신히 가족의 필요를 충족시킬 정도다. 어떤 이는 수입은 너무 적은데 지출 비용이 너무 많아서 스트레스를 받는다고 할 것이다. 그러나 재정적 어려움은 사실 모든 사회 경제적 수준에서 다 나타난다. 부자의 재정적 문제에는 더 많은 돈이 관여되어 있겠지만 근본적인 원인은 덜 부유한 사람이 직면하는 것과 유사할 것이다.

1. 소비주의 문화

미국인과 캐나다인은 소비주의에 흠뻑 젖은 문화권에 살고 있다. 매일 매일 우리 대부분은 상품을 팔기 위하여 마케팅 전문가가 독창적으로 개발한 끊임없는 광고에 예속되어 있다. 이 글을 쓰는 순간에도 광고업계는 어린이와 청소년을 대상으로 하는 광고를 위하여 매해 15조 이상의 미국 돈을 소비하고 있다. 성인 중심의 광고 수치는 그보다 더 높을 것이다.

겉보기에 광고가 전하는 메시지는 제품을 설명하고 소비자로 하여금 더 많이 구매하도록 동기를 유발하는 것이다. 그러나 좀 더 깊은 수준으로 들어가 보면 그 메시지는 물건을 사고 소유하는 것은 행복, 즐거움, 타인과의 좀 더 나은 관계, 독립심, 지위, 더 큰 삶의 만족, 그리고 성취를 가져다준다고 선전하고 있다. 개인이나 가족 혹은 회사는 손쉬운 외상 판매의 약속, 무이자 상환, 선구매 후지불 융자 등으로 인해 쉽게 채무의 유혹에 빠진다. 즉각적인 만족과 좀 더 편리한 것, 그리고 더 행복한 생활방식에 대한 기대감은 어떤 신중함도 압도하여 마침내는 나중에 후회하게 될 재정적 결정을 하게 만든다. '사전 승인된' 신용카드를 주겠다는 우편물이 쏟아지고, 이메일이 들어온다. 이는 점점 더 젊은 소비자를 겨냥한다.

소비문화라고 불리는 것이 반드시 캐나다와 미국에 국한되지는 않는다.[24] 이 두 나라가 거론되는 이유는 소비주의 사고방식이 서방에서 가장 우세하기 때문이며 거의 모든 사람이 그곳에서 영향을 받기 때문이다. 이제는 이러한 소비문화가 전 세계로 확산되었다는 사실이 슬프다. 소비자 부채가 다른 나라에서는 보다 적을 수 있겠지만 비자, 마스터 카드, 그리고 설득력 있는 광고는 세계적이라 할 수 있는데, 머지않아 전 세계적이 될 것이다.[25] 광고, 소비, 물질주의, 그리고 자본주의 경제 체제가 문화 속으로 스며들어 우리의 가정, 직장, 대학, 연예 사업계, 교회 그리고 상담실에까지 영향을 미치고 있다. '이 물질주의적 세계에서 풍족한 생활을 하기 위한 투쟁'을 이해한다는 것은 동시대의 인간의 삶과 인간문제를 이해하는 데 매우 중요하다. 소비자 문화와 가치관은 사람들의 소비 형태와 재정적 결정을 이해하기 위한 예비지식을 제공해준다.[26]

2. 왜곡된 가치관

돈을 다루는 방법은 그 사람의 가치관을 잘 나타내준다. 사람은 누구나 자신이 중요하다고 생각하는 물건에 돈을 쓰고 싶어 하지만 이런 물건들이 또한 빚을 지게 만든다. 상담자는 부채와 다른 재정 문제의 원인을 이해하기 위하여 해를 끼치는 가치관이 무엇인지 알아야 할 것이다.

(a) 물질주의 : 물질적인 것에 강한 애착을 보이는 사고를 지침한다. 이는 얻든지 못 얻든지 간에 돈이나 소유물, 즐거움, 혹은 삶에서 좋은 것을 추구하게 하는 태도를 말한다. 어떤 때는 자신이 원하는 것을

사기 위한 돈이 생길 때까지 기꺼이 기다리지 못하는 조급한 태도로 인해 지금 절실하게 필요하지도 않으면서 명품이나 지위를 나타내는 브랜드를 갖기 위해 과도한 빚을 지거나 과소비를 하게 된다. 돈과 재산 축적은 거짓된 안정감과 자유, 절제와 영향력을 주는 요상한 힘이 있다. 이는 "사람의 생명이 그 소유의 넉넉한 데 있지 아니하기"[27] 때문에 우리가 갖지 않은 것에 대해 탐심을 갖지 말라고 하신 예수님의 말씀을 간과하는 것이다.

성경에 나오는 위대한 지도자들 중에는 거부(巨富)도 있었다. 예를 들어 아브라함, 욥, 솔로몬, 그 외 구약의 왕들이 그들이다. 이들은 결코 이기적인 방법으로 물질주의적 가치관을 좇는 재산 추구의 모습을 나타내지 않았다. 자신의 부를 하나님이 주신 것으로 알고 감사함으로 받아들이면서 심지어는 이로 인해 하나님을 더 잘 알고 더 잘 섬기기로 결심했다. 오늘날 많은 부자 중에서도 자신의 재산에 대해 비슷한 태도를 가진 사람도 있을 것이다.

더 흔하게 볼 수 있는 것은 물질을 축적하는 이유를 찾는 태도인 것 같다. 이러한 생각은 우리가 살고 있는 사회에 그 뿌리를 두고 있지만 내면적으로는 소비를 정당화하기 위한 합리화 때문이다. 예컨대 많은 사람들이 "내게 해가 되지도 않고 내가 거기에 얽매이지도 않는데 최상의 것을 가지는 것이 뭐가 나쁘냐?"라고 생각할 것이다. 또 어떤 이는 만일 자신이 가진 것이 많다면 가난한 자나 선교를 위해 더 줄 수 있을 것이라고 결론을 내려버린다. 이러한 추론은 정당하기는 하겠지만 심지어는 자신에게조차 우리가 가진 물질주의를 숨기기 위하여 의식적으로 핑계를 대는 것에 지나지 않는다. 우리는 흔히 다른 사람이 가진 과도한 물질주의적 갈망을 비난하지만 우리 자신은 이기적이고도 탐욕스럽거나 혹은 어떤 다른 건강하지 못한 동기 때문에 물품을 구매한다는 사실은 전혀 깨닫지 못한다. 아마도 성경에 나오는 그 젊은 이(마 19:16-24)가 이와 비슷한 태도를 가졌던 것 같다. 그러나 예수님은 그에게 그가 가진 모든 소유를 팔아 가난한 자에게 주라고 말씀하신다. 흔히들 물질주의적 지배로부터 자신이 자유로워지는 가장 좋은 방법은 자신이 가진 소유를 기꺼이 주는 것이라고 말하곤 한다.

(b) 탐심과 욕심 : 탐심과 욕심의 결과 다른 사람은 더 가난하게 되는데도 자신은 더 갖고 싶은 욕망을 의미한다. 한번은 기독교인이라고 주장하는 어떤 작가가 『가진 것 없는 세상에서 더 가질 수 있는 방법 *How to Have More in a Have-Not World*』이라는 제목의 책을 썼다. 비록 가난한 자에 대해 깊은 관심을 보이고 있긴 하지만 이처럼 더 갖고 싶어 하는 태도는 현대인의 사고방식 속에 견고히 정착되어 있다.[28] 바로 이 욕심이 감당할 수 없는 부채라든가 가족간의 다툼, 그리고 국가적인 인플레를 포함한 다양한 문제의 원인이 된다. 서방세계에서는 나무와 돌로 된 우상을 숭배하지는 않지만 기독교인을 포함한 많은 사람들이 돈과 물질적인 것을 숭배하는 것 같다.

(c) 벼락부자가 되고 싶은 욕망 : 아마도 누구나 노력하지 않고 갑작스럽게 많은 돈을 벌 수 있다는 생각에 깊이 공감한 적이 있을 것이다. 성경은 이러한 벼락부자 도식을 경고하지만[29] 더 갖고 싶은 욕망 때문에 열심히 번 돈을 여러 가지 재정 프로그램, 특히 약속대로 주지 않는 프로그램에 투자하고 싶은 유혹을 받는다. 어떤 이는 벼락부자가 되고자 하는 이 욕망으로 인해 도박과 연관된 병리적인 문제를 일으키기도 한다.[30]

(d) 자만심과 원한 : 라오디게아 교회는 "나는 부자라 부요하여 부족한 것이 없다"는 교만한 태도를 취했다.[31] 이와 같은 태도는 하나님을 무시하면 자신이 가련하고, 불쌍하며, 가난하고 또 비참하다는 것을 모르고 자신의 안전과 행복을 위해 재산에 의존하거나, 소유물과 성공은 하나님의 은사라는 것을 인정하

지 못하는 몇몇 부유하고 성공한 사람에게서 아직도 나타난다. 자신의 부를 성전 건축에 쓰도록 바친 다윗의 태도와 얼마나 다른가? 사람들 앞에서 다윗은 이렇게 기도했다. "여호와여 위대하심과 권능과 영광과 승리와 위엄이 다 주께 속하였사오니 천지에 있는 것이 다 주의 것이로소이다. 여호와여 주권도 주께 속하였사오니 주는 높으사 만물의 머리이심이니이다. 부와 귀가 주께로 말미암고 또 주는 만물의 주재가 되사 손에 권세와 능력이 있사오니 모든 사람을 크게 하심과 강하게 하심이 주의 손에 있나이다."[32]

재산을 많이 가진 사람과는 대조적으로 재물이 없다고 하나님에게 분노하고 가진 사람들을 시기하는 원한에 찬 가난한 사람들이 있다. 이러한 가치관은 재정 문제의 원인이 재산이나 물질적인 것의 부족에 있다기보다는 돈과 재산에 대한 태도에 있다는 것을 시사한다.

3. 지혜롭지 못한 재정 결정

결코 잃지 않아도 되는 돈을 낭비하는 방법에는 여러 가지가 있다. 때때로 지혜롭지 못한 재정 결정으로 이런 낭비가 생긴다.

(a) 충동구매 : 이는 설명이 필요 없다. 이것은 그 물건이 단지 우리 앞에 있고 또 그것을 원하기 때문에 그것을 보자마자 사는 행위다. 그러나 이러한 구매는 상품의 질이나 가격, 정말 그것이 필요해서 사는 것인지 혹은 정말 내가 살 여유가 있는지 등은 충분히 생각하지 않고 사는 것을 의미한다. 대체로 물품을 전시할 때는 이러한 충동구매를 일으키기 좋도록 짜맞춘다. 예를 들어 슈퍼마켓에서 돈을 계산하기 전에 반드시 거쳐야 하는 곳에 눈에 띄게 진열된 물건이라든지, 다른 곳에서는 구매할 수 없는, 여행지에 있는 가게에서만 파는 상품이라든지, 홈쇼핑처럼 TV에 나온 상품을 보고 주문하는 구매 방식이나 매스미디어 광고를 통해 알게 되는 "일생에 한 번뿐인" 거래, 혹은 어린이가 부모나 조부모와 함께 있을 때 어린이의 시선을 잡는 곳에 진열되거나 시선을 잡도록 만들어진 상품들이 다 여기 속한다. 그러므로 이런 상황에서 이루어지는 구매를 억제하는 것이 좋은 방책이다.

(b) 부주의 : 어떤 사람은 가계비에 영향을 주는 한계를 고려하지 않고 돈을 생각 없이 쓴다. 그런 다음 지갑이 비거나 은행 예금계좌에서 너무 많은 돈을 찾아쓴 것을 알고는 놀란다.

때때로 우리 모두는 누군가가 와서 청구서를 대신 지불해주고 우리를 구해주는 꿈을 꿀 것이다. 그러나 복권에 당첨되거나 거액의 돈을 유산으로 받을 경우 그 돈은 아주 짧은 시간 안에 사라지고 뜻밖에 얻은 횡재는 남는 것이 거의 없을 것이다. 적은 돈을 생각 없이 쓰는 사람은 큰 돈도 생각 없이 쓸 가능성이 많다.

(c) 투기(投機) : 많은 사람들이 간과하는 오래된 금언이 하나 있다. 잃어도 괜찮은 돈이고 또 아무리 전망이 좋더라도(아무리 많은 배당이 떨어진다고 해도) 네가 가진 돈으로 투기를 하지 말라는 것이다. 성경도 투기를 경고하고[33] 상식적으로도 그렇다. 그러나 많은 사람들이 이러한 경고를 무시하고 빨리 돈을 벌려고 하다가 돈을 잃는다. 복권을 구매할 돈도 없으면서 그것을 사는 사람이 바로 잭팟(주로 빙고나 슬롯머신에서의 히트)이 터지기를 희망하면서 매주 복권을 사는 사람이라는 사실이 우리를 슬프게 한다.

(d) 연대보증 : 어떤 다른 사람이 빚을 청산할 수 없을 때 당신이 대신 지불하겠다고 약속하는 보증서에 서명하는 것을 의미한다. 연대보증은 주로 그만한 가치가 있는 동기, 예컨대 대부를 얻을 수 있도록 친구를 돕는 것과 같은 동기로 하지만 그 친구가 지불할 능력이 없거나 지불하지 않게 되면 연대보증인

이 그 빚을 떠안게 되고 따라서 친구간의 우정은 와해된다. 지혜롭고도 부유했던 솔로몬이 하나님의 인도를 받아 쓴 글에서 연대보증을 경고했던 것은 조금도 이상하지 않다.[34]

(e) 방임 : 자신의 재정을 방치하거나 청구서가 와도 갚지 않고 수표장의 잔고 대차(貸借)를 결산하지 않을 때도 재정 문제가 흔히 발생한다. 어떤 때는 게을러서 이런 결과가 오지만 아마도 사람들이 더 재미있는 일로 바빠서 혹은 재정 문제의 결과에 너무 압도되어 자신이 꼭 해야 하는 일을 계속 회피하기 때문에 더 자주 방치하게 되는 것 같다. 고의는 아니겠지만 어떤 때는 정부나 다른 사회적 지원 프로그램이 이러한 태만을 조장하기도 한다. 경제적 원조를 받을 만한 사람에게 도움을 준다고 하면 게으르고 자격이 없는 사람도 돈을 받으려고 하기 때문이다. 이런 사람들은 자신에게 자격이 있다고 생각하여 그로 인해 아예 일을 하려고 하지 않는다. 이런 현상이 모든 사람에게 재정적 스트레스를 일으키고 마침내는 정말로 필요한 프로그램의 지속적인 존속까지 위태롭게 한다. 재정의 방임과 매우 밀접하고 유사한 행동을 취하는 것으로 재산을 방치하는 것이 있다. 재산을 제대로 관리하지 못하면 재산의 가치가 빠르게 하락하고 손해를 보상하는 데 비용이 더 들며 마침내 개인의 재정 상황이 기울게 된다.

(f) 시간 낭비 : 대부분은 직장에서의 시간을 포함하여 어떻게 시간을 보낼지를 결정한다. 봉급 생활자들에게 시간 관리는 재정적 문제에서 그다지 중요하지 않겠지만 자영업자들이나 생산에 따라 급여를 받는 사람에게 시간은 곧 돈이다. 그러므로 질서가 없고 규율 또한 없으며 시간을 낭비하는 경향이 있는 사람은 결과적으로 수입이 경감되기 마련이다.

(g) 외상 구매 : 앞에서 살펴보았듯이 할부 구매는 소비자 문화의 가장 중요한 특징이며 동시에 재정 문제를 일으키는 주된 원인이다. 신용카드가 주는 함정에 빠지기가 매우 쉽기 때문이다. 처음에는 월말에 청구서가 오면 지불할 생각으로 물건을 산다. 그러는 동안에 바겐세일에서 그가 원하는 다른 물건을 보게 된다. 몇 달에 나누어서 지불하면 된다고 생각하면서 한두 개 물건을 더 산다. 청구서의 최저 지불액이 그리 크지 않으면 몇 개 더 산 것이 몇 불 정도 늘어난 것뿐이라고 쉽게 합리화하여 신용카드 빚은 점점 더 늘어나게 된다.

재정적 자기 교살(絞殺) 과정은 이렇게 서서히 진행된다. 신용카드를 사용하는 것이 지금 돈을 쓰는 것 같지 않기 때문에 다른 방법으로 사야 할 것보다 더 많이 사고 싶은 유혹을 받는다. 그 결과 충동구매가 조장되고 마침내 신용카드의 결제액은 늘어난다. 그러는 동안 재정적 부과금은 이자가 붙어 사실상 매 상품의 원가에 추가된다. 신용카드 구매는 현금은 없고 지금 당장 필요하지 않은 물건은 살 여유가 있는 수백만의 사람들에게 돈을 쓰게 하는 일종의 면허증이 된다.

이 모든 것들로 인해 재정적인 타격이 크고 심리적으로도 구속되는 큰 빚을 지게 되는 것이다. 그런 까닭에 신용카드의 함정에 빠져서 헤어나기가 어렵다. 빌린 자금으로 구입했지만 지금은 헌 물건이 되었을 뿐만 아니라 망가지고 이미 폐기된 물건에 대해 고가의 액수를 지불하기 위하여 한정된 월급을 쓰지 않을 수 없다면 스트레스는 점점 더 커진다. 신용카드가 주는 스트레스가 쌓이게 되면 그에 따라 가족 간의 언쟁과 개인의 긴장도 야기된다. 우리 호주머니 안에 든 신용카드가 평화와 행복과 정신적 안정을 파괴할 가능성을 가진 시한폭탄과 같음은 의심의 여지가 없는 사실이다.

4. 예산 결핍

예산이란 다른 말로 지출 계획을 의미한다. 계획을 세우고 그것을 지키게 되면 지출을 통제하여 충동구매를 막고 빚을 덜 지는 것이 가능하다. 재정 계획이 없으면 지출을 통제할 수가 없다. 그렇게 되면 우리가 쓰는 것이 수입을 초과하게 되어 그 달 말에 적자가 나거나 그렇지 않으면 수지를 맞추기 위하여 신용카드(혹은 주택저당 융자나 이자만 내는 양도저당권)로 방향을 돌린다.

5. 베풂의 부족함

재물의 축적은 잘못된 것이며 베풀기를 거절하는 사람은 하나님의 축복과 재정적 안내를 거의 기대할 수 없다.[35] 기독교인들은 세 가지 영역, 즉 하나님과 다른 동료 신도들, 그리고 가난한 자에게 베풀어야 한다.[36] 베푼다고 해서 풍성한 물질적 축복을 되돌려 받으리라는 보장은 없을지 모르지만 베풂에 대한 성경의 지시를 따르지 않는 기독교인들은 아마도 재정적 문제를 자초하게 될 것이다.

• 재정 문제가 끼치는 영향

앞에서 재정적 스트레스를 수반하는 몇 가지 결과들을 찾아보았다. 거기에는 다음과 같은 것들도 포함된다.

- 돈이나 청구서 지불 방법에 대한 걱정. 한 조사 및 평가에 의하면 모든 걱정의 약 70%는 돈과 연관이 있다고 한다.
- 재정적 압박감이나 소비 우선순위에 대한 다툼, 유산으로 인한 갈등, 그 외 유사한 돈 문제. 이로 인해 가족간 혹은 부부간 문제가 일어나고 또 증폭된다.
- 죄의식, 시기, 질투, 원한 혹은 자만심 등. 이들은 하나같이 죄가 되며 또 하나 같이 재정 문제와 왜곡된 가치관으로 인해 고무되거나 강조된다.
- 정서적 공허감과 불행감. 이것은 인생의 주된 관심사가 재물을 모아 축적하는 것에 있는 사람에게 주로 온다.
- 소유물에 대한 잘못된 태도와 돈에 대한 지나친 관심, 혹은 재정을 제대로 취급하기 위한 성경적 원리를 위반했을 때 영적인 타락과 무감각이 따라온다.

재정 문제는 우정에도 영향을 끼친다. 한 친구가 갑자기 돈이 많아지면 친구들 간에 긴장이 생길 수 있다. 어떤 때는 한 친구가 욕심이 많고 시기심이 강하며 빚으로 인해 쪼들리거나 혹은 다른 친구에게서 자주 돈을 빌린다면 왕왕 우정이 와해되기도 한다. 이런 일은 친구를 잃는 지름길이다.

때로는 재정 문제로 인해 스트레스를 받게 되어 그 결과 신체적 질병, 불안, 낙담, 대인관계에서의 긴장, 그리고 비효율성이 찾아온다. 특히 어떤 사람은 갑자기 증가된 재물을 통제할 수 없어 무책임한 소비를 할 수도 있다. 그렇지 않으면 가족의 스트레스와 심리적 외상의 결과로 파산을 맞게 되기도 한다. 돈과 소유물은 너무 많든지 혹 너무 적든지 간에 상담자를 찾아오는 사람들에게 많은 문제를 안겨주는 것임에 틀림없다.

상담과 재정 문제

돈 관리에 도움이 될 만한 책들이 자주 출판되고 있다.[37] 상담자는 이러한 책들을 세밀하게 읽고 더 추가적인 도움 없이도 자신의 재정 문제를 해결할 수 있도록 내담자에게 그런 책을 빌려주거나 추천할 수 있어야 한다. 그렇지 못한 사람은 아래 열거하는 이슈 중 한두 개에 집중하는 상담을 통하여 유익한 도움을 받을 수 있을 것이다.

1. 내담자로 하여금 문제를 인식하고 그것을 해결할 결심을 하도록 도와준다

모든 상담자는 문제가 있음을 인정하지 않는 내담자와는 상담을 성공적으로 하기가 불가능하지는 않겠지만, 매우 어렵다는 사실을 잘 알고 있다. 마찬가지로 "일은 항상 이런 식으로 흘러갔고 앞으로 조금도 달라지지 않을 것이다"라고 주장하는 사람을 도와주기도 똑같이 어렵다.

문제를 회피하는 것처럼 보이지만 그런 사람도 사실은 그 문제 때문에 걱정하고 있을지도 모른다. 때때로 사람들은 어떤 값진 소유물을 다시 소유하게 되거나 채권자가 지불 소송을 제기하면 기절할 듯이 놀란다. 그 문제는 해결할 수 없을 것처럼 보이지만 도움과 희망은 줄 수 있다는 사실을 상담자가 인정하면 대부분 상담을 받게 된다. 앞으로 내담자가 될 사람에게 그들이 처한 현실적인 상황을 직시하도록 부드럽게 설득하고, 그렇게 할 때 아낌없이 격려하라. 하나님은 우리의 필요를 공급하시기 때문에 빚을 청산하고 돈을 효율적으로 관리하는 일이 충분히 가능하다는 사실을 지적해준다. 재정 문제를 해결하는 길은 현재의 경제 상태보다는 개인이나 가족이 재정을 대하는 태도와 자원을 다루는 방법에 달려 있다는 점을 강조하도록 한다. 내담자가 희망을 경험하기 시작하면 비록 그 희망이 걱정을 완전히 제거할 만큼은 아니지만 그것으로 인해 자신의 재정 문제를 다시 보고 상담자의 도움을 받아 해결점을 찾을 수 있는 용기를 얻게 된다.

그러나 현실적인 상담자라면 어떤 사람은 변하기를 원하지 않거나 혹은 재정 문제로 상담받기를 꺼리기 때문에 거의 희망이 없을 수도 있다는 사실을 알고 있다. 이런 사람은 재정 문제로 상담을 받는 동기를 얻기 전에 재정적 재앙을 경험해야 할지도 모른다. 어떤 이에게는 이 동기유발이 결코 일어나지 않을 수도 있다.

2. 내담자와 함께 하나님의 인도하심을 찾는다

위기에 처해 있을 때는 주변의 일에 너무 마음을 빼앗겨 하나님으로부터 눈을 돌리기가 쉽다. 하나님은 풍부한 부를 소유하시고 우리의 필요를 아신다는 사실을 내담자에게 주지시켜야 한다.[38] 하나님은 우리의 짐과 걱정을 하나님에게 맡기라고 가르치시는데[39] 물론 여기에는 재정적인 짐도 포함된다. 만일 하나님의 도우심을 구하고 기대한다면 하나님은 그 사람의 필요를 충족시켜주실 것이다. 또한 현재 우리가 처한 재정적 상태까지 포함하여 어떤 상황에서라도 우리를 도와주실 것이다.

이 모든 것이 암시하는 바는 재정을 계획할 때 기도가 중요한 출발점이 되어야 한다는 사실이다. 상담자도 내담자와 함께 재정 계획의 실제적인 세부사항을 논의할 때 하나님이 인도해주시기를 기도해야 한다. 그런 다음 내담자가 이 문제를 해결할 수 있도록 내담자와 가족이 함께 기도하도록 격려해야 할 것이다.

표 36-1. 재정에 관한 성경적 원리

- 모든 것의 소유주는 하나님이시다. 우리는 단지 소유물의 청지기일 뿐이다. 하나님이 관리하도록 우리에게 맡기신 것은 하나님이 우리에게 빌려주신 것이다(시 50 : 12, 15, 24 : 1; 마 25 : 14~30, 눅 12 : 42~48; 19 : 8).
- 절도는 나쁘다. 하나님이 모든 것을 소유하시기 때문에 다른 사람의 것을 훔치는 것은 곧 하나님의 것을 훔치는 것이다. 소득세 허위 보고, 고용주에게 속한 물자를 취하는 것, 비윤리적인 방법으로 얻은 소득 등이 다 절도에 해당된다 (출 20 : 15; 레 19 : 11; 신 5 : 19; 막 12 : 17; 눅 16 : 10~12; 엡 4 : 28).
- 탐심도 나쁘다. 탐심이란 다른 사람이 좋아하는 어떤 것을 가지고 싶어 하는 마음이다. 탐심은 또한 하나님이 주신 기회와 소유물로는 만족하지 못한다는 것을 의미한다. 하나님은 우리가 가진 것으로 만족할 수 있도록 도와주신다. 탐심에는 우리가 가진 소유물에 집착하여 무엇을 잃어버리거나 그것이 깨지거나 혹은 도적을 맞으면 지나치게 정신이 혼란스럽게 되는 상태도 포함된다(출 20 : 17; 신 5 : 21).
- 부를 집요하게 추구하는 것은 위험하다. 집요한 부의 추구는 사악하고도 어리석은 행동, 영적 문제, 자만심과 시간낭비를 포함하여 이롭지 않은 가치관의 원인이 된다(딤전 6 : 9~10, 17~18; 잠 23 : 4~5).
- 베푸는 것이 옳다. 베푸는 것은 하나님에게 우리의 사랑과 감사를 표현하는 것이다. 그래서 베풀면 하나님이 기뻐하신다. 하나님은 우리가 나눌 것이 거의 없을지라도 일관되고도 형편에 맞게, 그리고 아낌없이 하나님과 궁핍한 사람에게 베풀기를 기대하신다(막 12 : 41~44; 요 12 : 1~10; 고전 16 : 2; 고후 8 : 1~8, 9 : 6~8; 잠 3 : 9~10).
- 돈을 관리하는 것이 옳다. 이것은 달란트 비유에서 잘 설명되어 있다. 예수님은 돈을 잘못 관리한 사람을 나무라셨다. 하나님은 우리 모두가 당신이 주신 것을 잘 관리하는 선한 청지기가 되기를 기대하신다(마 25 : 14~29; 창 1 : 28).

3. 재정에 관한 성경적 원리를 가르친다

재정 문제를 가진 사람들은 빨리 걱정이 없어지기를 바란다. 그래서 재정에 관한 설교나 철학적인 얘기에는 별로 흥미가 없지만 그럼에도 불구하고 돈을 관리하기 위한 성경적 지침이 있다는 사실은 알 필요가 있다. 표 36-1에 대부분 요약이 된 이러한 원리는 기독교 상담자가 반드시 따라야 할 뿐만 아니라 상담이 진행되는 동안 내담자와도 여러 번 공개적으로 나누어야 한다.

4. 내담자로 하여금 재정 계획을 세우고 실행하도록 도와준다

돈을 관리하기 위한 청사진이 없으면 재정을 통제하기가 매우 어렵다. 재정 계획에는 상담에서 논의해야 할 많은 요소들이 다 포함된다. 상담 시간에 아래의 몇 단계를 시작해서 내담자가 집에서 완성하며 나중에 상담 시간에 함께 토의하도록 한다.

(a) 진상을 알아낸다 : 이 단계에서는 종이에다 내담자의 자산 및 부채 목록을 만들게 한다. 그림 36-1을 완성하는 것이 한 방법이다. 재정 문제를 해결하기 위해서는 현재의 재정상태를 정확하게 표시하는

그림 36-1. 진상 알아내기 : 자산 및 부채

자산 (현재 소유하고 있는 것)
- 은행저축 _____
- 수표계좌 _____
- 자동차의 시세 _____
- 주택의 시세 _____
- 가구의 중고가 _____
- 보험의 현금가치 _____
- 기타 자산 _____

　　　　　　　　　　　총계 _____

부채 (현재 빚진 것)
- 자동차의 미불입 금액 _____
- 주택융자금 _____
- 기타 부채 (목록) _____

　　　　　　　　　　　총계 _____

순자산 (자산에서 부채를 뺀 부분) _____
날짜 _____

일이 가장 중요한 첫 번째 단계이기 때문이다. 만일 순자산(Net Worth)이 매해 증가하고 있다면 그 사람은 경제적으로 나아지고 있는 것이다. 순자산이 감소한다면 경제적으로 쇠퇴함을 의미한다.

(b) **목표를 설정한다** : 내담자의 재정적 희망과 계획은 무엇인가? 빚 갚기, 가족을 부양할 능력, 그리스도의 큰 뜻을 증진시키기 위한 일을 하는 것, 자녀와 은퇴를 위하여 저축하기, 여행 자금 마련하기, 주택 구입 등과 같은 일반적인 목표를 가지고 시작한다.

이러한 일반적인 목표를 적고 나면 그 다음에는 장기와 단기 목표를 구체적으로 열거하도록 한다. 지금부터 10년, 5년 그리고 1년 안에 내담자가 구체적으로 성취하기를 원하는 것은 무엇인가? 내담자가 그들의 교육 수준, 현재의 수입, 그리고 채무 등의 면에서 현실적일 수 있도록 도와야 한다. 연봉보다 현재의 빚이 더 많은 사람이 1년 내에 모든 빚을 청산하리라는 것은 현실적으로 기대할 수 없지만 앞으로 1년 내에 일부를 갚겠다는 목표를 세울 수는 있을 것이다.

목표를 세울 때는 이것이 재정에 관한 성경적 지침에 맞아야 한다는 점을 기억해야 한다. 모든 재정을 처리하는 데 있어서 납세를 포함하여 정직하고 공정하게 하도록 내담자를 도와준다. 이기적인 지불유예를 피하고 타인에 대한 재정적 관심을 보이며 주택이나 자동차와 같이 중요한 구매나 때에 따라서 부채 정리를 제외하고는 빌리는 것을 피하도록 적극 권한다. 재정적 목표는 기도와 성경공부를 통하여 하나님의 인도하심을 구한 후에 설정하는 것이 가장 좋다.

(c) 우선순위를 정한다 : 자신의 재정적 목표를 즉시 충족시킬 수 있는 사람은 거의 없기 때문에 어떤 것을 지금 하고 어떤 것은 나중까지 기다려야 할지를 정한다. 십일조와 빚을 갚는 것, 그리고 신용카드를 남용하지 않는 것은 반드시 우선순위 목록의 상위에 와야 한다.

어떤 재정 상담자는 필요한 것과 원하는 것, 그리고 바라는 것을 구분하기를 제안하였다.[40] 필요한 것은 음식이나 집, 의복, 치료, 교통 그 외 기본적인 것을 제공하기 위하여 필요한 구입품을 의미한다. 원하는 것은 헌 차를 살 것인가 새 차를 살 것인가, 혹은 햄버거를 먹을 것인가 스테이크를 먹을 것인가와 같은 품질에 대한 선택을 의미한다. 바라는 것은 다른 지출을 충족시킨 후 남은 잉여금을 쓰기 위한 선택의 문제다. 좋은 헌 차는 필요를 충족시키는 것이고, 새 차는 원하는 것이고, 근사한 스포츠카는 바라는 것이다. 재정계획을 세워서 빚을 청산하기 위해서는 필요한 것이 먼저 충족되어야 한다. 그런 다음 원하는 것과 바라는 것은 나중에 충족시킬 수 있다. 모든 지출은 이러한 범주 안에서 평가되어야 한다. 우선순위를 설정할 때 재정문제는 시간관리와 관계가 깊다는 사실을 다시 한 번 기억하기 바란다. 대부분의 직업에서 시간을 낭비하면 곧 수입이 경감하기 때문이다.

(d) 예산을 세운다 : 돈의 지출을 효율적으로 조절하며 관리할 수 있게 하는 소비 계획이 예산이다. 예산은 돈이 어디로 가는지 결정하는 데 도움이 되는 기록이다. 물론 예산의 지침 안에서 개발하고 그대로 해나가기가 쉽지는 않다. 예산대로 하기가 쉽지 않다고 주장하는 사람은 자신의 돈을 조심스럽게 통제하려는 노력을 하기가 싫거나 아니면 돈을 어디에 쓰는지 기록에 남기고 싶지 않은 사람이다. 대부분의 사람들은 예산 없이도 잘해나간다. 그러나 예산을 세우지 않은 결과 중 하나는 충동구매를 위한 돈의 낭비와 자신의 우선순위에 따르지 않고 다른 곳에 쓰는 지혜롭지 않은 소비라 할 것이다.

저축과 소비에 관한 계획안에는 '10-70-20 예산안 계획'이라 불리는 방법이 있다. 아래 일람표에 나타난 것처럼 전체 수입을 5부분으로 나눈다. 전체 수입의 최소 10%는 십일조로 하나님께 드리고 두 번째 부분은 정부에 납세하거나 고정 비용 지출에 쓴다. 그 나머지 부분이 실제 수입인 셈인데 실제 수입을 다시 세 등분으로 나눈다. 이 중 10%는 저축하고, 70%는 생계비가 되며 20%는 과거 진 빚을 청산하는 데 사용한다. 빚이 다 청산되고 나면 이 20%는 현찰 구매에 사용할 수 있다.

그림 36-2는 내담자가 활용할 수 있는(개인차를 고려하여 수정이 가능한) 예산 계획안을 연습하는 견본이다. 이 연습지는 '10-70-20계획안'을 염두에 두고 있으며 매달 내담자가 얼마나 성공적으로 자신의 예산을 지키고 있는지를 평가하고 계획하도록 되어 있다.

10-70-20 예산안 계획

		실 수입		
전체수입의 10% 십일조	세금과 고정 지출비용	저축 10%	생활비 70%	부채 20%
1	2	3	4	5

그림 36-2. 예산안(Budget)

날짜 : _____
총수입(세금 내기 전) _____ 원*

	A 할당액	B 지출액	C 차액 (+-)

항목

1. 십일조 (10%)

2. 고정지출
   - 세금
   - 사회보장 적립금
   - 직업상 지출 비용
   - 기타
   - 총계
   - 십일조와 고정지출 총계 **
   - 실수입 = 총수입(*)에서 십일조와 고정지출(**)을 뺀 것(*)

3. 저축 (실수입의 10%)

4. 생활비 (실수입의 70%)
   - 저당금 혹은 임대료
   - 난방/전기료
   - 전화비
   - 수도/오물/쓰레기
   - 휘발유
   - 자동차 수리비
   - 보험료
   - 의료비
   - 식료품/가사
   - 의류
   - 생활비
   - 선물
   - 휴가
   - 비상금
   - 기타
   - 총계

5. 빚 (실수입의 20%)
   - 총계

6. 할당액의 요약
   - 총수입(위*에서)
   - 총 할당액(A란의 5항목 총계)
   - 차액(잔액 혹은 부족액)

7. 지출액의 요약
   - 총수입(위*에서)
   - 총 할당액(B란의 5항목 총계)
   - 차액(잔액 혹은 부족액)

예산은 소비를 관리하는 데 도움이 되는 도구이지 소비자를 묶어두는 구속물이 아니라는 점을 내담자가 인식하도록 도와주어야 한다. 예산안이 비현실적이거나 개인의 재정 상태가 변하면 그에 따라 예산안도 수정해야 한다. 그러나 수정은 조심스럽게 해야 하며 예산안에서 벗어난 지출과 무모한 소비를 숨기려 하거나 정당화하기 위한 의도로 해서는 안 된다.

5. 상담자 자신의 재정적 업무를 추적한다

결혼 생활이 이혼으로 끝난 결혼 상담자, 우울증으로 자살한 정신과 전문의, 혹은 죄를 비난하면서도 스스로 죄를 짓는 목회자 얘기를 우리는 그동안 수없이 들어왔다. 완전무결한 상담자, 문제가 없는 상담자는 없겠지만 상담자 개인의 삶이 바람직하지 못하면 효율적인 상담자가 되기는 매우 어렵다. 파산을 당한 은행가는 효율적인 재정 상담자가 될 수 없을 것이기 때문이다.

다른 사람에게 저축하고 십일조하고 예산을 세우고, 그리고 '10-70-20 계획안'과 비슷한 재정프로그램을 따르라고 충고하기 이전에 잠깐 숨을 고르고 상담자 자신의 자원은 어떻게 관리하고 있는지에 대해 스스로 질문해볼 필요가 있다. 만일 상담자가 내담자에게 주는 것과 같은 충고를 본인도 그대로 따라하느냐고 내담자가 물을 때 "아니오"라고 대답할 수밖에 없다면 당혹함은 물론이려니와 당신이 하는 상담의 효율성도 약화될 것이다.

6. 심사숙고할 점

재정 지도도 상담일까? 좀 더 심층적이고 심리적인 문제에 익숙한 상담자들은 재정 계획이 기독교 상담의 영역을 벗어날 뿐만 아니라 대부분 상담자의 능력을 넘어서는 것이라고 느낄 것이다. 그래서 많은 상담자들이 은행가나 회계사 혹은 그 외 훈련받은 재정설계사에게 내담자를 의뢰하려고 한다. 추천하기 전에 그 일을 맡을 사람의 자격에 대해 조사하는 것은 매우 중요하다. 스스로 재정 상담자라고 광고하지만 그 분야의 훈련과 능력이 부족한 사람도 있기 때문이다. 또 어떤 사람은 내담자에게서 투자 자본을 얻고 그 자본에서 자신의 재정 상담료를 받는 데 더 관심을 보이면서 정작 내담자가 가진 재정 문제에 대처하거나 빚을 청산한다든지 좀 더 안전한 재정적 미래를 설계하도록 도와주는 일에는 거의 흥미가 없는 사람도 있다. 다른 분야도 마찬가지지만, 전문적인 재정 설계사 중에는 이처럼 비윤리적인 사람이 간혹 있다. 그러나 대부분은 많은 내담자를 만족시키며 그들을 도와주려는 진지한 욕망을 가지고 있다. 유능한 재정 설계사는 재정 전문가의 능력에 대해 알기를 원하는 사람이 있을 경우 자신의 현재 혹은 그 이전 내담자 중에서 기꺼이 자신을 추천해 줄 수 있는 사람을 알고 있는 경우가 많다.

돈과 재산을 잘 관리하도록 도와주는 일은 가장 보람이 있고 육안으로 보기에도 성공적인 기독교 상담의 한 형태다. 재정적 어려움이 해결되면 상담의 다른 문제에도 긍정적인 효과를 미치기 때문이다.

재정 문제의 예방

이 책에서 논의한 대부분의 문제들은 모든 사람에게 다 해당되는 문제가 아니다. 누구나 다 알코올 중독자거나 심한 우울증을 경험하거나 혹은 결혼 생활의 문제로 인해 어려움을 겪는 것은 아니기 때문이다. 그러나 사람은 누구나 돈을 다루게 되어 있고 우리 대부분은 적어도 간헐적으로 재정 문제를 겪는다.

기독교 상담자는 자신의 돈을 좀 더 잘 관리하기 위해 도움이 필요한 사람을 만날 것이다. 재정 문제를 방지하기 위하여 상담자는 어떤 도움을 줄 수 있을 것인가?

1. 재정에 관한 성경적 가치관을 가르친다

개인 상담 시간에 가르칠 수도 있지만 집단 모임(청소년 모임과 교회학교 시간을 포함하여)이나 특별 세미나, 그리고 설교를 통하여 가르친다. 예수님이 공개적으로 또 자주 돈에 대해 말씀하셨음에도 불구하고 어떤 교회 지도자는 이를 공개적으로 가르치기를 망설인다. 교회가 너무 성도들로부터 헌금을 받는 것을 강조한다거나 교회 지도자들이 헌금을 하도록 성도들을 압박한다는 인식(타당하건 아니건 간에)을 할 수 있기 때문에 이러한 망설임은 충분히 이해할 수 있다. 그러나 이러한 염려를 넘어서서 미래에 닥칠 재정 문제를 미연에 방지할 수 있는 성경적인 이슈들을 민감하게 다루는 일은 매우 중요하다.

- 돈과 재산을 다룬 많은 성경 구절들을 지적해준다.
- 다른 사람과 비교하여 부족하다고 슬퍼하는 대신에 현재 가진 것에 대해 하나님께 감사하도록 한다.
- 쓰지 않고 저금하는 것과 기쁘게 베푸는 것의 중요성을 강조한다.

2. 돈을 관리하기 위한 실제적인 지침을 가르친다

예산을 세우는 방법(십일조와 저축을 포함하여)을 가르쳐주고 예산을 세워 살도록 격려하며 다른 기독교인들과 자신의 경험을 나누도록 권하는 것 등이 다 여기 해당된다. 기독교인들이 하나님의 지침에 따라 살 때 하나님이 어떻게 축복하시며 필요를 채워주시는지를 알게 되면 신도들은 고무되고 격려를 받게 된다.

기독교 상담자 대부분은 보험이나 은행 절차, 유언장 준비 혹은 저축이나 투자를 위한 최선의 방법 등에서 전문가가 아니다. 그럼에도 불구하고 상담자는 이러한 이슈의 중요성을 강조하고 기독교인들에게 실제적인 충고를 해줄 수 있는 사람이나 책을 보라고 지시해줄 수 있다. 그리스도의 몸(교회) 안에는 사업가나 재정 전문가가 많을 것이다. 이런 사람들을 초청하여 개인적으로 또는 집단적으로 만나 재정 설계에 대한 도움을 받을 수 있다. 이는 그리스도의 몸에 속한 지체들이 다른 사람을 높이고 격려하기 위하여 자신이 가진 지식과 은사를 나누어 가지는 것이다.

3. 외상 구매의 위험성을 알고 피할 수 있도록 도와준다

1920년대 미국의 자동차산업은 할부판매를 대중화시켰다. 당시는 '선구매 후지불' 방식이 새로운 형태의 구매 방법이었다. 그 후에 신용카드가 나왔지만 오랫동안 미국 사람들은 "아메리칸 드림을 성취하기 위하여 융자를 얻고," 시간 지연 지불 방법을 통해 물질적 소유물을 습득하기를 배웠다. 그러는 동안 어떤 작가가 명명한 대로 플라스틱으로 지불하는 "신용카드의 나라"가 되었다.[41] 이러한 미국의 예를 다른 나라들이 곧 따라했고 오늘날에 와서 외상 구매는 10대에서 시작하여 노인층에까지 확대되었다.[42]

어떤 때는 재정 전문가들이 내담자에게 신용카드를 다시 쓰지 못하도록 잘라버리라고 권하기도 한다. 그러나 슬프게도 신용카드 회사들이 선전을 통해 새로운 카드의 판매를 적극적으로 촉진하기 때문에 주요 신용카드 소지가 곧 신분 확인을 위한 필수적인 수단이 된 곳도 있다. 외상 구매의 위험성을 알게 하는 것이 도움은 되겠지만 그 겁나는 전술이 사람들로 하여금 습관을 바꾸는 데 별로 효과가 없다는 증거가 점점 더 나오고 있다. 그러므로 개인의 수입 한도 내에서 살고, 이것이 가능한 범위라는 선전에 속지 말고, 빚지는 것을 금지한 성경의 가르침을 따라 살 때 오는 이익을 강조하는 편이 훨씬 더 낫다. 젊은이에게 초점을 둔 광고를 제한하자는 목소리가 점점 높아지고 있다. 왜냐하면 이들은 아직 너무 젊어서 상업광고의 메시지가 과잉 소비를 촉진한다는 사실을 알지 못한다. 뿐만 아니라 지금 구매하고 지불은 나중에 하라고 권하는 물질주의적 사고방식으로 너무 쉽게 빠지게 하기 때문이다. 신용카드를 사용하는 부모는 그들의 자녀들에게 신용카드를 쓰라고 공짜로 가르치고 있는 셈이다.

4. 광고로부터 어린이를 보호한다

이것은 기독교 상담이나 재정문제와는 동떨어진 것처럼 보이지만 이미 수많은 전문기관에서 어린이에 맞게 조정된 광고를 제한해야 한다고 주장하고 있다. 미국의 광고는 학교에서 시작되었다. 그곳에서는 학생들의 교과서와 기타 제품들이 때때로 광고주의 메시지를 전달한다. "테크놀로지는 영상의 질을 높이고 아동심리학자는 불평하며 그리고 우리에게는 수조(兆) 달러의 돈을 가져다주는"[43] 어린이와 청소년을 위해 기획된 TV 광고가 나오면서 문제가 악화되었다. 어린이를 겨냥한 광고를 제한하자고 주장함에도 불구하고 이것은 실행하는 데 시간이 많이 걸리는 정치적 이슈이다. 한편 기독교 상담자와 교회 지도자들은 부모들로 하여금 가정에서 어린이가 광고에 노출되는 것을 억제할 때 얻는 이익을 알 수 있도록 도와야 한다.[44]

5. 결혼 전 상담에서 재정을 강조한다

결혼과 함께 두 사람은 완전히 다른 새로운 재정적 그림 속으로 들어가게 된다. 두 사람의 수입과 돈을 관리하는 각기 다른 방법이 하나로 융합되기 때문에 재정과 돈 관리로 인해 갈등이 생길 가능성이 많다. 결혼 날이 가까워지면서 어떤 때는 두 사람이 현실의 눈으로 각자가 가진 자원을 볼 수 있는 계기가 필요할 것이다. 돈, 재원 확보, 저축, 십일조, 신용카드 혹은 예산에 대해 두 사람이 가지고 있는 태도는 무엇인가?

결혼하면서 가지고 오는 빚은 얼마이며 그것을 청산할 방법은? 신랑과 신부가 전혀 다른 소비 형태를 가지고 있는가? 한 사람은 검소하고 절약하는데 다른 한 사람은 낭비하는가? 물질적 소유나 다른 사람들의 재산 및 자동차나 주택에 대해서는 어떤 태도를 가지고 있는가? 이와 같이 예비부부와 함께 논의하면서 재정에 관한 질문을 하고 지도해줌으로써 상담자는 돈과 재산으로 인해 야기될 미래의 갈등을 예방할 수 있다.

6. 위기나 생활의 변화가 올 때는 언제든지 재정 문제를 제기한다

대학 입학, 전직, 이사, 은퇴, 장기 질병, 가족의 죽음 등 인생의 주요 변화는 항상 재정적 어려움을 수반한다. 이러한 재정적 이슈를 비공식적으로 일찍 제기하여 논의한다면 그것이 큰 어려움이 되기 이전에 미리 해결할 수 있을 것이다.

• 재정 운용에 대한 결론

사도 바울은 디모데에게 쓴 편지에서 재정에 관하여 이렇게 충고한다. "네가 이 세대에서 부한 자들을 명하여 마음을 높이지 말고 정함이 없는 재물에 소망을 두지 말고 오직 우리에게 모든 것을 후히 주사 누리게 하시는 하나님께 두며 선을 행하고 선한 사업을 많이 하고 나누어 주기를 좋아하며 너그러운 자가 되게 하라."[45]

사도 바울의 이 말씀이 여러 면에서 재정에 관한 성경적 가르침을 요약한다고 할 수 있다. 그것과는 현저히 다르게 사탄은 사람을 속박하고 자기중심적인 가치관을 받아들이도록 하여 빚더미 속에 빠지게 하고 돈을 관리하기 위한 거룩한 원리와 하나님을 외면하고 걱정하게 만들기 위하여 재정적 압박을 이용한다. 빚을 청산하고 재정적 자유를 누리도록 개인이나 가족을 도와주는 일은 상담에서 매우 만족스런 경험이 될 것이다. 상담자에게는 이 일이 사람들로 하여금 재산을 현명하게 운용하면서 일생 동안 하나님이 이끄시는 대로 살도록 도와주는 실제적인 방법이 될 수 있다.

상담자들을 위한
요점 정리 36

■ 상담에 관한 책들은 대개 돈에 대해서 거의 언급하지 않지만 성경은 재정과 소유물에 관해 자주 거론한다. 따라서 돈 문제는 상담자에게 가져오는 여러 가지 문제 중에서 심각한 부분이 될 수 있다.

■ 성경에 의하면,
- 돈과 소유물은 하나님이 주신 것이며 그 자체가 본질적으로 나쁜 것은 아니다.
- 돈과 소유물은 반드시 현실적으로 보아야 한다.
- 돈과 소유물은 해가 될 가능성이 있다.
- 돈과 소유물은 반드시 지혜롭게 관리해야 한다.

■ 아래와 같은 이유로 인해 재정적 어려움이 생긴다.
- 우리가 살고 있는 소비 위주의 문화.
- 물질주의, 탐욕, 벼락부자가 되고자 하는 욕망, 자만심, 타인의 소유로 인한 원한 등을 포함한 왜곡된 가치관.
- 충동구매, 자원의 부주의한 오용, 투기, 연대보증, 재정적 책무 방치, 재산을 방치하여 손해 보상에 추가 비용 부담, 시간이 곧 황금인 사람의 시간낭비, 신용구매를 포함한 지혜롭지 못한 재정 결정.
- 예산 부족.
- 베푸는 생활을 소홀히 함.

■ 기독교 상담자들은 재정과 연관해서 전문적 지식이 없다고 생각할지도 모르지만 함께 나누어야 할 기본적인 사항은 있다.
- 내담자로 하여금 문제를 인식하고 그것을 해결할 결심을 하도록 도와준다.
- 내담자와 동역자가 되어 하나님의 인도하심을 구한다.
- 재정에 관한 성경적 원리를 가르친다.
- 내담자가 재정 계획을 세우고 거기 따르도록 도와준다.
- 상담자 자신의 재정 업무를 추적한다.
- 재정적 안내가 상담자로서의 업무 중 한 부분인지 아닌지를 결정한다.

■ 재정 운용의 문제를 예방하기 위하여.
  · 재정에 관한 성경적 원리를 가르친다.
  · 돈을 다루는 실제적인 지침을 가르친다.
  · 외상 구매의 위험을 알고 피하도록 도와준다.
  · 어린이를 광고로부터 보호하는 방법을 찾는다.
  · 혼전 상담에서 재정 문제를 강조한다.
  · 위기나 삶의 변화가 있을 때는 재정 문제를 제기한다.

37 >>
직업 상담
Vocational Counseling

론은 직업 상담을 위해 찾아오는 평범한 사람이 아니었다. 그는 IT 업계의 기획 매니저로서 성공한 사람이었다. 고객과 종업원들은 모두 그를 좋아하였고, 그의 명성은 아주 뛰어났다. 론은 전문성, 세밀함, 그리고 고객을 행복하게 만드는 데 열정을 쏟는 것으로 유명하였다. 그는 41세의 나이로 성공적인 직장 생활을 하면서 많은 수입을 얻고 있었다. 단지 하나의 문제가 있다면 론이 자신의 직업과 일하는 분야를 싫어한다는 것이다. 그는 일하러 가야 하는 월요일을 두려워했다. 아침에 일어나는 일이 점점 힘들어졌고, 그가 극도로 싫어하는 직장에서 또 다른 하루를 맞이하는 것이 괴로웠다.

론의 아버지는 공장에서 일하셨고, 론과 그의 형이 같은 일을 하기를 기대했다. 부모님들은 항상 세금을 냈지만, 재정 상태는 빠듯하였고 나아질 기미가 보이질 않았다. 론과 그의 형은 대학에 들어갔고 형은 중간에 나와서 잠시 군대에서 시간을 보내다가 이후에 여기저기로 직업을 옮겨 다녔지만, 만족스러운 직장을 얻을 수가 없었다. 론은 다르게 살기로 마음먹었다. 그는 학사 학위를 받고나서 직업적인 충족감이나 만족감은 없지만, 돈을 많이 벌 수 있는 분야에 들어갔다. 그의 형과 마찬가지로 회사를 몇 번 옮겼는데, 그 이유는 대부분 다니던 회사가 재정적인 어려움에 빠질지도 모른다는 두려움 때문이었다. 이때가 바로 론이 재정적으로 좀 더 안정적인 무언가를 찾기 시작한 때였다. 그리고 그는 움직였다.

론의 상담자는 론 자신이 정말로 하고 싶은 일이 무엇인지 생각하기 위해서 한번도 멈춘 적이 없다는 것을 강조하였다. 그는 어머니가 원하고 기대하는 대로 행동하면서 어린 시절을 보냈기 때문에, 다른 사람들의 필요에 대해서는 잘 조준된 레이더를 가지고 있다. 이것이 바로 그가 고객들에게 사랑받을 수 있는 이유였다. 게다가 어머니가 수지 타산을 맞추려고 애쓰는 모습을 보고 난 후, 그의 주요 관심사는 재정적인 안정을 이루는 것이 되었으며, 그래서 그는 단순히 돈을 추구해왔다.[1] 일에 싫증을 느끼기 전까지는 옮기는 일마다 성공을 하였으나, 결국 론은 자기가 하고 있는 일을 좋아하지 않는다는 사실을 알아차리기 시작하였다.

직업 결정은 보통 청소년기 후반부나 성인기 초반에 겪게 되는, 인생에 한 번 있을까 말까 한 사건이다. 아이들은 성장하면서 소방관이나 선생님 혹은 의사가 되는 환상을 품지만, 실제로 선택들은 제한된다. 대부분의 사람들이 부모나 조부모의 직업과 크게 다르지 않은 범위 내에서 평생직장을 구한다. 고등

교육을 받는 사람들이 증가하는 국가의 경우도 대부분의 학생들과 그 부모들은 교육의 주된 목적이 성공적인 직장을 준비하고 현명한 직업 선택을 하는 데 있다고 생각한다. 교사들이나 학교 상담자들은 직업에 관해서 의견을 제시하기도 하지만, 목회자를 포함해서 기독교 상담자들은 직업 안내를 그들의 일의 일부로 생각하지 않는다.

오늘날 상담자들은 사람들의 직업 선택을 돕는 일에 더 많이 관여하고 있는 추세다. 직업 선택은 중요하고, 어렵고, 또한 거의 일생에 한 번 있을까 말까 한 결정이다. 이 결정이 중요한 이유는 직업 선택이 한 사람의 수입, 삶의 기준, 사회적 지위, 사회적 접촉, 정서적인 건강, 자신의 가치에 대한 느낌, 시간의 사용, 삶에서 느끼는 전반적인 만족감 그리고 영적인 건강 상태를 결정하는 데 중요한 역할을 하기 때문이다. 이 결정이 어려운 이유는 놀라울 만큼 다양한 직업이 있고, 경제와 직업 시장에서 변화가 계속 일어나고 있으며(1990년대의 인터넷 벤처기업들과 미국의 직업 시장에서 외국으로 빠져나간 이관사례를 생각해보라), 실수할 가능성이 높으며, 잘못된 직장에 들어갔을 경우의 비참함 때문이다. 그리고 직업 선택이 일생에 한 번 있을까 말까 한 이유는 직업 시장이 자주 그리고 예상치 못하게 변하고, 사람들도 경력과 훈련에 따라 변하며, 회사가 인수되거나 자신의 자리가 없어지거나, 작업 환경이 바뀌면서 직업도 바뀌기 때문이다. 직업 상담에는 미래의 직업에 대해 깊이 생각하는 젊은이들을 돕는 일이 포함되지만, 다음과 같은 경우에도 사람들이 도움을 요청한다.

- 론과 마찬가지로 직장에서 성공하지만 자신의 일을 싫어하는 경우.
- 한 노동자의 기술이 구식이 되거나 더 이상 필요가 없게 되는 경우.
- 직장에서의 자리가 없어지거나 다른 회사나 다른 지역으로 옮겨지는 경우.
- 사업에 실패하거나 변화하는 직업 시장에서 경쟁할 수 있는 기술이나 고용 없이 노동자를 남겨놓은 채 모회사가 문을 닫는 경우.
- 해외 부서로 발령을 받았지만, 외국에서 어떻게 근무해야 할지 막막한 경우.
- 노동자가 해고된 경우.
- 직장에서의 스트레스가 참기가 힘든 경우. 이 스트레스는 불쾌한 직장 동료들, 작업장에서의 끊임없는 다툼, 그리고 지루함 등이 포함된다.
- 은퇴하려는 사람에게 도움이 필요한 경우.

기독교 상담자를 포함해서, 내담자가 기독교인인 경우에 이 모든 것들은 한 사람의 직업 선택이 하나님의 뜻에 영향을 받기 마련이라는 믿음에 영향을 받는다.

- ### 성경, 직업 그리고 직업 상담

성경은 우리가 알고 있듯이 직업 상담의 주제에 대해서는 언급하고 있지 않다. 하지만 이와 관련된 성경 구절들은 많다. 하나님은 처음부터 인간이라는 존재가 일을 하게끔 의도하신 것 같다. 아담을 창조하셔서 에덴동산에 놓아두셨을 때, 이 첫 번째 인류는 하나님과 이야기했고 잠을 잤고 남편이 되었으며 동시에 일도 했다. 그는 동산을 돌보아야 했으며,[2] 모든 살아 있는 동물들에게 이름을 붙여야 했다. 인류의 타락 이후에 노동은 더 이상 즐거운 것이 아니고 무거운 짐이 되어버렸다. 아내와 함께 아담은 에덴동산에서 쫓겨나 땅을 경작하도록 내보내졌으며 땅을 일구며 음식을 구하기 위해서 땀을 흘리는 데 일생을 보내야 했다.[3]

성경에는 일과 관련된 다른 예들도 종종 나타난다. 아담과 하와의 첫째 아들인 가인은 땅을 경작한 반면 그의 동생 아벨은 동물들을 돌보았다.

적어도 일생의 일부분은 배 만드는 사람이었던 노아는 나중에 농부가 되었다. 아브라함은 가축이 많은 부유한 사람이었고 다윗은 처음에는 양치기였다가 나중에는 직업을 바꿔서 왕이 되었다. 성경에서 소개되는 다른 직업들에는 예언자, 제사장, 천막 만드는 사람, 사냥꾼, 정치 지도자, 기능공(기술자), 음악가, 벽돌공, 판매원, 가정주부, 목수, 어부 등이 있다.

비록 일이라고 하는 것이 인류를 향한 하나님의 계획 속에 항상 포함되어 있는 듯이 보이지만, 사실 일은 어렵고 때로는 남용되기도 하였다. 파라오는 그의 노예들이었던 이스라엘 백성들을 많이 학대하였다. 성경은 자신의 부를 축적하기 위해 박봉의 노동자들을 착취하는 부자들과 그들에게 부당한 대우를 받는 고용인들의 특별한 짐에 대해서 이야기한다.[4] 수세기 동안 사람들은 자신의 일을 우상처럼 떠받들고 부를 이루고 돈을 축적하고자 하는 헛된 노력으로 자신을 내몰아왔다.[5] 다른 이들은 자신의 기술과 노력을 직장과 자신의 간절한 소망에 쏟아왔지만, 결국 자신들의 노력이 무슨 의미가 있는지 궁금할 뿐이었다.[6]

기독교인은 예수님에게 대한 봉사로서 노동을 해야 한다. 노동은 하나님에게 영광을 돌려드릴 뿐 아니라, 우리가 다른 이들은 돕고 존경과 독립을 얻을 수 있도록 도와준다.[7] 간단히 이야기하면, 노동은 우리의 필요를 충족시켜준다. 먹고 싶다면 우리 모두는 일해야 한다.[8] 우리가 일을 할 때에 우리는 고용주를 기쁘게 하려고 하지만, 우리의 첫 번째 목적은 우리가 "사람이 아니라 하나님을 위해서 일을 하는 것"처럼 무엇을 하든지 즐겁게 열심히 일하는 것이다.[9] 그러면 우리는 비기독교인 고용주 밑에서 일하더라도 예수님을 섬기는 것이다.

우리의 필요를 채워주고 충족감과 즐거움을 주며 성공과 행복을 가져오기 위해서 노동이 존재하는가? 이러한 일반적으로 통용되는 생각들이 꼭 잘못된 것이 아니지만, 성경에서는 그렇게 가르치고 있지 않다. 노동과 직업 선택과 관련된 몇 가지의 명확한 성경적 결론들이 있다.

1. 노동은 고결한 것이지만 게으름은 비난받아야 한다

초대교회는, 특히 말씀을 전하거나 가르치는 일에 종사하는 사람들에게 적당한 임금과 영예를 주라고 가르치고 있다.[10] 고귀한 인물의 아내는 열심히 일해서 그 결과로 칭찬받는 인물로 묘사된다.[11] 하나님의 창조를 찬양한 시편에서 우리는 "사람은 나와서 일하며 저녁까지 수고하는도다"라는 구절을 읽을 수 있다.[12] 이것은 확실히 하나님이 찬성하신 일이다. 반면에 현명한 왕 솔로몬은 게으른 사람에게 다가오는 가난과 어리석음에 대해서 계속해서 경고하고 있다.[13]

2. 노동은 휴식과 병행되어야 한다

성경은 근면함과 노동의 가치를 인정하고 있지만, 이것이 일의 노예인 사람이나 결코 쉬지도 휴가를 떠나지도 않는 일중독자들을 옹호하는 것은 아니다. 하나님도 세상을 창조하신 후에 쉬셨고, 십계명에서 인간에게 일주일에 하루는 휴식을 취하라고 명령하셨다. 많은 현대의 기독교인들은 이 하루를 특별한 날로 생각하지 않아서,[14] 항상 일한다. 대신에 우리는 매주에 하루를 떼어서 예배하고 휴식을 취하였던 유대교 전통 및 기독교 역사의 영적인 지도자들과 예수님의 예를 따르는 성경적인 전례를 가지고 있다.

3. 노동은 고품질이어야 한다

종업원들과 다른 노동자들은 단순히 다른 이들을 기쁘게 하기 위해서가 아니라 예수님에게 영광을 돌리기 위해서 정직하게, 열심히, 그리고 제대로 일할 책임이 있다.[15] 훌륭함을 추구하는 것은 가치 있는 목표이지만, 부정직하고 겉만 번지르르한 일 처리는 완전히 비성경적이다.[16] 고용주들은 공정해야 하며, 그들 역시 자신들의 주인이 하늘에 있음을 인식해야 한다.[17] 우리 각자는 하나님이 주신 재능과 기질들을 잘 개발해야 할 의무가 있다.[18]

4. 노동은 독특하며 공동선(Common Good)을 위한 것이다

인간의 관심과 능력의 차이점을 강조하는 현대의 직업 상담자들과 마찬가지로, 성경은 우리 각자가 독특한 능력과 책임이 있다고 이야기한다.

이것들 중 일부는 선천적으로 타고나는 능력을 반영하지만, 훈련의 영향력도 동일하게 중요하다. 솔로몬 왕의 통치 시대와 에스라의 시대 동안에 숙련된 기술자들과 목수들이 성전을 지었고, 다른 사람들을 숙련될 수 있도록 가르쳤다. 성전이 바쳐질 때, 그리고 느헤미야의 지도 아래 성벽이 재건축된 것을 축하할 때, 노래 부르는 사람들과 다른 숙련된 음악가들이 있어서 이들이 사람들을 이끌어 하나님께 찬양을 올려드렸다.

어떤 사람이 기독교인이 되면, 그 사람은 하나 이상의 특별한 은사를 받는다. 이것들은 개발될 수 있고, 공동선을 위해 사용될 수 있으며, 예수님의 몸 안에서 다른 기독교인들을 세워나가는 데 적용될 수 있다.[19] 어떤 사람들은 다른 이들보다 훨씬 더 근면하고 충성스럽게 일하지만, 우리의 능력이나 은사는 하나님으로부터 오기 때문에 이 은사의 성공적인 사용은 하나님께 달려 있다.[20] 이러한 이유 때문에 은사를 사용한 자신의 업적이나 성과에 대해서 스스로 잘난 척할 이유가 없는 것이다.[21]

5. 노동과 직업 선택은 하나님께서 인도하신다

성경에 있는 몇 사람들은 태어나기 전부터 하나님이 그 평생의 직업을 정해놓으셨다. 이사야, 다윗, 예레미야, 세례 요한, 그리고 예수님이 가장 명백한 예다.[22] 하나님은 여전히 태어나기도 전의 남자와 여자를 선택하셔서 그들이 해야 할 특별한 일들을 수행하게 하실까?

많은 기독교인들이, 하나님은 적어도 몇몇 사람들은 특별한 사역이나 봉사의 자리로 부르신다는 사실에 동의할 것이다. 하지만 하나님께서 그분의 자녀들 각각을 위해서 어떤 특별한 직업에 관한 하나만의 소명을 주셨는지에 대해서는 견해가 다르다. 상담의 관점에서 이것은 그렇게 중요한 사항은 아니다. 우리는 하나님이 그분을 인정하고, 그분의 길을 구하는 자를 인도하신다는 사실을 알고 있으며,[23] 따라서 묻는 자에게는 지혜를 주신다는 사실을 확신할 수가 있다.[24] 직업 선택을 해야 할 때, 사람들은 우리의 열려지지 않은 미래의 직업이 하나님의 손에 있으며, 성령에 의해 인도받는다는 사실을 생각할 수 있다. 하지만 우리는 자신의 능력과 강점과 관심 분야를 잘 분별하여서, 하나님이 주신 능력과 재능을 개발하고, 현명한 직업 선택을 할 수 있도록 필요한 정보를 찾아야 할 책임이 있음 또한 알고 있다.

기독교 상담자는 다양한 형태의 기법(기술)들을 이용해서 사람들이 직업을 선택하거나 바꾸는 것을 돕는다. 이 작업을 할 때, 상담자는 하나님의 인도하심을 구하고, 직업을 선택할 경우 상담자와 내담자 모두를 인도하실 것을 믿어야 한다.

좋거나 나쁜 직업을 선택하는 원인들

직업의 세계는 변화하고 있다. 심지어는 먼 지역에 살거나 후진국에 사는 사람들에게도 그러하다.

- 기술은 많은 사람들이 언제, 어디서나 일할 수 있도록 하였으며 세계 어느 지역의 사람들과도 바로 통화가 가능하게 한다.
- 정보시대는 우리의 일하는 방식과 우리가 하는 일 자체를 변화시켰다. 이로 인해 우리는 즉각적인 쌍방간의 대화, 엄청난 데이터베이스, 화상회의, 최신 정보나 세계 뉴스나 주식시장의 변동에 쉽게 접근할 수 있게 되었다.
- 소수민족, 나이 든 사람들 그리고 여성들은 작업 현장에서 점점 더 큰 비중을 차지하고 있으며, 그들의 직업, 영향력, 직업 선택의 기회들이 변화하고 있다.
- 별 인기가 없고 지루한 많은 직업들이 비용이 적게 드는 외국을 포함한 다른 지역으로 옮겨가고 있다.
- 수많은 사람들이 다양한 경력을 가지고 있으며, 때로는 동시에 두세 개의 직업을 추구하기도 한다. 한 직장이나 한 회사에만 머무르겠다는 예전의 생각은 많은 직장에서 더 이상 존재하지 않게 되었다. 인원을 감축하거나, 회사가 문을 닫거나, 많은 자리가 매년 쓸모없는 것이 되고 새로운 직종이 생겨난다는 사실을 고려하라. 직업의 세계는 끊임없이 변화한다.
- 나라 사이에서나 한 나라 안의 지역들 간에도 여행이나 대화가 더 쉬워졌기 때문에, 사람들은 이동이 더욱 자유로워졌고, 더 나은 직장으로 가면서 가족들의 삶이 바뀐다.
- 이러한 변화들이 일어나는 동안에도, 기술이 없고 배운 것이 없는 노동자들은 점점 더 뒤처져서, 생산적이고 재정적으로 안정적인 직장을 찾을 수 없게 된다.
- 점점 더 많은 사람들이 집에서 일하기를 원하며, 독립적으로 자신의 일을 하기 원한다. 이 때문에 한 작가는 미국을 우리가 살고 일하는 방식을 바꾸는 독립된 노동자들의 '자유 쟁의 국가'라고 묘사한다.[25] 앞으로 수년 후에는 이러한 독립성이 많은 다른 국가들의 노동자들의 특징이 될 것 같다.

이러한 변화 이전에, 상담자들은 수많은 이론들을 제시해서 진로 선택을 설명하고, 직업 상담자들을 안내하였다.[26] 이런 오래된 이론들과 좀 더 새로운 다른 이론들은 보다 정교하고 유용한 지침들을 상담자들에게 제공해왔지만, 직업 선택을 도와주는 지침의 핵심은 여전히 다음의 세 가지로 구성되는 것 같다. 내담자들이 자신에 대해서 알 수 있도록 돕기, 직업에 대해서 알 수 있도록 돕기, 자신의 재능과 가장 적합한 직업을 고를 수 있도록 인도하기가 그것이다. 때로는 재능에 맞는 일을 찾을 수 있고, 적당한 훈련이나 직장의 빈자리가 있으며, 내담자가 유용하고 만족스러운 직장 혹은 작업장 내의 새로운 자리를 찾을 수 있을 때도 있다. 하지만 아마 그 과정은 많이 힘들 것이다. 사회적 지위가 높고, 일류이면서 월급도 많이 주는 직장은 비교적 찾기가 힘들고, 수요가 많기 때문이다. 이런 매력적이고 많은 사람들이 원하는 직장의 대부분은 지적 능력, 독특한 소질, 특별한 훈련 그리고 극소수의 사람만이 가지는 개인적인 친분 관계가 필요하다. 수요가 많고 경쟁이 치열하고 기회가 제한되어 있기 때문에, 많은 사람들이 자신의 직업 선택에 실망하게 되고, 차선의 선택을 할 수밖에 없다.

종종 이것은 출구를 보지 못하기 때문에 함정에 빠졌다고 느끼는 더 가난한 지역이나 사회의 젊은이들에게서 더 분명하게 볼 수 있다. 케니언이 그 예다. 그는 의사가 되기를 원했지만, 충분한 점수를 얻지 못해서 대신에 프로 운동선수가 되겠다고 결정했다. 케니언의 동네에서는 가난을 벗어나는 최상의 두 가지 방법이 프로 운동선수가 되거나 연예인이 되는 것이었다. 몇 달 동안 케니언은 그의 운동 기술이 몇몇 대학 입학 담당자들의 관심을 사서, 트라이 아웃(실력 시험)을 신청하면 장학금을 제공할지도 모른다는 희망을 가지고 농구선수가 되기 위해 열심히 연습했다. 하지만 그러한 일은 결코 일어나지 않았고, 케니언은 결국 포기했다. 그는 자신의 능력에 훨씬 못 미치는 시시한 직장에서 일하면서, 마약 판매로 감옥에서도 시간을 보냈다. 결국에는 다른 가족들과 마찬가지로 가난하고 맥 빠지는 일을 하게 되었다.

직업을 계획할 기회조차 얻지 못하는 케니언과 같은 사람들이 많이 있다. 직업의 필요성 때문에, 이런 사람들은 구인 광고를 대충 훑어보고 급료와 어느 정도의 재정적인 안정을 줄 수 있는 직장으로 들어간다. 하지만 만족감이나 개인적인 충족감은 없다. 어떤 이들은 이러한 직장에서 평생 일한다. 대부분 그들은 만족하지 못하고 불행하게 지내며, 잘못된 직장에서 계속 일한다. 어떤 사람들은 해고되기도 하고 다른 자리로 옮겨지기도 하지만, 어떤 곳에서도 그들은 즐기지도 잘하지도 못한다.

심지어는 자신의 일을 즐기는 사람들조차 인생을 살아가면서 변화를 주기도 한다. 때때로 이것은 회사가 문을 닫거나 인원 감축으로 일자리를 줄이는 경우다. 앞에서 언급한 론과 같은 경우도 있다. 그는 어디서 일하든 성공했지만, 그가 하는 일을 무척이나 싫어해서 이직할 것을 결심하였다. 몇몇의 전망들은 지금으로부터 10년 동안 노동인구의 절반은 현재 존재하지 않는 직업을 가질 것이라는 사실을 제시한다. 노동인구에 포함되기 시작하는 젊은이들은 그들이 어디에 사는지에 따라 그들의 직장과 직종을 바꿀 것을 예상해볼 수 있다. 직업 안내는 전문적인 상담자만이 아니라 모두를 포함하여 고려하는 과정이어야 한다. 이러한 안내가 있든 없든 간에 사람들은 수많은 영향력들에 기초하여 직업을 선택한다.

1. 가족 그리고 사회의 영향력

선생님들, 친구들, 친척들 그리고 특히 부모님들은 자신의 아이들이 일찌감치 직업을 선택하기를 기대한다. 아직 미성숙하고 이상적이며 경험이 없고 사춘기 후반의 여러 가지 고민에 휩싸여 있는 젊음의 시기에 이들은 끝도 없이 다양한 직업들 중에 자신의 것을 선택해야 하는 추가적인 의무를 지게 된다. 그리고 나중에 직장을 그만두거나 떠나야 하는 경우가 생길 때, 가능한 한 빨리 다른 직장을 찾아보라는 재정적, 사회적인 압박을 받게 된다. 이러한 모든 것들은 직업과 관련된 신중한 계획 세우기를 방해하고 결국 실망과 좌절로 이어질 직업을 선택하게끔 만든다.

몇몇 가족들은 직업 선택에서 큰 영향력을 발휘한다. JG는 목사 집안 출신으로 그의 아버지와 할아버지 모두 목사였다. 그리고 그의 선조 할아버지들 중 두 분도 성직자였다. JG가 사업가가 되고 싶다고 이야기하자, 그는 상당한 반대에 부딪쳤다. 가족들은 신학교 수업료는 줄 수 있지만, 경상대학를 간다면 재정적인 지원은 없다고 이야기하였다. JG는 신학을 반대하지는 않았지만, 아무리 자신이 신중히 생각해봐도 사업가의 세계가 자신에게 더 잘 맞고, 다른 쪽으로 가면 놓칠 수도 있는 예수님을 섬길 수 있는 기회가 있을 것이라는 결론에 도달하였다. 그렇다고 해도 가족들의 압력에 저항하는 것은 절대 쉽지 않은 용기 있고 결단력 있는 행동이었다.

2. 성격의 영향력

한 개인의 성격은 그 사람의 직업 선택과 그 직업을 통해서 느낄 수 있는 만족감과 성공, 이 모든 것에 영향을 미친다. 존 홀랜드(John Holland)는 대부분의 사람들이 일반적으로 여섯 가지의 직업 성격 유형으로 분류될 수 있다고 가정하고 직업 선택 이론을 개발하였다.

- 현실적인 성격의 사람이란 형체가 있고, 실용적이며, 육체적인 강인함이나 조정 능력을 포함하는 기술 중심의 활동들을 선호하는 사람들을 가리킨다. 기계 숙련공, 농부, 측량사(검사관) 등이 이에 해당된다.
- 연구적 성격은 조직적이며, 지적이고, 호기심이 많으며, 과학적이며, 비판적으로 생각할 수 있다. 이들은 수학이나 과학적 연구를 즐기는 사람들이다.
- 예술적인 사람들은 창조적이며, 예술적이며, 아름다움을 중시하는 사람들이다. 음악, 예술, 연극, 문학을 좋아하는 사람들이다.
- 사회적인 성격은 민감하며, 사람들 자체에 관심이 많으며, 사람들과 어울리고, 도와주고, 훈련하고 다른 이들의 개발을 도울 때 가장 충족감을 느낀다.
- 모험적인 성격은 적극적이며, 힘이 넘치며, 자신감이 충만하고, 설득하여 문제를 잘 해결하는 사람들을 말한다. 이런 사람들은 기업가나 정치가, 교회 개척가를 하면 잘해낼 수 있다.
- 형식(관습)을 중시하는 사람들은 일상적인 일, 짜여진 일, 순서가 있고 체계화되고 변할 가능성이 별로 없는 일을 좋아하는 사람들이다.[27] 이 그룹 내에서는 회계사나 재정 관리자를 찾아보라.

사람들이 이러한 분류 방법에 딱 맞아떨어지는 것은 아니어서, 홀랜드는 대부분의 사람들이 보통 18~30세 사이에 나타나는 주요한 성격 유형 한 가지와 덜 중요한 한두 가지 정도를 더 가지고 있다고 제시한다. 이 이론에 따르면 이러한 개인적인 차이들은 직업 선택과 직업에서 느끼는 만족감과 성공 간에 뚜렷한 관련이 있다.

똑같은 이론에 따르면, 직업 또한 여섯 가지로 분류될 수 있다. 연구자 타입의 사람이 연구직(과학적 조사 등과 같은)에 들어오거나, 사회적인 성격의 사람이 사회적인 직업, 가령 가르치는 일이나 의학 분야나 상담 분야의 직업을 가진다면 직업적인 만족도가 아주 높을 것이다. 반대로, 만약에 사회적 성격의 사람이 현실적 성격의 직업을 가지거나, 모험적인 성격의 사람이 회계사나 사무실 관리자 등 관습을 중시하는 직업을 가진다면 확실히 좌절하고 불행해할 것이다. 이것이 이번 장의 앞에서 소개한 론의 마음속에 있었던 불만족을 설명해줄 것이다. 그는 사무실을 관리하며 고객을 접대하는 일을 하였지만, 그가 정말로 하기 원했던 것은 자신의 예술적인 성격을 활용할 수 있는 집 꾸미기 사업이었다.

3. 강점

어떤 이들은 완전히 그들의 일에 몰두하는 것처럼 보인다. 그들은 헌신적이고 생산적이며 충만하고 결근율도 낮고 회사를 그만두는 일도 별로 없다. 이렇게 자신의 일에 몰두하는 정도가 높은 사람들은 열정적이고 에너지가 넘치며 성공적이고 자신과 자신의 일을 보살피는 데 의지를 가지고 임한다. 하지만 이것은 자신의 일에 최소한만 몰두하는 사람들에게는 사실이 아니다.[28] 그들도 직장에 와서 일은 하지만, 거기에 열정이나 헌신은 없다. 무엇이 이 차이를 만드는가? 왜 어떤 사람들은 완전히 몰두해서 일하는데 어떤 이들은 그렇지 못한가? 여기에 대한 답은 한 사람의 강점이 사용되는 정도에 달린 듯하다. 직장, 교회, 그리고 그 밖의 장소에서 자신의 강점을 사용하는 사람들은 강점이 사용되지 않는 사람들보다 훨씬 더 일에 몰두하는 경향이 있다.

갤럽은 전 세계에서 200만 명 이상을 인터뷰한 결과, 적응성(융통성), 다른 사람과 잘 어울리는 능력, 공감 능력, 미래를 예측하는 특별한 능력, 그리고 문제 해결을 포함하는 회복의 힘 등 인간의 34가지의 핵심 강점을 구별해낼 수 있게 되었다.[29] 사람들에게 그들의 강점을 사용할 수 있는 직업 또는 교회, 조직, 다른 장소를 준다면, 이 사람들은 생산적이고 긍정적이 된다. 여기에서 개발된 모든 사업 이론들은 사람들이 약점을 극복하려고 노력하기보다는 자신의 강점을 개발하고 사용할 수 있도록 해야 한다는 결론을 기초로 하고 있다. 갤럽 연구자들에 의하면, 강점이 기초가 된 조직들은 자신의 강점을 발견했고, 그것을 사용하고 있는 사람들을 고용했기 때문에 번영한다. 몇몇 연구자들, 또한 강력한 교회들은 교회 구성원들이 하나님이 주신 재능과 강점에 따라 각각의 방법으로 봉사하는, 강점이 기초가 된 교회들이라고 이야기했다.[30]

자신의 강점을 발견하도록 돕는 검사가 있기는 하지만, 대부분의 사람들은 성인이 되기 이전부터 그들이 무엇을 잘하는지 이미 안다.

만약 잘 모르겠으면 자신의 인생을 되돌아보면서 어떤 것을 성공하였고 이룩해냈는지, 하나님이 무엇을 축복해주셨는지, 친한 친구들이 자신의 강점을 무엇이라고 이야기하는지 살펴보면 된다. 직업을 선택할 때 자신의 강점을 무시하면, 궁극적으로 자아실현을 할 수 없고, 성과도 기대 이하일 것이며 그 일에 몰두할 수가 없다.

4. 흥미

이것은 강점의 개념과 유사하다. 사람들은 직업 상담의 영역에서 자신에게 흥미를 주는 활동을 가장 잘해낼 것이라고 종종 생각한다. 만약에 어떤 직업이 지루하다면 월급이 많다고 한들 개인적인 자아실현이나 만족감은 그리 크지 않을 것이다.[31]

우리는 이미 사람들이 왜 흥미도 없는 직업을 선택하는지에 대한 몇 가지 이유들을 넌지시 비추어왔다. 때때로 사람들은 직장을 구해야 하는 필요와 갈망 때문에, 그들이 흥미를 느끼는 것과는 별개로 아무 직장이나 구한다. 이런 사람들은 나중에 자리를 옮길 생각을 하지만, 교육이 부족하기도 하고 기회가 별로 없기 때문에, 옮기지 않거나 옮길 수가 없다. 다른 이들은 월급이나 부차적인 수입 때문에 지루한 직업을 선택하지만, 이들은 자신의 일에 흥미가 거의 없기 때문에 스포츠나 사교 모임, 교회 봉사, 텔레비전 시청 혹은 다른 활동들을 포함한 여가활동을 통해서 자아실현과 만족감을 찾고자 한다.

5. 기질 또는 능력

작은 교회에 새로운 목회자가 부임했는데 곧, 부교역자들을 부르더니 환영 숙제를 내주었다. "나는 목사님들이 여기서 오랫동안 계셨다는 것을 압니다." 새로 온 목회자가 이야기를 시작했다. "여기 성도들을 잘 돌보셨다는 것도 압니다. 하지만 목사님들께 드릴 청이 하나 있습니다. 다음 한 주 동안 목사님 자신을 위해 해야 할 일들을 적어보십시오. 지금 현재 교회가 필요로 하는 것들은 잊어버리시고, 무엇을 하면 완벽하게 자신을 위한 일이 될지를 적어보십시오." 새로 부임한 목회자는 아주 현명해서 부교역자들이 그들 스스로 가장 잘할 수 있다고 생각하고, 그들의 기질과 능력에 딱 들어맞는 일을 한다면, 가장 충성스럽게 헌신적으로 일할 것이라는 사실을 알았다.

엄밀하게 말해서 기질과 능력은 다르다. 기질이라는 것은 미래에 어떤 것을 배울 수 있는 선천적으로 타고나는 잠재력을 말한다. 반면, 능력이라는 것은 과거에 배웠기 때문에 이미 습득하고 있는 기술을 이야기한다. 어떤 학생이 악기를 다룰 수 있는 기질(훌륭한 잠재력과 흡수력 또는 포용력)을 가지고 있을 수 있지만, 수년 동안 공부하고 연습한 후에야 비로소 한 사람의 음악가로서 훌륭한 능력(기술 그리고 지식)을 선보일 수 있을 것이다.

한 사람의 기질과 능력이 그 사람의 일과 맞아떨어졌을 때, 직업이라는 것은 매우 만족스러운 것이 된다. 하지만 많은 사람들이 불완전 취업을 하고 있다. 이것은 자신의 능력을 다 발휘할 수 있는 일을 하지 못하고 있다는 뜻이다. 이것은 능력과 재능은 뛰어나지만, 그들의 최상의 기술과 능력이 필요하지 않거나[32] 거의 사용되지 않는 직장에서 일할 수밖에 없는 사람들에게는 특히 어렵다. 직장을 구하는 사람들은 종종 불완전 취업이 미취업보다는 낫다고 생각한다. 결과적으로 사람들은 자신의 능력을 다 발휘하지 못한 채 만족감도 느끼지 못하면서 직장생활의 전부를 보내는 것이다.

6. 가치

다른 책에서 나는 가치를 정의 내리기 어렵고, 구별하기 힘들다고 썼다. 가치는 우리의 삶을 지탱하는 기본적인 믿음이자 우리에게 가장 중요한 것들이다.[33] 이것은 정직, 성실, 타인 존중, 공정, 진실됨과 같은 한 사람의 존재의 핵심에 내재하는 특징이다. 어떤 사람들에게는 기본적인 가치가 다른 사람들 돕기, 창조적인 사람 되기, 탁월하게 일하기, 예수님을 위해서 가장 큰 영향력 끼치기 등을 포함한다. 내가 한 무리의 MBA 학생들에게 그들의 가치를 구별해 달라고 요청하였을 때, 한 학생이 손을 들더니 이야기하였다. "저는 많은 돈을 벌고 싶습니다. 그 외에는 어떤 것도 저에게 중요하지 않습니다." 그것이 그 학생의 핵심 가치였다.

많은 사람들이 그들의 가치를 인식하지 못하고 있지만, 그러한 인식이 없더라도 가치는 우리의 일상생활을 통해서 반영되며, 스트레스를 받거나 위기가 찾아오거나 중요한 결정을 내려야 할 순간에 특히 명쾌하게 나타난다. 종업원이 고객이나 사장에게 거짓말을 할 때, 회사로부터 돈을 가져갈 때 혹은 적당히 대충 일할 때, 그 사람의 가치가 나타난다. 똑같은 방식으로, 어떤 사람이 규정을 어기거나 판매 보고서를 왜곡하기를 거절할 때, 아마추어 대회에서 이점을 얻기 위한 약물복용을 거부할 때, 이것 역시 가치의 반영인 것이다. 많은 사람들이 일류이며 돈도 많이 주는 직장을 떠난다. 왜냐하면 그 직장에 더 머무르면 그들 자신이 지키고 있던 가치를 어겨야 한다는 것을 깨달았기 때문이다.

가치는 직장 선택 그리고 직장에 대한 만족, 불만족과 관련해 중요한 요인일 수 있다. 예를 들어 정직을 중요한 가치로 생각하는 근로자는 역시 정직한 고용주를 위해 일하는 것이 최선이다. 만약 이 근로자가 부정직하고 속임수 거래가 빈번한 직장에서 일한다면 매우 실망할 것이다.

7. 장애물

비록 이러한 방식으로는 언급되지 않았지만, 이 책을 통해서 하나의 메시지가 반복적으로 나타나고 있다. 문제가 발생하고 때로는 지속되는 이유는, 길 한가운데 놓여서 앞으로 나가지 못하도록 방해하는 환경, 다른 사람들, 태도, 세계관, 사고방식 그리고 기타 장애물들을 우리가 가지고 있기 때문이다. 상당수의 상담이 혼란스러움에 빠진 사람들을 돕는 일을 한다. 많은 사람들이 다른 이에게 떠밀려서, 직업을 얻어야겠다는 압박감 때문에, 그리고 내면의 신념이나 기대감에 고조되어서 직업을 선택한다. 우리는 론의 이야기로 이번 장을 시작했다. 그는 자신의 일을 싫어했지만, 부모님들이 겪었던 재정적 어려움을 피하고 경제적인 안정을 얻을 수 있는 IT업계로 이동하였다. 그는 자라면서 요구가 많은 그의 어머니를 기쁘게 하기 위해서 노력하였다. 그래서 그는 고객들을 기쁘게 해줄 수 있는 분야의 일을 선택하였다. 론의 성장 과정에서의 경험들, 가치와 타인에 대한 태도 때문에 그는 더 큰 좌절을 경험하는 직업을 선택할 수밖에 없었다.

훌륭한 직업 선택과 직장에서의 성공을 방해하는 다른 장애물들도 있다. 이것들 중에는 현재 있는 곳 외에는 다른 대안이 없다는 생각이 포함될 수 있다. 론이 이런 관점을 가졌다. 때로는 우리가 가질 수 있는 직업에 대해 불완전하고 부정확한 정보가 있을 수 있다. 혹은 정보는 있지만, 직업을 구하는 사람이 신중하게 찾아보지 못했을 수도 있다. 너무 급하게 제대로 된 정보 없이 결정하여 나중에 후회하는 경우도 있다. 자신이 정말로 할 수 있는 것에 대해서 비현실적으로 측정할 수도 있고 직장이 제공할 것에 대해서 비현실적인 기대를 가지는 경우도 있으며 직업 선택을 잘못할 수도 있다(이것은 아마 부모님을 실망시킬 것이다)는 두려움이 있을 수도 있고, 기꺼이 위험을 감수하겠다는 의지가 없을 수도 있다.

때로는 등위성이 존재한다. 이것은 중요한 선택을 설명해주는 의미가 큰 단어로 여기에는 몇 가지 훌륭한 대안들이 존재한다. 하지만 어떤 사람도 다른 사람들 위에 서 있지 못하기 때문에, 개개인은 귀리와 보리 사이에서 무엇을 먹을지 결정을 내리지 못해서 굶어죽은 말처럼 결정을 내리지 못한다. 그 사이 직장을 구하는 사람들은 기회들이 천천히 사라지는 것을 보게 된다. 이러한 모든 장애물들은 사람들이 훌륭한 직업 선택을 하는 것을 방해할 수 있다. 확실히 장애물은 상담할 때 꼭 나누어야 할 중요한 주제가 될 수 있다.

직업과 관련된 문제를 가지고 있는 사람들에게 그런 장애물들이란 심리적이라기보다는 정황적(상황적)인 경우가 더 많다. 예외적인 은사를 가지고 있는 경우나 중년 혹은 노년일 경우, 그리고 한 사람의 직업 개발이 배우자의 직업에 어느 정도 좌우되는 맞벌이 부부의 경우에는 현명한 직업 선택의 문제들은 복잡해질 수 있다.

여성들은, 특히 남성들이 주류를 이루는 직업에 종사하기를 원하는 경우에 독특한 도전에 직면할 수 있다. 기회가 거의 없기 때문에 변두리 지역에 사는 사람들은 도심지에 사는 사람들보다 직업을 찾는 것이 더 어렵기도 하다. 생활에 지친 여성들이나 주변 여건들 때문에 작업장으로 되돌아갈 수밖에 없는 여성들은 그들이 새로운 삶과 직업을 결정해야 하는 상황을 만날 때 특별한 어려움을 겪기도 한다. 여기에다 방금 감옥에서 나온 재소자들, 치료받고 있는 알코올중독자들, 전에 정신병을 앓았던 사람들, 신체장애자들 그리고 그 외에 특별한 필요가 있는 사람들이 직업을 선택할 때 겪는 특별한 어려움을 더하면, 사람들이 직업을 선택할 때, 직장을 구할 때, 그리고 직업 결정 능력을 개발할 때 직면하는 독특한 장애물들은 더 많아진다.

8. 하나님의 인도하심

대부분의 기독교인들은 하나님이 당신을 믿는 자녀들의 삶을 인도하신다고 믿는다. 어떤 이들은 이러한 인도하심을 원하고 찾는 반면에 다른 사람들은 그러지 않는다. 한 사람이 직업 결정에 있어서 하나님의 인도하심을 구할 때, 하나님이 인도하신다는 확신 속에서 평안할 수 있지만, 이러한 인도하심이 항상 쉽게 발견되는 것은 아니다. 게다가 하나님의 부르심이라는 문제도 있다. 우리는 성경에서 하나님께서 사람들을 특별한 사역으로 부르시는 명확한 증거들을 본다. 가장 명확한 예시 중의 하나는 사막의 불타는 덤불 속에서부터 모세를 향하여 말씀하시던 하나님의 목소리다. 하지만 극적인 부르심은 거의 없으며, 몇몇 기독교인들은 오늘날에도 하나님이 예전과 같은 방식으로 사람들을 부르시는지 의문을 가지고 있다.[34] 기독교 상담자인 레스와 레슬리 패로트는 직업 상담에 관한 자신들의 책에서 이 문제를 다루었고, 하나님으로부터의 부르심을 결정하는 데는 적어도 네 가지 단계가 있다고 결론을 내린다.

- 필요성의 인식. 이것은 부르심의 한 단면이지만, 필요성을 인식하는 것이 부르심과 동일한 것은 아니다.
- 필요를 채우려는 강한 욕망. 이것이 나타나려면 시간이 필요할 것이다. 그리고 아마 내면의 격려나 다른 이들의 촉구로부터 나타날 것이다.
- 필요를 충족시킬 수 있는 능력. 하나님은 재능이 있는 사람들을 부르시는 것이 아니라 채워야 하는 필요를 채우기 위해서 자신의 은사와 강점을 기꺼이 사용하려는 의지와 열정이 있는 사람들을 부르신다.
- 이것이 인생 전체를 드려서 해내야 할 나의 사명이라는 생각이 적어도 지금은 계속 자라나야 한다. "만약에 부르심이 하나님으로부터 온 것이라면, 필요에 대해서 그리고 그 필요를 채우려는 당신의 욕망에 대해서 계속적이고도 깊은 확신이 있을 것이며, 필요를 채우기 위해 바쳐진 당신의 능력들이 계속 자라날 것입니다."[35]

물론 대부분의 사람들이 부르심을 느끼지 못한 채 직업 선택을 하는 것이 사실이다. 심지어 인도하심이 느껴질 때라도 모두가 그 인도하심을 따르는 것은 아니다. 예를 들어 선지자 요나는 하나님의 인도하심을 무시하거나 따라가는 경험 모두를 알고 있었다. 하나님이 요나에게 니느웨로 가서 사람들에게 가르치라고 명령하셨을 때, 요나는 다른 지역으로 황급히 도망쳤으며 그 결과는 치명적이었다. 다시 부르심이 왔을 때, 요나는 순종하고 명령을 받은 대로 갔으며 그 결과는 훨씬 만족스러웠다. 하지만 요나는 기뻐하는 대신에 화를 내며 거의 절망하였다.[36] 그의 순종은 열정적인 것과는 거리가 멀었고 그는 자신이 한 일에 대해서 행복하지 않았다. 이 내용을 사도 바울과 비교해보라. 그의 일은 많은 어려움들을 수반하였지만, 결국 그는 직업적인 만족감을 느끼며 인생을 마감하였다.[37]

아마도 위에서 언급한 어떤 요소도 좋거나 나쁜 직업 선택에 단독으로 영향을 미칠 수는 없을 것이다. 변화하는 직업 세계, 사회와 가족의 영향력, 개인적인 특성, 개개인의 강점과 관심, 기질, 능력, 가치, 장애물들, 환경 그리고 하나님의 인도하심에 민감함, 이 모든 것이 가능성이 있는 직업과 각 직업의 본질과 방향에 영향을 줄 수 있는 훈련 기회들과 연합되어 있다. 이 문제가 너무 어렵고 복잡해서 많은 사람들이 현명하지 못한 선택을 한다든지, 만족하지 못하는 직장에서 표류하고 있다. 이런 일이 생기면 인생의 모든 부분이 영향을 받는다. 한 사람의 직업 선택과 그 방향이 이러한 큰 영향력을 미칠 수 있기 때문에 기독교 상담자에게 직업 상담은 가장 중요하고도 포괄적인 문제의 하나라고 할 수 있다.

좋은 직업 선택과 나쁜 직업 선택의 결과들

우리는 다른 사람들에게 그들의 직업에 대해서 물어봄으로써 많은 것을 배울 수 있다. 한 사람의 직업은 종종 그 사람의 교육 정도, 사회적 지위, 경제적 수준을 정확하게 나타낸다. 한 사람의 직업 형태가 그 사람의 수입의 정도도 결정한다. 또한 이것은 그 사람의 생활방식, 주거지, 친구의 선택, 여가활동, 자신의 가치에 대한 생각들, 그리고 삶에 대한 전반적인 만족도에 영향을 미친다. 사람이 일터에서 행복하지 못하면, 그 불행은 삶의 전반에 번질 수 있다.

사람은 일터에서 반드시 행복해야 하는가? 앞에서도 언급했지만 일이 힘들고 지루해야 한다는 것은 성경적인 개념이 아니다. 비록 이에 대한 다른 대안을 제시하지는 않지만 말이다. 하지만 오늘날 세상의 여러 곳에서 살고 있는 사람들 대부분은 직장에서 행복할 권리가 있고, 일터에서는 기복이 발생해서는 안 된다고 믿는 것 같다. 이것은 비현실적이다. 심지어는 어떤 사람이 올바른 직장에 있고, 그 일을 즐길 때조차도 좌절과 불행의 시간은 있을 수 있다. 이것이 바로 일의 본질이며, 큰 회사에서 근무하는 사람들에게는 더더욱 그러하다. 그렇긴 해도 직업이 강점과 관심과 개성과 잘 부합될 때에 일도 인생도 훨씬 더 바람직하게 진행되는 경향이 있다.[38]

이것은 상담을 받으러 오는 사람들을 포함하여, 많은 사람들이 살아가고 있는 방식은 아니다. 그들은 인생의 40년 이상을 매일같이 직장에 가서 열악하고 지루한 환경에서 긴 시간을 보낸다. 직장에서의 행복, 자아실현, 봉사, 성취감 그리고 생산성 등은 이들의 생각이나 현실과는 먼 이야기다. 어떤 이들에게는 일을 시작하면서 불행과 좌절이 다가오지만, 몇 년이 지나면 불평이 나타난다. 어떤 이들은 비록 잘해 내고는 있지만 자신의 일을 싫어한다. 그들은 승진도 하지만, 결국 지루하고 탈진되고 스트레스에 지치고 새로운 도전을 원한다는 결론에 이른다. 많은 이들이 만약에 자신이 다른 직업을 가졌더라면, 지금보다 더 잘 맞고 더 만족스럽고 더 성공하였으며 생산적이었을까 하는 궁금증을 가지고 있다. 금요일 오후마다 행복감을 느끼고, 일요일 밤마다 풀이 죽는 사람들은 아마 직장에서 행복하지 않을 것이다. 하지만 많은 이들에게 변화해야 한다는 생각은 상상 속에서 꿈꾸는 정도에 머물러 있다. 몇몇 사람들은 다가오는 새로운 직장을 기꺼이 받아들이려 한다. 하지만 대부분의 사람들은 용기가 부족하고 자신의 직장을 더 상쾌한 모습으로 바라볼 수 있게 해주고 새로운 목표를 설정하게 해주며 그들 자신과 가족들을 바꾸어줄 수 있고, 직업의 방향을 변화시킬 수도 있는 교육이 부족하다. 현재의 상황을 받아들이고 거기서 최선을 다하는 것이 더 쉽고 위험도 적으며 더 안전하다.

론은 그의 실망감과 좌절감을 더 이상 무시할 수 없을 때까지 현 상태를 받아들이고 최선을 다하려고 노력하였다. 그는 변화하기로 결정한 사람들과 도움을 받기 위해서 상담자와 면담을 해본 수많은 사람들과 교류하였다. 사람들은 자기 스스로와 상담하거나 친구나 가족들과 그런 이야기들을 하거나 때로는 인생을 계획하게 도와주는 자립 안내서 등에서 도움을 얻기도 한다.[39]

인생의 끝에 다가갈수록 사도 바울은 자신의 미래의 방향에 대해 궁금해하였다. 참수될 가능성이 있다는 것도 알았지만, 그는 기꺼이 "보는 것에 의해서가 아니라, 믿음으로 살기"를 원했다. 무슨 일이 생기든지, 혹은 어디서 살거나 일을 하든지, 언제나 예수 그리스도를 기쁘시게 하는 일을 자신의 인생의 목표로 삼았다.[40] 지금 시대의 기독교인들이 비슷한 목표를 가진다면, 우리는 자신의 직업에 좀 더 만족할 수 있고, 삶의 어려움을 좀 더 잘 조정할 수 있을 것이다. 우리가 직업을 통해서 예수 그리스도를 섬기는 데 헌신한다면, 우리의 일은 하나님을 기쁘시게 하고 관계를 만들어가고 다른 이들의 삶에 감동을 줄 수 있는 기회가 되는 것이다.

• 상담과 직업 선택

상담의 영역 가운데서도 직업 상담은 다양한 이론적 접근이 가능하고, 독특한 방법들이 있으며, 직업상담 교과서라는 것이 존재하는 특별한 영역이다.[41] 대부분의 접근법이 추구하는 목표는 사람들이 그들의 능력과 일치하는 직업, 성공할 수 있도록 이끌어줄 자아실현이 가능한 직업을 찾을 수 있도록 돕는 것이다. 이러한 직업 안내는 인생의 어떤 순간에도 발생할 수 있다는 것을 우리는 보았다. 직장을 구하는 젊은 사람들을 인도하기, 성인들이 나이에 상관없이 새로운 직장을 구할 수 있도록 돕기, 아직 일하기 원하는 노인들 돕기, 혹은 특별한 직업적인 필요(요구)를 가지고 있는 사람들을 상담하기 등을 포함한다. 대부분의 경우에 직업 상담자는 사람들이 현재 자신의 능력과 그들의 일에 대해서 평가하도록 가르치고, 직업에 대한 정보(훈련의 필요와 유용성을 포함)를 사람들에게 알게 하여서 직업 선택이나 직업의 변화가 이루어지는 순간 특별한 도움이나 안내를 받도록 하고 있다.

직업 상담에 대해서 좀 더 자세히 살펴보기 전에, 론이 어떻게 새로운 방향을 찾는 데 도움을 얻었는지 알아보도록 하자. 론이나 그의 상담자가 기독교인이라는 증거는 없다. 그래서 하나님의 존재는 상담 속에 집어넣지 않겠다. 그럼에도 불구하고 그들의 상담 과정은 유익할 것이다.

론 상담하기: 론의 상담자 캐런은 모든 내담자들이 직업에 있어서 자신이 무엇을 하기 원하는지 정확하게 알고 있다고 생각한다. 이것은 깨달음으로부터 얻어진 어릴 때부터의 욕망이거나, 우리 각자를 친밀하게 알고 계시며 모든 인생들을 위해서 계획을 가지고 계시는 하나님으로부터 온 삶의 목적일 수도 있다.[42] 상담을 하면서 캐런은 때로는 너무 알기 어려운 내면의 욕망을 건져낼 수 있을지 살펴보기 위해서 경청하였다.

캐런은 다른 고객들에게 하는 것처럼 론에게 그의 삶을 물어보는 것으로 상담을 시작하였다. 이것은 관련이 없어 보이기도 해서 직업 상담자들이 그냥 지나칠 수도 있는 인생사의 일종이다. 하지만 캐런은 인생사가 아주 중요하다고 믿는다. 그녀는 론에게 그 과정을 이러한 방법으로 설명하였다. "나는 론에게 무능력에 대해 알아가기, 그의 육체적, 정신적 건강, 약물치료, 치료요법, 최근의 상실, 종교적 모임의 가입 여부, 취미, 그리고 물질의 사용이라든지 심리적 외상의 경험 등에 관해서 물어보았습니다. 이러한 정보 수집을 통해서 상당한 자료들을 수집할 수 있었고, 내가 이 모든 문제들을 직업문제의 해결과정과 관련이 있다고 생각한다는 것을 론에게 확실히 알게 해주었습니다. 이 일은 상당히 중요한데, 왜냐하면 이런 질문들을 하지 않았더라면 이 문제는 별로 상관이 없을 것이라고 생각하면서, 관련 정보를 빠뜨릴 수도 있기 때문입니다."[43] 이 모든 것으로부터 캐런은 론의 가족과 그들의 기대, 그들의 직업 내력 그리고 론에 대한 그들의 태도 등을 알게 되었다.

다음으로 캐런과 론은 론의 직업에 대해서 이야기를 나누었다. 커서 무엇이 되고 싶다는 아주 어릴 때의 환상에서부터 그가 어디서 일하는지, 그리고 왜 떠났는지 등 그의 직업 내력에 관해서까지. 그 후 캐런은 상담 회기 사이에, 그가 가졌던 모든 직업을 적고 각각에서 그가 좋아했던 것과 싫어했던 것을 가능한 한 자세히 적는 시간을 가지라고 요청했다. 이것으로부터 그들은 그의 삶의 주제를 알기 시작했고, 가치와 태도, 강점 등을 알 수 있었다. 론은 그가 자라난 가정형편과는 반대로 항상 좋은 보수를 보장하는 직장을 선택해왔음이 명백해졌다. 그는 결코 '내가 정말로 하고 싶은 일이 무엇일까?'라는 질문을 스스로에게 던져본 적이 없었다.

상담 회기 중 한 회기가 끝나고 론은 과제를 하나 받았는데, 캐런이 '아홉 가지 인생'이라고 부른 것이었다. 그녀는 론에게 아홉 가지 인생이 있고, 그 각각의 인생에서 그가 정말로 즐길 수 있는 직장을 다녀야 한다고 가정하라고 요청했다. 그의 목표는 그 직업들을 구별하는 일이었다. 이 과제를 해결하기 위해서는 몇 가지 규칙이 있었다. 첫째, 론은 각각의 직업이 그의 필요를 충족하는 데 필요한 돈을 제공한다고 가정한다. 둘째, 친구들과 가족들은 그것이 무엇이든지간에 론의 직업을 가치 있고 고귀한 것으로 본다고 가정한다. 셋째, 그는 적어도 아홉 가지의 직장을 골라야 한다. 더 많이 고를 수는 있지만 아홉 개 미만은 안 된다.

론이 돌아와서 작성한 목록을 넘겨주면서, 많은 직업들이 어리석으며, 전혀 현실적이지 않다고 이야기하였다. "그게 일반적이지요." 캐런이 대답했고, 그들은 거기에 적힌 주제들과 없는 주제들을 찾기 시작했다. 당신은 아마도 론이 IT 대기업에서 일했다는 것을 기억할 것이다. 하지만 그의 아홉 가지 직업 목록에는 자기 자신의 사업을 시작하는 것이라든지, 집에서 근무하는 등의 몇 가지 사업 아이디어가 있었을 뿐이다. 또한 눈에 띄는 주제들도 있었다. 론의 리스트에는 조경사, 건축가 그리고 예술가도 있었다. 사무실에서 일하는 직업은 하나도 없었고, 대기업과 관련되어 일하는 경우는 극소수였다. 캐런이 론에게 자신이 경영하기 원하는 사업의 종류에 관해서 상상하라고 말했을 때, 론은 그가 자기 자신의 회사를 만드는 것의 전망에 대해서 이야기하면서 이전에는 한번도 드러내지 못했던 열정을 보여주었다.

격려가 없이도 론은 그의 목록에 적힌 직업 중 몇 가지에 대한 정보를 찾기 시작하였다. 인터넷을 돌아다니면서 비슷한 자리를 발견했고, 그들의 원하는 것과 그 일의 본질에 대해서 알게 되었다. 결국, 그는 그 분야의 사람들 몇몇과 연락이 닿았고 그가 원하는 비전의 형태를 이루어나가기 시작했다. 그 비전은 론의 내부에 숨어 있었지만 론이 결코 알아차리지 못한 것이었다. 론은 드디어 그의 강점, 가치, 관심, 그리고 직업 안내에서 중요한 다른 요소들과 접촉하기 시작했다. 비전이 명확해짐에 따라 일부 위험 요소, 가족들의 저항, 그리고 론이 극복해야 할 장애 요소들도 명확해졌다. 이 모든 것을 상담자와 의논하였고, 마침내 론은 현재의 직장을 떠나서 실내 디자인 분야에서 자기 사업을 시작하였다. 최근에 그는 캐런에게 전화를 해서 일이 잘되고 있으며, 회사가 성장해서 다른 분점을 열 계획이라고 이야기하였다.

이것은 단지 하나의 경우에 불과할 뿐이다. 이것이 모든 사람 혹은 모든 직업 상담의 모델이 될 수는 없지만, 다른 직업 상담의 상황에서 채택할 수도 있는 하나의 과정을 보여준다. 비록 모든 내담자가 다르지만, 유능한 직업 상담자는 내담자에 대해서 알아가야 하고, 캐런이 론을 알아가기 시작했던 방식, 직업 세계에 대해서도 알아야 하며, 특별한 결정을 하는 사람들을 지도할 수 있는 능력을 보여주어야 한다. 이 모든 것은 하나님의 뜻을 찾는 범위 내에 존재해야 한다. 우리는 다음 단락에서 특별한 직업 상담의 상황에 관한 몇 가지 관찰과 함께 이 각각의 경우들을 살펴볼 것이다.

1. 내담자 알아가기

대부분의 직업 관련 상담자들은 내담자 과거의 직장 경험, 성공, 좌절, 관심, 목표, 꿈 등을 포함하는 개인 정보와 고용 정보를 얻을 수 있는 인터뷰로 상담을 시작한다.

많은 상담자들이 더 일반적인 그리고 가족에 대한 정보를 얻기 위해서 인터뷰를 연장하기도 하는데, 이 모든 것들이 많은 세월 동안 인생의 방향에 영향을 미칠 수 있는 직업의 선택과 관련되기 때문이다. 그 다음에는 종종 내담자들이 자의식을 높이는 데 도움을 주고, 살펴볼 가치가 있는 넓은 직업 세계를 알려주는 중요한 정보를 제공할 수 있는 심리 테스트가 뒤따른다. 다양한 종류의 측정 도구가 있지만, 그중에 몇 개는 전문 상담자들만 사용할 수 있다. 이들 중 몇몇은 인터넷에서 얻을 수 있고, 좀 더 쉽게 얻을 수 있는 테스트들로 보충될 수 있다. 평가 도구에는 다음과 같은 것들이 있다.

- 사람들의 일반 지능(이해력)을 측정하고, 감정지능이나 음악지능, 추상적인 추리나 수학능력, 언어능력 등 특별한 지능을 측정하도록 고안된 정신 능력 테스트.
- 다양한 개인적인 특징을 구별해내는 개성 측정 도구(그 예로는 The California Psychological Inventory와 Edwards Personal Preference와 Myers-Briggs Type Indicator 등이 있다).
- 드러난 관심(흥미)뿐만 아니라 특별한 직업 분야에서 성공한 사람들의 관심사와 내담자의 일반적인 관심이 비슷한지의 여부도 측정할 수 있도록 고안된 관심 테스트[44](이러한 그룹의 테스트에는 The Strong Interest Inventory와 Kuder Occupation Interest Survey가 있다).
- 음악, 예술, 혹은 대학의 일반 교양과 같은 영역에서 한 사람이 가지고 있는 배움에 대한 잠재력을 측정할 수 있는 기질 테스트. SAT(The Scholastic Aptitude Test)가 가장 잘 알려져 있다. GRE(The Graduate Record Exam)는 심리학이나 공학 분야의 석사과정을 원하는 사람들이 친다. 반면에 GMAT(The Graduate Management Admission Test)는 경영대학이나 MBA에서 잘할 수 있는지의 잠재력을 평가한다.
- 테스트 분야에 새로 추가된 강점 테스트는 사람들의 핵심 강점(역량)을 찾는 데 도움을 주도록 고안되었다. 이 테스트는 사람들이 자신의 강점 분야에서 일할 때, 가장 헌신적으로 일하며, 성공할 수 있고, 자아실현을 할 수 있다는 가정에서 시작한다.[45]
- 그 밖의 테스트에는 내담자가 어느 특정한 분야에서 어떤 기술을 배웠으며, 얼마나 배웠는지를 측정하는 성과 테스트가 있고, 창조성, 음악성, 융통성(적응성), 외국어에 대한 잠재적 능력 등의 다양한 분야를 측정할 수 있는 테스트들이 있다. 한 가지 예로는 의과대학에 들어가고 싶어 하는 사람들을 위한 MCAT(The Medical College Admission Test)가 있다. 이 테스트는 의학 분야와 관련이 있는 과학적 개념과 원리에 대한 지식, 문제 해결 기술(능력), 비평적인 사고, 작문 능력 등을 평가한다. 기독교인들이라면 여러 영적인 은사들을 접해보는 것에 관심이 있을 수 있으나, 이러한 분야는 잘 개발되어 있는 심리적인 테스트만큼 연구되고 고안되어 있지는 않다.

이러한 테스트를 사용하고 해석하는 데는 어떤 상담자들은 가지고 있지 않을 수도 있고, 굳이 있어야 할 유용성을 찾지 못할 수도 있는 특별한 훈련이 필요하다. 그러므로 심리 클리닉, 대학 내의 상담 센터, 개인 고용 대행사, 직업 안내 센터 등을 포함하는 다양한 테스트 장소에서 내담자들에게 테스트에 대해서 이야기하는 것이 도움이 된다.

인터넷은 테스트에 관한 정보를 얻을 수 있는 최고의 자료실이며, 테스트를 할 수 있는 최고의 장소이기도 하다. 테스트할 장소가 희귀하거나 없는 지역에서 살고 일하는 사람들에게 특별히 이 인터넷은 많은 도움이 된다. 테스트 센터가 있는 지역에서는 대부분의 사람들이 컴퓨터로 테스트를 받을 수 있는 능력을 가지고 있으며, 테스트에 따라서는 테스트 받는 사람이 사무실에 있는 동안에, 컴퓨터 출력으로 점수가 매겨지고 내용이 해석될 것이다. 이런 테스트를 추천하기 전에 비용을 꼭 확인하라. 왜냐하면 장소에 따라서, 그리고 받는 테스트의 종류에 따라서 비용이 천차만별이기 때문이다. 또한 테스트 받는 것이 정말 필요한지, 또 그렇다면 어떤 테스트가 가장 도움이 될지를 내담자와 상의하고 심사숙고하라. 때로 테스트는 테스트 받는 사람에게 새로운 것을 별로 알려주지 않을 수도 있다. 그리고 테스트는 현재의 시장을 거의 고려하지 않는다. 결과적으로 테스트 받는 사람은 개성이나 관심 분야에 관한 정보, 내담자가 특히 새롭거나 곧 새로워질 직업 영역에 관심이 있을 때 현실적인 직업에 관한 결정을 내리는 데 도움을 줄 수 없는, 실용적이지 않은 정보만 얻을 뿐이다.[46]

심지어 테스트 결과가 없다고 하더라도, 상담자는 내담자 본인으로부터 유용한 정보를 얻을 수 있고 관찰과 내담자를 잘 아는 사람들과의 상담을 통해서 도움을 받고 정보를 얻을 수 있다. 인터뷰를 통해서 내담자의 일반적인 정신 능력, 교육 수준, 더 많은 훈련에 대한 잠재력, 특별한 기술과 능력, 개인적인 특성, 정신적·육체적 건강, 외모, 관심(언급된 것들과 내담자가 자유롭게 선택한 여가활동을 통해서 보여주는 것들을 포함한), 영적인 헌신도나 성숙도, 영적인 은사 그리고 나이 든 내담자들에게 해당되는 고용인으로서의 신뢰감과 효율성 등을 정확하게 파악할 수 있다. 물론 상담자의 관찰이 항상 정확할 수는 없지만, 이러한 관찰은 각각의 내담자와 상담해볼 수도 있고, 직업 상담 과정이 계속 진행되면서 조절할 수도 있다.

2. 직업의 세계에 대해서 알기

수년 전, 누군가가 직업 상담자들은 직업의 현실에 대한 이해는 거의 없이 환상의 세상에서 사는 것 같다고 이야기하였다. 예를 들어 음악적 재능과 관심이 있는 내담자는 훌륭한 연주자가 될 자질을 보여줄 수 있다. 하지만 엄청나게 경쟁적이며, 능력 있는 사람들로 가득 차 있고, 연주 여행을 해야 하고 계획을 짜야 하며, 몇몇 극소수를 제외하고는 돈벌이가 시원치 않은 그 분야에서 하루하루를 살아가야 하는 어려움은 이해하지 못할 수도 있다. 직업 상담자들은 직업 시장에 대한 이해가 어느 정도 필요하다. 특히 우리 사회와 같이 직업의 세계가 아주 빨리 변화하는 곳에서는 더욱더 그러하다.

당신이 직업 안내의 전문가가 아니라면, 이용 가능하고도 변화무쌍한 수천 개가 넘는 직업의 기회들을 따라잡지 못할 수도 있다. 그럼에도 불구하고 기독교 상담자는 어디서 정보를 얻을 수 있는지를 알려주고 그 정보를 사용하는 방법을 알려줌으로써 사람들에게 도움을 줄 수 있다. 정보를 모으는 것은 내담자의 책임이라는 사실을 명심하라. 상담자는 그 과정 속에서 의견을 제시하고 안내를 할 뿐이다.

공공 도서관이나 대학 도서관에는 책자, 소책자, 카탈로그 그리고 정부 간행물 등의 형태로 직업 정보들이 보관되어 있다.[47] 전문기관, 조합, 사업계 그리고 보험회사들도 직업 정보들을 발간하는데, 이들 자료는 공짜로 혹은 아주 저렴한 가격으로 이용할 수 있다. 게다가 전화번호부의 노란 페이지는 특수한 직업에 종사하는 사람들과 연결시켜준다. 그런 사람들은 더 많은 정보를 얻기 위해서는 어디로 문의를 해야 하는지 알 것이며, 아마 그들 스스로 기꺼이 직업 정보를 주려고 할 것이다. 그리고 정말 관심이 많은 구직자에게는 현장을 방문할 수 있도록 계획을 잡아줄 수도 있을 것이다. 그리고 어떤 사람이 교회 관련 직업에 관한 정보나 상담 분야에 관련된 정보를 원할 때는, 관련 정보의 가장 훌륭한 원천이 바로 당신이 될 것이다.

필요한 정보의 대부분은 인쇄된 정보나 인터넷 출처를 통해 얻을 수 있다. 하지만 내담자가 특수 분야의 직업에 종사하는 사람을 만날 수 있다면, 만나기 전에 신중하게 고려하여 질문지를 만든 다음 그에게 질문을 던져보라. 사람들은 직장에서 바쁘고, 정보를 주는 인터뷰를 할 수 있는 시간은 제한되어 있다. 정보의 원천이 무엇이든지 간에, 내담자가 누구 혹은 무엇으로부터 정보를 얻을지를 정하고, 하나 이상의 특별한 직업을 조사하고 있다면, 다음과 같은 몇 가지의 질문들을 해볼 수 있다.

- 이 일의 본질은 무엇인가? 이 분야의 사람들은 어떤 일을 하는가?
- 기술, 강점, 능력, 관심, 경험, 신체적인 요구 사항 등의 관점에서 어떤 개인적 자질이 필요한가?
- 어떤 훈련이 필요한가, 어디서 그 훈련을 받을 수 있는가, 얼마나 시간이 걸리며, 비용은 얼마인가?
- 누구라도 그 직업에 종사할 수 있는가? 아니면 교육, 나이, 성, 종교 혹은 다른 제한이 있는가? 법은 모든 기회는 공평해야 하며 아무런 제한이 없어야 한다고 명시하지만, 직업의 현실은 다를 수 있다.
- 근무 환경은 어떠한가?
- 세세한 수익들을 포함해서 대략적인 초봉과 앞으로 받을 수 있는 연봉은 얼마인가?
- 출장이나 초과 근무, 주말 근무, 지리적 이동 등 직장이 사생활에 미칠 수 있는 영향은 어느 정도인가?
- 직장에서 윤리나 종교적 신념과 관련된 타협을 요구하는가?
- 개업이나 승진의 기회, 그 분야가 앞으로 계속 존재할지, 사람들로 하여금 다른 만족스러운 직장으로 옮기도록 준비시키는지 등의 관점에서 봤을 때, 미래에 대한 잠재력은 어느 정도인가?
- 이 직업이 예수님을 섬기고 하나님이 주신 은사를 유용하게 사용하려는 기독교인들의 욕구를 어떻게 충족시키고 있는가?

이것들 중 어느 것도 하나님이 어떤 사람들을, 모두는 아니지만, 전임 사역자로 부르신다는 사실을 간과하게 해서는 안 된다. 하지만 헌신적인 사역자나 목회자가, 성령의 인도하심에 신실하게 따르기를 원하는 헌신적인 과학자나 정원사나 판매원보다 더 영적이라든가, 하나님의 뜻 가운데 더 머무른다고 생각해서도 안 된다.

3. 직업 결정 안내하기

직업 상담자들은 종종 길잡이 상담자로 불린다. 이것은 좋은 말이다. 왜냐하면 그들의 역할이 내담자들이 자기 자신과 직업 세계에 대해서 정보를 수집한 다음, 개인적인 생각이나 친구나 가족들 그리고 다른 이들과 좀 더 상의한 후 결정을 내릴 때에 안내를 하는 역할이기 때문이다. 상담자가 해야 할 일은 내담자가 어떤 직업을 가져야 하는지를 알려주는 것이 아니다. 그리고 한 번의 상담을 통해서 각각의 내담자에게 맞는 완벽한 직업을 찾을 것이라고 기대하는 사람도 없다. 하지만 상담을 통해서 수많은 직업의 기회들을, 잠재적 만족을 주고 현실적으로도 가능한, 몇 가지의 기회들로 줄일 수 있다. 최후의 선택 혹은 선택들은 변화하는 직업 세계, 가능한 직위, 내담자가 느끼는 하나님의 인도하심, 내담자의 기술들, 능력, 경험, 교육, 강점 그리고 그 밖의 다른 요인들을 포함한 수많은 변수들에 달려 있다.

이러한 정보들로 무장된 이후, 개인들은 어떻게 직업 결정을 내리는가? 물론 공식은 없지만, 가장 훌륭한 선택은 평가하고 심사숙고할 때 나오게 마련이다. 미래에 대한 꿈과 희망은 항상 실현 가능한 것은 아니지만, 시간을 따로 내서 미래에 내가 정말로 어떤 직업을 가지고 싶은지 그 직업으로 하고 싶은 일이 무엇인지 깊이 생각해보는 것은 좋은 일이다. 많은 사람들은 대안 없이 그들이 당장 구할 수 있는 일을 하지만, 앞으로의 인생 가운데 희망(비전)이 없다면 인생은 단지 표류할 뿐이다. 내담자들이 자신의 능력과 삶에서의 위치를 평가하고, 직업적으로 어떤 것이 가능할지를 깊이 생각할 수 있도록 격려해주어야 한다. 공책을 준비해서, 자신의 관심, 강점, 은사, 능력, 경험적으로 이상적일 수 있는 분야 혹은 전문 분야, 인생의 목적, 직업적인 목표 등을 적어보는 것도 도움이 될 것이다. 내담자들이 공책의 한 페이지에 꿈들, 즉 이상적인 직업을 적도록 제안해보라. 이 과정은 다소 시간이 걸릴 것이고, 그 목록들은 스스로를 이해하고 심사숙고하는 과정이 계속되면서 조정될 필요가 있을지도 모른다. 때로는 배우자나 부모님이 이 과정을 도와줄 수도 있고 용기를 주지만 때로 어떤 목표들은 비현실적이라고 부드럽게 지적해줄 수 있는 상담자와 상담을 할 수도 있다.

자신에 대해서 그리고 미래에 대해서 생각하는 것은 도움이 될 수 있지만, 내담자들이 잠재적인 직업에 대한 정보를 수집하는 것 역시 중요하다. 그리고 각각의 선택에 대한 긍정적, 부정적인 측면들을 나열해보는 것도 도움이 될 것이다. 결국 내담자는 적어도 하나의 대안을 선택해서 밀고 나가야 한다. 이러한 결정은 헌신을 요구하며 헌신은 실수나 실패의 위험성을 내포하고 있기 때문에, 몇몇 내담자들에게는 어려울 수 있다. 첫 번째 선택이 최종적인 선택이 되는 것은 아니며, 전혀 안 움직이는 것보다 천천히라도 움직이는 것이 낫다는 사실을 지적할 필요가 있다. 그러면 내담자들은 용기를 얻어서 더 많은 정보를 얻는다든지, 필요하면 훈련을 받는다든지, 직업을 구하거나 원서를 제출하면서 결정을 내리려고 할 것이다. 곧, 아마도 주기적으로 어떤 이의 직업은 재평가될 필요가 있을 것이며 그 과정은 반복되어야 할 것이다. 이것은 표 37-1에 나와 있다.

각각의 내담자에게 직업 안내는 다음의 활동들 중 하나 혹은 그 이상에 집중하는 것이다.

- 직업 비전 제시하기 : 직업적으로 어떤 것들이 가능한지 이미 설명되어 있는 절차를 가지고 사람들을 돕기. 그 비전이 매우 불가능할 때, 이 과정은 사람들이 어떤 대안들이 가능하며, 조사해볼 가치가 있는지 생각할 수 있도록 도울 것이다.
- 직업 탐색 : 현재의 직업 시장을 평가하고, 어떤 가능성들이 존재하고 있는지 사람들이 알 수 있도록 돕기.
- 직업 고르기와 배치하기 : 직업 가능성에 대한 정보를 얻고, 사람들이 자리를 얻을 수 있도록 돕고 때로는 고용주가 종업원을 찾을 수 있도록 돕기.
- 직업 이력 준비 : 의도한 직장의 긍정적인 부분과 부정적인 부분의 평가를 포함하고 훈련 프로그램

표 37-1. 직업 선택과 결정 과정

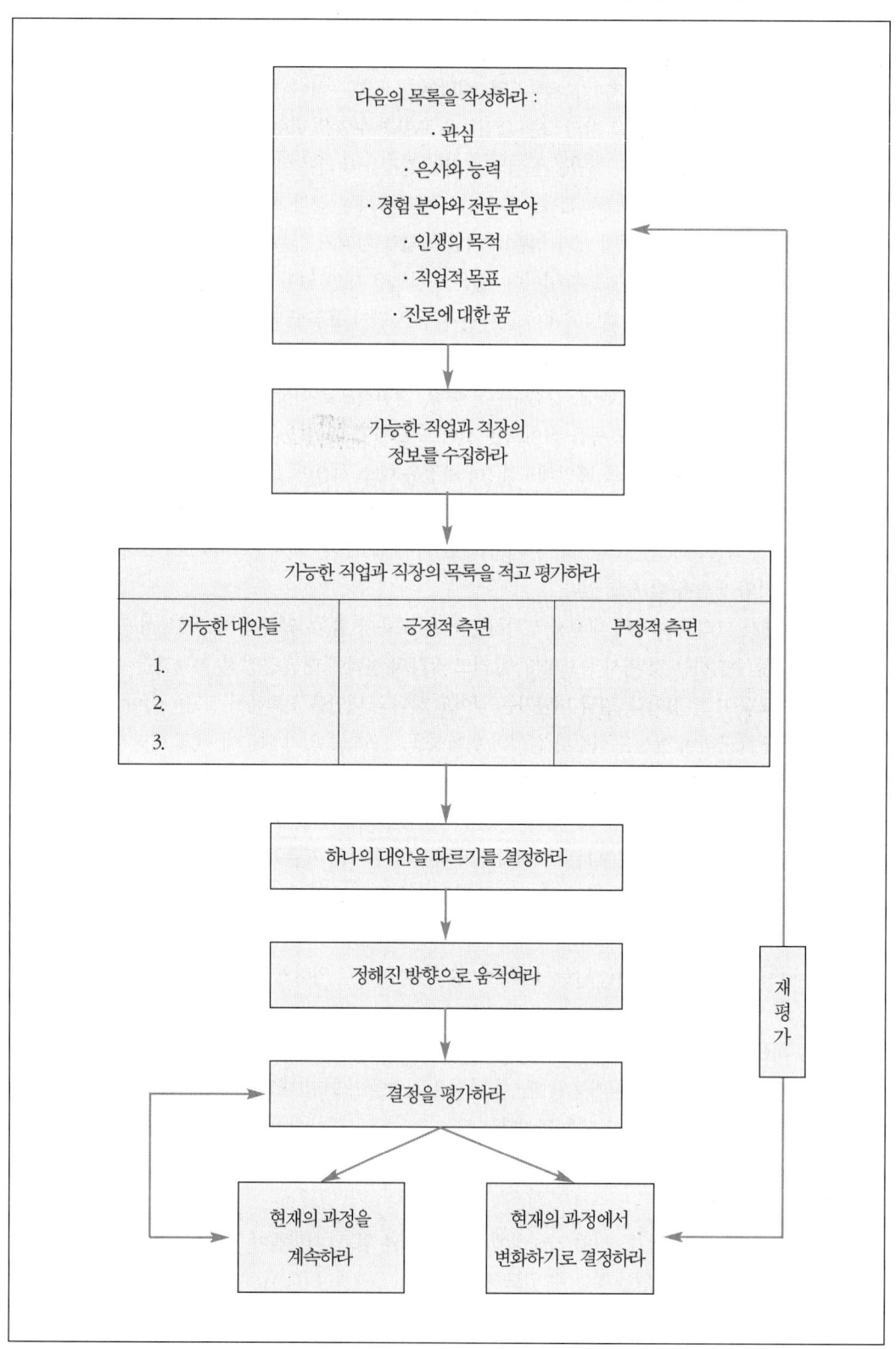

- 직업 조정 : 원하는 직업(직장)을 찾았으나 조정하기에는 어려운 사람들을 돕기. 예를 들어 어떤 선교사가 선교 현장으로 부르심을 받았다고 믿기는 하나, 현지 적응에 어려움을 겪는 경우를 생각해보라. 때로는 혼란 상담, 상호간의 다툼 해결, 외로움이나 걱정 다루기 등도 내담자들이 새로운 직장 환경에 적응할 때 이들을 도울 수 있는 방법 중의 하나다. 문화적으로 민감한 상담자들은 선교사들이나 외국에서 일하는 사람들이 문화적 충격을 극복해야 할 때 많은 도움을 줄 수 있다.[48]
- 직업 혹은 직장 바꾸기 : 강제 혹은 자발적인 직장 바꾸기 전이나, 바꾸는 동안, 혹은 바꾼 후의 상담과 안내를 포함한다.

4. 하나님의 뜻을 알기

30년 전 한 기독교 잡지에서는 어떤 고등 인문(학사)학위 소지자의 이야기를 실었는데, 그는 적당한 직업을 구할 수가 없어서 동네 철물점에서 도구 판매원으로 고용되었다. 자신의 실망감에 대해 기술하면서, 그 남자는 "하나님께서 적당한 직업을 주시지 않는 데 대해서 악감정을 품고 있었다"라고 고백하였다. 그는 자신의 실망스런 직업 상황의 이유를 이해하려고 노력하였으나, "찾을 수 있었으면 좋았을 텐데, 내 재능을 보다 많이 사용할 수 있는 직장을 하나님이 주시기로 완전히 보장된 성경 구절을 하나도 찾을 수가 없었다"고 결론내렸다.[49]

오늘날 이 남자가 어디에 있는지 나는 모른다. 아마 이 글을 읽고, 나에게 바뀐 내용을 알리고자 글을 적고 있을지도 모른다. 하지만 이 사람과 비슷한 사람들을 알고 있기 때문에 그가 겪은 좌절이 낯설게 들리지 않는다. 한때 이들은 우리가 이전에 언급했듯이, 모든 것이 채워지는 직장을 꿈꿨다. 하지만 현실에서는 어렸을 때 그들이 상상했던 이상과는 완전히 동떨어진 삶을 살고 있다. 우리는 이런 사람들에게 어떤 식으로 상담을 할 수 있을까? 어떻게 이들에게 직업 안내를 해줄 수 있을까? 어떻게 하면 이들의 인생을 향한 하나님의 완벽한 뜻을 받아들이고, 결단하도록 도울 수 있을까?

아마 대부분의 기독교인들은 그들의 삶을 향한 하나님의 뜻을 분별하는 방법에 대해서 나름의 방법들을 가지고 있을 것이다. 그 모든 원리는 우리의 내담자들과 우리 자신에게 적용될 수 있다.

(a) 우리는 반드시 그것을 원해야 한다 : 사람들이 하나님의 인도하심을 원한다고 이야기할 때, 내담자들은 정말로 그것을 원할까? 혹은 단지 미리 결정된 몇 가지의 계획들에 대한 하나님의 동의를 얻기 원하는 것일까? 대부분의 경우 하나님이 인도하실 때는, 그것을 믿는 사람들에게 첫째로 복종하려는 의지가 있어야 한다. 물론 예외도 있다. 하나님은 선지자 요나를 인도하셨지만, 그는 듣고 싶은 생각도 없었고, 하나님께서 인도하시는 방향으로 따르지도 않았다. 때로는 믿지 않는 사람들의 삶에도, 그들은 알아채지 못하지만, 하나님의 인도하심이 있다.[50] 하지만 일반적으로 하나님은 기꺼이 복종하고자 하는 사람들을 인도하신다. 내담자가 하나님의 인도를 원치 않는 경우, 그 이유에 대해서 이야기를 하고, 하나님의 인도를 거부하는 사람과 대면해서 그 태도의 변화를 위해 기도하는 것이 도움이 될 것이다.

(b) 우리는 반드시 그것을 기대해야 한다 : 하나님은 우리가 그분을 완전히 신뢰할 때, 거룩한 삶을 살려고 노력할 때, 그리고 우리의 마음을 하나님이 기뻐하시는 생각에 집중하고자 할 때, 그분의 길을 보여주신다고 약속하셨다.[51] 그분은 숨바꼭질 놀이를 하거나, 고의적으로 우리들을 혼란스럽게 하시는 분이 아니다. 그분은 인도하심을 약속하셨다. 이것을 내담자들과 꼭 나누어야 한다.

(c) 우리는 반드시 그것을 추구해야 한다 : 하나님의 뜻을 자동적으로 알려주는 정확한 공식 같은 것은 없으며, 극적인 방법이라든지, 하늘로부터의 음성, 불타는 덤불, 그리고 천사의 모습 등의 기적적인 방법으로 인도하시는 경우도 거의 없다. 수백년을 통해서 하나님은 그분의 백성들을 성경과 성령을 통해서 인도하셨다.

성경은 우리에게 무슨 직업을 선택해야 하고, 어디로 교육을 받으러 가야 하는지 알려주지 않는다. 하지만 어떠한 선택들을 할 수 있는지에 대한 대략적인 윤곽은 제공해준다. 성령님은 성경적 가르침과 일치하지 않는 방법으로는 결코 인도하시지 않는다. 하나님의 뜻을 알기 위해서 우리는 성경을 알아야 하며, 성령님의 감화와 내재적 인도하심에 민감해야 한다.

이것이 내담자들이 하나님이 주신 두뇌(이성)를 사용해서는 안 된다는 뜻은 아니다. 심리 테스트, 직업 분석, 직업 시장과 구직자의 특이성을 평가하기, 이력서 작성하기, 친구나 구직자를 잘 아는 사람들과 상담하기, 상담자와 상담하기와 기도, 이 모두가 결정을 내릴 때 내담자가 하나님의 뜻을 발견하는 데 도움이 된다. 하나님의 인도하심을 믿는다면, 그들은 확신하면서 전진할 것이고, 이용 가능한 증거들과 기회의 측면에서 가능한 한 가장 현명한 결정을 내릴 것이다.

(d) 우리는 반드시 그것에 대해 안심해야 한다 : 우리가 혼란스러워하거나 걱정하기는 쉽다. 만약 내담자가 실수를 해서 잘못된 직업의 길로 가면 어떻게 할 것인가? 만약에 적당한 직업이나 직장을 얻지 못하여 대학 학위를 가진 도구 판매원처럼 되면 어떻게 할 것인가? 모든 사람들이 실수를 하지만, 하나님께서는 용서하시고, 회복시키시며 다시 되돌아갈 수 있도록 도우신다는 사실을 내담자들은 기억해야 한다. 하나님은 자기 뜻대로 하려고 했던 선지자 요나처럼, 예수님을 부인했던 베드로처럼, 주님에게 돌아와서 다시금 인도하심을 바라는 사람들을 회복시키신다는 것을 오늘날의 사람들은 알 수 있다. 진정으로 하나님의 인도를 바라지만 그 방향을 찾지 못하는 사람들이 있는 것도 사실이다. 그들은 처음부터 하나님을 떠난 적이 없기 때문에 회복을 바라지는 않는다. 그들은 욥처럼 좌절감을 느낄 것이다. 하지만 그들도 여전히 하나님이 인도하신다는 것을 안다.

내담자들과 그들의 상담자들은 하나님이 당신의 때에, 하나님이 원하시는 곳에 우리가 있을 수 있도록 하신다는 사실에 위안을 얻을 것이다. 그분은 우리가 어디서 어떤 환경이든지 열심히 섬기기를 원하신다.[52] 분노나 걱정거리가 있을 때(이 두 가지는 일반적인 것이다) 성도들은 이 감정들을 인정해야 하고, 친구나 상담자와 상담하고, 하나님 앞에 나아가서 이런 감정이 없어지도록 기도해야 한다. 이러한 방법을 통하여 내담자들은 사도 바울처럼 어떠한 환경에서도 만족할 수 있을 것이다.[53]

5. 직업 상담과 특별한 상황들

정신적인 문제가 있는 사람들, 심리적으로 불안정한 사람들, 신체적으로 불편함이 있는 사람들, 만성 질병이 있는 사람들, 교육 수준이 낮은 사람들, 기본적인 사교 능력이 떨어지는 사람들, 상담자가 사용하는 언어나 그 사람이 살고 있는 사회의 언어를 구사할 수 없는 사람들과는 어떻게 직업 상담을 해야 하는가? 이러한 사람들은 직업 상담 보고서(논문)에서는 거의 언급되지 않지만, 이 모든 사람들 역시 자신의 능력 범위 내에서 만족스럽고 의미 있는 직장 생활의 유익을 얻을 수 있다. 기독교 상담자가 필요한 도움을 줄 수가 없다면, 정부기관이나 필요한 안내를 해줄 수 있는 특별한 훈련을 받은 상담자가 있는 개인 시설을 추천하는 것이 가장 좋은 방법일 것이다.

하지만 비전문가가 효과적인 직업 안내를 해줄 수 있는 특별한 상황과 관련이 되는 다른 상황들이 있다. 다음과 같은 예다.

(a) 작업장이 문을 닫았을 때의 직업 안내 : 1,200명의 노동자들이 함께 그 뉴스를 들었다. 자신들의 회사가 그 지방의 공장 문을 닫을 것이며, 이 방송 이후 수개월 내로 모든 노동자들이 일자리를 잃을 것이라는 것을 말이다. 이것은 실제 상황이지만, 단순한 직업 상담의 문제가 아니었다.[54] 그 공장의 모든 노동자들은, 경제에 깊은 타격을 입고 대부분의 사람들이 일자리를 찾을 그 사회 내에서 새로운 일자리를 찾아야 할 필요에 직면한 것이다. 외부 컨설턴트들은(이것은 정확한 것으로 판명되었다) 대략 97%의 노동자들이 다시 적응을 하겠지만, 나머지의 노동자들은 도움이 없다면 강력한 재정적인 충격으로 말미암아 몰락할 것이라고 예측하였다.

이것은 사회문제였기 때문에 사회적 해결책이 필요하였다. 문을 닫는 그 회사와 그 사회는 함께 대책을 마련하기 시작하였다. 그 지방 정치인들은 그 지역에 새로운 사업을 유치하는 데 적극적으로 나섰다. 교회와 사회단체들은 사람들이 충격을 잘 견딜 수 있도록 함께 일하였다. 사회사업가들과 다른 훈련된 상담자들은 '과도기 생활 조언자'(Transition Life Advisors : TLAs)로서 돌보는 사람들을 준비하였으며, "이 문제에 있어서 우리는 하나이며, 우리는 함께 이 문제를 해결해나갈 것이다"라는 태도와 함께 공동체의식이 일어나기 시작하였다. 이러한 상황 속에서, 직업 상담자들은 사무실에서 나와서 다른 돌보는 사람들과 연계하여 그들의 기술(능력)을 사회 혼란을 가라앉히는 데 써야 할 것이다.

(b) 어떤 개인이 해고되었을 때의 직업 안내 : 어떤 사람이 직장을 잃거나 해고되었을 때 그 스트레스는 엄청난 것이며, 특히 수많은 세월 동안 그 직장에 있었을 때는 더욱 그러할 것이다. 주로 슬픔, 분노, 낮아진 자존심, 실패감과 좌절감 그리고 다른 일거리에 대한 광적인 집착이 나타날 것이다. 직장을 잃은 것에 무력감을 느끼고, 자녀들에 대한 책임감과 압박감을 포함해서 가정 내에는 긴장감이 감돌 것이다.[55] 이러한 스트레스는 직장에서 해고된 사람에게만 제한되지 않는다. 회사가 다른 지역으로 이동하면서 종업원이 함께 이동해야 하는 경우, 종업원이 승진을 해서 친구들과 멀리 떨어질 수밖에 없는 다른 부서로 이동해야 하는 경우에도, 슬픔과 기쁨이 섞여 있고, 새로운 미래에 대한 열망이 안정적인 것에서 떠나기를 주저하는 마음과 섞여 있는 것이다. 이러한 경우에 사람들은 전통적인 직업 상담 외에도 도움과 격려와 안내가 필요하다.

(c) 나이 들었을 때의 직업 안내 : 많은 사람들이 정년퇴직의 나이에 도달해 직장을 떠난 후 다시 일하고 싶어 하는 자신을 발견한다. 그것의 유익에 더해서, 은퇴는 지루함, 삶의 목적의 상실, 예측할 수 없는 경제적인 제약, 유용한 사회적 인맥의 상실, 일을 하지 않으면 자신이 쓸모없다고 생각하는 사람들의 자아상 문제 등을 가져온다. 이번 장에서 소개된 대부분의 원리들은 이러한 특별한(그리고 이들은 증가하고 있다) 사람들에게 적용할 수 있지만, 많은 사람들이 그들은 힘도 없고, 나이 많은 사람들을 위한 의미 있는 일자리를 찾을 가능성도 별로 없다는 것을 알게 된다. 하지만 상담자들은 이런 나이 든 사람들이 몇 년간의 지루하고 원치 않는 일을 한 이후에 정말로 즐겁게 할 수 있는 일을 찾도록 도와주는 것에서 아주 큰 만족감을 얻는다.[56]

(d) 내담자들이 소수민족(혹은 소수그룹)인 경우의 직업 안내 : 오벳은 무슬림이다. 그의 가족은 중동에서 왔지만, 수년 동안 북미 교외지역에서 대부분이 백인인 이웃들과 평화롭게 살아왔다. 그들은 세금

을 내고, 각종 청구서도 낸다. 이웃 사람들과 마찬가지로 몇몇 극단주의자들의 테러 행위를 혐오하고, 그들이 출석하는 이슬람 사원에서 예배하는 모든 사람들도 테러 행위를 혐오한다. 오벳은 학사학위가 있지만, 좋은 직업을 찾을 수가 없었다. 그것은 그 사회의 테러리스트에 대한 선입견과 두려움 때문이었다.

이것은 오벳 혼자만의 문제가 아니었다. 수천 명의, 아마 수십만 명의 소수민족 노동자들이 그 사회의 선입견 때문에 만족스럽고 능력을 다 발휘할 직장을 얻지 못한 채, 직업이 없는 삶을 살아가고 있다. 앞선 페이지에서 소개된 원리들 외에도 이 사람들은 종종 특별한 도움과 직업 기회에 대한 정보가 필요하며, 좌절 가운데서 일어날 수 있는 희망이 필요하고, 이웃들로부터의 의심이나 거절, 비판 등을 포함하는 스트레스를 극복할 수 있는 도움이 필요하다.

(e) 근로자가 심하게 스트레스를 받았을 경우의 직업 안내 : 앞장에서 도로 상의 분노(Road Rage : 다른 운전자에게 분노를 표출하는 운전자들의 행동)는 분별없이 스트레스를 표현하는 행위라고 이야기하였다. 책상 위의 분노(Desk Rage)는 직장에서의 스트레스와 스트레스에 반응하는 방식을 설명한 새로운 개념이다.[57] 그 원인은 다양하여, 작업장에서의 지루함, 걱정거리, 작업 환경이나 작업 계획에 대한 제어 능력의 결여, 너무 붐비는 작업 환경, 과도한 소음, 탈진 상태로 이끄는 압박감, 비정상적인 마감 시간, 비판과 무시 그리고 동료나 고용주의 불합리한 요구사항 등이 거기에 포함된다. 한 보고서에 의하면 미국 노동자의 65%가 적어도 주기적으로 작업장에서의 스트레스에 대해서 보고하고 있다고 한다. 그 수치는 나라마다 다를 수 있다. 5명 중에 1명이 직장에서의 스트레스 때문에 일을 그만두었다.[58] 남아 있는 사람들에게도 직장 내에서의 스트레스가 분노를 폭발시키기도 하고, 욕설이나 신체적 폭력을 유발하며(여기에는 놀라우리만치 많은 상해와 살인 사건이 포함된다), 무단결근 등의 통증이나 심한 감기와 같은 신체적 질병을 유발한다.[59] 이 모든 것이 상담자가 직업 안내 이상의 무언가를 해야 함을 의미한다. 상담자들은 사람들이 스트레스를 다스리고 다른 사람들과의 불화를 조절하도록 돕는데, 이것은 직장 내에서의 만족감이나 생산성에 아주 큰 영향을 미치기 때문이다.

(f) 다른 위기들 : 이러한 독특한 직장 관련 문제들은 계속 나열할 수 있다. 어떤 이들은 직장이 무너지는 경험을 한다. 그들의 사업이 파산하고(스트레스에 압도당하여, 다른 손쉬운 일로 빨리 이동하지만), 경쟁자들 때문에 문을 닫거나, 혹은 1990년대에 아주 번영하였던 IT벤처 회사들처럼 어느 날 갑자기 자신이 다니던 회사가 문을 닫는 경우들이다.[60] 다른 이들은 승진의 시기에 일터에서 탈진했을 때, 외국으로 발령이 났을 때(본국에 머물기를 원할 때) 혹은 동료들로부터 착취를 당할 때 위기에 처한다. 이러한 경험들은 정신적인 것일 수 있다. 하지만 이런 것들은 자신의 삶과 직장을 재평가해보고, 그들이 잃어버린 것보다 더 나은 새로운 직업의 기회를 찾을 수 있는 계기가 될 수 있다. 심지어 내가 이 글을 쓰고 있는 순간에도, 한 친구는 자신에게 좌절감만 주는 직장을 충동적으로 그만두고 지금은 일하지 않고 있다. 우리는 커피 한 잔을 마시면서, 어떻게 하면 이 상황이 그가 떠난 실망스런 직장보다 더 나은 무언가를 찾을 수 있는 기회가 될 수 있을지에 대해서 이야기를 나누었다.

이 모든 것은 한 가지 명확한 결론을 알려주고 있다. 직업 상담이 다양한 분야라는 사실이다. 영향력을 발휘하기 원하는 기독교 상담자에게는 수많은 기회와 도전이 있는 것이다.

• 예방과 직업 상담

많은 경우에, 모든 직업 상담은 예방에 관한 것이다. 사람들이 올바른 직업을 찾을 수 있도록 도울 때, 좋지 못한 직업 선택을 한 경우 일어날 수 있는 문제들을 예방할 수 있다. 사람들은 좋은 것을 찾을 때, 좋지 못한 것에 직면하지 않으려는 성향이 있다.

거의 항상 예방은 교육의 특별한 한 형태다. 교실에서, 상담자의 사무실에서, 작은 모임에서, 주말 수련회에서, 교회 모임에서, 공동체 세미나에서 그리고 설교에서 사람들은 이 장에서 소개된 요소들의 일부를 사용할 수 있도록 배우고 격려 받는다. 이러한 직업교육은 모든 연령대의 사람들에게 적용되어야 하며, 다음과 같은 사항들을 고려할 수 있다.

- 직업과 관련된 성경적인 가르침.
- 좋고 나쁜 직업 선택의 원인들.
- 하나님의 인도하심을 발견하는 방법.
- 직업과 직업 세계에 관련된 정보를 얻는 방법.
- 어디서 심리 테스트와 영적 은사 테스트를 받을지에 대한 지식을 포함해서 자신에 대해서 더 잘 알 수 있는 방법.
- 다양한 사역의 영역에서 봉사할 수 있는 기회들. 이러한 종류의 정보 제공은 선교사를 필요로 하는, 선교 사역을 생각해볼 수 있는 선교 대회에서 종종 일어난다.

이러한 교육 과정은 적어도 지금의 세상에서는 직업 선택이 일생에 한 번 있는 아주 소중한 결정이 아니라는 사실을 강조한다. 대부분의 어른들은(가정주부와 보다 전통적인 의미에서 직장의 정의에 포함되지 않는 다른 사람들을 포함하여) 직장 불만족 문제 해결을 위해 발버둥치고 있으며, 이 점은 인정되어야 한다. 사람들을 독려하여 더 많은 훈련에 참가하게 하고, 자신들의 우선순위와 인생의 목적, 주기적인 직업의 만족도 등을 표 37-1의 도움을 받아서 평가하도록 하라. 사람이 나이가 들수록 직업(직장)을 바꾼다는 것은 더 어렵고 위험한 일이 된다는 사실을 지적하라. 그럼에도 불구하고 사람들이 변화를 원할 때 할 수 있는 일들이 있기는 하다. 여기에는 고용주나 직장(가장 위험한 대안이다)을 바꾸기, 같은 회사 내에서 혹은 같은 직업군 안에서 직업 바꾸기, 직장 스트레스를 어떻게 하면 보다 효과적으로 다룰지 배우기, 그리고 일에 대한 자신의 태도 바꾸기 등이 포함된다. 직업 환경을 바꾸기 위해 할 수 있는 일이 거의 없다면, 현재의 직장에 남아 있는 것도 가능하다. 하나님이 그곳에 있기를 원하시든지 아니면 곧 변화를 주실 거라고 믿으면서 혹은 하나님을 위해서 최선을 다하며,[61] 의미 있는 교회 봉사나 사회 봉사를 포함한 취미(부업) 삼아 하는 활동이나 여가활동 속에서 더 큰 만족감과 봉사의 기회를 찾아보는 것도 가능하다.

이 모든 것 중에서, 다른 사람들을 돕는 것은 리더와 상담자가 그들의 삶에서 모델로 보여준 것을 포함하여 다양한 형태로 나타날 수가 있다. 교회가 사람들을 도와서 그들의 강점과 영적인 은사를 발견하게 하고, 이런 은사들이 유용하게 사용될 장소에서 섬길 수 있도록 그들을 도울 때, 그 교회 성도들은 기독교인으로서의 봉사활동에 더 깊이 참여할 수 있게 되는 것이다. 한 회사의 사장이나 목회자, 상담자 혹은 다른 리더들이 자신의 강점에 집중하여, 주기적인 경력 평가를 할 때, 이것은 다른 이들의 좋은 모델이 된다. 때때로 가장 훌륭한 모델이 가장 훌륭한 선생님을 만든다.

- **직업 상담에 관한 결론**

거의 모든 역사를 통틀어, 사람들은 직장을 선택해서 그들의 전 인생을 그 직장과 함께 보내는 것 같다. 때로 그 선택은 사람들을 강요하였고, 성취감과는 상관없이 단지 생존의 문제와 관련이 있었다. 하지만 다양한 직업의 기회들이 있고, 아이 때의 비현실적이고 매력적인 선택으로 시작해서 은퇴할 때의 새로운 기회들로 끝이 나는 빈번한 직장 이동이 있는 오늘날의 사회에서는 좀 다르다. 이 모든 과정 속에서 직업 상담자들은 도움을 줄 수 있다.

얼마나 자주 결정을 해야 하는지와 무관하게, 직업 선택은 인생에서 가장 중요한 것이다. 사람들이 현명하게 결정을 내리도록 돕는 것은 기독교 상담자의 일과 중에서 가장 보람이 있는 일일 것이다.

상담자들을 위한
요점 정리 37

- 오늘날에는 상담자들이 종종 사람들의 직업 선택을 돕는다. 이러한 결정들은 무척이나 중요하지만, 어렵기도 하며 거의 일생일대의 사건이다.

- 성경에서는 직업 상담에 관해서 이야기하지는 않는다. 하지만 일에 관해서는 많은 이야기를 하고 있다. 노동과 직업 선택에 관한 몇 가지 명확한 성경적 결론들이 있다.
    - 일은 고귀하지만, 게으름은 비난받아야 한다.
    - 일은 휴식과 병행되어야 한다.
    - 일은 고품질이어야 한다.
    - 일은 비길 데 없이 독특하며 공동선을 위한 것이다.
    - 일과 직업 선택은 하나님이 인도하신다.

- 직업의 세계는 변화하고 있으며, 이것은 상담자가 직업을 구하는 사람들에게 줄 수 있는 도움의 종류와 방법들에 아주 중요한 영향을 미친다.

- 사람들은 직업을 결정할 때 다음과 같은 많은 영향력들을 고려한다.
    - 가족과 사회의 영향력.
    - 개인적 특성의 영향력.
    - 강점.
    - 관심 분야.
    - 기질과 능력.
    - 가치.
    - 앞으로 나아가는 것을 방해하는 장애물들.
    - 하나님의 인도하심.

- 우리가 우리의 직업을 통해서 예수님을 섬기기로 헌신할 때, 우리의 일은 하나님을 기쁘시게 할 수 있는 기회가 되고, 관계를 회복케 하며, 다른 사람들의 삶에 감동을 줄 수 있는 기회가 된다.

- 대부분의 경우, 직업 상담자들은 사람들을 가르쳐서 현재의 자신과 그들의 일에 대해서 평가하도록 하며, 경력에 관한 정보에 사람들을 노출시키며(받을 수 있는 훈련과 그 훈련의 필요성을 포함하여) 직업을 선택하거나 변경할 때 도움과 안내를 제공한다.

- 대부분의 내담자에게 직업 안내는 다음의 활동들 중 하나 혹은 그 이상에 집중하는 것을 의미한다(한 사람에게 아래의 모든 사항이 적용되는 것은 아니다).
    - 비전 제시하기, 어떤 것이 가능할지 생각할 수 있도록 사람들 돕기.
    - 직업 탐색, 현재의 직업 시장 평가하기.
    - 직업 선택하고 나아가기.
    - 경력 준비하기. 여기에는 직업 평가하기와 필요한 훈련 받기가 포함된다.
    - 직업을 찾았으나, 적응하고 잘해내는 데 어려움을 겪는 사람들을 위한 직업 조정.
    - 사람들이 새로운 어떤 것을 찾는 것을 돕는 직업(직장)의 변화.

- 인생과 직장을 향한 하나님의 뜻을 찾고자 한다면, 사람들은 그것을 원해야 하고, 기대해야 하고, 찾아야 하며, 우리가 비록 궁극적인 목표를 좋아하지 않는다고 할지라도 하나님의 인도하심을 믿는 믿음 안에서 평안해야 할 것이다.

- 직업 상담자는 특별한 상담 환경에 민감해야 한다. 여기에는 다니던 회사가 망해버린 사람들, 소수민족(그룹)의 사람들, 나이 든 사람들, 스트레스가 많은 직장에서 일하는 사람들, 그리고 직업 안내를 찾는 다른 사람들의 상담의 필요성을 포함한다.

- 사는 지역에 따라 일터로 들어간 젊은이들이 그들이 일하는 동안 직업이나 직장을 바꿀 것이다. 명백하게도 직업 안내는 전문적인 상담자들만이 아니라 모두가 포함되는 진행 과정이어야 한다.

- 직업 상담은 다양한 영역이다. 영향력을 발휘하고 싶은 기독교 상담자들에게 수많은 기회와 도전을 줄 것이다.

Part 8
결론적인 문제들

38장 위기
39장 트라우마, 테러, 그리고 테러리즘
40장 그 외 다른 문제들
41장 영적 문제들
42장 상담자 상담

38 >>
위기
Crises

메리사는 슈퍼마켓에서 장을 본 뒤 물건을 자신의 차에 싣고 있었다. 마침 그때 한 소방차가 지나갔지만 주의 깊게 쳐다보지 않았다. 그녀는 집으로 오는 길에 다른 것을 생각하고 있었다. 그런데 소방차가 그녀가 살고 있는 집 길거리에서 있었고 그녀의 집 이층 창문으로부터 검은 연기가 뿜어나오고 있었다. 메리사는 차를 급하게 한쪽에 대고 차에서 뛰어나와 불이 나는 곳으로 정신없이 달려갔다. 그녀의 두 아이들은 추위 속에 서서 불타고 있는 집을 바라보고 있었다. 아이들의 어깨에는 이웃집에서 준 담요가 덮여 있었다. 처음 불이 난 것을 발견한 메리사의 아들은 여동생을 집 밖으로 피신시키고 정신을 차려 휴대폰을 움켜쥐고 911에 전화했다고 한다.

오늘 메리사의 가족은 화재 후 수리한 옛집에 다시 들어왔다. 그러나 화재는 지난 몇 달 동안 그들의 삶을 혼란에 빠뜨렸으며, 그들은 대부분의 소유물을 잃었다. 그들은 커튼과 나무벽, 카펫과 가구들 그리고 모든 옷들을 새로 장만해야 했다. 보험사 직원이 그들의 일들을 처리하고 집을 수리하는 동안 메리사의 가족은 호텔이라는 좁은 공간과 혼란스런 삶에 적응하는 것을 배우게 되었다.

레오나드의 위기는 경우가 달랐다. 교회에서 모임을 마치고 집에 돌아가는 길에 정신 나간 운전자가 몰던 승용차가 그가 몰던 밴 승용차와 부딪치면서 방향을 바꾸어 아내가 앉아 있던 운전석 옆 자리를 강하게 들이박았다. 레오나드의 상처는 비교적 크지 않았지만 의사가 그의 아내를 구급차에 실었을 때 아내의 몸 상태는 이미 매우 좋지 않았다. 며칠 동안 아내는 병원에 누워 있었고 많은 뼈들이 부러져서 고정시킨 상태였다. 심한 부상에다 특히 내부기관까지 손상되어 그의 아내는 매우 고통스러워했다. 레오나드는 고통스러워하는 아내를 바라보면서 심한 죄책감과 혼란에 빠져들었다. 그의 아내는 그에게 생명 유지 장치를 떼내 달라고 말하며 평화롭게 고통으로부터 벗어날 수 있게 해 달라고 간청했다. 아내가 죽은 후 몇 달이 지났지만 레오나드는 여전히 아내의 죽음에 대해 외로운 슬픔과 죄책감을 가지고 있었다. 그가 운전을 했기 때문에 아내의 죽음은 자신의 책임이라고 느꼈다. 그는 여전히 아내의 죽음에 대한 무거운 짐을 지고 있었다.

메리사와 레오나드는 오늘 생존하고 있는 실존인물이다. 그들의 모습은 오늘날 삶에서 위기의 결과 또는 위기의 영향으로 몸부림치며 살고 있는 수백만 사람들을 대표한다. 이들 중에 어떤 사람들은 상담실을 찾는다. 바로 그들이 당신을 찾아올 수도 있다.

이 책을 쓰고 있는 동안에도 세상은 변하고 있다. 아마도 당신이 이 책을 읽기 전에 세상은 더 많이 변해왔으며 당신이 읽고 있는 이 순간에도 변하고 있을 것이다. 앞 장의 글들을 쓰고 있던 지난 몇 달 동안에도 아프리카에서 어린아이들이 기아로 죽었고, 멀리 떨어진 아시아와 라틴아메리카도 돈이면 무슨 일이든 하는 사람들로 인해 파괴되었다. 중동에서는 군인들과 시민들이 테러리스트의 공격으로 정신을 잃거나 불구가 되었다. 거대한 물의 장벽과 자연의 광폭함이 바다에서 갑자기 일어났고, 그것들은 육지 전체를 쓸어버렸다. 그리고 순수한 젊은 청소년들은 성적으로 타락한 외국 여행객들의 정욕을 만족시키기 위해 매춘업자에게 팔려갔다. 신문들은 이와 같은 경험으로 고통스러워하는 사람들에 대해서 거의 언급하지 않는다. 그러나 모든 사람들에게 일어날 수 있는 이러한 사건들은 개인적으로 볼 때 위기다. 이렇게 우리 앞에는 종종 아무런 사전 준비도 없이, 때때로 다른 사람의 동정이나 도움을 받지 못한 채 매일 다가오는 불의의 사고들과 마음의 상처, 뜻밖의 수술과 좌절 그리고 무수한 실패들이 놓여 있다.

간단하게 정의 내리자면 위기란 항상 피할 수 없는 전환점이다. 위기는 예상된 것일 수도 있으며 또는 뜻밖의 일일 수도 있다. 동시에 위기는 실제적으로 일어날 수도 있거나 상상 속에 머물기도 하지만, 현실적으로 다가올 수도 있으며(사랑하는 사람의 죽음과 같이), 잠재적(사랑하는 사람이 곧 죽을 것이라는 예상과 같이)일 수 있다. 흔히 위기는 빨리 왔다가 우리 존재 전체를 황폐하게 만든 다음 곧 사라진다. 때때로 위기는 바위를 부수기 위한 거대한 파괴자처럼, 몇 번이고 우리의 삶으로 돌진해 오고 천천히 우리를 탈진시켜 버린다.

중국어로 위기는 두 가지 의미를 내포하고 있다고 한다. 그 하나는 위험을 뜻하고 다른 하나는 기회를 의미한다. 위기는 삶을 파괴하고 사람을 압도하기 위해 우리의 삶을 위협하기 때문에 매우 위험한 것이다. 어른으로 성장하면서 우리는 모두 인생의 기복을 다룰 수 있도록 문제 해결의 기술을 개발하게 된다. 문제가 발생하거나 예상치 않았던 문제가 나타나면 우리는 그 문제들을 잘 처리하기 위해 특별히 노력하게 된다. 그 결과 대부분의 사람들은 인생의 불안과 도전을 성공적으로 대처하게 된다.

그러나 대단히 고통스럽거나 힘든 상황이 발생할 때가 있다. 그것은 귀중한 사람을 잃거나 어떤 중요한 것을 잃는 경우, 또는 새로운 책임이 요구되는 갑작스러운 상황에 접하게 되거나 생명을 위협하는 사람이나 사건과 대면하는 일 등이다. 그러한 새로운 상황은 특별하고 너무나 극단적이기 때문에, 지금까지 문제를 해결해왔던 일반적인 방법은 더 이상 효과가 없다. 그 상황은 혼란과 당황 그리고 무력감과 종종 증가되는 불안과 분노 그리고 의기소침과 비애 또는 죄의식으로 이어질 수 있다. 그러한 혼란은 일시적일 수 있지만 때때로 몇 주 또는 몇 년간 지속될 수도 있다.

그러나 위기는 위험하기도 하지만 또한 사람들에게 개인의 변화와 성장을 위한 기회 그리고 문제를 잘 대처하기 위해 좀 더 나은 방법을 개발하게 만드는 기회를 제공한다. 사람들은 종종 위기 속에서 혼돈과 무력함을 느낀 이후부터는 구조자와 상담자 그리고 하나님의 도움을 포함하여 외부로부터 도움을 받는 데 좀 더 자신을 여는 경향이 있다. 또 다른 경우에서 보면, 외부의 도움을 받을 수 있는데도 불구하고, 닥친 위기를 무시하고 피하려고 하는 사람이 있다. 이러한 사람들의 행동이란 모든 것을 거부하는 것이며 비이성적인 환상 속에 숨어들어가 좌절하거나 스스로 포기하거나, 또는 폭력과 같은 사회적으로 받아들일 수 없는 방법으로 외부 상황에 대응한다. 물론 건전한 방법으로 반응하는 사람들도 있다. 그러한 상황에서 그들은 가능한 창조적이며 사회적으로 수용할 수 있는 그리고 현실에 확실한 기반을 둔 문제 해결 방법을 찾기 위해서 상황을 냉정하게 평가한다. 그가 여기서 찾은 해결 방법은 개인이 처한 현재의 위기를 극복할 수 있게 만들며 그리고 미래에 다가올 어려움을 효과적으로 다룰 수 있는 능력을 사람들에게 제공한다.

의사가 의학적인 위기에 대해서 언급할 때는 보통 환자의 예후에 변화가 있을 때, 곧 상태가 호전되거나 회복될 때 또는 거꾸로 소생불가능하거나 죽음에 이르는 상태로 갈 때이다. 어떤 유형이든 위기를 경험한다는 것은 성장과 성숙을 가져오거나, 또는 거꾸로 퇴보와 계속적인 미성숙한 상황으로 가게 되는 전환점에 직면했다는 말이 된다. 기독교 상담자는 위기 해결을 위해 어떤 방향으로 가야 하는지 내담자에게 큰 영향력을 끼치는 매우 중요한 위치에 있다. 그러한 위기 상담은 상담가가 한 사람 또는 아주 극소수의 내담자와 나누는 상담인 경우인데, 보통 이때 다루는 상담의 주제는 사람들이 별로 관심을 갖지 않는 문제가 대부분이지만, 내담자 자신들에게는 가장 중요하고 절실한 문제다.

위와 같은 개인적인 위기와는 다르게, 어떤 위기는 모든 사회와 모든 나라 그리고 때때로 전 세계에 영향을 미친다. 1941년 12월 8일 루스벨트 대통령은 미국 국회에서 그 유명한 '치욕의 날'이라는 제목의 연설을 했다. 그때 유럽 사람들과 영국 연방국가들은 이미 수년 동안 참혹한 전쟁중이었으며, 루스벨트가 말한 소위 '치욕의 날'이란 진주만이 (일본군의) 대규모 공습으로 파괴된 날이었다. 그 이후로 미국은 제2차 세계대전에 참전했으며, 수백만 미국인들은 영국과 특히 유럽에 있는 많은 다른 나라들의 안정이 뿌리째 뽑히고 있다는 극심한 불안감과 위기감을 느꼈다. 그후 60년이 지난 2001년 9월 11일은 미국인들에게 또 다른 치욕의 날이었다. 지난 수십 년 동안 세계 곳곳의 많은 사람들이 테러리스트들에게 수많은 공격을 받았지만, 밝은 9월의 아침 뉴욕에서의 사건만큼이나 세계의 주의를 끈 것은 없었다. 또 다른 미국 대통령은 전쟁을 선포했다. 이번에는 테러를 향한 전쟁이었으며 1941년보다 더 엄청나게 많은 사람들이 이전에는 직시하지 못했던 두려움과 불안 그리고 삶의 근원적인 불확실성에 직면하게 되었다.

위기의 본질에 대한 논쟁은 피해 당사자들의 정신적 충격, 자연재해의 충격, 테러에 대한 두려움, 만연한 폭력의 영향력 그리고 아이들과 실업자, 망명자, 군인과 선교사들이 가지게 될 국가적이며 정치적인 위기에 대한 강한 압박감과 같이 광범위한 문제에 대한 깊은 이해가 없이는 다룰 수 없다. 우리는 매우 영향력 있는 신경생물학의 발견과 점점 더 명백한 뇌의 복잡한 기능에 대한 인식 없이는 심리학적인 상담이나 목회적 돌봄에 대해서도 말할 수 없다. 위기에 대해서 고찰해보려고 할 때 우리는 이 책 대부분에서 언급하고 있지 않은 외상 후 스트레스 장애와 신경생리학을 살펴보아야 한다. 이 책 전부는 사람들을 돕기 위한 새로운 모든 방법과 위기 관리를 위한 혁명적인 방법들을 위해 생각을 열어놓고 있다.

이번 장에서는 대부분 개인적인 위기 관리에 초점을 두고 자주 한 사람 또는 두 사람 아니면 가족과 함께하는 작업을 다룰 것이다. 우리는 심리적이고 영적인 부분에 강조를 두고자 한다. 그리고 이어지는 제39장에서 테러 행위와 외상, 폭력 그리고 지금 평범했던 많은 날들이 치욕의 날로 바뀌는 국가적인 재해에 대한 심리학적 영향 외에 생리학적 충격에 대해서 그 토론 범위를 넓힐 것이다.

- ## 성경과 위기 유형

성경은 여러 곳에서 위기를 다루고 있다. 아담과 하와, 가인, 노아, 아브라함, 이삭, 요셉, 모세, 삼손, 입다, 사울, 다윗, 엘리야, 다니엘 그리고 수많은 사람들이 위기를 겪고 있다. 구약성경이 그것을 상세하게 묘사하고 있다. 예수님도 극단적인 위기를 맞았고 (특히 십자가에 못 박혔을 때) 그리고 제자들인 바울과 많은 초기 기독교인들도 수많은 위기를 겪었다. 몇몇 사도 서신은 위기를 만난 개인 또는 교회를 돕기 위해 쓰여진 것이었으며, 특히 히브리서 11장은 행복하게 결말이 나는 위기와 심한 고통과 아픔 그리고 죽음으로 끝나는 위기에 대해 간추려 말하고 있다.

현대 저자들은 현대적이며 성경적인 실례를 들어 세 가지 형태의 위기 유형에 대해서 설명하고 있다. 필자는 거기에 한 가지를 더 추가하여 네 가지 위기 유형을 언급하고자 한다.

1. 뜻하지 않거나 상황에 따른 위기

이는 갑작스러운 위협, 분열로 인해 생긴 사건, 예상치 못한 상실이 있을 때 발생한다. 예를 들면 사랑하는 사람의 죽음, 심각한 질병의 발견, 성폭행 또는 폭력의 경험, 전쟁 또는 경제적인 공황과 같은 사회적인 혼란, 직업 상실 또는 경제적 실패, 결혼과는 상관없는 임신, 또는 존경과 지위의 상실 같은 것이다.

이러한 위기 중에 어떤 것은 가족을 일치단결시키며 장애물을 극복하고 상황을 좀 더 좋게 하기 위해 가족 구성원들을 함께 끌어모으는 힘이 있다. 이러한 위기에는 종종 가족 외의 외부에서 발생하는 자연재해, 심각할 정도의 피해를 입는 주택 화재 또는 인종적인 편견과 같은 사건들을 포함한다. 긴장이 내재적일 때 자살 시도, 자기부정, 아동학대 또는 알코올중독과 같은 위기는 더욱 더 분열을 일으켜 가정을 해체시키는 경향을 가지게 된다. 위기 후 위기, 계속해서 이어지는 위기는 항상 분열적이다. 상담을 필요로 하는 위기란 최근에 연속적으로 이어진 수많은 고통스러운 변화와 상실로 인해 나타나는 위기다.

욥의 이야기가 바로 이러한 위기였다. 신앙적이었던 이 사람은 순식간에 자신의 가족과 건강 그리고 사회적 지위를 잃었다. 그의 결혼은 총체적으로 뒤엉키기기 시작했고, 그를 비판하는 사람들은 욥의 마음속 분노 그리고 현재 그가 정신적으로 극도의 혼란중에 있다는 것에 대해서도 곧 인식하게 되었다. 욥은 왜 하나님이 좋은 사람에게 그렇게 나쁜 일이 일어나도록 내버려두는지 혼란스러웠다. 시편 73편의 저자인 아삽도 똑같은 괴로움으로 고통스러워했다.

2. 발달 위기

이것은 일반적인 인간 발달 과정에서 집을 떠나고 대학을 가기 위해 멀리 떠나고, 결혼 생활에 적응하고, 그런 다음 부모가 되고, 자신에게 향한 비난들을 처리하고, 은퇴를 맞이하고, 약화된 건강을 인정하고 친구의 죽음에 익숙해지는 것은 모두 예상할 수 있는 사실임에도 불구하고 그것에 대처하고 문제를 해결하기 위해서는 새로운 시도가 필요한 위기가 될 수 있다. 예를 들면 아브라함과 사라는 목적지를 정확히 알지 못하면서도 떠나는 것을 주저하지 않았다. 그들은 시험에 처하기도 하고 여러 해 동안 아이가 없었으며 가족적인 긴장과 어린 아들 이삭을 바치라는 하나님의 명령에 직면했다. 우리는 사가랴와 엘리자벳과 같은 나이 많은 부부가 세례 요한처럼 특별한 아들을 어떻게 키웠으며 마리아와 요셉이 비범하고 명석한 그들의 아들인 예수를 어떻게 양육할 수 있었는지 놀라울 뿐이다. 이러한 것은 발달 위기였던 것처럼 보인다. 이것은 적응을 요구하며 점차적으로 성장하기 위해 현명한 결단을 하도록 기간을 연장하는 전환점이다.

3. 실존적인 위기

이것은 위 두 가지가 겹쳐진 위기다. 이 두 가지는 진실을 방해할 때 종종 모두가 직면하게 되는 우리 자신에 관한 상황들이다.

나의 인생은 방향이 없다.
나는 오랫동안 승진하지 못했다.
나는 현재 다시 혼자다.
나의 결혼은 이혼으로 끝이 났다.
나의 병은 치료할 수가 없다.
나의 아들은 나를 거부해왔다.
나의 집과 재산은 모두 불속으로 사라져버렸다.
나는 나의 피부 색깔로 거부당해왔다.
내 인생의 목표에 도달하기에는 너무 늙었다.

이와 같은 현실들을 있는 그대로 받아들이려면 시간이 걸리고 노력이 필요하다. 그것들은 자신의 인식 속에서 일시적으로 부정될 수 있다. 그러나 인생이 계속적으로 진행되고 완성되어간다면 그 현실들은 실제적으로 직면하게 될 수밖에 없는 시간 속에 있는 변화들이다.

위대한 영적인 승리 후에 엘리야는 이세벨에 의해 추격을 받고 광야로 도망갔다. 거기서 그는 그의 삶이 실패했다는 결론을 내렸다. 요나도 하나님과 논쟁을 할 때 그와 비슷한 생각을 했다. 욥도 몸부림치면서 그의 친구로 지내왔던 사람들로부터의 지지를 포함해서 모든 것을 잃었을 때 그에게 일어난 현실에 대해서 당황해야만 했다. 제자들도 또한 예수님이 십자가에 처형된 다음에 그들 자신의 불확실한 미래에 대해서 의심하지 않았는가? 다윗은 밧세바를 취했을 때 위기를 맞았으며, 밧세바의 남편인 우리아를 죽일 계획으로 그 위기를 덮으려고 했다.

4. 국가적인 또는 공동 사회의 위기

이 위기는 개인을 뛰어넘어 거대한 집단으로 확대된다. 무서운 태풍 또는 지진으로 수많은 것들이 파괴될 경우에, 그리고 건물들이 테러에 의해 파괴되거나 한 나라가 외부의 힘에 의해 공격당하게 될 때, 이와 같은 위기는 많은 사람들에게 영향을 준다. 아마도 모든 사람이 위기에 처해 있다는 생각으로 안심을 할 수도 있다. 침투력이 강한 위기의 특징은 상담자조차도 똑같이 불확실한 상황에 직면하게 되며 그 자신도 내담자와 같이 두려워하는 상황이 된다.

이와 같은 종류의 위기가 성경에 실례로 많이 제시되고 있다. 특별히 하나님의 백성에 대한 이방 군대들의 반복적인 공격이 대표적인 실례다. 아마도 가장 잘 알려진 것은 바빌론 군대에 의한 예루살렘 공격이다. 바빌론은 도시를 파괴시켰으며 거의 모든 사람을 사로잡았다. 시편 137편은 모든 나라의 고통을 묘사한 비탄의 노래다.

우리가 바벨론의 여러 강변 거기에 앉아서 시온을 기억하며 울었도다.
……우리가 이방 땅에서 어찌 여호와의 노래를 부를까.[1]

사람들이 그들의 위기에 대해서 이유를 물을 때 상담자는 종종 명확한 대답을 주는 것이 힘들 수 있다. 성경이 모든 유형의 위기에 대해서 언급할지라도 왜 위기가 발생하는지 분명하고도 완전한 이유를 설명해주지는 못한다. 우리는 하나님에 대한 불순종으로 이스라엘[2]이 이웃 나라의 공격을 받게 됐으며 다윗과 같이 어리석은 결정이 사람들의 삶 속에서 위기를 불러일으켰다는 것을 안다. 그러나 욥은 결코 그를 위기에 빠뜨렸던 하나님과 사탄의 논쟁에 대하여 알지 못했다. 그리고 우리가 이해할 수 없고 설명할 수 없는 어린 사람의 죽음과 같은 위기도 있다. 우리는 모든 사건이 거룩한 목적이 있고 궁극적으로 하나님의 섭리 아래에 있다는 사실에 동의할 것이다. 우리는 위기가 성격을 형성하며 우리에게 하나님과 그의 능력에 관하여 가르치며, 위기로부터 영적으로 성장하고 자극하는 경험들을 배울 수 있게 된다는 것을 안다. 그러나 특별한 삶의 위기에 대한 궁극적인 이유는 최소한 우리가 이 세상에서 사는 동안에는 결코 알지 못할 것이다. 그 사이 우리는 내담자 모두에게 적용할 수 있는 상담 방법들을 사용하여 내담자가 위기에 잘 대처하고 위기를 통해 성장할 수 있도록 도울 수 있을 것이다.

위기의 영향

스트레스가 많은 사건일수록 위기는 간접적인 생리학적인 반응을 가져오는데, 곧 가파른 호흡, 빠른 심장박동, 심한 불면증 그리고 점점 더 많은 아드레날린의 분비로, 쉽게 다투거나 그 상황을 회피해 버리려는 행동들이 잘 알려진 증상들이다. 점점 증가되는 그러한 상태는 며칠 또는 몇 주 동안 지속될 수 있다. 지속될 경우에 마침내 몸을 상하게 하며 더욱 심각한 육체적이고 감정적인 증상이 나타날 수 있다. 그 증상들은 사람들이 잠을 줄여가면서 오랜 시간 힘들게 일함으로써 그리고 그들 자신이 피곤해서 쓰러질 때까지 정신없이 다른 사람을 돕는 것과 같이 특별한 도전으로 안도감을 느끼게 만드는 증후군이다.[3]

이러한 육체적인 증상과 더불어 위기 속에 있는 사람들은 거의 항상 상실감과 통제력의 부족을 느낀다. 사랑하는 사람에 대한 상실과 자신의 집 또는 재산을 잃게 된 위기는 파괴적일 수 있다. 그러나 또한 직업을 잃거나 자존감과 신뢰, 안전 또는 완전히 변해버린 익숙했던 환경들의 상실도 사람들을 어렵게 할 수 있다. 정신적 충격에 대하여 연구한 베셀 반 데어 콜크(Bessel van der Kolk)는 어떻게 위기 후에 뒤따르는 무력감이 위기를 더 악화시킬 수 있는지 설명했다. 거대한 허리케인 폭풍이 푸에르토리코를 황폐하게 만든 후 반 데어 콜크는 그 지역을 찾아갔다. "나는 황폐해진 지역 한가운데 도착했다. 나는 많은 사람들이 서로서로 함께 일하는 모습을 보았다. 그들은 그들의 삶을 함께 되돌려놓으려고 쓰레기를 치우고 집과 가게를 다시 짓고 청소하고 수리하면서 애쓰고 있었다."

그런데 정부 관계자가 그곳에 도착하자 사람들은 '해당 공무원'이 손해를 평가하고 금전적인 도움을 조성하여 사람들에게 융자금을 줄 수 있는 방법을 찾을 수 있을 때까지 활동을 멈추겠다고 말했다. 그 순간 모든 것이 중단되었다고 반 데어 콜크는 다음과 같이 말하고 있다.

> 사람들은 갑자기 재해 한가운데서 가만히 앉아서 아무것도 하지 않았다. 매우 빨리 거대한 폭동과 약탈 그리고 성폭행이 일어났다. 이 모든 에너지는 엄청난 재난에서 일어난 것이며, 그 재난은 재건과 회복에 대한 조급증으로 변질되었고, 이제 이 조급증이 모든 사람에게 나타난 것이다. 나는 엄청난 정신적 충격 이후 무엇인가

열심히 활동하는 것을 통해 무력감을 극복하는 것이 사람들에게 얼마나 중요한 것인지 매우 생생하게 보았다. 끔찍한 일이 벌어졌을 때 활동하는 것을 막는 것은, 정신적 충격이 또 다른 엄청난 충격을 만드는 것이 된다.[4]

조절하고 힘을 행사할 능력의 부족함을 느끼는 것은, 특히 도망가거나 투쟁할 방법이 없거나 상황을 좀 더 낫게 만들기 위한 방법이 없게 되면 위기를 더 악화시킨다. 위기 동안 또는 위기 후에 때때로 알지 못하는 두려움, 죽음 또는 자포자기의 두려움, 경제적인 불안, 또는 회복될 수 없을 것이라는 두려움이 있을 수 있다. 때때로 사람들은 다음에 일어날 것에 대하여 두려워하거나 또는 다른 위기가 올까 봐 걱정한다. 테러리스트가 뉴욕을 공격한 이후 어떤 상담자가 매일 아침 일어나서 하게 된 습관에 대하여 썼는데 그는 어떤 일을 하기 전에 항상 '세계가 조용한지', 새로운 날이 평범하게 시작되는지 또는 국가적으로 위기의 날인지 알아보기 위해 TV를 켜게 된다는 것이다.[5]

사람들이 특히 자신의 종교적인 신앙 속에서 대답을 찾음으로써 위기에 대응한다는 것은 잘 알려진 사실이다. 2004년 크리스마스 다음날 거대한 쓰나미가 아시아 몇몇 나라의 해변을 휩쓸었을 때 그 지역 어떤 심리학자들은 서구 정신건강 전문가들이 왜 자신들을 돕기 위해 급히 달려오지 않느냐고 물었다. 외관상으로는 사람들이 자신들의 다양한 종교 안에서 희망을 찾고 있었고 부모를 잃어버린 아이들을 돌보았으며 할 수 있는 한 최대한으로 서로 함께 일하고 있었다. 피해자들은 자신들이 당한 상황을 그들의 문화와 신에 대한 관점에 의해서 해석하고 있다는 사실을 이해하지 못하는 능숙한 이방인의 세속적인 상담보다는 오히려 음식과 물 그리고 생필품들을 더 필요로 했다.

• 위기 중재

위기 중재는 심리적이며 육체적인 외상으로 인한 희생자들에게 직접적이며 일시적이고 감정적으로 도움을 제공하는 첫 번째 방법이다. 중재자는 종종 분열되고 혼란스러우며 잠정적으로 해로운 행동을 다루기 위해 능수능란하면서도 빠르게 반응해야 한다. 그러한 현상이 자주 갑작스럽게 나타나고 지속적이지 않기 때문에 위기는 그러한 현상이 나타나자마자 가능한 빨리 다루어지는 것이 좋다. 여기서 상담 목표는 다음과 같다.

- 효과적으로 직접적인 위기 상황에 대처하도록 도우며 이전 단계가 이상적이었든지 그렇지 않든지 간에 이전 단계로 돌아가게 하는 것이다.[6]
- 위기중에 그리고 위기가 지나간 후에 지속될 수 있는 불안과 두려움 그리고 다른 불확실한 것을 줄이는 것이다.
- 사람으로 하여금 앞으로 다가올 위기를 예상하고 다루는 것을 좀 더 잘 준비하도록 위기를 다루는 기술을 가르치는 것이다.
- 사람으로 하여금 위기로부터 배우고 결과적으로 성장하기 위해 위기에 관한 성경적인 가르침을 생각해보도록 하는 것이다.

위기 상담자는 모든 사람들을(또는 집단과 가족을 포함해서) 같은 방법으로 상담해서는 안 된다. 위기 중재에 관한 연구조사를 자세히 살펴보면 위기의 특성에 따라 접근방법이 결정된다는 것을 발견하게 될 것이다. 토네이도 폭풍으로 인해 집을 잃게 된 위기, 자살한 청소년 딸을 잃게 된 위기, 그리고 심한 자동차 사고를 당하게 된 위기는 서로 다르다.[7] 덧붙인다면 적응능력, 습관적인 대처 방법, 새로운 적응 기술을 터득하는 능력, 육체적이고 정신적인 끈기, 또는 감정적이고 영적인 성숙도와 같은 개인적인 차이가 있다. 어떤 사람은 낙천적이어서 위기의 한가운데서조차 유머를 잃지 않는다. 어떤 사람은 비관적이어서 쉽게 부담을 갖는다. 어떤 사람은 독립적인 것에 대하여 자부심을 갖는 반면 어떤 사람은 지나치게 의존적이다. 어떤 내담자는 위기에 대하여 토론하고 위기의 의미를 이해할 수 있다. 또 어떤 사람은 너무 마음이 혼란스러워서 분명하게 생각할 수 없거나 이성적인 판단을 할 수 없다.

이러한 차이와 함께 상담자는 위기를 여러 가지 방법으로 중재할 수 있다. 다음은 정신건강에 비상사태가 벌어질 때 일차적으로 심리적인 도움을 주기 위한 방법들이다.

1. 관계를 형성할 것

위기에 처해 있는 사람들이 도움을 청하기 위해 상담자에게 항상 오는 것은 아니다. 상담자와 다른 돌보는 사람에게는 아마도 다른 사람에게 다가가서 상담자의 따뜻함과 이해, 그리고 진정으로 관심을 가지고 있다는 것을 보여주는 것이 더 일반적일 것이다.[8] 상담자가 행동에 옮기기 위해 어떤 것을 제안하기 전에 내담자의 관심과 생각의 핵심을 이해할 수 있을 정도로 주의 깊게 경청하는 것이 중요하다. 종종 들어주고 이해해주는 다른 사람의 존재는 위기에 처해 있는 사람이 가장 필요로 하는 것이다. 만약 내담자가 현실과 동떨어진 생각을 하거나 환상과 자기 생각에 몰두해 있거나 깊은 생각에 빠져 있다면 현실로 돌아올 수 있도록 토론을 시도해볼 필요가 있다.

눈 마주침은 내담자를 안심시키며 감동시킬 수 있다. 대화가 없더라도 그러한 접촉과 다른 형태의 신체적 접촉은 돌봄과 안심, 그리고 희망과 편안함을 전달할 수 있다. 그러나 다른 문화에서는 직접적인 눈 마주침과 접촉이 강한 금기사항이라는 것을 기억해야 한다. 껴안는 것은 많은 문화에서 일반적인 인사형태다. 그러나 다른 문화에서는 악수조차 같은 동성간으로 제한한다. 상담에서 내담자가 육체적인 접촉의 의미를 잘못 오해하고 상담자가 전혀 의도하지 않은 성적인 뜻으로 받아들이지 않게 하기 위해 최근까지 육체적인 접촉을 못하게 했다. 그렇다 하더라도 우리 대부분은 "환자에 대한 자극, 또는 오해의 위험 때문에 어떠한 접촉도 하지 않는 것은 불필요한 과잉반응이다"[9]라고 제안하는 상담자의 의견에 동의할 것이다.

문화에 따라 대부분의 사람들에게 접촉은 위로와 치료, 그리고 용기를 줄 수 있다. 상담자는 육체적인 접촉의 가치와 위험성에 대하여 인식하고 있어야 한다. 그런 다음 자신의 접촉이 오해를 살 수 있는지, 아니면 내담자에게 도움이 될 수 있는지 판단해야 한다. 바로 전에 제안한 것처럼 접촉하고 껴안는 것에 대한 이유에 대하여 스스로에게 질문하는 것이 도움이 된다. 이 접촉이 내담자의 요구보다는 오히려 상담자의 관심과 성적인 요구로 이루어지는 것인가? 접촉하는 것이 관계를 형성하고 지탱해주기 위한 가장 좋은 방법이 될 수 있을지라도 어느 누구에게나(당신을 포함해서) 접촉은 이러한 일반적인 규칙에 의해 이루어져야 한다. 주저하면서는 하지 말아야 한다!

2. 불안을 줄일 것

상담자의 침착함과 편안한 태도는 특히 이러한 평온이 자신감 회복과 동반될 때 내담자의 불안을 감소시킬 수 있다. 내담자가 상황을 설명할 때 참을성을 갖고 주의깊게 경청하고 항상 위기를 동반하는 불안감과 다른 감정들을 말할 수 있도록 격려하여야 한다. 위안을 주는 사실("이 문제를 다루는 방법이 있습니다")을 제시하고 일이 잘되면 칭찬의 말("내가 생각하기에 좋은 결정입니다 – 그 결정은 올바른 방법으로 보입니다")을 하도록 하며, 내담자의 관점이 지나치게 비관적이거나 왜곡된 것처럼 보이면 부드럽게 다른 해석을 제시하고("아마도 제가 이 상황에 맞는 다른 방법을 제시할 수 있을 것 같습니다") 가능한 무슨 일이 일어날지 미리 예측하도록 도와야 한다(그것은 매우 힘들 것이라는 것을 저도 잘 알고 있습니다. 그러나 당신은 이것을 다룰 수 있다고 생각합니다). 내담자의 불안을 불필요하게 상승시키지 않으면서 솔직하게 질문에 답할 수 있어야 하고, 만약 심각한 상처를 받은 사람이 있다면, 이렇게 말할 수 있을 것이다. "제가 당신이 받은 상처의 정도를 아직 모르지만 당신은 좋은 의사들의 도움을 받고 있습니다. 그들은 모든 것을 검사하고 있으며 당신은 그들이 당신을 도울 수 있는 모든 방법을 강구할 것이라는 것을 확신할 수 있을 것입니다." 이것은 불안감을 증가시키지 않고, 잘못된 희망을 갖지 않게 하는, 솔직하며 자신감을 되찾게 하는 진술이다.

종종 내담자로 하여금 최소한 일시적이라도 긴장되는 상황을 없애게 하는 것이 중요하다. 예를 들면 걱정스러운 내담자를 긴급한 곤경의 상황으로부터 벗어나서 조용한 곳으로 가게 하거나 한 잔의 커피를 마실 수 있도록 이동하게 하는 것이 도움이 된다. 만일의 경우에 대비하여 긴급한 곤경의 상황을 지키는 사람이 당신이 사라진 곳을 반드시 알도록 해야 한다. 때때로 당신은 내담자에게 심호흡을 하게 하며 간단한 산보 및 의식적으로 근육을 이완시킬 수 있도록 권하고 싶을 것이다. 고린도전서 10장 13절과 같은 잔잔한 효과를 줄 수 있는 성경 구절이 도움이 될 수 있다. 불안을 감소시키기 위한 이러한 방법들이 내담자로 하여금 함정에 빠진 느낌을 받게 하거나 숨막히게 할 정도로 지나치게 많이 사용될 수도 있다. 그러나 이 모든 방법은 긴장을 감소시키며 위기 문제를 좀 더 쉽게 건설적으로 다룰 수 있게 한다.

3. 문제의 핵심에 초점을 맞출 것

위기 상황에는 많은 혼란과 잠재적인 문제 그리고 결단의 압박으로 인해 쉽게 눌릴 수 있다. 객관적인 제3자로서 당신은 내담자가 특별한 문제에 우선 직면하고 직접적인 문제가 해결되기 위해 필요한 것을 결정하도록 도움을 줄 수 있는 좋은 위치에 있다. 과거를 논쟁하거나 앞으로 일어날 미래에 대하여 생각하기보다는 현재 상황에 초점을 맞추도록 한다.

때때로 시작 단계에서는 특별히 당신이 내담자를 위해 결정을 해야만 하는 경우가 있을 수 있다. "다른 의사에게 가서 봅시다", 또는 "내일 아침에 비행기를 타고 그곳에 갈 필요가 있습니다"라는 언급은 내담자에게 때때로 필요한 직접적인 의견이다. 종종 이러한 언급은 위기에 처한 사람에게 돕는다는 사실이 분명해지는 느낌을 갖게 한다. 그러나 매우 조심스럽게 권하여 조종하는 것이 되지 않도록 주의해야 한다. 항상 내담자를 주의깊게 관찰하고 경청하며, 내담자가 할 수 있거나 나중에 당신이 거절할 방법들은 피하도록 한다.

4. 자원을 평가할 것

상담자가 자진해서 도움을 주려는 것은 위기 상황에 있는 내담자를 위해 중요한 자원이다. 그러나 다른 것도 존재한다. 상담자가 옆에서 도움을 주고 있는 것에 대하여 안전함을 느끼는 내담자도 있지만 또한 함께 위기를 도울 수 있는 과정을 좀 더 효과적으로 다룰 수 있는 다른 사람과 다른 자원을 찾는 것이 의미가 있을 수도 있다.[10]

(a) 영적인 자원 : 기독교 상담자는 위로를 주는 말씀과 성경의 약속 외에 내재적인 실재에 대한 통찰과 성령의 인도하심을 결코 놓쳐서는 안 된다. 이러한 것들은 위기상황에서 큰 힘과 지침의 근원이 될 수 있다. 어떤 상담자는 성경을 상담자의 생각대로 내담자가 움직여지도록 내담자를 밀어붙이거나 조종하기 위한 도구로 사용한다. 이것은 도움도 안 되며 윤리적이지도 않다. 그보다는 성령이 바라는 대로 말씀이 내담자의 삶 속에서 사용되어 성경 말씀이 진리로 나타나야 한다.

(b) 개인적인 자원 : 내담자는 위기 시 때때로 지나치게 의존적이 된다. 잠시 동안 다른 사람을 신뢰하는 것은 필요하기도 하며 안정시키는 힘이 될 수 있다. 그러나 상담 과정에서는 빨리 내담자의 내적인 능력을 강조하는 것이 좋다. 대부분의 사람들은 위기를 통해 성장하는 데 도움을 줄 수 있는 지적인 역량과 능력 그리고 과거의 경험과 도움이 되는 태도 또는 동기를 지니고 있다. 그러므로 이러한 자원을 목록화하고 내담자를 잘 알고 있는 다른 사람으로부터 들은 이야기를 내면화하도록 내담자에게 요구하여야 한다. 이러한 것들 중 일부를 스스로 상기하면서, 당신이 현실적이라는 것을 확인하도록 하라. 과거 위기에 성공적으로 대처했을 때의 내담자의 능력과 기억들을 간단하게 목록화하는 것은 자신감을 되찾게 하며 도움이 될 수 있다.

(c) 대인관계의 자원 : 이미 관계망이 자연스럽게 움직이고 있을지라도 종종 위기 상황에 있는 사람은 좀 더 활성화될 필요가 있다. 가족 구성원, 친구들, 직장 관계자들, 교회 사람들, 그리고 사회에서 만난 사람들은 종종 그들이 필요하다고 인식되면 열심히 돕는다. 위기 상황에 있는 동안 기도를 부탁받을 수 있으며 경제적인 도움이나 다른 실제적인 도움의 부탁을 받을 수 있다. 만약 내담자의 삶에서 중요한 다른 사람을 알지 못한다면 접촉해야 할 사람에 대하여 물어보도록 한다.

때때로 내담자는 어느 누구하고도 만나고 싶지 않을 수 있다. 어떤 사람에게는 사회적 지지가 커다란 치료적인 가치가 있다는 것을 알지만 도움을 받아들이는 것이 어려울 수도 있다. 내담자가 다른 사람에게 부담 주는 것을 원하지 않는다면, 상호간에 의존하는 것이 중요하다는 것과 친구들이 도울 수 있을 때 그들을 찾아가는 만족감에 대해서 이야기하도록 한다. 어떤 사람들은 위기와 함께 오게 되는 돌봄에 대하여 당황해한다. 상담자는 이 사실에 대하여 주의를 기울여야 한다. 그들은 자신들이 도움을 받을 수 있다는 생각에 대하여 위협감을 느끼며 때때로 도울 수 있는 다른 사람들을 끌어들이는 상담자의 시도에 대하여 화를 내기도 한다. 상담자가 지원하지 않고 가능한 언제든지 누가 다른 사람으로부터 도움을 찾도록 격려할 수 있는지 이 모든 것을 내담자와 토론하는 것이 중요하다. 지지해주는 관계망이 없다면 발전적인 차원에서 내담자를 인도하라. 위기 상담에서 그 위기에 관심을 갖고 있는 사람의 도움이나 돕기를 원하는 다른 사람의 도움을 내담자와 연결시켜주기에는 상담자의 영향력이 상당히 약할 수 있다.

큰 가치가 있음에도 불구하고 때때로 밖에서 오는 지원이나 도움이 당신이 기대한 것보다 적을 수 있다. 다른 사람에게 너무 많이 의존하게 되면 내담자는 성장과 멀어지는 '아무것도 할 수 없는' 태도로 변하게 된다. 이것은 대부분 효력이 나타나게 하기 위해 가족 구성원이 의도를 갖고 지나치게 관여될 때 그럴 수 있다. 숨 막히게 만드는 것이 아니라 지지해주는 것이라는 사실을 도움을 주려는 사람들에게 확인시켜야 한다.[11]

(d) 목회적인 자원 : 이것은 위에서 언급한 부분과 중복되지만 목회자의 특별한 조력은 위기 중재에 대한 세속적인 토론에서조차 자주 주목을 받는다.[12] 목회적 위기 중재는 일반적인 위기 중재보다 더 영적이거나 종교적인 훈련으로 이루어진다. 목사는 목회적인 돌봄과 영적인 중재 그리고 완전히 혼란스러운 상황에서 의미를 가져올 수 있는 신앙 체계와 신앙인의 공동체 안에 있는 지지적인 자원을 통합하는 전문적인 상담 지식을 제시할 수 있다. 고통이 개인의 일반적인 기능에서 중요한 상실과 가치의 위기, 믿음의 위기, 또는 더 구체적이고 객관적인 침해이든 그렇지 않든 간에 목회자가 인간의 고통을 감소시킬 수 있는 더할 나위없이 가치 있는 자원임에도 불구하고 너무 자주 목회자가 정신건강 전문가와 다른 위기 상담자들에 의해 무시되고 있다.[13]

(e) 추가적인 자원 : 모든 공동체는 위기 상황에서 가능한 합법적이고 의료적이며 심리학적이고 경제적이며 교육적인 도움의 자원이다. 때때로 내담자는 돈과 일시적으로 살 수 있는 장소, 어린아이들을 돌볼 수 있는 사람, 준비된 식사, 또는 다른 실제적인 도움의 자원을 필요로 한다. 상담자는 내담자가 이러한 자원을 찾을 수 있도록 도움을 줄 수 있다. 그리고 때때로 자원들이 신앙인의 육체적인 도움을 통해 얻어질 수 있다.

5. 중재를 계획할 것

문제를 평가하고 가능한 자원을 생각한 다음 위기를 넘길 수 있는 행동 과정을 결정해야 한다. 상담자와 내담자가 함께 가능한 것을 생각할 수 있으며 선택할 수 있는 행동 과정을 목록화할 수 있다. 이 계획이 얼마나 현실성 있는 것인가? 우선적으로 해야 할 것은 무엇이며, 두 번째로 해야 할 것, 그리고 그 다음에 할 것은 무엇인가?

어떤 내담자는 이러한 결정을 하는 데 어려움을 가지고 있다. 상담자의 목적은 이미 중압감에 처한 사람을 더 억압하는 것이 아니다. 내담자에게 너무 어려운 결정을 하도록 강요하는 것이 목적이 아니다. 그러나 내담자가 누군가에게 그들의 문제를 해결하게 하여 의존적이 되도록 이끌어가지 말아야 한다. 부드러우면서 단호하게 상담자는 내담자가 계획을 세우고 이전의 계획이 성공적이지 않았다면 더 좋은 방법을 생각하도록 도울 수 있다.

6. 행동을 격려할 것

사람들은 어떤 행동을 결정할 수는 있으나 어떻게 시작해야 할지 불확실하거나 또는 계획을 가지고 어떻게 앞으로 움직여나가야 할지 두려움을 가지게 된다. 행동에 옮긴다는 것은 항상 위험성이 존재한다. 특히 직장을 옮기거나 직업을 바꾸는 것과 같이 행동이 중요한 삶의 변화를 내포하고 있다면 실패의 가능성과 나중에 오게 되는 후회가 있을 수 있다. 상담자는 행동을 취해야 하는 내담자를 격려할 필요가 있다. 내담자에게 행동 과정을 평가하고 필요하다면 더 나은 행동을 취하기 위해 계획을 수정할 수 있도록 도와야 한다.

제시되는 다음 사항들을 마음에 새겨두는 것이 도움이 될 것이다.

- 문제를 경청하고 배우라.
- 되도록이면 취할 수 있는 행동 대안들을 종이에 작성해보라.
- 행동 과정을 내담자와 결정하라.
- 어떻게 이 행동을 취할 수 있는지에 관한 실제적인 사항을 토론하라.
- 행동에 착수하게 되면 내담자에게 용기를 주고 책임이 있게 행동하게 하라.
- 행동 결과에 대하여 평가하라.
- 평가를 근거로 선택한 과정을 계속 진행하거나 이전의 단계를 반복하라.[14]

어떤 상황에서는 행동을 취했음에도 불구하고 위기가 결코 완전하게 해결되지 않는 경우도 있다. 죽음으로 인해 사랑하는 사람을 잃게 되고 불치의 병이라는 것을 발견하게 되거나 중요한 승진 심사에서 탈락한다면 위기가 지속적인 변화를 가져올 것이다. 이와 같은 위기 상황에서 내담자가 상황을 솔직하게 직면하고 인식하며, 감정을 표현하고, 삶의 방법을 재조정하며, 현실적으로 미래를 위한 계획을 세우며(위에서 언급한 사항을 활용하여), 하나님이 그의 주권 속에서 우리의 고통을 아시고 돌보신다는 인식 속에서 편해질 수 있도록 도움을 받아야 한다. 모든 위기 속에서, 그러나 지속적인 변화 시기에 특별하게 필요할 때면, 언제나 그리고 어떻게라도 진실하게 배려하고 지지하며 기도하는 친구들이 있다면 그것은 큰 도움이 된다.

7. 희망을 불어넣을 것

모든 상담에서 내담자가 미래에 대하여 현실적으로 희망의 가능성을 느낄 수 있다면 발전의 여지가 더 많을 수 있다. 희망은 좀 더 상황이 좋아질 것이라는 믿음에 근거하기 때문에 고통을 경감시킨다. 희망은 우리로 하여금 절망하지 않도록 도우며 위기 상황에 직면하도록 힘을 준다.

기독교 상담자는 다음의 몇 가지 방법을 활용하여 희망을 불어넣을 수 있다. 첫째, 변하지 않는 하나님의 말씀에 근거한 성경의 진리를 공유할 수 있다. 이것은 하나님에 대한 신앙을 자극하여 희망을 불어넣는 접근이다. 이것은 상담자가 성경에 정통하고 자신이 하나님과의 관계 안에서 성장하고 있을 때 가장 효과적인 방법이다. 둘째, 내담자는 자기 좌절 논리와 자기 어투를 관찰하도록 도움을 받을 수 있다. '나는 결코 좋아지지 않을 것이다' 또는 '이보다 더 나쁠 수는 없을 것이다'와 같은 생각은 내담자의 생각을 위기와 방해의 시기로 접어들게 할 수도 있다. 이와 같은 생각은 서서히 바뀌어야 한다. 결코 좋아지지 않을 것이라는 결론에 대한 증거가 어디 있는지 질문했는가? 어떤 것이 더 희망적인 결과를 위한 증거가 될 수 있을까? 셋째, 상담자는 내담자로 하여금 어떤 행동을 착수하게 할 수 있다. 최소한의 활동을 통해서도 어떤 것이 진행되고 있다는 희망을 가질 수 있으며 그저 앉아서 아무것도 하지 말도록 강요당했던 허리케인 휴고(Hugo)의 희생자들처럼 내담자가 무력하다는 느낌을 받지 않게 된다. 특히 활동을 통해 분명하게 애쓸 가치가 있는 어떤 것이 이루어진다면 행동을 취하는 것은 희망을 일깨울 수 있다.

8. 계속해서 관심을 가질 것

위기 상담은 항상 단기간에 이루어진다. 위기의 심각성에 중점을 둔다면 1회 또는 2~3회 후에 내담자는 일상생활로 돌아가게 되며 상담을 받으러 다시 오지 않을 것이다. 그렇다면 그 다음에 찾아오는 위기에 대해서는 어떤가? 중요한 위기가 지나간 지금 만족하게 살아갈 수 있을까? 이러한 쟁점들은 전화 또는 방문을 통해 계속해서 관리할 수 있는 상담자에게 달려 있다. 종종 기념일에 찾아가 만나는 것이 도움이 될 수 있다. 때때로 사람들은 사별한 사람의 생일, 위기가 시작된 지 한 달 또는 일 년 후, 일반적으로 가족들이 함께 있는 공휴일 같은 날 과거의 감정과 불안감이 밀려오는 경험을 맞게 된다. 상담이 더 이상 필요하지 않더라도 이와 같은 후속조치는 용기를 북돋아줄 수 있으며 내담자로 하여금 누군가가 여전히 돌보고 있으며 잊어버리지 않고 있다는 생각을 하게 한다.

9. 위탁할 것

상담자의 최선의 노력에도 불구하고 중재 절차가 효과적이지 못할 때가 있다. 그럴 때는 위탁하는 것이 가장 좋은 도움이 될 수 있다. 이것은 앞의 장에서도 논의되었던 것이다. 그러므로 여기서는 단지 능력이 있을지라도 상담자가 모든 사람을 도울 수는 없다는 진리를 말하고자 한다. 특히 다른 돕는 사람이 더 잘 제공해줄 수 있는 특별한 인도와 전문가적 지식을 필요로 하는 경우 때때로 위탁이 위기에 있는 내담자를 위해 가장 적절한 도움을 줄 수 있는 좋은 방법이 될 것이다.

이 장에서 이루어진 대부분의 토론은 상담자가 개인 또는 가족과 같은 몇몇 사람들로 구성된 집단이 위기에 대처하도록 돕는 것을 가정하였다. 큰 집단에 영향을 미치는 위기의 경우도 똑같이 적용된다. 지진이 전 지역을 흔들고 강물이 범람하여 길과 집들을 휩쓸어갔다면 위기는 상담자를 포함하여 수천만 사람들에게 닥쳐올 수 있다. 처음에는 희생자들이 용기와 열정으로 다른 사람들을 도우려고 애쓸 것이다. 그러나 최소한 처음에는 도움을 줄 외부 원조나 사람들이 없기 때문에 이러한 효과는 특별히 대단한 힘을 발휘한다. 전기가 끊기고 전화가 연결되지 않고 의사소통하는 데 장애를 받으며 물이 나오지 않고 가족들이 서로 헤어지게 되면, 특히 사람들이 상처를 입거나 의료적인 도움을 받을 수 없게 되면 위기는 더욱 더 강렬해지며 분열이 생긴다. 이러한 위기는 일반적으로 재해라고 말한다. 개인적인 위기처럼 재해도 예고 없이 찾아오며 대부분의 사람들이 준비 없이 맞이하게 된다. 우리는 다음 장에서 좀 더 자세하게 이러한 큰 규모의 위기에 대하여 이야기하게 될 것이다.

- **위기 예방**

우리가 살펴본 대로 어떤 위기는 예견된 것인 반면에 어떤 위기는 기대하지 않게 다가온다. 첫 번째의 경우는 미리 준비하는 것이 도움이 된다. 그러나 분열시키는 사건이 불가피하다는 것을 인식하고 있을지라도 많은 사람들은 아무런 준비를 하지 않는다. 어떤 사람들은 걱정으로부터 스스로 방어하기 위해 현실을 부정하는 방법으로 자신의 삶을 이끌어간다. 또 다른 사람들은 아마도 위기가 일어나지 않을 것이고 혹 위기가 닥치더라도 예견한 만큼 그렇게 나쁘지 않을 것이며 '우리는 다른 사람들처럼 그렇게 많은 영향을 받지 않을 것이다'라고 생각하고 준비할 것이 없다고 확신한다. 사람들은 위기가 올 것이라는 데 동의한다. 그러나 무엇을 해야 할지 아무런 생각이 없어서 아무것도 하지 않는다. 이러한 사람들은 도움이 있을 수 있다는 것과 위기를 예방할 수 있는 행동이 있다거나 인터넷이나 사회와 정부기관을 통해 위기 예방 정보를 받아볼 수 있다는 생각을 하지 못한다. 사람들은 개개인의 성격에 따라 다르게 위기에 반응한다. 어떤 사람은 위기가 곧 닥칠 것 같으면 두려움과 공포로 반응하는 반면 어떤 사람은 기회를 잡기 위해 결단하고 위기를 극복하며 아무 일이 일어나지 않기를 바란다. 이러한 차이는 어느 정도 과거 경험을 반영한다. 이전에 허리케인 재해에서 모든 것을 잃은 가족은 한 번도 그렇게 강력한 태풍을 경험하지 못해서 경고를 무시하는 다른 가족과는 다르게 다른 태풍이 오면 사전대책을 세울 것이다.

상담자가 위기를 예방하는 데 도움을 줄 수 있는 몇 가지 방법을 제시하면 다음과 같다.

- 내담자와 다른 사람들이 다가오는 일에 대하여 알 수 있도록 돕는다. 예를 들면 부부가 무슨 일이 일어날지 인식하기 전에 상담자는 결혼이 해체되어가는 징후를 관찰할 수 있을 것이다. 특히 이러한 징후가 입증되고 충고가 심각한 위기 반응을 예방하는 행동으로 이끌어진다면 충고를 주는 것이 도움이 될 수 있다.
- 때때로 사람들은 의사소통, 대인관계, 스트레스 관리, 자기 조절 그리고 돈 관리하는 방법과 같은 기술들을 터득하도록 요구받는다. 이러한 것들이 적절하게 활용되면 문제들을 피할 수 있거나 충돌을 줄일 수 있다.
- 환경적인 스트레스를 다루고 극도의 피로와 고갈 상태, 조절되지 않는 빚 또는 지나친 걱정을 막기 위해 행동을 취하도록 도움을 받을 수 있다. 어떤 경우에는 사람들이 육체적인 도움을 필요로 할 수도 있다. 예를 들면 태풍이 왔을 때 자신의 집에서 다른 곳으로 이동하거나 학대받는 사람을 안전한 곳으로 대피시키는 것이다.
- 종종 정보가 도움을 주기도 한다. 혹 파괴적인 힘을 행사할 수 있는 혹독한 날씨가 예상되면 끊임없이 방송이 날씨에 대한 최신 정보와 방어할 수 있는 행동을 취하기 위한 방안을 제시해줄 것이다.
- 모든 위기 상황과 사회적 지지 그리고 영적인 자원으로 사람들은 앞으로 다가올 것을 예상할 수 있게 되며 이것은 종종 위기가 닥쳤을 때 정신적 충격을 가라앉힌다.
- 상담자와 구조자는 위기 예방과 대책을 위해 교육받을 기회를 얻을 수 있다. 공립학교에서의 소방훈련과 같이 사회는 때때로 중요 사람들로 하여금 만약의 비상사태에 해야 할 사항을 준비하도록 비상사태 준비 세미나와 활동 작업을 계획한다.
- 스트레스를 최소화하기 위한 실제적인 방법을 발전시키고 교육시킬 수 있다. 이것은 큰 재해가 발생할 경우 모든 사람들이 이해하는 비상사태 피난 계획을 세우고 필수품을 비축하고 안전 절차를 잘 파악하며 가족 구성원과 연결하고 의사소통하기 위한 계획을 미리 확립하는 것이다. 이것 중에 어떤 것은 스트레스 예방 훈련이라고 하는 것이다. 그것은 사람들에게 주변 상황을 평가하고 새로운 기술을 배우며 예행연습을 함으로써 모든 사람들이 실제 위기가 발생할 때 준비하는 것처럼 긴장하도록 이전의 경험을 할 수 있는 방법을 가르치는 것이다.

사람들은 예방이 현명한 것이며 혹시라도 약하다거나 믿음이 부족하다는 것을 의미하지 않는다는 사실을 받아들일 필요가 있다. 사람들은 특히 준비하는 것이 그들의 남성다움을 부정하는 것을 뜻하지 않는다는 사실을 받아들일 필요가 있다. 뉴욕에서 일어났던 9·11 테러 이후 한 광고 캠페인을 통해 정신적 외상 후의 스트레스가 일반적이고, 도움을 구하는 것이 이례적인 일이 아니며 약하다는 것을 나타내는 것도 아니라는 사실을 사람들에게 알렸다. 또 다른 캠페인은 모든 사람이 우울증을 경험할 수 있으며 상담이 우울증에 대응하기 위해 현명하고 건강한 방법이라는 것을 강조했다. 어떤 상담자는 다음과 같이 말하고 있다. "도움이 필요하다는 것을 인정한다고 해서 남성이 힘이 없거나 여성들처럼 약해서가 아니라는 것과 우리는 남성들이 자신의 감정과 느낌을 잘 살피려고 한다면 더 좋은 사람이 될 수 있다는 것을 우리는 남성들에게 말해야 한다." 이러한 교육적인 노력과 함께 모든 주민들은 나중에 오게 될 문제와 위기로 인해 나타나는 반응을 예방하기 위해 도움 받는 것을 받아들였다.[15]

회복력

사람들은 수세기 동안 위기에 직면하면서 살아왔으며 친구들과 친척 그리고 영적인 충고자들이 오늘날과 마찬가지로 옆에서 도와왔다. 이러한 모든 위기 중재는 위기의 특성과 효과적인 도움의 방법에 관하여 많은 것을 우리에게 가르쳐왔다. 그러나 한 가지 개념은 최근까지도 간과되었던 것 같다. 고통과 걱정 그리고 외상 후 스트레스가 일반적이고 중재의 핵심으로 나타나지만 이중에서 회복력만큼 중요한 것도 없다. 이것은 효과적으로 대처하고 적응하며 평정을 유지하고 위기와 다른 중요한 긴장되는 삶 속에서 목표를 향해 나가는 인간의 능력이다.

몸의 기능을 증대시키는 연구는 회복력의 특징을 설명해주며 위기와 재난 그리고 다른 긴장 시기에 사람들을 적응하도록 도와주는 세 가지 주요 특성이 있다는 것을 보여주고 있다.[16]

- 인격적인 특성은 긍정적인 생각과 바람직한 문제 해결 기술, 유능하고 낙관적이며 훌륭한 지적인 기능, 긍정적인 자기 존중, 좋은 자기통제와 자기조절 능력, 미래에 대한 낙관적인 기대 그리고 성공적으로 긴장 상황에 대처할 수 있는 자기 효능감이다.
- 가족 환경은 회복이 빠른 아이들과 어른들이 따뜻하고 애정 어린 가족과 구조적이고 안정된 가정을 가지고 있으며 초기 돌보는 사람과 좋은 관계를 형성하고 있으며 좋은 양육을 받았다는 것을 의미한다.
- 폭넓은 관계적 변수란 가족 외의 긍정적인 지지와 현재 또는 과거에 경험했던 좋은 역할모델, 공동체 일원으로서의 느낌, 그리고 확대된 가족과의 연결고리와 가정 외의 지지망을 포함한다. 공동체 안에서 위기와 재난을 통해 사람들을 인도하는 도움을 주는 좋은 지도자가 있다는 것을 감지하는 것은 개개인에게 도움이 될 수 있다.

미국심리학회의 교육 프로그램인 '회복력으로의 길(Road to Resilience)'에 의하면 회복력은 어떤 사람은 갖고 있고 어떤 사람은 부족한 그런 선천적인 특성이 아니다.[17] 그것과는 반대로 회복력이란 모든 사람이 지니고 있으며 모든 사람이 훈련을 통해 강화할 수 있는 정신적인 힘이다(위에서 언급한 세 가지 특성이 없는 사람들에게는 힘들 수도 있다). 회복력을 형성하는 목적은 젊은 사람들에게 매일 나타나는 일상적인 걱정에 대처하도록 돕기 위한 것이며 정신적으로 충격적인 중요한 사건에 대처하기 위한 의미를 갖는다. 어린아이들은 친구를 갖게 되고 또 자신이 친구가 되어, 그리고 자신이 할 수 있는 한 최대한으로 자신의 행동에 대한 책임을 지며, 새로운 목표를 세우고 그 목표에 도달하기 위한 계획을 세우고, 자신의 상황에서 밝은 면을 찾아보고, 스스로 신뢰함으로써 자신의 회복력을 형성하고 연습하도록 배우는 것이다. 초기 연구는 성인과 특히 어린아이들이 위기가 닥칠 때 실제적으로 영향을 줄 수 있는 행동을 배울 수 있다는 것을 보여주고 있다.

회복력과 관계된 연구는 외상 이후의 성장(Post-Traumatic Growth) 분야의 연구다.[18] 회복력이 있는 사람은 역경에도 불구하고 위기와 정신적 충격에 적응한다. 외상 이후의 성장(PTG)은 위기 이후에 나타나며 회복력을 보여준 사람에게나 그렇지 않은 사람에게 모두 나타난다. PTG는 위기를 이기고 살아남은 결과로서 삶에 대처하기 위한 능력을 보여주는 어른에게서 대부분 나타나는 보다 상황을 좋게 하기 위한 변화다. 뉴욕에서 테러리스트 공격 이후에 두드러진 변화가 있었는데 최소한 일시적으로라도 사람들이 평화 속에서 좀 더 침착해지고 친절하며 신중해졌으며 광란적인 모습이 줄어들었다. PTG는 앞으로는 좀 더 익숙한 개념이 될 것이다. 그러나 상담자에게는 아마도 많은 사람들이 위기로 인해 고통스러워하지만 결과적으로 더 강하고 더 나은 사람이 된다는 것을 인식하는 것이 필요하다. 이것은 고통의 장점에 관한 실제적인 보고와 성경적인 가르침과 일치한다. 위기가 발생하면 그것은 고통스러운 것이지만 그 결과는 긍정적일 수 있다.[19]

지속적인 위기

우리는 대부분 위기를 우리 삶 속에 들어왔다가 사라지는 단기 사건으로 생각한다. 그러나 어떤 사람들은 결코 위기가 사라지지 않고 지속되는 상황에서 생활하며 활동한다. 예를 들면 메리카는 걱정과 끊임없는 위기에 처해 있는 난민자에 의해 둘러싸여 생활하고 있는 난민 구조자다.

> 내가 충분한 잠을 자본 지도 5주가 지났다. 내가 밤에 잘 수 있는 시간은 하루에 3~4시간 정도다. 캠프 밖의 도로는 반군의 손에 있던 난민자들의 행렬로 밤에도 계속해서 소란스럽다. 그들은 울면서 그리고 죽음을 무릅쓰고 죽어가는 아이들과 몹시 지친 부모들이나 아주머니 또는 형제들을 끌며 온다. 어떤 사람들은 수족을 잃었고 어린아이들이 무례하게 술에 취한 상태에 있기도 하다. 여성들과 여자 아이들 대부분은 한 번 이상 성폭행을 당했다. 공기는 먼지 아니면 진흙으로 가득 찼으며 때때로 먼지와 진흙이 동시에 엉켜져 있다. 내 침낭은 지금은 갈기갈기 찢어졌지만 그것은 거의 문제가 되지 않는다. 나는 침낭에서 보내는 시간이 많지 않다. 나는 지금 진지하게 생각할 여유가 없다. 어느 날이 이날인지 기억하는 것이 힘들 정도다. 내가 오늘 난민보호소에 들어간다는 것을 들었고 여기 많은 사람을 위해 의약품이 충분하지 않다는 것을 이미 알고 있다. 나는 배와 등 그리고 다리가 아프다. 때때로 나는 내가 말라리아에 걸리지 않았는지 아니면 무엇인가 잘못된 것은 아닌지 의심해 본다. 트래시는 어제 나에게 내가 스트레스로 인해 너무 많이 고통스러워하고 있다고 말했다. 아! 그녀가 무엇을 기대했을까? 피크닉인가? 그래 가자, 다음 기회에 낙원으로.[20]

난민 수용소에서 도움을 기다리는 사람들과 메리카와 같은 난민 구조자들만이 유일하게 지속적인 스트레스와 위기를 갖고 사는 사람은 아니다.[21] 그밖에 정치적인 이유로 고문을 받으면서 두려움과 함께 살고 있는 정치적인 포로자[22], 위험한 환경에서 봉사하고 있는 선교사들[23], 성적으로 착취당하는 어린이들과 계속적으로 성적으로 학대받으며 살고 있는 성인들[24], 지속적으로 예측할 수 없는 생명을 위협하는 폭동 사건에 열중하면서 사는 군 요원들[25], 소위 '군인 아내'로서 전투 부대와 복종에 강제로 투입되어 성적으로 착취당하는(어림잡아 80개국 이상의 나라에 최소한 30만에 달하는) 어린이들[26], 전쟁 지역의 시민들, 아마도 난민촌에서 간신히 생존하고 있는 잊혀진 수많은 사람들[27], 그리고 세계 대도시에서 무리를 지어 지하철역에서 이웃으로 살고 있는 노숙자들[28]과 같은 다양한 사람들이 거기에 포함된다. 만약 매일같이 심한 스트레스를 받는 직업을 갖고 일하는 사람들 또는 매일 아침 학교에 가는 것을 두려워하면서 깨어나는 어린이들을 합한다면 그 숫자는 늘어나게 될 것이다.

우리에게는 이와 같은 집단의 다양한 요구를 토론할 공간이 허락되지 않으며 진정한 지원을 가져다주기 위해 우리의 상담 방법론을 적용시키는 방법을 명시할 수도 없다. 선진국 정신건강 전문가에 의해 개발된 서구의 방법을 지진이나 난민 수용소 한가운데에서 적용하는 것은 어렵거나 불가능할 수 있다. 그렇다면 어떻게 우리의 접근을 다양한 민족에게 적용할 것인가? 가장 흥미롭고 도움이 되는 적용 중 하나는 세계에 걸쳐 있는 국제적 차원의 월드비전 조직망과 연결하여 인도주의적인 입장에서 일하고 있는 사람들이 이루어낸 것이다. 월드비전은 지속적인 위기에 처해 있는 희생자들을 돕기 위한 방법에 대한 연구뿐만 아니라 극도로 지속적인 스트레스 조건 속에서 애를 쓰고 돕고 있는 월드비전 종사자들과 자원 봉사자들의 강한 헌신을 보여주었다. 여기에 종사하는 사람들은 규칙적인 운동과 쉬는 시간을 갖고(이것은 실천하기 가장 힘든 것이다), 완전 탈진 상태를 미리 인식하여 이것을 막기 위한 행동을 취하고 명상과 기도와 예배를 위한 시간을 갖는 등 정신건강을 위한 원리를 인식하고 그렇게 실행하고 있다. 그러나 가장 중요한 것은 다른 사람과의 관계를 강하게 발전시키고 상호간의 지지와 격려로 함께 나누고 일할 수 있는 돌보는 사람들로 구성된 모임에 참여하는 것이다. 그러므로 중요한 것은 이러한 종사자들을 지도하는 지도력의 질이다. 가장 좋은 지도자는 자신의 일에 능력이 있고 권위적이지 않으며 집단 결집과 자신의 일이라고 생각하도록 자극하는 '강한 상담의 능력을 지닌 지도력'이 특징이다. 인도주의적인 차원에서 일하는 종사자들에 대한 이러한 결론이 지속적인 위기에 대처하는 사람들과 일하는 상담자에게도 똑같이 적용된다.

위기에 대한 결론

이 책의 대부분은 다양한 스트레스에 관한 것이며 그 스트레스를 일으키는 외부의 위협, 변화, 관계 그리고 극복될 수 있는 다른 문제들 그리고 우리 상담가들이 고통이라고 말하는 근본적 이유를 처리하는 데 도움을 주려는 것이다. 아마도 위기는 모든 것 중에서 가장 고통스러운 경험일 것이다. 모든 사람들은 때때로 위기를 겪는다. 그러나 어떤 사람들은 끊임없이 위기와 직면하게 된다. 그리고 그중에서 아주 소수만이 현재의 위기를 자기 삶의 도전으로 여길 뿐이다.

위기 상황 한가운데서 어떤 사람은 영웅이 되어 돋보이기도 한다. 그들은 주목받지 않을 수도 있으며 또는 용감하다고 훈장을 받는 것도 아니지만 종종 자신이 무엇을 하고 있는지에 대하여 아무런 생각을 하지 않고 긴장이 많은 시기에 다른 사람에게 봉사하고 구조하기 위해 대부분의 위험을 감행한다.[29] 죽을 수도 있고 심각한 육체적인 고통을 받을 가능성이 있음에도 불구하고 이 사람들은 두려움을 억제할 수 있으며 그들이 본질적으로 가치 있는 것으로 보는 목표를 이루기 위해 행동한다. 어떤 영웅들은 불이 난 건물이나 소용돌이치는 강물에서 사람들을 구조하기도 하며, 또 어떤 사람들은(네덜란드가 나치 군사들에 의해 점령당했을 때 많은 가족이 유대인을 보호한 것처럼) 용감하게 학대로부터 사람들을 보호하고 (마더 테레사처럼) 죽어가는 사람들과 의지할 곳 없는 사람들을 돌보며, 또는 (미국에서 인종차별을 없애기 위해 대항했던 마르틴 루터 킹처럼) 정치적인 이유로 대항하기 위해 자신의 안전과 명성을 위험에 맡기기도 한다.

어떤 사람들은 이들이 다른 사람에 대한 걱정에 의해서라기보다 도전과 변화, 또는 격앙에 의해 움직인 것은 아닌가 궁금해하면서 그들이 그렇게 행동하는 동기에 대하여 질문한다. 그들의 동기가 무엇이든지 영웅은 영향을 준다. 그들의 숫자는 열심히 그리고 종종 자신은 돌보지 않고 위기로 인해 몸부림치는 보통 사람들을 돕기 위해 일하는 수천의 상담자들로 인해 점점 증가하고 있다. 영웅적인 상담자 중에 이 글을 읽게 될 사람도 있을 것이다. 당신이 그중 한 사람이 될 수도 있다. 이 사람들이 이 세상에서 인정받지 않을 수도 있지만 하나님은 그들의 희생과 헌신을 알고 계신다. 언젠가 많은 사람들은 하나님 자신으로부터 이런 말을 듣게 될 것이다. "잘했다. 나의 훌륭하고 신실한 종아."

상담자들을 위한
요점 정리 38

- 위기는 항상 피할 수 없는 전환점이다. 위기는 예측된 것일 수도 있으며 그렇지 않을 수도 있으며, 현실적이거나 관념적일 수도 있으며, 사실이거나 일어날 수 있는 가능한 것일 수 있다. 대부분이 빨리 다가오며 황폐한 흔적을 남기고 곧 사라진다.

- 성경에서 언급되고 있는 최소한 네 가지 유형의 위기가 있다.
  - 뜻하지 않거나 상황에 따른 위기는 갑작스러운 위협, 혼란에 빠뜨리는 사건 또는 예측하지 못한 상실이 발생할 때 나타난다.
  - 발달 위기는 일반적인 인간의 발달 과정에서 발생하며 전국적인 이주, 퇴직 또는 가까운 사람의 죽음과 같은 사건을 포함한다.
  - 실존적 위기는 "나는 누구인가?" 또는 "지금 나의 인생의 목적은 무엇인가?"와 같이 불안한 마음으로 스스로에 대하여 질문하게 될 때 발생하는 몸부림이다.
  - 국가적 또는 사회적인 위기는 개인을 넘어서 거대한 집단이 관여된 위기다. 예를 들면 대폭풍 또는 지진과 같은 위기다.

- 위기 시기에는 사람들이 종종 육체적인 증상과 혼돈, 상실감, 무력감 그리고 통제력이 부족하게 되는 경험을 한다.

- 위기 중재는 다음과 같은 목표를 가지고 있다.
  - 사람으로 하여금 직접적인 위기 상황에 효과적으로 대처하고 위기 전의 단계로 돌아가도록 돕는 것이다.
  - 불안과 염려 그리고 다른 불확실한 것을 줄이는 것이다.
  - 앞으로 있을 위기를 예측하고 더 잘 대처할 수 있도록 준비하기 위해 위기 다루는 기술을 가르치는 것이다.
  - 사람들로 하여금 위기로부터 배우고 위기를 통해 성장하기 위해 위기에 관한 성경적인 가르침을 생각해보도록 하는 것이다.

- 상담자가 위기 때 중재할 수 있는 몇 가지 방법을 소개하면 다음과 같다.
  - 관계를 형성할 것.
  - 불안을 줄일 것.
  - 문제 핵심에 초점을 맞출 것.

· 자원을 평가할 것.
· 내담자와의 중재를 계획할 것.
· 행동을 격려할 것.
· 희망을 불어넣을 것.
· 계속해서 관심을 가질 것.
· 위탁할 것.

■ 위기 발생을 예방하거나 위기가 발생하게 될 때 더 나빠지는 것을 미리 예방할 수 있는 방법들이 있다.

■ 어떤 사람들은 위기 상황에서도 뛰어난 회복력이 있다. 후천적으로라도 회복력을 배울 수 있다는 것은 확실하다.

■ 지속적인 위기는 대부분 위기를 겪고 있는 다른 사람들과 관여된 사람들의 삶 속에서 몇 주 동안 계속되는 위기다.

■ 위기 때 어떤 사람은 영웅으로 드러나지만 그들이 항상 주목받는 것은 아니며 그들의 용감한 행위에 대하여 긍정적인 평가를 받지 못하기도 한다.

39 >>
트라우마, 테러, 그리고 테러리즘
Trauma, Terror, and Terrorism

샘포프와 루쳇은 태국 팡느가 주(州)의 같은 마을에 살고 있는 소년들이다. 샘포프는 햇살이 눈부시던 12월의 어느 일요일 아침, 해변가에서 관광객들에게 기념품을 팔고 있었다. 루쳇은 집에 있었고 형들은 가족 소유의 어선을 타고 바다에 나가 있었다. 그날 쓰나미(해일)가 해변가를 휩쓸었을 때, 샘포프는 도망치면서 자신이 불과 몇 분 전에 서 있었던 지점에서 수많은 사람들이 엄청난 크기의 파도에 휩쓸려 사라지는 모습을 보았다. 루쳇은 집 밖으로 탈출하면서 상승하는 해수면이 형의 작은 어선을 뒤집어버리는 모습을 목격했다. 형은 바다 속으로 사라지기 전 그에게 손을 흔들었고, 그 후로 다시는 목격되지 않았다. 이 비극적인 사건 몇 주 후 두 소년들은 아동보호 캠프에서 상담자에게 가족 사진을 꺼내 보여주며 자신들이 겪은 일을 이야기했다. 이 아이들이 악몽을 잊게 되는 날은 과연 올 것인가.[1]

다음 이야기는 이와는 다른 시기에 다른 곳에서 일어난 일인데, 한 젊은이가 전쟁중인 이스라엘 키부츠에서 경험한 것이다. "선전포고가 있었던 그날 밤, 난 저녁을 먹기 위해 가장 친한 친구인 우지 뒤에 서서 식당으로 들어가고 있었습니다. 난 식욕이 없었지요. 그 다음날 일을 나가려 준비하다가 화장실 안에서 흐느끼고 있는 나 자신을 발견했습니다. 그날 아침 키부츠를 떠나서 다시는 돌아오지 못할 운명의 내 친구들을 생각하면서 눈물이 흐르는 것을 그대로 두었습니다. 그날은 정말 절망적인 하루였습니다. 눈물을 훔치고 나는 일터로 나갔습니다. 그날 밤부터 난 잠을 이루지 못했고, 심적인 과민과 우울함이 번갈아가며 나를 괴롭혔습니다. 난 내게 뭔가 문제가 있다는 것을 알고 있었지만 특별히 이에 대해 할 수 있는 일이 있을 것 같지도 않았습니다. 난 대체로 우울한 상태에서도 일은 정상적으로 해나갔지만 밤에는 갈수록 잠을 이루지 못하는 조병(Manic) 증상이 심각해졌고, 이 때문에 낮 동안의 피로감도 갈수록 심각해졌습니다. 난 제정신을 유지하려 일에 매달렸지만 일을 하면서도 정상적이지 않은 생각들을 계속하곤 했습니다. 그러면서 언젠가부터 나는 나 자신이 기독교인이라는 사실에 강한 수치심을 느끼기 시작했습니다. 지금도 이스라엘에서의 신경쇠약을 생각하면, 그때 느꼈던 수치심과 외로움이 선명하게 기억납니다. 내가 다른 이스라엘인들처럼 강하지 못하고 그렇게 어려운 시기에 다른 사람들로 하여금 나 때문에 걱정하고 신경을 쓰게 한 사실에 많은 수치심을 느꼈던 것입니다."[2]

딘은 중동 지역에 종군한 경험이 있는 퇴역 군인이며, 그곳에서 그가 소속되어 있는 호송대는 자주 공격을 받았었다. 그는 자신의 친구가 머리에 총격을 받아 두개골이 터져 날아가는 것을 목격했던 경험을 말했다. "그곳에서는 적이 어디 있는지 전혀 알 수가 없어요"라며 딘은 외상 후 스트레스 장애 치료 중 상담자에게 말하였다. "누가 나한테 총을 쏘아대는지도 알 수가 없어요." 그는 다리가 부러진 덕에 다행히 전선에서 멀어지기는 하였지만, 그래도 언제나 텐트 속에서 전우들과 함께하지 못하는 자신에게 죄의식과 불안감을 가지고 있었다는 것을 설명해주었다. 고향으로 돌아온 후 그는 자주 악몽과 공황 발작, 그리고 우울증에 시달려왔다. 딘에게 있어 한 가지 다행인 것은, 그가 이 문제에 대해 도움을 받기 시작했다는 것이다.[3]

2001년 9월 11일, 세계는 극적으로 변화하였다. 오랫동안 세계 각지의 테러 행위와 게릴라전, 그리고 용병들의 활동은 수백만에 달하는 사람들을 가난과 기아, 그리고 두려움에 떨게 하며 큰 영향을 주었지만 불행하게도 서구 세계의 많은 사람들은 이 문제에 대해 신경을 써오지 않았다. 그러다 밝고 평화로운 어느 가을 아침 두 여객기가 뉴욕의 세계무역센터 빌딩에 돌진, 또 다른 비행기 한 대는 워싱턴 D.C.의 펜타곤에 추락하였고, 네 번째 비행기는 납치범들과의 격투 끝에 원래 그들이 계획했던 정치적 목표물에서 멀리 떨어진 펜실베이니아 주의 평야에 추락했다. 그날 이전에도 물론 서양인이 외국에서 테러리스트들의 손에 의해 죽은 일이 있었고 많은 사람들이 서양 국가, 특히 미국에 대해 큰 테러 공격이 있을 가능성에 대해서 인식하고 있었다. 그러나 9월 11일의 공격은 세계를 놀라게 하였고 미국 대통령이 '테러와의 전쟁'을 시작하게 하는 계기가 되었다. 그러나 이 전쟁은 혹시 이길 수 있다 하더라도 이기는 것이 매우 쉽지 않은 전쟁이다. 그리고 테러 행위들이 각지에서 계속됨에 따라, 이전에는 안심하고 지냈던 많은 사람들의 마음속에 두려움과 공포가 자리 잡게 되었다.

테러 행위 혹은 테러리즘이라는 단어는 보편적으로 인정받는 정의를 가지고 있지 않다. 어떤 사람이 테러리스트라고 정의할지도 모르는 개인을, 다른 사람은 자유를 위해 싸우는 투사라고도 볼 수 있다. 그러나 광범위하게 보았을 때, 테러리즘은 첫째 강압이나 폭력을 사용하며, 둘째 개인이나 조직 어느 쪽에 의해서 행해지고, 셋째 민간인들을 목표물로 하며, 넷째 공포심을 주입시키는 것이 목적이고, 다섯째 개인이나 집단의 정치적·사회적 입장을 바꾸게끔 압력을 행사하는 수단 중의 하나라는 특징을 가지고 있다.[4] 테러 행위는 의도적으로 두려움을 심기 위해 계획된 행동이며 매우 가시적인데, 테러를 일으키는 당사자들(테러리스트)이 반대하는 어떤 정치 지도자나 사상에 대해, 사람들이 등을 돌리게 하기 위한 방법이다.[5] 테러 행위를 하는 사람들은 테러리스트라 불린다. 테러리스트들은 전문적으로 사람들의 사고(사상)와 행동을 통제하고 바꾸기 위해 테러 행위를 계획하며, 이를 통해 그들의 정치적 목표를 달성하려 한다.

테러(Terror)란 강렬한 공포심에 싸인 심적 상태를 말한다. 어린아이는 어두움에 심한 공포감을 느끼고, 일부 어른들은 남들 앞에서 연설을 해야 하거나 치과의사를 봐야 할 때 공포라는 심적 상태를 느끼곤 한다. 그러나 공포심을 최대한 없애주려 노력하는 부모나 치과의사들과 같은 사람들과는 다르게, 테러리스트들은 개인, 그리고 더 나아가서는 개인이 속해 있는 전체 주민 사이에서 공포심을 불러일으키려 한다. 테러리스트의 테러 공격이나 테러 위협 직후에 사람들에게서 이러한 공포감을 목격한 것은 상담자들만은 아닐 것이다.

물론 테러라는 개념은 단지 테러리스트에 의한 테러 행위에 느끼게 되는 감정에 국한되지 않으며, 이보다 훨씬 광범위한 개념이다. 군사적인 침략도 테러를 유발하며, 정치적 격변, 홍수, 싸이클론, 토네이도, 지진, 산불 등의 재난들도 모두 테러의 심적 상태를 유발한다. 최근 동남아 해일을 겪은 아이들 중에는 과거에는 바닷가 모래밭에서 잘 놀았지만, 현재는 해변 근처에 가는 것조차 두려워하는 경우도 있다. 개발도상국에서 봉사활동을 하다 현지 반정부 집단에 의해 납치당했다거나 딘처럼 매우 위험한 전투 지역에 투입된 경험이 있는 사람들은 대부분 그들의 괴로운 기억과 그로 인해 재생되는 공포에 대한 선명한 회상 때문에 어려움을 겪곤 한다. 정치적인 문제로 고문을 당하고 살아남은 사람들은 그 공포와 정신적 충격을 평생 지고 살게 된다.[6] 이처럼 테러라는 심리 상태는 다양한 원인으로부터 생성될 수 있으며 또한 오랫동안 지속되는 심리적 영향을 불러올 수 있다.

우리는 이 장에서 앞으로 더 나아가기 전에 또 다른 한 단어를 분명히 정의하고 넘어갈 필요가 있다. 트라우마(Trauma : 외상성 신경증, 외상성 장애)는 인간의 안정적인 상태를 혼란시키는 모든 종류의 격렬한 신체적, 심리적 스트레스를 의미한다. 트라우마는 여러 형태로 나타날 수 있는데, 예를 들어 몸에 가해진 강한 충격이나 자동차 사고 혹은 운동중에 가해진 부상, 강간이나 성적, 정신적 학대 등에 의해 나타날 수 있고 이외에도 실질적으로 신체에 해를 가하지는 않으나 극도의 심리적 스트레스를 가져오는 정서적 자극에 마주치는 경우들도 외상으로 이어질 수 있다. 일반적으로 외상은 강한 정서적 불안을 가져와 인간의 내부에 깊은 상처와 오래도록 지속되는 영향을 미치며 개인이 가지고 있는 신뢰감을 산산조각내고 인간을 무력하게 만든다. 어느 마을이 태풍이 몰고 온 홍수에 잠겨버렸을 때, 한 기자는 파괴된 자기 집의 잔해와 불어오르는 물 한가운데서 아이를 안고 그저 멍하니 어딘가를 주시하고 있는 한 여자를 발견했다. 이 여인은 그녀의 인생 거의 모든 부분을 산산히 파괴한 이 압도적인 현상 앞에 엄청난 충격을 받은 것이다.

과거 상담자들의 세대와는 다르게 현재 우리는 테러에 의해 상처를 받은 수백만의 사람들과 함께, 매일같이 테러와 외상의 영향이 얼마나 오랫동안 지속되는지를 우리에게 상기시켜주는 여러 현상들 속에서 살면서, 상담을 통해 사람들을 도와야 하는 테러리즘에 물든 세계에 살고 있다.

성경과 테러

성경은 현재 우리가 사용하는 의미에서의 테러리즘, 테러, 외상, 혹은 재난에 대해서는 이야기하고 있지 않다. 테러라는 말은 구약에서 몇 번 언급되고 있기는 하지만 성경의 용어 색인에는 테러리스트에 대한 언급이 한 번, 재난에 대해 몇 번(미래에 대한 예언에 관련해서),[7] 그리고 외상에 대해서는 언급이 전무하다. 그러나 현대의 개념으로 사용되지는 않았지만 현재 우리가 이 단어들을 사용하는 예와 비슷한 사례들을 성경에서 찾아볼 수 있다.

에덴동산에서 일어났던 사건은 인간의 첫 외상 경험이라 할 수 있다. 비밀스러운 테러리스트처럼 사탄은 아담과 하와에게서 자신감과 안정감을 빼앗아갔다. 인류에게 처음으로 공포감이라는 것을 심어주었고, 이 공포감은 이후 인간의 사고방식과 행동에 큰 영향을 미쳤다.

다윗이 자신의 전우들을 만나러 갔을 때, 이스라엘의 군대는 거인 골리앗 때문에 공포의 도가니에 빠져 있었다. 예루살렘 사람들은 그들의 역사에서 거대한 군대가 그들의 도시에 가까이 다가올 때마다 여러 번 두려움과 공포감에 빠지곤 했다. 파라오가 지배하는 이집트에 열 번의 역병이 나돌았을 때 사람들은 이 재난에서 상당한 외상을 느꼈을 것이며, 노아가 그의 가족과 함께 방주를 탔던 대홍수의 초기 단계에서도 많은 사람들이 공포심을 느꼈을 것이 분명하다. 신약의 마지막 권인 요한계시록은 인류 모두를 스트레스와 공포심으로 몰아넣게 될 많은 무서운 현상들을 예언하고 있다.

외상과 공포에 시달리는 피해자들을 대할 때, 상담자들은 성경이 언급하는 두려움, 희망, 평화, 그리고 하나님의 전능함을 대화에서 적절히 적용할 수 있을 것이다. 이에 대해서는 이 장 후반에서 언급하도록 하겠다.

테러리즘과 테러의 원인

왜 테러리스트는 자기 자신의 생명까지 앗아가는 테러 행위에 참가하는 것일까? 이들은 도대체 어떠한 사람들이고 무엇을 성취하려는 것인가? 이러한 문제는 상담자라는 직업과 거의 관계가 없는 사람이라 할지라도 모두가 관심을 가지고 있는 것이다.

9월 11일 아침, 댈러스 공항의 카메라는 곧 자신들이 조종하여 펜타곤까지 몰고 갈 비행기에 탑승하려고 보안대를 통과해 안으로 걸어 들어가는 양복 차림의 두 젊은이를 녹화했다. 이들의 겉모습과 행동만으로는 이들이 계획하고 있는 것을 전혀 눈치챌 수 없었다. 400명이 넘는 테러리스트 멤버들의 데이터 기록을 연구해온 어느 심리학자에 의하면, 대부분의 자살 테러리스트들은 어린 나이에 종교적 원리주의에 물들어 세뇌당한 청년들이 아니라고 한다.[8] 그들은 테러리스트 활동을 하더라도 잃을 것이 없을 만큼 권리를 박탈당하고 가난하며 희망을 느끼지 못하는 그런 사람들이 아니다. 거의 대부분은 20대 후반에 결혼까지 했으며, 사회적 중상류층에 속하면서 교육 수준도 높고 경력상으로도 출세 가능성이 높은 사람들이다. 그들은 지극히 평범하게 보이는 사람들이며, 여러 의미상 실제로 평범하다. 그들의 대부분이 자신들의 조국을 떠나 영국이나 프랑스, 미국과 같은 나라로 이민을 가기까지 그들은 특별히 종교적이지도 않았고 문제를 일으킨 적도 없었다. 그러나 외국에서 살면서 그들 중 다수가 그들과 같이 조국을 떠나 이주한 사람들을 만나 우정을 쌓아갔고, 과격한 그룹과 관련된 이슬람교 친구들에 의해 끌리기 시작하면서 결국 그들과 같은 신념을 공유하게 되었다.

물론 이들이 다 회교도는 아니다. 이러한 사람들의 대부분은 오히려 서양의 가치관이나 풍요로운 생활, 사회적 자유에 매력을 느껴왔다. 그러나 동시에 그들은 서양의 영향력이 자신들의 국가 정체성과 조국 내에서 이어져온 전통적인 인척관계를 앗아가면서 수백년에 걸쳐 내려온 가치관을 약화시키고, 자신들의 국가가 미국과 같은 강대국의 정치적 영향력, 가난, 인종차별, 억압 등과 같은 현상들의 노예로 전락한 것에 대해 비통함을 느끼고 있다. 이로 인해 '우리 아니면 남'이라는 사고방식이 생겨났고 이들 중 일부에게는 테러 행위가 변화를 가져올 수 있는 유일한 현실적인 방법으로 인식되는 것이다. 이러한 사상의 변종은 네오나치와 같은 극우파 조직, 인도네시아나 스페인의 민족 독립 세력, 종교적 원리주의 그룹, 국가의 지원을 받는 경찰, 군사 정권 내의 각 조직들, 알카에다 같은 원리주의 그룹, 그리고 폭력적인 수단을 사용하는 낙태 반대 그룹이나 환경 단체들과 같은 특정 사항에 관여하는 그룹들에게 동기를 부여해준다.[9] 이 모든 사람들은 자신들의 행동이 정당화될 수 있다고 확신하고 있다. 그들의 행동은 전부 공포감을 조성하며, 그들에 의해 생성된 두려움과 외상이 어떤 경우에는 상담을 받으러 오는 피해자들의 동기가 되기도 한다.

- **테러리즘, 테러, 그리고 트라우마의 심리적 영향**

재난, 사고, 테러리스트의 공격, 아니면 다른 충격적인 사건에 휘말렸을 때 보이는 심리적 증상을 더욱 정확하게 파악하기 위해 현재까지 노력해온 학술 연구만도 아마 수천에 달할 것이다.[10] 9월 11일의 사건 직후, 한 외상 전문가는 이러한 사건 앞에서 "개인이 가지고 있던 안정감이 흔들리고, 모든 이들이 가지고 있는 인간 삶에 대한 관점들이 변화를 겪으며 아무도 안심하지 못하게 된다"[11]라고 적은 바 있다. 사건 초기 현장 가까이에서 진행된 연구들은 광범위한 불안감, 안전에 대한 우려, 우울증, 분노, 두려움, 고도의 심리적 각성 상태, 그리고 불신감이 퍼져 있었음을 증명하고 있다. 일부 사람들에게는 이러한 심리적 상태가 더욱 심각한 쇠약 증상을 가져오는 외상 후 스트레스 장애(PTSD)로 발전하였다.

그러나 이러한 심리적 증상들이 많은 상담자들의 예견과는 달리 훨씬 적게 퍼져 있었고 오래 지속되지 않았다는 의외의 결과들이 나왔다. 미국에 테러리스트들이 공격을 가한 후 6개월에서 1년이 지난 무렵, 재난의 현장에서 멀리 떨어져서 살고 있던 사람들을 중심으로 거의 모든 증상들이 사라졌다. 범죄와 폭력을 매일 겪으면서 스트레스에 대해 면역이 생긴 탓인지는 모르지만 도시 중심부에 살던 아동들에게서도 외상 후 심리적 증상의 지속적인 증가는 발견되지 않았다.[12]

어디에 살고 있든, 일반적으로 사람들은 대체로 화재경보나 다른 긴급상황을 알리는 경보를 듣더라도 우왕좌왕하지 않고, 타인들과 대화를 하거나 남을 도우려 하며, 경보가 실제로 위험을 알리는 것인지 단순한 허위 경고인지를 알기 위해 건물이나 위험 지역에서 대피하지 않고 기다린다.[13]

어떤 사람들은 재난을 겪어도 신속한 회복력과 쾌활함을 보여준다. 그들은 어떠한 일이든지 무엇이든 움직여서 일하는 것이 무력감과 충격을 완화시켜준다고 생각한다. 따라서 회복력이 강한 사람들은 행동을 통해 다시 일어나려고 최선을 다해 노력하고 전진한다. 스리랑카 내전의 생존자들을 연구한 한 심리학자는 그들이 심리적 고뇌에 저항력을 가지고 있으며, 자신들이 겪은 외상을 새로운 가치관 형성에 통합시켜 회복하려고 결심하는 모습을 발견했다.[14] 타이의 한 심리학자는 해일 재난 이후 무엇을 해야 할지, 어디로 가야 할지 몰라 헤매고 있는 사람들을 찾아, 괴로워하는 그들을 심리적으로 안정된 사람들과 함께 있도록 해주었다. 재난 초기에는 이것이 치료라고 생각하지 못했지만, 이러한 조치들은 사람들에게 자신들의 친숙한 환경으로 돌아갈 수 있도록 격려하는 촉진제가 되었다. 가족과 친구들과 접촉하고 자신들의 집과 공동체에서 안정감을 되찾으면서 거의 모든 사람들이 정상으로 돌아올 수 있었다.[15]

몇 달 전 중동에 거주하는 한 친구로부터, 자신의 집에서 가까운 음식점이 한 여성 자폭 테러리스트에 의해 파괴되어, 그녀와 많은 고객들이 목숨을 잃었다는 이메일을 받은 적이 있다. 다음날 그는 음식점 주변에 바리케이드가 쳐져 있지만 거리와 교통 소통은 평소와 다름이 없다고 알려 왔다. 몇 주가 지나 그 친구를 찾아갔는데 그는 이미 수리가 끝나 새로 영업을 시작하여 많은 손님들로 가득 차 있는 그 음식점을 보여주었다. 친구는 태연하게 "테러의 한복판에서 살아가려면 언제나 주의를 기울여야 하지만, 그래도 삶이 계속되도록 스스로 앞으로 나아가야 한다"고 말하였고, "테러리스트나 폭력의 위협이 우리를 무력하게 해서는 안 되지"라고 덧붙였다. 그 지역사회의 누구도 테러의 위협과 위험성을 부정하지 않지만 그들은 그 위협이 자신들의 활동을 막거나 그들의 회복 능력을 파괴하고 정상적으로 살아가려는 의지를 약화시키는 것을 단호히 거부하고 있었다.

물론 이러한 예들이 테러 행위와 외상이 아무런 영향을 주지 못한다는 것을 의미하기 위해 제시된 것은 아니다. 외상을 동반하는 모든 충격적 사건은 그것이 지속되는 것이든, 심각한 사고처럼 일시적인 사건이든, 모두 스트레스를 동반한다. 일반적으로 보여진 회복력에도 불구하고 테러리즘이 미국을 공격했을 때 수많은 사람들은 심각한 비탄에 빠졌었다. 서구 세계는 더 이상 지구에서 마지막으로 안전한 장소가 될 수 없게 되었다. 과거를 털어버리고 앞만 보고 전진하는 사람들이라 하더라도, 그들 역시 더욱 새로운 회복력과 보통의 삶이 무엇인지에 대한 개념의 재고가 필요하다는 것은 알고 있을 것이다. 테러 행위나 강렬한 스트레스에 대한 반응은 각 개인의 성격, 강인함, 과거 경험, 사회의 지원 네트워크, 경험했던 재난과 외상과의 직접적 거리, 그리고 상황을 받아들이고 통제할 수 있는 개인의 능력에 좌우된다.

또한 개인의 반응은 그가 스트레스를 어떻게 바라보는지에 의해서도 영향을 받는다. 어떠한 상황이 위험하거나 신체적으로 유해하다고 판단하는 경우, 감지한 위협이 현실이 아닌 경우에도 스트레스나 불안의 반응을 불러올 수 있다. 2004년 아시아 해일 사건 이후, 각종 언론은 바다가 정상으로 돌아온 후에도 많은 사람들이 해변가에 나가는 것을 두려워했다고 보도한 바 있다. 해일의 위험이 실질적으로 사라졌음에도 불구하고, 자연에 대한 불안감은 계속해서 사람들의 마음을 괴롭혔던 것이다. 상담자들 중에는 이와는 반대의 경우를 목격하는 일도 많은데, 어떤 사람들은 실질적인 위협이 존재함에도 불구하고 이를 부정하며 어떠한 근심이나 주의함 없이 일상생활을 계속하기도 한다.

외상이나 스트레스를 동반하는 사건의 직접적, 즉각적 영향은 이미 잘 알려져 있다. 여기에는 심장박동과 호흡량의 급격한 증가나 근육 경직, 아드레날린 분비량의 증가와 같은 체내의 생리적 변화와 함께 공포감, 불안정감, 분노, 혼란 등의 심리적 변화가 포함된다. 어떤 경우에는 이와는 별도로 두통, 메스꺼움, 구토, 졸도, 충동, 아니면 잘 알려진 심리적 방어 메커니즘 등의 반응을 보이기도 한다. 이러한 증상은 몇 분, 몇 시간, 또는 며칠 간 지속될 수 있지만 대체로 개인이 자신의 상황을 돌아볼 수 있는 시간을 가지면서 사라진다.

어떤 사람들은 외상을 동반하는 두려운 상황에 직면한 후 급성 스트레스 장애(Acute Stress Disorder ASD)라는 상태를 보이기도 한다. 일반적인 스트레스 반응 이외에 ASD의 경우, 현실에서 분리되는 듯한 심리적 상태를 보이며, 주변 환경을 인식할 수 있는 능력이 저하된다. 이 장애를 경험하는 사람은 멍한 정신상태로 주변에서 일어나고 있는 상황이 현실이 아닌 것처럼 느끼며, 이때 일어난 외상을 구체적으로 기억할 수 없게 되는 것이 보통이다. 이런 상태에 빠진 사람은 심적으로 둔감, 혼란, 불안 속에서 자신의 외상을 상기시킬 수 있는 어떠한 사람이나 사물과도 접촉하기를 거부한다. ASD는 일반적으로 수일에서 수주간에 걸쳐 보이는 현상인데 이 기간 동안에는 집중력의 저하, 불면증, 비정상적으로 깜짝 놀라는 반응, 신경과민을 경험하게 되며, 외상의 원인이 된 경험을 상기시키는 꿈이나 선명한 회상 현상이 나타날 수 있다. 이러한 증상을 불러온 외상이 장시간 지속되고 강렬할 경우에는 ASD가 더욱 일반적으로 나타난다. 또한 과거에 학대나 폭력과 같은 스트레스 경험의 피해를 받았던 사람에게 이 증상은 더욱 자주, 그리고 강하게 나타난다. 이러한 스트레스 반응이 소방관, 구급요원, 비상사태 대처요원들과 같이 항상 외상을 동반하는 상황에 직면하는 사람들에게서 더욱 보편적으로 관찰되는 사실은 우연이 아닐 것이다.[16]

피해자를 장시간 외상의 근원지에서 멀어지게 하고 안전한 환경을 제공하여 안심시키면서, 피해자가 직접 무슨 일이 벌어졌었는지를 설명할 수 있도록 해주면 스트레스는 완화될 수 있다. 또한 불안감에 어떻게 대처해야 하는지, 자신의 정신적 취약점을 어떻게 재평가해야 하는지, 정신적 치료를 통해 어떻게 평안을 찾을 수 있는지, 그리고 어떻게 안정된 장소에서 평소의 삶으로 돌아갈 수 있는지를 가르쳐주는 것은 크게 도움이 된다. 뉴욕 무역센터가 공격을 받았을 때, 뉴욕 시 초등학교 선생님들이 침착하게 대여섯 살밖에 되지 않은 학생들에게 서로 손을 잡게 하고 선생님들을 따라 거리를 걸어 안전한 곳까지 대피한 후 그곳에서 아이들을 안심시키고 부모들이 찾아올 때까지 기다렸다는 것은 이미 유명한 이야기다. 이와는 반대로 허리케인 카트리나가 뉴올리언스 시를 강타했을 때는 도시 전체가 대피하였고, 어떤 사람들은 집에서 수백, 수천 마일 이상 떨어진 곳으로 대피하기도 했다. 유타 주의 대피소로 옮겨진 한 남자는 "여기 사람들은 친절해요"라고 기자에게 말하면서도 "그러나 난 내 물건들이 어디 있는지도 모르겠고 직업도 사라졌고 내 인생에서 이처럼 집에서 멀리 떨어져본 적이 없어요"라고 털어놓았다. 이러한 경험은 적응을 힘들게 만든다.

사람들이 스트레스에 반응하는 방법은 그들이 죽음에 반응하는 형식과 자주 비교되어왔다. 사랑하는 사람이 죽음을 맞았을 때 정신적으로 당황하고 압도되는 것은 자연스럽지만, 이런 심적 상태는 시간이 흐르면서 점점 사라져간다. 사랑하는 사람을 잃었다는 사실은 영원히 사라지지 않는 변화를 남기겠지만, 슬퍼하던 사람도 점차 일상생활로 돌아갈 수 있게 된다. 테러리스트의 공격이나 폭력적 범죄, 산업재해, 그리고 다른 형태의 외상 이후에도 이와 비슷한 현상이 나타난다. 외상에 대해 신체적, 정신적으로 반응하고 앞에서 언급한 특징들이 나타나는 것은 매우 자연스러운 것이다. 극히 일부 사람들에게만 이보다 심각한 외상 후 스트레스 장애(PTSD)를 암시하는 증상이 나타난다. 이 증상들은 과거에 외상을 이미 경험한 적이 있는 사람들이나 우울증을 겪은 적이 있는 사람, 아니면 그 스트레스를 동반한 사건이 일어나기 직전에 매우 근심에 싸여 있었던 사람들에게 더욱 쉽게 나타날 수 있다.

외상 후 스트레스 장애는 일반적으로 민감한 스트레스 반응의 파생물이라 할 수 있다. 이 장애의 특징은 이미 수세기 동안 인식되어 왔으나 확립된 장애로 인정받기 시작한 것은 최근의 일이다.[17] 먼저 PTSD 환자는 세 가지 증상으로 나뉘는데[18] 첫 번째는 외상을 불러온 사건을 반복적으로 상기하는 경험을 하게 된다. 이 메모리는 예상치 못하게 찾아오며, 그 상황이 다시 벌어지는 듯한 느낌이 들게 하는 꿈이나 플래시백으로 나타난다. 이 때문에 어떤 사람들은 메모리에 의한 외상과 실질적 외상의 차이를 알지 못하고 혼동하게 된다. 두 번째 증상은 사람, 장소, 사물, 또한 그 외에도 메모리를 불러올 수 있는 모든 것을 피하려 하는 행동이다. 사람들은 메모리를 자신의 의식 속에서 내보내기 위해 어떠한 행동이라도 하려고 한다. 이러한 도피성 행동은 항상 의식적이거나 의도적인 것은 아니다. 백인에게 강간당한 경험이 있는 한 흑인 여성은 극도의 불안감을 경험하면서, 위험이 없음에도 불구하고 백인 남성이 가까이 다가오면 피하려 하였다. 백인 남성이 그녀가 있는 방으로 들어올 때마다 그녀는 극도의 불안감을 느꼈는데, 이는 그녀를 강간한 범인이 범죄 직전에 이와 같은 행동을 했기 때문이다. 메모리를 상기시키는 모든 것에서 도피하려는 행동 이외에도 삶의 방식의 변화, 외상에 대해 대화하는 것을 거부하는 자세, 그리고 불안감이나 외상을 불러온 사건을 환기시킬 수 있는 어떠한 활동에도 참여하지 않으려는 태도도 나타날 수 있다. 세 번째는 상담자들이 소위 과대각성 상태라고 알고 있는 증상이다. 불면증, 집중력 저하, 자주 깜짝 놀라는 반응, 자신과 자신의 사랑하는 사람들을 보호하기 위해 극도로 경계하는 모습이 이에 해당된다. 이 증상들은 치료되지 않을 경우 수년간 지속되는 특징이 있기 때문에 환자의 직업, 인간관계, 삶의 질과 그 방식에 지대한 영향을 미칠 수 있다.

외상 후 스트레스 장애가 널리 퍼지고 알려짐에 따라 이 장애에 대한 연구 또한 많이 진행되었고 치료법에 있어서도 여러 방법이 제시되어왔다.[19] 그와 동시에 일부에서는 PTSD가 언론에서 보도되는 만큼 일반적이지 않을 수도 있다는 의견도 제시되었다. 이 증상이 현재 얼마나 일반적인가의 문제와 상관없이, 분명히 예측할 수 있는 것은 테러 행위가 계속되는 한 PTSD가 점차 더 일반적이 될 것이라는 사실이다. 환자가 마음의 안정을 되찾을 수 있도록 집, 가족, 일자리 등이 빠른 시일 안에 정착되도록 돕는 것이 치료의 가장 좋은 방법이라 생각될 수 있으나, 외상 상담은 대부분의 경우 외상을 경험한 바로 직후부터 시작되는 것이 바람직하다. 대부분의 상담자들은 외상 환자들을 돕는 데 있어서 최소한 세 가지 목표를 제시한다. 첫째는 환자가 마음의 준비가 되었을 때 언제나 말을 할 수 있도록 안전한 환경을 마련해주는 것이며, 둘째는 이해심과 포용력을 가지고 말을 들어주는 개인 혹은 그룹 속에서 자신이 경험한 외상에 대한 토론을 하도록 장려하는 것이다. 그리고 세 번째는 환자가 새로운 현상에 적응할 수 있는 생활방식, 자학적 행동이나 사고를 자제하는 방법, 괴로운 기억을 더욱 효과적으로 통제할 수 있는 방법 등, 환자가 취할 수 있는 구체적인 행동 요령에 도움을 주는 것이다. 여기에는 격려하는 자세와 함께 그들이 희망을 가지도록 가르쳐주고 그들이 겪은 고투가 그들만의 경험이 아니라 일반적인 것임을 깨달을 수 있도록 돕는 것이 포함된다.

한 가지 긍정적인 소식은, 장기간 지속되는 과도한 스트레스 반응이 테러 행위나 외상을 경험한 사람들 사이에서 반드시 일어나는 것은 아니라는 점이다. 그리고 우리가 인식해야 하는 또 다른 중요한 사실은 더욱 효과적인 치료법이 제시되고 있고 기독교 상담자들이 이들에게 도움을 줄 수 있다는 점이다. 상담자들이 시간을 들여 외상의 본질과 외상 상담의 유효한 방법을 구체적으로 습득하기 위해 외부의 도움을 받는다면 환자들을 더욱 효과적으로 도울 수 있을 것이다.[20] 외상 관리는 현재 많은 연구 결과들의 지원과 더욱 효과적인 개입 방법의 발달을 통해 주요한 전문 분야로 확립되었다. 외상, 그리고 테러 행위의 심리적 영향을 이해하는 것 이외에도 효과적인 상담자는 신경생리학에 대한 기본적인 지식을 가지고 이것이 외상과 테러리즘 환자를 상담하는 데 있어서 어떠한 영향을 미치는지 알아야 한다.

• 테러리즘, 테러, 그리고 트라우마의 신경생리학적 영향

다니엘 시걸(Daniel Siegal)이라는 정신과 전문의는 뇌에 관해 가르치는 훌륭한 방법을 알고 있다. 그는 엄지손가락을 손바닥 위에 놓고 나머지 네 손가락을 위에서 아래로 말아 이들이 자신을 향하게 하라고 한다. 시걸은 이것이 뇌의 모습을 놀라울 정도로 정확하게 보여주는 모델이라고 한다. 물론 뇌는 100억~200억에 달하는 신경단위(뉴런 neuron)로 상호 연결되어 있기 때문에 이 모델보다 훨씬 더 복잡한 구조를 가지고 있다. 하지만 실제의 뇌는 주먹만한 크기이며 네 손가락이 감싸고 있는 엄지손가락, 손목, 그리고 손바닥 가운데로 이어지는 선(이 선은 뇌 기부에 있는 뇌간을 의미한다)은 신경학 초보자들에게 뇌 생리학을 가르치는 좋은 모델이 된다.[21]

시걸과 다른 여러 신경학자들은 뇌를 세 개의 주요 부분으로 나눈다. 첫째는 뇌간으로 이는 뇌의 가장 아래쪽에 위치한다. 뇌간은 척추로부터 나와 형성되어 있으며 감각기관에서 뇌로 정보를 전달한다. 또한 뇌간은 뇌로 들어오는 모든 정보를 관장하며 깨어 있는 상태와 수면 상태를 통제한다.

대뇌변연계(전술한 예에서 엄지손가락에 해당되는 부분)는 감정을 조절하고 기억의 형성을 돕는 부분이다. 대뇌변연계는 다시 세 부분으로 나뉘는데 이들은 인간이 테러에 반응하는 것을 이해하는 데 특히 중요하다. 이 부분들은 매우 특이한 명칭을 가지고 있지만 이들의 역할은 명칭을 외우는 것만큼 어렵지는 않다. 해마는 감각을 받아들이는 역할을 담당하며, 현재 마음속에 남아 있는 생각이나 아이디어(단기적 기억과 메모리)를 장기적으로 기억할 수 있는 감각, 생각, 그리고 메모리로 전환시킨다. 만약 해마가 인생 후반기에 손상을 입는 경우, 뇌 안에 저장되어 있는 장기적 기억은 그대로 남아 있지만 새로운 기억을 만들어낼 수는 없게 되며, 기억은 점차 사라지게 된다. 결과적으로 해마는 기능을 멈추게 되고 단기 기억은 오랫동안 남는 장기 기억으로 저장되지 못한다.

대뇌변연계의 두 번째 부분은 편도선(Amygdala)이다. 편도선은 뇌 정 중앙에 위치하고 있으며 두 개의 아몬드 형태를 띠고 있는 신경세포 결집체다. 알고 있는 바와 같이 뇌는 두 개의 반구로 이루어져 있으며 한 쪽에 있는 정보는 다른 쪽에도 복사된다. 편도선은 입력되는 일반적인 자극을 뇌가 평가하는 데 가장 중요한 역할을 담당하는 중심 부분으로 평가되어왔다.[22] 동물들은 편도선이 자극되면 분노를 느끼며 이 부분이 제거되면 무관심과 함께, 일반적으로는 분노, 공포, 성적 흥분, 그리고 그 외 여러가지 감정을 생성할 만한 자극에 전혀 반응하지 않게 된다. 따라서 편도선은 사람이 주변에 일어나고 있는 상황을 의식적으로 인식하기 전에도 감성적, 신체적으로 몸을 흥분시키는 역할을 하는 일종의 조기 경보 시스템이라 할 수 있다.

대뇌변연계의 세 번째 부분은 시상하부(Hypothalamus)이다. 시상하부는 뇌의 아주 작은 부분을 차지하지만 가장 바쁜 곳이기도 하다. 이 부분에서는 여러 곳으로부터 혈압, 피부의 온도, 위장의 포화상태, 청각, 후각, 시각을 통해 들어오는 모든 자극, 그리고 신체 내부 독성물질의 침투 여부에 관련된 정보를 수집한다. 시상하부는 정보력과 동시에 실질적인 능력을 겸비하고 있다. 맥박수, 혈압, 호흡, 배고픔, 목마름, 소화 기능, 고통에 대한 반응, 성적 만족, 분노, 폭력적 행동, 신경 계통 관장, 싸움이나 도망을 위해 사람의 몸에 필요한 호르몬을 혈관으로 주입시키는 기능 등, 여러 방법을 통해 다양한 몸의 기능을 직접 관리한다.

뇌간과 대뇌변연계 외에, 세 번째 주요 부분에는 대뇌피질(Cerebral Cortex)이 있다. 대뇌피질은 뇌 상부에 위치하고 있고 좌우로도 조금씩 흘러 내려와 있다. 이 부분이야말로 생각하고, 이성적으로 사고하며, 기억하고, 지각적 정보를 얻는 등 인간이 자각 능력을 가질 수 있도록 해주는 기관이다. 인간의 뇌피질에는 마치 산줄기와 작은 숲들처럼 수많은 겹이 있으며, 뇌 속에서 가장 매혹적인 곳이라 할 수 있다.

일반인들도 거의 알고 있듯, 뇌의 양반구는 함께 기능하지만 좌반구의 피질과 우반구의 피질은 조금 다른 전문 분야에 각각 관여한다. 좌반구는 논리, 수학, 언어 등에 탁월한 뇌 부분이다. 이곳에서는 단어, 상징, 문자, 세부사항, 분석, 계산, 과학적 개념 등을 관장한다. 이에 비해 우반구는 시각적 이미지, 감성, 예술, 음악적 이해, 공간적 이해능력, 창조적 구상력 등에 중추적인 역할을 담당한다.

잠시 본론에서 벗어나 짧게 뇌 생리학에 대해 언급하였지만, 이것은 상담의 영역과 무관한 문제가 아니다. 뇌의 기능을 깨닫는 것은 오히려 테러리즘과 외상을 경험한 사람들의 상담에 지대한 영향을 미칠 수 있다. 테러리스트의 공격이나 다른 외상을 경험한 경우, 몸은 고도의 비상사태로 돌입한다. 자극이 지각신경에서 뇌간을 통해 도달하기 시작하면 대뇌변연계는 해마에게 그때까지 하고 있던 기능을 중단하도록 알리며 비상 태세에 돌입해 몸이 싸우거나 도망갈 수 있는 준비를 하도록 한다. 마치 소방관들이나 경찰관들이 비상시에 자신들이 하던 일을 바로 멈추고 사이렌을 울리며 출동하듯, 뇌에서는 편도선이 비상 사이렌을 울리는 기능을 한다. 해마는 즉각 하던 일을 멈추고 아드레날린을 포함한 신경호르몬을 분비시켜 심장 박동수가 증가하고 어떤 일에도 바로 반응할 수 있게 근육을 수축시킴과 동시에 더 많은 양의 산소를 공급하기 위해 호흡량을 증가시킨다. 또한 편도선에 들어온 두려운 기억과 감각은 대체적으로

비언어적이고 무의식적인 형태로 머무르게 된다. 이 기억들은 사고력과 이해를 관장하는 대뇌피질의 전두엽(前頭葉 Frontal Lobe)까지 전달되지 못한 상태로 남아 있게 되는데, 이는 위기를 맞은 상황에서 대뇌변연계가 긴급상태에 집중하고 있기 때문에 들어오는 정보들을 −장기적 기억으로 저장하고 합리적으로 처리할 수 있는− 피질까지 전달하지 못하여 생기는 현상이다.

외상이나 테러리스트 공격이 지난 후, 어떤 사람들은 일상적인 삶으로 복귀하는 것을 매우 어려워하기도 한다. 이들은 자신이 겪은 정보와 기억들이 피질까지 도달하지 못했기 때문에 외상을 동반한 그 사건을 구체적으로 기억하지는 못한다. 외상의 피해자들은 쉽게 새로운 삶을 향해 앞으로 나아가지 못할 뿐 아니라 외상을 잊지 못하는 경우가 많은데, 이는 이들의 기억이 뇌의 변연계 주변 깊숙이 남은 상태로, 계속해서 스트레스 반응, 단기적 메모리에 의한 플래시백, 악몽, 그리고 지속적 불안감의 형성을 자극하고 있기 때문이다. PTSD는 일견 스트레스에 대한 신체의 일반적 반응과 비슷해 보이지만, 대뇌피질로 가는 정보의 완만한 전달이 가로막혔다는 점에서 큰 차이가 있다. PTSD 반응을 보이는 사람의 뇌 속에서는 다음과 같은 현상이 일어나고 있는 것이다. 피질로 정보를 전달하는 것은 해마의 역할이지만, 스트레스 호르몬의 분비가 지속되는 상황에서 해마는 기능이 정지될 수밖에 없다. 그 결과 편도선은 피질로부터 위험이 이미 지나갔다는 신호를 받지 못하며 이 때문에 뇌 속에서 경보는 계속 울리고 있는 상황이 되고 마는 것이다. 이런 의미에서 PTSD란 외상에 대처할 수 있는 모든 과정이 방해를 받아 그 과정이 끝까지 이어지는 데 필요한 순조로운 흐름이 저지당한 상태라 할 수 있는 것이다.[24] 이러한 외상이나 테러에 영향을 받은 사람들이 상담자를 찾아왔을 때, 대부분의 상담자들이 일반적으로 적용하는 대화를 통한 치료는 효과가 없을 수도 있고, 앞으로도 언급하겠지만 어떠한 경우에는 상황을 악화시킬 수도 있다. 대화에는 대뇌피질과 피질 속에 저장되어 있는 기억이 관여해야 하나, 지금까지 살펴본 바와 같이 환자들에게 괴로움을 안겨주는 외상 기억들은, 처음부터 쉽게 대화를 통해 다가갈 수 있는 곳(대뇌피질)이 아닌 뇌의 다른 부분(대뇌 변연계)에 머무르고 있는 것이다.[25] 따라서 이들을 치료하기 위해선 다른 접근법이 필요하다.

표 39-1. 세 가지 두뇌의 논리

패트리샤 번(Patricia Berne)과 루이스 사바리(Louis Savary)에 의하면, 뇌의 영역들은 생각과 감정 그리고 행동을 제어하고 감독하는 각각의 논리적 방법을 가지고 있다고 한다.[23] 대부분의 경우 각 영역들은 협동을 통해 기능하지만, 그렇지 않은 경우도 있다. 뇌의 주요 영역들은 세 가지 유형의 지능적 논리를 만들어낸다.

■ **운동감각 논리 (Kinesthetic Logic)**
운동감각 논리는 뇌간 부분에서 이루어진다. 이곳은 생각, 착상, 개념, 상징, 이미지, 감정, 계획 등에는 관여하지 않는다. 이 논리는 후각, 미각, 촉각과 같이 외부에서의 자극을 통해 전해오는 즉각적인 감각에 의존한다. 이 레벨에서 이루어지는 결정은 자극이나 감각이 쾌감을 주느냐, 아니면 고통을 주느냐에 따라 이루어진다. 이것은 지극히 원시적인 논리이며 영구적으로 지속된다. 뇌간은 우리 마음이 바쁘거나 잠자리에 들었을 때도 기능한다. 어떤 경우에는 운동감각 논리가 다른 어떠한 뇌 내부의 논리보다도 우선될 수 있다.

■ 변연계 논리(Limbic Logic)

변연계 논리는 쾌감과 고통 대신 안전과 생존에 관계한다. 운동감각 논리가 감각상의 자극을 처리하는 것에 비해 변연계 논리는 이미지와 감성을 파악하여 혼합하는 일을 하며, 경우에 따라서는 환경 속에서 얻은 이미지와 감성을 두뇌 내부에 존재하는 것들과 결합시키는 역할을 한다.

■ 선형 논리(Linear logic)

선형 논리는 대뇌피질 안에서 이루어지며, 대체로 뇌 좌반구에 위치한 피질 안에서 개념, 생각, 문장, 계획, 추리, 그리고 합리적 사고를 관장한다.

인간이 어떠한 경험을 하면, 뇌의 각 부분은 이 경험을 각자 다른 방법으로 평가한다. 뇌간은 운동감각 논리를 통해 그 경험이 쾌락을 가져오는지 고통을 가져오는지를 판단한다. 결과에 따라서, 뇌는 이 경험에 접근할 것인지 피할 것인지를 결정한다.

대뇌변연계는 이 경험이 생명에 유익한지 아니면 위험을 동반하는지를 묻게 되며, 안전상 문제가 없어 보이는 경우 몸은 그 경험을 실감하기 위해 다가간다. 이 경우 만약 위협을 느끼게 된다면 몸은 움직이지 못하게 되거나 도망가려 할 것이다.

대뇌피질은 선형 논리를 통해 질문을 하거나, 경험을 평가하거나, 적절한 반응을 계산하거나, 무엇인가 상황에 변화를 가져오기 위한 행동을 개시한다.

인간에게는 삶의 초기부터 이 세 가지 논리가 존재한다. 그리고 앞에서 언급했던 순서대로 논리가 발전하는 경향이 있다. 유아는 우선 느낌에 반응하는데 이는 운동감각 논리다. 그 이후 변연계 논리를 배우게 되며 선형 논리는 가장 나중에 교육이나 개인적 경험, 그리고 다른 여러 종류의 학습을 통해 얻게 된다. 외상을 경험한 경우에도 이 세 가지 논리가 모두 기능하지만 어떠한 경우에는 뇌피질의 일부 기능이 둔화될 수 있고 이에 따라 다른 논리가 선형 논리보다 우선될 수 있다.

테러리즘, 테러, 트라우마의 상담

두뇌 생리학에 대한 이해의 발달와 함께 테러리즘, 테러의 영향력은 새로운 흐름의 연구와 치료법의 혁신, 과거 치료법에 대한 재평가라는 일종의 상승효과를 가져 왔다. 이와 동시에 수많은 출판물, 세미나, 워크숍에서는 이와 같은 새로운 지식이 가져올 수 있는 결과가 설명되어 왔다.[26] 여기서 우리는, 이 주제와 관련된 새로운 발견 중에서 상담자들에게 앞으로도 계속 유용할 실질적인 지식만을 요약해주어야 하는 문제에 직면한다. 앞으로도 지속적으로 관심의 대상이 될 만한, 가능성이 큰 발견들을 요약하면 다음과 같다.

1. 내담자에게 조속히 자신의 경험을 말하도록 재촉하려는 충동을 억제하라

내담자에게 설명을 하게 하거나 말하게 하는 것(디브리핑: 말하기를 통한 위기 상황 스트레스 해소법. 결정적 사건에 의한 스트레스 경감시키기(Critical Incident Stress Debriefing)라고도 함)은 외상의 영향을 받은 내담자에게 자신의 경험을 말하고 자유롭게 감정을 표현할 것을 장려하는 과정을 뜻한다. 디브리핑은 감정을 마음속에서 누르고 있는 것보다 표현하는 것이 좋다는 상담의 중심적 신념에서 나온 것이다. 그러나 많은 실험 결과에 의하면 이것은 모두에게 유익한 것은 아니라고 한다. 어떠한 경우에는 마치 뱀을 상자에서 꺼낸 후 어떻게 상자에 도로 집어넣어야 하는지 몰라 우왕좌왕하는 것과 같이, 오히려 디브리핑이 치료에 유해할 수도 있다는 것이다.[27] 물론 심리적 디프리핑이 '완전한 시간 낭비'라고 단언할 수는 없지만,[28] 전반적으로 심리적 디브리핑이 외상이나 외상 후 스트레스 장애(PTSD)에 의한 스트레스를 완화시켜준다는 믿음을 뒷받침할 만한 증거는 거의 없다.[29] 극도의 불안감을 가지고 있는 환자에게는 디브리핑이 오히려 불안감을 확대시킬 수 있다. 물론 이것이 외상을 야기시킨 상황에 대해 말하는 것을 금해야 한다는 것은 아니다. 일반적으로 대부분의 대화가 도움이 되지만, 그렇게 되기 위해서는 내담자가 마음을 안정시켜야 하고, 몸이 외부 정보를 뇌피질로 전달하는 과정이 이미 끝나 있어야 한다. 이것을 토대로 한 일부 실험 결과에 따르면, 자신의 외상에 대해 전혀 언급하기를 꺼려하는 PTSD 환자도 도움을 받을 수 있다고 한다.[30] 외상 경험에 대해 내담자와 대화를 하게 되는 경우, 상담자는 절대로 더 많은 정보를 얻어내려고 내담자를 몰아세워서는 안 되며, 대신 내담자가 자신이 말하고 싶은 만큼, 자신이 원하는 때에 말할 수 있도록 배려해야 한다.

2. 내담자가 안전과 믿음, 새로운 자신감을 느낄 수 있는 장소를 제공하라

외상을 야기시킨 사건이 일어난 직후, 사람은 강한 불안감과 혼란을 느끼게 된다. 일반적으로 이러한 감정들과 함께, 직면한 상황을 현실이 아니라고 받아들이려는 감정, 앞으로의 일어날 일에 대한 불안감, 이후의 생활이 절대 정상적으로 돌아올 수 없다는 불안감 등이 모두 섞여서 나타나게 된다. 성적 학대를 경험한 내담자들의 경우, 깊은 수치심과 부끄러움을 느끼게 된다. 이들은 가끔씩 외상의 원인이 자신에게 있지 않은가 의문을 가지기도 하며, 무력감과 허탈감에서 빠져나오지 못한다. 상담자들은 상담 받으러 온 결정이 그들의 나약한 마음을 의미하는 것이 아니라 매우 건전한 결정이라는 것을 확인시켜줄 필요가 있으며, 지속적으로 그들에게 새로운 자신감을 심어주고 이해심과 포용력을 보여주어야 한다. 외상의 원인이 무엇이건 이러한 상황에 있는 내담자는 침착하게 자신감, 이해심, 그리고 희망을 줄 수 있는 일종의 피난처와 같은 상대를 필요로 한다.

파울라라는 한 여성이 상담자를 찾아왔을 때, 그녀는 자신의 삶에 닥친 외상 경험 때문에 말 그대로 분노와 공포에 떨고 있었다. 상담자는 파울라에게 무엇이 그녀를 그처럼 흥분시켰는지 묻고 싶은 마음을 억누르고, 대신 흥분과 동요가 무엇인지에 대해 말하는 것에 집중하였다. 편안한 분위기 속에서 파울라에게 심호흡을 하도록 하였고, 그녀의 몸이 이에 어떻게 반응하는지에 대해 대화하였으며, 부끄럽게 생각하지 말고 울고 싶은 만큼 울도록 유도하였다.

그러다가 어느 한 시점에서 상담자는 자신이 파울라와 너무 가까운 위치에 앉아 있다고 느끼는지에 대해 질문하였고, 파울라는 그렇다고 대답하였다. 상담자는 자신의 의자를 파울라에게서 더 떨어지게 하였고 파울라는 더욱 안정감을 되찾았다. 이 모든 행동을 통해 상담자는 침착함과 이해심을 보여주는 모델을 제시한 것이다. 파울라의 몸은 안정을 되찾았고, 더 이상 몸속에서 스트레스 호르몬이 과격하게 분비되지 않게 되었다. 실제로 보이지는 않지만 파울라가 안정감을 되찾아가던 과정을 통해 그녀의 해마는 정상적인 기능을 되찾은 것이며 외상을 더욱 효과적으로 처리할 수 있게 된 것이다.

3. 도움이 되는 정보와 외상에 대한 대처 전략을 내담자에게 제공하라

사실 내담자에게 정보를 제공하는 것이 말하는 것처럼 쉬운 일은 아니다. 하지만 다니엘 시걸은 뇌 안에서 일어나고 있는 현상을 내담자에게 짧게 설명해주는 것이 치료에 도움이 된다는 사실을 발견하였다. 그는 신체가 스트레스에 어떻게 반응하는지 설명함으로써 환자가 자신이 미친 것이 아니라는 확신을 가질 수 있도록 도와주었다. 플래시백과 부정적인 이미지의 계속되는 회상 때문에 힘들게 살아왔던 한 내담자는 이 방법을 통해 증상이 매우 완화되었고, 자신의 PTSD가 단지 "나쁜 일을 겪은 후 괴로움이 마음속 여러 곳에 흩어진 채로 남아 있었기 때문에 해마가 이를 정상적인 기억으로 재구성하지 못해서 생긴 문제"라는 것을 깨달았다고 스스로 말할 수 있었다.[31]

내담자들은 심호흡이나 마음속에 평화로운 이미지를 그려보는 등의 스트레스 관리 기술을 배우고 적용함으로써 긍정적인 효과를 얻을 수 있고 스트레스가 악화될 때 스스로 자신을 차분히 안정시킬 수 있다. 상담자는 내담자가 안정감과 격려를 얻을 수 있는 인간관계와 일상적인 생활에 의지할 수 있도록 도와주어야 한다. 또한 결과적으로 증상의 악화를 야기시킬 수 있는 약물 남용은 피하도록 종용하여야 한다.[32] 또한 내담자의 종교적 믿음을 강조해주어야 한다. 이를 통해 내담자는 마음의 평화와 새로운 자신감을 얻을 수 있다.

4. 인지적-행동적 테크닉을 사용하라

이것은 사람들이 자신의 사고와 행동을 잘 제어할 수 있도록 돕는 매우 복잡한 방법들이다. 외상과 테러리즘 직후 이 충격에서 내담자를 벗어날 수 있도록 하는 데 이 방법들이 효과적이었음을 증명하는 연구 결과가 있다.[33]

이 방법들에는 자신을 컨트롤하는 법, 안정감을 되찾는 법, 삶을 살아가는 전반적 방법, 그리고 이외에도 의사소통법과 시간 관리법 등이 포함된다. 또한 내담자에게 자신이 느끼는 공포감을 정당화시키는 증거를 찾도록 가르치는 것(대부분의 경우 그러한 증거는 존재하지 않는다), 나쁜 일이 닥쳐올지도 모른다는 가능성을 필요 이상으로 과대평가하는 경향이 언제 나타나는지 자기 스스로 식별해보도록 권유하는 것, 그리고 사실이 아니라 감정에 근거한 행동을 언제 하는지 자문하도록 가르쳐주는 것도 매우 좋은 방법이다. 환자에게 자신의 생각과 감정을 표현할 수 있는 일기를 쓰게 하거나, 건강에 도움이 되는 체내 성분의 분비를 돕는 지속적인 운동을 권유할 수도 있다.

5. 뇌 전체를 사용하는 기술을 지도하라

외상 경험 후 뇌의 각 부분이 효과적으로 함께 기능할 수 있도록 돕는 기술이 다수 존재한다. 편의를 위해, 우리는 이러한 다양한 방법들을 뇌 전체를 사용하는 기술이라 명명하겠다. 여기에는 아래와 같은 방법들이 포함된다.

- **이야기를 하도록 권유함** : 여기에서도 전술한 다니엘 시걸의 지식이 유용하다. 그는 이치가 맞고 조리 있게 이야기를 하는 것은 논리적인 이야기를 말하려는 좌반구와, 그 이야기 속에 등장하는 등장인물들의 심리 과정을 감정이입을 통해 파악할 수 있는 능력을 가진 우반구의 융합을 통해 이루어진다고 말한다.[34] 누구나 자신의 삶에 대한 이야기를 들려 달라고 부탁을 받으면 이야기를 하기 전 계획을 세워야 하고, 적절한 단어를 사용하여야 하며, 타인과의 상호작용을 통해 자신의 감정과 기억을 유효하게 사용해야 하는 상황에 놓이게 된다. 이런 의미에서 자신의 삶에 대한 이야기를 남에게 들려주는 것은 기억과 지식, 그리고 감정을 융합시킬 수 있는 뇌의 근본적 능력을 잘 반영해주는 행동인 것이다. 또한

자신이 계획하고 있는 장래에 대한 이야기를 해보라고 권유 받았을 경우, 사람은 고통과 불안감, 분노, 그리고 혼란이 섞여 있는 현재의 기억 속에서도 나름대로 희망을 찾아내어 이를 어떠한 큰 틀 속에서 그려보는 방법을 배우게 되는 것이다.

- 다감각적 개입법 : 사람이 외상을 겪게 되면 기억은 뇌 하부에 갇혀버린다. 이 기억은 대뇌피질의 전두엽 부분에 도달하여 보관되지 않은 상태이기 때문에 이런 상태에 있는 사람은 외상에 대해 말하거나 사고하는 것이 쉽지 않다. 편도선, 해마, 시상하부, 그리고 뇌간은 사고를 하더라도 주변적인 영향 밖에 받지 않기 때문에 사람은 뇌의 상부에서 하부로 이어지는 정보의 전달회로를 통해서는 외상에 대해 말하거나 그에 관련된 정보를 처리할 수 없다. 이를 위해서는 뇌 하부에서 상부로 기능이 옮겨가야 하는데, 많은 신경학자들은 이 같은 하부에서 상부를 향한 정보처리 능력은 비언어적이고 다감각을 응용하는 요법을 통해서만 이루어질 수 있다고 한다. 음악요법, 미술요법, 운동요법, 그리고 모래 접시나 시, 드라마, 소설 작문을 이용하는, 소위 표현적 치료의 유효성은 수년간 학계에서 크게 인정받지 못하였고, 항상 비주류 영역에 있어왔다.[35] 지금도 표현적 치료가 가지는, 정신생리학과 외상 완화와의 인과관계를 찾기 위한 연구는 소수에 불과하지만, 소위 신체요법(Body Therapy)이라 부르는 이 치료법이 가진 효능을 뒷받침하는 일화는 다수 존재한다.

- 안구 운동 민감소실 및 재처리 요법과 신경학에 근거한 요법 : 이것은 뇌 전체를 사용하는 요법 중에서 가장 논란의 대상이 되는 요법이지만, 모두에게 효과적이지 않다 하더라도 일부 환자들에게는 놀라운 효과를 가져오고 있다.[36] 안구 운동 민감소실 및 재처리 요법(EMDR)이란, 예를 들어 환자가 심적으로 불편함을 가져오는 생각에 마음을 집중하게 하면서도 눈은 외적 자극에 집중하도록 하게끔 하는 매우 복잡한 치료 접근법이다. 눈이 좌우로 움직임에 따라 뇌 양반구의 기능이 활성화되며 이를 통해 뇌 양쪽의 정보교환 기능장애가 완화된다.[37] EMDR 이외에도 사고장요법(Thought Field Therapy: TFT)은 뇌 하부와 상부를 연결시키는 데 도움을 주는 것으로 알려져 있다. 모든 대체 의학적 접근법이 그렇듯이, 신경학에 근거한 이런 요법들에 대해서는 신랄한 비판자와 열광적인 옹호자가 모두 존재한다. 앞으로도 계속될 이 연구들은 시간의 경과에 의해 그 효과가 밝혀지겠지만, 당분간은 이 요법들에 대해 특별히 교육을 받은 상담자들에 의해서만 이용될 것으로 보인다.

6. 희망을 심어주라

심리학자 마이클 웨셀즈(Michael Wessells)는 오랫동안 피난민 캠프에서 전쟁 지역의 사람들과 함께해왔다. 그는 희망의 상실이, 이같이 힘든 환경에 놓인 사람들에게 가장 큰 영향을 주는 요소 중 하나라고 결론지었다. 절망감은 폭력 단체에 의해 장악당한 지역이나 테러리즘의 영향을 받은 공동체에 거주하는 사람들에게서도 관찰된다. 일반적으로 이러한 지역에서는 적절한 의료 혜택, 생수, 식량, 주거지와 같이 삶에 필요한 기본적인 자원이 확보되지 못하는 경우가 많다. 또한 누군가가 행방불명이 되거나 사망함으로 인해 가족의 안정성이 붕괴되는 경우도 많이 찾아볼 수 있다. 비참하고 잔인한 폭력을 목격하면서 어린이를 포함한 많은 사람들이 폭력 자체를 정상적인 것으로 여기게 되고, 동시에 자신들이 절망적인 상황에 놓인 피해자라고 인식하게 된다. 따라서 이런 상황의 젊은이들 사이에 절망감이 보편화되어 있다는 것은 전혀 놀라운 사실이 아니다. 웨셀즈에 의하면 젊은이들이 일단 절망감을 느끼게 되면 모든 것을 포기한다고 한다. "그런 상황에 놓인 젊은이들은 건설적인 미래를 향해 필요한 방도를 전혀 강구하려 하지 않습니다." 이는 분명 그들이 건

설적인 미래에 대한 가능성 자체를 보지 못하기 때문일 것이다.[38]

때때로, 상담자들도 희망을 보지 못하는 경우가 있다. 예수님을 믿는 기독교인들의 경우 절대적인 절망이란 있을 수 없는 일이지만 사물을 언제나 긍정적으로 보면서 타인도 그렇게 하도록 유도하는 것은 쉬운 일이 아니다. 그러나 희망을 심어주고 만사가 더 나아질 수 있다고 믿는 자세는 외상 때문에 괴로워하는 사람들을 도울 수 있는 매우 효과적인 길이다.

7. 지역공동체의 개입을 격려하라

서양의 심리학, 정신의학, 그 외 여러 형태의 상담은, 대체로 상담사가 일대일로 내담자의 증상에 관여하여 도움을 주는 임상적, 개인적 접근법을 선호한다. 따라서 대부분의 경우 상담사와 내담자는 정식적인 요법이나 치료를 위해 직접 만나기 전에는 서로를 알지 못하며, 또 환자의 가족이나 지역사회, 종교적인 힘을 빌린 치료자들이 관여하는 경우도 아주 드물다. 이러한 요법은 오랫동안 광범위하게 연구되어왔으며 그중 많은 부분은 과학적 연구에 근거한 경험적 뒷받침으로 인해 치료법으로서의 지위를 확고히 하였다. 이같은 치료법은 일반적으로 효과적이라고 가정되며, 특히 이 치료법이 개발되어 평가되어온 서양이라는 환경 안에서는 실제로 효과적이라고 할 수 있다.[39]

그러나 서양의 접근법이 서양이라는 토양에 적용된다 하더라도 몇 가지 한계는 있다. 일반적으로 서양의 접근법은 감정, 통찰력, 아니면 행동의 변화에 집중하면서 개인에게 이런 방법들을 적용하는 데 치중한다. 이 때문에 환자를 지원하는 사회적 네트워크나 개인의 정신적, 종교적 믿음은 고려되지 않는다. 또한 감정적인 요구에 집중하는 상담 접근법은 상담자가 내담자의 경제, 사회, 문화, 정신적 문제, 그리고 주거지나 직업과 같은 현실적인 문제를 간과하는 결과를 초래한다. 실체적인 요구를 확보하지 못하면 새로운 환경에 적응하는 것이 그만큼 어려워지고 내담자는 상담자가 무엇을 말하고 무엇을 하려 하는지 집중하기가 힘들어지는 것이다.

지역사회 공동체의 지원이라는 것이 상담자를 동원하거나 특정 요법을 사용하여 치료하는 것을 반드시 포함해야 하는 것은 아니다. 그 대신 상담자와 다른 지원자들은 지역사회의 자원을 동원하여, 피해자들이 회복을 위한 노력에 동참하도록 격려하며, 그들이 생활에 필수적인 주거지나 지원금을 얻을 수 있도록 도우면 되는 것이다. 어떤 정신건강 전문의들은 지역사회 공동체의 강화가 외상 이후 개입에 있어 가장 중요한 목표가 된다고 결론지었다. 공동체의 역할 강화에는 세 가지 주요 목표가 있다. 학교 건설, 이산가족의 재결합, 그리고 어린이들을 안전한 곳에 다시 정착시키는 것이 그것이다.[40] 이러한 접근법들은 재해 후나 공포감이 조성되어 있는 시기에, 지역사회가 격리된 개인들로 구성되어 있는 것이 아니라는 전제를 강조해준다. 모든 사회 공동체는(교회나 유대교 회당, 모스크, 아니면 청소년 조직, 양로원, 사친회 등) 필요에 따라 그들의 초기 설립 목표를 초월하여 그들이 속한 공동체와 구성원 서로에게 격려와 지원, 치료 등의 도움에 동원될 수 있는 조직들을 가지고 있다. 많은 경우, 가장 유효한 형태의 도움은 재난의 피해자들이 공동 목표를 위해 협동하는 과정에서 얻어진다. 뉴욕에 테러리스트 공격이 있은 직후, 초등학생의 부모이기도 했던 한 상담자는 아이들이 하루빨리 학교로 돌아갈 수 있도록 다른 부모들과 함께 학교를 청소하였다. 이것이 바로 공동체 지원의 좋은 예다. 물론 이것이 상담을 대신할 수 있는 것은 아니지만, 이러한 공동체 활동은 상담자들이 행하는 개인 치료를 크게 보완해 줄 수 있다.[41]

8. 그룹 간의 차이점을 인식하라

테러리스트들이 맨해튼을 공격했을 때, 미국에 이민 온 지 얼마 안 된 이민자들은 뉴욕 토박이와 어떻게 다르게 반응하였는가? 테러리스트가 인도네시아 발리를 공격하여 휴양지에 폭발음이 울려퍼질 때, 관광객들은 현지인들과 어떻게 다르게 반응하였는가? 아프리카 내전 등으로 인해 난민 캠프로 보내진 유랑자들은 싸이클론이나 해일, 또는 지진과 같은 자연재해로 집과 직업을 잃고 난민이 된 사람들과 과연 어떻게 다른가? 상담은 언제나 표준적인 방법론을 사용하고 있다고 하지만, 심리적으로 피해를 입은 군인을 상담하는 것은 외상의 영향을 받은 선교사를 상담하는 것과는 다른 것이다.[42]

이러한 의문들은 우리가 흔히 간과할 수도 있는 사실, 즉 어떤 그룹은 다른 그룹보다 더 회복이 힘들 수 있다는 점을 잘 지적하고 있다. 부모에게서 떨어진 아이들, 전장에서 살아야 하는 장애인, 고문 피해자, 그리고 캠프나 교도소에서 폭력에 시달려온 사람들은 다른 상황의 사람들보다 외상에서 회복되기가 더 어렵다. 배려하는 마음과 섬세함을 가진 상담자라면, 도움을 주기 위한 여러 가지 활동을 병행함과 동시에 피해자가 놓여진 독특한 상황을 잊지 말아야 할 것이다. 상담자는 효과적인 치료를 위해 외상의 본질, 그리고 그 외상과 테러가 생성된 배경에 대해 가능한 한 많은 정보를 수집하여야 한다. 우리가 상담을 요청하는 사람들과 그들이 놓인 특수한 상황을 잘 이해하면 할수록 우리의 도움은 더욱 효과적인 것이 될 수 있다.

또 한 가지 매우 중요한 것은 피해자들의 신념, 그리고 그들이 치료자를 어떻게 인식하는가 하는 점이다. 어떤 사람들은 거부감 때문에 매우 효과적인 상담을 통해서도 아무런 이득을 얻지 못하는 경우가 있다. 이런 외상 피해자들은 낯선 상담자에게 말을 하는 것이 도움이 되지 않는다고 생각하거나, 어려울 때 마음에 안정과 용기를 주는 종교적 신념을 강하게 가지고 있기 때문에 상담자보다 목회자나 토착신앙 요법가를 더 신뢰한다. 상담자는 개인의 신념이나 그들이 신뢰하는 치료자들의 치료 능력을 절대 과소평가해서는 안 된다.

9. 이문화 간 개입에는 신중하게 접근하라

앞에서 논의한 것과 일관된 이야기이지만, 지금까지 국제 구호단체들의 영향력에 대해 많은 찬반양론이 존재해왔다. 물론 의심할 여지없이 월드비전, 적십자, 구세군과 같이 문화 차이를 섬세하게 배려하고 풍부한 활동 경험을 가진 단체들은 재해나 테러리즘, 또는 국가적 위급 상황의 피해자들에게 큰 도움을 준 것이 사실이다. 그러나 이와는 반대로 일부 단체들은 좋은 의도를 가지고 있다 하더라도 잘못된 인식을 가진 채 신중하지 못하게, 너무 서두르는 바람에, 결과적으로 유해한 개입을 하게 되는 경우가 있다. 아시아에서 30만이 넘는 생명과 수십만에 달하는 사람들의 삶의 터전을 빼앗아 간 2004년 쓰나미 직후, 한 미국인 정신과 전문의는 50~90%에 달하는 사람들이 PTSD나 우울증을 경험할 것이며 이들에게 항울제가 필요할 것이라고 예상하였다(미국의 한 제약회사는 항울제를 적절한 가격에 공급할 의사가 있다고 밝혔다). 이에 대해 세계보건기구(WHO)는 반대 의사를 밝혔다. 오랫동안 이와 비슷한 비극을 보아온 세계보건기구는 그들의 경험에 근거하여 5~10% 미만의 사람들만이 해일에 의해 형성된 불안 증상을 보일 것이라고 예상하였다. 현지에서 일하는 정신건강 관련 종사자들도 해일에 대한 반응을 의학적으로만 보려는 서구의 경향을 비판하였다. 대신 국제사회에 대해, 현지인들이 집을 새로 짓고, 서로 협력하여 학교를 세우며, 종교 의식을 지속할 수 있도록 도와 달라고 요청했다. 예를 들어 희생자들에 대한 추도, 그리고 홍수에 대한 현지인들의 문화적, 종교적 해석을 존중하는 것들이다. 네팔에서 온 한 심리학자는 외부에서 온 지원 그룹들이 오히려 현지인들의 회복력과 그들이 가진 삶의 의미를 빼앗아가고, 현지인들이 잘 이해하지 못하는 PTSD와 같은 의학적 모델을 그 상황에 적용시켜 결과적으로 피해자들에게 생소한 의학 모델을 끼워 맞추어 현실을 이해하도록 강요하는 결과를 초래한 것이 아닌가 하는 우려를 나타냈다. 이 학자는 재해 심리 건강 프로그램들의 대다수가 현지 문화에 대한 이해가 부족하며, 자신들이 제공하는 서비스의 사후 점검을 어떻게 지속할 것인가에 대해 고려하지 않는다고 지적하였다.[43]

물론 이와 같은 예는 자비를 들여서라도 남을 돕고 싶다는 정열에 불타 재난 지역을 기꺼이 찾아가는 상담자들까지 비판하려는 의도에서 언급한 것은 아니다. 그러나 남을 돕고 싶다는 마음에 이문화 지역까지 찾아가는 상담자들은 단순히 심리요법만 실시할 것이 아니라 현지에 이미 확립되어 있는 기구들과 지역공동체 지도자들과 협동하여 현지인들이 하루 빨리 정상적인 일상생활로 돌아갈 수 있도록 돕는 것에 주력하여야 한다.

- **트라우마, 테러, 테러리즘에 대한 유해한 반응의 예방**

폭력적 범죄, 테러리즘, 사고, 또는 트라우마를 야기하는 이와 비슷한 사건들을 사전에 예방하는 것은 물론 쉬운 일이 아니다. 이러한 상황들은 사전에 모의된 것이 아닌 경우도 있지만 어떤 경우에는 실행에 옮겨지기 전에 비밀리에 계획된 것들도 있고, 대부분은 예상을 불허하지만 자연재해와 같이 다가오고 있는 것을 알면서도 멈추지 못하는 경우도 있다. 정부, 국제기구, 전문가 집단, 지역공동체 그룹, 그리고 그 이외 여러 조직들은 협력하여 테러리즘과 트라우마가 발생하기 쉬운 조건을 바꾸려 함께 노력할 수는 있지만, 현재 진행중인 테러와의 전쟁의 예를 봐도 알 수 있듯이 어떠한 목적을 가지고 남에게 피해를 입히려고 하는 사람들의 활동을 사전에 저지하는 것은 쉽지 않다.

이러한 어려움에도 불구하고, 상담자와 여러 사람들이 기도와 함께 행동으로 옮길 수 있는 예방적 조치들이 있다. 아래 논하는 것들은 불운한 트라우마 반응을 어떻게 사전에 예방할 수 있는지에 대한 대처법의 일부다.

1. 교육

대학교와 지역 공동체 수업을 통해 제공되는 테러리즘의 본질과 트라우마의 영향에 관한 정보는 사람들이 그런 상황이 발생했을 때 사전에 대책을 세울 수 있도록 도와준다. 적십자와 같은 기구들과 많은 상담 협회들은 재해나 다른 긴급 상황에서 타인에게 도움을 줄 수 있도록 하는 교육을 제공하고 있다. 갈수록 심각해지는 테러리즘의 위협 속에서 일부 도시는 피난과 지원 대책이 필요할 때 어떠한 전략이 가장 효과적인지 구조 요원들이 사전에 체험할 수 있도록 모의 재난 훈련을 실시한다. 이상적으로는 상담자와 상담가가 되기 위해 훈련중인 모든 사람들이 트라우마 관리 방법을 어느 정도 이해하고 있는 것이 좋다.

2. 스트레스 예방과 관리

이는 매우 전문적인 교육 방법에 속한다. 스트레스 예방 훈련은 스트레스 관리법을 배우고 스스로 적용해 보는 것을 통해 스트레스에 대처할 수 있도록 돕는 데 목적이 있다. 여기에는 불안감을 감소시키는 방법이나 높은 강도의 스트레스가 지속되는 직업에서 어떻게 일을 지속할 수 있는가의 문제를 포함하여, 기력 유지, 삶의 방식 전환에 대한 적응법, 또는 폭력적 범죄를 예방하는 사전 조치 등이 포함된다. 심리학과 관련이 없는 부분에서도 효과적인 피난 계획을 세우거나, 회사가 공격에 의해 파괴되고 사람들이 격리 분산되었을 때 고용주가 택할 수 있는 적절한 조치, 또는 가족들이 흩어지는 위기 상황이 발생했을 시 어떻게 서로 연락을 취할 것인지를 사전에 합의하는 것 등을 사람들에게 가르치는 것은 매우 유용하다. 교회도 물론 이와 비숱한 긴급사태 대처법을 사전에 가지고 있어야 하며 장래에 일어날 수 있는 모든 긴급 상황에 신속히 대처할 수 있는 팀을 보유해야 할 것이다.

3. 어린이들에 관심을 집중할 것

아이들은 강한 회복력을 가지고 있지만, 그들 또한 공포감을 가져오는 주변 상황과 트라우마에 영향을 받을 수 있다. 아이들이 이러한 스트레스에 대해 부정적으로 반응하지 않도록 부모와 선생님은 현실적인 방법으로 자신감을 다시 심어주고, 질문에 솔직히 대답하며, 아이들에게 테러리즘의 원인과 다른 위험에 대해 가르쳐야 한다. 또한 위험한 상황이나 위협적인 사람들을 사전에 피할 수 있는 능력을 길러주며, 지속적으로 테러리즘이나 재해 직후의 영상을 흘려보내는 텔레비전 시청을 자제시키며, 최대한 삶을 평상시처럼 유지하는 것을 통해 차분함의 예를 제시해 주어야 한다.[44] 두려워하는 어른이 있으면 아이들도 덩달아 두려움에 사로잡히게 되므로 부모들은 자기 자신들의 불안에 지혜롭게 대처할 필요가 있다.

4. 하나님께 관심을 집중할 것

위험 상황에서는 누구나 불안을 느끼는 것이 당연하지만, 어떠한 위안보다도 인간에게, 특히 두려움에 휩싸인 인간에게 위로가 되는 것은 신의 존재와 보호다. 이러한 안정감은 다른 신도들과 이해심 많은 가족과의 교제를 통해 이루어지지만, 신의 본질에 대해 생각을 집중시키거나, 신에게 감사하는 마음을 가지거나, 위험, 재난, 트라우마 속에서 평화와 신의 인도를 구하는 기도를 통해서도 얻을 수 있다.[45]

• 트라우마, 테러, 테러리즘에 대한 결론

이 장은 해일로 인해 삶의 터전이 휩쓸려 가는 걸 지켜보아야 했던 타이의 두 소년, 샘포프와 루쳇의 이야기로 시작하였다. 이 비극이 있고 몇 주가 지나, 두 소년은 타이 북부에 있는 한 피난 캠프에 42명의 다른 아이들과 함께 보내졌다. 그곳에서 이들은 닐라 카포르 스타눌로비치(Nila Kapor-Stanulovic)라는 유고슬라비아 출신의 한 트라우마 치료사를 만나게 되었다. 아무도 아이들에게 자신들의 경험에 대해 말해보라 종용하지 않았지만, 아이들은 그림과 다른 방법을 통해 다른 사람들에게 자신의 마음을 설명하였다. 많은 아이들은 파도가 자동차, 나무, 배, 집, 그리고 사람들을 삼키는 그림을 그렸다. 그 후 몇 주가 지났고, 아이들은 서서히 게임을 즐기거나, 언어적, 비언어적 수단을 통해 자기의 감정을 표현하거나, 작은 그룹으로 나뉘어 자신들이 만든 꼭두각시 연극을 진행하기도 했다. 머뭇거림과 수줍은 태도로 처음 캠프에 도착했던 아이들은 그 주가 끝날 즈음에는 어느새 웃고 뛰어놀며 그들 속의 많은 에너지를 표현하고 있었다.

이 아이들에게 적용된 한 주 동안의 트라우마 관리법은 이들 삶에 영구적인 변화를 가져올 수 있을 것인가? 만약 다른 캠프들의 예가 그 판단 기준이라면 대답은 그렇다고 할 수 있다. 테러, 자연재해, 트라우마, 그리고 다른 형태의 강한 스트레스는 삶에 대단히 파괴적인 결과를 초래하지만, 시간이 어느 정도 지나면 회복력이 강한 인간의 몸이 이를 극복하고 앞으로 나아갈 수 있다. 물론 그 기억이 잊혀지는 일은 영원히 없겠지만, 점차적으로 트라우마 환자들은 자신들의 괴로운 경험을 극복하고 성장하여 더욱 생산적인 삶을 살 수 있다. 그들이 어디에 살고 있을지는 모르겠지만 기독교 상담자들은 이처럼 보람 있는, 그들의 회복 과정에 기여할 수 있는 나름대로의 역할을 잘 감당하고 있다.

상담자들을 위한
요점 정리 39

- 옛 세대에 속하는 상담자들과는 다르게 우리는 테러리즘, 테러, 트라우마, 그리고 불확실한 위험이 넘치는 시대에 살면서 상담을 하고 있다.

- 성경에서는 이와 같은 단어들을 우리가 현재 사용하는 개념과 같은 의미로는 거의 언급하고 있지 않지만, 그럼에도 불구하고 성경은 공포, 불안, 평화, 그리고 희망을 이해하는 데 크게 도움이 되는 많은 말씀들을 제시하고 있다.

- 테러리즘이 발생하는 근본 원인은 매우 복잡하다. 일반적으로 자유와 윤택함을 향유할 수 없는 국가의 사람들은 서구와 가난한 본국과의 격차를 의식한다. 절망적인 환경 속에 갇혀 있는 많은 사람들은 자신들의 좌절감을 표현하고 서구와의 공평성을 확립하기 위해서는 더 많은 것을 가진 사람들을 공격하고 파괴하는 것 이외에 다른 방법이 없다고 생각한다.

- 테러리즘은 두려움을 심어주려는 의도를 가지고 있으며 많은 경우 이 목적은 파괴를 통해 성공적으로 달성된다. 테러리즘은 대부분의 경우 과격한 종교적 신념과 종교 지도자를 포함한 광신적인 지도자들에 의해 정당화된다.

- 테러리즘, 테러, 그리고 트라우마는 급성 스트레스 장애, 외상 후 스트레스 장애와 같은 다수의 스트레스 반응을 불러올 수 있다. 모든 경우 이러한 증상을 치료하기 위한 첫 단계는 내담자를 안전하고 믿을 수 있는 장소에서 만나는 것이다.

- 사고와 재난을 포함한 모든 테러리즘, 테러, 그리고 트라우마는 스트레스를 동반하지만, 스트레스 증상의 악화보다 더욱 보편적으로 관찰되는 것은 회복력과 자연적 치유 능력이다.

- 스트레스에 대한 신경생리학적 반응을 이해하는 것은, 스트레스의 영향을 받은 사람들이 어떻게 반응하며 이들을 돕기 위한 최선의 방법이 무엇인지 이해하기 위해 매우 중요하다.

- 다음과 같은 상담 방법이 적용될 수 있다.
    - 자신의 경험을 서둘러 말하도록 유도하는 상담자의 자연스런 경향을 억제할 것.
    - 내담자가 신뢰감을 가질 수 있는 차분한 사람과 만날 수 있는 안전한 장소를 제공할 것.
    - 도움이 되는 정보와 대처할 수 있는 전략을 제공할 것.

- 인지-행동적 기술을 사용하여 스트레스 관리를 도와줄 것.
- 이야기를 하게 하거나 표현적 치료, 신체 요법을 사용하는 등, 뇌 전체를 사용하는 테크닉을 적용할 것.
- 희망을 심어줄 것.
- 공동체의 역할 강화를 통해 지역공동체의 개입을 격려할 것.
- 그룹 간의 차이점을 인식할 것. 어떤 그룹은 다른 그룹보다 더 취약할 수도 있다.
- 이문화간 개입에는 신중하게 접근할 것.

■ 테러리즘과 트라우마에 대한 부정적인 반응을 예방하는 방법에는 교육, 스트레스 예방법과 관리법의 지도, 어린이들과 하나님에게 관심을 집중하는 것 등이다.

■ 상담자들은 테러리즘의 공포 속에서 살면서 테러리스트의 공격, 트라우마, 그리고 다른 형태의 강한 스트레스로부터 회복을 필요로 하는 사람들을 도울 수 있는 능력을 가지고 있다.

40 >>
그 외 다른 문제들
Other Issues

미리암 포저의 가족은 그녀가 열 살이 되었을 때 거식증에 걸렸다는 것을 처음 알았다. 어린 나이에도 불구하고 미리암은 낮은 자존감으로 갈등하며 자신의 모든 문제가 비만에서 비롯되었다고 결론 짓고 그 해결책으로 체중을 감량하기로 결심했다. 미리암은 이러한 결심을 아무에게도 말하지 않은 채 식사량을 줄이기로 했다.

그녀의 부모는 그녀의 체중이 감소한 것을 발견하고 의사에게 데리고 갔다. 의사는 미리암에게 거식증이라는 진단을 내렸고 그녀가 정상 체중으로 돌아올 때까지 음식을 섭취할 수 있도록 병원에 입원시켰다.

"나는 조금 느슨해지기라도 하면 가능한 한 빨리 다이어트를 했다"라고 미리암은 후에 기록했다. "모든 치료 방법은 실패했다. 왜냐하면 나는 체중을 극단적으로 감량하기를 원했고, 체중을 늘리는 것에 대한 적절한 이유를 발견하지 못했다. 한번은 체중이 심하게 감소되었을 때 너무 무기력해져서 삶의 이유조차 발견할 수 없었다." 미리암이 자살을 시도했을 때 그녀는 병원에 다시 입원했으며 이때는 6개월 동안 정신과 치료까지 같이 받았다.

이 경우를 전반적으로 살펴보면 부모들은 거식증에 대한 아무런 지식을 가지고 있지 않았다. 그들은 그녀의 딸들 혹은 아들들에게 이러한 문제들에 대하여 가족의 일원으로서 어떻게 도와주어야 하는지에 대해서도 전혀 알지 못했다. 미리암이 신체적 또는 다른 치료를 받고 있을 때 그녀의 가족들도 상담을 받았다. 결국 그들은 거식증 어린이를 둔 적이 있는 다른 가족을 만났다.

"우리는 가족들이 일상의 문제를 어떻게 해결하는지에 대한 방법을 배웠다"라고 미리암은 말했다

"거식증 딸을 둔 다른 가족을 만난다는 것은 내게 큰 의미가 있었다. 왜냐하면 나와 같은 문제, 같은 생각과 행동, 그리고 같은 느낌을 극복하고 회복한 사람들과 새롭게 친구가 될 수 있었기 때문이다. 다양한 가족 치료는 오늘의 내가 존재하는 데 아주 중요한 부분을 차지했다."[1]

이 책을 재편집하기 전에 나는 수백 명의 상담자에게 이 책에 포함해야 할 주제들에 대한 조언을 얻기 위해 질문지를 보냈다.

우울증, 두려움, 죄 의식, 그리고 결혼 문제 등이 종종 그러한 제안의 대부분을 차지했다. 그러나 그 질문지의 조언에는 미리암과 같은 섭식장애로 고통 받고 있는 경우를 포함한 다른 주제들이 있었다. 이 장

에서는 상담실에서 접하게 되는 상담의 일반적인 문제가 아닌 흔하지 않은 문제들에 대해 다루고자 한다. 모든 문제를 효과적으로 다루는 완벽한 상담자는 존재하지 않는다. 그러나 우리는 우리가 알고 있는 기술과 지식을 사용하여 최선을 다해야 한다.

한 사람에게 많은 문제가 복합적으로 발생될 때 상담이 어려워질 수 있다. 결혼 문제로 인해 갈등하는 남자 혹은 여자는 우울해지다가 두려워지고 결국에는 경제적 어려움으로 갈등할 것이다. 반항하는 자녀를 다루는 방법을 얻고자 찾아온 부부는 세대 차이를 느낄 것이고 그들 자신의 문제와 더불어 자녀와 늙은 부모 모두를 걱정하게 될 것이다. 결정해야 하는 문제를 놓고 도움을 구하고자 찾아온 남자는 역시 자신의 내적 갈등, 좌절, 낮은 자존감, 그리고 현저하게 나타나는 알코올 문제와 함께 갈등할 것이다.

때때로, 표면에 나타나 있는 문제들은 특별한 환경에 영향을 받는다. 여러분들이 선입견이 없다고 할 때조차도 다른 인종, 다른 민족적인 배경, 또는 다른 성별이나 사회 경제적인 계층의 사람들을 상담할 때는 특별한 이해가 필요할 것이다. 만약에 그들의 가치관이나 종교적인 신뢰가 여러분들과 다르다면 어떻게 할 것인가? 마음속으로 모든 사람을 동등하게 대하기를 원하지만 사실상 여러분들은 신체적으로 불구인 사람이나 정신적 장애를 가진 사람, 여러분의 언어를 자유로이 말할 수 없는 사람, 또는 계속적인 보살핌이 필요한 사람들을 상담할 때 이러한 특별한 어려움을 무시할 수 없을 것이다. 개인적인 상담은 교회나 감옥, 또는 군 기관이나 정신병원에서 하게 되는 상담과 전혀 다르다. 이러한 모든 상황에 대해서 기본적인 상담의 원칙들은 같을 것이지만, 그 원칙들은 각 개인과 그리고 각각의 특별한 상황에 알맞게 적용되어야 한다.

이러한 적용들은 상담자의 상황 적응 능력을 요구한다. 비교적 일반적이지 않은 문제에 대해서도 이것은 다음에 나타나게 될 일반적이지 않은 문제를 깨닫게 해준다. 이러한 것들은 중요성의 정도에 따라 배열된 것이 아닌, 여러분이 상담을 할 때에 가끔씩 만나게 되는 것들이다.

신체적 장애를 가진 사람들에 대한 상담

청각 장애를 가진 사람을 어떻게 상담할 것인가? 만약 내담자가 수화를 사용하고 당신은 사용하지 않는다면 의사소통이 어려울 것이다. 통역하는 사람이 도와줄 수도 있지만 이것은 서로의 신뢰도를 떨어뜨리고, 내담자가 자신의 내적이며 당황스러운 문제를 나누는 것을 꺼리게 만들 것이다. 이러한 경우 입술을 읽는 것과 눈에 보이는 몸짓을 통해 의사소통하는 것이 어떤 상담의 형태보다 더 중요할 것이다. 그러나 이것은 상담의 방법을 방해할 수 있고, 상담의 접근 절차를 손상시킬 수도 있다. 청각 장애를 가진 사람들은 종종 우울증과 외로움, 그리고 인간관계 및 자아에 대한 문제를 가지고 있다. 그리고 이러한 것은 의사소통이 원활하지 않으면, 쉽게 해결하기 힘든 문제다.[2] 매우 세심한 상담자조차도 선입견과 때로 오해를 받을 수 있을 것이다. 듣는 것이 명확하지 않으면 쉽게 다른 사람들이 말하는 것을 추측하기 쉽고 때때로 민감하지 않은 상담자는 근거 없는 결론을 내릴 것이다.[3]

청각 장애는 신체장애의 한 예다. 이 말은 개인이 정상적인 기능을 할 수 있는 능력을 방해할 수 있는 정신적, 신체적, 감정적인 상태(결함 또는 손상)를 의미한다. 이러한 신체장애는 다른 사람이 인식할 수 없는 아주 작은 손상에서부터 심각한 장애에 이르기까지 그 범위가 다양하다. 신체장애는 일시적일 수도 있고 (수술로 인해 움직일 수 없는 상태) 또는 영구적일 수도 있다. 이러한 것들은 선천적인 장애, 분만이나 어린 시절의 사고, 또는 생애 후반부에 어떤 능력의 손상들로부터 기인된 것이다. 환경적인 유해 요소들 역시 성장과 신체적, 인식적, 학습적이고 행동적인 장애를 유발할 수 있다는 근거가 점점 늘어나고 있다. 이러한 독성이 있는 물질에는 독극물, 살충제, 공기 오염 그리고 마약이나 알코올 등이 있다.[4]

수년 동안 신체장애는 개인이 장애를 가지고 있든지 그렇지 않든지 그것이 개인적인 특성으로는 받아들여지지 않았다. 그것은 개인이 어떤 일을 할 수 있는 능력의 결함으로만 강조되었다. 그러나 오늘날 다양한 문화와 전문 분야에서 장애는 비록 장애인들이 할 수 없는 것들이 있다 하더라도 그들이 할 수 있는 것이 존재한다는 것을 인식하는 것이 일반적이다. 결함을 가지고 있고 특별한 치료가 필요한 사람들을 전체 인구 중에서 장애인 인구로 분류하는 과거의 관점은 사라져가고 있다. 오히려 장애인들에 대해 미국에 살고 있는 흑인들, 이슬람인들, 또는 이민자들처럼 소수민족으로 보는 것이 더욱 현실적이다. 그들은 지역사회의 한 부분으로, 독립적인 삶을 살고 있고 학교에 다니며 직업을 가지고 다른 사람들처럼 세금을 내고 활발한 사회 활동과 가정생활을 하는 사람들이다. 이러한 관점은 장애를 가진 사람들에 대해 그들의 한계에 초점을 맞추기보다 그들의 능력에 중점을 둔 것이다.[5] 의학적 치료는 신체적 영역에서 가능한 한 많은 장애인들을 돕는 것이고 재습관화는 그들이 개인적인 생활에서 최대한 효과적인 성취를 이루도록 돕는 것이다.[6]

1. 가족들 돕기

자녀가 장애를 가지고 있다는 것을 안다는 것은 부모 입장에서 매우 힘든 일일 것이다. 부모의 죄의식, 장애인에 대한 차별, 과잉보호, 의료진이나 학교에서의 냉담, 가족 구성원들의 무관심, 비현실적 기대, 곤혹감, 그리고 하나님에 대한 분노가 일반적인 감정일 것이다. 장애 어린이를 둔 많은 가족들은 두려움과 무기력함, 낮은 자아의식과 낮은 자존감, 격한 감정과 낮은 삶의 만족도 등을 보여준다.[7]

이러한 가족들은 그들만의 특별한 스트레스를 극복하고자 할 때, 이해와 후원, 그리고 때때로 자녀를 돌보아주거나 가사를 도와주는 등의 실질적인 도움을 필요로 한다. 그들은 장애인과 함께 자신들의 삶을 성취하는 방법을 배워나가야 한다. 이것은 아주 중요하다. 왜냐하면 가족들은 장애 가족의 요구들 때문에 자신들의 감정을 통제하기 힘들거나 감정적인 침체를 느끼며, 삶의 의미와 적응의 어려움을 경험하기 때문이다. 반면에 부모들의 태도가 낙관적이며 가족들이 함께 협력하는 데 중점을 두는 경우 이러한 스트레스는 감소된다.[8] 장애인 형제를 둔 형제자매들이 만약 자신의 삶이 제한되고 성공할 수 없다고 느낀다면 '유대 관계에 의한 장애' 때문에 그들의 자유가 제한될 수 있다.[9] 상담자는 모든 가족 구성원들이 이러한 상황에 대처할 수 있도록 도와야 한다. 장애 어린이나 장애 어른을 둔 가족들을 다른 가족들과 만나게 함으로써 도움을 줄 수도 있을 것이다. 가족들이 함께 극복해나가려고 한다면 상호 협력 그룹과 인터넷상의 연락을 통해서도 후원, 격려 그리고 실질적인 도움을 얻을 수 있다.

어떤 때는 부모가 장애를 가진 가족 구성원일 수도 있다. 장애인 부모는 종종 다른 사람들로부터의 간섭이나 그들의 한계와 외부인으로부터의 후원 부족으로 인하여 좌절감을 갖는다. 상담자는 종종 이러한 사람들이 영향력 있는 부모가 되도록 격려와 삶의 지침을 얻을 수 있다.[10]

2. 장애를 가진 사람들 돕기

태어날 때부터 장애를 가진 어린이들은 삶에 적응하면서 자신의 장애를 받아들이는 법을 배워야 한다.

만약 이러한 장애가 삶의 후반부에 나타나면 적응이 더욱 힘들 수 있다. 자동차 사고로 척추가 마비된 어떤 사람이 말했다. "나는 이제 걸을 수 없다. 나는 수저조차도 마음대로 움직일 수 없고 전과 같은 성관계를 가질 수도 없게 되었다. 나는 이제 오토바이를 탈 수도 없고 축구를 할 수도 없게 되었다. 나는 많은 자유를 잃어버렸다." 이와 같이 행동 능력, 시력, 청력 등 몸의 일부를 자유롭게 사용할 수 없게 되었을 경우에 종종 깊은 좌절이 수반된다. 충격, 부인, 분노, 때때로 비현실적 소망 그리고 무기력감이 동반되기도 한다. 사람들은 왜 이런 일이 자신에게 일어났는지 의문을 가지고 종종 하나님이 기적적인 치료를 하실 것이라고 기대하기도 한다. 만약 이러한 기대가 실현되지 않을 때는 절망, 자살에 대한 생각, 다른 사람들에게 짐이 되는 것에 대한 슬픔과 미래에 대한 소망이 사라질 수 있다.

어떻게 이러한 감정적인 덫으로부터 벗어날 수 있을까? 그 과정은 단시간에 이루어지지는 않지만 장애인 스스로가 자신의 감정을 표현하고 가능한 범위 내에서 자신의 삶을 성취할 수 있다는 가능성을 깨닫는다면 가능하다. 종종 이 과정에는 신체적인 한계와 더불어 살아가며, 교통수단 이용의 어려움을 극복하고 긍정적인 자아 개념의 확립, 적합한 직업의 발견, 사회의 고정관념에 대처하는 방법 그리고 도움 없이는 할 수 없는 것들에 대해서 도움의 필요성을 수용하는 자세들이 습득되어야 한다.[11]

이러한 장애인들을 도울 때 상담자는 그들이 자신의 한계에도 불구하고 아직도 무엇인가를 할 수 있는 능력을 가지고 있으므로 일반적인 방법인 개인 상담만 해서는 안 된다. 종종 물리치료사, 교육 전문가, 의사와 또 다른 전문인들과 함께 협력하는 것이 필요하다. 상담자는 상담 시 내담자의 친구들, 직장동료의 협조가 필요하고 종종 내담자 가족 전체를 상담해야 하는 경우도 있다.

그뿐 아니라 상담자 자신의 태도도 살펴봐야 한다. 만약에 상담자가 신체적인 장애에 대해 잘못된 결론을 성급히 내리거나, 장애인 내담자를 상담하는 것이 불편하거나, 내담자들의 성격이나 태도에 대한 선입견을 가지고 있다면 상담을 효과적으로 할 수 없을 것이다. 상담 시 이러한 태도들이 없다면, 만약 상담자가 장애를 가진 내담자로부터 배우려고 하는 태도를 가진다면 상담은 더욱 효과적일 것이다. 우리는 역시 장애인인 상담자로부터도 배울 수 있다. 그러나 그러한 상담자의 수는 많지 않다. 그리고 그들의 장애는 상담에 안 좋은 영향을 미칠 수도 있지만, 그렇다고 해서 장애를 가진 많은 사람들이 상담자가 될 수 없고, 다른 일반 상담자들처럼 상담의 영역에서 효과적인 상담을 할 수 없다고 단정할 이유는 없다.[12]

예수님은 장애인들을 불쌍히 여기셨다. 절름발이, 시각장애인, 청각장애인, 간질병, 그리고 불구자. 예수님은 그들을 완전히 받아들이셨고, 그들의 필요를 채워주셨다. 기독교 상담자는 예수님과 같이 행해야 한다. 상담은 창의적인 접근 방법과 자신이 선호하는 기술이 아닌 다른 사람들과의 연관성 안에서 이루어져야 한다. 이것은 특별히 한 장애인이 삶의 기술이 나아지고, 심리적으로 안정을 찾아가고 영적으로 성숙해 나갈 때에 보상 받을 수 있다.

정신적 장애를 가진 사람들에 대한 상담

진 베니어는 캐나다에서 태어났다. 그는 전 캐나다 장관 조지 베니어의 아들이다. 그가 유럽을 방문했을 때다. 그는 한 유럽인 마을에 정신적으로 지능이 떨어지는 사람들과 정신적인 장애를 가진 사람들이 함께 단체 생활을 하고 있는 것을 발견하고 큰 충격을 받았다.[13] 어느 날 베니어는 정신장애인 두 사람을 초대해서 그들과 함께 생활하기 시작했다. 이러한 행동 배후에는 어떠한 다른 의도도 없었지만 사람들은 진 베니어의 행동을 듣고 그가 하고 있는 일을 보러 왔다. 그리고 자신들의 집을 떠나기 시작했다. 그 결과 라르쉬(프랑스말로 방주라는 의미)는 세계적으로 확대되었다. 이것은 정신장애인들에 대한 집단 거주지로서 장애인들이 함께 살아가고 서로 돌보는 것을 배우며, 종종 지역에 있는 상담자들을 포함한 전문인들의 도움을 받는 공동체다. 이러한 운동의 확대는 잘 알려진 상담자이며 신부인 헨리 나우웬이 하버드 대학에서 활발한 교수 활동을 그만두고 토론토에 있는 라르쉬 지역으로 이주함으로써 더욱 가속화되기 시작하였다.[14]

앞 장에서[15] 우리는 정신장애가 종종 열여덟 살 전에 나타나며, 그 증상이 지속적이고, 자기 나이에 적합한 역할을 독립적으로 하는 능력과 학습능력이 심각하게 방해받는다는 것에 대해서 배웠다. 때때로 그 원인은 유전적이다. 그러나 정신적인 장애는 유아기에 앓은 질병이나 뇌 손상이 원인이 되기도 한다. 이러한 정신장애의 한 증상이 다운증후군이다. 이 증상은 종종 얼굴 모양에 의해 인식될 수 있는데 장애인의 정신적 한계와 독립적인 활동 능력은 개인에 따라 매우 다르다. 그러나 많은 기관들은 그들과 그들의 가족들이 이러한 장애에도 불구하고, 삶을 성공적으로 살도록 돕기 위해 헌신한다.[16] 정신적인 장애가 대부분의 신체적인 근거를 가지고 있는 반면에, 신체적으로 정상적인 아이가 정신적 한계를 가지고 성장할 수도 있다. 왜냐하면 감각기능과 지적 작용이 충분하지 않기 때문이다.[17]

어린 시절의 정신장애는 인생의 후반부에 나타나는 장애와는 차이가 있다. 화학작용으로 인한 장애와 질병, 예를 들면 뇌종양 또는 노인성치매 또는 뇌 손상, 동맥경화, 뇌출혈, 에이즈, 과음, 약물 복용, 심혈관 장애, 그리고 부작용 등은 모두 사고를 명확하게 하는 데 지장을 줄 수 있다. 대부분 이런 정신장애와 한계들은 영구적이지만 어떤 것은 치료가 가능하다.

장애의 정도에 따라서 정신적인 장애인들에게 최소한의 생활을 할 수 있는 기술을 가르칠 수 있다. 많은 사람들은 단순하지만 만족스러운 직업을 가질 수 있고, 독립적으로 생활할 수 있고, 때때로 라르쉬와 같은 지역사회에 속할 수도 있다. 이러한 사람들은 만일 그들이 과잉의존만 삼가면, 상담을 통하여서 유익을 얻을 수 있고 상담자들이 말하는 것을 이해할 수도 있다. 약물은 종종 도움을 주며 어떤 경우는 정신적인 장애를 치료할 수도 있다.

부모나 배우자, 그리고 다른 가족 구성원들은 그들이 신체적인 장애에 대해서 반응하는 것과 같은 방법으로 정신적인 장애에 대해서도 반응한다. 종종 죄의식과 분노, 무기력과 당황, 경제적인 압박과 어려움을 가지고 있다. 대부분의 가족들은 정신적인 장애를 가진 사람과 살아가는 방법을 배워야 한다. 그것은 마치 그들이 나이가 들어가고, 점차적으로 병든 친척들을 돌보아야 하는 책임을 수용해야 하는 것과 같다. 이와 같이 장애인을 돌보아주는 가족 구성원들은 그들이 그것을 대처해나갈 수 있도록 도와주는 후원적이고 실천적인 지침들이 필요하다.

섭식 장애를 가진 사람들에 대한 상담

피터 폴 르우벤스는 17세기 초 플랑드르 파 화가였다. 당시에 그는 동시대 화가들처럼 포동포동한 아름다움을 가진 여자를 그렸다. 분명히 이러한 여성들은 날씬한 몸매를 유지하거나 살을 빼는 것에 관해서는 걱정하지 않았을 것이다. 21세기의 우리들 특히 세계에서 가장 뚱뚱하다고 불리는 미국인들과는 얼마나 다른가.[18] 우리는 의식적으로 다이어트를 하고 수백만에 이르는 사람들이 직접 다이어트를 할 뿐 아니라 다이어트를 생각하고, 다이어트 이후에 나타나는 요요 현상에 대해서 걱정하고 있다. 아마도 기독교인 것을 포함하여 수백 가지 다이어트 프로그램들이 채택되어 사람들 사이에서 성행하고 있지만 대부분은 장기적으로 체중을 줄이는 데 효과가 없는 것으로 밝혀졌다.[19] 한 전문가에 의하면 비만으로부터의 완전한 치료는 이상적인 몸무게가 5년 동안 유지되었을 경우인데 그때 그 사람은 비만에서가 아니라 암으로부터 치료되었다고 할 만하다고 말했다.[20]

음식물 섭취 불균형은 다양한 원인을 가지고 있다.[21] 이러한 원인들은 많은 양의 싸고 맛있는 음식물 섭취와 건강하지 않은 식습관, 예를 들면 고칼로리 음식과 탄산음료의 섭취, 적은 운동과 컴퓨터나 텔레비전 앞에서 장시간 앉아 있는 생활습관, 또는 영양분이 적은 음식물과 집에서보다도 더 양이 많은 식당에서의 잦은 외식 등을 들 수 있다.[22] 비만을 포함한 음식물 섭취 불균형은 어린 시절에 시작되고 종종 건강하지 않은 패스트푸드 산업의 발달과 부모의 무절제로부터 나타난다.[23] 더욱이 과도한 스트레스는 음식물 섭취를 증가시킬 뿐 아니라, 뇌의 만성적인 스트레스에 대한 반응 작용을 줄여주는 고칼로리 고지방 음식을 복용하도록 유도한다.[24] 명백히 말하자면, 음식물 섭취 불균형은 심리적, 환경적, 관계적, 영적 그리고 신체적 의미를 내포하고 있다. 그 비율은 나라마다 다르다.[25] 그러나 미국 안에서만 살펴볼 때, 인구의 65%가 비만이거나 과체중이라고 정부는 발표했다.[26] 우리는 피터 폴 르우벤스의 좋은 모델이 될 것이다. 그러나 사람들의 대부분은 몸무게를 줄이고 살을 빼는 것에 대해 더 많은 관심을 가지고 있다. 거식증이나 폭식 등의 음식물 섭취 불균형을 가진 사람들은 그들의 몸무게와 체중 감소에 대해 건강하지 않은 생각을 가지고 있다.

음식물 섭취 문제를 가진 사람들을 상담할 때는 전문의와 함께 일하는 것이 중요하다. 왜냐하면 음식물 섭취에 대한 신체적인 영향력 때문이다. 일반 상담자들은 사람들을 신체적으로 치료할 수 있는 자격이 없고, 그러한 사람들의 상담은 그들이 최소한 음식물 섭취에서 만나게 되는 세 가지의 생리학적 측면, 곧 비만, 거식증, 폭식증과 같은 증상을 이해했을 때에 더 효과적일 수 있다.

1. 비만

과체중이거나 비만인 사람을 평가하는 데는 어떤 기준이 있다. 그러나 한 의사는 아이볼 테스트(Eyeball Test)라는 가장 좋은 방법을 제안했다.[27] 만약에 어떤 사람이 뚱뚱해 보인다면 그 사람은 뚱뚱한 것이다.

많은 사람들이 과체중이 되는 데는 중요한 심리적인 요소가 있다. 사회는 과체중인 사람들에 대해서 조롱하고, 그들을 피하고, 때때로 그들에 대해 나쁜 선입견을 가지는 경향이 있다. 이것은 비만인 사람들이 자기 스스로에 대해서 가지는 생각과 더불어 좌절을 유발시킬 수 있고, 자신의 몸과 일에 대해서 나쁜 관점과 비판적인 태도를 가지게 할 수 있다.[28] 차별은 과체중인 어린이와 사춘기에 있는 청소년들에게 가장 힘든 것이 될 것이다. 다른 어린이들과 비교할 때 이런 과체중인 젊은 사람들은 친구가 적고, 자기 자신에 대한 자아의식도 낮고, 놀림을 더 많이 당하고 다른 사람들로부터 더 많은 선입견을 경험하고 자신의 신체에 만족하지 못할 뿐 아니라, 자살까지 생각하기도 한다.[29]

(a) 비만의 원인들 : 과체중은 소모하는 에너지보다 더 많은 칼로리를 섭취함으로 생기는 증상이다. 이것에 대한 원인들은 다양하지만 대부분은 신체적인 원인과 심리사회적 원인으로 나눌 수 있다.

생리적 원인에는 두 가지 형태가 있다. 외부적인 원인들은 음식물을 섭취하는 사람이 그들이 먹는 것과 먹는 양, 그리고 그들이 얼마만큼 운동하는가를 포함하여 조절할 수 있는 문제다. 반면에 내부적인 요인들은 유전적인 요소들, 지방 세포의 크기, 또는 과체중을 유발하는 다양한 생물학적인 환경을 포함하여 개인이 조절할 수 없는 영역이다.

심리학적인 원인들은 습관들과 학습된 행동들이 중심을 이룬다. 사교적인 사람들은 모일 때마다 먹고 마시기를 즐기기 때문에 과체중이 되기 쉬운 경향이 있다. 어떤 사회나 민족은 다른 그룹보다 이러한 경향이 더 강하다. 아마 우리들 대부분은 체중이 감소하거나 증가하는 것에 대해서 스트레스를 느낀다. 때때로 그 스트레스는 식욕을 감소시키기도 하지만 다른 경우에는 더 많이 음식을 섭취하게도 한다. 다른 사람에 대해 미안한 감정이 있을 때, 화가 났을 때, 두려울 때, 죄책감을 갖거나 우울하거나, 또는 지루함을 느낄 때 사람들은 먹는다. 담배를 끊는 동안에도 사람들은 손톱을 물어뜯거나 당분을 더 많이 섭취하게 된다. 그리고 많은 사람들은 텔레비전을 볼 때 습관적으로 먹는 경향이 있다. 자신이 먹은 접시를 씻어야 하는 어린이들은 배가 고프거나 고프지 않거나 그들 앞에 놓여 있는 음식을 오랫동안 먹는 습관을 가질 수 있다. 최근에는 불량식품을 섭취하는 어린이들의 증가와 종종 텔레비전에 나오는 광고의 영향으로 어린이 비만율이 많이 높아졌다. 우리가 살고 있는 도시들도 비만에 한 역할을 감당한다. 만약에 여러분이 상점이나 다른 장소에 갈 때 걸어갈 수 있는 곳에서 살고 있다면 아마 대중교통 수단이나 자동차에 의해서 움직여야 하는 사람들보다 체중이 덜 나갈 것이다.[30] 이러한 모든 것들은 과식이 다양한 환경적 영향과 감정적 영향의 결과라는 것을 보여준다.

(b) 과체중 및 비만인 사람들에 대한 상담 : 체중 감소의 원리는 단순하다. 몸이 사용하는 칼로리보다 섭취하는 칼로리를 줄이는 것이다. 이러한 목표를 달성하기 위해서 수백 가지의 다이어트 방법이 개발되어 왔다. 그것들은 책과 팸플릿과 잡지, 그리고 때때로 미리 준비된 식단과 다이어트 제품들을 제공하는 비만 클리닉에서 볼 수 있다. 많은 병원과 상담자들과 다른 전문가들도 다이어트를 하고자 하는 사람들을 돕는 데 참여하고 있다.

이러한 다이어트 프로그램은 종종 일시적으로는 성공적이지만, 감소되었던 체중이 다시 돌아왔을 때는 다시 체중을 감소하기가 더 어려워진다. 이것은 매우 실망스러운 일이다. 그래서 많은 사람들은 비만을 만성적 증상, 계속적인 치료, 그리고 재발하기 쉬운 경향이 있는 것으로 판단하는 의사들의 의견에 동의한다.

일반적으로 비만과 싸우는 것은 어려운 일이다. 왜냐하면 몸이 체중 감소에 대해 저항하고 스스로 싸우기 때문이다. 만약에 칼로리 섭취를 너무 제한한다면, 몸은 첫째 신진대사가 낮아져서 몸무게를 유지하는 데 적은 칼로리가 쓰이게 된다. 그리고 둘째 몸의 체중을 유지하기 위해서 비활동적이 된다. 셋째 체중 감소 상태를 유지시킨다. 마지막으로 음식에 관해서 더 많이 생각하게 만들어서 음식이 있을 때마다 식욕을 억제시키기 힘들게 한다.[31] 그렇지만 아주 희망이 없지는 않다. 끊임없는 보고들에 의하면 비만을 조절하는 노력이 효과적이라는 사실을 보여주고 있다.[32] 효과적인 체중 감소는 다음과 같은 경우에 더 성공적이다.

- 내담자가 좋은 음식 섭취에 대해서 배우고, 이러한 원칙들을 실천에 옮길 것을 결심하는 경우다. 다이어트는 체중 감소를 돕는 일시적인 것으로 보여지는 경향이 있고, 원했던 체중에 도달했을 때 그

만두게 된다. 어떤 상담자들은 다이어트라는 단어를 사용하지 말아야 한다고 주장한다. 왜냐하면 좋은 식습관을 일정 기간 동안만 유지하면 되는 것처럼 느껴지기 때문이다. 만약에 적정 체중을 영구적으로 유지하려고 한다면 좋은 음식 섭취를 생활화해야 한다. 이러한 교육을 시작하기에 가장 좋은 때는 가정 안에서 어린이와 함께하는 것이다.

- 사람들이 체중 감소에 대한 생리학적, 심리학적 측면을 이해하고, 이를 통해 영양 프로그램에 대해 긍정적으로 받아들이고, 무기력증과 죄의식을 줄인 경우다.
- 규칙적인 운동 프로그램을 시작하고 지속할 경우다.
- 기도 지원이나 체중 감소에 성공한 내담자들을 치하하고, 후퇴하고 있는 그룹 멤버를 도와 앞으로 계속 전진하도록 격려할 수 있는 단체 상담과 같은 격려와 지원의 프로그램이 있을 경우다.
- 체중 감소에 성공한 내담자들에 대해서 치하하는 강화 프로그램이 있을 경우다.
- 내담자가 칼로리와 지방의 섭취에 대한 조심스러운 관찰과 기록, 운동 프로그램과 목표에 대한 자기 점검의 방법을 알고 있을 경우다. 많은 연구들은 성공의 4분의 1 정도가 계속적인 자기 성장의 결과라고 밝히고 있다.[33]
- 과식을 하게 만드는 심리학적 원인들, 즉 스트레스와 삶의 문제들이 종종 상담을 통하여 바뀌어진 경우다.
- 전문적인 의료진들의 협조로 과체중인 사람이 식욕 억제 약이나 수술을 통해 치료되었을 경우다. 이러한 경우는 특별히 체중 조절의 변화와 스트레스 치료 그리고 운동과 함께 병행될 경우에 환자들의 5분의 4 정도가 성공을 한다.[34]

대부분 다이어트 프로그램은 스스로 시작하고 스스로 끝내는 것이다. 그러나 이러한 체중 조절이 만약에 의사나 영양사나 또는 체중 조절 전문가에 의해서 도움을 받을 수 있다면 더 성공적일 것이다. 만약에 내담자의 건강이 나쁘거나, 체중이 많이 감소된다면, 의학적 문제가 있을 수 있다.

2. 거식증과 과식

엄밀히 말하면, 이 두 가지는 다른 것이지만 함께 논의하는 데는 많은 유사성이 존재하기 때문이다. 거식증, 곧 체중이 늘고 뚱뚱해지는 것이 두려워서 음식을 거부하는 증상은 수년 동안 알려져 왔다. 그러나 1980년대까지는 이것을 장애로 보지는 않았다. 종종 사춘기 여자 아이들에게서 많이 나타나는 거식증의 증세는 자신이 과체중이라고 생각하여 과다하게 운동하거나 다이어트를 하는 것이다. 결과적으로 체중이 심각할 정도로 감소되는데, 때로는 구토나 설사를 통해서 위험하게 체중을 감소시키기도 한다. 또 다른 특성들은 주의력 결핍 행동 장애를 포함한 자신의 몸에 대한 부정확한 인식과 신체적인 질병 즉 불규칙한 생리 현상을 포함하여 화학적인 불균형과 심장이 약화되고, 때때로 죽음으로까지 이르는 질병을 일으킬 수 있다.

식욕 감퇴와 연관해서 과식은 음식을 과다하게 섭취하는 것이다. 이 또한 체중이 증가하는 것에 대해 강한 두려움을 느낀다. 그러나 다이어트 대신에 음식을 빨리 섭취하고(탐식과 식탐이 더 정확한 표현일 것이다) 많은 양의 음식과 구토와 설사 그리고 이뇨 등을 수반하고 (이것은 과식에 대한 불순물 제거의 한 형태다) 또는 금식을 통해서 음식을 멀리 하고 과다한 운동을 하지만 구토를 유발시키는 것은 아닌, 다른 현상들을 반복하는 것이다(이것은 불순물 제거의 형태는 아니다). 이러한 과식의 두 가지 형태는 심각한 건강상의 문제를 유발

하고, 심한 체중 변화를 일으킬 수 있다.[35]

(a) 거식증과 과식의 특성과 원인 : 레이몬드 이 베스 박사(Dr. Raymond E.Vath)는 기독교 정신과 전문의로서 섭식장애의 전문가다. 수년 전 출판한 책에서 그는 크고 또 작게 그의 모든 환자들이 여덟 가지의 일반적인 특성을 보인다고 결론을 지었다.[36] 이것은 표 40-1에 잘 정리되어 있다. 이러한 특성들은 거식증과 과식의 원인들에 대해서도 잘 보여주고 있다.

특별히 삶의 기준이 높은 가정에서 자란 많은 젊은 사람들은 매력(날씬한 몸매)에 큰 가치를 두고 있고, 비만인 사람들을 부정적인 시각으로 바라보고(몸무게를 절제하지 못하는 것으로) 다이어트하는 것을 좋아하고 그것을 성취하는 것에 대해 찬사를 보내고, 그 부모들은 종종 성공적인 삶을 살아가며 어린이들도 또한 성공적인 삶을 살아갈 것에 대해서 기대를 갖는다. 아마 이것은 균형을 강조하는 전문가(무용가, 피겨 스케이팅 선수, 모델, 체조 선수, 또는 영화배우 등) 사이에서, 그리고 대학의 기숙사와 같이 이성 교제에 대해 경쟁적이고 중요시되는 장소에서 더 일반적으로 나타난다. 거식증과 비만의 전문가가 된 많은 사람들은 일반적으로 상류층에 도달하고자 하는 노력을 한다.

많은 여자들은 거식증과 과식뿐만 아니라, 전문가로서의 성공과 개인적인 아름다움의 중요성에 관해서 잘못된 생각을 가지고 있다. 부모나 선생님, 그리고 대중매체의 광고들은 많은 부분에서 잘못되어 있다. 학교에서 공부를 열심히 할 뿐 아니라, 반드시 인기가 있고 아름다워야 한다는 것; 전문가이지만 반드시 여성다워야 한다는 것; 자기주장을 하고 확신에 차 있지만 그러나 역시 강해 보이지는 않아야 한다는 것 등이다. 신체적인 균형에 대한 매력 그리고 건강해 보이고자 하는 욕구는 신체에 주목하고 이것을 삶의 목적과 관계가 있는 것으로 생각하는 사고의 혼돈을 일으킬 수 있다. 간혹은 남성들에게도 신체적인 균형과 외모에 대해 관심이 지나치게 증가되어 역할의 혼돈을 일으킬 수도 있다. 아마 이러한 것들이 남성들의 음식물 섭취 불균형을 증가시키는 원인이 아니겠는가?

(b) 거식증과 과식의 문제가 있는 사람들에 대한 상담 : 섭식장애를 가진 내담자들은 상담 시 종종 치료에 저항하고, 비록 그들의 의도가 선하다 하더라도, 경험이 적은 상담자의 상담에는 잘 반응하지 않는 경우가 많다. 대부분의 전문가들은 다양한 접근들을 제시한다. 그 방법들은 다음과 같다.

- 의학적 치료 : 음식물 섭취 불균형은 몸에 심각한 해로움을 줄 수 있다. 그리고 결과적으로 이러한 신체적 변화는 생명까지도 위협할 수 있다. 그러므로 치료의 핵심에 의학적인 중재가 보충되어야 되는 것은 당연한 일이다. 음식물 섭취 불균형을 가진 많은 사람들은 질병에 대한 신체적인 심각성을 인식하지 않는다. 어떤 사람들은 의사와 함께 협력하여 치료하는 것을 거절할 것이다. 만약에 이러한 환자들이 그들의 장애에 대한 신체적인 의미를 이해할 수 있고 이러한 치료가 불면증과 피로, 무기력과 그리고 자아 개념에 대한 문제와 같은 까다로운 증상을 제거할 것이라는 확신을 가지고 있다면 효과적일 것이다.
- 상담과 행동의 변화 : 내담자는 폭식증(과도하게 음식을 먹은 후 토하는 식사 장애) 등과 같은 건강하지 않은 식습관을 조절하는 것이 필요하다. 내담자가 먹는 것과 폭식증 같은 것을 기록하는 것에서부터 시작하라. 무엇을 먹고, 어떻게 먹는가에 대한 정보를 포함시키라. 어디서 먹는지, 언제 먹는지, 먹을 때에 어떠한 감정 상태인지 기록하도록 하라. 때에 어떠한 감정 상태인지 기록하도록 하라.

표 40-1. 거식증과 과식의 일반적인 특성들

- **완벽주의** : 자기 자신에 대한 불합리한 기준과 종종 가족들의 기대치가 상승하고, 그리고 직업에 있어서도 더 높은 일에 대한 성취와 몸의 균형에 대한 높은 기준을 요구하는 것이다.

- **낮은 자존감** : 종종 개인이 높은 기준점에 도달하지 못하는 결과로 실패와 무가치, 그리고 애정 결핍을 느끼는 것이다.

- **성별 의식 혼란** : 성숙한 여자 또는 남자가 되는 것에 대한 확신이 없는 것이다. 종종 이러한 사람들은 성에 대한 적응이 부족하고, 난잡한 성관계의 기록을 가지고 있다.

- **우울증** : 사람들이 그들의 높은 이상에 도달하지 못할 때 생겨난다. 에어로빅 교사가 자신의 몸을 균형있게 가꾸지 못한다면 좌절감, 부끄러움, 그리고 무기력증을 느낄 수 있다. 이러한 경우 특별히 식습관 장애를 가진 사람이 가족 구성원들 안에서 무기력해진다.

- **위장** : 자신의 실패와 잘못된 식습관을 감추는 방법이다. 이것은 혼자 음식을 섭취하고, 음식을 훔치거나, 설사나 몰래 구토를 하거나, 그것을 감추는 것을 말한다.

- **알력** : 가족들이 질병에 대해 발견하고 식습관을 강제적으로 바꾸고자 했을 때 발생한다. 이것은 위협과 비난과 처벌을 포함할 수 있다. 반면에 이것은 반복적이고 더한 위장을 수반한다.

- **상호 의존** : 가족과 음식물 섭취 불균형을 가진 사람들 모두를 포함한다. 예를 들어 부모는 그들의 자녀에 대해 높은 기대치를 가지고 있고, 종종 정상적인 독립 과정을 반대한다. 결과적으로 어린이는 부모에게 의존하고 확신과 자기 수용에 대해서 부모에게 지나치게 의존하는 상태가 된다.

- **생리학적 문제들** : 음식물 섭취 불균형의 결과일 뿐 아니라, 그 원인의 한 부분이 될 수 있다. 여성들은 유전적으로 남자들보다도 몸에 더 높은 지방을 가지도록 구성되어 있다. 다른 신진대사 역시 칼로리를 소모하는 효능에 영향을 준다. 이러한 신체적인 요소들은 날씬한 몸매에 가치를 두고 있는 오늘날의 사회를 살아가는 사람들에게 문제를 일으킬 수 있다.

이러한 기본적인 자료들을 바탕으로 내담자와 상담자는 함께 행동을 조절하기 위한 규칙들을 세울 수 있다. 이것은 계획된 시간에 먹는 것과 같은 장소에서 먹는 것, 그리고 먹는 양에 대한 합의가 있어야 할 것이다. 종종 내담자들에게 먹기 전에 기도하고, 여유를 가질 수 있도록 권고해야 한다. 이러한 것들은 먹는 것에 대한 두려움이나 긴장감을 줄일 수 있다. 예를 들면 내담자가 초콜릿 한 개를 먹어서 다이어트를 망쳤다면 아예 초콜릿 한 박스를 다 먹어버리고 내일 다시 다이어트를 시작할 것이라는 생각에 저항할 수 있도록 도와준다.

이러한 방법들은 내담자가 식습관을 조절하도록 도와주며 내담자가 변화를 원한다는 가정하에 고안된 것이다. 하지만 항상 이러한 추측이 맞는 것은 아니다. 종종 사람들은 날씬한 것이 더 좋고, 부러움과 존경의 대상이 된다는 잘못된 믿음에 사로잡혀 있다. 이와 같이 음식물 섭취 불균형이 건강하지 않은 태도에 뿌리를 두고 있을 때, 상담은 반드시 교육과 태도 변화에 초점을 맞추어야 한다. 내담자는 날씬한 것이 더 좋고, 신체적인 매력이 전부이며, 완벽함은 노력으로 이룰 수 있다는 자신의 왜곡된 믿음을 잘 생각해봐야 한다. 또 다른 경우 변화되기를 원하지만, 계속되는 스트레스와 압박 또는 섭식장애의 습관들이 남아 있을 수 있다. 이러한 스트레스가 명백해졌을 때, 상담은 사람들의 긴장을 해소하고 환경과 사람들로 인한 스트레스를 극복하고 또는 건강하지 않은 식습관을 일으킬 수 있는 상황들에 대해서 대처해나가는 것을 통해 문제를 극복할 수 있다. 종종 내담자는 성 구별, 부모와의 관계(과잉의존을 포함), 무기력, 실패감, 낮은 자존감 등의 문제들을 해결하는 데도 역시 도움을 받아야 한다. 균형이 깨진 식습관은 개인적인 문제들과 이러한 장애를 유발할 수 있는 갈등들이 해소되기 전까지는 바뀌지 않기 때문이다.[37]

- 가족과 그룹 상담 : 섭식장애는 종종 가족들의 태도, 그리고 가족들간의 관계와 더불어 시작된 것이기에, 치료에 있어서 전체 가족을 포함시키는 것이 논리적으로 맞다. 대부분의 가족들은 거식증이나 섭식장애가 익숙하지 않을 것이고 그들이 더 나쁘게 되는 것을 의도하지는 않았지만, 종종 상태를 더 나쁘게 만들기도 한다. 상담과 다른 형태의 치료들은 더 효과적이고 그리고 전체 가족들이 변화에 참여하고 질병에 대하여 배울 때 재발할 확률이 낮다.[38]

더욱이 가족을 상담할 때는 자존감의 문제와 인간관계, 건강하지 않은 음식물 섭취에 대한 태도와 이에 따른 다른 문제들을 함께 다룰 수 있는 그룹 상담 방법이 더 좋다. 이것은 이 장을 시작할 때에 나와 있었던 미리암을 돕는 방법이었다.

- 영적 상담 : 영적 상담이라고 할 때 사람들은 식습관에 장애를 가진 사람들이 그들의 행동을 변화시켜 건강한 식습관으로 돌아오는 것이 단순히 성경말씀을 듣고 영적인 지도자들에 의해서 도전을 받고 자기 성찰을 할 수 있는 책을 읽는 것으로 가능할 것이라고 단순하게 추측할 것이다. 민감하지 못한 이러한 추측들은 특히 오래 지속된 행동을 변화시키기 어렵다. 그러나 섭식장애를 가진 사람들과 그들의 가족들에 대해서 관심과 지원을 보여주고 그들의 노력이 변화를 만들고 있다는 격려를 주고, 그들이 성공적으로 체중이 감소되는 것에 대한 그들의 예상을 재점검해주는 것이 필요하다. 종종 내담자들은 부모와 자녀 관계, 성별 문제, 자존감, 책임감, 걱정, 죄의식, 그리고 이와 비슷한 문제들을 다루는 성경적인 방법을 배울 필요가 있다. 기독교 정신과 전문의 레이몬드 베스는 완벽주의와 자존감, 성별 의식에 대한 내담자들에 대한 건전하지 못한 생각을 다루는 것이 치료에 포함되어야 한다고 지적했다. 종종 내담자들은 우울증 및 부모와 다른 사람들 간의 힘의 대결, 그리고 의존적인 문제들로 갈등하고 있다.[39] 이러한 모든 것들은 더 깊은 문제 곧 원인과 문제 해결 방법이 영적인 것에 있다는 것을 반영한다.

• 에이즈 환자들에 대한 상담

1979년 처음으로 에이즈가 발견되었을 때 이것은 흔하지 않은 증상이었다. 그러나 이제는 우리 시대의 가장 큰 사회적 문제 중 하나로 불릴 만큼 빠른 속도로 퍼져가는 전염병이 되었다.[40] AIDS(Acquired Immunodeficiency Syndrome)는 인간의 면역 기관 및 다른 질병과 감염을 이길 수 있는 능력을 감소시키는 HIV 바이러스에 의한 감염성이 있는 질병이다. 면역 기관의 손상을 입었을 때에 에이즈에 걸린 사람은 건강한 면역 기관을 가진 사람들이 보통 이겨낼 수 있는 감염을 이길 수가 없다.[41]

HIV는 혈액이나 정액, 양수 또는 HIV에 감염된 사람과 감염되지 않은 사람 사이에 모유의 교환이 있을 때 전염된다. 대부분 이 바이러스는 세 가지 방법으로 감염된다. 성관계(남성 성기와 질, 남성 성기와 직장, 입과 직장, 입과 남성 성기, 그리고 입과 질), 소독되지 않은 주사 바늘이나 바이러스에 감염된 링거를 맞을 경우(대부분의 경우 불법 약물을 사용하는 사람들의 주사 바늘이지만, 경우에 따라서는 의료진들이 사고로 감염된 주사 바늘을 사용했을 경우도 있다), 또는 유전된 경우이다(AIDS 바이러스에 감염된 엄마는 태아에게 이 바이러스를 옮길 수 있다). 이러한 질병은 역시 수혈을 통해서도 감염된다. 그러나 이러한 일은 발전한 사회에서는 극히 드문 일이다. 왜냐하면 헌혈된 피들은 항상 HIV 테스트를 거치기 때문이다.

이러한 질병은 예측하기 어려울 뿐만 아니라 사람마다 각기 다르다. 어떤 사람은 처음 바이러스가 감염되었을 때는 증상이 없다. 반면에 다른 사람은 짧은 시간, 독감과 같은 증상을 보인다. 보통 분명한 증상이 나타나기 시작하는 10년 정도 후에 잦은 감염과 열, 근육통, 폐렴, 종양과 같은 증세와 다른 질병들이 나타나기 시작한다. 에이즈에 걸린 사람은 이러한 질병들에 대해 자신의 몸을 보호할 수 있는 면역 시스템을 가지고 있지 않고, 이러한 질병 중 하나로 말미암아(AIDS 그 자체보다도) 죽음을 맞는다.[42]

물론, 절제 있는 삶을 살아가는 개인이나 한 사람과만 성관계를 가지는 부부들(부부 사이에서만 성관계를 가지는 사람들)은 성관계를 통해서 AIDS 바이러스에 감염되지 않을 것이다. 콘돔을 사용하고, 소독된 바늘을 사용하는 사람이지만 계속적으로 많은 사람들과 성적인 경험을 하거나 불법적인 약물을 사용하는 사람이라면 감염 확률이 높아질 수 있다. 많은 사람들은 약간의 감염 예방을 제공하는 콘돔과 같은 정확한 정보를 알고 있음에도 불구하고 잘 지키지 않는다. 어떤 사람들은 성적 욕망과 중독 때문에 전염성 질병을 예방하는 것에 대해 생각을 꺼버린다. 결과적으로 이 바이러스는 계속해서 전염되고 있으며, 수천만 명의 사람 중 수백만 명이 계속적으로 에이즈에 감염되고 있다.[43] 희망적인 소식은 HIV의 원인이 발견되고 있으며, 에이즈의 과정과 이러한 질병을 초기에 치료할 수 있는 방법들과 효과적인 치료 과정들이 진행되고 있다는 것이다. 더욱이 예방 프로그램으로써 에이즈의 위험성에 대해서 사람들에게 경각심을 불러일으켜주고 HIV 감염을 가져오는 성 문란에 대한 경고 교육이 확대되고 있다.[44]

1. HIV와 에이즈의 심리학적·영적 의미들

자신이 HIV에 감염되었다는 것을 알았을 때 고통스러워하는 것은 놀라운 일이 아니다. 이것은 불치병이고 치명적인 질병이기에 당연히 무기력과 분노, 혼란, 그리고 절망감을 느끼게 된다. 에이즈에 연관된 질병으로 죽어가고 있는 친구와 함께 지내고 있는 대중매체의 보고들은 공포심을 불러일으킨다. 특히 질병 초기에, 자살에 대한 생각이 일반적으로 일어나는데, 자살률도 감염이 되지 않은 사람들의 그룹과 비교해볼 때 에이즈 희생자들 사이에서 더 높다. 이 질병에 대한 심리적인 반응은 이 질병이 진행되는 과정에 따라 변화된다. 증상이 더욱더 분명해지고 몸이 감염과 다른 질병을 이겨내는 데 취약해졌다는 것이 발견되면 에이즈 환자는 공포와 부인, 그리고 말기 질병에 수반된 갈등들과 더불어 죽음이 다가왔다는 것을 의식한다.

이런 모든 것들에 더해서 에이즈에 걸린 사람들은 다른 심각한 질병을 가진 사람들과는 달리 심리적인 스트레스까지 가지고 있다. 종종 거기에는 지난날의 난잡한 성생활과 그리고 약물 사용에 대한 죄의식이 포함된다. 그것은 환자의 부모들, 다른 친척들, 친구들도 마찬가지다. 그들은 환자의 지난 삶의 스타일과 성생활에 관해서 알고 있기 때문에 더욱 고통스러워한다. 이 질병에 대해서 널리 퍼져 있는 공포심과 잘못된 정보들로 인해 에이즈에 걸린 사람들은 의료진이나 교회 식구들, 그리고 상담자들과 같은 다른 사람에 의해서 거절되고 외면된다. 슬프게도, 기독교인 사이에서도 HIV와 에이즈에 감염된 사람들에 대해서 세심하고 동정심 있는 반응을 항상 보이는 것은 아니다.

우리들 모두가 인생에 대한 하나님의 인도하심을 무시할 때 종종 그 결과는 곤혹스러운 것이다. HIV와 에이즈에 감염된 사람들의 대부분은 성에 대한 하나님의 원칙을 무시해온 사람들이며 결과적으로 자신을 손상시킨 사람들이다. 에이즈는 성경이 죄라고 말하고 있는 성적인 행위에 대한 결과다. 그러나 우리가 우리의 죄를 자백할 때 우리는 잘못된 것으로부터 용서함과 깨끗함을 얻을 수 있다.[45] 슬프게도 일부 기독교인들은 에이즈가 하나님의 심판의 증거라고 여기고, 에이즈 환자들과 그들의 친구들에게서 사역하는 것으로부터 그들 자신을 멀리하고 있다. 돌봄과 동정과 이해와 후원과 그리고 사랑의 태도는 에이즈 환자들과 그들의 가족들 그리고 당황스러움과 차별과 추방과 큰 고통으로 힘들어하는 많은 사람들에게까지 확대되어야 한다. 만약 예수님이 오늘날 우리가 살고 있는 거리를 걸어가신다면 에이즈에 걸린 사람들을 정죄하거나 그들의 고통을 외면하지는 않았을 것이다.

2. 상담적 의미

그레그 알버스 박사는 에이즈에 걸린 사람들을 상담하는 것에 도움을 주는 책을 쓴 매우 세심하고 배려 깊은 의사다.[46] 미국과 그리고 해외에서 많은 에이즈 환자들을 만난 의료 실습생들의 관점에서 쓰인 이 책에서 알버스는 상담은 부분적으로 질병의 단계를 변화시키는 것에 달려 있다고 말했다. HIV 감염자와 접촉했을 때 그 결과를 테스트하기 원하는 사람은 공포심과 죄의식, 걱정, 상담실에서의 무기력함을 느낀다. 만약에 그 테스트가 부정적이거나, HIV 검사기로 그 결과가 나타나지 않을 때, 지난날의 성관계와 미래에는 어떻게 생활을 바꿀 것인가에 대해 대화를 나눌 수 있다. 만약에 그 테스트를 통해서 내담자가 에이즈에 걸릴 바이러스를 가지고 있다면, 비록 질병의 초기 단계에서 큰 영향력을 발휘하지 않더라도 누구에게 말해야 하며, 어떻게 삶을 성취해나갈 것인지에 대한 상담이 있어야 한다. 만약 질병에 대한 증상이 더욱 더 분명해지고 몸이 다른 질병을 이겨낼 수 없을 때는 상담자나 내담자는 다른 주제를 다루어야 할 것이다.

어느 단계에서든지 상담자는 PWA(에이즈에 걸린 사람들)들에 대한 상담이 주로 하는 여러 가지 치료적인 문제를 정립해왔다.[47] 첫째, 우리가 말해왔던 것처럼 두려움과 분노와 공포와 부인, 그리고 절망감이 있다. 젊은 사람들에게는 죽음에 직면하고 이러한 질병에 대해서 받아들인다는 것이 극히 어려운 일일 것이다.

둘째, 고독과 소외감이 존재한다. PWA는 사회적인 지원이 필요하지만 외면하는 경향이 있다. 종종 의학적인 치료에 의해서 요구되는 신체적 고립은 이러한 소외감을 더욱 더 심하게 하며 많은 상담자들은 그들의 가족과 친구, 이웃이 그들과 접촉하는 것을 원치 않는다고 느낀다. 외면은 고독감과 더 깊은 우울감, 그리고 종종 더 깊은 소외감을 가져다준다.

셋째, 특별히 AIDS에 걸린 사람들은 자존감의 붕괴와 함께 성관계와 관련된 또는 질병을 가져온 불법적인 약물 사용에 대해서 죄의식을 느낀다.

넷째, 어떤 사람들은 사실보다는 소문이나 잘못된 정보에 기초하여 결론을 내리기도 한다. 에이즈 바이러스에 감염된 사람에 대한 소식은 어떤 사람들이 삶이 끝났다는 결론을 가져오거나 삶의 성취나 의미가 더 이상 없으며 하나님은 절대 용서하지 않으며 모든 사람으로부터 자신들이 외면당할 것이며 또한 독립적인 삶을 절대 살 수 없을 것이라는 결론으로 이어질 수 있다. 물론 어떤 사람들에게는 즉각적이고 심각한 한계가 있을 것이나 많은 경우 이러한 결론은 단순히 사실은 아니다.

다섯째, 가족들에 대한 문제가 존재한다. 에이즈에 걸린 사람들이 그것을 가족들과 부모에게 말하는 것과 그들이 HIV와 에이즈 진단에 대해서 알게 되었을 때 가족 구성원들에게 일어나는 감정에 대처하는 것은 쉬운 일이 아니다.

우리는 어떻게 그들을 도와줄 것인가? 그들 자신이 에이즈에 대한 그들 자신의 태도를 살펴보는 것이 출발점이 될 것이다. 에이즈에 걸린 사람들이 우리의 사무실을 방문했다면 그들을 어떻게 상담할 것인가 (물론 그들의 대부분은 우리에게 찾아오지 않을 것이다. 우리가 그들에게 가야만 한다). 이것은 우리가 불편하게 느낄 수 있고, 우리들과는 다른 가치를 가지고 우리들의 신학을 공유하지 않는 다른 지역사회 단체들과 함께 일하고 상담자보다는 봉사자들이 일하는 지역사회 안에서 일하는 것을 의미한다. 이러한 일은 감정적으로 메마르고 매우 스트레스가 쌓이는 일일 것이다. 에이즈에 걸린 사람들을 상담할 때에 그들이 여러분의 지역사회, 교회, 교실, 어디에 있든지 상담자들이 스스로 HIV와 에이즈에 대해 두려움을 가지고 있다면 비효과적일 것이다. 만약 상담자가 고통과 죽음에 직면하는 것에 비자발적이고, 에이즈에 대해서 정보를 가지고 있지 않고, 성적인 문제를 논의하는 것에 대해 불편해하거나, 동성애와 성적 탈선, 에이즈에 걸린 사람들 및 그의 가족들과 함께하는 것에 대해서 두려워하거나, 비판적이거나 용서하지 않을 때는 효과적인 상담이 일어나지 않는다.

이러한 상담을 맡은 상담자들에 대해서, 다음과 같은 여러 가지 상담의 목표들을 기억해야 할 것이다.

- 에이즈에 걸린 사람들과 가족 구성원들이 자신들의 두려움과 감정들을 자유롭게 표현할 수 있도록 격려하라.
- 내담자의 잘못된 생각에 대해 인식하고 그들이 정확한 정보를 어떻게 얻어야 하는지 알려주는 데 최선을 다하라.
- 에이즈에 걸린 사람들이 미래를 바라볼 수 있도록 도와주라. 이것은 죽음이 닥쳐오는 것과 죽음, 하나님의 용서하심, 구원, 이별, 그리고 슬픔에 대한 또 다른 측면에 대해서 논의하는 것을 말한다. 특별히 질병의 초기 단계에 있는 사람들이 이 질병이 악화되기 전에 가능한 한 자신의 일과 삶에 만족스러운 일을 성취하도록 하라.
- 다른 사람들이 협조하는 것을 격려하라. 사회적 접촉은 에이즈에 걸린 사람들이 종종 느끼는 고립과 소외감의 감정을 감소시킨다. 많은 상담자들은 에이즈에 걸린 사람들에 대해서 그룹 상담을 격려한다. 단체들은 후원과 상호이해, 그리고 감정뿐 아니라 효과적인 대처 전략들을 공유할 수 있는

안전한 안식처가 될 수 있다.
- 내담자의 의학적인 정보들을 유지하라. 상담자는 의료진들과 함께 긴밀하게 협력할 때 최상의 도움을 줄 수 있다. 각 사람들이 개인적 특성을 가지고 있다는 것을 기억하라. 각 개인은 각자의 대처 기술 목록과 의학적인 반응, 그리고 독특한 위기들을 가지고 있다.
- 예방에 대해 내담자를 재인식시키라. 계속적으로 건전한 방법과 성경적인 도덕성을 가지고 성적 성취감을 발견하도록 도우라.
- 내담자들이 때로는 교회 안에서 발생하는 에이즈에 대해 선입견과 잘못된 정보를 다룰 수 있도록 도우라.
- 여러분의 영적인 자원들을 계속적으로 적용하라. 이것은 기도, 성경 읽기, 하나님의 용서와 구원에 대한 복음을 전하는 것, 내담자가 영적인 훈련을 받도록 격려하는 것, 도움을 줄 수 있는 문학작품들을 소개하는 것 등을 들 수 있다. 이러한 모든 것들은 두려움을 줄이고 희망을 주며 내담자가 문제에 잘 대처해나갈 수 있도록 도움을 준다.

만약에 여러분들이 HIV와 에이즈 환자들을 상담한다면, 여러분의 감정과 두려움과 절망을 나눌 수 있는 친구를 찾아야 한다. 죽음에 직면하거나, 죽어가고 있는 사람들을 상담하는 것은 두렵고 침울할 수 있다. 여러분은 내담자가 회복되고 나아지기를 원한다. 그러나 이러한 질병이 내담자에게 큰 타격을 주었을 때는 당신 자신의 슬픔을 극복하는 것이 중요하다. 여러분은 다만 지켜보며 후원하며 도와주어야 한다는 것을 기억하라. 하나님께서는 우리가 이러한 감정적인 중압감을 절제할 수 있도록 도와주실 것이다. 기도를 통하여 도울 수 있지만 후원과 이해와 인도를 해주는 상담자와 친구들을 통해서도 도움을 줄 수 있다.

독특한 사람들에 대한 상담

여러분들이 어디에서 상담을 하든지 지금으로부터 10년이나 15년 후에는 오늘날 조금 밖에 알려지지 않은 독특한 사람들을 상담하는 전문가가 되어 있다는 것을 발견하고 놀랄 것이다. 나는 상처 받고 학대 받는 여성을 상담하는 전문가인 동정심이 많고 신뢰할 만한 기독교 상담자를 알고 있다. 물론 그녀가 처음부터 이러한 그룹과 함께 일을 시작한 것은 아니었다. 그녀가 몇몇 사람들에 대한 상담을 성공적으로 했을 때 그녀의 명성이 널리 퍼져갔고 다른 사람들도 그녀의 도움을 구하러 찾아왔다. 앞 장에서 우리는 상담자이면서 작가인 메리 파이퍼에 대해 언급했었다. 그녀는 중서부 지역을 두루 다니며 새로운 지역에 적응하려고 애쓰고 있는 다른 나라에서 온 피난민들을 방문했다. 결국 파이퍼 박사는 이러한 사람들을 상담하는 전문가가 되었고, 자신의 경험에 대해 책까지 썼다.[48] 다른 상담자들 중 몇몇도 지친 목사들과 사모들, 스트레스를 받고 있는 선교사들, 그리고 은퇴한 사람들과 게이나 레즈비언을 상담하는 전문가가 되었고 암을 극복한 사람들이나 회사나 단체의 지도자들, 에이즈에 걸린 사람들, 그리고 할리우드의 영화배우들,[49] 또는 몇 안 되는 소수민족들에 대해 상담하는 전문가가 되었다.

어떤 상담자들은 특정 그룹에 대한 훈련과 상담에 중점을 맞추고 있지만 다른 상담자들(아마 대부분의 상담자들)은 대개 전문적인 상담에 대해서 익숙하지 않다. 우리들 각자는 다음과 같은 질문을 스스로에게 할 것이다. 어떤 종류의 사람들이 나를 가장 많이 찾아오는가? 나는 어떤 종류의 사람들을 가장 잘 도울 수 있는가? 어떤 부류의 사람들을 상담할 때 가장 편한가? 하나님은 내가 특별한 부류의 사람들을 상담하도록 인도하고 계시는가? 아마 우리들 중 어떤 사람들, 특별히 목회자들은 다양하게 상담하는 것이 필요할 것이다. 또 어떤 사람들은 전문화된 상담을 하고 있을 것이다.

여기에서 이러한 여러 가지 특별한 부류의 사람들에 대해 논의하려고 한다. 이러한 부류의 사람들은 앞 장에서 논의한 문제들과 같은 것을 경험할 수 있으나, 각 그룹들은 독특한 필요들이 있다.

1. 생리 전 증후군을 가진 여성 상담

예민하지 않은 사람(보통 남성들)은 이 증상에 관해 농담을 할 것이다. 그리고 어떤 의사들은 이 증상을 심리적인 것으로 간주한다. 그러나 생리 전 증후군은 실질적인 증상이며 수만 명의 여성이 매월 경험하는 비극적인 생물학적 상태임이 분명하다(보통 약자로 PMS라 부른다).

이 증상에 대한 발병률은 다양하다. 대개 14~50세 사이에 있는 대부분의 여성들은 PMS 증상을 전혀 보이지 않거나 가벼운 불쾌감 정도의 증상만 가지고 있다. 그러나 25~35세 사이 여성 중 설문조사에 참여한 30%의 여성이 생리 하루 전 신체적, 감정적으로 심각한 무기력함과 절망감을 느낀다고 대답했다.[50] 이 증후군의 증상은 광범위하다. 기분의 변화, 두통, 통곡, 두려움, 어지럼증, 건망증, 신경질, 서투름, 존재에 대한 무가치와 불확신, 특정 음식에 대한 폭식, 복통과 경련, 공포, 우울함, 판단력 저하, 그리고 대처 능력 감소 등이다. 어떤 여성은 감정의 기복이 심해지고 참을성이 없어지고 일에 대한 집중력이 떨어진다. 여성들의 이러한 PMS는 남성들로 하여금 조급함, 좌절, 혼돈을 준다. 하지만 아내에게 투덜대봤자 별 이득이 없다. 오히려 더 큰 긴장을 유발해 상태를 더욱 나쁘게 만들 것이다.

PMS는 생리 전 2일에서부터 14일까지 지속되는 신체 불균형으로 생리가 시작되면 보통 사라진다. 발병률이 높음에도 불구하고 알맞은 진단 검사와 특정한 원인과 치료가 없다. 이러한 신체 불균형에는 유전적인 요소가 있으며, 우울증을 앓았거나 두려움, 스트레스 또는 견디기 힘든 삶의 문제를 안고 있는 사람들에게 더 흔하게 나타난다.[51] PMS증상을 가진 대부분의 여성들은 약국에서 쉽게 구입할 수 있는 약만으로도 쉽게 이러한 증상을 조절할 수 있다.

그러나 몇몇 여성은 의사의 도움을 필요로 하고, 또 다른 여성들은 PMS 기간 동안 인간관계나 수행 능력 저하의 증상 때문에 상담자를 찾아간다.

상담자는 여성들이 그들의 증상과 감정을 표현할 수 있도록 도와야 한다. 남편들은 자신들의 아내를 통하여 PMS와 그 영향력에 대해 잘 이해할 수 있다. PMS는 고통 받는 사람과 또 그녀의 가족 모두에게 삶을 불행하게 만들 수 있는 순환적인 증상으로 간주된다. 이것은 사람들이 상담이 필요한 다른 문제들에 중요한 영향력을 줄 수 있는 신체적 상태 중 하나다.

2. 수감자와 그들의 가족에 대한 상담

마커스 베어드(Marcus Baird)가 10대였을 때 그는 자신이 시카고에 있는 교도소 목회자로서 그의 삶을 보낼 것이라고는 생각도 못했었다. 그는 남부에서 자라 젊은 나이에 수감자로서 교도소에 대해 알게 되었다. 그가 석방되었을 때 마커스는 대부분의 전과자들이 석방 후 곧 그들의 옛 친구들과 어울리고, 나쁜 행동에 더 빠져들 뿐 아니라, 다시 감옥으로 돌아오게 된다는 것을 알게 되었다. 반면 마커스는 도움을 받아 대학에 진학했고 지금은 수감자의 친구이자 영적인 멘토, 선생님으로 그리고 석방 후에 다시 범죄자로 돌아가는 것을 방지하여 삶의 자유를 얻고자 하는 젊은 수감자들의 상담자가 되었다.

교도소 밖에서 생활하고 있는 몇 사람만이 수감자들이 직면하는 스트레스에 대해 정확하게 인식하고 있을 뿐이다. 범법자들은 흔히 문제들을 가지고 있다. 많은 범법자들이 보통 수감되기 전에 삶에 대한 심한 스트레스와 수감에 대한 스트레스, 두려움, 무기력 그리고 이러한 스트레스와 연관된 심리적 신체적 문제들을 가지고 있다.

어떤 수감자는 제한된 환경에 적응하는 것과 교도소에서 얼마 동안 생활해야 한다는 것, 그리고 어쩌면 남은 생애 동안 교도소에 머물러야 한다는 것을 받아들이는 데 큰 어려움을 가지고 있다.[52] 더욱이 정신적인 문제를 가지고 수감된 사람은 이러한 교도소 안의 환경 때문에 절망과 삶의 가치에 대한 포기, 두려움, 분노의 증가 그리고 더욱 심각한 정신적 문제를 일으키게 된다.[53] 이와 더불어, 자신의 가족과 미래에 대한 걱정으로 인해 강퍅함, 성희롱, 그리고 폭력적 위협이 나타날 것이다. 어떤 보고에 의하면 수감자들의 반, 혹은 그 이상이 심리적 불균형을 나타내고 있다고 한다.

수감자 상담에는 다른 곳에서는 적용하지 않는 독특한 접근 방법이 사용된다. 상담자는 수감자와 만나기 위해서 반드시 허락을 받아야 하므로 사적인 면담을 하기 어렵고 신뢰감을 유지해나가기도 힘들다. 만약 상담자가 갑작스런 폭력이나 상담의 중단에 대해 알게 되었을 경우 상담자들은 각 수감자의 문화적 배경이 독특하며, 상담 전에 교도소의 분위기에 관해 이해하는 것이 필요하다. 상담 기술과 목표는 개개인의 필요에 따라 설정되어야 하고 상담자들은 그들 자신의 편견, 선입견, 그리고 상담 전에 일어나는 수감자의 공포심에 대해 점검해보아야 한다. 더욱이, 상담을 통해 도움을 받을 수 있는 수감자들은 종종 도움을 거부하는 경향이 있다. 어떤 수감자들은 과거의 상담 경험 때문에 상담자들을 신뢰하지 않는다.[54] 또 다른 수감자의 경우에는 정신건강 서비스를 단지 미친 사람을 위한 것 또는 자신들이 확신 있게 말한 것들이 자신들에 대해 불리하게 이용될 것이라는 두려움을 가지고 있다. 수감자들은 종종 상담을 연약함의 상징으로 보거나 다른 수감자들의 비웃는 시선을 두려워한다. 이러한 모든 것들은 상담자가 반드시 극복해야 하는 장애물들이다.

교도소 상담자들은 교도소 기관에서 일하거나 다양한 역할, 예를 들어 과세, 치료, 훈련, 자문, 리서치, 교육 등을 담당하는 전문가들이다. 또 다른 부류의 사람들은 교도소 목회자 베어드처럼 그리고 그와 함께하는 사역자들, 수많은 헌신된 봉사자들처럼, 목회자로서 교도소 안에서 일하고 있다. 이들은 수감자들이 교도소 안에서나 그들이 석방된 후에 어떻게 사회에 효과적으로 적응할 수 있는지에 대해 상담하거나 영적인 도움과 가르침 등의 많은 기회를 준다.[55]

이와 같이 지역사회 안에서 상담자들은 수감자들의 가족, 석방된 자들, 가석방되거나 형을 기다리는 범법자들 때로로 정치인(그들의 일에 스트레스를 받고 자포자기 상태인 사람들), 또는 범죄의 희생자들을 만날 수 있는 수많은 기회를 가진다. 수감된 부모를 둔 어린이들은 특별한 도움이 필요하다. 종종 이들의 생활은 불안정하고 계속적으로 돌보아주는 사람도 부족하다.[56] 이러한 모든 사람들은 심한 스트레스를 받고 있지만 최소한 성인인 경우에는 자신들의 환경을 스스로 다스릴 수 있는 자유가 있고 미래에 대한 계획을 세울 수도 있다. 다시 말하자면, 상담이 효과적으로 되기 위해서는 내담자들의 독특한 주변 환경을 이해하는 것이 중요하다.

3. 군인에 대한 상담

일반 시민인 경우, 군대에서 군인들과 함께 일한다는 것은 마치 다른 문화에서 상담하는 형태와 같다. 비록 상담자와 내담자가 같은 시민권을 가지고 있고 같은 사회에서 성장한다고 하더라도 군대에서의 생활은 일반 시민으로서의 삶과는 다르다. 군인 가족들 사이에는 동지애와 서로 돕고자 하는 자발적인 마음과 서로의 경험을 공유하고자 하는 마음이 있다. 약물 남용, 가난, 낮은 계급을 가진 군인들 사이의 결혼 문제, 엄격하고 무감각한 지도자들, 군인 자녀들에 대한 압박감에도 불구하고 많은 군인들은 군대 생활을 잘해나간다. 이들은 특별히 조직에 잘 적응하는 사람들인 경우다.

그러나 스트레스 역시 클 것이다. 잦은 이동, 가족들과의 장기적 이별, 승진에 대한 계속적인 경쟁, 내부 갈등, 외딴 곳과 위험한 곳에서의 근무, 불확실한 미래, 높은 기대, 그리고 계속적인 전투 준비들은 개인의 정신건강을 위협할 수 있다. 특별히 전투와 같이 스트레스가 심한 시기에는 정신적 불균형이 일반적이며 사람들이 군대를 떠나게 되는 주된 의학적 이유가 된다.[57] 집을 떠나 오랜 원정 훈련, 특별히 불확실한 군대 작전과 테러범들이 있는 장소에서 공격 받을 것에 대한 공포심을 느낄 때 심한 정신적 스트레스를 받을 수 있다.[58] 일반 직업과는 달리, 젊은 나이에 군인으로 제대한 사람들의 경우, 이러한 상황은 오랜 기간 군생활을 한 남녀에게 일반 사회 생활을 할 수 있는지에 대한 자신들의 능력에 불안감을 가지고 되므로 심한 스트레스를 유발할 수 있다. 상담자들은 대부분의 군인들이 전쟁의 스트레스로부터 회복을 하며 앞으로 정신적 충격을 받을 만한 스트레스에 대한 증상 없이 적응한다는 것에 대해 언급해주어야만 한다.[59] 그렇다 하더라도 어떤 군인들은 가족 폭력, 근친상간, 성적 타락, 알코올중독과 그 외 다른 약물중독의 증상을 가지고 있다. 군대는 개인적인 문제에 대해 관심을 보이며 여러 상담의 기회들을 제공해준다. 아마 법률 문제, 경제 문제에 대한 상담, 새로운 거주지에 대한 도움, 부모 교실, 스트레스 해소를 위한 도움과 지역사회에서의 친분 관계에 도움을 제공하는 미국 가족 서비스 센터와 같은 기관들이 다른 나라에도 있을 것이다.

전문 상담자들이 참여하고 있지만 많은 군인들은 상담을 꺼린다. 왜냐하면 상담의 내용이 기록에 남을 뿐 아니라, 승진에 장애가 될 수 있기 때문이다. 어떤 군인들은 강인하게 보이며 개인적인 문제에 대해서는 중요하게 생각하지 않는 것처럼 보이기를 원해서 은연중에 상담의 필요성을 무시한다. 군목들은 많은 상담을 효과적으로 감당한다. 왜냐하면 군목을 방문하는 것은 기록에 남지 않아서 안전한 방법으로 도움을 받을 수 있기 때문이다. 그러나 군목들 역시 도움이 필요하고 전투 시 발생하는 많은 스트레스에 직면하고 있다. 이로 인하여 어떤 군목들은 자신의 문제와 스트레스로 인하여 다른 사람을 도와주는 것을 힘겨워하기도 한다.

교회 지도자나 기독교 상담자들을 포함한 일반인들은 종종 군인들과 군 가족들을 상담한다. 일반인 또는 군 복무 경험이 있는 사람들로 구성된 기독교 군인 센터는 군인들을 격려하고 기독교인 간의 친목을 도모하고, 군 종사자들에게 상담을 제공하고자 하는 목적으로 전 세계에 자리하고 있다.[60] 대단위 부대가 먼 곳으로 원정 훈련을 갈 경우 일반인 상담자들은 부모를 포함한 가족 구성원들을 도울 수 있다. 그들은 군인들의 안전과 군부대 내의 군인 가족들의 복지에 대해 깊은 관심을 가지고 있다. 군부대 근처에 살고 있는 상담자들은 군인들과 그 가족들을 도울 수 있는 특별한 기회를 가지고 있다. 다른 모든 상담에서와 마찬가지로, 군인들을 효과적으로 상담하는 데는 군대의 특수성을 이해하고자 하는 적극성과 그들만이 가진 스트레스에 민감해지는 것이 필요하다.

4. 가난한 사람들에 대한 상담

예수님은 가난한 사람들에게 많은 동정을 보여주셨으나, 상담자들은 이 문제에 대해서는 관심을 보이지 않았다. 왜냐하면 대부분의 상담 기술과 이론들은 교육 받은 사람들에 의해 발전되어왔기 때문이다. 상담 연구, 상담 훈련, 상담 발전은 가난하고 교육 받지 못한 사람들과는 거리가 먼 대학의 연구실에서 이루어진 것이다.

개인 상담은 상담 비용을 지불할 수 있는 사람들에게 제공되며 목회 상담조차도 교육 받은 학생들과 부유층의 교인들과 함께 운영되는 신학대와 전문가들을 통해서 발전해왔다. 상담자들 사이에서 가난한 사람들을 위한 동정과 관심은 은밀히 있어왔지만 실질적으로는 가난한 사람들과 관계 없다는 것을 부인하지 않는다. 가난한 사람들은 거의 상담실을 방문하지 않지만 간혹 그들이 방문했을 경우 그들은 가난한 사람들을 효과적으로 상담하고자 하는 태도를 가진 상담자들을 만날 수 있을 것이다.

로라 스미스는 가난한 사람들과 그의 가족들을 상담하고자 개인 상담소를 그만둔 심리학자다. 스미스 박사는 자신이 심리학자로서 백인들의 문화와 그 계층의 특권을 위해 훈련되었다는 것을 깨닫게 되었다. 그녀는 "백인 사회 저편의 사회에서 나의 새로운 내담자에 대해 내가 지금까지 적용해오던 상담의 원칙들이 효과를 나타내지 않는 것처럼 보일 때 나는 닻이 없고 갈 방향을 잃어버린 느낌을 받았다"라고 고백한다. 그녀의 새로운 내담자들은 친절하지만 상담에 대한 인식은 부족하다. 그들은 새로운 상담자와 적응하고 상담 시간을 정하거나 그들의 문제를 상담하기 전에 자연스러운 분위기에서 그녀를 아는 데 시간을 필요로 했다. "내가 자유로운 것과 문화적인 인식, 그리고 매일 새로워져야 할 필요가 있다는 것을 명백히 알았다"라고 그녀는 결론지었다.[61] 그녀는 또한 자신이 가지고 있었던 드러나지 않았던 선입견들의 일부가 틀렸다는 것을 인식했다.

예를 들어, 가난한 사람들은 희망이 없고 결과적으로 적은 희망을 가지고 살아갈 수밖에 없는 환경에 살고 있다고 쉽게 추측하는 것이다. "감정적 가족적 절망, 교육의 실패, 범죄 그리고 가난한 사람들 사이에 널리 퍼져 있는 가정 내 폭력에 의한 침체."[62] 이것은 모든 가족들이 희망과 의미와 목적을 잃어버렸다는 자연적인 예측이다. 그러나 스미스의 연구에 의하면 이것은 사실이 아니다. 가난한 사람들은 희망을 가질 수 있으며, 회복력을 보이며 그들의 어려운 환경 가운데서도 가능성과 긍정적인 면을 찾는다. 특별히 이러한 사람들은 상담을 통해 유익을 얻을 수 있다.

또 다른 잘못된 추측은 가난한 사람들은 상담을 통해 문제를 해결할 만큼의 힘과 흥미가 남아 있지 않다는 것이다. 그들이 매일 매일의 문제들로 지쳐 있다고 생각하는 것이다. 만약 내담자가 먹을 것이 없고, 살 집이 없고 그들의 삶이 안전하지 않을 때는 상담이 어려울 수 있다는 것은 사실이다. 이러한 사람들은 실질적인 도움이 필요하지만 그들도 역시 그들의 외로움, 무기력, 두려움, 미래에 대한 걱정들을 나누기 원한다. 그들은 상담자들이 실질적인 도움을 주고 그들의 내적 욕구와 도움을 기꺼이 제공하는 것에 대해 놀라워한다.

가난한 사람에 대한 상담은 이 책을 읽는 우리 대부분에게는 문화 교류 상담의 한 형태다. 우리와 다른 사람들을 상담할 때 상담자들은 그들의 내담자와 먼저 인간관계를 설립하고 그들의 생활과 환경에 관해 아는 것과 공연히 낮추는 태도나 선입견이 없는 상담을 제공하고 더 부유한 내담자들에게 적용하던 기술이나 방법 등을 그대로 사용하는 태도가 필요하다.

5. 운동선수에 대한 상담

운동에 관심이 적은 사람들은 운동 심리학이라고 알려진 분야의 영향력이 점점 커지고 있는 것에 대해 놀라워할 것이다. 운동 심리학자들은 사람들이 그들의 목표를 세우고 성취하는 것을 돕고 운동선수들이 집중할 수 있도록 도와주고, 방해 받는 것을 피하고, 스트레스를 해소하고, 탈진을 예방하고, 자신감을 세워주고, 동기부여를 해주고, 좋은 운동 결과를 발전시켜나갈 수 있도록 돕는다. 대부분의 프로 운동선수 팀들은 운동의 성과를 더 높이고 확신을 주며, 피로를 푸는 기술을 가르치고, 코치들과 상담하고, 팀의 응집력을 높일 수 있도록 도우며, 운동선수들이 경기를 가장 효과적으로 하는 데 필요한 도움을 제공할 수 있는 운동 심리학자를 고용한다.[63] 이러한 실질적인 서비스 외에도 어떤 심리학자들과 상담자들은 스포츠심리학을 이해하기 위하여 연구한다.[64]

상담자들은 사고나 경기에서의 패배로 인하여 외부로 밀려난 운동선수들을 도와주는 것이 그들의 가장 중요한 역할 중에 하나라는 것을 경험할 것이다. 많은 젊은 사람들은 성장하면서 그들이 전문적인 운동선수가 되는 것이 성공적인 삶을 사는 것이라는 희망을 갖는다. 이러한 사람들이 더 이상 운동을 할 수 없는 사고를 경험하고, 그들의 운동에 대한 목표 달성에 실패하고, 또는 그들이 소망하고 있던 직업을 가질 기회를 상실했을 때, 이러한 실패와 좌절은 다양한 심리학적인 증상을 유발할 수 있고, 그들을 압도할 수 있다. 효과적인 운동 상담자는 이러한 실망들에 대해서 가볍게 생각하지 않고 내담자들이 자신들의 슬픔과 실망들을 잘 다룰 수 있도록 민감하게 돕고 상호 보안적인 목표를 세울 수 있도록 이끌어준다. 운동선수들에 대한 상담은 상담자가 운동 문화와 기대들에 대한 차이점을 이해할 때 더욱 효과적이다.

- **완고함과 "왜"라는 질문**

완고함은 어쩔 수 없는 불평들에 대한 분노나 적의의 태도다. 완고한 사람은 종종 복수를 작정하지만, 대신에 그들은 위궤양을 일으키거나 자신들처럼 심하게 비판적인 태도를 가진 사람들과 어울리기 싫어하는 다른 사람들로부터 따돌림을 받게 된다. 히브리서 기자는 완고함이 뿌리내리는 것에 대해서 경고하고 있다. 왜냐하면 이것은 모든 문제와 많은 것들을 부패시키는 원인이 될 수 있기 때문이다.[65] 완고함 때문에 고통 받고 있는 대부분의 사람들은 보복의 기회들을 찾는 사람들이다.

완고함은 다른 사람들이나 하나님을 향하고 있다. 빨리 나타났다가 사라질 수 있는 분노와는 다르게 완고함은 지속되는 경향이 있고, 때로는 삶 전체에까지 파고들기도 한다. 완고한 사람들은 종종 보복의 기회를 찾지만, 용서하고자 하는 마음은 없다. 시간이 갈수록 완고한 사람들은 자신이 만들어낸 부정주의, 혹평, 적의, 때때로 자기 연민이라는 늪에 더 깊이 빠져들 수 있다. 어려운 일이나 재난, 또는 불공평한 상황에 있을 때 그들 대부분은 다음과 같은 질문들을 할 것이다.

- "왜?"
- "이런 일이 왜 발생했을까?"
- "이런 일이 왜 지금 발생했을까?"
- "왜 내가 기대한 것처럼 되지 않았을까?"

- "왜 착한 사람들에게 나쁜 일들이 일어나는 것일까?"
- "왜 어떤 사람들은 나쁜 행동에 대해서 심판 받지 않고 피해가는 것처럼 보일까?"
- "왜 나는 나의 삶에 이러한 고통을 경험하는 것일까? 왜 나의 기도는 응답되지 않는 것일까?"
- "내가 상처받고 있을 때 하나님은 어디에 계신 걸까?"[66]

수세기 동안, 사람들은 이와 같은 질문들로 갈등해왔으며, 아직도 그것은 계속되고 있다. 시편 기자조차도 교만하며 하나님을 경외하지 않는 사람들은 잘살고, 부자이며, 자기중심적인 자만심과 그리고 우리들 대부분이 직면하고 있는 삶의 무거운 짐으로부터 자유로운 것처럼 보여진다고 불평했다. 반면에 하나님께서 행복한 삶을 살고자 하는 그의 백성들을 잊으신 것은 아닌가 궁금해했다. 시편 73편에서 그는 이러한 것들을 바라볼 때 마음이 더 완고해졌으나, 하나님의 성전에 들어갔을 때 거기에 공평함과 완전한 정의가 있다는 것을 깨닫게 되었다고 기록하고 있다. 고통 받고 있을 때, 우리의 내담자들은 우리에게 왜라는 질문을 할 것이고, 우리는 그들에게 만족스러운 질문을 줄 수 없을 것이다.[67]

부분적으로, 우리는 고통을 받고 있다. 왜냐하면 우리가 타락한 인간들이기 때문이다. 하나님은 착한 기독교인들이 전쟁을 통해서 죽음을 당하거나 살해되지 않고, 술 취한 운전기사가 우리의 어린이들을 차로 치지 않으며 폭풍이 믿는 사람들의 모든 소유를 앗아가지 않고, 미개발된 나라에 있는 선교사들이 에이즈 바이러스에 감염된 주사 바늘로 주사를 맞게 되는 경우가 절대 없을 것이라고 약속하지 않으셨다. 타락한 세상에서 살고 있는 한 우리는 종종 이러한 타락의 결과로부터 고통을 받을 것이다.

때때로 고통은 우리들 자신의 행동으로 말미암아 올 것이다. 우리는 우리 몸과 우리가 사랑하는 사람들, 그리고 우리가 소유한 것들에 대해서 잘 돌보지 않고, 책임지지 않고, 고려하지 않고, 무시하기가 쉽다. 우리가 그것에 대한 결과를 경험할 때 죄의식과 분노가 우리 마음에 밀려올 것이고 때때로 왜라는 질문과 함께 하나님을 향한 완고함이 생겨날 것이다.

우리가 개인적으로 책임감을 느끼든지 그렇지 않든지, 고통은 분명히 우리가 성장하고 성숙하는 데 도움을 준다. 우리가 성장하고 싶지 않을 때조차. 기독교인들에게 있어서 문제들은 우리의 믿음을 정화시키고, 우리를 더욱 예수 그리스도와 닮아가게 만들며, 하나님에 대해서 가르쳐주며, 그리고 인내심을 가지게 해준다.[68] 또한 고통은 우리들로 하여금 다른 사람들에 대해서 더 잘 이해하고 돌보아줄 수 있게 한다.[69]

고통은 죄의 결과일까? 모든 고통은 죄로 인한 인간 타락의 궁극적인 결과이고, 우리들의 현재 문제에 어떤 것들은 고통 받고 있는 사람의 특정한 죄로 말미암아 온 것처럼 보인다. 그러나 성경은 명백하게 특정한 죄가 자동적으로 뒤따르는 고통을 가져온다는 것을 말씀하고 있지 않다.[70] 도움이 필요한 사람들은 종종 "하나님께서 나를 벌하신 게 분명해"라고 말한다. 그러나 이러한 결론은 얄팍한 신학적인 증거를 기반으로 하고 있다.

인간의 관점으로부터, 우리의 삶 속에 일어나는 많은 것들은 공평하지 않다. 그리고 우리는 그 사람들이 고통 받는 것에 대해 확실히 이해할 수가 없다. 그러나 우리는 완고함과 복수하려고 하는 태도가 그러한 상황들을 더 좋게 만들지 않는다는 것은 알고 있다. 우리는 또한 하나님이 자비하시며 지혜로우시며, 모든 것을 알고 계시며, 절대적으로 정의로우시며, 그리고 현재 우리가 욥과 같은 상황에 처해 있을 때 그 이유를 알지 못한다는 것조차 알고 계신다. 왜라는 질문들과 함께 갈등하는 것은 잘못된 것이 아니다.

기독교 상담자들은 비록 우리가 지적인 논쟁을 통하여서 궁극적인 대답을 찾을 수 없다 할지라도 내담자들이 이러한 문제들을 인식하도록 도와야 한다. 평안은 내담자들이 자발적으로 참여하고 상담자들이 온 우주 만물의 주인이시고 자비로우신 하나님이 우리의 모든 문제를 알고 계신다는 것을 인식할 때 얻어진다. 하나님은 모든 것을 다스리시고, 우리에게 소망을 주신다. 또한 우리가 완고함의 수렁으로부터 자유롭게 하시고, 용서할 수 있게 하신다. 하나님은 우리의 삶에 일어나는 일과 우리의 미래에 대해서도 알고 계신다. 궁극적으로 바로 이것이 우리의 삶에 중요한 문제다.

상담자들을 위한
요점 정리 40

■ 이 장에서는 다른 곳에서 자세하게 논하지 않았던 문제들과 상담자들이 일반적인 문제들을 다루는 데 영향을 줄 수 있는 상황들을 다루었다.

■ 신체적인 장애를 가진 사람들을 도울 경우.
- 내담자들이 할 수 없는 일에 초점을 맞추지 말고, 그들의 힘과 능력에 초점을 두라.
- 가족들이 그들만의 특별한 스트레스를 극복해나갈 때 이해와 후원, 종종 실질적인 도움이 필요하다는 것을 인식하라. 그들은 장애인들과 함께 자신들의 삶을 성취해나가는 것을 배우는 데 도움이 필요하다.
- 장애를 가진 내담자들이 자신의 감정을 표현할 뿐 아니라, 가능한 한 자신의 삶을 성취할 수 있는 방법을 발견하도록 격려하라.

■ 정신적 장애를 가진 사람들을 도울 경우.
- 이러한 사람들이 좌절을 극복할 수 있도록 돕고, 장애의 정도에 따라 삶을 관리할 수 있는 기술을 가르치라.
- 부모와 다른 가족 구성원들은 신체적인 장애를 가진 사람과 같은 필요를 가지고 있다는 것을 인식하라.

■ 음식물 섭취 불균형을 가진 사람들을 돕는 경우. 이러한 불균형에 대한 근본적인 원인들을 이해하고자 최선을 다하라. 의료진들과 함께 일함으로 비만과 거식증과 과식과 관계된 심리적이고 영적인 문제에 초점을 맞추라.
- 비만인 사람이 사회적 따돌림을 이겨내고, 음식 섭취 습관을 바꾸고, 스트레스와 지속되는 비만의 원인이 될 수 있는 건강하지 않은 삶의 태도와 삶의 방식들을 변화시키도록 도우라.
- 거식증과 과식에 관하여, 내담자의 변화에 초점을 맞추면서 그들이 이러한 상태에 이르게 된 원인을 조절하도록 도우라(표 40-1 참조). 가능한 한 가족들을 참여시키고 그룹 모임을 가져라.

■ HIV 에이즈에 감염된 사람들을 도울 경우. 이 질병은 사람들에게 익숙한 질병이 되었다. 이 질병에 시기별로 적절한 상담을 적용하라. HIV에 감염된 것을 처음 발견한 사람은 죽음에 직면한 사람과는 다른 상담이 필요하다.

- 에이즈에 감염된 사람들의 필요와 그들의 가족들이 불치병에 대한 부정적인 오명과 감정적인 연루를 잘 다룰 수 있도록 도와야 한다.
- 이 장에서 다룬 실질적인 안내 지침들을 다시 살펴보고 적용하라.

■ 특정 그룹에 속한 사람들을 돕는 경우.
- 교도소 수감자와 그들의 가족, 그리고 군 부대에 있는 사람들, 이러한 그룹의 문화적인 특징들을 이해하라. 예를 들어, 군 가족들이나 운동선수들은 종종 여러분의 상담에 영향을 줄 수 있는 독특한 사고방식을 가지고 있다.
- 일반적인 상담 절차를 적용하는 것과 더불어, 문제의 원인들을 감당할 수 있도록 돕고 행동의 변화를 가져올 수 있는 지침들을 제공하라.

■ 상담에 있어서 사람들이 완고함과 왜라는 질문으로 갈등하는 것은 일반적인 일이다. 상담자는 이러한 문제들을 논의하는 것을 격려하고, 용서하고, 내담자가 하나님이 그들의 처한 환경에 어떻게 관여하고 계신다는 것을 알거나 이해하지 못하는 경우조차도 사람들이 하나님의 본성과 주권, 자비하심에 대해서 더 좋은 관점을 가질 수 있도록 도우라.

41 >>
영적 문제들
Spiritual Issues

　신흥교회 지도자들의 수련회에 참석한 것은 이번이 처음이었다. 나를 제외한 그들은 모두 20~30대에 속했으나 세대간의 차이에도 불구하고 나를 따뜻하게 받아주었다. 주최자들은 내가 기꺼이 배우고자 하며 최선을 다해 관계하고자 한다고 생각했기 때문에 나를 초대한 것이 분명했다.

　나는 많이 배웠다. 분명 여러 면에서 삶을 변화시키는 주말이었다. 나는 그곳에서 그리스도를 위해 헌신되어 있고, 예수의 신실한 제자가 되기 원하는, 다음 세대를 그리스도께 인도하는 데 삶을 헌신한 젊은이들을 보았다. 동시에 나는 이런 그들을 환영해주는 교회가 없어 그들이 좌절하는 모습도 보았다. 그들 중 일부는 자신이 자라난 회중 가운데서 오해받는 부적응자처럼 느낀 이들도 있었다. 이들 젊은 기독교인들은 지위나 큰 교회, 교파, 잘 짜여진 프로그램 또는 세련된 예배 의식 같은 것에는 별 관심이 없었다. 그들은 더 겸손해졌고, 여러 모로 예수와 함께 먼지 나는 길을 따라 걸었던 초기 제자들에 가까워 보였다.

　수련회 이후 우리는 세계 여러 곳으로 흩어졌다. 그리고 그들 대부분과도 연락이 끊어졌다. 오늘날, 어떤 사람들은 그들 자신의 세대에 적합한 교회들을 세우고, 봉사를 필요로 하는 사람들을 위해 자신들의 삶을 헌신하고, 어려운 환경들 속에서도 영향력을 행사하고 있다. 수련회 후에 자신들의 목회지로 되돌아간 일부 다른 사람들은 영적으로 탈진했거나, 영적으로 고갈되거나 그들 자신의 부도덕한 삶이나 결혼의 실패 또는 중독으로 인해 몰락했다. 그들의 젊은 모습과 신선한 관점들에도 불구하고, 이들 형제자매들은 영적, 도덕적 그리고 신체적으로 타락하고 그들보다 나이 많은 기존의 기독교 지도자들과 별반 다르지 않다.

　우리들 대부분은 아마도 이런 수련회에 참여했다가 영감을 받고 귀가해 우리의 일을 하거나 삶을 사는 데 전보다 더 효과적으로 하겠다고 다짐한 적이 있었을 것이다. 그 후 일상적인 삶으로 돌아왔고, 수련회는 우리의 기억과 영향력에서 희미해졌다. 참가자들 중 어떤 사람들은 그들의 열정과 끝없는 기회들, 파도처럼 밀려오는 아드레날린 상승 때문에 실족하기도 했는데, 자신의 삶 속에 하나님과 함께하는 묵상, 성찰, 상호책임, 또는 휴식을 위한 여지를 남겨놓지 않았기 때문이다. 다른 사람들은 그들의 열정에 밀려 열심을 냈지만, 충분한 성서적, 신학적 지식이 없는 열정이었다. 어떤 사람들은 더 훈련을 받고 싶다고 말했지만, 나이 든 기독교인들과 훈련 기관으로부터 비판과 거절을 당하기도 했다. 오직 비전통적인 방식으로 사역할 때만 다음 세대를 인도할 수 있다고 알고 있는 이 젊은 남자와 여자들은 수용되거나 양육을 받지 못하였다. 수련회에 참석한 지도자 중 한 분은 더 나이 든 기독교인이 다가와 함께 동행하고, 기도하며, 어려울 때도 인도와 지지를 보여주었기 때문에 가까스로 견딜 수 있었다고 털어놓았다.

신흥교회 수련회에 참석했던 가장 나이가 많은 사람의 입장에서, 더 많은 경험과 성숙도를 지니고 있는 사람으로서, 나는 젊은 지도자들이 직면하고 있는 영적, 심리적 비극을 예방할 수 있도록 도와줄 수 있었을까? 아마도 이와 같은 경험과 질문들을 고려할 때 상담과 영성을 다루는 이 장은 이 책의 다른 어떤 장들보다도 더 중요하다고 할 것이다. 영적인 여정에 있는 이들을 영적으로 도와주는 것은 마땅히 기독교 상담자들이 가장 잘해야 하는 일이다.

지난 20년 동안 상담 분야에서는 어떤 일들이 일어나고 있다. 20세기의 대부분에 걸쳐 일반적으로 심리학을 비롯해 정신건강 전문의들은 종교와 영성에 대하여, 특히 기독교의 영성에 대하여 별로 우호적이지 않았다. 문화의 다양성과 성의 차이, 여성의 문제, 그리고 약자들의 독특한 욕구를 널리 포용하는 것이 보편적일 때, 영성과 종교는 세속적 상담가들 가운데서 무시를 당하거나 마지못해 인정되는 정도였다. 대학원에서는 거의 영성을 언급하지 않았다. 교수나 상담을 직업으로 하는 사람들은 종교적인 전문 용어를 이해하려고도 하지 않았다. 어떤 사람들은 아직도 종교는 해롭고 신경증적이라는 프로이트의 견해를 수업 시간에 이야기했다.[1] 상담자들 가운데 영적 갈등을 겪고 있는 이들을 돕는 일에 훈련받은 이들은 거의 없었다. 주기적으로 실시된 조사는 세속적 심리학자들 중에 종교적 신앙을 갖고 있는 이가 거의 없다는 것을 보여주었다. 그리고 그들 대부분은 종교적인 사람들이 생각하는 방식에 익숙하지 않다.[2]

상황은 많이 변했다! 오늘날 대학원에서 영성이라는 과목을 개설하는 것은 일반화되었다. 미국정신의학회는 이제 영적 문제들을 그들의 진단과 통계 편람에 포함시킨다. 전문가들의 학회 발표, 영성에 대한 워크숍, 그리고 세속 출판사에서 발행되는 수많은 책은 모두 영성에 대한 새로운 관심을 보여주고 있다. 특별히 영성을 상담과 연계시키는 책들이 많이 출간되는 추세다.[3] 영성에 대한 개방성이 반드시 종교에 대한 개방성을 의미하는 것은 아니라는 것을 주목할 필요가 있다. 많은 사람들이 자유롭게 그들 자신을 영적인 존재라고 서술한다. 그러나 그들은 제도화된 종교에 대한 불신과 부정적 견해 때문에 결코 예배에 참석하지 않는다. 또 주목해야 할 것은 대중적인 영성이 개인주의적이거나 인본주의적인 경향인데 반해 기독교적인 경우는 흔치 않다는 것이다.[4] 기독교적 영성이 전문 상담가들 가운데서 일축되거나 무시당할 가능성은 없지만, 그것은 많은 영성의 형태들 가운데 하나로 보여지는 경향이 있으며 21세기에 적합한 영성으로 인정받지는 않는다. 이 장은 영성의 다양한 견해들을 인식하겠지만, 기독교적인 영성과 종교에 초점을 맞출 것이다.

영적인 갈등을 겪고 있는 사람을 돕는 것은 쉽지 않다. 내담자가 던지는 신학적 질문들에 명확한 대답이 없는 경우가 종종 있고 영성을 논할 때 사용되는 단어들의 의미에도 혼란이 있다. 영성이란 단어만 해도 여러 가지 다른 의미를 지니고 있다. 기독교인들 가운데 사용되는 믿음, 회심, 또는 사랑과 같은 단어들을 정의하기란 쉽지 않다. 비록 이 단어들이 믿음의 핵심에 가까운 말인데도 불구하고 의미를 정의하는 것은 어렵다. 아주 개인적인 수준에서 내담자뿐 아니라 기독교 상담자들도 그들의 영적 성장이 너무 느리기 때문에 삶 속의 죄에 의해 패배감을 느끼거나 좌절감을 느낄 수 있다. 다른 이들은 자신의 삶이 영적으로 너무 메말라 있고 큰 기쁨이 없어서 부담을 느끼고 있다. 대부분의 사람들은 교회는 중요하지만 예배가 너무 지루하다는 데 동의한다. 그리고 성경이 하나님의 말씀이라 주장하지만 성경이 지루하고 부적절하게 들릴 수 있다는 것에도 동의한다. 믿는 자들은 원해서라기보다는 습관적으로 더 많이 기도한다. 그러나 그들의 기도들은 자주 응답되지 않는다. 그들은 선을 행하고 사랑하기를 원하지만 그들의 생각이나 행동은 사랑과 관계가 없는 듯 보이고 그들의 양심은 무감각하고 둔감해 보인다. 많은 이들은 자기 아이들이 신앙심이 있는 남자와 여자로 자라기를 원한다. 그러나 너무 자주 젊은이들은 교회를 떠나고 믿음을 버린다. 그리고 성경적 기준의 순결을 존중하는 것 같지 않은 거짓된 영성과 가치들을 받아들인다.

이것은 하나님이 바라시는 것이 아니다. 그러나 이것은 아마 이 글을 읽는 상담자들 혹은 잠재적인 상담자들의 삶속에서조차 일반적인 경험이다. 그들은 마음속으로 이 장에서 제기될 이슈들에 관심을 보이는 사람들을 상담하기에 영적으로 충분한 자격을 갖추지 못했다고 느낀다. 영적인 문제들의 상담은 항상 어렵지만 그것은 상담자가 내담자들의 것과 유사한 문제들로 씨름하고 있을 때 더욱 어렵다. 사람이 마음속으로 '완전한 공허감'과 '영적 메마름'을 느껴보기 전까지는 "절망(갈급함)이라는 것이 어떤 것인지 아무도 모른다"는 말이 있다.[5] 이전의 장들과는 달리 이번 장은 상담자들과 내담자들의 필요에 대해 말할 것이다. 그리고 문제들에 관해서 이야기하지만, 희망과 격려의 말도 할 것이다. 우리 모두에게는 결점과 몸부림이 있지만, 확실히 기독교 상담가라는 타이틀을 지니고 있는 우리들보다 영적인 이슈들을 더 효과적으로 다룰 수 있는 존재는 없다.

• 성경과 영적 문제들

요즘같이 다양한 영성이 공존하는 시대에, 우리는 어떻게 하나님을 알고 그분에 대한 지식을 얻는가? 여러 세기에 걸쳐, 종교 지도자들의 저술과 가르침들은 하나님과 함께 동행하면서 거룩한 삶을 살아왔던 경건한 남녀의 삶만큼이나 우리의 사고를 일깨워왔다. 하지만 많은 기독교인들에게 있어 성경은 "언제든지 사람의 뜻으로 낸 것이 아니요. 오직 성령의 감동하심을 받은 사람들이 하나님께 받아 말한" 하나님의 권위 있는 말씀으로 간주되고 있다.[6] 하나님의 모든 지식을 포함하고 있는 정보 은행은 없다. 그리고 어떤 인간의 마음도 하나님이 아는 것을 다 헤아릴 수 없다.[7] 그러나 하나님은 우리에게 개인적으로 영향을 미치고 상담이라는 우리의 일을 인도하는 방식으로 자신을 계시하셨다.

하나님의 목적은 각각의 신자들이 그리스도를 닮아 성숙에 이르는 것이다. 그러나 그분은 우리 중 그 누구도 천국 이편에서 이 일에 완전히 성공하지 못한다는 것을 아신다. 비록 아무도 완전하게 그렇게 될 수 없다는 것을 알지만 하나님은 우리가 거룩해지기 원하시며 그리스도의 발자국을 따르기 원하신다.[8] 그리고 우리 모두 "마귀의 간계를 능히 대적하기 위하여 하나님의 전신갑주를" 입기 원하신다.[9] 우리는 혼자서 인생의 싸움들을 싸울 수 없기 때문에, 우리 몸을 "그가 받으실 거룩한 산 제물"로 드리도록 요청받는다.[10] 성경은 우리에게 죄 짓기를 멈추고 청년의 정욕으로부터 도망치라고 가르친다. 만일 우리가 죄 없다 하면 우리 자신을 기만하는 것일 뿐이라는 것이다. 그래서 우리는 넘어져 죄를 범했을 때 죄를 고백하고 용서를 받아야 한다.[11] 그분은 정의롭고 거룩하시므로 우리의 행동을 위해서 높은 기준을 세우신다. 그러나 하나님의 기준에 이를 수 있는 사람은 없으므로 그의 위대한 사랑과 자비로 인하여, 우리의 죄와 실패들에 대한 대가를 지불한 구세주를 주셨다.[12] 그분은 우리를 자녀로 입양하셨고 우리에게 "정의를 행하며 인자를 사랑하며 겸손하게 네 하나님과 함께 행(할)" 것을 요구하신다.[13] 그분은 자비롭고 은혜로

우시며 노하기를 더디하시며, 우리가 이 세상에 머무는 동안 단지 먼지에 지나지 않는 연약한 존재라는 것을 아시기 때문에 자녀를 대하는 아버지 같이 우리를 부드럽게 대해주신다.[14] 그 크신 사랑 때문에 당신의 아들을 대속 제물로 보내셨을 뿐 아니라 우리에게 성령을 주셔서 우리를 인도하시고 강하게 하시며 가르치신다.[15] 우리는 때때로 하나님이 멀리 가버리셨다고 생각한다. 그러나 그분은 언제나 곁에 계시며, 신실한 형제보다도 더 가까이에 붙어 계신다.[16]

기독교인의 생활은 예배와 그리스도를 닮는 인격, 그리고 봉사에 의해 특징지워진다. 이들 세 목표들 가운데 첫째인 예배는 처음에 찬양의 노래와 죄를 속죄하기 위한 희생의 제물을 포함했다. 이제 그리스도께서 우리를 안전하게 하나님께 인도하기 위하여 '단번에' 우리 죄를 위하여 죽으셨기 때문에,[17] 우리는 우리 몸을 하나님께 드리고, 그가 기뻐 받으실 살아 있는 거룩한 제물이 되어야 한다. 계속적인 자기 헌신과 구어적 찬양, 그리고 신실한 순종은 우리가 예배드리는 방식이다.

예배는 우리를 두 번째 목표로 인도하는데, 그것은 계속적인 인격의 변화다. 우리는 세상적인 기준을 본받아서는 안 된다. 대신 생각하는 방식을 바꿈으로써 하나님이 우리를 새로운 사람들로 변화시키도록 해야 한다. 이는 그가 거룩한 것처럼 우리도 거룩해지는 것이다. 여기에는 그리스도를 닮아가고, 그의 발자취를 따르고, 성령이 우리를 사랑과 희락과 화평과 오래 참음과 자비와 양선과 충성과 온유와 절제에 의해 특징지워지는 개인으로 빚도록 만들기 위해 죄로부터 우리를 분리시키는 것을 포함한다.[18]

기독교인은 자기중심적이기만 해서는 안된다. 다른 사람에 대한 봉사도 있어야 한다. 우리가 선을 행하고 어려움에 처한 사람과 우리가 가지고 있는 것을 나눌 때 하나님도 기뻐하신다.[19] 성경적인 성공관은 우리가 살고 있는 세상의 성공관을 급진적으로 배격한다. 예수님은 "너희 중에 누구든지 크고자 하는 자는 너희를 섬기는 자가 되고 너희 중에 누구든지 으뜸이 되고자 하는 자는 너희의 종이 되어야 하리라"고 말씀하셨다. 우리는 시기심이나 이기적 야심으로 서로 경쟁하지 말라고 경고를 받았다. 대신 우리는 선행을 행하고, 스스로 겸손하고, 때가 되면 우리를 필요한 자리로 높여주실 하나님을 신뢰해야 한다.[20] 이것은 성경 전체를 두고 볼 때 여호수아에게서 가장 잘 드러난다. 그에게는 평생 동안 모세의 인도함을 받았던 거대한 무리를 인도하라는 임무가 주어졌다. "강하고 담대하라." 하나님은 거듭 여호수아에게 말씀하셨다. "두려워하지 말며 놀라지 말라. 네가 어디로 가든지 네 하나님 여호와가 너와 함께 하느니라."[21]

그리스도를 예배하고, 그리스도의 인격을 닮고, 그리스도처럼 봉사하는 것, 이것이 기독교인의 생활 목표들이다. 어떤 의미에서 우리는 결승선을 향해 뛰어가는 달리기 선수처럼, 이들 목표를 이루기 위해 나아간다.[22] 다른 의미에서 우리는 노력에 의해서가 아니라, 우리 자신을 신적 통제와 지도에 의탁함으로써 성장한다. 여러 세기에 걸쳐 기독교인의 성장과 영적 성숙, 그리고 그들의 씨름(고뇌)을 다루는 수천 권의 책들이 쓰여졌다. 영성 지도와 종교적 고민에 대한 도움이 필요하다는 것은 전혀 새로운 것이 아니다. 그리스도의 때로부터(그리고 그 이전에도), 신자들은 영적인 메마름, 침체의 시기, 삶의 어두운 기간, 그리고 성숙의 문제로 씨름해왔다. 성경 전체는 이런 사람들에게, 하나님과 그의 성품(속성), 그리고 그의 목적을 위해 사용할 수 있는 도구로 신자를 변화시키는 그분의 능력에 대해 가르치고 있다. 하나님의 목적은 우리가 "귀히 쓰는 그릇이 되어 거룩하고 주인의 쓰심에 합당하며 모든 선한 일에 준비함이 되(는)" 것이다.[23]

성경에는 영적 문제들의 원인과 결과, 상담과 예방이 모두 다뤄지고 있다. 영적 성장과 영적 문제의 해결이라는 주제보다 더 성경에 기반을 둔 주제나 심리학이 조명할 수 없는 주제는 없을 것이다. 기독교 상담자보다 이런 문제를 더 잘 도와주도록 준비된 사람도 별로 없다. 오직 신자만이 '그리스도의 마음'을 가졌기 때문이다. 오직 믿는 기독교인만이 하나님의 영으로부터 오는 것들을 이해하고, 다른 사람들이 영적인 것을 이해하고 수용할 수 있도록 도와줄 수 있다.[24]

영적 문제들의 원인

일요일 아침에 유럽의 텅 빈 대성당을 방문하거나, 미국 전역의 번잡한 식당이나 쇼핑몰을 방문해 보라. 그러면 많은 지역공동체에서 종교와 주일 예배가 사람들의 마음에서 멀어져 있다는 사실이 분명해질 것이다. 그러나 겉으로 드러나는 현상은 속임수일 수 있다. 종교는 분명히 살아 있으며, 세계 여러 국가에서 번성하고 있다. 이슬람교는 의미심장하게 증가하고 있고, 기독교는 특히 아프리카와 라틴아메리카, 아시아 일부 지역에서 유의미한 성장과 영향력을 실감하고 있다.[25] 여기에 다양한 영성에의 참여가 급증하고 있다는 사실까지 더한다면, 종교가 죽지 않았다는 것은 분명해진다. 미국 내에서의 설문 조사들은 인구의 90% 혹은 그 이상의 사람들이 신을 믿는다고 밝히고 있으며, 40%의 사람들이 적어도 일주일에 한번은 종교 의식에 참여한다는 사실을 보여주고 있다. 그다지 종교적이지 않은 전문가 집단이라고 알려져 있는 심리학자들조차도 영성 훈련의 긍정적 역할을 인정하면서, 영성이 삶의 스트레스를 대처하는 데 도움을 준다고 주장하고 있다.[26]

통계 자료는 변화하고 있고 국가별로 차이를 보이고 있으나, 한 보고서에 따르면

- 미국인의 95%가 하나님을 믿고 있으며, 92%가 특정한 종교에 가입되어 있다.
- 정신건강 전문의들의 40~45%만이 신에 대한 믿음을 보고하였다.
- 정신의학자의 37%만이 다음 질문에 '예'라고 답하였다: "영적인 개입(예를 들면, 기도와 같은)의 환자의 상태 호전에 기여한다는 것이 과학적으로 증명된다면 당신은 그러한 방법을 사용하겠습니까?"
- 정기적으로 종교 의식에 참여하는 10대들이 흡연, 음주, 마약 복용을 적게 하는 경향을 보이고 있다.[27]
- 연구 결과는 적어도 일주일에 한번 종교 의식에 참여하는 사람이 평균보다 좋은 건강 상태를 유지하고 있으며, 우울증을 포함하여 질병에 걸리는 확률이 더 낮다는 것을 보여주고 있다.[28]

많은 사람들이 종교에 대하여 긍정적으로 말하고 있으나, 이러한 태도들이 매일 매일의 행동을 만들어 내는 것은 아니다. 적어도 미국에서는 개인적인 감정이나 성공에 대한 우리의 꿈에 의해서 인도되고 있는 것만큼 우리 삶이 하나님에 의해서 인도받고 있지는 않다.[29] 하나님은 우리에게 유용할 때나 좋은 생활과 좋은 감정이라는 보다 일반적인 목표에 위협이나 도전이 되지 않을 때에만, 묵인되어지고 있는 것처럼 보인다.

이러한 환경의 한가운데서, 상당수의 헌신된 신자들은 하나님을 신실하게 섬기고 기독교인으로서 성장하기를 원하고 있다. 하지만 그들은 낙심이나 영적 침체의 문제와 싸우고 있다. 이러한 사람들은 겉으로만 종교적인 문화 속에서도 역동적인 그리스도인의 생활이 가능하다는 것을 알고 있다. 그들은

생명력 있는 기독교적 영적 생활을 갈망한다. 그러나 많은 사람들이 그것이 무엇을 의미하는지를 확신하지 못하고 있고, 대부분의 사람들은 그것을 어떻게 달성해야 하는지 모르고 있다. 이러한 사람들을 돕기 위해서, 성장의 길에서 장애가 될 수 있는 영적인 문제들의 몇 가지 원인들을 알아야 할 필요가 있다.

1. 우리가 있는 위치

어떤 이들에게는 그들이 영적으로 자리 잡은 위치 때문에 문제가 생길 수 있다. 많은 사람들이 예배에 참석하고 있고 선한 행동을 한다. 그러나 그들은 기독교가 그 핵심에 있어서 사람의 외적인 행동보다 내적인 성품을 다룬다는 것을 인식하지 못하고 있다. 기독교는 우리가 무엇을 하는가보다 우리가 누구인가에 더 집중하고 있다. 이러한 사실은 성경에서 반복적으로 언급되고 있는데 특히, 에베소서 2장에서 가장 분명하게 나타나고 있다.

회심하기 전에는, 종교적인 의식이나 다른 행위들과 관계없이, 우리는 '죽었고', 많은 죄 때문에 죽을 운명이고, 마귀의 통제를 받으며, 하나님으로부터 분리된 상태에 있었다. 그러나 하나님의 자비와 사랑으로 우리는 이러한 영적인 죽음의 상태에서 해방되었다. 하나님은 죄로부터 우리를 구원하시며, 우리를 생명으로 살아나게 하시고, 그의 양자로 살아가는 길을 마련해주셨다. 이러한 구원은 우리 자신의 노력 때문에 오는 것이 아니다. 우리가 자신을 온전히 하나님께 의탁하였을 때 하나님이 구원을 은혜의 선물로 주시기 때문이다. "너희는 그 은혜에 의하여 믿음으로 말미암아 구원을 받았으니 이것은 너희에게서 난 것이 아니요 하나님의 선물이라. 행위에서 난 것이 아니니 이는 누구든지 자랑하지 못하게 함이라."[30] 이 방대한 책에서 앞의 두 문장보다 더 중요하고, 더 의미 있는 말은 없을 것이다. 우리가 구원이라는 하나님의 선물을 받아들일 때, 하나님은 우리를 그분이 원하시는 종류의 사람으로 만들어가면서 우리의 삶 속에서 역사하기 시작하신다. 그분은 우리를 창조하셨고 우리를 친밀하게 알고 계시기 때문에 그분의 계획은 우리의 삶에 가장 잘 맞는다.

어떤 사람들은 믿지 않기 때문에 영적인 갈등을 겪고 있다. 그들은 구원이라는 하나님의 거저 주시는 선물을 받아들인 적이 없다. 그래서 헛되이 자신의 노력을 통하여 하나님의 호의를 받아내려 노력하고 있다. 다른 사람들은 예수님께 자신의 삶을 맡겼지만, 성장하기 위해 무엇을 해야 할지 알지 못했거나, 영적인 주제에 대해 진정한 관심을 거의 가지지 못했기 때문에 영적으로 성장하지 못한다. 이러한 사람들은 교회도 다니고 종교적 활동에 충실하게 봉사하지만, 영적으로 믿지 않는 자들과 크게 다르지 않거나 그들에 비해 조금도 성숙하지 못한, 영적인 어린아이와 같은 오래된 기독교인일 수 있다.[31] 나머지 다른 부류의 사람들은 예수님으로부터 등을 돌려버리고 자신이 예전에 받았던 종교적인 훈련을 무시하거나 거절하기로 선택했다. 이러한 사람은 여전히 자신이 믿는 자라고 주장하거나 자신의 행동에 대하여 어느 정도 죄책감을 품을 수 있다. 많은 이들이 머지않아 그들 자신의 영적인 근원으로 되돌아갈 것이지만, 지금 그들은 예수님으로부터 멀리 떨어져 있으며 영적으로 죽어 있다. 이러한 것들 모두가 "영적인 문제가 예수 그리스도와의 관계성이라는 측면에서 보았을 때 우리가 있는 위치와 밀접하게 연관되어 있다"는 결론을 말해주고 있다.

2. 우리가 사는 위치

우리들 모두는 환경에 의해 강한 영향을 받고 있다. 우리의 영적인 경험들과 종교적인 믿음 역시 우리가 자라난 가족, 우리가 배웠던 종교적 가치, 우리가 일하는 장소, 그리고 우리가 살고 있는 국가에 의해 형성된다는 사실에는 의심의 여지가 없다. 예를 들어 몇몇 국가에서는 종교가 보다 더 두드러지고 활성화되어 있다. 다른 국가에서는, 심지어 국민의 종교적인 자유를 보장하고 있다고 자랑하는 국가에서도 제약이 존재한다. 공산주의 국가, 이슬람 사회, 또는 모든 공공장소에서 하나님에 대해 말하는 것이나 종교적인 상징들을 보여주는 것이 법적으로 금지된 나라에서 공공연히 기독교인이 되는 것은 어렵다.

아마도 가정은 종교적 믿음을 형성하는 데 있어서 가장 영향력 있는 힘일 것이다. 이것은 특히 어린이들과 청년들 사이에서 그렇다. 부모들이 종교적인 헌신의 본을 보이고, 가족 구성원의 영적인 활동을 지지하거나, 자신의 아이들이 영적일 수 있도록 격려할 때, 아이들은 크게 영향을 받게 된다. 설령 그들이 나중에 자신의 종교적인 근원을 떠나게 되더라도 말이다. 연구 결과는 가족과 또래 집단의 영향 모두가 젊은 사람들의 생활 속에서 종교와 하나님의 중요성을 예측할 수 있는 의미 있는 예측 요인이라는 것을 보여주고 있다.[32] 이와 대조적으로, 하나님이 전혀 언급되지 않거나 영성과 종교가 부적절한 것으로서 일축되는 곳에서는 그 영향력이 다르다. 영적인 믿음과 관습, 그리고 가치들은 가정에 기초를 두고 있기 때문에 이러한 것들은 영적인 문제를 다루도록 사람들을 이해하고 도와주기 원하는 상담자에 의해 탐색될 필요가 있다.

3. 우리가 생활하고 행하는 방식

예수님이 세상에 계실 동안 그분을 가장 고통스럽게 했던 것이 무엇인지 생각해본 적이 있는가? 그것은 포르노도, 인종차별도, 낙태도, 폭력도, 정치적인 부패도, 교회 자금의 잘못된 사용도, 그 외에 우리가 오늘날 관심을 두는 다른 주제들도 아니다. 이러한 것들은 중요하고 상당한 해를 일으킬 수 있지만, 예수님은 죄를 책망하시고 위선적인 종교적 율법주의를 공격하는 것에 가장 큰 강조점을 두셨다. 이 두 가지, 즉 죄와 율법주의는 아직도 많은 영적 문제들을 야기하고 있다.

(a) 죄 : 교회사를 통해 볼 때 기독교인은 세 가지의 주요 문제들과 투쟁을 벌여왔다. 탐욕과 돈의 남용, 정욕과 성의 남용, 교만과 권력의 남용이 그것이다. 이러한 행동은 다른 어떤 것들보다 영적인 성장을 방해하거나 정체시키는 것들이다. 가난, 순결, 그리고 순종에 대한 고대 수도사의 서약은 돈, 성, 그리고 권력의 오용과 남용에 대한 직접적인 반응이었다.[33]

비록 이러한 주제들이 중요하다고 하나 죄의 성서적 의미는 이보다 더 많은 것들을 포함한다. 죄는 하나님의 뜻을 어기거나 순응하지 않는 어떠한 행동이나 태도다. 우리는 우리가 생각하는 것에 의해, 우리가 하는 것이나 하지 않는 것에 의해, 그리고 우리의 사람됨에 의해 죄를 범한다. 또한 죄는 우리를 지배하고 노예로 만들 수 있는 강력하고, 편만하며, 침투하는 힘이다. 특히 우리가 우리의 허물을 회개하거나 인정하지 않고 고백하지 못할 때 죄는 우리를 지배할 수 있다. 죄는 영적 문제와 침체, 그리고 생명력 상실의 주요한 원인이다.[34] 우리의 죄를 직면하는 것은 용서와 희망, 그리고 기쁨을 경험하는 주요 통로다.

(b) 율법주의 : 예수님이 세상에 계실 때 바리새인은 종교적인 순수주의자들로서, 영적인 성숙이 규칙(장로들의 율법)을 지키는 결과로 오는 것이라 믿었다. 이러한 견해는 수세기 동안 종교계에서 일반적이었

으며, 지금도 기독교 교회의 모든 하위집단의 사람들이 그 견해를 고수하고 있다. 신실하게 하나님을 기쁘게 해드리고 본이 되는 삶을 살기를 원하는 사람들에게서 종종 볼 수 있듯이, 율법주의적인 사고방식은 규칙과 규제가 좋은 기독교인이 하지 않는 것(예를 들어 술 마시는 것, 성인영화를 보는 것, 특정한 방식으로만 옷을 입는 것, 또는 주일에 물건을 사는 것)과 좋은 기독교인이 하는 것(매일 성경 읽는 것, 매주 누군가에게 예수님에 대해 말하는 것, 또는 일정 횟수만큼 종교 의식에 참여하기와 같은 것들)을 규정한다고 주장한다. 시편 작가와 선지자, 예수님, 그리고 바울은 모두 이러한 율법주의적 태도들을 책망하였다.[35] 그것들은 죄가 되는 오만으로 우리를 이끌 수 있으며, 또한 성경적인 메시지의 본질에 모순된다. 성경의 주제는 구속이고, 우리는 믿음을 통해서만 구원받는다.[36]

영적 성장이 규칙을 준수하는 것으로부터 나오는가? 바리새인에 대한 예수님의 책망은 이 질문에 대한 답이 "그렇지 않다"는 것을 분명히 시사하고 있다. 진정한 영적 성숙은 우리가 감사하고 찬양하는 태도를 갖고, 순종하고자 하는 깊은 결단을 가지고, 죄를 지으려는 성향에 대한 인식을 가지고, 하나님의 계속적인 은혜와 자비에 대한 우리의 필요를 인정하면서 겸손하게 하나님과 동행할 때 오는 것이다. 이것은 우리가 영적인 삶을 위하여 아무것도 하지 않는 수동적인 태도를 취한다는 것을 의미하지 않는다. 기독교인은 우리로 탈선하게 하려는 마귀의 궤계를 경계해야 하며, 하나님의 말씀으로 그것에 대항하여야 한다. 덧붙여, 영적 성장은 기도와 성경 묵상, 다른 신자들과의 친교, 그리고 죄를 멀리하고자 하는 진지한 시도와 밀접하게 연관되어 있다.

거룩한 생활을 하려는 욕망과 힘은 하나님으로부터 나와야 하며[37] 인간이 만들어낸 규칙을 지키려는 우리의 결심으로부터 나와서는 안 된다. 성경은 율법주의(규칙을 엄격하게 지키는 것)와 그것에 따라다니는 두 쌍둥이인 영지주의(뛰어난 지식에 의해 영성이 얻어진다는 믿음)와 금욕주의(즐거움과 경험, 물질적인 것들에 대한 의식적인 부정)를 모두 비판하고 있다.[38]

4. 우리가 생각하는 것

인간 문제의 대부분은 생각(mind) 속에서 시작되는 것으로 보인다. 우리의 사고는 자만하는 태도, 교만, 쓴 뿌리(원한), 그리고 비기독교적 가치들로 우리를 이끌 수 있으며, 그들 각각은 영적 문제를 만들어내거나 악화시킬 수 있다.

(a) 자만 : 개인적인 주도성과 자만은 많은 현대 문화에 깊게 배어들어 있는 가치다. 심지어 교회마저도 개인적인 성공에 박수를 보내며 하나님의 뜻이나 힘을 거의 생각하지 않는 사고를 부추기고 있다. 그러나 자만하는 마음은 미온적인 기독교를 보여주는 표지다. 자만은 영적인 성숙에 완전히 반대되는 개념이다. "나는 부유하다. 나는 내가 원하는 것을 모두 가지고 있다. 나는 필요한 것이 없다"고 말하면서 스스로 자만하는 사람들을 향하여, 성경은 회개할 것을 강권하면서, 스스로 만족하는 사람들은 실상 곤고하고 가련하며, 가난하고, 눈 멀고, 벌거벗었고, 영적으로 뜨겁지도 차갑지도 않다고 지적한다.[39] 자만은 궁극적으로는 우리를 영적인 공허함으로 이끈다.

(b) 교만 : 성경 속에서 교만보다 더 자주 정죄되고 있는 주제가 있을까? 자만과 비슷하게, 교만은 사람의 힘이나 자원에 대한 믿음을 포함하고 있으며, 사람의 지위, 능력 또는 성취에 대한 생각으로부터 만족을 끌어내는 성향을 포함한다. 특히 이런 것을 덜 가진 것으로 보이는 타인과 비교할 때 더욱 교만해진

다. 교만은 정의되는 것보다 더 쉽게 눈에 보이고, 자신보다 타인에게서 쉽게 감지된다. 교만은 자기중심적이고, 자기만족적이며, 궁극적으로는 자기파괴적이다.[40]

(c) 쓴 뿌리 : 리처드 닉슨은 그가 대통령을 사임하던 날에 직원들에게 그들을 파괴할 수도 있는 쓴 뿌리에 대하여 경고하였다. 수세기 전에, 히브리서의 저자는 쓴 뿌리가 솟아나와 문제를 일으키고 그 독으로 사람들을 부패시킬 수 있다고 경고하였다.[41] 쓴 뿌리는 영적인 문제의 강력하고 끈질긴 근원이 될 수 있다.

(d) 왜곡된 가치들 : 인생에서 참으로 중요한 것이 무엇인가? 가치의 이슈는 앞의 장들에서 여러 번 등장하였다. 사람들이 가장 높게 가치를 두는 것들은 그들의 돈과 시간(여가시간을 포함), 정신적 에너지를 어떻게 사용하는가와 관련된 것으로 보이는 경향이 있다. 특히 마음이 떠돌아다닐 여유가 있을 때 정신적 에너지를 어디에 쓰는가를 보면 그 사람의 가치가 드러나게 마련이다. 소유와 돈, 이기적인 쾌락, 성공, 그리고 갈채의 가치는 사회와 광고 산업이 중요하다고 치켜세우는 이슈들에 속한다. 이런 것들은 그 자체로는 나쁘지 않지만, 기독교인의 성장을 파괴할 가능성을 갖고 있으며 영적 문제를 야기할 수 있다.[42] 이러한 가치들은 우리로 하여금 하나님으로부터 멀어지게 하고 안전에 대한 잘못된 감각을 만들어내기 때문에 악하다.[43]

자만, 교만, 괴로움, 왜곡된 가치들과는 대조적으로, 영적으로 성숙하는 사람은 정신적으로 변화되어 하나님이 우리에게 무엇을 하길 원하는지 알고 싶어 하며 그의 뜻이 얼마나 "선하고 기뻐하시고 온전한지"를 알고 싶어 한다.[44]

5. 우리에게 부족한 것

우리는 음식과 공기, 휴식, 그리고 다른 기본적인 신체적 필요들이 부족할 때 신체적인 문제와 기능의 저하가 온다는 것을 알고 있다. 비슷한 방식으로, 영적인 문제는 기독교인의 건강과 성장을 위하여 필요한 기본적인 것들이 부족할 때 발생할 수 있다. 아래의 목록은 비록 완전한 것은 아니지만, 자신의 영적인 문제에 관하여 상담을 요청하는 사람들의 삶에서 부족할 수 있는 아홉 가지의 일상적인 영적 자양분을 나열한 것이다.

(a) 이해의 부족 : 성서에 대한 명확한 지식과 이해가 없기 때문에 얼마나 많은 영적인 고통과 혼란이 오는지 실제로 우리가 알게 된다면 괴로울 것이다. 예를 들어, 일반적으로 믿어지고 있지만 성경에서 가르쳐준 적이 없는 몇몇의 사고들을 생각해보자. 선행에 의해 구원받는다는 사고, 기독교인의 성장이 전적으로 인간의 노력에 달려 있다고 믿는 사고, 하나님은 우리의 의심과 정욕을 절대 이해하지 못할 것이라는 사고, 개인적인 행동들이 우리를 하나님의 사랑으로부터 분리시킬 수 있다는 사고, 때때로 하나님은 우리가 고백할지라도 죄와 불순종의 행동을 용서하지 않으실 것이라는 사고, 금전적인, 또는 가족의 문제가 우리를 벌하시는 하나님의 방식으로서 나타난다는 사고, 하나님은 진실로 우리의 필요와 관심을 알지 못하거나 신경 쓰지 않으신다는 사고, 또는 육체적인 아픔이 일반적으로 하나님의 불쾌함이나 우리의 믿음의 부족이 나타내는 상징이라고 생각하는 사고 등이다. 이와 같은 오해는 비록 진실되지만 잘못된 지식을 가진 목사들에 의해서 정기적으로 설교되기도 하는데, 불안함, 불확실성, 영적인 의심, 무관심, 그리고 절망을 야기할 수 있다.

(b) 양육의 부족 : 어린아이의 경우처럼, 젊은 기독교인은 성장을 위해 음식을 필요로 한다. 그리고 우리 모두는 생존을 위해 음식이 필요하다. 영적 문제는 기도와 예배의 경험, 교사로부터의 가르침, 또는 성경 읽기의 형태로 나타나는 영적 자양분을 섭취하는 데 아무런 시간을 들이지 않는 사람에게서 종종 나타난다. 또 다른 이들 가운데는 섬김과 활동에 너무 많은 에너지를 쏟아서 영적으로 고갈되고 텅 비게 되는 경우도 있다. 이것이 월터 트로비쉬가 썼던 "많이 베푸는 사람은 또한 많이 섭취해야 한다"는 영적 법칙이다. 받는 것 없이 계속적으로 베풀기만 한 사람은 결국 샘이 말라버릴 것이다.[45] 몇 년 전에 크고 영향력 있는 교회의 목사가 자신이 안식년을 가지려 한다고 회중들에게 알렸다. 마치 기름이 떨어져 연기만 내뿜는 자동차처럼, 자신이 "텅 비어가고 있었기" 때문이었다. 그의 삶에서 도덕적인 실패나 다른 문제는 없었지만, 영적으로 건강해져서 회중을 신실하게 이끌기 위해서는 원기 회복을 위한 시간이 필요하다는 것을 깨달았던 것이다. 교인들은 그에게 기립박수를 보냈고, 교회의 당회원들은 그의 휴가를 허락하였다. 그리고 그는 안식년 이후에 영적으로 베푸는 것과 받아들이는 것 사이의 건강한 균형 감각을 갖고 교회를 이끌기 위해 돌아왔다.

(c) 베풂의 부족 : 이것은 양육의 부족과는 반대되는 것이다. 너무 많이 먹는 사람은 살찌게 되고 곧 불편해지게 된다. 우리의 영적 생활에서도 비슷한 상태가 나타날 수 있다. 과식할 정도로 설교를 듣고, 성경공부를 하고, 경건 서적을 읽고, 기독교 프로그램을 듣고, 교회 활동을 하고, 그리고 피정을 다녀오고 하다보면 영적인 과식으로 팽만감을 느낄 수 있다. 기독교인은 모든 것을 빨아들이고 간직하는 스폰지처럼 되어서는 안 된다. 대신 우리는 다른 사람을 교육하고 축복하도록 하나님에 의해 쓰임 받는 그릇으로 부름 받았다. 기독교적 삶의 본질은 베풀고 나누어서 우리가 살찌지 않게 되는 것이다.

(d) 균형의 부족 : 3년의 사역 기간 동안 예수님은 균형 잡힌 삶을 살았다. 그분은 사역하였고, 개인들과 상호작용하였으며, 휴식을 취했고, 기도와 예배하는 데 시간을 보냈으며, 친구들과 함께 피로를 풀었다. 그분은 삶의 목적을 갖고 있었다. 일상생활에서 하나님의 도우심을 추구하였고, 영적으로, 신체적으로, 지성적으로, 그리고 사회적으로 자신을 돌보았다. 그분의 생애에서 특별한 압박감을 느끼고 예외적으로 피곤한 적도 있었지만, 아버지의 일을 하는 데 뒤처진 적은 없었다.

많은 현대인들은 이러한 균형이 부족하다. 그들은 언제나 무엇을 하고 있으며, 적절한 휴식이나 운동을 하지 않으며, 균형 잡힌 식사를 하지 않고, 너무나 바빠서(심지어는 주의 일을 하느라) 능률과 영적 생명력이 쇠잔된다. 이러한 이슈를 더욱 복잡하게 만드는 것은, 과잉 활동에 대해 보상하고 지지하는 사회에서 우리 중 많은 사람들이 과도한 분주함을 교만의 휘장처럼 착용하고 있다는 것이다. 압박이 심하고 균형이 불가능한 꿈처럼 보이는 인생의 계절을 맞이하는 것은 흔히 있는 일이다. 그러나 전체적으로, 균형 잡힌 삶은 계획하기와 훈련, 그리고 그리스도의 몸 안에 있는 어떤 사람도 너무나 중요해서 없어서는 안 되는 이는 없다는 사실을 자주 상기시켜 주는 것을 필요로 한다. 어떤 사람도 균형의 부족으로 말미암는 영적인 무녀짐과 신체적 붕괴를 면할 수 없다.

(e) 헌신의 부족 : 예수님은 그리스도의 진정한 제자가 되기 위해서는 십자가를 지고 자신을 따를 수 있어야 한다고 하였다. 이것은 진정한 기독교인의 성장이 예수 그리스도를 주인과 삶의 조정자로 모시는 헌신이 선행되어야 가능하다는 것을 보여준다. 헌신을 억제하는 것이라면 그 어떠한 것도 영적인 성숙에 방해가 된다.

몇 해 전에 나는 삶의 복잡함을 다루는 수백 명의 그리스도인들을 보고 관찰했던 교회 지도자 한 분의 글을 읽은 적이 있다. "어떤 사람들은 영적으로 번영했고, 다른 사람들은 버둥거렸다. 어떤 사람들은 영향을 끼쳤고, 다른 사람들은 아무런 영향을 미치지 못했다. 어떤 사람들은 그리스도 안에서 성장했고, 어떤 사람들은 영적으로 메마르고 쇠약해졌다. 어떤 사람들은 기뻐하며 격려했고, 다른 사람들은 불평하고 초조해했다. 어떤 사람들은 깊어지고 부드러웠고, 다른 사람들은 얕아지고 굳어졌다." 무엇이 이런 차이를 가져왔는가? 답은 간단하다. 곧 헌신이다! "예수 그리스도의 주권 아래에 단순하고 영적인 헌신을 하는 평범한 사람들은 세상에 비범한 영향을 미친다. 교육이나 은사나 능력은 차이를 만들지 않는다. 헌신만이 그렇게 할 수 있다."[46]

(f) 단순함의 결여 : 삶이 스트레스와 변화, 어려운 관계들 그리고 계속되는 분주함으로 복잡하다는 것은 모두가 아는 사실이다. 성공에 과도하게 집착하는 것과 소유를 위한 물질주의적인 추구는 우리를 욕심과 탐욕으로 밀어넣는다.[47] 어떤 영성 지도자들은 하나님은 개인들이 부유하게 되는 것을 원하시고, 영성과 물질적 축복은 함께 온다고 설교한다. 하지만 성경적 메시지는 다르다. 성경은 몰래 축적하는 것에 대해 경고하고, 가난한 사람들을 돌보기 위해 우리가 가진 것을 주는 것을 강조한다.[48] 리처드 포스터에 따르면, 구약은 "거의 예외 없이" 개인적이라기보다 공동체를 위한 물질적 축복을 약속했다. "파이 한 조각을 떼어내서, 혼자서만 그것을 즐긴다는 것은 생각도 할 수 없는 일이었다."[49]

탐욕이나 소유, 또는 더 많은 욕심에 의해 통제되는 삶은 영적으로 성장하는 삶이 아니다. "돈을 사랑함이 일만 악의 뿌리가 되나니 이것을 탐내는 자들은 미혹을 받아 믿음에서 떠나 많은 근심으로써 자기를 찔렀도다"라고 성경은 경고하고 있다.[50]

(g) 성령의 능력의 결여 : 성령님은 모든 기독교인의 삶 속에 살아 계신다. 그러나 사람들은 성령을 근심하게 하거나 소멸시킬 수 있다.[51] 이런 일이 일어날 때, 영적 무기력이 오는 것은 당연하다. 반대로 성령의 지배 아래 있을 때 우리 삶은 능력과 영적인 깨달음, 다른 사람들과의 연합, 사랑, 희락, 평화, 자기 절제와 다른 영적 열매들을 개발할 수 있다.[52] 이 모든 것들은 예수님에게 영광을 돌리도록 되어 있다.

(h) 영성 훈련의 결여 : 최근 몇 년 사이에 영성 훈련이라 알려져 있는 성장 유도 활동에 대한 관심이 꾸준히 높아지고 있다.[53] 이것들은 우리가 할 수 있는 것들로서, 우리를 하나님께 더 가까이 가게 할 수 있고, 더 큰 영적 성숙으로 이끌 수 있다. 훈련의 목록은 다를지라도 대부분의 저자들이 동의하는 핵심이 있다.[54] 그것을 세 개의 중복되는 그룹으로 나눠볼 수 있다.[55]

- 인지적 훈련은 우리가 생각하는 방식에 초점을 맞추는데, 묵상과 경청, 성경 읽기, 연구, 기도, 분별 등을 포함한다.
- 행동적 훈련은 활동에 초점을 맞추거나 일상적인 활동 패턴의 변화에 초점을 둔다. 이 훈련들은 단순한 삶과 검소함, 성적 금욕, 금식, 천천히 하기, 안식일을 지키는 것, 주기적으로 홀로 있는 것(독거), 침묵, 봉사 활동, 희생과 때로 고통을 포함하는 행동들과 삶의 방식을 말한다.
- 상호관계적 훈련은 관계적 문제를 다루며 다른 사람들 앞에서 행하는 것들이다. 여기에는 고백이나 회개, 용서, 순종, 겸손, 공동의 예배, 찬양, 공동체에 참여하는 것, 성찬(영성체나 마지막 만찬으로 알려진)에 참여하는 것, 복음 전도, 중보기도 등이다. 종종 이 훈련은 손대접이나 환대, 치유, 격려, 돌봄, 멘토링이나 인도(조언을 해주는 것) 등 다른 사람을 섬기는 형태로 표현된다.

훈련이라는 용어는 대부분 자연적으로 되는 것이 아니라 지탱되고 연마될 필요가 있다는 것을 의미한다. 영성 훈련은 점점 더 기독 상담 과정에 통합되고 있는 추세다.[56] 그러나 종종 훈련을 무시하는 것이나 일관성이 없는 실행은 영적 문제나 성장의 결핍을 야기할 수 있다.

(i) 공동체 생활의 부족 : 교회에 전혀 가지 않는 사람일지라도, 모든 기독교인은 다른 믿는 사람들, 중요하거나 은사를 받은 사람들, 그리스도를 사랑하는 사람들(물론 헌신의 정도는 다르겠지만), 그리고 다른 사람들을 알고 사랑하고 위해서 기도하고 돕고 격려하고 도전하고 권하고 가르치고 사역하기 위해 노력하는 사람들로 구성된 우주적 공동체 혹은 '몸'의 한 부분이다. 기독교인들이 스스로 성장하려고 하며, 개인적인 왕국을 건설하려 하거나, 기독교인의 지위의 사다리를 타고 오르기 위해 시도할 때, 그들은 하나님의 뜻에서 벗어난 것이다. 그는 우리를 몸 안에 두셨고, 우리가 다른 형제자매와의 상호관계를 저버리지 않으면서, 거기서 자라나기를 기대하신다.[57]

6. 우리가 경험하는 것

상담 교과서는 고통에 대해 거의 언급하지 않는다. 그리고 고통을 언급할 때라도, 강조점은 고통을 줄이거나 피할 수 있는 방법에 두고 있다. 고통으로부터 오게 되는 어떤 선한 것도 합리화나 왜곡된 사고로 일축하는 성향이 있다. 반대로 기독교인들은, 비록 고통이나 다른 인간적 비참함의 다른 형태들을 줄이기 위해 열심히 노력해야 하는 책임이 있지만, 때로 고통의 결과로 개인적이고 영적인 성장이 올 수 있다고 믿는다.[58]

여러 세기에 걸쳐, 기독교 작가들은 고통의 의미와 신비를 이해하기 위해 노력해왔다. 어떤 사람들은 충분한 믿음을 가진 사람이라면 인류 모두에게 닥치는 시험으로부터 자유할 수 있다고 주장한다. 이것은 성경적인 근거가 없는 매력적인 생각이다. 고통은 인내와 힘 그리고 영적 성장을 낳는다. 고통은 인간 현실에 근원을 둔 경험이다. 그것은 예수님의 경험이기도 했다. 우리는 고통이 아픔에도 불구하고, 기쁨과 찬양의 원인이 되어야 한다는 가르침을 받고 있다.[59] 우리가 고통에 대해 불평할 때, 우리는 믿는 사람들을 빚어가시는 하나님의 주된 방법 중 하나를 허물어버리는 것이다.[60]

7. 우리가 싸우는 것

우리가 이것을 의식적으로 자각하든 안 하든, 기독교인은 싸움에 동참하고 있다. 예수님은 사역을 시작할 때, 그리고 아마도 그 후에도 유혹을 받으셨다. 성경과 다른 곳에 언급된 믿음의 대가들은 악의 세력과 싸웠고, 오늘도 그 싸움은 계속되고 있다.[61] 이 계속되는 전쟁 속에서, 중립의 섬은 어디에도 없다. 우리는 악과 싸우든지, 악의 편에 서든지 하게 된다. 행동으로 싸우지는 않겠지만 적어도 태도에서 그렇다.

때때로 전투는 혼란과 의심, 성경적이지 않은 생각, 유혹과의 싸움, 명백한 이단 등이 문제가 되는 지성적 경기장에서 일어난다. 어떤 때는 신체적이거나 질병 또는 상처와의 싸움으로 나타난다. 때때로 갈등은 정신적인 실망과 분노, 걱정, 죄책감, 그리고 다른 내적 갈등을 중심으로 일어난다. 때때로 전투는 미온적으로 보이지만, 어떤 때는 공격이 더 극심한 성격을 보인다. 이것은 특별히 사람들이 피곤하거나 기분이 좋지 않을 때, 또는 정서적으로나 정신적으로 고갈되었을 때 그렇다. 가장 위험한 전투 시기 중 일부는 수련회와 같은 영적 재충전의 경험을 한 후에 오거나 사람들이 기쁜 소식이나 만족스러운 성공을 거둔 후에 따라온다. 이럴 때 우리는 방어벽을 낮추게 된다. 그러면 사탄의 세력이 우리의 영적 취약점을 이용하는 것이다. 우리는 성공의 정점에서 추락한 영적 리더들의 이야기를 많이 알고 있다.

상담자로서 상담이 영적 전투의 한 형태라는 생각을 해본 적이 있는가? 기독교 상담자들은 내담자가 관계를 회복하고, 해로운 생각이나 파괴적인 감정을 제거하고, 더 즐겁게 살고, 삶의 문제를 극복하도록 돕는다. 이 모든 활동은 마귀와 그 세력을 무너뜨리는 효과를 갖는다.

수세기 동안 기독교인들은 영적 전투가 귀신들의 간교하고 파괴적인 영향과의 싸움이라고 믿어왔다. 이 땅에서 사역하는 동안, 예수님은 사탄이 개인과 가족들의 삶 속에 상해나 혼돈, 정신병적인 증상과 심한 고통을 야기할 때, 그와 직접적으로 대면하였다. 사도행전과 서신서에는, 마귀의 일에 대한 강조가 덜한 것을 볼 수 있다. 그러나 중세에 귀신들림과 축귀는 일탈적이고 매우 이례적인 행동에 대한 중요한 치료 방법이었다.[62] 현대에 와서는 일부 기독교인들에 의해 사탄의 실재와 존재, 파괴적인 힘, 그리고 귀신들의 세력이 모두 지나간 미신으로 무시되거나 일축되고 있다.

C. S. 루이스는 독특한 지혜와 통찰로 『스크루테이프의 편지』를 집필하였다. 그는 책에서 이렇게 말하고 있다. "마귀에 대해서 우리 인류가 빠지는 두 가지 동등하고 반대되는 오류가 있다. 하나는 그들의 존재를 믿지 않는 것이다. 다른 하나는 믿는 것인데, 그들에 대해 과도하게 건강하지 않은 관심을 기울이는 것이다. 귀신들은 두 오류를 똑같이 기뻐한다."[63] 오늘날 여전히 귀신을 믿지 않는 사람들이 있다. 그러나 특별히 기독교인 중에서 많은 수의 사람들이 귀신들에 대하여 "과도하게 건강하지 않은 관심"을 갖고 있는 것처럼 보인다. 그 결과 많은 신자들이 혼란에 빠져 있고 유능한 상담으로부터 등을 돌리고 있다.

사탄의 힘과 영향력에는 한계가 있다는 것을 명심해야 한다. 성경은 영적 전쟁에 어떻게 대비하여야 하는지를 일러주고, 사탄의 계략에 맞서 싸우라고 경고하며, 우리 안에 있는 성령님이 사탄의 힘보다 더 크다는 것을 우리에게 확인시켜준다. 그리고 사탄은 영원히 내쫓긴 바 되리라고 선언하고 있다.[64] 동시에 전투는 계속되고, 어떤 사람들은 준비하지 않고, 위험을 경계하지 않았기 때문에 영적으로 허물어진다.

우리가 영적인 그리고 다른 문제들의 원인을 확인할 수 있을 때, 상담의 방향을 잡을 수 있다. 그러나 하나님의 길이 항상 인간들에게 이해가 되는 것은 아니다. 때때로 상담자와 내담자는 욥 옆에 나란히 서서, 놀라움에 고개를 흔들고, 왜 그런지 의아해하며, 우리의 생각과 다르고 우리의 길과 다른 주권자 되신 주님께 우리를 맡기고 순복해야 한다. 상담자인 우리는 문제 풀기를 좋아한다. 하나님이 허락하신 것을 받아들이는 것은 쉽지 않다. 그러나 때로 그것이 우리에게 가장 좋은, 가장 현실적인, 유일한 선택일 수 있다.

• **영적 문제의 영향**

때때로 문제의 원인과 결과를 분리하기가 쉽지 않다. 이 장에서 논의했던 영적 주제들은 각각 더 많은 영적 문제를 만드는 결과를 낳을 수 있다. 교만의 태도는 종종 더 많은 교만으로 이어질 수 있다. 죄는 더 많은 죄를 촉발한다. 율법주의는 더 많은 율법주의로 이어질 수 있다. 자기만족, 왜곡된 가치, 오해, 이기심, 신학적 오류, 성경적이지 않은 사고와 같은 이 모든 것은 기어오르는 포도덩굴과 같아서, 점점 크게 자라서 살아남으려 애쓰는 영적 생명을 고사시킬 수 있다. 이 영향들이 어떻게 우리에게 영향을 주는가?

1. 영적인 영향

탁월한 TV 사역이 사라짐에 따라, 지도자 중에 한 사람은 일어난 사태에 대해 이렇게 반추했다. "TV 카메라가 다른 어떠한 것보다 설교자를 빠르게 바꿀 수 있다." TV 연속물들이 대중적인 인기의 절정을 달리고 있을 때, "그 프로는 계속 진행되어야 하기 때문에, 기도나 가족을 위해 시간을 낼 여유가 없었다. 우리는 하나님의 일에 사로잡혀 있었기 때문에 하나님을 망각하고 있었다."[65]

이것은 저명한 위치에 있는 사람들에게만 국한된 현상이 아니다. 이 장의 서두에서 시사한 것처럼, 심지어 주목받지 못하는 기독교 사역에 참여하고 있을 때라도 개인의 영적 필요들이 충족되지 않거나, 드러나는 영적 문제들을 다루지 않고 방치하면 심각한 문제들이 발생할 수 있다. 거기에는 사탄에 대해 경계를 느슨하게 하는 것이나, 죄를 짓는 행동에 타협하고 빠져드는 것, 예배 또는 개인적 경건을 점점 소홀히 하는 성향, 성령의 이끄심과 통제에 점점 둔감해지는 것이 포함되어 있다. 이렇게 되면 아마도 위선과 거짓이 뒤따를 것이고, 영적인 순진함과 함께, 종교적 활동으로부터의 멀어짐, 지나치게 비판적인 태도들, 자기 의존적인 태도, 그리고 자신의 행동에 대한 정당화가 뒤따를 것이다. 성령의 열매(사랑, 기쁨, 평화, 인내, 친절, 선함, 신실함, 온유함 그리고 자기 절제)는 점점 덜 경험될 것이고, 다른 사람들에게 나타나는 횟수도 감소할 것이다.

이러한 영적인 영향들은 즉각적으로 나타나지 않을 수도 있다. 영적으로 메말라 있거나 죽어가는 이들은 좋은 연기자이기도 하다. 특히 그들이 신앙 세계에서 통용되는 신학적인 용어들을 알고 사용한다면 더욱 그렇다. 심지어 하나님의 영광이 사라지는 것을 직면한 모세는 베일로 그의 얼굴을 가렸다.[66] 그래서 이스라엘 사람들은 영적인 영광이 사라지는 것을 볼 수 없었다. 많은 사람들이 오늘날 이와 비슷하게 행하고 있다. 그들은 사라져가는 영적인 것을 상투적인 표현 또는 경건한 모양 뒤에, 종종 위선적이고, 다른 이들이 주목하지 못하는 행동으로 숨기려 노력한다. 진정한 변화는 오직 주께로 돌아서야 일어날 수 있다. 그래서 베일은 벗겨져야 하고 그들은 더 순수하게 그리스도와 같이 변화되어야 한다.[67]

2. 신체적 영향

심리적 긴장과 갈등들이 신체적으로 영향을 미친다는 것은 잘 알려져 있지만, 영적인 원인으로 인해 생기는 병이나 죽음도 있을 수 있는가?[68] 모든 질병들이 환자의 생활 속에 있는 죄에서 기인하는 것은 아니지만,[69] 때때로 죄가 병을 유발하기도 한다. 기쁜 소식은 긍정적인 영적 경험이 건강의 향상을 가져오고 아픈 사람의 회복을 가속화할 수 있다는 것이다.[70]

3. 심리적 영향

영적인 갈등과 약화되는 영적 생명력은 죄책감과 자기 정죄, 실망, 무기력, 두려움, 방어적 태도, 쓴 뿌리, 지나친 비판, 분노, 왜곡된 가치관으로 이어질 수 있다.

4. 사회적 영향

기독교인의 연합과 화합은 아름다운 경험이다. 그러나 기독교인의 갈등은 아주 사악할 수 있다. 사도 바울은 영적 성숙을 논하면서, 질투와 영적 분쟁이라는 사회적으로 중요한 두 가지 문제를 언급했다. 영적으로 자랄 때 사람들 사이의 장벽들은 허물어진다.[71] 영적인 문제가 있으면, 그 첫 번째 사인으로 비난,

냉소, 그리고 질투와 싸움이라는 문제가 나타나게 된다.

5. 행동의 영향

기독교의 메시지는 사람을 변화시키려는 의도를 지니고 있다. 변화된 사람은 세상을 변화시키고 다른 이들에게 영향을 미친다. 로마 감옥에 갇혔던 바울은 잠시 복음을 자유롭게 전하는 사람들에 관해 썼다. 그러나 이들의 동기는 이기적 야망에 의한 것이었고 분란을 촉발하는 것이었다.[72] 사람 안에 영적으로 어떤 일이 일어나든, 그의 영성은 주변 사람들에게 조만간에 나타나게 마련이다. 진실된 제자의 삶은 그리스도를 닮은 특성을 반영하고, 다른 사람을 돌보고 기독교인을 세워주게 된다. 인간의 동기와 야망에 삶의 우선권을 내줬을 때, 영적 둔감함과 왜곡된 가치관, 영적인 메마름의 증거가 나타나게 된다.

• 상담과 영적인 문제들

영성에 대한 관심이 확산되면서, 이와 관련된 주제들에 대한 관심도 증가하고 있음을 보게 된다. 예를 들어 영성 지도, 경건 훈련, 영성 훈련, 영적 중재, 영적 싸움, 영적인 여행, 그리고 영적으로 민감한 심리 치료, 영혼 돌봄, 목회적 돌봄, 목회 상담, 그리고 기독교 상담과 같은 주제에 대한 관심이 늘어나고 있다.[73] 심리학과 신학의 학술지 중의 한 호는 책 전체를 통해 '기독교 영성의 지류'라는 내용을 다뤘는데 그 지류에는 동방정교, 로마 가톨릭, 성공회, 개혁 교단, 웨슬리교, 오순절/은사주의가 있고, 그리고 여타 지류를 더한다면, 근본주의와 기타 주류를 이루는 복음주의 전통이 있다.[74] 이러한 여러 접근들의 다양성을 인식하는 것은 흥미진진한 일이다. 그러나 이렇게 엉켜 있는 모든 것을 푸는 것은 이 책의 범위를 넘는 것이다. 다음 문단들은 보다 전통적인 상담과 이와 관련되어 있는 영성 지도에 초점을 맞추게 될 것이다.

어떤 상담의 과정이든지 시작하는 단계에서, 내담자의 문제의 성격에 따라 상담이 좌우된다는 것을 상기하는 것이 도움이 될 것이다. 만약 개인이 신학적인 질문들을 제기한다면, 상담은 의도적으로 죄에 참여하고 있는 반항적이고 회개할 마음이 없는 개인에게 해주는 상담과는 다른 성격을 지니게 될 것이다. 만약 내담자가 궁극적으로 영적으로 공허감을 느끼는 사람이라면, 상담자는 하나님에 대해 화가 나 있는 이들을 대하는 것과는 완전히 다른 접근을 취해야 한다. 다른 형태의 상담과 마찬가지로 영적 돌봄 제공자는 주의 깊게 들어야 하고, 수용과 공감을 보여야 하며, 진정한 문제의 성격과 원인을 측정하여야 한다. 어느 경우에나 영적인 문제를 지닌 사람을 상담하는 것은 적어도 아래와 같은 것을 포함하고 있다고 할 수 있다.

1. 기도

상담을 하기 전 후 그리고 상담중에, 기독교 상담자는 신적인 인도를 구해야 한다. 다른 형태의 도움과 다르게, 영적 상담은 사탄적 세력과의 갈등에 참여하는 것이다. 이것이 기독교 상담가가 특별한 힘과 지혜 그리고 방향을 위해 기도해야 하는 이유이다. 어떤 때는 상담자가 내담자와 직접 기도하는 것을 선택할 수도 있다. 이때 상담자는 내담자의 허락을 얻는 것이 중요하다. 왜냐하면 어떤 사람은 상담 회기에 기도하는 것을 어색하게 느끼거나 저항감을 느낄 수도 있기 때문이다. 뿐만 아니라 모든 기도가 좋은 것이 아니라는 것을 기억할 필요가 있다. 예수님은 내용 없이 과시하기 위해서 반복적으로 되풀이하는 기도를 비판하였다. 기도는 기도한 다음에 아무것도 하지 않는다면, 현실과 책임을 회피하려는 것이 될 수도 있다.[75] 그래도 상담자는 각 내담자에 대해 혼자 기도하는 시간을 가져야 할 것이다.

기도가 도움을 구하러 온 이들에게 심리적인 영향을 미치는가? 대답은 분명히 "그렇다"이다. 다양한 조사들은 미국인들 10명 중 9명은 하나님을 믿는다고 답하고 있고, 대부분은 적어도 가끔 기도한다고 말하고 있으며, 90%가 넘는 이들이 하나님이 기도에 응답하신다고 답하고 있다. 그러나 이는 나라마다 다를 수 있다. 그리고 질문이 어떠한 문구로 이뤄졌는가에 따라 다르게 응답이 나올 수도 있다. 그러나 많은 수의 미국인들은 하나님을 "전능하시고, 모든 것을 아시는, 우주의 완전한 창조주이신 분이 오늘날 세계를 다스리고 있다"고 기술해도, 하나님에 대한 믿음에 동의하고 있다.[76] 여러 연구 조사가, 대부분의 세속적인 상담가들과는 다르게, 많은 내담자들이 기도의 힘을 믿고, 기도의 결과로 심리적인 안녕을 경험하고, 불안과 기타 증상이 감소하는 것을 경험하고 있음을 보여주고 있다. 비록 연구자들이 영성을 측정하거나 기도의 의미를 정의하는 데는 어려움이 있겠지만, 기도가 내담자들의 영성을 증진시키고 심리치료의 효과에 기여한다는 실험적인 증거는 많다.[77]

2. 모델링

사람들은 다른 사람을 흉내 내고 따른다. 이것은 초기 사회 학습이론의 기본이고 신약성경에 분명하게 나타나는 원리이기도 하다. 예수님은 제자들의 본보기였다. 바울은 "내가 그리스도를 본받는 자가 된 것 같이 너희는 나를 본받는 자가 되라"고 훈계하였다. 그리고 베드로는 교회 지도자들이 양무리의 본이 되어야 한다고 강권하였다.[78] 기독교 상담가들을 포함하여 기독교인들은 삶의 본보기다. 그리스도를 본받으려 노력하지 않거나 기독교인으로 성장하려 하지 않는 상담자는 영적인 상담에서, 적어도 기독교적 영성 상담에서는 효과적이지 않을 것이 분명하다. 효과적인 모델이 될 수 없기 때문이다. 영적인 문제들을 지닌 이들을 효과적으로 도우려는 상담가는 내담자가 따르게 될 (그리고 반응을 보이기도 할) 모델이라는 것을 인식해야 한다.

3. 권면하기

이 단어는 종종 다른 사람들에게 행동을 취하거나 변화하도록 강권하거나, 요구하며, 밀어부치며, 또는 압박을 가하는 것을 암시하고 있다. 그러나 성경에서 사용될 때는 덜 요구적인 음조를 띠며, 변화하라고 인도하거나 격려하며 권하는 것에 더 가깝다. 권면은 도와주기 위해 옆으로 다가가는 하나님이 주신 능력을 포함하고, 영적으로 연약한 사람들에게 힘을 주고, 믿음이 흔들리는 것에 확신을 갖게 하고, 환경의 역경에 직면한 이들을 지원하고, 그리고 확신이나 안전이 부족한 이들에게 용기를 주는 것을 포함하고 있다. 때때로 돕는 이는 죄를 지적하고, 내담자의 생각 또는 결론들에 도전하고, 내담자가 변화될 수 있도록 격려하고, 결정하는 과정을 도와주고, 새로운 행동을 시도하고 평가할 때 지원을 아끼지 않아야 한다.

4. 가르치기

상담을 처음 시작하는 사람은(상담에 좀 더 경험이 있는 사람들도) 사람들에게 무엇을 하라고 말하는 충고자가 되는 성향이 있다. 종종 즉각적인 대답을 주려는 것은 상담자 자신의 불안을 해소하고 내담자의 고통을 해소시키려는 상담자의 조급한 마음을 반영하는 것이다. 비록 충고를 해주는 사람이 필요한 도움을 주었다고 스스로 착각한다 할지라도, 사람들이 충고의 결과로 변화한다는 증거는 별로 없다.

영적 성장과 상담은 영혼 돌봄의 느린 과정일 수 있다. 이는 지혜로운 인도자의 온유한 가르침에 따라 어려움과 영적 어두움의 시기를 통과하는 여정이기 때문이다. 영적 상담은 안내와 가르침의 과정으로, 모델링과, 정보를 제공하고, 질문에 대답해주고, 생각을 자극하고, 오류를 지적하고, 때때로 함께 토론할 주제를 제안하는 것이 포함된다. 가르침에는 다음의 주제를 비롯해 몇 가지 주제가 포함될 수 있겠다.

(a) 하나님을 알고 사랑하는 것 : 혼돈과 영적인 문제들은 종종 하나님에 대해 왜곡되거나 불완전한 관점을 가진 사람들에게 찾아온다. 하나님의 긍휼함과 자비를 알지 못하고 그분의 진노만 아는 것은 사람을 두려움과 죄책감으로 몰아넣을 수 있다. 그리고 그분의 거룩함과 정의가 없이 긍휼과 사랑만을 강조하는 것은 사람을 거짓된 안전감으로 유도할 수 있고 영적인 문제와 책임에 대해 무감각하게 만들 수도 있다.

하나님은 우리가 당신에 관해 알기를 원하신다.[79] 비록 이것이 이 세상에서는 완전하게 성취할 수 없는 것임에도 불구하고, 하나님은 우리가 그분을 알기 원하신다. 우리는 성경에 계시된 그분의 말씀을 이해하려 애씀으로써, 그리고 성령의 인도함을 통해 또한 그의 성품에 관해 생각함으로, 그분의 하나님 되심에 감사함으로, 그의 명령에 순종함으로, 예배에 참여함으로, 그리고 교회에 봉사함으로 하나님을 더욱 깊이 알 수 있다. 이러한 방법들 속에서 그분을 더 알게 되면, 우리는 스트레스의 시간에도 더 확신을 가질 수 있다.

영적인 상담자는 강의를 하거나 읽을 책을 지정해줌으로써 하나님에 대해서 가르치지 않는다. 내담자에게 더 효과적인 것은 상담자의 생활양식과 가치들, 대화, 태도들 그리고 하나님이나 성경에 대한 주기적인 언급들 안에서 하나님을 보는 것이다. 상담자들이 우리가 하나님을 아는 지식과 영적 걸음 속에서 계속 자라지 않는다면 다른 이들에게 하나님을 가르칠 수 없다. 내담자들이 하나님을 알도록 돕는 것은 (완벽하지는 않지만) 상담이나 심리치료에 대한 어떤 책의 가르침을 훨씬 능가하는 이해와 영적 깊이를 요구한다.

(b) 기독교적인 사랑 : 미국심리학회의 전 회장은 고린도전서 13장에 묘사된 주고 희생하는, 그리스도의 무조건적인 사랑이 "비교할 수 없이 가장 위대한 정신 치료적 동인으로서 전문적 정신 의학이 스스로 창조하고, 집중하고 혹은 유포할 수 없는 어떤 것"이라고 써서 많은 동료들을 놀라게 했다.[80] 사랑은 그의 아들을 지상으로 보내서 우리가 개인적으로 우주의 주인과 알게 되도록 이끄는 하나님의 속성이다.[81] 내담자들은 하나님의 사랑에 대해서 들을 필요가 있다. 하나님으로부터 흘러나온 이 사랑이 헌신적 상담자(그리고 다른 기독교인들)를 통해, 사랑받지 못하고, 수용되지 못하고, 죄책감, 혼란 그리고 영적 궁핍을 느끼는 내담자들의 삶 속으로 흘러들어갈 때, 이를 경험하고 관찰할 필요가 있다.

(c) 죄와 용서 : 많은 상담자들과 달리, 성경은 결코 죄라는 주제를 피하거나 그것의 편만함과 파괴력을 깎아내리지 않는다.[82] 하나님은 죄를 증오하고 결국 회개하지 않는 죄인들을 벌하신다. 그러나 그는 또한 피할 길을 마련하셨다. 하나님의 아들 예수 그리스도가 우리의 죄의 대가를 지불하기 위해 죽으셨다. 그러므로 죄를 지었을 때 우리는 완전하게 용서받을 수 있다. "만일 우리가 우리 죄를 자백하면 그는

미쁘시고 의로우사 우리 죄를 사하시며 우리를 모든 불의에서 깨끗하게 하실 것이요." 성경의 권위에 회의적인 사람들은 이 결론을 받아들이지 않을 수도 있다. 그러나 받아들이는 사람에게는 용서로 인한 자유가 주어진다. 하나님은 희생이나 고행을 원하지 않는다. 그분은 고백과 변화하려는 의지를 원한다. 우리의 고백을 들었을 때, 그분은 용서하고 완전하게 잊는다.[83]

성경은 또한 용서의 과정 안에서 다른 사람들의 중요성을 인식한다. 우리는 우리들의 죄를 서로에게 고백하도록 가르침을 받고 있다.[84] 이것은 신적인 용서를 얻는 것은 아니지만 (왜냐하면 하나님은 우리가 직접 그에게 고백했을 때 용서하시기 때문이다.) 그럼에도 불구하고 다른 이들에게 고백하는 것은 치료적일 수 있다. 자주 그것은 다른 이들에게 역으로 용서하는 것을 독려한다. 그리고 때로 하나님과 다른 사람으로부터의 용서는 내담자가 그들 자신을 용서하는 것을 가능케 한다.

상담자는 죄와 용서에 대한 이 성경적 진리를 나눌 기회를 찾아야 한다. 때로 내담자들에게 그들의 죄를 직면하도록 하고, 고백과 용서 그리고 변화의 중요성을 지적해주는 것이 필요할 것이다. 이것이 호된 정죄의 방식으로 이루어질 때, 상담자는 자기의나 우월함을 보여줄 수 있지만, 내담자는 위축되고 위협당한 듯 느낄 것이다. 예수님은 때로 죄를 호되게 지적하신 것처럼 보이지만, 더 자주 판단하지 않는 태도를 보여주셨다. 그 누구도 직접 용서하고 수용하는 태도는 보이지 않으면서, 용서에 대해 말할 수는 없는 것이다.

우리가 이전의 장들에서 봤듯이, 용서의 치료적 가치는 심리학계에서 점점 더 높이 받아들여지고 있다. 비록 용서에 대한 심리학적 관점이 성경적이고 신학적인 차원을 인정하지 않기 때문에 완전하다고 할 수는 없지만, 타인들을 용서하고 용서를 받아들이는 것은 모두에게 강력한 혜택을 가져다줄 수 있다.[85]

(d) 성령의 통제 : 기독교 상담자들은 상담에서 성령의 역할을 절대 과소평가해서는 안 된다. 자주 그분은 상담자들에게 분별과 지혜를 주고, 우리의 훈련과 경험을 보완해서 우리가 상담하는 역할에서 더 효과적이게 한다. 성령이 상담자들 안에서 그리고 상담자들을 통해서 일할 때, 성령은 또한 내담자의 삶 속에서 일하고, 치유를 가져오며, 죄를 식별하게 하며, 용서에 대해 가르치며, 우리를 그리스도에게 향하게 한다.

에베소서 5장 18절은, 기독교인들에게 성령의 충만함을 받고 그의 지배를 받으라고 명령한다. 이것은 다음을 포함하는 과정이다.

- 자기-점검(사도행전 20:28; 고린도전서 1:28).
- 모든 아는 죄를 고백함(요한일서 1:9).
- 하나님에 대한 완전하고 자발적인 복종(로마서 6:11-13).
- 기도 안에서 성령의 채우심을 구함(누가복음 1:13).
- 우리가 성령으로 채워졌다는 것을 믿고, 이것에 대해 하나님께 감사함(데살로니가전서 5:18).

성령의 충만함은 일생에 한 번 있는 사건이 아니다. 그것은 고백을 통해 죄를 내뱉고 성령 충만을 들이마시는 매일의 과정이다. 이 반복되는 채움이 항상 감정적 고조 혹은 황홀한 경험을 수반하지는 않는다 (이것들이 종종 오기는 하지만). 그러나 성령 충만은 기쁨에 찬 감사와 상호복종, 그리고 사랑과 화평, 오래 참

음, 자기 절제, 그리고 성령의 다른 열매들의 발달로 이끌어준다.[86]

이 장에서 논의된 많은 영적인 문제들은 신자들이 문제들을 자기 힘으로 해결하고 성장하려고 시도하기 때문에 발생하고 지속된다. 상담자들과 내담자들에게 영적 도전들과 인생의 다른 문제들을 극복하도록 가르치고 힘을 주고 능력을 주는 이는 성령이시다.

(e) 제자도 : 지상 명령에서 예수님은 신자들에게 복음 전도와 기독교 교육을 포함하는 과정으로, 제자를 삼으라고 교훈하셨다.[87] 때로 상담자는 복음을 전하고, 복음의 좋은 소식을 나누기 원할 것이다. 그러나 전도는 내담자가 도움을 요청한 목적을 존중하는 가운데 극히 조심스럽게 이뤄져만 한다. 이런 가르침을 거부하거나 다른 이슈들에 집중하고 싶은 내담자들에게 종교적 가르침을 강요하는 것은 상담자 윤리에 어긋나는 것이다. 상담자와 내담자는 성경공부, 기도, 하나님에 대한 신뢰, 신앙생활에서의 훈련, 묵상, 절제 그리고 다른 이들에게 손을 뻗치는 것의 의미와 중요성을 거론할 수 있다. 그러나 대개 이것은 상담의 주요한 목적이 아니다. 이 이슈들을 고집하는 둔한 상담자들은 내담자들에게 특히 그들이 연약하거나 종교를 받아들일 준비가 되지 않았을 때 해를 가져올 수 있다. 허락 없이 이 일을 하는 것은 상담자들이 살며 일하는 지역에 따라 법적인 문제를 일으킬 수도 있다.

심지어 종교에 대해 수용적인 환경, 즉 종교적인 환경에서도 좋은 의도를 가졌지만 둔감한 상담자들은 복음을 제시하는 것에 너무 성급하거나 혹은 내담자들에게 그리스도에 대해 헌신하기를 강권할 수 있다. 그들이 일하는 곳 어디에서든 기독교 상담자들은 그들의 모든 내담자들이 그리스도에게 나오고 영적으로 성장하는 것을 보기를 희망할 것이다. 그러나 진정한 영적 성장은 느리고, 성령의 인도함을 받아야 하는 것이다. 너무 급작스럽게, 너무 일찍, 그리고 너무 열정적으로 재촉한다면 정서적으로 해로울 수 있다. 성령의 인도를 구하는 것은 모든 기독교 상담자들에게 지속적인 목표가 되어야만 한다. 성령의 인도에 민감한 효과적인 상담자는 사람들에게 죄를 깨닫게 하고 그들에게 회개와 제자로서의 성장을 경험하게 하는 것이 성령(그의 타이밍과 그의 방법으로)이라는 것을 알고 영적인 문제들에 대한 토론을 부드럽게 유도한다. 영적인 이슈들에 대해 상담하는 상담자들은 이 과정에서 그들 자신이 신적인 도구가 되도록 순응해야 한다.

(f) 순복 : 지금까지 우리 논의의 대부분은 내담자가 자신의 삶과 문제를 그리스도에게 양도할 것이라는 것을 암시하고 있다. 순복한다는 것은 하나님께서 모든 것을 해결해주시기를 수동적으로 기다림을 의미하지 않는다. 순복은 자신의 뜻을 하나님의 통제하심에 적극적으로 이양하는 것이다. 사람들에게 순복하라고 가르치는 것은 다른 상담 방법과 긴밀하게 연관되어 있다. 순복은 영적인 문제들을 다루는 데 있어서 추가적인 혜택을 가져다준다.[88]

(g) 균형 : 영적 문제를 가진 내담자들은 균형 잡힌 식사, 휴식을 취하는 것, 그리고 오락과 운동을 위해 시간을 내는 것과 같은 영적이지 않은 일들의 중요성을 유념해야 한다. 내담자들은 율법주의와 자만을 피하는 생활양식을 개발하도록 도움을 받을 필요가 있다. 뿐만 아니라 내담자는 교만과 쓴 뿌리를 다루고, 가치와 목표, 그리고 우선순위를 재평가하고, 신학적 오해들을 제거하며, 영적 영양실조와 영양과잉이라는 두 가지 문제들로부터 자유로운 균형 잡힌 생활양식을 개발하도록 도움을 받을 수 있다.

(h) 몸 : 우리가 강조했듯이, 기독교는 자기 혼자서 자력으로 믿는 종교가 아니다. 하나님은 우리를 사회적 피조물로 만들었고 인간이 독처하는 것은 좋지 않다고 선언했다.[89] 기독교인은 교회, 즉 몸의 한 지체로 묘사되고 있다. 우리 각각은 특별하게 주어진 능력과 은사가 있는데, 하나님은 우리가 이를 개발하

여 서로 섬기고 돌아보는 데 사용하기를 기대하신다.[90] 그리고 은사를 활용하여 교회에 덕을 세움으로 예수 그리스도께 찬양을 돌리기를 기대하신다.[91]

기독교 상담은 그리스도의 몸인 교회와 연결되어 지지와 격려를 받지 않으면 그 효과가 약화될 수 있다. 성경은 기독교인들이 서로 돕고 서로의 짐을 지라고 가르치고 있다. 내담자들이 이 수용과 지지를 경험할 때, 자신의 영적인 문제 및 다른 문제들을 다루는 데도 상담자들과 더 잘 작업할 수 있을 것이다. 모든 내담자들이 규칙적으로 상담에 오고, 소그룹에 참여하고 정기적으로 예배에 참석하리라 기대하는 것은 무리다. 그러나 이것은 교회의 지지적인 분위기 아래 상담을 뿌리내릴 수 있는 좋은 수단이 될 것이다.

5. 영성 지도

다양한 개신교 전통 속에 있는 기독교인들에게는 영성 지도가 생소한 것처럼 보일 수 있다. 이것은 영성에 대한 고대적 접근으로서, 4세기에서 7세기에 걸쳐 이집트와 시리아, 그리고 팔레스타인 사막에 살던 수도사들과 수녀들에게서 그 뿌리를 찾을 수 있다. 그들의 영성 지도 방법은 베네딕트회와 카르멜회 같은 종교 단체들에 의해 중세에 더 발전되고 계승되었다. 후에 영성 지도는 16세기 스페인에 큰 영향을 미쳤으며 그리고 더 최근에는 가톨릭, 성공회 그리고 정교회 전통들에서 실천되어왔다. 영성 지도에 관한 개신교의 관심과 참여는 20세기에 발달한 것으로 최근에는 복음주의자들과 기독교 상담자들의 관심사가 되고 있다.

영성 지도와 같이 풍부하고 복합적인 것을 몇 개의 단락으로 요약하는 것은 어려운 일이다. 영성 지도는 다양한 형태를 취한다. 그리고 그것을 목회적 돌봄, 심리 치료, 그리고 돌봄 제공의 다른 형태들과 연관시키는 방법에 대한 토론이 계속되고 있다.[92] 영성 지도의 주요한 목표는 영성 지도를 받는 사람이 하나님과 더 성숙한 관계로 나아가도록 촉진하는 것이다. 이 운동의 복음주의적 지도자인 데이비드 베너(David Benner)에 의하면, "영성 지도란 하나님과의 깊은 인격적 관계를 개발하는 일에 도움을 받고자 하는 사람이 다른 사람을 만나, 삶의 경험 속에서 하나님을 인식하는 것과 하나님의 뜻에 자신을 의탁하는 것에 초점을 두고 함께 기도하고 대화하는 기도의 과정이다."[93]

상담과는 달리, 영성 지도는 문제 해결이나 증상을 줄이기 위해 존재하지 않는다. 상담자와 내담자를 엮어주는 것 같은 지도자와 피지도자 간의 치료적 관계를 설정하는 데도 관심을 가지지 않는다. 대신에 영성 지도자는 피지도자가 하나님께 더 가까이 가도록 돕는 데 더 관심을 가지며, 동시에 지도자 또한 그 과정 속에서 하나님께 가까이하면서 서로를 돕는다.

예상된 바와 같이, 영성 지도자는 다양한 기법을 사용하는데, 거기에는 다양한 형식의 기도, 자기 인식의 추구, 인격적이며 영적인 성장에 내재되어 있는 아픔과 고통 속으로 들어가려는 의지, 자기만족과 관계에 대한 지나친 집착에서 벗어나고자 하는 헌신, 그리고 자기 이웃을 더 사랑하는 법을 배우는 것이 포함되어 있다.[94] 영성 지도자가 되기 위해서 표준화된 프로그램이나 요구되는 자격 요건 같은 것은 없지만, 거의 모든 영성 지도자들은 피지도자로서 훈련을 받은 적이 있으며 하나님께 더 가까이 가려는 과정에 헌신되어 있다. 상담자에게 영성 지도가 무엇인지를 알고 이에 대해 더 배우는 것은 가치 있는 일이지만, 그 과정에 본인이 직접 참여하지 않고는 상담 과정에 영성 지도를 유능하게 도입할 가능성은 없다.

이 이슈에서 벗어나기 전에, 기독교 상담자들 사이에서 주의를 끌고 있는 다른 개념인, 영성 형성에 대해 간단하게 언급하는 것이 도움이 될 것이다.

정신의학자 제럴드 G. 메이는 이렇게 썼다. "영성 형성(Spiritual Formation)은 영적 성장의 촉진과 신앙의 심화를 위해 의도된 모든 시도들과 방법들, 교훈들, 그리고 훈련들을 가리키는 보다 일반적인 용어이다. 이것은 영성 지도의 보다 친밀하고 심층적인 과정과 더불어 교육적인 노력을 포함한다."[95] 영성 형성은 영적 활동 속에 사람들을 훈련하는 것(신학생 훈련을 포함해서), 영성 훈련의 실제를 가르치는 것, 그리고 성령과 하나님의 말씀이 사람들을 영적으로 변화하도록 허용하는 것을 포함한다.[96] 영성 형성(경건훈련)이 영성 지도와 어떻게 연관되는지, 그리고 기독교 상담자들이 이 둘 중 하나를 사용하여 어떻게 내담자들을 도와줄 수 있는지를 아는 것은 어려울 수 있다.[97]

6. 영적 전쟁

C. S. 루이스의 말을 다른 말로 표현하자면, 기독교 상담자들이 마귀의 문제를 고려했을 때 빠질 수 있는 두 개의 동등하면서도 상반되는 오류가 있다. 하나는 모든 문제가 심리학적 기원을 가지는 것으로, 심리학적으로 가장 잘 치료할 수 있으며, 축사, 엑소시즘(축귀), 또는 마귀와의 대결이 필요없다고 가정하는 것이다. 또 다른 하나는 사탄과 그의 마귀적인 세력이 모든 문제의 발생 원인이며, 심리학적 접근은 궁극적으로 아무런 효력이 없고, 축귀나 사탄의 세력을 꾸짖는 것이 변화를 일으키는 가장 유용한 방법(어떤 교회에서는 유일한 방법으로 간주함)이라고 가정하는 것이다. 아마 루이스는 마귀의 세력이 이 양극단의 입장에 똑같이 기뻐할 것이라고 결론을 내릴 것이다.

기독교인들이 영적 전투중에 있다는 것과 우리들 각자가 자신의 삶과 내담자들의 삶에서 사탄의 영향에 항상 경계를 늦추어서는 안된다는 것은 기독교 신앙에서 기본적 진리에 속하는 것이다. 에베소서 6장은 기독교인은 혈과 육으로 된 사람들을 상대로 싸우는 것이 아니라, 보이지 않는 세계의 악한 통치자와 주관자들에 대하여, 이 세상의 어두움의 주관자들과 하늘에 있는 악의 영들을 상대하여 싸우고 있다고 경고한다.[98] 성경은 결코 우리가 사탄과의 극적인 대결과 드라마틱한 축귀로 이러한 세력들과 싸워야 한다고 말한 적이 없다. 오히려 성경은 우리에게 "주 안에서 그 힘의 능력으로 강건하여지고, 마귀의 간계를 능히 대적하기 위하여 하나님의 전신갑주를 입으라"고 권면하고 있다.[99] 기독교인이 겸손함으로 하나님께 가까이 나아가고 마귀를 대적하게 되면, 마귀는 극적인 대결이 없이도 도망칠 것이다.[100] 우리는 우리 자신의 힘으로 맞서려고 하지 말고, 그리스도의 강력한 능력에 의지하여 믿음 위에 굳게 서서 마귀를 대적해야 할 것이다.

사탄의 영향력은 마태복음 4장 1-11절에서 볼 수 있는 것처럼 시험받는 것에서부터, 완전히 귀신의 지배를 받는 것까지 다양하게 나타난다.[101] 시험과 유혹은 간단한 기도로 저지될 수 있지만, 축귀가 필요한 경우도 있다. 축귀는 악한 세력에 의해 지배를 받고 있는 것으로 보이는 사람들을 상대로 귀신을 다루는 의식이다. 축사는 삶의 어떤 영역에서 나타나는 마귀적 영향력으로부터 자유하기를 간절히 원하는 사람들에게 사용하는 보다 간단한 형태의 축귀다. 축사에서는 귀신의 세력을 예수 그리스도의 이름으로 대적하며 떠나라고 명한다. 기도나 축사나 축귀 이 각각의 활동에서, 그 결과로 오는 변화가 성령의 충만함과 영성 훈련으로 이어지지 않는다면 잠정적인 것으로 그칠 가능성이 높다.

기독교 상담자는 이런 형태의 영적 전쟁에 참여해야 하는가? 한 가지 분명한 것은 내담자를 위해 사적으로 기도해주는 것과 때때로 그와 함께 기도하는 것은 적절하다. 그러나 상담자들이 축사를 포함하는 영적 전쟁에 참여해야 하는지 여부는 논란이 되고 있다. 그것은 생리적 및 심리학적인 원인에 의한 정신병리와 귀신 작용의 직접적 결과로 인한 비정상 행동을 구분하기가 쉽지 않기 때문이다. 그리고 의학적 치료와 심리 치료의 필요성과 직접적 영적 전쟁의 필요성을 구분하는 것도 쉬운 일이 아니다.[102] 최근 몇 년 동안에 특별히 젊은이들 사이에 오컬트(초자연적인 현상)에 대한 관심이 증가하고 있는 것처럼 보인다. 또한 강신술과 동양적 신비주의, 점, 주술, 귀신에 초점을 맞춘 게임, 그리고 심지어 사탄숭배에도 새로운 관심과 참여가 늘어나고 있는 것 같다. 많은 전문 상담자와 신학자들은 이런 종류의 참여가 위험하다는 데 동의하고 있다. 이런 것은 때때로 개인을 악한 영에 노출시켜서 정신병리의 증상을 닮거나 능가하는 행동으로 유도할 수도 있기 때문이다. 이러한 영적 세력들은 전통적인 상담 방법으로 제어할 수 없다.

그러므로 경우에 따라서, 상담자는 상담이 내담자의 삶에 있는 강한 사탄의 영향 때문에 효과적이지 않다고 결론짓기도 할 것이다. 하지만 이러한 결론이 당신 자신의 능력이나 기술의 부족 또는 내담자의 비협조 등에 의한 결과를 은폐하거나 해명하는 수단으로 사용되지 않도록 조심해야 한다. 유능한 사람들과 의논한 후 귀신적인 관련이 있을 수 있다고 결정한다면, 축귀를 고려하는 것이 현명할 수 있다. 축귀의 방법들은 다양하고 그 사람의 신학에 따라 좌우될 수 있지만, 모든 경우에 축귀는 귀신의 세력들이 그 개인을 떠나서 다시 돌아오지 말라는 예수 그리스도 이름으로 명령하는 것을 포함한다. 이 방식으로 귀신적 세력을 다루는 것은 다른 믿는 이들의 참석하에, 영적으로 성숙한 사람에 의해,[103] 그리고 교회가 "영 분별의 은사"가 있다고 인정하는 사람들에 의해서만 신중하고 조심스럽게 행해져야 한다.[104] 이 방향으로 진행할 때, 상담자들은 (그리스도에 대한 전문가가 되기 보다는) 귀신에 대한 전문가가 될 정도로 귀신의 세계에 깊이 빠지는 위험에 처할 수 있다는 것을 깨달아야 한다. 이렇게 되면 상담자는 귀신의 세계에 매혹되어서 이것이 그의 생각과 가르침, 상담, 그리고 사역을 지배하게 될 수도 있다.

어떤 열정적이지만 지식이 없는 사람의 경우 비정상의 원인과 치료에 대해 제한적 이해를 가지고 모든 문제를 귀신들림으로 치부하고, 상담 과제를 회피하는 수단으로 축사를 이용하며, 무심코 인간 행동에 대한 자신의 무지를 숨길 수도 있다. 이런 행동은 문제를 해결하기보다 더 큰 문제들을 만들어낼 수 있다. 내담자들은 사탄에 대한 발언을 잘못 해석할 수 있고, 가끔씩 귀신의 세력에 대한 편집증적 두려움을 갖게 될 수도 있다. 그리고 종종 그들의 문제는 그들 자신이 귀신들렸다는 말을 들었을 때 더 악화된다. 문제들은 축귀가 어떤 변화들을 일으키는 데 실패했을 때 더 강화된다. 그러면 내담자는 자신의 원래 문제와 귀신 들렸을지도 모른다는 믿음을 가지고 씨름해야 하는 처지가 되는 것이다.

그러므로, 상담자들은 분별력 있게 사탄에 대해 이야기해야 하고, 내담자가 마귀에 대해 잠재적으로 가지고 있는 오해에 대해서도 경각심을 갖는 것이 중요하다. 우리는 마귀의 영향과 힘을 명확하게 이해하고 인식해야 하며, 결연한 자세로 성령의 능력에 의지하여 귀신의 세력을 대적해야 한다. 대부분의 기독교 내담자들은 마귀의 영향도 이해하지만, 이 세상에 속한 마귀보다 우리 안에 거하시는 성령이 더 위대하다는 확고한 진리를 이해할 수 있을 것이다.[105]

• 영적 문제들 예방하기

• 성경은 신실하게 하나님을 섬겼지만 다양한 문제들에 직면했던 남자와 여자들의 이야기로 채워져 있다. 이들 중에 몇 명은 다윗과 같이 자신의 아내가 아닌 여성과 성관계를 가짐으로써 죄에 빠지기도 했

다. 예레미야와 욥, 세례 요한, 그리고 예수님과 같은 이들도 경건한 삶을 살았지만, 그들의 모범적인 행동에도 불구하고 영적 문제들을 경험했다. 예수님은 그의 제자들에게 그들의 삶의 방식에도 불구하고 고통과 어려움들을 예상하라고 말씀하셨다. 지상에서의 그의 삶은 쉽지 않았고, 그를 따르는 사람들에게 그들이 문제들로부터 자유로울 것이라고 약속하지도 않았다. 대신에 고통이 예상되지만 그것은 우리가 성장하는 데 도움을 줄 것이라고 말했다.[106] 바울 역시 이것을 배웠고 감옥에 갇힐 때마다 그의 고뇌를 반추했다. 그리고 예수 그리스도의 신실한 추종자가 되기로 한 그의 결정의 결과로 겪었던 고통스런 경험들을 요약하였다.

이 모든 것은 믿는 자들이 문제들을 예상할 수 있고 그 가운데 어떤 것은 하나님께 영광을 돌리게 하지만, 이 말이 우리가 예방하는 것을 잊어도 된다는 것은 아니다. 우리는 영적인 훈련을 하는 것이 더 위대한 영적인 깊이를 가져다주고, 성령의 열매에 의해 지배받는 삶들이 자기중심적인 삶들과는 다르고 더 좋다는 것을 안다. 그리고 성경적 가치들에 일치된 삶을 사는 사람들이 곡간을 부수고 더 크게 짓지만 죽은 후에는 그 모든 것을 남겨두고 떠나야 하는 부를 축적한 부자와 같은 사람들보다 결국 더 행복하다는 것을 안다. 깊이 있는 영성은 자동적으로 오지 않는다. 그것은 자양분을 주고 성숙시켜야만 한다. 상담을 통해서, 특히 교회를 통해서, 기독교인은 인생의 영적인 문제들을 어떻게 예방하는지 배울 수 있다. 대부분의 교회 지도자들에게 잘 알려진 예방법들은 다음과 같다.

- 당신의 삶을 그리스도께 의탁하고 그를 주와 구주로 받아들인다.
- 정기적이고 꾸준한 기도, 성경공부 그리고 다른 영적 훈련들을 실천한다.
- 정기적으로 죄를 고백하고 하나님의 용서와 인도, 그리고 순종할 수 있는 힘을 구한다.
- 성령의 통제에 나를 맡기고 성령 충만을 기대한다.
- 다른 사람들과 함께 예배드릴 수 있는 기회가 있고 상호책임을 점검할 수 있는 지역 신자들의 모임에 적극적으로 참여한다.
- 전도와 봉사를 하는 가운데 다른 사람들에게 손을 뻗친다.
- 귀신과 그의 세력에 늘 깨어 경계하며, 겸손과 그리스도에게 영광을 돌리는 삶을 통해 적극적으로 악한 세력을 대적한다.

이것은 모든 영적 문제들을 예방할 수 있는 완전하거나 단순한 공식은 아니다. 그럼에도 불구하고 위에 제시한 지침들은 예방과 제자도 그리고 멘토링 프로그램을 만드는 기초가 될 수 있을 것이다.

영적 문제들에 대한 결론

이 책에 나오는 다른 주제들과는 달리, 영성과 관련된 이슈들은 여러 세기에 걸쳐 교회 지도자들과 돌봄 제공자들의 관심사가 되어 왔다. 성경이 영적인 주제들에 대해 매우 자주 말해왔기 때문에, 어떤 사람들은 우리의 모든 문제들은 영적인 것이고 몇 가지 성경의 원칙들을 발견하여 적용하면 해결될 수 있다고 결론을 내려왔다. 우리는 그런 관점들을 견지한 많은 사람들의 헌신을 존경하고 경탄할 수 있지만, 이것이 실제로 적용되기는 어렵다.

영적인 문제들은 대부분 성경에 기록된 원인과 해결책들을 갖고 있다. 그러나 성경이 의학 교과서가 아니듯이 정신병 진단 매뉴얼이나 상담 절차를 위한 교과서라고 할 수도 없다. 반면에 우리의 모든 문제들이 궁극적으로 인류의 타락에 기인하는 것이지만, 모든 인간의 문제가 영적인 것은 아니다. 예를 들어, 어떤 문제들은 성경의 저자들이 논의할 수 없었던 잘못된 배움, 잘못된 정보, 초기의 상처, 환경적 스트레스, 생물학적 역기능, 화학적 결핍, 그릇된 인식, 결정 과정 중에서의 실수 또는 다른 이슈들로 인한 것들일 수 있다. 사람들은 각자의 행동 또는 태도로 인해 자신이 만들어낸 문제들을 경험할 때도 많다. 이에 반해 어떤 문제들은 잘못이 없는 순결한 사람들을 고통스럽게 하는 다른 사람들의 행동이나 환경 안에서의 사건들로 말미암아 발생한다. 이 모든 상황 속에서 상담은 성경에서 도출된 기술들을 사용해 개입할 수 있다. 종종 상담자는 성경의 가르침 및 가치와 일치하는 방법을 사용하겠지만, 하나님께서 우리에게 사회 과학, 의학적 연구 그리고 가끔씩 상식을 통해서 발견하고 개발하도록 허락하신 방법들을 사용할 수 있다.

그러므로 기독교 상담은 이 장에서 논의된 이슈들에 깊이 연관되어 있지만 더 멀리 나갈 수도 있다. 기독교 상담은 심리학적인 진리를 포함해서 모든 진리가 하나님께로 말미암는다는 것을 인정한다. 때때로 진리는 세속적 심리학이나 여러 전문가들의 연구를 통해서 발견되기도 하는데, 그들 중에는 하나님을 믿지 않는 불신자도 많다. 기독교인은 이 세속적인 발견들을 신중하게 평가하고 비록 그 기술들이 유용하다고 할지라도 성경과 일치하지 않는 것들은 제거해야 한다. 그렇게 걸러진 것은 성경의 가르침과 함께 그리고 성경의 가르침이 순복하는 가운데 사용된다. 잘 준비된 상담자는 삶을 만지고 변화시키는 데 자신이 사용되도록 구한다. 그렇게 하는 목적은 사람들이 더 큰 의미와 안정, 성취감, 그리고 영적으로 성숙하게 생활하도록 도와주는 것이다.

상담자들을 위한
요점 정리 41

■ 영성과 심리학의 통합은 정신건강 전문의들 사이에서 새로운 관심 영역이 되었다. 기독교 상담자들은 특별히 영적 이슈들을 가진 사람들을 도와줄 수 있다.

■ 상담자들은 영적인 문제들의 원인들, 특별히 기독교 영성에 관련한 문제의 원인을 이해할 필요가 있다. 원인들은 아래와 연관된다.
  · 사람들이 그리스도와의 관계에서 개인적으로 어디에 있는가?
  · 사람들이 사는 곳은 어디인가? 어떤 환경들, 특별히 집과 동료 관계는 영성의 형성에 영향을 미친다.
  · 사람들이 살고 행동하는 방식. 죄악된 생각과 행동은 율법주의와 함께 영적 문제에 영향을 미치는 두 가지 중요한 이슈들이다.
  · 사람들이 생각하는 것. 아마도 대부분의 인간 문제들은 생각 속에서 시작한다고 할 수 있다. 자만, 교만, 쓴 뿌리, 그리고 비기독교적 가치들은 영적 문제들을 만들고 악화시킬 수 있다.
  · 아래와 관련하여 사람들이 결핍되어 있는 것.
    – 영적 이슈들에 대한 이해.
    – 영적 자양분.
    – 주고 베푸는 것.
    – 균형.
    – 헌신.
    – 단순함.
    – 성령의 능력.
    – 영적 훈련들.
    – 교회 참여.
  · 사람들이 경험하는 것. 특별히 성장으로 이끄는 고통을 통과하는 경험.
  · 영적 전쟁에서 사람들이 싸우는 것.

■ 영적 문제들은 사람들에게 영적으로, 신체적으로, 심리적으로, 사회적으로 그리고 행동적으로 영향을 미친다. 이것은 그들이 무엇을 하고 어떻게 행동하는지와 관련이 있다.

- 모든 상담의 과정은 내담자의 문제의 성격에 따라 달라진다. 영적 이슈들을 위한 상담에서 다음에 열거되는 것 중에 일부가 사용될 것이다.
  - 기도 : 이것은 상담 회기 전이나 상담 회기 동안 그리고 상담 회기 후에 온다. 그러나 그것은 상담자로부터의 침묵 기도 혹은 상담자와 내담자가 함께 큰소리로 기도하는 더 집중된 기도를 통해서 올 수 있다.
  - 모델링 : 사람들은 다른 사람들을 모방하고 따라하므로 상담자의 개인적 영성은 내담자들을 위한 좋은 모델이 될 수 있다.
  - 권고 : 성경에 사용된 대로 이것은 도움이 필요한 사람들과 함께 걷고, 영적으로 약한 사람에게 힘을 주고, 그리고 재다짐, 지지 그리고 격려를 주는 것을 포함한다. 종종 도움을 주는 사람은 죄를 지적하고, 내담자의 생각이나 결론들을 도전하고, 내담자가 바뀌도록 독려하고, 결정 과정을 인도하고, 그리고 새로운 행동이 시도되고 평가될 때 지지해줄 수 있다.
  - 가르침 : 이것은 건강한 영성의 기본을 교육하고 인도하는 것을 포함한다.
  - 영성 : 지도와 때로는 영성 형성.
  - 영적 전쟁 : 이것은 조심스럽게 접근할 필요가 있다. 어떤 상담자나 내담자도 성령의 인도와 통제로부터 떨어져 마귀적 세력과 싸워서 승리할 수 없다.

- 영적 문제들을 포함한 모든 문제들은 궁극적으로 인류의 죄와 타락 때문에 발생한다. 상담은 자주 내담자의 삶에서 개인적 죄를 다루는 것을 포함한다. 그러나 이것이 모든 상담을 위한 주요한 접근이라고 가정하는 것은 너무나 단순한 생각이다. 기독교 상담자들은 그들 자신의 삶 속에서 영적으로 성장하고 그들의 은사들, 훈련 그리고 영적 지식을 다른 사람들을 돕는 데 사용하고, 기독교 가치들과 일치하는 다양한 기술들을 사용하는 것을 추구한다.

42 >> 상담자 상담
Counseling the Counselor

열정과 이상으로 가득 차 있는 한 젊은 남자가 삶에서 좋은 것들을 나열하기로 결심했다. 그가 열거한 항목은 길고도 인상적이었다. 그것은 건강, 사랑, 멋진 외모, 재능, 부, 명성, 영향력, 그리고 분명하지는 않지만 삶을 완성시킬 것 같은 요소들이었다.

그 발명품이 완성되자, 젊은 남자는 자랑스럽게 그것을 나이 든 친구인 영적 멘토에게 보여주었다. "나는 나의 지혜와 보편적인 관심으로 그에게 감동을 주려 하였다"라고 나중에 그 젊은 남자는 썼지만, 그러나 그 노인은 감동을 받은 것 같지 않았다.

"아주 훌륭한 리스트로군." 그는 그것을 천천히 신중하게 읽은 후 말했다. "하지만 내 생각에 자네는 가장 중요한 요소를 빠뜨렸네. 그것이 없이는 전 항목이 의미가 없고 견딜 수 없는 짐이 될 거야."

젊은 남자가 쳐다보자, 그는 연필을 잡아서 그 리스트에 줄을 그었다. 그리고 그 밑에다 두 개의 단어를 썼다. "마음의 평화."

"이것은 하나님이 특별히 보호하는 자를 위하여 예비한 선물이지"라고 그는 말했다. "많은 사람들이 아름다움과 재능과 재물, 그리고 명성까지 가지고 있지. 그러나 대부분의 사람들은 내면의 깊은 평안을 알기를 소망하면서 그것을 기다리고 있지."[1]

십자가에 달리기 전 예수님은 당신의 추종자들에게 재물, 아름다움, 경제적 안정, 혹은 갈채를 기대하라는 어떤 징표도 주지 않았다. 또한 고통, 박해, 질병, 낙담, 직업의 불확실, 혹은 재정적 긴장으로부터 자유롭게 될 것이라고도 약속하지 않았다. 그분은 단지 평안을 약속하셨다. "평안을 너희에게 끼치노니 곧 나의 평안을 너희에게 주노라. 내가 너희에게 주는 것은 세상이 주는 것과 같지 아니하니라. 너희는 마음에 근심하지도 말고 두려워하지도 말라."[2]

바울이 감옥에 있는 동안, 그는 고통스러운 환경임에도 불구하고 만족한다고 말했다.[3] 많은 불안, 낙담, 자기 연민, 그리고 심지어는 하나님에 대한 분노를 자극했을 수도 있는 환경에서, 사도는 그를 따르는 신자들에게 환경과는 상관없이 기뻐하고 하나님의 평화를 경험할 것을 격려했다. "주 안에서 항상 기뻐하라. 내가 다시 말하노니 기뻐하라. ……아무것도 염려하지 말고 다만 모든 일에 기도와 간구로, 너희 구할 것을 감사함으로 하나님께 아뢰라. 그리하면 모든 지각에 뛰어난 하나님의 평강이 그리스도 예수 안에서 너희 마음과 생각을 지키시리라."[4]

아마도 하나님이 주시는 마음의 평화보다 더 값지고, 더 추구할 만하고, 더 좋은 것은 없을 것이다. 혼란스러운 갈등, 지속되는 스트레스, 그리고 힘든 문제들에 빠진 많은 내담자들에게는 내면의 평화가 없다. 더욱 더 비극적인 것은 많은 상담자들도 더 낫지 않다는 것이다.

기독교 상담은 다양한 목표를 가질 수 있지만, 핵심적인 목표는 사람들로 하여금 하나님과의 평화, 다른 사람들과의 평화, 자기 자신과의 평화를 발견하도록 도우려는 노력이다. 때때로 이 평화는 사람들이 그들의 문제를 인정할 때, 그리고 그들의 감정을 말할 때, 대인관계와 의사소통 기술을 습득할 때, 그들의 태도를 변화시킬 때, 해로운 사고방식을 통제할 때, 그들 자신의 행동을 통찰할 때, 그리고 그들의 행동방식을 변화시키는 방법을 배울 때 더 가까이 온다. 이 모든 것들은 내담자들이 평안을 허물거나 깨뜨리는 모든 갈등에 직면하고 그것에 대처할 수 있도록 돕는 방법들이다.

우리가 상담 방법들을 사용하거나 사용하지 않거나, 내담자와 상담자의 궁극적인 평화는 하나님에게서 온다. 그것은 염려를 하나님에게 맡기고, 기도와 감사함으로 자신의 필요를 구하며, 그리스도를 높이는 생각 가운데 살면서 사탄의 영향을 막고, 그리스도를 기뻐하는 삶을 사는 사람들에게 온다.[5] 지속적인 평화는 종종 우리가 하나님의 말씀을 묵상하고 영적 훈련을 연습할 때, 우리를 위로하시는 성령으로부터 온다.[6]

상담자의 스트레스

기독교 상담자들은 문제의 원인이나 가장 좋은 치료 방법, 그리고 내담자들에게 평화를 주는 성령의 능력을 알지만, 이것이 내담자들이 겪는 똑같은 고통에서 상담자들을 보호해주는 것은 아니다. 상담은 보상이 따르고 성취감을 주는 일일 수 있지만, 또한 스트레스가 매우 많은 일일 수 있다. 사람들의 우울함, 실망감, 절망, 혼란, 그리고 갈등의 이야기들을 연달아 경청하는 것은 쉽지 않다. 구조대원들, 응급실에서 일하는 사람들, 그리고 위기에 처한 있는 사람들을 즉시 도와야 하는 사람들처럼, 상담자들도 계속되는 스트레스를 받으며 일한다. 우리는 내담자들이 더 기능을 잘하도록 돕지만, 우리가 성공할 때마다 그들은 자신의 길을 가버리고, 그 자리는 더 상처 입은 사람들로 대체된다. 잠시 후에 또 계속 다른 사람들을 돌보는 일을 하는 것은 돕는 사람들에게 상처를 줄 수 있다.[7] 결국 돕는 사람들은 스스로를 도울 필요가 있다.

1. 상담자의 일

상담자들에게 스트레스를 주는 요인은 최소한 세 가지다. 첫 번째는 일의 성격이다. 상담자들의 스트레스에 대해 수년간 연구했던 심리학자 존 노크로스(John Norcross)에 따르면, 상담은 상담자에게 지나친 헌신을 요구하는 직업으로 상담자를 지치게 만들 수 있다. "성장하고 있는 기관에서 실시한 경험적 연구는 심리 치료 직업이 가지는 부정적 대가를 증언한다. 우리들 각자는 고통을 다르게 경험하지만, 보고서에 의하면 상담은 고통 받고 고통을 주는 사람들의 내면세계에 빠져들게 하고 그 결과로 적당한 우울, 온화한 불안, 정서적 고갈, 그리고 파괴적 관계 등을 남겨준다는 것을 보여준다."[8] 그 외에 상담자들은 동정심의 감퇴, 탈진, 냉소, 정서적 고갈, 그리고 환멸 등을 경험할 수 있다. 부분적으로 이것은 상담자의 나이, 경험의 양, 일의 유형에 따라 다르다. 어떤 상담 환경은 다른 상담 환경보다 더 많은 스트레스를 준다.[9] 초보 상담자들은 초보 실습생에게 오는 일곱 가지 압력 때문에 가장 큰 스트레스를 받는다는 조사가 있다. 그것들은 상담자들이 추구하고 있는 일의 모호함, 심한 수행 불안, 실습생으로서 허약한 자기 인식들, 슈퍼바이저와 다른 전문가들의 지속적인 감독, 스며들거나 너무 경직된 정서 경계선, 치료 과정에 대한 부적절한 이해, 매력적으로 보이지만 비현실적인 도움에 대한 기대, 그리고 긍정적이고 존경하는 멘토들의 부족 등이다.[10]

상담자가 스트레스를 받는 한 가지 이유는 계속해서 주어야 한다는 것이다. 매일, 매시간, 우리는 통찰, 민감성, 동정심, 치유 기술, 그리고 내면의 에너지 등을 계속 사용하도록 요청받는다. 우리는 필요들을 알고 고통을 느낀다. 그리고 그들이 치유되기 원하고 돕기를 바란다. 그래서 우리는 가장 고결한 동기를 갖고 우리가 소진되어 쇠약해질 때까지 계속해서 준다. 때로는 밤을 새우고, 거의 아무런 경고도 없이, 자신에게 더 이상 줄 것이 남아 있지 않다는 것을 발견한다. 기독교 상담자는, 한때 기독교 동정심으로 가득 찼었지만, 결국 영적으로 비어 있다는 것을 발견한다. 더 이상 내면의 자원이 없다.

우리가 고통을 받고 있는 동안, 도움이 필요한 사람들은 계속 우리의 도움을 요청한다. 언제나 우리와 함께 있을 불쌍한 사람들처럼,[11] 언제나 심리적으로나 영적으로 상처 입고, 지침을 구하면서, 평화를 추구하는 사람들도 있을 것이다. 대부분의 우리들은 도움을 원한다. 그렇기 때문에 우리는 상담에 종사하거나 혹은 많은 시간을 들여서 이런 책을 보는 것이다.

결국 우리는 모든 것을 다할 수 있는 사람도 없고, 무한대로 줄 수 있는 사람도 없다는 것을 깨닫는다. 우리는 계속 시도하려는 것에 대한 위험을 알지만, 너무 자주 다른 사람들에게 도전을 하다보니 정작 우리 자신에게는 도전을 줄 수 없다.

2. 상담자의 태도

이전 장에서 심장 바이패스 수술 환자들에 대한 놀라운 사실을 말했다. 이 모든 남성들과 여성들은 심장 수술을 했고, 그리고 만일 그들이 앞으로 심장 질환을 방지하려면 그들의 생활양식과 식습관을 바꾸어야 할 것이라고 들었다. 그들 중 대부분의 사람들이 바꾸어야 할 필요가 있는 것에 동의했지만, 2년 후 그들을 다시 만났을 때는, 90%의 사람들이 변화되지 않았다. 이 사람들은 변화되지 않으면 심장 질환으로 죽을 확률이 높다는 것을 알지만, 여전히 변하지 않는다.[12]

이것은 심장 질환 환자들에게만 해당되는 것이 아니다. 그들에게 소진되었다는 증거가 있을 때조차도, 크게 성공한 사람들은 그들이 위기를 경험하기 전에는, 거의 자신들의 삶을 바꾸거나 상담자를 만나지 않는다.[13] 상담자들은 그들의 고통의 증상을 알지만, 이것을 그들의 전문 직업에서 오는 하나의 위험으로 잘 설명하여, 변화하지 않고도 스트레스를 벗어날 수 있다는 결론을 내린다.[14] 결과적으로 그들의 효율성은 떨어지고, 내담자들을 등한시하기 시작하거나, 혹은 상담자 자신의 친밀감, 존중, 긍정 혹은 지배에 대한 욕구를 채우기 위하여 내담자들을 이용하기 시작한다.[15]

성공하는 상담자에게는 자기 인식, 자기 조절, 그리고 자기 균형이라는 세 가지 주요 특징과 태도가 있다고 한다.[16] 상담자 자신이 기능하는 것에 대하여 자기 인식이 있는 상담자들은 상담에서 훨씬 더 효율적이다. 상담자들은 자신의 행동을 관리할 수 있지만, 종종 다른 사람으로부터 지속적으로 정보를 얻는 것이 더 낫다. 예를 들어, 어떤 상담자는 아내에게 부탁하여 자신을 체크하고 관리해 달라고 요청한다. 그가 "수척해 보인다거나, 더 오래 일한다거나, 혹은 너무 자주 여행한다고" 아내가 알려주면, 그는 그녀의 관찰을 진지하게 받아들여서 일의 속도를 늦출 것이다.

속도를 늦추는 것은 자기 조절의 한 부분이다. 이것은 각 사람마다 다르겠지만, 자신의 생활양식, 에너지, 관계, 스트레스 정도, 혹은 일의 부담 등을 보다 더 적극적으로 관리한다는 것을 포함할 것이다. 어떤 상담자들에게는 자기 조절이 내담자들을 잠깐 동안 덜 만나거나, 휴식 시간을 더 늘림으로써, 스트레스를 줄이는 적극적인 조치를 의미할 수도 있다. 때로는 불안, 불안정, 화, 혹은 과도한 압력 등을 줄이기 위해 다른 상담자의 도움을 받아야만 할 수도 있다. 효율적인 상담자는 자신의 문제를 깨닫는 것으로 만족하지 않고, 그 문제들에 대하여 무엇인가를 한다.

이것은, 상담을 하는 우리들 중 누구에게나 어려운, 균형을 가져다준다. 균형은 육체적 활동, 운동[17], 휴식, 정신적 자극(너무 적지도 너무 많지도 않게), 예배, 일, 그리고 기도에 대한 핵심적인 욕구를 돌볼 시간을 갖는 것이다. 상담자들이 모르는 사람들의 문제에 초점을 맞추고 관심을 갖기는 쉽지만, 자신의 배우자, 가족, 혹은 가까운 친척들의 스트레스와 긴장은 무시하기 쉽다. 때때로 상담자들은 내담자의 욕구를 돌보다가, 막상 자신은 정서적으로 고갈되고 가족들을 돌볼 육체적이고 정신적인 에너지마저 없을 수 있다.

통찰력 있는 기사에서, 한 상담자는 상담소에서는 사람들의 말을 집중적으로 경청하지만, 바쁜 일과를 마치고 집에 돌아오면 가족의 욕구들은 무시하는 이전의 습관을 설명했다. 직장에서 돌아온 어느 날 밤 그의 아내 린다는 그를 뚫어지게 바라보며 말했다. "당신은 당신의 모든 관심을 내담자에게만 주고 있군요. 집에 들어오면, 당신은 마치 나를 찰싹 때리고 싶은 윙윙거리는 파리처럼 느끼는 것 같아요. 당신이 내담자의 말을 경청하는 것과 같이 나의 말을 듣게 하려면 내가 무엇을 해야 하나요?" 상담자인 린다의 남편에게 이것은 그의 행동에 많은 변화를 갖게 했던 놀라운 말이었다. 그는 어느덧 자신의 모든 에너지를 내담자들에게 주는 습관이 생겨서, 집에 돌아오면, "나는 이미 상담실에서 주었기" 때문에 더 이상 줄 것이 없다는 메시지를 전하고 있었음을 깨달았다.[18]

3. 상담자의 소외

상담은 외로운 일이다. 우리는 혼자 방 안에 앉아서 문제를 갖고 오는 사람들의 말을 듣고 도움을 주려 한다. 때로는 다른 사람들을 보지 못한 채 몇 시간 동안 있기도 한다. 종종 상담자들은 긴급 상황이나 의학적 위기의 최전방에서 일하고, 특별한 필요가 있는 어려운 상황에서 도움을 제공하려 한다. 상담자들은 다른 사람들과 함께 일할 때도, 수많은 정서적 문제들을 느낄 수 있다. 그 문제들에는 무력감, 무엇을 해야 할지 모르는 혼란, 스트레스, 외로움, 동정심의 감퇴, 희망을 주려할 때 무기력한 느낌, 단 몇 시간만이라도 말하지 않고 도피하고 싶은 욕망이 있다. 하지만 계속 격려하고 도와야 한다는 압력도 있다.[19] 항상 다른 이들에게 도움을 주는 사람들이 때때로 자신의 짐은 홀로 져야 한다는 것이 놀랍지 않은가?

글렌 와그너(Glenn Wagner)는 전임 목사로서, 우울함으로 가는 여정에 대한 자신의 이야기 "홀로 걷기"를 용기 있게 말했다. 목회자에 대한 그의 논평은 다른 상담자들에게도 적용될 수 있다.

교회가 나를 돌볼 수 없었기 때문에, 나는 함정에 빠져 홀로 있는 느낌이었다. 나는 무의식적으로 나의 이 악전고투를 비밀로 해야 한다고 생각했다. 혹여 내가 나의 몸부림에 대해 공개하고 나눈다면 과연 교회 지도자들은 어떻게 반응할까? 나는 그들에게서 거절당할까 봐 두려웠고, 내가 약하고 무능하고 영성이 부족한 목사로 낙인찍힐까 봐 염려되었다. ……만약 교회 회중들이 나의 고통에 대해 듣게 된다면 과연 무슨 일이 생길까 걱정되기도 했다. ……내가 망가졌을 때, 그들은 과연 자신들을 인도하려 했던 나를 진지하게 받아들여줄 수 있을까? 이 모든 생각들은 내가 나의 우울과 침체를 다루려고 했을 때 나를 마비시켰던 것들이다. 결국 나는 혼자서 이 우울함을 겪는 것 외에 다른 선택이 없다고 느꼈다. 물론 그것은 재앙이었다.[20]

더 잘 알아야 하는 상담자들이 자신의 스트레스를 인정하거나 그 문제에 직면하기를 꺼려한다는 것은 얼마나 흥미로운 일인가. 오히려 우리들 모두는 때때로 우리들 스스로 스트레스를 다룰 수 있다고 생각해서, 다른 사람들이 우리를 약하거나 무능한 상담자로 알지 못하도록, 우리의 짐을 홀로 진다.

상담자의 자기 돌봄

로버트는 훌륭한 상담자였다. 그는 그것을 알고 있었고, 그의 내담자들도 알고 있었다. "나는 잘하고 있고, 나의 상담 스케줄도 아주 꽉 차 있어." 그는 동료와 점심을 먹으면서 말했다. 그때 그는 머리를 흔들면서 인정하기 어려웠던 것을 낮게 되뇌었다. "그러나 나는 더 이상 그것을 하고 싶지 않아." 그는 오랫동안 이 비밀을 지키려고 했다. 이제 40대 초반인 그는 결혼 상담과 가족 상담으로 자격증을 따는 데 수년을 보냈다. 그러나 지금 그는 도전하는 것을 멈추었다. 그는 스트레스를 받았고, 에너지가 없어서 정서적으로도 고갈되었다. 비록 그가 사람들을 도울 때 일을 효율적으로 한다는 것을 실제로 알고 있음에도 불구하고, 그가 말했을 때 그도 실패자처럼 느꼈다는 것을 인정했다. 그는 직업을 잘못 선택했는지 의심스러웠고 그의 전 생애가 내담자들을 돕는 주변을 맴돌았다고 고백하면서, 자신이나 가족을 위한 에너지나 시간이 없었음을 인정했다.

로버트는 멈추지 않았다. 그는 친구의 도움으로, 잠시 동안 그의 꽉 찬 스케줄로부터 물러나서, 그가 어디에 있고 싶었는가를 재평가했다. 그리고 그가 추구하고 싶었던 다른 취미를 찾아서 그의 삶에 균형을 이룰 수 있었다. 내가 알기로 로버트는 그의 삶에서 영적 자원이 없지만, 모든 상담자를 위하여 유익할 수 있는 자기 돌봄의 단계를 밟음으로써 소진을 피할 수 있었다.[21] 표 42-1은 상담자들이 유익한 것으로 발견했던 다른 것들과 함께, 로버트가 밟았던 단계들을 나열한 것이다.

상담자의 후원자들

사람들을 만나면서 일하는 우리와 같은 사람들은 종종 바쁜 일과를 마친 후에는 사람들로부터 떨어져 있고 싶다. 물러섬은 물론 건강한 것이지만, 때때로 우리는 우리에게 자원을 다시 공급하기 위해 애쓰는 사람들로부터도 물러서는 실수를 한다. 가족들, 친한 친구들, 동료들, 그리고 믿음의 친구들은, 특별히 그들이 일이 아닌 비공식적 상담을 하지 않아도 도움이 될 수 있는 사람들이다. 어떤 전문 상담자들은 가르치거나 연구하는 시간을 갖는다. 그 이유는 이것이 반드시 재정적으로 이익이 되기 때문이 아니라, 내담자가 아닌 다른 사람들이나 혹은 학생들을 만남으로써 자극을 받고 원기 회복을 하기 때문이다.

표 42-1. 상담자의 자기 돌봄

1. **일기를 쓰기 시작하라.** 이것은 기록, 감정, 관찰, 경험, 그리고 꿈을 비형식적으로 모은 것일 수 있다. 각 항목마다 날짜를 쓰되, 경직되어서 매일 기록하거나 모든 항목을 똑같은 길이로 쓰지 마라. 일지를 개인적 자기 대화로 활용하라. 이것은 감정을 처리하고, 결정을 잘 생각해보고, 자기 인식을 깊게 하고, 그리고 나중에 다시 읽어서 도움이 될 수 있는 관찰들을 기록하는 데 도움을 줄 수 있다. 가끔씩 찍은 사진, 설교 개요, 도움이 되는 인용문을 녹음하라.

2. **당신의 상담 역사를 성찰해보라.** 당신이 처음에 왜 상담 분야에 들어오게 되었는지 곰곰이 생각해볼 시간을 가져라. 아직도 만족스러운 것은 무엇이며, 더 이상 만족스럽지 못한 것은 무엇인가? 당신의 답을 적어보라. 당신의 일기는 이것을 기록하기에 좋은 곳이다.

3. **당신의 동기를 다시 검토해보라.** 상담 분야에 남아 있는 당신의 동기는 무엇인가? 긍정적인 동기와(예를 들어, 사람들을 돕는 것, 격려하는 사람이 되는 것, 돕는 자로서 당신의 재능을 사용하는 것 등) 덜 긍정적인 것(당신 자신을 증명하고 싶은 것, 다른 사람을 통제하는 것, 구원자가 되는 것, 다른 곳에서는 얻지 못하는 인정을 얻는 것 등) 모두를 나열하라. 당신을 잘 알고 반응해줄 수 있는 사람에게 나열한 것을 보여주어라. 추가될 것은 무엇인가? 당신의 동기가 내담자들 혹은 당신 자신에게 어떻게 해를 끼칠 것인가? 상담 분야를 떠난다는 생각을 해본 적이 있는가? 왜 그런가, 아니면 왜 그렇지 않은가? 그 답을 일기에 기록하라.

4. **당신 자신을 증진시키고 채우라.** 당신 자신을 증진시키고 채우기 위해 무엇을 하는지 생각해보라. 구체적으로 하라. 예수님도 휴식하고 회복하기 위하여 사람들과 떨어져서 시간을 가졌다는 것을 기억하라. 우리는 자신만의 고유한 방법으로 힘을 얻고 채움받는다. 취미, 콘서트, 홀로 있음, 스포츠, 관계, 휴가, 운동, 영적 습관, 성관계, 여행, 혹은 당신 자신을 보충하기 위한 다른 수단들의 결합을 믿을 수 있는가? 이것을 어떻게 행동으로 옮길 수 있나? 언제 시작할 것인가? 누가 당신에게 책임을 지울 것인가?

5. **당신의 능력과 가치를 생각해보라.** 당신의 능력은 무엇이고 이 능력을 상담에 어떻게 활용하는가? 만일 당신의 능력과 영적 재능을 활용하지 않는다면, 당신은 당신의 일에 완전히 종사하지 않고 있는 것이다. 당신의 핵심적인 가치들을 나열하라. 만일 당신이 이 가치의 한계 안에서 일하지 않는다면, 당신은 최소한 어느 정도는 좌절되고, 성취를 못하고, 그리고 비생산적이 될 것이다. 당신의 능력이나 가치와 보다 더 조화를 이루는 일을 하기 위하여 당신은 어떻게 변화할 것인가?

6. **힘을 주는 것과 힘을 고갈시키는 것을 다루어라.** 어떤 일, 어떤 내담자, 어떤 사람들, 혹은 어떤 활동들이 당신에게 힘을 주는가? 어떤 활동, 어떤 사건, 혹은 어떤 사람들이 당신에게 힘과 열정을 빼앗아가는가? 구체적으로 어떤 방법을 통해 당신에게 힘을 주는 것을 증가시키고, 당신의 삶과 일에서 힘을 빼앗아가는 것을 줄일 수 있을까?

7. **지나치게 일을 많이 하는 것과 과로를 다루어라.** 지나치게 일을 많이 하는 것은 당신이 처리할 수 있는 것보

> 다 더 많은 일을 감당하는 것이다. 당신이 만일 그렇게 한다면, 왜 그런지 이유를 생각할 수 있을까? 어떻게 이것을 방지하거나 줄일 수 있을까? 과로에 대해서도 유사한 질문을 하라. 과로는 종종 아드레날린을 증가시키거나 우리에게 중요하다는 느낌을 주는 것과 같은 일종의 욕구를 채워준다. 과로를 통하여 어떤 욕구가 채워지는가? 이 욕구를 보다 더 건강한 방법으로 채울 수는 없을까?
>
> **8. 소진의 징조를 주목하라.** 이러한 징조에는(당신이 아직 상담자로서 상담을 하고 있음에도 불구하고) 내담자와 상담으로부터 정서적으로 철수하는 것, 당신의 삶에서 중요한 사람들과 친밀한 관계를 피하는 것, 텔레비전이나 포르노와같은 도피 행위에 탐닉하는 것, 모든 것을 통제하려는 것, 잠을 못 자는 것, 무기력감과 소외감, 성급함, 당신의 욕구를 위하여 내담자를 이용하는 것, 다른 사람들을 비난하는 것, 혹은 상담에서 윤리적 지침을 타협하는 것 등이 있다. 이러한 징조는 너무 늦기 전에 변화시켜야 할 시간이 왔다는 것을 암시한다.
>
> **9. 당신 자신을 위하여 상담 받을 것을 고려하라.** 많은 상담자들은 자신을 위하여 상담 받는 것을 싫어하지만, 상담이 도움이 될 것인가를 당신을 잘 아는 사람들이나 당신 자신에게 물어보라. 도움이 된다면, 상담자를 만나라.

1. 가족

수년 전에 나는, 결혼 상담을 하느라고 너무 바빠서 집에도 가지 못하는 동료와 함께 일했었다. 남편이 더 오랜 시간 일을 하는 동안, 그의 아내는 아이들을 돌보면서 가족을 책임졌다. 결국 그의 가족은 뿔뿔이 흩어졌다. 그는 이혼했고 그의 내담자들 중의 한 여자와 결혼했다. 그가 상담에 너무 몰두해서 또 다시 같은 패턴의 삶을 살고 있는지는 모르겠다.

이런 이야기는 흔한 이야기다. 상담자들은 너무 바빠서 그들의 가족을 힘들게 할 수 있다. 이는 자신의 가장 큰 힘의 원천을 상실하는 것이다. 때때로 상담자들도 결혼 문제를 갖고 있거나 아이들과 문제가 있기도 하다. 그러나 건강한 반응은 도움을 받고 치유하는 것이다. 그와는 반대로 한 내담자는 아내와 가족을 위한 시간을 지키는 것에 대하여 썼다. 그는 가족을 위하여 에너지를 보호하고 싶은 욕구에 대하여 썼다. "내가 가장 가치를 두는 시간은 나의 가족과 함께 있는 시간이다. 나의 삶에서 그 부분은 가장 소모적이지만(그들을 위하여 너무 많은 활동을 하니까), 가장 보람 있는 일이다."[22] 효율적인 상담자들은 자신의 결혼생활과 가족을 위하여 시간과 에너지를 주의해서 지킨다. 그러면 가족은 종종 모든 상담자들이 필요로 하는 에너지를 충전시켜준다.

2. 친구들

모든 상담자는 상담에 대하여 잘 모르기도 하고 상담을 배우는 것에 관심이 없는 친구들에게서 기쁨과 자유를 느낀다. 나의 가장 친한 친구들 중 한 명은 전문 음악가이자 예배 리더이며 나보다 30살이나 어린 천재 기술자이다. 우리는 만나서 많은 일들에 대하여 이야기하지만, 심리학에 대해서는 거의 말하지 않는다. 때때로 우리는 비공식적으로 서로를 상담하지만, 우리의 관심에 대한 이런 저런 의견을 나누는 것을 더 좋아한다. 그리고 이것은 우리 두 사람에게 효과가 있다. 가끔씩 우리는 서로에게 책임을 지우기도 한다.

때때로 우리 모두는 우리에게 책임을 지울 수 있는 다른 사람으로부터도 유익을 얻을 수 있다. 기독교 영성, 인격적 고결, 그리고 정신적 안정은 거의(있다 하더라도) 단독으로 생존할 수 없다.[23] 우리가 행동, 생활양식, 그리고 도덕에 대한 책임을 서로에게 지우는 바로 그때, 서로를 격려하고 경고하면서, 도움을 주고받을 수 있다. 교회에는 수많은 상담자들을 포함하여 자기 자신 외에 누구도 의존할 수 없기 때문에, 결과적으로 부도덕하고, 불법적이고, 비윤리적이고 그리고 어리석은 행동을 하게 된 수천 명의 기독교 지도자들이 있다. "그런즉 선 줄로 생각하는 자는 넘어질까 조심하라."[24]

가까운 친구들과의 관계 외에, 대부분의 우리에게는 많은 관심을 나누지는 않지만 우리의 경험을 넓히고 우리를 신선하게 하는 일상적인 친구들과 지인들이 있다. 이 사람들은 예배를 같이 드리는 친구들, 이웃들, 이전 혹은 현재 학생들, 혹은 우리가 회원으로 있는 스포츠 센터나 클럽에서 알고 있는 사람들이다. 이런 사람들이 없다면, 모든 상담자들은 더 좋은 관계를 맺는 동료들보다 더 좁은 관계를 맺게 될 것이다.

3. 멘토

멘토를 찾고 멘토가 되어주는 것은 특별히 상담을 처음 하는 상담자들에게 매우 큰 만족을 줄 수 있다. 멘토들은 모델과 격려자와 안내자가 되어준다. 그들은 영감을 주고, 질문에 답을 하고, 그들이 소진되지 않도록 돌보고, 윤리적 문제를 도울 수 있다. 좋은 멘토는 나란히 함께 가며, 좋은 상담자들이 해야 할 것과 피해야 할 것을 보여주는 경험이 많은 친구다. 나는 친절하고 유능한 멘토를 원하지 않았거나 때로는 갈망하지 않았던 젊은 상담자, 지도자, 전문가, 혹은 기독교인을 만난 적이 없다.

멘토를 한다는 것은 보다 경험이 많은 사람이 더 젊고 경험이 적은 다른 사람과 함께 가면서 그들을 도와주는 관계를 말한다. 보통 멘토는 나이가 더 많지만 항상 그런 것은 아니다. 나이가 서로 다르더라도 때때로 멘토와 멘티는 좋은 친구가 되고 동료가 된다. 대부분 멘토를 하는 관계는 몇 달씩 혹은 심지어 몇 년씩 지속되지만, 때로는 짧게 끝날 수도 있다. 가끔씩 멘토와 상담자는 평생 친구가 되기도 한다. 관계의 목표는 멘티가 멘토의 이미지 속에 잠식되지 않고 힘을 얻고 지도받는 것이다. 멘토와 멘티가 기독교인일 때, 만일 멘토가 하나님과 지속적으로 관계를 맺고 있으며, 정서적으로 투명하고, 그리고 상담자로서 기본적인 경험과 능력을 갖고 있으면서 유머 감각이 있다면 가장 좋다. 나이나 경험이 어떠하든, 멘토를 발견하면 유익이 있을 것이고, 멘토가 되는 것에도 똑같은(거의 틀림없이 더 큰) 만족이 있을 것이다. 멘토의 관계를 맺는 것은 어떤 나이의 상담자라도 그들의 상담에서 관점을 유지하고 성공하는 가장 좋은 방법들 중 하나다.[25]

4. 동료들

때때로 상담자들은 주변에 다른 상담자들이 없는 곳에서 일을 하기 때문에 외로움이 더 커진다. 이러한 소외감은 직원들 중에 심리학이나 상담을 하는 사람들이 없는 작은 교회에 있는 목사들, 그리고 대학이나 대학원에서 가르치는 교수들에게도 확장된다. 전문가 동료가 없다는 것은 우리가 결정할 일에 대하여 이야기하고, 도전할 일을 공유하고, 모든 상담자들이 직면하는 스트레스와 불만을 논의할 수 있는 마음이 맞는 동료들이 없다는 것이다. 종종 상담자들은 임상적 문제와 잠재적으로 전문적 문제가 될 수 있는 것을 의논할 수 있는 슈퍼바이저나 상의할 사람을 찾게 된다. 우리에게 동료들이 있다 하더라도 때로는 일치와 지지 대신에, 특별히 동료가 더 크게 성공하거나 인정받거나 개인적 매력이나 능력을 갖고 있다면, 시기가 생길 수 있다. 이런 것들을 솔직하게 논의해서 방해가 되지 않도록 할 때, 다른 상담자들과의 좋은 관계는 만족스럽고 소중할 수 있다.

5. 상담자들

우리들 중 누구라도 "상담자인 나에게도 상담이 필요하다"라는 것을 인정하기가 쉽지 않고 초라함마저 느끼게 한다. 당신은 당신의 분야에 있는 다른 모든 상담자들을 알고 있기 때문에, 당신 자신에 관하여 말을 할 수 있는 한 사람을 선택하는 것이 어려울 것이다. 어떤 전문 상담자들은 좀 멀리 떨어져 있는 상담자를 기대하지만, 이러한 결정조차도 존경하는 동료나 집에서 더 가까이 있는 친구와 논의하는 것이 도움이 될 것이다. 오래 전에 심리학자 루이스 맥버니(Louis McBurney)는 『모든 목사는 목사를 필요로 한다 Every Pastor Needs a Pastor』라는 통찰력 있는 책을 썼다.[26] 때때로 모든 상담자가 상담자를 필요로 한다는 것도 똑같이 사실일 수 있다.

• 상담자의 영성

아마도 당신은 다음과 같은 말을 들어봤을 것이다. "나에게는 하나님이 내게 하라고 하신 모든 일을 수행할 시간만 있다." 이 지혜로운 말의 원천이 어디인지는 확인할 수 없지만, 그것은 자주 나의 일과 우선권을 재평가하도록 나를 상기시킨다. 상담자들은 동정심이 많은 사람들이어서 때로는 자신이 다룰 수 있는 것보다 훨씬 더 많은 일을 떠맡는다. 하지만 하나님은 우리가 인간들의 모든 욕구를 채워줄 것이라는 기대를 하지 않으신다. 오히려 우리들 각자는 우선권을 줄 때 성령의 인도하심을 추구해야 한다. 이것은 우리가 할 수 있고 할 수 없는 것을 심사숙고하기 위하여 하나님이 주신 머리를 사용하는 것을 의미한다. 자주 그것은 우리를 잘 알고 있는 다른 헌신적인 믿는 사람들의 안내와 지혜를 구하는 것을 의미하기도 한다.

1. 물러서기

당신은 연설자로서 인기가 좋았던 유명한 심장 전문의에 대한 이야기를 들었을 것이다. 그는 전 세계를 여행하면서 생활양식과 심장병을 예방하는 방법에 대하여 강연하였다. 그러던 어느 날 그의 몸은 기진맥진하여 연설 도중 심장병으로 쓰러졌다.

정작 자신은 무시하면서, 우리는 얼마나 쉽게 다른 사람들에게 충고와 지침을 주는가. 우리 자신의 삶에 있는 이중성은 알지 못하면서 얼마나 빨리 교회 지도자들의 삶에서 위선을 집어내는가. 스트레스 감소 프로그램은 따라하지 않으면서 우리가 왜 쓰러지는지 의아해하고 좋은 의도에도 불구하고, 얼마나 자유롭게 다른 사람들에게 쉬라고, 운동하라고, 과식이나 과로를 피하라고 말하는가.

헨리 나우웬은 목사, 교수 그리고 상담자로서 풍부한 통찰이 담겨 있는 책들을 썼다. 『제네시 일기 The Genesee Diary』에서 나우웬은 가르치고, 책을 쓰고, 상담하는 바쁜 일과로부터 철수해서 몇 달 동안 트라피스트 수도원에 가 있기로 결심한 것에 대하여 썼다. 하나님을 섬기고 싶은 그의 욕망은 피곤한 직업이 되었다. 그는 너무 많은 사람들의 기대에 갇힌 죄수가 되어서 압박감을 느꼈고, 그가 써왔던 내면의 자유와 마음의 평화로부터 너무 멀어져 있다고 느꼈다. 그래서 나우웬은 뒤로 물러섰다.

그러나 뒤로 물러서는 것은 쉽지 않았다. "나는 준비해야 할 많은 수업들, 강의들, 마쳐야 할 소논문들, 만나야 할 사람들, 전화, 답해야 할 편지들로 둘러싸여 있었기 때문에, 내가 없어서는 안 될 존재라고 거의 믿게 되었다." 나우웬은 매우 바쁜 생활중에도 조용히 자신을 돌아볼 시간이 있는지 궁금했다. "나의 삶이 정박하는 곳, 거기로부터 희망과 용기와 신뢰를 가지고 앞으로 뻗어나갈 수 있는 정점(still point)이 있는가?"[27]

나우웬은 자신의 벅찬 일과표로부터 물러섰다. 그리고 이 문제들을 곰곰이 생각해보고 하나님과 더 가까운 관계를 다시 맺을 수 있게 되었다. 예수님도 사역의 분주함 속에서 잠시 자리를 떠나 휴식의 시간을 가지셨다.[28] 이 시간 동안 주님은 때때로 기도하셨다. 어떤 때는 제자들에게 드러내놓고 말씀하기도 했는데 아마도 그 시간 가운데는 다만 휴식을 위한 시간도 있었을 것이다. 많은 사람들이 고침을 받으려고 예수님을 기다렸지만 그 많은 요구들에도 불구하고 그분은 단지 쉬기 위해 시간을 내셨다.

2. 우선권 정하기

예수님이 잠깐 동안 뒤로 물러섰을 때, 시몬과 다른 제자들이 예수님을 발견했다. "모든 사람들이 당신을 찾고 있습니다!" 그들은 그분을 군중에게 돌아오게 하기 위해 열심을 내어 외쳤다. 주님의 대답은 놀랄 만한 것이었다. "우리가 다른 가까운 마을들로 가자 거기서도 전도하리니 내가 이를 위하여 왔노라."[29] 그분은 자신을 찾는 사람들에게는 관심이 없었고 무엇이 보다 중요한 일인지 신중하게 생각했다. 자신이 왜 이 땅에 왔는지 알고 있었기에 기꺼이 아니라고 말할 수 있었던 것이다.

우선권을 정하는 것은 쉽지 않다. 아니라고 말할 때 우리는 죄책감을 느낄 수 있다. 특히 믿는 동료들, 장래의 내담자들, 교회 지도자들, 기금 조달자들로 인해 죄책감이 들 수 있다. 우리는 기쁨을 주는 사람들이고 다른 사람들을 실망시키고 싶지 않기 때문에, 그리고 그렇게 훈련받았기 때문에 아니라고 말하는 것은 매우 어려운 일이다. 비록 그렇다 하더라도, 거절하고 싶은 헌신을 스스로에게 강요할 때, 비현실적인 마감 기한을 받아들일 때, 혹은 모든 사람들에게 모든 일을 해주려고 할 때, 우리는 다른 사람들에 의해 휘둘리거나 지칠 수 있다.

대안은 우선권을 정하기 위하여 시간을 떼어놓는 것이다. 하나님은 당신이 무엇을 하기를 원하시는가? 당신이 재능으로 받은 것과 특별히 잘 준비된 분야는 무엇인가? 당신이 요구받은 것 혹은 다른 누군가가 더 잘할 수 있다고 확신하는 것은 무엇인가? 당신의 삶을 위한 간단한 사명 선언문(하나님이 지금 여기에서 당신이 갖고 있는 시간으로 하기를 원한다고 믿고 있는 것)을 가지고 있는가? 이것은 당신이 우선권을 정하고 스트레스를 피하는 데 도움을 주는가?

우리가 사라(Sara)라고 부를 상담자를 생각해보라. 그녀는 임상심리학 학위를 받고 자격증을 갖춘 심리학자지만, 상담을 좋아하지 않는다. 상담은 그녀를 따분하게 하고, 사람들이 자신의 문제를 해결하도록 도와줄 자신이나 능력이 없다. 반면 사라는 아주 멋진 교사이고, 스트레스 관리 전문가로 세미나 리더이기도 하다. 그녀가 혼자 살고 있음에도 불구하고, 교회에서는 부부를 위한 결혼 상담을 인도해 달라고 그녀를 초대했고, 휴식 시간에 누구라도 상담할 수 있게 했다. 사라가 어떻게 반응해야 한다고 생각하는가? 사라와 같은 사람에게 스트레스에 대하여 대학생들에게 가르칠 것을 요청하면, 그녀는 쉽게 예라고 말할 것이다. 그러나 결혼 상담을 인도할 것을 요청하면, 그녀는 죄책감이나 잠깐의 망설임도 없이, 잘하지 못하는 것은 거절하도록 배웠기 때문에, 즉시 아니라고 말할 것이다. 그 문제를 더 잘 다룰 수 있는 다른 사람들이 있기 때문이다. 사라에 대한 이 설명은 중요한 결론을 내리기 위한 예를 든 것이다. 우리의 능력과 재능을 활용하는 우선권 정하기는 우리의 삶을 더 쉽게 관리하게 하고, 하나님이 우리에게 주신 시간과 재능의 책무를 잘 이행하도록 해준다.

3. 하나님의 능력에 의지하기

예수님이 열두 제자들을 훈련시켜서 밖으로 내보냈을 때, 그들은 능력을 받았고, 그것으로 복음을 전하고 사람들을 치유할 수 있었다.[30] 제자들은 자신의 능력으로는 일할 수 없었다. 그들은 하나님으로부터 오는 능력과 권위를 받아야 했다.

아마도 이러한 결론을 지지한 연구 결과는 없을 것이다. 그러나 스스로 기독교인이라고 말하는 많은 상담자들조차 자신들의 힘을 상담 이론과 기술에서 발견하려는 것 같다. 개인 기도, 성경 묵상, 홀로 있음, 그리고 다른 영적 훈련들은 중요한 것으로 알려져 있지만, 그것들은 기독교 상담자들의 삶에서 거의 보이지 않는다. 공동 예배는 덜 중요하고, 방해받지 않는 시간이나 하나님과 대화할 시간도 거의 없다. 이러한 상담자들이 영적으로 줄 것이 없다는 것은 놀라운 일이 아니다. 그리고 종종 그들의 상담은 일반 동료들의 접근법과 다르지 않다.

헨리 나우웬은 제네시 수도원을 떠난 몇 년 후에, 돕는 자의 삶에서 기도가 차지하는 위치에 대하여 곰곰이 돌아보았다. 그리고 다음과 같이 정리하고 있다.

> 당신의 삶이 물질적인 소유로 혼란스러워지고, 당신의 배는 차고 넘치며, 당신의 생각은 '내가 가진 것으로 무엇을 할까' 하는 걱정으로 꽉 차 있다면 당신은 하나님의 임재를 보여주는 증인이 될 수 없다. …… 공리주의 문화에서 우리는 뭔가 실용적이고 도움이 되며 유용한 것을 선택해야 한다는 강박과 더불어 사람들이 가치 있다고 여기는 공헌을 해야 한다는 압박으로부터 고통당하고 있다. ……관상 기도는 유용하지도 않고 실제적이지도 않으며 하나님을 위해 단지 시간을 낭비하는 것이다. 그것은 우리의 바쁜 일상에 구멍을 뚫어 세상을 창조하고 그것을 유지시키는 분이 우리가 아닌 하나님이라는 것을 우리에게 상기시켜준다…….
>
> 우리가 기도 안에서 정말 그분을 안다면 우리는 자기 확신을 위해 누군가에게 집착하지 않고도 이 세상을 살아갈 수 있을 것이다. 그리고 하나님의 풍성한 사랑이 우리 모든 사역의 원천이 되게 할 수 있을 것이다.[31]

꾸준히 기도하고, 매일 하나님의 말씀을 묵상하고, 그리고 다른 영적 훈련을 하는 것은 우리로 하나님을 알고, 그분에게 복종하며, 종과 상담자로서 보다 넉넉하게 그분을 섬길 수 있게 해준다. 상담자는 시종일관 과거 훈련과 경험에 의존한다. 우리는 상담할 때 다양한 기술을 사용하여 사람들이 다양한 목표를 향하여 나아갈 수 있도록 돕는다. 만일 상담이 기독교적이고 최대한 효율적으로 되려면, 우리는 성령의 인도와 능력을 받고, 성경의 통찰과 지속적인 기도와 훈련으로 매일 매일 힘을 얻는 종이 되어야 한다.

4. 생활양식 재평가하기

제임스는 자신의 책에서 종교에 대하여 매우 실제적인 정의를 내리고 있다. "하나님 아버지의 관점에서 볼 때 가장 순수하고 영원한 종교는 고아와 과부의 고통을 돌아보고, 세상이 우리를 타락시키지 못하도록 거절하는 것을 의미한다."³² 이것은 상담자들을 위한 좋은 주제구다. 우리들의 삶은 다른 사람들을 돕고 우리의 삶을 거룩하게 하는 것으로 특징지어진다. 기독교인들은, 그들이 상담자이건 아니건, 돕는 일을 해야 하고 그리스도와 같이 거룩한 삶을 살아야 한다.

돕기(Helping)는 상담자 훈련 프로그램의 초점이다. 학생들은 돕는 기술과 상담 기술을 사용하는 데 능숙하도록 훈련받는다. 우리는 모두 경계, 윤리, 이론에 대하여 배운다. 종종 상담자의 세 가지 특징인 따뜻함, 공감, 그리고 진실함에 초점을 맞추기도 한다. 상담자들이 하는 일의 핵심에는 도움과 보살핌이 있다.

거룩(Holiness)은 세상에 오염되지 않도록 우리 자신을 지키는 것으로, 순수한 종교를 성경적으로 정의한 다른 부분이다. 도움을 강조한 것과는 달리, 개인적 거룩은 상담자들이 거의 주목하지 않는다. 그렇다 하더라도, "하나님은 우리를 타락한 삶이 아닌 거룩한 삶을 살도록 부르셨다." 우리의 삶의 양식과 특징적 행동은 본이 되어야 하고, 깨끗하고 정직해야 한다. 이것은 우리가 세상으로부터 철수한다는 것을 말하지 않는다.³³ 우리가 상담자들의 삶에 있는 죄와 비극을 다루는 한, 그리고 이 오염된 세상에 살고 있는 한, 우리의 마음과 행동도 영향을 받을 것이다. 따라서 견실한 기초 위에서 우리의 죄를 고백하고 하나님의 용서를 경험해야 한다.³⁴ 이상적으로는 상담자들을 포함하여 모든 기독교인이 겸손한 태도와 복종의 결단을 하는 것이다. 우리는 결코 이쪽 하늘에서는 완벽하지 않을 것이다. 그러나 성경의 도덕적 교훈에 따라 생각하고 행동함으로써 거룩한 삶을 살 수 있다. 이것은 엄청난 요구이지만, 만일 우리가 기독교 상담의 효율성을 최대화하려 한다면, 거룩하기 위하여 노력하고 우리 자신의 삶의 양식, 생각하고 말하는 방식을 계속 통제해야 한다. 이 모든 것의 핵심에는 기독교 상담자들이 진정으로 달라야 한다는 것을 내포하고 있다.

- ### 상담자의 적절성

대학이나 신학대, 대학원을 다니는 동안, 학생들은 학술지와 책들에 둘러싸여 있고, 그리고 보통 인터넷에서 쏟아져나오는 유용한 정보를 잘 알고 있다. 교수들은(최소한 좋은 교수들) 자신의 분야에서 최근에 나온 출판물들을 입수하는 데 뒤떨어지지 않으려고 노력한다. 이 새로운 개념들은 종종 강의나 토론의 재료가 된다. 그러면 선배들이 졸업하는 행복한 날이 온다. 이 사람들은 졸업장을 꼭 붙잡고, 흩어져서 직업 시장으로 들어간다. 그리고 그들의 교수와는 연락이 끊긴다.³⁵

우리가 이것을 방지하기 위한 노력을 하지 않으면, 많은 사람들이 상담이나 다른 일에 종사를 하게 되지만, 우리 분야에서 최근에 나오는 출판물을 접하지 못한다. 몇몇 목회자들은 사역에 붙잡혀서 새로운 기사를 거의 읽지 못한다.³⁶ 상담자들은 치료적 상담에 너무 바쁘기 때문에 전문가적 문제들, 상담의 흐름, 혹은 상담과 실제적으로 밀접한 관련이 있을 수 있는 최근의 연구를 모르고 지나간다. 공동체와 고립되어 있거나 해외에서 일하고 있는 사람들은 전문가의 주요 흐름으로부터 밀려난 느낌이 들고, 그리고 월드와이드웹에서 최신 정보를 어떻게 업데이트해야 할지도 모른다. 적절함을 유지하고 최대한 효율적이기 위하여, 우리는 상담 분야에서 새롭게 나오는 것들에 뒤떨어지지 말아야 한다. 그러나 시간과 에너지를 낭비하지 않고도 발견하기 어려울 수도 있는 자원들을 찾아낼 수 있을까? 다음과 같은 방법들이 있을 수 있다.

1. 콘퍼런스와 세미나

전문 상담자, 목회 상담자, 평신도를 위한 모임에 참석하는 것은 많은 시간과 비용이 들지만, 분명 도움이 되고 종종 다른 참석자들과 비공식적으로 상호작용하는 데도 큰 가치가 있다. 콘퍼런스나 발표자, 또는 주제를 찾을 때 당신의 일과 가장 관련이 많은 사람들과 동행하라. 강연이 배우기에 가장 좋은 방법은 아니라는 것과 어떤 회의는 재미를 주고 영감을 주지만 사후 조치가 없을 수도 있고, 당신의 상담과 실제적으로 관련성이 거의 없을 수도 있다.[37]

2. 출판물

해마다 수천 건의 학술지 소논문들이 출판되고, 수많은 교육용 테이프와 비디오가 나온다. 그리고 잡지들도(때로는 유명해지지 않으면 사라지지만) 쏟아져나온다.[38] 물론 지금까지 책은 가장 큰 출판 형태다. 해마다 수천 권의 책이 출판되고 이 책들은 대부분 상담 이외의 다른 문제들을 다루지만, 만일 우리가 자립, 상담, 충고하기, 심리학-정신의학 책을 합한다면, 누구라도 다 읽을 수 없을 만큼 많은 양이다. 그 책들은 자극적인 제목과 약속으로 사람의 마음을 끌어당기지만 독자들은 이 책들 중 많은 수가 제대로 연구되거나 정리된 것이 아니고, 다만 인기를 끌기 위한 것이어서 사서 읽을 가치가 없다는 것을 안다. 보석을 발견하기 위해 새로 나온 책들을 애써서 읽는 것은 힘들긴 해도 희망이 없는 작업은 아니다.

잡지나 당신이 소중하게 여기는 전문 학술지의 광고를 보라. 책 평론도 대충 읽어보라. 그것을 통하여 유용한 제목을 찾을 수 있을 것이다. 당신의 일과표에 서점에서 정기적으로 책들을 훑어보는 시간을 넣어라. 당신이 있는 곳에 좋은 서점이 있다 하더라도, 인터넷에서도 훑어보아라. 나는 앞에 나온 내용들을 쓰면서, 계속해서 보다 큰 인터넷 서점에서 주제별로 분류해 놓은 웹 사이트에 갔다. 이것은 나로 하여금 새로 나온 많은 책들에 주의를 기울이게 하였다. 때때로 당신은 도서관이나 서점에서 책들을 찾고 당신이 원하는 정보를 얻을 수 있다.

책을 볼 때, 표지는 책을 사는 사람들의 마음을 끌기 위하여 디자인된다는 것을 기억하라. 책을 배열하는 위치조차도 판매 전략일 수 있다. 출입문 근처에 있는 책들은 종종 책 판매업자에게 많은 이익을 주는 책들이다. 옛 속담은 아직도 진실이라는 것을 기억하라. 책을 표지로 판단할 수 없다. 그러나 작가의 자격을 알아볼 수는 있다. 작가는 어디에서 훈련을 받았고 어떤 경험을 하였는가? 만일 작가가 교수나 선생이라면 어떤 기관에 가입되어 있는가? 그것이 작가의 관점에 대하여 말해줄 것인가? 당신이 존경하는 사람이 추천했는가? 출판업자는 누구인가? 어떤 출판업자는 다른 사람들보다 더 질 좋은 책들을 계속해서 출판한다. 많은 출판업자들은 자신들의 모든 책에 반영될 신학적 혹은 다른 방침을 갖고 있다. 당신은 이러한 관점에 동의하는가? 다른 독자들에게 물어보고 그리고 당신 자신의 경험에 의지하여 자신의 일에 가장 도움이 될 수 있는 책을 출판하는 출판업자들을 찾으라.

가끔씩 당신은 도서관에서 책을 보거나, 당신의 관심을 끄는 작가의 인터뷰를 들을 것이다. 출판 회사의 많은 전문가들은 입에서 입으로 전해지는 추천이 가장 좋은 광고일 수 있다는 것에 동의한다. 책을 읽고 유용한 책을 발견한 다른 상담자들에게 물어보라. 그들이 읽은 책들은 당신에게도 도움이 될 것이다.

3. 인터넷과 상호작용 기술들

10년 전만 해도 정보의 축적, 저장, 분배, 그리고 상호작용의 거대한 발전을 상상할 수 없었다. 우리가 인간 문제들, 상담, 혹은 다른 주제에 대하여 알아야 할 것이 무엇이든, 우리는 세계의 거의 모든 장소에서 값싸게, 최소한의 노력으로, 언제라도 정보를 얻을 수 있다. 우리는 책, 음향, 시각적 이미지에서 즉시 정보를 얻을 수 있을 뿐 아니라, 우리가 받고 있는 것과 즉시 상호작용하고 반응할 수 있다. 당신이 읽고 있는 책들은 유용할 수 있지만(당신이 동의할 것을 바란다), 인터넷에 최신 정보로 올릴 수 있다면 보다 더 가치있을 것이다. 비용이 많이 들 수도 있지만 독자들은 웹 사이트와 블로그를 찾거나 혹은 인터넷을 이용하는 다른 사람들과 상호작용하면서 교수들의 강의나 책의 내용들을 보충할 수 있다. 이것에 따르는 주요한 문제는 다음과 같다. (1) 우리가 필요로 하는 정보를 수집하고 그것을 분류할 시간이 없다. (2) 어떤 정보가 타당하고 어떤 정보가 타당하지 않은지 결정하기 어렵다. (3) 정보가 너무 많다.[39] 너무 많은 웹 사이트와 너무 많은 정보가 사이버 상에서 우리를 기다리고 있기 때문에 우리에게 필요한 것을 추려내는 것은 생각처럼 쉽지 않다.

믿을 수 있는 정보를 얻기 위하여는 미국심리학회, 미국상담학회, 혹은 다른 나라에 있는 유사한 연합회와 같은 믿을 만한 기관들의 웹 사이트를 찾아보라. 만일 당신이 주요 검색 기관을 이용하고 많은 검색을 한다면, 정부나 대학교에서 후원하는 사이트를 찾아라. 왜냐하면 그 사이트들은 일관성 있고 신빙성이 있기 때문이다. 트라우마나 주의력 결핍 장애를 다루는 전문가 집단들은 유용한 정보를 줄 수 있다. 또한 학술지 소논문을 요약해서 웹 사이트에 올리는 전문가 학술지도 유용하다. 결국 인터넷을 검색하는 사람은 마음에 들고 믿음이 가는 사이트를 찾는다. 이메일 회보도 유용할 수 있다. 필자는 수년 동안 상담과 코치를 다룬 짧은(1쪽) 주간 회보를 무료로 보내고 있다.[40] 이 모든 정보의 유용성과 함께 구식이 되어버린 데스크탑 컴퓨터나 혹은 더 빠르고 무선인 갖가지 기술과 장치를 통하여 많은 정보를 다운로드하고 상호작용하는 것이 점점 더 쉬워지고 있다.

4. 다른 자원들

전문적인 최신 정보를 따라갈 가능성들은 거의 끝이 없다. 예를 들어, 오디오와 비디오테이프들, 계속되는 교육과 다른 학습 과정이나 워크숍들, 지역 교육 기관이나 비디오 방송국을 통하여 나오는 공적 강의나 발표, 그리고 최근에 소개되는 기술로 전달되는 다른 자원들 등을 생각해보라. 많은 상담자들은 또한 심리학 연구를 위한 기독교 연합회, 목회 상담 기관들, 혹은 영국에 있는 기독교 상담자 연합회, 브라질에 있는 CPPC, 혹은 미국에 있는 기독교 상담자의 미국 연합회 등과 같은 전국적인 상담자 기관들에 가입함으로서 도움을 얻는다. 이러한 자원들이 많은 정보와 더불어 다른 상담자들과의 유용한 만남도 제공한다.

영적으로 메마른 상담자가 영적으로 갈급한 사람들을 도울 수 없듯이, 전문성이나 시대감각에 뒤떨어지고 정서적으로 고갈된 상담자는 사람들이 다양한 삶의 문제에 대처하도록 효율적으로 도울 수 없을 것이다. 다른 사람들과 자원들로부터 정보를 얻는 것은 정신적으로 깨어 있고 전문적으로 자극을 받게 해서, 상담자로서 보다 효율적으로 상담할 수 있도록 한다.

- **상담자의 유산**
  - 많은 지식만이 성공을 가져온다고 누군가가 말했다. 이것은 상담을 포함하여, 삶의 거의 모든 영역

에서 사실이다. 이 세계에서 성공하기를 원한다면 부지런히 일관되게 일해야 한다.[41]

많은 노동자들은 그들의 노동에 대하여 거의 즉각적으로 이익을 낼 수 있지만, 상담자들은 그렇지 않다. 상담의 효율성과 성공은 변화된 삶으로 측정된다. 때때로 우리는 이러한 변화들을 보지만 종종 보지 못하기도 한다. 때로는 사람들은 상담을 통해 격려를 받지만, 그렇지 못할 때가 더 많다. 어떤 전문 상담자들은 성공적인 상담에 대하여 공적으로 인정받고 지지받지만, 대부분의 우리들은 그렇지 않다. 대신에 우리는 매일 상담하면서 다른 사람들의 삶에 영향을 끼치기를 바란다. 그러나 특히 변화가 느릴 때는, 언제나 확신이 없다. 우리는 어떤 분명한 변화도 보지 못한 채 몇 주 동안 상담할 수 있다. 그리고 때로는 내담자들이 낙담해서(혹은 상담 과정에서 위협받아서), 중도에 그만두기도 한다. 어쨌든 우리는 이 사람들에게 도움을 주었는가? 때때로 모든 상담자는 자신이 가치 있는 일을 하고 있는지 의아해한다.

지금부터 100년 후, 만일 세계가 그때까지 생존한다면, 대부분의 우리는 하나님을 제외하고, 모든 사람들에게 잊혀질 것이다. 하나님은 우리의 마음을 아시고, 우리의 모든 길을 상세하게 아신다. 주권자이며 전지한 하나님은 우리의 동기와 좌절을 알고 우리의 실패를 용서하며, 우리가 한 일을 기억하고 우리가 성공할 것을 아신다. 영원의 빛에 비추어볼 때 우리의 일에 대한 유일한 평가는 그분으로부터 오는 것이다.

야고보와 요한이 예수님에게 와서 그의 나라에서 영향력 있는 좋은 자리를 요청했을 때, 주님은 우리들에게 매우 가치 있는 교훈을 가르쳐주셨다.[42] 이 세상에서는 가장 탁월한 사람들이 그들 아래에 있는 사람들 위에 군림하고 권세를 갖고 싶어 하지만 그와는 반대로 믿는 사람은 다른 기준으로 산다. 하나님의 관점에서 가장 훌륭한 사람들은 종들이다. 하나님의 나라에서는 중요한 사람이 되기 전에 겸손한 사람이 되어야 한다.

우리가 이 책을 덮고 상담실로 돌아갈 때마다, 분명히 어렵고 때로는 지나친 요구들과 맞닥뜨리게 될 것이다. 하지만 나이가 들어감에 따라 우리들 각자는 변화된 삶의 유산을 남길 것이다. 이는 우리들 자신의 노력 때문이 아니라, 우리를 상담자로 사용하신 하나님의 인도하심과 능력 때문이다.

그러나 기독교 상담자의 궁극적인 유산은 신실한 종이 되어서 하나님을 영화롭게 하기 위하여 우리 자신을 드리고 다른 사람들을 섬기는 것이다. 상담자들에게는 그보다 더 좋은 목표가 없고, 상담자로서 성공했다는 그보다 더 좋은 표시가 없다.

상담자들을 위한
요점정리 42

■ 기독교 상담자들은 문제의 원인, 가장 좋은 치료 방법, 그리고 내담자들에게 평화를 주는 성령의 능력을 알지만, 이것이 그들로부터 모든 문제들을 없애주지는 않는다.

■ 상담자들의 주요 스트레스는 다음과 같다.
· 상담자의 일은 많은 요구와 스트레스에 둘러싸여 있다.
· 상담자에게는 좌절과 소진을 포함한 자기 인식, 자기 조절, 그리고 자기 균형이라는 삶의 태도가 요구된다.
· 상담자의 소외는 우리를 외로움, 압박감, 상담 동료들부터의 단절을 느끼게 하고, 그리고 스트레스를 혼자 처리하게 한다.

■ 상담자들이 스스로를 돌볼 수 있는 다양한 방법들이 있다. 이것은 표 42-1에 요약되어 있다.

■ 상담자들을 지지하고 돕는 좋은 원천이 될 수 있는 이 사람들은 다음과 같다.
· 가족.
· 친구들.
· 멘토와 보호자.
· 동료들.
· 상담자들을 상담할 수 있는 상담자들.

■ 상담자들은 다른 사람들의 욕구를 채우는 욕구 중심의 삶이 아닌, 하나님 중심, 하나님 지향의 삶을 살아야 한다. 상담자들은 다음과 같은 것에 의하여 자신의 영성을 형성한다.
· 물러서기는 몹시 바쁜 일과를 줄이고, 휴식과 숙고할 시간을 갖게 한다.
· 우선순위 정하기는 우리의 삶을 우리의 가치와 그리고 그리스도와의 발전하는 관계를 토대로 한다.
· 우리의 영적 성장과 영적인 힘, 그리고 효율적인 상담의 원천은 하나님의 능력을 의지하는 것이다.
· 우리의 삶의 양식을 재평가하고 변화시킨다.

■ 영적으로 메마른 상담자가 영적으로 갈급한 사람들을 도울 수 없듯이, 전문성이나 시대 감각에 뒤떨어지고 정서적으로 메마른 상담자는 사람들로 하여금 삶의 다양한 문제들을 극복하도록 돕

지 못할 것이다. 다른 사람들과 자원들로부터 입력된 정보는 우리를 정신적으로 깨어 있게 하고, 자극받게 하고, 그리고 상담자로서 최대한으로 효율적인 상담을 하게 한다.

■ 상담자들은 다음을 통하여 적절성을 유지한다.
· 콘퍼런스와 세미나에 참석한다.
· 책, 학술지, 그리고 다른 출판물을 읽는다.
· 인터넷과 상호작용 기술들로부터 배운다.
· 교육 과정, 디스크 그리고 오디오를 포함하여 다른 자원들을 이용한다. 전문 기관에 등록한다. 회보를 예약 구독한다.

■ 상담자들이 자신의 일을 평가하는 것은 매우 어렵다. 기독교 상담자들의 궁극적인 유산은 신실한 종이 되어서 하나님을 영화롭게 하기 위하여 자신을 드리고 다른 사람들을 섬기는 것이다. 그것은 상담자들에게 최선의 목표이고 가장 큰 성공의 표시이다.

Part 9
미래에 대한 문제들

43장 미래의 상담 전망

43 >>
미래의 상담 전망
Counseling Waves of the Future

새로운 책을 준비하는 동안 두 명의 하버드 경제학 교수들은 20세기의 가장 위대한 미국 경제 지도자 100명을 선정하기 위하여 연구 조사를 하였다.[1] 이 지도자들은 모두 다른 인격, 다른 리더십을 가지고 다른 경제 분야에서 일했지만, 그들 모두 분명하고도 지속적인 영향을 끼쳤다는 공통점이 있었다. 이들 중 많은 사람들이 비전, 인내, 용기, 혁신에 대한 열망, 그리고 기꺼이 위험을 감수하는 것을 보여주었지만, 모든 사람이 단 한 가지 특징을 공유하고 있었는데 그것은 이들 경제 거인들 모두 자신들이 살고 있는 시대를 형성했던 힘을 알아차릴 수 있는 내면의 능력을 가졌다는 것이다. 그들은 자신이 본 것을 토대로, 성공할 수 있는 사업을 구상했고 그 모험을 할 만큼 충분히 창조적이었다. 아마도 우리는 이 사람들을, 그들이 살고 있는 시대를 정의하고 "사회적, 정치적, 기술적, 그리고 인구 통계학적 영향력에 대한 예민한 감각을" 가졌던 위대한 인지자들로 부를 수 있을 것이다. "시대가 이 경제 지도자들에게 깊은 영향을 끼쳤듯이, 그들도 시대에 깊은 영향을 끼쳤다."[2]

성경에도 이와 같은 사람들이 나온다. 다윗이 왕이 되기까지 그에게 헌신했던 수천 명의 병사들 가운데서, 우리는 잇사갈의 자손 200명의 작은 집단에 대한 이야기를 읽는다. 이 사람들이 경제인이라는 증거는 없지만, 이들 모두는 "시세를 알고 이스라엘이 마땅히 행할 것을" 알았다.[3] 그들은 점쟁이나 혹은 미래를 예언하는 특별한 힘을 가진 사람들이 아니었다. 그들이 살았던 시대를 주의 깊게 관찰했던 사람들이었다. 그들이 보았던 것 그리고 그들이 관찰했던 것을 토대로 하여, 그들은 미래를 위한 가장 현명한 방향을 식별할 수 있었다.

수세기에 걸쳐서 수천 명의 사람들이 미래를 예언했지만 대부분은 틀렸다.[4] 사람들이 살았던 시대를 주의 깊게 관찰해서 앞으로 있을 일을 조심스럽게 가정했던 사람들이 가장 좋은 예언을 했던 것 같다.[5] 그것이 이 책 마지막 장의 목적이다. 지난 20~30년 동안, 우리는 상담에 매우 중요한 영향을 끼친 새로운 방향과 가능성을 보아왔다. 우리는 이러한 흐름들을 자세히 볼 것이지만, 그것은 미래를 예언하려는 노력에서 나온 것이 아니다. 하나님만이 미래를 알 수 있다. 우리는 미래에 무엇이 올 것인가를 예상하도록 돕고 미래에 상담하는 사람들을 위하여 더 좋은 방법을 발견하도록 시대의 흐름을 고찰할 뿐이다.

네 가지 관점들

갤럽 조사 기관은 수년에 걸쳐 전 세계의 2백만 명 이상을 조사한 뒤, 그들의 고유한 재능과 자산을 알아보는 연구를 실시했다. 이 인터뷰를 토대로 하여 연구원들은 결국 인간에게는 35가지 핵심적인 능력이 있음을 확인했다.[6] 그들은 이들 중 하나를 미래적 능력(futuristic)이라고 분류했다. 이 능력은 언제나 미래에 대하여 생각하는 사람들이 지닌 특징이다. 그들은 현재와 미래의 흐름에 많은 관심을 갖고 있고, 그리고 가장 자주 꿈을 꾸는 사람들로서 우리가 앞으로 어디로 갈 것인가에 대하여 감지할 수 있는 능력을 갖고 있다. 미래적인 사람들은 시대에 뒤떨어진 전통, 좁은 생각, 혹은 위험을 무릅쓰고 앞으로 나아가기를 두려워하는 사람들에 의해 운영되는 기관, 교회, 전문 직업, 혹은 과제들을 볼 때 조급해진다. 미래적인 사람들은 이상주의일 수 있지만, 다른 사람들에게 힘을 주고 그리고 일들을 발전시키는 고무적인 지도자들일 수도 있다. 만일 당신이 이러한 미래적인 사람들 중 한 사람이라면, 당신 친구들이나 당신도 그것을 알 것이다.

대부분의 사람들에게는 갤럽 기관이 말하는 '미래적 능력'이라고 하는 것은 없지만, 우리 모두는 미래에 대하여 생각할 때 최소한 다음의 관점들 중 하나 내지는 그 이상을 갖고 있다.

1. 고집하기

우리가 알고 있는 것을 고집하고 견해를 바꾸지 않는 것은 특히 변화를 싫어하고 저항하는 사람들 사이에서 일반적으로 나타난다. 우리가 테러, 불확실성, 경제적 파동, 새로운 정보의 홍수, 그리고 영적 혼란의 시대에 살고 있을 때, 이렇게 고집하는 사람들은, 불확실한 시대에 가장 좋은 행동 방향은 이미 정해져 있는 방향으로 계속 가는 것이라고 주장한다.[7] 분명히 새로운 방향으로 뛰어 들어가거나 최신 유행을 따르는 것은 혼돈의 상황을 더 악화시킬 수 있고 더 큰 불안을 야기할 수 있다.

기독교 상담자들에게는 우리가 비록 미래를 꿈꾸는 사람들일지라도, 변화를 거절해야 할 것들이 있다. 하나님에 대한 믿음과 성경의 권위에 대한 믿음 같은 것이다. 우리는 기본적인 기독교 교리를 굳게 지킨다. 그리고 대부분의 우리들은 과거에 보였던 증거에 기반을 둔 기술들을 포함하여, 입증된 상담 기술들을 계속 사용한다.[8] 아마도 우리들 중 다수는 변화를 위한 변화가 건전하지 않다는 것에 동의할 것이다. 그러나 경직도 건전하지 않다. 때때로 변화를 고집스럽게 거절하는 것은 우리를 부적절함 속에 빠지게 할 수 있다. 우리 모두는 종종 그대로 남아 있어야 할 것인지 아니면 다른 방향으로 가야 할것인지 결정해야 할 도전에 직면한다.

2. 예언하기

미래를 예언하는 것은 즐거운 일일 수 있다. 특히 창조적이고, 가능성에 대하여 꿈꾸기를 좋아하고, 무슨 일이 일어날까 추측하기를 좋아하는 사람들에게는 더욱 그렇다. 1949년 노벨 문학상 수상자 조지 오웰(George Orwell)은 1984년의 세계는 어떤 모습일까에 대하여, 마음을 사로잡으면서도 설득력 있는 소설을 썼다.[9] 오웰의 예언은 실제로 일어나지 않았지만, 최근에 인터넷 조사에서는 거의 60%의 응답자들이 미래에 대한 그 소설가의 악몽 같은 환상이 여전히 가능성이 있을 것으로 생각한다고 말했다. 예수님은 미래에 대해 묻는 제자들의 질문에 다음과 같이 대답하셨다. "그러나 그날과 그때는 아무도 모르나니 하늘의 천사들도, 아들도 모르고 오직 아버지만 아시느니라."[10] 상담의 미래에 대하여 예언하는 것은 재미있고 도전적인 일이지만 이러한 예언의 가치는, 만일 우리가 과거를 신중하게 살펴서 현재의 흐름을 알고 그리고 이것을 토대로 하여 미래를 예측하지 않으면, 믿을 수 없을 것이다.[11]

3. 계획하기

이것은 성경의 여러 곳에서 논의된다. 예수님은, 아무런 계획도 없이 전쟁에 나가려는 왕과 비용을 따져 보지도 않고 탑을 쌓으려는 사람의 어리석음에 대하여 제자들에게 말했다.[12] 솔로몬 왕도 계획하는 것의 가치에 대해서 여러 번 이야기하고 있다. "의논이 없으면 경영이 무너지고 지략이 많으면 경영이 성립하느니라."[13] "부지런한 자의 경영은 풍부함에 이를 것이나 조급한 자는 궁핍함에 이를 따름이라."[14] "너의 행사를 여호와께 맡기라. 그리하면 네가 경영하는 것이 이루어지리라."[15] 이와 대조적으로 하나님의 인도하심이 없거나 혹은 그 뜻을 거스르는 계획들은 실패하고 말 것이다.[16]

계획하기는 인간의 지식과 지혜에 의지하는 것을 포함한다. 우리는 시대가 비교적 안정되고, 우리의 환경을 어느 정도 통제할 수 있을 때 계획을 가장 잘 세운다. 하나님은 가장 효율적인 계획을 세울 수 있는 분이다. 왜냐하면 인간보다 더 시대를 잘 이해하고 미래를 알며 그리고 미래를 절대적으로 통제하기 때문이다.[17] 반면 효율적으로 계획하는 사람은 계획할 때 하나님의 인도하심을 구하고, 다른 사람들의 의견을 들으며 계획들이 잘 수행될 수 있도록 하나님의 은혜를 구한다. 상담과 상담의 미래에 관하여, 우리의 경력, 상담 회기, 회의 그리고 훈련 프로그램 등을 신중하게 계획하는 것은 현명한 일이다. 이 책은 대부분의 다른 책들과 마찬가지로, 많은 시간 신중하게 계획하여 나온 결과다.

4. 준비하기

미래를 위하여 준비하는 것은 계획하는 것과는 다르다.[18] 준비를 잘하는 것과 계획을 잘 세우는 것은 두 가지 모두 하나님의 말씀을 듣고, 그에게 복종하며, 그의 인도를 받는 것이다. 그러나 계획하는 사람은 미래를 위한 지도를 만들어서 이것을 미래의 길잡이로 사용한다. 이와는 반대로 준비하는 사람은 하나님이 길을 열어주시기를 기다린다. 계획한다는 것은 인간의 창조성과 지혜를 의미하지만 준비한다는 것은 분별하는 것에 초점을 맞추어서 하나님의 인도를 믿는 것이다.

침례교인 존은 준비하는 사람으로, 사람들로 하여금 예수님을 만날 준비를 하게 한다.[19] 구약의 여호수아도 준비하는 사람이었다. 그는 백성들에게 하나님을 신뢰할 것을 당부하며 그들이 이전에 지나보지 못한 길로 하나님이 인도하실 거라고 말했다. "여호와께서 내일 너희 가운데에 기이한 일들을 행하시리라."[20] 이들은 자신을 깨끗이 하여 하나님이 자신을 통해 행하시도록 준비한다.

나는 릭 워렌 목사의 책 『새들백 교회 이야기 *The Purpose-Driven Church*』를 처음 읽었을 때의 흥분을 아직도 기억한다.

> 남부 캘리포니아는 해변으로 유명하다. ……그래서 대부분의 학교에서는 서핑을 정규 교과 과정에 포함시키기도 한다. 만일 당신이 서핑 수업을 듣는다면 서핑에 대한 모든 것을 배우게 될 것이다. 어떤 장비를 선택해야 할지, 서핑하기에 적당한 파도를 어떻게 알아볼 수 있는지, 어떻게 하면 가능한 한 오래 파도를 탈 수 있는지……. 그러나 당신은 결코 '어떻게 하면 파도를 일으킬 수 있는가?'에 대해서는 배울 수 없을 것이다. 서핑은

하나님이 만들어놓은 파도를 타는 예술이기 때문이다. 파도는 하나님이 일으키셔야 하며 서퍼들은 단지 파도를 탈 뿐이다. ……서핑을 하는 사람들은 적당한 파도가 일어나는 것을 볼 때, 비록 그것이 폭풍 가운데 있을지라도 멋진 서핑을 한다. 이렇게 숙련된 서퍼들처럼 교회 지도자인 우리도 하나님의 영의 파도를 인식하고 그것을 타면 된다.[21]

이 글을 읽었을 때, 나는 기독교 상담과 미래의 역할에 대한 새로운 관점을 갖게 되었다. 물론 상담자는 사람들로 하여금 자신의 문제를 다루어서 새로운 문제로 발전하는 것을 방지하도록 하지만, 우리는 그것보다 더 큰일을 할 수 있다. 우리는 사람들의 삶에서 하나님이 하시는 일을 분별할 수 있다. 기독교 상담자인 우리는 하나님이 어떤 파도를 만들어내든지 그것을 깨달을 수 있도록 준비할 수 있다. 서핑하는 사람들처럼, 상담자들도 하나님이 만들어놓은 파도를 타면서 내담자들도 똑같이 할 수 있도록 돕는 것이다.

이 파도를 보려면 우리는 어떻게 준비해야 하는가? 기독교 상담의 미래를 생각할 때, 하나님이 어디로 움직이는지, 혹은 무엇을 축복하는지 그리고 그 파도를 어떻게 탈 것인지 생각해보아야 한다. 하나님이 우리들에게 원하시는 것이 무엇인지 어떻게 알 수 있을까? 경제 지도자들과 잇사갈의 현명한 사람들처럼, 우리는 주변에서 일어나는 일을 신중하게 관찰한다. 그리고 우리가 살고 있는 시대를 형성하는 세력에 민감하게 되어서, 이것으로부터 미래를 위한 최선의 행동을 분별한다. 그러나 그것이 다는 아니다. 우리는 기본적으로 기독교 가치와 신앙에 우리 자신을 고정시켜서, 하나님을 더 잘 알기 위한 시간을 갖고, 하나님의 음성을 듣고, 그리고 열려 있는 마음을 가진 베뢰아(Berea) 사람들처럼 미래를 준비한다. 그들은 하나님으로부터 오는 메시지를 주의 깊게 듣고 성경을 탐색하기 때문에 무엇이 진실한가를 분별할 수 있었다.[22]

기독교 상담은 어디로 가고 있으며 하나님은 어디에서 일하고 계실까? 다음에 나오는 것은 수년 내에 변화할 것이고, 그리고 미래의 독자들은 이번 장 뒤에 나오는 것을 채택해야 할 것이다. 그러나 21세기 초의 관점에서 보면, 새로운 방향으로 우리를 움직여갈 수 있는 변화의 물결이 최소한 열 가지는 될 것으로 보인다. 그것들은 우리가 미래를 예측하고, 하나님이 하실 일을 준비하도록 해준다. 어떤 상담자도 이 모든 파도나 나타날 다른 파도를 탈 수는 없지만, 그 사람의 능력, 관심, 소명, 그리고 훈련에 따라서 이 중 한두 가지의 파도를 타고 서핑을 하는 것이다.

파도에 뛰어들기 전에, 변화하는 시대의 파도는 서핑하는 사람들이 타는 파도와 다르다는 것을 관찰하는 것이 좋다. 하나의 파도가 밀려오고, 해변에서 부서져 사라진다. 그리고 또 다른 파도가 뒤따라온다. 변화하는 파도들은 모두 동시에 와서, 서로서로 상호작용하는 경향이 있다. 한 파도의 변화는 모든 다른 파도들에게 영향을 줄 것이고 또 영향을 받을 것이다. 아마도 이것은 당신에게 도전 또는 혼란을 줄 것이다. 아마도 당신은 지금 하고 있는 것을 고집하고 싶고, 다른 사람들에게 미래의 파도를 타게 할 것이다. 당신의 관점이나 소명의 의미가 무엇이든, 나는 상담자들이 격려 받아서 하나님의 영의 파도를 인지하고 위험을 무릅쓰더라도 그 파도를 타고 앞으로 나아갈 수 있기를 바란다.

1. 기술의 쓰나미

때때로 나는 대학원 시절이나 교수 생활을 처음 시작했을 때에 대해 학생들에게 농담처럼 말한다. "우리는 타자기라는 기이한 물건을 사용했단다. 우리는 교수들에게 과제를 제출할 때도 컴퓨터로 작업하지 않고 직접 적어서 냈지. 그때는 인터넷이나 웹 사이트가 없었기 때문에, 사전에서 철자를 찾아보고 그리고 도서관에서 조사하면서, 책을 보았지. 그리고 플러그를 끼워야만 작동하는 라디오를 통해서 음악을 들었고, 역시 선을 연결해야만 하는 전화로 통화를 했단다. 비디오게임이란 것도 없었기 때문에 이런 걸로 정신이 흐트러지지 않았지."

불과 몇 년 전만 해도, 오늘날 당연하게 받아들이는 이런 기술의 진보를 상상이나 했겠는가? 우리의 삶에 여러모로 영향을 끼치고 있는 폭발적인 기술 발달은 단순한 파도가 아니다. 기술은 강력한 쓰나미처럼 그리고 그와 같은 특성을 갖고 우리들을 강타했다. 쓰나미처럼 기술은 예기치 않았던 힘을 갖고 왔다. 그것은 우리 문화의 거의 모든 면에 영향을 끼쳤고, 공동체와 관계를 파괴할 힘을 보여주었고, 그리고 환경을 영원히 변화시켜놓았다. 그러나 조수의 영향을 받는 파도와는 다르게 디지털 혁명은 결코 멈추지 않는다. 종종 과거에 이룩했던 많은 것을 파괴하기도 하지만 긍정적인 파도도 가져온다.

우리는 긍정적으로 시작할 것이다. 기술 때문에 세계의 어느 곳에서나 어느 때나 그리고 무한한 원천으로부터 유용한 정보를 사용할 수 있다. 이것은 우리가 배우고, 내담자를 이해하기 위한 정보를 얻고, 심리 테스트를 하고, 조사를 하고, 그리고 다른 사람들의 조사 결과를 얻는 방식에 긍정적인 영향을 끼친다.[23] 상호작용하는 디지털의 능력은, 우리가 회의에 참석하거나, 치료를 하고, 문제를 줄이거나 방지할 수 있는 세미나를 인도하는 동안, 우리 모두를 집에 머무를 수 있게 한다. 실제적인 치료의 윤리와 효율성은 여전히 논쟁이 되고 있지만, 다른 방법으로는 치료의 도움을 결코 받지 못할, 특히 먼 곳에 있는 사람들이 이러한 접근법들로부터 상담을 받을 수 있고 그리고 상담자들을 만날 수 있게 된다는 것은 의심의 여지가 없다.[24] 우리 모두에게 기술은 의사소통하고, 쇼핑하고, 사업을 하고, 의술 치료를 하고, 시간 활용을 하고, 오락을 하거나 만나고, 그리고 다른 사람들에게 영향을 끼치는 방법에 변화를 주었다.[25]

기술, 특히 인터넷은 사람들을 연결시키고 사람들에게 힘을 줄 수 있지만, 다른 사람들로부터 소외되고 단절되어 주류에서 빠지는 느낌을 줄 수도 있다.[26] 그것은 굉장히 좋은 일 곧 의사소통을 하고 유익한 정보를 나누는 데도 사용될 수 있지만, 또한 관계나 가족을 파괴하고, 그리고 살인을 하기로 결심한 테러리스트와 다른 사람들을 연결시키는 데도 사용될 수도 있다.[27] 사이버 기술은 "사업으로부터 교육, 건강관리, 정부에 이르기까지 모든 경제와 사회 기관을 변화시킬 잠재력을 갖고 있다."[28] 그것은 어떤 사람들에게는 커다란 잠재력을 나타내지만 다른 사람들에게는, 특히 열린 의사소통을 싫어하고, 억압적이고, 비밀스럽고, 계급적 관료들을 더 좋아하는 사람들에게는(정부를 포함하여), 많은 스트레스와 위협을 나타낸다.[29] 같은 기술이 유용하고 진보된 정보를 널리 알리는 데 사용될 수 있는 반면, 파괴적인 성, 냉혹한 폭력, 왜곡된 생각, 그리고 인터넷 포르노 중독을 자극하는 도색적이고 폭력적인 이미지를 쉽게 퍼트릴 수 있다는 사실은 슬픈 일이다.[30]

대부분의 상담자들은, 특히 나이가 든 상담자들은 기술 사용에 노련하지 않거나 혹은 사이버공간의 힘과 위험에 대한 지식이 부족하다. 그럼에도 불구하고 하나님은 이 파도가 우리의 세계를 휩쓸도록 허락하셨고, 우리는 좋은 영향도 끼치고 나쁜 영향도 끼치는 이 파도를 무시할 수 없다.[31] 우리는 내담자들, 동료들, 그리고 다른 사람들과 빠른 속도로 만날 수 있는 디지털 방식으로부터 계속해서 유익을 얻을 것이다.[32] 그리고 웹 페이지, 대화방, 블로그, 조사 기관, 그리고 전자 데이터베이스 등으로부터 최신 정보를 얻기 위하여 기술을 사용할 것이다. 우리는 여러 기술적 방법을 통해 내담자들에게 다가갈 수 있고 정보를 줄 수 있다. 그리고 상담과 정신건강을 포함하여 교육 과정과 세미나를 들을 것이고, 자문을 주고받으며, 상담 분야의 흐름을 배우고, 그리고 서비스를 제공할 것이다.[33] 개인적인 수준에서, 대부분의 우리들은 계속해서 기술을 활용하여 쇼핑하고 의사소통하고 긴급 사태를 알리고 청구서를 지불하고 그리고 창조적인 방법으로 예배할 것이다. 혁신적인 상담자들은 정신건강의 원리와 기초 성경 지식을 가르치기 위하여 더 많은 게임과 비디오 프로그램을 발달시킬 것이다. 게다가 기술은 내담자들이 사이버공간에서 무엇을 배우는지 알고, 실제적인 성과 인터넷에서 야기된 폭력을 반대하는 방법을 알도록, 그리고 절도와 그 밖의 비윤리적 기술 사용으로부터 우리 자신을 보호하는 방법을 배울 수 있게 우리를 도울 것이다.

다른 많은 좋은 것들처럼 기술도 기업가와 미디어에 의해 해로운 가치와 파괴적인 태도를 퍼뜨리는 데 사용되고 있다. 그러나 우리는 기술의 긍정적인 면을 볼 수 있고 하나님이 그의 나라를 위하여 기술을 어떻게 사용하는가를 볼 수 있다. "위기와 혼란과 불확실의 시대에는 혼란의 세력이 우리를 무너뜨릴 때, 역사적 기회도 함께 펼쳐진다"라고 렉스 밀러(Rex Miller)는 말한다. "변화의 파도가 밀려올 때 우리는 무너진 제방과 함께 물에 휩싸이거나 옛것의 좋은 점을 살려 새로운 패러다임을 받아들이고 변화하는 세계에 적극적으로 참여할 수 있다."[34]

2. 세계화의 물결들

최근까지는 상담자들과 그들의 이웃들이 다른 세계에 대해서보다 자신의 공동체, 교회 혹은 직장에 초점을 맞추었다. 때때로 우리는 먼 곳에서 사역했던 선교사들로부터 그곳 이야기를 듣지만 전반적으로 가까이에 있는 우리 자신의 욕구와 우리들 자신을 중심으로 하는 좁은 관점을 갖고 있었다. 나는 이러한 편협한 관점이 미국이라는 특수성 때문이라고 생각하곤 했지만, 여행을 하고 나서는 나머지 다른 세계를 쉽게 무시하고 자신의 문화와 나라에 집중하는 것이 우주적 특징이라는 것을 확신했다.

수세기 동안 하나님은 우리들이 다른 곳에서 일어나는 일을 거의 알지 못한 채, 서로에게서 고립되어 있도록 하였다. 우리는 우리 자신의 언어, 삶의 방식, 가치, 기준, 좋아하는 음식, 종교, 그리고 문제가 있는 사람들을 돕는 방법들을 발달시켰다. 선교사들, 외교관들, 개척자들, 그리고 이따금씩 인류학자들이나 사업가들은 문화와 문화 사이를 여행하지만 나머지 사람들은 집에 머물러 있었다. 왜냐하면 부분적으로는 여행이 어려웠고 비쌌기 때문이다. 집에 머물러 있는 것이 더 편했고, 우리에게는 다른 장소를 알 수 있게 하는 미디어 매체가 없었다.

이렇게 내부를 향하던 태도는 급속도로 변하고 있다. 점점 늘어나는 국제적인 사람들 그리고 소수집단의 사람들이 이전에는 다중 문화가 아니었을 이웃과 도시로 이주하고 있다. 지금 해외로 휴가를 가고 자원해서 단기 선교 여행을 가는 사람들의 부모 세대들은 결코 집 밖을 떠나는 모험을 하지 않았다. 신문과 잡지를 통하여 천천히 나왔던 뉴스는 이제 텔레비전이나 컴퓨터를 통해 생방송으로 나온다. 그것은 테러리스트의 활동, 세계 기아, 부족 전쟁, 대폭풍이나 허리케인, 쓰나미, 그리고 자신의 나라를 포함하여 전 세계 곳곳에서 일어나는 정치적 불안 등이다. 이러한 변화의 영향은 우리가 이것을 알건 모르건, 모든 공동체, 집, 사업, 교회, 그리고 상담소로 들어오고 있다.

통찰력 있는 몇몇 작가들은 어떻게 문화와 나라 사이의 벽이 무너지고, 의사소통 장벽이 사라지고, 그리고 세계의 먼 곳에서 일어나는 사건들이 세계적으로 영향을 끼치는가를 보여주고 있다. 10년 전에 출판된 책에서, 사학자 사무엘 헌팅톤은 서구, 아랍, 그리고 동양 문화가 서로 다른 세계관과 가치(특히 서구의 오만함, 이슬람의 편협함, 그리고 중국의 독단성 사이의 충돌) 때문에 주로 대립할 것이라고 예언하였다.[35] 보다 최근에 베스트셀러 작가 토머스 프리드만(Thomas L. Friedman)은 세계를 나누었던 벽을 무너뜨리고 우리 모두에게 충격을 주었던 세력에 대하여 썼다. 프리드만에 따르면, 벽을 무너뜨리는 것에는 다음과 같은 것들이 있다. 베를린 장벽의 붕괴, 컴퓨터 윈도우 네트워크의 출현, 인터넷 브라우저(검색 프로그램), 자발적으로 나타난 실제적인 공동체, 비용이 더 싼 나라에서 외부 제작하거나 외부 용역을 이용하는 것, 월마트 맥도날드 소니와 같은 다국적 기업들, 야후나 구글과 같은 검색 엔진의 성장, 디지털 방식으로 이동하며 개인적이고 실제적인 방법으로 의사소통할 수 있는 우리 모두의 능력 등이다.[36] 이 모든 것은 변화의 물결(기술과 세계화)이 어떻게 서로에게 영향을 끼치는가에 대한 예를 보여준다.

이러한 변화는 상담자들, 내담자들, 그리고 상담의 미래와 어떤 관련이 있을까? 이 질문에 대한 답은 이 장에서 논의된 거의 모든 대답과 마찬가지로 이후에는 변화하겠지만, 크게는 다음과 같을 것이다.

- 대부분의 상담자들은 이미 많은 상담자들이 발견했던 것을 배우게 될 것이다. 한 집단 혹은 한 지역에서 효과가 있었던 상담 기술과 이론은 다른 곳에서는 효과가 없을 수 있거나 심지어는 해로울 수 있다.
- 공동체들은 점점 더 다중 문화로 될 것이다. 부적절한 상담자들과 교회는 이러한 변화를 계속 무시할 것이다.
- 상담자 훈련에는 두 가지 방법이 있을 것이다. 미국이나 영국의 상담자들이 카라카스(베네수엘라의 수도)나 콸라룸푸르(말레이시아의 수도)와 같은 곳에 있는 다른 상담자들을 가르치지는 않는다. 한때 우리의 학생이었고 지금은 세계의 다른 곳에 살고 있는 사람들은 그들이 지금 하고 있는 것보다 더 많은 것을 우리에게 가르칠 것이다. 그리고 우리 모두는 이렇게 다른 문화를 학습하기 때문에 더 유능한 상담자가 될 것이다.
- 한 나라의 훈련 기준, 윤리, 자격증, 그리고 다른 전문가적 문제들은 다른 나라에 영향을 끼치고 영향을 받을 것이다.
- 원거리 상담은 상호작용하는 기술을 활용할 수 있기 때문에 점점 더 증가하게 될 것이다. 그와 같은 기술은 상담자들이 국제 세미나, 워크샵, 그리고 자문 회의 등을 통하여 전 세계에 있는 동료들로부터 배울 수 있다.
- 상담자들과 다른 정신건강 전문가들은 점점 더 외교관, 기업 지도자들 그리고 다른 사람들과 함께 일하면서, 다양한 집단들이 장벽을 무너뜨리고, 갈등에 대처하고, 다른 문화와의 의사소통을 배우고, 편견과 전쟁의 황폐를 치유하거나 민족 정치적 갈등으로 불렸던 것을 해결하도록 돕는다.[37]

세계의 벽을 허무는 이 모든 제안들은 상담, 생활, 기업, 외교, 그리고 미래의 선교에 주요한 영향을 끼치게 될 것이다.[38] 이러한 결론을 지지하는 연구를 찾을 수는 없지만, 상담자들을 포함하여 몇몇 개인들은 국제적 문제에 선천적으로 민감하고 그리고 다른 문화에 있는 사람들과 만나는 고유한 능력을 갖고 있는 것 같다. 이 사람들은 자신의 공동체에 있는 국제적인 사람들과 보통 이상으로 관계를 잘 맺는 상담자들이다. 이 사람들은 미래의 세계화 물결을 타고 영향을 끼치는 국제적인 마음을 가진 상담자들이다.

3. 생명공학의 다양한 흐름들

만일 교황으로부터 왔다고 주장하면서, 중요한 바티칸 회의에서 연설해줄 것과 당신과 당신 가족을 위한 교황의 개인적 접견을 제안하는 이메일 메시지를 받았다면 어떤 반응을 보일 것인가? 아마도 대부분은 이것을 농담으로 넘길 것이고 잊어버릴 것이다. 그것은 실제로 심리학자 다니엘 시걸이 가족을 위한 교황청 회의로부터 공식 편지를 받고, 그 이전에 인터넷 초청을 받았을 때 그의 마음에 들었던 생각이었다. 분명히 요한 바오로 2세는 시걸의 연구에 대하여 들었고 바티칸 회의에 그가 참석하기를 원했다.[39]

시걸은 매력 있는 연설자로서 '대인관계 신경생물학'이라는 두뇌 과학의 최고 발전들을 상담실로 가져오게 했던 사람으로 알려져 있다. 시걸이 1980년대에 정신의학을 공부했을 때, 그 분야는 정서적 그리고 정신적 문제들을 순수하게 의학적 질병으로 정의하는 것에 초점이 맞추어졌다. "나는 의학 검사를 위하여 환자들을 30분 동안 보고 그들을 3개월 후인 다음 약속 때까지 보내버리는 동료들과 훈련생들을 증오했다"고 시걸은 인터뷰에서 말했다.[40] 반면에 심리학이나 사회사업과 같은 비의학적 전문직에서 일하는 많은 사람들은, 생물학적 영향력이 오랫동안 상담과 다른 형태의 이야기 치료의 기초가 되어왔던 사회-심리학적 이론들만큼 중요하다거나 혹은 그보다 더 중요하다는 증거가 점점 많아지고 있다는 것을 아직도 반대한다.[41]

바람 부는 날 파도가 해변가에서 부서지는 것을 바라보며 서 있는 사람들처럼, 모든 상담자들은 지금 상담하고 있는 방법을 변화시킬 것 같은 생물학에 기초한 정보의 새롭고, 때로는 흥분되는 큰 파도의 공세를 받고 있다. 아마도 대부분의 상담자들은 이러한 변화를 모를 것이다. 그리고 만일 우리가 전문가가 아니라면, 대부분은 생명공학, 나노기술, 생명 윤리, 유전공학, 그리고 다른 과학 분야의 단계적 발달을 이해할 수 없을 것이다. 이러한 것들은 우리의 삶을 좋게 변화시켜서, 기독교 상담을 포함한 상담에 혁명을 일으킬 잠재력을 갖고 있다. 이러한 발달은 또한 비윤리적 혹은 비도덕적 사람들에 의하여, 그리고 윤리적 기준이나 분명한 가치가 없는 선의의 사람들에 의하여 파괴적인 방법으로 사용될 가능성도 있다.

나는 이 책을 나의 전문 상담자 경력의 거의 마지막에 쓰고 있다. 만일 내가 오늘 다시 시작할 수 있다면, 나의 삶에 성취감과 매력을 주었던 전문 상담자의 길을 다시 선택하겠지만, 초점은 다른 것에 맞출 것이다. 나는 행동의 심리학적 기초에 대하여 그리고 두뇌 화학, 신경생리학, 그리고 유전학이 상담 분야를 변화시킬 수 있는 방법들에 대하여 좀 더 많이 배울 것이다. 나는 게놈, 생물 정보학, 바이오컴퓨터, 나노 기술, 그리고 내가 지금 이해하지 못하는 다른 분야들을 더 잘 이해하기 위하여 노력할 것이다.[42] 만일 내가 대학이나 기독교 전문 상담자 기관에 더 오래 있을 수 있다면, 행동에 대한 생물학적 토대를 더 많이 이해하고 그것에 대한 학습 과정들을 촉진시키기 위하여 내가 할 수 있는 무엇이든 할 것이다. 나는 하나님의 영광을 위하여 그리고 상담 동료들이나 내담자들과 같은 사람들의 선을 위하여, 하나님이 허용하고 일으키신 신경생리학적 물결들 중의 하나를 잡을 것이다. 나는 그러한 상담자들을 감탄하고 경외하는 마음으로 본다. 그들 중 많은 사람들은 젊고, 계속 변화하는 생명공학 물결들 중의 하나를 타기로 선택한 사람들이다. 이렇게 젊은 지도자들 중의 많은 사람들이 신선하고 새로운 방식으로 전문 상담을 구체화할 것이라고 예측할 수 있다.

4. 전체적 뇌 사고

인간의 두뇌가 두 부분 혹은 반구로 나뉘어져 있다는 것은 잘 알려진 사실이다. 두 반구들은 함께 활동하고 뇌량(Corpus Callosum)이라 불리는 수백 만개 신경섬유의 두꺼운 띠를 통하여 정보를 나눈다. 이러한 협력에도 불구하고, 각각의 반구는 특수한 능력을 갖고 있는 것으로 보인다. 제39장에서 우리는 좌반구가 뇌에서 논리적-수리적-언어적 기능에 초점을 맞춘 면이라는 것을 알았다. 이것은 단어, 상징, 글자, 상세한 설명, 분석, 계산, 그리고 과학적 개념들을 다루는 부분이다. 반대로 우뇌는 시각적 이미지, 그래프, 차트, 정서, 예술, 음악 감상, 공간 능력, 그리고 창조적 상상 등을 다룬다.

그 동안 서구 사회에서는 좌뇌의 과학, 곧 경제, 기술, 논리, 그리고 개념이 정신적 활동보다 우세하였다. 심리학자들이 지능 테스트를 만들었을 때, 그들은 좌뇌의 과제에 초점을 맞추었고, 교육자들과 이야기 치료를 발달시킨 사람들도 그랬다. 제너럴모터스나 미쯔비시와 같은 회사들은 좌뇌에 초점을 맞추어 품질, 기술, 효능, 안전성이 높은 자동차를 만들었다. 디자인이나 색깔과 같은 우뇌의 문제는, 그다지 중요하지 않은 문제로 격하되었다.

하버드대 교수 하워드 가드너는 좌뇌의 기능이 지능에서 주요 결정인자라는 개념에 처음으로 도전장을 던진 사람이었다. 가드너는 자신의 연구에서 다중지능이 있음을 보여주었는데, 이것은 좌뇌의 언어, 논리적, 수리적 지능이 중요한 것과 마찬가지로 우뇌의 관계, 정서, 음악, 공간 지능도 중요하다는 것이다.[43] 우뇌의 중요성은 프록터앤갬블(Procter and Gamble)과 같은 사업을 번창하게 했다. 그 회사에서는 디자인, 혁신, 그리고 전략을 담당하는 부사장을 고용하였다. 그는 직원들에게 마케팅과 판매 성공이 상품 포장을 어떻게 디자인하느냐, 그리고 그 상품이 얼마나 쉽게 사용될 수 있는가와 의미심장하게 관련되어 있다는 것을 이해시키기 위해 아낌없는 지원을 했다.[44] 큰 자동차 회사들도 구매자와 많은 잠재 고객들이 연료 효율성, 가격, 혹은 품질에 감동받지 않고 오히려 디자인, 색깔, 그리고 차 모양에 의해 더 많은 영향을 받는다는 것을 알게 되었다. 분명히 많은 큰 회사들이 MBA 출신의 가능성 있는 고용인들 그리고 시장을 분석하고 숫자를 다룰 수 있는 능력을 가진 고용인들을 찾는 데 관심을 덜 갖는 추세가 되었다. 대신에 우뇌를 사용하는 디자이너, 예술가, 이야기를 잘하는 사람들, 발명가들, 그리고 전체를 보는 사람들에 대한 수요가 더 커지고 있다.[45]

언론인 다니엘 핑크는 좌뇌 사고를 강조하는 데서 개념적으로 생각하는 우뇌를 더 강조하는 이 변화를 문서로 증명하는 흥미로운 책을 썼다.[46] 이것은 뇌의 한쪽을 다른 한쪽보다 더 강조하라는 것이 아니다. 핑크의 책은 마침내 우리가 보다 더 균형 잡힌 강조를 한다고 말하는데, 그 이유는 두뇌의 양쪽이 모두 교육, 마케팅, 서비스 사업, 의학, 그리고 상담과 같은 분야에 영향을 끼치기 때문이다.

수년 동안 어린이들을 상담하는 상담자들은 어린아이들이 놀이, 드라마, 그림 그리기나 이야기하기를 통하여 의사소통하는 만큼 자신들의 감정을 말로 표현할 수 없다는 것을 알았다. 테러리즘이 널리 퍼진 시대에 많은 어른들도 감정 표현 치료라고 하는 것을 통하여 자신들의 문제를 다루고 자신들을 표현한다.[47] 한때 상담의 지위에서 주변으로 밀려났던 음악, 예술, 춤, 그리고 모래 치료를 포함하는 비언어 치료가 보다 더 주류를 이루게 되었다.[48] 어떤 상담자들은 공포증과 다른 불안 장애를 치료하기 위하여 특별히 만들어진 비디오게임을 사용하는 것에 성공했다고 보고한다. 그 게임은 운전, 비행, 높은 곳, 좁은 공간, 그리고 다른 두려움을 유발하는 상황을 자극하여서, 게임을 하는 사람들(내담자들)이 자신의 문제를 다룰 수 있도록 했다. 현재 미국은 6세 이상의 50%에 달하는 사람들이 컴퓨터와 비디오게임을 하고, 그리고 비디오게임 산업이 전체 동영상 산업보다 크다.[49] 비디오게임과 다른 감정 표현 방법들은, 좌뇌를 사용하는 전통적인 이야기 치료와 함께 사용될 때, 더 효율적인 것으로 입증되고 있다.[50] 지금까지 감정 표현 치료법들을 평가하는 대부분의 연구는 견고한 경험적 조사없이 일화와 사례의 형태로 되어 있었다.

하워드 가드너의 변화하는 마음에 대한 매력적인 책은 보다 더 연구 지향적인 것이다.[51] 상담자들은, 만일 사람들이 그들의 생각을 변화시킬 수 있다면, 종종 행동의 변화도 따라온다고 알고 있다. 유능한 연설자 혹은 설득력 있는 상담자나 선생님의 논리는 사람들의 생각과 행동을 변화시킬 수 있다. 이것은 생각, 개념, 이론에 초점을 둔 좌뇌에서 생긴 변화다. 그러나 좌뇌가 변화를 가져오지 않을 때도 있다. 대신에 사람들은 이야기, 경험, 감정, 그림 그리고 다른 사람들과의 활동에 참여하는 것 때문에 변화된다. 그것은 우뇌의 활동으로, 좌뇌만큼 설득력이 있거나 혹은 그보다 훨씬 더 영향력을 끼칠 수 있다.

전뇌에 대한 새로운 강조는 실제로 미래 상담의 조류인가? 기독교 상담자들은 그들의 이야기 치료에 보다 우뇌적인 감정 표현 경험을 보충해야 하나? 기도, 고독, 명상, 봉사, 예배, 그리고 고백과 같이 오랫 동안 입증된 영적 훈련들이 우뇌와 좌뇌 모두를 포함하는 매우 실제인지 치료인지 논의해볼 수 있을 것이다. 사랑, 기쁨, 평화, 관대함, 그리고 자기통제와 같은 성령의 열매를 발달시키는 것은 좌뇌와 우뇌 모두를 사용하는 외상과 불안을 치유하는 중요한 요소들이다. 전체 두뇌 사고의 물결들은 우리가 논의하고 있는 다른 것들만큼 크게 부각되지는 않겠지만, 다른 사람들을 돕는 일의 성격에 변화를 줄 것이다.

5. 포스트모더니즘의 물결들

한 학생이 나의 연구실로 들어와서 포스트모더니즘, 탈구조주의 그리고 내가 전혀 들어보지 못했던 개념들에 대하여 말했던 때가 생각난다. 아마도 30여 년 전이었을 것이다. 나는 이런 것들이 문화 속에 깊숙이 침투되어 있는 개념들이었다는 것을 그때는 잘 몰랐다. 그런 것들은 나의 세계나 나의 교회, 기독교 상담 분야에서는 그렇게 많은 부분을 차지하지 않았던 개념들이다. 오래지 않아 나는 우리가 살고, 사업을 하고, 그리고 서로 관계를 맺는 방식과 교육의 너무 많은 부분을 변화시켰던 포스트모던 철학에 대하여 배우기 시작했다. 이윽고 나는 세미나와 교실에서 포스트모더니즘에 대하여 이야기하기 시작했고, 특히 우리가 교회 밖에 있는 사람들에게 효율적으로 다가가려면, 21세기에는 새로운 유형의 상담이 필요하다는 것을 논의했다. 대부분 나를 공허하게 바라보거나 관심 없이 무시했다. 다른 기독교인들처럼 나도 몇몇 믿는 친구들이 포스트모더니즘을 공격하고, 그것을 일시적으로 지나가는 유행처럼 무시해버리려 하고, 그리고 그것을 근절시키는 것에 대하여 순진하게 말했을 때, 그냥 지켜보기만 했다.[52]

신학자 칼슨(D.A. Carson)은 포스트모더니즘에 대하여 쓰고 말하는 많은 기독교인들이 실은 포스트모더니즘에 대하여 불완전하고 잘못된 이해를 하고 있음을 보여주었다.[53] 그렇다 하더라도 많은 세속적 심리학과 치료를 포함한 문화는, 종종 기독교인들이 여전히 새로운 것으로 보는 포스트모더니즘이라는 단어를 더 이상 사용하지 않음에도 불구하고, 포스트모더니즘의 기초를 포함하고 있으며 계속해서 발전하고 있다.[54] 기독교 교회와 기독교 상담이 적절한 관계로 있으려면, 우리는 문화의 기본적인 세계관을 무시할 수 없다. 우리가 기본적인 성경의 진실을 고수하는 바로 그때, 우리의 생각과 실제에서 변화할 필요가 있다.[55] 포스트모던 세대의 상담은 이야기, 경험적 학습, 그리고 진실하고, 참되고, 믿을 수 있는 상담자들을 모델로 삼는 것을 더 많이 강조하게 될 것이다. 이 책의 첫 장에서 이미 기독교 상담에 미치는 포스트모더니즘의 영향을 논의했기 때문에 다시 반복할 필요는 없을 것이다.

포스트모더니즘에는 기독교 교리와 일치하지 않는 주의가 여럿 있지만, 하나님은 전 세계에 넘치는 이 물결을 허락하셨다. 만일 우리가 그것을 무시하고, 그것을 이해하지 못하거나, 혹은 포스트모던 사고방식에 적응하지 못한다면, 우리의 상담은 부적절한 것이 될 것이다.[56] 우리가 이것을 좋아하든 좋아하지 않든, 혹은 인지하든 인지하지 못하든, 우리들 각자는 여러 가지 방식으로 포스트모던 물결에 밀리고 있고 그 물결을 타도록 강요받고 있다.

6. 영성의 변화 물결들

영성의 새로운 물결들이 지난 30~40년 동안 전 세계를 휩쓸었다는 것은 공공연한 사실이다. 물론 영적 민음은 처음부터 문화의 핵심에 있었다. 구약은 종종 우상들, 신들, 그리고 다양한 사회에 있는 영적 예배들에 대하여 말한다. 인류학자들은 소외된 사람들의 믿음 체계를 우리에게 보여주었는데, 그 사람들은 수세기 동안 위로하고 그리고 환경을 통제하는 느낌을 주는 종교 의식에 의존해왔다. 현대 세계는 기독교, 이슬람교, 그리고 유대교 안에 있는 종파의 다양성과 주요 종교들에 대하여 알고 있다.

이러한 깨달음 중에서 많은 것은 종종 세련되지 않은 시대와 사람들로부터 나온 부적절한 흔적이라 해서 종교와 영성을 버렸던 계몽 시대와 함께 사라졌다. 그리고 지난 몇십 년 동안 지각은 다시 변화하기 시작했다. 많은 사람들이 채택했던 지성주의, 인본주의, 쾌락주의, 물질주의, 그리고 세속주의 안에 무언가 부족한 면이 있다는 것이 최근 깨달아지고 있다. 새로운 세기에 들어오면서 파스칼의 진술이 옳았음이 다시 한 번 분명해지고 있는 것 같다. "모든 인간의 마음속에는 우리 자신의 것으로는 결코 채울 수 없는 하나님이 만드신 빈 공간이 있다."[57]

앞장에서 나는 심리학자들, 정신 의학자들, 그리고 다른 정신건강 전문의들이 영적인 영향력에 대하여 가장 강하게 저항하는 사람들이라고 지적했다. 하지만 이것도 변하고 있다. 책, 세미나, 그리고 콘퍼런스에서 나눠지는 대화를 살펴보면 점점 더 영성에 초점이 맞추어지고 있음을 알 수 있다.[58] 많은 내담자들이 신을 믿고 있는데 그것은 그들이 영성을 무시하거나 피하는 상담자에게서는 도움을 받을 수 없다는 것을 의미한다. 비록 많은 상담 전문가들이 영적이지 않고 또한 종교적이고 영적인 내담자들을 상담하는 훈련을 받지 않았음에도 불구하고 더 이상 영성이라는 주제에 대해 금기시하지 않는다.

요즘은 비서구적이고 다른 영성에 더 큰 관심이 쏠리지만, 대체 치료법들과 다른 치유 방법들에 대한 관심도 증가하고 있다. 이러한 방법들에는 상담자들이 권장하는 특별한 다이어트, 운동, 혹은 허브 치료법 그리고 아로마 치료, 요가, 타이, 최면 요법, 상상, 침술, 마사지, 그리고 삶의 에너지나 활력의 방향을 바꾸거나 혹은 자극한다고 주장하는 치료법 등과 같이 논의의 여지가 있는 방법들도 포함된다. 종종 이러한 방법들은 아프고, 불안하고, 우울하고, 그리고 두통이 있는 사람들에게 사용된다. 그 치료법들은 전통적이고 기술에 근거한 서구 의학의 대안으로 시도되는 경향이 있다. 때때로 이러한 방법들은 지식이나 경험이 부족한 상담자들을 통해 사용되기도 하기 때문에, 정당성이 의심스러운 대체 치료법들은 상담자들의 윤리 문제와 연결되기도 한다.[59]

영성과 대체 치료법들 중 많은 것들이 수세기 동안 있어왔고, 그것들의 효율성에 대한 풍부한 증거도 있다. 이들 증거는 대부분 과학적이거나 정확하지 않다. 그러나 이러한 방법들을 주장하는 많은 사람들은 서구의 연구 방법들이 특히 좌뇌 사고에 기초하고 있지 않은 경우 그 효과를 측정할 수 없고 조직적으로 평가할 수 없다고 주장한다. 기독교인의 경우 기도, 종교적 은둔, 예배, 혹은 홀로 있음의 가치를 입증하는 과학적 증거 자료를 제출할 수도 있을 것이다.

기독교 상담자들은 비기독교 영성 혹은 고대의 대체 치료법들이 널리 관심을 얻는 것에 대하여 불편할 것이다. 사탄의 존재를 믿는 사람들에게, 어떤 것은 비성경적으로 보이고 심지어는 악마로부터 나온 것으로 보인다. 그러나 때때로 하나님은 자신을 반대하는 사람들과 그들의 것들을 사용해서 목적을 이루신다는 것을 우리는 알고 있다.[60] 몇 년 전만 해도 영성은 상담이나 심리학 콘퍼런스에서는 결코 언급되지 않았지만, 이제는 전문 상담자 모임에서도 기독교 영성이 받아들여지고 있다. 이렇게 대중적으로 된 영성은 상담자들에게 내담자들의 영적 문제들에 대하여 말할 새로운 기회를 준다. 반기독교를 포함하여 영성의 출현은 기독교 상담을 위한 새로운 기회의 문을 열어준다.

7. 변화하는 교회들

많은 존경을 받고 있는 기독교 심리학자가 최근에 기독교 상담의 미래에 영향을 끼치고 있는 주류에 대한 소논문을 썼다.[61] 그는 앞으로 평신도 상담이 활발해질 것이라고 암시했다. 교회의 크기가 커지기 때문에 더 많은 프로그램이 정신건강 문제에 초점을 맞추어서 진행될 것이라는 예측이다. 기독교 공동체에 있는 대부분의 사람들은 낮은 자존감을 연구할 것이고, 상담까지 곁들여서 영적인 방향으로 나아갈 것이다. 그리고 소수의 기독교인들은 계속해서 상담에 저항할 것이고 상담이 필요하지 않다는 생각을 고수할 것이다.

이러한 예언들이 맞는지는 시간이 밝혀줄 것이다. 분명히 상담자가 제안하는 것들 중에 어떤 것은 전통적인 교회들에서 일어날 것이다. 그러나 제3장에서 우리는 상담과 교회를 다른 접근법으로 보았다. 우리는 포스트모더니즘이 어떻게 젊은 세대들로 하여금 대형 교회를 피하게 했는가에 대하여 고찰했다. 이 사람들은 보다 친밀하고 적극적인 집회의 회원이 되는 것을 더 좋아한다. 이러한 집회는 포스트모던이 경험적 예배와 상호작용하는 참여를 선호한다는 것을 반영하는 것이다. 우리는 40세 이하의 많은 사람들이 다양한 비기독교 영성을 시도하고, 다양한 성적 경험과 실제 경험을 하며, 전통적인 종교와 상담에 대한 전통적 접근법들에 회의적인 시각을 가지고 있다는 것을 알고 있다.

지각 있는 목회자들에 의하여 쓰인 많은 책들은 교회 안에 변화의 물결들이 일어나고 있음을 보여준다. 많은 교회들이 거의 비어 있고 사라지는 반면, 어떤 교회들은 영적으로 굶주린 사람들에게 복음의 진실한 메시지를 전하기를 추구하면서 부흥하고 있다. 이 사람들은 종교를 좋아하지는 않지만 공동체의 일부분으로서 믿을 만한 신앙은 간절히 원하고 있다.[62] 그 공동체는 변화하는 문화 속에서 자신의 믿음 생활을 할 수 있는 곳이다.

이러한 교회의 물결에 꼭 들어 맞는 상담은 어디에 있는가? 믿는 사람들과 교회 지도자들 중에서 창조적인 젊은 세대가 새로운 변화의 물결을 타는 것처럼, 더 젊은 상담자 세대도 새로운 세대들에게 긍정적인 영향을 끼치는 기독교 상담의 형태를 만들기 위하여 기존의 토대와 접근법들을 넘어설 필요가 있다.

8. 변화하는 직업의식

정신건강 관련 직업에 종사하는 사람들에게 이 시대는 흥분의 시대이자 두려운 시대다. 흥분의 시대인 이유는 너무나 다양한 창조적인 직업과 최신 방법들 그리고 연구 결과물들, 새로운 기회를 제공하는 전문 직업,[63] 그리고 혁신적인 도전을 주는 세계의 사건들 때문이다.[64] 반면 두려운 시대인 이유는 불확실한 것들이 많고, 거대한 장애물들이 상담자의 진행을 막을 수 있기 때문이다. 그것은 학위를 따는 것, 훈련 요구 사항들을 실행하는 것, 자격증 시험에 합격하는 것, 전문가의 변화 전망을 학습하는 것, 성취적인 직업을 발견하는 것, 소송으로 진행될 수 있는 윤리적 문제를 피하는 것, 그리고 전문가의 새로운 도전에 대처하는 것 등이다. 미국에서 대중 건강 체계를 포함한 복잡한 문제들, 의료 관리와 보험 회사, 계속 변화하는 법적인 문제들, 적성 교육, 자격증 위원회, 그리고 약물학의 역할이 있고, 그리고 의학 학위 없는 상담자들을 위한 처방 특허도 있다.[65] 한 곳에서 다른 곳으로의 여행은 나라, 주, 혹은 지방마다 기준이 다를 수 있고 전문가에 대한 요구 사항 또한 장소마다 다를 수 있다.[66] 만일 상담 전문가들이 변화가 많은 환경에서 성장할 수 있다면, 젊은 상담 전문가들은 융통성 있고, 혁신적이고, 그리고 기꺼이 위험을 무릅쓸 수 있는 특별한 도전을 받을 것이다.[67]

몇 년 전만 해도 있지도 않았거나 두드러지지 않았던 새로운 특성들이 발달하고 있다. 이런 것들에는 건강 심리학[68], 고통 관리[69], 정부기관과 선발된 공무원들과 함께 일하는 것[70], 전문적으로 시골에서만 일하는 것,[71] 예방 프로그램을 개발하는 것,[72] 그리고 재판 자문으로서 법관들과 함께 일하는 것[73] 등이 있다. 두 가지 능력을 가진 전문가들은 특별한 기회를 갖는다. 이들은 변호사, 연구원, 작가, 사업가, 의사, 혹은 자격증을 갖춘 교사이면서 전문 상담자들이다. 두 가지 능력은 새로운 기회를 열어준다.

상담자들에 대한 더 많은 관심은 실제 상담에 변화를 가져올 것이다. 예를 들어 최근에 나온 "통합 건강관리 시스템은 상담자들을 의사들과 다른 건강관리 전문가들과 함께 치료 팀을 구성하게 했다. 그것은 "미국 건강관리 시스템에 다가올 큰 변화"일 수 있다. 이 변화로 인해 심리 치료는 오늘날 치료사들이 사용하고 있는 대다수의 치료법을 불신하게 할 수도 있는 또 다른 대규모의 변화를 일으키게 하는 화두가 되고 있다.[74] 경험이 많은 상담자들을 대상으로 한 심도 깊은 조사에서는 다음과 같이 예언하였다. (a) 인지-행동, 문화-감각, 인지, 그리고 절충, 통합 이론들의 사용이 증가할 것이다. (b) 고전적인 정신 분석, 해결 중심 치료법, 그리고 교류 분석은 쇠퇴할 것이다. (c) 직접적, 자기변화, 그리고 기술적 개입(온라인 치료, 비디오 치료, 그리고 전화 상담 등)은 계속 증가할 것이다. (d) 간편하고 비용이 적게 드는 기술들을 더 많이 사용할 것이다. (e) 과학적 연구에 근거한 방법들(증거에 기반을 둔 방법들)이 더 많이 사용될 것이다. 그리고 (f) 석사 수준의 상담자들은 보다 더 엄격한 훈련을 받을 것이고 상담 자격증을 필요로 할 것이다.[75] 이런 것들은 추측이긴 하지만 최근에 나온 경향에 근거한 것들이고 가능한 변화를 나타내는 것이다.

다시 한 번 우리는 이러한 전문 상담자의 문제들이 우리들 중 누군가가 타야 할 변화의 물결인지 묻는다. 만일 우리가 아직도 상담할 능력이 있다고 생각된다면, 이 많은 문제들 중에서 어떤 문제를 무시할 수 있는지 곰곰이 생각해보라. 만일 당신이 정신건강 전문의라면, 다른 상담자들이 갖고 있지 않은 가능성과 도전이 있을 것이다. 만일 하나님이 당신에게 이러한 위치에 있게 한다면, 그분의 바람은 무엇이며 그리고 가장 효율적으로 상담하기 위한 당신의 역할은 무엇인가?

9. 비전통적 교육

모든 상담자는 교사이다. 우리는 사람들이 더 잘살고, 스트레스에 대처하고, 새로운 기술을 적용하고, 하나님을 더 잘 알고, 그리고 다른 사람들과 좋은 관계를 맺도록 가르친다. 우리는 말, 경험, 이야기, 우리 자신의 경험, 그리고 다양한 다른 방법들을 사용한다. 때때로 우리는 부모들, 결혼한 부부들, 10대들, 혹은 학대받은 사람들이나 다른 외상이 있는 사람들을 가르치기도 한다. 우리들 중에 어떤 사람은 학급에서 세미나에서 혹은 교회 집회에서 가르친다. 우리들 중 소수는 내담자들이 어떻게 해야 더 잘 반응하는가를 가르친다.

모든 상담자는 또한 배우는 사람이다. 최소한 좋은 상담자는 배우는 사람이다. 그것이 우리가 계속해서 책과 학술지 소논문을 읽고, 학술회의에 가고, 인터넷을 자세히 조사하고, 연구하고, 다른 상담자들의 상담 방법을 관찰하고, 그리고 때로는 우리들 자신이 직접 상담을 받는 이유다.

수세기 동안 가르치는 것과 배우는 것은 현재에 비하면 비교적 단순했다. 예수님은 제자들을 가르칠 때, 아직도 적용되는, 다음과 같은 모델을 사용하셨다.

- 권세, 그들은 배우고 가르치기 위한 힘을 받았다(눅 9:1).
- 그들이 알아야 할 것에 대한 가르침(눅 9:3-4, 10:2-9).
- 그들이 만날 수도 있는 저항에 대한 경고(눅 9:5, 10:10-12).

- 실제로 훈련하는 경험(눅 9:2, 10:1).
- 피드백과 보고하기(눅 9:10, 10:17-20).
- 그들이 잘한 것에 대한 격려와 인정(눅 10:18-20).
- 해결해야 할 문제들(눅 9:12-17).
- 그들에게 기대하는 바를 직접 모범으로 보이심(눅 9:11). 제자들에게는 완전한 모델과 멘토가 있었다.

요약하자면, 예수님은 말과 경험, 경고, 피드백, 격려, 그리고 제자들이 볼 수 있는 예들을 사용했다. 우리도 가르치고 배울 때 이와 똑같이 하지만 지금은 그 과정이 효율적이고 보다 더 복잡하다. 우리는 데이터뱅크를 활용하고, 컴퓨터를 사용하고, 내용과 시각 이미지를 다운 받고, 비디오게임을 함으로서 배우고, 즉석에서 연결하고, 그리고 현실을 자극하는 디지털 방식들을 사용해서 기술을 배우고 잠재적 위기를 처리할 수 있다. 대학원생들조차도 컴퓨터 앞에 앉아서 화상 통화를 하면서 세계 여러 곳에 있는 어린이나 어른들을 생생하게 본다. 우리는 환자와 의사가 수천 마일 떨어져 있을 때도 외과 의사들이 수술하는 것을 상세하게 볼 수 있다. 화면을 통해 교전 지역의 한가운데 있을 수도 있고 그들이 상담하는 것을 앉아서 볼 수도 있다. 더 이상 우리는 여러 줄로 정열한 교실에 갇혀 있는 느낌을 가질 필요가 없다. 그 강의실 대신 저렴한 소형 기기들을 우리의 뒷주머니에 넣고 다니면서 어느 곳에서나 보고 듣고 상호작용하여 보다 재미있는 방법으로 그리고 보다 효율적으로 학습할 수 있다. 더 이상 우리는 학생들이 시험을 치기 위해 외우고, 교수는 그것을 등급을 결정하는 데 사용하고, 곧 잊어버릴, 트럭 여러 대 분량의 정보를 전달하기 위하여 교육이 존재한다고 가정하지 않는다. 더 중요한 것은 우리 모두가 그냥 외우기보다 생각하고 우리가 학습한 것을 삶과 상담에 연관시키는 법을 배우는 것이다. 기술은 우리가 알고 있는 것을 더 잘 생각하고 더 잘 적용하게 할 수 있을까?

디지털과 다른 기술은, 상담 교육을 포함하여, 교육에 대변혁을 일으키고 있다.[76] 상담을 배우는 학생들은, 디지털 기술 때문에 학습 과정을 밟으면서 경험이 많은 상담자들을 관찰하고, 심리 테스트를 실시해서 그 결과를 보고, 상담 실습을 하고, 슈퍼비전을 받고, 모든 종류의 시각적 보조 기구를 활용하고, 학습 과제를 제출하고, 교수들을 만나고, 그리고 상담 경험을 쌓을 수 있다. 첨단 기술로 학습하고 서비스를 제공하는 것은 직접 대면함으로써 오는 무언가는 없지만, 교육의 변화는 더 빠르게 계속될 것이다. 이것은 우리가 살고 있는 시대 때문에, 그리고 상담자들이 가르치는 사람들이면서 배우는 사람들이기 때문에, 무시할 수 없는 변화의 물결이다.

이 상담 책을 읽는 대부분의 독자들은 기술 전문가도 아니고 그리고 전자 학습의 최신 흐름에 대한 정교한 이해를 발달시키는 데 전념하는 사람들도 아닐 것이다. 대부분의 사람들은 이 장에서 인용한 열 가지의 물결들을 보고, 교육 이외의 다른 분야에 그들의 능력과 재능을 집중시킬 것이다. 그러나 하나님은 이렇게 빠르게 움직이는 분야에서 일하고 계신다. 상담자이자 배우는 사람이며 가르치는 사람인 우리는 강력한 쓰나미와 허리케인, 그리고 사이클론처럼, 우리들을 급습하는 힘들을 무시할 수 없다. 우리에게는 특별히 상담자와 신학 교육을 위하여 새로운 길을 닦는 개척자가 될 수 있는 재능 있는 사람들이 필요하다.

빌 게이츠(Bill Gates)는 마이크로소프트라는 회사를 통해 우리에게 정보 시대를 열어준 탁월하고도 비전 넘치는 사람이다. 그의 책들 중 하나에는 다음과 같은 장이 나온다. "교역: 인터넷이 모든 것을 변화시킨다" (COMMERCE: THE INTERNET CHANGES EVERYTHING.)[77] 여기 '교역'이라는 말 대신에 학습, 상담자 교육, 심지어 상담이라는 말을 넣어도 그 명제는 성립된다. 인터넷이 모든 것을 바꾼다. 이것은 변화의 강력한 물결에 대한 강력한 생각이다.

10. 긍정 심리학

《미국 심리학자 American Psychologist》라는 잡지는 21세기 초의 화두를 긍정 심리학으로 보고 이에 관해 가장 많은 페이지를 할애했다. 소개된 주요 기사는 전 APA 회장이며 긍정 심리학의 아버지로 불리는 마틴 셀리그먼이 공동 집필했다. 셀리그먼은 한 세기 이상 심리학과 다른 정신 건강 전문가들이 정신 질병, 문제의 원인, 그리고 역경에 대처하는 사람들을 돕기 위한 효율적인 방법들을 배우는 데 초점을 맞추었다고 주장한다. 이러한 노력은 많은 발전을 이루게 했다. 그러나 지나치게 병리학에만 초점을 맞춘 결과로 "가치 있는 삶을 살게 하는 긍정적인 면"이 결여된 인간을 그리게 되었다. 거기에는 "희망, 지혜, 창조성, 미래 지향적인 마음, 용기, 영성, 책임, 그리고 인내" 등이 없었다.[78] 부정적 심리학을 강조하는 이러한 전통과는 반대로 긍정적 심리학은 능력과 가치를 형성하는 것들에 새로운 초점을 맞추도록 제안되었다. 이런 것들은 역경의 조건 속에서도 성공하고 가치 있는 삶을 살도록 도울 수 있는 특성들이다.

21세기에 들어 긍정 심리학은 북미와 세계 곳곳에서 대중적인 움직임이 되었다. 그것은 주요 뉴스 잡지의 앞표지에 특집으로 실렸고, 다양한 국제회의에서 장려되고 있다. 그리고 다양한 책과 연구 과제에 상세히 설명되고 있으며, 존 템플턴 경(Sir John Templeton)이 설립한, 심리학에서 가장 큰 상인 템플턴 긍정 심리학 상(Templeton Positive Psychology Prize)도 생겨났다.[79] 한 인터뷰에서 셀리그먼은 긍정 심리학이 "다른 모든 치료를 대체하여 사람을 원격 조정하려고 한 것이 아니라 내담자들에게 낙관주의와 감사, 용서를 가르치고 그들로 하여금 자신의 고유한 정체성을 찾고 자신의 삶을 다시 꾸밀 수 있도록 하기 위한 방법으로서 제안된 것"이라고 강조했다.[80] 초기에 가장 흥미롭게 발전한 것들 중 하나는 미국정신의학회에서 나온 '정신병의 진단과 통계'와 대조되는 것으로 긍정적 정서를 분류해놓은 책의 발전이다.[81] 셀리그먼은 전통 상담이 "내담자들이 자신의 고통을 말하고 그것에 직면함으로써 고통을 극복하는 것이 유익이라는 무언의 전제 위에서 이루어졌다"[82]고 말한다. 하지만 긍정 심리학은 사람들로 하여금 좀 더 나은 미래를 내다보고 약점에 초점을 맞추기보다는 강점을 살리도록 돕는 치료의 보완책이라 할 수 있다.

긍정 심리학은 기독교나 영적인 뿌리를 주장하지 않는 세속적인 변화다. 비록 긍정 심리학의 저변에 인본주의나 포스트모던이 강하게 흐르고 있지만, 많은 부분이 기독교적 사고에 동조하고 있는 것도 사실이다. 용서를 한 예로 들어보자. 긍정 심리학이 나오기 전에는 죄책감과 고통이 종종 상담자들의 초점이었지만, 오늘날에는 진실한 감사, 용서하는 것, 그리고 다른 사람들로부터 용서를 받아들이는 것의 유익을 강조한다. 우울은 언제나 상담자들의 주요 관심사였다. 그러나 행복과 낙관주의에도 초점을 맞추는 새로운 변화가 일어났다. 긍정 심리학에서 말하는 친절, 사랑, 자기통제, 용기, 그리고 희망은 갈라디아서 5장 22~23절에 열거된 성령의 열매와 흡사하다. 긍정 심리학자들은 건설적인 인간 특성들로서 이러한 것들을 연구할 것이다. 그러나 기독교 상담자들은 지속적이고 긍정적인 변화는 성령의 능력과 인도를 통하여 온다는 것을 알고 있기에 조금은 다른 방식으로 다룬다.

긍정 심리학은 상담과 심리학의 물결들 중에서 신선한 파도처럼 보인다. 이 움직임 뒤에 하나님이 계신가? 이것이 기독교 상담자들이 타야 할 물결인가?

• 상담의 미래 : 지도자들은 어디에 있는가?

바다에서 멀리 떨어진 곳에 살고 있는 사람들도 파도가 그리 오래 가지 않는다는 것을 안다. 어떤 것은 크고, 인상적이고, 서핑을 할 만하다. 때로는 엄청난 충격을 주기도 한다. 어떤 것은 알아보기도 힘들게 살짝 들어왔다가 나간다. 열 개의 파도들이 탈 만한 가치가 있을 것인지 혹은 아무것도 아닌 것이 될 것인지는 그 누구도 확신할 수 없다. 파도를 관찰하는 사람들은 각기 영향력이 다른 파도들을 볼 것이다. 그리고 지금도 내가 간과했던 흐름을 그 사람들은 타기 위하여 선택할 것이다.

당신의 관점이 무엇이든, 기독교 상담 분야에 지도자가 필요하다는 것에는 동의할 것이다. 우리는 미래 지향적이고, 다른 사람들은 보지 못하는 가능성을 보고, 상담 능력이 있으면서, 동료들로부터 존경받고, 자신들의 경력을 쌓거나 혹은 자신의 책과 세미나를 권장하기보다는 젊은 상담자들의 멘토가 되어주기를 바라는 사람들을 필요로 한다. 이 장의 앞에서 설명했던 대가들처럼, 기독교 상담의 미래를 이끌어갈 지도자들은 그들이 살고 있는 시대를 형성하는 세력들을 알아차릴 수 있는 타고난 능력을 가진 사람이어야 한다. 이러한 지도자들은 기독교 상담자들의 미래를 생각할 만큼 충분히 창조적이야 하고, 그리고 새로운 길을 개척해서 앞으로 나아갈 만큼 충분히 용기가 있어야 한다.

이러한 사람들은 흔하지 않다. 대부분의 사람들은 이 대열에서 빠진다. 지도자는 하나님이 선택하시기 때문에 하나님이 그를 지도자의 위치에 앉히면 놀라게 된다. 이들은 다니엘, 요셉, 에스더, 느헤미야, 그리고 예수님의 어머니 마리아와 같은 사람들이다. 그들도 부름을 받을 때 놀랐을 것이다. 이들은 젊고, 예수께 깊이 위탁되었으며, 온 세계에 흩어져서 열심히 배우는 사람들이고, 그들 주변에서 일어나는 일을 알아차리는 사람들이고, 다른 사람들의 명예에도 불구하고 먼저 변화하기 위하여 헌신하는 사람들일 것이다. 아마도 이 세대에도 이러한 상담자들과 지도자들이 있을 것이지만, 나는 그런 사람들을 많이 보지 못했다. 그러나 나는 하나님이 이 장에서 언급했던 물결들을 이해하고, 최근의 다른 영향력을 알 수 있고, 그리고 하나님의 구별되는 도구가 기꺼이 되려는 상담 지도자들이 일어나 새로운 세대를 일으킬 것이라고 크게 낙관하고 있다. 나이가 더 많은 우리들에게는, 이러한 새로운 지도자들을 기대하고, 그들을 격려하고, 그들의 스승이 되어서 그들의 잠재력을 완전히 발휘하도록 돕는 것보다 더 큰 유산은 없을 것이다.

현재 그리고 미래에 당신이 기독교 상담에서 어떤 역할을 하든, 나는 세 가지 도전을 주고 싶다. 먼저 하나님께 초점을 맞추라. 그분을 믿고 그분을 예배하며 그분께 복종할 뿐 아니라, 그분께 헌신하는 공동체와 계속 만나라. 그리고 계속 배우라. 배우기를 멈추는 사람들은 성장이 멈추고 종종 이상한 데로 빠지게 된다. 마지막으로 계속 돌보라. 돌보는 사람들인 상담자들은, 능력, 영적 재능, 훈련, 경험, 그리고 하나님이 주신 기회들을 활용한다. 가장 잘 돌보는 사람들은 자신과 자신의 가족을 돌보는 데 헌신한다. 그리고 상담시 발생하는 소진의 위험으로부터 자신을 보호한다. 우리는 완벽한 사람들이 아니기 때문에, 그 누구도 완벽한 상담자가 될 수 없다. 그러나 하나님이 사용하시는 상담자들은 하나님께 계속 초점을 맞추고, 배우며, 돌보는 사람들이다. 하나님은 다른 사람들을 돕고 그들의 삶에 영향을 끼치는 데 당신을 사용하신다. 그때 선택받은 기독교인들 중의 한 사람으로서 당신을 만들어가시는 하나님을 신뢰하며, 당신이 될 수 있는 모든 것이 되어라.

상담자들을 위한
요점 정리 43

- 이 장의 내용은 미래에 대한 예언이 아니다. 그것은 시대를 분별하는 것, 기독교 상담에 영향력을 끼치는 시대의 물결들을 예상하는 것, 하나님이 이 세계에 어떤 일을 할 것인가 생각해보는 것, 그리고 상담자들이 미래를 준비할 수 있도록 새로운 분야들을 제시하는 것에 관한 것이다.

- 릭 워렌의 말처럼, 일반적으로 '혁신적인' 또는 '현대의'와 같은 표식이 붙은 많은 개념들은 전혀 새로운 아이디어가 아니다. 하지만 당신이 만약 역사를 모른다면 이 모든 것이 새롭게 보일 것이다.

- 최소한 열 가지의 변화의 물결들이 기독교 상담의 미래와 관련이 있다.
  1. 기술 : 특히 디지털 방식으로 연결된다는 것은 모든 사람들에게 지속적인 영향을 끼칠 것이다.
  2. 세계화 : 이것은 기술과 함께 문화 및 변화하고 있는 의사소통 방식, 상업, 그리고 상담 사이의 벽을 빠르게 허물고 있다.
  3. 생명공학 : 이것은 다양한 분야 가운데서 21세기 초의 삶을 형성하는 주요한 세력이 될 수 있다.
  4. 전뇌적인 사고 : 좌뇌와 우뇌 모두에 초점을 맞추는 것은 새로운 치료법의 출현을 함축하고 있다.
  5. 포스트모더니즘 : 이것은 젊은 세대들과 그들이 상담에 반응하는 방식을 계속해서 형성하고 있다.
  6. 영성 : 다양한 종류의 영성은 기독교 상담자들에게 새로운 기회를 열어주고 있다.
  7. 변화하는 교회들 : 특히 포스트모더니즘의 영향을 받은 더 젊고, 최첨단 기술을 사용하는 기독교인들에 의하여 형성된다.
  8. 전문화되는 상담 : 이것은 다각도로 변화하고 있고 우리가 어떻게 상담하는가에 대한 방향을 설정한다.
  9. 비전통적 교육 : 기술의 발달과 그로 인한 원격 학습은 평생교육을 포함하여, 상담의 교육 부분을 담당하고 있다.
  10. 긍정 심리학 : 비록 역사는 짧지만 빠른 속도로 성장하며 큰 영향력을 끼치고 있다.

- 미래 지향적인 관점은 상담이 부적절하거나 반복적으로 되지 않도록 한다.

- 기독교 상담은 미래를 내다보는 창조성과 위험을 기꺼이 감수하는 용기를 가진 능력 있는 지도자들을 필요로 한다. 새로운 지도자들이 자신의 능력을 최대한 발휘하고 상담의 미래를 이끌어 갈 수 되도록 경험이 많은 멘토들이 도울 것이다.

후주

1부 서론적인 주제들

1장 상담 분야에서 일어나고 있는 변화들

1. 이 책에 나오는 사례 또는 병력은 대부분 허구다. 하지만 각장 서두에 나오는 사례는 실제 사건에 근거하고 있으며 그것은 몇 사람의 삶과 관련되어 있다. 대개는 개인의 인격과 프라이버시를 존중하는 의미에서 R과 같이 머리글자를 사용하였다. 하지만 어떤 경우에는 실명을 거론하기도 했는데 이럴 경우에는 본인의 허락을 받고 사용했다. 독자가 실명을 알았을 경우, 그 실례가 더 강하게 전달될 것이라 판단했을 경우에만 그렇게 하였다.
2. R군의 이야기는 실제 이야기다. 그의 사생활을 보호한다는 의도에서 구체적인 내용은 일부 변경하였다. 재활 프로그램을 떠난 지 두 달 후에 그는 체포되었다. 이 글을 쓰고 있는 현재 세 번째 투옥된 상태다.
3. Jeffrey A. Kottler, *Making Change Last* (Philadelphia: Brunner-Routledge, 2001)에서 인용함.
4. 자기 변화를 포함하여 변화에 대한 심층적인 논의를 보려면 Howard Gardner의 *Changing Minds: The Art and Science of Changing our Own and Other Peoples' Minds* (Boston, MA: Harvard Business School Press, 2004)를 참고하라.
5. Janet Polivy and C. Peter Herman, "If at First You Don't Succeed: False Hopes of Self- Change," *American Psychologist* 57(September 2002): 684.
6. 헛된 희망 신드롬(FHS)은 심리학에서 널리 수용되는 이론은 아니다. Polivy 박사와 Herman 박사의 첫 번째 기사가 게재된 후에, *American Psychologist* 58 (October 2003)은 헛된 희망 신드롬의 타당성에 이의를 제기하는 여러 건의 편지를 게재하였다. 내가 이 책에 이것을 포함시킨 것은 반대하는 논증보다 FHS를 선호하는 증거에 더 강한 인상을 받았기 때문이다.
7. Kottler, *Making Changes Last*.
8. 같은 책, 139.
9. 같은 책, 107.
10. 재발 방지를 위한 다음의 세 가지 원리는 M. D. Spiegler and D. C. Guevremont의 책, *Comtemporary Behavior Therapy* (Pacific Grove, CA: Brooks/Cole, 1998)에서 인용한 것이다.

11. R. L. Rodgers and C. S. McMillan, *Relapse Traps* (New York: Bantam, 1992).
12. Jeffrey A. Kottler, *Travel That Can Change Your Life* (San Francisco: Jossey-Bass, 1977).
13. 에베소서 3:20.
14. 에베소서 3:16.
15. 빌립보서 3:3; 4:13.
16. 단기 치료가 비효과적이라는 일부 상담자들의 믿음에도 불구하고, 단기 전략적 치료가 매우 효과적일 때가 있다는 증거들이 있다. 이들 치료 접근 중 많은 것이 미국에서 비롯되었는데, 우리의 바쁜 생활양식만이 그 촉매제가 된 것이 아니다. 한때 장기 치료비를 지불했던 보험사들은 지금은 거의 보험금을 지불하지 않는다. 따라서 더 빠른 접근이 개발되고 다듬어졌다.
17. 이 주제에 대한 재미있는 토론을 위해, M. Rex Miller의 다음 책을 보라. *The Millenium Matrix: Reclaiming the Past, Reframing the Future of the Church* (San Francisco, CA: Jossey-Bass, 2004).
18. John Naisbitt, Nana Naisbitt, and Douglas Phillips, *High Tech - High Touch and Our Search for Meaning* (New York: Broadway Books, 1999), 115.
19. 같은 책, 115, 117.
20. 같은 책, 185.
21. 이들 변화의 일부가 Gary Collins의 다음 책에 요약되어 있다: *Soul Search: A Spiritual Journey in Authentic Intimacy with God* (Nashville, TN: Thomas Nelson, 1998).
22. 예를 들어, 다음과 같은 책을 보라: Robert C. Greer, *Mapping Postmodernism: A Survey of Christian Options* (Downers Grove, Il: InterVarsity, 2003); Stanley J Grenz, *A Primer on Postmodernism* (Grand Rapids, MI: Eerdmans, 1996); and Leonard Sweet, *Postmodern Pilgrims* (Nashville, TN: Broadman & Holman, 2000). 상담자들을 위해 쓰였지만 좀 더 철학적이고 읽기가 어려운, 다음과 같은 책도 있다: Del Loewenthal and Robert Snell, *Post-Modernism for Psychotherapists: A Critical Reader* (New York: Brunner-Routledge, 2003).
23. 이런 유형의 치료에 대해서는 다음의 책을 참고하라: Cathy A. Malchio d i ed., *Expressive Therapies* (New York: Guilford, 2004). 이 책은 미술, 음악, 춤, 연극, 시, 희곡, 그리고 다른 표현적 치료에 대해 논하고 있다.

2장 상담자와 상담

1. William R. Miller and Kathleen A. Jackson, *Practical Psychology for Pastors*, 제2판 (Englewood Cliffs, JN: Prentice-Hall, 1994).
2. C. R. Rogers, G. T. Genlin, D. V. Kiesler, and C. B. Truax, *The Therapeutic Relationship and Its Impact* (Madison: University of Wisconsin Press, 1967).
3. Les Parrott, III, *Counseling and Psychotherapy* 제2판 (Pacific Grove, CA: Brooks/Cole, 2003), 24-35.
4. R. R. Carkhuff, *The Art of Helping in the 21st Century* (New York: HRD Press, 2000), 173.
5. 갈라디아서 5:22-23.
6. Peter F. Wilson and W. Brad Johnson, "Core Virtues for the practice of Mentoring," *Journal of Psychology and Theology* 29 (Summer 2001): 121-130.
7. 기독교 상담의 기초가 되는 성경적 토대에 대한 논의를 보려면, 게리 콜린스의 *The Biblical Basis of Christian Counseling* (Colorado Springs, CO: NavPress, 1993)을 보라.
8. Karen Kersting, "Religion and Spirituality in the Treatment Room," *Monitor on Psychology* 34 (December 2003): 40-42.
9. 이 글에서는, 예를 들면, 기독교인들은 교회 출석으로 인하여 긍정적인 영향을 받기 때문에, "결혼 관계를 더 조화롭게 만들고 부모 역할도 더 잘하는 것 같다"는 내용을 분명하게 보여준다. 그러나 그 반대의 말도 진실일 수 있

다. 아마도 결혼 관계가 조화롭고 부모 역할을 잘하는 사람들이기 때문에 교회 출석도 잘할 것이다. 교회 출석이 가족 관계를 더 좋게 만드는가? 아니면 좋은 가족 관계가 사람들로 하여금 교회에 잘 출석하게 하는가? 사실 우리는 어떤 것이 원인이고 어떤 것이 결과인지 모른다. 그러나 어쨌든, 좋은 가족 관계와 교회 출석이 종종 함께 간다는 증거는 분명하다.

10. Rebecca Clay의 글에서 인용한 것이다. "The Secret of the 12 Steps: Researchers Explore Spirituality's Role in Substance Abuse Prevention and Treatment," *Monitor on Psychology* 34 (December 2003): 50-51.
11. Kersting, *Religion and Spirituality*, 41-52.
12. Mark R. McMinn의 『심리학, 신학, 영성이 하나 된 기독교 상담』(두란노서원)을 보라. 기도, 죄, 성경, 영성, 고백, 혹은 용서와 같은 문제들이 언제, 그리고 어떻게 상담으로 들어오게 되었는지에 대하여 훌륭하게 논의한 책이다.
13. 이것은 이 책을 읽는 많은 독자들이 학생들이라는 사실에 비추어볼 때 위험한 질문이다. 아마도 당신은 상담을 하고 싶은 마음이 없으면서도 상담 과정의 과제로 이 책을 읽고 있을지도 모른다. 그렇다 하더라도, 이 부분은 우리의 동기를 고찰할 수 있게 해주기 때문에 유용할 수 있다. 우리가 무엇을 하든, 우리는 누구에게라도 도움이 될 수 있다.
14. Eugene Kennedy and Sara C. Charles의 책에서 인용, *On Becoming a Counselor: A Basic Guide for Nonprofessional Counselors* (New York: Crossroad/Herder & Herder, 2001).
15. "The Road to Burnout," APA Help Center,
   http://findingthemuse.com/-wsn/page17.html target 7 (accessed 1997).
16. Steven Berglas, *Reclaiming the Fire: How Successful People Overcome Burnout* (New York: Random House, 2001).
17. Andrew N. Garman, Patrick W. Corrigan, Scott Morris, "Staff Burnout and Patient Satisfaction: Evidence of Relationships at the Care Unit Level," *Journal of Occupational Health Psychology* 7 (July 2002): 235-241.
18. 예를 들어, Ayala Malach Pines, Adital Ben-Ari, Agnes Utasi, 그리고 Dale Larson의 "A Cross-Cultural Investigation of Social Support and Burnout," *European Psychologist* 7 (December 2002): 256-264.
19. 사도행전 2:42-47.
20. Summer H. Garte and Mark L. Rosenblum, "Lighting Fires in Burned-out Counselors," *Personnel and Guidance Journal* (November 1978): 158-160.
21. 요한복음 14.
22. 마태복음 28:20.
23. 요한복음 14:16; 15:26; 16:7.
24. 갈라디아서 5:22-23.
25. 요한복음 14:16, 26; 16:7-15.
26. 시편 55:22; 베드로전서 5:7.
27. 상담에서 성령의 역할에 대하여 더 논의하려면, Edward E. Decker, Jr.의 "The Holy Spirit in Counseling: A Review of Christian Counseling Journal Articles (1985-1999)," *Journal of Psychology and Christianity* 21 (Spring 2002): 21-28을 보라.

3장 교회와 상담

1. Wayne Oates, ed., *An Introduction to Pastoral Counseling* (Nashville: Broadman, 1959), vi.
2. 필자가 이 책의 이전 판을 저술했을 때는 최신 정보를 얻기 위해 수백여 시간을 들여서 전문 잡지들과 책들을 읽어야 했다. 이 수정판을 쓰면서도 나는 책과 원고에 둘러싸인 채 앉아 있다. 그러나 이제는 이 책에서 다루는 모든

주제에 대한 수천 개의 기사에 접근하기 위해 많은 시간이 아닌 많은 돈을 투자하게 되었다. 이러한 정보의 과부하는 계속 확장되고 있는 인터넷 자료의 데이터 은행과 함께, 연구 과제를 더 편리하면서도 더 부담스럽게 만들고 있다.

3. 로마서 15:1; 갈라디아서 6:2.
4. 도움의 필요를 말하는 예를 보려면, 피차 또는 서로라는 단어나 문구가 신약 서신에 얼마나 여러 차례 등장하는지를 주목하라. 우리는 서로 세워주고, 받아주고, 권면하고, 헌신하며, 평화하며, 섬기고, 짐을 나눠지고, 인자하며, 가르치고, 격려하며, 죄를 고하고, 기도해주고, 사랑하라는 권고를 받고 있다(로마서 14:19; 15:7, 14; 12:10, 18; 갈라디아서 5:13; 6:2; 에베소서 4:32; 골로새서 3:16; 데살로니가전서 5:11; 야고보서 5:16; 요한일서 4:7). 이 활동은 상담에만 국한되는 것은 아니지만, 또한 상담 과정에 많이 포함되는 것이다.
5. 내가 생각을 바꾸는 데 영향을 미친 책에는 다음과 같은 것이 있다. Reggie McNeal, *The Present Future: Six Tough Questions for the Church* (San Francisco, CA: Jossey-Bass, 2003); Milfred Minatrea, *Shaped by God's Heart: The Passion and Practices of Missional Churches* (San Francisco, CA: Jossey-Bass, 2004); and Dan Kimball, *Emerging Worship: Creating Worship Gatherings for New Generations* (Grand Rapids, MI: Zondervan, 2004).
6. 지금까지 저술 활동을 하면서 나는 이전에 썼던 책에서 다시 인용하는 일을 삼가고 있다. 이번에는 예외적으로 오래 전에 쓴 책에서 인용하였다. 이 인용은 나의 초창기 저서『훌륭한 상담자』(생명의말씀사)에서 뽑은 것이다.
7. 갈라디아서 6:2.
8. 베드로전서 2:5.
9. 이 문단은 아래 15번 주에 인용된 David Benner의 책 커버에서 인용한 것이다.
10. 이전에 썼던 책에서 영성에서의 세속적 트렌드 몇 가지를 전통적 기독교의 영성과 대조한 적이 있다. 나의 다음 책을 참고하라. *The Soul Search: A Spiritual Journey to Authentic Intimacy with God* (Nashville: Thomas Nelson, 1998).
11. 미국심리학회(APA)가 영성에 대하여 일련의 기사를 발간하자, 몇 명의 독자가 비판적인 편지를 보냈다. 그 가운데는 APA 이전 회장의 서신도 있었는데, 그는 냉소적으로 학회가 이제는 점성술과 정신건강에 대한 글까지 발간할 의도인지, 그리고 점성술에 대한 고정란을 마련할 계획인지를 묻고 있었다. *Monitor on Psychology* 35 (February 2004)에서 "Letters"를 보라.
12. 전문적 자료 가운데, 다음 책들을 보라: William Miller, ed., *Integrating Spirituality into Treatment: Resources for Practitioners* (Washington, DC: American Psychological Association, 1999); P. Scott Richards and Allen E. Bergin, *A Spiritual Strategy for Counseling and Psychotherapy* (Washington, DC: American Psychological Association, 1997); P. Scott Richards and Allen E. Bergin, eds, *Handbook of Psychotherapy and Religious Diversity* (Washington, DC: American Psychological Association, 2000); P. Scott Richards and Allen E. Bergin, eds., *A Casebook for a Spiritual Strategy in Counseling and Psychotherapy* (Washington, DC: American Psychological Association, 2004); Edward P. Schafranske, *Religion and the Clinical Practice of Psychology* (Washington, DC: American Psychological Association, 1996); and L. Sperry, *Spirituality in Clinical Practice: Incorporating the Spiritual Dimension in Psychotherapy and Counseling* (Philadelphia: Brunner-Rutledge, 2001).
13. W. A. Barry and W. J. Connolly, *The Practice of Spiritual Direction* (New York: Seabury Press, 1982). 보다 최근에 나온 구체적이고 실제적인 안내서를 보려는 다음의 책을 보라: Gary W. Moon and David Benner, eds., *Spiritual Direction and the Care of Souls: A Guide to Christian Approaches and Practices* (Downers Grove, Il: InterVarsity Press, 2004).
14. Barry and Connolly, *Practice of Spiritual Direction*, 8.
15. David G. Benner, *Sacred Companions: The Gift of Spiritual Friendship and Direction* (Downers Grove, Il: InterVarsity Press, 2002).
16. 영성 지도를 가장 잘 논한 가장 좋은 안내서는 영성 지도자이며 임상 심리학자인 David G. Benner가 쓴 *The Gift of Being Yourself: The Sacred Call to Self-Discovery* (Downers Grove, Il: InterVarsity Press, 2004)이다.

17. 이 문단의 아이디어 중 일부는 Gary Moon의 다음 글에서 번안한 것이다: "Psychotherapy and Spiritual Direction: Reflections and Cautions on the Integrative Path," *Christian Counseling Today* 11 (2003): 32-38.
18. Erwin Raphael McManus, *An Stoppable Force: Daring to Become the Church God Had in Mind* (Loveland, CO: Group, 2001).
19. Brian D. McLaren, *The Church on the Other Side: Doing Ministry in the Postmodern Matrix* (Grand Rapids, MI: Zondervan, 2000), 7.
20. McNeal, *Present Future*, 1, 2.
21. Robert Webber, *The Younger Evangelicals: Facing the Challenges of the New World* (Grand Rapids, MI: Baker, 2002).
22. Andy Crouch의 다음 글을 보라: "The Emergent Mystique," *Christianity Today* 48 (November 2004): 36-43.
23. 신흥교회에 대한 탁월한 소개는 신흥교회를 이끌고 있는 목사가 쓴 『시대를 리드하는 교회』(이레서원, 2007)를 보라. Dan Kimball, *The Emerging Church: Vintage Christianity for New Generations* (Grand Rapids, MI: Zondervan, 2003). 논쟁적 여지가 있지만 도움이 될 만한 비평은 다음의 책에 나와 있다. D.A. Carlson, *Becoming Conversant with the Emerging Church: Understanding a Movement and Its Implications* (Grand Rapids, MI: Zondervan, 2005).
24. 마태복음 16:18.
25. 특히 사도행전 2: 42-47; 4: 32-35를 보라.
26. 교회에 기반을 둔 신학 교육을 하자는 운동이 점차 확장되고 있다. 교회들은 신학교나 성경 대학에 의존하는 대신에, 교회 내의 모든 이가 요람에서 무덤까지 교육을 받아야 한다는 데 관심의 초점을 모으고 있다. 이들 교회의 사람들은 좋은 사회적 교류를 나누고 있지만, 그들의 초점은 사교클럽보다 넓다고 하겠다.
27. 마태복음 28: 19-20.
28. Mark R. McMinn and Amy W. Dominguez, "Psychology Collaborating with the Church: Guest Editors' Introduction: Psychology and the Church," *Journal of Psychology and Christianity* 22 (Winter 2003): 291.
29. *Journal of Psychology and Christianity* 22 (Winter 2003) 특별 호는 심리학과 교회가 특별한 배경에서 그리고 국제적으로 협조하는 본보기를 보여주는 여러 편의 통찰력 있는 기사를 게재하고 있다.
30. 예를 들어, 다음의 글과 책들을 보라: M.E.P. Seligman and M. Csikszentmihalyi, "Positive Psychology: An Introduction," *American Psychologist* 55 (2000): 5-14; Lisa G. Aspinwall and Ursula M. Staudinger, eds., *A Psychology of Human Strengths: Fundamental Questions and Future Directions for a Positive Psychology* (2002): Corey L. M. Keyes, ed., *Flourishing: Positive Psychology and the Life Well-Lived* (Washington, DC: American Psychological Association, 2003); C.R. Snyder and Shane J. Lopez, eds., *Handbook of Positive Psychology* (Oxford: Oxford University Press, 2002); Martin Seligman, *Authentic Happiness: Using the New Positive Psychology to Realize Your Potential for Lasting Fulfillment* (New York: Free Press, 2002).
31. 센터는 1999년에 설립되었다.
32. 교회심리학 협조센터에 대한 더 많은 정보를 얻기 원한다면 www.churchpsych.org를 보라. 이 센터의 사역과 관계되는 전문적인 기사들 목록도 볼 수 있다. 또한 다음 자료도 참고하라: Mark R. McMinn, Katheryn Rhoads Meek, Sally Schwer Canning, and Carlos F. Pozzi, "Training Psychologists to Work with Religious Organizations: The Center for Church-Psychology Collaboration," *Professional Psychology: Research and Practice* 32 (2001):324-328.
33. 심리학자 Stanton Jones가 몇 년 전 요약한 연구에 의하면, 심리학자들은 모든 학문 분야 가운데서 가장 덜 종교적인 것처럼 보인다. 임상심리학자 가운데 33%만이 미국 인구의 72%에 비하여, 종교적 신앙을 자신의 삶에서 가장 중요한 영향이라고 기술하였다. Stanton Jones의 다음 글을 보라: "A Constructive Relationship for Religion with the Science and Profession of Psychology: Perhaps the Boldest Model Yet," *American Psychologist* 49 (1994): 184-199.

34. 영성에 대한 관심은 미국심리학회에서 출간한 몇 권의 책에 잘 나타나 있다. 앞에서 인용한 책들 외에도, 다음의 책을 참고하라: Lee Sperry and Edward P. Shafranske, eds., *Spiritually-Oriented Psychotherapy* (Washington, DC: American Psychological Association, 2005), or William R. Miller and Harold D. Delaney, *Judeo-Christian Perspectives on Psychology: Human Nature, Motivation, and Change* (Washington DC: American Psychological Association, 2005).
35. E. L. Worthington, Jr., T.A. Kurusu, M.E. McCullough, and S.J. Sandage, "Empirical Research on Religion and Psychotherapeutic Processes and Outcomes: A 10-Year Review and Research Prospectus," *Psychological Bulletin* 119 (1996): 448-487.
36. 주 26을 보라. 또한 다음을 보라: Kathryn M. Benes, Joseph M. Walsh, Mark R. McMinn, Amy W. Dominguez, Daniel C. Aitkin, "Psychology and the Church: An Exemplar of Psychologist-Clergy Collaboration," *Professional Psychology: Research and Practice* 31 (2000): 515-520; and Laura C. Edwards, Brian R.K.B. Lim, Mark R. McMinn, and Amy W. Dominguez, "Examples of Collaboration Between Psychologists and Clergy," *Professional Psychology: Research and Practice* 30(1999): 547-551.

4장 공동체와 상담

1. 창세기 6:11.
2. 예들 들어 창세기 13:7.
3. 더 자세한 정보를 위해서는 다음의 세 권의 책을 보라: Rod J.K. Wilson, *Counseling and Community: Using Church Relationships to Reinforce Counseling* (Vancouver: Regent College, 2003): Judith A. Lewis, ed., *Community Counseling: Empowerment Strategies for a Diverse Society* (Stamford, CT): Wadsworth, 2002); and James H. Dalton, Maurice J. Elias, and Abraham Wandersman, *Community Psychology: Linking Individuals and Communities* (Stamford, CT: Wadsworth, 2002).
4. 이 연구와 Kaplan 교수의 경험은 Rebecca A. Clay, "Green Is Good for You," *Monitor on Psychology* 32 (April 2001): 40-42에 요약되어 있다.
5. 수없이 많은 책들과 연구 기사들이 환경이 어떻게 사람들을 변화시키는지, 그리고 환경을 변화시키는 것이 태도와 행동에 어떤 영향을 주는지 밝혀주고 있다. 예를 들어, 다음을 보라: Winifred Gallagher, *The Power of Place* (Big Bear Lake, CA: Perennial, 1994); Rachael Kaplan, Stephen Kaplan, and Robert L Ryan, *With People in Mind: Design and Management for Everyday Nature* (St. Louis, MO: Island Press, 1998); or Albert Mehrabian, *Public Places and Private Spaces: The Psychology of Work, Play and Living Environments* (New York: Basic Books, 1980). 이 분야에 대한 컴퓨터 검색은 건축과 도시설계를 비롯하여, 사람과 장소의 상호작용을 다루는 몇 권의 책을 알려주었다. 그러나 이들 책은 성경적 가르침과 거리가 먼 "어머니 지구"와의 영교를 다루는 뉴에이지 사고를 주창하는 여러 권의 책과 섞여 있다.
6. Clay, "Green Is Good," 에 인용되어 있는 Gary W. Evans의 소음이 심한 환경에 대한 연구를 보라.
7. 예를 들어, 다음의 글을 보라: Leo Sher, "Alcoholism, Seasonal Depression, and Suicidal Behaviour," *Canadian Journal of Psychiatry* 47 (November 2002): 889; and Erin E. Michalak, Clare Wilkinson, Kerenza Hood, Chris Dowrick, and Greg Wilkinson, "Seasonality, Negative Life Events and Social Support in Community Sample," *British Journal of Psychiatry* 182 (May 2003): 434-438.
8. 마가복음 1:32-35.
9. Ron Taffel, "From Crucible to Community: Renewal in the Midst of Calamity," *Psychotherapy Networker* 25 (November-December 2001): 23-24, 39-40.
10. Benjamin H. Gottlieb, ed., *Social Networks and Social Support* (Beverly Hills, CA: Sage Publications, 1981), 14.

Gottlieb와 그의 동료들은 그들의 논의에 영적 차원을 포함시키지 않았다.

11. 일단의 연구가들은 항상 다른 사람들에게 도움을 주어야 하는 스트레스를 포함하여, 도움 제공자들이 사역 관련 중압감에 어떻게 다루는지 알기 위해 복음주의적 개신교 목회자들을 연구하였다. 대부분의 목회자들은 의도적으로 그들의 생활에서의 활동의 균형을 잡으며, 건강한 사회적 관계를 유지하며, 영성 훈련을 포함하여 생동감 있는 영적 생활을 하고, 하나님의 은혜와 소명감을 강조함으로 힘을 얻었다. Kathryn Rhoads Meek, Mark R. McMinn, Craig M. Brower, Todd D. Burnett, Barrett W. McRay, Michael L. Ramey, David W. Swanson, and Dennise D. Villa, "Maintaining Personal Resiliency: Lessons Learned from Evangelical Protestant Clergy," *Journal of Psychology and Theology* 31(Winter 2003): 339-347.

12. George A. Bonanno, "Loss, Trauma, and Human Resilience: Have We Underestimated the Human Capacity to Thrive After Extremely Aversive Events," *American Psychologist* 59 (January 2004): 20-28.

13. 예를 들어, 다음 책들을 보라: Frederic Flach, *Resilience: The Power to Bounce Back When the Going Gets Tough*, rev. ed. (New York: Hatherleigh Press, 2003): and Saul Levine, *Against Terrible Odds: Lessons in Resilience from Our Children* (Boulder, CO: Bull Press, 2001).

14. Mary Pipher, "Healing Wisdom: The Universals of Human Resilience," *Psychotherapy Networker* 26 (January-February 2002): 59-61.

15. Erik K. Laursen and Scott M. Birmingham, "Caring Relationships as a Protective Factor for At-Risk Youth: An Ethnographic Study," *Families in Society* 84 (April-June 2003): 240-246.

16. Bonanno, "Loss, Trauma, and Human Resilience."

17. 때때로 전문 상담자들이 유익보다는 해를 끼칠 때가 있다는 것을 일러두어야 겠다.

18. 전문 상담자와 비전문가 상담자의 효능성에 대한 비교는 지난 20년 넘게 주요한 관심사가 되어왔다. 나는 몇 가지 데이터뱅크를 찾아보았지만 보다 최근의 기사를 찾을 수가 없었다. 이것은 아마도 다음에 열거한 이전 기사들이 비전문인 조력자들의 효율성을 아주 효과적으로 서면화했기 때문일 것이다. 연구 결과는 다음 논문에 잘 요약되어 있다: Joseph A. Durlak, "Comparative Effectiveness of Paraprofessional and Professional Helpers," *Psychological Bulletin* 86 (1979): 80-92. John A. Hattie, Christopher F. Sharpley, and H. Jane Rogers, "Comparative Effectiveness of Professional and Paraprofessional Helpers," *Psychological Bulletin* 95 (1984): 534-541; and Michael Gershon, *The Other Helpers: Paraprofessional and Nonprofessionals in Mental Health* (Lanham, MD: Lexington Books, 1977).

19. 논문이 조금 시대에 뒤진 감이 있지만, 바텐더와 미용사, 산업관리사, 그리고 이혼 변호사의 상담 효과와 훈련에 대한 흥미 있는 연구를 위해서는 다음 논문을 보라: Emory L. Cowen, "Help is Where You Find It: Four Informal Helping Groups," *American Psychologist* 37 (April 1982): 385-395.

20. 다음을 보라: Hans Toch, and J. Douglas Grant, *Police as Problem Solvers: How Frontline Workers Can Promote Organizational and Community Change*, and 2nd ed. (Washington, DC: American Psychological Association, 2005). Hans Toch, *Stress in Policing* (Washington, DC: American Psychological Association, 2002).

21. 상담자 치료 원리라고도 불린다. 이것은 자주 남에게 도움의 손길을 뻗치는 사람이 가장 많은 도움을 받는다는 생각이다. 다른 사람을 도와주는 행동 자체가 치유의 의미를 가진다.

22. 미국심리학회 46분과, 즉 미디어 심리학 분과에 대한 정보를 위해서는, www.apa.org로 들어가서 분과에 대한 정보를 찾으면 된다.

23. 다음에 나오는 내용의 일부는 나의 기독교 코칭에 대한 교과서에서 인용한 것이다. 이 책을 쓰는 지금, 이 책은 크리스천 코칭에 대한 유일한 심층적 소개서로 알려져 있다. Gary R. Collins, *Christian Coaching: Helping People Turn Potential into Reality* (Colorado Springs, CO: NavPress, 2001). 코칭에 대한 더 많은 정보를 얻기 원하면 나의 웹사이트www.garycollins.com에 접속하여 코칭 아이콘을 클릭하라.

24. 이 인용문은 경험이 많은 교회 개척자가 *Rev! magazine* 7(January- February 2004): 56, 57에서 익명으로 쓴 글의 일부를 인용한 것이다.

25. 이 표와 이 부분에 나오는 내용 대부분은 주 23에 나오는 코칭 책에서 번안한 것이다.
26. 요한복음 10:10.
27. Steven Berglas, "The Very Real Dangers of Executive Coaching," *Harvard Business Review* 80 (June 2002)): 86-92.
28. Judith A. Lewis, *Community Counseling* (Pacific Grove, CA: Brooks/Cole, 1989).
29. 갈라디아서 6:9-10.

5장 상담의 핵심

1. 욥기 1-2, 32-37.
2. 이것은 3장에서 논의했던 것이다.
3. Allen E. Bergin and Sol L. Garfield, eds., *Handbook of Psychotherapy and Behavior Change* (New York: Wiley, 1993).
4. 이것은 Everett L. Worthington, Jr.의 (Religious Counseling: A Review of Published Empirical Research," *Journal of Counseling and Development* 64 (1986): 421-431. Dr. Worthington은 Virginia Commonwealth University에서 많은 존경을 받고 있는 기독교 심리학자다.
5. Bergin과 Garfield의 *Handbook of Psychotherapy*.
6. 이제는 다를 것이다. 그러나 1984년에 Howard Clinebell은 단지 10%의 내담자들만이 이와 같은 문제들로 상담한다는 것을 발견했다. Howard Clinebell의 *Basic Types of Pastoral Care and Counseling* (Nashville: Abingdon, 1984), 103을 보라.
7. 요한복음 3:16; 10:10.
8. 우리는 비기독교 상담자들이 우리의 도움은 받아들이면서 기독교 메시지는 거절할 것이라는 사실을 알아야 한다. 예수님도 고침을 받은 10명의 나병 환자들에게서 이것을 경험했다. 그들은 고침을 받았지만, 그들 중에 한 명만이 그리스도를 믿게 되었다. 그러나 기독교 상담은 믿음을 가진 사람에게만 의존하지 않을 뿐 아니라, 믿지 않는 사람들을 외면하지도 않는다. 우리가 특별히 관심을 가지는 사람들이 기독교인들일지라도, 우리는 그들뿐 아니라 모든 사람들에게 선을 행하도록 배운다(갈라디아서 6:10). 대부분의 일반 상담 현장에서, 기독교 상담자는 기독교 메시지를 전하지 못하도록 되어 있다. 이러한 상담 현장에서, 상담자의 신앙은(기독교든 비기독교든) 보다 더 간접적인 방식으로 전달되는 것 같다. 때때로 내담자는 종교에 대하여 묻거나 혹은 종교적인 문제를 제기할 것이다. 그리고 내담자가 다른 신앙을 갖고 있다는 사실을 상담자가 존중할 때, 영적인 문제를 자유롭게 말할 것이다. 어떤 기독교 상담자들은 그러한 상담 현장에서 영적인 이야기 혹은 종교적인 이야기가 금지되어 있으면 더 이상 상담할 수 없다고 생각한다. 이러한 것들은 기독교 상담을 하고 있는 목사들과 상담자들이 거의 맞설 필요가 없는 문제들이다.
9. 에베소서 2:14.
10. 갈라디아서 5:14.
11. 에베소서 5:21-6:9; 빌립보서 4:2-3.
12. 칼 융, *Modern Man in Search of a Soul* (New York: Harcourt, Brace & Co., 1933), 269.
13. 제6장에서 우리는 상담자들이 미국의 모든 주에서, 캐나다의 모든 지역에서, 그리고 세계의 많은 곳에서 부딪히는 법적인 요구 조건들을 토의할 것이다. 예를 들어, 여기에는 아동학대나 타인에 대한 공격 위협과 같은 문제들이 지역 당국에 보고되어야 한다는 법적인 조항들이 있다.
14. 이것 때문에 때로는 매우 효율적인 상담이 병실에서, 사건 현장에서, 혹은 이상적이지 않은 다른 장소에서 이루어질 수 있다는 사실이 부정되지는 않을 것이다.
15. C. H. Patterson and Suzanne C. Hidore는 이러한 개념을 그들의 책 *Successful Psychotherapy: A Caring, Loving Relationship* (Northvale, NJ: Aronson, 1997)의 부제로 쓰고 있다. 또한 Lawrence M. Brammer and Ginger

MacDonald의 *The Helping Relationship*, 제8판 (San Diego, CA: Allyn and Bacon, 2002)을 보라.
16. C. R. Rogers 외, *The Therapeutic Relationship and Its Impact* (Madison: University of Wisconsin Press, 1967).
17. 갈라디아서 5:22-23; 고린도전서 13장.
18. Gordon W. Allport, *The Individual and His Religion* (New York: Macmillan, 1950), 90. Allport 후 50년이 지난 후 긍정 심리학이라는 개념을 처음 주창했던 Martin Seligman도 APA 회장이었다. 나는 그의 책을 정독하였다. Allport만큼 강한 내용은 발견할 수 없었지만, Seligman도 대부분의 관계의 중요한 요소로서 사랑을 강하게 긍정하는 견해를 갖고 있음이 분명하다.
19. 이 책의 전 판에서는 이 부분의 제목이 "상담 기술"이었다. 오늘날에는 일반적인 기술(techniques) 혹은 방법(methods)으로 알려졌던 것을 숙련(skills)이라고 말한다.
20. 아마도 다른 누구보다도 Gerard Egan이 이러한 돕는 기술을 명료화해서 수많은 초보 상담자들이 그의 책, 분류, 그리고 훈련 프로그램을 통하여 배울 수 있었다. Gerard Egan의 *The Skilled Helper*, 제7판 (Belmont, CA: Wadsworth, 2001); 그리고 Gerard Egan, *Exercises in Helping Skills: A Training Manual to Accompany the Skilled Helper* 제7판 (Belmont, CA: Wadsworth, 2001)을 보라. 그리고 Gerald Corey의 *Theory and Practice of Counseling and Psychotherapy*, 제6판 (Belmont, CA: Wadsworth, 2000)을 보라.
21. 여기에서는, 이 책을 통하여, 독자들로 하여금 문화의 차이를 깨닫도록 격려한다. 예를 들어 미국 문화에서는 눈을 바라보는 것이 좋은 것이지만, 다른 문화에서 다른 사람의 눈, 특히 연장자나 존경받는 사람의 눈을 응시하는 것은 무례한 것으로 간주된다.
22. 이 연구의 일부는 *Interventions and Strategies in Couseling and Psychotherapy*, Richard E. Watts and Jon Carlson 편집(Philadelphia, PA: Taylor & Frances, 1999), 15-30에서 William G. Nicoll이 "Brief Therapy Strategies and Techniques"로 요약하고 있다.
23. 기독교 상담자들을 위하여 가장 잘 요약한 책은 David G. Benner의 *Strategic Pastoral Counseling: A Short-Term Structured Model* (Grand Rapids, MI: Baker, 2003)이다. 그리고 Charles Allen Kollar의 *Solution-Focused Pastoral Counseling: An Effective Short-Term Approach for Getting People Back on Track* (Grand Rapids, MI: Zondervan, 1997)도 있다.
24. 일반적인 관점에서 잘 요약된 책은 Willyn Webb의 *Solutioning: Solution-Focused Interventions for Counselors* (Philadelphia, PA: Taylor & Francis, 1999)를 보라.
25. 신성이론 접근법은 여기에서는 예외이다.
26. 기독교 관점에서 훌륭하게 쓰인 개관을 보려면, Stanton L. Jones and Richard E. Butman의 *Modern Psychotherapies: A Comprehensive Christian Appraisal* (Downers Grove, IL: InterVarsity, 1991)을 참고하라. 그리고 Les Parrott III의 *Counseling and Psychotherapy* 제2판 (Pacific Grove, CA: Thomson/Brooks/Cole, 2003); Raymond J. Corsini and Danny Wedding의 *Current Psychotherapies* 제6판 (Itasca, IL: Peacock, 2000); 그리고 Gerald Corey의 *Theory and Practice of Counseling and Psychotherapy* 제6판 (Belmont, CA: Wadsworth, 2000)을 보라.
27. D. Smith의 "Trends in Counseling and Psychotherapy," *American Psychologist* 37 (1982), 802-809.
28. 예를 들어 Gerald M. Rosen의 "Self-Help Treatment Books and the Commercialization of Psychotherapy," *American Psychologist* 42 (January 1987) 46-51; Gerald M. Rosen "Remembering the 1978 and 1990 Task Forces on Self-Help Therapies," *Journal of Clinical Psychology* 60 (January 2004) 111-113; Mark Floyd, Nancy L. McKendree-Smith, and Forrest R. Scogin, "Remembering the 1978 and 1990 Task Forces on Self-Help Therapies: A Response to Gerald Rosen," *Journal of Clinical Psychology* 60 (January 2004) 115-117을 보시오.
29. 불안 장애를 가진 사람들에 대한 연구의 예: Michelle G. Newman, Thane Erickson, Amy Przeworski, 그리고 Ellen Dzus, "Self-Help and Minimal-Contact Therapies for Anxiety Disorders: Is Human Contact Necessary for Therapeutic Efficacy?" *Journal of Clinical Psychology* 59 (March 2003): 251-274.
30. 보조 상담 혹은 자가 치료의 직접적 수단으로서 독서를 이용하는 것을 "독서 치료(bibliotherapy)"라고 말한다.

많은 연구 소논문들은 독서 치료가 특히 심각하지 않은 문제를 가진 내담자들에게서 효과가 있음을 보여주었다. 이것에 대한 소논문의 예는 다음과 같다. Mark Floyd의 "Bibliotherapy as an Adjunct to Psychotherapyfor Depression in Older Adults," *Journal of Clinical Psychology* 59 (February 2003): 187-195; Timothy R. Apodaca 그리고 William R. Miller, "A Meta-Analysis of the Effectiveness of Bibliotherapy for Alcohol Problems," *Journal of Clinical Psychology* 59 (March 2003) 289-304.

31. 보충 상담으로 인터넷을 사용하는 것에 대한 훌륭한 논의는, Edward Zuckerman의 "Finding, Evaluating, and Incorporating Internet Self-Help Resources into Psychotherapy Practice," *Journal of Clinical Psychology* 59 (February 2003): 217-225.

32. Marion K, Jacobs, Andrew Christensen, John R. Snibbe, Sharon Dolezal-Wood, Alice Huber, 그리고 Alexander Polterok, "A Comparison of Computer-Based Versus Traditional Individual psychotherapy," *Professional Psychology: Research and Practice* 32 (February 2001): 92. 그리고 Ron Kraus, Jason Zack 그리고 George Stricker 의 *Handbook for mental Health Professionals* (St. Louis, MO: Elsevier Academic Press, 2004).

33. Jack A. Naglieri, Fritz Drasgow, Mark Schmit, Len Handler, Aurelio Prifitera, Amy Margolis, 그리고 Robert Velasquez의 "Psycholgical Testing on the Internet: New Problems, Old Issues," *American Psychologist* 59 (April 2004): 150-162. 그리고 Tom Buchanan, "Online Assessment: Desirable or dangerous?" *Professional Psychology: Research and Practice* 33 (April 2002): 148-154.

34. www.supportpath.com은 인터넷 지지 집단 리스트를 제공하고 수많은 질병과 이상에 대한 이야기 방을 제공하고 있다.

35. Dave Robson 그리고 Maggie Robson의 "Ethical Issues in Internet Counseling," *Counseling Psychology Quarterly* 13 (September 2000): 249-257; Janice W. Murdoch 그리고 Patricia A. Connor-Greene, "Enhancign therapeutic Impact and Therapeutic Alliance Through Electronic Mail Homework Assignment," *Journal of Psychotherapy Practice & Research* 9 (Fall 2000): 232-237; 그리고 J. A. Oravec, "Online Counselling and the Internet: Perspectives for Mental Health Care Supervision and Education," *Journal of Mental health (UK)* 9 (April 2000): 121-135.

36. Francisco Vincelli, "From Imagination to Virtual Reality: The Future of Clinical Psychology," *CyberPsychology & Behavior* 2 (June 1999): 241-248. 학술지의 제목을 보라.

37. J. Michael Tyler 그리고 Russell A. Sabella의 *Using Technology to Improve Counseling Practice: A Primer for the 21st Century* (Washington, DC: American Counseling Association, 2003). Stephen Goss 그리고 Kate Anthony *Technology in Counseling and Psychotherapy: A Practitioner's Guide* (New York: Palgrave Macmillan, 2003); 그리고 Hans Toch와 J. Douglas Grant, *Virtual Reality Therapy for Anxiety Disorders* (Washington, DC: American Psychological Association, 2005).

38. 이와 같은 문제들은 집단 상담에 대한 유용한 책들에서 자세히 논의된다. Edward E. Jacobs, Robert L, Masson 그리고 Riley L. Harvill의 *Group Counseling : Strategies and Skills* 제5판 (Belmont, CA: Thomson/Brooks/Cole, 2006); Marianne Schneider Corey 그리고 Gerald Corey의 *Group: Process and Practice* 제7판 (Belmont, CA: Thomson/Brooks/Cole, 2006); Samuel T. Gladding의 *Group Work: A Counseling Specialty* 제4판 (Upper Saddle River, NJ: Prentice-Hall, 2002); 그리고 Gerald Corey의 *Theory and Practice of Group Counseling with Infotrac* (Belmont, CA: Wadsworth, 2003).

6장 기독교 상담의 법적, 윤리적, 도덕적 이슈들

1. 여호수아 1:9.
2. 여호수아 1:7, 8.
3. 사도행전 17:11.

4. 사도행전 17:16, 21.
5. 사도행전 17:28.
6. 다음에 나오는 논의의 대부분은 저자가 전에 저술한 책의 첫 장에서 채택되었다. Gary R. Collins의 *The Biblical Basis of Christian Counselling for People Helpers* (Colorado Springs, CO: NavPress, 1993)를 보라.
7. James W. Sire의 *Naming the Elephant: Worldview as a Concept* (Downers Grove, IL: InterVarsity, 2004). 인용된 정의는 Sire가 자신의 책에서 발전시킨 것처럼 그에 의해 분석되고 번안된다.
8. 나는 기독교적 관점, 특히 개신교의 복음주의적 시각에서 글을 쓴다. 나는 성경이 성령의 감동으로 쓰였으며 거룩한 사람들에게 주어진 하나님의 흠 없는 말씀이라고 간주한다. 나는 "그의 신기한 능력으로 생명과 경건에 속한 모든 것을 우리에게 주셨으니 이는 자기의 영광과 덕으로써 우리를 부르신 이를 앎으로 말미암음이라"(벧후 1:3)는 것을 믿는다.
  내 생각에는 성경이 우리가 복종을 통하여 상담사로서 지혜 안에서 성장하도록 돕기 위한 지침과 원리를 제공해 준다고 믿는다. 성경은 결코 상담을 위한 교과서가 아니며 상담사들이 오늘날 마주치는 많은 문제들을 다룬다고 주장하지 않는다. 우리는 심리학, 연구, 경험, 토론, 그리고 인지적 신중함으로부터 배울 수 있다. 그러나 만일 그 결론들을 우리가 최선의 모든 능력으로 이해한 성경의 가르침에 모순된다면, 이런 결론들은 존속되어져서는 안 된다.
  여러 해 동안 연구를 통해 나는 주류 학문을 이끄는 선두에 위치한 미래학자임을 알게 되었다. 다양한 나라들을 여행하는 것은 내게 국제적인 관점을 갖게 했고 이 책에서 드러내는 개념이 다른 곳에서는 채택되지 않아 적용되지 않을지도 모른다는 자각을 주었다. 나는 나와는 다른 기독교적 믿음과 관점을 가진 많은 다른 사람들과 그리고 세계관이 기독교적이지 않은 사람들과 상호작용을 가졌다. 나는 이 사람들에게 동의하지 않고 그들도 나에게 동의하지 않을 것이지만, 바울이 아테네 사람들에게서 배우고 그들을 존경했듯이(행 17:16-34) 그들을 존경하고 그들로부터 배운다. 나는 기도와 성령의 인도하심을 믿는다. 나는 이 책을 쓰면서도 성령의 인도를 구하고 있는데, 만일 독자들이 나의 세계관이나 신학 또는 교회의 관점의 어떤 면에 동의하지 않을지라도 이 책이 독자들에게 도움이 되고 큰 실천적 가치가 있기를 간구한다.
  이와 같은 말들은 이런 책들에서 거의 볼 수 없으나, 독자들은 무엇을 기대할지를 알 권리가 있다. 특히 세계관이나 성경적/신학적 문제에서 그러하다. 상담에 관련된 신학과 세계관을 더 자세히 보고 싶다면(주 6에 인용된)『기독교 상담의 성경적 기초 *The Biblical Basis of Christian Counselling*』(생명의말씀사)를 보라. 이 책은 기독교 신학을 정의할 목적으로 쓰지는 않았지만, 신학이 우리의 상담과 내담자들에게 미치는 영향을 다루고 있다.
9. Collins, *The Biblical Basis*, 16-18 참조.
10. 다른 나라 독자들은 "Protecting one's turf(자신의 잔디를 보호하기)"라는 상투적 표현을 이해하지 못할지도 모른다. 이 말은 상담에서 법적 이슈들을 다룰 때, 자신의 재산이나 권리, 또는 영향력의 영역을 지키는 것을 의미하는 것이다. 자신이 영향을 미치는 영역을 다른 집단이 차지하지 못하도록 입법자를 설득하려는 것과 같은 것이다. 상담에서 잔디를 놓고 갈등하는 것은 가끔 종교적 상담자와 전문적 상담사들 사이에서 일어나는데, 정신 건강 이슈가 야기되는 목회적 상황과 같은 영역에서 임상을 하는데 상대방은 상담을 실시할 자격이 없다고 논쟁을 벌이곤 한다.
11. 아마 약간 오래되긴 했으나, 기독교 상담자를 위한 법적 이슈를 다룬 가장 좋은 책으로 George Ohlschlager와 Peter Mosgoflan이 쓴 *Law for the Christian Counselor: A Guidebook for Clinicians and Pastors* (Waco, TX: Word, 1992)가 있다. 그러나 불행하게도 이 책은 절판되었다. 좀 더 최근의 책으로는 Ronald K. Bullis의 *Sacred Calling, Secular Accountability: Law and Ethics in Complementary and Spiritual Counselling* (Philadelphia: Brunner-Routledge, 2001)이 있다. 또한 Bruce D. Sales, Michael Owens Miller, Susan Hall eds. *Law Affecting Clinical Practice* (Washington, DC: American Psychological Association, 2005) 등이 있다. 2006년에 미국심리학회(APA)는 미국의 각 주에서 다른 편집자에 의해, *Law and Mental Health Professionals*라는 제목의 시리즈로 책을 출간하기 시작했다.
12. 로마서 13장은 정부 권력에 복종하는 것의 중요성을 논하고 있다.

13. 기독교 상담사들 중 특히 심리학자들은 Thomas F. Nagy의 *Ethics in Plain English: An Illustrative Casebook for Psychologists,* 제2판 (Wahington, DC: American Psychological Association, 2005)을 참조하길 바란다.
14. 기독교인 코치를 발견하기 위해서, 인터넷 www.christiancoaches.com을 참조하라. 상담과 달리 대부분의 코칭은 전화나 다른 기술적인 연결을 사용한다. 그래서 코치와 그들의 내담자들은 동일한 장소에 있을 필요가 없다.
15. 빌립보서 4:8.
16. 야고보서 4:7-8.
17. 고린도전서 10:12. 이 문제에 대해 좀 더 논의하기 위해서 Randy Alcom, "Strategies to Keep from Falling," *Leadership* 9 (Winter 1988): 42-47을 보라.
18. 요한일서 1:9.
19. 이 리스트에 있는 항목들 중 어떤 것들은 Peter Mosgofian과 George Ohkschlager의 저서, *Sexual Misconduct in Counselling and Ministry: Intervention, Healing and Self-Protection* (Waco, TX: Word, 1995)에서 채택된 것들이다. 나는 이 책만큼 완전하고도 잘 연구되었으며, 성경적으로 상담자의 성을 다룬 책을 알지 못한다. 안타깝게도, 이 책은 절판되었기 때문에 찾기 쉽지 않을 것이다.
20. 데살로니가전서 5:22 KJV.
21. 고린도전서 10:12.
22. Peter Mosgofian 과 George Ohkschlager의 *Sexual Misconduct,* 262 참조.
23. 요한일서 4:4.
24. 매혹적인 내담자와 사랑에 빠진 여성 상담자는 논의 속에 "데니스(그녀의 남편)와 나 사이에 명백한 갈등이 있었던 것은 아니나 모든 것이 평범하였다"라고 썼다. 결과적으로 그녀는 상담자로서 좀 더 취약해졌다. 그녀는 다른 상담자들과의 조언적 집단에서 그녀의 감정을 토론함으로써 자신의 덫을 피했다. 그 후 그녀는 남편에게 말했고 그들은 함께 그들의 관계를 새롭게 강화하였다. Mary Jo Barrett의 "The Crush: Challenging Our Culture of Avoidance," *Psychotherapy Networked* 26 (March-April 2002): 41, 58 참조.
25 고린도후서 2:11; 11:14; 베드로전서 5:8.
26. C.S. Lewis의 *The Screwtape Letters* (Glagow: Collins-Fontana Books, 1942), 9.

7장 기독교 상담의 다문화 이슈들

1. 사도행전 1:8.
2. 사도행전 2:7-12.
3. 갈라디아서 3:28.
4. Mary Pipher, *Another Country: Navigating the Emotional Terrain of Our Elders* (New York: Riverhead Books, 1999). 인용은 책 표지에 나온 텍스트 중에서.
5. Pipher, May Sarton이 인용함.
6. American Psychological Association, "Ethical Principles of Psychologists and Code of Conduct," *American Psychologist* 57(2002): 1060-1073. 다음 책도 참조. American Psychological Association, "Guidelines for Providers of Psychological Services to Ethnic, Linguistic, and Culturally Diverse Populations," *American Psychologist* 48 (1993): 45-48.
7. American Psychological Association, "Guidelines on Multicultural Education, Training, Research, Practice and Organizational Change for Psychologists," *American Psychologist* 58 (May 2003): 377-402.
8. 이들 능력의 첫 번째, 세 번째, 그리고 다섯 번째는 데럴드 윙 수(Derald Wing Sue)와 데이비드 수(David Sue)가 *Counseling the Culturally Diverse: Theory and Practice,* 4th ed. (new York: Wiley, 2003): 18-24에서 제시한 것이다. 이 섹션은 다음의 학술지에서 발췌한 것이다. Nancy Downing Hansen, Fran Pepitone-Arreola-Rockwell, and

Anthony Greene, "Multicultural Competence: Criteria and Case Examples," *Professional Psychology: Research and Practice* 31 (December 200): 652-660; and Richard B. Stuart, "Twelve Practical Suggestions for Achieving Multicultural Competence," *Professional Psychology: Research and Practice* 35 (February 2004); 3-9.

9. 어느 설교에서 들었던 내용이다. 화자는 "만약 우리가 우리 자신이 모두 학대받았다는 말에 찬성하지 않는다면 그것은 진실을 부인하고 있는 것이다"라고 주장했다. 설교 후 나는 설교자를 만나 그가 내린 결론에 이의를 제기했다. 살아오면서 내가 그렇게 한 적은 그때뿐이었다. 화자는 정중하게 내 관점을 밀어놓았고 자신의 결론을 고집했다. 슬픈 일이지만 그는 몇 달 뒤 목사직을 떠났고 카운슬러가 되었다.

10. 이 관점은 '자민족 중심주의', '단일문화주의'로 알려져 있다. 앞서 말한 데럴드 윙 수의 논문, "Whiteness and Ethnocentric Monoculturalism: Making the 'Invisible' Visible," *American Psychologist* 59 (November 2004):761-769에서 인용했다. 수 박사는 카운슬러들 사이에서 다문화 역량의 개발 분야의 지도적 인물이지만 그의 논문은 문화적 감수성의 중요성을 주장하는 카운슬러를 포함해 심리학 전문직에서 많은 것을 특징짓는 종교에 대한 편견을 전반적으로 인식하지 못하고 있음을 보여준다. 리처드 E. 레딩이 이 편견에 관해 상세히 기록했다. "Sociopolitical Diversity in Psychology: The Case for Pluralism," *American Psychologist* 56 (march 2001): 205-215.

11. 다른 문화에서 온 친구에게 이 장을 읽고 평해 달라고 부탁했다. 이 지점에서 그 친구는 이렇게 썼다. "독자 여러분들에게 다른 문화에서 온 친구가 아무도 없다면, 그 사실이 다른 문화에 대한 여러분 자신의 태도 혹은 자신에 관해 무엇을 말하는지를 스스로 물어보도록 하라."

12. 2005년 1월 *Monitor on Psychology*의 이슈는 백인 카운슬러가 히스패닉/라틴계 내담자들을 효과적으로 이해하고 일하도록 돕고자 하는 다수의 논문을 싣고 있다.

13. 이 논의는 Howard C. Stevenson의 논문에서 나온 것이다. "Wrestling with Destiny: The Psychology of Anger and Healing in African American Males," *Journal of Psychology and Christianity* 21 (Winter 2002): 357-364, Arthur L. Whaley, "Cultural Mistrust: An Important Psychological Construct for Diagnosis and Treatment of African Americans," *Professional Psychology: Research and Practice* 32 (December 2001): 555-562에서 발췌한 것이다. 또한 다음 책을 보라. Donald R. Atkinson, George Morten, and Derald W. Sue, *Counseling American Minorities,* 5th ed. (Boston: McGraw Hill, 1998); and Nicholas A. Vace, Susan B. DeVaney, and Johnston M. Brendel, *Counseling Multicultural and Diverse Populations: Strategies for Practitioners* (New York: Brunner-Routledge, 2004).

14. W. H. Grier and P. M. Cobbs, *Black Rage* (New York: Basic Books, 1968).

15. Vetta L. Sanders Thompson, Anita Balize, and Maysa Akbar, "African-Americans' Perceptions of Psychotherapy and Psychotherapists," *Professionals Psychology: Research and Practice* 35 (February 2004): 19-26.

16. 이 실험은 1932년에서 1972년까지 계속되었고 매독 말기에 있는 399명의 남자를 포함하고 있었다. 이들 대부분은 문맹인 농장 인부로 가장 가난한 주 가운데 하나인 앨라배마 출신이었다. 1997년 5월 16일 미국 대통령 빌 클린턴은 살아남은 8명의 피실험자에게 사과했다. 클린턴은 "미국 정부는 잘못을 저질렀습니다. 그 실험은 심각하게 도덕적으로 잘못된 일이었습니다. 그 일은 우리 모든 시민들의 평등과 통합을 위한 우리의 헌신을 유린하는…… 명백한 인종차별적 행위였습니다." 더 자세한 내용을 보려면 다음 책을 참조하라. James Jones, *Bad Blood: The Tuskegee Syphilis Experiment* (New York Free Press, 1993). 다른 책도 있다. Susan M. Reverby, ed., *Tuskegee's Truths: Rethinking the Tuskegee Syphilis Study* (Chapel Hill: University of North Carolina Press, 2000).

17. Whaley, "Cultural Mistrust," 560.

18. 문화의 빙산 개념이 어디에서 나왔는지 그 근원을 찾을 수 없었다. 이 개념은 이문화 의사소통과 이해를 묘사하는 책과 논문에서 자주 사용된다. 더 많은 정보는 인터넷에서 쉽게 찾을 수 있다.

19. 여러분(혹은 내담자들)은 내부 통제 혹은 외부 통제 관점 중 어느 쪽이 더 우월한가? 인터넷에서 통제 중심에 관한 질문서를 찾아낼 수 있다. "통제 중심"을 검색해보라. 몇 가지 무료 질문지를 찾아낼 수 있을 것이다.

20. 이 관점은 문화 변용에 관해 몇 가지 논문을 발표한 제임스 W. 베리라는 캐나다 과학자의 관점이다. 그는 문화 변용을 네 가지 "형태"로 나누었다. 통합, 동화(이민자들이 단지 새로운 문화와만 융합했을 때), 분리(오직 전통적 문화만 받아들였을 때), 그리고 양쪽 문화를 거부하고 포함하지 않을 때의 변화다. 베리의 저술 중 최근의 예

를 보려면 다음 책을 보라. "Psychology of Group Relations: Cultural and Social Dimensions," *Aviation, Space, & Environment Medicine* 75 (July 2004): C 52-C57.

21. 미국에서 스페인어를 말하는 히스패닉/라티노 인구는 빠른 속도로 증가하고 있지만 그들의 정신건강을 다루도록 훈련받은 전문가는 비교적 적은 편이다. 스페인어를 말하는 전문가가 더 많이 생겨나지 않는 한, 히스패닉 연구자와 상담자들은 문화적으로 민감한 비히스패닉 상담자가 이들에게 사용할 수 있는 방법을 개발하고 있다. Sadie F. Dingfelder, "Closing the Gap for Latin Patients," *Monitor on Psychology* 36 (January 2005): 58-61.

22. 이 페이지에 적힌 것처럼 토착 치료 방법은 다른 문화의 관습, 믿음, 세계관에 근거를 두고 있다. 대체 치료 방법은 전통적 의약을 대체하는 방법이다. 이 방법은 전통적인 의약품 혹은 전통 요법에 부수적인 것으로 사용된다. 기독교인 상담자는 전문적으로 돌보는 사람이 토착 치료 방법을 대체 혹은 보완 치료 방법이라고 생각한다는 사실을 알게 될 것이다.

23. 캐스린 P. 화이트가 보고한 "Psychology and Complementary and Alternative Medicine," *Professional Psychology: Research and Practice* 31 (December 2001) : 671-681, 하버드 의과 학교에서 나온 조사에 근거를 두고 있다.

24. 이 말은 브래드 키니와 함께 작업했던 출판인 Jeffrey A. Kottler와 Jon Carlson의 묘사다. *American Shaman: An Odyssey of Global Healing Traditions* (New York: Brunner-Rouledge, 2004).

25. 하나님의 빛을 소망하는 기도(Theophostic Ministry)는 전문 연구가들이 고안해낸 대체 기독교적 접근 방법이다. 예를 들면 데이비드 N. 앤트위슬(David N. Entwistle)의 "Shedding Light on Theophostic Ministry 1," *Journal of Psychology and Theology* 32 (Spring 2004): 26-34를 보라.

26. 페르난도 가르존은 기독교인 심리학자이며 하나님의 빛을 소망하는 기도(TPM)를 과학적으로 연구한다. 이 책의 저자를 향한 개인 노트에서 (2004. 6. 10) 가르존 박사는 다음처럼 썼다. "TPM을 둘러싸고 잡음이 무척 많은 탓에 이 영역 연구는 힘들다." TPM을 찬성하든 반대하든 "그 어느 쪽도 포괄적으로 지지하지 않을 것이므로 아무도 당신을 좋아하지 않을 것이다."

27. 그 한 예는 2003년 6월의 *American Psychologist*의 이슈였다. 이 저널의 전체 이슈는 '어린이와 청년에게 효과적인 예방'이었다. 논문은 공동체의 중재, 청년 문제 예방을 위해 가족 강화 접근 방식, 학교에서 예방 강화, 보건 환경에서 문제 예방 기회 등을 다룬다.

28. Kennon M. Sheldon 과 Laura King, "Why Positive Psychology Is Necessary," *American Psychologist* 56 (March 2001):216-217을 참고하라. 이 논문은 적극적 심리학을 중요시한 논문 시리즈 중 첫 논문이었다. 적극적 심리에 관한 책과 연구 논문은 지금 모습을 나타내고 있다.

2부 대표적인 문제들

8장 우울증

1. 본서에 나오는 대부분의 사례와 달리 이 사례는 실명을 사용하였다. Andrea와 Russell Yates는 실제 인물이다. 이 부분에서 나는 관련된 사람들을 존중하면서 정확하고 민감하려고 노력하였다. 이 이야기에 나오는 대부분의 자료는 Leslie Armstrong과 인터뷰한 내용을 인용하였다. "The Andrea Yates Saga-From the Inside Looking Out: An Interview with Russel Yates," *Christian Counseling Today*, 10, no.4 (202): 36-42.

2. 대략 전체 산모의 10-15% 정도가 산후우울증을 겪는다. 그러나 예외적으로 청소년 산모의 경우 약 30%의 발병률을 보인다. 일반적으로 출산 후 6개월 이내에 발생하지만 대부분 성공적으로 회복된다. 그러나 Andrea Yates의 경우 정신병적 성향에 의해 더욱 심각해졌다.

3. 이는 Vance Havner의 저서 *Though I Walk Through the Valley* (Old Tappan, NJ: Revell, 1974)에서 인용하였다. 이

책은 Havner가 부인의 죽음 직후 저작했으며 제목은 시편 23편 4절에서 인용하였다.
4. 인터넷에는 우울증에 대한 많은 정보가 있다. 본장을 위해 설명한 전문적 자료와 함께 최근의 자료를 인터넷에 올려놓았다. www.psychologyinfo.com/depression을 참조하라. 또한 이 사이트는 본서에서 언급하고 있는 다른 주제에 대한 많은 정보를 포함하고 있다.
5. 더 상세한 정보를 위해 Francis Mark Mondimore의 Bipolar Disorder (Baltimore: Johns Hopkins, 1999) 또는 Holiday Rondeau의 "Our Lost Children: Bipolar Depression and Church," *Journal of Psychology and Christianity* 22 (Summer 2003): 123-130 참조.
6. 예를 들어 기분장애는 Harold I. Kaplan and Benjamin J. Sadock이 편집한 *Compensive Textbook of Psychiatry/VI*, 6th ed. (Baltimore, MD: Williams & Wilkins, 1995)에 매우 상세하게 그리고 많은 분량에 걸쳐 언급되고 있다.
7. 욥기 3장; 민수기 11:10-15; 요나 4:1-3; 출애굽기 6:9; 마태복음 26:75.
8. 열왕기상 19장.
9. 마태복음 26:37-38.
10. 시편 34:15-17; 103:13-14; 마태복음 5:12; 11:28-30; 요한복음 14:1; 15:10, 로마서 8:28 참조.
11. 고린도후서 4:8, 9, 17, 18.
12. 로마서 15:13.
13. 나는 이러한 신화들에 대한 자료를 언급하지 않기로 결정했다. 기독교 상담자들은 기독교 정신과 의사인 John White에 의해 관찰된 사실에 매우 깊은 관심을 갖게 될 것이다. 그의 책 *The Masks of Melancholy* (Downers Grove, IL: InterVarsity, 1982)에서 하나님의 은혜를 깨닫고 난 후 곧 우울증이 완치된 어느 남자의 사례를 인용하였다. 그리고 그 기독교 정신과 의사는 "그는 내가 치료한 수많은 우울증 환자 가운데 영적인 이해를 통해 심리적 욕구가 회복된 유일한 환자이었다. 훨씬 더 많은 경우에 있어서 영적인 이해가 정신과적 치료를 통해 회복되는 것을 볼 수 있다"고 언급하였다.
14. 만성적 우울증의 원인과 치료에 대한 상세한 설명은 Jeremy W. Petit과 Thomas E. Joiner가 쓴 *Chronic Depression: Interpersonal Sources, Therapeutic Solutions* (Washington, DC: American Psychological Association, 2006)을 참조하라.
15. 이것에 대해서는 Archibald D. Hart가 쓴 *Unmasking Male Depression* (Nashville, TN: Word, 2001)을 참조하라.
16. 어느 연구 보고서에 따르면 "우울증과 같은 많은 정신과적 질병에는 유전적 요인이 영향을 미친다는 강력한 증거가 있다." 그러나 그 저자는 방어적 유전자를 포함한 유전자들이 어떠한 방식으로 환경과 상호작용하여 우울증을 유발하는지는 명확하게 드러나지 않는다고 말하고 있다. Massoud Stephane, "Genetic and Environmental Interactions in Psychiatric Illness," *Journal of Neuropsychiatry & Clinical Neurosciences* 15 (Summer 2003): 386-387.
17. 듀크 대학교의 총장인 Keith Brodie, "New Hope for the Depressed"에서 인용.
18. Anne Derouin and Terrill Bravender "Living on the Edge : The Current Phenomenon of Self-Mutilation in Adolescents," *The American Journal of Maternal/ Child Nursing* 29 (January-February 2004): 12-18.
19. Jenny K. Yi, Jun-Chih Giseala, and Yuko Kishimoto, "Utilization of Counseling Services by International Students," *Journal of Instructional Psychology* 30 (December 2003): 333-342.
20. Aaron T. Beck, Gary Emery, and Ruth Greenberg, *Anxiety Disorders and Phobias: A Cognitive Perspective* (New York:Basic Books, 1990).
21. Rene Spitz, "Anaclitic Depression," *Psychoanalytic Study of the Child* 2 (1946): 312-342.
22. D. A Cole and S. P. Rehm, "Family Interaction Patterns and Childhood Depression," *Journal of Abnormal Child Psychology* 14 (1986): 297-314.
23. Jay R. Turner and Donald A. Lloyd, "Stress Burden and the Lifetime Incidence of Psychiatric Disorder in Young Adults: Racial and Ethnic Contrasts," *Archives of General Psychiatry* 61 (May 2004): 481-488.
24. Sidney J. Blatt, *Experiences of Depression: Theoretical, Clinical, and Research Perspectives* (Washington, DC:

American Psychological Association, 2004). Blatt 박사는 우울증을 두 종류로 나누는데 하나는 외로움과 버림받음의 느낌으로부터 유발되는 의존적(anaclitic) 우울증, 다른 하나는 실패감과 무가치감에서 유발되는 내면적(introjective) 우울증이다.

25. 학습된 무력감에 관한 이론은 처음에 심리학자인 Martin Seligman에 의해 발표되었다. 예를 들면 Christopher Peterson, Steven F. Maier, and E. P. Seligman, *Learned Helplessness: A Theory for the Age of Personal Control* (New York: Oxford University Press, 1995)이다.

26. A. T. Beck, *Cognitive Therapy of Depression* (New York: Wiley, 1980).

27. 이 도표는 독창적인 것은 아니다. 이것은 다른 책에서 보여주는 다양한 도표들과 유사한 것이다.

28. 열왕기상 18-19장.

29. 이것은 *Unmasking Male Depression*에서 Hart에 의해 논의되어졌다.

30. E. McGrath, G. P. Keita, B. R. Strickland, and N. F. Russo, eds., *Women and Depression: Risk Factors and Treatment Issues* (Washington, DC: American Psychological Association, 1990).

31. Judith B. Schwartzman and Kathleen D. Glaus, "Depression and Coronary Heart Disease in Women: Implications for Clinical Practice and Research," *Professional Psychology: Research and Practice* 31 (February 2000): 48-57.

32. Hart, *Unmasking Male Depression*. Hart's book includes an entire chapter "When Depression Strikes Below the Belt."

33. 본 장을 위한 연구에서 발견한 놀라운 사실 중 하나는 현재의 우울증 진단보다 어린이 성학대(평균적으로 20세 이전에 경험되어진)가 자살에 대한 주원인이 된다는 사실이다. John Read, Kirsty Agar, Suzanne Barker-Collo, Emma Davies, and Andrew Moskowitz, "Assessing Suicidality in Adelts: Integrating Childhood Trauma as a Major Risk Factor," *Professional Psychology: Research and Practice* 32 (August 2001): 367-372를 참조하라.

34. J. C. Coyne et al., "Living with a Depressed Person," *Journal of Consulting and Clinical Psychology* 55 (1987) 347-352.

35. 예를 들면 Michael Babyak, James A. Blumenthal, Steve Herman, Parinda Khatri, Murali Doraiswamy, Kathleen Moore, W. Edward Craighead, Ten T. Baldewicz, and K. Ranga Krishnan, "Exercis Treatment for Major Depression: Maintenance of Therapeutic Benefit at 10 Months," *Psychosomatic Medicine* 62 (September-October, 2000): 633-638; Peter Salmon, "Effects of Physical Exercise on Anxiety, Depression and Sensitivity to Stress: A Unifying Theory," *Clinical Psychology Review* 21 (February 2001): 33-61.

36. 미국의 일부 지역과 다른 몇몇 나라에서는 심리학자들이 특별한 훈련을 통해 우울증이나 다른 정신건강에 관련된 약물을 처방할 수 있는 권한을 얻기도 한다.

37. Nicole Highet and Peter Drummond, "A Comparative Evaluation of Community Treatments for Postpartum Depression: Implications for Treatment and Management Practices," *Australian-New Zealand Journal of Psychiatry* 38 (April 2004): 212-218.

38. Erin E. Michalak, Clare Wilkinson, Kerenza hood, Chris Dowrick, and Greg Wilkinson, "Seasonality, Negative Life Events and Social Support in Community Sample," *British Journal of Psychiatry* 182 (May 2003): 434-438.

39. 이것은 "Electroconvulsive Therapy," *NIH Statement Online* 1985 June 10-12; 5(11): 1-23에 서술되어 있는 전기 충격 요법을 설명한 것이다.

40. 더욱 상세한 것은 상실을 경험한 사람들을 위한 상담에 있어서 10단계 접근을 참조하라. Hart의 *Counseling the depressed* 133-145를 참조하라.

41. 히브리서 1:3; 13:5; 골로새서 1:16-17; 요한복음 14:1-4; 26-27.

42. 학습된 무력감에 관한 이론은 심리학자인 Martin Seligman에 의해 처음 발표되었다(Peterson, Maier, and Seligman의 *Learned Helplessness*를 보라). 다른 책에서 Seligman은 학습된 낙관주의에 대하여 서술하였다. Martin E. P. Seligman, *Learned Optimism* (New York: Knopf, 1991). 우울증에 있어서 낙관주의의 영향은 Christopher Peterson에 의해 논의되었다. "The Future of Optimism," *American Psychologist* 55 (January 2000):

44-55.

43. 이러한 목록은 Farberow와 Shneidman의 선구적인 업적으로부터 인용된 것이다. N. L. Farberow and E. S. Shneidman, eds. *The Cry for help* (New York : McGraw-Hill, 1965). 좀 더 최근에 Edwin S. Shneidman, *Comprehending Suicide: Landmarks in 20th Century Suicidology* (Washington, DC: American Psychological Association, 2001); 그리고 Edwin S. Shneidman, *Autopsy of a Suicidal Mind* (New York, Oxford University Press, 2004).

44. 빌립보서 4:11-13, 19.

45. David J. A. Dozois and Keith S. Dobson, *The Prevention of Anxiety and Depression* (Washington, DC: American Psychological Association, 2004); and Esteban A. Cardemil and Jacques P. Barber, "Building a Model for Prevention Practice: Depression as an Example," *Professional Psychology: Research and Practice* 32 (August 2001): 392-401.

46. 찬송가 487장, 죄 짐 맡은 우리 구주.

47. 요한복음 16:33; 야고보서 1:2-3, 12.

48. 마태복음 26:37-38.

49. S. C. Thompson, "Will It Hurt Less If Can Control It? A Complex Answer to Simple Question," *Psychological Bulletin* 90 (1981): 89-101.

50. 예를 들어 시편 1:1-2; 119:9-16을 보라.

51. 빌립보서 4:8.

52. 그러나 어느 면에 있어서 가족이나 사회적 그룹이 항상 도움이 되는 것은 아니다. 연구에 의하면 사회적 지지가 우울증을 완화시킬 수도 있고 우울증을 지속하도록 만들 수도 있다. Scott A. White, holly Jackson, Brenda joy Martin, Kimberley Mckay, Jessica Part, and La Cheryl Taylor, "Christians and Depression: Attributions as Mediators of Depression-Buffering Role of Christian Social Support," *Journal of Psycholgy and Christianity* 22 (Spring 2003): 48-58.

53. Harver, *Though I Walk Through the Valley*, 66-67.

9장 불안

1. 빌립보서 4:6-7.
2. Ron Taffel, "Confronting the New Anxiety," *Psychotherapy Networker* 27 (November-December 2003): 30-37, 59.
3. Ibid.
4. Charles Spielberger, *Understanding Stress and Anxiety* (New Tork: Harper & Row, 1979).
5. 때때로 불안과 흥분은 혼동된다. 어떤 사람들은 실제로 현실에 있어서 불안해하고 있으며, 이러한 자신의 감정에 주의를 기울이고 살아야 함에도 불구하고, 흥분된 상태인 줄로 오해하고 지속적으로 삶을 영위하고 있다. 이와 반대로 다른 경우에는 사람들의 삶이 실제로는 흥분되었고 열정적으로 전진할 수 있는데도 불안해하며 살아갈 수도 있다.
6. Abby J. Fyer, Salvatore Mannuzza, and Jeremy D. Coplan, "Panic Disorders and Agoraphobia," in *Comprehensive Textbook of Psychiatry*, ed. harold I. Kaplan and Benjamin J. Sadock, vol. 1 (Baltimore: Williams and Wilkins, 1995). 1191-1204.
7. 39장
8. 고린도후서 11:27-28.
9. 빌립보서 2:20. RSV판에는 "진정으로 불안해하는(genuinely anxious)"으로, NASB판에서는 "진정으로 염려하는(genuinely……concerned)"으로, 그리고 NLT판에서는 디모데가 빌립보 교인들의 안녕에 대해 "진정으로 관심을

갖는(genuinely cares)"이라고 말하고 있다. 좀 더 최근의 번역판에서는 건강한 관심을 기술하기 위하여 "불안"이라는 단어를 더욱 적게 사용하는 경향이 있는데 이는 매우 인상적이라 할 수 있다.

10. 마태복음 6:25-34.
11. 베드로전서 5:7.
12. 빌립보서 4:6-7. 당신은 빌립보서 4장이 본 구절의 약속을 경험하는 데 있어서 실패한 사람들과 관련하여 시작되었다는 역사적 사실에 주목해야 한다. 여기에서 많은 불안들이 의료적 처방에 가장 잘 반응하는 신체적인 특징에 기반하고 있다는 사실을 포함하여 많은 원인들을 가지고 있을 것이다. 그러나 기독교인들은 하나님께서 자신의 판단에 의거하여 의료적 조건을 통제하실 수 있다고 믿는다.
13. 마태복음 6:33.
14. 빌립보서 4:6.
15. The Charles Schwab Corporation의 Dawn Gould Lepore로부터 인용하였다(출처 모름).
16. 무의식에 대한 기독교 상담자의 간단한 논의를 위해서 Bruce Narramore가 저술한 무의식 대한 입문서를 참조하라. 이는 *Baker Encyclopedia of Psychology,* ed. David G, Benner and Peter C. Hill, 2en ed. (Grand Rapids, MI:Baker, 1999). 1236-1237에 게재되어 있다. 성경은 무의식에 대해 언급하고 있지 않다. 그러나 로마서 1장 18-19절에서 저자는 불의로 진리를 막는 사람들에 대해 설명하고 있다. 그들의 마음에는 하나님을 알 만한 것들이 있는데 이는 본능적으로 아는 것이다. 이러한 것은 무의식과 유사한 어떤 것을 제시하는 것이 아닌가?
17. 요한일서 1:9.
18. Richard Simon, "Editorial," *Psychotherapy Networker* 26 (September-October 2002): 2.
19. Archibald D. hart, *The Anxiety Cure* (Nashnille, TN: Word, 1999). 여기서 논의된 대부분은 Hart의 저서에서 인용되었다.
20. Mary Sykes Wylie and Richard Simon, "Discoveries from the Black Box," *Psychotherapy Networker* 26 (September-October 2002): 26-37, 68. 뇌와 인간 행동에 대한 다채롭고 대중적인 논의를 위해서는 James Shreeve, "Beyond the Brain," *National Geographic* 207 (March 2005): 2-31을 참조하라.
21. Hart, *Anxiety Cure,* 27.
22. 같은 책, 25.
23. 전문적인 측면에서 이것은 약물 남용 불안 장애로 알려져 있다.
24. 신명기 28:65-66.
25. Archibald D. Hart, *The Hidden Link Between Adrenalin and Stress* (Waco, TX: Word, 1986).
26. Rebecca A. Clay, "Bringing Psychology to Cardiac Care," *Monitor on Psychology* 32 (January 2004): 46-49.
27. 몇 년 전에 논란이 되었지만 널리 읽혀졌던 책에서 두 기독교 저자가 이러한 "상상적" 접근에 대해 비판적으로 공격하였다. 그들은 이러한 접근을 "악마적으로 영감을 얻는 것"으로서 기독교 진리에 분명히 적대적인 것으로 말하였다. Dave Hunt and T. A. McMahon, *The Seduction of Christianity* (Eugene, OR: Harvest House, 1985), 140. 나는 이러한 견해에 대해 지나친 과잉반응이라고 보는 의견에 동의한다. Hunt와 McMahon이 그들의 책을 출판했던 비슷한 시기에 유명한 기독교상담자인 H. Norman Wright의 저서 *Self-Talk, Imagery and Prayer in Counseling* (Waco, TX: Word, 1986)를 통해 좀 더 균형 잡힌 시각이 등장했다.
28. 이것은 기독교 상담자에게 뉴스거리가 되지 않지만, 반세기 전에 미국심리학회 회장인 Gordon Allport로부터 언급되었을 때 이는 실로 혁명적인 것으로 보였다. 그는 "사랑은……비교할 수 없이 위대한 심리 치료적 처방제이다. 정신과 전문의가 만들어낼 수도, 처방할 수도, 초점을 기울일 수도 없는 중요한 그 어떤 것이다. ……반면에 기독교는……총체적으로 사랑에 근거한 삶의 방식이나 인생에 대한 해석을 제공한다"라고 말하였다. Gordon W. Allport, *The Individual and His Religion* (New York: Macmillan, 1950), 90, 92ff.
29. 요한일서 4:18.
30. 히브리서 13:6을 주목하라.
31. 불안 감소와 심리적 건강에서 사랑의 역할은 긍정 심리학의 분야에서 잘 인식되고 있다. 예를 들어, Martian E.

P. Seligman, *Authentic Happiness* (New York: Free Press, 2002); and Christopher Peterson and Martin E, P, Seligman, *Character Strengths and Virtues: A Handbook and Classification* (New York: Oxford university press, 2004)을 참조하라.

32. 예를 들어 Margaret Wehrenberg, "10 Best-Ever Anxiety-Management Techniques," *Psychotherapy Networker* 29 (September-October 2005): 46-49, 56을 참조하라.

33. Richard M. Suinn, "The Terrible Twos - Anger and Anxiety: Hazardous to Your health," *American Psychologist* 56 (January 2001): 27-36. See also Jerry S. Deffenbacher and Richard M Suinn, "Systematic Desensitization and the Reduction of Anxiety," *The Counseling Psychologist* 16 (January 1988): 9-30.

34. Reid Wilson, "Everyday Courage," *Psychotherapy Networker* 24 (September- October 2000): 58-63, 80, 98. See also Graham Campbell, "The Anxious Client Reconsidered," *Psychotherapy Networker* 25 (May-June 2001): 40-45.

35. Catherine Weber, "The Mood Food Connection: Nutrition and Anxiety," *Christian Counseling Today* 8, no, 4 (2000): 44-50.

36. 대부분의 지역에서 오직 자격증을 갖춘 의사들만이 약물을 처방할 수 있도록 규정하고 있다. 좀 더 최근에 미국의 일부 지역과 다른 몇몇 나라에서는 임상심리학자들과 의사가 아닌 사람에게 합법적으로 약물을 처방할 수 있는 권한을 주기도 한다.

37. 물론 약물에 대한 편견과 두려움이 어떤 사람들로 하여금 약물 사용에 대한 저항을 불러일으키는 유일한 이유는 아니다. 내가 이 부분을 저술하고 있던 어느 날, 나는 아시아에 사는 친구로부터 이메일을 받았다. 그 친구는 약물을 사용하지 않고 불안과 우울을 다룰 수 있는 일본에 사는 상담자를 소개해줄 수 있는지에 대하여 물었다. 그는 비행기 조종사로서 승객의 안전과 비행에 차질이 없도록 하기 위해 약물 활용을 원하지 않았던 것이다.

38. Richard Balon, "Developments in Treatment of Anxiety Disorders: Psychotherapy, Pharmacotherapy, and Psychosurgery," *Depression & Anxiety* 19, no. 2 (2004): 63-76.

39. Campbell, "The Anxious Client," 44.

40. Taffel, "Confronting the New Anxiety," 33.

41. 이것은 Wilson의 논문 주제인 "Everyday Courage" 이다.

42. 이 문장의 모든 것은 요한복음 14장에 나오는 예수님의 교훈에서 인용하였다. 특별히 1-3, 16-18, 25-28을 참조하라.

43. William Hendrickson, *Philippians* (Grand Rapids, MI: Baker, 1962), 193.

44. 야고보서 1:22.

45. David J. A. Dozois and Keith S. Dobson, eds., *The Prevention of Anxiety and Depression* (Washington, DC: American Psychological Association, 2004).

46. 마태복음 6:31-35.

10장 분노

1. 본서에 나오는 사례들은 대부분 새롭게 제시된 것이지만 프랭크 목사의 이야기는 예외다. 이 이야기는 이전 판에서 다뤄진 바 있다. 생소한 현실과 그와 관련된 사건들 때문에 여기서는 수정하여 다시 실었음을 밝혀둔다.

2. Etienne Benson, "Goo, Gaa, Grr: 학자들은 어떤 식으로 언제 유아기에 분노가 처음 나타나는지 일치된 의견을 찾고 있다," *Monitor on Psychology* 34 (March 2003):50-51.

3. Tori DeAngelis, "When Anger's a Plus," *Monitor on Psychology* 34 (March 2003) 44-45.

4. James I. Packer, *Knowing God* (Downers Grove, IL: InterVarsity Press, 1973),136

5. 마가복음 3:5.

6. 로마서 3:23.

7. 잠언 78:38. 또한 다니엘 9:9을 보라.
8. 베드로후서 3:9. 또한 악한 자에 대한 하나님의 심판이 일시적으로 유보되고 있음이 나타나는 시편 10편과 71편도 보아라.
9. 로마서 1:31.
10. 로마서 2:5; 데살로니가전서 1:10. 또한 요한계시록 6장 이후도 보라.
11. 예를 들어 전도서 7:9; 잠언 16:32; 마태복음 5:22; 갈라디아서 5:20; 에베소서 4:26; 골로새서 3:8; 야고보서 1:19-20.
12. 에베소서 4:20.
13. 시편 37:8.
14. 로마서 12:19; 로마서 14:4; 에베소서 4:31; 히브리서 12:15; 마태복음 7:1-5.
15. 신명기 32:35.
16. 이 문제는 보복이라는 명목으로 끊임없이 상대국을 공격하는 국가와 연루된 몇 가지 관심사를 제기한다. 국제사회에서 국가 간 보복을 지지하는 정부에 대해 이것이 말하고 있는 바는 무엇인가?
17. 잠언 14:29; 15:18; 29:11, 20, 22.
18. 야고보서 1:19; 야고보서 1:20; 3:1-14; 4:1-2.
19. 학대가 학대 피해자의 행동에 의해서도 유발될 수 있다는 사실을 지나쳐버리려는 의도는 없다. 대개 문제는 한쪽 방향에서 단독적으로 일어나지는 않는다.
20. 잠언 14:17, 29; 29:22.
21. 잠언 22:24-25.
22. 잠언 11:13; 16:28; 20:19; 26:20; 29:19; 고린도후서 12:20.
23. 8장을 보라.
24. 잠언 10:18; 26:24-26.
25. 디모데후서 4:2; 누가복음 17:3-4.
26. 잠언 15:28.
27. 요한일서 1:9; 야고보서 5:16; 마태복음 6:12; 18:21-22, 33-35.
28. 베드로전서 2:23.
29. 고린도전서 13:4-5; 잠언 10:12.
30. 잠언 16:32.
31. 갈라디아서 5:22-23.
32. Suzanne Fremont and Wayne Anderson, "What Client Behaviors Make Counselors Angry? An Exploratory Study," *Journal of Counseling and Development* 65 (October 1986): 67-70.
33. 요나 4:1.
34. 마태복음 2:16-18.
35. 마태복음 20:24.
36. 마가복음 3:5; 10:14.
37. 이러한 관점은 분노가 내부에 쌓일 때 그것이 결국 폭발하게 되고 학대와 폭력의 형태로 표출된다는 것이다. 그러나 대체로 분노에 대한 본능 이론은 그렇게 대중적이지 못하며 이를 증명할 만한 증거도 부족하여 비판받아 왔다.
38. From Carol Tavris, *Anger: The Misunderstood Emotion* (New York: Simon & Schuster, 1989).
39. 마가복음 3:1-5.
40. 분노를 조장하는 관계의 역할은 특별히 Harriet Lerner의 저서에서 논의되었다. *The Dance of Anger : A Woman's Guide to Changing the Patterns of Intimate Relationships* (Quill, 1997).
41. 어떻게 남성과 여성이 분노를 경험하고 표현하는지에 대한 차이점과 관련한 연구 자료가 늘고 있다. Melissa

Dittmann, "Anger Across the Gender Divide," *Monitor on Psychology* 34 (March 2003): 53-53.

42. 어떤 연구에서는 무언가를 어떻게 인지하는지의 문제는 개인적인 것과 관련된 생물학적 편견에 작용하고 있다고 주장한다. 인간의 뇌는 잠복해 있는 한 개인의 성향에 기초한 감정적인 자극에 반응한다. 스탠포드 대학의 John D. Gabrieli 교수에 따르면 "인간의 뇌는 개개인이 가지는 특성에 따라 다른 사람들에 의해 경험되는 관점들을 확대하는 것 같다. 실험에 참가한 사람들은 긍정적인 장면과 부정적인 장면을 보지만 그들의 반응은 매우 상이하다. 한 그룹은 컵에 물이 가득 차 있다고 보지만 다른 그룹은 비어 있다고 본다. Siri Carpenter가 이 실험 결과를 정리했다, "Different Dispositions, Different Brains," *Monitor on Psychology* 32 (February 2001) 66-68.

43. 예를 들어, G. Fong, D. Frost, and S. Stansfeld, "Road rage: A Psychiatric Phenomenon?" *Social Psychiatry and Psychiatric Epidemiology* 36, no. 6 (2002): 277-286; Tara E. Galovski and Edward B. Blanchard, "Road rage: A Domain for Psychological Intervention?" *Aggression & Violent Behavior* 9 (March-April 2004): 105-127를 보라. 더욱 확실한 논의는 Tara E. Galovski, Loretta S. Malta, and Edward B. Blanchard, *Road Rage : Assesment and Treatment of the Angry, Aggressive Driver* (Washington, DC: American Psychological Association, 2006)를 보라.

44. Ronald T. Potter-Efron, "One Size Does Not Fit All : Learning to Recognize the Many Faces of Anger," *Psychotherapy Networker* 28 (May-June 2004): 27-28.

45. 중독적 분노와 이것의 치료법은, *Anger Free: Ten Basic Steps to Managing Your Anger*에서 자세하게 논의되었다 (New York : Morrow, 1999).

46. 마음속에 억눌려 있는 분노가 어떻게 우울증을 종종 유발시키는지에 대해서는 8장의 논의를 보라.

47. 에베소서 4:30-31.

48. Howard Kassinove and Raymond Chip Tafrate, *Anger Management : The Complete Treatment Guidebook for Practice* (Atascadero, CA : Impact, 2002).

49. 상당수의 연구 조사가 이 같은 결과를 지지한다. 여기에는 Brad J. Bushman, Roy R. Baumeister, 그리고 Angela D. Stack. 등이 있다. "Catharsis, Aggression, and Persuasive Influence : Self-Fulfilling or Self Defeating Prophecies?" *Journal of Personality & Social Psychology* 76 (March 1999): 367-376; also Brad J. Bushman, "Does Venting Anger Feed or Extinguish the Flame? Catharsis, Rumination, Distraction, Anger and Aggressive Responding," *Personality & Social Psychology Bulletin* 28(June 2002) :724-731.

50. 마태복음 5: 38-44.

51. Raymond Chip Tafrate, Howard Kassinove, and Louis Dundin, "Anger Episodes in High and Low Trait Anger Community Adults," *Journal of Clinical Psychology* 58 (December 2002) :1573-1590.

52. DeAngelis, "When Anger's a Plus," 44.

53. 분노와 공격적 성향에 대한 지속적인 노출은 몇몇 극단적 무슬림 집단에서 그 특징으로 나타나는 것 같다. 또한 상대적으로 가난한 집단에서 자라는 미국 흑인 남성들에 관한 자료에서도 잘 나타난다. Howard C. Stevenson, Jr., "Wrestling with Destiny: The Cultural Socialization of Anger and healing in African American Males," *Journal of Psychology and Christianity* 21 (Winter 2002): 357-364.

54. Patricia Van Velsor and Deborah L. Cox, "Anger as a Vehicle in the Treatment of Women Who Are Sexual Abuse Survivors: Reattributing Responsibility and Assessing Personal Power," *Professional Psychology: Research and Practice* 32 (December 2001): 618-625.

55. 주49의 글을 보라. 또한 Tavris, *Anger*, 120-150을 보라.

56. Stevenson, "Wrestling with Destiny."

57. 이것은 종종 분노를 야기하는 "마음속 상처"를 의미한다. Steven Stosny, "Cease Fire: Five Steps to Anger Management," P*sychotherapy Networker* 27 (January -February 2003): 21-22.

58. 요한일서 1:9; 야고보서 5:16.

59. 진심으로 미안해할 줄 모르는 사람들은 변화를 위해 하나님의 도우심을 구해야 한다.

60. 요한일서 1:9.

61. 마태복음 6:14-15.
62. Anger Management는 Jack Nicholson과 Adam Dandler가 주연으로 출연하였다. Andy Seiler가 리뷰했다. "Anger Could Be a Raging Hit," *USA Today*, April 10, 2003.
63. Jennifer Daw Holloway, "Advances in Anger Management," *Monitor on Psychology* 34 (March 2003) :54-55.
64. 이것은 Milton Layden에 의해 주장되었다. *Escaping the Hostility Trap* (Englewood Cliffs, NJ: Prentice-Hall, 1977). 여러 연구에서 분노를 처리하기 위해 자기 대화 등을 포함한 "인지 치료" 효과를 보여주었다. 다음을 참조하라. Kassinove and Tafrate, *Anger Management*; J. L. Deffenbacher, D. A. Story, R. S. Stark, J. A. Hogg, and A. D. Brandon, "Cognitive-Relaxation and Social Skills Interventions in the Treatment of General Anger," *Journal of Counseling Psychology* 34(1987): 171-176; S. L. Hazaleus and J. L. Deffenbacher, "Relaxation and Cognitive Treatment of Anger," *Journal of Consulting and Clinical Psychology* 54 (1986): 222-226 ; and Ronald Siddle, Freda Jones, and Fairuz Awenat, "Group Cognitive Behaviour Therapy for Anger: A Pilot Study," *Behavioural & Cognitive Psychotherapy* 31(January 2003): 69-83.
65. 빌립보서 4:8.
66. 빌립보서 4:4-11.
67. 갈라디아서 5:18-25.
68. 이것은 야고보서 1:19-20과 일치할 것이다.
69. 잠언 22:24-25.
70. S. R. Heyman, "Psychological Problem Patterns Found with Athletes," *Clinical Psychologist* 39 (1986): 68-71.
71. 이러한 차이점이 문화적인 측면에 따라 나타난다는 것은 국제적으로 민감한 독자들에게 놀랄 일이 아니다. 한 가지 흥미로운 연구에서 아시아 운동선수와 미국의 운동선수를 비교했다. 아시아 운동선수들은 완벽주의를 지향하며 연습을 보다 많이 하는 경향이 있고 가족 지향적이고 덜 공격적이며 화도 덜 낸다. 반면에 미국 출신 운동선수들은 보다 공격적이며 운동 지향성이 약하고, 훈련에 대해 불평이 많고 가족과의 친밀도는 떨어지며, 패배에 대해 죄책감을 느끼지 않는다. Tom Ferraro, "Aggression Among Athletes: An Asian American Comparison," *Athletic Insight : Online Journal of Sport Psychology* 1 (June 1999) : www.athleticinsight.com/Vol1Iss1/Asian_Aggression.htm을 보라.
72. 베드로전서 1:13; 빌립보서 4:8.
73. Layden, *Escaping the Hostility Trap*, 34.

11장 죄와 용서

1. 궁금하게 생각할지도 모를 독자들에게, JD의 사례는 실제 사건을 바탕으로 몇몇 정황을 바꾸어 제시한 것이다.
2. Earl D. Wilson, *Counseling and Guilt* (Waco, TX : Word, 1995), 11.
3. G. Begum, *Guilt : Where Religion and Psychology Meet* (Minneapolis, MN: Augsburg, 1970) ; See also S. Bruce Narramore, "Guilt: Where Theology and Psychology Meet," *Journal of Psychology and Theology* 2 (1974): 18-25.
4. S. Bruce Narramore, "Guilt," in *Baker Encyclopedia of Psychology and Counseling,* ed. David G. Benner and Peter C. Hill, 2nd ed. (Grand Rapid, MI: Baker, 1999), 534-536.
5. 예를 들어, Becca Cowan Johnson, *Good Guilt, Bad Guilt : And What to Do with Each* (Downers Grove, IL : InterVarsity, 1996)를 보라.
6. 이사야 53:6; 로마서 3:23.
7. David Yau-Fa Ho, Wai Fu, and S. M. Ng, "Guilt, Shame and Embarrassment: Revelations of Face and Self," *Culture & Psychology* 10 (March 2004): 64-84.
8. Paul Tournier의 저서 *Guilt and Grace* (New York: Harper & Row, 1962)에서 "참된 죄의식"과 "그릇된 죄의식"의

개념이 등장한다. 그러나 필자의 견해로는 적절한 죄의식과 부적절한 죄의식에 대해 대략 같은 무게로 다루는 그의 개념이 여기에서는 도움이 되기보다 혼란스럽게 보인다. 그래서 본 장에서는 그의 개념을 사용하는 것을 피하고자 한다.

9. 시편 6편, 32편, 38편, 51편, 102편, 130편, 143편.
10. S. Bruce Narramore, *No Condemnation* (Grand Rapids, MI: Zondervan, 1984).
11. 같은 책, 155. Narramore는 개신교가 죄에 대해 일시적인 안도감을 주기 위해 요한일서 1장 9절을 믿지만, 많은 가톨릭에서 같은 방식으로 고해를 남용한다고 주장한다.
12. 마태복음 26:75.
13. 베드로전서 2:24.
14. 요한일서 1:9.
15. 마태복음 6:14-15. Lewis B. Smedes의 훌륭하고 읽기 쉬운 용서에 관한 논의인 *Forgive and Forget* (New York : Harper & Row, 1984)를 보라.
16. 골로새서 3:13; 에베소서 4:32.
17. 마태복음 18:25-35.
18. 이러한 죄 없는 완전함에 대한 관점은 요한일서 1:8-10과 대조적이다.
19. 빌립보서 3:12-16.
20. Tournier, *Guilt and Grace*, 24.
21. Narramore, *No Condemnation*, 30-31.
22. Tournier, *Guilt and Grace*, 15-16, 18.
23. S. Bruce Narramore and J. H. Coe, "Conscience," in Benner and Hill, *Baker Encyclopedia of Psychology and Counseling*, 253-254. 이러한 저자들에 의하면, 상담자들과 신학자들 사이에는 양심에 대한 다양한 정의가 있다.
24. 로마서 2:15.
25. 디모데전서 4:1-2.
26. 고린도전서 8:10-12.
27. 고린도전서 10:25-29.
28. 창세기 2:17; 3:4-5, 22. 또한 S. Bruce Narramore, "Guilt: Its Universal Hidden Presence," *Journal of Psychology and Theology* 2 (1974): 295-298을 보아라.
29. 창세기 3:8.
30. 요한일서 1:8-10.
31. 요한복음 16:8.
32. 욥기 1:9-11; 요한계시록 12:10.
33. Antjie Krog, *Country of My skill : Guilt, Sorrow, and the Limits of Forgiveness in the New South Africa* (New York : Random House, 1999).
34. 로마서 6:23.
35. 시편 73.
36. C. W. McLemore, "Defense Mechanisms," in Benner and Hill, *Baker Encyclopedia of Psychology and Counseling*, 319-321.
37. Joel Johnson, "Desire, Guilt and Holiness," *Christian Counselor* 2 (Spring 1987) : 6.
38. Julie Fitness, "Shame and Guilt," *Journal of Social & Personal Relationships* 20 (October 2003) : 701-702.
39. 요한일서 1:9.
40. 이 영화는 Robert De Niro가 주연한 작품이다.
41. 경우에 따라 용서의 실례를 들기 위해 이 영화의 몇몇 장면들을 보여주었다. 이에 대해 절친한 친구 Everett Worthington Jr.에게 감사한다. 용서와 관련하여 그의 저서 속에 이 이야기가 포함되어 있었고 본서를 저술하면

서 이와 관련된 실례를 떠올릴 수 있었다. Everett L. Worthington, Jr., *Forgiving and Reconciling: Bridges to Wholeness and Hope* (Downers Grove, IL: InterVarsity, 2003), 66-67.

42. O. Hobart Mowrer, *The Crisis in Psychiatry and Religion* (Princeton, NJ : Van Nostrand, 1961), 82. 내가 젊은 교수였을 때, Mowrer 교수를 초대하여 내가 교편을 잡고 있는 캠퍼스에서 하루를 보낸 적이 있다. Mowrer 교수는 휴머니즘의 관점에서 죄와 용서에 대해 많은 것을 가르쳐주었다. 교수는 또한 그날이 저물 때까지 나와 함께했다. 그는 우리가 쉴 틈 없이 이야기하며 오랜 시간 동안 연설하는 사람을 찾아갈 필요가 없다고 충고했다. 나 역시 그의 충고를 받아들여 다른 대학에 연사로 초대 받을 때 똑같은 충고를 해주고 있다.

43. Karl Menninger, *Whatever Became of sin?* (New York : Hawthorn, 1973).

44. Michael E. McCullough, Steven J. Sandage, and Evertt J, Worchington, Jr., *To Forgive Is Human* (Downers Grove, IL : InterVasity, 1997); Michael E. McCullough, Kenneth L. Pargament, and C. E. Thoreson, *Forgiveness: Theory, Research, and Practice* (New York: Guilford Press, 2000); and Everett L Worthington, Jr., *Forgiving and Reconciling : Bridges to Wholeness and Hope* (Downers Grove, IL: InterVarsity, 2003). 용서에 도움이 되는 연구 기사로는 기독교 심리학자이며 연구자인 Everett L. Worthington, Jr.의 개정판 책, *Dimensions of Forgiveness: Psychological Research and Theological Speculations* (Philadelphia, PA : Templeton Foundation Press, 1998)와 *Handbook of Forgiveness* (New York : Brunner-Routledge, 2005)를 보라.

45. 요한복음 8:3-11.

46. 고린도전서 10:12.

47. 마태복음 7:1; 로마서 12:19-20.

48. 사무엘상 12:1-14.

49. 사무엘상 16:7; 시편 103:14; 139:1-4; 요한일서 1:8.

50. 베드로전서 3:18 NIV.

51. 요한일서 1:9; 야고보서 5:16.

52. Charlotte Van Oyen Witvliet, "Forgiveness and Health : Review and Reflections on a Matter of Faith, Feelings, and Physiology," *Journal of Psychology and Theology* 29 (Fall 2001): 212-224 ; Kevin S. Seyboki, Peter C. Hill, Joseph K. Neummann, and David S. Chi, "Psysiological and Psychological Correlates of Forgiveness," *Journal of Psychology and Christianity* 20 (Spring 2001): 250-259; Garry Cooper, "Forgiving Extramarital Affairs," *Psychotherapy Networker* 26 (May-June 2002): 15; and Fernando Garzon, Julie Richards, Mark Witherspoon, Stacey Garver, Zongjian Wu, Lori Burkett, Heather Reed, and Leroy Hill, "Forgiveness in Community Cultural Contexts: Applications in Therapy and Opportunities for Expanded Professional Roles," *Journal of Psychology and Christianity* 21 (Winter 2002): 349-356.

53. McCullough, Sandage, and Worthington, *To Forgive Is Human*, 15.

54. 같은 책.

55. David F. Walker and Richard L. Gorsuch, "Dimensions Underlying Sixteen Models of Forgiveness and Reconciliation," *Journal of Psychology and Theology* 32 (Spring 2004): 12-25.

56. 요한일서 1:9.

57. Lewis Smedes. *Forgive and Forget : Healing the Hurts We Don't Deserve* (San Francisco : Harper & Row, 1984), 12, 190.

58. F. LeRon Shults and Steven J. Sandage, *The Faces of Forgiveness: Searching for Wholeness and Salvation* (Grand Rapids, MI : Baker, 2003).

59. Everett L. Worthington, Jr., and J. W. Berry, "Can Society Afford Not to Promote Forgiveness and Reconciliation?" in *Promoting Social, Ethnic, and Religious Understanding and Reconciliation*, ed. Rovert L. Hampton and Thomas P. Gullotta (Washington, DC: Child Welfare League of America 2004), 159-192.

60. 에베소서 4:32.

12장 외로움

1. M. G. Davis, "Solitude and Loneliness: An Integrative Model," *Journal of Psychology and Theology* 24 (1996): 3-12.
2. Douglas LaBier, *Modern Madness: The Emotional Fallout of Success* (Reading, MA: Addison-Wesley, 1986).
3. S.A. Cappa, "Loneliness," in *Baker Encyclopedia of Psychology and Counseling*, ed. David G. Benner and Peter C. Hill, 2nd ed. (Grand Rapids, MK: Baker, 1999), 698-699; and A. Storr, Solitude (New York: Free Press, 1988).
4. 창세기 2:18.
5. 창세기 1:28.
6. 시편 25:16.
7. 마태복음 27:46.
8. 디모데후서 4:9-12.
9. 마태복음 4:1-3.
10. 마가복음 1:35는 하나의 좋은 예다.
11. 누가복음 9:10; 마태복음 26:36-44.
12. 기술이 어떻게 우리의 외로움에 기여했는지에 대한 흥미로운 논의를 위해서는 다음 책을 보라: Laura Pappano, *The Connection Gap: Why Americans Feel So Alone* (Piscataway, NJ: Rutgers University Press, 2001).
13. Y. Amichai-Hamburger and E. Ben-Artzi, "Loneliness and Internet Use," *Computers in Human Behavior* 19 (January 2003): 71-80.
14. Janet Morahan-Martin and Phyllis Schumacher, "Loneliness and Social Uses of the Internet," *Computers in Human Behavior* 19 (November 2003): 659-671.
15. Craig W. Ellison, "Loneliness: A Social-Developmental Analysis," *Journal of Psychology and Theology* 6 (Spring 1978): 3-17.
16. 문자 그대로 수천 개의 논문에서 다양한 상황의 애착을 거론하고 연구하였다. 사실은 이 주제에 관한 논문만 다루고 있는 *Attachment & Human Development*라는 학술지까지 발간되고 있다. 연구의 한 예는 긴 제목으로 된 짧은 논문이다. "The Ties That Bind: Attachment: The Nature of the Bonds Between Humans Are Becoming Accessible to Scientific Investigation," *Nature* 429 (June 2004): 705. 저자 Melvin Konner는 다음과 같이 쓰고 있다: "애착이 아무리 무정형적으로 보인다 할지라도…… 이것은 인간 복지를 좌우하는 가장 중요한 변인 중의 하나다. 이것을 과학적인 연구의 초점으로 삼는 것이 중요하다."
17. Steven R. Asher and Julie A. Paquette, "Loneliness and Peer Relations in Childhood," *Current Directions in Psychological Science* 12 (June 2003): 75-78.
18. Cary L. Cooper and James Campbell Quick, "The Stress and Loneliness of Success," *Counseling Psychology Quarterly* 16 (March 2003): 75-78.
19. Rose Beeson, Sara Horton-Deutsch, Carol Farran, and Marcia Neundorfer, "Loneliness and Depression in Caregivers of Persons with Alzheimer's Disease or Related Disorders," *Issues in Mental Health Nursing* 21 (December 2000): 779-806; and Rose A. Beeson, "Loneliness and Depression in Spousal Caregivers of Those with Alzheimer's Disease Versus Non-Caregiving Spouses," *Archives of Psychiatric Nursing* 17 (June 2003): 135-143.
20. Henri J. M. Nouwen, *영적 발돋움 Reaching Out: Three Movements of the Spiritual Life*(두란노서원) (Garden City, NY: Doubleday, 1966), 15.
21. Hatim A. Omar, "Adolescent Violence as Viewed by High School Students," *International Journal of Adolescent Medicine & Health* 11 (July-December 1999): 153-158.
22. W. A. Sadler, "Causes of Loneliness," *Science Digest* 78 (July 1975): 58-66.
23. 요한복음 3:16.
24. 요한일서 1:9.

25. 이것은 다음에 언급되는 아주 시사적인 제목의 책에서 거론되고 있다. Richard Lamb, *The Pursuit of God in the Company of Friends* (Downers Grove, Il: InterVarsity, 2003).
26. 요한복음 3:16; 로마서 8:35-39.
27. 로마서 8:14-17.
28. 잠언 18:23.
29. 로마서 8:9; 고린도전서 6:19; 요한일서 4:13.
30. 로마서 8:26-31.
31. 만일 당신이 교회가 어떻게 다른 종류의 공동체가 될 수 있을지에 대해 심각하게 고려한다면, 탁월하지만 때로 불편함을 불러일으키는 다음의 책을 읽어보도록 하라. Reggie McNeal, *The Present Future: Six Tough Questions for the Church* (San Francisco: Jossey-Bass, 2003).
32. Brian D. Dufton and Daniel Perlman, "Loneliness and Religiosity: In the World but Not of It," *Journal of Psychology and Theology* 14 (Summer 1986): 135-45.
33. Nouwen, *Reaching Out*, 28-29.
34. Paul Tournier, *Escape from Loneliness* (Philadelphia: Westminster, 1962). 이 책은 1948년에 불어로 출간되었다. IVP에서 『고독』이라는 제목으로 출간하였다.
35. 이런 생활을 코쿠닝(cocooning)이라고도 하는데 이 단어는 애벌레가 나비로 변화되기 전에 짜내는 고치로부터 유래된 것이다. 따라서 코쿠닝은 개인이나 결혼한 부부, 그리고 가족이 그들의 집으로 돌아가 문을 닫고 에어컨을 튼 뒤, 바쁜 세상으로부터 은퇴하여 저녁이나 주말을 보내려는 성향을 일컫는 말이다.
36. 하나의 재미있는 연구 프로젝트는 캐나다와 아르헨티나, 그리고 터키에서 13살에서 83세까지의 사람들이 어떻게 외로움에 대처하는지를 체계적으로 비교하였다. 세 나라 사이에는 의미 있는 차이가 있었다. 문화적 차이가 외로움에 대처하는 방식에 분명히 영향을 미쳤다. 이 연구는 캐나다에서 기획되어 토론토에 있는 그룹에 의해 이뤄졌다. 캐나다 사람들이 시행된 대처 시험에서 가장 높은 점수를 받은 것은 놀라운 일이 아니다. 연구자들은 매우 유능한 사람들로 알려져 있는데, 사람들이 연구 설문에 어떻게 응답하는지를 분명히 알고 있었다. 이것이 차이에 어느 정도 영향을 미쳤을 것이다. 그것이 사실이라 하더라도, 결과는 유의미한 차이를 보여주는데, 이는 사람들이 문화적 배경에 따라 외로움에 다르게 대처한다는 것을 보여주고 있다. Ami Rokach, Hasan Bacanli, and Gina Ramberan, "Coping with Loneliness: A Cross-cultural Comparison," *European Psychologist* 5 (December 2000): 302-311.

3부 발달상의 문제들

13장 아동기

1. David Stoop와 Jan Stood 공저. *The Complete Parenting Book: Practical Help from Leading Experts* (Grand Rapids, MI: Revell 2005). Ann Hulbert의 *Raising America: Experts, Parents, and a Century of Advice About Children* (New York: Alfred A Knopf, 2003)에 따르면 상당 부문의 충고가 상충되어 있고, 현재 우리가 알고 행하고 있는 것들에 대하여 의문들을 제기하고 있다. 학생들은 한번쯤 선생님들로부터 이 책을 읽으라고 들어봤을 것이다.
2. Lloyd H. Rogler, "Historical Generations and Psychology: The Case of the Great Depression and World War II," *American Psychologist* 57 (December 2002): 1013-1023
3. 시편 127:3-5; 예레미야 22:30; 창세기 30:22-23. 라헬, 한나, 미갈, 그리고 엘리자벳 이들은 모두 자식이 없음으로 인해 고통을 당했던 성경 속 여인들이다.

4. 마가복음 10:14.

5. 시편 127:3; 마태복음 18:10; 시편 103:1-3; 디도서 2:4; 마태복음 18:1-6.

6. 출애굽기 20:12; 마가복음 7:10-13; 잠언 1:8; 4:1; 13:1; 23:22; 에베소서 6:1.

7. 로마서 1:30; 디모데후서 3:1-5.

8. 사도행전 5:29.

9. 디도서 2:4; 신명기 6:1-9; 잠언 22:6; 고린도후서 12:14; 골로새서 3:21.

10. Gene A. Getz, *The Measure of a Family* (Ventura, CA:Regal, 1976), 83-94.

11. 신명기 6:1-7.

12. 누가복음 2:52.

13. 이것과 다른 이유들에 대한 자세한 논의는 다음을 참고하라. Harold I. Kaplan and Benjamin J. Sadock, eds., *Comprehensive Textbook of Psychiatry*/VI (Baltimore, MD: Williams and Wilkins, 1995), chapters 33-37.

14. 신명기 6:1-9; 잠언 22-26; 시편 78:1-8.

15. D. B. Riley, L. Grief, D. L. Caplan, and Heather K. MacAulay, "Common Themes and Treatment Approaches in Working with Families of Runaway Youth," *American Journal of Family Life* 32 (March-April 2004): 139-153

16. Marc H. Bornstein and Linda R. Cote, "Mothers' Parenting Cognitions in Cultures of Origin, Acculturating Cultures, and Cultures of Destination," *Child Development* 75 (January 2004): 221-235.

17. Gary Cooper, "How Anxious Parents Create Anxious Kids," *Psychotherapy Networker* 27 (September-October 2003): 16-17. 이 짧은 보고는 심리학자 Janet Woodruff-Borden가 주도한 연구에 요약되어 *Journal of Clinical Child and Adolescent Psychology* (2002 Winter)에 게재되었다.

18. Gray W. Evans, "The Environment of Childhood Poverty," *American Psychologist* 59 (February -March 2004): 77-92.

19. 월드비전은 위험에 처한 이들 어린들이들을 돕기 위해 최상의 자원들을 지원해왔다. 그 예로 다음을 보라. Phyllis Kibourn, ed., *Children in Crisis* (Federal Way, WA, by World Vision, Inc., 1996); Phyllis Kilbourn, *Street Children* (1997); Phyllis Kilbourn and Majorie McDonald with Emma Garrow, *Children at Risk: Networks in Action* (2000); Phyllis Kilbourn, ed., *Children Affected by HIV/AIDS: Compassionate Care* (2002).

20. 과테말라시에 있는 Potter's House가 좋은 예이다. 미혼여성 상담자들이 담요를 수집하여 성탄전야에 도시 빈민가에 사는 사람들에게 전달하면서 시작되었다. 이러한 선행은 서서히 증가하였고, 현재 Potter's House는 "보물들"이라고 부르는 아이들과 그 부모들을 빈민가로부터 나와 보다 낳은 교육과 건강 혜택을 받게 하고, 빈민가의 좀도둑 생활 대신에 독립적인 삶을 살 수 있도록 기술을 가르치고 있다. 더 자세한 내용은 홈페이지를 참고하라. www.pottershouse.org.GT

21. William Doherty, "See How They Run: When Did Childhood Turn into a Rat Race?" *Psychotherapy Networker* 27 (September-October 2003): 38-46, 63.

22. 단지 식사를 함께 더 자주 한다는 이유만으로 더 낳은 성취와 적응을 한다는 가정은 하지 않는 것이 좋다. 부모의 훈육과 돌봄이 좋은 성적과 잦은 가족 간 접촉을 가져다준다. 두 사건이 같이 일어날 때, 하나가 다른 것의 원인이라고 가정할 수는 없다. 너무 바쁜 삶의 방식은 어린이들에게 해로운 영향을 줄 수 있기 때문이다.

23. Margaret L. Stuber, "Children's Reaction to Illness, Hospitalization, and Surgery," in Kaplan and Sadock, *Textbook of Psychiatry*, 2455-2469.

24. Joel D. Bregman & James C. Harris, "Mental Retardation", Kaplan과 Sadock 공저 *Textbook of Psychiatry*, 2207-2241. 또한 Patrica Ainsworth와 Pamela C. Baker 공저. *Mental Retardation*, (Jackson, MI: University Press of Mississippi, 2004). Joyce Brennfleck Shannon과 Joyce S. Shannon 공저 *Mental Retardation Sourcebook* (Auckland, NZ: Omnigraphics, 2000). Mary Beirne-Smith, Richand F. Ittenbach와 James R. Patton 공저. *Mental Retardation*, 6th ed. (Upper saddle River, NJ, Prentice-Hall, 2001)

25. L. Eugene Arnold와 Peten S. Jensen공저. "Attention Deficit Disorders," Kaplan과 Sadock 공저. *Textbook of*

Psychiatry, 2295-2310. Russel A. Barkley, *Taking Charge of ADHD: The Complete, Authoritative Guide for Parents,* rev. ed. (New York: Guilford, 1998). Russell A. Bankley, *Attention-Deficit Hyperactivity Disorder* (New York: Guilford, 2000).

26. Vincent J. Monastra, *Parenting child with ADHD : 10 Lessons That Medicine Cannot Teach*(Washington, DC : American Psychological Association, 2004).

27. Cheryl Sanders와 Gary D. Phye 공저. *Bullying: Inplications for the Classroom* (Washington D.C: Academic Press, 2004). Dorothy Espelage, *Bullying in American Schools: A Social-Ecological Perspective on Prevention and Intervention* (Mahwah, NJ: Laurence Erlbaum, 2003). Rebecca S. Griffin과 Alan M. Gross 공저. "Childhood Bullying: Current Empirical Findings and Future Directions for Research," *Aggression Violent Behavior* 9권, 2004년 7월, 379-400. Maurice. J. Elias와 Joseph E. Zins, "Bullying, Other Forms of Peer Harassment, and Victimization in the Schools: Issues for School Psychology Research and Practice," *Journal of Applied School Psychology* 19권, 2003년: 1-5. Pamela Orpinas와 Arthur M. Horne, "Bullying Prevention: Creating a Positive School Climate and Developing Social Competence" (Washington D.C, APA, 2006).

28. A. E. Grills and T.H. Ollendick, "Peer Victimization, Global Self-Worth, and Anxiety in Middle School Children," *Journal of Clinical Child and Adolescent Psychology* 31(2002): 59-68.

29. Tracy Vaillancourt, Shelly Hymel과 Patricia McDougall 공저. "Bullying is Power: Implications for School-Based Intervention Strategies," *Journal of Applied School Psychology* 19권, 2003년 157-176. Janis B. Kupersmidt와 Kenneth A. Dodge 공저. *Children's Peer Relations: From Development to Intervention* (Washington, APA, 2004).

30. 1997년에 출간된 유니세프(UNICEF) 보고인 *The State of the World's Children*에 의하면 최소 10만 명 이상의 미국 어린이들이 상업적으로 성 착취를 당하고 있다. 더 자세한 정보는 "www.asha.viva.org"를 참고하라

31. E. E. Werner와 R. S. Smith 공저. *Vulnerable but Invincible: A Longitudinal Study of Resilient Children and Youth* (New Work: McGraw-Hill, 1982). M. D. Glantz와 J. L Johnson공저. *Resilient and Development: Positive Life Adaptations* (New York: Kluwer Academic Publishers, 1999).32. 이사야 1:2.

32. 이사야 1:2.

33. 사무엘상 3:11-13.

34. Olivia N. Velting, Nicole J. Setzer, and Ann Marie Albano, "Update on and Advances and Assessment and Cognitive-Behavioral Treatment of Anxiety Disorders in Children and Adolescents," *Professional Psychology: Research and Practice* 35 (February 2004): 42-54.

35. B. Vitiello와 P. S. Jensen, "Disruptive Behavior Disorders," Kaplan과 Sadock 공저 *Textbook of Psychiatry*, 2311-2319. J. B. Rein, G. Patterson, J. J Snyder 공저 *Antisocial Behavior in Children and Adolescents* (Washington D. C: APA, 2002)

36. Erin B. McClure, Tom Kubiszyn, and Nadine J. Kaslow, "Advances in the Diagnosis and Treatment of Childhood Mood Disorders," *Professional Psychology: Research and Practice* 33 (April 2002): 125-134.

37. Peter Szatmri, "Schizophrenia with Childhood Onset," in Kaplan and Sadock, *Textbook of Psychiatry*, 2393-2398.

38. 미국 내에서, 5명 중 1명꼴로 학습장애가 있으며, 이러한 아동들은 학교에서 특수교육이 필요하다. *Twenty-fourth Annual Report to Congress* (Washington D.C: U. S. Department of Education, 2002).

39. 놀이치료에 관한 책은 D. S. Sweeney 저 *Counseling Children Through the World of Play* (Wheaton, IL: Tyndale House, 1997). 또한 T. M. Hall, H. G. Kaduson, C. E. Schaefen 공저. "Fifteen Effective Lay Therapy Techniques," *Professional Psychology: Theory and Practice* 33권 (2002, 12월). 가장 효과적인 놀이 치료사들은 문화적 다양성을 알고 아이들의 놀이치료에 접근한다. Kevin. O'Connor, "Addressing Diversity Issues in Play Therapy," *Professional Psychology: Research and Ptarctice* 36권 (October 2005) 566-573.

40. Edward R. Christophersen and Susan L. Mortweet, *Treatments That Work with Children: Empirically Supported Strategies for Managing Childhood Problems* (Washington, DC: American Psychological Association, 2001).

41. Amy M. Duhig, Vicky Phares, and Robyn W. Birkeland, "Involvement of Fathers in Therapy: A Survey of Clinicians," *Professional Psychology: Research and Practice* 33 (August 2003): 389-395.
42. Debra B. Nevas and Barry A, Farber, "Parents' Attitudes Toward Their Child's Therapist and Therapy," *Professional Psychology: Research and Practice* 32 (April 2001): 165-170.
43. B. D. Garber, "Directed Co-Parenting Ontervention: Conducting Child-Centered Interventions in Parallel with Highly Conflicted Co-Parents," *Professional Psychology: Research and Practice* 35 (February 2004) 55-64.
44. 가족 치료는 전문적인 훈련이 필요한 상담학의 분야가 되었다. R. Lowe, *Family Therapy: A Constructive Approach* (London: Sage Publishing. 2004). I. Goldenberg와 H. Goldenberg 공저. *Family Therapy: An Overview* (Stamford, CT: Wadsworth, 2003).
45. L. Eugene Arnold, ed., *Helping Parents Help Their Children* (New York: Brunner/Mazel, 1978).
46. E. R. Christopher와 S. L. Mortweet 공저. *Parenting That Works: Building Skills That Last a Lifetime* (Washington, D.C: APA, 2002). Gary와 Carrie Oliver 공저. *Raising Sons and Loving It: Helping Your Boys Become Godly Men* (Grand Rapids, MI: Zondervan, 2000)
47. Gene Getz, *Measure of a Family* (Ventura, CA: Regal, 1977), 13.
48. G. C. Gard and K. K. Berry, "Oppositional Children: Taming Tyrants," *Journal of Clinical Child Psychology* 15 (1986): 148-158.
49. 그의 아버지 역시 자기 옷을 치우지 않는다. 아이들은 결코 자기 옷들을 걸어 놓는 것을 배우지 못한다. 아이들이 집을 떠난 후에야 부모는 그것을 안다. 그리고 책임은 배우자가 떠맡게 된다.
50. Roger P. Weissberg, Karol L. Kumpfer, and Martin E. P. Seligman "Prevention That Works for Children and Youth," *American Psychologist* 58 (June-July 2003), 425.
51. Karol L. Kumpfer and Rose Alvarado, "Family-Strengthening Approaches for the Prevention of Youth Problem Behaviors," *American Psychologist* 58 (June-July 2003): 457-465.
52. Mark T. Greenberg, Roger P. Weissberg, Mary Utne O'Brian, Joseph E. Zins, Linda Fredericks, Hank Resnik, and Maurice J. Elias, "Enhancing School-Based Prevention and Youth Development Through Coordinated Social, Emotional and Academic Learning," *American Psychologist* 58 (June-July 2003): 466-474.
53. Abraham Wandersman and Paul Florin, "Community Interventions and Effective Prevention," *American Psychologist* 58 (June-July 2003): 441-448.
54. Anna C. Salter, *Predators, Pedophiles, Rapists, and Other Sex Offenders: Who They Are, How They Operate, and How We Can Protect Ourselves and Our Children* (New York: Basic Books, 2003).
55. Suzanne Bennett Johnson and Susan G. Millstein, "Prevention Opportunities in Health Care Settings," *American Psychologist* 58 (June-July 2003): 475-481.
56. 이 주제에 대해서는 셀 수 없이 많은 실제적인 책들이 있다. 그 한 예로 Robert Wolgemuth, *The Most Important Place on Earth: What a Christian Home Looks Like and How to Build One* (Nashville: Thomas Nelson, 2004)을 보라.
57. 데살로니가전서 5:11; 히브리서 3:1, 3; 10:25.

14장 청소년기

1. Armand M. Nicholi, Jr., ed., *The Harvard Guide to Modern Psychiatry* (Cambridge, MA: The Belknap Press of Harvard University Press, 1978), 519.
2. 1904년에 스탠리 홀은, 미국 심리학의 선구자이며 미국심리학회의 초대 회장이었는데, 청소년기의 연구를 2권의 책으로 출판했다. 그는 이 시기를 폭풍과 스트레스의 시기라고 묘사했는데 그의 작업들은 말 그대로 젊은 사람들

에 버금가는 10대들을 이해하고 상담하고 이해하도록 돕기 위한 수천의 다른 연구 조사를 유발시킨 기폭제가 되었다.

3. Joseph Adelson, "Adolescence and the Generalization Gap," *Psychology Today* 12 (February 1979): 33-37. Adelson의 결론은 20~30년 이후에도 여전히 적용된다.

4. S. I. Powers, S. T. Hauser와 L. A. Kilner, "Adolescent Mental Health," *American Psychologist* 44(1989): 200-208. G. L. Welton, "Adolescence," *Baker Encyclopedia of Psychology and Counseling*, ed. D. G. Benner와 Peter C. Hill 제2수정판 (Grand Rapids, MI: Baker, 1999), 46-48. D. L. Evans, E. B. FOA, R. E. Gur, H. Hendin, C. P. O'Brien M. E. Seligman, B. T. Walsh 공저, *Treating and Preventing Adolescent Mental Health Disorder* (New York: Oxford University Press 2005), 497-527.

5. 미국과 캐나다에서는 이 나이 범위가 대략 중학교, 고등학교 및 대학교 시절에 해당한다.

6. G. Barna, *Real Teens: A Contemporary Snapshot of Youth Culture* (Ventura, CA: Regal Books, 2001). 청소년문화는 나라마다 큰 차이가 있으므로, Barna의 연구를 문화의 영역을 뛰어넘어 적용하기는 어렵다.

7. 바나 리서치 그룹 웹 사이트에서 찾았다. www.barna.org, October 8, 2001.

8. 이 또한 미국 내 연구 자료로서, 다른 나라에는 적용이 안 될 수도 있다.

9. E. H. Erikson, *Identity: Youth and Crisis* (New York: Norton, 1968). Erikson은 청소년들이 직면하는 주요 문제들을 "정체성의 위기"로 설명한다.

10. 전도서 11:9-10.

11. 누가복음 2:52.

12. 한 예로 예수님은 부모에게 순종하셨다. 이는 요즘 사춘기 이전 아이들에게는 흔치 않은 특성이다.

13. 베드로전서 5:6-7. 이외에도 다음 구절들을 보라. 사도행전 2:17; 잠언 20:29; 요한일서 2:13-14; 디도서 2:4-6.

14. 이것은 10대 및 그들 부모들뿐 아니라 정치 지도자나 건강관리 전문가들에게도 주요 관심사다. Dianne Neumark-Sztainer, *I'm, Like, So Fat!: Helping Your Teen Make Healthy Choices About Eating and Exercise in a Weight Obsessed World* (New York: Guilford, 2005).

15. Barna의 Web Page 참고. www.barna.org (2003, 11, 3).

16. Alison Lutz and Dean Borgman, "Teenage Spirituality and the Internet," *Cultic Studies Review* 1 (2002): 137-150.

17. Lynn Schofield Clark, *From Angels to Aliens: Teenagers, the Media, and Supernatural* (New York: Oxford University Press, 2003).

18. Erikson, *Identity*, 156.

19. B. Beausay, *Teenage Boys: Surviving and Enjoying These Extraordinary Years* (Colorado Springs: Waterbrook. 1989), 5-12. 10대 소녀들에 관한 연구는 N. G. Johnson, M. C. Roberts, J. Worell 공저. *Beyond Appearance: A New Look at Adolescent Girls* (washington, APA, 2001).

20. 인터넷 검색을 해보면 청소년기의 수없이 많은 문제 유형에 대해 알 수 있다. 그 예로 Scott W. Henggeler, Sonja K. Schoenwald, Melisa D. Rowland, and Phillippe B. Cunningham, *Serious Emotional Disturbance in Children and Adolescents* (New York: Guilford, 2002), or melvin Lewis, *Child and Adolescent Psychiatry: A Comprehensive Textbook*, 3rd ed., (New York: Lippincott Williams & Wilkins, 2002)을 보라.

21. Edward P. Mulvey and Elizabeth Cauffman, "The Inherent Limits of Predicting School Violence," *American Psychologist* 56 (October 2001): 797-802.

22. Robert B. Pettit, "Sexual Teens, Sexual Media: Investigating Media's Influence on Adolesscent Sexuality," *Journal of Social & Personal Relationships* 20 (April 2003): 262-263.

23. "Teenage Pregnancy," *Search Institute Source* 1 (Minneapolis: November 1985): 1,2.

24. E. Coren, J. Barlow, S. Stewart-Brown, "The Effectiveness of Individual and Group-based Parenting Programmes in Improving Outcomes for Teenage Mothers and Their Children: A Systematic Review," *Journal of Adolescence* 26권 (2003년 2월), 79-103. L. J. Keown, L. J. Woodward, J. Field, "Language Development of Pre-School

Children Born to Teenage Mothers," *Infant and Child Development* 10권 (September 2001).
25. Natasha Slesnick, *Our Runaway and Homeless Youth: A Guide to Understanding* (Westport, CT: Praeger, 2004).
26. Sabrina D. Black, "Odds Are, you Know a Teen Who Gambles," *Christian Counseling Today* 8 (2000): 24-27, 73.
27. 미국자살학회 웹 사이트에 게재된 "Youth Suicide Fact Sheet," (March 19, 2004) www.suicidology.org
28. 청소년기 자살에 관한 연구로는 A. L. Berman, D. A. Jobes, M. M. Silverman. *Adolescent Suicide: Assessment and Intervention* (Washington, D.C: APA, 2006). N. J. Kaslow와 S. G. Aranson, "Recommendations for Family Interventions Following a Suicide," *Professional Psychology: Research and Practice* 35 (June 2004).
29. Ron Taffel, "The Wall of Silence," *Psychotherapy Networker* 25 (May-June 2001): 52-64. 64쪽에서 인용했다.
30. 이사야 1:2.
31. Beausay저. *Teenage Boys* 또는 M. Danesi. *My Son is Alien* (Lanhan, MD: Rowman and Littlefield, 2003). 즐겁고도 유용한 문화적 영향이 현대의 청소년들에게 미치고 있는 현상을 설명한다.
32. L. Steinberg와 W. Steinberg 공저. *Crossing Paths: How YOur Child's Adolescence Triggers Your Own Crisis* (New York: Simon & Schuster, 1994).
33. Hector R. Bird, "Psychiatric Treatments of Adolescents," in *Comprehensive Textbook of Psychiatry/VI*, ed. Harold I. Kaplan and Benjamin J. Sadock (Baltimore, MD: Williams and Wilkins, 1995): 2439-2446.
34. R. Robinson저. *Walking the Parenting Tightrope: Raising Kids Without Losing Your Balance* (Grand Rapids, MI: Baker, 2005).
35. 10대들의 이해와 상담은 L. Parrott III의 *Helping the Struggling Adolescent: A Counseling Guide* (Grand Rapids, MI: Zondervan, 1993). J. McDowell과 B. Hostetler 공저. *Handbook on Counseling Youth* (Nashville, TN: W Publishing, 1996). A. J. weaver, J. Preston, L. W. Jerome 공저 *Counseling Troubles Teens and Their Families: A handbook for Pastors and Youth Workers* (Nashville, TN: Abingdon, 1999). 비기독교적 관점으로 쓰여진 책은 R. M. Lerner와 L. Steinberg 공저. *Handbook of Adolescent Psychology*, 2nd ed. (New York: Wiley, 2004)를 참고하라.
36. Jerome Price and Judith Margerum, "Four Most Common Mistakes Treating Teens," *Psychotherapy Networker* 24 (July-August 2000): 52-55.
37. Taffel, "Wall of Silence," 69에서 개작함.
38. 이 정보들은 다음의 아티클에서 번안한 것임. Jeremy R. Sullivan, Eleazar Ramirez, William A. Rae, Nancy Pena Razo, and Carrie A. George, "Factors Contributing to Breaking Confidentiality with Adolescent Clients: A Survey of Pediatric Psychologists," *Professional Psychology: Research and Practice* 33 (August 2002): 396-401.
39. Karol L. Kumpfer and Rose Alvarado, "Family-Strengthening Approaches for the Prevention of Youth Problem Behaviors," *American Psychologist* 58 (Jun -July 2003): 457-465.
40. 같은 책, 458.
41. 예방 프로그램은 A. Wandersman과 P. Florin 공저. "Community Interventions and Effective Prevention," *American Psychologist* 58(June-July 2003). 미국에서 상해 관련 사망과 살인, 10대 임신 등은 1991년 이후 계속 줄어들고 있다. R. W. Blum 저서 "Trends in Adolescent health: Perspectives from the United States," *International journal of Adolescent Medicine and Health* 13(October-Decembers 2001).
42. M. A. Buckley와 S. H. Zimmermann 공저. *Mentoring Children and Adolescents: A Guide to the Issues* (Westport, CT: Praeger, 2003). 실제적인 자료들과 최근 연구 자료 및 멘토링 프로그램에 대한 자료들을 참고하라.
43. 마태복음 28:19-20.

15장 초기 성인기(20~30대)

1. Douglas Coupland, *Generation X: Tales for an Accelerated Generation* (New York: St. Mary's 1991; New York: HarperCollins, 2000).
2. '밀레니얼'에 대해 잘 요약해놓은 책은 Wendy Murray Zoba, *Generation 2K: What Parents and Others Need to Know About the Millennials* (Downers Grove, IL: InterVarsity, 1999)이다.
3. Jack O. Balswick, Pamela Ebstyne King, and Kevin S, Reimer, *The Reciprocating Self: Human Development in Theological Perspective* (Downers Grove, IL: InterVarsity, 2005).
4. Michael Reitz, "Behind the Scenes: How Twenty-Somethings Are Running D.C.," *Relevant* 7 (March-April 2004): 34-35.
5. Alexandra Robbins and Abby Wilner, *Quarterlife Crisis: The Unique Challenges of Life in your Twenties* (New York: Jeremy P. Tarcher/Putnam, 2001).
6. Daniel J. Levinson et al., *The Seasons of a Man's Life* (New York: Alfred Knopf, 1978); and idem, *The Seasons of a Woman's Life* (New York: Alfred Knopf, 1988).
7. Jason Boyette, Pocket *Guide to Adulthood: 29 Things to Know Before You Hit 30* (Orlando, FL:Relevant, 2005).
8. 그렇다면, 왜 네 개 국가에서만 베이비붐 현상이 일어났던 것일까? 이에 대한 한 가지 주장은 이 현상이 전쟁의 여파에 깊숙이 관련되어 있다는 것이다. 일본이나 대부분의 유럽 국가들 및 다른 국가들과는 달리, 이 네 나라들은 도시, 빌딩 및 인프라를 다시 구축할 필요가 없었다. 그 대신에 이들은 더욱 더 많은 자녀를 가졌으며, 더 나은 삶을 이루는 데 중점을 두었다.
9. Landon Y. Jones, *Great Expectations: America and the Baby Boom* (New York: Ballantine Books, 1986).
10. Robert E. Webber, *The Younger Evangelicals: Facing the Challenges of the New World* (Grand Rapids: Baker, 2002).
11. Gene A. Getz, *David: God's Man in Faith And Failure* (Ventura, CA: Regal, 1978), 4.
12. 사무엘하 6:16, 20-23.
13. 사무엘하 5:4
14. 창세기 41:46.
15. 디모데전서 4:12.
16. 디도서 2:6-7.
17. Gary R. Collins, *Getting Started: Direction for the Most Important Decisions of Life* (Old Tappan, NJ: Revell, 1984).
18. Martha Irvine, "The Life and Times of an Online Gamer," Associated Press, December 28, 2004. http://www.post-gazette.com/pg/04363/433337.stm.
19. Howard Gardner, *Frames of Mind: The Theory of Multiple Intelligences* (New York: Basic Books, 1993); also Howard Gardner, *Intelligence Reframed: Multiple Intelligences for the 21st Century* (New York:basic Books, 2000).
20. Daniel Goleman, *Emotional Intelligence: Why It Can Matter More Than IQ* (New York: Bantam, 1995).
21. Daniel Goleman, "What Makes a Leader?" *Harvard Business Review,* November-December 1998, 93-102.
22. 상담자들은 사람들을 훌륭한 인생의 코치에게 보내는 것을 선호한다. 또한 자신의 인생을 자기 자신이 경영해 나가는 데 도움을 줄 수 있는 여러 종류의 책들이 서점에 있다. 유명한 책들 중에 하나는 Jim Loehr와 Tony Schwartz가 쓴 *The Power of Full Engagement: Managing Energy, Not Time, Is the Key to high Performance and Personal Renewal* (New York: Free Press. 2003)가 있다. 자신의 인생을 경영할 필요를 느끼는 대부분의 상담자들에게 너무 진보적이지만, 기독교적 관점의 책은 Randy Frazee가 쓴 *Making Room for Life: Trading Chaotic Lifestyles for Connected Relationships* (Grand Rapids, MI: Zondervan, 2003)
23. 18장을 보라.
24. 로마서 12:18.

25. Gary Collins 책 *The Soul Search: A Spiritual Journey to Authentic Intimacy with God* (Nashville, TN: Oliver-Nelson, 1998)에서 새로운 영성(뉴에지로 알려진)을 요약하면서 약간의 비판을 하였다.
26. Dallas Willard, Richard Foster, 또는 David Benner 책을 참고하라. 로마 카톨릭 관점은 Henri Nouwen의 통찰력 있는 책을 참고하라. 초기 영성 작가로는 Richard Foster와 James Bryan smith의 *Devotional Classics: Selected Readings for Individuals and Groups* (San Francisco, CA: Harper-SanFrancisco, 1993).
27. 신흥교회에 대해서는 3장에서 논한 바 있다. Kimball, *Emerging Church*.
28. Gary W. Moon and David G. Benner, des., *Spiritual Direction and the Care of Souls : A Guide to Christian Approaches and Practices* (Downers Grove, IL: InterVarsity, 2004). David G. Benner, *Sacred Companions: The Fift of Sporitual Friendship and Direction* (Downers Grove, IL: InterVarsity, 2002)도 보라.
29. 이 정의는 다음의 저자들에 의해 자율적으로 나온 개념이다. Gerard Egan and Michael A. Cowan, *Moving into Adulthood* (Monterey, CA: Brooks/Cole, 1980), 98.
30. 같은 책, P97.
31. 같은 책, P141.
32. Erik H. Erikson, *Identity: Youth and Crisis* (New York: Norton, 1968).
33. Gary R. Collins, *Christian Coaching: Helping Others Turn Potential into Reality* (Colorado Springs, CO: NavPress, 2001), 92-93.
34. Erik H. Erikson, *Childhood and Society*, rev. ed. (New York: Norton, 1963).
35. Levinson의 남자의 인생의 계절 91쪽. Levinson과 그의 동료들은 단어의 특별한 활용을 강조하거나 동일시하는 글자의 첫 대문자를 활용하였고 나는 그들이 사용한 것들을 따랐다.
36. Bruce Wilkinson, *The Dream Giver* (Sisters, OR: Multnomah, 2003).
37. J. R. Briggs, "Confessions from a Young Timothy," *Rev!* 6 (July - August 2003):56.
38. 윤리적 함축을 포함한 전문 상담가들을 위한 멘토링이 Brad Johnson에 의하여 *Journal of Psychology and Christianity* 2000년 19권 겨울호에 주요 주제로 다루어져 있다. "The Intentional Mentor: Strategies and Guidelines for the Practice of Mentoring," *Professional Psychology: Research and Practice 33*, February 2002, 88-96. Wilson과 Brad Johnson, "Core Virtues for the Practice of Mentoring," Journal of Psychology and Theology 29, 2001년 여름, 121-130. Brad Johnson과 Charles Ridley의 Elements of Mentoring (New York: Palgrave McMillan, 2004).
39. Collins, *Soul Search*, 5, 6.
40. George Gallup, Jr., and Timothy Jones, *The Next American Spiriuality: Finding God in the Twenty-First Century* (Colorado Springs, CO: Cook, 2000).
41. Richard Lamb, *The Pursuit of God in the Company of Friends* (Downers Grove, IL: InterVarsity, 2003).
42. Tom Beaudoin, *Virtual Faith: The Irreverent Spiritual Quest of Generation X* (San Francisco: Jossey-Bass, 1988). 2년 후 갤럽조사를 토대로 "다음 세대의 미국인들의 영성"에 관하여 Gallup과 Jones. *Ancient-Future Faith: Rethinking Evangelism for a Postmodern World*, Robert Webber, (Grand Rapids, MI: Baker, 1999). Leonard Sweet, *Post-Modern Pilgrims: First Century Passion for the 21st Century* (Nashville, TN: Broadman & Holman, 2000). Dan Kimball, Emerging Worship: Creating Worship Gatherings for New Generations (Grand Rapids, MI: Zondervan, 2004): and Mildred Minatrea, Shaped by God's Heart: The Passion and Practices of Missional Churches (San Francisco, CA: Jossey-Bass, 2004). 신흥교회에 대한 학술적 연구를 보려면 다음을 참고하라. Gerardo Marti, A Mosaic of Believers: Diversity and Innovation on a Multiethnic Church (Bloomington, IN: Indian University Press, 2001)
43. 이것은 다음의 책에 나오는 결론이다. Frederick M. Hudson, *The Adult Years: Mastering the Art of Self-Renewal*, rev. ed. (San Francisco, CA: Jossey-Bass, 1999).
44. Gail Sheehy, *Passages: Predictable Crises of Adult Life* (New York: Dutton, 1976). 쉬히의 분류를 좀 더 현대적이고 교차 문화적으로 만들기 위해 몇몇의 이름은 바꾸거나 추가했다.

45. Thomas E. Joiner, Jr., Zachary R. Voetz. and M. Donald Rudd, "For Suicidal Young Adults with Comorbid Depressive and Anxiety Disorders, Problem-Solving Treatment May Be Better Than Treatment as Usual," *Professional Psychology: Research and Practice* 32 (June 2001): 278-282.
46. 두 명의 성공한 젊은이들이 개인 및 그룹이 슬기롭게 문제를 해결할 수 있도록 이 책을 출판하게 되었다. 이 책은 비즈니스 리더를 대상으로 쓰여졌으며, 상담을 하거나 받고자 하는 이들 모두에게 도움을 줄 것이다. Keith Yamashita & Sandra Spataro, *Unstuck: A Tool for Yourself, Your Team, and Your World* (New York: Portfolio/Penguin, 2004).
47. Levinson et al., *Seasons of a Man's Life*, 337.
48. Farren, Gray, & Kaye. "Mentoring: A Boom to Career Development," *Personnel* 1984년 61권, 20-24. 멘토링에 관한 초기 연구이다.
49. Warren G. Bennis and Robert J. Thomas, *Geeks and Geezers: How Era, Values, and Defining Moments Shape Leaders* (Boston, MA: Harvard Business School Press, 2002).

16장 중년기(40~50대)

1. Calvin A. Colarusson, "Adulthood," in *Comprehensive Textbook of Psychiatry/VI*, ed. Harold I. Kaplan and Benjamin J. Sadock (Baltimore, MD: Williams &Wilkins, 1995), 2495, 2509.
2. C. G. Jung, *Psychological Reflections*, ed. Jolande Jacobi (New York: Harper Torchbooks, 1961), 125.
3. Frederic M. Hudson, *The Adult Years: Mastering The Art of Self-Renewal*, rev. ed. (San Francisco, CA: Jossey-Bass, 1999), 158-159.
4. Bob Buford가 쓴 책 *Stuck in halftime: Reinvesting Your One and Only Life* (Grand Rapids, MI: Zondervan, 2001) *Halftime: Changing Your Game Plan form Success to Significance*(Grand Rapids: Zondervan, 1997) *Game Plan*(Grand Rapids, MI: Zondervan, 1999). John Maxwell, *The Journey from Success to Significance* (Nashville, TN: Countryman, 2004).
5. Jack Balswick, Pamela Ebstyne King, & Kevin Reimer이 쓴 책 *The Reciprocating Self: Human Development in Theological Perspective*(Downers Grove, IL: Inter Varsity, 2005).
6. Jung, *Psychological Reflections*, 121, 123.
7. Colarusso, "Adulthood," 2504. 비교적 희귀한 중년 여성의 위기가 논의되었다. Daniel Levinson, in *Seasons of a Woman's Life* (New York: Knopf, 1996).
8. Martin G, Groder, "Boredom: The Good and The Bad," *Bottom Line Personal* 7 (March 15. 1986): 9-10.
9. 주 4를 보라.
10. Fern Schumer Chapman, "Executive Guild: Who's Taking Care of the Children," *Fortune* 113 (February 16, 1987): 30-37.
11. Roberta L. Coles, "Elderly Narrative Reflection on the Contradictions in Turkish Village Family Life After Migration of Adult Children," *Journal of Aging Studies* 15 (December 2001): 383-406.
12. Lorraine Dinnerstein, E. Dudley, and J. Guthrie, "Empty Nest or Revolving Door? A Prospective Study of Women's Quality of Life in Midlife During the Phase of Children Leaving and Reentering the Home," *Psychological Medicine* 32 (April 2002): 545-550.
13. 자신들의 부모가 갑자기 늙어 보이고 상당한 돌봄을 필요로 할 때 어떻게 느끼는지에 대한 흥미로운 토론의 결과를 보려면 다음을 참고하라. Terry Hargrove, "When You're 64," *Psychotherapy Networker* 29 (July - August 2005): 45-51, 62.
14. Les & Leslie Parrott이 쓴 책 *When Bad Things Happen to Good Marriages: How to Stay Together When Life Pulls*

You Apart (Grand Rapids, MI: Zondervan, 2001).15. Jim Conway, *Men in Mid-Life Crisis* (Elgin, IL: David C. Cook, 1978), 124.

15. Jim Conway, Men in Mid-Life Crisis(Elgin, IL : David C.Cook, 1978), 124
16. 같은 책. p.105
17. 같은 책. p.137
18. 인생의 전반전에서 안정되지 못한 사람들을 돕기 위해 Bob Buford가 쓴 책 *Stuck in halftime: Reinvesting Your One and Only Life* (Grand Rapids, MI: Zondervan, 2001) *Game Plan* (Grand Rapids, MI: Zondervan, 1999). 더 자세한 정보는 www.halftime.org 참고.
19. 이 인용문의 대부분은 다음에서 발췌했다. Colarusso, "Adulthood," 2505.
20. 이어지는 논의에 대해서는 Martin Groder, "The Fine Line Between Courage and Foolhardiness," *Bottom Line Personal* 7 (September 30, 1986): 11-12에서 발췌했다.
21. 이후 여러 장에서 나오는 많은 토픽들은 중년에 관한 것이다. 그 예로 불안, 결혼 문제, 성, 자존감, 직업 상담 장을 보라.
22. Erikson, *Young Man Luther* (New York: Norton, 1962) E. Erikson. *Gandhi's Truth* (New York: Norton, 1969) Erikson, (Kaplan & Sadock이 쓴 *Textbook of Psychiatry,* 479-486).
23. 멘토링은 상담과 심리분야에 인기가 있다. Johnson & Huwe가 쓴 책, *Getting Mentored in Graduate School* (Washington, DC: APA, 2003). Melissa Dittman, "Building Mentorships for Success," *GradPSYCHE* 3권 (2005년 1월, 40-44). Brad Johnson과 Charles Ridley, *The Elements of Mentoring* (New York: Palgrave McMillan, 2004). Robert Tamasy & David Stoddard, *The Heart of Mentoring: Ten Proven Principles for Developing People to Their Fullest Potential* (Colorado Springs, CO: NavPress, 2003).
24. Jung, *Psychological Reflections,* 121.
25. Ray Ortlund and Anne Ortlund, *The Best Half of Life* (Ventura, CA: Regal, 1976), 116.

17장 노년기

1. B. F. Skinner & M. E. Vaughn. *Enjoy Old Age: A Program of Self-Management* (New York: Norton, 1983); 그리고 E. H. Erikson, J. M. Erikson, & H. Q. Kivnick, *Vital Involvement in Old Age: The Experience of Old Age in Our Time* (New York: Norton, 1986). 노화에 대한 책, *Learn to Grow Old* (New York: Harper & Row, 1982)를 집필할 때 스위스인 상담자, Paul Tournier는 비교적 젊은 나이인 73세였다.
2. Melissa Dittman, "Fighting Ageism," *Monitor on Psychology* 34 (May 2003): 50-52.
3. Sara Honn Qualls, Daniel L. Segal, Suzanne Norman, George Niederehe, & Dolores Gallagher-Thompson, "Psychologists in Practice with Older Adults: Current Patterns, Sources of Training, and Need for Continuing Education," *Professional Psychology: Research and Practice* 33 (October 2002): 435-442.
4. 미은퇴자협회(AARP) 잡지인 *Modern Maturity*는 전 세계 잡지 중에서 발행 규모가 가장 크다.
5. Ken Dychtwald, *Age Power: How the 21st Century Will Be Ruled by the New Old* (New York: Jeremy P. Tarcher/Putnam, 1999). 또한 Ken Dychtwald & Joe Flower, *The Age Wave: How the Most Important Trend of Our Time Can Change Your Future* (New York: Bantam, 1990)를 보라.
6. Jamie Chamberlin, "No Desire to Fully Retire," *Monitor on Psychology* 35 (November 2004): 82-83.
7. 욥기 12:12.
8. 시편 71:18.
9. 전도서 12:1.
10. 전도서 12:13.

11. 레위기 19:32; 잠언 16:31; 20:29.
12. 디도서 2:2-3.
13. 에베소서 6:3. 이 인용구의 마지막 아홉 글자는 출애굽기 20:12와 신명기 5:16에서 따왔다.
14. Pat Moore with Charles Paul Conn, *Disguised* (Waco, TX: Word, 1985), 62.
15. Becca R. Levy, Martin D. Slade, Suzanne R. Kunkel, Stanislav W. Kasi, "Longevity Increases by Positive Self-Perceptions of Aging," *Journal of Personality and Social Psychology* 82 (August 2002): 261-270.
16. Warren G. Bennis & Robert J. Thomas, *Geeks and Geezers: How Era, Values, and Defining Moments Shape Leaders* (Cambridge, MA: Harvard Business School Press, 2002).
17. Margaret Morganroth Gullette, *Aged by Culture* (Chicago: University of Chicago Press, 2004), 3-4.
18. 같은 책, 8.
19. 미국립골다공증재단(www.NOF.org)에 의하면 비록 여성이 남성보다 약 4배 정도 더 높긴 하지만 골다공증은 남성과 여성 모두에게 발생한다고 한다.
20. John Monopoli & Frank Vaccaro, "The Relationship of Hypochondriasis Measures to Correlates of Personality in the Elderly," *Clinical Gerontologist* 26 (2003): 123-137; 그리고 Paul T. Costa, Jr., & Robert R. McCrae, "Hypochondriasis, Neuroticism, and Aging: When Are Somatic Complaints Unfounded?" *American Psychologist* 40 (January 1985): 19-28.
21. Jean Henry & Warren McNab, "Forever Young: A Health Promotion Focus on Sexuality in Aging," *Gerontology and Geriatrics Education* 23 (2001): 57-74; 그리고 K. Ludeman, "The Sexuality of the Older Person: Review of the Literature," *Gerontologist* 21 (1981): 203-208.
22. Barbara Stancil & Payne Pittard, "Sex and the Elderly: No Laughing Matter in Religion," *Journal of Religious Gerontology* 15 (2004): 17-24.
23. 이런 연구의 대부분은 노화에 관한 다음과 같은 책에 많이 요약되어 있다. James E. Birren & K. Warner Shaeie, ed., *Handbook of the Psychology of Aging*, 제5판. (St. Louis, MO: Academic Press, 2001); Nancy R. Hoonyman & H. Asuman Kiyak, *Social Gerontology: A Multidisciplinary Perspective*, 제6판. (Allyn & Bacon, 2001); Harold Cox, *Aging Editions 04/05*, 제16판. (New York: McGraw Hill/Dushnin, 2003); and Sara Honn Qualls & Norman Abeles, *Psychology and the Aging Revolution: How We Adapt to Longer Life* (Washington, DC: American Psychological Association, 2000).
24. 고령층의 인지 작용에 관한 조사 결과의 대부분은 주로 K. Warner Schaie의 이름과 함께 1956년에 시작된 노화에 대한 장기(長期)적 평가인 시애틀 장기 연구에서 나왔다. 예를 들어 K. Warner Schaie, Sherry I., Willis, & Grace I. L. Caskie, "The Seattle Longitudinal Study: Relationship Between Personality and Cognition," *Aging, Neuropsychology, & Cognition* 11 (June 2004): 304-324를 보라. 노화와 정신적 능력에 관한 또 다른 심층 연구는 Douglas Powell & Dean K. Whitla, *Profiles in Cognitive Aging* (Cambridge, MA: Harvard University Press, 1994)을 보라.
25. Joanne M. Schrof, "Brain Power," *U. S. News & World Report* (November 28, 1994)에서 번안.
26. 노년기의 정서적, 정신과(精神科)적 문제를 간결하게 요약한 책은 다음과 같다. Robert N. Butler, Myrna I. Lewis, & Trey Sunderland, *Aging and Mental Health: Positive Psychological & Biomedical Approaches*, 제5판. (Boston, MA: Allyn and Bacon, 1997); Dan Blazer, *Emotional Problems in Later Life: Intervention Strategies for Professional Caregivers*, 제2판 (New York: Springer, 1997)을 보라.
27. 노인들이 때로는 자녀들의 도움을 필요로 하지만 은퇴한 사람들이 점점 약해지는 자신의 노부모를 돌보아야 할 때도 있다. 이 주제에 관한 논의와 연로한 어머니를 모시고 있는 한 은퇴 여성의 사례를 보기 위해 Terry Hargrave, "When You're 64," *Psychotherapy Networker* 29 (July -August 2005): 44-51, 62를 참조하라.
28. Dennis Pelsma & Mary Flanagan, "Human Relations Training for the Elderly," *Journal of Counseling and Development* 65 (September 1986): 52-53.

29. Moore, *Disguised*, 76.
30. Jimmy Carter, *The Virtues of Aging* (New York: Ballantine, 1998), 1, 2.
31. 같은 책, 5. 모든 사람이 동의하지는 않겠지만 내 주변의 친구들은 Jimmy Carter를 "미국 역사상 가장 훌륭한 전직 대통령"으로 생각한다. 애틀랜타에 있는 카터 센터 등에서 그가 기울인 퇴임 후 초기의 노력에 대한 매혹적인 논의는 Douglas Brinkley, *The Unfinished Presidency: Jimmy Carter's Journey Beyond the White House* (New York: Viking, 1998)를 보라. 거무스름한 그 책의 겉장에는 "Jimmy Carter, 그는 미국 국민의 지지를 받지 못해 재선에 실패한 후 1981년 1월 백악관을 떠났지만 패주한 것은 아니었다"라고 쓰여 있다. Brinkley의 표현에 의하면 "어느 정도냐 하면 Carter는 사십대보다 칠십대에 더 활동적이었다" (p. xii).
32. Richard J. Leiderer & David A. Shapiro, *Claiming Your Place at the Fire: Living the Second Half of Your Life on Purpose* (San Francisco, CA: Berrett-Koehler, 2004), xiii.
33. 같은 책.
34. 같은 책, 9.
35. 같은 책, 4.
36. 그 외 다른 장애물들에 대한 논의는 Butler et al., *Aging and Mental Health*, 208-212, 그리고 American Psychological Association, "Guidelines for Psychological Practice with Older Adults," *American Psychologist* 59 (May-June 2004): 236-260을 보라.
37. 심리학자를 포함한 전문직 상담자들은 이런 종류의 훈련이 필요함을 인정한다. 상담자와 고령층을 개관하며 추천할 만한 자료를 위하며 Sara Honn Qualls, Daniel L. Segal, Suzanne Norman, George Niederech, & Dolores Gallagher-Thompson, "Psychologists in Practice with Older Adults," 435-442를 보라.
38. 알츠하이머병에 관한 최신 정보는 www.alz.org이나 www.alzforum.org을 참조하라.
39. N. L. Mace & P. Rabins, *The 36-Hour Day: A Family Guide to Caring fo Persons with Alzheimer's Disease, Related Dementing Illnesses, and Memory Loss in Later Life*, 개정판. (New York: Warner Books, 2001). AD는 미국의 전직 대통령 Ronald Reagan이 진단받고 나서 더 잘 알려졌다. 기독교인 독자들은 25년 동안 알츠하이머병을 앓는 아내 Muriel을 간호하기 위하여 콜럼비아 국제 대학교 총장직을 사임한 Robertson McQuilkin의 이름을 알 것이다. Robertson McQuilkin, "The Gradual Grief of Alzheimer's," *Christianity Today* 48 (February 2004): 64-65를 보라.
40. 이러한 생각은 Nancy K. Schlossberg, *Retire Smart, Retire Happy: Finding Your True Path in Life* (Washington, DC; American Psychological Association, 2004)에 잘 나타나 있다. 또한 Melissa Dittmann, "A New Face to Retirement," *Monitor on Psychology* 35 (November 2004): 78-79. 그리고 Audrey L. Canaff, "Later Life Career Planning - A New Challenge for Career Counselors," *Journal of Employment Counseling* 34 (June 1997): 85-93을 보라.
41. Margery Hutter Silver, "The Significance of Life Review in Old Age," *Journal of Geriatric Psychiatry* 35 (2002): 11-23; Susan Malde, "Guided Autobiography: A Counseling Tool for Older Adults," *Journal of Counseling and Development* 66 (February 1988): 290-293.
42. Juliette Shellman, "Nobody Ever Asked Me Before: Understanding Life Experiences of African American Elders," *Journal of Transcultural Nursing* 15 (October 2004): 308-316.
43. Hideaki Hanaoka & Hitoshi Okamura, "Study of Effects of Life Review Activities on the Quality of Life in the Elderly: A Randomized Controlled Study," *Psychotherapy & Psychosomatics* 73 (September-October 2004): 302-311; Ellen Davis Jones & Rebecca Beck-Little, "The Use of Reminiscence Therapy for the Treatment of Depression in Rural-Dwelling Older Adults," *Issues in Mental Health Nursing* 23 (April-May 2002): 279-290.
44. Joel Sadavoy & Lawrence Lazarus, "Individual Psychotherapy," in *Comprehensive Textbook of Psychiatry/VI*, Harold I. Kaplan & Benjamin J. Sadock ed., (Baltimore, MD: Williams & Wilkins, 1995), 2593-2597.
45. 이 문제는 Bob G. Knight, *Psychotherapy with Older Adults*, 제3판 (Beverly Hills, CA: Sage, 2004)에서 더 자세하

게 논하고 있다. 그리고 Michael Duffy, *Handbook of Counseling and Psychotherapy with Older Adults* (New York: Wiley, 1999)를 보라.
46. 가족 상담은 제31장에서 보다 자세하게 논하고 있다. 또한 Andrew J. Weaver, Linda A. Revilla, & Harold G. Koenig, *Counseling Families Across the Stages of Life: A Handbook for Pastors and Other Helping Professionals* (Nashville, TN: Abingdon Press, 2002)를 보라.
47. Terry Lynn Gall, "Religious and Spiritual Attributions in Older Adults' Adjustment to Illness," *Journal of Psychology and Christianity* 22 (Fall 2003): 210-222.
48. A. Silver, "Group Psychotherapy with Senile Psychiatric Patients," *Geriatrics* 5 (1950): 147-150.
49. Butler et al., *Aging and Mental Health*, 360-362. 또한 Ronald W. Toseland, *Group Work with Older Adults* (New York: New York University Press, 1992)를 보라.
50. Dychtwald, *Age Power*, 8.51. 이 내용은 주로 David O. Moberg, *Spirituality and Aging: Spiritual Dimensions of Aging Theory, Research, Practice and Policy* (Binghamton, NY: Haworth Pastoral Press, 2001)에서 나왔다. 그리고 Melvin A. Kimble & Susan H. McFadden, *Aging, Spirituality and Religion: A Handbook*, vol. 2 (Minneapolis: Fortress, 2003)를 보라.
52. Liz Carpenter, "The Silver Lining," *The Milwaukee Journal Magazine* (December 15, 1985): 18-21, 46-47.
53. 플라톤의 대화, vol. 2, *The Republic*, Benjamin Jowett 번역 (New York: National Library, n.d.), bk. 1, 329.

4부 대인관계 문제들

18장 갈등과 대인관계

1. 심리학자 Barry Schwartz는 이 내용을 다음의 논문에서 언급하고 있다. "Self-Determinism: The Tyranny of Freedom," *American Psychologist* 55 (January 2000): 79-88.
2. 창세기 6:11, 13.
3. 누가복음 22:24.
4. 사도행전 5; 6:1; 15: 2,7.
5. 사도행전 15:36-41; 갈라디아서 2:11-21.
6. 고린도후서 12:20-21.
7. 잠언 10:18-19; 12:22; 13:3; 15:1, 28, 31; 16:24, 28; 17:9; 19:22; 24:26; 26:20; 28:23, 25.
8. 이 장을 대인관계에 대한 논평으로 본다면, 마태복음 5-7장은 새로운 관점을 제시해줄 수도 있다.
9. 마태복음 18:15-35; 20:20-28; 22:36-40; 누가복음 12:13-15; 22:24-26.
10. 마가복음 9:50; 디모데후서 2:14, 24; 빌립보서 4:2; 데살로니가전서 5:13; 고린도전서 13:4-8; 에베소서 4:31-32.
11. 야고보서 4:1-2.
12. 로마서 12:17, 18.
13. 마태복음 5:9; 잠언 12:20; 히브리서 12:14.
14. 이사야 9:6; 누가복음 2:14.
15. 마태복음 10:34.
16. 에베소서 2:14-17.
17. 요한복음 14:27; 빌립보서 4:7.
18. 고린도전서 2:14-3:3.

19. 고린도전서 2:14.
20. 갈라디아서 5:19-21.
21. 고린도전서 3:1-3.
22. 갈라디아서 5:22-23.
23. 창세기 13:1-9.
24. 사도행전 6:1-6.
25. Henry Blackaby, *Created to Be God's Friend: Lessons from the Life of Abraham* (Nashville, TN: Nelson, 1999), 89.
26. 요한계시록 12:9; 요한복음 8:44; 고린도후서 11:13-15; 욥기 1:7; 마태복음 4:3; 데살로니가전서 3:5; 베드로전서 5:8.
27. 에베소서 6:10-12; 야고보서 4:7; 베드로전서 5:8.
28. Joyce Huggett, *Creative Conflict: How to Confront and Stay Friends* (Downers Grove, IL: InterVarsity, 1984), 14.
29. 요한일서 4:4; 마태복음 25:41; 요한계시록 20:7-10.
30. 누가복음 12:13-15.
31. 마태복음 7:3-5.
32. 르호보암은 자신이 처음 이스라엘 왕이 되었을 때 이 접근법을 사용했다. 이런 강경 정책은 실패로 돌아갔고, 장기적인 폭동과 대인간의 갈등을 야기했다. 역대하 10장.
33. Les Parrott III, *High-Maintenance Relationships: How to Handle Impossible People* (Wheaton, IL: Tyndale, 1996). 또한 Les Parrott III, *The Control Freak: Coping with Those Around You; Taming the One Within* (Wheaton, IL: Tyndale, 2000)을 참고할 것. 이 단락에 기술된 까다로운 사람들의 여러 유형들 중 대다수가 Robert M. Bramson, *Coping with Difficult People* (New York: Dell, 1988)라는 책에 자세히 소개되어 있으며, 그들을 다루는 제안들도 나타나 있다.
34. Roy J. Eidelson & Judy I. Eidelson, "Dangerous Ideas: Five Beliefs that Propel Groups Toward Conflict," *American Psychologist* 58 (March 2003): 182-192.
35. 잠언 15:1.
36. 결혼은 좋지만, 서약하는 것을 두려워하는 커플들 간에는 서로에 대한 헌신이 결여되어 있다. 이는 James D. Barrom, *She Wants a Ring - And I Don't Wanna Change a Thing: How a Man Can Overcome His Fears of Commitment and Marriage* (New York: Perennial Currents/HarperCollins, 2001)에 나와 있다.
37. C. M. Stocker & L. Youngblade, "Marital Conflict and Parental Hostility: Links with Children's Sibling and Peer Relationships," *Journal of Family Psychology* 13 (1999): 598-609; and Mari L. Clement, "For the Sake of the Children: Effects of Marital Conflict in Intact Families," *Journal of Psychology and Christianity* 23 (Winter 2004): 58-62.
38. Tim Ursiny, *The Coward's Guide to Conflict: Empowering Solutions for Those Who Would Rather Run Than Fight* (Naperville, IL: Sourcebooks, 2003), xvii.
39. 고린도전서 13:13; 요한일서 4:8; 요한복음 13:35.
40. 에베소서 6:18.
41. 에베소서 6:19.
42. Ursiny, *Coward's Guide*, 25-34.
43. Donald C. Palmer의 *Managing Conflict Creatively: A Guide for Missionaries and Christian Workers* (Pasadena, CA: William Carey Library, 1990)라는 책에서 발췌한 단계들에 대해 요약해서 기술했다. 이 단계들은 기독교 갈등 관리 컨설턴트인 Norman Shawchuck에 의해 제안되었다.
44. 예수는 이 문제를 마태복음 7:3-5에서 다루고 있다.
45. John Ortberg는 우리 자신 속에서 놓치기 쉬운 것들에 대해 지적하는 우리 삶에서 진실을 말하는 이들이 가진 중요성에 대해 쓰고 있다. John Ortberg, "The Gift Nobody Wants: Confrontation," *Rev!* 6 (May-June 2003): 44-53을

참고할 것.
46. 에베소서 2:14-16; 4:29; 5:1.
47. 지위 협상과 이에 대한 대안들에 대한 논의를 보고 싶으면, Roger Fisher, *William Ury, Bruce Patton, Getting to Yes: Negotiating Agreement Without Giving In*, 2nd ed., (New York: Penguin, 1991); and William Ury, *Getting Past No: Negotiating Your Way from Confrontation to Cooperation* (New York: Bantam, 1993)을 참고하라.
48. 마태복음 15:18-20.
49. 이 섹션은 오래되었으나 여전히 관련성 있는 논문인 Laurence Eck, "Blessed Are the Peacemakers: Resolving Business Conflict, Part 2," *Bookstore Journal* (March 1987): 49-51의 내용에 기반하고 있다.
50. 표 18-2는 내 파일들 중 하나에서 발견한 등사판으로 인쇄된 기록들을 토대로 작성된 것이다. 나는 이 표의 토대를 세운 익명의 사람과 그것을 다듬어서 확장한 Scott Thelander에게 감사를 표한다.
51. 중재에 대한 지침과 전문적인 기독교 중재인에 대한 정보를 알고 싶으면 www.peacemaker.net를 참고하라.
52. Fisher, *Getting to Yes*.
53. 중재와 협상에 관한 책들은 꽤 자주 출판되며, 인터넷 검색을 통해서도 찾을 수 있다. Ken Sande, *Peacemaking for Families* (Wheaton, IL: Tyndale, 2003); Bernard Mayer, *Beyond Neutrality: Confronting the Crisis in Conflict Resolution* (San Francisco, CA: Jossey-Bass, 2004); and Christopher W. Moore, *The Mediation Process: Practical Strategies for Resolving Conflict* (San Francisco, CA: Jossey-Bass, 2003).
54. 요한일서 4:16-19; 요한복음 13:35.
55. 고린도후서 13:11; 빌립보서 4:5-6.
56. 로마서 12:18.

19장 결혼과 상관없는 성관계

1. Stephen Arterburn, *Every Man's Battle: Winning the War on Sexual Temptation One Victory at a Time* (Colorado Springs, CO: WaterBrook, 2000).
2. Stephen Arterburn and Shannon Ethridge, *Every Woman's Battle: Discovering God's Plan for Sexual and Emotional Fulfillment* (Colorado Springs, CO: WaterBrook, 2003)
3. Tim Stafford, "Great Sex: Reclaiming a Christian Sexual Ethic," *Christianity Today* 31 (October 2, 1987): 25.
4. Walter O. Bockting and Eli Coleman, *Masturbation as a Means of Achieving Sexual Health* (New York: Haworth Press, 200).
5. U. S. Attorney General, *Final Report of the Attorney General's Commission on Pornography* (New York: Rutledge-Hill Press, 1986). 어느 조사 보고서는 폭력과 섹스를 다룬 프로그램의 TV 시청률은 8~11세 사이의 소년들로 하여금 보지 말라고 경고한 프로그램을 보도록 유혹하는 경향이 있음을 보여주었다. Brad J. Bushman 과 Joanne Cantor의 "Media Ratings for Violence and Sex: Implications for Policymakers and Parents," *American Psychologist* 58 (February 2003): 130-141.
6. Lewis B. Smedes, *Sex for Christians* (Gradn Rapids, MI: William B. Eerdmans, 1976), 20.
7. 고린도전서 7장을 보라.
8. 로마서 13:14:1; 고린도전서 7:9.
9. 예를 들어 출애굽기 20:14, 17; 마태복음 5:32를 보라.
10. 출애굽기 22:16-19; 레위기 18; 마태복음 5:27; 고린도전서 6,9; 히브리서 13:4.
11. 히브리서 11:25.
12. 사도행전 15:20, 29; 21:25; 고린도전서 5:1; 6:13, 18; 고린도후서 12:21; 에베소서 5:3.
13. 마태 5:32; 19:9.

14. 고린도전서 7:2; 데살로니가전서 4:3.
15. 고린도전서 6:16-20.
16. 이사야 57:3; 예레미야 3:8-9; 에스겔 23:43; 야고보서 4:4; 요한계시록 2:20, 23.
17. 출애굽기 20:14; 레위기 18:20; 신명기 5:18; 22:22-34; 마태복음 5:27-30; 요한복음 8:4.
18. 고린도전서 6:9-10; 갈라디아서 5:19-20; 골로새서 3:5.
19. 창세기 1:27-28, 31.
20. 창세기 2:25; 3:9-11.
21. 고린도전서 6:13, 18. 의미 전달을 위해 직역을 하자면 "몸은 음란을 위하지 않고 오직 주를 위하며 주는 몸을 위하시느니라"(고전 6:13), "음행을 피하라 사람이 범하는 죄마다 몸 밖에 있거니와 음행하는 자는 자기 몸에게 죄를 범하느니라"(고전 6:18)라고 적혀 있다.
22. 잠언 5 : 1-8 ; 고린도전서 6:9-10; 데살로니가전서 4:3; 에베소서 5:3-7; 골로새서 3:5-6.
23. 고린도전서 7:9.
24. Rodney L. Bassett, Glenn Mowat, Tara Ferriter, Matthew Perry, Eric Hutchison, John Campbell, 그리고 Peter Santiago, "Why Do Christian College Students Abstain from Premarital Sexual Intercourse?" *Journal of Psychology and Christianity* 21(Summer 2002); 121-132. 다음 책도 참고하라. Waylon O. Ward, *Sex Matters: Men Winning the Battle* (McKinney, TX: Allison O' Neil, 2004).
25. 스태포드(Stafford)는 이 이슈에 관해 좋은 글을 썼다. "Great Sex," 33-34를 참조하라. Frederica Mattewes-Green, "What to Say at a naked a Party," *Christianity Today* 49 (February 2005): 48-49.
26. 마태복음 5:28.
27. 스태포드의 "Great Sex"에 따르면 누가복음 22:15는 문자 그대로 "너희와 함께 유월절을 먹고 싶은 욕망을 강하게 느낀다"라고 번역된다.
28. 같은 책.
29. 에베소서 5;3-4.
30. 누가복음 2:52; 사도행전 16:2; 디모데 3:7; 데살로니가전서 5:22.
31. 고린도전서 6:12.
32. 이 말은 고린도전서 6-7장에 나오는 메시지다.
33. 이렇게 구분한 사람은 Smedes로 *Sex for Christians*, 190-200에 나온다. 다음에 이어지는 논의 중 일부는 Smedes의 분석에서 가져온 것이다.
34. Christopher and Rachel McCluskey, *When Two Become One: Enhancing Sexual Intimacy in Marriage* (Grand Rapids, MI: Revell, 2004), 27.
35. 같은 책.
36. Vigen Guroian, "Dorm Brothel: The New Debauchery, and the Colleges That Let It Happen," *Christianity Today* 49 (February 2005): 45-51.
37. Gary H. Strauss와 Mark A. Yarhouse, "Human Sexuality in a Sexually Polymorphous World," *Journal of Psychology and Theology* 30 (Spring 2002): 99-100. 다음 책도 참고하라. S. A. Rathis, J. S. Nevid, 그리고 L. Fichner-Rathus, *Human Sexuality in a World of Diversity* (Boston, MA: Allyn and Bacon, 2002).
38. 마태복음 15:18-19.
39. Lonnie Barbach, "Sexual Fantasied," *Bottom Line Personal* 8 (January 15, 1987): 13-14. 이 보고서는 오래된 것이지만 성적 관심이 미디어에 널리 보급되어 있으므로 우리는 1987년의 이 특징이 최소한 21세기에도 정확하다고 추정한다.
40. 에베소서 6:10-12.
41. 고린도후서 11:14-15; 베드로전서 5:8.
42. 요한복음 12:35-40; 고린도전서 2:14.

43. 로마서 1:24-28, 32.
44. Stafford, "Great Sex," 27.
45. 안내서를 원한다면 Joyce J. Penner과 Clifford L. Penner의 *Counseling for Sexual Disorders* (Dallas TX: Word, 1990)를 참조. 이들 저자는 복음주의적인 관점에서 이 책을 썼다. 목사였던 Eugene Kennedy의 책 *Sexual Counseling* (New York: Continuum, 1987)도 도움이 된다.
46. 상담자와 목회자의 성적 위법 행위와 성을 다룬 괜찮은 책을 보려면 Peter Mosgofian과 George Ohlshclager의 *Sexual Misconduct in Counseling and Ministry: Intervention, Healing, and Self-Protection* (Dalla, TX:Word, 1995)을 참고하라. 세속적 관점을 보려면 Kenneth S. Pope, Janet L. Sonne, 그리고 Jean Holroyd, *Sexual Feelings in Psychotherapy : Explorations for Therapists and therapists-in-Training* (Washington, DC: American Psychological Association, 1993)을 참조하라.
47. Kennedy, *Sexual Counseling*.
48. 요한복음 10:10; 3:16.
49. 마태복음 6:12-15; 마가복음 11:25.
50. 요한복음 8:11.
51. 도움을 줄 수 있는 책 중에 Gale Wheat와 Ed Wheat가 지은 *Intended for Pleasure: Sex Technique and Sex Fulfillment in Christian Marriage,* 3rd ed. (Grand Rapids, MI: Revell, 1997), McCluskey와 Mccluskey가 지은 *When Two Become One,* Judith K. Balswick 와 Jack O. Balswick의 책, *Authentic Human Sexuality: An Integrated Approach* (Downers Grove, IL: InterVarsity Press, 2000), 그리고 Douglas E. Roseneau, *A Celebration of Sex: A Guide to Enjoying God's Gift of Sexual Intimacy,* rev. ed. (Nashville, TN: Nelson, 2002)가 있다.
52. 영성과 성을 다루는 논문으로는 다음을 참조하라. Chuck M. MacKnee, "Profound Sexual and Spiritual Encounters Among Practicing Christians: A Phenomenological Analysis," *Journal of Psychology and Theology* 30 (Fall 2002): 234-244.
53. 아주 훌륭한 지침서가 있다. Stanton L. Jones와 Brenda B. Jones가 쓴 *How and When to Tell Your Kids About Sex: A Lifelong Approach to Shaping Your Child's Sexual Character* (Colorado Springs, Co: NavPress, 1993)가 있다.
54. Smedes의 책은 이 관점을 논의하고 있으며 고개를 끄덕이게 만든다. *Sex for Christians*, 152-160.
55. 필자에게 배웠던 몇몇 학생, Joan Barlett, Marty Hansen, Isolde Anderson 그리고 Jay Terbush가 이에 관해, 출판되지 않은, 논문을 썼다. 기독교인 관점에서 쓰인 실용적이고 도움이 되는 정보를 보려면 다음 책을 참조하라. Henry Cloud와 John Townsend의 *Boundaries in Dating* (Grand Rapids, MI: Zondervan, 2000), Joshua Harris의 *I Kissed Dating Goodbye,* 최신판 (Sisters, OR: Mulnomah, 2003), Joshua Harris의 *Boy Meets Girl: Say Hello to Courtship* (Sisters, OR: Mulnomah, 2000),
56. 고린도전서 10:13b.
57. 잠언 5:1-20; 에베소서 4:19; 골로새서 3:5; 고린도전서 6:9-11.
58. 요한일서 1:9; 고린도전서 6:11, 자기통제에 관해 더 상세한 논의를 보고 싶다면 다음 책들을 참조하라. Arterburn의 *Every Man's Battle,* Arterburn과 Ethridge의 *Every Woman's Battle,* Arterburn, Stokey, 그리고 Yorkey의 *Every Young Man's Battle: Strategies for Victory in the Real World of Sexual Temptation* (New York: Random House, 2002).
59. 이 주제에 관한 최근 연구를 발견할 수 없었으나 1987년 조사에 따르면 *Christian Today*를 읽는 독자의 35%(그리고 47%의 목회자)가 최소한 한 달에 한 번 혹은 더 자주 자위행위를 한다고 보고했다. 가장 흔한 평가는 남성의 90%가 최소한 때때로 자위를 한다는 것이다.
60. 일부 사람들은 창세기 38장에 기술된 오난의 죄악은 그가 "정액을 땅에 쏟았기 때문에" 자위의 형태라고 주장한다. 그러나 내용을 한번 스윽 읽기만 해도 오난의 죄악은 구약 법률이 요구하는 것처럼 죽은 형의 부인을 임신시키기를 거부함으로써 하나님에게 불복종한 것임을 알 수 있다.

61. 빌립보서 4:8; 고린도전서 10:31.
62. 고린도전서 6:12.
63. 젊은 기독교인들을 위한 잡지에 자위에 관한 논의가 발표되었다. Dave Roberts의 "U Can't Touch That: What Does the Bible Really Say About Masturbation?" *Relevant* 7 (March-April 2004): 52-53. 다음 논문들도 참조하라. R. E. Butman의 "Masturbation," in *Encyclopedia of Psychology and Counseling*, ed David G. Benner and Peter C. Hill (Grand Rapids, MI: Baker, 1999), 726-727. 그리고 Gary H. Strauss의 "Promoting 20/20 Vision: A Q & A Ministry to Undergraduates," *Journal of Psychology and Theology* 30 (Fall 2002); 228-233, 이 논문에서 스트라우스는 자위를 가지고 씨름하는 대학생들에게 대답을 주고 있다. 또 부인이 없을 때 자위는 용납 받을 수 있는지에 관해 묻는 결혼한 남성의 질문에 대답하고 있다. 스트라우스는 몇 가지 유용하고 통찰력 있는 지침을 주고 있으나 저자가 제기한 질문에 구체적으로 대답하고 있는 것은 아니다.
64. Stafford, "Great Sex," 43-44.
65. 마태복음 5:27-28.
66. Strauss, "Promoting 20/20 Vision," 232.
67. 다른 책보다 이 책에서 이 부분을 더 상세하게 다루었다. 필자는 많은 독자들이 상담자 코스의 일부로 이 책을 읽는 학생임을 알고 있다. 필자는 많은 이가 자위와 씨름하고 있으며 이 주제가 이 책의 다른 부분보다 더 개인적이라고 추측한다. 학생들 대부분은 주석을 찾아서 보지는 않을 것이다. 그러나 알고 있는 여러분은 여러분이 상담할 수도 있는 사람들과 급우들만큼이나 여러분 자신에게 도움이 되는 지침을 주기 위해 노력했다는 것을 알 것이다.

20장 결혼 내의 성

1. 이 질문은 이 장 후반부에서 다시 한 번 논하게 될 것이다.
2. S. L. Jones, "Sexuality," in *Baker Encyclopedia of Psychology and Counseling*, ed. David G. Benner and Peter C. Hill, 2nd ed. (Grand Rapids, MI: Baker, 1999), 1107-1113.
3. 창세기 1:27-28; 2:24-25.
4. 창세기 4:1.
5. 존스(Jones)는 성교가 부부를 즉각적으로 일심동체로 만든다는 믿음(고린도전서 6:16)이 한 사람 이상의 사람과 섹스를 해온 사람의 결혼 상태에 관한 의문을 불러일으킨다는 믿음을 지적하면서 이 이슈에 관해 이야기한다. 존스는 "신학자들은 일반적으로 일심동체가 되는 것은 결혼한(성적 교섭은 반드시 필요하지만 그것이 결혼의 충분 조건은 아니라고 생각하는) 사람들 사이에서 성장의 한 과정을 상징한다고 결론 내린다"라고 말한다. 존스의 "Sexuality" 1109 참조.
6. 예를 들어 아가서의 7:1-10 참조.
7. 잠언 5:18-19.
8. 고린도전서 7:2-5.
9. 마태복음 19:4-6; 고린도전서 7:1-9; 데살로니가전서 4:1-8
10. 데살로니가전서 4:1-8; 디모데후서 2:22.
11. 잠언 5:1-11, 20, 23; 6:23-33; 7:5-27.
12. Eugene Kennedy의 책에서 인용, *Sexual Counseling* (New York: Continuum, 1987).
13. Kinsey는 R 등급을 받은 영화로 2004년 상영되었다. 어느 리뷰는 Kinsey의 도덕과 인격이 그의 연구 방법과 마찬가지로 "흠투성이"였다고 평했다.
14. Louis McBurney, "The Appeal of Porn; Why Men Get Hooked," *Marriage Partnership* 19 (Fall 2002); 54.
15. Marnie C. Ferree, "Female Sexual Addiction: A Hidden Disease," *Christian Counseling Today* 9, no. 4 (2001); 30-

33.

16. 이에 관한 책을 쓴 적이 있다. Gary R. Collins, *Breathless: Transform Your Times-Straved Days into a Life Well Lived* (Wheaton, IL: Tyndale, 1998). 이 책은 품절되었다.

17. C. B. Dhabuwala, A. Kumar 그리고 J. M. Pierce, "Myocardial Infarction and Its Influence on Male Sexual Function," *Archives of Sexual Behavior* 15 (1986): 499-504.

18. 요한일서 4:18.

19. 유능한 섹스요법 의사들, 그리고 이 영역을 다루는 특수 훈련에 관해 알고 싶다면 www.sexualwholeness.com을 참조하라. 이 사이트는 기독교인들이 만들어 운영하고 있으며 완전한 섹스학교(Institute for Sexual Wholeness), 기독교 섹스요법의 미국 게시판(the American Board of Christian Sex Therapists : ABCST), 섹스 교육자를 위한 기독 연합(the Christian Association for Sex Education: CASE)에 관한 정보를 올려놓고 있다. 이 글을 쓸 당시, 전문적으로 훈련받고 자격증을 갖춘 섹스 치료요법가로서 애틀랜타에 있는 심리 연구학교(Psychological Studies Institute)와 동맹관계를 맺고 일하는 대부분의 기독교인들은 극히 소수를 제외하고는 모두 완전한 섹스 학교와 관련이 있었다.

20. 케빈 레만은 생각하게 하는 바가 많고 유머로 가득한 장에서 이 일을 논한다. 이 장에서 그는 우리가 페니스라고 부르는 이름들을 묘사한다. 이 어휘들은 각 사람의 문화와 세대에 따라 달라질 수 있다. 특히 상담자는 내담자가 성적 행동이나 신체 부분에 관해 묘사할 때 어색해질 수 있으며 상담자는 내담자의 말이 무슨 뜻인지 모른다. 이 상황을 다루는 방법은 그 단어가 익숙하지 않다는 것을 인정하고 내담자에게 다른 말로 표현해 달라고 요청하는 것이다. 케빈 레만의 책 참조. Kevin Leman, *Sex Begins in the Kitchen: Because Love Is an All-Day Affair*, 2nd ed. (Grand Rapids, MI: Revell, 1999).

21. 상담 과정의 이 부분은 삶의 코치와 혼돈하면 안 된다. 삶의 코치는 이 책의 제4장에서 논했다. 인생 코치하기는 상담이나 심리요법 훈련에 포함되어 있지 않으며 여기서 언급한 코치와는 다르다.

22. DEC-R 모델은 Douglas E. Roseneau, Michael Sytsma, 그리고 Debra L. Taylor의 "Sexuality and Sexual Therapy: Learning and Practicing the DEC-R Model," *Competent Christian Counseling*, ed., Timothy Clinton and George and Ohlshclager (Colorado Springs, CO: WaterBrook, 2002), 490-515에 있다.

23. 예를 들어 Joyce J. Penner 과 Clifford L. Penner의 책, *Counseling for Sexual Disorders* (Dallas, TX: Word, 1990) 그리고 Douglas Rosenau의 *The Celebration of Sex*, rev. ed. (Nashville, TN: Nelson, 2002)를 참조하라. 다른 책으로는 C. McCluskey, *Coaching Couples into Passionate Intimacy* [비디오테이프], (Edgar Spring, MO: Coaching for Christian Living, 2001)가 있다. 인터넷에서도 정보를 얻을 수 있다. 예를 들어 필자는 "쥐어짜기 기술"을 검색해서 그 과정에 관해 간결하고, 실제상의 무례하지 않은 묘사를 찾아내었다.

24. 이렇게 도움을 줄 만한 책과 기타 정보원들은 많다. 어떤 것은 다른 것들보다 낫다. 새로운 책, 테이프 그리고 비디오가 항상 나온다. 더 나은 것, 더 새로운 것 중에서 Christopher 와 Rachel McCluskey의 책을 참조하라. *When Two Become One: The Complete Guide to Intimacy as God Intended* (Grand Rapids, MI: Zondervan, 2005); 그리고 Lisa Graham McMinn의 책, *Sexuality and Holy Longing: Embracing Sexuality Intimacy in a Broken World* (New York Wiley, 2004)를 참조하라. 성욕에 관한 책으로는 Archibald D. Hart와 Stephen Arterburn의 책이 좋다. McCluskey의 책은 모든 결혼한 부부에게 도움이 될 수 있는 "사랑 만들기 주기"라는 아주 근사한 주제를 포함하고 있다.

25. 이것들 중 몇 가지 이슈는 다음에 논의되어 있다. Penner and Penner, *Counseling Survivors of Sexual Abuse* (Wheaton, IL: Tyndale, 1997); Debra I. Taylor, "Enhancing Sexual Desire in Women: Why One in Three Married Women Express Difficulty in Feeling Sexual Desire," *Christian Counseling Today* 9, no.4 (2001): 12-15; Joyce Penner, "Treatment of Sexual Dysfunction Trauma Sexuality" *Christian Counseling Today* 9, no. 4 (2001): 30-33.

26. 주 20을 보라. 그리고 www.sexualwholeness.com을 통해서도 자질이 있는 섹스 치료사를 찾거나 자신을 특별하게 훈련시키는 데 도움을 받을 수 있을 것이다.

27. 용서 부분은 2001년 겨울 출판된 논문 *Journal of Family Psychotherapy*에 묘사되어 있으며 Garry Cooper가

Psychotherapy Networker 26 (May-June): 15-16에 "Forgiving Extramarital Affairs"로 요약하고 정리했다. Mark와 Deb Laaser가 쓴 실용적이고 훌륭한 글, "Recovering from Infidelity," *Christian Counseling Today* 12, no. 1 (2004); 47-51 도 참조하라.
28. 10대에게 결혼 교육을 하는 것이 가치 있다는 것을 입증한 연구가 있다. Benjamin Silliman, "Building Healthy Marriages Through Early and Extended Outreach with Youth," *Journal of Psychology and Theology* 31 (Fall 2003): 270-282.
29. Louis와 Melissa McBurney는 *Marriage Partnership*에 기고를 하면서 "성적으로 무엇이 옳고 그른지 알고 싶어 하는 많은, 아주 많은 기독교인 부부로부터" 질문을 받았다고 밝혔다. 이 기사는 구강-성기 섹스, 바이브레이터, 성적 자세 변화, 그리고 다른 성교들에 관해 다루고 있다. 본질적으로 저자는 성경의 원칙을 범하지 않으면, 남편과 아내가 그런 일을 하거나 사용하는데 편안하다고 느끼면 대부분의 일이 용납된다고 제시한다.
30. 혼전 문제는 28장에서 논한다.
31. 두 개의 결혼 강화 프로그램을 평가하고 다른 프로그램들을 평가하려고 노력한 다음 책을 보라. Glenice A. Burchard, Mark A. Yarhouse, Everett L. Worthington, Jr., Jack W. Berry, Marcuc K. Kilian, 그리고 David E. Canter, "A Study of Two Marital Enrichment Programs and Couple's Quality of Life," *Journal of Psychology and Theology* 31 (Fall 2003) : 240-252.
32. James R. David와 Francis C. Duda, "Christian Perspectives on Treatment of Sexual Dysfunction," *Journal of Psychology and Theology* 5 (Fall 1977): 332-336.

21장 동성애

이 장을 준비하는 데 도움을 주고 상세한 통찰력을 발휘해주신 Mark Yarhouse박사께 깊은 감사를 드린다.

1. Mark A. Yarhouse, "Same-Sex Attraction, Homosexual Orientation, and Three-Tier Distinction for Counseling and Pastoral Care," *Journal of Pastoral Care and Counseling* 59 (2005): 201-212.
2. 때때로 상담자들은 이들을 잠복성 동성애자라고 말하기도 한다. 이 사람들은 성적으로 동성인 사람들에게 끌리지만 자신의 근본 경향이 같은 성을 가진 사람들에게 향하고 있다는 사실을 인정할 수 없다.
3. 이 표현은 팀 라해에(Tim LaHaye)의 책, *The Unhappy Gays* (Wheaton, IL:Tyndale, 1978)에서 나온다.
4. 미국정신의학회가 내놓은 *Diagnostic and Statistical Manual*의 초기 판들은 동성애를 진단가능한 장애로 표현하고 있다. 이 장 전체에서 게이와 레즈비언은 남성과 여성을 각각 지칭한다. 동성애라는 용어 그리고 때로 게이라는 단어는 양성 모두를 지칭한다.
5. John Court, "Homosexuality," in *The Complete Book of Everyday Christianity,* ed. Robert Banks and R. Paul Stevens (Downers Grove, 11,: InterVarsity, 1997), 501-505.
6. 동성애에 관한 논쟁에서 감독교회의 감독 John Spong은 "과학 데이터"가 "세계 인구의 약 10%가 게이와 레즈비언"임을 제시하는 것 같다고 언급했다. 1992년 2월, 버지니아 감독교회 세미나에서 존 스펑 목사와 존 호위 주교의 논쟁(오디오테이프는 다음 주소에서 구할 수 있다. Truro Tape Ministries, 10520 Main Street, Fairfax, VA 22030).
7. Kris S. Morgan and Rebecca M. Nerison, "Homosexuality and Psychopolitics: An Historical Overview," *Psychotherapy* 30 (1993) :133
8. Alfred C. Kinsey, Wardell B. Pomeroy, and Clyde E. Martin, *Sexual Behavior in the Human Male* (Philadelphia: Saunders, 1948), 650-651.
9. Patricia Painton, "The Shrinking Ten Percent," *Time* (April 26, 1993): 27. 동성애 발현율의 수치가 각각 다른 것은 학자들마다 동성애에 대한 정의와 방법이 달라서다. 많은 주목을 받고 있는 한 연구는 미국 남성의 2%와 미국 여성의 0.9%가 자신들이 동성연애자라고 보고 있으며, 추가로 0.8%의 남성과 0.5%의 여성이 양성애자라고 밝혔다

고 보고했다. 다음 책 참조. Edward O. Laumann et al., *The Social Organization of Sexuality* (Chicago, IL: University of Chicago Press, 1994), chapter 8.

10. David G. Myers, "A Levels-of-Explanation View," in *Psychology and Christianity: Four Views*, ed. Eric L. Johnson and Stanton L. Jones (Downers Grove, IL: InterVarsity, 2000), 77.
11. 복음주의와 관련한 이 그룹의 웹 사이트는 www.ecinc,org이다.
12. Chad W. Thompson, *Loving Homosexuals as Jesus Would: A Fresh Christian Approach* (Grand Rapids, MI: Brazos Press, 2004).
13. Richard J. Foster, *Money, Sex and Power: The Challenge of the Disciplined Life* (New York: Harper & Row, 1985), 107.
14. 이 책들의 목록은 점점 더 늘어난다. 기독 서적에서 이들의 목록을 보려면 www.Christianbooks.com으로 가서 'homosexuality'로 검색하라.
15. 필자 또한 이 그룹 안에 있음을 부정하지 않는다. 우리 모두가 그렇다.
16. 복음적 동성애자들의 웹 사이트는 동성애를 비난하는 데 사용된 성경 단락의 많은 부분을 '혹평하는 단락'으로 일소해버리고 동일 구절을 전혀 달리 해석했다. 매우 흥미로운 사실이다. www.ecinc.org 참조.
17. 창세기 19:1-11; 레위기 18:22; 20:13; 사사기 19:22-25; 로마서 1:25-27; 고린도전서 6:9; 디모데전서 1:10. 남창과 관련해 동성애를 언급한 구절은 신명기 23:17; 열왕기상 14:24; 15:12; 22:46; 열왕기하 23:7.
18. 히브리서 4:15.
19. 고린도전서 10:13.
20. 개인 노트에서(2005, 10, 27) 마크 A. 야르하우스는 이 연구의 방법이 "항상 모범적인 것은 아니며 연구자들의 편견이 잘못된 결과를 내놓을 가능성을 크게 할 수 있다"고 언급한다.
21. C. Rosenak과 H. Looy, "Homosexuality," in *Encyclopedia of Psychology and Couseling*, ed. David G. Benner and Peter C. Hill (Grand Rapids, MI: Baker, 1999). 이 논문은 571-578쪽에 실려 있다. 572쪽에서 인용했다.
22. 이 단락에서 요약한 연구는 스탠튼 L. 존스와 마크 L. 야르하우스의 책, *Homosexuality: The Use of Scientific Research in the Church's Moral Debate* (Downers Grove, IL: InterVarity, 2000) 60-82쪽에서 가져온 것이다. 생물적 이론과 연구의 결론을 내리면서 존스와 야르하우스는 "일부 연구는 반복되지 않았으며 작은 샘플 사이즈였거나 방법론적으로 심각한 결함이 있다는 것을 말하기 위해 이 이론을 인용했다. 최근에 나온 가장 좋은 연구는 유전은 중요한 원인적 요소가 아닐 수도 있다고 제시한다."
23. 동성애에 관한 고전적 정신분석학 관점 연구를 보려면 다음을 참조. I. Bieber and Associates, *Homosexuality* (New York: Basic Books, 1962).
24. Rosenak and Looy, "Homosexuality," 574.
25. Ray A. Scutter and Martin Rovers, "Emotionally Absent Fathers: Furthering the Understanding of Homosexuality," *Journal of Psychology and Theology* 32 (Spring 2004): 43-49.
26. Elizabeth R. Moberly, *Homosexuality: A New Christian Ethic* (Cambridge, UK: James Clarke, 1983), 5-6. 모벌리의 통찰력 깊은 이론을 몇 문장으로 요약하는 것은 가능하지도 공정하지도 않다. 모벌리의 책이 나온 얼마 후 리차드 그린은 자신의 책에서 그녀의 이론을 얼마간 지지했다. *"The Sissy Boy Syndrome" and the Development of Homosexuality* (New Haven, CT: Yale University Press, 1987). 그린은 여성스러운 소년들의 아버지가 남성스러운 소년들의 아버지보다 어릴 때 같이 보내는 시간이 적었다고 회상하는 것을 알아냈다. 여성스러운 소년들의 어머니 또한 남성스러운 소년들의 어머니와 비교할 때 아들과 시간을 덜 보냈다고 회상한다는 사실은 흥미롭다. 이 관점은 동성애와 남성의 여성스러운 특징이 함께한다는 가치 없는 가정에 근거를 두고 있는 듯 보인다.
27. Moberly, *Homosexuality*, 10. 다음 논문도 참조. Elizabeth R. Moberly, "Attachment and Separation: The Implication for Gender Identity and for the Structuralization of the Self: A Theoretical Model for Transsexualism, and Homosexuality," *Psychiatric Journal of the University of Ottawa* 11 (December 1986): 205-209.
28. James M. Cantor, Ray Blanchard, Andrew D. Peterson, and Anthony F. Bogaert, "How Many Gay Men Owe Their

Sexual Orientation to Fraternal Birth Order?" *Archives of Sexual Behavior* 31 (February 2002): 63-71. 이 연구는 7명 중 한 명의 게이가(약 14%) 성적 경향이 형제 탄생 순서 때문인 것으로 보인다는 것을 알아냈다.

29. Laumann et al., *Social Organization of Sexuality*.

30. 많은 저자들이 다음 말에 동의할 것이다. Rosenak과 Looy는 "Homosexuality" 574에서 "현재 연구자들은 지속적으로 동성애를 예언하는데 아마도 이에 대한 환경적(혹은 생물적) 요인들은 찾지 못한 것 같다"라고 썼고 Jones와 Yarhouse도 *Homosexuality* 91쪽에서 이에 동의한다.

31. 신학자이며 성경학자인 존 R. W. Stott는 얼마 전 21세기 시작과 더불어 부상한 게이 결혼 논쟁에 관해 썼다. 다음 책을 참조하라. John R. W. Stott, "Homosexuality Marriage: Why Same-Sex Partnerships Are Not a Christian Option," *Christianity Today* 29 (November 22, 1985): 21-28. Robert Benne and Gerald McDermott, "Thirteen Bad Arguments for Same-Sex Marriage: Why the Rhetoric Doesn't Stand Up Under Scrutiny," *Christianity Today online* (August 26, 2004). 게이 결혼에 반대하는 주장을 보려면 다음 책 참조. Erwin J. Lutzer, *The Truth About Same-Sex Marriage: Six Things You Need to Know About What's Really at Stake* (Chicago, IL: Moody 2004), 그리고 Glen T. Stanton과 Bill Maier, *Marriage on Trial: The Case Against Same-Sex Marriage and Parenting* (Downers Grove, IL: InterVarsity, 2004). 게이 결혼에 호의적인 주장을 보려면 다음 책 참조. David G. Myers와 Letha Dawson Scanzoni, *What God Hath Joined Together?: A Christian Case for Gay Marriage* (San Francisco, CA: HarperSanFrancisco, 2005).

32. Tim LaHaye는 *The Unhappy Gays*에서 이 사실을 논한다. 이 책은 몇 가지 괜찮은 결론을 내리고 있으나 저자가 동성애를 가혹하고 무감각하게 처리하는 바람에 이 결론들은 무색해졌다. 이들 동성애자들은 대부분 비평보다는 연민과 격려를 필요로 한다. 동성애자들의 불행에 관한 과학적 자료를 더 많이 보려면 주 34를 참조하라.

33. 정체성에서 동성 매혹의 영향에 관한 심도 있는 논의를 보려면 다음을 참조. Mark A. Yarhouse, "Sexual Identity Development: The Influence of Valuative Frameworks on Identity Synthesis," *Psychotherapy* 38 (2001): 331-341.

34. S. D. Cochran, J. G. Sullivan, V. M. Mays, "Prevalence of Mental Disorders, Psychological Distress, and Mental Services Use Among Lesbian, Gay, and Bisexual Adults in the United States," *Journal of Consulting and Clinical Psychology* 71 (February 2003) : 53-61. D. Fergusson, J. Horwood, and A. L. Beautrais, "Is Sexual Orientation Related to Mental Health Problems and Suicidality in Young People?" *Archives of General Psychiatry* 56 (1999): 876-880. S. Gilman, S. D. Cochran, and V. Hughes, "Risk of Psychiatric Disorders Among Individuals Reporting Same-Sex Sexual Partners in the National Comorbidity Survey," *American Journal of Public Health* 6 (2001); 933-939, R. Herrell, J. Goldberg, W. True, V. Ramakrishnan, M. Lyons, S. Eisen, and M. Tsuang, "Sexual Orientation and Suicidality: A Co-twin Control Study in Adult Men," *Archives of General Psychiatry* 56 (1999) : 867-874.

35. Susan D. Cochran, "Emerging Issues in Research on Lesbians' and Gay Men's Mental Health: Does Sexual Orientation Really Matter?" *American Psychologist* 11 (2001): 931-941. 934쪽에서 인용. 이 결론은 다른 저자들의 결론과 어울리지 않는다. 그들은 코크란보다 조사를 적게 했고 그에 근거해 결론을 내렸다.

36. Cochran et al., "Prevalence," Gilman et al., "Risk," 그리고 J. Bradford, C. Ryan, 그리고 E. Rothblum, "National Lesbian Care Survey; Implication for Mental Health Care," *Journal of Consulting and Clinical Psychology* 62 (1994): 228-242. 다음 책도 참조. Tonda L. Hughes, Carrol Smith, and Alice J. Dan, eds., *Mental Health Issues for Sexual Minority Women: Redefining Women's Mental Health* (Binghamton, NY: Haworth Press, 2003).

37. Jon Ebert, "Questioning Psychological Distress in Religiously Mediated Change," PsyD doctoral dissertation, Wheaton (Illinois) College, 2003, p.22.

38. David Cramer, "Gay Parents and Their Children: A Review of Research and Practical Implication," *Journal of Counseling and Development* 64 (April 1986): 504-507. 크레이머는 5천 명 이상의 여성과 남성 동성애자들을 연구했다. 여성의 28%와 남성의 13%가 부모였다. 필자는 이 발견을 확인하거나 거부할 더 최근 연구를 찾을 수 없었다. 동성애자 부모에 관한 많은 책들 그리고 더욱 최근의 연구 논문 중 일부는 저자들이 그들의 관점을 주장하기 위해 썼으며 더 균형 잡힌 자료를 찾기 어렵게 만들고 있다는 사실을 보여준다. 더욱 최근 연구 하나는 "편

견과 차별에도 불구하고 레즈비언과 게이들은 가족 관계를 만들어내고 유지하는 데 성공하고 있다. ……일반적으로 이러한 많은 저술에서 나타난 레즈비언과 게이 관계는 스트레스가 많은 상황에 대한 긍정적인 적응 중의 하나다"라고 말한다. Charlotte J. Patterson, "Family Relationship of Lesbians and Gay Men," *Journal of Marriage and the Family* 62 (November 2000): 1052-1069.

39. 수많은 책이 이 문제들을 거론해왔다. 보수적이고 복음적 관점인 Joe Dallas의 책을 참조. *When Homosexuality Hits Home: What to do When a Loved One Says They've Gay* (Eugene, OR: Harvest House, 2004). 세속적, 심리적 정보를 제공하는 책으로는 다음을 참조. Ritch C. Savin-Williams, *Mom, Dad, I'm Gay: How Families Negotiate Coming Out* (Washington, DC: American Psychological Association, 2001).

40. Julie A. Murphy, Edna I. Rawlings 그리고 Steven R. Howe가 이 결론을 지지하는 연구를 내놓았다. "A Survey of Clinical Psychologists on Treating Lesbian, Gay, and Bisexual Clients," *Professional Psychology: Research and Practice* 33 (April 2002): 183-189.

41. 그 예로, 자신의 성적 경향 때문에 고통 받고 있는 사람들을 다루는 것에 대한 최근의 논문에서 저자들은 "전문가 집단에서도 극소수의 사람들만이 여전히 동성애가 부도덕하고 병적인 것이라고 여기고 있으며 치료를 원하는 사람들에게 치료법이 적용되어야 한다고 주장한다"는 사실에 주목했다. 그리고 "과학적인 논쟁이 해결될 때까지 우리는 다소 고립되고 드문 환경에서 변환 치료가 매우 효과적일 수 있다는 사실을 받아들어야 한다"고 말한다. Jon S. Lasser and Michael C. Gottlieb, "Treating Patients Distressed Regarding Their Sexual Orientation: Clinical and Ethical Alternatives," *Professional Psychology: Research and Practice* 35 (April 2004): 194-200.

42. Jones와 Yarhouse, *Homosexuality*, 148. 이 인용구는 '동성애는 변화할 수 있는가? 라는 의문을 다루는 장의 끝에 나온다. 이들 두 저자는 이 분야에 대해 집중적으로 조사했고 그들이 찾아낸 내용을 아직 완성하지 않은 책에서 다룬다.

43. Jones와 Yarhouse, Homosexuality, 148. 다음 책의 저자는 직업 심리학과 기독교의 관점에서 상담과 변화라는 주제에 관해 극히 훌륭한 논의를 하고 있다. Earl D. Wilson, *Counseling and Homosexuality* (Dallas: Word, 1988).

44. 한 연구는 종교적 믿음에 의거해 성적 경향을 바꾸려는 시도를 한 140명의 이야기를 담고 있다. 조사 결과는 248명 중 남성의 60.8%, 여성의 71.7%가 어떤 형식이건 일 년 이상 동성애의 육체적 접근을 자제해왔음을 보여주었다. 성공을 거두지 못한 사람 중 대다수(88.2%)는 그들이 성적 경향을 여전히 바꾸려고 노력하는 중이며 바꿀 수 있다고 믿고 있음을 보여주었다. Kim W. Schaeffer, lynde Nottebaun, Patty Smith, Kara Dech, 그리고 Jill Krawczyk, "Religiously-Motivated Sexual Orientation Change: A Follow-up Study," *Journal of Psychology and Theology* 21 (Winter 1999): 329-337.

45. Ariel Shidlo와 Michael Schroeder, "Changing Sexual Orientation: A Consumers' Report," *Professional Psychology: Research and Practice* 33 (June 2002): 249-259. 이들 저자들은 변화를 추구한 202명의 사람들을 인터뷰했다. 대다수는 성적 경향 바꾸기에 실패했고 거의 모두가 상담이 다른 식으로 도움이 되었다고 느꼈다. 다음 책 참조. Douglas C. Haldeman, "Gay Rights, Patient Rights: The Implications of Sexual Orientation Conversation Therapy," *Professional Psychology : Theory and Practice* 33 (June 2002): 260-264. Haldeman의 변화에 관한 주장을 훌륭하게 비평한 책이 있다. Jones and Yarhouse, *Homosexuality*, 140-145.

46. Warren Throckmorton, "Initial Empirical Clinical Findings Concerning the Change Process for Ex-Gays," *Professional Psychology: Research and Practice* 33 (June 2002): 242-248.

47. David G. Myers and Malcom A. Jeeves, *Psychology Through the Eyes of Faith* (New York: Harper & Row, 1987), 111-113.

48. 1978년 2월 2일, 트리니티 복음 신학교 채플 강의를 인용하도록 허락해준 마티 한센(Marty Hansen)에게 감사한다. 이 이야기는 오래 전의 것으로 그 후 이 학생과 더 이상 연락은 없으나 그의 결론은 여전히 유효하다.

49. Moberly, *Homosexuality*. 이 접근 방식은 또한 Wilson의 저서 *Counseling and Homosexuality*에서도 많이 강조되고 있다. 윌슨은 모벌리의 저서에서 영향을 받았음이 분명하다.

50. 요한일서 1:9.

51. 다음 목록은 윌슨의 *Counseling and Homosexuality*, 104-112에서 뽑은 것이다.
52. 이 단락을 쓰면서 필자는 동성애자들을 정신분석으로 치료한 최근의 보고서를 몇 개 들여다보았다. 그중 하나는 확실히 전 세계에 적용할 수 있는 결론을 포함하고 있었으므로 특히 흥미로웠다. Olli Stastrom과 Jussi Nissinen, "Homosexuality in Finland: The Decline of Psychoanalysis' Illness Model of homosexuality," *Journal of Gay and Lesbian Psychotherapy* 7 (2003): 75-91. 정신분석 방법을 다룬 읽을 만한 책으로는 다음을 참조하라. Lack Drescher 그리고 Ann D'Ercole, eds., *Psychotherapy with Gay Men and Lesbians: Contemporary Dynamic Approaches* (New York: haworth, 2003).
53. Joseph Nicolosi, *Reparative Therapy of Male Homosexuality: A New Clinical Approach* (Northvale, NJ: Jason Aronson, 1991).
54. Robert L. Spitzer, "Can Some Gay Men and Lesbians Change Their Sexual Orientation? 200 Participants Reporting a Change from Homosexual to Heterosexual Orientation," *Archives of Sexual Behavior* 32 (October 2003): 403-417.
55. 이 치료 요법에 진지한 흥미를 가진 상담자들은 다음 책을 참조하라. Christopher R. Martell, Steven A. Safren, 그리고 Stacey E. Prince, *Cognitive-Behavioral Therapies with Lesbian, Gay, Bisexual Clients* (New York: Guiliford, 2002).
56. Mark A. Yarhouse, Lori A. Burkett, and Elizabeth M. Kreeft, "Competing Models for Shepherding Those in the Church Who Contend with Same-Sex Attraction," *Journal of Psychology and Christianity* 20 (Spring 2001): 53-65.
57. Jones and Yarhouse, *Homosexuality*, 149-150에 인용된 초기 논문에서.

22장 학대와 방치

1. 이 표현은 제니스가 자신의 공격, 회복, 그리고 치료적 결론을 말한 출판물에서 가져온 것이다. Janice Starkman Goldfein, "Reclaiming the Self: One Woman's Refusal to Allow a Nightmare to Define her Life," *Psychotherapy Networker* 28 (January -February 2004): 46-55.
2. 이 장을 시작하기 전에 필자는 학대와 폭력에 관한 전문 연구 저술을 찾기 시작했다. 필자는 이 문제가 널리 퍼져 있음을 알고 있었으나 인쇄된 연구의 다양함과 숫자에 놀랐고 학대 문제의 국제적 본질에 놀랐다.
3. 국립 아동학대 및 방치 정보센터의 웹 사이트는 http://nccanch.acf.hhs.gov, 미국 건강 인권부, 어린이와 가족 관리처 (U.S. Department of Health and Human Services, Administration for Children and Families)에서 가져온 것이다.
4. 더 많은 정보를 얻고 싶다면 구글과 야후에서 '영적 학대'를 검색하라. 필자가 검색해본 결과 이백만 이상이 있다.
5. 지역의 법에 따라 예외가 있다. 많은 나라에서는 어린이의 엉덩이를 때리는 것을 학대로 여기지 않는다. 감옥에 감금하기, 군대에서 "신병 군기 잡기," 운동 코치의 엄격한 요구, 의술 및 치과 치료에서 고통을 끼치거나 치료를 목적으로 하는 과정은 보통 학대라고 여기지 않는다. 그러나 죄수의 학대는 구류하고 있는 나라가 그들의 행동을 정당화하기 위한 이유를 부여하고 있음에도 학대다.
6. 예를 들어 창세기 6장 11-12절은 홍수 이전 "때에 온 땅이 하나님 앞에 패괴하여 강포가 땅에 충만한지라. 하나님이 보신 즉 땅이 패괴하였으니 이는 땅에서 모든 혈육 있는 자의 행위가 패괴함이었더라"라고 말한다.
7. 잠언 29:15.
8. 잠언 22:15; 23:13-14; 29:15, 17-18.
9. 히브리서 12:5-6.
10. 창세기 34:31.
11. 마태복음 5:21-23.

12. 마태복음 7:1-2.
13. 골로새서 3:19.
14. 골로새서 3:21.
15. 골로새서 4:1.
16. 에베소서 4:31.
17. 에베소서 4:32.
18. 에베소서 5:3-4.
19. 디모데전서 5:1-8, 17; 야고보서 1:27.
20. 마태복음 5:39, 43; 6:14; 빌립보서 4:6.
21. 우리는 강간이 여성에 대한 폭력 행위라고만 생각하는 경향이 있지만 남성 강간도 흔하며 특히 감옥처럼 남성만 있는 환경인 경우 더욱 그렇다는 증거가 늘어나고 있다.
22. Nancy D. Kellogg와 Shirley W. Menard, "Violence Among Family Members of Children and Adolescents Evaluated for Sexual Abuse," *Child Abuse and Neglect* 27 (December 2003); 1367-1376.
23. 예를 들어 학대자의 76%는 어렸을 때 학대 받은 일이 있음이 밝혀졌다. 다음 책을 참조하라. Linda L. Marshall과 Patricia Rose, "Family of Origin Violence and Courtship Abuse," *Journal of Counseling and Development* 66 (May 1988): 414-418.
24. S. K. Steinmetz, "Battered Parents," *Society* 15 (1978): 54-55.
25. Cantwell B. Hendrika, "Psychiatric Implications of Child Neglect," *Harvard Medical School Mental Health Letter* 3 (December 1986): 5-6.
26. 때때로 학대 가해자는 피해자를 탓하려고 한다. 예를 들어 부모는 아이가 통제하지 못했기에 때렸다고 불평할 수 있다. 그러나 학대는 가족 스트레스로부터 혹은 학대자가 그들 자신을 통제하지 못하기 때문에 일어나는 일이 더 잦다. 다음 논문을 참조하라. B. Murray Law, "Family Circumstances, Not Children's Misbehavior, Spur Abuse," *Monitor on Psychology* 35 (December 2004): 15, 그리고 J. B. Reid, K. Kavanaugh, 그리고 D. V. Baldwin, "Abusive Parents' Perceptions of Child Problem Behaviors: An Example of Parental Bias," *Journal of Abnormal Child Psychology* 15 (1987): 457-466.
27. Grant L. Martin, *Counseling for Family Violence and Abuse* (Waco, TX: Word, 1987). Moberly, *Homosexuality*, 10. 다음 책도 참조. Elizabeth R. Moberly, "Attachment and Separation: The Implications for Gender Identity and for the Structuralization of the Self: A Theoretical Model for Transsexualism,, and Homosexuality," *Psychiatric Journal of the University of Ottawa* 11 (December 1986): 205-209.
28. Paul Chance, "Attacking Elderly Abuse," *Psychology Today* 21 (September 1987): 24-25.
29. Steven Johnson의 책, *Everything Bad Is Good for You: How Today's Popular Culture is Actually Making Us Smarter* (New York: Riverhead, 2005)는 대단히 논란거리가 되는 책으로 저자는 여기서 비디오게임이 비록 폭력적이긴 하더라도 "폭력을 억지하게 할 수도 있는 일종의 안전밸브 기능을 한다"고 주장한다. 이 주장은 확실하게 반박당했다. 다음 사설을 참조. "Deadening the Heart: Killer Video Games Are No 'Safety Valve'," *Christianity Today* 49 (October 2005): 31.
30. Martin, *Counseling for Family Violence*, 38. 이 단락과 다음 단락에 끼친 마틴의 영향력에 감사한다.
31. 예레미야 17:9.
32. 마가복음 7:21-23.
33. Philip Yancey, "Back from Brothel," *Christianity Today* 49 (January 2005): 80.
34. I., N. Ferguson, "Incest," in *Encyclopedia of Psychology and Counseling*, ed. David G. Benner and Peter C. Hill (Grand Rapids, MI: Baker, 1999), 613-614.
35. Neville King, Bruce J. Tonge, Paul Mullen, Nicole Myerson, David Heyne, Stephanie Rollings, and Thomas H. Ollendick, "Sexually Abused Children and Post-Traumatic Stress Disorders," *Counselling Quarterly* 13 (December

2000): 365-375. 다음 논문도 참조하라. Timothy P. Melchert, "Clarifying the Effects of Parental Substance Abuse, Child Sexual Abuse, Child Sexual Abuse, and Parental Caregiving on Adult Adjustment," *Professional Psychology: Research and Practice* 31 (February 2000): 64-69.

36. 인터넷 검색을 통해 다수의 강간 핫라인과 위기예방센터를 찾을 수 있다. 마찬가지로 당신 지역에도 강간 핫라인과 다른 서비스가 있는지 검색하라. 이들 출처의 대부분은 다소 일치하는 강간 통계를 보여줄 것이다.

37. Diane Mandt Langberg는 그녀의 근사한 책에서 '학대 후 영향'이라고 이름 지은 것을 언급한다. 그녀는 세 가지 타입으로 나누어 정리했다. 감정적, 육체적, 그리고 영적 영향이다. *Counseling Survivors of Sexual Abuse* (Wheaton, IL: Tyndale, 1997).

38. Josie Spataro, Paul E. Mullen, Philip M. Burgess, David L. Wells, and Simon A. Moss, "Impact of Child Sexual Abuse on Mental Health: Prospective Study in Males and Females," *British Journal of Psychiatry* 184 (may 2004): 416-421.

39. 이 주장과 그것을 지지하는 조사는 Malcolm Gladwell이 "Getting Over It," *Psychotherapy Networker* 29 (March-April 2005): 51-55에 요약해 놓았다.

40. Goldfein, "Reclaiming the Self," 52.

41. Kamala London, Maggie Bruck, Stephen J. Ceci, 그리고 Daniel W. Shuman, "Disclosure of Child Sexual Abuse: What Does the Research Tell Us About the Ways That Children Tell?" *Psychology, Public Policy, and Law* 11 (March 2005): 194-226.

42. Megan Young, John Read, Suzanne Barker-Collo, 그리고 Rachael Harrison, "Evaluation at Overcoming Barriers to Taking Abuse Histories," *Professional Psychology: Research and Practice* 32 (August 2002): 407-414.

43. Langberg, *Counseling Survivors*. 랭버그의 책은 상세하고 실용적이며 계속적으로 기독교적 가치관과 관점을 반영하고 있다. 이어지는 단락은 랭버그의 저술을 총체적으로 과도하게 단순화한 것이고 일부 주장은 그녀의 책을 벗어나고 있다.

44. Janice H. Carter-Lourensz 와 Gloria Johnson Powell, "Physical Abuse, Sexual Abuse, and Neglect of Child," in Comprehensive Textbook of Psychiatry" *American Journal of Psychiatry VI*, ed. Harold Kaplan and Benjamin J. Sadock (Baltimore, MD: Williams and Wilkins, 1995): 2455-2469. 인용은 2459쪽에서.

45. A. W. Burgess와 L. L. Holmstrom이 이 용어를 사용했다. "Rape Trauma Syndrome," *American Journal of Psychiatry* 131 (September 1974): 981-986. 분명히 이 용어는 법적 테두리에서 강간 피해자들을 묘사하려고 사용되어 왔으나 지금은 일부 법전문가마저도 이 용어의 계속적인 사용에 의문을 제기하고 있다. 다음 책을 참조하라. Jacquelyne R. Biggers 그리고 Chong I. Kim, "Rape Trauma Syndrome: An Examination of Standards that Determine the Admissibility of Expert Witness Testimony," *Journal of Forensic Psychology Practice* 3 (2003): 61-77, 그리고 Mila Green McGowan and Jeffrey L. Helms, "The Utility of the Expert Witness in a Rape Case: Reconsidering Rape Trauma Syndrome," *Journal of Forensic Psychology Practice* 3 (2003): 51-60.

46. 이 부분은 강간당한 여성의 관점에서 썼으나 같은 결론의 많은 부분이 남성 피해자에게도 적용된다.

47. 이것은 이 장 도입부에 나온 제니스가 겪은 경험이었다. Gladwell의 논문, "Getting Over"의 주제이며, George A. Bonanno의 논문의 결론이기도 하다. "Loss, Trauma, and Human Resilience: Have We Underestimated the Human Capacity to Thrive After Extremely Aversive Events?" *American Psychologist* 59 (January 2004): 20-28.

48. James E. Robertson, "Rape Among Incarcerated Men: Sex, Coercion and STDs," *AIDS Patience Care & STDs* 17 (August 2003): 423-430.

49. 마틴의 *Counseling for Family Violence* 51에서 발췌했다

50. 이 이슈 역시 마틴의 *Counseling for Family Violence*에서 논의된 것이다. 다음 책도 참조하라. Michele Harway 그리고 Marsali Hansen, *Spouse Abuse: Assessing & Treating Battered Women, Batterers, & Their Children*, 2nd ed. (Sarasota, FL: Professional Resource Press, 2004).

51. 학대자 치료를 다룬 책과 논문을 찾으면서 필자는 이용할 만한 자료 숫자가 상당히 적은 데 놀랐다. 마틴은

Counseling for Family Violence에서 학대자 치료에 관해 두 장(5장과 6장)을 할애해 훌륭한 내용을 기록하고 있었다. 이 장들은 기독교적 관점, 심리학적 관점 양쪽 모두에서 치료를 논하고 있으므로 도움이 된다. 다음의 책 또한 참조하라. Cloe Madabes, James P. Keim 그리고 Christopher I. Eckhardt, *Treating the Abusive Partner: An Individualized Cognitive-Behavioral Approach* (New York: Guilford, 2005). David J. Livingston, *Healing Violent Men: A Model for Christian Communities* (Minneapolis: Augsburg, 2001). Catherine Clark Kreoger 그리고 Nancy Nason-Clark, *No Place for Abuse: Biblical & Practical Resources to Counteract Domestic Violence* (Downers Grove, IL: InterVarsity, 2002).

52. 분노 관리는 모든 사회 경제 그룹 내 학대자를 위한 문제다. 예를 들어, 어느 대학 학생들의 연구에 따르면 심리적으로 그리고 육체적으로 폭력적인 남성은 데이트하면서 화를 다스리는 데 곤란을 겪는다고 한다. Kristen Lundeberg, Sandra M. Stith, Carrie E. Penn, David B. Ward, "A Comparison of Nonviolent, Psychologically Violent and Physically Violent Male College Daters," *Journal of Interpersonal Violence* 19 (October 2004): 1191-1200.

53. 이 일 중 일부는 학대하는 아버지 치료를 다룬 논문에 상세하게 묘사되어 있다. Katreena L. Scott와 Claire V. Crooks, "Effecting Change in Maltreating Fathers: Critical Principles for Inventional Planning," *Clinical Psychology: Science and Practice* 11 (Spring 2004).

54. Laurie Anne Pearlman과 Karen W. Saaskvitne가 처음으로 상세하게 대리 정신충격을 다루었다. *Trauma and the Therapist: Countertransference and Vicarious Traumatization in Psychotherapy with Incest Survivors* (New York: Norton, 1995).

55. Langberg. *Counseling Survivors*. 제 6부.

56. 왕따 현상은 새로운 것은 아니지만 최근에는 왕따의 원인과 예방에 관해 새로운 주의가 쏠리고 있다. 예를 들자면 다음 책을 참조하라. Pamela Orpinas와 Arthur M. Home의 *Bullying Prevention: Creating a Positive School Climate and Development Social Competence* (Washington, DC: American Psychological Association, 2005).

57. Young et al., "Overcoming Barriers to Taking Abuse Histories," 412에는 누구에게 언제 어떻게 물을 것인지 더 상세한 내용이 나와 있다.

58. Garret D. Evans 그리고 Jannette Rey, "In the Echos of Gunfire: Practicing Psychologists' Response to School Violence," *Professional Psychology: Research and Practice* 32 (April 2001): 157-164, Edward P. Mulvey 그리고 Elizabeth Cauffman, "The Inherent Limits or Predicting School Violence," *American Psychologies* 56 (October 2001): 797-802.

59. Karen Kersting, "Spreading the Word on Early Violence Prevention," *Monitor on Psychology* 35 (May 2004): 42-43.

60. Katherine Irwin, "The Violence of Adolescent Life: Experiencing and Managing Everyday Threats," *Youth & Society* 35 (June 2004): 452-479.

61. 가정 내의 폭력 예방에 관한 실제적 논문을 모아놓은 근사한 책은 다음과 같다. Peter G. Jaffe, Linda L. Baker 그리고 Alison J. Cunningham, eds., *Protecting Children from Domestic Violence: Strategic for Community Intervention* (New York: Guilford, 2004).

62. 아마 이 책의 독자들은 내가 약간의 자식 자랑을 한다 해도 용서해주리라 믿는다. 우리 딸 잰은 폭력과 마약중독 비율이 높은 도시 공동체에서 몸이 불편한 아프리카계 미국인 10대들과 함께 일했다. 기독교 젊은이 조직과 함께하는 복음적 일 외에도 잰과 몇몇 동료들은 고등학생들에게 기본적인 사회적 대응 기술을 가르치는 프로그램을 개발했다. 이 방과 후 프로그램은 이들 젊은이들이 가정에서 배우거나 보지 못한 보다 효율적인 생활 기술을 배울 필요가 있다는 전제에 근거한 것이었다. 프로그램은 자율적이었고 계속해서 커졌다. 젊은 여성들과 남성들은 모두 프로그램에 들어와 참가하고자 했으며 종종 열성적이었다.

63. Goldfein, "Reclaiming the Self," 55.

5부 정체감에 대한 문제들

23장 열등감과 자존감

1. 이 장을 쓸 때 관련 단어들에 대한 인터넷 검색을 했는데, '자존감' 이라는 용어에 대해서는 1000만 건의 관련 결과가 나왔고(웹 사이트 및 관련 기사), 자아 개념에 대해서는 3100만 건, 자아상에 대해서는 3500만 건, 그리고 열등감에 대해서는 70만 건의 검색 결과가 나왔다. 이러한 것들이 얼마나 많이 문화에 반영되었는지 추측하는 작업은 흥미롭다. 미국 문화권에서는 자존감이나 자아 개념 및 자아상에 대해 대단히 많은 관심을 가지는 것 같다. 그러나 더 집단 지향적인 문화권의 경우에는 이 개념들에 대해 훨씬 덜 관심을 가진다.
2. William Glasser, *Reality Therapy: A New Approach to Psychiatry* (New York: Perennial, 1989), and idem, *Reality Therapy in Action* (New York: HarperCollins, 2000).
3. 이것은 Terry D. Cooper, *Sin, Pride and Self-Acceptance* (Downers Grove, IL: InterVarsity, 2003)의 10쪽에서 발췌한 것임.
4. Robert Schuller, *Self-Esteem: The New Reformation* (Nashville, TN: W Pub Group, 1982).
5. Jay E. Adams, *The Biblical View of Self-Esteem, Self-Love, and Self Image* (Eugene, OR: Harvest House, 1986), 79, 106.
6. Paul Vitz, *Psychology of Religion: The Cult of Self-Worship,* 2nd ed. (Grand Rapids, MI: Eerdmans, 1994).
7. David Carlson, *Counseling and Self-Esteem* (Waco, TX: Word, 1988), 12.
8. John C. Ortberg, Jr., "The Goal of Self-Transcendence," *Christian Counseling Today* 9, no. 1 (2001): 22-26.
9. 창세기 1:26-28.
10. 시편 8:4-5.
11. 요한복음 3:16.
12. 시편 91:11-12; 히브리서 1:14; 누가복음 12:12; 마태복음 5:13-14; 요한복음 14:1-3, 26.
13. 로마서 3:25; 5:12, 17-19; 6:23a; 7:18.
14. 창세기 3:11-13; 시편 32:1-5; 로마서 3:11-18.
15. 요한복음 3:16; 로마서 5:1, 8-11, 14-17.
16. 잠언 16:18; 야고보서 4:6; 베드로전서 5:5.
17. 이것은 James R. Beck의 관점이다. 나는 다음 세 단락을 쓰면서 Beck의 다음 두 가지 통찰력 있는 논문에서 그 내용을 발췌했다. J. R. Beck, "Humility," in *Encyclopedia of Psychology and Counseling,* ed. David G. Benner and Peter C. Hill, 2nd ed. (Grand Rapids, MI: Baker, 1999), 591-592; and J. R. Beck, "Pride," in Benner and Hill, *Encyclopedia,* 907-908.
18. John H. Harvey & Brian G. Pauwel, "Modesty, Humility, Character Strength, and Positive Psychology," *Journal of Social and Clinical Psychology* 23 (October 2004): 620-623; and Julie Juola Exline and Anne L. Geyer, "Perceptions of Humility: A Preliminary Study," *Self and Identity* 3 (April-June 2004): 95-114.
19. 마태복음 22:39, 에베소서 5:28, 29. 자존감에 대한 논의 중 몇몇은, 마태복음 22:39의 '네 자신같이' 가 명령인지 사실에 대한 진술인지에 대한 계속된 이론적 논쟁과 관련된 양측 간 주장들이 있다. 나는 이것이 '우리 자신 스스로를 사랑하라는 명령은 아니며, 자기애는 여기서 사실이다' 라는 Stott의 관점에 동의한다. 더 자세한 논의는 이런 자기애를 했다는 사실이 죄의 증거가 되는지 아닌지와 관련된다. R. W. Scott, "Am I Supposed to Love Myself or Hate Myself?" *Christianity Today* 28 (April 20, 1984): 26-28.
20. 이 차이들 중 몇몇은 Carlson, Counseling and Self-Esteem, 25-30에서 논의되고 있다.
21. Melissa Dittman, "Weighing in on Fat Bias," *Monitor on Psychology* 35 (January 2004): 60-62; and J. Kevin Thompson & Linda Smolak, *Body Image, Eating Disorders, and Obesity in Youth* (Washington, DC: American

Psychological Association, 2002). T. L. Brink, "Inferiority Complex," in Benner and Hill, Encyclopedia, 620-621.
22. Gary W. Evans, "The Environment of Childhood Poverty," *American Psychologist* 59 (February-March 2004): 77-92.
23. Charles R. Ridley, "Building Self-Esteem in Racially Diverse Populations," *Christian Counseling Today* 9, no. 1 (2001): 46-49.
24. 나의 친구 Nagi Abi-Hashem은 정기적으로 나에게 심리적 문제 및 상담적 문제에 대한 미국인과 중동인들 간의 관점 차이에 대해 일깨워준다. 그는 이에 대해 다음의 논문에서 더 자세히 논의하고 있다. N. Abi-Hashem, "Self-Esteem," in Benner and Hill, *Encyclopedia*, 1084-1087.
25. 이 관점의 변형은 '자신을 십자가에 못 박는 식(self-crucifixion)'의 신학적 접근법을 옹호하는 기독교인들이 가지고 있다. 이는 인간들은 무가치하며, 우리의 바람, 사고, 개인적 능력들은 부정되어야 하거나 십자가에 못 박혀져야 된다는 것을 가정하고 있다기에, 우리는 자신의 인간 본성을 부정해야 하고, 예수의 사고와 태도들이 우리 삶을 완전히 지배해야 한다고 보고 있다. 이런 관점은 영적인 것 같지만, 하나님께서 당신을 섬기기 위해 우리에게 주신 개인적 재능, 능력, 성격, 역량을 부정하는(그로 인해 짓누르고) 것을 의미한다. '자신을 십자가에 못 박는 관점'은 기독교인들이 (과거에) 예수와 함께 십자가에 못 박혔지만 그럼에도, 우리는 지금 그의 중요한 동행자로서 새로운 생명체로서 살아가고 있다는 것을 인식하지 못하고 있는 것이다. 이것은 우리가 우리의 능력을 거부하고, 성격도 짓누르는 로봇이 되어야 한다는 것을 의미하는 것은 아니다. 대신에 우리는 이것들은 하나님의 관리하에 굴복시키고, 하나님이 우리 각자에게 주신 개인적 차이들을 통해 일하실 것이라는 것을 믿는 것이다.
26. 마태복음 16:24-25.
27. 야고보서 3:13-16.
28. 로마서 12:4-8; 고린도전서 12장.
29. M. Dittmann, "Study Links Jealousy with Aggression, Low Self-Esteem," *Monitor on Psychology* 36 (February 2005): 13.
30. 시편 75:5-7.
31. 목사로서 자존감에 대한 더 자세한 내용을 보고 싶으면, Rujuon W. Morriosn, "The Pastor's Struggle with Self-Esteem," *Christian Counseling Today* 9, no. 1 (2001): 50-51. 참고할 것.
32. Pauline R. Clance, *The Impostor Phenomenon: Overcoming the Fear That Haunts Your Success* (Atlanta: Peachtree Publishers, 1985).
33. S. Bruce Narramore, *You Are Somebody Special* (Grand Rapids, MI: Zondervan, 1974), 29.
34. Chris Thurman, The Lies We Believe (Nashville TN: Thomas Nelson, 2003); and William Backus & Marie Chapian, *Telling Yourself the Truth* (Minneapolis, MN: Bethany House, 2000).
35. Beverly & Tom Rodgers, "The Severely Wounded Child," *Christian Counseling Today* 9 (2001): 32-40.
36. 이 결론은 모든 이들이 인정하는 것은 아니다. 이 장을 준비하면서, 나는 며칠 만에 열등감을 없애주고, 자존감을 높여준다고 주장하는 여러 책들을 읽어보았다.
37. 예를 들어 *American Psychologist* 55 (January 2000) 전체 이슈들을 보라. 그리고 다음도 참고하라. Christopher Peterson & Martin L. P. Seligman, eds., *Character Strengths and Virtues* (WAshington, DC: American Psychological Association, 2004); and Lisa G. Aspinwall & Ursula M. Staudinger, eds., *A Psychology of Human Strengths* (Washington, DC: American Psychological Association, 2003). 전 세계적으로 2백만 명 이상을 대상으로 한 갤럽의 연구에 근거하고 있는 이전 판은, 장점에 중점을 둔 사람들이 열등감이나 낮은 자존감에 굴복당하지 않으면서 어떻게 일을 더 잘 수행하는가에 대해 보고하고 있다. Marcus Buckingham & Donald O. Clifton, *Now, Discover Your Strengths* (New York: Free Press, 2001).
38. 시편 139:14-15.
39. Enrico Caruso에 대한 이야기는 William J. Peterson & Randy Peterson, *The One Year Book of Psalms* (Wheaton,

IL: Tyndale, 1999), September 10에서 발췌한 것.
40. 몇몇 독자들은 이 과정이 우리가 4장에서 논의한 코치 방식과 유사하다는 것을, 즉 간략하게 전략-중심의 치료법과 유사하다는 것을 알아챌 것이다.
41. 히브리서 12:15.
42. 요한일서 1:8-9; 야고보서 5:16.
43. 로마서 12:19.
44. 자존감 향상 및 자존감 문제들의 예방에 대한 실용적이고 널리 인정받는 책으로 Robert S. McGee, *The Search for Significance: Seeing Your True Worth Through God's Eyes* (Nashville, TN: W Publishing Group, 2003)가 있다.
45. 고린도전서 12:4-25.
46. M. Dittman, "Self-Esteem That's Based on External Sources Has Mental Health Consequences, Study Says," *Monitor on Psychology* 33 (December 2002): 16. 자존감이 긍정적 정신건강과 어떤 연관을 지니는지를 보여주는 그리고 낮은 자존감이 정신장애, 우울증, 자살 경향, 섭식 장애, 약물 남용, 폭력과 어떤 관련성이 있는지에 대한 또 다른 연구들을 보고 싶으면 다음 책을 참고하라. Michal Mann, Clemens M. H. Hosman, Herman P. Schaalma & Nanne K. de Vries, "Self-Esteem in a Broad-Spectrum Approach for Mental Health Promotion," *Health Education Research* 19 (August 2004): 357-372.

24장 신체적 질병

1. 시편 139:14.
2. 예를 들어, Robert G. Frank, Susan H. McDaniel, James H. Bray, and Margaret Heldring, eds., *Primary Care Psychology* (Washington, DC: American Psychological Association, 2004); Rovert J. Gatchel and Mark S. Oordt, eds., *Clinical Health Psychology and Primary Care: Practical Advice and Clinical Guidance for Successful Collaboration* (Washington, DC: American Psychological Association, 2003); and a three-volume *Handbook of Clinical Health Psychology* published in 2002 and 2004 by the American Psychological Association을 참고하라.
3. 빌립보서 2:25-27.
4. Morton T. Kelsey, *Healing and Christianity: A Classic Study* (New York: Harper & Row, 1963), 54쪽에 보고된다.
5. 마가복음 6:7-13; 마태복음 10:5-8; 누가복음 9:1-2,6.
6. 이러한 병 고침은 예수 그리스도가 사탄을 이기는 능력을 가졌으며 그가 구원자임을 입증한다.
7. 마태복음 25:39-40.
8. 야고보서 5:14-16.
9. 특별히 요한복음 9:2-3과 누가복음 13:1-5를 보라.
10. 마태복음 9:2-6; 고린도전서 11:29-30.
11. 마태복음 9:20-21.
12. 마가복음 7:24-30; 9:20-27; 마태복음 9:18-19, 23-26.
13. 고린도후서 12:7.
14. 마태복음 13:58.
15. 어떤 사람들은 나의 결론에 동의하지 않을 것이다. John Wimber and Kevin Springer, *Power Healing* (San Francisco: HarperSanFrancisco, 1991)을 참고하라.
16. C. S. Lewis, *The Problem of Pain* (New York: McMillan, 1982).
17. 예를 들어, Philip Yancey, *Where Is God When It Hurt?* (Grand Rapids, MI: Zondervan, 1997); Garry Poole, *How Could God Allow Suffering and Evil? Tough Questions*, rev.ed. (Grand Rapids, MI: Zondervan, 2003); or Gregory A. Boyd, *Is God to Blame?: Beyond Pat Answers to the Problem of Suffering* (Downers Grove, IL: InterVarsity,

2003)을 참고하라.
18. 고린도후서 2:7-10; 베드로전서 1:6-7; 로마서 8:28; 히브리서 12:11; 시편 119:71; 야고보서 1:2-4; 로마서 5:3-5.
19. 디모데 A. 말론은 나의 오랜 친구였다. 그는 예수 그리스도께 깊이 헌신된 사람으로 나의 결혼식 때 들러리가 되어주었던 친구다. 그의 삶과 죽음은 우리 모두를 감동시켰다. 그를 알고 있다는 것이 나에게는 큰 영광이다. 이 글을 읽는 사람들 모두는 그들 자신의 삶 속에서 아마 이러한 사람들을 떠올릴 것이다. 아마 우리는 하나님께서 이러한 사람들을 그들의 삶 속에 왜 그렇게 사용하셨는지에 대한 하나님의 방법을 결코 이해할 수 없을 것이다.
20. physician Gregg R. Albers, *Counseling the Sick and Terminally Ill* (Dallas, TX: Word, 1989) 34쪽에서 발췌했다. 이 책은 Gary R. Collins가 편집 감독한 30권의 기독교 상담학 시리즈에서 20번째 책이다.
21. 의료진과 상담자들은 종종 동정심과 치료에 대한 확신을 가지고 의사로서의 직업을 시작한다. 그러나 심한 고통과 통증의 힘든 상황으로부터 그들 자신을 보호하기 위하여 점차적으로 환자들과 거리가 둔다는 것은 잘 알려진 사실이다. 전문인들에 의한 이러한 외면은 정서적 무기력의 원인 또는 정서적 무기력 증세를 이기려고 하는 무의식적인 시도로 나타날 수 있다.
22. *Chronic Conditions: Making the Case for Ongoing Care* (September 2004 Update) Robert Wood Johnson Foundation과 Johns Hopkins 대학에 의해 후원되고 있는 Partnership for Solution에 의한 보고서다.
23. Rebecca A. Clay, "Overcoming Barriers to Pain Relief," *Monitor on Psychology* 33 (April 2002): 58-60.
24. Troy L. Thomson, "Chronic Pain," in *Comprehensive Textbook of Psychiatry/IV*, ed. Harold I. Kaplan and Benjamin J. Sadock (Baltimore, MD: Williams and Wilkins, 1985), 1212-1215. 이것은 Beecher라는 한 연구원에 의해 보고된 것이다. 그러나 여러 번의 인터넷 조사를 거친 후에도 원본을 발견할 수가 없었다.
25. 그 예로 다음을 참조하라. Chris Eccleston, Geert Crombez, Sarah Aldrich, and Cathy Stannard, "Worry and Chronic Pain Patients: A Description and Analysis of Individual Differences," *European Journal of Pain* 5 (2001): 309-318.
26. Vera A. Gonzales, Michael F. Martelli, and Jeff M. Baker, "Psychological Assessment of Persons with Chronic Pain," *NeuroRehabilitation* 14 (2000): 69-83. 미네소타에 있는 특수 고통 관리 클리닉은 고통의 심리적-생리적 원인을 인정하고 만성적 고통 환자를 치료하는 심리학적인 방법을 사용하는 전문가들에 의해서 운영된다. S. Martin, "Embracing the Mind-Body Approach: Mark B. Weisberg Co-owns a Multidisciplinary Clinic Specializing in Pain," *Monitor on Psychology* 33 (April 2002): 69. 더 자세한 정보를 보려면 다음을 참조하라. Robert J. Gatchel, *Clinical Essentials of Pain Management* (Whshington, DC: American Psychological Association, 2005); Robert J. Gatchel and James N. Weisberg, eds., *Personality Characteristics of Patients with Pain* (Washington, DC: American Psychological Association, 2000); and Dennis C. Turk and Robert J. Gatchel, eds., *Psychological Approaches to Pain Management: A Practitioner's Handbook,* 2nd ed. (New York: Guilford, 2002)을 참고하라.
27. Henri J. M. Nouwen, *A Letter of Consolation* (San Francisco, CA: Harper & Row, 1982), 28,30을 참고하라.
28. G. Affleck et al., "Causal Attribution, Perceived Benefits, and Morbidity After a Heart Attack: An 8-Year Study," *Journal of Consulting and Clinical Psychology* 55 (1987): 29-35을 참고하라.
29. Nancy Frasure-Smith, Francois Lesperance, Martin Juneau, Mario Talajic, and Martial G. Bourassa, "Gender, Depression, and One-Year Progmosis After Myocardial Infarction," *Psychosomatic Medicine* 61 (January-February 1999):26-37.
30. Rebecca A. Clay, "Research to the Heart of the Matter," *Monitor on Psychology* 32 (January 2001): 42-45.
31. David S. Sheps, Nancy Frasure-Smith, Kenneth E. Freeland, and Robert M. Carney, "The INTERHEART Study: Intersection Between Behavioral and General Medicine," *Psychosomatic Medicine* 66 (November-December 2004): 797-798. also Nancy Frasure-Smith and Francois Lesperance, "Depression and Other Psychological Risks Following Myocardial Infarction," *Archives of General Psychiatry* 60 (June 2003): 627-636; and Nancy Frasure-Smith, Francois Lesperance, Ginette Gravel, Aline Masson, Martin Juneau, and Martial G. Bourassa, "Long-Term Survival Differences Among Low-Anxious, High-Anxious and Repressive Copers Enrolled in the Montreal Heart

Attack Readjustment Trial," *Psychosomatic Medicine* 64 (July-Agust 2002): 571-579.

32. Rebecca A. Clay, "Bringing Psychology to Gardiac Care," *Monitor on Psychology* 32 (January 2001): 46-49.

33. 이 책을 다시 쓰는 동안에 나는 계속적으로 뇌종양과 사투를 벌이고 있는 30년 된 친구와 함께 지속적인 만남을 가져왔다. 그는 심한 고통과 힘겨운 치료 과정, 그리고 계속되는 의사의 부정적인 결과에 대한 보고로 고통 받고 있었다. 하지만 그는 병에 심각성뿐 아니라 하나님에 대한 믿음으로 가득 차 있었다. 그는 하나님은 고칠 수 있으나, 그렇게 하지 않을 거라고 생각했다. 아마도 수백 명 또는 수천 명의 사람들이 나의 친구를 통하여 감동을 받을 것이다. 나는 그와 함께 그의 감정과 고통, 그리고 믿음에 대해서 솔직하게 이야기를 하곤 했었다. 나의 친구는 말기 질병과 죽음의 문제를 직면하는 많은 사람들의 고정관념을 벗어난 사람이다.

34. Elisabeth Kübler-Ross, *On Death and Dying* (New York: Macmillan, 1969)을 참고하라.

35. 같은 책, 123.

36. 고린도전서 12:25-26.

37. 마태복음 25:34-40; 야고보서 1:27.

38. Albers, *Counseling the Sick*, 177. 나는 Albers가 언급한, 환자들을 급하게 방문하는 경향에 관한 연구 보고에 대해 감사한다.

39. Samuel Knapp and Jeanne M. Slattery, "Professional Boundaries in Nontraditional Settings," *Professional Psychology: Research and Practice* 35 (October 2004): 553-558.

40. 완고함은 다른 문제들을 야기할 수 있다. 히브리서 12:15.

41. 시편 38:4-8; 32:3-4.

42. Everett L. Worthington, Jr., and M. Scherer, "Forgiveness as an Emotion-Focused Coping Strategy That can Reduce Health Risks and Promote Health Resilience: Theory, Review and Hypotheses," *Psychology and Health* 10 (2004): 385-405.

43. 로마서 11:33.

44. Billy Graham, *Facing Death and the Life After* (Waco, TX: Word, 1987), 51.

45. Hanoch Livneh and Richard F. Antonak. "Psychological Adaptation to Chronic Illness and Disability: A Primer for Counselors," *Journal of Counseling Development* 83 (Winter 2005): 12-20.

46. Siri Carpenter, "Hope on the Horizon: Behavioral Researchers Are Uncovering Promising New Ways to Treat Chronic Pain," *Monitor on Psychology* 33 (April 2002): 61-66. also Livneh and Antanak, "Psychological Adaptation," 12-20; and Eric P. Simon and Raymond A. Folen, "The Role of the Psychologist on the Multidisciplinary Pain Management Team," *Professional Psychology: Research and Practice* 35 (April 2004): 206-210.

47. Morgan T. Sammons, "Pharmacological Management of Chronic Pain: I. Fibromyalgia and Neuropathic Pain," *Professional Psychology: Research and Practice* 35 (April 2004): 206-210.

48. Simon and Folen, "Role of the Psychologist." Also Stacey A. Williams, "Easing Migraine Pain," *Monitor on Psychology* 33 (April 2002): 71; and S. Y. Tan, "Cognitive and Cognitive-Behavioral Methods for Pain Control: A Selective Review," *Pain* 12 (1982): 201-228.

49. David B. Larson and Susan S. Larson, "Spirituality's Potential Relevance to Physical and Emotional Health: A Brief Review of Quantitative Research," *Journal of Psychology and Theology* 31 (Spring 2003): 37-51.

50. 이러한 처음 네 가지 제안들은 Livneh and Antonak, "Psychological Adaptation to Chronic Illness," 117에 잘 나타나 있다.

51. 히브리서 11:1.

52. 이것은 신체 질병을 더욱 악화시킬 수 있는 무기력, 두려움과 같은 감정을 예방하는 치료 방법을 다루고 있는 훌륭한 연구 보고일 뿐 아니라 기사의 기본 자료다. General P.Koocher, Erin K. Curtiss, Irene S. Pollin, and Krista E. Patton, "Medical Crisis counseling in a Health Maintenance Organization: Preventive Intervention," *Professional*

Psychology: Research and Practice 32 (February 2001):52-58.
53. 같은 책, 52.
54. MCC는 Koocher et al, "Medical Crisis Counseling," 및 Irene Pollin과 Susan Baird Kanaan, *Medical Crisis Counseling: Short-Term Therapy for Long-Term Illness* (New York: Norton, 1995)를 요약한 것이다.
55. Viktor E. Frankl, *Man's Search for Meaning,* rev. ed. (New York: Pocket, 1997).
56. 참고로 L. D. Egbert, "Reduction in Post-Operative Pain by Encouragement and Instruction to Patient," *New England Journal of Medicine* 270 (1964): 825; L. M. Wallace, "Psychological Preparation as a Method of Reducing the Stress of Surgery," *Journal of Human Stress* 10 (1984): 62-76; and Patrick Callaghan and Ho Cheung Li, "The Effect of Pre-Operative Psychological Interventions on Post-Operative Outcomes in Chinese Women Having an Elective Hysterectomy," *British Journal of Health Psychology* 7 (May 2002): 247-252.
57. 갈라디아서 6:2; 시편 55:22.

25장 슬픔

1. Billy Graham, *Facing Death and the Life After* (Waco, TX: Word, 1987), 164.
2. Sigmund Freud, "Mourning and Melancholia," in collected Papers of Sigmund Freud, trans. J. *Riviere,* vol. 4 (London: Hogarth Press, 1953). 이 논문은 처음 독일어로 발표되었으며, 1925년에 영문으로 출판되었다.
3. Erich Lindemann, "Symptomatology and Management of Acute Grief," *American Journal of Psychiatry* 101(1994): 144-148.
4. Billy Graham, *Facing Death and the Life After* (Waco, TX: Word, 1987), 164.
5. Kubler-Ross 박사가 세상을 떠났을 때, 그녀의 친구와 가족들이 웹 사이트에 올린 다음의 글은 참으로 흥미롭다. "2004년 8월 24일, Elisabeth는 한 마리의 아름다운 나비가 되기 위하여 이 세상의 껍질을 벗어버렸다."
6. 고린도전서 15:55; 호세아 13:14.
7. 히브리서 9:27은 한번 죽는 것은 각 사람에게 정하신 것이라고 말한다. 다만 예외적으로 구약에 등장하는 에녹과 엘리야, 예수님, 재림할 때 살아 있을 성도들이 죽음을 경험하지 못했다.
8. 창세기 37:34-35; 사무엘하 12:15-18; 13:37; 18:-33; 역대하 35:25.
9. 사무엘하 1장.
10. 시편 23:4.
11. 시편 119:28.
12. 이사야 53:3-4.
13. 그 두 구절은 고린도전서 15장과 데살로니가전서 4장이다.
14. 데살로니가전서 4:14.
15. 데살로니가전서 4:18.
16. 고린도전서 15:52-54.
17. 데살로니가전서 4:17; 히브리서 2:14; 디모데후서 1:10; 요한복음 11:25-26.
18. 고린도후서 4:14-5:8.
19. 고린도전서 15:58.
20. 그는 "애통하는(슬퍼하는) 자는 복이 있다니 그들이 위로를 받을 것임이요"라고 말했다(마 5:4). *The Sermon on the Mount* (Grand Rapid, MI: Baker, 1978)를 저술한 D. A. Carlson을 비롯한 몇 몇의 성경신학자들은 그 구절의 애통은 개인의 죄에 관한 애통이지 사랑하는 사람의 죽음으로 인하여 위로가 필요한 애통과는 조금도 관계가 없다고 주장한다. William Barclay는 그 구절에 관하여 한층 다른 견해를 갖고 다만 글자 그대로 받아들여야 한다는 입장이다; Barclay의 *The Gospel of Matthew*, vol.1 (Philadelphia, PA: Westminster, 1975)을 찾아보라.

21. 요한복음 11장.
22. 마태복음 14:12-13.
23. 마태복음 26:38.
24. 사무엘하 12:15-23.
25. Maricia Sheinberg, "A Community of Grief," *Psychotherapy Networker* 26 (March-April 2002): 50-55.
26. 본문에 인용된 작업들은 다음의 두 글에서 개작되었다. Nagi Abi-Hashem, "Grief Therapy," in *Baker Encyclopedia of Psychology and Counseling*, ed. David G. Benner and Peter C. Hill, 2nd ed. (Grand Rapids, MI: Baker, 1999), 521-523; J. William Worden, *Grief Counseling and Grief Therapy: A Handbook for the Mental Health Professional*, 3rd ed. (New York: Springer, 2001).
27. 이러한 각각의 상황들은 가족의 죽음에 관하여 전문적으로 다루고 있는 학술지에서 논의되어졌다. 다음의 두 학술지를 보라. Nadine J. Kaslow and Sari Gillman Aronson, "Recommendations for Family Interventions Following a Suicide," *Professional Psychology: Research and Practice* 35 (June 2004): 240-247. Norman Abeles, Tara L. Victor, and Lisa Delano-Wood, "The Impact of an Older Adult's Death on the Family," *Professional Psychology: Research and Practice* 35(June 2004): 234-239.
28. Rober A. Neimeyer, ed., *Meaning Reconstruction and the Experience of Loss* (Washington, DC: American psychological Association, 2001).
29. Karen Kersting, "A New Approach to Complicated Grief," *Monitor on Psychology* 35(November 2004): 51-52. 또한 다음 학술 논문도 참조하라. Robert A. Neimeyer, Holly G. Prigerson, and Betty Davis, "Mourning and Meaning," *American Behavioral Scientist* 46(2002): 235-251.
30. George A. Bonanno and Stacey Kaltman, "The Varieties of Grief Experience." *Clinical Psychology Review* 21 (July 2001): 705-734.
31. 성급한 애통이나 슬픔에 관한 문제는 논쟁의 여지가 있다. 다음 글들을 참조하라. Robert Fulton, "Anticipatory Mourning: A Critique of the Concept," *Morality* 8(2003) : 342-351; Theresa A. Rando, ed., *Clinical Dimensions of Anticipatory Mourning: Theory and Practice in Working with the Dying, Their Loved Ones, and Their Caregivers* (Champaign, IL: Research Press, 1999).
32. 다음의 학술 논문을 보라. H. Finkelstein, "The Long-Term Effects of Early Parent Death: A Review," *Journal of Clinical Psychology* 44 (1988): 3-9. 상실에 관련된 애도의 다양한 타입은 다음의 논문에서 토론되고 있다. Siney Zisook, "Death, Dying and Bereavement," in *Comprehensive Textbook of Psychiatry*, ed. Harold I. Kaplan and Benjamin J. Sadock (Baltimore, MD: Williams and Wilkins, 1995), 1713-1729.
33. 출판 초창기에 Nancy Guthrie를 알게 되어 영광이었다. 그녀는 한 출판사에서 일하고 있었다. 몇 년 후에 그녀와 남편은 Zellweiger Syndrome으로 알려진 병으로 두 자녀를 잃었다. 그녀는 이 경험을 두 권의 감동적인 책에서 나누고 있다. *Holding on to Hope* (Wheaton, IL: Tyndale House, 2002)와 *The One Year Book of Hope* (Wheaton, IL: Tyndale House, 2005).
34. J. William Worden, *Grief Counseling and Grief Therapy: A Handbook for the Mental Health Practitioner*, 3rd ed. (Philadelphia, PA: Brunner-Routledge, 2004).
35. Guthrie, *Holding on to Hope*.
36. Kevin J. Flannelly, Andrew J. Weaver, and Karen G. Costa, "A Systematic Review of Religion and Spirituality in Three Palliative Care Journals, 1990-1999," *Journal of Palliative Care* 20 (Spring 2004): 50-56. 저자들에 의하면 위중한 병으로 고생하는 많은 사람들에게 종교는 병에 대항하는 하나의 메커니즘이다. 미국과 영국에서 가족이나 가까운 친구의 죽음을 애도하는 사람들에게 시행한 리서치에 의하면 종교적 신념을 통해서 의미를 발견하는 능력과 심리적 건강 사이에 깊은 연관성이 있다. 다른 연구 결과들도 종교적 신념이 슬픔에 대처하는 데 상당히 도움이 된다고 보고하고 있다.
37. 요한복음 11:33-36.

38. Ashley Davis Prend, "No Timetable for Grief: Recovery from Loss Has a Pace of Its Own," *Psychotherapy Networker* 26 (September-October 2002): 23-24. 어느 결혼 및 가족 치료사가 쓴 슬픔에 관한 책에서도 비슷한 결론을 내린다. 이 책은 3종 경기 훈련중에 부주의한 운전수 때문에 22살의 아들을 억울하게 잃은 후 쓴 책이다. Dorothy S. Becvar, *In the Presence of Grief: Helping Family Members Resolve Death, Dying, and Bereavement Issues* (New York: Guilford, 2001).
39. M. Hall and M. Irwin, "Physiological Indices of Functioning in Bereavement," in *Handbook of Bereavement Research*, ed. Margaret S. Stroebe, Robert O. Hansson, Wolfgang Stroebe, and Henk Schur (Washington, DC: American Psychological Association, 2001), 473-491.
40. Jaako Kaprio, Markku Koshenvuo, and Heli Rita, "Mortality After Bereavement: A Prospective Study of 95,647 Widowed Persons," *American Journal of Public Health* 77 (March 1987) : 283-287.
41. 이것은 임종 환자들을 돌봄에서 심리학자의 역할에 관한 중요한 논문을 저술한 심리학자들의 결론이었다. William E. Haley, Dale G. Larson, Julia Kasl-Godley, Robert A. Neimeyer, and Donna M. Kwilosz, "Roles for Psychologists in End-of-Life Care: Emerging Models of Practice," *Professional Psychology: Research and Practice* 34 (December 2003): 626-633.
42. C. S. Lewis, *A Grief Observed* (New York: Seabury, 1961), 66-67.
43. Lois Mowday Rabey, *Moments for Those Who Have Lost a Loved One* (Colorado Springs, CO: NavPress, 2004)과 같은 경건 서적을 포함하여 이러한 많은 자료들을 사용할 수 있다.
44. Shannon Hodges, "Book Review of 'In the Presence of Grief: Helping Family Members Resolve Death, Dying, and Bereavement Issues," *Journal of Counseling and Development* 83 (Winter 2005): 120-121.
45. G. P. Lynch, "Athletic Injuries and the Practising Sport Psychologist: Practical Guidelines for Assisting Athletes," *The Sport Psychologist* 4 (1988): 161-167.
46. David Lavallee, J. Robert Grove, Sandy Gordon, and Ian W. Ford, "The Experience of Loss in Sport," in Perspectives on Loss: *A Sourcebook*, ed. John H. Harvey (Philadelphia, PA: Brunner/Mazel, 1998): 241-252.
47. 이 부분에서 많은 상실은 Harvey의 책 *Perspective on Loss*에서 자세히 논하였다.
48. C. Everett Koop and Elizabeth Koop, *Sometimes Mountains Move* (Wheaton, IL: Tyndale, 1979), 40, 73.
49. C. S. Lewis, *A Grief Observed*, 1.
50. 임종자의 가족과 친구들에게 Grief counseling을 할 수 있도록 상담사를 돕기 위해 준비된 많은 서적들이 있다. 예를 들면 Dorothy S. Becvar가 쓴 책 *In the Presence of Grief* 등이다.
51. 특별히 배우자를 죽음으로 잃었을 때 슬픔에 관한 자세한 정보를 위해서는 다음의 연구 논문을 참조하라. Florence W. Kaslow, "Death of One's Partner: The Anticipation and the Reality," *Professional Psychology: Research and Practice* 35 (June 2004): 227-233.
52. 미국심리학회의 임종 분과에 의해서 이것들이 제의되었다. 주 41을 참조하라.
53. Phyllis R. Silverman은 미망인과 미망인의 직접 만남을 권장하는 데 앞장서왔다. 다음 책을 참조하라. Phyllis R. Silverman, *Widow to Widow*, 2nd ed. (New York: Brunner-Routledge 2004). Genevieve Davis Ginsburg, *Widow to Widow: Thoughtful, Practical Ideas for Rebuilding Your Life* (New York: Da Capo Press, 2004).
54. 생후 1개월에서 12개월까지 영아가 죽는 가장 큰 원인이다. 그러나 어느 웹 사이트에 의하면 많은 연구와 리서치가 이루어져 왔지만 영아돌연사증후군은 여전히 예측불가능하고 예방할 수 없다. 많은 웹 사이트가 부모가 위험을 감소시킬 수 있는 방법들을 포함하여 이 증후군에 대한 다양한 정보를 제공하고 있다.
55. 하나밖에 없는 자녀의 죽음을 토론하려면 다음의 책을 참조하라. Kay Talbot, *What Forever Means After the Death of a Child: Transcending the Trauma, Living with the Loss* (New York: Brunner-Routledge, 2002).
56. Nancy Boyd Webb, ed., *Helping Bereaved Children: A Handbook for Practitioners,* 2nd ed. (New York: Guilford, 2002); J. William Worden, *Children and Grief: When a Parent Dies* (New York: Guilford, 2001).
57. 인터넷이나 서점의 추천 도서를 살펴보는 것이 이러한 책들을 구하는 데 적격이다. 예를 들어 Karyn Henley의

책 *Gram's Song* (Wheaton, IL: Tyndale 2003)은 기독교 관점에서 쓰인 도서다. 미국심리학회에서 출판된 책으로는 Joyce C. Mills의 *Gentle Willow: A Story for Children About Dying* (Washington, DC: Magination Press, 2003)이 있다. 또한 다음의 책도 참조하라. Michaelene Mundy, *Sad Isn't Bad: A Good-Grief Guidebook for Kids Dealing with Loss* (St. Meinrad, IN: Abbey Press, 1998). 선택한 책이 슬픔에 잠긴 아동의 나이에 적절한지 분명히 하여야 한다.

58. Garry Cooper, "'Grief Work' Doesn't Help," *Psychotherapy Networker* 26 (July-August 2002): 18; Margaret Stroebe, Wolfgang Stroebe, Henk Schut, Emmanuelle Zech, and Jan van den Bout, "Does Disclosure of Emotions Facilitate Recovery from Bereavement?: Evidence from Two Prospective Studies," *Journal of Consulting & Clinical Psychology* 70 (February 2002): 169-178.
59. 이 긴밀한 유대(bonding)는 미국심리학회의 임종 분과에 의해서 제의된다. 다음의 문헌을 참조하라. Kersting, "A New Approach to Complicated Grief," Haley 외 다수, "Roles for Psychologists." Becvar가 쓴 책 *In the Presence of Grief*은 죽은 아들이 자신을 만나려고 노력하고 있다고 믿게 되는 신비적 경험을 묘사하고 있다. 많은 문화에서 이 경험이 이해될 수 있어도 서구사회에서는 기독교인이나 전문인에게는 받아들여지지 않는다.
60. 사무엘상 28장.
61. 이 분야에서 잘 쓰인 두 권의 책이 있다. 애즈베리 신학교 교수였고 목사인 David A. Seamands가 쓴 *Healing for Damaged Emotions: Recovering from the Memories That Caused Our Pain* (Wheaton, IL: Victor Books, 1981)과 Healing of Memories (Wheaton, IL: Victor Books, 1985)이다.
62. Ingrid Trobisch, "Let the Deep Pain Hurt," *Partnership* (September/October 1985): 43-45.

26장 독신

1. Bob Vetter와 June Vetter의 *Jesus was a single adult* (Elgin, IL: David C. Cook)에서 인용
2. 이 글을 쓸 당시, 미국과 캐나다의 가장 유명한 독신자 사이트 중 하나이며, 심리학자 Neil Clark Warren에 의해 설립된 www.eHarmony.com는 "영혼의 동반자"를 찾는 데 관심을 가지고 있는 600만 명의 독신자 회원이 가입되어 있다고 보고하고 있다. eHarmony에 관해서는 27장에서 좀 더 자세하게 살펴보겠다.
3. Henry Cloud, *How to Get a Date Worth Keeping* (Grand Rapids, IL: Zondervan, 2005).
4. Margaret Feinberg, "Single and Fabulous: Both Attitudes and Books About Singleness Are Shifting," *Christian Retailing* 51(April 4, 2005): 44-45.
5. 창세기 2:18.
6. 마태복음 19:11-12.
7. 고린도전서 7:7.
8. 고린도전서 7:1, 2, 8.
9. 고린도전서 7:28, 32-35.
10. 연구자 George Barna는 *Single Focus* (Ventura, CA: Regal Books, 2003)에서 독신 인구들 가운데 있는 특징적인 다양성들은 간과한 채, 독신자들을 모두 결혼하지 않은 사람들의 무리로만 생각하는 의견들이 너무 많이 있어 왔음을 지적하고 있다.
11. 2000 Census 보고서 Feinberg의 "Single and Fabulous"에서 발췌.
12. Lauren F. Winner는, "1990년대에 이루어진 독신 그리스도인들을 대상으로 한 세 가지 조사에서 가장 많은 부분으로 혼전 순결이 다루어졌는데, 대략 응답자의 1/3은 미경험자였지만 2/3는 그렇지 않다"라고 말했다. Lauren F. Winner, "Sex in the Body of Christ," *Christianity Today* 49 (May 2005): 28-33.
13. 고린도전서 7:9.
14. 이것은 21세 Joshua Harris가 쓴 유명한 책 제목이다. 이 책은 사랑과 낭만을 오로지 즐기는 것으로만 생각하기보

다는 하나님의 관점에서 사랑, 순결, 독신을 바라보는 것에 강조를 두고 있는데, 이 책은 독신 그리스도인들의 관점을 전혀 다르게 바꾸어 놓았다. 한 평론가에 따르면, 출판 당시 이 책의 판매 부수는 거의 백만 부에 육박하였다고 한다. Joshua Harris, *I Kissed Dating Goodbye,* updated edition (Sisters, OR: Multnomah, 2003).

15. 런던 유학 시, John Stott의 교회에 출석한 것은 나의 가장 귀한 특권이었다.
16. John R. W. Stott 인터뷰, HIS 36 (October 1975): 19.
17. Lauren F. Winner, *Real Sex: The Naked Truth About Chastity* (Grand Rapids, MI: Brazos Press, 2005). 또한, Winner, "Sex in the Body of Christ"도 참고할 것.
18. Lauren F. Winner, "Deeper into Chastity," *Christianity Today* 49 (May 2005): 32-33.
19. 히브리서 12:15-16.
20. Norman I. Thiesen and Benedict B. Cooley, "The Psychological Adjustment of the Single Male Adult Compared with Married Males and Single and Married Females Aged 25-34," *Journal of Psychology and Theology* 7 (Fall 1979): 202-211.
21. 한부모에 도움이 될 만한 많은 책들은 인터넷을 통해 검색 가능할 것이다. 아울러 다음의 책들도 참고하라. Gary Richmond, *Successful Single Parenting* (Eugene, OR: Harvest House, 1998); Armin A. Brott, *The Single Father: A Dad's Guide to Parenting Without a Partner* (New York: Abbeville Press, 1999); Michele Howe, *Going It Alone: Meeting the Challenges of Being a Single Mom* (Peabody, MA: Hendrickson, 1999).
22. Karen Gail Lewis, "The Four Pillars of Wisdom: Helping Singles Counteract Conflicting Cultural Messages," *Psychotherapy Networker* 24 (November-December 2000): 75.
23. Lewis, "Four Pillars of Wisdom," 77.
24. C. S. Lewis, *The Four Loves* (London: Fontana, 1960), 62.
25. 내가 읽었던 책 중에서 참된 우정에 관해 가장 잘 다루고 있는 부분은 David G. Benner의 책 *Sacred Companions: The Gift of Spiritual Friendship and Direction*의 "The Ideals of Spiritual Friendship" 장이다. (Downers Grove, IL: InterVarsity, 2002), 61-84.
26. Sharon Morris, "Singles, Sex, and Celibacy," *Christian Counseling Today* 9, no. 4 (2001): 47-49.
27. Winner, "Sex in the Body of Christ," 30.
28. 같은 책, 31.
29. A. D. Compaan, "Single Parents," in *Baker Encyclopedia of Psychology*, ed. David G. Benner and Peter C. Hill, 2nd ed. (Grand Rapids, MI: Baker, 1999). 1125-1127.
30. 아래 논문과 2000년 이후 출판된 경험 연구의 광범위한 데이터베이스에서 선별된 다음의 논문을 통해 이러한 결론의 지지를 얻을 수 있다. John Cairney, Michael Boyle, David R. Offord, and Yvonne Racine, "Stress, Social Support and Depression in Single and Married Mothers," *Social Psychiatry Psychiatric Epidemiology* 38 (August 2003): 442-449; S. Targosz, Paul Bebbington, G. Lewis, T. Brugha, R. Jenkins, M. Farrell, and H. Maltzer, "Lone Mothers, Social Exclusion, and Depression," *Psychological Medicine* 33 (May 2003): 715-722; Melanie Lutenbacher, "Relationships Between Psychosocial Factors and Abusive Parenting Attitudes in Low-income Single Mothers," *Nursing Research* 51 (May-June 2002): 158-167; and Sheryl L. Olson, Rosario Cebgallo, and Curie Park, "Early Problem Behavior Among Children from Low-Income, Mother-Headed Families: A Multiple Risk Perspective," *Journal of Clinical Child and Adolescent Psychology* 31 (December 2002): 419-430.
31. John Cairney et al., "Stress, Socil Support, and Depression," and Olson et al., "Early Problem Behavior."
32. A. D'Ercole, "Single Mothers: Stress, Coping and Social Support," *Journal of Community Psychology* 16 (1998): 41-54.

27장 결혼 상대자 고르기

1. David와 Heather의 이야기는 Lisa Ann Cockrel, "The Search for a Soul Mate," *Relevant* 5 (November-December 2003): 54-55에 언급되어 있다.
2. 같은 책.
3. 같은 책. 그 사회학자는 버지니아 대학의 Stephen Nock이다.
4. 나는 본 개정판에 배우자 선택 부분을 거의 포함시키지 않았음을 고백한다. 그 이유는 대부분의 상담 책들이 이러한 주제에 관해 논의하고 있지 않은 이유와 거의 비슷할 것이다. 우울증, 결혼 갈등, 또는 분노 등과 같은 주요한 상담 문제와 비교해볼 때 극히 소수의 사람만이 상담자에게 배우자 선택에 관해 상담할 것으로 보인다. 비록 그럴지라도 나는 이것이 상담자를 위해서 뿐 아니라 이 책의 독신 독자들을 위해서도 매우 중요한 문제임을 아직도 믿고 있다. 비참한 결론을 예방하는 것이 이후에 야기될 문제를 피하는 가장 좋은 방법이 될 수 있다.
5. 창세기 24장.
6. 창세기 29장.
7. 마태복음 1:18-21.
8. 고린도후서 6:14-16.
9. 고린도전서 5:9 이후.
10. 고린도전서 7:39.
11. 시편 32:8; 잠언 3:5-6; 16:3, 9.
12. 통계와 Yogeth 등의 이야기는 Samieh Shalash의 "It's All Arranged-60 Percent of World's Marriages Decided in Advance for Couples," from *Knight Ridder Newspaper*, http://www.bluegrassmarriages.org/news/shalash_krn_01.html(accessed, June 30, 2006) 에서 인용.
13. Stephanie Coontz, "What's Love Got to Do with It? A Brief History of Marriage," *Psychotherapy Networker* 29 (May-June 2005): 56-61, 74.
14. 창세기 1:27; 2:18; 고린도전서 7:9; 히브리서 13:4.
15. 고린도전서 7:35.
16. Elizabeth Jagger, "Marketing Molly and Melville: Dating in a Postmodern, Consumer Society," *Sociology* 35 (February 2001): 39-57.
17. Ranna Parekh and Eugene V. Beresin, "Looking for Love? Take a Cross-Cultural Walk Through the Personals," *Academic Psychiatry* 25 (Winter 2001): 223-233.
18. David M. Buss, Todd K. Shakelford, Lee A. Kirkpatrick, and Randy J. Larsen, "A Half Century of Mate Preferences: The Cultural Evolution of Values," *Journal of Marriage and the Family* 63 (May 2001): 491-503.
19. David Knox, Vivian Daniels, Lakisha Sturdivant, and Marty E. Zusman, "College Student Use of the Internet for Mate Selection," *College Student Journal* 35 (March 2001): 158-160.
20. 이것은 심리학자 Neil Clarke Warren에 의해 제작된 www.eHarmony.com,의 묘사다. Dan MacMedan, "eHarmony: Heart and Soul," *USA Today*, May 19, 2005를 보라.
21. 한 연구에서 eHarmony.com을 자세하게 평가하고 결론내리기를, "그들의 서비스는 과학적인 방법을 통해 도출되어야 한다는 주장이 급증하고 있다. 온라인 중매자들은 의문의 여지를 남기고 있는데, 왜냐하면 그러한 주장에 대한 충실한 실험적 증거는 거의 제공되지 않기 때문이다. 불행하게도 그것이 유용할 때마저도 그러한 증거의 질은 개념적인 문제뿐 아니라 기술적인 문제에 해당하는 바람이 많이 남는다." eHarmony.com의 효과성에 관한 주장은 부가된 변수, 연구 계획, 그리고 표본 편향성 등과 관련된 '심각한 법률적 결함'과 '부가적인 결점' 등의 문제를 갖고 있다.

James Houran, Rense Lang, Jason P. Rentfrow, and Karin H. Bruckner, "Do Online Matchmaking Tests Work? An Assessment of Preliminary Evidence for a Publicized 'Predictive Model of Marital Success'," *North American Journal* of *Psychology* 6 (2004): 507-526. Jessica E. Donn and Richard C. Sherman, "Attitudes and Practices Regarding the Formation of Romantic Relationships on the Internet," *Cyber Psychology Behavior* 5 (April 2002): 107-123도 참고하라. 인터넷 데이트와 짝 찾기에 관한 유명한 책은 다음과 같다. Andrea Orr, Meeting, Mating, and Cheating: Sex, Love, and the New World of Online Dating (New York: Reuters Prentice Hall, 2003); and Evan Marc Katz, *I Can't Believe I'm Buying This Book: A Commonsense Guide to Successful Internet Dating* (Berkeley, DA: Ten Speed Press, 2004).

22. Susan Sprecher and Pamela C. Regan, "Liking Some Things (in Some People) More Than Others: Partner Preferences in Romantic Relationships and Friendship," *Journal of Social and Personal Relationships* 19 (August 2002): 463-481.

23. Diane S. berry and Katherine M. Miller, "When Boy Meets Girl: Attractiveness and the Five-Factor Model in Opposite-Sex Interactions," *Journal of Research in Personality* 35 (March 2001): 62-77. 데이트 상대 선택 연구를 통해 여성들보다 남성들이 더욱 잠재적 데이트에 중요성을 두고 있으며, 오히려 여성들은 재정적 안정과 관련된 특징을 더 선호하고 있음이 밝혀졌다. Christina M. Frederick and Craig S. Morrison, "Date Selection Choices in College Students: Making a Potential Love Connection," *North American Journal of Psychology* (1999): 41-50을 보라. 물론 데이트 시 대학생들이 선호하는 것은 동일한 학생들이 장기적인 결혼에서 원할 만한 것들과 상호 관련되지는 않을 것이다.

24. Sandra L. Murray, John G. Holmes, Gina Bellavia, Dale W. Griffin, and Dan Dolderman, "Kindred Spirits? The Benefits of Egocentrism in Close Relationships," *Journal of Personality & Social Psychology* 82 (April 2002): 563-581.

25. 갈라디아서 5:22-23.

26. 그 잡지는 *Relevant*이다. www.relevantmagazine.com을 통해 많은 것을 배우게 될 것이다. Cara Baker, Erika Larson, and Jessica Leopold, "Parting Ways: How to Break Up Graciously," *Relevant* 4 (September-October 2003): 46-47.

27. 같은 책, 47.

28. 같은 책, 원문에도 이탤릭체.

29. Eric Fromm, *The Art of Loving* (New York: Bantam, 1956). 2-3.

30. 몇 가지 적용과 함께, Fromm의 기술은 마치 한 개인의 직업 찾기나 신임 목사의 교회 찾기처럼 다른 사람들이 상황을 발견하는 것보다 더 자세하게 이루어질 수 있었다.

6부 가족에 대한 문제들

28장 결혼 예비상담

1. 이 이야기는 실제로 일어난 사건으로서 언론에 발표된 내용을 가져온 것이다. 실제 여성의 이름은 제니퍼다. 그녀가 사라졌을 당시 그녀에 관한 사항들이 널리 알려졌지만 본 장에서는 그녀의 성이나 어디에 사는지 등에 대해서는 밝히지 않았다.

2. Carl Rogers, *Becoming Partners: Marriage and Its Alternatives* (New York: Delacorte, 1972), 11.

3. 30%라는 숫자는 다음의 자료에서 가져왔다. Carlos E. Valiente, Catherine J. Belanger, and Anna U. Estrada, "Helpful and Harmful Expectations of Premarital Interventions," *Journal of Sex and Marital Therapy* 28 (January-February 2002): 71-77. 결혼 예비 상담이 "대개 다양한 종교 기관에서 성직자를 통해 실시된다"는 결론은 다음의 자료에서 왔다. Michael D. Bruhn and Rhonda Hill, "Designing a Premarital Counseling Program," *Family Journal:*

Counseling and Therapy for Couples and Families 12 (October 2004): 389-391.

4. 마태복음 1:18-25.

5. 고린도전서 7:8, 26-27, 29.

6. 고린도전서 7:28, 33-34.

7. 에베소서 5:22-6:4; 골로새서 3:18-21; 베드로전서 3:1-9.

8. Scott M. Stanley, "Making a Case for Premarital Education," *Family Relations: Interdisciplinary Journal of Applied Family Studies* 50 (July 2001): 272-280.

9. 이 내용에 대한 출처는 다음과 같다. Jason Boyette, "What Marriage Isn't: Four Reasons Not to Say 'I Do'," *Relevant* 12 (January-February 2005): 43-44. 바나 리서치는 미국에서 실시되었다. 밝혀진 결과는 외국이나 시대가 다를 경우, 비록 그럴 개연성이 충분히 있기는 하지만, 사실과 다를 수 있다.

10. Boyette, "What Marriage Isn't." 인용한 내용들은 모두 44페이지에 있다.

11. 에베소서 5:18-20.

12. 에베소서 5:21-6:4.

13. 내가 4,200만 건의 자료들을 다 검색한 것은 아니다. 그렇지만 다른 문화권에서의 가족 전통이란 무엇인지, 가족들이 어떻게 변화하는지 등에 대한 다양한 자료들을 볼 수 있었다. 가족의 변화에 대해 언급한 책들이 수없이 많다. 다음은 지난 30년에서 40여 년에 걸쳐 발생한 가족에 관한 변화들을 정리한 것이다: 동거와 동성 결혼의 확산, 부부 직장인의 증가, 이혼의 영향, 한부모 가정, 종교의 영향, 가난, 인터넷, 대중문화, 생활기기의 발달, 결혼에 관한 정부의 인식 변화 등. 다음의 자료를 참고하라. "family change," in *Handbook of Contemporary Families: Considering the Past, Contemplating the Future*, ed. Marilyn Coleman and Lawrence H. Ganong (Thousand Oaks, CA: Sage Publications, 2003).

14. Paige D. Martin, Gerald Specter, Don Martin, and Maggie Martin, "Expressed Attitudes of Adolescents Toward Marriage and Family Life," *Adolescence* 38 (Summer 2003): 359-367.

15. 그 사례들로 다음의 자료들을 참고하라. Sharon Sassier, "The Process of Entering into Cohabiting Unions," *Journal of Marriage and Family* 66 (May 2004): 491-505; Patrick Heuveline and Jeffrey M. Timberlake, "The Role of Cohabitation in Family Formation: The United States in Comparative Perspective," *Journal of Marriage and Family* 66 (December 2004): 1214-1230; Celine Le Bourdais and Evelyne Lapierre-Adamcyk, "Changes in Conjugal Life in Canada: Is Cohabitation Progressively Replacing Marriage?" *Journal of Marriage and Family* 66 (November 2004): 929-942; and Judith A. Seltzer, "Cohabitation in the United States and Britain: Demography, Kinship and the Future," *Journal of Marriage and Family* 66 (November 2004): 921-928.

16. 동거가 미치는 영향에 대한 연구가 그 동안 많이 시도되었다. 그러나 어떤 결정적인 연구 결과나 발견은 아직 이루어지지 않고 있다. 예를 들어 한 연구 자료에 따르면, 약혼 전 동거자들은 "부정적인 관계를 가질 가능성이 많고, 관계의 질에 대한 헌신도가 낮으며, 관계에 대한 자신감도 낮은" 것으로 나타났다. 그러나 이것이 다른 모든 동거자들에게도 일관성 있게 나타나는 현상은 아니다. 다음의 자료들을 참고하라. Galena H. Kline et al., "Timing Is Everything: Pre-Engagement Cohabitation and Increased Risk for Poor Marital Outcomes," *Journal of Family Psychology* 18 (June 2004): 311-318. 동거하고 있는 커플과 동거하다가 결혼하는 커플들을 비교한 연구에 의하면 "결혼하는 동거 커플들은 더 높은 수준의 행복을 경험하지만 관계 안정도가 낮고, 의견 불일치, 폭력적인 갈등 해소 경향" 또한 보이는 것으로 드러났다. Susan L. Brown, "Moving from Cohabitation to Marriage: Effects on Relationship Quality," *Social Science Research* 33 (March 2004): 1-19.

17. Sharon Sassler, "The Process of Entering Cohabiting Unions," *Journal of Marriage and Family* 66 (May 2004): 491-505.

18. L. L. Bumpass, J. A. Sweet, and A. Cherlin, The Role of Cohabitation in Decline Rates of Marriage. 이것은 가정과 호구에 대한 전국 조사 자료(1989년 8월 5일)에 근거하였다. 다음의 자료도 참고하라. S. L. Brown and A. Booth, "Cohabitation Versus Marriage: A Comparison of Relationship Quality," *Journal of Marriage and the Family* 58

(1996): 668-678.

19. Michael McManus and Harriet McManus, "How to Create an America That Saves Marriages," *Journal of Psychology and Theology* 31 (Fall 2003): 196-207.
20. 에베소서 5:3-5.
21. 다음의 자료에서 발췌하였다. Ellen Barry, "It Must Be Love, but Let's Be Sure," *Los Angeles Times*, May 22, 2005.
22. Stephen F. Duncan and Melissa M. Wood, "Perceptions of Marriage Preparation Among College-Educated Young Adults with Greater Family-Related Risks for Marital Disruption," *Family Journal: Counseling and Therapy for Couples and Families* 11 (October 2003): 342-353.
23. Jason S. Carroll and William J. Doherty, "Evaluating the Effectiveness of Premarital Prevention Programs: A Meta-Analytic Review of Outcome Research," *Family Relations: Interdisciplinary Journal of Applied Family Studies* 52 (April 2003): 105-118.
24. Elizabeth A. Schilling, Donald H. Baucom, Charles K. Burnett, Elizabeth Sandin Allen, and Lynelle Ragland, "Altering the Course of Marriage: The Effect of PREP Communication Skills Acquisition on Couples' Risk of Becoming Maritally Distressed," *Journal of Family Psychology* 17 (March 2003): 41-53.
25. Kieran T. Sullivan, Lauri A. Pasch, Tara Cornelius, and Ellen Cirigliano, "Predicting Participation in Premarital Prevention Programs: The Health Belief Model and Social Norms," *Family Process* 43 (June 2004): 175-193.
26. 두 개의 설문을 통하여 이것이 주요한 관심 영역임이 확인되었다. Kieran T. Sullivan and Carmen Anderson, "Recruitment of Engaged Couples for Premarital Counseling: An Empirical Examination of the Importance of Program Characteristics and Topics to Potential Participants," *Family Journal: Counseling and Therapy for Couples and Families* 10 (October 2002): 388-397; Carlos E. Valiente et al., "Helpful and Harmful Expectations."
27. Sullivan and Anderson, "Recruitment of Engaged Couples."
28. Valiente et al., "Helpful and Harmful Expectations."
29. Gail S. Risch, Lisa A. Riley, and Michael G. Lawler, "Problematic Issues in the Early Years of Marriage: Content for Premarital Education," *Journal of Psychology and Theology* 31 (Fall 2003): 253-269.
30. 나는 이러한 책들을 많이 나열하는 것에 대한 주저함을 갖고 있다. 새로운 책들이 계속 나오고 있고, 이전의 어떤 책들은 예고 없이 절판되기도 하기 때문이다. 이에 더해 오디오 자료와 비디오 프로그램들 또한 계속 제작되고 있다. 상담자들은 H. Norman Wright와 David and Jan Stoop, Les and Leslie Parrot 등의 책들을 참고하기 바란다. 패로트 부부는 자신들의 책 *Saving Your Marriage Before It Starts* (Grand Rapids, MI: Zondervan, 1995)를 중심으로 관련 프로그램을 제작한 바 있다. 그들이 쓴 다음의 책들도 참고하라. *Saving Your Second Marriage Before It Starts* (Grand Rapids, MI: Zondervan, 2001) and *Getting Ready for the Wedding: All You Need to Know Before You Say I Do* (Grand Rapids, MI: Zondervan, 1998). 성(sexuality)에 관한 자료를 원하는 부부들은 다음의 책들을 참고하라. Clifford L. Penner and Joyce J. Penner, Sex 101 (Nashville, TN: W Publishing, 2004), or Christopher and Rachel McCluskey, *When Two Become One: Enhancing Sexual Intimacy in Marriage* (Grand Rapids, MI: Revell, 2004).
31. Jeffry H. Larson, Kenneth Newell, Glade Topham, and Sheldon Nichols, "A Review of Three Comprehensive Premarital Assessment Questionnaires," *Journal of Marital and Family Therapy* 28 (April 2002): 233-239. 부부 평가를 위한 보다 다양한 측정 도구나 검사지에 대한 분석과 정리는 다음의 자료를 참고하라. Len Sperry, ed., *Assessment of Couples and Families: Contemporary and Cutting-Edge Strategies* (Philadelphia, PA: Brunner-Routledge, 2004).
32. Les and Leslie Parrott, eds., *Getting Ready for the Wedding: All You Need to Know Before You Say I Do* (Grand Rapids, MI: Zondervan, 1998). 이 책은 결혼을 준비하는 커플들이 쉽게 읽을 수 있는 아주 유용한 책이다. 그 안에는 다양한 실제적인 제안들과 많은 도움이 되는 질문지들이 다수 포함되어 있다.
33. 두 가지 추천 프로그램들은 레스와 레슬리 패로트의 SYMBIS (Saving Your Marriage Before It Starts) 접근 및 마이

클과 해리엇 맥마너스가 발전시킨 Marriage Savers 접근이다(www.marriagesavers.org). 다음의 자료들을 보라. Les Parrott III and Leslie Parrott, "The SYMBIS Approach to Marriage Education," *Journal of Psychology and Theology* 31 (Fall 2003): 208-212; and Michael J. McManus and Harriet McManus, "How to Create an America That Saves Marriages," *Journal of Psychology and Theology* 31 (Fall 2003): 196-207. 인터넷에 "결혼 멘토링"을 치면 도움이 되는 많은 자료들을 얻을 수 있다.

34. L. M. Williams, "Premarital Counseling: A Needs Assessment Among Engaged Individuals," *Contemporary Family Therapy* 14 (1992): 505-518.
35. 보다 자세한 안내는 다음의 자료들을 참고하라. Everett L. Worthington, Jr., *Counseling Before Marriage* (Dallas, TX: Word, 1990); H. Norman Wright, *The Premarital Counseling Handbook*, reprint edition (Chicago: Moody Press, 1992); H. Norman Wright, *How to Counsel a Couple in Six Sessions or Less* (Ventura, CA: Regal, 2002); and Robert F. Stahmann and William J. Hiebert, *Premarital & Remarital Counseling: The Professional's Handbook*, 3rd ed. (San Francisco, CA: Jossey-Bass, 1997)
36. Glenice A. Burchard, Mark A. Yarhouse, Everett L. Worthington, Jr., Jack W. Berry, Marcus K. Kilian, and David E. Canter, "A Study of Two Marital Enrichment Programs and Couples' Quality of Life," *Journal of Psychology and Theology* 31 (Fall 2003): 240-252.
37. Worthington, *Counseling Before Marriage*, 2. 다음의 자료도 참고하라. J. S. Ripley, E. L. Worthington, Jr., and D. G. Benner, "Premarital Counseling," in *Baker Encyclopedia of Psychology*, ed. David G. Benner and Peter C. Hill, 2nd ed. (Grand Rapids, MI: Baker, 1999): 899-901.
38. Benjamin Silliman, "Building Healthy Marriages Through Early and Extended Outreach with Youth," *Journal of Psychology and Theology* 31 (Fall 2003): 270-282.
39. 같은 책, 275.
40. 이 이야기는 레스와 레슬리 패로트가 쓴 다음의 책에 수록된 것이다. *Getting Ready for the Wedding*, 7. 로버트 맥나마라가 쓴 책은 다음과 같다. Robert S. McNamara, *In Retrospect: The Tragedy and Lessons of Vietnam* (New York: Vintage, 1996).
41. 결혼 예비 상담에 관한 첫 언급은 1928년 *The Journal of Obstetrics and Gynecology*에 수록된 소논문을 통해 이루어졌다.

29장 결혼과 관련된 문제들

1. 제프와 마릴린의 이야기는 다음의 자료에서 발췌하였다. Terry Hargrave, "The Ineffable 'Us-ness' of Marriage," *Psychotherapy Networker* 25 (July-Auguest 2001): 55-61.
2. 이러한 결론은 다음의 자료들에서 가져왔다. Jennifer S. Ripley, "Introduction: Reflections on the Current Status and Future of Christian Marriage," *Journal of Psychology and Theology* 31 (Fall 2003): 175-178; Mark A. Young, "Healthy Relationships: Where's the Research?" *Family Journal: Counseling and Therapy for Couples and Families* 12 (April 2004): 159-162. 최근에 견고한 결혼생활을 가능하게 하는 것이 무엇인지를 알아내려는 연구가 시도되었다. 연구 결과에 따르면 "각각의 커플은 오랫동안 행복한 결혼생활을 하게 만든 요소들로 다양하고도 독특한 것들을 제시하였다. 가장 많이 언급된 것들로는 친밀한 관계, 사랑, 유사한 배경이나 취미 등이다. 하지만 이 외에도 다양한 반응들이 있었다." 다음의 자료를 참고하라. Leslie L. Bachand and Sandra L. Caron, "Ties That Bind: A Qualitative Study of Happy Long-Term Marriages," *Contemporary Family Therapy: An International Journal* 23 (March 2001): 105-121.
3. Jeanetter Lauer and Robert Lauer, "Marriages Made to Last," *Psychology Today* 19 (June 1985): 22-26.
4. William Doherty, "Bad Couples Therapy," *Psychotherapy Networker* 26 (November-December 2002): 26-33. 일반

상담에 관한 문헌들에서 커플 치료 혹은 커플 상담이란 결혼하지 않은 커플, 동성애 커플, 동거 커플 등을 포함한 모든 커플들을 대상으로 하는 상담을 의미한다. 그러나 본 장에서 말하는 커플 상담은 특별히 결혼한 남성-여성 커플을 지칭하고 있음을 밝힌다.

5. 창세기 2:18-25.
6. 예를 들면, 다음과 같은 구절들에서 이러한 주제들을 다룬다. 에베소서 5:21-33; 골로새서 3:18-25; 베드로전서 3:1-7; 히브리서 13:4.
7. 신명기 24:1-4; 마태복음 5:31-32; 19:3-9; 고린도전서 7:10-16. 이혼은 32장에서 자세하게 다루고 있다.
8. 잠언 18:22.
9. 잠언 5:18; 전도서 9:9.
10. 잠언 27:15-16. 잠언 19:13; 21:9도 보라.
11. 라비 자카리어스는 이삭의 결혼을 모델로 삼아 책을 저술한 바 있다. Ravi Zacharias, *I, Isaac, Take Thee, Rebekah: Moving from Romance to Lasting Love* (Nashville, TN: W Publishing, 2004). 오래 전에 13명의 성경 인물들의 결혼 생활에 대한 흥미 있는 비판적 시각을 갖고 기술된 책이 있다. 이 책에는 아브라함과 사라, 야곱과 라헬, 보아스와 룻, 아합과 이세벨, 호세아와 고멜, 요셉과 마리아, 아굴라와 브리스길라의 결혼 생활을 다루고 있다. Richard L. Strauss, *Living in Love: Secrets from Bible Marriages* (Wheaton, IL: Tyndale, 1978).
12. Les and Leslie Parrott, *When Bad Things Happen to Good Marriages* (Grand Rapids, MI: Zondervan, 2001).
13. 이러한 연구들이 상당수 가트맨 연구소의 웹사이트인 www.gottman.com에 올라와 있다. 그 한 예로, 1999년 9월 27일에 올라온 "First Three Minutes of Discussion About On-going Areas of Marital Conflict Are Predictive of Divorce for Newlyweds"를 참고하라. http://web.psych.washington.edu/news/story.php?news_id=31
14. 다음의 자료에서 발췌하였음. Parrott and Parrott, *When Bad Things Happen*, 43-44.
15. Gary R. Collins, *Breathless: Transform Your Time-Starved Days into a Life Well Lived* (Wheaton, IL: Tyndale, 1998). 비록 많이 팔리지는 않았지만 나는 이 책을 저술한 것에 대해 자랑스럽게 생각한다. 이 책은 내 친구 레스 패롯이 쓴 아주 따스한 서문으로 시작된다. 내 인생이 너무 분주해지면 나는 종종 내가 쓴 글을 읽는다. 이 책은 이미 절판되어 구입할 수 없다.
16. 에베소서 5:21-33; 골로새서 3:18-25; 베드로전서 3:1-7.
17. 고린도전서 7:12-16; 고린도후서 6:14-16.
18. E. L. Kelly and J. J. Conley, "Personality and Compatibility: A Prospective Analysis of Marital Stability and Marital Satisfaction," *Journal of Personality and Social Psychology* 52 (1987): 27-40. 성격적 이슈들과 결혼에 관한 보다 최근의 연구들에 대해서는 다음의 자료를 참고하라. M. Brent Donnellan, Dannelle Larsen-Rife, and Rand D. Conger, "Personality, Family History, and Competence in Early Adult Romantic Relationships," *Journal of Personality and Social Psychology* 88 (March 2005): 562-576.
19. Everett L. Worthington, Jr., Andrea J. Lerner, and Constance B. Sharp, "Repairing the Emotional Bond: Marriage Research from 1977 Through Early 2005," *Journal of Psychology and Christianity* 24 (Fall 2005): 259-262. 인용 부분은 이 자료의 259페이지에서 가져왔다.
20. 같은 책.
21. 불임과 그것이 결혼생활에 미치는 영향에 관한 통찰에 대해서는 다음의 자료를 참고하라. Deborah Derrickson Kossmann, "Barren: Coming to Terms with a Lost Dream," *Psychotherapy Networker* 26 (July-August 2002): 40-45, 58.
22. 본서의 32장은 이혼과 그 의미에 대해 보다 구체적으로 다루고 있다.
23. Doherty, "Bad Couples Therapy," 26, 28.
24. 현대에는 많은 결혼 상담 관련 서적들이 쏟아져 나오고 있다. 어떤 형태로든 이런 종류의 서적들을 한데 모아 제시하면 곧 옛날 자료들로 치부된다. 그럼에도 불구하고 그 몇 가지 사례들을 제시한다면 다음과 같다: Michele Harway, ed., *Handbook of Couples Therapy* (New York: Wiley, 2004); Robert P. Rugel, *Treating Marital Stress:*

Support-Based Approaches (New York: Haworth, 2003); Alan S. Gurman and Neil S. Jacobson, eds., Clinical Handbook of Couple Therapy (New York: Guilford, 2003); and Richard B. Stuart, Helping Couples Change (New York: Guilford, 2004). 기독교적인 접근을 하는 자료들로는 다음과 같다. DeLoss D. Frisen and Ruby M. Friesen, Counseling and Marriage (Dallas, TX: Word, 1989); Everett L. Worthington, Jr., ed., Christian Marriage Counseling: Eight Approaches to Understanding and Helping Couples with Problems (Grand Rapids, MI: Baker, 1996); Worthington의 보다 최근의 책도 있다. Hope-Focused Marriage Counseling: A Guide for Brief Therapy, rev.ed. (Downers Grove, IL: InterVarsity, 2005).

25. 이 저자들이 저술한 가장 전략적인 책들로는 다음과 같은 것들이 있다. Jay Haley, Strategies of Psychotherapy; Salvador Minuchin, Families of the Slums; Cloe Madanes, Strategic Family Therapy; and Virginia Satir, Conjoint Family Therapy. 다음의 자료는 살바도르 미누친의 작업에 대한 흥미 있는 정리를 해주고 있다. Mary Sykes Wylie, "Maestro of the Consulting Room," Psychotherapy Networker 29 (May-June 2005): 41-50.

26. 체계 이론에 기초한 가족 치료 운동에 대한 탁월한 역사와 최신 정보를 위해 다음의 자료를 참고하라. Peter Fraenkel, "Whatever Happened to Family Therapy?" Psychotherapy Networker 29 (May-June 2005): 30-39, 70.

27. Gary J. Oliver, Monte Hasz, and Matthew Richburg, Promoting Change Through Brief Therapy in Christian Counseling (Wheaton, IL: Tyndale, 1997), 197. 다음의 책들도 참고하라. David G. Benner, Strategic Pastoral Counseling: A Short-Term Structured Approach, 2nd ed. (Grand Rapids, MI: Baker, 2003); Charles Allen Kollar, Solution-Focused Pastoral Counseling (Grand Rapids, MI: Zondervan, 1997).

28. Worthington, Hope-Focused Marriage Counseling.

29. Everett L. Worthington, Jr., Marriage Counseling with Christian Couples (Downers Grove, IL: InterVarsity, 1989).

30. 이에 대한 좋은 사례가 루이스와 멜리사 맥버니 부부다. 그들은 목회 사역에 종사하고 있는 부부들을 대상으로 함께 상담을 실시한다. 그들의 상담 접근에 대해서는 다음의 책을 보라. Louis McBurney, Counseling Christian Workers (Waco, TX: Word, 1986).

31. Brian D. Doss, Lorelei E. Simpson, and Andrew Christensen, "Why Do Couples Seek Marital Therapy?" Professional Psychology: Research and Practice 35 (December 2004): 608-614.

32. A. D. Campaan, "Marital Contract Therapy," in Baker Encyclopedia of Psychology, ed. David G. Benner and Peter C. Hill, 2nd ed. (Grand Rapids, MI: Baker, 1999), 714-715.

33. Worthington et al., "Repairing the Emotional Bond."

34. 합리적인 해결책의 기만성은 결혼 상담에만 해당되는 것이 아니다. 부모-청소년 갈등, 신학적 혹은 정치적 토론, 인간관계나 인종적 갈등 이슈에 다 적용될 수 있다.

35. 어떤 상담자들은 (내담자의 기록된 허락을 받은 후에) 상담 장면을 녹화한다. 그리고 나중에 그들이 어떻게 상호 작용을 하는지, 어떻게 보다 나은 대화를 할 수 있을지 가르치기 위해 이 테이프를 활용한다.

36. Cameron Lee, "Esteeming Your Spouse," Christian Counseling Today 9 (2000): 28-31. 인용은 31페이지에서 가져왔다.

37. 이 부분의 인용은 다음의 자료에서 발췌하였다. William Doherty, "Bad Couples Therapy."

38. Doss et al., "Why Do Couples Seek Marital Therapy?"

39. 특별히 결혼 상담에 관심이 있다면 베스트셀러가 된 다음의 책을 참고하라. John M. Gottman and Nan Silver, The Seven Principles for Making Marriage Work: A Practical Guide from the Country's Foremost Relationship Expert (New York: Three Rivers Press, 2000).

40. Sybil Carrere and John Mordechai Gottman, "Predicting Divorce Among Newlyweds from the First Three Minutes of a Marital Conflict Discussion," Family Process 38 (Fall 1999): 293-301; Sybil Carrere, Kim T. Buehlman, John M. Gottman, James A Coan, and Lionel Ruckstuhl, "Predicting Marital Stability and Divorce in Newlywed Couples," Journal of Family Psychology 14 (March 2000): 42-58; John Mordechai Gottman and Robert Wayne Levenson, "A Two-Factor Model for Predicting When a Couple Will Divorce: Exploratory Analyses Using 14-Year Longitudinal

Data," *Family Process* 41 (Spring 2002): 83-96.

41. Gottman and Levenson, "A Two-Factor Model for Predicting When a Couple Will Divorce."
42. Carrere and Gottman, "Predicting Divorce."
43. K. T. Buehlman and John M. Gottman, in J. M. Gottman, *What Predicts Divorce?: The Relationship Between Marital Outcomes* (Hillsdale, NJ: Erlbaum, 1994).
44. Alyson Fearnley Shapiro, John M. Gottman, and Sybil Carrere, "The Baby and the Marriage: Identifying Factors That Buffer Against Decline in Marital Satisfaction After the First Baby Arrives," *Journal of Family Psychology* 14 (March 2000): 59-70.
45. Worthington, et al., "Repairing the Emotional Bond."
46. Kim Ryan and John Gottman, "Do Couples Education Program Help?" http://www.gottman.com/research/projects/couples/.
47. Hilary Stout, "Why Weddings Really Do Matter," *The Wall Street Journal*, June 9, 2005.
48. Everett L. Worthington, Jr., "Forgiveness in Marriage: Research Findings and Therapeutic Applications," *Christian Counseling Today* 12 (2004): 60-61. 기독교 상담자요 연구자인 워딩턴은 최근 용서와 용서 연구, 그리고 결혼 관계에서 용서가 차지하는 역할에 대한 전문가로 부상하였다.
49. 에베소서 5:23-30.

30장 임신과 관련된 문제들

1. 사무엘상 1:11
2. 사무엘상 1:15-16.
3. 시편 127:3-5.
4. 시편 113:9.
5. 다윗이 밧세바와 죄를 범한 기사는 사무엘하 12장에 나온다. 인용 부분은 12절에서 가져왔다.
6. 마 1:19.
7. 그 예로 에베소서 5:3-5와 골로새서 3:5 등을 보라.
8. 신명기 22:28; 사무엘하 13:9-14; 사무엘상 2:22.
9. 예레미야 1:5.
10. 시편 51:5.
11. 이러한 결론은 순전히 나의 것이다. 다른 사람들은 이러한 나의 생각에 동의하지 않을 수 있다.
12. 창세기 29:20.
13. 창세기 35:16-19.
14. 본 장의 내용은 대부분 결혼한 부부, 혹은 결혼하지 않은 남녀가 임신하는 것에 초점을 맞추었다. 부분적으로는 지면의 제한 때문에 아이를 갖고 싶어 하는 동성애 커플이나 배아된 난자를 대리모의 태반에 주입하는 문제와 관련된 윤리적 이슈, 기타 임신이나 유산과 관련된 유사한 윤리적 이슈와 논쟁 등에 대해서는 다루지 않는다.
15. Janet Kakefman, "Psychological Factors in Male Factor Infertility," 미국불임협회(American Infertility Association)의 웹 사이트(www.theafa.org)에 탑재된 자료 2004. 불임 적응에 대한 개인적 성찰을 보려면 다음의 자료를 참고하라. Deborah Derrickson Kossmann, "Barren: Coming to Terms with a Lost Dream," *Psychotherapy Networker* 26 (July-August 2002): 40-45, 58.
16. Diana C. Parry and Kimberly Shinew, "The Constraining Impact of Infertility on Women's Leisure Lifestyles," *Leisure Sciences* 26 (July-September 2004): 295-308; Kimberly J. M. Imeson and A. McMurray, "Couples' Experiences of Infertility: A Phenomenological Study," *Journal of Advanced Nursing* 24 (1996): 1014-1022; J. Jirka,

S. Schuett, and M. J. Foxall, "Loneliness and Social Support in Infertile Couples," *Journal of Obstetric, Gynecologic and Neonatal Nursing* 25 (1996): 55-60.

17. John Snarey, "Men Without Children," *Psychology Today* 22 (March 1988): 61-62.
18. 우리는 인터넷에서 이러한 대안들에 대한 다양한 논의들을 찾아볼 수 있다. 다음의 자료를 참고하라. Jane Hayes and Julie Miller, eds., *Inconceivable Conceptions: Psychotherapy, Fertility and the New Reproductive Technologies* (Philadelphia, PA: Brunner-Routeledge, 2003).
19. F. van Balen and H. M. W. Boss, "Infertility, Culture, and Psychology in Worldwide Perspective," *Journal of Reproductive and Infant Psychology* 22 (November 2004): 245-247. 불임으로 인한 다른 사회적, 심리학적 결과에 대해서는 다음의 자료를 참고하라. Kathryn J. Watkins and Tracy D. Baldo, "The Infertility Experience: Biopsychosocial Effects and Suggestions for Counselors," *Journal of Counseling and Development* 82 (Fall 2004): 394-420.
20. 사라의 남편 아브라함은 하갈을 통해 자녀를 얻었다. 야곱도 라헬이 아닌 레아와의 사이에서 자녀들을 얻었다. 한나의 남편 엘가나도 자신의 또 다른 아내인 브닌나를 통해 자녀들을 얻을 수 있었다. 브닌나는 한나가 자식을 낳지 못하는 것을 보고 그녀를 조롱하고 괴롭혔다. 한나는 눈물 젖은 나날을 보냈다(삼상 1:6-7).
21. 이 희망-절망의 연속선은 심리학자 Betsy Haarmann가 실시한 연구를 통해 밝혀진 것이다. 그의 연구 결과는 다음의 자료를 통해 보고되었다. Beth Spring, *The Infertile Couple* (Elgin, IL: David C. Cook, 1987), 60-61.
22. J. C. Vance, J. M. Najman, M. J. Thearle, G. Embelton, W. J. Foster, and F. M. Boyle, "Psychological Changes in Parents Eight Months After the Loss of an Infant from Stillbirth, Neonatal Death, or Sudden Infant Death Syndrome: A Longitudinal Study," *Pediatrics* 96 (1995): 933-938.
23. 이러한 관점은 다음 저자들의 것이다. Shannon M. Bennett, Brett T. Litz, Barbara Sarnoff Lee, and Shira Maguel, "The Scope and Impact of Perinatal Loss: Current Status and Future Directions," *Professional Psychology: Research and Practice* 36 (April 2005): 180-187. 사산을 경험한 304쌍의 부모들에 대한 연구를 보려면 다음의 자료를 참고하라. J. DeFrain and Leona Martens, *Stillborn: The Invisible Death* (Lexington, MA: Lexington Books, 1986).
24. 이러한 각각의 임신에 대한 보다 깊은 토론은 다음의 자료를 참고하라. Everett L. Worthington, Jr., *Counseling for Unplanned Pregnancy and Infertility* (Waco, TX: Word, 1987).
25. Roe et al. v. Wade, 93 S.C. 705 1973, at 730.
26. 낙태 논쟁에 참여하는 사람들은 정서적인 용어로 사실 해석에 어떤 색깔을 입히려고 한다. 그 좋은 예가 살인이라는 용어다. 낙태를 지지하는 사람들은 이 용어를 거의 쓰지 않는다. 하지만 낙태에 반대하는 사람들은 이 용어를 보다 자주 사용하는 경향을 보인다. 낙태 논쟁의 양쪽 진영에서 쓰는 선택 선호(pro-choice)와 생명 선호(pro-life)라는 말은 다 정서적 용어이다. 이들 각각은 논쟁과 관련된 서로 다른 측면을 보다 긍정적인 이미지로 제시하기 위해 고안된 것이다.
27. 다음의 자료들을 참고하라. Jennifer O'Neill, *You're Not Alone: Healing Through God's Grace After Abortion* (Deerfield Beach, FL: Faith Communications, 2005); Michael Mannion, *Post-Abortion Aftermath: A Comprehensive Consideration* (Lenham, MD: Sheed and Ward, 1994); Theresa Burke, *Forbidden Grief: The Unspoken Pain of Abortion* (San Francisco, CA: Acorn Books, 2002); and Erika Bachiochi, ed., *The Cost of Choice: Women Evaluate the Impact of Abortion* (San Francisco, CA: Encounter Books, 2004). 낙태를 경험한 여성들에 관한 글들을 모은 것이다. 기독교인이 아닌 사람들의 글도 들어 있다. 이 글들은 합법적인 낙태가 여성들에게 사회적으로, 의학적으로, 심리적으로, 문화적으로 어떤 해로운 영향을 끼쳤는지에 대한 증거들을 제시하고 있다.
28. 다음의 자료를 참고하라. A. Kero, U. Hogberg, and A. Laloiths, "Wellbeing and Mental Growth-Long-Term Effects of Legal Abortion," *Social Science and Medicine* 58 (June 2004): 2559-2569. 저자들은 "연구에 따르면 여성들은 1년의 추적조사를 통해 확인된 것처럼 대개 낙태라는 어려운 결정을 하고 나중에 어떤 후회나 부작용으로 인한 고통을 경험하지 않는다"는 결론을 내린다. 다른 연구팀에서는 낙태가 자존감에 아무런 변화를 가져오지 않았다는 결과를 보고하였다. 실제로 많은 여성들은 낙태 후 스트레스가 감소되는 것을 경험하였다. "여성의

30% 정도는 한 달여 동안 정서적인 어려움을 경험하였다. ······낙태를 하려고 하는 여성들은" 낙태를 실행에 옮기기 전에 "많은 불안과 스트레스를 경험하였다. 하지만 장기적으로 그런 심리적인 어려움은 더 이상 악화되지 않는다." 이러한 연구 결과에도 불구하고 낙태 관련 불안 증상은 보편적인 것이다. 그리고 "낙태가 충격적인 사건이 될 가능성에 대한 이해가 점점 증가되고 있다." 이에 대해서는 다음의 자료를 보라. Zoe Bradshaw and Pauline Slade, "The Effects of Included Abortion on Emotional Experiences and Relationships: A Critical Review of the Literature," *Clinical Psychology Review* 23 (December 2003): 929-958.

29. Lisa Rubin and Nancy Felipe Russo, "Abortion and Mental Health: What Therapists Need to Know," *Women and Therapy* 27 (2004): 69-90.

30. 이 숫자는 다음의 자료에서 가져온 것이다. Bradshaw and Slade, "The Effects of Included Abortion."

31. Susan Dyer Layer, Cleora Roberts, Kelli Wild, and Jan Walters, "Postabortion Grief: Evaluating the Possible Efficacy of a Spiritual Group Intervention," *Research on Social Work Practice* 14 (September 2004): 344-350; Rosanna F. Hess, "Dimensions of Women's Long-Term Postabortion Experience," *The American Journal of Maternal/Child Nursing* 29 (May-June 2004): 193-198; and Sheila Faure and Helene Loxton, "Anxiety, Depression and Self-Efficacy Levels of Women Undergoing First Trimester Abortion," *South African Journal of Psychology* 33 (March 2003): 28-38. 마지막에 언급된 연구의 저자들은 낙태 후 충격이 낙태 전 우울을 비롯한 다른 심리적 문제들을 경험한 여성들에게 보다 더 공통적으로 나타난다는 것을 발견하였다. 낙태에 대한 남성들의 반응(대부분 부정적인 영향을 받지는 않았다)에 대한 연구를 보려면 다음의 자료를 참고하라. A. Kero and Ann Lalos, "Reactions and Reflections of Men, 4 and 12 Months Post-Abortion," *Journal of Psychosomatic Obstetrics and Gynecology* 25 (June 2004): 135-143.

32. Judith E. Belsky, Livia S. Wan, and Gordon W. Douglas, "Abortion," in *Comprehensive Textbook of Psychiatry/IV*, ed. Harold I. Kaplan and Benjamin J. Sadock (Baltimore: Williams & Wilkins, 1985), 1052-1056. 다음의 자료도 참고하라. Antero Myhrman, Paula Rantakallio, Matti Isohanni, and Peter Jones, "Unwantedness of a Pregnancy and Schizophrenia in a Child," *British Journal of Psychiatry* 169 (November 1996): 637-640. 어떤 연구에 의하면, 자녀를 원하지 않았던 어머니들은 임신 기간 중에 해로운 영향을 피하기 위한 노력을 별로 하지 않는다. 이러한 태도는 자녀의 건강에 영향을 주게 된다. Susan Altfeld, Arden Handler, Dee Burton, and Leatrice Berman, "Unwantedness of a Child and Prenatal Health Behaviors," *Women and Health* 26 (1997): 29-43.

33. 이 문단의 결론은 다음의 자료에서 가져왔다. Shannon Bennett et al., "The Scope and Impact of Perinatal Loss," and from P. M. Hughes and S. Riches, "Psychological Aspects of Perinatal Loss," *Current Opinion in Obstetrics and Gynecology* 15 (2003): 107-111.

34. Cathy Maker and Jane Ogden, "The Miscarriage Experience: More Than Just a Trigger to Psychological Morbidity?" *Psychology and Health* 18 (June 2003): 403-415.

35. D. Needham, "Sudden Infant Death Syndrome," in *Baker Encyclopedia of Psychology*, ed. David G. Benner and Peter C. Hill, 2nd ed. (Grand Rapids, MI: Baker, 1999), 1180-1181. SIDS 네트워크에 따르면(www.sids-network.org), 미국에서는 매년 7,000명의 어린이들이 영아돌연사증후군으로 죽는다. 이것은 매30분마다 한 명 꼴로 사망하는 것이다.

36. 이것은 매우 복잡한 과정으로서, 아내로 하여금 한 개 이상의 난자를 생산하도록 촉진하는 호르몬제를 주사하는 방식이다. 그런 다음 실험실에서 여성의 난자와 남편 혹은 기증자의 정자를 수정시킨 다음 여성의 자궁에 다시 집어넣는 것이다.

37. 다음의 자료에서 이러한 요소들이 보다 사실적이면서도 섬세하게 다루어졌다. Takefman, "Psychological Issues in Male Factor Infertility." 다음의 자료들도 참고하라. Michelle Buckman, *A Piece of the Sky* (Colorado Springs, CO: Cook Communications, 2005); Kathryn Mackel, *The Surrogate* (Nashville, TN: Thomas Nelson, 2004); and Edwin Hui, *At the Beginning of Life: Dilemmas on Theological Bioethics* (Downers Grove, IL: InterVarsity, 2002).

38. 불임에 대한 인터넷 탐색은 전국 불임 협의회를 출발점으로 하여 시도될 수 있다. 협의회의 인터넷 주소는 다음

과 같다. www.resolve.org.

39. 다양한 유형의 임신 이슈들과 관련된 스트레스에 대해서는 다음의 자료를 보라. Pamela A. Geller, "Pregnancy as a Stressful Life Event," *CNS Spectrums* 9 (March 2004): 188-197. 겔러는 기술적인 용어들을 사용하며 다음과 같이 기술하고 있다. "건강관련 종사자들은 이러한 사건들(불임, 계획하지 않은 임신, 출산의 두려움, 사산 등)과 그와 관련하여 내려야 할 결정들로 인하여 많은 여성들과 그 가족들이 경험하는 스트레스와 불안에 민감해야 한다. 아울러 그들의 전체적 삶의 맥락에 스트레스를 확장시키는 요소들에 주목해야 한다. 그리고 적절한 시점에서 정신건강 점검을 받도록 위탁하는 것이 좋다."
40. 마태복음 19:13-15.
41. 낙태와 관련된 마지막 문장은 대부분의 사람들이 수용한 것이다. 물론 여기에 동의하기를 주저하거나, 동의할 수 없다는 소수의 사람들도 있었다. 이 콘퍼런스가 끝났을 때, 우리 모두는 서로의 결론에 동의하지 않더라도 서로를 존중하기로 합의하였다고 생각한다. 그 내용은 이렇게 전개된다: "우리는 '인간의 생명이 언제부터 시작되는가'라는 문제와 관련하여 기독교인들이 서로 다른 견해를 갖고 있다는 사실을 인식한다. 그렇지만 하나님께서 우리로 하여금 죽음 대신에 생명을 선택하도록 하시며, 임신한 여성으로 하여금 우연한 사고로라도 태내에 있는 아이를 다치게 하는 사람에게는 벌을 내리신다는 것에 동의한다. 어려움에 처한 산모와 가족, 및 태내의 생명에게 관심을 갖는다는 것은 우리로 하여금 그들에게 영적인 안내를 제공하고 하나님 말씀의 가르침과 부합되는 방식으로 물질적 위로와 지원을 제공할 것을 요구한다고 믿는다. 우리는 교회가 의도하지 않은 임신을 허용하는 현실의 사회-윤리적 분위기에 영향을 끼칠 것을 촉구한다. 우리는 모든 인간의 생명과 가족의 안녕을 위하는 기독교인들이 우리 사회에 존재하는 자유롭고 손쉬운 낙태 시술을 방임할 근거가 없다고 본다. 동시에 교회가 낙태로 말미암아 고통스러워하는 사람들에 대한 관심과 사랑을 보여줄 것을 호소한다(출 21:22; 시 8; 시 139:13-18; 렘 1:4,5; 눅 1:39-66; 10:30-37)."
42. 이들에 대한 정보는 인터넷을 통해 찾을 수 있다. 먼저 다음의 사이트들을 참고하도록 하라. www.pregnancy-centers.org or www.crisispregnancy.com.
43. 본서의 초판을 읽고 이와 같은 내용을 제안해준 생명을 지향하는 루터교인들(Lutherans for Life)의 그레고리 존 스미스에게 감사의 뜻을 전한다.
44. 낙태에 대한 일반적인 입장을 가진 저자들 중에는 낙태를 하기 이전이나 이후에 상담을 할 때 영적인 도움을 주는 것이 중요하다는 것을 인정하는 사람들도 있다. 그 예로, Susan Dyer Layer et al., "Postabortion Grief"에 의하면, 연구 대상자의 80% 이상이 낙태 후에 찾아온 슬픔과 관련하여 "자신들의 종교적 확신과 영적 개입이 아주 강력한 역할을 하였다"고 보고하고 있다. 다음의 자료도 참고하라. Rosanna F. Hess, "Dimensions of Women's Long-Term Postabortion Experience."
45. Shannon M. Bennett et al., "The Scope and Impact of Perinatal Loss," 184.
46. Lise Jind, "Parents' Adjustment to Late Abortion, Stillbirth or Infant Death: The Role of Causal Attributions," *Scandinavian Journal of Psychology* 44 (September 2003): 383-394.
47. 사무엘하 2:19.
48. 창세기 2:19.
49. 본 장의 초점이 된 유형의 고통을 포함하여 고통에 대한 글을 저술한 사람들이 많이 있다. 그중에는 내가 다년간 가르친 신학대학원의 교수로 있는 친구가 쓴 책이 있다. 다음의 책을 보라. John S. Feinberg, *Where Is God?: A Personal Story of Finding God in Grief and Suffering* (Nashville, TN: Broadman-Holman, 2004).
50. Viktor Frankl, *Man's Search for Meaning* (New York: Pocket Books, 1963). 로고테라피(logotherapy)로 알려진 프랭클의 상담 접근은 나중에 폴 웰터에 의해 기독교적인 관점에서 논의된 바 있다. Paul R. Welter, *Counseling and the Search for Meaning* (Waco, TX: Word, 1987).

31장 가족 문제들

1. Mary Pipher, "My Most Spectacular Failure," *Family Therapy Networker* 24 (November-December 2000): 28-31, 63. 모든 인용들은 여기에서 발췌하였다.
2. Gary R. Collins, *Family Shock: Keeping Families Strong in the Midst of Earthshaking Change* (Wheaton, IL: Tyndale House, 1995), 5.
3. 다음 자료에서 발췌하였다. Collins, Family Shock, 85. 본서가 나온 직후에 출판사에서는 내가 여기에 나열한 가정에 관한 진실들을 칼라 포스터로 정리하여 2,000장을 가족들과 상담사들에게 무료로 배부하였다. 그래서 많은 가정과 교회, 상담 대기실에 이 포스터들이 액자에 담겨 걸려 있다. 현재 더 이상의 여분은 없는 것으로 안다. 달필가인 팀 보츠(Tim Botts)가 이 포스터 제작을 위해 탁월한 작업을 하였다. 나는 원본을 제작하여 내게 그중 하나를 제공한 틴데일 출판사에 대해 지금도 감사한 마음을 갖고 있다.
4. 가족 치료에 대한 개략적인 소개를 원한다면 다음의 자료를 참고하라. Peter Fraenkel, "Whatever Happened to Family Therapy?" *Psychotherapy Networker* 29 (May-June 2005): 30-39, 70. 가족 치료의 역사에 대해서는 다음의 자료를 보라. Lynn Hoffman, *Family Therapy: An Intimate History* (New York: Norton, 2001). 가족 치료에 관한 새로운 책들이 계속 나오고 있다. 그들 대부분은 전문 치료자들을 위한 것이다. 그중 몇 가지를 제시하면 다음과 같다. Howard A. Liddle, Daniel A. Santisteban, Ronald F. Levant, and James H. Bray, eds., *Family Psychology: Science-Based Interventions* (Washington, DC: American Psychological Association, 2002); Susan H. McDonald, Don-David Lusterman, and Carol L. Philpot, eds., *Casebook for Integrating Family Therapy: An Ecosystemic Approach* (Washington, DC: American Psychological Association, 2001); Monica McGoldrick, Joe Giordano, and Nydia Garcia-Preto, *Ethnicity and Family Therapy*, 3rd ed. (New York: Guilford, 2005); Lorna L. Hecker and Joseph L. Wetchler, *An Introduction to Marriage and Family Therapy* (New York: Haworth, 2003); Herbert Goldenberg and Irene Goldenberg, *Family Therapy: An Overview* (Belmont, CA: Wadsworth, 2003); and Thomas L. Sexton, Gerald R. Weeks, and Michael S. Robbins, eds., *Handbook of Family Therapy: The Science and Practice of Working with Families and Couples* (Philadelphia, PA: Brunner-Routledge, 2003).
5. 열왕기상 1:5-6.
6. 사무엘상 2장.
7. 한 가지 짚고 넘어갈 것은 내가 여기에서 인용하는 성경 구절들이 대개 가족의 역동에 관한 것보다는 하나님께서 핵심 인물들과 역사하시는 방식에 주로 초점이 맞추어져 있다는 점이다.
8. 야고보서 1:27에는 과부와 고아에 대한 간단한 언급이 나온다.
9. 골로새서 3:18-21.
10. 에베소서 5:22-6:4. 에베소서는 전체 155구절 가운데 16구절을 가족에 관해 할애하고 있다.
11. 사도 바울은 데살로니가전서 2:7-12에서 가정의 비유를 들어 설명하고 있다. 디모데전서 또한 과부들을 돌보는 것에 대해 언급하면서 디모데의 집에 대해 말하고 있다. 디도서에서는 아내와 어머니들에 대한 권면을 기록하고 있다.
12. 에베소서 5:25.
13. 에베소서 6:4. 잠언 22:6은 자녀 양육에 관한 구약성경의 중요한 구절 중 하나다.
14. 진 게츠, *Measure of a Family* (Ventura, CA: Regal, 1976), 13.
15. 게츠, *Measure of a Family*, 20. 나는 구약 성경의 많은 부분도 현대 가족들의 상황에 적용할 수 있다는 말을 덧붙이고 싶다.
16. 콜린스, *Family Shock*, 15-32에서 발췌.
17. 가족들이 주로 이러한 네 가지 이슈들 때문에 상담하러 온다는 것은 오래 전에 제기되었던 것이다. 모든 나라의 가족들에게 이것이 그대로 적용되지 않을 수도 있다. 그러나 여러 해 전에 실시된 조사에 따르면 사람들은 이러한 이유들 때문에 상담자에게 간다. 다음의 자료를 참고하라. George A. Rekers, *Counseling Families* (Waco, TX:

Word, 1988).

18. 이 모델은 Reuben Hill, *Families Under Stress: Adjustment to the Crises of War Separation and Reunion* (New York: Harper, 1949)에서 제시된 것이다. 이 책은 1971년에 Greenwood Press Reprints에서 다시 출판되었다. 이 모델에 대한 추가 설명은 다음의 자료를 참고하라. M. Stanton, "Family Stress Theory," in *Baker Encyclopedia of Psychology*, ed. David G. Benner and Peter C. Hill, 2nd ed. (Grand Rapids, MI: Baker, 1999), 440-442.

19. 다음에 제시되는 이슈들의 일부는 프랭크 피트먼이 제시한 것이다. 이 이슈들은 가족들의 융통성을 저해하고 적응을 어렵게 하는 태도와 행동들이다. 다음의 자료를 참고하라. Frank S. Pittman III, *Turning Points: Treating Families in Transition and Crisis* (New York: Norton, 1987).

20. 같은 책, 22.

21. Stanton, "Family Stress Theory," 441.

22. Florence W. Kaslow, "Families and Family Psychology at the Millennium: Intersecting Crossroads," *American Psychologist* 56 (January 2001): 37-46.

23. Janine Roberts, "One Heart for Three Families: The Complexities of Stepfamily Life Can be Dizzying," *Psychotherapy Networker* 26 (May/June 2002); 96, 95.

24. Kaslow, "Families and Family Psychology." 위에 언급된 영향들 외에 자아정체성 탐색; 나와 너, 그리고 우리의 균형 맞추기; 외국 이민으로 가족이 흩어짐; 해외 자녀 입양; 자신의 성적 취향을 공개하는 동성애자와 커플들의 증가 등이 있다.

25. Patricia A. Boyer and Ronnald J. Jeffrey, *A Guide for the Family Therapist* (New York: Aronson, 1984)에서 발췌.

26. W. J. Doherty, "Boundaries Between Parent and Family Education and Family Therapy: The Levels of Family Involvement Model," *Family Relations* 44 (1995): 353-358. 다음의 자료도 참고하라. Dale R. Hawley and Carla Dahl, "Using the Levels of Family Involvement Model with Religious Professionals," *Journal of Psychology and Theology* 28 (Summer 2000): 87-98. 다음에 이어지는 다섯 문단은 Hawley와 Dahl의 소논문에서 많은 부분을 가져와 작성하였다.

27. Gerald Caplan, *Support Systems and Community Mental Health* (New York: Behavioral Publications, 1974)에서 발췌.

28. Douglas H. Sprenkle, ed., *Effectiveness Research in Marriage and Family Therapy* (Alexandria, VA: AAMFT, 2004). 인용 부분은 이 책의 이전 인쇄본에서 제시된 것으로 그 출처는 다음과 같다. Jay Lebow, "Family Therapy Scorecard: Research Shows the Family Approach Is Often the Treatment of Choice," *Psychotherapy Network* 27 (January-February 2003): 73-75.

29. Pittman, *Turning Points*, 34.

30. 같은 책.

31. 나 또한 가정에 관한 한두 권의 책을 저술하였다. 내 책들을 출판해주는 담당자 또한 그렇게 하였다. 다음의 자료를 보라. Robert Wolgemuth, *The Most Important Place on Earth: What a Christian Home Looks Like and How to Build One* (Nashville, TN: Nelson, 2004).

32. 수년 전 많은 사람들에 의해 인용된 바 있는 한 저자의 조사에 의하면 가족들이 발전시켜야 할 특성의 첫 번째가 바로 이러한 것들이었다. 다음의 자료를 보라. Dolores Curran, *Traits of a Healthy Family* (Minneapolis: Winston Press, 1983). 다른 특성들로는 놀이와 유머감각 발전시키기, 책임을 나누기, 옳고 그른 것들에 대한 명료한 감각을 갖기, 가족 행사와 전통이 풍부한 가족 의식 발전시키기, 문제가 있을 때 그것을 인정하고 도움을 청하기 등이 있다.

33. 이 내용들은 "건강한 가정의 기능"에 대한 요소들에서 가져온 것이다. 다음의 자료를 참고하라. Froma Walsh, ed., *Normal Family Processes*, 2nd ed. (New York: Guilford, 1993), 58-59.

34. 이 자료는 경험적 리서치를 통해 드러난 것으로서 다음을 참고하라. Nick Stinnet and John DeFrain, *Secrets of Strong Families* (Boston, MA: Little, Brown, 1985). 저자들은 건강한 가정의 특징으로 헌신, 상호 인정, 의사소통,

함께 시간 보내기, 영적 헌신, 대처 능력 등을 꼽았다.
35. Paul Faulkner, *Achieving Success Without Falling Your Family* (West Monroe, LA: Howard Publishing, 1994).
36. Charles M. Sell, *Family Ministry,* 2nd ed. (Grand Rapids, MI: Zondervan, 1995). 다음의 자료도 참고하라. Diana R. Garland, *Family Ministry: A Comprehensive Guide* (Downers Grove, IL: InterVarsity, 1999).

32장 이혼과 재혼

1. 래리와 제니퍼의 이야기는 다음의 자료에서 발췌하였다. David A. Thompson, *Counseling and Divorce* (Dallas: Word, 1989), 65-68. 다른 사례이지만 아주 유사한 문제를 드러낸 경우로 다음의 자료를 참고하라. Janine Roberts, "One Heart for Three Families: The Complexities of Stepfamily Life Can Be Dizzying," *Psychotherapy Networker* 26 (May-June 2002): 96, 95.
2. 아침 식탁에 함께한 6명의 여성과 그들이 정리한 리스트는 다음의 자료에서 발췌하였다. Georgia Shaffer, "What I Wish I'd Known Befor I Got Divorced," *Marriage Partnership* 22 (Summer 2005): 46. 이 자료는 다음의 인터넷 사이트에 수록되어 있다. http:/www.christianitytoday.com/mp/2005/002/7.46.html.
3. 같은 책.
4. 다음의 자료에서 발췌하였다. Les and Leslie Parrott, *When Bad Things Happen to Good Marriages* (Grand Rapids, MI: Zondervan, 2001), 17.
5. 같은 책.
6. 이러한 범주 구분에 대해서는 다음의 자료를 보라. Cyril J. Barber, "Marriage, Divorce, and Remarriage: A Review of Relevant Religious Literature, 1973-1983," *Journal of Psychology and Theology* 12 (Fall 1984): 170-177. 비록 20년이 넘은 자료이지만 오늘날에도 여전히 유용하다고 할 수 있다.
7. 창세기 2:18-25; 마태복음 19:5; 마가복음 10:2-12; 고린도전서 7:39.
8. 마태복음 5:31-32; 19:3-9.
9. 마태복음 19:9; 누가복음 16:18. 우리는 아마도 다음과 같은 이해를 첨가해야 할 것이다. 곧 용서란 간음을 범한 사람들에게도 해당되는 것이다. 간음은 용서받을 수 없는 죄가 아니다. 물론 이러한 지적은 간음의 죄성을 덜 강조하는 것이다.
10. 분명히 마르틴 루터는 이러한 입장을 취한 것으로 보인다. 일단의 성경학자들에 따르면, "루터는 그리스도께서 이혼을 허용하신 경우는 이혼과 유기뿐이라고 주장한다. 비신자인 배우자에 의해 유기당한 그리스도인은 미래의 남편이 그리스도인이라면 다시 결혼할 수 있다. 이를 근거로 루터는 어떤 이혼의 경우이든 무죄한 당사자는 다시 결혼하는 것이 허용될 수 있다고 본다. ……그의 출발점은 오직 죽음만이 결혼의 끈을 해체하고 다시 결혼할 수 있게 한다는 것이다. 간음 행위는 그 당사자로 하여금 하나님과 배우자와의 관계에서 죽은 상태로 만든다." William A. Heth and Gordon J. Wenham, *Jesus and Divorce* (Nashville, TN: Nelson, 1984), 79-80.
11. 고린도전서 7:15.
12. 말라기 2:16.
13. 마태복음 19:9.
14. 고린도전서 7:8, 32-38.
15. 말라기 2:16; 출애굽기 20:14; 마태복음 5:27-28.
16. 요한일서 1:9; 마태복음 6:14-15.
17. 디모데전서 3:2, 12 등에 의하면, 교회의 지도자(감독)는 "한 아내의 남편"이 되어야 한다. New Living 번역본은 이 구절을 "아내에게 성실한"으로 좀 더 명료하게 서술하고 있다. 이에 대한 성경학자들의 해석은 저마다 다르다. 그렇지만 대부분 이 구절이 교회 지도자의 위치를 결혼한 남성에게 국한시키려는 의도로 기록된 것이 아니라는 사실에 동의한다. 어떤 사람들은 아내와 사별한 연유로 재혼했을 경우 그러한 남성은 교회 지도자의 위치

에서 제외되었다고 주장하기도 한다. 하지만 배우자와 사별한 상황에서의 재혼은 금지되지 않았다. 디모데전서에서는(5:14) 그것을 장려하기도 하였다. 따라서 배우자와의 사별 후 재혼한 사람은 지도자의 위치를 얻을 수 있었다고 본다. 이와 같은 사실들로 미루어 볼 때, 어떤 상황들에서는 이혼과 재혼이 신자들에게 허용된 것으로 보인다. 나는 "아내에게 성실한"이라는 구절을 배우자에게 충실하고 신실한 사람을 의미한다고 보는 견해에 동의한다. 교회의 지도자는 그러한 사람이 되어야 하는 것이다. 그렇다면 이혼 후에 재혼한 신자들도 여기에 포함된다고 볼 수 있을 것이다.

18. 로마서 6:1-2; 12:1-2; 13:14; 베드로전서 2:11.
19. David R. Miller, *Counseling Families After Divorce: Wholeness for the Broken Family* (Dallas: Word, 1994), 115-117.
20. 고린도전서 7:16은 때로 이러한 결정을 지지하거나 인정하는 것으로 사용되고 있다.
21. 특별히 29장과 31장을 보라.
22. Frank S. Pittman III, *Turning Points: Treating Families in Transition and Crisis* (New York: Norton, 1987), 제7장, "Infidelity: The Secret Insanity."
23. Frank Pittman, *Private Lies: Infidelity and the Betrayal of Intimacy* (New York: Norton, 1990).
24. 기독교 심리학자에 의해 쓰인, 외도에 관한 탁월한 기독교적 관점을 보려면 다음의 자료를 참고하라. Henry A. Virkler, *Broken Promises: Understanding, Healing and Preventing Affairs in Christian Marriages* (Dallas: Word, 1992).
25. 사사기 21:25.
26. Thompson, *Counseling and Divorce*, 17.
27. Jessie Bernard, *The Future of Marriage* (New Haven, CT: Yale University Press, 1972).
28. 버나드의 책에 대한 소개와 인용은 다음의 자료에서 찾을 수 있다. Glenn T. Stanton, "The Social Experiment That Failed," *Christianity Today* 45 (February 5, 2001): 73.
29. Linda Waite and Maggie Gallagher, *The Case for Marriage: Why Married People Are Happier, Healthier, and Better Off Financially* (New York: Broadway, 2001).
30. 다음의 자료를 참고하라. Glenn T. Stanton, *Why Marriage Matters: Reasons to Believe in Marriage in a Postmodern Society* (Colorado Springs: NavPress/Pinon, 1997).
31. 다음의 저자들에 의해 실시된 이혼에 관한 고전적 연구다. Judith S. Wallerstein, Julia M. Lewis, and Sandra Blakeslee, *The Unexpected Legacy of Divorce: A 25 Year Landmark Study* (New York: Hyperion, 2001). Judith Wallerstein과의 인터뷰를 보려면 다음의 자료를 참고하라. Rob Waters, "The Thirty Years' War: Judith Wallerstein and the Great Divorce Debate," *Psychotherapy Networker* 25 (March-April, 2001): 40-50, 52.
32. David R. Miller는 그의 책, *Counseling Families*에서 절반가량을 이혼의 영향을 받은 아동과 성인들에 대한 많은 사례들을 제시하는 것에 할애하고 있다. 부모가 이혼은 안했지만 지속되는 결혼 갈등의 와중에서 살아가는 아이들에게는 수많은 심리적 문제나 기타 문제들이 증가할 위험성이 크다. 이러한 결론에 대해서는 다음의 자료를 보라. Mari L. Clements, "For the Sake of the Children: Effects of Marital Conflict in Intact Families," *Journal of Psychology and Christianity* 23 (Winter 2004): 58-62.
33. T. Kempton, "Divorce," in *Baker Encyclopedia of Psychology*, ed. David G. Benner and Peter C. Hill, 2nd ed. (Grand Rapids, MI: Baker, 1999), 359-362.
34. 이 과정은 다음의 자료에 더 자세하게 소개되어 있다. Diane Vaughan, *Uncoupling: Turning Points in Intimate Relationships* (New York: Vintage, 1990).
35. Archibald D. Hart, *Helping Children Survive Divorce* (Dallas, TX: Word, 1996).
36. 이 숫자는 다음의 탁월한 책에서 인용하였다. Les and Leslie Parrott, *Saving Your Second Marriage Before It Starts: Nine Questions to Ask Before (and After) You Remarry* (Grand Rapids, MI: Zondervan, 2001).
37. 이 부분과 본 장의 많은 정보들은 다음의 보도 자료에서 인용하였다. Sue Shellenberger, "Another Argument for

Marriage: How Divorce Can Put Your Health at Risk," *The Wall Street Journal*, June 16, 2005. 저자는 시카고 대학의 Linda Waite와 듀크 대학의 Mary Elizabeth Hughes가 실시한 이혼이 건강에 장기적으로 미치는 영향에 관한 리서치를 정리하여 제시하고 있다. 2005년 6월 23일에 있었던 워싱턴 DC 소재 비영리 단체인 '결혼을 위한 연합, 가정과 커플 교육 컨퍼런스'에서는 8,000명을 대상으로 한 연구 결과가 발표되었다. 독자들 중에는 여기에 소개된 신문 기사의 신뢰성에 문제를 제기할 사람이 있을지 모르겠다. 그러나 월 스트리트 저널은 가장 신뢰받는 미국 신문 가운데 하나다. 이 기사는 최근에 보도된 과학적 연구 결과들을 정리한 것이다.

38. 이혼한 사람들의 건강 문제에 대한 다른 설명이 가능하겠는가? 연구자 웨이트(Waite)와 휴즈(Hughes)에 따르면 (주 37번을 보라), 이혼자의 좋지 못한 건강은 결혼 전의 건강 상태와 연관이 있을 수 있다. 건강하고 활력 있는 사람들은 지속적이면서도 행복한 결혼을 꾸려갈 가능성이 높다. 그러나 건강이 좋지 못한 사람들은 그리 건강하지 않은 선택을 할 가능성이 크다. 따라서 이혼과 그로 인한 건강 문제를 경험할 가능성 또한 높다. 모든 연구 결과가 꼭 이러한 내용의 결론을 나타내는 것은 아니다. 그렇지만 이유가 무엇이든, 재혼한 사람들을 포함하여 이혼한 사람들은 이혼하지 않은 사람들보다 더 많이 건강 관련 문제를 경험할 가능성이 크다는 사실을 부인하기는 어려울 것이다.

39. Elizabeth Marquardt, *Between Two Worlds: The Inner Lives of Children of Divorce* (New York: Crown, 2005).

40. 다음의 기사를 통해 보도된 내용이다. Tamar Lewis, "Poll Says Even Quiet Divorces Affect Children's Paths," *New York Times*, November 5, 2005.

41. Jerome Price, "Custody Wars: Strategies for Handling Postdivorce Conflict," *Psychotherapy Networker* 27 (January-February 2003): 59-65.

42. James L. Framo, "The Friendly Divorce," *Psychology Today* 11 (February 1978): 77. 이 기사에 소개된 커플이 경험한 것이 친밀한 이혼이라면 그렇지 않은 이혼은 어떨지 생각하기조차 두려운 일이다.

43. 본서의 38장과 다음의 자료를 보라. Judson J. Swihart and Gerald C. Richardson, *Counseling in Times of Crisis* (Waco, TX: Word, 1987).

44. Mel Krantzler, *Creative Divorce: A New Opportunity for Personal Growth* (New York: M. Evans, 1974), 103-116.

45. 인터넷에 "이혼 중재"라고 쓰면 많은 정보가 뜬다. 물론 모든 중재자들이 기독교적 관점에서 다루어지는 것은 아니다. 다음의 자료들을 보라. Jay Folberg, Ann L. Milne, and Peter Salem, eds., *Divorce and Family Mediation Models, Techniques and Applications* (New York: Guilford, 2004); Marilyn S. IcKnight and Stephen K. Erickson, *Mediating Divorce: A Step-by-Step Manual* (San Francisco: Jossey-Bass, 2002); and Corrine J. A. Beck and Bruce D. Sales, *Family Mediation: Facts, Myths, and Future Prospects* (Washington, DC: American Psychological Association, 2001). 중재의 효과에 대한 연구들에 대해서는 다음의 자료들을 참고하라. Robert E. Emery, David Sbarra, and Tara Grover, "Divorce Mediation: Research and Reflections," *Family Court Review* 43 (January 2005): 22-37; Joan B. Kelly, "Family Mediation Research: Is There Empirical Support for the Field?" *Conflict Resolution Quarterly* 22 (Fall-Winter 2004): 3-35.

46. "A Child's Eye View of Divorce," *London Telegraph*, July 7, 2005.

47. Victoria Bream and Ann Buchanan, "Distress Among Children Whose Separated or Divorced Parents Cannot Agree on Arrangements for Them," *British Journal of Social Work* 33 (March 2003): 227-238.

48. 이 제안들의 많은 부분은 30년도 전에 출판되었지만 오늘날에도 여전히 유익한 지침을 제공하는 책에서 발췌되었다. Jim Smoke, *Growing Through Divorce* (Eugene, OR: Harvest House, 1976), 60-66.

49. 나이 든 이혼 자녀들에 대한 연구들에 대해서는 다음의 자료들을 참고하라. Jerome L. Short, "The Effects of Parental Divorce During Childhood on College Students," *Journal of Divorce and Remarriage* 38 (2002): 143-156; Sarah Corrie, "Working Therapeutically with Adult Stepchildren: Identifying the Needs of a Neglected Client Group," *Journal of Divorce and Remarriage* 37 (2002): 135-150.

50. Clements, "For the Sake of the Children."

51. 두 번째 결혼을 앞둔 커플들에게 특별히 두 권의 책을 추천한다. Les and Leslie Parrott, *Saving Your Second*

Marriage Before It Starts; 그리고 Thomas Whiteman and Randy Petersen, *Fresh Start: 8 Principles for Starting Over When a Relationship Doesn't Work* (Wheaton, IL: Tyndale, 1997)이다.

52. Bridget Freisthler, Gloria Messick Svare, and Sydney Harrison-Jay, "It Was the Best of Times, It Was the Worst of Times: Young Adult Stepchildren Talk About Growing Up in a Stepfamily," *Journal of Divorce and Remarriage* 38 (2003): 83-102.
53. Emily B. Visher and John S. Visher, *Old Loyalties, New Ties: Therapeutic Strategies with Stepfamilies* (New York: Brunner/Mazel, 1988). 다음의 자료들도 참고하라. Elaine Fantle Shimberg, *Blending Families: A Guide for Parents, Stepparents, and Everyone Building a Successful New Family* (New York: Berkley Publishing Group, 1999); David S. Chedekel and Karen O'Connell, *The Blended Family Sourcebook: A Guide to Negotiating Change* (New York: McGraw-Hill, 2002). 다음은 기독교적 관점을 가진 저자들의 책이다. Edward Douglas and Sharon Douglas, *The Blended Family: Achieving Peace and Harmony in the Christian Home* (Franklin, TN: Providence House, 2000); Jim Smoke, *7 Keys to a Healthy Blended Family* (Eugene, OR: Harvest House, 2004); Terri Clark, *Tying the Family Knot: Meeting the Challenges of a Blended Family* (Nashville, TN: Broadman and Holman, 2004).
54. 마태복음 7:3.
55. 야고보서 5:16.
56. 이 부분을 쓴 직후 내 친구는 다시 응시하여 시험에 통과되었다.

7부 통제에 대한 문제들

33장 정신장애

1. Sara Solovitch, "The Shocking Tale of Andy Behrman," *BP Magazine* 1 (Summer 2005):30-34. Andy Behrman의 생애, 책, 양극성 장애에 대해 알고 싶으면 www.electroboy.com을 참고하라.
2. 정신장애에 대한 정보를 제공하는 아주 좋은 인터넷 사이트들이 있다. 여러 나라에 이런 웹사이트들이 있으며, 대표적인 것으로 www.nami.com와 www.nimh.nih.gov가 있다.
3. Mary Sykes Wylie, "The Politics of PTSD: How a Controversial Diagnosis Battled Its Way into DSM," *Psychotherapy Networker* 28 (January-February 2004): 36-38. 분류와 관련된 문제들을 더 자세히 알고 싶으면 Bruce E Bonecutter, "Classification of Mental Disorder," in *Baker Encyclopedia of Psychology*, ed. David G. Benner, and Peter C. Hill, 2nd ed. (Grand Rapid, MI: Baker, 1999), 203-207; or Benjamin J. Sadock and Harold I. Kaplan, "Classification of Mental Disorder," in *Comprehensive Textbook of Psychiatry/VI*, ed. Harold Kaplan and Benjamin J. Sadock (Baltimore, MD: Williams and Wilkins, 1995), 671-692.
4. American Psychiatric Association, *Diagnostic and Statistical Manual of mental Disorders DSM-IV-TR (Text Revision)* (Washington, DC: American Psychiatric Association, 1994).
5. 다양한 정신장애에 대한 정보를 인터넷에서 찾을 수 있다. 이외에도 이상 심리학, 정신 병리학에 대한 주요 교본들은 매우 유용하다. James E. Maddux & Barbara A. Winstead, eds., *Psychopathology: Foundation for a Contemporary Understanding* (Mahwah, NJ: Lawrence Erlbaum Associates, 2004); Henry E. Adams & Patricia B. Sutker, *Comprehensive Handbook of Psychopathology*, 3rd ed. (Austin, TX: Plenum US, 2001); Theodore Millon, Paul H. Blaney & Roger D. Davis, eds., *Oxford Textbook of Psychopathology* (New York: Oxford University Press, 1999); and Jerrold S. Maxmen & Nicholas G. Ward, *Essential Psychopathology and Its Treatment*, 2nd ed. (New

York: Norton, 1995).
6. 로마서 5:12, 21; 1:21, 28.
7. 로마서 3:23-24; 6:23; 요한복음 10:10. Mark A Yarhouse, Richard E. Butman & Barrett W. McRay, *Modern Psychopathologies: A Comprehensive Christian Approach* (Downers Grove, IL: InterVarsity, 2005). 이것은 병리학 교본이 아니다. 오히려 다양한 정신 병리들에 대한 기독교적 접근법에 대한 교본이다. 읽어볼 것을 강력히 권한다. 이것이 공공연한 기독교적 접근법은 아니더라도 한 심리학자는 임상 심리와 다른 유형의 상담에 대해 비판하며 이것이 시사하는 바에 대해 많은 책을 쓰고 있다. 왜냐하면 그들은 정신장애와 이에 대한 치료를 실험적이고, 양적이고, 냉정하며 과학적이고, 도덕을 초월한 것으로 바꾸려는 노력을 해오고 있기 때문이다. 대신에 나는 정신장애의 치료와 이해에는 도덕 문제가 있는 '도덕적 관여'가 요구된다고 주장하고 싶다. Ronald B. Miller, *Facing Human Suffering: Psychology and Psychotherapy as Moral Engagement* (Washington, DC: American Psychological Association, 2004).
8. 마태복음 9:36; 요한복음 10:11-16; 베드로전서 2:25; 시편 23편.
9. 베드로전서 5:2.
10. 사무엘상 21:13.
11. 다니엘 4:31-34.
12. 로마서 26:24.
13. 귀신 들림은 41장에 더 자세히 논의되어 있다.
14. 성경은 자살에 대해 상세하게 가르치고 있지 않다. Thomas D. Kenndy, "Suicide and the Silence of Scripture," *Christianity Today* 31 (March 20, 1987): 22-23.
15. 스탠포드 대학 출신의 심리학자 Laura Carstensen에 따르면 노인들이 뭔가를 더 잘한다는 것을 암시해주는 증거들이 많다. 우리의 도전은 그들이 무엇을 하고 그것을 어떻게 하고 있는지에 대해 알아내는 것이라고 했다. Etienne Benson, "Older and Untroubled," *Monitor on Psychology* 34 (June 2003): 24-25.
16. Marsh, "Serious Emotional Disturbance in Children and Adolescents."
17. Karen Kersting, "Men and Depression: Battling Stigma Through Public Education," *Monitor on Psychology* 36 (June 2005): 66-68.
18. 고린도후서 11:27-28.
19. 에베소서 6:10-12.
20. Charlotte Huff, "Where Personality Goes Awry," *Monitor on Psychology* 35 (March 2004): 42-44.
21. N. Solkoff, P. Gray, and S. Keill, "Which Veterans Develop Posttraumatic Stress Disorders?" *Journal of Clinical Psychology* 42 (1986): 687-698.
22. Etienne Benson, "Beyond Urbancentrism," *Monitor on Psychology* 34 (June 2003): 54-55.
23. 더 자세한 정보를 알고 싶으면, H. M. Lefcourt, "Durability and Impact of the Locus of Control Construct," *Psychological Bulletin* 112 (1992): 411-414; and G. L. Welton, "Locus of Control," in *Baker Encyclopedia of Psychology*, ed. David G. Benner & Peter C. Hill, 2nd ed. (Grand Rapids, MI: Baker, 1999), 695-595를 참고하라.
24. Jan Walker, *Control and the Psychology of Health: Theory, Measurement and Applications* (New York: Open University Press, 2001).
25. Cristopher Petersen, Steven F. Maier & Martin E. P. Seligman, *Learned Helplessness: A Theory for the Age of Personal Control* (New York: Oxford University Press, 1995): and Martin Seligman, *Learned Optimism: How to Change Your Mind and Your Life* (Northampton, MA: Free Press, 1998).
26. G. L. Welton, A. G. Adkins, S. L. Ingle & W. A. Dixon, "God Control: The Fourth Dimension," *Journal of Psychology and Theology* 24 (Spring 1996): 13.
27. Bruce Narramore, "The Concept of Responsibility in Psychopathology and Psychotherapy," *Journal of Psychology and Theology* 13 (Summer 1985): 91-96.

28. 마태복음 23:25-38.
29. 베드로전서 5:8.
30. 확실히 두 가지 주요 도전들이 미국심리학회 전직 회장과 저명한 정신과 의사로부터 제기되었다. O. Hobart Mowrer, "Sin the Lesser of Two Evils," *American Psychologist* 15 (May 1960): 301-304; and Karl Menninger, *Whatever Became of Sin?* (New York: Hawthorn, 1973).
31. 죄와 정신 병리의 역할에 대해 알고 싶으면 Yarhouse, *Modern Psychopathologies* 4장과 Mark McMinn, *Why Sin Matters: The Surprising Relationship Between Our Sin and God's Grace* (Wheaton, IL: Tyndale House, 2004)를 참고하라.
32. David Satcher, "Mental Health: A Report of the Surgeon General: Executive Summary," *Professional Psychology: Research and Practice* 31 (February 2000): 5-13.
33. 낙인과 그것의 영향에 대해 자세히 알고 싶으면 마음을 참고하라. Patrick W. Corrigan, *On the Stigma of Mental Illness: Practical Strategies for Research and Social Change* (Washington, DC: American Psychological Association, 2005).
34. www.apa.org/ppo/pcmharticle.html에서 정신건강에 대한 대통령의 신자유주의 위원회의 배경, 정보, 관련된 링크 주소들 및 논문들을 찾아볼 수 있다. Zak Stambor, "Reforming Mental Health Care," *Monitor on Psychology* 36 (October 2005): 28-29.
35. 이와 같은 결론은 정신장애가 죄와 죄가 되는 행동으로부터 온다고 주장하는 몇몇 기독교 상담자들의 믿음에 반하는 것이다. 우리는 앞 단락들에서 죄가 모든 인간 문제들의 기본이 된다는 것을 보여주려 했다. 종종 고의적으로 죄적인 행위들도 물론 이에 관련되지만, 더 완전한 설명을 하자면, 죄가 만연해 있는 이 타락한 세상에서 정신장애가 나타나는 데는 수많은 원인들이 있다는 것이다. 여기에는 고의적인 죄, 스트레스 및 과거 안 좋았던 경험들로부터의 영향, 신체적 기능 저하로 인한 영향이 포함된다.
36. Marilyn Elias, "Mental Illness: Surprising, Disturbing Findings," *USA Today*, June 7, 2005.
37. Sylvia Nasar, *A Beautiful Mind: The Lift of Mathematical Genius and Nobel Laureate John Nash* (New York: Simon & Schuster, 2001).
38. Patrick A McGuire, "New Hope for People with Schizophrenia," *Monitor on Psychology* 31 (February 2000): 24-28; Phillip D. Harvey, *Schizophrenia in Late Life: Aging Effects on Symptoms and Course of Illness* (Washington, DC: American Psychological Association, 2005).
39. R. Walter Heinriches, "The Primacy of Cognition in Schizophrenia," *American Psychologist* 60 (April 2005): 229-242. Michael Foster Green, *Schizophrenia Revealed: From Neurons to Social Interactions* (New York: Norton, 2003).
40. Lea Winerman, "A Virtual Cure," *Monitor on Psychology* 36 (July-August 2005): 87-89.
41. 가족들이 정신장애 치료에 어떤 식으로 도움을 주고, 어떻게 관여되어 있는지에 대해 알고 싶으면, Jennifer Hudson & Ron Rapee, *Psychopathology and the Family* (SanDiego: Elsevier, 2005)를 참고하라.
42. Kenneth G. Terkelsen, "The Evolution of Family Responses to Mental Illness Through Time," in *Families of the Mentally Ill: Coping and Adaptation*, ed. Agnes B. Hatfield and Harriet P. Lefley (New York: Guilford, 1987), 151-166.
43. 이것이 빈번하게 나타나기 때문에, 그런 책을 찾기 위해 서점이나 인터넷 검색을 하는 것이 좋다. 많은 경우, 정신장애 가족 구성원을 돌보는 가족들은 가장 좋고 최신의 책들을 타인에게 추천해줄 수 있을 것이다. Rosalynn Carter & Susan Ma Colant, *Helping Someone with Mental Illness: A Compassionate Guide for Family, Friend, and Caregivers* (New York: Three Rivers Press, 1999). E. Torrey, *Surviving Schizophrenia: A Manual for Families, Consumers and Providers*, 4th ed. (New York: Harper Perennial, 2001).
44. 다음의 목록에서 보이는 몇몇 제안들은 LeRoy Spaniol, "Coping Strategies of Family Caregivers," in Hatfield and Lefley, *Families of the Mentally Ill*, 213-214에서 발췌했다.

45. Benita Walton-Moss, Linda Gerson, & Linda Rose, "Effects of Mental Illness on Family Quality of Life," *Issues in Mental Health Nursing* 26 (July 2005): 627-642.
46. Julie Godress, Salih Ozgul, Cathy Owen, & Leanne Foley-Evans, "Grief Experiences of parents Whose Children Suffer from Mental Illness," *Australian and New Zealand Journal of Psychiatry* 39 (January 2005): 88-94.
47. Suzanne M. Phillips, "Free to Speak: Clarifying the Legacy of the Witch Hunts," *Journal of Psychology and Christianity* 21 (Spring 2002): 29-41.
48. J. S. Bockoven, *Moral Psychiatry in American Psychiatry* (New York: Springer, 1963).
49. Katy Butler, "Alice in Neuroland: Can Machines Teach Us to be More Human?" *Psychotherapy Networker* 29 (September-October 2005): 26-35, 64-65.
50. Mark Syles Wylie, "Visionary or Voodoo? Daniel Amen's Cruasade Has Some Neuroscientists Up in Arms," *Psychotherapy Networker* 29 (September-October 2005): 36-45, 66, 68.
51. Yarhouse, *Modern Psychopathologies*, 265.
52. 같은 책.
53. Sophia F. Dziegielewski, *Psychopharmacology Handbook for the Non-Medically Trained* (New York: Norton, 2006).
54. David G Kingdon & Douglas Turkington, *Cognitive Therapy of Schizophrenia* (New York: Guilford, 2005); C. McLemore, *Toxic Relationships and How to Change Them* (San Francisco: Jossey-Bass, 2003); P. Nathan & J. Gorman, *A Guide to Treatments That Work* (New York: Oxford, 1998); Ruth O. Ralph & Patrick W. Corrigan, *Recovery in Mental Illness: Broadening Our Understanding of Wellness* (Washington, DC: American Psychological Association, 2005); and Karen Kersting, "Serious Rehabilitation," *Monitor on Psychology* 26 (January 2005): 38-41.
55. 지지 그룹에 대한 인터넷 정보를 알고 싶으면, 우선 미국 정신건강협회 웹사이트인 www.nmha.org를 검색해보라.
56. 전문가들이 심한 정신장애를 가진 이들을 돕는 데 있어서 종교적 자원이 가진 가치를 무시할 때, 기독교 상담자들이 직접 이 환자들에게 봉사하고, 이런 관점으로 치료를 보조해줄 필요가 있다. 연구에 따르면 이런 환자들 중 많은 이들이 스스로 종교적 자원을 활용하는 것으로 인해 도움을 받았다고 보고하고 있다. 그러나 그들은 종교적 자원을 무시하는 전문가들로부터 이런 부분에 대한 보조를 받지 못했다고 했다. Greg M. Reger & Steven A. Rogers, "Diagnostic Differences in Religious Coping Among Individuals with Persistent Mental Illness," *Journal of Psychology and Theology* 21 (Winter 2002): 341-348.
57. Natalia Yangarber-Hicks, "Religious Coping Styles and Recovery from Serious Mental Illness," *Journal of Psychology and Theology* 32 (Winter 2004): 305-317.
58. "Care and Treatment of Schizophrenia-Part II," *Harvard Medical School Mental Health Letter* 3 (July 1986): 1-4.
59. Alan L. Berman, David A. Jobes, & Morton M. Silverman, *Adolescent Suicide: Assessment and Intervention*, 2nd ed. (Washington, DC: American Psychological Association, 2006).
60. George W. Albee, "The Answer Is Prevention," *Psychology Today* 19 (February 1985): 60-64. The quotation is from page 64.
61. George W. Albee, "Call to Revolution in the Prevention of Emotional Disorders," *Ethical Human Psychology and Psychiatry* 7 (Spring 2005): 37-44; and George W. Albee & Justin M. Joffe, "Mental Illness Is NOT an Illness Like Any Other," *Journal of Primary Prevention* 24 (Summer 2004): 419-436.
62. Albee, "The Answer Is Prevention," 64.
63. 노숙자인 정신장애자들을 돕는 방법들을 다룬 수많은 논문들은 인터넷 검색을 통해 찾을 수 있다. Robert Whitaker, *Mad in America: Bad Science, bad Medicine, and the Enduring Mistreatment of the Mentally Ill* ((New York: Perseus, 2003); Ramin Mojtabai, "Perceived Reasons for Loss of Housing and Continued Homelessness Among Homeless Persons with Mental Illness," *Psychiatric Services* 56 (February 2005): 172-178; and Sanna J.

Thompson, David E. Pollio, Karin Eyrich, Emily Bradbury, & Carol S. North, "Successfully Exiting Homelessness: Experiences of Formerly Homeless Mentally Ill Individuals," *Evaluation and Program Planning* 27 (November 2004): 423-431. Ralph swindle, Jr., Kenneth Heller, Bernice Pescosolido & Saeko Kikuzawa, "Responses to Nervous Breakdown in America over a 40-Year Period," *American Psychologist* 55 (July 2000): 740-749.
64. Jay Tokasz, "Remembering Pope John Paul II," *BP Magazine* 1 (Summer 2005): 16.

34장 알코올과 관련된 문제들

1. 이 책의 두 번째 판에 있음.
2. J. R. Cheydleur, "Alcohol Abuse and Dependence," in *Baker Encyclopedia of Psychology*, ed. David G. Benner and Peter C. Hill, 2nd ed. (Grand Rapids, MI: Baker, 1999), 59-64를 참고하라.
3. U.S. Department of Health and Human Services, National Institute on Alcohol Abuse and Alcoholism, *Journal: Alcohol Research & Health: Highlights From the Tenth Special Report to Congress, Health Risks and Benefits of Alcohol Consumption 24*, no. 1 (Washington, DC: U.S. Government Printing Office, 2000)을 참고하라.
4. H. J. Harwood, D. Fountain, G Livermore, "Economic Costs of Alcohol Abuse and Alcoholism," in *The Consequences of Alcoholism*, ed. M. Galanter (New York: Plenum, 1998), 307-330을 참고하라.
5. American Psychiatric Association, *Dianostic and Statistical Manual of Mental Disorders*, 4th ed. (Washington, DC: American Psychiatric Association, 1994), 197을 참고하라.
6. National Institute on Alcohol Abuse and Alcoholism (NIAAA)에 의해 발간된 온라인 팸플릿에서 인용된 것이다. http://www.niaaa.nih.gov/publications/booklet.htm
7. 예를 들어, Herbert Fingarette, *Heavy Drinking: The Myth of Alcoholism as a Disease* (Berkeley, CA: University of California Press, 1999)를 참고하라.
8. 시편 104:5; 요한복음 2:9; 마태복음 11:9; 26:27-29; 누가복음 7:33-34.
9. 디모데전서 5:23.
10. 요한복음 2:10.
11. 잠언 20:1.
12. 잠언 23:20-21.
13. 에베소서 5:18.
14. 누가복음 7:33.
15. 민수기 6:2-4.
16. 고린도전서 6:12.
17. 고린도전서 6:12; 8:9-13; 로마서 14:21.
18. 갈라디아서 6:1-10.
19. Cheydleur, "Alcohol Abuse and Dependence," 60쪽에서 인용한 것이다.
20. Alcoholics Anonymous, *44 Questions* (New York: AA General Services Conference, 1989), 4를 참고하라.
21. Jerome H. Jaffe, "Substance-Related Disorders: Introduction and Overview," in *Comprehensive Textboook of Psychiatry/VI*, ed. Harold Kaplan and Benjamin J. Sadock (Baltimore, MD: Williams and Wilkins, 1995), 755-775. Jaffe는 "유전적 요소가 남녀 모두에게 영향을 주는 반면에, 알코올중독은 대개 남자에게 더 큰 영향을 준다. 왜 냐하면 여자는 알코올에 약하기 때문이다"라고 기록한다.
22. Marc A. Schuchit, "Why Are Children of Alcoholics at High Risk for Alcoholism?" *Harvard Medical School Letter* 3 (November 1986).
23. 이 책은 Sandra D. Wilson, *Counseling Adult Children of Alcoholics* (Dallas: Word, 1989); 이 논문은 Sandra

Wilson, "A comparison of Evangelical Christian Adult Children of Alcoholics and Nonalcoholics on Selected Personality and Religious Variables" (abstract in *Dissertation Abstracts International*, 1988, B49; University Microfilms No. 88-23876).

24. Kenneth E. Hart, Dorrie L. Fiissel, and Margaret McAleer, "Do Adult Offspring of Alcoholocs Suffer from Poor Medical Health? A Three-Group Comparison Controlling for Self-Report Bias," *Canadian Journal of Nursing Research* 35 (March 2003): 52-72.

25. Michelle L. Kelley, Thomas F. Cash, Amesheia R. Grant, Denise L. Miles, and Melanie T. Santos, "Parental Alcoholism: Relationships to Adult Attachment in College Women and Men," *Addictive Behaviors* 29 (November 2004): 1633-1636.

26. Wilson의 책, *Counseling Adult Children of Alcoholics* 이외에 Janet Woititz, *The Complete ACOA Sourcebook: Adult Children of Alcoholics at Home, at Work and in Love* (Deerfield Beach, FL: HCI, 2002); and Sara Hines Martin, *Healing for Adult Children of Alcoholics* (New York: Bantam, 1989).

27. Robert J. Ackerman, *Same House, Different Homes: Why Adult Children of Alcoholics Are Not All the Same* (Deerfield, FL:HCI, 1987).

28. Anderson Spickard, Jr., and Barbara R. Thompson, *Dying for a Drink: What You and Your Family Should Know About Alcoholism* (Nashville, TN: W Publishing 2005)을 참고하라.

29. Mark A. Yarhouse, Richard E. Butman, and Barrett W. McRay, *Modern Psychopathologies: A Comprehensive Christian Appraisal* (Downers Grove, IL: InterVarsity, 2005), 187-189; J. Van Wicklin, "Substance Abuse," in *Christian Perspectives on Social Problems,* ed. C. DeSanto, Z. Lindblade, and M. Poloma (Indianapolis, IN: Wesley, 1992), 379-297.

30. Yarhouse et al., *Modern Psychopathologies*를 참고하라.

31. R. E. Tarter and M. Vanyukov, "Alcoholism: A Developmental Disorder," *Journal of Consulting and Clinical Psycholo1gy* 62 (1994): 1096-1107. The hypothetical story is adapted from George A. Mann, *The Dynamics of Addiction* (Minneapolis, MN: Johnson Institute, n.d.).

32. Ron Taffel and Melinda Blau, *The Second Family: Dealing with Peer Power, Pop Culture, the Wall of Silence—and Other Challenges of Raising Today's Teens* (New York: St. Martin's Press, 2002) 참고하라.

33. 이것은 다음에 이어지는 '중독' 장에서 다룰 주제다. Steven Van Cleave, Walter Byrd, and Kathy Revell, *Counseling for Substance Abuse and Addiction* (Waco, TX: Word, 1987).

34. 에베소서 5:15-20.

35. Marc A. Schuckit, "Alcohol Related Disorders," in Kaplan and Sadock, *Comprehensive Textbook of Psychiatry/VI*, 775-791.

36. 알코올중독자가 자살하려고 하는 잠재성에 대한 논의는 다음을 참고하라. Drew Canapary, Bruce Bongar, and Karen M. Cleary, "Assessing Risk for Completed Suicide in Patients with Alcohol Dependence: Clinicians' Views of Critical Fators," *Professional Psychology: Research and Practice* 33 (October 2002): 464-469.

37. 여기에서 나는 미국 원주민(First Nation)과 이와 비슷한 그룹들에서 종교적인 실천의 한 부분으로 약물을 사용했다는 것을 기억한다.

38. 이것은 다음 논문에서 발췌된 한 부분이다. A. McLellan, A. Alterman, D. Metzger, G. Grissom, G. Woody, L. Luborsky, and G. O'Brian, "Similarity of Outcome Predictors Across Opiate, Cocaine and Alcohol Treatments," *Journal of Consulting and Clinical Psychology* 62 (1994): 1114-1158. 마태의 경우는 이러한 치료를 다루는 부분에서 다시 언급될 것이다. 이것은 다음에서 인용한 것이다. Thom Rutledge, "The voice of Addiction: Avoidiong Power Struggles in Alcoholism Treatment," *Psychotherapy Network* 27 (November-December 2003): 71-76.

39. Jennifer P. Read, Christopher W. Kahler, and John F. Stevenson, "Bridging the Gap Between Alcoholism Treatment Research and Practice: Identifying What Works and Why," *Professional Psychology: Research and*

Practice 32 (June 2001): 227-238; Tori DeAngelis, "Today's Tried-and True Treatments: Practitioners Are Relying on Several Psychology Grounded and Psychology-Tested Substance Abuse Treatments," *Monitor on Psychology* 32 (June 2001):48-49. Also Avram H. Mack, John E. Franklin, Jr., and Richard J. Frances, *Concise Guide to Treatment of Alcoholism and Addictions*, 2nd ed. (Washington, DC: American Psychological Association, 2001).

40. Rutledge, "The Voices of Addiction," 71을 참고하라.
41. 무명의 알코올중독자들에 관해서 더 읽기를 원하면 Amazon.com과 같은 인터넷 정보를 참고거나 AA에 관한 책을 참고하라. 예를 들어, *Alcoholics Anonymous, Twelve Steps and Twelve Traditions* (Center City, MN: Hazelden 2002). 더욱이 무명의 알코올중독자들을 후원하는 사람들 중에 어떤 사람들은 비판적이어서, 오히려 AA에 중독되거나, 알코올에 중독되는 것을 그만두어야 된다고 제한하기조차 한다. 더 자세한 비평에 대해서는 다음 책을 참고하라. Ann Wayman, *Powerfully Recovered! A Confirmed 12 Stepper Challenges the Movement*, 2nd ed. (Boca Raton, FL: Universal Publishers, 2001), 그리고 Glenn D. Walters, "Twelve Reasons Why We Need to Find Alternatives to Alcoholics Anonymous," *Addictive Disorders & Their Treatment* 12 (2002): 53-59.
42. Linda Ferris Kurtz and Michael Fisher, "Participation in Community Life by AA and NA Members," *Contemporary Drug Problems* 30 (Winter 2003): 875-904.
43. Rutledge, "The Voices of Addiction," 72를 참고하라.
44. Rutledge, "The Voices of Addiction," 74를 참고하라.
45. Rutledge, "The Voices of Addiction," 75를 참고하라.
46. Robert J. Meyers and Brenda L. Wolfe, *Get Your Loved One Sober: Alternatives to Nagging, Pleading, and Threatening* (Center City, MN: Hazelden, 2003).
47. 내가 이 장을 쓰고 있는 동안에 이 사람으로부터 이메일이 도착했다. 나는 보통 글을 쓰고 있는 동안에는 이메일로 방해 받는 것을 좋아하지 않는다. 그러나 그의 이메일을 확인하고는 그 메시지가 내가 쓰고 있는 내용과 연관이 있어서 깜짝 놀랐다. 나는 개인적인 문제에 관해서 이메일로는 답하지 않는 편인데, 이 경우는 그의 문제에 대한 대답을 내가 이 장에서 다루는 것에 대해 그에게 다시 이메일을 보냈다. 그러나 나는 이 책이 출판될 때까지 그에게서 다시 연락을 받지 못했다.
48. T. B. Baker, M. E. Piper, D. E. McCarthy, M. R. Majeskie, and M.C. Fiore, "Addiction Motivation Reformulated: An Effective Processing Model of Negative Reinforcement," *Psychological Review* 111 (2004):33-51.
49. Karen Witkiewitz and G. Alan Marlatt, "Relapse Prevention for Alcohol and Drug Problem," *American Psychologist* 59 (May-June 2004): 224-235를 참고하라.
50. 같은 책. also P. L. Dobkin, M. Civita, A. Paraherakis, and K. Gill, "The Role of Functional Social Support in Treatment Retention and Outcomes Among Outpatient Adult Substance Abusers," *Addiction* 97 (2002): 347-356.
51. 구원 사역에 관한 정보는 "rescue missions"을 검색해보라. www.agrm.org는 무명의 알코올중독자들에 대한 또 다른 무명의 성공자들에 대해 더불어 살펴볼 수 있는 좋은 시작이 될 수 있는 사이트다.
52. 나는 이것을 인터넷에서 찾아보려고 노력한 결과, 이것과 함께 다른 예방 프로그램에 대해서 더 많이 알게 되었다. 그 사이트는 다음과 같다. www.beerinstitute.org 하지만 이것이 예방에 관해서 배우는 데 최선의 것이라고는 할 수 없다.
53. Melissa S. Strawser, Eric A. Storch, Gary R. Geffken, Erin M. Killiany, and Audrey L. Baumeister, "Religious Faith and Substance Problems in Undergraduate College Students: A Replication," *Pastoral Psychology* 53 (November 2004): 183-188; Stelios stylianou, "The Role of Religiosity in the Opposition to Drug Use," *International Journal of Offender Therapy & Comparative Criminology* 48 (August 2004): 429-448; John M. Wallace, Tony N. Brown, Jerald G. Bachman, and Thomas A. Laveist, "The Influence of Race and Religion on Abstinence from Alcohol, Cigarettes and Marijuana Among Adolescents," *Journal of Studies on Alcohol* 64 (November 2003): 843-848; Alex W. Mason and Michael and Alcohol-Related Problems, *Journal of Adolescent Research* 17 (July 2002): 346-363.
54. Rutledge, "The Voice of Addiction," 75를 참고하라.

55. R. Niebuhr, Leaves from the Notebook of a Tamed Cynic, cited by Stephen J. Nelson, "Alcohol and Other Drugs: Facing Reality and Cynicism," *Journal of Counseling and Development* 65 (September 1986): 4-5를 참고하라.
56. Nelson, "Alcohol and Other Drugs," 4를 참고하라.

35장 중독

1. Bryan Robinson의 이야기는 다음에 나와 있다. "Chained to the Desk," *Psychotherapy Networker* 24 (July-August 2000): 26-37. Bryan E. Robinson, *Chained to the Desk: A Guidebook for Workaholics, Their Partners and Children, and the Clinicians Who Treat Them* (New York: New York University Press, 1998).
2. Alan Deutschman, "Making Change," *Fast Company* 94 (May 2005): 52-62 참고하라.
3. 이 문장 안에 있는 단어들은 *Monitor on Psychology* 2001년 6월호에서 발췌한 것이다.
4. 고린도전서 6:12.
5. 로마서 13:1-5; 베드로전서 2:13-17.
6. 베드로전서 5:7; 시편 55:22.
7. 고린도전서 10:13.
8. 고린도전서 6:19-20; 로마서 12:1
9. Walter Houston Clark, *Chemical Ecstasy: Psychedelic Drugs and Religion* (New York: sheed and Ward, 1969).
10. 요한복음 14:6; 디모데전서 2:5.
11. 이것은 골로새서 3:2; 데살로니가전서 5:4-8; 그리고 베드로전서 1:13에 나타나 있다. 또한 신명기(6:4-5)를 참고할 수 있다. 우리는 우리의 마음과 우리의 힘을 다하여서 하나님을 사랑해야 한다. 약물중독이나, 다른 정신적인 영향을 주는 물질에 중독된 사람은 이러한 사랑을 할 수 없다(갈라디아서 5: 16-21; 요한계시록 9:20-21; 18:23; 21:8; 22:15). 주술사라는 단어는 헬라어로 '파마케아'로 종교적 목적으로 약물을 사용하는 사람을 의미한다.
12. 디모데전서 3:2-3; 디도서 1:7-8.
13. 디도서 2:2-6; 디모데후서 1:7. 이 말씀들은 바울이 기독교 지도자였던 디모데에게 보낸 편지지만, 모든 믿는 자들에게 자기훈련에 대한 목표를 제시해주기도 한다.
14. 디도서 2:12.
15. 마태복음 23:25; 빌립보서 2:3; 야고보서 3:14-16; 5:5.
16. 데살로니가전서 5:6, 8; 베드로전서 1:13; 4:7; 5:8.
17. 갈라디아서 5:23.
18. 잠언 23:1-3; 누가복음 12:15; 베드로전서 5:2-3; 잠언 6:25; 골로새서 3:3-5. 이외에도 많은 성경구절들이 탐식과 탐욕과 정욕에 대해서 정죄하고 있다.
19. 고린도전서 10:23, 24, 29-33.
20. 잠언 20:1; 23:29-31; 이사야 5:11; 로마서 13:13; 고린도전서 5:11; 6:10; 갈라디아서 5:21; 에베소서 5:18; 베드로전서 4:3; 데살로니가전서 5:7-8..
21. Dale Ryan, "It Takes a Village to Raise an Addict," *STEPS* 14 (2003): 3.
22. 이것은 George Mann의 저서로부터 인용한 것이다. 그는 수년 동안 화학물질 중독의 이해와 치료 센터에서 의료 감독으로 일하고 있다. George A. Mann, *The Dynamics of Addiction* (Center City, MN: Hazeldon/John Institute, 1987)을 참고하라.
23. 카페인의 이용은 나라마다 다르다. 미국인의 어린이를 포함한 85%가 계속적으로 카페인을 이용하고 있다. 특히 어린이들에 대한 카페인의 영향은 매우 논쟁적이다. Eileen O'Connor, "A Sip into Dangerous Territory," *Monitor on Psychology* 32 (June 2001): 60-62를 참고하라.
24. "Surging Trend of Methamphetamine Abuse Rocks the American Landscape," *Hazelden Voice* 10 (Winter 2005):

1-2. 그리고 David J. Jefferson, "The Meth Epidemic: America's Most Dangerous Drug," *Newsweek* 146 (August 8, 2005): 40-48을 참고하라.

25. 이 네 가지 카테고리는 미국정신의학회로부터 인용된 것이다. *Diagnostic and Statistical Manual Disorders*, 4th ed. (Washington, DC: American Psychiatric Association, 1994); James R. Beck, "Substance-Use Disorders," in *Baker Encyclopedia of Psychology*, ed. David G. Benner and Peter C. Hill, 2nd ed. (Grand Rapids, MI: Baker, 1999), 1178-1180; and Mark A. Yarhouse, Richard E. Butman, and Barrett W. McRay, *Modern Psychopathologies: A comprehensive Christian Appraisal* (Downers Grove, IL: InterVarsity Press, 2005)을 참고하라.

26. Rafael A. Rivas-Vazquez and Lizbhet Delgado, "Clinical and Toxic Effects of MDMA ('Ecstasy')," *Professional Psychology: Research and Practice* 33 (August 2002): 422-4225.

27. Darvin W. Smith, "Ecstasy—Club Drugs," *Christian Counseling Today* 10, no. 2 (2002): 34-36.

28. RobWaters, "Generation Rx," *Psychotherapy Networker* 24 (March-April 2000): 34-43. 이외에 Barry Duncan, Scott Miller, and Jacqueline Sparks, "Exposing the Mythmakers," *Psychotherapy Networker* 24 (March-April 2000): 24-33, 52-53을 참고하라.

29. 예수 그리스도께서 십자가에 달리셨을 때, 곧 그가 세상의 모든 죄인들을 위하여 죽으실 때 그분께서는 고통을 덜어주는 와인까지도 마시기를 거절하셨다. 그러나 복음서에서 예수께서는 강도 만난 사람의 상처에 와인을 부어서 치료해주는 선한 사마리아인에 대해 말씀하고 계신다. 그리고 디모데는 그의 자주 있는 위장병으로 인하여 약간의 와인을 사용하라는 권고를 받은 것이 성경에 나타난다. 마태복음 27:34; 마가복음 15;23; 누가복음 10:34; 디모데전서 5:23을 참고하라.

30. "Addiction is a family affair" according to a whole chapter in Stephen Van Cleave, Walter Byrd, and Kathy Revell, *Counseling for Substance Abuse and Addiction* (Waco, TX: Word, 1987).

31. 상담자로 훈련 받은 사람들 중에서, 여전히 도덕적 이론을 믿고 있는 상담자들이 있다. 그중 하나가 다음의 자료다. Edward T. Welch and Gary Steven Shogren, *Addictive Behavior* (Grand Rapids, MI: Baker, 1995).

32. Beverly Rodgers, "Care Addiction," *Christian Counseling Today* 10, no.2 (2002): 22-24.

33. Danny Han, "The Driven Pastor," *Christian Counseling Today* 10, no.2 (2002): 40-42.

34. Archibald D. Hart, *The Hidden Link between Adrenalin and Stress* (Waco, TX: Word, 1986)를 참고하라.

35. 하이포아드레니아는 아드레날린 기능 장애다. 더 자세한 정보를 위해서는 www.adrenalfatigue.org를 참고하라. 웹 사이트에 나타나 있는 정보에 의하면 비록 미국인의 80% 정도가 그들의 삶 속에서 한때 아드레날린으로 인한 만성피로로 고통 받고 있지만 그 치료에 대해서는 무시되고 있는 병 중의 하나라고 한다.

36. 이러한 대처 전략은 이 장의 후반부에서 논의된다.

37. Stephen Arterburn and Jack Felton, *Toxic Faith: Understanding and Overcoming Religious Addiction* (Nashville, TN: Oliver-Nelson, 1991), 31. Ronald M. Enroth, *Churches That Abuse* (Grand Rapids, MI: Zondervan, 1992)를 참고하라.

38. Arterburn and Felton, *Toxic Faith*, 119.

39. Van Cleave et al., *Counseling for Substance Abuse*, 26-29.

40. 이것은 *Monitor on Psychology* 32 (June 2001): 11에 실린 National Inhalant Prevention Coalition에 의한 보고서를 참고한 것이다. 이 보고서에 의하면 수많은 가정에서 널리 사용 가능한 수천 가지가 넘는 생산품들이 흡입제로 사용될 수 있다고 밝힌다.

41. 이것은 알코올 남용과 알코올중독에 대한 미국 기구의 책임자에 의한 결론이다. Enoch Gordis, "An Eye on the Vanishing Line," *Monitor on Psychology* 32 (June 2001): 38.

42. S. Martin, "Most Substance Abusers Aren't Getting Treatment," *Monitor on Psychology* 32 (June 2001): 11.

43. Robert J. Craig, "Multimodal Treatment Package for Substance Abuse Treatment Programs," *Professional Psychology: Research and Practice* 16 (April 1985): 271-285. 이것은 오래 전부터 사용된, 간결하고 효과적인 초기 약물 남용 프로그램이다. 최근 출판물들에는 약물 남용에 대한 빈도수도 포함하고 있다. 이러한 책에는 다음과

같은 것들이 있다. Dennis M. Donovan and G. Alan Marlatt, eds., *Assessment of Addictive Behaviors* (New York: Guilford, 2005); G. Alan Marlatt and Dennis M. Donovan, eds., *Relapse Prevention: Maintenance Strategies in the Treatment of Addictive Behaviors* (New York: Guilford, 2005); Richard J. Frances, Sheldon I. Miller, and Avram H. Mack, eds., *Clinical Textbook of Addictive Disorders*, 3rd ed. (New York: Guilford, 2005); and Marc Galanter and Herbert D. Kleber, eds., *Textbook of Substance Abuse Treatment* (Arlington, VA: American Psychiatric Publishing, 2004).

44. 다음 내용은 Mark Yarhouse in Yarhouse et al., *Mordern Psychopathologies*의 202-204에서 인용한 것이다.
45. 여기에서 나는 전문 리서치를 통해 50개 정도의 인터넷 음란물에 대한 보고를 살펴보았다. 그중에 특별히 나의 관심을 끈 것은 전 세계 각 나라에서 대학생들이 인터넷 섹스에 매료되어 있다는 보고에 대한 많은 기사다(아마도 교수들이 연구했기 때문에 학생들을 조사하는 것이 더 쉬웠을 것이다.) 그리고 어린이의 인터넷 음란물에 대상과 내용에 관한 많은 연구 보고서들도 접했다. 종종 이러한 스팸 음란물은 컴퓨터 스크린에 나타나, 더 호기심을 유발시킨다. 그래서 더 심각한 중독으로 이어지고 더 잦은 자위행위를 동반하게 된다. 사이버 섹스 중독은 상담자나 내담자를 포함한 모든 전문적인 계층과 모든 사회 전반에 걸쳐 다양한 사람들에게 나타난다. Mark R. Laaser and Louis J. Gregoire, "Pastors and Cybersex Addiction," *Sexual & Relationship Therapy* 18 (August 2003): 395-406을 참고하라.
46. 한 연구는 인터넷 음란물에 중독자 된 남자가 외로움을 느끼는 정도가 더 높다는 것을 보고한다. Vincent Cyrus Youder, Thomas B. Virden III, and Kiram Amin, "Internet Pornography and Loneliness: An Association?" *Sexual Addiction and Compulsivity* 12 (January-March 2005): 19-44를 참고하라.
47. 골로새서 3:5, 8.
48. J. P. Maxwell, "Anger Rumination: An Antecedent of Athlete Aggression?" *Psychology of Sport & Exercise* 5 (July 2004): 279-289.
49. 골로새서 3:9-10.
50. 생각 능력 마비, 원치 않는 것에 대한 망각, 습관을 버리는 방법, 그리고 망각에 대한 성경적인 참고는 Richard P. Walters, *Counseling for Problems of Self-Control* (Waco, TX: Word, 1987)에 분명하고 자세하게 나타나 있다.
51. Archibald C. Hart, "Addiction to Adrenaline," *Christian Counseling Today* 10, no. 2 (2002): 30-33.
52. 예를 들어, Melissa S. Strawser, Eric A. Storch, Gary R. Geffken, Erin M. Killiany, and Audrey L. Baumeister, "Religious Faith and Substance Problems in Undergraduate College Students: A Replication," *Pastoral Psychology* 53 (November 2004): 183-188. 이 기사는 종교적 믿음이 남자와 여자의 약물과 알코올중독과 관계가 있다고 말한다. John M. Wallace, Tony N. Brown, Jerald G. Bachman, and Thomas A. Laveist, "The Infuence of Race and Religion on Abstinence from Alcohol, Cigarettes and Marijuana Among Adolescents," *Journal of Studies on Alcohol* 64 (November 2003): 843-848. 결론 부분에 비록 종교가 흑인이나 백인 사춘기 청소년들에 대해 알코올과 다른 약물의 사용에 대해 중요한 보호 요소가 되지만, 종교적인 백인 청소년들은 종교적인 흑인 청소년보다 알코올이나 마리화나를 삼가는 비율이 높다고 한다. Michael S. Dunn, "The Relationship between Religiosity, Employment, and Political Beliefs on Substance Use Among High School Seniors," *Journal of Alcohol & Drug Education* 49 (March 2005): 73-88. Dunn의 분석은 종교가 매우 중요하다고 믿고 있는 남자와 여자는 알코올 복용과 흥청망청 폭음을 꺼린다고 결론짓고 있다.
53. Robinson, "Chained to the Desk," 36을 참고하라.

36장 재정 상담

1. 디모데전서 6:10.
2. 빌립보서 4:19; 마가복음 6:7-11; 마태복음 6:25-34.

3. 이 인용문의 출처는 다음과 같다. Bruce Barron, *The Health and Wealth Gospel: What's Going on Today in a Movement That Has Shaped the Faith of Millions* (Downers Grove, IL: InterVarsity, 1987). 이러한 신학과 신학적 운동에 대한 또 다른 평가를 보려면 다음을 참조하라. Robert M. Bowman, Jr., *The Word-Faith Controversy: Understanding the Health and Wealth Gospel* (Grand Rapids, MI: Baker, 2001); Milmon F. Harrison, *Righteous Riches: The Word of Faith Movement in Contemporary African American Religion* (Nw York: Oxford University Press, 2005).
4. 디모데전서 6:18-19.
5. 빌립보서 4:19.
6. 누가복음 12:16-21; 또한 잠언 28:20을 보라.
7. 시편 49: 10-12; 잠언 23:4-5; 27:24; 디모데전서 6:7.
8. 전도서 5:10; 시편 52:5-7.
9. 히브리서 13:5.
10. 시편 62:10.
11. 마태복음 19:16-24.
12. 마태복음 6:24.
13. 마가복음 8:36.
14. 신명기 8:11-14; 시편 52:7; 잠언 30:7-10; 누가복음 16:19 및 그 다음 구절, 그리고 욥기 31:24-25, 28을 보라.
15. 누가복음 12:13-15.
16. 마태복음 25:14-30. 이 절에 나오는 돈은 직유(直喩)로 쓴 것이지 주된 강조점이 아님을 주목하라. 13절을 보라.
17. Kenneth M. Meyer, *Minister's Guide to Financial Planning* (Grand Rapids, MI: Zondervan, 1987), 17에서 발췌했다.
18. 잠언 28:20; 15:27; 10:9; 11:1; 17:23.
19. 마태복음 25:14-30; 누가복음 12:16-21.
20. 로마서 13:6-8.
21. 잠언 22:7; 마태복음 18:23-25, 용서받지 못한 종의 비유를 보라.
22. 고린도후서 9:7; 8:14-15; 잠언 3:9; 19:17; 고린도전서 16:2.
23. 잠언 3:9.
24. 이것은 Tim Kasser & Allen D. Kanner가 편집한 책의 제목이기도 하다. *Psychology and Consumer Culture: The Struggle for a Good Life in a Materialistic World* (Washington, DC: American Psychological Association, 2004).
25. 비자와 마스터카드가 어떻게 우리의 전체적인 재정관리 방법을 급진적으로 변화시켰는지에 관한 흥미로운 분석은 Paul Chutkow, *VISA; The Power of an Idea* (New York: Harcourt, 2001)을 보라.
26. 이 절(節)에 나오는 인용구는 위(주 24)에서 언급한 Kasser와 Kanner의 책 부제이다. 이 절의 표현이 책을 사도록 심리학자들에게 권하는 광고 카피에서 따왔다는 사실이 아이러니인 것 같다.
27. 누가복음 12:15.
28. 출애굽기 20:17; 로마서 13:9.
29. 잠언 28:20, 22.
30. 도박은 명백히 중독이며 다음에 나오는 장에서 더 논의될 것이다. Jon E. Grant & Marc N. Potenza, eds., *Pathological Gambling: A Guide to Treatment* (Arlington, VA: American Psychiatric Publishing, 2004); James P. Welan & Andrew W. Meyers, *Problem and Pathological Gambling* (Ashland, OH: Hogrefe, 2005)을 보라.
31. 요한계시록 3:17.
32. 고린도전서 29:16, 12. 바울은 이와 비슷한 가치관에 대해 고린도전서 4:7에서 언급한다.
33. 잠언 21:5; 출애굽기 5:15-17.
34. 잠언 11:15; 17:18; 22:26-27.

35. 누가복음 12:16-21.
36. 하나님께 바치는 것- 잠언 3:9; 말라기 3:10. 이웃에게 베푸는 것- 갈라디아서 6:10. 가난한 자에게 베푸는 것- 누가복음 3:11; 잠언 14:21; 19:17.
37. Larry Burkett, *Debt-Free Living: How to Get Out of Debt and Stay Out* (Chicago: Moody, 2000); Larry Burkett, *Family Budget Workbook: Gaining Control of Your Personal Finances* (Chicago: Northfield, 1993); Larry Burkett, Ron Blue, & Jeremy White, *The Burkett & Blue, Definitive Guide to Securing Wealth to Last: Money Essentials for the Second Half of Life* (Nashville, TN: Broadman and Holman, 2003); Ron Blue & Jeremy White, *Splitting Heirs: Giving our Money and Things to Your Children Without Ruining Their Lives* (Chicago: Northfield, 2004); 그리고 Ron Blue & Jeremy White, *The New Master Your Money: A Step-by-Step Plan for Gaining and Enjoying Financial Freedom* (Chicago: Moody, 2004)을 보라.
38. 시편 50:10-12; 마태복음 6:25-34.
39. 시편 55:33; 베드로전서 5:7.
40. Larry Burkett, *Your Finances in Changing Times*, 수정판. (Chicago: Moody Press, 1993).
41. 지금은 어느 나라에서나 성행하는 외상 구매에 대한 흥미로운 분석은 다음을 참고하라. Lendol Calder, *Financing the American Dream: A Cultural History of Consumer Credit* (Princeton, NJ: Princeton University Press, 2001); Robert D. Manning, *Credit Card Nation: The Consequences of America's Addiction to Credit* (New York: Basic Books, 2001); 그리고 David S. Evans & Richard Schmalensee, *Paying with Plastic: The Digital Revolution in Buying and Borrowing*, 제2판 (Cambridge, MA: MIT Press, 2005)을 보라.
42. Karen Kersting, "Driving Teen Egos-and Buying-Through Branding," *Monitor on Psychology* 35 (June 2004): 60-61.
43. 이것은 하버드 의과대학 Susan Linn의 의견으로서 Kersting, "Driving Teen Egos," 에서 인용하였다. Linn은 자신의 책, *Consuming Kids: Protecting Our Children from the Onslaught of Marketing & Advertising* (New York: Anchor Books, 2005)에서 더 자세하게 논의한다.
44. Melissa Dittman, "Protecting Children from Advertising," *Monitor on Psychology* 35 (June, 2004): 58-59.
45. 디모데전서 6:17-18.

37장 직업 상담

1. Karen James Chopra, "Finding True North: How to Help Clients Find a Fulfilling Career Path," *Psychotherapy Networker* 29 (May-June 2005): 83-89. Ron의 이야기는 Chopra의 논문에서 인용하였다. 본 장을 진행해가며 Ron의 이야기로 다시 돌아가고자 한다.
2. 창세기 2:15.
3. 창세기 3:23, 17-19.
4. 야고보서 5:3-5.
5. 전도서 2:4-11.
6. 전도서 2:17-23.
7. 전도서 4:28; 데살로니가전서 4:11-12.
8. 데살로니가후서 3:10-12.
9. 골로새서 3:22-23.
10. 디모데전서 5:17-18.
11. 잠언 31:10-31.
12. 시편 104:23.

13. 잠언 6:6-11; 12:24 13;41 18;9 20;4 24;30-34; 26;16.
14. 로마서 14:5
15. 전도서 9:10.
16. Ted W. Engstrom, *The Pursuit of Excellence* (Grand Rapids, MI: Zondrvan, 1982).
17. 에베소서 6:5-9; 골로새서 3:22-4:1.
18. 마태복음 25:14-30; 로마서 12:6-8.
19. 로마서 12:3-8; 고린도전서 12:4-31; 에베소서 4:7-13.
20. 시편 75:6-7.
21. 로마서 12:3; 예레미야 9:23-24.
22. 이사야 49:1, 5; 시편 139:13-16; 예레미야 1:5; 누가복음 1:13-17, 30-33.
23. 잠언 3:5-6; 시편 32:8.
24. 야고보서 1:5; 로마서 12:1-2도 보라.
25. Daniel H. Pink, *Free Agent Nation: How America's New Independent Workers Are Transforming the Way We Live* (New York: Warner, 2001). 나는 내가 수년간 free agent worker였음을 깨닫고 인정한 후에 이 책을 단숨에 읽었다. 당신은 모든 세상의 연구 자료들 및 사람들과 기술적으로 관계를 맺지 않은 채, 여러 가지 개인 실습, 교육, 연설, 저술과 모든 것을 자택 사무실에서 행하는 상담 및 코칭 서적의 저자들을 어떻게 규정지을 수 있겠는가?
26. 진로 선택 이론과 실제를 요약하고 있는 서적들로는 다음과 같은 것들이 있다. Samuel H. Osipow and Louise F. Fitzgerald, *Theories of Career Development,* 4th ed. (Boston, MA: Allyn & Bacon, 1995); Jane L. Swanson and Nadya A. Fouad, *Career Theory and Practice: Learning Through Case Studies* (Thousand Oaks, CA: Sage Publications, 1999); Richard S. Sharf, *Applying Career Development Theory to Counseling,* 3rd ed. (Pacific Grove, DA. Brooks/Cole, 2001); Duane Brown, ed., *Career Choice and Development,* 4th ed. (San Francisco, CA: Jossey-Bass, 2002) 등이 있다.
27. L. Holland, *Making Vocational Choices: A Theory of Vocational Personalities and Work Environments,* 3rd ed. (Lutz, FL: Psychological Assessment Resources, 1997).
28. Jim Loehr and Tony Schwartz, *The Power of Full Engagement: Managing Energy, Not Time, Is the Key to High Performance and Personal Renewal* (New York: Free Press, 2003).
29. Marcus Buckingham and Donald O. Clifton, *Now, Discover Your Strengths* (New York: Free Press, 2001). See also Curt Coffman and Gabriel Gonzalez-Molina, *Follow This Path* (New York: Free Press, 2002). 이 책의 겉표지를 보면, 1000만 명의 소비자, 300만 명의 고용자, 그리고 20만 명의 관리자들을 대상으로 한 갤럽 기관의 연구에 기초하여, 힘을 기반으로 하는 직업에 관한 결론을 내리고 있음을 알 수 있다.
30. Albert L. Winseman, Donald O. Clifton, and Curt Liesbeld, *Living Your Strengths: Discover Your God-Given Talents and Inspire Your Community* (New York: Gallup Press, 2004)
31. 이러한 관점은 지금도 여전히 가장 광범위하게 사용되고 있는 흥미 검사와 스트롱 흥미 척도를 설계한 직업 상담의 초창기 개척자였던 E. K. Strong에 의해 강하게 주장되어졌다. 현재 거의 100년이 다 되어가는 Strong 검사는 계속적으로 개정되고 발전되었는데, 이 검사는 온라인상에서 무료로 사용할 수 있다. www.discoveryourpersonality.com 사이트를 참고하라.
32. Richard Nelson Bolles and Mark Bolles, *What Color Is Your Parachute 2006: A Practical Manual for Job-Hunters and Career-Changers* (Berkeley, CA: Ten Speed Press, 2005).
33. Gary R. Collins, *Christian Coaching* (Colorado Springs, CO: NavPress, 2001).
34. Os Guinness는 오늘날 하나님의 부르심에 관해 조금의 의심의 여지도 가지고 있지 않는 작가이다. Os Guinness, *The Call: Finding and Fulfilling the Central Purpose of Your Life* (Nashville, TN: W Publishing, 2003)를 참고하라. 대조적으로 Garry Friesen는 사역에의 부르심에 대해 설득력 있게 논의하는 논쟁적인 책을 기술하였다. Friesen

에 따르면, 하나님은 사역에 있어 어떤 종류의 신비로운 부르심을 요구하는 영역이 따로 없다. 소명을 갖도록 사람들을 준비시키는 것은 문제를 해결할 의도보다는 더 많은 문제를 만들어내는 것이다. 대신에 신자들은 성경에서 정립하고 있는 이유와 자격을 갖추기 위하여 전임 기독교 봉사를 개시해야 한다. 이를 위하여 Garry Friesen and J. Robin Maxon, *Dexision Making and the Will of God*, rev. ed. (Sisters, OR: Multnomah, 2004), 321를 참고하라.

35. Leslie Parrott and Les Parrott, *The Career Counselor: Guidance for Planning Careers and Managing Career Crises* (Dallas, TX: Word, 1995), 43-44.

36. 요나 1:2; 3:3; 4:1, 3.

37. 빌립보서 4:10-13; 디모데후서 4:6-8.

38. Kerry J. Sulkowicz의 칼럼 "The Corporate Shrink," *Fast Company 91* (February 2005): 36에서 이러한 몇몇 문제에 관해 논의하고 있다.

39. 의심할 여지없이 이러한 책들 중 가장 유명한 책은 Bolles에 의해 정기적으로 업데이트되는 고전 *What Color Is Your Parachute?*이다. 또한 Robert Bittner, *Your Perfect Job* (New York: Random House, 2003)을 보라. 다음은 기독교인들이 쓴 책들이다. Loug Sherman and William Hendricks, *Your Life Matters to God* (Colorado Springs, CO: NavPress, 1987); John Maxwell, *Journey from Success to Significance* (Nashville, TN: Nelson, 2004); and Dennis Bakke, *Joy at Work: A Revolutionary Approach to Fun on the Job* (Lake Mary, FL: Strang, 2005).

40. 고린도후서 5:7-9.

41. 기독교적 관점에서 볼 때, 이러한 책 들 중 가장 훌륭한 책은 Leslie와 Les Parrott의 *The Career Counselor*이다. 여러 차례 개정된 이 분야의 고전을 포함한 다른 책들을 출판 연도순으로 수록하였다. Elizabeth B. Yost and M. Anne Corvishley, *Career Counseling: A Psychological Approach* (San Francisco, CA: Jossey-Bass, 1997); Richard N. Bolles and Howard Figler, *Career Counselor's Handbook* (Berkeley, CA: Ten Speed Press, 1999); Edwin L. Herr, Stanley H. Cramer, and Spencer G. Niles, *Career Guidance and Counseling Through the Lifepan: Systematic Approaches,* 6th ed. (Boston, MA: Allyn & Bacon, 2003); Norman E. Amundson, JoAnn Harris-Bowlsbey, and Spencer G. Niles, *Essential Elements of Career Counseling: Processes and Techniques* (Upper Saddle River, NJ: Prentice-Hall, 2004), Vernon G. Zuncker, *Career Counseling: A Holistic Approach,* 7th ed. (Belmont, CA: Wadsworth, 2005). See also Darrell Anthony Luzzo, *Career Counseling of College Students: An Empirical Guide to Strategies That Work* (Washington, DC: American Psychological Association, 2000).

42. 많은 그리스도인들은 하나님께서 각 개인의 삶에 놀라운 계획을 가지고 계시다는 생각을 지지하기 위하여 예레미야 29:11로 돌아간다. "여호와의 말씀이니라. 너희를 향한 나의 생각을 내가 아나니 평안이요 재앙이 아니니라. 너희에게 미래와 희망을 주는 것이니라." 이 구절은 이스라엘 백성들이 바벨론에 있을 때 그들에게 주어진 편지에서 발췌한 글이다. 비록 예레미야와 세례 요한을 포함한 개인을 향한 하나님의 계획의 명백한 증거가 있을지라도, 이는 개인을 위한 약속의 말씀이 아니라, 이스라엘 민족에게 주어진 것으로 드러난다.

43. Karen James Chopra, "Finding True North," 84.

44. 예를 들면 어떤 직업에서 성공한 남자와 여자가 소설 읽기, 정원 손질하기, 록 콘서트 참가하기 등을 즐기는 것으로 드러날 수도 있다. 만약 검사하는 사람이 이 세 가지 영역에서 동일하게 높은 점수를 얻었다면, 그 사람은 어떤 직업에 있어서 사람들이 좋아했던 어떤 것들을 그 역시 좋아하고 있음이 분명한 것이다.

45. www.authentichappiness.org의 무료 검사인 "VIA Signature Strengths 척도"는 매우 유용한 검사다. 이 강점을 찾는 검사는 온라인상에서 이루어지는데, 그 결과는 검사가 끝나면 화면에 바로 나타난다. 부가적으로 아래 책의 구매자들에게 책 1권당 종종 사용되는 검사인 "강점 발견 검사"가 한 부씩 주어진다. Buckingham and Clifton, *Now, Discover Your Strengths,* or Albert L. Wise-man, Donald O. Clifton, and Curt Liesveld, *Living Your Strengths: Discover Your God-Given Talents and Inspire Your Community* (New York: Gallup Press, 2004). 제목에서 알 수 있듯이, Winseman 등의 책은 기독교적 관점에서 쓰인 것이다. 저술 당시 "VIA Signature Strengths 척도"와 이 두 권의 책 중 하나로부터의 검사 각각은 핵심 강점 리스트를 제공한다. 검사상 한 개인의 강점은 다른 사람의 강점

과 동일하지는 않을 것이다. 명백하게 이러한 검사들은 한 검사와 다른 검사와의 어떤 차이를 측정하거나, 두 검사가 결코 정확하지 않다는 것을 보여주고 있다.

46. 심리 검사를 측정하고 그 특성과 사용법을 기술하는 다양한 종류의 책들이 있는데, 예를 들면 Vernon G. Zunker and Debra S. Osborn, *Using Assessment Results for Career Development*, 6th ed. (Belmont, CA: Wadsworth Publishing, 2001)가 있다.

47. 만약 당신이 미국에 거주한다면, 예를 들어 The U. S. *Department of Labor Occupational Outlook Handbook* 2006-2007 (Indianapolis, IN: Jist Publishing, 2006) 최종판 또는 J. Michael Farr and Laurence Shatkin, eds., *O*NET Dictionary of Occupational Titles: The Definitive Printed Reference of Occupational Information*, 3rd ed. (Indianapolis, IN: Jist Publishing, 2004)를 참고하라.

48. 사업 고용인이 다문화적 책임을 감당할 수 있도록 돕기 위한 직업 상담자의 역할에 관한 논의는 Siri Carpenter, "Battling the Overseas Blues," *Monitor on Psychology* (July-August 2001): 48-49를 참고하라.

49. Meredith W. Long, "God's Will and the Job Market," *HIS* 36 (June 1976): 1-4.

50. 예를 들면, 하나님이 고레스 왕(에스라 1:1)과 아닥사스다 왕을 인도하셔서 느헤미야에게 성벽을 건축하도록 허락하시고, 심지어 그에게 필요한 물품까지 공급하셨던 것을 보라. 다른 시대에는 하나님께서 그 왕들이 깨닫지 못할지라도 이 전쟁에서 그들이 이길 수 있을 것이라는 생각을 왕들의 마음에 넣어주셔서, 이방 왕들을 사용하셔서 전쟁에 나아가 이방 민족을 멸하게 하셨던 것을 보라.

51. 잠언 3:5-6; 로마서 12:1-2.

52. 골로새서 3:2-24.

53. 빌립보서 4:11.

54. Deborah Smith, "When Workplaces Shut Down," *Monitor on Psychology* 32 (July-August 2001): 50-51. 이 논문에서 말하는 회사는 San Antonio, Texas의 Kelly Air Force Base이다. 그 꼭대기에 있는 군사 기지에서 동일한 가정과 많은 수의 2-3세대의 근로자들 그리고 수천 명의 다양한 구성원들을 고용하였다. "결론은 비참하였지만, 그것은 또한 성공적인 이야기였다."

55. Emilie Le Beau, "At a Loss. Mom or Dad Out of Work and You're Unsure What to Do? Employ These Techniques," *Chicago Tribune*, March 10, 2004.

56. 전 미국심리학회 회장에 의해 쓰였으며, 노인들에게 맞추어 집필된 책으로는 Dorothy Cantor, *What Do You Want to Do When You Grow Up? Starting the Next Chapter of Your Life* (New York: Little, Brown, 2002)가 있다.

57. Jennifer Daw, "Road Rage, Air Rage, and Now 'Desk Rage'" *Monitor on Psychology* 32 (July-August 2001): 53-53. "책상의 분노"가 내게는 새로운 개념이었기에, 인터넷에서 검색해보았음을 고백한다. 나는 "책상의 분노"를 입력하면서 83만 7,000 건의 검색 결과를 보고 매우 놀랐다. 나는 그것들 모두 읽으려고 선택하지 않았다.

58. Jerry Langdon, "Desk Rage Becoming More Common," *USA Today*, January 15, 2001.

59. Kathryn Hewlett, "Can Low Self-Esteem and Self-Blame on the Job Make You Sick?" *Monitor on Psychology* 32 (July-August 2001):58.

60. Barry Glassner, *Career Crash: America's New Crisis- And Who Survives* (New York: Simon &Schuster, 1994).

61. 에베소서 6:7.

8부 결론적인 문제들

38장 위기

1. 시편 137:1, 4.
2. 예를 들면 예레미야 6:1-3, 16-19를 보라.
3. 구조자들 특히 기독교인들을 위한 위기관리 능력에 관한 유익한 토론에 대해서는 다음을 참조하라. John Fawcett, ed., *Stress and Trauma Handbook: Strategies for Flourishing in Demanding Environments* (Monrovia, CA: World Vision, 2003).
4. Mary Sykes Wylie, "The Limits of Talk: Bessel van der Kolk Wants to Transform the Treatment of Trauma," *Psychotherapy Networker* 28 (January -February 2004), 30-36, 38, 인용은 35.
5. Michael Ventura, "Is the World Still There?" *Psychotherapy Networker* 26 (September-October 2002) 46-49, 56.
6. F. J. White, "Crisis Intervention," in *Baker Encyclopedia of Psychology,* ed. David G. Benner and Peter C. Hill, 2nd ed. (Grand Rapids, MI: Baker, 1999), 293-294.
7. 많은 책에서 위기 중재의 복잡성을 각기 다른 관점에서 다루고 있다. 예를 들어 다음 문헌들을 참고하기 바란다. Albert R. Roberts, ed., *Crisis Intervention Handbook: Assessment, Treatment, and Research,* 3rd ed. (New York: Oxford University Press, 2005); Kenneth France, *Crisis Intervention: A Handbook of Immediate Person-to-Person Help,* 4th ed. (Springfield, IL: Charles C. Thomas, 2002); and Laura Barbanel and Robert J. Sternberg, eds., *Psychological Interventions in Times of Crisis* (New York: Springer, 2005).
8. Jan Ligon, "Mobile Crisis Units: Frontline Community Mental Health Services," in Roberts, *Crisis Intervention Handbook,* 602-618.
9. R. H. Rottschafer, "Physical Contact in Therapy," in Benner and Hill, *Baker Encyclopedia of Psychology,* 874.
10. Judson J. Swihart and Gerald C. Richardson, *Counseling in Times of Crisis* (Waco, TX: Word, 1987), 155-161. 이 책은 매우 유익한 상담 서적이다. 아마도 지금은 찾기 힘들지만 내가 1980년에 기독교 상담의 자원이라는 제목으로 편집한 30권의 목회 상담 연속물 중의 하나로 쓰인 것이다.
11. 사회적 지지의 중요성과 사회적인 과잉 관여의 위험성을 나타내주는 연구 결과에 대한 요약을 다음 논문에서 참조하라. Judith E. Pearson, "The Definition and Measurement of Social Support," *Journal of Counseling and Development* 64 (February 1986): 390-395.
12. 예를 들어 다음을 참조하라. George S. Everly, Jr., "Pastoral Crisis Intervention in Response to Terrorism," *International Journal alf Emergency Mental Health* 5 (Winter 2003): 1-2; and George S. Everly, Jr., "The Role of Pastoral Crisis Intervention in Disasters, Terrorism, Violence, and Other Community Crises," *International Journal alf Emergency Mental Health* 2 (Fall 2000): 139-142.
13. George S. Everly, Jr., "Pastoral Crisis Intervention: Toward a Definition." *International Journal of Emergency Mental Health* 2 (Spring 2000): 69-71.
14. 이것은 지도할 때 취하게 되는 기본 단계와 매우 비슷하다. 더 상세한 내용에 대하여 다음을 참조하시오. Gary R. Collins, *Christian Coaching: Helping Others Turn Potential into Reality* (Colorado Springs, CO: NavPress, 2001).
15. Matthew J. Friedman, "Introduction: Every Crisis Is an Opportunity," *CNS Spectrums* 10 (February 2005): 96-98. 남성 우울증에 대한 인식을 일깨우기 위한 방송 캠페인의 요약에 대해서는 다음을 참고하라. Karen Kersting, "Men and Depression: Battling Stigma Through Public Education," *Monitor on Psychology* 36 (June, 2005): 66-68.
16. Richard G. Tedeschi and Ryan P. Kilmer, "Assessing Strengths, Resilience, and Growth to Guide Clinical Interventions," *Professional Psychology: Research and Practice* 36 (June 2005): 238-245; George A. Bonanno, "Loss, Trauma, and Human Resilience: Have We Underestimated the Human Capacity to Thrive After Extremely

Aversive Events?" *American Psychologist* 59 (January 2004): 20-28; and S. S. Luthar and D. Cicchetti, "The construct of Resilience: Implications for Interventions and Social Policies," *Development and Psychopathology* 12 (2000): 857-885.

17. Russ Newman, "APA's Resilience Initiative," *Professional Psychology: Research and Practice* 36 (June 2005) 227-229; Karen Kersting, "Resilience: The Mental Muscle Everyone Has," *Monitor on Psychology* 36 (April 2005): 332-333.
18. L. G. Calhoun and R. G. Tedeschi, "The Foundations of Post-Traumatic Growth: New Considerations," *Psychological Inquiry* 15(2004): 93-102; and R. A. Neimeyer, "Fostering Post-Traumatic Growth: A Narrative Elaboration," *Psychological Inquiry* 15 (2004); 53-59.
19. 고린도후서 1:3-7; 12:7-10; 빌1:12-14.
20. Fawcett, *Stress and Trauma Handbook*, 14.
21. Fawcett, *Stress and Trauma Handbook* 외에 다음 문헌을 참고하라. Gladys K. Mwiti, David O. Gatewood, "The Macedonian Call: Christian Mental Health Professionals and International Trauma," *Journal of Psychology and Christianity* 20 (Spring 2001): 276-281.
22. 정치적인 고문의 심리학적인 영향에 대하여는 다음을 참조하라. William Gorman, "Refugee Survivors of Torture: Trauma and Treatment," *Professional Psychology: Research and Practice* 32(October 2001): 443-451; Uwe Jacobs, Vincent Iacopino, "Torture and Its Consequences: A Challenge to Clinical Neuropsychology," *Professional Psychology: Research and Practice* 32 (October 2001): 458-464. 같은 저널에 있는 다른 논문들은 정치적인 고문에 의한 생존자들을 다루는 특별한 부분으로 구성되어 있다.
23. Robert W. Bagley, "Trauma and Traumatic Stress Among Missionaries," *Journal of Psychology and Theology* 31 (Summer 2003): 97-112; Heather Davediuk Gingrich, "Stalked by Death: Cross-Cultural Trauma Work with a Tribal Missionary," *Journal of Psychology and Christianity* 21 (Fall 2002): 262-265.
24. Patrick McDonald with Emma Garro, *Children at Risk: Networking in Action* (Monrovia, CA: World Vision, 2000); Phyllis Kilbourn, Marjorie McDermid, eds., *Sexually Exploited Children: Working to Protect and Heal* (Monrovia, CA: World Vision, 1998).
25. Rob Waters, "The Psychic Costs of War," *Psychotherapy Networker* 29 (March-April 2005): 13-14; Mark Greer, "A New Kind of War," *Monitor on Psychology* 36 (April 2005): 38-41.
26. Deborah Smith, "Children in the Heat of War," *Monitor on Psychology* 32 (September 2001): 29-31.
27. TV 프로의 제작자인 Leroy Siever는 르완다 전쟁으로 인해 생겨난 5만에서 10만 명에 이르는 난민들 사이에서 며칠 동안 지낸 생활 경험에 대하여 썼다. 사람들은 국제사회로부터 무시된 채 굶주려 있었으며 불결한 상황에 있었다. 어느 날 가까이의 화산이 폭발하여 용암이 대부분의 지역을 덮어버렸다. 지금은 이미 죽고 사라졌지만 다른 곳에서 다른 이유로 이와 비슷한 비참한 불행을 당한 사람들을 어떻게 도울 것인지 누가 알 수 있었겠는가? 이것에 대하여 다음 논문을 참조하라. Leroy Siever, "The Ghosts of Rwanda," *Los Angeles Times Magazine*으로부터 재판된 *The Week* 5 (August 12, 2005): 40-41. 난민들의 정신 건강의 필요성에 대한 토론은 다음을 참조하시오. Kenneth E. Miller, Lisa M. Rasco, eds., *The Mental Health of Refugees: Ecological Approaches to Healing and Adaptations* (Mahwah, NJ: Lawrence Erlbaum, 2004).
28. David Claerbaut, *Urban Ministry in a New Millennium* (Monrovia, CA: World Vision, 2005).
29. Selwyn W. Becker, Alice H. Eagly, "The Heroism of Women and Men," *American Psychologist* 39 (April 2004): 163-178.

39장 트라우마, 테러, 그리고 테러리즘

1. Zal Stambor, "Helping Children Cope with Disaster," *Monitor on Psychology* 36 (September 2005): 34-35
2. 익명, "Living through the Yom Kippur War," Israel *Journal of Psychiatry & Related Sciences* 39 (2002): 194-197
3. 딘의 이야기는 Rob Walters의 "The Psychic Costs of War," *Psychotherapy Networker* 29 (March-April 2005): 15-16 에서 인용
4. 개념의 정의는 Anthony J. Marsella의 "Reflections on International Terrorism: Issues, Concepts, and Directions," in *Understanding Terrorism: Psychological Roots, Consequences, and Interventions* (Fathali M. Moghaddam과 Anthony J. Marsella 공동편집) 16에서 인용했다.
5. C. Carr, *The Lessons of Terror: A History of Warfare Against Civilians, Why It Has Always Failed and Why It Will Fail Again* (New York, Random House, 2002)
6. William Gordon의 "Refuge Survivors of Torture: Trauma and Treatment," *Professional Psychology: Research and Practice* 32 (October 2001): 443-451, Orlando P. Tizon의 "Dreams and Other Sketches from a Torture Survivor's Notes," *Professional Psychology: Research and Practice* 32 (October 2001): 465-468을 참고하라.
7. 한 예는 예레미야서 20:3-4이다. 여기서 바스훌이라는 제사장이 선지자 예레미야를 체포하여 채찍질하는데, 예레미야는 다음 날 풀려난 후 바스훌이 앞으로 "테러 속에 사는 인간"으로 불릴 것이라고 말하면서 예루살렘이 바빌론의 왕에 의한 공격이 임박해질 때 하나님이 그와 그의 친구들에게 테러를 경험하게 할 것이라 예언한다.
8. 이것은 펜실베이니아 대학의 Marc Sageman의 연구다. M Sageman의 *Understanding Terror Networks* (Philadelphia PA: University of Pennsylvania Press, 2004)를 참조하라.
9. Marsella의 "Reflections on International Terrorism," 과 Fathali M. Moghaddam의 "The Staircase to Terrorism: A Psychological Exploration," *American Psychologist* 60 (February-March 2005) 161-169. Moghaddam과 Marsella 공저의 *Understanding Terrorism* 안에 있는 "Cultural Preconditions for Potential Terrorist Groups: Terrorism and Societal Change," 103-117 참조.
10. Moghaddam & Marsella 공저의 *Understanding Terrorism* 안에 있는 Yael Danieli, Brian Engdahl, William E. Schlenger의 "The Psychosocial Aftermath of Terrorism," 223-246과 Tom Pyszczynski, Sheldon Solomon, Jeff Greenberg의 *In the Wake of 9/11: The Psychology of Terror* 참조.
11. P. Reaney (July 11, 2004). David B. Henry, Patrick H. Tolan, Deborah Gorman-Smith의 "Have There Been Lasting Effects Associated with the September 11, 2001, Terrorist Attacks Among Inner-City Parents and Children?," *Professional Psychology: Research and Practice* 35 (October 2004) 542-547에서 이를 인용하고 있다.
12. Henry et al., "Have There Been Lasting Effects." 9/11 이후 증상이 감소하는 사실을 뒷받침하는 연구에는 다음을 참고하라. Kelley L. Callahan, Mark J. Hilsnroth, Tal Yonai, Charles A. Waehler의 *Stress, Trauma, and Crisis: An International Journal* 8 (January-March 2005)에 있는 "Longitudinal Stress Responses to the 9/11 Terrorist Attacks in the New York Metropolitan College Sample," 45-60; and Jennifer Stuber, Sandro Galea, Betty Pfefferbaum, Sharon Vandivere, Kristin Moore, and Gery Fairbrother, "Behavior Problems in New York City's Children After the September 11, 2001, Terrorist Attacks," *American Journal of Orthopsychiatry* 75 (April 2005): 190-200.
13. Lea Winerman, "Fighting Fire with Psychology," *Monitor on Psychology* 35 (September 2004) 28-30.
14. 이는 심리학자 Gaithri Fernando가 내린 결론이며, 그의 연구는 M. Dittmann의 "Aftershock: Predicting How Tsunami Survivors Will Respond," *Monitor on Psychology* 36 (March 2005)에 게재되어 있다.
15. Melissa Dittmann, "After the Wave," *Monitor on Psychology* 36 (March 2005): 36-38.
16. David G. Benner과 Peter C. Hill 편저, *Baker Encyclopedia of Psychology* 2nd Edition (Grand Rapids, MI: Baker, 1992) 안에 있는 F. C. Craigie, Jr., "Acute Stress Disorder," Cheryl Regehr의 "Bringing the Trauma Home: Spouses of Paramedics," *Journal of Loss & Trauma* 10 (March-April 2005) 97-114와 R. H. Rade의 "Acute Versus Chronic Post-Traumatic Stress Disorder," *Integrative Physiological and Behavioral Science* 28 (1993) 46-56도 참고하라.

17. Mary Sykes Wylie, "The Politics of PTSD: How a Controversial Diagnosis Battled Its Way into DSM," *Psychotherapy Networker* 28 (January-February 2004) 36-38.
18. Mark H. Pollack, Kathleen T. Brady, Randall D. Marshall, Rachel Yehuda, "Trauma and Stress: Diagnosis and Treatment," *Journal of Clinical Psychiatry Audiograph Series* 5 (February 2002) 1-19. 그리고 다음도 보라. W. Seegobin, "Posttraumatic Stress Disorder," in Benner and Hill, *Baker Encyclopedia of Psychology*, 889-891.
19. Sherry A. Falsetti의 "Cognitive-Behavioral Therapy in the Treatment of Posttraumatic Stress Disorder," *Primary Psychiatry* 10 (May 2003) 78-83을 예로 참고하라.
20. 구체적으로 훈련하기 위해서는 최근 많이 인용되고 있는 다음과 같은 책들을 살펴보는 것이 좋다. 이 저서들 중에는 기독교 관점에서 쓰인 것들이 없다. Robert Scaer, *The Trauma Spectrum: Hidden Wounds and Human Resiliency* (New York: Norton, 2005); Pauline Boss, *Loss, Trauma, and Resilience: Therapeutic Work with Ambiguous Loss* (New York: Norton, 2005); Marion F. Solomon과 Daniel J. Siegel이 공동 편집한 *Healing Trauma: Attachment, Mind, Body, and Brain* (New York: Norton, 2003); Brett T. Litz, *Early Intervention for Trauma and Traumatic Loss* (New York: Guilford, 2003). 기독교적 관점의 연구서에는 John Fawcett 편저 *Stress and Trauma Handbook* (Monrovia, CA: World Vision, 2003)과 Norman Wright의 *The New Guide to Crisis & Trauma Counseling* (Ventura, CA: Regal Books, 2003)이 있다.
21. Daniel Siegel, "The Brain in the Palm of Your Hand," *Psychotherapy Networker* 26 (September-October 2002) 32-33.
22. 같은 책, 32.
23. Patricia Berne과 Louis Savary, "The 3 Logics of the Brain," *Psychotherapy Networker* 28 (September-October 2004) 40-41.
24. Mary Sykes Wylie, "The Limits of Talk: Bessel van der Kolk Wants to Transform the Treatment of Trauma," *Psychotherapy Networker* 28 (January-February 2004) 30-39.
25. Wylie의 "Limits of Talk"와 Mary Sykes Wylie의 "Mindsight: Daniel Siegel Offers Therapists a New Vision of the Brain," *Psychotherapy Networker* 28 (September-October 2004) 29-39 참조.
26. 실질적이고 다양한 개입 전략을 보기 위해서는 Elspeth Cameron Richie, Patricia J. Watson, Matthew J. Friedman 공동 편집의 *Interventions Following Mass Violence and Disasters: Strategies for Mental Health Practitioners* (New York: Guilford, 2006)를 참고하라.
27. 경험을 말하도록 재촉하는 치료법에 동의하지 않는 학자의 연구에는 Pollack의 "Trauma and Stress"와 R.A. Mayou, A. Ehlers, M. Hobbs의 "Psychological Debriefing for Road Traffic Accident Victims: Three Year Follow-up of a Rondomised Controlled Trial," *British Journal of Psychiatry* 176 (2000) 등이 있다.
28. Simon Wessely, Martin Deahl, Mary Cannon, Kwame KcKenzie, Andrew Sims의 "Psychological Debriefing Is a Waste of Time," *British Journal of Psychiatry* 183 (July 2003): 12-14.
29. Steve J. Lewis, "Do One-Shot Preventive Interventions for PTSD Work? A Systematic Research Synthesis of Psychological Debriefings," *Agression and Violent Behavior* 8 (May-June 2003) 329-343과 Jan H. Kamphuis & Paul M.G. Emmelkamp의 "20 Years of Research into Violence and Trauma: Past and Future Developments," *Journal of Interpersonal Violence* 20 (February 2005): 167-174.
30. Carlotta Belaise, Gionvanni A. Fava, Issac M. Marks의 "Alternatives to Debriefing and Modifications to Cognitive Behavior Therapy for Posttraumatic Stress Disorder," *Psychotherapy and Psychosomatics* 74 (June 2005): 212-217.
31. Wylie, "Mindsight," 36.
32. Jessica Cardenas, Kimbery Williams, John P. Wilson, Gianna Fanouraki, Arvin Singh의 "PTSD, Major Depressive Symptoms, and Substance Abuse Following September 11, 2001, in a Midwestern University Population," *International Journal of Emergency Mental Health* 5 (Winter 2003): 15-28.
33. Falsetti의 "Cognitive-Behavioral Therapy"와 Shawn Powell, Dave McCone의 "Treatment of Adjustment Disorder

with Anxiety: A September 11, 2001, Case With a 1-Year Follow-Up," *Cognitive and Behavioral Practice* 11 (Summer 2004): 331-336.
34. Wylie와 Simon의 "Discoveries from the Black Box"에서 인용. 37.
35. 무언의 치료법에 대한 총체적 설명은 Cathy A. Malchiodi 편저의 *Expressive Therapies* (New York: Guilford, 2005)와 Babette Rothschild의 *The Body Remembers: The Psychophysiology of Trauma and Trauma Treatment* (New York: Norton, 2000)를 참고하라.
36. Lee Cartwright, "Expanding Your Tool Kit: A New Technique that Complements EMDR and TFT," *Family Therapy Networker* 24 (September-October 2000): 71-78. 또한 EMDR 주창자인 Francine Shapiro 편저의 *EMDR as an Integrative Psychotherapy Approach* (Washington, DC: American Psychological Association, 2002)도 참고하라.
37. EMDR에 대한 자세한 설명은 EMDR Institute 홈페이지 www.emdr.com을 참고하라.
38. Wessells 인용은 Deborah Smith의 "Children in the Heat of War," *Monitor on Psychology* 32 (September 2003): 29-31.
39. 경험적 뒷받침에 의거한 치료법은 사실 아직 논란의 대상이며, 효과가 있다고 믿어지고 있는 많은 요법 중에는 아직 경험적으로 검증되지 않은 것들이 많이 있다. 자세한 설명은 John C. Norcross, Larry E. Beutler, Ronald F. Levant 공동 편저의 *Evidence-Based Practices in Mental Health: Debate and Dialogue on the Fundamental Questions* (Washington, DC: American Psychological Association 2005)를 참고하라.
40. D. Smith, "Empowering Communities," *Monitor on Psychology* 32 (September 2001) 31.
41. 학교를 중심으로 한 그룹을 조직한 것은 카운슬러 잭 사울 (Jack Saul)이다. Jack Saul, "Surviving Disaster," *Psychotherapy Networker* 28 (November-December 2004): 40-41. Moghaddam과 Marsella의 *Understanding Terrorism*에 게재되어 있는 Michael G. Wessells의 "Terrorism and the Mental Health and Well-Being of Refugees and Displaced People" 247-263과, Ron Taffel의 "From Crucible to Community: Renewal in the Midst of Calamity," *Psychotherapy Networker* 25 (November-December 2001): 23-24, 39도 참고하라.
42. Robert W. Bagley, "Trauma and Traumatic Stress Among Missionaries," *Journal of Psychology and Theology* 31 (Summer 2003) 97-112.
43. Rob Walters, "After the Deluge: Is Disaster Mental Health Serving Tsunami Survivors?" *Psychotherapy Networker* 29 (May-June 2005): 17-18.
44. Tori DeAngelis, "Helping Kids Cope with a New Threat," *Monitor on Psychology* 33 (April 2002) 33.
45. 빌립보서 4:6, 7.

40장 그 외 다른 문제들

1. Miriam's story is adapted from two articles, one written by Miriam and one written by her mother. See Miriam Poser, "Anorexia Nervosa—My story," *Journal of Family Therapy* 27 (May 2005): 142-143; and Maren Poser, "Anorexia Nervosa—A Parent's Perspective," *Journal of Family Therapy* 27 (May 2005): 144-146.
2. Sandhya Limaye, "Exploring the Impact of Hearing Impairment on Self-Concept," *International Journal for the Advancement of Counseling* 26 (December 2004): 369-374.
3. Camilla R. Williams and Norman Ables, "Issues and Implications of Deaf Culture in Therapy," *Professional Psychology: Research and Practice* 35 (December 2004): 643-648. See also Michael A. Harvey, *Psychotherapy with Deaf and Hard-of-Hearing Persons: A Systemic Model* (Mahwah, NJ: Lawrence Erbaum Associates, 1989); Kristina M. English, *Counseling children with Hearing Impairments and Their Families* (Boston, MA: Allyn & Bacon, 2001); and Neil S. Glickman and Sanjay Gulalti, eds., *Mental Health Care of Deaf People: A Culturally Affirmative Approach* (Mahwah, NJ: Lawrence Erlbaum, 2003).

4. Susan M. Koger, Ted Schettler, and Bernard Weiss, "Environmental Toxicants and Developmental Disabilities: A Challenge for Psychologists," *American Psychologist* 60 (April 2005): 243-255.
5. This new paradigm for looking at the disabled is discussed by Rhoda and Constance Pledger, "Can Disability Studies and Psychology Join Hands?" *American Psychologist* 58 (April 2003): 296-304; and Carol J. Gill, Donald G. Kewman, and Ruth W. Brannon, "Transforming Psychological Practice and Society: Polices That Reflect the New Paradigm," *American Psychologist* 58 (April 2003): 305-312.
6. Constance Pledger, "Discourse on Disability and Rehabilitation Issues: Opportunities for Psychology," *American Psychologist* 58 (April 2003): 279-284.
7. 이 분야에서 최고의 책은 기독교 상담가인 Rosemarie S. Cook이 쓴 것이다. *Counseling Families of Children with Disabilities* (Dallas, TX: Word, 1990). Milton Seligman의 글도 보라. "Handicapped Children and Their Families," *Journal of Counseling and Development* 64 (December 1985): 274-277.
8. Jessica Jones and Jennifer Passey, "Family Adaptation, Coping and Resources: Parents of Children with Developmental Disabilities and Behavior Problems," *Journal on Developmental Disabilities* 11 (2005): 31-46.
9. Peter Burke, *Brothers and Sisters of Disabled Children* (London: Jessica Kingsley, 2003). See also Don Meyer and David Gallagher, eds., *The Sibling Slam Book: What It's Really Like to Have a Brother or Sister with Special Needs* (Bethesda, MD: Woodbine House, 2005).
10. Nicole Crawford, "Parenting with a Disability: The Last Frontier," *Monitor Psychology* 34 (May 2003): 68-70.
11. 장애에 대한 보다 깊은 논의를 보려면 다음의 책을 참고하라. Donna Falvo, *Medical and Psychosocial Aspects of Chronic Illness and Disability*, 3rd ed. (Sudbury, MA: Jones and Bartlett, 2005). See also Rhoda Olkin, *What Psychotherapists Should Know About Disability* (New York: Guilford, 2001); and Robert G. Frank and Timothy Elliott, *Handbook of Rehabilitation Psychology* (Washington, DC: American Psychological Association, 2000).
12. 비록 내가 그러한 범주에 알맞은 동료들을 알고 있음에도 불구하고, 나는 신체적 장애를 가진 심리학자와 상담자를 찾을 수 없었다. 어떤 학자들은 상담 분야에서 허락되는 주된 기준은 상담의 영향을 주는 어떤 한계를 상담자가 수행할 수 있는 능력에 있다고 제한한다. 예를 들면, 만약 상담자가 들을 수 없다면 이것은 상담에 큰 영향을 미칠 수 있다. Wendy K. Enochs and Colleen A. Etzbach, "Impaired Student Counselors: Ethical and Legal Considerations for the Family," *Family Journal: Counseling & Therapy for Couples & Families* 12 (October 2004): 396-400을 참고하라.
13. 이 장에서는 우리가 33장에서 논의했던 정신적 질병, 곧 정신적 장애와 지적인 능력의 한계를 주는 신체적인 조건으로 말미암아 나이에 비해 적합하거나 적절하지 않은 생각의 기능을 포함한 정신적 무능력을 구별하고자 한다.
14. 여러분은 인터넷에서 L'Arche에 관하여 알 수 있다. 많은 다른 것처럼, 나는 Henri Nouwen의 책들을 통하여 L'Arche에 관해 처음 알게 되었다. Henri J. M. Nouwen, *Life signs: Intimacy, Fecundity, and Ecstasy in Christian Perspective* (Garden City, NY: Doubleday,1986); Henri J. Henri J. M. Nouwen, *The Road to Daybreak : A Spiritual Journey* (Garden City, NY: Doubleday; 1988); and Nouwen's moving story about a young, severely retarded man, *Adam: God's Beloved* (Maryknoll, NY: Orbis, 1977) 참고하라.
15. Chapter 13.
16. 인터넷 검색을 해보면 정신 지체(Mental Retardation)와 다운증후군(Down Syndrome)에 대하여 깊이 연구한 다수의 웹 사이트에 주소를 찾을 수 있을 것이다.
17. 정신장애에 대한 자세한 설명을 보려면 다음을 참고하라. Mary Beirne-Smith, James R. Pattion, and Shannon H. Kime, *Mental Retardation: An Introduction to Intellectual Disability*, 7th ed. (Upper Saddle River, NJ: Prentice-Hall, 2005).
18. Greg Critser, *Fat Land: How Americans Became the Fattest People in the World* (Boston, MA: Mariner Books, 2004). 비만에 대한 통찰력 있는 논의에 대해서는 다음을 참고하라. Cathy Newman, "Why Are We So Fat?"

National Geographic 206 (August 2004): 46-61. 이 글은 현재 여러 나라에서 영양 결핍보다 영양과다인 사람이 더 많다고 보고한다.

19. 대부분의 경우 비만이 영적인 문제를 반영한다는 관점에서 제기될 수 있는 질문들과 더불어 크리스천 다이어트 프로그램에 대해서는 다음을 참고하라. R. Marie Griffith, *Born Again Bodies: Flesh and Spirit in American Christianity* (Berkeley, CA: University of California, 2004).
20. K. D. Brown, "Obesity: Understanding and Treating a Serious, Prevalent, and Refractory Disorder," *Journal of Consulting and Clinical Psychology* 50 (1982): 820-840.
21. Tori DeAngelis, "What's to Blame for the Surge in Super-size Americans?" *Monitor on Psychology* 35 (January 2004): 46-49.
22. Tori DeAngelis, "Family-Size Portions for One," *Monitor on Psychology* 35 (January 2004): 50-51.
23. Marion Nestle, *Food Politics: How the Food Industry Influences Nutrition and Health* (Berkeley, CA: University of California Press, 2003); and Claudine Fox and Carol Joughin, eds., *Childhood/em/Onset Eating Problems—Findings from Research* (London: The Royal College of Psychiatrists, 2002).
24. 이러한 결론들은 Mary Dallman과 샌프란시스코에 있는 캘리포니아 대학 동료들의 연구로부터 얻어진 것이다. 그리고 Tori DeAngelis의 논문, "What's to Blame," 에 인용되었다. 그러나 *Proceedings of the National Academy of Sciences* 100 (September 30, 2003), online을 통하여 처음 보고되었다.
25. 미국비만협회 웹 사이트에 따르면 비만은 "지구촌의 전염병"이 되었다.
26. Tori DeAngelis, "What's to Blame."
27. Body Mass Index 또는 BMI에 대한 통계는 더 과학적이다. 자신의 BMI를 얻기 위해서는 Google이나 Yahoo와 같은 인터넷에 접속하여 BMI라고 넣어보라. 그러면 즉각적으로 자신이 비만인지, 과체중인지, 또는 정상인지 알 수 있을 것이다. 비만인 사람은 과체중인 사람보다도 더 높은 BMI 수치를 가지고 있다.
28. 이러한 문제는 치료와 더불어 Kevin Thompson과 Linda Smolak에 의해서 자세하게 논의되고 있다. *Body Image, Eating Disorders, and Obesity in Youth: Assessment, Prevention, and Treatment* (Washington, DC: American Psychological Association, 2001); and J. Kevin Thompson, ed., *Body Image, Eating Disorders, and Obesity: An Integrative Guide for Assessment and Treatment* (Washington, DC: American Psychological Association, 1996).
29. T. DeAngelis, "Size-Based Discrimination May Be Hardest on Children," *Monitor on Psychology* 35 (January 2004): 62.
30. M. Dittman, "Walkable Cities Mean Less Obesity," *Monitor on Psychology* 35 (January 2004): 49.
31. 이것은 거의 25년 전에 기록된 작가의 결론 부분이다. 하지만 지금도 여전히 적용되고 있다. J. Rodin, "Obesity: Why the Losing Battle?" in *Psychological Aspects of Obesity A Handbook*, ed. B. B. Wolman (New York: Van Nostrand Reinhold, 1982), 30-87.
32. Leigh E. Rich, "Bringing More Effective Tools to the Weight-Loss Table," *Monitor on Psychology* 35 (January 2004): 52-55; Charlotte Hugg, "Teaming Up to Drop Pounds," *Monitor on Psychology* 35 (January 2004): 56-58; Zafra Cooper, Christopher G. Fairburn, and Deborah M. Hawker, *Cognitive-Behavioral Treatment of Obesity* (New York: Guilford, 2004); and Thomas A. Wadden and Albert J. Stunkard, *Handbook of Obesity Treatment* (New York, Guilford, 2004).
33. Rich, "Bringing More Effective Tools."
34. L. E. Rich, "Along with Increased Surgery, a Growing Need for Support," *Monitor on Psychology* 35 (January 2004): 54.
35. 더 자세한 정보에 대해서는 다음을 참고하라. K. R. Kracke, "Anorexia Nervosa," in *Baker Encyclopedia of Psychology*, ed. David G. Benner and Peter C. Hill, 2nd ed. (Grand Rapids, MI: Baker, 1999), 84-86; Paul E. Garfinkel, "Eating Disorders," in *Comprehensive Textbook of Psychiatry/VI*, ed. Harold Kaplan and Benjamin J. sadock (Baltmore, MD: Williams and Wilkins, 1995), 1361-1371.

36. Raymond E. Vath, *Counseling Those with Eating Disorders* (Waco, TX: Word, 1986).
37. 새로운 심리학적인 접근 방법들이 계속적으로 나타나고 있다. 예를 들어, Lisa A. Kotler, Gillian S. Boudreau, and Michael J. Devlin, "Emerging Psychotherapies for Eating Disorders," *Journal of Psychiatric Practice* 9 (November 2003): 431-441; and Allan S. Kaplan, "Psychological Treatments for Anorexia nervosa: A Review of Published Studies and Promising New Directions," *Canadian Journal of Psychiatry* 47 (April 2002): 235-242를 참고하라.
38. M. Sean O'Halloran and Arlene K. Weimer, "Changing Roles: Individual and Family Therapy in the Treatment of Anorexia Nervosa," *Family Journal: Counseling & Therapy for Couples and Families* 13 (April 2005): 181-187; James Lock, Daniel LeGrange, W. Stewart Agras, and Christopher Dare, *Treatment Manual for Anorexia Nervosa: A Family-Based Approach* (New York: Guilford, 2001); and G. F. M. Russell et al., "An Evaluation of Family Therapy in Anorexia Nervosa and Bulimia Nervosa," *Archives of General Psychiatry* 44 (1987): 1047-1056.
39. Vath, *Counseling Those with Eating Disorders*. 이 책의 절반 이상이 이 문단에 적힌 문제들처럼 심각한 문제들을 다루고 있다.
40. 이 구절은 Mark A. Yarhouse와 Gloria Anderson에 의한 잘 간추려진 보고서 안에서 인용한 것이다. "Persons with HIV/AIDS," *Journal of Psychology and Christianity* 21 (Winter 2002): 333-340.
41. 그 바이러스는 역시 뇌세포를 공격하고 ADIS dementia complex를 유발시킬 수 있다. 이것은 천천히 지적인 기능을 손상시키고, 운동기능 저해, 무감각과 집중력을 천천히 저하 시킬 뿐 아니라, 문제를 해결하는 능력을 감소시키는 점진적인 장애이다. 때때로 운동 기능의 장애와 정신적 장애를 수반한다.
42. Seth C. Kalichman, *Understanding AIDS: Advances in Research and Training* (Washington, DC: American Psychological Association, 1998); and E. N. Butler, :AIDS," in *Baker Encyclopedia of Psychology*, ed. David G. Benner and Peter C. Hill, 2nd ed. (Grand Rapids, MI: Baker, 1999), 58-59.
43. HIV와 AIDS에 대한 중요한 정보들은 인터넷에서 찾아볼 수 있다. 이러한 것들은 최소한 통계표를 포함하고 있다. 다음을 참고하라. Tony Barnett and Alan Whiteside, *AIDS in the Twenty-First Century: Disease and Globalization* (New York: Palgrave/ Macmillan, 2003); Darrel Ward and Darrell E. Ward, *The Amfar AIDS Handbook: The Complete Guide to Understanding HIV and AIDS* (New York: Norton, 1998); and Greg Behrman, *The Invisible People: How the U.S Has Slept Through the Global AIDS Handbook Pandemic, the Greatest Humanitarian Catastrophe of Our time* (Northampton, MA: Free Press 2004).
44. 예방 프로그램은 점점 나아지고 있으나, 아직까지는 어려움이 남아 있다는 사실을 보고해야 한다. 다음을 참고하라. 예를 들어, Catherine Campbell, *Letting Them Die: Why HIV/AIDS Prevention Programmes Fail* (Bloomington, IN: Indiana University Press, 2003); also Christopher M. Gordon, Andrew D. Forsyth, Ron Stall, and Laura W. Cheever, "Prevention Interventions with Persons Living with HIV/AIDS: State of the Science and Future Directions," *AIDS Education & Prevention* 17 (February 2005): 6-20.
45. 요한일서 1:9.
46. Gregg R. Albers, *Counseling and AIDS* (Dallas, TX: Word, 1990).
47. Richard E price, Michael M. Omizo, and Victoria L. Mammett, "Counseling Clients with AIDS," *Journal of Counseling and Development* 65 (October 1986): 96-97.
48. Mary Pipher, *In the middle of Everything: The World's Refuges Come to Our Town* (new York: Harcourt, 2002).
49. Dennis Palumbo, "Psychotherapy in LaLa Land: Confessions of a Hollywood Shrink," *Psychotherapy Networker* 29(July-August 2005):52-58.
50. Susan R. Johnson, "The Epidemiology of Premenstrual Syndrome," *Primary Psychiatry* 11 (December 2004): 27-32.
51. Mary Kathleen B. Lustyk, Laura Widman, Amy Paschane, and Erika Ecker, "Stress Quality of Life and Physical Activity in Women with Varying Degrees of Premenstrual Symptomatology," *Women and Health* 39 (2004): 35-44; and T. Land and Andrew Francis, "Premenstrual Symptomatology, Locus of Control, Anxiety and Depression in

Women with Normal Menstrual Cycles," *Archives of Women's Mental Health* 6 (2003): 127-138.

52. Nicole Crawford, "Helping Inmates Cope with Prison Life," *Monitor on Psychology* 34 (July-August 2003): 62-63.

53. Etienne Benson, "Rehabilitate or Punish," *Monitor on Psychology* 34 (July-August 2003): 46-47.

54. Robert D. Morgan, Alicia T. Rozycki, and Scott Wilson, "Inmate Perceptions of Mental Health Services," *Professional Psychology: Research and Practice* 35 (August 2004): 389-396.

55. Chaplain Baird(그의 삶에 대한 이야기를 포함)와 그를 대표하는 Good News Jail & Ministry기관에 관한 더 자세한 정보를 알고 싶으면 다음을 참고하라. www.goodnewsjail.org. Chaplain Baird는 일리노이에 있는 Cook County Prison에서 일한다.

56. Tori DeAngelis, "Punishment of Innocents: Children of Parents Behind Bars," *Monitor on Psychology* 32 (May 2001): 56-59.

57. Charles W. Hoge, Holly E. Toboni, Stephen C. Messer, Nicole Bell, Paul Amoroso, and David T. Orman, "The Occupational Burden of Mental Disorders in the U.S.. Military: Psychiatric Hospitalizations, Involuntary Separations, and Disability," *American Journal of Psychiatry* 162 (March 2005): 585-591.

58. Amy B. Adler, Ann H. Huffman, Paul D. Bliese, and Carl Andrew Castro, "The Impact of Deployment Length and Experience on the Well-Being of Male and Female Soldiers," *Journal of Occupational Health Psychology* 10 (April 2005): 121-137; and Susan Jones, "Paying the Price: The Psychiatric Cost of War," *Archives of Psychiatric Nursing* 18 (August 2004): 119-120.

59. Mark Greer, "A New kind of War," *Monitor on Psychology* 36 (April 2005): 38-41.

60. 가장 좋은 예뿐 아니라 가장 믿을 만한 기관으로써 Cadence International을 들 수 있다. 이것은 세계 여러 곳에 있는 남자와 여자들을 섬기고 있는 일반인 선교사들과 전역 군인들의 네트워크다. www.cadence.org를 참고하라. 아마 30년, 혹은 더 오래 전에 나는 Cadence와 함께 일할 기회를 얻어서 이 기관 안에서 수습 선교사들에게 기초 상담지식을 가르치는 전 세계에 흩어진 센터들을 거의 방문하였다. 그때의 기억으로 이 기관에 대한 깊은 인상이 아직도 남아 있다.

61. Laura Smith, "Psychotherapy, Classism, and the Poor: Conspicuous by Their Absence," *American Psychologist* 60 (October 2005): 687-696. The quotations are from page 693. also Ana Wong McDonald, "Five Loaves and Two fish for the Inner-City Poor," *Journal of Psychology and Christianity* 21 (Fall 2002): 253-256.

62. Smith, "Psychotherapy," 692.

63. Frank L. Gardner, "Applied Sport Psychology in Professional Sports: The Team Psychologist," *Professional Psychology: Research and Practice* 32 (February 2001): 34-39. 정신 건강 전문가들 중 한 팀은 운동선수가 좋은 몸매를 얻기 위해 노력하는 것처럼 음식물 섭취 장애를 연구 발전시킨 운동선수와 함께 일한다. Roberta Trattner Sherman and Ron A. Thompson, "Athletes and Disordered Eating: Four Major Issues for the Professional Psychologist," *Professional Psychology: Research and Practice* 32 (February 2001): 27-33 을 참고하라.

64. 한 가지 흥미 있는 연구에서는 운동선수들이 기도를 어떻게 하고 어떤 목적으로 언제 하는지에 대해 조사했다. Daniel R. Czech, Craig A. Wrisberg, Leslee A. Fisher, Charles L. Thompson, and Gene Hayes, "The Experience of Christian Prayer in Sport: an Existential Phenomenological Investigation," *Journal of Psychology and Christianity* 23 (winter 2004): 3-11을 참고하라.

65. 히브리서 12:15, NIV.

66. Philip Yancey는 이 질문에 대해 그의 책, *Where Is God It Hurts? A Comforting, Healing Guide for Coping with Hard Times* (Grand Rapids, MI: Zondervan, 2001)에서 설명하고 있다.

67. 시편 기자의 이러한 갈등은 시편 74편 안에 기록되어 있다. 그의 완고함은 21절에서 언급된다. 욥기 전체에서 불공평하게 공격받고 그 까닭에 대한 질문하며 갈등하고 있는 한 사람에 대해서 다양한 방법으로 묘사하고 있다.

68. 고린도후서 12:7-10; 베드로전서 1:5-7; 로마서 8:28; 히브리서 12:11; 시편 119:71; 로마서 5:3-5.

69. 고린도후서 1:3-7.

70. 요한복음 9:1-41; 누가복음 13::1-5.

41장 영적 문제들

1. 종교에 대한 지그문트 프로이트의 관점들은 그의 책, *The Future of an Illusion* (Garden City, NY: Doubleday Anchor Boooks, 1927)에 간결하게 표현되어 있다. 프로이트의 종교적 입장에 대한 흥미롭고 극히 잘 문서화된 비평을 위해서는 Paul C. Vitz의 *Sigmund Freud's Christian Unconscious* (New York: Guilford, 1988)를 보라.
2. 1980년대와 그 전에 유행했던 종교적인 내담자들을 향한 비종교적이고 종교적인 태도들의 몇몇 요약을 위해 기독 심리학자 Everett Worthington, Jr.가 쓴 조심스럽고, 잘 서술된 논문을 보라. "Religious Counseling: A Review of Published Empirical Research," *Journal of Counseling and Development* 64 (March 1986): 421-431. Everett Worthington, Jr. T. A. Crusu, Michael E. McCullough, Steven J. Sandage, "Empirical Research on Religion and Psychotherapy Processes and Outcomes: A 10-Year Review and Research Project," *Psychological Bulletin* 119 (1996): 448-487.
3. 책들의 목록이 계속해서 증가한다. 이 책들의 대부분은 1995년 이후 혹은 21세기로 넘어가며 출판되었다는 것에 주의하라. 예를 들어 다음을 보라. 편집자들과 작가들 중 몇몇은 기독교인이다. 그러나 이 책들 중 어느 것도 특별히 기독교인을 대상으로 쓰지는 않았다. Edward Shafranske, ed., *Religion and the Clinical Practice of Psychology* (Wahsington, DC: American Psychological Association, 1996); David A. Steere, *Spiritual Presence in Psychotherapy: A Guide for Caregivers* (New York: Brunner/Mazel, 1997); Kenneth L. Paragament, *The Psychology of Religion and Coping: Theory, Research, Practice* (New York: Guilford, 1997); William Miller, ed., *Integrating Spirituality into Treatment* (Washington, DC: American Psychological Association, 1999); Matthew B. Schwaretz and Kalman J. Kaplan, *Biblical Stories for Psychotherapy and Counseling* (New York: Haworth, 2004); P. Scott Richards, Allan E. Bergin, eds., *Casebook for a Spiritual Strategy in Counseling and Psychotherapy* (Washington, DC: American Psychological Association, 2004); Len Sperry and Edward P. Shafranske, eds., *Spiritually Oriented Psychotherapy* (Washington, DC: American Psychological Association, 2005); William R. Miller, Harold D. Delaney, eds., *Judeo-Christian Perspectives on Psychology* (Washington, DC: American Psychological Association, 2005).
4. 현대의 영성에 대한 요약을 위해서는 Gary R. Collins, *The Soul Search: A Spiritual Journey to Authentic Intimacy with God* (Nashville, TN: Oliver-Nelson, 1998)를 보라.
5. 발터 트로비쉬, *The Complete Works of Walter Trobisch* (Downers Grove, Il: InterVarsity Press, 1987), 696.
6. 베드로후서 1:21, NIV.
7. 로마서 11:33-34.
8. 베드로전서 1:14-16; 2:21.
9. 에베소서 6:11.
10. 로마서 12:1
11. 로마서 13:14; 베드로전서 2:11; 요한일서 1:8-2:2.
12. 에베소서 2:4-9.
13. 로마서 8:15-17; 미가 6:8.
14. 시편 103:8, 13, 14.
15. 요한복음 14:16-17; 누가복음 12:12; 데살로니가전서 4:8; 베드로전서 5:10.
16. 마태복음 28:20; 잠언 18:24.
17. 베드로전서 3:18.
18. 로마서 12:2; 히브리서 12:1; 베드로전서 1:14-16; 2:21-22; 갈라디아서 5:22-23.
19. 히브리서 13:16.

20. 마태복음 20:26-27; 야고보서 3:13-14; 베드로전서 5, 6.
21. 여호수아 1:9.
22. 빌립보서 3:12-14.
23. 디모데후서 2:21.
24. 고린도전서 2:14-16.
25. 필립 젠킨스, *The Next Christendom: The Coming of Global Christianity* (New York: Oxford, 2002).
26. 게다가 많은 전문 상담자들은 영적 실습들이 정신과 의사들 자신을 그들만의 스트레스에서 돕는다고 인정한다. Paul Case, Mark McMinn, "Spiritual Coping and Well-functioning Among Psychologists," *Journal of Psychology and Theology* 29 (Spring 2001): 29-40.
27. 위는 National Center on Addiction and Substance Abuse at Columbia University, 2005의 소책자에서 번안되었다.
28. Kevin Helliker, "Why Attending Religious Services May Benefit Health," *Wall Street Journal*, May 3, 2005.http://www.post-gazette.com/pg/05123/498354.stm.
29. 이것은 미국인의 인생에 대한, 높이 인정받은 연구의 결론이었다. Robert Bellah, et al., *Habits of Heart: Individualism and Commitment in American Life* (New York: Harper & Row, 1985), 281. 20년 이전에 출판된 이 조사원들의 결론들이 20년 사이에 변했다는 증거는 아직 나타나지 않고 있다.
30. 에베소서 2:8, 9.
31. 고린도전서 3:1-3.
32. Pamela Ebstyne King, James I. Furrow, and Natalie Roth, "The Influence of Families and Peers on Adolescent Religiousness," *Journal of Psychology and Christianity* 21 (Summer 2002): 109-120.
33. 이것은 Richard Foster, *The Challenge of the Disciplined Life: Reflections on Money, Sex and Power* (San Francisco, HarperSanFrancisco, 1989)의 결론이다.
34. 로마서 6:13, 16; 시편 32:3-4. 죄의 역할에 대한 심층적 토론을 위해서는 기독 임상 심리학자에 의해 쓰인 다음 책을 보라. Mark R. McMinn, *Why Sin Matters: The Surprising Relationship Between Our Sin and God's Grace* (Wheaton, IL: Tyndale, 2004).
35. 시편 50:8-15; 이사야 1:11-17; 호세아 6:6; 마태복음 23:23, 24; 골로새서 2:23; 갈라디아서 3:2; 5:1. 20대의 기독교인들의 관점에서 쓰인 율법주의에 대한 토론을 위해서는 Cara Davis, "Legalism: What it's Doing to This Generation," *Relevant* 16 (September-October 2005): 64-65를 보라.
36. 에베소서 2:8, 9.
37. 빌립보서 2:12-13.
38. 골로새서 2:8, 16-23.
39. 요한계시록 3:15-19.
40. 잠언 16:18.
41. 히브리서 12:15.
42. 디모데전서 6:10; 히브리서 13:5; 야고보서 4:3, 13; 마태복음 20:25-28.
43. 디모데전서 6:10-21.
44. 로마서 12:2.
45. 트로비쉬, *Complete Works*, 697.
46. Jerry White, *The Power of Commitment: How Ordinary People Can Make an Extraordinary Impact on the World*, rev. ed. (Colorado Springs, CO: NavPress, 1997). 초판 9쪽에서 인용했다.
47. 예를 들어 누가복음 12:15; 에베소서 5:3; 골로새서 3:5; 출애굽기 20:17을 보라.
48. 누가복음 12:13-21; 마태복음 19:16-23.
49. Richard Foster, *Freedom of Simplicity* (San Francisco: CA: HarperSanFrancisco, 1998), 20. 그리고 Ronald J. Sider, *Scandal of the Evangelical Conscience: Why are Christians Living Just Like Rest of the World?* (Grand Rapids,, MI:

Baker, 2005); Ronald J. Sider, *Rich Christians in an Age of Hunger* (Nashville, TN: W Publishing, 1997)를 보라.
50. 디모데전서 6:9-10.
51. 고린도전서 6:19; 데살로니가전서 5:19.
52. 데살로니가전서 1:6; 에베소서 1:6; 3:16; 4:3; 갈라디아서 5:22-23; 골로새서 1:29; 요한일서 2:20-25.
53. 기술적으로 이 문장은 영성 훈련에 대한 새로운 흥미가 대부분 신교의 범주, 특별히 복음주의자들 사이에 있다는 것을 언급해야만 한다. 많은 개신교인들에 비교할 때, 영성 훈련은 로마 가톨릭과 정교회 그리스도인들 사이에서 더 중심적으로 널리 행해져온 것으로 보인다.
54. 훈련들의 실제적인 요약들을 위해서는 Adele Ahlberg Calhoun, *Spiritual Disciplines Handbook: Practices That Transform Us* (Downers Grove, IL: InterVarsity, 2005); Richard Foster, *Celebration of Discipline: The Path to Spiritual Growth* (San Francisco, CA: HarperSanFrancisco, 1988); Siang Yang Tan, Douglas H. Gregg, *Disciplines of the Holy Spirit* (Grand Rapids, MI: Zondervan, 1997); Dallas Willard, *The Spirit of the Disciplines* (San Fransicdo, CA: HarperSanFrancisco, 1991); Donald Whitney, *Spiritual Disciplines for the Christian Life* (Colorado Springs, CO: NavPress, 1991); John Ortberg, *The Life You've Always Wanted* (Grand Rapids, MI: Zondervan, 2002)를 보라.
55. Brian E. Eck, "The Exploration of the Therapeutic Use of Spiritual Disciplines in Clinical Practice," *Journal of Psychology and Christianity* 21 (Fall 2002): 266-280.
56. 같은 책.
57. 로마서 12; 고린도전서 12; 에베소서 4; 히브리서 10:24-25. 이 이슈들에 대한 유용한 토론을 위해서는 Richard Ramm, *The Pursuit of God in the Company of Friends* (Downers Grove, IL: InterVarsity, 2003)를 보라.
58. 고린도후서 1:3-7.
59. 야고보서 1:2-5; 고린도후서 12:8-10; 베드로전서 3:14, 17-18; 4:1, 12-16.
60. 고통에 대한 신중한 분석을 위해서는 Philip Yancey, *Where is God When It Hurts?* (Grand Rapids, MI: Zondervan, 1997)를 보라. 또한 Matt and Beth Redman, *Blessed Be Your Name: Worshiping God on the Road Marked with Suffering* (Ventura, CA: Gospel Light, 2005); John S. Feinberg, *Where is God? A Personal Story of Finding God in Grief and Suffering* (Nashville, TN: Holman, 2004)을 보라.
61. 에베소서 6:12.
62. 이전 장에서 우리는 특별히 심리학적 범주들 안에서 널리 신봉되는 믿음인, 중세의 엑소시즘과 때로 가학적 마녀 사냥은 대부분 자주 기독교인들과 교회의 일이었다는 것을 지지하는 증거가 거의 없다는 것에 주시했다. Suzanne M. Phillips는 "실제로, 정신병을 가진 사람들은 마녀로 여겨지지 않았고, 처형되지도 않았다"라고 쓰고 있다. Suzanne M. Phillips, "Free to Speak: Clarifying the Legacy of the Witch Hunts," *Journal of Psychology and Christianity* 21 (Spring 2002): 29-41. 29쪽에서 인용했다.
63. C. S. Lewis, *The Screwtape Letters* (London: Collins-Fontana, 1942), 9.
64. 에베소서 6:11-20; 베드로전서 5:8-9; 고린도후서 11:14; 야고보서 4:7; 요한일서 4:3-4; 요한계시록 12:9; 20:3, 10. 명명된 영향과 정신 병리학에 대한 간결한 개관을 위해서는 Henry A. Virkler, "Denomic Influence, Sin and Psychopathology," in *Baker Encyclopedia of Psychology,* ed. David Benner, Peter C. Hill, 2nd ed. (Grand Rapids, MI: Baker, 1999), 326-332를 보라.
65. Richard Dortch, "I Made Mistakes," *Christianity Today* 32 (March 18, 1988): 47.
66. 고린도후서 3:7, 13; NIV Study Bible의 각주는 "베일의 목적은 이스라엘 사람들이 영광의 퇴색을 보는 것을 방지하기 위한 것이었다"라고 적고 있다.
67. 고린도후서 3:16-18.
68. 요한일서 5:16-17.
69. 구약의 욥과 신약의 나사로는 그들의 병이 개인적인 죄의 결과가 아니었던 사람들이었다. 욥기 2:3과 요한복음 11:4; 또한 요한복음 9:1-5를 보라.
70. David B. Larson and Susan S. Larson, "Spirituality's Potential Relevance to Physical and Emotional Health: A Brief

Review of Quantitative Research," *Journal of Psychology and Theology* 31 (Spring 2003): 37-51.

71. 고린도전서 3:3; 에베소서 2:14.

72. 빌립보서 1:15-17.

73. 이 이슈들 중 몇몇은 Theresa Clement Tisdale, Carrie E. Doehring, and Veneta Lorraine-Poirier, "Three Voices, One Song: A Psychologist, Spiritual Director, and Pastoral Counselor Share Perspectives on Providing Care," *Journal of Psychology and Theology* 31 (Spring 2003): 52-68, Gary W. Moon, "A Spiritual Journey in Spiritually Sensitive Psychotherapy: An Interview with David G. Benner," *Journal of Psychology and Christianity* 21 (Spring 2002): 64-71; Nicholas C. Howard, Mark R. McMinn, Leslie D. Bissel, Sally R. Faries, and Jeffrey B. Van Meter, "Spiritual Directors and Clinical Psychologists: A Comparison of Mental Health and Spiritual Values," *Journal of Psychology and Theology* 28 (Winter 2000): 308-329; B. J. B. J. Zinnbauer and Kenneth L. Pargament, "Working with the Sacred: Four Approaches to Religious and Spiritual Issues in Counseling," *Journal of Counseling and Development* 78 (2000): 162-172; Eck, "An Exploration of the Therapeutic Use of Spiritual Disciplines"에 논의되어 있다.

74. Gary W. Moon and David G. Benner, Special Issue Editors, "Special Issue: Psychotherapy and Spiritual Direction, Part 1," *Journal of Psychology and Theology* 78 (Winter 2002). 같은 두 작가들은 이 저널의 부분을 책 한 권으로 포함하고 확장시켰다. Gary W. Moon and David G. Benner, eds., *Spiritual Direction and the Care of Souls: A Guide to Christian Approaches and Practices* (Downers Grove, IL: InterVarsity, 2004).

75. C. B. Johnson, "Use of Prayer in Counseling," in *Baker Encyclopedia of Psychology,* ed. David G. Benner and Peter C. Hill, ed. (Grand Rapids, MI: Baker, 1999), 895-896; Mark M. McMinn, "Spiritual and Religious Issues in Psychotherapy," in Benner and Hill, *Baker Encyclopedia*, 1150-1153.

76. 조사 자료를 얻으려면 www.barna.org로 시작하라. 그러나 바나 연구는 대부분 미국 응답자들을 대상으로 한 것임을 주의하라. 본문의 인용은 웹 사이트에 인용된 2005 바나 그룹 조사 중 하나에서 취했다. 앞에 나온 장에서 우리는 미국인의 약 90%가 신을 믿는다고 주장한다는 것에 주목했다. 그 양상은 신에게 본문에서 인용된 더 좁고 개인적인 정의가 부여될 때 약 70%까지 떨어진다.

77. 예를 들어 John R. Finney and H. Newton Maloney, "An Empirical Study of Contemplative Prayer as An Adjunct to Psychotherapy," *Journal of Psychology and Theology* 13 (Winter 1985): 284-90; Mark H. Butler, Julie A. Stout, and Brandt C. Gardner, "Prayer as a Conflict Resolution Ritual: Clinical Implications of Religious Couples' Report of Relationship Softening, Healing Perspective and Change Responsibility," *American Journal of Family Therapy* 30 (January-February 2002): 19-37을 보라.

78. 요한복음 13:14-15; 고린도전서 11:1; 빌립보서 3:17; 4:9; 베드로전서 5:3.

79. 예레미야 9:23-24; 호세아 6:6; 요한복음 17:3.

80. Gordon W. Allport, *The Individual and His Religion* (New York: Macmillan 1950), 90.

81. 요한복음 3:16; 요한일서 4:7-21.

82. 우리는 죄에 대한 McMinn의 더 최근 책, *Why Sin Mattters*에 주목해왔다.

83. 로마서 6:23; 마태복음 13:41-42; 로마서 8:1; 고린도전서 15:3; 요한일서 1:8-10; 이사야 43:23-25; 예레미야 31:34.

84. 야고보서 5:16.

85. 아마 다른 어떤 것보다 용서에 대한 흥미와 이 주제에 대한 조사의 급증은 이전에 인기가 없는 영역에 조사를 한 몇몇의 헌신된 개인들 때문에, 용서가 긍정적으로 비춰지는 긍정의 심리학의 발생 때문에, 그리고 John Templeton 경이 창설한 템플턴 기금에서 온 용서에 대한 관대한 재정상의 기여 때문에 일어났다.

86. 에베소서 5:18-21; 갈라디아서 5:22-23.

87. 마태복음 28:18-20.

88. Ana Wong-McDonald and Richard L. Gorsuch, "Surrender to God: An Additional Coping Style?" *Journal of Psychology and Theology* 28 (Summer 2000): 149-161.

89. 창세기 2:18.
90. 고린도전서 12:25. 신약의 거의 60개의 구절들이, 우리가 서로를 위해서 관심을 보이고, 중보기도하고, 돕고, 격려하고, 사랑하고, 힘을 주고, 섬기고, 그리고 서로 짐을 지라고 가르친다.
91. 베드로전서 4:10-11.
92. 예를 들어 두 가지 전체 이슈들이 영성 지도에 대해 충실하게 논하고 있다. *Journal of Psychology and Theology* 31(Winter 2002/ Spring 2003). 특별한 흥미로운 논문들도 이 두 저널에서 나왔다. Theresa Clement Tisdale et al., "Three Voices"; Gary W. Moon, "Spiritual Direction: Meaning, Purpose, and Implications for Mental Heath Professionals" (Winter 2002): 264-278; Lee Sperry, "Integrating Spiritual Direction Functions in the Practice of Psychotherapy" (Spring 2003): 3-31; Siang-Yang Tan, "Integrating Spiritual Direction into Psychotherapy: Ethical Issues and Guidelines" (Spring 2003): 14-23. 또한 Nicholas C. Howard, Mark R. McMinn, Leslie D. Bissell, Sally R. Faries, Jeffrey B. VanMeter, "Spiritual Directions and Clinical Psychologists: A Comparison of Mental Health and Spiritual Values," *Journal of Psychology and Theology* 28 (Winter 2000): 308-320을 보라.
93. David Benner, *Sacred Companions; The Gift of Spiritual Friendship and Direction* (Downers Grove, IL: InterVarsity, 2002), 94. Benner의 "Demystifying Spiritual Direction" 장은 내가 읽은 영성 지도의 본성과 과정에 대한 가장 명확한 묘사이다. 또 다른 장 "The Ideals of Spiritual Friendship"은 책의 가치에 잘 부합한다.
94. Nicholas C. Howard, et al., "Spiritual Directors," 309.
95. Gerald G. May, *Care of Mind, Care of Spirit: Psychiatric Dimensions of Spiritual Direction* (San Francisco, CA: Harper, 1982), 6.
96. Dallas Willard, "Spiritual Formation in Christ: A Perspective on What It Is and How It Might be Done," *Journal of Psychology and Theology* 28 (Winter 2000): 254-258.
97. Michael W. Mangis, "Spiritual Formation and Christian Psychology: A Response and Application of Willard's Perspective," *Journal of Psychology and Theology* 28 (Winter 2000): 259-262; James R. Beck, "Self and Soul: Exploring the Boundary Between Psychotherapy and Spiritual Formation," *Journal of Psychology and Theology* 31 (Spring 2003): 24-36. 영적 형성에 대한 도움이 되는 요약을 위해 M. Robert Mulholland, Jr., *Invitation to a Journey: A Road Map for Spiritual Formation* (Downers Grove, IL: InterVarsity, 1993)을 보라.
98. 에베소서 6:12.
99. 에베소서 6:10-18.
100. 야고보서 4:7, 8; 베드로전서 5:8-9.
101. 나에게 이 구분을 상기시켜준 것에 대해 Rodger K. Bufford에게 감사한다. 이 단락에 있는 논의의 대부분은 Rodger K. Bufford, "Exorcism," in *Baker Ecyclopedia of Psychology*, ed. David G. Benner, Peter C. Hill, 2판 ed. (Grand Rapids, MI: Baker, 1999), 416-417에서 번안한 것이다. 가다라 지방의 귀신 들린 자에 대한 설명은 마태복음 8:28-34에 기록되어 있다.
102. 이것은 Rodger K. Bufford, *Counseling and the Demonic* (Waco, TX: Word, 1988)에 자세하게 논의되었다. 나는 귀신들린 사람을 돕기 위한 모든 책들에 대해 조심스럽다는 것을 고백한다. 많은 작가들이 악마는 거짓말의 아버지라는 것과 악마로부터 근거한 어느 것도 믿을 수 없다는 것을 무시한 채 악마들이 그들에게 말하는 것에 근거하여 악마들에 대한 결론을 낸다. 또한 Don Basham, *Deliver Us from Evil: A Pastor's Reluctant Encounters with the Powers of Darkness* (Grand Rapids, MI: Baker, 2005)를 보라.
103. 에베소서 6:10-18의 자격들에 다시 한 번 주의하라. 또한 마태복음 17:19-21; 마태복음 9:18, 28-29를 보라.
104. 고린도전서 12:10; 요한일서 4:1-3.
105. 요한일서 4:4.
106. 히브리서 12:5-11.

42장 상담자 상담

1. 이것은 오래된 이야기다. 아마도 Joshua L. Liebman의 *Peace of Mind* (New York: Simon & Schuster, 1946)에서 인용한 이야기일 것이다.
2. 요한복음 14:27.
3. 빌립보서 4:12.
4. 빌립보서 4:4-7.
5. 베드로전서 5:7-9; 야고보서 4:7; 빌립보서 4:6-9.
6. 갈라디아서 5:22; 요한복음 14:26-27.
7. 이것은 *Christian Counseling Today* 12 (2002): 52-54, Eric T. Scalise의 소논문 "When Helping You Is Hurting Me"의 주제다.
8. Nohn C. Norcross의 "Psychotherapist Self-Care: 경험이 풍부한 상담자, 정보에 근거한 연구 전략들," *Professional Psychology: Research and Practice* 31 (December 2000): 710-713.
9. Jiang Jiang, Xu Yan, 그리고 Zhang Shuyue, "Job Burnout of Psychological Counselor," *Chinese Mental Health Journal* 18 (December 2004): 854-856. 그리고 Ellen K. Baker의 "Therapist Self-Care Needs Across the Lifespan," *Caring for Ourselves: A Therapist's Guide to Personal and Professional Well-Being* (Washington, DC: American Psychological Association, 2003), 25-36; Charles R. Figley, *Treating Compassion Fatigue* (Philadelphia: Taylor & Francis, 2002); 그리고 Patricia A. Rupert와 David J. Morgan, "Work Setting and Burnout Among Professional Psychologists," *Professional Psychology: Research and Practic* 36 (October 2005): 544-550.
10. Thomas M. Skovholt와 Michael H. Ronnestad의 "Struggles of the Novice Counselor and Therapist," *Journal of Career Development* 30 (Fall 2003): 45-58.
11. 요한복음 12:8.
12. Alan Deutschman의 "Making Change," *Fast Company* 94 (May 2005): 53-62.
13. Steven Berglas, *Reclaiming the Fire: How Successful People Overcome Burnout* (New York: Random House, 2001).
14. Norcross, "Psychotherapist Self-Care," 710.
15. Baker, *Caring for Ourselves*, 14.
16. 같은 책, 제1장.
17. 간단한 소논문의 제목은 상담자들이 이미 정기적인 운동의 중요성을 알고 있지만, 그들이 알고 있는 것을 무시한다는 것을 의미한다. E. Packard의 "Reminder: Exercise Helps the Therapist Self-Care," *Monitor on Psychology* 36 (November 2005): 20.
18. Leonard Felder의 "I Gave at the Office: Too Often, Therapists Leave Their Listening Skills at Work," *Psychotherapy Networker* 29 (September-October 2005): 60-63.
19. Jami Chamberlin의 "Emergency Caregivers Are at Risk When Working with Children," *Monitor on Psychology* 32 (February 2001): 62-63.
20. E. Glenn Wagner의 "Walking Alone: One Pastor's Journey into Depression," *Rev!* 8 (May-June 2005): 48-57.
21. Dennis Palumbo의 "The Burnt-Out Therapist"에서 인용함. *Psychotherapy Networker* 24 (September-October 2000): 64-69.
22. Baker, "Caring for Ourselves," 129에서 인용함. 상담자의 자기-돌봄에 대한 다른 훌륭한 논의를 보려면, J. D. Guy, *The Personal Life of the Psychotherapist* (New York: Wiley, 1987); 그리고 Mary B. Pipher, *Letters to a Young Therapist* (New York: Basic Books, 2003)를 참고하라.
23. 히브리서 10:25.
24. 고린도전서 10:12.

25. 상담자-멘토에 대하여 더 자세하게 설명한 것을 보려면, W. Brad Johnson의 "Intentional Mentor: Strategies and guidelines for the Practice of Mentoring," *Professional Psychology: Research and Practice* 33 (February 2002): 88-96, Mellissa Dittman의 "Building Mentorships for Success," *GradPSYCH* 3(January 2003): 40-45; W. Brad Johnson, Jennifer M. Huwe, *Getting Mentored in Graduate School* (Washington, DC: American Psychological Association, 2003); 그리고 Peter F. Wilson과 W. Brad Johnson의 "Core Virtues for the Practice of Mentoring," *Journal of Psychology and Theology*, 29 (Summer 2001): 121-130을 참고하라. 일반적으로 멘토링에 대하여 통찰력 있는 소논문으로는 J. R. Briggs의 "Confessions from a Young Timothy," *Rev!* 6 (July-August 2003): 55-60을 보라.
26. Louis McBurney, *Every Pastor Needs a Pastor* (Waco, TX: Word, 1977).
27. Henri J. M. Nouwen, *Genesee Diary: Report from a Trappist Monastery* (Garden City, NY: Doubleday-Image, 1976), 13.
28. 마가복음 1:32-35; 누가복음 9:10.
29. 마가복음 1:37-38.
30. 누가복음 9:1-2.
31. Henri J. M. Nouwen의 『로마의 어릿광대』(가톨릭대학교출판부) (Clowni in Rome: Reflections on Solitude, Celibacy, Prayer and Contemplation) (Garden City, NY: Doubleday-Image, 1979), 53-54.
32. 야고보서 1:27.
33. 요한복음 17:15.
34. 요한일서 1:8-9.
35. 대학 발전 사무소에서 오는 정기 기금 모금 편지를 제외하고, 기금 모금자들은 언제나 동창생을 찾는 데 초인적인 능력을 갖고 있는 것 같다.
36. 몇 년 전에 나는 소진되는 목회자들은 거의 언제나 책을 읽지 않고 배우지 않는다고 Gordon McDonald가 말하는 것을 들었다.
37. 강의의 효율성 혹은 비효율성에 대하여 흥미롭게 논의한 것을 보려면, Sue Pelletier의 "Do Lectures Deliver?" *Meetingsnet.com* (July-August 2004): 26-32를 참고하라.
38. 현재 기독교 관점을 갖고 있는 전문 상담 학술지로는 *Journal of Psychology and Theology, Journal of Psychology and Christianity, Marriage and Family: A Christian Journal* 등이 있다. 다른 학술지는 의심의 여지없이 이 책이 발간된 후에 나오는 책에 추가로 나올 것이다.
39. 이 문제를 논의한 것으로는, David Shenk, *Data Smog: Surviving the Information Glut,* rev. ed. (San Francisco, CA: HarperSanFrancisco, 1998); 그리고 Laura J. Gurak, *Navigating the Internet with Awareness* (New Haven, CT: Yale University Press, 2003)를 보라.
40. 구독하려면, www.garycollins.com에 가서, 금주의 소식을 보여주는 회보 아이콘을 클릭하시오. 그리고 예약 구독을 원하면 그 페이지의 밑에 "예약 구독"으로 들어가라. 그리고 이 책과 관련해서 최신 자료를 보려면 웹 사이트를 보라.
41. Arthur Brisbane의 보도에서 인용한 것이다.
42. 마태복음 20:20-28.

9부 미래에 대한 문제들

43장 미래의 상담 전망

1. Anthony J. Mayo와 Nitin Nohria 교수가 있다. 그들의 책 제목은 *In Their Time: The Greatest Business Leaders of the 20th Century* (Cambridge, MA: Harvard Business School Press, 2005)이다. 여기에서 확인된 최고 지도자들은 Mayo와 Nohria이다. 그리고 영향력 있는 지도자들은 다음과 같다. Samuel M. Walton (Wal-Mart), Walter E. Disney (Walt Disney), William H. Gates III (Microsoft), Henry Ford (Ford Motor Company), John P. Morgan (J. P. Morgan Chase), Alfred P. Sloan, Jr. (General Motors), John F. Welch, Jr. (General Electric), Raymond A. Kroc (McDonalds), William R. Hewlett, David Packer, Andrew S. Grove, Milton S. Hersy, John D. Rockefeller, Sr., 그리고 Thomas J. Watson, Jr. 최고 100인에 들어 있는 유일한 여성은 Estee Lauder이다. 이것은 미국 기업 지도자들 중에서 뽑은 것이기 때문에, 미국인이 아닌 기업인은 포함되지 않았다. 미국인이 아닌 사람들 중 많은 기업인들은 의심의 여지없이 이 책에서 인용된 미국인들보다 더 많은 영향을 끼쳤다.
2. 두 개의 인용문은 Bill Breen의 "The Three Ways of Great Leaders," *Fast Company* 98 (September 2005): 50에서 따온 것이다.
3. 역대상 12:32.
4. 잘못된 예언의 세기들을 유머스하고 매혹적으로 본 것으로는, Laura Lee의 *Bad Predictions* (Rochester Hills, MI: Elsewhere Press, 2000)이 있다.
5. John Naisbitt의 *Megatrends: Ten New Directions for Transforming Our Lives* (New York: Warner Press, 1988); John Naisbitt, Patricia Aburdene, *Megatrends 2000: Ten New Directions for the 1990s* (New York: Morrow, 1990); William Knoke, *Bold New World: The Essential Road Map to the Twenty-First Century* (New York: Kodansha, 1996). 다음의 사람들이 정확한 예언을 하는 사람들인가 알기에는 너무 이르지만, 그들은 많은 관심을 모으고 있다. Thomas L. Friedman, *The World Is Flat: A Brief Hostory of the Twenty-First Century* (New York: Farrar, Straus와 Girous, 2005); 그리고 Patricia Aburdene, *Megatrends 2010: The Rise of Conscious Capitalism* (Charlottesville, VA: Hampton Roads, 2005).
6. Marcus Buckingham, Donald O. Clifton, *Now, Discover Your Strengths* (New York: Free Press, 2001).
7. 이것은 미국심리학회에서 전문 상담 실습의 전무이사로 있는 심리학자의 견해다. Russ Newman의 "Leading Psychology Forward: Staying the Course in Uncertain Times," *Professional Psychology: Research and Practice* 35 (February 2004): 36-41.
8. John C. Norcross, Larry E. Beutler 그리고 Ronald F. Levant 편집, *Evidence-Based Practices in Mental Health* (Washington, DC: American Psychological Association, 2006). 이 책의 출판업자는 "정신 건강에서 사실에 근거한 상담만큼 중요하고 쟁점이 되는 주제는 거의 없다"라는 점을 지적한다.
9. George Orwell, *1984* (New York: Signet Reissue, 1990).
10. 마태복음 24:36.
11. 아마도 이것은 점쟁이들이 사용하는 방법일 것이다. 이들 중 많은 사람들은 그들이 알아차리지는 못하고 있을지라도, 사탄과 연관이 되어 있을 것이다. 그러나 점쟁이들은 행동을 매우 통찰력 있게 관찰하는 사람들이다. 그들의 예언은 과거와 현재 상황, 그리고 내담자들의 소망에 대하여 그들이 배운 것에 근거하고 있다.
12. 누가복음 14:28-32.
13. 잠언 15:22, 20:18.
14. 잠언 21:5.
15. 잠언 16:3.
16. 이사야 30:1-2.

17. 하나님의 계획은 성경에서 자주 언급된다. 그 계획들은 언제나 말한 대로 시행되는 계획들이다. 예를 들면 에베소서 3:1-6, 9, 11을 보라.
18. 나는 Rick Wager가 계획과 준비 사이의 차이점을 알 수 있도록 도와준 것에 대하여 감사하고 있다.
19. 요한복음 1:23; 이사야 40:3.
20. 여호수아 3:1-5.
21. Rick Warren, *The Purpose-Driven Church* (Grand Rapids, MI: Zondervan, 1995), 13-14.
22. 사도행전 17:10-11.
23. 인터넷 조사와 학술지 입수에 대한 윤리적인 문제와 복잡성은 미국심리학회의 최근 도서에서 커버스토리 주제로 다루어졌다. 예를 들면 다음의 논문들이다. Tori DeAngelis의 "Debating Access to Scientific Date)," *Monitor on Psychology* 35 (February 2004) 46-51; 그리고 Karen Kersting의 "When Done Right, Internet Research Yields Rewards," *Monitor on Psychology* 35 (February 2004): 52-53.
24. Marlene M. Maheu, Myron I. Pulier, Frand H. Wilhelm, Joseph P. McMenamin, Nancy E. Brown-Connolly, *The Mental Health Professional and the New Technologies* (New York: Lawrence Erlbaum, 2004); Ron Kraus, Jason Zack, 그리고 George Stricker의 *Online Counseling: A Handbook for Mental Health Professional* (St. Louis, MO: Academic Press, 2004); Stephen Goss, Kate Anthony, eds,. *Technology in Counselling and Psychotherapy* (New York: Palgrave Macmillan, 2003). 인터넷에 개재된 예는, Robert L. Glueckauf와 Timothy U, Ketterson의 "Telehealth Interventions for Ind i viduals with Chronic Illness: Research Review and Implications for Practice," *Professional Psychology: Research and Practice* 35(December 2004) 615-627. 그리고 Brett T. Litz, Lawrence Williams, Julie Wang, Richard Bryant, 그리고 Charles C. Engel, Jr., "A Therapist-Assisted Internet Self-Help Program for Traumatic Stress," *Professional Psychology: Research and Practice* 35 (December 2004) 628-634.
25. M. Rex Miller, *The Millennium Matrix: Reclaiming the Past, Reframing the Future of the Church* (San Francisco, CA: Jossey-Bass, 2004). 이 책은 진행중인 디지털 혁명에 대하여 소개한, 특히 교회에 적용하기에 좋은, 매우 권장할 만한 책이다.
26. 이것은 John Naisbitt와 그의 동료들이 제1장에서 고도의 기술 세계에서 서로서로 깊은 접촉을 주장한 내용이다. John Naisbitt, Nana Naisbitt, Douglas Philips, *High Tech-High Touch: Technology and Our Search for Meaning* (New York: Broadway Books, 1999).
27. Peter Fraenkel, "Beeper in the Bedroom: Technology Has Become a Therapeutic Issue," *Psychotherapy Networker* 25 (March-April 2001): 22-29, 64. 인터넷 치료의 장점을 보려면 다음을 참고하라. Michael Freeny의 "Better Than Being There," *Psychotherapy Networker* 25 (March-April 2001): 30-39, 70.
28. Rosabeth Moss Kanter의 *E-Volve: Succeeding in the Digital Culture of Tomorrow* (Boston, MA: Harvard Business School, 2001), 15. 기술, 디지털 혁명과 사업에 대한 흥미로운 분석으로는, Bill Gates의 *Business@ the Speed of Thought: Using a Dgital Nervous System* (New York: Warner Books, 1999); 그리고 Patricia B. Seybold, Customers.com (New York: Random House, 1998)을 보라.
29. 기술 때문에 생긴 스트레스에 대하여 이전에 논의한 것으로는, Michelle M. Weil과 Larry D. Rosen의 *Technotress: Coping with Technology @ Work, @ Home, @ Play* (New York: Wiley, 1997).
30. 인터넷 포르노와 폭력의 잠재적인 파괴력의 예로는, Patricia Greenfield의 "Inadvertent Exposure to Pornography on the Internet: Implications of Peer-to-Peer File Sharing Networks for Child Development and Families," *Journal of Applied Developmental Psychology* 25 (November-December 2004): 741-750; Brian S. Mustanski의 "Sex and the Internet: A Guidebook for Clinicians," *Archives of Sexual Behavior* 33 (October 2004): 516-518; Kimberly J. Mitchell, David Finkelhor 그리고 Janis Wol마의 "Victimization of Youths on the Internet," *Journal of Aggression, Maltreatment and Trauma* 8 (2003): 1-39; Al Cooper, *Sex and the Internet: A guide Book for Clinicians* (Philadelphia, PA: Brunner-Routledge, 2002); Mark R. Laaser와 Louis J. Gregoire의 "Pastors and Cybersex Addiction," *Sexual & Relationship therapy* 18 (August 2003): 395-406.

31. Marlene M. Matheu 외 편집, *The Mental Health Professional and the New Technologies* (Mahwah, NJ: Lawrence Erlbaum, 2004).
32. Marion K. Jacobs, Andrew Christensen, John R. Snibbe, Sharon Dolezal-Wood, Alice Huber 그리고 Alexander Polterok의 "A Comparison of Computer-Based Versus traditional Individual Psychotherapy," *Professional Psychology: Research and Practice* 32(February 2001): 92.
33. 무선 기술과 기술 혁명을 강조함으로서, 오디오테이프와 영화를 이용하는 것을 포함하여 기본적인 기술의 가치를 잊기 쉽다. 예를 들어, Georgios K. Lampropoulos, Nikolaos Kazantzis 그리고 Frank P. Deane의 "Psychologists' Use of Motion Pictures in Clinical Practice," *Professional Psychology: Research and Practice* 35 (October 2004): 535-541; Danny Wedding, Mary Ann Boyd, 그리고 Ryan M. Niemiec의 *Movies and Mental Illness: Using Films to understand Psychopathology* (Ashland, OH: Hogrefe, 2005)를 보라.
34. Miller, *The Millennium Matrix*, 133.
35. Samuel Huntington, *The Clash of Civilizations* (Cambridge, MA: Harvard University Press, 1996), 183. 그리고 Anthony J. Marsella의 "Toward a Global-Community Psychology : Meeting the need of a Changing World," *American Psychologist* 53 (December 1998): 1282-1291.
36. Friedman, *The World Is Flat*.
37. 민족 정치 심리학에 다양하게 적용한 것을 매우 흥미롭게 논의한 것으로, Daniel Chirot 와 Martin E. P. Seligman *Ethnopolitical Warfare: Causes, Consequences, and Possible Solutions* (Washington, DC: 미국심리학회, 2001).
38. 이것은 Tom Sine의 *Mustard Seed Versus McWorld: Reinventing Life and Faith for the Future* (Grand Rapids, MI: Baker, 1999)의 주제이다.
39. 이 이야기는 Mary Sykes Wylie의 "Mindsight: Dan Seigel Offers Therapists a New Vision of the Brain," *Psychotherapy Networker* 28 (September-October 2004): 28-39에 (Seigel과 고 교황 요한 2세의 사진과 함께) 실려 있다. 그리고 Brent Atkinson의 "Altered States: Why insight Itself Isn't Enough for Lasting Change," *Psychotherapy Networker* 28 (September-October 2004): 43-45, 67.
40. Wylie, "Mindsight," 33에서 인용함.
41. Mary Sykes Wylie의 "The Limits of Talk: Bessel van der Kolk Wants to Transform the Treatment of Trauma," *Psychotherapy Networker* 28 (January-February 2004): 30-41, 67.
42. 이것의 일부는 Juan Enriquez의 *Frames of Mind: the Theory of Multiple Intelligences* (New York: Crown Business, 2001)에서 논의되고 있다.
43. Howard Gardner, *Frames of Mind: The Theory of Multiple Intelligences* (New York: Basic Books, 1983).
44. Jennifer Reingold의 "The Interpreter," *Fast Company* 95 (June 2005): 58-61.
45. 나는 현재와 미래의 흐름을 이해하기 위하여 기업의 세계에서 무슨 일이 일어나고 있는가를 배우는 것은 중요하다고 확신한다. *Fast Company*는 종종 나에게 이러한 통찰을 주고, 그리고 편집자들은 기업 디자인의 중요성을 많이 강조한다. 2004년 6월과 2005년 6월 잡지는 우뇌에 의하여 움직이는 디자인의 힘에 대하여 많은 이야기들을 다루었다.
46. Daniel H. Pink, *A Whole New Mind: Moving from the Information Age to the Conceptual Age* (New York: Riverhead Books, 2005).
47. 잘 요약한 것을 보려면, Cathy A. Malchiodi가 편집한 *Expressive Therapies* (New York: Guilford, 2005)를 참고하라. 그리고 Lisa B. Moschini의 *Drawing the Line: Art Therapy with the Difficult Client* (New York: Wiley, 2004); 그리고 Charles Schaefer의 *Play Therapy with Adults* (New York: Wiley, 2002)를 보라.
48. Carolyn Zerbe Enns와 Makiko Kasai의 "Hakoniwa: Japanese Sandplay Therapy," *The Counseling Psychologist* 31 (January 2003): 93-112.
49. Pink, *A Whole New Mind*, 183-186.
50. James W. Pennebaker, *Writing to Heal: A Guided Journal for Recovering from Trauma and Emotional Upheaval*

(Oakland, CA: New Harbinger, 2004). 이것은 학술지에 있는 글을 통하여 정서 표현의 방법과 영향에 대하여 쓴 책이다. 저자는 연구원이며 치료사는 아니다. 어떤 연구 결과는 고통스런 경험에 대한 글이 면역 반응을 향상시키고, 회복 시간을 줄이며, 그리고 육체적, 심리적, 관계적 행복을 증진시킬 수 있다고 말한다.

51. Howard Gardner, *Changing Minds: The Art and Science of Changing Our Own and Other People's Minds* (Boston, MA: Harvard Business School Press, 2004).

52. 결국 포스트모더니즘을 무시하거나 싸웠던 초기 시대 이래로 태도는 변화했다. Robert C. Greet, *Mapping Postmodernism: A Survey of Christian Options* (Downers Grove, IL: InterVarsity, 2003); Millard J. Erickson, Paul Kjoss Helseth, Justin Taylor, *Reclaiming the Center: Confronting Evangelical Accommodation in Postmodern Times* (Wheaton, IL: Crossway, 2004); Carl Raschke, *The Next Reformation: Why Evangelicals Must Embrace Postmodernity* (Grand Rapids, MI: Baker, 2004).

53. D. A. Carson, *Becoming Conversant with the Emerging Church* (Grand Rapids, MI: Zondervan, 2005). 특히 4장과 5장을 보라.

54. 포스트모더니즘이 어떻게 일반 치료를 하게 되는가를 보려면, Cameron Lee의 "The Postmodern turn in Family Therapy," *Christian Counseling Today* 9, no. 3(2001): 16-19; Alan Parry와 Robert E. Doan의 *Story Re-Visions: Narrative Therapy in the Postmodern World* (New York: Guklford, 1994); Rosemary Segalla의 "Random Thoughts on Couple Therapy in a Postmodern World," *Psychoanalytic Inquiry* 24 (2004): 453-467; Tom Strong의 "Innovations in Psychology practice: Continuing the Postmodern Therapy Dialogue: An Introduction," *Journal of Systemic Therapies* 23 (Spring 2004): 1-5를 참고하라. 더 많이 알고 싶은 독자들은 Del Loewenthal과 Robert Snell 의 *Postmodernism for Psychotherapists: A Critical Reader* (New York: Brunner-Routledge, 2003)를 보라.

55. Archibald D. Hart의 "Counseling the Postmodern Mind," *Christian Counseling Today* 9, no. 3 (2001): 44-47. 그 책의 전체 내용은 기독교 상담에 대한 포스트모더니즘의 적절성에 관한 것이다. 복음주의적 내담자들에게 포스트모던 식으로 개입한 사례에 대하여 흥미롭게 쓴 소논문으로는, P. Gregg Blanton의 "Opening Space for Dialogue Between Postmodern Therapists and Evangelical Couples," *Family Journal: Counseling & Theapy for Couples & Families* 12 (October 2004): 375-382.

56. Carl Raschke의 *The Next Reformation* 그리고 Graham Johnson의 *Preaching to a Postmodern World* (Grand Rapids, MI: Baker, 2001)

57. 미국의 영성을 자세히 보려면, George Gallup, Jr.,와 Timothy Jones의 *The Next American Sporituality: Finding God in the Twenty-first Century* (Colorado Springs, CO: Cook, 2000)를 참고하라.

58. P. Scott Richards와 Allen E. Bergin의 *A Spiritual Strategy for Counseling and Psychtherapy*, 제2판 (Washington, DC: American Psychological Association, 2005); P. Scott Richards와 Allen E. Bergin 편집, *Casebook for a Sportual Strategy in Counseling and Psychotherapy* (Washington, DC: American Psychological Association, 2004); William R. Miller *Integrating Spirituality into Treatment: Resources for Practitioners* (Washington, DC: American Psychological Association, 1999); Geri Miller의 *Incorporating Spirituality in Counseling and Psychotherapy: Theory and Technique* (New York: Wiley, 2002); David A. Steere의 *Spiritual Presence in Psychotherapy: A Guide for Caregivers* (Philadelphia, PA: Brunner-Mazel, 1997); 그리고 Len Sperry의 *Spirituality in Clinical Practice: New Dimensions in Psychotherapy and Counseling* (Philadelphia, AP: Brunner-Routledge, 2001).

59. Becca L. Greub와 John R. McNamara의 "alternative Therapies in Psychological Treatment: When Is a Consultation with a Physician Warranted?" *American Psychologist* 31 (February 2000): 58-63; Kathryn P. White의 "Psychology and Complementary and Alternative Medicine," *American Psychologist* 31 (December 2000): 671-681; 그리고 Tiffany M. Field의 "Massage Therapy Effects," *American Psychologist* 53 (December 1998): 1270-1281.

60. 우리는 이것을 구약성경을 통하여 알 수 있다. 구약에서 하나님은 이교도 왕과 나라를 이용하여 하나님의 백성을 벌주기도 하지만, 또한 그들을 구하려는 하나님의 목적을 이루신다. 하나님은 다리우스 왕과 키루스 왕의 마음을 움직여서 이스라엘 포로들에게 예루살렘으로 돌아갈 자유를 주게 한다.

61. Everett L. Worthington, Jr.의 "five mega-trends Affecting Christian Counseling" *Christian Counseling Connection*, 제3호 (2004): 1, 3, 9.
62. 이것들 중 일부는 Steve Taylor의 *The Out of Bounds Church? Learning to Create a Community of Faith in a Culture of Change* (Grand Rapids, MI: Zondervan, 2005)에서 나온 것이다. 그리고 Steve Rabey의 *In Search of Authentic Faith: How Emerging Generations Are Transforming the Church?*(Colorado Springs, CO: Waterbrook, 2001); Dan Kimball의 *The Emerging Church: Vintage Christianity for New Generations* (Grand Rapids, MI: Zondervan, 2003); 그리고 Erwin Raphael McManus의 *An Unstoppable Force* (Loveland, CO: Group, 2001)을 보라.
63. 대학원 학생들을 위한 미국심리학회 출판물로서 시사하는 바가 큰 GradPSYCH 커버스토리의 제목은 "Career Creativity: Meet Seven Psychologists Who Blazed Their Own Paths. discover How you can too"였다. 전통을 넘어서 새로운 길을 발달시켰던 심리학자들 중 Matt Bellace는 학생들이 마약 없는 생활양식을 선택할 수 있도록 노력하는 코미디언-동기부여 연설자가 되었다. Patricia Cowings는 미국 정부 공간 프로그램 작업을 하고 있고, Anthony Pinizzotto는 성직자이면서 법의학 심리학자이다. 그리고 Natalie Hamrick은 인디아나 대학의 마취과에서 의사들을 도와 연구 기획하고 자료를 분석하고 있다. 이들 심리학자들의 프로필은 *GradPSYCH* 3 (September 2005): 36-44에 실려 있다.
64. *Monitor on Psychology* 36 (February 2005)에 있는 "The Changing Face of Psychology Practice"에 대한 6개의 소논문들을 보라.
65. 이 문제들은 전문 학술지에 자주 나온다. 예를 들어 *Professional Psychology: Research and Practice*에서는 적성-교육 (August 2005), 자격증 (2004년), 정신 약리학 (December 2000), 그리고 처방 특권 (August 2004년)과 같은 문제들을 다루는 소논문들을 종종 출판할 것이다. 관리 의료에 대한 소논문들에 대하여는, Lisa M. Sanchez와 Samuel M. Turner의 "Practicing Psychology in the Era of Managed Care: Implications for practice and Trainning," *American Psychologist* 58 (February 2003): 116-129.
66. 진행중인 논쟁에서 커다란 영역은 의료인이 아닌 상담자들, 특히 임상 심리학자들이 심리학적 의료 처방을 할 수 있는지에 대한 것이다. 이 책을 쓸 때에, 미국 일부에서는 충분한 사전 훈련을 받았을 때는 이것을 허용하고 있지만, 다른 곳에서는 허용하지 않고 있다. 의료 전문가들, 특히 정신과 의사들은 심리학자들의 처방 특권을 저지하는 데 앞장서고 있다.
67. Mark Greer의 "Spreading Out What I do Keeps Things Interesting," *Monitor on Psychology* 36 (February 2005): 62-64.
68. "Innovative Interventions in the Practice of Health Psychology," *Professional Psychology: Research and Practice* 32 (April 2001): 115-141; Lynda H. Powell, Leila Shahibi, 그리고 Carl E. Thoresen의 "Religion and Spirituality: Linkages to Physical health," *American Psychologist* 58 (January 2003): 36-52; Tori DeAngelis의 "A Successful Marriage of Psychology and Public health," *Monitor on Psychology* 32 (March 12001): 40-41; 그리고 Ronald H. Rozensky, Norine G. Johnson, Carol D. Goodheart와 Rodney W. Hammond 편집, *Psychology Builds a Healthy World: Opportunities for Research and practice* (Washington, DC: American Psychological Association, 2003)를 보라.
69. 이 영역에서 고통과 상담자들의 상담에 대한 소논문들은 *Monitor on Psychology* 32 (April 2002): 58-73에 있다.
70. *Professional Psychology: Research and Practice* 33 (June 2002): 277-288에 법 심리학자들에 대하여 특별히 쓴 부분을 보라.
71. *Professional Psychology: Research and Practice* 36 (April 2005): 158-179에 농촌 상담에 대하여 특별히 쓴 몇 개의 소논문들이 있다.
72. 예를 들어 Esteban V. Cardemil과 Jacques P. Barber의 "Building a Model for prevention Practice: Depression as an Example," *Professional Psychology: Research and Practice* 32 (August 2001): 392-401을 보라.
73. Bryan Myers와 Michael P. Arena의 "Trial Consultation: A New Direction in Applied Psychology," *Professional*

Psychology: Research and Practice 32 (August 2001): 386-391.

74. 인용된 글은 Barry Duncan의 소논문 "The Future of Psychotherapy," *Psychotherapy Networker* 25 (July-August 2001): 24-33, 52의 26페이지에서 인용한 것이다. 그리고 Charles Kiesler의 "The Next Wave of Change for Psychology and Mental Health Services in the health Care Revolution," *American Psychologist* 55 (2000): 481-487 을 보라.

75. John C. Norcross, Melissa Hedges 그리고 James O. Prochaska의 "The Face of 2010: A Delphi Poll on the Future of Psychotherapy," *Professional Psychology: Research and Practice* 33 (June 2002): 316-311.

76. 인터넷 검색은 먼 곳에서 배울 수 있는 최근의 책들을 알려줄 것이다. Michael Simonson, Sharon E. Smaldino, Michael J. Albright, 그리고 Susan Zvacek의 *Teaching and Learning at a Distance: Foundations of distance Education*, 제3판 (Upper Saddle River, NJ: Prentice-Hall, 2005); Rena M. Palloff와 Keith Pratt의 *The Virtual Student: A profile and Guide to Working with Online learners* (San Francisco, CA: Jossey-Bass, 2003); Rena M. Palloff와 Keith Pratt의 *Building Learning communities in Cyberspace: Effective Strategies for the Online* (San Francisco, CA: Jossey-Bass, 1999).

77. Gates는 Bill Gates의 *Business @ the Speed of Thought*에서 교육의 발달에 대하여 많은 것을 쓰고 있다. 인용된 글은 61페이지에서 가져온 것이다. 그리고 Marc J. Rosenberg의 *e-Learning: Strategies for Delivering Knowledge ign the Digital Age* (New York: McGraw-Hill, 2001)를 보라.

78. Martin E. P. Seligman과 Mihaly Csikszentmilhalyi의 "Positive Psychology: An Introduction," *American Psychologist* 55 (January 2001): 5-15. 처음에 이 소논문이 나온 5년 후에 Seligman과 그의 동료들은 긍정 심리학의 폭발적인 발달에 대하여 낙관적인 보고서를 출판하였다. Martin E. P. Seligman, Tracy A. Steen, Nansook Park, 그리고 Christopher Peterson의 "Positive Psychology Progress: Empirical Validation of Interventions," *American Psychologist* 60 (July-August 2005): 410-421.

79. 보다 더 중추적인 책들 가운데 C. R. Snyder와 Shane J. Lopez의 *Handbook of Positive Psychology* (New York: Oxford University Press, 2002); Martin E. P. Seligman의 *Authentic Happiness* (New York: Free Press, 2002): C. L. M. Keyes와 J. Haidt 편집, *Flourishing: Positive Psychology and the Life Well-Lived* (Washington, DC: American Psychological Association, 2003); P. A. Linley와 S. Joseph 편집, *Positive Psychology in Practice* (Hoboken, NJ: Wiley, 2004); 그리고 S. J. Lopez와 C. R. Snyder 편집, *Positive Psychological Assessment: A Handbook of Models and Measures* (Washington, DC: American Psychological Association, 2004)가 있다.

80. Mary Sykes Wylie의 "Why Is This Man smiling" [Martin Seligman과의 인터뷰] *Psychotherapy Networker* 27 (January-February 2003): 26-53.

81. Christopher Peterson과 Martin E. P. Seligman의 *Character Strengths and virtues: A Handbook of Classification*(Washington, DC: American Psychological Association, 2004).

82. Seligman 외 다수, "Positive Psychology Progress," 420.

색인

ㄱ

가난 251, 266
가드너 928
가르침 202-249, 345, 466-468, 669-670, 901
가면우울증 142, 152
가정 436, 547, 648, 664
가정의 불안정 256, 266
가정 폭력 439, 444, 459, 721
가족 126-267, 280-348, 422-547, 644-665, 692-789, 874-917
가족 관계 422, 666
가족 문제 237, 639-647, 654-665, 737
가족 상담 280, 290, 342, 348, 664
가족 역동 260, 659, 1011
가족 자원 650, 664
가족 개입 단계(LFI) 모델 655
가족 치료 645-646, 654-665, 852
가족 학대 285
가족의 변화 312, 315
가족의 영향 318, 491, 506, 725, 794
가치관 81-136, 275-298, 308-394, 620-665, 768-782
가트맨 616
각성 166, 195, 322, 325, 836
간디 203
간음 692
간질 486, 699
갇혀 있는 사람들 301

갈등 350, 362, 374
갈증 738
감각 719
감성 지수 308
감정 128, 141, 446, 460, 530, 682
강간 440, 450, 461
강간 고통 증후군(RTS) 450
강점 298, 650, 790, 798-800, 808
개성 269, 742, 798
개입 41, 50, 184, 643-657, 712
갱단 활동 20
거룩 913
거식증 852, 857
거절 128, 152, 170, 199, 806
거짓말 28, 277, 689, 699
건강심리학 506
건강하지 않은 결혼 690
건축 69
게리 문 56
게리 올리버 609
게오르그 솔티 327
게으름 295
게이 376, 415-429, 431-436, 867
게이 사회 424, 430
게이 정체성 416, 436
게일 쉬히 301
게츠 260, 648
격려 101, 265, 280, 305, 309, 531

격분 188
결별 350
결혼 문제 590, 598, 620
결혼 상담 608, 612
결혼 내의 성 395, 409, 413
결혼 안정성 558, 577
결혼 예비상담 572, 574, 582
결혼식 586, 595
경미한 우울증 151
경찰관 73, 457
경청 249, 298, 657, 886
고립 162, 452, 618, 866, 914
고백 198-199, 210, 372, 613, 870-878
고소공포증 98
고아 458
고의적 분노 194
고정관념 339, 347, 355, 855
고통 217, 227, 507, 530, 719
골다 메이어 327
공감 34, 41, 48, 275, 913
공격 168, 438, 685, 850
공동 816, 846, 912
공동체 66-81, 887
공동체 상담 66
공동체 인사들 73
공허감 217, 511, 714, 878
공황 164, 165, 169, 815
공황 장애 701
과로 502, 702, 907, 908, 911
과부 73, 234, 238, 532, 913
과음 50, 283, 722, 761, 856
과잉보호 251, 264, 493, 854
과잉행동증 519
관음증 701
관점 117, 136, 137, 550
광고 375-379, 639, 702-768, 825-884
교도소 상담자 868
교류 분석 932
교만 351, 883, 884, 900
교황 요한 바오로 II세 222, 487, 718
교회 59, 64, 528, 531, 665-692, 901
교회 중독자 753
교회심리학 협조센터 62
구겐하임 박물관 327
구매 588, 770, 771, 779
구매자의 후회 170

구원 47, 467, 469, 866
구제 84, 662
구조 87
국적 123, 124, 136
군인 650, 663-665, 827, 867-870
권고(권면) 247, 282, 284, 296
권력을 쥐고 있는 자 363
권태 313, 324, 413, 605, 620
귀신들림 697, 699, 888, 897
귀신론 118
규칙 130, 313, 352, 882
그랜트 L. 마틴 444
그레그 알버스 494, 864
글렌 와그너 905
금욕주의 883
금주 720, 732, 742
급성 스트레스 장애 701, 837, 850
긍정 934, 937
긍정 심리학 60, 468, 476, 934, 936
긍정적 사고 181
긍휼 296, 496, 669-672, 690, 892
기도 13, 48, 369, 455, 912, 930
기독교 31-50
기독교 공동체 66-79, 109, 479-483, 756, 931
기독교 상담 28-31, 103, 136
기독교 영성 100, 900, 909, 930
기독교인으로 헌신 107
기독교 지도자 348
기독교 코치 75, 78, 81
기록하기 351, 907
기분 142, 200, 206, 700
기분장애 69, 143, 257, 266, 700
기술 84-101, 163-233, 276-309, 368-594, 937
기억의 치유 133
기회 530
긴장 183, 413
꾀병 701
꿈 292, 517, 599, 798, 838
꿈의 코치 300
끊임없는 불평 499

나이스빗 29
나-진술문 201, 203

나치 504, 640, 828
나폴레옹 141
낙관주의 60, 99, 154, 327, 934
낙담 48-158, 203-294, 342-453, 632-772, 902
낙심 60, 158, 256-278, 317, 452
낙태 630, 643
낙태 후 증후군 631
날씨 69, 80
남성 642
남성성 401
남용 243, 743
남편 578, 603, 610, 634, 691
납치 572, 654, 834
낭만적 사랑 542
낮은 자존감 162, 234, 243, 479, 530
내담자의 세계관 105
내담자 중심 상담자 47
내담자의 문화 배경 125
낸시 거스리 514
넬슨 만델라 215
노년기 문제의 예방 343
노먼 샤우척 365
노령공포 346
노인 상담 338, 339, 341, 342
노인차별주의 328, 329, 335, 338, 347
노인 학대 443, 453, 461
노년학 330
노출증 376, 439, 701
노화 327-328, 330-331, 345, 348
논란 376, 416
뇌 손상 487, 702, 856
능력 49-136, 295-482, 762-936
니코틴 700, 749, 750, 754
닐라 카포르 스타눌로비치 849

ㄷ

다감각적 개입법 845
다니엘 골만 296
다니엘 레빈슨 293, 312
다니엘 시걸 839
다니엘 핑크 928
다른 사람들을 위해 봉사 345
다문화적 이슈 123
다운증후군 253, 649, 856

다이앤 랭버그 448, 454
다이어트 26, 858-859
단기 치료 접근 609
단순함의 결여 886
단주 모임(AA) 724, 729, 732-735, 738
대결 105, 863
대뇌피질 840, 841, 842, 845
대인관계 275-308, 350-461
대중문화 56, 57, 301
대처 308, 594, 744
대체요법 136
대체 치료법 930
대학 707, 767
대형 교회 99, 297, 668, 931
대회 702, 792, 807
더글러스 맥아더 317, 327
더글러스 코플랜드 292
더글러스 로사노 407
데스몬드 투투 215
데이비드 밀러 671
데이비드 베너 56, 895
데이비드 샤피로 337
데이비드 윌킨슨 300
데이비드 칼슨 466
데이비드 톰슨 675
데일 라이언 748
도덕적 분노 194
도덕적 치료 711
도둑질 277, 445
도로상에서의 분노 192
도리스 로버츠 327
도망자 149
도박 752
도전 289
도취 750
도파민 253
독거 230, 240, 243, 244
독립 289, 297
독신 532-551
돈 관리 294-296, 716, 773, 780, 825
돌봄 54, 59, 153, 906, 907
돌봄 제공자 54, 243, 898
동거 380, 579, 629
동기 38, 563, 569, 733, 907
동료 254, 692, 762, 900, 910, 917
동물 공포증 172

동성애의 원인 420, 421
동성애의 효과 424
동성애자 치료 단체 433
동성애적 성향 169
동성애적 이끌림 112
두뇌 841
두려움 170-324, 373-503, 506-850
둔감함 890
디브리핑 842, 843
따뜻함 35, 49, 86, 101
또 다른 나라(another country) 123
또래 압력 66, 270, 287
또래 집단 113, 751, 882

ㄹ

라르쉬 856, 1036
라이프 코치 75
라인홀드 니버 742
레이첼 카플란 68
라파엘 맥매너스 56
랄프 왈도 에머슨 327
랜스 암스트롱 473
러시안 룰렛 714
레지 맥닐 56
르네 스피츠 145
레스 & 레슬리 패로트 592, 599, 668, 794
레이디 버드 존슨 346
레즈비언 376, 416-429, 431-436, 867
로널드 레이건 235, 327, 490
로드리고 멘도자 217
로라 스미스 870
로렌 F. 위너 539, 543
로버트 맥나마라 592
로버트 브라우닝 327
로버트 슐러 465
로버트 알렌 175
로버트 웨버 57
로버트 콜스 649
로잘린 카터 337
루스벨트 814
루이스 맥버니 910
루이스 사바리 841
루이스 스미즈 222, 376
리즈 카펜터 346

리처드 J. 포스터 418
리처드 라이더 337
리처드 닉슨 683, 884
릭 워렌 58, 922, 936
린 스코필드 클락 275
린든 존슨 346
링컨 473

ㅁ

마거릿 M. 굴릿 330
마귀 118, 711
마틴 셀리그먼 704, 934
마약 20-50, 252-290, 446, 480
마약 사용 451
마약 의존 444
마이클 웨쎌즈 845
마르커스 베어드 868
마크 맥민 61
마크 야르하우스 416, 756
말더듬 700
망각 517, 525
망상 257, 708
매체들 168, 172, 473, 654, 860-864
메리 파이퍼 72, 123, 644, 866
메담페타민 750
멘토 305, 309, 325, 909-937
멘티 909
면역체계 150, 331, 516, 678, 730
모델 77-305, 325, 664
모리스 슈발리에 453
모자이크 56, 272-274, 292, 308
모한다스 간디 321
모호함 35, 49, 88, 734, 904
목적 203-413, 582-850
목표 23-49, 374, 755, 918
목회 상담 51, 54, 134, 890, 915
목회적 돌봄 54, 814, 890, 895
목회적 심리치료 54
몰리에르 473
몰아지경 398
무기력 146-162, 489-493, 506
무능함 120
무의미 170, 314, 344, 512, 518
묵상 319, 886

문제 인식 302
문화적 빙산 130
문화적 편집증 126
문화적 환경 122, 514
물질 관련 장애 700
물질 남용 243, 519, 598
물질 유도 정신장애 722
물질적 축복 772, 886
물질주의 768, 782
미국심리학회 74, 87, 433, 892, 929
미국정신의학회 418, 433, 698, 934
미디어 80, 740, 744
미래 288, 935, 936
미숙함 576
미움 282, 639, 683
미혼 부모 636
믿음 81-289, 486, 506, 740-843

ㅂ

바버라 톰슨 728
바트 심슨 327
반동 형성 492
반사회적 행동 512, 519, 530
반영 89, 101, 162-183, 198, 298
반응성 우울증 142
반응적 변화 24, 25
반추 72, 107, 234-298, 323, 889-898
반항 250, 252, 268, 269, 276, 280, 287, 382
발간 62, 675, 709
발터 트로비쉬 529
밥 버포드 314, 323
밥 호프 327
방법 594
방어 492, 506
방어적 174, 183, 215
방치 461
배상 215, 223
배우자 선택 568
백일몽 151, 277
밴스 해브너 161
버지니아 사티르 608
범죄자 209, 215, 263, 466
법률 226 460
베셀 반 데어 콜크 817

베이비 붐 292
베티 프리던 343
벤 지다이 686, 688
변연계 842
변연계 논리 842
변화 594
변화시키는 여행 28
변화에 대한 헌신 26, 35
보복 106, 193, 195, 196, 441, 440
복수 147, 159, 186, 188, 360, 402
복음 전도 886
복음주의자들 57, 297, 732, 895, 1041
복잡한 애도 512-518, 527, 531
부 35~339, 444~688, 734, 902, 922
브루스 내러모어 208, 210
부모 470
부모 역할 37, 73, 257, 267, 427, 591
부인 492, 506
부적당한 380, 472
분노 489, 493, 506
분노 관리 458
분노 예방 202
분노인지 194
분노 조절 163, 454
분노 폭발 151, 201
분노 회피 194
분노를 자극하는 상황 193, 200
분노의 결과 193
분노의 원인 190-198, 205, 206
분노의 표현 499
분리 183
분리불안증 257
분주함 32
불가지론자 514, 575
불순종 216, 467
불신 356, 373
불안 530, 642, 692
불안 장애 700, 701
불안 장애 치료 928
불안의 원인 167
불안정 250, 266, 436
불완전 취업 792
불의 40, 96, 103
불임 642
불행 540, 625, 668
불확실성 174, 224, 297, 300, 607, 821

브라이언 맥라렌 56
브래드 키니 133
비디오게임 193, 746, 758, 928
비만 857
비밀 207, 285, 395, 456, 602
비밀보장 285
비신앙인 218
비전통적 교육 936
비판 33~310, 390~455, 455, 661, 732~889
비현실적 기대 472, 845
비활동 678
빅터 프랭클 504, 640
빈센트 반 고흐 141
빌 뷰세이 276
빌 하이벨스 58
빌리 그레이엄 500
빛 291, 449, 604, 775, 777, 825

ㅅ

사고 142, 162, 472, 530
사고 전환 478
사랑 249, 486, 892
사망학 509
사명 77, 911
사무엘 존슨 333
사산 628, 632, 638
사역 510, 544, 546, 805, 885
사춘기 25, 268, 269, 376, 416, 753~858
사탄 137, 214, 703, 834
사회 학습이론 891
사회적 기술 67
사회적 네트워크 70
사회적 상호작용 73
사회적 압력 213, 278, 729
사회적 접촉 342, 785
사회활동의 관심 결여 710
사회적 혼란 237, 815
사회적 환경 172, 183, 458, 504
산아 제한 380, 410
산후 우울장애 153
살바도르 미누친 608
살인 277, 440, 515, 647, 666, 806
삶의 패턴 293, 306, 308, 746
상담과 슬픔 520

상담윤리 109, 119
상담과 중독 755
상담에서의 법적 이슈들 106
상담의 과정 150, 890, 901
상담의 효과 68, 69, 109, 115, 557
상담자 예수 47, 50
상담자의 태도 680, 904
상담 회기 901
상처 182, 192, 205
상태적 불안 165
상호관계적 886
상호작용적 기술 30, 915, 918
상호지원그룹 73, 80
새들백 교회 922
새로운 불안 337
새해 다짐 22
샌드라 윌슨 725
생리학 117, 171, 173
생명공학 32, 926, 927, 936
생물학 190
생산성 692, 762
생활양식 266, 913
샤론 베이츠 458
샤머니즘 133
서로 돌봄 300
섭식 장애 700, 856
성 정체성 391, 428
성중독 78
성폭력 106, 439, 457
성격장애 257, 266
성경 162, 226, 308, 530, 568
성경과 노년기 328
성경과 동성애 419
성경과 불안 166
성경과 중독 746
성경과 학대 440
성공 850
성교육 410
성령 917
성령 충만 577, 893
성령의 인도 374
성애 377, 398
성인 자녀 726
성인기 291, 294
성적 만족 840
성적 문제들 612

성적 변화 274, 289, 332, 347
성적 부도덕 379
성적일탈 114, 573, 591
성적 순결 539, 540, 544
성적 유혹 639
성적 좌절 523
성적 학대 188, 439, 598
성적 호기심 332
성적탐험의 환타지 114, 381
성차별 455
성취 26, 32, 482, 874, 907
성취부진 212
성희롱 455 868
세계관 104, 107, 136, 648, 664
세계무역센터 833
세계화 381, 926, 936
세미나 914
소비위주의 문화 702
소수민족 노동자 806
소수자 716
소아 성도착증 환자 255
소아과 250, 252, 520
소외 237, 290, 445, 905
소유 127, 486, 599, 604, 886
소음 68, 80
손금 보는 자 74
쇠퇴 330, 341
쇠퇴하는 정신구조 337
쇼핑 746, 752, 756
수동적 공격성 194, 204
수용 218, 233, 550, 594, 674
수치심 141, 209, 626, 631, 636, 731
순결 540, 882
순복 894
순종 131, 181, 249, 886
술 취함 723, 727, 728
스콧 스탠리 575
스키너 327
스탠리 홀 328
스탠튼 L. 존스 421
스테로이드 759
스트레스 관리 163
스포츠 심리학 198
슬픔 162, 519, 520, 528, 530, 692
슬픔에 대한 결론 528
슬픔의 원인 511

습관 형성하기 182
시드니 블랫 146
시상하부 840, 845
시카고 심포니 오케스트라 327
신경생리학 171, 927
신경생물학 171, 927
신경쇠약 698, 832
신경심리학 61, 171
신경증 834
신경증적 불안 165
신경화학적 기능부전 145
신념 183, 356, 373, 469, 482, 559
신분 779
신용 542, 764
신유 은사자 74
신적 통제 879
신체적 건강 142, 161, 163
신체적 균형 860
신체적 접촉 114
신체적 질환 699, 705
신체형 장애 701
신학 92, 117, 173, 610
신화 333, 473, 750
신흥교회 56, 57, 58, 336, 876, 877
실망 413, 642
실비아 나자르 707
실패 120, 358, 762
실험 754, 762
심각한 사고 166, 515
심기증 332
심령술사 74
심리적 건강 49
심리적 성숙 247
심리적 학대 251, 266, 675
심리치료 87, 178
심리학 468, 492, 846, 936
심장질환 904
십대 임신 286, 629
십대 자살 74
십자가 231, 440, 706
쓰나미 832 ,847, 923, 925
쓴 뿌리 118, 884, 900

ㅇ

아동심리학자 328, 780
아드레날린 752
아들러 이론 94
아로마 치료 930
아론 벡 146
아베롱의 야생소년 253
아우슈비츠 504
아치볼드 하트 750
아편 700
악몽 166, 262, 455, 841, 921
악의 181~207, 450~683, 703
안구 운동 민감소실 및 재처리 845
안드레아 예이츠 140
안락사 106, 487, 498
안식 171, 235, 711
안정 49, 457
안정성 111, 257, 268, 286, 605, 627
알버트 엘리스 95
알츠하이머 병 235
알코올 721, 722, 731
알코올 관련 문제 723~739, 743, 744
알코올중독 762
알프레드 아들러 464
알프레드 킨제이 398
암 70~328, 472~678, 722
암페타민 700, 749, 750
앙드레 모로아 327
앙드레 세고비아 327
애도 524
애무 274, 383, 388
애착 232
앤더슨 스피카드 728
앤디 벨맨 696
안트지 크로그 215
약물 치료 178, 184, 719, 762
약혼 554, 574, 580, 587
양극성장애 143
양심 209, 214, 313
양심의 가책 209, 227
양육 247, 620
양육부모 653
어거스틴 235
어려운 질문들 83
억압 216, 600, 601, 751, 835

억제 277, 380, 403, 859
언어차이 132
에너지 162
에드 스미스 95
에리히 린데만 509
에리히 프롬 36
에릭 에릭슨 299
에버레트 쿠프 520
에버렛 워딩톤 590, 609, 629
에이즈 상담 863
에이즈 환자 663, 864
에티켓 129, 652
엔리코 카루소 477
엘리자베스 R. 모벌리 422
엘리자베스 퀴블러 로스 494
여과 92, 101, 652
여성 642, 867
역전이 341
역할 362, 594, 620, 652, 851
역할극 16
연결 72, 736, 930
열광 275
열등감 7, 381, 401, 464~598
열정 77, 150, 395, 791, 603
영성 지도 55, 281, 895
영성 치료 95
영성 형성 895, 896, 901
영성 훈련 71, 297, 890
영아돌연사증후군(SIDS) 523
영웅 숭배 270
영웅들 270
영적 문제들 878, 897
영적 상담 342, 348, 862
영적 성숙 276, 879
영적 성장 101
영적 싸움 382, 890
영적 은사들 53, 77, 81, 238, 539
영적 전쟁 896, 901
영적 전투 888
영지주의 863
예방 27, 137-285, 304-371, 456-638, 759-848
예방 프로그램 663, 760
예배 455
예산 544, 604, 771, 776, 782,
오르가슴 403
온전함 85

왜곡된 감수성 708
외로움 228-243, 324, 530, 550, 917
외상 643, 701, 850
외상 후 성장(PTG) 827
외상 후 스트레스 장애(PTSD) 166, 703, 836-838, 841-843
요게쉬 슈클라 555, 561
욕구 39, 49, 252-620, 759-763, 917
욕망 769, 782, 794
용기 49
용서 199, 207-227, 892
우상숭배 699
우울 205-347, 642-643, 692
우울 장애 143
우울성 분노 194
우울증 140-163, 234, 243
우울증의 원인들 144
우울함 402-407, 512-513, 530, 867
우월감 360
우유부단 299, 552, 557
우주 131, 648, 873
우회 746
운동 162
운동감각 논리 841-842
운동선수 상담 871
워렌 베니스 307
원하지 않는 임신 629, 643
원한 154, 167, 598-599, 683, 782
윌리엄 매스터스 398
윌리엄 셰익스피어 327
위기 162, 621, 665, 812-831, 842, 848
위기 개입 616
위기 유형 814
위탁 102, 112, 756
위험 568, 594
위험 신호 113, 561
위협 168, 183, 830
윈스턴 처칠 141, 327
윌로우크릭 교회 58
윌리엄 글래서 95, 464
윌리엄 도허티 252
윌리엄 제임스 464
유교 130
유기 251-257, 606, 621, 673, 692
유사요법 133
유산 452, 523, 628-629, 916

유전자 145
윤리 109, 298, 913, 926-930
윤리적 상담자 110
율법주의 882, 883
은퇴 70, 294, 336-348, 508, 765-780
은혜 249
음주 운전 27
의료 위기 상담(MCC) 503
의료 전문인 331
의미 115, 162, 551, 810, 864
의미의 재구성 996
의사소통 128, 368-393, 600-664, 936
의사소통의 불일치 600
의사소통의 실패 358, 373
의심 34-83, 283, 401-446, 509-658, 887-906
의존성 114
이념 356
이사 20, 168-250, 304, 449, 650-780
이상심리학 934
이색적 조력자들 74
이스라엘 103-248, 356, 624, 786-889
이슬람 275, 721, 806, 882
이완 182
이야기 치료 접근 96
이해관계 70
이혼 607, 620, 666-693
이혼 상담 681
인간 719, 900
인간 중심 치료 95
인간의 강점 60
인공수정 410
인내 35-87, 353-361, 487-674, 711-889, 920-934
인도 50-66, 690, 803-898
인정 39-339, 386-448, 468-550, 744
인종차별 정책(아파타이드) 215
인종 차별 주의 335
인지 치료 200, 206
인지장애 700)
인지적 평가 182
인지적 훈련 886
인지행동적 접근 656
인터넷 97, 102, 243, 290, 763
일관성의 결여 624
일중독 746, 756, 762
임신 622-643
임신 관련 문제들 622, 642

임신과 관련된 문제들 623, 642
입원 환자들 489, 490, 497
잉그리드 트로비쉬 529

ㅈ

자극물 428
자기 발달 85, 101
자기 거부 474
자아결정 351
자기 통제 397, 401
자기 대화 472
자기 방어 441
자기 부인 648
자기 비난 142-162, 212, 445-478, 679, 713
자기 사랑 412
자기 연민 151, 195, 498-605, 902
자기 인식 126, 895, 904, 917
자기 정죄 889
자기 존중 711, 826
자아충족 469
자기 파괴 162
자기 효능감 26, 297, 298, 308
자기관리 296, 308
자기절제 889, 893
자기통제 48, 87, 204, 391-394, 934
자녀가 없는 248, 622, 626, 629, 633
자녀 상담 263
자살 151, 163, 530, 714, 719
자살에 대한 생각 303, 427, 530, 677
자신감 51, 151-181, 253-360, 509-639, 819-843
자아 개념 66, 437
자아실현 791, 795
자연요법 133
자원 67-79, 360, 652, 717, 821-822
자위 274, 376, 389-415
자유 50
자존감 151-206, 234-276, 289-414, 464-483, 530
자폐증 262
자해 277
잘못된 사고 472
장난 715
장례 503, 632
장 마르크 가스파드 이타르 250
재발 24, 27, 32, 432, 738

재정 764-783
재정 문제 768, 772-783
재혼 666
재활 21, 331, 721, 756, 762
저널 678
저항 43, 50, 157, 661
적대감 243, 256, 360, 519, 679
적성 298, 931
적십자 111, 847
전기 충격 치료 696, 712
전뇌적인 사고 712
전문가 31, 710
전문가 집단 848
전이 282, 283, 341
전쟁 106
절망 488, 506, 606, 621
절제 361, 400, 434, 863, 894
점쟁이 74
접근 대 접근 169-170
접근 대 회피 169-170
회피 대 회피 169-170
정보 398, 413, 434, 437, 594
정상적 불안 834
정상적인 애도 512, 522, 530
정서적 변이성 708
정서적 얽힘 42, 50
정서적 혼란 627, 676
정신
정신건강 743, 900
정신병리 698
정신분석학 이론 167, 421
정신분열 253, 257, 266
정신적, 신체적 증상들 486
정신의학 72, 418, 706, 846, 914
정신의학 종합교과서 229
정신장애 696-719
정신장애자 돕기 711, 719
정신질환 192, 486, 540, 706
정욕 377, 378, 383, 389, 409
정절 380, 418, 543
정죄 629
정착하기 293
정체성 298
정체감 269
정치적 불안 925
제니퍼 코크란 480

제럴드 메이 896
제시 버나드 675
제이 애덤스 95, 466
제이 헤일리 608
제임스 볼드윈 21
제임스 패커 186
제2차 세계대전 57, 61, 124-157, 504, 649, 814
제자도 894, 898
제프리 코틀러 25
조력 152
조셉 니콜로시 432
조울장애 708
조이스 허거트 354
조종 20-148, 282, 577, 821
조지 번스 327
조지 올비 716
조지 프레데릭 헨델 141
존 가트맨 616
존 내시 707
존 노크로스 903
존 던 66
존 스타인벡 529
존 스토트 538
존 에버트 426
존 홀랜드 790
종교 127, 136, 226, 603, 620, 850
종교 중독 753, 756
정신의학 종합교과서 229
좌절 191, 499, 606, 621
좌절-공격성 접근 190
죄 205, 207-227, 486, 506, 743, 882
죄책감 148-162, 226, 470-482, 642, 692
주관적인 죄 209-226
주도적 변화 24
주의력 결핍 장애 253, 859, 915
주일 예배 880
줄리안 로터 704
중년기 310-325
중년의 위기 314
중단 23, 626
중독 700, 743, 745-763
중독적인 행동 756, 759, 760, 763
중독의 결과 728
중독의 원인 748
중매결혼 555
중첩 465

증상 제거 101, 153
지각 192, 285, 500, 709, 760
지그문트 프로이트 42, 877
지도 55, 281, 483, 762-895, 937
지미 카터 336
지식 25, 156, 324, 798, 844
지역공동체의 개입 846
지연 779
지원 그룹 457
지원 체계 27,
지진 833
지체아 253
직업 변화 340
직업 상담 784
직업 선택 790, 796
직장 스트레스 536, 765, 807
직접적 공격성 195
진 게츠 648
진로 7, 76, 788
진리 61, 187, 665, 747, 899,
진실과 화해 위원회 215
진정제 700
질병 150, 162, 243, 484-507
질투 200-260, 351-383, 401, 772
짐 콘웨이 316
집단상담 660
집단 지지 479, 483

ㅊ

차별 124, 420, 426, 455, 854
착각 708
찰스 솔로몬 95
찰스 하돈 스펄전 141
청각장애 258
청년 루터 321
청소년 문제 예방 285, 290
청소년 문제 원인 274, 289
청소년 문제와 상담 279, 290
체계이론 608
초기 성인기 291, 294, 299
초조함 310, 512, 516, 517, 530, 753
추리 842
축사 896
출산 전후에 아기를 잃는 것 636, 640

충격요법 153
충고 247, 385, 891
충동조절 장애 701
충동적 식욕 747, 759
취약성 42, 356
치료마사지 133
치명적인 병 313, 336, 624
치유 137, 433, 850
친구 692
친밀감 298, 316, 376, 393, 556-692
침술 133, 930
침착하지 못함 530

ㅋ

카메론 리 614
카페인 173, 700, 745, 749, 753
칼 로저스 86
칼 메닝거 218
칼 융 85
켄 디치월드 328
켄터키 프라이드 치킨(KFC) 327
코카인 746, 749, 750, 754, 761
코티솔 171
콘라드 아데나워 327
콜럼바인 고등학교 236
크레이그 엘리슨 232
크리스토퍼 & 레이첼 맥클러스키 379
클로 마다네스 608

ㅌ

탁월함 329
탄력성 71
탈진 516, 806, 828, 904
탐식 747
탐심 748
태아의 알코올증후군 730
테러 692, 832-851
테러리즘 832-851
테리 시아보 487, 488
테스토스테론 145, 399
테오포스틱 사역 (TPM) 133
테일러존슨 기질 분석 585

텔레비전 232, 243
토머스 머튼 240
토착적인 방법 132, 136
통제소 703, 704
통합 건강관리 시스템 932
통합자 502
투사 215
투스키기 실험 126
투자 263, 596, 778
트라우마 832-851
팀 스태포드 376
팀 어시니 359

ㅍ

팔레스타인 356, 895
팻 무어 329
패트리샤 번 841
편견 88-126, 279-342, 583, 607,
편도 542
편애 422
편집중적 정신분열증 707
평가자 271
폐소공포증 98, 172
포르노그래피 376
포스트모더니즘 224, 929, 936
포용 244
폴 비츠 466, 766
폴 투르니에 213, 240, 504
폴 폴크너 662
풍요 233, 765,
프랭크 로이드 라이트 327
프랭크 피트먼 660
프레드릭 허드슨 311
플라톤 697
플랭클린 루스벨트 814
피고용인 109, 3 63, 441
피터 폴 루우벤스 856, 857
필립 얀시 445

ㅎ

하나됨 378, 601
하나님을 신뢰하기 181

하나님의 능력 28, 90-166, 690, 912, 917
하나님의 뜻 800
하나님의 진노 377, 540
하워드 가드너 928
하워드 클라인벨 95
하프타임 314
학교 263, 267
학교 공포증 257, 262
학교 폭력 277, 442
학대 188, 205, 250-266, 438-461
학대 예방 457
학대에 관한 결론 458
학대의 원인들 442
학대의 유형 445
학대의 희생자들 253, 457
학습 장애 111, 257
학습된 무기력 154
학습된 학대 443
한부모 가정 316
할랜드 샌더서 327
합리-정서 치료 65
합리화 727, 769
항복 733
항우울제 105, 153, 163
해결 중심의 단기 치료 609
해고 359
해리 장애 701
해마 845
해방 237
해석 419
행동 변화 101, 657
행동장애 257, 266, 700
행동적 중독 756, 759, 763
행동적 훈련 886
헌신 26, 32, 693, 901
헛된 희망 증후군 22-23
헨리 나우웬 236
헨리 블랙커비 354
현대심리치료연구소 70
협조 61, 722
호스피스 515, 526
호발트 모러 218
혼외 임신 386, 629
혼외의 성적 환기 389
혼외정사 651
홍보 618

화해 215, 690
환각 708-751
환경 80-183, 264-433, 850
환자 방문 496
환자 상담 94, 494, 496, 498
활동 354
회개 886
횡문화적 122
후속조치 657, 824
후회 413
훈계 53, 233
희롱 428, 441
희망 494, 506, 628

기타

2차 우울증 142
20대 289
3자 대화 85
30대 291, 325
40대 310
50대 310
9·11 28, 702, 825
AARP 972
American Psychologist 23
C. S. 루이스 118, 487, 517, 520, 543
D.A. 칼슨 929
D2 유전자 725
DEC-R 모델 407, 981
FOCCUS 585
Fortune 314
GABA 171
Geeks and Geezers 307(Geeks and Geezer)
HIV 863-864, 874
Ptah-hotep 327
RELATE 585
Simpsons 327
STDSs 988
Teen Challenge 730
X세대 292, 308
Y세대 308

Memo

Memo

Memo